SIGMUND FREUD

DIE TRAUMDEUTUNG
UND ANDERE SCHRIFTEN

SIGMUND FREUD

DIE TRAUMDEUTUNG UND ANDERE SCHRIFTEN

DÖRFLER·VERLAG

Genehmigte Lizenzausgabe für DÖRFLER VERLAG GmbH,
Eggolsheim

Umschlaggestaltung: Agilmedien, Niederkassel
Umschlagbild: Bridgeman Art Library

Im Internet finden Sie unser Verlagsprogramm unter:
www.doerfler-verlag.de

INHALTSVERZEICHNIS

DIE TRAUMDEUTUNG

Flectere si nequeo superos,
Acheronta movebo.

VORBEMERKUNG

Indem ich hier die Darstellung der Traumdeutung versuche, glaube ich den Umkreis neuropathologischer Interessen nicht überschritten zu haben. Denn der Traum erweist sich bei der psychologischen Prüfung als das erste Glied in der Reihe abnormer psychischer Gebilde, von deren weiteren Gliedern die hysterische Phobie, die Zwangs- und die Wahnvorstellung den Arzt aus taktischen Gründen beschäftigen müssen. Auf eine ähnliche praktische Bedeutung kann der Traum – wie sich zeigen wird – Anspruch nicht erheben; um so größer ist aber sein theoretischer Wert als Paradigma, und wer sich die Entstehung der Traumbilder nicht zu erklären weiß, wird sich auch um das Verständnis der Phobien, Zwangs- und Wahnideen, eventuell um deren therapeutische Beeinflussung, vergeblich bemühen.

Derselbe Zusammenhang aber, dem unser Thema seine Wichtigkeit verdankt, ist auch für die Mängel der vorliegenden Arbeit verantwortlich zu machen. Die Bruchflächen, welche man in dieser Darstellung so reichlich finden wird, entsprechen ebenso vielen Kontaktstellen, an denen das Problem der Traumbildung in umfassendere Probleme der Psychopathologie eingreift, die hier nicht behandelt werden konnten und denen, wenn Zeit und Kraft ausreichen und weiteres Material sich einstellt, spätere Bearbeitungen gewidmet werden sollen.

Eigentümlichkeiten des Materials, an dem ich die Traumdeutung erläutere, haben mir auch diese Veröffentlichung schwer gemacht. Es wird sich aus der Arbeit selbst ergeben, warum alle in der Literatur erzählten oder von Unbekannten zu sammelnden Träume für meine Zwecke unbrauchbar sein mußten; ich hatte nur die Wahl zwischen den eigenen Träumen und denen meiner in psychoanalytischer Behandlung stehenden Patienten. Die Verwendung des letzteren Materials wurde mir durch den Umstand verwehrt, daß hier die Traumvorgänge einer unerwünschten Komplikation durch die Einmengung neurotischer Charaktere unterlagen. Mit der Mitteilung meiner eigenen Träume aber erwies sich als untrennbar verbunden, daß ich von den Intimitäten meines psychischen Lebens fremden Einblicken mehr eröffnete, als mir lieb sein konnte und als sonst einem Autor, der nicht Poet, sondern Naturforscher ist, zur Aufgabe fällt.

Das war peinlich, aber unvermeidlich; ich habe mich also darein gefügt, um nicht auf die Beweisführung für meine psychologischen Ergebnisse überhaupt verzichten zu müssen. Natürlich habe ich doch der Versuchung nicht widerstehen können, durch Auslassungen und Ersetzungen manchen Indiskretionen die Spitze abzubrechen; sooft dies geschah, gereichte es dem Werte der von mir verwendeten Beispiele zum entschiedensten Nachteile. Ich kann nur die Erwartung aussprechen, daß die Leser dieser Arbeit sich in meine schwierige Lage versetzen werden, um Nachsicht mit mir zu üben, und ferner, daß alle Personen, die sich in den mitgeteilten Träumen irgendwie betroffen finden, wenigstens dem Traumleben Gedankenfreiheit nicht werden versagen wollen.

Vorwort zur zweiten Auflage

Daß von diesem schwer lesbaren Buche noch vor Vollendung des ersten Jahrzehntes eine zweite Auflage notwendig geworden ist, verdanke ich nicht dem Interesse der Fachkreise, an die ich mich in den vorstehenden Sätzen gewendet hatte. Meine Kollegen von der Psychiatrie scheinen sich keine Mühe gegeben zu haben, über das anfängliche Befremden hinauszukommen, welches meine neuartige Auffassung des Traumes erwecken konnte, und die Philosophen von Beruf, die nun einmal gewohnt sind, die Probleme des Traumlebens als Anhang zu den Bewußtseinszuständen mit einigen – meist den nämlichen – Sätzen abzuhandeln, haben offenbar nicht bemerkt, daß man gerade an diesem Ende allerlei hervorziehen könne, was zu einer gründlichen Umgestaltung unserer psychologischen Lehren führen muß. Das Verhalten der wissenschaftlichen Buchkritik konnte nur zur Erwartung berechtigen, daß Totgeschwiegenwerden das Schicksal dieses meines Werkes sein müsse; auch die kleine Schar von wakkeren Anhängern, die meiner Führung in der ärztlichen Handhabung der Psychoanalyse folgen und nach meinem Beispiel Träume deuten, um diese Deutungen in der Behandlung von Neurotikern zu verwerten, hätte die erste Auflage des Buches nicht erschöpft. So fühle ich mich denn jenem weiteren Kreise von Gebildeten und Wißbegierigen verpflichtet, deren Teilnahme mir die Aufforderung verschafft hat, die schwierige und für so vieles grundlegende Arbeit nach neun Jahren von neuem vorzunehmen. Ich freue mich, sagen zu können, daß ich wenig zu verändern fand. Ich habe hie und da neues Material eingeschaltet, aus meiner vermehrten Erfahrung einzelne Einsichten hinzugefügt, an einigen wenigen Punkten Umarbeitungen versucht; alles Wesentliche über den Traum und seine Deutung sowie über die daraus ableitbaren psychologischen Lehrsätze ist aber ungeändert geblieben; es hat wenigstens subjektiv die Probe der Zeit bestanden. Wer meine anderen Arbeiten (über Ätiologie und Mechanismus der Psychoneurosen) kennt, weiß, daß ich niemals Unfertiges für fertig ausgegeben und mich stets bemüht habe, meine Aussagen nach meinen fortschreitenden Einsichten abzuändern; auf dem Gebiete des Traumlebens durfte ich bei meinen ersten Mitteilungen stehenbleiben. In den langen Jahren meiner Arbeit an den Neurosenproblemen bin ich wiederholt ins Schwanken geraten und an manchem irre geworden; dann war es immer wieder die *Traumdeutung*, an der ich meine Sicherheit wiederfand. Meine zahlreichen wissenschaftlichen Gegner zeigen also einen sicheren Instinkt, wenn sie mir gerade auf das Gebiet der Traumforschung nicht folgen wollen. Auch das Material dieses Buches, diese zum größten Teil durch die Ereignisse entwerteten oder überholten eigenen Träume, an denen ich die Regeln der Traumdeutung erläutert hatte, erwies bei der Revision ein Beharrungsvermögen, das sich eingreifenden Änderungen widersetzte. Für mich hat dieses Buch nämlich noch eine andere subjektive Bedeutung, die ich erst nach seiner Beendigung verstehen konnte. Es erwies sich mir als ein Stück meiner Selbstanalyse, als meine Reaktion auf den Tod meines Vaters, also auf das bedeutsamste Ereignis, den einschneidendsten Verlust im Leben eines Mannes. Nachdem ich dies erkannt hatte, fühlte ich mich unfähig, die Spuren dieser Einwirkung zu verwischen. Für den Leser mag es aber gleichgültig sein, an welchem Material er Träume würdigen und deuten lernt. Wo ich eine unabweisbare Bemerkung nicht in den alten Zusammenhang einfügen konnte, habe ich ihre Herkunft von der zweiten Bearbeitung durch eckige Klammern angedeutet.*

Berchtesgaden, im Sommer 1908.

Vorwort zur dritten Auflage

Während zwischen der ersten und der zweiten Auflage dieses Buches ein Zeitraum von neun Jahren verstrichen ist, hat sich das Bedürfnis einer dritten bereits nach wenig mehr als einem Jahre bemerkbar gemacht. Ich darf mich dieser Wandlung freuen; wenn ich aber vorhin die Vernachlässigung meines Werkes von Seite der Leser nicht als Beweis für dessen Unwert gelten lassen wollte, kann ich das nunmehr zutage getretene Interesse auch nicht als Beweis für seine Trefflichkeit verwerten. Der Fortschritt wissenschaftlicher Erkenntnis hat auch die *Traumdeutung* nicht unberührt gelassen. Als ich sie 1899 niederschrieb, bestand die Sexualtheorie noch nicht, war die Analyse der komplizierteren Formen von

* Diese wurden in den folgenden Auflagen wieder fallengelassen.

Psychoneurosen noch in ihren Anfängen. Die Deutung der Träume sollte ein Hilfsmittel werden, um die psychologische Analyse der Neurosen zu ermöglichen; seither hat das vertiefte Verständnis der Neurosen auf die Auffassung des Traumes zurückgewirkt. Die Lehre von der Traumdeutung selbst hat sich nach einer Richtung weiterentwickelt, auf welche in der ersten Auflage dieses Buches nicht genug Akzent gefallen war. Durch eigene Erfahrung wie durch die Arbeiten von W. Stekel und anderen habe ich seither den Umfang und die Bedeutung der Symbolik im Traume (oder vielmehr im unbewußten Denken) richtiger würdigen gelernt. So hat sich im Laufe dieser Jahre vieles angesammelt, was Berücksichtigung verlangte, Ich habe versucht, diesen Neuerungen durch zahlreiche Einschaltungen in den Text und Anfügung von Fußnoten Rechnung zu tragen. Wenn diese Zusätze nun gelegentlich den Rahmen der Darstellung zu sprengen drohen oder wenn es doch nicht an allen Stellen gelungen ist, den früheren Text auf das Niveau unserer heutigen Einsichten zu heben, so bitte ich für diese Mängel des Buches um Nachsicht, da sie nur Folgen und Anzeichen der nunmehr beschleunigten Entwicklung unseres Wissens sind. Ich getraue mich auch vorherzusagen, nach welchen anderen Richtungen spätere Auflagen der Traumdeutung – falls sich ein Bedürfnis nach solchen ergeben würde – von der vorliegenden abweichen werden. Dieselben müßten einerseits einen engeren Anschluß an den reichen Stoff der Dichtung, des Mythus, des Sprachgebrauchs und der Folklore suchen, anderseits die Beziehungen des Traumes zur Neurose und zur Geistesstörung noch eingehender, als es hier möglich war, behandeln.

Herr Otto Rank hat mir bei der Auswahl der Zusätze wertvolle Dienste geleistet und die Revision der Druckbogen allein besorgt. Ich bin ihm und vielen anderen für ihre Beiträge und Berichtigungen zu Dank verpflichtet.

Wien, im Frühjahr 1911.

Vorwort zur vierten Auflage

Im Vorjahre (1913) hat Dr. A. A. Brill in New York eine englische Übersetzung dieses Buches zustande gebracht. (*The Interpretation of Dreams*. G. Allen & Co., London.)

Herr Dr. Otto Rank hat diesmal nicht nur die Korrekturen besorgt, sondern auch den Text um zwei selbständige Beiträge bereichert. (Anhang zu Kapitel VI.)

Wien, im Juni 1914.

Vorwort zur fünften Auflage

Das Interesse für die Traumdeutung hat auch während des Weltkrieges nicht geruht und noch vor Beendigung desselben eine neue Auflage notwendig gemacht. In dieser konnte aber die neue Literatur seit 1914 nicht voll berücksichtigt werden; soweit sie fremdsprachig war, kam sie überhaupt nicht zu meiner und Dr. Ranks Kenntnis.

Eine ungarische Übersetzung der Traumdeutung, von den Herren Dr. Hollós und Dr. Ferenczi besorgt, ist dem Erscheinen nahe. In meinen 1916/17 veröffentlichten *Vorlesungen zur Einführung in die Psychoanalyse* (bei H. Heller, Wien) ist das elf Vorlesungen umfassende Mittelstück einer Darstellung des Traumes gewidmet, welche elementarer zu sein bestrebt ist und einen innigeren Anschluß an die Neurosenlehre herzustellen beabsichtigt. Sie hat im ganzen den Charakter eines Auszugs aus der Traumdeutung, obwohl sie an einzelnen Stellen Ausführlicheres bietet.

Zu einer gründlichen Umarbeitung dieses Buches, welche es auf das Niveau unserer heutigen psychoanalytischen Anschauungen heben, dafür aber seine historische Eigenart vernichten würde, konnte ich mich nicht entschließen. Ich meine aber, es hat in nahezu zwanzigjähriger Existenz seine Aufgabe erledigt.

Budapest-Steinbruch, im Juli 1918.

Vorwort zur sechsten Auflage

Die Schwierigkeiten, unter denen gegenwärtig das Buchgewerbe steht, haben zur Folge gehabt, daß diese neue Auflage weit später erschienen ist, als dem Bedarf entsprochen hätte, und daß sie – zum ersten Male – als unveränderter Abdruck der ihr vorhergehenden auftritt. Nur das Literaturverzeichnis am Ende des Buches ist von Dr. O. Rank vervollständigt und fortgeführt worden.

Meine Annahme, dieses Buch hätte in nahezu zwanzigjähriger Existenz seine Aufgabe erledigt, hat also keine Bestätigung gefunden. Ich könnte vielmehr sagen, daß es eine neue Aufgabe zu erfüllen hat. Handelte es sich früher darum, einige Aufklärungen über das Wesen des Traumes zu geben, so wird es jetzt ebenso wichtig, den hartnäckigen Mißverständnissen zu begegnen, denen diese Aufklärungen ausgesetzt sind.

Wien, im April 1921.

Vorwort zur achten Auflage

In den Zeitraum zwischen der letzten, siebenten Auflage dieses Buches (1922) und der heutigen Erneuerung fällt die Ausgabe meiner Gesammelten Schriften, veranstaltet vom Internationalen Psychoanalytischen Verlag in Wien. In diesen bildet der wiederhergestellte Text der ersten Auflage den zweiten Band, alle späteren Zusätze sind im dritten Band vereinigt. Die in der gleichen Zwischenzeit erschienenen Übersetzungen schließen an die selbständige Erscheinungsform des Buches an, so die französische von I. Meyerson 1926 unter dem Titel *La science des rêves* (in der Bibliothéque de Philosophie contemporaine), die schwedische von John Landquist 1927 (*Drömtydning*) und die spanische von Luis López-Ballesteros y de Torres, die den VI. und VII. Band der *Obras Completas* füllt. Die ungarische Übersetzung, die ich bereits 1918 für nahe bevorstehend hielt, liegt auch heute nicht vor. Auch in der hier vorliegenden Revision der *Traumdeutung* habe ich das Werk im wesentlichen als historisches Dokument behandelt und nur solche Änderungen an ihm vorgenommen, als mir durch die Klärung und Vertiefung meiner eigenen Meinungen nahegelegt waren. Im Zusammenhang mit dieser Einstellung, habe ich es endgültig aufgegeben, die Literatur der Traumprobleme seit dem ersten Erscheinen der Traumdeutung in dies Buch aufzunehmen, und die entsprechenden Abschnitte früherer Auflagen weggelassen. Ebenso sind die beiden Aufsätze *Traum und Dichtung* und *Traum und Mythus* entfallen, die Otto Rank zu den früheren Auflagen beigesteuert hatte.

Wien, im Dezember 1929.

I
DIE WISSENSCHAFTLICHE LITERATUR DER TRAUMPROBLEME

Auf den folgenden Blättern werde ich den Nachweis erbringen, daß, es eine psychologische Technik gibt, welche gestattet, Träume zu deuten, und daß bei Anwendung dieses Verfahrens jeder Traum sich als ein sinnvolles psychisches Gebilde herausstellt, welches an angebbarer Stelle in das seelische Treiben des Wachens einzureihen ist. Ich werde ferner versuchen, die Vorgänge klarzulegen, von denen die Fremdartigkeit und Unkenntlichkeit des Traumes herrührt, und aus ihnen einen Rückschluß auf die Natur der psychischen Kräfte ziehen, aus deren Zusammen- oder Gegeneinanderwirken der Traum hervorgeht. So weit gelangt, wird meine Darstellung abbrechen, denn sie wird den Punkt erreicht haben, wo das Problem des Träumens in umfassendere Probleme einmündet, deren Lösung an anderem Material in Angriff genommen werden muß.

Eine Übersicht über die Leistungen früherer Autoren sowie über den gegenwärtigen Stand der Traumprobleme in der Wissenschaft stelle ich voran, weil ich im Verlaufe der Abhandlung nicht häufig Anlaß haben werde, darauf zurückzukommen. Das wissenschaftliche Verständnis des Traumes ist nämlich trotz mehrtausendjähriger Bemühung sehr wenig weit gediehen. Dies wird von den Autoren so allgemein zugegeben, daß es überflüssig scheint, einzelne Stimmen anzuführen. In den Schriften, deren Verzeichnis ich zum Schlusse meiner Arbeit anfüge, finden sich viele anregende Bemerkungen und reichlich interessantes Material zu unserem Thema, aber nichts oder wenig, was das Wesen des Traumes träfe oder eines seiner Rätsel endgültig löste. Noch weniger ist natürlich in das Wissen der gebildeten Laien übergegangen.

Welche Auffassung der Traum in den Urzeiten der Menschheit bei den primitiven Völkern gefunden und welchen Einfluß er auf die Bildung ihrer Anschauungen von der Welt und von der Seele genommen haben mag, das ist ein Thema von so hohem Interesse, daß ich es nur ungern von der Bearbeitung in diesem Zusammenhange ausschließe. Ich verweise auf die bekannten Werke von *Sir J. Lubbock, H. Spencer, E. B. Tylor* u. a. und füge nur hinzu, daß uns die Tragweite dieser Probleme und Spekulationen erst begreiflich werden kann, nachdem wir die uns vorschwebende Aufgabe der „Traumdeutung" erledigt haben.

Ein Nachklang der urzeitlichen Auffassung des Traumes liegt offenbar der Traumschätzung bei den Völkern des klassischen Altertums zugrunde.[1] Es war bei ihnen Voraussetzung, daß die Träume mit der Welt übermenschlicher Wesen, an die sie glaubten, in Beziehung stünden und Offenbarungen von seiten der Götter und Dämonen brächten. Ferner drängte sich ihnen auf, daß die Träume eine für den Träumer bedeutsame Absicht hätten, in der Regel, ihm die Zukunft zu verkünden.

Die außerordentliche Verschiedenheit in dem Inhalt und dem Eindruck der Träume machte es allerdings schwierig, eine einheitliche Auffassung derselben durchzuführen, und nötigte zu mannigfachen Unterscheidungen und Gruppenbildungen der Träume, je nach ihrem Wert und ihrer Zuverlässigkeit. Bei den einzelnen Philosophen des Altertums war die Beurteilung des Traumes natürlich nicht unabhängig von der Stellung, die sie der Mantik überhaupt einzuräumen bereit waren.

In den beiden den Traum behandelnden Schriften des *Aristoteles* ist der Traum bereits Objekt der Psychologie geworden. Wir hören, der Traum sei nicht gottgesandt, nicht göttlicher Natur, wohl aber dämonischer, da ja die Natur dämonisch, nicht göttlich ist, d. h. der Traum entstammt keiner übernatürlichen Offenbarung, sondern folgt aus den Gesetzen des allerdings mit der Gottheit verwandten menschlichen Geistes. Der Traum wird definiert als die Seelentätigkeit des Schlafenden, insofern er schläft.

Aristoteles kennt einige der Charaktere des Traumlebens, z. B. daß der Traum kleine, während des Schlafes eintretende Reize ins Große umdeutet („man glaubt, durch ein Feuer zu gehen und heiß zu werden, wenn nur eine ganz unbedeutende Erwärmung dieses oder jenes Gliedes stattfindet"), und zieht aus diesem Verhalten den Schluß, daß die Träume sehr wohl die ersten bei Tag nicht bemerkten Anzeichen einer beginnenden Veränderung im Körper dem Arzt verraten könnten.[2]

Die Alten vor *Aristoteles* haben den Traum bekanntlich nicht für ein Erzeugnis der träumenden Seele gehalten, sondern für eine Eingebung von göttlicher Seite, und die beiden gegensätzlichen Strömungen, die wir in der Schätzung des Traumlebens als jederzeit vorhanden auffinden werden, machten sich bereits bei ihnen geltend. Man unterschied wahrhafte und wertvolle Träume, dem Schläfer

[1] Das Folgende nach Büchsenschütz' sorgfältiger Darstellung (1868).

[2] Über die Beziehung des Traumes zu den Krankheiten handelt der griechische Arzt Hippokrates in einem Kapitel seines berühmten Werkes.

gesandt, um ihn zu warnen oder ihm die Zukunft zu verkünden, von eiteln, trügerischen und nichtigen, deren Absicht es war, ihn in die Irre zu führen oder ins Verderben zu stürzen.

Gruppe (*Griechische Mythologie und Religionsgeschichte*. S. 390) gibt eine solche Einteilung der Träume nach Makrobius und Artemidoros wieder: „Man teilte die Träume in zwei Klassen. Die eine sollte nur durch die Gegenwart (oder Vergangenheit) beeinflußt, für die Zukunft aber bedeutungslos sein; sie umfaßte die *ἐνύπνια*, *insomnia* die unmittelbar die gegebene Vorstellung oder ihr Gegenteil wiedergeben, z. B. den Hunger oder dessen Stillung, und die *φαντάσματα*, welche die gegebene Vorstellung phantastisch erweitern, wie z. B. der Alpdruck, *ephialtes*. Die andere Klasse dagegen galt als bestimmend für die Zukunft; zu ihr gehören: 1) die direkte Weissagung, die man im Traume empfängt (*χρηματισμός*, *oraculum*), 2) das Voraussagen eines bevorstehenden Ereignisses (*ὅραμα*, *visio*), 3) der symbolische, der Auslegung bedürftige Traum (*ὄνειρος*, *somnium*). Diese Theorie hat sich viele Jahrhunderte hindurch erhalten."

Mit dieser wechselnden Einschätzung der Träume stand die Aufgabe einer „Traumdeutung" im Zusammenhange. Da man von den Träumen im allgemeinen wichtige Aufschlüsse erwartete, aber nicht alle Träume unmittelbar verstand und nicht wissen konnte, ob nicht ein bestimmter unverständlicher Traum doch Bedeutsames ankündigte, war der Anstoß zu einer Bemühung gegeben, welche den unverständlichen Inhalt des Traums durch einen einsichtlichen und dabei bedeutungsvollen ersetzen konnte. Als die größte Autorität in der Traumdeutung galt im späteren Altertum *Artemidoros* aus Daldis, dessen ausführliches Werk uns für die verloren gegangenen Schriften des nämlichen Inhaltes entschädigen muß.[3]

Die vorwissenschaftliche Traumauffassung der Alten stand sicherlich im vollsten Einklange mit ihrer gesamten Weltanschauung, welche als Realität in die Außenwelt zu projizieren pflegte, was nur innerhalb des Seelenlebens Realität hatte. Sie trug überdies dem Haupteindruck Rechnung, welchen das Wachleben durch die am Morgen übrigbleibende Erinnerung von dem Traum empfängt, denn in dieser Erinnerung stellt sich der Traum als etwas Fremdes, das gleichsam aus einer anderen Welt herrührt, dem übrigen psychischen Inhalte entgegen. Es

[3] Die weiteren Schicksale der Traumdeutung im Mittelalter siehe bei Diepgen (1912) und in den Spezialuntersuchungen von M.Förster (1910 u. 1911), Gotthard (1912) u. a. Über die Traumdeutung bei den Juden handeln Almoli (1848), Amram (1901), Löwinger (1908), sowie neuestens, mit Berücksichtigung des psychoanalytischen Standpunktes, Lauer (1913). Kenntnis der arabischen Traumdeutung vermitteln Drexl (1909), F. Schwarz (1913) und der Missionär Tfinkdji (1913), der japanischen Miura und Iwaya, der chinesischen Secker, der indischen Negelein.

wäre übrigens irrig zu meinen, daß die Lehre von der übernatürlichen Herkunft der Träume in unseren Tagen der Anhänger entbehrt; von allen pietistischen und mystischen Schriftstellern abgesehen – die ja recht daran tun, die Reste des ehemals ausgedehnten Gebietes des übernatürlichen besetzt zu halten, solange sie nicht durch naturwissenschaftliche Erklärung erobert sind –, trifft man doch auch auf scharfsinnige und allem Abenteuerlichen abgeneigte Männer, die ihren religiösen Glauben an die Existenz und an das Eingreifen übermenschlicher Geisteskräfte gerade auf die Unerklärbarkeit der Traumerscheinungen zu stützen versuchen (*Haffner*). Die Wertschätzung des Traumlebens von seiten mancher Philosophenschulen, z. B. der Schellingianer, ist ein deutlicher Nachklang der im Altertum unbestrittenen Göttlichkeit des Traumes, und auch über die divinatorische, die Zukunft verkündende Kraft des Traumes ist die Erörterung nicht abgeschlossen, weil die psychologischen Erklärungsversuche zur Bewältigung des angesammelten Materials nicht ausreichen, so unzweideutig auch die Sympathien eines jeden, der sich der wissenschaftlichen Denkungsart ergeben hat, zur Abweisung einer solchen Behauptung hinneigen mögen.

Eine Geschichte unserer wissenschaftlichen Erkenntnis der Traumprobleme zu schreiben ist darum so schwer, weil in dieser Erkenntnis, so wertvoll sie an einzelnen Stellen geworden sein mag, ein Fortschritt längs gewisser Richtungen nicht zu bemerken ist.

Es ist nicht zur Bildung eines Unterbaus von gesicherten Resultaten gekommen, auf dem dann ein nächstfolgender Forscher weitergebaut hätte, sondern jeder neue Autor faßt die nämlichen Probleme von neuem und wie vom Ursprung her wieder an. Wollte ich mich an die Zeitfolge der Autoren halten und von jedem einzelnen im Auszug berichten, welche Ansichten über die Traumprobleme er geäußert, so müßte ich darauf verzichten, ein übersichtliches Gesamtbild vom gegenwärtigen Stande der Traumerkenntnis zu entwerfen; ich habe es darum vorgezogen, die Darstellung an die Themata anstatt an die Autoren anzuknüpfen, und werde bei jedem der Traumprobleme anführen, was an Material zur Lösung desselben in der Literatur niedergelegt ist.

Da es mir aber nicht gelungen ist, die gesamte, so sehr verstreute und auf anderes übergreifende Literatur des Gegenstands zu bewältigen, so muß ich meine Leser bitten, sich zu bescheiden, wenn nur keine grundlegende Tatsache und kein bedeutsamer Gesichtspunkt in meiner Darstellung verlorengegangen ist.

Bis vor kurzem haben die meisten Autoren sich veranlaßt gesehen, Schlaf und Traum in dem nämlichen Zusammenhang abzuhandeln, in der Regel auch die Würdigung analoger Zustände, welche in die Psychopathologie reichen, und traumähnlicher Vorkommnisse (wie der Halluzinationen, Visionen usw.)

anzuschließen. Dagegen zeigt sich in den jüngsten Arbeiten das Bestreben, das Thema eingeschränkt zu halten und etwa eine einzelne Frage aus dem Gebiet des Traumlebens zum Gegenstande zu nehmen. In dieser Veränderung möchte ich einen Ausdruck der Überzeugung sehen, daß in so dunkeln Dingen Aufklärung und Übereinstimmung nur durch eine Reihe von Detailuntersuchungen zu erzielen sein dürften. Nichts anderes als eine solche Detailuntersuchung, und zwar speziell psychologischer Natur, kann ich hier bieten. Ich hatte wenig Anlaß, mich mit dem Problem des Schlafs zu befassen, denn dies ist ein wesentlich physiologisches Problem, wenngleich in der Charakteristik des Schlafzustands die Veränderung der Funktionsbedingungen für den seelischen Apparat mit enthalten sein muß. Es bleibt also auch die Literatur des Schlafs hier außer Betracht.

Das wissenschaftliche Interesse an den Traumphänomenen an sich führt zu den folgenden, zum Teil ineinanderfließenden Fragestellungen:

A
Beziehung des Traumes zum Wachleben

Das naive Urteil des Erwachten nimmt an, daß der Traum – wenn er schon nicht aus einer anderen Welt stammt – doch den Schläfer in eine andere Welt entrückt hatte. Der alte Physiologe *Burdach*, dem wir eine sorgfältige und feinsinnige Beschreibung der Traumphänomene verdanken, hat dieser Überzeugung in einem viel bemerkten Satze Ausdruck gegeben (S. 474): „... nie wiederholt sich das Leben des Tages mit seinen Anstrengungen und Genüssen, seinen Freuden und Schmerzen, vielmehr geht der Traum darauf aus, uns davon zu befreien. Selbst wenn unsere ganze Seele von einem Gegenstande erfüllt war, wenn tiefer Schmerz unser Inneres zerrissen oder eine Aufgabe unsere ganze Geisteskraft in Anspruch genommen hatte, gibt uns der Traum entweder etwas ganz Fremdartiges, oder er nimmt aus der Wirklichkeit nur einzelne Elemente zu seinen Kombinationen, oder er geht nur in die Tonart unserer Stimmung ein und symbolisiert die Wirklichkeit." – *I. H. Fichte* (Bd. 1, 541*)* spricht im selben Sinne direkt von *Ergänzungsträumen* und nennt diese eine von den geheimen Wohltaten selbstheilender Natur des Geistes. – In ähnlichem Sinne äußert sich noch L. Strümpell in der mit Recht von allen Seiten hochgehaltenen Studie über die Natur und Entstehung der Träume (S. 16): „Wer träumt, ist der Welt des wachen Bewußtseins abgekehrt...". (S. 17): „Im Traume geht das Gedächtnis für den geordneten Inhalt des wachen Bewußtseins und dessen normales Verhalten so gut wie ganz verloren..." (S. 19): „Die fast erinnerungslose Abgeschiedenheit der Seele im Traum von dem regelmäßigen Inhalte und Verlaufe des wachen Lebens..."

Die überwiegende Mehrheit der Autoren hat aber für die Beziehung des Traumes zum Wachleben die entgegengesetzte Auffassung vertreten. So *Haffner* (S. 245): „Zunächst setzt der Traum das Wachleben fort. Unsere Träume schließen sich stets an die kurz zuvor im Bewußtsein gewesenen Vorstellungen an. Eine genaue Beobachtung wird beinahe immer einen Faden finden, in welchem der Traum an die Erlebnisse des vorhergehenden Tages anknüpfte." *Weygandt* (S. 6) widerspricht direkt der oben zitierten Behauptung *Burdachs*, „denn es läßt sich oft, anscheinend in der überwiegenden Mehrzahl der Träume beobachten, daß dieselben uns gerade ins gewöhnliche Leben zurückführen, statt uns davon zu befreien".

Maury (*Le sommeil et les rêves* S. 51) sagt in einer knappen Formel: „*nous rêvons de ce que nous avons vu, dit, désiré ou fait*"; *Jessen* in seiner 1855 erschienenen *Psychologie* (S. 530) etwas ausführlicher: „Mehr oder weniger wird der Inhalt der Träume stets bestimmt durch die individuelle Persönlichkeit, durch das Lebensalter, Geschlecht, Stand, Bildungsstufe, gewohnte Lebensweise und durch die Ereignisse und Erfahrungen des ganzen bisherigen Lebens."

Am unzweideutigsten nimmt zu dieser Frage der Philosoph *J. G. E. Maaß* (*Über die Leidenschaften,* 1805) Stellung: „Die Erfahrung bestätigt unsere Behauptung, daß wir am häufigsten von den Dingen träumen, auf welche unsere wärmsten Leidenschaften gerichtet sind. Hieraus sieht man, daß unsere Leidenschaften auf die Erzeugung unserer Träume Einfluß haben müssen. Der Ehrgeizige träumt von den (vielleicht nur in seiner Einbildung) errungenen oder noch zu erringenden Lorbeeren, indes der Verliebte sich in seinen Träumen mit dem Gegenstand seiner süßen Hoffnungen beschäftigt ... Alle sinnlichen Begierden und Verabscheuungen, die im Herzen schlummern, können, wenn sie durch irgendeinen Grund angeregt werden, bewirken, daß aus den mit ihnen vergesellschafteten Vorstellungen ein Traum entsteht oder daß sich diese Vorstellungen in einen bereits vorhandenen Traum einmischen." (Mitgeteilt von *Winterstein*, im Zbl. für Psychoanalyse 1912.)

Nicht anders dachten die Alten über die Abhängigkeit des Trauminhaltes vom Leben. Ich zitiere nach *Radestock* (S. 134): Als Xerxes vor seinem Zuge gegen Griechenland von diesem seinem Entschluß durch guten Rat abgelenkt, durch Träume aber immer wieder dazu angefeuert wurde, sagte schon der alte rationelle Traumdeuter der Perser, Artabanos, treffend zu ihm, daß die Traumbilder meist das enthielten, was der Mensch schon im Wachen denke.

Im Lehrgedicht des *Lucretius*, *De rerum natura*, findet sich (IV, 962*)* die Stelle:

„*Et quo quisque fere studio devinctus adhaeret,*
aut quibus in rebus multum sumus ante morati
atque in ea ratione fuit contenta magis mens,
in somnis eadem plerumque videmur obire;
causidici causas agere et componere leges,
induperatores pugnare ac proelia obire, ... etc. etc."*

Cicero (*De Divinatione* II) sagt ganz ähnlich, wie so viel später *Maury*: „*Maximeque reliquiae earum rerum moventur in anirnis et agitantur, de quibus vigilantes aut cogitavimus aut egimus.*"**

Der Widerspruch dieser beiden Ansichten über die Beziehung von Traumleben und Wachleben scheint in der Tat unauflösbar. Es ist darum am Platze, der Darstellung von *F. W. Hildebrandt* (1875) zu gedenken, welcher meint, die Eigentümlichkeiten des Traums ließen sich überhaupt nicht anders beschreiben als durch eine „Reihe von Gegensätzen, welche scheinbar bis zu Widersprüchen sich zuspitzen". „Den ersten dieser Gegensätze bilden einerseits die strenge Abgeschiedenheit oder Abgeschlossenheit des Traumes von dem wirklichen und wahren Leben, und anderseits das stete Hinübergreifen des einen in das andere, die stete Abhängigkeit des einen von dem andern. – Der Traum ist etwas von der wachend erlebten Wirklichkeit durchaus Gesondertes, man möchte sagen, ein in sich selbst hermetisch abgeschlossenes Dasein, von dem wirklichen Leben getrennt durch eine unübersteigliche Kluft. Er macht uns von der Wirklichkeit los, löscht die normale Erinnerung an dieselbe in uns aus und stellt uns in eine andere Welt und in eine ganz andere Lebensgeschichte, die im Grunde nichts mit der wirklichen zu schaffen hat ..." *Hildebrandt* führt dann aus, wie mit dem Einschlafen unser ganzes Sein mit seinen Existenzformen „wie hinter einer unsichtbaren Falltür" verschwindet. Man macht dann etwa im Traum eine Seereise nach St. Helena, um dem dort gefangenen Napoleon etwas Vorzügliches in Moselweinen anzubieten. Man wird von dem Exkaiser aufs liebenswürdigste empfangen und bedauert fast, die interessante Illusion durch das Erwachen gestört zu sehen. Nun aber vergleicht man die Traumsituation mit der Wirklichkeit. Man war nie Weinhändler und hat's auch nie werden wollen.

* [„Welchem Geschäfte man nun im Geist am eifrigsten obliegt, / Oder wobei sich zuvor das Gemüt am meisten verweilt hat, / Sich der Verstand darauf mit strengerem Fleiße verwendet, / Ebendasselbe kommt gewöhnlich uns wieder im Traum vor. / Rechtsgelehrte verfassen Gesetz' und führen Prozesse; / Feldherrn ordnen das Heer und liefern blutige Schlachten …" (Übers. v. Karl Ludwig von Knebel, 1831.)]

** [„... besonders aber wälzen und tummeln sich in den Seelen die Reste derjenigen Gegenstände umher, die wir wachend gedacht und getrieben haben." – *Von der Weissagung*, II. Buch. Übers v. G. H. Moser.]

Man hat nie eine Seereise gemacht und würde St. Helena am wenigsten zum Ziel einer solchen nehmen. Gegen Napoleon hegt man durchaus keine sympathische Gesinnung, sondern einen grimmigen patriotischen Haß. Und zu alledem war der Träumer überhaupt noch nicht unter den Lebenden, als Napoleon auf der Insel starb; eine persönliche Beziehung zu ihm zu knüpfen lag außerhalb des Bereiches der Möglichkeit. So erscheint das Traumerlebnis als etwas eingeschobenes Fremdes zwischen zwei vollkommen zueinander passenden und einander fortsetzenden Lebensabschnitten.

„Und dennoch", setzt *Hildebrandt* fort „ebenso wahr und richtig ist das scheinbare Gegenteil. Ich meine, mit dieser Abgeschlossenheit und Abgeschiedenheit geht doch die innigste *Beziehung* und Verbindung Hand in Hand. Wir dürfen geradezu sagen: Was der Traum auch irgend biete, er nimmt das Material dazu aus der Wirklichkeit und aus dem Geistesleben, welches an dieser Wirklichkeit sich abwickelt ... Wie wunderlich er's damit treibe, er kann doch eigentlich niemals von der realen Welt los, und seine sublimsten wie possenhaftesten Gebilde müssen immer ihren Grundstoff entlehnen von dem, was entweder in der Sinnenwelt uns vor Augen getreten ist oder in unserem wachen Gedankengange irgendwie bereits Platz gefunden hat, mit anderen Worten, von dem, was wir äußerlich oder innerlich bereits erlebt haben."

B
Das Traummaterial – Das Gedächtnis im Traum

Daß alles Material, das den Trauminhalt zusammensetzt, auf irgendeine Weise vom Erlebten abstammt, also im Traum reproduziert, erinnert wird, dies wenigstens darf uns als unbestrittene Erkenntnis gelten. Doch wäre es ein Irrtum anzunehmen, daß ein solcher Zusammenhang des Trauminhaltes mit dem Wachleben sich mühelos als augenfälliges Ergebnis der angestellten Vergleichung ergeben muß. Derselbe muß vielmehr aufmerksam gesucht werden und weiß sich in einer ganzen Reihe von Fällen für lange Zeit zu verbergen. Der Grund hiefür liegt in einer Anzahl von Eigentümlichkeiten, welche die Erinnerungsfähigkeit im Traume zeigt und die, obwohl allgemein bemerkt, sich doch bisher jeder Erklärung entzogen haben. Es wird der Mühe lohnen, diese Charaktere eingehend zu würdigen.

Es kommt zunächst vor, daß im Trauminhalt ein Material auftritt, welches man dann im Wachen nicht als zu seinem Wissen und Erleben gehörig anerkennt. Man erinnert wohl, daß man das Betreffende geträumt, aber erinnert nicht, daß und wann man es erlebt hat. Man bleibt dann im unklaren darüber, aus welcher Quelle der Traum geschöpft hat, und ist wohl versucht, an eine selbständig produzierende Tätigkeit des Traumes zu glauben, bis oft nach langer Zeit ein neues Erlebnis die verloren gegebene Erinnerung an das frühere Erlebnis wiederbringt und damit die Traumquelle aufdeckt. Man muß dann zugestehen, daß man im Traum etwas gewußt und erinnert hatte, was der Erinnerungsfähigkeit im Wachen entzogen war.[4]

Ein besonders eindrucksvolles Beispiel dieser Art erzählt *Delboeuf* aus seiner eigenen Traumerfahrung. Er sah im Traum den Hof seines Hauses mit Schnee bedeckt und fand zwei kleine Eidechsen halb erstarrt und unter dem Schnee begraben, die er als Tierfreund aufnahm, erwärmte und in die für sie bestimmte kleine Höhle im Gemäuer zurückbrachte. Außerdem steckte er ihnen einige Blätter von einem kleinen Farnkraut zu, das auf der Mauer wuchs und das sie, wie er wußte, sehr liebten. Im Traum kannte er den Namen der Pflanze: *Asplenium ruta muralis*. – Der Traum ging dann weiter, kehrte nach einer Einschaltung zu den Eidechsen zurück und zeigte *Delboeuf* zu seinem Erstaunen zwei neue Tierchen, die sich über die Reste des Farns hergemacht hatten. Dann wandte er den Blick aufs freie Feld, sah eine fünfte, eine sechste Eidechse den Weg zu dem Loch in der Mauer nehmen, und endlich war die ganze Straße bedeckt von einer Prozession von Eidechsen, die alle in derselben Richtung wanderten usw.

Delboeufs Wissen umfaßte im Wachen nur wenige lateinische Pflanzennamen und schloß die Kenntnis eines *Asplenium* nicht ein. Zu seinem großen Erstaunen mußte er sich überzeugen, daß ein Farn dieses Namens wirklich existiert. *Asplenium ruta muraria* war seine richtige Bezeichnung, die der Traum ein wenig entstellt hatte. An ein zufälliges Zusammentreffen konnte man wohl nicht denken; es blieb aber für *Delboeuf* rätselhaft, woher er im Traume die Kenntnis des Namens *Asplenium* genommen hatte.

Der Traum war im Jahre 1862 vorgefallen; sechzehn Jahre später erblickt der Philosoph bei einem seiner Freunde, den er besucht, ein kleines Album mit getrockneten Blumen, wie sie als Erinnerungsgaben in manchen Gegenden der Schweiz an die Fremden verkauft werden. Eine Erinnerung steigt in ihm auf, er öffnet das Herbarium, findet in demselben das *Asplenium* seines Traumes und erkennt seine eigene Handschrift in dem beigefügten lateinischen Namen. Nun ließ sich der Zusammenhang herstellen. Eine Schwester dieses Freundes hatte im Jahre 1860 – zwei Jahre vor dem Eidechsentraum – auf der Hochzeitsreise *Delboeuf* besucht. Sie hatte damals dieses für ihren Bruder bestimmte Album bei sich, und *Delboeuf* unterzog sich der Mühe, unter dem Diktat eines Botanikers zu jedem der getrockneten Pflänzchen den lateinischen Namen hinzuzuschreiben.

---

[4] Vaschide (1911) behauptet auch, es sei oft bemerkt worden, daß man im Traume fremde Sprachen geläufiger und reiner spreche als im Wachen.

Die Gunst des Zufalls, welche dieses Beispiel so sehr mitteilenswert macht, gestattete *Delboeuf*, noch ein anderes Stück aus dem Inhalt dieses Traums auf seine vergessene Quelle zurückzuführen. Eines Tages im Jahre 1877 fiel ihm ein alter Band einer illustrierten Zeitschrift in die Hände, in welcher er den ganzen Eidechsenzug abgebildet sah, wie er ihn 1862 geträumt hatte. Der Band trug die Jahreszahl 1861, und *Delboeuf* wußte sich zu erinnern, daß er von dem Erscheinen der Zeitschrift an zu ihren Abonnenten gehört hatte.

Daß der Traum über Erinnerungen verfügt, welche dem Wachen unzugänglich sind, ist eine so merkwürdige und theoretisch bedeutsame Tatsache, daß ich durch Mitteilung noch anderer „hypermnestischer" Träume die Aufmerksamkeit für sie verstärken möchte. *Maury* erzählt, daß ihm eine Zeitlang das Wort Mussidan bei Tag in den Sinn zu kommen pflegte. Er wußte, daß es der Name einer französischen Stadt sei, aber weiter nichts. Eines Nachts träumte ihm von einer Unterhaltung mit einer gewissen Person, die ihm sagte, sie käme aus Mussidan, und auf seine Frage, wo die Stadt liege, zur Antwort gab: Mussidan sei eine Kreisstadt im *Département de la Dordogne*. Erwacht, schenkte *Maury* der im Traume erhaltenen Auskunft keinen Glauben; das geographische Lexikon belehrte ihn aber, daß sie vollkommen richtig war. In diesem Falle ist das Mehrwissen des Traumes bestätigt, die vergessene Quelle dieses Wissens aber nicht aufgespürt worden.

Jessen erzählt (S. 551) ein ganz ähnliches Traumvorkommnis aus älteren Zeiten: „Dahin gehört u. a. der Traum des älteren Scaliger (*Hennings*, 1784, S. 300), welcher ein Gedicht zum Lobe der berühmten Männer in Verona schrieb und dem ein Mann, welcher sich Brugnolus nannte, im Traume erschien und sich beklagte, daß er vergessen sei. Obgleich Scaliger sich nicht erinnerte, je etwas von ihm gehört zu haben, so machte er doch Verse auf ihn, und sein Sohn erfuhr nachher in Verona, daß ehemals ein solcher Brugnolus als Kritiker daselbst berühmt gewesen sei."

Einen hypermnestischen Traum, welcher sich durch die besondere Eigentümlichkeit auszeichnet, daß sich in einem darauffolgenden Traum die Agnoszierung der zuerst nicht erkannten Erinnerung vollzieht, erzählt der *Marquis d'Hervey de St. Denis* (nach *Vaschide*, S. 232 f.): „Ich träumte einmal von einer jungen Frau mit goldblondem Haar, die ich mit meiner Schwester plaudern sah, während sie ihr eine Stickereiarbeit zeigte. Im Traume kam sie mir sehr bekannt vor, ich meinte sogar, sie zu wiederholten Malen gesehen zu haben. Nach dem Erwachen habe ich dieses Gesicht noch lebhaft vor mir, kann es aber absolut nicht erkennen. Ich schlafe nun wieder ein, das Traumbild wiederholt sich. In diesem neuen Traume spreche ich nun die blonde Dame an und frage sie, ob ich nicht schon das Vergnügen gehabt, sie irgendwo zu treffen. ‚Gewiß', antwortet die Dame, ‚erinnern Sie sich nur an das Seebad von Pornic.' Sofort wachte ich wieder auf und weiß mich nun mit aller Sicherheit an die Einzelheiten zu besinnen, mit denen dieses anmutige Traumgesicht verknüpft war."

Derselbe Autor (bei *Vaschide*, S. 233) berichtet: Ein ihm bekannter Musiker hörte einmal im Traum eine Melodie, die ihm völlig neu erschien. Erst mehrere Jahre später fand er dieselbe in einer alten Sammlung von Musikstücken aufgezeichnet, die vorher in der Hand gehabt zu haben er sich noch immer nicht erinnert.

An einer mir leider nicht zugänglichen Stelle (*Proceedings of the Society for Psychical Research*) soll *Myers* 1892 eine ganze Sammlung solcher hypermnestischer Träume veröffentlicht haben. Ich meine, jeder, der sich mit Träumen beschäftigt, wird es als ein sehr gewöhnliches Phänomen anerkennen müssen, daß der Traum Zeugnis für Kenntnisse und Erinnerungen ablegt, welche der Wachende nicht zu besitzen vermeint. In den psychoanalytischen Arbeiten mit Nervösen, von denen ich später berichten werde, komme ich jede Woche mehrmals in die Lage, den Patienten aus ihren Träumen zu beweisen, daß sie Zitate, obszöne Worte u. dgl. eigentlich sehr gut kennen und daß sie sich ihrer im Traume bedienen, obwohl sie sie im wachen Leben vergessen haben. Einen harmlosen Fall von Traumhypermnesie will ich hier noch mitteilen, weil sich bei ihm die Quelle, aus welcher die nur dem Traum zugängliche Kenntnis stammte, sehr leicht auffinden ließ.

Ein Patient träumte in einem längeren Zusammenhange, daß er sich in einem Kaffeehaus eine „*Kontuszówka*" geben lasse, fragte aber nach der Erzählung, was das wohl sei; er habe den Namen nie gehört. Ich konnte antworten, *Kontuszówka* sei ein polnischer Schnaps, den er im Traume nicht erfunden haben könne, da mir der Name von Plakaten her schon lange bekannt sei. Der Mann wollte mir zuerst keinen Glauben schenken. Einige Tage später, nachdem er seinen Traum im Kaffeehaus hatte zur Wirklichkeit werden lassen, bemerkte er den Namen auf einem Plakate, und zwar an einer Straßenecke, welche er seit Monaten wenigstens zweimal im Tage hatte passieren müssen.

Ich habe selbst an eigenen Träumen erfahren, wie sehr man mit der Aufdeckung der Herkunft einzelner Traumelemente vom Zufalle abhängig bleibt. So verfolgte mich durch Jahre vor der Abfassung dieses Buches das Bild eines sehr einfach gestalteten Kirchturmes, den gesehen zu haben ich mich nicht erinnern konnte. Ich erkannte ihn dann plötzlich, und zwar mit voller Sicherheit, auf einer kleinen Station zwischen Salzburg und Reichenhall. Es war in der zweiten Hälfte der neunziger Jahre, und ich hatte die Strecke im Jahre 1886 zum erstenmal befahren. In späteren Jahren, als ich mich bereits intensiv mit dem Studium der Träume beschäftigte, wurde das häufig wiederkehrende Traumbild einer gewissen merkwürdigen Lokalität mir geradezu lästig. Ich sah in bestimmter örtlicher Beziehung zu meiner Person, zu meiner Linken, einen dunklen Raum, aus dem mehrere groteske Sandsteinfiguren hervorleuchteten. Ein Schimmer von Erinnerung, dem ich nicht recht glauben wollte, sagte mir, es sei ein Eingang in einen Bierkeller; es gelang mir aber weder aufzuklären, was dieses Traumbild bedeuten wolle, noch woher es stamme. Im Jahre 1907 kam ich zufällig nach Padua, das ich zu meinem Bedauern seit 1895 nicht wieder hatte besuchen können. Mein erster Besuch in der schönen Universitätsstadt war unbefriedigend geblieben, ich hatte die Fresken Giottos in der Madonna dell'Arena nicht besichtigen können und machte mitten auf der dahin führenden Straße kehrt, als man mir mitteilte, das Kirchlein sei an diesem Tage gesperrt. Bei meinem zweiten Besuche, zwölf Jahre später, gedachte ich mich zu entschädigen und suchte vor allem den Weg zur Madonna dell' Arena auf. An der zu ihr führenden Straße, linker Hand von meiner Wegrichtung, wahrscheinlich an der Stelle, wo ich 1895 umgekehrt war, entdeckte ich die Lokalität, die ich so oft im Traume gesehen hatte, mit den in ihr enthaltenen Sandsteinfiguren. Es war in der Tat der Eingang in einen Restaurationsgarten.

Eine der Quellen, aus welcher der Traum Material zur Reproduktion bezieht, zum Teil solches, das in der Denktätigkeit des Wachens nicht erinnert und nicht verwendet wird, ist das Kindheitsleben. Ich werde nur einige der Autoren anführen, die dies bemerkt und betont haben: *Hildebrandt* (S. 23): „Ausdrücklich ist schon zugegeben worden, daß der Traum bisweilen mit wunderbarer Reproduktionskraft uns ganz abgelegene und selbst vergessene Vorgänge aus fernster Zeit treu vor die Seele zurückführt."

Strümpell (S. 40): „Die Sache steigert sich noch mehr, wenn man bemerkt, wie der Traum mitunter gleichsam aus den tiefsten und massenhaftesten Verschüttungen, welche die spätere Zeit auf die frühesten Jugenderlebnisse gelagert hat, die Bilder einzelner Lokalitäten, Dinge, Personen ganz unversehrt und mit ursprünglicher Frische wieder hervorzieht. Dies beschränkt sich nicht bloß auf solche Eindrücke, die bei ihrer Entstehung ein lebhaftes Bewußtsein gewonnen oder sich mit starken psychischen Werten verbunden haben und nun später im Traum als eigentliche Erinnerungen wiederkehren, an denen das erwachte Bewußtsein sich erfreut. Die Tiefe des Traumgedächtnisses umfaßt vielmehr auch solche Bilder von Personen, Dingen, Lokalitäten und Erlebnissen der frühesten Zeit, die entweder nur ein geringes Bewußtsein oder keinen psychischen Wert besaßen oder längst das eine wie das andere verloren hatten und deshalb auch sowohl im Traum wie nach dem Erwachen als gänzlich fremd und unbekannt erscheinen, bis ihr früher Ursprung entdeckt wird."

Volkelt (S.119): „Besonders bemerkenswert ist es, wie gern Kindheits- und Jugenderinnerungen in den Traum eingehen. Woran wir längst nicht mehr denken, was längst für uns alle Wichtigkeit verloren: der Traum mahnt uns daran unermüdlich."

Die Herrschaft des Traumes über das Kindheitsmaterial, welches bekanntlich zum größten Teil in die Lücken der bewußten Erinnerungsfähigkeit fällt, gibt Anlaß zur Entstehung von interessanten hypermnestischen Träumen, von denen ich wiederum einige Beispiele mitteilen will.

Maury erzählt (*Le sommeil*, S. 92), daß er von seiner Vaterstadt Meaux als Kind häufig nach dem nahe gelegenen Trilport gekommen war, wo sein Vater den Bau einer Brücke leitete. In einer Nacht versetzt ihn der Traum nach Trilport und läßt ihn wieder in den Straßen der Stadt spielen. Ein Mann nähert sich ihm, der eine Art Uniform trägt. *Maury* fragt ihn nach seinem Namen; er stellt sich vor, er heiße C ... und sei Brückenwächter. Nach dem Erwachen fragt der an der Wirklichkeit der Erinnerung noch zweifelnde *Maury* eine alte Dienerin, die seit der Kindheit bei ihm ist, ob sie sich an einen Mann dieses Namens erinnern kann. „Gewiß", lautet die Antwort, „er war der Wächter der Brücke, die Ihr Vater damals gebaut hat."

Ein ebenso schön bestätigtes Beispiel von der Sicherheit der im Traume auftretenden Kindheitserinnerung berichtet *Maury* von einem Herrn. F ..., der als Kind in Montbrison aufgewachsen war. Dieser Mann beschloß, fünfundzwanzig Jahre nach seinem Weggang, die Heimat und alte, seither nicht gesehene Freunde der Familie wieder zu besuchen. In der Nacht vor seiner Abreise träumt er, daß er am Ziele ist und in der Nähe von Montbrison einem ihm vom Ansehen unbekannten Herrn begegnet, der ihm sagt, er sei der Herr T., ein Freund seines Vaters. Der Träumer wußte, daß er einen Herrn dieses Namens als Kind gekannt hatte, erinnerte sich aber im Wachen nicht mehr an sein Aussehen. Einige Tage später nun wirklich in Montbrison angelangt, findet er die für unbekannt gehaltene Lokalität des Traumes wieder und begegnet einem Herrn, den er sofort als den T. des Traumes erkennt. Die wirkliche Person war nur stärker gealtert, als sie das Traumbild gezeigt hatte.

Ich kann hier einen eigenen Traum erzählen, in dem der zu erinnernde Eindruck durch eine Beziehung ersetzt ist. Ich sah in einem Traum eine Person, von der ich im Traum wußte, es sei der Arzt meines heimatlichen Ortes. Ihr Gesicht war nicht deutlich, sie vermengte sich aber mit der Vorstellung eines meiner Gymnasiallehrer, den ich noch heute gelegentlich treffe. Welche Beziehung die beiden Personen verknüpfe, konnte ich dann im Wachen nicht ausfindig machen. Als ich aber meine Mutter nach dem Arzt dieser meiner ersten Kinderjahre fragte, erfuhr ich, daß er einäugig gewesen war, und einäugig ist auch der Gymnasiallehrer, dessen Person die des Arztes im Traum gedeckt hatte. Es waren achtunddreißig Jahre her, daß ich den Arzt nicht mehr gesehen, und ich habe meines Wissens im wachen Leben niemals an ihn gedacht, obwohl eine Narbe am Kinn mich an seine Hilfeleistung hätte erinnern können.

Es klingt, als sollte ein Gegengewicht gegen die übergroße Rolle der Kindheitseindrücke im Traumleben geschaffen werden, wenn mehrere Autoren behaupten, in den meisten Träumen ließen sich Elemente aus den allerjüngsten Tagen nachweisen. *Robert* (S. 46) äußert sogar: Im allgemeinen beschäftigt sich der normale Traum nur mit den Eindrücken der letztvergangenen Tage. Wir werden allerdings erfahren, daß die von *Robert* aufgebaute Theorie des Traumes eine solche Zurückdrängung der ältesten und Vorschiebung der jüngsten Eindrücke gebieterisch fordert. Die Tatsache aber, der *Robert* Ausdruck gibt, besteht, wie ich nach eigenen Untersuchungen versichern kann, zu Recht. Ein amerikanischer Autor, *Nelson*, meint, am häufigsten fänden sich im Traum Eindrücke vom Tage vor dem Traumtag oder vom dritten Tag vorher verwertet, als ob die Eindrücke des dem Traum unmittelbar vorhergehenden Tages nicht abgeschwächt – nicht abgelegen – genug wären.

Es ist mehreren Autoren, die den intimen Zusammenhang des Trauminhaltes mit dem Wachleben nicht bezweifeln mochten, aufgefallen, daß Eindrücke, welche das wache Denken intensiv beschäftigen, erst dann im Traume auftreten, wenn sie von der Tagesgedankenarbeit einigermaßen zur Seite gedrängt worden sind. So träumt man in der Regel von einem lieben Toten nicht die erste Zeit, solange die Trauer den Überlebenden ganz ausfüllt (*Delage*). Indes hat eine der letzten Beobachterinnen, *Miß Hallam*, auch Beispiele vom gegenteiligen Verhalten gesammelt und vertritt für diesen Punkt das Recht der psychologischen Individualität.

Die dritte, merkwürdigste und unverständlichste Eigentümlichkeit des Gedächtnisses im Traum zeigt sich in der Auswahl des reproduzierten Materials, indem nicht wie im Wachen nur das Bedeutsamste, sondern im Gegenteil auch das Gleichgültigste, Unscheinbarste der Erinnerung wert gehalten wird. Ich lasse hierüber jene Autoren zu Worte kommen, welche ihrer Verwunderung den kräftigsten Ausdruck gegeben haben.

Hildebrandt (S. 11): „Denn das ist das Merkwürdige, daß der Traum seine Elemente in der Regel nicht aus den großen und tiefgreifenden Ereignissen, nicht aus den mächtigen und treibenden Interessen des vergangenen Tages, sondern aus den nebensächlichen Zugaben, sozusagen aus den wertlosen Brokken der jüngst verlebten oder weiter rückwärts liegenden Vergangenheit nimmt. Der erschütternde Todesfall in unserer Familie, unter dessen Eindrücken wir spät einschlafen, bleibt ausgelöscht aus unserem Gedächtnisse, bis ihn der erste wache Augenblick mit betrübender Gewalt in dasselbe zurückkehren läßt. Dagegen die Warze auf der Stirn eines Fremden, der uns begegnete und an den wir keinen Augenblick mehr dachten, nachdem wir an ihm vorübergegangen waren, die spielt eine Rolle in unserem Traume ..."

Strümpell (S. 39): „... solche Fälle, wo die Zerlegung eines Traumes Bestandteile desselben auffindet, die zwar aus den Erlebnissen des vorigen oder vorletzten Tages stammen, aber doch so unbedeutend und wertlos für das wache Bewußtsein waren, daß sie kurz nach dem Erleben der Vergessenheit anheimfielen. Dergleichen Erlebnisse sind etwa zufällig gehörte Äußerungen oder oberflächlich bemerkte Handlungen eines anderen, rasch vorübergegangene Wahrnehmungen von Dingen oder Personen, einzelne kleine Stücke aus einer Lektüre u. dgl."

Havelock Ellis (S. 727): „*The profound emotions of waking life, the questions and problems on which we spread our chief voluntary mental energy, are not those which usually present themselves at once to dream consciousness. It is, so far as the immediate past is concerned, mostly the trifling, the incidental, the forgotten impressions of daily life which reappear in our dreams. The psychic activities that are awake most intensely are those that sleep most profoundly.*"

Binz (S. 44) nimmt gerade die in Rede stehenden Eigentümlichkeiten des Gedächtnisses im Traume zum Anlaß, seine Unbefriedigung mit den von ihm selbst unterstützten Erklärungen des Traumes auszusprechen: „Und der natürliche Traum stellt uns ähnliche Fragen. Warum träumen wir nicht immer die Gedächtniseindrücke der letztverlebten Tage, sondern tauchen oft ein, ohne irgend erkennbares Motiv, in weit hinter uns liegende, fast erloschene Vergangenheit? Warum empfängt im Traum das Bewußtsein so oft den Eindruck *gleichgültiger* Erinnerungsbilder, während die Gehirnzellen da, wo sie die reizbarsten Aufzeichnungen des Erlebten in sich tragen, meist stumm und starr liegen, es sei denn, daß eine akute Auffrischung während des Wachens sie kurz vorher erregt hatte?"

Man sieht leicht ein, wie die sonderbare Vorliebe des Traumgedächtnisses für das Gleichgültige und darum Unbeachtete an den Tageserlebnissen zumeist dazu führen mußte, die Abhängigkeit des Traumes vom Tagesleben überhaupt zu verkennen und dann wenigstens den Nachweis derselben in jedem einzelnen Falle zu erschweren. So war es möglich, daß Miß *Whiton Calkin*s bei der statistischen Bearbeitung ihrer (und ihres Gefährten) Träume doch elf Prozent der Anzahl übrig behielt, in denen eine Beziehung zum Tagesleben nicht ersichtlich war. Sicherlich hat *Hildebrandt* mit der Behauptung recht, daß sich alle Traumbilder uns genetisch erklären würden, wenn wir jedesmal Zeit und Sammlung genug darauf verwendeten, ihrer Herkunft nachzuspüren. Er nennt dies freilich „ein äußerst mühseliges und undankbares Geschäft. Denn es liefe ja meistens darauf hinaus, allerlei psychisch ganz wertlose Dinge in den abgelegensten Winkeln der Gedächtniskammer aufzustöbern, allerlei völlig indifferente Momente längst vergangener Zeit aus der Verschüttung, die ihnen vielleicht schon die nächste Stunde brachte, wieder zutage zu fördern". Ich muß aber doch bedauern, daß der scharfsinnige Autor sich von der Verfolgung des so unscheinbar beginnenden Weges abhalten ließ; er hätte ihn unmittelbar zum Zentrum der Traumerklärung geleitet.

Das Verhalten des Traumgedächtnisses ist sicherlich höchst bedeutsam für jede Theorie des Gedächtnisses überhaupt. Es lehrt, daß „Nichts, was wir geistig einmal besessen, ganz und gar verlorengehen kann" (*Scholz*, S. 34). Oder, wie *Delboeuf* es ausdrückt, *„que toute impression même la plus insignifiante, laisse une trace inaltérable, indéfiniment susceptible de reparaître au jour"*, ein Schluß, zu welchem so viele andere, pathologische Erscheinungen des Seelenlebens gleichfalls drängen. Man halte sich nun diese außerordentliche Leistungsfähigkeit des Gedächtnisses im Traum vor Augen, um den Widerspruch lebhaft zu empfinden, den gewisse später zu erwähnende Traumtheorien aufstellen müssen, welche die Absurdität und Inkohärenz der Träume durch ein partielles Vergessen des uns bei Tag Bekannten erklären wollen.

Man könnte etwa auf den Einfall geraten, das Phänomen des Träumens überhaupt auf das des Erinnerns zu reduzieren, im Traum die Äußerung einer auch nachts nicht rastenden Reproduktionstätigkeit sehen, die sich Selbstzweck ist. Mitteilungen wie die von *Pilcz* (1899) würden hierzu stimmen, denen zufolge feste Beziehungen zwischen der Zeit des Träumens und dem Inhalt der Träume nachweisbar sind in der Weise, daß im tiefen Schlaf Eindrücke aus den ältesten Zeiten, gegen Morgen aber rezente Eindrücke vom Traum reproduziert werden. Es wird aber eine solche Auffassung von vornherein unwahrscheinlich durch die Art, wie der Traum mit dem zu erinnernden Material verfährt. Strümpell macht mit Recht darauf aufmerksam, daß Wiederholungen von Erlebnissen im Traume nicht vorkommen. Der Traum macht wohl einen Ansatz dazu, aber das folgende Glied bleibt aus; es tritt verändert auf, oder an seiner Stelle erscheint ein ganz fremdes. Der Traum bringt nur Bruchstücke von Reproduktionen. Dies ist sicherlich so weit die Regel, daß es eine theoretische Verwertung gestattet. Indes kommen Ausnahmen vor, in denen ein Traum ein Erlebnis ebenso vollständig wiederholt, wie unsere Erinnerung im Wachen es vermag. *Delboeuf* erzählt von einem seiner Universitätskollegen, daß er im Traume eine gefährliche Wagenfahrt, bei welcher er einem Unfall nur wie durch ein Wunder entging, mit all ihren Einzelheiten wieder durchgemacht habe. Miß *Calkins* (1893) erwähnt zweier Träume, welche die genaue Reproduktion eines Erlebnisses vom Vortag zum Inhalt hatten, und ich selbst werde späterhin Anlaß nehmen, ein mir bekanntgewordenes Beispiel von unveränderter Traumwiederkehr eines Kindererlebnisses mitzuteilen.[5]

---

[5] Aus späterer Erfahrung füge ich hinzu, daß gar nicht so selten harmlose und unwichtige Beschäftigungen des Tages vom Traume wiederholt werden, etwa: Koffer packen, in der

C
Traumreize und Traumquellen

Was man unter Traumreizen und Traumquellen verstehen soll, das kann durch eine Berufung auf die Volksrede „Träume kommen vom Magen" verdeutlicht werden. Hinter der Aufstellung dieser Begriffe verbirgt sich eine Theorie, die den Traum als Folge einer Störung des Schlafes erfaßt. Man hätte nicht geträumt, wenn nicht irgendetwas Störendes im Schlaf sich geregt hätte, und der Traum ist die Reaktion auf diese Störung.

Die Erörterungen über die erregenden Ursachen der Träume nehmen in den Darstellungen der Autoren den breitesten Raum ein. Daß das Problem sich erst ergeben konnte, seitdem der Traum ein Gegenstand der biologischen Forschung geworden war, ist selbstverständlich. Die Alten, denen der Traum als göttliche Sendung galt, brauchten nach einer Reizquelle für ihn nicht zu suchen; aus dem Willen der göttlichen oder dämonischen Macht erfloß der Traum, aus deren Wissen oder Absicht sein Inhalt. Für die Wissenschaft erhob sich alsbald die Frage, ob der Anreiz zum Träumen stets der nämliche sei oder ein vielfacher sein könne, und damit die Erwägung, ob die ursächliche Erklärung des Traumes der Psychologie oder vielmehr der Physiologie anheimfalle. Die meisten Autoren scheinen anzunehmen, daß die Ursachen der Schlafstörung, also die Quellen des Träumens, mannigfaltiger Art sein können und daß Leibreize ebenso wie seelische Erregungen zur Rolle von Traumerregern gelangen. In der Bevorzugung der einen oder der anderen unter den Traumquellen, in der Herstellung einer Rangordnung unter ihnen je nach ihrer Bedeutsamkeit für die Entstehung des Traumes gehen die Ansichten weit auseinander.

Wo die Aufzählung der Traumquellen vollständig ist, da ergeben sich schließlich vier Arten derselben, die auch zur Einteilung der Träume verwendet worden sind: *1) Äußere (objektive) Sinneserregung. 2) Innere (subjektive) Sinneserregung. 3) Innerer (organischer) Leibreiz. 4) Rein psychische Reizquellen.*

Ad 1) Die äußeren Sinnesreize

Der jüngere Strümpell, der Sohn des Philosophen, dessen Werk über den Traum uns bereits mehrmals als Wegweiser in die Traumprobleme diente, hat bekannt-

Küche Speisen zubereiten u. dgl. Bei solchen Träumen betont der Träumer selbst aber nicht den Charakter der Erinnerung, sondern den der „Wirklichkeit". „Ich habe das alles am Tage wirklich getan."

lich die Beobachtung eines Kranken mitgeteilt, der mit allgemeiner Anästhesie der Körperdecken und Lähmung mehrerer der höheren Sinnesorgane behaftet war. Wenn man bei diesem Manne die wenigen noch offenen Sinnespforten von der Außenwelt abschloß, verfiel er in Schlaf. Wenn wir einschlafen wollen, pflegen wir alle eine Situation anzustreben, die jener im Strümpellschen Experimente ähnlich ist. Wir verschließen die wichtigsten Sinnespforten, die Augen, und suchen von den anderen Sinnen jeden Reiz oder jede Veränderung der auf sie wirkenden Reize abzuhalten. Wir schlafen dann ein, obwohl uns unser Vorhaben nie völlig gelingt. Wir können weder die Reize vollständig von den Sinnesorganen fernhalten noch die Erregbarkeit unserer Sinnesorgane völlig aufheben. Daß wir durch stärkere Reize jederzeit zu erwecken sind, darf uns beweisen, „daß die Seele auch im Schlaf in fortdauernder Verbindung mit der außerleiblichen Welt" geblieben ist. Die Sinnesreize, die uns während des Schlafes zukommen, können sehr wohl zu Traumquellen werden.

Von solchen Reizen gibt es nun eine große Reihe, von den unvermeidlichen an, die der Schlafzustand mit sich bringt oder nur gelegentlich zulassen muß, bis zum zufälligen Weckreiz, welcher geeignet oder dazu bestimmt ist, dem Schlafe ein Ende zu machen. Es kann stärkeres Licht in die Augen dringen, ein Geräusch sich vernehmbar machen, ein riechender Stoff die Nasenschleimhaut erregen. Wir können im Schlaf durch ungewollte Bewegungen einzelne Körperteile entblößen und so der Abkühlungsempfindung aussetzen oder durch Lageveränderung uns selbst Druck- und Berührungsempfindungen erzeugen. Es kann uns eine Fliege stechen, oder ein kleiner nächtlicher Unfall kann mehrere Sinne zugleich bestürmen. Die Aufmerksamkeit der Beobachter hat eine ganze Reihe von Träumen gesammelt, in welchen der beim Erwachen konstatierte Reiz und ein Stück des Trauminhalts so weit übereinstimmten, daß der Reiz als Traumquelle erkannt werden konnte.

Eine Sammlung solcher auf objektive – mehr oder minder akzidentelle – Sinnesreizung zurückgehender Träume führe ich hier nach *Jessen* (S. 527) an:

„Jedes undeutlich wahrgenommene Geräusch erweckt entsprechende Traumbilder, das Rollen des Donners versetzt uns mitten in eine Schlacht, das Krähen eines Hahns kann sich in das Angstgeschrei eines Menschen verwandeln, das Knarren einer Tür Träume von räuberischen Einbrüchen hervorrufen."

„Wenn wir des Nachts unsere Bettdecke verlieren, so träumen wir vielleicht, daß wir nackt umhergehen oder daß wir ins Wasser gefallen sind. Wenn wir schräg im Bett liegen und die Füße über den Rand desselben herauskommen, so träumt uns vielleicht, daß wir am Rande eines schrecklichen Abgrundes stehen oder daß wir von einer steilen Höhe hinabstürzen. Kommt unser Kopf zufällig unter das Kopfkissen, so hängt ein großer Felsen über uns und steht im Begriff, uns unter seiner Last zu begraben. Anhäufungen des Samens erzeugen wollüstige Träume, örtliche Schmerzen die Idee erlittener Mißhandlungen, feindlicher Angriffe oder geschehender Körperverletzungen..."

„Meier (*Versuch einer Erklärung des Nachtwandelns.* Halle 1758, S. 33) träumte einmal, daß er von einigen Personen überfallen würde, welche ihn der Länge nach auf den Rücken auf die Erde hinlegten und ihm zwischen die große und die nächste Zehe einen Pfahl in die Erde schlugen. Indem er sich dies im Traum vorstellte, erwachte er und fühlte, daß ihm ein Strohhalm zwischen den Zehen stecke. Demselben soll nach Hennings (*Von den Träumen und Nachtwandlern.* Weimar 1784, S. 258) ein anderes Mal, als er sein Hemd am Halse etwas fest zusammengesteckt hatte, geträumt haben, daß er gehenkt würde. Hoffbauer träumte in seiner Jugend von einer hohen Mauer hinabzufallen und bemerkte beim Erwachen, daß die Bettstelle auseinandergegangen und daß er wirklich gefallen war ... Gregory berichtet, er habe einmal beim Zubettegehen eine Flasche mit heißem Wasser an die Füße gelegt und darauf im Traum eine Reise auf die Spitze des Ätna gemacht, wo er die Hitze des Erdbodens fast unerträglich gefunden. Ein anderer träumte nach einem auf den Kopf gelegten Blasenpflaster, daß er von einem Haufen von Indianern skalpiert werde; ein dritter, der in einem feuchten Hemde schlief, glaubte durch einen Strom gezogen zu werden. Ein im Schlaf eintretender Anfall von Podagra ließ einen Kranken glauben, er sei in den Händen der Inquisition und erdulde die Qualen der Folter (Macnish)."

Das auf die Ähnlichkeit zwischen Reiz und Trauminhalt gegründete Argument läßt eine Verstärkung zu, wenn es gelingt, bei einem Schlafenden durch planmäßige Anbringung von Sinnesreizen dem Reiz entsprechende Träume zu erzeugen. Solche Versuche hat nach *Macnish* schon Girou de Buzareingues angestellt. „Er ließ seine Knie unbedeckt und träumte, daß er in der Nacht auf einem Postwagen reise. Er bemerkt dabei, daß Reisende wohl wissen würden, wie in einer Kutsche die Knie des Nachts kalt würden. Ein anderes Mal ließ er den Kopf hinten unbedeckt und träumte, daß er einer religiösen Zeremonie in freier Luft beiwohne. Es war nämlich in dem Lande, in welchem er lebte, Sitte, den Kopf stets bedeckt zu tragen, ausgenommen bei solchen Veranlassungen wie die eben genannte."

Maury teilt neue Beobachtungen von an ihm selbst erzeugten Träumen mit. (Eine Reihe anderer Versuche brachte keinen Erfolg.)

1) Er wird an Lippen und Nasenspitze mit einer Feder gekitzelt. – Träumt von einer schrecklichen Tortur; eine Pechlarve wird ihm aufs Gesicht gelegt, dann weggerissen, so daß die Haut mitgeht.

2) Man wetzt eine Schere an einer Pinzette. – Er hört Glocken läuten, dann Sturmläuten und ist in die Junitage des Jahres 1848 versetzt.

3) Man läßt ihn Kölnerwasser riechen. – Er ist in Kairo im Laden von Johann Maria Farina. Daran schließen sich tolle Abenteuer, die er nicht reproduzieren kann.

4) Man kneipt ihn leicht in den Nacken. – Er träumt, daß man ihm ein Blasenpflaster auflegt und denkt an einen Arzt, der ihn als Kind behandelt hat.

5) Man nähert ein heißes Eisen seinem Gesicht. Er träumt von den „Heizern"[6], die sich ins Haus eingeschlichen haben und die Bewohner zwingen, ihr Geld herauszugeben, indem sie ihnen die Füße ins Kohlenbecken stecken. Dann tritt die Herzogin von Abrantes auf, deren Sekretär er im Traume ist.

6) Man gießt ihm einen Tropfen Wasser auf die Stirne. – Er ist in Italien, schwitzt heftig und trinkt den weißen Wein von Orvieto.

7) Man läßt wiederholt durch ein rotes Papier das Licht einer Kerze auf ihn fallen. – Er träumt vom Wetter, von Hitze und befindet sich wieder in einem Seesturm, den er einmal auf dem Kanal La Manche mitgemacht.

Andere Versuche, Träume experimentell zu erzeugen, rühren von *d'Hervey*, *Weygandt* (1893) u. a. her. Von mehreren Seiten ist die „auffällige Fertigkeit des Traumes bemerkt worden, plötzliche Eindrücke aus der Sinneswelt dergestalt in seine Gebilde zu verweben, daß sie in diesen eine allmählich schon vorbereitete und eingeleitete Katastrophe bilden" (*Hildebrandt*). „In jüngeren Jahren", erzählt dieser Autor, „bediente ich mich zuzeiten, um regelmäßig in bestimmter Morgenstunde aufzustehen, des bekannten, meist an Uhrwerken angebrachten Weckers. Wohl zu hundertmalen ist mirs begegnet, daß der Ton dieses Instrumentes in einen vermeintlich sehr langen und zusammenhängenden Traum dergestalt hineinpaßte, als ob dieser ganze Traum eben nur auf ihn angelegt sei und in ihm seine eigentliche logisch unentbehrliche Pointe, sein natürlich gewiesenes Endziel fände." Ich werde drei dieser Weckerträume noch in anderer Absicht zitieren.

Volkelt (S. 108 f.) erzählt: „Einem Komponisten träumte einmal, er halte Schule und wolle eben seinen Schülern etwas klarmachen. Schon ist er damit fertig und wendet sich an einen der Knaben mit der Frage: ‚*Hast du mich verstanden?*' Dieser schreit wie ein Besessener: ‚*Oh ja.*' Ungehalten hierüber verweist er ihm das Schreien. Doch schon schreit die ganze Klasse: ‚*Orja.*' Hierauf: ‚*Eurjo.*' Und endlich: ‚*Feuerjo*!' Und nun erwacht er von wirklichem Feuerjogeschrei auf der Straße."

Garnier (*Traité des facultés de l'âme,* 1865) bei *Radestock* berichtet, daß Napoleon I. durch die Explosion der Höllenmaschine aus einem Traum geweckt wurde, den er im Wagen schlafend hatte und der ihn den Übergang über den Taglia-

[6] *Chauffeurs* hießen Banden von Räubern in der Vendée, die sich dieser Tortur bedienten.

mento und die Kanonade der Österreicher wieder erleben ließ, bis er mit dem Ausruf aufschreckte: „Wir sind unterminiert."

Zur Berühmtheit gelangt ist ein Traum, den *Maury* erlebt hat (*Le sommeil.* S. 161). Er war leidend und lag in seinem Zimmer zu Bett; seine Mutter saß neben ihm. Er träumte nun von der Schreckensherrschaft zur Zeit der Revolution, machte greuliche Mordszenen mit und wurde dann endlich selbst vor den Gerichtshof zitiert. Dort sah er Robespierre, Marat, Fouquier-Tinville und alle die traurigen Helden jener gräßlichen Epoche, stand ihnen Rede, wurde nach allerlei Zwischenfällen, die sich in seiner Erinnerung nicht fixierten, verurteilt und dann, von einer unübersehbaren Menge begleitet, auf den Richtplatz geführt. Er steigt aufs Schafott, der Scharfrichter bindet ihn aufs Brett; es kippt um; das Messer der Guillotine fällt herab; er fühlt, wie sein Haupt vom Rumpf getrennt wird, wacht in der entsetzlichsten Angst auf – und findet, daß der Bettaufsatz herabgefallen war und seine Halswirbel, wirklich ähnlich wie das Messer der Guillotine, getroffen hatte.

An diesen Traum knüpft sich eine interessante, von *Le Lorrain* (1894) und *Egger* (1895) in der *Revue philosophique* eingeleitete Diskussion, ob und wie es dem Träumer möglich werde, in dem kurzen Zeitraum, der zwischen der Wahrnehmung des Weckreizes und dem Erwachen verstreicht, eine anscheinend so überaus reiche Fülle von Trauminhalt zusammenzudrängen.

Beispiele dieser Art lassen die objektiven Sinnesreizungen während des Schlafes als die am besten sichergestellte unter den Traumquellen erscheinen. Sie ist es auch, die in der Kenntnis des Laien einzig und allein eine Rolle spielt. Fragt man einen Gebildeten, der sonst der Traumliteratur fremd geblieben ist, wie die Träume zustande kommen, so wird er zweifellos mit der Berufung auf einen ihm bekanntgewordenen Fall antworten, in dem ein Traum durch einen nach dem Erwachen erkannten objektiven Sinnesreiz aufgeklärt wurde. Die wissenschaftliche Betrachtung kann dabei nicht haltmachen; sie schöpft den Anlaß zu weiteren Fragen aus der Beobachtung, daß der während des Schlafes auf die Sinne einwirkende Reiz im Traume ja nicht in seiner wirklichen Gestalt auftritt, sondern durch irgendeine andere Vorstellung vertreten wird, die in irgendwelcher Beziehung zu ihm steht. Die Beziehung aber, die den Traumreiz und den Traumerfolg verbindet, ist nach den Worten Maurys „*une affinité quelconque, mais qui n'est pas unique et exclusive*" (*Analogies*, 1853, 72). Man höre z. B. drei der Weckerträume *Hildebrandts*; man wird sich dann die Frage vorzulegen haben, warum derselbe Reiz so verschiedene und warum er gerade diese Traumerfolge hervorrief:

„Also ich gehe an einem Frühlingsmorgen spazieren und schlendre durch die grünenden Felder weiter bis zu einem benachbarten Dorfe, dort sehe ich die

Bewohner in Feierkleidern, das Gesangbuch unter dem Arm, zahlreich der Kirche zuwandern. Richtig! Es ist ja Sonntag und der Frühgottesdienst wird bald beginnen. Ich beschließe, an diesem teilzunehmen, zuvor aber, weil ich etwas echauffiert bin, auf dem die Kirche umgebenden Friedhofe mich abzukühlen. Während ich hier verschiedene Grabschriften lese, höre ich den Glöckner den Turm hinansteigen und sehe nun in der Höhe des letzteren die kleine Dorfglocke, die das Zeichen zum Beginn der Andacht geben wird. Noch eine ganze Weile hängt sie bewegungslos da, dann fängt sie an zu schwingen – und plötzlich ertönen ihre Schläge hell und durchdringend – so hell und durchdringend, daß sie meinem Schlaf ein Ende machen. Die Glockentöne aber kommen von dem Wecker."

„Eine zweite Kombination. Es ist heller Wintertag; die Straßen sind hoch mit Schnee bedeckt. Ich habe meine Teilnahme an einer Schlittenfahrt zugesagt, muß aber lange warten, bis die Meldung erfolgt, der Schlitten stehe vor der Tür. Jetzt erfolgen die Vorbereitungen zum Einsteigen – der Pelz wird angelegt, der Fußsack hervorgeholt – und endlich sitze ich auf meinem Platze. Aber noch verzögert sich die Abfahrt, bis die Zügel den harrenden Rossen das fühlbare Zeichen geben. Nun ziehen diese an; die kräftig geschüttelten Schellen beginnen ihre wohlbekannte Janitscharenmusik mit einer Mächtigkeit, die augenblicklich das Spinngewebe des Traumes zerreißt. Wieder ist's nichts anderes als der schrille Ton der Weckerglocke."

„Noch das dritte Beispiel! Ich sehe ein Küchenmädchen mit einigen Dutzend aufgetürmter Teller den Korridor entlang zum Speisezimmer schreiten. Die Porzellansäule in ihren Armen scheint mir in Gefahr das Gleichgewicht zu verlieren. Nimm dich in acht, warne ich, die ganze Ladung wird zur Erde fallen. Natürlich bleibt der obligate Widerspruch nicht aus: man sei dergleichen schon gewohnt usw., während dessen ich noch immer mit Blicken der Besorgnis die Wandelnde begleite. Richtig, an der Türschwelle erfolgt ein Straucheln, – das zerbrechliche Geschirr fällt und rasselt und prasselt in hundert Scherben auf dem Fußboden umher. Aber – das endlos sich fortsetzende Getön ist doch, wie ich bald merke, kein eigentliches Rasseln, sondern ein richtiges Klingeln – und mit diesem Klingeln hat, wie nunmehr der Erwachende erkennt, nur der Wecker seine Schuldigkeit getan."

Die Frage, warum die Seele im Traum die Natur des objektiven Sinnesreizes verkenne, ist von *Strümpell* – und fast ebenso von *Wundt* – dahin beantwortet worden, daß sie sich gegen solche im Schlaf angreifende Reize unter den Bedingungen der Illusionsbildung befindet. Ein Sinneseindruck wird von uns *erkannt, richtig gedeutet*, d. h. unter die Erinnerungsgruppe eingereiht, in die er nach allen vorausgegangenen Erfahrungen gehört, wenn der Eindruck stark, deutlich, dauerhaft genug ist und wenn uns die für diese Überlegung erforderliche Zeit zu Gebote steht. Sind diese Bedingungen nicht erfüllt, so verkennen wir das Objekt, von dem der Eindruck herrührt; wir bilden auf Grund desselben eine Illusion. „Wenn jemand auf freiem Felde spazierengeht und einen entfernten Gegenstand undeutlich wahrnimmt, kann es kommen, daß er denselben zuerst für ein Pferd hält." Bei näherem Zusehen kann die Deutung einer ruhenden Kuh sich aufdrängen, und endlich kann sich die Vorstellung mit Bestimmtheit in die einer Gruppe von sitzenden Menschen auflösen. Ähnlich unbestimmter Natur sind nun die Eindrücke, welche die Seele im Schlafe durch äußere Reize empfängt; sie bildet auf Grund derselben Illusionen, indem durch den Eindruck eine größere oder kleinere Anzahl von Erinnerungsbildern wachgerufen wird, durch welche der Eindruck seinen psychischen Wert bekommt. Aus welchem der vielen in Betracht kommenden Erinnerungskreise die zugehörigen Bilder geweckt werden und welche der möglichen Assoziationsbeziehungen dabei in Kraft treten, dies bleibt auch nach Strümpell unbestimmbar und gleichsam der Willkür des Seelenlebens überlassen.

Wir stehen hier vor einer Wahl. Wir können zugeben, daß die Gesetzmäßigkeit in der Traumbildung wirklich nicht weiter zu verfolgen ist, und somit verzichten zu fragen, ob die Deutung der durch den Sinneseindruck hervorgerufenen Illusion nicht noch anderen Bedingungen unterliegt. Oder wir können auf die Vermutung geraten, daß die im Schlaf angreifende objektive Sinnesreizung als Traumquelle nur eine bescheidene Rolle spielt und daß andere Momente die Auswahl der wachzurufenden Erinnerungsbilder determinieren. In der Tat, wenn man die experimentell erzeugten Träume *Maurys* prüft, die ich in dieser Absicht so ausführlich mitgeteilt habe, so ist man versucht zu sagen, der angestellte Versuch deckt eigentlich nur eines der Traumelemente nach seiner Herkunft, und der übrige Trauminhalt erscheint vielmehr zu selbständig, zu sehr im einzelnen bestimmt, als daß er durch die eine Anforderung, er müsse sich mit dem experimentell eingeführten Element vertragen, aufgeklärt werden könnte. Ja man beginnt selbst an der Illusionstheorie und an der Macht des objektiven Eindrucks, den Traum zu gestalten, zu zweifeln, wenn man erfährt, daß dieser Eindruck gelegentlich die allersonderbarste und entlegenste Deutung im Traume erfährt. So erzählt z. B. *Simon* (1888) einen Traum, in dem er riesenhafte Personen bei Tische sitzen sah und deutlich das furchtbare Geklapper hörte, das ihre aufeinanderschlagenden Kiefer beim Kauen erzeugten. Als er erwachte, hörte er den Hufschlag eines vor seinem Fenster vorbeigaloppierenden Pferdes. Wenn hier der Lärm der Pferdehufe gerade Vorstellungen aus dem Erinnerungskreis von *Gullivers Reisen*, Aufenthalt bei den Riesen von Brobdingnag und bei den tugendhaften Pferdewesen wachgerufen hat – wie ich ohne alle Unterstützung von Seite des Autors etwa deuten möchte –, sollte die Auswahl dieses für den Reiz so ungewöhnlichen Erinnerungskreises nicht außerdem durch andere Motive erleichtert gewesen sein?[7]

Ad 2) Innere (subjektive) Sinneserregung

Allen Einwendungen zum Trotz wird man zugeben müssen, daß die Rolle objektiver Sinneserregungen während des Schlafs als Traumerreger unbestritten feststeht, und wenn diese Reize ihrer Natur und Häufigkeit nach vielleicht unzureichend erscheinen, um alle Traumbilder zu erklären, so wird darauf hingewiesen, nach anderen, aber ihnen analog wirkenden Traumquellen zu suchen. Ich weiß nun nicht, wo zuerst der Gedanke aufgetaucht ist, neben den äußeren Sinnesreizen die inneren (subjektiven) Erregungen in den Sinnesorganen in Anspruch zu nehmen; es ist aber Tatsache, daß dies in allen neueren Darstellungen der Traumätiologie mehr oder minder nachdrücklich geschieht. „Eine wesentliche Rolle spielen ferner, wie ich glaube", sagt *Wundt*, „bei den Traumillusionen jene subjektiven Gesichts- und Gehörsempfindungen, die uns aus dem wachen Zustande als Lichtchaos des dunkeln Gesichtsfeldes, als Ohrenklingen, Ohrensausen usw. bekannt sind, unter ihnen namentlich die subjektiven Netzhauterregungen. So erklärt sich die merkwürdige Neigung des Traumes, ähnliche oder ganz übereinstimmende Objekte in der Mehrzahl dem Auge vorzuzaubern. Zahllose Vögel, Schmetterlinge, Fische, bunte Perlen, Blumen u. dgl. sehen wir vor uns ausgebreitet. Hier hat der Lichtstaub des dunkeln Gesichtsfeldes phantastische Gestalt angenommen, und die zahlreichen Lichtpunkte, aus denen derselbe besteht, werden von dem Traum in ebenso vielen Einzelbildern verkörpert, die wegen der Beweglichkeit des Lichtchaos als *bewegte* Gegenstände angeschaut werden. – Hierin wurzelt wohl auch die große Neigung des Traumes zu den mannigfachsten Tiergestalten, deren Formenreichtum sich der besonderen Form der subjektiven Lichtbilder leicht anschmiegt."

Die subjektiven Sinneserregungen haben als Quelle der Traumbilder offenbar den Vorzug, daß sie nicht wie die objektiven vom äußeren Zufall abhängig sind. Sie stehen sozusagen der Erklärung zu Gebote, sooft diese ihrer bedarf. Sie

---

[7] Riesenhafte Personen im Traume lassen annehmen, daß es sich um eine Szene aus der Kindheit des Träumers handelt. Die obige Deutung auf eine Reminiszenz aus *Gullivers Reisen* ist übrigens ein gutes Beispiel dafür, wie eine Deutung nicht sein soll. Der Traumdeuter soll nicht seinen eigenen Witz spielen lassen und die Anlehnung an die Einfälle des Träumers hintansetzen.

stehen aber hinter den objektiven Sinnesreizen darin zurück, daß sie jener Bestätigung ihrer Rolle als Traumerreger, welche Beobachtung und Experiment bei den letzteren ergeben, nur schwer oder gar nicht zugänglich sind. Den Haupterweis für die traumerregende Macht subjektiver Sinneserregungen erbringen die sogenannten hypnagogischen Halluzinationen, die von *Joh. Müller* als „phantastische Gesichtserscheinungen" beschrieben worden sind. Es sind dies oft sehr lebhafte, wechselvolle Bilder, die sich in der Periode des Einschlafens, bei vielen Menschen ganz regelmäßig, einzustellen pflegen und auch nach dem Öffnen der Augen eine Weile bestehen bleiben können. *Maury*, der ihnen im hohen Grade unterworfen war, hat ihnen eine eingehende Würdigung zugewendet und ihren Zusammenhang, ja vielmehr ihre Identität mit den Traumbildern (wie übrigens schon Joh. Müller) behauptet. Für ihre Entstehung, sagt *Maury*, ist eine gewisse seelische Passivität, ein Nachlaß der Aufmerksamkeitsspannung erforderlich (S. 59 f.). Es genügt aber, daß man auf eine Sekunde in solche Lethargie verfalle, um bei sonstiger Disposition eine hypnagogische Halluzination zu sehen, nach der man vielleicht wieder aufwacht, bis das sich mehrmals wiederholende Spiel mit dem Einschlafen endigt. Erwacht man dann nach nicht zu langer Zeit, so gelingt es nach *Maury* häufig, im Traum dieselben Bilder nachzuweisen, die einem als hypnagogische Halluzinationen vor dem Einschlafen vorgeschwebt haben (S. 134 f.). So erging es *Maury* einmal mit einer Reihe von grotesken Gestalten mit verzerrten Mienen und sonderbaren Frisuren, die ihn mit unglaublicher Aufdringlichkeit in der Periode des Einschlafens belästigten und von denen er nach dem Erwachen sich erinnerte geträumt zu haben. Ein andermal, als er gerade an Hungergefühl litt, weil er sich schmale Diät auferlegt hatte, sah er hypnagogisch eine Schüssel und eine mit einer Gabel bewaffnete Hand, die sich etwas von der Speise in der Schüssel holte. Im Traume befand er sich an einer reichgedeckten Tafel und hörte das Geräusch, das die Speisenden mit ihren Gabeln machten. Ein andermal, als er mit gereizten und schmerzenden Augen einschlief, hatte er die hypnagogische Halluzination von mikroskopisch kleinen Zeichen, die er mit großer Anstrengung einzeln entziffern mußte; nach einer Stunde aus dem Schlafe geweckt, erinnerte er sich an einen Traum, in dem ein aufgeschlagenes Buch, mit sehr kleinen Lettern gedruckt, vorkam, welches er mühselig hatte durchlesen müssen.

Ganz ähnlich wie diese Bilder können auch Gehörshalluzinationen von Worten, Namen usw. hypnagogisch auftreten und dann im Traum sich wiederholen, als Ouvertüre gleichsam, welche die Leitmotive der mit ihr beginnenden Oper ankündigt.

Auf den nämlichen Wegen wie *Joh. Müller* und *Maury* wandelt ein neuerer Beobachter der hypnagogischen Halluzinationen, *G. Trumbull Ladd*. Er brachte es durch Übung dahin, daß er sich zwei bis fünf Minuten nach dem allmählichen Einschlafen jäh aus dem Schlaf reißen konnte, ohne die Augen zu öffnen, und hatte dann die Gelegenheit, die eben entschwindenden Netzhautempfindungen mit den in der Erinnerung überlebenden Traumbildern zu vergleichen. Er versichert, daß sich jedesmal eine innige Beziehung zwischen beiden erkennen ließ in der Weise, daß die leuchtenden Punkte und Linien des Eigenlichts der Netzhaut gleichsam die Umrißzeichnung, das Schema für die psychisch wahrgenommenen Traumgestalten brachten. Einem Traum z. B., in welchem er deutlich gedruckte Zeilen vor sich sah, die er las und studierte, entsprach eine Anordnung der leuchtenden Punkte in der Netzhaut in parallelen Linien. Um es mit seinen Worten zu sagen: Die klar bedruckte Seite, die er im Traum gelesen, löste sich in ein Objekt auf, das seiner wachen Wahrnehmung erschien wie ein Stück eines reellen bedruckten Blattes, das man aus allzu großer Entfernung, um etwas deutlich auszunehmen, durch ein Löchelchen in einem Stück Papier ansieht. Ladd meint, ohne übrigens den zentralen Anteil des Phänomens zu unterschätzen, daß kaum ein visueller Traum in uns abläuft, der sich nicht an das Material der inneren Erregungszustände der Netzhaut anlehnte. Besonders gilt dies für die Träume kurz nach dem Einschlafen im dunkeln Zimmer, während für die Träume am Morgen nahe dem Erwachen das objektive, im erhellten Zimmer ins Auge dringende Licht die Reizquelle abgebe. Der wechselvolle, unendlich abänderungsfähige Charakter der Eigenlichterregung entspricht genau der unruhigen Bilderflucht, die unsere Träume uns vorführen. Wenn man den Beobachtungen von *Ladd* Bedeutung beimißt, wird man die Ergiebigkeit dieser subjektiven Reizquelle für den Traum nicht gering anschlagen können, denn Gesichtsbilder machen bekanntlich den Hauptbestandteil unserer Träume aus. Der Beitrag von anderen Sinnesgebieten bis auf den des Gehörs ist geringfügiger und inkonstant.

Ad 3) Innerer, organischer Leibreiz

Wenn wir auf dem Wege sind, die Traumquellen nicht außerhalb, sondern innerhalb des Organismus zu suchen, so müssen wir uns daran erinnern, daß fast alle unsere inneren Organe, die im Zustande der Gesundheit uns kaum Kunde von ihrem Bestand geben, in Zuständen von Reizung – die wir so heißen – oder in Krankheiten eine Quelle von meist peinlichen Empfindungen für uns werden, welche den Erregern der von außen anlangenden Schmerz- und Empfindungsreize gleichgestellt werden muß. Es sind sehr alte Erfahrungen, welche z. B. *Strümpell* zu der Aussage veranlassen (S. 107): „Die Seele gelangt im Schlaf zu einem viel tieferen und breiteren Empfindungsbewußtsein von ihrer Leiblichkeit als im Wachen und ist genötigt, gewisse Reizeindrücke zu empfangen und auf sich wirken zu lassen, die aus Teilen und Veränderungen ihres Körpers herstammen, von denen sie im Wachen nichts wußte." Schon *Aristoteles* erklärt es für sehr wohl möglich, daß man im Traum auf beginnende Krankheitszustände aufmerksam gemacht würde, von denen man im Wachen noch nichts merkt (kraft der Vergrößerung, die der Traum den Eindrücken angedeihen läßt, siehe oben S. 10), und ärztliche Autoren, deren Anschauung es sicherlich fernelag, an eine prophetische Gabe des Traumes zu glauben, haben wenigstens für die Krankheitsankündigung diese Bedeutung des Traumes gelten lassen. (Vgl. *M. Simon*, S. 31, und viele ältere Autoren.[8])

Es scheint an beglaubigten Beispielen für solche diagnostische Leistungen des Traumes auch aus neuerer Zeit nicht zu fehlen. So z. B. berichtet *Tissié* nach *Artigues* (*Essai sur la valeur sémélogique du rêve*) die Geschichte einer dreiundvierzigjährigen Frau, die durch einige Jahre in scheinbar voller Gesundheit von Angstträumen heimgesucht wurde und bei der ärztlichen Untersuchung dann eine beginnende Herzaffektion aufwies, welcher sie alsbald erlag.

Ausgebildete Störungen der inneren Organe wirken offenbar bei einer ganzen Reihe von Personen als Traumerreger. Allgemein wird auf die Häufigkeit der Angstträume bei Herz- und Lungenkranken hingewiesen, ja diese Beziehung des Traumlebens wird von vielen Autoren so sehr in den Vordergrund gedrängt, daß ich mich hier mit der bloßen Verweisung auf die Literatur (*Radestock*, *Spitta*, *Maury*, *M. Simon*, *Tissié*) begnügen kann. *Tissié* meint sogar, daß die erkrankten Organe dem Trauminhalt das charakteristische Gepräge aufdrücken. Die Träume der Herzkranken sind gewöhnlich sehr kurz und enden mit schreckhaftem Erwachen; fast immer spielt im Inhalt derselben die Situation des Todes unter gräßlichen Umständen eine Rolle. Die Lungenkranken träumen vom Ersticken, Gedränge, Flucht und sind in auffälliger Zahl dem bekannten Alptraum unterworfen, den übrigens Börner durch Lagerung aufs Gesicht, durch

---

8 Außer dieser diagnostischen Verwertung der Träume (z.B. bei Hippokrates) muß man ihrer therapeutischen Bedeutung im Altertum gedenken. Bei den Griechen gab es Traumorakel, welche gewöhnlich Genesung suchende Kranke aufzusuchen pflegten. Der Kranke ging in den Tempel des Apollo oder des Äskulap, dort wurde er verschiedenen Zeremonien unterworfen, gebadet, gerieben, geräuchert, und so in Exaltation versetzt, legte man ihn im Tempel auf das Fell eines geopferten Widders. Er schlief ein und träumte von Heilmitteln, die ihm in natürlicher Gestalt oder in Symbolen und Bildern gezeigt wurden, welche dann die Priester deuteten. Weiteres über die Heilträume der Griechen bei Lehmann (Bd. 1, 74), Bouché–Leclerq, Hermann *Gottesd. Altert. D. Gr.* § 41, Privataltert. § 38, 16, Böttinger in Sprengels Beitr. Z. Gesch. d. Med. II S. 163ff., W. Lloyd *Magnetism and Mesmerism in antiquity*, London, 1877, Döllinger, *Heidentum und Judentum* S.130.

Verdeckung der Respirationsöffnungen experimentell hat hervorrufen können. Bei Digestionsstörungen enthält der Traum Vorstellungen aus dem Kreise des Genießens und des Ekels. Der Einfluß sexueller Erregung endlich auf den Inhalt der Träume ist für die Erfahrung eines jeden einzelnen greifbar genug und leiht der ganzen Lehre von der Traumerregung durch Organreiz ihre stärkste Stütze.

Es ist auch, wenn man die Literatur des Traumes durcharbeitet, ganz unverkennbar, daß einzelne der Autoren (*Maury*, *Weygandt*,) durch den Einfluß ihrer eigenen Krankheitszustände auf den Inhalt ihrer Träume zur Beschäftigung mit den Traumproblemen geführt worden sind.

Der Zuwachs an Traumquellen aus diesen unzweifelhaft festgestellten Tatsachen ist übrigens nicht so bedeutsam, als man meinen möchte. Der Traum ist ja ein Phänomen, das sich bei Gesunden – vielleicht bei allen, vielleicht allnächtlich – einstellt und daß Organerkrankung offenbar nicht zu seinen unentbehrlichen Bedingungen zählt. Es handelt sich für uns aber nicht darum, woher besondere Träume rühren, sondern was für die gewöhnlichen Träume normaler Menschen die Reizquelle sein mag.

Indes bedarf es jetzt nur eines Schrittes weiter, um auf eine Traumquelle zu stoßen, die reichlicher fließt als jede frühere und eigentlich für keinen Fall zu versiegen verspricht. Wenn es sichergestellt ist, daß das Körperinnere im kranken Zustande zur Quelle der Traumreize wird, und wenn wir zugeben, daß die Seele im Schlafzustande, von der Außenwelt abgelenkt, dem Innern des Leibes größere Aufmerksamkeit zuwenden kann, so liegt es nahe anzunehmen, daß die Organe nicht erst zu erkranken brauchen, um Erregungen, die irgendwie zu Traumbildern werden, an die schlafende Seele gelangen zu lassen. Was wir im Wachen dumpf als Gemeingefühl nur seiner Qualität nach wahrnehmen und wozu nach der Meinung der Ärzte alle Organsysteme ihre Beiträge leisten, das würde nachts, zur kräftigen Einwirkung gelangt und mit seinen einzelnen Komponenten tätig, die mächtigste und gleichzeitig die gewöhnlichste Quelle für die Erweckung der Traumvorstellungen ergeben. Es erübrigte dann noch die Untersuchung, nach welchen Regeln sich die Organreize in Traumvorstellungen umsetzen.

Wir haben hier jene Theorie der Traumentstehung berührt, welche die bevorzugte bei allen ärztlichen Autoren geworden ist. Das Dunkel, in welches der Kern unseres Wesens, das *„moi splanchnique“*, wie *Tissié* es nennt, für unsere Kenntnisse gehüllt ist, und das Dunkel der Traumentstehung entsprechen einander zu gut, um nicht in Beziehung zueinander gebracht zu werden. Der Ideengang, welcher die vegetative Organempfindung zum Traumbildner macht, hat überdies für den Arzt den anderen Anreiz, daß er Traum und Geistesstörung, die soviel Übereinstimmung in ihren Erscheinungen zeigen, auch ätiologisch vereinigen läßt, denn Alterationen des Gemeingefühls und Reize, die von den inneren Organen ausgehen, werden auch einer weitreichenden Bedeutung für die Entstehung der Psychosen bezichtigt. Es ist darum nicht zu verwundern, wenn die Leibreiztheorie sich auf mehr als einen Urheber, der sie selbständig angegeben, zurückführen läßt.

Für eine Reihe von Autoren wurde der Gedankengang maßgebend, den der Philosoph *Schopenhauer* im Jahre 1851 entwickelt hat. Das Weltbild entsteht in uns dadurch, daß unser Intellekt die ihn von außen treffenden Eindrücke in die Formen der Zeit, des Raums und der Kausalität umgießt. Die Reize aus dem Inneren des Organismus, vom sympathischen Nervensystem her, äußern bei Tag höchstens einen unbewußten Einfluß auf unsere Stimmung. Bei Nacht aber, wenn die übertäubende Wirkung der Tageseindrücke aufgehört hat, vermögen jene aus dem Innern heraufdringenden Eindrücke sich Aufmerksamkeit zu verschaffen – ähnlich wie wir bei Nacht die Quelle rieseln hören, die der Lärm des Tages unvernehmbar machte. Wie anders aber soll der Intellekt auf diese Reize reagieren, als indem er seine ihm eigentümliche Funktion vollzieht? Er wird also die Reize zu raum- und zeiterfüllenden Gestalten, die sich am Leitfaden der Kausalität bewegen, umformen, und so entsteht der Traum. In die nähere Beziehung zwischen Leibreizen und Traumbildern versuchten dann *Scherner* und nach ihm *Volkelt* einzudringen, deren Würdigung wir uns auf den Abschnitt über die Traumtheorien aufsparen.

In einer besonders konsequent durchgeführten Untersuchung hat der Psychiater *Krauß* die Entstehung des Traumes wie der Delirien und Wahnideen von dem nämlichen Element, der *organisch bedingten Empfindung,* abgeleitet. Es lasse sich kaum eine Stelle des Organismus denken, welche nicht der Ausgangspunkt eines Traumes oder Wahnbildes werden könne. Die organisch bedingte Empfindung „läßt sich aber in zwei Reihen trennen: 1) in die der Totalstimmungen (Gemeingefühle), 2) in die spezifischen, den Hauptsystemen des vegetativen Organismus immanenten Sensationen, wovon wir fünf Gruppen unterschieden haben, *a)* die Muskelempfindungen, *b)* die pneumatischen, *c)* die gastrischen, *d)* die sexuellen und *e)* die peripherischen".

Den Hergang der Traumbilderentstehung auf Grund der Leibreize nimmt Krauß folgendermaßen an: Die geweckte Empfindung ruft nach irgendeinem Assoziationsgesetz eine ihr verwandte Vorstellung wach und verbindet sich mit ihr zu einem organischen Gebilde, gegen welches sich aber das Bewußtsein anders verhält als normal. Denn dies schenkt der Empfindung selbst keine Aufmerksamkeit, sondern wendet sie ganz den begleitenden Vorstellungen zu, was zugleich der Grund ist, warum dieser Sachverhalt so lange verkannt werden konnte. Krauß findet für den Vorgang auch den besonderen Ausdruck der *Transsubstantiation* der Empfindungen in Traumbilder.

Der Einfluß der organischen Leibreize auf die Traumbildung wird heute nahezu allgemein angenommen, die Frage nach dem Gesetz der Beziehung zwischen beiden sehr verschiedenartig, oftmals mit dunkeln Auskünften, beantwortet. Es ergibt sich nun auf dem Boden der Leibreiztheorie die besondere Aufgabe der Traumdeutung, den Inhalt eines Traums auf die ihn verursachenden organischen Reize zurückzuführen, und wenn man nicht die von *Scherner* aufgefundenen Deutungsregeln anerkennt, steht man oft vor der mißlichen Tatsache, daß die organische Reizquelle sich eben durch nichts anderes als durch den Inhalt des Traumes verrät.

Ziemlich übereinstimmend hat sich aber die Deutung verschiedener Traumformen gestaltet, die man als „typische" bezeichnet hat, weil sie bei so vielen Personen mit ganz ähnlichem Inhalt wiederkehren. Es sind dies die bekannten Träume vom Herabfallen von einer Höhe, vom Zahnausfallen, vom Fliegen und von der Verlegenheit, daß man nackt oder schlecht bekleidet ist. Letzterer Traum soll einfach von der im Schlaf gemachten Wahrnehmung herrühren, daß man die Bettdecke abgeworfen hat und nun entblößt daliegt. Der Traum vom Zahnausfallen wird auf „Zahnreiz" zurückgeführt, womit aber nicht ein krankhafter Erregungszustand der Zähne gemeint zu sein braucht. Der Traum zu fliegen ist nach Strümpell das von der Seele gebrauchte adäquate Bild, womit sie das von den auf- und niedersteigenden Lungenflügeln ausgehende Reizquantum deutet, wenn gleichzeitig das Hautgefühl des Thorax schon bis zur Bewußtlosigkeit herabgesunken ist. Durch den letzteren Umstand wird die an die Vorstellungsform des Schwebens gebundene Empfindung vermittelt. Das Herabfallen aus der Höhe soll darin seinen Anlaß haben, daß bei eingetretener Bewußtlosigkeit des Hautdruckgefühls entweder ein Arm vom Körper herabsinkt oder ein eingezogenes Knie plötzlich gestreckt wird, wodurch das Gefühl des Hautdrucks wieder bewußt wird, der Übergang zum Bewußtwerden aber als Traum vom Niederfallen sich psychisch verkörpert (*Strümpell*, S. 118). Die Schwäche dieser plausiblen Erklärungsversuche liegt offenbar darin, daß sie ohne weiteren Anhalt die oder jene Gruppe von Organempfindungen aus der seelischen Wahrnehmung verschwinden oder sich ihr aufdrängen lassen, bis die für die Erklärung günstige Konstellation hergestellt ist. Ich werde übrigens später Gelegenheit haben, auf die typischen Träume und ihre Entstehung zurückzukommen. *M. Simon* hat versucht, aus der Vergleichung einer Reihe von ähnlichen Träumen einige Regeln für den Einfluß der Organreize auf die Bestimmung ihrer Traumerfolge abzuleiten. Er sagt (S. 34): Wenn im Schlaf irgendein Organapparat, der normalerweise am Ausdruck eines Affektes beteiligt ist, durch irgendeinen anderen Anlaß sich in dem Erregungszustande befindet, in den er sonst bei jenem Affekt versetzt wird, so wird der dabei entstehende Traum Vorstellungen enthalten, die dem

Affekt angepaßt sind.

Eine andere Regel lautet (S. 35): Wenn ein Organapparat sich im Schlafe in Tätigkeit, Erregung oder Störung befindet, so wird der Traum Vorstellungen bringen, welche sich auf die Ausübung der organischen Funktion beziehen, die jener Apparat versieht.

Mourly Vold hat es unternommen, den von der Leibreiztheorie supponierten Einfluß auf die Traumerzeugung für ein einzelnes Gebiet experimentell zu erweisen. Er hat Versuche gemacht, die Stellungen der Glieder des Schlafenden zu verändern, und die Traumerfolge mit seinen Abänderungen verglichen. Er teilt folgende Sätze als Ergebnis mit.

1) Die Stellung eines Gliedes im Traum entspricht ungefähr der in der Wirklichkeit, d. h. man träumt von einem statischen Zustand des Gliedes, welcher dem realen entspricht.

2) Wenn man von der Bewegung eines Gliedes träumt, so ist diese immer so, daß eine der bei ihrer Vollziehung vorkommenden Stellungen der wirklichen entspricht.

3) Man kann die Stellung des eigenen Gliedes im Traum auch einer fremden Person zuschieben.

4) Man kann auch träumen, daß die betreffende Bewegung gehindert ist.

5) Das Glied in der betreffenden Stellung kann im Traum als Tier oder Ungeheuer erscheinen, wobei eine gewisse Analogie beider hergestellt wird.

6) Die Stellung eines Gliedes kann im Traum Gedanken anregen, die zu diesem Glied irgendeine Beziehung haben, so z. B. träumt man bei Beschäftigung mit den Fingern von Zahlen.

Ich würde aus solchen Ergebnissen schließen, daß auch die Leibreiztheorie die scheinbare Freiheit in der Bestimmung der zu erweckenden Traumbilder nicht gänzlich auszulöschen vermag.[9]

Ad 4) Psychische Reizquellen

Als wir die Beziehungen des Traums zum Wachleben und die Herkunft des Traummaterials behandelten, erfuhren wir, es sei die Ansicht der ältesten wie der neuesten Traumforscher, daß die Menschen von dem träumen, was sie bei Tag treiben und was sie im Wachen interessiert. Dieses aus dem Wachleben in den Schlaf sich fortsetzende Interesse wäre nicht nur ein psychisches Band, das den

[9] Näheres über die seither in zwei Bänden veröffentlichten Traumprotokolle dieses Forschers siehe unten.

Traum ans Leben knüpft, sondern ergibt uns auch eine nicht zu unterschätzende Traumquelle, die neben dem im Schlaf interessant Gewordenen – den während des Schlafes einwirkenden Reizen – ausreichen sollte, die Herkunft aller Traumbilder aufzuklären. Wir haben aber auch den Widerspruch gegen obige Behauptung gehört, nämlich daß der Traum den Schläfer von den Interessen des Tages abzieht und daß wir – meistens – von den Dingen, die uns bei Tag am meisten ergriffen haben, erst dann träumen, wenn sie für das Wachleben den Reiz der Aktualität verloren haben. So erhalten wir in der Analyse des Traumlebens bei jedem Schritt den Eindruck, daß es unstatthaft ist, allgemeine Regeln aufzustellen, ohne durch ein „oft", „in der Regel", „meistens" Einschränkungen vorzusehen und auf die Gültigkeit der Ausnahmen vorzubereiten.

Wenn das Wachinteresse nebst den inneren und äußeren Schlafreizen zur Deckung der Traumätiologie ausreichte, so müßten wir imstande sein, von der Herkunft aller Elemente eines Traums befriedigende Rechenschaft zu geben; das Rätsel der Traumquellen wäre gelöst, und es bliebe noch die Aufgabe, den Anteil der psychischen und der somatischen Traumreize in den einzelnen Träumen abzugrenzen. In Wirklichkeit ist diese vollständige Auflösung eines Traums noch in keinem Falle gelungen, und jedem, der dies versucht hat, sind – meist sehr reichlich – Traumbestandteile übriggeblieben, über deren Herkunft er keine Aussage machen konnte. Das Tagesinteresse als psychische Traumquelle trägt offenbar nicht so weit, als man nach den zuversichtlichen Behauptungen, daß jeder im Traum sein Geschäft weiter betreibe, erwarten sollte.

Andere psychische Traumquellen sind nicht bekannt. Es lassen also alle in der Literatur vertretenen Traumerklärungen – mit Ausnahme etwa der später zu erwähnenden von *Scherner* – eine große Lücke offen, wo es sich um die Ableitung des für den Traum am meisten charakteristischen Materials von Vorstellungsbildern handelt. In dieser Verlegenheit hat die Mehrzahl der Autoren die Neigung entwickelt, den psychischen Anteil an der Traumerregung, dem so schwer beizukommen ist, möglichst zu verkleinern. Sie unterscheiden zwar als Haupteinteilung den *Nervenreiz-* und den *Assoziationstraum*, welch letzterer ausschließlich in der Reproduktion seine Quelle findet (*Wundt*, S. 657), aber sie können den Zweifel nicht loswerden, „ob sie sich ohne anstoßgebenden Leibreiz einstellen" (*Volkelt*, S. 127). Auch die Charakteristik des reinen Assoziationstraumes versagt: „In den eigentlichen Assoziationsträumen kann von einem solchen festen Kern nicht mehr die Rede sein. Hier dringt die lose Gruppierung auch in den Mittelpunkt des Traumes ein. Das ohnedies von Vernunft und Verstand freigelassene Vorstellungsleben ist hier auch von jenen gewichtvolleren Leib- und Seelenerregungen nicht mehr zusammengehalten und so seinem eigenen bunten Schieben und Treiben, seinem eigenen lockeren Durcheinandertaumeln überlassen." (*Volkelt*, S. 118.) Eine Verkleinerung des psychischen Anteils an der Traumerregung versucht dann *Wundt* (S. 656), indem er ausführt, daß man die „Phantasmen des Traumes wohl mit Unrecht als reine Halluzinationen ansehe. Wahrscheinlich sind die meisten Traumvorstellungen in Wirklichkeit Illusionen, indem sie von den leisen Sinneseindrücken ausgehen, die niemals im Schlafe erlöschen." Weygandt hat sich diese Ansicht angeeignet und sie verallgemeinert (S. 17). Er behauptet für alle Traumvorstellungen, daß „ihre nächste Ursache Sinnesreize sind, daran erst schließen sich reproduktive Assoziationen". Noch weiter in der Verdrängung der psychischen Reizquellen geht Tissié (S.183): „*Les rêves d'origine absolument psychique n'existent pas*", und anderswo (S. 6): „*Les pensées de nos rêves nous viennent du dehors.*"

Diejenigen Autoren, welche wie der einflußreiche Philosoph *Wundt* eine Mittelstellung einnehmen, versäumen nicht anzumerken, daß in den meisten Träumen somatische Reize und die unbekannten oder als Tagesinteresse erkannten psychischen Anreger des Traumes zusammenwirken.

Wir werden später erfahren, daß das Rätsel der Traumbildung durch die Aufdeckung einer unvermuteten psychischen Reizquelle gelöst werden kann. Vorläufig wollen wir uns über die Überschätzung der nicht aus dem Seelenleben stammenden Reize zur Traumbildung nicht verwundern. Nicht nur daß diese allein leicht aufzufinden und selbst durchs Experiment zu bestätigen sind; es entspricht auch die somatische Auffassung der Traumentstehung durchwegs der heute in der Psychiatrie herrschenden Denkrichtung. Die Herrschaft des Gehirns über den Organismus wird zwar nachdrücklichst betont, aber alles, was eine Unabhängigkeit des Seelenlebens von nachweisbaren organischen Veränderungen oder eine Spontaneität in dessen Äußerungen erweisen könnte, schreckt den Psychiater heute so, als ob dessen Anerkennung die Zeiten der Naturphilosophie und des metaphysischen Seelenwesens wiederbringen müßte. Das Mißtrauen des Psychiaters hat die Psyche gleichsam unter Kuratel gesetzt und fordert nun, daß keine ihrer Regungen ein ihr eigenes Vermögen verrate. Doch zeugt dies Benehmen von nichts anderem als von einem geringen Zutrauen in die Haltbarkeit der Kausalverkettung, die sich zwischen Leiblichem und Seelischem erstreckt. Selbst wo das Psychische sich bei der Erforschung als der primäre Anlaß eines Phänomens erkennen läßt, wird ein tieferes Eindringen die Fortsetzung des Weges bis zur organischen Begründung des Seelischen einmal zu finden wissen. Wo aber das Psychische für unsere derzeitige Erkenntnis die Endstation bedeuten müßte, da braucht es darum nicht geleugnet zu werden.

D
Warum man den Traum nach dem Erwachen vergißt?

Daß der Traum am Morgen „zerrinnt“, ist sprichwörtlich. Freilich ist er der Erinnerung fähig. Denn wir kennen den Traum ja nur aus der Erinnerung an ihn nach dem Erwachen; aber wir glauben sehr oft, daß wir ihn nur unvollständig erinnern, während in der Nacht mehr von ihm da war; wir können beobachten, wie eine des Morgens noch lebhafte Traumerinnerung im Laufe des Tages bis auf kleine Brocken dahinschwindet; wir wissen oft, daß wir geträumt haben, aber nicht, was wir geträumt haben, und wir sind an die Erfahrung, daß der Traum dem Vergessen unterworfen ist, so gewöhnt, daß wir die Möglichkeit nicht als absurd verwerfen, daß auch der bei Nacht geträumt haben könnte, der am Morgen weder vom Inhalt noch von der Tatsache des Träumens etwas weiß. Anderseits kommt es vor, daß Träume eine außerordentliche Haltbarkeit im Gedächtnisse zeigen. Ich habe bei meinen Patienten Träume analysiert, die sich ihnen vor fünfundzwanzig und mehr Jahren ereignet hatten, und kann mich an einen eigenen Traum erinnern, der durch mindestens siebenunddreißig Jahre vom heutigen Tag getrennt ist und doch an seiner Gedächtnisfrische nichts eingebüßt hat. Dies alles ist sehr merkwürdig und zunächst nicht verständlich.

Über das Vergessen der Träume handelt am ausführlichsten *Strümpell*. Dieses Vergessen ist offenbar ein komplexes Phänomen, denn *Strümpell* führt es nicht auf einen einzigen, sondern auf eine ganze Reihe von Gründen zurück.

Zunächst sind für das Vergessen der Träume alle jene Gründe wirksam, die im Wachleben das Vergessen herbeiführen. Wir pflegen als Wachende eine Unzahl von Empfindungen und Wahrnehmungen alsbald zu vergessen, weil sie zu schwach waren, weil die an sie geknüpfte Seelenerregung einen zu geringen Grad hatte. Dasselbe ist rücksichtlich vieler Traumbilder der Fall; sie werden vergessen, weil sie zu schwach waren, während stärkere Bilder aus ihrer Nähe erinnert werden. Übrigens ist das Moment der Intensität für sich allein sicher nicht entscheidend für die Erhaltung der Traumbilder; *Strümpell* gesteht wie auch andere Autoren (*Calkins*) zu, daß man häufig Traumbilder rasch vergißt, von denen man weiß, daß sie sehr lebhaft waren, während unter den im Gedächtnis erhaltenen sich sehr viele schattenhafte, sinnesschwache Bilder befinden. Ferner pflegt man im Wachen leicht zu vergessen, was sich nur einmal ereignet hat, und besser zu merken, was man wiederholt wahrnehmen konnte. Die meisten Traumbilder sind aber einmalige Erlebnisse[10]; diese Eigentümlichkeit wird

[10] Periodisch wiederkehrende Träume sind wiederholt bemerkt worden, vgl. die Sammlung von Chabaneix.

gleichmäßig zum Vergessen aller Träume beitragen. Weit bedeutsamer ist dann ein dritter Grund des Vergessens. Damit Empfindungen, Vorstellungen, Gedanken usw. eine gewisse Erinnerungsgröße erlangen, ist es notwendig, daß sie nicht vereinzelt bleiben, sondern Verbindungen und Vergesellschaftungen passender Art eingehen. Löst man einen kleinen Vers in seine Worte auf und schüttelt diese durcheinander, so wird es sehr schwer, ihn zu merken. „Wohlgeordnet und in sachgemäßer Folge hilft ein Wort dem anderen, und das Ganze steht sinnvoll in der Erinnerung leicht und lange fest. Widersinniges behalten wir im allgemeinen ebenso schwer und ebenso selten wie das Verworrene und Ordnungslose." Nun fehlt den Träumen in den meisten Fällen Verständlichkeit und Ordnung. Die Traumkompositionen entbehren an sich der Möglichkeit ihres eigenen Gedächtnisses und werden vergessen, weil sie meistens schon in den nächsten Zeitmomenten auseinanderfallen. – Zu diesen Ausführungen stimmt allerdings nicht ganz, was *Radestock* (1879, 168) bemerkt haben will, daß wir gerade die sonderbarsten Träume am besten behalten.

Noch wirkungsvoller für das Vergessen des Traumes erscheinen *Strümpell* andere Momente, die sich aus dem Verhältnis von Traum und Wachleben ableiten. Die Vergeßlichkeit der Träume für das wache Bewußtsein ist augenscheinlich nur das Gegenstück zu der früher erwähnten Tatsache, daß der Traum (fast) nie geordnete Erinnerungen aus dem Wachleben, sondern nur Einzelheiten aus demselben übernimmt, die er aus ihren gewohnten psychischen Verbindungen reißt, in denen sie im Wachen erinnert werden. Die Traumkomposition hat somit keinen Platz in der Gesellschaft der psychischen Reihen, mit denen die Seele erfüllt ist. Es fehlen ihr alle Erinnerungshilfen. „Auf diese Weise hebt sich das Traumgebilde gleichsam von dem Boden unseres Seelenlebens ab und schwebt im psychischen Raum wie eine Wolke am Himmel, die der neu belebte Atem rasch verweht." (S. 87) Nach derselben Richtung wirkt der Umstand, daß mit dem Erwachen sofort die herandrängende Sinneswelt die Aufmerksamkeit mit Beschlag belegt, so daß vor dieser Macht die wenigsten Traumbilder standhalten können. Diese weichen vor den Eindrücken des jungen Tages wie der Glanz der Gestirne vor dem Licht der Sonne.

An letzter Stelle ist als förderlich für das Vergessen der Träume der Tatsache zu gedenken, daß die meisten Menschen ihren Träumen überhaupt wenig Interesse entgegenbringen. Wer sich z. B. als Forscher eine Zeitlang für den Traum interessiert, träumt währenddessen auch mehr als sonst, das heißt wohl: er erinnert seine Träume leichter und häufiger.

Zwei andere Gründe des Vergessens der Träume, die *Bonatelli* (bei *Benini*) zu den Strümpellschen hinzugefügt, sind wohl bereits in diesen enthalten, nämlich: 1) daß die Veränderung des Gemeingefühls zwischen Schlafen und Wachen der wechselseitigen Reproduktion ungünstig ist und 2) daß die andere Anordnung des Vorstellungsmaterials im Traume diesen sozusagen unübersetzbar fürs Wachbewußtsein macht.

Nach all diesen Gründen fürs Vergessen wird es, wie *Strümpell* selbst hervorhebt, erst recht merkwürdig, daß soviel von den Träumen doch in der Erinnerung behalten wird. Die fortgesetzten Bemühungen der Autoren, das Erinnern der Träume in Regeln zu fassen, kommen einem Eingeständnis gleich, daß auch hier etwas rätselhaft und ungelöst geblieben ist. Mit Recht sind einzelne Eigentümlichkeiten der Erinnerung an den Traum neuerdings besonders bemerkt worden, z. B. daß man einen Traum, den man am Morgen für vergessen hält, im Laufe des Tages aus Anlaß einer Wahrnehmung erinnern kann, die zufällig an den – doch vergessenen – Inhalt des Traums anrührt (*Radestock, Tissié*). Die gesamte Erinnerung an den Traum unterliegt aber einer Einwendung, die geeignet ist, ihren Wert in kritischen Augen recht ausgiebig herabzusetzen. Man kann zweifeln, ob unsere Erinnerung, die soviel vom Traum wegläßt, das, was sie erhalten hat, nicht verfälscht.

Solche Zweifel an der Exaktheit der Reproduktion des Traumes spricht auch *Strümpell* aus: „Dann geschieht es eben leicht, daß das wache Bewußtsein unwillkürlich manches in die Erinnerung des Traumes einfügt: man bildet sich ein, allerlei geträumt zu haben, was der gewesene Traum nicht enthielt.“

Besonders entschieden äußert sich *Jessen* (S. 547): „Außerdem ist aber bei der Untersuchung und Deutung zusammenhängender und folgerichtiger Träume der, wie es scheint, bisher wenig beachtete Umstand sehr in Betracht zu ziehen, daß es dabei fast immer mit der Wahrheit hapert, weil wir, wenn wir einen gehabten Traum in unser Gedächtnis zurückrufen, ohne es zu bemerken oder zu wollen, die Lücken der Traumbilder ausfüllen und ergänzen. Selten und vielleicht niemals ist ein zusammenhängender Traum so zusammenhängend gewesen, wie er uns in der Erinnerung erscheint. Auch dem wahrheitsliebendsten Menschen ist es kaum möglich, einen gehabten merkwürdigen Traum ohne allen Zusatz und ohne alle Ausschmückung zu erzählen: das Bestreben des menschlichen Geistes, alles im Zusammenhange zu erblicken, ist so groß, daß er bei der Erinnerung eines einigermaßen unzusammenhängenden Traumes die Mängel des Zusammenhanges unwillkürlich ergänzt.“

Fast wie eine Übersetzung dieser Worte Jessens klingen die doch gewiß selbständig konzipierten Bemerkungen von *V. Egger*.„ *...l'observation des rêves a ses difficultés spéciales et le seul moyen d'éviter toute erreur en pareille matière est de confier au papier sans le moindre retard ce que l'on vient d'éprouver et de remarquer; sinon, l'oubli vient vite ou total ou partiel; l'oubli total est sans gravité; mais l'oubli partiel est perfide; car si l'on se met ensuite à raconter ce que l'on n'a pas oublié, on est exposé à compléter par imagination les* *fragments incohérents et disjoints fourni par la mémoire ...; on devient artiste à son insu, et le récit périodiquement répété s'impose à la créance de son auteur, qui, de bonne foi, le présente comme un fait authentique, dûment établi selon les bonnes méthodes ...*"

Ganz ähnlich *Spitta* (S. 338), der anzunehmen scheint, daß wir überhaupt erst bei dem Versuch, den Traum zu reproduzieren, die Ordnung in die lose miteinander assoziierten Traumelemente einführen – „aus dem *Nebeneinander* ein *Hintereinander, Auseinander* machen, also den Prozeß der logischen Verbindung, der im Traum fehlt, hinzufügen".

Da wir nun eine andere als eine objektive Kontrolle für die Treue unserer Erinnerung nicht besitzen, diese aber beim Traum, der unser eigenes Erlebnis ist und für den wir nur die Erinnerung als Quelle kennen, nicht möglich ist, welcher Wert bleibt da unserer Erinnerung an den Traum noch übrig?

E
Die psychologischen Besonderheiten des Traumes

Wir gehen in der wissenschaftlichen Betrachtung des Traumes von der Annahme aus, daß der Traum ein Ergebnis unserer eigenen Seelentätigkeit ist; doch erscheint uns der fertige Traum als etwas Fremdes, zu dessen Urheberschaft zu bekennen es uns so wenig drängt, daß wir ebenso gerne sagen: „Mir hat geträumt" wie: „Ich habe geträumt." Woher rührt diese „Seelenfremdheit" des Traumes? Nach unseren Erörterungen über die Traumquellen sollten wir meinen, sie sei nicht durch das Material bedingt, das in den Trauminhalt gelangt; dies ist ja zum größten Teile dem Traumleben wie dem Wachleben gemeinsam. Man kann sich fragen, ob es nicht Abänderungen der psychischen Vorgänge im Traume sind, welche diesen Eindruck hervorrufen, und kann so eine psychologische Charakteristik des Traumes versuchen.

Niemand hat die Wesensverschiedenheit von Traum- und Wachleben stärker betont und zu weitgehenderen Schlüssen verwendet als *G. Th. Fechner* in einigen Bemerkungen seiner *Elemente der Psychophysik.* (1889, Bd. 2, 520-1). Er meint, „weder die einfache Herabdrückung des bewußten Seelenlebens unter die Hauptschwelle" noch die Abziehung der Aufmerksamkeit von den Einflüssen der Außenwelt genüge, um die Eigentümlichkeiten des Traumlebens dem wachen Leben gegenüber aufzuklären. Er vermutet vielmehr, daß auch der *Schauplatz der Träume ein anderer ist als der des wachen Vorstellungslebens.* „Sollte der Schauplatz der psychophysischen Tätigkeit während des Schlafens und des Wachens derselbe sein, so könnte der Traum meines Erachtens bloß eine auf einem niederen Grade der Intensität sich haltende Fortsetzung des wachen Vorstellungslebens sein und müßte übrigens dessen Stoff und dessen Form teilen. Aber es verhält sich ganz anders."

Was *Fechner* mit einer solchen Umsiedlung der Seelentätigkeit meint, ist wohl nicht klar geworden; auch hat kein anderer, soviel ich weiß, den Weg weiter verfolgt, dessen Spur er in jener Bemerkung aufgezeigt. Eine anatomische Deutung im Sinne der physiologischen Gehirnlokalisation oder selbst mit Bezug auf die histologische Schichtung der Hirnrinde wird man wohl auszuschließen haben. Vielleicht aber erweist sich der Gedanke einmal als sinnreich und fruchtbar, wenn man ihn auf einen seelischen Apparat bezieht, der aus mehreren hintereinander eingeschalteten Instanzen aufgebaut ist.

Andere Autoren haben sich damit begnügt, die eine oder die andere der greifbaren psychologischen Besonderheiten des Traumlebens hervorzuheben und etwa zum Ausgangspunkt weiter reichender Erklärungsversuche zu machen.

Es ist mit Recht bemerkt worden, daß eine der Haupteigentümlichkeiten des Traumlebens schon im Zustand des Einschlafens auftritt und als den Schlaf einleitendes Phänomen zu bezeichnen ist. Das Charakteristische des wachen Zustandes ist nach *Schleiermacher* (1862, 351), daß die Denktätigkeit in *Begriffen* und nicht in *Bildern* vor sich geht. Nun denkt der Traum hauptsächlich in Bildern, und man kann beobachten, daß mit der Annäherung an den Schlaf in demselben Maße, in dem die gewollten Tätigkeiten sich erschwert zeigen, *ungewollte Vorstellungen* hervortreten, die alle in die Klasse der Bilder gehören. Die Unfähigkeit zu solcher Vorstellungsarbeit, die wir als absichtlich gewollte empfinden, und das mit dieser *Zerstreuung* regelmäßig verknüpfte Hervortreten von Bildern, dies sind zwei Charaktere, die dem Traum verbleiben und die wir bei der psychologischen Analyse desselben als wesentliche Charaktere des Traumlebens anerkennen müssen. Von den Bildern – den hypnagogischen Halluzinationen – haben wir erfahren, daß sie selbst dem Inhalt nach mit den Traumbildern identisch sind.[11]

Der Traum denkt also vorwiegend in visuellen Bildern, aber doch nicht ausschließlich. Er arbeitet auch mit Gehörsbildern und in geringerem Ausmaße mit den Eindrücken der anderen Sinne. Vieles wird auch im Traum einfach gedacht oder vorgestellt (wahrscheinlich also durch Wortvorstellungsreste vertreten), ganz wie sonst im Wachen. Charakteristisch für den Traum sind aber doch nur jene Inhaltselemente, welche sich wie Bilder verhalten, d. h. den Wahrnehmun-

---

[11] H. Silberer hat an schönen Beispielen gezeigt, wie sich selbst abstrakte Gedanken im Zustande der Schläfrigkeit in anschaulich-plastische Bilder umsetzen, die das nämliche ausdrücken wollen. (Jahrbuch von Bleuler-Freud Bd. I,1909). Ich werde auf diese Befunde in anderem Zusammenhange zurückkommen.

gen ähnlicher sind als den Erinnerungsvorstellungen. Mit Hinwegsetzung über alle die dem Psychiater wohlbekannten Diskussionen über das Wesen der Halluzination können wir mit allen sachkundigen Autoren aussagen, daß der Traum *halluziniert*, daß er Gedanken durch Halluzinationen ersetzt. In dieser Hinsicht besteht kein Unterschied zwischen visuellen und akustischen Vorstellungen; es ist bemerkt worden, daß die Erinnerung an eine Tonfolge, mit der man einschläft, sich beim Versinken in den Schlaf in die Halluzination derselben Melodie verwandelt, um beim Zusichkommen, das mit dem Einnicken mehrmals abwechseln kann, wieder der leiseren und qualitativ anders gearteten Erinnerungsvorstellung Platz zu machen.

Die Verwandlung der Vorstellung in Halluzination ist nicht die einzige Abweichung des Traumes von einem etwa ihm entsprechenden Wachgedanken. Aus diesen Bildern gestaltet der Traum eine Situation, er stellt etwas als gegenwärtig dar, er *dramatisiert* eine Idee, wie *Spitta* (S. 145) sich ausdrückt. Die Charakteristik dieser Seite des Traumlebens wird aber erst vollständig, wenn man hinzunimmt, daß man beim Träumen – in der Regel, die Ausnahmen fordern eine besondere Aufklärung – nicht zu denken, sondern zu erleben vermeint, die Halluzinationen also mit vollem Glauben aufnimmt. Die Kritik, man habe nichts erlebt, sondern nur in eigentümlicher Form gedacht – geträumt –, regt sich erst beim Erwachen. Dieser Charakter scheidet den echten Schlaftraum von der Tagträumerei, die niemals mit der Realität verwechselt wird.

Burdach hat die bisher betrachteten Charaktere des Traumlebens in folgenden Sätzen zusammengefaßt (S. 476.): „Zu den wesentlichen Merkmalen des Traumes gehört *a*) daß die subjektive Tätigkeit unserer Seele als objektiv erscheint, indem das Wahrnehmungsvermögen die Produkte der Phantasie so auffaßt, als ob es sinnliche Rührungen wären;

b) der Schlaf ist eine Aufhebung der Eigenmächtigkeit. Daher gehört eine gewisse Passivität zum Einschlafen ... Die Schlummerbilder werden durch den Nachlaß der Eigenmächtigkeit bedingt."

Es handelt sich nun um den Versuch, die Gläubigkeit der Seele gegen die Traumhalluzinationen, die erst nach Einstellung einer gewissen eigenmächtigen Tätigkeit auftreten können, zu erklären. *Strümpell* führt aus, daß die Seele sich dabei korrekt und ihrem Mechanismus gemäß benimmt. Die Traumelemente sind keineswegs bloße Vorstellungen, sondern *wahrhafte* und *wirkliche Erlebnisse der Seele*, wie sie im Wachen durch Vermittlung der Sinne auftreten (S. 34). Während die Seele wachend in Wortbildern und in der Sprache vorstellt und denkt, stellt sie vor und denkt im Traum in wirklichen Empfindungsbildern (S. 35). Überdies kommt im Traum ein Raumbewußtsein hinzu, indem, wie im Wachen, Empfindungen und Bilder in einen äußeren Raum versetzt werden (S. 36). Man muß also zugestehen, daß sich die Seele im Traume ihren Bildern und Wahrnehmungen gegenüber in derselben Lage befindet wie im Wachen (S. 43). Wenn sie dabei dennoch irre geht, so rührt dies daher, daß ihr im Schlafzustand das Kriterium fehlt, welches allein zwischen von außen und von innen gegebenen Sinneswahrnehmungen unterscheiden kann. Sie kann ihre Bilder nicht den Proben unterziehen, welche allein deren objektive Realität erweisen. Sie vernachlässigt *außerdem* den Unterschied zwischen *willkürlich* vertauschbaren Bildern und anderen, wo diese Willkür wegfällt. Sie irrt, weil sie das Gesetz der Kausalität nicht auf den Inhalt ihres Traumes anwenden kann (S. 50). Kurz, ihre Abkehrung von der Außenwelt enthält auch den Grund für ihren Glauben an die subjektive Traumwelt.

Zum selben Schlusse gelangt nach teilweise abweichenden psychologischen Entwicklungen *Delboeuf*. Wir schenken den Traumbildern den Realitätsglauben, weil wir im Schlafe keine anderen Eindrücke zum Vergleiche haben, weil wir von der Außenwelt abgelöst sind. Aber nicht etwa darum glauben wir an die Wahrheit unserer Halluzinationen, weil uns im Schlafe die Möglichkeit entzogen ist, Proben anzustellen. Der Traum kann uns alle diese Prüfungen vorspiegeln, uns etwa zeigen, daß wir die gesehene Rose berühren, und wir träumen dabei doch. Es gibt nach *Delboeuf* kein stichhaltiges Kriterium dafür, ob etwas ein Traum ist oder wache Wirklichkeit, außer – und dies nur in praktischer Allgemeinheit – der Tatsache des Erwachens. Ich erkläre alles für Täuschung, was zwischen Einschlafen und Erwachen erlebt worden ist, wenn ich durch das Erwachen merke, daß ich ausgekleidet in meinem Bette liege. Während des Schlafes habe ich die Traumbilder für wahr gehalten infolge der nicht einzuschläfernden *Denkgewohnheit*, eine Außenwelt anzunehmen, zu der ich mein Ich in Gegensatz bringe.[12]

[12] Einen ähnlichen Versuch wie Delboeuf, die Traumtätigkeit zu erklären durch die Abänderung, welche eine abnorm eingeführte Bedingung an der sonst korrekten Funktion des intakten seelischen Apparats zur Folge haben muß, hat Haffner unternommen, diese Bedingung aber in etwas anderen Worten beschrieben. Das erste Kennzeichen des Traums ist nach ihm die Ort- und Zeitlosigkeit, d. i. die Emanzipation der Vorstellung von der dem Individuum zukommenden Stelle in der örtlichen und zeitlichen Ordnung. Mit diesem verbindet sich der zweite Grundcharakter des Traums, die Verwechslung der Halluzinationen, Imaginationen und Phantasiekombinationen mit äußeren Wahrnehmungen. „Da die Gesamtheit der höheren Seelenkräfte, insbesondere Begriffsbildung, Urteil und Schlußfolgerung einerseits und die freie Selbstbestimmung anderseits, an die sinnlichen Phantasiebilder sich anschließen und diese jederzeit zur Unterlage haben, so nehmen auch diese Tätigkeiten an der Regellosigkeit der Traumvorstellungen teil. Sie nehmen teil, sagen wir, denn an und für sich ist unsere Urteilskraft, wie unsere Willenskraft, im Schlafe in keiner Weise alteriert. Wir sind der Tätigkeit nach ebenso scharfsinnig und ebenso frei wie im wachen Zustande. Der Mensch kann auch im Traume nicht gegen die Denkgesetze an sich verstoßen, d. h. nicht das ihm als entgegengesetzt sich Darstellende identisch setzen usw. Er kann auch im Traume nur das begehren, was er als ein Gutes sich vorstellt (*sub ratione boni*). Aber in dieser Anwendung der Gesetze des Denkens

Wird so die Abwendung von der Außenwelt zu dem bestimmenden Momente für die Ausprägung der auffälligsten Charaktere des Traumlebens erhoben, so verlohnt es sich, einige feinsinnige Bemerkungen des alten *Burdach* anzuführen, welche auf die Beziehung der schlafenden Seele zur Außenwelt Licht werfen und dazu angetan sind, vor einer Überschätzung der vorstehenden Ableitungen zurückzuhalten. „Der Schlaf erfolgt nur unter der Bedingung“, sagt *Burdach*, „daß die Seele nicht von Sinnesreizen angeregt wird, ... aber es ist nicht sowohl der Mangel an Sinnesreizen die Bedingung des Schlafes, als vielmehr der Mangel an Interesse dafür[13]; mancher sinnliche Eindruck ist selbst notwendig, insofern er zur Beruhigung der Seele dient, wie denn der Müller nur dann schläft, wenn er das Klappern seiner Mühle hört, und der, welcher aus Vorsicht ein Nachtlicht zu brennen für nötig hält, im Dunkeln nicht einschlafen kann.“ (S.457)

„Die Seele isoliert sich im Schlafe gegen die Außenwelt und zieht sich von der Peripherie ... zurück ... Indes ist der Zusammenhang nicht ganz unterbrochen; wenn man nicht im Schlafe selbst, sondern erst nach dem Erwachen hörte und fühlte, so könnte man überhaupt nicht geweckt werden. Noch mehr wird die Fortdauer der Sensation dadurch bewiesen, daß man nicht immer durch die bloß sinnliche Stärke eines Eindruckes, sondern durch die psychische Beziehung desselben geweckt wird; ein gleichgültiges Wort weckt den Schlafenden nicht, ruft man ihn aber beim Namen, so erwacht er ..., die Seele unterscheidet also im Schlafe zwischen den Sensationen ... Daher kann man denn auch durch den Mangel eines Sinnesreizes, wenn dieser sich auf eine für die Vorstellung wichtige Sache bezieht, geweckt werden; so erwacht man vom Auslöschen eines Nachtlichtes und der Müller vom Stillstande seiner Mühle, also vom Aufhören der Sinnestätigkeit, und dies setzt voraus, daß diese perzipiert worden ist, aber als gleichgültig, oder vielmehr befriedigend, die Seele nicht aufgestört hat.“ (S. 460 ff.)

Wenn wir selbst von diesen nicht geringzuschätzenden Einwendungen absehen wollen, so müssen wir doch zugestehen, daß die bisher gewürdigten und aus der Abkehrung von der Außenwelt abgeleiteten Eigenschaften des Traumlebens die Fremdartigkeit desselben nicht voll zu decken vermögen. Denn im anderen

---

und Wollens wird der menschliche Geist im Traume irregeführt durch die Verwechslung einer Vorstellung mit einer anderen. So kommt es, daß wir im Traum die größten Widersprüche setzen und begehen, während wir anderseits die scharfsinnigsten Urteilsbildungen und die konsequentesten Schlußfolgerungen vollziehen, die tugendhaftesten und heiligsten Entschließungen fassen können. Mangel an Orientierung ist das ganze Geheimnis des Fluges, mit welchem unsere Phantasie im Traume sich bewegt, und Mangel an kritischer Reflexion, sowie an Verständigung mit anderen, ist die Hauptquelle der maßlosen Extravaganzen unserer Urteile wie unserer Hoffnungen und Wünsche im Traum.“

[13] Man vergleiche hierzu das *„désintérêt“*, in dem Claparède (1905) den Mechanismus des Einschlafens findet.

Falle müßte es möglich sein, die Halluzinationen des Traumes in Vorstellungen, die Situationen des Traumes in Gedanken zurückzuverwandeln und damit die Aufgabe der Traumdeutung zu lösen. Nun verfahren wir nicht anders, wenn wir nach dem Erwachen den Traum aus der Erinnerung reproduzieren, und ob uns diese Rückübersetzung ganz oder nur teilweise gelingt, der Traum behält seine Rätselhaftigkeit unverringert bei.

Die Autoren nehmen auch alle unbedenklich an, daß im Traume noch andere und tiefer greifende Veränderungen mit dem Vorstellungsmaterial des Wachens vorgefallen sind. Eine derselben sucht *Strümpell* in folgender Erörterung herauszugreifen (S. 27): „Die Seele verliert mit dem Aufhören der sinnlich tätigen Anschauung und des normalen Lebensbewußtseins auch den Grund, in welchem ihre Gefühle, Begehrungen, Interessen und Handlungen wurzeln. Auch diejenigen geistigen Zustände, Gefühle, Interessen, Wertschätzungen, welche im Wachen den Erinnerungsbildern anhaften, unterliegen ... einem verdunkelnden Drucke, infolgedessen sich ihre Verbindung mit den Bildern auflöst, die Wahrnehmungsbilder von Dingen, Personen, Lokalitäten, Begebenheiten und Handlungen des wachen Lebens werden einzeln sehr zahlreich reproduziert, aber keines derselben bringt seinen *psychischen Wert* mit. Dieser ist von ihnen abgelöst, und sie schwanken deshalb in der Seele nach eigenen Mitteln umher ...“

Diese Entblößung der Bilder von ihrem psychischen Wert, die selbst wiederum auf die Abwendung von der Außenwelt zurückgeführt wird, soll nach *Strümpell* einen Hauptanteil an dem Eindruck der Fremdartigkeit haben, mit dem sich der Traum in unserer Erinnerung dem Leben gegenüberstellt.

Wir haben gehört, daß schon das Einschlafen den Verzicht auf eine der seelischen Tätigkeiten, nämlich auf die willkürliche Leitung des Vorstellungsablaufs, mit sich bringt. Es wird uns so die ohnedies naheliegende Vermutung aufgedrängt, daß der Schlafzustand sich auch über die seelischen Verrichtungen erstrecken möge. Die eine oder andere dieser Verrichtungen wird etwa ganz aufgehoben; ob die übrigbleibenden ungestört weiterarbeiten, ob sie unter solchen Umständen normale Arbeit leisten können, kommt jetzt in Frage. Der Gesichtspunkt taucht auf, daß man die Eigentümlichkeiten des Traumes erklären könne durch die psychische Minderleistung im Schlafzustande, und nun kommt der Eindruck, den der Traum unserem wachen Urteil macht, einer solchen Auffassung entgegen. Der Traum ist unzusammenhängend, vereinigt ohne Anstoß die ärgsten Widersprüche, läßt Unmöglichkeiten zu, läßt unser bei Tag einflußreiches Wissen beiseite, zeigt uns ethisch und moralisch stumpfsinnig. Wer sich im Wachen so benehmen würde, wie es der Traum in seinen Situationen vorführt, den würden wir für wahnsinnig halten; wer im Wachen so spräche oder solche Dinge mitteilen wollte, wie sie im Trauminhalt vorkommen, der würde uns den Eindruck eines Verworrenen oder eines Schwachsinnigen machen. Somit glauben wir nur dem Tatbestand Worte zu leihen, wenn wir die psychische Tätigkeit im Traum nur sehr gering anschlagen und insbesondere die höheren intellektuellen Leistungen als im Traum aufgehoben oder wenigstens schwer geschädigt erklären.

Mit ungewöhnlicher Einmütigkeit – von den Ausnahmen wird an anderer Stelle die Rede sein – haben die Autoren solche Urteile über den Traum gefällt, die auch unmittelbar zu einer bestimmten Theorie oder Erklärung des Traumlebens hinleiten. Es ist an der Zeit, daß ich mein eben ausgesprochenes Resumé durch eine Sammlung von Aussprüchen verschiedener Autoren – Philosophen und Ärzte – über die psychologischen Charaktere des Traumes ersetze:

Nach *Lemoine* ist die *Inkohärenz* der Traumbilder der einzig wesentliche Charakter des Traumes.

Maury pflichtet dem bei; er sagt (*Le sommeil*, S. 163): „*Il n'y a pas de rêves absolument raisonnables et qui ne contiennent quelque incohérence, quelque anachronisme, quelque absurdité.*"

Nach *Hegel* bei *Spitta* fehlt dem Traum aller objektive verständige Zusammenhang.

Dugas sagt: „*Le rêve c'est l'anarchie psychique affective et mentale, c'est le jeu des fonctions livrées a elles-mêmes et s'exerçant sans contrôle et sans but; dans le rêve l'esprit est un automate spirituel.* "

„Die Auflockerung, Lösung und Durcheinandermischung des im Wachen durch die logische Gewalt des zentralen Ich zusammengehaltenen Vorstellungslebens" räumt selbst *Volkelt* ein (S. 14), nach dessen Lehre die psychische Tätigkeit während des Schlafes keineswegs zwecklos erscheint.

Die *Absurdität* der im Traume vorkommenden Vorstellungsverbindungen kann man kaum schärfer verurteilen, als es schon *Cicero* (*De Divinatione*, II) tat: „*Nihil tam praepostere, tam incondite, tam monstruose cogitari potest, quod non possimus somniare.*"*

Fechner sagt (Bd. 2, S. 522): „Es ist, als ob die psychologische Tätigkeit aus dem Gehirne eines Vernünftigen in das eines Narren übersiedelt."

Radestock (S. 145): „In der Tat scheint es unmöglich, in diesem tollen Treiben feste Gesetze zu erkennen. Der strengen Polizei des vernünftigen, den wachen Vorstellungslauf leitenden Willens und der Aufmerksamkeit sich entziehend, wirbelt der Traum in tollem Spiel alles kaleidoskopartig durcheinander."

Hildebrandt (S. 45): „Welche wunderlichen Sprünge erlaubt sich der Träumende z. B. bei seinen Verstandesschlüssen! Mit welcher Unbefangenheit sieht er die bekanntesten Erfahrungssätze geradezu auf den Kopf gestellt! Welche

* [„Es läßt sich nichts so Verkehrtes, so Regelloses, so Ungeheueres erdenken, was wir nicht träumen können." – *Von der Weissagung*, II. Buch. Übers v. G. H. Moser.]

lächerlichen Widersprüche kann er in den Ordnungen der Natur und der Gesellschaft vertragen, bevor ihm, wie man sagt, die Sache zu bunt wird und die Überspannung des Unsinnes das Erwachen herbeiführt! Wir multiplizieren gelegentlich ganz harmlos: Drei mal drei macht zwanzig; es wundert uns gar nicht, daß ein Hund uns einen Vers hersagt, daß ein Toter auf eigenen Füßen nach seinem Grabe geht, daß ein Felsstück auf dem Wasser schwimmt; wir gehen alles Ernstes in höherem Auftrage nach dem Herzogtum Bernburg oder dem Fürstentum Liechtenstein, um die Kriegsmarine des Landes zu beobachten, oder lassen uns von Karl dem Zwölften kurz vor der Schlacht bei Pultawa als Freiwillige anwerben."

Binz (S. 33) mit dem Hinweis auf die aus diesen Eindrücken sich ergebende Traumtheorie: „Unter zehn Träumen sind mindestens neun absurden Inhaltes. Wir koppeln in ihnen Personen und Dinge zusammen, welche nicht die geringsten Beziehungen zueinander haben. Schon im nächsten Augenblick, wie in einem Kaleidoskop, ist die Gruppierung eine andere geworden, womöglich noch unsinniger und toller, als sie es schon vorher war; und so geht das wechselnde Spiel des unvollkommen schlafenden Gehirns weiter, bis wir erwachen, mit der Hand nach der Stirne greifen und uns fragen, ob wir in der Tat noch die Fähigkeit des vernünftigen Vorstellens und Denkens besitzen."

Maury (*Le sommeil*, S. 50) findet für das Verhältnis der Traumbilder zu den Gedanken des Wachens einen für den Arzt sehr eindrucksvollen Vergleich: „*La production de ces images que chez l'homme éveillé fait le plus souvent naître la volonté, correspond, pour l'intelligence, a ce que sont pour la motilité certains mouvements que nous offrent la chorée et les affections paralytiques* ..." Im übrigen ist ihm der Traum „*toute une série de dégradations de la faculté pensante et raisonnante*" (S. 27). Es ist kaum nötig, die Äußerungen der Autoren anzuführen, welche den Satz von *Maury* für die einzelnen höheren Seelenleistungen wiederholen.

Nach *Strümpell* treten im Traum – selbstverständlich auch dort, wo der Unsinn nicht augenfällig ist – sämtliche logischen, auf Verhältnissen und Beziehungen beruhenden Operationen der Seele zurück (S. 26). Nach *Spitta* (S. 148) scheinen im Traum die Vorstellungen dem Kausalitätsgesetz völlig entzogen zu sein. *Radestock* u. a. betonen die dem Traum eigene Schwäche des Urteils und des Schlusses. Nach *Jodl* (S. 123) gibt es im Traum keine Kritik, keine Korrektur einer Wahrnehmungsreihe durch den Inhalt des Gesamtbewußtseins. Derselbe Autor äußert: „Alle Arten der Bewußtseinstätigkeit kommen im Traume vor, aber unvollständig, gehemmt, gegeneinander isoliert." Die Widersprüche, in welche sich der Traum gegen unser waches Wissen setzt, erklärt *Stricker* (mit vielen anderen) daraus, daß Tatsachen im Traum vergessen oder logische Beziehungen zwischen Vorstellungen verlorengegangen sind (S. 98) usw., usw.

Von den Autoren, die im allgemeinen so ungünstig über die psychischen Leistungen im Traume urteilen, wird indes zugegeben, daß ein gewisser Rest von seelischer Tätigkeit dem Traume verbleibt. *Wundt*, dessen Lehren für so viele andere Bearbeiter der Traumprobleme maßgebend geworden sind, gesteht dies ausdrücklich zu. Man könnte nach der Art und Beschaffenheit des im Traume sich äußernden Restes von normaler Seelentätigkeit fragen. Es wird nun ziemlich allgemein zugegeben, daß die Reproduktionsfähigkeit, das Gedächtnis, im Traum am wenigsten gelitten zu haben scheint, ja eine gewisse Überlegenheit gegen die gleiche Funktion des Wachens aufweisen kann, obwohl ein Teil der Absurditäten des Traumes durch die Vergeßlichkeit eben dieses Traumlebens erklärt werden soll. Nach *Spitta* ist es das *Gemütsleben* der Seele, was vom Schlaf nicht befallen wird und dann den Traum dirigiert. Als „Gemüt" bezeichnet er „die konstante Zusammenfassung der Gefühle als des innersten subjektiven Wesens des Menschen" (S. 84 f.).

Scholz (S. 37) erblickt eine der im Traume sich äußernden Seelentätigkeiten in der „*allegorisierenden Umdeutung*", welcher das Traummaterial unterzogen wird. *Siebeck* konstatiert auch im Traum die „*ergänzende Deutungsfähigkeit*" der Seele (S. 11), welche von ihr gegen alles Wahrnehmen und Anschauen geübt wird. Eine besondere Schwierigkeit hat es für den Traum mit der Beurteilung der angeblich höchsten psychischen Funktion, der des Bewußtseins. Da wir vom Traum nur durchs Bewußtsein etwas wissen, kann an dessen Erhaltung kein Zweifel sein; doch meint *Spitta*, es sei im Traum nur das Bewußtsein erhalten, nicht auch das *Selbst*bewußtsein. *Delboeuf* gesteht ein, daß er diese Unterscheidung nicht zu begreifen vermag.

Die Assoziationsgesetze, nach denen sich die Vorstellungen verknüpfen, gelten auch für die Traumbilder, ja ihre Herrschaft kommt im Traume reiner und stärker zum Ausdruck. *Strümpell* (S. 70): „Der Traum verläuft entweder ausschließlich, wie es scheint, nach den Gesetzen nackter Vorstellungen oder organischer Reize mit solchen Vorstellungen, das heißt, ohne daß Reflexion und Verstand, ästhetischer Geschmack und sittliches Urteil etwas dabei vermögen." Die Autoren, deren Ansichten ich hier reproduziere, stellen sich die Bildung der Träume etwa folgenderart vor: Die Summe der im Schlaf einwirkenden Sensationsreize aus den verschiedenen, an anderer Stelle angeführten Quellen wecken in der Seele zunächst eine Anzahl von Vorstellungen, die sich als Halluzinationen (nach *Wundt* richtiger Illusionen wegen ihrer Abkunft von den äußeren und inneren Reizen) darstellen. Diese verknüpfen sich untereinander nach den bekannten Assoziationsgesetzen und rufen ihrerseits nach denselben Regeln eine neue Reihe von Vorstellungen (Bildern) wach. Das ganze Material wird dann vom noch tätigen Rest der ordnenden und denkenden Seelenvermögen, so gut es eben gehen will, verarbeitet (vgl. etwa *Wundt* und *Weygandt*). Es ist bloß noch nicht gelungen, die Motive einzusehen, welche darüber entscheiden, daß die Erweckung der nicht von außen stammenden Bilder nach diesem oder nach jenem Assoziationsgesetz vor sich gehe.

Es ist aber wiederholt bemerkt worden, daß die Assoziationen, welche die Traumvorstellungen untereinander verbinden, von ganz besonderer Art und verschieden von den im wachen Denken tätigen sind. So sagt *Volkelt* (S. 15): „Im Traume jagen und haschen sich die Vorstellungen nach zufälligen Ähnlichkeiten und kaum wahrnehmbaren Zusammenhängen. Alle Träume sind von solchen nachlässigen, zwanglosen Assoziationen durchzogen." *Maury* legt auf diesen Charakter der Vorstellungsbindung, der ihm gestattet, das Traumleben in engere Analogie mit gewissen Geistesstörungen zu bringen, den größten Wert. Er anerkennt zwei Hauptcharaktere des „*délire*":

1) une action spontanée et comme automatique de l'esprit;

2) une association vicieuse et irrégulier des idées (S. 126). Von *Maury* selbst rühren zwei ausgezeichnete Traumbeispiele her, in denen der bloße Gleichklang der Worte die Verknüpfung der Traumvorstellungen vermittelt. Er träumte einmal, daß er eine Pilgerfahrt (*pélerinage*) nach Jerusalem oder Mekka unternehme, dann befand er sich nach vielen Abenteuern beim Chemiker Pelletier, dieser gab ihm nach einem Gespräch eine Schaufel (*pelle*) von Zink, und diese wurde in einem darauffolgenden Traumstück sein großes Schlachtschwert (S. 137). Ein andermal ging er im Traum auf der Landstraße und las auf den Meilensteinen die *Kilo*meter ab, darauf befand er sich bei einem Gewürzkrämer, der eine große Waage hatte, und ein Mann legte *Kilo*gewichte auf die Waagschale, um *Maury* abzuwägen; dann sagte ihm der Gewürzkrämer: „Sie sind nicht in Paris, sondern auf der Insel *Gilolo*." Es folgten darauf mehrere Bilder, in welchen er die Blume *Lo*belia sah, dann den General *Lo*pez, von dessen Tod er kurz vorher gelesen hatte; endlich erwachte er, eine Partie *Lo*tto spielend.[14]

Wir sind aber wohl gefaßt darauf, daß diese Geringschätzung der psychischen Leistungen des Traumes nicht ohne Widerspruch von anderer Seite geblieben ist. Zwar scheint der Widerspruch hier schwierig. Es will auch nicht viel bedeuten, wenn einer der Herabsetzer des Traumlebens versichert (*Spitta*, S. 118), daß dieselben psychologischen Gesetze, die im Wachen herrschen, auch den Traum regieren, oder wenn ein anderer (*Dugas*) ausspricht „*le rêve n'est pas déraison ni même irraison pure*", solange beide sich nicht die Mühe nehmen, diese Schätzung mit der von ihnen beschriebenen psychischen Anarchie und Auflösung aller Funk-

[14] An späterer Stelle wird uns der Sinn solcher Träume, die von Worten mit gleichen Anfangsbuchstaben und ähnlichem Anlaute erfüllt sind, zugänglich werden.

tionen im Traum in Einklang zu bringen. Aber anderen scheint die Möglichkeit gedämmert zu haben, daß der Wahnsinn des Traumes vielleicht doch nicht ohne Methode sei, vielleicht nur Verstellung wie der des Dänenprinzen, auf dessen Wahnsinn sich das hier zitierte, einsichtsvolle Urteil bezieht. Diese Autoren müssen es vermieden haben, nach dem Anschein zu urteilen, oder der Anschein, den der Traum ihnen bot, war ein anderer.

So würdigt *Havelock Ellis* den Traum, ohne bei seiner scheinbaren Absurdität verweilen zu wollen, als „*an archaic world of vast emotions and imperfect thoughts*", deren Studium uns primitive Entwicklungsstufen des psychischen Lebens kennen lehren könnte.

J. Sully (S. 362) vertritt dieselbe Auffassung des Traumes in einer noch weiter ausgreifenden und tiefer eindringenden Weise. Seine Aussprüche verdienen um so mehr Beachtung, wenn wir hinzunehmen, daß er wie vielleicht kein anderer Psychologe von der verhüllten Sinnigkeit des Traumes überzeugt war. „*Now our dreams are a means of conserving these successive personalities. When asleep we go back to the old ways of looking at things and of feeling about them, to impulses and activities which long ago dominated us.*"

Ein Denker wie *Delboeuf* behauptet – freilich ohne den Beweis gegen das widersprechende Material zu führen und darum eigentlich mit Unrecht: „*Dans le sommeil, hormis la perception, toutes les facultés de l'esprit, intelligence, imagination, mémoire, volonté, moralité, restent intactes dans leur essence; seulement, elles s'appliquent à des objets imaginaires et mobiles. Le songeur est un acteur qui joue à volonté les fous et les sages, les bourreaux et les victimes, les nains et les géants, les démons et les anges.*" (S. 222.) Am energischesten scheint die Herabsetzung der psychischen Leistung im Traum der Marquis d'Hervey bestritten zu haben, gegen den *Maury* lebhaft polemisiert und dessen Schrift ich mir trotz aller Bemühung nicht verschaffen konntet. *Maury* sagt über ihn (S. 19): „*M. le Marquis d'Hervey prête à l'intelligence durant le sommeil, toute sa liberté d'action et d'attention et il ne semble faire consister le sommeil que dans l'occlusion des sens, dans leur fermeture au monde extérieur; en sorte que l'homme qui dort ne se distingue guerre, selon sa manière de voir, de l'homme qui laisse vaguer sa pensée en se bouchant les sens; toute la différence qui sépare alors la pensée ordinaire de celle du dormeur c'est que, chez celui-ci, l'idée prend une forme visible, objective et ressemble, à s'y méprendre, à la sensation déterminée par les objets extérieurs; le souvenir revêt l'apparence du fait présent.*"

Maury fügt aber hinzu: „*qu'il y a une difference de plus et capitale à savoir que les facultés intellectuelles de l'homme endormi n'offrent pas l'équilibre qu'elles gardent chez l'homme éveillé.*"

Bei Vaschide (S. 146 f.), der uns eine bessere Kenntnis des Buches von d'Hervey vermittelt, finden wir, daß sich dieser Autor in folgender Art über die scheinbare Inkohärenz der Träume äußert. „*L'image du rêve est la copie de l'idée. Le principal est l'idée; la vision n'est qu'accessoire. Ceci établi, il faut savoir suivre la manche des idées, il faut savoir analyser le tissu des rêves; l'incohérence devient alors compréhensible, les conceptions les plus fantasques deviennent des faits simples et parfaitement logiques.*" Und: „*Les rêves les plus bizarres trouvent même une explication des plus logiques quand on sait les analyser.*"

J. Stärcke hat darauf aufmerksam gemacht, daß eine ähnliche Auflösung der Trauminkohärenz von einem alten Autor, Wolf Davidson, der mir unbekannt war, 1799 verteidigt worden ist (S. 136): „Die sonderbaren Sprünge unserer Vorstellungen im Traume haben alle ihren Grund in dem Gesetze der Assoziation, nur daß diese Verbindung manchmal sehr dunkel in der Seele vorgeht, so daß wir oft einen Sprung der Vorstellung zu beobachten glauben, wo doch keiner ist."

Die Skala der Würdigung des Traumes als psychisches Produkt hat in der Literatur einen großen Umfang; sie reicht von der tiefsten Geringschätzung, deren Ausdruck wir kennengelernt haben, durch die Ahnung eines noch nicht enthüllten Wertes bis zur Überschätzung, die den Traum weit über die Leistungen des Wachlebens stellt. Hildebrandt, der, wie wir wissen, in drei Antinomien die psychologische Charakteristik des Traumlebens entwirft, faßt im dritten dieser Gegensätze die Endpunkte dieser Reihe zusammen (S. 19 f.): „Es ist der zwischen einer *Steigerung*, einer nicht selten bis zur *Virtuosität* sich erhebenden *Potenzierung*, und anderseits einer entschiedenen, oft bis unter das Niveau des Menschlichen führenden *Herabminderung* und *Schwächung* des Seelenlebens."

„Was das erstere betrifft, wer könnte nicht aus eigener Erfahrung bestätigen, daß in dem Schaffen und Weben des Traumgenius bisweilen eine Tiefe und Innigkeit des Gemütes, eine Zartheit der Empfindung, eine Klarheit der Anschauung, eine Feinheit der Beobachtung, eine Schlagfertigkeit des Witzes zutage tritt, wie wir solches alles als konstantes Eigentum während des wachen Lebens zu besitzen bescheidentlich in Abrede stellen würden? Der Traum hat eine wunderbare Poesie, eine treffliche Allegorie, einen unvergleichlichen Humor, eine köstliche Ironie. Er schauet die Welt in einem eigentümlich idealisierenden Lichte und potenziert den Effekt ihrer Erscheinungen oft im sinnigsten Verständnisse des ihnen zum Grunde liegenden Wesens. Er stellt uns das irdisch Schöne in wahrhaft himmlischem Glanze, das Erhabene in höchster Majestät, das erfahrungsgemäß Furchtbare in der grauenvollsten Gestalt, das Lächerliche mit unbeschreiblich drastischer Komik vor Augen; und bisweilen sind wir nach dem Erwachen irgendeines dieser Eindrücke noch so voll, daß es uns vorkommen will, dergleichen habe die wirkliche Welt uns noch nie und niemals geboten."

Man darf sich fragen, ist es wirklich das nämliche Objekt, dem jene geringschätzigen Bemerkungen und diese begeisterte Anpreisung gilt? Haben die einen die blödsinnigen Träume, die anderen die tiefsinnigen und feinsinnigen übersehen? Und wenn beiderlei vorkommt, Träume, die solche und die jene Beurteilung verdienen, scheint es da nicht müßig, nach einer psychologischen Charakteristik des Traumes zu suchen, genügt es nicht zu sagen, im Traume sei alles möglich, von der tiefsten Herabsetzung des Seelenlebens bis zu einer im Wachen ungewohnten Steigerung desselben? So bequem diese Lösung wäre, sie hat dies eine gegen sich, daß den Bestrebungen aller Traumforscher die Voraussetzung zugrunde zu liegen scheint, es gäbe eine solche in ihren wesentlichen Zügen allgemeingültige Charakteristik des Traumes, welche über jene Widersprüche hinweghelfen müßte.

Es ist unstreitig, daß die psychischen Leistungen des Traumes bereitwilligere und wärmere Anerkennung gefunden haben in jener, jetzt hinter uns liegenden, intellektuellen Periode, da die Philosophie und nicht die exakten Naturwissenschaften die Geister beherrschte. Aussprüche, wie die von *Schubert*, daß der Traum eine Befreiung des Geistes von der Gewalt der äußeren Natur sei, eine Loslösung der Seele von den Fesseln der Sinnlichkeit, und ähnliche Urteile von dem jüngeren *Fichte*[15] u. a., welche sämtlich den Traum als einen Aufschwung des Seelenlebens zu einer höheren Stufe darstellen, erscheinen uns heute kaum begreiflich; sie werden in der Gegenwart auch nur bei Mystikern und Frömmlern wiederholt.[16] Mit dem Eindringen naturwissenschaftlicher Denkweise ist eine Reaktion in der Würdigung des Traumes einhergegangen. Gerade die ärztlichen Autoren sind am ehesten geneigt, die psychische Tätigkeit im Traume für geringfügig und wertlos anzuschlagen während Philosophen und nicht zünftige Beobachter – Amateurpsychologen –, deren Beiträge gerade auf diesem Gebiete nicht zu vernachlässigen sind, im besseren Einvernehmen mit den Ahnungen des Volkes, meist an dem psychischen Wert der Träume festgehalten haben. Wer zur Geringschätzung der psychischen Leistung im Traume neigt, der bevorzugt begreiflicherweise in der Traumätiologie die somatischen Reizquellen; für den, welcher der träumenden Seele den größeren Teil ihrer Fähigkeiten im Wachen belassen hat, entfällt natürlich jedes Motiv, ihr nicht auch selbständige Anregungen zum Träumen zuzugestehen.

Unter den Überleistungen, welche man auch bei nüchterner Vergleichung versucht sein kann, dem Traumleben zuzuschreiben, ist die des Gedächtnisses die auffälligste; wir haben die sie beweisenden, gar nicht seltenen Erfahrungen ausführlich behandelt. Ein anderer, von alten Autoren häufig gepriesener Vorzug

15 Vgl. Haffner und Spitta.

16 Der geistreiche Mystiker Du Prel, einer der wenigen Autoren, denen ich die Vernachlässigung in früheren Auflagen dieses Buches abbitten möchte, äußert, nicht das Wachen, sondern der Traum sei die Pforte zur Metaphysik, soweit sie den Menschen betrifft (*Philosophie der Mystik*, S. 59).

des Traumlebens, daß es sich souverän über Zeit- und Ortsentfernungen hinwegzusetzen vermöge, ist mit Leichtigkeit als eine Illusion zu erkennen. Dieser Vorzug ist, wie *Hildebrandt* bemerkt, eben ein illusorischer Vorzug; das Träumen setzt sich über Zeit und Raum nicht anders hinweg als das wache Denken, und eben weil es nur eine Form des Denkens ist. Der Traum sollte sich in bezug auf die Zeitlichkeit noch eines anderen Vorzugs erfreuen, noch in anderem Sinne vom Ablauf der Zeit unabhängig sein. Träume, wie der oben S. 49. mitgeteilte *Maurys* von seiner Hinrichtung durch die Guillotine, scheinen zu beweisen, daß der Traum in eine sehr kurze Spanne Zeit weit mehr Wahrnehmungsinhalt zu drängen vermag, als unsere psychische Tätigkeit im Wachen Denkinhalt bewältigen kann. Diese Folgerung ist indes mit mannigfaltigen Argumenten bestritten worden; seit den Aufsätzen von *Le Lorrain* und *Egger* „über die scheinbare Dauer der Träume" hat sich hierüber eine interessante Diskussion angesponnen, welche in dieser heikeln und tiefreichenden Frage wahrscheinlich noch nicht die letzte Aufklärung erreicht hat.[17]

Daß der Traum die intellektuellen Arbeiten des Tages aufzunehmen und zu einem bei Tag nicht erreichten Abschluß zu bringen vermag, daß er Zweifel und Probleme lösen, bei Dichtern und Komponisten die Quelle neuer Eingebungen werden kann, scheint nach vielfachen Berichten und nach der von *Chabaneix* (1897) angestellten Sammlung unbestreitbar zu sein. Aber wenn auch nicht die Tatsache, so unterliegt doch deren Auffassung vielen, ans Prinzipielle streifenden Zweifeln.[18] Endlich bildet die behauptete divinatorische Kraft des Traumes ein Streitobjekt, an welchem schwer überwindliche Bedenken mit hartnäckig wiederholten Versicherungen zusammentreffen. Man vermeidet es – und wohl mit Recht –, alles Tatsächliche an diesem Thema abzuleugnen, weil für eine Reihe von Fällen die Möglichkeit einer natürlichen psychologischen Erklärung vielleicht nahe bevorsteht.

F
Die ethischen Gefühle im Traume

Aus Motiven, welche erst nach Kenntnisnahme meiner eigenen Untersuchungen über den Traum verständlich werden können, habe ich von dem Thema der Psychologie des Traumes das Teilproblem abgesondert, ob und inwieweit die moralischen Dispositionen und Empfindungen des Wachens sich ins Traumle-

[17] Weitere Literatur und kritische Erörterung dieser Probleme in der Pariser Dissertation der Tobowolska (1900)

[18] Vgl. die Kritik bei H. Ellis, *World of Dreams*, S. 268.

ben erstrecken. Der nämliche Widerspruch in der Darstellung der Autoren, den wir für alle anderen seelischen Leistungen mit Befremden bemerken mußten, macht uns auch hier betroffen. Die einen versichern mit ebensolcher Entschiedenheit, daß der Traum von den sittlichen Anforderungen nichts weiß, wie die andern, daß die moralische Natur des Menschen auch fürs Traumleben erhalten bleibt.

Die Berufung auf die allnächtliche Traumerfahrung scheint die Richtigkeit der ersteren Behauptung über jeden Zweifel zu erheben. *Jessen* sagt (S. 553): „Auch besser und tugendhafter wird man nicht im Schlafe, vielmehr scheint das Gewissen in den Träumen zu schweigen, indem man kein Mitleid empfindet und die schwersten Verbrechen, Diebstahl, Mord und Totschlag mit völliger Gleichgültigkeit und ohne nachfolgende Reue verüben kann."

Radestock (S. 146): „Es ist zu berücksichtigen, daß die Assoziationen im Traume ablaufen und die Vorstellungen sich verbinden, ohne daß Reflexion und Verstand, ästhetischer Geschmack und sittliches Urteil etwas dabei vermögen; das Urteil ist höchst schwach, und es herrscht *ethische Gleichgültigkeit* vor."

Volkelt (S. 23): „Besonders zügellos aber geht es, wie jeder weiß, im Traume in geschlechtlicher Beziehung zu. Wie der Träumende selbst aufs äußerste schamlos und jedes sittlichen Gefühls und Urteils verlustig ist, so sieht er auch alle anderen und selbst die verehrtesten Personen mitten in Handlungen, die er im Wachen auch nur in Gedanken mit ihnen zusammenzubringen sich scheuen würde."

Den schärfsten Gegensatz hierzu bilden Äußerungen wie die von *Schopenhauer*, daß jeder im Traum in vollster Gemäßheit seines Charakters handelt und redet. K. Ph. Fischer[19] behaupte, daß die subjektiven Gefühle und Bestrebungen oder Affekte und Leidenschaften in der Willkür des Traumlebens sich offenbaren, daß die moralischen Eigentümlichkeiten der Personen in ihren Träumen sich spiegeln.

Haffner (S. 251): „Seltene Ausnahmen abgerechnet, ... wird ein tugendhafter Mensch auch im Traum tugendhaft sein; er wird den Versuchungen widerstehen, dem Haß, dem Neid, dem Zorn und allen Lastern sich verschließen; der Mann der Sünde aber wird auch in seinen Träumen in der Regel die Bilder finden, die er im Wachen vor sich hatte."

Scholz (S. 36): „Im Traum ist Wahrheit, trotz aller Maskierung in Hoheit oder Erniedrigung erkennen wir unser eigenes Selbst wieder ... Der ehrliche Mann kann auch im Traume kein entehrendes Verbrechen begehen, oder wenn es doch der Fall ist, so entsetzt er sich darüber, als über etwas seiner Natur Fremdes.

---

[19] *Grundzüge des Systems der Anthropologie.* Erlangen 1850. (Nach Spitta.)

Der römische Kaiser, der einen seiner Untertanen hinrichten ließ, weil diesem geträumt hatte, er habe dem Kaiser den Kopf abschlagen lassen, hatte darum so unrecht nicht, wenn er dies damit rechtfertigte, daß, wer so träume, auch ähnliche Gedanken im Wachen haben müsse. Von etwas, das in unserem Innern keinen Raum haben kann, sagen wir deshalb auch bezeichnenderweise: Es fällt mir auch im Traum nicht ein."

Im Gegensatz hiezu meint *Plato*, diejenigen seien die besten, denen das, was andere wachend tun, nur im Traume einfalle.

Pfaff[20] sagt geradezu in Abänderung eines bekannten Sprichwortes: „Erzähle mir eine Zeitlang deine Träume, und ich will dir sagen, wie es um dein Inneres steht."

Die kleine Schrift von *Hildebrandt*, der ich bereits so zahlreiche Zitate entnommen habe, der formvollendetste und gedankenreichste Beitrag zur Erforschung der Traumprobleme, den ich in der Literatur gefunden, rückt gerade das Problem der Sittlichkeit im Traume in den Mittelpunkt ihres Interesses. Auch für Hildebrandt steht es als Regel fest: Je reiner das Leben, desto reiner der Traum; je unreiner jenes, desto unreiner dieser.

Die sittliche Natur des Menschen bleibt auch im Traume bestehen: „Aber während kein noch so handgreiflicher Rechnungsfehler, keine noch so romantische Umkehr der Wissenschaft, kein noch so scherzhafter Anachronismus verletzt oder uns auch nur verdächtig wird, so geht uns doch der Unterschied zwischen Gut und Böse, zwischen Recht und Unrecht, zwischen Tugend und Laster nie verloren. Wie vieles auch von dem, was am Tage mit uns geht, in den Schlummerstunden weichen mag – Kants kategorischer Imperativ hat sich als untrennbarer Begleiter so an unsere Fersen geheftet, daß wir ihn auch schlafend nicht loswerden. ... Erklären aber läßt sich (diese Tatsache) eben nur daraus, daß das Fundamentale der Menschennatur, das sittliche Wesen, zu fest gefügt ist, um an der Wirkung der kaleidoskopischen Durchschüttelung teilzunehmen, welcher Phantasie, Verstand, Gedächtnis und sonstige Fakultäten gleichen Ranges im Traume unterliegen." (S. 45 f.)

In der weiteren Diskussion des Gegenstandes sind nun merkwürdige Verschiebungen und Inkonsequenzen bei beiden Gruppen von Autoren hervorgetreten. Strenggenommen wäre für alle diejenigen, welche meinen, im Traum zerfalle die sittliche Persönlichkeit des Menschen, das Interesse an den unmoralischen Träumen mit dieser Erklärung zu Ende. Sie könnten den Versuch, den Träumer für seine Träume verantwortlich zu machen, aus der Schlechtigkeit seiner Träume auf eine böse Regung in seiner Natur zu schließen, mit derselben

[20] *Das Traumleben und seine Deutung.* 1868 (bei Spitta, S. 192).

Ruhe ablehnen wie den anscheinend gleichwertigen Versuch, aus der Absurdität seiner Träume die Wertlosigkeit seiner intellektuellen Leistungen im Wachen zu erweisen. Die anderen, für die sich „der kategorische Imperativ" auch in den Traum erstreckt, hätten die Verantwortlichkeit für unmoralische Träume ohne Einschränkung anzunehmen; es wäre ihnen nur zu wünschen, daß eigene Träume von solch verwerflicher Art sie nicht an der sonst festgehaltenen Wertschätzung der eigenen Sittlichkeit irremachen müßten.

Nun scheint es aber, daß niemand von sich selbst so recht sicher weiß, inwieweit er gut oder böse ist, und daß niemand die Erinnerung an eigene unmoralische Träume verleugnen kann. Denn über jenen Gegensatz in der Beurteilung der Traummoralität hinweg zeigen sich bei den Autoren beider Gruppen Bemühungen, die Herkunft der unsittlichen Träume aufzuklären, und es entwickelt sich ein neuer Gegensatz, je nachdem deren Ursprung in den Funktionen des psychischen Lebens oder in somatisch bedingten Beeinträchtigungen desselben gesucht wird. Die zwingende Gewalt der Tatsächlichkeit läßt dann Vertreter der Verantwortlichkeit wie der Unverantwortlichkeit des Traumlebens in der Anerkennung einer besonderen psychischen Quelle für die Immoralität der Träume zusammentreffen.

Alle die, welche die Sittlichkeit im Traume fortbestehen lassen, hüten sich doch davor, die volle Verantwortlichkeit für ihre Träume zu übernehmen. *Haffner* sagt (S. 250): „Wir sind für Träume nicht verantwortlich, weil unserem Denken und Wollen die Basis entrückt ist, auf welcher unser Leben allein Wahrheit und Wirklichkeit hat... Es kann eben darum kein Traumwollen und Traumhandeln Tugend oder Sünde sein." Doch ist der Mensch für den sündhaften Traum verantwortlich, sofern er ihn indirekt verursacht. Es erwächst für ihn die Pflicht, wie im Wachen, so ganz besonders vor dem Schlafengehen seine Seele sittlich zu reinigen.

Viel tiefer reicht die Analyse dieses Gemenges von Ablehnung und von Anerkennung der Verantwortlichkeit für den sittlichen Inhalt der Träume bei *Hildebrandt*. Nachdem er ausgeführt, daß die dramatische Darstellungsweise des Traumes, die Zusammendrängung der kompliziertesten Überlegungsvorgänge in das kleinste Zeiträumchen, und die auch von ihm zugestandene Entwertung und Vermengung der Vorstellungselemente im Traume gegen den unsittlichen Anschein der Träume in Abzug gebracht werden muß, gesteht er, daß es doch den ernstesten Bedenken unterliege, alle Verantwortung für Traumsünden und Schulden schlechthin zu leugnen.

(S. 49): „Wenn wir irgendeine ungerechte Anklage, namentlich eine solche, die sich auf unsere Absichten und Gesinnungen bezieht, recht entschieden zurückweisen wollen, so gebrauchen wir wohl die Redensart: Das sei uns nicht im Traume eingefallen. Damit sprechen wir allerdings einerseits aus, daß wir das Traumgebiet für das fernste und letzte halten, auf welchem wir für unsere Gedanken einzustehen hätten, weil dort diese Gedanken mit unserem wirklichen Wesen nur so lose und locker zusammenhängen, daß sie kaum noch als die unsrigen betrachtet werden dürfen; aber indem wir eben auch auf diesem Gebiete das Vorhandensein solcher Gedanken ausdrücklich zu leugnen uns veranlaßt fühlen, so geben wir doch indirekt damit zugleich zu, daß unsere Rechtfertigung nicht vollkommen sein würde, wenn sie nicht bis dort hinüber reichte. Und ich glaube, wir reden hier, wenn auch unbewußt, die Sprache der Wahrheit."

(S. 51 ff.): „Es läßt sich nämlich keine Traumtat denken, deren erstes Motiv nicht irgendwie als Wunsch, Gelüste, Regung vorher durch die Seele des Wachenden gezogen wäre." Von dieser ersten Regung müsse man sagen: Der Traum erfand es nicht – er bildete es nur nach und spann's nur aus, er bearbeitete nur ein Quentlein historischen Stoffes, das er bei uns vorgefunden hatte, in dramatischer Form; er setzte das Wort des Apostels in Szene: Wer seinen Bruder haßt, der ist ein Totschläger. Und während man das ganze, breit ausgeführte Gebilde des lasterhaften Traums nach dem Erwachen, seiner sittlichen Stärke bewußt, belächeln kann, so will jener ursprüngliche Bildungsstoff sich doch keine lächerliche Seite abgewinnen lassen. Man fühlt sich für die Verirrungen des Träumenden verantwortlich, nicht für die ganze Summe, aber doch für einen gewissen Prozentsatz. „Kurz, verstehen wir in diesem schwer anzufechtenden Sinne das Wort Christi: Aus dem Herzen kommen arge Gedanken – dann können wir auch kaum der Überzeugung uns erwehren, daß jede im Traum begangene Sünde ein dunkles Minimum wenigstens von Schuld mit sich führe."

In den Keimen und Andeutungen böser Regungen, die als Versuchungsgedanken tagsüber durch unsere Seelen ziehen, findet also *Hildebrandt* die Quelle für die Immoralität der Träume, und er steht nicht an, diese immoralischen Elemente bei der sittlichen Wertschätzung der Persönlichkeit einzurechnen. Es sind dieselben Gedanken und die nämliche Schätzung derselben, welche, wie wir wissen, die Frommen und Heiligen zu allen Zeiten klagen ließ, sie seien arge Sünder.[21]

An dem allgemeinen Vorkommen dieser *kontrastierenden* Vorstellungen – bei den meisten Menschen und auch auf anderem als ethischem Gebiete – besteht wohl kein Zweifel. Die Beurteilung derselben ist gelegentlich eine minder ernst-

[21] Es ist nicht ohne Interesse zu erfahren, wie sich die heilige Inquisition zu unserem Problem gestellt. Im *Tractatus de Officio sanctissimae Inquisitionis* des Thomas Carena, 1659, ist folgende Stelle: „Spricht jemand im Traum Ketzereien aus, so sollen die Inquisitoren daraus Anlaß nehmen, seine Lebensführung zu untersuchen, denn im Schlafe pflegt das wiederzukommen, was unter Tags jemand beschäftigt hat." (Dr. Ehniger, S. Urban, Schweiz.)

hafte gewesen. Bei *Spitta* findet sich folgende hierher gehörige Äußerung von *A. Zeller* (Artikel „Irre“ in der *Allgemeinen Enzyklopädie der Wissenschaften* von *Ersch* und *Gruber*) zitiert (S. 194): „So glücklich ist selten ein Geist organisiert, daß er zu allen Zeiten volle Macht besäße und nicht immer wieder nicht allein unwesentliche, sondern auch völlig fratzenhafte und widersinnige Vorstellungen den stetigen, klaren Gang seiner Gedanken unterbrächen, ja die größten Denker haben sich über dieses traumartige, neckende und peinliche Gesindel von Vorstellungen zu beklagen gehabt, da es ihre tiefsten Betrachtungen und ihre heiligste und ernsthafteste Gedankenarbeit stört.“

Ein helleres Licht fällt auf die psychologische Stellung dieser Kontrastgedanken aus einer weiteren Bemerkung von *Hildebrandt*, daß der Traum uns wohl bisweilen in Tiefen und Falten unseres Wesens blicken lasse, die uns im Zustand des Wachens meist verschlossen bleiben (S. 55). Dieselbe Erkenntnis verrät *Kant* an einer Stelle der *Anthropologie*, wenn er meint, der Traum sei wohl dazu da, um uns die verborgenen Anlagen zu entdecken und uns zu offenbaren, nicht was wir sind, sondern was wir hätten werden können, wenn wir eine andere Erziehung gehabt hätten; *Radestock* (S. 84) mit den Worten, daß der Traum uns oft nur offenbart, was wir uns nicht gestehen wollen, und daß wir ihn darum mit Unrecht einen Lügner und Betrüger schelten. *J. E. Erdmann* äußert: „Mir hat nie ein Traum offenbart, was von einem Menschen zu halten sei, allein was ich von ihm halte und wie ich hinsichtlich seiner gesinnt bin, das habe ich bereits einigemal aus einem Traume gelernt zu meiner eigenen großen Überraschung.“ Und ähnlich meint *I. H. Fichte*: „Der Charakter unserer Träume bleibt ein weit treuerer Spiegel unserer Gesamtstimmung, als was wir davon durch die Selbstbeobachtung des Wachens erfahren.“ Wir werden aufmerksam gemacht, daß das Auftauchen dieser unserem sittlichen Bewußtsein fremden Antriebe nur analog ist zu der uns bereits bekannten Verfügung des Traumes über anderes Vorstellungsmaterial, welches dem Wachen fehlt oder darin eine geringfügige Rolle spielt, durch Bemerkungen, wie die von *Benini*: *„Certe nostre inclinazioni che si credevano soffocate e spente da un pezzo, si ridestano; passioni vecchie e sepolte rivivono; cose e persone a cui non pensiamo mai, ci vengono dinanzi.“* (S. 149), und von *Volkelt*: „Auch Vorstellungen, die in das wache Bewußtsein fast unbeachtet eingegangen sind und von ihm vielleicht nie wieder der Vergessenheit entzogen würden, pflegen sehr häufig dem Traum ihre Anwesenheit in der Seele kundzutun“ (S. 105). Endlich ist es hier am Platze, uns zu erinnern, daß nach *Schleiermacher* schon das Einschlafen vom Hervortreten *ungewollter* Vorstellungen (Bilder) begleitet war.

Als „*ungewollte Vorstellungen*“ dürfen wir nun dies ganze Vorstellungsmaterial zusammenfassen, dessen Vorkommen in den unmoralischen wie in den absurden Träumen unser Befremden erregt. Ein wichtiger Unterschied liegt nur darin, daß die ungewollten Vorstellungen auf sittlichem Gebiet den Gegensatz zu unserem sonstigen Empfinden erkennen lassen, während die anderen uns bloß fremdartig erscheinen. Es ist bisher kein Schritt geschehen, der uns ermöglichte, diese Verschiedenheit durch tiefer gehende Erkenntnis aufzuheben.

Welche Bedeutung hat nun das Hervortreten ungewollter Vorstellungen im Traume, welche Schlüsse für die Psychologie der wachenden und der träumenden Seele lassen sich aus diesem nächtlichen Auftauchen kontrastierender ethischer Regungen ableiten? Hier ist eine neue Meinungsverschiedenheit und eine abermals verschiedene Gruppierung der Autoren zu verzeichnen. Den Gedankengang von *Hildebrandt* und anderen Vertretern seiner Grundansicht kann man wohl nicht anderswohin fortsetzen, als daß den unmoralischen Regungen auch im Wachen eine gewisse Macht innewohne, die zwar gehemmt ist, bis zur Tat vorzudringen, und daß im Schlaf etwas wegfalle, was, gleichfalls wie eine Hemmung wirksam, uns gehindert habe, die Existenz dieser Regung zu bemerken. Der Traum zeigte so das wirkliche, wenn auch nicht das ganze Wesen des Menschen und gehörte zu den Mitteln, das verborgene Seeleninnere für unsere Kenntnis zugänglich zu machen. Nur von solchen Voraussetzungen her kann *Hildebrandt* dem Traum die Rolle eines *Warners* zuweisen, der uns auf verborgene sittliche Schäden unserer Seele aufmerksam macht, wie er nach dem Zugeständnis der Ärzte auch bisher unbemerkte körperliche Leiden dem Bewußtsein verkünden kann. Und auch *Spitta* kann von keiner anderen Auffassung geleitet sein, wenn er auf die Erregungsquellen hinweist, die z. B. zur Zeit der Pubertät der Psyche zufließen, und den Träumer tröstet, er habe alles getan, was in seinen Kräften steht, wenn er im Wachen einen streng tugendhaften Lebenswandel geführt und sich bemüht, die sündigen Gedanken, sooft sie kommen, zu unterdrücken, sie nicht reifen und zur Tat werden zu lassen. Nach dieser Auffassung könnten wir die „*ungewollten*" Vorstellungen als die während des Tages „*unterdrückten*" bezeichnen und müßten in ihrem Auftauchen ein echtes psychisches Phänomen erblicken.

Nach anderen Autoren hätten wir kein Recht zu letzterer Folgerung. Für *Jessen* stellen die ungewollten Vorstellungen im Traume wie im Wachen und in Fieber- und anderen Delirien „den Charakter einer zur Ruhe gelegten Willenstätigkeit und eines *gewissermaßen mechanischen* Prozesses von Bildern und Vorstellungen durch innere Bewegungen dar" (S. 360). Ein unmoralischer Traum beweise weiter nichts für das Seelenleben des Träumers, als daß dieser von dem betreffenden Vorstellungsinhalt irgendwie einmal Kenntnis gewonnen habe, gewiß nicht eine ihm eigene Seelenregung. Bei einem anderen Autor, *Maury*, könnte man in Zweifel geraten, ob nicht auch er dem Traumzustand die Fähigkeit zuschreibt, die seelische Tätigkeit nach ihren Komponenten zu zerlegen, anstatt sie planlos zu zerstören. Er sagt von den Träumen, in denen man sich über die Schranken der Moralität hinaussetzt: „*Ce sont nos penchants qui parlent et qui nous font agir, sans que la conscience nous retienne, bien que parfois elle nous avertisse. J'ai mes défauts et mes penchants vicieux; à l'état de veille, je tâche de lutter contre eux, et il m'arrive assez souvent de n'y pas succomber. Mais dans mes songes j'y succombe toujours ou pour mieux dire j'agis par leur impulsion, sans crainte et sans remords. ... Evidemment les visions qui se déroulent devant ma pensée et qui constituent le rêve, me sont suggérées par les incitations que je ressens et que ma volonté absente ne cherche pas à refouler.*" (S. 113.)

Wenn man an die Fähigkeit des Traumes glaubte, eine wirklich vorhandene, aber unterdrückte oder versteckte unmoralische Disposition des Träumers zu enthüllen, so könnte man dieser Meinung schärferen Ausdruck nicht geben als mit den Worten *Maurys* (S. 165): „*En rêve l'homme se révèle donc tout entier à soi-même dans sa nudité et sa misère natives. Dès qu'il suspend l'exercice de sa volonté, il devient le jouet de toutes les passions contre lesquelles, à l'état de veille, la conscience, le sentiment de l'honneur, la crainte nous défendent.* An anderer Stelle findet er das treffende Wort (S. 462): „*Dans le songe, c'est surtout l'homme instinctif qui se révèle. L'homme revient pour ainsi dire à l'état de nature quand il rêve; mais moins les idées acquises ont pénètre dans son esprit, plus les penchants en désaccord avec elles conservent encore sur lui l'influence dans le rêve.*" Er führt dann als Beispiel an, daß seine Träume ihn nicht selten als Opfer gerade jenes Aberglaubens zeigen, den er in seinen Schriften am heftigsten bekämpft hat.

Der Wert all dieser scharfsinnigen Bemerkungen für eine psychologische Erkenntnis des Traumlebens wird aber bei *Maury* dadurch beeinträchtigt, daß er in den von ihm so richtig beobachteten Phänomenen nichts als Beweise für den *automatisme psychologique* sehen will, der nach ihm das Traumleben beherrscht. Diesen Automatismus faßt er als vollen Gegensatz zur psychischen Tätigkeit.

Eine Stelle in den *Studien über das Bewußtsein* von *Stricker* lautet: „Der Traum besteht nicht einzig und allein aus Täuschungen; wenn man sich z. B. im Traum vor Räubern fürchtet, so sind die Räuber zwar imaginär, die Furcht aber ist real." So wird man darauf aufmerksam gemacht, daß die Affektentwicklung im Traume die Beurteilung nicht zuläßt, welche man dem übrigen Trauminhalt schenkt, und das Problem wird vor uns aufgerollt, was an den psychischen Vorgängen im Traum real sein mag, das heißt einen Anspruch auf Einreihung unter die psychischen Vorgänge des Wachens beanspruchen darf?

G
Traumtheorien und Funktion des Traumes

Eine Aussage über den Traum, welche möglichst viele der beobachteten Charaktere desselben von einem Gesichtspunkte aus zu erklären versucht und gleichzeitig die Stellung des Traumes zu einem umfassenderen Erscheinungsgebiet bestimmt, wird man eine Traumtheorie heißen dürfen. Die einzelnen Traumtheorien werden sich darin unterscheiden, daß sie den oder jenen Charakter des Traumes zum wesentlichen erheben, Erklärungen und Beziehungen an ihn anknüpfen lassen. Eine Funktion, d. i. ein Nutzen oder eine sonstige Leistung des Traumes, wird nicht notwendig aus der Theorie ableitbar sein müssen, aber unsere auf die Teleologie gewohnheitsgemäß gerichtete Erwartung wird doch jenen Theorien entgegenkommen, die mit der Einsicht in eine Funktion des Traumes verbunden sind.

Wir haben bereits mehrere Auffassungen des Traumes kennengelernt, die den Namen von Traumtheorien in diesem Sinne mehr oder weniger verdienten. Der Glaube der Alten, daß der Traum eine Sendung der Götter sei, um die Handlungen der Menschen zu lenken, war eine vollständige Theorie des Traumes, die über alles am Traum Wissenswerte Auskunft erteilte. Seitdem der Traum ein Gegenstand der biologischen Forschung geworden ist, kennen wir eine größere Anzahl von Traumtheorien, aber darunter auch manche recht unvollständige.

Wenn man auf Vollzähligkeit verzichtet, kann man etwa folgende lockere Gruppierung der Traumtheorien versuchen, je nach der zugrunde gelegten Annahme über Maß und Art der psychischen Tätigkeit im Traum:

1) Solche Theorien, welche die volle psychische Tätigkeit des Wachens sich in den Traum fortsetzen lassen, wie die von *Delboeuf*. Hier schläft die Seele nicht, ihr Apparat bleibt intakt, aber unter die vom Wachen abweichenden Bedingungen des Schlafzustandes gebracht, muß sie bei normalem Funktionieren andere Ergebnisse liefern als im Wachen. Bei diesen Theorien fragt es sich, ob sie imstande sind, die Unterschiede des Traumes von dem Wachdenken sämtlich aus den Bedingungen des Schlafzustandes abzuleiten. Überdies fehlt ihnen ein möglicher Zugang zu einer Funktion des Traumes; man sieht nicht ein, wozu man träumt, warum der komplizierte Mechanismus des seelischen Apparats weiterspielt, auch wenn er in Verhältnisse versetzt wird, für die er nicht berechnet scheint. Traumlos schlafen oder, wenn störende Reize kommen, aufwachen, blieben die einzig zweckmäßigen Reaktionen anstatt der dritten, der des Träumens.

2) Solche Theorien, welche im Gegenteile für den Traum eine Herabsetzung der psychischen Tätigkeit, eine Auflockerung der Zusammenhänge, eine Verarmung an anspruchsfähigem Material annehmen. Diesen Theorien zufolge müßte eine ganz andere psychologische Charakteristik des Schlafes gegeben werden als etwa nach *Delboeuf*. Der Schlaf erstreckt sich weit über die Seele, er besteht nicht bloß in einer Absperrung der Seele von der Außenwelt, er dringt vielmehr in ihren Mechanismus ein und macht ihn zeitweilig unbrauchbar. Wenn ich einen Vergleich mit psychiatrischem Material heranziehen darf, so möchte ich sagen, die ersteren Theorien konstruieren den Traum wie eine Paranoia, die zweiterwähnten machen ihn zum Vorbilde des Schwachsinns oder einer Amentia.

Die Theorie, daß im Traumleben nur ein Bruchteil der durch den Schlaf lahmgelegten Seelentätigkeit zum Ausdruck komme, ist die bei ärztlichen Schriftstellern und in der wissenschaftlichen Welt überhaupt weit bevorzugte. Soweit ein allgemeineres Interesse für Traumerklärung vorauszusetzen ist, darf man sie wohl als die *herrschende* Theorie des Traumes bezeichnen. Es ist hervorzuheben, mit welcher Leichtigkeit gerade diese Theorie die ärgste Klippe jeder Traumerklärung, nämlich das Scheitern an einem der durch den Traum verkörperten Gegensätze, vermeidet. Da ihr der Traum das Ergebnis eines partiellen Wachens ist („ein allmähliches, partielles und zugleich sehr anomalisches Wachen", sagt *Herbarts Psychologie* über den Traum), so kann sie durch eine Reihe von Zuständen von immer weitergehender Erweckung bis zur vollen Wachheit die ganze Reihe von der Minderleistung des Traums, die sich durch Absurdität verrät, bis zur voll konzentrierten Denkleistung decken.

Wem die physiologische Darstellungsweise unentbehrlich geworden ist oder wissenschaftlicher dünkt, der wird diese Theorie des Traums in der Schilderung von *Binz* ausgedrückt finden (S. 43):

„Dieser Zustand (von Erstarrung) aber geht in den frühen Morgenstunden nur allmählich seinem Ende entgegen. Immer geringer werden die in dem Gehirneiweiß aufgehäuften Ermüdungsstoffe, und immer mehr von ihnen wird zerlegt oder von dem rastlos treibenden Blutstrom fortgespült. Da und dort leuchten schon einzelne Zellenhaufen wach geworden hervor, während ringsumher noch alles in Erstarrung ruht. Es tritt nun die *isolierte Arbeit der Einzelgruppen* vor unser umnebeltes Bewußtsein, und zu ihr fehlt die Kontrolle anderer, der Assoziation vorstehender Gehirnteile. Darum fügen die geschaffenen Bilder, welche meist den materiellen Eindrücken nahe liegender Vergangenheit entsprechen, sich wild und regellos aneinander. Immer größer wird die Zahl der frei werdenden Gehirnzellen, immer geringer die Unvernunft des Traumes."

Man wird die Auffassung des Träumens als eines unvollständigen, partiellen Wachens, oder Spuren von ihrem Einflusse, sicherlich bei allen modernen Physiologen und Philosophen finden. Am ausführlichsten ist sie bei *Maury* dargestellt. Dort hat es oft den Anschein, als stellte sich der Autor das Wachsein oder Eingeschlafensein nach anatomischen Regionen verschiebbar vor, wobei ihm allerdings eine anatomische Provinz und eine bestimmte psychische Funktion aneinander gebunden erscheinen. Ich möchte hier aber nur andeuten, daß, wenn die Theorie des partiellen Wachens sich bestätigte, über den feineren Ausbau derselben sehr viel zu verhandeln wäre.

Eine Funktion des Traumes kann sich bei dieser Auffassung des Traumlebens natürlich nicht herausstellen. Vielmehr wird das Urteil über die Stellung und Bedeutung des Traumes konsequenterweise durch die Äußerung von *Binz* gegeben (S.35): „Alle Tatsachen, wie wir sehen, drängen dahin, den Traum als einen *körperlichen*, in allen Fällen unnützen, in vielen Fällen geradezu krankhaften Vorgang zu kennzeichnen..."

Der Ausdruck „körperlich" mit Beziehung auf den Traum, der seine Hervorhebung dem Autor selbst verdankt, weist wohl nach mehr als einer Richtung. Er bezieht sich zunächst auf die Traumätiologie, die ja *Binz* besonders nahelag, wenn er die experimentelle Erzeugung von Träumen durch Darreichung von Giften studierte. Es liegt nämlich im Zusammenhange dieser Art von Traumtheorien, die Anregung zum Träumen womöglich ausschließlich von somatischer Seite ausgehen zu lassen. In extremster Form dargestellt, lautete es so: Nachdem wir durch Entfernung der Reize uns in Schlaf versetzt haben, wäre zum Träumen kein Bedürfnis und kein Anlaß bis zum Morgen, wo das allmähliche Erwachen durch die neu anlangenden Reize sich in dem Phänomen des Träumens spiegeln könnte. Nun gelingt es aber nicht, den Schlaf reizlos zu halten; es kommen, ähnlich wie Mephisto von den Lebenskeimen klagt, von überall her Reize an den Schlafenden heran, von außen, von innen, von all den Körpergebieten sogar, um die man sich als Wachender nie gekümmert hat. So wird der Schlaf gestört, die Seele bald an dem, bald an jenem Zipfelchen wach gerüttelt und funktioniert dann ein Weilchen mit dem geweckten Teil, froh, wieder einzuschlafen. Der Traum ist die Reaktion auf die durch den Reiz verursachte Schlafstörung, übrigens eine rein überflüssige Reaktion.

Den Traum, der doch immerhin eine Leistung des Seelenorgans bleibt, als einen körperlichen Vorgang zu bezeichnen, hat aber auch noch einen anderen Sinn. Es ist die *Würde* eines psychischen Vorgangs, die damit dem Traume abgesprochen werden soll. Das in seiner Anwendung auf den Traum bereits sehr alte Gleichnis von den „zehn Fingern eines der Musik ganz unkundigen Menschen, die über die Tasten des Instrumentes hinlaufen" veranschaulicht vielleicht am besten, welche Würdigung die Traumleistung bei den Vertretern der exakten Wissenschaft zumeist gefunden hat. Der Traum wird in dieser Auffassung etwas ganz und gar Undeutbares; denn wie sollten die zehn Finger des unmusikalischen Spielers ein Stück Musik produzieren können?

Es hat der Theorie des partiellen Wachens schon frühzeitig nicht an Einwänden gefehlt. *Burdach* meinte (S. 508 f.): „Wenn man sagt, der Traum sei ein partielles Wachen, so wird damit erstlich weder das Wachen noch das Schlafen erklärt, zweitens nichts anderes gesagt, als daß einige Kräfte der Seele im Traume tätig sind, während andere ruhen. Aber solche Ungleichheit findet während des ganzen Lebens statt ..."

An die herrschende Traumtheorie, welche im Traum einen „körperlichen" Vorgang sieht, lehnt sich eine sehr interessante Auffassung des Traumes an, die erst 1886 von *Robert* ausgesprochen wurde und die bestechend wirkt, weil sie für das Träumen eine Funktion, einen nützlichen Erfolg, anzugeben weiß. *Robert* nimmt zur Grundlage seiner Theorie zwei Tatsachen der Beobachtung, bei denen wir bereits in der Würdigung des Traummaterials verweilt haben (vgl. S. 42), nämlich daß man so häufig von den nebensächlichsten Eindrücken des Tages träumt und daß man so selten die großen Interessen des Tages mit hinübernimmt. *Robert* behauptet als ausschließlich richtig: Es werden nie Dinge, die man voll ausgedacht hat, zu Traumerregern, immer nur solche, die einem unfertig im Sinne liegen oder den Geist flüchtig streifen (S. 10). – „Darum kann man meistens den Traum sich nicht erklären, weil die Ursachen desselben eben *die nicht zum genügenden Erkennen des Träumenden gekommenen Sinneseindrücke des verflossenen Tages* sind." Die Bedingung, daß ein Eindruck in den Traum gelange, ist also, entweder daß dieser Eindruck in seiner Verarbeitung gestört wurde oder daß er als allzu unbedeutend auf solche Verarbeitung keinen Anspruch hatte.

Der Traum stellt sich *Robert* nun dar „als ein körperlicher Ausscheidungsprozeß, der in seiner geistigen Reaktionserscheinung zum Erkennen gelangt". *Träume sind Ausscheidungen von im Keime erstickten Gedanken.* „Ein Mensch, dem man die Fähigkeit nehmen würde zu träumen, müßte in gegebener Zeit geistesgestört werden, weil sich in seinem Hirn eine Unmasse unfertiger, unausgedachter Gedanken und seichter Eindrücke ansammeln würde, unter deren Wucht dasjenige ersticken müßte, was dem Gedächtnisse als fertiges Ganzes einzuverleiben wäre." Der Traum leistet dem überbürdeten Gehirn die Dienste eines Sicherheitsventils. *Die Träume haben heilende, entlastende Kraft.* (S. 32.)

Es wäre mißverständlich, an *Robert* die Frage zu richten, wie denn durch das Vorstellen im Traum eine Entlastung der Seele herbeigeführt werden kann. Der Autor schließt offenbar aus jenen beiden Eigentümlichkeiten des Traummaterials, daß während des Schlafes eine solche Ausstoßung von wertlosen Eindrükken *irgendwie* als somatischer Vorgang vollzogen werde und das Träumen sei kein besonderer psychischer Prozeß, sondern nur die Kunde, die wir von jener

Aussonderung erhalten. Übrigens ist eine Ausscheidung nicht das einzige, was nachts in der Seele vorgeht. *Robert* fügt selbst hinzu, daß überdies die Anregungen des Tages ausgearbeitet werden, und „was sich von dem unverdaut im Geiste liegenden Gedankenstoff nicht ausscheiden läßt, wird durch der *Phantasie entlehnte Gedankenfäden zu einem abgerundeten Ganzen verbunden* und so dem Gedächtnisse als unschädliches Phantasiegemälde eingereiht". (S. 23.)

In den schroffsten Gegensatz zur herrschenden Theorie tritt die *Roberts* aber in der Beurteilung der Traumquellen. Während dort überhaupt nicht geträumt würde, wenn nicht die äußeren und inneren Sensationsreize die Seele immer wieder weckten, liegt der Antrieb zum Träumen nach der Theorie *Roberts* in der Seele selbst, in ihrer Überladung, die nach Entlastung verlangt, und *Robert* urteilt vollkommen konsequent, daß die im körperlichen Befinden liegenden traumbedingenden Ursachen einen untergeordneten Raum einnehmen und einen Geist, in dem kein dem wachen Bewußtsein entnommener Stoff zur Traumbildung wäre, keinesfalls zum Träumen veranlassen könnten. Zugegeben sei bloß, daß die im Traume aus den Tiefen der Seele heraus sich entwickelnden Phantasiebilder durch die Nervenreize beeinflußt werden können. (S. 48.) So ist der Traum nach *Robert* doch nicht so ganz abhängig vom Somatischen, er ist zwar kein psychischer Vorgang, hat keine Stelle unter den psychischen Vorgängen des Wachens, er ist ein allnächtlicher somatischer Vorgang am Apparat der Seelentätigkeit und hat eine Funktion zu erfüllen, diesen Apparat vor Überspannung zu behüten, oder wenn man das Gleichnis wechseln darf: die Seele auszumisten.

Auf die nämlichen Charaktere des Traumes, die in der Auswahl des Traummaterials deutlich werden, stützt ein anderer Autor, *Yves Delage*, seine eigene Theorie, und es ist lehrreich zu beobachten, wie durch eine leise Wendung in der Auffassung derselben Dinge ein Endergebnis von ganz anderer Tragweite gewonnen wird.

Delage hatte an sich selbst, nachdem er eine ihm teure Person durch den Tod verloren, die Erfahrung gemacht, daß man von dem *nicht* träumt, was einen tagsüber ausgiebig beschäftigt hat, oder erst dann, wenn es anderen Interessen tagsüber zu weichen beginnt. Seine Nachforschungen bei anderen Personen bestätigten ihm die Allgemeinheit dieses Sachverhalts. Eine schöne Bemerkung dieser Art, wenn sie sich als allgemein richtig herausstellte, macht Delage über das Träumen junger Eheleute: „*S'ils ont été fortement épris, presque jamais ils n'ont rêvé l'un de l'autre avant le mariage ou pendant la lune de miel; et s'ils ont rêvé d'amour c'est pour être infidèles avec quelque personne indifférente ou odieuse.*" Wovon träumt man nun aber? *Delage* erkennt das in unseren Träumen vorkommende Material als bestehend aus Bruchstücken und Resten von Eindrücken der letzten Tage und früherer Zeiten. Alles, was in unseren Träumen auftritt, was wir zuerst geneigt sein mögen, als Schöpfung des Traumlebens anzusehen, erweist sich bei genauerer Prüfung als unerkannte Reproduktion, als *„souvenir inconscient*". Aber dieses Vorstellungsmaterial zeigt einen gemeinsamen Charakter, es rührt von Eindrücken her, die unsere Sinne wahrscheinlich stärker betroffen haben als unseren Geist oder von denen die Aufmerksamkeit sehr bald nach ihrem Auftauchen wieder abgelenkt wurde. Je weniger bewußt und dabei je stärker ein Eindruck gewesen ist, desto mehr Aussicht hat er, im nächsten Traum eine Rolle zu spielen.

Es sind im wesentlichen dieselben zwei Kategorien von Eindrücken, die nebensächlichen und die unerledigten, wie sie *Robert* hervorhebt, aber *Delage* wendet den Zusammenhang anders, indem er meint, diese Eindrücke werden nicht, weil sie gleichgültig sind, traumfähig, sondern weil sie unerledigt sind. Auch die nebensächlichen Eindrücke sind gewissermaßen nicht voll erledigt worden, auch sie sind ihrer Natur nach als neue Eindrücke *„autant de ressorts tendus*", die sich während des Schlafes entspannen werden. Noch mehr Anrecht auf eine Rolle im Traum als der schwache und fast unbeachtete Eindruck wird ein starker Eindruck haben, der zufällig in seiner Verarbeitung aufgehalten wurde oder mit Absicht zurückgedrängt worden ist. Die tagsüber durch Hemmung und Unterdrückung aufgespeicherte psychische Energie wird nachts die Triebfeder des Traums. Im Traum kommt das psychisch Unterdrückte zum Vorschein.[22]

Leider bricht der Gedankengang von *Delage* an dieser Stelle ab; er kann einer selbständigen psychischen Tätigkeit im Traum nur die geringste Rolle einräumen, und so schließt er sich mit seiner Traumtheorie unvermittelt wieder an die herrschende Lehre vom partiellen Schlafen des Gehirns an: *„En somme le rêve est le produit de la pensée errante, sans but et sans direction, se fixant successivement sur les souvenirs, qui ont gardé assez d'intensité pour se placer sur sa route et l'arrêter au passage, établissant entre eux un lien tantôt faible et indécis, tantôt plus fort et plus serré, selon que l'activité actuelle du cerveau est plus ou moins abolie par le sommeil.*"

3) Zu einer dritten Gruppe kann man jene Theorien des Traumes vereinigen, welche der träumenden Seele die Fähigkeit und Neigung zu besonderen psychischen Leistungen zuschreiben, die sie im Wachen entweder gar nicht oder nur in unvollkommener Weise ausführen kann. Aus der Betätigung dieser Fähigkeiten ergibt sich zumeist eine nützliche Funktion des Traumes. Die Wertschätzungen, welche der Traum bei älteren psychologischen Autoren gefunden hat, gehören meist in diese Reihe. Ich will mich aber damit begnügen, an deren statt

[22] Ganz ähnlich äußert sich der Dichter Anatole France (*Le lys rouge*): *„Ce que nous voyons la nuit, ce sont les restes malheureux de ce que nous avons néglige dans la veille. Le rêve est souvent la revanche des choses qu'on méprise ou le reproche des êtres abandonnés.*"

die Äußerung von *Burdach* anzuführen, derzufolge der Traum „die Naturtätigkeit der Seele ist, welche nicht durch die Macht der Individualität beschränkt, nicht durch Selbstbewußtsein gestört, nicht durch Selbstbestimmung gerichtet wird, sondern die in freiem Spiele sich ergehende Lebendigkeit der sensibeln Zentralpunkte ist" (S. 486).

Dieses Schwelgen im freien Gebrauch der eigenen Kräfte stellen sich *Burdach* u. a. offenbar als einen Zustand vor, in welchem die Seele sich erfrischt und neue Kräfte für die Tagesarbeit sammelt, also etwa nach Art eines Ferienurlaubs. *Burdach* zitiert und akzeptiert darum auch die liebenswürdigen Worte, in denen der Dichter *Novalis* das Walten des Traumes preist: „Der Traum ist eine Schutzwehr gegen die Regelmäßigkeit und Gewöhnlichkeit des Lebens, eine freie Erholung der gebundenen Phantasie, wo sie alle Bilder des Lebens durcheinanderwirft und die beständige Ernsthaftigkeit des erwachsenen Menschen durch ein fröhliches Kinderspiel unterbricht; ohne die Träume würden wir gewiß früher alt, und so kann man den Traum, wenn auch nicht als unmittelbar von oben gegeben, doch als eine köstliche Aufgabe, als einen freundlichen Begleiter auf der Wallfahrt zum Grabe betrachten."

Die erfrischende und heilende Tätigkeit des Traumes schildert noch eindringlicher *Purkinje* (1846, 456): „Besonders würden die produktiven Träume diese Funktionen vermitteln. Es sind leichte Spiele der Imagination, die mit den Tagesbegebenheiten keinen Zusammenhang haben. Die Seele will die Spannungen des wachen Lebens nicht fortsetzen, sondern sie auflösen, sich von ihnen erholen. Sie erzeugt zuvörderst denen des Wachens entgegengesetzte Zustände. Sie heilt Traurigkeit durch Freude, Sorgen durch Hoffnungen und heitere zerstreuende Bilder, Haß durch Liebe und Freundlichkeit, Furcht durch Mut und Zuversicht; den Zweifel beschwichtigt sie durch Überzeugung und festen Glauben, vergebliche Erwartung durch Erfüllung. Viele wunde Stellen des Gemütes, die der Tag immerwährend offen erhalten würde, heilt der Schlaf, indem er sie zudeckt und vor neuer Aufregung bewahrt. Darauf beruht zum Teil die schmerzenheilende Wirkung der Zeit." Wir empfinden es alle, daß der Schlaf eine Wohltat für das Seelenleben ist, und die dunkle Ahnung des Volksbewußtseins läßt sich offenbar das Vorurteil nicht rauben, daß der Traum einer der Wege ist, auf denen der Schlaf seine Wohltaten spendet.

Der originellste und weitgehendste Versuch, den Traum aus einer besonderen Tätigkeit der Seele, die sich erst im Schlafzustande frei entfalten kann, zu erklären, ist der von *Scherner* 1861 unternommene. Das Buch *Scherners*, in einem schwülen und schwülstigen Stil geschrieben, von einer nahezu trunkenen Begeisterung für den Gegenstand getragen, die abstoßend wirken muß, wenn sie nicht mit sich fortzureißen vermag, setzt einer Analyse solche Schwierigkeiten entgegen, daß wir bereitwillig nach der klareren und kürzeren Darstellung greifen, in welcher der Philosoph *Volkelt* die Lehren *Scherners* uns vorführt. „Es blitzt und leuchtet wohl aus den mystischen Zusammenballungen, aus all dem Pracht- und Glanzgewoge ein ahnungsvoller Schein von Sinn heraus, allein hell werden hiedurch des Philosophen Pfade nicht." Solche Beurteilung findet die Darstellung *Scherners* selbst bei seinem Anhänger.

Scherner gehört nicht zu den Autoren, welche der Seele gestatten, ihre Fähigkeiten unverringert ins Traumleben mitzunehmen. Er führt selbst aus, wie im Traum die Zentralität, die Spontanenergie des Ichs entnervt wird, wie infolge dieser Dezentralisation Erkennen, Fühlen, Wollen und Vorstellen verändert werden und wie den Überbleibseln dieser Seelenkräfte kein wahrer Geistcharakter, sondern nur noch die Natur eines Mechanismus zukommt. Aber dafür schwingt sich im Traum die als *Phantasie* zu benennende Tätigkeit der Seele, frei von aller Verstandesherrschaft und damit der strengen Maße ledig, zur unbeschränkten Herrschaft auf. Sie nimmt zwar die letzten Bausteine aus dem Gedächtnis des Wachens, aber führt aus ihnen Gebäude auf, die von den Gebilden des Wachens himmelweit verschieden sind, sie zeigt sich im Traume nicht nur reproduktiv, sondern auch *produktiv.* Ihre Eigentümlichkeiten verleihen dem Traumleben seine besonderen Charaktere. Sie zeigt eine Vorliebe für das *Ungemessene, Übertriebene, Ungeheuerliche.* Zugleich aber gewinnt sie durch die Befreiung von den hinderlichen Denkkategorien eine größere Schmiegsamkeit, Behendigkeit, Wendungslust; sie ist aufs feinste empfindsam für die zarten Stimmungsreize des Gemüts, für die wühlerischen Affekte, sie bildet sofort das innere Leben in die äußere plastische Anschaulichkeit hinein. Der Traumphantasie *fehlt die Begriffssprache*; was sie sagen will, muß sie anschaulich hinmalen, und da der Begriff hier nicht schwächend einwirkt, malt sie es in Fülle, Kraft und Größe der Anschauungsform hin. Ihre Sprache wird hiedurch, so deutlich sie ist, weitläufig, schwerfällig, unbeholfen. Besonders erschwert wird die Deutlichkeit ihrer Sprache dadurch, daß sie die Abneigung hat, ein Objekt durch sein eigentliches Bild auszudrücken, und lieber ein *fremdes Bild* wählt, insofern dieses nur dasjenige Moment des Objekts, an dessen Darstellung ihr liegt, durch sich auszudrücken imstande ist. Das ist die *symbolisierende Tätigkeit* der Phantasie ... Sehr wichtig ist ferner, daß die Traumphantasie die Gegenstände nicht erschöpfend, sondern nur in ihrem Umriß und diesen in freiester Weise nachbildet. Ihre Malereien erscheinen daher wie genial hingehaucht. Die Traumphantasie bleibt aber nicht bei der bloßen Hinstellung des Gegenstandes stehen, sondern sie ist innerlich genötigt, das Traum-Ich mehr oder weniger mit ihm zu verwickeln und so eine Handlung zu erzeugen. Der Gesichtsreiztraum z. B. malt Goldstücke auf die Straße; der Träumer sammelt sie, freut sich, trägt sie davon.

Das Material, an welchem die Traumphantasie ihre künstlerische Tätigkeit vollzieht, ist nach *Scherner* vorwiegend das der bei Tag so dunkeln, organischen Leibreize (vgl. S. 54 unten), so daß in der Annahme der Traumquellen und Traumerreger die allzu phantastische Theorie *Scherners* und die vielleicht übernüchterne Lehre *Wundts* und anderer Physiologen, die sich sonst wie Antipoden zueinander verhalten, sich hier völlig decken. Aber während nach der physiologischen Theorie die seelische Reaktion auf die inneren Leibreize mit der Erwekkung von irgend zu ihnen passenden Vorstellungen erschöpft ist, die dann einige andere Vorstellungen auf dem Wege der Assoziation sich zu Hilfe rufen, und mit diesem Stadium die Verfolgung der psychischen Vorgänge des Traums beendigt scheint, geben die Leibreize nach *Scherner* der Seele nur ein Material, das sie ihren phantastischen Absichten dienstbar machen kann. Die Traumbildung fängt für *Scherner* dort erst an, wo sie für den Blick der anderen versiegt.

Zweckmäßig wird man freilich nicht finden können, was die Traumphantasie mit den Leibreizen vornimmt. Sie treibt ein neckendes Spiel mit ihnen, stellt sich die Organquelle, aus der die Reize im betreffenden Traum stammen, in irgendeiner plastischen Symbolik vor. Ja *Scherner* meint, worin *Volkelt* und andere ihm nicht folgen, daß die Traumphantasie eine bestimmte Lieblingsdarstellung für den ganzen Organismus habe; diese wäre das *Haus*. Sie scheint sich aber zum Glück für ihre Darstellungen nicht an diesen Stoff zu binden; sie kann auch umgekehrt ganze Reihen von Häusern benützen, um ein einzelnes Organ zu bezeichnen, z. B. sehr lange Häuserstraßen für den Eingeweidereiz. Andere Male stellen einzelne Teile des Hauses wirklich einzelne Körperteile dar, so z. B. im Kopfschmerztraum die Decke eines Zimmers (welche der Träumer mit ekelhaftigen krötenartigen Spinnen bedeckt sieht) den Kopf.

Von der Haussymbolik ganz abgesehen, werden beliebige andere Gegenstände zur Darstellung der den Traumreiz ausschickenden Körperteile verwendet. „So findet die atmende Lunge in dem flammenerfüllten Ofen mit seinem luftartigen Brausen ihr Symbol, das Herz in hohlen Kisten und Körben, die Harnblase in runden, beutelförmigen oder überhaupt nur ausgehöhlten Gegenständen. Der männliche Geschlechtsreiztraum läßt den Träumer den oberen Teil einer Klarinette, daneben den gleichen Teil einer Tabakspfeife, daneben wieder einen Pelz auf der Straße finden. Klarinette und Tabakspfeife stellen die annähernde Form des männlichen Gliedes, der Pelz das Schamhaar dar. Im weiblichen Geschlechtstraum kann sich die Schrittenge der zusammenschließenden Schenkel durch einen schmalen, von Häusern umschlossenen Hof, die weibliche Scheide durch einen mitten durch den Hofraum führenden, schlüpfrig weichen, sehr schmalen Fußpfad symbolisieren, den die Träumerin wandeln muß, um etwa einen Brief zu einem Herrn zu tragen." (*Volkelt*, S. 34.) Besonders wichtig ist es, daß am Schlusse eines solchen Leibreiztraumes die Traumphantasie sich sozusagen demaskiert, indem sie das erregende Organ oder dessen Funktion unverhüllt hinstellt. So schließt der „Zahnreiztraum" gewöhnlich damit, daß der Träumer sich einen Zahn aus dem Munde nimmt.

Die Traumphantasie kann ihre Aufmerksamkeit aber nicht bloß der Form des erregenden Organs zuwenden, sie kann ebensowohl die in ihm enthaltene Substanz zum Objekt der Symbolisierung nehmen. So führt z. B. der Eingeweidereiztraum durch kotige Straßen, der Harnreiztraum an schäumendes Wasser. Oder der Reiz als solcher, die Art seiner Erregtheit, das Objekt, das er begehrt, werden symbolisch dargestellt, oder das Traum-Ich tritt in konkrete Verbindung mit den Symbolisierungen des eigenen Zustandes, z. B. wenn wir bei Schmerzreizen uns mit beißenden Hunden oder tobenden Stieren verzweifelt balgen oder die Träumerin sich im Geschlechtstraum von einem nackten Manne verfolgt sieht. Von all dem möglichen Reichtum in der Ausführung abgesehen, bleibt eine symbolisierende Phantasietätigkeit als die Zentralkraft eines jeden Traumes bestehen. In den Charakter dieser Phantasie näher einzudringen, der so erkannten psychischen Tätigkeit ihre Stellung in einem System philosophischer Gedanken anzuweisen, versuchte dann *Volkelt* in seinem schön und warm geschriebenen Buch, das aber allzu schwer verständlich für jeden bleibt, der nicht durch frühe Schulung für das ahnungsvolle Erfassen philosophischer Begriffsschemen vorbereitet ist.

Eine nützliche Funktion ist mit der Betätigung der symbolisierenden Phantasie *Scherners* in den Träumen nicht verbunden. Die Seele spielt träumend mit den ihr dargebotenen Reizen. Man könnte auf die Vermutung kommen, daß sie unartig spielt. Man könnte aber auch an uns die Frage richten, ob unsere eingehende Beschäftigung mit der *Schernerschen* Theorie des Traumes zu irgendetwas Nützlichem führen kann, deren Willkürlichkeit und Losgebundenheit von den Regeln aller Forschung doch allzu augenfällig scheint. Da wäre es denn am Platze, gegen eine Verwerfung der Lehre *Scherners* vor aller Prüfung als allzu hochmütig ein Veto einzulegen. Diese Lehre baut sich auf dem Eindruck auf, den jemand von seinen Träumen empfing, der ihnen große Aufmerksamkeit schenkte und der persönlich sehr wohl veranlagt scheint, dunkeln seelischen Dingen nachzuspüren. Sie handelt ferner von einem Gegenstand, der den Menschen durch Jahrtausende rätselhaft wohl, aber zugleich inhalts- und beziehungsreich erschienen ist und zu dessen Erhellung die gestrenge Wissenschaft, wie sie selbst bekennt, nicht viel anderes beigetragen hat, als daß sie im vollen Gegensatz zur populären Empfindung dem Objekte Inhalt und Bedeutsamkeit abzusprechen versuchte. Endlich wollen wir uns ehrlich sagen, daß es den Anschein hat, wir könnten bei den Versuchen, den Traum aufzuklären, der Phantastik nicht leicht entgehen.

Es gibt auch Ganglienzellenphantastik; die S. 87 zitierte Stelle eines nüchternen und exakten Forschers wie *Binz*, welche schildert, wie die Aurora des Erwachens über die eingeschlafenen Zellhaufen der Hirnrinde hinzieht, steht an Phantastik und an – Unwahrwahrscheinlichkeit hinter den *Schernerschen* Deutungsversuchen nicht zurück. Ich hoffe zeigen zu können, daß hinter den letzteren etwas Reelles steckt, das allerdings nur verschwommen erkannt worden ist und nicht den Charakter der Allgemeinheit besitzt, auf den eine Theorie des Traumes Anspruch erheben kann. Vorläufig kann uns die *Schernersche* Theorie des Traumes in ihrem Gegensatz zur medizinischen etwa vor Augen führen, zwischen welchen Extremen die Erklärung des Traumlebens heute noch unsicher schwankt.

H
Beziehungen zwischen Traum und Geisteskrankheiten

Wer von der Beziehung des Traumes zu den Geistesstörungen spricht, kann dreierlei meinen: 1) ätiologische und klinische Beziehungen, etwa wenn ein Traum einen psychotischen Zustand vertritt, einleitet oder nach ihm erübrigt, 2) Veränderungen, die das Traumleben im Falle der Geisteskrankheit erleidet, 3) Innere Beziehungen zwischen Traum und Psychosen, Analogien, die auf Wesensverwandtschaft hindeuten. Diese mannigfachen Beziehungen zwischen den beiden Reihen von Phänomenen sind in früheren Zeiten der Medizin – und in der Gegenwart von neuem wieder– ein Lieblingsthema ärztlicher Autoren gewesen, wie die bei *Spitta, Radestock*, *Maury* und *Tissié* gesammelte Literatur des Gegenstandes lehrt. Jüngst hat *Sante de Sanctis* diesem Zusammenhange seine Aufmerksamkeit zugewendet.[23] Dem Interesse unserer Darstellung wird es genügen, den bedeutsamen Gegenstand bloß zu streifen.

Zu den klinischen und ätiologischen Beziehungen zwischen Traum und Psychosen will ich folgende Beobachtungen als Paradigmata mitteilen. *Hohnbaum* berichtet (bei *Krauß*), daß der erste Ausbruch des Wahnsinns sich öfters von einem ängstlichen, schreckhaften Traum herschrieb und daß die vorherrschende Idee mit diesem Traume in Verbindung stand. *Sante de Sanctis* bringt ähnliche Beobachtungen von Paranoischen und erklärt den Traum in einzelnen derselben für die „*vraie cause déterminante de la folie*“. Die Psychose kann mit dem wirksamen, die wahnhafte Aufklärung enthaltenden Traum mit einem Schlag ins Leben treten oder sich durch weitere Träume, die noch gegen Zweifel anzukämpfen

[23] Spätere Autoren, die solche Beziehungen behandeln, sind: Féré, Ideler, Lasègue, Pichon, Regis, Vespa, Gießle, Kazowsky, Pachantoni u. a.

haben, langsam entwickeln. In einem Falle von *de Sanctis* schlossen sich an den ergreifenden Traum leichte hysterische Anfälle, dann in weiterer Folge ein ängstlich-melancholischer Zustand. *Féré* (bei *Tissié*) berichtet von einem Traum, der eine hysterische Lähmung zur Folge hatte. Hier wird uns der Traum als Ätiologie der Geistesstörung vorgeführt, obwohl wir dem Tatbestand ebenso Rechnung tragen, wenn wir aussagen, die geistige Störung habe ihre erste Äußerung am Traumleben gezeigt, sei im Traum zuerst durchgebrochen. In anderen Beispielen enthält das Traumleben die krankhaften Symptome, oder die Psychose bleibt aufs Traumleben eingeschränkt. So macht *Thomayer* auf *Angstträume* aufmerksam, die als Äquivalente von epileptischen Anfällen aufgefaßt werden müssen. *Allison* hat nächtliche Geisteskrankheit *(nocturnal insanity)* beschrieben (nach *Radestock*), bei der die Individuen tagsüber anscheinend vollkommen gesund sind, während bei Nacht regelmäßig Halluzinationen, Tobsuchtsanfälle u. dgl. auftreten. Ähnliche Beobachtungen bei *de Sanctis* (paranoisches Traumäquivalent bei einem Alkoholiker, Stimmen, die die Ehefrau der Untreue beschuldigen); bei *Tissié*. *Tissié* bringt aus neuerer Zeit eine reiche Anzahl von Beobachtungen, in denen Handlungen pathologischen Charakters (aus Wahnvoraussetzungen, Zwangsimpulse) sich aus Träumen ableiten. *Guislain* beschreibt einen Fall, in dem der Schlaf durch ein intermittierendes Irresein ersetzt war.

Es ist wohl kein Zweifel, daß eines Tages neben der Psychologie des Traumes eine Psychopathologie des Traumes die Ärzte beschäftigen wird.

Besonders deutlich wird es häufig in Fällen von Genesung nach Geisteskrankheit, daß bei gesunder Funktion am Tage das Traumleben noch der Psychose angehören kann. *Gregory* soll auf dieses Vorkommen zuerst aufmerksam gemacht haben (nach *Krauß*). *Macario* (bei *Tissié*) erzählt von einem Maniacus, der eine Woche nach seiner völligen Herstellung in Träumen die Ideenflucht und die leidenschaftlichen Antriebe seiner Krankheit wieder erlebte.

Über die Veränderungen, welche das Traumleben bei dauernd Psychotischen erfährt, sind bis jetzt nur sehr wenige Untersuchungen angestellt worden. Dagegen hat die innere Verwandtschaft zwischen Traum und Geistesstörung, die sich in so weitgehender Übereinstimmung der Erscheinungen beider äußert, frühzeitig Beachtung gefunden. Nach *Maury* hat zuerst *Cabanis* in seinen *Rapports du physique et du moral* auf sie hingewiesen, nach ihm *Lélut*, *J. Moreau* und ganz besonders der Philosoph *Maine de Biran*. Sicherlich ist die Vergleichung noch älter. *Radestock* leitet das Kapitel, in dem er sie behandelt, mit einer Sammlung von Aussprüchen ein, welche Traum und Wahnsinn in Analogie bringen. *Kant* sagt an einer Stelle: „Der Verrückte ist ein Träumer im Wachen." *Krauß*: „Der Wahnsinn ist ein Traum innerhalb des Sinnenwachseins." *Schopenhauer* nennt den Traum einen kurzen Wahnsinn und den Wahnsinn einen langen Traum. *Hagen* bezeichnet das Delirium als Traumleben, welches nicht durch Schlaf, sondern durch Krankheiten herbeigeführt ist. *Wundt* äußert in der *Physiologischen Psychologie*: „In der Tat können wir im Traum fast alle Erscheinungen, die uns in den Irrenhäusern begegnen, selber durchleben."

Die einzelnen Übereinstimmungen, auf Grund deren eine solche Gleichstellung sich dem Urteil empfiehlt, zählt *Spitta* (übrigens sehr ähnlich wie *Maury*) in folgender Reihe auf: „1) Aufhebung oder doch Retardation des Selbstbewußtseins, infolgedessen Unkenntnis über den Zustand als solchen, also Unmöglichkeit des Erstaunens, Mangel des moralischen Bewußtseins, 2) Modifizierte Perzeption der Sinnesorgane, und zwar im Traum verminderte, im Wahnsinn im allgemeinen sehr gesteigerte, 3) Verbindung der Vorstellungen untereinander lediglich nach den Gesetzen der Assoziation und Reproduktion, also automatische Reihenbildung, daher Unproportionalität der Verhältnisse zwischen den Vorstellungen (Übertreibungen, Phantasmen) und aus alledem resultierend: 4) Veränderung beziehungsweise Umkehrung der Persönlichkeit und zuweilen der Eigentümlichkeiten des Charakters (Perversitäten)."

Radestock fügt noch einige Züge hinzu, Analogien im Material: „Im Gebiet des Gesichts- und Gehörsinnes und des Gemeingefühls findet man die meisten Halluzinationen und Illusionen. Die wenigsten Elemente liefern wie beim Traum der Geruch- und Geschmacksinn. – Dem Fieberkranken steigen in den Delirien wie dem Träumenden Erinnerungen aus langer Vergangenheit auf; was der Wachende und Gesunde vergessen zu haben schien, dessen erinnert sich der Schlafende und Kranke." – Die Analogie von Traum und Psychose erhält erst dadurch ihren vollen Wert, daß sie sich wie eine Familienähnlichkeit in die feinere Mimik und bis auf einzelne Auffälligkeiten des Gesichtsausdruckes erstreckt.

„Dem von körperlichen und geistigen Leiden Gequälten gewährt der Traum, was die Wirklichkeit versagte: Wohlsein und Glück; so heben sich auch bei dem Geisteskranken die lichten Bilder von Glück, Größe, Erhabenheit und Reichtum. Der vermeintliche Besitz von Gütern und die imaginäre Erfüllung von Wünschen, deren Verweigerung oder Vernichtung eben einen psychischen Grund des Irreseins abgaben, machen häufig den Hauptinhalt des Deliriums aus. Die Frau, die ein teures Kind verloren, deliriert in Mutterfreuden, wer Vermögensverluste erlitten, hält sich für außerordentlich reich, das betrogene Mädchen sieht sich zärtlich geliebt."

(Diese Stelle *Radestocks* ist die Abkürzung einer feinsinnigen Ausführung von *Griesinger* (S. 111), die mit aller Klarheit die *Wunscherfüllung* als einen dem Traum und der Psychose gemeinsamen Charakter des Vorstellens enthüllt. Meine eigenen Untersuchungen haben mich gelehrt, daß hier der Schlüssel zu einer psychologischen Theorie des Traumes und der Psychosen zu finden ist.)

„Barocke Gedankenverbindungen und Schwäche des Urteils sind es, welche den Traum und den Wahnsinn hauptsächlich charakterisieren." Die *Überschätzung* der eigenen geistigen Leistungen, die dem nüchternen Urteil als unsinnig erscheinen, findet sich hier wie dort; dem *rapiden Vorstellungsverlauf* des Traumes entspricht die *Ideenflucht* der Psychose. Bei beiden fehlt jedes *Zeitmaß*. Die *Spaltung der Persönlichkeit* im Traume, welche z.B. das eigene Wissen auf zwei Personen verteilt, von denen die fremde das eigene Ich im Traume korrigiert, ist völlig gleichwertig der bekannten Persönlichkeitsteilung bei halluzinatorischer Paranoia; auch der Träumer hört die eigenen Gedanken von fremden Stimmen vorgebracht. Selbst für die konstanten Wahnideen findet sich eine Analogie in den stereotyp wiederkehrenden pathologischen Träumen (*rêve obsédant*). – Nach der Genesung von einem Delirium sagen die Kranken nicht selten, daß ihnen die ganze Zeit ihrer Krankheit wie ein oft nicht unbehaglicher Traum erscheint, ja sie teilen uns mit, daß sie gelegentlich noch während der Krankheit geahnt haben, sie seien nur in einem Traume befangen, ganz wie es oft im Schlaftraum vorkommt.

Nach alledem ist es nicht zu verwundern, wenn *Radestock* seine wie vieler anderer Meinung in den Worten zusammenfaßt, daß „der Wahnsinn, eine anormale krankhafte Erscheinung, als eine Steigerung des periodisch wiederkehrenden normalen Traumzustandes zu betrachten ist". (S. 228.)

Noch inniger vielleicht, als es durch diese Analogie der sich äußernden Phänomene möglich ist, hat *Krauß* die Verwandtschaft von Traum und Wahnsinn in der Ätiologie (vielmehr: in den Erregungsquellen) begründen wollen. Das beiden gemeinschaftliche Grundelement ist nach ihm, wie wir gehört haben, die organisch bedingte Empfindung, die Leibreizsensation, das durch Beiträge von allen Organen her zustande gekommene Gemeingefühl (vgl. *Peisse*, bei *Maury*, S. 52).

Die nicht zu bestreitende, bis in charakteristische Einzelheiten reichende Übereinstimmung von Traum und Geistesstörung gehört zu den stärksten Stützen der medizinischen Theorie des Traumlebens, nach welcher sich der Traum als unnützer und störender Vorgang und als Ausdruck einer herabgesetzten Seelentätigkeit darstellt. Man wird indes nicht erwarten können, die endgültige Aufklärung über den Traum von den Seelenstörungen her zu empfangen, wo es allgemein bekannt ist, in welch unbefriedigendem Zustand unsere Einsicht in den Hergang der letzteren sich befindet. Wohl aber ist es wahrscheinlich, daß eine veränderte Auffassung des Traumes unsere Meinungen über den inneren Mechanismus der Geistesstörungen mitbeeinflussen muß, und so dürfen wir sagen, daß wir an der Aufklärung der Psychosen arbeiten, wenn wir uns bemühen, das Geheimnis des Traumes aufzuhellen.

Zusatz 1909

Es bedarf einer Rechtfertigung, daß ich die Literatur der Traumprobleme nicht auch über den Zeitabschnitt vom ersten Erscheinen bis zur zweiten Auflage dieses Buches fortgeführt habe. Dieselbe mag dem Leser wenig befriedigend erscheinen; ich bin nichtsdestoweniger durch sie bestimmt worden. Die Motive, die mich überhaupt zu einer Darstellung der Behandlung des Traumes in der Literatur veranlaßt hatten, waren mit der vorstehenden Einleitung erschöpft; eine Fortsetzung dieser Arbeit hätte mich außerordentliche Bemühung gekostet und – sehr wenig Nutzen oder Belehrung gebracht. Denn der in Rede stehende Zeitraum von neun Jahren hat weder an tatsächlichem Material noch an Gesichtspunkten für die Auffassung des Traumes Neues oder Wertvolles gebracht. Meine Arbeit ist in den meisten seither veröffentlichten Publikationen unerwähnt und unberücksichtigt geblieben; am wenigsten Beachtung hat sie natürlich bei den sogenannten „Traumforschern" gefunden, die von der dem wissenschaftlichen Menschen eigenen Abneigung, etwas Neues zu erlernen, hiemit ein glänzendes Beispiel gegeben haben, *„Les savants ne sont pas curieux"*, meint der Spötter *Anatole France.* Wenn es in der Wissenschaft ein Recht zur Revanche gibt, so wäre ich wohl berechtigt, auch meinerseits die Literatur seit dem Erscheinen dieses Buches zu vernachlässigen. Die wenigen Berichterstattungen, die sich in wissenschaftlichen Journalen gezeigt haben, sind so voll von Unverstand und Mißverständnissen, daß ich den Kritikern mit nichts anderem als mit der Aufforderung, dieses Buch noch einmal zu lesen, antworten könnte. Vielleicht dürfte die Aufforderung auch lauten: es überhaupt zu lesen.

In den Arbeiten jener Ärzte, welche sich zur Anwendung des psychoanalytischen Heilverfahrens entschlossen haben, und anderer sind reichlich Träume veröffentlicht und nach meinen Anweisungen gedeutet worden. Soweit diese Arbeiten über die Bestätigung meiner Aufstellungen hinausgehen, habe ich deren Ergebnisse in den Zusammenhang meiner Darstellung eingetragen. Ein zweites Literaturverzeichnis am Ende stellt die wichtigsten Veröffentlichungen seit dem ersten Erscheinen dieses Buches zusammen. Das reichhaltige Buch von *Sante de Sanctis* über die Träume, dem bald nach seinem Erscheinen eine Übersetzung ins Deutsche zuteil geworden ist, hat sich mit meiner *Traumdeutung* zeitlich gekreuzt, so daß ich von ihm ebensowenig Notiz nehmen konnte wie der italienische Autor von mir. Ich mußte dann leider urteilen, daß seine fleißige Arbeit überaus arm an Ideen sei, so arm, daß man aus ihr nicht einmal die Möglichkeit der bei mir behandelten Probleme ahnen könnte.

Ich habe nur zweier Erscheinungen zu gedenken, die nahe an meine Behandlung der Traumprobleme streifen. Ein jüngerer Philosoph, *H. Swoboda*, der es unternommen hat, die Entdeckung der biologischen Periodizität (in Reihen von 23 und 28 Tagen), die von *Wilh. Fließ* herrührt, auf das psychische Geschehen auszudehnen, hat in einer phantasievollen Schrift[24] mit diesem Schlüssel unter anderem auch das Rätsel der Träume lösen wollen. Die Bedeutung der Träume wäre dabei zu kurz gekommen; das Inhaltsmaterial derselben würde sich durch das Zusammentreffen all jener Erinnerungen erklären, die in jener Nacht gerade eine der biologischen Perioden zum ersten- oder *n*-tenmal vollenden. Eine persönliche Mitteilung des Autors ließ mich zuerst annehmen, daß er selbst diese Lehre nicht mehr ernsthaft vertreten wolle. Es scheint, daß ich mich in diesem Schluß geirrt habe; ich werde an anderer Stelle einige Beobachtungen zu der Aufstellung *Swobodas* mitteilen, die mir aber ein überzeugendes Ergebnis nicht gebracht haben. Bei weitem erfreulicher war mir der Zufall, an unerwarteter Stelle eine Auffassung des Traumes zu finden, die sich mit dem Kern der meinigen völlig deckt. Die Zeitverhältnisse schließen die Möglichkeit aus, daß jene Äußerung durch die Lektüre meines Buches beeinflußt worden sei; ich muß also in ihr die einzige in der Literatur nachweisbare Übereinstimmung eines unabhängigen Denkers mit dem Wesen meiner Traumlehre begrüßen. Das Buch, in dem sich die von mir ins Auge gefaßte Stelle über das Träumen findet, ist 1900 in zweiter Auflage unter dem Titel *Phantasien eines Realisten* von *Lynkeus* veröffentlicht worden.[25]

Zusatz 1914

Die vorstehende Rechtfertigung ist im Jahre 1909 niedergeschrieben worden. Seither hat sich die Sachlage allerdings geändert; mein Beitrag zur „Traumdeutung" wird in der Literatur nicht mehr übersehen. Allein die neue Situation macht mir die Fortsetzung des vorstehenden Berichts erst recht unmöglich. Die *Traumdeutung* hat eine ganze Reihe neuer Behauptungen und Probleme gebracht, die nun von den Autoren in verschiedenster Weise erörtert worden sind. Ich kann diese Arbeiten doch nicht darstellen, ehe ich meine eigenen Ansichten entwickelt habe, auf welche die Autoren sich beziehen. Was mir an dieser neuesten Literatur wertvoll erschien, habe ich darum im Zusammenhange meiner nun folgenden Ausführungen gewürdigt.

---

[24] H. Swoboda, *Die Perioden des menschlichen Organismus*, 1904.

[25] Man vgl. *Josef Popper-Lynkeus und die Theorie des Traumes* (1923).

II
DIE METHODE DER TRAUMDEUTUNG: DIE ANALYSE EINES TRAUMMUSTERS

Die Überschrift, die ich meiner Abhandlung gegeben habe, läßt erkennen, an welche Tradition in der Auffassung der Träume ich anknüpfen möchte. Ich habe mir vorgesetzt zu zeigen, daß Träume einer Deutung fähig sind, und Beiträge zur Klärung der eben behandelten Traumprobleme werden sich mir nur als etwaiger Nebengewinn bei der Erledigung meiner eigentlichen Aufgabe ergeben können. Mit der Voraussetzung, daß Träume deutbar sind, trete ich sofort in Widerspruch zu der herrschenden Traumlehre, ja zu allen Traumtheorien mit Ausnahme der *Schernerschen*, denn „einen Traum deuten" heißt, seinen „Sinn" angeben, ihn durch etwas ersetzen, was sich als vollwichtiges, gleichwertiges Glied in die Verkettung unserer seelischen Aktionen einfügt. Wie wir erfahren haben, lassen aber die wissenschaftlichen Theorien des Traumes für ein Problem der Traumdeutung keinen Raum, denn der Traum ist für sie überhaupt kein seelischer Akt, sondern ein somatischer Vorgang, der sich durch Zeichen am seelischen Apparat kundgibt. Anders hat sich zu allen Zeiten die Laienmeinung benommen. Sie bedient sich ihres guten Rechts, inkonsequent zu verfahren, und obwohl sie zugesteht, der Traum sei unverständlich und absurd, kann sie sich doch nicht entschließen, dem Traume jede Bedeutung abzusprechen. Von einer dunkeln Ahnung geleitet, scheint sie doch anzunehmen, der Traum habe einen Sinn, wiewohl einen verborgenen, er sei zum Ersatze eines anderen Denkvorganges bestimmt und es handle sich nur darum, diesen Ersatz in richtiger Weise aufzudecken, um zur verborgenen Bedeutung des Traumes zu gelangen.

Die Laienwelt hat sich darum von jeher bemüht, den Traum zu „deuten", und dabei zwei im Wesen verschiedene Methoden versucht. Das erste dieser Verfahren faßt den Trauminhalt als Ganzes ins Auge und sucht denselben durch einen anderen, verständlichen und in gewissen Hinsichten analogen Inhalt zu ersetzen. Dies ist die *symbolische* Traumdeutung; sie scheitert natürlich von vornherein an jenen Träumen, welche nicht bloß unverständlich, sondern auch verworren erscheinen. Ein Beispiel für ihr Verfahren gibt etwa die Auslegung, welche der biblische Josef dem Traume des Pharao angedeihen ließ. Sieben fette Kühe, nach denen sieben magere kommen, welche die ersteren aufzehren, das ist ein symbolischer Ersatz für die Vorhersagung von sieben Hungerjahren im Lande Ägypten, welche allen Überfluß aufzehren, den sieben fruchtbare Jahre geschaffen haben. Die meisten der artifiziellen Träume, welche von Dichtern geschaffen wurden, sind für solche symbolische Deutung bestimmt, denn sie geben den vom Dichter gefaßten Gedanken in einer Verkleidung wieder, die zu den aus der Erfahrung bekannten Charakteren unseres Träumens passend gefunden wird.[26] Die Meinung, der Traum beschäftige sich vorwiegend mit der Zukunft, deren Gestaltung er im voraus ahne – ein Rest der einst den Träumen zuerkannten prophetischen Bedeutung – wird dann zum Motiv, den durch symbolische Deutung gefundenen Sinn des Traumes durch: ein „es wird" ins Futurum zu versetzen.

Wie man den Weg zu einer solchen symbolischen Deutung findet, dazu läßt sich eine Unterweisung natürlich nicht geben. Das Gelingen bleibt Sache des witzigen Einfalls, der unvermittelten Intuition, und darum konnte die Traumdeutung mittels Symbolik sich zu einer Kunstübung erheben, die an eine besondere Begabung gebunden schien.[27] Von solchem Anspruch hält sich die andere der populären Methoden der Traumdeutung völlig ferne. Man könnte sie als die „Chiffriermethode" bezeichnen, da sie den Traum wie eine Art von Geheimschrift behandelt, in der jedes Zeichen nach einem feststehenden Schlüssel in ein anderes Zeichen von bekannter Bedeutung übersetzt wird. Ich habe z. B. von einem Brief geträumt, aber auch von einem Leichenbegängnis u. dgl., ich sehe nun in einem „Traumbuch" nach und finde, daß „Brief" mit „Verdruß", „Leichenbegängnis" mit „Verlobung" zu übersetzen ist. Es bleibt mir dann überlassen, aus den Schlagworten, die ich entziffert habe, einen Zusammenhang herzustellen, den ich wiederum als zukünftig hinnehme. Eine interessante Abänderung dieses Chiffrierverfahrens, durch welche dessen Charakter als rein mechanische

---

26 In einer Novelle *Gradiva* des Dichters *W. Jensen* entdeckte ich zufällig mehrere artifizielle Träume, die vollkommen korrekt gebildet waren und sich deuten ließen, als wären sie nicht erfunden, sondern von realen Personen geträumt worden. Der Dichter bestätigte auf Anfrage von meiner Seite, daß ihm meine Traumlehre fremd geblieben war. Ich habe diese Übereinstimmung zwischen meiner Forschung und dem Schaffen des Dichters als Beweis für die Richtigkeit meiner Traumanalyse verwertet. (*Der Wahn und die Träume in W. Jensens ‚Gradiva'*, erstes Heft der von mir herausgegebenen *Schriften zur angewandten Seelenkunde*, 1907, dritte Auflage 1924.)

27 Aristoteles hat sich dahin geäußert, der beste Traumdeuter sei der, welcher Ähnlichkeiten am besten auffasse: denn die Traumbilder seien, wie die Bilder im Wasser, durch die Bewegung verzerrt, und der treffe am besten, der in dem verzerrten Bild das Wahre zu erkennen vermöge (Büchsenschütz, S. 65).

Übertragung einigermaßen korrigiert wird, zeigt sich in der Schrift über Traumdeutung des Artemidoros aus Daldis.[28] Hier wird nicht nur auf den Trauminhalt, sondern auch auf die Person und die Lebensumstände des Träumers Rücksicht genommen, so daß das nämliche Traumelement für den Reichen, den Verheirateten, den Redner andere Bedeutung hat als für den Armen, den Ledigen und etwa den Kaufmann. Das Wesentliche an diesem Verfahren ist nun, daß die Deutungsarbeit nicht auf das Ganze des Traumes gerichtet wird, sondern auf jedes Stück des Trauminhalts für sich, als ob der Traum ein Konglomerat wäre, in dem jeder Brocken Gestein eine besondere Bestimmung verlangt. Es sind sicherlich die unzusammenhängenden und verworrenen Träume, von denen der Antrieb zur Schöpfung der Chiffriermethode ausgegangen ist.[29]

---

[28] Artemidoros aus Daldis, wahrscheinlich zu Anfang des zweiten Jahrhunderts unserer Zeitrechnung geboren, hat uns die vollständigste und sorgfältigste Bearbeitung der Traumdeutung in der griechisch-römischen Welt überliefert. Er legte, wie Th. Gomperz hervorhebt, Wert darauf, die Deutung der Träume auf Beobachtung und Erfahrung zu gründen, und sonderte seine Kunst strenge von anderen, trügerischen Künsten. Das Prinzip seiner Deutungskunst ist nach der Darstellung von Gomperz identisch mit der Magie, das Prinzip der Assoziation. Ein Traumding bedeutet das, woran es erinnert. Wohlverstanden, woran es den Traumdeuter erinnert! Eine nicht zu beherrschende Quelle der Willkür und Unsicherheit ergibt sich dann aus dem Umstand, daß das Traumelement den Deuter an verschiedene Dinge und jeden an etwas anderes erinnern kann. Die Technik, die ich im folgenden auseinandersetze, weicht von der antiken in dem einen wesentlichen Punkte ab, daß sie dem Träumer selbst die Deutungsarbeit auferlegt. Sie will nicht berücksichtigen, was dem Traumdeuter, sondern was dem Träumer zu dem betreffenden Element des Traumes einfällt. – Nach neueren Berichten des Missionars Tfinkdji (*Anthropo* 1913) nehmen aber auch die modernen Traumdeuter des Orients die Mitwirkung des Träumers ausgiebig in Anspruch. Der Gewährsmann erzählt von den Traumdeutern bei den mesopotamischen Arabern: *„Pour interpréter exactement un songe, les oniromanciens les plus habiles s'informent de ceux qui les consultent de toutes les circonstances qu'ils regardent nécessaires pour la bonne explication ... En un mot, nos oniromanciens ne laissent aucune circonstance leur échapper et ne donnent l'interprétation désirée avant d'avoir parfaitement saisi et reçu toutes les interrogations désirables.“* Unter diesen Fragen befinden sich regelmäßig solche um genaue Angaben über die nächsten Familienangehörigen (Eltern, Frau, Kinder) sowie die typische Formel: *„habuistine in hac nocte copulam conjugalem ante vel post somnium?“* – *„L'idée dominante dans l'interprétation des songes consiste à expliquer le rêve par son opposé.“*

[29] Dr. Alfred Robitsek macht mich darauf aufmerksam, daß die orientalischen Traumbücher, von denen die unsrigen klägliche Abklatsche sind, die Deutung der Traumelemente meist nach dem Gleichklang und der Ähnlichkeit der Worte vornehmen. Da diese Verwandtschaften bei der Übersetzung in unsere Sprache verlorengehen müssen, würde daher die Unbegreiflichkeit der Ersetzungen in unseren populären „Traumbüchern“ stammen. – Über diese außerordentliche Bedeutung des Wortspiels und der Wortspielerei in den alten orientalischen Kulturen mag man sich aus den Schriften Hugo Wincklers unterrichten. Das schönste Beispiel einer Traumdeutung, welches uns aus dem Altertum überliefert ist, beruht auf einer Wortspielerei. Artemidoros erzählt (S. 255): „Es scheint mir aber auch Aristandros dem Alexandros von Makedonien eine gar glückliche Auslegung gegeben zu haben, als dieser Tyros eingeschlossen hielt und belagerte und wegen des großen Zeitverlustes, unwillig und betrübt, das Gefühl hatte, er sehe einen

Für die wissenschaftliche Behandlung des Themas kann die Unbrauchbarkeit beider populärer Deutungsverfahren des Traumes keinen Moment lang zweifelhaft sein. Die symbolische Methode ist in ihrer Anwendung beschränkt und keiner allgemeinen Darlegung fähig. Bei der Chiffriermethode käme alles darauf an, daß der „Schlüssel", das Traumbuch, verläßlich wäre, und dafür fehlen alle Garantien. Man wäre versucht, den Philosophen und Psychiatern recht zu geben und mit ihnen das Problem der Traumdeutung als eine imaginäre Aufgabe zu streichen.[30]

Allein ich bin eines Bessern belehrt worden. Ich habe einsehen müssen, daß hier wiederum einer jener nicht seltenen Fälle vorliegt, in denen ein uralter, hartnäckig festgehaltener Volksglaube der Wahrheit der Dinge näher gekommen zu sein scheint als das Urteil der heute geltenden Wissenschaft. Ich muß behaupten, daß der Traum wirklich eine Bedeutung hat und daß ein wissenschaftliches Verfahren der Traumdeutung möglich ist. Zur Kenntnis dieses Verfahrens bin ich auf folgende Weise gelangt:

Seit Jahren beschäftige ich mich mit der Auflösung gewisser psychopathologischer Gebilde, der hysterischen Phobien, der Zwangsvorstellungen u. a. in therapeutischer Absicht; seitdem ich nämlich aus einer bedeutsamen Mitteilung von *Josef Breuer* weiß, daß für diese als Krankheitssymptome empfundenen Bildungen Auflösung und Lösung in eines zusammenfällt.[31] Hat man eine solche pathologische Vorstellung auf die Elemente zurückführen können, aus denen sie im Seelenleben des Kranken hervorgegangen ist, so ist diese auch zerfallen, der Kranke von ihr befreit. Bei der Ohnmacht unserer sonstigen therapeutischen Bestrebungen und angesichts der Rätselhaftigkeit dieser Zustände erschien es mir verlockend, auf dem von *Breuer* eingeschlagenen Wege trotz aller Schwierigkeiten bis zur vollen Aufklärung vorzudringen. Wie sich die Technik des Verfahrens schließlich gestaltet hat und welches die Ergebnisse der Bemühung gewesen sind, darüber werde ich ein anderes Mal ausführlich Bericht zu

---

Satyros auf seinem Schilde tanzen; zufällig befand sich Aristandros in der Nähe von Tyros und im Geleite des Königs, der die Syrier bekriegte. Indem er nun das Wort Satyros in σά und τυρος; zerlegte, bewirkte er, daß der König die Belagerung nachdrücklicher in Angriff nahm, so daß er Herr der Stadt wurde." (Σά – Τύρος – dein ist Tyros.) – Übrigens hängt der Traum so innig am sprachlichen Ausdruck, daß *Ferenczi* mit Recht bemerken kann, jede Sprache habe ihre eigene Traumsprache. Ein Traum ist in der Regel unübersetzbar in andere Sprachen und ein Buch wie das vorliegende, meinte ich, darum auch. Nichtsdestoweniger ist es zuerst Dr. *A. A. Brill* in New York, dann anderen nach ihm, gelungen, Übersetzungen der *Traumdeutung* zu schaffen.

30 Nach Abschluß meines Manuskriptes ist mir eine Schrift von Stumpf zugegangen, die in der Absicht zu erweisen, der Traum sei sinnvoll und deutbar, mit meiner Arbeit zusammentrifft. Die Deutung geschieht aber mittels einer allegorisierenden Symbolik ohne Gewähr für Allgemeingültigkeit des Verfahrens.

31 Breuer und Freud, *Studien über Hysterie*, Wien 1895. 4. Auflage., 1922.

erstatten haben. Im Verlaufe dieser psychoanalytischen Studien geriet ich auf die Traumdeutung. Die Patienten, die ich verpflichtet hatte, mir alle Einfälle und Gedanken mitzuteilen, die sich ihnen zu einem bestimmten Thema aufdrängten, erzählten mir ihre Träume und lehrten mich so, daß ein Traum in die psychische Verkettung eingeschoben sein kann, die von einer pathologischen Idee her nach rückwärts in der Erinnerung zu verfolgen ist. Es lag nun nahe, den Traum selbst wie ein Symptom zu behandeln und die für letztere ausgearbeitete Methode der Deutung auf ihn anzuwenden.

Dazu bedarf es nun einer gewissen psychischen Vorbereitung des Kranken. Man strebt zweierlei bei ihm an, eine Steigerung seiner Aufmerksamkeit für seine psychischen Wahrnehmungen und eine Ausschaltung der Kritik, mit der er die ihm auftauchenden Gedanken sonst zu sichten pflegt. Zum Zwecke seiner Selbstbeobachtung mit gesammelter Aufmerksamkeit ist es vorteilhaft, daß er eine ruhige Lage einnimmt und die Augen schließt; den Verzicht auf die Kritik der wahrgenommenen Gedankenbildungen muß man ihm ausdrücklich auferlegen. Man sagt ihm also, der Erfolg der Psychoanalyse hänge davon ab, daß er alles beachtet und mitteilt, was ihm durch den Sinn geht, und nicht etwa sich verleiten läßt, den einen Einfall zu unterdrücken, weil er ihm unwichtig oder nicht zum Thema gehörig, den anderen, weil er ihm unsinnig erscheint. Er müsse sich völlig unparteiisch gegen seine Einfälle verhalten; denn gerade an der Kritik läge es, wenn es ihm sonst nicht gelänge, die gesuchte Auflösung des Traums, der Zwangsidee u. dgl. zu finden.

Bei den psychoanalytischen Arbeiten habe ich gemerkt, daß die psychische Verfassung des Mannes, welcher nachdenkt, eine ganz andere ist als die desjenigen, welcher seine psychischen Vorgänge beobachtet. Beim Nachdenken tritt eine psychische Aktion mehr ins Spiel als bei der aufmerksamsten Selbstbeobachtung, wie es auch die gespannte Miene und die in Falten gezogene Stirne des Nachdenklichen im Gegensatz zur mimischen Ruhe des Selbstbeobachters erweist. In beiden Fällen muß eine Sammlung der Aufmerksamkeit vorhanden sein, aber der Nachdenkende übt außerdem eine Kritik aus, infolge deren er einen Teil der ihm aufsteigenden Einfälle verwirft, nachdem er sie wahrgenommen hat, andere kurz abbricht, so daß er den Gedankenwegen nicht folgt, welche sie eröffnen würden, und gegen noch andere Gedanken weiß er sich so zu benehmen, daß sie überhaupt nicht bewußt, also vor ihrer Wahrnehmung unterdrückt werden. Der Selbstbeobachter hingegen hat nur die Mühe, die Kritik zu unterdrücken; gelingt ihm dies, so kommt ihm eine Unzahl von Einfällen zum Bewußtsein, die sonst unfaßbar geblieben wären. Mit Hilfe dieses für die Selbstwahrnehmung neu gewonnenen Materials läßt sich die Deutung der pathologischen Ideen sowie der Traumgebilde vollziehen. Wie man sieht, handelt es sich darum, einen psychischen Zustand herzustellen, der mit dem vor dem Einschlafen (und sicherlich auch mit dem hypnotischen) eine gewisse Analogie in der Verteilung der psychischen Energie (der beweglichen Aufmerksamkeit) gemein hat. Beim Einschlafen treten die „ungewollten Vorstellungen“ hervor durch den Nachlaß einer gewissen willkürlichen (und gewiß auch kritischen) Aktion, die wir auf den Ablauf unserer Vorstellungen einwirken lassen; als den Grund dieses Nachlasses pflegen wir „Ermüdung“ anzugeben; die auftauchenden ungewollten Vorstellungen verwandeln sich in visuelle und akustische Bilder.[32] Bei dem Zustand, den man zur Analyse der Träume und pathologischen Ideen benützt, verzichtet man absichtlich und willkürlich auf jene Aktivität und verwendet die ersparte psychische Energie (oder ein Stück derselben) zur aufmerksamen Verfolgung der jetzt auftauchenden ungewollten Gedanken, die ihren Charakter als Vorstellungen (dies der Unterschied gegen den Zustand beim Einschlafen) beibehalten. *Man macht so die „ungewollten“ Vorstellungen zu „gewollten“.*

Die hier geforderte Einstellung auf anscheinend „freisteigende“ Einfälle mit Verzicht auf die sonst gegen diese geübte Kritik scheint manchen Personen nicht leicht zu werden. Die „ungewollten Gedanken“ pflegen den heftigsten Widerstand, der sie am Auftauchen hindern will, zu entfesseln. Wenn wir aber unserem großen Dichterphilosophen Fr. *Schiller* Glauben schenken, muß eine ganz ähnliche Einstellung auch die Bedingung der dichterischen Produktion enthalten. An einer Stelle seines Briefwechsels mit *Körner*, deren Aufspürung *Otto Rank* zu danken ist, antwortet Schiller auf die Klage seines Freundes über seine mangelnde Produktivität: „Der Grund deiner Klage liegt, wie mir scheint, in dem Zwange, den dein Verstand deiner Imagination auflegt. Ich muß hier einen Gedanken hinwerfen und ihn durch ein Gleichnis versinnlichen. Es scheint nicht gut und dem Schöpfungswerke der Seele nachteilig zu sein, wenn der Verstand die zuströmenden Ideen, gleichsam an den Toren schon, zu scharf mustert. Eine Idee kann, isoliert betrachtet, sehr unbeträchtlich und sehr abenteuerlich sein, aber vielleicht wird sie durch eine, die nach ihr kommt, wichtig, vielleicht kann sie in einer gewissen Verbindung mit anderen, die vielleicht ebenso abgeschmackt scheinen, ein sehr zweckmäßiges Glied abgeben: – Alles das kann der Verstand nicht beurteilen, wenn er sie nicht so lange festhält, bis er sie in Verbindung mit diesen anderen angeschaut hat. Bei einem schöpferischen Kopfe hingegen, deucht mir, hat der Verstand seine Wache von den Toren zurückgezogen, die Ideen stürzen *pêle-mêle* herein, und alsdann erst übersieht und mustert er den

[32] H. Silberer hat aus der direkten Beobachtung dieser Umsetzung von Vorstellungen in Gesichtsbilder wichtige Beiträge zur Deutung der Träume gewonnen. (Jahrbuch f. psychoanalyt. Forschungen I u. II, 1909 u. ff.)

großen Haufen. – Ihr Herren Kritiker, und wie Ihr Euch sonst nennt, schämt oder fürchtet Euch vor dem augenblicklichen, vorübergehenden Wahnwitze, der sich bei allen eigenen Schöpfern findet und dessen längere oder kürzere Dauer den denkenden Künstler von dem Träumer unterscheidet. Daher Eure Klagen der Unfruchtbarkeit, weil Ihr zu früh verwerft und zu strenge sondert." (Brief vom 1. Dezember 1788.)

Und doch ist ein „solches Zurückziehen der Wache von den Toren des Verstandes", wie *Schiller* es nennt, ein derartiges sich in den Zustand der kritiklosen Selbstbeobachtung Versetzen keineswegs schwer.

Die meisten meiner Patienten bringen es nach der ersten Unterweisung zustande; ich selbst kann es sehr vollkommen, wenn ich mich dabei durch Niederschreiben meiner Einfälle unterstütze. Der Betrag von psychischer Energie, um den man so die kritische Tätigkeit herabsetzt und mit welchem man die Intensität der Selbstbeobachtung erhöhen kann, schwankt erheblich je nach dem Thema, welches von der Aufmerksamkeit fixiert werden soll.

Der erste Schritt bei der Anwendung dieses Verfahrens lehrt nun, daß man nicht den Traum als Ganzes, sondern nur die einzelnen Teilstücke seines Inhalts zum Objekt der Aufmerksamkeit machen darf. Frage ich den noch nicht eingeübten Patienten: Was fällt Ihnen zu diesem Traum ein? So weiß er in der Regel nichts in seinem geistigen Blickfelde zu erfassen. Ich muß ihm den Traum zerstückt vorlegen, dann liefert er mir zu jedem Stück eine Reihe von Einfällen, die man als die „Hintergedanken" dieser Traumpartie bezeichnen kann. In dieser ersten wichtigen Bedingung weicht also die von mir geübte Methode der Traumdeutung bereits von der populären, historisch und sagenhaft berühmten Methode der Deutung durch Symbolik ab und nähert sich der zweiten, der „Chiffriermethode". Sie ist wie diese eine Deutung *en detail*, nicht *en masse*; wie diese faßt sie den Traum von vornherein als etwas Zusammengesetztes, als ein Konglomerat von psychischen Bildungen auf.

Im Verlaufe meiner Psychoanalysen bei Neurotikern habe ich wohl bereits über tausend Träume zur Deutung gebracht, aber dieses Material möchte ich hier nicht zur Einführung in die Technik und Lehre der Traumdeutung verwenden. Ganz abgesehen davon, daß ich mich dem Einwand aussetzen würde, es seien ja die Träume von Neuropathen, die einen Rückschluß auf die Träume gesunder Menschen nicht gestatten, nötigt mich ein anderer Grund zu deren Verwerfung. Das Thema, auf welches diese Träume zielen, ist natürlich immer die Krankheitsgeschichte, welche der Neurose zugrunde liegt. Hiedurch würde für jeden Traum ein überlanger Vorbericht und ein Eindringen in das Wesen und die ätiologischen Bedingungen der Psychoneurosen erforderlich, Dinge, die an und für sich neu und im höchsten Grade befremdlich sind und so die Aufmerksamkeit vom Traumproblem ablenken würden. Meine Absicht geht vielmehr dahin, in der Traumauflösung eine Vorarbeit für die Erschließung der schwierigeren Probleme der Neurosenpsychologie zu schaffen. Verzichte ich aber auf die Träume der Neurotiker, mein Hauptmaterial, so darf ich gegen den Rest nicht allzu wählerisch verfahren. Es bleiben nur noch jene Träume, die mir gelegentlich von gesunden Personen meiner Bekanntschaft erzählt worden sind oder die ich als Beispiele in der Literatur über das Traumleben verzeichnet finde. Leider geht mir bei all diesen Träumen die Analyse ab, ohne welche ich den Sinn des Traumes nicht finden kann. Mein Verfahren ist ja nicht so bequem wie das der populären Chiffriermethode, welche den gegebenen Trauminhalt nach einem fixierten Schlüssel übersetzt; ich bin vielmehr gefaßt darauf, daß derselbe Trauminhalt bei verschiedenen Personen und in verschiedenem Zusammenhang auch einen anderen Sinn verbergen mag. Somit bin ich auf meine eigenen Träume angewiesen als auf ein reichliches und bequemes Material, das von einer ungefähr normalen Person herrührt und sich auf mannigfache Anlässe des täglichen Lebens bezieht. Man wird mir sicherlich Zweifel in die Verläßlichkeit solcher „Selbstanalysen" entgegensetzen. Die Willkür sei dabei keineswegs ausgeschlossen. Nach meinem Urteil liegen die Verhältnisse bei der Selbstbeobachtung eher günstiger als bei der Beobachtung anderer; jedenfalls darf man versuchen, wie weit man in der Traumdeutung mit der Selbstanalyse reicht. Andere Schwierigkeiten habe ich in meinem eigenen Innern zu überwinden. Man hat eine begreifliche Scheu, soviel Intimes aus seinem Seelenleben preiszugeben, weiß sich dabei auch nicht gesichert vor der Mißdeutung der Fremden. Aber darüber muß man sich hinaussetzen können. *„Tout psychologiste*, schreibt *Delboeuf, est obligé de faire l'aveu même de ses faiblesses s'il croît par là jeter du jour sur quelque problème obscur.*" Und auch beim Leser, darf ich annehmen, wird das anfängliche Interesse an den Indiskretionen, die ich begehen muß, sehr bald der ausschließlichen Vertiefung in die hiedurch beleuchteten psychologischen Probleme Platz machen.[33]

Ich werde also einen meiner eigenen Träume hervorsuchen und an ihm meine Deutungsweise erläutern. Jeder solche Traum macht einen Vorbericht nötig. Nun muß ich aber den Leser bitten, für eine ganze Weile meine Interessen zu den seinigen zu machen und sich mit mir in die kleinsten Einzelheiten meines Lebens zu versenken, denn solche Übertragung fordert gebieterisch das Interesse für die versteckte Bedeutung der Träume.

[33] Immerhin will ich es nicht unterlassen, in Einschränkung des oben Gesagten anzugeben, daß ich fast niemals die mir zugängliche vollständige Deutung eines eigenen Traumes mitgeteilt habe. Ich hatte wahrscheinlich recht, der Diskretion der Leser nicht zuviel zuzutrauen.

Vorbericht

Im Sommer 1895 hatte ich eine junge Dame psychoanalytisch behandelt, die mir und den Meinigen freundschaftlich sehr nahestand. Man versteht es, daß solche Vermengung der Beziehungen zur Quelle mannigfacher Erregungen für den Arzt werden kann, zumal für den Psychotherapeuten. Das persönliche Interesse des Arztes ist größer, seine Autorität geringer. Ein Mißerfolg droht die alte Freundschaft mit den Angehörigen des Kranken zu lockern. Die Kur endete mit einem teilweisen Erfolg, die Patientin verlor ihre hysterische Angst, aber nicht alle ihre somatischen Symptome. Ich war damals noch nicht recht sicher in den Kriterien, welche die endgültige Erledigung einer hysterischen Krankengeschichte bezeichnen, und mutete der Patientin eine Lösung zu, die ihr nicht annehmbar erschien. In solcher Uneinigkeit brachen wir der Sommerzeit wegen die Behandlung ab. – Eines Tages besuchte mich ein jüngerer Kollege, einer meiner nächsten Freunde, der die Patientin – Irma – und ihre Familie in ihrem Landaufenthalt besucht hatte. Ich fragte ihn, wie er sie gefunden habe, und bekam die Antwort: Es geht ihr besser, aber nicht ganz gut. Ich weiß, daß mich die Worte meines Freundes Otto oder der Ton, in dem sie gesprochen waren, ärgerten. Ich glaubte einen Vorwurf herauszuhören, etwa daß ich der Patientin zu viel versprochen hätte, und führte – ob mit Recht oder Unrecht – die vermeintliche Parteinahme Ottos gegen mich auf den Einfluß von Angehörigen der Kranken zurück, die, wie ich annahm, meine Behandlung nie gerne gesehen hatten. Übrigens wurde mir meine peinliche Empfindung nicht klar, ich gab ihr auch keinen Ausdruck. Am selben Abend schrieb ich noch die Krankengeschichte Irmas nieder, um sie, wie zu meiner Rechtfertigung, dem Dr. M., einem gemeinsamen Freunde, der damals tonangebenden Persönlichkeit in unserem Kreise, zu übergeben. In der auf diesen Abend folgenden Nacht (wohl eher am Morgen) hatte ich den nachstehenden Traum, der unmittelbar nach dem Erwachen fixiert wurde.[34]

Traum vom 23./24. Juli 1895

Eine große Halle – viele Gäste, die wir empfangen. – Unter ihnen Irma, die ich sofort beiseite nehme, um gleichsam ihren Brief zu beantworten, ihr Vorwürfe zu machen, daß sie die „Lösung" noch nicht akzeptiert. Ich sage ihr: Wenn du noch Schmerzen hast, so ist es wirklich nur deine Schuld. – Sie antwortet: Wenn du wüßtest, was ich für Schmerzen jetzt habe

[34] Es ist dies der erste Traum, den ich einer eingehenden Deutung unterzog.

im Hals, Magen und Leib, es schnürt mich zusammen. – Ich erschrecke und sehe sie an. Sie sieht bleich und gedunsen aus; ich denke, am Ende übersehe ich da doch etwas Organisches. Ich nehme sie zum Fenster und schaue ihr in den Hals. Dabei zeigt sie etwas Sträuben wie die Frauen, die ein künstliches Gebiß tragen. Ich denke mir, sie hat es doch nicht nötig. – Der Mund geht dann auch gut auf, und ich finde rechts einen großen Fleck, und anderwärts sehe ich an merkwürdigen krausen Gebilden, die offenbar den Nasenmuscheln nachgebildet sind, ausgedehnte weißgraue Schorfe. – Ich rufe schnell Dr. M. hinzu, der die Untersuchung wiederholt und bestätigt ... Dr. M. sieht ganz anders aus als sonst; er ist sehr bleich, hinkt, ist am Kinn bartlos ... Mein Freund Otto steht jetzt auch neben ihr, und Freund Leopold perkutiert sie über dem Leibchen und sagt: Sie hat eine Dämpfung links unten, weist auch auf eine infiltrierte Hautpartie an der linken Schulter hin (was ich trotz des Kleides wie er spüre) ... M. sagt: Kein Zweifel, es ist eine Infektion, aber es macht nichts; es wird noch Dysenterie hinzukommen und das Gift sich ausscheiden ... Wir wissen auch unmittelbar, woher die Infektion rührt. Freund Otto hat ihr unlängst, als sie sich unwohl fühlte, eine Injektion gegeben mit einem Propylpräparat, Propylen ... Propionsäure Trimethylamin (dessen Formel ich fettgedruckt vor mir sehe) ... Man macht solche Injektionen nicht so leichtfertig ... Wahrscheinlich war auch die Spritze nicht rein.

Dieser Traum hat vor vielen anderen eines voraus. Es ist sofort klar, an welche Ereignisse des letzten Tages er anknüpft und welches Thema er behandelt. Der Vorbericht gibt hierüber Auskunft. Die Nachricht, die ich von Otto über Irmas Befinden erhalten, die Krankengeschichte, an der ich bis tief in die Nacht geschrieben, haben meine Seelentätigkeit auch während des Schlafes beschäftigt. Trotzdem: dürfte niemand, der den Vorbericht und den Inhalt des Traumes zur Kenntnis genommen hat, ahnen können, was der Traum bedeutet. Ich selbst weiß es auch nicht. Ich wundere mich über die Krankheitssymptome, welche Irma im Traum mir klagt, da es nicht dieselben sind, wegen welcher ich sie behandelt habe. Ich lächle über die unsinnige Idee einer Injektion mit Propionsäure und über den Trost, den Dr. M. ausspricht. Der Traum scheint mir gegen sein Ende hin dunkler und gedrängter, als er zu Beginn ist. Um die Bedeutung von alledem zu erfahren, muß ich mich zu einer eingehenden Analyse entschließen.

Analyse

Die Halle – viele Gäste, die wir empfangen. Wir wohnten in diesem Sommer auf der Bellevue, einem einzelnstehenden Hause auf einem der Hügel, die sich an den Kahlenberg anschließen. Dies Haus war ehemals zu einem Vergnügungslokal bestimmt, hat hievon die ungewöhnlich hohen, hallenförmigen Räume. Der

Traum ist auch auf der Bellevue vorgefallen, und zwar wenige Tage vor dem Geburtsfeste meiner Frau. Am Tage hatte meine Frau die Erwartung ausgesprochen, zu ihrem Geburtstag würden mehrere Freunde, und darunter auch Irma, als Gäste zu uns kommen. Mein Traum antizipiert also diese Situation: Es ist der Geburtstag meiner Frau, und viele Leute, darunter Irma, werden von uns als Gäste in der großen Halle der Bellevue empfangen.

Ich mache Irma Vorwürfe, daß sie die Lösung nicht akzeptiert hat; ich sage: Wenn du noch Schmerzen hast, ist es deine eigene Schuld. Das hätte ich ihr auch im Wachen sagen können, oder habe es ihr gesagt. Ich hatte damals die (später als unrichtig erkannte) Meinung, daß meine Aufgabe sich darin erschöpfe, den Kranken den verborgenen Sinn ihrer Symptome mitzuteilen; ob sie diese Lösung dann annehmen oder nicht, wovon der Erfolg abhängt, dafür sei ich nicht mehr verantwortlich. Ich bin diesem jetzt glücklich überwundenen Irrtum dankbar dafür, daß er mir die Existenz zu einer Zeit erleichtert, da ich in all meiner unvermeidlichen Ignoranz Heilerfolge produzieren sollte. – Ich merke aber an dem Satz, den ich im Traume zu Irma spreche, daß ich vor allem nicht schuld sein will an den Schmerzen, die sie noch hat. Wenn es Irmas eigene Schuld ist, dann kann es nicht meine sein. Sollte in dieser Richtung die Absicht des Traums zu suchen sein?

Irmas Klagen; Schmerzen im Hals, Leib und Magen, es schnürt sie zusammen. Schmerzen im Magen gehörten zum Symptomkomplex meiner Patientin, sie waren aber nicht sehr vordringlich; sie klagte eher über Empfindungen von Übelkeit und Ekel. Schmerzen im Hals, im Leib, Schnüren in der Kehle spielten bei ihr kaum eine Rolle. Ich wundere mich, warum ich mich zu dieser Auswahl der Symptome im Traum entschlossen habe, kann es auch für den Moment nicht finden.

Sie sieht bleich und gedunsen aus. Meine Patientin war immer rosig. Ich vermute, daß sich hier eine andere Person ihr unterschiebt.

Ich erschrecke im Gedanken, daß ich doch eine organische Affektion übersehen habe. Wie man mir gerne glauben wird, eine nie erlöschende Angst beim Spezialisten, der fast ausschließlich Neurotiker sieht und der so viele Erscheinungen auf Hysterie zu schieben gewohnt ist, welche andere Ärzte als organisch behandeln. Anderseits beschleicht mich – ich weiß nicht woher – ein leiser Zweifel, ob mein Erschrecken ganz ehrlich ist. Wenn die Schmerzen Irmas organisch begründet sind, so bin ich wiederum zu deren Heilung nicht verpflichtet. Meine Kur beseitigt ja nur hysterische Schmerzen. Es kommt mir also eigentlich vor, als sollte ich einen Irrtum in der Diagnose wünschen; dann wäre der Vorwurf des Mißerfolgs auch beseitigt.

Ich nehme sie zum Fenster, um ihr in den Hals zu sehen. Sie sträubt sich ein wenig wie die Frauen, die falsche Zähne tragen. Ich denke mir, sie hat es ja doch nicht nötig. Bei

Irma hatte ich niemals Anlaß, die Mundhöhle zu inspizieren. Der Vorgang im Traum erinnert mich an die vor einiger Zeit vorgenommene Untersuchung einer Gouvernante, die zunächst den Eindruck von jugendlicher Schönheit gemacht hatte, beim Öffnen des Mundes aber gewisse Anstalten traf, um ihr Gebiß zu verbergen. An diesen Fall knüpfen sich andere Erinnerungen an ärztliche Untersuchungen und an kleine Geheimnisse, die dabei, keinem von beiden zur Lust, enthüllt werden. – *Sie hat es doch nicht nötig*, ist wohl zunächst ein Kompliment für Irma; ich vermute aber noch eine andere Bedeutung. Man fühlt es bei aufmerksamer Analyse, ob man die zu erwartenden Hintergedanken erschöpft hat oder nicht. Die Art, wie Irma beim Fenster steht, erinnert mich plötzlich an ein anderes Erlebnis. Irma besitzt eine intime Freundin, die ich sehr hochschätze. Als ich eines Abends bei ihr einen Besuch machte, fand ich sie in der im Traum reproduzierten Situation beim Fenster, und ihr Arzt, derselbe Dr. M., erklärte, daß sie einen diphtheritischen Belag habe. Die Person des Dr. M. und der Belag kehren ja im Fortgang des Traumes wieder. Jetzt fällt mir ein, daß ich in den letzten Monaten allen Grund bekommen habe, von dieser anderen Dame anzunehmen, sie sei gleichfalls hysterisch. Ja, Irma selbst hat es mir verraten. Was weiß ich aber von ihren Zuständen? Gerade das eine, daß sie an hysterischem Würgen leidet wie meine Irma im Traum. Ich habe also im Traum meine Patientin durch ihre Freundin ersetzt. Jetzt erinnere ich mich, ich habe oft mit der Vermutung gespielt, diese Dame könnte mich gleichfalls in Anspruch nehmen, sie von ihren Symptomen zu befreien. Ich hielt es aber dann selbst für unwahrscheinlich, denn sie ist von sehr zurückhaltender Natur. Sie *sträubt* sich, wie es der Traum zeigt. Eine andere Erklärung wäre, *daß sie es nicht nötig hat*; sie hat sich wirklich bisher stark genug gezeigt, ihre Zustände ohne fremde Hilfe zu beherrschen. Nun sind nur noch einige Züge übrig, die ich weder bei der Irma noch bei ihrer Freundin unterbringen kann: *bleich, gedunsen, falsche Zähne*. Die falschen Zähne führten mich auf jene Gouvernante; ich fühle mich nun geneigt, mich mit *schlechten* Zähnen zu begnügen. Dann fällt mir eine andere Person ein, auf welche jene Züge anspielen können. Sie ist gleichfalls nicht meine Patientin, und ich möchte sie nicht zur Patientin haben, da ich gemerkt habe, daß sie sich vor mir geniert, und ich sie für keine gefügige Kranke halte. Sie ist für gewöhnlich bleich, und als sie einmal eine besonders gute Zeit hatte, war sie gedunsen.[35] Ich habe also meine Patientin

[35] Auf diese dritte Person läßt sich auch die noch unaufgeklärte Klage über *Schmerzen* im Leib zurückführen. Es handelt sich natürlich um meine eigene Frau; die Leibschmerzen erinnern mich an einen der Anlässe, bei denen ihre Scheu mir deutlich wurde. Ich muß mir eingestehen, daß ich Irma und meine Frau in diesem Traume nicht sehr liebenswürdig behandle, aber zu meiner Entschuldigung sei bemerkt, daß ich beide am Ideal der braven, gefügigen Patientin messe.

Irma mit zwei anderen Personen verglichen, die sich gleichfalls der Behandlung sträuben würden. Was kann es für Sinn haben, daß ich sie im Traume mit ihrer Freundin vertauscht habe? Etwa, daß ich sie vertauschen möchte; die andere erweckt entweder bei mir stärkere Sympathien, oder ich habe eine höhere Meinung von ihrer Intelligenz. Ich halte nämlich Irma für unklug, weil sie meine Lösung nicht akzeptiert. Die andere wäre klüger, würde also eher nachgeben. *Der Mund geht dann auch gut auf*, sie würde mehr erzählen als Irma.[36]

Was ich im Halse sehe: einen weißen Fleck und verschorfte Nasenmuscheln. Der weiße Fleck erinnert an Diphtheritis und somit an Irmas Freundin, außerdem aber an die schwere Erkrankung meiner ältesten Tochter vor nahezu zwei Jahren und an all den Schreck jener bösen Zeit. Die Schorfe an den Nasenmuscheln mahnen an eine Sorge um meine eigene Gesundheit. Ich gebrauchte damals häufig Kokain, um lästige Nasenschwellungen zu unterdrücken, und hatte vor wenigen Tagen gehört, daß eine Patientin, die es mir gleichtat, sich eine ausgedehnte Nekrose der Nasenschleimhaut zugezogen hatte. Die Empfehlung des Kokains, die 1885 von mir ausging, hat mir auch schwerwiegende Vorwürfe eingetragen. Ein teurer, 1895 schon verstorbener Freund hatte durch den Mißbrauch dieses Mittels seinen Untergang beschleunigt.

Ich rufe schnell Dr. M. hinzu, der die Untersuchung wiederholt. Das entspräche einfach der Stellung, die M. unter uns einnahm. Aber das „schnell" ist auffällig genug, um eine besondere Erklärung zu fordern. Es erinnert mich an ein trauriges ärztliches Erlebnis. Ich hatte einmal durch die fortgesetzte Ordination eines Mittels, welches damals noch als harmlos galt (Sulfonal), eine schwere Intoxikation bei einer Kranken hervorgerufen und wandte mich dann eiligst an den erfahrenen älteren Kollegen um Beistand. Daß ich diesen Fall wirklich im Auge habe, wird durch einen Nebenumstand erhärtet. Die Kranke, welche der Intoxikation erlag, führte denselben Namen wie meine älteste Tochter. Ich hatte bis jetzt niemals daran gedacht; jetzt kommt es mir beinahe wie eine Schicksalsvergeltung vor. Als sollte sich die Ersetzung der Personen in anderem Sinne fortsetzen; diese Mathilde für jene Mathilde; Aug' um Aug', Zahn um Zahn. Es ist, als ob ich alle Gelegenheiten hervorsuchte, aus denen ich mir den Vorwurf mangelnder ärztlicher Gewissenhaftigkeit machen kann.

Dr. M. ist bleich, ohne Bart am Kinn und hinkt. Davon ist so viel richtig, daß sein schlechtes Aussehen häufig die Sorge seiner Freunde erweckt. Die beiden ande-

---

[36] Ich ahne, daß die Deutung dieses Stücks nicht weit genug geführt ist, um allem verborgenen Sinn zu folgen. Wollte ich die Vergleichung der drei Frauen fortsetzen, so käme ich weit ab. – Jeder Traum hat mindestens eine Stelle, an welcher er unergründlich ist, gleichsam einen Nabel, durch den er mit dem Unerkannten zusammenhängt.

ren Charaktere müssen einer anderen Person angehören. Es fällt mir mein im Auslande lebender älterer Bruder ein, der das Kinn rasiert trägt und dem, wenn ich mich recht erinnere, der M. des Traumes im ganzen ähnlich sah. Über ihn kam vor einigen Tagen die Nachricht, daß er wegen einer arthritischen Erkrankung in der Hüfte hinke. Es muß einen Grund haben, daß ich die beiden Personen im Traume zu einer einzigen verschmelze. Ich erinnere mich wirklich, daß ich gegen beide aus ähnlichen Gründen mißgestimmt war. Beide hatten einen gewissen Vorschlag, den ich ihnen in der letzten Zeit gemacht hatte, zurückgewiesen.

Freund Otto steht jetzt bei der Kranken, und Freund Leopold untersucht sie und weist eine Dämpfung links unten nach. Freund Leopold ist gleichfalls Arzt, ein Verwandter von Otto. Das Schicksal hat die beiden, da sie dieselbe Spezialität ausüben, zu Konkurrenten gemacht, die man beständig miteinander vergleicht. Sie haben mir beide Jahre hindurch assistiert, als ich noch eine öffentliche Ordination für nervenkranke Kinder leitete. Szenen, wie die im Traum reproduzierte, haben sich dort oftmals zugetragen. Während ich mit Otto über die Diagnose eines Falles debattierte, hatte Leopold das Kind neuerdings untersucht und einen unerwarteten Beitrag zur Entscheidung beigebracht. Es bestand eben zwischen ihnen eine ähnliche Charakterverschiedenheit wie zwischen dem Inspektor Bräsig und seinem Freunde Karl. Der eine tat sich durch „Fixigkeit“ hervor, der andere war langsam, bedächtig, aber gründlich. Wenn ich im Traume Otto und den vorsichtigen Leopold einander gegenüberstelle, so geschieht es offenbar, um Leopold herauszustreichen. Es ist ein ähnliches Vergleichen wie oben zwischen der unfolgsamen Patientin Irma und ihrer für klüger gehaltenen Freundin. Ich merke jetzt auch eines der Gleise, auf denen sich die Gedankenverbindung im Traume fortschiebt: vom kranken Kind zum Kinderkrankeninstitut, – *Die Dämpfung links unten* macht mir den Eindruck, als entspräche sie allen Details eines einzelnen Falls, in dem mich Leopold durch seine Gründlichkeit frappiert hat. Es schwebt mir außerdem etwas vor wie eine metastatische Affektion, aber es könnte auch eine Beziehung zu der Patientin sein, die ich an Stelle von Irma haben möchte. Diese Dame imitiert nämlich, soweit ich es übersehen kann, eine Tuberkulose.

Eine infiltrierte Hautpartie an der linken Schulter. Ich weiß sofort, das ist mein eigener Schulterrheumatismus, den ich regelmäßig verspüre, wenn ich bis tief in die Nacht wach geblieben bin. Der Wortlaut im Traume klingt auch so zweideutig: was ich ... wie er *spüre.* Am eigenen Körper spüre, ist gemeint. Übrigens fällt mir auf, wie ungewöhnlich die Bezeichnung „infiltrierte Hautpartie“ klingt. An die „Infiltration links hinten oben“ sind wir gewöhnt; die bezöge sich auf die Lunge und somit wieder auf Tuberkulose.

Trotz des Kleides. Das ist allerdings nur eine Einschaltung. Die Kinder im Krankeninstitut untersuchten wir natürlich entkleidet; es ist irgendein Gegensatz zur Art, wie man erwachsene weibliche Patienten untersuchen muß. Von einem hervorragenden Kliniker pflegte man zu erzählen, daß er seine Patienten stets nur durch die Kleider physikalisch untersucht habe. Das Weitere ist mir dunkel, ich habe, offen gesagt, keine Neigung, mich hier tiefer einzulassen.

Dr. M. sagt: Es ist eine Infektion, aber es macht nichts. Es wird noch Dysenterie hinzukommen und das Gift sich ausscheiden. Das erscheint mir zuerst lächerlich, muß aber doch, wie alles andere, sorgfältig zerlegt werden. Näher betrachtet, zeigt es doch eine Art von Sinn. Was ich an der Patientin gefunden habe, war eine lokale Diphtheritis. Aus der Zeit der Erkrankung meiner Tochter erinnere ich mich an die Diskussion über Diphtheritis und Diphtherie. Letztere ist die Allgemeininfektion, die von der lokalen Diphtheritis ausgeht. Eine solche Allgemeininfektion weist Leopold durch die Dämpfung nach, welche also an metastatische Herde denken läßt. Ich glaube zwar, daß gerade bei Diphtherie derartige Metastasen nicht vorkommen. Sie erinnern mich eher an Pyämie.

Es macht nichts, ist ein Trost. Ich meine, er fügt sich folgendermaßen ein: Das letzte Stück des Traumes hat den Inhalt gebracht, daß die Schmerzen der Patientin von einer schweren organischen Affektion herrühren. Es ahnt mir, daß ich auch damit nur die Schuld von mir abwälzen will. Für den Fortbestand diphtheritischer Leiden kann die psychische Kur nicht verantwortlich gemacht werden. Nun geniert es mich doch, daß ich Irma ein so schweres Leiden andichte, einzig und allein, um mich zu entlasten. Es sieht so grausam aus. Ich brauche also eine Versicherung des guten Ausgangs, und es scheint mir nicht übel gewählt, daß ich den Trost gerade der Person des Dr. M. in den Mund lege. Ich erhebe mich aber hier über den Traum, was der Aufklärung bedarf. Warum ist dieser Trost aber so unsinnig?

Dysenterie: Irgendeine fernliegende theoretische Vorstellung, daß Krankheitsstoffe durch den Darm entfernt werden können. Will ich mich damit über den Reichtum des Dr. M. an weit hergeholten Erklärungen, sonderbaren pathologischen Verknüpfungen lustig machen? Zu Dysenterie fällt mir noch etwas anderes ein. Vor einigen Monaten hatte ich einen jungen Mann mit merkwürdigen Stuhlbeschwerden übernommen, den andere Kollegen als einen Fall von „Anämie mit Unterernährung“ behandelt hatten. Ich erkannte, daß es sich um eine Hysterie handle, wollte meine Psychotherapie nicht an ihm versuchen und schickte ihn auf eine Seereise. Nun bekam ich vor einigen Tagen einen verzweifelten Brief von ihm aus Ägypten, daß er dort einen neuen Anfall durchgemacht, den der Arzt für Dysenterie erklärt habe. Ich vermute zwar, die Diagnose ist nur ein Irrtum des unwissenden Kollegen, der sich von der Hysterie äffen läßt; aber ich konnte mir doch die Vorwürfe nicht ersparen, daß ich den Kranken in die Lage versetzt, sich zu einer hysterischen Darmaffektion etwa noch eine organische zu holen. Dysenterie klingt ferner an Diphtherie an, welcher Name ††† im Traum nicht genannt wird.

Ja, es muß so sein, daß ich mich mit der tröstlichen Prognose: Es wird noch Dysenterie hinzukommen usw. über Dr. M. lustig mache, denn ich entsinne mich, daß er einmal vor Jahren etwas ganz Ähnliches von einem Kollegen lachend erzählt hat. Er war zur Konsultation mit diesem Kollegen bei einem Schwerkranken berufen worden und fühlte sich veranlaßt, dem anderen, der sehr hoffnungsfreudig schien, vorzuhalten, daß er beim Patienten Eiweiß im Harn finde. Der Kollege ließ sich aber nicht irremachen, sondern antwortete beruhigt: Das macht nichts, Herr Kollege, der Eiweiß wird sich schon ausscheiden! – Es ist mir also nicht mehr zweifelhaft, daß in diesem Stück des Traumes ein Hohn auf die der Hysterie unwissenden Kollegen enthalten ist. Wie zur Bestätigung fährt mir jetzt durch den Sinn: Weiß denn Dr. M., daß die Erscheinungen bei seiner Patientin, der Freundin Irmas, welche eine Tuberkulose befürchten lassen, auch auf Hysterie beruhen? Hat er diese Hysterie erkannt, oder ist er ihr „aufgesessen"?

Welches Motiv kann ich aber haben, diesen Freund so schlecht zu behandeln? Das ist sehr einfach: Dr. M. ist mit meiner „Lösung" bei Irma so wenig einverstanden wie Irma selbst. Ich habe also in diesem Traum bereits an zwei Personen Rache genommen, an Irma mit den Worten: Wenn du noch Schmerzen hast, ist es deine eigene Schuld, und an Dr. M. mit dem Wortlaut der ihm in den Mund gelegten unsinnigen Tröstung.

Wir wissen unmittelbar, woher die Infektion rührt. Dies unmittelbare Wissen im Traume ist merkwürdig. Eben vorhin wußten wir es noch nicht, da die Infektion erst durch Leopold nachgewiesen wurde.

Freund Otto hat ihr, als sie sich unwohl fühlte, eine Injektion gegeben. Otto hatte wirklich erzählt, daß er in der kurzen Zeit seiner Anwesenheit bei Irmas Familie ins benachbarte Hotel geholt wurde, um dort jemandem, der sich plötzlich unwohl fühlte, eine Injektion zu machen. Die Injektionen erinnern mich wieder an den unglücklichen Freund, der sich mit Kokain vergiftet hat Ich hatte ihm das Mittel nur zur internen Anwendung während der Morphiumentziehung geraten; er machte sich aber unverzüglich Kokaininjektionen.

Mit einem Propylpräparat ... Propylen ... Propionsäure. Wie komme ich nur dazu? Am selben Abend, nach welchem ich an der Krankengeschichte geschrieben und darauf geträumt hatte, öffnete meine Frau eine Flasche Likör, auf welcher „Ananas" [37] zu lesen stand und die ein Geschenk unseres Freundes Otto war. Er hatte nämlich die Gewohnheit, bei allen möglichen Anlässen zu schenken; hof-

[37] „Ananas" enthält übrigens einen merkwürdigen Anklang an den Familiennamen meiner Patientin Irma.

fentlich wird er einmal durch eine Frau davon kuriert. Diesem Likör entströmte ein solcher Fuselgeruch, daß ich mich weigerte, davon zu kosten. Meine Frau meinte: Diese Flasche schenken wir den Dienstleuten, und ich, noch vorsichtiger, untersagte es mit der menschenfreundlichen Bemerkung, sie sollen sich auch nicht vergiften. Der Fuselgeruch (Amyl ...) hat nun offenbar bei mir die Erinnerung an die ganze Reihe: Propyl, Methyl usw. geweckt, die für den Traum die Propylenpräparate lieferte. Ich habe dabei allerdings eine Substitution vorgenommen, Propyl geträumt, nachdem ich Amyl gerochen, aber derartige Substitutionen sind vielleicht gerade in der organischen Chemie gestattet.

Trimethylamin. Von diesem Körper sehe ich im Traume die chemische Formel, was jedenfalls eine große Anstrengung meines Gedächtnisses bezeugt, und zwar ist die Formel fett gedruckt, als wollte man aus dem Kontext etwas als ganz besonders wichtig herausheben. Worauf führt mich nun Trimethylamin, auf das ich in solcher Weise aufmerksam gemacht werde? Auf ein Gespräch mit einem anderen Freunde, der seit Jahren um all meine keimenden Arbeiten weiß, wie ich um die seinigen. Er hatte mir damals gewisse Ideen zu einer Sexualchemie mitgeteilt und unter anderem erwähnt, eines der Produkte des Sexualstoffwechsels glaube er im Trimethylamin zu erkennen. Dieser Körper führt mich also auf die Sexualität, auf jenes Moment, dem ich für die Entstehung der nervösen Affektionen, welche ich heilen will, die größte Bedeutung beilege. Meine Patientin Irma ist eine jugendliche Witwe; wenn es mir darum zu tun ist, den Mißerfolg der Kur bei ihr zu entschuldigen, werde ich mich wohl am besten auf diese Tatsache berufen, an welcher ihre Freunde gern ändern möchten. Wie merkwürdig übrigens ein solcher Traum gefügt ist! Die andere, welche ich an Irmas Statt im Traume zur Patientin habe, ist auch eine junge Witwe.

Ich ahne, warum die Formel Trimethylamin im Traume sich so breitgemacht hat. Es kommt soviel Wichtiges in diesem einen Wort zusammen: Trimethylamin ist nicht nur eine Anspielung auf das übermächtige Moment der Sexualität, sondern auch auf eine Person, an deren Zustimmung ich mich mit Befriedigung erinnere, wenn ich mich mit meinen Ansichten verlassen fühle. Sollte dieser Freund, der in meinem Leben eine so große Rolle spielt, in dem Gedankenzusammenhang des Traumes weiter nicht vorkommen? Doch; er ist ein besonderer Kenner der Wirkungen, welche von Affektionen der Nase und ihrer Nebenhöhlen ausgehen, und hat der Wissenschaft einige höchst merkwürdige Beziehungen der Nasenmuscheln zu den weiblichen Sexualorganen eröffnet. (Die drei krausen Gebilde im Hals bei Irma.) Ich habe Irma von ihm untersuchen lassen, ob ihre Magenschmerzen etwa nasalen Ursprungs sind. Er leidet aber selbst an Naseneiterungen, die mir Sorge bereiten, und darauf spielt wohl die Pyämie an, die mir bei den Metastasen des Traumes vorschwebt.

Man macht solche Injektionen nicht so leichtfertig. Hier wird der Vorwurf der Leichtfertigkeit unmittelbar gegen Freund Otto geschleudert. Ich glaube, etwas Ähnliches habe ich mir am Nachmittage gedacht, als er durch Wort und Blick seine Parteinahme gegen mich zu bezeugen schien. Es war etwa: Wie leicht er sich beeinflussen läßt; wie leicht er mit seinem Urteil fertig wird. – Außerdem deutet mir der obenstehende Satz wiederum auf den verstorbenen Freund, der sich so rasch zu Kokaininjektionen entschloß. Ich hatte Injektionen mit dem Mittel, wie gesagt, gar nicht beabsichtigt. Bei dem Vorwurf, den ich gegen Otto erhebe, leichtfertig mit jenen chemischen Stoffen umzugehen, merke ich, daß ich wieder die Geschichte jener unglücklichen Mathilde berühre, aus der derselbe Vorwurf gegen mich hervorgeht. Ich sammle hier offenbar Beispiele für meine Gewissenhaftigkeit, aber auch fürs Gegenteil. *Wahrscheinlich war auch die Spritze nicht rein.* Noch ein Vorwurf gegen Otto, der aber anderswoher stammt. Gestern traf ich zufällig den Sohn einer zweiundachtzigjährigen Dame, der ich täglich zwei Morphiuminjektionen geben muß. Sie ist gegenwärtig auf dem Lande, und ich hörte über sie, daß sie an einer Venenentzündung leide. Ich dachte sofort daran, es handle sich um ein Infiltrat durch Verunreinigung der Spritze. Es ist mein Stolz, daß ich ihr in zwei Jahren nicht ein einziges Infiltrat gemacht habe; es ist freilich meine beständige Sorge, ob die Spritze auch rein ist. Ich bin eben gewissenhaft. Von der Venenentzündung komme ich wieder auf meine Frau, die in einer Schwangerschaft an Venenstauungen gelitten, und nun tauchen in meiner Erinnerung drei ähnliche Situationen, mit meiner Frau, mit Irma und der verstorbenen Mathilde auf, deren Identität mir offenbar das Recht gegeben hat, die drei Personen im Traum füreinander einzusetzen.

Ich habe nun die Traumdeutung vollendet.[38] Während dieser Arbeit hatte ich Mühe, mich all der Einfälle zu erwehren, zu denen der Vergleich zwischen dem Trauminhalt und den dahinter versteckten Traumgedanken die Anregung geben mußte. Auch ist mir unterdes der „Sinn" des Traumes aufgegangen. Ich habe eine Absicht gemerkt, welche durch den Traum verwirklicht wird und die das Motiv des Träumens gewesen sein muß. Der Traum erfüllt einige Wünsche, welche durch die Ereignisse des letzten Abends (die Nachricht Ottos, die Niederschrift der Krankengeschichte) in mir rege gemacht worden sind. Das Ergebnis des Traumes ist nämlich, daß ich nicht schuld bin an dem noch vorhandenen Leiden Irmas und daß Otto daran schuld ist. Nun hat mich Otto durch seine Bemerkung über Irmas unvollkommene Heilung geärgert, der Traum rächt mich

[38] Wenn ich auch, wie begreiflich, nicht alles mitgeteilt habe, was mir zur Deutungsarbeit eingefallen ist.

an ihm, indem er den Vorwurf auf ihn selbst zurückwendet. Von der Verantwortung für Irmas Befinden spricht der Traum mich frei, indem er dasselbe auf andere Momente (gleich eine ganze Reihe von Begründungen) zurückführt. Der Traum stellt einen gewissen Sachverhalt so dar, wie ich ihn wünschen möchte; *sein Inhalt ist also eine Wunscherfüllung, sein Motiv ein Wunsch.*

Soviel springt in die Augen. Aber auch von den Details des Traumes wird mir manches unter dem Gesichtspunkte der Wunscherfüllung verständlich. Ich räche mich nicht nur an Otto für seine voreilige Parteinahme gegen mich, indem ich ihm eine voreilige ärztliche Handlung zuschiebe (die Injektion), sondern ich nehme auch Rache an ihm für den schlechten Likör, der nach Fusel duftet, und ich finde im Traum einen Ausdruck, der beide Vorwürfe vereint: die Injektion mit einem Propylenpräparat. Ich bin noch nicht befriedigt, sondern setze meine Rache fort, indem ich ihm seinen verläßlicheren Konkurrenten gegenüberstelle. Ich scheine damit zu sagen: Der ist mir lieber als du. Otto ist aber nicht der einzige, der die Schwere meines Zorns zu fühlen hat. Ich räche mich auch an der unfolgsamen Patientin, indem ich sie mit einer klügeren, gefügigeren vertausche. Ich lasse auch dem Dr. M. seinen Widerspruch nicht ruhig hingehen, sondern drücke ihm in einer deutlichen Anspielung meine Meinung aus, daß er der Sache als ein Unwissender gegenübersteht („*Es wird Dysenterie hinzukommen etc.*"). Ja, mir scheint, ich appelliere von ihm weg an einen anderen, Besserwissenden (meinen Freund, der mir vom Trimethylamin erzählt hat), wie ich von Irma an ihre Freundin, von Otto an Leopold mich gewendet habe. Schafft mir diese Personen weg, ersetzt sie mir durch drei andere meiner Wahl, dann bin ich der Vorwürfe ledig, die ich nicht verdient haben will! Die Grundlosigkeit dieser Vorwürfe selbst wird mir im Traume auf die weitläufigste Art erwiesen. Irmas Schmerzen fallen nicht mir zur Last, denn sie ist selbst schuld an ihnen, indem sie meine Lösung anzunehmen verweigert. Irmas Schmerzen gehen mich nichts an, denn sie sind organischer Natur, durch eine psychische Kur gar nicht heilbar. Irmas Leiden erklären sich befriedigend durch ihre Witwenschaft (Trimethylamin!), woran ich ja nichts ändern kann. Irmas Leiden ist durch eine unvorsichtige Injektion von seiten Ottos hervorgerufen worden mit einem dazu nicht geeigneten Stoff, wie ich sie nie gemacht hätte. Irmas Leiden rührt von einer Injektion mit unreiner Spritze her wie die Venenentzündung meiner alten Dame, während ich bei meinen Injektionen niemals etwas anstelle. Ich merke zwar, diese Erklärungen für Irmas Leiden, die darin zusammentreffen, mich zu entlasten, stimmen untereinander nicht zusammen, ja sie schließen einander aus. Das ganze Plaidoyer – nichts anderes ist dieser Traum – erinnert lebhaft an die Verteidigung des Mannes, der von seinem Nachbarn angeklagt war, ihm einen Kessel in schadhaftem Zustande zurückgegeben zu haben. Erstens habe er ihn unversehrt zurückgebracht, zweitens war der

Kessel schon durchlöchert, als er ihn entlehnte, drittens hat er nie einen Kessel vom Nachbarn entlehnt. Aber um so besser; wenn nur eine dieser drei Verteidigungsarten als stichhaltig erkannt wird, muß der Mann freigesprochen werden.

Es spielen in den Traum noch andere Themata hinein, deren Beziehung zu meiner Entlastung von Irmas Krankheit nicht so durchsichtig ist: Die Krankheit meiner Tochter und die einer gleichnamigen Patientin, die Kokainschädlichkeit, die Affektion meines in Ägypten reisenden Patienten, die Sorge um die Gesundheit meiner Frau, meines Bruders, des Dr. M., meine eigenen Körperbeschwerden, die Sorge um den abwesenden Freund, der an Naseneiterungen leidet. Doch wenn ich all das ins Auge fasse, fügt es sich zu einem einzigen Gedankenkreis zusammen, etwa mit der Etikette: Sorge um die Gesundheit, eigene und fremde, ärztliche Gewissenhaftigkeit. Ich erinnere mich an eine unklare peinliche Empfindung, als mir Otto die Nachricht von Irmas Befinden brachte. Aus dem im Traume mitspielenden Gedankenkreis möchte ich nachträglich den Ausdruck für diese flüchtige Empfindung einsetzen. Es ist, als ob er mir gesagt hätte: Du nimmst deine ärztlichen Pflichten nicht ernsthaft genug, bist nicht gewissenhaft, hältst nicht, was du versprichst. Daraufhin hätte sich mir jener Gedankenkreis zur Verfügung gestellt, damit ich den Nachweis erbringen könne, in wie hohem Grade ich gewissenhaft bin, wie sehr mir die Gesundheit meiner Angehörigen, Freunde und Patienten am Herzen liegt. Bemerkenswerterweise sind unter diesem Gedankenmaterial auch peinliche Erinnerungen, die eher für die meinem Freund Otto zugeschriebene Beschuldigung als für meine Entschuldigung sprechen. Das Material ist gleichsam unparteiisch, aber der Zusammenhang dieses breiteren Stoffes, auf dem der Traum ruht, mit dem engeren Thema des Traums, aus dem der Wunsch hervorgegangen ist, an Irmas Krankheit unschuldig zu sein, ist doch unverkennbar.

Ich will nicht behaupten, daß ich den Sinn dieses Traumes vollständig aufgedeckt habe, daß seine Deutung eine lückenlose ist.

Ich könnte noch lange bei ihm verweilen, weitere Aufklärungen aus ihm entnehmen und neue Rätsel erörtern, die er aufwerfen heißt. Ich kenne selbst die Stellen, von denen aus weitere Gedankenzusammenhänge zu verfolgen sind; aber Rücksichten, wie sie bei jedem eigenen Traum in Betracht kommen, halten mich von der Deutungsarbeit ab. Wer mit dem Tadel für solche Reserve rasch bei der Hand ist, der möge nur selbst versuchen, aufrichtiger zu sein als ich. Ich begnüge mich für den Moment mit der einen neu gewonnenen Erkenntnis: Wenn man die hier angezeigte Methode der Traumdeutung befolgt, findet man, daß der Traum wirklich einen Sinn hat und keineswegs der Ausdruck einer zerbröckelten Hirntätigkeit ist, wie die Autoren wollen. *Nach vollendeter Deutungsarbeit läßt sich der Traum als eine Wunscherfüllung erkennen.*

III
DER TRAUM IST EINE WUNSCHERFÜLLUNG

Wenn man einen engen Hohlweg passiert hat und plötzlich auf einer Anhöhe angelangt ist, von welcher aus die Wege sich teilen und die reichste Aussicht nach verschiedenen Richtungen sich öffnet, darf man einen Moment lang verweilen und überlegen, wohin man zunächst sich wenden soll. Ähnlich ergeht es uns, nachdem wir diese erste Traumdeutung überwunden haben. Wir stehen in der Klarheit einer plötzlichen Erkenntnis. Der Traum ist nicht vergleichbar dem unregelmäßigen Ertönen eines musikalischen Instruments, das anstatt von der Hand des Spielers, von dem Stoß einer äußeren Gewalt getroffen wird, er ist nicht sinnlos, nicht absurd, setzt nicht voraus, daß ein Teil unseres Vorstellungsschatzes schläft, während ein anderer zu erwachen beginnt. Er ist ein vollgültiges psychisches Phänomen, und zwar eine Wunscherfüllung; er ist einzureihen in den Zusammenhang der uns verständlichen seelischen Aktionen des Wachens; eine hoch komplizierte geistige Tätigkeit hat ihn aufgebaut. Aber eine Fülle von Fragen bestürmt uns im gleichen Moment, da wir uns dieser Erkenntnis freuen wollen. Wenn der Traum laut Angabe der Traumdeutung einen erfüllten Wunsch darstellt, woher rührt die auffällige und befremdende Form, in welcher diese Wunscherfüllung ausgedrückt ist? Welche Veränderung ist mit den Traumgedanken vorgegangen, bis sich aus ihnen der manifeste Traum, wie wir ihn beim Erwachen erinnern, gestaltete? Auf welchem Wege ist diese Veränderung vor sich gegangen? Woher stammt das Material, das zum Traum verarbeitet worden ist? Woher rühren manche der Eigentümlichkeiten, die wir an den Traumgedanken bemerken konnten, wie z. B., daß sie einander widersprechen dürfen? Kann der Traum uns etwas Neues über unsere inneren psychischen Vorgänge lehren, kann sein Inhalt Meinungen korrigieren, an die wir tagsüber geglaubt haben? Ich schlage vor, alle diese Fragen einstweilen beiseite zu lassen und einen einzigen Weg weiter zu verfolgen. Wir haben erfahren, daß der Traum einen Wunsch als erfüllt darstellt. Unser nächstes Interesse soll es sein zu erkunden, ob dies ein allgemeiner Charakter des Traumes ist oder nur der zufällige Inhalt jenes Traumes („von Irmas Injektion"), mit dem unsere Analyse begonnen hat, denn selbst wenn wir uns darauf gefaßt machen, daß jeder Traum einen Sinn und psychischen Wert hat, müssen wir noch die Möglichkeit offen lassen, daß dieser Sinn nicht in jedem Traume der nämliche sei. Unser erster Traum war eine Wunscherfüllung; ein anderer stellt sich vielleicht als eine erfüllte Befürchtung heraus; ein dritter mag eine Reflexion zum Inhalt haben, ein vierter einfach eine Erinnerung reproduzieren. Gibt es also noch andere Wunschträume oder gibt es vielleicht nichts anderes als Wunschträume?

Es ist leicht zu zeigen, daß die Träume häufig den Charakter der Wunscherfüllung unverhüllt erkennen lassen, so daß man sich wundern mag, warum die Sprache der Träume nicht schon längst ein Verständnis gefunden hat. Da ist z.B. ein Traum, den ich mir beliebig oft, gleichsam experimentell, erzeugen kann. Wenn ich am Abend Sardellen, Oliven oder sonst stark gesalzene Speisen nehme, bekomme ich in der Nacht Durst, der mich weckt. Dem Erwachen geht aber ein Traum voraus, der jedesmal den gleichen Inhalt hat, nämlich daß ich trinke. Ich schlürfe Wasser in vollen Zügen, es schmeckt mir so köstlich, wie nur ein kühler Trunk schmecken kann, wenn man verschmachtet ist, und dann erwache ich und muß wirklich trinken. Der Anlaß dieses einfachen Traumes ist der Durst, den ich ja beim Erwachen verspüre. Aus dieser Empfindung geht der Wunsch hervor zu trinken, und diesen Wunsch zeigt mir der Traum erfüllt. Er dient dabei einer Funktion, die ich bald errate. Ich bin ein guter Schläfer, nicht gewöhnt, durch ein Bedürfnis geweckt zu werden. Wenn es mir gelingt, meinen Durst durch den Traum, daß ich trinke, zu beschwichtigen, so brauche ich nicht aufzuwachen, um ihn zu befriedigen. Es ist also ein Bequemlichkeitstraum. Das Träumen setzt sich an Stelle des Handelns wie auch sonst im Leben. Leider ist das Bedürfnis nach Wasser, um den Durst zu löschen, nicht mit einem Traum zu befriedigen, wie mein Rachedurst gegen Freund Otto und Dr. M., aber der gute Wille ist der gleiche. Derselbe Traum hat sich unlängst einigermaßen modifiziert. Da bekam ich schon vor dem Einschlafen Durst und trank das Wasserglas leer, das auf dem Kästchen neben meinem Bett stand. Einige Stunden später kam in der Nacht ein neuer Durstanfall, der seine Unbequemlichkeiten im Gefolge hatte. Um mir Wasser zu verschaffen, hätte ich aufstehen und mir das Glas holen müssen, welches auf dem Nachtkästchen meiner Frau stand. Ich träumte also zweckentsprechend, daß meine Frau mir aus einem Gefäß zu trinken gibt; dies Gefäß war ein etruskischer Aschenkrug, den ich mir von einer italienischen Reise heimgebracht und seither verschenkt hatte. Das Wasser in ihm schmeckte aber so salzig (von der Asche offenbar), daß ich erwachen mußte. Man merkt, wie bequem der Traum es einzurichten versteht; da Wunscherfüllung seine einzige Absicht ist, darf er vollkommen egoistisch sein. Liebe zur Bequemlichkeit ist mit Rücksicht auf andere wirklich nicht vereinbar. Die Einmengung des Aschenkruges ist wahrscheinlich wieder eine Wunscherfüllung; es tut mir leid, daß ich dies Gefäß nicht mehr besitze, wie übrigens auch das Wasserglas auf seiten meiner Frau mir nicht zugänglich ist. Der Aschenkrug paßt sich auch der nun stärker gewordenen Sensation des salzigen Geschmacks an, von der ich weiß, daß sie mich zum Erwachen zwingen wird.[39]

Solche Bequemlichkeitsträume waren bei mir in juvenilen Jahren sehr häufig. Von jeher gewöhnt, bis tief in die Nacht zu arbeiten, war mir das zeitige Erwachen immer eine Schwierigkeit. Ich pflegte dann zu träumen, daß ich außer Bett bin und beim Waschtisch stehe. Nach einer Weile konnte ich mich der Einsicht nicht verschließen, daß ich noch nicht aufgestanden war, hatte aber doch dazwischen eine Weile geschlafen. Denselben Trägheitstraum in besonders witziger Form kenne ich von einem jungen Kollegen, der meine Schlafneigung zu teilen scheint. Die Zimmerfrau, bei der er in der Nähe des Spitals wohnte, hatte den strengen Auftrag, ihn jeden Morgen rechtzeitig zu wecken, aber auch ihre liebe Not, wenn sie den Auftrag ausführen wollte. Eines Morgens war der Schlaf besonders süß. Die Frau rief ins Zimmer: Herr Pepi, stehen S' auf, Sie müssen ins Spital. Daraufhin träumte der Schläfer ein Zimmer im Spital, ein Bett, in dem er lag, und eine Kopftafel, auf der zu lesen stand: Pepi H *cand. med.*, zweiundzwanzig Jahre. Er sagte sich träumend: Wenn ich also schon im Spital bin, brauche ich nicht erst hinzugehen, wendete sich um und schlief weiter. Er hatte sich dabei das Motiv seines Träumens unverhohlen eingestanden.

Ein anderer Traum, dessen Reiz gleichfalls während des Schlafes selbst einwirkte: Eine meiner Patientinnen, die sich einer ungünstig verlaufenen Kieferoperation hatte unterziehen müssen, sollte nach dem Wunsche der Ärzte Tag und Nacht einen Kühlapparat auf der kranken Wange tragen. Sie pflegte ihn aber wegzuschleudern, sobald sie eingeschlafen war. Eines Tages bat man mich, ihr darüber Vorwürfe zu machen; sie hatte den Apparat wiederum auf den

[39] Das Tatsächliche der Durstträume war auch Weygandt bekannt, der S. 41 darüber äußert: „Gerade die Durstempfindung wird am präzisesten von allen aufgefaßt: sie erzeugt stets eine Vorstellung des Durstlöschens. – Die Art, wie sich der Traum das Durstlöschen vorstellt, ist mannigfaltig und wird nach einer naheliegenden Erinnerung spezialisiert. Eine allgemeine Erscheinung ist auch hier, daß sich sofort nach der Vorstellung des Durstlöschens eine Enttäuschung über die geringe Wirkung der vermeintlichen Erfrischungen einstellt." Er übersieht aber das Allgemeingültige in der Reaktion des Traumes auf den Reiz. – Wenn andere Personen, die in der Nacht vom Durst befallen werden, erwachen, ohne vorher zu träumen, so bedeutet dies keinen Einwand gegen mein Experiment, sondern charakterisiert diese anderen als schlechtere Schläfer. –Vgl. dazu Jesaias, 29, 8: „Denn gleich wie einem Hungrigen träumet, daß er esse, wenn er aber aufwacht, so ist seine Seele noch leer; und wie einem Durstigen träumet, daß er trinke, wenn er aber aufwacht, ist er matt und durstig"...

Boden geworfen. Die Kranke verantwortete sich: „Diesmal kann ich wirklich, nichts dafür; es war die Folge eines Traums, den ich bei Nacht gehabt. Ich war im Traum in einer Loge in der Oper und interessierte mich lebhaft für die Vorstellung. Im Sanatorium aber lag der Herr Karl Meyer und jammerte fürchterlich vor Kieferschmerzen. Ich habe gesagt, da ich die Schmerzen nicht habe, brauche ich auch den Apparat nicht; darum habe ich ihn weggeworfen." Dieser Traum der armen Dulderin klingt wie die Darstellung einer Redensart, die sich einem in unangenehmen Lagen über die Lippen drängt: Ich wüßte mir wirklich ein besseres Vergnügen. Der Traum zeigt dieses bessere Vergnügen. Herr Karl Meyer, dem die Träumerin ihre Schmerzen zuschob, war der indifferenteste junge Mann ihrer Bekanntschaft, an den sie sich erinnern konnte.

Nicht schwieriger ist es, die Wunscherfüllung in einigen anderen Träumen aufzudecken, die ich von Gesunden gesammelt habe. Ein Freund, der meine Traumtheorie kennt und sie seiner Frau mitgeteilt hat, sagt mir eines Tages: „Ich soll dir von meiner Frau erzählen, daß sie gestern geträumt hat, sie hätte die Periode bekommen. Du wirst wissen, was das bedeutet." Freilich weiß ich's; wenn die junge Frau geträumt hat, daß sie die Periode hat, so ist die Periode ausgeblieben. Ich kann mir's denken, daß sie gerne noch einige Zeit ihre Freiheit genossen hätte, ehe die Beschwerden der Mütterlichkeit beginnen. Es war eine geschickte Art, die Anzeige von ihrer ersten Gravidität zu machen. Ein anderer Freund schreibt, seine Frau habe unlängst geträumt, daß sie an ihrer Hemdenbrust Milchflecken bemerke. Dies ist auch eine Graviditätsanzeige, aber nicht mehr vom ersten Mal; die junge Mutter wünscht sich, für das zweite Kind mehr Nahrung zu haben als seinerzeit fürs erste.

Eine junge Frau, die Wochen hindurch bei der Pflege ihres infektiös erkrankten Kindes vom Verkehr abgeschnitten war, träumt nach glücklicher Beendigung der Krankheit von einer Gesellschaft, in der sich A. Daudet, Bourget, M. Prévost u. a. befinden, die sämtlich sehr liebenswürdig gegen sie sind und sie vortrefflich amüsieren. Die betreffenden Autoren tragen auch im Traum die Züge, welche ihnen ihre Bilder geben; M. Prévost, von dem sie ein Bild nicht kennt, sieht dem – Desinfektionsmanne gleich, der am Tag vorher die Krankenzimmer gereinigt und sie als erster Besucher nach langer Zeit betreten hatte. Man meint den Traum lückenlos übersetzen zu können: Jetzt wäre es einmal Zeit für etwas Amüsanteres als diese ewigen Krankenpflegen.

Vielleicht wird diese Auslese genügen, um zu erweisen, daß man sehr häufig und unter den mannigfaltigsten Bedingungen Träume findet, die sich nur als Wunscherfüllungen verstehen lassen und die ihren Inhalt unverhüllt zur Schau tragen. Es sind dies zumeist kurze und einfache Träume, die von den verworrenen und überreichen Traumkompositionen, die wesentlich die Aufmerksamkeit der Autoren auf sich gezogen haben, wohltuend abstechen. Es verlohnt sich aber, bei diesen einfachen Träumen noch zu verweilen. Die allereinfachsten Formen von Träumen darf man wohl bei Kindern erwarten, deren psychische Leistungen sicherlich minder kompliziert sind als die Erwachsener. Die Kinderpsychologie ist nach meiner Meinung dazu berufen, für die Psychologie der Erwachsenen ähnliche Dienste zu leisten wie die Untersuchung des Baues oder der Entwicklung niederer Tiere für die Erforschung der Struktur der höchsten Tierklassen. Es sind bis jetzt wenig zielbewußte Schritte geschehen, die Psychologie der Kinder zu solchem Zwecke auszunützen.

Die Träume der kleinen Kinder sind häufig simple Wunscherfüllungen und dann im Gegensatz zu den Träumen Erwachsener gar nicht interessant. Sie geben keine Rätsel zu lösen, sind aber natürlich unschätzbar für den Erweis, daß der Traum seinem innersten Wesen nach eine Wunscherfüllung bedeutet. Bei meinem Materiale von eigenen Kindern konnte ich einige Beispiele von solchen Träumen sammeln.

Einem Ausfluge nach dem schönen Hallstatt im Sommer 1896 von Aussee aus verdanke ich zwei Träume, den einen von meiner damals achteinhalbjährigen Tochter, den anderen von einem fünfeinvierteljährigen Knaben. Als Vorbericht muß ich angeben, daß wir in diesem Sommer auf einem Hügel bei Aussee wohnten, von wo aus wir bei schönem Wetter eine herrliche Dachsteinaussicht genossen. Mit dem Fernrohr war die Simony-Hütte gut zu erkennen. Die Kleinen bemühten sich wiederholt, sie durchs Fernrohr zu sehen; ich weiß nicht, mit welchem Erfolg. Vor der Partie hatte ich den Kindern erzählt, Hallstatt läge am Fuße des Dachsteins. Sie freuten sich sehr auf den Tag. Von Hallstatt aus gingen wir ins Echerntal, das mit seinen wechselnden Ansichten die Kinder sehr entzückte. Nur eines, der fünfjährige Knabe, wurde allmählich mißgestimmt. Sooft ein neuer Berg in Sicht kam, fragte er: Ist das der Dachstein? worauf ich antworten mußte: Nein, nur ein Vorberg. Nachdem sich diese Frage einige Male wiederholt hatte, verstummte er ganz; den Stufenweg zum Wasserfall wollte er überhaupt nicht mitmachen. Ich hielt ihn für ermüdet. Am nächsten Morgen kam er aber ganz selig auf mich zu und erzählte: Heute nacht habe ich geträumt, daß wir auf der Simony-Hütte gewesen sind. Ich verstand ihn nun; er hatte erwartet, als ich vom Dachstein sprach, daß er auf dem Ausfluge nach Hallstatt den Berg besteigen und die Hütte zu Gesicht bekommen werde, von der beim Fernrohr so viel die Rede war. Als er dann merkte, daß man ihm zumute, sich mit Vorbergen und einem Wasserfall abspeisen zu lassen, fühlte er sich getäuscht und wurde verstimmt. Der Traum entschädigte ihn dafür. Ich versuchte Details des Traumes zu erfahren; sie waren ärmlich. „Man geht sechs Stunden lang auf Stufen hinauf“, wie er es gehört hatte.

Auch bei dem achteinhalbjährigen Mädchen waren auf diesem Ausflug Wünsche rege geworden, die der Traum befriedigen mußte. Wir hatten den zwölfjährigen Knaben unserer Nachbarn nach Hallstatt mitgenommen, einen vollendeten Ritter, der, wie mir schien, sich bereits aller Sympathien des kleinen Frauenzimmers erfreute. Sie erzählte nun am nächsten Morgen folgenden Traum: Denk' dir, ich hab' geträumt, daß der Emil einer von uns ist, Papa und Mama zu euch sagt und im großen Zimmer mit uns schläft wie unsere Buben. Dann kommt die Mama ins Zimmer und wirft eine Handvoll großer Schokoladestangen in blauem und grünem Papier unter unsere Betten. Die Brüder, die sich also nicht kraft erblicher Übertragung auf Traumdeutung verstehen, erklärten ganz wie unsere Autoren: Dieser Traum ist ein Unsinn. Das Mädchen trat wenigstens für einen Teil des Traumes ein, und es ist wertvoll für die Theorie der Neurosen zu erfahren, für welchen: Daß der Emil ganz bei uns ist, das ist ein Unsinn, aber das mit den Schokoladestangen nicht. Mir war gerade das letztere dunkel. Die Mama lieferte mir hiefür die Erklärung. Auf dem Wege vom Bahnhof nach Hause hatten die Kinder vor dem Automaten haltgemacht und sich gerade solche Schokoladestangen in metallisch glänzendem Papier gewünscht, die der Automat nach ihrer Erfahrung zu verkaufen hatte. Die Mama hatte mit Recht gemeint, jener Tag habe genug Wunscherfüllungen gebracht, und diesen Wunsch für den Traum übriggelassen. Mir war die kleine Szene entgangen. Den von meiner Tochter proskribierten Teil des Traumes verstand ich ohne weiteres. Ich hatte selbst gehört, wie der artige Gast auf dem Wege die Kinder aufgefordert hatte zu warten, bis der Papa oder die Mama nachkommen. Aus dieser zeitweiligen Zugehörigkeit machte der Traum der Kleinen eine dauernde Adoption. Andere Formen des Beisammenseins als die im Traum erwähnten, die von den Brüdern hergenommen sind, kannte ihre Zärtlichkeit noch nicht. Warum die Schokoladestangen unter die Betten geworfen wurden, ließ sich ohne Ausfragen des Kindes natürlich nicht aufklären.

Einen ganz ähnlichen Traum wie den meines Knaben habe ich von befreundeter Seite erfahren. Er betraf ein achtjähriges Mädchen. Der Vater hatte mit mehreren Kindern einen Spaziergang nach Dornbach in der Absicht unternommen, die Rohrer-Hütte zu besuchen, kehrte aber um, weil es zu spät geworden war, und versprach den Kindern, sie ein anderes Mal zu entschädigen. Auf dem Rückweg kamen sie an der Tafel vorbei, welche den Weg zum Hameau anzeigt. Die Kinder verlangten nun, auch aufs Hameau geführt zu werden, mußten sich aber aus demselben Grund wiederum auf einen anderen Tag vertrösten lassen. Am nächsten Morgen kam das achtjährige Mädchen dem Papa befriedigt entgegen: Papa, heut' hab ich geträumt, du warst mit uns bei der Rohrer-Hütte und auf dem Hameau. Ihre Ungeduld hatte also die Erfüllung des vom Papa geleisteten Versprechens antizipiert.

Ebenso aufrichtig ist ein anderer Traum, den die landschaftliche Schönheit Aussees bei meinem damals dreieinvierteljährigen Töchterchen erregt hat. Die Kleine war zum erstenmal über den See gefahren, und die Zeit der Seefahrt war ihr zu rasch vergangen. An der Landungsstelle wollte sie das Boot nicht verlassen und weinte bitterlich. Am nächsten Morgen erzählte sie: Heute nacht bin ich auf dem See gefahren. Hoffen wir, daß die Dauer dieser Traumfahrt sie besser befriedigt hat.

Mein ältester, derzeit achtjähriger Knabe träumt bereits die Realisierung seiner Phantasien. Er ist mit dem Achilleus in einem Wagen gefahren, und der Diomedes war Wagenlenker. Er hat sich natürlich tags vorher für die Sagen Griechenlands begeistert, die der älteren Schwester geschenkt worden sind.

Wenn man mir zugibt, daß das Sprechen aus dem Schlaf der Kinder gleichfalls dem Kreis des Träumens angehört, so kann ich im folgenden einen der jüngsten Träume meiner Sammlung mitteilen. Mein jüngstes Mädchen, damals neunzehn Monate alt, hatte eines Morgens erbrochen und war darum den Tag über nüchtern erhalten worden. In der Nacht, die diesem Hungertag folgte, hörte man sie erregt aus dem Schlaf rufen: *Anna F-eud, Er(d)beer, Hochbeer, Eier(s) peis, Papp.* Ihren Namen gebrauchte sie damals, um die Besitzergreifung auszudrücken; der Speisezettel umfaßte wohl alles, was ihr als begehrenswerte Mahlzeit erscheinen mußte; daß die Erdbeeren darin in zwei Varietäten vorkamen, war eine Demonstration gegen die häusliche Sanitätspolizei und hatte seinen Grund in dem von ihr wohl bemerkten Nebenumstand, daß die Kinderfrau ihre Indisposition auf allzu reichlichen Erdbeergenuß geschoben hatte; für dies ihr unbequeme Gutachten nahm sie also im Traume ihre Revanche.[40]

Wenn wir die Kindheit glücklich preisen, weil sie die sexuelle Begierde noch nicht kennt, so wollen wir nicht verkennen, eine wie reiche Quelle der Enttäuschung, Entsagung und damit der Traumanregung der andere der großen Lebenstriebe für sie werden kann.[41] Hier ein zweites Beispiel dafür. Mein zweiundzwanzigmonatiger Neffe hat zu meinem Geburtstage die Aufgabe bekom-

[40] Dieselbe Leistung wie bei der jüngsten Enkelin vollbringt dann der Traum kurz nachher bei der Großmutter, deren Alter das des Kindes ungefähr zu 70 Jahren ergänzt. Nachdem sie einen Tag lang durch die Unruhe ihrer Wanderniere zum Hungern gezwungen war, träumt sie dann, offenbar mit Versetzung in die glückliche Zeit des blühenden Mädchentums, daß sie für beide Hauptmahlzeiten „ausgebeten", zu Gast geladen, ist und jedesmal die köstlichsten Bissen vorgesetzt bekommt.

[41] Eingehendere Beschäftigung mit dem Seelenleben der Kinder belehrt uns freilich, daß sexuelle Triebkräfte in infantiler Gestaltung in der psychischen Tätigkeit des Kindes eine genügend große, nur zu lange übersehene Rolle spielen, und läßt uns an dem Glücke der Kindheit, wie die Erwachsenen es späterhin konstruieren, einigermaßen zweifeln. (Vgl. des Verfassers *Drei Abhandlungen zur Sexualtheorie*, 1905 und 6. Aufl.1926)

men, mir zu gratulieren und als Geschenk ein Körbchen mit Kirschen zu überreichen, die um diese Zeit des Jahres noch zu den Primeurs zählen. Es scheint ihm hart anzukommen, denn er wiederholt unaufhörlich: Kirschen sind d(r)in, und ist nicht zu bewegen, das Körbchen aus den Händen zu geben. Aber er weiß sich zu entschädigen. Er pflegte bisher jeden Morgen seiner Mutter zu erzählen, daß er vom „weißen Soldat" geträumt, einem Gardeoffizier im Mantel, den er einst auf der Straße bewunderte. Am Tag nach dem Geburtstagsopfer erwacht er freudig mit der Mitteilung, die nur einem Traum entstammen kann: *He(r)man alle Kirschen aufgessen!*[42]

---

[42] Es soll nicht unerwähnt bleiben, daß sich bei kleinen Kindern bald kompliziertere und minder durchsichtige Träume einzustellen pflegen und daß anderseits Träume von so einfachem infantilen Charakter unter Umstanden auch bei Erwachsenen häufig vorkommen. Wie reich an ungeahntem Inhalt Träume von Kindern im Alter von vier bis fünf Jahren bereits sein können, zeigen die Beispiele in meiner *Analyse der Phobie eines fünfjährigen Knaben* (Jahrbuch von Bleuler – Freud, I, 1909 und in Jungs *Über Konflikte der kindlichen Seele* (ebenda II. Bd. 1919) Analytisch gedeutete Kinderträume siehe noch bei v. Hug-Hellmuth, Putnam, van Raalte, Spielrein, Tausk; andere bei Bianchieri, Busemann, Doglia und Bianchieri und besonders bei Wiggam, der die Wunscherfüllungstendenz derselben betont. Anderseits scheinen sich bei Erwachsenen Träume vom infantilen Typus besonders häufig wieder einzustellen, wenn sie unter ungewöhnliche Lebensbedingungen versetzt werden. So berichtet Otto Nordenskjöld in seinem Buche *Antarctic* 1904 über die mit ihm überwinternde Mannschaft (Bd. I, 336 f.): „Sehr bezeichnend für die Richtung unserer innersten Gedanken waren unsere Träume, die nie lebhafter und zahlreicher waren als gerade jetzt. Selbst diejenigen unserer Kameraden, die sonst nur ausnahmsweise träumten, hatten jetzt des Morgens, wenn wir unsere letzten Erfahrungen aus dieser Phantasiewelt miteinander austauschten, lange Geschichten zu erzählen. Alle handelten sie von jener äußeren Welt, die uns jetzt so fern lag, waren aber oft unseren jetzigen Verhältnissen angepaßt. Ein besonders charakteristischer Traum bestand darin, daß sich einer der Kameraden auf die Schulbank zurückversetzt glaubte, wo ihm die Aufgabe zuteil wurde, ganz kleinen Miniaturseehunden, die eigens für Unterrichtszwecke angefertigt waren, die Haut abzuziehen. Essen und Trinken waren übrigens die Mittelpunkte, um die sich unsere Träume am häufigsten drehten. Einer von uns, der nächtlicherweise darin exzellierte, auf große Mittagsgesellschaften zu gehen, war seelenfroh, wenn er des Morgens berichten konnte, ‚daß er ein Diner von drei Gängen eingenommen habe'; ein anderer träumte vom Tabak, von ganzen Bergen Tabak; wieder andere von dem Schiff, das mit vollen Segeln auf dem offenen Wasser daherkam. Noch ein anderer Traum verdient der Erwähnung: Der Briefträger kommt mit der Post und gibt eine lange Erklärung, warum diese so lange habe auf sich warten lassen, er habe sie verkehrt abgeliefert und erst nach großer Mühe sei es ihm gelungen, sie wieder zu erlangen. Natürlich beschäftigte man sich im Schlaf mit noch unmöglicheren Dingen, aber der Mangel an Phantasie in fast allen Träumen, die ich selbst träumte oder erzählen hörte, war ganz auffallend. Es würde sicher von großem psychologischem Interesse sein, wenn alle diese Träume aufgezeichnet würden. Man wird aber leicht verstehen können, wie ersehnt der Schlaf war, da er uns alles bieten konnte, was ein jeder von uns am glühendsten begehrte." Nach Du Prel (S. 231) zitiere ich noch: „Mungo Park, auf einer Reise in Afrika dem Verschmachten nahe, träumte ohne Aufhören von wasserreichen Tälern und Auen seiner Heimat. So sah sich auch der von Hunger gequälte Trenck in der Sternschanze zu Magdeburg von üppigen Mahlzeiten

Wovon die Tiere träumen, weiß ich nicht. Ein Sprichwort, dessen Erwähnung ich einem meiner Hörer danke, behauptet es zu wissen, denn es stellt die Frage auf: *Wovon träumt die Gans?* und beantwortet sie: *Vom Kukuruz (Mais).*[43] Die ganze Theorie, daß der Traum eine Wunscherfüllung sei, ist in diesen zwei Sätzen enthalten.[44]

Wir bemerken jetzt, daß wir zu unserer Lehre von dem verborgenen Sinn des Traumes auch auf dem kürzesten Wege gelangt wären, wenn wir nur den Sprachgebrauch befragt hätten. Die Sprachweisheit redet zwar manchmal verächtlich genug vom Traum – man meint, sie wolle der Wissenschaft recht geben, wenn sie urteilt: Träume sind Schäume – aber für den Sprachgebrauch ist der Traum doch vorwiegend der holde Wunscherfüller. „Das hätt' ich mir in meinen kühnsten Träumen nicht vorgestellt", ruft entzückt, wer in der Wirklichkeit seine Erwartungen übertroffen findet.

---

umgeben, und George Back, Teilnehmer der ersten Expedition Franklins, als er infolge furchtbarer Entbehrungen dem Hungertode nahe war, träumte stets und gleichmäßig von reichen Mahlzeiten."

[43] Ein ungarisches, von *Ferenczi* angezogenes Sprichwort behauptet vollständiger, daß „das Schwein von Eicheln, die Gans von Mais träumt". Ein jüdisches Sprichwort lautet: „Wovon träumt das Huhn? – Von Hirse." (*Sammlung jüd. Sprichw. u. Redensarten*, herausg. v. Bernstein 2. Aufl., S. 116.)

[44] Es liegt mir fern zu behaupten, daß noch niemals ein Autor vor mir daran gedacht habe, einen Traum von einem Wunsch abzuleiten. (Vgl. die ersten Sätze des nächsten Abschnittes.) Wer auf solche Andeutungen Wert legt, könnte schon aus dem Altertum den unter dem ersten Ptolemäus lebenden Arzt Herophilos anführen, der nach Büchsenschütz (S. 33) drei Arten von Träumen unterschied: gottgesandte, natürliche, welche entstehen, indem die Seele sich ein Bild dessen schafft, was ihr zuträglich ist und was eintreten wird, und gemischte, die von selbst durch Annäherung von Bildern entstehen, wenn wir das sehen, was wir wünschen. Aus der Beispielsammlung von Scherner weiß J. Stärcke einen Traum hervorzuheben, der vom Autor selbst als Wunscherfüllung bezeichnet wird (S. 239). Scherner sagt: „Den wachen Wunsch der Träumerin erfüllte die Phantasie sofort einfach darum, weil er im Gemüte derselben lebhaft bestand." Dieser Traum steht unter den „Stimmungsträumen"; in seiner Nähe befinden sich Träume für „männliches und weibliches Liebessehnen" und für „verdrießliche Stimmung". Es ist, wie man sieht, keine Rede davon, daß Scherner dem Wünschen für den Traum eine andere Bedeutung zuschrieb als irgendeinem sonstigen Seelenzustand des Wachens, geschweige denn, daß er den Wunsch mit dem Wesen des Traumes in Zusammenhang gebracht hätte.

IV
DIE TRAUMENTSTELLUNG

Wenn ich nun die Behauptung aufstelle, daß Wunscherfüllung der Sinn eines jeden Traumes sei, also daß es keine anderen als Wunschträume geben kann, so bin ich des entschiedensten Widerspruches im vorhinein sicher. Man wird mir entgegenhalten: Daß es Träume gibt, welche als Wunscherfüllungen zu verstehen sind, ist nicht neu, sondern längst von den Autoren bemerkt worden. (Vgl. *Radestock*, S. 137–8, *Volkelt*, S. 110–11, *Purkinje*, S. 456, *Tissié*, S. 70, *M. Simon*, S. 42 über die Hungerträume des eingekerkerten Baron Trenck, und die Stelle bei *Griesinger*, S. 89.)[45] Daß es aber nichts anderes geben soll als Wunscherfüllungsträume, das ist wieder eine ungerechtfertigte Verallgemeinerung, die sich zum Glück leicht zurückweisen läßt. Es kommen doch reichlich genug Träume vor, welche den peinlichsten Inhalt erkennen lassen, aber keine Spur irgendeiner Wunscherfüllung. Der pessimistische Philosoph *Eduard v. Hartmann* steht wohl der Wunscherfüllungstheorie am fernsten. Er äußert in seiner *Philosophie des Unbewußten* (Stereotypausgabe S. 344): „Was den Traum betrifft, so treten mit ihm alle Plackereien des wachen Lebens auch in den Schlafzustand hinüber, nur das einzige nicht, was den Gebildeten einigermaßen mit dem Leben aussöhnen kann: wissenschaftlicher und Kunstgenuß. Aber auch minder unzufriedene Beobachter haben hervorgehoben, daß im Traum Schmerz und Unlust häufiger sei als Lust, so *Scholz* (S. 33), *Volkelt* (S. 80) u. a. Ja, die Damen *Sarah Weed* und *Florence Hallam* haben aus der Bearbeitung ihrer Träume einen ziffernmäßigen Ausdruck für das überwiegen der Unlust in den Träumen entnommen. Sie bezeichnen 57,2 Prozent der Träume als peinlich und nur 28,6 Prozent als positiv angenehm. Außer diesen Träumen, welche die mannigfaltigen peinlichen Gefühle des Lebens in den Schlaf fortsetzen, gibt es auch Angstträume, in denen uns diese entsetzlichste aller Unlustempfindungen schüttelt, bis wir erwachen, und von solchen Angstträumen werden gerade die Kinder so leicht heimgesucht (vgl.

[45] Schon der Neuplatoniker Plotin sagt: „Wenn die Begierde sich regt, dann kommt die Phantasie und präsentiert uns gleichsam das Objekt derselben." (Du Prel, S. 276.)

Debacker, über den *pavor nocturnus*), bei denen wir die Wunschträume unverhüllt gefunden haben.

Wirklich scheinen gerade die Angstträume eine Verallgemeinerung des Satzes, den wir aus den Beispielen des vorigen Abschnittes gewonnen haben, der Traum sei eine Wunscherfüllung, unmöglich zu machen, ja diesen Satz als Absurdität zu brandmarken.

Dennoch ist es nicht sehr schwer, sich diesen anscheinend zwingenden Einwänden zu entziehen. Man wolle bloß beachten, daß unsere Lehre nicht auf der Würdigung des manifesten Trauminhalts beruht, sondern sich auf den Gedankeninhalt bezieht, welcher durch die Deutungsarbeit hinter dem Traume erkannt wird. Stellen wir manifesten und latenten Trauminhalt einander gegenüber. Es ist richtig, daß es Träume gibt, deren manifester Inhalt von der peinlichsten Art ist. Aber hat jemand versucht, diese Träume zu deuten, den latenten Gedankeninhalt derselben aufzudecken? Wenn aber nicht, dann treffen uns die beiden Einwände nicht mehr; es bleibt immerhin möglich, daß auch peinliche und Angstträume sich nach der Deutung als Wunscherfüllungen enthüllen.[46]

Bei wissenschaftlicher Arbeit ist es oft von Vorteil, wenn die Lösung des einen Problems Schwierigkeiten bereitet, ein zweites hinzuzunehmen, etwa wie man zwei Nüsse leichter miteinander als einzeln aufknackt. So stehen wir nicht nur vor der Frage: Wie können peinliche und Angstträume Wunscherfüllungen sein, sondern wir können auch aus unseren bisherigen Erörterungen über den Traum eine zweite Frage aufwerfen: Warum zeigen die Träume indifferenten Inhalts, welche sich als Wunscherfüllungen ergeben, diesen ihren Sinn nicht unverhüllt? Man nehme den weitläufig behandelten Traum von Irmas Injektion, er ist keineswegs peinlicher Natur, er ist durch die Deutung als eklatante Wunscherfüllung zu erkennen. Wozu bedarf es aber überhaupt einer Deutung? Warum sagt der Traum nicht direkt, was er bedeutet? Tatsächlich macht auch der Traum von Irmas Injektion zunächst nicht den Eindruck, daß er einen Wunsch des Träumers als erfüllt darstellt. Der Leser wird diesen Eindruck nicht bekom-

---

[46] Es ist ganz unglaublich, mit welcher Hartnäckigkeit sich Leser und Kritiker dieser Erwägung verschließen und die grundlegende Unterscheidung von manifestem und latentem Trauminhalt unbeachtet lassen. – Keine der in der Literatur niedergelegten Äußerungen kommt aber dieser meiner Aufstellung so sehr entgegen wie eine Stelle in J. Sullys Aufsatz: *The Dream as a Revelation* deren Verdienst dadurch nicht geschmälert werden soll, daß ich sie erst hier anführe: „*It would seem, then, after all, that dreams are not the utter nonsense they have been said to be by such authorities as Chaucer, Shakespeare and Milton. The chaotic aggregations of our night-fancy have significance and communicate new knowledge. Like some letter in cypher, the dreaminscription when scrutinized closely loses its first look of balderdash and takes on the aspect of a serious, intelligible message. Or, to vary the figure slightly, we may say that, like some palimpsest, the dream discloses beneath its worthless surface-characters traces of an old and precious communication.*"

men haben, aber auch ich selbst wußte es nicht, ehe ich die Analyse angestellt hatte. Heißen wir dieses der Erklärung bedürftige Verhalten des Traumes: *die Tatsache der Traumentstellung*, so erhebt sich also die zweite Frage: Wovon rührt diese Traumentstellung her?

Wenn man hierüber seine ersten Einfälle befragt, könnte man auf verschiedene mögliche Lösungen geraten, z. B. daß während des Schlafes ein Unvermögen bestehe, den Traumgedanken einen entsprechenden Ausdruck zu schaffen. Allein die Analyse gewisser Träume nötigt uns, für die Traumentstellung eine andere Erklärung zuzulassen. Ich will dies an einem zweiten Traum von mir selbst zeigen, welcher wiederum vielfache Indiskretionen erfordert, aber für dies persönliche Opfer durch eine gründliche Aufhellung des Problems entschädigt.

Vorbericht

Im Frühjahr 1897 erfuhr ich, daß zwei Professoren unserer Universität mich für die Ernennung zum *Prof. extraord.* vorgeschlagen hatten. Diese Nachricht kam mir überraschend und erfreute mich lebhaft als Ausdruck einer durch persönliche Beziehungen nicht aufzuklärenden Anerkennung von seiten zweier hervorragender Männer. Ich sagte mir aber sofort, daß ich an dieses Ereignis keine Erwartungen knüpfen dürfe. Das Ministerium hatte in den letzten Jahren Vorschläge solcher Art unberücksichtigt gelassen, und mehrere Kollegen, die mir an Jahren voraus waren und an Verdiensten mindestens gleichkamen, warteten seitdem vergebens auf ihre Ernennung. Ich hatte keinen Grund anzunehmen, daß es mir besser ergehen würde. Ich beschloß also bei mir, mich zu trösten. Ich bin, soviel ich weiß, nicht ehrgeizig, übe meine ärztliche Tätigkeit mit zufriedenstellendem Erfolge aus, auch ohne daß mich ein Titel empfiehlt. Es handelte sich übrigens gar nicht darum, ob ich die Trauben für süß oder sauer erklärte, da sie unzweifelhaft zu hoch für mich hingen.

Eines Abends besuchte mich ein befreundeter Kollege, einer von denjenigen, deren Schicksal ich mir zur Warnung hatte dienen lassen. Seit längerer Zeit ein Kandidat für die Beförderung zum Professor, die den Arzt in unserer Gesellschaft zum Halbgott für seine Kranken erhebt, und minder resigniert als ich, pflegte er von Zeit zu Zeit seine Vorstellung in den Bureaus des hohen Ministeriums zu machen, um seine Angelegenheit zu fördern. Von einem solchen Besuche kam er zu mir. Er erzählte, daß er diesmal den hohen Herrn in die Enge getrieben und ihn geradeheraus befragt habe, ob an dem Aufschub seiner Ernennung wirklich – konfessionelle Rücksichten die Schuld trügen. Die Antwort hatte gelautet, daß allerdings – bei der gegenwärtigen Strömung – Se.

Exzellenz vorläufig nicht in der Lage sei usw. „Nun weiß ich wenigstens, woran ich bin", schloß mein Freund seine Erzählung, die mir nichts Neues brachte, mich aber in meiner Resignation bestärken mußte. Dieselben konfessionellen Rücksichten sind nämlich auch auf meinen Fall anwendbar.

Am Morgen nach diesem Besuch hatte ich folgenden Traum, der auch durch seine Form bemerkenswert war. Er bestand aus zwei Gedanken und zwei Bildern, so daß ein Gedanke und ein Bild einander ablösten. Ich setze aber nur die erste Hälfte des Traumes hieher, da die andere mit der Absicht nichts zu tun hat, welcher die Mitteilung des Traumes dienen soll.

I. ... *Freund R. ist mein Onkel. – Ich empfinde große Zärtlichkeit für ihn.*

II. *Ich sehe sein Gesicht etwas verändert vor mir. Es ist wie in die Länge gezogen, ein gelber Bart, der es umrahmt, ist besonders deutlich hervorgehoben.*

Dann folgen die beiden anderen Stücke, wieder ein Gedanke und ein Bild, die ich übergehe.

Die Deutung dieses Traumes vollzog sich folgendermaßen:

Als mir der Traum im Laufe des Vormittags einfiel, lachte ich auf und sagte: Der Traum ist ein Unsinn. Er ließ sich aber nicht abtun und ging mir den ganzen Tag nach, bis ich mir endlich am Abend Vorwürfe machte: „Wenn einer deiner Patienten zur Traumdeutung nichts zu sagen wüßte als: Das ist ein Unsinn, so würdest du es ihm verweisen und vermuten, daß sich hinter dem Traum eine unangenehme Geschichte versteckt, welche zur Kenntnis zu nehmen er sich ersparen will. Verfahr' mit dir selbst ebenso; deine Meinung, der Traum sei ein Unsinn, bedeutet nur einen inneren Widerstand gegen die Traumdeutung. Laß dich nicht abhalten." Ich machte mich also an die Deutung.

„*R. ist mein Onkel.*" Was kann das heißen? Ich habe doch nur einen Onkel gehabt, den Onkel Josef.[47] Mit dem war's allerdings eine traurige Geschichte. Er hatte sich einmal, es sind mehr als dreißig Jahre her, in gewinnsüchtiger Absicht zu einer Handlung verleiten lassen, welche das Gesetz schwer bestraft, und wurde dann auch von der Strafe getroffen. Mein Vater, der damals aus Kummer in wenigen Tagen grau wurde, pflegte immer zu sagen, Onkel Josef sei nie ein schlechter Mensch gewesen, wohl aber ein Schwachkopf; so drückte er sich aus. Wenn also Freund R. mein Onkel Josef ist, so will ich damit sagen: R. ist

[47] Es ist merkwürdig, wie sich hier meine Erinnerung – im Wachen – für die Zwecke der Analyse einschränkt. Ich habe fünf von meinen Onkeln gekannt, einen von ihnen geliebt und geehrt. In dem Augenblicke aber, da ich den Widerstand gegen die Traumdeutung überwunden habe, sage ich mir: Ich habe doch nur einen Onkel gehabt, den, der eben im Traum gemeint ist.

ein Schwachkopf. Kaum glaublich und sehr unangenehm! Aber da ist ja jenes Gesicht, das ich im Traum sehe, mit den länglichen Zügen und dem gelben Bart. Mein Onkel hatte wirklich so ein Gesicht, länglich, von einem schönen blonden Bart umrahmt. Mein Freund R. war intensiv schwarz, aber wenn die Schwarzhaarigen zu ergrauen anfangen, so büßen sie für die Pracht ihrer Jugendjahre. Ihr schwarzer Bart macht Haar für Haar eine unerfreuliche Farbenwandlung durch; er wird zuerst rotbraun, dann gelbbraun, dann erst definitiv grau. In diesem Stadium befindet sich jetzt der Bart meines Freundes R., übrigens auch schon der meinige, wie ich mit Mißvergnügen bemerke. Das Gesicht, das ich im Traum sehe, ist gleichzeitig das meines Freundes R. und das meines Onkels. Es ist wie eine Mischphotographie von Galton, der, um Familienähnlichkeiten zu eruieren, mehrere Gesichter auf die nämliche Platte photographieren ließ. Es ist also kein Zweifel möglich, ich meine wirklich, daß Freund R. ein Schwachkopf ist – wie mein Onkel Josef.

Ich ahne noch gar nicht, zu welchem Zweck ich diese Beziehung hergestellt, gegen die ich mich unausgesetzt sträuben muß. Sie ist doch nicht sehr tiefgehend, denn der Onkel war ein Verbrecher, mein Freund R. ist unbescholten. Etwa bis auf die Bestrafung dafür, daß er mit dem Rad einen Lehrbuben niedergeworfen. Sollte ich diese Untat meinen? Das hieße die Vergleichung ins Lächerliche ziehen. Da fällt mir aber ein anderes Gespräch ein, das ich vor einigen Tagen mit meinem anderen Kollegen N., und zwar über das gleiche Thema hatte. Ich traf N. auf der Straße; er ist auch zum Professor vorgeschlagen, wußte von meiner Ehrung und gratulierte mir dazu. Ich lehnte entschieden ab. „Gerade Sie sollten sich den Scherz nicht machen, da Sie den Wert des Vorschlags an sich selbst erfahren haben." Er darauf wahrscheinlich nicht ernsthaft: „Das kann man nicht wissen. Gegen mich liegt ja etwas Besonderes vor. Wissen Sie nicht, daß eine Person einmal eine gerichtliche Anzeige gegen mich erstattet hat? Ich brauche Ihnen nicht zu versichern, daß die Untersuchung eingestellt wurde; es war ein gemeiner Erpressungsversuch; ich hatte noch alle Mühe, die Anzeigerin selbst vor Bestrafung zu retten. Aber vielleicht macht man im Ministerium diese Angelegenheit gegen mich geltend, um mich nicht zu ernennen. Sie aber, Sie sind unbescholten." Da habe ich ja den Verbrecher, gleichzeitig aber auch die Deutung und Tendenz meines Traumes. Mein Onkel Josef stellt mir da beide nicht zu Professoren ernannten Kollegen dar, den einen als Schwachkopf, den anderen als Verbrecher. Ich weiß jetzt auch, wozu ich diese Darstellung brauche. Wenn für den Aufschub der Ernennung meiner Freunde R. und N. „konfessionelle" Rücksichten maßgebend sind, so ist auch meine Ernennung in Frage gestellt; wenn ich aber die Zurückweisung der beiden auf andere Gründe schieben kann, die mich nicht treffen, so bleibt mir die Hoffnung ungestört. So verfährt mein

Traum; er macht den einen, R., zum Schwachkopf, den anderen, N., zum Verbrecher; ich bin aber weder das eine noch das andere; unsere Gemeinsamkeit ist aufgehoben, ich darf mich auf meine Ernennung zum Professor freuen und bin der peinlichen Anwendung entgangen, die ich aus R.s Nachricht, was ihm der hohe Beamte bekannt, für meine eigene Person hätte machen müssen.

Ich muß mich mit der Deutung dieses Traumes noch weiter beschäftigen. Er ist für mein Gefühl noch nicht befriedigend erledigt, ich bin noch immer nicht über die Leichtigkeit beruhigt, mit der ich zwei geachtete Kollegen degradiere, um mir den Weg zur Professur frei zu halten. Meine Unzufriedenheit mit meinem Vorgehen hat sich allerdings bereits ermäßigt, seitdem ich den Wert der Aussagen im Traum zu würdigen weiß. Ich würde gegen jedermann bestreiten, daß ich R. wirklich für einen Schwachkopf halte und daß ich N.s Darstellung jener Erpressungsaffäre nicht glaube. Ich glaube ja auch nicht, daß Irma durch eine Infektion Ottos mit einem Propylenpräparat gefährlich krank geworden ist; es ist, hier wie dort, nur mein *Wunsch, daß es sich so verhalten möge*, den mein Traum ausdrückt. Die Behauptung, in welcher sich mein Wunsch realisiert, klingt im zweiten Traum minder absurd als im ersten; sie ist hier mit geschickter Benützung tatsächlicher Anhaltspunkte geformt, etwa wie eine gutgemachte Verleumdung, an der „etwas daran ist", denn Freund R. hatte seinerzeit das Votum eines Fachprofessors gegen sich, und Freund N. hat mir das Material für die Anschwärzung arglos selbst geliefert. Dennoch, ich wiederhole es, scheint mir der Traum weiterer Aufklärung bedürftig.

Ich entsinne mich jetzt, daß der Traum noch ein Stück enthielt, auf welches die Deutung bisher keine Rücksicht genommen hat. Nachdem mir eingefallen, R. ist mein Onkel, empfinde ich im Traum warme Zärtlichkeit für ihn. Wohin gehört diese Empfindung? Für meinen Onkel Josef habe ich zärtliche Gefühle natürlich niemals gehabt. Freund R. ist mir seit Jahren lieb und teuer; aber käme ich zu ihm und drückte ihm meine Zuneigung in Worten aus, die annähernd dem Grad meiner Zärtlichkeit im Traume entsprechen, so wäre er ohne Zweifel erstaunt. Meine Zärtlichkeit gegen ihn erscheint mir unwahr und übertrieben, ähnlich wie mein Urteil über seine geistigen Qualitäten, das ich durch die Verschmelzung seiner Persönlichkeit mit der des Onkels ausdrücke; aber in entgegengesetztem Sinne übertrieben. Nun dämmert mir aber ein neuer Sachverhalt. Die Zärtlichkeit des Traumes gehört nicht zum latenten Inhalt, zu den Gedanken hinter dem Traume; sie steht im Gegensatz zu diesem Inhalt; sie ist geeignet, mir die Kenntnis der Traumdeutung zu verdecken. Wahrscheinlich ist gerade dies ihre Bestimmung. Ich erinnere mich, mit welchem Widerstand ich an die Traumdeutung ging, wie lange ich sie aufschieben wollte und den Traum für baren Unsinn erklärte. Von meinen psychoanalytischen Behandlungen her weiß ich, wie ein solches Verwerfungsurteil zu deuten ist. Es hat keinen Erkenntniswert, sondern bloß den einer Affektäußerung. Wenn meine kleine Tochter einen Apfel nicht mag, den man ihr angeboten hat, so behauptet sie, der Apfel schmeckt bitter, ohne ihn auch nur gekostet zu haben. Wenn meine Patienten sich so benehmen wie die Kleine, so weiß ich, daß es sich bei ihnen um eine Vorstellung handelt, welche sie *verdrängen* wollen. Dasselbe gilt für meinen Traum. Ich mag ihn nicht deuten, weil die Deutung etwas enthält, wogegen ich mich sträube. Nach vollzogener Traumdeutung erfahre ich, wogegen ich mich gesträubt hatte; es war die Behauptung, daß R. ein Schwachkopf ist. Die Zärtlichkeit, die ich gegen R. empfinde, kann ich nicht auf die latenten Traumgedanken, wohl aber auf dies mein Sträuben zurückführen. Wenn mein Traum im Vergleich zu seinem latenten Inhalt in diesem Punkte entstellt, und zwar ins Gegensätzliche entstellt ist, so dient die im Traum manifeste Zärtlichkeit dieser Entstellung oder, mit anderen Worten, die Entstellung erweist sich hier als absichtlich, als ein Mittel der *Verstellung.* Meine Traumgedanken enthalten eine Schmähung für R., damit ich diese nicht merke, gelangt in den Traum das Gegenteil, ein zärtliches Empfinden für ihn.

Es könnte dies eine allgemeingültige Erkenntnis sein. Wie die Beispiele in Abschnitt III gezeigt haben, gibt es ja Träume, welche unverhüllte Wunscherfüllungen sind. Wo die Wunscherfüllung unkenntlich, verkleidet ist, da müßte eine Tendenz zur Abwehr gegen diesen Wunsch vorhanden sein, und infolge dieser Abwehr könnte der Wunsch sich nicht anders als entstellt zum Ausdruck bringen. Ich will zu diesem Vorkommnis aus dem psychischen Binnenleben das Seitenstück aus dem sozialen Leben suchen. Wo findet man im sozialen Leben eine ähnliche Entstellung eines psychischen Akts? Nur dort, wo es sich um zwei Personen handelt, von denen die eine eine gewisse Macht besitzt, die zweite wegen dieser Macht eine Rücksicht zu nehmen hat. Diese zweite Person entstellt dann ihre psychischen Akte, oder, wie wir auch sagen können, sie *verstellt* sich. Die Höflichkeit, die ich alle Tage übe, ist zum guten Teil eine solche Verstellung; wenn ich meine Träume für den Leser deute, bin ich zu solchen Entstellungen genötigt. Über den Zwang zu solcher Entstellung klagt auch der Dichter:

„Das Beste, was du wissen kannst,
darfst du den Buben doch nicht sagen.“

In ähnlicher Lage befindet sich der politische Schriftsteller, der den Machthabern unangenehme Wahrheiten zu sagen hat. Wenn er sie unverhohlen sagt, wird der Machthaber seine Äußerung unterdrücken, nachträglich, wenn es sich um mündliche Äußerung handelt, präventiv, wenn sie auf dem Wege des Drucks kundgegeben werden soll. Der Schriftsteller hat die Zensur zu fürchten, er ermäßigt und entstellt darum den Ausdruck seiner Meinung. Je nach der Stärke und Empfindlichkeit dieser Zensur sieht er sich genötigt, entweder bloß gewisse Formen des Angriffs einzuhalten oder in Anspielungen anstatt in direkten Bezeichnungen zu reden, oder er muß seine anstößige Mitteilung hinter einer harmlos erscheinenden Verkleidung verbergen, er darf z. B. von Vorfällen zwischen zwei Mandarinen im Reich der Mitte erzählen, während er die Beamten des Vaterlandes im Auge hat. Je strenger die Zensur waltet, desto weitgehender wird die Verkleidung, desto witziger oft die Mittel, welche den Leser doch auf die Spur der eigentlichen Bedeutung leiten.[48]

---

[48] Frau Dr. H. v. Hug-Hellmuth hat im Jahre 1915 (Internat. Zeitschr. f. ärztl. Psychoanalyse III) einen Traum mitgeteilt, der vielleicht wie kein anderer geeignet ist, meine Namengebung zu rechtfertigen. Die Traumentstellung arbeitet in diesem Beispiel mit demselben Mittel wie die Briefzensur, um die Stellen auszulöschen, die ihr anstößig erscheinen. Die Briefzensur macht solche Stellen durch Überstreichen unlesbar, die Traumzensur ersetzt sie durch ein unverständliches Gemurmel.

Zum Verständnis des Traumes sei mitgeteilt, daß die Träumerin, eine hochangesehene, feingebildete Dame, fünfzig Jahre zählt, Witwe eines vor ungefähr zwölf Jahren verstorbenen höheren Offiziers und Mutter erwachsener Söhne ist, deren einer zur Zeit des Traumes im Felde steht.

Und nun der Traum von den „Liebesdiensten". „Sie geht ins Garnisonsspital Nr. 1 und sagt dem Posten beim Tor, sie müsse den Oberarzt ... (sie nennt einen ihr unbekannten Namen) sprechen, da sie im Spital Dienst tun wolle. Dabei betont sie das Wort ‚Dienst' so, daß der Unteroffizier sofort merkt, es handle sich um ‚Liebesdienste'. Da sie eine alte Frau ist, läßt er sie nach einigem Zögern passieren. Statt aber zum Oberarzt zu kommen, gelangt sie in ein großes, düsteres Zimmer, in dem viele Offiziere und Militärärzte an einem langen Tisch stehen und sitzen. Sie wendet sich mit ihrem Antrag an einen Stabsarzt, der sie nach wenigen Worten schon versteht. Der Wortlaut ihrer Rede im Traum ist: ‚Ich und zahlreiche andere Frauen und junge Mädchen Wiens sind bereit, den Soldaten, Mannschaft und Offiziere ohne Unterschied, ...' Hier folgt im Traum ein Gemurmel. Daß dasselbe aber von allen Anwesenden richtig verstanden wird, zeigen ihr die teils verlegenen, teils hämischen Mienen der Offiziere. Die Dame fährt fort: ‚Ich weiß, daß unser Entschluß befremdend klingt, aber es ist uns bitterernst. Der Soldat im Feld wird auch nicht gefragt, ob er sterben will oder nicht. ' Ein minutenlanges peinliches Schweigen folgt. Der Stabsarzt legt ihr den Arm um die Mitte und sagt: ‚Gnädige Frau, nehmen Sie den Fall, es würde tatsächlich dazu kommen, ...' (Gemurmel). Sie entzieht sich seinem Arm mit dem Gedanken: Es ist doch einer wie der andere, und erwidert: ‚Mein Gott, ich bin eine alte Frau und werde vielleicht gar nicht in die Lage kommen. Übrigens, eine Bedingung müßte eingehalten werden: die Berücksichtigung des Alters; daß nicht eine ältere Frau einem ganz jungen Burschen ... (Gemurmel); das wäre entsetzlich.' – Der Stabsarzt: ‚Ich verstehe vollkommen. ' Einige Offiziere, darunter einer, der sich in jungen Jahren um sie beworben hatte, lachen hell auf, und die Dame wünscht zu dem ihr bekannten Oberarzt geführt zu werden, damit alles ins reine gebracht werde. Dabei fällt ihr zur größten Bestürzung ein, daß sie seinen Namen nicht kennt. Der Stabsarzt weist sie trotzdem sehr höflich und respektvoll an, über eine sehr schmale eiserne Wendeltreppe, die direkt von dem Zimmer aus in die oberen Stockwerke führt, in den zweiten Stock zu gehen. Im Hinaufsteigen hört sie einen Offizier sagen: ‚Das ist ein kolossaler Entschluß, gleichgültig, ob eine jung oder alt ist; alle Achtung!

Die bis ins einzelne durchzuführende Übereinstimmung zwischen den Phänomenen der Zensur und denen der Traumentstellung gibt uns die Berechtigung, ähnliche Bedingungen für beide vorauszusetzen. Wir dürfen also als die Urheber der Traumgestaltung zwei psychische Mächte (Strömungen, Systeme) im Einzelmenschen annehmen, von denen die eine den durch den Traum zum Ausdruck gebrachten Wunsch bildet, während die andere eine Zensur an diesem Traumwunsch übt und durch diese Zensur eine Entstellung seiner Äußerung erzwingt. Es fragt sich nur, worin die Machtbefugnis dieser zweiten Instanz besteht, kraft deren sie ihre Zensur ausüben darf. Wenn wir uns erinnern, daß die latenten Traumgedanken vor der Analyse nicht bewußt sind, der von ihnen ausgehende manifeste Trauminhalt aber als bewußt erinnert wird, so liegt die Annahme nicht ferne, das Vorrecht der zweiten Instanz sei eben die Zulassung zum Bewußtsein. Aus dem ersten System könne nichts zum Bewußtsein gelangen, was nicht vorher die zweite Instanz passiert habe, und die zweite Instanz lasse nichts passieren, ohne ihre Rechte auszuüben und die ihr genehmen Abänderungen am Bewußtseinswerber durchzusetzen. Wir verraten dabei eine ganz bestimmte Auffassung vom „Wesen" des Bewußtseins; das Bewußtwerden ist für uns ein besonderer psychischer Akt, verschieden und unabhängig von dem Vorgang des Gesetzt- oder Vorgestelltwerdens, und das Bewußtsein erscheint uns als ein Sinnesorgan, welches einen anderwärts gegebenen Inhalt wahrnimmt. Es läßt sich zeigen, daß die Psychopathologie dieser Grundannahmen schlechterdings nicht entraten kann. Eine eingehendere Würdigung derselben dürfen wir uns für eine spätere Stelle vorbehalten.

Wenn ich die Vorstellung der beiden psychischen Instanzen und ihrer Beziehungen zum Bewußtsein festhalte, ergibt sich für die auffällige Zärtlichkeit, die ich im Traum für meinen Freund R. empfinde, der in der Traumdeutung so herabgesetzt wird, eine völlig kongruente Analogie aus dem politischen Leben der Menschen. Ich versetze mich in ein Staatsleben, in welchem ein auf seine Macht eifersüchtiger Herrscher und eine rege öffentliche Meinung miteinander ringen. Das Volk empöre sich gegen einen ihm mißliebigen Beamten und verlange dessen Entlassung; um nicht zu zeigen, daß er dem Volkswillen Rechnung tragen muß, wird der Selbstherrscher dem Beamten gerade dann eine hohe Auszeichnung verleihen, zu der sonst kein Anlaß vorläge. So zeichnet meine zweite, den Zugang zum Bewußtsein beherrschende Instanz Freund R. durch einen Erguß von übergroßer Zärtlichkeit aus, weil die Wunschbestrebungen des ersten

---

Mit dem Gefühle, einfach ihre Pflicht zu tun, geht sie eine endlose Treppe hinauf. Dieser Traum wiederholt sich innerhalb weniger Wochen noch zweimal mit – wie die Dame bemerkt – ganz unbedeutenden und recht sinnlosen Abänderungen."

Systems ihn aus einem besonderen Interesse, dem sie gerade nachhängen, als einen Schwachkopf beschimpfen möchten.[49]

Vielleicht werden wir hier von der Ahnung erfaßt, daß die Traumdeutung imstande sei, uns Aufschlüsse über den Bau unseres seelischen Apparats zu geben, welche wir von der Philosophie bisher vergebens erwartet haben. Wir folgen aber nicht dieser Spur, sondern kehren, nachdem wir die Traumentstellung aufgeklärt haben, zu unserem Ausgangsproblem zurück. Es wurde gefragt, wie denn die Träume mit peinlichem Inhalt als Wunscherfüllungen aufgelöst werden können. Wir sehen nun, dies ist möglich, wenn eine Traumentstellung stattgefunden hat, wenn der peinliche Inhalt nur zur Verkleidung eines erwünschten dient. Mit Rücksicht auf unsere Annahmen über die zwei psychischen Instanzen können wir jetzt auch sagen, die peinlichen Träume enthalten tatsächlich etwas, was der zweiten Instanz peinlich ist, was aber gleichzeitig einen Wunsch der ersten Instanz erfüllt. Sie sind insofern Wunschträume, als ja jeder Traum von der ersten Instanz ausgeht, die zweite sich nur abwehrend, nicht schöpferisch gegen den Traum verhält.[50] Beschränken wir uns auf eine Würdigung dessen, was die zweite Instanz zum Traum beiträgt, so können wir den Traum niemals verstehen. Es bleiben dann alle Rätsel bestehen, welche von den Autoren am Traum bemerkt worden sind.

Daß der Traum wirklich einen geheimen Sinn hat, der eine Wunscherfüllung ergibt, muß wiederum für jeden Fall durch die Analyse erwiesen werden. Ich greife darum einige Träume peinlichen Inhalts heraus und versuche deren Analyse. Es sind zum Teil Träume von Hysterikern, die einen langen Vorbericht und stellenweise ein Eindringen in die psychischen Vorgänge bei der Hysterie erfordern. Ich kann dieser Erschwerung der Darstellung aber nicht aus dem Wege gehen.

---

49 Solche heuchlerische Träume sind weder bei mir noch bei anderen seltene Vorkommnisse. Während ich mit der Bearbeitung eines gewissen wissenschaftlichen Problems beschäftigt bin, sucht mich mehrere Nächte kurz nacheinander ein leicht verwirrender Traum heim, der die Versöhnung mit einem längst beiseite geschobenen Freunde zum Inhalt hat. Beim vierten oder fünften Male gelingt es mir endlich, den Sinn dieser Träume zu erfassen. Er liegt in der Aufmunterung, doch den letzten Rest von Rücksicht für die betreffende Person aufzugeben, sich von ihr völlig frei zu machen, und hatte sich in so heuchlerischer Weise ins Gegenteil verkleidet. Von einer Person habe ich einen „heuchlerischen Ödipustraum" mitgeteilt, in dem sich die feindseligen Regungen und Todeswünsche der Traumgedanken durch manifeste Zärtlichkeit ersetzen. („Typisches Beispiel eines verkappten Ödipustraumes.") Eine andere Art von heuchlerischen Träumen wird an anderer Stelle (siehe Abschnitt VI „Die Traumarbeit" erwähnt werden.

50 Späterhin werden wir auch den Fall kennenlernen, daß im Gegenteile der Traum einen Wunsch dieser zweiten Instanz zum Ausdruck bringt.

Wenn ich einen Psychoneurotiker in analytische Behandlung nehme, werden seine Träume regelmäßig, wie bereits erwähnt, zum Thema unserer Besprechungen. Ich muß ihm dabei alle die psychologischen Aufklärungen geben, mit deren Hilfe ich selbst zum Verständnis seiner Symptome gelangt bin, und erfahre dabei eine unerbittliche Kritik, wie ich sie von den Fachgenossen wohl nicht schärfer zu erwarten habe. Ganz regelmäßig erhebt sich der Widerspruch meiner Patienten gegen den Satz, daß die Träume sämtlich Wunscherfüllungen seien. Hier einige Beispiele von dem Material an Träumen, welche mir als Gegenbeweise vorgehalten werden.

„Sie sagen immer, der Traum ist ein erfüllter Wunsch", beginnt eine witzige Patientin. „Nun will ich Ihnen einen Traum erzählen, dessen Inhalt ganz im Gegenteil dahin geht, daß mir ein Wunsch nicht erfüllt wird. Wie vereinen Sie das mit Ihrer Theorie?" Der Traum lautet wie folgt:

„*Ich will ein Souper geben, habe aber nichts vorrätig als etwas geräucherten Lachs. Ich denke daran, einkaufen zu gehen, erinnere mich aber, daß es Sonntag nachmittag ist, wo alle Läden gesperrt sind. Ich will nun einigen Lieferanten telephonieren, aber das Telephon ist gestört. So muß ich auf den Wunsch, ein Souper zu geben, verzichten.*"

Ich antwortete natürlich, daß über den Sinn dieses Traumes nur die Analyse entscheiden kann, wenngleich ich zugebe, daß er für den ersten Anblick vernünftig und zusammenhängend erscheint und dem Gegenteil einer Wunscherfüllung ähnlich sieht. „Aus welchem Material ist aber dieser Traum hervorgegangen? Sie wissen, daß die Anregung zu einem Traum jedesmal in den Erlebnissen des letzten Tages liegt."

Analyse

Der Mann der Patientin, ein biederer und tüchtiger Großfleischhauer, hat ihr tags vorher erklärt, er werde zu dick und wolle darum eine Entfettungskur beginnen. Er werde früh aufstehen, Bewegung machen, strenge Diät halten und vor allem keine Einladungen zu Soupers mehr annehmen. – Von dem Manne erzählt sie lachend weiter, er habe am Stammtisch die Bekanntschaft eines Malers gemacht, der ihn durchaus abkonterfeien wolle, weil er einen so ausdrucksvollen Kopf noch nicht gefunden habe. Ihr Mann habe aber in seiner derben Manier erwidert, er bedanke sich schön und er sei ganz überzeugt, ein Stück vom Hintern eines schönen jungen Mädchens sei dem Maler lieber als sein ganzes Gesicht.[51] Sie sei jetzt sehr verliebt in ihren Mann und necke sich

51 Dem Maler sitzen. Goethe: „Und wenn er keinen Hintern hat, / Wie kann der Edle sitzen?"

mit ihm herum. Sie hat ihn auch gebeten, ihr keinen Kaviar zu schenken. – Was soll das heißen?

Sie wünscht es sich nämlich schon lange, jeden Vormittag eine Kaviarsemmel essen zu können, gönnt sich aber die Ausgabe nicht. Natürlich bekäme sie den Kaviar sofort von ihrem Mann, wenn sie ihn darum bitten würde. Aber sie hat ihn im Gegenteil gebeten, ihr keinen Kaviar zu schenken, damit sie ihn länger damit necken kann.

(Diese Begründung erscheint mir fadenscheinig. Hinter solchen unbefriedigenden Auskünften pflegen sich uneingestandene Motive zu verbergen. Man denke an die Hypnotisierten *Bernheims*, die einen posthypnotischen Auftrag ausführen, und, nach ihren Motiven befragt, nicht etwa antworten: Ich weiß nicht, warum ich das getan habe, sondern eine offenbar unzureichende Begründung erfinden müssen. So ähnlich wird es wohl mit dem Kaviar meiner Patientin sein. Ich merke, sie ist genötigt, sich im Leben einen unerfüllten Wunsch zu schaffen. Ihr Traum, zeigt ihr auch die Wunschverweigerung als eingetroffen. Wozu braucht sie aber einen unerfüllten Wunsch?)

Die bisherigen Einfälle haben zur Deutung des Traumes nicht ausgereicht. Ich dringe nach Weiterem. Nach einer kurzen Pause, wie sie eben der Überwindung eines Widerstandes entspricht, berichtet sie ferner, daß sie gestern einen Besuch bei einer Freundin gemacht, auf die sie eigentlich eifersüchtig ist, weil ihr Mann diese Frau immer so sehr lobt. Zum Glück ist diese Freundin sehr dürr und mager, und ihr Mann ist ein Liebhaber voller Körperformen. Wovon sprach nun diese magere Freundin? Natürlich von ihrem Wunsch, etwas stärker zu werden. Sie fragte sie auch: „Wann laden Sie uns wieder einmal ein? Man ißt immer so gut bei Ihnen."

Nun ist der Sinn des Traumes klar. Ich kann der Patientin sagen: „Es ist geradeso, als ob Sie sich bei der Aufforderung gedacht hätten: Dich werde ich natürlich einladen, damit du dich bei mir anessen, dick werden und meinem Mann noch besser gefallen kannst. Lieber geb' ich kein Souper mehr. Der Traum sagt Ihnen dann, daß Sie kein Souper geben können, erfüllt also Ihren Wunsch, zur Abrundung der Körperformen Ihrer Freundin nichts beizutragen. Daß man von den Dingen, die man in Gesellschaften vorgesetzt bekommt, dick wird, lehrt Sie ja der Vorsatz Ihres Mannes, im Interesse seiner Entfettung Soupereinladungen nicht mehr anzunehmen." Es fehlt jetzt nur noch irgendein Zusammentreffen, welches die Lösung bestätigt. Es ist auch der geräucherte Lachs im Trauminhalt noch nicht abgeleitet. „Wie kommen Sie zu dem im Traum erwähnten Lachs?" „Geräucherter Lachs ist die Lieblingsspeise dieser Freundin", antwortet sie. Zufällig kenne ich die Dame auch und kann bestätigen, daß sie sich den Lachs ebensowenig vergönnt wie meine Patientin den Kaviar.

Derselbe Traum läßt auch noch eine andere und feinere Deutung zu, die durch einen Nebenumstand selbst notwendig gemacht wird. Die beiden Deutungen widersprechen einander nicht, sondern überdecken einander und ergeben ein schönes Beispiel für die gewöhnliche Doppelsinnigkeit der Träume wie aller anderen psychopathologischen Bildungen. Wir haben gehört, daß die Patientin gleichzeitig mit ihrem Traum von der Wunschverweigerung bemüht war, sich einen versagten Wunsch im Realen zu verschaffen (die Kaviarsemmel). Auch die Freundin hatte einen Wunsch geäußert, nämlich dicker zu werden, und es würde uns nicht wundern, wenn unsere Dame geträumt hätte, der Freundin gehe der Wunsch nicht in Erfüllung. Es ist nämlich ihr eigener Wunsch, daß der Freundin ein Wunsch – nämlich der nach Körperzunahme – nicht in Erfüllung gehe. Anstatt dessen träumt sie aber, daß ihr selbst ein Wunsch nicht erfüllt wird. Der Traum erhält eine neue Deutung, wenn sie im Traum nicht sich, sondern die Freundin meint, wenn sie sich an die Stelle der Freundin gesetzt oder, wie wir sagen können, sich mit ihr *identifiziert* hat.

Ich meine, dies hat sie wirklich getan, und als Anzeichen dieser Identifizierung hat sie sich den versagten Wunsch im Realen geschaffen. Was hat aber die hysterische Identifizierung für Sinn? Das aufzuklären bedarf einer eingehenderen Darstellung. Die Identifizierung ist ein für den Mechanismus der hysterischen Symptome höchst wichtiges Moment; auf diesem Wege bringen es die Kranken zustande, die Erlebnisse einer großen Reihe von Personen, nicht nur die eigenen, in ihren Symptomen auszudrücken, gleichsam für einen ganzen Menschenhaufen zu leiden und alle Rollen eines Schauspiels allein mit ihren persönlichen Mitteln darzustellen. Man wird mir einwenden, dies sei die bekannte hysterische Imitation, die Fähigkeit Hysterischer, alle Symptome, die ihnen bei anderen Eindruck machen, nachzuahmen, gleichsam ein zur Reproduktion gesteigertes Mitleiden. Damit ist aber nur der Weg bezeichnet, auf dem der psychische Vorgang bei der hysterischen Imitation abläuft; etwas anderes ist der Weg und der seelische Akt, der diesen Weg geht. Letzterer ist um ein geringes komplizierter, als man sich die Imitation der Hysterischen vorzustellen liebt; er entspricht einem unbewußten Schlußprozeß, wie ein Beispiel klarstellen wird. Der Arzt, welcher eine Kranke mit einer bestimmten Art von Zuckungen unter anderen Kranken auf demselben Zimmer im Krankenhause hat, zeigt sich nicht erstaunt, wenn er eines Morgens erfährt, daß dieser besondere hysterische Anfall Nachahmung gefunden hat. Er sagt sich einfach: Die anderen haben ihn gesehen und nachgemacht; das ist psychische Infektion. Ja, aber die psychische Infektion geht etwa auf folgende Weise zu. Die Kranken wissen in der Regel mehr voneinander als der Arzt über jede von ihnen, und sie kümmern sich umeinander, wenn die ärztliche Visite vorüber ist. Die eine bekomme heute ihren Anfall; es wird alsbald den anderen bekannt, daß ein Brief von Hause, Auffrischung des Liebeskummers u. dgl. davon die Ursache ist. Ihr Mitgefühl wird rege, es vollzieht sich in ihnen folgender, nicht zum Bewußtsein gelangender Schluß: Wenn man von solcher Ursache solche Anfälle haben kann, so kann ich auch solche Anfälle bekommen, denn ich habe dieselben Anlässe. Wäre dies ein des Bewußtseins fähiger Schluß, so würde er vielleicht in die *Angst* ausmünden, den gleichen Anfall zu bekommen; er vollzieht sich aber auf einem anderen psychischen Terrain, endet daher in der Realisierung des gefürchteten Symptoms. Die Identifizierung ist also nicht simple Imitation, sondern *Aneignung* auf Grund des gleichen ätiologischen Anspruches; sie drückt ein „gleichwie" aus und bezieht sich auf ein im Unbewußten verbleibendes Gemeinsames.

Die Identifizierung wird in der Hysterie am häufigsten benützt zum Ausdruck einer sexuellen Gemeinsamkeit. Die Hysterika identifiziert sich in ihren Symptomen am ehesten – wenn auch nicht ausschließlich – mit solchen Personen, mit denen sie im sexuellen Verkehr gestanden hat oder welche mit den nämlichen Personen wie sie selbst sexuell verkehren. Die Sprache trägt einer solchen Auffassung gleichfalls Rechnung. Zwei Liebende sind „Eines". In der hysterischen Phantasie wie im Traum genügt es für die Identifizierung, daß man an sexuelle Beziehungen denkt, ohne daß sie darum als real gelten müssen. Die Patientin folgt also bloß den Regeln der hysterischen Denkvorgänge, wenn sie ihrer Eifersucht gegen die Freundin (die sie als unberechtigt übrigens selbst erkennt) Ausdruck gibt, indem sie sich im Traum an ihre Stelle setzt und sich durch die Schaffung eines Symptoms (des versagten Wunsches) mit ihr identifiziert. Man möchte den Vorgang noch sprachlich in folgender Weise erläutern: Sie setzt sich an die Stelle der Freundin im Traum, weil diese sich bei ihrem Mann an ihre Stelle setzt, weil sie deren Platz in der Wertschätzung ihres Mannes einnehmen möchte.[52]

In einfacherer Weise und doch auch nach dem Schema, daß die Nichterfüllung des einen Wunsches die Erfüllung eines anderen bedeutet, löste sich der Widerspruch gegen meine Traumlehre bei einer anderen Patientin, der witzigsten unter all meinen Träumerinnen. Ich hatte ihr an einem Tage auseinandergesetzt, daß der Traum eine Wunscherfüllung sei; am nächsten Tage brachte sie mir einen

[52] Ich bedaure selbst die Einschaltung solcher Stücke aus der Psychopathologie der Hysterie, welche, infolge ihrer fragmentarischen Darstellung und aus allem Zusammenhang gerissen, doch nicht sehr aufklärend wirken können. Wenn sie auf die innigen Beziehungen des Themas vom Traum zu den Psychoneurosen hinzuweisen vermögen, so haben sie die Absicht erfüllt, in der ich sie aufgenommen habe.

Traum, daß sie mit ihrer Schwiegermutter nach dem gemeinsamen Landaufenthalt fahre. Nun wußte ich, daß sie sich heftig gesträubt hatte, den Sommer in der Nähe der Schwiegermutter zu verbringen, wußte auch, daß sie der von ihr gefürchteten Gemeinschaft in den letzten Tagen durch die Miete eines vom Sitz der Schwiegermutter weit entfernten Landaufenthalts glücklich ausgewichen war. Jetzt machte der Traum diese erwünschte Lösung rückgängig; war das nicht der schärfste Gegensatz zu meiner Lehre von der Wunscherfüllung durch den Traum? Gewiß, man brauchte nur die Konsequenz aus diesem Traum zu ziehen, um seine Deutung zu haben. Nach diesem Traum hatte ich unrecht*; es war also ihr Wunsch, daß ich unrecht haben sollte, und diesen zeigte* ihr der Traum erfüllt. Der Wunsch, daß ich unrecht haben sollte, der sich an dem Thema der Landwohnung erfüllte, bezog sich aber in Wirklichkeit auf einen anderen und ernsteren Gegenstand. Ich hatte um die nämliche Zeit aus dem Material, welches ihre Analyse ergab, geschlossen, daß in einer gewissen Periode ihres Lebens etwas für ihre Erkrankung Bedeutsames vorgefallen sein müsse. Sie hatte es in Abrede gestellt, weil es sich nicht in ihrer Erinnerung vorfand. Wir kamen bald darauf, daß ich recht hatte. Ihr Wunsch, daß ich unrecht haben möge, verwandelt in den Traum, daß sie mit ihrer Schwiegermutter aufs Land fahre, entsprach also dem berechtigten Wunsch, daß jene damals erst vermuteten Dinge sich nie ereignet haben möchten.

Ohne Analyse, nur vermittels einer Vermutung, gestattete ich mir ein kleines Vorkommnis bei einem Freunde zu deuten, der durch die acht Gymnasialklassen mein Kollege gewesen war. Er hörte einmal in einem kleinen Kreise einen Vortrag von mir über die Neuigkeit, daß der Traum eine Wunscherfüllung sei, ging nach Hause, träumte, *daß er alle seine Prozesse verloren habe* – er war Advokat –, und beklagte sich bei mir darüber. Ich half mir mit der Ausflucht: Man kann nicht alle Prozesse gewinnen, dachte aber bei mir: Wenn ich durch acht Jahre als Primus in der ersten Bank gesessen, während er irgendwo in der Mitte der Klasse den Platz gewechselt, sollte ihm aus diesen Knabenjahren der Wunsch ferne geblieben sein, daß ich mich auch einmal gründlich blamieren möge?

Ein anderer Traum von mehr düsterem Charakter wurde mir gleichfalls von einer Patientin als Einspruch gegen die Theorie des Wunschtraumes vorgetragen. Die Patientin, ein junges Mädchen, begann: Sie erinnern sich, daß meine Schwester jetzt nur einen Buben hat, den Karl; den älteren, Otto, hat sie verloren, als ich noch in ihrem Hause war. Otto war mein Liebling, ich habe ihn eigentlich erzogen. Den Kleinen habe ich auch gern, aber natürlich lange nicht so sehr wie den Verstorbenen. Nun träume ich diese Nacht, *daß ich den Karl tot vor mir liegen sehe. Er liegt in seinem kleinen Sarg, die Hände gefaltet, Kerzen ringsherum, kurz ganz so wie damals der kleine Otto, dessen Tod mich so erschüttert hat.* Nun sagen Sie mir, was soll das heißen? Sie kennen mich ja; bin ich eine so schlechte Person, daß ich meiner Schwester den Verlust des einzigen Kindes wünschen sollte, das sie noch besitzt? Oder heißt der Traum, daß ich lieber den Karl tot wünschte als den Otto, den ich um so viel lieber gehabt habe?

Ich versicherte ihr, daß diese letzte Deutung ausgeschlossen sei. Nach kurzem Besinnen konnte ich ihr die richtige Deutung des Traumes sagen, die ich dann von ihr bestätigen ließ. Es gelang mir dies, weil mir die ganze Vorgeschichte der Träumerin bekannt war.

Frühzeitig verwaist, was das Mädchen im Hause ihrer um vieles älteren Schwester aufgezogen worden und begegnete unter den Freunden und Besuchern des Hauses auch dem Manne, der einen bleibenden Eindruck auf ihr Herz machte. Es schien eine Weile, als ob diese kaum ausgesprochenen Beziehungen mit einer Heirat enden sollten, aber dieser glückliche Ausgang wurde durch die Schwester vereitelt, deren Motive nie eine völlige Aufklärung gefunden haben. Nach dem Bruch mied der von unserer Patientin geliebte Mann das Haus; sie selbst machte sich einige Zeit nach dem Tod des kleinen Otto, an den sie ihre Zärtlichkeit unterdessen gewendet hatte, selbständig. Es gelang ihr aber nicht, sich von der Abhängigkeit frei zu machen, in welche sie durch ihre Neigung zu dem Freund ihrer Schwester geraten war. Ihr Stolz gebot ihr, ihm auszuweichen; es war ihr aber unmöglich, ihre Liebe auf andere Bewerber zu übertragen, die sich in der Folge einstellten. Wenn der geliebte Mann, der dem Literatenstand angehörte, irgendwo einen Vortrag angekündigt hatte, war sie unfehlbar unter den Zuhörern zu finden, und auch sonst ergriff sie jede Gelegenheit, ihn am dritten Orte aus der Ferne zu sehen. Ich erinnerte mich, daß sie mir tags vorher erzählt hatte, der Professor ginge in ein bestimmtes Konzert und sie wolle auch dorthin gehen, um sich wieder einmal seines Anblicks zu erfreuen. Das war am Tag vor dem Traum; an dem Tag, an dem sie mir den Traum erzählte, sollte das Konzert stattfinden. Ich konnte mir so die richtige Deutung leicht konstruieren und fragte sie, ob ihr irgendein Ereignis einfalle, das nach dem Tod des kleinen Otto eingetreten sei. Sie antwortete sofort: Gewiß, damals ist der Professor nach langem Ausbleiben wiedergekommen, und ich habe ihn an dem Sarg des kleinen Otto wieder einmal gesehen. Es war genauso, wie ich es erwartet hatte. Ich deutete also den Traum in folgender Art: „Wenn jetzt der andere Knabe stürbe, würde sich dasselbe wiederholen. Sie würden den Tag bei Ihrer Schwester zubringen, der Professor käme sicherlich hinauf, um zu kondolieren, und unter den nämlichen Verhältnissen wie damals würden Sie ihn wiedersehen. Der Traum bedeutet nichts als diesen Ihren Wunsch nach Wiedersehen, gegen den Sie innerlich ankämpfen. Ich weiß, daß Sie das Billett für das heutige Konzert in der Tasche tragen. Ihr Traum ist ein Ungeduldstraum, er hat das Wiedersehen, das heute stattfinden soll, um einige Stunden verfrüht."

Zur Verdeckung ihres Wunsches hatte sie offenbar eine Situation gewählt, in welcher solche Wünsche unterdrückt zu werden pflegen, eine Situation, in der man von Trauer so sehr erfüllt ist, daß man an Liebe nicht denkt. Und doch ist es sehr gut möglich, daß auch in der realen Situation, welche der Traum getreulich kopierte, am Sarge des ersten, von ihr stärker geliebten Knaben sie die zärtliche Empfindung für den lange vermißten Besucher nicht hatte unterdrücken können.

Eine andere Aufklärung fand ein ähnlicher Traum einer anderen Patientin, die sich in früheren Jahren durch raschen Witz und heitere Laune hervorgetan hatte und diese Eigenschaften jetzt wenigstens noch in ihren Einfällen während der Behandlung bewies. Dieser Dame kam es im Zusammenhange eines längeren Traumes vor, daß sie ihre einzige, fünfzehnjährige Tochter in einer Schachtel tot daliegen sah. Sie hatte nicht übel Lust, aus dieser Traumerscheinung einen Einwand gegen die Wunscherfüllungstheorie zu machen, ahnte aber selbst, daß das Detail der Schachtel den Weg zu einer anderen Auffassung des Traumes anzeigen müsse.[53] Bei der Analyse fiel ihr ein, daß in der Gesellschaft abends vorher die Rede auf das englische Wort „*box*" gekommen war und auf die mannigfaltigen Übersetzungen desselben im Deutschen als: Schachtel, Loge, Kasten, Ohrfeige usw. Aus anderen Bestandstücken desselben Traumes ließ sich nun ergänzen, daß sie die Verwandtschaft des englischen „*box*" mit dem deutschen „Büchse" erraten habe und dann von der Erinnerung heimgesucht worden sei, daß „Büchse" auch als vulgäre Bezeichnung des weiblichen Genitals gebraucht werde. Mit einiger Nachsicht für ihre Kenntnisse in der topographischen Anatomie konnte man also annehmen, daß das Kind in der „Schachtel" eine Frucht im Mutterleibe bedeute. Soweit aufgeklärt, leugnete sie nun nicht, daß das Traumbild wirklich einem Wunsch von ihr entspreche. Wie so viele junge Frauen war sie keineswegs glücklich, als sie in die Gravidität geriet, und gestand sich mehr als einmal den Wunsch ein, daß ihr das Kind im Mutterleibe absterben möge; ja in einem Wutanfalle nach einer heftigen Szene mit ihrem Manne schlug sie mit den Fäusten auf ihren Leib los, um das Kind darin zu treffen. Das tote Kind war also wirklich eine Wunscherfüllung, aber die eines seit fünfzehn Jahren beseitigten Wunsches, und es ist nicht zu verwundern, wenn man die Wunscherfüllung nach so verspätetem Eintreffen nicht mehr erkennt. Unterdessen hat sich eben zu viel geändert.

---

53 Ähnlich wie im Traum vom vereitelten Souper der geräucherte Lachs.

Die Gruppe, zu welcher die beiden letzten Träume gehören, die den Tod lieber Angehöriger zum Inhalt haben, soll bei den typischen Träumen nochmals Berücksichtigung finden. Ich werde dort an neuen Beispielen zeigen können, daß trotz des unerwünschten Inhalts alle diese Träume als Wunscherfüllungen gedeutet werden müssen. Keinem Patienten, sondern einem intelligenten Rechtsgelehrten meiner Bekanntschaft verdanke ich folgenden Traum, der mir wiederum in der Absicht erzählt wurde, mich von voreiliger Verallgemeinerung in der Lehre vom Wunschtraum zurückzuhalten: „*Ich träume*“, berichtet mein Gewährsmann, „*daß ich, eine Dame am Arm, vor mein Haus komme. Dort wartet ein geschlossener Wagen, ein Herr tritt auf mich zu, legitimiert sich als Polizeiagent und fordert mich auf, ihm zu folgen. Ich bitte nur noch um die Zeit, meine Angelegenheiten zu ordnen. Glauben Sie, daß es vielleicht ein Wunsch von mir ist, verhaftet zu werden?*“ – Gewiß nicht, muß ich zugeben. Wissen Sie vielleicht, unter welcher Beschuldigung Sie verhaftet wurden? – „Ja, ich glaube wegen Kindesmords.“ – Kindesmord? Sie wissen doch, daß dieses Verbrechen nur eine Mutter an ihrem Neugeborenen begehen kann? – „Das ist richtig.“ [54] – Und unter welchen Umständen haben Sie geträumt; was ist am Abend vorher vorgegangen? – „Das möchte ich Ihnen nicht gerne erzählen, es ist eine heikle Angelegenheit.“ – Ich brauche es aber, sonst müssen wir auf die Deutung des Traums verzichten. – „Also hören Sie. Ich habe die Nacht nicht zu Hause, sondern bei einer Dame zugebracht, die mir sehr viel bedeutet. Als wir am Morgen erwachten, ging neuerdings etwas zwischen uns vor. Dann schlief ich wiederum ein und träumte, was Sie wissen.“ – Es ist eine verheiratete Frau? – „ Ja.“ – Und Sie wollen kein Kind mit ihr erzeugen? – „Nein, nein, das könnte uns verraten.“ – Sie üben also nicht normalen Koitus? – „Ich gebrauche die Vorsicht, mich vor der Ejakulation zurückzuziehen.“ – Darf ich annehmen, Sie hätten das Kunststück in dieser Nacht mehrere Male ausgeführt und seien nach der Wiederholung am Morgen ein wenig unsicher gewesen, ob es Ihnen gelungen ist? – „Das könnte wohl sein.“ – Dann ist Ihr Traum eine Wunscherfüllung. Sie erhalten durch ihn die Beruhigung, daß Sie kein Kind erzeugt haben, oder was nahezu das gleiche ist, Sie hätten ein Kind umgebracht. Die Mittelglieder kann ich Ihnen leicht nachweisen. Erinnern Sie sich, vor einigen Tagen sprachen wir über die Ehenot und über die Inkonsequenz, daß es gestattet ist, den Koitus so zu halten, daß keine Befruchtung zustande kommt, während jeder Eingriff, wenn einmal Ei und Same sich getroffen und einen Fötus gebildet haben, als Verbre-

---

[54] Es ereignet sich häufig, daß ein Traum unvollständig erzählt wird und daß erst während der Analyse die Erinnerung an diese ausgelassenen Stücke des Traumes auftaucht. Diese nachträglich eingefügten Stücke ergeben regelmäßig den Schlüssel zur Traumdeutung. Vergleiche weiter unten über das Vergessen der Träume.

chen bestraft wird. Im Anschluß daran gedachten wir auch der mittelalterlichen Streitfrage, in welchem Zeitpunkt eigentlich die Seele in den Fötus hineinfahre, weil der Begriff des Mordes erst von da an zulässig wird. Sie kennen gewiß auch das schaurige Gedicht von Lenau, welches Kindermord und Kinderverhütung gleichstellt. – „An Lenau habe ich merkwürdigerweise heute vormittag wie zufällig gedacht." – Auch ein Nachklang Ihres Traums. Und nun will ich Ihnen noch eine kleine Nebenwunscherfüllung in Ihrem Traum nachweisen. Sie kommen mit der Dame am Arm vor Ihr Haus. Sie *führen* sie also heim, anstatt daß Sie in Wirklichkeit die Nacht in deren Hause zubringen. Daß die Wunscherfüllung, die den Kern des Traumes bildet, sich in so unangenehmer Form verbirgt, hat vielleicht mehr als einen Grund. Aus meinem Aufsatz über die Ätiologie der Angstneurose könnten Sie erfahren, daß ich den *coitus interruptus* als eines der ursächlichen Momente für die Entstehung der neurotischen Angst in Anspruch nehme. Es würde dazu stimmen, wenn Ihnen nach mehrmaligem Koitus dieser Art eine unbehagliche Stimmung verbliebe, die nun als Element in die Zusammensetzung Ihres Traumes eingeht. Dieser Verstimmung bedienen Sie sich auch, um sich die Wunscherfüllung zu verhüllen. Übrigens ist auch die Erwähnung des Kindesmords nicht erklärt. Wie kommen Sie zu diesem spezifisch weiblichen Verbrechen? – „Ich will Ihnen gestehen, daß ich vor Jahren einmal in eine solche Angelegenheit verflochten war. Ich war schuld daran, daß ein Mädchen sich durch eine Fruchtabtreibung vor den Folgen eines Verhältnisses mit mir zu schützen versuchte. Ich hatte mit der Ausführung des Vorsatzes gar nichts zu tun, war aber lange Zeit in begreiflicher Angst, daß die Sache entdeckt würde." – Ich verstehe, diese Erinnerung ergab einen zweiten Grund, warum Ihnen die Vermutung, Sie hätten Ihr Kunststück schlecht gemacht, peinlich sein mußte.

Ein junger Arzt, welcher in meinem Kolleg diesen Traum erzählen hörte, muß sich von ihm betroffen gefühlt haben, denn er beeilte sich, ihn nachzuträumen, dessen Gedankenform auf ein anderes Thema anzuwenden. Er hatte tags vorher sein Einkommenbekenntnis übergeben, welches vollkommen aufrichtig gehalten war, da er nur wenig zu bekennen hatte. Er träumte nun, ein Bekannter komme aus der Sitzung der Steuerkommission zu ihm und teile ihm mit, daß alle anderen Steuerbekenntnisse unbeanstandet geblieben seien, das seinige aber habe allgemeines Mißtrauen erweckt und werde ihm eine empfindliche Steuerstrafe eintragen. Der Traum ist eine lässig verhüllte Wunscherfüllung, für einen Arzt von großem Einkommen zu gelten. Er erinnert übrigens an die bekannte Geschichte von jenem jungen Mädchen, welchem abgeraten wird, ihrem Freier zuzusagen, weil er ein jähzorniger Mensch sei und sie in der Ehe sicherlich mit Schlägen traktieren werde. Die Antwort des Mädchens lautet: Schlüg' er mich erst! Ihr Wunsch, verheiratet zu sein, ist so lebhaft, daß sie die in Aussicht gestellte Unannehmlichkeit, die mit dieser Ehe verbunden sein soll, mit in den Kauf nimmt und selbst zum Wunsch erhebt.

Fasse ich die sehr häufig vorkommenden Träume solcher Art, die meiner Lehre direkt zu widersprechen scheinen, indem sie das Versagen eines Wunsches oder das Eintreffen von etwas offenbar Ungewünschtem zum Inhalt haben, als „*Gegenwunschträume*" zusammen, so sehe ich, daß sie sich allgemein auf zwei Prinzipien zurückführen lassen, von denen das eine noch nicht erwähnt worden ist, obwohl es im Leben wie im Träumen der Menschen eine große Rolle spielt. Die eine Triebkraft dieser Träume ist der Wunsch, daß ich unrecht haben soll. Diese Träume ereignen sich regelmäßig im Laufe meiner Behandlungen, wenn sich der Patient im Widerstand gegen mich befindet, und ich kann mit großer Sicherheit darauf rechnen, einen solchen Traum hervorzurufen, nachdem ich dem Kranken die Lehre, der Traum sei eine Wunscherfüllung, zuerst vorgetragen habe.[55] Ja, ich darf erwarten, daß es manchem meiner Leser ebenso ergehen wird; er wird sich bereitwillig im Traume einen Wunsch versagen, um sich nur den Wunsch, daß ich unrecht haben möge, zu erfüllen. Der letzte Kurtraum dieser Art, den ich mitteilen will, zeigt wiederum das nämliche. Ein junges Mädchen, welches sich die Fortsetzung meiner Behandlung mühsam erkämpft hat, gegen den Willen ihrer Angehörigen und der zu Rate gezogenen Autoritäten, träumt: *Zu Hause verbiete man ihr, weiter zu mir zu kommen. Sie beruft sich dann bei mir auf ein ihr gegebenes Versprechen, sie im Notfalle auch umsonst zu behandeln, und ich sage ihr: In Geldsachen kann ich keine Rücksicht üben.*

Es ist wirklich nicht leicht, hier die Wunscherfüllung nachzuweisen, aber in all solchen Fällen findet sich außer dem einen Rätsel noch ein anderes, dessen Lösung auch das erste lösen hilft. Woher stammen die Worte, die sie mir in den Mund legt? Ich habe ihr natürlich nie etwas Ähnliches gesagt, aber einer ihrer Brüder, und gerade jener, der den größten Einfluß auf sie hat, war so liebenswürdig, über mich diesen Ausspruch zu tun. Der Traum will also erreichen, daß der Bruder recht behalte, und diesem Bruder recht verschaffen will sie nicht nur im Traume; es ist der Inhalt ihres Lebens und das Motiv ihres Krankseins.

Ein Traum, welcher der Theorie von der Wunscherfüllung auf den ersten Blick besondere Schwierigkeit bereitet, ist von einem Arzt (Aug. Stärcke) geträumt und gedeutet worden:

„Ich habe und sehe an meinem linken Zeigefinger einen syphilitischen Primäraffekt an der letzten Phalange."

---

55 Ähnliche „Gegenwunschträume" wurden mir in den letzten Jahren wiederholt von meinen Hörern berichtet als deren Reaktion auf ihr erstes Zusammentreffen mit der „Wunschtheorie des Traumes".

Man wird sich vielleicht von der Analyse dieses Traums durch die Erwägung abhalten lassen, daß er ja bis auf seinen unerwünschten Inhalt klar und kohärent erscheint. Allein, wenn man die Mühe einer Analyse nicht scheut, erfährt man, daß „Primäraffekt" gleichzusetzen ist einer „*prima affectio*" (erste Liebe) und daß das widerliche Geschwür nach den Worten Stärckes „sich als Vertreter von mit großem Affekt belegten Wunscherfüllungen" erweist.[56]

Das andere Motiv der Gegenwunschträume liegt so nahe, daß man leicht in Gefahr kommt, es zu übersehen, wie mir selbst durch längere Zeit geschehen ist. In der Sexualkonstitution so vieler Menschen gibt es eine masochistische Komponente, die durch die Verkehrung ins Gegenteil der aggressiven, sadistischen entstanden ist. Man heißt solche Menschen „ideelle" Masochisten, wenn sie die Lust nicht in dem ihnen zugefügten körperlichen Schmerz, sondern in der Demütigung und seelischen Peinigung suchen. Es leuchtet ohne weiteres ein, daß diese Personen Gegenwunsch- und Unlustträume haben können, die für sie doch nichts anderes als Wunscherfüllungen sind, Befriedigung ihrer masochistischen Neigungen. Ich setze einen solchen Traum hieher: Ein junger Mann, der in früheren Jahren seinen älteren Bruder, dem er homosexuell zugetan war, sehr gequält hat, träumt nun nach gründlicher Charakterwandlung einen aus drei Stücken bestehenden Traum: *I. Wie ihn sein älterer Bruder „sekkiert". II. Wie zwei Erwachsene in homosexueller Absicht miteinander schön tun. III. Der Bruder hat das Unternehmen verkauft, dessen Leitung er sich für seine Zukunft vorbehalten hat.* Aus letzterem Traume erwacht er mit den peinlichsten Gefühlen, und doch ist es ein masochistischer Wunschtraum, dessen Übersetzung lauten könnte: es geschähe mir ganz recht, wenn der Bruder mir jenen Verkauf antäte, zur Strafe für alle Quälereien, die er von mir ausgestanden hat.

Ich hoffe, die vorstehenden Beispiele werden genügen, um es – bis auf weiteren Einspruch – glaubwürdig erscheinen zu lassen, daß auch die Träume mit peinlichem Inhalt als Wunscherfüllung aufzulösen sind.[57] Es wird auch niemand eine Äußerung des Zufalls darin erblicken, daß man bei der Deutung dieser Träume jedesmal auf Themata gerät, von denen man nicht gerne spricht oder an die man nicht gerne denkt. Das peinliche Gefühl, welches solche Träume erwekken, ist wohl einfach identisch mit dem Widerwillen, der uns von der Behandlung oder Erwägung solcher Themata – meist mit Erfolg – abhalten möchte und welcher von jedem von uns überwunden werden muß, wenn wir uns genötigt sehen, es doch in Angriff zu nehmen. Dieses im Traum also wiederkehrende

---

[56] Zentralblatt für Psychoanalyse II, 1911/1912.

[57] Ich verweise darauf, daß dies Thema hier nicht erledigt ist und noch später behandelt werden wird.

Unlustgefühl schließt aber das Bestehen eines Wunsches nicht aus; es gibt bei jedem Menschen Wünsche, die er anderen nicht mitteilen möchte, und Wünsche, die er sich selbst nicht eingestehen will. Anderseits finden wir uns berechtigt, den Unlustcharakter all dieser Träume mit der Tatsache der Traumentstellung in Zusammenhang zu bringen und zu schließen, diese Träume seien gerade darum so entstellt und die Wunscherfüllung in ihnen bis zur Unkenntlichkeit verkleidet, weil ein Widerwillen, eine Verdrängungsabsicht gegen das Thema des Traumes oder gegen den aus ihm geschöpften Wunsch besteht. Die Traumentstellung erweist sich also tatsächlich als ein Akt der Zensur. Allem, was die Analyse der Unlustträume zutage gefördert hat, tragen wir aber Rechnung, wenn wir unsere Formel, die das Wesen des Traumes ausdrücken soll, in folgender Art verändern: *Der Traum ist die (verkleidete) Erfüllung eines (unterdrückten, verdrängten) Wunsches.*[58]

Nun erübrigen noch die Angstträume als besondere Unterart der Träume mit peinlichem Inhalt, deren Auffassung als Wunschträume bei den Unaufgeklärten die geringste Bereitwilligkeit begegnen wird. Doch kann ich die Angstträume hier ganz kurz abtun; es ist nicht eine neue Seite des Traumproblems, die sich uns in ihnen zeigen würde, sondern es handelt sich bei ihnen um das Verständnis

---

[58] Ein großer unter den lebenden Dichtern, der, wie mir gesagt wurde, von Psychoanalyse und Traumdeutung nichts wissen will, findet doch aus eigenem eine fast identische Formel für das Wesen des Traumes: „Unbefugtes Auftauchen unterdrückter Sehnsuchtswünsche unter falschem Antlitz und Namen." C. Spitteler, *Meine frühesten Erlebnisse* (Süddeutsche Monatshefte, Oktober 1913). Vorgreifend führe ich hier die von *Otto Rank* herrührende Erweiterung und Modifikation der obigen Grundformel an: „Der Traum stellt regelmäßig auf der Grundlage und mit Hilfe verdrängten infantil-sexuellen Materials aktuelle, in der Regel auch erotische Wünsche in verhüllter und symbolisch eingekleideter Form als erfüllt dar." („Ein Traum, der sich selbst deutet.")

Ich habe an keiner Stelle gesagt, daß ich diese Ranksche Formel zur meinigen gemacht habe. Die kürzere, im Text enthaltene Fassung scheint mir zu genügen. Aber daß ich die Ranksche Modifikation überhaupt erwähnte, hat genügt, um der Psychoanalyse den ungezählte Male wiederholten Vorwurf einzutragen: sie behaupte, alle Träume haben sexuellen Inhalt. Wenn man diesen Satz so versteht, wie er verstanden werden will, so beweist er nur, wie wenig Gewissenhaftigkeit Kritiker bei ihren Geschäften zu verbrauchen pflegen und wie gerne Gegner die klarsten Äußerungen übersehen, wenn sie ihrer Neigung zur Aggression nicht taugen, denn wenige Seiten vorher hatte ich die mannigfaltigen Wunscherfüllungen der Kinderträume erwähnt (eine Landpartie oder Seefahrt zu machen, eine versäumte Mahlzeit nachzuholen usw.), an anderen Stellen von den Hungerträumen, den Träumen auf Durstreiz, auf Exkretionsreiz, von den reinen Bequemlichkeitsträumen gehandelt. Selbst Rank stellt keine absolute Behauptung auf. Er sagt „in der Regel auch erotische Wünsche", und dies ist für die meisten Träume Erwachsener durchaus zu bestätigen.

Anders sieht es aus, wenn man „sexuell" in dem nun in der Psychoanalyse gebräuchlichen Sinne von „Eros" gebraucht. Aber das interessante Problem, ob nicht alle Träume von „libidinösen" Triebkräften (im Gegensatz zu „destruktiven") geschaffen werden, haben die Gegner kaum vor Augen gehabt.

der neurotischen Angst überhaupt. Die Angst, die wir im Traume empfinden, ist nur scheinbar durch den Inhalt des Traumes erklärt. Wenn wir den Trauminhalt der Deutung unterziehen, merken wir, daß die Traumangst durch den Inhalt des Traumes nicht besser gerechtfertigt wird als etwa die Angst einer Phobie durch die Vorstellung, an welcher die Phobie hängt. Es ist z. B. zwar richtig, daß man aus dem Fenster stürzen kann und darum Ursache hat, sich beim Fenster einer gewissen Vorsicht zu befleißen, aber es ist nicht zu verstehen, warum bei der entsprechenden Phobie die Angst so groß ist und den Kranken weit über ihre Anlässe hinaus verfolgt. Dieselbe Aufklärung erweist sich dann als gültig für die Phobie wie für den Angsttraum. Die Angst ist beide Male an die sie begleitende Vorstellung nur *angelötet* und stammt aus anderer Quelle.

Wegen dieses intimen Zusammenhangs der Traumangst mit der Neurosenangst muß ich hier bei der Erörterung der ersteren auf die letztere verweisen. In einem kleinen Aufsatze über die „Angstneurose" (Neurologisches Zentralblatt 1895) habe ich seinerzeit behauptet, daß die neurotische Angst aus dem Sexualleben stammt und einer von ihrer Bestimmung abgelenkten, nicht zur Verwendung gelangten Libido entspricht. Diese Formel hat sich seither immer mehr als stichhaltig erwiesen. Aus ihr läßt sich nun der Satz ableiten, daß die Angstträume Träume sexuellen Inhalts sind, deren zugehörige Libido eine Verwandlung in Angst erfahren hat. Es wird sich späterhin die Gelegenheit ergeben, diese Behauptung durch die Analyse einiger Träume bei Neurotikern zu unterstützen. Auch werde ich bei weiteren Versuchen, mich einer Theorie des Traums zu nähern, nochmals auf die Bedingung der Angstträume und deren Verträglichkeit mit der Wunscherfüllungstheorie zu sprechen kommen.

V
DAS TRAUMMATERIAL UND DIE TRAUMQUELLEN

Als wir aus der Analyse des Traums von Irmas Injektion ersehen hatten, daß der Traum eine Wunscherfüllung ist, nahm uns zunächst das Interesse gefangen, ob wir hiemit einen allgemeinen Charakter des Traums aufgedeckt haben, und wir brachten vorläufig jede andere wissenschaftliche Neugierde zum Schweigen, die sich in uns während jener Deutungsarbeit geregt haben mochte. Nachdem wir jetzt auf dem einen Wege zum Ziel gelangt sind, dürfen wir zurückkehren und einen neuen Ausgangspunkt für unsere Streifungen durch die Probleme des Traumes wählen, sollten wir darüber auch das noch keineswegs voll erledigte Thema der Wunscherfüllung für eine Weile aus den Augen verlieren.

Seitdem wir durch Anwendung unseres Verfahrens der Traumdeutung einen *latenten* Trauminhalt aufdecken können, der an Bedeutsamkeit den *manifesten* Trauminhalt weit hinter sich läßt, muß es uns drängen, die einzelnen Traumprobleme von neuem aufzunehmen, um zu versuchen, ob sich für uns nicht Rätsel und Widersprüche befriedigend lösen, die, solange man nur den manifesten Trauminhalt kannte, unangreifbar erschienen sind.

Die Angaben der Autoren über den Zusammenhang des Traums mit dem Wachleben sowie über die Herkunft des Traummaterials sind im einleitenden Abschnitt ausführlich mitgeteilt worden. Wir erinnern uns auch jener drei Eigentümlichkeiten des Traumgedächtnisses, die so vielfach bemerkt, aber nicht erklärt worden sind:

1. Daß der Traum die Eindrücke der letzten Tage deutlich bevorzugt (*Robert, Strümpell, Hildebrandt* auch *Weed-Hallam*);

2. daß er eine Auswahl nach anderen Prinzipien als unser Wachgedächtnis trifft, indem er nicht das Wesentliche und Wichtige, sondern das Nebensächliche und Unbeachtete erinnert;

3. daß er die Verfügung über unsere frühesten Kindheitseindrücke besitzt und selbst Einzelheiten aus dieser Lebenszeit hervorholt, die uns wiederum als trivial erscheinen und im Wachen für längst vergessen gehalten worden sind.[59]

[59] Es ist klar, daß die Auffassung Roberts, der Traum sei dazu bestimmt, unser Gedächtnis von den

Diese Besonderheiten in der Auswahl des Traummaterials sind von den Autoren natürlich am manifesten Trauminhalte beobachtet worden.

A
Das Rezente und das Indifferente im Traum

Wenn ich jetzt in betreff der Herkunft der im Trauminhalt auftretenden Elemente meine eigene Erfahrung zu Rate ziehe, so muß ich zunächst die Behauptung aufstellen, daß in jedem Traum eine Anknüpfung an die Erlebnisse des *letztabgelaufenen* Tages aufzufinden ist. Welchen Traum immer ich vornehme, einen eigenen oder fremden, jedesmal bestätigt sich mir diese Erfahrung. In Kenntnis dieser Tatsache kann ich etwa die Traumdeutung damit beginnen, daß ich zuerst nach dem Erlebnis des Tages forsche, welches den Traum angeregt hat; für viele Fälle ist dies sogar der nächste Weg. An den beiden Träumen, die ich, im vorigen Abschnitt einer genauen Analyse unterzogen habe (von Irmas Injektion, von meinem Onkel mit dem gelben Bart), ist die Beziehung zum Tag so augenfällig, daß sie keiner weiteren Beleuchtung bedarf. Um aber zu zeigen, wie regelmäßig sich diese Beziehung erweisen läßt, will ich ein Stück meiner eigenen Traumchronik daraufhin untersuchen. Ich teile die Träume nur so weit mit, als ich es zur Aufdeckung der gesuchten Traumquelle bedarf.

1. *Ich mache einen Besuch in einem Hause, wo ich nur mit Schwierigkeiten vorgelassen werde usw., lasse eine Frau unterdessen auf mich warten.*

Quelle: Gespräch mit einer Verwandten am Abend, daß eine Anschaffung, die sie verlangt, warten müsse, bis usw.

2. *Ich habe eine Monographie über eine gewisse* (unklar) *Pflanzenart geschrieben.*

Quelle: Am Vormittag im Schaufenster einer Buchhandlung eine Monographie gesehen über die Gattung Zyklamen.

3. *Ich sehe zwei Frauen auf der Straße, Mutter und Tochter, von denen die letztere meine Patientin war.*

Quelle: Eine in Behandlung stehende Patientin hat mir abends mitgeteilt, welche Schwierigkeiten ihre Mutter einer Fortsetzung der Behandlung entgegenstellt.

4. *In der Buchhandlung von S. und R. nehme ich ein Abonnement auf eine periodische Publikation, die jährlich zwanzig Gulden kostet.*

---

wertlosen Eindrücken des Tages zu entlasten, nicht mehr zu halten ist, wenn im Traume einigermaßen häufig gleichgültige Erinnerungsbilder aus unserer Kindheit auftreten. Man müßte den Schluß ziehen, daß der Traum die ihm zufallende Aufgabe sehr ungenügend zu erfüllen pflegt.

Quelle: Meine Frau hat mich am Tage daran erinnert, daß ich ihr zwanzig Gulden vom Wochengelde noch schuldig bin.

5. *Ich erhalte eine Zuschrift vom sozialdemokratischen Komitee, in der ich als Mitglied behandelt werde.*

Quelle: Zuschriften erhalten gleichzeitig vom liberalen Wahl*komitee* und vom Präsidium des humanitären Vereins, dessen *Mitglied* ich wirklich bin.

6. *Ein Mann auf einem steilen Fels mitten im Meer, in Böcklinscher Manier.*

Quelle: *Dreyfus* auf der *Teufelsinsel*, gleichzeitig Nachrichten von meinen Verwandten in *England* usw.

Man könnte die Frage aufwerfen, ob die Traumanknüpfung unfehlbar an die Ereignisse des letzten Tages erfolgt oder ob sie sich auf Eindrücke eines längeren Zeitraumes der jüngsten Vergangenheit erstrecken kann. Dieser Gegenstand kann prinzipielle Bedeutsamkeit wahrscheinlich nicht beanspruchen, doch möchte ich mich für das ausschließliche Vorrecht des letzten Tages vor dem Traume (des Traumtages) entscheiden. Sooft ich zu finden vermeinte, daß ein Eindruck vor zwei oder drei Tagen die Quelle des Traumes gewesen sei, konnte ich mich doch bei genauerer Nachforschung überzeugen, daß jener Eindruck am Vortage wieder erinnert worden war, daß also eine nachweisbare Reproduktion am Vortage sich zwischen dem Ereignistage und der Traumzeit eingeschoben hatte, und konnte außerdem den rezenten Anlaß nachweisen, von dem die Erinnerung an den älteren Eindruck ausgegangen sein konnte.

Hingegen konnte ich mich nicht davon überzeugen, daß zwischen dem erregenden Tageseindruck und dessen Wiederkehr im Traume ein regelmäßiges Intervall von biologischer Bedeutsamkeit (als erstes dieser Art nennt *H. Swoboda* achtzehn Stunden) eingeschoben ist.[60]

---

[60] H. Swoboda hat, wie in den Ergänzungen zum ersten Abschnitt mitgeteilt, die von W. Fließ gefundenen biologischen Intervalle von 23 und 28 Tagen in weitem Ausmaß auf das seelische Geschehen übertragen und insbesondere behauptet, daß diese Zeiten für das Auftauchen der Traumelemente in den Träumen entscheidend sind. Die Traumdeutung würde nicht wesentlich abgeändert, wenn sich solches nachweisen ließe, aber für die Herkunft des Traummaterials ergäbe sich eine neue Quelle. Ich habe nun neuerdings einige Untersuchungen an eigenen Träumen angestellt, um die Anwendbarkeit der „Periodenlehre" auf das Traummaterial zu prüfen, und habe hiezu besonders auffällige Elemente des Trauminhaltes gewählt, deren Auftreten im Leben sich zeitlich mit Sicherheit bestimmen ließ.

I. Traum vom 1./2. Oktober 1910.

Bruchstück) ... *Irgendwo in Italien, Drei Töchter zeigen mir kleine Kostbarkeiten, wie in einem Antiquarladen, setzen sich mir dabei auf den Schoß. Bei einem der Stücke sage ich: Das haben Sie ja von mir. Ich sehe dabei deutlich eine kleine Profilmaske mit den scharfgeschnittenen Zügen Savonarolas.*

Wann habe ich zuletzt das Bild *Savonarolas* gesehen? Ich war nach dem Ausweis meines Reisetagebuches am 4. und 5. September in Florenz; dort dachte ich daran, meinem Reisebegleiter das Medaillon mit den Zügen des fanatischen Mönches im Pflaster der Piazza Signoria an der Stelle, wo er den Tod durch Verbrennen fand, zu zeigen, und ich meine, am 3. vormittags, machte ich ihn auf dasselbe aufmerksam. Von diesem Eindruck bis zur Wiederkehr im Traume sind allerdings 27+1 Tage verflossen, eine „weibliche Periode", nach Fließ. Zum Unglück für die Beweiskraft dieses Beispiels muß ich aber erwähnen, *daß an dem Traumtage selbst* der tüchtige, aber düster blickende Kollege bei mir war (das erstemal seit meiner Rückkunft), für den ich vor Jahren schon den Scherznamen „Rabbi Savonarola" aufgebracht habe. Er stellte mir einen Unfallkranken vor, der in dem Pontebbazug verunglückt war, in dem ich selbst acht Tage vorher gereist war, und leitete so meine Gedanken zur letzten Italienreise zurück. Das Erscheinen des auffälligen Elementes „*Savonarola*" im Trauminhalt ist durch diesen Besuch des Kollegen am Traumtage aufgeklärt, das achtundzwanzigtägige Intervall wird seiner Bedeutung für dessen Herleitung verlustig.

II. Traum vom 10./11. Oktober.

Ich arbeite wieder einmal Chemie im Universitätslaboratorium. Hofrat L. lädt mich ein, an einen Ort zu kommen, und geht auf dem Korridor voran, eine Lampe oder sonst ein Instrument wie scharfsinnig(?) (scharfsichtig?) in der erhobenen Hand vor sich hintragend, in eigentümlicher Haltung mit vorgestrecktem Kopf. Wir kommen dann über einen freien Platz ...(Rest vergessen).

Das Auffälligste in diesem Trauminhalt ist die Art, wie Hofrat L. die Lampe (oder Lupe) vor sich hinträgt, das Auge spähend in die Weite gerichtet L. habe ich viele Jahre lang nicht mehr gesehen, aber ich weiß jetzt schon, er ist nur eine Ersatzperson für einen anderen, größeren, für den Archimedes nahe bei der Arethusaquelle in Syrakus, der genauso wie er im Traume dasteht und so den Brennspiegel handhabt, nach dem Belagerungsheer der Römer spähend. Wann habe ich dieses Denkmal zuerst (und zuletzt) gesehen? Nach meinen Aufzeichnungen war es am 17. September abends, und von diesem Datum bis zum Traume sind tatsächlich 13+10 = 23 Tage verstrichen, eine „männliche Periode" nach Fließ.

Leider hebt das Eingehen auf die Deutung des Traumes auch hier ein Stück von der Unerläßlichkeit dieses Zusammenhangs auf. Der Traumanlaß war die am Traumtag erhaltene Nachricht, daß die Klinik, in deren Hörsaal ich als Gast meine Vorlesungen abhalte, demnächst anderswohin verlegt werden solle. Ich nahm an, daß die neue Lokalität sehr unbequem gelegen sei, sagte mir, es werde dann sein, als ob ich überhaupt keinen Hörsaal zur Verfügung habe, und von da an müßten meine Gedanken bis in den Beginn meiner Dozentenzeit zurückgegangen sein, als ich wirklich keinen Hörsaal hatte und mit meinen Bemühungen, mir einen zu verschaffen, auf geringes Entgegenkommen bei den hochvermögenden Herren Hofräten und Professoren stieß. Ich ging damals zu L. der gerade die Würde des Dekans bekleidete und den ich für einen Gönner hielt, um ihm meine Not zu klagen. Er versprach mir Abhilfe, ließ aber dann nichts weiter von sich hören. Im Traum ist er der Archimedes, der mir gibt, ποῦ στῶ, und mich selbst in die andere Lokalität geleitet. Daß den Traumgedanken weder Rachsucht noch Größenbewußtsein fremd sind, wird der Deutungskundige leicht erraten, Ich muß aber urteilen, daß ohne diesen Traumanlaß der Archimedes kaum in den Traum dieser Nacht gelangt wäre; es bleibt mir unsicher, ob der starke und noch rezente Eindruck der Statue in Siracusa sich nicht auch bei einem anderen Zeitintervall geltend gemacht hätte.

III. Traum vom 2./3. Oktober 1910.

(Bruchstück) ... *Etwas von Prof. Oser, der selbst das Menü für mich gemacht hat, was sehr beruhigend wirkt* (anderes vergessen).

Auch *H. Ellis*, der dieser Frage Aufmerksamkeit geschenkt hat, gibt an, daß er eine solche Periodizität der Reproduktion in seinen Träumen „trotz des Achtens darauf“ nicht finden konnte. Er erzählt einen Traum, in welchem er sich in Spanien befand und nach einem Ort: *Daraus*, *Varaus* oder *Zaraus* fahren wollte. Erwacht, konnte er sich an einen solchen Ortsnamen nicht erinnern und legte den Traum beiseite. Einige Monate später fand er tatsächlich den Namen *Zaraus* als den einer Station zwischen San Sebastian und Bilbao, welche er 250 Tage vor dem Traum mit dem Zuge passiert hatte.

Ich meine also, es gibt für jeden Traum einen Traumerreger aus jenen Erlebnissen, über die „man noch keine Nacht geschlafen hat“.

Die Eindrücke der jüngsten Vergangenheit (mit Ausschluß des Tages vor der Traumnacht) zeigen also keine andersartige Beziehung zum Trauminhalte als andere Eindrücke aus beliebig ferner liegenden Zeiten. Der Traum kann sein Material aus jeder Zeit des Lebens wählen, wofern nur von den Erlebnissen des Traumtages (den „rezenten“ Eindrücken) zu diesen früheren ein Gedankenfaden reicht.

Woher aber die Bevorzugung der rezenten Eindrücke? Wir werden zu Vermutungen über diesen Punkt gelangen, wenn wir einen der erwähnten Träume einer genaueren Analyse unterziehen. Ich wähle den

Traum von der botanischen Monographie.

Ich habe eine Monographie über eine gewisse Pflanze geschrieben. Das Buch liegt vor mir, ich blättere eben eine eingeschlagene farbige Tafel um. Jedem Exemplar ist ein getrocknetes Spezimen der Pflanze beigebunden, ähnlich wie aus einem Herbarium.

Der Traum ist die Reaktion auf eine Verdauungsstörung dieses Tages, die mich erwägen ließ, ob ich mich nicht wegen Bestimmung einer Diät an einen Kollegen wenden solle. Daß ich im Traum den im Sommer verstorbenen Oser dazu bestimme, knüpft an den sehr kurz vorher (1. Oktober) erfolgten Tod eines anderen von mir hochgeschätzten Universitätslehrers an. Wann ist aber Oser gestorben, und wann habe ich seinen Tod erfahren? Nach dem Ausweis des Zeitungsblattes am 22. August; da ich damals in Holland weilte, wohin ich die Wiener Zeitung regelmäßig nachsenden ließ, muß ich die Todesnachricht am 24. oder 25. August gelesen haben. Dieses Intervall entspricht aber keiner Periode mehr, es umfaßt 7+30+2 = 39 Tage oder vielleicht 40 Tage. Ich kann mich nicht besinnen, in der Zwischenzeit von Oser gesprochen oder an ihn gedacht zu haben.

Solche für die Periodenlehre nicht mehr ohne weitere Bearbeitung brauchbare Intervalle ergeben sich nun aus meinen Träumen ungleich häufiger als die regulären. Konstant finde ich nur die im Text behauptete Beziehung zu einem Eindrucke des Traumtages selbst.

Analyse

Ich habe am Vormittage im Schaufenster einer Buchhandlung ein neues Buch gesehen, welches sich betitelt: Die Gattung Zyklamen – offenbar eine *Monographie* über diese Pflanze.

Zyklamen ist die *Lieblingsblume* meiner Frau. Ich mache mir Vorwürfe, daß ich so selten daran denke, ihr *Blumen mitzubringen*, wie sie sich's wünscht. – Bei dem Thema: *Blumen mitbringen* erinnere ich mich einer Geschichte, welche ich unlängst im Freundeskreise erzählt und als Beweis für meine Behauptung verwendet habe, daß Vergessen sehr häufig die Ausführung einer Absicht des Unbewußten sei und immerhin einen Schluß auf die geheime Gesinnung des Vergessenden gestatte. Eine junge Frau, welche daran gewöhnt war, zu ihrem Geburtstage einen Strauß von ihrem Manne vorzufinden, vermißt dieses Zeichen der Zärtlichkeit an einem solchen Festtag und bricht darüber in Tränen aus. Der Mann kommt hinzu, weiß sich ihr Weinen nicht zu erklären, bis sie ihm sagt: Heute ist mein Geburtstag. Da schlägt er sich vor die Stirne, ruft aus: Entschuldige, hab' ich doch ganz daran vergessen, und will fort, ihr *Blumen* zu holen. Sie läßt sich aber nicht trösten, denn sie sieht in der Vergeßlichkeit ihres Mannes einen Beweis dafür, daß sie in seinen Gedanken nicht mehr dieselbe Rolle spielt wie einstens. – Diese Frau L. ist meiner Frau vor zwei Tagen begegnet, hat ihr mitgeteilt, daß sie sich wohlfühlt, und sich nach mir erkundigt. Sie stand in früheren Jahren in meiner Behandlung.

Ein neuer Ansatz: Ich habe wirklich einmal etwas Ähnliches geschrieben wie eine *Monographie* über eine Pflanze, nämlich einen Aufsatz über die *Cocapflanze*, welcher die Aufmerksamkeit von K. Koller auf die anästhesierende Eigenschaft des Kokains gelenkt hat. Ich hatte diese Verwendung des Alkaloids in meiner Publikation selbst angedeutet, aber war nicht gründlich genug, die Sache weiter zu verfolgen. Dazu fällt mir ein, daß ich am Vormittag des Tages nach dem Traume (zu dessen Deutung ich erst abends Zeit fand) des Kokains in einer Art von Tagesphantasie gedacht habe. Wenn ich je Glaukom bekommen sollte, würde ich nach Berlin reisen und mich dort bei meinem Berliner Freunde von einem Arzt, den er mir empfiehlt, inkognito operieren lassen. Der Operateur, der nicht wüßte, an wem er arbeitet, würde wieder einmal rühmen, wie leicht sich diese Operationen seit der Einführung des Kokains gestaltet haben; ich würde durch keine Miene verraten, daß ich an dieser Entdeckung selbst einen Anteil habe. An diese Phantasie schlossen sich Gedanken an, wie unbequem es doch für den Arzt sei, ärztliche Leistungen von seiten der Kollegen für seine Person in Anspruch zu nehmen. Den Berliner Augenarzt, der mich nicht kennt, würde ich wie ein anderer entlohnen können. Nachdem dieser Tagtraum mir in den Sinn gekommen, merke ich erst, daß sich die Erinnerung an ein bestimmtes Erlebnis hinter ihm verbirgt. Kurz nach der Entdeckung Kollers war nämlich mein Vater an Glaukom erkrankt; er wurde von meinem Freunde, dem Augenarzt Dr. Königstein, operiert, Dr. Koller besorgte die Kokainanästhesie und machte dann die Bemerkung, daß bei diesem Falle alle die drei Personen sich vereinigt fänden, die an der Einführung des Kokains Anteil gehabt haben.

Meine Gedanken gehen nun weiter, wann ich zuletzt an diese Geschichte des Kokains erinnert worden bin. Es war dies vor einigen Tagen, als ich die Festschrift in die Hand bekam, mit deren Erscheinen dankbare Schüler das Jubiläum ihres Lehrers und Laboratoriumsvorstandes gefeiert hatten. Unter den Ruhmestiteln des Laboratoriums fand ich auch angeführt, daß dort die Entdeckung der anästhesierenden Eigenschaft des Kokains durch K. Koller vorgefallen sei. Ich bemerke nun plötzlich, daß mein Traum mit einem Erlebnis des Abends vorher zusammenhängt. Ich hatte gerade Dr. Königstein nach Hause begleitet, mit dem ich in ein Gespräch über eine Angelegenheit geraten war, die mich jedesmal, wenn sie berührt wird, lebhaft erregt. Als ich mich in dem Hausflur mit ihm aufhielt, kam Professor Gärtner mit seiner jungen Frau hinzu. Ich konnte mich nicht enthalten, die beiden darüber zu beglückwünschen, wie *blühend* sie aussehen. Nun ist Professor *Gärtner* einer der Verfasser der Festschrift, von der ich eben sprach, und konnte mich wohl an diese erinnern. Auch die Frau L., deren Geburtstagsenttäuschung ich unlängst erzählte, war im Gespräch mit Dr. Königstein, in anderem Zusammenhange allerdings, erwähnt worden.

Ich will versuchen, auch die anderen Bestimmungen des Trauminhalts zu deuten. Ein *getrocknetes Spezimen* der Pflanze liegt der Monographie bei, als ob es ein *Herbarium* wäre. Ans Herbarium knüpft sich eine Gymnasialerinnerung. Unser Gymnasialdirektor rief einmal die Schüler der höheren Klassen zusammen, um ihnen das Herbarium der Anstalt zur Durchsicht und zur Reinigung zu übergeben. Es hatten sich kleine *Würmer* eingefunden – Bücherwurm. Zu meiner Hilfeleistung scheint er nicht Zutrauen gezeigt zu haben, denn er überließ mir nur wenige Blätter. Ich weiß noch heute, daß Kruziferen darauf waren. Ich hatte niemals ein besonders intimes Verhältnis zur Botanik. Bei meiner botanischen Vorprüfung bekam ich wiederum eine Kruzifere zur Bestimmung und – erkannte sie nicht. Es wäre mir schlecht ergangen, wenn nicht meine theoretischen Kenntnisse mir herausgeholfen hätten. – Von den Kruziferen gerate ich auf die Kompositen. Eigentlich ist auch die Artischocke eine Komposite, und zwar die, welche ich *meine Lieblingsblume* heißen könnte. Edler als ich, pflegt meine Frau mir diese Lieblingsblume vom Markte heimzubringen.

Ich sehe die Monographie *vor mir liegen*, die ich geschrieben habe. Auch dies ist nicht ohne Bezug. Mein visueller Freund schrieb mir gestern aus Berlin: „Mit deinem Traumbuche beschäftige ich mich sehr viel. *Ich sehe es fertig vor mir liegen und blättere darin.*" Wie habe ich ihn um diese Sehergabe beneidet! Wenn ich es doch auch schon fertig vor mir liegen sehen könnte!

Die zusammengelegte farbige Tafel: Als ich Student der Medizin war, litt ich viel unter dem Impuls, nur aus *Monographien* lernen zu wollen. Ich hielt mir damals, trotz meiner beschränkten Mittel, mehrere medizinische Archive, deren *farbige Tafeln* mein Entzücken waren. Ich war stolz auf diese Neigung zur Gründlichkeit. Als ich dann selbst zu publizieren begann, mußte ich auch die Tafeln für meine Abhandlungen zeichnen, und ich weiß, daß eine derselben so kümmerlich ausfiel, daß mich ein wohlwollender Kollege ihretwegen verhöhnte. Dazu kommt noch, ich weiß nicht recht wie, eine sehr frühe Jugenderinnerung. Mein Vater machte sich einmal den Scherz, mir und meiner ältesten Schwester ein Buch mit *farbigen Tafeln* (Beschreibung einer Reise in Persien) zur Vernichtung zu überlassen. Es war erziehlich kaum zu rechtfertigen. Ich war damals fünf Jahre, die Schwester unter drei Jahren alt, und das Bild, wie wir Kinder überselig dieses Buch zerpflücken (*wie eine Artischocke, Blatt für Blatt, muß ich sagen*), ist nahezu das einzige, was mir aus dieser Lebenszeit in plastischer Erinnerung geblieben ist. Als ich dann Student wurde, entwickelte sich bei mir eine ausgesprochene Vorliebe, Bücher zu sammeln und zu besitzen (analog der Neigung, aus Monographien zu studieren, eine *Liebhaberei*, wie sie in den Traumgedanken betreffs Zyklamen und Artischocke bereits vorkommt). Ich wurde ein *Bücherwurm* (vgl. *Herbarium*). Ich habe diese erste Leidenschaft meines Lebens, seitdem ich über mich nachdenke, immer auf diesen Kindereindruck zurückgeführt, oder vielmehr, ich habe erkannt, daß diese Kinderszene eine „Deckerinnerung" für meine spätere Bibliophilie ist.[61] Natürlich habe ich auch frühzeitig erfahren, daß man durch Leidenschaften leicht in Leiden gerät. Als ich siebzehn Jahre alt war, hatte ich ein ansehnliches Konto beim Buchhändler und keine Mittel, es zu begleichen, und mein Vater ließ es kaum als Entschuldigung gelten, daß sich meine Neigungen auf nichts Böseres geworfen hatten. Die Erwähnung dieses späteren Jugenderlebnisses bringt mich aber sofort zu dem Gespräch mit meinem Freunde Dr. Königstein zurück. Denn um dieselben Vorwürfe wie damals, daß ich meinen *Liebhabereien* zuviel nachgebe, handelte es sich auch im Gespräch am Abend des Traumtages. Aus Gründen, die nicht hieher gehören, will ich die Deutung dieses Traumes nicht verfolgen, sondern bloß den Weg angeben, welcher zu ihr führt. Während der Deutungsarbeit bin ich an das Gespräch mit Dr. Königstein erinnert worden, und zwar von mehr als einer Stelle aus. Wenn ich

[61] Vgl. meinen Aufsatz *Über Deckerinnerungen* in der Monatszeitschrift für Psychiatrie und Neurologie, 1899.

mir vorhalte, welche Dinge in diesem Gespräch berührt worden sind, so wird der Sinn des Traumes mir verständlich. Alle angefangenen Gedankengänge, von den Liebhabereien meiner Frau und meinen eigenen, vom Kokain, von den Schwierigkeiten ärztlicher Behandlung unter Kollegen, von meiner Vorliebe für monographische Studien und meiner Vernachlässigung gewisser Fächer wie der Botanik, dies alles erhält dann seine Fortsetzung und mündet in irgendeinen der Fäden der vielverzweigten Unterredung ein. Der Traum bekommt wieder den Charakter einer Rechtfertigung, eines Plaidoyers für mein Recht, wie der erstanalysierte Traum von Irmas Injektion; ja er setzt das dort begonnene Thema fort und erörtert es an einem neuen Material, welches im Intervall zwischen beiden Träumen hinzugekommen ist. Selbst die scheinbar indifferente Ausdrucksform des Traumes bekommt einen Akzent. Es heißt jetzt: Ich bin doch der Mann, der die wertvolle und erfolgreiche Abhandlung (über das Kokain) geschrieben hat, ähnlich wie ich damals zu meiner Rechtfertigung vorbrachte: Ich bin doch ein tüchtiger und fleißiger Student; in beiden Fällen also: Ich darf mir das erlauben. Ich kann aber auf die Ausführung der Traumdeutung hier verzichten, weil mich zur Mitteilung des Traumes nur die Absicht bewogen hat, an einem Beispiele die Beziehung des Trauminhalts zu dem erregenden Erlebnis des Vortages zu untersuchen. Solange ich von diesem Traume nur den manifesten Inhalt kenne, wird mir nur eine Beziehung des Traumes zu einem Tageseindruck augenfällig; nachdem ich die Analyse gemacht habe, ergibt sich eine zweite Quelle des Traumes in einem anderen Erlebnis desselben Tages. Der erste der Eindrücke, auf welche sich der Traum bezieht, ist ein gleichgültiger, ein Nebenumstand. Ich sehe im Schaufenster ein Buch, dessen Titel mich flüchtig berührt, dessen Inhalt mich kaum interessieren dürfte. Das zweite Erlebnis hatte einen hohen psychischen Wert; ich habe mit meinem Freund, dem Augenarzt, wohl eine Stunde lang eifrig gesprochen, ihm Andeutungen gemacht, die uns beiden nahegehen mußten, und Erinnerungen in mir wachgerufen, bei denen die mannigfaltigsten Erregungen meines Innern mir bemerklich wurden. Überdies wurde dieses Gespräch unvollendet abgebrochen, weil Bekannte hinzukamen. Wie stehen nun die beiden Eindrücke des Tages zueinander und zu dem in der Nacht erfolgenden Traum?

Im Trauminhalte finde ich nur eine Anspielung auf den gleichgültigen Eindruck und kann so bestätigen, daß der Traum mit Vorliebe Nebensächliches aus dem Leben in seinem Inhalt aufnimmt. In der Traumdeutung hingegen führt alles auf das wichtige, mit Recht erregende Erlebnis hin. Wenn ich den Sinn des Traumes, wie es einzig richtig ist, nach dem latenten, durch die Analyse zutage geförderten Inhalt beurteile, so bin ich unversehens zu einer neuen und wichtigen Erkenntnis gelangt. Ich sehe das Rätsel zerfallen, daß der Traum sich nur mit den wertlosen Brocken des Tageslebens beschäftigt; ich muß auch der Behauptung widersprechen, daß das Seelenleben des Wachens sich in den Traum nicht fortsetzt und der Traum dafür psychische Tätigkeit an läppisches Material verschwendet. Das Gegenteil ist wahr; was uns bei Tage in Anspruch genommen hat, beherrscht auch die Traumgedanken, und wir geben uns die Mühe zu träumen nur bei solchen Materien, welche uns bei Tage Anlaß zum Denken geboten hätten.

Die naheliegendste Erklärung dafür, daß ich doch vom gleichgültigen Tageseindruck träume, während der mit Recht aufregende mich zum Traume veranlaßt hat, ist wohl die, daß hier wieder ein Phänomen der Traumentstellung vorliegt, welche wir oben auf eine als Zensur waltende psychische Macht zurückgeführt haben. Die Erinnerung an die Monographie über die Gattung Zyklamen erfährt eine Verwendung, als ob sie eine *Anspielung* auf das Gespräch mit dem Freunde wäre, ganz ähnlich wie im Traum von dem verhinderten Souper die Erwähnung der Freundin durch die Anspielung „geräucherter Lachs" vertreten wird. Es fragt sich nur, durch welche Mittelglieder kann der Eindruck der Monographie zu dem Gespräche mit dem Augenarzt in das Verhältnis der Anspielung treten, da eine solche Beziehung zunächst nicht ersichtlich ist. In dem Beispiele vom verhinderten Souper ist die Beziehung von vornherein gegeben; „geräucherter Lachs" als die Lieblingsspeise der Freundin gehört ohne weiteres zu dem Vorstellungskreise, den die Person der Freundin bei der Träumenden anzuregen vermag. In unserem neuen Beispiel handelt es sich um zwei gesonderte Eindrücke, die zunächst nichts gemeinsam haben, als daß sie am nämlichen Tage erfolgen. Die Monographie fällt mir am Vormittag auf, das Gespräch führe, ich dann am Abend. Die Antwort, welche die Analyse an die Hand gibt, lautet: Solche erst nicht vorhandene Beziehungen zwischen den beiden Eindrücken werden nachträglich vom Vorstellungsinhalt des einen zum Vorstellungsinhalt des anderen angesponnen. Ich habe die betreffenden Mittelglieder bereits bei der Niederschrift der Analyse hervorgehoben. An die Vorstellung der Monographie über Zyklamen würde sich ohne Beeinflussung von anderswoher wohl nur die Idee knüpfen, daß diese die Lieblingsblume meiner Frau ist, etwa noch die Erinnerung an den vermißten Blumenstrauß der Frau L. Ich glaube nicht, daß diese Hintergedanken genügt hätten, einen Traum hervorzurufen.

> „There needs no ghost, my lord, come from the grave
> To tell us this"

heißt es im *Hamlet.* Aber siehe da, in der Analyse werde ich daran erinnert, daß der Mann, der unser Gespräch störte, *Gärtner* hieß, daß ich seine Frau *blühend* fand; ja ich besinne mich eben jetzt nachträglich, daß eine meiner Patientinnen, die den schönen Namen *Flora* trägt, eine Weile im Mittelpunkt unseres Gespräches stand. Es muß so zugegangen sein, daß sich über diese Mittelglieder aus dem botanischen Vorstellungskreis die Verknüpfung der beiden Tageserlebnisse, des gleichgültigen und des aufregenden, vollzog. Dann stellten sich, weitere Beziehungen ein, die des Kokains, welche mit Fug und Recht zwischen der Person des Dr. Königstein und einer botanischen Monographie, die ich geschrieben habe, vermitteln kann, und befestigten diese Verschmelzung der beiden Vorstellungskreise zu einem, so daß nun ein Stück aus dem ersten Erlebnis als Anspielung auf das zweite verwendet werden konnte.

Ich bin darauf gefaßt, daß man diese Aufklärung als eine willkürliche oder als eine gekünstelte anfechten wird. Was wäre geschehen, wenn Professor Gärtner mit seiner blühenden Frau nicht hinzugetreten wäre, wenn die besprochene Patientin nicht *Flora*, sondern *Anna* hieße? Und doch ist die Antwort leicht. Wenn sich nicht diese Gedankenbeziehungen ergeben hätten, so wären wahrscheinlich andere ausgewählt worden. Es ist so leicht, derartige Beziehungen herzustellen, wie ja die Scherz- und Rätselfragen, mit denen wir uns den Tag erheitern, zu beweisen vermögen. Der Machtbereich des Witzes ist ein uneingeschränkter. Um einen Schritt weiter zu gehen: wenn sich zwischen den beiden Eindrücken des Tages keine genug ausgiebigen Mittelbeziehungen hätten herstellen lassen, so wäre der Traum eben anders ausgefallen; ein anderer gleichgültiger Eindruck des Tages, wie sie in Scharen an uns herantreten und von uns vergessen werden, hätte für den Traum die Stelle der „Monographie" übernommen, wäre in Verbindung mit dem Inhalt des Gesprächs gelangt und hätte dieses im Trauminhalt vertreten. Da kein anderer als der von der Monographie dieses Schicksal hatte, so wird er wohl der für die Verknüpfung passendste gewesen sein. Man braucht sich nie wie Hänschen Schlau bei *Lessing* darüber zu wundern, „daß nur die Reichen in der Welt das meiste Geld besitzen".

Der psychologische Vorgang, durch welchen nach unserer Darlegung das gleichgültige Erlebnis, zur Stellvertretung für das psychisch wertvolle gelangt, muß uns noch bedenklich und befremdend erscheinen. In einem späteren Abschnitt werden wir uns vor der Aufgabe sehen, die Eigentümlichkeiten dieser scheinbar inkorrekten Operation unserem Verständnis näherzubringen. Hier haben wir es nur mit dem Erfolge des Vorganges zu tun, zu dessen Annahme wir durch ungezählte und regelmäßig wiederkehrende Erfahrungen bei der Traumanalyse gedrängt werden. Der Vorgang ist aber so, als ob eine *Verschiebung* – sagen wir: des psychischen Akzentes – auf dem Wege jener Mittelglieder zustande käme, bis anfangs schwach mit Intensität geladene Vorstellungen durch Übernahme der Ladung von den anfänglich intensiver besetzten zu einer Stärke gelangen, welche sie befähigt, den Zugang zum Bewußtsein zu erzwingen. Solche Verschiebungen wundern uns keineswegs, wo es sich um die Anbringung von Affektgrößen oder überhaupt um motorische Aktionen handelt. Daß die einsam gebliebene Jungfrau ihre Zärtlichkeit auf Tiere überträgt, der Junggeselle leidenschaftlicher Sammler wird, daß der Soldat einen Streifen farbigen Zeuges, die Fahne, mit seinem Herzblute verteidigt, daß im Liebesverhältnis ein um Sekunden verlängerter Händedruck Seligkeit erzeugt, oder im *Othello* ein verlorenes Schnupftuch einen Wutausbruch, das sind sämtlich Beispiele von psychischen Verschiebungen, die uns unanfechtbar erscheinen. Daß aber auf demselben Wege und nach denselben Grundsätzen eine Entscheidung darüber gefällt wird, was in unser Bewußtsein gelangt und was ihm vorenthalten bleibt, also was wir denken, das macht uns den Eindruck des Krankhaften, und wir heißen es Denkfehler, wo es im Wachleben vorkommt. Verraten wir hier als das Ergebnis später anzustellender Betrachtungen, daß der psychische Vorgang, den wir in der Traumverschiebung erkannt haben, sich zwar nicht als ein krankhaft gestörter, wohl aber als ein vom normalen verschiedener, als ein Vorgang von mehr *primärer* Natur herausstellen wird.

Wir deuten somit die Tatsache, daß der Trauminhalt Reste von nebensächlichen Erlebnissen aufnimmt, als eine Äußerung der *Traumentstellung* (durch Verschiebung) und erinnern daran, daß wir in der Traumentstellung eine Folge der zwischen zwei psychischen Instanzen bestehenden Durchgangszensur erkannt haben. Wir erwarten dabei, daß die Traumanalyse uns regelmäßig die wirkliche, psychisch bedeutsame Traumquelle aus dem Tagesleben aufdekken wird, deren Erinnerung ihren Akzent auf die gleichgültige Erinnerung verschoben hat. Durch diese Auffassung haben wir uns in vollen Gegensatz zu der Theorie von *Robert* gebracht, die für uns unverwendbar geworden ist. Die Tatsache, welche *Robert* erklären wollte, besteht eben nicht; ihre Annahme beruht auf einem Mißverständnis, auf der Unterlassung, für den scheinbaren Trauminhalt den wirklichen Sinn des Traumes einzusetzen. Man kann noch weiterhin gegen die Lehre von *Robert* einwenden: Wenn der Traum wirklich die Aufgabe hätte, unser Gedächtnis durch besondere psychische Arbeit von den „Schlacken" der Tageserinnerung zu befreien, so müßte unser Schlafen gequälter sein und auf angestrengtere Arbeit verwendet werden, als wir es von unserem wachen Geistesleben behaupten können. Denn die Anzahl der indifferenten Eindrücke des Tages, vor denen wir unser Gedächtnis zu schützen hätten, ist offenbar unermeßlich groß; die Nacht würde nicht hinreichen, die Summe zu bewältigen. Es ist sehr viel wahrscheinlicher, daß das Vergessen der gleichgültigen Eindrücke ohne aktives Eingreifen unserer seelischen Mächte vor sich geht.

Dennoch verspüren wir eine Warnung, von dem Robertschen Gedanken ohne weitere Berücksichtigung Abschied zu nehmen. Wir haben die Tatsache unerklärt gelassen, daß einer der indifferenten Eindrücke des Tages – und zwar des letzten Tages – regelmäßig einen Beitrag zum Trauminhalte liefert. Die Beziehungen zwischen diesem Eindruck und der eigentlichen Traumquelle im Unbewußten bestehen nicht immer von vornherein; wie wir gesehen haben, werden sie erst nachträglich, gleichsam zum Dienste der beabsichtigten Verschiebung, während der Traumarbeit hergestellt. Es muß also eine Nötigung vorhanden sein, Verbindungen gerade nach der Richtung des rezenten, obwohl gleichgültigen, Eindruckes anzubahnen: dieser muß eine besondere Eignung durch irgendeine Qualität dazu bieten. Sonst wäre es ja ebenso leicht durchführbar, daß die Traumgedanken ihren Akzent auf einen unwesentlichen Bestandteil ihres eigenen Vorstellungskreises verschieben.

Folgende Erfahrungen können uns hier auf den Weg zur Aufklärung leiten. Wenn uns ein Tag zwei oder mehr Erlebnisse gebracht hat, welche Träume anzuregen würdig sind, so vereinigt der Traum die Erwähnung beider zu einem einzigen Ganzen; er gehorcht einem *Zwang, eine Einheit aus ihnen zu gestalten*; z. B.: Ich stieg eines Nachmittags im Sommer in ein Eisenbahncoupé ein, in welchem ich zwei Bekannte traf, die einander aber fremd waren. Der eine war ein einflußreicher Kollege, der andere ein Angehöriger einer vornehmen Familie, in welcher ich ärztlich beschäftigt war. Ich machte die beiden Herren miteinander bekannt; ihr Verkehr ging aber die lange Fahrt über mich, so daß ich bald mit dem einen, bald mit dem anderen einen Gesprächsstoff zu behandeln hatte. Den Kollegen bat ich, einem gemeinsamen Bekannten, der eben seine ärztliche Praxis begonnen hatte, seine Empfehlung zuzuwenden. Der Kollege erwiderte, er sei von der Tüchtigkeit des jungen Mannes überzeugt, aber sein unscheinbares Wesen werde ihm den Eingang in vornehme Häuser nicht leicht werden lassen. Ich erwiderte: Gerade darum bedarf er der Empfehlung. Bei dem anderen Mitreisenden erkundigte ich mich bald darauf nach dem Befinden seiner Tante – der Mutter einer meiner Patientinnen – welche damals schwerkrank daniederlag. In der Nacht nach dieser Reise träumte ich, mein junger Freund, für den ich die Protektion erbeten hatte, befinde sich in einem eleganten Salon und halte vor einer ausgewählten Gesellschaft, in die ich alle mir bekannten vornehmen und reichen Leute versetzt hatte, mit weltmännischen Gesten eine Trauerrede auf die (für den Traum bereits verstorbene) alte Dame, welche die Tante des zweiten Reisegenossen war. (Ich gestehe offen, daß ich mit dieser Dame nicht in guten Beziehungen gestanden hatte.) Mein Traum hatte also wiederum Verknüpfungen zwischen beiden Eindrücken des Tages aufgefunden und mittels derselben eine einheitliche Situation komponiert.

Aufgrund vieler ähnlicher Erfahrungen muß ich den Satz aufstellen, daß für die Traumarbeit eine Art von Nötigung besteht, alle vorhandenen Traumreizquellen zu einer Einheit im Traume zusammenzusetzen.[62]

Ich will jetzt die Frage in Erörterung ziehen, ob die traumerregende Quelle, auf welche die Analyse hinführt, jedesmal ein rezentes (und bedeutsames) Ereignis sein muß oder ob ein inneres Erlebnis, also die Erinnerung an ein psychisch wertvolles Ereignis, ein Gedankengang, die Rolle des Traumerregers übernehmen kann. Die Antwort, die sich aus zahlreichen Analysen auf das bestimmteste ergibt, lautet im letzteren Sinne. Der Traumerreger kann ein innerer Vorgang sein, der gleichsam durch die Denkarbeit am Tage rezent geworden ist. Es wird jetzt wohl der richtige Moment sein, die verschiedenen Bedingungen, welche die Traumquellen erkennen lassen, in einem Schema zusammenzustellen. Die Traumquelle kann sein:

a) Ein rezentes und psychisch bedeutsames Erlebnis, welches im Traume direkt vertreten ist.[63]

b) Mehrere rezente, bedeutsame Erlebnisse, die durch den Traum zu einer Einheit vereinigt werden.[64]

c) Ein oder mehrere rezente und bedeutsame Erlebnisse, die im Trauminhalt durch die Erwähnung eines gleichzeitigen, aber indifferenten Erlebnisses vertreten werden.[65]

d) Ein inneres bedeutsames Erlebnis (Erinnerung, Gedankengang), welches dann im Traume *regelmäßig* durch die Erwähnung eines rezenten, aber indifferenten Eindruckes vertreten wird.[66]

Wie man sieht, wird für die Traumdeutung durchwegs die Bedingung festgehalten, daß ein Bestandteil des Trauminhalts einen rezenten Eindruck des Vortages wiederholt. Dieser zur Vertretung im Traume bestimmte Anteil kann entweder dem Vorstellungskreise des eigentlichen Traumerregers selbst angehören – und zwar entweder als wesentlicher oder als unwichtiger Bestandteil desselben – oder er rührt aus dem Bereiche eines indifferenten Eindruckes her, der durch mehr oder minder reichliche Verknüpfung mit dem Kreis des Traumerregers in Beziehung gebracht worden ist. Die scheinbare Mehrheit der Bedingungen kommt hier nur durch die Alternative zustande, daß eine Verschiebung *unter-*

[62] Die Neigung der Traumarbeit, gleichzeitig als interessant Vorhandenes in einer Behandlung zu verschmelzen, ist bereits von mehreren Autoren bemerkt worden, z. B. von Delage (S. 41). Delboeuf: rapprochement forcé (S. 237).

[63] Traum von Irmas Injektion; Traum vom Freund, der mein Onkel ist.

[64] Traum von der Trauerrede des jungen Arztes.

[65] Traum von der botanischen Monographie.

[66] Solcherart sind die meisten Träume meiner Patienten während der Analyse.

blieben oder vorgefallen ist, und wir merken hier, daß diese Alternative uns dieselbe Leichtigkeit bietet, die Kontraste des Traumes zu erklären, wie der medizinischen Theorie des Traumes die Reihe vom partiellen bis zum vollen Wachen der Gehirnzellen.

Man bemerkt an dieser Reihe ferner, daß das psychisch wertvolle, aber nicht rezente Element (der Gedankengang, die Erinnerung) für die Zwecke der Traumbildung durch ein rezentes, aber psychisch indifferentes Element ersetzt werden kann, wenn dabei nur die beiden Bedingungen eingehalten werden, daß 1) der Trauminhalt eine Anknüpfung an das rezent Erlebte erhält; 2) der Traumerreger ein psychisch wertvoller Vorgang bleibt. In einem einzigen Falle *(a)* werden beide Bedingungen durch denselben Eindruck erfüllt. Zieht man noch in Erwägung, daß dieselben indifferenten Eindrücke, welche für den Traum verwertet werden, solange sie rezent sind, diese Eignung einbüßen, sobald sie einen Tag (oder höchstens mehrere) älter geworden sind, so muß man sich zur Annahme entschließen, daß die Frische eines Eindruckes ihm an sich einen gewissen psychischen Wert für die Traumbildung verleiht, welcher der Wertigkeit affektbetonter Erinnerungen oder Gedankengänge irgendwie gleichkommt. Wir werden erst bei späteren psychologischen Überlegungen erraten können, worin dieser Wert *rezenter* Eindrücke für die Traumbildung begründet sein kann.[67]

Nebenbei wird hier unsere Aufmerksamkeit darauf gelenkt, daß zur Nachtzeit und von unserem Bewußtsein unbemerkt wichtige Veränderungen mit unserem Erinnerungs- und Vorstellungsmaterial vor sich gehen können. Die Forderung, eine Nacht über eine Angelegenheit zu schlafen, ehe man sich endgültig über sie entscheidet, ist offenbar vollberechtigt. Wir merken aber, daß wir an diesem Punkte aus der Psychologie des Träumens in die des Schlafens übergegriffen haben, ein Schritt, zu welchem sich der Anlaß noch öfter ergeben wird.[68]

---

[67] Vgl. im Abschnitt VII über die „Übertragung".

[68] Einen wichtigen Beitrag, der die Rolle des Rezenten für die Traumbildung betrifft, bringt O. Pötzl in einer an Anknüpfungen überreichen Arbeit Experimentell erregte Traumbilder in ihren Beziehungen zum indirekten Sehen. (Zeitschr. f.ür die ges. Neurologie und Psychiatrie XXXVII, 1917.) Pötzl ließ von verschiedenen Versuchspersonen in Zeichnung fixieren, was sie von einem tachistoskopisch exponierten Bild bewußt aufgefaßt hatten. Er kümmerte sich dann um den Traum der Versuchsperson in der folgenden Nacht und ließ geeignete Anteile dieses Traumes gleichfalls durch eine Zeichnung darstellen. Es ergab sich dann unverkennbar, daß die nicht von der Versuchsperson aufgefaßten Einzelheiten des exponierten Bildes Material für die Traumbildung geliefert hatten, während die bewußt wahrgenommenen und in der Zeichnung nach der Exposition fixierten im manifesten Trauminhalt nicht wieder erschienen waren. Das von der Traumarbeit aufgenommene Material wurde von ihr in der bekannten „willkürlichen", richtiger: selbstherrlichen Art im Dienste der traumbildenden Tendenzen verarbeitet. Die Anregungen der Pötzlschen Untersuchung gehen weit über die Absichten einer Traumdeutung, wie sie in diesem Buche versucht wird, hinaus. Es sei noch mit einem Wort

Es gibt nun einen Einwand, welcher die letzten Schlußfolgerungen umzustoßen droht. Wenn indifferente Eindrücke nur, solange sie rezent sind, in den Trauminhalt gelangen können, wie kommt es, daß wir im Trauminhalt auch Elemente aus früheren Lebensperioden vorfinden, die zur Zeit, da sie rezent waren – nach Strümpells Worten – keinen psychischen Wert besaßen, also längst vergessen sein sollten, Elemente also, die weder frisch noch psychisch bedeutsam sind? Dieser Einwand ist voll zu erledigen, wenn man sich auf die Ergebnisse der Psychoanalyse bei Neurotikern stützt. Die Lösung lautet nämlich, daß die Verschiebung, welche das psychisch wichtige Material durch indifferentes ersetzt (für das Träumen wie für das Denken), hier bereits in jenen frühen Lebensperioden stattgefunden hat und seither im Gedächtnis fixiert worden ist. Jene ursprünglich indifferenten Elemente sind eben nicht mehr indifferent, seitdem sie durch Verschiebung die Wertigkeit vom psychisch bedeutsamen Material übernommen haben. Was wirklich indifferent geblieben ist, kann auch nicht mehr im Traume reproduziert werden.

Aus den vorstehenden Erörterungen wird man mit Recht schließen, daß ich die Behauptung aufstelle, es gebe keine indifferenten Traumerreger, also auch keine harmlosen Träume. Dies ist in aller Strenge und Ausschließlichkeit meine Meinung, abgesehen von den Träumen der Kinder und etwa den kurzen Traumreaktionen auf nächtliche Sensationen. Was man sonst träumt, ist entweder manifest als psychisch bedeutsam zu erkennen, oder es ist entstellt und dann erst nach vollzogener Traumdeutung zu beurteilen, worauf es sich wiederum als bedeutsam zu erkennen gibt. Der Traum gibt sich nie mit Kleinigkeiten ab; um Geringes lassen wir uns im Schlaf nicht stören.[69] Die scheinbar harmlosen Träume erweisen sich als arg, wenn man sich um ihre Deutung bemüht; wenn man mir die Redensart gestattet, sie haben es „faustdick hinter den Ohren". Da dies wiederum ein Punkt ist, bei dem ich Widerspruch erwarten darf, und da ich gerne die Gelegenheit ergreife, die Traumentstellung bei ihrer Arbeit zu zeigen, will ich eine Reihe von „*harmlosen Träumen*" aus meiner Sammlung hier der Analyse unterziehen.

darauf hingewiesen, wie weit diese neue Art, die Traumbildung experimentell zu studieren, von der früheren groben Technik absteht, die darin bestand, schlafstörende Reize in den Trauminhalt einzuführen.

[69] H. Ellis, der liebenswürdige Kritiker der *Traumdeutung*, schreibt (S. 169): „Da ist der Punkt, von dem an viele von uns nicht mehr imstande sein werden, F. weiter zu folgen." Allein H. Ellis hat keine Analysen von Träumen angestellt und will nicht glauben, wie unberechtigt das Urteilen nach dem manifesten Trauminhalt ist.

I

Eine kluge und feine junge Dame, die aber auch im Leben zu den Reservierten, zu den „stillen Wassern" gehört, erzählt: *Ich habe geträumt, daß ich auf den Markt zu spät komme und beim Fleischhauer sowie bei der Gemüsefrau nichts bekomme.* Gewiß ein harmloser Traum, aber so sieht ein Traum nicht aus; ich lasse ihn mir detailliert erzählen. Dann lautet der Bericht folgendermaßen: *Sie geht auf den Markt mit ihrer Köchin, die den Korb trägt. Der Fleischhauer sagt ihr, nachdem sie etwas verlangt hat: Das ist nicht mehr zu haben, und will ihr etwas anderes geben mit der Bemerkung: Das ist auch gut. Sie lehnt ab und geht zur Gemüsefrau, die will ihr ein eigentümliches Gemüse verkaufen, das in Bündeln zusammengebunden ist, aber schwarz von Farbe. Sie sagt: Das kenne ich nicht, das nehme ich nicht.*

Die Tagesanknüpfung des Traumes ist einfach genug. Sie war wirklich zu spät auf den Markt gegangen und hatte nichts mehr bekommen. *Die Fleischbank war schon geschlossen*, drängt sich einem als Beschreibung des Erlebnisses auf. Doch halt, ist das nicht eine recht gemeine Redensart, die – oder vielmehr deren Gegenteil – auf eine Nachlässigkeit in der Kleidung eines Mannes geht? Die Träumerin hat diese Worte übrigens nicht gebraucht, ist ihnen vielleicht ausgewichen; suchen wir nach der Deutung der im Traume enthaltenen Einzelheiten.

Wo etwas im Traum den Charakter einer Rede hat, also gesagt oder gehört wird, nicht bloß gedacht – was sich meist sicher unterscheiden läßt – das stammt von Reden des wachen Lebens her, die freilich als Rohmaterial behandelt, zerstükkelt, leise verändert, vor allem aber aus dem Zusammenhange gerissen worden sind.[70] Man kann bei der Deutungsarbeit von solchen Reden ausgehen. Woher stammt also die Rede des Fleischhauers: *Das ist nicht mehr zu haben?* Von mir selbst; ich hatte ihr einige Tage vorher erklärt, „daß die ältesten Kindererlebnisse *nicht mehr* als solche *zu haben sind*, sondern durch ‚Übertragungen' und Träume in der Analyse ersetzt werden". Ich bin also der Fleischhauer, und sie lehnt diese Übertragungen alter Denk- und Empfindungsweisen auf die Gegenwart ab. – Woher rührt ihre Traumrede: *Das kenne ich nicht, das nehme ich nicht*? Diese ist für die Analyse zu zerteilen. „*Das kenne ich nicht*" hat sie selbst tags vorher zu ihrer Köchin gesagt, mit der sie einen Streit hatte, damals aber hinzugefügt: *Benehmen Sie sich anständig.* Hier wird eine Verschiebung greifbar; von den beiden Sätzen, die sie gegen ihre Köchin gebraucht, hat sie den bedeutungslosen in den Traum genommen; der unterdrückte aber: „Benehmen Sie sich anständig!"

---

70 Vergleiche über die Reden im Traum im Abschnitt über die Traumarbeit. Ein einziger der Autoren scheint die Herkunft der Traumreden erkannt zu haben, Delboeuf (S. 226), indem er sie mit „clichés" vergleicht.

stimmt allein zum übrigen Trauminhalt. So könnte man jemandem zurufen, der unanständige Zumutungen wagt und vergißt, „die Fleischbank zuzuschließen“. Daß wir der Deutung wirklich auf die Spur gekommen sind, beweist dann der Zusammenklang mit den Anspielungen, die in der Begebenheit mit der Gemüsefrau niedergelegt sind. Ein Gemüse, das in Bündeln zusammengebunden verkauft wird (länglich ist, wie sie nachträglich hinzufügt), und dabei schwarz, was kann das anderes sein als die Traumvereinigung von Spargel und schwarzem Rettich? Spargel brauche ich keinem und keiner Wissenden zu deuten, aber auch das andere Gemüse – als Zuruf: Schwarzer, rett'dich! – scheint mir auf das nämliche sexuelle Thema hinzuweisen, das wir gleich anfangs errieten, als wir für die Traumerzählung einsetzen wollten: die Fleischbank war geschlossen. Es kommt nicht darauf an, den Sinn dieses Traumes vollständig zu erkennen; soviel steht fest, daß er sinnreich ist und keineswegs harmlos.[71]

II

Ein anderer harmloser Traum derselben Patientin, in gewisser Hinsicht ein Gegenstück zum vorigen: *Ihr Mann fragt: Soll man das Klavier nicht stimmen lassen? Sie: Es lohnt nicht, es muß ohnedies neu beledert werden.* Wiederum die Wiederholung eines realen Ereignisses vom Vortag. Ihr Mann hat so gefragt und sie so ähnlich geantwortet. Aber was bedeutet es, daß sie es träumt? Sie erzählt zwar vom Klavier, es sei ein *ekelhafter Kasten*, der einen *schlechten Ton* gibt, ein Ding, das ihr Mann schon vor der Ehe besessen hat[72] usw., aber den Schlüssel zur Lösung ergibt doch erst die Rede: *Es lohnt nicht.* Diese stammt von einem gestern gemachten Besuch bei ihrer Freundin. Dort wurde sie aufgefordert, ihre Jacke abzulegen, und weigerte sich mit den Worten: Danke, *es lohnt nicht*, ich muß gleich gehen. Bei dieser Erzählung muß mir einfallen, daß sie gestern während der Analysenarbeit plötzlich an ihre Jacke griff, an der sich ein Knopf geöffnet hatte. Es ist also, als

---

71 Für Wißbegierige bemerke ich, daß hinter dem Traume sich eine Phantasie verbirgt von unanständigem, sexuell provozierendem Benehmen meinerseits und von Abwehr von Seite der Dame. Wem diese Deutung unerhört erscheinen sollte, den mahne ich an die zahlreichen Fälle, wo Ärzte solche Anklagen von hysterischen Frauen erfahren haben, bei denen die nämliche Phantasie nicht entstellt und als Traum aufgetreten, sondern unverhüllt bewußt und wahnhaft geworden ist. – Mit diesem Traume trat die Patientin in die psychoanalytische Behandlung ein. Ich lernte erst später verstehen, daß sie mit ihm das initiale Trauma wiederholte, von dem ihre Neurose ausging, und habe seither das gleiche Verhalten bei anderen Personen gefunden, die in ihrer Kindheit sexuellen Attentaten ausgesetzt waren und nun gleichsam deren Wiederholung im Traume herbeiwünschten.

72 Eine Ersetzung durch das Gegenteil, wie uns nach der Deutung klar werden wird

wollte sie sagen: Bitte, sehen Sie nicht hin, *es lohnt nicht.* So ergänzt sich der *Kasten* zum *Brustkasten*, und die Deutung des Traumes führt direkt in die Zeit ihrer körperlichen Entwicklung, da sie anfing, mit ihren Körperformen unzufrieden zu sein. Es führt auch wohl in frühere Zeiten, wenn wir auf das „*Ekelhaft*" und den „*schlechten Ton*" Rücksicht nehmen und uns daran erinnern, wie häufig die kleinen Hemisphären des weiblichen Körpers – als Gegensatz und als Ersatz – für die großen eintreten – in der Anspielung und im Traum.

III

Ich unterbreche diese Reihe, indem ich einen kurzen harmlosen Traum eines jungen Mannes einschiebe. Er hat geträumt, daß *er wieder seinen Winterrock anzieht, was schrecklich ist.* Anlaß dieses Traumes ist angeblich die plötzlich wieder eingetretene Kälte. Ein feineres Urteil wird indes bemerken, daß die beiden kurzen Stücke des Traumes nicht gut zueinander passen, denn in der Kälte den schweren oder dicken Rock tragen, was könnte daran „schrecklich" sein. Zum Schaden für die Harmlosigkeit dieses Traumes bringt auch der erste Einfall bei der Analyse die Erinnerung, daß eine Dame ihm gestern vertraulich gestanden, daß ihr letztes Kind einem geplatzten Kondom seine Existenz verdankt. Er rekonstruiert nun seine Gedanken bei diesem Anlasse: Ein dünner Kondom ist gefährlich, ein dicker schlecht. Der Kondom ist der „Überzieher" mit Recht, man zieht ihn ja über; so heißt man auch einen leichten Rock. Ein Ereignis wie das von der Dame berichtete wäre für den unverheirateten Mann allerdings „schrecklich".

Nun wieder zurück zu unserer harmlosen Träumerin.

IV

Sie steckt eine Kerze in den Leuchter; die Kerze ist aber gebrochen, so daß sie nicht gut steht. Die Mädchen in der Schule sagen, sie sei ungeschickt; das Fräulein aber, es sei nicht ihre Schuld.

Ein realer Anlaß auch hier; sie hat gestern wirklich eine Kerze in den Leuchter gesteckt; die war aber nicht gebrochen. Hier ist eine durchsichtige Symbolik verwendet worden. Die Kerze ist ein Gegenstand, der die weiblichen Genitalien reizt; wenn sie gebrochen ist, so daß sie nicht gut steht, so bedeutet dies die Impotenz des Mannes („*es sei nicht ihre Schuld*"). Ob nur die sorgfältig erzogene und allem Häßlichen fremd gebliebene junge Frau diese Verwendung der Kerze kennt? Zufällig kann sie noch angeben, durch welches Erlebnis sie zu dieser

Kenntnis gekommen ist. Bei einer Kahnfahrt auf dem Rhein fährt ein Boot an ihnen vorüber, in dem Studenten sitzen, welche mit großem Behagen ein Lied singen oder brüllen:

„Wenn die Königin von Schweden,
bei geschlossenen Fensterläden
mit Apollokerzen ...“*

Das letzte Wort hört oder versteht sie nicht. Ihr Mann muß ihr die verlangte Aufklärung geben. Diese Verse sind dann im Trauminhalt ersetzt durch eine harmlose Erinnerung an einen Auftrag, den sie einmal im Pensionat *ungeschickt* ausführte, und zwar vermöge des Gemeinsamen: *geschlossene Fensterläden*. Die Verbindung des Themas von der Onanie mit der Impotenz ist klar genug. „Apollo“ im latenten Trauminhalt verknüpft diesen Traum mit einem früheren, in dem von der jungfräulichen Pallas die Rede war. Alles wahrlich nicht harmlos.

V

Damit man sich die Schlüsse aus den Träumen auf die wirklichen Lebensverhältnisse der Träumer nicht zu leicht vorstelle, füge ich noch einen Traum an, der gleichfalls harmlos scheint und von derselben Person herrührt. *Ich habe etwas geträumt*, erzählt sie, *was ich bei Tag wirklich getan habe, nämlich einen kleinen Koffer so voll mit Büchern gefüllt, daß ich Mühe hatte, ihn zu schließen, und ich habe es so geträumt, wie es wirklich vorgefallen ist.* Hier legt die Erzählerin selbst das Hauptgewicht auf die Übereinstimmung von Traum und Wirklichkeit. Alle solchen Urteile über den Traum, Bemerkungen zum Traum, gehören nun, obwohl sie sich einen Platz im wachen Denken geschaffen haben, doch regelmäßig in den latenten Trauminhalt, wie uns noch spätere Beispiele bestätigen werden. Es wird uns also gesagt, das, was der Traum erzählt, ist am Tag vorher wirklich vorgefallen. Es wäre nun zu weitläufig, mitzuteilen, auf welchem Wege man zum Einfalle kommt, bei der Deutung das Englische zur Hilfe zu nehmen. Genug, es handelt sich wieder um eine kleine *box*, die so angefüllt worden ist, daß nichts mehr hineinging. Wenigstens nichts Arges diesmal.

In all diesen „harmlosen“ Träumen schlägt das sexuelle Moment als Motiv der Zensur so sehr auffällig vor. Doch ist dies ein Thema von prinzipieller Bedeutung, welches wir zur Seite stellen müssen.

* [Verse aus einem Studentenlied. Das fehlende Wort lautet „onaniert“.]

B
Das Infantile als Traumquelle

Als dritte unter den Eigentümlichkeiten des Trauminhaltes haben wir mit allen Autoren (bis auf Robert) angeführt, daß im Traume Eindrücke aus den frühesten Lebensaltern erscheinen können, über welche das Gedächtnis im Wachen nicht zu verfügen scheint. Wie selten oder wie häufig sich dies ereignet, ist begreiflicherweise schwer zu beurteilen, weil die betreffenden Elemente des Traumes nach dem Erwachen nicht in ihrer Herkunft erkannt werden. Der Nachweis, daß es sich hier um Eindrücke der Kindheit handelt, muß also auf objektivem Wege erbracht werden, wozu sich die Bedingungen nur in seltenen Fällen zusammenfinden können. Als besonders beweiskräftig wird von A. *Maury* die Geschichte eines Mannes erzählt, welcher eines Tages sich entschloß, nach zwanzigjähriger Abwesenheit seinen Heimatsort aufzusuchen. In der Nacht vor der Abreise träumte er, er sei in einer ihm ganz unbekannten Ortschaft und begegne daselbst auf der Straße einem unbekannten Herrn, mit dem er sich unterhalte. In seine Heimat zurückgekehrt, konnte er sich nun überzeugen, daß diese unbekannte Ortschaft in nächster Nähe seiner Heimatstadt wirklich existiere, und auch der unbekannte Mann des Traumes stellte sich als ein dort lebender Freund seines verstorbenen Vaters heraus. Wohl ein zwingender Beweis dafür, daß er beide, Mann wie Ortschaft, in seiner Kindheit gesehen hatte. Der Traum ist übrigens als Ungeduldstraum zu deuten, wie der des Mädchens, welches das Billet für den Konzertabend in der Tasche trägt; des Kindes, welchem der Vater den Ausflug nach dem Hameau versprochen hat; u. dgl. Die Motive, welche dem Träumer gerade diesen Eindruck aus seiner Kindheit reproduzieren, sind natürlich ohne Analyse nicht aufzudecken.

Einer meiner Kolleghörer, welcher sich rühmte, daß seine Träume nur sehr selten der Traumentstellung unterliegen, teilte mir mit, daß er vor einiger Zeit im Traume gesehen, *sein ehemaliger Hofmeister befinde sich im Bette der Bonne*, die bis zu seinem elften Jahre im Hause gewesen war. Die Örtlichkeit für diese Szene fiel ihm noch im Traume ein. Lebhaft interessiert teilte er den Traum seinem älteren Bruder mit, der ihm lachend die Wirklichkeit des Geträumten bestätigte. Er erinnere sich sehr gut daran, denn er sei damals sechs Jahre alt gewesen. Das Liebespaar pflegte ihn, den älteren Knaben, durch Bier betrunken zu machen, wenn die Umstände einem nächtlichen Verkehre günstig waren. Das kleinere, damals dreijährige Kind – unser Träumer – das im Zimmer der Bonne schlief, wurde nicht als Störung betrachtet. Noch in einem anderen Falle läßt es sich mit Sicherheit ohne Beihilfe der Traumdeutung feststellen, daß der Traum Elemente aus der Kindheit enthält, wenn nämlich der Traum ein sogenannter *perennierender* ist, der, in der Kindheit zuerst geträumt, später immer wieder von Zeit zu Zeit während des Schlafes des Erwachsenen auftritt. Zu den bekannten Beispielen dieser Art kann ich einige aus meiner Erfahrung hinzufügen, wenngleich ich an mir selbst einen solchen perennierenden Traum nicht kennengelernt habe. Ein Arzt in den Dreißigern erzählte mir, daß in seinem Traumleben von den ersten Zeiten seiner Kindheit an bis zum heutigen Tage häufig ein gelber Löwe erscheint, über den er die genaueste Auskunft zu geben vermag. Dieser ihm aus Träumen bekannte Löwe fand sich nämlich eines Tages *in natura* als ein lange verschollener Gegenstand aus Porzellan vor, und der junge Mann hörte damals von seiner Mutter, daß dieses Objekt das begehrteste Spielzeug seiner frühen Kinderzeit gewesen war, woran er sich selbst nicht mehr erinnern konnte.

Wendet man sich nun von dem manifesten Trauminhalt zu den Traumgedanken, welche erst die Analyse aufdeckt, so kann man mit Erstaunen die Mitwirkung von Kindheitserlebnissen auch bei solchen Träumen konstatieren, deren Inhalt keine derartige Vermutung erweckt hätte. Dem geehrten Kollegen vom „gelben Löwen" verdanke ich ein besonders liebenswürdiges und lehrreiches Beispiel eines solchen Traumes. Nach der Lektüre von Nansens Reisebericht über seine Polarexpedition träumte er, in einer Eiswüste galvanisiere er den kühnen Forscher wegen einer Ischias, über welche dieser klage! Zur Analyse dieses Traumes fiel ihm eine Geschichte aus seiner Kindheit ein, ohne welche der Traum allerdings unverständlich bliebe. Als er ein drei- oder vierjähriges Kind war, hörte er eines Tages neugierig zu, wie die Erwachsenen von Entdeckungsreisen sprachen, und fragte dann den Papa, ob das eine schwere Krankheit sei. Er hatte offenbar *Reisen* mit „*Reißen*" verwechselt, und der Spott seiner Geschwister sorgte dafür, daß ihm das beschämende Erlebnis nicht in Vergessenheit geriet.

Ein ganz ähnlicher Fall ist es, wenn ich in der Analyse des Traumes von der Monographie über die Gattung Zyklamen auf eine erhalten gebliebene Jugenderinnerung stoße, daß der Vater dem fünfjährigen Knaben ein mit farbigen Tafeln ausgestattetes Buch zur Zerstörung überläßt. Man wird etwa den Zweifel aufwerfen, ob diese Erinnerung wirklich an der Gestaltung des Trauminhalts Anteil genommen hat, ob nicht vielmehr die Arbeit der Analyse eine Beziehung erst nachträglich herstellt. Aber die Reichhaltigkeit und Verschlungenheit der Assoziationsverknüpfungen bürgt für die erstere Auffassung: Zyklamen – Lieblingsblume – Lieblingsspeise – Artischocke; zerpflücken wie eine Artischocke, Blatt für Blatt (eine Wendung, die einem anläßlich der Teilung des chinesischen Reiches täglich ans Ohr schlägt); – Herbarium – Bücherwurm, dessen Lieblingsspeise Bücher sind. Außerdem kann ich versichern, daß der letzte Sinn des Traumes, den ich hier nicht ausgeführt habe, zum Inhalt der Kinderszene in intimster Beziehung steht.

Bei einer anderen Reihe von Träumen wird man durch die Analyse belehrt, daß der Wunsch selbst, der den Traum erregt hat, als dessen Erfüllung der Traum sich darstellt, aus dem Kinderleben stammt, so daß man zu seiner Überraschung *im Traum das Kind mit seinen Impulsen weiterlebend findet.*

Ich setze an dieser Stelle die Deutung eines Traumes fort, aus dem wir bereits einmal neue Belehrung geschöpft haben, ich meine den Traum: Freund R. ist mein Onkel. Wir haben dessen Deutung so weit gefördert, daß uns das Wunschmotiv, zum Professor ernannt zu werden, greifbar entgegentrat, und wir erklärten uns die Zärtlichkeit des Traumes für Freund R. als eine Oppositions- und Trotzschöpfung gegen die Schmähung der beiden Kollegen, die in den Traumgedanken enthalten war. Der Traum war mein eigener; ich darf darum dessen Analyse mit der Mitteilung fortsetzen, daß mein Gefühl durch die erreichte Lösung noch nicht befriedigt war. Ich wußte, daß mein Urteil über die in den Traumgedanken mißhandelten Kollegen im Wachen ganz anders gelautet hatte; die Macht des Wunsches, ihr Schicksal in betreff der Ernennung nicht zu teilen, erschien mir zu gering, um den Gegensatz zwischen wacher und Traumschätzung voll aufzuklären. Wenn mein Bedürfnis, mit einem anderen Titel angeredet zu werden, so stark sein sollte, so beweist dies einen krankhaften Ehrgeiz, den ich nicht an mir kenne, den ich ferne von mir glaube. Ich weiß nicht, wie andere, die mich zu kennen glauben, in diesem Punkt über mich urteilen würden; vielleicht habe ich auch wirklich Ehrgeiz besessen; aber wenn, so hat er sich längst auf andere Objekte als auf Titel und Rang eines *Professor extraordinarius* geworfen.

Woher dann also der Ehrgeiz, der mir den Traum eingegeben hat? Da fällt mir ein, was ich so oft in der Kindheit erzählen gehört habe, daß bei meiner Geburt eine alte Bäuerin der über den Erstgeborenen glücklichen Mutter prophezeit, daß sie der Welt einen großen Mann geschenkt habe. Solche Prophezeiungen müssen sehr häufig vorfallen; es gibt so viel erwartungsfrohe Mütter und so viel alte Bäuerinnen oder andere alte Weiber, deren Macht auf Erden vergangen ist und die sich darum der Zukunft zugewendet haben. Es wird auch nicht der Schade der Prophetin gewesen sein. Sollte meine Größensehnsucht aus dieser Quelle stammen? Aber da besinne ich mich eben eines anderen Eindrucks aus späteren Jugendjahren, der sich zur Erklärung noch besser eignen würde: Es war eines Abends in einem der Wirtshäuser im Prater, wohin die Eltern den elf- oder zwölfjährigen Knaben mitzunehmen pflegten, daß uns ein Mann auffiel, der von Tisch zu Tisch ging und für ein kleines Honorar Verse über ein ihm aufgegebenes Thema improvisierte. Ich wurde abgeschickt, den Dichter an unseren Tisch zu bestellen, und er erwies sich dem Boten dankbar. Ehe er nach seiner Aufgabe fragte, ließ er einige Reime über mich fallen und erklärte es in seiner Inspiration für wahrscheinlich, daß ich noch einmal „Minister" werde. An den Eindruck dieser zweiten Prophezeiung kann ich mich noch sehr wohl erinnern. Es war die Zeit des Bürgerministeriums, der Vater hatte kurz vorher die Bilder der bürgerlichen Doktoren Herbst, Giskra, Unger, Berger u. a. nach Hause gebracht, und wir hatten diesen Herren zur Ehre illuminiert. Es waren sogar Juden unter ihnen; jeder fleißige Judenknabe trug also das Ministerportefeuille in seiner Schultasche. Es muß mit den Eindrücken jener Zeit sogar zusammenhängen, daß ich bis kurz vor der Inskription an der Universität willens war, Jura zu studieren, und erst im letzten Moment umsattelte. Dem Mediziner ist ja die Ministerlaufbahn überhaupt verschlossen. Und nun mein Traum? Ich merke es erst jetzt, daß er mich aus der trüben Gegenwart in die hoffnungsfrohe Zeit des Bürgerministeriums zurückversetzt und meinen Wunsch von damals nach seinen Kräften erfüllt. Indem ich die beiden gelehrten und achtenswerten Kollegen, weil sie Juden sind, so schlecht behandle, den einen, als ob er ein Schwachkopf, den anderen, als ob er ein Verbrecher wäre, indem ich so verfahre, benehme ich mich, als ob ich der Minister wäre, habe ich mich an die Stelle des Ministers gesetzt. Welch gründliche Rache an Seiner Exzellenz! Er verweigert es, mich zum *Professor extraordinarius* zu ernennen, und ich setze mich dafür im Traum an seine Stelle.

In einem anderen Falle konnte ich merken, daß der Wunsch, welcher den Traum erregt, obzwar ein gegenwärtiger, doch eine mächtige Verstärkung aus tiefreichenden Kindererinnerungen bezieht. Es handelt sich hier um eine Reihe von Träumen, denen die Sehnsucht, nach Rom zu kommen, zugrunde liegt. Ich werde diese Sehnsucht wohl noch lange Zeit durch Träume befriedigen müssen, denn um die Zeit des Jahres, welche mir für eine Reise zur Verfügung steht, ist der Aufenthalt in Rom aus Rücksichten der Gesundheit zu meiden.[73] So träume ich denn einmal, daß ich vom Coupéfenster aus Tiber und Engelsbrücke sehe; dann setzt sich der Zug in Bewegung, und es fällt mir ein, daß ich die Stadt ja gar nicht betreten habe. Die Aussicht, die ich im Traume sah, war einem bekannten Stiche nachgebildet, den ich tags zuvor im Salon eines Patienten flüchtig bemerkt hatte. Ein andermal führt mich jemand auf einen Hügel und zeigt mir Rom vom Nebel halb verschleiert und noch so ferne, daß ich mich über die Deutlichkeit der Aussicht wundere. Der Inhalt dieses Traumes ist reicher, als ich hier ausführen möchte. Das Motiv, „das gelobte Land von ferne sehen", ist darin leicht zu erkennen. Die Stadt, die ich so zuerst im Nebel gesehen habe, ist – Lübeck; der Hügel findet sein Vorbild in – *Gleichenberg*. In einem dritten Traum bin ich endlich in Rom, wie mir der Traum sagt. Ich sehe aber zu meiner

[73] Ich habe seither längst erfahren, daß auch zur Erfüllung solcher lange für unerreichbar gehaltenen Wünsche nur etwas Mut erfordert wird, und bin dann ein eifriger Rompilger geworden.

Enttäuschung eine keineswegs städtische Szenerie, *einen kleinen Fluß mit dunklem Wasser, auf der einen Seite desselben schwarze Felsen, auf der anderen Wiesen mit großen weißen Blumen. Ich bemerke einen Herrn Zucker* (den ich oberflächlich kenne) *und beschließe, ihn um den Weg in die Stadt zu fragen.* Es ist offenbar, daß ich mich vergebens bemühe, eine Stadt im Traume zu sehen, die ich im Wachen nicht gesehen habe. Wenn ich das Landschaftsbild des Traums in seine Elemente zersetze, so deuten die weißen Blumen auf das mir bekannte *Ravenna*, das wenigstens eine Zeitlang als Italiens Hauptstadt Rom den Vorrang genommen hatte. In den Sümpfen um Ravenna haben wir die schönsten Seerosen mitten im schwarzen Wasser gefunden; der Traum läßt sie auf Wiesen wachsen wie die Narzissen in unserm *Aussee*, weil es damals so mühselig war, sie aus dem Wasser zu holen. Der dunkle Fels, so nahe am Wasser, erinnert lebhaft an das Tal der *Tepl* bei *Karlsbad*. „*Karlsbad*" setzt mich nun in den Stand, mir den sonderbaren Zug zu erklären, daß ich Herrn Zucker um den Weg frage. Es sind hier in dem Material, aus dem der Traum gesponnen ist, zwei jener lustigen jüdischen Anekdoten zu erkennen, die soviel tiefsinnige, oft bittere Lebensweisheit verbergen und die wir in Gesprächen und Briefen so gerne zitieren. Die eine ist die Geschichte von der „*Konstitution*", des Inhalts, wie ein armer Jude ohne Fahrbillet den Einlaß in den Eilzug nach Karlsbad erschleicht, dann ertappt, bei jeder Revision vom Zuge gewiesen und immer härter behandelt wird, und der dann einem Bekannten, welcher ihn auf einer seiner Leidensstationen antrifft, auf die Frage, wohin er reise, zur Antwort gibt: „Wenn's meine Konstitution aushält – nach *Karlsbad*." Nahe dabei ruht im Gedächtnis eine andere Geschichte, von einem des Französischen unkundigen Juden, dem eingeschärft wird, in Paris nach dem Wege zur Rue Richelieu zu fragen. Auch *Paris* war lange Jahre hindurch ein Ziel meiner Sehnsucht, und die Seligkeit, in welcher ich zuerst den Fuß auf das Pflaster von Paris setzte, nahm ich als Gewähr, daß ich auch die Erfüllung anderer Wünsche erreichen werde. Das Um-den-Weg-Fragen ist ferner eine direkte Anspielung an *Rom*, denn nach Rom führen bekanntlich alle Wege. Übrigens deutet der Name Zucker wiederum auf *Karlsbad*, wohin wir doch alle mit der *konstitutionellen* Krankheit Diabetes Behafteten schicken. Der Anlaß dieses Traumes war der Vorschlag meines Berliner Freundes, uns zu Ostern in Prag zu treffen. Aus den Dingen, die ich mit ihm zu besprechen hatte, würde sich eine weitere Beziehung zu „Zucker" und „Diabetes" ergeben.

Ein vierter Traum, kurz nach dem letzterwähnten, bringt mich wieder nach Rom. Ich sehe eine Straßenecke vor mir und wundere mich darüber, daß dort so viele deutsche Plakate angeschlagen sind. Tags vorher hatte ich meinem Freund in prophetischer Voraussicht geschrieben, Prag dürfte für deutsche Spaziergänger kein bequemer Aufenthaltsort sein. Der Traum drückte also gleichzeitig den

Wunsch aus, ihn in Rom zu treffen anstatt in einer böhmischen Stadt, und das wahrscheinlich aus der Studentenzeit stammende Interesse daran, daß in Prag der deutschen Sprache mehr Duldung gewährt sein möge. Die tschechische Sprache muß ich übrigens in meinen ersten Kinderjahren verstanden haben, da ich in einem kleinen Orte Mährens mit slawischer Bevölkerung geboren bin. Ein tschechischer Kindervers, den ich in meinem siebzehnten Jahre gehört, hat sich meinem Gedächtnis mühelos so eingeprägt, daß ich ihn noch heute hersagen kann, obwohl ich keine Ahnung von seiner Bedeutung habe. Es fehlt also auch diesen Träumen nicht an mannigfaltigen Beziehungen zu den Eindrücken meiner ersten Lebensjahre.

Auf meiner letzten Italienreise, die mich unter anderem am Trasimener See vorbeiführte, fand ich endlich, nachdem ich den Tiber gesehen und schmerzlich bewegt achtzig Kilometer weit von Rom umgekehrt war, die Verstärkung auf, welche meine Sehnsucht nach der ewigen Stadt aus Jugendeindrücken bezieht. Ich erwog gerade den Plan, ein nächstes Jahr an Rom vorbei nach Neapel zu reisen, als mir ein Satz einfiel, den ich bei einem unserer klassischen Schriftsteller[74] gelesen haben muß: „Es ist fraglich, wer eifriger in seiner Stube auf und ab lief, nachdem er den Plan gefaßt, nach Rom zu gehen, der Konrektor *Winckelmann* oder der Feldherr *Hannibal*." Ich war ja auf den Spuren Hannibals gewandelt; es war mir so wenig wie ihm beschieden, Rom zu sehen, und auch er war nach *Kampanien* gezogen, nachdem alle Welt in Rom ihn erwartet hatte. Hannibal, mit dem ich diese Ähnlichkeit erreicht hatte, war aber der Lieblingsheld meiner Gymnasialjahre gewesen; wie so viele in jenem Alter, hatte ich meine Sympathien während der punischen Kriege nicht den Römern, sondern dem Karthager zugewendet. Als dann im Obergymnasium das erste Verständnis für die Konsequenzen der Abstammung aus landesfremder Rasse erwuchs und die antisemitischen Regungen unter den Kameraden mahnten, Stellung zu nehmen, da hob sich die Gestalt des semitischen Feldherrn noch höher in meinen Augen. *Hannibal* und *Rom* symbolisierten dem Jüngling den Gegensatz zwischen der Zähigkeit des Judentums und der Organisation der katholischen Kirche. Die Bedeutung, welche die antisemitische Bewegung seither für unser Gemütsleben gewonnen hat, verhalf dann den Gedanken und Empfindungen jener früheren Zeit zur Fixierung. So ist der Wunsch, nach Rom zu kommen, für das Traumleben zum Deckmantel und Symbol für mehrere andere heiß ersehnte Wünsche geworden, an deren Verwirklichung man mit der Ausdauer und Ausschließlichkeit des Puniers arbeiten möchte und deren Erfüllung zeitweilig vorn Schicksal ebensowenig begünstigt scheint wie der Lebenswunsch Hannibals, in Rom einzuziehen.

---

[74] Der Schriftsteller, bei dem ich diese Stelle las, muß wohl Jean Paul gewesen sein.

Und nun stoße ich erst auf das Jugenderlebnis, das in all diesen Empfindungen und Träumen noch heute seine Macht äußert. Ich mochte zehn oder zwölf Jahre gewesen sein, als mein Vater begann, mich auf seine Spaziergänge mitzunehmen und mir in Gesprächen seine Ansichten über die Dinge dieser Welt zu eröffnen. So erzählte er mir einmal, um mir zu zeigen, in wieviel bessere Zeiten ich gekommen sei als er: „Als ich ein junger Mensch war, bin ich in deinem Geburtsort am Samstag in der Straße spazierengegangen, schön gekleidet, mit einer neuen Pelzmütze auf dem Kopf. Da kommt ein Christ daher, haut mir mit einem Schlag die Mütze in den Kot und ruft dabei: Jud, herunter vom Trottoir!" „Und was hast du getan?" „Ich bin auf den Fahrweg gegangen und habe die Mütze aufgehoben", war die gelassene Antwort. Das schien mir nicht heldenhaft von dem großen starken Mann, der mich Kleinen an der Hand führte. Ich stellte dieser Situation, die mich nicht befriedigte, eine andere gegenüber, die meinem Empfinden besser entsprach, die Szene, in welcher Hannibals Vater, Hamilkar Barkas[75], seinen Knaben vor dem Hausaltar schwören läßt, an den Römern Rache zu nehmen. Seitdem hatte Hannibal einen Platz in meinen Phantasien.

Ich meine, daß ich diese Schwärmerei für den karthagischen General noch ein Stück weiter in meine Kindheit zurück verfolgen kann, so daß es sich auch hier nur um die Übertragung einer bereits gebildeten Affektrelation auf einen neuen Träger handeln dürfte. Eines der ersten Bücher, das dem lesefähigen Kind in die Hände fiel, war Thiers' „Konsulat und Kaiserreich"; ich erinnere mich, daß ich meinen Holzsoldaten kleine Zettel mit den Namen der kaiserlichen Marschälle auf den flachen Rücken geklebt und daß damals schon Masséna (als Jude: Menasse) mein erklärter Liebling war.[76] (Diese Bevorzugung wird wohl auch durch den Zufall des gleichen Geburtsdatums, genau hundert Jahre später, aufzuklären sein) Napoleon selbst schließt sich durch den Übergang über die Alpen an Hannibal an. Und vielleicht ließe sich die Entwicklung dieses Kriegerideals noch weiter zurück in die Kindheit verfolgen bis auf Wünsche, die der bald freundschaftliche, bald kriegerische Verkehr während der ersten drei Jahre mit einem um ein Jahr älteren Knaben bei dem schwächeren der beiden Gespielen hervorrufen mußte.

Je tiefer man sich in die Analyse der Träume einläßt, desto häufiger wird man auf die Spur von Kindheitserlebnissen geführt, welche im latenten Trauminhalt eine Rolle als Traumquellen spielen.

---

[75] In der ersten Auflage stand hier der Name: Hasdrubal, ein befremdender Irrtum, dessen Aufklärung ich in meiner *Psychopathologie des Alltagslebens* gegeben habe.

[76] Die jüdische Abstammung des Marschalls wird übrigens bezweifelt.

Wir haben gehört, daß der Traum sehr selten Erinnerungen so reproduziert, daß sie unverkürzt und unverändert den alleinigen manifesten Trauminhalt bilden. Immerhin sind einige Beispiele für dieses Vorkommen sichergestellt, zu denen ich einige neue hinzufügen kann, die sich wiederum auf Infantilszenen beziehen. Bei einem meiner Patienten brachte einmal ein Traum eine kaum entstellte Wiedergabe eines sexuellen Vorfalles, die sofort als getreue Erinnerung erkannt wurde. Die Erinnerung daran war im Wachen zwar nie völlig verloren gewesen, aber doch stark verdunkelt worden, und ihre Neubelebung war ein Erfolg der vorausgegangenen analytischen Arbeit. Der Träumer hatte mit zwölf Jahren einen bettlägerigen Kollegen besucht, der sich wahrscheinlich nur zufällig bei einer Bewegung im Bette entblößte. Beim Anblick seiner Genitalien von einer Art Zwang ergriffen, entblößte er sich selbst und faßte das Glied des anderen, der ihn aber unwillig und verwundert ansah, worauf er verlegen wurde und abließ. Diese Szene wiederholte ein Traum dreiundzwanzig Jahre später auch mit allen Einzelheiten der in ihr vorkommenden Empfindungen, veränderte sie aber dahin, daß der Träumer anstatt der aktiven die passive Rolle übernahm, während die Person des Schulkollegen durch eine der Gegenwart angehörige ersetzt wurde. In der Regel freilich ist die Infantilszene im manifesten Trauminhalt nur durch eine Anspielung vertreten und muß durch Deutung aus dem Traum entwickelt werden. Die Mitteilung solcher Beispiele kann nicht sehr beweiskräftig ausfallen, weil ja für diese Kindererlebnisse meistens jede andere Gewähr fehlt; sie werden, wenn sie in ein frühes Alter fallen, von der Erinnerung nicht mehr anerkannt. Das Recht, überhaupt aus Träumen auf solche Kindererlebnisse zu schließen, ergibt sich bei der psychoanalytischen Arbeit aus einer ganzen Reihe von Momenten, die in ihrem Zusammenwirken verläßlich genug erscheinen. Zum Zwecke der Traumdeutung aus ihrem Zusammenhange gerissen, werden solche Zurückführungen auf Kindererlebnisse vielleicht wenig Eindruck machen, besonders da ich nicht einmal alles Material mitteile, auf welches sich die Deutung stützt. Indes will ich mich darum von der Mitteilung nicht abhalten lassen.

I

Bei einer meiner Patientinnen haben alle Träume den Charakter des „*Gehetzten*“; sie hetzt sich, um zurechtzukommen, den Eisenbahnzug nicht zu versäumen u. dgl. In einem Traume soll sie ihre Freundin besuchen*; die Mutter hat ihr gesagt, sie soll fahren, nicht gehen; sie läuft aber und fällt dabei in einem fort.* – Das bei der Analyse auftauchende Material gestattet, die Erinnerung an Kinderhetzereien zu erkennen (man weiß, was der Wiener „*eine Hetz*“ nennt), und gibt speziell für den einen Traum die Zurückführung auf den bei Kindern beliebten Scherz, den Satz: „*Die Kuh rannte, bis sie fiel*“ so rasch auszusprechen, als ob er ein einziges Wort wäre, was wiederum ein „Hetzen“ ist. Alle diese harmlosen Hetzereien unter kleinen Freundinnen werden erinnert, weil sie andere, minder harmlose, ersetzen.

II

Von einer anderen folgender Traum: Sie ist in einem großen Zimmer, in dem allerlei Maschinen stehen, etwa so, wie sie sich eine orthopädische Anstalt vorstellt. Sie hört, daß ich keine Zeit habe und daß sie die Behandlung gleichzeitig mit fünf anderen machen muß. Sie sträubt sich aber und will sich in das für sie bestimmte Bett – oder was es ist – nicht legen. Sie steht in einem Winkel und wartet, daß ich sage, es ist nicht wahr. Die anderen lachen sie unterdes aus, es sei Faxerei von ihr. – Daneben, *als ob sie viele kleine Quadrate machen würde.*

Der erste Teil dieses Trauminhalts ist eine Anknüpfung an die Kur und Übertragung auf mich. Der zweite enthält die Anspielung an die Kinderszene; mit der Erwähnung des Bettes sind die beiden Stücke aneinandergelötet. Die *orthopädische Anstalt* geht auf eine meiner Reden zurück, in der ich die Behandlung ihrer Dauer wie ihrem Wesen nach mit einer *orthopädischen* verglichen hatte. Ich mußte ihr zu Anfang der Behandlung mitteilen, *daß ich vorläufig wenig Zeit für sie habe*, ihr aber später eine ganze Stunde täglich widmen würde. Dies machte die alte Empfindlichkeit in ihr rege, die ein Hauptcharakterzug der zur Hysterie bestimmten Kinder ist. Sie sind unersättlich nach Liebe. Meine Patientin war die jüngste von sechs Geschwistern (daher: *mit fünf anderen*) und als solche der Liebling des Vaters, scheint aber gefunden zu haben, daß der geliebte Vater ihr noch zu wenig Zeit und Aufmerksamkeit widme. – Daß *sie wartet, bis ich sage, es ist nicht wahr*, hat folgende Ableitung: Ein kleiner Schneiderjunge hatte ihr ein Kleid gebracht und sie ihm dafür das Geld mitgegeben. Dann fragte sie ihren Mann, ob sie das Geld nochmals bezahlen müsse, wenn er es verliere. Der Mann, um sie zu *necken*, versicherte: ja (die *Neckerei* im Trauminhalt), und sie fragte immer wieder von neuem *und wartete darauf, daß er endlich sage, es ist nicht wahr*. Nun läßt sich für den latenten Trauminhalt der Gedanke konstruieren, ob sie mir wohl das Doppelte bezahlen müsse, wenn ich ihr die doppelte Zeit widme, ein Gedanke, der geizig oder *schmutzig* ist. (Die Unreinlichkeit der Kinderzeit wird sehr häufig vom Traum durch Geldgeiz ersetzt; das Wort „schmutzig“ bildet dabei die Brücke 1.) Wenn all das vom *Warten, bis ich sage* usw., das Wort „schmutzig“ im Traum umschreiben soll, so stimmt das *Im-Winkel-Stehen* und das *Sich-nicht-ins-*

Bett-Legen dazu als Bestandteil einer Kinderszene, in der sie das Bett schmutzig gemacht hätte, zur Strafe in den Winkel gestellt wird unter der Androhung, daß sie der Papa nicht mehr liebhaben werde, die Geschwister sie auslachen usw. Die *kleinen Quadrate* zielen auf ihre kleine Nichte, die ihr die Rechenkunst gezeigt, wie man in neun Quadrate, glaube ich, Zahlen so einschreibt, daß sie addiert nach allen Richtungen fünfzehn ergeben.

III

Der Traum eines Mannes: *Er sieht zwei Knaben, die sich balgen, und zwar Faßbinderknaben, wie er aus den herumliegenden Gerätschaften schließt; einer der Knaben hat den anderen niedergeworfen, der liegende Knabe hat Ohrringe mit blauen Steinen. Er eilt dem Missetäter mit erhobenem Stock nach, um ihn zu züchtigen. Dieser flüchtet zu einer Frau, die bei einem Bretterzaun steht, als ob sie seine Mutter wäre. Es ist eine Taglöhnersfrau, die dem Träumer den Rücken zuwendet. Endlich kehrt sie sich um und schaut ihn mit einem gräßlichen Blick an, so daß er erschreckt davonläuft. An ihren Augen sieht man vom unteren Lid das rote Fleisch vorstehen.*

Der Traum hat triviale Begebenheiten des Vortags reichlich verwertet. Er hat gestern wirklich zwei Knaben auf der Straße gesehen, von denen einer den anderen hinwarf. Als er hinzueilte, um zu schlichten, ergriffen sie die Flucht. – *Faßbinderknaben*: wird erst durch einen nachfolgenden Traum erklärt, in dessen Analyse er die Redensart gebraucht: *Dem Faß den Boden ausschlagen. – Ohrringe mit blauen Steinen* tragen nach seiner Beobachtung meist die Prostituierten. So fügt sich ein bekannter Klapphornvers von *zwei Knaben* an: Der andere Knabe, der hieß Marie (d. h war ein Mädchen). – *Die stehende Frau*: Nach der Szene mit den beiden Knaben ging er am Donauufer spazieren und benützte die Einsamkeit dort, *um gegen einen Bretterzaun zu urinieren.* Auf dem weiteren Weg lächelte ihn eine anständig gekleidete ältere Dame sehr freundlich an und wollte ihm ihre Adreßkarte überreichen.

Da die Frau im Traume so steht wie er beim Urinieren, so handelt es sich um ein urinierendes Weib, und dazu gehört dann der gräßliche „*Anblick*", das *Vorstehen des roten Fleisches,* was sich nur auf die beim Kauern klaffenden Genitalien beziehen kann, die, in der Kinderzeit gesehen, in der späteren Erinnerung als „*wildes Fleisch*", als „*Wunde*" wieder auftreten. Der Traum vereinigt zwei Anlässe, bei denen der kleine Knabe die Genitalien kleiner Mädchen sehen konnte, beim *Hinwerfen* und bei deren *Urinieren*, und wie aus dem anderen Zusammenhange hervorgeht, bewahrt er die Erinnerung an eine *Züchtigung* oder Drohung des Vaters wegen der von dem Buben bei diesen Anlässen bewiesenen sexuellen Neugierde.

IV

Eine ganze Summe von Kindererinnerungen, zu einer Phantasie notdürftig vereinigt, findet sich hinter folgendem Traum einer älteren Dame.

Sie geht in Hetze aus, Kommissionen zu machen. Auf dem Graben sinkt sie dann, wie zusammengebrochen, in die Knie. Viele Leute sammeln sich um sie, besonders die Fiakerkutscher; aber niemand hilft ihr auf. Sie macht viele vergebliche Versuche; endlich muß es gelungen sein, denn man setzt sie in einen Fiaker, der sie nach Hause bringen soll; durchs Fenster wirft man ihr einen großen, schwer gefüllten Korb nach (ähnlich einem Einkaufskorb).

Es ist dieselbe, die in ihren Träumen immer gehetzt wird, wie sie als Kind gehetzt hat. Die erste Situation des Traumes ist offenbar von dem Anblick eines gestürzten Pferdes hergenommen, wie auch das „Zusammenbrechen" auf Wettrennen deutet. Sie war in jungen Jahren *Reiterin*, in noch jüngeren wahrscheinlich auch *Pferd*. Zu dem *Hinstürzen* gehört die erste Kindheitserinnerung an den siebzehnjährigen Sohn des Portiers, der, auf der Straße von epileptischen Krämpfen befallen, im Wagen nach Hause gebracht wurde. Davon hat sie natürlich nur gehört, aber die Vorstellung von epileptischen Krämpfen, vom „*Hinfallenden*" hat große Macht über ihre Phantasie gewonnen und später ihre eigenen hysterischen Anfälle in ihrer Form beeinflußt. – Wenn eine Frauenperson vom Fallen träumt, so hat das wohl regelmäßig einen sexuellen Sinn, sie wird eine „*Gefallene*"; für unseren Traum wird diese Deutung am wenigsten zweifelhaft sein, denn sie fällt auf dem *Graben*, jenem Platze von Wien, der als Korso der Prostitution bekannt ist. Der *Einkaufskorb* gibt mehr als eine Deutung; als Korb erinnert er an die vielen *Körbe*, die sie zuerst ihren Freiern ausgeteilt und später, wie sie meint, sich auch selbst geholt hat. Dazu gehört dann auch, daß ihr *niemand aufhelfen will*, was sie selbst als Verschmähtwerden auslegt. Ferner erinnert der *Einkaufskorb* an Phantasien, die der Analyse bereits bekannt geworden sind, in denen sie tief unter ihrem Stande geheiratet hat und nun selbst zu Markte einkaufen geht. Endlich aber könnte der Einkaufskorb als Zeichen einer *dienenden Person* gedeutet werden. Dazu kommen nun weitere Kindheitserinnerungen, an eine *Köchin*, die weggeschickt wurde, weil sie stahl; die ist auch so *in die Knie gesunken und hat gefleht.* Sie war damals zwölf Jahre alt. Dann an ein Stubenmädchen, das weggeschickt wurde, weil es sich mit dem *Kutscher* des Hauses abgab, der sie übrigens später heiratete. Diese Erinnerung ergibt uns also eine Quelle für die *Kutscher* im Traum (die sich im Gegensatz zur Wirklichkeit der Gefallenen nicht annehmen). Es bleibt aber noch das *Nachwerfen* des Korbs, und zwar *durchs Fenster*, zu erklären. Das mahnt sie an das *Expedieren* des Gepäcks auf der Eisenbahn, an das „*Fensterln*" auf dem Lande, an kleine Eindrücke von dem Landaufenthalte, wie ein Herr einer Dame *blaue Pflaumen durchs Fenster* in ihr Zimmer wirft, wie ihre kleine

Schwester sich gefürchtet, weil ein vorübergehender Trottel durchs Fenster ins Zimmer sah. Und nun taucht dahinter eine dunkle Erinnerung aus dem zehnten Lebensjahre auf, von einer Bonne, die auf dem Lande Liebesszenen mit einem Diener des Hauses aufführte, von denen das Kind doch etwas gemerkt haben konnte, und die mitsamt ihrem Liebhaber „*expediert*", „*hinausgeworfen*" wurde (im Traum der Gegensatz: „*hineingeworfen*"), eine Geschichte, der wir uns auch von mehreren anderen Wegen her genähert hatten. Das Gepäck, der Koffer einer dienenden Person, wird aber in Wien geringschätzig als die „*sieben Zwetschken*" bezeichnet. „*Pack' deine sieben Zwetschken zusammen und geh'.*"

An solchen Träumen von Patienten, deren Analyse zu dunkel oder gar nicht mehr erinnerten Kindereindrücken, oft aus den ersten drei Lebensjahren, führt, hat meine Sammlung natürlich überreichen Vorrat. Es ist aber mißlich, Schlüsse aus ihnen zu ziehen, die für den Traum im allgemeinen gelten sollen; es handelt sich ja regelmäßig um neurotische, speziell hysterische Personen, und die Rolle, welche den Kinderszenen in diesen Träumen zufällt, könnte durch die Natur der Neurose und nicht durch das Wesen des Traums bedingt sein. Indes begegnet es mir bei der Deutung meiner eigenen Träume, die ich doch nicht wegen grober Leidenssymptome unternehme, ebensooft, daß ich im latenten Trauminhalt unvermutet auf eine Infantilszene stoße und daß mir eine ganze Serie von Träumen mit einemmal in die von einem Kindererlebnis ausgehenden Bahnen einmündet. Beispiele hiefür habe ich schon erbracht, und ich werde noch bei verschiedenen Anlässen weitere erbringen. Vielleicht kann ich den ganzen Abschnitt nicht besser beschließen als durch Mitteilung einiger Träume, in denen rezente Anlässe und langvergessene Kindererlebnisse mitsammen als Traumquellen auftreten.

I

Nachdem ich gereist bin, müde und hungrig das Bett aufgesucht habe, melden sich im Schlafe die großen Bedürfnisse des Lebens und ich träume: *Ich gehe in eine Küche, um mir Mehlspeise geben zu lassen. Dort stehen drei Frauen, von denen eine die Wirtin ist und etwas in der Hand dreht, als ob sie Knödel machen würde. Sie antwortet, daß ich warten soll, bis sie fertig ist* (nicht deutlich als Rede). *Ich werde ungeduldig und gehe beleidigt weg. Ich ziehe einen Überrock an; der erste, den ich versuche, ist mir aber zu lang. Ich ziehe ihn wieder aus, etwas überrascht, daß er Pelzbesatz hat. Ein zweiter, den ich anziehe, hat einen langen Streifen mit türkischer Zeichnung eingesetzt. Ein Fremder mit langem Gesicht und kurzem Spitzbart kommt hinzu und hindert mich am Anziehen, indem er ihn für den seinen erklärt. Ich zeige ihm nun, daß er über und über türkisch gestickt ist. Er fragt: Was gehen Sie die türkischen (Zeichnungen, Streifen ...) an? Wir sind aber dann ganz freundlich miteinander.*

In der Analyse dieses Traums fällt mir ganz unerwartet der erste Roman ein, den ich, vielleicht dreizehnjährig, gelesen, d. h. mit dem Ende des ersten Bandes begonnen habe. Den Namen des Romans und seines Autors habe ich nie gewußt, aber der Schluß ist mir nun in lebhafter Erinnerung. Der Held verfällt in Wahnsinn und ruft beständig die drei Frauennamen, die ihm im Leben das größte Glück und das Unheil bedeutet haben. *Pélagie* ist einer dieser Namen. Noch weiß ich nicht, was ich mit diesem Einfall in der Analyse beginnen werde. Da tauchen zu den drei Frauen die drei Parzen auf, die das Geschick des Menschen spinnen, und ich weiß, daß eine der drei Frauen, die Wirtin im Traum, die Mutter ist, die das Leben gibt, mitunter auch, wie bei mir, dem Lebenden die erste Nahrung. An der Frauenbrust treffen sich Liebe und Hunger. Ein junger Mann, erzählt die Anekdote, der ein großer Verehrer der Frauenschönheit wurde, äußerte einmal, als die Rede auf die schöne Amme kam, die ihn als Säugling genährt: es tue ihm leid, die gute Gelegenheit damals nicht besser ausgenützt zu haben. Ich pflege mich der Anekdote zur Erläuterung für das Moment der *Nachträglichkeit* in dem Mechanismus der Psychoneurosen zu bedienen. – Die eine der Parzen also reibt die Handflächen aneinander, als ob sie Knödel machen würde. Eine sonderbare Beschäftigung für eine Parze, welche dringend der Aufklärung bedarf! Diese kommt nun aus einer anderen und früheren Kindererinnerung. Als ich sechs Jahre alt war und den ersten Unterricht bei meiner Mutter genoß, sollte ich glauben, daß wir aus Erde gemacht sind und darum zur Erde zurückkehren müssen. Es behagte mir aber nicht, und ich zweifelte die Lehre an. Da rieb die Mutter die Handflächen aneinander – ganz ähnlich wie beim Knödelmachen, nur daß sich kein Teig zwischen ihnen befindet – und zeigte mir die schwärzlichen Epidermisschuppen, die sich dabei abreiben, als eine Probe der Erde, aus der wir gemacht sind, vor. Mein Erstaunen über diese Demonstration *ad oculos* war grenzenlos, und ich ergab mich in das, was ich später in den Worten ausgedrückt hören sollte: „Du bist der Natur einen Tod schuldig."[77] So sind es also wirklich Parzen, zu denen ich in die Küche gehe, wie so oft in den Kinderjahren, wenn ich hungrig war und die Mutter beim Herd mich mahnte zu warten, bis das Mittagessen fertig sei. Und nun die *Knödel*! Wenigstens einer meiner Universitätslehrer, aber gerade der, dem ich meine *histologischen* Kenntnisse (*Epidermis*) verdanke, wird sich bei dem Namen *Knödl* an eine Person erinnern,

[77] Beide zu diesen Kinderszenen gehörigen Affekte, das Erstaunen und die Ergebenheit ins Unvermeidliche, fanden sich in einem Traum kurz vorher, der mir zuerst die Erinnerung an dieses Kindererlebnis wiederbrachte.

die er belangen mußte, weil sie ein *Plagiat* an seinen Schriften begangen hatte. Ein Plagiat begehen, sich aneignen, was man bekommen kann, auch wenn es einem andern gehört, leitet offenbar zum zweiten Teil des Traumes, in dem ich wie der *Überrockdieb* behandelt werde, der eine Zeitlang in den Hörsälen sein Wesen trieb. Ich habe den Ausdruck *Plagiat* niedergeschrieben, absichtslos, weil er sich mir darbot, und nun merke ich, daß er als Brücke zwischen verschiedenen Stücken des manifesten Trauminhalts dienen kann. Die Assoziationskette Pélagie – Plagiat –Plagiostomen[78] (Haifische) – Fischblase verbindet den alten Roman mit der Affäre *Knödl* und mit den Überziehern, die ja offenbar ein Gerät der sexuellen Technik bedeuten B. (Vgl. *Maurys* Traum von Kilo – Lotto) Eine höchst gezwungene und unsinnige Verbindung zwar, aber doch keine, die ich im Wachen herstellen könnte, wenn sie nicht schon durch die Traumarbeit hergestellt wäre. Ja, als ob dem Drang, Verbindungen zu erzwingen, gar nichts heilig wäre, dient nun der teure Name *Brücke* (Wortbrücke siehe oben) dazu, mich an dasselbe Institut zu erinnern, in dem ich meine glücklichsten Stunden als Schüler verbracht, sonst ganz bedürfnislos

> („So wird's Euch an der Weisheit *Brüsten*
> mit jedem Tage mehr gelüsten"),

im vollsten Gegensatz zu den Begierden, die mich, während ich träume, plagen. Und endlich taucht die Erinnerung an einen anderen teuren Lehrer auf, dessen Name wiederum an etwas Eßbares anklingt (*Fleischl*, wie *Knödl*), und an eine traurige Szene, in der *Epidermisschuppen* eine Rolle spielen (die Mutter – Wirtin) und *Geistesstörung* (der Roman) und ein Mittel aus der lateinischen *Küche*, das den Hunger benimmt, das Kokain.

So könnte ich den verschlungenen Gedankenwegen weiter folgen und das in der Analyse fehlende Stück des Traums voll aufklären, aber ich muß es unterlassen, weil die persönlichen Opfer, die es erfordern würde, zu groß sind. Ich greife nur einen der Fäden auf, der direkt zu einem der dem Gewirre zugrunde liegenden Traumgedanken führen kann. Der Fremde mit langem Gesicht und Spitzbart, der mich am Anziehen hindern will, trägt die Züge eines Kaufmannes in Spalato, bei dem meine Frau reichlich *türkische* Stoffe eingekauft hat. Er hieß *Popovic*, ein verdächtiger Name, der auch dem Humoristen Stettenheim zu einer andeutungsvollen Bemerkung Anlaß gegeben hat. („Er nannte mir seinen Namen und drückte mir errötend die Hand.") übrigens derselbe Mißbrauch mit Namen wie oben mit *Pélagie*, *Knödl*, *Brücke*, *Fleischl*. Daß solche Namenspielerei

[78] Die Plagiostomen ergänze ich nicht willkürlich; sie mahnen mich an eine ärgerliche Gelegenheit von Blamage vor demselben Lehrer.

Kinderunart ist, darf man ohne Widerspruch behaupten; wenn ich mich in ihr ergehe, ist es aber ein Akt der Vergeltung, denn mein eigener Name ist unzählige Male solchen schwachsinnigen Witzeleien zum Opfer gefallen. *Goethe* bemerkt einmal, wie empfindlich man für seinen Namen ist, mit dem man sich verwachsen fühlt wie mit seiner *Haut*, als *Herder* auf seinen Namen dichtete:

> „Der du von *Göttern* abstammst, von Gothen oder vom Kote" –
> „So seid ihr Götterbilder auch zu Staub."

Ich merke, daß die Abschweifung über den Mißbrauch von Namen nur diese Klage vorbereiten sollte. Aber brechen wir hier ab. – Der Einkauf in Spalato mahnt mich an einen anderen Einkauf in Cattaro, bei dem ich allzu zurückhaltend war und die Gelegenheit zu schönen Erwerbungen versäumte. (Die Gelegenheit bei der Amme versäumt, s. o.) Einer der Traumgedanken, die dem Träumer der Hunger eingibt, lautet nämlich: *Man soll sich nichts entgehen lassen, nehmen, was man haben kann, auch wenn ein kleines Unrecht dabei mitläuft; man soll keine Gelegenheit versäumen, das Leben ist so kurz, der Tod unvermeidlich.* Weil es auch sexuell gemeint ist und weil die Begierde vor dem Unrecht nicht haltmachen will, hat dieses *carpe diem* die Zensur zu fürchten und muß sich hinter einem Traum verbergen. Dazu kommen nun alle Gegengedanken zu Wort, die Erinnerung an die Zeit, da die *geistige Nahrung* dem Träumer allein genügte, alle Abhaltungen und selbst die Drohungen mit den ekelhaften sexuellen Strafen.

II

Ein zweiter Traum erfordert einen längeren *Vorbericht*:

Ich bin auf den Westbahnhof gefahren, um meine Ferienreise nach Aussee anzutreten, gehe aber schon zum früher abgehenden Ischler Zug auf den Perron. Dort sehe ich nun den Grafen Thun dastehen, der wiederum zum Kaiser nach Ischl fährt. Er war trotz des Regens im offenen Wagen angekommen, direkt durch die Eingangstür für Lokalzüge hinausgetreten und hatte den Türhüter, der ihn nicht kannte und ihm das Billet abnehmen wollte, mit einer kurzen Handbewegung ohne Erklärung von sich gewiesen. Ich soll dann, nachdem er im Ischler Zuge abgefahren ist, den Perron wieder verlassen und in den Wartesaal zurückgehen, setze es aber mühselig durch, daß ich bleiben darf. Ich vertreibe mir die Zeit damit aufzupassen, wer da kommen wird, um sich auf dem Protektionswege ein Coupé anweisen zu lassen; nehme mir vor, dann Lärm zu schlagen, d. h. gleiches Recht zu verlangen. Unterdes singe ich mir etwas vor, was ich dann als die Arie aus Figaros Hochzeit erkenne:

„Will der Herr Graf ein Tänzelein wagen, Tänzelein wagen,
Soll er's nur sagen, ich spiel' ihm eins auf."

(Ein anderer hätte den Gesang vielleicht nicht erkannt.)

Ich war den ganzen Abend in übermütiger, streitlustiger Stimmung gewesen, hatte Kellner und Kutscher gefrozzelt, hoffentlich ohne ihnen wehe zu tun; nun gehen mir allerlei freche und revolutionäre Gedanken durch den Kopf, wie sie zu den Worten Figaros passen und zur Erinnerung an die Komödie von *Beaumarchais*, die ich in der *Comédie française* aufführen gesehen. Das Wort von den großen Herren, die sich die Mühe gegeben haben, geboren zu werden; das Herrenrecht, das der Graf Almaviva bei Susanne zur Geltung bringen will; die Scherze, die unsere bösen oppositionellen Tagschreiber mit dem Namen des Grafen Thun anstellen, indem sie ihn Graf Nichtsthun nennen. Ich beneide ihn wirklich nicht; er hat jetzt einen schweren Gang zum Kaiser, und ich bin der eigentliche Graf Nichtsthun; ich gehe auf Ferien. Allerlei lustige Ferienvorsätze dazu. Es kommt nun ein Herr, der mir als Regierungsvertreter bei den medizinischen Prüfungen bekannt ist und der sich durch seine Leistungen in dieser Rolle den schmeichelhaften Beinamen „des Regierungsbeischläfers" zugezogen hat. Er verlangt unter Berufung auf seine amtliche Eigenschaft ein Halbcoupé erster Klasse, und ich höre den Beamten zu einem andern sagen: Wo geben wir den Herrn mit der halben Ersten hin? Eine nette Bevorzugung; ich zahle meine erste Klasse ganz. Ich bekomme dann auch ein Coupé für mich, aber nicht in einem durchgehenden Wagen, so daß mir die Nacht über kein Abort zur Verfügung steht. Meine Klage beim Beamten hat keinen Erfolg; ich räche mich, indem ich ihm den Vorschlag mache, in diesem Coupé wenigstens ein Loch im Boden anbringen zu lassen, für etwaige Bedürfnisse der Reisenden. Ich erwache auch wirklich um dreiviertel drei Uhr morgens mit Harndrang aus nachstehendem *Traum*:

Menschenmenge, Studentenversammlung. – Ein Graf (Thun oder Taaffe) redet. Aufgefordert, etwas über die Deutschen zu sagen, erklärt er mit höhnischer Gebärde für ihre Lieblingsblume den Huflattich und steckt dann etwas wie ein zerfetztes Blatt, eigentlich ein zusammengeknülltes Blattgerippe ins Knopfloch. Ich fahre auf, fahre also auf[79], wundere mich aber doch über diese meine Gesinnung. Dann undeutlicher: Als ob es die Aula wäre, die Zugänge besetzt, und man müßte fliehen. Ich bahne mir den Weg durch eine Reihe von schön eingerichteten Zimmern, offenbar Regierungszimmern, mit Möbeln in einer Farbe zwischen braun und violett, und komme endlich in einen Gang, in dem eine Haushälterin, ein älteres dickes Frauenzimmer, sitzt. Ich vermeide es, mit ihr zu

[79] Diese Wiederholung hat sich, scheinbar aus Zerstreutheit, in den Text des Traumes eingeschlichen und wird von mir belassen, da die Analyse zeigt, daß sie ihre Bedeutung hat

sprechen; sie hält mich aber offenbar für berechtigt, hier zu passieren, denn sie fragt, ob sie mit der Lampe mitgehen soll. Ich deute oder sage ihr, sie soll auf der Treppe stehenbleiben, und komme mir dabei sehr schlau vor, daß ich die Kontrolle am Ende vermeide. So bin ich drunten und finde einen schmalen, steil aufsteigenden Weg, den ich gehe.

Wieder undeutlich ... Als ob jetzt die zweite Aufgabe käme, aus der Stadt wegzukommen, wie früher aus dem Haus. Ich fahre in einem Einspänner und gebe ihm Auftrag, zu einem Bahnhof zu fahren. „Auf der Bahnstrecke selbst kann ich nicht mit Ihnen fahren", sage ich, nachdem er einen Einwand gemacht hat, als ob ich ihn übermüdet hätte. Dabei ist es, als wäre ich schon eine Strecke mit ihm gefahren, die man sonst mit der Bahn fährt. Die Bahnhöfe sind besetzt; ich überlege, ob ich nach Krems oder Znaim soll, denke aber, dort wird der Hof sein, und entscheide mich für Graz oder so etwas. Nun sitze ich im Waggon, der ähnlich einem Stadtbahnwagen ist, und habe im Knopfloch ein eigentümlich geflochtenes, langes Ding, daran violettbraune Veilchen aus starrem Stoff, was den Leuten sehr auffällt. Hier bricht die Szene ab.

Ich bin wieder vor dem Bahnhofe, aber zu zweit mit einem älteren Herrn, erfinde einen Plan, um unerkannt zu bleiben, sehe diesen Plan aber auch schon ausgeführt. Denken und Erleben ist gleichsam eins. Er stellt sich blind, wenigstens auf einem Auge, und ich halte ihm ein männliches Uringlas vor (das wir in der Stadt kaufen mußten oder gekauft haben). Ich bin also ein Krankenpfleger und muß ihm das Glas geben, weil er blind ist. Wenn der Kondukteur uns so sieht, muß er uns als unauffällig entkommen lassen. Dabei ist die Stellung des Betreffenden und sein urinierendes Glied plastisch gesehen. Darauf das Erwachen mit Harndrang.

Der ganze Traum macht etwa den Eindruck einer Phantasie, die den Träumer in das Revolutionsjahr 1848 versetzt, dessen Andenken ja durch das Jubiläum des Jahres 1898 erneuert war, wie überdies durch einen kleinen Ausflug in die *Wachau*, bei dem ich Emmersdorf[80] kennengelernt hatte, den Ruhesitz des Studentenführers Fischhof, auf den einige Züge des manifesten Trauminhalts weisen mögen. Die Gedankenverbindung führt mich dann nach England, in das Haus meines Bruders, der seiner Frau scherzhaft vorzuhalten pflegte „*Fifty years ago*" nach dem Titel eines Gedichtes von Lord Tennyson, worauf die Kinder zu rektifizieren gewöhnt waren: *Fifteen years ago.* Diese Phantasie, die sich an die Gedanken anschließt, welche der Anblick des Grafen Thun hervorgerufen hatte, ist aber nur wie die Fassade italienischer Kirchen ohne organischen Zusammenhang dem Gebäude dahinter vorgesetzt; anders als diese Fassaden ist sie übrigens lückenhaft, verworren, und Bestandteile aus dem Inneren drängen sich an

80 Ein Irrtum, aber diesmal keine Fehlleistung! Ich erfuhr später, daß das Emmersdorf der Wachau nicht identisch ist mit dem gleichnamigen Asyl des Revolutionärs Fischhof.

vielen Stellen durch. Die erste Situation des Traumes ist aus mehreren Szenen zusammengebraut, in die ich sie zerlegen kann. Die hochmütige Stellung des Grafen im Traum ist kopiert nach einer Gymnasialszene aus meinem *fünfzehnten Jahr*. Wir hatten gegen einen mißliebigen und ignoranten Lehrer eine Verschwörung angezettelt, deren Seele ein Kollege war, der sich seitdem *Heinrich VIII. von England* zum Vorbilde genommen zu haben scheint. Die Führung des Hauptschlags fiel mir zu, und eine Diskussion über die Bedeutung der Donau für Osterreich (*Wachau*!) war der Anlaß, bei dem es zur offenen Empörung kam. Ein Mitverschworener war der einzige aristokratische Kollege, den wir hatten, wegen seiner auffälligen Längenentwicklung die „*Giraffe*" genannt, und der stand, vom Schultyrannen, dem Professor der *deutschen Sprache*, zur Rede gestellt, so da wie der Graf im Traume. Das Erklären der *Lieblingsblume* und *Ins-Knopfloch-Stecken* von etwas, was wieder eine Blume sein muß (was an die Orchideen erinnert, die ich einer Freundin am selben Tag gebracht hatte, und außerdem an eine Rose von Jericho), mahnt auffällig an die Szene aus den Königsdramen Shakespeares, die den Bürgerkrieg der *roten* und der *weißen* Rose eröffnet; die Erwähnung Heinrichs VIII. hat den Weg zu dieser Reminiszenz gebahnt. Dann ist es nicht weit von den Rosen zu den roten und weißen Nelken. (Dazwischen schieben sich in der Analyse zwei Verslein ein, eines *deutsch*, das andere *spanisch*:

Rosen, Tulpen, Nelken,
alle Blumen welken.
Isabelita, no llores,
que se marchitan las flores.

Das *Spanische* vom „Figaro" her.) Die weißen Nelken sind bei uns in Wien das Abzeichen der *Antisemiten*, die roten das der *Sozialdemokraten* geworden. Dahinter eine Erinnerung an eine antisemitische Herausforderung während einer Eisenbahnfahrt im schönen Sachsenlande (*Angelsachsen*). Die dritte Szene, welche Bestandteile für die Bildung der ersten Traumsituation abgegeben hat, fällt in meine erste Studentenzeit. In einem *deutschen* Studentenverein gab es eine Diskussion über das Verhältnis der Philosophie zu den Naturwissenschaften. Ich grüner Junge, der materialistischen Lehre voll, drängte mich vor, um einen höchst einseitigen Standpunkt zu vertreten. Da erhob sich ein überlegener älterer Kollege, der seitdem seine Fähigkeit erwiesen hat, Menschen zu lenken und Massen zu organisieren, der übrigens auch einen Namen aus dem Tierreich trägt, und machte uns tüchtig herunter; auch er habe in seiner Jugend die Schweine gehütet und sei dann reuig ins Vaterhaus zurückgekehrt. *Ich fuhr auf* (wie im Traum), wurde *saugrob* und antwortete, seitdem ich wüßte, daß er die *Schweine* gehütet, *wunderte ich mich nicht* mehr über den Ton seiner Reden. (Im Traum *wundere* ich mich über meine deutschnationale Gesinnung.) Großer Aufruhr; ich wurde von vielen Seiten aufgefordert, meine Worte zurückzunehmen, blieb aber standhaft. Der Beleidigte war zu verständig, um das Ansinnen einer *Herausforderung*, das man an ihn richtete, anzunehmen, und ließ die Sache auf sich beruhen.

Die übrigen Elemente der Traumszene stammen aus tieferen Schichten. Was soll es bedeuten, daß der Graf den „Huflattich" proklamiert? Hier muß ich meine Assoziationsreihe befragen. *Huflattich – lattice – Salat – Salathund* (der Hund, der anderen nicht gönnt, was er doch selber nicht frißt). Hier sieht man durch auf einen Vorrat an Schimpfwörtern: *Giraffe*, *Schwein*, *Sau*, *Hund*; ich wüßte auch auf dem Umweg über einen Namen zu einem Esel zu gelangen und damit wieder zu einem Hohn auf einen akademischen Lehrer. Außerdem übersetze ich mir – ich weiß nicht, ob mit Recht –*Huflattich* mit „*pisse-en-lit*". Die Kenntnis kommt mir aus dem *Germinal* Zolas, in dem die Kinder aufgefordert werden, solchen Salat mitzubringen. Der Hund – *chien* – enthält in seinem Namen einen Anklang an die größere Funktion (*chier*, wie *pisser* für die kleinere). Nun werden wir bald das Unanständige in allen drei Aggregatzuständen beisammen haben; denn im selben *Germinal*, der mit der künftigen Revolution genug zu tun hat, ist ein ganz eigentümlicher Wettkampf beschrieben, der sich auf die Produktion gasförmiger Exkretionen, *flatus* genannt, bezieht.[81] Und nun muß ich bemerken, wie der Weg zu diesem *flatus* seit langem angelegt ist, von den *Blumen* aus über das *spanische* Verslein, die *Isabelita*, zu *Isabella* und Ferdinand, über *Heinrich VIII.*, die *englische* Geschichte zum Kampf der Armada gegen *England*, nach dessen siegreicher Beendigung die Engländer eine Medaille prägten mit der Inschrift: *Flavit et dissipati sunt*, da der Sturmwind die spanische Flotte zerstreut hatte.[82] Diesen Spruch gedachte ich aber zur halb scherzhaft gemeinten Überschrift des Kapitels „Therapie" zu nehmen, wenn ich je dazu gelangen sollte, ausführliche Kunde von meiner Auffassung und Behandlung der Hysterie zu geben.

Von der zweiten Szene des Traumes kann ich eine so ausführliche Auflösung nicht geben, und zwar aus Rücksichten der Zensur. Ich setze mich nämlich an die Stelle eines hohen Herrn jener Revolutionszeit, der auch ein Abenteuer mit einem *Adler* gehabt, an *incontinentia alvi* gelitten haben soll u. dgl., und ich glaube,

[81] Nicht im *Germinal*, sondern in *La terre*. Ein Irrtum, der mir erst nach der Analyse bemerklich wird. – Ich mache übrigens auf die identischen Buchstaben in Huflattich und flatus aufmerksam.

[82] Der ungebetene Biograph, den ich gefunden habe, Dr. Fritz Wittels, hält mir vor, daß ich in obigem Denkspruch den Namen Jehovah ausgelassen habe. Auf der englischen Denkmünze ist der Gottesname in hebräischen Buchstaben enthalten, und zwar auf dem Hintergrund einer Wolke, aber in solcher Art, daß man ihn ebensowohl zum Bild als zur Inschrift gehörig auffassen kann.

ich wäre nicht berechtigt, hier die Zensur zu *passieren*, obwohl ein *Hofrat* (*Aula, consiliarius aulicus*) mir den größeren Teil jener Geschichten erzählt hat. Die Reihe von Zimmern im Traum verdankt ihre Anregung dem Salonwagen Seiner Exzellenz, in den ich einen Moment hineinblicken konnte; sie bedeutet aber, wie so häufig im Traum, *Frauenzimmer* (ärarische Frauenzimmer). Mit der Person der Haushälterin statte ich einer geistreichen älteren Dame schlechten Dank für die Bewirtung und die vielen guten Geschichten ab, die mir in ihrem Hause geboten worden sind. – Der Zug mit der Lampe geht auf *Grillparzer* zurück, der ein reizendes Erlebnis ähnlichen Inhaltes notiert und dann in *Hero und Leander* (des *Meeres* und der Liebe *Wellen* – die Armada und der *Sturm*) verwendet hat.[83]

Auch die detaillierte Analyse der beiden übrigen Traumstücke muß ich zurückhalten; ich werde nur jene Elemente herausgreifen, die zu den beiden Kinderszenen führen, um derentwillen ich den Traum überhaupt aufgenommen habe. Man wird mit Recht vermuten, daß es sexuelles Material ist, welches mich zu dieser Unterdrückung nötigt; man braucht sich aber mit dieser Aufklärung nicht zufriedenzugeben. Man macht doch sich selbst aus vielem kein Geheimnis, was man vor anderen als Geheimnis behandeln muß, und hier handelt es sich nicht um die Gründe, die mich nötigen, die Lösung zu verbergen, sondern um die Motive der inneren Zensur, welche den eigentlichen Inhalt des Traums vor mir selbst verstecken. Ich muß also darum sagen, daß die Analyse diese drei Traumstücke als impertinente Prahlereien, als Ausfluß eines lächerlichen, in meinem wachen Leben längst unterdrückten Größenwahns erkennen läßt, der sich mit einzelnen Ausläufern bis in den manifesten Trauminhalt wagt (*ich komme mir schlau vor*), allerdings die übermütige Stimmung des Abends vor dem Träumen trefflich verstehen läßt. Prahlerei zwar auf allen Gebieten; so geht die Erwähnung von *Graz* auf die Redensart „Was kostet Graz?", in der man sich gefällt, wenn man sich überreich mit Geld versehen glaubt. Wer an Meister *Rabelais'* unübertroffene Schilderung von dem Leben und Taten des Gargantua und seines Sohnes Pantagruel denken will, wird auch den angedeuteten Inhalt des ersten Traumstücks unter die Prahlereien einreihen können. Zu den zwei versprochenen Kinderszenen gehört aber folgendes: Ich hatte für diese Reise einen *neuen* Koffer gekauft, dessen Farbe, ein *Braunviolett*, im Traum mehrmals auftritt (*violettbraune Veilchen aus starrem Stoff* neben einem Ding, das man *„Mädchenfän-*

[83] An diesem Teil des Traumes hat H. *Silberer* in einer inhaltsreichen Arbeit (*Phantasie und Mythos*, 1910) zu zeigen versucht, daß die Traumarbeit nicht nur die latenten Traumgedanken, sondern auch die psychischen Vorgänge bei der Traumbildung wiederzugeben vermöge. („Das funktionale Phänomen".) Ich meine aber, er übersieht dabei, daß die „psychischen Vorgänge bei der Traumbildung" für mich ein Gedankenmaterial sind, wie alles andere. In diesem übermütigen Traum bin ich offenbar stolz darauf, diese Vorgänge entdeckt zu haben.

ger" heißt – die Möbel in den Regierungszimmern). Daß man mit etwas *Neuem* den Leuten *auffällt*, ist ein bekannter Kinderglaube. Nun ist mir folgende Szene aus meinem Kinderleben erzählt worden, deren Erinnerung ersetzt ist durch die Erinnerung an die Erzählung. Ich soll – im Alter von zwei Jahren – noch gelegentlich das *Bett naß* gemacht haben, und als ich dafür Vorwürfe zu hören bekam, den Vater durch das Versprechen *getröstet* haben, daß ich ihm in N. (der nächsten größeren Stadt) ein neues, schönes *rotes* Bett kaufen werde. (Daher im Traum die Einschaltung, daß wir das Glas *in der Stadt gekauft haben* oder *kaufen mußten*; was man versprochen hat, *muß* man halten.) (Man beachte übrigens die Zusammenstellung des männlichen Glases und des weiblichen Koffers, *box*. Der ganze Größenwahn des Kindes ist in diesem Versprechen enthalten. Die Bedeutung der Harnschwierigkeiten des Kindes für den Traum ist uns bereits bei einer früheren Traumdeutung aufgefallen. Aus den Psychoanalysen an Neurotischen haben wir auch den intimen Zusammenhang des Bettnässens mit dem Charakterzug des Ehrgeizes erkannt.

Dann gab es aber einmal einen anderen häuslichen Anstand, als ich sieben oder acht Jahre alt war, an den ich mich sehr wohl erinnere. Ich setzte mich abends vor dem Schlafengehen über das Gebot der Diskretion hinweg, Bedürfnisse nicht im Schlafzimmer der Eltern in deren Anwesenheit zu verrichten, und der Vater ließ in seiner Strafrede darüber die Bemerkung fallen: Aus dem Buben wird nichts werden. Es muß eine furchtbare Kränkung für meinen Ehrgeiz gewesen sein, denn Anspielungen an diese Szene kehren immer in meinen Träumen wieder und sind regelmäßig mit Aufzählung meiner Leistungen und Erfolge verknüpft, als wollte ich sagen: Siehst du, ich bin doch etwas geworden. Diese Kinderszene gibt nun den Stoff für das letzte Bild des Traumes, in dem natürlich zur Rache die Rollen vertauscht sind. Der ältere Mann, offenbar der Vater, da die Blindheit auf einem Auge sein einseitiges Glaukom bedeutet[84], uriniert jetzt vor mir, wie ich damals vor ihm. Mit dem Glaukom mahne ich ihn an das Kokain, das ihm bei der Operation zugute kam, als hätte ich damit mein Versprechen erfüllt. Außerdem mache ich mich über ihn lustig; weil er blind ist, muß ich ihm das Glas vorhalten und schwelge in Anspielungen an meine Erkenntnisse in der Lehre von der Hysterie, auf die ich stolz bin.[85]

---

[84] Andere Deutung: Er ist einäugig wie Odhin, der Göttervater. – Odhins Trost. – Der Trost aus der Kinderszene, daß ich ihm ein neues Bett kaufen werde.

[85] Dazu einiges Deutungsmaterial: Das Vorhalten des Glases erinnert an die Geschichte vom Bauern, der beim Optiker Glas nach Glas versucht, aber nicht lesen kann. – (Bauernfänger – Mädchenfänger im vorigen Traumstück.) – Die Behandlung des schwachsinnig gewordenen Vaters bei den Bauern in Zolas „La terre": – Die traurige Genugtuung, daß der Vater in seinen letzten Lebenstagen wie ein Kind das Bett beschmutzt; daher bin ich im Traum sein

Wenn die beiden Urinierszenen aus der Kindheit bei mir ohnedies mit dem Thema der Größensucht eng verbunden sind, so kam ihrer Erweckung auf der Reise nach Aussee noch der zufällige Umstand zugute, daß mein Coupé kein Klosett besaß und ich vorbereitet sein mußte, während der Fahrt in Verlegenheit zu kommen, was dann am Morgen auch eintraf. Ich erwachte dann mit den Empfindungen des körperlichen Bedürfnisses. Ich meine, man könnte geneigt sein, diesen Empfindungen die Rolle des eigentlichen Traumerregers zuzuweisen, würde aber einer anderen Auffassung den Vorzug geben, nämlich daß die Traumgedanken erst den Harndrang hervorgerufen haben. Es ist bei mir ganz ungewöhnlich, daß ich durch irgendein Bedürfnis im Schlaf gestört werde, am wenigsten um die Zeit dieses Erwachens, drei Viertel drei Uhr morgens. Einem weiteren Einwand begegne ich durch die Bemerkung, daß ich auf anderen Reisen unter bequemeren Verhältnissen fast niemals den Harndrang nach frühzeitigem Erwachen verspürt habe. Übrigens kann ich diesen Punkt auch ohne Schaden unentschieden lassen.

Seitdem ich ferner durch Erfahrungen bei der Traumanalyse aufmerksam gemacht worden bin, daß auch von Träumen, deren Deutung zunächst vollstän-

---

Krankenpfleger. – „Denken und Erleben sind hier gleichsam eins" erinnert an ein stark revolutionäres Buchdrama von Oskar Panizza, in dem Gottvater als paralytischer Greis schmählich genug behandelt wird; dort heißt es: Wille und Tat sind bei ihm eines, und er muß von seinem Erzengel, einer Art Ganymed, abgehalten werden zu schimpfen und zu fluchen, weil diese Verwünschungen sich sofort erfüllen würden. – Das Plänemachen ist ein aus späterer Zeit der Kritik stammender Vorwurf gegen den Vater, wie überhaupt der ganze rebellische, majestätsbeleidigende und die hohe Obrigkeit verhöhnende Inhalt des Traums auf Auflehnung gegen den Vater zurückgeht. Der Fürst heißt Landesvater, und der Vater ist die älteste, erste, für das Kind einzige Autorität, aus deren Machtvollkommenheit im Laufe der menschlichen Kulturgeschichte die anderen sozialen Obrigkeiten hervorgegangen sind (insofern nicht das „Mutterrecht" zur Einschränkung dieses Satzes nötigt). – Die Fassung im Traum, „Denken und Erleben sind eins", zielt auf die Erklärung der hysterischen Symptome, zu der auch das männliche Glas eine Beziehung hat. Einem Wiener brauchte ich das Prinzip des „Gschnas" nicht auseinanderzusetzen; es besteht darin, Gegenstände von seltenem und wertvollem Ansehen aus trivialem, am liebsten komischem und wertlosem Material herzustellen, z. B. Rüstungen aus Kochtöpfen, Strohwischen und Salzstangeln, wie es unsere Künstler an ihren lustigen Abenden lieben. Ich hatte nun gemerkt, daß die Hysterischen es ebenso machen; neben dem, was ihnen wirklich zugestoßen ist, gestalten sie sich unbewußt gräßliche oder ausschweifende Phantasiebegebenheiten, die sie aus dem harmlosesten und banalsten Material des Erlebens aufbauen. An diesen Phantasien hängen erst die Symptome, nicht an den Erinnerungen der wirklichen Begebenheiten, seien diese nun ernsthaft oder gleichfalls harmlos. Diese Aufklärung hatte mir über viele Schwierigkeiten hinweggeholfen und machte mir viel Freude. Ich konnte sie mit dem Traumelement des „männlichen Glases" andeuten, weil mir von dem letzten „Gschnasabend" erzählt worden war, es sei dort ein Giftbecher der Lucrezia Borgia ausgestellt gewesen, dessen Kern und Hauptbestandteil ein Uringlas für Männer, wie es in den Spitälern gebräuchlich ist, gebildet hätte.

dig erscheint, weil Traumquellen und Wunscherreger leicht nachweisbar sind – daß auch von solchen Träumen wichtige Gedankenfäden ausgehen, die bis in die früheste Kindheit hineinreichen, habe ich mich fragen müssen, ob nicht auch in diesem Zug eine wesentliche Bedingung des Träumens gegeben ist. Wenn ich diesen Gedanken verallgemeinern dürfte, so käme jedem Traum in seinem manifesten Inhalt eine Anknüpfung an das rezent Erlebte zu, in seinem latenten Inhalt aber eine Anknüpfung an das älteste Erlebte, von dem ich bei der Analyse der Hysterie wirklich zeigen kann, daß es im guten Sinne bis auf die Gegenwart rezent geblieben ist. Diese Vermutung erscheint aber noch recht schwer erweislich; ich werde auf die wahrscheinliche Rolle frühester Kindheitserlebnisse für die Traumbildung noch in anderem Zusammenhange (Abschnitt VII) zurückkommen müssen. Von den drei eingangs betrachteten Besonderheiten des Traumgedächtnisses hat sich uns die eine – die Bevorzugung des Nebensächlichen im Trauminhalt – durch ihre Zurückführung auf die *Traumentstellung* befriedigend gelöst. Die beiden anderen, die Auszeichnung des Rezenten wie des Infantilen haben wir bestätigen, aber nicht aus den Motiven des Träumens ableiten können. Wir wollen diese beiden Charaktere, deren Erklärung oder Verwertung uns erübrigt, im Gedächtnis behalten; sie werden anderswo ihre Einreihung finden müssen, entweder in der Psychologie des Schlafzustandes oder bei jenen Erwägungen über den Aufbau des seelischen Apparats, die wir später anstellen werden, wenn wir gemerkt haben, daß man durch die Traumdeutung wie durch eine Fensterlücke in das Innere desselben einen Blick werfen kann.

Ein anderes Ergebnis der letzten Traumanalysen will ich aber gleich hier hervorheben. Der Traum erscheint häufig *mehrdeutig*; es können nicht nur, wie Beispiele zeigen, mehrere Wunscherfüllungen nebeneinander in ihm vereinigt sein; es kann auch ein Sinn, eine Wunscherfüllung die andere decken, bis man zuunterst auf die Erfüllung eines Wunsches aus der ersten Kindheit stößt, und auch hier wieder die Erwägung, ob in diesem Satze das „häufig" nicht richtiger durch „regelmäßig" zu ersetzen ist.[86]

[86] Die Übereinanderschichtung der Bedeutungen des Traums ist eines der heikelsten, aber auch inhaltsreichsten Probleme der Traumdeutung. Wer an diese Möglichkeit vergißt, wird leicht irregehen und zur Aufstellung unhaltbarer Behauptungen über das Wesen des Traums verleitet werden. Doch sind über dieses Thema noch viel zu wenige Untersuchungen angestellt worden. Bisher hat nur die ziemlich regelmäßige Symbolschichtung im Harnreiztraume eine gründliche Würdigung durch O. Rank erfahren.

C
Die somatischen Traumquellen

Wenn man den Versuch macht, einen gebildeten Laien für die Probleme des Traumes zu interessieren, und in dieser Absicht die Frage an ihn richtet, aus welchen Quellen wohl nach seiner Meinung die Träume herrühren, so merkt man zumeist, daß der Gefragte im gesicherten Besitz dieses Teils der Lösung zu sein vermeint. Er gedenkt sofort des Einflusses, den gestörte oder beschwerte Verdauung („Träume kommen aus dem Magen"), zufällige Körperlage und kleine Erlebnisse während des Schlafens auf die Traumbildung äußern, und scheint nicht zu ahnen, daß nach Berücksichtigung all dieser Momente etwas der Erklärung Bedürftiges noch erübrigt.

Welche Rolle für die Traumbildung die wissenschaftliche Literatur den somatischen Reizquellen zugesteht, haben wir im einleitenden Abschnitt ausführlich auseinandergesetzt, so daß wir uns hier nur an die Ergebnisse dieser Untersuchung zu erinnern brauchen. Wir haben gehört, daß dreierlei somatische Reizquellen unterschieden werden, die von äußeren Objekten ausgehenden objektiven Sinnesreize, die nur subjektiv begründeten inneren Erregungszustände der Sinnesorgane und die aus dem Körperinnern stammenden Leibreize, und wir haben die Neigung der Autoren bemerkt, neben diesen somatischen Reizquellen etwaige psychische Quellen des Traumes in den Hintergrund zu drängen oder ganz auszuschalten. Bei der Prüfung der Ansprüche, welche zugunsten von somatischen Reizquellen erhoben werden, haben wir erfahren, daß die Bedeutung der objektiven Sinnesorganerregungen – teils zufällige Reize während des Schlafes, teils solche, die sich auch vom schlafenden Seelenleben nicht fernehalten lassen – durch zahlreiche Beobachtungen sichergestellt wird und durch das Experiment eine Bestätigung erfährt daß die Rolle der subjektiven Sinneserregungen durch die Wiederkehr der hypnagogischen Sinnesbilder in den Träumen dargetan erscheint und daß die im weitesten Umfang angenommene Zurückführung unserer Traumbilder und Traumvorstellungen auf inneren Leibreiz zwar nicht in ihrer ganzen Breite beweisbar ist, aber sich an die allbekannte Beeinflussung anlehnen kann, welche der Erregungszustand der Digestions-, Harn- und Sexualorgane auf den Inhalt unserer Träume ausübt.

„Nervenreiz" und „Leibreiz" wären also die somatischen Quellen des Traumes, d. h. nach mehreren Autoren die einzigen Quellen des Traumes überhaupt.

Wir haben aber auch bereits einer Reihe von Zweifeln Gehör geschenkt, welche nicht sowohl die Richtigkeit als vielmehr die Zulänglichkeit der somatischen Reiztheorie anzugreifen schienen.

So sicher sich alle Vertreter dieser Lehre bezüglich deren tatsächlichen Grundlagen fühlen mußten – zumal soweit die akzidentellen und äußeren Nervenreize in Betracht kommen, die im Trauminhalt wiederzufinden keinerlei Mühe erfordert – so blieb doch keiner der Einsicht ferne, daß der reiche Vorstellungsinhalt der Träume eine Ableitung aus den äußeren Nervenreizen allein nicht wohl zulasse. Miß *Mary Whiton Calkins* hat ihre eigenen Träume und die einer zweiten Person durch sechs Wochen hindurch von diesem Gesichtspunkte aus geprüft und nur 13,2 Prozent, respektive 6,7 Prozent, gefunden, in denen das Element äußerer Sinneswahrnehmung nachweisbar war; nur zwei Fälle der Sammlung ließen sich auf organische Empfindungen zurückführen. Die Statistik bestätigt uns hier, was uns bereits eine flüchtige Überschau unserer eigenen Erfahrungen hatte vermuten lassen.

Man beschied sich vielfach, den „Nervenreiztraum" als eine gut erforschte Unterart des Traumes vor anderen Traumformen hervorzuheben. Spitta trennte die Träume in *Nervenreiz- und Assoziationstraum*. Es war aber klar, daß die Lösung unbefriedigend blieb, solange es nicht gelang, das Band zwischen den somatischen Traumquellen und dem Vorstellungsinhalt des Traumes nachzuweisen.

Neben den ersten Einwand, der Unzulänglichkeit in der Häufigkeit der äußeren Reizquellen, stellt sich so als zweiter die Unzulänglichkeit in der Aufklärung des Traums, die durch die Einführung dieser Art von Traumquellen zu erreichen ist. Die Vertreter der Lehre sind uns zwei solcher Aufklärungen schuldig, erstens, warum der äußere Reiz im Traum nicht in seiner wirklichen Natur erkannt, sondern regelmäßig verkannt wird (vergleiche die Weckerträume), und zweitens, warum das Resultat der Reaktion der wahrnehmenden Seele auf diesen verkannten Reiz so unbestimmbar wechselvoll ausfallen kann. Als Antwort auf diese Frage haben wir von *Strümpell* gehört, daß die Seele infolge ihrer Abwendung von der Außenwelt während des Schlafes nicht imstande ist, die richtige Deutung des objektiven Sinnesreizes zu geben, sondern genötigt wird, auf Grund der nach vielen Richtungen unbestimmten Anregung Illusionen zu bilden, in seinen Worten ausgedrückt (S. 108):

„Sobald durch einen äußeren oder inneren Nervenreiz während des Schlafes in der Seele eine Empfindung oder ein Empfindungskomplex, ein Gefühl, überhaupt ein psychischer Vorgang entsteht und von der Seele perzipiert wird, so ruft dieser Vorgang aus dem der Seele vom Wachen her verbliebenen Erfahrungskreise Empfindungsbilder, also frühere Wahrnehmungen, entweder nackt oder mit zugehörigen psychischen Werten hervor, Er sammelt gleichsam um sich eine größere oder kleinere Anzahl solcher Bilder, durch welche der vom Nervenreiz herrührende Eindruck seinen psychischen Wert bekommt. Man sagt gewöhnlich auch hier, wie es der Sprachgebrauch für das wache Verhalten tut, daß die Seele im Schlaf die Nervenreizeindrücke *deute*. Das Resultat dieser Deutung ist der sogenannte *Nervenreiztraum*, d. h. ein Traum; dessen Bestandteile dadurch bedingt sind, daß ein Nervenreiz nach den Gesetzen der Reproduktion seine psychische Wirkung im Seelenleben vollzieht."

In allem Wesentlichen mit dieser Lehre identisch ist die Äußerung von *Wundt*, die Vorstellungen des Traumes gehen jedenfalls zum größten Teil von Sinnesreizen aus, namentlich auch von solchen des allgemeinen Sinnes, und sind daher zumeist phantastische Illusionen, wahrscheinlich nur zum kleineren Teil reine, zu Halluzinationen gesteigerte Erinnerungsvorstellungen. Für das Verhältnis des Trauminhalts zu den Traumreizen, welches sich nach dieser Theorie ergibt, findet *Strümpell* das treffliche Gleichnis (S. 84), es sei, wie „wenn die zehn Finger eines der Musik ganz unkundigen Menschen über die Tasten des Instrumentes hinlaufen". Der Traum erschiene so nicht als ein seelisches Phänomen, aus psychischen Motiven entsprungen, sondern als der Erfolg eines physiologischen Reizes, der sich in psychischer Symptomatologie äußert, weil der vom Reiz betroffene Apparat keiner anderen Äußerung fähig ist. Auf eine ähnliche Voraussetzung ist z. B. die Erklärung der Zwangsvorstellungen aufgebaut, die *Meynert* durch das berühmte Gleichnis vom Zifferblatt, auf dem einzelne Zahlen stärker gewölbt vorspringen, zu geben versuchte.

So beliebt die Lehre von den somatischen Traumreizen geworden ist und so bestechend sie erscheinen mag, so ist es doch leicht, den schwachen Punkt in ihr aufzuweisen. Jeder somatische Traumreiz, welcher im Schlafe den seelischen Apparat zur Deutung durch Illusionsbildung auffordert, kann ungezählt viele solcher Deutungsversuche anregen, also in ungemein verschiedenen Vorstellungen seine Vertretung im Trauminhalt erreichen.[87] Die Lehre von *Strümpell* und *Wundt* ist aber unfähig, irgendein Motiv anzugeben, welches die Beziehung zwischen dem äußeren Reiz und der zu seiner Deutung gewählten Traumvorstellung regelt, also die „sonderbare Auswahl" zu erklären, welche die Reize „oft genug bei ihrer produktiven Wirksamkeit treffen". (*Lipps*, *Grundtatsachen des Seelenlebens*, S. 170.) Andere Einwendungen richten sich gegen die Grundvoraussetzung der ganzen Illusionslehre, daß die Seele im Schlaf nicht in der Lage sei, die wirkliche Natur der objektiven Sinnesreize zu erkennen. Der alte Physiologe *Burdach* beweist uns, daß die Seele auch im Schlafe sehr wohl fähig ist, die an sie gelangenden Sinneseindrücke richtig zu deuten und der richtigen Deutung

[87] Ich möchte jedermann raten, die in zwei Bänden gesammelten, ausführlichen und genauen Protokolle experimentell erzeugter Träume von Mourly Vold durchzulesen, um sich zu überzeugen, wie wenig Aufklärung der Inhalt des einzelnen Traums in den angegebenen Versuchsbedingungen findet und wie gering überhaupt der Nutzen solcher Experimente für das Verständnis der Traumprobleme ist.

gemäß zu reagieren, indem er ausführt, daß man gewisse, dem Individuum wichtig erscheinende Sinneseindrücke von der Vernachlässigung während des Schlafes ausnehmen kann (Amme und Kind) und daß man durch den eigenen Namen weit sicherer geweckt wird als durch einen gleichgültigen Gehörseindruck, was ja voraussetzt, daß die Seele auch im Schlafe zwischen den Sensationen unterscheidet (Abschnitt I). *Burdach* folgert aus diesen Beobachtungen, daß während des Schlafzustandes nicht eine Unfähigkeit, die Sinnesreize zu deuten, sondern ein *Mangel an Interesse* für sie anzunehmen ist. Die nämlichen Argumente, die *Burdach* 1830 verwendet, kehren dann zur Bekämpfung der somatischen Reiztheorie unverändert bei *Lipps* im Jahre 1883 wieder. Die Seele erscheint uns demnach so wie der Schläfer in der Anekdote, der auf die Frage „Schläfst du?" antwortet „nein", nach der zweiten Anrede, „dann leih mir zehn Gulden", aber sich hinter der Ausrede verschanzt: „Ich schlafe."

Die Unzulänglichkeit der Lehre von den somatischen Traumreizen läßt sich auch auf andere Weise dartun. Die Beobachtung zeigt, daß ich durch äußere Reize nicht zum Träumen genötigt werde, wenngleich diese Reize im Trauminhalt erscheinen, sobald und für den Fall, daß ich träume. Gegen einen Haut- oder Druckreiz etwa, der mich im Schlafe befällt, stehen mir verschiedene Reaktionen zu Gebote. Ich kann ihn überhören und dann beim Erwachen finden, daß z. B. ein Bein unbedeckt oder ein Arm gedrückt war; die Pathologie zeigt mir ja die zahlreichsten Beispiele, daß verschiedenartige und kräftig erregende Empfindungs- und Bewegungsreize während des Schlafes wirkungslos bleiben. Ich kann die Sensation während des Schlafes verspüren, gleichsam durch den Schlaf hindurch, wie es in der Regel mit schmerzhaften Reizen geschieht, aber ohne den Schmerz in einen Traum zu verweben; und ich kann drittens auf den Reiz erwachen, um ihn zu beseitigen.[88] Erst eine vierte mögliche Reaktion ist, daß ich durch den Nervenreiz zum Traum veranlaßt werde; die anderen Möglichkeiten werden aber mindestens ebenso häufig vollzogen wie die der Traumbildung. Diese könnte nicht geschehen, wenn nicht das *Motiv des Träumens außerhalb der somatischen Reizquellen läge.*

In gerechter Würdigung jener oben aufgedeckten Lücke, in der Erklärung des Traums durch somatische Reize haben nun andere Autoren – *Scherner*, dem der Philosoph *Volkelt* sich anschloß – die Seelentätigkeiten, welche aus den somatischen Reizen die bunten Traumbilder entstehen lassen, näher zu bestim-

---

[88] Vgl. hiezu K. Landauer, *Handlungen des Schlafenden* (Zeitschr. f.d. gesamte Neurologie und Psychiatrie, XXXIX,1918). Es gibt für jeden Beobachter sichtbare, sinnvolle Handlungen des Schlafenden. Der Schläfer ist nicht absolut verblödet, im Gegenteil: er vermag logisch und willensstark zu handeln.

men gesucht, also doch wieder das Wesen des Träumens ins Seelische und in eine psychische Aktivität verlegt. *Scherner* gab nicht nur eine poetisch nachempfundene, glühend belebte Schilderung der psychischen Eigentümlichkeiten, die sich bei der Traumbildung entfalten, er glaubte auch das Prinzip erraten zu haben, nach dem die Seele mit den ihr dargebotenen Reizen verfährt. In freier Betätigung der ihrer Tagesfesseln entledigten Phantasie strebt nach *Scherner* die Traumarbeit dahin, die Natur des Organs, von dem der Reiz ausgeht, und die Art dieses Reizes *symbolisch* darzustellen. Es ergibt sich so eine Art von Traumbuch als Anleitung zur Deutung der Träume, mittels dessen aus Traumbildern auf Körpergefühle, Organzustände und Reizzustände geschlossen werden darf. „So drückt das Bild der Katze die ärgerliche Mißstimmung des Gemütes aus, das Bild des hellen und glatten Gebäcks die Leibesnacktheit.“ Der menschliche Leib als Ganzes wird von der Traumphantasie als Haus vorgestellt, das einzelne Körperorgan durch einen Teil des Hauses. In den „Zahnreizträumen“ entspricht dem Mundorgan ein hochgewölbter Hausflur und dem Hinabfall des Schlundes zur Speiseröhre eine Treppe, „im ‚Kopfschmerztraum‘ wird zur Bezeichnung der Höhenstellung des Kopfes die Decke eines Zimmers gewählt, welche mit ekelhaften, krötenartigen Spinnen bedeckt ist.“ „Diese Symbole werden vom Traum in mehrfacher Auswahl für das nämliche Organ verwendet; so findet die atmende Lunge in dem flammenerfüllten Ofen mit seinem Brausen ihr Symbol, das Herz in hohlen Kisten und Körben, die Harnblase in runden, beutelförmigen oder überhaupt nur ausgehöhlten Gegenständen.“ „Besonders wichtig ist es, daß am Schlusse des Traumes öfters das erregende Organ oder dessen Funktion unverhüllt hingestellt wird, und zwar zumeist an dem eigenen Leib des Träumers. So endet der ‚Zahnreiztraum‘ gewöhnlich damit, daß der Träumer sich einen Zahn aus dem Munde zieht.“ Man kann nicht sagen, daß diese Theorie der Traumdeutung viel Gunst bei den Autoren gefunden hat. Sie erschien vor allem extravagant; man hat selbst gezögert, das Stück Berechtigung herauszufinden, das sie nach meinem Urteil beanspruchen darf. Sie führt, wie man sieht, zur Wiederbelebung der Traumdeutung mittels *Symbolik*, deren sich die Alten bedienten, nur daß das Gebiet, aus welchem die Deutung geholt werden soll, auf den Umfang der menschlichen Leiblichkeit beschränkt wird. Der Mangel einer wissenschaftlich faßbaren Technik bei der Deutung muß die Anwendbarkeit der *Schernerschen* Lehre schwer beeinträchtigen. Willkür in der Traumdeutung scheint keineswegs ausgeschlossen, zumal da auch hier ein Reiz sich in mehrfachen Vertretungen im Trauminhalt äußern kann; so hat bereits *Scherners* Anhänger *Volkelt* die Darstellung des Körpers als Haus nicht bestätigen können. Es muß auch Anstoß erregen, daß hier wiederum der Seele die Traumarbeit als nutz- und ziellose Betätigung auferlegt ist, da sich doch nach der in Rede stehenden Lehre die

Seele damit begnügt, über den sie beschäftigenden Reiz zu phantasieren, ohne daß etwas wie eine Erledigung des Reizes in der Ferne winkte.

Von einem Einwand aber wird die *Schernersche* Lehre der Symbolisierung von Leibreizen durch den Traum schwer getroffen. Diese Leibreize sind jederzeit vorhanden, die Seele ist für sie nach allgemeiner Annahme während des Schlafens zugänglicher als im Wachen. Man versteht dann nicht, warum die Seele nicht kontinuierlich die Nacht hindurch träumt, und zwar jede Nacht von allen Organen. Will man sich diesem Einwand durch die Bedingung entziehen, es müßten vom Auge, Ohr, von den Zähnen, Därmen usw. besondere Erregungen ausgehen, um die Traumtätigkeit zu wecken, so steht man vor der Schwierigkeit, diese Reizsteigerungen als objektiv zu erweisen, was nur in einer geringen Zahl von Fällen möglich ist. Wenn der Traum vom Fliegen eine Symbolisierung des Auf- und Niedersteigens der Lungenflügel bei der Atmung bedeutet so müßte entweder dieser Traum, wie schon *Strümpell* bemerkt, weit häufiger geträumt werden oder eine gesteigerte Atmungstätigkeit während dieses Traumes nachweisbar sein. Es ist noch ein dritter Fall möglich, der wahrscheinlichste von allen, daß nämlich zeitweise besondere Motive wirksam sind, um den gleichmäßig vorhandenen viszeralen Sensationen Aufmerksamkeit zuzuwenden, aber dieser Fall führt bereits über die *Schernersche* Theorie hinaus.

Der Wert der Erörterungen von *Scherner* und *Volkelt* liegt darin, daß sie auf eine Reihe von Charakteren des Trauminhalts aufmerksam machen, welche der Erklärung bedürftig sind und neue Erkenntnisse zu verdecken scheinen. Es ist ganz richtig, daß in den Träumen Symbolisierungen von Körperorganen und Funktionen enthalten sind, daß Wasser im Traum häufig auf Harnreiz deutet, daß das männliche Genitale durch einen aufrecht stehenden Stab oder eine Säule dargestellt werden kann usw. In Träumen, welche ein sehr bewegtes Gesichtsfeld und leuchtende Farben zeigen, im Gegensatz zu der Mattigkeit anderer Träume, kann man die Deutung als „Gesichtsreiztraum" kaum abweisen, ebensowenig den Beitrag der Illusionsbildung in Träumen bestreiten, welche Lärm und Stimmengewirr enthalten. Ein Traum wie der von *Scherner*, daß zwei Reihen schöner blonder Knaben auf einer Brücke einander gegenüberstehen, sich gegenseitig angreifen, dann wieder ihre alte Stellung einnehmen, bis endlich der Träumer sich auf eine Brücke setzt und einen langen Zahn aus seinem Kiefer zieht; oder ein ähnlicher von *Volkelt*, in dem zwei Reihen von Schubladen eine Rolle spielen und der wiederum mit dem Ausziehen eines Zahnes endigt: dergleichen bei beiden Autoren in großer Fülle mitgeteilte Traumbildungen lassen es nicht zu, daß man die *Schernersche* Theorie als müßige Erfindung beiseite wirft, ohne nach ihrem guten Kern zu forschen. Es stellt sich dann die Aufgabe, für die vermeintliche Symbolisierung des angeblichen Zahnreizes eine andersartige Aufklärung zu erbringen.

Ich habe es die ganze Zeit über, welche uns die Lehre von den somatischen Traumquellen beschäftigte, unterlassen, jenes Argument geltend zu machen, welches sich aus unseren Traumanalysen ableitet. Wenn wir durch ein Verfahren, das andere Autoren auf ihr Material an Träumen nicht angewendet hatten, erweisen konnten, daß der Traum einen ihm eigenen Wert als psychische Aktion besitzt, daß ein Wunsch das Motiv seiner Bildung wird und daß die Erlebnisse des Vortages das nächste Material für seinen Inhalt abgeben, so ist jede andere Traumlehre, welche ein so wichtiges Untersuchungsverfahren vernachlässigt und dementsprechend den Traum als eine nutzlose und rätselhafte psychische Reaktion auf somatische Reize erscheinen läßt, auch ohne besondere Kritik gerichtet. Es müßte denn, was sehr unwahrscheinlich ist, zwei ganz verschiedene Arten von Träumen geben, von denen die eine nur uns, die andere nur den früheren Beurteilern des Traumes untergekommen ist. Es erübrigt nur noch, den Tatsachen, auf welche sich die gebräuchliche Lehre von den somatischen Traumreizen stützt, eine Unterbringung innerhalb unserer Traumlehre zu verschaffen.

Den ersten Schritt hiezu haben wir bereits getan, als wir den Satz aufstellten, daß die Traumarbeit unter dem Zwange stehe, alle gleichzeitig vorhandenen Traumanregungen zu einer Einheit zu verarbeiten. Wir sahen, daß, wenn zwei oder mehr eindrucksfähige Erlebnisse vom Vortage übriggeblieben sind, die aus ihnen sich ergebenden Wünsche in einem Traume vereinigt werden, desgleichen, daß zum Traummaterial der psychisch wertvolle Eindruck und die indifferenten Erlebnisse des Vortages zusammentreten, vorausgesetzt, daß sich kommunizierende Vorstellungen zwischen beiden herstellen lassen. Der Traum erscheint somit als Reaktion auf alles, was in der schlafenden Psyche gleichzeitig als aktuell vorhanden ist. Soweit wir also das Traummaterial bisher analysiert haben, erkannten wir es als eine Sammlung von psychischen Resten, Erinnerungsspuren, denen wir (wegen der Bevorzugung des rezenten und des infantilen Materials) einen psychologisch derzeit unbestimmbaren Charakter von Aktualität zusprechen mußten. Es schafft uns nun nicht viel Verlegenheit vorherzusagen, was geschehen wird, wenn zu diesen Erinnerungsaktualitäten neues Material an Sensationen während des Schlafzustandes hinzutritt. Diese Erregungen erlangen wiederum eine Wichtigkeit für den Traum dadurch, daß sie aktuell sind; sie werden mit den anderen psychischen Aktualitäten vereinigt, um das Material für die Traumbildung abzugeben. Die Reize während des Schlafes werden, um es anders zu sagen, in eine Wunscherfüllung verarbeitet, deren andere Bestandteile die uns bekannten psychischen Tagesreste sind. Diese Vereinigung *muß* nicht vollzogen werden; wir haben ja gehört, daß gegen körperliche Reize während des Schlafes mehr als eine Art des Verhaltens möglich ist. Wo sie vollzogen wird, da ist es eben gelungen, ein Vorstellungsmaterial für den Trauminhalt zu finden, welches für beiderlei Traumquellen, die somatischen wie die psychischen, eine Vertretung darstellt.

Das Wesen des Traumes wird nicht verändert, wenn zu den psychischen Traumquellen somatisches Material hinzutritt; er bleibt eine Wunscherfüllung, gleichgültig wie deren Ausdruck durch das aktuelle Material bestimmt wird.

Ich will hier gerne Raum lassen für eine Reihe von Eigentümlichkeiten, welche die Bedeutung äußerer Reize für den Traum veränderlich gestalten können. Ich stelle mir vor, daß ein Zusammenwirken individueller, physiologischer und zufälliger, in den jeweiligen Umständen gegebener Momente darüber entscheidet, wie man sich in den einzelnen Fällen von intensiverer objektiver Reizung während des Schlafes benehmen wird; die habituelle akzidentelle Schlaftiefe im Zusammenhalt mit der Intensität des Reizes wird es das eine Mal ermöglichen, den Reiz so zu unterdrücken, daß er im Schlaf nicht stört, ein anderes Mal dazu nötigen aufzuwachen oder den Versuch unterstützen, den Reiz durch Verwebung in einen Traum zu überwinden. Der Mannigfaltigkeit dieser Konstellationen entsprechend, werden äußere objektive Reize bei dem einen häufiger oder seltener im Traum zum Ausdruck kommen als bei dem anderen. Bei mir, der ich ein ausgezeichneter Schläfer bin und hartnäckig daran festhalte, mich durch keinen Anlaß im Schlaf stören zu lassen, ist die Einmengung äußerer Erregungsursachen in die Träume sehr selten, während psychische Motive mich doch offenbar sehr leicht zum Träumen bringen. Ich habe eigentlich nur einen einzigen Traum aufgezeichnet, in dem eine objektive, schmerzhafte Reizquelle zu erkennen ist, und gerade in diesem Traum wird es sehr lehrreich werden nachzusehen, welchen Traumerfolg der äußere Reiz hat.

Ich reite auf einem grauen Pferd, zuerst zaghaft und ungeschickt, als ob ich nur angelehnt wäre. Da begegne ich einem Kollegen P., der im Lodenanzug hoch zu Roß sitzt und mich an etwas mahnt (wahrscheinlich, daß ich schlecht sitze). Nun finde ich mich auf dem höchst intelligenten Roß immer mehr zurecht, sitze bequem und merke, daß ich oben ganz heimisch bin. Als Sattel habe ich eine Art Polster, das den Raum zwischen Hals und Kruppe des Pferdes vollkommen ausfüllt. Ich reite so knapp zwischen zwei Lastwagen hindurch. Nachdem ich die Straße eine Strecke weit geritten bin, kehre ich um und will absteigen, zunächst vor einer kleinen offenen Kapelle, die in der Straßenfront liegt. Dann steige ich wirklich vor einer ihr nahe stehenden ab; das Hotel ist in derselben Straße; ich könnte das Pferd allein hingehen lassen, ziehe es aber vor, es bis dahin zu führen. Es ist, als ob ich mich schämen würde, dort als Reiter anzukommen. Vor dem Hotel steht ein Hotelbursche, der mir einen Zettel zeigt, der von mir gefunden wurde, und mich darum verspottet. Auf dem Zettel steht, zweimal unterstrichen: Nichts essen, und dann ein zweiter Vorsatz (undeutlich) *wie: nichts arbeiten; dazu eine dumpfe Idee, daß ich in einer fremden Stadt bin, in der ich nichts arbeite.*

Dem Traum wird man zunächst nicht anmerken, daß er unter dem Einflusse, unter dem Zwange vielmehr, eines Schmerzreizes entstanden ist. Ich hatte aber tags vorher an Furunkeln gelitten, die mir jede Bewegung zur Qual machten, und zuletzt war ein Furunkel an der Wurzel des Skrotum zur Apfelgröße herangewachsen, hatte mir bei jedem Schritt die unerträglichsten Schmerzen bereitet, und fieberhafte Müdigkeit, Eßunlust, die trotzdem festgehaltene schwere Arbeit des Tages hatten sich mit den Schmerzen vereint, um meine Stimmung zu stören. Ich war nicht recht fähig, meinen ärztlichen Aufgaben nachzukommen, aber bei der Art und bei dem Sitz des Übels ließ sich an eine andere Verrichtung denken, für die ich sicherlich so untauglich gewesen wäre wie für keine andere, und diese ist das Reiten. Gerade in diese Tätigkeit versetzt mich nun der Traum; es ist die energischste Negation des Leidens, die der Vorstellung zugänglich ist. Ich kann überhaupt nicht reiten, träume auch sonst nicht davon, bin überhaupt nur einmal auf einem Pferd gesessen und damals ohne Sattel, und es behagte mir nicht. Aber in diesem Traum reite ich, als ob ich keinen Furunkel am Damm hätte, *nein gerade weil ich keinen haben will.* Mein Sattel ist der Beschreibung gemäß der Breiumschlag, der mir das Einschlafen ermöglicht hat. Wahrscheinlich habe ich durch die ersten Stunden des Schlafes – so verwahrt – nichts von meinem Leiden verspürt. Dann meldeten sich die schmerzhaften Empfindungen und wollten mich aufwecken, da kam der Traum und sagte beschwichtigend: „Schlaf doch weiter, du wirst doch nicht aufwachen! Du hast ja gar keinen Furunkel, denn du reitest ja auf einem Pferd, und mit einem Furunkel an der Stelle kann man doch nicht reiten!" Und es gelang ihm so; der Schmerz wurde übertäubt, und ich schlief weiter.

Der Traum hat sich aber nicht damit begnügt, mir durch die hartnäckige Festhaltung einer mit dem Leiden unverträglichen Vorstellung, den Furunkel „abzusuggerieren", wobei er sich benommen wie der halluzinatorische Wahnsinn der Mutter, die ihr Kind verloren hat[89], oder des Kaufmannes, den Verluste um sein Vermögen gebracht haben; sondern die Einzelheiten der abgeleugneten Sensation und des zu ihrer Verdrängung gebrauchten Bildes dienen ihm auch als Material, um das, was sonst in der Seele aktuell vorhanden ist, an die Situation des Traumes anzuknüpfen und zur Darstellung zu bringen. Ich reite ein *graues* Pferd, die Farbe des Pferdes entspricht genau dem pfeffer- und salzfarbigen Dress, in dem ich dem Kollegen P. zuletzt auf dem Lande begegnet bin. *Scharfgewürzte* Nahrung ist mir als die Ursache der Furunkulose vorgehalten worden, immerhin als Ätiologie dem *Zucker* vorzuziehen, an den man bei Furunkulose denken kann. Freund P. liebt es, sich mir gegenüber aufs *hohe Roß* zu setzen, seit-

[89] Vergleiche die Stelle bei Griesinger und die Bemerkung in meinem zweiten Aufsatz über die Abwehr-Neuropsychosen, Neurologisches Zentralblatt 1896.

dem er mich bei einer Patientin abgelöst, mit der ich große *Kunststücke* ausgeführt hatte (ich sitze im Traum auf dem Pferd zuerst wie ein *Kunstreiter* tangential), die mich aber wirklich, wie das Roß in der Anekdote den Sonntagsreiter, geführt hat, wohin sie wollte. So kommt das Roß zur symbolischen Bedeutung einer Patientin (es ist im Traum *höchst intelligent*). „*Ich fühle mich ganz heimisch oben*" geht auf die Stellung, die ich in dem Hause innehatte, ehe ich durch P. ersetzt wurde. „*Ich habe gemeint, Sie sitzen oben fest im Sattel*", hat mir mit Beziehung auf dasselbe Haus einer meiner wenigen Gönner unter den großen Ärzten dieser Stadt vor kurzem gesagt. Es war auch ein *Kunststück*, mit solchen Schmerzen acht bis zehn Stunden täglich Psychotherapie zu treiben, aber ich weiß, daß ich ohne volles körperliches Wohlbefinden meine besonders schwierige Arbeit nicht lange fortsetzen kann, und der Traum ist voll düsterer Anspielungen auf die Situation, die sich dann ergeben muß (der *Zettel*, wie ihn die Neurastheniker haben und dem Arzte vorzeigen): – *Nicht arbeiten und nicht essen.* Bei weiterer Deutung sehe ich, daß es der Traumarbeit gelungen ist, von der Wunschsituation des Reitens den Weg zu finden zu sehr frühen Kinderstreitszenen, die sich zwischen mir und einem jetzt in England lebenden, übrigens um ein Jahr älteren Neffen abgespielt haben mußten. Außerdem hat er Elemente aus meinen Reisen in Italien aufgenommen; die Straße im Traum ist aus Eindrücken von Verona und von Siena zusammengesetzt. Noch tiefer gehende Deutung führt zu sexuellen Traumgedanken, und ich erinnere mich, was bei einer Patientin, die nie in Italien war, die Traumanspielungen an das schöne Land bedeuten sollten (*gen Italien – Genitalien*), nicht ohne Anknüpfung gleichzeitig an das Haus, in dem ich vor Freund P. Arzt war, und an die Stelle, an welcher mein Furunkel sitzt.

In einem anderen Traume gelang es mir auf ähnliche Weise, eine *diesmal* von einer Sinnesreizung drohende Schlafstörung abzuwehren, aber es war nur ein Zufall, der mich in den Stand setzte, den Zusammenhang des Traumes mit dem zufälligen Traumreiz zu entdecken und solcherart den Traum zu verstehen. Eines Morgens erwachte ich, es war im Hochsommer, in einem tirolischen Höhenort, mit dem Wissen, geträumt zu haben: *Der Papst ist gestorben.* Die Deutung dieses kurzen, nicht visuellen Traumes gelang mir nicht. Ich erinnerte mich nur der einen Anlehnung für den Traum, daß in der Zeitung kurze Zeit vorher ein leichtes Unwohlsein Sr. Heiligkeit gemeldet worden war. Aber im Laufe des Vormittags fragte meine Frau: „Hast du heute morgens das fürchterliche Glockenläuten gehört?" Ich wußte nichts davon, daß ich es gehört hatte, aber ich verstand jetzt meinen Traum. Er war die Reaktion meines Schlafbedürfnisses auf den Lärm gewesen, durch den die frommen Tiroler mich wecken wollten. Ich rächte mich an ihnen durch die Folgerung, die den Inhalt des Traumes bildet, und schlief nun ganz ohne Interesse für das Geläute weiter.

Unter den in den vorstehenden Abschnitten erwähnten Träumen fänden sich bereits mehrere, die als Beispiele für die Verarbeitung sogenannter Nervenreize dienen können. Der Traum vom Trinken in vollen Zügen ist ein solcher; in ihm ist der somatische Reiz anscheinend die einzige Traumquelle, der aus der Sensation entspringende Wunsch – der Durst – das einzige Traummotiv. Ähnlich ist, es in anderen einfachen Träumen, wenn der somatische Reiz für sich allein einen Wunsch zu bilden vermag. Der Traum der Kranken, die nachts den Kühlapparat von der Wange abwirft, zeigt eine ungewöhnliche Art, auf Schmerzensreize mit Wunscherfüllung zu reagieren; es scheint, daß es der Kranken vorübergehend gelungen war, sich analgisch zu machen, wobei sie ihre Schmerzen einem Fremden zuschob.

Mein Traum von den drei Parzen ist ein offenbarer Hungertraum, aber er weiß das Nahrungsbedürfnis bis auf die Sehnsucht des Kindes nach der Mutterbrust zurückzuschieben und die harmlose Begierde zur Decke für eine ernstere, die sich nicht so unverhüllt äußern darf, zu benützen. Im Traume vom Grafen Thun konnten wir sehen, auf welchen Wegen ein akzidentell gegebenes körperliches Bedürfnis mit den stärksten aber auch stärkst unterdrückten Regungen des Seelenlebens in Verbindung gebracht wird. Und wenn, wie in dem von Garnier berichteten Falle, der Erste Konsul das Geräusch der explodierenden Höllenmaschine in einen Schlachtentraum verwebt, ehe er davon erwacht, so offenbart sich darin ganz besonders klar das Bestreben, in dessen Dienst die Seelentätigkeit sich überhaupt um die Sensationen während des Schlafes kümmert. Ein junger Advokat, der, voll von seinem ersten großen Konkurs, des Nachmittags einschläft, benimmt sich ganz ähnlich wie der große Napoleon. Er träumt von einem gewissen G. Reich in *Hussiatyn*, den er aus einem Konkurs kennt, aber *Hussiatyn* drängt sich weiter gebieterisch auf; er muß erwachen und hört seine Frau, die an einem Bronchialkatarrh leidet, heftig – husten.

Halten wir diesen Traum des ersten Napoleon, der übrigens ein ausgezeichneter Schläfer war, und jenen anderen des langschläfrigen Studenten zusammen, der von seiner Zimmerfrau geweckt, er müsse ins Spital, sich in ein Spitalsbett träumt und dann mit der Motivierung weiterschläft: Wenn ich schon im Spital bin, brauche ich ja nicht aufzustehen, um hinzugehen. Der letztere ist ein offenbarer Bequemlichkeitstraum, der Schläfer gesteht sich das Motiv seines Träumens unverhohlen ein, deckt aber damit eines der Geheimnisse des Träumens überhaupt auf. In gewissem Sinne sind alle Träume – *Bequemlichkeitsträume*; sie dienen der Absicht, den Schlaf fortzusetzen, anstatt zu erwachen. Der *Traum ist der Wächter des Schlafes, nicht sein Störer*. Gegen die psychisch erweckenden Momente werden wir diese Auffassung an anderer Stelle rechtfertigen; ihre Anwendbarkeit auf die Rolle der objektiven äußeren Reize können wir hier bereits begründen. Die Seele kümmert sich entweder überhaupt nicht um die Anlässe zu Sensationen während des Schlafens, wenn sie dies gegen die Intensität und die von ihr wohlverstandene Bedeutung dieser Reize vermag; oder sie verwendet den Traum dazu, diese Reize in Abrede zu stellen, oder drittens, wenn sie dieselben anerkennen muß, so sucht sie jene Deutung derselben auf, welche die aktuelle Sensation als einen Teilbestand einer gewünschten und mit dem Schlafen verträglichen Situation hinstellt. Die aktuelle Sensation wird in einen Traum verflochten, *um ihr die Realität zu rauben.* Napoleon darf weiter schlafen; es ist ja nur eine Traumerinnerung an den Kanonendonner von Arcole, was ihn stören will.[90]

Der Wunsch zu schlafen (auf den sich das bewußte Ich eingestellt hat und der nebst der Traumzensur und der später zu erwähnenden „sekundären Bearbeitung" dessen Beitrag zum Träumen darstellt) muß so als Motiv der Traumbildung jedesmal eingerechnet werden, und jeder gelungene Traum ist eine Erfüllung desselben. Wie dieser allgemeine, regelmäßig vorhandene und sich gleichbleibende Schlafwunsch sich zu den anderen Wünschen stellt, von denen bald der, bald jener durch den Trauminhalt erfüllt werden, dies wird Gegenstand einer anderen Auseinandersetzung sein. In dem Schlafwunsch haben wir aber jenes Moment aufgedeckt, welches die Lücke in der *Strümpell-Wundtschen* Theorie auszufüllen, die Schiefheit und Launenhaftigkeit in der Deutung des äußeren Reizes aufzuklären vermag. Die richtige Deutung, deren die schlafende Seele sehr wohl fähig ist, nähme ein tätiges Interesse in Anspruch, stellte die Anforderung, dem Schlaf ein Ende zu machen; es werden darum von den überhaupt möglichen Deutungen nur solche zugelassen, die mit der absolutistisch geübten Zensur des Schlafwunsches vereinbar sind. Etwa: Die Nachtigall ist's und nicht die Lerche. Denn wenn's die Lerche ist, so hat die Liebesnacht ihr Ende gefunden. Unter den nun zulässigen Deutungen des Reizes wird dann jene ausgewählt, welche die beste Verknüpfung mit den in der Seele lauernden Wunschregungen erwerben kann. So ist alles eindeutig bestimmt und nichts der Willkür überlassen. Die Mißdeutung ist nicht Illusion, sondern – wenn man so will – Ausrede. Hier ist aber wiederum, wie bei dem Ersatz durch Verschiebung zu Diensten der Traumzensur, ein Akt der Beugung des normalen, psychischen Vorganges zuzugeben.

Wenn die äußeren Nerven- und inneren Leibreize intensiv genug sind, um sich psychische Beachtung zu erzwingen, so stellen sie – falls überhaupt Träumen und nicht Erwachen ihr Erfolg ist – einen festen Punkt für die Traumbildung dar, einen Kern im Traummaterial, zu dem eine entsprechende Wunscherfüllung

[90] Der Inhalt dieses Traumes wird in den zwei Quellen, aus denen ich ihn kenne, nicht übereinstimmend erzählt.

in ähnlicher Weise gesucht wird, wie die vermittelnden Vorstellungen zwischen zwei psychischen Traumreizen. Es ist insofern für eine Anzahl von Träumen richtig, daß in ihnen das somatische Element den Trauminhalt kommandiert. In diesem extremen Falle wird selbst behufs der Traumbildung ein gerade nicht aktueller Wunsch geweckt. Der Traum kann aber nicht anders als einen Wunsch in einer Situation als erfüllt darstellen; er ist gleichsam vor die Aufgabe gestellt zu suchen, welcher Wunsch durch die nun aktuelle Sensation als erfüllt dargestellt werden kann. Ist dies aktuelle Material von schmerzlichem oder peinlichem Charakter, so ist es doch darum zur Traumbildung nicht unbrauchbar. Das Seelenleben verfügt auch über Wünsche, deren Erfüllung Unlust hervorruft, was ein Widerspruch scheint, aber durch die Berufung auf das Vorhandensein zweier psychischer Instanzen und die zwischen ihnen bestehende Zensur erklärlich wird.

Es gibt, wie wir gehört haben, im Seelenleben *verdrängte* Wünsche, die dem ersten System angehören, gegen deren Erfüllung das zweite System sich sträubt. Es gibt ist nicht etwa historisch gemeint, daß es solche Wünsche gegeben und diese dann vernichtet worden sind; sondern die Lehre von der Verdrängung, deren man in der Psychoneurotik bedarf, behauptet, daß solche verdrängte Wünsche noch existieren, gleichzeitig aber eine Hemmung, die auf ihnen lastet. Die Sprache trifft das Richtige, wenn sie vom „*Unterdrücken*" solcher Impulse redet. Die psychische Veranstaltung, damit solche unterdrückte Wünsche zur Realisierung durchdringen, bleibt erhalten und gebrauchsfähig. Ereignet es sich aber, daß solch ein unterdrückter Wunsch doch vollzogen wird, so äußert sich die überwundene Hemmung des zweiten (bewußtseinsfähigen) Systems als Unlust. Um nun diese Erörterung zu schließen: wenn Sensationen mit Unlustcharakter im Schlafe aus somatischen Quellen vorhanden sind, so wird diese Konstellation von der Traumarbeit benützt, um die Erfüllung eines sonst unterdrückten Wunsches – mit mehr oder weniger Beibehalt der Zensur – darzustellen.

Dieser Sachverhalt ermöglicht eine Reihe von Angstträumen, während eine andere Reihe dieser der Wunschtheorie ungünstigen Traumbildungen einen anderen Mechanismus erkennen läßt. Die Angst in den Träumen kann nämlich eine psychoneurotische sein, aus psychosexuellen Erregungen stammen, wobei die Angst verdrängter Libido entspricht. Dann hat diese Angst wie der ganze Angsttraum die Bedeutung eines neurotischen Symptoms, und wir stehen an der Grenze, wo die wunscherfüllende Tendenz des Traumes scheitert. In anderen Angstträumen aber ist die Angstempfindung somatisch gegeben (etwa wie bei Lungen- und Herzkranken bei zufälliger Atembehinderung), und dann wird sie dazu benützt, solchen energisch unterdrückten Wünschen zur Erfüllung als Traum zu verhelfen, deren Träumen aus psychischen Motiven die gleiche Angstentbindung zur Folge gehabt hätte. Es ist nicht schwer, die beiden scheinbar gesonderten Fälle zu vereinigen. Von zwei psychischen Bildungen, einer Affektneigung und einem Vorstellungsinhalt, die innig zusammengehören, hebt die eine, die aktuell gegeben ist, auch im Traum die andere; bald die somatisch gegebene Angst den unterdrückten Vorstellungsinhalt, bald der aus der Verdrängung befreite, mit sexueller Erregung einhergehende Vorstellungsinhalt die Angstentbindung. Von dem einen Fall kann man sagen, daß ein somatisch gegebener Affekt psychisch gedeutet wird; im anderen Falle ist alles psychisch gegeben, aber der unterdrückt gewesene Inhalt ersetzt sich leicht durch eine zur Angst passende somatische Deutung. Die Schwierigkeiten, die sich hier für das Verständnis ergeben, haben mit dem Traum nur wenig zu tun; sie rühren daher, daß wir mit diesen Erörterungen die Probleme der Angstentwicklung und der Verdrängung streifen.

Zu den kommandierenden Traumreizen aus der inneren Leiblichkeit gehört unzweifelhaft die körperliche Gesamtstimmung. Nicht daß sie den Trauminhalt liefern könnte, aber sie nötigt den Traumgedanken eine Auswahl aus dem Material auf, welches zur Darstellung im Trauminhalt dienen soll, indem sie den einen Teil dieses Materials, als zu ihrem Wesen passend, nahelegt, den anderen fernehält. Überdies ist ja wohl diese Allgemeinstimmung vom Tage her mit den für den Traum bedeutsamen psychischen Resten verknüpft. Dabei kann diese Stimmung selbst im Traume erhalten bleiben oder überwunden werden, so daß sie, wenn unlustvoll, ins Gegenteil umschlägt.

Wenn die somatischen Reizquellen während des Schlafes – die Schlafsensationen also – nicht von ungewöhnlicher Intensität sind, so spielen sie nach meiner Schätzung für die Traumbildung eine ähnliche Rolle wie die als rezent verbliebenen, aber indifferenten Eindrücke des Tages. Ich meine nämlich, sie werden zur Traumbildung herangezogen, wenn sie sich zur Vereinigung mit dem Vorstellungsinhalt der psychischen Traumquellen eignen, im anderen Falle aber nicht. Sie werden wie ein wohlfeiles, allezeit bereitliegendes Material behandelt, welches zur Verwendung kommt, sooft man dessen bedarf, anstatt daß ein kostbares Material die Art seiner Verwendung selbst mit vorschreibt. Der Fall ist etwa ähnlich, wie wenn der Kunstgönner dem Künstler einen seltenen Stein, einen Onyx bringt, aus ihm ein Kunstwerk zu gestalten. Die Größe des Steins, seine Farbe und Fleckung helfen mit entscheiden, welcher Kopf oder welche Szene in ihm dargestellt werden soll, während bei gleichmäßigem und reichlichem Material von Marmor oder Sandstein der Künstler allein der Idee nachfolgt, die sich in seinem Sinn gestaltet. Auf diese Weise allein scheint mir die Tatsache verständlich, daß jener Trauminhalt, der von den nicht ins Ungewohnte gesteigerten Reizen aus unserer Leiblichkeit geliefert wird, doch nicht in allen Träumen und nicht in jeder Nacht im Traume erscheint.[91]

Vielleicht wird ein Beispiel, das uns wieder zur Traumdeutung zurückführt, meine Meinung am besten erläutern. Eines Tages mühte ich mich ab zu verstehen, was die Empfindung von Gehemmtsein, nicht von der Stelle können, nicht fertig werden u. dgl., die so häufig geträumt wird und die der Angst so nahe verwandt ist, wohl bedeuten mag. In der Nacht darauf hatte ich folgenden Traum: *Ich gehe in sehr unvollständiger Toilette aus einer Wohnung im Parterre über die Treppe in ein höheres Stockwerk. Dabei überspringe ich jedesmal drei Stufen, freue mich, daß ich so flink Treppen steigen kann. Plötzlich sehe ich, daß ein Dienstmädchen die Treppen herab - und also mir entgegenkommt. Ich schäme mich, will mich eilen, und nun tritt jenes Gehemmtsein auf, ich klebe an den Stufen und komme nicht von der Stelle.*

Analyse

Die Situation des Traumes ist der alltäglichen Wirklichkeit entnommen. Ich habe in einem Hause in Wien zwei Wohnungen, die nur durch die Treppe außen verbunden sind. Im Hochparterre befinden sich meine ärztliche Wohnung und mein Arbeitszimmer, ein Stock höher die Wohnräume. Wenn ich in später Stunde unten meine Arbeit vollendet habe, gehe ich über die Treppe ins Schlafzimmer. An dem Abend vor dem Traum hatte ich diesen kurzen Weg wirklich in etwas derangierter Toilette gemacht, d. h. ich hatte Kragen, Krawatte und Manschetten abgelegt; im Traum war daraus ein höherer, aber, wie gewöhnlich, unbestimmter Grad von Kleiderlosigkeit geworden. Das Überspringen von Stufen ist meine gewöhnliche Art, die Treppe zu gehen, übrigens eine bereits im Traum anerkannte Wunscherfüllung, denn mit der Leichtigkeit dieser Leistung hatte ich mich ob des Zustands meiner Herzarbeit getröstet. Ferner ist diese Art, die Treppe zu gehen, ein wirksamer Gegensatz zu der Hemmung in der zweiten Hälfte des Traums. Sie zeigt mir – was des Beweises nicht bedurfte –, daß der Traum keine Schwierigkeit hat, sich motorische Aktionen in aller Vollkommenheit ausgeführt vorzustellen; man denke an das Fliegen im Traum!

Die Treppe, über die ich gehe, ist aber nicht die meines Hauses; ich erkenne sie zunächst nicht, erst die mir entgegenkommende Person klärt mich über die

[91] Rank hat in einer Reihe von Arbeiten gezeigt, daß gewisse, durch Organreiz hervorgerufene Weckträume (die Harnreiz-und Pollutionsträume) besonders geeignet sind, den Kampf zwischen dem Schlafbedürfnis und den Anforderungen des organischen Bedürfnisses sowie den Einfluß des letzteren auf den Trauminhalt zu demonstrieren.

gemeinte Örtlichkeit auf. Diese Person ist das Dienstmädchen der alten Dame, die ich täglich zweimal besuche, um ihr Injektionen zu machen; die Treppe ist auch ganz ähnlich jener, die ich zweimal im Tage dort zu ersteigen habe.

Wie gelangt nun diese Treppe und diese Frauenperson in meinen Traum? Das Schämen, weil man nicht voll angekleidet ist, hat unzweifelhaft sexuellen Charakter; das Dienstmädchen, von dem ich träume, ist älter als ich, mürrisch und keineswegs anreizend. Zu diesen Fragen fällt mir nun nichts anderes ein als das Folgende: Wenn ich in diesem Hause den Morgenbesuch mache, werde ich gewöhnlich auf der Treppe von Räuspern befallen; das Produkt der Expektoration gerät auf die Stiege. In diesen beiden Stockwerken befindet sich nämlich kein Spucknapf, und ich vertrete den Standpunkt, daß die Reinhaltung der Treppe nicht auf meine Kosten erfolgen darf, sondern durch die Anbringung eines Spucknapfes ermöglicht werden soll. Die Hausmeisterin, eine gleichfalls ältliche und mürrische Person, aber von reinlichen Instinkten, wie ich ihr zuzugestehen bereit bin, nimmt in dieser Angelegenheit einen anderen Standpunkt ein. Sie lauert mir auf, ob ich mir wieder die besagte Freiheit erlauben werde, und wenn sie das konstatiert hat, höre ich sie vernehmlich brummen. Auch versagt sie mir dann für Tage die gewohnte Hochachtung, wenn wir uns begegnen. Am Vortag des Traumes bekam nun die Partei der Hausmeisterin eine Verstärkung durch das Dienstmädchen. Ich hatte eilig, wie immer, meinen Besuch bei der Kranken abgemacht, als die Dienerin mich im Vorzimmer stellte und die Bemerkung von sich gab: „Herr Doktor hätten sich heute schon die Stiefel abputzen können, ehe Sie ins Zimmer kommen. Der rote Teppich ist wiederum ganz schmutzig von Ihren Füßen." Dies ist der ganze Anspruch, den Treppe und Dienstmädchen geltend machen können, um in meinem Traum zu erscheinen.

Zwischen meinem über-die-Treppe-Fliegen und dem Auf-der-Treppe-Spukken besteht ein inniger Zusammenhang. Rachenkatarrh wie Herzbeschwerden sollen beide die Strafen für das Laster des Rauchens darstellen, wegen dessen ich natürlich auch bei meiner Hausfrau nicht den Ruf der größten Nettigkeit genieße, in dem einen Haus so wenig wie in dem anderen, die der Traum zu einem Gebilde verschmilzt.

Die weitere Deutung des Traumes muß ich verschieben, bis ich berichten kann, woher der typische Traum von der unvollständigen Bekleidung rührt. Ich bemerke nur als vorläufiges Ergebnis des mitgeteilten Traumes, daß die Traumsensation der gehemmten Bewegung überall dort hervorgerufen wird, wo ein gewisser Zusammenhang ihrer bedarf. Ein besonderer Zustand meiner Motilität im Schlafe kann nicht die Ursache dieses Trauminhalts sein, denn einen Moment vorher sah ich mich ja wie zur Sicherung dieser Erkenntnis leichtfüßig über die Stufen eilen.

D
Typische Träume

Wir sind im allgemeinen nicht imstande, den Traum eines anderen zu deuten, wenn derselbe uns nicht die hinter dem Trauminhalt stehenden unbewußten Gedanken ausliefern will, und dadurch wird die praktische Verwertbarkeit unserer Methode der Traumdeutung schwer beeinträchtigt.[92] Nun gibt es aber, so recht im Gegensatz zu der sonstigen Freiheit des einzelnen, sich seine Traumwelt in individueller Besonderheit auszustatten und dadurch dem Verständnis der anderen unzugänglich zu machen, eine gewisse Anzahl von Träumen, die fast jedermann in derselben Weise geträumt hat, von denen wir anzunehmen gewohnt sind, daß sie auch bei jedermann dieselbe Bedeutung haben. Ein besonderes Interesse wendet sich diesen typischen Träumen auch darum zu, weil sie vermutlich bei allen Menschen aus den gleichen Quellen stammen, also besonders gut geeignet scheinen, uns über die Quellen der Träume Aufschluß zu geben.

Wir werden also mit ganz besonderen Erwartungen darangehen, unsere Technik der Traumdeutung an diesen typischen Träumen zu versuchen, und uns nur sehr ungern eingestehen, daß unsere Kunst sich gerade an diesem Material nicht recht bewährt. Bei der Deutung der typischen Träume versagen in der Regel die Einfälle des Träumers, die uns sonst zum Verständnis des Traumes geleitet haben, oder sie werden unklar und unzureichend, so daß wir unsere Aufgabe mit ihrer Hilfe nicht lösen können.

Woher dies rührt und wie wir diesem Mangel unserer Technik abhelfen, wird sich an einer späteren Stelle unserer Arbeit ergeben. Dann wird dem Leser auch verständlich werden, warum ich hier nur einige aus der Gruppe der typischen Träume behandeln kann und die Erörterung der anderen auf jenen späteren Zusammenhang verschiebe.

α) Der Verlegenheitstraum der Nacktheit

Der Traum, daß man nackt oder schlecht bekleidet in Gegenwart Fremder sei, kommt auch mit der Zutat vor, man habe sich dessen gar nicht geschämt u. dgl. Unser Interesse gebührt aber dem Nacktheitstraum nur dann, wenn man in ihm Scham und Verlegenheit empfindet, entfliehen oder sich verbergen will und

[92] Der Satz, daß unsere Methode der Traumdeutung unanwendbar wird, wenn wir nicht über das Assoziationsmaterial des Träumers verfügen, fordert die Ergänzung, daß unsere Deutungsarbeit in einem Falle von diesen Assoziationen unabhängig ist, nämlich dann, wenn der Träumer symbolische Elemente im Trauminhalt verwendet hat. Wir bedienen uns dann, strenggenommen, einer zweiten, auxiliären Methode der Traumdeutung.

dabei der eigentümlichen Hemmung unterliegt, daß man nicht von der Stelle kann und sich unvermögend fühlt, die peinliche Situation zu verändern. Nur in dieser Verbindung ist der Traum typisch; der Kern seines Inhalts mag sonst in allerlei andere Verknüpfungen einbezogen werden oder mit individuellen Zutaten versetzt sein. Es handelt sich im wesentlichen um die peinliche Empfindung von der Natur der Scham, daß man seine Nacktheit, meist durch Lokomotion, verbergen möchte und es nicht zustande bringt. Ich glaube, die allermeisten meiner Leser werden sich in dieser Situation im Traume bereits befunden haben.

Für gewöhnlich ist die Art und Weise der Entkleidung wenig deutlich. Man hört etwa erzählen, ich war im Hemd, aber dies ist selten ein klares Bild; meist ist die Unbekleidung so unbestimmt, daß sie durch eine Alternative in der Erzählung wiedergegeben wird: „Ich war im Hemd oder im Unterrock". In der Regel ist der Defekt der Toilette nicht so arg, daß die dazugehörige Scham gerechtfertigt schiene. Für den, der den Rock des Kaisers getragen hat, ersetzt sich die Nacktheit häufig durch eine vorschriftswidrige Adjustierung. „Ich bin ohne Säbel auf der Straße und sehe Offiziere näher kommen, oder ohne Halsbinde, oder trage eine karierte Zivilhose" u. dgl.

Die Leute, vor denen man sich schämt, sind fast immer Fremde mit unbestimmt gelassenen Gesichtern. Niemals ereignet es sich im typischen Traum, daß man wegen der Kleidung, die einem selbst solche Verlegenheit bereitet, beanstandet oder auch nur bemerkt wird. Die Leute machen ganz im Gegenteil gleichgültige, oder wie ich es in einem besonders klaren Traum wahrnehmen konnte, feierlich steife Mienen. Das gibt zu denken.

Die Schamverlegenheit des Träumers und die Gleichgültigkeit der Leute ergeben mitsammen einen Widerspruch, wie er im Traume häufig vorkommt. Zu der Empfindung des Träumenden würde doch nur passen, daß die Fremden ihn erstaunt ansehen und verlachen oder sich über ihn entrüsten. Ich meine aber, dieser anstößige Zug ist durch die Wunscherfüllung beseitigt worden, während der andere, durch irgendwelche Macht gehalten, stehenblieb, und so stimmen die beiden Stücke dann schlecht zueinander. Wir besitzen ein interessantes Zeugnis dafür, daß der Traum in seiner durch Wunscherfüllung partiell entstellten Form das richtige Verständnis nicht gefunden hat. Er ist nämlich die Grundlage eines Märchens geworden, welches uns allen in der Andersenschen Fassung (*Des Kaisers neue Kleider*) bekannt ist und in der jüngsten Zeit durch *L. Fulda* im *Talisman* poetischer Verwertung zugeführt worden ist. Im Andersenschen Märchen wird von zwei Betrügern erzählt, die für den Kaiser ein kostbares Gewand weben, das aber nur den Guten und Treuen sichtbar sein soll. Der Kaiser geht mit diesem unsichtbaren Gewand bekleidet aus, und durch die prüfsteinartige Kraft des Gewebes erschreckt, tun alle Leute, als ob sie die Nacktheit des Kaisers nicht merken.

Letzteres ist aber die Situation unseres Traumes. Es gehört wohl nicht viel Kühnheit dazu anzunehmen, daß der unverständliche Trauminhalt eine Anregung gegeben hat, um eine Einkleidung zu erfinden, in welcher die vor der Erinnerung stehende Situation sinnreich wird. Dieselbe ist dabei ihrer ursprünglichen Bedeutung beraubt und fremden Zwecken dienstbar gemacht worden. Aber wir werden hören, daß solches Mißverständnis des Trauminhalts durch die bewußte Denktätigkeit eines zweiten psychischen Systems häufig vorkommt und als ein Faktor für die endgültige Traumgestaltung anzuerkennen ist; ferner, daß bei der Bildung von Zwangsvorstellungen und Phobien ähnliche Mißverständnisse – gleichfalls innerhalb der nämlichen psychischen Persönlichkeit – eine Hauptrolle spielen. Es läßt sich auch für unseren Traum angeben, woher das Material für die Umdeutung genommen wird. Der Betrüger ist der Traum, der Kaiser der Träumer selbst, und die moralisierende Tendenz verrät eine dunkle Kenntnis davon, daß es sich im latenten Trauminhalt um unerlaubte, der Verdrängung geopferte Wünsche handelt. Der Zusammenhang, in welchem solche Träume während meiner Analysen bei Neurotikern auftreten, läßt nämlich keinen Zweifel darüber, daß dem Traume eine Erinnerung aus der frühesten Kindheit zugrunde liegt. Nur in unserer Kindheit gab es die Zeit, daß wir in mangelhafter Bekleidung von unseren Angehörigen wie von fremden Pflegepersonen, Dienstmädchen, Besuchern gesehen wurden, und wir haben uns damals unserer Nacktheit nicht geschämt.[93] An vielen Kindern kann man noch in späteren Jahren beobachten, daß ihre Entkleidung wie berauschend auf sie wirkt, anstatt sie zur Scham zu leiten. Sie lachen, springen herum, schlagen sich auf den Leib, die Mutter oder wer dabei ist, verweist es ihnen, sagt: „Pfui, das ist eine Schande, das darf man nicht." Die Kinder zeigen häufig Exhibitionsgelüste; man kann kaum durch ein Dorf in unseren Gegenden gehen, ohne daß man einem zwei- bis dreijährigen Kleinen begegnete, welches vor dem Wanderer, vielleicht ihm zu Ehren, sein Hemdchen hochhebt. Einer meiner Patienten hat in seiner bewußten Erinnerung eine Szene aus seinem achten Lebensjahr bewahrt, wie er nach der Entkleidung vor dem Schlafengehen im Hemd zu seiner kleinen Schwester im nächsten Zimmer hinaustanzen will und wie die dienende Person es ihm verwehrt. In der Jugendgeschichte von Neurotikern spielt die Entblößung vor Kindern des anderen Geschlechts eine große Rolle; in der Paranoia ist der Wahn, beim An- und Auskleiden beobachtet zu werden, auf diese Erlebnisse zurückzuführen; unter den pervers Gebliebenen ist eine Klasse, bei denen der infantile Impuls zum Symptom erhoben worden ist, die der *Exhibitionisten*.

[93] Das Kind tritt aber auch im Märchen auf, denn dort ruft plötzlich ein kleines Kind: „Aber er hat ja gar nichts an."

Diese der Scham entbehrende Kindheit erscheint unserer Rückschau später als ein Paradies, und das Paradies selbst ist nichts anderes als die Massenphantasie von der Kindheit des einzelnen. Darum sind auch im Paradies die Menschen nackt und schämen sich nicht voreinander, bis ein Moment kommt, in dem die Scham und die Angst erwachen, die Vertreibung erfolgt, das Geschlechtsleben und die Kulturarbeit beginnt. In dieses Paradies kann uns nun der Traum allnächtlich zurückführen; wir haben bereits der Vermutung Ausdruck gegeben, daß die Eindrücke aus der ersten Kindheit (der prähistorischen Periode bis etwa zum vollendeten dritten Jahr) an und für sich, vielleicht ohne daß es auf ihren Inhalt weiter ankäme, nach Reproduktion verlangen, daß deren Wiederholung eine Wunscherfüllung ist. Die Nacktheitsträume sind also Exhibitionsträume.[94]

Den Kern des Exhibitionstraumes bildet die eigene Gestalt, die nicht als die eines Kindes, sondern wie in der Gegenwart gesehen wird, und die mangelhafte Bekleidung, welche durch die Überlagerung so vieler späterer Negligéerinnerungen oder der Zensur zuliebe undeutlich ausfällt; dazu kommen nun die Personen, vor denen man sich schämt. Ich kenne kein Beispiel, daß die tatsächlichen Zuschauer bei jenen infantilen Exhibitionen im Traume wieder auftreten. Der Traum ist eben fast niemals eine einfache Erinnerung. Merkwürdigerweise werden jene Personen, denen unser sexuelles Interesse in der Kindheit galt, in allen Reproduktionen des Traums, der Hysterie und der Zwangsneurose ausgelassen; erst die Paranoia setzt die Zuschauer wieder ein und schließt, obwohl sie unsichtbar geblieben sind, mit fanatischer Überzeugung auf ihre Gegenwart. Was der Traum für sie einsetzt, „viele fremde Leute", die sich nicht um das gebotene Schauspiel kümmern, ist geradezu der *Wunschgegensatz* zu jener einzelnen, wohlvertrauten Person, der man die Entblößung bot. „Viele fremde Leute" finden sich in Träumen übrigens auch häufig in beliebigem anderen Zusammenhang; sie bedeuten immer als Wunschgegensatz „Geheimnis".[95] Man merkt, wie auch die Restitution des alten Sachverhalts, die in der Paranoia vor sich geht, diesem Gegensatze Rechnung trägt. Man ist nicht mehr allein, man wird ganz gewiß beobachtet, aber die Beobachter sind „viele, fremde, merkwürdig unbestimmt gelassene Leute".

Außerdem kommt im Exhibitionstraum die Verdrängung zur Sprache. Die peinliche Empfindung des Traums ist ja die Reaktion des zweiten psychischen Systems dagegen, daß der von ihr verworfene Inhalt der Exhibitionsszene den-

---

[94] Eine Anzahl interessanter Nacktheitsträume bei Frauen, die sich ohne Schwierigkeiten auf die infantile Exhibitionslust zurückführen ließen, aber in manchen Zügen von dem oben behandelten typischen Nacktheitstraum abweichen, hat Ferenczi mitgeteilt.

[95] Dasselbe bedeutet, aus begreiflichen Gründen, im Traume die Anwesenheit der „ganzen Familie".

noch zur Vorstellung gelangt ist. Um sie zu ersparen, hätte die Szene nicht wieder belebt werden dürfen.

Von der Empfindung des Gehemmtseins werden wir später nochmals handeln. Sie dient im Traum vortrefflich dazu, den *Willenskonflikt*, das *Nein*, darzustellen. Nach der unbewußten Absicht soll die Exhibition fortgesetzt, nach der Forderung der Zensur unterbrochen werden.

Die Beziehungen unserer typischen Träume zu den Märchen und anderen Dichtungsstoffen sind gewiß weder vereinzelte noch zufällige. Gelegentlich hat ein scharfes Dichterauge den Umwandlungsprozeß, dessen Werkzeug sonst der Dichter ist, analytisch erkannt und ihn in umgekehrter Richtung verfolgt, also die Dichtung auf den Traum zurückgeführt. Ein Freund macht mich auf folgende Stelle aus *Gottfried Kellers Grünem Heinrich* aufmerksam: „Ich wünsche ihnen nicht, lieber Lee, daß Sie jemals die ausgesuchte pikante Wahrheit in der Lage des Odysseus, wo er nackt und mit Schlamm bedeckt vor Nausikaa und ihren Gespielen erscheint, so recht aus Erfahrung empfinden lernen! Wollen Sie wissen, wie das zugeht? Halten wir das Beispiel einmal fest. Wenn Sie einst getrennt von Ihrer Heimat und allem, was Ihnen lieb ist, in der Fremde umherschweifen und Sie haben viel gesehen und viel erfahren, haben Kummer und Sorge, sind wohl gar elend und verlassen, so wird es Ihnen des Nachts unfehlbar träumen, daß Sie sich Ihrer Heimat nähern; Sie sehen sie glänzen und leuchten in den schönsten Farben, holde, feine und liebe Gestalten treten Ihnen entgegen; da entdecken Sie plötzlich, daß Sie zerfetzt, nackt und staubbedeckt umhergehen. Eine namenlose Scham und Angst faßt Sie, Sie suchen sich zu bedecken, zu verbergen und erwachen im Schweiße gebadet. Dies ist, solange es Menschen gibt, der Traum des kummervollen, umhergeworfenen Mannes, und so hat Homer jene Lage aus dem tiefsten und ewigen Wesen der Menschheit herausgenommen."

Das tiefste und ewige Wesen der Menschheit, auf dessen Erweckung der Dichter in der Regel bei seinen Hörern baut, das sind jene Regungen des Seelenlebens, die in der später prähistorisch gewordenen Kinderzeit wurzeln. Hinter den bewußtseinsfähigen und einwandfreien Wünschen des Heimatlosen brechen im Traum die unterdrückten und unerlaubt gewordenen Kinderwünsche hervor, und darum schlägt der Traum, den die Sage von der Nausikaa objektiviert, regelmäßig in einen Angsttraum um.

Mein eigener auf S. 211 erwähnter Traum von dem Eilen über die Treppe, das sich bald nachher in ein An-den-Stufen-Kleben verwandelt, ist gleichfalls ein Exhibitionstraum, da er die wesentlichen Bestandstücke eines solchen aufweist. Er müßte sich also auf Kindererlebnisse zurückführen lassen, und die Kenntnis derselben müßte einen Aufschluß darüber geben, inwiefern das Benehmen des Dienstmädchens gegen mich, ihr Vorwurf, daß ich den Teppich schmutzig gemacht habe, ihr zur Stellung verhilft, die sie im Traum einnimmt. Ich kann die gewünschten Aufklärungen nun wirklich beibringen. In einer Psychoanalyse lernt man die zeitliche Annäherung auf sachlichen Zusammenhang umdeuten; zwei Gedanken, die, anscheinend zusammenhanglos, unmittelbar aufeinander folgen, gehören zu einer Einheit, die zu erraten ist, ebenso wie ein *a* und ein *b*, die ich nebeneinander hinschreibe, als eine Silbe: *ab* ausgesprochen werden sollen. Ähnlich mit der Aufeinanderbeziehung der Träume. Der erwähnte Traum von der Treppe ist aus einer Traumreihe herausgegriffen, deren andere Glieder mir der Deutung nach bekannt sind. Der von ihnen eingeschlossene Traum muß in denselben Zusammenhang gehören. Nun liegt jenen anderen einschließenden Träumen die Erinnerung an eine Kinderfrau zugrunde, die mich von irgendeinem Termin der Säuglingszeit bis zum Alter von zweieinhalb Jahren betreut hat, von der mir auch eine dunkle Erinnerung im Bewußtsein geblieben ist. Nach den Auskünften, die ich unlängst von meiner Mutter eingeholt habe, war sie alt und häßlich, aber sehr klug und tüchtig; nach den Schlüssen, die ich aus meinen Träumen ziehen darf, hat sie mir nicht immer die liebevollste Behandlung angedeihen und mich harte Worte hören lassen, wenn ich der Erziehung zur Reinlichkeit kein genügendes Verständnis entgegenbrachte. Indem also das Dienstmädchen dieses Erziehungswerk fortzusetzen sich bemüht, erwirbt sie den Anspruch, von mir als Inkarnation der prähistorischen Alten im Traum behandelt zu werden. Es ist wohl anzunehmen, daß das Kind dieser Erzieherin, trotz ihrer schlechten Behandlung, seine Liebe geschenkt hat.[96]

β) Die Träume vom Tod teurer Personen

Eine andere Reihe von Träumen, die typisch genannt werden dürfen, sind die mit dem Inhalt, daß ein teurer Verwandter, Eltern oder Geschwister, Kinder usw. gestorben ist. Man muß sofort von diesen Träumen zwei Klassen unterscheiden, die einen, bei welchen man im Traum von Trauer unberührt bleibt, so daß man sich nach dem Erwachen über seine Gefühllosigkeit wundert, die anderen, bei denen man tiefen Schmerz über den Todesfall empfindet, ja ihn selbst in heißen Tränen während des Schlafes äußert.

Die Träume der ersten Gruppe dürfen wir beiseite lassen; sie haben keinen Anspruch, als typisch zu gelten. Wenn man sie analysiert, findet man, daß sie

[96] Eine Überdeutung dieses Traumes: Auf der Treppe spucken, das führte, da „Spuken" eine Tätigkeit der Geister ist, bei loser Übersetzung zum „esprit d'escalier". Treppenwitz heißt soviel als Mangel an Schlagfertigkeit. Den habe ich mir wirklich vorzuwerfen. Ob aber die Kinderfrau es an „Schlagfertigkeit" hat fehlen lassen?

etwas anderes bedeuten, als sie enthalten, daß sie dazu bestimmt sind, irgendeinen anderen Wunsch zu verdecken. So der Traum der Tante, die den einzigen Sohn ihrer Schwester aufgebahrt vor sich sieht. (S. 145f.) Das bedeutet nicht, daß sie dem kleinen Neffen den Tod wünscht, sondern verbirgt nur, wie wir erfahren haben, den Wunsch, eine gewisse geliebte Person nach langer Entbehrung wiederzusehen, dieselbe, die sie früher einmal nach ähnlich langer Pause bei der Leiche eines anderen Neffen wiedergesehen hatte. Dieser Wunsch, welcher der eigentliche Inhalt des Traumes ist, gibt keinen Anlaß zur Trauer, und darum wird auch im Traum keine Trauer verspürt. Man merkt es hier, daß die im Traum enthaltene Empfindung nicht zum manifesten Trauminhalt gehört, sondern zum latenten, daß der Affektinhalt des Traumes von der Entstellung frei geblieben ist, welche den Vorstellungsinhalt betroffen hat.

Anders die Träume, in denen der Tod einer geliebten verwandten Person vorgestellt und dabei schmerzlicher Affekt verspürt wird. Diese bedeuten, was ihr Inhalt besagt, den Wunsch, daß die betreffende Person sterben möge, und da ich hier erwarten darf, daß sich die Gefühle aller Leser und aller Personen, die Ähnliches geträumt haben, gegen meine Auslegung sträuben werden, muß ich den Beweis auf der breitesten Basis anstreben.

Wir haben bereits einen Traum erläutert, aus dem wir lernen konnten, daß die Wünsche, welche sich in Träumen als erfüllt darstellen, nicht immer aktuelle Wünsche sind. Es können auch verflossene, abgetane, überlagerte und verdrängte Wünsche sein, denen wir nur wegen ihres Wiederauftauchens im Traum doch eine Art von Fortexistenz zusprechen müssen. Sie sind nicht tot wie die Verstorbenen nach unserem Begriff, sondern wie die Schatten der Odyssee, die, sobald sie Blut getrunken haben, zu einem gewissen Leben erwachen. In jenem Traum vom toten Kind in der Schachtel handelte es sich um einen Wunsch, der vor fünfzehn Jahren aktuell war und von damals her unumwunden eingestanden wurde. Es ist vielleicht für die Theorie des Traumes nicht gleichgültig, wenn ich hinzufüge, daß selbst diesem Wunsche eine Erinnerung aus der frühesten Kindheit zugrunde lag. Die Träumerin hatte als kleines Kind – wann, ist nicht sicher festzustellen – gehört, daß ihre Mutter in der Schwangerschaft, deren Frucht sie wurde, in eine schwere Verstimmung verfallen war und dem Kinde in ihrem Leibe sehnlichst den Tod gewünscht hatte. Selbst erwachsen und gravid geworden, folgte sie nur dem Beispiele der Mutter.

Wenn jemand unter Schmerzensäußerungen davon träumt, sein Vater oder seine Mutter, Bruder oder Schwester seien gestorben, so werde ich diesen Traum niemals als Beweis dafür verwenden, daß er ihnen *jetzt* den Tod wünscht. Die Theorie des Traumes fordert nicht so viel; sie begnügt sich zu schließen, daß er ihnen – irgendeinmal in der Kindheit – den Tod gewünscht habe. Ich fürchte aber, diese Einschränkung wird noch wenig zur Beruhigung der Beschwerdenführer beitragen; diese dürften ebenso energisch die Möglichkeit bestreiten, daß sie je so gedacht haben, wie sie sich sicher fühlen, nicht in der Gegenwart solche Wünsche zu hegen. Ich muß darum ein Stück vom untergegangenen Kinderseelenleben nach den Zeugnissen, die die Gegenwart noch aufweist, wieder herstellen.[97]

Fassen wir zunächst das Verhältnis der Kinder zu ihren Geschwistern ins Auge. Ich weiß nicht, warum wir voraussetzen, es müsse ein liebevolles sein, da doch die Beispiele von Geschwisterfeindschaft unter Erwachsenen in der Erfahrung eines jeden sich drängen und wir so oft feststellen können, diese Entzweiung rühre noch aus der Kindheit her oder habe von jeher bestanden. Aber auch sehr viele Erwachsene, die heute an ihren Geschwistern zärtlich hängen und ihnen beistehen, haben in ihrer Kindheit in kaum unterbrochener Feindschaft mit ihnen gelebt. Das ältere Kind hat das jüngere mißhandelt, angeschwärzt, es seiner Spielsachen beraubt; das jüngere hat sich in ohnmächtiger Wut gegen das ältere verzehrt, es beneidet und gefürchtet, oder seine ersten Regungen von Freiheitsdrang und Rechtsbewußtsein haben sich gegen den Unterdrücker gewendet. Die Eltern sagen, die Kinder vertragen sich nicht, und wissen den Grund hiefür nicht zu finden. Es ist nicht schwer zu sehen, daß auch der Charakter des braven Kindes ein anderer ist, als wir ihn bei einem Erwachsenen zu finden wünschen. Das Kind ist absolut egoistisch, es empfindet seine Bedürfnisse intensiv und strebt rücksichtslos nach ihrer Befriedigung, insbesondere gegen seine Mitbewerber, andere Kinder, und in erster Linie gegen seine Geschwister. Wir heißen das Kind aber darum nicht „schlecht“, wir heißen es „schlimm“; es ist unverantwortlich für seine bösen Taten vor unserem Urteil wie vor dem Strafgesetz. Und das mit Recht; denn wir dürfen erwarten, daß noch innerhalb von Lebenszeiten, die wir der Kindheit zurechnen, in dem kleinen Egoisten die altruistischen Regungen und die Moral erwachen werden, daß, mit Meynert zu reden, ein sekundäres Ich das primäre überlagern und hemmen wird. Wohl entsteht die Moralität nicht gleichzeitig auf der ganzen Linie, auch ist die Dauer der morallosen Kindheitsperiode bei den einzelnen Individuen verschieden lang. Wo die Entwicklung dieser Moralität ausbleibt, sprechen wir gerne von „Degeneration“; es handelt sich offenbar um eine Entwicklungshemmung. Wo der primäre Charakter durch die spätere Entwicklung bereits überlagert ist, kann er durch die Erkrankung an Hysterie wenigstens partiell wieder freigelegt werden. Die Über-

---

97 Vgl. hiezu: *Analyse der Phobie eines fünfjährigen Knaben* im Jahrbuch für psychoanalytische und psychopathologische Forschungen. Bd. I, 1909 und *Über Infantile Sexualtheorien* in *Sammlung kleiner Schriften zur Neurosenlehre*, zweite Folge.

einstimmung des sogenannten hysterischen Charakters mit dem eines schlimmen Kindes ist geradezu auffällig. Die Zwangsneurose hingegen entspricht einer Übermoralität, als verstärkende Belastung dem sich wieder regenden primären Charakter auferlegt.

Viele Personen also, die heute ihre Geschwister lieben und sich durch ihr Hinsterben beraubt fühlen würden, tragen von früher her böse Wünsche gegen dieselben in ihrem Unbewußten, welche sich in Träumen zu realisieren vermögen. Es ist aber ganz besonders interessant, kleine Kinder bis zu drei Jahren oder wenig darüber in ihrem Verhalten gegen jüngere Geschwister zu beobachten. Das Kind war bisher das einzige; nun wird ihm angekündigt, daß der Storch ein neues Kind gebracht hat. Das Kind mustert den Ankömmling und äußert dann entschieden: „Der Storch soll es wieder mitnehmen."[98]

Ich bekenne mich in allem Ernst zur Meinung, daß das Kind abzuschätzen weiß, welche Benachteiligung es von dem Fremdling zu erwarten hat. Von einer mir nahestehenden Dame, die sich heute mit ihrer um vier Jahre jüngeren Schwester sehr gut verträgt, weiß ich, daß sie die Nachricht von deren Ankunft mit dem Vorbehalt beantwortet hat: „Aber meine rote Kappe werde ich ihr doch nicht geben." Sollte das Kind erst später zu dieser Erkenntnis kommen, so wird seine Feindseligkeit in diesem Zeitpunkt erwachen. Ich kenne einen Fall, daß ein nicht dreijähriges Mädchen den Säugling in der Wiege zu erwürgen versuchte, von dessen weiterer Anwesenheit ihr nichts Gutes ahnte. Der Eifersucht sind Kinder um diese Lebenszeit in aller Stärke und Deutlichkeit fähig. Oder das kleine Geschwisterehen ist wirklich bald wieder verschwunden, das Kind hat wieder alle Zärtlichkeit im Hause auf sich vereinigt, nun kommt ein neues vom Storch geschickt; ist es da nicht korrekt, daß unser Liebling den Wunsch in sich erschaffen sollte, der neue Konkurrent möge dasselbe Schicksal haben wie der frühere, damit es ihm selbst wieder so gut gehe wie vorhin und in der Zwischenzeit?[99] Natürlich ist dieses Verhalten des Kindes gegen die Nachgeborenen in normalen Verhältnissen eine einfache Funktion des Altersunterschieds. Bei einem gewissen Intervall werden sich in dem älteren Mädchen bereits die

---

[98] Der 3½ jährige Hans, dessen Phobie Gegenstand der Analyse in der vorhin erwähnten Veröffentlichung ist, ruft im Fieber kurz nach der Geburt einer Schwester: „Ich will aber kein Schwesterchen haben." In seiner Neurose, 1½ Jahre später, gesteht er den Wunsch, daß die Mutter das Kleine beim Baden in die Wanne fallen lassen möge, damit es sterbe, unumwunden ein. Dabei ist Hans ein gutartiges, zärtliches Kind, welches bald auch diese Schwester liebgewinnt und sie besonders gern protegiert.

[99] Solche in der Kindheit erlebte Sterbefälle mögen in der Familie bald vergessen worden sein, die psychoanalytische Erforschung zeigt doch, daß sie für die spätere Neurose sehr bedeutungsvoll geworden sind.

mütterlichen Instinkte gegen das hilflose Neugeborene regen. Empfindungen von Feindseligkeit gegen die Geschwister müssen im Kindesalter noch weit häufiger sein, als sie der stumpfen Beobachtung Erwachsener auffallen.[100]

Bei meinen eigenen Kindern, die einander rasch folgten, habe ich die Gelegenheit zu solchen Beobachtungen versäumt; ich hole sie jetzt bei meinem kleinen Neffen nach, dessen Alleinherrschaft nach fünfzehn Monaten durch das Auftreten einer Mitbewerberin gestört wurde. Ich höre zwar, daß der junge Mann sich sehr ritterlich gegen das Schwesterchen benimmt, ihr die Hand küßt und sie streichelt; ich überzeuge mich aber, daß er schon vor seinem vollendeten zweiten Jahr seine Sprachfähigkeit dazu benützt, um Kritik an der ihm doch nur überflüssig erscheinenden Person zu üben. Sooft die Rede auf sie kommt, mengt er sich ins Gespräch und ruft unwillig: Zu k(l)ein, zu k(l)ein. In den letzten Monaten, seitdem das Kind sich durch vortreffliche Entwicklung dieser Geringschätzung entzogen hat, weiß er seine Mahnung, daß sie so viel Aufmerksamkeit nicht verdient, anders zu begründen. Er erinnert bei allen geeigneten Anlässen daran: Sie hat keine Zähne.[101] Von dem ältesten Mädchen einer anderen Schwester haben wir alle die Erinnerung bewahrt, wie das damals sechsjährige Kind sich eine halbe Stunde lang von allen Tanten bestätigen ließ: „Nicht wahr, das kann die Lucie noch nicht verstehen?" Lucie war die um zweieinhalb Jahre jüngere Konkurrentin.

Den gesteigerter Feindseligkeit entsprechenden Traum vom Tod der Geschwister habe ich z. B. bei keiner meiner Patientinnen vermißt. Ich fand nur eine Ausnahme, die sich leicht in eine Bestätigung der Regel umdeuten ließ. Als ich einst einer Dame während einer Sitzung diesen Sachverhalt erklärte, der mir bei dem Symptom an der Tagesordnung in Betracht zu kommen schien, antwortete sie zu meinem Erstaunen, sie habe solche Träume nie gehabt. Ein anderer Traum fiel ihr aber ein, der angeblich damit nichts zu schaffen hatte, ein Traum,

[100] Beobachtungen, die sich auf das ursprünglich feindselige Verhalten von Kindern gegen Geschwister und einen Elternteil beziehen, sind seither in großer Anzahl gemacht und in der psychoanalytischen Literatur niedergelegt worden. Besonders echt und naiv hat der Dichter Spitteler diese typische kindliche Einstellung aus seiner frühesten Kindheit geschildert: „Übrigens war noch ein zweiter Adolf da. Ein kleines Geschöpf, von dem man behauptete, er wäre mein Bruder, von dem ich aber nicht begriff, wozu er nützlich sei; noch weniger, weswegen man solch ein Wesen aus ihm mache wie von mir selber. Ich genügte für mein Bedürfnis, was brauchte ich einen Bruder? Und nicht bloß unnütz war er, sondern mitunter sogar hinderlich. Wenn ich die Großmutter belästigte, wollte er sie ebenfalls belästigen, wenn ich im Kinderwagen gefahren wurde, saß er gegenüber und nahm mir die Hälfte Platz weg, so daß wir uns mit den Füßen stoßen mußten."

[101] In die nämlichen Worte kleidet der dreieinhalbjährige Hans die vernichtende Kritik seiner Schwester. Er nimmt an, daß sie wegen des Mangels der Zähne nicht sprechen kann.

den sie mit vier Jahren zuerst, als damals Jüngste, und dann wiederholt geträumt hatte. „*Eine Menge Kinder, alle ihre Brüder, Schwestern, Cousins und Cousinen tummelten sich auf einer Wiese. Plötzlich bekamen sie Flügel, flogen auf und waren weg.*" Von der Bedeutung dieses Traumes hatte sie keine Ahnung; es wird uns nicht schwerfallen, einen Traum vom Tod aller Geschwister in seiner ursprünglichen, durch die Zensur wenig beeinflußten Form darin zu erkennen. Ich getraue mich, folgende Analyse unterzuschieben. Bei dem Tode eines aus der Kinderschar – die Kinder zweier Brüder wurden in diesem Falle in geschwisterlicher Gemeinschaft aufgezogen – wird unsere noch nicht vierjährige Träumerin eine weise erwachsene Person gefragt haben: was wird denn aus den Kindern, wenn sie tot sind? Die Antwort wird gelautet haben: Dann bekommen sie Flügel und werden Engerl. Im Traum nach dieser Aufklärung haben nun die Geschwister alle Flügel wie die Engel, und – was die Hauptsache ist – sie fliegen weg. Unsere kleine Engelmacherin bleibt allein, man denke, das einzige von einer solchen Schar! Daß sich die Kinder auf einer Wiese tummeln, von der sie wegfliegen, deutet kaum mißverständlich auf Schmetterlinge hin, als ob dieselbe Gedankenverbindung das Kind geleitet hätte, welche die Alten bewog, die Psyche mit Schmetterlingsflügeln zu bilden.

Vielleicht wirft nun jemand ein, die feindseligen Impulse der Kinder gegen ihre Geschwister seien wohl zuzugeben, aber wie käme das Kindergemüt zu der Höhe von Schlechtigkeit, dem Mitbewerber oder stärkeren Spielgenossen den Tod zu wünschen, als ob alle Vergehen nur durch die Todesstrafe zu sühnen seien? Wer so spricht, erwägt nicht, daß die Vorstellung des Kindes vom „Totsein" mit der unsrigen das Wort und dann nur noch wenig anderes gemein hat. Das Kind weiß nichts von den Greueln der Verwesung, vom Frieren im kalten Grab, vom Schrecken des endlosen Nichts, das der Erwachsene, wie alle Mythen vom Jenseits zeugen, in seiner Vorstellung so schlecht verträgt. Die Furcht vor dem Tode ist ihm fremd, darum spielt es mit dem gräßlichen Wort und droht einem anderen Kind: „Wenn du das noch einmal tust, wirst du sterben, wie der Franz gestorben ist", wobei es die arme Mutter schaudernd überläuft, die vielleicht nicht daran vergessen kann, daß die größere Hälfte der erdgeborenen Menschen ihr Leben nicht über die Jahre der Kindheit bringt. Noch mit acht Jahren kann das Kind, von einem Gang durch das Naturhistorische Museum heimgekehrt, seiner Mutter sagen: „Mama, ich habe dich so lieb; wenn du einmal stirbst, lasse ich dich ausstopfen und stelle dich hier im Zimmer auf, damit ich dich immer, immer sehen kann!" So wenig gleicht die kindliche Vorstellung vom Gestorbensein der unsrigen.[102]

---

[102] Von einem hochbegabten zehnjährigen Knaben hörte ich nach dem plötzlichen Tode seines

Gestorben sein heißt für das Kind, welchem ja überdies die Szenen des Leidens vor dem Tode zu sehen erspart wird, so viel als „fort sein", die Überlebenden nicht mehr stören. Es unterscheidet nicht, auf welche Art diese Abwesenheit zustande kommt, ob durch Verreisen, Entlassung, Entfremdung oder Tod.[103] Wenn in den prähistorischen Jahren eines Kindes seine Kinderfrau weggeschickt worden und einige Zeit darauf seine Mutter gestorben ist, so liegen für seine Erinnerung, wie man sie in der Analyse aufdeckt, beide Ereignisse in einer Reihe übereinander. Daß das Kind die Abwesenden nicht sehr intensiv vermißt, hat manche Mutter zu ihrem Schmerz erfahren, wenn sie nach mehrwöchentlicher Sommerreise in ihr Haus zurückkehrte und auf ihre Erkundigung hören mußte: Die Kinder haben nicht ein einziges Mal nach der Mama gefragt. Wenn sie aber wirklich in jenes „unentdeckte Land" verreist ist, „von des Bezirk kein Wanderer wiederkehrt", so scheinen die Kinder sie zunächst vergessen zu haben, und erst *nachträglich* beginnen sie, sich an die Tote zu erinnern.

Wenn das Kind also Motive hat, die Abwesenheit eines anderen Kindes zu wünschen, so mangelt ihm jede Abhaltung, diesen Wunsch in die Form zu kleiden, es möge tot sein, und die psychische Reaktion auf den Todeswunschtraum beweist, daß trotz aller Verschiedenheit im Inhalt der Wunsch beim Kinde doch irgendwie das nämliche ist wie der gleichlautende Wunsch des Erwachsenen.

Wenn nun der Todeswunsch des Kindes gegen seine Geschwister erklärt wird durch den Egoismus des Kindes, der es die Geschwister als Mitbewerber auffassen läßt, wie soll sich der Todeswunsch gegen die Eltern erklären, die für das Kind die Spender von Liebe und Erfüller seiner Bedürfnisse sind, deren Erhaltung es gerade aus egoistischen Motiven wünschen sollte?

Zur Lösung dieser Schwierigkeit leitet uns die Erfahrung, daß die Träume vom Tode der Eltern überwiegend häufig, den Teil des Elternpaares betreffen, der das Geschlecht des Träumers teilt, daß also der Mann zumeist vom Tode des

---

Vaters zu meinem Erstaunen folgende Äußerung: Daß der Vater gestorben ist, verstehe ich, aber warum er nicht zum Nachtmahl nach Hause kommt, kann ich mir nicht erklären. – Weiteres Material zu diesem Thema findet sich in der von Frau Dr. v. Hug-Hellmuth redigierten Rubrik *Kinderseele* von *Imago, Zeitschrift für Anwendung der Psychoanalyse auf die Geisteswissenschaften.*

[103] Die Beobachtung eines psychoanalytisch geschulten Vaters erhascht auch den Moment, in dem sein geistig hochentwickeltes vierjähriges Töchterchen den Unterschied zwischen „fortsein" und „totsein" anerkennt. Das Kind machte Schwierigkeiten beim Essen und fühlte sich von einer der Aufwärterinnen in der Pension unfreundlich beobachtet. „Die Josefine soll tot sein", äußerte sie darum gegen den Vater. „Warum gerade tot sein?" fragte der Vater beschwichtigend. „Ist es nicht genug, wenn sie weggeht?" „Nein", antwortete das Kind, „dann kommt sie wieder." Für die uneingeschränkte Eigenliebe (den Narzißmus) des Kindes ist jede Störung ein crimen laesae majestatis, und wie die drakonische Gesetzgebung setzt das Gefühl des Kindes auf alle solche Vergehen nur die eine nicht dosierbare Strafe.

Vaters, das Weib vom Tode der Mutter träumt. Ich kann dies nicht als regelmäßig hinstellen, aber das Überwiegen in dem angedeuteten Sinne ist so deutlich, daß es eine Erklärung durch ein Moment von allgemeiner Bedeutung fordert.[104] Es verhält sich – grob ausgesprochen – so, als ob eine sexuelle Vorliebe sich frühzeitig geltend machen würde, als ob der Knabe im Vater, das Mädchen in der Mutter den Mitbewerber in der Liebe erblickte, durch dessen Beseitigung ihm nur Vorteil erwachsen kann.

Ehe man diese Vorstellung als ungeheuerlich verwirft, möge man auch hier die realen Beziehungen zwischen Eltern und Kindern ins Auge fassen. Man hat zu sondern, was die Kulturforderung der Pietät von diesem Verhältnis verlangt und was die tägliche Beobachtung als tatsächlich ergibt. In der Beziehung zwischen Eltern und Kindern liegen mehr als nur ein Anlaß zur Feindseligkeit verborgen; die Bedingungen für das Zustandekommen von Wünschen, welche vor der Zensur nicht bestehen, sind im reichsten Ausmaße gegeben. Verweilen wir zunächst bei der Relation zwischen Vater und Sohn. Ich meine, die Heiligkeit, die wir den Vorschriften des Dekalogs zuerkannt haben, stumpft unseren Sinn für die Wahrnehmung der Wirklichkeit ab. Wir getrauen uns vielleicht kaum zu merken, daß der größere Teil der Menschheit sich über die Befolgung des vierten Gebots hinaussetzt. In den tiefsten wie in den höchsten Schichten der menschlichen Gesellschaft pflegt die Pietät gegen die Eltern vor anderen Interessen zurückzutreten. Die dunklen Nachrichten, die in Mythologie und Sage aus der Urzeit der menschlichen Gesellschaft auf uns gekommen sind, geben von der Machtfülle des Vaters und von der Rücksichtslosigkeit, mit der sie gebraucht wurde, eine unerfreuliche Vorstellung. Kronos verschlingt seine Kinder, etwa wie der Eber den Wurf des Mutterschweins, und Zeus entmannt den Vater[105] und setzt sich als Herrscher an seine Stelle. Je unumschränkter der Vater in der alten Familie herrschte, desto mehr muß der Sohn als berufener Nachfolger in die Lage des Feindes gerückt, desto größer muß seine Ungeduld geworden sein, durch den Tod des Vaters selbst zur Herrschaft zu gelangen. Noch in unserer bürgerlichen Familie pflegt der Vater durch die Verweigerung der Selbstbestimmung und der dazu nötigen Mittel an den Sohn dem natürlichen Keim zur Feindschaft, der in dem Verhältnisse liegt, zur Entwicklung zu verhelfen. Der Arzt kommt oft genug in die Lage zu bemerken, daß der Schmerz über den Verlust des Vaters

[104] Der Sachverhalt wird häufig durch das Auftreten einer Straftendenz verhüllt, welche in moralischer Reaktion mit dem Verlust des geliebten Elternteils droht.

[105] Wenigstens in einigen mythologischen Darstellungen. Nach anderen wird die Entmannung nur von Kronos an seinem Vater Uranos vollzogen. Über die mythologische Bedeutung dieses Motivs vgl. Otto Rank, *Der Mythus von der Geburt des Helden*, 5. Heft der „Schriften zur angew. Seelenkunde", 1909 und *Das Inzestmotiv in Dichtung und Sage*, 1912, Kap. IX, 2.

beim Sohne die Befriedigung über die endlich erlangte Freiheit nicht unterdrükken kann. Den Rest der in unserer heutigen Gesellschaft arg antiquierten *potestas patris familias* pflegt jeder Vater krampfhaft festzuhalten, und jeder Dichter ist der Wirkung sicher, der wie *Ibsen* den uralten Kampf zwischen Vater und Sohn in den Vordergrund seiner Fabeln rückt. Die Anlässe zu Konflikten zwischen Tochter und Mutter ergeben sich, wenn die Tochter heranwächst und in der Mutter die Wächterin findet, während sie nach sexueller Freiheit begehrt, die Mutter aber durch das Aufblühen der Tochter gemahnt wird, daß für sie die Zeit gekommen ist, sexuellen Ansprüchen zu entsagen. Alle diese Verhältnisse liegen offenkundig da vor jedermanns Augen. Sie fördern uns aber nicht bei der Absicht, die Träume vom Tod der Eltern zu erklären, welche sich bei Personen finden, denen die Pietät gegen die Eltern längst etwas Unantastbares geworden ist. Auch sind wir durch die vorhergehenden Erörterungen darauf vorbereitet, daß sich der Todeswunsch gegen die Eltern aus der frühesten Kindheit herleiten wird.

Mit einer alle Zweifel ausschließenden Sicherheit bestätigt sich diese Vermutung für die Psychoneurotiker bei den mit ihnen vorgenommenen Analysen. Man lernt hiebei, daß sehr frühzeitig die sexuellen Wünsche des Kindes erwachen – soweit sie im keimenden Zustande diesen Namen verdienen – und daß die erste Neigung des Mädchens dem Vater, die ersten infantilen Begierden des Knaben der Mutter gelten. Der Vater wird somit für den Knaben, die Mutter für das Mädchen zum störenden Mitbewerber, und wie wenig für das Kind dazugehört, damit diese Empfindung zum Todeswunsch führe, haben wir bereits für den Fall der Geschwister ausgeführt. Die sexuelle Auswahl macht sich in der Regel bereits bei den Eltern geltend; ein natürlicher Zug sorgt dafür, daß der Mann die kleinen Töchter verzärtelt, die Frau den Söhnen die Stange hält, während beide, wo der Zauber des Geschlechts ihr Urteil nicht verstört, mit Strenge für die Erziehung der Kleinen wirken. Das Kind bemerkt die Bevorzugung sehr wohl und lehnt sich gegen den Teil des Elternpaares auf, der sich ihr widersetzt. Liebe bei dem Erwachsenen zu finden ist ihm nicht nur die Befriedigung eines besonderen Bedürfnisses, sondern bedeutet auch, daß in allen anderen Stücken seinem Willen nachgegeben wird. So folgt es dem eigenen sexuellen Triebe und erneuert gleichzeitig die von den Eltern ausgehende Anregung, wenn es seine Wahl zwischen den Eltern im gleichen Sinne wie diese trifft.

Von den Zeichen dieser infantilen Neigungen seitens der Kinder pflegt man die meisten zu übersehen, einige kann man auch nach den ersten Kinderjahren bemerken. Ein achtjähriges Mädchen meiner Bekanntschaft benützt die Gelegenheit, wenn die Mutter vom Tische abberufen wird, um sich als ihre Nachfolgerin zu proklamieren. „ Jetzt will ich die Mama sein. Karl, willst du noch Gemüse? Nimm doch, ich bitte dich“ usw. Ein besonders begabtes und lebhaftes Mädchen von vier Jahren, an der dies Stück Kinderpsychologie besonders durchsichtig ist, äußert direkt: „Jetzt kann das Muatterl einmal fortgehen, dann muß das Vaterl mich heiraten, und ich will seine Frau sein." Im Kinderleben schließt dieser Wunsch durchaus nicht aus, daß das Kind auch seine Mutter zärtlich liebe. Wenn der kleine Knabe neben der Mutter schlafen darf, sobald der Vater verreist ist, und nach dessen Rückkehr ins Kinderzimmer zurück muß zu einer Person, die ihm weit weniger gefällt, so mag sich leicht der Wunsch bei ihm gestalten, daß der Vater immer abwesend sein möge, damit er seinen Platz bei der lieben, schönen Mama behalten kann, und ein Mittel zur Erreichung dieses Wunsches ist es offenbar, wenn der Vater tot ist, denn das eine hat ihn seine Erfahrung gelehrt: „Tote" Leute, wie der Großpapa z. B., sind immer abwesend, kommen nie wieder.

Wenn sich solche Beobachtungen an kleinen Kindern der vorgeschlagenen Deutung zwanglos fügen, so ergeben sie allerdings nicht die volle Überzeugung, welche die Psychoanalysen erwachsener Neurotiker dem Arzte aufdrängen. Die Mitteilung der betreffenden Träume erfolgt hier mit solchen Einleitungen, daß ihre Deutung als Wunschträume unausweichlich wird. Ich finde eines Tages eine Dame betrübt und verweint. Sie sagt: Ich will meine Verwandten nicht mehr sehen, es muß ihnen ja vor mir grausen. Dann erzählt sie fast ohne Übergang, daß sie sich an einen Traum erinnert, dessen Bedeutung sie natürlich nicht kennt. Sie hat ihn mit vier Jahren geträumt, er lautet folgendermaßen: *Ein Luchs oder Fuchs geht auf dem Dache spazieren, dann fällt etwas herunter oder sie fällt herunter, und dann trägt man die Mutter tot aus dem Hause, wobei sie schmerzlich weint.* Ich habe ihr kaum mitgeteilt, daß dieser Traum den Wunsch aus ihrer Kindheit bedeuten muß, die Mutter tot zu sehen, und daß sie dieses Traumes wegen meinen muß, die Verwandten grausen sich vor ihr, so liefert sie bereits etwas Material, den Traum aufzuklären. „Luchsaug" ist ein Schimpfwort, mit dem sie einmal als ganz kleines Kind von einem Gassenjungen belegt wurde; ihrer Mutter ist, als das Kind drei Jahre alt war, ein Ziegelstein vom Dach auf den Kopf gefallen, so daß sie heftig blutete.

Ich hatte einmal Gelegenheit, ein junges Mädchen, das verschiedene psychische Zustände durchmachte, eingehend zu studieren. In einer tobsüchtigen Verworrenheit, mit der die Krankheit begann, zeigte die Kranke eine ganz besondere Abneigung gegen ihre Mutter, schlug und beschimpfte sie, sobald sie sich dem Bette näherte, während sie gegen eine um vieles ältere Schwester zu derselben Zeit liebevoll und gefügig blieb. Dann folgte ein klarer, aber etwas apathischer Zustand mit sehr gestörtem Schlaf; in dieser Phase begann ich die Behandlung und analysierte ihre Träume. Eine Unzahl derselben handelte mehr oder minder verhüllt vom Tode der Mutter; bald wohnte sie dem Leichenbegängnis einer alten Frau bei, bald sah sie sich und ihre Schwester in Trauerkleidern bei Tische sitzen; es blieb über den Sinn dieser Träume kein Zweifel. Bei noch weiter fortschreitender Besserung traten hysterische Phobien auf; die quälendste darunter war, daß der Mutter etwas geschehen sei. Von wo immer sie sich befand, mußte sie dann nach Hause eilen, um sich zu überzeugen, daß die Mutter noch lebe. Der Fall war nun, zusammengehalten mit meinen sonstigen Erfahrungen, sehr lehrreich; er zeigte in gleichsam mehrsprachiger Übersetzung verschiedene Reaktionsweisen des psychischen Apparats auf dieselbe erregende Vorstellung. In der Verworrenheit, die ich als Überwältigung der zweiten psychischen Instanz durch die sonst unterdrückte erste auffasse, wurde die unbewußte Feindseligkeit gegen die Mutter motorisch mächtig; als dann die erste Beruhigung eintrat, der Aufruhr unterdrückt, die Herrschaft der Zensur wiederhergestellt war, blieb dieser Feindseligkeit nur mehr das Gebiet des Träumens offen, um den Wunsch nach ihrem Tod zu verwirklichen; als das Normale sich noch weiter gestärkt hatte, schuf es als hysterische Gegensatzreaktion und Abwehrerscheinung die übermäßige Sorge um die Mutter. In diesem Zusammenhange ist es nicht mehr unerklärlich, warum die hysterischen Mädchen so oft überzärtlich an ihren Müttern hängen.

Ein andermal hatte ich Gelegenheit, tiefe Einblicke in das unbewußte Seelenleben eines jungen Mannes zu tun, der, durch Zwangsneurose fast existenzunfähig, nicht auf die Straße gehen konnte, weil ihn die Sorge quälte, er bringe alle Leute, die an ihm vorbeigingen, um. Er verbrachte seine Tage damit, die Beweisstücke für sein Alibi in Ordnung zu halten, falls die Anklage wegen eines der in der Stadt vorgefallenen Morde gegen ihn erhoben werden sollte. Überflüssig zu bemerken, daß er ein ebenso moralischer wie fein gebildeter Mensch war. Die – übrigens zur Heilung führende – Analyse deckte als die Begründung dieser peinlichen Zwangsvorstellung Mordimpulse gegen seinen etwas überstrengen Vater auf, die sich, als er sieben Jahre alt war, zu seinem Erstaunen bewußt geäußert hatten, aber natürlich aus weit früheren Kindesjahren stammten. Nach der qualvollen Krankheit und dem Tode des Vaters trat im 31. Lebensjahre der Zwangsvorwurf auf, der sich in Form jener Phobie auf Fremde übertrug. Wer imstande war, seinen eigenen Vater von einem Berggipfel in den Abgrund stoßen zu wollen, dem ist allerdings zuzutrauen, daß er auch das Leben Fernerstehender nicht schone; der tut darum recht daran, sich in seine Zimmer einzuschließen.

Nach meinen bereits zahlreichen Erfahrungen spielen die Eltern im Kinderseelenleben aller späteren Psychoneurotiker die Hauptrolle, und Verliebtheit gegen den einen, Haß gegen den andern Teil des Elternpaares gehören zum eisernen Bestand des in jener Zeit gebildeten und für die Symptomatik der späteren Neurose so bedeutsamen Materials an psychischen Regungen. Ich glaube aber nicht, daß die Psychoneurotiker sich hierin von anderen normal verbleibenden Menschenkindern scharf sondern, indem sie absolut Neues und ihnen Eigentümliches zu schaffen vermögen. Es ist bei weitem wahrscheinlicher und wird durch gelegentliche Beobachtungen an normalen Kindern unterstützt, daß, sie auch mit diesen verliebten und feindseligen Wünschen gegen ihre Eltern uns nur durch die Vergrößerung kenntlich machen, was minder deutlich und weniger intensiv in der Seele der meisten Kinder vorgeht. Das Altertum hat uns zur Unterstützung dieser Erkenntnis einen Sagenstoff überliefert, dessen durchgreifende und allgemeingültige Wirksamkeit nur durch eine ähnliche Allgemeingültigkeit der besprochenen Voraussetzung aus der Kinderpsychologie verständlich wird.

Ich meine die Sage vom König Ödipus und das gleichnamige Drama des *Sophokles*. Ödipus, der Sohn des Laïos, Königs von Theben, und der Jokaste, wird als Säugling ausgesetzt, weil ein Orakel dem Vater verkündet hatte, der noch ungeborene Sohn werde sein Mörder sein. Er wird gerettet und wächst als Königssohn an einem fremden Hofe auf, bis er, seiner Herkunft unsicher, selbst das Orakel befragt und von ihm den Rat erhält, die Heimat zu meiden, weil er der Mörder seines Vaters und der Ehegemahl seiner Mutter werden müßte. Auf dem Wege von seiner vermeintlichen Heimat weg trifft er mit König Laïos zusammen und erschlägt ihn in rasch entbranntem Streit. Dann kommt er vor Theben, wo er die Rätsel der den Weg sperrenden Sphinx löst und zum Dank dafür von den Thebanern zum König gewählt und mit Jokastes Hand beschenkt wird. Er regiert lange Zeit in Frieden und Würde und zeugt mit der ihm unbekannten Mutter zwei Söhne und zwei Töchter, bis eine Pest ausbricht, welche eine neuerliche Befragung des Orakels von seiten der Thebaner veranlaßt. Hier setzt die Tragödie des *Sophokles* ein. Die Boten bringen den Bescheid, daß die Pest aufhören werde, wenn der Mörder des Laïos aus dem Lande getrieben sei. Wo aber weilt der?

> „Wo findet sich
> die schwer erkennbar dunkle Spur der alten Schuld?"

Die Handlung des Stückes besteht nun in nichts anderem als in der schrittweise gesteigerten und kunstvoll verzögerten Enthüllung – der Arbeit einer Psychoanalyse vergleichbar – daß Ödipus selbst der Mörder des Laïos, aber auch der Sohn des Ermordeten und der Jokaste ist. Durch seine unwissentlich verübten Greuel erschüttert, blendet sich Ödipus und verläßt die Heimat. Der Orakelspruch ist erfüllt.

König Ödipus ist eine sogenannte Schicksalstragödie; ihre tragische Wirkung soll auf dem Gegensatz zwischen dem übermächtigen Willen der Götter und dem vergeblichen Sträuben der vom Unheil bedrohten Menschen beruhen;

Ergebung in den Willen der Gottheit, Einsicht in die eigene Ohnmacht soll der tief ergriffene Zuschauer aus dem Trauerspiele lernen. Folgerichtig haben moderne Dichter es versucht, eine ähnliche tragische Wirkung zu erzielen, indem sie den nämlichen Gegensatz mit einer selbsterfundenen Fabel verwoben. Allein die Zuschauer haben ungerührt zugesehen, wie trotz alles Sträubens schuldloser Menschen ein Fluch oder Orakelspruch sich an ihnen vollzog; die späteren Schicksalstragödien sind ohne Wirkung geblieben.

Wenn der *König Ödipus* den modernen Menschen nicht minder zu erschüttern weiß als den zeitgenössischen Griechen, so kann die Lösung wohl nur darin liegen, daß die Wirkung der griechischen Tragödie nicht auf dem Gegensatz zwischen Schicksal und Menschenwillen ruht, sondern in der Besonderheit des Stoffes zu suchen ist, an welchem dieser Gegensatz erwiesen wird. Es muß eine Stimme in unserem Innern geben, welche die zwingende Gewalt des Schicksals im *Ödipus* anzuerkennen bereit ist, während wir Verfügungen wie in der „Ahnfrau“ oder in anderen Schicksalstragödien als willkürliche zurückzuweisen vermögen. Und ein solches Moment, ist in der Tat in der Geschichte des Königs Ödipus enthalten. Sein Schicksal ergreift uns nur darum, weil es auch das unsrige hätte werden können, weil das Orakel vor unserer Geburt denselben Fluch über uns verhängt hat wie über ihn. Uns allen vielleicht war es beschieden, die erste sexuelle Regung auf die Mutter, den ersten Haß und gewalttätigen Wunsch gegen den Vater zu richten; unsere Träume überzeugen uns davon. König Ödipus, der seinen Vater Laïos erschlagen und seine Mutter Jokaste geheiratet hat, ist nur die Wunscherfüllung unserer Kindheit. Aber glücklicher als er, ist es uns seitdem, insofern wir nicht Psychoneurotiker geworden sind, gelungen, unsere sexuellen Regungen von unseren Müttern abzulösen, unsere Eifersucht gegen unsere Väter zu vergessen. Vor der Person, an welcher sich jener urzeitliche Kindheitswunsch erfüllt hat, schaudern wir zurück mit dem ganzen Betrag der Verdrängung, welche diese Wünsche in unserem Innern seither erlitten haben. Während der Dichter in jener Untersuchung die Schuld des Ödipus ans Licht bringt, nötigt er uns zur Erkenntnis unseres eigenen Innern, in dem jene Impulse, wenn auch unterdrückt, noch immer vorhanden sind. Die Gegenüberstellung, mit der uns der Chor verläßt:

> „ ... sehet, das ist Ödipus,
> der entwirrt die hohen Rätsel und der erste war an Macht,
> dessen Glück die Bürger alle priesen und beneideten;
> Seht, in welches Mißgeschickes grause Wogen er versank!“

Diese Mahnung trifft uns selbst und unseren Stolz, die wir seit den Kinderjahren so weise und so mächtig geworden sind in unserer Schätzung. Wie Ödipus leben wir in Unwissenheit der die Moral beleidigenden Wünsche, welche die Natur uns aufgenötigt hat, und nach deren Enthüllung möchten wir wohl alle den Blick abwenden von den Szenen unserer Kindheit.[106]

Daß die Sage von Ödipus einem uralten Traumstoff entsprossen ist, welcher jene peinliche Störung des Verhältnisses zu den Eltern durch die ersten Regungen der Sexualität zum Inhalte hat, dafür findet sich im Texte der *Sophokleischen* Tragödie selbst ein nicht mißzuverstehender Hinweis. Jokaste tröstet den noch nicht aufgeklärten, aber durch die Erinnerung der Orakelsprüche besorgt gemachten Ödipus durch die Erwähnung eines Traums, den ja so viele Menschen träumen, ohne daß er, meint sie, etwas bedeute:

> „*Denn viele Menschen sahen auch in Träumen schon*
> *Sich zugesellt der Mutter*: doch wer alles dies
> Für nichtig achtet, trägt die Last des Lebens leicht."

Der Traum, mit der Mutter sexuell zu verkehren, wird ebenso wie damals auch heute vielen Menschen zuteil, die ihn empört und verwundert erzählen. Er ist, wie begreiflich, der Schlüssel der Tragödie und das Ergänzungsstück zum Traum vom Tod des Vaters. Die Ödipus-Fabel ist die Reaktion der Phantasie auf diese beiden typischen Träume, und wie die Träume von Erwachsenen mit Ablehnungsgefühlen erlebt werden, so muß die Sage Schreck und Selbstbestrafung in ihren Inhalt mit aufnehmen. Ihre weitere Gestaltung rührt wiederum von einer mißverständlichen sekundären Bearbeitung des Stoffes her, welche ihn einer theologisierenden Absicht dienstbar zu machen sucht. (Vgl. den Traumstoff von der Exhibition.) Der Versuch, die göttliche Allmacht mit der menschlichen Verantwortlichkeit zu vereinigen, muß natürlich an diesem Material wie an jedem andern mißlingen.

Auf demselben Boden wie *König Ödipus* wurzelt eine andere der großen tragischen Dichterschöpfungen, der *Hamlet Shakespeares*. Aber in der veränderten Behandlung des nämlichen Stoffes offenbart sich der ganze Unterschied im Seelenleben der beiden weit auseinanderliegenden Kulturperioden, das säkulare Fort-

[106] Keine der Ermittlungen der psychoanalytischen Forschung hat so erbitterten Widerspruch, ein so grimmiges Sträuben und – so ergötzliche Verrenkungen der Kritik hervorgerufen wie dieser Hinweis auf die kindlichen, im Unbewußten erhalten gebliebenen Inzestneigungen. Die letzte Zeit hat selbst einen Versuch gebracht, den Inzest, allen Erfahrungen trotzend, nur als „symbolisch" gelten zu lassen. Eine geistreiche Überdeutung des Ödipusmythus gibt, auf einer Briefstelle Schopenhauers fußend, *Ferenczi* in der „Imago" I, 1912. – Der hier zuerst in der Traumdeutung berührte „Ödipuskomplex" hat durch weitere Studien eine ungeahnt große Bedeutung für das Verständnis der Menschheitsgeschichte und der Entwicklung von Religion und Sittlichkeit gewonnen.

schreiten der Verdrängung im Gemütsleben der Menschheit. Im *Ödipus* wird die zugrundeliegende Wunschphantasie des Kindes wie im Traum ans Licht gezogen und realisiert; im *Hamlet* bleibt sie verdrängt, und wir erfahren von ihrer Existenz – dem Sachverhalt bei einer Neurose ähnlich – nur durch die von ihr ausgehenden Hemmungswirkungen. Mit der überwältigenden Wirkung des moderneren Dramas hat es sich eigentümlicherweise als vereinbar gezeigt, daß man über den Charakter des Helden in voller Unklarheit verbleiben könne. Das Stück ist auf die Zögerung Hamlets gebaut, die ihm zugeteilte Aufgabe der Rache zu erfüllen; welches die Gründe oder Motive dieser Zögerung sind, gesteht der Text nicht ein; die vielfältigsten Deutungsversuche haben es nicht anzugeben vermocht. Nach der heute noch herrschenden, durch *Goethe* begründeten Auffassung stellt Hamlet den Typus des Menschen dar, dessen frische Tatkraft durch die überwuchernde Entwicklung der Gedankentätigkeit gelähmt wird („Von des Gedankens Blässe angekränkelt"). Nach anderen hat der Dichter einen krankhaften, unentschlossenen, in das Bereich der Neurasthenie fallenden Charakter zu schildern versucht. Allein die Fabel des Stückes lehrt, daß Hamlet uns keineswegs als eine Person erscheinen soll, die des Handelns überhaupt unfähig ist. Wir sehen ihn zweimal handelnd auftreten, das einemal in rasch auffahrender Leidenschaft, wie er den Lauscher hinter der Tapete niederstößt, ein anderesmal planmäßig, ja selbst arglistig, indem er mit der vollen Unbedenklichkeit des Renaissanceprinzen die zwei Höflinge in den ihm selbst zugedachten Tod schickt. Was hemmt ihn also bei der Erfüllung der Aufgabe, die der Geist seines Vaters ihm gestellt hat? Hier bietet sich wieder die Auskunft, daß es die besondere Natur dieser Aufgabe ist. Hamlet kann alles, nur nicht die Rache an dem Mann vollziehen, der seinen Vater beseitigt und bei seiner Mutter dessen Stelle eingenommen hat, an dem Mann, der ihm die Realisierung seiner verdrängten Kinderwünsche zeigt. Der Abscheu, der ihn zur Rache drängen sollte, ersetzt sich so bei ihm durch Selbstvorwürfe, durch Gewissensskrupel, die ihm vorhalten, daß er, wörtlich verstanden, selbst nicht besser sei als der von ihm zu strafende Sünder. Ich habe dabei ins Bewußte übersetzt, was in der Seele des Helden unbewußt bleiben muß; wenn jemand Hamlet einen Hysteriker nennen will, kann ich es nur als Folgerung aus meiner Deutung anerkennen. Die Sexualabneigung stimmt sehr wohl dazu, die Hamlet dann im Gespräch mit Ophelia äußert, die nämliche Sexualabneigung, die von der Seele des Dichters in den nächsten Jahren immer mehr Besitz nehmen sollte, bis zu ihren Gipfeläußerungen im *Timon von Athen*. Es kann natürlich nur das eigene Seelenleben des Dichters gewesen sein, das uns im *Hamlet* entgegentritt; ich entnehme dem Werk von *Georg Brandes* über *Shakespeare* (1896) die Notiz, daß das Drama unmittelbar nach dem Tode von *Shakespeares* Vater (1601), also in der frischen Trauer um ihn, in der Wiederbelebung, dürfen wir annehmen, der auf den Vater bezüglichen Kindheitsempfindungen gedichtet worden ist. Bekannt ist auch, daß *Shakespeares* früh verstorbener Sohn den Namen Hamnet (identisch mit Hamlet) trug. Wie *Hamlet* das Verhältnis des Sohnes zu den Eltern behandelt, so ruht der in der Zeit nahestehende *Macbeth* auf dem Thema der Kinderlosigkeit. Wie übrigens jedes neurotische Symptom, wie selbst der Traum der Überdeutung fähig ist, ja dieselbe zu seinem vollen Verständnis fordert, so wird auch jede echte dichterische Schöpfung aus mehr als aus einem Motiv und einer Anregung in der Seele des Dichters hervorgegangen sein und mehr als eine Deutung zulassen. Ich habe hier nur die Deutung der tiefsten Schicht von Regungen in der Seele des schaffenden Dichters versucht.[107]

Ich kann die typischen Träume vom Tode teurer Verwandter nicht verlassen, ohne daß ich deren Bedeutung für die Theorie des Traumes überhaupt noch mit einigen Worten beleuchte. Diese Träume zeigen uns den recht ungewöhnlichen Fall verwirklicht, daß der durch den verdrängten Wunsch gebildete Traumgedanke jeder Zensur entgeht und unverändert in den Traum übertritt. Es müssen besondere Verhältnisse sein, die solches Schicksal ermöglichen. Ich finde die Begünstigung für diese Träume in folgenden zwei Momenten: Erstens gibt es keinen Wunsch, von dem wir uns ferner glauben; wir meinen, das zu wünschen könnte „uns auch im Traume nicht einfallen“, und darum ist die Traumzensur gegen dieses Ungeheuerliche nicht gerüstet, ähnlich etwa wie die Gesetzgebung Solons keine Strafe für den Vatermord aufzustellen wußte. Zweitens aber kommt dem verdrängten und nicht geahnten Wunsch gerade hier besonders häufig ein Tagesrest entgegen in Gestalt einer Sorge um das Leben der teuren Person. Diese Sorge kann sich nicht anders in den Traum eintragen, als indem sie sich des gleichlautenden Wunsches bedient; der Wunsch aber kann sich mit der am Tage rege gewordenen Sorge maskieren. Wenn man meint, daß dies alles einfacher zugeht, daß man eben bei Nacht und im Traum nur fortsetzt, was man bei Tag angesponnen hat, so läßt man die Träume vom Tode teurer Personen eben außer allem Zusammenhang mit der Traumerklärung und hält ein sehr wohl reduzierbares Rätsel überflüssigerweise fest.

Lehrreich ist es auch, die Beziehung dieser Träume zu den Angstträumen zu verfolgen. In den Träumen vom Tode teurer Personen hat der verdrängte

---

[107] Die Obenstehenden Andeutungen zum analytischen Verständnis des *Hamlet* hat dann E. Jones vervollständigt und gegen andere in der Literatur niedergelegte Auffassungen verteidigt. (*Das Problem des Hamlet und der Ödipuskomplex*, 1910.) An der oben gemachten Voraussetzung, daß der Autor der Werke Shakespeares der Mann aus Stratford war, bin ich seither allerdings irre geworden. Weitere Bemühungen um die Analyse des *Macbeth* in meinem Aufsatze *Einige Charaktertypen aus der psychoanalytischen Arbeit*, Imago IV, 1916 und bei L. Jekels, *Shakespears Macbeth*, Imago, V, 1917.

Wunsch einen Weg gefunden, auf dem er sich der Zensur – und der durch sie bedingten Entstellung – entziehen kann. Die nie fehlende Begleiterscheinung ist dann, daß schmerzliche Empfindungen im Traume verspürt werden. Ebenso kommt der Angsttraum nur zustande, wenn die Zensur ganz oder teilweise überwältigt wird, und anderseits erleichtert es die Überwältigung der Zensur, wenn Angst als aktuelle Sensation aus somatischen Quellen bereits gegeben ist. Es wird so handgreiflich, in welcher Tendenz die Zensur ihres Amtes waltet, die Traumentstellung ausübt; es geschieht, *um die Entwicklung von Angst oder anderen Formen peinlichen Affekts zu verhüten.*

Ich habe im vorstehenden von dem Egoismus der Kinderseele gesprochen und knüpfe nun daran mit der Absicht, hier einen Zusammenhang ahnen zu lassen, daß die Träume auch diesen Charakter bewahrt haben. Sie sind sämtlich absolut egoistisch, in allen tritt das liebe Ich auf, wenn auch verkleidet. Die Wünsche, die in ihnen erfüllt werden, sind regelmäßig Wünsche dieses Ichs; es ist nur ein täuschender Anschein, wenn je das Interesse für einen anderen einen Traum hervorgerufen haben sollte. Ich will einige Beispiele, welche dieser Behauptung widersprechen, der Analyse unterziehen.

I

Ein noch nicht vierjähriger Knabe erzählt: Er hat eine große garnierte Schüssel gesehen, worauf ein großes Stück Fleisch gebraten war, und das Stück war auf einmal ganz – nicht zerschnitten – aufgegessen. Die Person, die es gegessen hat, hat er nicht gesehen.[108]

Wer mag der fremde Mensch sein, von dessen üppiger Fleischmahlzeit unser Kleiner träumt? Die Erlebnisse des Traumtages müssen uns darüber aufklären. Der Knabe bekommt seit einigen Tagen nach ärztlicher Vorschrift Milchdiät; am Abend des Traumtages war er aber unartig, und da wurde ihm zur Strafe die Abendmahlzeit entzogen. Er hat schon früher einmal eine solche Hungerkur durchgemacht und sich sehr tapfer dabei benommen. Er wußte, daß er nichts bekommen würde, getraute sich aber auch nicht mit einem Worte anzudeuten, daß er Hunger hat. Die Erziehung fängt an, bei ihm zu wirken; sie äußert sich bereits im Traum, der einen Anfang von Traumentstellung zeigt. Es ist kein Zweifel, daß er selbst die Person ist, deren Wünsche auf eine so reiche Mahlzeit,

---

108 Auch das Große, Überreiche, Übermäßige und Übertriebene der Träume könnte ein Kindheitscharakter sein. Das Kind kennt keinen sehnlicheren Wunsch als groß zu werden, von allem so viel zu bekommen wie die Großen; es ist schwer zu befriedigen, kennt kein Genug, verlangt unersättlich nach Wiederholung dessen, was ihm gefallen oder geschmeckt hat. Maßhalten, sich bescheiden, resignieren lernt es erst durch die Kultur der Erziehung. Bekanntlich neigt auch der Neurotiker zur Maßlosigkeit und Unmäßigkeit.

und zwar eine Bratenmahlzeit, zielen. Da er aber weiß, daß diese ihm verboten ist, wagt er es nicht, wie die hungrigen Kinder es im Traum tun (vgl. den Erdbeertraum meiner kleinen Anna), sich selbst zur Mahlzeit hinzusetzen. Die Person bleibt anonym.

II

Ich träume einmal, daß ich in der Auslage einer Buchhandlung ein neues Heft jener Sammlung im Liebhabereinband sehe, die ich sonst zu kaufen pflege (Künstlermonographien, Monographien zur Weltgeschichte, berühmte Kunststätten usw.). *Die neue Sammlung nennt sich: Berühmte Redner (oder Reden), und das Heft.1 derselben trägt den Namen Dr. Lecher.*

In der Analyse wird es mir unwahrscheinlich, daß mich der Ruhm Dr. Lechers, des Dauerredners der deutschen Obstruktion im Parlamente, während meiner Träume beschäftige. Der Sachverhalt ist der, daß ich vor einigen Tagen neue Patienten zur psychischen Kur aufgenommen habe und nun zehn bis elf Stunden täglich zu sprechen genötigt, bin. Ich bin also selbst so ein Dauerredner.

III

Ich träume ein andermal, daß ein mir bekannter Lehrer an unserer Universität sagt: *Mein Sohn, der Myop.* Dann folgt ein Dialog, aus kurzen Reden und Gegenreden bestehend. Es folgt aber dann ein drittes Traumstück, in dem ich und meine Söhne vorkommen, und für den latenten Trauminhalt sind Vater und Sohn, Professor M., nur Strohmänner, die mich und meinen Ältesten decken. Ich werde diesen Traum wegen einer anderen Eigentümlichkeit noch weiter unten behandeln.

IV

Ein Beispiel von wirklich niedrigen egoistischen Gefühlen, die sich hinter zärtlicher Sorge verbergen, gibt folgender Traum.

Mein Freund Otto schaut schlecht aus, ist braun im Gesicht und hat vortretende Augen.

Otto ist mein Hausarzt, in dessen Schuld ich hoffnungslos verbleibe, weil er seit Jahren die Gesundheit meiner Kinder überwacht, sie erfolgreich behandelt, wenn sie erkranken, und sie überdies zu allen Gelegenheiten, die einen Vorwand abgeben können, beschenkt. Er war am Traumtage zu Besuch, und da bemerkte meine Frau, daß er müde und abgespannt aussehe. Nachts kommt mein Traum und leiht ihm einige der Zeichen der Basedowschen Krankheit. Wer sich in der

Traumdeutung von meinen Regeln frei macht, der wird diesen Traum so verstehen, daß ich um die Gesundheit meines Freundes besorgt bin und daß diese Besorgnis sich im Traum realisiert. Es wäre ein Widerspruch nicht nur gegen die Behauptung, daß der Traum eine Wunscherfüllung ist, sondern auch gegen die andere, daß er nur egoistischen Regungen zugänglich ist. Aber wer so deutet, möge mir erklären, warum ich bei Otto die Basedowsche Krankheit befürchte, zu welcher Diagnose sein Aussehen auch nicht den leisesten Anlaß gibt? Meine Analyse liefert hingegen folgendes Material aus einer Begebenheit, die sich vor sechs Jahren zugetragen hat. Wir fuhren, eine kleine Gesellschaft, in der sich auch Professor R. befand, in tiefer Dunkelheit durch den Wald von N., einige Stunden weit von unserem Sommeraufenthalt entfernt. Der nicht ganz nüchterne Kutscher warf uns mit dem Wagen einen Abhang hinunter, und es war noch glücklich, daß wir alle heil davonkamen. Wir waren aber genötigt, im nächsten Wirtshause zu übernachten, wo die Kunde von unserem Unfall große Sympathie für uns erweckte. Ein Herr, der die unverkennbaren Zeichen des Morbus Basedowii an sich trug – übrigens nur Bräunung der Gesichtshaut und vortretende Augen, ganz wie im Traum, keine Struma, stellte sich ganz zu unserer Verfügung und fragte, was er für uns tun könne. Professor R. in seiner bestimmten Art antwortete: Nichts anderes, als daß Sie mir ein Nachthemd leihen. Darauf der Edle: Das tut mir leid, das kann ich nicht, und ging von dannen.

Zur Fortsetzung der Analyse fällt mir ein, daß Basedow nicht nur der Name eines Arztes ist, sondern auch der eines berühmten Pädagogen. (Im Wachen fühle ich mich jetzt dieses Wissens nicht recht sicher.) Freund Otto ist aber diejenige Person, die ich gebeten habe, für den Fall, daß mir etwas zustößt, die körperliche Erziehung meiner Kinder, speziell in der Pubertätszeit (daher das Nachthemd), zu überwachen. Indem ich nun Freund Otto im Traum mit den Krankheitssymptomen jenes edlen Helfers sehe, will ich offenbar sagen: Wenn mir etwas zustößt, wird von ihm ebensowenig etwas für die Kinder zu haben sein, wie damals von Herrn Baron L. trotz seiner liebenswürdigen Anerbietungen. Der egoistische Einschlag dieses Traumes dürfte nun wohl aufgedeckt sein.[109]

[109] Als Ernest Jones in einem wissenschaftlichen Vortrag vor einer amerikanischen Gesellschaft vom Egoismus der Träume sprach, erhob eine gelehrte Dame gegen diese unwissenschaftliche Verallgemeinerung den Einwand, der Autor könne doch nur über die Träume von Österreichern urteilen und dürfe über die Träume von Amerikanern nichts aussagen. Sie sei für ihre Person sicher, daß alle ihre Träume streng altruistische seien. Zur Entschuldigung dieser rassestolzen Dame sei übrigens bemerkt, daß man den Satz, die Träume seien durchaus egoistisch, nicht mißverstehen darf. Da alles, was überhaupt im vorbewußten Denken vorkommt, in den Traum (Inhalt wie latente Traumgedanken) übertreten kann, ist diese Möglichkeit auch den

Wo steckt aber hier die Wunscherfüllung? Nicht in der Rache an Freund Otto, dessen Schicksal es nun einmal ist, in meinen Träumen schlecht behandelt zu werden, sondern in folgender Beziehung. Indem ich Otto als Baron L. im Traum darstellte, habe ich gleichzeitig meine eigene Person mit einer anderen identifiziert, nämlich mit der des Professors R., denn ich fordere ja etwas von Otto, wie in jener Begebenheit R. von Baron L. gefordert hat. Und daran liegt es. Professor R., dem ich mich sonst wirklich nicht zu vergleichen wage, hat ähnlich wie ich seinen Weg außerhalb der Schule selbständig verfolgt und ist erst in späten Jahren zu dem längst verdienten Titel gelangt. Ich will also wieder einmal Professor werden! Ja selbst das „in späten Jahren" ist eine Wunscherfüllung, denn es besagt, daß ich lange genug lebe, um meine Knaben selbst durch die Pubertät zu geleiten.

γ) Andere typische Träume

Von anderen typischen Träumen, in denen man mit Behagen fliegt oder mit Angstgefühlen fällt, weiß ich nichts aus eigener Erfahrung und verdanke alles, was ich über sie zu sagen habe, den Psychoanalysen. Aus den Auskünften, die man dort erhält, muß man schließen, daß auch diese Träume Eindrücke der Kinderzeit wiederholen, nämlich sich auf die Bewegungsspiele beziehen, die für das Kind eine so außerordentliche Anziehung haben. Welcher Onkel hat nicht schon ein Kind fliegen lassen, indem er, die Arme ausstreckend, durchs Zimmer mit ihm eilte, oder Fallen mit ihm gespielt, indem er es auf den Knien schaukelte und das Bein plötzlich streckte oder es hochhob und plötzlich tat, als ob er ihm die Unterstützung entziehen wollte. Die Kinder jauchzen dann und verlangen unermüdlich nach Wiederholung, besonders wenn etwas Schreck und Schwindel mit dabei ist; dann schaffen sie sich nach Jahren die Wiederholung im Traum, lassen aber im Traum die Hände weg, die sie gehalten haben, so daß sie nun frei schweben und fallen. Die Vorliebe aller kleinen Kinder für solche Spiele wie für Schaukeln und Wippen ist bekannt; wenn sie dann gymnastische Kunststücke im Zirkus sehen, wird die Erinnerung von neuem aufgefrischt.[110] Bei manchen

---

altruistischen Regungen offen. In derselben Weise wird eine zärtliche oder verliebte Regung für eine andere Person, die im Unbewußten vorhanden ist, im Traume erscheinen können. Das Richtige an obigem Satz schränkt sich also auf die Tatsache ein, daß man unter den unbewußten Anregungen des Traumes sehr häufig egoistische Tendenzen findet, die im Wachleben überwunden scheinen.

[110] Die analytische Untersuchung hat uns erraten lassen, daß an der Vorliebe der Kinder für gymnastische Darstellungen und an deren Wiederholung im hysterischen Anfall außer der Organlust noch ein anderes Moment beteiligt ist, das (oft unbewußte) Erinnerungsbild des (an Menschen oder Tieren) beobachteten Sexualverkehrs.

Knaben besteht dann der hysterische Anfall nur aus Reproduktionen solcher Kunststücke, die sie mit großer Geschicklichkeit ausführen. Nicht selten sind bei diesen an sich harmlosen Bewegungsspielen auch sexuelle Empfindungen wachgerufen worden.[111] Um es mit einem bei uns gebräuchlichen, all diese Veranstaltungen deckenden Worte zu sagen: es ist das „Hetzen" in der Kindheit, welches die Träume vom Fliegen, Fallen, Schwindel u. dgl. wiederholen, dessen Lustgefühle jetzt in Angst verkehrt sind. Wie aber jede Mutter weiß, ist auch das Hetzen der Kinder in der Wirklichkeit häufig genug in Zwist und Weinen ausgegangen.

Ich habe also guten Grund, die Erklärung abzulehnen, daß der Zustand unserer Hautgefühle während des Schlafes, die Sensationen von der Bewegung unserer Lungen u. dgl. die Träume vom Fliegen und Fallen hervorrufen. Ich sehe, daß diese Sensationen selbst aus der Erinnerung reproduziert sind, auf welche der Traum sich bezieht, daß sie also Trauminhalt sind und nicht Traumquellen.

Ich verhehle mir aber keineswegs, daß ich für diese Reihe von typischen Träumen eine volle Aufklärung nicht erbringen kann. Mein Material hat mich gerade hiebei im Stiche gelassen. Den allgemeinen Gesichtspunkt, daß alle die Haut- und Bewegungssensationen dieser typischen Träume wachgerufen werden, sobald irgendein psychisches Motiv ihrer bedarf, und daß sie vernachlässigt werden können, wenn ihnen ein solches Bedürfnis nicht entgegenkommt, muß ich festhalten. Auch die Beziehung zu den infantilen Erlebnissen scheint mir aus den Andeutungen, die ich in der Analyse der Psychoneurotiker erhalten habe, sicher hervorzugehen. Aber welche anderen Bedeutungen sich im Laufe des Lebens an die Erinnerung jener Sensationen geknüpft haben mögen – vielleicht bei jeder Person andere trotz der typischen Erscheinung dieser Träume – weiß ich nicht anzugeben und möchte gerne in die Lage kommen, diese Lücke durch sorgfältige Analyse von guten Beispielen auszufüllen. Wer sich darüber verwundert, daß ich trotz der Häufigkeit gerade der Träume vom Fliegen, Fallen, Zahnausziehen u. dgl. mich über Mangel an Material beklage, dem bin ich die Aufklärung schuldig, daß ich an mir selbst solche Träume nicht erfahren habe, seitdem

[111] Ein junger, von Nervosität völlig freier Kollege teilt mir hiezu mit: „Ich weiß aus eigener Erfahrung, daß ich früher beim Schaukeln, und zwar in dem Moment, wo die Abwärtsbewegung die größte Wucht hat, ein eigentümliches Gefühl in den Genitalien bekam, das ich, obwohl es mir eigentlich nicht angenehm war, doch als Lustgefühl bezeichnen muß." – Von Patienten habe ich oftmals gehört, daß die ersten Erektionen mit Lustgefühl, die sie erinnern, in der Knabenzeit beim Klettern aufgetreten sind. – Aus den Psychoanalysen ergibt sich mit aller Sicherheit, daß häufig die ersten sexuellen Regungen in den Rauf- und Ringspielen der Kinderjahre wurzeln.

ich dem Thema der Traumdeutung Aufmerksamkeit schenke. Die Träume der Neurotiker, die mir sonst zu Gebote stehen, sind aber nicht alle und oft nicht bis an das Ende ihrer verborgenen Absicht deutbar; eine gewisse psychische Macht, die beim Aufbau der Neurose beteiligt war und bei deren Auflösung wieder zur Wirksamkeit gebracht wird, stellt sich der Deutung bis zum letzten Rätsel entgegen.

δ) Der Prüfungstraum

Jeder, der mit der Maturitätsprüfung seine Gymnasialstudien abgeschlossen hat, klagt über die Hartnäckigkeit, mit welcher der Angsttraum, daß er durchgefallen sei, die Klasse wiederholen müsse u. dgl., ihn verfolgt. Für den Besitzer eines akademischen Grades ersetzt sich dieser typische Traum durch einen anderen, der ihm vorhält, daß er beim Rigorosum nicht bestanden habe, und gegen den er vergeblich noch im Schlaf einwendet, daß er ja schon seit Jahren praktiziere, Privatdozent sei oder Kanzleileiter. Es sind die unauslöschlichen Erinnerungen an die Strafen, die wir in der Kindheit für verübte Untaten erlitten haben, die sich so an den beiden Knotenpunkten unserer Studien, an dem „*dies irae, dies illa*" der strengen Prüfungen in unserem Inneren wieder geregt haben. Auch die „Prüfungsangst" der Neurotiker findet in dieser Kinderangst ihre Verstärkung. Nachdem wir aufgehört haben, Schüler zu sein, sind es nicht mehr wie zuerst die Eltern und Erzieher oder später die Lehrer, die unsere Bestrafung besorgen; die unerbittliche Kausalverkettung des Lebens hat unsere weitere Erziehung übernommen, und nun träumen wir von der Matura oder von dem Rigorosum – und wer hat damals nicht selbst als Gerechter gezagt? – sooft wir erwarten, daß der Erfolg uns bestrafen werde, weil wir etwas nicht recht gemacht, nicht ordentlich zustande gebracht haben, sooft wir den Druck einer Verantwortung fühlen.

Eine weitere Aufklärung der Prüfungsträume danke ich einer Bemerkung von Seite eines kundigen Kollegen, der einmal in einer wissenschaftlichen Unterhaltung hervorhob, daß seines Wissens der Maturatraum nur bei Personen vorkomme, die diese Prüfung bestanden haben, niemals bei solchen, die an ihr gescheitert sind. Der ängstliche Prüfungstraum, der, wie sich immer mehr bestätigt, dann auftritt, wenn man vom nächsten Tage eine verantwortliche Leistung und die Möglichkeit einer Blamage erwartet, würde also eine Gelegenheit aus der Vergangenheit herausgesucht haben, bei welcher sich die große Angst als unberechtigt erwies und durch den Ausgang widerlegt wurde. Es wäre dies ein sehr auffälliges Beispiel von Mißverständnis des Trauminhalts durch die wache Instanz. Die als Empörung gegen den Traum aufgefaßte Einrede: Aber ich bin ja schon Doktor u. dgl., wäre in Wirklichkeit der Trost, den der Traum spendet und der also lauten würde: Fürchte dich doch nicht vor morgen; denke daran, welche Angst du vor der Maturitätsprüfung gehabt hast, und es ist dir doch nichts geschehen. Heute bist du ja schon Doktor usw. Die Angst aber, die wir dem Traume anrechnen, stammte aus den Tagesresten.

Die Proben auf diese Erklärung, die ich bei mir und anderen anstellen konnte, haben, wenngleich sie nicht zahlreich genug waren, gut gestimmt. Ich bin z. B. als Rigorosant in gerichtlicher Medizin durchgefallen; niemals hat dieser Gegenstand mir im Traume zu schaffen gemacht, während ich häufig genug in Botanik, Zoologie oder Chemie geprüft wurde, in welchen Fächern ich mit gut begründeter Angst zur Prüfung gegangen, der Strafe aber durch Gunst des Schicksals oder des Prüfers entgangen bin. Im Gymnasialprüfungstraume werde ich regelmäßig aus Geschichte geprüft, wo ich damals glänzend bestanden habe, aber allerdings nur, weil mein liebenswürdiger Professor – der einäugige Helfer eines anderen Traumes – nicht übersehen hatte, daß auf dem Prüfungszettel, den ich ihm zurückgab, die mittlere von drei Fragen mit dem Fingernagel durchgestrichen war, zur Mahnung, daß er auf dieser Frage nicht bestehen solle. Einer meiner Patienten, der von der Matura zurückgetreten war und sie später nachgetragen hatte, dann aber bei der Offiziersprüfung durchgefallen und nicht Offizier geworden ist, berichtet mir, daß er oft genug von der ersteren, aber nie von der letzteren Prüfung träumt.

Die Prüfungsträume setzen der Deutung bereits jene Schwierigkeit entgegen, die ich vorhin als charakteristisch für die meisten der typischen Träume angegeben habe. Das Material an Assoziationen welches uns der Träumer zur Verfügung stellt, reicht für die Deutung nur selten aus. Man muß sich das bessere Verständnis solcher Träume aus einer größeren Reihe von Beispielen zusammentragen. Vor kurzem gewann ich den sicheren Eindruck, daß die Einrede: Du bist ja schon Doktor u. dgl., nicht nur den Trost verdeckt, sondern auch einen Vorwurf andeutet. Derselbe hätte gelautet: Du bist jetzt schon so alt, schon so weit im Leben und machst noch immer solche Dummheiten, Kindereien. Dies Gemenge von Selbstkritik und Trost würde dem latenten Inhalt der Prüfungsträume entsprechen. Es ist dann nicht weiter auffällig, wenn die Vorwürfe wegen der „Dummheiten" und „Kindereien" sich in den zuletzt analysierten Beispielen auf die Wiederholung beanstandeter sexueller Akte bezogen.

W. Stekel, von dem die erste Deutung des „Maturatraumes" herrührt, vertritt die Meinung, daß er sich regelmäßig auf sexuelle Erprobung und sexuelle Reife beziehe. Meine Erfahrung hat dies oft bestätigen können.

VI
DIE TRAUMARBEIT

Alle anderen bisherigen Versuche, die Traumprobleme zu erledigen, knüpften direkt an den in der Erinnerung gegebenen manifesten Trauminhalt an und bemühten sich, aus diesem die Traumdeutung zu gewinnen oder, wenn sie auf eine Deutung verzichteten, ihr Urteil über den Traum durch den Hinweis auf den Trauminhalt zu begründen. Nur wir allein stehen einem anderen Sachverhalt gegenüber; für uns schiebt sich zwischen den Trauminhalt und die Resultate unserer Betrachtung ein neues psychisches Material ein: der durch unser Verfahren gewonnene *latente* Trauminhalt oder die Traumgedanken. Aus diesem letzteren, nicht aus dem manifesten Trauminhalt entwickelten wir die Lösung des Traumes. An uns tritt darum auch als neu eine Aufgabe heran, die es vordem nicht gegeben hat, die Aufgabe, die Beziehungen des manifesten Trauminhalts zu den latenten Traumgedanken zu untersuchen und nachzuspüren, durch welche Vorgänge aus den letzteren der erstere geworden ist.

Traumgedanken und Trauminhalt liegen vor uns wie zwei Darstellungen desselben Inhaltes in zwei verschiedenen Sprachen, oder besser gesagt, der Trauminhalt erscheint uns als eine Übertragung der Traumgedanken in eine andere Ausdrucksweise, deren Zeichen und Fügungsgesetze wir durch die Vergleichung von Original und Übersetzung kennenlernen sollen. Die Traumgedanken sind uns ohne weiteres verständlich, sobald wir sie erfahren haben. Der Trauminhalt ist gleichsam in einer Bilderschrift gegeben, deren Zeichen einzeln in die Sprache der Traumgedanken zu übertragen sind. Man würde offenbar in die Irre geführt, wenn man diese Zeichen nach ihrem Bilderwert anstatt nach ihrer Zeichenbeziehung lesen wollte. Ich habe etwa ein Bilderrätsel (Rebus) vor mir: ein Haus, auf dessen Dach ein Boot zu sehen ist, dann ein einzelner Buchstabe, dann eine laufende Figur, deren Kopf wegapostrophiert ist, u. dgl. Ich könnte nun in die Kritik verfallen, diese Zusammenstellung und deren Bestandteile für unsinnig zu erklären. Ein Boot gehört nicht auf das Dach eines Hauses, und eine Person ohne Kopf kann nicht laufen; auch ist die Person größer als das Haus, und wenn das Ganze eine Landschaft darstellen soll, so fügen sich die einzelnen Buchstaben nicht ein, die ja in freier Natur nicht vorkommen. Die richtige Beurteilung des Rebus ergibt sich offenbar erst dann, wenn ich gegen das Ganze und die Einzelheiten desselben keine solchen Einsprüche erhebe, sondern mich bemühe, jedes Bild durch eine Silbe oder ein Wort zu ersetzen, das nach irgendwelcher Beziehung durch das Bild darstellbar ist. Die Worte, die sich so zusammenfinden, sind nicht mehr sinnlos, sondern können den schönsten und sinnreichsten Dichterspruch ergeben. Ein solches Bilderrätsel ist nun der Traum, und unsere Vorgänger auf dem Gebiete der Traumdeutung haben den Fehler begangen, den Rebus als zeichnerische Komposition zu beurteilen. Als solche erschien er ihnen unsinnig und wertlos.

A
Die Verdichtungsarbeit

Das erste, was dem Untersucher bei der Vergleichung von Trauminhalt und Traumgedanken klar wird, ist, daß hier eine großartige *Verdichtungsarbeit* geleistet wurde. Der Traum ist knapp, armselig, lakonisch im Vergleich zu dem Umfang und zur Reichhaltigkeit der Traumgedanken. Der Traum füllt niedergeschrieben eine halbe Seite; die Analyse, in der die Traumgedanken enthalten sind, bedarf das sechs-, acht-, zwölffache an Schriftraum. Die Relation ist für verschiedene Träume wechselnd; sie ändert, soweit ich es kontrollieren konnte, niemals ihren Sinn. In der Regel unterschätzt man das Maß der statthabenden Kompression, indem man die ans Licht gebrachten Traumgedanken für das vollständige Material hält, während weitere Deutungsarbeit neue hinter dem Traum versteckte Gedanken enthüllen kann. Wir haben bereits anführen müssen, daß man eigentlich niemals sicher ist, einen Traum vollständig gedeutet zu haben; selbst wenn die Auflösung befriedigend und lückenlos erscheint, bleibt es doch immer möglich, daß sich noch ein anderer Sinn durch denselben Traum kundgibt. Die *Verdichtungsquote* ist also – strenggenommen – unbestimmbar. Man könnte gegen die Behauptung, daß aus dem Mißverhältnis zwischen Trauminhalt und Traumgedanken der Schluß zu ziehen sei, es finde eine ausgiebige Verdichtung des psychischen Materials bei der Traumbildung statt, einen Einwand geltend machen, der für den ersten Eindruck recht bestechend scheint. Wir haben ja so oft die Empfindung, daß wir sehr viel die ganze Nacht hindurch geträumt und dann das meiste wieder vergessen haben. Der Traum, den wir beim Erwachen erinnern, wäre dann bloß ein Rest der gesamten Traumarbeit, welche wohl den Traumgedanken an Umfang gleichkäme, wenn wir sie eben vollständig erinnern könnten. Daran ist ein Stück sicherlich richtig; man kann sich nicht mit der Beobachtung täuschen, daß ein Traum am getreuesten reproduziert wird, wenn man ihn bald nach dem Erwachen zu erinnern versucht, und daß seine Erinnerung gegen den Abend hin immer mehr und mehr lückenhaft wird. Zum andern Teil aber läßt sich erkennen, daß die Empfindung, man habe sehr viel mehr geträumt, als man reproduzieren kann, sehr häufig auf einer Illusion beruht, deren Entstehung späterhin erläutert werden soll. Die Annahme einer Verdichtung in der Traumarbeit wird überdies von der Möglichkeit des Traumvergessens nicht berührt, denn sie wird durch die Vorstellungsmassen erwiesen, die zu den einzelnen erhalten gebliebenen Stücken des Traumes gehören. Ist tatsächlich ein großes Stück des Traumes für die Erinnerung verlorengegangen, so bleibt uns hiedurch etwa der Zugang zu einer neuen Reihe von Traumgedanken versperrt. Es ist eine durch nichts zu rechtfertigende Erwartung, daß die untergegangenen Traumstücke sich gleichfalls nur auf jene Gedanken bezogen hätten, die wir bereits aus der Analyse der erhalten gebliebenen kennen.[112]

Angesichts der überreichen Menge von Einfällen, welche die Analyse zu jedem einzelnen Element des Trauminhaltes beibringt, wird sich bei manchem Leser der prinzipielle Zweifel regen, ob man denn all das, was einem bei der Analyse nachträglich einfällt, zu den Traumgedanken rechnen darf, d. h. annehmen darf, all diese Gedanken seien schon während des Schlafzustandes tätig gewesen und hätten an der Traumbildung mitgewirkt? Ob nicht vielmehr während des Analysierens neue Gedankenverbindungen entstehen, die an der Traumbildung unbeteiligt waren? Ich kann diesem Zweifel nur bedingt beitreten. Daß einzelne Gedankenverbindungen erst während der Analyse entstehen, ist allerdings richtig; aber man kann sich jedesmal überzeugen, daß solche neue Verbindungen sich nur zwischen Gedanken herstellen, die schon in den Traumgedanken in anderer Weise verbunden sind; die neuen Verbindungen sind gleichsam Nebenschließungen, Kurzschlüsse, ermöglicht durch den Bestand anderer und tiefer liegender Verbindungswege. Für die Überzahl der bei der Analyse aufgedeckten Gedankenmassen muß man zugestehen, daß sie schon bei der Traumbildung tätig gewesen sind, denn wenn man sich durch eine Kette solcher Gedanken, die außer Zusammenhang mit der Traumbildung scheinen, durchgearbeitet hat, stößt man dann plötzlich auf einen Gedanken, der, im Trauminhalt vertreten, für die Traumdeutung unentbehrlich ist und doch nicht anders als durch jene Gedankenkette zugänglich war. Man vergleiche hiezu etwa den Traum von der botanischen Monographie, der als das Ergebnis einer erstaunlichen Verdichtungsleistung erscheint, wenngleich ich seine Analyse nicht vollständig mitgeteilt habe.

---

[112] Hinweise auf die Verdichtung im Traum finden sich bei zahlreichen Autoren. Du Prel äußert an einer Stelle (S. 85), es sei absolut sicher, daß ein Verdichtungsprozeß der Vorstellungsreihe stattgefunden habe.

Wie soll man sich aber dann den psychischen Zustand während des Schlafens, der dem Träumen vorangeht, vorstellen? Bestehen alle die Traumgedanken nebeneinander, oder werden sie nacheinander durchlaufen, oder werden mehrere gleichzeitige Gedankengänge von verschiedenen Zentren aus gebildet, die dann zusammentreffen? Ich meine, es liegt noch keine Nötigung vor, sich von dem psychischen Zustand bei der Traumbildung eine plastische Vorstellung zu schaffen. Vergessen wir nur nicht, daß es sich um unbewußtes Denken handelt und daß der Vorgang leicht ein anderer sein kann als der, welchen wir beim absichtlichen, von Bewußtsein begleiteten Nachdenken in uns wahrnehmen. Die Tatsache aber, daß die Traumbildung auf einer Verdichtung beruht, steht unerschütterlich fest. Wie kommt diese Verdichtung nun zustande?

Wenn man erwägt, daß von den aufgefundenen Traumgedanken nur die wenigsten durch eines ihrer Vorstellungselemente im Traum vertreten sind, so sollte man schließen, die Verdichtung geschehe auf dem Wege der *Auslassung*, indem der Traum nicht eine getreuliche Übersetzung oder eine Projektion Punkt für Punkt der Traumgedanken, sondern eine höchst unvollständige und lückenhafte Wiedergabe derselben sei. Diese Einsicht ist, wie wir bald finden werden, eine sehr mangelhafte. Doch fußen wir zunächst auf ihr und fragen uns weiter: Wenn nur wenige Elemente aus den Traumgedanken in den Trauminhalt gelangen, welche Bedingungen bestimmen die Auswahl derselben?

Um hierüber Aufschluß zu bekommen, wendet man nun seine Aufmerksamkeit den Elementen des Trauminhalts zu, welche die gesuchten Bedingungen ja erfüllt haben müssen. Ein Traum, zu dessen Bildung eine besonders starke Verdichtung beigetragen, wird für diese Untersuchung das günstigste Material sein.

I

Ich wähle den auf S. 158 ff. mitgeteilten

Traum von der botanischen Monographie.

Trauminhalt: *Ich habe eine Monographie über eine (unbestimmt gelassene) Pflanzenart geschrieben. Das Buch liegt vor mir, ich blättere eben eine eingeschlagene farbige Tafel um. Dem Exemplar ist ein getrocknetes Spezimen der Pflanze beigebunden.*

Das augenfälligste Element dieses Traums ist die *botanische Monographie*. Diese stammt aus den Eindrücken des Traumtages; in einem Schaufenster einer Buchhandlung hatte ich tatsächlich eine Monographie über die Gattung „*Zyklamen*" gesehen. Die Erwähnung dieser Gattung fehlt im Trauminhalt, in dem nur die Monographie und ihre Beziehung zur Botanik übriggeblieben sind. Die „botanische Monographie" erweist sofort ihre Beziehung zu der *Arbeit über Kokain*, die ich einmal geschrieben habe; vom Kokain aus geht die Gedankenverbindung einerseits zur Festschrift und zu gewissen Vorgängen in einem Universitätslaboratorium, anderseits zu meinem Freund, dem Augenarzt Dr. Königstein, der an der Verwertung des Kokains seinen Anteil gehabt hat. An die Person des Dr. K. knüpft sich weiter die Erinnerung an das unterbrochene Gespräch, das ich abends zuvor mit ihm geführt, und die vielfältigen Gedanken über die Entlohnung ärztlicher Leistungen unter Kollegen. Dieses Gespräch ist nun der eigentliche aktuelle Traumerreger; die Monographie über Zyklamen ist gleichfalls eine Aktualität, aber indifferenter Natur; wie ich sehe, erweist sich die „botanische Monographie" des Traumes als ein *mittleres Gemeinsames* zwischen beiden Erlebnissen des Tages, von dem indifferenten Eindruck unverändert übernommen, mit dem psychisch bedeutsamen Erlebnis durch ausgiebigste Assoziationsverbindungen verknüpft.

Aber nicht nur die zusammengesetzte Vorstellung „botanische Monographie", sondern auch jedes ihrer Elemente „*botanisch*" und „*Monographie*" gesondert geht durch mehrfache Verbindungen tiefer und tiefer in das Gewirre der Traumgedanken ein. Zu „*botanisch*" gehören die Erinnerungen an die Person des Professors *Gärtner*, an seine *blühende* Frau, an meine Patientin, die *Flora* heißt, und an die Dame, von der ich die Geschichte mit den vergessenen *Blumen* erzählt habe. *Gärtner* führt neuerdings auf das Laboratorium und auf das Gespräch mit Königstein; in dasselbe Gespräch gehört die Erwähnung der beiden Patientinnen. Von der Frau mit den Blumen zweigt ein Gedankenweg zu den *Lieblingsblumen* meiner Frau ab, dessen anderer Ausgang im Titel der bei Tag flüchtig gesehenen Monographie liegt. Außerdem erinnert „*botanisch*" an eine Gymnasialepisode und an ein Examen der Universitätszeit, und ein neues, in jenem Gespräch angeschlagenes Thema, das meiner Liebhabereien, knüpft sich durch Vermittlung meiner scherzhaft so genannten *Lieblingsblume*, der Artischocke, an die von den vergessenen Blumen ausgehende Gedankenkette an; hinter „Artischocke" steckt die Erinnerung an Italien einerseits und an eine Kinderszene anderseits, mit der ich meine seither intim gewordenen Beziehungen zu Büchern eröffnet habe. „*Botanisch*" ist also ein wahrer Knotenpunkt, in welchem für den Traum zahlreiche Gedankengänge zusammentreffen, die, wie ich versichern kann, in jenem Gespräch mit Fug und Recht in Zusammenhang gebracht worden sind. Man befindet sich hier mitten in einer Gedankenfabrik, in der wie im Weber-Meisterstück

„Ein Tritt tausend Fäden regt,
Die Schifflein herüber, hinüber schießen,
Die Fäden ungesehen fließen,
Ein Schlag tausend Verbindungen schlägt."

„*Monographie*" im Traume rührt wiederum an zwei Themata, an die Einseitigkeit meiner Studien und an die Kostspieligkeit meiner Liebhabereien.

Aus dieser ersten Untersuchung holt man sich den Eindruck, daß die Elemente „botanisch" und „Monographie" darum in den Trauminhalt Aufnahme gefunden haben, weil sie mit den meisten Traumgedanken die ausgiebigsten Berührungen aufweisen können, also *Knotenpunkte* darstellen, in denen sehr viele der Traumgedanken zusammentreffen, weil sie mit Bezug auf die Traumdeutung *vieldeutig* sind. Man kann die dieser Erklärung zugrunde liegende Tatsache auch anders aussprechen und dann sagen: Jedes der Elemente des Trauminhaltes erweist sich als *überdeterminiert*, als mehrfach in den Traumgedanken vertreten.

Wir erfahren mehr, wenn wir die übrigen Bestandteile des Traumes auf ihr Vorkommen in den Traumgedanken prüfen, Die *farbige Tafel*, die ich aufschlage, geht (vgl. die Analyse S. 161) auf ein neues Thema, die Kritik der Kollegen an meinen Arbeiten, und auf ein bereits im Traum vertretenes, meine Liebhabereien, außerdem auf die Kindererinnerung, in der ich ein Buch mit farbigen Tafeln zerpflücke, das getrocknete Exemplar der Pflanze rührt an das Gymnasialerlebnis vom Herbarium und hebt diese Erinnerung besonders hervor. Ich sehe also, welcher Art die Beziehung zwischen Trauminhalt und Traumgedanken ist: Nicht nur die Elemente des Traums sind durch die Traumgedanken *mehrfach* determiniert, sondern die einzelnen Traumgedanken sind auch im Traum durch mehrere Elemente vertreten. Von einem Element des Traums führt der Assoziationsweg zu mehreren Traumgedanken, von einem Traumgedanken zu mehreren Traumelementen. Die Traumbildung erfolgt also nicht so, daß der einzelne Traumgedanke oder eine Gruppe von solchen eine Abkürzung für den Trauminhalt liefert und dann der nächste Traumgedanke eine nächste Abkürzung als Vertretung, etwa wie aus einer Bevölkerung Volksvertreter gewählt werden, sondern die ganze Masse der Traumgedanken unterliegt einer gewissen Bearbeitung, nach welcher die meist- und bestunterstützten Elemente sich für den Eintritt in den Trauminhalt herausheben, etwa der Wahl durch Listenskrutinium analog. Welchen Traum immer ich einer ähnlichen Zergliederung unterziehe, ich finde stets die nämlichen Grundsätze bestätigt, daß die Traumelemente aus der ganzen Masse der Traumgedanken gebildet werden und daß jedes von ihnen in bezug auf die Traumgedanken mehrfach determiniert erscheint.

Es ist gewiß nicht überflüssig, diese Relation von Trauminhalt und Traumgedanken an einem neuen Beispiel zu erweisen, welches sich durch besonders kunstvolle Verschlingung der wechselseitigen Beziehungen auszeichnet. Der Traum rührt von einem Patienten her, den ich wegen Angst in geschlossenen Räumen behandle. Es wird sich bald ergeben, weshalb ich mich veranlaßt finde, diese ausnehmend geistreiche Traumleistung in folgender Weise zu überschreiben:

II
„Ein schöner Traum“

Er fährt mit großer Gesellschaft in die X-Straße, in der sich ein bescheidenes Einkehrwirtshaus befindet (was nicht richtig ist). *In den Räumen desselben wird Theater gespielt; er ist bald Publikum, bald Schauspieler. Am Ende heißt es, man müsse sich umziehen, um wieder in die Stadt zu kommen. Ein Teil des Personals wird in die Parterreräume verwiesen, ein anderer in die des ersten Stockes. Dann entsteht ein Streit. Die oben ärgern sich, daß die unten noch nicht fertig sind, so daß sie nicht herunter können. Sein Bruder ist oben, er unten, und er ärgert sich über den Bruder, daß man so gedrängt wird.* (Diese Partie ist unklar.) *Es war übrigens schon beim Ankommen bestimmt und eingeteilt, wer oben und wer unten sein soll, Dann geht er allein über die Anhöhe, welche die X-Straße gegen die Stadt hin macht, und geht so schwer, so mühselig, daß er nicht von der Stelle kommt. Ein älterer Herr gesellt sich zu ihm und schimpft über den König von Italien. Am Ende der Anhöhe geht er dann viel leichter.*

Die Beschwerden beim Steigen waren so deutlich, daß er nach dem Erwachen eine Weile zweifelte, ob es Traum oder Wirklichkeit war. Dem manifesten Inhalt nach wird man diesen Traum kaum loben können. Die Deutung will ich regelwidrig mit jenem Stück beginnen, welches vom Träumer als das deutlichste bezeichnet wurde.

Die geträumte und wahrscheinlich im Traum verspürte Beschwerde, das mühselige Steigen unter Dyspnoe, ist eines der Symptome, die der Patient vor Jahren wirklich gezeigt hatte, und wurde damals im Verein mit anderen Erscheinungen auf eine (wahrscheinlich hysterisch vorgetäuschte) Tuberkulose bezogen. Wir kennen bereits diese dem Traum eigentümliche Sensation der Gehhemmung aus den Exhibitionsträumen und finden hier wieder, daß sie als ein allezeit bereitliegendes Material zu Zwecken irgendwelcher anderen Darstellung verwendet wird. Das Stück des Trauminhalts, welches beschreibt, wie das Steigen anfänglich schwer war und am Ende der Anhöhe leicht wurde, erinnerte mich bei der Erzählung des Traums an die bekannte meisterhafte Introduktion der *Sappho* von *Alphonse Daudet.* Dort trägt ein junger Mann die Geliebte die Treppen hinauf, anfänglich wie federleicht; aber je weiter er steigt, desto schwerer lastet sie auf seinen Armen, und diese Szene ist vorbildlich für den Verlauf des Verhältnisses, durch dessen Schilderung *Daudet* die Jugend mahnen will, eine ernstere Neigung nicht an Mädchen von niedriger Herkunft und zweifelhafter Vergangenheit zu verschwenden.[113] Obwohl ich wußte, daß mein Patient vor kurzem ein Liebesverhältnis mit einer Dame vom Theater unterhalten und gelöst hatte, erwartete

[113] Man denke zur Würdigung dieser Darstellung des Dichters an die im Abschnitt über Symbolik mitgeteilte Bedeutung der Stiegenträume

ich doch nicht, meinen Deutungseinfall berechtigt zu finden. Auch war es ja in der *Sappho* umgekehrt wie im Traum; in letzterem war das Steigen anfänglich schwer und späterhin leicht; im Roman diente es der Symbolik nur, wenn das, was zuerst leichtgenommen wurde, sich am Ende als eine schwere Last erwies. Zu meinem Erstaunen bemerkte der Patient, die Deutung stimme sehr wohl zum Inhalte des Stückes, das er am Abend vorher im Theater gesehen. Das Stück hieß *Rund um Wien* und behandelte den Lebenslauf eines Mädchens, das, zuerst anständig, dann zur Demimonde übergeht, Verhältnisse mit hochstehenden Personen anknüpft, dadurch *„in die Höhe kommt“*, endlich aber immer mehr *„herunterkommt“*. Das Stück hatte ihn auch an ein anderes vor Jahren gespieltes erinnert, welches den Titel trug *Von Stufe zu Stufe* und auf dessen Ankündigung eine aus mehreren Stufen bestehende *Stiege* zu sehen war.

Nun die weitere Deutung.

In der X-Straße hatte die Schauspielerin gewohnt, mit welcher er das letzte, beziehungsreiche Verhältnis unterhalten. Ein Wirtshaus gibt es in dieser Straße nicht. Allein, als er der Dame zuliebe einen Teil des Sommers in Wien verbrachte, war er in einem kleinen Hotel in der Nähe *abgestiegen.* Beim Verlassen des Hotels sagte er dem Kutscher: Ich bin froh, daß ich wenigstens kein Ungeziefer bekommen habe! (Übrigens auch eine seiner Phobien.) Der Kutscher darauf: Wie kann man aber da absteigen! Das ist ja gar kein Hotel, eigentlich nur ein *Einkehrwirtshaus.*

An das Einkehrwirtshaus knüpft sich ihm sofort die Erinnerung eines Zitates:

> „Bei einem Wirte wundermild,
> Da war ich jüngst zu Gaste.“

Der Wirt im *Uhlandschen* Gedicht ist aber ein *Apfelbaum.* Nun setzt ein zweites Zitat die Gedankenkette fort:

> FAUST (mit der Jungen tanzend)
> Einst hatt’ ich einen *schönen Traum;*
> Da sah ich einen *Apfelbaum,*
> Zwei schöne Äpfel glänzten dran,
> Sie reizten mich, ich *stieg hinan.*
> DIE SCHÖNE
> Der Äpfelchen begehrt ihr sehr,
> Und schon vom Paradiese her.
> Von Freuden fühl’ ich mich bewegt,
> Daß auch mein Garten solche trägt.

Es ist nicht der leiseste Zweifel möglich, was unter dem Apfelbaum und den Äpfelchen gemeint ist. Ein schöner Busen stand auch obenan unter den Reizen, durch welche die Schauspielerin meinen Träumer gefesselt hatte.

Wir hatten nach dem Zusammenhang der Analyse allen Grund anzunehmen, daß der Traum auf einen Eindruck aus der Kindheit zurückgehe. Wenn dies richtig war, so mußte er sich auf die Amme des jetzt bald dreißigjährigen Mannes beziehen. Für das Kind ist der Busen der Amme tatsächlich das Einkehrwirtshaus. Die Amme sowohl als die *Sappho Daudets* erscheinen als Anspielung auf die vor kurzem verlassene Geliebte.

Im Trauminhalt erscheint auch der (ältere) Bruder des Patienten, und zwar ist dieser *oben*, er selbst *unten*. Dies ist wieder eine *Umkehrung* des wirklichen Verhältnisses, denn der Bruder hat, wie mir bekannt ist, seine soziale Position verloren, mein Patient sie erhalten. Der Träumer vermied bei der Reproduktion des Trauminhaltes zu sagen: Der Bruder sei oben, er selbst „parterre" gewesen. Es wäre eine zu deutliche Äußerung geworden, denn man sagt bei uns von einer Person, sie ist „parterre", wenn sie Vermögen und Stellung eingebüßt hat, also in ähnlicher Übertragung, wie man „*heruntergekommen*" gebraucht. Es muß nun einen Sinn haben, daß an dieser Stelle im Traum etwas *umgekehrt* dargestellt ist. Die Umkehrung muß auch für eine andere Beziehung zwischen Traumgedanken und Trauminhalt gelten. Es liegt der Hinweis darauf vor, wie diese Umkehrung vorzunehmen ist. Offenbar am Ende des Traumes, wo es sich mit dem Steigen wiederum *umgekehrt* verhält wie in der *Sappho*. Dann ergibt sich leicht, welche Umkehrung gemeint ist: In der *Sappho* trägt der Mann das zu ihm in sexuellen Beziehungen stehende Weib; in den Traumgedanken handelt es sich also umgekehrt um ein Weib, das den Mann trägt, und da dieser Fall sich nur in der Kindheit ereignen kann, bezieht es sich wieder auf die Amme, die schwer an dem Säugling trägt. Der Schluß des Traumes trifft es also, die Sappho und die Amme in der nämlichen Andeutung darzustellen.

Wie der Name Sappho vom Dichter nicht ohne Beziehung auf eine lesbische Gewohnheit gewählt ist, so deuten die Stücke des Traumes, in denen Personen *oben* und *unten* beschäftigt sind, auf Phantasien sexuellen Inhalts, die den Träumer beschäftigen und als unterdrückte Gelüste nicht außer Zusammenhang mit seiner Neurose stehen. Daß es Phantasien und nicht Erinnerungen der tatsächlichen Vorgänge sind, die so im Traum dargestellt werden, zeigt die Traumdeutung selbst nicht an; dieselbe liefert uns nur einen Gedankeninhalt und überläßt es uns, dessen Realitätswert festzustellen. Wirkliche und phantasierte Begebenheiten erscheinen hier – und nicht nur hier, auch bei der Schöpfung wichtigerer psychischer Gebilde als der Träume – zunächst als gleichwertig. Große Gesellschaft bedeutet, wie wir bereits wissen, Geheimnis. Der Bruder ist nichts anderes als der in die Kindheitsszene durch „Zurückphantasieren“ eingetragene Vertreter aller späteren Nebenbuhler beim Weibe. Die Episode von dem Herrn, der auf den König von Italien schimpft, bezieht sich durch Vermittlung eines rezenten und an sich gleichgültigen Erlebnisses wiederum auf das Eindrängen von Personen niederen Standes in höhere Gesellschaft. Es ist, als ob der Warnung, welche *Daudet* dem Jüngling erteilt, eine ähnliche, für das saugende Kind gültige an die Seite gestellt werden sollte.[114]

Um ein drittes Beispiel für das Studium der Verdichtung bei der Traumbildung bereitzuhaben, teile ich die partielle Analyse eines anderen Traumes mit, den ich einer älteren, in psychoanalytischer Behandlung stehenden Dame verdanke. Den schweren Angstzuständen entsprechend, an denen die Kranke litt, enthielten ihre Träume überreichlich sexuelles Gedankenmaterial, dessen Kenntnisnahme sie anfangs ebensosehr überraschte wie erschreckte. Da ich die Traumdeutung nicht bis zum Ende führen kann, scheint das Traummaterial in mehrere Gruppen ohne sichtbaren Zusammenhang zu zerfallen.

III
„Der Käfertraum“

Trauminhalt: *Sie besinnt sich, daß sie zwei Maikäfer in einer Schachtel hat, denen sie die Freiheit geben muß, weil sie sonst ersticken. Sie öffnet die Schachtel, die Käfer sind ganz matt; einer fliegt zum geöffneten Fenster hinaus, der andere aber wird vom Fensterflügel zerquetscht, während sie das Fenster schließt, wie irgend jemand von ihr verlangt (Äußerungen des Ekels).*

Analyse: Ihr Mann ist verreist, die vierzehnjährige Tochter schläft im Bette neben ihr. Die Kleine macht sie am Abend aufmerksam, daß eine Motte in ihr Wasserglas gefallen ist; sie versäumt es aber, sie herauszuholen, und bedauert das arme Tierchen am Morgen. In ihrer Abendlektüre war erzählt, wie Buben eine Katze in siedendes Wasser werfen, und die Zuckungen des Tieres geschildert. Dies sind die beiden an sich gleichgültigen Traumanlässe. Das Thema von der Grausamkeit gegen Tiere beschäftigt sie weiter. Ihre Tochter war vor Jahren, als sie in einer gewissen Gegend im Sommer wohnten, sehr grausam gegen das Getier. Sie legte sich eine Schmetterlingssammlung an und verlangte von ihr *Arsenik* zur Tötung der Schmetterlinge. Einmal kam es vor, daß ein Nachtfalter

[114] Die phantastische Natur der auf die Amme des Träumers bezüglichen Situation wird durch den objektiv erhobenen Umstand erwiesen, daß die Amme in diesem Fall die Mutter war. Ich erinnere übrigens an das auf erwähnte Bedauern des jungen Mannes der Anekdote, die Situation bei seiner Amme nicht besser ausgenützt zu haben, welches wohl die Quelle dieses Traumes ist.

mit der Nadel durch den Leib noch lange im Zimmer herumflog; ein andermal fanden sich einige Raupen, die zur Verpuppung aufbewahrt wurden, verhungert. Dasselbe Kind pflegte in noch zarterem Alter *Käfern* und Schmetterlingen die Flügel auszureißen; heute würde sie vor all diesen grausamen Handlungen zurückschrecken; sie ist so gutmütig geworden.

Dieser Widerspruch beschäftigt sie. Er erinnert an einen anderen Widerspruch, den zwischen *Aussehen* und Gesinnung, wie er in *Adam Bede* von der Eliot dargestellt ist. Ein schönes, aber eitles und ganz dummes Mädchen, daneben ein häßliches, aber edles. Der *Aristokrat*, der das Gänschen verführt; der Arbeiter, der adelig fühlt und sich ebenso benimmt. Man kann das den Leuten nicht ansehen. Wer würde *ihr* ansehen, daß sie von sinnlichen Wünschen geplagt wird?

In demselben Jahre, als die Kleine ihre Schmetterlingssammlung anlegte, litt die Gegend arg unter der *Maikäferplage*. Die Kinder wüteten gegen die Käfer, *zerquetschten* sie grausam. Sie hat damals einen Menschen gesehen, der den Maikäfern die Flügel ausriß und die Leiber dann verspeiste. Sie selbst ist im *Mai* geboren, hat auch im *Mai* geheiratet. Drei Tage nach der Hochzeit schrieb sie den Eltern einen Brief nach Hause, wie glücklich sie sei. Sie war es aber keineswegs.

Am Abend vor dem Traum hatte sie in alten Briefen gekramt und verschiedene ernste und komische Briefe den Ihrigen vorgelesen, so einen höchst lächerlichen Brief eines Klavierlehrers, der ihr als Mädchen den Hof gemacht hatte, auch den eines *aristokratischen* Verehrers.[115]

Sie macht sich Vorwürfe, daß eine ihrer Töchter ein schlechtes Buch von *Maupassant* in die Hand bekommen.[116] Das *Arsenik*, das ihre Kleine verlangt, erinnert sie an die *Arsenikpillen*, die dem Duc de Mora im *Nabab* die Jugendkraft wiedergeben.

Zu „Freiheit geben" fällt ihr die Stelle aus der *Zauberflöte* ein:

> „Zur Liebe kann ich dich nicht zwingen,
> Doch geb ich dir die Freiheit nicht."

Zu den „Maikäfern" noch die Rede des Käthchens:[117]

> „Verliebt ja wie ein *Käfer* bist du mir."

---

[115] Dies der eigentliche Traumerreger.

[116] Zu ergänzen: Solche Lektüre sei Gift für ein junges Mädchen. Sie selbst hat in ihrer Jugend viel aus verbotenen Büchern geschöpft.

[117] Ein weiterer Gedankengang führt zur Penthesilea desselben Dichters: Grausamkeit gegen den Geliebten.

Dazwischen *Tannhäuser:* „Weil du von böser Lust beseelt –
Sie lebt in Angst und Sorge um den abwesenden Mann. Die Furcht, daß ihm auf der Reise etwas *zustoße*, äußert sich in zahlreichen Phantasien des Tages. Kurz vorher hatte sie in ihren unbewußten Gedanken während der Analyse eine Klage über seine „Greisenhaftigkeit" gefunden. Der Wunschgedanke, welchen dieser Traum verhüllt, läßt sich vielleicht am besten erraten, wenn ich erzähle, daß sie mehrere Tage vor dem Traum plötzlich mitten in ihren Beschäftigungen durch den gegen ihren Mann gerichteten Imperativ erschreckt wurde: *Häng' dich auf.* Es ergab sich, daß sie einige Stunden vorher irgendwo gelesen hatte, beim Erhängen stelle sich eine kräftige Erektion ein. Es war der Wunsch nach dieser Erektion, der in dieser schreckenerregenden Verkleidung aus der Verdrängung wiederkehrte. „Häng' dich auf" besagte so viel als „Verschaff dir eine Erektion um jeden Preis". Die Arsenikpillen des Dr. Jenkins im *Nabab* gehören hieher; es war der Patientin aber auch bekannt, daß man das stärkste Aphrodisiakum, *Kanthariden*, durch *Zerquetschen* von Käfern bereitet (sog. spanische Fliegen). Auf diesen Sinn zielt der Hauptbestandteil des Trauminhalts.

Das *Fenster* öffnen und schließen ist eine der ständigen Differenzen mit ihrem Manne. Sie selbst schläft aerophil, der Mann aerophob. Die *Mattigkeit* ist das Hauptsymptom, über das sie in diesen Tagen zu klagen hatte.

In allen drei hier mitgeteilten Träumen habe ich durch die Schrift hervorgehoben, wo eines der Traumelemente in den Traumgedanken wiederkehrt, um die mehrfache Beziehung der ersteren augenfällig zu machen. Da aber für keinen dieser Träume die Analyse bis zum Ende geführt ist, verlohnt es sich wohl, auf einen Traum mit ausführlicher mitgeteilter Analyse einzugehen, um die Überdeterminierung des Trauminhalts an ihm zu erweisen. Ich wähle hiefür den Traum von Irmas Injektion. Wir werden an diesem Beispiel mühelos erkennen, daß die Verdichtungsarbeit bei der Traumbildung sich mehr als nur eines Mittels bedient.

Die Hauptperson des Trauminhalts ist die Patientin Irma, die mit den ihr im Leben zukommenden Zügen gesehen wurde und also zunächst sich selbst darstellt. Die Stellung aber, in welcher ich sie beim Fenster untersuche, ist von einer Erinnerung an eine andere Person hergenommen, von jener Dame, mit der ich meine Patientin vertauschen möchte, wie die Traumgedanken zeigen. Insofern Irma einen diphtheritischen Belag erkennen läßt, bei dem die Sorge um meine älteste Tochter erinnert wird, gelangt sie zur Darstellung dieses meines Kindes, hinter welchem, durch die Namensgleichheit mit ihm verknüpft, die Person einer durch Intoxikation verlorenen Patientin sich verbirgt. Im weiteren Verlauf des Traums wandelt sich die Bedeutung von Irmas Persönlichkeit (ohne daß ihr im Traum gesehenes Bild sich änderte); sie wird zu einem der Kinder, die wir in der öffentlichen Ordination des Kinder-Krankeninstituts untersuchen, wobei meine Freunde die Verschiedenheit ihrer geistigen Anlagen erweisen. Der Übergang wurde offenbar durch die Vorstellung meiner kindlichen Tochter vermittelt. Durch das Sträuben beim Mundöffnen wird dieselbe Irma zur Anspielung auf eine andere, einmal von mir untersuchte Dame, ferner in demselben Zusammenhang auf meine eigene Frau. In den krankhaften Veränderungen, die ich in ihrem Hals entdecke, habe ich überdies Anspielungen auf eine ganze Reihe von noch anderen Personen zusammengetragen.

All diese Personen, auf die ich bei der Verfolgung von „Irma" gerate, treten im Traum nicht leibhaftig auf; sie verbergen sich hinter der Traumperson „Irma", welche so zu einem Sammelbild mit allerdings widerspruchsvollen Zügen ausgestaltet wird. Irma wird zur Vertreterin dieser anderen, bei der Verdichtungsarbeit hingeopferten Personen, indem ich an ihr all das vorgehen lasse, was mich Zug für Zug an diese Personen erinnert.

Ich kann mir eine *Sammelperson* auch auf andere Weise für die Traumverdichtung herstellen, indem ich aktuelle Züge zweier oder mehrerer Personen zu einem Traumbilde vereinige. Solcherart ist der Dr. M. meines Traumes entstanden, er trägt den Namen des Dr. M., spricht und handelt wie er; seine leibliche Charakteristik und sein Leiden sind die einer anderen Person, meines ältesten Bruders; ein einziger Zug, das blasse Aussehen, ist doppelt determiniert, indem er in der Realität beiden Personen gemeinsam ist. Eine ähnliche Mischperson ist der Dr. R. meines Onkeltraums. Hier aber ist das Traumbild noch auf andere Weise bereitet. Ich habe nicht Züge, die dem einen eigen sind, mit den Zügen des anderen vereinigt und dafür das Erinnerungsbild eines jeden um gewisse Züge verkürzt, sondern ich habe das Verfahren eingeschlagen, nach welchem Galton seine Familienporträts erzeugt, nämlich beide Bilder aufeinander projiziert, wobei die gemeinsamen Züge verstärkt hervortreten, die nicht zusammenstimmenden einander auslöschen und im Bilde undeutlich werden. Im Onkeltraum hebt sich so als verstärkter Zug aus der zwei Personen gehörigen und darum verschwommenen Physiognomie der *blonde* Bart hervor, der überdies eine Anspielung auf meinen Vater und auf mich enthält, vermittelt durch die Beziehung zum Ergrauen.

Die Herstellung von Sammel- und Mischpersonen ist eines der Hauptarbeitsmittel der Traumverdichtung. Es wird sich bald der Anlaß ergeben, sie in einem anderen Zusammenhange zu behandeln.

Der Einfall „Dysenterie" im Injektionstraum ist gleichfalls mehrfach determiniert, einerseits durch den paraphasischen Gleichklang mit Diphtherie, anderseits durch die Beziehung auf den von mir in den Orient geschickten Patienten, dessen Hysterie verkannt wird.

Als ein interessanter Fall von Verdichtung erweist sich auch die Erwähnung von „*Propylen*“ im Traum. In den Traumgedanken war nicht „*Propylen*“, sondern „*Amylen*“ enthalten. Man könnte meinen, daß hier eine einfache Verschiebung bei der Traumbildung Platz gegriffen hat. So ist es auch, allein diese Verschiebung dient den Zwecken der Verdichtung, wie folgender Nachtrag zur Traumanalyse zeigt. Wenn meine Aufmerksamkeit bei dem Worte „*Propylen*“ noch einen Moment haltmacht, so fällt mir der Gleichklang mit dem Worte „*Propyläen*“ ein. Die *Propyläen* befinden sich aber nicht nur in Athen, sondern auch in München. In dieser Stadt habe ich ein Jahr vor dem Traum meinen damals schwerkranken Freund aufgesucht, dessen Erwähnung durch das bald auf *Propylen* folgende *Trimethylamin* des Traumes unverkennbar wird.

Ich gehe über den auffälligen Umstand hinweg, daß hier und anderswo bei der Traumanalyse Assoziationen von der verschiedensten Wertigkeit wie gleichwertig zur Gedankenverbindung benützt werden, und gebe der Versuchung nach, mir den Vorgang bei der Ersetzung von *Amylen* in den Traumgedanken durch *Propylen* in dem Trauminhalt gleichsam plastisch vorzustellen.

Hier befinde sich die Vorstellungsgruppe meines Freundes Otto, der mich nicht versteht, mir unrecht gibt und mir nach Amylen duftenden Likör schenkt; dort durch Gegensatz verbunden die meines Berliner Freundes, der mich versteht, mir recht geben würde und dem ich soviel wertvolle Mitteilungen, auch über die Chemie der Sexualvorgänge, verdanke.

Was aus der Gruppe Otto meine Aufmerksamkeit besonders erregen soll, ist durch die rezenten, den Traum erregenden Anlässe bestimmt; das *Amylen* gehört zu diesen ausgezeichneten, für den Trauminhalt prädestinierten Elementen. Die reiche Vorstellungsgruppe „Wilhelm“ wird geradezu durch den Gegensatz zu Otto belebt und die Elemente in ihr hervorgehoben, welche an die bereits erregten in Otto anklingen. In diesem ganzen Traum rekurriere ich ja von einer Person, die mein Mißfallen erregt, auf eine andere, die ich ihr nach Wunsch entgegenstellen kann, rufe ich Zug für Zug den Freund gegen den Widersacher auf. So erweckt das Amylen bei Otto auch in der anderen Gruppe Erinnerungen aus dem Kreis der Chemie; das Trimethylamin, von mehreren Seiten her unterstützt, gelangt in den Trauminhalt. Auch „Amylen“ könnte unverwandelt in den Trauminhalt kommen, es unterliegt aber der Einwirkung der Gruppe „Wilhelm“, indem aus dem ganzen Erinnerungsumfang, den dieser Name deckt, ein Element hervorgesucht wird, welches eine doppelte Determinierung für Amylen ergeben kann. In der Nähe von Amylen liegt für die Assoziation „Propylen“; aus dem Kreise „Wilhelm“ kommt ihm München mit den Propyläen entgegen. In Propylen-Propyläen treffen beide Vorstellungskreise zusammen. Wie durch einen Kompromiß gelangt dieses mittlere Element dann in den Trauminhalt.

Es ist hier ein mittleres Gemeinsames geschaffen worden, welches mehrfache Determinierung zuläßt. Wir greifen so mit Händen, daß die mehrfache Determinierung das Durchdringen in den Trauminhalt erleichtern muß. Zum Zwecke dieser Mittelbildung ist unbedenklich eine Verschiebung der Aufmerksamkeit von dem eigentlich Gemeinten zu einem in der Assoziation Naheliegenden vorgenommen worden.

Das Studium des Injektionstraums gestattet uns bereits, einige Übersicht über die Verdichtungsvorgänge bei der Traumbildung zu gewinnen. Wir konnten die Auswahl der mehrfach in den Traumgedanken vorkommenden Elemente, die Bildung neuer Einheiten (Sammelpersonen, Mischgebilde) und die Herstellung von mittleren Gemeinsamen als Einzelheiten der Verdichtungsarbeit erkennen. Wozu die Verdichtung dient und wodurch sie gefordert wird, werden wir uns erst fragen, wenn wir die psychischen Vorgänge bei der Traumbildung im Zusammenhange erfassen wollen. Begnügen wir uns jetzt mit der Feststellung der Traumverdichtung als einer bemerkenswerten Relation zwischen Traumgedanken und Trauminhalt.

Am greifbarsten wird die Verdichtungsarbeit des Traums, wenn sie Worte und Namen zu ihren Objekten gewählt hat. Worte werden vom Traum überhaupt häufig wie Dinge behandelt und erfahren dann dieselben Zusammensetzungen wie die Dingvorstellungen. Komische und seltsame Wortschöpfungen sind das Ergebnis solcher Träume.

1. Als mir einmal ein Kollege einen von ihm verfaßten Aufsatz überschickte, in welchem eine physiologische Entdeckung der Neuzeit nach meinem Urteil überschätzt und vor allem in überschwenglichen Ausdrücken abgehandelt war, da träumte ich die nächste Nacht einen Satz, der sich offenbar auf diese Abhandlung bezog: „*Das ist ein wahrhaft norekdaler Stil.*" Die Auflösung des Wortgebildes bereitete mir anfänglich Schwierigkeiten; es war nicht zweifelhaft, daß es den Superlativen „kolossal, pyramidal" parodistisch nachgeschaffen war; aber woher es stammte, war nicht leicht zu sagen. Endlich zerfiel mir das Ungetüm in die beiden Namen *Nora* und *Ekdal* aus zwei bekannten Schauspielen von *Ibsen.* Von demselben Autor, dessen letztes Opus ich im Traum also kritisierte, hatte ich vorher einen Zeitungsaufsatz über Ibsen gelesen.

2. Eine meiner Patientinnen teilt mir einen kurzen Traum mit, der in eine unsinnige Wortkombination ausläuft. Sie befindet sich mit ihrem Manne bei einer Bauernfestlichkeit und sagt dann: „*Das wird in einen allgemeinen ‚Maistollmütz' ausgehen.*" Dabei im Traum der dunkle Gedanke, das sei eine Mehlspeise aus Mais, eine Art Polenta. Die Analyse zerlegt das Wort in *Mais – toll – mannstoll – Olmütz,* welche Stücke sich sämtlich als Rest einer Konversation bei Tisch mit ihren Verwandten erkennen lassen. Hinter *Mais* verbergen sich außer der

Anspielung auf die eben eröffnete Jubiläumsausstellung die Worte: *Meißen* (eine *Meißner* Porzellanfigur, die einen Vogel darstellt), *Miß* (die Engländerin ihrer Verwandten war nach *Olmütz* gereist), *mies* = ekel, übel im scherzhaft gebrauchten jüdischen Jargon, und eine lange Kette von Gedanken und Anknüpfungen ging von jeder der Silben des Wortklumpens ab.

3. Ein junger Mann, bei dem ein Bekannter spät abends angeläutet hat, um eine Besuchskarte abzugeben, träumt in der darauffolgenden Nacht: *Ein Geschäftsmann wartet spät abends, um den Zimmertelegraphen zu richten. Nachdem er weggegangen ist, läutet es noch immer, nicht kontinuierlich, sondern nur in einzelnen Schlägen. Der Diener holt den Mann wieder, und der sagt: Es ist doch merkwürdig, daß auch Leute, die sonst tutelrein sind, solche Angelegenheiten nicht zu behandeln verstehen.*

Der indifferente Traumanlaß deckt, wie man sieht, nur eines der Elemente des Traumes. Zur Bedeutung ist er überhaupt nur gekommen, indem er sich an ein früheres Erlebnis des Träumers angereiht hat, das, an sich auch gleichgültig, von seiner Phantasie mit stellvertretender Bedeutung ausgestattet wurde. Als Knabe, der mit seinem Vater wohnte, schüttete er einmal schlaftrunken ein Glas Wasser auf den Boden, so daß das Kabel des Zimmertelegraphen durchtränkt wurde und das *kontinuierliche* Läuten den Vater im Schlaf störte. Da das kontinuierliche Läuten dem Naßwerden entspricht, so werden dann „*einzelne Schläge*“ zur Darstellung des *Tropfenfallens* verwendet. Das Wort „*tutelrein*“ zerlegt sich aber nach drei Richtungen und zielt damit auf drei der in den Traumgedanken vertretenen Materien: „*Tutel*“ = *Kuratel* bedeutet Vormundschaft; *Tutel* (vielleicht „*Tuttel*“) ist eine vulgäre Bezeichnung der weiblichen Brust, und Bestandteil „rein“ übernimmt die ersten Silben des Zimmertelegraphen um „*zimmerrein*“ zu bilden, was mit dem Naßmachen des Fußbodens viel zu tun hat und überdies an einen der in der Familie des Träumers vertretenen Namen anklingt.[118]

---

[118] Die nämliche Zerlegung und Zusammensetzung der Silben – eine wahre Silbenchemie – dient uns im Wachen zu mannigfachen Scherzen. „Wie gewinnt man auf die billigste Art Silber? Man begibt sich in eine Allee, in der Silberpappeln stehen, gebietet Schweigen, dann hört das „Pappeln“ (Schwätzen) auf, und das Silber wird frei.“ Der erste Leser und Kritiker dieses Buches hat mir den Einwand gemacht, den die späteren wahrscheinlich wiederholen werden, „daß der Träumer oft zu witzig erscheine“. Das ist richtig, solange es nur auf den Träumer bezogen wird, involviert einen Vorwurf nur dann, wenn es auf den Traumdeuter übergreifen soll. In der wachen Wirklichkeit kann ich wenig Anspruch auf das Prädikat „witzig“ erheben; wenn meine Träume witzig erscheinen, so liegt es nicht an meiner Person, sondern an den eigentümlichen psychologischen Bedingungen unter denen der Traum gearbeitet wird, und hängt mit der Theorie des Witzigen und Komischen intim zusammen. Der Traum wird witzig, weil ihm der gerade und nächste Weg zum Ausdruck seiner Gedanken gesperrt ist; er wird es notgedrungen. Die Leser können sich überzeugen, daß Träume meiner Patienten den Eindruck des Witzigen (Witzelnden) im selben und im höheren Grade machen wie die meinen. Immerhin gab mir dieser Vorwurf Anlaß, die Technik des Witzes mit der Traumarbeit zu vergleichen,

4. In einem längeren wüsten Traum von mir, der eine Schiffsreise zum scheinbaren Mittelpunkt hat, kommt es vor, daß die nächste Station *Hearsing* heißt, die nächst weitere aber *Fließ*. Letzteres ist der Name meines Freundes in B., der oft das Ziel meiner Reise gewesen ist. *Hearsing* aber ist kombiniert aus den Ortsnamen unserer Wiener Lokalstrecke, die so häufig auf *ing* ausgehen: Hietzing, Liesing, Mödling (Medelitz, *meae deliciae* der alte Name, also „*meine Freud*"), und dem englischen *Hearsay* = Hörensagen, was auf Verleumdung deutet und die Beziehung zu dem indifferenten Traumerreger des Tages herstellt, einem Gedicht in den *Fliegenden Blättern* von einem verleumderischen Zwerg, „*Sagter Hatergesagt*". Durch Beziehung der Endsilbe „*ing*" zum Namen *Fließ* gewinnt man „*Vlissingen*", wirklich die Station der Seereise, die mein Bruder berührt, wenn er von England zu uns auf Besuch kommt. Der englische Name von *Vlissingen* lautet aber *Flushing*, was in englischer Sprache Erröten bedeutet und an die Patienten mit „*Errötensangst*" mahnt, die ich behandle, auch an eine rezente Publikation *Bechterews* über diese Neurose, die mir Anlaß zu ärgerlichen Empfindungen gegeben hat.

5. Ein anderes Mal habe ich einen Traum, der aus zwei gesonderten Stücken besteht. Das erste ist das lebhaft erinnerte Wort „*Autodidasker*", das andere deckt sich getreu mit einer vor Tagen produzierten, kurzen und harmlosen Phantasie des Inhalts, daß ich dem Professor N., wenn ich ihn nächstens sehe, sagen muß: „Der Patient, über dessen Zustand ich Sie zuletzt konsultiert habe, leidet wirklich nur an einer Neurose, ganz wie Sie vermutet haben." Das neugebildete „*Autodidasker*" hat nun nicht nur der Anforderung zu genügen, daß es komprimierten Sinn enthält oder vertritt, es soll auch dieser Sinn in gutem Zusammenhange mit meinem aus dem Wachen wiederholten Vorsatze stehen, dem Professor N. jene Genugtuung zu geben.

Nun zerlegt sich *Autodidasker* leicht in *Autor*, *Autodidakt* und *Lasker*, an den sich der Name *Lassalle* schließt. Die ersten dieser Worte führen zu der – dieses Mal bedeutsamen – Veranlassung des Traumes: Ich hatte meiner Frau mehrere Bände eines bekannten Autors mitgebracht, mit dem mein Bruder befreundet ist und der, wie ich erfahren habe, aus demselben Orte stammt wie ich (*J. J. David*). Eines Abends sprach sie mit mir über den tiefen Eindruck, den ihr die ergreifend traurige Geschichte eines verkommenen Talents in einer der Davidschen Novellen gemacht hatte, und unsere Unterhaltung wendete sich darauf den Spuren von Begabung zu, die wir an unseren eigenen Kindern wahrnehmen. Unter der Herrschaft des eben Gelesenen äußerte sie eine Besorgnis, die sich

---

was in dem 1905 veröffentlichten Buche *Der Witz und seine Beziehung zum Unbewußten* geschehen ist.

auf die Kinder bezog, und ich tröstete sie mit der Bemerkung, daß gerade solche Gefahren durch die Erziehung abgewendet werden können. In der Nacht ging mein Gedankengang weiter, nahm die Besorgnisse meiner Frau auf und verwob allerlei anderes damit. Eine Äußerung, die der Dichter gegen meinen Bruder in bezug auf das Heiraten getan hatte, zeigte meinen Gedanken einen Nebenweg, der zur Darstellung im Traum führen konnte. Dieser Weg leitete nach Breslau, wohin eine uns sehr befreundete Dame geheiratet hatte. Für die Besorgnis, am Weibe zugrunde zu gehen, die den Kern meiner Traumgedanken bildete, fand ich in Breslau die Exempel *Lasker* und *Lassalle* auf, die mir gleichzeitig die beiden Arten dieser Beeinflussung zum Unheil darzustellen gestatteten.[119] Das „*cherchez la femme*", in dem sich diese Gedanken zusammenfassen lassen, bringt mich in anderem Sinn auf meinen noch unverheirateten Bruder, der *Alexander* heißt. Nun merke ich, daß *Alex*, wie wir den Namen abkürzen, fast wie eine Umstellung von *Lasker* klingt und daß dieses Moment mitgewirkt haben muß, meinen Gedanken die Umwegsrichtung über Breslau mitzuteilen.

Die Spielerei mit Namen und Silben, die ich hier treibe, enthält aber noch einen weiteren Sinn. Sie vertritt den Wunsch eines glücklichen Familienlebens für meinen Bruder, und zwar auf folgendem Weg: In dem Künstlerroman *L'œvre*, der meinen Traumgedanken inhaltlich naheliegen mußte, hat der Dichter bekanntlich sich selbst und sein eigenes Familienglück episodisch mitgeschildert und tritt darin unter dem Namen *Sandoz* auf. Wahrscheinlich hat er bei der Namensverwandlung folgenden Weg eingeschlagen: *Zola* gibt umgekehrt (wie die Kinder so gerne zu tun pflegen) *Aloz*. Das war ihm wohl noch zu unverhüllt; darum ersetzte sich ihm die Silbe Al, die auch den Namen Alexander einleitet, durch die dritte Silbe desselben Namens *sand*, und so kam Sandoz zustande. So ähnlich entstand also auch mein *Autodidasker*. Meine Phantasie, daß ich Professor N. erzähle, der von uns beiden gesehene Kranke leide nur an einer Neurose, ist auf folgende Weise in den Traum gekommen. Kurz vor Schluß meines Arbeitsjahrs bekam ich einen Patienten, bei dem mich meine Diagnostik im Stiche ließ. Es war ein schweres organisches Leiden, vielleicht eine Rückenmarksveränderung, anzunehmen, aber nicht zu beweisen. Eine Neurose zu diagnostizieren wäre verlockend gewesen und hätte allen Schwierigkeiten ein Ende bereitet, wenn nicht die sexuelle Anamnese, ohne die ich keine Neurose anerkennen will, vom Kranken so energisch in Abrede gestellt worden wäre. In meiner Verlegenheit rief ich den Arzt zur Hilfe, den ich menschlich am meisten verehre (wie andere auch) und vor dessen Autorität ich mich am ehesten beuge. Er hörte meine Zweifel

[119] Lasker starb an progressiver Paralyse, also an den Folgen der beim Weib erworbenen Infektion (Lues); Lassalle, wie bekannt, im Duell wegen einer Dame.

an, hieß sie berechtigt und meinte dann: „Beobachten Sie den Mann weiter, es wird Neurose sein." Da ich weiß, daß er meine Ansichten über die Ätiologie der Neurosen nicht teilt, hielt ich meinen Widerspruch zurück, verbarg aber nicht meinen Unglauben. Einige Tage später machte ich dem Kranken die Mitteilung, daß ich mit ihm nichts anzufangen wisse, und riet ihm, sich an einen anderen zu wenden. Da begann er zu meiner höchsten Überraschung, mich um Verzeihung zu bitten, daß er mich belogen habe; er habe sich so sehr geschämt, und nun enthüllte er mir gerade das Stück sexueller Ätiologie, das ich erwartet hatte und dessen ich zur Annahme einer Neurose bedurfte. Mir war es eine Erleichterung, aber auch gleichzeitig eine Beschämung; ich mußte mir zugestehen, daß mein Consiliarius, durch die Berücksichtigung der Anamnese unbeirrt, richtiger gesehen hatte. Ich nahm mir vor, es ihm zu sagen, wenn ich ihn wiedersehe, ihm zu sagen, daß er recht gehabt habe und ich unrecht.

Gerade das tue ich nun im Traum. Aber was für Wunscherfüllung soll es denn sein, wenn ich bekenne, daß ich unrecht habe? Gerade das ist mein Wunsch; ich möchte unrecht haben mit meinen Befürchtungen, respektive ich möchte, daß meine Frau, deren Befürchtungen ich in den Traumgedanken mir angeeignet habe, unrecht behält. Das Thema, auf welches sich das Recht- oder Unrechtbehalten im Traum bezieht, ist von dem für die Traumgedanken wirklich Interessanten nicht weitab gelegen. Dieselbe Alternative der organischen oder der funktionellen Schädigung durch das Weib, eigentlich durch das Sexualleben: Tabes-Paralyse oder Neurose, an welch letztere sich die Art des Untergangs von Lassalle lockerer anreiht.

Professor N. spielt in diesem festgefügten (und bei sorgfältiger Deutung ganz durchsichtigen) Traum nicht nur wegen dieser Analogie und wegen meines Wunsches, unrecht zu behalten, eine Rolle – auch nicht wegen seiner nebenhergehenden Beziehungen zu Breslau und zur Familie unserer dorthin verheirateten Freundin – sondern auch wegen folgender kleinen Begebenheit, die sich an unsere Konsultation anschloß. Nachdem er mit jener Vermutung die ärztliche Aufgabe erledigt hatte, wandte sich sein Interesse persönlichen Dingen zu. „Wieviel Kinder haben Sie jetzt?" – „Sechs." – Eine Gebärde von Respekt und Bedenklichkeit. – „Mädel, Buben?" – „Drei und drei, das ist mein Stolz und mein Reichtum." „Nun geben Sie acht, mit den Mädeln geht es ja gut, aber die Buben machen einem später Schwierigkeiten in der Erziehung." – Ich wendete ein, daß sie bis jetzt recht zahm geblieben sind; offenbar behagte mir diese zweite Diagnose über die Zukunft meiner Buben ebensowenig wie die früher gefällte, daß mein Patient nur eine Neurose habe. Diese beiden Eindrücke sind also durch Kontiguität, durch das Erleben in einem Zuge verbunden, und wenn ich die Geschichte von der Neurose in den Traum nehme, ersetze ich durch sie die Rede über die Erziehung, die noch mehr Zusammenhang mit den Traumgedanken aufweist, da sie so nahe an die später geäußerten Besorgnisse meiner Frau rührt. So findet selbst meine Angst, daß N. mit den Bemerkungen über die Erziehungsschwierigkeiten bei den Buben recht behalten möge, Eingang in den Trauminhalt, indem sie sich hinter der Darstellung meines Wunsches, daß ich mit solchen Befürchtungen unrecht haben möge, verbirgt. Dieselbe Phantasie dient unverändert der Darstellung beider gegensätzlicher Glieder der Alternative.

6. Marcinowski: „Heute früh erlebte ich zwischen Traum und Wachen eine sehr hübsche Wortverdichtung. Im Ablauf einer Fülle von kaum erinnerbaren Traumbruchstücken stutzte ich gewissermaßen über ein Wort, das ich halb wie geschrieben, halb wie gedruckt vor mir sehe. Es lautet: „*erzefilisch*“ und gehört zu einem Satz, der außerhalb jedes Zusammenhanges völlig isoliert in mein bewußtes Erinnern hinüberglitt; er lautete: *Das wirkt erzefilisch auf die Geschlechtsempfindung.* Ich wußte sofort, daß es eigentlich „*erzieherisch*“ heißen solle, schwankte auch einigemal hin und her, ob es nicht richtiger „*erzifilisch*“ heiße. Dabei fiel mir das Wort Syphilis ein, und ich zerbrach mir, noch im Halbschlaf zu analysieren beginnend, den Kopf, wie das wohl in meinen Traum hineinkäme, da ich weder persönlich noch von Berufs wegen irgendwelche Berührungspunkte mit dieser Krankheit habe. Dann fiel mir ein „*erzehlerisch*“, das e erklärend und zu gleicher Zeit erklärend, daß ich gestern abend von unserer „Erzieherin“ veranlaßt wurde, über das Problem der Prostitution zu sprechen, und ich hatte ihr dabei tatsächlich, um „erzieherisch“ auf ihr nicht ganz normal entwickeltes Empfindungsleben einzuwirken, das Buch von *Hesse Über die Prostitution gegeben*, nachdem ich ihr mancherlei über das Problem erzählt hatte. Und nun wurde mir auf einmal klar, daß das Wort „Syphilis“ nicht im wörtlichen Sinne zu nehmen sei, sondern für Gift stand, in Beziehung natürlich zum Geschlechtsleben. Der Satz lautet also in der Übersetzung ganz logisch: „Durch meine Erzählung habe ich auf meine Erzieherin erzieherisch auf deren Empfindungsleben einwirken wollen, aber habe die Befürchtung, daß es zu gleicher Zeit vergiftend wirken könne. *Erzefilisch = erzäh – erzieh – erzefilisch.*“

Die Wortverbildungen des Traumes ähneln sehr den bei der Paranoia bekannten, die aber auch bei Hysterie und Zwangsvorstellungen nicht vermißt werden. Die Sprachkünste der Kinder, die zu gewissen Zeiten die Worte tatsächlich wie Objekte behandeln, auch neue Sprachen und artifizielle Wortfügungen erfinden, sind für den Traum wie für die Psychoneurosen hier die gemeinsame Quelle.

Die Analyse unsinniger Wortbildungen im Traume ist besonders dazu geeignet, die Verdichtungsleistung der Traumarbeit aufzuzeigen. Man möge aus der hier verwendeten geringen Auswahl von Beispielen nicht den Schluß ziehen, daß solches Material selten oder gar nur ausnahmsweise zur Beobachtung kommt. Es ist vielmehr sehr häufig, allein die Abhängigkeit der Traumdeutung von der psychoanalytischen Behandlung hat die Folge, daß die wenigsten Beispiele angemerkt und mitgeteilt werden und daß die mitgeteilten Analysen meist nur für den Kenner der Neurosenpathologie verständlich sind. So ein Traum von Dr. v. Karpinska Internat. Zeitschrift f. Psychoanalyse II, 1914), der die sinnlose Wortbildung „*Svingnum elvi*“ enthält. Erwähnenswert ist noch der Fall, daß im Traum ein an sich nicht bedeutungsloses Wort erscheint, das aber, seiner eigentlichen Bedeutung entfremdet, verschiedene andere Bedeutungen zusammenfaßt, zu denen es sich wie ein „sinnloses“ Wort verhält. Dies ist in dem Traum von der „Kategorie“ eines zehnjährigen Knaben der Fall, den V. *Tausk* (*Zur Psychologie der Kindersexualität*, Internat. Zeitschr. f. PsA I, 1913) mitteilt. „*Kategorie*“ bedeutet hier das weibliche Genitale und „*kategorieren*“ soviel wie urinieren.

Wo in einem Traum Reden vorkommen, die ausdrücklich als solche von Gedanken unterschieden werden, da gilt als ausnahmslose Regel, daß Traumrede von erinnerter Rede im Traummaterial abstammt. Der Wortlaut der Rede ist entweder unversehrt erhalten oder leise im Ausdruck verschoben; häufig ist die Traumrede aus verschiedenen Redeerinnerungen zusammengestückelt; der Wortlaut dabei das sich Gleichgebliebene, der Sinn womöglich mehr- oder andersdeutig verändert. Die Traumrede dient nicht selten als bloße Anspielung auf das Ereignis, bei dem die erinnerte Rede vorfiel.[120]

B
Die Verschiebungsarbeit

Eine andere, wahrscheinlich nicht minder bedeutsame Relation mußte uns bereits auffallen, während wir die Beispiele für die Traumverdichtung sammelten. Wir konnten bemerken, daß die Elemente, welche im Trauminhalt sich als die wesentlichen Bestandteile hervordrängen, in den Traumgedanken keineswegs die gleiche Rolle spielen. Als Korrelat dazu kann man auch die Umkehrung dieses Satzes aussprechen. Was in den Traumgedanken offenbar der wesentliche Inhalt ist, braucht im Traum gar nicht vertreten zu sein. Der Traum ist gleich-

[120] Bei einem an Zwangsvorstellungen leidenden jungen Manne mit übrigens intakten und hoch entwickelten intellektuellen Funktionen fand ich unlängst die einzige Ausnahme von dieser Regel. Die Reden, die in seinen Träumen vorkamen, stammten nicht von gehörten oder selbst gehaltenen Reden ab, sondern entsprachen dem unentstellten Wortlaute seiner Zwangsgedanken, die ihm im Wachen nur abgeändert zum Bewußtsein kamen.

sam *anders zentriert*, sein Inhalt um andere Elemente als Mittelpunkt geordnet als die Traumgedanken. So z. B. ist im Traum von der botanischen Monographie Mittelpunkt des Trauminhalts offenbar das Element „botanisch"; in den Traumgedanken handelt es sich um die Komplikationen und Konflikte, die sich aus verpflichtenden Leistungen zwischen Kollegen ergeben, in weiterer Folge um den Vorwurf, daß ich meinen Liebhabereien allzu große Opfer zu bringen pflege, und das Element „botanisch" findet in diesem Kern der Traumgedanken überhaupt keine Stelle, wenn es nicht durch eine Gegensätzlichkeit locker damit verbunden ist, denn Botanik hatte niemals einen Platz unter meinen Lieblingsstudien. In dem Sapphotraum meines Patienten ist das *Auf- und Niedersteigen, Oben- und Untensein* zum Mittelpunkt gemacht; der Traum handelt aber von den Gefahren sexueller Beziehungen zu niedrigstehenden Personen, so daß nur eines der Elemente der Traumgedanken, dies aber in ungebührlicher Verbreiterung, in den Trauminhalt eingegangen scheint. Ähnlich ist im Traum von den Maikäfern, welcher die Beziehungen der Sexualität zur Grausamkeit zum Thema hat, zwar das Moment der Grausamkeit im Trauminhalt wieder erschienen, aber in andersartiger Verknüpfung und ohne Erwähnung des Sexuellen, also aus dem Zusammenhang gerissen und dadurch zu etwas Fremdem umgestaltet. In dem Onkeltraum wiederum scheint der blonde Bart, der dessen Mittelpunkt bildet, außer aller Sinnbeziehung zu den Größenwünschen, die wir als den Kern der Traumgedanken erkannt haben. Solche Träume machen dann mit gutem Recht einen „*verschobenen*" Eindruck. Im vollen Gegensatz zu diesen Beispielen zeigt dann der Traum von Irmas Injektion, daß bei der Traumbildung die einzelnen Elemente auch wohl den Platz behaupten können, den sie in den Traumgedanken einnehmen. Die Kenntnisnahme dieser neuen, in ihrem Sinne durchaus inkonstanten Relation zwischen Traumgedanken und Trauminhalt ist zunächst geeignet, unsere Verwunderung zu erregen. Wenn wir bei einem psychischen Vorgang des Normallebens finden, daß eine Vorstellung aus mehreren anderen herausgegriffen wurde und für das Bewußtsein besondere Lebhaftigkeit erlangt hat, so pflegen wir diesen Erfolg als Beweis dafür anzusehen, daß der siegenden Vorstellung eine besonders hohe psychische Wertigkeit (ein gewisser Grad von Interesse) zukommt. Wir machen nun die Erfahrung, daß diese Wertigkeit der einzelnen Elemente in den Traumgedanken für die Traumbildung nicht erhalten bleibt oder nicht in Betracht kommt. Es ist ja kein Zweifel darüber, welches die höchstwertigen Elemente der Traumgedanken sind; unser Urteil sagt es uns unmittelbar. Bei der Traumbildung können diese wesentlichen, mit intensivem Interesse betonten Elemente nun so behandelt werden, als ob sie minderwertig wären, und an ihre Stelle treten im Traum andere Elemente, die in den Traumgedanken sicherlich minderwertig waren. Es macht zunächst den Eindruck, als käme die psychische Intensität[121] der einzelnen Vorstellungen für die Traumauswahl überhaupt nicht in Betracht, sondern bloß die mehr oder minder vielseitige Determinierung derselben. Nicht was in den Traumgedanken wichtig ist, kommt in den Traum, sondern was in ihnen mehrfach enthalten, könnte man meinen; das Verständnis der Traumbildung wird aber durch diese Annahme nicht sehr gefördert, denn von vornherein wird man nicht glauben können, daß die beiden Momente der mehrfachen Determinierung und der eigenen Wertigkeit bei der Traumauswahl anders als gleichsinnig wirken können. Jene Vorstellungen, welche in den Traumgedanken die wichtigsten sind, werden wohl auch die am häufigsten in ihnen wiederkehrenden sein, da von ihnen wie von Mittelpunkten die einzelnen Traumgedanken ausstrahlen. Und doch kann der Traum diese intensiv betonten und vielseitig unterstützten Elemente ablehnen und andere Elemente, denen nur die letztere Eigenschaft zukommt, in seinen Inhalt aufnehmen.

Zur Lösung dieser Schwierigkeit wird man einen anderen Eindruck verwenden, den man bei der Untersuchung der Überdeterminierung des Trauminhalts empfangen hat. Vielleicht hat schon mancher Leser dieser Untersuchung bei sich geurteilt, die Überdeterminierung der Traumelemente sei kein bedeutsamer Fund, weil sie ein selbstverständlicher ist. Man geht ja bei der Analyse von den Traumelementen aus und verzeichnet alle Einfälle, die sich an dieselben knüpfen; kein Wunder dann, daß in dem so gewonnenen Gedankenmaterial eben diese Elemente sich besonders häufig wiederfinden. Ich könnte diesen Einwand nicht gelten lassen, werde aber selbst etwas ihm ähnlich Klingendes zur Sprache bringen: Unter den Gedanken, welche die Analyse zutage fördert, finden sich viele, die dem Kern des Traumes ferner stehen und die sich wie künstliche Einschaltungen zu einem gewissen Zwecke ausnehmen. Der Zweck derselben ergibt sich leicht; gerade sie stellen eine Verbindung, oft eine gezwungene und gesuchte Verbindung zwischen Trauminhalt und Traumgedanken her, und wenn diese Elemente aus der Analyse ausgemerzt würden, entfiele für die Bestandteile des Trauminhalts oftmals nicht nur die Überdeterminierung, sondern überhaupt eine genügende Determinierung durch die Traumgedanken. Wir werden so zum Schlusse geleitet, daß die mehrfache Determinierung, die für die Traumauswahl entscheidet, wohl nicht immer ein primäres Moment der Traumbildung, sondern oft ein sekundäres Ergebnis einer uns noch unbekannten psychischen Macht ist. Sie muß aber bei alledem für das Eintreten der einzelnen Elemente in den Traum von Bedeutung sein, denn wir können beobachten, daß sie mit einem gewissen Aufwand hergestellt wird, wo sie sich aus dem Traummaterial nicht

[121] Psychische Intensität, Wertigkeit, Interessebetonung einer Vorstellung ist natürlich von sinnlicher Intensität, Intensität des Vorgestellten, gesondert zu halten.

ohne Nachhilfe ergibt. Es liegt nun der Einfall nahe, daß bei der Traumarbeit eine psychische Macht sich äußert, die einerseits die psychisch hochwertigen Elemente ihrer Intensität entkleidet und anderseits *auf dem Wege der Überdeterminierung* aus minderwertigen neue Wertigkeiten schafft, die dann in den Trauminhalt gelangen. Wenn das so zugeht, so hat bei der Traumbildung eine *Übertragung* und *Verschiebung* der *psychischen Intensitäten* der einzelnen Elemente stattgefunden, als deren Folge die Textverschiedenheit von Trauminhalt und Traumgedanken erscheint. Der Vorgang, den wir so supponieren, ist geradezu das wesentliche Stück der Traumarbeit: er verdient den Namen *Traumverschiebung. Traumverschiebung* und *Traumverdichtung* sind die beiden Werkmeister, deren Tätigkeit wir die Gestaltung des Traumes hauptsächlich zuschreiben dürfen.

Ich denke, wir haben es auch leicht, die psychische Macht, die sich in den Tatsachen der Traumverschiebung äußert, zu erkennen. Der Erfolg dieser Verschiebung ist, daß der Trauminhalt dem Kern der Traumgedanken nicht mehr gleichsieht, daß der Traum nur eine Entstellung des Traumwunsches im Unbewußten wiedergibt. Die Traumentstellung aber ist uns bereits bekannt; wir haben sie auf die Zensur zurückgeführt, welche die eine psychische Instanz im Gedankenleben gegen eine andere ausübt. Die Traumverschiebung ist eines der Hauptmittel zur Erzielung dieser Entstellung. *Is fecit cui profuit.* Wir dürfen annehmen, daß die Traumverschiebung durch den Einfluß jener Zensur, der endopsychischen Abwehr, zustande kommt.[122]

---

[122] Da ich die Zurückführung der Traumentstellung auf die Zensur als den Kern meiner Traumauffassung bezeichnen darf, schalte ich hier das letzte Stück jener Erzählung *Träumen wie Wachen* aus den *Phantasien eines Realisten* von „Lynkeus“ (Wien, 2. Aufl., 1900) ein, in dem ich diesen Hauptcharakter meiner Lehre wiederfinde:

„Von einem Manne, der die merkwürdige Eigenschaft hat, niemals Unsinn zu träumen.“ – – –

„Deine herrliche Eigenschaft, zu träumen wie zu wachen, beruht auf deinen Tugenden, auf deiner Güte, deiner Gerechtigkeit, deiner Wahrheitsliebe; es ist die moralische Klarheit deiner Natur, die mir alles an dir verständlich macht.“

„Wenn ich es aber recht bedenke,“ erwiderte der andere, „so glaube ich beinahe, alle Menschen seien so wie ich beschaffen und gar niemand träume jemals Unsinn! Ein Traum, an den man sich so deutlich erinnert, daß man ihn nacherzählen kann, der also kein Fiebertraum ist, hat immer Sinn, und es kann auch gar nicht anders sein! Denn was miteinander in Widerspruch steht, könnte sich ja nicht zu einem Ganzen gruppieren. Daß Zeit und Raum oft durcheinandergerüttelt werden, benimmt dem wahren Inhalt des Traumes gar nichts, denn sie sind beide gewiß ohne Bedeutung für seinen wesentlichen Inhalt gewesen. Wir machen es ja oft im Wachen auch so; denke an das Märchen, an so viele kühne und sinnvolle Phantasiegebilde, zu denen nur ein Unverständiger sagen würde: Das ist widersinnig! Denn das ist nicht möglich.“

„Wenn man nur die Träume immer richtig zu deuten wüßte, so wie du das eben mit dem meinen getan hast!“ sagte der Freund.

In welcher Weise die Momente der Verschiebung, Verdichtung und Überdeterminierung bei der Traumbildung ineinanderspielen, welches der übergeordnete und welches der nebensächliche Faktor wird, das würden wir späteren Untersuchungen vorbehalten. Vorläufig können wir als eine zweite Bedingung, der die in den Traum gelangenden Elemente genügen müssen, angeben, *daß sie der Zensur des Widerstandes entzogen seien.* Die Traumverschiebung aber wollen wir von nun an als unzweifelhafte Tatsache bei der Traumdeutung in Rechnung ziehen.

C
Die Darstellungsmittel des Traums

Außer den beiden Momenten der Traum*verdichtung* und Traum*verschiebung*, die wir bei der Verwandlung des latenten Gedankenmaterials in den manifesten Trauminhalt als wirksam aufgefunden haben, werden wir bei der Fortführung dieser Untersuchung noch zwei weiteren Bedingungen begegnen, die unzweifelhaften Einfluß auf die Auswahl des in den Traum gelangenden Materials üben. Vorher möchte ich, selbst auf die Gefahr hin, daß wir auf unserem Wege haltzumachen scheinen, einen ersten Blick auf die Vorgänge bei der Ausführung der Traumdeutung werfen. Ich verhehle mir nicht, daß es am ehesten gelingen würde, dieselben klarzustellen und ihre Zuverlässigkeit gegen Einwendungen zu sichern, wenn ich einen einzelnen Traum zum Muster nehme, seine Deutung entwickle, wie ich es in Abschnitt II bei dem Traum von Irmas Injektion gezeigt habe, dann aber die Traumgedanken, die ich aufgedeckt habe, zusammenstelle und nun die Bildung des Traums aus ihnen rekonstruiere, also die Analyse der Träume durch eine Synthese derselben ergänze. Diese Arbeit habe ich an mehreren Beispielen zu meiner eigenen Belehrung vollzogen; ich kann sie aber hier nicht aufnehmen, weil mannigfache und von jedem billig Denkenden gutzuheißende Rücksichten auf das psychische Material zu dieser Demonstration mich daran verhindern. Bei der Analyse der Träume störten diese Rücksichten weniger, denn die Analyse durfte unvollständig sein und behielt ihren Wert, wenn sie

„Das ist gewiß keine leichte Aufgabe, aber es müßte bei einiger Aufmerksamkeit dem Träumenden selbst wohl immer gelingen. – Warum es meistens nicht gelingt? Es scheint bei Euch etwas Verstecktes in den Träumen zu liegen, etwas Unkeusches eigener und höherer Art, eine gewisse Heimlichkeit in Eurem Wesen, die schwer auszudenken ist; und darum scheint Euer Träumen so oft ohne Sinn, sogar ein Widersinn zu sein. Es ist aber im tiefsten Grunde durchaus nicht so; ja, es kann gar nicht so sein, denn es ist immer derselbe Mensch, ob er wacht oder träumt."

auch nur ein Stück weit in das Gewebe des Traumes hineinführte. Von der Synthese wüßte ich es nicht anders, als daß sie, um zu überzeugen, vollständig sein muß. Eine vollständige Synthese könnte ich nur von Träumen solcher Personen geben, die dem lesenden Publikum unbekannt sind. Da aber nur Patienten, Neurotiker, mir dazu die Mittel bieten, so muß dies Stück Darstellung des Traums einen Aufschub erfahren, bis ich – an anderer Stelle – die psychologische Aufklärung der Neurosen so weit führen kann, daß der Anschluß an unser Thema herzustellen ist.[123]

Aus meinen Versuchen, Träume aus den Traumgedanken synthetisch herzustellen, weiß ich, daß das bei der Deutung sich ergebende Material von verschiedenartigem Wert ist. Den einen Teil desselben bilden die wesentlichen Traumgedanken, die also den Traum voll ersetzen und allein zu dessen Ersatz hinreichen würden, wenn es für den Traum keine Zensur gäbe. Dem anderen Teil ist man gewohnt, geringe Bedeutung zuzuschreiben. Man legt auch keinen Wert auf die Behauptung, daß alle diese Gedanken an der Traumbildung beteiligt gewesen seien, vielmehr können sich Einfälle unter ihnen finden, welche an Erlebnisse nach dem Traume, zwischen den Zeitpunkten des Träumens und des Deutens, anknüpfen. Dieser Anteil umfaßt alle die Verbindungswege, die vom manifesten Trauminhalt bis zu den latenten Traumgedanken geführt haben, aber ebenso die vermittelnden und annähernden Assoziationen, durch welche man während der Deutungsarbeit zur Kenntnis dieser Verbindungswege gekommen ist.

Uns interessieren an dieser Stelle ausschließlich die wesentlichen Traumgedanken. Diese enthüllen sich zumeist als ein Komplex von Gedanken und Erinnerungen vom allerverwickeltsten Aufbau mit allen Eigenschaften der uns aus dem Wachen bekannten Gedankengänge. Nicht selten sind es Gedankenzüge, die von mehr als einem Zentrum ausgehen, aber der Berührungspunkte nicht entbehren; fast regelmäßig steht neben einem Gedankengang sein kontradiktorisches Widerspiel, durch Kontrastassoziation mit ihm verbunden.

Die einzelnen Stücke dieses komplizierten Gebildes stehen natürlich in den mannigfaltigsten logischen Relationen zueinander. Sie bilden Vorder- und Hintergrund, Abschweifungen und Erläuterungen, Bedingungen, Beweisgänge und Einsprüche. Wenn dann die ganze Masse dieser Traumgedanken der Pressung der Traumarbeit unterliegt, wobei die Stücke gedreht, zerbröckelt und zusammengeschoben werden, etwa wie treibendes Eis, so entsteht die Frage, was aus den logischen Banden wird, welche bishin das Gefüge gebildet hatten. Welche

---

[123] Ich habe die vollständige Analyse und Synthese zweier Träume seither in dem *Bruchstück einer Hysterie-Analyse*, 1905 gegeben. Als die vollständigste Deutung eines längeren Traumes muß die Analyse von O. Rank, *Ein Traum, der sich selbst deutet*, anerkannt werden.

Darstellung erfahren im Traum das „Wenn, weil, gleichwie, obgleich, entweder–oder" und alle anderen Präpositionen, ohne die wir Satz und Rede nicht verstehen können?

Man muß zunächst darauf antworten, der Traum hat für diese logischen Relationen unter den Traumgedanken keine Mittel der Darstellung zur Verfügung. Zumeist läßt er all diese Präpositionen unberücksichtigt und übernimmt nur den sachlichen Inhalt der Traumgedanken zur Bearbeitung. Der Traumdeutung bleibt es überlassen, den Zusammenhang wiederherzustellen, den die Traumarbeit vernichtet hat.

Es muß am psychischen Material liegen, in dem der Traum gearbeitet ist, wenn ihm diese Ausdrucksfähigkeit abgeht. In einer ähnlichen Beschränkung befinden sich ja die darstellenden Künste, Malerei und Plastik im Vergleich zur Poesie, die sich der Rede bedienen kann, und auch hier liegt der Grund des Unvermögens in dem Material, durch dessen Bearbeitung die beiden Künste etwas zum Ausdruck zu bringen streben. Ehe die Malerei zur Kenntnis der für sie gültigen Gesetze des Ausdrucks gekommen war, bemühte sie sich noch, diesen Nachteil auszugleichen. Aus dem Munde der gemalten Personen ließ man auf alten Bildern Zettelchen heraushängen, welche als Schrift die Rede brachten, die im Bilde darzustellen der Maler verzweifelte.

Vielleicht wird sich hier ein Einwand erheben, der für den Traum den Verzicht auf die Darstellung logischer Relationen bestreitet. Es gibt ja Träume, in welchen die kompliziertesten Geistesoperationen vor sich gehen, begründet und widersprochen, gewitzelt und verglichen wird wie im wachen Denken. Allein auch hier trügt der Schein; wenn man auf die Deutung solcher Träume eingeht, erfährt man, daß das alles *Traummaterial* ist, *nicht Darstellung intellektueller Arbeit im Traum.* Der *Inhalt* der Traumgedanken ist durch das scheinbare Denken des Traumes wiedergegeben, nicht die *Beziehung der Traumgedanken zueinander*, in deren Feststellung das Denken besteht. Ich werde hiefür Beispiele erbringen. Am leichtesten ist es aber zu konstatieren, daß alle Reden, die in Träumen vorkommen und die ausdrücklich als solche bezeichnet werden, unveränderte oder nur wenig modifizierte Nachbildungen von Reden sind, die sich ebenso in den Erinnerungen des Traummaterials vorfinden. Die Rede ist oft nur eine Anspielung auf ein in den Traumgedanken enthaltenes Ereignis; der Sinn des Traumes ein ganz anderer.

Allerdings werde ich nicht bestreiten, daß auch kritische Denkarbeit, die nicht einfach Material aus den Traumgedanken wiederholt, ihren Anteil an der Traumbildung nimmt. Den Einfluß dieses Faktors werde ich zu Ende dieser Erörterung beleuchten müssen. Es wird sich dann ergeben, daß diese Denkarbeit nicht durch die Traumgedanken, sondern durch den in gewissem Sinne bereits fertigen Traum hervorgerufen wird.

Es bleibt also vorläufig dabei, daß die logischen Relationen zwischen den Traumgedanken im Traume eine besondere Darstellung nicht finden. Wo sich z. B. Widerspruch im Traum findet, da ist es entweder Widerspruch gegen den Traum oder Widerspruch aus dem Inhalt eines der Traumgedanken; einem Widerspruch zwischen den Traumgedanken entspricht der Widerspruch im Traum nur in höchst indirekt vermittelter Weise.

Wie es aber endlich der Malerei gelungen ist, wenigstens die Redeabsicht der dargestellten Personen, Zärtlichkeit, Drohung, Verwarnung u. dgl. anders zum Ausdruck zu bringen als durch den flatternden Zettel, so hat sich auch für den Traum die Möglichkeit ergeben, einzelnen der logischen Relationen zwischen seinen Traumgedanken durch eine zugehörige Modifikation der eigentümlichen Traumdarstellung Rücksicht zuzuwenden. Man kann die Erfahrung machen, daß die verschiedenen Träume in dieser Berücksichtigung verschieden weit gehen; während sich der eine Traum über das logische Gefüge seines Materials völlig hinaussetzt, sucht ein anderer dasselbe möglichst vollständig anzudeuten. Der Traum entfernt sich hierin mehr oder weniger weit von dem ihm zur Bearbeitung vorliegenden Text. Ähnlich wechselnd benimmt sich der Traum übrigens auch gegen das zeitliche Gefüge der Traumgedanken, wenn ein solches im Unbewußten hergestellt ist (wie z. B. im Traum von Irmas Injektion.)

Durch welche Mittel vermag aber die Traumarbeit die schwer darstellbaren Relationen im Traummaterial anzudeuten? Ich werde versuchen, sie einzeln aufzuzählen.

Zunächst wird der Traum dem unleugbar vorhandenen Zusammenhang zwischen allen Stücken der Traumgedanken dadurch im ganzen gerecht, daß er dieses Material in einer Zusammenfassung als Situation oder Vorgang vereinigt. Er gibt *logischen Zusammenhang* wieder als *Gleichzeitigkeit*; er verfährt darin ähnlich wie der Maler, der alle Philosophen oder Dichter zum Bild einer Schule von Athen oder des Parnaß zusammenstellt, die niemals in einer Halle oder auf einem Berggipfel beisammen gewesen sind, wohl aber für die denkende Betrachtung eine Gemeinschaft bilden.

Diese Darstellungsweise setzt der Traum ins einzelne fort. Sooft er zwei Elemente nahe beieinander zeigt, bürgt er für einen besonders innigen Zusammenhang zwischen ihren Entsprechenden in den Traumgedanken. Es ist wie in unserem Schriftsystem: *ab* bedeutet, daß die beiden Buchstaben in einer Silbe ausgesprochen werden sollen: *a* und *b* nach einer freien Lücke, läßt *a* als den letzten Buchstaben des einen Worts und *b* als den ersten eines anderen Worts erkennen. Demzufolge bilden sich die Traumkombinationen nicht aus beliebigen, völlig disparaten Bestandteilen des Traummaterials, sondern aus solchen, die auch in den Traumgedanken in innigerem Zusammenhange stehen.

Die *Kausalbeziehungen* darzustellen hat der Traum zwei Verfahren, die im Wesen auf dasselbe hinauslaufen. Die häufigere Darstellungsweise, wenn die Traumgedanken etwa lauten: Weil dies so und so war, mußte dies und jenes geschehen, besteht darin, den Nebensatz als Vortraum zu bringen und dann den Hauptsatz als Haupttraum anzufügen. Wenn ich recht gedeutet habe, kann die Zeitfolge auch die umgekehrte sein. Stets entspricht dem Hauptsatz der breiter ausgeführte Teil des Traumes.

Ein schönes Beispiel von solcher Darstellung der Kausalität hat mir einmal eine Patientin geliefert, deren Traum ich späterhin vollständig mitteilen werde. Er bestand aus einem kurzen Vorspiel und einem sehr weitläufigen Traumstück das im hohen Grade zentriert war und etwa überschrieben werden konnte: „Durch die Blume." Der Vortraum lautete so: *Sie geht in die Küche zu den beiden Mägden und tadelt sie, daß sie nicht fertig werden „mit dem bißl Essen". Dabei sieht sie sehr viel grobes Küchengeschirr zum Abtropfen umgestürzt in der Küche stehen, und zwar in Haufen aufeinander gestellt. Die beiden Mägde gehen Wasser holen und müssen dabei wie in einen Fluß steigen, der bis ans Haus oder in den Hof reicht.*

Dann folgt der Haupttraum, der sich so einleitet: *Sie steigt von hoch herab, über eigentümlich gebildete Geländer, und freut sich, daß ihr Kleid dabei nirgends hängenbleibt* usw. Der Vortraum bezieht sich nun auf das elterliche Haus der Dame. Die Worte in der Küche hat sie wohl oft so von ihrer Mutter gehört. Die Haufen von rohem Geschirr stammen aus der einfachen Geschirrhandlung, die sich in demselben Hause befand. Der andere Teil des Traumes enthält eine Anspielung auf den Vater, der sich viel mit Dienstmädchen zu schaffen machte und dann bei einer Überschwemmung – das Haus stand nahe am Ufer des Flusses – sich eine tödliche Erkrankung holte. Der Gedanke, der sich hinter diesem Vortraum verbirgt, heißt also: Weil ich aus diesem Hause, aus so kleinlichen und unerquicklichen Verhältnissen stamme. Der Haupttraum nimmt denselben Gedanken wieder auf und bringt ihn in durch Wunscherfüllung verwandelter Form: Ich bin von hoher Abkunft. Eigentlich also: Weil ich von so niedriger Abkunft bin, war mein Lebenslauf so und so.

Soviel ich sehe, bedeutet eine Teilung des Traums in zwei ungleiche Stücke nicht jedesmal eine kausale Beziehung zwischen den Gedanken der beiden Stücke. Oft scheint es, als ob in den beiden Träumen dasselbe Material von verschiedenen Gesichtspunkten aus dargestellt würde; sicherlich gilt dies für die in eine Pollution auslaufende Traumreihe einer Nacht, in welcher das somatische Bedürfnis sich einen fortschreitend deutlicheren Ausdruck erzwingt. Oder die beiden Träume sind aus gesonderten Zentren im Traummaterial hervorgegangen und überschneiden einander im Inhalt, so daß in dem einen Traum Zentrum ist, was im anderen als Andeutung mitwirkt und umgekehrt. In einer gewissen

Anzahl von Träumen bedeutet aber die Spaltung in kürzeren Vor- und längeren Nachtraum tatsächlich kausale Beziehung zwischen beiden Stücken. Die andere Darstellungsweise des Kausalverhältnisses findet Anwendung bei minder umfangreichem Material und besteht darin, daß ein Bild im Traume, sei es einer Person oder einer Sache, sich in ein anderes verwandelt. Nur wo wir diese Verwandlung im Traume vor sich gehen sehen, wird der kausale Zusammenhang ernstlich behauptet; nicht wo wir bloß merken, es sei an Stelle des einen jetzt das andere gekommen. Ich sagte, die beiden Verfahren, Kausalbeziehung darzustellen, liefen auf dasselbe hinaus; in beiden Fällen wird die *Verursachung* dargestellt durch ein *Nacheinander*; einmal durch das Aufeinanderfolgen der Träume, das andere Mal durch die unmittelbare Verwandlung eines Bildes in ein anderes. In den allermeisten Fällen freilich wird die Kausalrelation überhaupt nicht dargestellt, sondern fällt unter das auch im Traumvorgang unvermeidliche Nacheinander der Elemente.

Die Alternative „Entweder – Oder" kann der Traum überhaupt nicht ausdrücken; er pflegt die Glieder derselben wie gleichberechtigt in einen Zusammenhang aufzunehmen. Ein klassisches Beispiel hiefür enthält der Traum von Irmas Injektion. In dessen latenten Gedanken heißt es offenbar: Ich bin unschuldig an dem Fortbestand von Irmas Schmerzen; die Schuld liegt *entweder* an ihrem Sträuben gegen die Annahme der Lösung, *oder* daran, daß sie unter ungünstigen sexuellen Bedingungen lebt, die ich nicht ändern kann, *oder* ihre Schmerzen sind überhaupt nicht hysterischer, sondern organischer Natur. Der Traum vollzieht aber alle diese einander fast ausschließenden Möglichkeiten und nimmt keinen Anstoß, aus dem Traumwunsch eine vierte solche Lösung hinzuzufügen. Das Entweder – Oder habe ich dann nach der Traumdeutung in den Zusammenhang der Traumgedanken eingesetzt.

Wo aber der Erzähler bei der Reproduktion des Traumes ein Entweder – Oder gebrauchen möchte: Es war entweder ein Garten oder ein Wohnzimmer usw., da kommt in den Traumgedanken nicht etwa eine Alternative, sondern ein „und", eine einfache Anreihung, vor. Mit Entweder – Oder beschreiben wir zumeist einen noch auflösbaren Charakter von Verschwommenheit an einem Traumelemente. Die Deutungsregel für diesen Fall lautet: Die einzelnen Glieder der scheinbaren Alternative sind einander gleichzusetzen und durch „und" zu verbinden. Ich träume z. B., nachdem ich längere Zeit vergeblich auf die Adresse meines in Italien weilenden Freundes gewartet habe, daß ich ein Telegramm erhalte, welches mir diese Adresse mitteilt. Ich sehe sie in blauem Druck auf den Papierstreifen des Telegramms; das erste Wort ist verschwommen,

etwa *via*,
oder *Villa*, } das zweite deutlich: *Sezerno*,
oder sogar (*Casa*).

Das zweite Wort, das an italienische Namen anklingt und mich an unsere etymologischen Besprechungen erinnert, drückt auch meinen Ärger aus, daß er seinen Aufenthalt so lange vor mir *geheimgehalten*; jedes der Glieder aber des Ternavorschlages zum ersten Wort läßt sich bei der Analyse als selbständiger und gleichberechtigter Ausgangspunkt der Gedankenverkettung erkennen.

In der Nacht vor dem Begräbnis meines Vaters träume ich von einer bedruckten Tafel, einem Plakat oder Anschlagezettel – etwa wie die das Rauchverbot verkündenden Zettel in den Wartesälen der Eisenbahnen – auf dem zu lesen ist, entweder:

Man bittet, die Augen zuzudrücken,

oder:

Man bittet, ein Auge zuzudrücken,

was ich in folgender Form darzustellen gewohnt bin:

Man bittet, $\frac{\textit{die}}{\textit{ein}}$ *Auge(n) zuzudrücken.*

Jede der beiden Fassungen hat ihren besonderen Sinn und führt in der Traumdeutung auf besondere Wege. Ich hatte das Zeremoniell möglichst einfach gewählt, weil ich wußte, wie der Verstorbene über solche Veranstaltungen gedacht hatte. Andere Familienmitglieder waren aber mit solch puritanischer Einfachheit nicht einverstanden; sie meinten, man werde sich vor den Trauergästen schämen müssen. Daher bittet der eine Wortlaut des Traumes, „ein Auge zuzudrücken“, d. h. Nachsicht zu üben. Die Bedeutung der Verschwommenheit, die wir mit einem Entweder – Oder beschrieben, ist hier besonders leicht zu erfassen. Es ist der Traumarbeit nicht gelungen, einen einheitlichen, aber dann zweideutigen Wortlaut für die Traumgedanken herzustellen. So sondern sich die beiden Hauptgedankenzüge schon im Trauminhalt voneinander. In einigen Fällen drückt die Zweiteilung des Traumes in zwei gleich große Stücke die schwer darstellbare Alternative aus.

Höchst auffällig ist das Verhalten des Traumes gegen die Kategorie von *Gegensatz* und *Widerspruch*. Dieser wird schlechtweg vernachlässigt, das „Nein“ scheint für den Traum nicht zu existieren. Gegensätze werden mit besonderer Vorliebe zu einer Einheit zusammengezogen oder in einem dargestellt. Der Traum nimmt sich ja auch die Freiheit, ein beliebiges Element durch seinen

Wunschgegensatz darzustellen, so daß man zunächst von keinem eines Gegenteils fähigen Element weiß, ob es in dem Traumgedanken positiv oder negativ enthalten ist.[124] In dem einen der letzterwähnten Träume, dessen Vordersatz wir bereits gedeutet haben („weil ich von solcher Abkunft bin"), steigt die Träumerin über ein Geländer herab und hält dabei einen blühenden Zweig in den Händen. Da ihr zu diesem Bilde einfällt, wie der Engel einen Lilienstengel auf den Bildern von Mariä Verkündigung (sie heißt selbst Maria) in der Hand trägt und wie die weißgekleideten Mädchen bei der Fronleichnamsprozession gehen, während die Straßen mit grünen Zweigen geschmückt sind, so ist der blühende Zweig im Traume ganz gewiß eine Anspielung auf sexuelle Unschuld. Der Zweig ist aber dicht mit roten Blüten besetzt, von denen jede einzelne einer Kamelie gleicht. Am Ende ihres Weges, heißt es im Traum weiter, sind die Blüten schon ziemlich abgefallen; dann folgen unverkennbare Anspielungen auf die Periode. Somit ist der nämliche Zweig, der getragen wird wie eine Lilie und wie von einem unschuldigen Mädchen, gleichzeitig eine Anspielung auf die *Kameliendame*, die, wie bekannt, stets eine weiße Kamelie trug, zur Zeit der Periode aber eine rote. Der nämliche Blütenzweig („des Mädchens Blüten" in den Liedern von der Müllerin bei *Goethe*) stellt die sexuelle Unschuld dar und auch ihr Gegenteil. Der nämliche Traum auch, welcher die Freude ausdrückt, daß es ihr gelungen, unbefleckt durchs Leben zu gehen, läßt an einigen Stellen (wie an der vom Abfallen der Blüten) den gegensätzlichen Gedankengang durchschimmern, daß sie sich verschiedene Sünden gegen die sexuelle Reinheit habe zuschulden kommen lassen (in der Kindheit nämlich). Wir können bei der Analyse des Traums deutlich die beiden Gedankengänge unterscheiden, von denen der tröstliche oberflächlich, der vorwurfsvolle tiefer gelagert scheint, die einander schnurstracks zuwiderlaufen und deren gleiche aber gegenteilige Elemente durch die nämlichen Traumelemente Darstellung gefunden haben.

Einer einzigen unter den logischen Relationen kommt der Mechanismus der Traumbildung im höchsten Ausmaße zugute. Es ist dies die Relation der Ähnlichkeit, Übereinstimmung, Berührung, das „*Gleichwie*", die im Traume wie keine

[124] Aus einer Arbeit von K. Abel, *Der Gegensinn der Urworte* (siehe mein Referat im Jahrbuch f. PsA. II, 1910), erfuhr ich die überraschende, auch von anderen Sprachforschern bestätigte Tatsache, daß die ältesten Sprachen sich in diesem Punkte ganz ähnlich benehmen wie der Traum. Sie haben anfänglich nur ein Wort für die beiden Gegensätze an den Enden einer Qualitäten- oder Tätigkeitsreihe (starkschwach, altjung, fernnah, binden-trennen) und bilden gesonderte Bezeichnungen für die beiden Gegensätze erst sekundär durch leichte Modifikationen des gemeinsamen Urworts. Abel weist diese Verhältnisse im großen Ausmaße im Altägyptischen nach, zeigt aber deutliche Reste derselben Entwicklung auch in den semitischen und indogermanischen Sprachen auf.

andere mit mannigfachen Mitteln dargestellt werden kann.[125] Die im Traummaterial vorhandenen Deckungen oder Fälle von „Gleichwie" sind ja die ersten Stützpunkte der Traumbildung, und ein nicht unbeträchtliches Stück der Traumarbeit besteht darin, neue solche Deckungen zu schaffen, wenn die vorhandenen der Widerstandszensur wegen nicht in den Traum gelangen können. Das Verdichtungsbestreben der Traumarbeit kommt der Darstellung der Ähnlichkeitsrelation zu Hilfe.

Ähnlichkeit, Übereinstimmung, Gemeinsamkeit wird vom Traum ganz allgemein dargestellt durch Zusammenziehung zu einer *Einheit*, welche entweder im Traummaterial bereits vorgefunden oder neu gebildet wird. Den ersten Fall kann man als *Identifizierung*, den zweiten als *Mischbildung* benennen. Die Identifizierung kommt zur Anwendung, wo es sich um Personen handelt; die Mischbildung, wo Dinge das Material der Vereinigung sind, doch werden Mischbildungen auch von Personen hergestellt. Örtlichkeiten werden oft wie Personen behandelt. Die Identifizierung besteht darin, daß nur eine der durch ein Gemeinsames verknüpften Personen im Trauminhalt zur Darstellung gelangt, während die zweite oder die anderen Personen für den Traum unterdrückt scheinen. Diese eine deckende Person geht aber im Traum in alle die Beziehungen und Situationen ein, welche sich von ihr oder von den gedeckten Personen ableiten. Bei der Mischbildung, die sich auf Personen erstreckt, sind bereits im Traumbild Züge, die den Personen eigentümlich, aber nicht gemeinsam sind, vorhanden, so daß durch die Vereinigung dieser Züge eine neue Einheit, eine Mischperson, bestimmt erscheint. Die Mischung selbst kann auf verschiedenen Wegen zustande gebracht werden. Entweder die Traumperson hat von der einen ihrer Beziehungspersonen den Namen – wir wissen dann in einer Art, die dem Wissen im Wachen ganz analog ist, daß diese oder jene Person gemeint ist – während die visuellen Züge der anderen Person angehören; oder das Traumbild selbst ist aus visuellen Zügen, die sich in Wirklichkeit auf beide verteilen, zusammengesetzt. Anstatt durch visuelle Züge kann der Anteil der zweiten Person auch vertreten werden durch die Gebärden, die man ihr zuschreibt, die Worte, die man sie sprechen läßt, oder die Situation, in welche man sie versetzt. Bei der letzteren Art der Kennzeichnung beginnt der scharfe Unterschied zwischen Identifizierung und Mischpersonbildung sich zu verflüchtigen. Es kann aber auch vorkommen, daß die Bildung einer solchen Mischperson mißlingt. Dann wird die Szene des Traums der einen Person zugeschrieben, und die andere – in der Regel wichtigere – tritt als sonst unbeteiligte Anwesende daneben hin. Der Träumer erzählt etwa: Meine

[125] Vergleiche die Bemerkung des Aristoteles über die Eignung zum Traumdeuter (s. oben S. 103, Anm. 27).

Mutter war auch dabei (*Stekel*). Ein solches Element des Trauminhalts ist dann einem Determinativum in der Hieroglyphenschrift zu vergleichen, welches nicht zur Aussprache, sondern zur Erläuterung eines anderen Zeichens bestimmt ist.

Das Gemeinsame, welches die Vereinigung der beiden Personen rechtfertigt, d. h. veranlaßt, kann im Traume dargestellt sein oder fehlen. In der Regel dient die Identifizierung oder Mischpersonbildung eben dazu, die Darstellung dieses Gemeinsamen zu ersparen. Anstatt zu wiederholen: *A* ist mir feindlich gesinnt, *B* aber auch, bilde ich im Traum eine Mischperson aus *A* und *B* oder stelle mir *A* vor in einer andersartigen Aktion, welche uns *B* charakterisiert. Die so gewonnene Traumperson tritt mir im Traum in irgendwelcher neuen Verknüpfung entgegen, und aus dem Umstande, daß sie sowohl *A* als auch *B* bedeutet, schöpfe ich dann die Berechtigung, in die betreffende Stelle der Traumdeutung einzusetzen, was den beiden gemeinsam ist, nämlich das feindselige Verhältnis zu mir. Auf solche Weise erziele ich oft eine ganz außerordentliche Verdichtung für den Trauminhalt; ich kann mir die direkte Darstellung sehr komplizierter Verhältnisse, die mit einer Person zusammenhängen, ersparen, wenn ich zu dieser Person eine andere gefunden habe, die auf einen Teil dieser Beziehungen den gleichen Anspruch hat. Es ist leicht zu verstehen, inwiefern diese Darstellung durch Identifizierung auch dazu dienen kann, die Widerstandszensur zu umgehen, welche die Traumarbeit unter so harte Bedingungen setzt. Der Anstoß für die Zensur mag gerade in jenen Vorstellungen liegen, welche im Material mit der einen Person verknüpft sind; ich finde nun eine zweite Person, welche gleichfalls Beziehungen zu dem beanstandeten Material hat, aber nur zu einem Teil desselben. Die Berührung in jenem nicht zensurfreien Punkte gibt mir jetzt das Recht, eine Mischperson zu bilden, die nach beiden Seiten hin durch indifferente Züge charakterisiert ist. Diese Misch- oder Identifizierungsperson ist nun als zensurfrei zur Aufnahme in den Trauminhalt geeignet, und ich habe durch Anwendung der Traumverdichtung den Anforderungen der Traumzensur genügt.

Wo im Traum auch ein Gemeinsames der beiden Personen dargestellt ist, da ist dies gewöhnlich ein Wink, nach einem anderen verhüllten Gemeinsamen zu suchen, dessen Darstellung durch die Zensur unmöglich gemacht wird. Es hat hier gewissermaßen zugunsten der Darstellbarkeit eine Verschiebung in betreff des Gemeinsamen stattgefunden. Daraus, daß mir die Mischperson mit einem indifferenten Gemeinsamen im Traum gezeigt wird, soll ich ein anderes, keineswegs indifferentes Gemeinsame in den Traumgedanken erschließen.

Die Identifizierung oder Mischpersonbildung dient demnach im Traum verschiedenen Zwecken, erstens der Darstellung eines beiden Personen Gemeinsamen, zweitens der Darstellung einer *verschobenen* Gemeinsamkeit, drittens aber noch, um eine bloß *gewünschte* Gemeinsamkeit zum Ausdruck zu bringen. Da das Herbeiwünschen einer Gemeinsamkeit zwischen zwei Personen häufig mit einem *Vertauschen* derselben zusammenfällt, so ist auch diese Relation im Traum durch Identifizierung ausgedrückt. Ich wünsche im Traume von Irmas Injektion, diese Patientin mit einer anderen zu vertauschen, wünsche also, daß die andere meine Patientin sein möge, wie es die eine ist; der Traum trägt diesem Wunsche Rechnung, indem er mir eine Person zeigt, die Irma heißt, die aber in einer Position untersucht wird, wie ich sie nur bei der anderen zu sehen Gelegenheit hatte. Im Onkeltraum ist diese Vertauschung zum Mittelpunkt des Traums gemacht; ich identifiziere mich mit dem Minister, indem ich meine Kollegen nicht besser als er behandle und beurteile.

Es ist eine Erfahrung, von der ich keine Ausnahme gefunden habe, daß jeder Traum die eigene Person behandelt. Träume sind absolut egoistisch. Wo im Trauminhalt nicht mein Ich, sondern nur eine fremde Person vorkommt, da darf ich ruhig annehmen, daß mein Ich durch Identifizierung hinter jener Person versteckt ist. Ich darf mein Ich ergänzen. Andere Male, wo mein Ich im Traum erscheint, lehrt mich die Situation, in der es sich befindet, daß hinter dem Ich eine andere Person sich durch Identifizierung verbirgt. Der Traum soll mich dann mahnen, in der Traumdeutung etwas, was dieser Person anhängt, das verhüllte Gemeinsame, auf mich zu übertragen. Es gibt auch Träume, in denen mein Ich nebst anderen Personen vorkommt, die sich durch Lösung der Identifizierung wiederum als mein Ich enthüllen. Ich soll dann mit meinem Ich vermittels dieser Identifizierungen gewisse Vorstellungen vereinigen, gegen deren Aufnahme sich die Zensur erhoben hat. Ich kann also mein Ich in einem Traum mehrfach darstellen, das eine Mal direkt, das andere Mal vermittels der Identifizierung mit fremden Personen. Mit mehreren solchen Identifizierungen läßt sich ein ungemein reiches Gedankenmaterial verdichten.[126] Daß das eigene Ich in einem Traume mehrmals vorkommt oder in verschiedenen Gestaltungen auftritt, ist im Grunde nicht verwunderlicher, als daß es in einem bewußten Gedanken mehrmals und an verschiedenen Stellen oder in anderen Beziehungen enthalten ist, z. B. im Satze: Wenn *ich* daran denke, was für gesundes Kind *ich* war.

Durchsichtiger noch als bei Personen gestaltet sich die Auflösung der Identifizierungen bei mit Eigennamen bezeichneten Örtlichkeiten, da hier die Störung durch das im Traume übermächtige Ich entfällt. In einem meiner Romträume heißt der Ort, an dem ich mich befinde, Rom; ich erstaune aber über die Menge von deutschen Plakaten an einer Straßenecke. Letzteres ist eine Wunscherfül-

[126] Wenn ich im Zweifel bin, hinter welcher der im Traum auftretenden Personen ich mein Ich zu suchen habe, so halte ich mich an folgende Regel: Die Person, die Traume einem Affekt unterliegt, den ich als Schlafender verspüre, die verbirgt mein Ich.

lung, zu der mir sofort Prag einfällt; der Wunsch selbst mag aus einer heute überwundenen deutschnationalen Periode der Jugendzeit stammen. Um die Zeit, da ich träumte, war in Prag ein Zusammentreffen mit meinem Freunde in Aussicht genommen; die Identifizierung von Rom und Prag erklärt sich also durch eine gewünschte Gemeinsamkeit; ich möchte meinen Freund lieber in Rom treffen als in Prag, für diese Zusammenkunft Prag und Rom vertauschen.

Die Möglichkeit, Mischbildungen zu schaffen, steht obenan unter den Zügen, welche den Träumen so oft ein phantastisches Gepräge verleihen, indem durch sie Elemente in den Trauminhalt eingeführt werden, welche niemals Gegenstand der Wahrnehmung sein konnten. Der psychische Vorgang bei der Mischbildung im Traume ist offenbar der nämliche, wie wenn wir im Wachen einen Zentauren oder Drachen uns vorstellen oder nachbilden. Der Unterschied liegt nur darin, daß bei der phantastischen Schöpfung im Wachen der beabsichtigte Eindruck des Neugebildes selbst das Maßgebende ist, während die Mischbildung des Traumes durch ein Moment, welches außerhalb ihrer Gestaltung liegt, das Gemeinsame in den Traumgedanken, determiniert wird. Die Mischbildung des Traumes kann in sehr mannigfacher Weise ausgeführt werden, In der kunstlosesten Ausführung werden nur die Eigenschaften des einen Dinges dargestellt, und diese Darstellung ist von einem Wissen begleitet, daß sie auch für ein anderes Objekt gelte. Eine sorgfältigere Technik vereinigt Züge des einen wie des anderen Objektes zu einem neuen Bilde und bedient sich dabei geschickt der etwa in der Realität gegebenen Ähnlichkeiten zwischen beiden Objekten. Das Neugebildete kann gänzlich absurd ausfallen oder selbst als phantastisch gelungen erscheinen, je nachdem Material und Witz bei der Zusammensetzung es ermöglichen. Sind die Objekte, welche zu einer Einheit verdichtet werden sollen, gar zu disparat, so begnügt sich die Traumarbeit oft damit, ein Mischgebilde mit einem deutlicheren Kern zu schaffen, an den sich undeutlichere Bestimmungen anfügen. Die Vereinigung zu einem Bilde ist hier gleichsam nicht gelungen; die beiden Darstellungen überdecken einander und erzeugen etwas wie einen Wettstreit der visuellen Bilder. Wenn man sich die Bildung eines Begriffes aus individuellen Wahrnehmungsbildern vorführen wollte, könnte man zu ähnlichen Darstellungen in einer Zeichnung gelangen.

Es wimmelt natürlich in den Träumen von solchen Mischgebilden; einige Beispiele habe ich in den bisher analysierten Träumen bereits mitgeteilt; ich werde nun weitere hinzufügen. In dem Traum auf S. 269, welcher den Lebenslauf der Patientin „durch die Blume“ oder „verblümt“ beschreibt, trägt das Traum-Ich einen blühenden Zweig in der Hand, der, wie wir erfahren haben, gleichzeitig Unschuld und sexuelle Sündigkeit bedeutet. Der Zweig erinnert durch die Art, wie die Blüten stehen, außerdem an *Kirsch*blüten; die Blüten selbst, einzeln genommen, sind *Kamelien*, wobei dazu das Ganze noch den Eindruck eines *exotischen* Gewächses macht. Das Gemeinsame an den Elementen dieses Mischgebildes ergibt sich aus den Traumgedanken. Der blühende Zweig ist aus Anspielungen an Geschenke zusammengesetzt, durch welche sie bewogen wurde oder werden sollte, sich gefällig zu erweisen. So in der Kindheit die *Kirschen*, in späteren Jahren ein *Kamelien*stock; das *Exotische* ist eine Anspielung auf einen vielgereisten Naturforscher, welcher mit einer Blumenzeichnung um ihre Gunst werben wollte. Eine andere Patientin schafft sich im Traum ein Mittelding aus *Badekabinen* im Seebad, ländlichen *Aborthäuschen* und den *Bodenkammern* unserer städtischen Wohnhäuser. Den beiden ersten Elementen ist die Beziehung auf menschliche Nacktheit und Entblößung gemeinsam; es läßt sich aus der Zusammensetzung mit dem dritten Element schließen, daß (in ihrer Kindheit) auch die Bodenkammer der Schauplatz von Entblößung war. Ein Träumer schafft sich eine Mischlokalität aus zwei Örtlichkeiten, in denen „*Kur*" gemacht wird, aus meinem Ordinationszimmer und dem öffentlichen Lokal, in dem er zuerst seine Frau kennengelernt hat. Ein Mädchen träumt, nachdem der ältere Bruder versprochen hat, sie mit Kaviar zu regalieren, von diesem Bruder, daß dessen Beine von den *schwarzen Kaviarperlen übersät* sind. Die Elemente „*Ansteckung*" im moralischen Sinn und die Erinnerung an einen *Ausschlag* der Kindheit, der die Beine mit *roten* anstatt mit schwarzen Pünktchen übersät erscheinen ließ, haben sich hier mit den *Kaviarperlen* zu einem neuen Begriff vereinigt, dessen, „*was sie von ihrem Bruder bekommen hat*". Teile des menschlichen Körpers werden in diesem Traum behandelt wie Objekte, wie auch in sonstigen Träumen. In einem von *Ferenczi* mitgeteilten Traume kam ein Mischgebilde vor, das aus der Person eines *Arztes* und aus einem *Pferde* zusammengesetzt war und überdies ein *Nachthemd* anhatte. Das Gemeinsame dieser drei Bestandteile ergab sich aus der Analyse, nachdem das Nachthemd als Anspielung auf den Vater der Träumerin in einer Kindheitsszene erkannt war. Es handelte sich in allen drei Fällen um Objekte ihrer geschlechtlichen Neugierde. Sie war als Kind von ihrer Kindsfrau öfters in das militärische Gestüt mitgenommen worden, wo sie Gelegenheit hatte, ihre – damals noch ungehemmte – Neugierde ausgiebig zu befriedigen.

Ich habe vorhin behauptet, daß der Traum kein Mittel hat, die Relation des Widerspruches, Gegensatzes, das „Nein" auszudrücken. Ich gehe daran, dieser Behauptung zum ersten Male zu widersprechen. Ein Teil der Fälle, die sich als „Gegensatz" zusammenfassen lassen, findet seine Darstellung einfach durch Identifizierung, wie wir gesehen haben, wenn nämlich mit der Gegenüberstellung ein Vertauschen, an die Stelle setzen, verbunden werden kann. Davon haben wir wiederholt Beispiele erwähnt. Ein anderer Teil der Gegensätze in den Traumgedanken, der etwa unter die Kategorie „*Umgekehrt, im Gegenteile*" fällt, gelangt zu seiner Darstellung im Traum auf folgende merkwürdige, beinahe witzig zu nennende Weise. Das „Umgekehrt“ gelangt nicht für sich in den Trauminhalt, sondern äußert seine Anwesenheit im Material dadurch, daß ein aus sonstigen Gründen naheliegendes Stück des schon gebildeten Trauminhaltes – gleichsam nachträglich – umgekehrt wird. Der Vorgang ist leichter zu illustrieren als zu beschreiben. Im schönen Traum von „*Auf und nieder*“ ist die Traumdarstellung des Steigens *umgekehrt* wie das Vorbild in den Traumgedanken, nämlich die Introduktionsszene der *Sappho Daudets*; es geht im Traume anfangs schwer, später leicht, während in der Szene das Steigen anfangs leicht, später immer schwerer wird. Auch das „Oben“ und „Unten“ in bezug auf den Bruder ist im Traum verkehrt dargestellt. Dies deutet auf eine Relation von Umkehrung oder Gegensatz, die zwischen zwei Stücken des Materials in den Traumgedanken besteht und die wir darin gefunden haben, daß in der Kindheitsphantasie des Träumers er von seiner Amme getragen wird, umgekehrt wie im Roman der Held die Geliebte trägt. Auch mein Traum von Goethes Angriff gegen Herrn M. (s. unten) enthält ein solches „Umgekehrt“, das erst redressiert werden muß, ehe man auf die Deutung des Traumes gelangen kann. Im Traum hat Goethe einen jungen Mann, Herrn M. angegriffen; in der Realität, wie sie die Traumgedanken enthalten, ist ein bedeutender Mann, mein Freund, von einem unbekannten jungen Autor angegriffen worden. Im Traum rechne ich vom Sterbedatum Goethes an; in der Wirklichkeit ging die Rechnung vom Geburtsjahr des Paralytikers aus. Der Gedanke, der in dem Traummaterial maßgebend ist, ergibt sich als der Widerspruch dagegen, daß Goethe behandelt werden soll, als sei er ein Verrückter. Umgekehrt, sagt der Traum, wenn du das Buch nicht verstehst, bist du der Schwachsinnige, nicht der Autor. In all diesen Träumen von Umkehrung scheint mir überdies eine Beziehung auf die verächtliche Wendung („einem die *Kehrseite* zeigen“) enthalten zu sein (die Umkehrung in bezug auf den Bruder im Sapphotraum). Es ist ferner bemerkenswert, wie häufig die Umkehrung gerade in Träumen gebraucht wird, die von verdrängten homosexuellen Regungen eingegeben sind.

Die Umkehrung, Verwandlung ins Gegenteil, ist übrigens eines der beliebtesten, der vielseitigsten Verwendung fähigen Darstellungsmittel der Traumarbeit. Sie dient zunächst dazu, der Wunscherfüllung gegen ein bestimmtes Element der Traumgedanken Geltung zu verschaffen. Wäre es doch umgekehrt gewesen! ist oftmals der beste Ausdruck für die Reaktion des Ichs gegen ein peinliches Stück Erinnerung. Ganz besonders wertvoll wird die Umkehrung aber im Dienste der Zensur, indem sie ein Maß von Entstellung des Darzustellenden zustande bringt, welches das Verständnis des Traumes zunächst geradezu lähmt. Man darf darum, wenn ein Traum seinen Sinn hartnäckig verweigert, jedesmal den Versuch der Umkehrung mit bestimmten Stücken seines manifesten Inhaltes wagen, worauf nicht selten alles sofort klar wird.

Neben der inhaltlichen Umkehrung ist die zeitliche nicht zu übersehen. Eine häufigere Technik der Traumentstellung besteht darin, den Ausgang der Begebenheit oder den Schluß des Gedankengangs zu Eingang des Traums darzustellen und am Ende desselben die Voraussetzungen des Schlusses oder die Ursachen des Geschehens nachzutragen. Wer nicht an dieses technische Mittel der Traumentstellung gedacht hat, steht dann der Aufgabe der Traumdeutung ratlos gegenüber.[127]

Ja in manchen Fällen erhält man den Sinn des Traumes erst, wenn man an dem Trauminhalt eine mehrfache Umkehrung, nach verschiedenen Relationen, vorgenommen hat. So z. B. verbirgt sich im Traume eines jungen Zwangsneurotikers die Erinnerung an den infantilen Todeswunsch gegen den gefürchteten Vater hinter folgendem Wortlaut: *Sein Vater schimpft mit ihm, weil er so spät nach Hause kommt.* Allein der Zusammenhang der psychoanalytischen Kur und die Einfälle des Träumers beweisen, daß es zunächst lauten muß: *Er ist böse auf den Vater*, und sodann, daß ihm der Vater auf alle Fälle *zu früh* (d. h. zu bald) nach Hause kam. Er hätte es vorgezogen, daß der Vater überhaupt nicht nach Hause gekommen wäre, was mit dem Todeswunsch gegen den Vater identisch ist. Der Träumer hatte sich nämlich als kleiner Knabe während einer längeren Abwesenheit des Vaters eine sexuelle Aggression gegen eine andere Person zuschulden kommen lassen und war mit der Drohung gestraft worden: „Na wart', bis der Vater zurückkommt!"

Will man die Beziehungen zwischen Trauminhalt und Traumgedanken weiter verfolgen, so nimmt man jetzt am besten den Traum selbst zum Ausgangspunkt und stellt sich die Frage, was gewisse formale Charaktere der Traumdarstellung in bezug auf die Traumgedanken bedeuten. Zu diesen formalen Charakteren, die uns im Traume auffallen müssen, gehören vor allem die Unterschiede in der

---

127 Derselben Technik der zeitlichen Umkehrung bedient sich manchmal der hysterische Anfall, um seinen Sinn dem Zuschauer zu verbergen. Ein hysterisches Mädchen hat z. B. in einem Anfalle einen kleinen Roman darzustellen, den sie sich im Anschluß an eine Begegnung in der Stadtbahn im Unbewußten phantasiert hat. Wie der Betreffende, durch die Schönheit ihres Fußes angezogen, sie, während sie liest, anspricht, wie sie dann mit ihm geht und eine stürmische Liebesszene erlebt. Ihr Anfall setzt mit der Darstellung dieser Liebesszene durch die Körperzuckungen ein (dabei Lippenbewegungen fürs Küssen, Verschränkung der Arme für die Umarmung), darauf eilt sie ins andere Zimmer, setzt sich auf einen Stuhl, hebt das Kleid, um den Fuß zu zeigen, tut, als ob sie in einem Buche lesen würde, und spricht mich an (gibt mir Antwort). Vgl. hiezu die Bemerkung Artemidorus': „Bei der Auslegung von Traumgeschichten muß man sie einmal vom Anfang gegen das Ende, das andere Mal vom Ende gegen den Anfang hin ins Auge fassen ..."

sinnlichen Intensität der einzelnen Traumgebilde und in der Deutlichkeit einzelner Traumpartien oder ganzer Träume untereinander verglichen. Die Unterschiede in der Intensität der einzelnen Traumgebilde umfassen eine ganze Skala von einer Schärfe der Ausprägung, die man – wiewohl ohne Gewähr – geneigt ist, über die der Realität zu stellen, bis zu einer ärgerlichen Verschwommenheit, die man als charakteristisch für den Traum erklärt, weil sie eigentlich mit keinem der Grade der Undeutlichkeit, die wir gelegentlich an den Objekten der Realität wahrnehmen, vollkommen zu vergleichen ist. Gewöhnlich bezeichnen wir überdies den Eindruck, den wir von einem undeutlichen Traumobjekt empfangen, als „flüchtig", während wir von den deutlicheren Traumbildern meinen, daß sie auch durch längere Zeit der Wahrnehmung standgehalten haben. Es fragt sich nun, durch welche Bedingungen im Traummaterial diese Unterschiede in der Lebhaftigkeit der einzelnen Stücke des Trauminhalts hervorgerufen werden.

Man hat hier zunächst gewissen Erwartungen entgegenzutreten, die sich wie unvermeidlich einstellen. Da zu dem Material des Traums auch wirkliche Sensationen während des Schlafes gehören können, wird man wahrscheinlich voraussetzen, daß diese oder die von ihnen abgeleiteten Traumelemente im Trauminhalt durch besondere Intensität hervorstechen, oder umgekehrt, daß, was im Traum ganz besonders lebhaft ausfällt, auf solche reale Schlafsensationen zurückführbar sein wird. Meine Erfahrung hat dies aber niemals bestätigt. Es ist nicht richtig, daß die Elemente des Traums, welche Abkömmlinge von realen Eindrücken während des Schlafes (Nervenreizen) sind, sich vor den anderen, die aus Erinnerungen stammen, durch Lebhaftigkeit auszeichnen. Das Moment der Realität geht für die Intensitätsbestimmung der Traumbilder verloren.

Ferner könnte man an der Erwartung festhalten, daß die sinnliche Intensität (Lebhaftigkeit) der einzelnen Traumbilder eine Beziehung habe zur psychischen Intensität der ihnen entsprechenden Elemente in den Traumgedanken. In den letzteren fällt Intensität mit psychischer Wertigkeit zusammen; die intensivsten Elemente sind keine anderen als die bedeutsamsten, welche den Mittelpunkt der Traumgedanken bilden. Nun wissen wir zwar, daß gerade diese Elemente der Zensur wegen meist keine Aufnahme in den Trauminhalt finden. Aber es könnte doch sein, daß ihre sie vertretenden nächsten Abkömmlinge im Traum einen höheren Intensitätsgrad aufbringen, ohne daß sie darum das Zentrum der Traumdarstellung bilden müßten. Auch diese Erwartung wird indes durch die vergleichende Betrachtung von Traum und Traummaterial zerstört. Die Intensität der Elemente hier hat mit der Intensität der Elemente dort nichts zu schaffen; es findet zwischen Traummaterial und Traum tatsächlich eine völlige „*Umwertung aller psychischen Werte*" statt. Gerade in einem flüchtig hingehauchten, durch kräftigere Bilder verdeckten Element des Traums kann man oft einzig und allein einen direkten Abkömmling dessen entdecken, was in den Traumgedanken übermäßig dominierte.

Die Intensität der Elemente des Traumes zeigt sich anders determiniert, und zwar durch zwei voneinander unabhängige Momente. Zunächst ist es leicht zu sehen, daß jene Elemente besonders intensiv dargestellt sind, durch welche die Wunscherfüllung sich ausdrückt. Dann aber lehrt die Analyse, daß von den lebhaftesten Elementen des Traums auch die meisten Gedankengänge ausgehen, daß die lebhaftesten gleichzeitig die best determinierten sind. Es ist keine Änderung des Sinnes, wenn wir den letzten, empirisch gewonnenen Satz in nachstehender Form aussprechen: Die größte Intensität zeigen jene Elemente des Traums, für deren Bildung die ausgiebigste *Verdichtungsarbeit* in Anspruch genommen wurde. Wir dürfen dann erwarten, daß diese Bedingung und die andere der Wunscherfüllung auch in einer einzigen Formel ausgedrückt werden können.

Das Problem, das ich jetzt behandelt habe, die Ursachen der größeren und geringeren Intensität oder Deutlichkeit der einzelnen Traumelemente, möchte ich vor Verwechslung mit einem anderen Problem schützen, welches sich auf die verschiedene Deutlichkeit ganzer Träume oder Traumabschnitte bezieht. Dort ist der Gegensatz von Deutlichkeit: Verschwommenheit, hier Verworrenheit. Es ist allerdings unverkennbar, daß in beiden Skalen die steigenden und fallenden Qualitäten einander im Vorkommen begleiten. Eine Partie des Traums, die uns klar erscheint, enthält zumeist intensive Elemente; ein unklarer Traum ist im Gegenteil aus wenig intensiven Elementen zusammengesetzt. Doch ist das Problem, welches die Skala vom anscheinend Klaren bis zum Undeutlich-Verworrenen bietet, weit komplizierter als das der Lebhaftigkeitsschwankungen der Traumelemente; ja ersteres entzieht sich aus später anzuführenden Gründen hier noch der Erörterung. In einzelnen Fällen merkt man nicht ohne Überraschung, daß der Eindruck von Klarheit oder Undeutlichkeit, den man von einem Traum empfängt, überhaupt nichts für das Traumgefüge bedeutet, sondern aus dem Traummaterial als ein Bestandteil desselben herrührt. So erinnere ich mich an einen Traum, der mir nach dem Erwachen so besonders gut gefügt, lückenlos und klar erschien, daß ich noch in der Schlaftrunkenheit mir vorsetzte, eine neue Kategorie von Träumen zuzulassen, die nicht dem Mechanismus der Verdichtung und Verschiebung unterlegen waren, sondern als „Phantasien während des Schlafens" bezeichnet werden durften. Nähere Prüfung ergab, daß dieser rare Traum dieselben Risse und Sprünge in seinem Gefüge zeigte wie jeder andere; ich ließ darum die Kategorie der Traumphantasien auch wieder fallen.[128] Der reduzierte Inhalt des Traums war aber, daß ich meinem Freunde eine schwie-

[128] Ich weiß heute nicht, ob mit Recht.

rige und lange gesuchte Theorie der Bisexualität vortrug, und die wunscherfüllende Kraft des Traumes hatte es zu verantworten, daß uns diese Theorie (die übrigens im Traum nicht mitgeteilt wurde) klar und lückenlos erschien. Was ich also für ein Urteil über den fertigen Traum gehalten hatte, war ein Stück, und zwar das wesentliche Stück des Trauminhalts. Die Traumarbeit griff hier gleichsam in das erste wache Denken über und übermittelte mir als *Urteil* über den Traum jenes Stück des Traummaterials, dessen genaue Darstellung im Traum ihr nicht gelungen war. Ein vollkommenes Gegenstück hiezu erlebte ich einmal bei einer Patientin, die einen in die Analyse gehörigen Traum zuerst überhaupt nicht erzählen wollte, „weil er so undeutlich und verworren sei", und endlich unter wiederholten Protesten gegen die Sicherheit ihrer Darstellung angab, es seien im Traum mehrere Personen vorgekommen, sie, ihr Mann und ihr Vater, und als ob sie nicht gewußt hätte, ob ihr Mann ihr Vater sei oder wer eigentlich ihr Vater sei oder so ähnlich. Die Zusammenstellung dieses Traumes mit ihren Einfällen in der Sitzung ergab als unzweifelhaft, daß es sich um die ziemlich alltägliche Geschichte eines Dienstmädchens handle, welches bekennen mußte, daß sie ein Kind erwarte, und nun Zweifel zu hören bekomme, „wer eigentlich der Vater (des Kindes)".[129] Die Unklarheit, die der Traum zeigte, war also auch hier ein Stück aus dem traumerregenden Material. Ein Stück dieses Inhalts war in der Form des Traumes dargestellt worden. *Die Form des Traumes oder des Träumens wird in ganz überraschender Häufigkeit zur Darstellung des verdeckten Inhaltes verwendet.*

Glossen über den Traum, anscheinend harmlose Bemerkungen zu demselben, dienen oft dazu, ein Stück des Geträumten in der raffiniertesten Weise zu verhüllen, während sie es doch eigentlich verraten. So z. B. wenn ein Träumer äußert: Hier ist der Traum *verwischt*, und die Analyse eine infantile Reminiszenz an das Belauschen einer Person ergibt, die sich nach der Defäkation reinigt. Oder in einem anderen Falle, der ausführliche Mitteilung verdient: Ein junger Mann hat einen sehr deutlichen Traum, der ihn an bewußtgebliebene Phantasien seiner Knabenjahre mahnt: Er befindet sich abends in einem Sommerhotel, irrt sich in der Zimmernummer und kommt in einen Raum, in dem sich eine ältere Dame und ihre zwei Töchter entkleiden, um zu Bette zu gehen. Er setzt fort: *Dann sind einige Lücken im Traum*, da fehlt etwas, und am Ende war ein Mann im Zimmer, der mich hinauswerfen wollte, mit dem ich ringen mußte. Er bemüht sich vergebens, den Inhalt und die Absicht jener knabenhaften Phantasie zu erinnern, auf die der Traum offenbar anspielt. Aber man wird endlich aufmerksam, daß der gesuchte Inhalt durch die Äußerung über die undeutliche Stelle

[129] Begleitende hysterische Symptome: Ausbleiben der Periode und große Verstimmung, das Hauptleiden dieser Kranken.

des Traumes bereits gegeben ist. Die „Lücken" sind die Genitalöffnungen der zu Bette gehenden Frauen: „da fehlt etwas" beschreibt den Hauptcharakter des weiblichen Genitales. Er brannte in jenen jungen Jahren vor Wißbegierde, ein weibliches Genitale zu sehen, und war noch geneigt, an der infantilen Sexualtheorie, die dem Weibe ein männliches Glied zuschreibt, festzuhalten.

In ganz ähnliche Form kleidete sich eine analoge Reminiszenz eines anderen Träumers ein. Er träumt: *Ich gehe mit Frl. K. in das Volksgartenrestaurant ..., dann kommt eine dunkle Stelle, eine Unterbrechung ..., dann befinde ich mich in einem Bordellsalon, in dem ich zwei oder drei Frauen sehe, eine in Hemd und Höschen.*

Analyse: Frl. K. ist die Tochter seines früheren Chefs, wie er selbst zugibt, ein Schwesterersatz. Er hatte nur selten Gelegenheit, mit ihr zu sprechen, aber einmal fiel eine Unterhaltung zwischen ihnen vor, in der „man sich gleichsam in seiner Geschlechtlichkeit erkannte, als ob man sagen würde: Ich bin ein Mann und du ein Weib". Im angegebenen Restaurant war er nur einmal in Begleitung der Schwester seines Schwagers, eines Mädchens, das ihm vollkommen gleichgültig war. Ein andermal begleitete er eine Gesellschaft von drei Damen bis zum Eingange in dieses Restaurant. Die Damen waren seine Schwester, seine Schwägerin und die bereits erwähnte Schwester seines Schwagers, alle drei ihm höchst gleichgültig, aber alle drei der Schwesterreihe angehörig. Ein Bordell hat er nur selten besucht, vielleicht zwei- oder dreimal in seinem Leben.

Die Deutung stützte sich auf die „dunkle Stelle", „Unterbrechung" im Traume und behauptete, daß er in knabenhafter Wissbegierde einigemal, allerdings nur selten, das Genitale seiner um einige Jahre jüngeren Schwester inspiziert habe. Einige Tage später stellte sich die bewußte Erinnerung an die vom Traume angedeutete Untat ein.

Alle Träume derselben Nacht gehören ihrem Inhalt nach zu dem nämlichen Ganzen; ihre Sonderung in mehrere Stücke, deren Gruppierung und Anzahl, all das ist sinnreich und darf als ein Stück Mitteilung aus den latenten Traumgedanken aufgefaßt werden. Bei der Deutung von Träumen, die aus mehreren Hauptstücken bestehen, oder überhaupt solchen, die derselben Nacht angehören, darf man auch an die Möglichkeit nicht vergessen, daß diese verschiedenen und aufeinanderfolgenden Träume dasselbe bedeuten, die nämlichen Regungen in verschiedenem Material zum Ausdruck bringen. Der zeitlich vorangehende dieser homologen Träume ist dann häufig der entstelltere, schüchterne, der nachfolgende ist dreister und deutlicher.

Schon der biblische Traum des Pharao von den Ähren und von den Kühen, den Josef deutete, war von dieser Art. Er findet sich bei *Josephus* (*Jüdische Altertümer*, Buch II, Kapitel 5) ausführlicher als in der Bibel berichtet. Nachdem der König den ersten Traum erzählt hat, sagt er: „Nach diesem ersten Traumgesicht wachte ich beunruhigt auf und dachte nach, was dasselbe wohl bedeuten möge, schlief jedoch hierüber allmählich wieder ein und hatte nun einen noch viel seltsameren Traum, der mich noch mehr in Furcht und Verwirrung gesetzt hat." Nach Anhören der Traumerzählung sagt Josef: „Dein Traum, o König, ist dem Anschein nach wohl ein zweifacher, allein beide Gesichte haben nur eine Bedeutung."

Jung, der in seinem *Beitrag zur Psychologie des Gerüchtes* erzählt, wie der versteckt erotische Traum eines Schulmädchen von ihren Freundinnen ohne Deutung verstanden und in Abänderungen weitergeführt wurde, bemerkt zu einer dieser Traumerzählungen, „daß der Schlußgedanke einer langen Reihe von Traumbildern genau das enthält, was schon im ersten Bild der Serie darzustellen versucht worden war. Die Zensur schiebt den Komplex so lange wie möglich weg durch immer wieder erneute symbolische Verdeckungen, Verschiebungen, Wendungen ins Harmlose usw." (Zentralblatt f. Psychoanalyse I, 1910. S. 87) *Scherner* hat diese Eigentümlichkeit der Traumdarstellung gut gekannt und beschreibt sie im Anschluß an seine Lehre von den Organreizen als ein besonderes Gesetz (S. 166): „Endlich aber beobachtet die Phantasie in allen von bestimmten Nervenreizen ausgehenden symbolischen Traumbildungen das gemeingültige Gesetz, daß sie bei Beginn des Traumes nur in den fernsten und freiesten Andeutungen des Reizobjektes malt, am Schlusse aber, wo der malerische Erguß sich erschöpft hatte, den Reiz selbst, respektive sein betreffendes Organ oder dessen Funktion in Nacktheit hinstellt, womit der Traum, seinen organischen Anlaß selbst bezeichnend, das Ende erreicht ..."

Eine schöne Bestätigung dieses *Schernerschen* Gesetzes hat *Otto Rank* in seiner Arbeit: *Ein Traum, der sich selbst deutet*, geliefert. Der von ihm dort mitgeteilte Traum eines Mädchens setzte sich aus zwei auch zeitlich gesonderten Träumen einer Nacht zusammen, von denen der zweite mit einer Pollution abschloß. Dieser Pollutionstraum gestattete eine bis ins einzelne durchgeführte Deutung unter weitgehendem Verzicht auf die Beiträge der Träumerin, und die Fülle der Beziehungen zwischen den beiden Trauminhalten ermöglichte es zu erkennen, daß der erste Traum in schüchterner Darstellung dasselbe zum Ausdruck brachte wie der zweite, so daß dieser, der Pollutionstraum, zur vollen Aufklärung des ersteren verholfen hatte. Rank erörtert von diesem Beispiele aus mit gutem Recht die Bedeutung der Pollutionsträume für die Theorie des Träumens überhaupt.

In solche Lage, Klarheit oder Verworrenheit des Traums auf Sicherheit oder Zweifel im Traummaterial umdeuten zu können, kommt man aber nach meiner Erfahrung nur in wenigen Fällen. Ich werde späterhin den bisher nicht erwähnten Faktor bei der Traumbildung aufzudecken haben, von dessen Einwirkung diese Qualitätenskala des Traumes wesentlich abhängt.

In manchen Träumen, die ein Stück weit eine gewisse Situation und Szenerie festhalten, kommen Unterbrechungen vor, die mit folgenden Worten beschrieben werden: „Es ist dann aber, als wäre es gleichzeitig ein anderer Ort, und dort ereignete sich dies und jenes." Was in solcher Weise die Haupthandlung des Traumes unterbricht, die nach einer Weile wieder fortgesetzt werden kann, das stellt sich im Traummaterial als ein Nebensatz, als ein eingeschobener Gedanke heraus. Die Kondition in den Traumgedanken wird im Traum durch Gleichzeitigkeit dargestellt (wenn – wann).

Was bedeutet die so häufig im Traum erscheinende Sensation der gehemmten Bewegung, die so nahe an Angst streift? Man will gehen und kommt nicht von der Stelle, will etwas verrichten und stößt fortwährend auf Hindernisse. Der Eisenbahnzug will sich in Bewegung setzen, und man kann ihn nicht erreichen; man hebt die Hand, um eine Beleidigung zu rächen, und sie versagt usw. Wir sind dieser Sensation im Traume schon bei den Exhibitionsträumen begegnet, haben ihre Deutung aber noch nicht ernstlich versucht. Es ist bequem aber unzureichend, zu antworten, im Schlaf bestehe motorische Lähmung, die sich durch die erwähnte Sensation bemerkbar macht. Wir dürfen fragen: Warum träumt man dann nicht beständig von solchen gehemmten Bewegungen?, und wir dürfen erwarten, daß diese im Schlaf jederzeit hervorzurufende Sensation irgendwelchen Zwecken der Darstellung diene und nur durch das im Traummaterial gegebene Bedürfnis nach dieser Darstellung erweckt werde.

Das Nichts-zustande-Bringen tritt im Traum nicht immer als Sensation, sondern auch einfach als Stück des Trauminhalts auf. Ich halte einen solchen Fall für besonders geeignet, uns über die Bedeutung dieses Traumrequisits aufzuklären. Ich werde verkürzt einen Traum mitteilen, in dem ich der Unredlichkeit beschuldigt erscheine. *Die Örtlichkeit ist ein Gemenge aus einer Privatheilanstalt und mehreren anderen Lokalen. Ein Diener erscheint, um mich zu einer Untersuchung zu rufen. Im Traum weiß ich, daß etwas vermißt wird und daß die Untersuchung wegen des Verdachts erfolgt, daß ich mir das Verlorene angeeignet.* Die Analyse zeigt, daß Untersuchung zweideutig zu nehmen ist und ärztliche Untersuchung mit einschließt. *Im Bewußtsein meiner Unschuld und meiner Konsiliarfunktion in diesem Hause gehe ich ruhig mit dem Diener. An einer Türe empfängt uns ein anderer Diener und sagt, auf mich deutend: Den haben Sie mitgebracht, der ist ja ein anständiger Mensch. Ich gehe dann ohne Diener in einen großen Saal, in dem Maschinen stehen, der mich an ein Inferno mit seinen höllischen Strafaufgaben erinnert. An einem Apparat sehe ich einen Kollegen eingespannt, der allen Grund hätte, sich um mich zu bekümmern; er beachtet mich aber nicht. Es heißt dann, daß ich jetzt gehen kann. Da finde ich meinen Hut nicht und kann doch nicht gehen.*

Es ist offenbar die Wunscherfüllung des Traums, daß ich als ehrlicher Mann anerkannt werde und gehen darf; in den Traumgedanken muß also allerlei Material vorhanden sein, das den Widerspruch dagegen enthält. Daß ich gehen darf, ist das Zeichen meiner Absolution; wenn also der Traum am Ende ein Ereignis bringt, das mich im Gehen aufhält, so liegt es wohl nahe zu schließen, daß durch diesen Zug das unterdrückte Material des Widerspruchs sich zur Geltung bringt. Daß ich den Hut nicht finde, bedeutet also: Du bist doch kein ehrlicher Mensch. Das Nicht-zustande-Bringen des Traums ist ein *Ausdruck des Widerspruches, ein „Nein"*, wonach also die frühere Behauptung zu korrigieren ist, daß der Traum das Nein nicht auszudrücken vermag.[130]

In anderen Träumen, welche das Nicht-zustande-Kommen der Bewegung nicht bloß als Situation, sondern als Sensation enthalten, ist derselbe Widerspruch durch die Sensation der Bewegungshemmung kräftiger ausgedrückt, als ein Wille, dem ein Gegenwille sich widersetzt. Die Sensation der Bewegungshemmung stellt also einen *Willenskonflikt* dar. Wir werden später hören, daß gerade die motorische Lähmung im Schlaf zu den fundamentalen Bedingungen des psychischen Vorgangs während des Träumens gehört. Der auf die motorischen Bahnen übertragene Impuls ist nun nichts anderes als der Wille, und daß wir sicher sind, im Schlaf diesen Impuls als gehemmt zu empfinden, macht den ganzen Vorgang so überaus geeignet zur Darstellung des *Wollens* und des „*Nein*", das sich ihm entgegensetzt. Nach meiner Erklärung der Angst begreift es sich auch leicht, daß die Sensation der Willenshemmung der Angst so nahesteht und sich im Traume so oft mit ihr verbindet. Die Angst ist ein libidinöser Impuls, der vom Unbewußten ausgeht und vom Vorbewußten gehemmt wird.[131] Wo also im Traume die Sensation der Hemmung mit Angst verbunden ist, da muß es sich um ein Wollen handeln, das einmal fähig war, Libido zu entwickeln, um eine sexuelle Regung.

Was die häufig während eines Traums auftauchende Urteilsäußerung: „Das ist ja nur ein Traum", bedeute und welcher psychischen Macht sie zuzuschreiben sei, werde ich an anderer Stelle (s. unten) erörtern. Ich nehme hier vorweg, daß sie zur Entwertung des Geträumten dienen soll. Das in der Nähe liegende interessante Problem, was dadurch ausgedrückt wird, wenn ein gewisser Inhalt

---

[130] Eine Beziehung zu einem Kindheitserlebnis ergibt sich in der vollständigen Analyse durch folgende Vermittlung: – Der Mohr hat seine Schuldigkeit getan, der Mohr kann gehen. Und dann die Scherzfrage: Wie alt ist der Mohr, wenn er seine Schuldigkeit getan hat? Ein Jahr, dann kann er gehen. (Ich soll so viel wirres schwarzes Haar mit zur Welt gebracht haben, daß mich die junge Mutter für einen kleinen Mohren erklärte.) – Daß ich den Hut nicht finde, ist ein mehrsinnig verwertetes Tageserlebnis. Unser im Aufbewahren geniales Stubenmädchen hatte ihn versteckt. – Auch die Ablehnung trauriger Todesgedanken verbirgt sich hinter diesem Traumende: Ich habe meine Schuldigkeit noch lange nicht getan; ich darf noch nicht gehen. – Geburt und Tod wie in dem kurz vorher erfolgten Traume von Goethe und dem Paralytiker.

[131] Dieser Satz hält neueren Einsichten nicht mehr stand.

im Traum selbst als „geträumt" bezeichnet wird, das Rätsel des „Traumes im Traume", hat *W. Stekel* durch die Analyse einiger überzeugender Beispiele in ähnlichem Sinne gelöst. Das „Geträumte" des Traumes soll wiederum entwertet, seiner Realität beraubt werden; was nach dem Erwachen aus dem „Traum im Traume" weiter geträumt wird, das will der Traumwunsch an die Stelle der ausgelöschten Realität setzen. Man darf also annehmen, daß das „*Geträumte*" die Darstellung der Realität, die wirkliche Erinnerung, der fortsetzende Traum im Gegenteil die Darstellung des bloß vom Träumer Gewünschten enthält. Der Einschluß eines gewissen Inhalts in einen „Traum im Traume" ist also gleichzusetzen dem Wunsche, daß das so als Traum Bezeichnete nicht hätte geschehen sollen. Mit anderen Worten: wenn eine bestimmte Begebenheit von der Traumarbeit selbst in einen Traum gesetzt wird, so bedeutet dies die entschiedenste Bestätigung der Realität dieser Begebenheit, die stärkste *Bejahung* derselben. Die Traumarbeit verwendet das Träumen selbst als eine Form der Ablehnung und bezeugt damit die Einsicht, daß der Traum eine Wunscherfüllung ist.

D
Die Rücksicht auf Darstellbarkeit

Wir haben es bisher mit der Untersuchung zu tun gehabt, wie der Traum die Relationen zwischen den Traumgedanken darstellt, griffen dabei aber mehrfach auf das weitere Thema zurück, welche Veränderung das Traummaterial überhaupt für die Zwecke der Traumbildung erfährt. Wir wissen nun, daß das Traummaterial, seiner Relationen zum guten Teile entblößt, einer Kompression unterliegt, während gleichzeitig Intensitätsverschiebungen zwischen seinen Elementen eine psychische Umwertung dieses Materials erzwingen. Die Verschiebungen, die wir berücksichtigt haben, erwiesen sich als Ersetzungen einer bestimmten Vorstellung durch eine andere ihr in der Assoziation irgendwie nahestehende, und sie wurden der Verdichtung dienstbar gemacht, indem auf solche Weise anstatt zweier Elemente ein mittleres Gemeinsames zwischen ihnen zur Aufnahme in den Traum gelangte. Von einer anderen Art der Verschiebung haben wir noch keine Erwähnung getan. Aus den Analysen erfährt man aber, daß eine solche besteht und daß sie sich in einer *Vertauschung des sprachlichen Ausdruckes* für den betreffenden Gedanken kundgibt. Es handelt sich beide Male um Verschiebung längs einer Assoziationskette, aber der gleiche Vorgang findet in verschiedenen psychischen Sphären statt, und das Ergebnis dieser Verschiebung ist das eine Mal, daß ein Element durch ein anderes substituiert wird, während im anderen Falle ein Element seine Wortfassung gegen eine andere vertauscht.

Diese zweite Art der bei der Traumbildung vorkommenden Verschiebungen hat nicht nur großes theoretisches Interesse, sondern ist auch besonders gut geeignet, den Anschein phantastischer Absurdität, mit dem der Traum sich verkleidet, aufzuklären. Die Verschiebung erfolgt in der Regel nach der Richtung, daß ein farbloser und abstrakter Ausdruck des Traumgedankens gegen einen bildlichen und konkreten eingetauscht wird. Der Vorteil, und somit die Absicht dieses Ersatzes, liegt auf der Hand. Das Bildliche ist für den Traum *darstellungsfähig*, läßt sich in eine Situation einfügen, wo der abstrakte Ausdruck der Traumdarstellung ähnliche Schwierigkeiten bereiten würde wie etwa ein politischer Leitartikel einer Zeitung der Illustration. Aber nicht nur die Darstellbarkeit, auch die Interessen der Verdichtung und der Zensur können bei diesem Tausche gewinnen. Ist erst der abstrakt ausgedrückt unbrauchbare Traumgedanke in eine bildliche Sprache umgeformt, so ergeben sich zwischen diesem neuen Ausdruck und dem übrigen Traummaterial leichter als vorher die Berührungen und Identitäten, welcher die Traumarbeit bedarf und die sie schafft, wo sie nicht vorhanden sind, denn die konkreten Termini sind in jeder Sprache ihrer Entwicklung zufolge anknüpfungsreicher als die begrifflichen. Man kann sich vorstellen, daß ein gutes Stück der Zwischenarbeit bei der Traumbildung, welche die gesonderten Traumgedanken auf möglichst knappen und einheitlichen Ausdruck im Traume zu reduzieren sucht, auf solche Weise, durch passende sprachliche Umformung, der einzelnen Gedanken vor sich geht. Der eine Gedanke, dessen Ausdruck etwa aus anderen Gründen feststeht, wird dabei verteilend und auswählend auf die Ausdrucksmöglichkeiten des anderen einwirken, und dies vielleicht von vornherein, ähnlich wie bei der Arbeit des Dichters. Wenn ein Gedicht in Reimen entstehen soll, so ist die zweite Reimzeile an zwei Bedingungen gebunden; sie muß den ihr zukommenden Sinn ausdrücken, und ihr Ausdruck muß den Gleichklang mit der ersten Reimzeile finden. Die besten Gedichte sind wohl die, wo man die Absicht, den Reim zu finden, nicht merkt, sondern wo beide Gedanken von vornherein durch gegenseitige Induzierung den sprachlichen Ausdruck gewählt haben, der mit leichter Nachbearbeitung den Gleichklang entstehen läßt.

In einigen Fällen dient die Ausdrucksvertauschung der Traumverdichtung noch auf kürzerem Wege, indem sie eine Wortfügung finden läßt, welche als zweideutig mehr als einem der Traumgedanken Ausdruck gestattet. Das ganze Gebiet des Wortwitzes wird so der Traumarbeit dienstbar gemacht. Man darf sich über die Rolle, welche dem Worte bei der Traumbildung zufällt, nicht wundern. Das Wort, als der Knotenpunkt mehrfacher Vorstellungen, ist sozusagen eine prädestinierte Vieldeutigkeit, und die Neurosen (Zwangsvorstellungen, Phobien) benützen die Vorteile, die das Wort so zur Verdichtung und Verkleidung bietet, nicht minder ungescheut wie der Traum.[132] Daß die Traumentstellung bei der Verschiebung des Ausdrucks mitprofitiert, ist leicht zu zeigen. Es ist ja irreführend, wenn ein zweideutiges Wort anstatt zweier eindeutiger gesetzt wird, und der Ersatz der alltäglich nüchternen Ausdrucksweise durch eine bildliche hält unser Verständnis auf, besonders da der Traum niemals aussagt, ob die von ihm gebrachten Elemente wörtlich oder im übertragenen Sinne zu deuten sind, direkt oder durch Vermittlung eingeschobener Redensarten auf das Traummaterial bezogen werden sollen. Es ist im allgemeinen bei der Deutung eines jeden Traumelements zweifelhaft, ob es:

a) im positiven oder negativen Sinne genommen werden soll (Gegensatzrelation);

b) historisch zu deuten ist (als Reminiszenz);

c) symbolisch, oder ob

d) seine Verwertung vom Wortlaute ausgehen soll.

Trotz dieser Vielseitigkeit darf man sagen, daß die Darstellung der Traumarbeit, die *ja nicht beabsichtigt, verstanden* zu werden, dem Übersetzer keine größeren Schwierigkeiten zumutet als etwa die alten Hieroglyphenschreiber ihren Lesern.

Beispiele von Darstellungen im Traume, die nur durch Zweideutigkeit des Ausdrucks zusammengehalten werden, habe ich bereits mehrere angeführt („Der Mund geht gut auf" im Injektionstraum; „Ich kann doch nicht gehen" im letzten Traum, S. 285, usw.). Ich werde nun einen Traum mitteilen, in dessen Analyse die Verbildlichung des abstrakten Gedankens eine größere Rolle spielt. Der Unterschied solcher Traumdeutung von der Deutung mittels Symbolik läßt sich noch immer scharf bestimmen; bei der symbolischen Traumdeutung wird der Schlüssel der Symbolisierung vom Traumdeuter willkürlich gewählt; in unseren Fällen von sprachlicher Verkleidung sind diese Schlüssel allgemein bekannt und durch feststehende Sprachübungen gegeben. Verfügt man über den richtigen Einfall zur rechten Gelegenheit, so kann man Träume dieser Art auch unabhängig von den Angaben des Träumers ganz oder stückweise auflösen.

Eine mir befreundete Dame träumt: Sie befindet sich in der Oper. Es ist eine Wagner-Vorstellung, die bis ¾ 8 Uhr morgens gedauert hat. Im Parkett und Parterre stehen Tische, an denen gespeist und getrunken wird. Ihr eben von der Hochzeitsreise heimgekehrter Vetter sitzt an einem solchen Tische mit seiner jungen Frau; neben ihnen ein Aristokrat. Von diesem heißt es, die junge Frau habe sich ihn von der Hochzeitsreise mitgebracht, ganz offen, etwa wie man einen Hut von der Hochzeitsreise mitbringt. Inmitten des Parketts befindet sich ein hoher Turm, der oben eine Plattform trägt, die von einem eisernen Gitter umgeben ist. Dort

[132] *Der Witz und seine Beziehung zum Unbewußten*, 1905, und die „Wortbrücken" in den Lösungen neurotischer Symptome.

hoch oben ist der Dirigent mit den Zügen Hans Richters; er läuft beständig hinter seinem Gitter herum, schwitzt furchtbar und leitet von diesem Posten aus das unten um die Basis des Turms angeordnete Orchester. Sie selbst sitzt mit einer (mir bekannten) Freundin in einer Loge. Ihre jüngere Schwester will ihr aus dem Parkett ein großes Stück Kohle hinaufreichen mit der Motivierung, sie habe doch nicht gewußt, daß es so lange dauern werde, und müsse jetzt wohl erbärmlich frieren. (Etwa als ob die Logen während der langen Vorstellung geheizt werden müßten.)

Der Traum ist wohl unsinnig genug, obwohl sonst gut auf eine Situation gebracht. Der Turm mitten im Parkett, von dem aus der Dirigent das Orchester leitet; vor allem aber die Kohle, die ihr die Schwester hinaufreicht! Ich habe von diesem Traume absichtlich keine Analyse verlangt; mit etwas Kenntnis von den persönlichen Beziehungen der Träumerin gelang es mir, Stücke von ihm selbständig zu deuten. Ich wußte, daß sie viel Sympathie für einen Musiker gehabt hatte, dessen Laufbahn vorzeitig durch Geisteskrankheit unterbrochen worden war. Ich entschloß mich also, den Turm im Parkett wörtlich zu nehmen. Dann kam heraus, daß der Mann, den sie an Hans Richters Stelle zu sehen gewünscht hätte, die übrigen Mitglieder des Orchesters *turmhoch* überragt. Dieser Turm ist als ein *Mischgebilde* durch *Apposition* zu bezeichnen; mit seinem Unterbau stellt er die Größe des Mannes dar, mit dem Gitter oben, hinter dem er wie ein Gefangener oder wie ein Tier im Käfig (Anspielung auf den Namen des Unglücklichen)[133] herumläuft, das spätere Schicksal desselben. „Narrenturm" wäre etwa das Wort, in dem die beiden Gedanken hätten zusammentreffen können.

Nachdem so die Darstellungsweise des Traums aufgedeckt war, konnte man versuchen, die zweite scheinbare Absurdität, die mit den Kohlen, die ihr von der Schwester gereicht werden, mit demselben Schlüssel aufzulösen. „Kohle" mußte „heimliche Liebe" bedeuten.

> „*Kein Feuer*, keine *Kohle* kann brennen so heiß
> als wie *heimliche Liebe*,
> von der niemand was weiß."

Sie selbst und ihre Freundin waren *sitzengeblieben*; die jüngere Schwester, die noch Aussicht hat zu heiraten, reicht ihr die Kohle hinauf, „weil sie doch nicht gewußt habe, *daß es so lange dauern wird*". Was so lange dauern wird, ist im Traume nicht gesagt; in einer Erzählung würden wir ergänzen: die Vorstellung; im Traume dürfen wir den Satz für sich ins Auge fassen, ihn für zweideutig erklären und hinzufügen, „bis sie heiratet". Die Deutung „heimliche Liebe" wird dann unterstützt durch die Erwähnung des Vetters, der mit seiner Frau im Parkett sitzt, und

133 Hugo Wolf.

durch die dieser letzteren angedichtete *offene Liebschaft*. Die Gegensätze zwischen heimlicher und offener Liebe, zwischen ihrem Feuer und der Kälte der jungen Frau beherrschen den Traum. Hier wie dort übrigens ein „*Hochstehender*" als Mittelwort zwischen dem Aristokraten und dem zu großen Hoffnungen berechtigenden Musiker.

Mit den vorstehenden Erörterungen haben wir endlich ein drittes Moment aufgedeckt, dessen Anteil bei der Verwandlung der Traumgedanken in den Trauminhalt nicht gering anzuschlagen ist: *Die Rücksicht auf die Darstellbarkeit in dem eigentümlichen psychischen Material, dessen sich der Traum bedient*, also zumeist in visuellen Bildern. Unter den verschiedenen Nebenanknüpfungen an die wesentlichen Traumgedanken wird diejenige bevorzugt werden, welche eine visuelle Darstellung erlaubt, und die Traumarbeit scheut nicht die Mühe, den spröden Gedanken etwa zuerst in eine andere sprachliche Form umzugießen, sei diese auch die ungewöhnlichere, wenn sie nur die Darstellung ermöglicht und so der psychologischen Bedrängnis des eingeklemmten Denkens ein Ende macht. Diese Umlagerung des Gedankeninhalts in eine andere Form kann sich aber gleichzeitig in den Dienst der Verdichtungsarbeit stellen und Beziehungen zu einem anderen Gedanken schaffen, die sonst nicht vorhanden wären. Dieser andere Gedanke mag etwa selbst zum Zwecke des Entgegenkommens vorher seinen ursprünglichen Ausdruck verändert haben.

Herbert Silberer[134] hat einen guten Weg gezeigt, wie man die bei der Traumbildung vor sich gehende Umsetzung der Gedanken in Bilder direkt beobachten und somit dies eine Moment der Traumarbeit isoliert studieren kann. Wenn er sich im Zustande der Ermüdung und Schlaftrunkenheit eine Denkanstrengung auferlegte, so ereignete es sich ihm häufig, daß der Gedanke entschlüpfte und dafür ein Bild auftrat, in dem er nun den Ersatz des Gedankens erkennen konnte. Silberer nennt diesen Ersatz nicht ganz zweckmäßig einen „autosymbolischen". Ich gebe hier einige Beispiele aus der Arbeit von Silberer wieder, auf welche ich wegen gewisser Eigenschaften der beobachteten Phänomene noch an anderer Stelle zurückkommen werde.

„Beispiel Nr. 1. Ich denke daran, daß ich vorhabe, in einem Aufsatze eine holprige Stelle auszubessern.

Symbol: Ich sehe mich ein Stück Holz glatthobeln."

„Beispiel Nr. 5. Ich suche mir den Zweck gewisser metaphysischer Studien, die ich eben zu betreiben vorhabe, zu vergegenwärtigen. Dieser Zweck besteht darin, so denke ich mir, daß man sich auf der Suche nach den Daseinsgründen zu immer höheren Bewußtseinsformen oder Daseinsschichten durcharbeitet.

---

[134] Jahrb. V. Bleuler-Freud I, 1909.

Symbol: Ich fahre mit einem langen Messer unter eine Torte, wie um ein Stück davon zu nehmen.

Deutung: Meine Bewegung mit dem Messer bedeutet das ‚Durcharbeiten', von dem die Rede ist. Die Erklärung des Symbolgrundes ist die folgende: Es fällt mir bei Tisch hie und da das Zerschneiden und Vorlegen einer Torte zu, ein Geschäft, welches ich mit einem langen, biegsamen Messer verrichte, was einige Sorgfalt erheischt. Insbesondere ist das reinliche Herausheben der geschnittenen Tortenteile mit gewissen Schwierigkeiten verbunden; das Messer muß behutsam *unter* die betreffenden Stücke geschoben werden (das langsame ‚Durcharbeiten', um zu den Gründen zu gelangen). Es liegt aber noch mehr Symbolik in dem Bild. Die Torte des Symbols war nämlich eine Dobos-Torte, also eine Torte, bei welcher das schneidende Messer durch verschiedene *Schichten* zu dringen hat (die Schichten des Bewußtseins und Denkens)."

„Beispiel Nr. 9. Ich verliere in einem Gedankengang den Faden. Ich gebe mir Mühe, ihn wiederzufinden, muß aber erkennen, daß mir der Anknüpfungspunkt vollends entfallen ist.

Symbol: Ein Stück Schriftsatz, dessen letzte Zeilen herausgefallen sind."

Angesichts der Rolle, welche Witzworte, Zitate, Lieder und Sprichwörter im Gedankenleben der Gebildeten spielen, wäre es vollkommen der Erwartung gemäß, wenn Verkleidungen solcher Art überaus häufig für Darstellung der Traumgedanken verwendet werden wollten. Was bedeuten z. B. im Traume Wagen, von denen jeder mit anderem Gemüse angefüllt ist? Es ist der Wunschgegensatz von „Kraut und Rüben", also „Durcheinander", und bedeutet demnach „Unordnung". Ich habe mich gewundert, daß mir dieser Traum nur ein einziges Mal berichtet worden ist.[135] Nur für wenige Materien hat sich eine allgemein gültige Traumsymbolik herausgebildet, auf Grund allgemein bekannter Anspielungen und Wortersetzungen. Ein gutes Teil dieser Symbolik hat übrigens der Traum mit den Psychoneurosen, den Sagen und Volksgebräuchen gemeinsam.

Ja, wenn man genauer zusieht, muß man erkennen, daß die Traumarbeit mit dieser Art von Ersetzung überhaupt nichts Originelles leistet. Zur Erreichung ihrer Zwecke, in diesem Falle der zensurfreien Darstellbarkeit, wandelt sie eben nur die Wege, die sie im unbewußten Denken bereits gebahnt vorfindet, bevorzugt sie jene Umwandlungen des verdrängten Materials, die als Witz und Anspielung auch bewußtwerden dürfen und mit denen alle Phantasien der Neurotiker erfüllt sind. Hier eröffnet sich dann plötzlich ein Verständnis für die Traumdeutungen *Scherners*, deren richtigen Kern ich an anderer Stelle verteidigt

[135] Diese Darstellung ist mir wirklich nicht wieder begegnet, so daß ich an der Berechtigung der Deutung irre geworden bin.

habe. Die Phantasiebeschäftigung mit dem eigenen Körper ist keineswegs dem Traume allein eigentümlich oder für ihn charakteristisch. Meine Analysen haben mir gezeigt, daß sie im unbewußten Denken der Neurotiker ein regelmäßiges Vorkommnis ist und auf sexuelle Neugierde zurückgeht, deren Gegenstand die Genitalien des anderen, aber doch auch des eigenen Geschlechts für den heranwachsenden Jüngling oder für die Jungfrau werden. Wie aber *Scherner* und *Volkelt* ganz zutreffend hervorheben, ist das Haus nicht der einzige Vorstellungskreis, der zur Symbolisierung der Leiblichkeit verwendet wird – im Traume so wenig wie im unbewußten Phantasieren der Neurose. Ich kenne Patienten, die allerdings die architektonische Symbolik des Körpers und der Genitalien (reicht doch das sexuelle Interesse weit über das Gebiet der äußeren Genitalien hinaus) beibehalten haben, denen Pfeiler und Säulen Beine bedeuten (wie im Hohen Lied), die jedes Tor an eine der Körperöffnungen („Loch"), die jede Wasserleitung an den Harnapparat denken läßt usw. Aber ebenso gerne wird der Vorstellungskreis des Pflanzenlebens oder der Küche zum Versteck sexueller Bilder gewählt[136]; im ersteren Falle hat der Sprachgebrauch, der Niederschlag von Phantasievergleichungen ältester Zeiten, reichlich vorgearbeitet (der „Weinberg" des Herrn, der „Samen", der „Garten" des Mädchens im Hohen Lied). In scheinbar harmlosen Anspielungen an die Verrichtungen der Küche lassen sich die häßlichsten wie die intimsten Einzelheiten des Sexuallebens denken und träumen, und die Symptomatik der Hysterie wird geradezu undeutbar, wenn man vergißt, daß sich sexuelle Symbolik hinter dem Alltäglichen und Unauffälligen als seinem besten Versteck verbergen kann. Es hat seinen guten sexuellen Sinn, wenn neurotische Kinder kein Blut und kein rohes Fleisch sehen wollen, bei Eiern und Nudeln erbrechen, wenn die dem Menschen natürliche Furcht vor der Schlange beim Neurotiker eine ungeheuerliche Steigerung erfährt, und überall, wo die Neurose sich solcher Verhüllung bedient, wandelt sie die Wege, die einst in alten Kulturperioden die ganze Menschheit begangen hat und von deren Existenz unter leichter Verschüttung heute noch Sprachgebrauch, Aberglaube und Sitte Zeugnis ablegen.

Ich füge hier den angekündigten Blumentraum einer Patientin ein, in dem ich alles, was sexuell zu deuten ist, unterstreiche. Der schöne Traum wollte der Träumerin nach der Deutung gar nicht mehr gefallen.

a) Vortraum: *Sie geht in die Küche, zu den beiden Mädchen und tadelt sie, daß sie nicht fertig werden „mit dem bissel Essen", und sieht dabei soviel umgestürztes Geschirr zum Abtropfen stehen, grobes Geschirr in Haufen zusammengestellt.* Späterer Zusatz: *Die*

[136] Reichliches Belegmaterial hiezu in den drei Ergänzungsbänden von Ed. Fuchs' *Illustr. Sittengeschichte* (Privatdrucke bei A. Langen, München)

beiden Mädchen gehen Wasser holen und müssen dabei wie in einen Fluß steigen, der bis ins Haus oder in den Hof reicht.[137]

b) Haupttraum:[138] *Sie steigt von hoch herab*[139] *über eigentümliche Geländer oder Zäune, die zu großen Carreaus vereinigt sind und aus Flechtwerk von kleinen Quadraten bestehen.*[140] *Es ist eigentlich nicht zum Steigen eingerichtet; sie hat immer Sorge, daß sie Platz für den Fuß findet, und freut sich, daß ihr Kleid dabei nirgends hängenbleibt, daß sie im Gehen so anständig bleibt.*[141] *Dabei trägt sie einen großen Ast in der Hand*[142]*, eigentlich wie einen Baum, der dick mit roten Blüten besetzt ist, verzweigt und ausgebreitet.*[143] *Dabei ist die Idee Kirschblüten, sie sehen aber auch aus wie gefüllte Kamelien, die freilich nicht auf Bäumen wachsen. Während des Herabgehens hat sie zuerst einen, dann plötzlich zwei, später wieder einen.*[144] *Wie sie unten anlangt, sind die unteren Blüten schon ziemlich abgefallen. Sie sieht dann, unten angelangt, einen Hausknecht, der einen ebensolchen Baum, sie möchte sagen – kämmt, d. h. mit einem Holz dicke Haarbüschel, die wie Moos von ihm herabhängen, rauft. Andere Arbeiter haben solche Äste aus einem Garten abgehauen und auf die Straße geworfen, wo sie herumliegen, so daß viele Leute sich davon nehmen. Sie fragt aber, ob das recht ist, ob man sich auch einen nehmen kann.*[145] *Im Garten steht ein junger Mann (von ihr bekannter Persönlichkeit, ein Fremder), auf den sie zugeht, um ihn zu fragen, wie man solche Äste in ihren eigenen Garten umsetzen könne.*[146] *Er umfängt sie, worauf sie sich sträubt und ihn fragt, was ihm einfällt, ob man sie denn so umfangen darf. Er sagt, das ist kein Unrecht, das ist erlaubt.*[147] *Er erklärt sich dann bereit, mit ihr in den anderen Garten zu gehen, um ihr das Einsetzen zu zeigen, und sagt ihr etwas, was sie nicht recht versteht: Es fehlen mir ohnedies drei Meter – (später sagt sie: Quadratmeter) oder drei Klafter Grund. Es ist, als ob er für seine Bereitwilligkeit etwas von ihr verlangen würde, als ob er die Absicht hätte, sich in ihrem Garten zu entschädigen, oder als wollte er irgendein Gesetz betrügen, einen Vorteil davon haben, ohne daß sie einen Schaden hat. Ob er ihr dann wirklich etwas zeigt, weiß sie nicht.*

---

137 Zur Deutung dieses als „kausal" zu nehmenden Vortraumes siehe S. 269 f.

138 Ihr Lebenslauf.

139 Hohe Abkunft, Wunschgegensatz zum Vortraume.

140 Mischgebilde, das zwei Lokalitäten vereinigt, den sogenannten Boden des Vaterhauses, auf dem sie mit dem Bruder spielte, dem Gegenstande ihrer späteren Phantasien, und den Hof eines schlimmen Onkels, der sie zu necken pflegte.

141 Wunschgegensatz zu einer realen Erinnerung vom Hofe des Onkels, daß sie sich im Schlafe zu entblößen pflegte.

142 Wie der Engel in der Verkündigung Mariä einen Lilienstengel.

143 Die Erklärung dieses Mischgebildes siehe S. 272: Unschuld, Periode, Kameliendame.

144 Auf die Mehrheit der ihrer Phantasie dienenden Personen.

145 Ob man sich auch einen herunterreißen darf, i. e. masturbieren.

146 Der Ast hat längst die Vertretung des männlichen Genitales übernommen, enthält übrigens eine sehr deutliche Anspielung an den Familiennamen.

147 Bezieht sich wie das Nächstfolgende auf eheliche Vorsichten.

Der vorstehende, wegen seiner symbolischen Elemente hervorgehobene Traum ist ein „biographischer“ zu nennen. Solche Träume kommen in den Psychoanalysen häufig vor, aber vielleicht nur selten außerhalb derselben.[148]

Ich habe natürlich gerade an solchem Material Überfluß, aber dessen Mitteilung würde zu tief in die Erörterung neurotischer Verhältnisse führen. Alles leitete zum gleichen Schluß, daß man keine besondere symbolisierende Tätigkeit der Seele bei der Traumarbeit anzunehmen braucht, sondern daß der Traum sich solcher Symbolisierungen, welche im unbewußten Denken bereits fertig enthalten sind, bedient, weil sie wegen ihrer Darstellbarkeit, zumeist auch wegen ihrer Zensurfreiheit, den Anforderungen der Traumbildung besser genügen.

E
Die Darstellung durch Symbole im Traume – Weitere typische Träume

Die Analyse des letzten biographischen Traums steht als Beweis dafür, daß ich die Symbolik im Traume von Anfang an erkannt habe. Zur vollen Würdigung ihres Umfangs und ihrer Bedeutung gelangte ich aber erst allmählich durch vermehrte Erfahrung und unter dem Einfluß der Arbeiten *W. Stekels*[149], über die eine Äußerung hier am Platze ist.

Dieser Autor, der der Psychoanalyse vielleicht ebensoviel geschadet als genützt hat, brachte eine große Anzahl von unvermuteten Symbolübersetzungen vor, die anfänglich nicht geglaubt wurden, später aber größtenteils Bestätigung fanden und angenommen werden mußten. *Stekels* Verdienst wird durch die Bemerkung nicht geschmälert, daß die skeptische Zurückhaltung der anderen nicht ungerechtfertigt war. Denn die Beispiele, auf welche er seine Deutungen stützte, waren häufig nicht überzeugend, und er hatte sich einer Methode bedient, die als wissenschaftlich unzuverlässig zu verwerfen ist. *Stekel* fand seine Symboldeutungen auf dem Wege der Intuition, kraft eines ihm eigenen Vermögens, die Symbole unmittelbar zu verstehen. Eine solche Kunst ist aber nicht allgemein vorauszusetzen, ihre Leistungsfähigkeit ist jeder Kritik entzogen, und ihre Ergebnisse haben daher auf Glaubwürdigkeit keinen Anspruch. Es ist ähnlich, als wollte man die Diagnose der Infektionskrankheiten auf die Geruch-

---

[148] Ein analoger „biographischer“ Traum ist der unter den Beispielen zur Traumsymbolik als dritter mitgeteilte ferner der von Rank ausführlich mitgeteilte *Traum, der sich selbst deutet*; einen anderen, der „verkehrt“ gelesen werden muß, siehe bei Stekel S. 486.

[149] W. Stekel, *Die Sprache des Traumes*, 1911.

seindrücke am Krankenbette gründen, obwohl es unzweifelhaft Kliniker gab, denen der bei den meisten verkümmerte Geruchssinn mehr leistete als anderen und die wirklich imstande waren, einen Abdominaltyphus nach dem Geruch zu diagnostizieren.

Die fortschreitende Erfahrung der Psychoanalyse hat uns Patienten auffinden lassen, die ein solches unmittelbares Verständnis der Traumsymbolik in überraschender Weise an den Tag legten. Häufig waren es an Dementia praecox Leidende, so daß eine Zeitlang die Neigung bestand, alle Träumer mit solchem Symbolverständnis dieser Affektion zu verdächtigen. Allein das trifft nicht zu, es handelt sich um eine persönliche Begabung oder Eigentümlichkeit ohne ersichtliche pathologische Bedeutung.

Wenn man sich mit der ausgiebigen Verwendung der Symbolik für die Darstellung sexuellen Materials im Traume vertraut gemacht hat, muß man sich die Frage vorlegen, ob nicht viele dieser Symbole wie die „Sigel" der Stenographie mit ein für allemal festgelegter Bedeutung auftreten, und sieht sich vor der Versuchung, ein neues Traumbuch nach der Chiffriermethode zu entwerfen. Dazu ist zu bemerken: Diese Symbolik gehört nicht dem Traume zu eigen an, sondern dem unbewußten Vorstellen, speziell des Volkes, und ist in Folklore, in den Mythen, Sagen, Redensarten, in der Spruchweisheit und in den umlaufenden Witzen eines Volkes vollständiger als im Traume aufzufinden. Wir müßten also die Aufgabe der Traumdeutung weit überschreiten, wenn wir der Bedeutung des Symbols gerecht werden und die zahlreichen, großenteils noch ungelösten Probleme erörtern wollten, welche sich an den Begriff des Symbols knüpfen.[150] Wir wollen uns hier darauf beschränken zu sagen, daß die Darstellung durch ein Symbol zu den indirekten Darstellungen gehört, daß wir aber durch allerlei Anzeichen gewarnt werden, die Symboldarstellung unterschiedslos mit den anderen Arten indirekter Darstellung zusammenzuwerfen, ohne noch diese unterscheidenden Merkmale in begrifflicher Klarheit erfassen zu können. In einer Reihe von Fällen ist das Gemeinsame zwischen dem Symbol und dem Eigentlichen, für welches es eintritt, offenkundig, in anderen ist es versteckt; die Wahl des Symbols erscheint dann rätselhaft. Gerade diese Fälle müssen auf den letzten Sinn der Symbolbeziehung Licht werfen können; sie weisen darauf hin, daß dieselbe genetischer Natur ist. Was heute symbolisch verbunden ist, war wahrscheinlich in Urzeiten durch begriffliche und sprachliche Identität ver-

[150] Vgl. die Arbeiten von Bleuler und seinen Züricher Schülern, Maeder, Abraham u. a. über Symbolik, und die nichtärztlichen Autoren, auf welche sie sich beziehen (Kleinpaul u. a.). Das Zutreffendste, was über diesen Gegenstand geäußert worden ist, findet sich in der Schrift von O. Rank und H. Sachs, *Die Bedeutung der Psychoanalyse für die Geisteswissenschaften*, 1913, Kapitel 1. Ferner E. Jones, *Die Theorie der Symbolik*, Int. Zeitschr. f. PsA, V. 1919.

eint.[151] Die Symbolbeziehung scheint ein Rest und Merkzeichen einstiger Identität. Dabei kann man beobachten, daß die Symbolgemeinschaft in einer Anzahl von Fällen über die Sprachgemeinschaft hinausreicht, wie bereits *Schubert* (1814) behauptet hat.[152] Eine Anzahl von Symbolen ist so alt wie die Sprachbildung überhaupt, andere werden aber in der Gegenwart fortlaufend neu gebildet (z. B. das Luftschiff, der Zeppelin).

Der Traum bedient sich nun dieser Symbolik zur verkleideten Darstellung seiner latenten Gedanken. Unter den so verwendeten Symbolen sind nun allerdings viele, die regelmäßig oder fast regelmäßig das nämliche bedeuten wollen. Nur möge man der eigentümlichen Plastizität des psychischen Materials eingedenk bleiben. Ein Symbol kann oft genug im Trauminhalt nicht symbolisch, sondern in seinem eigentlichen Sinne zu deuten sein; andere Male kann ein Träumer sich aus speziellem Erinnerungsmaterial das Recht schaffen, alles mögliche als Sexualsymbol zu verwenden, was nicht allgemein so verwendet wird. Wo ihm zur Darstellung eines Inhalts mehrere Symbole zur Auswahl bereitstehen, wird er sich für jenes Symbol entscheiden, das überdies noch Sachbeziehungen zu seinem sonstigen Gedankenmaterial aufweist, also eine individuelle Motivierung neben der typisch gültigen gestattet.

Wenn die neueren Forschungen über den Traum seit *Scherner* die Anerkennung der Traumsymbolik unabweisbar gemacht haben – selbst *H. Ellis* bekennt sich dazu, es sei ein Zweifel nicht möglich, daß unsere Träume von Symbolik erfüllt seien, so ist doch zuzugeben, daß die Aufgabe einer Traumdeutung durch die Existenz der Symbole im Traume nicht nur erleichtert, sondern auch erschwert wird. Die Technik der Deutung nach den freien Einfällen des Träumers läßt uns für die symbolischen Elemente des Trauminhaltes meist im Stich; eine Rückkehr zur Willkür des Traumdeuters, wie sie im Altertum geübt wurde und in den verwilderten Deutungen von *Stekel* wieder aufzuleben scheint, ist aus Motiven wissenschaftlicher Kritik ausgeschlossen. Somit nötigen uns die im Trauminhalt vorhandenen, symbolisch aufzufassenden Elemente zu einer kombinierten Technik, welche sich einerseits auf die Assoziationen des Träumers

---

[151] Diese Auffassung würde eine außerordentliche Unterstützung in einer von Dr. Hans Sperber vorgetragenen Lehre finden. Sperber (*Über den Einfluß sexueller Momente auf Entstehung und Entwicklung der Sprache*, Imago I, 1912) meint, daß die Urworte sämtlich sexuelle Dinge bezeichneten und dann diese sexuelle Bedeutung verloren, indem sie auf andere Dinge und Tätigkeiten übergingen, die mit den sexuellen verglichen wurden.

[152] So tritt z. B. das auf dem Wasser fahrende Schiff in den Harnträumen ungarischer Träumer auf, obwohl dieser Sprache die Bezeichnung „schiffen" für „urinieren" fremd ist (*Ferenczi*). In den Träumen von Franzosen und anderen Romanen dient das Zimmer zur symbolischen Darstellung der Frau, obwohl diese Völker nichts dem deutschen „Frauenzimmer" Analoges kennen.

stützt, anderseits das Fehlende aus dem Symbolverständnis des Deuters einsetzt. Kritische Vorsicht in der Auflösung der Symbole und sorgfältiges Studium derselben an besonders durchsichtigen Traumbeispielen müssen zusammentreffen, um den Vorwurf der Willkürlichkeit in der Traumdeutung zu entkräften. Die Unsicherheiten, die unserer Tätigkeit als Deuter des Traumes noch anhaften, rühren zum Teil von unserer unvollkommenen Erkenntnis her, die durch weitere Vertiefung fortschreitend gehoben werden kann, zum anderen Teil hängen sie gerade von gewissen Eigenschaften der Traumsymbole ab. Dieselben sind oft viel- und mehrdeutig, so daß, wie in der chinesischen Schrift, erst der Zusammenhang die jedesmal richtige Auffassung ermöglicht. Mit dieser Vieldeutigkeit der Symbole verbindet sich dann die Eignung des Traumes, Überdeutungen zuzulassen, in einem Inhalt verschiedene, oft ihrer Natur nach sehr abweichende Gedankenbildungen und Wunschregungen darzustellen.

Nach diesen Einschränkungen und Verwahrungen führe ich an: Der Kaiser und die Kaiserin (König und Königin) stellen wirklich zumeist die Eltern des Träumers dar, Prinz oder Prinzessin ist er selbst. Dieselbe hohe Autorität wie dem Kaiser wird aber auch großen Männern zugestanden, darum erscheint in manchen Träumen z. B. Goethe als Vatersymbol. (*Hitschmann*) – Alle in die Länge reichenden Objekte, Stöcke, Baumstämme, Schirme (des der Erektion vergleichbaren Aufspannens wegen!), alle länglichen und scharfen Waffen: Messer, Dolche, Piken, wollen das männliche Glied vertreten. Ein häufiges, nicht recht verständliches Symbol desselben ist die Nagelfeile (des Reibens und Schabens wegen?). – Dosen, Schachteln, Kästen, Schränke, Öfen entsprechen dem Frauenleib, aber auch Höhlen, Schiffe und alle Arten von Gefäßen. – Zimmer im Traume sind zumeist Frauenzimmer, die Schilderung ihrer verschiedenen Eingänge und Ausgänge macht an dieser Auslegung gerade nicht irre.[153] Das Interesse, ob das Zimmer „offen" oder „verschlossen" ist, wird in diesem Zusammenhange leicht verständlich. (Vgl. den Traum Doras im *Bruchstück einer Hysterie-Analyse.*) Welcher Schlüssel das Zimmer aufsperrt, braucht dann nicht ausdrücklich gesagt

[153] „Ein in einer Pension wohnender Patient träumt, er begegne jemand vom Dienstpersonal und frage sie, welche Nummer sie habe; sie antwortet zu seiner Überraschung: 14. Tatsächlich hat er Beziehungen zu dem in Rede stehenden Mädchen angeknüpft und auch mehrmals Zusammenkünfte mit ihr in seinem Schlafzimmer gehabt. Sie befürchtete begreiflicherweise, daß die Wirtin sie im Verdacht habe, und machte ihm am Tage vor dem Traum den Vorschlag, sich mit ihr in einem der unbewohnten Zimmer zu treffen. In Wirklichkeit hatte dieses Zimmer die Nummer 14, während im Traum das Weib diese Nummer trägt. Ein deutlicherer Beleg für die Identifizierung von Frau und Zimmer läßt sich kaum denken." (Ernest Jones, Intern. Zeitschrift f. Psychoanalyse II,1914) (Vgl. Artemidorus, *Symbolik der Träume* (übersetzt von F. S. Krauss, Wien, 1881, 110): „So z. B. bedeutet die Schlafstube die Gattin, falls eine solche im Hause ist.")

zu werden; die Symbolik von Schloß und Schlüssel hat *Uhland* im Lied vom *Grafen Eberstein* zur anmutigsten Zote gedient. – Der Traum, durch eine Flucht von Zimmern zu gehen, ist ein Bordell- oder Haremstraum. Er wird aber, wie *H. Sachs* an schönen Beispielen gezeigt hat, zur Darstellung der Ehe (Gegensatz) verwendet. – Eine interessante Beziehung zur infantilen Sexualforschung ergibt sich, wenn der Träumer von zwei Zimmern träumt, die früher eines waren, oder ein ihm bekanntes Zimmer einer Wohnung im Traume in zwei geteilt sieht oder das Umgekehrte. In der Kindheit hat man das weibliche Genitale (den Popo) für einen einzigen Raum gehalten (die infantile Kloakentheorie) und erst später erfahren, daß diese Körperregion zwei gesonderte Höhlungen und Öffnungen umfaßt. – Stiegen, Leitern, Treppen, respektive das Steigen auf ihnen, und zwar sowohl aufwärts als abwärts, sind symbolische Darstellungen des Geschlechtsaktes.[154] – Glatte Wände, über die man klettert, Fassaden von Häusern, an denen man sich – häufig unter starker Angst – herabläßt, entsprechen aufrechten menschlichen Körpern, wiederholen im Traum wahrscheinlich die Erinnerung an das Emporklettern des kleinen Kindes an Eltern und Pflegepersonen. Die „glatten" Mauern sind Männer; an den „Vorsprüngen" der Häuser hält man sich nicht selten in der Traumangst fest. – Tische, gedeckte Tische und Bretter sind gleichfalls Frauen, wohl des Gegensatzes wegen, der hier die Körperwölbungen aufhebt. „Holz" scheint überhaupt nach seinen sprachlichen Beziehungen ein Vertreter des weiblichen Stoffes (Materie) zu sein. Der Name der Insel Madeira bedeutet im Portugiesischen: Holz. Da „Tisch und Bett" die Ehe ausmachen, wird im Traum häufig der erstere für das letztere gesetzt und, soweit es angeht, der sexuelle Vorstellungskomplex auf den Eßkomplex transponiert. – Von Kleidungsstücken ist der Hut einer Frau sehr häufig mit Sicherheit als Genitale, und zwar des Mannes, zu deuten. Ebenso der Mantel, wobei es dahingestellt bleibt,

[154] Ich wiederhole hierüber, was ich an anderer Stelle (*Die zukünftigen Chancen der psychoanalytischen Therapie*, Zentralbl. f. Psychoanalyse I, 1910) geäußert habe: „Vor einiger Zeit wurde es mir bekannt, daß ein uns ferner stehender Psychologe sich an einen von uns mit der Bemerkung gewendet, wir überschätzten doch gewiß die geheime sexuelle Bedeutung der Träume. Sein häufigster Traum sei, eine Stiege hinaufzusteigen, und da sei doch gewiß nichts Sexuelles dahinter. Durch diesen Einwand aufmerksam gemacht, haben wir dem Vorkommen von Stiegen, Treppen, Leitern im Traum Aufmerksamkeit geschenkt und konnten bald feststellen, daß die Stiege (und was ihr analog ist) ein sicheres Koitussymbol darstellt. Die Grundlage der Vergleichung ist nicht schwer aufzufinden; in rhythmischen Absätzen, unter zunehmender Atemnot kommt man auf eine Höhe und kann dann in ein paar raschen Sprüngen wieder unten sein. So findet sich der Rhythmus des Koitus im Stiegensteigen wieder. Vergessen wir nicht, den Sprachgebrauch heranzuziehen. Er zeigt uns, daß das „Steigen" (ohne weiteres als Ersatzbezeichnung der sexuellen Aktion gebraucht wird. Man pflegt zu sagen, der Mann ist ein „Steiger," „nachsteigen". Im Französischen heißt die Stufe der Treppe „la marche:" „un vieux marcheur" deckt sich ganz mit unserem „ein alter Steiger."

welcher Anteil an dieser Symbolverwendung dem Wortanklang zukommt. In Träumen der Männer findet man häufig die Krawatte als Symbol des Penis, wohl nicht nur darum, weil sie lange herabhängt und für den Mann charakteristisch ist, sondern auch, weil man sie nach seinem Wohlgefallen auswählen kann, eine Freiheit, die beim Eigentlichen dieses Symbols von der Natur verwehrt ist.[155] Personen, die dies Symbol im Traume verwenden, treiben im Leben oft großen Luxus mit Krawatten und besitzen förmliche Sammlungen von ihnen. – Alle komplizierten Maschinerien und Apparate der Träume sind mit großer Wahrscheinlichkeit Genitalien – in der Regel männliche, in deren Beschreibung sich die Traumsymbolik so unermüdlich wie die Witzarbeit erweist.

Ganz unverkennbar ist es auch, daß alle Waffen und Werkzeuge zu Symbolen des männlichen Gliedes verwendet werden: Pflug, Hammer, Flinte, Revolver, Dolch, Säbel usw. – Ebenso sind viele Landschaften der Träume, besonders solche mit Brücken oder mit bewaldeten Bergen, unschwer als Genitalbeschreibungen zu erkennen. *Marcinowski* hat eine Reihe von Beispielen gesammelt, in denen die Träumer ihre Träume durch Zeichnungen erläuterten, welche die darin vorkommenden Landschaften und Räumlichkeiten darstellen sollten. Diese Zeichnungen machen den Unterschied von manifester und latenter Bedeutung im Traume sehr anschaulich. Während sie, arglos betrachtet, Pläne, Landkarten u. dgl. zu bringen scheinen, enthüllen sie sich einer eindringlicheren Untersuchung als Darstellungen des menschlichen Körpers, der Genitalien usw. und ermöglichen erst nach dieser Auffassung das Verständnis des Traumes. (Vgl. hiezu *Pfisters* Arbeiten über Kryptographie und Vexierbilder.) Auch darf man bei unverständlichen Wortneubildungen an Zusammensetzung aus Bestandteilen mit sexueller Bedeutung denken. – Auch Kinder bedeuten im Traume oft nichts anderes als Genitalien, wie ja Männer und Frauen gewohnt sind, ihr Genitale liebkosend als ihr „Kleines“ zu bezeichnen. Den „kleinen Bruder“ hat *Stekel* richtig als den Penis erkannt. Mit einem kleinen Kinde spielen, den Kleinen schlagen usw. sind häufig Traumdarstellungen der Onanie. – Zur symbolischen Darstellung der Kastration dient der Traumarbeit: die Kahlheit, das Haarschneiden, der Zahnausfall und das Köpfen. Als Verwahrung gegen die Kastration ist es aufzufassen, wenn eines der gebräuchlichen Penissymbole im Traume in Doppel- oder Mehrzahl vorkommt. Auch das Auftreten der Eidechse im Traume – eines Tie-

[155] Vgl. im Zentrabl. Psychoanal., Bd. 2, 675, die Zeichnung einer 19jährigen Manischen: ein Mann mit einer Schlange als Krawatte, die sich einem Mädchen entgegenwendet. Dazu die Geschichte *Der Schamhaftige* (Anthropophyteia, VI, 334): In eine Badestube trat eine Dame ein, und dort befand sich ein Herr, der kaum das Hemd anzulegen vermochte; er war sehr beschämt, deckte sich aber sofort den Hals mit dem Vorderteil des Hemdes zu und sagte: „Bitte um Verzeihung, bin ohne Krawatte.“

res, dem der abgerissene Schwanz nachwächst – hat dieselbe Bedeutung. (Vgl. oben den Eidechsentraum – Von den Tieren, die in Mythologie und Folklore als Genitalsymbole verwendet werden, spielen mehrere auch im Traum diese Rolle: der Fisch, die Schnecke, die Katze, die Maus (der Genitalbehaarung wegen), vor allem aber das bedeutsamste Symbol des männlichen Gliedes, die Schlange. Kleine Tiere, Ungeziefer sind die Vertreter von kleinen Kindern, z. B. der unerwünschten Geschwister; mit Ungeziefer behaftet sein ist oft gleichzusetzen der Gravidität. – Als ein ganz rezentes Traumsymbol des männlichen Genitales ist das Luftschiff zu erwähnen, welches sowohl durch seine Beziehung zum Fliegen wie gelegentlich durch seine Form solche Verwendung rechtfertigt.

Eine Reihe anderer, zum Teil noch nicht genügend verifizierter Symbole hat *Stekel* angegeben und durch Beispiele belegt. Die Schriften von *Stekel*, besonders sein Buch: *Die Sprache des Traumes*, enthalten die reichste Sammlung von Symbolauflösungen, die zum Teil scharfsinnig erraten sind und sich bei der Nachprüfung als richtig erwiesen haben, z. B. in dem Abschnitt über die Symbolik des Todes. Die mangelhafte Kritik des Verfassers und seine Neigung zu Verallgemeinerungen um jeden Preis machen aber andere seiner Deutungen zweifelhaft oder unverwendbar, so daß bei dem Gebrauch dieser Arbeiten Vorsicht dringend anzuraten ist. Ich beschränke mich darum auf die Hervorhebung weniger Beispiele.

Rechts und *Links* sollen nach *Stekel* im Traum ethisch aufzufassen sein. „Der rechte Weg bedeutet immer den Weg des Rechtes, der linke den des Verbrechens. So kann der linke Homosexualität, Inzest, Perversion, der rechte die Ehe, Verkehr mit einer Dirne usw. darstellen. Immer gewertet von dem individuell moralischen Standpunkt des Träumers" (*Stekel*, S. 466 ff.). Die *Verwandten* überhaupt spielen im Traume meistens die Rolle von Genitalien. Hier kann ich in dieser Bedeutung nur den Sohn, die Tochter, die jüngere Schwester bestätigen, soweit also das Anwendungsgebiet des „Kleinen" reicht. Dagegen erkennt man an gesicherten Beispielen die *Schwestern* als Symbole der Brüste, die *Brüder* als solche der großen Hemisphären. Das Nichteinholen eines Wagens löst *Stekel* als das Bedauern über eine nicht einzuholende Altersdifferenz. Das *Gepäck*, mit dem man reist, sei die Sündenlast, von der man gedrückt wird. Gerade das Reisegepäck erweist sich aber häufig als unverkennbares Symbol der eigenen Genitalien. Auch den häufig in Träumen vorkommenden Zahlen hat *Stekel* fixierte Symbolbedeutungen zugewiesen, doch erscheinen diese Auflösungen weder genügend sichergestellt noch allgemein gültig, wenngleich die Deutung im einzelnen Falle meist als wahrscheinlich anerkannt werden darf. Die Dreizahl ist übrigens ein mehrseitig sichergestelltes Symbol des männlichen Genitales. Eine der Verallgemeinerungen, welche *Stekel* aufstellt, bezieht sich auf die doppelsinnige Bedeutung der Genitalsymbole. „Wo gäbe es ein Symbol, das – wenn es die Phantasie nur einigermaßen erlaubt – nicht männlich und weiblich zugleich gebraucht werden könnte!" Der eingeschobene Satz nimmt allerdings viel von der Sicherheit dieser Behauptung zurück, denn die Phantasie erlaubt es eben nicht immer. Ich halte es aber doch für nicht überflüssig, auszusprechen, daß nach meinen Erfahrungen der allgemeine Satz *Stekels* vor der Anerkennung einer größeren Mannigfaltigkeit zurückzutreten hat. Außer Symbolen, die ebenso häufig für das männliche wie für das weibliche Genitale stehen, gibt es solche, die vorwiegend oder fast ausschließlich eines der Geschlechter bezeichnen, und noch andere, von denen nur die männliche oder nur die weibliche Bedeutung bekannt ist. Lange, feste Gegenstände und Waffen als Symbole des weiblichen Genitales zu gebrauchen oder hohle (Kasten, Schachteln, Dosen usw.) als Symbole des männlichen, gestattet eben die Phantasie nicht.

Es ist richtig, daß die Neigung des Traumes und der unbewußten Phantasien, die Sexualsymbole bisexuell zu verwenden, einen archaischen Zug verrät, da in der Kindheit die Verschiedenheit der Genitalien unbekannt ist und beiden Geschlechtern das nämliche Genitale zugesprochen wird. Man kann aber auch zur irrigen Annahme eines bisexuellen Sexualsymbols verleitet werden, wenn man daran vergißt, daß in manchen Träumen eine allgemeine Geschlechtsverkehrung vorgenommen wird, so daß das Männliche durch Weibliches dargestellt wird und umgekehrt. Solche Träume drücken z. B. den Wunsch einer Frau aus, lieber ein Mann zu sein.

Die Genitalien können auch im Traum durch andere Körperteile vertreten werden, das männliche Glied durch die Hand oder den Fuß, die weibliche Genitalöffnung durch den Mund, das Ohr, selbst das Auge. Die Sekrete des menschlichen Körpers – Schleim, Tränen, Harn, Sperma usw. – können im Traum füreinander gesetzt werden. Diese im ganzen richtige Aufstellung von W. *Stekel* hat eine berechtigte kritische Einschränkung durch Bemerkungen von *R. Reitler* erfahren (Internationale Zeitschrift f. Psychoanalyse I, 1913). Es handelt sich im wesentlichen um Ersetzung der bedeutungsvollen Sekrete wie des Samens durch ein indifferentes.

Diese in hohem Grade unvollständigen Andeutungen mögen genügen, um andere zu sorgfältigerer Sammelarbeit anzuregen.[156] Eine weit ausführlichere Darstellung der Traumsymbolik habe ich in meinen *Vorlesungen zur Einführung in die Psychoanalyse* (1916/17) versucht.

---

[156] Bei aller Verschiedenheit der Schernerschen Auffassung von der Traumsymbolik und der hier entwickelten muß ich doch hervorheben, daß Scherner als der eigentliche Entdecker der Symbolik im Traume anerkannt werden sollte und daß die Erfahrungen der Psychoanalyse sein für phantastisch gehaltenes, vor langen Jahren (1861) veröffentlichtes Buch nachträglich zu Ehren gebracht haben.

Ich werde nun einige Beispiele von der Verwendung solcher Symbole in Träumen anfügen, welche zeigen sollen, wie unmöglich es wird, zur Deutung des Traums zu gelangen, wenn man sich der Traumsymbolik verschließt, wie unabweisbar sich aber eine solche auch in vielen Fällen aufdrängt. An derselben Stelle möchte ich aber nachdrücklich davor warnen, die Bedeutung der Symbole für die Traumdeutung zu überschätzen, etwa die Arbeit der Traumübersetzung auf Symbolübersetzung einzuschränken und die Technik der Verwertung von Einfällen des Träumers aufzugeben. Die beiden Techniken der Traumdeutung müssen einander ergänzen; praktisch wie theoretisch verbleibt aber der Vorrang dem zuerst beschriebenen Verfahren, das den Äußerungen des Träumers die entscheidende Bedeutung beilegt, während die von uns vorgenommene Symbolübersetzung als Hilfsmittel hinzutritt.

1. Der Hut als Symbol des Mannes (Des männlichen Genitales) (Teilstück aus dem Traum einer jungen, infolge von Versuchungsangst agoraphobischen Frau)

„Ich gehe im Sommer auf der Straße spazieren, trage einen Strohhut von eigentümlicher Form, dessen Mittelstück nach oben aufgebogen ist, dessen Seitenteile nach abwärts hängen (Beschreibung hier stockend),[157] *und zwar so, daß der eine tiefer steht als der andere. Ich bin heiter und in sicherer Stimmung, und wie ich an einem Trupp junger Offiziere vorbeigehe, denke ich mir: Ihr könnt mir alle nichts anhaben."*

Da sie zu dem Hut im Traume keinen Einfall produzieren kann, sage ich ihr: Der Hut ist wohl ein männliches Genitale mit seinem empor gerichteten Mittelstück und den beiden herabhängenden Seitenteilen. Daß der Hut ein Mann sein soll, ist vielleicht sonderbar, aber man sagt ja auch: „Unter die Haube kommen!" Absichtlich enthalte ich mich der Deutung jenes Details über das ungleiche Herabhängen der beiden Seitenteile, obwohl gerade solche Einzelheiten in ihrer Determinierung der Deutung den Weg weisen müssen. Ich setze fort: Wenn sie also einen Mann mit so prächtigem Genitale hat, braucht sie sich vor den Offizieren nicht zu fürchten, d. h. nichts von ihnen zu wünschen, da sie sonst wesentlich durch ihre Versuchungsphantasien vom Gehen ohne Schutz und Begleitung abgehalten wird. Diese letztere Aufklärung ihrer Angst hatte ich ihr schon zu wiederholten Malen, auf anderes Material gestützt, geben können.

---

[157] Aus *Nachträge zur Traumdeutung*, Zentralbl. f. Psychoanalyse I, Nr. 5/6, 1911.

Es ist nun sehr beachtenswert, wie sich die Träumerin nach dieser Deutung benimmt. Sie zieht die Beschreibung des Huts zurück und will nicht gesagt haben, daß die beiden Seitenteile nach abwärts hingen. Ich bin des Gehörten zu sicher, um mich beirren zu lassen, und beharre dabei. Sie schweigt eine Weile und findet dann den Mut zu fragen, was es bedeute, daß bei ihrem Manne ein Hoden tiefer stehe als der andere, und ob es bei allen Männern so sei. Damit war dies sonderbare Detail des Hutes aufgeklärt und die ganze Deutung von ihr akzeptiert.

Das Hutsymbol war mir längst bekannt, als mir die Patientin diesen Traum mitteilte. Aus anderen, aber minder durchsichtigen Fällen glaubte ich zu entnehmen, daß der Hut auch für ein weibliches Genitale stehen kann.[158]

2. Das Kleine ist das Genitale – Das Überfahrenwerden ist ein Symbol des Geschlechtsverkehres (Ein anderer Traum derselben agoraphobischen Patientin)

Ihre Mutter schickt ihre kleine Tochter weg, damit sie allein gehen muß. Sie fährt dann mit der Mutter in der Eisenbahn und sieht ihre Kleine direkt auf den Schienenweg zugehen, so daß sie überfahren werden muß. Man hört die Knochen krachen (dabei ein unbehagliches Gefühl, aber kein eigentliches Entsetzen). Dann sieht sie sich aus dem Waggonfenster um, ob man nicht hinten die Teile sieht. Dann macht sie ihrer Mutter Vorwürfe, daß sie die Kleine allein hat gehen lassen.

Analyse: Die vollständige Deutung des Traumes ist hier nicht leicht zu geben, Er stammt aus einem Zyklus von Träumen und kann nur im Zusammenhange mit diesen anderen voll verstanden werden. Es ist eben nicht leicht, das für den Erweis der Symbolik benötigte Material genügend isoliert zu bekommen. – Die Kranke findet zuerst, daß die Eisenbahnfahrt historisch zu deuten ist, als Anspielung auf eine Fahrt von einer Nervenheilanstalt weg, in deren Leiter sie natürlich verliebt war. Die Mutter holte sie von dort ab, der Arzt erschien auf dem Bahnhof und überreichte ihr einen Strauß Blumen zum Abschied; es war ihr unangenehm, daß die Mutter Zeugin dieser Huldigung sein mußte. Hier erscheint also die Mutter als Störerin ihrer Liebesbestrebungen, welche Rolle der strengen Frau während ihrer Mädchenjahre wirklich zugefallen war. – Der

[158] Vgl. ein solches Beispiel in der Mitteilung von Kirchgraber (Zentralbl. f. PsA. III,1912 S. 95). Von Stekel (1 Jahrbuch, Bd. I, 1909, S. 475) wird ein Traum mitgeteilt, in welchem der Hut mit schiefstehender Feder in der Mitte den (impotenten) Mann symbolisiert.

nächste Einfall bezieht sich auf den Satz: sie sieht sich um, ob man nicht die Teile von hinten sieht. In der Traumfassade müßte man natürlich an die Teile des überfahrenen und zermalmten Töchterchens denken. Der Einfall weist aber nach ganz anderer Richtung. Sie erinnert, daß sie einmal den Vater im Badezimmer nackt von rückwärts gesehen, kommt auf die Geschlechtsunterschiede zu sprechen und hebt hervor, daß man beim Manne die Genitalien noch von rückwärts sehen könne, beim Weibe aber nicht. In diesem Zusammenhange deutet sie nun selbst, daß das Kleine das Genitale sei, ihre Kleine (sie hat eine vierjährige Tochter) ihr eigenes Genitale. Sie macht der Mutter den Vorwurf, daß sie verlangt hätte, sie solle so leben, als ob sie kein Genitale hätte, und findet diesen Vorwurf in dem einleitenden Satz des Traumes wieder: Die Mutter schickte ihre Kleine weg, damit sie allein gehen mußte. In ihrer Phantasie bedeutet das Alleingehen auf der Straße keinen Mann, keine sexuelle Beziehung haben (*coire* = zusammengehen), und das mag sie nicht. Nach allen ihren Angaben hat sie wirklich als Mädchen unter der Eifersucht der Mutter infolge ihrer Bevorzugung durch den Vater gelitten.

Die tiefere Deutung dieses Traumes ergibt sich aus einem anderen Traum derselben Nacht, in dem sie sich mit ihrem Bruder identifiziert. Sie war wirklich ein bubenhaftes Mädel, mußte oft hören, daß an ihr ein Bub verlorengegangen sei. Zu dieser Identifizierung mit dem Bruder wird es dann besonders klar, daß das „Kleine" das Genitale bedeutet. Die Mutter droht ihm (ihr) mit der Kastration, die nichts anderes als Bestrafung für das Spielen mit dem Gliede sein kann, und somit zeigt die Identifizierung, daß sie selbst als Kind onaniert hat, was ihre Erinnerung bisher nur vom Bruder bewahrt hatte. Eine Kenntnis des männlichen Genitales, die ihr später verlorenging, muß sie nach den Angaben dieses zweiten Traums damals früh erworben haben. Ferner deutet der zweite Traum auf die infantile Sexualtheorie hin, daß die Mädel durch Kastration aus Buben hervorgehen. Nachdem ich ihr diese Kindermeinung vorgetragen, findet sie sofort eine Bestätigung hiefür in der Kenntnis der Anekdote, daß der Bub das Mädel fragt: Abgeschnitten? worauf das Mädel antwortet: Nein, immer so g'west.

Das Wegschicken der Kleinen, des Genitales, im ersten Traum, bezieht sich also auch auf die Kastrationsdrohung. Schließlich grollt sie der Mutter, daß sie sie nicht als Knaben geboren hat.

Daß das „Überfahrenwerden" sexuellen Verkehr symbolisiert, würde aus diesem Traume nicht evident, wenn man es nicht aus zahlreichen anderen Quellen sicher wüßte.

3. Darstellung des Genitales durch Gebäude, Stiegen, Schachte (Traum eines durch seinen Vaterkomplex gehemmten jungen Mannes)

„Er geht mit seinem Vater an einem Ort spazieren, der gewiß der Prater ist, denn man sieht die Rotunde, vor dieser einen kleineren Vorbau, an dem ein Fesselballon angebracht ist, der aber ziemlich schlaff scheint. Sein Vater fragt ihn, wozu das alles ist; er wundert sich darüber, erklärt es ihm aber. Dann kommen sie in einen Hof, in dem eine große Platte von Blech ausgebreitet liegt. Sein Vater will sich ein großes Stück davon abreißen, sieht sich aber vorher um, ob es nicht jemand bemerken kann. Er sagt ihm, er braucht es doch nur dem Aufseher zu sagen, dann kann er sich ohne weiteres davon nehmen. Aus diesem Hof führt eine Treppe in einen Schacht hinunter, dessen Wände weich ausgepolstert sind, etwa wie ein Lederfauteuil. Am Ende dieses Schachtes ist eine längere Plattform, und dann beginnt ein neuer Schacht...“

Analyse: Dieser Träumer gehörte einem therapeutisch nicht günstigen Typus von Kranken an, die bis zu einem gewissen Punkt der Analyse überhaupt keine Widerstände machen und sich von da an fast unzugänglich erweisen. Diesen Traum deutete er fast selbständig. Die Rotunde, sagte er, ist mein Genitale, der Fesselballon davor mein Penis, über dessen Schlaffheit ich zu klagen habe. Man darf also eingehender übersetzen, die Rotunde sei das – vom Kind regelmäßig zum Genitale gerechnete – Gesäß, der kleinere Vorbau der Hodensack. Im Traum fragt ihn der Vater, was das alles ist, d. h. nach Zweck und Verrichtung der Genitalien. Es liegt nahe, diesen Sachverhalt umzukehren, so daß er der fragende Teil wird. Da eine solche Befragung des Vaters in Wirklichkeit nie stattgefunden hat, muß man den Traumgedanken als Wunsch auffassen oder ihn etwa konditionell nehmen: „Wenn ich den Vater um sexuelle Aufklärung gebeten hätte.“ Die Fortsetzung dieses Gedankens werden wir bald an anderer Stelle finden.

Der Hof, in dem das Blech ausgebreitet liegt, ist nicht in erster Linie symbolisch zu fassen, sondern stammt aus dem Geschäftslokal des Vaters. Aus Gründen der Diskretion habe ich das „Blech“ für das andere Material, mit dem der Vater handelt, eingesetzt, ohne sonst etwas am Wortlaut des Traumes zu ändern. Der Träumer ist in das Geschäft des Vaters eingetreten und hat an den eher unkorrekten Praktiken, auf denen der Gewinn zum Teil beruht, gewaltigen Anstoß genommen. Daher dürfte die Fortsetzung des obigen Traumgedankens lauten: „(Wenn ich ihn gefragt hätte), würde er mich betrogen haben, wie er seine Kunden betrügt.“ Für das *Abreißen*, welches der Darstellung der geschäftlichen Unredlichkeit dient, gibt der Träumer selbst die zweite Erklärung, es bedeute die Onanie. Dies ist uns nicht nur längst bekannt (siehe oben, S. 294, Anm. 145), sondern stimmt auch sehr gut dazu, daß das Geheimnis der Onanie durch das Gegenteil ausgedrückt ist (man darf es ja offen tun). Es entspricht dann allen

Erwartungen, daß die onanistische Tätigkeit wieder dem Vater zugeschoben wird, wie die Befragung in der ersten Traumszene. Den Schacht deutet er sofort unter Berufung auf die weiche Polsterung der Wände als Vagina. Daß das Herabsteigen wie sonst das Aufsteigen den Koitusverkehr in der Vagina beschreiben will, setze ich aus anderer Kenntnis ein (vgl. meine Bemerkung im Zentralbl. f. Psychoanalyse I, 1, 1910).

Die Einzelheiten, daß auf den ersten Schacht eine längere Plattform folgt und dann ein neuer Schacht, erklärt er selbst biographisch. Er hat eine Zeitlang koitiert, dann den Verkehr infolge von Hemmungen aufgegeben und hofft ihn jetzt mit Hilfe der Kur wieder aufnehmen zu können. Der Traum wird aber gegen Ende undeutlicher, und dem Kundigen muß es plausibel erscheinen, daß sich schon in der zweiten Traumszene der Einfluß eines anderen Themas geltend mache, auf welches das Geschäft des Vaters, sein betrügerisches Vorgehen, die erste als Schacht dargestellte Vagina deuten, so daß man eine Beziehung auf die Mutter annehmen kann.

4. Das männliche Genitale durch Personen, das weibliche durch eine Landschaft symbolisert (Traum einer Frau aus dem Volke, deren Mann Wachmann ist, mitgeteilt von *B. Dattner*)

„*... Dann sei jemand in die Wohnung eingebrochen und sie habe angstvoll nach einem Wachmann gerufen. Dieser aber sei mit zwei „Pülchern" einträchtig in eine Kirche*[159] *gegangen, zu der mehrere Stufen*[160] *emporführten; hinter der Kirche sei ein Berg*[161] *gewesen und oben ein dichter Wald.*[162] *Der Wachmann sei mit einem Helm, Ringkragen und Mantel*[163] *versehen gewesen. Er habe einen braunen Vollbart gehabt. Die beiden Vaganten, die friedlich mit dem Wachmann gegangen seien, hätten sackartig aufgebundene Schürzen um die Lenden gehabt.*[164] *Vor der Kirche habe zum Berg ein Weg geführt. Dieser sei beiderseits mit Gras und Gestrüpp verwachsen gewesen, das immer dichter wurde und auf der Höhe des Berges ein ordentlicher Wald geworden sei.*"

159 Oder Kapelle = Vagina.

160 Symbol des Koitus.

161 Mons veneris.

162 *Crines pubis.*

163 Dämonen in Mänteln und Kapuzen sind nach der Aufklärung eines Fachmannes phallischer Natur.

164 Die beiden Hälften des Hodensackes.

5. Kastrationsträume bei Kindern

a) „Ein Knabe von drei Jahren und fünf Monaten, dem die Wiederkehr des Vaters aus dem Felde sichtlich unbequem ist, erwacht eines Morgens verstört und aufgeregt und wiederholt immerfort die Frage: *Warum hat Papi seinen Kopf auf einem Teller getragen? Heute nacht hat Papi seinen Kopf auf einem Teller getragen.*"
b) „Ein heute an schwerer Zwangsneurose leidender Student erinnert, daß er im sechsten Lebensjahr wiederholt folgenden Traum gehabt hat: *Er geht zum Friseur, um sich die Haare schneiden zu lassen. Da kommt eine große Frau mit strengen Zügen auf ihn zu und schlägt ihm den Kopf ab. Die Frau erkennt er als die Mutter.*"

6. Zur Harnsymbolik

Die hier reproduzierten Zeichnungen stammen aus einer Reihe von Bildern, die *Ferenczi* in einem ungarischen Witzblatt (Fidibusz) aufgefunden und in ihrer Brauchbarkeit zur Illustration der Traumtheorie erkannt hat. *O. Rank* hat das (siehe S. 309) als „*Traum der französischen Bonne*" überschriebene Blatt bereits in seiner Arbeit über die Symbolschichtung im Wecktraum usw. verwertet.

Erst das letzte Bild, welches das Erwachen der Bonne infolge des Geschreis des Kindes enthält, zeigt uns, daß die früheren sieben die Phasen eines Traumes darstellen. Das erste Bild anerkennt den Reiz, der zum Erwachen führen sollte. Der Knabe hat ein Bedürfnis geäußert und verlangt die entsprechende Hilfeleistung. Der Traum vertauscht aber die Situation im Schlafzimmer mit der eines Spazierganges. Im zweiten Bild hat sie den Knaben bereits an eine Straßenecke gestellt, er uriniert, und – sie darf weiterschlafen. Der Weckreiz hält aber an, ja er verstärkt sich; der Knabe, der sich nicht beachtet findet, brüllt immer kräftiger. Je dringender er das Erwachen und die Hilfeleistung seiner Bonne fordert, desto mehr steigert deren Traum seine Versicherung, daß alles in Ordnung sei und daß sie nicht zu erwachen brauche. Er übersetzt dabei den Weckreiz in die Dimensionen des Symbols. Der Wasserstrom, welchen der urinierende Knabe liefert, wird immer mächtiger. Im vierten Bilde trägt er bereits einen Kahn, dann eine Gondel, ein Segelschiff, endlich ein großes Dampfschiff! Der Kampf zwischen dem eigensinnigen Schlafbedürfnis und dem unermüdlichen Weckreiz ist hier in geistreichster Weise von einem mutwilligen Künstler verbildlicht.

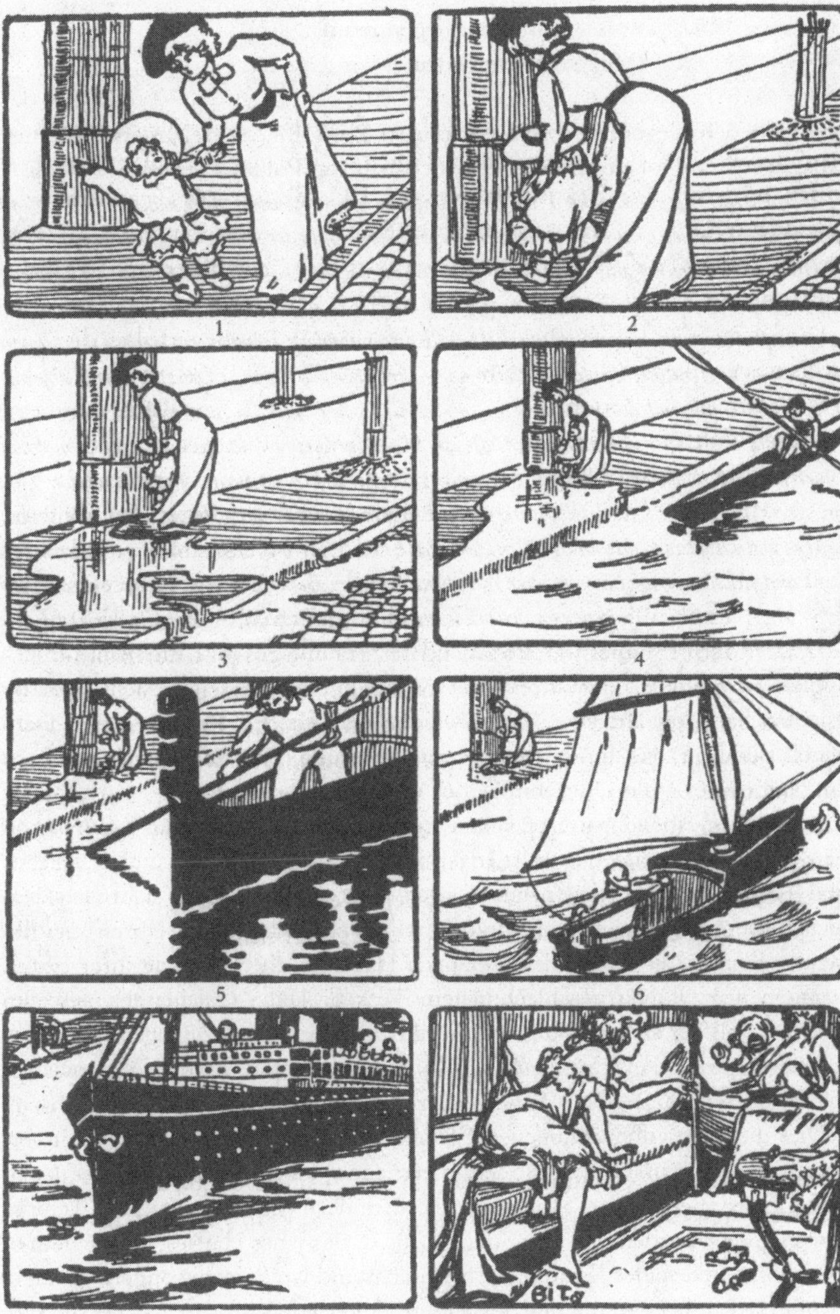

Traum der französichen Bonne

7. Ein Stiegentraum
(Mitgeteilt und gedeutet von *Otto Rank*)

„Demselben Kollegen, von dem der (unten S. 324f.) Zahnreiztraum herrührt, verdanke ich den folgenden ähnlich durchsichtigen Pollutionstraum:

‚Ich jage im Stiegenhaus die T r e p p e hinunter einem kleinen Mädchen, das mir irgend etwas getan hat, nach, um es zu bestrafen. Unten am Ende der Stiege hält mir jemand (eine erwachsene weibliche Person?) das Kind auf; ich fasse es, weiß aber nicht, ob ich es geschlagen habe, denn plötzlich befand ich mich mitten auf der S t i e g e, wo ich das Kind (gleichsam wie in der Luft) koitierte. Eigentlich war es kein Koitus, sondern ich rieb nur mein Genitale an ihrem äußeren Genitale, wobei ich dieses sowie ihren seitwärts zurückgelegten Kopf überaus deutlich sah. Während des Sexualaktes sah ich links über mir (auch wie in der Luft) zwei kleine Gemälde hängen, Landschaften, die ein Haus im Grünen darstellten. Auf dem einen kleineren stand unten an Stelle der Namenssignatur des Malers mein eigener Vorname, als wäre es für mich zum Geburtstagsgeschenk bestimmt. Dann hing noch ein Zettel vor beiden Bildern, worauf stand, daß billigere Bilder auch zur Verfügung, stehen; (ich sehe mich dann höchst undeutlich so wie oben auf dem Treppenabsatz im Bette liegen) und erwache durch die Empfindung der Nässe, welche von der erfolgten Pollution herrührt.‘

Deutung: Der Träumer war am Abend des Traumtages im Laden eines Buchhändlers gewesen, wo er während der Wartezeit einige der ausgestellten Bilder besichtigt hatte, die ähnliche Motive wie die Traumbilder darstellten. Bei einem kleinen Bildchen, das ihm besonders gefallen hatte, trat er näher und sah nach dem Namen des Malers, der ihm jedoch völlig unbekannt war.

Am selben Abend hatte er später in Gesellschaft von einem böhmischen Dienstmädchen erzählen gehört, das sich gerühmt hatte, ihr außereheliches Kind sei ‚auf der Stiege gemacht worden‘. Der Träumer hatte sich nach dem Detail dieses nicht alltäglichen Vorkommnisses erkundigt und erfahren, daß das Dienstmädchen mit ihrem Verehrer nach Hause in die Wohnung ihrer Eltern gegangen war, wo zu geschlechtlichem Verkehr keine Gelegenheit gewesen wäre, und daß der erregte Mann den Koitus auf der Stiege vollzogen hatte. Der Träumer hatte dazu in scherzhafter Anspielung auf den boshaften Ausdruck für Weinfälscherei geäußert: das Kind sei wirklich ‚auf der Kellerstiege gewachsen‘.

Dies die Tagesanknüpfungen, die ziemlich aufdringlich im Trauminhalt vertreten sind und vom Träumer ohne weiteres reproduziert werden. Ebenso leicht produziert er aber ein altes Stück infantiler Erinnerung, das ebenfalls im Traume Verwendung gefunden hat. Das Stiegenhaus ist das jenes Hauses, in welchem er den größten Teil seiner Kinderjahre verbracht und wo er insbesondere die erste bewußte Bekanntschaft mit den Sexualproblemen gemacht hatte. In diesem Stiegenhaus hatte er häufig gespielt und war dabei unter anderem auch rittlings längs des Geländers hinuntergerutscht, wobei er sexuelle Erregung verspürt hatte. Im Traume eilt er nun ebenfalls ungemein rasch über die Stiege hinunter, so rasch, daß er nach eigener deutlicher Angabe die einzelnen Stufen gar nicht berührt, sondern, wie man zu sagen pflegt, hinunter*fliegt* oder rutscht. Mit Bezug auf das infantile Erlebnis scheint dieser Beginn des Traumes den Moment der sexuellen Erregung darzustellen. – In diesem Stiegenhaus und der dazugehörigen Wohnung hatte der Träumer aber auch mit den Nachbarskindern häufig sexuelle Raufspiele getrieben, wobei er sich in ähnlicher Weise befriedigt hatte, wie es im Traume geschieht.

Weiß man aus Freuds sexualsymbolischen Forschungen (s. Zentralbl. f PsA, Heft 1, S. 2 f), daß die Stiege und das Stiegensteigen im Traume fast regelmäßig den Koitus symbolisieren, so wird der Traum völlig durchsichtig. Seine Triebkraft ist, wie ja auch sein Effekt, die Pollution, zeigt, rein libidinöser Natur. Im Schlafzustand erwacht die sexuelle Erregung (im Traume dargestellt durch das Hinuntereilen – rutschen – über die Stiege), deren sadistischer Einschlag auf Grund der Raufspiele in der Verfolgung und Überwältigung des Kindes angedeutet ist. Die libidinöse Erregung steigert sich und drängt zur sexuellen Aktion (dargestellt im Traume durch das Fassen des Kindes und seine Beförderung in die Mitte der Stiege). Bis daher wäre der Traum rein sexualsymbolisch und für den wenig geübten Traumdeuter völlig undurchsichtig. Aber der überstarken libidinösen Erregung genügt diese symbolische Befriedigung nicht, welche die Ruhe des Schlafes gewährleistet hätte. Die Erregung führt zum Orgasmus, und damit wird die ganze Stiegensymbolik als Vertretung des Koitus entlarvt. – Wenn Freud als einen der Gründe für die sexuelle Verwertung des Stiegensymbols den rhythmischen Charakter beider Aktionen hervorhebt, so scheint dieser Traum besonders deutlich dafür zu sprechen, da nach ausdrücklicher Angabe des Träumers die Rhythmik seines Sexualaktes, das Auf- und Niederreiben, das im ganzen Traum am deutlichsten ausgeprägte Element gewesen war. Noch eine Bemerkung über die beiden Bilder, die, abgesehen von ihrer realen Bedeutung, auch in symbolischem Sinne als „Weibsbilder" gelten, was schon daraus hervorgeht, daß es sich um ein großes und ein kleines Bild handelt, ebenso wie im Trauminhalt ein großes (erwachsenes) und ein kleines Mädchen vorkommen. Daß auch billigere Bilder zur Verfügung stehen, führt zum Prostituiertenkomplex, wie andererseits der Vorname des Träumers auf dem kleinen Bilde und der Gedanke, es sei ihm zum Geburtstag bestimmt, auf den Elternkomplex hinweisen (auf der Stiege geboren = im Koitus erzeugt). Die undeutliche Schlußszene, wo der Träumer sich selbst oben auf dem Treppenabsatze im Bette liegen sieht und Nässe verspürt, scheint über die infantile Onanie hinaus noch weiter in die Kindheit zurückzuweisen und vermutlich lustvolle Szenen von Bettnässen zum Vorbild zu haben."

8. Ein modifizierter Stiegentraum

Ich mache einem meiner Patienten, einem schwerkranken Abstinenten, dessen Phantasie an seine Mutter fixiert ist und der wiederholt vom Treppensteigen in Begleitung der Mutter geträumt hat, die Bemerkung, daß mäßige Masturbation ihm wahrscheinlich weniger schädlich wäre als seine erzwungene Enthaltsamkeit. Diese Beeinflussung provoziert folgenden Traum:
„Sein Klavierlehrer mache ihm Vorwürfe, daß er sein Klavierspiel vernachlässige, die ‚Etüden' von Moscheles sowie den ‚Gradus ad Parnassum' von Clementi nicht übt."

Er bemerkt hiezu, der Gradus sei ja auch eine Stiege und die Klaviatur selbst sei eine Stiege, weil sie eine Skala enthalte.

Man darf sagen, es gibt keinen Vorstellungskreis, der sich der Darstellung sexueller Tatsachen und Wünsche verweigern würde.

9. Wirklichkeitsgefühl und Darstellung der Wiederholung

Ein jetzt 35jähriger Mann erzählt einen gut erinnerten Traum, den er mit vier Jahren gehabt haben will: *Der Notar, bei dem das Testament des Vaters hinterlegt war* – er hatte den Vater im Alter von drei Jahren verloren – *brachte zwei große Kaiserbirnen, von denen er eine zum Essen bekam. Die andere lag auf dem Fensterbrett des Wohnzimmers.* Er erwachte mit der Überzeugung von der Realität des Geträumten und verlangte hartnäckig von der Mutter die zweite Birne; sie liege doch auf dem Fensterbrett. Die Mutter lachte darüber.

Analyse: Der Notar war ein jovialer alter Herr, der, wie er sich zu erinnern glaubt, wirklich einmal Birnen mitbrachte. Das Fensterbrett war so, wie er es im Traume sah. Anderes will ihm dazu nicht einfallen; etwa noch, daß die Mutter kürzlich ihm einen Traum erzählt. Sie hat zwei Vögel auf ihrem Kopfe sitzen, fragt sich, wann sie fortfliegen werden, aber sie fliegen nicht fort, sondern der eine fliegt zu ihrem Munde und saugt aus ihm.

Das Versagen der Einfälle des Träumers gibt uns das Recht, die Deutung durch Symbolersetzung zu versuchen. Die beiden Birnen – *pommes ou poires* – sind die Brüste der Mutter, die ihn genährt hat; das Fensterbrett der Vorsprung des Busens, analog den Balkonen im Häusertraum (vgl. S. 299). Sein Wirklichkeitsgefühl nach dem Erwachen hat recht, denn die Mutter hat ihn wirklich gesäugt, sogar weit über die gebräuchliche Zeit hinaus, und die Mutterbrust wäre noch immer zu haben. Der Traum ist zu übersetzen: Mutter, gib (zeig') mir die Brust wieder, an der ich früher einmal getrunken habe. Das „früher" wird durch das Essen der einen Birne dargestellt, das „wieder" durch das Verlangen nach der anderen. Die zeitliche *Wiederholung* eines Akts wird im Traum regelmäßig zur *zahlenmäßigen Vermehrung* eines Objektes.

Es ist natürlich sehr auffällig, daß die Symbolik bereits im Traume eines Vierjährigen eine Rolle spielt, aber dies ist nicht Ausnahme, sondern Regel. Man darf sagen, der Träumer verfügt über die Symbolik *von allem Anfang an.*

Wie frühzeitig sich der Mensch, auch außerhalb des Traumlebens, der symbolischen Darstellung bedient, mag folgende unbeeinflußte Erinnerung einer jetzt 27jährigen Dame lehren: *Sie ist zwischen drei und vier Jahre alt. Das Kindermädchen treibt sie, ihren um elf Monate jüngeren Bruder und eine im Alter zwischen beiden stehende Cousine auf den Abort, damit sie dort vor dem Spaziergang ihre kleinen Geschäfte verrichten. Sie setzt sich als die älteste auf den Sitz, die beiden anderen auf Töpfe. Sie fragt die Cousine: Hast du auch ein Portemonnaie? Der Walter hat ein Würstchen, ich hab ein Portemonnaie. Antwort der Cousine: ja, ich hab' auch ein Portemonnaie. Das Kindermädchen hat lachend zugehört und erzählt die Unterhaltung der Mama, die mit einer scharfen Zurechtweisung reagiert.*

Es sei hier ein Traum eingeschaltet, dessen hübsche Symbolik eine Deutung mit geringer Nachhilfe der Träumerin gestattete:

10. „Zur Frage der Symbolik in den Träumen Gesunder"[165]

„Ein von den Gegnern der Psychoanalyse häufig – zuletzt auch von *Havelock Ellis* [166] – vorgebrachter Einwand lautet, daß die Traumsymbolik vielleicht ein Produkt der neurotischen Psyche sei, aber keineswegs für die normale Gültigkeit habe. Während nun die psychoanalytische Forschung zwischen normalem und neurotischem Seelenleben überhaupt keine prinzipiellen, sondern nur quantitative Unterschiede kennt, zeigt die Analyse der Träume, in denen ja bei Gesunden und Kranken in gleicher Weise die verdrängten Komplexe wirksam sind, die volle Identität der Mechanismen wie der Symbolik. Ja die unbefangenen Träume Gesunder enthalten oft eine viel einfachere, durchsichtigere und mehr charakteristische Symbolik als die neurotischer Personen, in denen sie infolge der stärker wirkenden Zensur und der hieraus resultierenden weitergehenden Traumentstellung häufig gequält, dunkel und schwer zu deuten ist. Der in folgendem mitgeteilte Traum diene zur Illustrierung dieser Tatsache. Er stammt von einem nicht neurotischen Mädchen von eher prüdem und zurückhaltendem Wesen; im Laufe des Gespräches erfahre ich, daß sie verlobt ist, daß sich aber der Heirat

---

[165] Alfred Robitsek im Zentralbl. f. PsA. II, 1912, S. 340.
[166] *The World of Dreams*, London 1911, S. 168.

Hindernisse entgegenstellen, die sie zu verzögern geeignet sind. Sie erzählt mir spontan folgenden Traum:

,*I arrange the centre of a table with flowers for a birthclay.*' (Ich richte die Mitte eines Tisches mit Blumen für einen Geburtstag her.) Auf Fragen gibt sie an, sie sei im Traume wie in ihrem Heim gewesen (das sie zur Zeit nicht besitzt) und habe ein *Glücksgefühl* empfunden.

Die „populäre" Symbolik ermöglicht mir, den Traum für mich zu übersetzen. Er ist der Ausdruck ihrer bräutlichen Wünsche: der Tisch mit dem Blumenmittelstück ist symbolisch für sie selbst und das Genitale; sie stellt ihre Zukunftswünsche erfüllt dar, indem sie sich bereits mit dem Gedanken an die Geburt eines Kindes beschäftigt; die Hochzeit liegt also längst hinter ihr.

Ich mache sie darauf aufmerksam, daß ,*the centre of a table*' ein ungewöhnlicher Ausdruck sei, was sie zugibt, kann hier aber natürlich nicht direkt weiterfragen. Ich vermied es sorgfältig, ihr die Bedeutung der Symbole zu suggerieren, und fragte sie nur, was ihr zu den einzelnen Teilen des Traumes in den Sinn komme. Ihre Zurückhaltung wich im Verlaufe der Analyse einem deutlichen Interesse an der Deutung und einer Offenheit, die der Ernst des Gespräches ermöglichte. – Auf meine Frage, was für Blumen es gewesen seien, antwortete sie zunächst: ,*expensive flowers; one has to pay for them*' (teuere Blumen, für die man zahlen muß), dann, es seien ,*lilies of the valley, violets and pinks or carnations*' gewesen (Maiglöckchen, wörtlich: Lilien vom Tale, Veilchen und Nelken). Ich nahm an, daß das Wort *Lilie* in diesem Traume in seiner populären Bedeutung als Keuschheitssymbol erscheine; sie bestätigte diese Annahme, indem ihr zu ,*Lilie*' ,*purity*' (Reinheit) einfiel. ,*Valley*', das Tal, ist ein häufiges weibliches Traumsymbol; so wird das zufällige Zusammentreffen der beiden Symbole in dem englischen Namen für Maiglöckchen zur Traumsymbolik, zur Betonung ihrer kostbaren Jungfräulichkeit – *expensive flowers, one has to pay for them* – verwendet und zum Ausdruck der Erwartung, daß der Mann ihren Wert zu würdigen wissen werde. Die Bemerkung *expensive flowers* etc. hat, wie sich zeigen wird, bei jedem der drei Blumensymbole eine andere Bedeutung.

Den geheimen Sinn der scheinbar recht asexuellen ,*violets*' suchte ich mir – recht kühn, wie ich meinte – mit einer unbewußten Beziehung zum französischen ,*viol*' zu erklären. Zu meiner Überraschung assoziierte die Träumerin ,*violate*', das englische Wort für vergewaltigen. Die zufällige große Wortähnlichkeit von *violet* und *violate* – in der englischen Aussprache unterscheiden sie sich nur durch eine Akzentverschiedenheit der letzten Silbe – wird vom Traume benutzt, um ,durch die Blume' den Gedanken an die Gewaltsamkeit der Defloration (auch dieses Wort benutzt die Blumensymbolik), vielleicht auch einen masochistischen Zug des Mädchens zum Ausdruck zu bringen. Ein schönes Beispiel für die Wortbrücken, über welche die Wege zum Unbewußten führen. Das *‚one has to pay for them‘* bedeutet hier das Leben, mit dem sie das Weib- und Mutterwerden bezahlen muß.

Bei *‚pinks‘*, die sie dann *‚carnations‘* nennt, fällt mir die Beziehung dieses Wortes zum „Fleischlichen" auf. Ihr Einfall dazu lautete aber *‚colour‘* (Farbe). Sie fügte hinzu, daß *carnations* die Blumen seien, welche ihr von ihrem Verlobten häufig und in großen Mengen geschenkt werden. Zu Ende des Gespräches gesteht sie plötzlich spontan, sie habe mir nicht die Wahrheit gesagt, es sei ihr nicht *‚colour‘*, sondern *‚incarnation‘* (Fleischwerdung) eingefallen, welches Wort ich erwartet hatte; übrigens ist auch ‚colour‘ als Einfall nicht entlegen, sondern durch die Bedeutung von carnation – Fleischfarbe, also durch den Komplex determiniert. Diese Unaufrichtigkeit zeigt, daß der Widerstand an dieser Stelle am größten war, entsprechend dem Umstand, daß die Symbolik hier am durchsichtigsten ist, der Kampf zwischen Libido und Verdrängung bei diesem phallischen Thema am stärksten war. Die Bemerkung, daß diese Blumen häufige Geschenke des Verlobten seien, ist neben der Doppelbedeutung von *carnation* ein weiterer Hinweis auf ihren phallischen Sinn im Traume. Der Tagesanlaß des Blumengeschenkes wird benutzt, um den Gedanken von sexuellem Geschenk und Gegengeschenk auszudrücken: sie schenkt ihre Jungfräulichkeit und erwartet dafür ein reiches Liebesleben. Auch hier dürfte das *‚expensive flowers, one has to pay for them‘* eine – wohl wirkliche, finanzielle – Bedeutung haben. – Die Blumensymbolik des Traumes enthält also das jungfräulich weibliche, das männliche Symbol und die Beziehung auf die gewaltsame Defloration. Es sei darauf hingewiesen, daß die sexuelle Blumensymbolik, die ja auch sonst sehr verbreitet ist, die menschlichen Sexualorgane durch die Blüten, die Sexualorgane der Pflanzen symbolisiert; das Blumenschenken unter Liebenden hat vielleicht überhaupt diese unbewußte Bedeutung.

Der Geburtstag, den sie im Traume vorbereitet, bedeutet wohl die Geburt eines Kindes. Sie identifiziert sich mit dem Bräutigam, stellt ihn dar, wie er sie für eine Geburt herrichtet, also koitiert. Der latente Gedanke könnte lauten: Wenn ich er wäre, würde ich nicht warten, sondern die Braut deflorieren, ohne sie zu fragen, Gewalt brauchen; darauf deutet ja auch das *violate*. So kommt auch die sadistische Libidokomponente zum Ausdruck.

In einer tieferen Schicht des Traumes dürfte das *‚I arrange etc.‘* eine autoerotische, also infantile Bedeutung haben.

Sie hat auch eine nur im Traume mögliche Erkenntnis ihrer körperlichen Dürftigkeit; sie sieht sich flach wie einen Tisch; um so mehr wird die Kostbarkeit des *‚centre‘* (sie nennt es ein andermal *‚centre piece of flowers‘*), ihre Jungfräulichkeit, hervorgehoben. Auch das Horizontale des Tisches dürfte ein Element zum

Symbol beitragen. – Beachtenswert ist die Konzentration des Traumes; nichts ist überflüssig, jedes Wort ist ein Symbol.

Sie bringt später einen Nachtrag zum Traume: ‚*I decorate the flowers with green crinkled paper.*‘ (Ich verziere die Blumen mit grünem, gekräuseltem Papier.) Sie fügt hinzu, es sei ‚*fancy paper*‘ (Phantasiepapier), mit dem man die gewöhnlichen Blumentöpfe verkleide. Sie sagt weiter: ‚*to hide untidy things, whatever was to be seen, which was not pretty to the eye; there is a gap, a little space in the flowers.*‘ Also: um unsaubere Dinge zu verbergen, die nicht hübsch anzusehen sind; ein Spalt, ein kleiner Zwischenraum in den Blumen. ‚*The paper looks like velvet or moss*‘ (‚das Papier sieht wie Samt oder Moos aus‘). Zu ‚*decorate*‘ assoziiert sie ‚decorum‘, wie ich es erwartet hatte. Die grüne Farbe sei vorherrschend; sie assoziiert dazu ‚*hope*‘ (Hoffnung), wieder eine Beziehung zur Gravidität. – In diesem Teile des Traumes herrscht nicht die Identifizierung mit dem Manne, sondern es kommen Gedanken von Scham und Offenheit zur Geltung. Sie macht sich schön für ihn, gesteht sich körperliche Fehler ein, deren sie sich schämt und die sie zu korrigieren sucht. Die Einfälle Samt, Moos sind ein deutlicher Hinweis, daß es sich um die *crines pubis* handelt.

Der Traum ist ein Ausdruck von Gedanken, die das wache Denken des Mädchens kaum kennt; Gedanken, die sich mit der Sinnenliebe und ihren Organen beschäftigen; sie wird ‚für einen Geburtstag zugerichtet‘, d. h. koitiert; die Furcht vor der Defloration, vielleicht auch das lustbetonte Leiden kommen zum Ausdruck; sie gesteht sich ihre körperlichen Mängel ein, überkompensiert diese durch Überschätzung des Wertes ihrer Jungfräulichkeit. Ihre Scham entschuldigt die sich zeigende Sinnlichkeit damit, daß diese ja das Kind zum Ziel hat. Auch materielle Erwägungen, die der Liebenden fremd sind, finden ihren Ausdruck. Der Affekt des einfachen Traumes – das Glücksgefühl – zeigt an, daß hier starke Gefühlskomplexe ihre Befriedigung gefunden haben.“

Ferenczi hat mit Recht darauf aufmerksam gemacht, wie leicht gerade „Träume von Ahnungslosen“ den Sinn der Symbole und die Bedeutung der Träume erraten lassen. (Int. Zeitschr. f. PsA. IV, 1916/17).

Die nachstehende Analyse des Traumes einer historischen Persönlichkeit unserer Tage schalte ich hier ein, weil in ihm ein Gegenstand, der sich auch sonst zur Vertretung des männlichen Gliedes eignen würde, durch eine hinzugefügte Bestimmung aufs deutlichste als phallisches Symbol gekennzeichnet wird. Die „unendliche Verlängerung“ einer Reitgerte kann nicht leicht anderes als die Erektion bedeuten. Überdies gibt dieser Traum ein schönes Beispiel dafür, wie ernsthafte und dem Sexuellen fernabliegende Gedanken durch infantil-sexuelles Material zur Darstellung gebracht werden.

11. Ein Traum Bismarcks
(Von *Dr. Hanns Sachs*)

„In seinen *Gedanken und Erinnerungen* teilt Bismarck (Bd. II der Volksausgabe, S. 222) einen Brief mit, den er am 18. Dezember 1881 an Kaiser Wilhelm schrieb. Dieser Brief enthält folgende Stelle: ‚Eurer Majestät Mitteilung ermutigt mich zur Erzählung eines Traumes, den ich Frühjahr 1863 in den schwersten Konfliktstagen hatte, aus denen ein menschliches Auge keinen gangbaren Ausweg sah. Mir träumte und ich erzählte es sofort am Morgen meiner Frau und anderen Zeugen, daß ich auf einem schmalen Alpenpfad ritt, rechts Abgrund, links Felsen; der Pfad wurde schmäler, so daß das Pferd sich weigerte, und Umkehr und Absitzen wegen Mangel an Platz unmöglich; da schlug ich mit meiner Gerte in der linken Hand gegen die glatte Felswand und rief Gott an; die Gerte wurde unendlich lang, die Felswand stürzte wie eine Kulisse und eröffnete einen breiten Weg mit dem Blick auf Hügel und Waldland wie in Böhmen, preußische Truppen mit Fahnen und in mir noch im Traum der Gedanke, wie ich das schleunig Eurer Majestät melden könnte. Dieser Traum erfüllte sich, und ich erwachte froh und gestärkt aus ihm ...‘

Die Handlung des Traumes zerfällt in zwei Abschnitte: im ersten Teil gerät der Träumer in Bedrängnis, aus der er dann im zweiten auf wunderbare Weise erlöst wird. Die schwierige Lage, in der sich Roß und Reiter befinden, ist eine leicht kenntliche Traumdarstellung der kritischen Situation des Staatsmannes, die er am Abend vor dem Traume, über die Probleme seiner Politik nachdenkend, besonders bitter empfunden haben mochte. Mit der zur Darstellung gelangten gleichnisweisen Wendung schildert Bismarck selbst in der oben wiedergegebenen Briefstelle die Trostlosigkeit seiner damaligen Position; sie war ihm also durchaus geläufig und naheliegend. Nebstdem haben wir wohl auch ein schönes Beispiel von Silberers ‚funktionalem Phänomen‘ vor uns. Die Vorgänge im Geiste des Träumers, der bei jeder von seinen Gedanken versuchten Lösung auf unübersteigliche Hindernisse stößt, seinen Geist aber trotzdem nicht von der Beschäftigung mit den Problemen losreißen kann und darf, sind sehr treffend durch den Reiter gegeben, der weder vorwärts noch rückwärts kann. Der Stolz, der ihm verbietet, an ein Nachgeben oder Zurücktreten zu denken, kommt im Traume durch die Worte ‚Umkehren oder absitzen ... unmöglich‘ zum Ausdruck. In seiner Eigenschaft als stets angestrengt Tätiger, der sich für fremdes Wohl plagt, lag es für Bismarck nahe, sich mit einem Pferde zu vergleichen, und er hat dies auch bei verschiedenen Gelegenheiten getan, z. B. in seinem bekannten Ausspruch: ‚Ein wackeres Pferd stirbt in seinen Sielen‘. So ausgelegt bedeuten die Worte, daß ‚das Pferd sich weigerte‘, nichts anderes, als daß der übermüdete das Bedürfnis empfinde, sich von den Sorgen der Gegenwart abzuwenden, oder anders ausgedrückt, daß er im Begriffe stehe, sich von den Fesseln des Realitätsprinzips durch Schlaf und Traum zu befreien. Der Wunscherfüllung, die dann im zweiten Teil so stark zu Wort kommt, wird dann auch hier schon präludiert durch das Wort ‚Alpenpfad'. Bismarck wußte damals wohl schon, daß er seinen nächsten Urlaub in den Alpen – nämlich in Gastein – zubringen werde; der Traum, der ihn dahin versetzte, befreite ihn also mit einem Schlage von allen lästigen Staatsgeschäften. Im zweiten Teil werden die Wünsche des Träumers auf doppelte Weise – unverhüllt und greifbar, daneben noch symbolisch – als erfüllt dargestellt. Symbolisch durch das Verschwinden des hemmenden Felsens, an dessen Stelle ein breiter Weg – also der gesuchte Ausweg in bequemster Form – erscheint, unverhüllt durch den Anblick der vorrückenden preußischen Truppen. Man braucht zur Erklärung dieser prophetischen Vision durchaus nicht mystische Zusammenhänge zu konstruieren; die Freudsche Wunscherfüllungstheorie genügt vollständig. Bismarck ersehnte schon damals, als den besten Ausgang aus den inneren Konflikten Preußens einen siegreichen Krieg mit Österreich. Wenn er die preußischen Truppen in Böhmen, also in Feindesland, mit ihren Fahnen sieht, so stellt ihm der Traum dadurch diesen Wunsch als erfüllt dar, wie es Freud postuliert. Individuell bedeutsam ist nur, daß der Träumer, mit dem wir uns hier beschäftigen, sich mit der Traumerfüllung nicht begnügte, sondern auch die reale zu erzwingen wußte. Ein Zug, der jedem Kenner der psychoanalytischen Deutungstechnik auffallen muß, ist die Reitgerte, die ‚unendlich lang' wird. Gerte, Stock, Lanze und Ähnliches sind uns als phallische Symbole geläufig; wenn aber diese Gerte noch die auffallendste Eigenschaft des Phallus, die Ausdehnungsfähigkeit, besitzt, so kann kaum ein Zweifel bestehen. Die Übertreibung des Phänomens durch die Verlängerung ins ‚Unendliche' scheint auf die infantile Überbesetzung zu deuten. Das In-die-Hand-Nehmen der Gerte ist eine deutliche Anspielung auf die Masturbation, wobei natürlich nicht an die aktuellen Verhältnisse des Träumers, sondern an weit zurückliegende Kinderlust zu denken ist. Sehr wertvoll ist hier die von Dr. *Stekel* gefundene Deutung, nach der *links* im Traume das Unrecht, das Verbotene, die Sünde bedeutet, was auf die gegen ein Verbot betriebene Kinderonanie sehr gut anwendbar wäre. Zwischen dieser tiefsten, infantilen Schicht und der obersten, die sich mit den Tagesplänen des Staatsmannes beschäftigt, läßt sich noch eine Mittelschicht nachweisen, die mit beiden anderen in Beziehung steht. Der ganze Vorgang der wunderbaren Befreiung aus einer Not durch das Schlagen auf den Fels mit der Heranziehung Gottes als Helfer erinnert auffällig an eine biblische Szene, nämlich wie Moses für die dürstenden Kinder Israels aus dem Felsen Wasser schlägt. Die genaue Bekanntschaft mit dieser Stelle dürfen wir bei dem aus einem bibelgläubigen, protestantischen Hause hervorgegangenen Bismarck ohne weiteres annehmen. Mit dem Anführer Moses, dem das Volk, das er befreien will, mit Auflehnung, Haß und Undank lohnt, konnte sich Bismarck in der Konfliktszeit unschwer vergleichen. Dadurch wäre also die Anlehnung an die aktuellen Wünsche gegeben. Anderseits enthält die Bibelstelle manche Einzelheiten, die für die Masturbationsphantasie sehr gut verwertbar sind. Gegen das Gebot Gottes greift Moses zum Stock, und für diese Übertretung straft ihn der Herr, indem er ihm verkündet, daß er sterben müsse, ohne das gelobte Land zu betreten. Das verbotene Ergreifen des – im Traume unzweideutig phallischen – Stockes, das Erzeugen von Flüssigkeit durch das Schlagen damit und die Todesdrohung – damit haben wir alle Hauptmomente der infantilen Masturbation beisammen. Interessant ist die Bearbeitung, die jene beiden heterogenen Bilder, von denen eines aus der Psyche des genialen Staatsmannes, das andere aus den Regungen der primitiven Kinderseele stammt, durch Vermittlung der Bibelstelle zusammengeschweißt hat, wobei es ihr gelungen ist, alle peinlichen Momente wegzuwischen. Daß das Ergreifen des Stockes eine verbotene, aufrührerische Handlung ist, wird nur mehr durch die ‚linke' Hand, mit der es geschieht, symbolisch angedeutet. Im manifesten Trauminhalt wird aber dabei Gott angerufen, wie um recht ostentativ jeden Gedanken an ein Verbot oder eine Heimlichkeit abzuweisen. Von den beiden Verheißungen Gottes an Moses, daß er das verheißene Land sehen, nicht betreten werde, wird die eine sehr deutlich als erfüllt dargestellt (‚Blick auf Hügel und Waldland'), die andere, höchst peinliche, gar nicht erwähnt. Das Wasser ist wahrscheinlich der sekundären Bearbeitung, welche die Vereinheitlichung dieser Szene mit der vorigen erfolgreich anstrebte, zum Opfer gefallen, statt dessen stürzt der Fels selber.

Den Schluß einer infantilen Masturbationsphantasie, in der das Verbotsmotiv vertreten ist, müßten wir so erwarten, daß das Kind wünscht, die Autoritätspersonen seiner Umgebung möchten nichts von dem Geschehenen erfahren. Im Traume ist dieser Wunsch durch das Gegenteil, den Wunsch, das Vorgefallene dem König sogleich zu melden, ersetzt. Diese Umkehrung schließt sich aber ausgezeichnet und ganz unauffällig der in der obersten Schicht der Traumgedanken und in einem Teile des manifesten Trauminhaltes enthaltenen Siegesphantasie an. Ein solcher Sieges- und Eroberungstraum ist oft der Deckmantel eines erotischen Eroberungswunsches; einzelne Züge des Traumes, wie z. B., daß dem Eindringenden ein Widerstand entgegengesetzt wird, nach Anwendung der sich verlängernden Gerte aber ein breiter Weg erscheint, dürften dahin deuten, doch reichten sie nicht hin, um daraus eine bestimmte, den Traum durchziehende Gedanken- und Wunschrichtung zu ergründen. Wir sehen hier ein Musterbeispiel einer durchaus gelungenen Traumentstellung. Das Anstößige wurde überarbeitet, daß es nirgends über das Gewebe hinausragt, das als schützende Decke darübergebreitet ist. Die Folge davon ist, daß jede Entbindung von Angst hintertrieben werden konnte. Es ist ein Idealfall von gelungener Wunscherfüllung ohne Zensurverletzung, so daß wir begreifen können, daß der Träumer aus solchem Traum ‚froh und gestärkt' erwachte."

Ich schließe mit dem

12. Traum eines Chemikers,

eines jungen Mannes, der sich bemühte, seine onanistischen Gewohnheiten gegen den Verkehr mit dem Weibe aufzugeben.

Vorbericht: Am Tage vor dem Traume hat er einem Studenten Aufschluß über die Grignardsche Reaktion gegeben, bei welcher Magnesium unter katalytischer Jodeinwirkung in absolut reinem Äther aufzulösen ist. Zwei Tage vorher gab es bei der nämlichen Reaktion eine Explosion, bei der sich ein Arbeiter die Hand verbrannte.

Traum: I) *Er soll Phenylmagnesiumbromid machen, sieht die Apparatur besonders deutlich, hat aber sich selbst fürs Magnesium substituiert. Er ist nun in eigentümlich schwankender Verfassung, sagt sich immer: Es ist das Richtige, es geht, meine Fuße lösen sich schon auf, meine Knie werden weich. Dann greift er hin, fühlt an seine Füße, nimmt inzwischen (er weiß nicht wie) seine Beine aus dem Kolben heraus, sagt sich wieder: Das kann nicht sein. – Ja doch, es ist richtig gemacht. Dabei erwacht er partiell, wiederholt sich den Traum, weil er ihn mir erzählen will. Er fürchtet sich direkt vor der Auflösung des Traumes, ist während dieses Halbschlafes sehr erregt und wiederholt sich beständig: Phenyl, Phenyl.*

TRAUM: II) *Er ist mit seiner ganzen Familie in ***ing, soll um ½ 12 Uhr beim Rendezvous am Schottentor mit jener gewissen Dame sein, wacht aber erst um ½ 12 Uhr auf. Er sagt sich: Es ist jetzt zu spät; bis du hinkommst, ist es ½ 1 Uhr. Im nächsten Moment sieht er die ganze Familie um den Tisch versammelt, besonders deutlich die Mutter und das Stubenmädchen mit dem Suppentopf. Er sagt sich dann: Nun, wenn wir schon essen, kann ich ja nicht mehr fort.*

Analyse: Er ist sicher, daß schon der erste Traum eine Beziehung zur Dame seines Rendezvous hat (der Traum ist in der Nacht vor der erwarteten Zusammenkunft geträumt). Der Student, dem er die Auskunft gab, ist ein besonders ekelhafter Kerl; er sagte ihm: Das ist nicht das Richtige, weil das Magnesium noch ganz unberührt war, und jener antwortete, als ob ihm gar nichts daran läge: Das ist halt nicht das Richtige. Dieser Student muß er selbst sein – er ist so gleichgültig gegen seine *Analyse*, wie jener für seine *Synthese* –, das Er im Traume, das die Operation vollzieht, aber ich. Wie ekelhaft muß er mir mit seiner Gleichgültigkeit gegen den Erfolg erscheinen!

Anderseits ist er dasjenige, womit die Analyse (Synthese) gemacht wird. Es handelt sich um das Gelingen der Kur. Die Beine im Traume erinnern an einen Eindruck von gestern abends. Er traf in der Tanzstunde mit einer Dame zusammen, die er erobern will; er drückte sie so fest an sich, daß sie einmal aufschrie. Als er mit dem Druck gegen ihre Beine aufhörte, fühlte er ihren kräftigen Gegendruck auf seinen Unterschenkeln bis oberhalb der Knie, an den im Traume erwähnten Stellen. In dieser Situation ist also das Weib das Magnesium in der Retorte, mit dem es endlich geht. Er ist feminin gegen mich, wie er viril gegen das Weib ist. Geht es mit der Dame, so geht es auch mit der Kur. Das Sichbefühlen und die Wahrnehmungen an seinen Knien deuten auf die Onanie und entsprechen seiner Müdigkeit vom Tage vorher. – Das Rendezvous war wirklich für ½ 12 Uhr verabredet. Sein Wunsch, es zu verschlafen und bei den häuslichen Sexualobjekten (d. h. bei der Onanie) zu bleiben, entspricht seinem Widerstande.

Zur Wiederholung des Namens Phenyl berichtet er: Alle diese Radikale auf yl haben ihm immer sehr gefallen, sie sind sehr bequem zu gebrauchen: Benzyl, Azetyl usw. Das erklärt nun nichts, aber als ich ihm das Radikal: Schlehmil vorschlage, lacht er sehr und erzählt, daß er während des Sommers ein Buch von *Prévost* gelesen, und in diesem war im Kapitel: *Les exclus de l'amour*, allerdings von den *„Schlemiliés"* die Rede, bei deren Schilderung er sich sagte: Das ist mein Fall. – Schlemihlerei wäre es auch gewesen, wenn er das Rendezvous versäumt hätte.

Es scheint, daß die sexuelle Traumsymbolik bereits eine direkte experimentelle Bestätigung gefunden hat. Phil. Dr. *K. Schrötter* hat 1912 über Anregung von *H. Swoboda* bei tief hypnotisierten Personen Träume durch einen suggestiven Auftrag erzeugt, der einen großen Teil des Trauminhalts festlegte. Wenn die Suggestion den Auftrag brachte, vom normalen oder abnormen Sexualverkehr zu träumen, so führte der Traum diese Aufträge aus, indem er an Stelle des sexuellen Materials die aus der psychoanalytischen Traumdeutung bekannten Symbole einsetzte. So z. B. erschien nach der Suggestion, vom homosexuellen Verkehr mit einer Freundin zu träumen, im Traume diese Freundin mit einer schäbigen Reisetasche in der Hand, worauf ein Zettel klebte, bedruckt mit den Worten: „Nur für Damen." Der Träumerin war angeblich von Symbolik im Traume und Traumdeutung niemals etwas bekanntgegeben worden. Leider wird die Einschätzung dieser bedeutsamen Untersuchung durch die unglückliche Tatsache gestört, daß Dr. *Schrötter* bald nachher durch Selbstmord endete. Von seinen Traumexperimenten berichtet bloß eine vorläufige Mitteilung im Zentralblatt für Psychoanalyse.

Ähnliche Ergebnisse hat 1923 *G. Roffenstein* veröffentlicht. Besonders interessant erscheinen aber Versuche, die *Betlheim* und *Hartmann* angestellt haben, weil bei ihnen die Hypnose ausgeschaltet war. Diese Autoren (*Über Fehlreaktionen bei der Korsakoffschen Psychose*, Archiv für Psychiatrie Bd. 72, 1924) haben Kranken mit solcher Verworrenheit Geschichten grob sexuellen Inhalts erzählt und die Entstellungen beachtet, welche bei der Reproduktion des Erzählten auftraten. Es zeigte sich, daß dabei die aus der Traumdeutung bekannten Symbole zum Vorschein kamen (Stiegen steigen, stechen und schießen als Symbole des Koitus, Messer und Zigarette als Penissymbole). Ein besonderer Wert wird dem Erscheinen des Symbols der Stiege beigelegt, weil, wie die Autoren mit Recht bemerken, „eine derartige Symbolisierung einem bewußten Entstellungswunsch unerreichbar wäre".

Erst nachdem wir die Symbolik im Traume gewürdigt haben, können wir in der oben S. 240 abgebrochenen Behandlung der *typischen Träume* fortfahren. Ich halte es für gerechtfertigt, diese Träume im groben in zwei Klassen einzuteilen, in solche, die wirklich jedesmal den gleichen Sinn haben, und zweitens in solche, die trotz des gleichen oder ähnlichen Inhalts doch die verschiedenartigsten Deutungen erfahren müssen. Von den typischen Träumen der ersten Art habe ich den Prüfungstraum bereits eingehender behandelt.

Wegen des ähnlichen Affekteindruckes verdienen die Träume vom Nichterreichen eines Eisenbahnzuges den Prüfungsträumen angereiht zu werden. Ihre Aufklärung rechtfertigt dann diese Annäherung. Es sind Trostträume gegen eine andere im Schlaf empfundene Angstregung, die Angst zu sterben. „Abreisen" ist eines der häufigsten und am besten zu begründenden Todessymbole. Der Traum sagt dann tröstend: Sei ruhig, du wirst nicht sterben (abreisen), wie der Prüfungstraum beschwichtigte: Fürchte nichts; es wird dir auch diesmal nichts geschehen. Die Schwierigkeit im Verständnis beider Arten von Träumen rührt daher, daß die Angstempfindung gerade an den Ausdruck des Trostes geknüpft ist.

Der Sinn der „*Zahnreizträume*", die ich bei meinen Patienten oft genug zu analysieren hatte, ist mir lange Zeit entgangen, weil sich zu meiner Überraschung der Deutung derselben regelmäßig allzu große Widerstände entgegenstellten.

Endlich ließ die übergroße Evidenz keinen Zweifel daran, daß bei Männern nichts anderes als das Onaniegelüste der Pubertätszeit die Triebkraft dieser Träume abgebe. Ich will zwei solcher Träume analysieren, von denen einer gleichzeitig ein „Flugtraum" ist. Beide rühren von derselben Person her, einem jungen Manne mit starker, aber im Leben gehemmter Homosexualität:

Er befindet sich bei einer „Fidelio-Vorstellung im Parkett der Oper, neben L., einer ihm sympathischen Persönlichkeit, deren Freundschaft er gern erwerben möchte. Plötzlich fliegt er schräg hinweg über das Parkett bis ans Ende, greift sich dann in den Mund und zieht sich zwei Zähne aus.

Den Flug beschreibt er selbst, als ob er in die Luft „geworfen“ würde. Da es sich um eine Vorstellung des *Fidelio* handelt, liegt das Dichterwort nahe:

„Wer ein holdes Weib errungen – “

Aber das Erringen auch des holdesten Weibes gehört nicht zu den Wünschen des Träumers. Zu diesen stimmen zwei andere Verse besser:

„Wem der *große Wurf* gelungen,
Eines Freundes Freund zu sein ...“

Der Traum enthält nun diesen „großen Wurf“, der aber nicht allein Wunscherfüllung ist. Es verbirgt sich hinter ihm auch die peinliche Überlegung, daß er mit seinen Werbungen um Freundschaft schon so oft Unglück gehabt hat, „hinausgeworfen“ wurde, und die Furcht, dieses Schicksal könnte sich bei dem jungen Manne, neben dem er die *Fidelio*-Vorstellung genießt, wiederholen. Und nun schließt sich daran das für den feinsinnigen Träumer beschämende Geständnis an, daß er einst nach einer Abweisung von Seite eines Freundes aus Sehnsucht zweimal hintereinander in sinnlicher Erregung onaniert hat.

Der andere Traum: *Zwei ihm bekannte Universitätsprofessoren behandeln ihn an meiner Statt. Der eine tut irgend etwas an seinem Gliede; er hat Angst vor einer Operation. Der andere stößt mit einer eisernen Stange gegen seinen Mund, so daß er ein oder zwei Zähne verliert. Er ist mit vier seidenen Tüchern gebunden.*

Der sexuelle Sinn dieses Traumes ist wohl nicht zweifelhaft. Die seidenen Tücher entsprechen einer Identifizierung mit einem ihm bekannten Homosexuellen. Der Träumer, der niemals einen Koitus ausgeführt, auch nie in der Wirklichkeit geschlechtlichen Verkehr mit Männern gesucht hat, stellt sich den sexuellen Verkehr nach dem Vorbilde der ihm einst vertrauten Pubertätsonanie vor.

Ich meine, daß auch die häufigen Modifikationen des typischen Zahnreiztraumes, z. B. daß ein anderer dem Träumer den Zahn auszieht und ähnliches, durch die gleiche Aufklärung verständlich werden.[167] Rätselhaft mag es aber scheinen, wieso der „Zahnreiz“ zu dieser Bedeutung gelangen kann. Ich mache hier auf die so häufige Verlegung von unten nach oben aufmerksam, die im Dienste der

[167] Das Ausreißen eines Zahnes durch einen anderen ist zumeist als Kastration zu deuten (ähnlich wie das Haarschneiden durch den Friseur; Stekel). Es ist zu unterscheiden zwischen Zahnreizträumen und Zahnarztträumen überhaupt, wie solche z. B. Coriat (Zentralbl. f. PsA. III, 440) mitgeteilt hat.

Sexualverdrängung steht und vermöge welcher in der Hysterie allerlei Sensationen und Intentionen, die sich an den Genitalien abspielen sollten, wenigstens an anderen einwandfreien Körperteilen realisiert werden können. Ein Fall von solcher Verlegung ist es auch, wenn in der Symbolik des unbewußten Denkens die Genitalien durch das Angesicht ersetzt werden. Der Sprachgebrauch tut dabei mit, indem er „Hinterbacken" als Homologe der Wangen anerkennt, „Schamlippen" neben den Lippen nennt, welche die Mundspalte einrahmen. Die Nase wird in zahlreichen Anspielungen dem Penis gleichgestellt, die Behaarung hier und dort vervollständigt die Ähnlichkeit. Nur ein Gebilde steht außer jeder Möglichkeit von Vergleichung, die Zähne, und gerade dies Zusammentreffen von Übereinstimmung und Abweichung macht die Zähne für die Zwecke der Darstellung unter dem Drucke der Sexualverdrängung geeignet.

Ich will nicht behaupten, daß nun die Deutung des Zahnreiztraums als Onanietraum, an deren Berechtigung ich nicht zweifeln kann, voll durchsichtig geworden ist.[168] Ich gebe so viel, als ich zur Erklärung weiß, und muß einen Rest unaufgelöst lassen. Aber ich muß auch auf einen anderen im sprachlichen Ausdruck enthaltenen Zusammenhang hinweisen. In unseren Landen existiert eine unfeine Bezeichnung für den masturbatorischen Akt: sich einen ausreißen oder sich einen herunterreißen.[169] Ich weiß nicht zu sagen, woher diese Redeweisen stammen, welche Verbildlichung ihnen zugrunde liegt, aber zur ersteren von den beiden würde sich der „Zahn" sehr gut fügen.

Da die Träume vom Zahnziehen oder Zahnausfall im Volksglauben auf den Tod eines Angehörigen gedeutet werden, die Psychoanalyse ihnen aber solche Bedeutung höchstens im oben angedeuteten parodistischen Sinn zugestehen kann, schalte ich hier einen von *Otto Rank* zur Verfügung gestellten „Zahnreiztraum" ein:

„Zum Thema der Zahnreizträume ist mir von einem Kollegen, der sich seit einiger Zeit für die Probleme der Traumdeutung lebhafter zu interessieren beginnt, der folgende Bericht zugekommen:

‚Mir träumte kürzlich, ich sei beim Zahnarzt, der mir einen rückwärtigen Zahn des Unterkiefers ausbohrt. Er arbeitet so lange herum, bis der Zahn unbrauchbar geworden ist. Dann faßt er ihn mit der Zange und zieht ihn mit einer spielenden Leichtigkeit heraus, die mich in Verwunderung setzt. Er sagt, ich solle mir nichts daraus machen, denn das sei gar nicht der eigentlich behandelte Zahn, und legt ihn auf den Tisch, wo der Zahn (wie mir nun

[168] Nach einer Mitteilung von C. G. Jung haben die Zahnreizträume bei Frauen die Bedeutung von Geburtsträumen. E. Jones hat eine gute Bestätigung hiefür erbracht. Das Gemeinsame dieser Deutung mit der oben vertretenen liegt darin, daß es sich in beiden Fällen (Kastration – Geburt) um die Ablösung eines Teiles vom Körperganzen handelt.

[169] Vgl. hiezu den „biographischen" Traum auf S. 294.

scheint, ein oberer Schneidezahn) in mehrere Schichten zerfällt. Ich erhebe mich vom Operationsstuhl, trete neugierig näher und stelle interessiert eine medizinische Frage. Der Arzt erklärt mir, während er die einzelnen Teilstücke des auffallend weißen Zahnes sondert und mit einem Instrument zermalmt (pulverisiert), daß das mit der Pubertät zusammenhängt und daß die Zähne nur vor der Pubertät so leicht herausgehen; bei Frauen sei das hiefür entscheidende Moment die Geburt eines Kindes.

Ich merke dann (wie ich glaube im Halbschlaf), daß dieser Traum von einer Pollution begleitet war, die ich aber nicht mit Sicherheit an eine bestimmte Stelle des Traumes einzureihen weiß; am ehesten scheint sie mir noch beim Herausziehen des Zahnes eingetreten zu sein.

Ich träume dann weiter einen mir nicht mehr erinnerlichen Vorgang, der damit abschloß, daß ich, Hut und Rock in der Hoffnung, man werde mir die Kleidungsstücke nachbringen, irgendwo (möglicherweise in der Garderobe des Zahnarztes) zurücklassend und bloß mit dem Überrock bekleidet, mich beeilte, einen abgehenden Zug noch zu erreichen. Es gelang mir auch im letzten Moment, auf den rückwärtigen Waggon aufzuspringen, wo bereits jemand stand. Ich konnte jedoch nicht mehr in das Innere des Wagens gelangen, sondern mußte in einer unbequemen Stellung, aus der ich mich mit schließlichem Erfolg zu befreien versuchte, die Reise mitmachen. Wir fahren durch einen großen Tunnel, wobei in der Gegenrichtung zwei Züge wie durch unseren Zug hindurchfahren, als ob dieser der Tunnel wäre. Ich schaue wie von außen durch ein Waggonfenster hinein.‘

Als Material zu einer Deutung dieses Traumes ergeben sich folgende Erlebnisse und Gedanken des Vortages:

I. Ich stehe tatsächlich seit kurzem in zahnärztlicher Behandlung und habe zur Zeit des Traumes kontinuierlich Schmerzen in dem Zahn des Unterkiefers, der im Traume angebohrt wird und an dem der Arzt auch in Wirklichkeit schon länger herumarbeitet, als mir lieb ist. Am Vormittag des Traumtages war ich neuerlich wegen der Schmerzen beim Arzt gewesen, der mir nahegelegt hatte, einen anderen als den behandelten Zahn im selben Kiefer ziehen zu lassen, von dem wahrscheinlich der Schmerz herrühren dürfte. Es handelte sich um einen eben durchbrechenden ‚Weisheitszahn‘. Ich hatte bei der Gelegenheit auch eine darauf bezügliche Frage an sein ärztliches Gewissen gestellt.

II. Am Nachmittag desselben Tages war ich genötigt, einer Dame gegenüber meine üble Laune mit den Zahnschmerzen entschuldigen zu müssen, worauf sie mir erzählte, sie habe Furcht, sich eine Wurzel ziehen zu lassen, deren Krone fast gänzlich abgebröckelt sei. Sie meinte, das Ziehen wäre bei den Augenzähnen besonders schmerzhaft und gefährlich, obwohl ihr andererseits eine Bekannte gesagt habe, daß es bei den Zähnen des Oberkiefers (um einen solchen handelte es sich bei ihr) leichter gehe. Diese Bekannte habe ihr auch erzählt, ihr sei einmal in der Narkose ein falscher Zahn gezogen worden, eine Mitteilung, welche ihre

Scheu vor der notwendigen Operation nur vermehrt habe. Sie fragte mich dann, ob unter Augenzähnen Backen- oder Eckzähne zu verstehen seien und was über diese bekannt sei. Ich machte sie einerseits auf den abergläubischen Einschlag in all diesen Meinungen aufmerksam, ohne jedoch die Betonung des richtigen Kernes mancher volkstümlichen Anschauungen zu versäumen. Sie weiß darauf von einem ihrer Erfahrung nach sehr alten und allgemein bekannten Volksglauben zu berichten, der behauptet: *Wenn eine Schwangere Zahnschmerzen hat, so bekommt sie einen Buben.*

III. Dieses Sprichwort interessierte mich mit Rücksicht auf die von Freud in seiner Traumdeutung mitgeteilte typische Bedeutung der Zahnreizträume als Onanieersatz, da ja auch in dem Volksspruch der Zahn und das männliche Genitale (Bub) in eine gewisse Beziehung gebracht werden. Ich las also am Abend desselben Tages die betreffende Stelle in der Traumdeutung nach und fand dort unter anderem die im folgenden wiedergegebenen Ausführungen, deren Einfluß auf meinen Traum ebenso leicht zu erkennen ist wie die Einwirkung der beiden vorgenannten Erlebnisse. Freud schreibt von den Zahnreizträumen, ‚daß bei Männern nichts anderes als das Onaniegelüste der *Pubertätszeit* die Triebkraft dieser Träume abgebe.‘ Ferner: ‚Ich meine, daß auch die häufigen Modifikationen des typischen Zahnreiztraumes, z. B. daß ein anderer dem Träumer den Zahn auszieht und ähnliches, durch die gleiche Aufklärung verständlich werden. Rätselhaft mag es aber scheinen, wieso der Zahnreiz zu dieser Bedeutung gelangen kann. Ich mache hier auf die so häufige *Verlegung von unten nach oben* (im vorliegenden Traume auch vom Unterkiefer in den Oberkiefer) aufmerksam, die im Dienste der Sexualverdrängung steht und vermöge welcher in der Hysterie allerlei Sensationen und Intentionen, die sich an den Genitalien abspielen sollten, wenigstens an anderen einwandfreien Körperstellen realisiert werden können.‘ ‚Aber ich muß auch auf einen anderen im sprachlichen Ausdruck enthaltenen Zusammenhang hinweisen. In unseren Landen existiert eine unfeine Bezeichnung für den masturbatorischen Akt: sich einen ausreißen oder sich einen herunterreißen.‘ Dieser Ausdruck war mir schon in früher Jugend als Bezeichnung für die Onanie geläufig, und von hier aus wird der geübte Traumdeuter unschwer den Zugang zum Kindheitsmaterial, das diesem Traume zugrunde liegen mag, finden. Ich erwähne nur noch, daß die Leichtigkeit, mit der im Traum der Zahn, der sich nach dem Ziehen in einen oberen Schneidezahn verwandelt, herausgeht, mich an einen Vorfall meiner Kinderzeit erinnert, wo ich mir einen wackligen oberen Vorderzahn leicht und schmerzlos *selbst ausriß*. Dieses Ereignis, das mir heute noch in allen Einzelheiten deutlich erinnerlich ist, fällt in dieselbe frühe Zeit, in die bei mir die ersten bewußten Onanieversuche zurückgehen (Deckerinnerung).

zu sagen: es ist das „Hetzen" in der Kindheit, welches die Träume vom Fliegen, Fallen, Schwindel u. dgl. wiederholen, dessen Lustgefühle jetzt in Angst verkehrt sind. Wie aber jede Mutter weiß, ist auch das Hetzen der Kinder in Wirklichkeit häufig genug in Zwist und Weinen ausgegangen.

Ich habe also guten Grund, die Erklärung abzulehnen, daß der Zustand unserer Hautgefühle während des Schlafes, die Sensationen von der Bewegung unserer Lungen u. dgl. die Träume vom Fliegen und Fallen hervorrufen. Ich sehe, daß diese Sensationen selbst aus der Erinnerung reproduziert sind, auf welche der Traum sich bezieht, daß sie also Trauminhalt sind und nicht Traumquellen.[170]

Dieses gleichartige und aus der nämlichen Quelle stammende Material von Bewegungsempfindungen wird nun zur Darstellung der allermannigfaltigsten Traumgedanken verwendet. Die meist lustbetonten Träume vom Fliegen oder Schweben erfordern die verschiedensten Deutungen, ganz spezielle bei einigen Personen, Deutungen von selbst typischer Natur bei anderen. Eine meiner Patientinnen pflegte sehr häufig zu träumen, daß sie über die Straße in einer gewissen Höhe schwebe, ohne den Boden zu berühren. Sie war sehr klein gewachsen und scheute jede Beschmutzung, die der Verkehr mit Menschen mit sich bringt. Ihr Schwebetraum erfüllte ihr beide Wünsche, indem er ihre Füße vom Erdboden abhob und ihr Haupt in höhere Regionen ragen ließ. Bei anderen Träumerinnen hatte der Fliegetraum die Bedeutung der Sehnsucht: Wenn ich ein Vöglein wär'; andere wurden so nächtlicherweise zu Engeln, in der Entbehrung, bei Tage so genannt zu werden. Die nahe Verbindung des Fliegens mit der Vorstellung des Vogels macht es verständlich, daß der Fliegetraum bei Männern meist eine grobsinnliche Bedeutung hat. Wir werden uns auch nicht verwundern zu hören, daß dieser oder jener Träumer jedesmal sehr stolz auf sein Fliegenkönnen ist.

Dr. *Paul Federn* (Wien) hat die bestechende Vermutung ausgesprochen, daß ein guter Teil dieser Fliegeträume Erektionsträume sind, da das merkwürdige und die menschliche Phantasie unausgesetzt beschäftigende Phänomen der Erektion als Aufhebung der Schwerkraft imponieren muß. (Vgl. hiezu die geflügelten Phallen der Antike.)

Es ist bemerkenswert, daß der nüchterne und eigentlich jeder Deutung abgeneigte Traumexperimentator *Mourly Vold* gleichfalls die erotische Deutung der Fliege-(Schwebe-)Träume vertritt (*Über den Traum* Bd. II, S. 791). Er nennt die Erotik das „wichtigste Motiv zum Schwebetraum", beruft sich auf das starke Vibrationsgefühl im Körper, welches diese Träume begleitet, und auf die häufige Verbindung solcher Träume mit Erektionen oder Pollutionen.

[170] Der Absatz über die Bewegungsträume ist des Zusammenhanges halber hier wiederholt. Vgl. S. 237 f.

Die Träume vom *Fallen* tragen häufiger den Angstcharakter. Ihre Deutung unterliegt bei Frauen keiner Schwierigkeit, da sie fast regelmäßig die symbolische Verwendung des Fallens akzeptieren, welches die Nachgiebigkeit gegen eine erotische Versuchung umschreibt. Die infantilen Quellen des Falltraumes haben wir noch nicht erschöpft; fast alle Kinder sind gelegentlich gefallen und wurden dann aufgehoben und geliebkost; wenn sie nachts aus dem Bettchen gefallen waren, von ihrer Pflegeperson in ihr Bett genommen.

Personen, die häufig vom *Schwimmen* träumen, mit großem Behagen die Wellen teilen usw., sind gewöhnlich Bettnässer gewesen und wiederholen nun im Traume eine Lust, auf die sie seit langer Zeit zu verzichten gelernt haben. Zu welcher Darstellung sich die Träume vom Schwimmen leicht bieten, werden wir bald an dem einen oder dem anderen Beispiele erfahren.

Die Deutung der Träume vom *Feuer* gibt einem Verbot der Kinderstube recht, welches die Kinder nicht „zündeln" heißt, damit sie nicht nächtlicherweile das Bett nässen sollen. Es liegt nämlich auch ihnen die Reminiszenz an die *enuresis nocturna* der Kinderjahre zugrunde. In dem *Bruchstück einer Hysterie-Analyse* (1905) habe ich die vollständige Analyse und Synthese eines solchen Feuertraumes im Zusammenhange mit der Krankengeschichte der Träumerin gegeben und gezeigt, zur Darstellung welcher Regungen reiferer Jahre sich dieses infantile Material verwenden läßt.

Man könnte noch eine ganze Anzahl von „typischen" Träumen anführen, wenn man darunter die Tatsache der häufigen Wiederkehr des gleichen manifesten Trauminhalts bei verschiedenen Träumern versteht, so z. B.: Die Träume vom Gehen durch enge Gassen, vom Gehen durch eine ganze Flucht von Zimmern, die Träume vom nächtlichen Räuber, dem auch die Vorsichtsmaßregeln der Nervösen vor dem Schlafengehen gelten, die von Verfolgung durch wilde Tiere (Stiere, Pferde) oder von Bedrohung mit Messern, Dolchen, Lanzen, die beide letztere für den manifesten Trauminhalt von Angstleidenden charakteristisch sind, u. dgl. Eine Untersuchung, die sich speziell mit diesem Material beschäftigen würde, wäre sehr dankenswert. Ich habe an ihrer Statt zwei Bemerkungen zu bieten, die sich aber nicht ausschließlich auf typische Träume beziehen.

Je mehr man sich mit der Lösung von Träumen beschäftigt, desto bereitwilliger muß man anerkennen, daß die Mehrzahl der Träume Erwachsener sexuelles Material behandelt und erotische Wünsche zum Ausdruck bringt. Nur wer wirklich Träume analysiert, d. h. vom manifesten Inhalt derselben zu den latenten Traumgedanken vordringt, kann sich ein Urteil hierüber bilden, nie wer sich damit begnügt, den manifesten Inhalt zu registrieren (wie z. B. *Näcke* in seinen Arbeiten über sexuelle Träume). Stellen wir gleich fest, daß diese Tatsache uns nichts Überraschendes bringt, sondern in voller Übereinstimmung mit unseren Grundsätzen der Traumerklärung steht. Kein anderer Trieb hat seit der Kindheit so viel Unterdrückung erfahren müssen wie der Sexualtrieb in seinen zahlreichen Komponenten[171], von keinem anderen erübrigen so viele und so starke unbewußte Wünsche, die nun im Schlafzustande traumerzeugend wirken. Man darf bei der Traumdeutung diese Bedeutung sexueller Komplexe niemals vergessen, darf sie natürlich auch nicht zur Ausschließlichkeit übertreiben.

An vielen Träumen wird man bei sorgfältiger Deutung feststellen können, daß sie selbst bisexuell zu verstehen sind, indem sie eine unabweisbare Überdeutung ergeben, in welcher sie homosexuelle, d. h. der normalen Geschlechtsbetätigung der träumenden Person entgegengesetzte Regungen realisieren. Daß aber alle Träume bisexuell zu deuten seien, wie *W. Stekel*[172] und *Alf. Adler*[173] behaupten, scheint mir eine ebenso unbeweisbare wie unwahrscheinliche Verallgemeinerung, welche ich nicht vertreten möchte. Ich wüßte vor allem den Augenschein nicht wegzuschaffen, daß es zahlreiche Träume gibt, welche andere als – im weitesten Sinne – erotische Bedürfnisse befriedigen, die Hunger- und Durstträume, Bequemlichkeitsträume usw. Auch die ähnlichen Aufstellungen, „daß hinter jedem Traum die Todesklausel zu finden sei" *(Stekel)*, daß jeder Traum ein „Fortschreiten von der weiblichen zur männlichen Linie" erkennen lasse *(Adler)*, scheinen mir das Maß des in der Traumdeutung Zulässigen weit zu überschreiten. – Die Behauptung, daß *alle Träume eine sexuelle Deutung erfordern*, gegen welche in der Literatur unermüdlich polemisiert wird, ist meiner Traumdeutung fremd. Sie ist in sieben Auflagen dieses Buches nicht zu finden und steht in greifbarem Widerspruch zu anderem Inhalt desselben.

Daß die auffällig *harmlosen* Träume durchwegs grobe erotische Wünsche verkörpern, haben wir bereits an anderer Stelle behauptet und könnten wir durch zahlreiche neue Beispiele erhärten. Aber auch viele indifferent scheinende Träume, denen man nach keiner Richtung etwas Besonderes anmerken würde, führen sich nach der Analyse auf unzweifelhaft sexuelle Wunschregungen oft unerwarteter Art zurück. Wer würde z. B. bei nachfolgendem Traume einen sexuellen Wunsch vor der Deutungsarbeit vermuten? Der Träumer erzählt: *Zwischen zwei stattlichen Palästen steht etwas zurücktretend ein kleines Häuschen, dessen Tore, geschlossen sind. Meine Frau führt mich das Stück der Straße bis zu dem Häuschen hin, drückt die Tür ein, und dann schlüpfe ich rasch und leicht in das Innere eines schräg aufsteigenden Hofes.*

---

171 Vgl. des Verf. *Drei Abhandlungen zur Sexualtheorie*, 1905.

172 *Die Sprache des Traumes*, 1911.

173 *Der psychische Hermaphroditismus im Leben und in der Neurose,* Fortschritte der Medizin, 1910, Nr. 16 und spätere Arbeiten im Zentralbl. PsA., I, 1910-11.

Wer einige Übung im übersetzen von Träumen hat, wird allerdings sofort daran gemahnt werden, daß das Eindringen in enge Räume, das Öffnen verschlossener Türen zur gebräuchlichsten sexuellen Symbolik gehört, und wird mit Leichtigkeit in diesem Traume eine Darstellung eines Koitusversuches von rückwärts (zwischen den beiden stattlichen Hinterbacken des weiblichen Körpers) finden. Der enge, schräg aufsteigende Gang ist natürlich die Scheide; die der Frau des Träumers zugeschobene Hilfeleistung nötigt zur Deutung, daß in Wirklichkeit nur die Rücksicht auf die Ehefrau die Abhaltung von einem solchen Versuche besorgt, und eine Erkundigung ergibt, daß am Traumtag ein junges Mädchen in den Haushalt des Träumers eingetreten ist, welches sein Wohlgefallen erregt und ihm den Eindruck gemacht hat, als würde es sich gegen eine derartige Annäherung nicht zu sehr sträuben. Das kleine Haus zwischen den zwei Palästen ist von einer Reminiszenz an den Hradschin in Prag hergenommen und weist somit auf das nämliche aus dieser Stadt stammende Mädchen hin.

Wenn ich gegen Patienten die Häufigkeit des Ödipustraumes, mit der eigenen Mutter geschlechtlich zu verkehren, betone, so bekomme ich zur Antwort: Ich kann mich an einen solchen Traum nicht erinnern. Gleich darauf steigt aber die Erinnerung an einen anderen, unkenntlichen und indifferenten Traum auf, der sich bei dem Betreffenden häufig wiederholt hat, und die Analyse zeigt, daß dies ein Traum des gleichen Inhalts, nämlich wiederum ein Ödipustraum ist. Ich kann versichern, daß die verkappten Träume vom Sexualverkehre mit der Mutter um ein Vielfaches häufiger sind als die aufrichtigen.[174]

---

[174] Ein typisches Beispiel eines solchen verkappten Ödipustraumes habe ich in Nr. 1 des Zentralblattes für Psychoanalyse veröffentlicht. (s. unten); ein anderes mit ausführlicher Deutung O. Rank ebendort Nr. 4. Über andere verkappte Ödipusträume, in denen die Symbolik des Auges hervortritt; siehe Rank (Internat. Zeitschrift für Psychoanalyse I, 1913). Daselbst auch Arbeiten über „Augenträume" und Augensymbolik von *Eder*, *Ferenczi*, *Reitler*. Die Blendung in der Ödipussage wie anderwärts als Stellvertretung der Kastration. – Den Alten war übrigens auch die symbolische Deutung der unverhüllten Ödipusträume nicht fremd. (Vgl. *O. Rank*, 1910, 534): „So ist von Julius Cäsar ein Traum vom geschlechtlichen Verkehr mit der Mutter überliefert, den die Traumdeuter als günstiges Vorzeichen für die Besitzergreifung der Erde (Mutter – Erde) auslegten. Ebenso bekannt ist das den Tarquiniern gegebene Orakel, demjenigen von ihnen werde die Herrschaft Roms zufallen, der zuerst die Mutter küsse *(osculum matri tulerit)*, was Brutus als Hinweis auf die Mutter-Erde auffaßte (*terram osculo contigit, scilicet quod ea communis mater omnium mortalium esset.* Livius I, LVI). – Vgl. hiezu den Traum des Hippias bei Herodot VI, 107: „Die Barbaren aber führte Hippias nach Marathon, nachdem er in der vergangenen Nacht folgendes Traumgesicht gehabt: Es deuchte dem Hippias, er schliefe bei seiner eigenen Mutter. Aus diesem Traume schloß er nun, er würde heimkommen nach Athen und seine Herrschaft wieder erhalten und im Vaterlande sterben in seinen alten Tagen." Diese Mythen und Deutungen weisen auf eine richtige psychologische Erkenntnis hin. Ich habe gefunden, daß die Personen, die sich von der Mutter bevorzugt oder ausgezeichnet wissen, im Leben jene besondere Zuversicht zu sich selbst, jenen unerschütterlichen

Es gibt Träume von Landschaften oder Örtlichkeiten, bei denen im Traume noch die Sicherheit betont wird: Da war ich schon einmal. Dieses „*déjà vu*" hat aber im Traum eine besondere Bedeutung. Diese Örtlichkeit ist dann immer das Genitale der Mutter; in der Tat kann man von keiner anderen mit solcher Sicherheit behaupten, daß man „dort schon einmal war". Ein einziges Mal brachte mich ein Zwangsneurotiker durch die Mitteilung eines Traumes in Verlegenheit, in dem es hieß, er besuche eine Wohnung, in der er schon zweimal gewesen sei. Gerade dieser Patient hatte mir aber längere Zeit vorher als Begebenheit aus seinem sechsten Lebensjahre erzählt, er habe damals einmal das Bett der Mutter geteilt und die Gelegenheit dazu mißbraucht, den Finger ins Genitale der Schlafenden einzuführen.

Einer großen Anzahl von Träumen, die häufig angsterfüllt sind, oft das Passieren von engen Räumen oder den Aufenthalt im Wasser zum Inhalt haben, liegen Phantasien über das Intrauterinleben, das Verweilen im Mutterleibe und den Geburtstakt zugrunde. Im folgenden gebe ich den Traum eines jungen Mannes wieder, der in der Phantasie schon die intrauterine Gelegenheit zur Belauschung eines Koitus zwischen den Eltern benutzt.

„*Er befindet sich in einem tiefen Schacht, in dem ein Fenster ist wie im Semmeringtunnel. Durch dieses sieht er zuerst leere Landschaft, und dann komponiert er ein Bild hinein, welches dann auch sofort da ist und die Leere ausfüllt. Das Bild stellt einen Acker dar, der vom Instrument tief aufgewühlt wird, und die schöne Luft, die Idee der gründlichen Arbeit,*

Optimismus bekunden, die nicht selten als heldenhaft erscheinen und den wirklichen Erfolg erzwingen.

Typisches Beispiel eines verkappten Ödipustraumes:

Ein Mann träumt: Er hat ein geheimes Verhältnis mit einer Dame, die ein anderer heiraten will. Er ist besorgt, daß dieser andere das Verhältnis entdecken könnte, so daß aus der Heirat nichts werde, und benimmt sich darum sehr zärtlich gegen den Mann; er schmiegt sich an ihn und küßt ihn. – Die Tatsachen im Leben des Träumers berühren den Inhalt dieses Traumes nur in einem Punkte. Er unterhält ein geheimes Verhältnis mit einer verheirateten Frau, und eine vieldeutige Äußerung ihres Mannes, mit dem er befreundet ist, hat den Verdacht bei ihm geweckt, daß dieser etwas gemerkt haben könnte. Aber in der Wirklichkeit spielt noch etwas anderes mit, dessen Erwähnung im Traume vermieden wird und das doch allein den Schlüssel zum Verständnis des Traumes gibt. Das Leben des Ehemannes ist durch ein organisches Leiden bedroht. Seine Frau ist auf die Möglichkeit seines plötzlichen Todes vorbereitet, und unser Träumer beschäftigt sich bewußt mit dem Vorsatze, nach dem Hinscheiden des Mannes die junge Witwe zur Frau zu nehmen. Durch diese äußere Situation findet sich der Träumer in die Konstellation des Ödipustraumes versetzt; sein Wunsch kann den Mann töten, um die Frau zum Weib zu gewinnen; sein Traum gibt diesem Wunsch in heuchlerischer Entstellung Ausdruck. Anstatt des Verheiratetseins mit dem anderen setzt er ein, daß ein anderer sie erst heiraten will, was seiner eigenen geheimen Absicht entspricht, und die feindseligen Wünsche gegen den Mann verbergen sich hinter demonstrativen Zärtlichkeiten, die aus der Erinnerung an seinen kindlichen Verkehr mit dem Vater stammen.

die dabei ist, die blauschwarzen Schollen machen einen schönen Eindruck. Dann kommt er weiter, sieht eine Pädagogik aufgeschlagen ... und wundert sich, daß den sexuellen Gefühlen (des Kindes) darin so viel Aufmerksamkeit geschenkt wird, wobei er an mich denken muß."

Ein schöner Wassertraum einer Patientin, der zu einer besonderen Verwendung in der Kur gelangte, ist folgender:

In ihrem Sommeraufenthalt am See stürzt sie sich ins dunkle Wasser, dort, wo sich der blasse Mond im Wasser spiegelt.

Träume dieser Art sind Geburtsträume; zu ihrer Deutung gelangt man, wenn man die im manifesten Traume mitgeteilte Tatsache umkehrt, also anstatt: sich ins Wasser stürzen – aus dem Wasser herauskommen, d. h.: geboren werden.[175] Die Lokalität, aus der man geboren wird, erkennt man, wenn man an den mutwilligen Sinn von „*la lune*" im Französischen denkt. Der blasse Mond ist dann der weiße Popo, aus dem das Kind hergekommen zu sein bald errät. Was soll es nun heißen, daß die Patientin sich wünscht, in ihrem Sommeraufenthalt „geboren zu werden"? Ich befrage die Träumerin, die ohne zu zögern antwortet: Bin ich nicht durch die Kur wie neugeboren? So wird dieser Traum zur Einladung, die Behandlung an jenem Sommerorte fortzusetzen, d. h. sie dort zu besuchen; er enthält vielleicht auch eine ganz schüchterne Andeutung des Wunsches, selbst Mutter zu werden.[176]

Einen anderen Geburtstraum entnehme ich samt seiner Deutung einer Arbeit von *E. Jones*: „*Sie stand am Meeresufer und beaufsichtigte einen kleinen Knaben, welcher der ihrige zu sein schien, während er ins Wasser watete. Dies tat er so weit, bis das Wasser ihn bedeckte, so daß sie nur noch seinen Kopf sehen konnte, wie er sich an der Oberfläche auf und nieder bewegte. Die Szene verwandelte sich dann in die gefüllte Halle eines Hotels. Ihr Gatte verließ sie, und sie trat in ein Gespräch mit einem Fremden.*

Die zweite Hälfte des Traumes enthüllte sich ohne weiteres bei der Analyse als Darstellung einer Flucht von ihrem Gatten und Anknüpfung intimer Beziehungen zu einer dritten Person. Der erste Teil des Traumes war eine offenkundige Geburtsphantasie. In den Träumen wie in der Mythologie wird die Entbindung eines Kindes aus dem Fruchtwasser gewöhnlich mittels Umkehrung als Eintritt des Kindes ins Wasser dargestellt; neben vielen anderen bieten die

[175] Über die mythologische Bedeutung der Wassergeburt siehe Rank: *Der Mythus von der Geburt des Helden*, 1909.

[176] Die Bedeutung der Phantasien und unbewußten Gedanken über das Leben im Mutterleibe habe ich erst spät würdigen gelernt. Sie enthalten sowohl die Aufklärung für die sonderbare Angst so vieler Menschen, lebendig begraben zu werden, als auch die tiefste unbewußte Begründung des Glaubens an ein Fortleben nach dem Tode, welches nur die Projektion in die Zukunft dieses unheimlichen Lebens vor der Geburt darstellt. Der Geburtsakt ist übrigens das erste Angsterlebnis und somit Quelle und Vorbild des Angstaffekts.

Geburt des Adonis, Osiris, Moses und Bacchus gut bekannte Beispiele hiefür. Das Auf- und Niedertauchen des Kopfes im Wasser erinnert die Patientin sogleich an die Empfindung der Kindesbewegungen, welche sie während ihrer einzigen Schwangerschaft kennengelernt hatte. Der Gedanke an den ins Wasser steigenden Knaben erweckt eine Träumerei, in welcher sie sich selbst sah, wie sie ihn aus dem Wasser herauszog, ihn in die Kinderstube führte, ihn wusch und kleidete und schließlich in ihr Haus führte.

Die zweite Hälfte des Traumes stellt also Gedanken dar, welche das Fortlaufen betreffen, das zu der ersten Hälfte der verborgenen Traumgedanken in Beziehung steht; die erste Hälfte des Traumes entspricht dem latenten Inhalt der zweiten Hälfte, der Geburtsphantasie. Außer der früher erwähnten Umkehrung greifen weitere Umkehrungen in jeder Hälfte des Traumes Platz. In der ersten Hälfte geht das Kind in das Wasser und dann baumelt sein Kopf; in den zugrundeliegenden Traumgedanken tauchen erst die Kindesbewegungen auf, und dann verläßt das Kind das Wasser (eine doppelte Umkehrung). In der zweiten Hälfte verläßt ihr Gatte sie; in den Traumgedanken verläßt sie ihren Gatten." (Übersetzt von O. Rank.)

Einen weiteren Geburtstraum erzählt *Abraham* von einer jungen, ihrer ersten Entbindung entgegensehenden Frau. Von einer Stelle des Fußbodens im Zimmer führt ein unterirdischer Kanal, direkt ins Wasser (Geburtsweg – Fruchtwasser). Sie hebt eine Klappe im Fußboden auf, und sogleich erscheint ein in einen bräunlichen Pelz gekleidetes Geschöpf, das beinahe einem Seehund gleicht. Dieses Wesen entpuppt sich als der jüngere Bruder der Träumerin, zu dem sie von jeher in einem mütterlichen Verhältnisse gestanden hatte.

Rank hat an einer Reihe von Träumen gezeigt, daß die Geburtsträume sich derselben Symbolik bedienen wie die Harnreizträume. Der erotische Reiz wird in ihnen als Harnreiz dargestellt; die Schichtung der Bedeutung in diesen Träumen entspricht einem Bedeutungswandel des Symbols seit der Kindheit.

Wir dürfen hier auf das Thema zurückgreifen, das wir (S. 212) abgebrochen hatten, auf die Rolle organischer, schlafstörender Reize für die Traumbildung. Träume, die unter diesen Einflüssen zustande gekommen sind, zeigen uns nicht nur die Wunscherfüllungstendenz und den Bequemlichkeitscharakter ganz offen, sondern sehr häufig auch eine völlig durchsichtige Symbolik, da nicht selten ein Reiz zum Erwachen führt, *dessen Befriedigung in symbolischer Einkleidung im Traume bereits vergeblich versucht worden war.* Dies gilt für die Pollutionsträume wie für die durch Harn- und Stuhldrang ausgelösten. „Der eigentümliche Charakter der Pollutionsträume gestattet uns nicht nur, gewisse, bereits als typisch erkannte, aber doch heftig bestrittene Sexualsymbole direkt zu entlarven, sondern vermag uns auch zu überzeugen, daß manche scheinbar harmlose Traumsituation auch nur das symbolische Vorspiel einer grob sexuellen Szene ist, die jedoch meistens nur in den relativ seltenen Pollutionsträumen zu direkter Darstellung gelangt, während sie oft genug in einen Angsttraum umschlägt, der gleichfalls zum Erwachen führt."

Die Symbolik der *Harnreizträume* ist besonders durchsichtig und seit jeher erraten worden. Schon Hippokrates vertrat die Auffassung, daß es eine Störung der Blase bedeutet, wenn man von Fontänen und Brunnen träumt (*H. Ellis*). *Scherner* hat die Mannigfaltigkeit der Harnreizsymbolik studiert und auch bereits behauptet, daß „der stärkere Harnreiz stets in die Reizung der Geschlechtssphäre und deren symbolische Gebilde umschlägt ... Der Harnreiztraum ist oft der Repräsentant des Geschlechtstraumes zugleich."

O. Rank, dessen Ausführungen in seiner Arbeit über die „Symbolschichtung im Wecktraum" ich hier gefolgt bin, hat es sehr wahrscheinlich gemacht, daß eine große Anzahl von „Harnreizträumen" eigentlich durch sexuellen Reiz verursacht werden, der sich zunächst auf dem Wege der Regression in der infantilen Form der Urethralerotik zu befriedigen sucht. Besonders lehrreich sind dann jene Fälle, in denen der so hergestellte Harnreiz zum Erwachen und zur Blasenentleerung führt, worauf aber trotzdem der Traum fortgesetzt wird und sein Bedürfnis nun in unverhüllten erotischen Bildern äußert.[177]

In ganz analoger Weise decken die *Darmreizträume* die dazugehörige Symbolik auf und bestätigen dabei den auch völkerpsychologisch reichlich belegten Zusammenhang von Gold und Kot.[178] „So träumt z. B. eine Frau zur Zeit, da sie wegen einer *Darmstörung* in ärztlicher Behandlung steht, von einem Schatzgräber, der in der Nähe einer kleinen Holzhütte, die wie ein ländlicher *Abort* aussieht, einen *Schatz* vergräbt. Ein zweiter Teil des Traumes hat zum Inhalt, wie sie ihrem Kind, einem kleinen Mäderl, das sich beschmutzt hat, den Hintern abwischt."

Den *Geburtsträumen* schließen sich die Träume von „*Rettungen*" an. Retten, besonders aus dem Wasser retten, ist gleichbedeutend mit gebären, wenn es von einer Frau geträumt wird, modifiziert aber diesen Sinn, wenn der Träumer ein Mann ist. (Siehe einen solchen Traum bei *Pfister*: *Ein Fall von psychoanalytischer*

---

[177] „Die gleichen Symboldarstellungen, die im infantilen Sinne dem vesikalen Traume zugrunde liegen, erscheinen im ‚rezenten' Sinne in exquisit sexueller Bedeutung: Wasser Urin = Sperma = Geburtswasser; Schiff = ‚schiffen' (urinieren) = Fruchtbilder (Kasten); naß werden = Enuresis = Koitus = Gravidität; schwimmen = Urinfülle = Aufenthalt des Ungeborenen; Regen = Urinieren = Befruchtungssymbol; Reisen (fahren = Aussteigen) = Aufstehen aus dem Bett = Geschlechtlich verkehren (fahren, Hochzeitsreise); Urinieren = sexuelle Entleerung (Pollution)." Rank l c.

[178] Freud, *Charakter und Analerotik*; Rank, *Die Symbolschichtung usw.*; Dattner, Internat. Zeitschrift f. PsA. I; Reik, Internat. Zeitschr. III, 1915.

Seelsorge und Seelenheilung, Evangelische Freiheit, 1909.) – Über das Symbol des „Rettens" vgl. meinen Vortrag: *Die zukünftigen Chancen der psychoanalytischen Therapie.* Zentralblatt f. Psychoanalyse Nr. 1, 1910, sowie: *Beiträge zur Psychologie des Liebeslebens, I. Über einen besonderen Typus der Objektwahl beim Manne*, Jahrbuch f. PsA., Bd. II, 1910.[179] Die Räuber, nächtlichen Einbrecher und Gespenster, vor denen man sich vor dem Zubettgehen fürchtet und die auch gelegentlich den Schlafenden heimsuchen, entstammen einer und derselben infantilen Reminiszenz. Es sind die nächtlichen Besucher, die das Kind aus dem Schlafe geweckt haben, um es auf den Topf zu setzen, damit es das Bett nicht nässe, oder die die Decke gehoben haben, um sorgsam nachzuschauen, wie es während des Schlafens die Hände hält. Aus den Analysen einiger dieser Angstträume habe ich noch die Person des nächtlichen Besuchers zur Agnoszierung bringen können. Der Räuber war jedesmal der Vater, die Gespenster werden wohl eher weiblichen Personen im weißen Nachtgewande entsprechen.

F
Beispiele – Rechnen und Reden im Traum

Ehe ich nun das vierte der die Traumbildung beherrschenden Momente an die ihm gebührende Stelle setze, will ich aus meiner Traumsammlung einige Beispiele heranziehen, welche teils das Zusammenwirken der drei uns bekannten Momente erläutern, teils Beweise für frei hingestellte Behauptungen nachtragen oder unabweisbare Folgerungen aus ihnen ausführen können. Es ist mir ja in der vorstehenden Darstellung der Traumarbeit recht schwer geworden, meine Ergebnisse an Beispielen zu erweisen. Die Beispiele für die einzelnen Sätze sind nur im Zusammenhang einer Traumdeutung beweiskräftig; aus dem Zusammenhang gerissen, büßen sie ihre Schönheit ein, und eine auch nur wenig vertiefte Traumdeutung wird bald so umfangreich, daß sie den Faden der Erörterung, zu deren Illustrierung sie dienen soll, verlieren läßt. Dieses technische Motiv mag entschuldigen, wenn ich nun allerlei aneinanderreihe, was nur durch die Beziehung auf den Text des vorstehenden Abschnittes zusammengehalten wird.

Zunächst einige Beispiele von besonders eigentümlichen oder von ungewöhnlichen Darstellungsweisen im Traume. Im Traume einer Dame heißt es: *Ein Stubenmädchen steht auf der Leiter wie zum Fensterputzen und hat einen Schimpansen*

---

[179] Ferner Rank, *Belege zur Rettungsphantasie* (Zentralblatt f. PsA., I, 1911, s. 331); Reik, *Zur Rettungssymbolik* (ebenda, S. 499); Rank, *Die „Geburts-Rettungsphantasie"* in: *Traum und Dichtung* (Internat. Zeitschr. f. PsA., II, 1914).

und eine Gorillakatze (später korrigiert: *Angorakatze*) *bei sich. Sie wirft die Tiere auf die Träumerin; der Schimpanse schmiegt sich an die letztere an, und das ist sehr ekelhaft.* Dieser Traum hat seinen Zweck durch ein höchst einfaches Mittel erreicht, indem er nämlich eine Redensart wörtlich nahm und nach ihrem Wortlaute darstellte. „Affe" wie Tiernamen überhaupt sind Schimpfwörter, und die Traumsituation besagt nichts anderes als „*mit Schimpfworten um sich werfen*". Diese selbe Sammlung wird alsbald weitere Beispiele für die Anwendung dieses einfachen Kunstgriffes bei der Traumarbeit bringen.

Ganz ähnlich verfährt ein anderer Traum: *Eine Frau mit einem Kind, das einen auffällig mißbildeten Schädel hat; von diesem Kinde hat sie gehört, daß es durch die Lage im Mutterleibe so geworden. Man könnte den Schädel, sagt der Arzt, durch Kompression in eine bessere Form bringen, allein das würde dem Gehirn schaden. Sie denkt, da es ein Bub ist, schadet es ihm weniger.* – Dieser Traum enthält die plastische Darstellung des abstrakten Begriffs: „Kindereindrücke", den die Träumerin in den Erklärungen zur Kur gehört hat.

Einen etwas anderen Weg schlägt die Traumarbeit im folgenden Beispiel ein. Der Traum enthält die Erinnerung an einen Ausflug zum Hilmteich bei Graz: *Es ist ein schreckliches Wetter draußen; ein armseliges Hotel, von den Wänden tropft das Wasser, die Betten sind feucht.* (Letzteres Stück des Inhalts ist minder direkt im Traum, als ich es bringe.) Der Traum bedeutet „*überflüssig*". Das Abstraktum, das sich in den Traumgedanken fand, ist zunächst etwas gewaltsam äquivok gemacht worden, etwa durch „überfließend" ersetzt oder durch „flüssig und überflüssig", und dann durch eine Häufung gleichartiger Eindrücke zur Darstellung gebracht. Wasser draußen, Wasser innen an den Wänden, Wasser als Feuchtigkeit in den Betten, alles flüssig und „über"flüssig. Daß zu Zwecken der Darstellung im Traume die Orthographie weit hinter dem Wortklang zurücktritt, wird uns nicht gerade wundernehmen, wenn sich z. B. der Reim ähnliche Freiheiten gestatten darf. In einem weitläufigen von *Rank* mitgeteilten und sehr eingehend analysierten Traum eines jungen Mädchens wird erzählt, daß sie zwischen Feldern spazierengeht, wo sie schöne Gerste- und Korn*ähren* abschneidet. Ein Jugendfreund kommt ihr entgegen, und sie will es vermeiden, ihn anzutreffen. Die Analyse zeigt, daß es sich um einen *Kuß in Ehren* handelt. Die Ähren, die nicht abgerissen, sondern abgeschnitten werden sollen, dienen in diesem Traum als solche und in ihrer Verdichtung mit *Ehre*, *Ehrungen* zur Darstellung einer ganzen Reihe von anderen Gedanken.

Dafür hat die Sprache in anderen Fällen dem Traume die Darstellung seiner Gedanken sehr leicht gemacht, da sie über eine ganze Reihe von Worten verfügt, die ursprünglich bildlich und konkret gemeint waren und gegenwärtig im abgeblaßten, abstrakten Sinne gebraucht werden. Der Traum braucht diesen Worten nur ihre frühere volle Bedeutung wiederzugeben oder in dem Bedeutungswandel des Wortes ein Stück weit herabzusteigen. Z. B., es träumt jemand, daß sein Bruder in einem *Kasten* steckt; bei der Deutungsarbeit ersetzt sich der Kasten durch einen „*Schrank*", und der Traumgedanke lautet nun, daß dieser Bruder sich „*einschränken*" solle, an seiner Statt nämlich. Ein anderer Träumer steigt auf einen Berg, von dem aus er eine ganz außerordentlich weite *Aussicht* hat. Er identifiziert sich dabei mit einem Bruder, der eine „*Rundschau*" herausgibt, welche sich mit den Beziehungen zum fernsten Osten beschäftigt.

In einem Traum des *Grünen Heinrich* wälzt sich ein übermütiges Pferd im schönsten Hafer, von dem jedes Korn aber „ein süßer Mandelkern, eine Rosine und ein neuer Pfennig" ist, „zusammen in rote Seide gewickelt und mit einem Endchen Schweinsborste eingebunden". Der Dichter (oder der Träumer) gibt uns sofort die Deutung dieser Traumdarstellung, denn das Pferd fühlt sich angenehm gekitzelt, so daß es ruft: *Der Hafer sticht mich.*

Besonders ausgiebigen Gebrauch vom Redensart- und Wortwitztraum macht (nach *Henzen*) die altnordische Sagaliteratur, in der sich kaum ein Traumbeispiel ohne Doppelsinn oder Wortspiel findet.

Es wäre eine besondere Arbeit, solche Darstellungsweisen zu sammeln und nach den ihnen zugrundeliegenden Prinzipien zu ordnen. Manche dieser Darstellungen sind fast witzig zu nennen. Man hat den Eindruck, daß man sie niemals selbst erraten hätte, wenn der Träumer sie nicht mitzuteilen wüßte:

1) Ein Mann träumt, *man frage ihn nach einem Namen, an den er sich aber nicht besinnen könne.* Er erklärt selbst, das wolle heißen: *Es fällt mir nicht im Traume ein.*

2) Eine Patientin erzählt einen Traum, in welchem *alle handelnden Personen besonders groß waren.* Das will heißen, setzt sie hinzu, daß es sich um eine Begebenheit aus meiner frühen Kindheit handeln muß, denn damals sind mir natürlich alle Erwachsenen so ungeheuer groß erschienen. Ihre eigene Person trat in diesem Trauminhalt nicht auf.

Die Verlegung in die Kindheit wird in anderen Träumen auch anders ausgedrückt, indem Zeit in Raum übersetzt wird. Man sieht die betreffenden Personen und Szenen wie weit entfernt am Ende eines langen Weges oder so, als ob man sie mit einem verkehrt gerichteten Opernglas betrachten würde.

3) Ein im Wachleben zu abstrakter und unbestimmter Ausdrucksweise geneigter Mann, sonst mit gutem Witz begabt, träumt in gewissem Zusammenhange, *daß er auf einen Bahnhof gehe, wie eben ein Zug ankomme. Dann werde aber der Perron an den stehenden Zug angenähert*, also eine absurde Umkehrung des wirklichen Vorganges. Dieses Detail ist auch nichts anderes als ein Index, der daran mahnt, daß etwas

anderes im Trauminhalt umgekehrt werden solle. Die Analyse desselben Traumes führt zu Erinnerungen an Bilderbücher, in denen Männer dargestellt waren, die auf dem Kopfe standen und auf den Händen gingen.

4) Derselbe Träumer berichtet ein anderes Mal von einem kurzen Traum, der fast an die Technik eines Rebus erinnert. Sein Onkel gibt *ihm im Automobil einen Kuß*. Er fügt unmittelbar die Deutung hinzu, die ich nie gefunden hätte, das heiße: *Autoerotismus*. Ein Scherz im Wachen hätte ebenso lauten können.

5) Der Träumer *zieht eine Frau hinter dem Bett hervor*. Das heißt: Er gibt ihr den *Vorzug*.

6) Der Träumer sitzt *als Offizier an einer Tafel dem Kaiser gegenüber*: Er bringt sich in *Gegensatz* zum Vater.

7) Der Träumer *behandelt eine andere Person wegen eines Knochenbruches*. Die Analyse erweist diesen Bruch als Darstellung eines *Ehebruches* u. dgl.

8) Die Tageszeiten vertreten im Trauminhalt sehr häufig Lebenszeiten der Kindheit. So bedeutet z. B. um ¼ 6 Uhr früh bei einem Träumer das Alter von 5 Jahren und 3 Monaten, den bedeutungsvollen Zeitpunkt der Geburt eines jüngeren Bruders.

9) Eine andere Darstellung von Lebenszeiten im Traume: *Eine Frau geht mit zwei kleinen Mädchen, die 1¼ Jahre auseinander sind*. Die Träumerin findet keine Familie ihrer Bekanntschaft, für die das zuträfe. Sie deutet selbst, daß beide Kinder ihre eigene Person darstellen und daß der Traum sie mahnt, die beiden traumatischen Ereignisse ihrer Kindheit seien um soviel voneinander entfernt. (3½ und 4 ¾ Jahre.)

10) Es ist nicht zu verwundern, daß Personen, die in psychoanalytischer Behandlung stehen, häufig von dieser träumen und alle die Gedanken und Erwartungen, die sie erregt, im Traume ausdrücken müssen. Das für die Kur gewählte Bild ist in der Regel das einer Fahrt, meist im *Automobil*, als einem neuartigen und komplizierten Vehikel; im Hinweis auf die Schnelligkeit des Automobils kommt dann der Spott des Behandelten auf seine Rechnung. Soll das „ *Unbewußte*" als Element der Wachgedanken im Traume Darstellung finden, so ersetzt es sich ganz zweckmäßigerweise durch „*unterirdische*" Lokalitäten, die andere Male, ganz ohne Beziehung zur analytischen Kur, den Frauenleib oder den Mutterleib

bedeutet hatten. „*Unten*" im Traume bezieht sich sehr häufig auf die *Genitalien*, das gegensätzliche „*oben*" auf Gesicht, Mund oder Brust. Mit *wilden Tieren* symbolisiert die Traumarbeit in der Regel leidenschaftliche Triebe, sowohl die des Träumers als auch die anderer Personen, vor denen der Träumer sich fürchtet, also mit einer ganz geringfügigen Verschiebung die Personen selbst, welche die Träger dieser Leidenschaften sind. Von hier ist es nicht weit zu der an den Totemismus anklingenden Darstellung des gefürchteten *Vaters* durch böse Tiere, Hunde, wilde Pferde. Man könnte sagen, die wilden Tiere dienen zur Darstellung der vom Ich gefürchteten, durch Verdrängung bekämpften Libido. Auch die Neurose selbst, die „kranke Person", wird oft vom Träumer abgespalten und als selbständige Person im Traume veranschaulicht.

11) (*H. Sachs*) „Aus der *Traumdeutung* wissen wir, daß die Traumarbeit verschiedene Wege kennt, um ein Wort oder eine Redewendung sinnlich-anschaulich darzustellen. Sie kann sich z. B. den Umstand, daß der darzustellende Ausdruck zweideutig ist, zunutze machen und, den Doppelsinn als „Weiche" benutzend, statt der ersten in den Traumgedanken vorkommenden Bedeutung die zweite in den manifesten Trauminhalt aufnehmen.

Dies ist bei dem kleinen, im folgenden mitgeteilten Traume geschehen, und zwar unter geschickter Benutzung der dazu tauglichen rezenten Tageseindrücke als Darstellungsmaterial.

Ich hatte am Traumtage an einer Erkältung gelitten und deshalb am Abend beschlossen, das Bett, wenn irgend möglich, während der Nacht nicht zu verlassen. Der Traum ließ mich scheinbar nur meine Tagesarbeit fortsetzen; ich hatte mich damit beschäftigt, Zeitungsausschnitte in ein Buch zu kleben, wobei ich bestrebt war, jedem Ausschnitt den passenden Platz anzuweisen. Der Traum lautete:

Ich bemühe mich, einen Ausschnitt in das Buch zu kleben; er geht aber nicht auf die Seite, was mir großen Schmerz verursacht.

Ich erwachte und mußte konstatieren, daß der Schmerz des Traums als realer Leibschmerz andauere, der mich denn auch zwang, meinem Vorsatz untreu zu werden. Der Traum hatte mir als „Hüter des Schlafes" die Erfüllung meines Wunsches, im Bette zu bleiben, durch die Darstellung der Worte „er geht aber nicht auf die Seite" vorgetäuscht.

Man darf geradezu sagen, die Traumarbeit bediene sich zur visuellen Darstellung der Traumgedanken aller ihr zugänglichen Mittel, ob sie der Wachkritik erlaubt oder unerlaubt erscheinen mögen, und setzt sich dadurch dem Zweifel wie dem Gespött aller jener aus, die von Traumdeutung nur gehört und sie nicht selbst geübt haben. An solchen Beispielen ist besonders das Buch von *Stekel*, *Die*

Sprache des Traumes, reich, doch vermeide ich es, von dort die Belege zu entnehmen, weil, die Kritiklosigkeit und technische Willkür des Autors auch den nicht in Vorurteilen Befangenen unsicher machen.

12) Aus einer Arbeit von *V. Tausk*, *Kleider und Farben im Dienste der Traumdarstellung* (Int. Zeitschr. f. PsA. II, 1914)
a) A. träumt, *er sehe seine frühere Gouvernante im schwarzen Lüsterkleid, das über dem Gesäß straff anliegt.* – Das heißt, er erklärt diese Frau für *lüstern*.
b) C. sieht im Traum auf der *X-er Landstraße ein Mädchen, von weißem Licht umflossen und mit einer weißen Bluse bekleidet.* Der Träumer hat auf jener Landstraße mit einem Fräulein *Weiß* die ersten Intimitäten ausgetauscht.
c) Frau D. träumt, *sie sehe den alten Blasel (einen 80jährigen Wiener Schauspieler) in voller Rüstung auf dem Diwan liegen. Dann springt er über Tische und Stühle, zieht seinen Degen, sieht sich dabei im Spiegel und fuchtelt mit dem Degen in der Luft herum, als kämpfe er gegen einen eingebildeten Feind.*

Deutung: Die Träumerin hat ein altes Blasenleiden. Sie liegt bei der Analyse auf dem Diwan, und wenn sie sich im Spiegel sieht, dann kommt sie sich insgeheim trotz ihrer Jahre und ihrer Krankheit noch sehr rüstig vor.

13) Die „*große Leistung*" im Traume.
Der männliche Träumer sieht sich als *gravides Weib im Bette liegend. Der Zustand wird ihm sehr beschwerlich. Er ruft aus: Da will ich doch lieber ...* (in der Analyse ergänzt er, nach einer Erinnerung an eine Pflegeperson: Steine klopfen*). Hinter seinem Bett hängt eine Landkarte, deren unterer Rand durch eine Holzleiste gespannt erhalten wird. Er reißt diese Leiste herunter, indem er sie an beiden Enden packt, wobei sie aber nicht quer bricht, sondern in zwei Längshälften zersplittert. Damit hat er sich erleichtert und auch die Geburt befördert.*

Er deutet ohne Hilfe das Herunterreißen der *Leiste* als eine große „*Leistung*", durch welche er sich aus seiner unbehaglichen Situation (in der Kur) befreit, indem er sich aus seiner weiblichen Einstellung herausreißt ... Das absurde Detail, daß die Holzleiste nicht nur bricht, sondern der Länge nach splittert, findet seine Erklärung, indem der Träumer erinnert, daß die Verdoppelung im Verein mit der Zerstörung eine Anspielung auf die Kastration enthält. Der Traum stellt sehr häufig die Kastration im trotzigen Wunschgegensatz durch das Vorhandensein von zwei Penissymbolen dar. Die „Leiste" ist ja auch eine den Genitalien nahe liegende Körperregion. Er fügt dann die Deutung zusammen, er überwinde die Kastrationsdrohung, welche ihn in die weibliche Einstellung gebracht hat.[180]

[180] Internat. Zeitschr.f. PsA., II, 1914.

14) In einer von mir französisch durchgeführten Analyse ist ein Traum zu deuten, in dem ich als Elefant erscheine. Ich muß natürlich fragen, wie ich zu dieser Darstellung komme. „*Vous me trompez*", antwortet der Träumer (trompe = Rüssel).

Der Traumarbeit gelingt oft auch die Darstellung von sehr sprödem Material, wie es etwa Eigennamen sind, durch gezwungene Verwertung sehr entlegener Beziehungen. *In einem meiner Träume hat mir der alte Brücke eine Aufgabe gestellt. Ich fertige ein Präparat an und klaube etwas heraus, was wie zerknülltes Silberpapier aussieht.* (Von diesem Traume noch später mehr.) Der nicht leicht auffindbare Einfall dazu ergibt: „Stanniol", und nun weiß ich, daß ich den Autornamen *Stannius* meine, den eine von mir in früheren Jahren mit Ehrfurcht betrachtete Abhandlung über das Nervensystem der Fische trägt. Die erste wissenschaftliche Aufgabe, die mir mein Lehrer gestellt, bezog sich wirklich auf das Nervensystem eines Fisches, des Ammocoetes. Letzterer Name war im Bilderrätsel offenbar gar nicht zu gebrauchen.

Ich will mir nicht versagen, hier noch einen Traum mit sonderbarem Inhalt einzuschalten, der auch noch als Kindertraum bemerkenswert ist und sich durch die Analyse sehr leicht aufklärt. Eine Dame erzählt: Ich kann mich erinnern, daß ich als Kind wiederholt geträumt habe, *der liebe Gott habe einen zugespitzten Papierhut auf dem Kopfe.* Einen solchen Hut pflegte man mir nämlich sehr oft bei Tische aufzusetzen, damit ich nicht auf die Teller der anderen Kinder hinschauen könne, wieviel sie von dem betreffenden Gericht bekommen haben. Da ich gehört habe, Gott sei allwissend, so bedeutet der Traum, ich wisse alles auch trotz des aufgesetzten Hutes.

Worin die Traumarbeit besteht und wie sie mit ihrem Material, den Traumgedanken, umspringt, läßt sich in lehrreicher Weise an den Zahlen und Rechnungen zeigen, die in Träumen vorkommen. Geträumte Zahlen gelten überdies dem Aberglauben als besonders verheißungsvoll. Ich werde also einige Beispiele solcher Art aus meiner Sammlung heraussuchen.

Aus dem Traum einer Dame, kurz vor Beendigung ihrer Kur:

1. *Sie will irgend etwas bezahlen; ihre Tochter nimmt ihr 3 fl. 65 kr. aus der Geldtasche; sie sagt aber: Was tust du? Es kostet ja nur 21 kr.* Dieses Stückchen Traum war mir durch die Verhältnisse der Träumerin ohne weitere Aufklärung ihrerseits verständlich. Die Dame war eine Fremde, die ihre Tochter in einem Wiener Erziehungsinstitute untergebracht hatte und die meine Behandlung fortsetzen konnte, solange ihre Tochter in Wien blieb. In drei Wochen war deren Schuljahr zu Ende, und damit endete auch die Kur. Am Tage vor dem Traum hatte ihr die Institutsvorsteherin nahegelegt, ob sie sich nicht entschließen könnte, das

Kind noch ein weiteres Jahr bei ihr zu lassen. Sie hatte dann offenbar bei sich diese Anregung dahin fortgesetzt, daß sie in diesem Falle auch die Behandlung um ein Jahr verlängern könnte. Darauf bezieht sich nun der Traum, denn ein Jahr ist gleich *365* Tagen, die drei Wochen bis zum Abschluß des Schuljahres und der Kur lassen sich ersetzen durch *21* Tage (wenngleich nicht ebenso viele Behandlungsstunden). Die Zahlen, die in den Traumgedanken bei Zeiten standen, werden im Traum Geldwerten beigesetzt, nicht ohne daß damit ein tieferer Sinn zum Ausdruck käme, denn „*Time is money*", Zeit hat Geldwert. *365* Kreuzer sind dann allerdings *3* Gulden *65* Kreuzer. Die Kleinheit der im Traum erscheinenden Summen ist offenkundige Wunscherfüllung; der Wunsch hat die Kosten der Behandlung wie des Lehrjahres im Institut verkleinert.

2. Zu komplizierteren Beziehungen führen die Zahlen in einem anderen Traum. Eine junge, aber schon seit einer Reihe von Jahren verheiratete Dame erfährt, daß eine ihr fast gleichalterige Bekannte, Elise L., sich eben verlobt hat. Daraufhin träumt sie: *Sie sitzt mit ihrem Manne im Theater, eine Seite des Parketts ist ganz unbesetzt. Ihr Mann erzählt ihr, Elise L. und ihr Bräutigam hätten auch gehen wollen, hätten aber nur schlechte Sitze bekommen, 3 für 1 fl. 50 kr., und die konnten sie ja nicht nehmen. Sie meint, es wäre auch kein Unglück gewesen.*

Woher rühren die *1 fl. 50 kr.*? Aus einem eigentlich indifferenten Anlaß des Vortages. Ihre Schwägerin hatte von ihrem Manne *150 fl.* zum Geschenk bekommen und sich beeilt, sie loszuwerden, indem sie sich einen Schmuck dafür kaufte. Wir wollen anmerken, daß 150 fl. *100mal* mehr ist als 1 fl. 50 kr. Woher die *3*, die bei den Theatersitzen steht? Dafür ergibt sich nur die eine Anknüpfung, daß die Braut um ebensoviel Monate – *drei* – jünger ist als sie. Zur Auflösung des Traumes führt dann die Erkundigung, was der Zug im Traum, daß eine Seite des Parketts leer bleibt, bedeuten kann. Derselbe ist eine unveränderte Anspielung auf eine kleine Begebenheit, die ihrem Manne guten Grund zur Neckerei gegeben hat. Sie hatte sich vorgenommen, zu einer der angekündigten Theatervorstellungen der Woche zu gehen, und war so vorsorglich, mehrere Tage vorher Karten zu nehmen, für die sie Vorkaufsgebühr zu zahlen hatte. Als sie dann ins Theater kamen, fanden sie, daß die eine Seite des Hauses fast leer war; sie hätte es *nicht* nötig gehabt, *sich so sehr zu beeilen.*

Ich werde jetzt den Traum durch die Traumgedanken ersetzen: „Ein *Unsinn* war es doch, so früh zu heiraten, ich hätte es *nicht nötig gehabt, mich so zu beeilen.* An dem Beispiele der Elise L. sehe ich, daß ich noch immer einen Mann bekommen hätte. Und zwar einen *hundertmal* besseren (Mann, Schatz), wenn ich nur *gewartet* hätte (Gegensatz zu dem *Beeilen* der Schwägerin). *Drei* solche Männer hätte ich für das Geld (die Mitgift) kaufen können!" Wir werden darauf aufmerksam, daß in diesem Traum die Zahlen in weit höherem Grade Bedeutung und Zusammenhang verändert haben als im vorher behandelten. Die Umwandlungs- und Entstellungsarbeit des Traumes ist hier ausgiebiger gewesen, was wir so deuten, daß diese Traumgedanken bis zu ihrer Darstellung ein besonders hohes Maß von innerpsychischem Widerstand zu überwinden hatten. Wir wollen auch nicht übersehen, daß in diesem Traum ein absurdes Element enthalten ist, nämlich daß *zwei* Personen *drei* Sitze nehmen sollen. Wir greifen in die Deutung der Absurdität im Traume über, wenn wir anführen, daß dieses absurde Detail des Trauminhaltes den meistbetonten der Traumgedanken darstellen soll: Ein *Unsinn* war es, so früh zu heiraten. Die in einer ganz nebensächlichen Beziehung der beiden verglichenen Personen enthaltene 3 (3 Monate Unterschied im Alter) ist dann geschickt zur Produktion des für den Traum erforderlichen Unsinns verwendet worden. Die Verkleinerung der realen 150 fl. auf 1 fl. 50 entspricht der Geringschätzung des Mannes (oder Schatzes) in den unterdrückten Gedanken der Träumerin.

3. Ein anderes Beispiel führt uns die Rechenkunst des Traumes vor, die ihm soviel Mißachtung eingetragen hat. Ein Mann träumt: *Er sitzt bei B...* (einer Familie seiner früheren Bekanntschaft) *und sagt: Es war ein Unsinn, daß Sie mir die Mali nicht gegeben haben. Darauf fragt er das Mädchen: Wie alt sind Sie denn? Antwort: Ich bin 1882 geboren. – Ah, dann sind Sie 28 Jahre alt.*

Da der Traum im Jahre 1898 vorfällt, so ist das offenbar schlecht gerechnet, und die Rechenschwäche des Träumers darf der des Paralytikers an die Seite gestellt werden, wenn sie sich etwa nicht anders aufklären läßt. Mein Patient gehörte zu jenen Personen, deren Gedanken kein Frauenzimmer, das sie sehen, in Ruhe lassen können. Seine Nachfolgerin in meinem Ordinationszimmer war einige Monate hindurch regelmäßig eine junge Dame, der er begegnete, nach der er sich häufig erkundigte und mit der er durchaus höflich sein wollte. Diese war es, deren Alter er auf *28* Jahre schätzte. Soviel zur Aufklärung des Resultats der scheinbaren Rechnung. *1882* war aber das Jahr, in dem er geheiratet hatte. Er hatte es nicht unterlassen können, auch mit den beiden anderen weiblichen Personen, die er bei mir traf, Gespräche anzuknüpfen, den beiden keineswegs jugendlichen Mädchen, die ihm abwechselnd die Tür zu öffnen pflegten, und als er die Mädchen wenig zutraulich fand, sich die Erklärung gegeben, sie hielten ihn wohl für einen älteren „*gesetzten*" Herrn.

Einen anderen Zahlentraum, der durch durchsichtige Determinierung oder vielmehr Überdeterminierung ausgezeichnet ist, verdanke ich mitsamt seiner Deutung Herrn *B. Dattner*:

„Mein Hausherr, Sicherheitswachmann in Magistratsdiensten, träumt, er stünde auf der Straße Posten, was eine Wunscherfüllung ist. Da kommt ein Inspektor auf ihn zu, der auf

dem Ringkragen die Nummer 22 und 62 oder 26 trägt. Jedenfalls aber seien mehrere Zweier darauf gewesen.

Schon die Zerteilung der Zahl *2262* bei der Wiedergabe des Traumes läßt darauf schließen, daß die Bestandteile eine gesonderte Bedeutung haben. Sie hätten gestern im Amt über die Dauer ihrer Dienstzeit gesprochen, fällt ihm ein. Ursache gab ein Inspektor, der mit *62* Jahren in Pension gegangen sei. Der Träumer hat erst *22* Dienstjahre und braucht noch *2* Jahre *2* Monate, um eine 90%ige Pension zu erreichen. Der Traum spiegelt ihm nun zuerst die Erfüllung eines langgehegten Wunsches, den Inspektorsrang, vor. Der Vorgesetzte mit der *2262* auf dem Kragen ist er selbst, er versieht seinen Dienst auf der Straße, auch ein Lieblingswunsch, hat seine *2* Jahre und *2* Monate abgedient und kann nun wie der *62*jährige Inspektor mit voller Pension aus dem Amte scheiden."[181]

Wenn wir diese und ähnliche (später folgende) Beispiele zusammenhalten, dürfen wir sagen: Die Traumarbeit rechnet überhaupt nicht, weder richtig noch falsch; sie fügt nur Zahlen, die in den Traumgedanken vorkommen und als Anspielungen auf ein nicht darstellbares Material dienen können, in der Form einer Rechnung zusammen. Sie behandelt dabei die Zahlen in genau der nämlichen Weise als Material zum Ausdruck ihrer Absichten wie alle anderen Vorstellungen, wie auch die Namen und die als Wortvorstellungen kenntlichen Reden.

Denn die Traumarbeit kann auch keine Rede neu schaffen. Soviel von Rede und Gegenrede in den Träumen vorkommen mag, die an sich sinnig oder unvernünftig sein können, die Analyse zeigt uns jedesmal, daß der Traum dabei nur Bruchstücke von wirklich geführten oder gehörten Reden den Traumgedanken entnommen hat und höchst willkürlich mit ihnen verfahren ist. Er hat sie nicht nur aus ihrem Zusammenhange gerissen und zerstückt, das eine Stück aufgenommen, das andere verworfen, sondern auch oft neu zusammengefügt, so daß die zusammenhängend scheinende Traumrede bei der Analyse in drei oder vier Brocken zerfällt. Bei dieser Neuverwendung hat er oft den Sinn, den die Worte in den Traumgedanken hatten, beiseite gelassen und dem Wortlaut einen völlig neuen Sinn abgewonnen.[182] Bei näherem Zusehen unterscheidet man an der

---

[181] Analysen von anderen Zahlenträumen siehe bei Jung, Marcinowski und anderen. Dieselben setzen oft sehr komplizierte Zahlenoperationen voraus, die aber vom Träumer mit verblüffender Sicherheit vollzogen werden. Vgl. auch Jones, *Unbewußte Zahlenbehandlung* (Zentralbl. f.PsA., II, 1912, S. 241f.).

[182] In der gleichen Weise wie der Traum verfährt auch die Neurose. Ich kenne eine Patientin, die daran leidet, daß sie Lieder oder Städte von solchen unwillkürlich und widerwillig hört (halluziniert), ohne deren Bedeutung für ihr Seelenleben verstehen zu können. Sie ist übrigens gewiß nicht paranoisch. Die Analyse zeigt dann, daß sie den Text dieser Lieder mittels gewisser Lizenzen mißbräuchlich verwendet hat. „Leise, leise, fromme Weise." Das bedeutet für ihr Unbewußtes: Fromme *Waise*, und diese ist sie selbst. „O du selige, o du fröhliche" ist der

Traumrede deutlichere, kompakte Bestandteile von anderen, die als Bindemittel dienen und wahrscheinlich ergänzt worden sind, wie wir ausgelassene Buchstaben und Silben beim Lesen ergänzen. Die Traumrede hat so den Aufbau eines Brecciengesteines, in dem größere Brocken verschiedenen Materials durch eine erhärtete Zwischenmasse zusammengehalten werden.

In voller Strenge richtig ist diese Beschreibung allerdings nur für jene Reden im Traum, die etwas vom sinnlichen Charakter der Rede haben und als „Reden" beschrieben werden. Die anderen, die nicht gleichsam als gehört oder als gesagt empfunden werden (keine akustische oder motorische Mitbetonung im Traum haben), sind einfach Gedanken, wie sie in unserer wachen Denktätigkeit vorkommen und unverändert in viele Träume übergehen. Für das indifferent gehaltene Redematerial des Traumes scheint auch die Lektüre eine reich fließende und schwer zu verfolgende Quelle abzugeben. Alles aber, was im Traum als Rede irgendwie auffällig hervortritt, unterwirft sich der Zurückführung auf reale, selbst gehaltene oder gehörte Rede.

Beispiele für die Ableitung solcher Traumreden haben wir bereits bei der Analyse von Träumen gefunden, die zu anderen Zwecken mitgeteilt worden sind. So in dem „harmlosen Markttraum" auf S. 170, in dem die Rede: *Das ist nicht mehr zu haben*, dazu dient, mich mit dem Fleischhauer zu identifizieren, während ein Stück der anderen Rede: *Das kenne ich nicht, das nehme ich nicht*, geradezu die Aufgabe erfüllt, den Traum harmlos zu machen. Die Träumerin hatte nämlich am Vortage irgendwelche Zumutung ihrer Köchin mit den Worten zurückgewiesen: Das kenne ich nicht, *benehmen Sie sich anständig*, und nun von dieser Rede das indifferent klingende erste Stück in den Traum genommen, um mit ihm auf das spätere Stück anzuspielen, das in die Phantasie, welche dem Traum zugrunde lag, sehr wohl gepaßt, aber dieselbe auch verraten hätte.

Ein ähnliches Beispiel an Stelle vieler, die ja alle das nämliche ergeben:

Anfang eines Weihnachtsliedes; indem sie es nicht bis zu „Weihnachtszeit" fortsetzt, macht sie daraus ein Brautlied u. dgl. – Derselbe Entstellungsmechanismus kann sich übrigens auch ohne Halluzination im bloßen Einfall durchsetzen. Warum wird einer meiner Patienten von der Erinnerung an ein Gedicht heimgesucht, das er in jungen Jahren lernen mußte:

„Nächtlich am Busento lispeln ..."

Weil sich seine Phantasie mit einem Stück dieses Zitats:

„*Nächtlich am Busen*" begnügt.

Es ist bekannt, daß der parodistische Witz auf dieses Stückchen Technik nicht verzichtet hat. Die Fliegenden Blätter brachten einst unter ihren Illustrationen zu deutschen „Klassikern" auch ein Bild zum Schillerschen „Siegesfest", zu dem das Zitat vorzeitig abgeschlossen war.

„Und des frisch erkämpften Weibes / Freut sich der Atrid und strickt."

Fortsetzung:

„Um den Reiz des schönen Leibes / Seine Arme hochbeglückt."

Ein großer Hof, in dem Leichen verbrannt werden. Er sagt: Da geh' ich weg, das kann ich nicht sehen. (Keine deutliche Rede.) *Dann trifft er zwei Fleischhauerbuben und fragt: Na hat's geschmeckt? Der eine antwortet: Na, nöt gut war's. Als ob es Menschenfleisch gewesen wäre.*

Der harmlose Anlaß dieses Traumes ist folgender: Er macht nach dem Nachtmahl mit seiner Frau einen Besuch bei den braven, aber keineswegs *appetitlichen* Nachbarsleuten. Die gastfreundliche alte Dame befindet sich eben bei ihrem Abendessen und *nötigt* ihn (man gebraucht dafür scherzhaft unter Männern ein zusammengesetztes, sexuell bedeutsames Wort), davon zu kosten. Er lehnt ab, er habe keinen Appetit mehr. „*Aber gehn S' weg*, das werden Sie noch vertragen" oder so ähnlich. Er muß also kosten und rühmt dann das Gebotene vor ihr. „*Das ist aber gut.*" Mit seiner Frau wieder allein, schimpft er dann sowohl über die Aufdringlichkeit der Nachbarin als auch über die Qualität der gekosteten Speise. „Das kann ich nicht sehen", das auch im Traum nicht als eigentliche Rede auftritt, ist ein Gedanke, der sich auf die körperlichen Reize der einladenden Dame bezieht, und zu übersetzen wäre, daß er diese zu schauen nicht begehrt.

Lehrreicher wird sich die Analyse eines anderen Traumes gestalten, den ich wegen der sehr deutlichen Rede, die seinen Mittelpunkt bildet, schon an dieser Stelle mitteile, aber erst bei der Würdigung der Affekte im Traume aufklären werde. Ich träumte sehr klar: *Ich bin nachts ins Brückesche Laboratorium gegangen und öffne auf ein leises Klopfen an der Tür dem (verstorbenen) Professor Fleischl, der mit mehreren Fremden eintritt und sich nach einigen Worten an seinen Tisch setzt. Dann folgt ein zweiter Traum: Mein Freund Fl. ist im Juli unauffällig nach Wien gekommen; ich begegne ihm auf der Straße im Gespräch mit meinem (verstorbenen) Freunde P. und gehe mit ihnen irgendwohin, wo sie einander wie an einem kleinen Tisch gegenübersitzen, ich an der schmalen Seite des Tischchens vorne. Fl. erzählt von seiner Schwester und sagt: In drei viertel Stunden war sie tot, und dann etwas wie: Das ist die Schwelle. Da P. ihn nicht versteht, wendet sich Fl. an mich und fragt mich, wieviel von seinen Dingen ich P. denn mitgeteilt habe. Darauf ich, von merkwürdigen Affekten ergriffen, Fl. mitteilen will, daß P. (ja gar nichts wissen kann, weil er) gar nicht am Leben ist. Ich sage aber, den Irrtum selbst bemerkend: Non vixit. Ich sehe dann P. durchdringend an, unter meinem Blicke wird er bleich, verschwommen, seine Augen werden krankhaft blau – und endlich löst er sich auf. Ich bin ungemein erfreut darüber, verstehe jetzt, daß auch Ernst Fleischl nur eine Erscheinung, ein Revenant war, und finde es ganz wohl möglich, daß eine solche Person nur so lange besteht, als man es mag, und daß sie durch den Wunsch des anderen beseitigt werden kann.*

Dieser schöne Traum vereinigt so viele der am Trauminhalt rätselhaften Charaktere – die Kritik während des Traumes selbst, daß ich meinen Irrtum, *Non vixit* zu sagen anstatt *Non vivit*, selbst bemerke, den unbefangenen Verkehr mit Verstorbenen, die der Traum selbst für verstorben erklärt, die Absurdität der

Schlußfolgerung und die hohe Befriedigung, die dieselbe mir bereitet, daß ich „für mein Leben gern" die volle Lösung dieser Rätsel mitteilen möchte. Ich bin aber in Wirklichkeit unfähig, das zu tun – was ich nämlich im Traum tue –, die Rücksicht auf so teure Personen meinem Ehrgeiz aufzuopfern. Bei jeder Verhüllung wäre aber der mir wohlbekannte Sinn des Traumes zuschanden geworden. So begnüge ich mich denn, zuerst hier und dann an späterer Stelle einige Elemente des Traums zur Deutung herauszugreifen.

Das Zentrum des Traumes bildet eine Szene, in der ich P. durch einen Blick vernichte. Seine Augen werden dabei so merkwürdig und unheimlich blau, und dann löst er sich auf. Diese Szene ist die unverkennbare Nachbildung einer wirklich erlebten. Ich war Demonstrator am physiologischen Institut, hatte den Dienst in den Frühstunden, und Brücke hatte erfahren, daß ich einige Male zu spät ins Schülerlaboratorium gekommen war. Da kam er einmal pünktlich zur Eröffnung und wartete mich ab. Was er mir sagte, war karg und bestimmt; es kam aber gar nicht auf die Worte an. Das überwältigende waren die fürchterlichen blauen Augen, mit denen er mich ansah und vor denen ich verging – wie P. im Traum, der zu meiner Erleichterung die Rollen verwechselt hat. Wer sich an die bis ins hohe Greisenalter wunderschönen Augen des großen Meisters erinnern kann und ihn je im Zorn gesehen hat, wird sich in die Affekte des jugendlichen Sünders von damals leicht versetzen können.

Es wollte mir aber lange nicht gelingen, das „*Non vixit*" abzuleiten, mit dem ich im Traum jene Justiz übe, bis ich mich besann, daß diese zwei Worte nicht als gehörte oder gerufene, sondern als gesehene so hohe Deutlichkeit im Traum besessen hatten. Dann wußte ich sofort, woher sie stammten. Auf dem Postament des Kaiser-Josef-Denkmals in der Wiener Hofburg sind die schönen Worte zu lesen:

> „Saluti patriae vixit
> non diu sed totus.[183]"

Aus dieser Inschrift habe ich herausgeklaubt, was zu der einen, feindseligen Gedankenreihe in meinen Traumgedanken paßte und was heißen sollte: Der Kerl hat ja gar nichts dreinzureden, er lebt ja gar nicht. Und nun mußte ich mich erinnern, daß der Traum wenige Tage nach der Enthüllung des Fleischldenkmals in den Arkaden der Universität geträumt worden war, wobei ich das Denkmal Brückes wiedergesehen hatte und (im Unbewußten) mit Bedauern erwo-

[183] Die Inschrift lautet richtig: *Saluti publicae vixit non diu sed totus.* Das Motiv der Fehlleistung: *patriae* für *publicae* hat Wittels wahrscheinlich zutreffend erraten.

gen haben muß, wie mein hochbegabter und ganz der Wissenschaft ergebener Freund P. durch einen allzufrühen Tod seinen begründeten Anspruch auf ein Denkmal in diesen Räumen verloren. So setzte ich ihm dies Denkmal im Traum; mein Freund P. hieß mit dem Vornamen *Josef*.[184]

Nach den Regeln der Traumdeutung wäre ich nun noch immer nicht berechtigt, das *non vivit*, das ich brauche, durch *non vixit*, das mir die Erinnerung an das Josefsmonument zur Verfügung stellt, zu ersetzen. Ein anderes Element der Traumgedanken muß dies durch seinen Beitrag ermöglicht haben. Es heißt mich nun etwas darauf achten, daß in der Traumszene eine feindselige und eine zärtliche Gedankenströmung gegen meinen Freund P. zusammentreffen, die erstere oberflächlich, die letztere verdeckt, und in den nämlichen Worten: *Non vixit* ihre Darstellung erreichen. Weil er sich um die Wissenschaft verdient gemacht hat, errichte ich ihm ein Denkmal; aber weil er sich eines bösen Wunsches schuldig gemacht hat (der am Ende des Traumes ausgedrückt ist), darum vernichte ich ihn. Ich habe da einen Satz von ganz besonderem Klang gebildet, bei dem mich ein Vorbild beeinflußt haben muß. Wo findet sich nur eine ähnliche Antithese, ein solches Nebeneinanderstellen zweier entgegengesetzter Reaktionen gegen dieselbe Person, die beide den Anspruch erheben, voll berechtigt zu sein, und doch einander nicht stören wollen? An einer einzigen Stelle, die sich aber dem Leser tief einprägt; in der Rechtfertigungsrede des Brutus in *Shakespeares Julius Cäsar*: „Weil Cäsar mich liebte, wein' ich um ihn; weil er glücklich war, freue ich mich; weil er tapfer war, ehr' ich ihn, aber weil er herrschsüchtig war, erschlug ich ihn." Ist das nicht der nämliche Satzbau und Gedankengegensatz wie in dem Traumgedanken, den ich aufgedeckt habe? Ich spiele also den Brutus im Traum. Wenn ich nur von dieser überraschenden Kollateralverbindung noch eine andere bestätigende Spur im Trauminhalt auffinden könnte! Ich denke, dies könnte folgende sein: Mein Freund Fl. kommt im *Juli* nach Wien. Diese Einzelheit findet gar keine Stütze in Wirklichkeit. Mein Freund ist im Monat *Juli* meines Wissens niemals in Wien gewesen. Aber der Monat *Juli* ist nach *Julius Cäsar* benannt und könnte darum sehr wohl die von mir gesuchte Anspielung auf den Zwischengedanken, daß ich den Brutus spiele, vertreten.[185]

Merkwürdigerweise habe ich nun wirklich einmal den Brutus gespielt. Ich habe die Szene Brutus und Cäsar aus *Schillers* Gedichten vor einem Auditorium von Kindern aufgeführt, und zwar als vierzehnjähriger Knabe im Verein mit

[184] Als Beitrag zur Überdeterminierung: Meine Entschuldigung für mein Zuspätkommen lag darin, daß ich nach langer Nachtarbeit am Morgen den weiten Weg von der Kaiser Josef-Straße in die Währinger Straße zu machen hatte.

[185] Dazu noch Cäsar – Kaiser.

meinem um ein Jahr älteren Neffen, der damals aus England zu uns gekommen war – auch so ein Revenant –, denn es war der Gespiele meiner ersten Kinderjahre, der mit ihm wieder auftauchte. Bis zu meinem vollendeten dritten Jahre waren wir unzertrennlich gewesen, hatten einander geliebt und miteinander gerauft, und diese Kinderbeziehung hat, wie ich schon einmal angedeutet, über all meine späteren Gefühle im Verkehr mit Altersgenossen entschieden. Mein Neffe John hat seither sehr viele Inkarnationen gefunden, die bald diese, bald jene Seite seines in meiner unbewußten Erinnerung unauslöschlich fixierten Wesens wiederbelebten. Er muß mich zeitweilig sehr schlecht behandelt haben, und ich muß Mut bewiesen haben gegen meinen Tyrannen, denn es ist mir in späteren Jahren oft eine kurze Rechtfertigungsrede wiedererzählt worden, mit der ich mich verteidigte, als mich der Vater – sein Großvater – zur Rede stellte: Warum schlägst du John? Sie lautete in der Sprache des noch nicht Zweijährigen: *Ich habe ihn ge(sch)lagt, weil er mich ge(sch)lagt hat.* Diese Kinderszene muß es sein, die *non vivit* zum *non vixit* ablenkt, denn in der Sprache späterer Kinderjahre heißt ja das *Schlagen – Wichsen*; die Traumarbeit verschmäht es nicht, sich solcher Zusammenhänge zu bedienen. Die in der Realität so wenig begründete Feindseligkeit gegen meinen Freund P., der mir vielfach überlegen war und darum auch eine Neuausgabe des Kindergespielen abgeben konnte, geht sicherlich auf die komplizierte infantile Beziehung zu John zurück.

Ich werde also auf diesen Traum noch zurückkommen.

G
Absurde Träume – Die intellektuellen Leistungen im Traum

Bei unseren bisherigen Traumdeutungen sind wir so oft auf das Element der *Absurdität* im Trauminhalt gestoßen, daß wir die Untersuchung nicht länger aufschieben wollen, woher dasselbe rührt und was es etwa bedeutet. Wir erinnern uns ja, daß die Absurdität der Träume den Gegnern der Traumschätzung ein Hauptargument bot, um im Traum nichts anderes als ein sinnloses Produkt einer reduzierten und zerbröckelten Geistestätigkeit zu sehen.

Ich beginne mit einigen Beispielen, in denen die Absurdität des Trauminhalts nur ein Anschein ist, der bei besserer Vertiefung in den Sinn des Traumes sofort verschwindet. Es sind einige Träume, die – wie man zuerst meint, zufällig – vom toten Vater handeln.

I

Der Traum eines Patienten, der seinen Vater vor sechs Jahren verloren:
Dem Vater ist ein großes Unglück widerfahren. Er ist mit dem Nachtzug gefahren, da ist eine Entgleisung erfolgt, die Sitze sind zusammengekommen, und ihm ist der Kopf quer zusammengedrückt worden. Er sieht ihn dann auf dem Bette liegen, mit einer Wunde über dem Augenbrauenrand links, die vertikal verläuft. Er wundert sich darüber, daß der Vater verunglückt ist (da er doch schon tot ist, wie er bei der Erzählung ergänzt). Die Augen sind so klar.

Nach der herrschenden Beurteilung der Träume hätte man sich diesen Trauminhalt so aufzuklären: Der Träumer hat zuerst, während er sich den Unfall seines Vaters vorstellt, vergessen, daß dieser schon seit Jahren im Grabe ruht; im weiteren Verlaufe des Träumens wacht diese Erinnerung auf und bewirkt, daß er sich über den eigenen Traum noch selbst träumend verwundert. Die Analyse lehrt aber, daß es vor allem überflüssig ist, nach solchen Erklärungen zu greifen. Der Träumer hatte bei einem Künstler eine *Büste* des Vaters bestellt, die er zwei Tage vor dem Traume in Augenschein genommen hat. Diese ist es, die ihm *verunglückt* vorkommt. Der Bildhauer hat den Vater nie gesehen, er arbeitet nach ihm vorgelegten Photographien. Am Tage vor dem Traume selbst hat der pietätvolle Sohn einen alten Diener der Familie ins Atelier geschickt, ob auch der dasselbe Urteil über den marmornen Kopf fällen wird, nämlich, daß *er zu schmal in der Querrichtung* von Schläfe zu Schläfe ausgefallen ist. Nun folgt das Erinnerungsmaterial, das zum Aufbau dieses Traums beigetragen hat. Der Vater hatte die Gewohnheit, wenn geschäftliche Sorgen oder Schwierigkeiten in der Familie ihn quälten, sich beide Hände gegen die Schläfen zu drücken, als ob er seinen Kopf, der ihm zu weit würde, zusammenpressen wollte. – Als Kind von vier Jahren war unser Träumer zugegen, wie das Losgehen einer zufällig geladenen Pistole dem Vater die Augen schwärzte (*die Augen sind so klar*). – An der Stelle, wo der Traum die Verletzung des Vaters zeigt, trug der Lebende, wenn er nachdenklich oder traurig war, eine tiefe Längsfurche zur Schau. Daß diese Furche im Traum durch eine Wunde ersetzt ist, deutet auf die zweite Veranlassung des Traumes hin. Der Träumer hatte sein kleines Töchterchen photographiert; die Platte war ihm aus der Hand gefallen und zeigte, als er sie aufhob, einen Sprung, der wie eine senkrechte Furche über die Stirne der Kleinen lief und bis zum Augenbrauenbogen reichte. Da konnte er sich abergläubischer Ahnungen nicht erwehren, denn einen Tag vor dem Tode der Mutter war ihm die photographische Platte mit deren Abbild gesprungen.

Die Absurdität dieses Traumes ist also bloß der Erfolg einer Nachlässigkeit des sprachlichen Ausdrucks, der die Büste und die Photographie von der Person nicht unterscheiden will. Wir sind alle gewöhnt, so zu reden: Findest du den Vater nicht getroffen? Freilich wäre der Anschein der Absurdität in diesem Traume leicht zu vermeiden gewesen. Wenn man schon nach einer einzigen Erfahrung urteilen dürfte, so möchte man sagen, dieser Anschein von Absurdität ist ein zugelassener oder gewollter.

II

Ein zweites, ganz ähnliches Beispiel aus meinen eigenen Träumen: (Ich habe meinen Vater im Jahre 1896 verloren.)

Der Vater hat nach seinem Tode eine politische Rolle bei den Magyaren gespielt, sie politisch geeinigt, wozu ich ein kleines undeutliches Bild sehe*: eine Menschenmenge wie im Reichstag; eine Person, die auf einem oder zwei Stühlen steht, andere um ihn herum. Ich erinnere mich daran, daß er auf dem Totenbette Garibaldi so ähnlich gesehen hat, und freue mich, daß diese Verheißung doch wahr geworden ist.*

Das ist doch absurd genug. Es ist zur Zeit geträumt, da die Ungarn durch parlamentarische *Obstruktion* in den gesetzlosen Zustand gerieten und jene Krise durchmachten, aus der Koloman Széll sie befreite. Der geringfügige Umstand, daß die im Traum gesehene Szene aus so kleinen Bildern besteht, ist nicht ohne Bedeutung für die Aufklärung dieses Elements. Die gewöhnliche visuelle Traumdarstellung unserer Gedanken ergibt Bilder, die uns etwa den Eindruck der Lebensgröße machen; mein Traumbild ist aber die Reproduktion eines in den Text einer illustrierten Geschichte Österreichs eingeschobenen Holzschnittes, der Maria Theresia auf dem Reichstage von Preßburg darstellt, die berühmte Szene des „*Moriamur pro rege nostro*".[186] Wie dort Maria Theresia, so steht im Traume der Vater von der Menge umringt; er steht aber auf einem oder zwei Stühlen, also als *Stuhlrichter.* (Er hat sie geeinigt: – hier vermittelt die Redensart: Wir werden *keinen* Richter brauchen.) Daß er auf dem Totenbette Garibaldi so ähnlich sah, haben wir Umstehenden wirklich alle bemerkt. Er hatte *postmortale* Temperatursteigerung, seine Wangen glühten rot und röter ... unwillkürlich setzen wir fort:

„Und hinter ihm, in wesenlosem Scheine lag,
was uns alle bändigt, das Gemeine."

[186] Ich weiß nicht mehr, bei welchem Autor ich einen Traum erwähnt gefunden habe, in dem es von ungewöhnlich kleinen Gestalten wimmelte und als dessen Quelle sich einer der Stiche Jacques Callots herausstellte, die der Träumer bei Tag betrachtet hatte. Diese Stiche enthalten allerdings eine Unzahl sehr kleiner Figuren; eine Reihe derselben behandelt die Greuel des Dreißigjährigen Krieges.

Diese Erhebung unserer Gedanken bereitet uns darauf vor, daß wir gerade mit dem „Gemeinen“ zu tun bekommen sollen. Das „*postmortale*“ der Temperaturerhöhung entspricht den Worten „*nach seinem Tode*“ im Trauminhalt. Das Quälendste seiner Leiden war die völlige Darmlähmung (*Obstruktion*) der letzten Wochen gewesen. An diese knüpfen allerlei unehrerbietige Gedanken an. Einer meiner Altersgenossen, der seinen Vater noch als Gymnasiast verlor, bei welchem Anlaß ich ihm dann tief erschüttert meine Freundschaft antrug, erzählte mir einmal höhnend von dem Schmerz einer Verwandten, deren Vater auf der Straße gestorben und nach Hause gebracht worden war, wo sich dann bei der Entkleidung der Leiche fand, daß im Moment des Todes oder *postmortal* eine *Stuhlentleerung* stattgefunden hatte. Die Tochter war so tief unglücklich darüber, daß ihr dieses häßliche Detail die Erinnerung an den Vater stören mußte. Hier sind wir nun zu dem Wunsch vorgedrungen, der sich in diesem Traume verkörpert. *Nach seinem Tode rein und groß vor seinen Kindern dastehen,* wer möchte das nicht wünschen? Wohin ist die Absurdität dieses Traumes geraten? Ihr Anschein ist nur dadurch zustande gekommen, daß eine völlig zulässige Redensart, bei welcher wir gewöhnt sind, über die Absurdität hinwegzusehen, die zwischen ihren Bestandteilen vorhanden sein mag, im Traume getreulich dargestellt wird. Auch hier können wir den Eindruck nicht abweisen, daß der Anschein der Absurdität ein gewollter, absichtlich hervorgerufener ist.

Die Häufigkeit, mit welcher im Traume tote Personen wie lebend auftreten, handeln und mit uns verkehren, hat eine ungebührliche Verwunderung hervorgerufen und sonderbare Erklärungen erzeugt, aus denen unser Unverständnis für den Traum sehr auffällig erhellt. Und doch ist die Aufklärung dieser Träume eine sehr naheliegende. Wie oft kommen wir in die Lage, uns zu denken: *Wenn* der Vater noch leben würde, was würde er dazu sagen? Dieses *Wenn* kann der Traum nicht anders darstellen als durch die Gegenwart in einer bestimmten Situation. So träumt z. B. ein junger Mann, dem sein Großvater ein großes Erbe hinterlassen hat, bei einer Gelegenheit von Vorwurf wegen einer bedeutenden Geldausgabe, der Großvater sei wieder am Leben und fordere Rechenschaft von ihm. Was wir für die Auflehnung gegen den Traum halten, der Einspruch aus unserem besseren Wissen, daß der Mann doch schon gestorben sei, ist in Wirklichkeit der Trostgedanke, daß der Verstorbene das nicht zu erleben brauchte, oder die Befriedigung darüber, daß er nichts mehr dreinzureden hat.

Eine andere Art von Absurdität, die sich in Träumen von toten Angehörigen findet, drückt nicht Spott und Hohn aus, sondern dient der äußersten Ablehnung, der Darstellung eines verdrängten Gedankens, den man gerne als das Allerundenkbarste hinstellen möchte. Träume dieser Art erscheinen nur auflösbar, wenn man sich erinnert, daß der Traum zwischen Gewünschtem und

Realem keinen Unterschied macht. So träumt z. B. ein Mann, der seinen Vater in dessen Krankheit gepflegt und unter dessen Tod schwer gelitten hatte, eine Zeit nachher folgenden unsinnigen Traum: *Der Vater war wieder am Leben und sprach mit ihm wie sonst, aber* (das Merkwürdige war), *er war doch gestorben und wußte es nur nicht.* Man versteht diesen Traum, wenn man nach „er war doch gestorben" einsetzt: infolge des Wunsches des Träumers und zu „er wußte es nicht" ergänzt: daß der Träumer diesen Wunsch hatte. Der Sohn hatte während der Krankenpflege wiederholt den Vater tot gewünscht, d. h. den eigentlich erbarmungsvollen Gedanken gehabt, der Tod möge doch endlich dieser Qual ein Ende machen. In der Trauer nach dem Tode wurde selbst dieser Wunsch des Mitleidens zum unbewußten Vorwurf, als ob er durch ihn wirklich beigetragen hätte, das Leben des Kranken zu verkürzen. Durch Erweckung der frühesten infantilen Regungen gegen den Vater wurde es möglich, diesen Vorwurf als Traum auszudrücken, aber gerade wegen der weltenweiten Gegensätzlichkeit zwischen dem Traumerreger und dem Tagesgedanken mußte dieser Traum so absurd ausfallen.[187]

Die Träume von geliebten Toten stellen der Traumdeutung überhaupt schwierige Aufgaben, deren Lösung nicht immer befriedigend gelingt. Den Grund hiefür mag man in der besonders stark ausgeprägten Gefühlsambivalenz suchen, welche das Verhältnis des Träumers zum Toten beherrscht. Es ist sehr gewöhnlich, daß in solchen Träumen der Verstorbene zunächst als lebend behandelt wird, daß es dann plötzlich heißt, er sei tot, und daß er in der Fortsetzung des Traumes doch wieder lebt. Das wirkt verwirrend. Ich habe endlich erraten, daß dieser Wechsel von Tod und Leben die *Gleichgültigkeit* des Träumers darstellen soll („Es ist mir dasselbe, ob er lebt oder gestorben ist"). Natürlich ist diese Gleichgültigkeit keine reale, sondern eine gewünschte, sie soll die sehr intensiven, oft gegensätzlichen Gefühlseinstellungen des Träumers verleugnen helfen und wird so zur Traumdarstellung seiner *Ambivalenz*. Für andere Träume, in denen man mit Toten verkehrt, hat oft folgende Regel orientierend gewirkt: Wenn im Traume nicht daran gemahnt wird, daß der Tote – tot ist, so stellt sich der Träumer dem Toten gleich, er träumt von seinem eigenen Tod. Die plötzlich im Traume auftretende Besinnung oder Verwunderung: Aber, der ist ja längst gestorben, ist eine Verwahrung gegen diese Gemeinschaft und lehnt die Todesbedeutung für den Träumer ab. Aber ich gestehe den Eindruck zu, daß die Traumdeutung Träumen dieses Inhalts noch lange nicht alle ihre Geheimnisse entlockt hat.

---

[187] Vgl. hierzu *Formulierungen über die zwei Prinzipien des psychischen Geschehens,* Jahrbuch f. PsA., III, 1911.

III

In dem Beispiel, das ich jetzt ausführe, kann ich die Traumarbeit dabei ertappen, wie sie eine Absurdität, zu der im Material gar kein Anlaß ist, absichtlich fabriziert. Es stammt aus dem Traume, den mir die Begegnung mit dem Grafen Thun vor meiner Ferialreise eingegeben hat. *„Ich fahre in einem Einspänner und gebe Auftrag, zu einem Bahnhof zu fahren. ‚Auf der Bahnstrecke selbst kann ich natürlich nicht mit Ihnen fahren', sage ich, nachdem er einen Einwand gemacht, als ob ich ihn übermüdet hätte; dabei ist es so, als wäre ich schon eine Strecke mit ihm gefahren, die man sonst mit der Bahn fährt.*" Zu dieser verworrenen und unsinnigen Geschichte gibt die Analyse folgende Aufklärungen: Ich hatte am Tage einen Einspänner genommen, der mich nach Dornbach in eine entlegene Straße führen sollte. Er kannte aber den Weg nicht und fuhr nach Art dieser guten Leute immer weiter, bis ich es merkte und ihm den Weg zeigte, wobei ich ihm einige spöttische Bemerkungen nicht ersparte. Von diesem Kutscher spinnt sich eine Gedankenverbindung zu den Aristokraten an, mit der ich später noch zusammentreffen werde. Vorläufig nur die Andeutung, daß uns bürgerlichem Plebs die Aristokratie dadurch auffällig wird, daß sie sich mit Vorliebe an die Stelle des Kutschers setzt. Graf Thun lenkt ja auch den Staatswagen von Österreich. Der nächste Satz im Traum bezieht sich aber auf meinen Bruder, den ich also mit dem Einspännerkutscher identifiziere. Ich hatte ihm heuer die gemeinsame Italienfahrt abgesagt („*Auf der Bahnstrecke selbst kann ich mit ihnen nicht fahren.*"), und diese Absage war eine Art Bestrafung für seine sonstige Klage, daß ich ihn auf diesen Reisen zu *übermüden* pflege (was unverändert in den Traum gelangt), indem ich ihm zu rasche Ortsveränderung, zuviel des Schönen an einem Tage, zumute. Mein Bruder hatte mich an diesem Abend zum Bahnhof begleitet, war aber kurz vorher bei der Stadtbahnstation Westbahnhof ausgesprungen, um mit der Stadtbahn nach Purkersdorf zu fahren. Ich hatte ihm bemerkt, er könne noch eine Weile länger bei mir bleiben, indem er nicht mit der Stadtbahn, sondern mit der Westbahn nach Purkersdorf fahre. Davon ist in den Traum gekommen, daß ich mit dem *Wagen* eine Strecke gefahren bin, *die man sonst mit der Bahn fährt.* In Wirklichkeit war es umgekehrt (und „*Umgekehrt ist auch gefahren*"); ich hatte meinem Bruder gesagt: Die Strecke, die du mit der Stadtbahn fährst, kannst du auch in meiner Gesellschaft in der Westbahn fahren. Die ganze Traumverwirrung richte ich dadurch an, daß ich anstatt „Stadtbahn" – „Wagen" in den Traum einsetze, was allerdings zur Zusammenziehung des Kutschers mit dem Bruder gute Dienste leistet. Dann bekomme ich im Traume etwas Unsinniges heraus, was bei der Erklärung kaum entwirrbar scheint, und beinahe einen Widerspruch mit einer früheren Rede von mir („*Auf der Bahnstrecke selbst kann ich mit Ihnen nicht fahren*") herstellt. Da ich aber Stadtbahn und Einspännerwagen überhaupt nicht zu verwechseln brauche, muß ich diese ganze rätselhafte Geschichte im Traum absichtlich so gestaltet haben.

In welcher Absicht aber? Wir sollen nun erfahren, was die Absurdität im Traume bedeutet und aus welchen Motiven sie zugelassen oder geschaffen wird. Die Lösung des Geheimnisses im vorliegenden Falle ist folgende: Ich brauche im Traume eine Absurdität und etwas Unverständliches in Verbindung mit dem „Fahren", weil ich in den Traumgedanken ein gewisses Urteil habe, das nach Darstellung verlangt. An einem Abende bei jener gastfreundlichen und geistreichen Dame, die in einer anderen Szene des nämlichen Traumes als „Haushälterin" auftritt, hatte ich zwei Rätsel gehört, die ich nicht auflösen konnte. Da sie der übrigen Gesellschaft bekannt waren, machte ich mit meinen erfolglosen Bemühungen, die Lösung zu finden, eine etwas lächerliche Figur. Es waren zwei Äquivoke mit „Nachkommen" und „Vorfahren". Sie lauteten, glaube ich, so:

„Der Herr befiehlt's,
Der Kutscher tut's.
Ein jeder hat's,
Im Grabe ruht's." (*Vorfahren.*)

Verwirrend wirkte es, daß das zweite Rätsel zur einen Hälfte identisch mit dem ersten war:

„Der Herr befiehlt's,
Der Kutscher tut's.
Nicht jeder hat's,
In der Wiege ruht's." (*Nachkommen.*)

Als ich nun den Grafen Thun so großmächtig *vorfahren* sah, in die Figaro-Stimmung geriet, die das Verdienst der hohen Herren darin findet, daß sie sich die Mühe gegeben haben, geboren zu werden (*Nachkommen* zu sein), wurden diese beiden Rätsel zu Zwischengedanken für die Traumarbeit. Da man Aristokraten leicht mit Kutschern verwechseln kann und man dem Kutscher früher einmal in unseren Landen „Herr Schwager" zu sagen pflegte, konnte die Verdichtungsarbeit meinen Bruder in dieselbe Darstellung einbeziehen. Der Traumgedanke aber, der dahinter gewirkt hat, lautet: *Es ist ein Unsinn, auf seine Vorfahren stolz zu sein. Lieber bin ich selber ein Vorfahr, ein Ahnherr.* Wegen dieses Urteils: Es ist ein Unsinn, also der Unsinn im Traum. Jetzt löst sich wohl auch das letzte Rätsel dieser dunklen Traumstelle, daß ich mit dem Kutscher schon *vorher gefahren*, mit ihm schon *vorgefahren.*

Der Traum wird also dann absurd gemacht, wenn in den Traumgedanken als eines der Elemente des Inhalts das Urteil vorkommt: Das *ist ein Unsinn*, wenn überhaupt Kritik und Spott einen der unbewußten Gedankenzüge des Träumers motivieren. Das Absurde wird somit eines der Mittel, durch welches die Traumarbeit den Widerspruch darstellt, wie die Umkehrung einer Materialbeziehung zwischen Traumgedanken und Trauminhalt, wie die Verwertung der motorischen Hemmungsempfindung. Das Absurde des Traumes ist aber nicht mit einem einfachen „Nein" zu übersetzen, sondern soll die Disposition der Traumgedanken wiedergeben, gleichzeitig mit dem Widerspruch zu höhnen oder zu lachen. Nur in dieser Absicht liefert die Traumarbeit etwas Lächerliches. Sie verwandelt hier wiederum *ein Stück des latenten Inhalts in eine manifeste Form.*[188]

Eigentlich sind wir einem überzeugenden Beispiel von solcher Bedeutung eines absurden Traumes schon begegnet. Jener ohne Analyse gedeutete Traum von der Wagner-Vorstellung, die bis morgens ¾ 8 Uhr dauert, bei der das Orchester von einem Turme aus dirigiert wird usw. will offenbar besagen: Das ist eine *verdrehte* Welt und eine *verrückte* Gesellschaft. Wer's verdient, den trifft es nicht, und wer sich nichts daraus macht, der hat's, womit sie ihr Schicksal im Vergleich zu dem ihrer Cousine meint. Daß sich uns Beispiele für die Absurdität der Träume zunächst solche vom toten Vater dargeboten haben, ist auch keineswegs ein Zufall. Hier finden sich die Bedingungen für die Schöpfungen absurder Träume in typischer Weise zusammen. Die Autorität, die dem Vater eigen ist, hat frühzeitig die Kritik des Kindes hervorgerufen; die strengen Anforderungen, die er gestellt, haben das Kind veranlaßt, zu seiner Erleichterung auf jede Schwäche des Vaters scharf zu achten; aber die Pietät, mit der die Person des Vaters besonders nach seinem Tode für unser Denken umgeben ist, verschärft die Zensur, welche die Äußerungen dieser Kritik vom Bewußtwerden abdrängt.

IV

Ein neuer absurder Traum vom toten Vater:

Ich erhalte eine Zeitschrift vom Gemeinderat meiner Geburtsstadt, betreffend die Zahlungskosten für eine Unterbringung im Spital im Jahre 1851, die wegen eines Anfalls bei mir notwendig war. Ich mache mich darüber lustig, denn erstens war ich 1851 noch nicht am Leben, zweitens ist mein Vater, auf den es sich beziehen kann, schon tot. Ich gehe zu ihm ins Nebenzimmer, wo er auf dem Bette liegt, und erzähle es ihm. Zu meiner Überraschung

[188] Die Traumarbeit parodiert also den ihr als lächerlich bezeichneten Gedanken, indem sie etwas Lächerliches in Beziehung mit ihm erschafft. So ähnlich verfährt Heine, wenn er die schlechten Verse des Bayerkönigs verspotten will. Er tut es in noch schlechteren: Herr Ludwig ist ein großer Poet, / Und singt er, so stürzt Apollo / Vor ihm auf die Knie und bittet und fleht, / „Halt ein, ich werde sonst toll, oh."

erinnert er sich, daß er damals 1851 einmal betrunken war und eingesperrt oder verwahrt werden mußte. Es war, als er für das Haus T... gearbeitet. Du hast also auch getrunken, frage ich. Bald darauf hast du geheiratet? Ich rechne, daß ich ja 1856 geboren bin, was mir als unmittelbar folgen vorkommt.

Die Aufdringlichkeit, mit welcher dieser Traum seine Absurditäten zur Schau trägt, werden wir nach den letzten Erörterungen nur als ein Zeichen einer besonders erbitterten und leidenschaftlichen Polemik in den Traumgedanken übersetzen. Mit um so größerer Verwunderung konstatieren wir aber, daß in diesem Traum die Polemik offen betrieben und der Vater als diejenige Person bezeichnet ist, die zum Ziele des Gespötts gemacht wird. Solche Offenheit scheint unseren Voraussetzungen über die Zensur bei der Traumarbeit zu widersprechen. Zur Aufklärung dient aber, daß hier der Vater nur eine vorgeschobene Person ist, während der Streit mit einer anderen geführt wird, die im Traume durch eine einzige Anspielung zum Vorschein kommt. Während sonst der Traum von Auflehnung gegen andere Personen handelt, hinter denen sich der Vater verbirgt, ist es hier umgekehrt; der Vater wird ein Strohmann zur Deckung anderer, und der Traum darf darum so unverhüllt sich mit seiner sonst geheiligten Person beschäftigen, weil dabei ein sicheres Wissen mitspielt, daß er nicht in Wirklichkeit gemeint ist. Man erfährt diesen Sachverhalt aus der Veranlassung des Traums. Er erfolgte nämlich, nachdem ich gehört hatte, ein älterer Kollege, dessen Urteil für unantastbar gilt, äußere sich abfällig und verwundert darüber, daß einer meiner Patienten die psychoanalytische Arbeit bei mir jetzt schon ins *fünfte Jahr* fortsetze. Die einleitenden Sätze des Traumes deuten in durchsichtiger Verhüllung darauf hin, daß dieser Kollege eine Zeitlang die Pflichten übernommen, die der Vater nicht mehr erfüllen konnte (*Zahlungskosten, Unterbringung im Spitale*); und als unsere freundschaftlichen Beziehungen sich zu lösen begannen, geriet ich in denselben Empfindungskonflikt, der im Falle einer Mißhelligkeit zwischen Vater und Sohn durch die Rolle und die früheren Leistungen des Vaters erzwungen wird. Die Traumgedanken wehren sich nun erbittert gegen den Vorwurf, daß ich *nicht schneller vorwärtskomme*, der von der Behandlung dieses Patienten her sich dann auch auf anderes erstreckt. Kennt er denn jemanden, der das schneller machen kann? Weiß er nicht, daß Zustände dieser Art sonst überhaupt unheilbar sind und lebenslange dauern? Was sind *vier* bis fünf *Jahre* gegen die Dauer eines ganzen Lebens, zumal wenn dem Kranken die Existenz während der Behandlung so sehr erleichtert worden ist?

Das Gepräge der Absurdität wird in diesem Traume zum guten Teile dadurch erzeugt, daß Sätze aus verschiedenen Gebieten der Traumgedanken ohne vermittelnden Übergang aneinandergereiht werden. So verläßt der Satz: *Ich gehe zu ihm ins Nebenzimmer* usw., das Thema, aus dem die vorigen Sätze geholt sind, und reproduziert getreulich die Umstände, unter denen ich dem Vater meine eigenmächtige Verlobung mitgeteilt habe. Er will mich also an die vornehme Uneigennützigkeit mahnen, die der alte Mann damals bewies, und diese in Gegensatz zu dem Benehmen eines anderen, einer neuen Person, bringen. Ich merke hier, daß der Traum darum den Vater verspotten darf, weil dieser in den Traumgedanken in voller Anerkennung anderen als Muster vorgehalten wird. Es liegt im Wesen jeder Zensur, daß man von den unerlaubten Dingen das, was unwahr ist, eher sagen darf als die Wahrheit. Der nächste Satz, daß er sich erinnert, *einmal betrunken und darum eingesperrt* gewesen zu sein, enthält nichts mehr, was sich in der Realität auf den Vater bezieht. Die von ihm gedeckte Person ist hier niemand geringerer als der große – Meynert, dessen Spuren ich mit so hoher Verehrung gefolgt bin und dessen Benehmen gegen mich nach einer kurzen Periode der Bevorzugung in unverhüllte Feindseligkeit umschlug. Der Traum erinnert mich an seine eigene Mitteilung, er habe in jungen Jahren einmal der Gewohnheit gefrönt, sich mit *Chloroform zu berauschen*, und habe darum die *Anstalt aufsuchen* müssen, und an ein zweites Erlebnis mit ihm kurz vor seinem Ende. Ich hatte einen erbitterten literarischen Streit mit ihm geführt in Sachen der männlichen Hysterie, die er leugnete, und als ich ihn als Todkranken besuchte und nach seinem Befinden fragte, verweilte er bei der Beschreibung seiner Zustände und schloß mit den Worten: „Sie wissen, ich war immer einer der schönsten Fälle von männlicher Hysterie." So hatte er zu meiner Genugtuung und zu meinem Erstaunen zugegeben, wogegen er sich so lange hartnäckig gesträubt. Daß ich aber in dieser Szene des Traumes Meynert durch meinen Vater verdecken kann, hat seinen Grund nicht in einer zwischen beiden Personen aufgefundenen Analogie, sondern ist die knappe, aber völlig zureichende Darstellung eines Konditionalsatzes in den Traumgedanken, der ausführlich lautet: Ja, wenn ich zweite Generation, der Sohn eines Professors oder Hofrats, wäre, dann wäre ich freilich rascher vorwärtsgekommen. Im Traume mache ich nun meinen Vater zum Hofrat und Professor. Die gröbste und störendste Absurdität des Traumes liegt in der Behandlung der Jahreszahl *1851*, die mir von *1856* gar nicht verschieden vorkommt, *als würde die Differenz von fünf Jahren gar nichts bedeuten.* Gerade das soll aber aus den Traumgedanken zum Ausdruck gebracht werden. *Vier bis fünf Jahre*, das ist der Zeitraum, während dessen ich die Unterstützung des eingangs erwähnten Kollegen genoß, aber auch die Zeit, während welcher ich meine Braut auf die Heirat warten ließ, und durch ein zufälliges, von den Traumgedanken gern ausgenütztes Zusammentreffen auch die Zeit, während welcher ich jetzt meinen vertrautesten Patienten auf die völlige Heilung warten lasse. „*Was sind fünf Jahre?*" fragen die Traumgedanken. „*Das ist für mich keine Zeit, das kommt nicht in Betracht.* Ich habe Zeit genug vor mir, und wie jenes endlich geworden ist, was Ihr auch nicht glauben wolltet, so werde ich auch dies zustande bringen.“ Außerdem aber ist die Zahl *51*, vom Jahrhundert abgelöst, noch anders, und zwar im gegensätzlichen Sinne determiniert; sie kommt darum auch mehrmals im Traume vor. *51* ist das Alter, in dem der Mann besonders gefährdet erscheint, in dem ich Kollegen plötzlich habe sterben sehen, darunter einen, der nach langem Harren einige Tage vorher zum Professor ernannt worden war.

V

Ein anderer absurder Traum, der mit Zahlen spielt.

Einer meiner Bekannten, Herr M., ist von keinem Geringeren als von Goethe in einem Aufsatze angegriffen worden, wie wir alle meinen, mit ungerechtfertigt großer Heftigkeit. Herr M. ist durch diesen Angriff natürlich vernichtet. Er beklagt sich darüber bitter bei einer Tischgesellschaft; seine Verehrung für Goethe hat aber unter dieser persönlichen Erfahrung nicht gelitten. Ich suche mir die zeitlichen Verhältnisse, die mir unwahrscheinlich vorkommen, ein wenig aufzuklären. Goethe ist 1832 gestorben; da sein Angriff auf M. natürlich früher erfolgt sein muß, so war Herr M. damals ein ganz junger Mann. Es kommt mir plausibel vor, daß er achtzehn Jahre alt war. Ich weiß aber nicht sicher, welches Jahr wir gegenwärtig schreiben, und so versinkt die ganze Berechnung im Dunkel. Der Angriff ist übrigens in dem bekannten Aufsatz von Goethe „Natur“ enthalten.

Wir werden bald die Mittel in der Hand haben, den Blödsinn dieses Traumes zu rechtfertigen. Herr M., den ich aus einer *Tischgesellschaft* kenne, hatte mich unlängst aufgefordert, seinen Bruder zu untersuchen, bei dem sich Zeichen von *paralytischer Geistesstörung* bemerkbar machen. Die Vermutung war richtig; es ereignete sich bei diesem Besuch das Peinliche, daß der Kranke ohne jeden Anlaß im Gespräch den Bruder durch Anspielung auf dessen *Jugendstreiche* bloßstellte. Den Kranken hatte ich nach seinem Geburtsjahre gefragt und ihn wiederholt zu kleinen Berechnungen veranlaßt, um seine Gedächtnisschwächung klarzulegen; Proben, die er übrigens noch recht gut bestand. Ich merke schon, daß ich mich im Traume benehme wie ein Paralytiker. (*Ich weiß nicht sicher, welches Jahr wir schreiben.*) Anderes Material des Traumes stammt aus einer anderen rezenten Quelle. Ein mir befreundeter Redakteur einer medizinischen Zeitschrift hatte eine höchst ungnädige, eine „*vernichtende*“ Kritik über das letzte Buch meines Freundes Fl. in Berlin in sein Blatt aufgenommen, die ein recht *jugendlicher* und wenig urteilsfähiger Referent verfaßt hatte. Ich glaubte, ein Recht zur Einmengung zu haben, und stellte den Redakteur zur Rede, der die Aufnahme der Kritik lebhaft bedauerte, aber eine Remedur nicht versprechen wollte. Daraufhin brach ich meine Beziehungen zur Zeitschrift ab und hob in meinem Absagebriefe die

Erwartung hervor, *daß unsere persönlichen Beziehungen unter diesem Vorfall nicht leiden würden.* Die dritte Quelle dieses Traumes ist die damals frische Erzählung einer Patientin von der psychischen Erkrankung ihres Bruders, der mit dem Ausrufe „*Natur, Natur*" in Tobsucht verfallen war. Die Ärzte hatten gemeint, der Ausruf stamme aus der Lektüre jenes schönen Aufsatzes von Goethe und deute auf die Überarbeitung des Erkrankten bei seinen naturphilosophischen Studien. Ich zog es vor, an den sexuellen Sinn zu denken, in dem auch die Mindergebildeten bei uns von der „Natur" reden, und daß der Unglückliche sich später an den Genitalien verstümmelte, schien mir wenigstens nicht unrecht zu geben. *18 Jahre* war das Alter dieses Kranken, als sich jener Tobsuchtsanfall einstellte.

Wenn ich noch hinzufüge, daß das so hart kritisierte Buch meines Freundes („Man fragt sich, ist der Autor verrückt oder ist man es selbst", hatte ein anderer Kritiker geäußert) sich mit den *zeitlichen Verhältnissen* des Lebens beschäftigt und auch *Goethes* Lebensdauer auf ein Vielfaches einer für die Biologie bedeutsamen Zahl zurückführt, so ist es leicht einzusehen, daß ich mich im Traume an die Stelle meines Freundes setze. (*Ich suche mir die zeitlichen Verhältnisse ... ein wenig aufzuklären.*) Ich benehme mich aber wie ein Paralytiker, und der Traum schwelgt in Absurdität. Das heißt also, die Traumgedanken sagen ironisch: „Natürlich, er ist der Narr, der Verrückte, und Ihr seid die genialen Leute, die es besser verstehen. Vielleicht aber doch umgekehrt?" Und diese Umkehrung ist nun ausgiebig im Trauminhalt vertreten, indem Goethe den jungen Mann angegriffen hat, was absurd ist, während leicht ein ganz junger Mensch noch heute den unsterblichen Goethe angreifen könnte, und indem ich vom *Sterbejahre* Goethes an rechne, während ich den Paralytiker von seinem *Geburtsjahr* an rechnen ließ.

Ich habe aber auch versprochen zu zeigen, daß kein Traum von anderen als egoistischen Regungen eingegeben wird. Somit muß ich rechtfertigen, daß ich in diesem Traume die Sache meines Freundes zu der meinigen mache und mich an seine Stelle setze. Meine kritische Überzeugung im Wachen reicht hiefür nicht aus. Nun spielt aber die Geschichte des 18jährigen Kranken und die verschiedenartige Deutung seines Ausrufs „*Natur*" auf den Gegensatz an, in den ich mich mit meiner Behauptung einer sexuellen Ätiologie für die Psychoneurosen zu den meisten Ärzten gebracht habe. Ich kann mir sagen: So wie deinem Freunde, so wird es auch dir mit der Kritik ergehen, ist dir zum Teil auch bereits so ergangen, und nun darf ich das „Er" in den Traumgedanken durch ein „Wir" ersetzen. „Ja, ihr habt recht, wir zwei sind die Narren." Daß „*mea res agitur*", daran mahnt mich energisch die Erwähnung des kleinen, unvergleichlich schönen Aufsatzes von Goethe, denn der Vortrag dieses Aufsatzes in einer populären Vorlesung war es, der mich schwankenden Abiturienten zum Studium der Naturwissenschaft drängte.

VI

Ich bin es schuldig geblieben, noch von einem anderen Traume, in dem mein Ich nicht vorkommt, zu zeigen, daß er egoistisch ist. Ich erwähnte auf S. 235 einen kurzen Traum, daß Professor M. sagt: „*Mein Sohn, der Myop* ...“, und gab an, das sei nur ein Vortraum zu einem anderen, in dem ich eine Rolle spiele. Hier ist der fehlende Haupttraum, der uns eine absurde und unverständliche Wortbildung zur Aufklärung bietet:

Wegen irgendwelcher Vorgänge in der Stadt Rom ist es notwendig, die Kinder zu flüchten, was auch geschieht. Die Szene ist dann vor einem Tore, Doppeltor nach antiker Art (die Porta Romana in Siena, wie ich noch im Traume weiß). Ich sitze auf dem Rand eines Brunnens und bin sehr betrübt, weine fast. Eine weibliche Person – Wärterin, Nonne – bringt die zwei Knaben heraus und übergibt sie dem Vater, der nicht ich bin. Der ältere der beiden ist deutlich mein Ältester, das Gesicht des anderen sehe ich nicht; die Frau, die den Knaben bringt, verlangt zum Abschied einen Kuß von ihm. Sie zeichnet sich durch eine rote Nase aus. Der Knabe verweigert ihr den Kuß, sagt aber, ihr zum Abschied die Hand reichend: Auf Geseres, und zu uns beiden (oder zu einem von uns): Auf Ungeseres. Ich habe die Idee, daß letzteres einen Vorzug bedeutet.

Dieser Traum baut sich auf einem Knäuel von Gedanken auf, die durch ein im Theater gesehenes Schauspiel *Das neue Ghetto* angeregt wurden. Die Judenfrage, die Sorge um die Zukunft der Kinder, denen man ein Vaterland nicht geben kann, die Sorge, sie so zu erziehen, daß sie freizügig werden können, sind in den zugehörigen Traumgedanken leicht zu erkennen.

„*An den Wassern Babels saßen wir und weinten.*“ – Siena ist wie Rom durch seine schönen Brunnen berühmt: für Rom muß ich im Traume mir irgendeinen Ersatz aus bekannten Örtlichkeiten suchen. Nahe der Porta Romana von Siena sahen wir ein großes, hell erleuchtetes Haus. Wir erfuhren, daß es das *Manicomio*, die Irrenanstalt sei. Kurz vor dem Traume hatte ich gehört, daß ein Glaubensgenosse seine mühselig erworbene Anstellung an einer staatlichen Irrenanstalt hatte aufgeben müssen.

Unser Interesse erweckt die Rede: *Auf Geseres*, wo man nach der im Traume festgehaltenen Situation erwarten mußte: Auf Wiedersehen, und ihr ganz sinnloser Gegensatz: *Auf Ungeseres.*

Geseres ist nach den Auskünften, die ich mir bei Schriftgelehrten geholt habe, ein echt hebräisches Wort, abgeleitet von einem Verbum *goiser*, und läßt sich am besten durch „anbefohlene Leiden, Verhängnis“ wiedergeben. Nach der Verwendung des Wortes im Jargon sollte man meinen, es bedeute „Klagen und Jammern“. *Ungeseres* ist meine eigenste Wortbildung und zieht meine Aufmerksamkeit zuerst auf sich, macht mich aber zunächst ratlos. Die kleine Bemerkung zu Ende des Traumes, daß *Ungeseres* einen Vorzug gegen *Geseres* bedeute, öffnet den Einfällen und damit dem Verständnis die Pforten. Ein solches Verhältnis findet ja beim Kaviar statt; der *ungesalzene* wird höher geschätzt als der *gesalzene* Kaviar fürs Volk, „noble Passionen": darin liegt eine scherzhafte Anspielung an eine der Personen meines Haushaltes verborgen, von der ich hoffe, daß sie, jünger als ich, die Zukunft meiner Kinder in acht nehmen wird. Dazu stimmt es dann, daß eine andere Person meines Haushaltes, unsere brave Kinderfrau, in der Wärterin (oder Nonne) vom Traum wohl kenntlich gezeigt wird. Zwischen dem Paar *gesalzen – ungesalzen* und *Geseres – Ungeseres* fehlt es aber noch an einem vermittelnden Übergang. Dieser findet sich in „*gesäuert* und *ungesäuert*"; bei ihrem fluchtartigen Auszug aus Ägypten hatten die Kinder Israels nicht die Zeit, ihren Brotteig gären zu lassen, und essen zur Erinnerung daran noch heute ungesäuertes Brot zur Osterzeit. Hier kann ich auch den plötzlichen Einfall unterbringen, der mir während dieses Stückes der Analyse gekommen ist. Ich erinnerte mich, wie wir in den letzten *Oster*tagen in den Straßen der uns fremden Stadt Breslau herumspazierten, mein Freund aus Berlin und ich. Ein kleines Mädchen fragte mich um den Weg in eine gewisse Straße; ich mußte mich entschuldigen, daß ich ihn nicht wisse, und äußerte dann zu meinem Freunde: „Hoffentlich beweist die Kleine später im Leben mehr Scharfblick bei der Auswahl der Personen, von denen sie sich leiten läßt." Kurz darauf fiel mir ein Schild in die Augen: Dr. *Herodes*, Sprechstunde ... Ich meinte: „Hoffentlich ist der Kollege nicht gerade Kinderarzt." Mein Freund hatte mir unterdessen seine Ansichten über die biologische Bedeutung der *bilateralen Symmetrie* entwickelt und einen Satz mit der Einleitung begonnen: „Wenn wir das eine Auge mitten auf der Stirne trügen wie der *Zyklop*..." Das führt nun zur Rede des Professors im Vortraum: *Mein Sohn, der Myop*. Und nun bin ich zur Hauptquelle für das *Geseres* geführt worden. Vor vielen Jahren, als dieser Sohn des Professors M., der heute ein selbständiger Denker ist, noch auf der *Schulbank* saß, erkrankte er an einer Augenaffektion, die der Arzt für besorgniserweckend erklärte. Er meinte, solange sie *einseitig* bleibe, habe sie nichts zu bedeuten, sollte sie aber auch auf das *andere Auge* übergreifen, so wäre es ernsthaft. Das Leiden heilte auf dem einen Auge schadlos ab; kurz darauf stellten sich aber die Zeichen für die Erkrankung des zweiten wirklich ein. Die entsetzte Mutter ließ sofort den Arzt in die Einsamkeit ihres Landaufenthalts kommen. Der schlug sich aber jetzt auf die andere Seite. „*Was machen Sie für Geseres?*" herrschte er die Mutter an. „Ist es auf der *einen* Seite gut geworden, so wird es auch auf der *anderen* gut werden." Und so ward es auch.

Und nun die Beziehung zu mir und den Meinigen. Die *Schulbank*, auf der der Sohn des Professors M. seine erste Weisheit erlernt, ist durch Schenkung der Mutter in das Eigentum meines Ältesten übergegangen, dem ich im Traume die Abschiedsworte in den Mund lege. Der eine der Wünsche, die sich an diese Übertragung knüpfen lassen, ist nun leicht zu erraten. Diese Schulbank soll aber auch durch ihre Konstruktion das Kind davor schützen, *kurzsichtig* und *einseitig* zu werden. Daher im Traum *Myop* (dahinter *Zyklop*) und die Erörterungen über *Bilateralität.* Die Sorge, um die Einseitigkeit ist eine mehrdeutige; es kann neben der körperlichen Einseitigkeit die der intellektuellen Entwicklung gemeint sein. Ja, scheint es nicht, daß die Traumszene in ihrer Tollheit gerade dieser Sorge widerspricht? Nachdem das Kind nach *der einen Seite hin* sein Abschiedswort gesprochen, ruft es nach *der anderen hin* das Gegenteil davon, wie um das Gleichgewicht herzustellen. *Es handelt gleichsam in Beachtung der bilateralen Symmetrie!*

So ist der Traum oft am tiefsinnigsten, wo er am tollsten erscheint. Zu allen Zeiten pflegten die, welche etwas zu sagen hatten und es nicht gefahrlos sagen konnten, gerne die Narrenkappe aufzusetzen. Der Hörer, für den die untersagte Rede bestimmt war, duldete sie eher, wenn er dabei lachen und sich mit dem Urteil schmeicheln konnte, daß das Unliebsame offenbar etwas Närrisches sei. Ganz so wie in Wirklichkeit der Traum, verfährt im Schauspiel der Prinz, der sich zum Narren verstellen muß, und darum kann man auch vom Traume aussagen, was Hamlet, wobei er die eigentlichen Bedingungen durch witzig-unverständliche ersetzt, von sich behauptet: „Ich bin nur toll bei Nord-Nord-West; weht der Wind aus Süden, so kann ich einen Reiher von einem Falken unterscheiden.“[189]

Ich habe also das Problem der Absurdität des Traumes dahin aufgelöst, daß die Traumgedanken niemals absurd sind – wenigstens nicht von den Träumen geistesgesunder Menschen – und daß die Traumarbeit absurde Träume und Träume mit einzelnen absurden Elementen produziert, wenn ihr in den Traumgedanken Kritik, Spott und Hohn zur Darstellung in ihrer Ausdrucksform vorliegt. Es liegt mir nur daran zu zeigen, daß die Traumarbeit überhaupt durch das Zusammenwirken der drei erwähnten Momente – und eines vierten noch zu erwähnenden – erschöpft ist, daß sie sonst nichts leistet als eine Übersetzung der Traumgedanken unter Beachtung der vier ihr vorgeschriebenen Bedingungen und daß die Frage, ob die Seele im Traume mit all ihren geistigen Fähigkeiten arbeitet oder nur mit einem Teile derselben, schief gestellt ist und an den tatsächlichen Verhältnissen abgleitet. Da es aber reichlich Träume gibt, in deren Inhalt geurteilt, kritisiert und anerkannt wird, in denen Verwunderung

---

[189] Dieser Traum gibt auch ein gutes Beispiel für den allgemein gültigen Satz, daß die Träume derselben Nacht, wenngleich in der Erinnerung getrennt, auf dem Boden des nämlichen Gedankenmaterials erwachsen sind. Die Traumsituation, daß ich meine Kinder aus der Stadt Rom flüchte, ist übrigens durch die Rückbeziehung auf einen analogen, in meine Kindheit fallenden Vorgang entstellt. Der Sinn ist, daß ich Verwandte beneide, denen sich bereits vor vielen Jahren ein Anlaß geboten hat, ihre Kinder auf einen anderen Boden zu versetzen.

über ein einzelnes Element des Traumes auftritt, Erklärungsversuche gemacht und Argumentationen angestellt werden, muß ich die Einwendungen, die aus solchen Vorkommnissen sich ableiten, an ausgewählten Beispielen erledigen.

Meine Erwiderung lautet: *Alles, was sich als scheinbare Betätigung der Urteilsfunktion in den Träumen vorfindet, ist nicht etwa als Denkleistung der Traumarbeit aufzufassen, sondern gehört dem Material der Traumgedanken an und ist von dorther als fertiges Gebilde in den manifesten Trauminhalt gelangt.* Ich kann meinen Satz zunächst noch überbieten. Auch von den Urteilen, die man *nach dem Erwachen* über den erinnerten Traum fällt, den Empfindungen, die die Reproduktion dieses Traumes in uns hervorruft, gehört ein guter Teil dem latenten Trauminhalt an und ist in die Deutung des Traumes einzufügen.

I) Ein auffälliges Beispiel hiefür habe ich bereits angeführt. Eine Patientin will ihren Traum nicht erzählen, weil er *zu unklar* ist. Sie hat eine Person im Traume gesehen und weiß nicht, *ob es der Mann oder der Vater war.* Dann folgt ein zweites Traumstück, in dem ein „*Misttrügerl*“ vorkommt, an das folgende Erinnerung sich anschließt. Als junge Hausfrau äußerte sie einmal scherzhaft vor einem jungen Verwandten, der im Hause verkehrte, daß ihre nächste Sorge die Anschaffung eines neuen Misttrügerls sein müsse. Sie bekam am nächsten Morgen ein solches zugeschickt, das aber mit Maiglöckchen gefüllt war. Dieses Stück Traum dient der Darstellung der Redensart „Nicht auf meinem eigenen Mist gewachsen“. Wenn man die Analyse vervollständigt, erfährt man, daß es sich in den Traumgedanken um die Nachwirkung einer in der Jugend gehörten Geschichte handelt, daß ein Mädchen ein Kind bekommen, von dem *es unklar war, wer eigentlich der Vater sei.* Die Traumdarstellung greift also hier ins Wachdenken über und läßt eines der Elemente der Traumgedanken durch ein im Wachen gefälltes Urteil über den ganzen Traum vertreten sein.

II) Ein ähnlicher Fall: Einer meiner Patienten hat einen Traum, der ihm interessant vorkommt, denn er sagt sich unmittelbar nach dem Erwachen: *Das muß ich dem Doktor erzählen.* Der Traum wird analysiert und ergibt die deutlichsten Anspielungen auf ein Verhältnis, das er während der Behandlung begonnen und von dem er sich vorgenommen hatte, *mir nichts zu erzählen.*[190]

---

[190] Die noch im Traume enthaltene Mahnung oder der Vorsatz: *Das muß ich dem Doktor erzählen*, bei Träumen während der psychoanalytischen Behandlung entspricht regelmäßig einem großen Widerstand gegen die Beichte des Traums und wird nicht selten von Vergessen des Traumes gefolgt.

III) Ein drittes Beispiel aus meiner eigenen Erfahrung:

Ich gehe mit P. durch eine Gegend, in der Häuser und Gärten vorkommen, ins Spital. Dabei die Idee, daß ich diese Gegend schon mehrmals im Traume gesehen habe. Ich kenne mich nicht sehr gut aus; er zeigt mir einen Weg, der durch eine Ecke in eine Restauration führt (Saal, nicht Garten); dort frage ich nach Frau Doni und höre, sie wohnt im Hintergrunde in einer kleinen Kammer mit drei Kindern. Ich gehe hin und treffe schon vorher eine undeutliche Person mit meinen zwei kleinen Mädchen, die ich dann mit mir nehme, nachdem ich eine Weile mit ihnen gestanden bin. Eine Art Vorwurf gegen meine Frau, daß sie sie dort gelassen.

Beim Erwachen fühle ich dann große *Befriedigung*, die ich damit motiviere, daß ich jetzt aus der Analyse erfahren werde, was es bedeutet: *Ich habe schon davon geträumt.*[191] Die Analyse lehrt mich aber nichts darüber; sie zeigt mir nur, daß die Befriedigung zum latenten Trauminhalt und nicht zu einem Urteile über den Traum gehört. Es ist die *Befriedigung darüber, daß ich in meiner Ehe Kinder bekommen habe.* P. ist eine Person, mit der ich ein Stück weit im Leben den gleichen Weg gegangen bin, die mich dann sozial und materiell weit überholt hat, die aber in ihrer Ehe kinderlos geblieben ist. Die beiden Anlässe des Traumes können den Beweis durch eine vollständige Analyse ersetzen. Tags zuvor las ich in der Zeitung die Todesanzeige einer Frau *Dona A...y* (woraus ich *Doni* mache), die im *Kindbett* gestorben; ich hörte von meiner Frau, daß die Verstorbene von derselben Hebamme gepflegt worden sei wie sie selbst bei unseren beiden Jüngsten. Der Name *Dona* war mir aufgefallen, denn ich hatte ihn kurz vorher in einem englischen Romane zum erstenmal gefunden. Der andere Anlaß des Traums ergibt sich aus dem Datum desselben; es war die Nacht vor dem Geburtstage meines ältesten, wie es scheint, dichterisch begabten Knaben.

IV) Dieselbe Befriedigung verbleibt mir nach dem Erwachen aus dem absurden Traum, daß der Vater nach seinem Tode eine politische Rolle bei den Magyaren gespielt, und motiviert sich durch die Fortdauer der Empfindung, die den letzten Satz des Traumes begleitete: „*Ich erinnere mich daran, daß er auf dem Totenbett Garibaldi so ähnlich gesehen, und freue mich darüber, daß es doch wahr geworden ist ... (Dazu eine vergessene Fortsetzung.)* Aus der Analyse kann ich nun einsetzen, was in diese Traumlücke gehört. Es ist die Erwähnung meines zweiten Knaben, dem ich den Vornamen einer großen historischen Persönlichkeit gegeben habe, die mich in den Knabenjahren, besonders seit meinem Aufenthalte in England, mächtig angezogen. Ich hatte das Jahr der Erwartung über den Vorsatz, gerade diesen Namen zu verwenden, wenn es ein Sohn würde, und begrüßte mit ihm hoch

[191] Ein Thema, über welches sich eine weitläufige Diskussion in den letzten Jahrgängen der Revue philosophique angesponnen hat (Paramnesie im Traume).

befriedigt schon den eben Geborenen. Es ist leicht zu merken, wie die unterdrückte Größensucht des Vaters sich in seinen Gedanken auf die Kinder überträgt; ja man wird gerne glauben, daß dies einer der Wege ist, auf denen die im Leben notwendig gewordene Unterdrückung derselben vor sich geht. Sein Anrecht, in den Zusammenhang dieses Traumes aufgenommen zu werden, erwarb der Kleine dadurch, daß ihm damals der nämliche – beim Kind und beim Sterbenden leicht verzeihliche – Unfall widerfahren war, die Wäsche zu beschmutzen. Vergleiche hiezu die Anspielung „*Stuhlrichter*" und den Wunsch des Traumes: Vor seinen Kindern groß und rein dazustehen.

V) Wenn ich nun Urteilsäußerungen, die im Traum selbst verbleiben, sich nicht ins Wachen fortsetzen oder sich dahin verlegen, heraussuchen soll, so werde ich's als große Erleichterung empfinden, daß ich mich hiefür solcher Träume bedienen darf, die bereits in anderer Absicht mitgeteilt worden sind. Der Traum von Goethe, der Herrn M. angegriffen hat, scheint eine ganze Anzahl von Urteilsakten zu enthalten. *Ich suche mir die zeitlichen Verhältnisse, die mir unwahrscheinlich vorkommen, ein wenig aufzuklären.* Sieht das nicht einer kritischen Regung gegen den Unsinn gleich, daß Goethe einen jungen Mann meiner Bekanntschaft literarisch angegriffen haben soll? „*Es kommt mir plausibel vor*, daß er 18 Jahre alt war." Das klingt doch ganz wie das Ergebnis einer allerdings schwachsinnigen Berechnung; und „*Ich weiß nicht sicher, welches Jahr wir schreiben*", wäre ein Beispiel von Unsicherheit oder Zweifel im Traum.

Nun weiß ich aber aus der Analyse dieses Traums, daß diese scheinbar erst im Traume vollzogenen Urteilsakte in ihrem Wortlaute eine andere Auffassung zulassen, durch welche sie für die Traumdeutung unentbehrlich werden und gleichzeitig jede Absurdität vermieden wird. Mit dem Satzes „*Ich suche mir die zeitlichen Verhältnisse ein wenig aufzuklären*", setze ich mich an die Stelle meines Freundes, der wirklich die zeitlichen Verhältnisse des Lebens aufzuklären sucht. Der Satz verliert hiemit die Bedeutung eines Urteils, welches sich gegen den Unsinn der vorhergehenden Sätze sträubt. Die Einschaltung, „*die mir unwahrscheinlich vorkommen*", gehört zusammen mit dem späteren „*Es kommt mir plausibel vor*". Ungefähr mit den gleichen Worten habe ich der Dame, die mir die Krankengeschichte ihres Bruders erzählte, erwidert: „*Es kommt mir unwahrscheinlich vor*, daß der Ausruf ‚Natur, Natur' etwas mit Goethe zu tun hatte: *es ist mir viel plausibler*, daß er die Ihnen bekannte sexuelle Bedeutung gehabt hat." Es ist hier allerdings ein Urteil gefällt worden, aber nicht im Traum, sondern in der Realität, bei einer Veranlassung, die von den Traumgedanken erinnert und verwertet wird. Der Trauminhalt eignet sich dieses Urteil an wie irgendein anderes Bruchstück der Traumgedanken.

Die Zahl *18*, mit der das Urteil im Traume unsinnigerweise in Verbindung gesetzt ist, bewahrt noch die Spur des Zusammenhangs, aus dem das reale Urteil gerissen wurde. Endlich, daß *„ich nicht sicher bin, welches Jahr wir schreiben"*, soll nichts anderes als meine Identifizierung mit dem Paralytiker durchsetzen, in dessen Examen sich dieser eine Anhaltspunkt wirklich ergeben hatte.

Bei der Auflösung der scheinbaren Urteilsakte des Traumes kann man sich an die eingangs gegebene Regel für die Ausführung der Deutungsarbeit mahnen lassen, daß man den im Traume hergestellten Zusammenhang der Traumbestandteile als einen unwesentlichen Schein beiseite lassen und jedes Traumelement für sich der Zurückführung unterziehen möge. Der Traum ist ein Konglomerat, das für die Zwecke der Untersuchung wieder zerbröckelt werden soll. Man wird aber anderseits aufmerksam gemacht, daß sich in den Träumen eine psychische Kraft äußert, welche diesen scheinbaren Zusammenhang herstellt, also das durch die Traumarbeit gewonnene Material einer *sekundären Bearbeitung* unterzieht. Wir haben hier Äußerungen jener Macht vor uns, die wir als das vierte der bei der Traumbildung beteiligten Momente später würdigen werden.

VI) Ich suche nach anderen Beispielen von Urteilsarbeit in den bereits mitgeteilten Träumen. In dem absurden Traum von der Zuschrift des Gemeinderats frage ich: *Bald darauf hast du geheiratet? Ich rechne, daß ich ja 1856 geboren bin, was mir unmittelbar folgend vorkommt.* Das kleidet sich ganz in die Form einer *Schlußfolge.* Der Vater hat bald nach dem Anfall im Jahre 1851 geheiratet; ich bin ja der Älteste, 1856 geboren; also das stimmt. Wir wissen, daß dieser Schluß durch die Wunscherfüllung verfälscht ist, daß der in den Traumgedanken herrschende Satz lautet: *vier oder fünf Jahre, das ist kein Zeitraum, das ist nicht zu rechnen.* Aber jedes Stück dieser Schlußfolge ist nach Inhalt wie nach Form aus den Traumgedanken anders zu determinieren: Es ist der Patient, über dessen Geduld der Kollege sich beschwert, der unmittelbar nach Beendigung der Kur zu heiraten gedenkt. Die Art, wie ich mit dem Vater im Traume verkehre, erinnert an ein *Verhör* oder ein *Examen*, und damit an einen Universitätslehrer, der in der Inskriptionsstunde ein vollständiges Nationale aufzunehmen pflegte: Geboren, wann? 1856. – Patre? Darauf sagte man den Vornamen des Vaters mit lateinischer Endung, und wir Studenten nahmen an, der Hofrat ziehe aus dem Vornamen des Vaters *Schlüsse*, die ihm der Vorname des Inskribierten nicht jedesmal gestattet hätte. Somit wäre das *Schlußziehen* des Traumes nur die Wiederholung des *Schlußziehens*, das als ein Stück Material in den Traumgedanken auftritt. Wir erfahren hieraus etwas Neues. Wenn im Trauminhalte ein Schluß vorkommt, so kommt er ja sicherlich aus den Traumgedanken; in diesen mag er aber enthalten sein als ein Stück des erinnerten Materials, oder er kann als logisches Band eine Reihe von Traumgedanken miteinander verknüpfen. In jedem Falle stellt der Schluß im Traume einen Schluß aus den Traumgedanken dar.[192]

Die Analyse dieses Traumes wäre hier fortzusetzen. An das Verhör des Professors reiht sich die Erinnerung an den (zu meiner Zeit lateinisch abgefaßten) Index des Universitätsstudenten. Ferner an meinen Studiengang. Die *fünf Jahre*, die für das medizinische Studium vorgesehen sind, waren wiederum zu wenig für mich. Ich arbeitete unbekümmert in weitere Jahre hinein, und im Kreise meiner Bekannten hielt man mich für verbummelt, zweifelte man, daß ich „*fertig*" werden würde. Da entschloß ich mich *schnell*, meine Prüfungen zu machen, und wurde doch fertig: *trotz des Aufschubs*. Eine neue Verstärkung der Traumgedanken, die ich meinen Kritikern trotzig entgegenhalte. „Und wenn ihr es auch nicht glauben wollt, weil ich mir Zeit lasse; ich werde doch fertig, ich komme doch zum *Schluß*. Es ist schon oft so gegangen."

Derselbe Traum enthält in seinem Anfangsstück einige Sätze, denen man den Charakter einer Argumentation nicht gut absprechen kann. Und diese Argumentation ist nicht einmal absurd, sie könnte ebensowohl dem wachen Denken angehören. *Ich mache mich im Traume über die Zuschrift des Gemeinderates lustig, denn erstens war ich 1851 noch nicht auf der Welt, zweitens ist mein Vater, auf den es sich beziehen kann, schon tot.* Beides ist nicht nur an sich richtig, sondern deckt sich auch völlig mit den wirklichen Argumenten, die ich im Falle einer derartigen Zuschrift in Anwendung bringen würde. Wir wissen aus der früheren Analyse, daß dieser Traum auf dem Boden von tief erbitterten und hohngetränkten Traumgedanken erwachsen ist; wenn wir außerdem noch die Motive zur Zensur als recht starke annehmen dürfen, so werden wir verstehen, daß die Traumarbeit eine *tadellose Widerlegung einer unsinnigen Zumutung* nach dem in den Traumgedanken enthaltenen Vorbild zu schaffen allen Anlaß hat. Die Analyse zeigt uns aber, daß der Traumarbeit hier doch keine freie Nachschöpfung auferlegt worden ist, sondern daß Material aus den Traumgedanken dazu verwendet werden mußte. Es ist, als kämen in einer algebraischen Gleichung außer den Zahlen ein + und − ein Potenz- und ein Wurzelzeichen vor und jemand, der diese Gleichung abschreibt, ohne sie zu verstehen, nähme die Operationszeichen wie die Zahlen in seine Abschrift hinüber, würfe aber dann beiderlei durcheinander. Die beiden Argumente lassen sich auf folgendes Material zurückführen. Es ist mir peinlich zu denken, daß manche der Voraussetzungen, die ich meiner psychologischen Auflösung der Psychoneurosen zugrunde lege, wenn sie erst bekannt geworden

[192] Diese Ergebnisse korrigieren in einigen Punkten meine früheren Angaben über die Darstellung der logischen Relationen. Letztere beschreiben das allgemeine Verhalten der Traumarbeit, berücksichtigen aber nicht die feinsten und sorgfältigsten Leistungen derselben.

sind, Unglauben und Gelächter hervorrufen werden. So muß ich behaupten, daß bereits Eindrücke aus dem zweiten Lebensjahr, mitunter auch schon aus dem ersten, eine bleibende Spur im Gemütsleben der später Kranken zurücklassen und – obwohl von der Erinnerung vielfach verzerrt und übertrieben – die erste und unterste Begründung für ein hysterisches Symptom abgeben können. Patienten, denen ich dies an passender Stelle auseinandersetze, pflegen die neugewonnene Aufklärung zu parodieren, indem sie sich bereit erklären, nach Erinnerungen aus der Zeit zu suchen, *da sie noch nicht am Leben waren.* Eine ähnliche Aufnahme dürfte nach meiner Erwartung die Aufdeckung der ungeahnten Rolle finden, welche bei weiblichen Kranken *der Vater* in den frühesten sexuellen Regungen spielt. (Vgl. die Auseinandersetzung S. 226f.) Und doch ist nach meiner gut begründeten Überzeugung beides wahr. Ich denke zur Bekräftigung an einzelne Beispiele, bei denen der Tod des Vaters in ein sehr frühes Alter des Kindes fiel, und spätere sonst unerklärbare Vorfälle bewiesen, daß das Kind doch Erinnerungen an die ihm so früh entschwundene Person unbewußt bewahrt hatte. Ich weiß, daß meine beiden Behauptungen auf *Schlüssen* beruhen, deren Gültigkeit man anfechten wird. Es ist also eine Leistung der Wunscherfüllung, wenn gerade das Material *dieser Schlüsse*, deren Beanstandung ich fürchte, von der Traumarbeit zur Herstellung *einwandfreier Schlüsse* verwendet wird.

VII) In einem Traume, den ich bisher nur gestreift habe, wird eingangs die Verwunderung über das auftauchende Thema deutlich ausgesprochen.

Der alte Brücke muß mir irgendeine Aufgabe gestellt haben; sonderbar genug bezieht sie sich auf Präparation meines eigenen Untergestells, Becken und Beine, das ich vor mir sehe wie im Seziersaal, doch ohne den Mangel am Körper zu spüren, auch ohne Spur von Grauen. Louise N. steht dabei und macht die Arbeit mit mir. Das Becken ist ausgeweidet, man sieht bald die obere, bald die untere Ansicht desselben, was sich vermengt. Dicke, fleischrote Knollen (bei denen ich noch im Traume an Hämorrhoiden denke) sind zu sehen. Auch mußte etwas sorgfältig ausgeklaubt werden, was darüber lag und zerknülltem Silberpapier glich.[193] *Dann war ich wieder im Besitz meiner Beine und machte einen Weg durch die Stadt, nahm aber (aus Müdigkeit) einen Wagen. Der Wagen fuhr zu meinem Erstaunen in ein Haustor hinein, das sich öffnete und ihn durch einen Gang passieren ließ, der, am Ende abgeknickt, schließlich weiter ins Freie führte.*[194] *Schließlich wanderte ich mit einem alpinen Führer, der meine Sachen trug, durch wechselnde Landschaften. Auf einer Strecke trug er mich mit Rücksicht auf meine müden Beine. Der Boden war sumpfig; wir gingen am Rand hin; Leute saßen*

[193] Stanniol, Anspielung auf Stannius, Nervensystem der Fische.

[194] Die Örtlichkeit im Flur meines Wohnhauses, wo die Kinderwagen der Parteien stehen; sonst aber mehrfach überbestimmt.

am Boden, ein Mädchen unter ihnen, wie Indianer oder Zigeuner. Vorher hatte ich auf dem schlüpfrigen Boden mich selbst weiter bewegt unter steter Verwunderung, daß ich es nach der Präparation so gut kann. Endlich kamen wir zu einem kleinen Holzhaus, das in ein offenes Fenster ausging. Dort setzte mich der Führer ab und legte zwei bereitstehende Holzbretter auf das Fensterbrett, um so den Abgrund zu überbrücken, der vom Fenster aus zu überschreiten war. Ich bekam jetzt wirklich Angst für meine Beine. Anstatt des erwarteten Überganges sah ich aber zwei erwachsene Männer auf Holzbänken liegen, die an den Wänden der Hütte waren, und wie zwei Kinder schlafend neben ihnen. Als ob nicht die Bretter, sondern die Kinder den Übergang ermöglichen sollten. Ich erwache mit Gedankenschreck.

Wer sich nur einmal einen ordentlichen Eindruck von der Ausgiebigkeit der Traumverdichtung geholt hat, der wird sich leicht vorstellen können, welche Anzahl von Blättern die ausführliche Analyse dieses Traumes einnehmen muß. Zum Glück für den Zusammenhang entlehne ich dem Traume aber bloß das eine Beispiel für die Verwunderung im Traum, die sich in der Einschaltung *sonderbar genug* kundgibt. Ich gehe auf den Anlaß des Traumes ein. Es ist ein Besuch jener Dame Louise N., die auch im Traum der Arbeit assistiert. „Leih mir etwas zum Lesen." Ich biete ihr *She* von Rider Haggard an. „Ein *sonderbares* Buch, aber voll von verstecktem Sinn", will ich ihr auseinandersetzen; „das ewig Weibliche, die Unsterblichkeit unserer Affekte – ". Da unterbricht sie mich: „Das kenne ich schon. Hast du nichts Eigenes?" „Nein, meine eigenen unsterblichen Werke sind noch nicht geschrieben." – „Also wann erscheinen denn deine sogenannten letzten Aufklärungen, die, wie du versprichst, auch für uns lesbar sein werden?" fragt sie etwas anzüglich. Ich merkte jetzt, daß mich ein anderer durch ihren Mund mahnen läßt, und verstumme. Ich denke an die Überwindung, die es mich kostet, auch nur die Arbeit über den Traum, in der ich soviel vom eigenen intimen Wesen preisgeben muß, in die Öffentlichkeit zu schicken.

> „Das Beste, was du wissen kannst,
> darfst du den Buben doch nicht sagen."

Die Präparation *am eigenen Leib*, die mir im Traume aufgetragen wird, ist also die mit der Mitteilung der Träume verbundene *Selbstanalyse*. Der alte Brücke kommt mit Recht hiezu; schon in diesen ersten Jahren wissenschaftlicher Arbeit traf es sich, daß ich einen Fund liegenließ, bis sein energischer Auftrag mich zur Veröffentlichung zwang. Die weiteren Gedanken aber, die sich an die Unterredung mit Louise N. anspinnen, greifen zu tief, um bewußtzuwerden; sie erfahren eine Ablenkung über das Material, das in mir nebstbei durch die Erwähnung der *She* von *Rider Haggard* geweckt worden ist. Auf dieses Buch und auf ein zweites desselben Autors, *Heart of the world*, geht das Urteil *sonderbar genug*, und zahlreiche Elemente des Traumes sind den beiden phantastischen Romanen entnommen.

Der sumpfige Boden, über den man getragen wird, der Abgrund, der mittels der mitgebrachten Bretter zu überschreiten ist, stammen aus der *She*; die Indianer, das Mädchen, das Holzhaus aus *Heart of the world*. In beiden Romanen ist eine Frau die Führerin, in beiden handelt es sich um gefährliche Wanderungen, in *She* um einen abenteuerlichen Weg ins Unentdeckte, kaum je Betretene. Die müden Beine sind nach einer Notiz, die ich bei dem Traume finde, reale Sensation jener Tage gewesen. Wahrscheinlich entsprach ihnen eine müde Stimmung und die zweifelnde Frage: Wie weit werden mich meine Beine noch tragen? In der *She* endet das Abenteuer damit, daß die Führerin, anstatt sich und den anderen die Unsterblichkeit zu holen, im geheimnisvollen Zentralfeuer den Tod findet. Eine solche Angst hat sich unverkennbar in den Traumgedanken geregt. Das „*Holzhaus*" ist sicherlich auch der *Sarg*, also das Grab. Aber in der Darstellung dieses unerwünschtesten aller Gedanken durch eine Wunscherfüllung hat die Traumarbeit ihr Meisterstück geleistet. Ich war nämlich schon einmal in einem Grab, aber es war ein ausgeräumtes Etruskergrab bei Orvieto, eine schmale Kammer mit zwei Steinbänken an den Wänden, auf denen die Skelette von zwei Erwachsenen gelagert waren. Genauso sieht das Innere des Holzhauses im Traum aus, nur ist Stein durch Holz ersetzt. Der Traum scheint zu sagen: „Wenn du schon im Grabe weilen sollst, so sei es das Etruskergrab", und mit dieser Unterschiebung verwandelt er die traurigste Erwartung in eine recht erwünschte Leider kann er, wie wir hören werden, nur die den Affekt begleitende Vorstellung in ihr Gegenteil verkehren, nicht immer auch den Affekt selbst. So wache ich denn mit „Gedankenschreck" auf, nachdem sich noch die Idee Darstellung erzwungen, daß vielleicht die Kinder erreichen werden, was dem Vater versagt geblieben, eine neuerliche Anspielung an den sonderbaren Roman, in dem die Identität einer Person durch eine Generationsreihe von zweitausend Jahren festgehalten wird.

VIII) In dem Zusammenhang eines anderen Traumes findet sich gleichfalls ein Ausdruck der Verwunderung über das im Traume Erlebte, aber verknüpft mit einem so auffälligen, weit hergeholten und beinahe geistreichen Erklärungsversuche, daß ich bloß seinetwegen den ganzen Traum der Analyse unterwerfen müßte, auch wenn der Traum nicht noch zwei andere Anziehungspunkte für unser Interesse besäße. Ich reise in der Nacht vom 18. auf den 19. Juli auf der Südbahnstrecke und höre im Schlaf: „*Hollthurn, zehn Minuten" ausrufen. Ich denke sofort an Holothurien – ein naturhistorisches Museum – daß hier ein Ort ist, wo sich tapfere Männer erfolglos gegen die Übermacht ihres Landesherrn gewehrt haben. – Ja, die Gegenreformation in Österreich! – Als ob es ein Ort in Steiermark oder Tirol wäre. Nun sehe ich undeutlich ein kleines Museum, in dem die Reste oder Erwerbungen dieser Männer aufbewahrt werden. Ich möchte aussteigen, verzögere es aber. Es stehen Weiber mit Obst auf dem Perron, sie kauern auf dem Boden und halten die Körbe so einladend hin. – Ich habe gezögert aus Zweifel, ob wir noch Zeit haben, und jetzt stehen wir noch immer. – Ich bin plötzlich in einem anderen Coupé, in dem Leder und Sitze so schmal sind, daß man mit dem Rücken direkt an die Lehne stößt.*[195] *Ich wundere mich darüber, aber ich kann ja im schlafenden Zustande umgestiegen sein. Mehrere Leute, darunter ein englisches Geschwisterpaar; eine Reihe Bücher deutlich auf einem Gestell an der Wand. Ich sehe Wealth of nations, Matter and Motion (von Maxwell), dick und in braune Leinwand gebunden. Der Mann fragt die Schwester nach einem Buch von Schiller, ob sie das vergessen hat. Es sind die Bücher bald wie die meinen, bald die der beiden. Ich möchte mich da bestätigend oder unterstützend ins Gespräch mengen* ... Ich wache, am ganzen Körper schwitzend, auf, weil alle Fenster geschlossen sind. Der Zug hält in Marburg.

Während der Niederschrift fällt mir ein Traumstück ein, das die Erinnerung übergehen wollte. *Ich sage dem Geschwisterpaare auf ein gewisses Werk: It is from ..., korrigiere mich aber: It is by ... Der Mann bemerkt zur Schwester: Er hat es ja richtig gesagt.*

Der Traum beginnt mit dem Namen der Station, der mich wohl unvollkommen geweckt haben muß. Ich ersetze diesen Namen, der Marburg lautete, durch Hollthurn. Daß ich Marburg beim ersten oder vielleicht bei einem späteren Ausrufen gehört habe, beweist die Erwähnung Schillers im Traum, der ja in Marburg, wenngleich nicht im steirischen, geboren ist.[196] Nun reiste ich diesmal, obwohl erster Klasse, unter sehr unangenehmen Verhältnissen. Der Zug war überfüllt, in dem Coupé hatte ich einen Herrn und eine Dame angetroffen, die sehr vornehm schienen und nicht die Lebensart besaßen oder es nicht der Mühe wert hielten, ihr Mißvergnügen über den Eindringling irgendwie zu verbergen. Mein höflicher Gruß wurde nicht erwidert; obwohl Mann und Frau nebeneinander saßen (gegen die Fahrtrichtung), beeilte sich die Frau doch, den Platz ihr gegenüber am Fenster vor meinen Augen mit einem Schirm zu belegen; die Türe wurde sofort geschlossen, demonstrative Reden über das öffnen der Fenster gewechselt. Wahrscheinlich sah man mir den Lufthunger bald an. Es war eine heiße Nacht und die Luft im allseitig geschlossenen Coupé bald zum Ersticken. Nach meinen Reiseerfahrungen kennzeichnet ein so rücksichtslos übergreifendes Benehmen Leute, die ihre Karte nicht oder nur halb bezahlt haben. Als der Kondukteur

---

195 Diese Beschreibung ist für mich selbst nicht verständlich, aber ich folge dem Grundsatze, den Traum in jenen Worten wiederzugeben, die mir beim Niederschreiben einfallen. Die Wortfassung ist selbst ein Stück der Traumdarstellung.

196 Schiller ist nicht in einem Marburg, sondern in Marbach geboren, wie jeder deutsche Gymnasiast weiß und wie auch ich wußte. Es ist dies wieder einer jener Irrtümer (vgl. oben S. 180, Anm. 75), die sich als Ersatz für eine absichtliche Verfälschung an anderer Stelle einschleichen und deren Aufklärung ich in der *Psychopathologie des Alltagslebens* versucht habe.

kam und ich mein teuer erkauftes Billet vorzeigte, tönte es aus dem Munde der Dame unnahbar und wie drohend: Mein Mann hat Legitimation. Sie war eine stattliche Erscheinung mit mißvergnügten Zügen, im Alter nicht weit von der Zeit des Verfalls weiblicher Schönheit; der Mann kam überhaupt nicht zu Worte, er saß regungslos da. Ich versuchte zu schlafen. Im Traum nehme ich fürchterliche Rache an meinen unliebenswürdigen Reisegefährten; man würde nicht ahnen, welche Beschimpfungen und Demütigungen sich hinter den abgerissenen Brocken der ersten Traumhälfte verbergen. Nachdem dies Bedürfnis befriedigt war, machte sich der zweite Wunsch geltend, das Coupé zu wechseln. Der Traum wechselt so oft die Szene, und ohne daß der mindeste Anstoß an der Veränderung genommen wird, daß es nicht im geringsten auffällig gewesen wäre, wenn ich mir alsbald meine Reisegesellschaft durch eine angenehmere aus meiner Erinnerung ersetzt hätte. Hier aber tritt ein Fall ein, daß irgend etwas den Wechsel der Szene beanstandete und es für notwendig hielt, ihn zu erklären. Wie kam ich plötzlich in ein anderes Coupé? Ich konnte mich doch nicht erinnern, umgestiegen zu sein. Da gab es nur eine Erklärung: *ich mußte im schlafenden Zustande den Wagen verlassen haben*, ein seltenes Vorkommnis, wofür aber doch die Erfahrung des Neuropathologen Beispiele liefert. Wir wissen von Personen, die Eisenbahnfahrten in einem Dämmerzustand unternehmen, ohne durch irgendein Anzeichen ihren abnormen Zustand zu verraten, bis sie an irgendeiner Station der Reise voll zu sich kommen und dann die Lücke in ihrer Erinnerung bestaunen. Für einen solchen Fall von „*automatisme ambulatoire*" erkläre ich also noch im Traume den meinigen.

Die Analyse gestattet, eine andere Auflösung zu geben. Der Erklärungsversuch, der mich so frappiert, wenn ich ihn der Traumarbeit zuschreiben müßte, ist nicht originell, sondern aus der Neurose eines meiner Patienten kopiert. Ich erzählte bereits an anderer Stelle von einem hochgebildeten und im Leben weichherzigen Manne, der kurz nach dem Tode seiner Eltern begann, sich mörderischer Neigungen anzuklagen, und nun unter den Vorsichtsmaßregeln litt, die er zur Sicherung gegen dieselben treffen mußte. Es war ein Fall von schweren Zwangsvorstellungen bei voll erhaltener Einsicht. Zuerst wurde ihm das Passieren der Straße durch den Zwang verleidet, sich von allen Begegnenden Rechenschaft abzulegen, wohin sie verschwunden seien; entzog sich einer plötzlich seinem verfolgenden Blick, so blieb ihm die peinliche Empfindung und die Möglichkeit in Gedanken, er könnte ihn beseitigt haben. Es war unter anderem eine Kainsphantasie dahinter, denn „alle Menschen sind Brüder". Wegen der Unmöglichkeit, diese Aufgabe zu erledigen, gab er das Spazierengehen auf und verbrachte sein Leben eingekerkert zwischen seinen vier Wänden. In sein Zimmer gelangten aber durch die Zeitung beständig Nachrichten von Mordtaten, die draußen geschehen waren, und sein Gewissen wollte ihm in der Form des

Zweifels nahelegen, daß er der gesuchte Mörder sei. Die Gewißheit, daß er ja seit Wochen seine Wohnung nicht verlassen habe, schützte ihn eine Weile gegen diese Anklagen, bis ihm eines Tages die Möglichkeit durch den Sinn fuhr, daß er sein *Haus im bewußtlosen Zustand verlassen* und so den Mord begangen haben könne, ohne etwas davon zu wissen. Von da an schloß er die Haustür ab, übergab den Schlüssel der alten Haushälterin und verbot ihr eindringlich, denselben auch nicht auf sein Verlangen in seine Hände gelangen zu lassen.

Daher stammt also der Erklärungsversuch, daß ich im bewußtlosen Zustande umgestiegen bin – er ist aus dem Material der Traumgedanken fertig in den Traum eingetragen worden und soll im Traume offenbar dazu dienen, mich mit der Person jenes Patienten zu identifizieren. Die Erinnerung an ihn wurde in mir durch naheliegende Assoziation geweckt. Mit diesem Manne hatte ich einige Wochen vorher die letzte Nachtreise gemacht. Er war geheilt, begleitete mich in die Provinz zu seinen Verwandten, die mich beriefen; wir hatten ein Coupé für uns, ließen alle Fenster die Nacht hindurch offen und hatten uns, solange ich wach blieb, vortrefflich unterhalten. Ich wußte, daß feindselige Impulse gegen seinen Vater aus seiner Kindheit in sexuellem Zusammenhange die Wurzel seiner Erkrankung gewesen waren. Indem ich mich also mit ihm identifizierte, wollte ich mir etwas Analoges eingestehen. Die zweite Szene des Traums löst sich auch wirklich in eine übermütige Phantasie auf, daß meine beiden ältlichen Reisegefährten sich darum so abweisend gegen mich benehmen, weil ich sie durch mein Kommen an dem beabsichtigten nächtlichen Austausch von Zärtlichkeiten gehindert habe. Diese Phantasie aber geht auf eine frühe Kinderszene zurück, in der das Kind, wahrscheinlich von sexueller Neugierde getrieben, in das Schlafzimmer der Eltern eindringt und durch das Machtwort des Vaters daraus vertrieben wird.

Ich halte es für überflüssig, weitere Beispiele zu häufen. Sie würden alle nur bestätigen, was wir aus den bereits angeführten entnommen haben, daß ein Urteilsakt im Traume nur die Wiederholung eines Vorbilds aus den Traumgedanken ist. Zumeist eine übel angebrachte, in unpassendem Zusammenhange eingefügte Wiederholung, gelegentlich aber, wie in unseren letzten Beispielen, eine so geschickt verwendete, daß man zunächst den Eindruck einer selbständigen Denktätigkeit im Traume empfangen kann. Von hier aus könnten wir unser Interesse jener psychischen Tätigkeit zuwenden, die zwar nicht regelmäßig bei der Traumbildung mitzuwirken scheint, die aber, wo sie es tut, bemüht ist, die nach ihrer Herkunft disparaten Traumelemente widerspruchsfrei und sinnvoll zu verschmelzen. Wir empfinden es aber vorher noch als dringlich, uns mit den Affektäußerungen zu beschäftigen, die im Traum auftreten, und dieselben mit den Affekten zu vergleichen, welche die Analyse in den Traumgedanken aufdeckt.

H
Die Affekte im Traume

Eine scharfsinnige Bemerkung von *Stricker* hat uns aufmerksam gemacht, daß die Affektäußerungen des Traums nicht die geringschätzige Art der Erledigung gestatten, mit der wir erwacht den Trauminhalt abzuschütteln pflegen: „Wenn ich mich im Traume vor Räubern fürchte, so sind die Räuber zwar imaginär, aber die Furcht ist real", und ebenso geht es, wenn ich mich im Traume freue. Nach dem Zeugnis unserer Empfindung ist der im Traum erlebte Affekt keineswegs minderwertig gegen den im Wachen erlebten von gleicher Intensität, und energischer als mit seinem Vorstellungsinhalte erhebt der Traum mit seinem Affektinhalt den Anspruch, unter die wirklichen Erlebnisse unserer Seele aufgenommen zu werden. Wir bringen diese Einreihung nun im Wachen nicht zustande, weil wir einen Affekt nicht anders psychisch zu würdigen verstehen als in der Verknüpfung mit einem Vorstellungsinhalt. Passen Affekt und Vorstellung der Art und der Intensität nach nicht zueinander, so wird unser waches Urteil irre. An den Träumen hat immer Verwunderung erregt, daß Vorstellungsinhalte nicht die Affektwirkung mit sich bringen, die wir als notwendig im wachen Denken erwarten würden. *Strümpell* äußerte, im Traume seien die Vorstellungen von ihren psychischen Werten entblößt. Es fehlt im Traume aber auch nicht am gegenteiligen Vorkommen, daß intensive Affektäußerung bei einem Inhalte auftritt, der zur Entbindung von Affekt keinen Anlaß zu bieten scheint. Ich bin im Traume in einer gräßlichen, gefahrvollen, ekelhaften Situation, verspüre aber dabei nichts von Furcht oder Abscheu; hingegen entsetze ich mich andere Male über harmlose und freue mich über kindische Dinge. Dieses Rätsel des Traumes verschwindet uns so plötzlich und so vollständig wie vielleicht kein anderes der Traumrätsel, wenn wir vom manifesten Trauminhalt zum latenten übergehen. Wir werden mit seiner Erklärung nichts zu schaffen haben, denn es besteht nicht mehr. Die Analyse lehrt uns, *daß die Vorstellungsinhalte Verschiebungen und Ersetzungen erfahren haben, während die Affekte unverrückt geblieben sind.* Kein Wunder, daß der durch die Traumentstellung veränderte Vorstellungsinhalt zum erhalten gebliebenen Affekt dann nicht mehr paßt; aber auch keine Verwunderung mehr, wenn die Analyse den richtigen Inhalt an seine frühere Stelle eingesetzt hat.[197]

[197] Wenn ich nicht sehr irre, so zeigt der erste Traum, den ich von meinem 20 Monate alten Enkel erfahren konnte, den Tatbestand, daß es der Traumarbeit gelungen ist, ihren Stoff in eine Wunscherfüllung zu verwandeln, während der dazugehörige Affekt sich auch im Schlafzustand unverändert durchsetzt. Das Kind ruft in der Nacht vor dem Tage, an dem sein Vater ins Feld abrücken soll, heftig schluchzend: Papa, Papa – Bebi. Das kann nur heißen: Papa und Bebi bleiben beisammen, während das Weinen den bevorstehenden Abschied anerkennt. Das Kind war

An einem psychischen Komplex, welcher die Beeinflussung der Widerstandszensur erfahren hat, sind die Affekte der resistente Anteil, der uns allein den Fingerzeig zur richtigen Ergänzung geben kann. Deutlicher noch als beim Traum enthüllt sich dies Verhältnis bei den Psychoneurosen. Der Affekt hat hier immer recht, wenigstens seiner Qualität nach; seine Intensität ist ja durch Verschiebungen der neurotischen Aufmerksamkeit zu steigern. Wenn der Hysteriker sich wundert, daß er sich vor einer Kleinigkeit so sehr fürchten muß, oder der Mann mit Zwangsvorstellungen, daß ihm aus einer Nichtigkeit ein so peinlicher Vorwurf erwächst, so gehen beide irre, indem sie den Vorstellungsinhalt – die Kleinigkeit oder die Nichtigkeit – für das Wesentliche nehmen, und sie wehren sich erfolglos, indem sie diesen Vorstellungsinhalt zum Ausgangspunkt ihrer Denkarbeit machen. Die Psychoanalyse zeigt ihnen dann den richtigen Weg, indem sie im Gegenteile den Affekt als berechtigt anerkennt und die zu ihm gehörige, durch eine Ersetzung verdrängte Vorstellung aufsucht. Voraussetzung ist dabei, daß Affektentbindung und Vorstellungsinhalt nicht diejenige unauflösbare organische Einheit bilden, als welche wir sie zu behandeln gewöhnt sind, sondern daß beide Stücke aneinandergelötet sein können, so daß sie durch Analyse voneinander lösbar sind. Die Traumdeutung zeigt, daß dies in der Tat der Fall ist.

Ich bringe zuerst ein Beispiel, in dem die Analyse das scheinbare Ausbleiben des Affekts bei einem Vorstellungsinhalte aufklärt, der Affektentbindung erzwingen sollte.

I

Sie sieht in einer Wüste drei Löwen, von denen einer lacht, fürchtet sich aber nicht vor ihnen. Dann muß sie doch vor ihnen geflüchtet sein, denn sie will auf einen Baum klettern, findet aber ihre Cousine, die französische Lehrerin ist, schon oben usw.

Dazu bringt die Analyse folgendes Material: Der indifferente Anlaß zum Traum ist ein Satz ihrer englischen Aufgabe geworden: Die Mähne ist der Schmuck des Löwen. Ihr Vater trug einen solchen Bart, der wie eine *Mähne* das Gesicht umrahmte. Ihre englische Sprachlehrerin heißt Miß *Lyons* (lions = Löwen). Ein Bekannter hat ihr die Balladen von *Loewe* zugeschickt. Das sind also die drei Löwen; warum sollte sie sich vor ihnen fürchten? – Sie hat eine

damals sehr wohl imstande, den Begriff der Trennung auszudrücken. „Fort“ (durch ein eigentümlich betontes, lange gezogenes o o oh ersetzt) war eines seiner ersten Worte gewesen, und es hatte mehrere Monate vor diesem ersten Traum mit all seinen Spielsachen „fort“ aufgeführt, was auf die früh gelungene Selbstüberwindung, die Mutter fortgehen zu lassen, zurückging.

Erzählung gelesen, in welcher ein Neger, der die anderen zum Aufstand aufgehetzt, mit Bluthunden gejagt wird und zu seiner Rettung auf einen Baum klettert. Dann folgen in übermütigster Stimmung Erinnerungsbrocken wie die: Die Anweisung, wie man Löwen fängt, aus den *Fliegenden Blättern*: Man nehme eine Wüste und siebe sie durch, dann bleiben die Löwen übrig. Ferner die höchst lustige, aber nicht sehr anständige Anekdote von einem Beamten, der gefragt wird, warum er sich denn nicht um die Gunst seines Chefs ausgiebiger bemühe, und der zur Antwort gibt, er habe sich wohl bemüht, da hineinzukriechen, aber sein Vordermann *war schon oben*. Das ganze Material wird verständlich, wenn man erfährt, daß die Dame am Traumtage den Besuch des Vorgesetzten ihres Mannes empfangen hatte. Er war sehr höflich mit ihr, küßte ihr die Hand, und *sie fürchtete sich gar nicht vor ihm*, obwohl er ein sehr „*großes Tier*" ist und in der Hauptstadt ihres Landes die Rolle eines „*Löwen der Gesellschaft*" spielt. Dieser Löwe ist also vergleichbar dem Löwen im *Sommernachtstraum*, der sich als Schnock, der Schreiner, demaskiert, und so sind alle Traumlöwen, vor denen man sich nicht fürchtet.

II

Als zweites Beispiel ziehe ich den Traum jenes Mädchens heran, das den kleinen Sohn der Schwester als Leiche im Sarg liegen sah, dabei aber, wie ich jetzt hinzufüge, keinen Schmerz und keine Trauer verspürte. Wir wissen aus der Analyse, warum nicht. Der Traum verhüllte nur ihren Wunsch, den geliebten Mann wiederzusehen; der Affekt mußte auf den Wunsch abgestimmt sein und nicht auf dessen Verhüllung. Es war also zur Trauer gar kein Anlaß.

In einer Anzahl von Träumen bleibt der Affekt wenigstens noch in Verbindung mit jenem Vorstellungsinhalte, welcher den zu ihm passenden ersetzt hat. In anderen geht die Auflockerung des Komplexes weiter. Der Affekt erscheint völlig gelöst von seiner zugehörigen Vorstellung und findet sich irgendwo anders im Traume untergebracht, wo er in die neue Anordnung der Traumelemente hineinpaßt. Es ist dann ähnlich, wie wir's bei den Urteilsakten des Traumes erfahren haben. Findet sich in den Traumgedanken ein bedeutsamer Schluß, so enthält auch der Traum einen solchen; aber der Schluß im Traume kann auf ein ganz anderes Material verschoben sein. Nicht selten erfolgt diese Verschiebung nach dem Prinzip der Gegensätzlichkeit.

Die letztere Möglichkeit erläutere ich an folgendem Traumbeispiele, das ich der erschöpfendsten Analyse unterzogen habe.

III

Ein Schloß am Meere, später liegt es nicht direkt am Meer, sondern an einem schmalen Kanal, der ins Meer führt. Ein Herr P. ist der Gouverneur. Ich stehe mit ihm in einem großen dreifenstrigen Salon, vor dem sich Mauervorsprünge wie Festungszinnen erheben. Ich bin etwa als freiwilliger Marineoffizier der Besatzung zugeteilt. Wir befürchten das Eintreffen von feindlichen Kriegsschiffen, da wir uns im Kriegszustand befinden. Herr P. hat die Absicht wegzugehen; er erteilt mir Instruktionen, was in dem befürchteten Falle zu geschehen hat. Seine kranke Frau befindet sich mit den Kindern im gefährdeten Schloß. Wenn das Bombardement beginnt, soll der große Saal geräumt werden. Er atmet schwer und will sich entfernen; ich halte ihn zurück und frage, auf welche Weise ich ihm nötigenfalls Nachricht zukommen lassen soll. Darauf sagt er noch etwas, sinkt aber gleich darauf tot um. Ich habe ihn wohl mit den Fragen überflüssigerweise angestrengt. Nach seinem Tode, der mir weiter keinen Eindruck macht, Gedanken, ob die Witwe im Schlosse bleiben wird, ob ich dem Oberkommando den Tod anzeigen und als der nächste im Befehl die Leitung des Schlosses übernehmen soll. Ich stehe nun am Fenster und mustere die vorbeifahrenden Schiffe; es sind Kauffahrer, die auf dem dunklen Wasser rapid vorbeisausen, einige mit mehreren Kaminen, andere mit bauschiger Decke (die ganz ähnlich ist wie die Bahnhofsbauten im – nicht erzählten – Vortraum). *Dann steht mein Bruder neben mir, und wir schauen beide aus dem Fenster auf den Kanal. Bei einem Schiff erschrekken wir und rufen: Da kommt das Kriegsschiff. Es zeigt sich aber, daß nur dieselben Schiffe zurückkehren, die ich schon kenne. Nun kommt ein kleines Schiff, komisch abgeschnitten, so daß es mitten in seiner Breite endigt; auf Deck sieht man eigentümliche becher- oder dosenartige Dinge. Wir rufen wie aus einem Munde: Das ist das Frühstücksschiff.*

Die rasche Bewegung der Schiffe, das tiefdunkle Blau des Wassers, der braune Rauch der Kamine, das alles ergibt zusammen einen hochgespannten, düsteren Eindruck.

Die Örtlichkeiten in diesem Traume sind aus mehreren Reisen an die *Adria* zusammengetragen (Miramare, Duino, Venedig, Aquileja). Eine kurze, aber genußreiche Osterfahrt nach *Aquileja* mit meinem Bruder, wenige Wochen vor dem Traume, war mir noch in frischer Erinnerung. Auch der *Seekrieg* zwischen Amerika und Spanien und an ihn geknüpfte Besorgnisse um das Schicksal meiner in Amerika lebenden Verwandten spielen mit hinein. An zwei Stellen dieses Traums treten Affektwirkungen hervor. An der einen Stelle bleibt ein zu erwartender Affekt aus, es wird ausdrücklich hervorgehoben, daß mir der Tod des Gouverneurs keinen Eindruck macht; an einer anderen Stelle, wie ich das Kriegsschiff zu sehen glaube, erschrecke ich und verspüre im Schlaf alle Sensationen des Schrekkens. Die Unterbringung der Affekte ist in diesem gut gebauten Traum so erfolgt, daß jeder auffällige Widerspruch vermieden ist. Es ist ja kein Grund, daß ich beim Tode des Gouverneurs erschrecken sollte, und es ist wohl angebracht, daß ich als Kommandant des Schlosses bei dem Anblicke des Kriegsschiffes erschrecke. Nun weist aber die Analyse nach, daß Herr P. nur ein Ersatzmann für mein eigenes Ich ist (im Traum bin ich sein Ersatzmann). Ich bin der Gouverneur, der plötzlich stirbt. Die Traumgedanken handeln von der Zukunft der Meinigen nach meinem vorzeitigen Tode. Kein anderer peinlicher Gedanke findet sich in den Traumgedanken. Der Schreck, der im Traume an den Anblick des Kriegsschiffes gelötet ist, muß von dort losgemacht und hieher gesetzt werden. Umgekehrt zeigt die Analyse, daß die Region der Traumgedanken, aus der das Kriegsschiff genommen ist, mit den heitersten Reminiszenzen erfüllt ist. Es war ein Jahr vorher in Venedig, wir standen an einem zauberhaft schönen Tag an den Fenstern unseres Zimmers auf der Riva Schiavoni und schauten auf die blaue Lagune, in der heute mehr Bewegung zu finden war als sonst. Es wurden englische Schiffe erwartet, die feierlich empfangen werden sollten, und plötzlich rief meine Frau heiter wie ein Kind: „*Da kommt das englische Kriegsschiff!*" Im Traume erschrecke ich bei den nämlichen Worten; wir sehen wieder, daß Rede im Traum von Rede im Leben abstammt. Daß auch das Element „*englisch*" in dieser Rede für die Traumarbeit nicht verlorengegangen ist, werde ich alsbald zeigen. Ich verkehre also hier zwischen Traumgedanken und Trauminhalt Fröhlichkeit in Schreck und brauche nur anzudeuten, daß ich mit dieser Verwandlung selbst ein Stück des latenten Trauminhalts zum Ausdruck bringe. Das Beispiel beweist aber, daß es der Traumarbeit freisteht, den Affektanlaß aus seinen Verbindungen in den Traumgedanken zu lösen und beliebig anderswo im Trauminhalte einzufügen.

Ich ergreife die nebstbei sich bietende Gelegenheit, das „*Frühstücksschiff*", dessen Erscheinen im Traume eine rationell festgehaltene Situation so unsinnig abschließt, einer näheren Analyse zu unterziehen. Wenn ich das Traumobjekt besser ins Auge fasse, so fällt mir nachträglich auf, daß es schwarz war und durch sein Abschneiden in seiner größten Breite an diesem Ende eine weitgehende Ähnlichkeit mit einem Gegenstand erzielte, der uns in den Museen etruskischer Städte interessant geworden war. Es war dies eine rechteckige Tasse aus schwarzem Ton, mit zwei Henkeln, auf der Dinge wie Kaffee- oder Teetassen standen, nicht ganz unähnlich einem unserer modernen Service für den *Frühstückstisch*. Auf Befragen erfuhren wir, das sei die Toilette einer etruskischen Dame mit den Schminke- und Puderbüchsen darauf; und wir sagten uns im Scherz, es wäre nicht übel, so ein Ding der Hausfrau mitzubringen. Das Traumobjekt bedeutet also – *schwarze Toilette*, Trauer, und spielt direkt auf einen Todesfall an. Mit dem anderen Ende mahnt das Traumobjekt an den „Nachen" vom Stamme *νέκυς*, wie mein sprachgelehrter Freund mir mitgeteilt, auf den in Vorzeiten die Leiche gelegt und dem Meer zur Bestattung überlassen wurde. Hieran reiht sich, warum im Traume die Schiffe zurückkehren.

„Still, auf gerettetem Boot, treibt in den Hafen der Greis."

Es ist die Rückfahrt nach dem Schiffbruch, das Frühstücksschiff ist ja wie in seiner Breite abgebrochen. Woher aber der Name „Frühstücks"-schiff? Hier kommt nun das „Englische" zur Verwendung, das wir bei den Kriegsschiffen erübrigt haben. Frühstück = *breakfast*, *Fastenbrecher*. Das Brechen gehört wieder zum *Schiffbruch*, das Fasten schließt sich der schwarzen Toilette an.

An diesem Frühstücksschiffe ist aber nur der Name vom Traume neugebildet. Das Ding hat existiert und mahnt mich an eine der heitersten Stunden der letzten Reise. Der Verpflegung in Aquileja mißtrauend, hatten wir uns von Görz Eßwaren mitgenommen, eine Flasche des vorzüglichsten Istrianer Weins in Aquileja eingekauft, und während der kleine Postdampfer durch den Kanal delle Mee langsam in die öde Lagunenstrecke nach *Grado* fuhr, nahmen wir, die einzigen Passagiere, in heiterster Laune auf Deck das Frühstück ein, das uns schmeckte wie selten eines zuvor. Das war also das „*Frühstücksschiff*", und gerade hinter dieser Reminiszenz frohesten Lebensgenusses verbirgt der Traum die betrübendsten Gedanken an eine unbekannte und unheimliche Zukunft.

Die Ablösung der Affekte von den Vorstellungsmassen, die ihre Entbindung hervorgerufen haben, ist das Auffälligste, was ihnen bei der Traumbildung widerfährt, aber weder die einzige noch die wesentlichste Veränderung, die sie auf dem Wege von den Traumgedanken zum manifesten Traum erleiden. Vergleicht man die Affekte in den Traumgedanken mit denen im Traume, so wird eines sofort klar: Wo sich im Traume ein Affekt findet, da findet er sich auch in den Traumgedanken, aber nicht umgekehrt. Der Traum ist im allgemeinen affektärmer als das psychische Material, aus dessen Bearbeitung er hervorgegangen ist. Wenn ich die Traumgedanken rekonstruiert habe, so übersehe ich, wie in ihnen regelmäßig die intensivsten Seelenregungen nach Geltung ringen, zumeist im Kampfe mit anderen, die ihnen scharf zuwiderlaufen. Blicke ich dann auf den Traum zurück, so finde ich ihn nicht selten farblos, ohne jeden intensiveren Gefühlston. Es ist durch die Traumarbeit nicht bloß der Inhalt, sondern auch oft der Gefühlston meines Denkens auf das Niveau des Indifferenten gebracht. Ich könnte sagen, durch die Traumarbeit wird eine *Unterdrückung der Affekte* zustande gebracht. Man nehme z. B. den Traum von der botanischen Monographie. Ihm entspricht im Denken ein leidenschaftlich bewegtes Plaidoyer für meine Freiheit, so zu handeln, wie ich handle, mein Leben so einzurichten, wie es mir einzig und allein richtig scheint. Der daraus hervorgegangene Traum klingt gleichgültig: Ich habe eine Monographie geschrieben, sie liegt vor mir, ist mit farbigen Tafeln versehen, getrocknete Pflanzen sind jedem Exemplare beigelegt. Es ist wie die Ruhe eines Leichenfeldes; man verspürt nichts mehr vom Toben der Schlacht.

Es kann auch anders ausfallen, in den Traum selbst können lebhafte Affektäußerungen eingehen; aber wir wollen zunächst bei der unbestreitbaren Tatsache verweilen, daß so viele Träume indifferent erscheinen, während man sich in die Traumgedanken nie ohne tiefe Ergriffenheit versetzen kann.

Die volle theoretische Aufklärung dieser Affektunterdrückung während der Traumarbeit ist hier nicht zu geben; sie würde das sorgfältigste Eindringen in die Theorie der Affekte und in den Mechanismus der Verdrängung voraussetzen. Ich will nur zwei Gedanken hier eine Erwähnung gönnen. Die Affektentbindung bin ich – aus anderen Gründen – genötigt, mir als einen zentrifugalen, gegen das Körperinnere gerichteten Vorgang vorzustellen, analog den motorischen und sekretorischen Innervationsvorgängen. Wie nun im Schlafzustande die Aussendung motorischer Impulse gegen die Außenwelt aufgehoben erscheint, so könnte auch die zentrifugale Erweckung von Affekten durch das unbewußte Denken während des Schlafes erschwert sein. Die Affektregungen, die während des Ablaufs der Traumgedanken zustande kommen, wären also an und für sich schwache Regungen und darum die in den Traum gelangenden auch nicht stärker. Nach diesem Gedankengange wäre die „Unterdrückung der Affekte" überhaupt kein Erfolg der Traumarbeit, sondern eine Folge des Schlafzustandes. Es mag so sein, aber es kann unmöglich alles sein. Wir müssen auch daran denken, daß jeder zusammengesetztere Traum sich auch als das Kompromißergebnis eines Widerstreits psychischer Mächte enthüllt hat. Einerseits haben die wunschbildenden Gedanken gegen den Widerspruch einer zensurierenden Instanz anzukämpfen, anderseits haben wir oft gesehen, daß im unbewußten Denken selbst ein jeder Gedankenzug mit seinem kontradiktorischen Gegenteil zusammengespannt war. Da alle diese Gedankenzüge affektfähig sind, so werden wir im ganzen und großen kaum irregehen, wenn wir die Affektunterdrückung auffassen als Folge der Hemmung, welche die Gegensätze gegeneinander und die Zensur gegen die von ihr unterdrückten Strebungen übt. *Die Affekthemmung wäre dann der zweite Erfolg der Traumzensur, wie die Traumentstellung deren erster war.*

Ich will ein Traumbeispiel einfügen, in dem der indifferente Empfindungston des Trauminhaltes durch die Gegensätzlichkeit in den Traumgedanken aufgeklärt werden kann. Ich habe folgenden kurzen Traum zu erzählen, den jeder Leser mit Ekel zur Kenntnis nehmen wird:

IV

Eine Anhöhe, auf dieser etwas wie ein Abort im Freien, eine sehr lange Bank, an deren Ende ein großes Abortloch. Die ganz hintere Kante dicht besetzt mit Häufchen Kot von allen

Größen und Stufen der Frische. Hinter der Bank ein Gebüsch. Ich uriniere auf die Bank; ein langer Harnstrahl spült alles rein, die Kotpatzen lösen sich leicht ab und fallen in die Öffnung. Als ob am Ende noch etwas übrigbliebe.

Warum empfand ich bei diesem Traume keinen Ekel?

Weil, wie die Analyse zeigt, an dem Zustandekommen dieses Traumes die angenehmsten und befriedigendsten Gedanken mitgewirkt hatten. Mir fällt in der Analyse sofort der *Augiasstall* ein, den Herkules reinigt. Dieser Herkules bin ich. Die Anhöhe und das Gebüsch gehören nach Aussee, wo jetzt meine Kinder weilen. Ich habe die Kindheitsätiologie der Neurosen aufgedeckt und dadurch meine eigenen Kinder vor Erkrankung bewahrt. Die Bank ist (bis auf das Abortloch natürlich) die getreue Nachahmung eines Möbels, das mir eine anhängliche Patientin zum Geschenk gemacht hat. Sie mahnt mich daran, wie meine Patienten mich ehren. Ja selbst das Museum menschlicher Exkremente ist einer herzerfreuenden Deutung fähig. Sosehr ich mich dort davor ekle, im Traume ist es eine Reminiszenz an das schöne Land Italien, in dessen kleinen Städten bekanntlich die W.C. nicht anders ausgestattet sind. Der Harnstrahl, der alles rein abspült, ist eine unverkennbare Größenanspielung. So löscht Gulliver bei den Liliputanern den großen Brand; er zieht sich dadurch allerdings das Mißfallen der allerkleinsten Königin zu. Aber auch Gargantua, der Übermensch bei Meister Rabelais, nimmt so seine Rache an den Parisern, indem er auf Notre-Dame reitend seinen Harnstrahl auf die Stadt richtet. In den Garnierschen Illustrationen zum Rabelais habe ich gerade gestern vor dem Schlafengehen geblättert. Und merkwürdig wieder ein Beweis, daß ich der Übermensch bin! Die Plattform von Notre-Dame war mein Lieblingsaufenthalt in Paris; jeden freien Nachmittag pflegte ich auf den Türmen der Kirche zwischen den Ungetümen und Teufelsfratzen dort herumzuklettern. Daß aller Kot vor dem Strahle so rasch verschwindet, das ist das Motto: *Afflavit et dissipati sunt*, mit dem ich einmal den Abschnitt über Therapie der Hysterie überschreiben werde.

Und nun die wirksame Veranlassung des Traums. Es war ein heißer Nachmittag im Sommer gewesen, ich hatte in den Abendstunden meine Vorlesung über den Zusammenhang der Hysterie mit den Perversionen gehalten, und alles, was ich zu sagen wußte, mißfiel mir so gründlich, kam mir alles Werts entkleidet vor. Ich war müde, ohne Spur von Vergnügen an meiner schweren Arbeit, sehnte mich weg von diesem Wühlen im menschlichen Schmutz, nach meinen Kindern und dann nach den Schönheiten Italiens. In dieser Stimmung ging ich vom Hörsaal in ein Café, um dort in freier Luft einen bescheidenen Imbiß zu nehmen, denn die Eßlust hatte mich verlassen. Aber einer meiner Hörer ging mit mir; er bat um die Erlaubnis dabeizusitzen, während ich meinen Kaffee trank und an meinem Kipfel würgte, und begann mir Schmeicheleien zu sagen. Wieviel er bei mir gelernt und daß er jetzt alles mit anderen Augen ansehe, daß ich den *Augiasstall* der Irrtümer und Vorurteile in der Neurosenlehre gereinigt, kurz, daß ich ein sehr großer Mann sei. Meine Stimmung paßte schlecht zu seinem Lobgesang; ich kämpfte mit dem Ekel, ging früher heim, um mich loszumachen, blätterte noch vor dem Schlafengehen im Rabelais und las eine Novelle von *C. F. Meyer Die Leiden eines Knaben.*

Aus diesem Material war der Traum hervorgegangen, die Novelle von Meyer brachte die Erinnerung an Kindheitsszenen hinzu (vgl. den Traum vom Grafen Thun, letztes Bild). Die Tagesstimmung von Ekel und Überdruß setzte sich im Traume insofern durch, als sie fast sämtliches Material für den Trauminhalt beistellen durfte. Aber in der Nacht wurde die ihr gegensätzliche Stimmung von kräftiger und selbst übermäßiger Selbstbetonung rege und hob die erstere auf. Der Trauminhalt mußte sich so gestalten, daß er in demselben Material dem Kleinheitswahn wie der Selbstüberschätzung den Ausdruck ermöglichte. Bei dieser Kompromißbildung resultierte ein zweideutiger Trauminhalt, aber auch durch gegenseitige Hemmung der Gegensätze ein indifferenter Empfindungston.

Nach der Theorie der Wunscherfüllung wäre dieser Traum nicht ermöglicht worden, wenn nicht der gegensätzliche, zwar unterdrückte, aber mit Lust betonte Gedankenzug des Größenwahns zu dem des Ekels hinzugetreten wäre. Denn Peinliches soll im Traume nicht dargestellt werden; das Peinliche aus unseren Tagesgedanken kann nur dann den Eintritt in den Traum erringen, wenn es seine Einkleidung gleichzeitig einer Wunscherfüllung leiht.

Die Traumarbeit kann mit den Affekten der Traumgedanken noch etwas anderes vornehmen, als sie zuzulassen oder zum Nullpunkt herabzudrücken, Sie kann dieselben in ihr *Gegenteil verkehren.* Wir haben bereits die Deutungsregel kennengelernt, daß jedes Element des Traums für die Deutung auch sein Gegenteil darstellen kann, ebensowohl wie sich selbst. Man weiß nie im vorhinein, ob das eine oder das andere zu setzen ist; erst der Zusammenhang entscheidet hierüber. Eine Ahnung dieses Sachverhaltes hat sich offenbar dem Volksbewußtsein aufgedrängt; die Traumbücher verfahren bei der Deutung der Träume sehr häufig nach dem Prinzip des Kontrasts. Solche Verwandlung ins Gegenteil wird durch die innige assoziative Verkettung ermöglicht, die in unserem Denken die Vorstellung eines Dings an die seines Gegensatzes fesselt. Wie jede andere Verschiebung dient sie den Zwecken der Zensur, ist aber auch häufig das Werk der Wunscherfüllung, denn die Wunscherfüllung besteht ja in nichts anderem als in der Ersetzung eines unliebsamen Dings durch sein Gegenteil. Ebenso wie die Dingvorstellungen können also auch die Affekte der Traumgedanken im Traume ins Gegenteil verkehrt erscheinen, und es ist wahrscheinlich, daß diese Affektverkehrung zumeist von der Traumzensur bewerkstelligt wird. *Affektunterdrückung wie Affektverkehrung* dienen ja auch im sozialen Leben, das uns die geläufige Analogie zur Traumzensur gezeigt hat, vor allem der Verstellung. Wenn ich mündlich mit der Person verkehre, vor der ich mir Rücksicht auferlegen muß, während ich ihr Feindseliges sagen möchte, so ist es beinahe wichtiger, daß ich die Äußerungen meines Affekts vor ihr verberge, als daß ich die Wortfassung meiner Gedanken mildere. Spreche ich zu ihr in nicht unhöflichen Worten, begleite diese aber mit einem Blick oder einer Gebärde des Hasses und der Verachtung, so ist die Wirkung, die ich bei dieser Person erziele, nicht viel anders, als wenn ich ihr meine Verachtung ohne Schonung ins Gesicht geworfen hätte. Die Zensur heißt mich also vor allem meine Affekte unterdrücken, und wenn ich ein Meister in der Verstellung bin, werde ich den entgegengesetzten Affekt heucheln, lächeln, wo ich zürnen, und mich zärtlich stellen, wo ich vernichten möchte.

Wir kennen bereits ein ausgezeichnetes Beispiel solcher Affektverkehrung im Traum im Dienste der Traumzensur. Im Traum „von des Onkels Bart“ empfinde ich große Zärtlichkeit für meinen Freund R., während und weil die Traumgedanken ihn einen Schwachkopf schelten. Aus diesem Beispiele von Verkehrung der Affekte haben wir uns den ersten Hinweis auf die Existenz einer Traumzensur geholt.

Es ist auch hier nicht nötig anzunehmen, daß die Traumarbeit einen derartigen Gegenaffekt ganz von neuem schafft; sie findet ihn gewöhnlich im Materiale der Traumgedanken bereitliegend und erhöht ihn bloß mit der psychischen Kraft der Abwehrmotive, bis er für die Traumbildung überwiegen kann. Im letzterwähnten Onkeltraum stammt der zärtliche Gegenaffekt wahrscheinlich aus infantiler Quelle (wie die Fortsetzung des Traumes nahelegt), denn das Verhältnis Onkel und Neffe ist durch die besondere Natur meiner frühesten Kindererlebnisse bei mir die Quelle aller Freundschaften und alles Hasses geworden.

Ein ausgezeichnetes Beispiel einer solchen Affektverkehrung gibt ein von *Ferenczi* berichteter Traum): „*Ein älterer Herr wird bei Nacht von seiner Frau geweckt, die ängstlich darüber wurde, daß er im Schlafe so laut und unbändig lachte. Der Mann erzählte später, folgenden Traum gehabt zu haben: Ich lag in meinem Bette, ein bekannter Herr trat ein, ich wollte das Licht aufdrehen, konnte es aber nicht, versuchte es immer wieder – vergebens. Daraufhin stieg meine Frau aus dem Bette, um mir zu helfen, aber auch sie vermochte nichts auszurichten; weil sie sich aber vor dem Herrn wegen ihres Negligés genierte, gab sie es schließlich auf und legte sich wieder ins Bett; all dies war so komisch, daß ich darüber fürchterlich lachen mußte. Die Frau sagte: „Was lachst du, was lachst du?“, ich aber lachte nur weiter, bis ich erwachte.* – Tags darauf war der Herr äußerst niedergeschlagen, hatte Kopfschmerzen – vom vielen Lachen, das mich erschüttert hat, meinte er.

Analytisch betrachtet, schaut der Traum minder lustig aus. Der „bekannte Herr“, der eintritt, ist in den latenten Traumgedanken das am Vortage geweckte Bild des Todes als des „großen Unbekannten“. Der alte Herr, der an Arteriosklerose leidet, hatte am Vortage Grund, ans Sterben zu denken. Das unbändige Lachen vertritt die Stelle des Weinens und Schluchzens bei der Idee, daß er sterben muß. Es ist das Lebenslicht, das er nicht mehr aufdrehen kann. Dieser traurige Gedanke mag sich an vor kurzem beabsichtigte, aber mißlungene Beischlafversuche angeknüpft haben, bei denen ihm auch die Hilfe seiner Frau im Negligé nichts half; er merkte, daß es mit ihm schon abwärts geht. Die Traumarbeit verstand es, die traurige Idee der Impotenz und des Sterbens in eine komische Szene und das Schluchzen in Lachen umzuwandeln.“

Es gibt eine Klasse von Träumen, die auf die Bezeichnung als „heuchlerische“ einen besonderen Anspruch haben und die Theorie der Wunscherfüllung auf eine harte Probe stellen. Ich wurde auf sie aufmerksam, als Frau Dr. M. Hilferding in der „Wiener Psychoanalytischen Vereinigung“ den im Nachstehenden abgedruckten Traumbericht *Roseggers* zur Diskussion brachte.

Rosegger (in *Waldheimat*, 2. Band) erzählt in der Geschichte *Fremd gemacht* (S. 303): „Ich erfreue mich sonst eines gesunden Schlummers, aber ich habe die Ruhe von so mancher Nacht eingebüßt, ich habe neben meinem bescheidenen Studenten- und Literatendasein den Schatten eines veritabeln Schneiderlebens durch die langen Jahre geschleppt, wie ein Gespenst, ohne seiner loswerden zu können.

Es ist nicht wahr, daß ich mich tagsüber in Gedanken so häufig und lebhaft mit meiner Vergangenheit beschäftigt hätte. Ein der Haut eines Philisters entsprungener Welt- und Himmelsstürmer hat anderes zu tun. Aber auch an seine nächtlichen Träume wird der flotte Bursche kaum gedacht haben; erst später, als ich gewohnt worden war, über alles nachzudenken, oder auch, als sich der Philister in mir wieder ein wenig zu regen begann, fiel es mir auf, wieso ich denn – wenn ich überhaupt träumte – allemal der Schneidergesell war und daß ich solchergestalt schon so lange Zeit bei meinem Lehrmeister unentgeltlich in der Werkstatt arbeitete. Ich war mir, wenn ich so neben ihm saß und nähte und bügelte, sehr wohl bewußt, daß ich eigentlich nicht mehr dorthin gehöre, daß ich mich als Städter mit anderen Dingen zu befassen habe; doch hatte ich stets Ferien, war stets auf der Sommerfrische, und so saß ich zur Aushilfe beim Lehrmeister. Es war mir oft gar unbehaglich, ich bedauerte den Verlust der Zeit, in welcher ich mich besser und nützlicher zu beschäftigen gewußt hätte. Vom Lehrmeister mußte ich mir mitunter, wenn etwas nicht ganz nach Maß und Schnitt ausfallen wollte, eine Rüge gefallen lassen; von einem Wochenlohn jedoch war gar niemals die Rede. Oft, wenn ich mit gekrümmtem Rücken in der dunklen Werkstatt so dasaß, nahm ich mir vor, die Arbeit zu kündigen und mich fremd zu machen. Einmal tat ich's sogar, jedoch der Meister nahm keine Notiz davon, und nächstens saß ich doch wieder bei ihm und nähte.

Wie mich nach solch langweiligen Stunden das Erwachen beglückte! Und da nahm ich mir vor, wenn dieser zudringliche Traum sich wieder einmal einstellen sollte, ihn mit Energie von mir zu werfen und laut auszurufen: es ist nur Gaukelspiel, ich liege im Bette und will schlafen ... Und in der nächsten Nacht saß ich doch wieder in der Schneiderwerkstatt.

So ging es Jahre in unheimlicher Regelmäßigkeit fort. Da war es einmal, als wir, der Meister und ich, beim Alpelhofer arbeiteten, bei jenem Bauern, wo ich in die Lehre eingetreten war, daß sich mein Meister ganz besonders unzufrieden mit meinen Arbeiten zeigte. ‚Möcht' nur wissen, wo du deine Gedanken hast!' sagte er und sah mich etwas finster an. Ich dachte, das Vernünftigste wäre, wenn ich jetzt aufstünde, dem Meister bedeutete, daß ich nur aus Gefälligkeit bei ihm sei, und wenn ich dann davonging. Aber ich tat es nicht. Ich ließ es mir gefallen, als der Meister einen Lehrling aufnahm und mir befahl, demselben auf der Bank Platz zu machen. Ich rückte in den Winkel und nähte. An demselben Tage wurde auch noch ein Geselle aufgenommen, bigott, es war der Böhm, der vor neunzehn Jahren bei uns gearbeitet hatte und damals auf dem Wege vom Wirtshause in den Bach gefallen war. Als er sich setzen wollte, war kein Platz da. Ich blickte den Meister fragend an, und dieser sagte zu mir: ‚Du hast ja doch keinen Schick zur Schneiderei, *du kannst gehen, du bist fremd gemacht.*' – So übermächtig war hierüber mein Schreck, daß ich erwachte.

Das Morgengrauen schimmerte zu den klaren Fenstern herein in mein trautes Heim. Gegenstände der Kunst umgaben mich; im stilvollen Bücherschrank harrte meiner der ewige Homer, der gigantische Dante, der unvergleichliche Shakespeare, der glorreiche Goethe – die Herrlichen, die Unsterblichen alle. Vom Nebenzimmer her klangen die hellen Stimmchen der erwachenden und mit ihrer Mutter schäkernden Kinder. Mir war zumute, als hätte ich dieses idyllisch süße, dieses friedensmilde und poesiereiche, helldurchgeistigte Leben, in welchem ich das beschauliche menschliche Glück so oft und tief empfand, von neuem wiedergefunden. Und doch wurmte es mich, daß ich mit der Kündigung meinem Meister nicht zuvorgekommen, sondern von ihm abgedankt worden war.

Und wie merkwürdig ist mir das: Mit jener Nacht, da mich der Meister ‚fremd gemacht' hatte, genieße ich Ruhe, träume nicht mehr von meiner in ferner Vergangenheit liegenden Schneiderzeit, die in ihrer Anspruchslosigkeit ja so heiter war und die doch einen so langen Schatten in meine späteren Lebensjahre hereingeworfen hat."

In dieser Traumreihe des Dichters, der in seinen jungen Jahren Schneidergeselle gewesen war, fällt es schwer, das Walten der Wunscherfüllung zu erkennen. Alles Erfreuliche liegt im Tagesleben, während der Traum den gespenstigen Schatten einer endlich überwundenen unerfreulichen Existenz fortzuschleppen scheint. Eigene Träume von ähnlicher Art haben mich in den Stand gesetzt, einige Aufklärung über solche Träume zu geben. Ich habe als junger Doktor lange Zeit im chemischen Institut gearbeitet, ohne es in den dort erforderten Künsten zu etwas bringen zu können, und denke darum im Wachen niemals gern an diese unfruchtbare und eigentlich beschämende Episode meines Lernens. Dagegen ist es bei mir ein wiederkehrender Traum geworden, daß ich im Laboratorium arbeite, Analysen mache, Verschiedenes erlebe usw.; diese Träume sind ähnlich unbehaglich wie die Prüfungsträume und niemals sehr deutlich. Bei der Deutung eines dieser Träume wurde ich endlich auf das Wort „*Analyse*" aufmerksam, das mir den Schlüssel zum Verständnis bot. Ich bin ja seither „Analytiker" geworden, mache Analysen, die sehr gelobt werden, allerdings *Psychoanalysen*. Ich verstand nun: wenn ich auf diese Art von Analysen im Tagesleben stolz geworden bin, mich vor mir selbst rühmen möchte, wie weit ich es gebracht habe, hält mir nächtlicherweile der Traum jene anderen mißglückten Analysen vor, auf die stolz zu sein ich keinen Grund hatte; es sind Strafträume des Emporkömmlings, wie die des Schneidergesellen, der ein gefeierter Dichter geworden war. Wie wird es aber dem Traume möglich, sich in dem Konflikt zwischen Parvenüstolz und Selbstkritik in den Dienst der letzteren zu stellen und eine vernünftige Warnung anstatt einer unerlaubten Wunscherfüllung zum Inhalt zu nehmen? Ich erwähnte schon, daß die Beantwortung dieser Frage Schwierigkeiten macht. Wir können erschließen, daß zunächst eine übermütige Ehrgeizphantasie die Grundlage des Traumes bildete; an ihrer Statt ist aber ihre Dämpfung und Beschämung in den Trauminhalt gelangt. Man darf daran erinnern, daß es masochistische Tendenzen im Seelenleben gibt, denen man eine solche Umkehrung zuschreiben darf. Ich könnte nichts dagegen haben, wenn man diese Art von Träumen als *Strafträume* von den *Wunscherfüllungsträumen* abtrennte. Ich würde darin keine Einschränkung der bisher vertretenen Theorie des Traumes erblicken, sondern bloß ein sprachliches Entgegenkommen für die Auffassung, welcher das Zusammenfallen von Gegensätzen fremdartig erscheint. Genaueres Eingehen auf einzelne dieser Träume läßt aber noch anderes erkennen. In dem deutlichen Beiwerk eines meiner Laboratoriumsträume hatte ich gerade jenes Alter, welches mich in das düsterste und erfolgloseste Jahr meiner ärztlichen Laufbahn versetzte; ich hatte noch keine Stellung und wußte nicht, wie ich mein Leben erhalten sollte, aber dabei fand sich plötzlich, daß ich die Wahl zwischen mehreren Frauen hatte, die ich heiraten sollte! Ich war also wieder jung und vor allem, sie war wieder jung, die Frau, die alle diese schweren Jahre mit mir geteilt hatte. Somit war einer der unablässig nagenden Wünsche des alternden Mannes als der unbewußte Traumerreger verraten. Der in anderen psychischen Schichten tobende Kampf zwischen der Eitelkeit und der Selbstkritik hatte zwar den Trauminhalt bestimmt, aber der tiefer wurzelnde Jugendwunsch hatte ihn allein als Traum möglich gemacht. Man sagt sich auch manchmal im Wachen: Es ist ja sehr gut heute, und es war einmal eine harte Zeit; aber es war doch schön damals; du warst ja noch so jung.[198]

Eine andere Gruppe von Träumen, die ich bei mir selbst häufig gefunden und als heuchlerisch erkannt habe, hat zum Inhalt die Versöhnung mit Personen, zu denen die freundschaftlichen Beziehungen längst erloschen sind. Die Analyse deckt dann regelmäßig einen Anlaß auf, der mich auffordern könnte, den letzten Rest von Rücksicht auf diese ehemaligen Freunde beiseite zu setzen und sie wie Fremde oder wie Feinde zu behandeln. Der Traum aber gefällt sich darin, die gegensätzliche Relation auszumalen.

Bei der Beurteilung von Träumen, die ein Dichter mitteilt, darf man oft genug annehmen, daß er solche als störend empfundene und für unwesentlich erachtete Einzelheiten des Trauminhalts von der Mitteilung ausgeschlossen hat. Seine Träume geben uns dann Rätsel auf, die bei exakter Wiedergabe des Trauminhalts bald zu lösen wären.

O. Rank machte mich auch aufmerksam, daß im Grimmschen Märchen vom tapferen Schneiderlein oder „Sieben auf einen Streich" ein ganz ähnlicher Traum eines Emporkömmlings erzählt wird. Der Schneider, der Heros und Schwiegersohn des Königs geworden ist, träumt eines Nachts bei der Prinzessin, seiner Gemahlin, von seinem Handwerk; diese, mißtrauisch geworden, bestellt nun Bewaffnete für die nächste Nacht, die das aus dem Traum Gesprochene anhören und sich der Person des Träumers versichern sollen. Aber das Schneiderlein ist gewarnt und weiß jetzt den Traum zu korrigieren.

Die Komplikation der Aufhebungs-, Subtraktions- und Verkehrungsvorgänge, durch welche endlich aus den Affekten der Traumgedanken die des Traumes werden, läßt sich an geeigneten Synthesen vollständig analysierter Träume gut überblicken. Ich will hier noch einige Beispiele der Affektregung im Traume behandeln, die etwa einige der besprochenen Fälle als realisiert erweisen.

---

[198] Seitdem die Psychoanalyse die Person in ein Ich und ein Über-Ich zerlegt hat (*Massenpsychologie und Ich-Analyse*, 1921), ist es leicht, in diesen Strafträumen Wunscherfüllungen des Über-Ichs zu erkennen.

V

In dem Traume von der sonderbaren Aufgabe, die mir der alte Brücke stellt, mein eigenes Becken zu präparieren, *vermisse ich im Traume selbst das dazugehörige Grauen.* Dies ist nun Wunscherfüllung in mehr als einem Sinne. Die Präparation bedeutet die Selbstanalyse, die ich gleichsam durch die Veröffentlichung des Traumbuches vollziehe, die mir in Wirklichkeit so peinlich war, daß ich den Druck des bereitliegenden Manuskripts um mehr als ein Jahr aufgeschoben habe. Es regt sich nun der Wunsch, daß ich mich über diese abhaltende Empfindung hinaussetzen möge, darum verspüre ich im Traume kein Grauen. Das „*Grauen*" im anderen Sinne möchte ich auch gerne vermissen; es graut bei mir schon ordentlich, und dies Grau der Haare mahnt mich gleichfalls, nicht länger zurückzuhalten. Wir wissen ja, daß am Schlusse des Traums der Gedanke zur Darstellung durchdringt, ich würde es den Kindern überlassen müssen, in der schwierigen Wanderung ans Ziel zu kommen.

In den zwei Träumen, die den Ausdruck der Befriedigung in die nächsten Augenblicke nach dem Erwachen verlegen, ist diese Befriedigung das eine Mal motiviert durch die Erwartung, ich werde jetzt erfahren, was es heißt, „ich habe schon davon geträumt", und bezieht sich eigentlich auf die Geburt der ersten Kinder, das andere Mal durch die Überzeugung, es werde jetzt eintreffen, „was sich durch ein Vorzeichen angekündigt hat", und diese Befriedigung ist die nämliche, die seinerzeit den zweiten Sohn begrüßt hat. Es sind hier im Traume die Affekte verblieben, die in den Traumgedanken herrschen, aber es geht wohl in keinem Traume so ganz einfach zu. Vertieft man sich ein wenig in beide Analysen, so erfährt man, daß diese der Zensur nicht unterliegende Befriedigung einen Zuzug aus einer Quelle erhält, welche die Zensur zu fürchten hat und deren Affekt sicherlich Widerspruch erregen würde, wenn er sich nicht durch den gleichartigen, gerne zugelassenen Befriedigungsaffekt aus der erlaubten Quelle decken, sich gleichsam hinter ihm einschleichen würde. Ich kann dies leider nicht an dem Traumbeispiel selbst erweisen, aber ein Beispiel aus anderer Sphäre wird meine Meinung verständlich machen. Ich setze folgenden Fall: Es gäbe in meiner Nähe eine Person, die ich hasse, so daß in mir eine lebhafte Regung zustande kommt, mich zu freuen, wenn ihr etwas widerfährt. Dieser Regung gibt aber das Moralische in meinem Wesen nicht nach; ich wage es nicht, den Unglüchswunsch zu äußern, und nachdem ihr unverschuldet etwas zugestoßen ist, unterdrücke ich meine Befriedigung darüber und nötige mich zu Äußerungen und Gedanken des Bedauerns. Jedermann wird sich schon in solcher Lage befunden haben. Nun ereigne es sich aber, daß die gehaßte Person sich durch eine Überschreitung eine wohlverdiente Unannehmlichkeit zuziehe; dann darf ich meiner Befriedigung darüber freien Lauf lassen, daß sie von der gerechten Strafe getroffen worden ist, und äußere mich darin übereinstimmend mit vielen anderen, die unparteiisch sind. Ich kann aber die Beobachtung machen, daß meine Befriedigung intensiver ausfällt als die der anderen; sie hat einen Zuzug aus der Quelle meines Hasses erhalten, der bis dahin von der inneren Zensur verhindert war, Affekt zu liefern, unter den geänderten Verhältnissen aber nicht mehr gehindert wird. Dieser Fall trifft in der Gesellschaft allgemein zu, wo antipathische Personen oder Angehörige einer ungern gesehenen Minorität eine Schuld auf sich laden. Ihre Bestrafung entspricht dann gewöhnlich nicht ihrem Verschulden, sondern dem Verschulden vermehrt um das bisher effektlose Übelwollen, das sich gegen sie richtet. Die Strafenden begehen dabei zweifellos eine Ungerechtigkeit; sie werden aber an der Wahrnehmung derselben gehindert durch die Befriedigung, welche ihnen die Aufhebung einer lange festgehaltenen Unterdrückung in ihrem Inneren bereitet. In solchen Fällen ist der Affekt seiner Qualität nach zwar berechtigt, aber nicht sein Ausmaß; und die in dem einen Punkt beruhigte Selbstkritik vernachlässigt nur zu leicht die Prüfung des zweiten Punktes. Wenn einmal die Türe geöffnet ist, so drängen sich leicht mehr Leute durch, als man ursprünglich einzulassen beabsichtigte.

Der auffällige Zug des neurotischen Charakters, daß affektfähige Anlässe bei ihm eine Wirkung erzielen, die, qualitativ berechtigt, quantitativ über das Maß hinausgeht, erklärt sich auf diese Weise, soweit er überhaupt eine psychologische Erklärung zuläßt. Der Überschuß rührt aber aus unbewußt gebliebenen, bis dahin unterdrückten Affektquellen her, die mit dem realen Anlaß eine assoziative Verbindung herstellen können und für deren Affektentbindung die einspruchsfreie und zugelassene Affektquelle die erwünschte Bahnung eröffnet. Wir werden so aufmerksam gemacht, daß wir zwischen der unterdrückten und der unterdrückenden seelischen Instanz nicht ausschließlich die Beziehungen gegenseitiger Hemmung ins Auge fassen dürfen. Ebensoviel Beachtung verdienen die Fälle, in denen die beiden Instanzen durch Zusammenwirken, durch gegenseitige Verstärkung, einen pathologischen Effekt zustande bringen. Diese andeutenden Bemerkungen über psychische Mechanik wolle man nun zum Verständnis der Affektäußerungen des Traumes verwenden. Eine Befriedigung, die sich im Traume kundgibt und die natürlich alsbald an ihrer Stelle in den Traumgedanken aufzufinden ist, ist durch diesen Nachweis allein nicht immer vollständig aufgeklärt. In der Regel wird man für sie eine zweite Quelle in den Traumgedanken aufzusuchen haben, auf welcher der Druck der Zensur lastet und die unter diesem Drucke nicht Befriedigung, sondern den gegenteiligen Affekt ergeben hätte, die aber durch die Anwesenheit der ersten Traumquelle in den Stand gesetzt wird, ihren Befriedigungsaffekt der Verdrängung zu entziehen und als Verstärkung zu der Befriedigung aus anderer Quelle stoßen zu lassen. So erscheinen die Affekte im Traume als zusammengefaßt aus mehreren Zuflüssen und als überdeterminiert in bezug auf das Material der Traumgedanken; *Affektquellen, die den nämlichen Affekt liefern können, treten bei der Traumarbeit zur Bildung desselben zusammen.*[199]

Ein wenig Einblick in diese verwickelten Verhältnisse erhält man durch die Analyse des schönen Traumes, in dem „*Non vixit*" den Mittelpunkt bildet. In diesem Traum sind die Affektäußerungen von verschiedener Qualität an zwei Stellen des manifesten Inhalts zusammengedrängt. Feindselige und peinliche Regungen (im Traume selbst heißt es „von merkwürdigen Affekten ergriffen") überlagern einander dort, wo ich den gegnerischen Freund mit den beiden Worten vernichte. Am Ende des Traumes bin ich ungemein erfreut und urteile dann anerkennend über eine im Wachen als absurd erkannte Möglichkeit, daß es nämlich Revenants gibt, die man durch den bloßen Wunsch beseitigen kann.

Ich habe die Veranlassung dieses Traumes noch nicht mitgeteilt. Sie ist eine wesentliche und führt tief in das Verständnis des Traumes hinein. Ich hatte von meinem Freunde in Berlin (den ich mit Fl. bezeichnet habe) die Nachricht bekommen, daß er sich einer Operation unterziehen werde und daß in Wien lebende Verwandte mir die weiteren Auskünfte über sein Befinden geben würden. Diese ersten Nachrichten nach der Operation lauteten nicht erfreulich und machten mir Sorge. Ich wäre am liebsten selbst zu ihm gereist, aber ich war gerade zu jener Zeit mit einem schmerzhaften Leiden behaftet, das mir jede Bewegung zur Qual machte. Aus den Traumgedanken erfahre ich nun, daß ich für das Leben des teuren Freundes fürchtete. Seine einzige Schwester, die ich nie gekannt, war, wie ich wußte, in jungen Jahren nach kürzester Krankheit gestorben. (Im Traum: *Fl. erzählt von seiner Schwester und sagt: in drei viertel Stunden war sie tot.*) Ich muß mir eingebildet haben, daß seine eigene Natur nicht viel resistenter sei, und mir vorgestellt, daß ich auf weit schlimmere Nachrichten nun endlich doch reise – und zu *spät* komme, worüber ich mir ewige Vorwürfe machen könnte.[200] Dieser Vorwurf wegen des Zuspätkommens ist zum Mittelpunkt des Traumes geworden, hat sich aber in einer Szene dargestellt, in der der verehrte Meister meiner Studentenjahre Brücke mir mit einem fürchterlichen Blicke seiner blauen Augen den Vorwurf macht. Was diese Ablenkung der Szene zustande gebracht, wird sich bald ergeben; die Szene selbst kann der Traum nicht so reproduzie-

[199] Analog habe ich die außerordentlich starke Lustwirkung der tendenziösen Witze erklärt.

[200] Diese Phantasie aus den unbewußten Traumgedanken ist es, die gebieterisch *non vivit* anstatt *non vixit* verlangt. „Du bist zu spät gekommen, er lebt nicht mehr." Daß auch die manifeste Situation des Traumes auf non vivit zielt, ist angegeben worden.

ren, wie ich sie erlebt habe. Er läßt zwar dem anderen die blauen Augen, aber er gibt mir die vernichtende Rolle, eine Umkehrung, die offenbar das Werk der Wunscherfüllung ist. Die Sorge um das Leben des Freundes, der Vorwurf, daß ich nicht zu ihm hinreise, meine Beschämung (*er ist „unauffällig“*, – zu mir – *nach Wien gekommen*), mein Bedürfnis, mich durch meine Krankheit für entschuldigt zu halten, das alles setzt den Gefühlssturm zusammen, der, im Schlaf deutlich verspürt, in jener Region der Traumgedanken tobt.

An der Traumveranlassung war aber noch etwas anderes, was auf mich eine ganz entgegengesetzte Wirkung hatte. Bei den ungünstigen Nachrichten aus den ersten Tagen der Operation erhielt ich auch die Mahnung, von der ganzen Angelegenheit mit niemandem zu sprechen, die mich beleidigte, weil sie ein überflüssiges Mißtrauen in meine Verschwiegenheit zur Voraussetzung hatte. Ich wußte zwar, daß dieser Auftrag nicht von meinem Freunde ausging, sondern einer Ungeschicklichkeit oder Überängstlichkeit des vermittelnden Boten entsprach, aber ich wurde von dem versteckten Vorwurf sehr peinlich berührt, weil er – nicht ganz unberechtigt war. Andere Vorwürfe als solche, an denen „etwas daran ist“, haften bekanntlich nicht, haben keine aufregende Kraft. Zwar nicht in der Sache meines Freundes, aber früher einmal in viel jüngeren Jahren hatte ich zwischen zwei Freunden, die beide auch mich zu meiner Ehrung so nennen wollten, überflüssigerweise etwas ausgeplaudert, was der eine über den anderen gesagt hatte. Auch die Vorwürfe, die ich damals zu hören bekam, habe ich nicht vergessen. Der eine der beiden Freunde, zwischen denen ich damals den Unfriedenstifter machte, war Professor Fleischl, der andere kann durch den Vornamen Josef, den auch mein im Traume auftretender Freund und Gegner P. führte, ersetzt werden.

Von dem Vorwurf, daß ich nichts für mich zu behalten vermöge, zeugen im Traume die Elemente *unauffällig* und die Frage Fl.s, wieviel *von seinen Dingen ich P. denn mitgeteilt habe*. Die Einmengung dieser Erinnerung an die seinerzeitige Indiskretion und ihre Folgen ist es aber, welche den Vorwurf des Zuspätkommens aus der Gegenwart in die Zeit, da ich im Brückeschen Laboratorium lebte, verlegt, und indem ich die zweite Person in der Vernichtungsszene des Traums durch einen Josef ersetze, lasse ich diese Szene nicht nur den einen Vorwurf darstellen, daß ich zu spät komme, sondern auch den von der Verdrängung stärker betroffenen, daß ich kein Geheimnis bewahre. Die Verdichtungs- und Verschiebungsarbeit des Traumes, sowie deren Motive, werden hier augenfällig.

Der in der Gegenwart geringfügige Ärger über die Mahnung, nichts zu verraten, holt sich aber Verstärkungen aus in der Tiefe fließenden Quellen und schwillt so zu einem Strom feindseliger Regungen gegen in Wirklichkeit geliebte Personen an. Die Quelle, welche die Verstärkung liefert, fließt im Infantilen.

Ich habe schon erzählt, daß meine warmen Freundschaften wie meine Feindschaften mit Gleichalterigen auf meinen Kinderverkehr mit einem um ein Jahr älteren Neffen zurückgehen, in dem er der Überlegene war, ich mich frühzeitig zur Wehre setzen lernte, wir unzertrennlich miteinander lebten und einander liebten, dazwischen, wie Mitteilungen älterer Personen bezeugen, uns rauften und *verklagten.* Alle meine Freunde sind in gewissem Sinne Inkarnationen dieser ersten Gestalt, die „früh sich einst dem trüben Blick gezeigt", *Revenants.* Mein Neffe selbst kam in den Jünglingsjahren wieder, und damals führten wir Cäsar und Brutus miteinander auf. Ein intimer Freund und ein gehaßter Feind waren mir immer notwendige Erfordernisse meines Gefühlslebens; ich wußte beide mir immer von neuem zu verschaffen, und nicht selten stellte sich das Kindheitsideal so weit her, daß Freund und Feind in dieselbe Person zusammenfielen, natürlich nicht mehr gleichzeitig oder in mehrfach wiederholter Abwechslung, wie es in den ersten Kinderjahren der Fall gewesen sein mag.

Auf welche Weise bei so bestehenden Zusammenhängen ein rezenter Anlaß zum Affekt bis auf den infantilen zurückgreifen kann, um sich durch ihn für die Affektwirkung zu ersetzen, das möchte ich hier nicht verfolgen. Es gehört der Psychologie des unbewußten Denkens an und fände seine Stelle in einer psychologischen Aufklärung der Neurosen. Nehmen wir für unsere Zwecke der Traumdeutung an, daß sich eine Kindererinnerung einstellt oder eine solche phantastisch gebildet wird etwa folgenden Inhalts: Die beiden Kinder geraten in Streit miteinander um ein Objekt – welches, lassen wir dahingestellt, obwohl die Erinnerung oder Erinnerungstäuschung ein ganz bestimmtes im Auge hat –; ein jeder behauptet, *er sei früher gekommen*, habe also das Vorrecht darauf; es kommt zur Schlägerei, Macht geht vor Recht; nach den Andeutungen des Traums könnte ich gewußt haben, daß ich im Unrecht bin (*den Irrtum selbst bemerkend*); ich bleibe aber diesmal der Stärkere, behaupte das Schlachtfeld, der Unterlegene eilt zum Vater, respektive Großvater, verklagt mich, und ich verteidige mich mit den mir durch die Erzählung des Vaters bekannten Worten: *Ich habe ihn gelagt, weil er mich gelagt hat*, so ist diese Erinnerung oder wahrscheinlicher Phantasie, die sich mir während der Analyse des Traums – ohne weitere Gewähr, ich weiß selbst nicht wie – aufdrängt, ein Mittelstück der Traumgedanken, das die in den Traumgedanken waltenden Affektregungen, wie eine Brunnenschale die zugeleiteten Gewässer, sammelt. Von hier aus fließen die Traumgedanken in folgenden Wegen: Es geschieht dir ganz recht, daß du mir den Platz hast räumen müssen; warum hast du mich vom Platze verdrängen wollen? Ich brauche dich nicht, ich werde mir schon einen anderen verschaffen, mit dem ich spiele usw. Dann eröffnen sich die Wege, auf denen diese Gedanken wieder in die Traumdarstellung einmünden. Ein solches „*Ôte-toi que je m'y mette*" mußte ich seinerzeit meinem verstorbenen Freunde Josef zum Vorwurf machen. Er war in meine Fußstapfen als Aspirant im Brückeschen Laboratorium getreten, aber dort war das Avancement langwierig. Keiner der beiden Assistenten rückte von der Stelle, die Jugend wurde ungeduldig. Mein Freund, der seine Lebenszeit begrenzt wußte und den kein intimes Verhältnis an seinen Vordermann band, gab seiner Ungeduld gelegentlich lauten Ausdruck. Da dieser Vordermann ein Schwerkranker war, konnte der Wunsch, ihn beseitigt zu wissen, außer dem Sinn: durch eine Beförderung, auch eine anstößige Nebendeutung zulassen. Natürlich war bei mir einige Jahre vorher der nämliche Wunsch, eine freigewordene Stelle einzunehmen, noch viel lebhafter gewesen; wo immer es in der Welt Rangordnung und Beförderung gibt, ist ja der Weg für der Unterdrückung bedürftige Wünsche eröffnet. *Shakespeares* Prinz Hal kann sich nicht einmal am Bett des kranken Vaters der Versuchung entziehen, einmal zu probieren, wie ihm die Krone steht. Aber der Traum straft, wie begreiflich, diesen rücksichtslosen Wunsch nicht an mir, sondern an ihm.[201]

„Weil er herrschsüchtig war, darum erschlug ich ihn." Weil er nicht erwarten konnte, daß ihm der andere den Platz räume, darum ist er selbst hinweggeräumt worden. Diese Gedanken hege ich unmittelbar, nachdem ich in der Universität der Enthüllung des dem anderen gesetzten Denkmals beigewohnt habe. Ein Teil meiner im Traume verspürten Befriedigung deutet sich also: Gerechte Strafe; es ist dir recht geschehen.

Bei dem Leichenbegängnis dieses Freundes machte ein junger Mann die unpassend scheinende Bemerkung: Der Redner habe so gesprochen, als ob jetzt die Welt ohne den einen Menschen nicht mehr bestehen könne. Es regte sich in ihm die Auflehnung des wahrhaften Menschen, dem man den Schmerz durch Übertreibung stört. Aber an diese Rede knüpfen sich die Traumgedanken an: Es ist wirklich niemand unersetzlich; wie viele habe ich schon zum Grabe geleitet; ich aber lebe noch, ich habe sie alle überlebt, ich behaupte den Platz. Ein solcher Gedanke im Moment, da ich fürchte, meinen Freund nicht mehr unter den Lebenden anzutreffen, wenn ich zu ihm reise, läßt nur die weitere Entwicklung zu, daß ich mich freue, wieder jemanden zu überleben, daß nicht *ich* gestorben bin, sondern *er*, daß ich den Platz behaupte wie damals in der phantasierten Kinderszene. Diese aus dem Infantilen kommende Befriedigung darüber, daß ich den Platz behaupte, deckt den Hauptanteil des in den Traum aufgenommenen Affekts. Ich freue mich darüber, daß ich überlebe, ich äußere das mit dem naiven

[201] Es wird aufgefallen sein, daß der Name Josef eine so große Rolle in meinen Träumen spielt (siehe den Onkeltraum). Hinter den Personen, die so heißen, kann sich mein Ich im Traume besonders leicht verbergen, denn Josef hieß auch der aus der Bibel bekannte Traumdeuter.

Egoismus der Anekdote zwischen Ehegatten: „Wenn eines von uns stirbt, übersiedle ich nach Paris.“ Es ist für meine Erwartung so selbstverständlich, daß nicht ich der eine bin.

Man kann sich's nicht verbergen, daß schwere Selbstüberwindung dazugehört, seine Träume zu deuten und mitzuteilen. Man muß sich als den einzigen Bösewicht enthüllen unter all den Edlen, mit denen man das Leben teilt. Ich finde es also ganz begreiflich, daß die *Revenants* nur so lange bestehen, als man sie mag, und daß sie durch den Wunsch beseitigt werden können. Das ist also das, wofür mein Freund Josef gestraft worden ist. Die Revenants sind aber die aufeinanderfolgenden Inkarnationen meines Kindheitsfreundes; ich bin also auch befriedigt darüber, daß ich mir diese Person immer wieder ersetzt habe, und auch für den, den ich jetzt zu verlieren im Begriffe bin, wird sich der Ersatz schon finden. Es ist niemand unersetzlich.

Wo bleibt hier aber die Traumzensur? Warum erhebt sie nicht den energischsten Widerspruch gegen diesen Gedankengang der rohesten Selbstsucht und verwandelt die an ihm haftende Befriedigung nicht in schwere Unlust? Ich meine, weil andere einwurfsfreie Gedankenzüge über die nämlichen Personen gleichfalls in Befriedigung ausgehen und mit ihrem Affekt jenen aus der verbotenen infantilen Quelle decken. In einer anderen Schicht von Gedanken habe ich mir bei jener feierlichen Denkmalenthüllung gesagt: Ich habe so viele teure Freunde verloren, die einen durch Tod, die anderen durch Auflösung der Freundschaft; es ist doch schön, daß sie sich mir ersetzt haben, daß ich den einen gewonnen habe, der mir mehr bedeutet, als die anderen konnten, und den ich jetzt in dem Alter, wo man nicht mehr leicht neue Freundschaften schließt, für immer festhalten werde. Die Befriedigung, daß ich diesen Ersatz für die verlorenen Freunde gefunden habe, darf ich ungestört in den Traum hinübernehmen, aber hinter ihr schleicht sich die feindselige Befriedigung aus infantiler Quelle mit ein. Die infantile Zärtlichkeit hilft sicherlich die heute berechtigte verstärken; aber auch der infantile Haß hat sich seinen Weg in die Darstellung gebahnt.

Im Traume ist aber außerdem ein deutlicher Hinweis auf einen anderen Gedankengang enthalten, der in Befriedigung auslaufen darf. Mein Freund hat kurz vorher nach langem Warten ein Töchterchen bekommen. Ich weiß, wie sehr er seine früh verlorene Schwester betrauert hat, und schreibe ihm, auf dieses Kind würde er die Liebe übertragen, die er zur Schwester empfunden; dieses kleine Mädchen würde ihn den unersetzlichen Verlust endlich vergessen machen.

So knüpft auch diese Reihe wieder an den Zwischengedanken des latenten Trauminhalts an von dem die Wege nach entgegengesetzten Richtungen auseinandergehen: Es ist niemand unersetzlich. Sieh', nur *Revenants*; alles was man verloren hat, kommt wieder. Und nun werden die assoziativen Bande zwischen den widerspruchsvollen Bestandteilen der Traumgedanken enger angezogen durch den zufälligen Umstand, daß die kleine Tochter meines Freundes denselben Namen trägt wie meine eigene kleine Jugendgespielin, die mit mir gleichalterige Schwester meines ältesten Freundes und Gegners. Ich habe den Namen „Pauline" mit Befriedigung gehört, und um auf dieses Zusammentreffen anzuspielen, habe ich im Traum einen Josef durch einen anderen Josef ersetzt und fand es unmöglich, den gleichen Anlaut in den Namen Fleischl und Fl. zu unterdrücken. Von hier aus läuft dann ein Gedankenfaden zur Namengebung bei meinen eigenen Kindern. Ich hielt darauf, daß ihre Namen nicht nach der Mode des Tages gewählt, sondern durch das Andenken an teure Personen bestimmt sein sollten. Ihre Namen machen die Kinder zu „*Revenants*". Und schließlich, ist Kinder haben nicht für uns alle der einzige Zugang zur *Unsterblichkeit*?

Über die Affekte des Traums werde ich nur noch wenige Bemerkungen von einem anderen Gesichtspunkte aus anfügen. In der Seele des Schlafenden kann eine Affektneigung – was wir Stimmung heißen – als dominierendes Element enthalten sein und dann den Traum mitbestimmen. Diese Stimmung kann aus den Erlebnissen und Gedankengängen des Tages hervorgehen, sie kann somatische Quellen haben in beiden Fällen wird sie von ihr entsprechenden Gedankengängen begleitet sein. Daß dieser Vorstellungsinhalt der Traumgedanken das eine Mal primär die Affektneigung bedingt, das andere Mal sekundär durch die somatisch zu erklärende Gefühlsdisposition geweckt wird, bleibt für die Traumbildung gleichgültig. Dieselbe steht alle Male unter der Einschränkung, daß sie nur darstellen kann, was Wunscherfüllung ist, und daß sie nur dem Wunsche ihre psychische Triebkraft entlehnen kann. Die aktuell vorhandene Stimmung wird dieselbe Behandlung erfahren wie die aktuell während des Schlafes auftauchende Sensation, die entweder vernachlässigt wird oder im Sinne einer Wunscherfüllung umgedeutet. Peinliche Stimmungen während des Schlafes werden zu Triebkräften des Traumes, indem sie energische Wünsche wecken, die der Traum erfüllen soll. Das Material, an dem sie haften, wird so lange umgearbeitet, bis es zum Ausdruck der Wunscherfüllung verwendbar ist. Je intensiver und je dominierender das Element der peinlichen Stimmung in den Traumgedanken ist, desto sicherer werden die stärkst unterdrückten Wunschregungen die Gelegenheit, zur Darstellung zu kommen, benützen, da sie durch die aktuelle Existenz der Unlust, die sie sonst aus eigenem erzeugen müßten, den schwereren Teil der Arbeit für ihr Durchdringen zur Darstellung bereits erledigt finden, und mit diesen Erörterungen streifen wir wieder das Problem der Angstträume, die sich als der Grenzfall für die Traumleistung herausstellen werden.

I
Die sekundäre Bearbeitung

Wir wollen endlich an die Hervorhebung des vierten der bei der Traumbildung beteiligten Momente gehen.

Setzt man die Untersuchung des Trauminhalts in der vorhin eingeleiteten Weise fort, indem man auffällige Vorkommnisse im Trauminhalt auf ihre Herkunft aus den Traumgedanken prüft, so stößt man auch auf Elemente, für deren Aufklärung es einer völlig neuen Annahme bedarf. Ich erinnere an die Fälle, wo man sich im Traume wundert, ärgert, sträubt, und zwar gegen ein Stück des Trauminhalts selbst. Die meisten dieser Regungen von Kritik im Traum sind nicht gegen den Trauminhalt gerichtet, sondern erweisen sich als übernommene und passend verwendete Teile des Traummaterials, wie ich an geeigneten Beispielen dargelegt habe. Einiges der Art fügt sich aber einer solchen Ableitung nicht; man kann das Korrelat dazu im Traummaterial nicht auffinden. Was bedeutet z. B. die im Traum nicht gar seltene Kritik: Das ist ja nur ein Traum? Dies ist eine wirkliche Kritik des Traums, wie ich sie im Wachen üben könnte. Gar nicht selten ist sie auch nur die Vorläuferin des Erwachens; noch häufiger geht ihr selbst ein peinliches Gefühl vorher, das sich nach der Konstatierung des Traumzustandes beruhigt. Der Gedanke: „Das ist ja nur ein Traum" während des Traumes beabsichtigt aber dasselbe, was er auf offener Bühne im Munde der schönen Helena von *Offenbach* besagen sollt; er will die Bedeutung des eben Erlebten herabdrücken und die Duldung des Weiteren ermöglichen. Er dient zur Einschläferung einer gewissen Instanz, die in dem gegebenen Moment alle Veranlassung hätte, sich zu regen und die Fortsetzung des Traums – oder der Szene – zu verbieten. Es ist aber bequemer, weiterzuschlafen – und den Traum zu dulden, „weil's doch nur ein Traum ist". Ich stelle mir vor, daß die verächtliche Kritik: Es ist ja nur ein Traum, dann im Traum auftritt, wenn die niemals ganz schlafende Zensur sich durch den bereits zugelassenen Traum überrumpelt fühlt. Es ist zu spät, ihn zu unterdrücken, somit begegnet sie mit jener Bemerkung der Angst, oder der peinlichen Empfindung, welche sich auf den Traum hin erhebt. Es ist eine Äußerung des *esprit d'escalier* von seiten der psychischen Zensur.

An diesem Beispiel haben wir aber einen einwandfreien Beweis dafür, daß nicht alles, was der Traum enthält, aus den Traumgedanken stammt, sondern daß eine psychische Funktion, die von unserem wachen Denken nicht zu unterscheiden ist, Beiträge zum Trauminhalt liefern kann. Es fragt sich nun, kommt dies nur ganz ausnahmsweise vor, oder kommt der sonst nur als Zensur tätigen psychischen Instanz ein regelmäßiger Anteil an der Traumbildung zu?

Man muß sich ohne Schwanken für das letztere entscheiden. Es ist unzweifelhaft, daß die zensurierende Instanz, deren Einfluß wir bisher nur in Einschränkungen und Auslassungen im Trauminhalte erkannten, auch Einschaltungen und Vermehrungen desselben verschuldet. Diese Einschaltungen sind oft leicht kenntlich; sie werden zaghaft berichtet, mit einem „als ob" eingeleitet, haben an und für sich keine besonders hohe Lebhaftigkeit und sind stets an Stellen angebracht, wo sie zur Verknüpfung zweier Stücke des Trauminhalts, zur Anbahnung eines Zusammenhangs zwischen zwei Traumpartien dienen können. Sie zeigen eine geringere Haltbarkeit im Gedächtnis als die echten Abkömmlinge des Traummaterials; unterliegt der Traum dem Vergessen, so fallen sie zuerst aus, und ich hege die starke Vermutung, daß unsere häufige Klage, wir hätten soviel geträumt, das meiste davon vergessen und nur Bruchstücke behalten auf dem alsbaldigen Ausfall gerade dieser Kittgedanken beruht. Bei vollständiger Analyse verraten sich diese Einschaltungen manchmal dadurch, daß sich zu ihnen kein Material in den Traumgedanken findet. Doch muß ich bei sorgfältiger Prüfung diesen Fall als den selteneren bezeichnen; zumeist lassen sich die Schaltgedanken immerhin auf Material in den Traumgedanken zurückführen, welches aber weder durch seine eigene Wertigkeit noch durch Überdeterminierung Anspruch auf Aufnahme in den Traum erheben könnte. Die psychische Funktion bei der Traumbildung, die wir jetzt betrachten, erhebt sich, wie es scheint, nur im äußersten Falle zu Neuschöpfungen; solange es noch möglich ist, verwertet sie, was sie Taugliches im Traummaterial auswählen kann.

Was dieses Stück der Traumarbeit auszeichnet und verrät, ist seine Tendenz. Diese Funktion verfährt ähnlich, wie es der Dichter boshaft vom Philosophen behauptet: mit ihren Fetzen und Flicken stopft sie die Lücken im Aufbau des Traums. Die Folge ihrer Bemühung ist, daß der Traum den Anschein der Absurdität und Zusammenhangslosigkeit verliert und sich dem Vorbilde eines verständlichen Erlebnisses annähert. Aber die Bemühung ist nicht jedesmal vom vollen Erfolge gekrönt. Es kommen so Träume zustande, die für die oberflächliche Betrachtung tadellos logisch und korrekt erscheinen mögen; sie gehen von einer möglichen Situation aus, führen dieselbe durch widerspruchsfreie Veränderungen fort und bringen es, wiewohl dies am seltensten, zu einem nicht befremdenden Abschluß. Diese Träume haben die tiefgehendste Bearbeitung durch die dem wachen Denken ähnliche psychische Funktion erfahren; sie scheinen einen Sinn zu haben, aber dieser Sinn ist von der wirklichen Bedeutung des Traums auch am weitesten entfernt. Analysiert man sie, so überzeugt man sich, daß hier die sekundäre Bearbeitung des Traums am freiesten mit dem Material umgesprungen ist, am wenigsten von dessen Relationen beibehalten hat. Es sind das Träume, die sozusagen schon einmal gedeutet worden sind, ehe wir sie im

Wachen der Deutung unterziehen. In anderen Träumen ist diese tendenziöse Bearbeitung nur ein Stück weit gelungen; so weit scheint Zusammenhang zu herrschen, dann wird der Traum unsinnig oder verworren, vielleicht um sich noch ein zweites Mal in seinem Verlaufe zum Anschein des Verständigen zu erheben. In anderen Träumen hat die Bearbeitung überhaupt versagt; wir stehen wie hilflos einem sinnlosen Haufen von Inhaltsbrocken gegenüber.

Ich möchte dieser vierten den Traum gestaltenden Macht, die uns ja bald als eine bekannte erscheinen wird – sie ist in Wirklichkeit die einzige uns auch sonst vertraute unter den vier Traumbildnern –, ich möchte diesem vierten Momente also die Fähigkeit, schöpferisch neue Beiträge zum Traume zu liefern, nicht peremptorisch absprechen. Sicherlich aber äußert sich auch ihr Einfluß, wie der der anderen, vorwiegend in der Bevorzugung und Auswahl von bereits gebildetem psychischen Material in den Traumgedanken. Es gibt nun einen Fall, in dem ihr die Arbeit, an den Traum gleichsam eine Fassade anzubauen, zum größeren Teil dadurch erspart bleibt, daß im Material der Traumgedanken ein solches Gebilde, seiner Verwendung harrend, bereits fertig vorgefunden wird. Das Element der Traumgedanken, das ich im Auge habe, pflege ich als „*Phantasie*“ zu bezeichnen; ich gehe vielleicht Mißverständnissen aus dem Wege, wenn ich sofort als das Analoge aus dem Wachleben den *Tagtraum*[202] namhaft mache. Die Rolle dieses Elements in unserem Seelenleben ist von den Psychiatern noch nicht erschöpfend erkannt und aufgedeckt worden; M. Benedikt hat mit dessen Würdigung einen, wie mir scheint, vielversprechenden Anfang gemacht. Dem unbeirrten Scharfblick der Dichter ist die Bedeutung des Tagtraums nicht entgangen; allgemein bekannt ist die Schilderung, die *A. Daudet* im *Nabab* von den Tagträumen einer der Nebenfiguren des Romans entwirft. Das Studium der Psychoneurosen führt zur überraschenden Erkenntnis, daß diese Phantasien oder Tagträume die nächsten Vorstufen der hysterischen Symptome – wenigstens einer ganzen Reihe von ihnen – sind; nicht an den Erinnerungen selbst, sondern an den auf Grund der Erinnerungen aufgebauten Phantasien hängen erst die hysterischen Symptome. Das häufige Vorkommen bewußter Tagesphantasien bringt diese Bildungen unserer Kenntnis nahe; wie es aber bewußt solche Phantasien gibt, so kommen überreichlich unbewußte vor, die wegen ihres Inhalts und ihrer Abkunft vom verdrängten Material unbewußt bleiben müssen. Eine eingehendere Vertiefung in die Charaktere dieser Tagesphantasien lehrt uns, mit wie gutem Rechte diesen Bildungen derselbe Name zugefallen ist, den unsere nächtlichen Denkproduktionen tragen, der Name: *Träume.* Sie haben einen wesentlichen Teil ihrer Eigenschaften mit den Nachtträumen gemein; ihre Untersuchung hätte uns

[202] Réve, petit roman; day-dream, story.

eigentlich den nächsten und besten Zugang zum Verständnis der Nachtträume eröffnen können.

Wie die Träume sind sie Wunscherfüllungen; wie die Träume basieren sie zum guten Teil auf den Eindrücken infantiler Erlebnisse; wie die Träume erfreuen sie sich eines gewissen Nachlasses der Zensur für ihre Schöpfungen. Wenn man ihrem Aufbau nachspürt, so wird man inne, wie das Wunschmotiv, das sich in ihrer Produktion betätigt, das Material, aus dem sie gebaut sind, durcheinandergeworfen, umgeordnet und zu einem neuen Ganzen zusammengefügt hat. Sie stehen zu den Kindheitserinnerungen, auf die sie zurückgehen, etwa in demselben Verhältnis wie manche Barockpaläste Roms zu den antiken Ruinen, deren Quadern und Säulen das Material für den Bau in modernen Formen hergegeben haben.

In der „sekundären Bearbeitung“, die wir unserem vierten traumbildenden Moment gegen den Trauminhalt zugeschrieben haben, finden wir dieselbe Tätigkeit wieder, die sich bei der Schöpfung der Tagträume ungehemmt von anderen Einflüssen äußern darf. Wir könnten ohne weiteres sagen, dies unser viertes Moment sucht aus dem ihm dargebotenen Material etwas wie einen Tagtraum zu gestalten. Wo aber ein solcher Tagtraum bereits im Zusammenhange der Traumgedanken gebildet ist, da wird dieser Faktor der Traumarbeit sich seiner mit Vorliebe bemächtigen und dahin wirken, daß er in den Trauminhalt gelange. Es gibt solche Träume, die nur in der Wiederholung einer Tagesphantasie, einer vielleicht unbewußt gebliebenen, bestehen, so z. B. der Traum des Knaben, daß er mit den Helden des Trojanischen Krieges im Streitwagen fährt. In meinem Traume *„Autodidasker“* ist wenigstens das zweite Traumstück die getreue Wiederholung einer an sich harmlosen Tagesphantasie über meinen Verkehr mit dem Professor N. Es rührt aus der Komplikation der Bedingungen her, denen der Traum bei seinem Entstehen zu genügen hat, daß häufiger die vorgefundene Phantasie nur ein Stück des Traumes bildet oder daß nur ein Stück von ihr zum Trauminhalt hin durchdringt. Im ganzen wird dann die Phantasie behandelt wie jeder andere Bestandteil des latenten Materials; sie ist aber oft im Traume noch als Ganzes kenntlich. In meinen Träumen kommen oft Partien vor, die sich durch einen von den übrigen verschiedenen Eindruck hervorheben. Sie erscheinen mir wie fließend, besser zusammenhängend und dabei flüchtiger als andere Stücke desselben Traums; ich weiß, dies sind unbewußte Phantasien, die im Zusammenhange in den Traum gelangen, aber ich habe es nie erreicht, eine solche Phantasie zu fixieren. Im übrigen werden diese Phantasien wie alle anderen Bestandteile der Traumgedanken zusammengeschoben, verdichtet, die eine durch die andere überlagert u. dgl.; es gibt aber Übergänge von dem Falle, wo sie fast unverändert den Trauminhalt oder wenigstens die Traumfassade bilden dürfen, bis zu dem entgegengesetzten Fall, wo sie nur durch eines ihrer Elemente oder eine entfernte Anspielung an ein solches im Trauminhalt vertreten sind. Es bleibt offenbar auch für das Schicksal der Phantasien in den Traumgedanken maßgebend, welche Vorteile sie gegen die Ansprüche der Zensur und des Verdichtungszwanges zu bieten vermögen.

Bei meiner Auswahl von Beispielen für die Traumdeutung bin ich Träumen, in denen unbewußte Phantasien eine erhebliche Rolle spielen, möglichst ausgewichen, weil die Einführung dieses psychischen Elements weitläufige Erörterungen aus der Psychologie des unbewußten Denkens erfordert hätte. Gänzlich umgehen kann ich jedoch die „Phantasie" auch in diesem Zusammenhange nicht, da sie häufig voll in den Traum gelangt und noch häufiger deutlich durch ihn durchschimmert. Ich will etwa noch einen Traum anführen, der aus zwei verschiedenen, gegensätzlichen und einander an einzelnen Stellen deckenden Phantasien zusammengesetzt erscheint, von denen die eine die oberflächliche ist, die andere gleichsam zur Deutung der ersteren wird.[203] Der Traum lautet – es ist der einzige, über den ich keine sorgfältigen Aufzeichnungen besitze – ungefähr so: Der Träumer – ein unverheirateter junger Mann – sitzt in seinem, richtig gesehenen, Stammwirtshause; da erscheinen mehrere Personen, ihn abzuholen, darunter eine, die ihn verhaften will. Er sagt zu seinen Tischgenossen: Ich zahle später, ich komme wieder zurück. Aber die rufen hohnlächelnd: Das kennen wir schon, das sagt ein jeder. Ein Gast ruft ihm noch nach: Da geht wieder einer dahin. Er wird dann in ein enges Lokal geführt, wo er eine Frauensperson mit einem Kinde auf dem Arm findet. Einer seiner Begleiter sagt: Das ist der Herr Müller. Ein Kommissär, oder sonst eine Amtsperson, blättert in einem Packen von Zetteln oder Schriften und wiederholt dabei: Müller, Müller, Müller. Endlich stellt er an ihn eine Frage, die er mit ja beantwortet. Er sieht sich dann nach der Frauensperson um und merkt, daß sie einen großen Bart bekommen hat.

Die beiden Bestandteile sind hier leicht zu sondern. Das Oberflächliche ist eine *Verhaftungsphantasie*, sie scheint uns von der Traumarbeit neu gebildet. Dahinter aber wird als das Material, das von der Traumarbeit eine leichte Umformung erfahren hat, die *Phantasie der Verheiratung* sichtbar, und die Züge, die beiden

[203] Ein gutes Beispiel eines solchen, durch Übereinanderlagerung mehrerer Phantasien entstandenen Traums habe ich im *Bruchstück einer Hysterie-Analyse* 1905 analysiert. Übrigens habe ich die Bedeutung solcher Phantasien für die Traumbildung unterschätzt, solange ich vorwiegend meine eigenen Träume bearbeitete, denen seltener Tagträume, meist Diskussionen und Gedankenkonflikte, zugrunde liegen. Bei anderen Personen ist *die volle Analogie des nächtlichen Traumes mit dem Tagtraume* oft viel leichter zu erweisen. Es gelingt häufig bei Hysterischen eine Attacke durch einen Traum zu ersetzen; man kann sich dann leicht überzeugen, daß für beide psychische Bildungen die Tagtraumphantasie die nächste Vorstufe ist.

gemeinsam sein können, treten wieder wie bei einer Galtonschen Mischphotographie besonders deutlich hervor. Das Versprechen des bisherigen Junggesellen, seinen Platz am Stammtische wieder aufzusuchen, der Unglaube der durch viele Erfahrungen gewitzigten Kneipgenossen, der Nachruf: Da geht (heiratet) wieder einer dahin, das sind auch für die andere Deutung leicht verständliche Züge. Ebenso das Jawort, das man der Amtsperson gibt. Das Blättern in einem Stoß von Papieren, wobei man denselben Namen wiederholt, entspricht einem untergeordneten, aber gut kenntlichen Zug aus den Hochzeitsfeierlichkeiten, dem Vorlesen der stoßweise angelangten Glückwunschtelegramme, die ja alle auf denselben Namen lauten. In dem persönlichen Auftreten der Braut in diesem Traum hat sogar die Heiratsphantasie den Sieg über die sie deckende Verhaftungsphantasie davongetragen. Daß diese Braut am Ende einen Bart zur Schau trägt, konnte ich durch eine Erkundigung – zu einer Analyse kam es nicht – aufklären. Der Träumer war tags zuvor mit einem Freunde, der ebenso ehefeindlich ist wie er, über die Straße gegangen und hatte diesen Freund auf eine brünette Schönheit aufmerksam gemacht, die ihnen entgegenkam. Der Freund aber hatte bemerkt: Ja, wenn diese Frauen nur nicht mit den Jahren Bärte bekämen wie ihre Väter.

Natürlich fehlt es auch in diesem Traume nicht an Elementen, bei denen die Traumentstellung tiefer gehende Arbeit verrichtet hat. So mag die Rede: „Ich werde später zahlen“ auf das zu befürchtende Benehmen des Schwiegervaters in betreff der Mitgift zielen. Offenbar halten den Träumer allerlei Bedenken ab, sich mit Wohlgefallen der Heiratsphantasie hinzugeben. Eines dieser Bedenken, daß man mit der Heirat seine Freiheit verliert, hat sich in der Umwandlung zu einer Verhaftungsszene verkörpert.

Wenn wir nochmals darauf zurückkommen wollen, daß die Traumarbeit sich gerne einer fertig vorgefundenen Phantasie bedient, anstatt eine solche erst aus dem Material der Traumgedanken zusammenzusetzen, so lösen wir mit dieser Einsicht vielleicht eines der interessantesten Rätsel des Traumes. Ich habe auf S. 49. den Traum von *Maury* erzählt, der, von einem Brettchen im Genick getroffen, mit einem langen Traum, einem kompletten Roman aus den Zeiten der großen Revolution, erwacht. Da der Traum für zusammenhängend ausgegeben wird und ganz auf die Erklärung des Weckreizes angelegt ist, von dessen Eintreffen der Schläfer nichts ahnen konnte, so scheint nur die eine Annahme übrigzubleiben, daß der ganze reiche Traum in dem kurzen Zeitraume zwischen dem Auffallen des Brettes auf Maurys Halswirbel und seinem durch diesen Schlag erzwungenen Erwachen komponiert worden und stattgefunden haben muß. Wir würden uns nicht getrauen, der Denkarbeit im Wachen eine solche Raschheit zuzuschreiben, und gelangten so dazu, der Traumarbeit eine bemerkenswerte Beschleunigung des Ablaufs als Vorrecht zuzugestehen.

Gegen diese rasch populär gewordene Folgerung haben neuere Autoren (*Le Lorrain* und *Egger* u. a.) lebhaften Einspruch erhoben. Sie zweifeln teils die Exaktheit des Traumberichts von seiten Maurys an, teils versuchen sie darzutun, daß die Raschheit unserer wachen Denkleistungen nicht hinter dem zurückbleibt, was man der Traumleistung ungeschmälert lassen kann. Die Diskussion rollt prinzipielle Fragen auf, deren Erledigung mir nicht nahe bevorzustehen scheint. Ich muß aber bekennen, daß die Argumentation, z. B. *Eggers*, gerade gegen den Guillotinentraum *Maurys* mir keinen überzeugenden Eindruck gemacht hat. Ich würde folgende Erklärung dieses Traumes vorschlagen: Wäre es denn so sehr unwahrscheinlich, daß der Traum *Maurys* eine Phantasie darstellt, die in seinem Gedächtnis seit Jahren fertig aufbewahrt war und in dem Momente geweckt – ich möchte sagen: *angespielt* – wurde, da er den Weckreiz erkannte? Es entfällt dann zunächst die ganze Schwierigkeit, eine so lange Geschichte mit all ihren Einzelheiten in dem überaus kurzen Zeitraum, der hier dem Träumer zur Verfügung steht, zu komponieren; sie war bereits komponiert. Hätte das Holz *Maurys* Nakken im Wachen getroffen, so wäre etwa Raum für den Gedanken gewesen: Das ist ja geradeso, als ob man guillotiniert würde. Da er aber im Schlaf von dem Brette getroffen wird, so benützt die Traumarbeit den anlangenden Reiz rasch zur Herstellung einer Wunscherfüllung, als ob sie denken würde (dies ist durchaus figürlich zu nehmen): „Jetzt ist eine gute Gelegenheit, die Wunschphantasie wahr zu machen, die ich mir zu der und der Zeit bei der Lektüre gebildet habe." Daß der geträumte Roman gerade ein solcher ist, wie ihn der Jüngling unter mächtig erregenden Eindrücken zu bilden pflegt, scheint mir nicht bestreitbar. Wer hätte sich nicht gefesselt gefühlt – und zumal als Franzose und Kulturhistoriker – durch die Schilderungen aus der Zeit des Schreckens, in der der Adel, Männer und Frauen, die Blüte der Nation, zeigte, wie man mit heiterer Seele sterben kann, die Frische ihres Witzes und die Feinheit ihrer Lebensformen bis zur verhängnisvollen Abberufung festhielt? Wie verlockend, sich da mitten hinein zu phantasieren als einer der jungen Männer, die sich mit einem Handkuß von der Dame verabschieden, um unerschrocken das Gerüst zu besteigen! Oder wenn der Ehrgeiz das Hauptmotiv des Phantasierens gewesen ist, sich in eine jener gewaltigen Individualitäten zu versetzen, die nur durch die Macht ihrer Gedanken und ihrer flammenden Beredsamkeit die Stadt beherrschen, in der damals das Herz der Menschheit krampfhaft schlägt, die Tausende von Menschen aus Überzeugung in den Tod schicken und die Umwandlung Europas anbahnen, dabei selbst ihrer Häupter nicht sicher sind und sie eines Tages unter das Messer der Guillotine legen, etwa in die Rolle der Girondisten oder des Heros Danton? Daß die Phantasie Maurys eine solche ehrgeizige gewesen ist, darauf scheint der in der Erinnerung erhaltene Zug hinzuweisen „von einer unübersehbaren Menschenmenge begleitet".

Diese ganze, seit langem fertige Phantasie braucht aber während des Schlafes auch nicht durchgemacht zu werden; es genügt, wenn sie sozusagen „angetupft" wird. Ich meine das folgendermaßen: Wenn ein paar Takte angeschlagen werden und jemand wie im *Don Juan* dazu sagt: Das ist aus *Figaros Hochzeit* von *Mozart*, so wogt es in mir mit einem Male von Erinnerungen, aus denen sich im nächsten Moment nichts einzelnes zum Bewußtsein erheben kann. Das Schlagwort dient als Einbruchsstation, von der aus ein Ganzes gleichzeitig in Erregung versetzt wird. Nicht anders brauchte es im unbewußten Denken zu sein. Durch den Weckreiz wird die psychische Station erregt, die den Zugang zur ganzen Guillotinenphantasie eröffnet. Diese wird aber nicht noch im Schlaf durchlaufen, sondern erst in der Erinnerung des Erwachten. Erwacht, erinnert man jetzt in ihren Einzelheiten die Phantasie, an die als Ganzes im Traum gerührt wurde. Man hat dabei kein Mittel zur Versicherung, daß man wirklich etwas Geträumtes erinnert. Man kann dieselbe Erklärung, daß es sich um fertige Phantasien handelt, die durch den Weckreiz als Ganzes in Erregung gebracht werden, noch für andere auf den Weckreiz eingestellte Träume verwenden, z. B. für den Schlachtentraum Napoleons vor der Explosion der Höllenmaschine. Unter den Träumen, welche *Justine Tobowolska* in ihrer Dissertation über die scheinbare Zeitdauer im Traume gesammelt hat, erscheint mir jener der beweisendste, den *Macario* (1857) von einem Bühnendichter, Casimir Bonjour, berichtet.[204] Dieser Mann wollte eines Abends der ersten Aufführung eines seiner Stücke beiwohnen, war aber so ermüdet, daß er auf seinem Sitz hinter den Kulissen gerade in dem Momente einnickte, als sich der Vorhang hob. In seinem Schlaf machte er nun alle fünf Akte seines Stückes durch und beobachtete alle die verschiedenartigen Zeichen von Ergriffenheit, welche die Zuhörer bei den einzelnen Szenen äußerten. Nach der Beendigung der Vorstellung hörte er dann ganz selig, wie sein Name unter den lebhaftesten Beifallsbezeigungen verkündet wurde. Plötzlich wachte er auf. Er wollte weder seinen Augen noch seinen Ohren trauen, die Vorstellung war nicht über die ersten Verse der ersten Szene hinausgekommen; er konnte nicht länger als zwei Minuten geschlafen haben. Es ist wohl nicht zu gewagt, für diesen Traum zu behaupten, daß das Durcharbeiten der fünf Akte des Bühnenstücks und das Achten auf das Verhalten des Publikums bei den einzelnen Stellen keiner Neuproduktion während des Schlafes zu entstammen braucht, sondern eine bereits vollzogene Phantasiearbeit in dem angegebenen Sinne wiederholen kann. Die *Tobowolska* hebt mit anderen Autoren als gemeinsame Charaktere der Träume mit beschleunigtem Vorstellungsablauf hervor, daß sie besonders kohärent erscheinen, gar nicht wie andere Träume, und daß die Erinnerung an

[204] Tobowolska, S. 53.

sie weit eher eine summarische als eine detaillierte ist. Dies wären aber gerade die Kennzeichen, welche solchen fertigen, durch die Traumarbeit angerührten Phantasien zukommen müßten, ein Schluß, welchen die Autoren allerdings nicht ziehen. Ich will nicht behaupten, daß alle Weckträume diese Erklärung zulassen oder daß das Problem des beschleunigten Vorstellungsablaufs im Traume auf diese Weise überhaupt wegzuräumen ist.

Es ist unvermeidlich, daß man sich hier um das Verhältnis dieser sekundären Bearbeitung des Trauminhalts zu den Faktoren der Traumarbeit bekümmere. Geht es etwa so vor sich, daß die traumbildenden Faktoren, das Verdichtungsbestreben, der Zwang, der Zensur auszuweichen, und die Rücksicht auf Darstellbarkeit in den psychischen Mitteln des Traumes, vorerst aus dem Material einen vorläufigen Trauminhalt bilden und daß dieser dann nachträglich umgeformt wird, bis er den Ansprüchen einer zweiten Instanz möglichst genügt? Dies ist kaum wahrscheinlich. Man muß eher annehmen, daß die Anforderungen dieser Instanz von allem Anfang an eine der Bedingungen abgeben, denen der Traum genügen soll, und daß diese Bedingung ebenso wie die der Verdichtung, der Widerstandszensur und der Darstellbarkeit gleichzeitig auf das große Material der Traumgedanken induzierend und auswählend einwirken. Unter den vier Bedingungen der Traumbildung ist aber die letzterkannte jedenfalls die, deren Anforderungen für den Traum am wenigsten zwingend erscheinen. Die Identifizierung dieser psychischen Funktion, welche die sogenannte sekundäre Bearbeitung des Trauminhaltes vornimmt, mit der Arbeit unseres wachen Denkens ergibt sich mit hoher Wahrscheinlichkeit aus folgender Erwägung: Unser waches (vorbewußtes) Denken benimmt sich gegen ein beliebiges Wahrnehmungsmaterial ganz ebenso wie die in Frage stehende Funktion gegen den Trauminhalt. Es ist ihm natürlich, in einem solchen Material Ordnung zu schaffen, Relationen herzustellen, es unter die Erwartung eines intelligibeln Zusammenhangs zu bringen. Wir gehen darin eher zu weit; die Kunststücke der Taschenspieler äffen uns, indem sie sich auf diese unsere intellektuelle Gewohnheit stützen. In dem Bestreben, die gebotenen Sinneseindrücke verständlich zusammenzusetzen, begehen wir oft die seltsamsten Irrtümer oder fälschen selbst die Wahrheit des uns vorliegenden Materials. Die hieher gehörigen Beweise sind zu sehr allgemein bekannt, um breiter Anführung zu bedürfen. Wir lesen über sinnstörende Druckfehler hinweg, indem wir das Richtige illusionieren. Ein Redakteur eines vielgelesenen französischen Journals soll die Wette gewagt haben, er werde in jeden Satz eines langen Artikels durch den Druck einschalten lassen, „von vorne“ oder „von hinten“, ohne daß einer der Leser es bemerken würde. Er gewann die Wette. Ein komisches Beispiel von falschem Zusammenhange ist mir vor Jahren bei der Zeitungslektüre aufgefallen. Nach jener Sitzung der französischen Kammer, in welcher Dupuy durch das beherzte Wort: „*La séance continue*“ den Schreck über das Platzen der von einem Anarchisten in den Saal geworfenen Bombe aufhob, wurden die Besucher der Galerie als Zeugen über ihre Eindrücke von dem Attentat vernommen. Unter ihnen befanden sich zwei Leute aus der Provinz, deren einer erzählte, unmittelbar nach Schluß einer Rede habe er wohl eine Detonation vernommen, aber gemeint, es sei im Parlament Sitte, jedesmal, wenn ein Redner geendigt, einen Schuß abzufeuern. Der andere, der wahrscheinlich schon mehrere Redner angehört hatte, war in dasselbe Urteil verfallen, jedoch mit der Abänderung, daß solches Schießen eine Anerkennung sei, die nur nach besonders gelungenen Reden erfolge. Es ist also wohl keine andere psychische Instanz als unser normales Denken, welche an den Trauminhalt mit dem Anspruch herantritt, er müsse verständlich sein, ihn einer ersten Deutung unterzieht und dadurch das volle Mißverständnis desselben herbeiführt. Für unsere Deutung bleibt es Vorschrift, den scheinbaren Zusammenhang im Traum, als seiner Herkunft nach verdächtig, in allen Fällen unbeachtet zu lassen und vom Klaren wie vom Verworrenen den gleichen Weg des Rückgangs zum Traummaterial einzuschlagen.

Wir merken aber dabei, wovon die oben, S. 281, erwähnte Qualitätenskala der Träume von der Verworrenheit bis zur Klarheit wesentlich abhängt. Klar erscheinen uns jene Traumpartien, an denen die sekundäre Bearbeitung etwas ausrichten konnte, verworren jene anderen, wo die Kraft dieser Leistung versagt hat. Da die verworrenen Traumpartien so häufig auch die minder lebhaft ausgeprägten sind, so dürfen wir den Schluß ziehen, daß die sekundäre Traumarbeit auch für einen Beitrag zur plastischen Intensität der einzelnen Traumgebilde verantwortlich zu machen ist.

Soll ich für die definitive Gestaltung des Traums, wie sie sich unter der Mitwirkung des normalen Denkens ergibt, irgendwo ein Vergleichsobjekt suchen, so bietet sich mir kein anderes als jene rätselhaften Inschriften, mit denen die Fliegenden Blätter so lange ihre Leser unterhalten haben. Für einen gewissen Satz, des Kontrastes halber dem Dialekt angehörig und von möglichst skurriler Bedeutung, soll die Erwartung erweckt werden, daß er eine lateinische Inschrift enthalte. Zu diesem Zwecke werden die Buchstabenelemente der Worte aus ihrer Zusammenfügung zu Silben gerissen und neu angeordnet. Hie und da kommt ein echt lateinisches Wort zustande, an anderen Stellen glauben wir Abkürzungen solcher Worte vor uns zu haben, und an noch anderen Stellen der Inschrift lassen wir uns mit dem Anscheine von verwitterten Partien oder von Lücken der Inschrift über die Sinnlosigkeit der vereinzelt stehenden Buchstaben hinwegtäuschen. Wenn wir dem Scherze nicht aufsitzen wollen, müssen wir uns über alle Requisite einer Inschrift hinwegsetzen, die Buchstaben ins Auge fassen und sie unbekümmert um die gebotene Anordnung zu Worten unserer Muttersprache zusammensetzen.

Die sekundäre Bearbeitung ist jenes Moment der Traumarbeit, welches von den meisten Autoren bemerkt und in seiner Bedeutung gewürdigt worden ist. In heiterer Verbildlichung schildert *H. Ellis* dessen Leistung (Einleitung, S. 10):

„Wir können uns die Sache tatsächlich so denken, daß das Schlafbewußtsein zu sich sagt: Hier kommt unser Meister, das Wachbewußtsein, der ungeheuer viel Wert auf Vernunft, Logik u. dgl. legt. Schnell! Faß die Dinge an, bringe sie in Ordnung, jede Anordnung genügt – ehe er eintritt, um vom Schauplatze Besitz zu ergreifen."

Die Identität dieser Arbeitsweise mit der des wachen Denkens wird besonders klar von *Delacroix* behauptet:

„*Cette fonction d'interprétation n'est pas particulière au rêve; c'est le même travail de coordination logique que nous faisons sur nos sensations pendant la veille.*"

J. Sully vertritt dieselbe Auffassung. Ebenso *Tobowolska*:

„*Sur ces successions incohérentes d'hallucinations, l'esprit s'efforce de faire le même travail de coordination logique qu'il fait pendant la veille sur les sensations. Il relie entre elles par un lien imaginaire toutes ces images décousues et bouche les écarts trop grands qui se trouvaient entre elles.*" (S. 93.)

Einige Autoren lassen diese ordnende und deutende Tätigkeit noch während des Träumens beginnen und im Wachen fortgesetzt werden. So *Paulhan* (S. 546):

„*Cependant j'ai souvent pensé qu'il pouvait y avoir une certaine déformation, ou plutôt reformation, du rêve dans le souvenir ... La tendance systématisante de l'imagination pourrait fort bien achever après le réveil ce qu'elle a ébauché pendant le sommeil. De la Sorte, la rapidité réelle de la pensée serait augmentée en apparence par les perfectionnements dus à l'imagination éveillé.*"

Leroy et Tobowolska (S. 592):

„*Dans le rêve, au contraire, l'interprétation et la coordination se font non seulement à l'aide des données du rêve, mais encore à l'aide de celles de la veille...*"

Es konnte dann nicht ausbleiben, daß dieses einzig erkannte Moment der Traumbildung in seiner Bedeutung überschätzt wurde, so daß man ihm die ganze Leistung, den Traum geschaffen zu haben, zuschob. Diese Schöpfung sollte sich im Moment des Erwachens vollziehen, wie es *Goblot* und noch weitergehend *Foucault* annehmen, die dem Wachdenken die Fähigkeit zuschreiben, aus den im Schlaf auftauchenden Gedanken den Traum zu bilden.

Leroy et Tobowolska (1901) sagen über diese Auffassung:

„*On a cru pouvoir placer le rêve au moment du réveil, et ils ont attribué à la pensée de la veille la fonction de construire le rêve avec les images présentés dans la pensée du sommeil.*"

An die Würdigung der sekundären Bearbeitung schließe ich die eines neuen Beitrags zur Traumarbeit, den feinsinnige Beobachtungen von *H. Silberer* aufgezeigt haben. Silberer hat, wie an anderer Stelle erwähnt, die Umsetzung von Gedanken in Bilder gleichsam in flagranti erhascht, indem er sich in Zuständen von Müdigkeit und Schlaftrunkenheit zu geistiger Tätigkeit nötigte. Dann entschwand ihm der bearbeitete Gedanke, und an seiner Statt stellte sich eine Vision ein, welche sich als der Ersatz des meist abstrakten Gedankens erwies. Bei diesen Versuchen ereignete es sich nun, daß das auftauchende, einem Traumelement gleichzusetzende Bild etwas anderes darstellte als den der Bearbeitung harrenden Gedanken, nämlich die Ermüdung selbst, die Schwierigkeit oder Unlust zu dieser Arbeit, also den subjektiven Zustand und die Funktionsweise der sich mühenden Person anstatt des Gegenstands ihrer Bemühung. Silberer nannte diesen bei ihm recht häufig eintretenden Fall das „*funktionale* Phänomen" zum Unterschiede von dem zu erwartenden „*materialen*".

Z. B.: „Ich liege eines Nachmittags äußerst schläfrig auf meinem Sofa, zwinge mich aber, über ein philosophisches Problem nachzudenken. Ich suche nämlich die Ansichten *Kants* und *Schopenhauers* über die Zeit zu vergleichen. Es gelingt mir infolge meiner Schlaftrunkenheit nicht, die Gedankengänge beider nebeneinander festzuhalten, was zum Vergleich nötig wäre. Nach mehreren vergeblichen Versuchen präge ich mir noch einmal die Kantische Ableitung mit aller Willenskraft ein, um sie dann auf die Schopenhauersche Problemstellung anzuwenden. Hierauf lenke ich meine Aufmerksamkeit der letzteren zu; als ich jetzt auf Kant zurückgreifen will, zeigt es sich, daß er mir wieder entschwunden ist, vergebens bemühe ich mich, ihn von neuem hervorzuholen. Diese vergebliche Bemühung, die in meinem Kopf irgendwo verlegten Kant-Akten sogleich wiederzufinden, stellt sich mir nun bei geschlossenen Augen plötzlich wie im Traumbild als anschaulich-plastisches Symbol dar: *Ich verlange eine Auskunft von einem mürrischen Sekretär, der, über einen Schreibtisch gebeugt, sich durch mein Drängen nicht stören läßt. Sich halb aufrichtend, blickt er mich unwillig und abweisend an.*"

Andere Beispiele, die sich auf das Schwanken zwischen Schlaf und Wachen beziehen.

„Beispiel Nr. 2. – Bedingungen: Morgens beim Erwachen. In einer gewissen Schlaftiefe (Dämmerzustand) über einen vorherigen Traum nachdenkend, ihn gewissermaßen nach- und austräumend, fühle ich mich dem Wachbewußtsein näher kommend, ich will jedoch in dem Dämmerzustand noch verbleiben.

Szene: *Ich schreite mit einem Fuß über einen Bach, ziehe ihn aber alsbald wieder zurück, trachte, herüben zu bleiben.*"

„Beispiel Nr. 6. – Bedingungen wie im Beispiele Nr. 4. (Er will noch ein wenig liegen bleiben, ohne zu verschlafen.) Ich will mich noch ein wenig dem Schlafe hingeben.

Szene: Ich verabschiede mich von jemand und vereinbare mit ihm (oder ihr), ihn (sie) bald wieder zu treffen."

Das „funktionale" Phänomen, die „Darstellung des Zuständlichen anstatt des Gegenständlichen", beobachtete Silberer wesentlich unter den zwei Verhältnissen des Einschlafens und des Aufwachens. Es ist leicht zu verstehen, daß nur der letztere Fall für die Traumdeutung in Betracht kommt. Silberer hat an guten Beispielen gezeigt, daß die Endstücke des manifesten Inhalts vieler Träume, an die das Erwachen unmittelbar anschließt, nichts anderes darstellen als den Vorsatz oder den Vorgang des Erwachens selbst. Dieser Absicht dient: das überschreiten einer Schwelle („Schwellensymbolik"), das Verlassen eines Raums, um einen anderen zu betreten, das Abreisen, Heimkommen, die Trennung von einem Begleiter, das Eintauchen in Wasser und anderes. Ich kann allerdings die Bemerkung nicht unterdrücken, daß ich die auf Schwellensymbolik zu beziehenden Elemente des Traumes in eigenen Träumen wie in denen der von mir analysierten Personen ungleich seltener angetroffen habe, als man nach den Mitteilungen von Silberer erwarten sollte.

Es ist keineswegs undenkbar oder unwahrscheinlich, daß diese „Schwellensymbolik" auch für manche Elemente mitten im Zusammenhange eines Traumes aufklärend würde, z. B. an Stellen, wo es sich um Schwankungen der Schlaftiefe und Neigung, den Traum abzubrechen, handelte. Doch sind gesicherte Beispiele für dieses Vorkommen noch nicht erbracht. Häufiger scheint der Fall der Überdeterminierung vorzuliegen, daß eine Traumstelle, welche ihren materialen Inhalt aus dem Gefüge der Traumgedanken bezieht, überdies zur Darstellung von etwas Zuständlichem an der seelischen Tätigkeit verwendet wurde.

Das sehr interessante funktionale Phänomen Silberers hat ohne Verschulden seines Entdeckers viel Mißbrauch herbeigeführt, indem die alte Neigung zur abstrakt-symbolischen Deutung der Träume eine Anlehnung an dasselbe gefunden hat. Die Bevorzugung der „funktionalen Kategorie" geht bei manchen so weit, daß sie vom funktionalen Phänomen sprechen, wo immer intellektuelle Tätigkeiten oder Gefühlsvorgänge im Inhalt der Traumgedanken vorkommen, obwohl dieses Material nicht mehr und nicht weniger Anrecht hat, als Tagesrest in den Traum einzugehen, als alles andere.

Wir wollen anerkennen, daß die Silbererschen Phänomene einen zweiten Beitrag zur Traumbildung von Seite des Wachdenkens darstellen, welcher allerdings minder konstant und bedeutsam ist als der erste, unter dem Namen „sekundäre Bearbeitung" eingeführte. Es hatte sich gezeigt, daß ein Stück der bei Tage tätigen Aufmerksamkeit auch während des Schlafzustandes dem Traume zugewendet bleibt, ihn kontrolliert, kritisiert und sich die Macht vorbehält, ihn zu unterbrechen. Es hat uns nahegelegen, in dieser wachgebliebenen seelischen

Instanz den Zensor zu erkennen, dem ein so starker eindämmender Einfluß auf die Gestaltung des Traumes zufällt. Was die Beobachtungen von Silberer dazugeben, ist die Tatsache, daß unter Umständen eine Art von Selbstbeobachtung dabei mittätig ist und ihren Beitrag zum Trauminhalt liefert. Über die wahrscheinlichen Beziehungen dieser selbstbeobachtenden Instanz, die besonders bei philosophischen Köpfen vordringlich werden mag, zur endopsychischen Wahrnehmung, zum Beachtungswahn, zum Gewissen und zum Traumzensor geziemt es sich, an anderer Stelle zu handeln.[205]

Ich gehe nun daran, diese ausgedehnten Erörterungen über die Traumarbeit zu resümieren. Wir fanden die Fragestellung vor, ob die Seele alle ihre Fähigkeiten in ungehemmter Entfaltung an die Traumbildung verwende oder nur einen in seiner Leistung gehemmten Bruchteil derselben. Unsere Untersuchungen leiten uns dazu, solche Fragestellung überhaupt als den Verhältnissen inadäquat zu verwerfen. Sollen wir aber bei der Antwort auf demselben Boden bleiben, auf den uns die Frage drängt, so müssen wir beide einander scheinbar durch Gegensatz ausschließenden Auffassungen bejahen. Die seelische Arbeit bei der Traumbildung zerlegt sich in zwei Leistungen: die Herstellung der Traumgedanken und die Umwandlung derselben zum Trauminhalt. Die Traumgedanken sind völlig korrekt und mit allem psychischen Aufwand, dessen wir fähig sind, gebildet; sie gehören unserem nicht bewußtgewordenen Denken an, aus dem durch eine gewisse Umsetzung auch die bewußten Gedanken hervorgehen. So viel an ihnen auch wissenswert und rätselhaft sein möge, diese Rätsel haben doch keine besondere Beziehung zum Traume und verdienen nicht, unter den Traumproblemen behandelt zu werden.[206] Hingegen ist jenes andere Stück Arbeit, welches

[205] *Zur Einführung des Narzißmus.* Jahrbuch der Psychoanalyse VI, 1914.

[206] Ich fand es früher einmal so außerordentlich schwierig, die Leser an die Unterscheidung von manifestem Trauminhalt und latenten Traumgedanken zu gewöhnen. Immer wieder wurden Argumente und Einwendungen aus dem ungedeuteten Traum, wie ihn die Erinnerung bewahrt hat, geschöpft und die Forderung der Traumdeutung überhört. Nun, da sich wenigstens die Analytiker damit befreundet haben, für den manifesten Traum seinen durch Deutung gefundenen Sinn einzusetzen, machen sich viele von ihnen einer anderen Verwechslung schuldig, an der sie ebenso hartnäckig festhalten. Sie suchen das Wesen des Traums in diesem latenten Inhalt und übersehen dabei den Unterschied zwischen latenten Traumgedanken und Traumarbeit. Der Traum ist im Grunde nichts anderes als eine *besondere Form unseres Denkens*, die durch die Bedingungen des Schlafzustandes ermöglicht wird. *Die Traumarbeit* ist es, die diese Form herstellt, und sie allein ist das Wesentliche am Traum, die Erklärung seiner Besonderheit. Ich sage dies zur Würdigung der berüchtigten „prospektiven Tendenz" des Traums. Daß der Traum sich mit den Lösungsversuchen der unserem Seelenleben vorliegenden Aufgaben beschäftigt, ist nicht merkwürdiger, als daß unser bewußtes Wachleben sich so beschäftigt, und fügt nur hiezu, daß diese Arbeit auch im Vorbewußten vor sich gehen kann, was uns ja bereits bekannt ist.

die unbewußten Gedanken in den Trauminhalt verwandelt, dem Traumleben eigentümlich und für dasselbe charakteristisch. Diese eigentliche Traumarbeit entfernt sich nun von dem Vorbild des wachen Denkens viel weiter, als selbst die entschiedensten Verkleinerer der psychischen Leistung bei der Traumbildung gemeint haben. Sie ist nicht etwa nachlässiger, inkorrekter, vergeßlicher, unvollständiger als das wache Denken; sie ist etwas davon qualitativ völlig Verschiedenes und darum zunächst nicht mit ihm vergleichbar. Sie denkt, rechnet, urteilt überhaupt nicht, sondern sie beschränkt sich darauf umzuformen. Sie läßt sich erschöpfend beschreiben, wenn man die Bedingungen ins Auge faßt, denen ihr Erzeugnis zu genügen hat. Dieses Produkt, der Traum, soll vor allem der Zensur entzogen werden, und zu diesem Zwecke bedient sich die Traumarbeit der *Verschiebung der psychischen Intensitäten* bis zur Umwertung aller psychischen Werte; es sollen Gedanken ausschließlich oder vorwiegend in dem Material visueller und akustischer Erinnerungsspuren wiedergegeben werden, und aus dieser Anforderung erwächst für die Traumarbeit die *Rücksicht auf Darstellbarkeit*, der sie durch neue Verschiebungen entspricht. Es sollen (wahrscheinlich) größere Intensitäten hergestellt werden, als in den Traumgedanken nächtlich zur Verfügung stehen, und diesem Zwecke dient die ausgiebige *Verdichtung*, die mit den Bestandteilen der Traumgedanken vorgenommen wird. Auf die logischen Relationen des Gedankenmaterials entfällt wenig Rücksicht; sie finden schließlich in *formalen* Eigentümlichkeiten der Träume eine versteckte Darstellung. Die Affekte der Traumgedanken unterliegen geringeren Veränderungen als deren Vorstellungsinhalt. Sie werden in der Regel unterdrückt; wo sie erhalten bleiben, von den Vorstellungen abgelöst und nach ihrer Gleichartigkeit zusammengesetzt. Nur ein Stück der Traumarbeit, die in ihrem Ausmaß inkonstante Überarbeitung durch das zum Teil geweckte Wachdenken, fügt sich etwa der Auffassung, welche die Autoren für die gesamte Tätigkeit der Traumbildung geltend machen wollten.

VII
ZUR PSYCHOLOGIE DER TRAUMVORGÄNGE

Unter den Träumen, die ich durch Mitteilung von seiten anderer erfahren habe, befindet sich einer, der jetzt einen ganz besonderen Anspruch auf unsere Beachtung erhebt. Er ist mir von einer Patientin erzählt worden, die ihn selbst in einer Vorlesung über den Traum kennengelernt hat; seine eigentliche Quelle ist mir unbekannt geblieben. Jener Dame aber hat er durch seinen Inhalt Eindruck gemacht, denn sie hat es nicht versäumt, ihn „nachzuträumen", d. h. Elemente des Traums in einem eigenen Traum zu wiederholen, um durch diese Übertragung eine Übereinstimmung in einem bestimmten Punkte auszudrücken.

Die Vorbedingungen dieses vorbildlichen Traumes sind folgende: Ein Vater hat tage- und nächtelang am Krankenbett seines Kindes gewacht. Nachdem das Kind gestorben, begibt er sich in einem Nebenzimmer zur Ruhe, läßt aber die Tür geöffnet, um aus seinem Schlafraum in jenen zu blicken, worin die Leiche des Kindes aufgebahrt liegt, von großen Kerzen umstellt. Ein alter Mann ist zur Wache bestellt worden und sitzt neben der Leiche, Gebete murmelnd. Nach einigen Stunden Schlafs träumt der Vater, *daß das Kind an seinem Bette steht, ihn am Arme faßt und ihm vorwurfsvoll zuraunt: Vater, siehst du denn nicht, daß ich verbrenne?* Er erwacht, merkt einen hellen Lichtschein, der aus dem Leichenzimmer kommt, eilt hin, findet den greisen Wächter eingeschlummert, die Hüllen und einen Arm der teuren Leiche verbrannt durch eine Kerze, die brennend auf sie gefallen war.

Die Erklärung dieses rührenden Traumes ist einfach genug und wurde auch von dem Vortragenden, wie meine Patientin erzählt, richtig gegeben. Der helle Lichtschein drang durch die offenstehende Tür ins Auge des Schlafenden und regte denselben Schluß bei ihm an, den er als Wachender gezogen hätte, es sei durch Umfallen einer Kerze ein Brand in der Nähe der Leiche entstanden. Vielleicht hatte selbst der Vater die Besorgnis mit in den Schlaf hinübergenommen, daß der greise Wächter seiner Aufgabe nicht gewachsen sein dürfte.

Auch wir finden an dieser Deutung nichts zu verändern, es sei denn, daß wir die Forderung hinzufügten, der Inhalt des Traumes müsse überdeterminiert und die Rede des Kindes aus Reden zusammengesetzt sein, die es im Leben wirklich geführt und die an dem Vater wichtige Ereignisse anknüpfen. Etwa die Klage: *Ich verbrenne*, an das Fieber, in dem das Kind gestorben, und die Worte: *Vater, siehst du denn nicht?* an eine andere uns unbekannte, aber affektreiche Gelegenheit.

Nachdem wir aber den Traum als einen sinnvollen, in den Zusammenhang des psychischen Geschehens einfügbaren Vorgang erkannt haben, werden wir uns verwundern dürfen, daß unter solchen Verhältnissen überhaupt ein Traum zustande kam, wo das rascheste Erwachen geboten war. Wir werden dann aufmerksam, daß auch dieser Traum einer Wunscherfüllung nicht entbehrt. Im Traum benimmt sich das tote Kind wie ein lebendes, es mahnt selbst den Vater, kommt an sein Bett und zieht ihn am Arm, wie es wahrscheinlich in jener Erinnerung tat, aus welcher der Traum das erste Stück der Rede des Kindes geholt hat. Dieser Wunscherfüllung zuliebe hat der Vater nun seinen Schlaf um einen Moment verlängert. Der Traum erhielt das Vorrecht vor der Überlegung im Wachen, weil er das Kind noch einmal lebend zeigen konnte. Wäre der Vater zuerst erwacht und hätte dann den Schluß gezogen, der ihn ins Leichenzimmer führte, so hätte er gleichsam das Leben des Kindes um diesen einen Moment verkürzt.

Es kann kein Zweifel darüber sein, durch welche Eigentümlichkeit dieser kleine Traum unser Interesse fesselt. Wir haben uns bisher vorwiegend darum gekümmert, worin der geheime Sinn der Träume besteht, auf welchem Weg derselbe gefunden wird und welcher Mittel sich die Traumarbeit bedient hat, ihn zu verbergen. Die Aufgaben der Traumdeutung standen bis jetzt im Mittelpunkte unseres Blickfeldes. Und nun stoßen wir auf diesen Traum, welcher der Deutung keine Aufgabe stellt, dessen Sinn unverhüllt gegeben ist, und werden aufmerksam, daß dieser Traum noch immer die wesentlichen Charaktere bewahrt, durch die ein Traum auffällig von unserem wachen Denken abweicht und unser Bedürfnis nach Erklärung rege macht. Nach der Beseitigung alles dessen, was die Deutungsarbeit angeht, können wir erst merken, wie unvollständig unsere Psychologie des Traumes geblieben ist.

Ehe wir aber mit unseren Gedanken diesen neuen Weg einschlagen, wollen wir haltmachen und zurückschauen, ob wir auf unserer Wanderung bis hieher nichts Wichtiges unbeachtet gelassen haben. Denn wir müssen uns klar darüber werden, daß die bequeme und behagliche Strecke unseres Weges hinter uns liegt. Bisher haben alle Wege, die wir gegangen sind, wenn ich nicht sehr irre, ins Lichte, zur Aufklärung und zum vollen Verständnis geführt; von dem Moment an, da wir in die seelischen Vorgänge beim Träumen tiefer eindringen wollen, werden alle Pfade ins Dunkel münden. Wir können es unmöglich dahin bringen, den Traum als psychischen Vorgang *aufzuklären*, denn erklären heißt auf Bekanntes zurückführen, und es gibt derzeit keine psychologische Kenntnis, der wir unterordnen könnten, was sich aus der psychologischen Prüfung der Träume als Erklärungsgrund erschließen läßt. Wir werden im Gegenteil genötigt sein, eine Reihe von neuen Annahmen aufzustellen, die den Bau des seelischen Apparats und das Spiel der in ihm tätigen Kräfte mit Vermutungen streifen und die wir bedacht sein müssen, nicht zu weit über die erste logische Angliederung auszuspinnen, weil sonst ihr Wert sich ins Unbestimmbare verläuft. Selbst wenn wir keinen Fehler im Schließen begehen und alle logisch sich ergebenden Möglichkeiten in Rechnung ziehen, droht uns die wahrscheinliche Unvollständigkeit im Ansatz der Elemente mit dem völligen Fehlschlagen der Rechnung. Einen Aufschluß über die Konstruktion und Arbeitsweise des Seeleninstruments wird man durch die sorgfältigste Untersuchung des Traums oder einer anderen *vereinzelten* Leistung nicht gewinnen oder wenigstens nicht begründen können, sondern wird zu diesem Zwecke zusammentragen müssen, was sich bei dem vergleichenden Studium einer ganzen Reihe von psychischen Leistungen als konstant erforderlich heraus stellt. So werden die psychologischen Annahmen, die wir aus der Analyse der Traumvorgänge schöpfen, gleichsam an einer Haltestelle warten müssen, bis sie den Anschluß an die Ergebnisse anderer Untersuchungen gefunden haben, die von einem anderen Angriffspunkte her zum Kern des nämlichen Problems vordringen wollen.

A
Das Vergessen der Träume

Ich meine also, wir wenden uns vorher zu einem Thema, aus dem sich ein bisher unbeachteter Einwand ableitet, der doch geeignet ist, unseren Bemühungen um die Traumdeutung den Boden zu entziehen. Es ist uns von mehr als einer Seite vorgehalten worden, daß wir den Traum, den wir deuten wollen, eigentlich gar nicht kennen, richtiger, daß wir keine Gewähr dafür haben, ihn so zu kennen, wie er wirklich vorgefallen ist.

Was wir vom Traum erinnern und woran wir unsere Deutungskünste üben, das ist erstens verstümmelt durch die Untreue unseres Gedächtnisses, welches in ganz besonders hohem Grade zur Bewahrung des Traumes unfähig scheint, und hat vielleicht gerade die bedeutsamsten Stücke seines Inhalts eingebüßt. Wir finden uns ja so oft, wenn wir unseren Träumen Aufmerksamkeit schenken wollen, zur Klage veranlaßt, daß wir viel mehr geträumt haben und leider davon nichts mehr wissen als dies eine Bruchstück, dessen Erinnerung selbst uns eigentümlich unsicher vorkommt. Zweitens aber spricht alles dafür, daß unsere Erinnerung den Traum nicht nur lückenhaft, sondern auch ungetreu und verfälscht wiedergibt. So wie man einerseits daran zweifeln kann, ob das Geträumte wirklich so unzusammenhängend und verschwommen war, wie wir es im Gedächtnis haben, so läßt sich anderseits in Zweifel ziehen, ob ein Traum so zusammenhängend gewesen ist, wie wir ihn erzählen, ob wir bei dem Versuch der Reproduktion nicht vorhandene oder durch Vergessen geschaffene Lücken mit willkürlich gewähltem, neuem Material ausfüllen, den Traum ausschmükken, abrunden, zurichten, so daß jedes Urteil unmöglich wird, was der wirkliche Inhalt unseres Traumes war. Ja, bei einem Autor (Spitta)[207] haben wir die Mutmaßung gefunden, daß alles, was Ordnung und Zusammenhang ist, überhaupt erst bei dem Versuch, sich den Traum zurückzurufen, in ihn hineingetragen wird. So sind wir in Gefahr, daß man uns den Gegenstand selbst aus der Hand winde, dessen Wert zu bestimmen wir unternommen haben.

Wir haben bei unseren Traumdeutungen bisher diese Warnungen überhört. Ja wir haben im Gegenteil in den kleinsten, unscheinbarsten und unsichersten Inhaltsbestandteilen des Traumes die Aufforderung zur Deutung nicht minder vernehmlich gefunden als in dessen deutlich und sicher erhaltenen. Im Traum von Irmas Injektion hieß es: Ich rufe *schnell* den Doktor M. herbei, und wir nahmen an, auch dieser Zusatz wäre nicht in den Traum gelangt, wenn er nicht eine besondere Ableitung zuließe. So kamen wir zur Geschichte jener unglücklichen Patientin, an deren Bett ich „schnell" den älteren Kollegen berief. In dem scheinbar absurden Traum, der den Unterschied von einundfünfzig und sechsundfünfzig als *quantité négligeable* behandelt, war die Zahl einundfünfzig mehrmals erwähnt. Anstatt dies selbstverständlich oder gleichgültig zu finden, haben wir daraus auf einen zweiten Gedankengang in dem latenten Trauminhalt geschlossen, der zur Zahl einundfünfzig hinführt, und die Spur, die wir weiterverfolgten, führte uns zu Befürchtungen, welche einundfünfzig Jahre als Lebensgrenze hinstellen, im schärfsten Gegensatz zu einem dominierenden Gedankenzug, der prahlerisch mit den Lebensjahren um sich wirft. In dem Traume „*Non vixit*" fand sich als unscheinbares Einschiebsel, das ich anfangs übersah, die Stelle: „*Da P. ihn nicht versteht, fragt mich Fl.*" usw. Als dann die Deutung stockte, griff ich auf diese Worte zurück und fand von ihnen aus den Weg zu der Kinderphantasie, die in den Traumgedanken als intermediärer Knotenpunkt auftritt. Es, geschah dies mittels der Zeilen des Dichters:

„Selten habt ihr mich *verstanden*,
Selten auch verstand ich Euch,
Nur wenn wir im *Kot* uns fanden,
So verstanden wir uns gleicht..."

---

[207] Das gleiche bei Foucault und Tannery.

Jede Analyse könnte mit Beispielen belegen, wie gerade die geringfügigsten Züge des Traumes zur Deutung unentbehrlich sind und wie die Erledigung der Aufgabe verzögert wird, indem sich die Aufmerksamkeit solchen erst spät zuwendet. Die gleiche Würdigung haben wir bei der Traumdeutung jeder Nuance des sprachlichen Ausdrucks geschenkt, in welchem der Traum uns vorlag; ja, wenn uns ein unsinniger oder unzureichender Wortlaut vorgelegt wurde, als ob es der Anstrengung nicht gelungen wäre, den Traum in die richtige Fassung zu übersetzen, haben wir auch diese Mängel des Ausdrucks respektiert. Kurz, was nach der Meinung der Autoren eine willkürliche, in der Verlegenheit eilig zusammengebraute Improvisation sein soll, das haben wir behandelt wie einen heiligen Text. Dieser Widerspruch bedarf der Aufklärung.

Sie lautet zu unseren Gunsten, ohne darum den Autoren unrecht zu geben. Vom Standpunkte unserer neugewonnenen Einsichten über die Entstehung des Traums vereinigen sich die Widersprüche ohne Rest. Es ist richtig, daß wir den Traum beim Versuch der Reproduktion entstellen; wir finden darin wieder, was wir als die sekundäre und oft mißverständliche Bearbeitung des Traumes durch die Instanz des normalen Denkens bezeichnet haben. Aber diese Entstellung ist selbst nichts anderes als ein Stück der Bearbeitung, welcher die Traumgedanken gesetzmäßig infolge der Traumzensur unterliegen. Die Autoren haben hier das manifest arbeitende Stück der Traumentstellung geahnt oder bemerkt; uns verschlägt es wenig, da wir wissen, daß eine weit ausgiebigere Entstellungsarbeit, minder leicht faßbar, den Traum bereits von den verborgenen Traumgedanken her zum Objekt erkoren hat. Die Autoren irren nur darin, daß sie die Modifikation des Traums bei seinem Erinnern und In-Worte-Fassen für willkürlich, also für nicht weiter auflösbar und demnach für geeignet halten, uns in der Erkenntnis des Traumes irrezuleiten. Sie unterschätzen die Determinierung im Psychischen. Es gibt da nichts Willkürliches. Es läßt sich ganz allgemein zeigen, daß ein zweiter Gedankenzug sofort die Bestimmung des Elements übernimmt, welches vom ersten unbestimmt gelassen wurde. Ich will mir z. B. ganz willkürlich eine Zahl einfallen lassen; es ist nicht möglich; die Zahl, die mir einfällt, ist durch Gedanken in mir, die meinem momentanen Vorsatz fernestehen mögen, eindeutig und notwendig bestimmt.[208] Ebensowenig willkürlich sind die Veränderungen, die der Traum bei der Redaktion des Wachens erfährt. Sie bleiben in assoziativer Verknüpfung mit dem Inhalt, an dessen Stelle sie sich setzen, und dienen dazu, uns den Weg zu diesem Inhalt zu zeigen, der selbst wieder der Ersatz eines anderen sein mag.

Ich pflege bei den Traumanalysen mit Patienten folgende Probe auf diese Behauptung nie ohne Erfolg anzustellen. Wenn mir der Bericht eines Traums

---

[208] Vergleiche *Psychopathologie des Alltagslebens*. 1. Aufl. 1901 u. 1904. 11. Aufl. 1929.

zuerst schwer verständlich erscheint, so bitte ich den Erzähler, ihn zu wiederholen. Das geschieht dann selten mit den nämlichen Worten. Die Stellen aber, an denen er den Ausdruck verändert hat, die sind mir als die schwachen Stellen der Traumverkleidung kenntlich gemacht worden, die dienen mir wie Hagen das gestickte Zeichen an Siegfrieds Gewand. Dort kann die Traumdeutung ansetzen. Der Erzähler ist durch meine Aufforderung gewarnt worden, daß ich besondere Mühe zur Lösung des Traumes anzuwenden gedenke; er schützt also rasch, unter dem Drange des Widerstands, die schwachen Stellen der Traumverkleidung, indem er einen verräterischen Ausdruck durch einen fernerabliegenden ersetzt. Er macht mich so auf den von ihm fallengelassenen Ausdruck aufmerksam. Aus der Mühe, mit der die Traumlösung verteidigt wird, darf ich auch auf die Sorgfalt schließen, die dem Traum sein Gewand gewebt hat.

Minder recht haben die Autoren, wenn sie dem Zweifel, mit dem unser Urteil der Traumerzählung begegnet, so sehr viel Raum machen. Dieser Zweifel entbehrt nämlich einer intellektuellen Gewähr; unser Gedächtnis kennt überhaupt keine Garantien, und doch unterliegen wir viel öfter, als objektiv gerechtfertigt ist, dem Zwange, seinen Angaben Glauben zu schenken. Der Zweifel an der richtigen Wiedergabe des Traums oder einzelner Traumdaten ist wieder nur ein Abkömmling der Traumzensur, des Widerstands gegen das Durchdringen der Traumgedanken zum Bewußtsein. Dieser Widerstand hat sich mit den von ihm durchgesetzten Verschiebungen und Ersetzungen nicht immer erschöpft, er heftet sich dann noch an das Durchgelassene als Zweifel. Wir verkennen diesen Zweifel um so leichter, als er die Vorsicht gebraucht, niemals intensive Elemente des Traums anzugreifen, sondern bloß schwache und undeutliche. Wir wissen aber jetzt bereits, daß zwischen Traumgedanken und Traum eine völlige Umwertung aller psychischen Werte stattgefunden hat; die Entstellung war nur möglich durch Wertentziehung, sie äußert sich regelmäßig darin und begnügt sich gelegentlich damit. Wenn zu einem undeutlichen Element des Trauminhalts noch der Zweifel hinzutritt, so können wir, dem Fingerzeige folgend, in diesem einen direkteren Abkömmling eines der verfemten Traumgedanken erkennen. Es ist damit wie nach einer großen Umwälzung in einer der Republiken des Altertums oder der Renaissance. Die früher herrschenden edlen und mächtigen Familien sind nun verbannt, alle hohen Stellungen mit Emporkömmlingen besetzt; in der Stadt geduldet sind nur noch ganz verarmte und machtlose Mitglieder oder entfernte Anhänger der Gestürzten. Aber auch diese genießen nicht die vollen Bürgerrechte, sie werden mißtrauisch überwacht. An der Stelle des Mißtrauens im Beispiel steht in unserem Falle der Zweifel. Ich verlange darum bei der Analyse eines Traums, daß man sich von der ganzen Skala der Sicherheitsschätzung frei mache, die leiseste Möglichkeit, daß etwas der oder jener Art im Traum vorgekommen sei, behandle wie die volle Gewißheit. Solange jemand bei der Verfolgung eines Traumelements sich nicht zum Verzicht auf diese Rücksicht entschlossen, so lange stockt hier die Analyse. Die Geringschätzung für das betreffende Element hat bei dem Analysierten die psychische Wirkung, daß ihm von den ungewollten Vorstellungen hinter demselben nichts einfallen will. Solche Wirkung ist eigentlich nicht selbstverständlich; es wäre nicht widersinnig, wenn jemand sagte: Ob dies oder jenes im Traume enthalten war, weiß ich nicht sicher; es fällt mir aber dazu folgendes ein. Niemals sagt er so, und gerade diese die Analyse störende Wirkung des Zweifels läßt ihn als einen Abkömmling und als ein Werkzeug des psychischen Widerstands entlarven. Die Psychoanalyse ist mit Recht mißtrauisch. Eine ihrer Regeln lautet: *Was immer die Fortsetzung der Arbeit stört, ist ein Widerstand.*[209]

Auch das Vergessen der Träume bleibt so lange unergründlich, als man nicht die Macht der psychischen Zensur zu seiner Erklärung mit heranzieht. Die Empfindung, daß man in einer Nacht sehr viel geträumt und davon nur wenig behalten hat, mag in einer Reihe von Fällen einen anderen Sinn haben, etwa den, daß die Traumarbeit die Nacht hindurch spürbar vor sich gegangen ist und nur den einen kurzen Traum hinterlassen hat. Sonst ist an der Tatsache, daß man den Traum nach dem Erwachen immer mehr vergißt, ein Zweifel nicht möglich. Man vergißt ihn oft trotz peinlicher Bemühungen, ihn zu merken. Ich meine aber, so wie man in der Regel den Umfang dieses Vergessens überschätzt, so überschätzt man auch die mit der Lückenhaftigkeit des Traumes verbundene Einbuße an seiner Kenntnis. Alles, was das Vergessen am Trauminhalt gekostet hat, kann man oft durch die Analyse wieder hereinbringen; wenigstens in einer ganzen Anzahl von Fällen kann man von einem einzelnen stehengebliebenen Brocken aus zwar nicht den Traum – aber an dem liegt ja auch nichts –, doch die Traumgedanken alle auffinden. Es verlangt einen größeren Aufwand an Aufmerksamkeit und Selbstüberwindung bei der Analyse; das ist alles, zeigt

[209] Der hier so peremptorisch aufgestellte Satz: „Was immer die Fortsetzung der Arbeit stört, ist ein Widerstand“, könnte leicht mißverstanden werden. Er hat natürlich nur die Bedeutung einer technischen Regel, einer Mahnung für den Analytiker. Es soll nicht in Abrede gestellt werden, daß sich während einer Analyse verschiedene Vorfälle ereignen können, die man der Absicht des Analysierten nicht zur Last legen kann. Es kann der Vater des Patienten sterben, ohne daß dieser ihn umgebracht hätte, es kann auch ein Krieg ausbrechen, der der Analyse ein Ende macht. Aber hinter der offenkundigen Übertreibung jenes Satzes steckt doch ein neuer und guter Sinn. Wenn auch das störende Ereignis real und vom Patienten unabhängig ist, so hängt es doch oftmals nur von diesem ab, wieviel störende Wirkung ihm eingeräumt wird, und der Widerstand zeigt sich unverkennbar in der bereitwilligen und übermäßigen Ausnützung einer solchen Gelegenheit.

aber doch an, daß beim Vergessen des Traums eine feindselige Absicht nicht gefehlt hat.[210]

Einen überzeugenden Beweis für die tendenziöse, dem Widerstand dienende Natur des Traumvergessens[211] gewinnt man bei den Analysen aus der Würdigung einer Vorstufe des Vergessens. Es kommt gar nicht selten vor, daß mitten in der Deutungsarbeit plötzlich ein ausgelassenes Stück des Traumes auftaucht, das als bisher vergessen bezeichnet wird. Dieser der Vergessenheit entrissene Traumteil ist nun jedesmal der wichtigste; er liegt auf dem kürzesten Wege zur Traumlösung und war darum dem Widerstande am meisten ausgesetzt. Unter den Traumbeispielen, die ich in den Zusammenhang dieser Abhandlung eingestreut habe, trifft es sich einmal, daß ich so ein Stück Trauminhalt nachträglich einzuschalten habe. Es ist dies ein Reisetraum, der Rache nimmt an zwei unliebenswürdigen Reisegefährten, den ich wegen seines zum Teil grob unflätigen

---

[210] Als Beispiel für die Bedeutung von Zweifel und Unsicherheit im Traum bei gleichzeitigem Einschrumpfen des Trauminhalts auf ein einzelnes Element entnehme ich meinen *Vorlesungen zur Einführung in die Psychoanalyse* (1916) folgenden Traum, dessen Analyse nach kurzem zeitlichen Aufschub doch gelungen ist:

Eine skeptische Patientin hat einen längeren Traum, in dem es vorkommt, daß ihr gewisse Personen von meinem Buche über den *Witz erzählen und es sehr loben. Dann wird etwas erwähnt von einem Kanal, vielleicht ein anderes Buch, in dem Kanal vorkommt, oder sonst etwas mit Kanal ... sie weiß es nicht ... es ist ja ganz unklar.*

Nun werden Sie gewiß zu glauben geneigt sein, daß das Element Kanal sich der Deutung entziehen wird, weil es selbst so unbestimmt ist. Sie haben mit der vermuteten Schwierigkeit recht, aber es ist nicht darum schwer, weil es undeutlich ist, sondern es ist undeutlich aus einem anderen Grunde, demselben, der auch die Deutung schwermacht. Der Träumerin fällt zu Kanal nichts ein; ich weiß natürlich auch nichts zu sagen. Eine Weile später, in Wahrheit am nächsten Tage, erzählt sie, es sei ihr etwas eingefallen, was *vielleicht* dazugehört. Auch ein Witz nämlich, den sie erzählen gehört hat. Auf einem Schiff zwischen Dover und Calais unterhält sich ein bekannter Schriftsteller mit einem Engländer, welcher in einem gewissen Zusammenhange den Satz zitiert: *Du sublime au ridicule il n'y a qu'un pas.* Der Schriftsteller antwortet: *Oui, le pas de Calais*, womit er sagen will, daß er Frankreich großartig und England lächerlich findet. Der Pas de Calais ist aber doch ein *Kanal*, der Ärmelkanal nämlich, Canal la Manche. Ob ich meine, daß dieser Einfall etwas mit dem Traum zu tun hat? Gewiß, meine ich, er, gibt wirklich die Lösung des rätselhaften Traumelements. Oder wollen Sie bezweifeln, daß dieser Witz bereits vor dem Traum als das Unbewußte des Elements „Kanal" vorhanden war, können Sie annehmen, daß er nachträglich hinzugefunden wurde? Der Einfall bezeugt nämlich die Skepsis, die sich bei ihr hinter aufdringlicher Bewunderung verbirgt, und der Widerstand ist wohl der gemeinsame Grund für beides, sowohl, daß ihr der Einfall so zögernd gekommen, als auch dafür, daß das entsprechende Traumelement so unbestimmt ausgefallen ist. Blicken Sie hier auf das Verhältnis des Traumelements zu seinem Unbewußten. Es ist wie ein Stückchen dieses Unbewußten, wie eine Anspielung darauf; durch seine Isolierung ist es ganz unverständlich geworden.

[211] Vgl. über die Absicht beim Vergessen überhaupt meine kleine Abhandlung über den „psychischen Mechanismus der Vergeßlichkeit" in der Monatsschrift für Psychiatrie und Neurologie (1898).

Inhalts fast ungedeutet gelassen habe. Das ausgelassene Stück lautet: *Ich sage auf ein Buch von Schiller: It is from... Korrigiere mich aber, den Irrtum selbst bemerkend: It is by ... Der Mann bemerkt hierauf zu seiner Schwester: „Er hat es ja richtig gesagt.*“[212]

Die Selbstkorrektur im Traum, die manchen Autoren so wunderbar erschienen ist, verdient wohl nicht, uns zu beschäftigen. Ich werde lieber für den Sprachirrtum im Traum das Vorbild aus meiner Erinnerung aufzeigen. Ich war neunzehnjährig zum erstenmal in England und einen Tag lang am Strande der Irish Sea. Ich schwelgte natürlich im Fang der von der Flut zurückgelassenen Seetiere und beschäftigte mich gerade mit einem Seestern (der Traum beginnt mit: Hollthurn-Holothurien), als ein reizendes kleines Mädchen zu mir trat und mich fragte: *Is it a starfish? Is it alive?* Ich antwortete: *Yes he is alive*, schämte mich aber dann der Inkorrektheit und wiederholte den Satz richtig. An Stelle des Sprachfehlers, den ich damals begangen habe, setzte nun der Traum einen anderen, in den der Deutsche ebenso leicht verfällt. „Das Buch ist von Schiller“, soll man nicht mit *from*..., sondern mit *by* ... übersetzen. Daß die Traumarbeit diesen Ersatz vollzieht, weil *from* durch den Gleichklang mit dem deutschen Eigenschaftswort *fromm* eine großartige Verdichtung ermöglicht, das nimmt uns nach allem, was wir von den Absichten der Traumarbeit und von ihrer Rücksichtslosigkeit in der Wahl der Mittel gehört haben, nicht mehr wunder. Was will aber die harmlose Erinnerung vom Meeresstrand im Zusammenhang des Traums besagen? Sie erläutert an einem möglichst unschuldigen Beispiel, daß ich das *Geschlechtswort* am unrechten Platz gebrauche, also das *Geschlechtliche (he)* dort anbringe, wo es nicht hingehört. Dies ist allerdings einer der Schlüssel zur Lösung des Traumes. Wer dann noch die Ableitung des Buchtitels „ *Matter and Motion*“ angehört hat (*Mo*lière im *Ma*lade Imaginaire: La *ma*tière est-elle laudable? – *a motion of the bowels*), der wird sich das Fehlende leicht ergänzen können.

Ich kann übrigens den Beweis, daß das Vergessen des Traums zum großen Teil Widerstandsleistung ist, durch eine *demonstratio ad oculos* erledigen. Ein Patient erzählt, er habe geträumt, aber den Traum spurlos vergessen; dann gilt er eben als nicht vorgefallen. Wir setzen die Arbeit fort, ich stoße auf einen Widerstand, mache dem Kranken etwas klar, helfe ihm durch Zureden und Drängen, sich mit irgendeinem unangenehmen Gedanken zu versöhnen, und kaum ist das gelungen, so ruft er aus: Jetzt weiß ich auch wieder, was ich geträumt habe. Derselbe Widerstand, der ihn an diesem Tage in der Arbeit gestört hat, hat ihn

---

[212] Solche Korrekturen im Gebrauche fremder Sprachen sind in Träumen nicht selten, werden aber häufiger fremden Personen zugeschoben. Maury träumte einmal zur Zeit, da er Englisch lernte, daß er einer anderen Person die Mitteilung, er habe sie gestern besucht, mit den Worten machte: *I called for you yesterday*. Der andere erwiderte richtig: Es heißt: *I called on you yesterday.*

auch den Traum vergessen lassen. Durch die Überwindung dieses Widerstandes habe ich den Traum zur Erinnerung gefördert.

Ebenso kann sich der Patient, bei einer gewissen Stelle der Arbeit angelangt, an einen Traum erinnern, der vor drei, vier oder mehr Tagen vorgefallen ist und bis dahin in der Vergessenheit geruht hat.[213]

Die psychoanalytische Erfahrung hat uns noch einen anderen Beweis dafür geschenkt, daß das Vergessen der Träume weit mehr vom Widerstand als von der Fremdheit zwischen dem Wach- und dem Schlafzustand, wie die Autoren meinen, abhängt. Es ereignet sich mir wie anderen Analytikern und den in solcher Behandlung stehenden Patienten nicht selten, daß wir, durch einen Traum aus dem Schlafe geweckt, wie wir sagen möchten, unmittelbar darauf im vollen Besitze unserer Denktätigkeit den Traum zu deuten beginnen. Ich habe in solchen Fällen oftmals nicht geruht, bis ich das volle Verständnis des Traumes gewonnen hatte, und doch konnte es geschehen, daß ich nach dem Erwachen die Deutungsarbeit ebenso vollständig vergessen hatte wie den Trauminhalt, obwohl ich wußte, daß ich geträumt und daß ich den Traum gedeutet hatte. Viel häufiger hatte der Traum das Ergebnis der Deutungsarbeit mit in die Vergessenheit gerissen, als es der geistigen Tätigkeit gelungen war, den Traum für die Erinnerung zu halten. Zwischen dieser Deutungsarbeit und dem Wachdenken besteht aber nicht jene psychische Kluft, durch welche die Autoren das Traumvergessen ausschließend erklären wollen. – Wenn Morton Prince gegen meine Erklärung des Traumvergessens einwendet, es sei nur ein Spezialfall der Amnesie für abgespaltene seelische Zustände (*dissociated states*) und die Unmöglichkeit, meine Erklärung für diese spezielle Amnesie auf andere Typen von Amnesie zu übertragen, mache sie auch für ihre nächste Absicht wertlos, so erinnert er den Leser daran, daß er in all seinen Beschreibungen solcher dissoziierter Zustände niemals den Versuch gemacht hat, die dynamische Erklärung für diese Phänomene zu finden. Er hätte sonst entdecken müssen, daß die Verdrängung (resp. der durch sie geschaffene Widerstand) ebensowohl die Ursache dieser Abspaltungen wie der Amnesie für ihren psychischen Inhalt ist.

Daß die Träume ebensowenig vergessen werden wie andere seelische Akte und daß sie auch in bezug auf ihr Haften im Gedächtnis den anderen seelischen Leistungen ungeschmälert gleichzustellen sind, zeigt mir eine Erfahrung, die ich bei der Abfassung dieses Manuskripts machen konnte. Ich hatte in meinen Notizen reichlich eigene Träume aufbewahrt, die ich damals aus irgendeinem

---

[213] E. Jones beschreibt den analogen, häufig vorkommenden Fall, daß während der Analyse eines Traums ein zweiter derselben Nacht erinnert wird, der bis dahin vergessen war, ja nicht einmal vermutet wurde.

Grunde nur sehr unvollständig oder auch überhaupt nicht der Deutung unterziehen konnte. Bei einigen derselben habe ich nun ein bis zwei Jahre später den Versuch, sie zu deuten, unternommen, in der Absicht, mir Material zur Illustration meiner Behauptungen zu schaffen. Dieser Versuch gelang mir ausnahmslos; ja ich möchte behaupten, die Deutung ging so lange Zeit später leichter vor sich als damals, solange die Träume frische Erlebnisse waren, wofür ich als mögliche Erklärung angeben möchte, daß ich seither über manche Widerstände in meinem Inneren weggekommen bin, die mich damals störten. Ich habe bei solchen nachträglichen Deutungen die damaligen Ergebnisse an Traumgedanken mit den heutigen, meist viel reichhaltigeren, verglichen und das Damalige unter dem Heutigen unverändert wiedergefunden. Ich trat meinem Erstaunen hierüber rechtzeitig in den Weg, indem ich mich besann, daß ich ja bei meinen Patienten längst in Übung habe, Träume aus früheren Jahren, die sie mir gelegentlich erzählen, deuten zu lassen, als ob es Träume aus der letzten Nacht wären, nach demselben Verfahren und mit demselben Erfolg. Bei der Besprechung der Angstträume werde ich zwei Beispiele von solch verspäteter Traumdeutung mitteilen. Als ich diesen Versuch zum ersten Male, anstellte, leitete mich die berechtigte Erwartung, daß der Traum sich auch hierin nur verhalten werde wie ein neurotisches Symptom. Wenn ich nämlich einen Psychoneurotiker, eine Hysterie etwa, mittels Psychoanalyse behandle, so muß ich für die ersten, längst überwundenen Symptome seines Leidens ebenso Aufklärung schaffen wie für die noch heute bestehenden, die ihn zu mir geführt haben, und finde erstere Aufgabe nur leichter zu lösen als die heute dringende. Schon in den 1895 publizierten Studien über Hysterie konnte ich die Aufklärung eines ersten hysterischen Anfalles mitteilen, den die mehr als vierzigjährige Frau in ihrem fünfzehnten Lebensjahre gehabt hatte.[214]

In loserer Anreihung will ich hier noch einiges vorbringen, was ich über die Deutung der Träume zu bemerken habe und was vielleicht den Leser orientieren wird, der mich durch Nacharbeit an seinen eigenen Träumen kontrollieren will.

Es wird niemand erwarten dürfen, daß ihm die Deutung seiner Träume mühelos in den Schoß falle. Schon zur Wahrnehmung endoptischer Phänomene und anderer für gewöhnlich der Aufmerksamkeit entzogener Sensationen bedarf es der Übung, obwohl kein psychisches Motiv sich gegen diese Gruppe von Wahrnehmungen sträubt. Es ist erheblich schwieriger, der „ungewollten

---

[214] Träume, die in den ersten Kindheitsjahren vorgefallen sind und sich nicht selten in voller sinnlicher Frische durch Dezennien im Gedächtnis erhalten haben, gelangen fast immer zu einer großen Bedeutung für das Verständnis der Entwicklung und der Neurose des Träumers. Ihre Analyse schützt den Arzt gegen Irrtümer und Unsicherheiten, die ihn auch theoretisch verwirren könnten.

Vorstellungen" habhaft zu werden. Wer dies verlangt, wird sich mit den Erwartungen erfüllen müssen, die in dieser Abhandlung regegemacht werden, und wird in Befolgung der hier gegebenen Regeln jede Kritik, jede Voreingenommenheit, jede affektive oder intellektuelle Parteinahme während der Arbeit bei sich niederzuhalten bestrebt sein. Er wird der Vorschrift eingedenk bleiben, die *Claude Bernard* für den Experimentator im physiologischen Laboratorium aufgestellt hat: *Travailler comme une bête*, d. h. so ausdauernd, aber auch so unbekümmert um das Ergebnis. Wer diese Ratschläge befolgt, der wird die Aufgabe allerdings nicht mehr schwierig finden. Die Deutung eines Traumes vollzieht sich auch nicht immer in einem Zuge; nicht selten fühlt man seine Leistungsfähigkeit erschöpft, wenn man einer Verkettung von Einfällen gefolgt ist, der Traum sagt einem nichts mehr an diesem Tage; man tut dann gut, abzubrechen und an einem nächsten zur Arbeit zurückzukehren. Dann lenkt ein anderes Stück des Trauminhalts die Aufmerksamkeit auf sich, und man findet den Zugang zu einer neuen Schicht von Traumgedanken. Man kann das die „fraktionierte" Traumdeutung heißen.

Am schwierigsten ist der Anfänger in der Traumdeutung zur Anerkennung der Tatsache zu bewegen, daß seine Aufgabe nicht voll erledigt ist, wenn er eine vollständige Deutung des Traums in Händen hat, die sinnreich, zusammenhängend ist und über alle Elemente des Trauminhalts Auskunft gibt. Es kann außerdem eine andere, eine Überdeutung, desselben Traumes möglich sein, die ihm entgangen ist. Es ist wirklich nicht leicht, sich von dem Reichtum an unbewußten, nach Ausdruck ringenden Gedankengängen in unserem Denken eine Vorstellung zu machen und an die Geschicklichkeit der Traumarbeit zu glauben, durch mehrdeutige Ausdrucksweise jedesmal gleichsam sieben Fliegen mit einem Schlage zu treffen, wie der Schneidergeselle im Märchen. Der Leser wird immer geneigt sein, dem Autor vorzuwerfen, daß er seinen Witz überflüssig vergeude; wer sich selbst Erfahrung erworben hat, wird sich eines Besseren belehrt finden.

Anderseits kann ich aber der Behauptung nicht beipflichten, die zuerst von *H. Silberer* aufgestellt worden ist, daß jeder Traum – oder auch nur zahlreiche und gewisse Gruppen von Träumen – zwei verschiedene Deutungen erfordern, die sogar in fester Beziehung zueinander stehen. Die eine dieser Deutungen, die Silberer die *psychoanalytische* nennt, gibt dem Traume einen beliebigen, zumeist infantil-sexuellen Sinn; die andere, bedeutsamere, von ihm die *anagogische* geheißen, zeigt die ernsthafteren, oft tiefsinnigen Gedanken auf, welche die Traumarbeit als Stoff übernommen hat. Silberer hat diese Behauptung nicht durch Mitteilung einer Reihe von Träumen, die er nach beiden Richtungen analysiert hätte, erwiesen. Ich muß dagegen einwenden, daß eine solche Tatsache nicht besteht. Die meisten Träume verlangen doch keine Überdeutung und sind insbesondere einer anagogischen Deutung nicht fähig. Die Mitwirkung einer Tendenz, welche die grundlegenden Verhältnisse der Traumbildung verschleiern und das Interesse von ihren Triebwurzeln ablenken möchte, ist bei der Silbererschen Theorie ebensowenig zu verkennen wie bei anderen theoretischen Bemühungen der letzten Jahre. Für eine Anzahl von Fällen konnte ich die Angaben von Silberer bestätigen; die Analyse zeigte mir dann, daß die Traumarbeit die Aufgabe vorgefunden hatte, eine Reihe von sehr abstrakten und einer direkten Darstellung unfähigen Gedanken aus dem Wachleben in einen Traum zu verwandeln. Sie suchte diese Aufgabe zu lösen, indem sie sich eines anderen Gedankenmaterials bemächtigte, welches in lockerer, oft allegorisch zu nennender Beziehung zu den abstrakten Gedanken stand und dabei der Darstellung geringere Schwierigkeiten bereitete. Die abstrakte Deutung eines so entstandenen Traumes wird vom Träumer unmittelbar gegeben; die richtige Deutung des unterschobenen Materials muß mit den bekannten technischen Mitteln gesucht werden.

Die Frage, ob jeder Traum zur Deutung gebracht werden kann, ist mit Nein zu beantworten. Man darf nicht vergessen, daß man bei der Deutungsarbeit die psychischen Mächte gegen sich hat, welche die Entstellung des Traumes verschulden. Es wird so eine Frage des Kräfteverhältnisses, ob man mit seinem intellektuellen Interesse, seiner Fähigkeit zur Selbstüberwindung, seinen psychologischen Kenntnissen und seiner Übung in der Traumdeutung den inneren Widerständen den Herrn zeigen kann. Ein Stück weit ist das immer möglich, so weit wenigstens, um die Überzeugung zu gewinnen, daß der Traum eine sinnreiche Bildung ist, und meist auch, um eine Ahnung dieses Sinns zu gewinnen. Recht häufig gestattet ein nächstfolgender Traum, die für den ersten angenommene Deutung zu versichern und weiterzuführen. Eine ganze Reihe von Träumen, die sich durch Wochen oder Monate zieht, ruht oft auf gemeinsamem Boden und ist dann im Zusammenhange der Deutung zu unterwerfen. Von aufeinanderfolgenden Träumen kann man oft merken, wie der eine zum Mittelpunkte nimmt, was in dem nächsten nur in der Peripherie angedeutet wird, und umgekehrt, so daß die beiden einander auch zur Deutung ergänzen. Daß die verschiedenen Träume derselben Nacht ganz allgemein von der Deutungsarbeit wie ein Ganzes zu behandeln sind, habe ich bereits durch Beispiele erwiesen.

In den bestgedeuteten Träumen muß man oft eine Stelle im Dunkel lassen, weil man bei der Deutung merkt, daß dort ein Knäuel von Traumgedanken anhebt, der sich nicht entwirren will, aber auch zum Trauminhalt keine weiteren Beiträge geliefert hat. Dies ist dann der Nabel des Traums, die Stelle, an der er dem Unerkannten aufsitzt. Die Traumgedanken, auf die man bei der Deutung gerät, müssen ja ganz allgemein ohne Abschluß bleiben und nach allen Seiten hin in die netzartige Verstrickung unserer Gedankenwelt auslaufen. Aus einer dichteren Stelle dieses Geflechts erhebt sich dann der Traumwunsch wie der Pilz aus seinem Mycelium.

Wir kehren zu den Tatsachen des Traumvergessens zurück. Wir haben es nämlich versäumt, einen wichtigen Schluß aus ihnen zu ziehen. Wenn das Wachleben die unverkennbare Absicht zeigt, den Traum, der bei Nacht gebildet worden ist, zu vergessen, entweder als Ganzes unmittelbar nach dem Erwachen oder stückweise im Laufe des Tages, und wenn wir als den Hauptbeteiligten bei diesem Vergessen den seelischen Widerstand gegen den Traum erkennen, der doch schon in der Nacht das Seinige gegen den Traum getan hat, so liegt die Frage nahe, was eigentlich gegen diesen Widerstand die Traumbildung überhaupt ermöglicht hat. Nehmen wir den grellsten Fall, in dem das Wachleben den Traum wieder beseitigt, als ob er gar nicht vorgefallen wäre. Wenn wir dabei das Spiel der psychischen Kräfte in Betracht ziehen, so müssen wir aussagen, der Traum wäre überhaupt nicht zustande gekommen, wenn der Widerstand bei Nacht gewaltet hätte wie bei Tag. Unser Schluß ist, daß dieser während der Nachtzeit einen Teil seiner Macht eingebüßt hatte; wir wissen, er war nicht aufgehoben, denn wir haben seinen Anteil an der Traumbildung in der Traumentstellung nachgewiesen. Aber die Möglichkeit drängt sich uns auf, daß er des Nachts verringert war, daß durch diese Abnahme des Widerstands die Traumbildung möglich wurde, und wir verstehen so leicht, daß er, mit dem Erwachen in seine volle Kraft eingesetzt, sofort wieder beseitigt, was er, solange er schwach war, zulassen mußte. Die beschreibende Psychologie lehrt uns ja, daß die Hauptbedingung der Traumbildung der Schlafzustand der Seele ist; wir könnten nun die Erklärung hinzufügen: *der Schlafzustand ermöglicht die Traumbildung, indem er die endopsychische Zensur herabsetzt.*

Wir sind gewiß in Versuchung, diesen Schluß als den einzig möglichen aus den Tatsachen des Traumvergessens anzusehen und weitere Folgerungen über die Energieverhältnisse des Schlafens und des Wachens aus ihm zu entwickeln. Wir wollen aber vorläufig hierin innehalten. Wenn wir uns in die Psychologie des Traums ein Stück weiter vertieft haben, werden wir erfahren, daß man sich die Ermöglichung der Traumbildung auch noch anders vorstellen kann. Der Widerstand gegen das Bewußtwerden der Traumgedanken kann vielleicht auch umgangen werden, ohne daß er an sich eine Herabsetzung erfahren hätte. Es ist auch plausibel, daß beide der Traumbildung günstigen Momente, die Herabsetzung sowie die Umgehung des Widerstandes, durch den Schlafzustand gleichzeitig ermöglicht werden. Wir brechen hier ab, um nach einer Weile hier fortzusetzen.

Es gibt eine andere Reihe von Einwendungen gegen unser Verfahren bei der Traumdeutung, um die wir uns jetzt bekümmern müssen. Wir gehen ja so vor, daß wir alle sonst das Nachdenken beherrschenden Zielvorstellungen fallenlassen, unsere Aufmerksamkeit auf ein einzelnes Traumelement richten und dann notieren, was uns an ungewollten Gedanken zu demselben einfällt. Dann greifen wir einen nächsten Bestandteil des Trauminhalts auf, wiederholen an ihm dieselbe Arbeit und lassen uns, unbekümmert um die Richtung, nach der die Gedanken treiben, von ihnen weiterführen, wobei wir – wie man zu sagen pflegt – vom Hundertsten ins Tausendste geraten. Dabei hegen wir die zuversichtliche Erwartung, am Ende ganz ohne unser Dazutun auf die Traumgedanken zu geraten, aus denen der Traum entstanden ist. Dagegen wird die Kritik nun etwa folgendes einzuwenden haben: Daß man von einem einzelnen Element des Traumes irgendwohin gelangt, ist nichts Wunderbares. An jede Vorstellung läßt sich assoziativ etwas knüpfen; es ist nur merkwürdig, daß man bei diesem ziellosen und willkürlichen Gedankenablauf gerade zu den Traumgedanken geraten soll. Wahrscheinlich ist das eine Selbsttäuschung; man folgt der Assoziationskette von dem einen Elemente aus, bis man sie aus irgendeinem Grunde abreißen merkt; wenn man dann ein zweites Element aufnimmt, so ist es nur natürlich, daß die ursprüngliche Unbeschränktheit der Assoziation jetzt eine Einengung erfährt. Man hat die frühere Gedankenkette noch in Erinnerung und wird darum bei der Analyse der zweiten Traumvorstellung leichter auf einzelne Einfälle stoßen, die auch mit den Einfällen aus der ersten Kette irgend etwas gemein haben. Dann bildet man sich ein, einen Gedanken gefunden zu haben, der einen Knotenpunkt zwischen zwei Traumelementen darstellt. Da man sich sonst jede Freiheit der Gedankenverbindung gestattet und eigentlich nur die Übergänge von einer Vorstellung zur anderen ausschließt, die beim normalen Denken in Kraft treten, so wird es schließlich nicht schwer, aus einer Reihe von „Zwischengedanken" etwas zusammenzubrauen, was man die Traumgedanken benennt und ohne jede Gewähr, da diese sonst nicht bekannt sind, für den psychischen Ersatz des Traumes ausgibt. Es ist aber alles Willkür und witzig erscheinende Ausnützung des Zufalls dabei, und jeder, der sich dieser unnützen Mühe unterzieht, kann zu einem beliebigen Traume auf diesem Wege eine ihm beliebige Deutung herausgrübeln.

Wenn uns solche Einwände wirklich vorgerückt werden, so können wir uns zur Abwehr auf den Eindruck unserer Traumdeutungen berufen, auf die überraschenden Verbindungen mit anderen Traumelementen, die sich während der Verfolgung der einzelnen Vorstellungen ergeben, und auf die Unwahrscheinlichkeit, daß etwas, was den Traum so erschöpfend deckt und aufklärt wie eine unserer Traumdeutungen, anders gewonnen werden könne, als indem man vorher hergestellten psychischen Verbindungen nachfährt. Wir könnten auch zu unserer Rechtfertigung heranziehen, daß das Verfahren bei der Traumdeutung identisch ist mit dem bei der Auflösung der hysterischen Symptome, wo die Richtigkeit des Verfahrens durch das Auftauchen und Schwinden der Symptome zu ihrer Stelle gewährleistet wird, wo also die Auslegung des Textes an den eingeschalteten Illustrationen einen Anhalt findet. Wir haben aber keinen Grund, dem Problem, wieso man durch Verfolgung einer sich willkürlich und ziellos weiterspinnenden Gedankenkette zu einem präexistenten Ziele gelangen könne, aus dem Wege zu gehen, da wir dieses Problem zwar nicht zu lösen, aber voll zu beseitigen vermögen.

Es ist nämlich nachweisbar unrichtig, daß wir uns einem ziellosen Vorstellungsablauf hingeben, wenn wir, wie bei der Traumdeutungsarbeit, unser Nachdenken fallen – und die ungewollten Vorstellungen auftauchen lassen. Es läßt sich zeigen, daß wir immer nur auf die uns bekannten Zielvorstellungen verzichten können und daß mit dem Aufhören dieser sofort unbekannte – wie wir ungenau sagen: unbewußte – Zielvorstellungen zur Macht kommen, die jetzt den Ablauf der ungewollten Vorstellungen determiniert halten. Ein Denken ohne Zielvorstellungen läßt sich durch unsere eigene Beeinflussung unseres Seelenlebens überhaupt nicht herstellen; es ist mir aber auch unbekannt, in welchen Zuständen psychischer Zerrüttung es sich sonst herstellt.[215] Die Psychiater haben

[215] Ich bin erst später darauf aufmerksam gemacht worden, daß Ed. v. Hartmann in diesem psychologisch bedeutsamen Punkte die nämliche Anschauung vertritt: „Gelegentlich der Erörterung der Rolle des Unbewußten im künstlerischen Schaffen (*Philos. D. Unbew.* Bd. I Abschn. B. Kap. V) hat Eduard v. Hartmann das Gesetz der von unbewußten Zielvorstellungen geleiteten Ideenassoziation mit klaren Worten ausgesprochen, ohne sich jedoch der Tragweite dieses Gesetzes bewußt zu sein. Ihm ist es darum zu tun, zu erweisen, daß jede Kombination sinnlicher Vorstellungen, wenn sie nicht rein dem Zufall anheimgestellt wird, sondern zu einem bestimmten Ziele führen soll, der Hilfe des Unbewußten bedarf und daß das bewußte Interesse an einer bestimmten Gedankenverbindung ein Antrieb für das Unbewußte ist, unter den unzähligen möglichen Vorstellungen die zweckentsprechende herauszufinden. Es ist das Unbewußte, welches den Zwecken des Interesses gemäß wählt: *und das gilt für die Ideenassoziation beim abstrakten Denken als sinnlichem Vorstellen oder künstlerischem Kombinieren und beim witzigen Einfall.* Daher ist eine Einschränkung der Ideenassoziation auf die hervorrufende und die hervorgerufene Vorstellung im Sinne der reinen Assoziationspsychologie nicht aufrechtzuerhalten. Eine solche Einschränkung wäre nur dann tatsächlich gerechtfertigt, wenn Zustände im menschlichen Leben vorkommen, in denen der Mensch nicht nur von jedem bewußten Zweck, sondern auch von der Herrschaft oder Mitwirkung jedes unbewußten Interesses, jeder Stimmung frei ist. Dies ist aber ein kaum jemals vorkommender Zustand, denn auch, *wenn man seine Gedankenfolge anscheinend völlig dem Zufall anheimgibt oder wenn man sich ganz den unwillkürlichen Träumen der Phantasie überläßt, so walten doch immer zu der einen Stunde andere Hauptinteressen, maßgebende Gefühle und Stimmungen im Gemüt als zu der anderen, und diese werden allemal einen Einfluß auf die Ideenassoziation üben.* Bei halbunbewußten Träumen kommen immer nur solche Vorstellungen, die dem augenblicklichen (unbewußten) Hauptinteresse entsprechen. Die Hervorhebung des Einflusses der Gefühle und Stimmungen auf die freie Gedankenfolge läßt nun das methodische Verfahren der Psychoanalyse auch vom Standpunkte der Hartmannschen Psychologie als

hier viel zu früh auf die Festigkeit des psychischen Gefüges verzichtet. Ich weiß, daß ein ungeregelter, der Zielvorstellungen entbehrender Gedankenablauf im Rahmen der Hysterie und der Paranoia ebensowenig vorkommt wie bei der Bildung oder bei der Auflösung der Träume. Er tritt vielleicht bei den endogenen psychischen Affektionen überhaupt nicht ein; selbst die Delirien der Verworrenen sind nach einer geistreichen Vermutung von Leuret sinnvoll und werden nur durch Auslassungen für uns unverständlich. Ich habe die nämliche Überzeugung gewonnen, wo mir Gelegenheit zur Beobachtung geboten war. Die Delirien sind das Werk einer Zensur, die sich keine Mühe mehr gibt, ihr Walten zu verbergen, die anstatt ihre Mitwirkung zu einer nicht mehr anstößigen Umarbeitung zu leihen, rücksichtslos ausstreicht, wogegen sie Einspruch erhebt, wodurch dann das Übriggelassene zusammenhanglos wird. Diese Zensur verfährt ganz analog der russischen Zeitungszensur an der Grenze, welche ausländische Journale nur von schwarzen Strichen durchsetzt in die Hände der zu behütenden Leser gelangen läßt.

Das freie Spiel der Vorstellungen nach beliebiger Assoziationsverkettung kommt vielleicht bei destruktiven organischen Gehirnprozessen zum Vorschein; was bei den Psychoneurosen für solches gehalten wird, läßt sich allemal durch Einwirkung der Zensur auf eine Gedankenreihe aufklären, welche von verborgen gebliebenen Zielvorstellungen in den Vordergrund geschoben wird.[216] Als ein untrügliches Zeichen der von Zielvorstellungen freien Assoziation hat man es betrachtet, wenn die auftauchenden Vorstellungen (oder Bilder) untereinander durch die Bande der sogenannten oberflächlichen Assoziation verknüpft erscheinen, also durch Assonanz, Wortzweideutigkeit, zeitliches Zusammentreffen ohne innere Sinnbeziehung, durch alle die Assoziationen, die wir im Witz und beim Wortspiel zu verwerten uns gestatten. Dieses Kennzeichen trifft für die Gedankenverbindungen, die uns von den Elementen des Trauminhalts zu den Zwischengedanken und von diesen zu den eigentlichen Traumgedanken führen, zu; wir haben bei vielen Traumanalysen Beispiele davon gefunden, die unser Befremden wecken mußten. Keine Anknüpfung war da zu locker, kein Witz zu verwerflich, als daß er nicht die Brücke von einem Gedanken zum andern hätte bilden dürfen. Aber das richtige Verständnis solcher Nachsichtigkeit liegt nicht ferne. *Jedesmal, wenn ein psychisches Element mit einem anderen durch eine anstößige und*

durchaus gerechtfertigt erscheinen." (N. E. Pohorilles, in Internat. Zeitschr. f. ärztl. PsA, I, 1913, S. 605) – Du Prel schließt aus der Tatsache, daß ein Name, auf den wir uns vergeblich besinnen, uns oft plötzlich wieder unvermittelt einfällt, es gebe ein unbewußtes und dennoch zielgerichtetes Denken, dessen Resultat alsdann ins Bewußtsein tritt (*Philos. D. Mystik*, S. 107).

216 Vgl. hiezu die glänzende Bestätigung dieser Behauptung, die C. G. Jung durch Analysen bei Dementia praecox erbracht hat (*Über die Psychologie der Dementia Praecox*, 1907).

oberflächliche Assoziation verbunden ist, existiert auch eine korrekte und tiefergehende Verknüpfung zwischen den beiden, welche dem Widerstande der Zensur unterliegt.

Druck der Zensur, nicht Aufhebung der Zielvorstellungen ist die richtige Begründung für das Vorherrschen der oberflächlichen Assoziationen. Die oberflächlichen Assoziationen ersetzen in der Darstellung die tiefen, wenn die Zensur diese normalen Verbindungswege ungangbar macht. Es ist, wie wenn ein allgemeines Verkehrshindernis, z. B. eine Überschwemmung, im Gebirge die großen und breiten Straßen unwegsam werden läßt; der Verkehr wird dann auf unbequemen und steilen Fußpfaden aufrechterhalten, die sonst nur der Jäger begangen hatte.

Man kann hier zwei Fälle voneinander trennen, die im wesentlichen eins sind. Entweder die Zensur richtet sich nur gegen den Zusammenhang zweier Gedanken, die, voneinander losgelöst, dem Einspruch entgehen. Dann treten die beiden Gedanken nacheinander ins Bewußtsein; ihr Zusammenhang bleibt verborgen; aber dafür fällt uns eine oberflächliche Verknüpfung zwischen beiden ein, an die wir sonst nicht gedacht hätten und die in der Regel an einer anderen Ecke des Vorstellungskomplexes ansetzt, als von welcher die unterdrückte, aber wesentliche Verbindung ausgeht. Oder aber, beide Gedanken unterliegen an sich wegen ihres Inhalts der Zensur; dann erscheinen beide nicht in der richtigen, sondern in modifizierter, ersetzter Form, und die beiden Ersatzgedanken sind so gewählt, daß sie durch eine oberflächliche Assoziation die wesentliche Verbindung wiedergeben, in der die von ihnen ersetzten stehen. *Unter dem Druck der Zensur hat hier in beiden Fällen eine Verschiebung stattgefunden von einer normalen, ernsthaften Assoziation auf eine oberflächliche, absurd erscheinende.*

Weil wir von diesen Verschiebungen wissen, vertrauen wir uns bei der Traumdeutung auch den oberflächlichen Assoziationen ganz ohne Bedenken an.[217]

Von den beiden Sätzen, daß mit dem Aufgeben der bewußten Zielvorstellungen die Herrschaft über den Vorstellungsablauf an verborgene Zielvorstellungen übergeht und daß oberflächliche Assoziationen nur ein Verschiebungsersatz sind für unterdrückte tiefergehende, macht die Psychoanalyse bei Neurosen den ausgiebigsten Gebrauch; ja, sie erhebt die beiden Sätze zu Grundpfeilern ihrer Technik. Wenn ich einem Patienten auftrage, alles Nachdenken fahrenzulassen

[217] Dieselben Erwägungen gelten natürlich auch für den Fall, daß die oberflächlichen Assoziationen im Trauminhalt bloßgelegt werden, wie z. B. in den beiden von Maury mitgeteilten Träumen (pélerinage – Pelletier – pelle; Kilometer – Kilogramm – Gilolo – Lobelia – Lopez – Lotto). Aus der Arbeit mit Neurotikern weiß ich, welche Reminiszenz sich so darzustellen liebt. Es ist das Nachschlagen im Konversationslexikon (Lexikon überhaupt), aus dem ja die meisten in der Zeit der Pubertätsneugierde ihr Bedürfnis nach Aufklärung der sexuellen Rätsel gestillt haben.

und mir zu berichten, was immer ihm dann in den Sinn kommt, so halte ich die Voraussetzung fest, daß er die Zielvorstellungen der Behandlung nicht fahrenlassen kann, und halte mich für berechtigt zu folgern, daß das scheinbar Harmloseste und Willkürlichste, das er mir berichtet, im Zusammenhang mit seinem Krankheitszustande steht. Eine andere Zielvorstellung, von der dem Patienten nichts ahnt, ist die meiner Person. Die volle Würdigung sowie der eingehende Nachweis der beiden Aufklärungen gehört demnach in die Darstellung der psychoanalytischen Technik als therapeutischer Methode. Wir haben hier einen der Anschlüsse erreicht, bei denen wir das Thema der Traumdeutung vorsätzlich fallenlassen.[218]

Eines nur ist richtig und bleibt von den Einwendungen bestehen, nämlich, daß wir nicht alle Einfälle der Deutungsarbeit auch in die nächtliche Traumarbeit zu versetzen brauchen. Wir machen ja beim Deuten im Wachen einen Weg, der von den Traumelementen zu den Traumgedanken rückläuft. Die Traumarbeit hat den umgekehrten Weg genommen, und es ist gar nicht wahrscheinlich, daß diese Wege in umgekehrter Richtung gangbar sind. Es erweist sich vielmehr, daß wir bei Tag über neue Gedankenverbindungen Schachte führen, welche die Zwischengedanken und die Traumgedanken bald an dieser, bald an jener Stelle treffen. Wir können sehen, wie sich das frische Gedankenmaterial des Tages in die Deutungsreihen einschiebt, und wahrscheinlich nötigt auch die Widerstandssteigerung, die seit der Nachtzeit eingetreten ist, zu neuen und ferneren Umwegen. Die Zahl oder Art der Kollateralen aber, die wir so bei Tag anspinnen, ist psychologisch völlig bedeutungslos, wenn diese uns nur den Weg zu den gesuchten Traumgedanken führen.

B
Die Regression

Nun aber, da wir uns gegen die Einwendungen verwahrt oder wenigstens angezeigt haben, wo unsere Waffen zur Abwehr ruhen, dürfen wir es nicht länger verschieben, in die psychologischen Untersuchungen einzutreten, für die wir uns längst gerüstet haben. Wir stellen die Hauptergebnisse unserer bisherigen Untersuchung zusammen. Der Traum ist ein vollwichtiger psychischer Akt; seine Triebkraft ist alle Male ein zu erfüllender Wunsch; seine Unkenntlichkeit

[218] Die hier vorgetragenen, damals sehr unwahrscheinlich klingenden Sätze haben später durch die „diagnostischen Assoziationsstudien“ Jungs und seiner Schüler eine experimentelle Rechtfertigung und Verwertung erfahren.

als Wunsch und seine vielen Sonderbarkeiten und Absurditäten rühren von dem Einfluß der psychischen Zensur her, den er bei der Bildung erfahren hat; außer der Nötigung, sich dieser Zensur zu entziehen, haben bei seiner Bildung mitgewirkt eine Nötigung zur Verdichtung des psychischen Materials, eine Rücksicht auf Darstellbarkeit in Sinnesbildern und – wenn auch nicht regelmäßig – eine Rücksicht auf ein rationelles und intelligibles Äußere des Traumgebildes. Von jedem dieser Sätze führt der Weg weiter zu psychologischen Postulaten und Mutmaßungen; die gegenseitige Beziehung des Wunschmotivs und der vier Bedingungen, sowie dieser untereinander, ist zu untersuchen; der Traum ist in den Zusammenhang des Seelenlebens einzureihen.

Wir haben einen Traum an die Spitze dieses Abschnittes gestellt, um uns an die Rätsel zu mahnen, deren Lösung noch aussteht. Die Deutung dieses Traumes vom brennenden Kind bereitete uns keine Schwierigkeiten, wenngleich sie nicht in unserem Sinne vollständig gegeben war. Wir fragten uns, warum hier überhaupt geträumt wurde, anstatt zu erwachen, und erkannten als das eine Motiv des Träumers den Wunsch, das Kind als lebend vorzustellen. Daß noch ein anderer Wunsch dabei eine Rolle spielt, werden wir nach späteren Erörterungen einsehen können. Zunächst also ist es die Wunscherfüllung, der zuliebe der Denkvorgang des Schlafens in einen Traum verwandelt wurde.

Macht man diese rückgängig, so bleibt nur noch ein Charakter übrig, welcher die beiden Arten des psychischen Geschehens voneinander scheidet. Der Traumgedanke hätte gelautet: Ich sehe einen Schein aus dem Zimmer, in dem die Leiche liegt. Vielleicht ist eine Kerze umgefallen, und das Kind brennt! Der Traum gibt das Resultat dieser Überlegung unverändert wieder, aber dargestellt in einer Situation, die gegenwärtig und mit den Sinnen wie ein Erlebnis des Wachens zu erfassen ist Das ist aber der allgemeinste und auffälligste psychologische Charakter des Träumens; ein Gedanke, in der Regel der gewünschte, wird im Traume objektiviert, als Szene dargestellt oder, wie wir meinen, erlebt.

Wie soll man nun diese charakteristische Eigentümlichkeit der Traumarbeit erklären oder – bescheidener ausgedrückt – in den Zusammenhang der psychischen Vorgänge einfügen?

Bei näherem Zusehen merkt man wohl, daß in der Erscheinungsform dieses Traumes zwei voneinander fast unabhängige Charaktere ausgeprägt sind. Der eine ist die Darstellung als gegenwärtige Situation mit Weglassung des „vielleicht"; der andere die Umsetzung des Gedankens in visuelle Bilder und in Rede.

Die Umwandlung, welche die Traumgedanken dadurch erfahren, daß die in ihnen ausgedrückte Erwartung ins Präsens gesetzt wird, scheint vielleicht gerade an diesem Traume nicht sehr auffällig. Es hängt dies mit der besonderen, eigentlich nebensächlichen Rolle der Wunscherfüllung in diesem Traume zusammen. Nehmen wir einen anderen Traum vor, in dem sich der Traumwunsch nicht von der Fortsetzung der Wachgedanken in den Schlaf absondert, z. B. den von Irmas Injektion. Hier ist der zur Darstellung gelangende Traumgedanke ein Optativ: Wenn doch der Otto an der Krankheit Irmas schuld sein möchte! Der Traum verdrängt den Optativ und ersetzt ihn durch ein simples Präsens: Ja, Otto ist schuld an der Krankheit Irmas. Das ist also die erste der Verwandlungen, die auch der entstellungsfreie Traum mit den Traumgedanken vornimmt. Bei dieser ersten Eigentümlichkeit des Traumes werden wir uns nicht lange aufhalten. Wir erledigen sie durch den Hinweis auf die bewußte Phantasie, auf den Tagtraum, der mit seinem Vorstellungsinhalt ebenso verfährt. Wenn *Daudets* M. Joyeuse beschäftigungslos durch die Straßen von Paris irrt, während seine Töchter glauben müssen, er habe eine Anstellung und sitze in seinem Bureau, so träumt er von den Vorfällen, die ihm zur Protektion und zu einer Anstellung verhelfen sollen, gleichfalls im Präsens. Der Traum gebraucht also das Präsens in derselben Weise und mit demselben Rechte wie der Tagtraum. Das Präsens ist die Zeitform, in welcher der Wunsch als erfüllt dargestellt wird.

Dem Traume allein zum Unterschiede vom Tagtraume eigentümlich ist aber der zweite Charakter, daß der Vorstellungsinhalt nicht gedacht, sondern in sinnliche Bilder verwandelt wird, denen man dann Glauben schenkt und die man zu erleben meint. Fügen wir gleich hinzu, daß nicht alle Träume die Umwandlung von Vorstellung in Sinnesbild zeigen; es gibt Träume, die nur aus Gedanken bestehen, denen man die Wesenheit der Träume darum doch nicht bestreiten wird. Mein Traum: „*Autodidasker*“ – die Tagesphantasie mit Professor N.“ ist ein solcher, in den sich kaum mehr sinnliche Elemente einmengten, als wenn ich seinen Inhalt bei Tag gedacht hätte. Auch gibt es in jedem längeren Traum Elemente, welche die Umwandlung ins Sinnliche nicht mitgemacht haben, die einfach gedacht oder gewußt werden, wie wir es vom Wachen her gewöhnt sind. Ferner wollen wir gleich hier daran denken, daß solche Verwandlung von Vorstellungen in Sinnesbilder nicht dem Traume allein zukommt, sondern ebenso der Halluzination, den Visionen, die etwa selbständig in der Gesundheit auftreten oder als Symptome der Psychoneurosen. Kurz, die Beziehung, die wir hier untersuchen, ist nach keiner Richtung eine ausschließliche; es bleibt aber bestehen, daß dieser Charakter des Traums, wo er vorkommt, uns als der bemerkenswerteste erscheint, so daß wir ihn nicht aus dem Traumleben weggenommen denken könnten. Sein Verständnis erfordert aber weit ausgreifende Erörterungen.

Unter allen Bemerkungen zur Theorie des Träumens, welche man bei den Autoren finden kann, möchte ich eine als anknüpfenswert hervorheben. Der große *G. Th. Fechner* spricht in seiner *Psychophysik* (II. Teil, S. 520) im Zusammenhange einiger Erörterungen, die er dem Traume widmet, die Vermutung aus, *daß der Schauplatz der Träume ein anderer sei als der des wachen Vorstellungslebens.* Keine andere Annahme gestatte es, die besonderen Eigentümlichkeiten des Traumlebens zu begreifen.

Die Idee, die uns so zur Verfügung gestellt wird, ist die einer *psychischen Lokalität.* Wir wollen ganz beiseite lassen, daß der seelische Apparat, um den es sich hier handelt, uns auch als anatomisches Präparat bekannt ist, und wollen der Versuchung sorgfältig aus dem Wege gehen, die psychische Lokalität etwa anatomisch zu bestimmen. Wir bleiben auf psychologischem Boden und gedenken nur der Aufforderung zu folgen, daß wir uns das Instrument, welches den Seelenleistungen dient, vorstellen wie etwa ein zusammengesetztes Mikroskop, einen photographischen Apparat u. dgl. Die psychische Lokalität entspricht dann einem Orte innerhalb eines Apparats, an dem eine der Vorstufen des Bildes zustande kommt. Beim Mikroskop und Fernrohr sind dies bekanntlich zum Teil ideelle Örtlichkeiten, Gegenden, in denen kein greifbarer Bestandteil des Apparats gelegen ist. Für die Unvollkommenheiten dieser und aller ähnlichen Bilder Entschuldigung zu erbitten, halte ich für überflüssig. Diese Gleichnisse sollen uns nur bei einem Versuch unterstützen, der es unternimmt, uns die Komplikation der psychischen Leistung verständlich zu machen, indem wir diese Leistung zerlegen und die Einzelleistung den einzelnen Bestandteilen des Apparats zuweisen. Der Versuch, die Zusammensetzung des seelischen Instruments aus solcher Zerlegung zu erraten, ist meines Wissens noch nicht gewagt worden. Er scheint mir harmlos. Ich meine, wir dürfen unseren Vermutungen freien Lauf lassen, wenn wir dabei nur unser kühles Urteil bewahren, das Gerüste nicht für den Bau halten. Da wir nichts anderes benötigen als Hilfsvorstellungen zur ersten Annäherung an etwas Unbekanntes, so werden wir die rohesten und greifbarsten Annahmen zunächst allen anderen vorziehen.

Wir stellen uns also den seelischen Apparat vor als ein zusammengesetztes Instrument, dessen Bestandteile wir *Instanzen* oder der Anschaulichkeit zuliebe *Systeme* heißen wollen. Dann bilden wir die Erwartung, daß diese Systeme vielleicht eine konstante räumliche Orientierung gegeneinander haben, etwa wie die verschiedenen Linsensysteme des Fernrohres hintereinanderstehen. Strenggenommen, brauchen wir die Annahme einer wirklich *räumlichen* Anordnung der psychischen Systeme nicht zu machen. Es genügt uns, wenn eine feste Reihenfolge dadurch hergestellt wird, daß bei gewissen psychischen Vorgängen die Systeme in einer bestimmten *zeitlichen* Folge von der Erregung durchlaufen werden. Die Folge mag bei anderen Vorgängen eine Abänderung erfahren; eine solche Möglichkeit wollen wir uns offen lassen. Von den Bestandteilen des Apparates wollen wir von nun an der Kürze halber als „ψ-Systeme" sprechen.

Das erste, das uns auffällt, ist nun, daß dieser aus ψ-Systemen zusammengesetzte Apparat eine Richtung hat. All unsere psychische Tätigkeit geht von (inneren oder äußeren) Reizen aus und endigt in Innervationen. Somit schreiben wir dem Apparat ein sensibles und ein motorisches Ende zu; an dem sensiblen Ende befindet sich ein System, welches die Wahrnehmungen empfängt, am motorischen Ende ein anderes, welches die Schleusen der Motilität eröffnet. Der psychische Vorgang verläuft im allgemeinen vom Wahrnehmungsende zum Motilitätsende. Das allgemeinste Schema des psychischen Apparats hätte also folgendes Ansehen (Fig. 1):

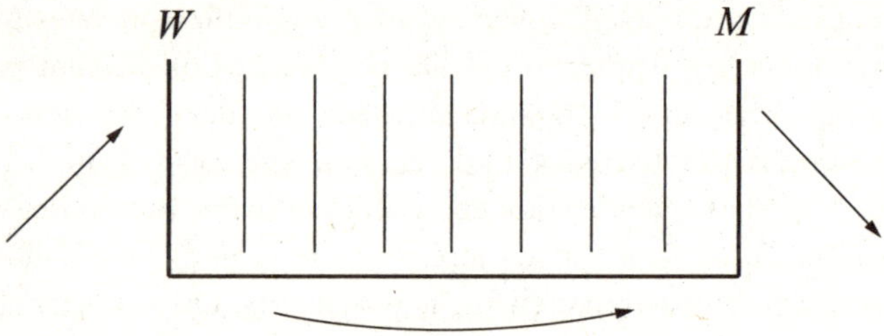

Fig. 1

Das ist aber nur die Erfüllung der uns längst vertrauten Forderung, der psychische Apparat müsse gebaut sein wie ein Reflexapparat. Der Reflexvorgang bleibt das Vorbild auch aller psychischen Leistung.

Wir haben nun Grund, am sensiblen Ende eine erste Differenzierung eintreten zu lassen. Von den Wahrnehmungen, die an uns herankommen, verbleibt in unserem psychischen Apparat eine Spur, die wir „*Erinnerungsspur*" heißen können. Die Funktion, die sich auf diese Erinnerungsspur bezieht, heißen wir ja „Gedächtnis". Wenn wir Ernst mit dem Vorsatz machen, die psychischen Vorgänge an Systeme zu knüpfen, so kann die Erinnerungsspur nur bestehen in bleibenden Veränderungen an den Elementen der Systeme. Nun bringt es, wie schon von anderer Seite ausgeführt, offenbar Schwierigkeiten mit sich, wenn ein und dasselbe System an seinen Elementen Veränderungen getreu bewahren und doch neuen Anlässen zur Veränderung immer frisch und aufnahmefähig entgegentreten soll. Nach dem Prinzip, das unseren Versuch leitet, werden wir also diese beiden Leistungen auf verschiedene Systeme verteilen. Wir nehmen an, daß ein vorderstes System des Apparats die Wahrnehmungsreize aufnimmt, aber nichts von ihnen bewahrt, also kein Gedächtnis hat, und daß hinter diesem ein zweites System liegt, welches die momentane Erregung des ersten in Dauerspuren umsetzt. Dann wäre dies das Bild unseres psychischen Apparats (Fig. 2):

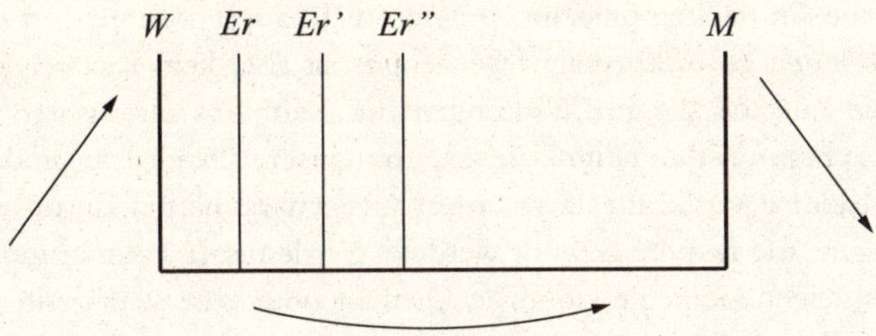

Fig. 2

Es ist bekannt, daß wir von den Wahrnehmungen, die auf System *W* einwirken, noch etwas anderes als bleibend bewahren als den Inhalt derselben. Unsere Wahrnehmungen erweisen sich auch als im Gedächtnis miteinander verknüpft, und zwar vor allem nach ihrem einstigen Zusammentreffen in der Gleichzeitigkeit. Wir heißen das die Tatsache der *Assoziation*. Es ist nun klar, wenn das *W*-System überhaupt kein Gedächtnis hat, daß es auch die Spuren für die Assoziation nicht aufbewahren kann; die einzelnen *W*-Elemente wären in ihrer Funktion unerträglich behindert, wenn sich gegen eine neue Wahrnehmung ein Rest früherer Verknüpfung geltend machen würde. Wir müssen also als die Grundlage der Assoziation vielmehr die Erinnerungssysteme annehmen. Die Tatsache der Assoziation besteht dann darin, daß infolge von Widerstandsverringerungen und Bahnungen von einem der *Er*-Elemente die Erregung sich eher nach einem zweiten als nach einem dritten *Er*-Element fortpflanzt.

Bei näherem Eingehen ergibt sich die Notwendigkeit, nicht eines, sondern mehrere solcher *Er*-Elemente anzunehmen, in denen dieselbe, durch die *W*-Elemente fortgepflanzte Erregung eine verschiedenartige Fixierung erfährt. Das erste dieser *Er*-Systeme wird jedenfalls die Fixierung der Assoziation durch Gleichzeitigkeit enthalten, in den weiter entfernt liegenden wird dasselbe Erregungsmaterial nach anderen Arten des Zusammentreffens angeordnet sein, so daß etwa Beziehungen der Ähnlichkeit u. a. durch diese späteren Systeme dargestellt würden. Es wäre natürlich müßig, die psychische Bedeutung eines solchen Systems in Worten angeben zu wollen. Die Charakteristik desselben läge in der Innigkeit seiner Beziehungen zu Elementen des Erinnerungsrohmaterials, d. h., wenn wir auf eine tiefergreifende Theorie hinweisen wollen, in den Abstufungen des Leitungswiderstandes nach diesen Elementen hin.

Eine Bemerkung allgemeiner Natur, die vielleicht auf Bedeutsames hinweist, wäre hier einzuschalten. Das *W*-System, welches keine Fähigkeiten hat, Veränderungen zu bewahren, also kein Gedächtnis, ergibt für unser Bewußtsein die ganze Mannigfaltigkeit der sinnlichen Qualitäten. Umgekehrt sind unsere Erinnerungen, die am tiefsten uns eingeprägten nicht ausgenommen, an sich unbewußt. Sie können bewußtgemacht werden; es ist aber kein Zweifel, daß sie im unbewußten Zustand alle ihre Wirkungen entfalten. Was wir unseren Charakter nennen, beruht ja auf den Erinnerungsspuren unserer Eindrücke, und zwar sind gerade die Eindrücke, die am stärksten auf uns gewirkt hatten, die unserer ersten Jugend, solche, die fast nie bewußt werden. Werden aber Erinnerungen wieder bewußt, so zeigen sie keine sinnliche Qualität oder eine sehr geringfügige im Vergleiche zu den Wahrnehmungen. Ließe sich nun bestätigen, *daß Gedächtnis und Qualität für das Bewußtsein an den ψ-Systemen einander ausschließen, so eröffnete sich in die Bedingungen der Neuronerregung ein vielversprechender Einblick.*[219]

Was wir bisher über die Zusammensetzung des psychischen Apparats am sensiblen Ende angenommen haben, erfolgte ohne Rücksicht auf den Traum und die aus ihm ableitbaren psychologischen Aufklärungen. Für die Erkenntnis eines anderen Stückes des Apparats wird uns aber der Traum zur Beweisquelle. Wir haben gesehen, daß es uns unmöglich wurde, die Traumbildung zu erklären, wenn wir nicht die Annahme zweier psychischer Instanzen wagen wollten, von denen die eine die Tätigkeit der anderen einer Kritik unterzieht, als deren Folge sich die Ausschließung vom Bewußtwerden ergibt.

Die kritisierende Instanz, haben wir geschlossen, unterhält nähere Beziehungen zum Bewußtsein als die kritisierte. Sie steht zwischen dieser und dem Bewußtsein wie ein Schirm. Wir haben ferner Anhaltspunkte gefunden, die kritisierende Instanz mit dem zu identifizieren, was unser waches Leben lenkt und über unser willkürliches, bewußtes Handeln entscheidet. Ersetzen wir nun diese Instanzen im Sinne unserer Annahmen durch Systeme, so wird durch die letzterwähnte Erkenntnis das kritisierende System ans motorische Ende gerückt. Wir tragen nun die beiden Systeme in unser Schema ein und drücken in den ihnen verliehenen Namen ihre Beziehung zum Bewußtsein aus (Fig. 3):

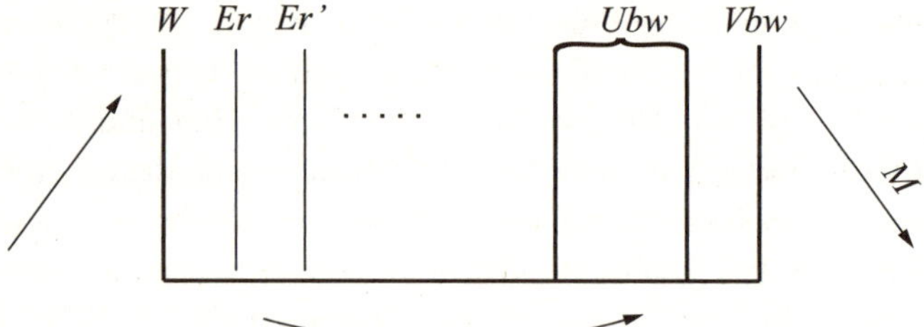

Fig. 3

[219] Ich habe später gemeint, das Bewußtsein entstehe geradezu an *Stelle* der Erinnerungsspur. (Siehe zuletzt: *Notiz über den „Wunderblock“*, 1925).

Das letzte der Systeme am motorischen Ende heißen wir das *Vorbewußte*, um anzudeuten, daß die Erregungsvorgänge in demselben ohne weitere Aufhaltung zum Bewußtsein gelangen können, falls noch gewisse Bedingungen erfüllt sind, z. B. die Erreichung einer gewissen Intensität, eine gewisse Verteilung jener Funktion, die man Aufmerksamkeit zu nennen hat u. dgl. Es ist gleichzeitig das System, welches die Schlüssel zur willkürlichen Motilität innehat. Das System dahinter heißen wir das *Unbewußte*, weil es keinen Zugang zum Bewußtsein hat, außer durch das Vorbewußte, bei welchem Durchgang sein Erregungsvorgang sich Abänderungen gefallen lassen muß.[220]

In welches dieser Systeme verlegen wir nun den Anstoß zur Traumbildung? Der Vereinfachung zuliebe in das System *Ubw*. Wir werden zwar in späteren Erörterungen hören, daß dies nicht ganz richtig ist, daß die Traumbildung genötigt ist, an Traumgedanken anzuknüpfen, die dem System des Vorbewußten angehören. Wir werden aber auch an anderer Stelle, wenn wir vom Traumwunsch handeln, erfahren, daß die Triebkraft für den Traum vom *Ubw* beigestellt wird und wegen dieses letzteren Moments wollen wir das unbewußte System als den Ausgangspunkt der Traumbildung annehmen. Diese Traumerregung wird nun wie alle anderen Gedankenbildungen das Bestreben äußern, sich ins *Vbw* fortzusetzen und von diesem aus den Zugang zum Bewußtsein zu gewinnen.

Die Erfahrung lehrt uns, daß den Traumgedanken tagsüber dieser Weg, der durchs Vorbewußte zum Bewußtsein führt, durch die Widerstandszensur verlegt ist. In der Nacht schaffen sie sich den Zugang zum Bewußtsein, aber es erhebt sich die Frage, auf welchem Wege und dank welcher Veränderung. Würde dies den Traumgedanken dadurch ermöglicht, daß nachts der Widerstand absinkt, der an der Grenze zwischen Unbewußtem und Vorbewußtem wacht, so bekämen wir Träume in dem Material unserer Vorstellungen, die nicht den halluzinatorischen Charakter zeigen, der uns jetzt interessiert.

Das Absinken der Zensur zwischen den beiden Systemen *Ubw* und *Vbw* kann uns also nur solche Traumbildungen erklären wie *Autodidasker*, aber nicht Träume wie den vom *brennenden Kinde*, den wir uns als Problem an den Eingang dieser Untersuchungen gestellt haben.

Was im halluzinatorischen Traum vor sich geht, können wir nicht anders beschreiben, als indem wir sagen: Die Erregung nimmt einen *rückläufigen* Weg. Anstatt gegen das motorische Ende des Apparats pflanzt sie sich gegen das sensible fort und langt schließlich beim System der Wahrnehmungen an. Heißen wir

220 Die weitere Ausführung dieses linear aufgerollten Schemas wird mit der Annahme zu rechnen haben, daß das auf *Vbw* folgende System dasjenige ist, dem wir das Bewußtsein zuschreiben müssen, daß also *W* = *Bw*.

die Richtung, nach welcher sich der psychische Vorgang aus dem Unbewußten im Wachen fortsetzt, die *progrediente*, so dürfen wir vom Traum aussagen, er habe *regredienten* Charakter.[221]

Diese Regression ist dann sicherlich eine der psychologischen Eigentümlichkeiten des Traumvorganges; aber wir dürfen nicht vergessen, daß sie dem Träumen nicht allein zukommt. Auch das absichtliche Erinnern und andere Teilvorgänge unseres normalen Denkens entsprechen einem Rückschreiten im psychischen Apparat von irgendwelchem komplexen Vorstellungsakt auf das Rohmaterial der Erinnerungsspuren, die ihm zugrunde liegen. Während des Wachens aber reicht dieses Zurückgreifen niemals über die Erinnerungsbilder hinaus; es vermag die halluzinatorische Belebung der Wahrnehmungsbilder nicht zu erzeugen. Warum ist dies im Traume anders? Als wir von der Verdichtungsarbeit des Traumes sprachen, konnten wir der Annahme nicht ausweichen, daß durch die Traumarbeit die an den Vorstellungen haftenden Intensitäten von einer zur anderen voll übertragen werden. Wahrscheinlich ist es diese Abänderung des sonstigen psychischen Vorgangs, welche es ermöglicht, das System der *W* bis zur vollen sinnlichen Lebhaftigkeit in umgekehrter Richtung, von den Gedanken her, zu besetzen.

Ich hoffe, wir sind weit davon entfernt, uns über die Tragweite dieser Erörterungen zu täuschen. Wir haben nichts anderes getan als für ein nicht zu erklärendes Phänomen einen Namen gegeben. Wir heißen es Regression, wenn sich im Traum die Vorstellung in das sinnliche Bild rückverwandelt, aus dem sie irgendeinmal hervorgegangen ist. Auch dieser Schritt verlangt aber Rechtfertigung. Wozu die Namengebung, wenn sie uns nichts Neues lehrt? Nun ich meine, der Name „Regression" dient uns insoferne, als er die uns bekannte Tatsache an das Schema des mit einer Richtung versehenen seelischen Apparats knüpft. An dieser Stelle verlohnt es sich aber zum ersten Male, ein solches Schema aufgestellt zu haben. Denn eine andere Eigentümlichkeit der Traumbildung wird uns ohne neue Überlegung allein mit Hilfe des Schemas einsichtig werden. Wenn wir den Traumvorgang als eine Regression innerhalb des von uns angenommenen seelischen Apparats ansehen, so erklärt sich uns ohne weiteres die empirisch festgestellte Tatsache, daß alle Denkrelationen der Traumgedanken bei der Traumarbeit verlorengehen oder nur mühseligen Ausdruck finden. Diese Denkrelationen sind nach unserem Schema nicht in den ersten *Er*-Systemen, sondern in weiter nach vorn liegenden enthalten und müssen bei der Regression bis auf die

[221] Die erste Andeutung des Moments der Regression findet sich bereits bei *Albertus Magnus*. Die imaginatio, heißt es bei ihm, baut aus den aufbewahrten Bildern der sinnfälligen Objekte den Traum auf. Der Prozeß vollzieht sich umgekehrt wie im Wachen (nach Diepgen, S. 14). *Hobbes* sagt (im *Leviathan*, 1651): „*In sum, our dreams are the reverse of our waking imaginations, the motion, when we are awake, beginning at one end, and when we dream at another.* (Nach H. Ellis, S. 112.)

Wahrnehmungsbilder ihren Ausdruck einbüßen. *Das Gefüge der Traumgedanken wird bei der Regression in sein Rohmaterial aufgelöst.*

Durch welche Veränderung wird aber die bei Tag unmögliche Regression ermöglicht? Hier wollen wir es bei Vermutungen bewenden lassen. Es muß sich wohl um Veränderungen in den Energiebesetzungen der einzelnen Systeme handeln, durch welche sie wegsamer oder unwegsamer für den Ablauf der Erregung werden; aber in jedem derartigen Apparat könnte der nämliche Effekt für den Weg der Erregung durch mehr als eine Art von solchen Abänderungen zustande gebracht werden. Man denkt natürlich sofort an den Schlafzustand und an Besetzungsänderungen, die er am sensiblen Ende des Apparats hervorruft. Bei Tag gibt es eine kontinuierlich laufende Strömung von dem ψ-System der *W* her zur Motilität; diese hat bei Nacht ein Ende und könnte einer Rückströmung der Erregung kein Hindernis mehr bereiten. Es wäre dies die „Abschließung von der Außenwelt", welche in der Theorie einiger Autoren die psychologischen Charaktere des Traumes aufklären soll. Indes wird man bei der Erklärung der Regression des Traums Rücksicht auf jene anderen Regressionen nehmen müssen, die in krankhaften Wachzuständen zustande kommen. Bei diesen Formen läßt natürlich die eben gegebene Auskunft im Stiche. Es kommt zur Regression trotz der ununterbrochenen sensiblen Strömung in progredienter Richtung.

Für die Halluzinationen der Hysterie, der Paranoia, die Visionen geistesnormaler Personen kann ich die Aufklärung geben, daß sie tatsächlich Regressionen entsprechen, d. h. in Bilder verwandelte Gedanken sind, und daß nur solche Gedanken diese Verwandlung erfahren, welche mit unterdrückten oder unbewußt gebliebenen Erinnerungen in intimem Zusammenhange stehen. Zum Beispiel einer meiner jüngsten Hysteriker, ein zwölfjähriger Knabe, wird am Einschlafen gehindert durch „*grüne Gesichter mit roten Augen*", vor denen er sich entsetzt. Quelle dieser Erscheinung ist die unterdrückte, aber einstens bewußte Erinnerung an einen Knaben, den er vor vier Jahren oftmals sah und der ihm ein abschreckendes Bild vieler Kinderunarten bot, darunter auch jener der Onanie, aus der er sich selbst jetzt einen nachträglichen Vorwurf macht. Die Mama hatte damals bemerkt, daß der ungezogene Junge eine *grünliche Gesichtsfarbe* habe und *rote* (d. h. rotgeränderte) Augen. Daher das Schreckgespenst, das übrigens nur dazu bestimmt ist, ihn an eine andere Vorhersage der Mama zu erinnern, daß solche Jungen blödsinnig werden, in der Schule nichts erlernen können und früh sterben. Unser kleiner Patient läßt den einen Teil der Prophezeiung eintreffen; er kommt im Gymnasium nicht weiter und fürchtet sich, wie das Verhör seiner ungewollten Einfälle zeigt, entsetzlich vor dem zweiten Teil. Die Behandlung hat allerdings nach kurzer Zeit den Erfolg, daß er schläft, seine Ängstlichkeit verliert und sein Schuljahr mit einem Vorzugszeugnis abschließt.

Hier kann ich die Auflösung einer Vision anreihen, die mir eine vierzigjährige Hysterika aus ihren gesunden Tagen erzählt hat. Eines Morgens schlägt sie die Augen auf und sieht ihren Bruder im Zimmer, der sich doch, wie sie weiß, in der Irrenanstalt befindet. Ihr kleiner Sohn schläft im Bette neben ihr. Damit das Kind *nicht erschrickt* und in *Krämpfe verfällt*, wenn es den Onkel sieht, zieht sie die Bettdecke über dasselbe, und dann verschwindet die Erscheinung. Die Vision ist die Umarbeitung einer Kindererinnerung der Dame, die zwar bewußt war, aber mit allem unbewußten Material in ihrem Innern in intimster Beziehung stand. Ihre Kinderfrau hatte ihr erzählt, daß die sehr früh verstorbene Mutter (sie selbst war zur Zeit des Todesfalles erst eineinhalb Jahre alt) an epileptischen oder hysterischen Krämpfen gelitten hatte, und zwar seit einem Schreck, den ihr der Bruder (der *Onkel* meiner Patientin) dadurch verursachte, daß er ihr als Gespenst mit einer *Bettdecke* über dem Kopf erschien. Die Vision enthält dieselben Elemente wie die Erinnerung: Die Erscheinung des Bruders, die Bettdecke, den Schreck und seine Wirkung. Diese Elemente sind aber zu neuem Zusammenhange angeordnet und auf andere Personen übertragen. Das offenkundige Motiv der Vision, der durch sie ersetzte Gedanke, ist die Besorgnis, daß ihr kleiner Sohn, der seinem Onkel physisch so ähnlich war, das Schicksal desselben teilen könnte.

Beide hier angeführten Beispiele sind nicht frei von aller Beziehung zum Schlafzustande und darum vielleicht zu dem Beweise ungeeignet, für den ich sie brauche. Ich verweise also auf meine Analyse einer halluzinierenden Paranoika[222] und auf die Ergebnisse meiner noch nicht veröffentlichten Studien über die Psychologie der Psychoneurosen um zu bekräftigen, daß man in diesen Fällen von regredienter Gedankenverwandlung den Einfluß einer unterdrückten oder unbewußt gebliebenen Erinnerung, meist einer infantilen, nicht übersehen darf. Diese Erinnerung zieht gleichsam den mit ihr in Verbindung stehenden, an seinem Ausdruck durch die Zensur verhinderten Gedanken in die Regression als in jene Form der Darstellung, in der sie selbst psychisch vorhanden ist. Ich darf hier als ein Ergebnis der Studien über Hysterie anführen, daß die infantilen Szenen (seien sie nun Erinnerungen oder Phantasien), wenn es gelingt, sie bewußtzumachen, halluzinatorisch gesehen werden und erst beim Mitteilen diesen Charakter abstreifen. Es ist auch bekannt, daß selbst bei Personen, die sonst im Erinnern nicht visuell sind, die frühesten Kindererinnerungen den Charakter der sinnlichen Lebhaftigkeit bis in späte Jahre bewahren.

Wenn man sich nun erinnert, welche Rolle in den Traumgedanken den infantilen Erlebnissen oder den auf sie gegründeten Phantasien zufällt, wie häufig

---

222 *Weitere Bemerkungen über die Abwehrneuropsychosen.* Neurologisches Zentralblatt, 1896, Nr. 10.

Stücke derselben im Trauminhalt wiederauftauchen, wie die Traumwünsche selbst häufig aus ihnen abgeleitet sind, so wird man auch für den Traum die Wahrscheinlichkeit nicht abweisen, daß die Verwandlung von Gedanken in visuelle Bilder mit die Folge der *Anziehung* sein möge, welche die nach Neubelebung strebende, visuell dargestellte Erinnerung auf den nach Ausdruck ringenden, vom Bewußtsein abgeschnittenen Gedanken ausübt. Nach dieser Auffassung ließe sich der Traum auch beschreiben als der durch Übertragung auf Rezentes veränderte Ersatz der infantilen Szene. *Die Infantilszene kann ihre Erneuerung nicht durchsetzen; sie muß sich mit der Wiederkehr als Traum begnügen.*

Der Hinweis auf die gewissermaßen vorbildliche Bedeutung der Infantilszenen (oder ihrer phantastischen Wiederholungen) für den Trauminhalt macht eine der Annahmen *Scherners* und seiner Anhänger über die inneren Reizquellen überflüssig. *Scherner* nimmt einen Zustand von „Gesichtsreiz", von innerer Erregung im Sehorgan an, wenn die Träume eine besondere Lebhaftigkeit ihrer visuellen Elemente oder einen besonderen Reichtum an solchen erkennen lassen. Wir brauchen uns gegen diese Annahme nicht zu sträuben, dürfen uns etwa damit begnügen, einen solchen Erregungszustand bloß für das psychische Wahrnehmungssystem des Sehorgans zu statuieren, werden aber geltend machen, daß dieser Erregungszustand ein durch die Erinnerung hergestellter, die Auffrischung der seinerzeit aktuellen Seherregung ist. Ich habe aus eigener Erfahrung kein gutes Beispiel für solchen Einfluß einer infantilen Erinnerung zur Hand; meine Träume sind überhaupt weniger reich an sinnlichen Elementen, als ich die anderer schätzen muß; aber in dem schönsten und lebhaftesten Traume dieser letzten Jahre wird es mir leicht, die halluzinatorische Deutlichkeit des Trauminhalts auf sinnliche Qualitäten rezenter und kürzlich erfolgter Eindrücke zurückzuführen. Ich habe auf S. 380. einen Traum erwähnt, in dem die tiefblaue Farbe des Wassers, die braune Farbe des Rauchs aus den Kaminen der Schiffe und das düstere Braun und Rot der Bauwerke, die ich sah, mir einen tiefen Eindruck hinterließen. Wenn irgendeiner, so mußte dieser Traum auf Gesichtsreiz gedeutet werden. Und was hatte mein Sehorgan in diesen Reizzustand versetzt? Ein rezenter Eindruck, der sich mit einer Reihe früherer zusammentat. Die Farben, die ich sah, waren zunächst die des Ankersteinbaukastens, mit dem die Kinder am Tage vor meinem Traume ein großartiges Bauwerk aufgeführt hatten, um es meiner Bewunderung zu zeigen. Da fanden sich das nämliche düstere Rot an den großen, das Blau und Braun an den kleinen Steinen. Dazu gesellten sich die Farbeneindrücke der letzten italienischen Reisen, das schöne Blau des Isonzo und der Lagune und das Braun des Karstes. Die Farbenschönheit des Traums war nur eine Wiederholung der in der Erinnerung gesehenen.

Fassen wir zusammen, was wir über die Eigentümlichkeit des Traums, seinen Vorstellungsinhalt in sinnliche Bilder umzugießen, erfahren haben. Wir haben diesen Charakter der Traumarbeit nicht etwa erklärt, auf bekannte Gesetze der Psychologie zurückgeführt, sondern haben ihn als auf unbekannte Verhältnisse hindeutend herausgegriffen und durch den Namen des „*regredienten*" Charakters ausgezeichnet. Wir haben gemeint, diese Regression sei wohl überall, wo sie vorkommt, eine Wirkung des Widerstands, der sich dem Vordringen des Gedankens zum Bewußtsein auf dem normalen Wege entgegensetzt, sowie der gleichzeitigen Anziehung, welche als sinnesstark vorhandene Erinnerungen auf ihn ausüben.[223] Beim Traume käme vielleicht zur Erleichterung der Regression hiezu das Aufhören der progredienten Tagesströmung von den Sinnesorganen, welches Hilfsmoment bei den anderen Formen von Regression durch Verstärkung der anderen Regressionsmotive wettgemacht werden muß. Wir wollen auch nicht vergessen, uns zu merken, daß bei diesen pathologischen Fällen von Regression wie im Traume der Vorgang der Energieübertragung ein anderer sein dürfte als bei den Regressionen des normalen seelischen Lebens, da durch ihn eine volle halluzinatorische Besetzung der Wahrnehmungssysteme ermöglicht wird. Was wir bei der Analyse der Traumarbeit als die „Rücksicht auf Darstellbarkeit" beschrieben haben, dürfte auf die *auswählende Anziehung* der von den Traumgedanken berührten, visuell erinnerten Szenen zu beziehen sein.

Über die Regression wollen wir noch bemerken, daß sie in der Theorie der neurotischen Symptombildung eine nicht minder wichtige Rolle wie in der des Traumes spielt. Wir unterscheiden dann eine dreifache Art der Regression: *a) eine topische* im Sinne des hier entwickelten Schemas der ψ-Systeme, *b) eine zeitliche*, insofern es sich um ein Rückgreifen auf ältere psychische Bildungen handelt, und *c)* eine *formale*, wenn primitive Ausdrucks- und Darstellungsweisen die gewohnten ersetzen. Alle drei Arten von Regression sind aber im Grunde eines und treffen in den meisten Fällen zusammen, denn das zeitlich ältere ist zugleich das formal primitive und in der psychischen Topik dem Wahrnehmungsende nähere.

Wir können auch das Thema der Regression im Traume nicht verlassen, ohne einem Eindruck Worte zu leihen, der sich uns bereits wiederholt aufgedrängt hat und der nach einer Vertiefung in das Studium der Psychoneurosen neuerdings verstärkt zurückkehren wird: Das Träumen sei im ganzen ein Stück

[223] In einer Darstellung der Lehre von der Verdrängung wäre auszuführen, daß ein Gedanke durch das Zusammenwirken zweier ihn beeinflussenden Momente in die Verdrängung gerät. Er wird von der einen Seite (der Zensur des *Bw*) weggestoßen, von der anderen (dem *Ubw*) angezogen, also ähnlich wie man auf die Spitze der großen Pyramide gelangt.

Regression zu den frühesten Verhältnissen des Träumers, ein Wiederbeleben seiner Kindheit, der in ihr herrschend gewesenen Triebregungen und verfügbar gewesenen Ausdrucksweisen. Hinter dieser individuellen Kindheit wird uns dann ein Einblick in die phylogenetische Kindheit, in die Entwicklung des Menschengeschlechts, versprochen, von der die des einzelnen tatsächlich eine abgekürzte, durch die zufälligen Lebensumstände beeinflußter Wiederholung ist. Wir ahnen, wie treffend die Worte Fr. *Nietzsches* sind, daß sich im Traume „ein uraltes Stück Menschtum fortübt, zu dem man auf direktem Wege kaum mehr gelangen kann", und werden zur Erwartung veranlaßt, durch die Analyse der Träume zur Kenntnis der archaischen Erbschaft des Menschen zu kommen, das seelisch Angeborene in ihm zu erkennen. Es scheint, daß Traum und Neurose uns mehr von den seelischen Altertümern bewahrt haben, als wir vermuten konnten, so daß die Psychoanalyse einen hohen Rang unter den Wissenschaften beanspruchen darf, die sich bemühen, die ältesten und dunkelsten Phasen des Menschheitsbeginnes zu rekonstruieren.

Leicht möglich, daß dieses erste Stück unserer psychologischen Verwertung des Traumes uns selbst nicht sonderlich befriedigt. Wir wollen uns damit trösten, daß wir ja genötigt sind, ins Dunkle hinaus zu bauen. Sind wir nicht völlig in die Irre geraten, so müssen wir von einem anderen Angriffspunkte her in ungefähr die nämliche Region geraten, in welcher wir uns dann vielleicht besser zurechtfinden werden.

C
Zur Wunscherfüllung

Der vorangestellte Traum vom brennenden Kinde gibt uns einen willkommenen Anlaß, Schwierigkeiten, auf welche die Lehre von der Wunscherfüllung stößt, zu würdigen. Wir haben es gewiß alle mit Befremden aufgenommen, daß der Traum nichts anderes als eine Wunscherfüllung sein soll, und nicht etwa allein wegen des Widerspruchs, der vom Angsttraum ausgeht. Nachdem uns die ersten Aufklärungen durch die Analyse belehrt hatten, hinter dem Traum verberge sich Sinn und psychischer Wert, so wäre unsere Erwartung keineswegs auf eine so eindeutige Bestimmung dieses Sinnes gefaßt gewesen. Nach der korrekten, aber kärglichen Definition des *Aristoteles* ist der Traum das in den Schlafzustand – insoferne man schläft – fortgesetzte Denken. Wenn nun unser Denken bei Tage so verschiedenartige psychische Akte schafft, Urteile, Schlußfolgerungen, Widerlegungen, Erwartungen, Vorsätze u. dgl., wodurch soll es bei Nacht genötigt sein, sich allein auf die Erzeugung von Wünschen einzuschränken? Gibt es nicht vielmehr reichlich Träume, die einen andersartigen psychischen Akt in Traumgestalt verwandelt bringen, z. B. eine Besorgnis, und ist nicht gerade der vorangestellte, ganz besonders durchsichtige Traum des Vaters ein solcher? Er zieht auf den Lichtschein hin, der ihm auch schlafend ins Auge fällt, den besorgten Schluß, daß eine Kerze umgefallen sei und die Leiche in Brand gesteckt haben könne; diesen Schluß verwandelt er in einen Traum, indem er ihn in eine sinnfällige Situation und in das Präsens einkleidet. Welche Rolle spielt dabei die Wunscherfüllung, und ist denn die Übermacht des vom Wachen her sich fortsetzenden oder durch den neuen Sinneseindruck angeregten Gedankens darin irgendwie zu verkennen?

Das ist alles richtig und nötigt uns, auf die Rolle der Wunscherfüllung im Traume und auf die Bedeutung der in den Schlaf sich fortsetzenden Wachgedanken näher einzugehen.

Gerade die Wunscherfüllung hat uns bereits zu einer Scheidung der Träume in zwei Gruppen veranlaßt. Wir haben Träume gefunden, die sich offen als Wunscherfüllung gaben; andere, deren Wunscherfüllung unkenntlich, oft mit allen Mitteln versteckt war. In den letzteren erkannten wir die Leistungen der Traumzensur. Die unentstellten Wunschträume fanden wir hauptsächlich bei Kindern; kurze, offenherzige Wunschträume schienen – ich lege Nachdruck auf diesen Vorbehalt – auch bei Erwachsenen vorzukommen.

Wir können nun fragen, woher jedesmal der Wunsch stammt, der sich im Traume verwirklicht. Aber auf welchen Gegensatz oder auf welche Mannigfaltigkeit beziehen wir dieses „Woher"? Ich meine, auf den Gegensatz zwischen dem bewußt gewordenen Tagesleben und einer unbewußt gebliebenen psychischen Tätigkeit, die sich erst zur Nachtzeit bemerkbar machen kann. Ich finde eine dreifache Möglichkeit für die Herkunft eines Wunsches. Er kann 1) bei Tage erregt worden sein und infolge äußerer Verhältnisse keine Befriedigung gefunden haben; es erübrigt dann für die Nacht ein anerkannter und unerledigter Wunsch; 2) er kann bei Tage aufgetaucht sein, aber Verwerfung gefunden haben; es erübrigt uns dann ein unerledigter, aber unterdrückter Wunsch; oder 3) er kann außer Beziehung mit dem Tagesleben sein und zu jenen Wünschen gehören, die erst nachts aus dem Unterdrückten in uns rege werden. Wenn wir unser Schema des psychischen Apparats vornehmen, so lokalisieren wir einen Wunsch der ersten Art in das System *Vbw*; vom Wunsch der zweiten Art nehmen wir an, daß er aus dem System *Vbw* in das *Ubw* zurückgedrängt worden ist, und wenn überhaupt, nur dort sich erhalten hat; und von der Wunschregung der dritten Art glauben wir, daß sie überhaupt unfähig ist, das System des *Ubw*, zu überschreiten. Haben nun Wünsche aus diesen verschiedenen Quellen den gleichen Wert für den Traum, die gleiche Macht, einen Traum anzuregen? Eine Überschau über die Träume, die uns für die Beantwortung dieser Frage zu Gebote stehen, mahnt uns zunächst, als vierte Quelle des Traumwunsches hinzuzufügen die aktuellen, bei Nacht sich erhebenden Wunschregungen (z. B. auf den Durstreiz, das sexuelle Bedürfnis). Sodann wird uns wahrscheinlich, daß die Herkunft des Traumwunsches an seiner Fähigkeit, einen Traum anzuregen, nichts ändert. Ich erinnere an den Traum der Kleinen, welcher die bei Tage unterbrochene Seefahrt fortsetzt, und an die nebenstehenden Kinderträume; sie werden durch einen unerfüllten, aber nicht unterdrückten Wunsch vom Tage erklärt. Beispiele dafür, daß ein bei Tage unterdrückter Wunsch sich im Traume Luft macht, sind überaus reichlich nachzuweisen; ein einfachstes solcher Art könnte ich hier nachtragen. Eine etwas spottlustige Dame, deren jüngere Freundin sich verlobt hat, beantwortet tagsüber die Anfragen der Bekannten, ob sie den Bräutigam kenne und was sie von ihm halte, mit uneingeschränkten Lobsprüchen, bei denen sie ihrem Urteil Schweigen auferlegt, denn sie hätte gern die Wahrheit gesagt: *Er ist ein Dutzendmensch.* Nachts träumt sie, daß dieselbe Frage an sie gerichtet wird, und antwortet mit der Formel: *Bei Nachbestellungen genügt die Angabe der Nummer.* Endlich, daß in allen Träumen, die der Entstellung unterlegen sind, der Wunsch aus dem Unbewußten stammt und bei Tag nicht vernehmbar werden konnte, haben wir als das Ergebnis zahlreicher Analysen erfahren. So scheinen zunächst alle Wünsche für die Traumbildung von gleichem Wert und gleicher Macht. Ich kann hier nicht beweisen, daß es sich doch eigentlich anders verhält, aber ich neige sehr zur Annahme einer strengeren Bedingtheit des Traumwunsches. Die Kinderträume lassen ja keinen Zweifel darüber, daß ein bei Tage unerledigter Wunsch der Traumerreger sein kann. Aber es ist nicht zu vergessen, das ist dann der Wunsch eines Kindes, eine Wunschregung von der dem Infantilen eigenen Stärke. Es ist mir durchaus zweifelhaft, ob ein am Tage nicht erfüllter Wunsch bei einem Erwachsenen genügt, um einen Traum zu schaffen. Es scheint mir vielmehr, daß wir mit der fortschreitenden Beherrschung unseres Trieblebens durch die denkende Tätigkeit auf die Bildung oder Erhaltung so intensiver Wünsche, wie das Kind sie kennt, als unnütz immer mehr verzichten. Es mögen sich dabei ja individuelle Verschiedenheiten geltend machen, der eine den infantilen Typus der seelischen Vorgänge länger bewahren als ein anderer, wie ja solche Unterschiede auch für die Abschwächung des ursprünglich deutlich visuellen Vorstellens bestehen. Aber im allgemeinen, glaube ich, wird beim Erwachsenen der unerfüllt vom Tage übriggebliebene Wunsch nicht genügen, einen Traum zu schaffen. Ich gebe gerne zu, daß die aus dem Bewußten stammende Wunschregung einen Beitrag zur Anregung des Traumes liefern wird, aber wahrscheinlich auch nicht mehr. Der Traum entstünde nicht, wenn der vorbewußte Wunsch sich nicht eine Verstärkung von anderswoher zu holen wüßte.

Aus dem Unbewußten nämlich. *Ich stelle mir vor, daß der bewußte Wunsch nur dann zum Traumerreger wird, wenn es ihm gelingt, einen gleichlautenden unbewußten zu wecken, durch den er sich verstärkt.* Diese unbewußten Wünsche betrachte ich, nach den Andeutungen aus der Psychoanalyse der Neurosen, als immer rege, jederzeit bereit, sich Ausdruck zu verschaffen, wenn sich ihnen Gelegenheit bietet, sich mit einer Regung aus dem Bewußten zu alliieren, ihre große Intensität auf deren geringere zu übertragen.[224] Es muß dann zum Anschein kommen, als hätte allein der bewußte Wunsch sich im Traume realisiert; allein eine kleine Auffälligkeit in der Gestaltung dieses Traums wird uns ein Fingerzeig werden, dem mächtigen Helfer aus dem Unbewußten auf die Spur zu kommen. Diese immer regen, sozusagen unsterblichen Wünsche unseres Unbewußten, welche an die Titanen der Sage erinnern, auf denen seit Urzeiten die schweren Gebirgsmassen lasten, die einst von den siegreichen Göttern auf sie gewälzt wurden und die unter den Zuckungen ihrer Glieder noch jetzt von Zeit zu Zeit erbeben; – diese in der Verdrängung befindlichen Wünsche, sage ich, sind aber selbst infantiler Herkunft, wie wir durch die psychologische Erforschung der Neurosen erfahren. Ich möchte also den früher ausgesprochenen Satz, die Herkunft des Traumwunsches sei gleichgültig, beseitigen und durch einen anderen ersetzen, der lautet: *Der Wunsch, welcher sich im Traume darstellt, muß ein infantiler sein.* Er stammt dann beim Erwachsenen aus dem *Ubw*; beim Kind, wo es die Sonderung und Zensur zwischen *Vbw* und *Ubw* noch nicht gibt oder wo sie sich erst allmählich herstellt, ist es ein unerfüllter, unverdrängter Wunsch des Wachlebens. Ich weiß, diese Anschauung ist nicht allgemein zu erweisen; aber ich behaupte, sie ist häufig zu erweisen, auch wo man es nicht vermutet hätte, und ist nicht allgemein zu widerlegen.

Die aus dem bewußten Wachleben erübrigten Wunschregungen lasse ich also für die Traumbildung in den Hintergrund treten. Ich will ihnen keine andere Rolle zugestehen als etwa dem Material an aktuellen Sensationen während des Schlafes für den Trauminhalt. Ich bleibe auf der Linie, die mir dieser Gedankengang vorschreibt, wenn ich jetzt die anderen psychischen Anregungen in Betracht ziehe, die vom Tagesleben übrigbleiben und die nicht Wünsche sind.

---

[224] Sie teilen diesen Charakter der Unzerstörbarkeit mit allen anderen wirklich unbewußten, d. h. dem System *Ubw* allein angehörigen seelischen Akten. Diese sind ein für allemal gebahnte Wege, die nie veröden und den Erregungsvorgang immer wieder zur Abfuhr leiten, sooft die unbewußte Erregung sie wiederbesetzt. Um mich eines Gleichnisses zu bedienen: es gibt für sie keine andere Art der Vernichtung als für die Schatten der odysseischen Unterwelt, die zum neuen Leben erwachen, sobald sie Blut getrunken haben. Die vom vorbewußten System abhängigen Vorgänge sind in ganz anderem Sinne zerstörbar. Auf diesem Unterschiede ruht die Psychotherapie der Neurosen.

Es kann uns gelingen, den Energiebesetzungen unseres wachen Denkens ein vorläufiges Ende zu machen, wenn wir beschließen, den Schlaf aufzusuchen. Wer das gut kann, der ist ein guter Schläfer; der erste Napoleon soll ein Muster dieser Gattung gewesen sein. Aber es gelingt uns nicht immer und nicht immer vollständig. Unerledigte Probleme, quälende Sorgen, eine Übermacht von Eindrücken setzen die Denktätigkeit auch während des Schlafes fort und unterhalten seelische Vorgänge in dem System, das wir als das Vorbewußte bezeichnet haben. Wenn uns um eine Einteilung dieser in den Schlaf sich fortsetzenden Denkregungen zu tun ist, so können wir folgende Gruppen derselben aufstellen: 1. Das während des Tages durch zufällige Abhaltung nicht zu Ende Gebrachte, 2. das durch Erlahmen unserer Denkkraft Unerledigte, das Ungelöste, 3. das bei Tag Zurückgewiesene und Unterdrückte. Dazu gesellt sich als eine mächtige 4. Gruppe, was durch die Arbeit des Vorbewußten tagsüber in unserem *Ubw* regegemacht worden ist, und endlich können wir als 5. Gruppe anfügen: die indifferenten und darum unerledigt gebliebenen Eindrücke des Tages.

Die psychischen Intensitäten, welche durch diese Reste des Tageslebens in den Schlafzustand eingeführt werden, zumal aus der Gruppe des Ungelösten, braucht man nicht zu unterschätzen. Sicherlich ringen diese Erregungen auch zur Nachtzeit nach Ausdruck, und ebenso sicher dürfen wir annehmen, daß der Schlafzustand die gewohnte Fortführung des Erregungsvorganges im Vorbewußten und deren Abschluß durch das Bewußtwerden unmöglich macht. Insofern wir unserer Denkvorgänge auf dem normalen Wege bewußtwerden können, auch zur Nachtzeit, insoferne schlafen wir eben nicht. Was für Veränderung der Schlafzustand im System *Vbw* hervorruft, weiß ich nicht anzugeben;[225] aber es ist unzweifelhaft, daß die psychologische Charakteristik des Schlafes wesentlich in den Besetzungsveränderungen gerade dieses Systems zu suchen ist, das auch den Zugang zu der im Schlaf gelähmten Motilität beherrscht. Im Gegensatze dazu wüßte ich von keinem Anlaß aus der Psychologie des Traums, der uns annehmen hieße, daß der Schlaf anders als sekundär in den Verhältnissen des Systems *Ubw* etwas verändere. Der nächtlichen Erregung im *Vbw* bleibt also kein anderer Weg als der, den die Wunscherregungen aus dem *Ubw* nehmen; sie muß die Verstärkung aus dem *Ubw* suchen und die Umwege der unbewußten Erregungen mitmachen. Wie stellen sich aber die vorbewußten Tagesreste zum Traume? Es ist kein Zweifel, daß sie reichlich in den Traum eindringen, daß sie den Trauminhalt benützen, um, sich auch zur Nachtzeit dem Bewußtsein aufzu-

[225] Ein weiteres Eindringen in die Kenntnis der Verhältnisse des Schlafzustandes und der Bedingungen der Halluzination habe ich in dem Aufsatz *Metapsychologische Ergänzung zur Traumlehre* (Int. Zeitschr. F. PsA. IV, 1916/18) versucht.

drängen; ja sie dominieren gelegentlich den Trauminhalt, nötigen ihn, die Tagesarbeit fortzusetzen; es ist auch sicher, daß die Tagesreste jeden anderen Charakter ebensowohl haben können wie den der Wünsche; aber es ist dabei höchst lehrreich und für die Lehre von der Wunscherfüllung geradezu entscheidend zu sehen, welcher Bedingung sie sich fügen müssen, um in den Traum Aufnahme zu finden. Greifen wir eines der früheren Traumbeispiele heraus, z. B. den Traum, der mir Freund Otto mit den Zeichen der Basedowschen Krankheit erscheinen läßt. Ich hatte am Tage eine Besorgnis gebildet, zu der mir das Aussehen Ottos Anlaß gab, und die Sorge ging mir nahe, wie alles, was diese Person betrifft. Sie folgte mir auch, darf ich annehmen, in den Schlaf. Wahrscheinlich wollte ich ergründen, was ihm fehlen könnte. Zur Nachtzeit fand diese Sorge Ausdruck in dem Traume, den ich mitgeteilt habe, dessen Inhalt erstens unsinnig war und zweitens keiner Wunscherfüllung entsprach. Ich begann aber nachzuforschen, woher der unangemessene Ausdruck der bei Tag verspürten Besorgnis rühre, und durch die Analyse fand ich einen Zusammenhang, indem ich ihn mit einem Baron L., mich selbst aber mit Professor R. identifizierte. Warum ich gerade diesen Ersatz des Tagesgedanken hatte wählen müssen, dafür gab es nur eine Erklärung. Zu der Identifizierung mit Professor R. mußte ich im *Ubw* immer bereit sein, da durch sie einer der unsterblichen Kinderwünsche, der Wunsch der Größensucht, sich erfüllte. Häßliche, der Verwerfung bei Tag sichere Gedanken gegen meinen Freund hatten die Gelegenheit benützt, sich zur Darstellung mit einzuschleichen, aber auch die Sorge des Tages war zu einer Art von Ausdruck durch einen Ersatz im Trauminhalt gekommen. Der Tagesgedanke, der an sich kein Wunsch, sondern im Gegenteil eine Besorgnis war, mußte sich auf irgendeinem Wege die Anknüpfung an einen infantilen, nun unbewußten und unterdrückten Wunsch verschaffen, der ihn dann, wenn auch gehörig zugerichtet, für das Bewußtsein „entstehen" ließ. Je dominierender diese Sorge war, desto gewaltsamer durfte die herzustellende Verbindung sein; zwischen dem Inhalt des Wunsches und dem der Besorgnis brauchte ein Zusammenhang gar nicht zu bestehen und bestand auch keiner in unserem Beispiele.

Vielleicht ist es zweckmäßig, dieselbe Frage auch in der Form einer Untersuchung zu behandeln, wie sich der Traum benimmt, wenn ihm in den Traumgedanken ein Material geboten wird, das einer Wunscherfüllung durchwegs widerspricht, also begründete Sorgen, schmerzliche Erwägungen, peinliche Einsichten. Die Mannigfaltigkeit der möglichen Erfolge läßt sich dann folgenderart gliedern: *a*) Es gelingt der Traumarbeit, alle peinlichen Vorstellungen durch gegenteilige zu ersetzen und die dazugehörigen unlustigen Affekte zu unterdrücken. Das ergibt dann einen reinen Befriedigungstraum, eine greifbare „Wunscherfüllung", an der weiter nichts zu erörtern scheint. *b*) Die peinlichen Vorstellungen gelangen, mehr oder weniger abgeändert, aber doch gut kenntlich, in den manifesten Trauminhalt. Dies ist der Fall, der die Zweifel an der Wunschtheorie des Traumes weckt und weiterer Untersuchung bedarf. Solche Träume peinlichen Inhalts können entweder indifferent empfunden werden oder auch den ganzen peinlichen Affekt mitbringen, der durch ihren Vorstellungsinhalt gerechtfertigt scheint, oder selbst unter Angstentwicklung zum Erwachen führen.

Die Analyse weist dann nach, daß auch diese Unlustträume Wunscherfüllungen sind. Ein unbewußter und verdrängter Wunsch, dessen Erfüllung vom Ich des Träumers nicht anders als peinlich empfunden werden könnte, hat sich der Gelegenheit bedient, die ihm durch das Besetztbleiben der peinlichen Tagesreste geboten wird, hat ihnen seine Unterstützung geliehen und sie durch diese traumfähig gemacht. Aber während im Falle *a* der unbewußte Wunsch mit dem bewußten zusammenfiel, wird im Falle *b* der Zwiespalt zwischen dem Unbewußten und dem Bewußten – dem Verdrängten und dem Ich bloßgelegt, und die Situation des Märchens von den drei Wünschen, welche die Fee dem Ehepaar freigibt, verwirklicht. Die Befriedigung über die Erfüllung des verdrängten Wunsches kann so groß ausfallen, daß sie den an den Tagesresten hängenden peinlichen Affekten das Gleichgewicht hält; der Traum ist dann in seinem Gefühlston indifferent, obwohl er einerseits die Erfüllung eines Wunsches, anderseits die einer Befürchtung ist. Oder es kann geschehen, daß das schlafende Ich einen noch ausgiebigeren Anteil an der Traumbildung nimmt, daß es auf die zustande gekommene Befriedigung des verdrängten Wunsches mit einer heftigen Empörung reagiert und selbst dem Traume unter Angst ein Ende macht. Es ist also nicht schwer zu erkennen, daß die Unlust- und die Angstträume im Sinne der Theorie ebensosehr Wunscherfüllungen sind wie die glatten Befriedigungsträume.

Unlustträume können auch „*Strafträume*" sein. Es ist zuzugeben, daß man durch ihre Anerkennung zur Theorie des Traums in gewissem Sinne etwas Neues hinzufügt. Was durch sie erfüllt wird, ist gleichfalls ein unbewußter Wunsch, der nach einer Bestrafung des Träumers für eine verdrängte unerlaubte Wunschregung. Insofern fügen sich die Träume der hier vertretenen Forderung, daß die Triebkraft zur Traumbildung von einem dem Unbewußten angehörigen Wunsche beigestellt werden mußte. Eine feinere psychologische Zergliederung läßt aber den Unterschied von den anderen Wunschträumen erkennen. In den Fällen der Gruppe *b* gehörte der unbewußte, traumbildende Wunsch dem Verdrängten an, bei den Strafträumen ist es gleichfalls ein unbewußter Wunsch, den wir aber nicht dem Verdrängten, sondern dem „Ich" zurechnen müssen. Die Strafträume weisen also auf die Möglichkeit einer noch weiter gehenden Beteiligung, des *Ichs* an der Traumbildung hin. Der Mechanismus der Traumbildung wird überhaupt weit durchsichtiger, wenn man anstatt des Gegensatzes von „Bewußt" und „Unbewußt" den von „Ich" und „Verdrängt" einsetzt. Dies kann nicht ohne Rücksicht auf die Vorgänge bei der Psychoneurose geschehen und ist darum in diesem Buche nicht durchgeführt worden. Ich bemerke nur, daß die Strafträume nicht allgemein an die Bedingung peinlicher Tagesreste geknüpft sind. Sie entstehen vielmehr am leichtesten unter der gegensätzlichen Voraussetzung, daß die Tagesreste Gedanken befriedigender Natur sind, die aber unerlaubte Befriedigungen ausdrücken. Von diesen Gedanken gelangt dann nichts in den manifesten Traum als ihr direkter Gegensatz, ähnlich wie es in den Träumen der Gruppe *a* der Fall war. Der wesentliche Charakter der Strafträume bliebe also, daß bei ihnen nicht der unbewußte Wunsch aus dem Verdrängten (dem System *Ubw*) zum Traumbildner wird, sondern der gegen ihn reagierende, dem Ich angehörige, wenn auch unbewußte (d. h. vorbewußte) Strafwunsch.[226]

Ich will einiges von dem hier Vorgebrachten an einem eigenen Traum erläutern, vor allem die Art, wie die Traumarbeit mit einem Tagesrest peinlicher Erwartungen verfährt:

„Undeutlicher Anfang. *Ich sage meiner Frau, ich habe eine Nachricht für sie, etwas ganz Besonderes. Sie erschrickt und will nichts hören. Ich versichere ihr, im Gegenteil, etwas, was sie sehr freuen wird, und beginne zu erzählen, daß das Offizierskorps unseres Sohnes eine Summe Geldes geschickt hat (5000 K?), etwas von Anerkennung ... Verteilung ... Dabei bin ich mit ihr in ein kleines Zimmer gegangen, wie eine Vorratskammer, um etwas herauszusuchen. Plötzlich sehe ich meinen Sohn erscheinen, er ist nicht in Uniform, sondern eher im enganliegenden Sportkostüm (wie ein Seehund?), mit kleiner Kappe. Er steigt auf einen Korb, der sich seitlich neben einem Kasten befindet, wie um etwas auf diesen Kasten zu legen. Ich rufe ihn an; keine Antwort. Mir scheint, er hat das Gesicht oder die Stirn verbunden, er richtet sich etwas im Munde, schiebt sich etwas ein. Auch haben seine Haare einen grauen Schimmer. Ich denke: Sollte er so erschöpft sein? Und hat er falsche Zähne? Ehe ich ihn wieder anrufen kann, erwache ich ohne Angst, aber mit Herzklopfen. Meine Nachtuhr zeigt die Stunde 2½.*"

Die Mitteilung einer vollständigen Analyse ist auch diesmal unmöglich. Ich beschränke mich auf die Hervorhebung einiger entscheidender Punkte. Den Anlaß zum Traum hatten peinigende Erwartungen des Tages gegeben; von dem an der Front Kämpfenden waren wieder einmal Nachrichten durch länger als eine Woche ausgeblieben. Es ist leicht zu ersehen, daß im Trauminhalt die Überzeugung Ausdruck findet, daß er verwundet oder gefallen ist. Zu Anfang des Traumes merkt man das energische Bemühen, die peinlichen Gedanken durch ihr Gegenteil zu ersetzen. Ich habe etwas Hocherfreuliches mitzuteilen, etwas von Geldsendung, Anerkennung, Verteilung. (Die Geldsumme stammt aus

[226] Hier ist die Stelle für die Einfügung des später von der Psychoanalyse erkannten *Über-Ichs*.

einem erfreulichen Vorkommnis in der ärztlichen Praxis, will also überhaupt vom Thema ablenken.) Aber diese Bemühung mißlingt. Die Mutter ahnt etwas Schreckliches und will mich nicht anhören. Die Verkleidungen sind auch zu dünn, überall schimmert die Beziehung zu dem, was unterdrückt werden soll, durch. Wenn der Sohn gefallen ist, werden seine Kameraden seine Habseligkeiten zurückschicken; ich werde, was er hinterläßt, an die Geschwister und andere zu verteilen haben; Anerkennungen werden häufig dem Offizier nach seinem „Heldentod" verliehen. Der Traum geht also daran, direkt zum Ausdruck zu bringen, was er zunächst verleugnen wollte, wobei sich die wunscherfüllende Tendenz noch durch Entstellungen bemerkbar macht. (Der Wechsel der Örtlichkeit im Traume ist wohl als Schwellensymbolik nach *Silberer* zu verstehen. Wir ahnen freilich nicht, was ihm die dazu erforderliche Triebkraft leiht. Der Sohn erscheint aber nicht als einer, der „fällt", sondern als einer, der „steigt". Er ist ja auch ein kühner Bergsteiger gewesen. Er ist nicht in Uniform, sondern im Sportkostüm, d. h. an die Stelle des jetzt gefürchteten Unfalles ist ein früherer getreten, den er im Sport erlitten, als er auf einer Skitour fiel und sich den Oberschenkel brach. Aber die Art, wie er kostümiert ist, so daß er einem Seehund gleicht, erinnert sofort an einen Jüngeren, an unseren kleinen drolligen Enkel; das graue Haar mahnt an dessen vom Kriege arg hergenommenen Vater, unseren Schwiegersohn. Was soll das? Aber genug damit; die Örtlichkeit eine Speisekammer, der Kasten, von dem er sich etwas holen will (etwas darauflegen im Traum), das sind unverkennbare Anspielungen an einen eigenen Unfall, den ich mir zugezogen, als ich über zwei und noch nicht drei Jahre alt war. Ich stieg in der Speisekammer auf einen Schemel, um mir etwas Gutes zu holen, was auf einem Kasten oder Tisch lag. Der Schemel kippte um und traf mich mit seiner Kante hinter dem Unterkiefer. Ich hätte mir auch alle Zähne ausschlagen können. Eine Mahnung meldet sich dabei: Das geschieht dir recht, wie eine feindselige Regung gegen den wackeren Krieger. Die Vertiefung der Analyse läßt mich dann die versteckte Regung finden, die sich an dem gefürchteten Unfall des Sohnes befriedigen könnte. Es ist der Neid gegen die Jugend, den der Gealterte im Leben gründlich erstickt zu haben glaubt, und es ist unverkennbar, daß gerade die Stärke der schmerzlichen Ergriffenheit, wenn ein solches Unglück sich wirklich ereignete, zu ihrer Linderung eine solche verdrängte Wunscherfüllung aufspürt.

Ich kann es nun scharf bezeichnen, was der unbewußte Wunsch für den Traum bedeutet. Ich will zugeben, daß es eine ganze Klasse von Träumen gibt, zu denen die *Anregung* vorwiegend oder selbst ausschließlich aus den Resten des Tageslebens stammt, und ich meine, selbst mein Wunsch, endlich einmal Professor extraordinarius zu werden, hätte mich jene Nacht in Ruhe schlafen lassen können, wäre nicht die Sorge um die Gesundheit meines Freundes vom Tage her noch rührig gewesen. Aber diese Sorge hätte noch keinen Traum gemacht; die Triebkraft, die der Traum bedurfte, mußte von einem Wunsche beigesteuert werden; es war Sache der Besorgnis, sich einen solchen Wunsch als Triebkraft des Traumes zu verschaffen. Um es in einem Gleichnis zu sagen: Es ist sehr wohl möglich, daß ein Tagesgedanke die Rolle des Unternehmers für den Traum spielt; aber der Unternehmer, der, wie man sagt, die Idee hat und den Drang, sie in Tat umzusetzen, kann doch ohne Kapital nichts machen; er braucht einen Kapitalisten, der den Aufwand bestreitet, und dieser Kapitalist, der den psychischen Aufwand für den Traum beistellt, ist alle Male und unweigerlich, was immer auch der Tagesgedanke sein mag, ein *Wunsch aus dem Unbewußten.*

Andere Male ist der Kapitalist selbst der Unternehmer; das ist für den Traum sogar der gewöhnlichere Fall. Es ist durch die Tagesarbeit ein unbewußter Wunsch angeregt worden, und der schafft nun den Traum. Auch für alle anderen Möglichkeiten des hier als Beispiel verwendeten wirtschaftlichen Verhältnisses bleiben die Traumvorgänge parallel; der Unternehmer kann selbst eine Kleinigkeit an Kapital mitbringen; es können mehrere Unternehmer sich an denselben Kapitalisten wenden; es können mehrere Kapitalisten gemeinsam das für die Unternehmer Erforderliche zusammensteuern. So gibt es auch Träume, die von mehr als einem Traumwunsche getragen werden, und dergleichen Variationen mehr, die leicht zu übersehen sind und uns kein Interesse mehr bieten. Was an dieser Erörterung über den Traumwunsch noch unvollständig ist, werden wir erst später ergänzen können.

Das *tertium comparationis* der hier gebrauchten Gleichnisse, die in zugemessener Menge zur freien Verfügung gestellte Quantität, läßt noch feinere Verwendung zur Beleuchtung der Traumstruktur zu. In den meisten Träumen läßt sich ein mit besonderer sinnlicher Intensität ausgestattetes Zentrum erkennen, wie auf S. 262 ausgeführt. Das ist in der Regel die direkte Darstellung der Wunscherfüllung, denn, wenn wir die Verschiebungen der Traumarbeit rückgängig machen, finden wir die psychische Intensität der Elemente in den Traumgedanken durch die sinnliche Intensität der Elemente im Trauminhalt ersetzt. Die Elemente in der Nähe der Wunscherfüllung haben mit deren Sinn oft nichts zu tun, sondern erweisen sich als Abkömmlinge peinlicher, dem Wunsch zuwiderlaufender Gedanken. Durch den oft künstlich hergestellten Zusammenhang mit dem zentralen Element haben sie aber so viel Intensität abbekommen, daß sie zur Darstellung fähig geworden sind. So diffundiert die darstellende Kraft der Wunscherfüllung über eine gewisse Sphäre von Zusammenhang, innerhalb deren alle Elemente, auch die an sich mittellosen, zur Darstellung gehoben werden. Bei

Träumen mit mehreren treibenden Wünschen gelingt es leicht, die Sphären der einzelnen Wunscherfüllungen voneinander abzugrenzen, oft auch die Lücken im Traume als Grenzzonen zu verstehen.

Wenn wir auch die Bedeutung der Tagesreste für den Traum durch die vorstehenden Bemerkungen eingeschränkt haben, so verlohnt es doch der Mühe, ihnen noch einige Aufmerksamkeit zu schenken. Sie müssen doch ein notwendiges Ingrediens der Traumbildung sein, wenn uns die Erfahrung mit der Tatsache überraschen kann, daß jeder Traum eine Anknüpfung an einen rezenten Tageseindruck, oft der gleichgültigsten Art, mit in seinem Inhalt erkennen läßt. Die Notwendigkeit für diesen Zusatz zur Traummischung vermochten wir noch nicht einzusehen. Sie ergibt sich auch nur, wenn man an der Rolle des unbewußten Wunsches festhält und dann die Neurosenpsychologie um Auskunft befragt. Aus dieser erfährt man, daß die unbewußte Vorstellung als solche überhaupt unfähig ist, ins Vorbewußte einzutreten, und daß sie dort nur eine Wirkung zu äußern vermag, indem sie sich mit einer harmlosen, dem Vorbewußten bereits angehörigen Vorstellung in Verbindung setzt, auf sie ihre Intensität überträgt und sich durch sie decken läßt. Es ist dies die Tatsache der Übertragung, welche für so viele auffällige Vorfälle im Seelenleben der Neurotiker die Aufklärung enthält. Die Übertragung kann die Vorstellung aus dem Vorbewußten, welche somit zu einer unverdient großen Intensität gelangt, unverändert lassen oder ihr selbst eine Modifikation durch den Inhalt der übertragenden Vorstellung aufdrängen. Man verzeihe mir die Neigung zu Gleichnissen aus dem täglichen Leben, aber ich bin versucht zu sagen, die Verhältnisse liegen für die verdrängte Vorstellung ähnlich wie in unserem Vaterlande für den amerikanischen Zahnarzt, der seine Praxis nicht ausüben darf, wenn er sich nicht eines rite promovierten Doktors der Medizin als Aushängeschild und Deckung vor dem Gesetz bedient. Und ebenso wie es nicht gerade die beschäftigtesten Ärzte sind, die solche Allianzen mit dem Zahntechniker eingehen, so werden auch im Psychischen nicht jene vorbewußten oder bewußten Vorstellungen zur Deckung einer verdrängten erkoren, die selbst genügend von der im Vorbewußten tätigen Aufmerksamkeit auf sich gezogen haben. Das Unbewußte umspinnt mit seinen Verbindungen vorzugsweise jene Eindrücke und Vorstellungen des Vorbewußten, die entweder als indifferent außer Beachtung geblieben sind oder denen diese Beachtung durch Verwerfung alsbald wieder entzogen wurde. Es ist ein bekannter Satz aus der Assoziationslehre, durch alle Erfahrung bestätigt, daß Vorstellungen, die eine sehr innige Verbindung nach der einen Seite angeknüpft haben, sich wie ablehnend gegen ganze Gruppen von neuen Verbindungen verhalten; ich habe einmal den Versuch gemacht, eine Theorie der hysterischen Lähmungen auf diesen Satz zu begründen.

Wenn wir annehmen, daß das nämliche Bedürfnis zur Übertragung von den verdrängten Vorstellungen aus, das uns die Analyse der Neurosen kennen lehrt, sich auch im Traume geltend macht, so erklären sich auch mit einem Schlage zwei der Rätsel des Traumes, daß jede Traumanalyse eine Verwebung eines rezenten Eindrucks nachweist und daß dies rezente Element oft von der gleichgültigsten Art ist. Wir fügen hinzu, was wir bereits an anderer Stelle gelernt haben, daß diese rezenten und indifferenten Elemente als Ersatz der allerältesten aus den Traumgedanken darum so häufig in den Trauminhalt gelangen, weil sie gleichzeitig von der Widerstandszensur am wenigsten zu befürchten haben. Während aber die Zensurfreiheit uns nur die Bevorzugung der trivialen Elemente aufklärt, läßt die Konstanz der rezenten Elemente auf die Nötigung zur Übertragung durchblicken. Dem Anspruch des Verdrängten auf noch assoziationsfreies Material genügen beide Gruppen von Eindrücken, die indifferenten, weil sie zu ausgiebigen Verbindungen keinen Anlaß geboten haben, die rezenten, weil dazu noch die Zeit gefehlt hat

Wir sehen so, daß die Tagesreste, denen wir die indifferenten Eindrücke jetzt zurechnen dürfen, nicht nur vom *Ubw* etwas entlehnen, wenn sie an der Traumbildung Anteil gewinnen, nämlich die Triebkraft, über die der verdrängte Wunsch verfügt, sondern daß sie auch dem Unbewußten etwas Unentbehrliches bieten, die notwendige Anheftung zur Übertragung. Wollten wir hier in die seelischen Vorgänge tiefer eindringen, so müßten wir das Spiel der Erregungen zwischen Vorbewußtem und Unbewußtem schärfer beleuchten, wozu wohl das Studium der Psychoneurosen drängt, aber gerade der Traum keinen Anhalt bietet.

Nur noch eine Bemerkung über die Tagesreste. Es ist kein Zweifel, daß sie die eigentlichen Störer des Schlafes sind, und nicht der Traum, der sich vielmehr bemüht, den Schlaf zu hüten. Hierauf werden wir noch später zurückkommen.

Wir haben bisher den Traumwunsch verfolgt, ihn aus dem Gebiet des *Ubw* abgeleitet und sein Verhältnis zu den Tagesresten zergliedert, die ihrerseits Wünsche sein können oder psychische Regungen irgendwelcher anderen Art oder einfach rezente Eindrücke. Wir haben so Raum geschaffen für die Ansprüche, die man zugunsten der traumbildenden Bedeutung der wachen Denkarbeit in all ihrer Mannigfaltigkeit erheben kann. Es wäre nicht einmal unmöglich, daß wir auf Grund unserer Gedankenreihe selbst jene extremen Fälle aufklären, in denen der Traum als Fortsetzer der Tagesarbeit eine ungelöste Aufgabe des Wachens zum glücklichen Ende bringt. Es mangelt uns nur an einem Beispiel solcher Art, um durch dessen Analyse die infantile oder verdrängte Wunschquelle aufzudekken, deren Heranziehung die Bemühung der vorbewußten Tätigkeit so erfolgreich verstärkt hat. Wir sind aber um keinen Schritt der Lösung des Rätsels näher gekommen, warum das Unbewußte im Schlafe nichts anderes bieten kann als die

Kenntnis der Struktur desselben führen. Wenn wir uns mit einem Minimum von völlig gesichertem Erkenntniszuwachs begnügen wollen, so werden wir sagen, der Traum beweist uns, *daß das Unterdrückte auch beim normalen Menschen fortbesteht und psychischer Leistungen fähig bleibt.* Der Traum ist selbst eine der Äußerungen dieses Unterdrückten; nach der Theorie ist er es in allen Fällen, nach der greifbaren Erfahrung wenigstens in einer großen Anzahl, welche die auffälligen Charaktere des Traumlebens gerade am deutlichsten zur Schau trägt. Das seelisch Unterdrückte, welches im Wachleben durch *die gegensätzliche Erledigung der Widersprüche* am Ausdruck gehindert und von der inneren Wahrnehmung abgeschnitten wurde, findet im Nachtleben und unter der Herrschaft der Kompromißbildungen Mittel und Wege, sich dem Bewußtsein aufzudrängen.

*„Flectere si nequeo superos, Acheronta movebo."**

Die Traumdeutung aber ist die Via regia zur Kenntnis des Unbewußten im Seelenleben.

Indem wir der Analyse des Traums folgen, bekommen wir ein Stück weit Einsicht in die Zusammensetzung dieses allerwunderbarsten und allergeheimnisvollsten Instruments, freilich nur ein kleines Stück weit, aber es ist damit der Anfang gemacht, um von anderen – pathologisch zu heißenden – Bildungen her weiter in die Zerlegung desselben vorzudringen. Denn die Krankheit – wenigstens die mit Recht funktionell genannte – hat nicht die Zertrümmerung dieses Apparats, die Herstellung neuer Spaltungen in seinem Innern zur Voraussetzung; sie ist *dynamisch* aufzuklären durch Stärkung und Schwächung der Komponenten des Kräftespiels, von dem so viele Wirkungen während der normalen Funktion verdeckt sind. An anderer Stelle könnte noch gezeigt werden, wie die Zusammensetzung des Apparats aus den beiden Instanzen eine Verfeinerung auch der normalen Leistung gestattet, die einer einzigen unmöglich wäre.[239]

* [Kann ich die höheren Mächte nicht beugen, bewege ich doch die Unterwelt. (Vergil, Aeneis, VII, 312.)]

239 Der Traum ist nicht das einzige Phänomen, welches die Psychopathologie auf die Psychologie zu begründen gestattet. In einer kleinen, noch nicht abgeschlossenen Reihe von Aufsätzen in der *Monatsschrift für Psychiatrie und Neurologie* (*Über den psychischen Mechanismus der Vergeßlichkeit*, 1898; *Über Deckerinnerungen*, 1899) suche ich eine Anzahl von alltäglichen psychischen Erscheinungen als Stützen der nämlichen Erkenntnis zu deuten. Diese und weitere Aufsätze über Vergessen, Versprechen, Vergreifen usw. sind seither als *Psychopathologie des Alltagslebens* gesammelt erschienen. (1904).

F
Das Unbewußte und das Bewußtsein – Die Realität

Wenn wir genauer zusehen, ist es nicht der Bestand von *zwei Systemen* nahe dem motorischen Ende des Apparats, sondern von *zweierlei Vorgängen* oder *Ablaufsarten der Erregung*, deren Annahme uns durch die psychologischen Erörterungen der vorstehenden Abschnitte nahegelegt wurde. Es gälte uns gleich; denn unsere Hilfsvorstellungen fallenzulassen, müssen wir immer bereit sein, wenn wir uns in der Lage glauben, sie durch etwas anderes zu ersetzen, was der unbekannten Wirklichkeit besser angenähert ist. Versuchen wir es jetzt, einige Anschauungen richtigzustellen, die sich mißverständlich bilden konnten, solange wir die beiden Systeme im nächsten und rohesten Sinne als zwei Lokalitäten innerhalb des seelischen Apparats im Auge hatten, Anschauungen, die ihren Niederschlag in den Ausdrücken „verdrängen" und „durchdringen" zurückgelassen haben. Wenn wir also sagen, ein unbewußter Gedanke strebe nach Übersetzung ins Vorbewußte, um dann zum Bewußtsein durchzudringen, so meinen wir nicht, daß ein zweiter, an neuer Stelle gelegener Gedanke gebildet werden soll, eine Umschrift gleichsam, neben welcher das Original fortbesteht; und auch vom Durchdringen zum Bewußtsein wollen wir jede Idee einer Ortsveränderung sorgfältig ablösen. Wenn wir sagen, ein vorbewußter Gedanke wird verdrängt und dann vom Unbewußten aufgenommen, so könnten uns diese dem Vorstellungskreis des Kampfes um ein Terrain entlehnten Bilder zur Annahme verlocken, daß wirklich in der einen psychischen Lokalität eine Anordnung aufgelöst und durch eine neue in der anderen Lokalität ersetzt wird. Für diese Gleichnisse setzen wir ein, was dem realen Sachverhalt besser zu entsprechen scheint, daß eine Energiebesetzung auf eine bestimmte Anordnung verlegt oder von ihr zurückgezogen wird, so daß das psychische Gebilde unter die Herrschaft einer Instanz gerät oder ihr entzogen ist Wir ersetzen hier wiederum eine topische Vorstellungsweise durch eine dynamische; nicht das psychische Gebilde erscheint uns als das Bewegliche, sondern dessen Innervation.[240]

Dennoch halte ich es für zweckmäßig und berechtigt, die anschauliche Vorstellung der beiden Systeme weiter zu pflegen. Wir weichen jedem Mißbrauch dieser Darstellungsweise aus, wenn wir uns erinnern, daß Vorstellungen, Gedanken, psychische Gebilde im allgemeinen überhaupt nicht in organischen Elementen des Nervensystems lokalisiert werden dürfen, sondern sozusagen *zwi-*

---

[240] Diese Auffassung erfuhr eine Ausgestaltung und Abänderung, nachdem man als den wesentlichen Charakter einer vorbewußten Vorstellung die Verbindung mit Wortvorstellungsresten erkannt hatte (*Das Unbewußte*, 1915).

schen ihnen, wo Widerstände und Bahnungen das ihnen entsprechende Korrelat bilden. Alles, was Gegenstand unserer inneren Wahrnehmung werden kann, ist *virtuell*, wie das durch den Gang der Lichtstrahlen gegebene Bild im Fernrohr. Die Systeme aber, die selbst nichts Psychisches sind und nie unserer psychischen Wahrnehmung zugänglich werden, sind wir berechtigt anzunehmen gleich den Linsen des Fernrohrs, die das Bild entwerfen. In der Fortsetzung dieses Gleichnisses entspräche die Zensur zwischen zwei Systemen der Strahlenbrechung beim Übergang in ein neues Medium.

Wir haben bisher Psychologie auf eigene Faust getrieben; es ist Zeit, sich nach den Lehrmeinungen umzusehen, welche die heutige Psychologie beherrschen, und deren Verhältnis zu unseren Aufstellungen zu prüfen. Die Frage des Unbewußten in der Psychologie ist nach dem kräftigen Worte von *Lipps* (1897) weniger *eine* psychologische Frage als *die* Frage der Psychologie. Solange die Psychologie diese Frage durch die Worterklärung erledigte, das „Psychische" sei eben das „Bewußte", und „unbewußte psychische Vorgänge" ein greifbarer Widersinn, blieb eine psychologische Verwertung der Beobachtungen, welche ein Arzt an abnormen Seelenzuständen gewinnen konnte, ausgeschlossen. Erst dann treffen der Arzt und der Philosoph zusammen, wenn beide anerkennen, unbewußte psychische Vorgänge seien „der zweckmäßige und wohlberechtigte Ausdruck für eine feststehende Tatsache". Der Arzt kann nicht anders, als die Versicherung, „das Bewußtsein sei der unentbehrliche Charakter des Psychischen", mit Achselzucken zurückweisen, und etwa, wenn sein Respekt vor den Äußerungen der Philosophen noch stark genug ist, annehmen, sie behandelten nicht dasselbe Objekt und trieben nicht die gleiche Wissenschaft. Denn auch nur eine einzige verständnisvolle Beobachtung des Seelenlebens eines Neurotikers, eine einzige Traumanalyse muß ihm die unerschütterliche Überzeugung aufdrängen, daß die kompliziertesten und korrektesten Denkvorgänge, denen man doch den Namen psychischer Vorgänge nicht versagen wird, vorfallen können, ohne das Bewußtsein der Person zu erregen.[241] Gewiß erhält der Arzt von diesen unbewußten Vorgängen nicht eher Kunde, als bis sie eine Mitteilung oder Beobachtung zulassende Wirkung auf das Bewußtsein ausgeübt haben.

[241] Ich freue mich, auf einen Autor hinweisen zu können, der aus dem Studium des Traums den nämlichen Schluß über das Verhältnis der bewußten zur unbewußten Tätigkeit gezogen hat. Du Prel sagt: „Die Frage, was die Seele ist, erheischt offenbar eine Voruntersuchung darüber, ob Bewußtsein und Seele identisch seien. Gerade diese Vorfrage nun wird vom Traume verneint, welcher zeigt, daß der Begriff der Seele über den des Bewußtseins hinausragt, wie etwa die Anziehungskraft eines Gestirns über seine Leuchtsphäre" (S. 47). „Es ist eine Wahrheit, die man nicht ausdrücklich genug hervorheben kann, daß Bewußtsein und Seele nicht Begriffe von gleicher Ausdehnung sind" (S. 306).

Aber dieser Bewußtseinseffekt kann einen von dem unbewußten Vorgang ganz abweichenden psychischen Charakter zeigen, so daß die innere Wahrnehmung unmöglich den einen als den Ersatz des anderen erkennen kann. Der Arzt muß sich das Recht wahren, durch einen *Schlußprozeß* vom Bewußtseinseffekt zum unbewußten psychischen Vorgang vorzudringen; er erfährt auf diesem Wege, daß der Bewußtseinseffekt nur eine entfernte psychische Wirkung des unbewußten Vorgangs ist und daß letzterer nicht als solcher bewußtgeworden ist, auch daß er bestanden und gewirkt hat, ohne sich noch dem Bewußtsein irgendwie zu verraten.

Die Rückkehr von der Überschätzung der Bewußtseinseigenschaft wird zur unerläßlichen Vorbedingung für jede richtige Einsicht in den Hergang des Psychischen. Das Unbewußte muß nach dem Ausdrucke von *Lipps* als allgemeine Basis des psychischen Lebens angenommen werden. Das Unbewußte ist der größere Kreis, der den kleineren des Bewußten in sich einschließt; alles Bewußte hat eine unbewußte Vorstufe, während das Unbewußte auf dieser Stufe stehenbleiben und doch den vollen Wert einer psychischen Leistung beanspruchen kann. Das Unbewußte ist das eigentlich reale Psychische, *uns nach seiner inneren Natur so unbekannt wie das Reale der Außenwelt und uns durch die Daten des Bewußtseins ebenso unvollständig gegeben wie die Außenwelt durch die Angaben unserer Sinnesorgane.*

Wenn der alte Gegensatz von Bewußtleben und Traumleben durch die Einsetzung des unbewußten Psychischen in die ihm gebührende Stellung entwertet ist, so werden eine Reihe von Traumproblemen abgestreift, welche frühere Autoren noch eingehend beschäftigt haben. So manche Leistungen, über deren Vollziehung im Traume man sich wundern konnte, sind nun nicht mehr dem Traum anzurechnen, sondern dem auch bei Tage arbeitenden unbewußten Denken. Wenn der Traum mit einer symbolisierenden Darstellung des Körpers, nach *Scherner*, zu spielen scheint, so wissen wir, dies ist die Leistung gewisser unbewußter Phantasien, die wahrscheinlich sexuellen Regungen nachgeben und die nicht nur im Traum, sondern auch in den hysterischen Phobien und anderen Symptomen zum Ausdruck kommen. Wenn der Traum Arbeiten des Tages fortführt und erledigt und selbst wertvolle Einfälle ans Licht fördert, so haben wir hievon nur die Traumverkleidung abzuziehen als Leistung der Traumarbeit und als Marke der Hilfeleistung dunkler Mächte der Seelentiefen (vgl. den Teufel in Tartinis Sonatentraum). Die intellektuelle Leistung selbst fällt denselben Seelenkräften zu, die tagsüber alle solche vollbringen. Wir neigen wahrscheinlich in viel zu hohem Maße zur Überschätzung des bewußten Charakters auch der intellektuellen und künstlerischen Produktion. Aus den Mitteilungen einiger höchstproduktiver Menschen, wie *Goethe* und *Helmholtz*, erfahren wir doch eher, daß das Wesentliche und Neue ihrer Schöpfungen ihnen einfallsartig gegeben wurde und fast fertig zu ihrer Wahrnehmung kam. Die Mithilfe der bewußten Tätigkeit in anderen Fällen hat nichts Befremdendes, wo eine Anstrengung aller Geisteskräfte vorlag. Aber es ist das viel mißbrauchte Vorrecht der bewußten Tätigkeit, daß sie uns alle anderen verdecken darf, wo immer sie mittut.

Es verlohnt sich kaum der Mühe, die historische Bedeutung der Träume als ein besonderes Thema aufzustellen. Wo ein Häuptling etwa durch einen Traum zu einem kühnen Unternehmen bestimmt wurde, dessen Erfolg verändernd in die Geschichte eingegriffen hat, da ergibt sich ein neues Problem nur so lange, als man den Traum wie eine fremde Macht anderen vertrauteren Seelenkräften gegenüberstellt, nicht mehr, wenn man den Traum als eine *Form des Ausdrucks* für Regungen betrachtet, auf denen bei Tage ein Widerstand lastete und die sich bei Nacht Verstärkung aus tiefliegenden Erregungsquellen holen konnten.[242] Die Achtung aber, mit der dem Traum bei den alten Völkern begegnet wurde, ist eine auf richtige psychologische Ahnung gegründete Huldigung vor dem Ungebändigten und Unzerstörbaren in der Menschenseele, dem Dämonischen, welches den Traumwunsch hergibt und das wir in unserem Unbewußten wiederfinden.

Ich sage nicht ohne Absicht, *in unserem Unbewußten*, denn was wir so heißen, deckt sich nicht mit dem Unbewußten der Philosophen, auch nicht mit dem Unbewußten bei *Lipps*. Dort soll es bloß den Gegensatz zu dem Bewußten bezeichnen; daß es außer den bewußten Vorgängen auch unbewußte psychische gibt, ist die heiß bestrittene und energisch verteidigte Erkenntnis. Bei *Lipps* hören wir von dem weiter reichenden Satz, daß alles Psychische als unbewußt vorhanden ist, einiges davon dann auch als bewußt. Aber nicht zum Erweis für *diesen* Satz haben wir die Phänomene des Traums und der hysterischen Symptombildung herangezogen; die Beobachtung des normalen Tageslebens reicht allein hin, ihn über jeden Zweifel festzustellen. Das Neue, was uns die Analyse der psychopathologischen Bildungen und schon ihres ersten Gliedes, der Träume, gelehrt, besteht darin, daß das Unbewußte – also das Psychische – als Funktion zweier gesonderter Systeme vorkommt und schon im normalen Seelenleben so vorkommt. Es gibt also *zweierlei Unbewußtes*, was wir von den Psychologen noch nicht gesondert finden. Beides ist Unbewußtes im Sinne der Psychologie; aber in unserem ist das eine, das wir *Ubw* heißen, auch *bewußtseinsunfähig*, während das andere, *Vbw*, von uns darum so genannt wird, weil dessen Erregungen, zwar auch nach Einhaltung gewisser Regeln, vielleicht erst unter Überstehung einer neuen Zensur, aber doch ohne Rücksicht auf das *Ubw*-System zum Bewußtsein gelangen können. Die Tatsache, daß die Erregungen, um zum Bewußtsein zu

242 Vgl. hiezu den (oben) mitgeteilten Traum (Σὰ Τύρος) Alexanders des Großen bei der Belagerung von Tyrus.

kommen, eine unabänderliche Reihenfolge, einen Instanzenzug durchzumachen haben, der uns durch ihre Zensurveränderung verraten wurde, diente uns zur Aufstellung eines Gleichnisses aus der Räumlichkeit. Wir beschrieben die Beziehungen der beiden Systeme zueinander und zum Bewußtsein, indem wir sagten, das System *Vbw* stehe wie ein Schirm zwischen dem System *Ubw* und dem Bewußtsein. Das System *Vbw* sperre nicht nur den Zugang zum Bewußtsein, es beherrsche auch den Zugang zur willkürlichen Motilität und verfüge über die Aussendung einer mobilen Besetzungsenergie, von der uns ein Anteil als Aufmerksamkeit vertraut ist.[243] Auch von der Unterscheidung *Ober-* und *Unterbewußtsein*, die in der neueren Literatur der Psychoneurosen so beliebt geworden ist, müssen wir uns fernhalten, da gerade sie die Gleichstellung des Psychischen und des Bewußten zu betonen scheint.

Welche Rolle verbleibt in unserer Darstellung dem einst allmächtigen, alles andere verdeckenden Bewußtsein? Keine andere als *die eines Sinnesorgans zur Wahrnehmung psychischer Qualitäten.* Nach dem Grundgedanken unseres schematischen Versuchs können wir die Bewußtseinswahrnehmung nur als die eigene Leistung eines besonderen Systems auffassen, für welches sich die Abkürzungsbezeichnung *Bw* empfiehlt. Dies System denken wir uns in seinen mechanischen Charakteren ähnlich wie die Wahrnehmungssysteme *W*, also erregbar durch Qualitäten und unfähig, die Spur von Veränderungen zu bewahren, also ohne Gedächtnis. Der psychische Apparat, der mit dem Sinnesorgan der *W*-Systeme der Außenwelt zugekehrt ist, ist selbst Außenwelt für das Sinnesorgan des *Bw*, dessen teleologische Rechtfertigung in diesem Verhältnisse ruht. Das Prinzip des Instanzenzugs, welches den Bau des Apparats zu beherrschen scheint, tritt uns hier nochmals entgegen. Das Material an Erregungen fließt dem *Bw*-Sinnesorgan von zwei Seiten her zu, von dem *W*-System her, dessen durch Qualitäten bedingte Erregung wahrscheinlich eine neue Verarbeitung durchmacht, bis sie zur bewußten Empfindung wird, und aus dem Innern des Apparats selbst, dessen quantitative Vorgänge als Qualitätenreihe der Lust und Unlust empfunden werden, wenn sie bei gewissen Veränderungen angelangt sind.

Die Philosophen, welche innewurden, daß korrekte und hoch zusammengesetzte Gedankenbildungen auch ohne Dazutun des Bewußtseins möglich sind, haben es dann als Schwierigkeit erfunden, dem Bewußtsein eine Verrichtung zuzuschreiben; es erschien ihnen als überflüssige Spiegelung des vollendeten

---

[243] Vgl. hiezu meine *Bemerkungen über den Begriff des Unbewußten in der Psychoanalyse* (englisch in Proceedings of the Society for Psychical Research, Bd. 26), in denen die deskriptive, dynamische und systematische Bedeutung des vieldeutigen Wortes „unbewußt" voneinander geschieden werden.

psychischen Vorgangs. Die Analogie unseres *Bw*-Systems mit den Wahrnehmungssystemen entreißt uns dieser Verlegenheit. Wir sehen, daß die Wahrnehmung durch unsere Sinnesorgane die Folge hat, eine Aufmerksamkeitsbesetzung auf die Wege zu leiten, nach denen die ankommende Sinneserregung sich verbreitet; die qualitative Erregung des *W*-Systems dient der mobilen Quantität im psychischen Apparat als Regulator ihres Ablaufs. Dieselbe Verrichtung können wir für das überlagernde Sinnesorgan des *Bw*-Systems in Anspruch nehmen. Indem es neue Qualitäten wahrnimmt, leistet es einen neuen Beitrag zur Lenkung und zweckmäßigen Verteilung der mobilen Besetzungsquantitäten. Mittels der Lust- und Unlustwahrnehmung beeinflußt es den Verlauf der Besetzungen innerhalb des sonst unbewußt und durch Quantitätsverschiebungen arbeitenden psychischen Apparats. Es ist wahrscheinlich, daß das Unlustprinzip die Verschiebungen der Besetzung zunächst automatisch regelt; aber es ist sehr wohl möglich, daß das Bewußtsein dieser Qualitäten eine zweite und feinere Regulierung hinzutut, die sich sogar der ersteren widersetzen kann und die Leistungsfähigkeit des Apparats vervollkommnet, indem sie ihn gegen seine ursprüngliche Anlage in den Stand setzt, auch was mit Unlustentbindung verknüpft ist, der Besetzung und Bearbeitung zu unterziehen. Aus der Neurosenpsychologie erfährt man, daß diesen Regulierungen durch die Qualitätserregung der Sinnesorgane eine große Rolle bei der Funktionstätigkeit des Apparats zugedacht ist. Die automatische Herrschaft des primären Unlustprinzips und die damit verbundene Einschränkung der Leistungsfähigkeit wird durch die sensiblen Regulierungen, die selbst wieder Automatismen sind, gebrochen. Man erfährt, daß die Verdrängung, die, ursprünglich zweckmäßig, doch in schädlichen Verzicht auf Hemmung und seelische Beherrschung ausläuft, sich so viel leichter an Erinnerungen als an Wahrnehmungen vollzieht, weil bei ersteren der Besetzungszuwachs durch die Erregung der psychischen Sinnesorgane ausbleiben muß. Wenn ein abzuwehrender Gedanke einerseits nicht bewußt wird, weil er der Verdrängung unterlegen ist, so kann er andere Male nur darum verdrängt werden, weil er aus anderen Gründen der Bewußtseinswahrnehmung entzogen wurde. Es sind das Winke, deren sich die Therapie bedient, um vollzogene Verdrängungen rückgängig zu machen.

Der Wert der Überbesetzung, welche durch den regulierenden Einfluß des *Bw*-Sinnesorgans auf die mobile Quantität hergestellt wird, ist im teleologischen Zusammenhang durch nichts besser dargetan als durch die Schöpfung einer neuen Qualitätenreihe und somit einer neuen Regulierung, welche das Vorrecht des Menschen vor den Tieren ausmacht. Die Denkvorgänge sind nämlich an sich qualitätslos bis auf die sie begleitenden Lust- und Unlusterregungen, die ja als mögliche Störung des Denkens in Schranken gehalten werden sollen. Um ihnen eine Qualität zu verleihen, werden sie beim Menschen mit den Worterinnerungen assoziiert, deren Qualitätsreste genügen, um die Aufmerksamkeit des Bewußtseins auf sich zu ziehen und von ihm aus dem Denken eine neue mobile Besetzung zuzuwenden.

Die ganze Mannigfaltigkeit der Bewußtseinsprobleine läßt sich erst bei der Zergliederung der hysterischen Denkvorgänge übersehen. Man empfängt dann den Eindruck, daß auch der Übergang vom Vorbewußten zur Bewußtseinsbesetzung mit einer Zensur verknüpft ist, ähnlich der Zensur zwischen *Ubw* und *Vbw*. Auch diese Zensur setzt erst bei einer gewissen quantitativen Grenze ein, so daß ihr wenig intensive Gedankenbildungen entgehen. Alle möglichen Fälle der Abhaltung von dem Bewußtsein sowie des Durchdringens zu demselben unter Einschränkungen finden sich im Rahmen der psychoneurotischen Phänomene vereinigt; sämtlich weisen sie auf den innigen und zweiseitigen Zusammenhang zwischen Zensur und Bewußtsein hin. Mit der Mitteilung zweier derartiger Vorkommnisse will ich diese psychologischen Erörterungen beschließen.

Ein Konsilium im Vorjahre führte mich zu einem intelligent und unbefangen blickenden Mädchen. Ihr Aufzug ist befremdend; wo doch sonst die Kleidung des Weibes bis in die letzte Falte beseelt ist, trägt sie einen Strumpf herabhängend und zwei Knöpfe der Bluse offen. Sie klagt über Schmerzen in einem Bein und entblößt unaufgefordert eine Wade. Ihre Hauptklage aber lautet wörtlich: Sie hat ein Gefühl im Leib, als ob *etwas darin stecken* würde, was sich *hin und her bewegt* und sie durch und durch *erschüttert*. Manchmal wird ihr dabei der ganze Leib wie *steif*. Mein mitanwesender Kollege sieht mich dabei an; er findet die Klage nicht mißverständlich. Merkwürdig erscheint uns beiden, daß die Mutter der Kranken sich dabei nichts denkt; sie muß sich ja wiederholt in der Situation befunden haben, welche ihr Kind beschreibt. Das Mädchen selbst hat keine Ahnung von dem Belang ihrer Rede, sonst würde sie dieselbe nicht im Munde führen. Hier ist es gelungen, die Zensur so abzublenden, daß eine sonst im Vorbewußten verbleibende Phantasie wie harmlos in der Maske einer Klage zum Bewußtsein zugelassen wird.

Ein anderes Beispiel: Ich beginne eine psychoanalytische Behandlung mit einem vierzehnjährigen Knaben, der an *tic convulsif*, hysterischem Erbrechen, Kopfschmerz u. dgl. leidet, indem ich ihm versichere, er werde nach dem Augenschluß Bilder sehen oder Einfälle bekommen, die er mir mitteilen soll. Er antwortet in Bildern. Der letzte Eindruck, ehe er zu mir gekommen ist, lebt in seiner Erinnerung visuell auf. Er hatte mit seinem Onkel ein Brettspiel gespielt und sieht jetzt das Brett vor sich. Er erörtert verschiedene Stellungen, die günstig sind oder ungünstig, Züge, die man nicht machen darf. Dann sieht er auf dem Brett einen Dolch liegen, einen Gegenstand, den sein Vater besitzt, den aber seine Phantasie auf das Brett verlegt. Dann liegt eine Sichel auf dem Brett, dann kommt eine Sense hinzu, und jetzt tritt das Bild eines alten Bauern auf, der das Gras vor dem entfernten heimatlichen Hause mit der Sense mäht. Nach wenigen Tagen habe ich das Verständnis für diese Aneinanderreihung von Bildern gewonnen. Unerfreuliche Familienverhältnisse haben den Knaben in Aufregung gebracht. Ein harter, jähzorniger Vater, der mit der Mutter in Unfrieden lebte, dessen Erziehungsmittel Drohungen waren; die Scheidung des Vaters von der weichen und zärtlichen Mutter; die Wiederverheiratung des Vaters, der eines Tages eine junge Frau als die neue Mama nach Hause brachte. In den ersten Tagen nachher brach die Krankheit des vierzehnjährigen Knaben aus. Es ist die unterdrückte Wut gegen den Vater, die jene Bilder zu verständlichen Anspielungen zusammengesetzt hat. Eine Reminiszenz aus der Mythologie hat das Material gegeben. Die Sichel ist die, mit der Zeus den Vater entmannte, die Sense und das Bild des Bauern schildern den Kronos, den gewalttätigen Alten, der seine Kinder frißt und an dem Zeus so unkindlich Rache nimmt. Die Heirat des Vaters war eine Gelegenheit, ihm die Vorwürfe und Drohungen zurückzugeben, die das Kind früher einmal von ihm gehört hatte, weil es mit den Genitalien *spielte* (das Brettspiel; die verbotenen Züge; der Dolch, mit dem man umbringen kann). Hier sind es lang verdrängte Erinnerungen und deren unbewußt gebliebene Abkömmlinge, die auf dem ihnen eröffneten Umwege sich als scheinbar *sinnlose* Bilder ins Bewußtsein schleichen.

So würde ich also den theoretischen Wert der Beschäftigung mit dem Traum in den Beiträgen zur psychologischen Erkenntnis und in der Vorbereitung für das Verständnis der Psychoneurosen suchen. Wer vermag zu ahnen, zu welcher Bedeutung sich eine gründliche Bekanntschaft mit dem Bau und den Leistungen des Seelenapparats noch erheben kann, wenn schon der heutige Stand unseres Wissens eine glückliche therapeutische Beeinflussung der an sich heilbaren Formen von Psychoneurosen gestattet? Und der praktische Wert dieser Beschäftigung, höre ich fragen, für die Seelenkenntnis, die Aufdeckung der verborgenen Charaktereigenschaften der einzelnen? Haben denn die unbewußten Regungen, die der Traum offenbart, nicht den Wert von realen Mächten im Seelenleben? Ist die ethische Bedeutung der unterdrückten Wünsche gering anzuschlagen, die, wie sie Träume schaffen, eines Tages anderes schaffen können?

Ich fühle mich nicht berechtigt, auf diese Fragen zu antworten. Meine Gedanken haben diese Seite des Traumproblems nicht weiter verfolgt. Ich meine nur, jedenfalls hatte der römische Kaiser unrecht, welcher einen Untertanen hinrichten ließ, weil dieser geträumt hatte, daß er den Imperator ermordet. Er hätte sich zuerst darum bekümmern sollen, was dieser Traum bedeutete; sehr wahrscheinlich war es nicht dasselbe, was er zur Schau trug. Und selbst wenn ein Traum, der anders lautete, diese majestätsverbrecherische Bedeutung hätte, wäre es noch am Platze, des Wortes von *Plato* zu gedenken, daß der Tugendhafte sich begnügt, von dem zu träumen, was der Böse im Leben tut. Ich meine also, am besten gibt man die Träume frei. Ob den unbewußten Wünschen *Realität* zuzuerkennen ist, kann ich nicht sagen. Allen Übergangs- und Zwischengedanken ist sie natürlich abzusprechen. Hat man die unbewußten Wünsche, auf ihren letzten und wahrsten Ausdruck gebracht, vor sich, so muß man wohl sagen, daß die *psychische* Realität eine besondere Existenzform ist, welche mit der *materiellen* Realität nicht verwechselt werden sollt. Es erscheint dann ungerechtfertigt, wenn die Menschen sich sträuben, die Verantwortung für die Immoralität ihrer Träume zu übernehmen. Durch die Würdigung der Funktionsweise des seelischen Apparats und die Einsicht in die Beziehung zwischen Bewußtem und Unbewußtem wird das ethisch Anstößige unseres Traum- und Phantasielebens meist zum Verschwinden gebracht.

„Was der Traum uns an Beziehungen zur Gegenwart (Realität) kundgetan hat, wollen wir dann auch im Bewußtsein aufsuchen und dürfen uns nicht wundern, wenn wir das Ungeheuer, das wir unter dem Vergrößerungsglas der Analyse gesehen haben, dann als Infusionstierchen wiederfinden." (*H. Sachs*).

Für das praktische Bedürfnis der Charakterbeurteilung des Menschen genügt zumeist die Tat und die bewußt sich äußernde Gesinnung. Die Tat vor allem verdient in die erste Reihe gestellt zu werden, denn viele zum Bewußtsein durchgedrungene Impulse werden noch durch reale Mächte des Seelenlebens vor ihrem Einmünden in die Tat aufgehoben; ja, sie begegnen oft darum keinem psychischen Hindernis auf ihrem Wege, weil das Unbewußte ihrer anderweitigen Verhinderung sicher ist. Es bleibt auf alle Fälle lehrreich, den viel durchwühlten Boden kennenzulernen, auf dem unsere Tugenden sich stolz erheben. Die nach allen Richtungen hin dynamisch bewegte Komplikation eines menschlichen Charakters fügt sich höchst selten der Erledigung durch eine einfache Alternative, wie unsere überjährte Morallehre es möchte.

Und der Wert des Traums für die Kenntnis der Zukunft? Daran ist natürlich nicht zu denken. Man möchte dafür einsetzen: für die Kenntnis der Vergangenheit. Denn aus der Vergangenheit stammt der Traum in jedem Sinne. Zwar entbehrt auch der alte Glaube, daß der Traum uns die Zukunft zeigt, nicht völlig des Gehalts an Wahrheit. Indem uns der Traum einen Wunsch als erfüllt vorstellt, führt er uns allerdings in die Zukunft; aber diese vom Träumer für gegenwärtig genommene Zukunft ist durch den unzerstörbaren Wunsch zum Ebenbild jener Vergangenheit gestaltet.

ZUR PSYCHOPATHOLOGIE DES ALLTAGSLEBENS (ÜBER VERGESSEN, VERSPRECHEN, VERGREIFEN, ABERGLAUBE UND IRRTUM)

Nun ist die Luft von solchem Spuk so voll,
Daß niemand weiß, wie er ihn meiden soll.
Faust, II. Teil, V. Akt

I
Vergessen von Eigennamen

Im Jahrgang 1898 der *Monatsschrift für Psychiatrie und Neurologie* habe ich unter dem Titel *Zum psychischen Mechanismus der Vergesslichkeit* einen kleinen Aufsatz veröffentlicht, dessen Inhalt ich hier wiederholen und zum Ausgang für weitere Erörterungen nehmen werde. Ich habe dort den häufigen Fall des zeitweiligen Vergessens von Eigennamen an einem prägnanten Beispiel aus meiner Selbstbeobachtung der psychologischen Analyse unterzogen und bin zum Ergebnis gelangt, daß dieser gewöhnliche und praktisch nicht sehr bedeutsame Einzelvorfall von Versagen einer psychischen Funktion – des Erinnerns – eine Aufklärung zuläßt, welche weit über die gebräuchliche Verwertung des Phänomens hinausführt.

Wenn ich nicht sehr irre, würde ein Psycholog, von dem man die Erklärung forderte, wie es zugehe, daß einem so oft ein Name nicht einfällt, den man doch zu kennen glaubt, sich begnügen, zu antworten, daß Eigennamen dem Vergessen leichter unterliegen als andersartiger Gedächtnisinhalt. Er würde die plausibeln Gründe für solche Bevorzugung der Eigennamen anführen, eine anderweitige Bedingtheit des Vorganges aber nicht vermuten.

Für mich wurde zum Anlaß einer eingehenderen Beschäftigung mit dem Phänomen des zeitweiligen Namenvergessens die Beobachtung gewisser Einzelheiten, die sich zwar nicht in allen Fällen, aber in einzelnen deutlich genug erkennen lassen. In solchen Fällen wird nämlich nicht nur *vergessen*, sondern auch *falsch erinnert*. Dem sich um den entfallenen Namen Bemühenden kommen andere – *Ersatznamen* – zum Bewußtsein, die zwar sofort als unrichtig erkannt werden, sich aber doch mit großer Zähigkeit immer wieder aufdrängen. Der Vorgang, der zur Reproduktion des gesuchten Namens führen soll, hat sich gleichsam *verschoben* und so zu einem unrichtigen Ersatz geführt. Meine Voraussetzung ist nun, daß diese Verschiebung nicht psychischer Willkür überlassen ist, sondern gesetzmäßige und berechenbare Bahnen einhält. Mit anderen Worten, ich vermute, daß der oder die Ersatznamen in einem aufspürbaren Zusammenhang mit dem gesuchten Namen stehen, und hoffe, wenn es mir gelingt, diesen Zusammenhang nachzuweisen, dann auch Licht über den Hergang des Namenvergessens zu verbreiten.

In dem 1898 von mir zur Analyse gewählten Beispiele war es der Name des Meisters, welcher im Dom von Orvieto die großartigen Fresken von den „letzten Dingen“ geschaffen, den zu erinnern ich mich vergebens bemühte. Anstatt des gesuchten Namens – *Signorelli* – drängten sich mir zwei andere Namen von Malern auf – *Botticelli* und *Boltraffio* –, die mein Urteil sofort und entschieden als unrichtig abwies. Als mir der richtige Name von fremder Seite mitgeteilt wurde, erkannte ich ihn sogleich und ohne Schwanken. Die Untersuchung, durch welche Einflüsse und auf welchen Assoziationswegen sich die Reproduktion in solcher Weise – von *Signorelli* auf *Botticelli* und *Boltraffio* – verschoben hatte, führte zu folgenden Ergebnissen:

a) Der Grund für das Entfallen des Namens *Signorelli* ist weder in einer Besonderheit dieses Namens selbst noch in einem psychologischen Charakter des Zusammenhanges zu suchen, in welchen derselbe eingefügt war. Der vergessene Name war mir ebenso vertraut wie der eine der Ersatznamen – *Botticelli* – und ungleich vertrauter als der andere der Ersatznamen – *Boltraffio* –, von dessen Träger ich kaum etwas anderes anzugeben wüßte, als seine Zugehörigkeit zur mailändischen Schule. Der Zusammenhang aber, in dem sich das Namenvergessen ereignete, erscheint mir harmlos und führt zu keiner weiteren Aufklärung: Ich machte mit einem Fremden eine Wagenfahrt von Ragusa in Dalmatien nach einer Station der Herzegowina; wir kamen auf das Reisen in Italien zu sprechen, und ich fragte meinen Reisegefährten, ob er schon in Orvieto gewesen und dort die berühmten Fresken des *** besichtigt habe.

b) Das Namenvergessen erklärt sich erst, wenn ich mich an das in jener Unterhaltung unmittelbar vorhergehende Thema erinnere, und gibt sich als eine *Störung des neu auftauchenden Themas durch das vorhergehende* zu erkennen. Kurz ehe ich an meinen Reisegefährten die Frage stellte, ob er schon in Orvieto gewesen, hatten wir uns über die Sitten der in *Bosnien* und in der *Herzegowina* lebenden Türken unterhalten. Ich hatte erzählt, was ich von einem unter diesen Leuten praktizierenden Kollegen gehört hatte, daß sie sich voll Vertrauen in den Arzt und voll Ergebung in das Schicksal zu zeigen pflegen. Wenn man ihnen ankündigen muß, daß es für den Kranken keine Hilfe gibt, so antworten sie: „*Herr*, was ist da zu sagen? Ich weiß, wenn er zu retten wäre, hättest du ihn gerettet!" – Erst in diesen Sätzen finden sich die Worte und Namen: *Bosnien*, *Herzegowina*, *Herr* vor, welche sich in eine Assoziationsreihe zwischen *Signorelli* und *Botticelli* – *Boltraffio* einschalten lassen.

c) Ich nehme an, daß der Gedankenreihe von den Sitten der Türken in Bosnien etc. die Fähigkeit, einen nächsten Gedanken zu stören, darum zukam, weil ich ihr meine Aufmerksamkeit entzogen hatte, ehe sie noch zu Ende gebracht war. Ich erinnere mich nämlich, daß ich eine zweite Anekdote erzählen wollte, die nahe bei der ersten in meinem Gedächtnis ruhte. Diese Türken schätzen den Sexualgenuss über alles und verfallen bei sexuellen Störungen in eine Verzweiflung, welche seltsam gegen ihre Resignation bei Todesgefahr absticht. Einer der Patienten meines Kollegen hatte ihm einmal gesagt: „Du weißt ja, *Herr*, wenn *das* nicht mehr geht, dann hat das Leben keinen Wert." Ich unterdrückte die

Mitteilung dieses charakteristischen Zuges, weil ich das heikle Thema nicht im Gespräch mit einem Fremden berühren wollte. Ich tat aber noch mehr; ich lenkte meine Aufmerksamkeit auch von der Fortsetzung der Gedanken ab, die sich bei mir an das Thema „Tod und Sexualität" hätten knüpfen können. Ich stand damals unter der Nachwirkung einer Nachricht, die ich wenige Wochen vorher während eines kurzen Aufenthaltes in *Trafoi* erhalten hatte. Ein Patient, mit dem ich mir viele Mühe gegeben, hatte wegen einer unheilbaren sexuellen Störung seinem Leben ein Ende gemacht. Ich weiß bestimmt, daß mir auf jener Reise in die Herzegowina dieses traurige Ereignis und alles, was damit zusammenhängt, nicht zur bewußten Erinnerung kam. Aber die Übereinstimmung *Trafoi –Boltraffio* nötigt mich anzunehmen, daß damals diese Reminiszenz trotz der absichtlichen Ablenkung meiner Aufmerksamkeit in mir zur Wirksamkeit gebracht worden ist.

d) Ich kann das Vergessen des Namens *Signorelli* nicht mehr als ein zufälliges Ereignis auffassen. Ich muß den Einfluß eines *Motivs* bei diesem Vorgang anerkennen. Es waren Motive, die mich veranlaßten, mich in der Mitteilung meiner Gedanken (über die Sitten der Türken usw.) zu unterbrechen, und die mich ferner beeinflußten, die daran sich knüpfenden Gedanken, die bis zur Nachricht in Trafoi geführt hätten, in mir vom Bewußtwerden auszuschließen. Ich *wollte* also etwas vergessen, ich hatte etwas *verdrängt.* Ich wollte allerdings etwas anderes vergessen als den Namen des Meisters von Orvieto; aber dieses andere brachte es zustande, sich mit dessen Namen in assoziative Verbindung zu setzen, so daß mein Willensakt das Ziel verfehlte, und ich *das eine wider Willen* vergaß, während ich *das andere mit Absicht* vergessen wollte. Die Abneigung, zu erinnern, richtete sich gegen den einen Inhalt; die Unfähigkeit, zu erinnern, trat an einem anderen hervor. Es wäre offenbar ein einfacherer Fall, wenn Abneigung und Unfähigkeit, zu erinnern, denselben Inhalt beträfen. – Die Ersatznamen erscheinen mir auch nicht mehr so völlig unberechtigt wie vor der Aufklärung; sie mahnen mich (nach Art eines Kompromisses) ebenso sehr an das, was ich vergessen, wie an das, was ich erinnern wollte, und zeigen mir, daß meine Absicht, etwas zu vergessen, weder ganz gelungen noch ganz mißglückt ist.

e) Sehr auffällig ist die Art der Verknüpfung, die sich zwischen dem gesuchten Namen und dem verdrängten Thema (von Tod und Sexualität usw., in dem die Namen Bosnien, Herzegowina, Trafoi vorkommen) hergestellt hat. Das hier eingeschaltete, aus der Abhandlung des Jahres 1898 wiederholte Schema sucht diese Verknüpfung anschaulich darzustellen.

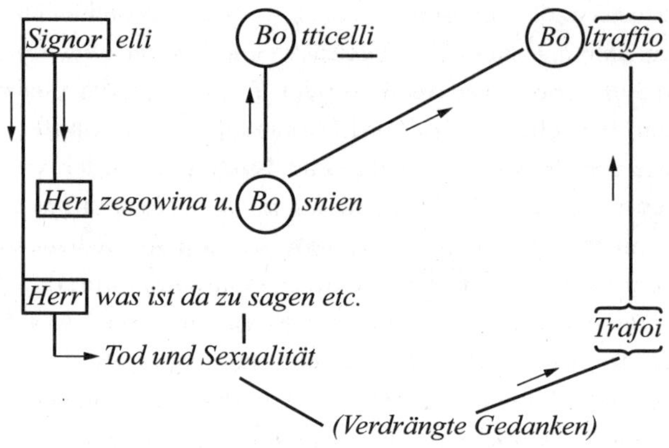

Der Name Signorelli ist dabei in zwei Stücke zerlegt worden. Das eine Silbenpaar ist in einem der Ersatznamen unverändert wiedergekehrt(*elli*), das andere hat durch die Übersetzung *Signor – Herr* mehrfache und verschiedenartige Beziehungen zu den im verdrängten Thema enthaltenen Namen gewonnen, ist aber dadurch für die Reproduktion verloren gegangen. Sein Ersatz hat so stattgefunden, als ob eine Verschiebung längs der Namenverbindung „Herzegowina und Bosnien" vorgenommen worden wäre, ohne Rücksicht auf den Sinn und auf die akustische Abgrenzung der Silben zu nehmen. Die Namen sind also bei diesem Vorgang ähnlich behandelt worden wie die Schriftbilder eines Satzes, der in ein Bilderrätsel (Rebus) umgewandelt werden soll. Von dem ganzen Hergang, der anstatt des Namens Signorelli auf solchen Wegen die Ersatznamen geschaffen hat, ist dem Bewußtsein keine Kunde gegeben worden. Eine Beziehung zwischen dem Thema, in dem der Name Signorelli vorkam, und dem zeitlich ihm vorangehenden verdrängten Thema, welche über diese Wiederkehr gleicher Silben (oder vielmehr Buchstabenfolgen) hinausginge, scheint *zunächst* nicht auffindbar zu sein.

Es ist vielleicht nicht überflüssig, zu bemerken, daß die von den Psychologen angenommenen Bedingungen der Reproduktion und des Vergessens, die in gewissen Relationen und Dispositionen gesucht werden, durch die vorstehende Aufklärung einen Widerspruch nicht erfahren. Wir haben nur für gewisse Fälle zu all den längst anerkannten Momenten, die das Vergessen eines Namens bewirken können, noch ein *Motiv* hinzugefügt und überdies den Mechanismus des Fehlerinnerns klargelegt. Jene Dispositionen sind auch für unseren Fall unentbehrlich, um die Möglichkeit zu schaffen, daß das verdrängte Element sich assoziativ des gesuchten Namens bemächtige und es mit sich in die Verdrängung nehme. Bei einem anderen Namen mit günstigeren Reproduktionsbedingungen wäre dies vielleicht nicht geschehen. Es ist ja wahrscheinlich, daß ein unterdrücktes Element allemal bestrebt ist, sich irgendwo anders zur Geltung zu bringen, diesen Erfolg aber nur dort erreicht, wo ihm geeignete Bedingungen entgegenkommen. Andere Male gelingt die Unterdrückung ohne Funktionsstörung, oder, wie wir mit Recht sagen können, ohne *Symptome*.

Die Zusammenfassung der Bedingungen für das Vergessen eines Namens mit Fehlerinnern ergibt also: 1.) eine gewisse Disposition zum Vergessen desselben, 2.) einen kurz vorher abgelaufenen Unterdrückungsvorgang, 3.) die Möglichkeit, eine *äußerliche* Assoziation zwischen dem betreffenden Namen und dem vorher unterdrückten Element herzustellen. Letztere Bedingung wird man wahrscheinlich nicht sehr hoch veranschlagen müssen, da bei den geringen Ansprüchen an die Assoziation eine solche in den allermeisten Fällen durchzusetzen sein dürfte. Eine andere und tiefer reichende Frage ist es, ob eine solche äußerliche Assoziation wirklich die genügende Bedingung dafür sein kann, daß das verdrängte Element die Reproduktion des gesuchten Namens störe, ob nicht doch notwendig ein intimerer Zusammenhang der beiden Themata erforderlich wird. Bei oberflächlicher Betrachtung würde man letztere Forderung abweisen wollen und das zeitliche Aneinanderstoßen bei völlig disparatem Inhalt für genügend halten. Bei eingehender Untersuchung findet man aber immer häufiger, daß die beiden durch eine äußerliche Assoziation verknüpften Elemente (das verdrängte und das neue) außerdem einen inhaltlichen Zusammenhang besitzen, und auch in dem Beispiel *Signorelli* läßt sich ein solcher erweisen.

Der Wert der Einsicht, die wir bei der Analyse des Beispiels *Signorelli* gewonnen haben, hängt natürlich davon ab, ob wir diesen Fall für ein typisches oder für ein vereinzeltes Vorkommnis erklären müssen. Ich muß nun behaupten, daß das Namenvergessen mit Fehlerinnern ungemein häufig so zugeht, wie wir es im Falle *Signorelli* aufgelöst haben. Fast allemal, da ich dies Phänomen bei mir selbst beobachten konnte, war ich auch imstande, es mir in der vorerwähnten Weise als durch Verdrängung motiviert zu erklären. Ich muß auch noch einen anderen Gesichtspunkt zugunsten der typischen Natur unserer Analyse geltend machen. Ich glaube, daß man nicht berechtigt ist, die Fälle von Namenvergessen mit Fehlerinnern prinzipiell von solchen zu trennen, in denen sich unrichtige Ersatznamen nicht eingestellt haben. Diese Ersatznamen kommen in einer Anzahl von Fällen spontan; in anderen Fällen, wo sie nicht spontan aufgetaucht sind, kann man sie durch Anstrengung der Aufmerksamkeit zum Auftauchen zwingen, und sie zeigen dann die nämlichen Beziehungen zum verdrängten Element und zum gesuchten Namen, wie wenn sie spontan gekommen wären. Für das Bewußtwerden der Ersatznamen scheinen zwei Momente maßgebend zu sein, erstens die Bemühung der Aufmerksamkeit, zweitens eine innere Bedingung, die am psychischen Material haftet. Ich könnte letztere in der größeren oder geringeren Leichtigkeit suchen, mit welcher sich die benötigte äußerliche Assoziation zwischen den beiden Elementen herstellt. Ein guter Teil der Fälle von Namenvergessen *ohne* Fehlerinnern schließt sich so den Fällen mit Ersatznamenbildung an, für welche der Mechanismus des Beispieles „Signorelli" gilt. Ich werde mich aber gewiß nicht der Behauptung erkühnen, daß alle Fälle von Namenvergessen in die nämliche Gruppe einzureihen seien. Es gibt ohne Zweifel Fälle von Namenvergessen, die weit einfacher zugehen. Wir werden den Sachverhalt wohl vorsichtig genug dargestellt haben, wenn wir aussprechen: *Neben dem einfachen Vergessen von Eigennamen kommt auch ein Vergessen vor, welches durch Verdrängung motiviert ist.*

II
Vergessen von fremdsprachigen Worten

Der gebräuchliche Sprachschatz unserer eigenen Sprache scheint innerhalb der Breite normaler Funktion gegen das Vergessen geschützt. Anders steht es bekanntlich mit den Vokabeln einer fremden Sprache. Die Disposition zum Vergessen derselben ist für alle Redeteile vorhanden, und ein erster Grad von Funktionsstörung zeigt sich in der Ungleichmäßigkeit unserer Verfügung über den fremden Sprachschatz, je nach unserem Allgemeinbefinden und dem Grade unserer Ermüdung. Dieses Vergessen geht in einer Reihe von Fällen nach demselben Mechanismus vor sich, den uns das Beispiel „Signorelli" enthüllt hat. Ich werde zum Beweise hierfür eine einzige, aber durch wertvolle Eigentümlichkeiten ausgezeichnete Analyse mitteilen, die den Fall des Vergessens eines nicht substantivischen Wortes aus einem lateinischen Zitat betrifft. Man gestatte mir, den kleinen Vorfall breit und anschaulich vorzutragen.

Im letzten Sommer erneuerte ich – wiederum auf der Ferienreise – die Bekanntschaft eines jungen Mannes von akademischer Bildung, der, wie ich bald merkte, mit einigen meiner psychologischen Publikationen vertraut war. Wir waren im Gespräch – ich weiß nicht mehr wie – auf die soziale Lage des Volksstammes gekommen, dem wir beide angehören, und er, der Ehrgeizige, erging sich in Bedauern darüber, daß seine Generation, wie er sich äußerte, zur Verkümmerung bestimmt sei, ihre Talente nicht entwickeln und ihre Bedürfnisse nicht befriedigen könne. Er schloß seine leidenschaftlich bewegte Rede mit dem bekannten *Vergilschen* Vers, in dem die unglückliche *Dido* ihre Rache an *Aeneas* der Nachwelt überträgt: *„Exoriare ..."*, vielmehr er wollte so schließen, denn er brachte das Zitat nicht zustande und suchte eine offenkundige Lücke der Erinnerung durch Umstellung von Worten zu verdecken: *„Exoriar(e) ex nostris ossi-*

bus ultor!" Endlich sagte er geärgert: „Bitte, machen Sie nicht ein so spöttisches Gesicht, als ob Sie sich an meiner Verlegenheit weiden würden, und helfen Sie mir lieber. An dem Vers fehlt etwas. Wie heißt er eigentlich vollständig?"

Gerne, erwiderte ich und zitierte, wie es richtig lautet:

„Exoriar(e) a l i q u i s nostris ex ossibus ultor!"

„Zu dumm, ein solches Wort zu vergessen. Übrigens von Ihnen hört man ja, daß man nichts ohne Grund vergißt. Ich wäre doch zu neugierig, zu erfahren, wie ich zum Vergessen dieses unbestimmten Pronomen *aliquis* komme."

Ich nahm diese Herausforderung bereitwilligst an, da ich einen Beitrag zu meiner Sammlung erhoffte. Ich sagte also: „Das können wir gleich haben. Ich muß Sie nur bitten, mir *aufrichtig* und *kritiklos* alles mitzuteilen, was Ihnen einfällt, wenn Sie ohne bestimmte Absicht Ihre Aufmerksamkeit auf das vergessene Wort richten."[1]

„Gut, also da komme ich auf den lächerlichen Einfall, mir das Wort in folgender Art zu zerteilen: *a* und *liquis*."

„Was soll das?" – „Weiß ich nicht." – „Was fällt Ihnen weiter dazu ein?" – „Das setzt sich so fort: *Reliquien – Liquidation – Flüssigkeit – Fluid.* Wissen Sie jetzt schon etwas?"

„Nein, noch lange nicht. Aber fahren Sie fort."

„Ich denke", fuhr er höhnisch lachend fort, „an *Simon* von *Trient*, dessen Reliquien ich vor zwei Jahren in einer Kirche in Trient gesehen habe. Ich denke an die Blutbeschuldigung, die gerade jetzt wieder gegen die Juden erhoben wird, und an die Schrift von *Kleinpaul*, der in all diesen angeblichen Opfern Inkarnationen, sozusagen Neuauflagen des Heilands sieht."

„Der Einfall ist nicht ganz ohne Zusammenhang mit dem Thema, über das wir uns unterhielten, ehe Ihnen das lateinische Wort entfiel."

„Richtig. Ich denke ferner an einen Zeitungsartikel in einem italienischen Journal, den ich kürzlich gelesen. Ich glaube, er war überschrieben: Was der hl. *Augustinus* über die Frauen sagt. Was machen Sie damit?"

„Ich warte."

„Also jetzt kommt etwas, was ganz gewiß außer Zusammenhang mit unserem Thema steht."

„Enthalten Sie sich gefälligst jeder Kritik und –"

„Ich weiß schon. Ich erinnere mich eines prächtigen alten Herrn, den ich vorige Woche auf der Reise getroffen. Ein wahres *Original.* Er sieht aus wie ein großer Raubvogel. Er heißt, wenn Sie es wissen wollen, *Benedikt.*"

---

[1] Dies ist der allgemeine Weg, um Vorstellungselemente, die sich verbergen, dem Bewußtsein zuzuführen. Vgl. meine *Traumdeutung* (8. Aufl., S. 71).

„Doch wenigstens eine Aneinanderreihung von Heiligen und Kirchenvätern: Der heilige *Simon, St. Augustinus, St. Benediktus.* Ein Kirchenvater hieß, glaube ich, *Origines.* Drei dieser Namen sind übrigens auch Vornamen wie *Paul* im Namen *Kleinpaul.*"

„Jetzt fällt mir der heilige *Januarius* ein und sein Blutwunder – ich finde, das geht mechanisch so weiter."

„Lassen Sie das; der heilige *Januarius* und der heilige *Augustinus* haben beide mit dem Kalender zu tun. Wollen Sie mich nicht an das Blutwunder erinnern?"

„Das werden Sie doch kennen? In einer Kirche zu Neapel wird in einer Phiole das Blut des heiligen *Januarius* aufbewahrt, welches durch ein Wunder an einem bestimmten Festtag wieder *flüssig* wird. Das Volk hält viel auf dieses Wunder und wird sehr aufgeregt, wenn es sich verzögert, wie es einmal zur Zeit einer französischen Okkupation geschah. Da nahm der kommandierende General – oder irre ich mich? war es Garibaldi? – den geistlichen Herrn beiseite und bedeutete ihm mit einer sehr verständlichen Gebärde auf die draußen aufgestellten Soldaten, er *hoffe*, das Wunder werde sich sehr bald vollziehen. Und es vollzog sich wirklich ..."

„Nun und weiter? Warum stocken Sie?"

„Jetzt ist mir allerdings etwas eingefallen ... das ist aber zu intim für die Mitteilung ... Ich sehe übrigens keinen Zusammenhang und keine Nötigung, es zu erzählen."

„Für den Zusammenhang würde ich sorgen. Ich kann Sie ja nicht zwingen zu erzählen, was Ihnen unangenehm ist; dann verlangen Sie aber auch nicht von mir zu wissen, auf welchem Wege Sie jenes Wort *aliquis* vergessen haben."

„Wirklich? Glauben Sie? Also ich habe plötzlich an eine Dame gedacht, von der ich leicht eine Nachricht bekommen könnte, die uns beiden recht unangenehm wäre."

„Daß ihr die Periode ausgeblieben ist?"

„Wie können Sie das erraten?"

„Das ist nicht mehr schwierig. Sie haben mich genügend darauf vorbereitet. Denken Sie an die *Kalenderheiligen, an das Flüssigwerden des Blutes zu einem bestimmten Tage, den Aufruhr, wenn das Ereignis nicht eintritt, die deutliche Drohung, daß das Wunder vor sich gehen muß, sonst ...* Sie haben ja das Wunder des heiligen Januarius zu einer prächtigen Anspielung auf die Periode der Frau verarbeitet."

„Ohne daß ich es gewußt hätte. Und Sie meinen wirklich, wegen dieser ängstlichen Erwartung hätte ich das Wörtchen *aliquis* nicht reproduzieren können?"

„Das scheint mir unzweifelhaft. Erinnern Sie sich doch an Ihre Zerlegung in *a-liquis* und an die Assoziationen: *Reliquien, Liquidation, Flüssigkeit.* Soll ich noch den als *Kind hingeopferten* heiligen Simon, auf den Sie von den Reliquien her kamen, in den Zusammenhang einflechten?"

„Tun Sie das lieber nicht. Ich hoffe, Sie nehmen diese Gedanken, wenn ich sie wirklich gehabt habe, nicht für Ernst. Ich will Ihnen dafür gestehen, daß die Dame eine Italienerin ist, in deren Gesellschaft ich auch Neapel besucht habe. Kann das aber nicht alles Zufall sein?"

„Ich muß es Ihrer eigenen Beurteilung überlassen, ob Sie sich alle diese Zusammenhänge durch die Annahme eines Zufalls aufklären können. Ich sage Ihnen aber, jeder ähnliche Fall, den Sie analysieren wollen, wird Sie auf ebenso merkwürdige „Zufälle" führen."[2]

Ich habe mehrere Gründe, diese kleine Analyse, für deren Überlassung ich meinem damaligen Reisegenossen Dank schulde, zu schätzen. Erstens, weil mir in diesem Falle gestattet war, aus einer Quelle zu schöpfen, die mir sonst versagt ist. Ich bin zumeist genötigt, die Beispiele von psychischer Funktionsstörung im täglichen Leben, die ich hier zusammenstelle, meiner Selbstbeobachtung zu entnehmen. Das weit reichere Material, das mir meine neurotischen Patienten liefern, suche ich zu vermeiden, weil ich den Einwand fürchten muß, die betreffenden Phänomene seien eben Erfolge und Äußerungen der Neurose. Es hat also besonderen Wert für meine Zwecke, wenn sich eine nervengesunde fremde Person zum Objekt einer solchen Untersuchung erbietet. In anderer Hinsicht wird mir diese Analyse bedeutungsvoll, indem sie einen Fall von Wortvergessen *ohne* Ersatzerinnern beleuchtet und meinen vorhin aufgestellten Satz bestätigt, daß das Auftauchen oder Ausbleiben von unrichtigen Ersatzerinnerungen eine wesentliche Unterscheidung nicht begründen kann.[3]

---

[2] Diese kleine Analyse hat viel Aufmerksamkeit in der Literatur gefunden und lebhafte Diskussionen hervorgerufen. *E. Bleuler* hat gerade an ihr die Glaubwürdigkeit psychoanalytischer Deutungen mathematisch zu erfassen versucht und ist zum Schluß gelangt, daß sie mehr Wahrscheinlichkeitswert hat als Tausende von unangefochtenen medizinischen „Erkenntnissen" und daß sie ihre Sonderstellung nur dadurch bekommt, daß man noch nicht gewohnt ist, in der Wissenschaft mit psychologischen Wahrscheinlichkeiten zu rechnen. (*Das autistisch-undisziplinierte Denken in der Medizin und seine Überwindung*. Berlin 1919).

[3] Feinere Beobachtung schränkt den Gegensatz zwischen der Analyse „Signorelli" und der von *aliquis* betreffs der Ersatzerinnerungen um einiges ein. Auch hier scheint nämlich das Vergessen von einer Ersatzbildung begleitet zu sein. Als ich an meinen Partner nachträglich die Frage stellte, ob ihm bei seinen Bemühungen, das fehlende Wort zu erinnern, nicht irgend etwas zum Ersatz eingefallen sei, berichtete er, daß er zunächst die Versuchung verspürt habe, ein *ab* in den Vers zu bringen: *nostris ab ossibus* (vielleicht das unverknüpfte Stück von *a-liquis*) und dann, daß sich ihm das *exoriare* besonders deutlich und hartnäckig aufgedrängt habe. Als Skeptiker setzte er hinzu, offenbar weil es das erste Wort des Verses war. Als ich ihn bat, doch auf die Assoziationen von *exoriare* aus zu achten, gab er mir Exorzismus an. Ich kann mir also sehr wohl denken, daß die Verstärkung von *exoriare* in der Reproduktion eigentlich den Wert einer

Der Hauptwert des Beispiels *aliquis* ist aber in einem anderen seiner Unterschiede von dem Falle „Signorelli" gelegen. Im letzteren Beispiel wird die Reproduktion des Namens gestört durch die Nachwirkung eines Gedankenganges, der kurz vorher begonnen und abgebrochen wurde, dessen Inhalt aber in keinem deutlichen Zusammenhang mit dem neuen Thema stand, in dem der Name Signorelli enthalten war. Zwischen dem verdrängten und dem Thema des vergessenen Namens bestand bloß die Beziehung der zeitlichen Kontiguität; dieselbe reichte hin, damit sich die beiden durch eine äußerliche Assoziation in Verbindung setzen konnten.[4] Im Beispiel *aliquis* hingegen ist von einem solchen unabhängigen verdrängten Thema, welches unmittelbar vorher das bewußte Denken beschäftigt hätte und nun als Störung nachklänge, nichts zu merken. Die Störung der Reproduktion erfolgt hier aus dem Inneren des angeschlagenen Themas heraus, indem sich unbewußt ein Widerspruch gegen die im Zitat dargestellte Wunschidee erhebt. Man muß sich den Hergang in folgender Art konstruieren: Der Redner hat bedauert, daß die gegenwärtige Generation seines Volkes in ihren Rechten verkürzt wird; eine neue Generation, weissagt er wie Dido, wird die Rache an den Bedrängern übernehmen. Er hat also den Wunsch nach Nachkommenschaft ausgesprochen. In diesem Momente fährt ihm ein widersprechender Gedanke dazwischen. „Wünschest du dir Nachkommenschaft wirklich so lebhaft? Das ist nicht wahr. In welche Verlegenheit kämest

solchen Ersatzbildung hatte. Dieselbe wäre über die Assoziation: *Exorzismus* von den Namen der *Heiligen* her erfolgt. Indes sind dies Feinheiten, auf die man keinen Wert zu legen braucht. (*P. Wilson*: *The imperceptible Obvious,* Revista de Psiquiatria, Lima, Januar 1922, betont dagegen, daß der Verstärkung von *exoriare* ein hoher aufklärender Wert zukomme, da Exorzismus der beste symbolische Ersatz für den verdrängten Gedanken an die Beseitigung des gefürchteten Kindes durch Abortus wäre. Ich kann diese Berichtigung, welche die Verbindlichkeit der Analyse nicht schädigt, dankend annehmen.) – Es erscheint nun aber wohl möglich, daß das Auftreten irgendeiner Art von Ersatzerinnerung ein konstantes, vielleicht auch nur ein charakteristisches und verräterisches Zeichen des tendenziösen, durch Verdrängung motivierten Vergessens ist. Diese Ersatzbildung bestände auch dort, wo das Auftauchen unrichtiger Ersatzbildungen ausbleibt, in der Verstärkung eines Elementes, welches dem vergessenen benachbart ist. Im Falle „Signorelli" war z. B., solange mir der Name des Malers unzugänglich blieb, die visuelle Erinnerung an den Zyklus von Fresken und an sein in der Ecke eines Bildes angebrachtes Selbstportrait *überdeutlich*, jedenfalls weit intensiver als visuelle Erinnerungsspuren sonst bei mir auftreten. In einem anderen Falle, der gleichfalls in der Abhandlung von 1898 mitgeteilt ist, hatte ich von der Adresse eines mir unbequemen Besuches in einer fremden Stadt den Straßennamen hoffnungslos vergessen, die Hausnummer aber wie zum Spott – überdeutlich gemerkt, während sonst das Erinnern von Zahlen mir die größte Schwierigkeit bereitet.

[4] Ich möchte für das Fehlen eines inneren Zusammenhanges zwischen den beiden Gedankenkreisen im Falle Signorelli nicht mit voller Überzeugung einstehen. Bei sorgfältiger Verfolgung der verdrängten Gedanken über das Thema von Tod und Sexualleben stößt man doch auf eine Idee, die sich mit dem Thema der Fresken von Orvieto nahe berührt.

du, wenn du jetzt die Nachricht erhieltest, daß du von der einen Seite, die du kennst, Nachkommen zu erwarten hast? Nein, keine Nachkommenschaft – wiewohl wir sie für die Rache brauchen." Dieser Widerspruch bringt sich nun zur Geltung, indem er genau wie im Beispiel Signorelli eine äußerliche Assoziation zwischen einem seiner Vorstellungselemente und einem Elemente des beanstandeten Wunsches herstellt, und zwar diesmal auf eine höchst gewaltsame Weise durch einen gekünstelt erscheinenden Assoziationsumweg. Eine zweite wesentliche Übereinstimmung mit dem Beispiel Signorelli ergibt sich daraus, daß der Widerspruch aus verdrängten Quellen stammt und von Gedanken ausgeht, welche eine Abwendung der Aufmerksamkeit hervorrufen würden. – Soviel über die Verschiedenheit und über die innere Verwandtschaft der beiden Paradigmata des Namenvergessens. Wir haben einen zweiten Mechanismus des Vergessens kennengelernt, die Störung eines Gedankens durch einen aus dem Verdrängten kommenden inneren Widerspruch. Wir werden diesem Vorgang, der uns als der leichter verständliche erscheint, im Laufe dieser Erörterungen noch wiederholt begegnen.

III
Vergessen von Namen und Wortfolgen

Erfahrungen, wie die eben erwähnte, über den Hergang des Vergessens eines Stückes aus einer fremdsprachigen Wortfolge können die Wißbegierde rege machen, ob denn das Vergessen von Wortfolgen in der Muttersprache eine wesentlich andere Aufklärung erfordere. Man pflegt zwar nicht verwundert zu sein, wenn man eine auswendig gelernte Formel oder ein Gedicht nach einiger Zeit nur ungetreu, mit Abänderungen und Lücken reproduzieren kann. Da aber dieses Vergessen das im Zusammenhang Erlernte nicht gleichmäßig betrifft, sondern wiederum einzelne Stücke daraus loszubröckeln scheint, könnte es sich der Mühe verlohnen, einzelne Beispiele von solcher fehlerhaft gewordenen Reproduktion analytisch zu untersuchen.

Ein jüngerer Kollege, der im Gespräche mit mir die Vermutung äußerte, das Vergessen von Gedichten in der Muttersprache könnte wohl ähnlich motiviert sein wie das Vergessen einzelner Elemente in einer fremdsprachigen Wortfolge, erbot sich zugleich zum Untersuchungsobjekt. Ich fragte ihn, an welchem Gedichte er die Probe machen wolle, und er wählte *Die Braut von Korinth*, welches Gedicht er sehr liebe und wenigstens strophenweise auswendig zu kennen glaube. Zu Beginn der Reproduktion traf sich ihm eine eigentlich auffällige Unsicherheit. „Heißt es: ‚*Von* Korinthus *nach* Athen gezogen‘ ", fragte er,

„oder ‚*Nach* Korinthus *von* Athen gezogen'?" Auch ich war einen Moment lange schwankend, bis ich lachend bemerkte, daß der Titel des Gedichtes *Die Braut von Korinth* ja keinen Zweifel darüber lasse, welchen Weg der Jüngling ziehe. Die Reproduktion der ersten Strophe ging dann glatt oder wenigstens ohne auffällige Verfälschung vor sich. Nach der ersten Zeile der zweiten Strophe schien der Kollege eine Weile zu suchen; er setzte bald fort und rezitierte also:

> Aber wird er auch willkommen scheinen,
> Jetzt, wo jeder Tag was Neues bringt?
> Denn er ist noch Heide mit den Seinen
> Und sie sind Christen und – getauft.

Ich hatte schon vorher wie befremdet aufgehorcht; nach dem Schlusse der letzten Zeile waren wir beide einig, daß hier eine Entstellung stattgefunden habe. Da es uns aber nicht gelang, dieselbe zu korrigieren, eilten wir zur Bibliothek, um Goethes Gedichte zur Hand zu nehmen, und fanden zu unserer Überraschung, daß die zweite Zeile dieser Strophe einen völlig anderen Wortlaut habe, der vom Gedächtnis des Kollegen gleichsam herausgeworfen und durch etwas anscheinend Fremdes ersetzt worden war. Es hieß richtig:

> Aber wird er auch willkommen scheinen,
> *Wenn er teuer nicht die Gunst erkauft.*

Auf „erkauft" reimte „getauft" und es schien mir sonderbar, daß die Konstellation: Heide, Christen und getauft, ihn bei der Wiederherstellung des Textes so wenig gefördert hatte. „Können Sie sich erklären", fragte ich den Kollegen, „daß Sie in dem Ihnen angeblich so wohl vertrauten Gedichte die Zeile so vollständig gestrichen haben, und haben Sie eine Ahnung, aus welchem Zusammenhang Sie den Ersatz holen konnten?"

Er war imstande, Aufklärung zu geben, obwohl er es offenbar nicht sehr gern tat. „ Die Zeile: Jetzt, wo jeder Tag was Neues bringt, kommt mir bekannt vor; ich muß diese Worte vor kurzem mit Bezug auf meine Praxis gebraucht haben, mit deren Aufschwung ich, wie Sie wissen, gegenwärtig sehr zufrieden bin. Wie dieser Satz aber dahinein gehört? Ich wüßte einen Zusammenhang. Die Zeile ‚wenn er teuer nicht die Gunst erkauft' war mir offenbar nicht angenehm. Es hängt das mit einer Bewerbung zusammen, die ein erstes Mal abgeschlagen worden ist, und die ich jetzt mit Rücksicht auf meine sehr gebesserte materielle Lage zu wiederholen gedenke. Ich kann Ihnen nicht mehr sagen, aber es kann mir doch gewiß nicht lieb sein, wenn ich jetzt angenommen werde, mich daran zu erinnern, daß eine Art von Berechnung damals wie nun den Ausschlag gegeben hat."

Das erschien mir einleuchtend, auch ohne daß ich die näheren Umstände zu wissen brauchte. Aber ich fragte weiter: „Wie kommen Sie überhaupt dazu, sich und Ihre privaten Verhältnisse in den Text der *Braut von Korinth* zu mengen? Bestehen vielleicht in Ihrem Falle solche Unterschiede der Religionsbekenntnisse, wie sie im Gedichte zur Bedeutung kommen?“

(Keimt ein Glaube neu,
wird oft Lieb' und Treu
wie ein böses Unkraut ausgerauft.)

Ich hatte nicht richtig geraten, aber es war merkwürdig zu erfahren, wie die eine wohlgezielte Frage den Mann plötzlich hellsehend machte, so daß er mir als Antwort bringen konnte, was ihm sicherlich bis dahin selbst unbekannt geblieben war. Er sah mich mit einem gequälten und auch unwilligen Blick an, murmelte eine spätere Stelle des Gedichtes vor sich hin:

Sieh sie an genau[5]!
Morgen ist sie grau.

und fügte kurz hinzu: „Sie ist etwas älter als ich.“ Um ihm nicht noch mehr Pein zu bereiten, brach ich die Erkundigung ab. Die Aufklärung erschien mir zureichend. Aber es war gewiß überraschend, daß die Bemühung, eine harmlose Fehlleistung des Gedächtnisses auf ihren Grund zurückzuführen, an so fern liegende, intime und mit peinlichem Affekt besetzte Angelegenheiten des Untersuchten rühren mußte.

Ein anderes Beispiel von Vergessen in der Wortfolge eines bekannten Gedichtes will ich nach *C. G. Jung*[6] und mit den Worten des Autors anführen.

„Ein Herr will das bekannte Gedicht rezitieren: ‚Ein Fichtenbaum steht einsam usw.‘ In der Zeile: ‚Ihn schläfert‘ bleibt er rettungslos stecken, er hat ‚mit weißer Decke‘ total vergessen. Dieses Vergessen in einem so bekannten Vers schien mir auffallend, und ich ließ ihn nun reproduzieren, was ihm zu ‚mit weißer Decke‘ einfiel. Es entstand folgende Reihe: ‚Man denkt bei weißer Decke an ein Totentuch – ein Leintuch, mit dem man einen Toten zudeckt – (Pause) – jetzt fällt mir ein naher Freund ein – sein Bruder ist jüngst ganz plötzlich gestorben – er soll an einem Herzschlag gestorben sein – er war eben *auch* sehr korpulent – mein Freund ist *auch* korpulent und ich habe schon gedacht, es könnte ihm *auch*

[5] Der Kollege hat übrigens die schöne Stelle des Gedichtes sowohl in ihrem Wortlaut wie nach ihrer Anwendung etwas abgeändert. Das gespenstische Mädchen sagt seinem Bräutigam: Meine Kette hab' ich dir gegeben; / Deine Locke nehm' ich mit mir fort. / Sieh sie an genau! / Morgen bist du grau, / Und nur braun erscheinst du wieder dort.

[6] C. G. Jung, *Über die Psychologie der Dementia praecox*, 1907, Seite 64.

so gehen – er gibt sich wahrscheinlich zu wenig Bewegung – als ich von dem Todesfall hörte, ist mir plötzlich angst geworden, es könnte mir *auch* so gehen, da wir in unserer Familie sowieso Neigung zur Fettsucht haben, und auch mein Großvater an einem Herzschlag gestorben ist; ich finde mich auch zu korpulent und habe deshalb in diesen Tagen mit einer Entfettungskur begonnen.' "

„Der Herr hat sich also unbewußt sofort mit dem Fichtenbaum identifiziert", bemerkt *Jung*, „der vom weißen Leichentuch umhüllt ist."

Das nachstehende Beispiel von Vergessen einer Wortfolge, das ich meinem Freunde *S. Ferenczi* in Budapest verdanke, bezieht sich, anders als die vorigen, auf eine selbstgeprägte Rede, nicht auf einen vom Dichter übernommenen Satz. Es mag uns auch den nicht ganz gewöhnlichen Fall vorführen, daß sich das Vergessen in den Dienst unserer Besonnenheit stellt, wenn ihr die Gefahr droht, einem augenblicklichen Gelüste zu erliegen. Die Fehlleistung gelangt so zu einer nützlichen Funktion. Wenn wir wieder ernüchtert sind, geben wir dann jener inneren Strömung recht, welche sich vorhin nur durch ein Versagen – ein Vergessen, eine psychische Impotenz – äußern konnte.

„In einer Gesellschaft fällt das Wort *‚Tout comprendre c'est tout pardonner'*. Ich bemerke dazu, daß der erste Teil des Satzes genügt; das ‚Pardonnieren' sei eine Überhebung, man überlasse das Gott und den Geistlichen. Ein Anwesender findet diese Bemerkung sehr gut; das macht mich verwegen und – wahrscheinlich um die gute Meinung des wohlwollenden Kritikers zu sichern – sage ich, daß mir unlängst etwas Besseres eingefallen sei. Wie ich es aber erzählen will – fällt es mir nicht ein. – Ich ziehe mich sofort zurück und schreibe die Deckeinfälle auf. – Zuerst kommt der Name des Freundes und der Straße in Budapest, die die Zeugen der Geburt jenes (gesuchten) Einfalles waren; dann der Name eines anderen Freundes, *Max*, den wir gewöhnlich *Maxi* nennen. Das führt mich zum Worte *Maxime* und zur Erinnerung, daß es sich damals (wie im eingangs erwähnten Falle) um die Abänderung einer bekannten Maxime handelte. Seltsamerweise fällt mir dazu nicht eine Maxime, sondern folgendes ein: *Gott schuf den Menschen nach seinem Bilde*, und dessen veränderte Fassung: *der Mensch schuf Gott nach dem seinigen*. Daraufhin taucht sofort die Erinnerung an das Gesuchte auf: Mein Freund sagte damals zu mir in der Andrássystraße: *Nichts Menschliches ist mir fremd*, worauf ich – auf die psychoanalytischen Erfahrungen anspielend – sagte: *Du solltest weitergehen und bekennen, daß dir nichts Tierisches fremd ist.*

Nachdem ich aber endlich die Erinnerung an das Gesuchte hatte, konnte ich es in der Gesellschaft, in der ich mich gerade befand, erst recht nicht erzählen. Die junge Gattin des Freundes, den ich an die Animalität des Unbewußten erinnert hatte, war auch unter den Anwesenden, und ich mußte wissen, daß sie zur Kenntnisnahme solcher unerfreulicher Einsichten gar nicht vorbereitet war.

Durch das Vergessen ist mir eine Reihe unangenehmer Fragen ihrerseits und eine aussichtslose Diskussion erspart worden, und gerade das muß das Motiv der ‚temporären Amnesie' gewesen sein.

Es ist interessant, daß sich als Deckeinfall ein Satz einstellte, in dem die Gottheit zu einer menschlichen Erfindung degradiert wird, während im gesuchten Satze auf das Tierische im Menschen hingewiesen wurde. Also die *capitis diminutio* ist das Gemeinsame. Das Ganze ist offenbar nur die Fortsetzung des durch das Gespräch angeregten Gedankenganges über das Verstehen und Verzeihen.

Daß sich in diesem Falle das Gesuchte so rasch einstellte, verdanke ich vielleicht auch dem Umstand, daß ich mich aus der Gesellschaft, in der es zensuriert war, sofort in ein menschenleeres Zimmer zurückzog."

Ich habe seither zahlreiche andere Analysen in Fällen von Vergessen oder fehlerhafter Reproduktion einer Wortfolge angestellt und bin durch das übereinstimmende Ergebnis dieser Untersuchungen der Annahme geneigt worden, daß der in den Beispielen *„aliquis"* und „Braut von Korinth" nachgewiesene Mechanismus des Vergessens fast allgemeine Gültigkeit hat. Es ist meist nicht sehr bequem, solche Analysen mitzuteilen, da sie wie die vorstehend erwähnten stets zu intimen und für den Analysierten peinlichen Dingen hinleiten; ich werde die Zahl solcher Beispiele darum auch nicht weiter vermehren. Gemeinsam bleibt all diesen Fällen ohne Unterschied des Materials, daß das Vergessene oder Entstellte auf irgendeinem assoziativen Wege mit einem unbewußten Gedankeninhalt in Verbindung gebracht wird, von welchem die als Vergessen sichtbar gewordene Wirkung ausgeht.

Ich wende mich nun wiederum zu dem Vergessen von Namen, wovon wir bisher weder die Kasuistik noch die Motive erschöpfend betrachtet haben. Da ich gerade diese Art von Fehlleistung bei mir zuzeiten reichlich beobachten kann, bin ich um Beispiele hiefür nicht verlegen. Die leisen Migränen, an denen ich noch immer leide, pflegen sich Stunden vorher durch Namenvergessen anzukündigen, und auf der Höhe des Zustandes, während dessen ich die Arbeit aufzugeben nicht genötigt bin, bleiben mir häufig alle Eigennamen aus. Nun könnten gerade Fälle wie der meinige zu einer prinzipiellen Einwendung gegen unsere analytischen Bemühungen Anlaß geben. Soll man aus solchen Beobachtungen nicht folgern müssen, daß die Verursachung der Vergeßlichkeit und speziell des Namenvergessens in Zirkulations- und allgemeinen Funktionsstörungen des Großhirns gelegen ist, und sich darum psychologische Erklärungsversuche für diese Phänomene ersparen? Ich meine keineswegs; das hieße den in allen Fällen gleichartigen Mechanismus eines Vorgangs mit dessen variabeln und nicht notwendig erforderlichen Begünstigungen verwechseln. An Stelle einer Auseinandersetzung will ich aber ein Gleichnis zur Erledigung des Einwandes bringen.

Nehmen wir an, ich sei so unvorsichtig gewesen, zur Nachtzeit in einer menschenleeren Gegend der Großstadt spazieren zu gehen, werde überfallen und meiner Uhr und Börse beraubt. An der nächsten Polizeiwachstelle erstatte ich dann die Meldung mit den Worten: Ich bin in dieser und jener Straße gewesen, dort haben *Einsamkeit* und *Dunkelheit* mir Uhr und Börse weggenommen. Obwohl ich in diesen Worten nichts gesagt hätte, was nicht richtig wäre, liefe ich doch Gefahr, nach dem Wortlaut meiner Meldung für nicht ganz richtig im Kopfe gehalten zu werden. Der Sachverhalt kann in korrekter Weise nur so beschrieben werden, daß, von der Einsamkeit des Ortes *begünstigt*, unter dem *Schutze* der Dunkelheit *unbekannte* Täter mich meiner Kostbarkeiten beraubt haben. Nun denn, der Sachverhalt beim Namenvergessen braucht kein anderer zu sein; durch Ermüdung, Zirkulationsstörung und Intoxikation begünstigt, raubt mir eine unbekannte psychische Macht die Verfügung über die meinem Gedächtnis zustehenden Eigennamen, dieselbe Macht, welche in anderen Fällen dasselbe Versagen des Gedächtnisses bei voller Gesundheit und Leistungsfähigkeit zustande bringen kann.

Wenn ich die an mir selbst beobachteten Fälle von Namenvergessen analysiere, so finde ich fast regelmäßig, daß der vorenthaltene Name eine Beziehung zu einem Thema hat, welches meine Person nahe angeht, und starke, oft peinliche Affekte in mir hervorzurufen vermag. Nach der bequemen und empfehlenswerten Übung der Züricher Schule (*Bleuler*, *Jung*, *Riklin*) kann ich dasselbe auch in der Form ausdrücken : Der entzogene Name habe einen „persönlichen Komplex" in mir gestreift. Die Beziehung des Namens zu meiner Person ist eine unerwartete, meist durch oberflächliche Assoziation (Wortzweideutigkeit, Gleichklang) vermittelte; sie kann allgemein als eine Seitenbeziehung gekennzeichnet werden. Einige einfache Beispiele werden die Natur derselben am besten erläutern:

1) Ein Patient bittet mich, ihm einen Kurort an der Riviera zu empfehlen. Ich weiß einen solchen Ort ganz nahe bei Genua, erinnere auch den Namen des deutschen Kollegen, der dort praktiziert, aber den Ort selbst kann ich nicht nennen, so gut ich ihn auch zu kennen glaube. Es bleibt mir nichts anderes übrig, als den Patienten warten zu heißen und mich rasch an die Frauen meiner Familie zu wenden. „Wie heißt doch der Ort neben Genua, wo Dr. N. seine kleine Anstalt hat, in der die und jene Frau so lange in Behandlung war?" „Natürlich, gerade du mußtest diesen Namen vergessen. *Nervi* heißt er." Mit *Nerven* habe ich allerdings genug zu tun.

2) Ein anderer spricht von einer nahen Sommerfrische und behauptet, es gebe dort außer den zwei bekannten ein drittes Wirtshaus, an welches sich für ihn eine gewisse Erinnerung knüpfe; den Namen werde er mir sogleich sagen.

Ich bestreite die Existenz dieses dritten Wirtshauses und berufe mich darauf, daß ich sieben Sommer hindurch in jenem Orte gewohnt habe, ihn also besser kennen muß als er. Durch den Widerspruch gereizt, hat er sich aber schon des Namens bemächtigt. Das Gasthaus heißt: der *Hochwartner.* Da muß ich freilich nachgeben, ja ich muß bekennen, daß ich sieben Sommer lang in der nächsten Nähe dieses von mir verleugneten Wirtshauses gewohnt habe. Warum sollte ich hier Namen und Sache vergessen haben? Ich meine, weil der Name gar zu deutlich an den eines Wiener Fachkollegen anklingt, wiederum den „professionellen" Komplex in mir anrührt.

3) Ein andermal, im Begriffe auf dem Bahnhof von *Reichenhall* eine Fahrkarte zu lösen, will mir der sonst sehr vertraute Name der nächsten großen Bahnstation, die ich schon so oft passiert habe, nicht einfallen. Ich muß ihn allen Ernstes auf dem Fahrplan suchen. Er lautet: *Rosenheim.* Dann weiß ich aber sofort, durch welche Assoziation er mir abhanden gekommen ist. Eine Stunde vorher hatte ich meine Schwester in ihrem Wohnorte ganz nahe bei Reichenhall besucht; meine Schwester heißt *Rosa*, also auch ein *Rosenheim.* Diesen Namen hat mir der „Familienkomplex" weggenommen.

4) Das geradezu räuberische Wirken des „Familienkomplexes" kann ich dann in einer ganzen Anzahl von Beispielen verfolgen. Eines Tages kam ein junger Mann in meine Ordination, jüngerer Bruder einer Patientin, den ich ungezählte Male gesehen hatte, und dessen Person ich mit dem Vornamen zu bezeichnen gewohnt war. Als ich dann von seinem Besuch erzählen wollte, hatte ich seinen, wie ich wußte, keineswegs ungewöhnlichen Vornamen vergessen und konnte ihn durch keine Hilfe zurückrufen. Ich ging dann auf die Straße, um Firmenschilder zu lesen, und erkannte den Namen, sowie er mir das erstemal entgegentrat. Die Analyse belehrte mich darüber, daß ich zwischen dem Besucher und meinem eigenen Bruder eine Parallele gezogen hatte, die in der verdrängten Frage gipfeln wollte: Hätte sich mein Bruder im gleichen Falle ähnlich oder vielmehr entgegengesetzt benommen? Die äußerliche Verbindung zwischen den Gedanken über die fremde und über die eigene Familie war durch den Zufall ermöglicht worden, daß die Mütter hier und dort den gleichen Vornamen: Amalia tragen. Ich verstand dann auch nachträglich die Ersatznamen: Daniel und Franz, die sich mir aufgedrängt hatten, ohne mich aufzuklären. Es sind dies, wie auch Amalia, Namen aus den Räubern von *Schiller*, an welche sich ein Scherz des Wiener Spaziergängers *Daniel Spitzer* knüpft.

5) Ein andermal kann ich den Namen eines Patienten nicht finden, der zu meinen Jugendbeziehungen gehört. Die Analyse führt über einen langen Umweg, ehe sie mir den gesuchten Namen liefert. Der Patient hatte die Angst geäußert, das Augenlicht zu verlieren; dies rief die Erinnerung an einen jungen

Mann wach, der durch einen Schuß blind geworden war; daran knüpfte sich wieder das Bild eines anderen Jünglings, der sich angeschossen hatte, und dieser letztere trug denselben Namen wie der erste Patient, obwohl er nicht mit ihm verwandt war. Den Namen fand ich aber erst, nachdem mir die Übertragung einer ängstlichen Erwartung von diesen beiden juvenilen Fällen auf eine Person meiner eigenen Familie bewußt geworden war.

Ein beständiger Strom von „Eigenbeziehung" geht so durch mein Denken, von dem ich für gewöhnlich keine Kunde erhalte, der sich mir aber durch solches Namenvergessen verrät. Es ist, als wäre ich genötigt, alles, was ich über fremde Personen höre, mit der eigenen Person zu vergleichen, als ob meine persönlichen Komplexe bei jeder Kenntnisnahme von anderen rege würden. Dies kann unmöglich eine individuelle Eigenheit meiner Person sein; es muß vielmehr einen Hinweis auf die Art, wie wir überhaupt „Anderes" verstehen, enthalten. Ich habe Gründe anzunehmen, daß es bei anderen Individuen ganz ähnlich zugeht wie bei mir.

Das Schönste dieser Art hat mir als eigenes Erlebnis ein Herr Lederer berichtet. Er traf auf seiner Hochzeitsreise in Venedig mit einem ihm oberflächlich bekannten Herrn zusammen, den er seiner jungen Frau vorstellen mußte. Da er aber den Namen des Fremden vergessen hatte, half er sich das erstemal mit einem unverständlichen Gemurmel. Als er dann dem Herrn, wie in Venedig unausweichlich, ein zweitesmal begegnete, nahm er ihn beiseite und bat ihn, ihm doch aus der Verlegenheit zu helfen, indem er ihm seinen Namen sage, den er leider vergessen habe. Die Antwort des Fremden zeugte von überlegener Menschenkenntnis: Ich glaube es gern, daß Sie sich meinen Namen nicht gemerkt haben. Ich heiße wie Sie: *Lederer*! – Man kann sich einer leicht unangenehmen Empfindung nicht erwehren, wenn man seinen eigenen Namen bei einem Fremden wiederfindet. Ich verspürte sie unlängst recht deutlich, als sich mir in der ärztlichen Sprechstunde ein Herr S. Freud vorstellte. (Übrigens nehme ich Notiz von der Versicherung eines meiner Kritiker, daß er sich in diesem Punkte entgegengesetzt wie ich verhalte).

6) Die Wirksamkeit der Eigenbeziehung erkennt man auch in folgendem von *Jung*[7] mitgeteilten Beispiel:

„Ein Herr Y. verliebte sich erfolglos in eine Dame, welche bald darauf einen Herrn X. heiratete. Trotzdem nun Herr Y. den Herrn X. schon seit geraumer Zeit kennt und sogar in geschäftlichen Verbindungen mit ihm steht, vergißt er immer und immer wieder dessen Namen, so daß er sich mehreremal bei anderen Leuten danach erkundigen mußte, als er mit Herrn X. korrespondieren wollte."

---

[7] *Dementia praecox*, S. 52.

Indes ist die Motivierung des Vergessens in diesem Falle durchsichtiger als in den vorigen, welche unter der Konstellation der Eigenbeziehung stehen. Das Vergessen scheint hier direkte Folge der Abneigung des Herrn Y. gegen seinen glücklicheren Rivalen; er will nichts von ihm wissen: „nicht gedacht soll seiner werden".

7) Das Motiv zum Vergessen eines Namens kann auch ein feineres sein, in einem sozusagen „sublimierten" Groll gegen dessen Träger bestehen. So schreibt ein Fräulein I. v. K. aus Budapest:

„Ich habe mir eine kleine Theorie zurechtgelegt. Ich habe nämlich beobachtet, daß Menschen, die Talent zur Malerei, für Musik keinen Sinn haben, und umgekehrt. Vor einiger Zeit sprach ich hierüber mit jemandem, indem ich sagte: ‚Meine Beobachtung hat bisher immer zugetroffen, einen Fall ausgenommen.' Als ich mich an den Namen dieser Person erinnern wollte, hatte ich ihn hoffnungslos vergessen, trotzdem ich wußte, daß sein Träger einer meiner intimsten Bekannten ist. Als ich nach einigen Tagen den Namen zufällig nennen hörte, wußte ich natürlich sofort, daß vom Zerstörer meiner Theorie die Rede war. Der Groll, den ich unbewußt gegen ihn hegte, äußerte sich durch das Vergessen seines mir sonst so geläufigen Namens."

8) Auf etwas anderem Wege führte die Eigenbeziehung zum Vergessen eines Namens in dem folgenden von *Ferenczi* mitgeteilten Falle, dessen Analyse besonders durch die Aufklärung der Ersatzeinfälle (wie Botticelli–Boltraffio zu Signorelli) lehrreich wird.

„Einer Dame, die etwas von Psychoanalyse gehört hat, will der Name des Psychiaters Jung nicht einfallen. Dafür stellen sich folgende Einfälle ein: *Kl. (ein Name) – Wilde – Nietzsche – Hauptmann.*

Ich sage ihr den Namen nicht und fordere sie auf, an jeden einzelnen Einfall frei zu assoziieren.

‚Bei Kl. denkt sie sofort an Frau Kl. und daß sie eine gezierte, affektierte Person sei, die aber für ihr Alter sehr gut aussehe: ‚sie wird *nicht alt*.' Als gemeinsamen Oberbegriff von Wilde und Nietzsche nennt sie ‚*Geisteskrankheit*.' Dann sagt sie spöttisch: ‚sie *Freudianer* werden so lange die Ursachen der Geisteskrankheiten suchen, bis Sie selbst *geisteskrank* werden.' Dann: ‚Ich kann *Wilde* und *Nietzsche* nicht ausstehen. Ich verstehe sie nicht. Ich höre, sie waren beide homosexuell; *Wilde* hat sich mit *jungen* Leuten abgegeben.' (Trotzdem sie in diesem Satze den richtigen Namen – allerdings ungarisch – schon ausgesprochen hat, kann sie sich seiner immer noch nicht erinnern.)

Zu *Hauptmann* fällt ihr *Halbe*, dann *Jugend* ein, und jetzt erst, nachdem ich ihre Aufmerksamkeit auf das Wort *Jugend* lenke, weiß sie, daß sie den Namen *Jung* gesucht hat.

Allerdings hat diese Dame, die im Alter von 39 Jahren den Gatten verlor und keine Aussicht hat, sich wieder zu verheiraten, Grund genug, der Erinnerung an alles, was an *Jugend* oder *Alter* gemahnt, auszuweichen. Auffallend ist die rein inhaltliche Assoziierung der Deckeinfälle zu dem gesuchten Namen und das Fehlen von Klangassoziationen."

9) Noch anders und sehr fein motiviert ist ein Beispiel von Namenvergessen, welches sich der Betreffende selbst aufgeklärt hat:

„Als ich Prüfung aus Philosophie als Nebengegenstand machte, wurde ich vom Examinator nach der Lehre *Epikurs* gefragt, und dann weiter, ob ich wisse, wer dessen Lehre in späteren Jahrhunderten wieder aufgenommen habe. Ich antwortete mit dem Namen *Pierre Gassendi*, den ich gerade zwei Tage vorher im Café als Schüler *Epikurs* hatte nennen hören. Auf die erstaunte Frage, woher ich das wisse, gab ich kühn die Antwort, daß ich mich seit langem für *Gassendi* interessiert habe. Daraus ergab sich ein *magna cum laude* fürs Zeugnis, aber leider auch für später eine hartnäckige Neigung, den Namen *Gassendi* zu vergessen. Ich glaube, mein schlechtes Gewissen ist schuld daran, wenn ich diesen Namen allen Bemühungen zum Trotz jetzt nicht behalten kann. Ich hätte ihn ja auch damals nicht wissen sollen."

Will man die Intensität der Abneigung gegen die Erinnerung an diese Prüfungsepisode bei unserem Gewährsmann richtig würdigen, so muß man erfahren haben, wie hoch er seinen Doktortitel anschlägt, und für wieviel anderes ihm dieser Ersatz bieten muß.

10) Ich schalte hier noch ein Beispiel von Vergessen eines Städtenamens ein, welches vielleicht nicht so einfach ist wie die vorher angeführten, aber jedem mit solchen Untersuchungen Vertrauteren glaubwürdig und wertvoll erscheinen wird. Der Name einer italienischen Stadt entzieht sich der Erinnerung infolge seiner weitgehenden Klangähnlichkeit mit einem weiblichen Vornamen, an den sich vielerlei affektvolle, in der Mitteilung wohl nicht erschöpfend ausgeführte Erinnerungen knüpfen. *S. Ferenczi* (Budapest), der diesen Fall von Vergessen an sich selbst beobachtete, hat ihn behandelt, wie man einen Traum oder eine neurotische Idee analysiert, und dies gewiß mit Recht.

„Ich war heute bei einer befreundeten Familie, es kamen oberitalienische Städte zur Sprache. Da erwähnt jemand, daß diese den österreichischen Einfluß noch erkennen lassen. Man zitiert einige dieser Städte; auch ich will eine nennen, ihr Name fällt mir aber nicht ein, obzwar ich weiß, daß ich dort zwei sehr angenehme Tage verlebte, was nicht gut zu Freuds Theorie des Vergessens stimmt. – Statt des gesuchten Städtenamens drängen sich mir folgende Einfälle auf: *Capua – Brescia – Der Löwe von Brescia.*

Diesen ‚Löwen' sehe ich in Gestalt einer Marmorstatue wie gegenständlich vor mir stehen, merke aber sofort, daß er weniger dem Löwen auf dem Freiheitsdenkmal zu Brescia (das ich nur im Bilde gesehen habe), als jenem anderen marmornen Löwen ähnelt, den ich am *Grabdenkmal* der in den *Tuilerien gefallenen Schweizer Gardisten in Luzern* gesehen habe, und dessen Reproduktion *en miniature* auf meinem Bücherschrank steht. Endlich fällt mir der gesuchte Name doch ein: es ist Verona.

Ich weiß auch sofort, wer an dieser Amnesie schuld war. Niemand anderer als eine frühere Bedienstete der Familie, bei der ich gerade zu Gaste war. Sie hieß *Veronika*, auf ungarisch *Verona*, und war mir wegen ihrer abstoßenden Physiognomie wie auch wegen ihrer *heiseren, kreischenden Stimme* und unleidlichen Konfidenz (wozu sie sich durch die lange Dienstzeit berechtigt glaubte) sehr antipathisch. Auch die *tyrannische Art*, wie sie seinerzeit die Kinder des Hauses behandelte, war mir unausstehlich. Nun wußte ich auch, was die Ersatzeinfälle bedeuteten.

An *Capua* assoziiere ich sofort *caput mortuum*. Ich verglich Veronikas Kopf sehr oft mit einem *Totenschädel*. – Das ungarische Wort *kapzsi* (geldgierig) gab sicher auch eine Determinierung für die Verschiebung her. Natürlich finde ich auch jene viel direkteren Assoziationswege, die *Capua* und *Verona* als geographische Begriffe und als italienische Worte mit gleichem Rhythmus miteinander verbinden. Das gleiche gilt von *Brescia*; aber auch hier finden sich verschlungene Seitenwege der Ideenverknüpfung.

Meine Antipathie war seinerzeit so heftig, daß ich Veronika förmlich ekelhaft fand und mehreremal mein Erstaunen darüber äußerte, daß sie doch ein Liebesleben haben und geliebt werden konnte; ‚sie zu küssen' – sagte ich –, muß ja einen *Brechreiz* hervorrufen.' Und doch war sie sicher längst in Beziehung zu bringen zur Idee der *gefallenen* Schweizer Gardisten.

Brescia wird, wenigstens hier in Ungarn, nicht mit dem Löwen, sondern einem anderen *wilden Tier* zusammen sehr oft genannt. Der bestgehaßte Name in diesem Lande wie auch in Oberitalien ist der des Generals *Haynau*, der kurzweg die *Hyäne von Brescia* genannt wird. Vom gehaßten Tyrannen Haynau führt also der eine Gedankenfaden über Brescia zur Stadt Verona, der andere über die Idee des *Totengräbertieres mit der heiseren Stimme* (der das Auftauchen eines *Grabdenkmals* mitbestimmt) zum Totenschädel und zum unangenehmen Organ der durch mein Unbewußtes so arg beschimpften Veronika, die seinerzeit in diesem Hause beinahe so tyrannisch gehaust hat, wie der österreichische General nach den ungarischen und italienischen Freiheitskämpfen.

An *Luzern* knüpft sich der Gedanke an den Sommer, den Veronika mit ihrer Dienstherrschaft am Vierwaldstätter See *in der Nähe von Luzern* verbrachte; an die ‚*Schweizer Garde*' wiederum die Erinnerung, daß sie nicht nur die Kinder, sondern auch die erwachsenen Mitglieder der Familie zu tyrannisieren verstand und sich in der Rolle der *Garde*-Dame gefiel.

Ich bemerke ausdrücklich, daß diese meine Antipathie gegen V. – bewußt – zu den längst überwundenen Dingen gehört. Sie hat sich inzwischen äußerlich wie in ihren Manieren sehr zu ihrem Vorteil verändert, und ich kann ihr (wozu ich allerdings selten Gelegenheit habe) mit aufrichtiger Freundlichkeit begegnen. Mein Unbewußtes hält, wie gewöhnlich, zäher an den Eindrücken fest, es ist ‚nachträglich' und nachtragend.

Die *Tuilerien* sind eine Anspielung auf eine zweite Persönlichkeit, eine ältere französische Dame, die die Frauen des Hauses bei vielen Anlässen tatsächlich ‚*gardiert*' hat, und die von groß und klein geachtet – wohl ein wenig auch *gefürchtet* wird. Ich war eine Zeitlang ihr *élève* in französischer Konversation. Zum Worte *élève* fällt mir noch ein, daß ich, als ich beim Schwager meines heutigen Gastgebers in Nordböhmen auf Besuch war, viel darüber lachen mußte, daß die dortige Landbevölkerung die Eleven der dortigen Forstakademie ‚*Löwen*' nannte. Auch diese lustige Erinnerung mag an der Verschiebung von der Hyäne zum Löwen beteiligt gewesen sein."

11) Auch das nachstehende Beispiel[8] kann zeigen, wie ein zurzeit die Person beherrschender Eigenkomplex ein Namenvergessen an weit abliegender Stelle hervorruft:

„Zwei Männer, ein älterer und ein jüngerer, die vor sechs Monaten gemeinsam in Sizilien gereist sind, tauschen Erinnerungen an jene schönen und inhaltreichen Tage aus. ‚Wie hat nur der Ort geheißen', fragt der Jüngere, ‚an dem wir übernachtet haben, um die Partie nach Selinunt zu machen ? *Calatafimi*, nicht wahr?' – Der Ältere weist dies zurück: ‚Gewiß nicht, aber ich habe den Namen ebenfalls vergessen, obwohl ich mich an alle Einzelheiten des Aufenthaltes dort sehr gut erinnere. Es reicht bei mir hin, daß ich merke, ein anderer habe einen Namen vergessen; sogleich wird auch bei mir das Vergessen induziert. Wollen wir den Namen nicht suchen? Mir fällt aber kein anderer ein als *Caltanisetta*, der doch gewiß nicht der richtige ist.' – ‚Nein', sagt der Jüngere, ‚der Name fängt mit *w* an oder es kommt ein *w* darin vor.' – ‚Ein *w* gibt es doch im Italienischen nicht', mahnt der Ältere. – ‚Ich meinte ja auch nur ein *v* und habe nur *w* gesagt, weil ich's von meiner Muttersprache her so gewohnt bin.' – Der Ältere sträubt sich gegen das *v*. Er meint: ‚Ich glaube, ich habe überhaupt schon viele sizilianische Namen vergessen; es wäre an der Zeit, Versuche zu machen. Wie heißt z. B. der hochgelegene Ort, der im Altertum *Enna* geheißen hat? – Ah, ich weiß schon: *Castrogiovanni*.' – Im nächsten Moment hat der Jüngere auch den verlorenen Namen wiedergefunden. Er ruft: *Castelvetrano* und freut sich, das behauptete *v* nachweisen zu können. Der Ältere vermißt noch eine Weile das Bekanntheitsgefühl; nachdem

[8] Zentralblatt für Psychoanalyse, I, 9, 1911.

er aber den Namen akzeptiert hat, soll er Auskunft darüber geben, weshalb er ihm entfallen war. Er meint: ‚Offenbar weil die zweite Hälfte *vetrano* an – *Veteran* anklingt. Ich weiß schon, daß ich nicht gern ans *Altern* denke und in sonderbarer Weise reagiere, wenn ich daran gemahnt werde. So z. B. habe ich unlängst einem hochgeschätzten Freund in der merkwürdigsten Einkleidung vorgehalten, daß er ‚längst über die Jahre der Jugend hinaus sei', weil dieser früher einmal mitten unter den schmeichelhaftesten Äußerungen über mich auch behauptete: ‚Ich sei kein junger Mann mehr.' Daß sich der Widerstand bei mir gegen die zweite Hälfte des Namens *Castelvetrano* gerichtet hat, geht ja auch daraus hervor, daß der Anlaut desselben in dem Ersatznamen *Caltanisetta* wiedergekehrt war.' – ‚Und der Name *Caltanisetta* selbst?' fragt der Jüngere. – ‚Der ist mir immer wie ein Kosenamen für ein junges Weib erschienen', gesteht der Ältere ein.

Einige Zeit später setzt er hinzu: ‚Der Name für *Enna* war ja auch ein Ersatzname. Und nun fällt mir auf, daß dieser mit Hilfe einer Rationalisierung vordringende Namen *Castrogiovanni* genau so an *giovane*–jung anklingt, wie der verlorene Name *Castelvetrano* an *Veteran* – alt.'

Der Ältere glaubt so für sein Namenvergessen Rechenschaft gegeben zu haben. Aus welchem Motiv der Jüngere zum gleichen Ausfallsphänomen gekommen war, wurde nicht untersucht."

Neben den Motiven des Namenvergessens verdient auch der Mechanismus desselben unser Interesse. In einer großen Reihe von Fällen wird ein Name vergessen, nicht weil er selbst solche Motive wachruft, sondern weil er durch Gleichklang und Lautähnlichkeit an einen anderen streift, gegen den sich diese Motive richten. Man versteht, daß durch solche Lockerung der Bedingungen eine außerordentliche Erleichterung für das Zustandekommen des Phänomens geschaffen wird. So in den folgenden Beispielen:

12) Dr. Ed. Hitschmann: „Herr N. will die Buchhandlungsfirma *Gilhofer & Ranschburg* jemandem angeben. Es fällt ihm aber trotz allen Nachdenkens nur der Name Ranschburg ein, trotzdem ihm die Firma sonst sehr geläufig ist. Mit einer leichten Unbefriedigung darüber nach Hause kommend, ist ihm die Sache wichtig genug, um den anscheinend bereits schlafenden Bruder nach der ersten Hälfte des Firmanamens zu fragen. Derselbe nennt ihn anstandslos. Darauf fällt Herrn N. sofort zu ‚Gilhofer' das Wort ‚Gallhof' ein. Zum ‚Gallhof' hatte er einige Monate vorher in Gesellschaft eines anziehenden Mädchens einen erinnerungsreichen Spaziergang gemacht. Das Mädchen hatte ihm als Andenken einen Gegenstand geschenkt, auf dem geschrieben steht: ‚Zur Erinnerung an die schönen *Gallhofer* Stunden.' In den letzten Tagen vor dem Namenvergessen wurde dieser Gegenstand, scheinbar zufällig, beim raschen Zuschieben der Lade durch N. stark beschädigt, was er – mit dem Sinne von Symptomhandlungen vertraut – nicht ohne Schuldgefühl konstatierte. Er war in diesen Tagen in etwas ambivalenter Stimmung zu der Dame, die er zwar liebte, deren Ehewunsch er aber zaudernd gegenüberstand." (Internat. Zeitschr. f. Psychoanalyse I, 1913.)

13) Dr. Hanns Sachs: „In einem Gespräche über Genua und seine nächste Umgebung will ein junger Mann auch den Ort *Pegli* nennen, kann den Namen aber erst mit Mühe, durch angestrengtes Nachdenken, erinnern. Im Nachhausegehen denkt er an das peinliche Entgleiten dieses ihm sonst vertrauten Namens und wird dabei auf das ganz ähnlich klingende Wort *Peli* geführt. Er weiß, daß eine Südsee-Insel so heißt, deren Bewohner ein paar merkwürdige Gebräuche bewahrt haben. Er hat darüber vor kurzem in einem ethnologischen Werk gelesen und sich damals vorgenommen, diese Mitteilungen für eine eigene Hypothese zu verwerten. Dann fällt ihm ein, daß Peli auch der Schauplatz eines Romanes ist, den er mit Interesse und Vergnügen gelesen hat, nämlich von ‚Van Zantens glücklichste Zeit' von *Laurids Bruun*. – Die Gedanken, die ihn an diesem Tage fast unaufhörlich beschäftigt hatten, knüpften sich an einen Brief, den er am selben Morgen von einer ihm sehr teuren Dame erhalten hatte; dieser Brief läßt ihn befürchten, daß er auf ein verabredetes Zusammentreffen werde verzichten müssen. Nachdem er den ganzen Tag in übelster Laune zugebracht hatte, war er am Abend mit dem Vorsatz ausgegangen, sich nicht länger mit dem ärgerlichen Gedanken abzuplagen, sondern die ihm in Aussicht stehende und von ihm äußerst hoch geschätzte Geselligkeit möglichst ungetrübt zu genießen. Es ist klar, daß durch das Wort *Pegli* sein Vorsatz arg gefährdet werden konnte, da dieses mit *Peli* lautlich so eng zusammenhängt; *Peli* aber, da es durch das ethnologische Interesse die Ich-Beziehung gewonnen hatte, verkörpert nicht nur Van Zantens, sondern auch seine eigene ‚glücklichste Zeit' und deshalb auch die Befürchtungen und Sorgen, die er tagsüber genährt hatte. Es ist charakteristisch, daß diese einfache Deutung erst gelang, nachdem ein zweiter Brief die Zweifel in eine fröhliche Gewißheit baldigen Wiedersehens umgewandelt hatte."

Erinnert man sich bei diesem Beispiel an das ihm sozusagen benachbarte, in welchem der Ortsnamen Nervi nicht erinnert werden kann (Beispiel 1), so sieht man, wie sich der Doppelsinn eines Wortes durch die Klangähnlichkeit zweier Worte ersetzen läßt.

14) Als 1915 der Krieg mit Italien ausbrach, konnte ich an mir die Beobachtung machen, daß meinem Gedächtnis plötzlich eine ganze Anzahl von Namen italienischer Örtlichkeiten entzogen war, über die ich sonst leicht verfügt hatte. Wie so viele andere Deutsche hatte ich es mir zur Gewohnheit gemacht, einen Teil der Ferien auf italienischem Boden zuzubringen, und konnte nicht daran zweifeln, daß dies massenhafte Namenvergessen der Ausdruck der begreiflichen Verfeindung mit Italien war, die nun an die Stelle der früheren Vorliebe trat.

Neben diesem direkt motivierten Namenvergessen machte sich aber auch ein indirektes bemerkbar, welches auf denselben Einfluß zurückzuführen war. Ich neigte auch dazu, nichtitalienische Ortsnamen zu vergessen, und fand bei der Untersuchung dieser Vorfälle, daß diese Namen irgendwie durch entfernten Anklang mit den verpönten feindlichen zusammenhingen. So quälte ich mich eines Tages mit dem Erinnern des mährischen Städtenamens *Bisenz*. Als er mir endlich einfiel, wußte ich sofort, daß dieses Vergessen auf Rechnung des *Palazzo Bisenzi* in Orvieto zu setzen sei. In diesem Palazzo befindet sich das Hotel Belle Arti, wo ich bei jedem meiner Aufenthalte in Orvieto gewohnt hatte. Die liebsten Erinnerungen waren natürlich durch die veränderte Gefühlseinstellung am stärksten geschädigt worden.

Es ist auch zweckmäßig, daß wir uns durch einige Beispiele daran mahnen lassen, in den Dienst wie verschiedener Absichten sich die Fehlleistung des Namenvergessens stellen kann.

15) A. J. Storfer („Namenvergessen zur Sicherung eines Vorsatzvergessens“): „Eine Basler Dame wird eines Morgens verständigt, daß ihre Jugendfreundin *Selma X.* aus Berlin, die eben auf ihrer Hochzeitsreise begriffen ist, auf der Durchreise in Basel angekommen ist; die Berliner Freundin soll nur einen Tag in Basel bleiben, und die Baslerin eilt daher sofort ins Hotel. Als die Freundinnen auseinandergehen, verabreden sie, nachmittags wieder zusammenzukommen und bis zur Abreise der Berlinerin beisammen zu bleiben. – Nachmittags *vergißt* die Baslerin das Rendezvous. Die Determination dieses Vergessens ist mir nicht bekannt, doch sind ja gerade in dieser Situation (Zusammentreffen mit einer *eben verheirateten Jugendfreundin*) mehrerlei typische Konstellationen möglich, die eine Hemmung gegen die Wiederholung der Zusammenkunft bedingen können. Das Interessante an diesem Falle ist eine *fernere* Fehlleistung, die eine unbewußte Sicherung der ersten darstellt. Zur Zeit, da sie wieder mit der Freundin aus Berlin zusammenkommen sollte, befand sich die Baslerin an einem anderen Orte in Gesellschaft. Es kam auf die vor kurzem erfolgte Heirat der Wiener Opernsängerin *Kurz* die Rede. Die Basler Dame äußerte sich in kritischer Weise (!) über diese *Ehe*, als sie aber den Namen der Sängerin aussprechen wollte, fiel ihr zu ihrer größten Verlegenheit der *Vorname* nicht ein. (Bekanntlich neigt man gerade bei einsilbigen Familiennamen besonders dazu, den Vornamen mitzunennen.) Die Basler Dame ärgerte sich um so mehr über die Gedächtnisschwäche, als sie die Sängerin Kurz oft singen gehört hatte und der (ganze) Name ihr sonst geläufig war. Ohne daß vorher jemand anderer den entfallenen Vornamen genannt hätte, nahm das Gespräch eine andere Wendung. – Am Abend desselben Tages befindet sich unsere Basler Dame in einer mit der nachmittägigen zum Teil identischen Gesellschaft. Es kommt zufällig wieder auf die Ehe der Wiener Sängerin die Rede und die Dame nennt ohne jede Schwierigkeit den Namen ,*Selma Kurz*'. Dem folgt auch gleich ihr Ausruf: ,Ach, jetzt fällt mir ein: ich habe ganz vergessen, daß ich heute nachmittag eine Verabredung mit meiner Freundin Selma hatte.' Ein Blick auf die Uhr zeigte, daß die Freundin schon abgereist sein mußte." (Internat. Zeitschr. f. Psychoanalyse, II, 1914.)

Wir sind vielleicht noch nicht vorbereitet, dieses schöne Beispiel nach all seinen Beziehungen zu würdigen. Einfacher ist das nachfolgende, in dem zwar nicht ein Name, aber ein fremdsprachliches Wort aus einem in der Situation liegenden Motiv vergessen wird. (Wir bemerken schon, daß wir dieselben Vorgänge behandeln, ob sie sich nun auf Eigennamen, Vornamen, fremdsprachliche Worte oder Wortfolgen beziehen.) Hier vergißt ein junger Mann das englische Wort für Gold, das mit dem deutschen identisch ist, um Anlaß zu einer ihm erwünschten Handlung zu finden.

16) Dr. Hanns Sachs: „Ein junger Mann lernt in einer gemeinsamen Pension eine Engländerin kennen, die ihm gefällt. Als er sich am ersten Abend ihrer Bekanntschaft in ihrer Muttersprache, die er so ziemlich beherrscht, mit ihr unterhält und dabei das englische Wort für ,Gold' verwenden will, fällt ihm trotz angestrengten Suchens das Vokabel nicht ein. Dagegen drängen sich ihm als Ersatzworte das französische *or*, das lateinische *aurum* und das griechische *chrysos* hartnäckig auf, so daß er nur mit Mühe imstande ist, sie abzuweisen, obgleich er bestimmt weiß, daß sie mit dem gesuchten Worte keine Verwandtschaft haben. Er findet schließlich keinen anderen Weg, sich verständlich zu machen, als den, einen goldenen Ring, den die Dame an der Hand trägt, zu berühren; sehr beschämt erfährt er nun von ihr, daß das langgesuchte Wort für Gold genau so laute wie das deutsche, nämlich: *gold*. Der hohe Wert einer solchen, durch das Vergessen herbeigeführten Berührung liegt nicht bloß in der unanstößigen Befriedigung des Ergreifungs- oder Berührungstriebes, die ja auch bei anderen, von Verliebten eifrig ausgenutzten Anlässen möglich ist, sondern noch viel mehr darin, daß sie eine Aufklärung über die Aussichten der Bewerbung ermöglicht. Das Unbewußte der Dame wird, besonders wenn es dem Gesprächspartner gegenüber sympathisch eingestellt ist, den hinter der harmlosen Maske verborgenen erotischen Zweck des Vergessens erraten; die Art und Weise, wie sie die Berührung aufnimmt und die Motivierung gelten läßt, kann so ein beiden Teilen unbewußtes, aber sehr bedeutungsvolles Mittel der Verständigung über die Chancen des eben begonnenen *Flirts* werden."

17) Ich teile noch nach *J. Stärcke* eine interessante Beobachtung von Vergessen und Wiederauffinden eines Eigennamens mit, die sich dadurch auszeichnet, daß mit dem Namenvergessen die Fälschung der Wortfolge eines Gedichtes wie im Beispiel der *Braut von Korinth* verbunden ist.

„Ein alter Jurist und Sprachgelehrter, Z., erzählt in Gesellschaft, daß er in seiner Studentenzeit in Deutschland einen Studenten gekannt hat, der außerordentlich dumm war, und über dessen Dummheit er manche Anekdote zu erzählen weiß. Er kann sich aber an den Namen dieses Studenten nicht erinnern, glaubt, daß dieser Name mit *W* anfängt, nimmt dies aber später wieder zurück. Er erinnert sich, daß dieser dumme Student später *Weinhändler* geworden ist. Dann erzählt er wieder eine Anekdote von der Dummheit desselben Studenten, verwundert sich noch einmal darüber, daß sein Name ihm nicht einfällt, und sagt dann: ‚Er war ein solcher Esel, daß ich noch nicht begreife, daß ich ihm mit Wiederholen Lateinisch habe eintrichtern können.' Einen Augenblick später erinnert er sich, daß der gesuchte Name ausgeht auf ... *man*. Jetzt fragen wir ihn, ob ihm ein anderer Name, der auf *man* ausgeht, einfällt, und er sagt: *Erdmann*. ‚Wer ist denn das?' – ‚Das war auch ein Student aus dieser Zeit.' – Seine Tochter bemerkt aber, daß es auch einen Professor Erdmann gibt. Bei genauerer Erörterung zeigt sich, daß dieser Professor Erdmann vor kurzem eine von Z. eingesandte Arbeit nur in verkürzter Form in eine von ihm redigierte Zeitschrift hat aufnehmen lassen und zum Teil damit nicht einverstanden war, usw., und daß Z. das als ziemlich unangenehm empfunden hat. (Überdies vernahm ich später, daß Z. in früheren Jahren wohl einmal die Aussicht gehabt hat, Professor in demselben Fache zu werden, worin jetzt Professor E. doziert, und daß dieser Name also auch in dieser Hinsicht vielleicht eine empfindliche Saite berührt.)

Jetzt fällt ihm plötzlich der Name des dummen Studenten ein: *Lindeman*! Weil er sich schon früher erinnert hatte, daß der Name auf ... *man* ausgeht, war also *Linde* noch länger verdrängt geblieben. Auf die Frage, was ihm bei *Linde* einfällt, sagt er zuerst: ‚Dabei fällt mir gar nichts ein.' Auf mein Drängen, daß ihm bei diesem Worte doch wohl etwas einfallen wird, sagt er, indem er aufwärts blickt und mit der Hand eine Gebärde in der Luft macht: ‚Nun ja, eine Linde, das ist ein schöner Baum.' Weiter will ihm dabei nichts einfallen. Alle schweigen und jedermann verfolgt seine Lektüre und andere Beschäftigung, bis Z. einige Augenblicke später in träumerischem Tone folgendes zitiert :

> Steht er mit festen
> Gefügigen Knochen
> Auf der *Erde*,
> So reicht er nicht auf,
> Nur mit der *Linde*
> Oder der *Rebe*
> Sich zu vergleichen.

Ich stieß einen Triumphschrei aus: ‚Da haben wir den Erdmann', sagte ich. Jener Mann, der ‚auf der Erde steht', das ist also der Erde-Mann oder *Erdmann*, kann nicht aufreichen, sich mit der *Linde* (*Lindeman*) oder der *Rebe* (*Weinhändler*) zu vergleichen. Mit anderen Worten: jener *Lindeman*, der dumme Student, der später Weinhändler geworden ist, war schon ein Esel, aber der *Erdmann* ist ein noch viel größerer Esel, kann sich mit diesem Lindeman noch nicht vergleichen.' – Eine solche im Unbewußten gehaltene Hohn- oder Schmährede ist etwas sehr Gewöhnliches, darum kam es mir vor, daß die Hauptursache des Namenvergessens jetzt wohl gefunden war.

Ich fragte jetzt, aus welchem Gedichte die zitierten Zeilen stammten. Z. sagte, daß es ein Gedicht von *Goethe* sei, er glaubte, daß es anfängt:

> Edel sei der Mensch
> Hilfreich und gut!

und daß weiter auch darin vorkommt:

> Und hebt er sich aufwärts,
> So spielen mit ihm die Winde.

Am nächsten Tag suchte ich dieses Gedicht von *Goethe* auf, und es zeigte sich, daß der Fall noch hübscher (aber auch komplizierter) war, als er erst zu sein schien.

a) Die ersten zitierten Zeilen lauten (vgl. oben):

> Steht er mit festen
> *Markigen* Knochen.

Gefügige Knochen wäre eine ziemlich fremdartige Kombination. Darauf will ich aber nicht näher eingehen.

b) Die folgenden Zeilen dieser Strophe lauten (vgl. oben):

> Auf der *wohlbegründeten*
> *Dauernden* Erde,
> Reicht er nicht auf,
> Nur mit der *Eiche*
> Oder der Rebe
> Sich zu vergleichen.

Es kommt also im ganzen Gedicht keine Linde vor! Der Wechsel von Linde statt Eiche hat (in seinem Unbewußten) nur stattgefunden, um das Wortspiel ‚Erde–Linde–Rebe' zu ermöglichen.

c) Dieses Gedicht heißt: *Grenzen der Menschheit* und enthält eine Vergleichung zwischen der Allmacht der Götter und der geringen Macht des Menschen. Das Gedicht, dessen Anfang lautet:

Edel sei der Mensch,
Hilfreich und gut!

ist aber ein anderes Gedicht, das einige Seiten weiter steht. Es heißt: *Das Göttliche*, und enthält ebenso Gedanken über Götter und Menschen. Weil hierauf nicht näher eingegangen worden ist, kann ich höchstens vermuten, daß auch Gedanken über Leben und Tod, über das Zeitliche und das Ewige und über das eigene schwache Leben und den künftigen Tod beim Entstehen dieses Falles eine Rolle gespielt haben."[9]

In manchen dieser Beispiele werden alle Feinheiten der psychoanalytischen Technik in Anspruch genommen, um ein Namenvergessen aufzuklären. Wer mehr von solcher Arbeit kennenlernen will, den verweise ich auf eine Mitteilung von *E. Jones* (London), die aus dem Englischen übersetzt ist.[10]

18) Ferenczi hat bemerkt, daß das Namenvergessen auch als hysterisches Symptom auftreten kann. Es zeigt dann einen Mechanismus, der sich von dem der Fehlleistung weit entfernt. Wie diese Unterscheidung gemeint ist, soll aus seiner Mitteilung ersichtlich werden:

„Ich habe jetzt eine Patientin, ein alterndes Fräulein, in Behandlung, der auch die gebräuchlichsten und ihr bestbekannten Eigennamen nicht einfallen wollen, obwohl sie sonst ein gutes Gedächtnis hat. Bei der Analyse stellte sich heraus, daß sie durch dieses Symptom ihre Unwissenheit dokumentieren will. Diese demonstrative Hervorkehrung ihrer Ignoranz ist aber eigentlich ein Vorwurf gegen ihre Eltern, die ihr keine höhere Schulbildung zuteil werden ließen. Auch ihr quälender Zwang zum Reinemachen (‚Hausfrauenpsychose') entspringt zum Teil aus derselben Quelle. Sie will damit ungefähr sagen: Ihr habt einen Dienstboten aus mir gemacht."

Ich könnte die Beispiele von Namenvergessen vermehren und die Diskussion derselben sehr viel weiter führen, wenn ich nicht vermeiden wollte, fast alle Gesichtspunkte, die für spätere Themata in Betracht kommen, schon hier beim ersten zu erörtern. Doch darf ich mir gestatten, die Ergebnisse der hier mitgeteilten Analysen in einigen Sätzen zusammenzufassen:

Der Mechanismus des Namenvergessens (richtiger: des Entfallens, zeitweiligen Vergessens) besteht in der Störung der intendierten Reproduktion des Namens durch eine fremde und derzeit nicht bewußte Gedankenfolge. Zwischen dem

---

[9] Aus der holländischen Ausgabe dieses Buches unter dem Titel: *De invloed van ans onbewuste in ans dagelijksche leven*, Amsterdam 1916, deutsch abgedruckt in Internat. Zeitschr. f. Psychoanalyse, IV, 1916.

[10] *Analyse eines Falles von Namenvergessen.* Zentralblatt für Psychoanalyse, II, 1911.

gestörten Namen und dem störenden Komplex besteht entweder ein Zusammenhang von vornherein, oder ein solcher hat sich, oft auf gekünstelt erscheinenden Wegen, durch oberflächliche (äußerliche) Assoziationen hergestellt.

Unter den störenden Komplexen erweisen sich die der Eigenbeziehung (die persönlichen, familiären, beruflichen) als die wirksamsten.

Ein Name, der infolge von Mehrdeutigkeit mehreren Gedankenkreisen (Komplexen) angehört, wird häufig im Zusammenhange der einen Gedankenfolge durch seine Zugehörigkeit zum anderen, stärkeren Komplex gestört.

Unter den Motiven dieser Störungen leuchtet die Absicht hervor, die Erwekkung von Unlust durch Erinnern zu vermeiden.

Man kann im allgemeinen zwei Hauptfälle des Namenvergessens unterscheiden, wenn der Name selbst an Unangenehmes rührt, oder wenn er mit anderem in Verbindung gebracht ist, dem solche Wirkung zukäme, so daß Namen um ihrer selbst willen oder wegen ihrer näheren oder entfernteren Assoziationsbeziehungen in der Reproduktion gestört werden können.

Ein Überblick dieser allgemeinen Sätze läßt uns verstehen, daß das zeitweilige Namenvergessen als die häufigste unserer Fehlleistungen zur Beobachtung kommt.

19) Wir sind indes weit davon entfernt, alle Eigentümlichkeiten dieses Phänomens verzeichnet zu haben. Ich will noch darauf hinweisen, daß das Namenvergessen in hohem Grade ansteckend ist. In einem Gespräche zweier Personen reicht es oft hin, daß die eine äußere, sie habe diesen oder jenen Namen vergessen, um ihn auch bei der zweiten Person entfallen zu lassen. Doch stellt sich dort, wo das Vergessen induziert ist, der vergessene Name leichter wieder ein. Dieses „kollektive" Vergessen, streng genommen ein Phänomen der Massenpsychologie, ist noch nicht Gegenstand der analytischen Untersuchung geworden. In einem einzigen, aber besonders schönen Fall hat *Th. Reik* eine gute Erklärung dieses merkwürdigen Vorkommens geben können.[11]

„In einer kleinen Gesellschaft von Akademikern, in der sich auch zwei Studentinnen der Philosophie befanden, sprach man von den zahlreichen Fragen, welche der Ursprung des Christentums der Kulturgeschichte und Religionswissenschaft aufgibt. Die eine der jungen Damen, welche sich am Gespräch beteiligte, erinnerte sich, in einem englischen Roman, den sie kürzlich gelesen hatte, ein anziehendes Bild der vielen religiösen Strömungen, welche jene Zeit bewegten, gefunden zu haben. Sie fügte hinzu, in dem Roman werde das ganze Leben Christi von der Geburt bis zu seinem Tode geschildert, doch wollte ihr der Name der

[11] *Über kollektives Vergessen.* Internat. Zeitschr. f. Psychoanalyse, VI, 1920. (Auch in *Reik*, *Der eigene und der fremde Gott*, 1923.)

Dichtung nicht einfallen (die visuelle Erinnerung an den Umschlag des Buches und an das typographische Bild des Titels war überdeutlich). Auch drei von den anwesenden Herren behaupteten, den Roman zu kennen, und bemerkten, daß auch ihnen sonderbarerweise der Name nicht zur Verfügung stehe ..."

Nur die junge Dame unterzog sich der Analyse zur Aufklärung dieses Namenvergessens. Der Titel des Buches lautete: *Ben Hur* (von *Lewis Wallace*). Ihre Ersatzeinfälle waren: *Ecce homo – homo sum – quo vadis?* gewesen. Das Mädchen verstand selbst, daß sie den Namen vergessen, „weil er einen Ausdruck enthält, den ich und jedes andere junge Mädchen – noch dazu in Gesellschaft junger Leute – nicht gern gebrauchen wird." Diese Erklärung fand durch die sehr interessante Analyse eine weitere Vertiefung. In dem einmal berührten Zusammenhang hat ja auch die Übersetzung von *homo*, *Mensch*, eine anrüchige Bedeutung. *Reik* schließt nun: „Die junge Dame behandelt das Wort so, als ob sie sich mit dem Aussprechen jenes verdächtigen Titels vor jungen Männern zu den Wünschen bekannt hätte, die sie als ihrer Persönlichkeit nicht gemäß und als peinlich abgewiesen hat. Kürzer gesagt: unbewußt setzt sie das Aussprechen von ‚Ben Hur' einem sexuellen Angebot gleich und ihr Vergessen entspricht demnach der Abwehr einer unbewußten Versuchung dieser Art. Wir haben Grund zur Annahme, daß ähnlich unbewußte Vorgänge das Vergessen der jungen Männer bedingt haben. Ihr Unbewußtes hat das Vergessen des Mädchens in seiner wirklichen Bedeutung erfaßt und es ... gleichsam gedeutet ... Das Vergessen der Männer stellt eine Rücksicht auf solch abweisendes Verhalten dar ... Es ist so, als hätte ihnen ihre Gesprächspartnerin durch ihre plötzliche Gedächtnisschwäche einen deutlichen Wink gegeben, den die Männer unbewußt wohl verstanden hätten."

Es kommt auch ein fortgesetztes Namenvergessen vor, bei dem ganze Ketten von Namen dem Gedächtnis entzogen werden. Hascht man, um einen entfallenen Namen wiederzufinden, nach anderen, mit denen jener in fester Verbindung steht, so entfliehen nicht selten auch diese neuen als Anhalt aufgesuchten Namen. Das Vergessen springt so von einem zum anderen über, wie um die Existenz eines nicht leicht zu beseitigenden Hindernisses zu beweisen.

IV
Über Kindheits- und Deckerinnerungen

In einer zweiten Abhandlung (1899 in der Monatsschrift für Psychiatrie und Neurologie veröffentlicht) habe ich die tendenziöse Natur unseres Erinnerns an unvermuteter Stelle nachweisen können. Ich bin von der auffälligen Tatsache ausgegangen, daß die frühesten Kindheitserinnerungen einer Person häufig bewahrt zu haben scheinen, was gleichgültig und nebensächlich ist, während von wichtigen, eindrucksvollen und affektreichen Eindrücken dieser Zeit (häufig, gewiß nicht allgemein!) sich im Gedächtnis des Erwachsenen keine Spur vorfindet. Da es bekannt ist, daß das Gedächtnis unter den ihm dargebotenen Eindrücken eine Auswahl trifft, stände man hier vor der Annahme, daß diese Auswahl im Kindesalter nach ganz anderen Prinzipien vor sich geht, als zur Zeit der intellektuellen Reife. Eingehende Untersuchung weist aber nach, daß diese Annahme überflüssig ist. Die indifferenten Kindheitserinnerungen verdanken ihre Existenz einem Verschiebungsvorgang; sie sind der Ersatz in der Reproduktion für andere wirklich bedeutsame Eindrücke, deren Erinnerung sich durch psychische Analyse aus ihnen entwickeln läßt, deren direkte Reproduktion aber durch einen Widerstand gehindert ist. Da sie ihre Erhaltung nicht dem eigenen Inhalt, sondern einer assoziativen Beziehung ihres Inhaltes zu einem anderen, verdrängten, verdanken, haben sie auf den Namen „Deckerinnerungen", mit welchem ich sie ausgezeichnet habe, begründeten Anspruch.

Die Mannigfaltigkeiten in den Beziehungen und Bedeutungen der Deckerinnerungen habe ich in dem erwähnten Aufsatz nur gestreift, keineswegs erschöpft. An dem dort ausführlich analysierten Beispiel habe ich eine Besonderheit der *zeitlichen* Relation zwischen der Deckerinnerung und dem durch sie gedeckten Inhalt besonders hervorgehoben. Der Inhalt der Deckerinnerung gehörte dort nämlich einem der ersten Kinderjahre an, während die durch sie im Gedächtnis vertretenen Gedankenerlebnisse, die fast unbewußt geblieben waren, in späte Jahre des Betreffenden fielen. Ich nannte diese Art der Verschiebung eine *rückgreifende* oder *rückläufige*. Vielleicht noch häufiger begegnet man dem entgegengesetzten Verhältnis, daß ein indifferenter Eindruck der jüngsten Zeit sich als Deckerinnerung im Gedächtnis festsetzt, der diese Auszeichnung nur der Verknüpfung mit einem früheren Erlebnis verdankt, gegen dessen direkte Reproduktion sich Widerstände erheben. Dies wären *vorgreifende* oder *vorgeschobene* Deckerinnerungen. Das Wesentliche, was das Gedächtnis bekümmert, liegt hier der Zeit nach *hinter* der Deckerinnerung. Endlich wird der dritte noch mögliche Fall nicht vermißt, daß die Deckerinnerung nicht nur durch ihren Inhalt, sondern auch durch Kontiguität in der Zeit mit dem von ihr gedeckten Eindruck verknüpft ist, also die *gleichzeitige* oder *anstoßende* Deckerinnerung.

Ein wie großer Teil unseres Gedächtnisschatzes in die Kategorie der Deckerinnerungen gehört, und welche Rolle bei verschiedenen neurotischen Denkvorgängen diesen zufällt, das sind Probleme, in deren Würdigung ich weder dort eingegangen bin, noch hier eintreten werde. Es kommt mir nur darauf an, die Gleichartigkeit zwischen dem Vergessen von Eigennamen mit Fehlerinnern und der Bildung der Deckerinnerungen hervorzuheben.

Auf den ersten Anblick sind die Verschiedenheiten der beiden Phänomene weit auffälliger als ihre etwaigen Analogien. Dort handelt es sich um Eigennamen, hier um komplette Eindrücke, um entweder in der Realität oder in Gedanken Erlebtes; dort um ein manifestes Versagen der Erinnerungsfunktion, hier um eine Erinnerungsleistung, die uns befremdend erscheint; dort um eine momentane Störung – denn der eben vergessene Name kann vorher hundert Male richtig reproduziert worden sein und es von morgen an wieder werden –, hier um dauernden Besitz ohne Ausfall, denn die indifferenten Kindheitserinnerungen scheinen uns durch ein langes Stück unseres Lebens begleiten zu können. Das Rätsel scheint in diesen beiden Fällen ganz anders orientiert zu sein. Dort ist es das Vergessen, hier das Merken, was unsere wissenschaftliche Neugierde rege macht. Nach einiger Vertiefung merkt man, daß trotz der Verschiedenheit im psychischen Material und in der Zeitdauer der beiden Phänomene die Übereinstimmungen weit überwiegen. Es handelt sich hier wie dort um das Fehlgehen des Erinnerns; es wird nicht das vom Gedächtnis reproduziert, was korrekterweise reproduziert werden sollte, sondern etwas anderes zum Ersatz. Dem Falle des Namenvergessens fehlt nicht die Gedächtnisleistung in der Form der Ersatznamen. Der Fall der Deckerinnerungsbildung beruht auf dem Vergessen von anderen, wichtigeren Eindrücken. In beiden Fällen gibt uns eine intellektuelle Empfindung Kunde von der Einmengung einer Störung, nur jedesmal in anderer Form. Beim Namenvergessen *wissen* wir, daß die Ersatznamen *falsch* sind; bei den Deckerinnerungen *verwundern* wir uns, daß wir sie überhaupt besitzen. Wenn dann die psychologische Analyse nachweist, daß die Ersatzbildung in beiden Fällen auf die nämliche Weise durch Verschiebung längs einer oberflächlichen Assoziation zustande gekommen ist, so tragen gerade die Verschiedenheiten im Material, in der Zeitdauer und in der Zentrierung der beiden Phänomene dazu bei, unsere Erwartung zu steigern, daß wir etwas Wichtiges und Allgemeingültiges aufgefunden haben. Dieses Allgemeine würde lauten, daß das Versagen und Irregehen der reproduzierenden Funktion weit häufiger, als wir vermuten, auf die Einmengung eines parteiischen Faktors, einer *Tendenz* hinweist, welche die eine Erinnerung begünstigt, während sie einer anderen entgegenzuarbeiten bemüht ist.

Das Thema der Kindheitserinnerungen erscheint mir so bedeutsam und interessant, daß ich ihm noch einige Bemerkungen widmen möchte, die über die bisherigen Gesichtspunkte hinausgehen.

Wie weit zurück in die Kindheit reichen die Erinnerungen? Es sind mir einige Untersuchungen über diese Frage bekannt, so von *V. et C. Henri*[12] und *Potwin*[13];

12 *Enquête sur les premiers souvenirs de l'enfance.* L'année psychologique, III, 1897.

13 *Study of early memories.* Psycholog. Review, 1901.

dieselben ergeben, daß große individuelle Verschiedenheiten bei den Untersuchten bestehen, indem einzelne ihre erste Erinnerung in den sechsten Lebensmonat verlegen, andere von ihrem Leben bis zum vollendeten sechsten, ja achten Lebensjahr nichts wissen. Aber womit hängen diese Verschiedenheiten im Verhalten der Kindheitserinnerungen zusammen, und welche Bedeutung kommt ihnen zu? Es ist offenbar nicht ausreichend, das Material für diese Fragen durch Sammelerkundigung herbeizuschaffen; es bedarf dann noch einer Bearbeitung desselben, an der die auskunftgebende Person beteiligt sein muß.

Ich meine, wir nehmen die Tatsache der infantilen Amnesie, des Ausfalls der Erinnerungen für die ersten Jahre unseres Lebens viel zu gleichmütig hin und versäumen es, ein seltsames Rätsel in ihr zu finden. Wir vergessen, welch hoher intellektueller Leistungen und wie komplizierter Gefühlsregungen ein Kind von etwa vier Jahren fähig ist, und sollten uns geradezu verwundern, daß das Gedächtnis späterer Jahre von diesen seelischen Vorgängen in der Regel so wenig bewahrt hat, zumal da wir allen Grund zur Annahme haben, daß diese selben vergessenen Kindheitsleistungen nicht etwa spurlos an der Entwicklung der Person abgeglitten sind, sondern einen für alle späteren Zeiten bestimmenden Einfluß ausgeübt haben. Und trotz dieser unvergleichlichen Wirksamkeit sind sie vergessen worden! Es weist dies auf ganz speziell geartete Bedingungen des Erinnerns (im Sinne der bewußten Reproduktion) hin, die sich unserer Erkenntnis bisher entzogen haben. Es ist sehr wohl möglich, daß das Kindheitsvergessen uns den Schlüssel zum Verständnis jener Amnesien liefern kann, die nach unseren neueren Erkenntnissen der Bildung aller neurotischen Symptome zugrunde liegen.

Von den erhaltenen Kindheitserinnerungen erscheinen uns einige gut begreiflich, andere befremdend oder unverständlich. Es ist nicht schwer, einige Irrtümer in betreff beider Arten zu berichtigen. Unterzieht man die erhaltenen Erinnerungen eines Menschen einer analytischen Prüfung, so kann man leicht feststellen, daß eine Gewähr für die Richtigkeit derselben nicht besteht. Einige der Erinnerungsbilder sind sicherlich gefälscht, unvollständig oder zeitlich und räumlich verschoben. Die Angaben der untersuchten Personen, wie ihre erste Erinnerung rühre etwa aus dem zweiten Lebensjahr her, sind offenbar unverläßlich. Es gelingt bald auch Motive zu finden, welche die Entstellung und Verschiebung des Erlebten verständlich machen, aber auch beweisen, daß nicht einfache Gedächtnisuntreue die Ursache dieser Erinnerungsfehler sein kann. Starke Mächte aus der späteren Lebenszeit haben die Erinnerungsfähigkeit der Kindheitserlebnisse gemodelt, dieselben Mächte wahrscheinlich, an denen es liegt, daß wir uns allgemein dem Verständnis unserer Kindheitsjahre so weit entfremdet haben.

Das Erinnern der Erwachsenen geht bekanntlich an verschiedenem psychischen Material vor sich. Die einen erinnern in Gesichtsbildern, ihre Erinnerungen haben visuellen Charakter; andere Individuen können kaum die dürftigsten Umrisse des Erlebten in der Erinnerung reproduzieren; man nennt solche Personen *Auditifs* und *Moteurs* im Gegensatz zu den *Visuels* nach *Charcots* Vorschlag. Im Träumen verschwinden diese Unterschiede, wir träumen alle vorwiegend in Gesichtsbildern. Aber ebenso bildet sich diese Entwicklung für die Kindheitserinnerungen zurück; diese sind plastisch visuell auch bei jenen Personen, deren späteres Erinnern des visuellen Elements entbehren muß. Das visuelle Erinnern bewahrt somit den Typus des infantilen Erinnerns. Bei mir sind die frühesten Kindheitserinnerungen die einzigen von visuellem Charakter; es sind geradezu plastisch herausgearbeitete Szenen, nur den Darstellungen auf der Bühne vergleichbar. In diesen Szenen aus der Kindheit, ob sie sich nun als wahr oder als verfälscht erweisen, sieht man regelmäßig auch die eigene kindliche Person in ihren Umrissen und mit ihrer Kleidung. Dieser Umstand muß Befremden erregen; erwachsene Visuelle sehen nicht mehr ihre Person in ihren Erinnerungen an spätere Erlebnisse.[14] Es widerspricht auch allen unseren Erfahrungen anzunehmen, daß die Aufmerksamkeit des Kindes bei seinen Erlebnissen auf sich selbst anstatt ausschließlich auf die äußeren Eindrücke gerichtet wäre. Man wird so von verschiedenen Seiten her zur Vermutung gedrängt, daß wir in den sogenannten frühesten Kindheitserinnerungen nicht die wirkliche Erinnerungsspur, sondern eine spätere Bearbeitung derselben besitzen, eine Bearbeitung, welche die Einflüsse mannigfacher späterer psychischer Mächte erfahren haben mag. Die „Kindheitserinnerungen" der Individuen rücken so ganz allgemein zur Bedeutung von „Deckerinnerungen" vor und gewinnen dabei eine bemerkenswerte Analogie mit den in Sagen und Mythen niedergelegten Kindheitserinnerungen der Völker.

Wer eine Anzahl von Personen mit der Methode der Psychoanalyse seelisch untersucht hat, hat bei dieser Arbeit reichlich Beispiele von Deckerinnerungen jeder Art gesammelt. Die Mitteilung dieser Beispiele wird aber gerade durch die vorhin erörterte Natur der Beziehungen der Kindheitserinnerungen zum späteren Leben außerordentlich erschwert; um eine Kindheitserinnerung als Deckerinnerung würdigen zu lassen, müßte man oft die ganze Lebensgeschichte der betreffenden Person zur Darstellung bringen. Es ist nur selten, wie im nachstehenden hübschen Beispiel, möglich, eine einzelne Kindheitserinnerung aus ihrem Zusammenhang für die Mitteilung herauszuheben.

Ein vierundzwanzigjähriger Mann hat folgendes Bild aus seinem fünften Lebensjahr bewahrt. Er sitzt im Garten eines Sommerhauses auf einem Stühl-

[14] Ich behaupte dies nach einigen von mir eingeholten Erkundigungen.

chen neben der Tante, die bemüht ist, ihm die Kenntnis der Buchstaben beizubringen. Die Unterscheidung von *m* und *n* bereitet ihm Schwierigkeiten und er bittet die Tante, ihm doch zu sagen, woran man erkennt, was das eine und was das andere ist. Die Tante macht ihn aufmerksam, daß das *m* doch um ein ganzes Stück, um den dritten Strich, mehr habe als das *n*. – Es fand sich kein Anlaß, die Zuverlässigkeit dieser Kindheitserinnerung zu bestreiten; ihre Bedeutung hatte sie aber erst später erworben, als sie sich geeignet zeigte, die symbolische Vertretung für eine andere Wißbegierde des Knaben zu übernehmen. Denn, so wie er damals den Unterschied zwischen *m* und *n* wissen wollte, so bemühte er sich später, den Unterschied zwischen Knaben und Mädchen zu erfahren, und wäre gewiß einverstanden gewesen, daß gerade diese Tante seine Lehrmeisterin werde. Er fand dann auch heraus, daß der Unterschied ein ähnlicher sei, daß der Bub wiederum ein ganzes Stück mehr habe als das Mädchen, und zur Zeit dieser Erkenntnis weckte er die Erinnerung an die entsprechende kindliche Wißbegierde.

Ein anderes Beispiel aus späteren Kindheitsjahren: Ein in seinem Liebesleben arg gehemmter Mann, jetzt über vierzig Jahre alt, ist das älteste von neun Kindern. Bei der Geburt des jüngsten Geschwisterchens war er fünfzehn Jahre, er behauptet aber steif und fest, daß er niemals eine Gravidität der Mutter bemerkt hatte. Unter dem Drucke meines Unglaubens stellte sich bei ihm die Erinnerung ein, er habe einmal im Alter von elf oder zwölf Jahren gesehen, daß die Mutter sich vor dem Spiegel hastig den *Rock aufband*. Dazu ergänzte er jetzt zwanglos, sie sei von der Straße gekommen und von unerwarteten Wehen befallen worden. Das *Aufbinden* des Rockes ist aber eine Deckerinnerung für die *Entbindung*. Der Verwendung solcher „Wortbrücken" werden wir in noch anderen Fällen begegnen.

An einem einzigen Beispiel möchte ich noch zeigen, welchen Sinn eine Kindheitserinnerung durch analytische Bearbeitung gewinnen kann, die vorher keinen Sinn zu enthalten schien. Als ich in meinem dreiundvierzigsten Jahr begann, mein Interesse den Resten der Erinnerung an die eigene Kindheit zuzuwenden, fiel mir eine Szene auf, die mir seit langem – wie ich meinte, seit jeher – von Zeit zu Zeit zum Bewußtsein gekommen war, und die nach guten Merkzeichen vor das vollendete dritte Lebensjahr verlegt werden durfte. Ich sah mich fordernd und heulend vor einem Kasten stehen, dessen Tür mein um zwanzig Jahre älterer Halbbruder geöffnet hielt, und dann trat plötzlich meine Mutter, schön und schlank, wie von der Straße zurückkehrend, ins Zimmer. In diese Worte hatte ich die plastisch gesehene Szene gefaßt, mit der ich sonst nichts anzufangen wußte. Ob mein Bruder den Kasten – in der ersten Übersetzung des Bildes hieß es „Schrank" – öffnen oder schließen wollte, warum ich dabei weinte, und was die Ankunft der Mutter damit zu tun habe, das alles war mir dunkel; ich war versucht, mir die Erklärung zu geben, daß es sich um die Erinnerung an eine Hänselei des älteren Bruders handle, die durch die Mutter unterbrochen wurde. Solche Mißverständnisse einer im Gedächtnis bewahrten Kindheitsszene sind nichts Seltenes; man erinnert sich einer Situation, aber dieselbe ist nicht zentriert, man weiß nicht, auf welches Element derselben der psychische Akzent zu setzen ist. Analytische Bemühung führte mich zu einer ganz unerwarteten Auffassung des Bildes. Ich hatte die Mutter vermißt, war auf den Verdacht gekommen, daß sie in diesem Schrank oder Kasten eingesperrt sei, und forderte darum den Bruder auf, den Kasten aufzusperren. Als er mir willfahrte und ich mich überzeugte, die Mutter sei nicht im Kasten, fing ich zu schreien an; dies ist der von der Erinnerung festgehaltene Moment, auf den alsbald das meine Sorge oder Sehnsucht beschwichtigende Erscheinen der Mutter folgte. Wie kam aber das Kind zu der Idee, die abwesende Mutter im Kasten zu suchen? Gleichzeitige Träume wiesen dunkel auf eine Kinderfrau hin, von welcher noch andere Reminiszenzen erhalten waren, wie z. B. daß sie mich gewissenhaft anzuhalten pflegte, ihr die kleinen Münzen abzuliefern, die ich als Geschenke erhalten hatte, ein Detail, das selbst wieder auf den Wert einer Deckerinnerung für Späteres Anspruch machen kann. So beschloß ich denn, mir diesmal die Deutungsaufgabe zu erleichtern, und meine jetzt alte Mutter nach jener Kinderfrau zu befragen. Ich erfuhr allerlei, darunter, daß die kluge, aber unredliche Person während des Wochenbettes der Mutter große Hausdiebstähle verübt hatte und auf Betreiben meines Halbbruders dem Gerichte übergeben worden war. Diese Auskunft gab mir das Verständnis der Kinderszene wie durch eine Art von Erleuchtung. Das plötzliche Verschwinden der Kinderfrau war mir nicht gleichgültig gewesen; ich hatte mich gerade an diesen Bruder mit der Frage gewendet, wo sie sei, wahrscheinlich, weil ich gemerkt hatte, daß ihm eine Rolle bei ihrem Verschwinden zukomme, und er hatte ausweichend und wortspielerisch, wie seine Art immer war, geantwortet: sie ist „eingekastelt“. Diese Antwort verstand ich nun nach kindlicher Weise, ließ aber zu fragen ab, weil nichts mehr zu erfahren war. Als mir nun kurze Zeit darauf die Mutter abging, argwöhnte ich, der schlimme Bruder habe mit ihr dasselbe angestellt wie mit der Kinderfrau, und nötigte ihn, mir den Kasten zu öffnen. Ich verstehe nun auch, warum in der Übersetzung der visuellen Kinderszene die Schlankheit der Mutter betont ist, die mir als neu wiederhergestellt aufgefallen sein muß. Ich bin zweieinhalb Jahre älter als die damals geborene Schwester, und als ich drei Jahre alt wurde, fand das Zusammenleben mit dem Halbbruder ein Ende.[15]

---

[15] Wer sich für das Seelenleben dieser Kinderjahre interessiert, wird leicht die tiefere Bedingtheit

V
Das Versprechen

Wenn das gebräuchliche Material unserer Rede in der Muttersprache gegen das Vergessen geschützt erscheint, so unterliegt dessen Anwendung um so häufiger einer anderen Störung, die als „Versprechen" bekannt ist. Das beim normalen Menschen beobachtete Versprechen macht den Eindruck der Vorstufe für die unter pathologischen Bedingungen auftretenden sogenannten „Paraphasien".

Ich befinde mich hier ausnahmsweise in der Lage, eine Vorarbeit würdigen zu können. Im Jahre 1895 haben *Meringer* und *C. Mayer* eine Studie über *Versprechen und Verlesen* publiziert, deren Gesichtspunkte fernab von den meinigen. Der eine der Autoren, der im Texte das Wort führt, ist nämlich Sprachforscher und ist von linguistischen Interessen zur Untersuchung veranlaßt worden, den Regeln nachzugehen, nach denen man sich verspricht. Er hoffte aus diesen Regeln auf das Vorhandensein „eines gewissen geistigen Mechanismus" schließen zu können, „in welchem die Laute eines Wortes, eines Satzes, und auch die Worte untereinander in ganz eigentümlicher Weise verbunden und verknüpft sind" (S. 10).

Die Autoren gruppieren die von ihnen gesammelten Beispiele des „Versprechens" zunächst nach rein deskriptiven Gesichtspunkten als *Vertauschungen* (z. B. die Milo von Venus anstatt Venus von Milo), *Vorklänge* oder *Antizipationen* (z. B. „es war mir auf der Schwest ... auf der Brust so schwer"), *Nachklänge, Postpositionen* (z. B. „Ich fordere Sie auf, auf das Wohl unseres Chefs aufzustoßen" für anzustoßen), *Kontaminationen* (z. B. „Er setzt sich auf den Hinterkopf" aus: „Er setzt sich einen Kopf auf" und: „Er stellt sich auf die Hinterbeine"), *Substitutionen* (z. B. „Ich gebe die Präparate in den Briefkasten" statt Brütkasten), zu welchen Hauptkategorien noch einige minder wichtige (oder für unsere

---

der an den großen Bruder gestellten Anforderung erraten. Das noch nicht dreijährige Kind hat verstanden, daß das letzthin angekommene Schwesterchen im Leib der Mutter gewachsen ist. Es ist gar nicht einverstanden mit diesem Zuwachs und mißtrauisch besorgt, daß der Mutterleib noch weitere Kinder bergen könnte. Der Schrank oder Kasten ist ihm ein Symbol des Mutterleibes. Es verlangt also in diesen Kasten zu schauen und wendet sich hiefür an den großen Bruder, der, wie aus anderem Material hervorgeht, an Stelle des Vaters zum Rivalen des Kleinen geworden ist. Gegen diesen Bruder richtet sich außer dem begründeten Verdacht, daß er die vermißte Kinderfrau „einkasteln" ließ, auch noch der andere, daß er irgendwie das kürzlich geborene Kind in den Mutterleib hineinpraktiziert hat. Der Affekt der Enttäuschung, wie der Kasten leer gefunden wird, geht nun von der oberflächlichen Motivierung des kindlichen Verlangens aus. Für die tiefere Strebung steht er an falscher Stelle. Dagegen ist die hohe Befriedigung über die Schlankheit der rückkehrenden Mutter erst aus dieser tieferen Schicht voll verständlich.

Zwecke minder bedeutsame) hinzugefügt werden. Es macht bei dieser Gruppierung keinen Unterschied, ob die Umstellung, Entstellung, Verschmelzung usw. einzelne Laute des Wortes, Silben oder ganze Worte des intendierten Satzes betrifft.

Zur Erklärung der beobachteten Arten des Versprechens stellt *Meringer* eine verschiedene psychische Wertigkeit der Sprachlaute auf. Wenn wir den ersten Laut eines Wortes, das erste Wort eines Satzes innervieren, wendet sich bereits der Erregungsvorgang den späteren Lauten, den folgenden Worten, zu, und soweit diese Innervationen miteinander gleichzeitig sind, können sie einander abändernd beeinflussen. Die Erregung des psychisch intensiveren Lautes klingt vor oder hallt nach und stört so den minderwertigen Innervationsvorgang. Es handelt sich nun darum, zu bestimmen, welche die höchstwertigen Laute eines Wortes sind. *Meringer* meint: „Wenn man wissen will, welchem Laute eines Wortes die höchste Intensität zukommt, so beobachte man sich beim Suchen nach einem vergessenen Wort, z. B. einem Namen. Was zuerst wieder ins Bewußtsein kommt, hatte jedenfalls die größte Intensität vor dem Vergessen (S. 160). Die hochwertigen Laute sind also der Anlaut der Wurzelsilbe und der Wortanlaut und der oder die betonten Vokale" (S. 162).

Ich kann nicht umhin, hier einen Widerspruch zu erheben. Ob der Anlaut des Namens zu den höchstwertigen Elementen des Wortes gehöre oder nicht, es ist gewiß nicht richtig, daß er im Falle des Wortvergessens zuerst wieder ins Bewußtsein tritt; die obige Regel ist also unbrauchbar. Wenn man sich bei der Suche nach einem vergessenen Namen beobachtet, so wird man verhältnismäßig häufig die Überzeugung äußern müssen, er fange mit einem bestimmten Buchstaben an. Diese Überzeugung erweist sich nun ebensooft als unbegründet wie als begründet. Ja, ich möchte behaupten, man proklamiert in der Mehrzahl der Fälle einen falschen Anlaut. Auch in unserem Beispiel „Signorelli" ist bei dem Ersatznamen der Anlaut und sind die wesentlichen Silben verloren gegangen; gerade das minderwertige Silbenpaar *elli* ist im Ersatznamen *Botticelli* der Erinnerung wiedergekehrt. Wie wenig die Ersatznamen den Anlaut des entfallenen Wortes respektieren, mag z. B. folgender Fall lehren:

Eines Tages ist es mir unmöglich, den Namen des kleinen Landes zu erinnern, dessen Hauptort *Monte Carlo* ist. Die Ersatznamen für ihn lauten:

Piemont, Albanien, Montevideo, Colico.

Für Albanien tritt bald *Montenegro* ein, und dann fällt mir auf, daß die Silbe *Mont* (*Mon* ausgesprochen) doch allen Ersatznamen bis auf den letzten zukommt. Es wird mir so erleichtert, vom Namen des Fürsten Albert aus das vergessene *Monaco* aufzufinden. *Colico* ahmt die Silbefolge und Rhythmik des vergessenen Namen ungefähr nach.

Wenn man der Vermutung Raum gibt, daß ein ähnlicher Mechanismus wie der fürs Namenvergessen nachgewiesene auch an den Erscheinungen des Versprechens Anteil haben könne, so wird man zu einer tiefer begründeten Beurteilung der Fälle von Versprechen geführt. Die Störung in der Rede, welche sich als Versprechen kundgibt, kann erstens verursacht sein durch den Einfluß eines anderen Bestandteils derselben Rede, also durch das Vorklingen oder Nachhallen, oder durch eine zweite Fassung innerhalb des Satzes oder des Zusammenhanges, den auszusprechen man intendiert – hierher gehören alle oben *Meringer* und *Mayer* entlehnten Beispiele –; zweitens aber könnte die Störung analog dem Vorgang im Falle *Signorelli* zustande kommen durch Einflüsse *außerhalb* dieses Wortes, Satzes oder Zusammenhanges, von Elementen her, die auszusprechen man nicht intendiert, und von deren Erregung man erst durch eben die Störung Kenntnis erhält. In der Gleichzeitigkeit der Erregung läge das Gemeinsame, in der Stellung innerhalb oder außerhalb desselben Satzes oder Zusammenhanges das Unterscheidende für die beiden Entstehungsarten des Versprechens. Der Unterschied erscheint zunächst nicht so groß, als er für gewisse Folgerungen aus der Symptomatologie des Versprechens in Betracht kommt. Es ist aber klar, daß man nur im ersteren Falle Aussicht hat, aus den Erscheinungen des Versprechens Schlüsse auf einen Mechanismus zu ziehen, der Laute und Worte zur gegenseitigen Beeinflussung ihrer Artikulation miteinander verknüpft, also Schlüsse, wie sie der Sprachforscher aus dem Studium des Versprechens zu gewinnen hoffte. Im Falle der Störung durch Einflüsse außerhalb des nämlichen Satzes oder Redezusammenhanges würde es sich vor allem darum handeln, die störenden Elemente kennenzulernen, und dann entstände die Frage, ob auch der Mechanismus dieser Störung die zu vermutenden Gesetze der Sprachbildung verraten kann. Man darf nicht behaupten, daß *Meringer* und *Mayer* die Möglichkeit der Sprechstörung durch „kompliziertere psychische Einflüsse", durch Elemente außerhalb desselben Wortes, Satzes oder derselben Redefolge übersehen haben. Sie mußten ja bemerken, daß die Theorie der psychischen Ungleichwertigkeit der Laute streng genommen nur für die Aufklärung der Lautstörungen, sowie der Vor- und Nachklänge ausreicht. Wo sich die Wortstörungen nicht auf Lautstörungen reduzieren lassen, z. B. bei den Substitutionen und Kontaminationen von Worten, haben auch sie unbedenklich die Ursache des Versprechens *außerhalb* des intendierten Zusammenhanges gesucht und diesen Sachverhalt durch schöne Beispiele erwiesen. Ich zitiere folgende Stellen:

(S. 62.) „Ru. erzählt von Vorgängen, die er in seinem Innern für ‚Schweinereien' erklärt. Er sucht aber nach einer milden Form und beginnt: ‚Dann aber sind Tatsachen zum *Vorschwein* gekommen' ... *Mayer* und ich waren anwesend und Ru. bestätigte, daß er ‚Schweinereien' gedacht hatte. Daß sich dieses gedachte Wort bei ‚Vorschein' verriet und plötzlich wirksam wurde, findet in der Ähnlichkeit der Wörter seine genügende Erklärung."

(S. 73.) „Auch bei den Substitutionen spielen wie bei den Kontaminationen und in wahrscheinlich viel höherem Grade die ‚schwebenden' oder ‚vagierenden' Sprachbilder eine große Rolle. Sie sind, wenn auch unter der Schwelle des Bewußtseins, so doch noch in wirksamer Nähe, können leicht durch eine Ähnlichkeit des zu sprechenden Komplexes herangezogen werden und führen dann eine Entgleisung herbei oder kreuzen den Zug der Wörter. Die ‚schwebenden' oder ‚vagierenden' Sprachbilder sind, wie gesagt, oft die Nachzügler von kürzlich abgelaufenen Sprachprozessen (Nachklänge)."

(S. 97.) „Eine Entgleisung ist auch durch Ähnlichkeit möglich, wenn ein anderes ähnliches Wort nahe unter der Bewußtseinsschwelle liegt, *ohne daß es gesprochen zu werden bestimmt wäre.* Das ist der Fall bei den Substitutionen. – So hoffe ich, daß man beim Nachprüfen meine Regeln wird bestätigen müssen. Aber dazu ist notwendig, daß man (wenn ein anderer spricht) *sich Klarheit darüber verschafft, an was alles der Sprecher gedacht hat.*[16] Hier ein lehrreicher Fall. Klassendirektor Li. sagte in unserer Gesellschaft: ‚Die Frau würde mir Furcht ein*l*agen.' Ich wurde stutzig, denn das *l* schien mir unerklärlich. Ich erlaubte mir, den Sprecher auf seinen Fehler ‚ein*l*agen' für ‚ein*j*agen' aufmerksam zu machen, worauf er sofort antwortete: ‚Ja, das kommt daher, weil ich dachte: ich wäre nicht in der Lage' usw."

„Ein anderer Fall. Ich frage R. v. Schid., wie es seinem kranken Pferd gehe. Er antwortete: ‚Ja, das *draut* ... dauert vielleicht noch einen Monat.' Das ‚draut' mit seinem *r* war mir unverständlich, denn das *r* von ‚dauert' konnte unmöglich so gewirkt haben. Ich machte also R. v. S. aufmerksam, worauf er erklärte, er habe gedacht, ‚das ist eine *traurige* Geschichte.' Der Sprecher hatte also zwei Antworten im Sinne und diese vermengten sich."

Es ist wohl unverkennbar, wie nahe die Rücksichtnahme auf die „vagierenden" Sprachbilder, die unter der Schwelle des Bewußtseins stehen und nicht zum Gesprochenwerden bestimmt sind, und die Forderung, sich zu erkundigen, an was der Sprecher alles gedacht habe, an die Verhältnisse bei unseren „Analysen" herankommen. Auch wir suchen unbewußtes Material, und zwar auf dem nämlichen Wege, nur daß wir von den Einfällen des Befragten bis zur Auffindung des störenden Elementes einen längeren Weg durch eine komplexe Assoziationsreihe zurückzulegen haben.

Ich verweile noch bei einem anderen interessanten Verhalten, für das die Beispiele *Meringers* Zeugnis ablegen. Nach der Einsicht des Autors selbst ist es irgendeine Ähnlichkeit eines Wortes im intendierten Satze mit einem anderen

[16] Von mir hervorgehoben.

nicht intendierten, welche dem letzteren gestattet, sich durch die Verursachung einer Entstellung, Mischbildung, Kompromißbildung (Kontamination) im Bewußtsein zur Geltung zu bringen:

jagen, dauert, Vorschein.
lagen, traurig, ... schwein.

Nun habe ich in meiner Schrift über die *Traumdeutung*[17] dargetan, welchen Anteil die *Verdichtungs*arbeit an der Entstehung des sogenannten manifesten Trauminhaltes aus den latenten Traumgedanken hat. Irgendeine Ähnlichkeit der Dinge oder der Wortvorstellungen zwischen zwei Elementen des unbewußten Materials wird da zum Anlaß genommen, um ein Drittes, eine Misch- oder Kompromißvorstellung zu schaffen, welche im Trauminhalt ihre beiden Komponenten vertritt, und die infolge dieses Ursprungs so häufig mit widersprechenden Einzelbestimmungen ausgestattet ist. Die Bildung von Substitutionen und Kontaminationen beim Versprechen ist somit ein Beginn jener Verdichtungsarbeit, die wir in eifrigster Tätigkeit am Aufbau des Traumes beteiligt finden.

In einem kleinen für weitere Kreise bestimmten Aufsatz (*Neue Freie Presse* vom 23. August 1900: *Wie man sich versprechen kann*) hat *Meringer* eine besondere praktische Bedeutung für gewisse Fälle von Wortvertauschungen in Anspruch genommen, für solche nämlich, in denen man ein Wort durch sein Gegenteil dem Sinne nach ersetzt. „Man erinnert sich wohl noch der Art, wie vor einiger Zeit der Präsident des österreichischen Abgeordnetenhauses die Sitzung *eröffnete*: ‚Hohes Haus! Ich konstatiere die Anwesenheit von soundsoviel Herren und erkläre somit die Sitzung für *geschlossen*!‘ Die allgemeine Heiterkeit machte ihn erst aufmerksam, und er verbesserte den Fehler. Im vorliegenden Falle wird die Erklärung wohl diese sein, daß der Präsident sich *wünschte*, er wäre schon in der Lage, die Sitzung, von der wenig Gutes zu erwarten stand, zu schließen, aber – eine häufige Erscheinung – der Nebengedanke setzte sich wenigstens teilweise durch und das Resultat war ‚geschlossen‘ für ‚eröffnet‘, also das Gegenteil dessen, was zu sprechen beabsichtigt war. Aber vielfältige Beobachtung hat mich belehrt, daß man gegensätzliche Worte überhaupt sehr häufig miteinander vertauscht; sie sind eben schon in unserem Sprachbewußtsein assoziiert, liegen hart nebeneinander und werden leicht irrtümlich aufgerufen.“

Nicht in allen Fällen von Gegensatzvertauschung wird es so leicht, wie hier im Beispiel des Präsidenten, wahrscheinlich zu machen, daß das Versprechen in Folge eines Widerspruchs geschieht, der sich im Innern des Redners gegen den geäußerten Satz erhebt. Wir haben den analogen Mechanismus in der Ana-

[17] *Die Traumdeutung*. Leipzig und Wien, 1900. 8. Aufl. 1930.

lyse des Beispiels *aliquis* gefunden; dort äußerte sich der innere Widerspruch im Vergessen eines Wortes anstatt seiner Ersetzung durch das Gegenteil. Wir wollen aber zur Ausgleichung des Unterschiedes bemerken, daß das Wörtchen *aliquis* eines ähnlichen Gegensatzes, wie ihn „schließen“ und „eröffnen“ ergeben, eigentlich nicht fähig ist, und daß „eröffnen“ als gebräuchlicher Bestandteil des Redeschatzes dem Vergessen nicht unterworfen sein kann.

Zeigen uns die letzten Beispiele von *Meringer* und *Mayer*, daß die Sprechstörung ebensowohl durch den Einfluß vor- und nachklingender Laute und Worte desselben Satzes entstehen kann, die zum Ausgesprochenwerden bestimmt sind, wie durch die Einwirkung von Worten außerhalb des intendierten Satzes, *deren Erregung sich sonst nicht verraten hätte*, so werden wir zunächst erfahren wollen, ob man die beiden Klassen von Versprechen scharf sondern, und wie man ein Beispiel der einen von einem Falle der anderen Klasse unterscheiden kann. An dieser Stelle der Erörterung muß man aber der Äußerungen *Wundts* gedenken, der in seiner umfassenden Bearbeitung der Entwicklungsgesetze der Sprache (*Völkerpsychologie*, I. Band, I. Teil, S. 371 u. ff., 1900) auch die Erscheinungen des Versprechens behandelt. Was bei diesen Erscheinungen und anderen, ihnen verwandten niemals fehlt, das sind nach *Wundt* gewisse psychische Einflüsse. „Dahin gehört zunächst als positive Bedingung der ungehemmte Fluß der von den gesprochenen Lauten angeregten *Laut- und Wortassoziationen*. Ihm tritt der Wegfall oder der Nachlaß der diesen Lauf hemmenden Wirkungen des Willens und der auch hier als Willensfunktion sich betätigenden Aufmerksamkeit als negatives Moment zur Seite. Ob jenes Spiel der Assoziation darin sich äußert, daß ein kommender Laut antizipiert oder die vorausgegangenen reproduziert, oder ein gewohnheitsmäßig eingeübter zwischen andere eingeschaltet wird, oder endlich darin, daß ganz andere Worte, die mit den gesprochenen Lauten in assoziativer Beziehung stehen, auf diese herüberwirken – alles dies bezeichnet nur Unterschiede in der Richtung und allenfalls in dem Spielraum der stattfindenden Assoziationen, nicht in der allgemeinen Natur derselben. Auch kann es in manchen Fällen zweifelhaft sein, welcher Form man eine bestimmte Störung zuzurechnen, oder ob man sie nicht mit größerem Rechte *nach dem Prinzip der Komplikation der Ursachen*[18] auf ein Zusammentreffen mehrerer Motive zurückzuführen habe.“ (S. 380 und 381.)

Ich halte diese Bemerkungen *Wundts* für vollberechtigt und sehr instruktiv. Vielleicht könnte man mit größerer Entschiedenheit als *Wundt* betonen, daß das positiv begünstigende Moment der Sprechfehler – der ungehemmte Fluß der Assoziationen – und das negative – der Nachlaß der hemmenden Aufmerksam-

[18] Von mir hervorgehoben.

keit – regelmäßig miteinander zur Wirkung gelangen, so daß beide Momente nur zu verschiedenen Bestimmungen des nämlichen Vorganges werden. Mit dem Nachlaß der hemmenden Aufmerksamkeit tritt eben der ungehemmte Fluß der Assoziationen in Tätigkeit; noch unzweifelhafter ausgedrückt: *durch* diesen Nachlaß.

Unter den Beispielen von Versprechen, die ich selbst gesammelt, finde ich kaum eines, bei dem ich die Sprechstörung einzig und allein auf das, was *Wundt* „Kontaktwirkung der Laute" nennt, zurückführen müßte. Fast regelmäßig entdecke ich überdies einen störenden Einfluß von etwas *außerhalb* der intendierten Rede, und das Störende ist entweder ein einzelner, unbewußt gebliebener Gedanke, der sich durch das Versprechen kundgibt und oft erst durch eingehende Analyse zum Bewußtsein gefördert werden kann, oder es ist ein allgemeineres psychisches Motiv, welches sich gegen die ganze Rede richtet.

1) Ich will gegen meine Tochter, die beim Einbeißen in einen Apfel ein garstiges Gesicht geschnitten hat, zitieren:

> Der Affe gar possierlich ist,
> Zumal wenn er vom Apfel frißt.

Ich beginne aber: Der *Apfe* ... Dies scheint eine Kontamination von *„Affe"* und *„Apfel"* (Kompromißbildung) oder kann auch als Antizipation des vorbereiteten „Apfel" aufgefaßt werden. Der genauere Sachverhalt ist aber der: Ich hatte das Zitat schon einmal begonnen und mich das erstemal dabei nicht versprochen. Ich versprach mich erst bei der Wiederholung, die sich als notwendig ergab, weil die Angesprochene, von anderer Seite mit Beschlag belegt, nicht zuhörte. Diese Wiederholung, die mit ihr verbundene Ungeduld, des Satzes ledig zu werden, muß ich in die Motivierung des Sprechfehlers, der sich als eine Verdichtungsleistung darstellt, mit einrechnen.

2) Meine Tochter sagt: Ich schreibe der Frau *Schresinger* ... Die Frau heißt *Schles*inger. Dieser Sprechfehler hängt wohl mit einer Tendenz zur Erleichterung der Artikulation zusammen, denn das *l* ist nach wiederholtem *r* schwer auszusprechen. Ich muß aber hinzufügen, daß sich dieses Versprechen bei meiner Tochter ereignete, nachdem ich ihr wenige Minuten zuvor „Apfe" anstatt „Affe" vorgesagt hatte. Nun ist das Versprechen in hohem Maße ansteckend, ähnlich wie das Namenvergessen, bei dem *Meringer* und *Mayer* diese Eigentümlichkeit bemerkt haben. Einen Grund für diese psychische Kontagiosität weiß ich nicht anzugeben.

3) „Ich klappe zusammen wie ein *Tassenmescher – Taschenmesser*", sagt eine Patientin zu Beginn der Behandlungsstunde, die Laute vertauschend, wobei ihr wieder die Artikulationsschwierigkeit („Wiener Weiber Wäscherinnen waschen weiße Wäsche" – „Fischflosse" und ähnliche Prüfworte) zur Entschuldigung dienen kann. Auf den Sprechfehler aufmerksam gemacht, erwidert sie prompt: „Ja, das ist nur, weil Sie heute ‚Ernscht' gesagt haben." Ich hatte sie wirklich mit der Rede empfangen: „Heute wird es also Ernst" (weil es die letzte Stunde vor dem Urlaub werden sollte) und hatte das „Ernst" scherzhaft zu „Ernscht" verbreitert. Im Laufe der Stunde verspricht sie sich immer wieder von neuem, und ich merke endlich, daß sie mich nicht bloß imitiert, sondern daß sie einen besonderen Grund hat, im Unbewußten bei dem Worte Ernst als Namen zu verweilen.[19]

4) „Ich bin so verschnupft, ich kann nicht durch die *Ase natmen – Nase atmen*" – passiert derselben Patientin ein anderes Mal. Sie weiß sofort, wie sie zu diesem Sprechfehler kommt. „Ich steige jeden Tag in der *Hasenauerstraße* in die Tramway, und heute früh ist mir während des Wartens auf den Wagen eingefallen, wenn ich eine Französin wäre, würde ich *Asenauer* aussprechen, denn die Franzosen lassen das *H* im Anlaut immer weg." Sie bringt dann eine Reihe von Reminiszenzen an Franzosen, die sie kennengelernt hat, und langt nach weitläufigen Umwegen bei der Erinnerung an, daß sie als vierzehnjähriges Mädchen in dem kleinen Stück *Kurmärker und Picarde* die Picarde gespielt und damals gebrochen Deutsch gesprochen hat. Die Zufälligkeit, daß in ihrem Logierhaus ein Gast aus Paris angekommen ist, hat die ganze Reihe von Erinnerungen wachgerufen. Die Lautvertauschung ist also Folge der Störung durch einen unbewußten Gedanken aus einem ganz fremden Zusammenhang.

5) Ähnlich ist der Mechanismus des Versprechens bei einer anderen Patientin, die mitten in der Reproduktion einer längst verschollenen Kindererinnerung von ihrem Gedächtnis verlassen wird. An welche Körperstelle die vorwitzige und lüsterne Hand des anderen gegriffen hat, will ihr das Gedächtnis nicht mitteilen. Sie macht unmittelbar darauf einen Besuch bei einer Freundin und unterhält sich mit ihr über Sommerwohnungen. Gefragt, wo denn ihr Häuschen in M. gelegen sei, antwortet sie: an der *Berglende* anstatt *Berglehne*.

6) Eine andere Patientin, die ich nach Abbruch der Stunde frage, wie es ihrem Onkel geht, antwortet: „Ich weiß nicht, ich sehe ihn jetzt nur *in flagranti*." Am nächsten Tage beginnt sie: „Ich habe mich recht geschämt, Ihnen eine so dumme Antwort gegeben zu haben. Sie müssen mich natürlich für eine ganz ungebil-

[19] Sie stand nämlich, wie sich zeigte, unter dem Einfluß von unbewußten Gedanken über Schwangerschaft und Kinderverhütung. Mit den Worten: „zusammengeklappt wie ein Taschenmesser", welche sie bewußt als Klage vorbrachte, wollte sie die Haltung des Kindes im Mutterleibe beschreiben. Das Wort „Ernst" in meiner Anrede hatte sie an den Namen (S. Ernst) einer bekannten Wiener Firma in der Kärntnerstraße gemahnt, welche sich als Verkaufsstätte von Schutzmitteln gegen die Konzeption zu annoncieren pflegt.

dete Person halten, die beständig Fremdwörter verwechselt. Ich wollte sagen: *en passant.*" Wir wußten damals noch nicht, woher sie die unrichtig angewendeten Fremdworte genommen hatte. In derselben Sitzung aber brachte sie als Fortsetzung des vortägigen Themas eine Reminiszenz, in welcher das Ertapptwerden *in flagranti* die Hauptrolle spielte. Der Sprechfehler am Tage vorher hatte also die damals noch nicht bewußt gewordene Erinnerung antizipiert.

7) Gegen eine andere muß ich an einer gewissen Stelle der Analyse die Vermutung aussprechen, daß sie sich zu der Zeit, von welcher wir eben handeln, ihrer Familie geschämt und ihrem Vater einen uns noch unbekannten Vorwurf gemacht habe. Sie erinnert sich nicht daran, erklärt es übrigens für unwahrscheinlich. Sie setzt aber das Gespräch mit Bemerkungen über ihre Familie fort: „Man muß ihnen das eine lassen: Es sind doch besondere Menschen, sie haben alle *Geiz* – ich wollte sagen *Geist.*" Das war denn auch wirklich der Vorwurf, den sie aus ihrem Gedächtnis verdrängt hatte. Daß sich in dem Versprechen gerade jene Idee durchdrängt, die man zurückhalten will, ist ein häufiges Vorkommnis (Vgl. den Fall von *Meringer*: zum Vorschwein gekommen). Der Unterschied liegt nur darin, daß die Person bei *Meringer* etwas zurückhalten will, was ihr bewußt ist, während meine Patientin das Zurückgehaltene nicht weiß, oder wie man auch sagen kann, nicht weiß, daß sie etwas und was sie zurückhält.

8) Auf absichtliche Zurückhaltung geht auch das nachstehende Beispiel von Versprechen zurück. Ich treffe einmal in den Dolomiten mit zwei Damen zusammen, die als Touristinnen verkleidet sind. Ich begleite sie ein Stück weit, und wir besprechen die Genüsse, aber auch die Beschwerden der touristischen Lebensweise. Die eine der Damen gibt zu, daß diese Art, den Tag zu verbringen, manches Unbequeme hat. „Es ist wahr", sagt sie, daß es gar nicht angenehm ist, wenn man so in der Sonne den ganzen Tag marschiert hat und Bluse und Hemd ganz durchgeschwitzt sind." In diesem Satze hat sie einmal eine kleine Stockung zu überwinden. Dann setzt sie fort: „Wenn man aber dann nach *Hose* kommt und sich umkleiden kann ..." Ich meine, es bedurfte keines Examens, um dieses Versprechen aufzuklären. Die Dame hatte offenbar die Absicht gehabt, die Aufzählung vollständiger zu halten und zu sagen: Bluse, Hemd und Hose. Dies dritte Wäschestück zu nennen, unterdrückte sie dann aus Gründen der Wohlanständigkeit. Aber im nächsten, inhaltlich unabhängigen Satz setzte sich das unterdrückte Wort als Verunstaltung des ähnlichen Wortes „nach *Hause*" wider ihren Willen durch.

9) „Wenn Sie Teppiche kaufen wollen, so gehen Sie nur zu Kaufmann in der Matthäusgasse. Ich glaube, ich kann Sie dort auch empfehlen", sagt mir eine Dame. Ich wiederhole: „Also bei *Matthäus* ... bei *Kaufmann* will ich sagen." Es sieht aus wie Folge von Zerstreutheit, wenn ich den einen Namen an Stelle des anderen wiederhole. Die Rede der Dame hat mich auch wirklich zerstreut gemacht, denn sie hat meine Aufmerksamkeit auf anderes gelenkt, was mir weit wichtiger ist als Teppiche. In der Matthäusgasse steht nämlich das Haus, in dem meine Frau als Braut gewohnt hatte. Der Eingang des Hauses war in einer anderen Gasse, und nun merke ich, daß ich deren Namen vergessen habe und ihn mir erst auf einem Umweg bewußt machen muß. Der Name Matthäus, bei dem ich verweile, ist mir also ein Ersatzname für den vergessenen Namen der Straße. Er eignet sich besser dazu als der Name Kaufmann, denn Matthäus ist ausschließlich ein Personenname, was Kaufmann nicht ist, und die vergessene Straße heißt auch nach einem Personennamen: *Radetzky*.

10) Folgenden Fall könnte ich ebenso gut bei den später zu besprechenden „Irrtümern" unterbringen, führe ihn aber hier an, weil die Lautbeziehungen, auf Grund deren die Wortersetzung erfolgt, ganz besonders deutlich sind. Eine Patientin erzählt mir ihren Traum: Ein Kind hat beschlossen, sich durch einen Schlangenbiß zu töten. Es führt den Entschluß aus. Sie sieht zu, wie es sich in Krämpfen windet usw. Sie soll nun die Tagesanknüpfung für diesen Traum finden. Sie erinnert sofort, daß sie gestern abends eine populäre Vorlesung über erste Hilfe bei Schlangenbissen mitangehört hat. Wenn ein Erwachsener und ein Kind gleichzeitig gebissen worden sind, so soll man zuerst die Wunde des Kindes behandeln. Sie erinnert auch, welche Vorschriften für die Behandlung der Vortragende gegeben hat. Es käme sehr viel darauf an, hatte er auch geäußert, von welcher Art man gebissen worden ist. Hier unterbreche ich sie und frage: Hat er denn nicht gesagt, daß wir nur sehr wenige giftige Arten in unserer Gegend haben, und welche die gefürchteten sind? „Ja, er hat die *Klapper*schlange hervorgehoben". Mein Lachen macht sie dann aufmerksam, daß sie etwas Unrichtiges gesagt hat. Sie korrigiert jetzt aber nicht etwa den Namen, sondern sie nimmt ihre Aussage zurück. „Ja so, die kommt ja bei uns nicht vor; er hat von der Viper gesprochen. Wie gerate ich nur auf die Klapperschlange?" Ich vermutete, durch die Einmengung der Gedanken, die sich hinter ihrem Traum verborgen hatten. Der Selbstmord durch Schlangenbiß kann kaum etwas anderes sein als eine Anspielung auf die schöne *Kleopatra*. Die weitgehende Lautähnlichkeit der beiden Worte, die Übereinstimmung in den Buchstaben *Kl..p..r* in der nämlichen Reihenfolge und in dem betonten *a* sind nicht zu verkennen. Die gute Beziehung zwischen den Namen *Klapper*schlange und *Kleopatra* erzeugt bei ihr eine momentane Einschränkung des Urteils, derzufolge sie an der Behauptung, der Vortragende habe sein Publikum in Wien in der Behandlung von Klapperschlangenbissen unterwiesen, keinen Anstoß nimmt. Sie weiß sonst so gut wie ich, daß diese Schlange nicht zur Fauna unserer Heimat gehört. Wir wollen es ihr nicht verübeln, daß sie an die Versetzung der Klapperschlange nach Ägypten ebensowenig Bedenken knüpfte, denn wir sind gewohnt, alles Außereuropäische, Exotische zusammenzuwerfen, und ich selbst mußte mich einen Moment besinnen, ehe ich die Behauptung aufstellte, daß die Klapperschlange nur der neuen Welt angehört.

Weitere Bestätigungen ergeben sich bei Fortsetzung der Analyse. Die Träumerin hat gestern zum erstenmal die in der Nähe ihrer Wohnung aufgestellte *Antonius*gruppe von *Straßer* besichtigt. Dies war also der zweite Traumanlaß (der erste der Vortrag über Schlangenbisse). In der Fortsetzung ihres Traumes wiegte sie ein Kind in ihren Armen, zu welcher Szene ihr das Gretchen einfällt. Weitere Einfälle bringen Reminiszenzen an „*Arria* und *Messalina*". Das Auftauchen so vieler Namen von Theaterstücken in den Traumgedanken läßt bereits vermuten, daß bei der Träumerin in früheren Jahren eine geheimgehaltene Schwärmerei für den Beruf der Schauspielerin bestand. Der Anfang des Traumes: „Ein Kind hat beschlossen, sein Leben durch einen Schlangenbiß zu enden", bedeutet wirklich nichts anderes als: Sie hat sich als Kind vorgenommen, einst eine berühmte Schauspielerin zu werden. Von dem Namen *Messalina* zweigt endlich der Gedankenweg ab, der zu dem wesentlichen Inhalt dieses Traumes führt. Gewisse Vorfälle der letzten Zeit haben in ihr die Besorgnis erweckt, daß ihr einziger Bruder eine nicht standesgemäße Ehe mit einer Nicht-*Arierin*, eine *Mésalliance* eingehen könnte.

11) Ein völlig harmloses oder vielleicht uns nicht genügend in seinen Motiven aufgeklärtes Beispiel will ich hier wiedergeben, weil es einen durchsichtigen Mechanismus erkennen läßt:

Ein in Italien reisender Deutscher bedarf eines Riemens, um seinen schadhaft gewordenen Koffer zu umschnüren. Das Wörterbuch liefert ihm für Riemen das italienische Wort *coreggia.* Dieses Wort werde ich mir leicht merken, meint er, indem ich an den Maler (*Correggio*) denke. Er geht dann in einen Laden und verlangt: una *ribera.*

Es war ihm anscheinend nicht gelungen, das deutsche Wort in seinem Gedächtnis durch das italienische zu ersetzen, aber seine Bemühung war doch nicht gänzlich ohne Erfolg geblieben. Er wußte, daß er sich an den Namen eines Malers halten müsse, und so geriet er nicht auf jenen Malernamen, der an das italienische Wort anklingt, sondern an einen anderen, der sich dem deutschen Worte Riemen annähert. Ich hätte dieses Beispiel natürlich ebensowohl beim Namenvergessen wie hier beim Versprechen unterbringen können.

Als ich Erfahrungen von Versprechen für die erste Auflage dieser Schrift sammelte, ging ich so vor, daß ich alle Fälle, die ich beobachten konnte, darunter also auch die minder eindrucksvollen, der Analyse unterzog. Seither haben manche andere sich der amüsanten Mühe, Versprechen zu sammeln und zu analysieren, unterzogen und mich so in den Stand gesetzt, Auswahl aus einem reicheren Material zu schöpfen.

12) Ein junger Mann sagt zu seiner Schwester: „Mit den D. bin ich jetzt ganz zerfallen, ich grüße sie nicht mehr." Sie antwortet: „Überhaupt eine saubere *Lippschaft.*" Sie wollte sagen: *Sipp*schaft, aber sie drängte noch zweierlei in dem Sprechirrtum zusammen, daß ihr Bruder einst selbst mit der Tochter dieser Familie einen Flirt begonnen hatte, und daß es von dieser hieß, sie habe sich in letzter Zeit in eine ernsthafte unerlaubte *Liebschaft* eingelassen.

13) Ein junger Mann spricht eine Dame auf der Straße mit den Worten an: „Wenn Sie gestatten, mein Fräulein, möchte ich Sie be*gleit-digen.*" Er dachte offenbar, er möchte sie gern *begleiten*, fürchtete aber, sie mit dem Antrag zu *beleidigen.* Daß diese beiden einander widerstreitenden Gefühlsregungen in einem Worte – eben dem Versprechen – Ausdruck fanden, weist darauf hin, daß die eigentlichen Absichten des jungen Mannes jedenfalls nicht die lautersten waren und ihm dieser Dame gegenüber selbst beleidigend erscheinen mußten. Während er aber gerade dies vor ihr zu verbergen sucht, spielt ihm das Unbewußte den Streich, seine eigentliche Absicht zu verraten, wodurch er aber andererseits der Dame gleichsam die konventionelle Antwort: „Ja, was glauben Sie denn von mir, wie können Sie mich denn so *beleidigen*" vorwegnimmt. (Mitgeteilt von *O. Rank.*)

Eine Anzahl von Beispielen entnehme ich einem Aufsatz von *W. Stekel* aus dem *Berliner Tageblatt* vom 4. Jänner 1904, betitelt *Unbewußte Geständnisse.*

14) „Ein unangenehmes Stück meiner unbewußten Gedanken enthüllt das folgende Beispiel. Ich schicke voraus, daß ich in meiner Eigenschaft als Arzt niemals auf meinen Erwerb bedacht bin und immer nur das Interesse des Kranken im Auge habe, was ja eine selbstverständliche Sache ist. Ich befinde mich bei einer Kranken, der ich nach schwerer Krankheit in einem Rekonvaleszentenstadium meinen ärztlichen Beistand leiste. Wir haben schwere Tage und Nächte mitgemacht. Ich bin glücklich, sie besser zu finden, male ihr die Wonnen eines Aufenthaltes in Abbazia aus und gebrauche dabei den Nachsatz: ‚wenn Sie, was ich hoffe, das Bett bald *nicht* verlassen werden –.' Offenbar entsprang das einem egoistischen Motiv des Unbewußten, diese wohlhabende Kranke noch länger behandeln zu dürfen, einem Wunsche, der meinem wachen Bewußtsein vollkommen fremd ist und den ich mit Entrüstung zurückweisen würde."

15) Ein anderes Beispiel (*W. Stekel*): „Meine Frau nimmt eine Französin für die Nachmittage auf und will, nachdem man sich über die Bedingungen geeinigt hatte, ihre Zeugnisse zurückbehalten. Die Französin bittet, sie behalten zu dürfen, mit der Motivierung: *„Je cherche encore pour les après-midis, pardon, pour les avant-midis."* Offenbar hatte sie die Absicht, sich noch anderweitig umzusehen und vielleicht bessere Bedingungen zu erhalten – eine Absicht, die sie auch ausgeführt hat.“

16) (*Dr. Stekel*:) „Ich soll einer Frau die Leviten lesen, und ihr Mann, auf dessen Bitte das geschieht, steht lauschend hinter der Tür. Am Ende meiner Predigt, die einen sichtlichen Eindruck gemacht hatte, sagte ich: ‚Küss' die Hand, gnädiger Herr!‘ Dem Kundigen hatte ich damit verraten, daß die Worte an die Adresse des Herrn gerichtet waren, daß ich sie um seinetwillen gesprochen hatte.“

17) Dr. Stekel berichtet von sich selbst, daß er zu einer Zeit zwei Patienten aus Triest in Behandlung gehabt habe, die er immer verkehrt zu begrüßen pflegte. „Guten Morgen, Herr Peloni“, sagte ich zu Askoli, – „Guten Morgen, Herr Askoli“, zu Peloni. Er war anfangs geneigt, dieser Verwechslung keine tiefere Motivierung zuzuschreiben, sondern sie durch die mehrfachen Gemeinsamkeiten der beiden Herren zu erklären. Er ließ sich aber leicht überzeugen, daß die Namenvertauschung hier einer Art Prahlerei entsprach, indem er durch sie jeden seiner italienischen Patienten wissen lassen konnte, er sei nicht der einzige Triestiner, der nach Wien gekommen sei, um seinen ärztlichen Rat zu suchen.

18) Dr. Stekel selbst in einer stürmischen Generalversammlung: „Wir *streiten* (schreiten) nun zu Punkt 4 der Tagesordnung.“

19) Ein Professor in seiner Antrittsvorlesung: „Ich bin nicht *geneigt* (geeignet), die Verdienste meines sehr geschätzten Vorgängers zu schildern.“

20) Dr. Stekel zu einer Dame, bei welcher er Basedowsche Krankheit vermutet: „Sie sind um einen *Kropf* (Kopf) größer als Ihre Schwester.“

21) Dr. Stekel berichtet: „Jemand will das Verhältnis zweier Freunde schildern, von denen einer als Jude charakterisiert werden soll. Er sagt: ‚Sie lebten zusammen wie *Kastor* und *Pollak*.‘ Das war durchaus kein *Witz*, der Redner hatte das Versprechen selbst nicht bemerkt und wurde erst von mir darauf aufmerksam gemacht.“

22) Gelegentlich ersetzt ein Versprechen eine ausführliche Charakteristik. Eine junge Dame, die das Regiment im Hause führt, erzählt mir von ihrem leidenden Manne, er sei beim Arzt gewesen, um ihn nach der ihm zuträglichen Diät zu befragen. Der Arzt habe aber gesagt, darauf käme es nicht an. „Er kann essen und trinken was *ich* will.“

Die folgenden zwei Beispiele von *Th. Reik* (Intern. Zeitschr. f. Psychoanalyse, III, 1915) stammen aus Situationen, in denen sich Versprechen besonders leicht ereignen, weil in ihnen mehr zurückgehalten werden muß, als gesagt werden kann.

23) Ein Herr spricht einer jungen Dame, deren Gatte kürzlich gestorben ist, sein Beileid aus und setzt hinzu: „Sie werden Trost finden, indem Sie sich völlig ihren Kindern *widwen.*" Der unterdrückte Gedanke wies auf andersartigen Trost hin: eine junge schöne *Witwe* wird bald neue Sexualfreuden genießen.

24) Derselbe Herr unterhält sich mit derselben Dame in einer Abendgesellschaft über die großen Vorbereitungen, welche in Berlin zum Osterfeste getroffen werden, und fragt: „Haben Sie heute die Auslage bei Wertheim gesehen? Sie ist ganz *dekolletiert.*" Er hatte seiner Bewunderung über die Dekolletage der schönen Frau nicht laut Ausdruck geben dürfen, und nun setzte sich der verpönte Gedanke durch, indem er die Dekoration einer Warenauslage in eine Dekolletage verwandelte, wobei das Wort Auslage unbewußt doppelsinnig verwendet wurde.

Dieselbe Bedingung trifft auch für eine Beobachtung zu, über welche *Dr. Hanns Sachs* ausführliche Rechenschaft zu geben versucht:

25) „Eine Dame erzählt mir von einem gemeinsamen Bekannten, er sei, als sie ihn das letztemal sah, so elegant angezogen gewesen wie immer, besonders habe er hervorragend schöne, braune Halbschuhe getragen. Auf meine Frage, wo sie ihn denn getroffen habe, berichtete sie: ‚Er hat an meiner Haustür geläutet und ich hab' ihn durch die heruntergelassenen Rouleaux gesehen. Ich habe aber weder geöffnet noch sonst ein Lebenszeichen gegeben, denn ich wollte nicht, daß er es erfährt, daß ich schon in der Stadt bin.' Ich denke mir beim Zuhören, daß sie mir dabei etwas verschweigt, am wahrscheinlichsten wohl, daß sie deswegen nicht geöffnet habe, weil sie nicht allein und nicht in der Toilette war, um Besuche zu empfangen, und frage ein wenig ironisch: ‚Also durch die geschlossenen Jalousien hindurch haben Sie seine Hausschuhe – seine Halbschuhe bewundern können?' In ‚Hausschuhe' kommt der von der Äußerung abgehaltene Gedanke an ihr *Haus*kleid zum Ausdruck. Das Wort ‚Halb' wurde anderseits wieder deswegen zu beseitigen versucht, weil gerade in diesem Worte der Kern der verpönten Antwort: ‚sie sagen mir nur die *halbe* Wahrheit und verschweigen, daß Sie *halb* angezogen waren' enthalten ist. Befördert wurde das Versprechen auch dadurch, daß wir unmittelbar vorher von dem Eheleben des betreffenden Herrn, von seinem ‚häuslichen Glück' gesprochen hatten, was wohl die Verschiebung auf seine Person mitdeterminierte. Schließlich muß ich gestehen, daß vielleicht mein Neid mitgewirkt hat, wenn ich diesen eleganten Herrn in Hausschuhen auf der Straße stehen ließ; ich selbst habe mir erst vor kurzem braune Halbschuhe gekauft, die keineswegs mehr ‚hervorragend schön' sind."

Kriegszeiten wie die gegenwärtigen bringen eine Reihe von Versprechen hervor, deren Verständnis wenig Schwierigkeiten macht.

26) „Bei welcher Waffe befindet sich Ihr Herr Sohn?" wird eine Dame gefragt. Sie antwortet: „Bei den 42er Mör*d*ern."

27) Leutnant Henrik *Haiman* schreibt aus dem Felde: „Ich werde aus der Lektüre eines fesselnden Buches herausgerissen, um für einen Moment den Aufklärungstelephonisten zu vertreten. Auf die Leitungsprobe der Geschützstation reagiere ich mit: Kontrolle richtig, *Ruhe*. Reglementmäßig sollte es lauten: Kontrolle richtig, Schluß. Meine Abweichung erklärt sich durch den Ärger über die Störung im Lesen." (Intern. Zeitschr. f. Psychoanalyse, IV, 1916/17.)

28) Ein Feldwebel instruiert die Mannschaft, ihre Adressen genau nach Hause anzugeben, damit die *Gespeck*stücke nicht verloren gehen.

29) Das nachstehende, hervorragend schöne und durch seinen tieftraurigen Hintergrund bedeutsame Beispiel verdanke ich der Mitteilung von Dr. L. *Czeszer*, der während seines Aufenthaltes in der neutralen Schweiz zu Kriegszeiten diese Beobachtung gemacht und sie erschöpfend analysiert hat. Ich gebe seine Zuschrift mit unwesentlichen Auslassungen im folgenden wieder:

„Ich gestatte mir, einen Fall von ‚Versprechen' mitzuteilen, der Herrn Professor M. N. in O. bei einem seiner im eben verflossenen Sommersemester abgehaltenen Vorträge über die Psychologie der Empfindungen unterlief. Ich muß voraussenden, daß diese Vorlesungen in der Aula der Universität unter großem Zudrang der französischen internierten Kriegsgefangenen und im übrigen der meist aus entschieden ententefreundlich gesinnten Französisch-Schweizern bestehenden Studentenschaft gehalten wurden. In O. wird, wie in Frankreich selbst, das Wort *boche* jetzt allgemein und ausschließlich zur Bezeichnung der Deutschen gebraucht. Bei öffentlichen Kundgebungen aber, sowie bei Vorlesungen u. dgl. bestreben sich höhere Beamte, Professoren und sonst verantwortliche Personen, aus Neutralitätsgründen das ominöse Wort zu vermeiden.

Professor N. nun war gerade im Zuge, die praktische Bedeutung der Affekte zu besprechen, und beabsichtigte, ein Beispiel zu zitieren für die zielbewußte Ausbeutung eines Affekts, um eine an sich uninteressante Muskelarbeit mit Lustgefühlen zu laden und so intensiver zu gestalten. Er erzählte also, natürlich in französischer Sprache, die gerade damals von hiesigen Blättern aus einem alldeutschen Blatte abgedruckte Geschichte von einem deutschen Schulmeister, der seine Schüler im Garten arbeiten ließ und, um sie zu intensiverer Arbeit anzufeuern, sie aufforderte, sich vorzustellen, daß sie statt jeder Erdscholle einen französischen Schädel einschlügen. Beim Vortrag seiner Geschichte sagte N. natürlich jedesmal, wo von Deutschen die Rede war, ganz korrekt *Allemand* und nicht *boche*. Doch als es zur Pointe der Geschichte kam, trug er die Worte des Schulmeisters folgenderweise vor: ‚*Imaginez-vous, qu'en chaque moche vous écrasez le crâne d'un Français.*' Also statt *motte* – *moche!*

Sieht man da nicht förmlich, wie der korrekte Gelehrte vom Anfang der Erzählung sich zusammennimmt, um ja nicht der Gewohnheit und vielleicht auch der Versuchung nachzugeben und das sogar durch einen Bundeserlaß ausdrücklich verpönte Wort von dem Katheder der Universitätsaula fallen zu lassen! Und gerade im Augenblick, wo er glücklich das letztemal ganz korrekt *‚instituteur allemand'* gesagt hat und innerlich aufatmend zum unverfänglichen Schlusse eilt, klammert sich die mühsam zurückgedrängte Vokabel an den Gleichklang des Wortes *motte* und – das Unheil ist geschehen. Die Angst vor der politischen Taktlosigkeit, vielleicht eine zurückgedrängte Lust, das gewohnte und von allen erwartete Wort doch zu gebrauchen, sowie der Unwille des geborenen Republikaners und Demokraten gegen jeden Zwang in der freien Meinungsäußerung interferieren mit der auf die korrekte Wiedergabe des Beispiels gerichteten Hauptabsicht. Die interferierende Tendenz ist dem Redner bekannt und er hat, wie nicht anders anzunehmen ist, unmittelbar vor dem Versprechen an sie gedacht.

Sein Versprechen hat Professor N. nicht bemerkt, wenigstens hat er es nicht verbessert, was man doch meist geradezu automatisch tut. Dagegen wurde der Lapsus von der meist französischen Zuhörerschaft mit wahrer Genugtuung aufgenommen und wirkte vollkommen wie ein beabsichtigter Wortwitz. Ich aber folgte diesem anscheinend harmlosen Vorgang mit wahrer innerer Erregung. Denn wenn ich mir auch aus naheliegenden Gründen versagen mußte, dem Professor die sich nach psychoanalytischer Methode aufdrängenden Fragen zu stellen, so war doch dieses Versprechen für mich ein schlagender Beweis für die Richtigkeit Ihrer Lehre von der Determinierung der Fehlhandlungen und den tiefen Analogien und Zusammenhängen zwischen dem Versprechen und dem Witz."

30) Unter den betrübenden Eindrücken der Kriegszeit entstand auch das Versprechen, welches ein heimgekehrter österreichischer Offizier, Oberleutnant T., berichtet:

„Während mehrerer Monate meiner italienischen Kriegsgefangenschaft waren wir, eine Zahl von 200 Offizieren, in einer engen Villa untergebracht. In dieser Zeit starb einer unserer Kameraden an der Grippe. Der Eindruck, der durch diesen Vorfall hervorgerufen wurde, war naturgemäß ein tiefgehender; denn die Verhältnisse, in denen wir uns befanden, das Fehlen ärztlichen Beistands, die Hilflosigkeit unserer damaligen Existenz ließen ein Umsichgreifen der Seuche mehr denn wahrscheinlich werden. – Wir hatten den Toten in einem Kellerraume aufgebahrt. Am Abend, als ich mit einem Freunde einen Rundgang um unser Haus angetreten hatte, äußerten wir beide den Wunsch, die Leiche zu sehen. Mir als dem Voranschreitenden bot sich beim Eintritt in den Keller ein Anblick, der mich heftig erschrecken ließ; denn ich war nicht vorbereitet gewesen, die Bahre so nahe beim Eingang aufgestellt zu finden und aus solcher Nähe in das durch spielende Kerzenlichter in Unruhe versetzte Antlitz schauen zu müssen. Noch unter diesem nachwirkenden Bilde setzten wir dann den Rundgang fort. An einer Stelle, von wo sich dem Auge die Ansicht des im vollen Mondenscheine schwimmenden Parkes, einer hellbestrahlten Wiese und dahintergelegter, leichter Nebelschleier zeigte, gab ich der damit verknüpften Vorstellung Ausdruck, einen Reigen Elfen unter dem Saume der anschließenden Kiefern tanzen zu sehen.

Am folgenden Nachmittag begruben wir den toten Gefährten. Der Weg von unserem Kerker bis zum Friedhof des kleinen, benachbarten Ortes war für uns gleicherweise bitter und entwürdigend; denn halbwüchsige, johlende Burschen, eine spöttische, höhnende Bevölkerung, derbe, schreiende Lärmer hatten diesen Anlaß benützt, um unverhohlen ihren von Neugierde und Haß gemischten Gefühlen Ausdruck zu verleihen. Die Empfindung, selbst in diesem wehrlosen Zustand nicht ungekränkt bleiben zu können, der Abscheu vor der bekundeten Roheit beherrschten mich bis zum Abend mit Erbitterung. Zur gleichen Stunde wie tags zuvor, in der nämlichen Begleitung begingen wir auch diesmal den Kiesweg rund um das Wohnhaus; und an dem Kellergitter vorüberkommend, hinter dem die Leiche gelegen hatte, überfiel mich die Erinnerung des Eindrucks, den ihr Anblick in mir hinterlassen hatte. An der Stelle, von der sich mir dann wiederum der erhellte Park darbot, unter dem gleichen Vollmondlichte, hielt ich an und äußerte zu meinem Begleiter: ‚Wir könnten uns hier ins *Grab* – – Gras setzen und eine Serenade *sinken*!‘ – Erst beim zweiten Versprechen wurde ich aufmerksam; das erstemal hatte ich verbessert, ohne des Sinnes im Fehler bewußt geworden zu sein. Nun überlegte ich und reihte aneinander: ‚ins Grab – sinken!‘ Blitzartig folgten diese Bilder: im Mondschein tanzende, schwebende Elfen; der aufgebahrte Kamerad, der erweckte Eindruck; einzelne Szenen vom Begräbnis, die Empfindung des gehabten Ekels und der gestörten Trauer; Erinnerung an einzelne Gespräche über die aufgetretene Seuche, Furchtäußerungen mehrerer Offiziere. Später entsann ich mich des Umstandes, daß es der Todestag meines Vaters sei, was für mich meines sonst sehr schlechten Datengedächtnisses wegen auffallend wurde.

Beim nachherigen Überdenken wurde mir klar: das Zusammentreffen äußerer Bedingungen zwischen beiden Abenden, die gleiche Stunde, Beleuchtung, der nämliche Ort und Begleiter. Ich erinnerte mich des Unbehagens, das ich empfunden hatte, als die Besorgnis einer Ausbreitung der Grippe erörtert wurde; aber zugleich auch des inneren Verbotes, mich Furcht anwandeln zu lassen. Auch die Wortstellung: ‚wir könnten ins Grab sinken‘ wurde mir darauf in ihrer Bedeutung bewußt, wie ich auch die Überzeugung gewann, nur die zuerst stattgehabte Korrektur von ‚Grab‘ in ‚Gras‘, die noch ohne Deutlichkeit geschehen war, habe auch das zweite Versprechen: ‚singen' in ‚sinken' zur Folge gehabt, um dem unterdrückten Komplex endgültige Wirkung zu sichern.

Ich füge bei, daß ich zu jener Zeit an beängstigenden Träumen litt, in denen ich eine mir sehr nahestehende Angehörige wiederholt krank, einmal selbst tot sah. Ich hatte noch knapp vor meiner Gefangennahme die Nachricht erhalten, daß die Grippe gerade in der Heimat dieser Angehörigen mit besonderer Heftigkeit wüte, hatte ihr auch meine lebhaften Befürchtungen geäußert. Seither war ich ohne Verbindung geblieben. Monate später empfing ich die Kunde, daß sie zwei Wochen vor dem geschilderten Ereignis ein Opfer der Epidemie geworden sei!"

31) Das nachstehende Beispiel von Versprechen beleuchtet blitzähnlich einen der schmerzlichen Konflikte, die das Los des Arztes sind. Ein wahrscheinlich dem Tode verfallener Mann, dessen Diagnose aber noch nicht feststeht, ist nach Wien gekommen, um hier die Lösung seines Knotens abzuwarten, und hat einen Jugendfreund, der ein bekannter Arzt geworden ist, gebeten, seine Behandlung zu übernehmen, worauf dieser nicht ohne Widerstreben schließlich einging. Der Kranke soll in einer Heilanstalt Aufenthalt nehmen und der Arzt schlägt das Sanatorium „Hera" vor. „Das ist doch eine Anstalt nur für bestimmte Zwecke (eine Entbindungsanstalt)", wendet der Kranke ein. „O nein", ereifert sich der Arzt: „In der ‚Hera' kann man jeden Patienten *umbringen* – unterbringen, meine ich." Er sträubt sich dann heftig gegen die Deutung seines Versprechens. „Du wirst doch nicht glauben, daß ich feindselige Impulse gegen dich habe?" Eine Viertelstunde später sagte er zu der ihn hinausbegleitenden Dame, die die Pflege des Kranken übernommen hat: „Ich kann nichts finden und glaube ja noch immer nicht daran. Aber wenn es so sein sollte, bin ich für eine tüchtige Dosis Morphium, und dann ist Ruhe." Es kommt heraus, daß der Freund ihm die Bedingung gestellt hat, daß er seine Leiden durch ein Medikament abkürze, sobald es feststeht, daß ihm nicht mehr zu helfen ist. Der Arzt hatte also wirklich die Aufgabe übernommen, den Freund umzubringen.

32) Auf ein ganz besonders lehrreiches Beispiel von Versprechen möchte ich nicht verzichten, obwohl es sich nach Angabe meines Gewährsmannes vor etwa 20 Jahren zugetragen hat. „Eine Dame äußerte einmal in einer Gesellschaft – man hört es den Worten an, daß sie im Eifer und unter dem Drucke allerlei geheimer Regungen zustande gekommen sind: ‚Ja, eine Frau muß schön sein, wenn sie den Männern gefallen soll. Da hat es ein Mann viel besser; wenn er nur seine *fünf* geraden Glieder hat, mehr braucht er nicht!' Dieses Beispiel gestattet uns einen guten Einblick in den intimen Mechanismus eines Versprechens durch *Verdichtung* oder einer *Kontamination* (vgl. S. 538). Es liegt nahe, anzunehmen, daß hier zwei sinnähnliche Redeweisen verschmolzen sind:

wenn er seine *vier geraden Glieder* hat
wenn er seine *fünf Sinne* beisammen hat.

Oder aber das Element *gerade* ist das Gemeinsame zweier Redeintentionen gewesen, die gelautet haben:

wenn er nur seine *geraden* Glieder hat
alle *fünf gerade* sein lassen.

Es hindert uns auch nichts anzunehmen, daß *beide* Redensarten, die von den fünf Sinnen und die von den geraden fünf mit gewirkt haben, um in den Satz von den geraden Gliedern zunächst eine Zahl und dann die geheimsinnige fünf anstatt der simpeln vier einzuführen. Diese Verschmelzung wäre aber gewiß nicht erfolgt, wenn sie nicht in der als Versprechen resultierenden Form einen eigenen guten Sinn hätte, den einer zynischen Wahrheit, wie sie von einer Frau allerdings nicht ohne Bemäntelung bekannt werden darf. – Endlich wollen wir nicht versäumen, aufmerksam zu machen, daß die Rede der Dame ihrem Wortlaut nach ebensowohl einen vortrefflichen Witz wie ein lustiges Versprechen bedeuten kann. Es hängt nur davon ab, ob sie diese Worte mit bewußter Absicht oder – mit unbewußter Absicht gesprochen hat. Das Benehmen der Rednerin in unserem Falle widerlegte allerdings die bewußte Absicht und schloß den Witz aus."

Die Annäherung eines Versprechens an einen Witz kann so weit gehen wie in dem von *O. Rank* mitgeteilten Falle, in dem die Urheberin des Versprechens es schließlich selbst als Witz belacht:

33) „Ein jung verheirateter Ehemann, dem seine um ihr mädchenhaftes Aussehen besorgte Frau den häufigen Geschlechtsverkehr nur ungern gestattet, erzählte mir folgende, nachträglich auch ihn und seine Frau höchst belustigende Geschichte: Nach einer Nacht, in welcher er das Abstinenzgebot seiner Frau wieder einmal übertreten hat, rasiert er sich morgens in ihrem gemeinsamen Schlafzimmer und benützt dabei – wie schon öfter aus Bequemlichkeit – die auf dem Nachtkästchen liegende *Puderquaste* seiner noch ruhenden Gattin. Die um ihren Teint äußerst besorgte Dame hatte ihm auch dies schon mehrmals verwiesen und ruft ihm darum geärgert zu.: ‚Du puderst *mich* ja schon wieder mit *deiner* Quaste!' Durch des Mannes Gelächter auf ihr Versprechen aufmerksam gemacht (sie wollte sagen: *du puderst dich* schon wieder *mit meiner* Quaste), lacht sie schließlich belustigt mit (‚pudern' ist ein jedem Wiener geläufiger Ausdruck für koitieren, die Quaste als phallisches Symbol kaum zweifelhaft)." (Internat. Zeitschr. f. Psychoanalyse, I, 1913.)

34) An die Absicht eines Witzes könnte man auch in folgendem Falle denken (*A. J. Storfer*):

Frau B., die an einem Leiden, offenbar psychogenen Ursprungs, laboriert, wird wiederholt nahegelegt, den Psychoanalytiker X. zu konsultieren. Sie lehnt es stets mit der Bemerkung ab, so eine Behandlung sei doch nie etwas Rechtes, der Arzt würde doch alles fälschlicherweise auf sexuelle Dinge zurückführen. Schließlich ist sie einmal doch bereit, dem Rate Folge zu leisten und sie fragt: „Nun gut, wann *ordinärt* also dieser Dr. X.?"

Die Verwandtschaft zwischen Witz und Versprechen bekundet sich auch darin, daß das Versprechen oft nichts anderes ist als eine Verkürzung:

35) Ein junges Mädchen hat nach dem Verlassen der Schule den herrschenden Zeitströmungen Rechnung getragen, indem sie sich zum Studium der Medizin inskribierte. Nach wenigen Semestern hatte sie die Medizin mit der Chemie vertauscht. Von dieser Schwenkung erzählt sie einige Jahre später in folgender Rede: „Ich hab' mich ja im allgemeinen beim Sezieren nicht gegraust, aber wie ich einmal an einer Leiche die Nägel von den Fingern abziehen sollte, da habe ich die Lust an der ganzen – *Chemie* verloren."

36) Ich reihe hier einen anderen Fall von Versprechen an, dessen Deutung wenig Kunst erfordert. „Der Professor bemüht sich in der Anatomie um die Erklärung der Nasenhöhle, eines bekanntlich sehr schwierigen Abschnittes der Eingeweidelehre. Auf seine Frage, ob die Hörer seine Ausführungen erfaßt haben, wird ein allgemeines ‚Ja' vernehmlich. Darauf bemerkt der bekannt selbstbewußte Professor: ‚Ich glaube kaum, denn die Leute, welche die Nasenhöhle verstehen, kann man selbst in einer Millionenstadt wie Wien *an einem Finger*, pardon, an den Fingern einer Hand wollte ich sagen, abzählen.'"

37) Derselbe Anatom ein andermal: „Beim weiblichen Genitale hat man trotz vieler *Versuchungen* – pardon, *Versuche* ..."

38) Herrn *Dr. Alf. Robitsek* in Wien verdanke ich den Hinweis auf zwei von einem altfranzösischen Autor bemerkte Fälle von Versprechen, die ich unübersetzt wiedergeben werde. *Brantôme* (1527–1614) *Vies des Damen galantes*, Discours second: *„Si ay-je cogneu une très belle et honneste dame de par le monde, qui, devisant avec un honneste gentilhomme de la cour des affaires de la guerre durant ces civiles, elle luy dit:, J'ay ouy dire que le roy a faict rompre tous les c... de ce pays là. Elle vouloit dire les ponts. Pensez que, venant de coucher d'avec son mary, ou songeant à son amant, elle avoit encor ce nom frais en la bouche; et le gentilhomme s'en eschauffer en amours d'elle pour ce mot.'"*

„Une autre dame que j'ai cogneue, entretenant une autre grand dame plus qu'elle, et luy louant et exaltant ses beautez, elle luy dit après: ‚Non, madame, ce que je vous en dis: ce n'est point pour vous a d u l t é r e r; voulant dire a d u l a t er, comme elle le rhabilla ainsi: pensez qu'elle songeoit à adultérer.'"

39) Es gibt natürlich auch modernere Beispiele für die Entstehung sexueller Zweideutigkeiten durch Versprechen: Frau F. erzählt über ihre erste Stunde in einem Sprachkurs: „Es ist ganz interessant, der Lehrer ist ein netter junger Engländer. Er hat mir gleich in der ersten Stunde durch die *Bluse* (korrigiert sich: durch die *Blume*) zu verstehen gegeben, daß er mir lieber Einzelunterricht erteilen möchte.“ (*Storfer.*)

Bei dem psychotherapeutischen Verfahren, dessen ich mich zur Auflösung und Beseitigung neurotischer Symptome bediene, ist sehr häufig die Aufgabe gestellt, aus den wie zufällig vorgebrachten Reden und Einfällen des Patienten einen Gedankeninhalt aufzuspüren, der zwar sich zu verbergen bemüht ist, aber doch nicht umhin kann, sich in mannigfaltigster Weise unabsichtlich zu verraten. Dabei leistet oft das Versprechen die wertvollsten Dienste, wie ich an den überzeugendsten und andererseits sonderbarsten Beispielen dartun könnte. Die Patienten sprechen z. B. von ihrer Tante und nennen sie konsequent, ohne das Versprechen zu bemerken, „meine Mutter“, oder bezeichnen ihren Mann als ihren „Bruder“. Sie machen mich auf diese Weise aufmerksam, daß sie diese Personen miteinander „identifiziert“, in eine Reihe gebracht haben, welche für ihr Gefühlsleben die Wiederkehr desselben Typus bedeutet. Oder: ein junger Mann von 20 Jahren stellt sich mir in der Sprechstunde mit den Worten vor: „Ich bin der Vater des N. N., den Sie behandelt haben. – Pardon, ich will sagen, der Bruder; er ist ja um vier Jahre älter als ich.“ Ich verstehe, daß er durch dieses Versprechen ausdrücken will, daß er wie der Bruder durch die Schuld des Vaters erkrankt sei, wie der Bruder Heilung verlange, daß aber der Vater derjenige ist, dem die Heilung am dringlichsten wäre. Andere Male reicht eine ungewöhnlich klingende Wortfügung, eine gezwungen erscheinende Ausdrucksweise hin, um den Anteil eines verdrängten Gedankens an der anders motivierten Rede des Patienten aufzudecken.

In groben wie in solchen feineren Redestörungen, die sich eben noch dem „Versprechen“ subsumieren lassen, finde ich also nicht den Einfluß von Kontaktwirkungen der Laute, sondern den von Gedanken außerhalb der Redeintention maßgebend für die Entstehung des Versprechens und hinreichend zur Aufhellung des zustande gekommenen Sprechfehlers. Die Gesetze, nach denen die Laute verändernd aufeinander einwirken, möchte ich nicht anzweifeln; sie scheinen mir aber nicht wirksam genug, um für sich allein die korrekte Ausführung der Rede zu stören. In den Fällen, die ich genauer studiert und durchschaut habe, stellen sie bloß den vorgebildeten Mechanismus dar, dessen sich ein ferner gelegenes psychisches Motiv bequemerweise bedient, ohne sich aber an den Machtbereich dieser Beziehungen zu binden. *In einer großen Reihe von Substitutionen wird beim Versprechen von solchen Lautgesetzen völlig abgesehen.* Ich befinde mich hierbei in voller Übereinstimmung mit *Wundt*, der gleichfalls die Bedingungen des Versprechens als zusammengesetzte und weit über die Kontaktwirkungen der Laute hinausgehende vermutet.

Wenn ich diese „entfernteren psychischen Einflüsse" nach *Wundts* Ausdruck für gesichert halte, so weiß ich andererseits von keiner Abhaltung, um auch zuzugeben, daß bei beschleunigter Rede und einigermaßen abgelenkter Aufmerksamkeit die Bedingungen fürs Versprechen sich leicht auf das von *Meringer* und *Mayer* bestimmte Maß einschränken können. Bei einem Teile der von diesen Autoren gesammelten Beispiele ist wohl eine kompliziertere Auflösung wahrscheinlicher. Ich greife etwa den vorhin angeführten Fall heraus:

Es war mir auf der *Schwest*...
Brust so schwer.

Geht es hier wohl so einfach zu, daß das *schwe* das gleichwertige *Bru* als Vorklang verdrängt? Es ist kaum abzuweisen, daß die Laute *schwe* außerdem durch eine besondere Relation zu dieser Vordringlichkeit befähigt werden. Diese könnte dann keine andere sein als die Assoziation: *Schwester – Bruder*, etwa noch: *Brust der Schwester*, die zu anderen Gedankenkreisen hinüberleitet. Dieser hinter der Szene unsichtbare Helfer verleiht dem sonst harmlosen *schwe* die Macht, deren Erfolg sich als Sprechfehler äußert.

Für anderes Versprechen läßt sich annehmen, daß der Anklang an obszöne Worte und Bedeutungen das eigentlich Störende ist. Die absichtliche Entstellung und Verzerrung der Worte und Redensarten, die bei unartigen Menschen so beliebt ist, bezweckt nichts anderes, als beim harmlosen Anlaß an das Verpönte zu mahnen, und diese Spielerei ist so häufig, daß es nicht wunderbar wäre, wenn sie sich auch unabsichtlich und wider Willen durchsetzen sollte. Beispiele wie: *Eischeißweibchen* für *Eiweißscheibchen*, *Apopos* Fritz für *Apropos*, *Lokuskapitäl* für *Lotuskapitäl* etc. vielleicht noch die Alab*ü*sterb*a*chse (Alabasterbüchse) der hl. Magdalena gehören wohl in diese Kategorie.[20] – „Ich fordere Sie auf, auf das

[20] Bei einer meiner Patientinnen setzte sich das Versprechen als Symptom so lange fort, bis es auf den Kinderstreich, das Wort *ruinieren* durch *urinieren* zu ersetzen, zurückgeführt war. – An die Versuchung, durch den Kunstgriff des Versprechens zum freien Gebrauch unanständiger und unerlaubter Worte zu kommen, knüpfen sich *Abrahams* Beobachtungen über Fehlleistungen „mit *überkompensierender Tendenz*" (Intern. Zeitschr. f. Psychoanalyse VIII, 1922). Eine Patientin mit leichter Neigung, die Anfangssilbe von Eigennamen durch Stottern zu verdoppeln, hatte den Namen *Protagoras* in Prot*r*agoras verändert. Kurz vorher hatte sie anstatt *Alexandros* – *A*-alexandros gesagt. Die Erkundigung ergab, daß sie als Kind besonders gerne die Unart gepflegt hatte, die anlautenden Silben *a* und *po* zu wiederholen, eine Spielerei, die nicht selten das Stottern der Kinder einleitet. Beim Namen Protagoras verspürte sie nun die Gefahr, das *r* der ersten Silbe auszulassen und Po-potagoras zu sagen. Zum Schutz dagegen hielt sie aber dieses *r* krampfhaft fest und schob noch ein weiteres *r* in die zweite Silbe ein. In ähnlicher Weise entstellte sie andere Male die Worte *parterre* und *Kondolenz* zu part*r*erre und K*o*dolenz, um den in ihrer Assoziation naheliegenden Worten *pater* und *Kondom* auszuweichen. Ein anderer Patient *Abrahams* bekannte sich zur Neigung, anstatt *Angina* jedesmal *Angora* zu sagen, sehr

Wohl unseres Chefs *auf*zustoßen," ist kaum etwas anderes als eine unbeabsichtigte Parodie als Nachklang einer beabsichtigten. Wenn ich der Chef wäre, zu dessen Feierlichkeit der Festredner diesen Lapsus beigetragen hätte, würde ich wohl daran denken, wie klug die Römer gehandelt haben, als sie den Soldaten des triumphierenden Imperators gestatteten, den inneren Einspruch gegen den Gefeierten in Spottliedern laut zu äußern. – *Meringer* erzählt von sich selbst, daß er zu einer Person, die als die älteste der Gesellschaft mit dem vertraulichen Ehrennamen „Senexl" oder „altes Senexl" angesprochen wurde, einmal gesagt habe: „Prost, Senex altesl!" Er erschrak selbst über diesen Fehler (S. 50). Wir können uns vielleicht seinen Affekt deuten, wenn wir daran mahnen, wie nahe „*Altesl*" an den Schimpf „*alter Esel*" kommt. Auf die Verletzung der Ehrfurcht vor dem Alter (d. i., auf die Kindheit reduziert: vor dem Vater) sind große innere Strafen gesetzt.

Ich hoffe, die Leser werden den Wertunterschied dieser Deutungen, die sich durch nichts beweisen lassen, und der Beispiele, die ich selbst gesammelt und durch Analysen erläutert habe, nicht vernachlässigen. Wenn ich aber im stillen immer noch an der Erwartung festhalte, auch die scheinbar einfachen Fälle von Versprechen würden sich auf Störung durch eine halb unterdrückte Idee *außerhalb* des intendierten Zusammenhanges zurückführen lassen, so verlockt mich dazu eine sehr beachtenswerte Bemerkung von *Meringer*. Dieser Autor sagt, es ist merkwürdig, daß niemand sich versprochen haben will. Es gibt sehr gescheite und ehrliche Menschen, welche beleidigt sind, wenn man ihnen sagt, sie hätten sich versprochen. Ich getraue mich nicht, diese Behauptung so allgemein zu nehmen, wie sie durch das „niemand" von *Meringer* hingestellt wird. Die Spur Affekt aber, die am Nachweis des Versprechens hängt und offenbar von der Natur des Schämens ist, hat ihre Bedeutung. Sie ist gleichzusetzen dem Ärger, wenn wir einen vergessenen Namen nicht erinnern, und der Verwunderung über die Haltbarkeit einer scheinbar belanglosen Erinnerung, und weist allemal auf die Beteiligung eines Motivs am Zustandekommen der Störung hin.

Das Verdrehen von Namen entspricht einer Schmähung, wenn es absichtlich geschieht, und dürfte in einer ganzen Reihe von Fällen, wo es als unabsichtliches Versprechen auftritt, dieselbe Bedeutung haben. Jene Person, die nach *Mayers* Bericht einmal „*Freuder*" sagte anstatt *Freud*, weil sie kurz darauf den Namen

wahrscheinlich, weil er die Versuchung fürchtete, *Angina* durch *Vagina* zu ersetzen. Diese Versprechungen kommen also dadurch zustande, daß an Stelle der entstellenden eine abwehrende Tendenz die Oberhand behält, und *Abraham* macht mit Recht auf die Analogie dieses Vorganges mit der Symptombildung bei Zwangsneurosen aufmerksam.

„*Breuer*" vorbrachte (S. 38), ein andermal von einer *Freuer-Breud*schen Methode (S. 28) sprach, war wohl ein Fachgenosse und von dieser Methode nicht sonderlich entzückt. Einen gewiß nicht anders aufzuklärenden Fall von Namensentstellung werde ich weiter unten beim Verschreiben mitteilen.[21]

In diesen Fällen mengt sich als störendes Moment eine Kritik ein, welche beiseite gelassen werden soll, weil sie gerade in dem Zeitpunkt der Intention des Redners nicht entspricht.

Umgekehrt muß die Namenersetzung, die Aneignung des fremden Namens, die Identifizierung mittels des Namenversprechens, eine Anerkennung bedeuten, die im Augenblick aus irgendwelchen Gründen im Hintergrunde verbleiben soll. Ein Erlebnis dieser Art erzählt *S. Ferenczi* aus seinen Schuljahren:

---

[21] Man kann auch bemerken, daß gerade Aristokraten besonders häufig die Namen von Ärzten, die sie konsultiert haben, entstellen, und darf daraus schließen, daß sie dieselben innerlich geringschätzen, trotz der Höflichkeit, mit welcher sie ihnen zu begegnen pflegen. – ich zitiere hier einige treffende Bemerkungen über das Namenvergessen aus der englischen Bearbeitung unseres Themas durch *Dr. E. Jones*, damals in Toronto (*The Psychopathology of Everyday Life*. American Journal of Psychology, Oct. 1911):

„Wenige Leute können sich einer Anwandlung von Ärger erwehren, wenn sie finden, daß man ihren Namen vergessen hat, besonders dann, wenn sie von der betreffenden Person gehofft oder erwartet hatten, sie würde den Namen behalten haben. Sie sagen sich sofort ohne Überlegung, daß die Person den Namen nicht vergessen hätte, wenn man einen stärkeren Eindruck bei ihr hinterlassen hätte; denn der Name ist ein wesentlicher Bestandteil der Persönlichkeit. Anderseits gibt es wenig Dinge, die schmeichelhafter empfunden werden, als wenn man von einer hohen Persönlichkeit, wo man es nicht erwartet hätte, mit seinem Namen angeredet wird. Napoleon, ein Meister in der Kunst, Menschen zu behandeln, gab während des unglücklichen Feldzuges von 1814 eine erstaunliche Probe seines Gedächtnisses nach dieser Richtung. Als er sich in einer Stadt bei *Graonne* befand, erinnerte er sich, daß er deren Bürgermeister *De Bussy* etwa 20 Jahre vorher in einem bestimmten Regiment kennengelernt hatte; die Folge war, daß der entzückte *De Bussy* sich seinem Dienst mit schrankenloser Hingebung widmete. Dementsprechend gibt es auch kein verläßlicheres Mittel, einen Menschen zu beleidigen, als indem man so tut, als habe man seinen Namen vergessen; man drückt damit aus, die Person sei einem so gleichgültig, daß man sich nicht die Mühe zu nehmen brauche, sich ihren Namen zu merken. Dieser Kunstgriff spielt auch in der Literatur eine gewisse Rolle. So heißt es in *Turgenjews Rauch* einmal: ‚Sie finden Baden noch immer amüsant, Herr – Litvinov ?' Ratmirov pflegte Litvinovs Namen immer zögernd auszusprechen, als ob er sich erst auf ihn besinnen müßte. Dadurch, wie durch die hochmütige Art, wie er seinen Hut beim Gruß lüftete, wollte er Litvinov in seinem Stolze kränken. An einer anderen Stelle in *Väter und Söhne* schreibt der Dichter: ‚Der Gouverneur lud Kirsanov und Bazarov zum Balle ein und wiederholte diese Einladung einige Minuten später, wobei er sie als Brüder zu betrachten schien und Kisarov ansprach.' Hier ergibt das Vergessen der früheren Einladung, die Irrung in den Namen und die Unfähigkeit, die beiden jungen Männer auseinanderzuhalten, geradezu eine Häufung von kränkenden Momenten. Namenentstellung hat dieselbe Bedeutung wie Namenvergessen, es ist ein erster Schritt gegen das Vergessen hin."

„In der ersten Gymnasialklasse habe ich (zum erstenmal in meinem Leben) öffentlich (d. h. vor der ganzen Klasse) ein Gedicht rezitieren müssen. Ich war gut vorbereitet und war bestürzt, gleich beim Beginne durch eine Lachsalve gestört zu werden. Der Professor erklärte mir dann diesen sonderbaren Empfang: ich sagte nämlich den Titel des Gedichtes *Aus der Ferne* ganz richtig, nannte aber als Autor nicht den wirklichen Dichter, sondern – mich selber. Der Name des Dichters ist *Alexander* (Sándor) *Petöfi.* Die Gleichheit des Vornamens mit meinem eigenen begünstigte die Verwechslung; die eigentliche Ursache derselben aber war sicherlich die, daß ich mich damals in meinen geheimen Wünschen mit dem gefeierten Dichterhelden identifizierte. Ich hegte für ihn auch bewußt eine an Anbetung grenzende Liebe und Hochachtung. Natürlich steckt auch der ganze leidige Ambitionskomplex hinter dieser Fehlleistung."

Eine ähnliche Identifizierung mittels des vertauschten Namens wurde mir von einem jungen Arzt berichtet, der sich zaghaft und verehrungsvoll dem berühmten *Virchow* mit den Worten vorstellte: *Dr. Virchow.* Der Professor wendete sich erstaunt zu ihm und fragte: „Ah, heißen Sie auch *Virchow*?" Ich weiß nicht, wie der junge Ehrgeizige das Versprechen rechtfertigte, ob er die anmutende Ausrede fand, er sei sich so klein neben dem großen Namen vorgekommen, daß ihm sein eigener entschwinden mußte, oder ob er den Mut hatte zu gestehen, er hoffe auch noch einmal ein so großer Mann wie *Virchow* zu werden, der Herr Geheimrat möge ihn darum nicht so geringschätzig behandeln. Einer dieser beiden Gedanken – oder vielleicht gleichzeitig beide – mag den jungen Mann bei seiner Vorstellung in Verwirrung gebracht haben.

Aus höchst persönlichen Motiven muß ich es in der Schwebe lassen, ob eine ähnliche Deutung auch auf den nun anzuführenden Fall anwendbar ist. Auf dem internationalen Kongreß in Amsterdam 1907 war die von mir vertretene Hysterielehre Gegenstand einer lebhaften Diskussion. Einer meiner energischsten Gegner soll sich in seiner Brandrede gegen mich wiederholt in der Weise versprochen haben, daß er sich an meine Stelle setzte und in meinem Namen sprach. Er sagte z. B.: „*Breuer* und *ich* haben bekanntlich nachgewiesen", während er nur beabsichtigen konnte zu sagen: *Breuer* und *Freud.* Der Name dieses Gegners zeigt nicht die leiseste Klangähnlichkeit mit dem meinigen. Wir werden durch dieses Beispiel wie durch viele andere Fälle von Namenvertauschung beim Versprechen daran gemahnt, daß das Versprechen jener Erleichterung, die ihm der Gleichklang gewährt, völlig entbehren und sich nur auf verdeckte inhaltliche Beziehungen gestützt durchsetzen kann.

In anderen und weit bedeutsameren Fällen ist es Selbstkritik, innerer Widerspruch gegen die eigene Äußerung, was zum Versprechen, ja zum Ersatz des Intendierten durch seinen Gegensatz nötigt. Man merkt dann mit erstaunen, wie der Wortlaut einer Beteuerung die Absicht derselben aufhebt, und wie der Sprechfehler die innere Unaufrichtigkeit bloßgelegt hat.[22] Das Versprechen wird hier zu einem mimischen Ausdrucksmittel, freilich oftmals für den Ausdruck dessen, was man nicht sagen wollte, zu einem Mittel des Selbstverrats. So z. B. wenn ein Mann, der in seinen Beziehungen zum Weibe den sogenannten normalen Verkehr nicht bevorzugt, in ein Gespräch über ein für kokett erklärtes Mädchen mit den Worten einfällt: „Im Umgang mit mir würde sie sich das *Koëttieren* schon abgewöhnen." Kein Zweifel, daß es nur das andere Wort *koitieren* sein kann, dessen Einwirkung auf das intendierte *kokettieren* solche Abänderung zuzuschreiben ist. Oder im folgenden Falle: „Wir haben einen Onkel, der schon seit Monaten sehr beleidigt ist, weil wir ihn nie besuchen. Den Umzug in eine neue Wohnung nehmen wir zum Anlaß, um nach langer Zeit einmal bei ihm zu erscheinen. Er freut sich anscheinend sehr mit uns und sagt beim Abschied so recht gefühlvoll: ‚Von nun an hoffe ich euch noch *seltener* zu sehen als bisher.'"

Die zufällige Gunst des Sprachmaterials läßt oft Beispiele von Versprechen entstehen, denen die geradezu niederschmetternde Wirkung einer Enthüllung oder der volle komische Effekt eines Witzes zukommt.

So in nachstehendem von *Dr. Reitler* beobachteten und mitgeteilten Falle:

„‚Diesen neuen, reizenden Hut haben Sie wohl sich selbst aufgep*a*tzt?' sagte eine Dame in bewunderndem Tone zu einer anderen. – Die Fortsetzung des beabsichtigten Lobes mußte nunmehr unterbleiben; denn die im stillen geübte Kritik, der Hutauf*putz* sei eine ‚*Patzerei*', hatte sich denn doch viel zu deutlich in dem unliebsamen Versprechen geäußert, als daß irgendwelche Phrasen konventioneller Bewunderung noch glaubwürdig erschienen wären."

Milder, aber doch auch unzweideutig ist die Kritik in folgendem Beispiel:

„Eine Dame machte bei einer Bekannten einen Besuch und wurde durch die wortreichen, weitschweifigen Erörterungen der Betreffenden sehr ungeduldig und müde. Endlich gelang es ihr, aufzubrechen, sich zu verabschieden, als sie, von der sie ins Vorzimmer begleitenden Bekannten mit einem neuerlichen Wortschwall aufgehalten wurde und nun, schon im Weggehen begriffen, vor der Tür stehen und neuerdings zuhören mußte. Endlich unterbrach sie sie mit der Frage: ‚Sind Sie im *Vorzimmer* zu Hause?' Erst an der erstaunten Miene bemerkte sie ihr Versprechen. Sie wollte, durch das lange Stehen im *Vorzimmer* ermüdet, das Gespräch mit der Frage: ‚Sind Sie *Vormittag* zu Hause?' abbrechen und verriet so ihre Ungeduld über den neuerlichen Aufenthalt."

[22] Durch solche Versprechen brandmarkt z. B. *Anzengruber* im *G'wissenswurm* den heuchlerischen Erbschleicher.

Einer Mahnung zur Selbstbesinnung entspricht das nächste von *Dr. Max Graf* erlebte Beispiel:

„In der Generalversammlung des Journalistenvereines ‚Concordia' hält ein junges, stets geldbedürftiges Mitglied eine heftige Oppositionsrede und sagt in seiner Erregung: ‚Die Herren *Vorschuß*mitglieder' (anstatt *Vor*stands- oder Aus*schuß*mitglieder). Dieselben haben das Recht, Darlehen zu bewilligen, und auch der junge Redner hat ein Darlehensgesuch eingebracht."

An dem Beispiel „Vorschwein" haben wir gesehen, daß ein Versprechen leicht zustande kommt, wenn man sich bemüht hat, Schimpfworte zu unterdrücken. Man macht sich dann eben auf diesem Wege Luft:

Ein Photograph, der sich vorgenommen hat, im Verkehr mit seinen ungeschickten Angestellten der Zoologie auszuweichen, sagt zu einem Lehrling, der eine große, ganz volle Schale ausgießen will und dabei natürlich die Hälfte auf den Boden schüttet: „Aber *Mensch*, *schöpsen* Sie doch zuerst etwas davon ab!" Und bald darauf zu einer Gehilfin, die durch ihre Unvorsichtigkeit ein Dutzend wertvoller Platten gefährdet hat, im Fluß einer längeren Brandrede: „Aber sind Sie denn so *hornverbrannt* ..."

Das nachstehende Beispiel zeigt einen ernsthaften Fall von Selbstverrat durch Versprechen. Einige Nebenumstände berechtigen seine vollständige Wiedergabe aus der Mitteilung von *A. A. Brill* im „Zentralbl. f. Psychoanalyse", II. Jahrg.[23]

„Eines Abends gingen *Dr. Frink* und ich spazieren und besprachen einige Angelegenheiten der New Yorker Psychoanalytischen Gesellschaft. Wir begegneten einem Kollegen, Herrn Dr. R., den ich seit Jahren nicht gesehen hatte, und von dessen Privatleben ich nichts wußte. – Wir freuten uns sehr, uns wieder zu treffen, und gingen auf meine Aufforderung in ein Kaffeehaus, wo wir uns zwei Stunden lang angeregt unterhielten. Er schien von mir Näheres zu wissen, denn nach der gewöhnlichen Begrüßung erkundigte er sich nach meinem kleinen Kinde und erklärte mir, daß er von Zeit zu Zeit über mich von einem gemeinsamen Freunde höre und sich für meine Tätigkeit interessiere, nachdem er darüber in den medizinischen Zeitschriften gelesen hatte. – Auf meine Frage, ob er verheiratet sei, gab er eine verneinende Auskunft und fügte hinzu: ‚Wozu soll ein Mensch wie ich heiraten?'

Beim Verlassen des Kaffeehauses wandte er sich plötzlich an mich: ‚Ich möchte wissen, was Sie in folgendem Falle tun würden: Ich kenne eine Krankenpflegerin, die als Mitschuldige in einen Ehescheidungsprozeß verwickelt war. Die Ehefrau klagte ihren Mann auf Scheidung und bezeichnete die Pflegerin als

[23] Im „Zentralbl. f. Psychoanalyse" irrtümlicherweise *E. Jones* zugeschrieben.

Mitschuldige und *er* bekam die Scheidung.‘[24] – Ich unterbrach ihn: ‚sie wollen sagen, *sie* bekam die Scheidung.‘ – Er verbesserte sofort: ‚Natürlich, *sie* bekam die Scheidung‘, und erzählte weiter, daß die Pflegerin sich derart über den Prozeß und Skandal aufgeregt habe, daß sie zu trinken begann, schwer nervös wurde usw., und fragte mich um meinen Rat, wie er sie behandeln solle.

Sobald ich den Fehler korrigiert hatte, bat ich ihn, ihn zu erklären, aber ich bekam die gewöhnlichen erstaunten Antworten: ob es nicht eines jeden Menschen gutes Recht sei, sich zu versprechen, daß das nur ein Zufall sei, nichts dahinter zu suchen sei usw. Ich erwiderte, daß jedes Fehlsprechen begründet sein müsse, und daß ich versucht wäre zu glauben, daß er selbst der Held der Geschichte sei, wenn er mir nicht früher mitgeteilt hätte, daß er unvermählt sei, denn dann wäre das Versprechen durch den Wunsch erklärt, seine Frau und nicht er hätte den Prozeß verlieren sollen, damit er nicht (nach unserem Eherecht) Alimente zu zahlen brauche und in der Stadt New York wieder heiraten könne. Er lehnte meine Vermutung hartnäckig ab, bestärkte sie aber gleichzeitig durch eine übertriebene Affektreaktion, deutliche Zeichen von Erregung und danach Gelächter. Auf meinen Appell, die Wahrheit im Interesse der wissenschaftlichen Klarstellung zu sagen, bekam ich die Antwort: ‚Wenn Sie nicht eine Lüge hören wollen, müssen Sie an mein Junggesellentum glauben, und daher ist Ihre psychoanalytische Erklärung durchaus falsch.‘ – Er fügte noch hinzu, daß solch ein Mensch, der jede Kleinigkeit beachte, direkt gefährlich sei. Plötzlich fiel ihm ein anderes Rendezvous ein, und er verabschiedete sich.

Wir beide, *Dr. Frink* und ich, waren dennoch von meiner Auflösung seines Versprechens überzeugt, und ich beschloß, durch Erkundigung den Beweis oder Gegenbeweis zu erhalten. – Einige Tage später besuchte ich einen Nachbar, einen alten Freund des Dr. R., der mir vollinhaltlich meine Erklärung bestätigen konnte. Der Prozeß hatte vor wenigen Wochen stattgefunden und die Pflegerin war als Mitschuldige vorgeladen worden. – Dr. R. ist jetzt von der Richtigkeit der *Freud*schen Mechanismen fest überzeugt.“

Der Selbstverrat ist ebenso unzweifelhaft in folgendem von *O. Rank* mitgeteilten Falle:

„Ein Vater, der keinerlei patriotisches Gefühl besitzt und seine Kinder auch von diesem ihm überflüssig erscheinenden Empfinden frei erziehen will, tadelt seine Söhne wegen ihrer Teilnahme an einer patriotischen Kundgebung und weist ihre Berufung auf das gleiche Verhalten des Onkels mit den Worten

24 „Nach unseren (amerikanischen) Gesetzen wird die Ehescheidung nur ausgesprochen, wenn bewiesen wird, daß der eine Teil die Ehe gebrochen hat, und zwar wird die Scheidung nur dem betrogenen Teile bewilligt.“

zurück: ‚Gerade dem sollt ihr nicht nacheifern; der ist ja ein *Idiot.*‘ Das über diesen ungewohnten Ton des Vaters erstaunte Gesicht der Kinder macht ihn aufmerksam, daß er sich versprochen habe, und entschuldigend bemerkt er: Ich wollte natürlich sagen: *Patriot.*“

Als Selbstverrat wird auch von der Partnerin des Gesprächs ein Versprechen gedeutet, das *J. Stärcke* (l. c.) berichtet, und zu dem er eine treffende, wenn auch die Aufgabe der Deutung überschreitende Bemerkung hinzufügt.

„Eine Zahnärztin hatte mit ihrer Schwester verabredet, daß sie bei ihr einmal nachsehen würde, ob sie zwischen zwei Backenzähnen wohl *Kontakt* hätte (d. h. ob die Backenzähne mit ihren Seitenflächen einander berühren, so daß keine Nahrungsreste dazwischen bleiben können). Ihre Schwester beklagte sich jetzt darüber, daß sie auf diese Untersuchung so lange warten mußte, und sagte im Scherze: ‚Jetzt behandelt sie wohl eine Kollegin, aber ihre Schwester muß noch immer warten.‘ – Die Zahnärztin untersucht sie jetzt, findet wirklich ein kleines Loch in dem einen Backenzahn und sagt: ‚Ich dachte nicht, daß es so schlimm war; ich dachte, daß du nur *kein Kontant hättest ... kein Kontakt hättest.*‘ – ‚siehst du wohl‘, rief ihre Schwester lachend, ‚daß es nur wegen deiner Habsucht ist, daß du mich soviel länger warten läßt als deine zahlenden Patienten?!‘“ –

(„Ich darf selbstverständlich meine eigenen Einfälle nicht den ihrigen hinzufügen oder daraus Schlüsse ziehen, aber beim Vernehmen dieser Versprechung ging mein Gedankengang sofort dahin, daß diese zwei lieben und geistreichen jungen Frauen unverheiratet sind und auch sehr wenig mit jungen Männern umgehen, und ich fragte mich selbst, ob sie mehr Kontakt mit jungen Leuten haben würden, wenn sie mehr Kontant hätten.“)

Den Wert eines Selbstverrates hat auch nachstehendes, von *Th. Reik* (l. c.) mitgeteiltes Versprechen:

„Ein junges Mädchen sollte einem ihr unsympathischen jungen Manne verlobt werden. Um die beiden jungen Leute einander näherzubringen, verabredeten deren Eltern eine Zusammenkunft, der auch Braut und Bräutigam in spe beiwohnten. Das junge Mädchen besaß Selbstüberwindung genug, ihren Freier, der sich sehr galant gegen sie benahm, ihre Abneigung nicht merken zu lassen. Doch auf die Frage ihrer Mutter, wie ihr der junge Mann gefiele, antwortete sie höflich: ‚Gut. Er ist sehr *liebenswidrig*!‘“

Nicht minder aber ein anderes, das *O. Rank* als „witziges Versprechen“ beschreibt.

„Einer verheirateten Frau, die gern Anekdoten hört und von der man behauptet, daß sie auch außerehelichen Werbungen nicht abhold sei, wenn sie durch entsprechende Geschenke unterstützt werden, erzählt ein junger Mann, der sich auch um ihre Gunst bewirbt, nicht ohne Absicht die folgende altbekannte Geschichte. Von zwei Geschäftsfreunden bemüht sich der eine um die Gunst der etwas spröden Frau seines Kompagnons; schließlich will sie ihm diese gegen ein Geschenk von tausend Gulden gewähren. Als nun ihr Mann verreisen will, borgt sich sein Kompagnon von ihm tausend Gulden aus und verspricht sie noch am nächsten Tage seiner Frau zurückzustellen. Natürlich gibt er dann diesen Betrag als vermeintlichen Liebeslohn der Frau, die sich schließlich noch entdeckt glaubt, als ihr zurückgekehrter Mann die tausend Gulden verlangt und zum Schaden noch den Schimpf hat. – Als der junge Mann in der Erzählung dieser Geschichte bei der Stelle angelangt war, wo der Verführer zum Kompagnon sagt: ‚Ich werde das Geld morgen deiner Frau *zurückgeben*', unterbrach ihn seine Zuhörerin mit den vielsagenden Worten: ‚sagen Sie, haben Sie mir das nicht schon – *zurückgegeben*? Ah, pardon, ich wollte sagen – erzählt?' – Sie könnte ihre Bereitwilligkeit, sich unter denselben Bedingungen hinzugeben, kaum deutlicher kundgeben, ohne sie direkt auszusprechen." (Internat. Zeitschr. f. Psychoanalyse, I, 1914.)

Einen schönen Fall von solchem Selbstverrat mit harmlosem Ausgang berichtet *V. Tausk* unter dem Titel *Der Glauben der Väter*: „Da meine Braut Christin war", erzählte Herr A., „und nicht zum Judentum übertreten wollte, mußte ich selbst vom Judentum zum Christentum übertreten, um heiraten zu können. Ich wechselte die Konfession nicht ohne inneren Widerstand, aber das Ziel schien mir den Konfessionswechsel zu rechtfertigen, und dies um so eher, als ich nur eine äußere Zugehörigkeit zum Judentum, keine religiöse Überzeugung, da ich eine solche nicht besaß, abzulegen hatte. Ich habe mich trotzdem später immer zum Judentum bekannt und wenige meiner Bekannten wissen, daß ich getauft bin. Aus dieser Ehe entstammen zwei Söhne, die christlich getauft wurden. Als die Knaben entsprechend herangewachsen waren, erfuhren sie von ihrer jüdischen Abstammung, damit sie sich nicht, durch antisemitische Einflüsse der Schule bestimmt, aus diesem überflüssigen Grunde gegen den Vater kehrten. – Vor einigen Jahren wohnte ich mit den Kindern, die damals die Volksschule besuchten, zur Sommerfrische in D. bei einer Lehrerfamilie. Als wir eines Tages mit unseren, übrigens freundlichen Wirtsleuten bei der Jause saßen, machte die Frau des Hauses, da sie von der jüdischen Herkunft ihrer Sommerpartei nichts ahnte, einige recht scharfe Ausfälle gegen die Juden. Ich hätte nun tapfer die Situation deklarieren sollen, um meinen Söhnen das Beispiel vom ‚Mut der Überzeugung' zu geben, fürchtete aber die unerquicklichen Auseinandersetzungen, die einem solchen Bekenntnis zu folgen pflegen. Außerdem bangte mir davor, die gute Unterkunft, die wir gefunden hatten, eventuell verlassen zu müssen und mir und meinen Kindern so die ohnehin kurz bemessene Erholungszeit zu verderben, falls unsere Wirtsleute ihr Benehmen gegen uns, weil wir Juden waren, in unfreundlicher Weise verändern sollten. Da ich jedoch erwarten durfte, daß meine Knaben in freimütiger Weise und unbefangen die folgenschwere Wahrheit verraten würden, wenn sie noch länger dem Gespräche beiwohnten, wollte ich sie aus der Gesellschaft entfernen, indem ich sie in den Garten schickte. ‚Geht in den Garten, *Juden* –', sagte ich und korrigierte schnell: ‚*Jungen*'. Womit ich also durch eine Fehlleistung meinem ‚Mut der Überzeugung' zum Ausdruck verhalf. Die anderen hatten zwar aus diesem Versprechen keine Konsequenzen gezogen, weil sie ihm keine Bedeutung zumaßen, ich aber mußte die Lehre ziehen, daß der ‚Glauben der Väter' sich nicht ungestraft verleugnen läßt, wenn man ein Sohn ist und Söhne hat." (Internat. Zeitschr. f. Psychoanalyse, IV, 1916.)

Keineswegs harmlos wirkt folgender Fall von Versprechen, den ich nicht mitteilen würde, wenn ihn nicht der Gerichtsbeamte selbst während des Verhörs für diese Sammlung aufgezeichnet hätte:

Ein des *Einbruchs* beschuldigter Volkswehrmann sagt aus: „Ich wurde seither aus dieser militärischen *Diebs*stellung noch nicht entlassen, gehöre also derzeit noch der Volkswehr an."

Erheiternd wirkt das Versprechen, wenn es als Mittel benützt wird, um während eines Widerspruches zu bestätigen, was dem Arzte in der psychoanalytischen Arbeit sehr willkommen sein mag. Bei einem meiner Patienten hatte ich einst einen Traum zu deuten, in welchem der Name *Jauner* vorkam. Der Träumer kannte eine Person dieses Namens, es ließ sich aber nicht finden, weshalb diese Person in den Zusammenhang des Traumes aufgenommen war, und darum wagte ich die Vermutung, es könne bloß wegen des Namens, der an den Schimpf *Gauner* anklinge, geschehen sein. Der Patient widersprach rasch und energisch, versprach sich aber dabei und bestätigte meine Vermutung, indem er sich der Ersetzung ein zweitesmal bediente. Seine Antwort lautete: „Das erscheint mir doch zu *je*wagt." Als ich ihn auf das Versprechen aufmerksam machte, gab er meiner Deutung nach.

Wenn im ernsthaften Wortstreit ein solches Versprechen, welches die Redeabsicht in ihr Gegenteil verkehrt, sich dem einen der beiden Streiter ereignet, so setzt es ihn sofort in Nachteil gegen den anderen, der es selten versäumt, sich seiner verbesserten Position zu bedienen.

Es wird dabei klar, daß die Menschen ganz allgemein dem Versprechen wie anderen Fehlleistungen dieselbe Deutung geben, wie ich sie in diesem Buche vertrete, auch wenn sie sich in der Theorie nicht für diese Auffassung einsetzen, und wenn sie für ihre eigene Person nicht geneigt sind, auf die mit der Duldung der Fehlleistungen verbundene Bequemlichkeit zu verzichten. Die Heiterkeit und der Hohn, die solches Fehlgehen der Rede im entscheidenden Moment mit Gewißheit hervorrufen, zeugen gegen die angeblich allgemein zugelassene

Konvention, ein Versprechen sei ein Lapsus linguae und psychologisch bedeutungslos. Es war kein geringerer als der deutsche Reichskanzler Fürst *Bülow*, der durch solchen Einspruch die Situation zu retten versuchte, als ihm der Wortlaut seiner Verteidigungsrede für seinen Kaiser (November 1907) durch ein Versprechen ins Gegenteil umschlug.

„Was nun die Gegenwart, die neue Zeit Kaiser Wilhelms II., angeht, so kann ich nur wiederholen, was ich vor einem Jahre gesagt habe, *daß es unbillig und ungerecht wäre, von einem Ring verantwortlicher Ratgeber um unseren Kaiser zu sprechen* ... (Lebhafte Zurufe: Unverantwortlicher), *unverantwortlicher* Ratgeber zu sprechen. Verzeihen Sie den Lapsus linguae.“ (Heiterkeit.)

Indes, der Satz des Fürsten *Bülow* war durch die Häufung der Negationen einigermaßen undurchsichtig ausgefallen; die Sympathie für den Redner und die Rücksicht auf seine schwierige Stellung wirkten dahin, daß dies Versprechen nicht weiter gegen ihn ausgenützt wurde. Schlimmer erging es ein Jahr später an demselben Orte einem anderen, der zu einer *rückhaltlosen* Kundgebung an den Kaiser auffordern wollte und dabei durch ein böses Versprechen an andere in seiner loyalen Brust wohnende Gefühle gemahnt wurde:

„*Lattmann* (Deutschnational): Wir stellen uns bei der Frage der Adresse auf den Boden der *Geschäftsordnung* des Reichstages. Danach hat der Reichstag das Recht, eine solche Adresse an den Kaiser einzureichen. Wir glauben, daß der einheitliche Gedanke und der Wunsch des deutschen Volkes dahin geht, eine *einheitliche Kundgebung* auch in dieser Angelegenheit zu erreichen, und wenn wir das in einer Form tun können, die den monarchischen Gefühlen durchaus Rechnung trägt, so sollen wir das auch *rückgratlos* tun. (Stürmische Heiterkeit, die minutenlang anhält.) Meine Herren, es hieß nicht rückgratlos, sondern *rückhaltlos* (Heiterkeit), und solche rückhaltlose Äußerung des Volkes, das wollen wir hoffen, nimmt auch unser Kaiser in dieser schweren Zeit entgegen.“

Der *Vorwärts* vom 12. November 1908 versäumte es nicht, die psychologische Bedeutung dieses Versprechens aufzuzeigen: „Nie ist wohl je in einem Parlament von einem Abgeordneten in unfreiwilliger Selbstbezichtigung seine und der Parlamentsmehrheit Haltung gegenüber dem Monarchen so treffend gekennzeichnet worden, wie das dem Antisemiten *Lattmann* gelang, als er am zweiten Tage der Interpellation mit feierlichem Pathos in das Bekenntnis entgleiste, er und seine Freunde wollten dem Kaiser *rückgratlos* ihre Meinung sagen. – Stürmische Heiterkeit auf allen Seiten erstickte die weiteren Worte des Unglücklichen, der es noch für notwendig hielt, ausdrücklich entschuldigend zu stammeln, er meine eigentlich ‚*rückhaltlos*‘.“

Ich füge noch ein Beispiel an, in dem das Versprechen den geradezu unheimlichen Charakter einer Prophezeiung bekam: Im Frühjahr 1923 erregte es in der internationalen Finanzwelt großes Aufsehen, daß der ganz junge Bankier X., von den „neuen Reichen" in W. wohl einer der Neuesten, jedenfalls der Reichste und der an Jahren Jüngste, nach kurzem Majoritätskampfe in den Besitz der Aktienmajorität der ***Bank gelangte, was auch zur Folge hatte, daß in einer bemerkenswerten Generalversammlung die alten Leiter dieses Instituts, Finanzleute alten Schlages, nicht wiedergewählt wurden und der junge X. Präsident der Bank wurde. In der Abschiedsrede, die dann das Verwaltungsratmitglied Dr. Y. für den nicht wiedergewählten alten Präsidenten hielt, fiel manchem Zuhörer ein wiederholtes peinliches Versprechen des Redners auf. Er sprach immerfort vom *dahinscheidenden* (statt: dem ausscheidenden) Präsidenten. – Es ereignete sich dann, daß der nicht wiedergewählte alte Präsident einige Tage nach dieser Versammlung starb. Er hatte aber das Alter von 80 Jahren überschritten! (*Storfer.*)

Ein schönes Beispiel von Versprechen, welches nicht so sehr den Verrat des Redners als die Orientierung des außer der Szene stehenden Hörers bezweckt, findet sich im *Wallenstein* (*Piccolomini*, I. Aufzug, 5. Auftritt) und zeigt uns, daß der Dichter, der sich hier dieses Mittels bedient, Mechanismus und Sinn des Versprechens wohl gekannt hat. Max Piccolomini hat in der vorhergehenden Szene aufs leidenschaftlichste für den Herzog Partei genommen und dabei von den Segnungen des Friedens geschwärmt, die sich ihm auf seiner Reise enthüllt, während er die Tochter Wallensteins ins Lager begleitete. Er läßt seinen Vater und den Abgesandten des Hofes, Questenberg, in voller Bestürzung zurück. Und nun geht der fünfte Auftritt weiter:

QUESTENBERG: O weh uns! Steht es so?
Freund, und wir lassen ihn in diesem Wahn
Dahingehen, rufen ihn nicht gleich
Zurück, daß wir die Augen auf der Stelle
Ihm öffnen?
OCTAVIO (*aus einem tiefen Nachdenken zu sich kommend*):
Mir hat er sie jetzt geöffnet,
Und mehr erblick' ich, als mich freut.
QUESTENBERG: Was ist, Freund?
OCTAVIO: Fluch über diese Reise!
QUESTENBERG: Wieso? Was ist es?
OCTAVIO: Kommen Sie! Ich muß
Sogleich die unglückselige Spur verfolgen,
Mit meinen Augen sehen – kommen Sie –
(*will ihn fortführen*).
QUESTENBERG: Was denn? Wohin?
OCTAVIO (*pressiert*): Zu ihr!
QUESTENBERG: Zu –
OCTAVIO (*korrigiert sich*): Zum Herzog! Gehen wir! usw.

Dies kleine Versprechen „zu ihr" anstatt „zu ihm" soll uns verraten, daß der Vater das Motiv der Parteinahme seines Sohnes durchschaut hat, während der Höfling klagt: „daß er in lauter Rätseln zu ihm rede."

Ein anderes Beispiel von poetischer Verwertung des Versprechens hat *Otto Rank* bei *Shakespeare* entdeckt. Ich zitiere *Ranks* Mitteilung nach dem Zentralblatt für Psychoanalyse, I, 3:

„Ein dichterisch überaus fein motiviertes und technisch glänzend verwertetes Versprechen, welches wie das von *Freud* im *Wallenstein* aufgezeigte verrät, daß die Dichter Mechanismus und Sinn dieser Fehlleistung wohl kennen und deren Verständnis auch beim Zuhörer voraussetzen, findet sich in *Shakespeares Kaufmann von Venedig* (III. Aufzug, 2. Szene). Die durch den Willen ihres Vaters an die Wahl eines Gatten durch das Los gefesselte Porzia ist bisher allen ihren unliebsamen Freiern durch das Glück des Zufalls entronnen. Da sie endlich in Bassanio den Bewerber gefunden hat, dem sie wirklich zugetan ist, muß sie fürchten, daß auch er das falsche Los ziehen werde. Sie möchte ihm nun am liebsten sagen, daß er auch in diesem Fall ihrer Liebe sicher sein könne, ist aber durch ihr Gelübde daran gehindert. In diesem inneren Zwiespalt läßt sie der Dichter zu dem willkommenen Freier sagen:

Ich bitt' Euch, wartet; ein, zwei Tage noch,
Bevor Ihr wagt: denn wählt Ihr falsch, so büße
Ich Euern Umgang ein; darum verzieht.
Ein Etwas sagt mir (*doch es ist nicht Liebe*),
Ich möcht' Euch nicht verlieren; – – –
– – – Ich könnt' Euch leiten
Zur rechten Wahl, dann bräch' ich meinen Eid;
Das will ich nicht; so könnt Ihr mich verfehlen.
Doch wenn Ihr's tut, macht Ihr mich sündlich wünschen,
Ich hätt' ihn nur gebrochen. O, der Augen,
Die mich so übersehn und mich geteilt!
Halb bin ich Euer, die andre Hälfte Euer –
Mein wollt ich sagen; doch wenn mein, dann Euer,
Und so ganz Euer.

(Nach der Übersetzung von *Schlegel* und *Tieck*.)

Gerade das, was sie ihm also bloß leise andeuten möchte, weil sie es eigentlich ihm überhaupt verschweigen sollte, daß sie nämlich schon vor der Wahl ganz die Seine sei und ihn liebe, das läßt der Dichter mit bewundernswertem psychologischen Feingefühl in dem Versprechen sich offen durchdrängen und weiß durch diesen Kunstgriff die unerträgliche Ungewißheit des Liebenden sowie die gleichgestimmte Spannung des Zuhörers über den Ausgang der Wahl zu beruhigen."

Bei dem Interesse, welches solche Parteinahme der großen Dichter für unsere Auffassung des Versprechens verdient, halte ich es für gerechtfertigt, ein drittes solches Beispiel anzuführen, welches von *E. Jones* mitgeteilt worden ist[25]:

„*Otto Rank* macht in einem unlängst publizierten Aufsatz auf ein schönes Beispiel aufmerksam, in welchem *Shakespeare* eine seiner Gestalten, die Porzia, ein ‚Versprechen' begehen läßt, durch welches ihre geheimen Gedanken einem aufmerksamen Hörer offenbar werden. Ich habe die Absicht, ein ähnliches Beispiel aus *The Egoist*, dem Meisterwerke des größten englischen Romanschriftstellers, George *Meredith*, zu erzählen. Die Handlung des Romans ist kurz folgende: Sir Willoughby Patterne, ein von seinem Kreise sehr bewunderter Aristokrat, verlobt sich mit einer Miß Konstantia Durham. Sie entdeckt in ihm einen intensiven Egoismus, den er jedoch vor der Welt geschickt verbirgt, und geht, um der Heirat zu entrinnen, mit einem Kapitän namens Oxford durch. Einige Jahre später verlobt er sich mit einer Miß Klara Middleton. Der größte Teil des Buches ist nun mit der ausführlichen Beschreibung des Konfliktes erfüllt, der in Klara Middletons Seele entsteht, als sie in ihrem Verlobten denselben hervorstechenden Charakterzug entdeckt. Äußere Umstände und ihr Ehrbegriff fesseln sie an ihr gegebenes Wort, während ihr Bräutigam ihr immer verächtlicher erscheint. Teilweise macht sie Vernon Whitford, dessen Vetter und Sekretär (den sie zuletzt auch heiratet), zum Vertrauten. Er jedoch hält sich aus Loyalität Patterne gegenüber und aus anderen Motiven zurück.

In einem Monolog über ihren Kummer spricht Klara folgendermaßen: ‚Wenn doch ein edler Mann mich sehen könnte, wie ich bin, und es nicht zu gering erachtete, mir zu helfen! Oh! befreit zu werden aus diesem Kerker von Dornen und Gestrüpp. Ich kann mir allein meinen Weg nicht bahnen. Ich bin ein Feigling. Ein Fingerzeig[26] – ich glaube, er würde mich verändern. Zu einem Kameraden könnt' ich fliehn, blutig zerrissen und umbraust von Verachtung und Geschrei ... Konstantia begegnete einem Soldaten. Vielleicht betete sie, und ihr Gebet ward erhört. Sie tat nicht recht. Aber, oh, wie lieb' ich sie darum. Sein Name war Harry Oxford ... Sie schwankte nicht, sie riß die Ketten, sie ging offen zu dem andern über. Tapferes Mädchen, wie denkst du über mich? Ich aber habe keinen Harry *Whitford*, ich bin allein.' – –

Die plötzliche Erkenntnis, daß sie einen anderen Namen für *Oxford* gebraucht habe, traf sie wie ein Faustschlag und übergoß sie mit flammender Röte.

---

25 *Ein Beispiel von literarischer Verwertung des Versprechens.* Zentralbl. f. Psychoanalyse, I, 10.

26 Anmerkung des Übersetzers: Ich wollte ursprünglich das Original *beckoning of a finger* mit „leiser Wink" übersetzen, bis mir klar wurde, daß ich durch Unterschlagung des Wortes „Finger" den Satz einer psychologischen Feinheit beraube.

Die Tatsache, daß die Namen beider Männer mit ‚*ford*' endigen, erleichtert das Verwechseln der beiden offensichtlich und würde von vielen als ein hinreichender Grund dafür angesehen werden. Der wahre tieferliegende Grund jedoch ist von dem Dichter klar ausgeführt.

An einer anderen Stelle kommt dasselbe Versprechen wieder vor. Es folgt ihm jene spontane Unschlüssigkeit und jener plötzliche Wechsel des Themas, mit denen uns die Psychoanalyse und *Jungs* Werk über die Assoziationen vertraut machen, und die nur eintreten, wenn ein halbbewußter Komplex berührt wird. Patterne sagt in patronisierendem Tone von Whitford: ‚Falscher Alarm! Der gute alte Vernon ist gar nicht imstande, etwas Ungewöhnliches zu tun.' Klara antwortet: ‚Wenn aber nun *Oxford – Whitford* ... da – Ihre Schwäne kommen gerade den See durchsegelnd; wie schön sie aussehen, wenn sie indigniert sind! Was ich Sie eben fragen wollte: Männer, die Zeugen einer offensichtlichen Bewunderung für jemand anderen sind, werden wohl natürlicherweise entmutigt?' Sir Willoughby traf eine plötzliche Erleuchtung, er richtete sich steif auf.

Noch an einer anderen Stelle verrät Klara durch ein anderes Versprechen ihren geheimen Wunsch nach einer innigeren Verbindung mit Vernon Whitford. Zu einem Burschen sprechend, sagt sie: ‚Sage abends dem Mr. *Vernon* – sage abends dem Mr. Whitford usw.'"[27]

Die hier vertretene Auffassung des Versprechens hält übrigens der Probe an dem Kleinsten stand. Ich habe wiederholt zeigen können, daß die geringfügigsten und naheliegendsten Fälle von Redeirrung ihren guten Sinn haben und die nämliche Lösung zulassen wie die auffälligeren Beispiele. Eine Patientin, die ganz gegen meinen Willen, aber mit starkem eigenen Vorsatz einen kurzen Ausflug nach Budapest unternimmt, rechtfertigt sich vor mir, sie gehe ja nur für drei *Tage* dahin, verspricht sich aber und sagt: nur für drei *Wochen*. Sie verrät, daß sie mir zum Trotze lieber drei Wochen als drei Tage in jener Gesellschaft bleiben will, die ich als unpassend für sie erachte. – Ich soll mich eines Abends entschuldigen, daß ich meine Frau nicht vom Theater abgeholt, und sage: „Ich war zehn Minuten *nach 10 Uhr* beim Theater." Man korrigiert mich: „Du willst sagen: *vor 10 Uhr*." Natürlich wollte ich *vor 10 Uhr* sagen. *Nach 10 Uhr* wäre ja keine Entschuldigung. Man hatte mir gesagt, auf dem Theaterzettel stehe: Ende *vor 10 Uhr*. Als ich beim Theater anlangte, fand ich das Vestibül verdunkelt und das Theater entleert. Die Vorstellung war eben früher zu Ende gewesen,

---

27 Andere Beispiel von Versprechen, die nach des Dichters Absicht als sinnvoll, meist als Selbstverrat, aufgefaßt werden sollen, finden sich bei *Shakespeare* in *Richard II.* (II, 2), bei *Schiller* im *Don Carlos* (II, 8, Versprechen der Eboli). Es wäre gewiß ein leichtes, diese Liste zu vervollständigen.

und meine Frau hatte nicht auf mich gewartet Als ich auf die Uhr sah, fehlten noch fünf Minuten zu 10 Uhr. Ich nahm mir aber vor, meinen Fall zu Hause günstiger darzustellen und zu sagen, es hätten noch zehn Minuten zur zehnten Stunde gefehlt. Leider verdarb mir das Versprechen die Absicht und stellte meine Unaufrichtigkeit bloß, indem es mich selbst mehr bekennen ließ, als ich zu bekennen hatte.

Man gelangt von hier aus zu jenen Redestörungen, die nicht mehr als Versprechen beschrieben werden, weil sie nicht das einzelne Wort, sondern Rhythmus und Ausführung der ganzen Rede beeinträchtigen, wie z. B. das Stammeln und Stottern der Verlegenheit. Aber hier wie dort ist es der innere Konflikt, der uns durch die Störung der Rede verraten wird. Ich glaube wirklich nicht, daß jemand sich versprechen würde in der Audienz bei Seiner Majestät, in einer ernstgemeinten Liebeswerbung, in einer Verteidigungsrede um Ehre und Namen vor den Geschworenen, kurz in all den Fällen, *in denen man ganz dabei ist*, wie wir so bezeichnend sagen. Selbst bis in die Schätzung des Stils, den ein Autor schreibt, dürfen wir und sind wir gewöhnt, das Erklärungsprinzip zu tragen, welches wir bei der Ableitung des einzelnen Sprechfehlers nicht entbehren können. Eine klare und unzweideutige Schreibweise belehrt uns, daß der Autor hier mit sich einig ist, und wo wir gezwungenen und gewundenen Ausdruck finden, der, wie so richtig gesagt wird, nach mehr als einem Scheine schielt, da können wir den Anteil eines nicht genugsam erledigten, komplizierenden Gedankens erkennen oder die erstickte Stimme der Selbstkritik des Autors heraushören.[28]

Seit dem ersten Erscheinen dieses Buches haben fremdsprachige Freunde und Kollegen begonnen, dem Versprechen, das sie in den Ländern ihrer Zunge beobachten konnten, ihre Aufmerksamkeit zuzuwenden. Sie haben, wie zu erwarten stand, gefunden, daß die Gesetze der Fehlleistung vom Sprachmaterial unabhängig sind, und haben dieselben Deutungen vorgenommen, die hier an Beispielen von Deutsch redenden Personen erläutert wurden. Ich führe nur ein Beispiel anstatt ungezählt vieler an:

Dr. *A. A. Brill* (New York) berichtet von sich: *„A friend described to me a nervous patient and wished to know whether I could benefit him. I remarked, I believe that in time I could remove all his symptoms by psycho-analysis because it is a d u r ab l e case wishing to say ‚c u r a b l e'!"* (*A contribution to the Psychopathology of Everyday Life.* Psychotherapy, Vol. III, Nr. 1, 1909.)

Schließlich will ich für diejenigen Leser, die eine gewisse Anstrengung nicht scheuen und denen die Psychoanalyse nicht fremd ist, ein Beispiel anfügen, aus

[28] *Ce qu'on conçoit bien / S'annonce clairement / El les mots pour le dire / Arrivent aisément. – Boileau, Art poétique.*

dem zu ersehen ist, in welche seelischen Tiefen auch die Verfolgung eines Versprechens führen kann.

Dr. *L. Jekels* berichtet: „Am 11. Dezember werde ich von einer mir befreundeten Dame in polnischer Sprache etwas herausfordernd und übermütig mit den Worten apostrophiert: ‚*Warum habe ich heute gesagt, daß ich zwölf Finger habe?*' – Sie reproduziert nun über meine Aufforderung die Szene, in der die Bemerkung gefallen ist. Sie habe sich angeschickt, mit der Tochter auszugehen, um einen Besuch zu machen, habe ihre Tochter, eine in Remission befindliche Dementia praecox, aufgefordert, die Bluse zu wechseln, was diese im anstoßenden Zimmer auch getan hat. Als die Tochter wieder eintrat, fand sie die Mutter mit dem Reinigen der Nägel beschäftigt; und da entwickelte sich folgendes Gespräch:

Tochter: ‚Nun siehst du, ich bin schon fertig und du noch nicht!'

Mutter: ‚Du hast ja aber auch nur *eine* Bluse und ich *zwölf* Nägel.'

Tochter: ‚Was?'

Mutter (ungeduldig): ‚Nun natürlich, *ich habe ja doch zwölf Finger.*'

Die Frage eines die Erzählung mitanhörenden Kollegen, was ihr zu zwölf einfalle, wird ebenso prompt wie bestimmt beantwortet: ‚*Zwölf ist für mich kein Datum (von Bedeutung).*'

Zu Finger wird unter einem leichten Zögern die Assoziation geliefert: ‚In der Familie meines Mannes kamen sechs Finger an den Füßen (im Polnischen gibt es keinen eigenen Ausdruck für Zehe) vor. Als unsere Kinder zur Welt kamen, wurden sie sofort darauf untersucht, ob sie nicht sechs Finger haben.' Aus äußeren Ursachen wurde an diesem Abend die Analyse nicht fortgesetzt.

Am nächsten Morgen, dem 12. Dezember, besucht mich die Dame und erzählt mir sichtlich erregt: ‚Denken Sie, was mir passiert ist; seit etwa 20 Jahren gratuliere ich dem alten Onkel meines Mannes zu seinem Geburtstag, der heute fällig ist, schreibe ihm immer am 11. einen Brief; und diesmal habe ich es vergessen und mußte soeben telegraphieren.'

Ich erinnere mich und die Dame, mit welcher Bestimmtheit sie am gestrigen Abend die Frage des Kollegen nach der Zahl Zwölf, die doch eigentlich sehr geeignet war, ihr den Geburtstag in Erinnerung zu bringen, abgetan hat mit der Bemerkung, der Zwölfte sei für sie kein Datum von Bedeutung.

Nun gesteht sie, dieser Onkel ihres Mannes sei ein Erbonkel, auf dessen Erbschaft sie eigentlich immer gerechnet habe, ganz besonders in ihrer jetzigen bedrängten finanziellen Lage.

So sei er, respektive sein Tod, ihr sofort in den Sinn gekommen, als ihr vor einigen Tagen eine Bekannte aus Karten prophezeit habe, sie werde viel Geld bekommen. Es schoß ihr sofort durch den Kopf, der Onkel sei der einzige, von dem sie, respektive ihre Kinder, Geld erhalten könnten; auch erinnerte sie sich bei dieser Szene augenblicklich, daß schon die Frau dieses Onkels versprochen habe, die Kinder der Erzählerin testamentarisch zu bedenken; nun ist sie aber ohne Testament gestorben; vielleicht hat sie ihrem Manne den bezüglichen Auftrag gegeben.

Der Todeswunsch gegen den Onkel muß offenbar sehr intensiv aufgetreten sein, wenn sie der ihr prophezeienden Dame gesagt hat: ‚sie verleiten die Leute dazu, andere umzubringen.'

In diesen vier oder fünf Tagen, die zwischen der Prophezeiung und dem Geburtstage des Onkels lagen, suchte sie stets in den im Wohnorte des Onkels erscheinenden Blättern die auf seinen Tod bezügliche Parte.

Kein Wunder somit, daß bei so intensivem Wunsche nach seinem Tode die Tatsache und das Datum seines demnächst zu feiernden Geburtstages so stark unterdrückt wurden, daß es nicht bloß zum Vergessen eines sonst seit Jahren ausgeführten Vorsatzes gekommen ist, sondern auch, daß sie nicht einmal durch die Frage des Kollegen ins Bewußtsein gebracht wurden.

In dem Lapsus ‚zwölf Finger' hat sich nun die unterdrückte Zwölf durchgesetzt und hat die Fehlleistung mitbestimmt.

Ich meine: *mit*bestimmt, denn die auffällige Assoziation zu ‚Finger' läßt uns noch weitere Motivierungen ahnen; sie erklärt uns auch, warum der Zwölfer gerade diese so harmlose Redensart von den zehn Fingern verfälscht hat.

Der Einfall lautete: ‚In der Familie meines Mannes kamen sechs Finger an den Füßen vor.'

Sechs Zehen sind Merkmale einer gewissen Abnormität, somit sechs Finger *ein* abnormes Kind und zwölf Finger *zwei* abnorme Kinder.

Und tatsächlich traf dies in diesem Falle zu.

Die in sehr jungem Alter verheiratete Frau hatte als einzige Erbschaft nach ihrem Manne, der stets als exzentrischer, abnormer Mensch galt und sich nach kurzer Ehe das Leben nahm, zwei Kinder, die wiederholt von Ärzten als väterlicherseits schwer hereditär belastet und abnorm bezeichnet wurden.

Die ältere Tochter ist nach einem schweren katatonen Anfall vor kurzem nach Hause zurückgekehrt; bald nachher erkrankte auch die jüngere, in der Pubertät befindliche Tochter an einer schweren Neurose.

Daß die Abnormität der Kinder hier zusammengestellt wird mit dem Sterbewunsche gegen den Onkel und sich mit diesem ungleich stärker unterdrückten und psychisch valenteren Element verdichtet, läßt uns als zweite Determinierung dieses Versprechens den *Todeswunsch gegen die abnormen Kinder* annehmen.

Die prävalierende Bedeutung des Zwölfers als Sterbewunsch erhellt aber schon daraus, daß in der Vorstellung der Erzählenden der Geburtstag des Onkels sehr innig assoziiert war mit dem Todesbegriffe. Denn ihr Mann hat sich am

13. das Leben genommen, also einen Tag nach dem Geburtstag ebendesselben Onkels, dessen Frau zu der jungen Witwe gesagt hatte: ‚Gestern gratulierte er noch so herzlich und lieb – und heute!'

Ferner will ich noch hinzufügen, daß die Dame auch genug reale Gründe hatte, den Kindern den Tod zu wünschen, von denen sie gar keine Freude erfuhr, sondern nur Kummer und arge Einschränkungen ihrer Selbstbestimmung zu leiden hatte, und denen zuliebe sie auf jegliches Liebesglück verzichtet hatte.

Auch diesmal war sie außerordentlich bemüht, jeglichen Anlaß zur Verstimmung der Tochter, mit der sie zu Besuch ging, zu vermeiden; und man kann sich vorstellen, welchen Aufwand an Geduld und Selbstverleugnung einer Dementia praecox gegenüber dies verlangt, und wie viele Wutregungen dabei unterdrückt werden müssen.

Demzufolge würde der Sinn der Fehlleistung lauten:

Der Onkel soll sterben, diese abnormen Kinder sollen sterben (sozusagen diese ganze abnorme Familie), und ich soll das Geld von ihnen haben.

Diese Fehlleistung besitzt nach meiner Ansicht mehrere Merkmale einer ungewöhnlichen Struktur, und zwar:

a) Das Vorhandensein von zwei Determinanten, die in einem Element verdichtet sind.

b) Das Vorhandensein der zwei Determinanten spiegelt sich in der Doppelung des Versprechens (zwölf Nägel, zwölf Finger).

c) Auffällig ist, daß die eine Bedeutung des Zwölfers, nämlich die die Abnormität der Kinder ausdrückenden zwölf Finger, eine indirekte Darstellung repräsentiert; die psychische Abnormität wird hier durch die physische, das Oberste durch das Unterste dargestellt."[29]

VI
Verlesen und Verschreiben

Daß für die Fehler im Lesen und Schreiben die nämlichen Gesichtspunkte und Bemerkungen Geltung haben wie für die Sprechfehler, ist bei der inneren Verwandtschaft dieser Funktionen nicht zu verwundern. Ich werde mich hier darauf beschränken, einige sorgfältig analysierte Beispiele mitzuteilen, und keinen Versuch unternehmen, das Ganze der Erscheinungen zu umfassen.

[29] Internat. Zeitschrift f. Psychoanalyse, I, 1913.

A. Verlesen

1) Ich durchblättere im Kaffeehaus eine Nummer der *Leipziger Illustrierten*, die ich schräg vor mir halte, und lese als Unterschrift eines sich über eine Seite erstreckenden Bildes: Eine Hochzeitsfeier *in der Odyssee*. Aufmerksam geworden und verwundert rücke ich mir das Blatt zurecht und korrigiere jetzt: Eine Hochzeitsfeier *an der Ostsee*. Wie komme ich zu diesem unsinnigen Lesefehler? Meine Gedanken lenken sich sofort auf ein Buch von *Ruths, Experimentaluntersuchungen über Musikphantome usw.*[30], das mich in der letzten Zeit viel beschäftigt hat, weil es nahe an die von mir behandelten psychologischen Probleme streift. Der Autor verspricht für nächste Zeit ein Werk, welches *Analyse und Grundgesetze der Traumphänomene* heißen wird. Kein Wunder, daß ich, der ich eben eine *Traumdeutung* veröffentlicht habe, mit größter Spannung diesem Buch entgegensehe. In der Schrift *Ruths* über Musikphantome fand ich vorn im Inhaltsverzeichnis die Ankündigung des ausführlichen induktiven Nachweises, daß die althellenischen Mythen und Sagen ihre Hauptwurzeln in Schlummer- und Musikphantomen, in Traumphänomenen und auch in Delirien haben. Ich schlug damals sofort im Texte nach, um herauszufinden, ob er auch um die Zurückführung der Szene, wie *Odysseus* vor *Nausikaa* erscheint, auf den gemeinen Nacktheitstraum wisse. Mich hatte ein Freund auf die schöne Stelle in *G. Kellers Grünem Heinrich* aufmerksam gemacht, welche diese Episode der *Odyssee* als Objektivierung der Träume des fern von der Heimat irrenden Schiffers aufklärt, und ich hatte die Beziehung zum Exhibitionstraum der Nacktheit hinzugefügt (8. Aufl., S. 170). Bei *Ruths* entdeckte ich nichts davon. Mich beschäftigen in diesem Falle offenbar Prioritätsgedanken.

2) Wie kam ich dazu, eines Tages aus der Zeitung zu lesen: „*Im Faß* durch Europa", anstatt: *zu Fuß*? Diese Auflösung bereitete mir lange Zeit Schwierigkeiten. Die nächsten Einfälle deuteten allerdings: Es müsse das Faß des Diogenes gemeint sein, und in einer Kunstgeschichte hatte ich unlängst etwas über die Kunst zur Zeit Alexanders gelesen. Es lag dann nahe, an die bekannte Rede Alexanders zu denken: „Wenn ich nicht Alexander wäre, möchte ich Diogenes sein." Auch schwebte mir etwas von einem gewissen *Hermann Zeitung* vor, der in eine Kiste verpackt sich auf Reisen begeben hatte. Aber weiter wollte sich der Zusammenhang nicht herstellen, und es gelang mir nicht, die Seite in der Kunstgeschichte wieder aufzuschlagen, auf welcher mir jene Bemerkung ins Auge gefallen war. Erst Monate später fiel mir das beiseite geworfene Rätsel plötzlich wieder ein, und diesmal zugleich mit seiner Lösung. Ich erinnerte

[30] Darmstadt 1898 bei H. L. Schlapp.

mich an die Bemerkung in einem Zeitungsartikel, was für sonderbare Arten der *Beförderung* die Leute jetzt wählten, um nach Paris zur Weltausstellung zu kommen, und dort war auch, wie ich glaube, scherzhaft mitgeteilt worden, daß irgendein Herr die Absicht habe, sich von einem anderen Herrn in einem *Faß* nach Paris rollen zulassen. Natürlich hätten diese Leute kein anderes Motiv, als durch solche Torheiten Aufsehen zu machen. *Hermann Zeitung* war in der Tat der Name desjenigen Mannes, der für solche außergewöhnliche Beförderungen das erste Beispiel gegeben hatte. Dann fiel mir ein, daß ich einmal einen Patienten behandelt, dessen krankhafte Angst vor der Zeitung sich als Reaktion gegen den krankhaften *Ehrgeiz* auflöste, sich gedruckt und als berühmt in der Zeitung erwähnt zu sehen. Der mazedonische Alexander war gewiß einer der ehrgeizigsten Männer, die je gelebt. Er klagte ja, daß er keinen Homer finden werde, der seine Taten besinge. Aber wie konnte ich nur *nicht daran denken*, daß ein anderer *Alexander* mir näher stehe, daß Alexander der Name meines jüngeren Bruders ist! Ich fand nun sofort den anstößigen und der Verdrängung bedürftigen Gedanken in betreff dieses Alexanders und die aktuelle Veranlassung für ihn. Mein Bruder ist Sachverständiger in Dingen, die Tarife und *Transporte* angehen, und sollte zu einer gewissen Zeit für seine Lehrtätigkeit an einer kommerziellen Hochschule den Titel Professor erhalten. Für die gleiche *Beförderung* bin ich an der Universität seit mehreren Jahren vorgeschlagen, ohne sie erreicht zu haben. Unsere Mutter äußerte damals ihr Befremden darüber, daß ihr kleiner Sohn eher Professor werden sollte als ihr großer. So stand es zur Zeit, als ich die Lösung für jenen Leseirrtum nicht finden konnte. Dann erhoben sich Schwierigkeiten auch bei meinem Bruder; seine Chancen, Professor zu werden, fielen noch unter die meinigen. Da aber wurde mir plötzlich der Sinn jenes Verlesens offenbar; es war, als hätte die Minderung in den Chancen des Bruders ein Hindernis beseitigt. Ich hatte mich so benommen, als läse ich die Ernennung des Bruders in der Zeitung, und sagte mir dabei: „Merkwürdig, daß man wegen solcher Dummheiten (wie er sie als Beruf betreibt) in der Zeitung stehen (d.h. zum Professor ernannt werden) kann!" Die Stelle über die hellenistische Kunst im Zeitalter Alexanders schlug ich dann ohne Mühe auf und überzeugte mich zu meinem Erstaunen, daß ich während des vorherigen Suchens wiederholt auf derselben Seite gelesen und jedesmal wie unter der Herrschaft einer negativen Halluzination den betreffenden Satz übergangen hatte. Dieser enthielt übrigens gar nichts, was mir Aufklärung brachte, was des Vergessens wert gewesen wäre. Ich meine, das Symptom des Nichtauffindens im Buche ist nur zu meiner Irreführung geschaffen worden. Ich sollte die Fortsetzung der Gedankenverknüpfung dort suchen, wo meiner Nachforschung ein Hindernis in den Weg gelegt war, also in irgendeiner Idee über den mazedonischen Alexander, und sollte so vom gleichnamigen

Bruder sicherer abgelenkt werden. Dies gelang auch vollkommen; ich richtete alle meine Bemühungen darauf, die verlorene Stelle in jener Kunstgeschichte wieder aufzufinden. Der Doppelsinn des Wortes „*Beförderung*“ ist in diesem Falle die Assoziationsbrücke zwischen den zwei Gedankenkreisen, dem unwichtigen, der durch die Zeitungsnotiz angeregt wird, und dem interessanteren, aber anstößigen, der sich hier als Störung des zu Lesenden geltend machen darf. Man ersieht aus diesem Beispiel, daß es nicht immer leicht wird, Vorkommnisse wie diesen Lesefehler aufzuklären. Gelegentlich ist man auch genötigt, die Lösung des Rätsels auf eine günstigere Zeit zu verschieben. Je schwieriger sich aber die Lösungsarbeit erweist, desto sicherer darf man erwarten, daß der endlich aufgedeckte störende Gedanke von unserem bewußten Denken als fremdartig und gegensätzlich beurteilt werden wird.

3) Ich erhalte eines Tages einen Brief aus der Nähe Wiens, der mir eine erschütternde Nachricht mitteilt. Ich rufe auch sofort meine Frau an und fordere sie zur Teilnahme daran auf, daß *die* arme Wilhelm M. so schwer erkrankt und von den Ärzten aufgegeben ist. An den Worten, in welche ich mein Bedauern kleide, muß aber etwas falsch geklungen haben, denn meine Frau wird mißtrauisch, verlangt den Brief zu sehen und äußert als ihre Überzeugung, so könne es nicht darin stehen, denn niemand nenne eine Frau nach dem Namen des Mannes, und überdies sei der Korrespondentin der Vorname der Frau sehr wohl bekannt. Ich verteidige meine Behauptung hartnäckig und verweise auf die so gebräuchlichen Visitenkarten, auf denen eine Frau sich selbst mit dem Vornamen des Mannes bezeichnet. Ich muß endlich den Brief zur Hand nehmen, und wir lesen darin tatsächlich „der arme W. M.“, ja sogar, was ich ganz übersehen hatte: „der arme *Dr.* W. M.“ Mein Versehen bedeutete also einen sozusagen krampfhaften Versuch, die traurige Neuigkeit von dem Manne auf die Frau zu überwälzen. Der zwischen Artikel, Beiwort und Name eingeschobene Titel paßte schlecht zu der Forderung, es müßte die Frau gemeint sein. Darum wurde er auch beim Lesen beseitigt. Das Motiv dieser Verfälschung war aber nicht, daß mir die Frau weniger sympathisch wäre als der Mann, sondern das Schicksal des armen Mannes hatte meine Besorgnisse um eine andere, mir nahe stehende Person rege gemacht, welche eine der mir bekannten Krankheitsbedingungen mit diesem Falle gemeinsam hatte.

4) Ärgerlich und lächerlich ist mir ein Verlesen, dem ich sehr häufig unterliege, wenn ich in den Ferien in den Straßen einer fremden Stadt spaziere. Ich lese dann jede Ladentafel, die dem irgendwie entgegenkommt, als *Antiquitäten.* Hierin äußert sich die Abenteuerlust des Sammlers.

5) Bleuler erzählt in seinem bedeutsamen Buche *Affektivität, Suggestibilität, Paranoia* (1906), S. 121: „Beim Lesen hatte ich einmal das intellektuelle Gefühl, zwei Zeilen weiter unten meinen Namen zu sehen. Zu meinem Erstaunen finde ich nur das Wort ‚Blutkörperchen'. Unter vielen Tausenden von mir analysierten Verlesungen des peripheren wie des zentralen Gesichtsfeldes ist dieses der krasseste Fall. Wenn ich etwa meinen Namen zu sehen glaubte, so war das Wort, das dazu Anlaß gab, meinem Namen meist viel ähnlicher, in den meisten Fällen mußten geradezu alle Buchstaben des Namens in der Nähe vorhanden sein, bis mir ein solcher Irrtum begegnen konnte. In diesem Falle ließ sich aber der Beziehungswahn und die Illusion sehr leicht begründen: Was ich gerade las, war das Ende einer Bemerkung über eine Art schlechten Stils von wissenschaftlichen Arbeiten, von der ich mich nicht frei fühlte."

6) H. Sachs: „‚An dem, was die Leute frappiert, geht er in seiner *Steifleinenheit* vorüber.' Dies Wort fiel mir aber auf und ich entdeckte bei näherem Hinsehen, daß es *Stilfeinheit* hieß. Die Stelle fand sich in einer überschwenglich lobenden Auslassung eines von mir verehrten Autors über einen Historiker, der mir unsympathisch ist, weil er das ‚Deutsch- Professorenhafte' zu stark hervorkehrt."

7) Über einen Fall von Verlesen im Betriebe der philologischen Wissenschaft berichtet Dr. Marcell *Eibenschütz* im Zentralblatt für Psychoanalyse, I, 5/6: „Ich beschäftige mich mit der Überlieferung des *Buches der Märtyrer*, eines mittelhochdeutschen Legendenwerkes, das ich in den *Deutschen Texten des Mittelalters*, herausgegeben von der Preußischen Akademie der Wissenschaften, edieren soll. Über das bisher noch ungedruckte Werk war recht wenig bekannt; es bestand eine einzige Abhandlung darüber von *J. Haupt*, *Über das mittelhochdeutsche Buch der Märtyrer*, Wiener Sitzungsberichte, 1867, 70. Bd., S. 101 ff. – *Haupt* legte seiner Arbeit nicht eine alte Handschrift zugrunde, sondern eine aus neuerer Zeit (XIX. Jahrhundert) stammende Abschrift der Haupthandschrift *C* (Klosterneuburg), eine Abschrift, die in der Hofbibliothek aufbewahrt wird. Am Ende dieser Abschrift steht folgende Subskription:

Anno Domini MDCCCL in vigilia exaltacionis sancte crucis ceptus est iste liber et in vigilia pasce anni subsequentis finitus cum adiutorio omnipotentis per me Hartmanum de Krasna tunc temporis ecclesie niwenburgensis custodem.

Haupt teilt nun in seiner Abhandlung diese Subscriptio mit, in der Meinung, daß sie vom Schreiber von *C* selbst herrühre, und läßt *C*, mit konsequenter Verlesung der römisch geschriebenen Jahreszahl 1850, im Jahre 1350 geschrieben sein, trotzdem daß er die Subscriptio vollständig richtig kopiert hat, trotzdem daß sie in der Abhandlung am angeführten Orte vollständig richtig (nämlich MDCCCL) abgedruckt ist.

Die Mitteilung *Haupts* bildete für mich eine Quelle von Verlegenheiten. Zunächst stand ich als blutjunger Anfänger in der gelehrten Wissenschaft ganz unter der Autorität *Haupts* und las lange Zeit aus der vollkommen klar und richtig gedruckt vor mir liegenden Subscriptio wie *Haupt* 1350 statt 1850; doch in der von mir benutzten Haupthandschrift *C* war keine Spur irgendeiner Subscriptio zu finden, es stellte sich ferner heraus, daß im ganzen XIV. Jahrhundert zu Klosterneuburg kein Mönch namens Hartmann gelebt hatte. Und als endlich der Schleier von meinen Augen sank, da hatte ich auch schon den ganzen Sachverhalt erraten, und die weiteren Nachforschungen bestätigen meine Vermutung: die vielgenannte Subscriptio steht nämlich *nur* in der von *Haupt* benutzten Abschrift und rührt von ihrem Schreiber her, P. Hartman Zeibig, geb. zu Krasna in Mähren, Augustinerchorherr zu Klosterneuburg, der im Jahre 1850 als Kirchenschatzmeister des Stiftes die Handschrift *C* abgeschrieben und sich am Ende seiner Abschrift in altertümlicher Weise selbst nennt. Die mittelalterliche Diktion und die alte Orthographie der Subscriptio haben wohl bei dem *Wunsche Haupts*, über das von ihm behandelte Werk möglichst viel mitteilen zu können, also auch die Handschrift *C* zu datieren, mitgeholfen, daß er statt 1850 immer 1350 las. (Motiv der Fehlhandlung.)"

8) In den *Witzigen und Satirischen Einfällen* von *Lichtenberg* findet sich eine Bemerkung, die wohl einer Beobachtung entstammt und fast die ganze Theorie des Verlesens enthält: Er las immer *Agamemnon* statt „*angenommen*", so sehr hatte er den *Homer* gelesen.

In einer übergroßen Anzahl von Fällen ist es nämlich die Bereitschaft des Lesers, die den Text verändert und etwas, worauf er eingestellt oder womit er beschäftigt ist, in ihn hineinliest. Der Text selbst braucht dem Verlesen nur dadurch entgegenzukommen, daß er irgendeine Ähnlichkeit im Wortbild bietet, die der Leser in seinem Sinne verändern kann. Flüchtiges Hinschauen, besonders mit unkorrigiertem Auge, erleichtert ohne Zweifel die Möglichkeit einer solchen Illusion, ist aber keineswegs eine notwendige Bedingung für sie.

9) Ich glaube, die Kriegszeit, die bei uns allen gewisse feste und langanhaltende Präokkupationen schuf, hat keine andere Fehlleistung so sehr begünstigt wie gerade das Verlesen. Ich konnte eine große Anzahl von solchen Beobachtungen machen, von denen ich leider nur einige wenige bewahrt habe. Eines Tages greife ich nach einem der Mittags- oder Abendblätter und finde darin groß gedruckt: *Der Friede von Görz*. Aber nein, es heißt ja nur: *Die Feinde vor Görz*. Wer gerade zwei Söhne als Kämpfer auf diesem Kriegsschauplatze hat, mag sich leicht so verlesen. Ein anderer findet in einem gewissen Zusammenhange eine *alte Brotkarte* erwähnt, die er bei besserer Aufmerksamkeit gegen *alte Brokate* eintauschen muß. Es ist immerhin mitteilenswert, daß er sich in einem Hause, wo er oft gern gesehener Gast ist, bei der Hausfrau durch die Abtretung von Brotkarten beliebt zu machen pflegt. Ein Ingenieur, dessen Ausrüstung der im

Tunnel während des Baues herrschenden Feuchtigkeit nie lang gewachsen ist, liest zu seinem Erstaunen in einer Annonce Gegenstände aus „*Schundleder*" angepriesen. Aber Händler sind selten so aufrichtig; was da zum Kaufe empfohlen wird, ist *Seehundleder.*

Der Beruf oder die gegenwärtige Situation des Lesers bestimmt auch das Ergebnis seines Verlesens. Ein Philologe, der wegen seiner letzten trefflichen Arbeiten im Streite mit seinen Fachgenossen liegt, liest „*Sprachstrategie*" anstatt *Schachstrategie.* Ein Mann, der in einer fremden Stadt spazieren geht, gerade um die Stunde, auf welche seine durch eine Kur hergestellte Darmtätigkeit reguliert ist, liest auf einem großen Schilde im ersten Stock eines hohen Warenhauses: „*Klosetthaus*"; seiner Befriedigung darüber mengt sich doch ein Befremden über die ungewöhnliche Unterbringung der wohltätigen Anstalt bei. Im nächsten Moment ist die Befriedigung doch geschwunden, denn die Tafelaufschrift heißt richtiger: *Korsetthaus.*

10) In einer zweiten Gruppe von Fällen ist der Anteil des Textes am Verlesen ein bei weitem größerer. Er enthält etwas, was die Abwehr des Lesers rege macht, eine ihm peinliche Mitteilung oder Zumutung, und erfährt darum durch das Verlesen eine Korrektur im Sinne der Abweisung oder Wunscherfüllung. Es ist dann natürlich unabweisbar anzunehmen, daß der Text zunächst richtig aufgenommen und beurteilt wurde, ehe er diese Korrektur erfuhr, wenngleich das Bewußtsein von dieser ersten Lesung nichts erfahren hat. Das Beispiel 3 auf den vorstehenden Seiten ist von dieser Art; ein anderes von höchster Aktualität teile ich hier nach Dr. *M. Eitingon* (z. Z. im Kriegsspital in Igló, Internat. Zeitschr. f. Psychoanalyse, II, 1915) mit.

„Leutnant X., der sich mit einer kriegstraumatischen Neurose in unserem Spital befindet, liest mir eines Tages den Schlußvers der letzten Strophe eines Gedichtes des so früh gefallenen Dichters *Walter Heymann*[31] in sichtlicher Ergriffenheit folgendermaßen vor:

> Wo aber steht's geschrieben, frag' ich, daß von allen
> Ich übrig bleiben soll, ein andrer für mich fallen?
> Wer immer von euch fällt, der stirbt gewiß für mich;
> Und ich soll übrig bleiben? *warum denn nicht?*

Durch mein Befremden aufmerksam gemacht, liest er dann, etwas betreten, richtig:

> Und ich soll übrig bleiben? warum denn *ich* ?

---

[31] W. Heymann: *Kriegsgedichte und Feldpostbriefe*, S. 11: *Den Ausziehenden.*

Dem Fall X. verdanke ich einigen analytischen Einblick in das psychische Material dieser ‚Traumatischen Neurosen des Krieges', und da war es mir möglich, trotz der unserer Art zu arbeiten so wenig günstigen Verhältnisse eines Kriegslazaretts mit starkem Belag und wenig Ärzten, ein wenig über die als ‚Ursache' hochbewerteten Granatexplosionen hinauszusehen.

Es bestanden auch in diesem Falle die schweren Tremores, die den ausgesprochenen Fällen dieser Neurosen eine auf den ersten Blick frappante Ähnlichkeit verleihen, Ängstlichkeit, Weinerlichkeit, Neigung zu Wutanfällen mit konvulsiven, infantilmotorischen Entäußerungen und zu Erbrechen (‚bei geringsten Aufregungen').

Gerade des letzteren Symptoms Psychogeneität, zunächst im Dienste sekundären Krankheitsgewinnes, mußte sich jedem aufdrängen: Das Erscheinen des Spitalskommandanten, der von Zeit zu Zeit die Genesenden sich ansieht, auf der Abteilung, die Phrase eines Bekannten auf der Straße: ‚sie schauen ja prächtig aus, sind gewiß schon gesund', genügen zur prompten Auslösung eines Brechanfalls.

‚Gesund ... wieder einrücken ... warum denn ich? ...'"

11) Andere Fälle von „Kriegs"-Verlesen hat Dr. *Hanns Sachs* mitgeteilt: „Ein naher Bekannter hatte mir wiederholt erklärt, er werde, wenn die Reihe an ihn komme, keinen Gebrauch von seiner durch ein Diplom bestätigten Fachausbildung machen, sondern auf den dadurch begründeten Anspruch auf entsprechende Verwendung im Hinterlande verzichten und zum Frontdienst einrücken. Kurz bevor der Termin wirklich herankam, teilte er mir eines Tages in knappster Form, ohne weitere Begründung mit, er habe die Nachweise seiner Fachbildung an zuständiger Stelle vorgelegt und werde infolgedessen demnächst seine Zuteilung für eine industrielle Tätigkeit erhalten. Am nächsten Tage trafen wir uns in einem Amtslokal. Ich stand gerade vor einem Pulte und schrieb; er trat heran, sah mir eine Weile über die Schulter und sagte dann: ‚Ach, das Wort da oben heißt ‚*Druckbogen*' – ich habe es für ‚*Drückeberger*' gelesen.'" (Internat. Zeitschr. f. Psychoanalyse, IV. 1916/17.)

12) „In der Tramway sitzend, dachte ich darüber nach, daß manche meiner Jugendfreunde, die immer als zart und schwächlich gegolten hatten, jetzt die allerhärtesten Strapazen zu ertragen imstande sind, denen ich ganz bestimmt erliegen würde. Mitten in diesem unerfreulichen Gedankenzuge las ich im Vorüberfahren mit halber Aufmerksamkeit die großen schwarzen Lettern einer Firmentafel: ‚*Eisenkonstitution*'. Einen Augenblick später fiel mir ein, daß dieses Wort für eine Geschäftsaufschrift nicht recht passe; mich rasch umdrehend, erhaschte ich noch einen Blick auf die Inschrift und sah, daß sie richtig ‚*Eisenkonstruktion*' lautete." (l. c.)

13) „In den Abendblättern stand die inzwischen als unrichtig erkannte Reuterdepesche, daß *Hughes* zum Präsidenten der Vereinigten Staaten gewählt sei. Anschließend daran erschien ein kurzer Lebenslauf des angeblich Gewählten und in diesem stieß ich auf die Mitteilung, daß *Hughes* in *Bonn* Universitätsstudien absolviert habe. Es schien mir sonderbar, daß dieses Umstandes in den wochenlangen Zeitungsdebatten, die dem Wahltag vorangegangen waren, keine Erwähnung geschehen war. Nochmalige Überprüfung ergab denn auch, daß nur von der ‚*Brown*'-Universität die Rede war. Dieser krasse Fall, bei dem für das Zustandekommen des Verlesens eine ziemlich große Gewaltsamkeit notwendig war, erklärt sich außer aus der Flüchtigkeit bei der Zeitungslektüre vor allem daraus, daß mir die Sympathie des neuen Präsidenten für die Mittelmächte als Grundlage künftiger guter Beziehungen nicht bloß aus politischen, sondern auch darüber hinaus aus persönlichen Gründen wünschenswert schien." (l. c.)

B. Verschreiben

1) Auf einem Blatte, welches kurze tägliche Aufzeichnungen meist von geschäftlichem Interesse enthält, finde ich zu meiner Überraschung mitten unter den richtigen Daten des Monats September eingeschlossen das verschriebene Datum „Donnerstag den 20. Okt." Es ist nicht schwierig, diese Antizipation aufzuklären, und zwar als Ausdruck eines Wunsches. Ich bin wenige Tage vorher frisch von der Ferienreise zurückgekehrt und fühle mich bereit für ausgiebige ärztliche Beschäftigung, aber die Anzahl der Patienten ist noch gering. Bei meiner Ankunft fand ich einen Brief von einer Kranken vor, die sich für den 20. *Oktober* ankündigte. Als ich die gleiche Tageszahl im September niederschrieb, kann ich wohl gedacht haben: „Die X. sollte doch schon da sein; wie schade um den vollen Monat!" und in diesem Gedanken rückte ich das Datum vor. Der störende Gedanke ist in diesem Falle kaum ein anstößiger zu nennen; dafür weiß ich auch sofort die Auflösung des Schreibfehlers, nachdem ich ihn erst bemerkt habe. Ein ganz analoges und ähnlich motiviertes Verschreiben wiederhole ich dann im Herbst des nächsten Jahres. – *E. Jones* hat ähnliche Verschreibungen im Datum studiert und sie in den meisten Fällen leicht als motiverte erkannt.

2) Ich erhalte die Korrektur meines Beitrags zum *Jahresbericht für Neurologie und Psychiatrie* und muß natürlich mit besonderer Sorgfalt die Autornamen revidieren, die, weil verschiedenen Nationen angehörig, dem Setzer die größten Schwierigkeiten zu bereiten pflegen. Manchen fremd klingenden Namen finde ich wirklich noch zu korrigieren, aber einen einzigen Namen hat merkwürdiger Weise der Setzer *gegen* mein Manuskript verbessert und zwar mit vollem Rechte.

Ich hatte nämlich *Buckrhard* geschrieben, woraus der Setzer *Burckhard* erriet. Ich hatte die Abhandlung eines Geburtshelfers über den Einfluß der Geburt auf die Entstehung der Kinderlähmungen selbst als verdienstlich gelobt, wüßte auch nichts gegen deren Autor zu sagen, aber den gleichen Namen wie er trägt auch ein Schriftsteller in Wien, der mich durch eine unverständige Kritik über meine *Traumdeutung* geärgert hat. Es ist gerade so, als hätte ich mir bei der Niederschrift des Namens *Burckhard,* der den Geburtshelfer bezeichnete, etwas Arges über den anderen B., den Schriftsteller, gedacht, denn Namenverdrehen bedeutet häufig genug, wie ich schon beim Versprechen erwähnt habe, Schmähung.[32]

3) Diese Behauptung wird sehr schön durch eine Selbstbeobachtung von *A. J. Storfer* bekräftigt, in welcher der Autor mit rühmenswerter Offenheit die Motive klarlegt, die ihn den Namen eines vermeintlichen Konkurrenten falsch erinnern und dann entstellt niederschreiben hießen:

„Im Dezember 1910 sah ich im Schaufenster einer Züricher Buchhandlung das damals neue Buch von Dr. Eduard *Hitschmann* über die Freudsche Neurosenlehre. Ich arbeitete damals gerade am Manuskript eines Vortrags, den ich demnächst in einem akademischen Verein über die Grundzüge der Freudschen Psychologie halten sollte. In der damals schon niedergeschriebenen Einleitung des Vortrags hatte ich auf die historische Entwicklung der Freudschen Psychologie aus Forschungen auf einem angewandten Gebiete, auf gewisse, daraus folgende Schwierigkeiten einer zusammenfassenden Darstellung der Grundzüge hingewiesen, und darauf, daß noch keine allgemeine Darstellung bestehe. Als ich das Buch (des mir bis dahin unbekannten Autors) im Schaufenster sah, dachte ich zunächst nicht daran, es zu kaufen. Einige Tage nachher beschloß ich aber, es zu tun. Das Buch war nicht mehr im Schaufenster. Ich nannte dem Buchhändler das vor kurzem erschienene Buch; als Autor nannte ich ‚Dr. Eduard *Hartmann*'. Der Buchhändler verbesserte: ‚sie meinen wohl *Hitschmann*', und brachte mir das Buch.

Das unbewußte Motiv der Fehlleistung war naheliegend. Ich hatte es mir gewissermaßen zum Verdienst angerechnet, die Grundzüge der psychoanalytischen Lehren zusammengefaßt zu haben und habe offenbar das Buch Hitschmanns als Minderer meines Verdienstes mit Neid und Ärger angesehen. Die Abänderung des Namens sei ein Akt der unbewußten Feindseligkeit, sagte ich

[32] Vgl. etwa die Stelle im *Julius Cäsar*, III, 3:
CINNA: Ehrlich, mein Name ist Cinna.
BÜRGER: Reißt ihn in Stücke! er ist ein Verschworener.
CINNA: Ich bin Cinna der Poet! Ich bin nicht Cinna der Verschworene.
BÜRGER: Es tut nichts; sein Name ist Cinna, reißt ihm den Namen aus dem Herzen und laßt ihn laufen.

mir nach der *Psychopathologie des Alltagslebens*. Mit dieser Erklärung gab ich mich damals zufrieden.

Einige Wochen später notierte ich mir jene Fehlleistung. Bei dieser Gelegenheit warf ich auch die Frage auf, warum ich Eduard Hitschmann gerade in Eduard Hartmann umgeändert hatte. Sollte mich bloß die Namensähnlichkeit auf den Namen des bekannten Philosophen geführt haben? Meine erste Assoziation war die Erinnerung an einen Ausspruch, den ich einmal von Professor *Hugo v. Meltzl*, einem begeisterten Schopenhauerverehrer, gehört hatte und der ungefähr so lautete: ‚Eduard v. Hartmann ist der verhunzte, der auf seine linke Seite umgestülpte Schopenhauer'. Die affektive Tendenz, durch die das Ersatzgebilde für den vergessenen Namen determiniert war, war also: ‚Ach, an diesem Hitschmann und seiner zusammenfassenden Darstellung wird wohl nicht viel daran sein; er verhält sich wohl zu Freud wie Hartmann zu Schopenhauer.'

Ich hatte also diesen Fall eines determinierten Vergessens mit Ersatzeinfall niedergeschrieben.

Nach einem halben Jahre kam mir das Blatt, auf dem ich die Aufzeichnung gemacht hatte, in die Hand. Da bemerkte ich, daß ich statt Hitschmann durchwegs *Hintschmann* geschrieben hatte." (Internat. Zeitschr. f. Psychoanalyse, II, 1914).

4) Ein anscheinend ernsterer Fall von Verschreiben, den ich vielleicht mit ebensoviel Recht dem „Vergreifen" einordnen könnte: Ich habe die Absicht, mir aus der Postsparkasse die Summe von 300 Kronen kommen zu lassen, die ich einem zum Kurgebrauch abwesenden Verwandten schicken will. Ich bemerke dabei, daß mein Konto auf 4380 K lautet und nehme mir vor, es jetzt auf die runde Summe von 4000 K herunterzusetzen, die in der nächsten Zeit nicht angegriffen werden soll. Nachdem ich den Scheck ordnungsmäßig ausgeschrieben und die der Zahl entsprechenden Ziffern ausgeschnitten habe, merke ich plötzlich, daß ich nicht *380* K, wie ich wollte, sondern gerade *438* bestellt habe, und erschrecke über die Unzuverlässigkeit meines Tuns. Den Schreck erkenne ich bald als unberechtigt; ich bin ja jetzt nicht ärmer geworden, als ich vorher war. Aber ich muß eine ganze Weile darüber nachsinnen, welcher Einfluß hier meine erste Intention gestört hat, ohne sich meinem Bewußtsein anzukündigen. Ich gerate zuerst auf falsche Wege, will die beiden Zahlen, 380 und 438, voneinander abziehen, weiß aber dann nicht, was ich mit der Differenz anfangen soll. Endlich zeigt mir ein plötzlicher Einfall den wahren Zusammenhang. 438 entspricht ja *zehn Prozent* des ganzen Konto von 4380 K! 10% Rabatt hat man aber beim *Buchhändler*! Ich besinne mich, daß ich vor wenigen Tagen eine Anzahl medizinischer Werke, die ihr Interesse für mich verloren haben, ausgesucht, um sie dem Buchhändler gerade für 300 K anzubieten. Er fand die Forderung zu hoch und versprach, in den nächsten Tagen endgültige Antwort zu sagen. Wenn er mein Angebot annimmt, so hat er mir gerade die Summe ersetzt, welche ich für den Kranken verausgaben soll. Es ist nicht zu verkennen, daß es mir um diese Ausgabe leid tut. Der Affekt bei der Wahrnehmung meines Irrtums läßt sich besser verstehen als Furcht, durch solche Ausgaben arm zu werden. Aber beides, das Bedauern wegen dieser Ausgabe und die an sie geknüpfte Verarmungsangst, sind meinem Bewußtsein völlig fremd; ich habe das Bedauern nicht verspürt, als ich jene Summe zusagte, und fände die Motivierung desselben lächerlich. Ich würde mir eine solche Regung wahrscheinlich gar nicht zutrauen, wenn ich nicht durch die Übung in Psychoanalysen bei Patienten mit dem Verdrängten im Seelenleben ziemlich vertraut wäre, und wenn ich nicht vor einigen Tagen einen Traum gehabt hätte, welcher die nämliche Lösung erforderte.[33]

5) Nach W. *Stekel* zitiere ich folgenden Fall, für dessen Authentizität ich gleichfalls einstehen kann: „Ein geradezu unglaubliches Beispiel von Verschreiben und Verlesen ist in der Redaktion eines verbreiteten Wochenblattes vorgekommen. Die betreffende Leitung wurde öffentlich als ‚käuflich' bezeichnet; es galt, einen Artikel der Abwehr und Verteidigung zu schreiben. Das geschah auch – mit großer Wärme und großem Pathos. Der Chefredakteur des Blattes las den Artikel, der Verfasser selbstverständlich mehrmals im Manuskript, dann noch im Bürstenabzug, alle waren sehr befriedigt. Plötzlich meldet sich der Korrektor und macht auf einen kleinen Fehler aufmerksam, der der Aufmerksamkeit aller entgangen war. Dort stand es ja deutlich: ‚Unsere Leser werden uns das Zeugnis ausstellen, daß wir immer in *eigennützigster* Weise für das Wohl der Allgemeinheit eingetreten sind.' Selbstverständlich sollte es *uneigennützigster* Weise heißen. Aber die wahren Gedanken brachen mit elementarer Gewalt durch die pathetische Rede."

6) Einer Leserin des *Pester Lloyd*, Frau *Kata Levy* in Budapest, ist kürzlich eine ähnlich unbeabsichtigte Aufrichtigkeit in einer Äußerung aufgefallen, die sich das Blatt am 11. Oktober 1918 aus Wien hatte telegraphieren lassen:

„Als zweifellos darf auf Grund des absoluten Vertrauensverhältnisses, das während des ganzen Krieges zwischen uns und dem deutschen Verbündeten geherrscht hat, vorausgesetzt werden, daß die beiden Mächte in jedem Falle zu einer einmütigen Entschließung gelangen würden. Es ist überflüssig, noch ausdrücklich zu erwähnen, daß auch in der gegenwärtigen Phase ein reges und *lükkenhaftes* Zusammenarbeiten der verbündeten Diplomatien stattfindet."

---

[33] Es ist dies jener Traum, den ich in einer kurzen Abhandlung: *Über den Traum*, (Nr. VIII der *Grenzfragen des Nerven- und Seelenlebens*, hg. von Löwenfeld und Kurella, 1901) zum Paradigma genommen habe.

Nur wenige Wochen später konnte man sich über dieses „Vertrauensverhältnis" freimütiger äußern, brauchte man nicht mehr zum Verschreiben (oder Verdrucken) zu flüchten.

7) Ein in Europa weilender Amerikaner, der seine Frau in schlechtem Einvernehmen verlassen hat, glaubt, daß er sich nun mit ihr versöhnen könne, und fordert sie auf, ihm zu einem bestimmten Termin über den Ozean nachzukommen: „Es wäre schön", schreibt er, „wenn Du wie ich mit der ‚*Mauretania*' fahren könntest." Das Blatt, auf dem dieser Satz steht, getraut er sich dann aber nicht abzuschicken. Er zieht es vor, es neu zu schreiben. Denn er will nicht, daß sie die Korrektur bemerke, die an dem Namen des Schiffes notwendig geworden war. Er hatte nämlich anfänglich „*Lusitania*" geschrieben.

Dies Verschreiben bedarf keiner Erläuterung, es ist ohne weiteres deutbar. Doch läßt die Gunst des Zufalles noch einiges hinzufügen: Seine Frau war vor dem Kriege zum erstenmal nach Europa gefahren, nach dem Tode ihrer einzigen Schwester. Wenn ich nicht irre, ist die „*Mauretania*" das überlebende Schwesterschiff der während des Krieges versenkten „*Lusitania*".

8) Ein Arzt hat ein Kind untersucht und schreibt nun ein Rezept für dasselbe nieder, in welchem *Alcohol* vorkommt. Die Mutter belästigt ihn während dieser Tätigkeit mit törichten und überflüssigen Fragen. Er nimmt sich innerlich fest vor, sich jetzt darüber nicht zu ärgern, führt diesen Vorsatz auch durch, hat sich aber während der Störung verschrieben. Auf dem Rezept steht anstatt *Alcohol* zu lesen *Achol*.[34]

9) Der stofflichen Verwandtschaft wegen reihe ich hier einen Fall an, den *E. Jones* von *A. A. Brill* berichtet. Letzterer hatte sich, obwohl sonst völlig abstinent, von einem Freunde verleiten lassen, etwas Wein zu trinken. Am nächsten Morgen gab ihm ein heftiger Kopfschmerz Anlaß, diese Nachgiebigkeit zu bedauern. Er hatte den Namen einer Patientin niederzuschreiben, die *Ethel* hieß, und schrieb anstatt dessen *Ethyl*.[35] Es kam dabei wohl auch in Betracht, daß die betreffende Dame selbst mehr zu trinken pflegte, als ihr gut tat.

Da ein Verschreiben des Arztes beim Rezeptieren eine Bedeutung beansprucht, die weit über den sonstigen praktischen Wert der Fehlleistungen hinausgeht, bediene ich mich des Anlasses, um die einzige bis jetzt publizierte Analyse von solchem ärztlichen Verschreiben ausführlich mitzuteilen:

10) Dr. Ed. *Hitschmann* (Ein wiederholter Fall von Verschreiben bei der Rezeptierung): „Ein Kollege erzählte mir, es sei ihm im Laufe der Jahre mehrmals passiert, daß er sich beim Verschreiben eines bestimmten Medikaments

[34] Etwa: Keine Galle.

[35] Äthylalkohol.

für weibliche Patienten vorgeschrittenen Alters irrte. Zweimal verschrieb er die zehnfache Dosis und mußte nachher, da ihm dies plötzlich einfiel, unter größter Angst, der Patientin geschadet zu haben und selbst in größte Unannehmlichkeit zu kommen, eiligst die Zurückziehung des Rezepts anstreben. Diese sonderbare Symptomhandlung verdient durch genauere Darstellung der einzelnen Fälle und durch Analyse klargelegt zu werden.

Erster Fall: Der Arzt verschreibt einer an der Schwelle des Greisenalters stehenden armen Frau gegen spastische Obstipation zehnfach zu starke Belladonna-Zäpfchen. Er verläßt das Ambulatorium und etwa eine Stunde später fällt ihm zu Hause, während er Zeitung liest und frühstückt, plötzlich sein Irrtum ein; es überfällt ihn Angst, er eilt zunächst ins Ambulatorium zurück, um die Adresse der Patientin zu requirieren, und von dort in ihre weit entlegene Wohnung. Er findet das alte Weiblein noch mit unausgeführtem Rezept, worüber er höchst erfreut und beruhigt heimkehrt. Er entschuldigt sich vor sich selbst nicht ohne Berechtigung damit, daß ihm der gesprächige Chef der Ambulanz während der Rezeptur über die Schulter geschaut und ihn gestört hatte.

Zweiter Fall: Der Arzt muß sich aus seiner Ordination von einer koketten und pikant schönen Patientin losreißen, um ein älteres Fräulein ärztlich aufzusuchen. Er benützt ein Automobil, da er nicht viel Zeit für diesen Besuch übrig hat; denn er soll um eine bestimmte Stunde, nahe von ihrer Wohnung, ein geliebtes junges Mädchen heimlich treffen. Auch hier ergibt sich die Indikation für Belladonna wegen analoger Beschwerden wie im ersten Falle. Es wird wieder der Fehler begangen, das Medikament zehnfach zu stark zu rezeptieren. Die Patientin bringt einiges nicht zum Gegenstand gehörige Interessante vor, der Arzt aber verrät Ungeduld, wenn er sie auch mit Worten verleugnet, und verläßt die Patientin, so daß er reichlich zurecht zum Rendezvous erscheint. Etwa zwölf Stunden nachher, gegen sieben Uhr morgens, erwacht der Arzt; der Einfall seines Verschreibens und Angst treten fast gleichzeitig in sein Bewußtsein, und er sendet rasch zu der Kranken, in der Hoffnung, daß das Medikament noch nicht aus der Apotheke geholt sei, und bittet um Rückstellung des Rezepts, um es zu revidieren. Er erhält jedoch das bereits ausgeführte Rezept zurück und begibt sich mit einer gewissen stoischen Resignation und dem Optimismus des Erfahrenen in die Apotheke, wo ihn der Provisor damit beruhigt, daß er selbstverständlich (oder vielleicht auch durch ein Versehen?) das Medikament in einer geringeren Dosis verabreicht habe.

Dritter Fall: Der Arzt will seiner greisen Tante, Schwester seiner Mutter, die Mischung von Tinct. belladonnae und Tinct. opii in harmloser Dosis verschreiben. Das Rezept wird sofort durch das Mädchen in die Apotheke getragen. Ganz kurze Zeit später fällt dem Arzt ein, daß er anstatt tinctura ‚extractum‘

geschrieben habe, und gleich darauf telephoniert der Apotheker, über diesen Irrtum interpellierend. Der Arzt entschuldigt sich mit der erlogenen Ausrede, er hätte das Rezept noch nicht vollendet gehabt, es sei ihm durch die unerwartet rasche Wegnehmung des Rezepts vom Tische die Schuld abgenommen.

Die auffällig gemeinsamen Punkte dieser drei Irrtümer in der Verschreibung sind darin gelegen, daß es dem Arzte nur bei diesem einen Medikament bisher passiert ist, daß es sich jedesmal um eine weibliche Patientin im vorgeschrittenen Alter handelte und daß die Dosis immer zu stark war. Bei der kurzen Analyse stellte es sich heraus, daß das Verhältnis des Arztes zur Mutter von entscheidender Bedeutung sein mußte. Es fiel ihm nämlich ein, daß er einmal – und zwar höchstwahrscheinlich vor diesen Symptomhandlungen – seiner gleichfalls greisen Mutter dasselbe Rezept verschrieben hatte, und zwar in der Dosis von 0.03, obwohl die gewöhnliche 0.02 ihm geläufiger war, um ihr radikal zu helfen, wie er sich dachte. Die Reaktion der zarten Mutter auf dieses Medikament war Kopfkongestion und unangenehme Trockenheit im Rachen. Sie beklagte sich darüber mit einer halb scherzhaften Anspielung auf die gefährlichen Ordinationen, die von einem Sohne ausgehen können. Auch sonst hat die Mutter, übrigens Arztenstochter, gegen gelegentlich vom ärztlichen Sohne empfohlene Medikamente ähnlich ablehnende, halb scherzhafte Einwendungen erhoben und vom Vergiften gesprochen.

Soweit Referent die Beziehungen dieses Sohnes zu seiner Mutter durchschaut, ist er zwar ein instinktiv liebevolles Kind, aber in der geistigen Schätzung der Mutter und im persönlichen Respekt keineswegs übertrieben. Mit dem um ein Jahr jüngeren Bruder und der Mutter in gemeinsamem Haushalt lebend, empfindet er dieses Zusammensein seit Jahren für seine erotische Freiheit als Hemmung, wobei wir allerdings aus psychoanalytischer Erfahrung wissen, daß solche Begründungen zum Vorwand für inneres Gebundensein gern mißbraucht werden. Der Arzt akzeptierte die Analyse unter ziemlicher Befriedigung über die Aufklärung und meinte lächelnd, das Wort Belladonna = schöne Frau könnte auch eine erotische Beziehung bedeuten. Er hat das Medikament früher gelegentlich auch selbst verwendet.“ (Internat. Zeitschr. f. Psychoanalyse, I, 1913.)

Ich möchte urteilen, daß solche ernsthaften Fehlleistungen auf keinem anderen Wege zustande kommen als die harmlosen, die wir sonst untersuchen.

11) Für ganz besonders harmlos wird man das nachstehende, von *S. Ferenczi* berichtete Verschreiben halten. Man kann es als Verdichtungsleistung infolge von Ungeduld deuten (vergl. das Versprechen: Der Apfe, S. 544 und wird diese Auffassung verteidigen dürfen, bis nicht etwa eine eingehende Analyse des Vorfalls ein stärkeres störendes Moment nachgewiesen hätte:

„Hiezu paßt die Anek*tode*" – schreibe ich einmal in mein Notizbuch. Natürlich meinte ich *Anekdote*, und zwar von einem zum Tode verurteilten Zigeuner, der sich die Gnade erbat, selber den Baum zu wählen, auf den er gehängt werden soll. (Er fand trotz eifrigen Suchens keinen passenden Baum.)

12) Andere Male kann im Gegensatz hierzu der unscheinbarste Schreibfehler gefährlichen geheimen Sinn zum Ausdruck bringen. Ein Anonymus berichtet:

„Ich schließe einen Brief mit den Worten: ‚Herzlichste Grüße an Ihre Frau Gemahlin und *ihren* Sohn.' Knapp bevor ich das Blatt ins Kuvert stecke, bemerke ich den Irrtum im Anfangsbuchstaben bei ‚ihren Sohn' und verbessere ihn. Auf dem Heimweg von dem letzten Besuche bei diesem Ehepaar hatte meine Begleiterin bemerkt, der Sohn sehe einem Hausfreund frappant ähnlich und sei auch sicher sein Kind."

13) Eine Dame richtet an ihre Schwester einige beglückwünschende Zeilen zum Einzug in deren neue und geräumige Wohnung. Eine dabei anwesende Freundin bemerkt, daß die Schreiberin eine falsche Adresse auf den Brief gesetzt hat, und zwar nicht die der eben verlassenen Wohnung, sondern die der ersten, längst aufgegebenen, welche die Schwester als eben verheiratete Frau bezogen hatte. Sie macht die Schreiberin darauf aufmerksam. „Sie haben recht, muß diese zugeben, aber wie komme ich darauf? Warum habe ich das getan?" Die Freundin meint: „Wahrscheinlich gönnen Sie ihr die schöne große Wohnung nicht, die sie jetzt bekommen soll, während Sie sich selbst im Raum beengt fühlen, und versetzen sie darum in die erste Wohnung zurück, in der sie es auch nicht besser hatte." – „Gewiß gönne ich ihr die neue Wohnung nicht", gesteht die andere ehrlich zu. Sie setzt dann fort: „Wie schade, daß man bei diesen Dingen immer so gemein ist!"

14) E. Jones teilt folgendes, ihm von *A. A. Brill* überlassene Beispiel von Verschreiben mit: Ein Patient richtete an Dr. *Brill* ein Schreiben, in welchem er sich bemühte, seine Nervosität auf die Sorge und Erregung über den Geschäftsgang während einer Baumwollkrise zurückzuführen. In diesem Schreiben hieß es: *„my trouble is all due to that damned frigid wave; there isn't even any seed.*" Er meinte mit *„wave"* natürlich eine Welle, Strömung auf dem Geldmarkt; in Wirklichkeit schrieb er aber nicht *wave*, sondern *wife*. Auf dem Grunde seines Herzens ruhten Vorwürfe gegen seine Frau wegen ihrer ehelichen Kälte und ihrer Kinderlosigkeit, und er war nicht weit entfernt von der Erkenntnis, daß die ihm aufgezwungene Entbehrung einen großen Anteil an der Verursachung seines Leidens habe.

15) Dr. *R. Wagner* erzählt von sich im Zentralblatt für Psychoanalyse, I, 12: „Beim Durchlesen eines alten Kollegienheftes fand ich, daß mir in der Geschwindigkeit des Mitschreibens ein kleiner Lapsus unterlaufen war. Statt ‚E*p*ithel' hatte ich nämlich ‚E*d*ithel' geschrieben. Mit Betonung der ersten Silbe gibt das das

Diminutivum eines Mädchennamens. Die retrospektive Analyse ist einfach genug. Zur Zeit des Verschreibens war die Bekanntschaft zwischen mir und der Trägerin dieses Namens nur eine ganz oberflächliche, und erst viel später wurde daraus ein intimer Verkehr. Das Verschreiben ist also ein hübscher Beweis für den Durchbruch der unbewußten Neigung zu einer Zeit, wo ich selbst eigentlich davon noch keine Ahnung hatte, und die gewählte Form des Diminutivums charakterisiert gleichzeitig die begleitenden Gefühle."

16) Frau Dr. *v. Hug-Hellmuth*: „Ein Arzt verordnet einer Patientin *Levitico-* statt *Levico*wasser. Dieser Irrtum, der einem Apotheker willkommenen Anlaß zu abfälligen Bemerkungen gegeben hatte, kann leicht einer milderen Auffassung begegnen, wenn man nach den möglichen Beweggründen aus dem Unbewußten forscht und ihnen, sind sie auch nur subjektive Annahme eines diesem Arzte Fernstehenden, eine gewisse Wahrscheinlichkeit nicht von vornherein abspricht: Dieser Arzt erfreute sich, trotzdem er seinen Patienten ihre wenig rationelle Ernährung in ziemlich derben Worten vorhielt, ihnen sozusagen die *Leviten* las, starken Zuspruchs, so daß sein Wartezimmer vor und in der Ordinationsstunde dicht besetzt war, was den Wunsch des Arztes rechtfertigte, das Ankleiden der absolvierten Patienten möge sich möglichst rasch, *vite, vite* vollziehen. Wie ich mich richtig zu erinnern glaubte, war seine Gattin aus Frankreich gebürtig, was die etwas kühn scheinende Annahme, daß er sich bei seinem Wunsche nach größerer Geschwindigkeit seiner Patienten gerade der französischen Sprache bediente, einigermaßen rechtfertigt. Übrigens ist es eine bei vielen Personen anzutreffende Gewohnheit, solchen Wünschen in fremder Sprache Worte zu verleihen, wie mein eigener Vater uns Kinder bei Spaziergängen gern durch den Zuruf ‚*Avanti gioventù*' oder ‚*Marchez au pas*' zur Eile drängte, dagegen wieder ein schon recht bejahrter Arzt, bei dem ich als junges Mädchen wegen eines Halsübels in Behandlung stand, meine ihm allzu raschen Bewegungen durch ein beschwichtigendes ‚*Piano, piano*' zu hemmen suchte. So erscheint es mir recht gut denkbar, daß auch jener Arzt dieser Gewohnheit huldigte; und so ‚verschreibt' er Levitico- – statt Levicowasser." (Zentralblatt für Psychoanalyse, II, 5.)

Andere Beispiele aus der Jugenderinnerung der Verfasserin ebendaselbst (*frazösisch* statt französisch – Verschreiben des Namens *Karl*).

17) Ein Verschreiben, das sich inhaltlich mit einem bekannten schlechten Witz deckt, bei dem aber die Witzabsicht sicherlich ausgeschlossen war, danke ich der Mitteilung eines Herrn J. G., von dem ein anderer Beitrag bereits Erwähnung gefunden hat: „Als Patient eines (Lungen-)Sanatoriums erfahre ich zu meinem Bedauern, daß bei einem nahen Verwandten dieselbe Krankheit konstatiert wurde, die mich zur Aufsuchung einer Heilanstalt genötigt hat. In einem Briefe lege ich nun meinem Verwandten nahe, zu einem Spezialisten zu gehen, einem bekannten Professor, bei dem ich selbst in Behandlung stehe, und von dessen medizinischer Autorität ich überzeugt bin, während ich anderseits allen Grund habe, seine Unhöflichkeit zu beklagen; denn der betreffende Professor hat mir – erst kurze Zeit vorher – die Ausstellung eines Zeugnisses verweigert, das für mich von großer Wichtigkeit war. In der Antwort auf meinen Brief werde ich von meinem Verwandten auf einen Schreibfehler aufmerksam gemacht, der mich, da ich seine Ursache augenblicklich erkannte, außerordentlich erheiterte. Ich hatte in meinem Schreiben folgenden Passus verwendet: „... übrigens rate ich Dir, ohne Verzögerung Prof. X. zu *in*sultieren.‘ Natürlich hatte ich *kon*sultieren schreiben wollen. – Es bedarf vielleicht des Hinweises darauf, daß meine Latein- und Französischkenntnisse die Erklärung ausschalten, daß es sich um einen aus Unwissenheit resultierenden Fehler handelte.“

18) Auslassungen im Schreiben haben natürlich Anspruch auf dieselbe Beurteilung wie Verschreibungen. Im Zentralblatt für Psychoanalyse, I, 12, hat Dr. jur. *B. Dattner* ein merkwürdiges Beispiel einer „historischen Fehlleistung“ mitgeteilt. In einem der Gesetzesartikel über finanzielle Verpflichtungen der beiden Staaten, welche in dem Ausgleich zwischen Österreich und Ungarn im Jahre 1867 vereinbart wurden, ist das Wort *effektiv* in der ungarischen Übersetzung weggeblieben, und *Dattner* macht es wahrscheinlich, daß die unbewußte Strömung der ungarischen Gesetzesredaktoren, Österreich möglichst wenig Vorteile zuzugestehen, an dieser Auslassung beteiligt gewesen sei.

Wir haben auch allen Grund anzunehmen, daß die so häufigen Wiederholungen derselben Worte beim Schreiben und Abschreiben – Perseverationen – gleichfalls nicht bedeutungslos sind. Setzt der Schreiber dasselbe Wort, das er bereits geschrieben hat, noch ein zweites Mal hin, so zeigt er damit wohl, daß er von diesem Worte nicht so leicht losgekommen ist, daß er an dieser Stelle mehr hätte äußern können, was er aber unterlassen hat, oder ähnliches. Die Perseveration beim Abschreiben scheint die Äußerung eines „auch, auch ich“ zu ersetzen. Ich habe lange gerichtsärztliche Gutachten in der Hand gehabt, welche Perseverationen von seiten des Abschreibers an besonders ausgezeichneten Stellen aufwiesen, und hätte sie gern so gedeutet, als ob der seiner unpersönlichen Rolle Überdrüssige die Glosse einfügen würde: Ganz mein Fall, oder ganz so wie bei uns.

19) Es steht ferner nichts im Wege, die Druckfehler als „Verschreibungen“ des Setzers zu behandeln und sie als größtenteils motiviert aufzufassen. Eine systematische Sammlung solcher Fehlleistungen, die recht amüsant und lehrreich ausfallen könnte, habe ich nicht angelegt. *Jones* hat in seiner hier mehrfach erwähnten Arbeit den „Misprints“ einen besonderen Absatz gewidmet. Auch die Entstellungen in Telegrammen lassen sich gelegentlich als Verschreibungen des Telegraphisten verstehen. In den Sommerferien trifft mich ein Telegramm meines Verlags, dessen Text mir unbegreiflich ist. Es lautet:

„Vor*räte* erhalten, Ein*lad*ung X. dringend." Die Lösung des Rätsels geht von dem darin erwähnten Namen X. aus. X. ist doch der Autor, zu dessen Buch ich eine Einleitung schreiben soll. Aus dieser Einleitung ist die Einladung geworden. Dann darf ich mich aber erinnern, daß ich vor einigen Tagen eine Vorrede zu einem anderen Buch an den Verlag abgeschickt habe, deren Eintreffen mir also so bestätigt wird. Der richtige Text hat sehr wahrscheinlich so geheißen:

„Vorrede erhalten, Einleitung X. dringend." Wir dürfen annehmen, daß er einer Bearbeitung durch den Hungerkomplex des Telegraphisten zum Opfer gefallen ist, wobei übrigens die beiden Hälften des Satzes in innigeren Zusammenhang gebracht wurden, als vom Absender beabsichtigt war. Nebstbei ein schönes Beispiel von „sekundärer Bearbeitung", wie sie in den meisten Träumen nachweisbar ist.[36]

H. *Silberer* erörtert in der Internat. Zeitschrift für Psychoanalyse, VIII, 1922, die Möglichkeit „tendenziöser Druckfehler."

Gelegentlich sind von anderen Druckfehler aufgezeigt worden, denen man eine Tendenz nicht leicht streitig machen kann, so von *Storfer* im Zentralblatt für Psychoanalyse, II, 1914: *Der politische Druckfehlerteufel* und ibid. III, 1915, die kleine Notiz, die ich hier abdrucke:

20) „Ein politischer Druckfehler findet sich in der Nummer des *März* vom 25. April d. J. In einem Briefe aus Argyrokastron wurden Äußerungen von Zographos, dem Führer der aufständischen Epiroten in Albanien (oder wenn man will: dem Präsidenten der unabhängigen Regierung des Epirus) wiedergegeben. Unter anderem heißt es: ‚Glauben Sie mir; ein autonomer Epirus läge im ureigensten Interesse des Fürsten Wied. Auf ihn könnte er sich *stürzen* ...' Daß die Annahme der Stütze, die ihm die Epiroten anbieten, seinen Sturz bedeuten würde, weiß wohl der Fürst von Albanien auch ohne jenen fatalen Druckfehler."

21) Ich las selbst vor kurzem in einer unserer Wiener Tageszeitungen einen Aufsatz *Die Bukowina unter rumänischer Herrschaft*, dessen Überschrift man zum mindesten als verfrüht erklären durfte, denn damals hatten sich die Rumänen noch nicht zu ihrer Feindseligkeit bekannt. Es hätte nach dem Inhalt unzweifelhaft *russisch* anstatt rumänisch heißen müssen, aber auch dem Zensor scheint die Zusammenstellung so wenig befremdend gewesen zu sein, daß er selbst diesen Druckfehler übersah.

Es ist schwer, nicht an einen „politischen" Druckfehler zu denken, wenn man in dem gedruckten Zirkular der rühmlich bekannten (ehemaligen k. k.

[36] Vgl. *Traumdeutung*, Abschnitt über die Traumarbeit.

Hof-)Buchdruckerei *Karl Prochaska* in Teschen folgende orthographische Verschreibung liest:

„P. T. Durch den Machtspruch der Entente wurde durch die Bestimmung des Olsaflusses als Grenze nicht nur Schlesien, sondern auch Teschen in zwei Teile geteilt, von welchen einer Polen, der andere der Tschecho-Slovakei zu*v*iel."

In amüsanter Weise mußte sich *Th. Fontane* einmal gegen einen allzu sinnreichen Druckfehler zur Wehre setzen. Er schrieb am 29. März 1860 an den Verleger Julius Springer:

Sehr geehrter Herr!
Es scheint mir nicht beschieden, meine kleinen Wünsche in Erfüllung gehen zu sehen. Ein Einblick in den Korrekturbogen[37], den ich beischließe, wird Ihnen sagen, was ich meine. Auch hat man mir nur einen Bogen geschickt, wiewohl ich zwei, aus angegebenen Gründen, brauche. Auch die Wiedereinsendung des ersten Bogens zu nochmaliger Durchsicht – *namentlich der englischen Wörter und Sätze halber* – ist nicht erfolgt. Mir liegt sehr daran. Seite 27 heißt es z. B. im heutigen Korrekturbogen in einer Szene zwischen John Knox und der Königin: „worauf Maria *aa*srief." Solchen fulminanten Sachen gegenüber will man gern die Beruhigung haben, daß der Fehler auch wirklich beseitigt ist. Es ist dies unglückliche „aas" statt „aus" um so schlimmer, als kein Zweifel ist, daß sie (die Königin) ihn im stillen wirklich so genannt haben wird. Mit bekannter Hochachtung

Ihr ergebenster Th. Fontane.

Wundt gibt eine bemerkenswerte Begründung für die leicht zu bestätigende Tatsache, daß wir uns leichter verschreiben als versprechen (l. c. S. 374). „Im Verlaufe der normalen Rede ist fortwährend die Hemmungsfunktion des Willens dahin gerichtet, Vorstellungsverlauf und Artikulationsbewegung miteinander in Einklang zu bringen. Wird die den Vorstellungen folgende Ausdrucksbewegung durch mechanische Ursachen verlangsamt wie beim Schreiben ..., so treten daher solche Antizipationen besonders leicht ein."

Die Beobachtung der Bedingungen, unter denen das Verlesen auftritt, gibt Anlaß zu einem Zweifel, den ich nicht unerwähnt lassen möchte, weil er nach meiner Schätzung der Ausgangspunkt einer fruchtbaren Untersuchung werden kann. Es ist jedermann bekannt, wie häufig beim Vorlesen die Aufmerksamkeit des Lesenden den Text verläßt und sich eigenen Gedanken zuwendet. Die Folge

[37] Es handelt sich um den Druck des 1860 bei Julius Springer erschienenen Buches *Jenseits des Tweed. Bilder und Briefe aus Schottland.*

dieses Abschweifens der Aufmerksamkeit ist nicht selten, daß er überhaupt nicht anzugeben weiß, was er gelesen hat, wenn man ihn im Vorlesen unterbricht und befragt. Er hat dann wie automatisch gelesen, aber er hat fast immer richtig vorgelesen. Ich glaube nicht, daß die Lesefehler sich unter solchen Bedingungen merklich vermehren. Von einer ganzen Reihe von Funktionen sind wir auch gewohnt anzunehmen, daß sie automatisch, also von kaum bewußter Aufmerksamkeit begleitet, am exaktesten vollzogen werden. Daraus scheint zu folgen, daß die Aufmerksamkeitsbedingung der Sprech-, Lese- und Schreibfehler anders zu bestimmen ist, als sie bei *Wundt* lautet (Wegfall oder Nachlaß der Aufmerksamkeit). Die Beispiele, die wir der Analyse unterzogen haben, gaben uns eigentlich nicht das Recht, eine quantitative Verminderung der Aufmerksamkeit anzunehmen; wir fanden, was vielleicht nicht ganz dasselbe ist, eine Störung der Aufmerksamkeit durch einen fremden, Anspruch erhebenden Gedanken.

*

Zwischen „Verschreiben" und „Vergessen" darf man den Fall einschalten, daß jemand eine Unterschrift anzubringen vergißt. Ein nicht unterschriebener Scheck ist soviel wie ein vergessener. Für die Bedeutung eines solchen Vergessens will ich eine Stelle aus einem Roman anführen, die Dr. *H. Sachs* aufgefallen ist:

„Ein sehr lehrreiches und durchsichtiges Beispiel, mit welcher Sicherheit die Dichter den Mechanismus der Fehl- und Symptomhandlungen im Sinne der Psychoanalyse zu verwenden wissen, enthält der Roman von *John Galsworthy*: *The Island Pharisees*. Im Mittelpunkte steht das Schwanken eines jungen Mannes, der dem reichen Mittelstand angehört, zwischen tiefem sozialen Mitgefühl und den gesellschaftlichen Konventionen seiner Klasse. Im XXVI. Kapitel wird geschildert, wie er auf einen Brief eines jungen Vagabunden reagiert, den er, durch seine originelle Lebensauffassung angezogen, einigemal unterstützt hatte. Der Brief enthält keine direkte Bitte um Geld, aber die Schilderung einer großen Notlage, die keine andere Deutung zuläßt. Der Empfänger weist zunächst den Gedanken von sich, das Geld an einen Unverbesserlichen wegzuwerfen, statt damit wohltätige Anstalten zu unterstützen. ‚Eine helfende Hand, ein Stück von sich selbst, ein kameradschaftliches Nicken einem Mitgeschöpf zu geben, ohne Rücksicht auf einen Anspruch, nur weil es ihm eben schlecht ging, welch ein sentimentaler Unsinn! Irgendwo muß der Scheidestrich gezogen werden!' Aber während er diese Schlußfolgerung vor sich hinmurmelte, fühlte er, wie seine Aufrichtigkeit Einspruch erhob: ‚Schwindler! Du willst dein Geld behalten, das ist alles!'

Er schreibt daraufhin einen freundlichen Brief, der mit den Worten endigt: ‚Ich schließe einen Scheck bei. Aufrichtig Ihr Richard Shelton.'

‚Bevor er noch den Scheck geschrieben hatte, lenkte eine Motte, die um die Kerze schwirrte, seine Aufmerksamkeit ab; er ging daran, sie zu fangen und im Freien loszulassen, darüber vergaß er aber, daß der Scheck nicht in den Brief eingeschlossen war.‘ Der Brief wird auch wirklich, so wie er ist, befördert.

Das Vergessen ist aber noch feiner motiviert als durch die Durchsetzung der scheinbar überwundenen selbstsüchtigen Tendenz, sich die Ausgabe zu ersparen.

Shelton fühlt sich auf dem Landsitz seiner künftigen Schwiegereltern mitten zwischen seiner Braut, ihrer Familie und deren Gästen vereinsamt; durch seine Fehlhandlung wird angedeutet, daß er sich nach seinem Schützling sehnt, der durch seine Vergangenheit und Lebensauffassung den vollsten Gegensatz zu der ihn umgebenden tadellosen, nach ein und derselben Konvention gleichförmig abgestempelten Umgebung bildet. Tatsächlich kommt dieser, der ohne die Unterstützung sich auf seinem Posten nicht mehr halten kann, einige Tage nachher an, um sich Aufklärung über die Gründe der Abwesenheit des angekündigten Schecks zu verschaffen.“

VII
Vergessen von Eindrücken und Vorsätzen

Wenn jemand geneigt sein sollte, den Stand unserer gegenwärtigen Kenntnis vom Seelenleben zu überschätzen, so brauchte man ihn nur an die Gedächtnisfunktion zu mahnen, um ihn zur Bescheidenheit zu zwingen. Keine psychologische Theorie hat es noch vermocht, von dem fundamentalen Phänomen des Erinnerns und Vergessens im Zusammenhange Rechenschaft zugeben; ja, die vollständige Zergliederung dessen, was man tatsächlich beobachten kann, ist noch kaum in Angriff genommen. Vielleicht ist uns heute das Vergessen rätselhafter geworden als das Erinnern, seitdem uns das Studium des Traumes und pathologischer Ereignisse gelehrt hat, daß auch das plötzlich wieder im Bewußtsein auftauchen kann, was wir für längst vergessen geschätzt haben.

Wir sind allerdings im Besitze einiger weniger Gesichtspunkte, für welche wir allgemeine Anerkennung erwarten. Wir nehmen an, daß das Vergessen ein spontaner Vorgang ist, dem man einen gewissen zeitlichen Ablauf zuschreiben kann. Wir heben hervor, daß beim Vergessen eine gewisse Auswahl unter den dargebotenen Eindrücken stattfindet und ebenso unter den Einzelheiten eines jeden Eindrucks oder Erlebnisses. Wir kennen einige der Bedingungen für die Haltbarkeit im Gedächtnis und für die Erweckbarkeit dessen, was sonst vergessen würde. Bei unzähligen Anlässen im täglichen Leben können wir aber bemerken, wie unvollständig und unbefriedigend unsere Erkenntnis ist. Man höre zu, wie zwei Personen, die gemeinsam äußere Eindrücke empfangen, z. B. eine Reise miteinander gemacht haben, eine Zeitlang später ihre Erinnerungen austauschen. Was dem einen fest im Gedächtnis geblieben ist, das hat der andere oft vergessen, als ob es nicht geschehen wäre, und zwar ohne daß man ein Recht zur Behauptung hätte, der Eindruck sei für den einen psychisch bedeutsamer gewesen als für den anderen. Eine ganze Anzahl der die Auswahl fürs Gedächtnis bestimmenden Momente entzieht sich offenbar noch unserer Kenntnis.

In der Absicht, zur Kenntnis der Bedingungen des Vergessens einen kleinen Beitrag zu liefern, pflege ich die Fälle, in denen mir das Vergessen selbst widerfährt, einer psychologischen Analyse zu unterziehen. Ich beschäftige mich in der Regel nur mit einer gewissen Gruppe dieser Fälle, mit jenen nämlich, in denen das Vergessen mich in Erstaunen setzt, weil ich nach meiner Erwartung das Betreffende wissen sollte. Ich will noch bemerken, daß ich zur Vergeßlichkeit im allgemeinen (für Erlebtes, nicht für Gelerntes!) nicht neige, und daß ich durch eine kurze Periode meiner Jugend auch außergewöhnlicher Gedächtnisleistungen nicht unfähig war. In meiner Schulknabenzeit war es mir selbstverständlich, die Seite des Buches, die ich gelesen hatte, auswendig hersagen zu können, und kurz vor der Universität war ich imstande, populäre Vorträge wissenschaftlichen Inhalts unmittelbar nachher fast wortgetreu niederzuschreiben. In der Spannung vor dem letzten medizinischen Rigorosum muß ich noch Gebrauch von dem Reste dieser Fähigkeit gemacht haben, denn ich gab in einigen Gegenständen den Prüfern wie automatisch Antworten, die sich getreu mit dem Texte des Lehrbuches deckten, welchen ich doch nur einmal in der größten Hast durchflogen hatte.

Die Verfügung über den Gedächnisschatz ist seither bei mir immer schlechter geworden, doch habe ich mich bis in die letzte Zeit hinein überzeugt, daß ich mit Hilfe eines Kunstgriffes weit mehr erinnern kann, als ich mir sonst zutraue. Wenn z. B. ein Patient in der Sprechstunde sich darauf beruft, daß ich ihn schon einmal gesehen habe, und ich mich weder an die Tatsache noch an den Zeitpunkt erinnern kann, so helfe ich mir, indem ich rate, d. h. mir rasch eine Zahl von Jahren, von der Gegenwart an gerechnet, einfallen lasse. Wo Aufschreibungen oder die sichere Angabe des Patienten eine Kontrolle meines Einfalles ermöglichen, da zeigt es sich, daß ich selten um mehr als ein Halbjahr bei über zehn Jahren geirrt habe.[38] Ähnlich, wenn ich einen entfernteren Bekannten treffe, den ich aus Höflichkeit nach seinen kleinen Kindern frage. Erzählt er von den

---

[38] Gewöhnlich pflegen dann im Laufe der Besprechung die Einzelheiten des damaligen ersten Besuches bewußt aufzutauchen.

Fortschritten derselben, so suche ich mir einfallen zu lassen, wie alt das Kind jetzt ist, kontrolliere durch die Auskunft des Vaters und gehe höchstens um einen Monat, bei älteren Kindern um ein Vierteljahr fehl, obwohl ich nicht angeben kann, welche Anhaltspunkte ich für diese Schätzung hatte. Ich bin zuletzt so kühn geworden, daß ich meine Schätzung immer spontan vorbringe, und laufe dabei nicht Gefahr, den Vater durch die Bloßstellung meiner Unwissenheit über seinen Sprößling zu kränken. Ich erweitere so mein bewußtes Erinnern durch Anrufen meines jedenfalls weit reichhaltigeren unbewußten Gedächtnisses.

Ich werde also über *auffällige* Beispiele von Vergessen, die ich zumeist an mir selbst beobachtet, berichten. Ich unterscheide Vergessen von Eindrücken und Erlebnissen, also von Wissen, und Vergessen von Vorsätzen, also Unterlassungen. Das einförmige Ergebnis der ganzen Reihe von Beobachtungen kann ich voranstellen: *In allen Fällen erwies sich das Vergessen als begründet durch ein Unlustmotiv.*

A) Vergessen von Eindrücken und Kenntnissen

1) In einem Sommer gab mir meine Frau einen an sich harmlosen Anlaß zu heftigem Ärger. Wir saßen an der Table d'hôte einem Herrn aus Wien gegenüber, den ich kannte, und der sich wohl auch an mich zu erinnern wußte. Ich hatte aber meine Gründe, die Bekanntschaft nicht zu erneuern. Meine Frau, die nur den ansehnlichen Namen ihres Gegenüber gehört hatte, verriet zu sehr, daß sie seinem Gespräch mit den Nachbarn zuhörte, denn sie wandte sich von Zeit zu Zeit an mich mit Fragen, die den dort gesponnenen Faden aufnahmen. Ich wurde ungeduldig und endlich gereizt. Wenige Wochen später führte ich bei einer Verwandten Klage über dieses Verhalten meiner Frau. Ich war aber nicht imstande, auch nur ein Wort der Unterhaltung jenes Herrn zu erinnern. Da ich sonst eher nachtragend bin und keine Einzelheit eines Vorfalls, der mich geärgert hat, vergessen kann, ist meine Amnesie in diesem Falle wohl durch Rücksichten auf die Person der Ehefrau motiviert. Ähnlich erging es mir erst vor kurzem wieder. Ich wollte mich gegen einen intim Bekannten über eine Äußerung meiner Frau lustig machen, die erst vor wenigen Stunden gefallen war, fand mich aber in diesem Vorsatz durch den bemerkenswerten Umstand gehindert, daß ich die betreffende Äußerung spurlos vergessen hatte. Ich mußte erst meine Frau bitten, mich an dieselbe zu erinnern. Es ist leicht zu verstehen, daß dies mein Vergessen analog zu fassen ist der typischen Urteilsstörung, welcher wir unterliegen, wenn es sich um unsere nächsten Angehörigen handelt.

2) Ich hatte es übernommen, einer fremd in Wien angekommenen Dame eine kleine eiserne Handkassette zur Aufbewahrung ihrer Dokumente und Gelder zu besorgen. Als ich mich dazu erbot, schwebte mir mit ungewöhnlicher visueller Lebhaftigkeit das Bild einer Auslage in der Inneren Stadt vor, in welcher ich solche Kassen gesehen haben mußte. Ich konnte mich zwar an den Namen der Straße nicht erinnern, fühlte mich aber sicher, daß ich den Laden auf einem Spaziergang durch die Stadt auffinden werde, denn meine Erinnerung sagte mir, daß ich unzählige Male an ihm vorübergegangen sei. Zu meinem Ärger gelang es mir aber nicht, diese Auslage mit den Kassetten aufzufinden, obwohl ich die Innere Stadt nach allen Richtungen durchstreifte. Es blieb mir nichts anderes übrig, meinte ich, als mir aus einem Adressenkalender die Kassenfabrikanten herauszusuchen, um dann auf einem zweiten Rundgang die gesuchte Auslage zu identifizieren. Es bedurfte aber nicht so viel; unter den im Kalender angezeigten Adressen befand sich eine, die sich mir sofort als die vergessene enthüllte. Es war richtig, daß ich ungezählte Male an dem Auslagefenster vorübergegangen war; jedesmal nämlich, wenn ich die Familie M. besucht hatte, die seit langen Jahren in dem nämlichen Hause wohnt. Seitdem dieser intime Verkehr einer völligen Entfremdung gewichen war, pflegte ich, ohne mir von den Gründen Rechenschaft zu geben, auch die Gegend und das Haus zu meiden. Auf jenem Spaziergang durch die Stadt hatte ich, als ich die Kassetten in der Auslage suchte, jede Straße in der Umgebung begangen, dieser einen aber war ich, als ob ein Verbot darauf läge, ausgewichen. Das Unlustmotiv, welches in diesem Fall meine Unorientiertheit verschuldete, ist greifbar. Der Mechanismus des Vergessens ist aber nicht mehr so einfach wie im vorigen Beispiel. Meine Abneigung gilt natürlich nicht dem Kassenfabrikanten, sondern einem anderen, von dem ich nichts wissen will, und überträgt sich von diesem anderen auf die Gelegenheit, wo sie das Vergessen zustande bringt. Ganz ähnlich hatte im Falle *Burckhard* der Groll gegen den einen den Schreibfehler im Namen hervorgebracht, wo es sich um den anderen handelte. Was hier die Namensgleichheit leistete, die Verknüpfung zwischen zwei im Wesen verschiedenen Gedankenkreisen herzustellen, das konnte im Beispiel von dem Auslagefenster die Kontiguität im Raume, die untrennbare Nachbarschaft ersetzen. Übrigens war dieser letzte Fall fester gefügt; es fand sich noch eine zweite inhaltliche Verknüpfung vor, denn unter den Gründen der Entfremdung mit der im Hause wohnenden Familie hatte das Geld eine große Rolle gespielt.

3) Ich werde von dem Bureau B. & R. bestellt, einen ihrer Beamten ärztlich zu besuchen. Auf dem Wege zu dessen Wohnung beschäftigt mich die Idee, ich müßte schon wiederholt in dem Hause gewesen sein, in welchem sich die Firma befindet. Es ist mir, als ob mir die Tafel derselben in einem niedrigen Stockwerk aufgefallen wäre, während ich in einem höheren einen ärztlichen Besuch zu machen hatte. Ich kann mich aber weder daran erinnern, welches dieses Haus ist, noch wen ich dort besucht habe. Obwohl die ganze Angelegenheit gleichgültig und bedeutungslos ist, beschäftige ich mich doch mit ihr und erfahre endlich auf dem gewöhnlichen Umwege, indem ich meine Einfälle dazu sammle, daß sich einen Stock über den Lokalitäten der Firma B. & R. die Pension *Fischer* befindet, in welcher ich häufig Patienten besucht habe. Ich kenne jetzt auch das Haus, welches die Bureaus und die Pension beherbergt. Rätselhaft ist mir noch, welches Motiv bei diesem Vergessen im Spiele war. Ich finde nichts für die Erinnerung Anstößiges an der Firma selbst oder an Pension Fischer oder an den Patienten, die dort wohnten. Ich vermute auch, daß es sich um nicht sehr Peinliches handeln kann; sonst wäre es mir kaum gelungen, mich des Vergessenen auf einem Umwege wieder zu bemächtigen, ohne äußere Hilfsmittel wie im vorigen Beispiel heranzuziehen. Es fällt mir endlich ein, daß mich eben vorhin, als ich den Weg zu dem neuen Patienten antrat, ein Herr auf der Straße gegrüßt hat, den ich Mühe hatte zu erkennen. Ich hatte diesen Mann vor Monaten in einem anscheinend schweren Zustand gesehen und die Diagnose der progressiven Paralyse über ihn verhängt, dann aber gehört, daß er hergestellt sei, so daß mein Urteil unrichtig gewesen wäre. Wenn nicht etwa hier eine der Remissionen vorliegt, die sich auch bei Dementia paralytica finden, so daß meine Diagnose doch noch gerechtfertigt wäre! Von dieser Begegnung ging der Einfluß aus, der mich an die Nachbarschaft der Bureaus von B. & R. vergessen ließ, und mein Interesse, die Lösung des Vergessenen zu finden, war von diesem Fall strittiger Diagnostik her übertragen. Die assoziative Verknüpfung aber wurde bei geringem inneren Zusammenhang – der wider Erwarten Genesene war auch Beamter eines großen Bureaus, welches mir Kranke zuzuweisen pflegte – durch eine Namensgleichheit besorgt. Der Arzt, mit welchem gemeinsam ich den fraglichen Paralytiker gesehen hatte, hieß auch *Fischer*, wie die in dem Hause befindliche, vom Vergessen betroffene Pension.

4) Ein Ding *verlegen* heißt ja nichts anderes als vergessen, wohin man es gelegt hat, und wie die meisten mit Schriften und Büchern hantierenden Personen bin ich auf meinem Schreibtisch wohl orientiert und weiß das Gesuchte mit einem Griffe hervorzuholen. Was anderen als Unordnung erscheint, ist für mich historisch gewordene Ordnung. Warum habe ich aber unlängst einen Bücherkatalog, der mir zugeschickt wurde, so verlegt, daß er unauffindbar geblieben ist? Ich hatte doch die Absicht, ein Buch, das ich darin angezeigt fand, *Über die Sprache*, zu bestellen, weil es von einem Autor herrührt, dessen geistreich belebten Stil ich liebe, dessen Einsicht in der Psychologie und dessen Kenntnisse in der Kulturhistorie ich zu schätzen weiß. Ich meine, gerade darum habe ich den Katalog verlegt. Ich pflege nämlich Bücher dieses Autors zur Aufklärung unter meinen Bekannten zu verleihen, und vor wenigen Tagen hat mir jemand bei der Rückstellung gesagt: „Der Stil erinnert mich ganz an den Ihrigen, und auch die Art zu denken ist dieselbe.“ Der Redner wußte nicht, an was er mit dieser Bemerkung rührte. Vor Jahren, als ich noch jünger und anschlußbedürftiger war, hat mir ungefähr das Nämliche ein älterer Kollege gesagt, dem ich die Schriften eines bekannten medizinischen Autors angepriesen hatte. „Ganz Ihr Stil und Ihre Art.“ So beeinflußt hatte ich diesem Autor einen um näheren Verkehr werbenden Brief geschrieben, wurde aber durch eine kühle Antwort in meine Schranken zurückgewiesen. Vielleicht verbergen sich außerdem noch frühere abschreckende Erfahrungen hinter dieser letzten, denn ich habe den verlegten Katalog nicht wiedergefunden und bin durch dieses Vorzeichen wirklich abgehalten worden, das angezeigte Buch zu bestellen, obwohl ein wirkliches Hindernis durch das Verschwinden des Kataloges nicht geschaffen worden ist. Ich habe ja die Namen des Buches und des Autors im Gedächtnis behalten.[39]

5) Ein anderer Fall von Verlegen verdient wegen der Bedingungen, unter denen das Verlegte wiedergefunden wurde, unser Interesse. Ein jüngerer Mann erzählt mir: „Es gab vor einigen Jahren Mißverständnisse in meiner Ehe, ich fand meine Frau zu kühl, und obwohl ich ihre vortrefflichen Eigenschaften gern anerkannte, lebten wir ohne Zärtlichkeit nebeneinander. Eines Tages brachte sie mir von einem Spaziergang ein Buch mit, das sie gekauft hatte, weil es mich interessieren dürfte. Ich dankte für dieses Zeichen von ‚Aufmerksamkeit‘, versprach das Buch zu lesen, legte es mir zurecht und fand es nicht wieder. Monate vergingen so, in denen ich mich gelegentlich an dies verschollene Buch erinnerte und es auch vergeblich aufzufinden versuchte. Etwa ein halbes Jahr später erkrankte meine, getrennt von uns wohnende, geliebte Mutter. Meine Frau verließ das Haus, um ihre Schwiegermutter zu pflegen. Der Zustand der Kranken wurde ernst und gab meiner Frau Gelegenheit, sich von ihren besten Seiten zu zeigen. Eines Abends komme ich begeistert von der Leistung meiner Frau und dankerfüllt gegen sie nach Hause. Ich trete zu meinem Schreibtisch, öffne ohne bestimmte Absicht, aber wie mit somnambuler Sicherheit, eine bestimmte Lade desselben und zuoberst in ihr finde ich das so lange vermißte, das verlegte Buch.“

Einen Fall von Verlegen, der in dem letzten Charakter mit diesem zusammentrifft, in der merkwürdigen Sicherheit des Wiederfindens, wenn das Motiv des Verlegens erloschen ist, erzählt *J. Stärcke* (l. c.).

6) „Ein junges Mädchen hatte einen Lappen, aus welchem sie einen Kragen anfertigen wollte, im Zuschneiden verdorben. Nun mußte die Näherin kommen und versuchen, es noch zurechtzubringen. Als die Näherin gekommen war und

[39] Für vielerlei Zufälligkeiten, die man seit *Th. Vischer* der „Tücke des Objekts“ zuschreibt, möchte ich ähnliche Erklärungen vorschlagen.

das Mädchen den zerschnittenen Kragen aus der Schublade, in die sie ihn gelegt zu haben glaubte, zum Vorschein holen wollte, konnte sie ihn nicht finden. Sie warf das Unterste zuoberst, aber sie fand ihn nicht. Als sie nun im Zorne sich setzte und sich abfragte, warum er plötzlich verschwunden war und ob sie ihn vielleicht nicht finden wollte, überlegte sie, daß sie sich natürlich vor der Näherin schämte, weil sie etwas so Einfaches wie einen Kragen doch noch verdorben hatte. Als sie das bedacht hatte, stand sie auf, ging auf einen anderen Schrank zu und brachte daraus beim ersten Griff den zerschnittenen Kragen zum Vorschein."

7) Das nachstehende Beispiel von „Verlegen" entspricht einem Typus, der jedem Psychoanalytiker bekannt geworden ist. Ich darf angeben, der Patient, der dieses Verlegen produzierte, hat den Schlüssel dazu selbst gefunden:

„Ein in psychoanalytischer Behandlung stehender Patient, bei dem die sommerliche Unterbrechung der Kur in eine Periode des Widerstandes und schlechten Befindens fällt, legt abends beim Entkleiden seinen Schlüsselbund, wie er meint, auf den gewohnten Platz. Dann erinnert er sich, daß er für die Abreise am nächsten Tag, dem letzten der Kur, an dem auch das Honorar fällig wird, noch einige Gegenstände aus dem Schreibtisch nehmen will, wo er auch das Geld verwahrt hat. Aber die Schlüssel sind – verschwunden. Er beginnt seine kleine Wohnung systematisch, aber in steigender Erregung abzusuchen – ohne Erfolg. Da er das ‚Verlegen' der Schlüssel als Symptomhandlung, also als beabsichtigt, erkennt, weckt er seinen Diener, um mit Hilfe einer ‚unbefangenen' Person weiterzusuchen. Nach einer weiteren Stunde gibt er das Suchen auf und fürchtet, daß er die Schlüssel verloren habe. Am nächsten Morgen bestellt er beim Fabrikanten der Schreibtischkasse neue Schlüssel, die in aller Eile angefertigt werden. Zwei Bekannte, die ihn im Wagen nach Hause begleitet haben, wollen sich erinnern, etwas auf den Boden klirren gehört zu haben, als er aus dem Wagen stieg. Er ist überzeugt, daß ihm die Schlüssel aus der Tasche gefallen sind. Abends präsentierte ihm der Diener triumphierend die Schlüssel. Sie lagen zwischen einem dicken Buche und einer dünnen Broschüre (einer Arbeit eines meiner Schüler), die er zur Lektüre für die Ferien mitnehmen wollte, so geschickt hingelegt, daß niemand sie dort vermutet hätte. Es war ihm dann unmöglich, die Lage der Schlüssel so unsichtbar nachzuahmen. Die unbewußte Geschicklichkeit, mit der ein Gegenstand infolge von geheimen, aber starken Motiven verlegt wird, erinnert ganz an die ‚somnambule Sicherheit'. Das Motiv war natürlich Unmut über die Unterbrechung der Kur und die geheime Wut, bei so schlechtem Befinden ein hohes Honorar zahlen zu müssen."

8) Ein Mann, erzählt *A. A. Brill*, wurde von seiner Frau gedrängt, an einer gesellschaftlichen Veranstaltung teilzunehmen, die ihm im Grunde sehr gleichgültig war. Er gab ihren Bitten endlich nach und begann seinen Festanzug aus dem Koffer zu nehmen, unterbrach sich aber darin und beschloß, sich zuerst zu rasieren. Als er damit fertig geworden war, kehrte er zum Koffer zurück, fand ihn aber zugeklappt, und der Schlüssel war nicht aufzufinden. Ein Schlosser war nicht aufzutreiben, da es Sonntagabend war, und so mußten die beiden sich in der Gesellschaft entschuldigen lassen. Als der Koffer am nächsten Morgen geöffnet wurde, fand sich der Schlüssel drinnen. Der Mann hatte ihn in der Zerstreutheit in den Koffer fallen lassen und diesen ins Schloß geworfen. Er gab mir zwar die Versicherung, daß er ganz ohne Wissen und Absicht so getan habe, aber wir wissen, daß er nicht in die Gesellschaft gehen wollte. Das Verlegen des Schlüssels ermangelte also nicht eines Motivs.

E. Jones beobachtete an sich selbst, daß er jedesmal die Pfeife zu verlegen pflegte, nachdem er zuviel geraucht hatte und sich darum unwohl fühlte. Die Pfeife fand sich dann an allen möglichen Stellen, wo sie nicht hingehörte und wo sie für gewöhnlich nicht aufbewahrt wurde.

9) Einen harmlosen Fall mit eingestandener Motivierung berichtet *Dora Müller*: Fräulein Erna A. erzählt zwei Tage vor Weihnachten: „Denken Sie, gestern abend nahm ich aus meinem Pfefferkuchenpaket und aß; ich denke dabei, daß ich Fräulein S. (der Gesellschafterin ihrer Mutter), wenn sie mir Gutenacht sagen komme, davon anbieten müsse; ich hatte keine rechte Lust dazu, nahm mir aber trotzdem vor, es zu tun. Wie sie nachher kam und ich nach meinem Tischchen hin die Hand ausstreckte, um das Paket zu nehmen, fand ich es dort nicht. Ich suchte danach und fand es eingeschlossen in meinem Schranke. Da hatte ich das Paket, ohne es zu wissen, hineingestellt." Eine Analyse war überflüssig, die Erzählerin war sich selbst über den Zusammenhang klar. Die eben verdrängte Regung, das Gebäck für sich allein behalten zu wollen, war gleichwohl in automatischer Handlung durchgedrungen, um freilich in diesem Falle durch die nachfolgende bewußte Handlung wieder rückgängig gemacht zu werden. (Internationale Zeitschrift für Psychoanalyse, III, 1915.)

10) H. Sachs schildert, wie er sich einmal durch ein solches Verlegen der Verpflichtung zu arbeiten entzogen hat: „Vergangenen Sonntagnachmittag schwankte ich eine Weile, ob ich arbeiten oder einen Spaziergang mit daranschließendem Besuche machen solle, entschloß mich aber nach einigem Kampfe für das erstere. Nach etwa einer Stunde bemerkte ich, daß ich mit meinem Papiervorrat zu Ende sei. Ich wußte, daß ich irgendwo in einer Lade schon seit Jahren ein Bündel Papier aufbewahrt habe, suchte aber danach vergeblich in meinem Schreibtisch und an anderen Stellen, wo ich es zu finden vermutete, obgleich ich mir große Mühe gab und in allen möglichen alten Büchern, Broschüren, Briefschaften u. dgl. herumwühlte. So sah ich mich doch genötigt, die Arbeit einzustellen und fortzugehen. Als ich abends nach Hause kam, setzte ich mich auf das Sofa und sah in Gedanken, halb abwesend auf den gegenüberstehenden Bücherschrank. Da fiel mir eine Lade in die Augen und ich erinnerte, daß ich ihren Inhalt schon lange nicht durchgemustert habe. Ich ging also hin und öffnete sie. Zuoberst lag eine Ledermappe und in dieser unbeschriebenes Papier. Aber erst als ich es herausgenommen hatte und im Begriffe stand, es in der Schreibtischlade zu verwahren, fiel mir ein, daß dies ja dasselbe Papier sei, das ich nachmittags vergeblich gesucht hatte. Ich muß hiezu noch bemerken, daß ich, obgleich sonst nicht sparsam, mit Papier sehr vorsichtig umgehe und jedes verwendbare Restchen aufhebe. Diese von einem Triebe gespeiste Gewohnheit war es offenbar, die mich zur sofortigen Korrektur des Vergessens veranlaßte, sobald das aktuelle Motiv dafür verschwunden war."

Wenn man die Fälle von Verlegen übersieht, wird es wirklich schwer anzunehmen, daß ein Verlegen jemals anders als infolge einer unbewußten Absicht erfolgt.

11) Im Sommer des Jahres 1901 erklärte ich einmal einem Freunde, mit dem ich damals in regem Gedankenaustausch über wissenschaftliche Fragen stand: „Diese neurotischen Probleme sind nur dann zu lösen, wenn wir uns ganz und voll auf den Boden der Annahme einer ursprünglichen Bisexualität des Individuums stellen." Ich erhielt zur Antwort: „Das habe ich Dir schon vor zweieinhalb Jahren in Br. gesagt, als wir jenen Abendspaziergang machten. Du wolltest damals nichts davon hören." Es ist nun schmerzlich, so zum Aufgeben seiner Originalität aufgefordert zu werden. Ich konnte mich an ein solches Gespräch und an diese Eröffnung meines Freundes nicht erinnern. Einer von uns beiden mußte sich da täuschen; nach dem Prinzip der Frage *cui prodest?** mußte ich das sein. Ich habe im Laufe der nächsten Woche in der Tat alles so erinnert, wie mein Freund es in mir erwecken wollte; ich weiß selbst, was ich damals zur Antwort gab: „Dabei halte ich noch nicht, ich will mich darauf nicht einlassen." Aber ich bin seither um ein Stück toleranter geworden, wenn ich irgendwo in der medizinischen Literatur auf eine der wenigen Ideen stoße, mit denen man meinen Namen verknüpfen kann, und wenn ich dabei die Erwähnung meines Namens vermisse.

Ausstellungen an seiner Ehefrau – Freundschaft, die ins Gegenteil umgeschlagen hat – Irrtum in ärztlicher Diagnostik – Zurückweisung durch Gleichstrebende – Entlehnung von Ideen: es ist wohl kaum zufällig, daß eine Anzahl von Beispielen des Vergessens, die ohne Absicht gesammelt worden sind, zu ihrer Auflösung des Eingehens auf so peinliche Themata bedürfen. Ich ver-

---

* [Wem nützt es?]

mute vielmehr, daß jeder andere, der sein eigenes Vergessen einer Prüfung nach den Motiven unterziehen will, eine ähnliche Musterkarte von Widerwärtigkeiten aufzeichnen können wird. Die Neigung zum Vergessen des Unangenehmen scheint mir ganz allgemein zu sein; die Fähigkeit dazu ist wohl bei verschiedenen Personen verschieden gut ausgebildet. Manches *Ableugnen*, das uns in der ärztlichen Tätigkeit begegnet, ist wahrscheinlich auf *Vergessen* zurückzuführen.[40] Unsere Auffassung eines solchen Vergessens beschränkt den Unterschied zwischen dem und jenem Benehmen allerdings auf rein psychologische Verhältnisse und gestattet uns, in beiden Reaktionsweisen den Ausdruck desselben Motivs zu sehen. Von all den zahlreichen Beispielen der Verleugnung unangenehmer Erinnerungen, die ich bei Angehörigen von Kranken gesehen habe, ist mir eines als besonders seltsam im Gedächtnis geblieben. Eine Mutter informierte mich über die Kinderjahre ihres nervenkranken, in der Pubertät befindlichen Sohnes und erzählte dabei, daß er wie seine Geschwister bis in späte Jahre an Bettnässen gelitten habe, was ja für eine neurotische Krankengeschichte nicht bedeutungslos ist. Einige Wochen später, als sie sich Auskunft über den Stand der Behand-

---

[40] Wenn man sich bei einem Menschen erkundigt, ob er vor zehn oder fünfzehn Jahren eine luetische Infektion durchgemacht hat, vergißt man zu leicht daran, daß der Befragte diesen Krankheitszufall psychisch ganz anders behandelt hat als etwa einen akuten Rheumatismus. – In den Anamnesen, welche Eltern über ihre neurotisch erkrankten Töchter geben, ist der Anteil des Vergessens von dem des Verbergens kaum je mit Sicherheit zu sondern, weil alles, was der späteren Verheiratung des Mädchens im Wege steht, von den Eltern systematisch beseitigt, d. h. verdrängt wird. – Ein Mann, der vor kurzem seine geliebte Frau an einer Lungenaffektion verloren, teilt mir nachstehenden Fall von Irreführung der ärztlichen Erkundigung mit, der nur auf solches Vergessen zurückführbar ist: „Als die Pleuritis meiner armen Frau nach vielen Wochen noch nicht weichen wollte, wurde Dr. P. als Konsiliarius berufen. Bei der Aufnahme der Anamnese stellte er die üblichen Fragen, u. a. auch, ob in der Familie meiner Frau etwa Lungenkrankheiten vorgekommen seien. Meine Frau verneinte und auch ich erinnerte mich nicht. Bei der Verabschiedung des Dr. P. kommt das Gespräch wie zufällig auf Ausflüge, und meine Frau sagt: ‚Ja, auch bis Langersdorf, *wo mein armer Bruder begraben liegt*, ist eine weite Reise.' Dieser Bruder war vor etwa fünfzehn Jahren nach mehrjährigem tuberkulösem Leiden gestorben. Meine Frau hatte ihn sehr geliebt und mir oft von ihm gesprochen. Ja, es fiel mir ein, daß sie seinerzeit, als die Pleuritis festgestellt wurde, sehr besorgt war und trübsinnig meinte: ‚*Auch mein Bruder ist an der Lunge gestorben.*' Nun aber war die Erinnerung daran so sehr verdrängt, daß sie auch nach dem vorhin angeführten Ausspruch über den Ausflug nach L. keine Veranlassung fand, ihre Auskunft über Erkrankungen in ihrer Familie zu korrigieren. Mir selbst fiel das Vergessen in demselben Moment wieder ein, wo sie von Langersdorf sprach." – Ein völlig analoges Erlebnis erzählt *E. Jones* in der hier bereits mehrmals erwähnten Arbeit. Ein Arzt, dessen Frau an einer diagnostisch unklaren Unterleibserkrankung litt, bemerkte zu ihr wie tröstend: „Es ist doch gut, daß in deiner Familie kein Fall von Tuberkulose vorgekommen ist." Die Frau antwortete aufs äußerste überrascht: „Hast du denn vergessen, daß meine Mutter an Tuberkulose gestorben ist und daß meine Schwester von ihrer Tuberkulose nicht eher hergestellt wurde, als bis die Ärzte sie aufgegeben hatten?"

lung holen wollte, hatte ich Anlaß, sie auf die Zeichen konstitutioneller Krankheitsveranlagung bei dem jungen Mann aufmerksam zu machen, und berief mich hierbei auf das anamnestisch erhobene Bettnässen. Zu meinem Erstaunen bestritt sie die Tatsache sowohl für dies als auch für die anderen Kinder, fragte mich, woher ich das wissen könne, und hörte endlich von mir, daß sie selbst es mir vor kurzer Zeit erzählt habe, was also von ihr vergessen worden war.[41]

Man findet also auch bei gesunden, nicht neurotischen Menschen reichlich Anzeichen dafür, daß sich der Erinnerung an peinliche Eindrücke, der Vorstellung peinlicher Gedanken, ein Widerstand entgegensetzt.[42] Die volle Bedeutung dieser Tatsache läßt sich aber erst ermessen, wenn man in die Psychologie neurotischer Personen eingeht. Man ist genötigt, ein solches *elementares Abwehrbestreben* gegen Vorstellungen, welche Unlustempfindungen erwecken können, ein Bestreben, das sich nur dem Fluchtreflex bei Schmerzreizen an die Seite stellen läßt, zu einem der Hauptpfeiler des Mechanismus zu machen, welcher die hysterischen Symptome trägt. Man möge gegen die Annahme einer solchen Abwehrtendenz

[41] In den Tagen, während ich mit der Niederschrift dieser Seiten beschäftigt war, ist mir folgender, fast unglaublicher Fall von Vergessen widerfahren: Ich revidiere am 1. Jänner mein ärztliches Buch, um meine Honorarrechnungen aussenden zu können, stoße dabei im Juni auf den Namen M ... l und kann mich an eine zu ihm gehörige Person nicht erinnern. Mein Befremden wächst, indem ich beim Weiterblättern bemerke, daß ich den Fall in einem Sanatorium behandelt, und daß ich ihn durch Wochen täglich besucht habe. Einen Kranken, mit dem man sich unter solchen Bedingungen beschäftigt, vergißt man als Arzt nicht nach kaum sechs Monaten. Sollte es ein Mann, ein Paralytiker, ein Fall ohne Interesse gewesen sein, frage ich mich? Endlich bei dem Vermerk über das empfangene Honorar kommt mir all die Kenntnis wieder, die sich der Erinnerung entziehen wollte. M...l war ein vierzehnjähriges Mädchen gewesen, der merkwürdigste Fall meiner letzten Jahre, welcher mir eine Lehre hinterlassen, die ich kaum je vergessen werde, und dessen Ausgang mir die peinlichsten Stunden bereitet hat. Das Kind erkrankte an unzweideutiger Hysterie, die sich auch unter meinen Händen rasch und gründlich besserte. Nach dieser Besserung wurde mir das Kind von den Eltern entzogen; es klagte noch über abdominale Schmerzen, denen die Hauptrolle im Symptombild der Hysterie zugefallen war. Zwei Monate später war es an Sarkom der Unterleibsdrüsen gestorben. Die Hysterie, zu der das Kind nebstbei prädisponiert war, hatte die Tumorbildung zur provozierenden Ursache genommen und ich hatte, von den lärmenden, aber harmlosen Erscheinungen der Hysterie gefesselt, vielleicht die ersten Anzeichen der schleichenden und unheilvollen Erkrankung übersehen.

[42] *A. Pick* hat kürzlich (*Zur Psychologie des Vergessens bei Geistes- und Nervenkranken*, Archiv für Kriminal-Anthropologie und Kriminalistik von *H. Groß*) eine Reihe von Autoren zusammengestellt, die den Einfluß affektiver Faktoren auf das Gedächtnis würdigen und – mehr oder minder deutlich – den Beitrag anerkennen, den das Abwehrbestreben gegen Unlust zum Vergessen leistet. Keiner von uns allen hat aber das Phänomen und seine psychologische Begründung so erschöpfend und zugleich so eindrucksvoll darstellen können wie *Nietzsche* in einem seiner Aphorismen (*Jenseits von Gut und Böse*, II. Hauptstück, 68): *„Das habe ich getan, sagt mein ‚Gedächtnis'. Das kann ich nicht getan haben, sagt mein Stolz und bleibt unerbittlich. Endlich – gibt das Gedächtnis nach."*

nicht einwenden, daß wir es im Gegenteil häufig genug unmöglich finden, peinliche Erinnerungen, die uns verfolgen, loszuwerden und peinliche Affektregungen wie Reue, Gewissensvorwürfe zu verscheuchen. Es wird ja nicht behauptet, daß diese Abwehrtendenz sich überall durchzusetzen vermag, daß sie nicht im Spiele der psychischen Kräfte auf Faktoren stoßen kann, welche zu anderen Zwecken das Entgegengesetzte anstreben und ihr zum Trotze zustande bringen. *Als das architektonische Prinzip des seelischen Apparates läßt sich die Schichtung, der Aufbau aus einander überlagernden Instanzen erraten,* und es ist sehr wohl möglich, daß dies Abwehrbestreben einer niedrigen psychischen Instanz angehört, von höheren Instanzen aber gehemmt wird. Es spricht jedenfalls für die Existenz und Mächtigkeit dieser Tendenz zur Abwehr, wenn wir Vorgänge wie die in unseren Beispielen von Vergessen auf sie zurückführen können. Wir sehen, daß manches um seiner selbst willen vergessen wird; wo dies nicht möglich ist, verschiebt die Abwehrtendenz ihr Ziel und bringt wenigstens etwas anderes, minder Bedeutsames, zum Vergessen, was in assoziative Verknüpfung mit dem eigentlich Anstößigen geraten ist.

Der hier entwickelte Gesichtspunkt, daß peinliche Erinnerungen mit besonderer Leichtigkeit dem motivierten Vergessen verfallen, verdiente auf mehrere Gebiete bezogen zu werden, in denen er heute noch keine oder eine zu geringe Beachtung gefunden hat. So erscheint er mir noch immer nicht genügend scharf betont bei der Würdigung von Zeugenaussagen vor Gericht[43], wobei man offenbar der Beeidung des Zeugen einen allzu großen purifizierenden Einfluß auf dessen psychisches Kräftespiel zutraut. Daß man bei der Entstehung der Traditionen und der Sagengeschichte eines Volkes einem solchen Motiv, das dem Nationalgefühl Peinliche aus der Erinnerung auszumerzen, Rechnung tragen muß, wird allgemein zugestanden. Vielleicht würde sich bei genauerer Verfolgung eine vollständige Analogie herausstellen zwischen der Art, wie Völkertraditionen und wie die Kindheitserinnerungen des einzelnen Individuums gebildet werden. Der große *Darwin* hat aus seiner Einsicht in dies Unlustmotiv des Vergessens eine „goldene Regel" für den wissenschaftlichen Arbeiter gezogen.[44]

---

[43] Vgl. Hans Groß, *Kriminalpsychologie*, 1898.

[44] *Ernest Jones* verweist auf folgende Stelle in der Autobiographie *Darwins*, welche seine wissenschaftliche Ehrlichkeit und seinen psychologischen Scharfsinn überzeugend widerspiegelt: *„I had, during many years, followed a golden rule, namely, that whenever a published fact, a new observation or thought came across me, which was opposed to my general results, to make a memorandum of it without fail and at once; for I had found by experience that such facts and thoughts were far more apt to escape from the memory than favourable ones."* – „Viele Jahre hindurch befolgte ich eine goldene Regel. Fand ich nämlich eine veröffentlichte Tatsache, eine neue Beobachtung oder einen Gedanken, welcher einem meiner allgemeinen Ergebnisse widersprach, so notierte ich denselben sofort möglichst wortgetreu. Denn die Erfahrung hatte mich gelehrt, daß solche Tatsachen und Erfahrungen dem Gedächtnisse leichter entschwinden als die uns genehmen."

Ganz ähnlich wie beim Namenvergessen kann auch beim Vergessen von Eindrücken Fehlerinnern eintreten, das dort, wo es Glauben findet, als Erinnerungstäuschung bezeichnet wird. Die Erinnerungstäuschung in pathologischen Fällen – in der Paranoia spielt sie geradezu die Rolle eines konstituierenden Moments bei der Wahnbildung – hat eine ausgedehnte Literatur wachgerufen, in welcher ich durchgängig den Hinweis auf eine Motivierung derselben vermisse. Da auch dieses Thema der Neurosenpsychologie angehört, entzieht es sich in unserem Zusammenhange der Behandlung. Ich werde dafür ein sonderbares Beispiel einer eigenen Erinnerungstäuschung mitteilen, bei dem die Motivierung durch unbewußtes verdrängtes Material und die Art und Weise der Verknüpfung mit demselben deutlich genug kenntlich werden.

Als ich die späteren Abschnitte meines Buches über Traumdeutung schrieb, befand ich mich in einer Sommerfrische ohne Zugang zu Bibliotheken und Nachschlagebüchern und war genötigt, mit Vorbehalt späterer Korrektur, allerlei Beziehungen und Zitate aus dem Gedächtnis in das Manuskript einzutragen. Beim Abschnitt über das Tagträumen fiel mir die ausgezeichnete Figur des armen Buchhalters im *Nabab* von *Alph. Daudet* ein, mit welcher der Dichter wahrscheinlich seine eigene Träumerei geschildert hat. Ich glaubte mich an eine der Phantasien, die dieser Mann – Mr. Jocelyn nannte ich ihn – auf seinen Spaziergängen durch die Straßen von Paris ausbrütet, deutlich zu erinnern und begann sie aus dem Gedächtnis zu reproduzieren. Wie also Herr Jocelyn auf der Straße sich kühn einem durchgehenden Pferde entgegenwirft, es zum Stehen bringt, der Wagenschlag sich öffnet, eine hohe Persönlichkeit dem Coupé entsteigt, Herrn Jocelyn die Hand drückt und ihm sagt: „Sie sind mein Retter, Ihnen verdanke ich mein Leben. Was kann ich für Sie tun?"

Etwaige Ungenauigkeiten in der Wiedergabe dieser Phantasie, tröstete ich mich, würden sich leicht zu Hause verbessern lassen, wenn ich das Buch zur Hand nähme. Als ich dann aber den *Nabab* durchblätterte, um die druckbereite Stelle meines Manuskripts zu vergleichen, fand ich zu meiner größten Beschämung und Bestürzung nichts von einer solchen Träumerei des Herrn Jocelyn darin, ja der arme Buchhalter trug gar nicht diesen Namen, sondern hieß Mr. *Joyeuse*. Dieser zweite Irrtum gab dann bald den Schlüssel zur Klärung des ersten, der Erinnerungstäuschung. *Joyeux* (wovon der Name die feminine Form darstellt): so und nicht anders müßte ich meinen eigenen Namen: *Freud* ins Französische übersetzen. Woher konnte also die fälschlich erinnerte Phantasie sein, die ich *Daudet* zugeschrieben hatte? Sie konnte nur ein eigenes Produkt sein, ein Tagtraum, den ich selbst gemacht und der mir nicht bewußt geworden, oder der mir einst bewußt gewesen, und den ich seither gründlich vergessen habe. Vielleicht daß ich ihn selbst in Paris gemacht, wo ich oft genug einsam und voll

Sehnsucht durch die Straßen spaziert bin, eines Helfers und Protektors sehr bedürftig, bis Meister *Charcot* mich dann in seinen Verkehr zog. Den Dichter des *Nabab* habe ich dann wiederholt im Hause *Charcots* gesehen.[45]

Ein anderer Fall von Erinnerungstäuschung, der sich befriedigend aufklären ließ, mahnt an die später zu besprechende *fausse reconnaissance*: Ich hatte einem meiner Patienten, einem ehrgeizigen und befähigten Manne, erzählt, daß ein junger Student sich kürzlich durch eine interessante Arbeit *Der Künstler, Versuch einer Sexualpsychologie* in den Kreis meiner Schüler eingeführt habe. Als diese Schrift eineinviertel Jahr später gedruckt vorlag, behauptete mein Patient, sich mit Sicherheit daran erinnern zu können, daß er die Ankündigung derselben bereits vor meiner ersten Mitteilung (einen Monat oder ein halbes Jahr vorher) irgendwo, etwa in einer Buchhändleranzeige, gelesen habe. Es sei ihm diese Notiz auch damals gleich in den Sinn gekommen, und er konstatierte überdies, daß der Autor den Titel verändert habe, da es nicht mehr „Versuch", sondern „Ansätze zu einer Sexualpsychologie" heiße. Sorgfältige Erkundigung beim Autor und Vergleichung aller Zeitangaben zeigten indes, daß mein Patient etwas Unmögliches erinnern wollte. Von jener Schrift war nirgends eine Anzeige vor dem Drucke erschienen, am wenigsten aber eineinviertel Jahr vor ihrer Drucklegung. Als ich eine Deutung dieser Erinnerungstäuschung unterließ, brachte derselbe Mann eine gleichwertige Erneuerung derselben zustande. Er meinte, vor kurzem eine Schrift über „Agoraphobie" in dem Auslagefenster einer Buchhandlung bemerkt zu haben, und suchte derselben nun durch Nachforschung in allen

---

[45] Vor einiger Zeit wurde mir aus dem Kreise meiner Leser ein Bändchen der Jugendbibliothek von *Fr. Hoffmann* zugeschickt, in dem eine solche Rettungsszene, wie ich sie in Paris phantasiert, ausführlich erzählt wird. Die Übereinstimmung erstreckt sich bis auf einzelne, nicht ganz gewöhnliche Ausdrücke, die hier wie dort vorkommen. Die Vermutung, daß ich in frühen Knabenjahren diese Jugendschrift wirklich gelesen habe, läßt sich nicht gut abweisen. Die Schülerbibliothek unseres Gymnasiums enthielt die Hoffmannsche Sammlung und war immer bereit, sie den Schülern an Stelle jeder anderen geistigen Nahrung anzubieten. Die Phantasie, die ich mit 43 Jahren als die Produktion eines anderen zu erinnern glaubte und dann als eigene Leistung aus dem 29. Lebensjahr erkennen mußte, mag also leicht die getreue Reproduktion eines im Alter zwischen 11 und 13 aufgenommenen Eindrucks gewesen sein. Die Rettungsphantasie, die ich dem stellenlosen Buchhalter im *Nabab* angedichtet, soll ja nur der Phantasie der eigenen Rettung den Weg bahnen, die Sehnsucht nach einem Gönner und Beschützer dem Stolz erträglich machen. Es wird dann keinem Seelenkenner befremdlich sein zu hören, daß ich selbst in meinem bewußten Leben der Vorstellung, von der Gunst eines Protektors abhängig zu sein, das größte Widerstreben entgegengebracht und die wenigen realen Situationen, in denen sich etwas ähnliches ereignete, schlecht vertragen habe. Die tiefere Bedeutung der Phantasien mit solchem Inhalt und eine nahezu erschöpfende Erklärung ihrer Eigentümlichkeiten hat *Abraham* in einer Arbeit, *Vaterrettung und Vatermord in den neurotischen Phantasiegebilden*, 1922 (Internationale Zeitschrift für Psychoanalyse, VIII) zutage gefördert.

Verlagskatalogen habhaft zu werden. Ich konnte ihn dann aufklären, warum diese Bemühung erfolglos bleiben mußte. Die Schrift über Agoraphobie bestand erst in seiner Phantasie als unbewußter Vorsatz und sollte von ihm selbst abgefaßt werden. Sein Ehrgeiz, es jenem jungen Manne gleichzutun und durch eine solche wissenschaftliche Arbeit zum Schüler zu werden, hatte ihn zu jener ersten wie zur wiederholten Erinnerungstäuschung geführt. Er besann sich dann auch, daß die Buchhändleranzeige, welche ihm zu diesem falschen Erkennen gedient hatte, sich auf ein Werk, betitelt: *Genesis, das Gesetz der Zeugung*, bezog. Die von ihm erwähnte Abänderung des Titels kam aber auf meine Rechnung, denn ich wußte mich selbst zu erinnern, daß ich diese Ungenauigkeit in der Wiedergabe des Titels, „Versuch" anstatt „Ansätze" begangen hatte.

B) Das Vergessen von Vorsätzen

Keine andere Gruppe von Phänomenen eignet sich besser zum Beweis der These, daß die Geringfügigkeit der Aufmerksamkeit für sich allein nicht hinreiche, die Fehlleistung zu erklären, als die des Vergessens von Vorsätzen. Ein Vorsatz ist ein Impuls zur Handlung, der bereits Billigung gefunden hat, dessen Ausführung aber auf einen geeigneten Zeitpunkt verschoben wurde. Nun kann in dem so geschaffenen Intervall allerdings eine derartige Veränderung in den Motiven eintreten, daß der Vorsatz nicht zur Ausführung gelangt, aber dann wird er nicht vergessen, sondern revidiert und aufgehoben. Das Vergessen von Vorsätzen, dem wir alltäglich und in allen möglichen Situationen unterliegen, pflegen wir uns nicht durch eine Neuerung in der Motivengleichung zu erklären, sondern lassen es gemeinhin unerklärt, oder wir suchen eine psychologische Erklärung in der Annahme, gegen die Zeit der Ausführung hin habe sich die erforderliche Aufmerksamkeit für die Handlung nicht mehr bereit gefunden, die doch für das Zustandekommen des Vorsatzes unerläßliche Bedingung war, damals also für die nämliche Handlung zur Verfügung stand. Die Beobachtung unseres normalen Verhaltens gegen Vorsätze läßt uns diesen Erklärungsversuch als willkürlich abweisen. Wenn ich des Morgens einen Vorsatz fasse, der abends ausgeführt werden soll, so kann ich im Laufe des Tages einigemal an ihn gemahnt werden. Er braucht aber tagsüber überhaupt nicht mehr bewußt zu werden. Wenn sich die Zeit der Ausführung nähert, fällt er mir plötzlich ein und veranlaßt mich, die zur vorgesetzten Handlung nötigen Vorbereitungen zu treffen. Wenn ich auf einen Spaziergang einen Brief mitnehme, welcher noch befördert werden soll, so brauche ich ihn als normales und nicht nervöses Individuum keineswegs die ganze Strecke über in der Hand zu tragen und unterdessen nach einem

Briefkasten auszuspähen, in den ich ihn werfe, sondern ich pflege ihn in die Tasche zu stecken, meiner Wege zu gehen, meine Gedanken frei schweifen zu lassen, und ich rechne darauf, daß einer der nächsten Briefkasten meine Aufmerksamkeit erregen und mich veranlassen wird, in die Tasche zu greifen und den Brief hervorzuziehen. Das normale Verhalten beim gefaßten Vorsatz deckt sich vollkommen mit dem experimentell zu erzeugenden Benehmen von Personen, denen man eine sogenannte „posthypnotische Suggestion auf lange Sicht" in der Hypnose eingegeben hat.[46] Man ist gewöhnt, das Phänomen in folgender Art zu beschreiben: Der suggerierte Vorsatz schlummert in den betreffenden Personen, bis die Zeit seiner Ausführung herannaht. Dann wacht er auf und treibt zur Handlung.

In zweierlei Lebenslagen gibt sich auch der Laie Rechenschaft davon, daß das Vergessen in bezug auf Vorsätze keineswegs den Anspruch erheben darf, als ein nicht weiter zurückführbares Elementarphänomen zu gelten, sondern zum Schluß auf uneingestandene Motive berechtigt. Ich meine: im Liebesverhältnis und in der Militärabhängigkeit. Ein Liebhaber, der das Rendezvous versäumt hat, wird sich vergeblich bei seiner Dame entschuldigen, er habe leider ganz vergessen. Sie wird nicht versäumen, ihm zu antworten: „Vor einem Jahre hättest du es nicht vergessen. Es liegt dir eben nichts mehr an mir." Selbst wenn er nach der oben erwähnten psychologischen Erklärung griffe und sein Vergessen durch gehäufte Geschäfte entschuldigen wollte, würde er nur erreichen, daß die Dame – so scharfsichtig geworden wie der Arzt in der Psychoanalyse – zur Antwort gäbe: „Wie merkwürdig, daß sich solche geschäftliche Störungen früher nicht ereignet haben." Gewiß will auch die Dame die Möglichkeit des Vergessens nicht in Abrede stellen; sie meint nur, und nicht mit Unrecht, aus dem unabsichtlichen Vergessen sei ungefähr der nämliche Schluß auf ein gewisses Nichtwollen zu ziehen wie aus der bewußten Ausflucht.

Ähnlich wird im militärischen Dienstverhältnis der Unterschied zwischen der Unterlassung durch Vergessen und der infolge von Absicht prinzipiell, und zwar mit Recht, vernachlässigt. Der Soldat *darf* nichts vergessen, was der militärische Dienst von ihm fordert. Wenn er es doch vergißt, obwohl ihm die Forderung bekannt ist, so geht dies so zu, daß sich den Motiven, die auf Erfüllung der militärischen Forderung dringen, andere Gegenmotive entgegenstellen. Der Einjährige etwa, der sich beim Rapport entschuldigen wollte, er habe *vergessen*, seine Knöpfe blank zu putzen, ist der Strafe sicher. Aber diese Strafe ist geringfügig zu nennen im Vergleich zu jener, der er sich aussetzte, wenn er das Motiv seiner Unterlassung sich und seinen Vorgesetzten eingestehen würde: „Der elende

[46] Vgl. Bernheim, *Neue Studien über Hypnotismus, Suggestion und Psychotherapie*, 1892.

Gamaschendienst ist mir ganz zuwider." Wegen dieser Strafersparnis, aus ökonomischen Gründen gleichsam, bedient er sich des Vergessens als Ausrede, oder es kommt als Kompromiß zustande.

Frauendienst wie Militärdienst erheben den Anspruch, daß alles zu ihnen gehörige dem Vergessen entrückt sein müsse, und erwecken so die Meinung, Vergessen sei zulässig bei unwichtigen Dingen, während es bei wichtigen Dingen ein Anzeichen davon sei, daß man sie wie unwichtige behandeln wolle, ihnen also die Wichtigkeit abspreche.[47] Der Gesichtspunkt der psychischen Wertschätzung ist hier in der Tat nicht abzuweisen. Kein Mensch vergißt Handlungen auszuführen, die ihm selbst wichtig erscheinen, ohne sich dem Verdachte geistiger Störung auszusetzen. Unsere Untersuchung kann sich also nur auf das Vergessen von mehr oder minder nebensächlichen Vorsätzen erstrecken; für ganz und gar gleichgültig werden wir keinen Vorsatz erachten, denn in diesem Falle wäre er wohl gewiß nicht gefaßt worden.

Ich habe nun wie bei den früheren Funktionsstörungen die bei mir selbst beobachteten Fälle von Unterlassung durch Vergessen gesammelt und aufzuklären gesucht und hiebei ganz allgemein gefunden, daß sie auf Einmengung unbekannter und uneingestandener Motive – oder, wie man sagen kann, auf einen *Gegenwillen* – zurückzuführen waren. In einer Reihe dieser Fälle befand ich mich in einer dem Dienstverhältnisse ähnlichen Lage, unter einem Zwange, gegen welchen ich es nicht ganz aufgegeben hatte, mich zu sträuben, so daß ich durch Vergessen gegen ihn demonstrierte. Dazu gehört, daß ich besonders leicht vergesse, zu Geburtstagen, Jubiläen, Hochzeitsfeiern und Standeserhöhungen zu gratulieren. Ich nehme es mir immer wieder vor und überzeuge mich immer mehr, daß es mir nicht gelingen will. Ich bin jetzt im Begriffe, darauf zu verzichten, und den Motiven, die sich sträuben, mit Bewußtsein recht zu geben. In einem Übergangsstadium habe ich einem Freund, der mich bat, auch für ihn ein Glückwunschtelegramm zum bestimmten Termin zu besorgen, vorher gesagt, ich würde an beide vergessen, und es war nicht zu verwundern, daß die Prophezeiung wahr wurde. Es hängt nämlich mit schmerzlichen Lebenserfahrungen zusammen, daß ich nicht imstande bin, Anteilnahme zu äußern, wo diese Äußerung notwendigerweise übertrieben ausfallen muß, da für den geringen Betrag meiner Ergriffenheit der entsprechende Ausdruck nicht zulässig ist. Seitdem ich

[47] In dem Schauspiel *Cäsar und Kleopatra* von *B. Shaw* quält sich der von Ägypten scheidende Cäsar eine Weile mit der Idee, er habe noch etwas vorgehabt, was er jetzt vergessen. Endlich stellt sich heraus, was Cäsar vergessen hatte: von Kleopatra Abschied zu nehmen! Durch diesen kleinen Zug soll veranschaulicht werden – übrigens im vollen Gegensatz zur historischen Wahrheit – wie wenig sich Cäsar aus der kleinen ägyptischen Prinzessin gemacht hatte. (Nach *E. Jones*, l. c., S. 488.)

erkannt, daß ich oft vorgebliche Sympathie bei anderen für echte genommen habe, befinde ich mich in einer Auflehnung gegen diese Konventionen der Mitgefühlsbezeigung, deren soziale Nützlichkeit ich andererseits einsehe. Kondolenzen bei Todesfällen sind von dieser zwiespältigen Behandlung ausgenommen; wenn ich mich zu ihnen entschlossen habe, versäume ich sie auch nicht. Wo meine Gefühlsbetätigung mit gesellschaftlicher Pflicht nichts mehr zu tun hat, da findet sie ihren Ausdruck auch niemals durch Vergessen gehemmt.

Von einem solchen Vergessen, in dem der zunächst unterdrückte Vorsatz als „Gegenwille“ durchbrach und eine unerquickliche Situation zur Folge hatte, berichtet Oberleutnant T. aus der Kriegsgefangenschaft: „Der Rangälteste eines Lagers kriegsgefangener Offiziere wird von einem seiner Kameraden beleidigt. Er will, um Weiterungen zu entgehen, von dem einzigen ihm zur Verfügung stehenden Gewaltmittel Gebrauch machen und letzteren entfernen und in ein anderes Lager versetzen lassen. Erst über Anraten mehrerer Freunde entschließt er sich, gegen seinen geheimen Wunsch, hievon Abstand zu nehmen und den Ehrenweg, der aber vielerlei Unannehmlichkeiten im Gefolge haben mußte, gleich zu beschreiten. – Am nämlichen Vormittag hat dieser Kommandant die Liste der Offiziere unter Kontrolle eines Wachorganes vorzulesen. Fehler waren ihm, der seine Gefährten schon durch längere Zeit kannte, darin bisher nicht unterlaufen. Heute überliest er den Namen seines Beleidigers, so daß dieser, als alle Kameraden bereits abgetreten waren, allein am Platze zurückbleiben muß, bis sich der Irrtum geklärt hat. Der übersehene Name stand in voller Deutlichkeit in der Mitte eines Blattes. – Dieser Vorfall wurde von der einen Seite als beabsichtigte Kränkung ausgelegt; von der anderen als peinlicher und zur Fehldeutung geeigneter Zufall angesehen. Doch gewann der Urheber späterhin, nach Kenntnisnahme von Freuds *Psychopathologie* ein richtiges Urteil des Stattgefundenen.“

Ähnlich erklären sich durch den Widerstreit einer konventionellen Pflicht und einer nicht eingestandenen inneren Schätzung die Fälle, in denen man Handlungen auszuführen vergißt, die man einem anderen zu seinen Gunsten auszuführen versprochen hat. Hier trifft es dann regelmäßig zu, daß nur der Gönner an die entschuldigende Kraft des Vergessens glaubt, während der Bittsteller sich ohne Zweifel die richtige Antwort gibt: Er hat kein Interesse daran, sonst hätte er es nicht vergessen. Es gibt Menschen, die man als allgemein vergeßlich bezeichnet und darum in ähnlicher Weise als entschuldigt gelten läßt wie etwa den Kurzsichtigen, wenn er auf der Straße nicht grüßt.[48] Diese Personen vergessen alle

[48] Frauen sind mit ihrem feineren Verständnis für unbewußte seelische Vorgänge in der Regel eher geneigt, es als Beleidigung anzusehen, wenn man sie auf der Straße nicht erkennt, also

kleinen Versprechungen, die sie gegeben, lassen alle Aufträge unausgeführt, die sie empfangen haben, erweisen sich also in kleinen Dingen als unverläßlich und erheben dabei die Forderung, daß man ihnen diese kleineren Verstöße nicht übelnehmen, d. h. nicht durch ihren Charakter erklären, sondern auf organische Eigentümlichkeit zurückführen solle.[49] Ich gehöre selbst nicht zu diesen Leuten und habe keine Gelegenheit gehabt, die Handlungen einer solchen Person zu analysieren, um durch die Auswahl des Vergessens die Motivierung desselben aufzudecken. Ich kann mich aber der Vermutung *per analogiam* nicht erwehren, daß hier ein ungewöhnlich großes Maß von nicht eingestandener Geringschätzung des anderen das Motiv ist, welches das konstitutionelle Moment für seine Zwecke ausbeutet.[50]

Bei anderen Fällen sind die Motive des Vergessens weniger leicht aufzufinden und erregen, wenn gefunden, ein größeres Befremden. So merkte ich in früheren Jahren, daß ich bei einer größeren Anzahl von Krankenbesuchen nie einen anderen Besuch vergesse als den bei einem Gratispatienten oder bei einem Kollegen. Aus Beschämung hierüber hatte ich mir angewöhnt, die Besuche des Tages schon am Morgen als Vorsatz zu notieren. Ich weiß nicht, ob andere Ärzte auf dem nämlichen Wege zu der gleichen Übung gekommen sind. Aber man gewinnt so eine Ahnung davon, was den sogenannten Neurastheniker veranlaßt, die Mitteilungen, die er dem Arzt machen will, auf dem berüchtigten „Zettel“ zu notieren. Angeblich fehlt es ihm an Zutrauen zur Reproduktionsleistung seines Gedächtnisses. Das ist gewiß richtig, aber die Szene geht zumeist so vor sich:

---

nicht grüßt, als an die nächstliegenden Erklärungen zu denken, daß der Säumige kurzsichtig sei oder in Gedanken versunken sie nicht bemerkt habe. Sie schließen, man hätte sie schon bemerkt, wenn man sich „etwas aus ihnen machen würde“.

49 *S. Ferenczi* berichtet von sich, daß er selbst ein „Zerstreuter“ gewesen ist und seinen Bekannten durch die Häufigkeit und Sonderbarkeit seiner Fehlhandlungen auffällig war. Die Zeichen dieser „Zerstreutheit“ sind aber fast völlig geschwunden, seitdem er die psychoanalytische Behandlung von Kranken zu üben begann und sich genötigt sah, auch der Analyse seines eigenen Ichs Aufmerksamkeit zuzuwenden. Man verzichtet, meint er, auf die Fehlhandlungen, wenn man seine eigene Verantwortlichkeit um so vieles auszudehnen lernt. Er hält daher mit Recht die Zerstreutheit für einen Zustand, der von unbewußten Komplexen abhängig und durch die Psychoanalyse heilbar ist. Eines Tages aber stand er unter dem Selbstvorwurfe, bei einem Patienten einen Kunstfehler in der Psychoanalyse begangen zu haben. An diesem Tage stellten sich alle seine früheren „Zerstreutheiten“ wieder ein. Er stolperte mehrmals im Gehen auf der Straße (Darstellung jenes *faux pas* in der Behandlung), vergaß seine Brieftasche zu Hause, wollte auf der Trambahn einen Kreuzer weniger zahlen, hatte seine Kleidungsstücke nicht ordentlich zugeknöpft u. dgl.

50 *E. Jones* bemerkt hiezu: *„Often the resistance is of a general order. Thus a busy man forgets to post letters entrusted to him – to his slight annoyance – by his wife, just as he may ‚forget‘ to carry out her shopping orders.“*

Der Kranke hat seine verschiedenen Beschwerden und Anfragen höchst langatmig vorgebracht. Nachdem er fertig geworden ist, macht er einen Moment Pause, darauf zieht er den Zettel hervor und sagt entschuldigend: „Ich habe mir etwas aufgeschrieben, weil ich mir so gar nichts merke." In der Regel findet er auf dem Zettel nichts Neues. Er wiederholt jeden Punkt und beantwortet ihn selbst: „Ja, danach habe ich schon gefragt." Er demonstriert mit dem Zettel wahrscheinlich nur eines seiner Symptome, die Häufigkeit, mit der seine Vorsätze durch Einmengung dunkler Motive gestört werden.

Ich rühre ferner an Leiden, an welchen auch der größere Teil der mir bekannten Gesunden krankt, wenn ich zugestehe, daß ich besonders in früheren Jahren sehr leicht und für lange Zeit vergessen habe, entlehnte Bücher zurückzugeben, oder daß es mir besonders leicht begegnet ist, Zahlungen durch Vergessen aufzuschieben. Unlängst verließ ich eines Morgens die Tabaktrafik, in welcher ich meinen täglichen Zigarreneinkauf gemacht hatte, ohne ihn zu bezahlen. Es war eine höchst harmlose Unterlassung, denn ich bin dort bekannt und konnte daher erwarten, am nächsten Tag an die Schuld gemahnt zu werden. Aber die kleine Versäumnis, der Versuch, Schulden zu machen, steht gewiß nicht außer Zusammenhang mit den Budgeterwägungen, die mich den Vortag über beschäftigt hatten. In Bezug auf das Thema von Geld und Besitz lassen sich die Spuren eines zwiespältigen Verhaltens auch bei den meisten sogenannt anständigen Menschen leicht nachweisen. Die primitive Gier des Säuglings, der sich aller Objekte zu bemächtigen sucht (um sie zum Munde zu führen), zeigt sich vielleicht allgemein als nur unvollständig durch Kultur und Erziehung überwunden.[51]

[51] Der Einheit des Themas zuliebe darf ich hier die gewählte Einteilung durchbrechen und dem oben Gesagten anschließen, daß in bezug auf Geldsachen das Gedächtnis der Menschen eine besondere Parteilichkeit zeigt. Erinnerungstäuschungen, etwas bereits bezahlt zu haben, sind, wie ich von mir selbst weiß, oft sehr hartnäckig. Wo der gewinnsüchtigen Absicht abseits von den großen Interessen der Lebensführung und daher eigentlich zum Scherz freier Lauf gelassen wird wie beim Kartenspiel, neigen die ehrlichsten Männer zu Irrtümern, Erinnerungs- und Rechenfehlern und finden sich selbst, ohne recht zu wissen wie, in kleine Betrügereien verwickelt. Auf solchen Freiheiten beruht zum Teil der psychisch erfrischende Charakter des Spieles. Das Sprichwort, daß man beim Spiel den Charakter des Menschen erkennt, ist zuzugeben, wenn man dabei nicht den manifesten Charakter im Auge hat. – Wenn es unabsichtliche Rechenfehler bei Zahlkellnern noch gibt, so unterliegen sie offenbar derselben Beurteilung. – Im Kaufmannstande kann man häufig eine gewisse Zögerung in der Verausgabung von Geldsummen, bei der Bezahlung von Rechnungen u. dgl. beobachten, die dem Eigner keinen Gewinn bringt, sondern nur psychologisch zu verstehen ist als eine Äußerung des Gegenwillens, Geld von sich zu tun. – *Brill* bemerkt hierüber mit epigrammatischer Schärfe: *„We are more apt to mislay letters containing bills than checks."* – Mit den intimsten und am wenigsten klar gewordenen Regungen hängt es zusammen, wenn gerade Frauen eine besondere Unlust zeigen, den Arzt zu honorieren. Sie haben gewöhnlich ihr Portemonnaie vergessen, können darum in der

Ich fürchte, ich bin mit allen bisherigen Beispielen einfach banal geworden. Es kann mir aber doch nur recht sein, wenn ich auf Dinge stoße, die jedermann bekannt sind, und die jeder in der nämlichen Weise versteht, da ich bloß vorhabe, das Alltägliche zu sammeln und wissenschaftlich zu verwerten. Ich sehe nicht ein, weshalb der Weisheit, die Niederschlag der gemeinen Lebenserfahrung ist, die Aufnahme unter die Erwerbungen der Wissenschaft versagt sein sollte. Nicht die Verschiedenheit der Objekte, sondern die strengere Methode bei der Feststellung und das Streben nach weitreichendem Zusammenhang machen den wesentlichen Charakter der wissenschaftlichen Arbeit aus.

Für die Vorsätze von einigem Belang haben wir allgemein gefunden, daß sie dann vergessen werden, wenn sich dunkle Motive gegen sie erheben. Bei noch weniger wichtigen Vorsätzen erkennt man als zweiten Mechanismus des Vergessens, daß ein Gegenwille sich von woanders her auf den Vorsatz überträgt, nachdem zwischen jenem anderen und dem Inhalt des Vorsatzes eine äußerliche Assoziation hergestellt worden ist. Hiezu gehört folgendes Beispiel: Ich lege Wert auf schönes Löschpapier und nehme mir vor, auf meinem heutigen Nachmittagsweg in die Innere Stadt neues einzukaufen. Aber an vier aufeinanderfolgenden Tagen vergesse ich es, bis ich mich befrage, welchen Grund diese Unterlassung hat. Ich finde ihn dann leicht, nachdem ich mich besonnen habe, daß ich zwar „Löschpapier“ zu schreiben, aber „Fließpapier“ zu sagen gewohnt bin. „Fließ“ ist der Name eines Freundes in Berlin, der mir in den nämlichen Tagen Anlaß zu einem quälenden, besorgten Gedanken gegeben hatte. Diesen Gedanken kann ich nicht los werden, aber die Abwehrneigung äußert sich, indem sie sich mittels der Wortgleichheit auf den indifferenten und darum wenig resistenten Vorsatz überträgt.

Direkter Gegenwille und entferntere Motivierung treffen in folgendem Falle von Aufschub zusammen: In der Sammlung *Grenzfragen des Nerven- und Seelenlebens* hatte ich eine kurze Abhandlung über den Traum geschrieben, welche den Inhalt meiner *Traumdeutung* resümiert. *Bergmann* in Wiesbaden sendet eine Korrektur und bittet um umgehende Erledigung, weil er das Heft noch vor Weihnachten ausgeben will. Ich mache die Korrektur noch in der Nacht und lege sie auf meinen Schreibtisch, um sie am nächsten Morgen mitzunehmen. Am Morgen vergesse ich daran, erinnere mich erst nachmittags beim Anblick des Kreuzbandes auf meinem Schreibtisch. Ebenso vergesse ich die Korrektur am Nachmittag, am Abend und am nächsten Morgen, bis ich mich aufraffe und am

Ordination nicht zahlen, vergessen dann regelmäßig, das Honorar vom Hause aus zu schicken, und setzen es so durch, daß man sie umsonst – „um ihrer schönen Augen willen“ – behandelt hat. Sie zahlen gleichsam mit ihrem Anblick.

Nachmittag des zweiten Tages die Korrektur zu einem Briefkasten trage, verwundert, was der Grund dieser Verzögerung sein mag. Ich will sie offenbar nicht absenden, aber ich finde nicht, warum. Auf demselben Spaziergang trete ich aber bei meinem Wiener Verleger, der auch das Traumbuch publiziert hat, ein, mache eine Bestellung und sage dann, wie von einem plötzlichen Einfall getrieben: „Sie wissen doch, daß ich den ‚Traum' ein zweites Mal geschrieben habe?" – „Ah, da würde ich doch bitten." – „Beruhigen Sie sich, nur ein kurzer Aufsatz für die *Löwenfeld-Kurellasche* Sammlung." Es war ihm aber doch nicht recht; er besorgte, der Vortrag würde dem Absatz des Buches schaden. Ich widersprach und fragte endlich: „Wenn ich mich früher an Sie gewendet hätte, würden Sie mir die Publikation untersagt haben?" – „Nein, das keineswegs." Ich glaube selbst, daß ich in meinem vollen Recht gehandelt und nichts anderes getan habe, als was allgemein üblich ist; doch scheint es mir gewiß, daß ein ähnliches Bedenken, wie es der Verleger äußerte, das Motiv meiner Zögerung war, die Korrektur abzusenden. Dies Bedenken geht auf eine frühere Gelegenheit zurück, bei welcher ein anderer Verleger Schwierigkeiten erhob, als ich, wie unvermeidlich, einige Blätter Text aus einer früheren, in anderem Verlage erschienenen Arbeit über zerebrale Kinderlähmung unverändert in die Bearbeitung desselben Themas im Handbuch von *Nothnagel* hinübernahm. Dort findet aber der Vorwurf abermals keine Anerkennung; ich hatte auch damals meinen ersten Verleger (identisch mit dem der *Traumdeutung*) loyal von meiner Absicht verständigt. Wenn aber diese Erinnerungsreihe noch weiter zurückgeht, so rückt sie mir einen noch früheren Anlaß vor, den einer Übersetzung aus dem Französischen, bei welchem ich wirklich die bei einer Publikation in Betracht kommenden Eigentumsrechte verletzt habe. Ich hatte dem übersetzten Text Anmerkungen beigefügt, ohne für diese Anmerkungen die Erlaubnis des Autors nachgesucht zu haben, und habe einige Jahre später Grund zur Annahme bekommen, daß der Autor mit dieser Eigenmächtigkeit unzufrieden war.

Es gibt ein Sprichwort, welches die populäre Kenntnis verrät, daß das Vergessen von Vorsätzen nichts Zufälliges ist. „Was man einmal zu tun vergessen hat, das vergißt man dann noch öfter."

Ja, man kann sich mitunter des Eindrucks nicht erwehren, daß alles, was man über das Vergessen und die Fehlhandlungen überhaupt sagen kann, den Menschen ohnedies wie etwas Selbstverständliches bekannt ist. Wunderbar genug, daß es doch notwendig ist, ihnen dies so Wohlbekannte vors Bewußtsein zu rücken! Wie oft habe ich sagen gehört: Gib mir diesen Auftrag nicht, ich werde gewiß an ihn vergessen. Das Eintreffen dieser Vorhersagung hatte dann sicherlich nichts Mystisches an sich. Der so sprach, verspürte, in sich den Vorsatz, den Auftrag nicht auszuführen, und weigerte sich nur, sich zu ihm zu bekennen.

Das Vergessen von Vorsätzen erfährt übrigens eine gute Beleuchtung durch etwas, was man als „Fassen von falschen Vorsätzen" bezeichnen könnte. Ich hatte einmal einem jungen Autor versprochen, ein Referat über sein kleines Opus zu schreiben, schob es aber wegen innerer, mir nicht unbekannter Widerstände auf, bis ich mich eines Tages durch sein Drängen bewegen ließ zu versprechen, daß es noch am selben Abend geschehen werde. Ich hatte auch die ernste Absicht, so zu tun, aber ich hatte vergessen, daß die Abfassung eines unaufschiebbaren Gutachtens für den nämlichen Abend angesetzt war. Nachdem ich so meinen Vorsatz als falsch erkannt hatte, gab ich den Kampf gegen meine Widerstände auf und sagte dem Autor ab.

VIII
Das Vergreifen

Der oben erwähnten Arbeit von *Meringer* und *Mayer* entnehme ich noch die Stelle (S. 98): „Die Sprechfehler stehen nicht ganz allein da. Sie entsprechen den Fehlern, die bei anderen Tätigkeiten der Menschen sich oft einstellen und ziemlich töricht ‚Vergeßlichkeiten' genannt werden."

Ich bin also keinesfalls der erste, der Sinn und Absicht hinter den kleinen Funktionsstörungen des täglichen Lebens Gesunder vermutet.[52]

Wenn die Fehler beim Sprechen, das ja eine motorische Leistung ist, eine solche Auffassung zugelassen haben, so liegt es nahe, auf die Fehler unserer sonstigen motorischen Verrichtungen die nämliche Erwartung zu übertragen. Ich habe hier zwei Gruppen von Fällen gebildet; alle die Fälle, in denen der Fehleffekt das Wesentliche scheint, also die Abirrung von der Intention, bezeichne ich als „*Vergreifen*", die anderen, in denen eher die ganze Handlung unzweckmäßig erscheint, benenne ich „*Symptom- und Zufallshandlungen*". Die Scheidung ist aber wiederum nicht reinlich durchzuführen; wir kommen ja wohl zur Einsicht, daß alle in dieser Abhandlung gebrauchten Einteilungen nur deskriptiv bedeutsame sind und der inneren Einheit des Erscheinungsgebietes widersprechen.

Das psychologische Verständnis des „Vergreifens" erfährt offenbar, keine besondere Förderung, wenn wir es der Ataxie und speziell der „kortikalen Ataxie" subsumieren. Versuchen wir lieber, die einzelnen Beispiele auf ihre jeweiligen Bedingungen zurückzuführen. Ich werde wiederum Selbstbeobachtungen hiezu verwenden, zu denen sich die Anlässe bei mir nicht besonders häufig finden.

[52] Eine zweite Publikation *Meringers* hat mir später gezeigt, wie sehr ich diesem Autor unrecht tat, als ich ihm solches Verständnis zumutete.

a) In früheren Jahren, als ich Hausbesuche bei Patienten noch häufiger machte als gegenwärtig, geschah es mir oft, daß ich, vor der Tür, an die ich anklopfen oder anläuten sollte, angekommen, die Schlüssel meiner eigenen Wohnung aus der Tasche zog, um – sie dann fast beschämt wieder einzustecken. Wenn ich mir zusammenstelle, bei welchen Patienten dies der Fall war, so muß ich annehmen, die Fehlhandlung – Schlüssel herausziehen anstatt läuten – bedeutete eine Huldigung für das Haus, wo ich in diesen Mißgriff verfiel. Sie war äquivalent dem Gedanken: „Hier bin ich wie zu Hause", denn sie trug sich nur zu, wo ich den Kranken liebgewonnen hatte. (An meiner eigenen Wohnungstür läute ich natürlich niemals.)

Die Fehlhandlung war also eine symbolische Darstellung eines doch eigentlich nicht für ernsthafte, bewußte Annahme bestimmten Gedankens, denn in der Realität weiß der Nervenarzt genau, daß der Kranke ihm nur so lange anhänglich bleibt, als er noch Vorteil von ihm erwartet, und daß er selbst nur zum Zwecke der psychischen Hilfeleistung ein übermäßig warmes Interesse für seine Patienten bei sich gewähren läßt.

Daß das sinnvoll fehlerhafte Hantieren mit dem Schlüssel keineswegs, eine Besonderheit meiner Person ist, geht aus zahlreichen Selbstbeobachtungen anderer hervor.

Eine fast identische Wiederholung meiner Erfahrungen beschreibt *A. Maeder* (*Contrib. à la psychopathologie de la vie quotidienne*, Arch. de Psychol., VI, 1906): „*Il est arrivé à chacun de sortir son trousseau, en arrivant à la porte d'un ami particulièrement cher, de se surprendre pour ainsi dire, en train d'ouvrir avec sa clé comme chez soi. C'est un retard, puisqu'il faut sonner malgré tout, mais c'est une preuve qu'on se sent ou qu'on voudrait se sentir – comme chez soi, auprès de cet ami.*"

E. Jones (l. c., S. 509): „*The use of keys is a fertile source of occurrences of this kind of which two examples may be given. If I am disturbed in the midst of some engrossing work at home by having to go to the hospital to carry out some routine work, I am very apt to find myself trying to open the door of my laboratory there with the key of my desk at home, although the two keys are quite unlike each other. The mistake unconsciously demonstrates where I would rather be at the moment.*

Some years ago I was acting in a subordinate position at a certain institution, the front door of which was kept locked, so that it was necessary to ring for admission. On several occasions I found myself making serious attempts to open the door with my house key. Each one of the permanent visiting staff, of which I aspired to be a member, was provided with a key to avoid the trouble of having to wait at the door. My mistakes thus expressed my desire to be on a similar footing, and to be quite ‚at home' there."

Ähnlich berichtet Dr. *Hanns Sachs*: „Ich trage stets zwei Schlüssel bei mir, von denen der eine die Tür zur Kanzlei, der andere die zu meiner Wohnung öffnet. Leicht verwechselbar sind sie durchaus nicht, da der Kanzleischlüssel mindestens dreimal so groß ist wie der Wohnungsschlüssel. Überdies trage ich den ersteren in der Hosentasche, den anderen in der Weste. Trotzdem geschah es öfters, daß ich vor der Tür stehend bemerkte, daß ich auf der Treppe den falschen Schlüssel vorbereitet hatte. Ich beschloß, einen statistischen Versuch zu machen; da ich ja täglich ungefähr in derselben Gemütsverfassung vor den beiden Türen stehe, mußte auch die Verwechslung der beiden Schlüssel, wenn anders sie psychisch determiniert sein sollte, eine regelmäßige Tendenz zeigen. Die Beobachtung bei späteren Fällen ergab dann, daß ich regelmäßig den Wohnungsschlüssel vor der Kanzleitür herausnahm, nur ein einziges Mal war das Umgekehrte der Fall: ich kam ermüdet nach Hause, wo, wie ich wußte, ein Gast meiner wartete. Vor der Tür machte ich einen Versuch, sie mit dem natürlich viel zu großen Kanzleischlüssel aufzusperren.

b) In einem bestimmten Hause, wo ich seit sechs Jahren zweimal täglich zu festgesetzten Zeiten vor einer Tür im zweiten Stock auf Einlaß warte, ist es mir während dieses langen Zeitraumes zweimal (mit einem kurzen Intervall) geschehen, daß ich um einen Stock höher gegangen bin, also mich „*verstiegen*" habe. Das eine Mal befand ich mich in einem ehrgeizigen Tagtraum, der mich „höher und immer höher steigen" ließ. Ich überhörte damals sogar, daß sich die fragliche Tür geöffnet hatte, als ich den Fuß auf die ersten Stufen des dritten Stockwerks setzte. Das andere Mal ging ich wiederum „in Gedanken versunken" zu weit; als ich es bemerkte, umkehrte und die mich beherrschende Phantasie zu erhaschen suchte, fand ich, daß ich mich über eine (phantasierte) Kritik meiner Schriften ärgerte, in welcher mir der Vorwurf gemacht wurde, daß ich immer „zu weit ginge", und in die ich nun den wenig respektvollen Ausdruck „*verstiegen*" einzusetzen hatte.

c) Auf meinem Schreibtisch liegen seit vielen Jahren nebeneinander ein Reflexhammer und eine Stimmgabel. Eines Tages eile ich nach Schluß der Sprechstunde fort, weil ich einen bestimmten Stadtbahnzug erreichen will, stecke bei vollem Tageslicht anstatt des Hammers die Stimmgabel in die Rocktasche und werde durch die Schwere des die Tasche herabziehenden Gegenstandes auf meinen Mißgriff aufmerksam gemacht. Wer sich über so kleine Vorkommnisse Gedanken zu machen nicht gewohnt ist, wird ohne Zweifel den Fehlgriff durch die Eile des Moments erklären und entschuldigen. Ich habe es trotzdem vorgezogen, mir die Frage zu stellen, warum ich eigentlich die Stimmgabel anstatt des Hammers genommen. Die Eilfertigkeit hätte ebensowohl ein Motiv sein können, den Griff richtig auszuführen, um nicht Zeit mit der Korrektur zu versäumen.

Wer hat zuletzt nach der Stimmgabel gegriffen? lautet die Frage, die sich mir da aufdrängt. Das war vor wenigen Tagen ein *idiotisches* Kind, bei dem ich die

Aufmerksamkeit auf Sinneseindrücke prüfte, und das durch die Stimmgabel so gefesselt wurde, daß ich sie ihm nur schwer entreißen konnte. Soll das also heißen, ich sei ein Idiot? Allerdings scheint es so, denn der nächste Einfall, der sich an Hammer assoziiert, lautet „*Chamer*“ (hebräisch: Esel).

Was soll aber dieses Geschimpfe? Man muß hier die Situation befragen. Ich eile zu einer Konsultation in einem Orte an der Westbahnstrecke, zu einer Kranken, die nach der brieflich mitgeteilten Anamnese vor Monaten vom Balkon herabgestürzt ist und seither nicht gehen kann. Der Arzt, der mich einlädt, schreibt, er wisse trotzdem nicht, ob es sich um Rückenmarksverletzung oder um traumatische Neurose – Hysterie – handle. Da soll ich nun entscheiden. Da wäre also eine Mahnung am Platze, in der heiklen Differentialdiagnose besonders vorsichtig zu sein. Die Kollegen meinen ohnedies, man diagnostiziere viel zu leichtsinnig Hysterie, wo es sich um ernstere Dinge handle. Aber die Beschimpfung ist noch nicht gerechtfertigt! Ja, es kommt hinzu, daß die kleine Bahnstation der nämliche Ort ist, an dem ich vor Jahren einen jungen Mann gesehen, der seit einer Gemütsbewegung nicht ordentlich gehen konnte. Ich diagnostizierte damals Hysterie und nahm den Kranken später in psychische Behandlung, und dann stellte es sich heraus, daß ich freilich nicht unrichtig diagnostiziert hatte, aber auch nicht richtig. Eine ganze Anzahl der Symptome des Kranken war hysterisch gewesen, und diese schwanden auch prompt im Laufe der Behandlung. Aber hinter diesen wurde nun ein für die Therapie unantastbarer Rest sichtbar, der sich nur auf eine multiple Sklerose beziehen ließ. Die den Kranken nach mir sahen, hatten es leicht, die organische Affektion zu erkennen; ich hätte kaum anders vorgehen und anders urteilen können, aber der Eindruck war doch der eines schweren Irrtums; das Versprechen der Heilung, das ich ihm gegeben hatte, war natürlich nicht zu halten. Der Mißgriff nach der Stimmgabel anstatt nach dem Hammer ließ sich also so in Worte übersetzen: „Du Trottel, du Esel, nimm dich diesmal zusammen, daß du nicht wieder eine Hysterie diagnostizierst, wo eine unheilbare Krankheit vorliegt, wie bei dem armen Mann an demselben Ort vor Jahren!“ Und zum Glück für diese kleine Analyse, wenn auch zum Unglück für meine Stimmung, war dieser selbe Mann mit schwerer spastischer Lähmung wenige Tage vorher und einen Tag nach dem idiotischen Kind in meiner Sprechstunde gewesen.

Man merkt, es ist diesmal die Stimme der Selbstkritik, die sich durch das Fehlgreifen vernehmlich macht. Zu solcher Verwendung als Selbstvorwurf ist der Fehlgriff ganz besonders geeignet. Der Mißgriff hier will den Mißgriff, den man anderswo begangen hat, darstellen.

d) Selbstverständlich kann das Fehlgreifen auch einer ganzen Reihe anderer dunkler Absichten dienen. Hier ein erstes Beispiel: Es kommt sehr selten vor, daß ich etwas zerschlage. Ich bin nicht besonders geschickt, aber infolge der anatomischen Integrität meiner Nervmuskelapparate sind Gründe für so ungeschickte Bewegungen mit unerwünschtem Erfolge bei mir offenbar nicht gegeben. Ich weiß also kein Objekt in meinem Hause zu erinnern, dessengleichen ich je zerschlagen hätte. Ich war durch die Enge in meinem Studierzimmer oft genötigt, in den unbequemsten Stellungen mit einer Anzahl von antiken Ton- und Steinsachen, von denen ich eine kleine Sammlung habe, zu hantieren, so daß Zuschauer die Besorgnis ausdrückten, ich würde etwas herunterschleudern und zerschlagen. Es ist aber niemals geschehen. Warum habe ich also einmal den marmornen Deckel meines einfachen Tintengefäßes zu Boden geworfen, so daß er zerbrach?

Mein Tintenzeug besteht aus einer Platte von Untersberger Marmor, die für die Aufnahme des gläsernen Tintenfäßchens ausgehöhlt ist; das Tintenfaß trägt einen Deckel mit Knopf aus demselben Stein. Ein Kranz von Bronzestatuetten und Terrakottafigürchen ist hinter diesem Tintenzeug aufgestellt. Ich setze mich an den Tisch, um zu schreiben, mache mit der Hand, welche den Federstiel hält, eine merkwürdig ungeschickte, ausfahrende Bewegung und werfe so den Deckel des Tintenfasses, der bereits auf dem Tische lag, zu Boden. Die Erklärung ist nicht schwer zu finden. Einige Stunden vorher war meine Schwester im Zimmer gewesen, um sich einige neue Erwerbungen anzusehen. Sie fand sie sehr schön und äußerte dann: „Jetzt sieht dein Schreibtisch wirklich hübsch aus, nur das Tintenzeug paßt nicht dazu. Du mußt ein schöneres haben.“ Ich begleitete die Schwester hinaus und kam erst nach Stunden zurück. Dann aber habe ich, wie es scheint, an dem verurteilten Tintenzeug die Exekution vollzogen. Schloß ich etwa aus den Worten der Schwester, daß sie sich vorgenommen habe, mich zur nächsten festlichen Gelegenheit mit einem schöneren Tintenzeug zu beschenken, und zerschlug das unschöne alte, um sie zur Verwirklichung ihrer angedeuteten Absicht zu nötigen? Wenn dem so ist, so war meine schleudernde Bewegung nur scheinbar ungeschickt; in Wirklichkeit war sie höchst geschickt und zielbewußt und verstand es, allen wertvolleren, in der Nähe befindlichen Objekten schonend auszuweichen.

Ich glaube wirklich, daß man diese Beurteilung für eine ganze Reihe von anscheinend zufällig ungeschickten Bewegungen annehmen muß. Es ist richtig, daß diese etwas Gewaltsames, Schleuderndes, wie Spastisch-Ataktisches zur Schau tragen, aber sie erweisen sich als von einer Intention beherrscht und treffen ihr Ziel mit einer Sicherheit, die man den bewußt willkürlichen Bewegungen nicht allgemein nachrühmen kann. Beide Charaktere, die Gewaltsamkeit wie die Treffsicherheit, haben sie übrigens mit den motorischen Äußerungen der hysterischen Neurose und zum Teile auch mit den motorischen Leistungen des Somnambulismus gemeinsam, was wohl hier wie dort auf die nämliche unbekannte Modifikation des Innervationsvorganges hinweist.

Auch eine von Frau *Lou Andreas-Salomé* mitgeteilte Selbstbeobachtung kann überzeugend dartun, wie eine hartnäckig festgehaltene „Ungeschicklichkeit“ in sehr geschickter Weise uneingestandenen Absichten dient.

„Genau von der Zeit an, wo die Milch seltene und kostbare Ware geworden war, geschah es mir, zu meinem ständigen Schrecken und Ärgernis, sie beständig überkochen zu lassen. Umsonst mühte ich mich, dessen Herr zu werden, obwohl ich durchaus nicht sagen kann, daß ich mich bei sonstigen Gelegenheiten zerstreut oder unachtsam bewiesen hätte. Eher hätte das Ursache gehabt nach dem Tode meines lieben weißen Terriers (der so berechtigterweise wie nur je ein Mensch ‚Freund‘ [russisch Drujok] hieß). Aber – siehe da! – niemals seitdem ist die Milch auch nur um ein Tröpfchen übergekocht. Mein nächster Gedanke darüber lautete: ‚Wie gut ist das, da das auf Herdplatte oder Fußboden sich Ergießende nun nicht einmal Verwendung fände!‘ – Und gleichzeitig sah ich meinen ‚Freund‘ vor mir, wie er gespannt dasaß, die Kochprozedur zu beobachten: den Kopf etwas schief geneigt und mit dem Schwanzende schon erwartungsvoll wedelnd – mit getroster Sicherheit des sich vollziehenden prächtigen Unglücks gewärtig. Damit war freilich alles klar, und auch dies: daß er mir noch *mehr* lieb gewesen war, als ich selbst wußte.“

Es ist mir in den letzten Jahren, seitdem ich solche Beobachtungen sammle, noch einigemal geschehen, daß ich Gegenstände von gewissem Werte zerschlagen oder zerbrochen habe, aber die Untersuchung dieser Fälle hat mich überzeugt, daß es niemals ein Erfolg des Zufalls oder meiner absichtslosen Ungeschicklichkeit war. So habe ich eines Morgens, als ich im Badekostüm, die Füße mit Strohpantoffeln bekleidet, durch ein Zimmer ging, einem plötzlichen Impuls folgend, einen der Pantoffel vom Fuß weg gegen die Wand geschleudert, so daß er eine hübsche kleine Venus von Marmor von ihrer Konsole herunterholte. Während sie in Stücke ging, zitierte ich ganz ungerührt die Verse von *Busch*:

> Ach die Venus ist perdü –
> Klickeradoms! – von Medici!

Dieses tolle Treiben und meine Ruhe bei dem Schaden finden ihre Aufklärung in der damaligen Situation. Wir hatten eine Schwerkranke in der Familie, an deren Genesung ich im stillen bereits verzweifelt hatte. An jenem Morgen hatte ich von einer großen Besserung erfahren; ich weiß, daß ich mir gesagt hatte: also bleibt sie doch am Leben. Dann diente mein Anfall von Zerstörungswut zum Ausdruck einer dankbaren Stimmung gegen das Schicksal und gestattete mir, eine „*Opferhandlung*“ zu vollziehen, gleichsam als hätte ich gelobt, wenn sie gesund wird, bringe ich dies oder jenes zum Opfer! Daß ich für dieses Opfer die Venus von Medici ausgesucht, sollte gewiß nichts anderes als eine galante Huldigung für die Genesende sein; unbegreiflich bleibt mir aber auch diesmal, daß ich so rasch entschlossen, so geschickt gezielt und kein anderes der in so großer Nähe befindlichen Objekte getroffen habe.

Ein anderes Zerbrechen, für das ich mich wiederum des der Hand entfahrenden Federstieles bedient habe, hatte gleichfalls die Bedeutung eines Opfers, aber diesmal eines *Bittopfers* zur Abwendung. Ich hatte mir einmal darin gefallen, einem treuen und verdienten Freunde einen Vorwurf zu machen, der sich auf die Deutung gewisser Zeichen aus seinem Unbewußten, auf nichts anderes, stützte. Er nahm es übel auf und schrieb mir einen Brief, in dem er mich bat, meine Freunde nicht psychoanalytisch zu behandeln. Ich mußte ihm recht geben und beschwichtigte ihn durch meine Antwort. Während ich diesen Brief schrieb, hatte ich meine neueste Erwerbung, ein prächtig glasiertes ägyptisches Figürchen, vor mir stehen. Ich zerschlug es auf die beschriebene Weise und wußte dann sofort, daß ich dies Unheil angerichtet, um ein größeres abzuwenden. Zum Glück ließ sich beides – die Freundschaft wie die Figur – so kitten, daß man den Sprung nicht merken würde.

Ein drittes Zerbrechen stand in weniger ernsthaftem Zusammenhang; es war nur eine maskierte „Exekution", um den Ausdruck von *Th. Vischer* (*Auch einer*) zu gebrauchen, an einem Objekt, das sich meines Gefallens nicht mehr erfreute. Ich hatte eine Zeitlang einen Stock mit Silbergriff getragen; als die dünne Silberplatte einmal ohne mein Verschulden beschädigt worden war, wurde sie schlecht repariert. Bald nachdem der Stock zurückgekommen war, benützte ich den Griff, um im Übermut nach dem Beine eines meiner Kleinen zu angeln. Dabei brach er natürlich entzwei und ich war von ihm befreit.

Der Gleichmut, mit dem man in all diesen Fällen den entstandenen Schaden aufnimmt, darf wohl als Beweis für das Bestehen einer unbewußten Absicht bei der Ausführung in Anspruch genommen werden.

Gelegentlich stößt man, wenn man den Begründungen einer so geringfügigen Fehlleistung nachforscht, wie es das Zerbrechen eines Gegenstandes ist, auf Zusammenhänge, die tief in die Vorgeschichte eines Menschen hineinführen und überdies an der gegenwärtigen Situation desselben haften. Nachstehende Analyse von *L. Jekels* soll hiefür ein Beispiel geben.

„Ein Arzt befindet sich im Besitze einer, wenn auch nicht kostbaren, so doch sehr hübschen irdenen Blumenvase. Dieselbe wurde ihm seinerzeit nebst vielen anderen, darunter auch kostbaren Gegenständen von einer (verheirateten) Patientin geschenkt. Als bei derselben die Psychose manifest wurde, hat er all die Geschenke den Angehörigen der Patientin zurückerstattet – bis auf eine weit weniger kostspielige Vase, von der er sich nicht trennen konnte, angeblich wegen ihrer Schönheit. Doch kostete diese Unterschlagung den sonst so skrupulösen Menschen einen gewissen inneren Kampf, war er sich doch der Ungehörigkeit dieser Handlung vollkommen bewußt und half sich bloß über seine Gewissensbisse mit dem Vorhalt hinweg, die Vase habe eigentlich keinen Materialwert, sei schwerer einzupacken usw. – Als er nun einige Monate später im Begriffe war, den ihm streitig gemachten Restbetrag für die Behandlung dieser Patientin durch einen Rechtsanwalt reklamieren und eintreiben zu lassen, meldeten sich die Selbstvorwürfe wieder; flüchtig befiel ihn auch die Angst, die vermeintliche Unterschlagung könnte von den Angehörigen entdeckt und ihm im Strafverfahren entgegengehalten werden. Besonders jedoch das erste Moment war eine Weile hindurch so stark, daß er schon daran dachte, auf eine etwa hundertmal höhere Forderung zu verzichten – quasi als Entschädigung für den unterschlagenen Gegenstand – er überwand jedoch alsbald diesen Gedanken, indem er ihn als absurd beiseite schob.

Während dieser Stimmung passiert es ihm nun, daß er, der sonst außerordentlich selten etwas zerbricht und seinen Muskelapparat gut beherrscht, beim Erneuern des Wassers in der Vase dieselbe durch eine organisch mit dieser Handlung gar nicht zusammenhängende, sonderbar ‚ungeschickte' Bewegung vom Tische wirft, so daß sie etwa in fünf oder sechs größere Stücke zerbricht. Und dies, nachdem er am Abend zuvor, nur nach vorherigem starken Zögern, sich entschlossen hatte, gerade diese Vase blumengefüllt vor die geladenen Gäste auf den Tisch des Speisezimmers zu stellen, und nachdem er knapp vor dem Zerbrechen an sie gedacht, sie in seinem Wohnzimmer angstvoll vermißt und eigenhändig aus dem anderen Zimmer geholt hat! Als er nun nach der anfänglichen Bestürzung die Stücke aufsammelt, und gerade als er durch Zusammenpassen derselben konstatiert, es werde noch möglich sein, die Vase fast lückenlos zu rekonstruieren, da – gleiten ihm die zwei oder drei größeren Bruchstücke aus den Händen; sie zerstieben in tausend Splitter und mit ihnen auch jegliche Hoffnung auf diese Vase.

Fraglos hatte diese Fehlleistung die aktuelle Tendenz, dem Arzte das Verfolgen seines Rechtes zu ermöglichen, indem dieselbe das beseitigte, was er zurückbehalten hatte und was ihn einigermaßen behinderte, das zu verlangen, was man ihm zurückbehalten hatte.

Doch außer dieser direkten, besitzt für jeden Psychoanalytiker diese Fehlleistung noch eine weitere, ungleich tiefere und wichtigere, *symbolische* Determinierung; ist doch Vase ein unzweifelhaftes Symbol der Frau.

Der Held dieser kleinen Geschichte hatte seine schöne, junge und heißgeliebte Frau auf tragische Weise verloren; er verfiel in eine Neurose, deren Grundnote war, er sei an dem Unglück schuld (‚er habe eine schöne Vase zerbrochen'). Auch fand er kein Verhältnis mehr zu den Frauen und hatte Abneigung vor der Ehe und vor dauernden Liebesbeziehungen, die im Unbewußten als Untreue gegen seine verstorbene Frau gewertet, im Bewußten aber damit rationalisiert wurden, er bringe den Frauen Unglück, es könnte sich eine seinetwegen töten usw. (Da durfte er natürlich die Vase nicht dauernd behalten!)

Bei seiner starken Libido ist es nun nicht verwunderlich, daß ihm als die adäquatesten die ihrer Natur nach doch passageren Beziehungen zu verheirateten Frauen vorschwebten (daher Zurückhalten der Vase eines anderen).

Eine schöne Bestätigung für diese Symbolik findet sich in nachstehenden zwei Momenten: Infolge der Neurose unterzog er sich der psychoanalytischen Behandlung. Im Verlaufe der Sitzung, in der er von dem Zerbrechen der ‚irdenen' Vase erzählte, kam er viel später wieder einmal auf sein Verhältnis zu den Frauen zu sprechen und meinte, er sei bis zur Unsinnigkeit anspruchsvoll; so verlange er z. B. von, den Frauen ‚unirdische Schönheit'. Doch eine sehr deutliche Betonung, daß er noch an seiner (verstorbenen i. e. unirdischen) Frau hänge und von ‚irdischer Schönheit' nichts wissen wolle; daher das Zerbrechen der ‚irdenen' (irdischen) Vase.

Und genau zur Zeit, als er in der Übertragung die Phantasie bildete, die Tochter seines Arztes zu heiraten – da verehrte er demselben eine – Vase, quasi als Andeutung, nach welcher Richtung ihm die Revanche erwünscht wäre.

Voraussichtlich läßt sich die symbolische Bedeutung der Fehlleistung noch mannigfaltig variieren, z. B. die Vase nicht füllen wollen usw. Interessanter erscheint mir jedoch die Erwägung, daß das Vorhandensein von mehreren, mindestens zweien, wahrscheinlich auch getrennt aus dem Vor- und Unbewußten wirksamen Motiven, sich in der Doppelung der Fehlleistung – Umstoßen und Entgleiten der Vase – widerspiegelt."[53]

e) Das Fallenlassen von Objekten, Umwerfen, Zerschlagen derselben scheint sehr häufig zum Ausdruck unbewußter Gedankengänge verwendet zu werden, wie man gelegentlich durch Analyse beweisen kann, häufiger aber aus den abergläubisch oder scherzhaft daran geknüpften Deutungen im Volksmunde erraten möchte. Es ist bekannt, welche Deutungen sich an das Ausschütten von Salz, Umwerfen eines Weinglases, Steckenbleiben eines zu Boden gefallenen Messers u. dgl. knüpfen. Welches Anrecht auf Beachtung solche abergläubische Deutungen haben, werde ich erst an späterer Stelle erörtern; hieher gehört nur die Bemerkung, daß die einzelne ungeschickte Verrichtung keineswegs einen konstanten Sinn hat, sondern je nach Umständen sich dieser oder jener Absicht als Darstellungsmittel bietet.

[53] Internat. Zeitschrift für Psychoanalyse, I, 1913.

Vor kurzem gab es in meinem Hause eine Zeit, in der ungewöhnlich viel Glas und Porzellangeschirr zerbrochen wurde; ich selbst trug mehreres zum Schaden bei. Allein die kleine psychische Endemie war leicht aufzuklären; es waren die Tage vor der Vermählung meiner ältesten Tochter. Bei solchen Feiern pflegte man sonst mit Absicht ein Gerät zu zerbrechen und ein glückbringendes Wort dazu zu sagen. Diese Sitte mag die Bedeutung eines Opfers und noch anderen symbolischen Sinn haben.

Wenn dienende Personen zerbrechliche Gegenstände durch Fallenlassen vernichten, so wird man an eine psychologische Erklärung hiefür zwar nicht in erster Linie denken, doch ist auch dabei ein Beitrag dunkler Motive nicht unwahrscheinlich. Nichts liegt dem Ungebildeten ferner als die Schätzung der Kunst und der Kunstwerke. Eine dumpfe Feindseligkeit gegen deren Erzeugnisse beherrscht unser dienendes Volk, zumal wenn die Gegenstände, deren Wert sie nicht einsehen, eine Quelle von Arbeitsanforderung für sie werden. Leute von derselben Bildungsstufe und Herkunft zeichnen sich dagegen in wissenschaftlichen Instituten oft durch große Geschicklichkeit und Verläßlichkeit in der Handhabung heikler Objekte aus, wenn sie erst begonnen haben, sich mit ihrem Herrn zu identifizieren und sich zum wesentlichen Personal des Instituts zu rechnen.

Ich schalte hier die Mitteilung eines jungen Technikers ein, welche Einblick in den Mechanismus einer Sachbeschädigung gestattet.

„Vor einiger Zeit arbeitete ich mit mehreren Kollegen im Laboratorium der Hochschule an einer Reihe komplizierter Elastizitätsversuche, eine Arbeit, die wir freiwillig übernommen hatten, die aber begann, mehr Zeit zu beanspruchen, als wir erwartet hatten. Als ich eines Tages wieder mit meinem Kollegen F. ins Laboratorium ging, äußerte dieser, wie unangenehm es ihm gerade heute sei, so viel Zeit zu verlieren, er hätte zu Hause so viel anderes zu tun; ich konnte ihm nur beistimmen und äußerte noch halb scherzhaft, auf einen Vorfall der vergangenen Woche anspielend: ‚Hoffentlich wird wieder die Maschine versagen, so daß wir die Arbeit abbrechen und früher weggehen können!' – Bei der Arbeitsteilung trifft es sich, daß Kollege F. das Ventil der Presse zu steuern bekommt, d. h. er hat die Druckflüssigkeit aus dem Akkumulator durch vorsichtiges Öffnen des Ventils langsam in den Zylinder der hydraulischen Presse einzulassen; der Leiter des Versuches steht beim Manometer und ruft, wenn der richtige Druck erreicht ist, ein lautes ‚Halt'. Auf dieses Kommando faßt F. das Ventil und dreht es mit aller Kraft – nach links (alle Ventile werden ausnahmslos nach rechts geschlossen!). Dadurch wird plötzlich der volle Druck des Akkumulators in der Presse wirksam, worauf die Rohrleitung nicht eingerichtet ist, so daß sofort eine Rohrverbindung platzt – ein ganz harmloser Maschinendefekt, der uns jedoch zwingt, für heute die Arbeit einzustellen und nach Hause zu gehen. – Charakteristisch ist übrigens, daß einige Zeit nachher, als wir diesen Vorfall besprachen, Freund F. sich an meine von mir mit Sicherheit erinnerte Äußerung absolut nicht erinnern wollte."

Sich selbst fallen lassen, einen Fehltritt machen, ausgleiten, braucht gleichfalls nicht immer als rein zufälliges Fehlschlagen motorischer Aktion gedeutet zu werden. Der sprachliche Doppelsinn dieser Ausdrücke weist bereits auf die Art von verhaltenen Phantasien hin, die sich durch solches Aufgeben des Körpergleichgewichtes darstellen können. Ich erinnere mich an eine Anzahl von leichteren nervösen Erkrankungen bei Frauen und Mädchen, die nach einem Falle ohne Verletzung aufgetreten waren und als traumatische Hysterie zufolge des Schrecks beim Falle aufgefaßt wurden. Ich bekam schon damals den Eindruck, als ob die Dinge anders zusammenhingen, als wäre das Fallen bereits eine Veranstaltung der Neurose und ein Ausdruck derselben unbewußten Phantasien sexuellen Inhalts gewesen, die man als die bewegenden Kräfte hinter den Symptomen vermuten darf. Sollte dasselbe nicht auch ein Sprichwort sagen wollen, welches lautet: „Wenn eine Jungfrau fällt, fällt sie auf den Rücken"?

Zum *Vergreifen* kann man auch den Fall rechnen, daß jemand einem Bettler anstatt einer Kupfer- oder kleinen Silbermünze ein Goldstück gibt. Die Auflösung solcher Fehlgriffe ist leicht; es sind Opferhandlungen, bestimmt, das Schicksal zu erweichen, Unheil abzuwehren u. dgl. Hat man die zärtliche Mutter oder Tante unmittelbar vor dem Spaziergang, auf dem sie sich so widerwillig großmütig erzeigt, eine Besorgnis über die Gesundheit eines Kindes äußern gehört, so kann man an dem Sinne des angeblich unliebsamen Zufalls nicht mehr zweifeln. Auf solche Art ermöglichen unsere Fehlleistungen die Ausübung aller jener frommen und abergläubischen Gebräuche, die wegen des Sträubens unserer ungläubig gewordenen Vernunft das Licht des Bewußtseins scheuen müssen.

f) Daß zufällige Aktionen eigentlich absichtliche sind, wird auf keinem anderen Gebiete eher Glauben finden als auf dem der sexuellen Betätigung, wo die Grenze zwischen beiderlei Arten sich wirklich zu verwischen scheint. Daß eine scheinbar ungeschickte Bewegung höchst raffiniert zu sexuellen Zwecken ausgenützt werden kann, davon habe ich vor einigen Jahren an mir selbst ein schönes Beispiel erlebt. Ich traf in einem befreundeten Hause ein als Gast angelangtes junges Mädchen, welches ein längst für erloschen gehaltenes Wohlgefallen bei mir erregte und mich darum heiter, gesprächig und zuvorkommend stimmte. Ich habe damals auch nachgeforscht, auf welchen Bahnen dies zuging; ein Jahr vorher hatte dasselbe Mädchen mich kühl gelassen. Als nun der Onkel des Mädchens, ein sehr alter Herr, ins Zimmer trat, sprangen wir beide auf, um ihm einen in der Ecke stehenden Stuhl zu bringen. Sie war behender als ich, wohl auch dem

Objekt näher; so hatte sie sich zuerst des Sessels bemächtigt und trug ihn mit der Lehne nach rückwärts, beide Hände auf die Sesselränder gelegt, vor sich hin. Indem ich später hinzutrat und den Anspruch, den Sessel zu tragen, doch nicht aufgab, stand ich plötzlich dicht hinter ihr, hatte beide Arme von rückwärts um sie geschlungen, und meine Hände trafen sich einen Moment lang vor ihrem Schoß. Ich löste natürlich die Situation ebenso rasch, als sie entstanden war. Es schien auch keinem aufzufallen, wie geschickt ich diese ungeschickte Bewegung ausgebeutet hatte.

Gelegentlich habe ich mir auch sagen müssen, daß das ärgerliche, ungeschickte Ausweichen auf der Straße, wobei man durch einige Sekunden hin und her, aber doch stets nach der nämlichen Seite wie der oder die andere, Schritte macht, bis endlich beide voreinander stehen bleiben, daß auch dieses „den Weg Vertreten" ein unartig provozierendes Benehmen früherer Jahre wiederholt und sexuelle Absichten unter der Maske der Ungeschicklichkeit verfolgt. Aus meinen Psychoanalysen Neurotischer weiß ich, daß die sogenannte Naivität junger Leute und Kinder häufig nur solch eine Maske ist, um das Unanständige unbeirrt durch Genieren aussprechen oder tun zu können.

Ganz ähnliche Beobachtungen hat *W. Stekel* von seiner eigenen Person mitgeteilt: „Ich trete in ein Haus ein und reiche der Dame des Hauses meine Rechte. Merkwürdigerweise löse ich dabei die Schleife, die ihr loses Morgenkleid zusammenhält. Ich bin mir keiner unehrbaren Absicht bewußt, und doch habe ich diese ungeschickte Bewegung mit der Geschicklichkeit eines Eskamoteurs vollbracht."

Ich habe schon wiederholt Proben dafür geben können, daß die Dichter Fehlleistungen ebenso als sinnvoll und motiviert auffassen, wie wir es hier vertreten. Es wird uns darum nicht verwundern, an einem neuen Beispiel zu ersehen, wie ein Dichter auch eine ungeschickte Bewegung bedeutungsvoll macht und zum Vorzeichen späterer Begebenheiten werden läßt.

In *Theodor Fontanes* Roman: *L'Adultera* heißt es (Bd. II, S. 64 der Gesammelten Werke, Verlag S. Fischer): „... und Melanie sprang auf und warf ihrem Gatten, wie zur Begrüßung, einen der großen Bälle zu. Aber sie hatte nicht richtig gezielt, der Ball ging seitwärts und Rubehn fing ihn auf." Bei der Heimkehr von dem Ausfluge, der diese kleine Episode gebracht hat, findet ein Gespräch zwischen Melanie und Rubehn statt, das die erste Andeutung einer keimenden Neigung verrät. Diese Neigung wächst zur Leidenschaft, so daß Melanie schließlich ihren Gatten verläßt, um dem geliebten Manne ganz anzugehören. (Mitgeteilt von *H. Sachs.*)

g) Die Effekte, die durch das Fehlgreifen normaler Menschen zustande kommen, sind in der Regel von harmlosester Art. Gerade darum wird sich ein besonderes Interesse an die Frage knüpfen, ob Fehlgriffe von erheblicher Tragweite, die von bedeutsamen Folgen begleitet sein können, wie zum Beispiel die des Arztes oder Apothekers, nach irgendeiner Richtung unter unsere Gesichtspunkte fallen.

Da ich sehr selten in die Lage komme, ärztliche Eingriffe vorzunehmen, habe ich nur über ein Beispiel von ärztlichem Vergreifen aus eigener Erfahrung zu berichten. Bei einer sehr alten Dame, die ich seit Jahren zweimal täglich besuche, beschränkt sich meine ärztliche Tätigkeit beim Morgenbesuch auf zwei Akte: ich träufle ihr ein paar Tropfen Augenwasser ins Auge und gebe ihr eine Morphiuminjektion. Zwei Fläschchen, ein blaues für das Kollyrium und ein weißes für die Morphinlösung, sind regelmäßig vorbereitet. Während der beiden Verrichtungen beschäftigen sich meine Gedanken wohl meist mit etwas anderem; das hat sich eben schon so oft wiederholt, daß die Aufmerksamkeit sich wie frei benimmt. Eines Morgens bemerkte ich, daß der Automat falsch gearbeitet hatte, das Tropfröhrchen hatte ins weiße anstatt ins blaue Fläschchen eingetaucht und nicht Kollyrium, sondern Morphin ins Auge geträufelt. Ich erschrak heftig und beruhigte mich dann durch die Überlegung, daß einige Tropfen einer zweiprozentigen Morphinlösung auch im Bindehautsack kein Unheil anzurichten vermögen. Die Schreckempfindung war offenbar anderswoher abzuleiten.

Bei dem Versuche, den kleinen Fehlgriff zu analysieren, fiel mir zunächst die Phrase ein: „sich an der Alten vergreifen", die den kurzen Weg zur Lösung weisen konnte. Ich stand unter dem Eindruck eines Traumes, den mir am Abend vorher ein junger Mann erzählt hatte, dessen Inhalt sich nur auf den sexuellen Verkehr mit der eigenen Mutter deuten ließ.[54] Die Sonderbarkeit, daß die Sage keinen Anstoß an dem Alter der Königin Jokaste nimmt, schien mir gut zu dem Ergebnis zu stimmen, daß es sich bei der Verliebtheit in die eigene Mutter niemals um deren gegenwärtige Person handelt, sondern um ihr jugendliches Erinnerungsbild aus den Kinderjahren. Solche Inkongruenzen stellen sich immer heraus, wo eine zwischen zwei Zeiten schwankende Phantasie bewußt gemacht und dadurch an eine bestimmte Zeit gebunden wird. In Gedanken solcher Art versunken, kam ich zu meiner über neunzigjährigen Patientin, und ich muß wohl auf dem Wege gewesen sein, den allgemein menschlichen Charakter der Ödipusfabel als das Korrelat des Verhängnisses, das sich in den Orakeln äußert, zu erfassen, denn ich vergriff mich dann „bei oder an der Alten". Indes dies Vergreifen war wiederum harmlos; ich hatte von den beiden möglichen Irrtü-

---

[54] Des *Ödipustraumes*, wie ich ihn zu nennen pflege, weil er den Schlüssel zum Verständnis der Sage von König Ödipus enthält. Im Text des Sophokles ist die Beziehung auf einen solchen Traum der Jokaste in den Mund gelegt. (Vgl. *Traumdeutung*, S. 182, VIII. Aufl. S. 182.)

mern, die Morphinlösung fürs Auge zu verwenden oder das Augenwasser zur Injektion zu nehmen, den bei weitem harmloseren gewählt. Es bleibt immer noch die Frage, ob man bei Fehlgriffen, die schweren Schaden stiften können, in ähnlicher Weise wie bei den hier behandelten eine unbewußte Absicht in Erwägung ziehen darf.

Hier läßt mich denn, wie zu erwarten steht, das Material im Stiche, und ich bleibe auf Vermutungen und Schlüsse angewiesen. Es ist bekannt, daß bei den schwereren Fällen von Psychoneurose Selbstbeschädigungen gelegentlich als Krankheitssymptome auftreten, und daß der Ausgang des psychischen Konflikts in Selbstmord bei ihnen niemals auszuschließen ist. Ich habe nun erfahren und kann es durch gut aufgeklärte Beispiele belegen, daß viele scheinbar zufällige Schädigungen, die solche Kranke treffen, eigentlich Selbstbeschädigungen sind, indem eine beständig lauernde Tendenz zur Selbstbestrafung, die sich sonst als Selbstvorwurf äußert, oder ihren Beitrag zur Symptombildung stellt, eine zufällig gebotene äußere Situation geschickt ausnützt, oder ihr etwa noch bis zur Erreichung des gewünschten schädigenden Effekts nachhilft. Solche Vorkommnisse sind auch bei mittelschweren Fällen keineswegs selten, und sie verraten den Anteil der unbewußten Absicht durch eine Reihe von besonderen Zügen, zum Beispiel durch die auffällige Fassung, welche die Kranken bei dem angeblichen Unglücksfalle bewahren.[55]

Aus meiner ärztlichen Erfahrung will ich anstatt vieler nur ein einziges Beispiel ausführlich berichten: Eine junge Frau bricht sich bei einem Wagenunfall die Knochen des einen Unterschenkels, so daß sie für Wochen bettlägerig wird, fällt dabei durch den Mangel an Schmerzensäußerungen und die Ruhe auf, mit der sie ihr Ungemach erträgt. Dieser Unfall leitet eine lange und schwere neurotische Erkrankung ein, von der sie endlich durch Psychoanalyse hergestellt wird. In der Behandlung erfahre ich die Nebenumstände des Unfalls sowie gewisse Ereignisse, die ihm vorausgegangen waren. Die junge Frau befand sich mit ihrem sehr eifersüchtigen Manne auf dem Gute einer verheirateten Schwester in Gesellschaft ihrer zahlreichen übrigen Geschwister und deren Männer und Frauen. Eines Abends gab sie in diesem intimen Kreise eine Vorstellung in eine ihrer Künste, sie tanzte kunstgerecht Cancan unter großem Beifall der Verwandten, aber zur geringen Befriedigung ihres Mannes, der ihr nachher zuzischelte: „Du hast dich wieder benommen wie eine Dirne." Das Wort traf; wir wollen es

[55] Die Selbstbeschädigung, die nicht auf volle Selbstvernichtung hinzielt, hat in unserem gegenwärtigen Kulturzustand überhaupt keine andere Wahl, als sich hinter der Zufälligkeit zu verbergen, oder sich durch Simulation einer spontanen Erkrankung durchzusetzen. Früher einmal war sie ein gebräuchliches Zeichen der Trauer; zu anderen Zeiten konnte sie Tendenzen der Frömmigkeit und Weltentsagung Ausdruck geben.

dahingestellt sein lassen, ob gerade wegen der Tanzproduktion. Sie schlief die Nacht unruhig, am nächsten Vormittag begehrte sie eine Ausfahrt zu machen. Aber sie wählte die Pferde selbst, refüsierte das eine Paar und verlangte ein anderes. Die jüngste Schwester wollte ihren Säugling mit seiner Amme im Wagen mitfahren lassen; dem widersetzte sie sich energisch. Auf der Fahrt zeigte sie sich nervös, mahnte den Kutscher, daß die Pferde scheu würden, und als die unruhigen Tiere wirklich einen Augenblick Schwierigkeiten machten, sprang sie im Schrecken aus dem Wagen und brach sich den Fuß, während die im Wagen Verbliebenen heil davonkamen. Kann man nach der Aufdeckung dieser Einzelheiten kaum mehr bezweifeln, daß dieser Unfall eigentlich eine Veranstaltung war, so wollen wir doch nicht versäumen, die Geschicklichkeit zu bewundern, welche den Zufall nötigte, die Strafe so passend für die Schuld auszuteilen. Denn nun war ihr das Cancantanzen für längere Zeit unmöglich gemacht.

Von eigenen Selbstbeschädigungen weiß ich in ruhigen Zeiten wenig zu berichten, aber ich finde mich solcher unter außerordentlichen Bedingungen nicht unfähig. Wenn eines der Mitglieder meiner Familie sich beklagt, jetzt habe es sich auf die Zunge gebissen, die Finger gequetscht usw., so erfolgt anstatt der erhofften Teilnahme von meiner Seite die Frage: „Wozu hast du das getan?" Aber ich habe mir selbst aufs schmerzhafteste den Daumen eingeklemmt, nachdem ein jugendlicher Patient in der Behandlungsstunde die (natürlich nicht ernsthaft zu nehmende) Absicht bekannt hatte, meine älteste Tochter zu heiraten, während ich wußte, daß sie sich gerade im Sanatorium in äußerster Lebensgefahr befand.

Einer meiner Knaben, dessen lebhaftes Temperament der Krankenpflege Schwierigkeiten zu bereiten pflegte, hatte eines Morgens einen Zornanfall gehabt, weil man ihm zugemutet hatte, den Vormittag im Bette zuzubringen, und gedroht sich umzubringen, wie es ihm aus der Zeitung bekannt geworden war. Abends zeigte er mir eine Beule, die er sich durch Anstoßen an die Türklinke an der Seite des Brustkorbes zugezogen hatte. Auf meine ironische Frage, wozu er das getan und was er damit gewollt habe, antwortete das elfjährige Kind wie erleuchtet: „Das war mein Selbstmordversuch, mit dem ich in der Früh gedroht habe." Ich glaube übrigens nicht, daß meine Anschauungen über die Selbstbeschädigung meinen Kindern damals zugänglich waren.

Wer an das Vorkommen von halb absichtlicher Selbstbeschädigung – wenn der ungeschickte Ausdruck gestattet ist – glaubt, der wird dadurch vorbereitet, anzunehmen, daß es außer dem bewußt absichtlichen Selbstmord auch halb absichtliche Selbstvernichtung – mit unbewußter Absicht – gibt, die eine Lebensbedrohung geschickt auszunützen und sie als zufällige Verunglückung zu maskieren weiß. Eine solche braucht keineswegs selten zu sein. Denn die Tendenz zur Selbstvernichtung ist bei sehr viel mehr Menschen in einer gewissen

Stärke vorhanden, als bei denen sie sich durchsetzt; die Selbstbeschädigungen sind in der Regel ein Kompromiß zwischen diesem Trieb und den ihm noch entgegenwirkenden Kräften, und auch wo es wirklich zum Selbstmord kommt, da ist die Neigung dazu eine lange Zeit vorher in geringerer Stärke oder als unbewußte und unterdrückte Tendenz vorhanden gewesen.

Auch die bewußte Selbstmordabsicht wählt ihre Zeit, Mittel und Gelegenheit; es ist ganz im Einklang damit, wenn die unbewußte einen Anlaß abwartet, der einen Teil der Verursachung auf sich nehmen und sie durch Inanspruchnahme der Abwehrkräfte der Person von ihrer Bedrückung frei machen kann.[56] Es sind keineswegs müßige Erwägungen, die ich da vorbringe; mir ist mehr als ein Fall von anscheinend zufälligem Verunglücken (zu Pferde oder aus dem Wagen) bekannt geworden, dessen nähere Umstände den Verdacht auf unbewußt zugelassenen Selbstmord rechtfertigen. Da stürzt z. B. während eines Offizierswettrennens ein Offizier vom Pferde und verletzt sich so schwer, daß er mehrere Tage nachher erliegt. Sein Benehmen, nachdem er zu sich gekommen, ist in manchen Stücken auffällig. Noch bemerkenswerter ist sein Benehmen vorher gewesen. Er ist tief verstimmt durch den Tod seiner geliebten Mutter; wird von Weinkrämpfen in der Gesellschaft seiner Kameraden befallen, er äußert Lebensüberdruß gegen seine vertrauten Freunde, will den Dienst quittieren, um an einem Kriege in Afrika Anteil zu nehmen, der ihn sonst nicht berührt;[57] früher ein schneidiger Reiter, weicht er jetzt dem Reiten aus, wo es nur möglich ist. Vor dem Wettrennen endlich, dem er sich nicht entziehen kann, äußert er eine trübe Ahnung; wir werden uns bei unserer Auffassung nicht mehr verwundern, daß diese Ahnung recht behielt. Man wird mir entgegenhalten, es sei ja ohne wei-

---

[56] Der Fall ist dann schließlich kein anderer als der des sexuellen Attentats auf eine Frau, bei dem der Angriff des Mannes nicht durch die volle Muskelkraft des Weibes abgewehrt werden kann, weil ihm ein Teil der unbewußten Regungen der Angegriffenen fördernd entgegenkommt. Man sagt ja wohl, eine solche Situation *lähme* die Kräfte der Frau; man braucht dann nur noch die Gründe für diese Lähmung hinzuzufügen. Insofern ist der geistreiche Richterspruch des *Sancho Pansa*, den er als Gouverneur auf seiner Insel fällt, psychologisch ungerecht (*Don Quijote*, II. Teil, Kap. XLV). Eine Frau zerrt einen Mann vor den Richter, der sie angeblich gewaltsam ihrer Ehre beraubt hat. Sancho entschädigt sie durch die volle Geldbörse, die er dem Angeklagten abnimmt, und gibt diesem nach dem Abgange der Frau die Erlaubnis, ihr nachzueilen und ihr die Börse wieder zu entreißen. Sie kommen beide ringend wieder, und die Frau rühmt sich, daß der Bösewicht nicht imstande gewesen sei, sich der Börse zu bemächtigen. Darauf Sancho: „Hättest du deine Ehre halb so ernsthaft verteidigt wie diese Börse, so hätte sie dir der Mann nicht rauben können."

[57] Daß die Situation des Schlachtfeldes eine solche ist, wie sie der bewußten Selbstmordabsicht entgegenkommt, die doch den direkten Weg scheut, ist einleuchtend. Vgl. im *Wallenstein* die Worte des schwedischen Hauptmannes über den Tod des Max Piccolomini: „Man sagt, er wollte sterben."

teres verständlich, daß ein Mensch in solch nervöser Depression das Tier nicht zu meistern versteht wie in gesunden Tagen. Ich bin ganz einverstanden; nur möchte ich den Mechanismus dieser motorischen Hemmung durch die „Nervosität" in der hier betonten Selbstvernichtungsabsicht suchen.

S. Ferenczi in Budapest hat mir die Analyse eines Falles von angeblich zufälliger Schußverletzung, den er für einen unbewußten Selbstmordversuch erklärt, zur Veröffentlichung überlassen. Ich kann mich mit seiner Auffassung nur einverstanden erklären:

„J. Ad., 22jähriger Tischlergeselle, suchte mich am 18. Jänner 1908 auf. Er wollte von mir erfahren, ob die Kugel, die ihm am 20. März 1907 in die linke Schläfe eindrang, operativ entfernt werden könne oder müsse. Von zeitweise auftretenden, nicht allzu heftigen Kopfschmerzen abgesehen, fühlt er sich ganz gesund, auch die objektive Untersuchung ergibt außer der charakteristischen, pulvergeschwärzten Schußnarbe an der linken Schläfe gar nichts, so daß ich die Operation widerrate. Über die Umstände des Falles befragt, erklärt er, sich zufällig verletzt zu haben. Er spielte mit dem Revolver des Bruders, *glaubte, daß er nicht geladen ist*, drückte ihn mit der linken Hand an die *linke* Schläfe (er ist nicht Linkshänder), legte den Finger an den Hahn, und der Schuß ging los. *Drei Patronen waren in der sechsläufigen Schußwaffe.* Ich frage ihn: wie er auf die Idee kam, den Revolver zu sich zu nehmen. Er erwidert, daß es zur Zeit seiner Assentierung war; den Abend zuvor nahm er die Waffe ins Wirtshaus mit, weil er Schlägereien befürchtete. Bei der Musterung wurde er wegen Krampfadern für untauglich erklärt, worüber er sich sehr schämte. Er ging nach Hause, spielte mit dem Revolver, hatte aber nicht die Absicht, sich wehe zu tun; da kam es zum Unfall. Auf die weitere Frage, wie er sonst mit seinem Schicksal zufrieden gewesen sei, antwortete er mit einem Seufzer und erzählte seine Liebesgeschichte mit einem Mädchen, das ihn auch liebte und ihn trotzdem verließ; sie wanderte rein aus Geldgier nach Amerika aus. Er wollte ihr nach, doch die Eltern hinderten ihn daran. Seine Geliebte reiste am 20. Jänner 1907, also zwei Monate vor dem Unglücksfalle, ab. Trotz all dieser Verdachtsmomente beharrte der Patient dabei, daß der Schuß ein ‚Unfall' war. Ich aber bin fest überzeugt, daß die Nachlässigkeit, sich von der Ladung der Waffe vor dem Spielen nicht überzeugt zu haben, wie auch die Selbstbeschädigung psychisch bestimmt war. Er war noch ganz unter dem deprimierenden Eindruck der unglücklichen Liebschaft und wollte offenbar beim Militär ‚vergessen'. Als ihm auch diese Hoffnung genommen wurde, kam es zum Spiele mit der Schußwaffe, das heißt zum unbewußten Selbstmordversuch. Daß er den Revolver nicht in der rechten, sondern in der linken Hand hielt, spricht entschieden dafür, daß er wirklich nur ‚spielte', d. h. bewußt keinen Selbstmord begehen wollte."

Eine andere, mir vom Beobachter überlassene Analyse einer anscheinend zufälligen Selbstbeschädigung bringt das Sprichwort: „Wer anderen eine Grube gräbt, fällt selbst hinein“ in Erinnerung.

„Frau X., aus gutem bürgerlichen Milieu, ist verheiratet und hat drei Kinder. Sie ist zwar nervös, brauchte aber nie eine energische Behandlung, da sie dem Leben doch genügend gewachsen ist. Eines Tages zog sie sich in folgender Weise eine momentan ziemlich imponierende, aber vorübergehende Entstellung ihres Gesichtes zu. In einer Straße, welche zurecht gemacht wurde, stolperte sie über einen Steinhaufen und kam mit dem Gesichte in Berührung mit einer Hausmauer. Das ganze Gesicht war geschrammt, die Augenlider wurden blau und ödematös, und da sie Angst bekam, es möchte mit ihren Augen etwas passieren, ließ sie den Arzt rufen. Nachdem sie deswegen beruhigt war, fragte ich: ‚Aber warum sind Sie eigentlich so gefallen?‘ Sie erwiderte, daß sie gerade zuvor ihren Mann, der seit einigen Monaten eine Gelenksaffektion hatte, wodurch er schlecht zu Fuß war, gewarnt hatte, in dieser Straße gut aufzupassen, und sie hatte ja schon öfters die Erfahrung gemacht, daß in derartigen Fällen merkwürdigerweise ihr selber dasjenige passierte, wovor sie eine andere Person gewarnt hatte.

Ich war mit dieser Determinierung ihres Unfalles nicht zufrieden und fragte, ob sie nicht vielleicht etwas mehr zu erzählen wüßte. Ja, gerade vor dem Unfall hatte sie in einem Laden von der entgegengesetzten Seite der Straße ein hübsches Bild gesehen, das sie sich ganz plötzlich als Schmuck für die Kinderstube wünschte und darum sofort kaufen wollte: da ging sie geradeaus auf den Laden zu, ohne auf die Straße zu achten, stolperte über den Steinhaufen und fiel mit ihrem Gesichte gegen die Hausmauer, ohne auch nur den leisesten Versuch zu machen, sich mit den Händen zu schützen. Der Vorsatz, das Bild zu kaufen, war gleich vergessen, und sie ging eiligst nach Hause. – ‚Aber warum haben Sie nicht besser zugeschaut?‘ fragte ich. – ‚Ja‘, antwortete sie, ‚es war vielleicht doch eine *Strafe*! Wegen der Geschichte, welche ich Ihnen schon im Vertrauen erzählt habe.‘ – ‚Hat diese Geschichte Sie dann noch immer so gequält ?‘ – ‚Ja – nachher habe ich es sehr bedauert, mich selbst boshaft, verbrecherisch und unmoralisch gefunden, aber ich war damals fast verrückt vor Nervosität.‘

Es hatte sich um einen Abortus gehandelt, welchen sie mit Einverständnis ihres Mannes, da sie beide wegen ihrer pekuniären Verhältnisse von mehr Kindersegen verschont bleiben wollten, von einer Kurpfuscherin hatte einleiten und von einem Spezialarzt zu Ende bringen lassen.

‚Öfters mache ich mir den Vorwurf: aber du hast doch dein Kind töten lassen, und ich hatte Angst, daß so etwas doch nicht ohne Strafe bleiben könnte. Jetzt, da Sie mir versichert haben, daß mit den Augen nichts Schlimmes vorliegt, bin ich ganz beruhigt: ich bin nun sowieso schon *genügend gestraft*.‘

Dieser Unfall war also eine Selbstbestrafung einerseits, um für ihre Untat zu büßen, andererseits aber, um einer vielleicht viel größeren unbekannten Strafe, vor welcher sie monatelang fortwährend Angst hatte, zu entgehen. In dem Augenblick, als sie auf den Laden losstürzte, um sich das Bild zu kaufen, war die Erinnerung an die ganze Geschichte mit all ihren Befürchtungen, welche sich schon während der Warnung ihres Mannes in ihrem Unbewußten ziemlich stark regte, überwältigend geworden und hätte vielleicht in einem etwa derartigen Wortlaut Ausdruck finden können: Aber wofür brauchst du einen Schmuck für die Kinderstube, du hast dein Kind umbringen lassen! Du bist eine Mörderin! Die große Strafe naht ganz gewiß!

Dieser Gedanke wurde nicht bewußt, aber statt dessen benützte sie in diesem, ich möchte sagen, psychologischen Moment die Situation, um den Steinhaufen, der ihr dafür geeignet schien, in unauffälliger Weise für die Selbstbestrafung zu verwenden; deswegen streckte sie beim Fallen auch nicht einmal die Hände aus und darum kam es auch nicht zu einem heftigen Erschrecken. Die zweite, wahrscheinlich geringere Determinierung ihres Unfalles ist wohl die Selbstbestrafung wegen des *unbewußten* Beseitigungswunsches gegen ihren, allerdings in dieser Affäre mitschuldigen Mann. Dieser Wunsch hatte sich durch die vollkommen überflüssige Warnung verraten, in der Straße mit dem Steinhaufen ja gut aufzupassen, da der Mann, eben weil er schlecht zu Fuß war, sehr vorsichtig ging."[58]

Wenn man die näheren Umstände des Falles erwägt, wird man auch geneigt sein, *J. Stärcke* (l. c.) recht zu geben, wenn er eine anscheinend zufällige Selbstbeschädigung durch Verbrennung als „Opferhandlung" auffaßt:

„Eine Dame, deren Schwiegersohn nach Deutschland abreisen mußte, um dort in Militärdienst zu gehen, verbrühte sich den Fuß unter folgenden Umständen. Ihre Tochter erwartete bald die Niederkunft, und die Gedanken an die Kriegsgefahren stimmten selbstverständlich die ganze Familie nicht sehr munter. Am Tage vor der Abreise hatte sie ihren Schwiegersohn und ihre Tochter zum Essen eingeladen. Sie bereitete selber in der Küche das Essen, nachdem sie zuerst, sonderbar genug, ihre hohen Schnürstiefel mit Plattfußsohlen, auf denen sie bequem gehen kann und die sie auch zu Hause gewöhnlich trägt, mit einem Paar zu großer, oben offener Pantoffeln ihres Mannes vertauscht hatte. Als sie eine große Pfanne kochender Suppe vom Feuer nahm, ließ sie diese fallen und

58 Van Emden, *Selbstbestrafung wegen Abortus.* (Zentralbl. f. Psychoanalyse, II/12.) – Ein Korrespondent schreibt zum Thema der „Selbstbestrafung durch Fehlleistungen": Wenn man darauf achtet, wie sich die Leute auf der Straße benehmen, hat man Gelegenheit zu konstatieren, wie oft den Männern, die – wie schon üblich – den vorübergehenden Frauen nachschauen, ein kleiner Unfall passiert. Bald verstaucht einer – auf ebener Erde – den Fuß, bald rennt er eine Laterne an oder verletzt sich auf andere Art.

verbrühte sich dadurch ziemlich ernst einen Fuß, zumal den Fußrücken, der vom offenen Pantoffel nicht geschützt wurde. – Selbstverständlich wurde dieser Unfall von jedermann auf Rechnung ihrer begreiflichen ‚Nervosität' geschrieben. Die ersten Tage nach diesem Brandopfer war sie mit heißen Gegenständen sehr vorsichtig, wodurch sie aber nicht gehindert wurde, sich wenige Tage später den einen Puls mit heißer Brühe zu verbrühen.[59]

---

[59] In einer sehr großen Anzahl solcher Fälle von Unfallsbeschädigung oder Tötung bleibt die Auffassung zweifelhaft. Der Fernerstehende wird keinen Anlaß finden, im Unfall etwas anderes als einen Zufall zu sehen, während eine dem Verunglückten nahestehende und mit intimen Einzelheiten bekannte Person Gründe hat, die unbewußte Absicht hinter dem Zufall zu vermuten. Welcher Art diese Kenntnis sein soll und auf was für Nebenumstände es dabei ankommt, davon gibt der nachstehende Bericht eines jungen Mannes, dessen Braut auf der Straße überfahren worden, ein gutes Beispiel:

„Im September vorigen Jahres lernte ich ein Fräulein Z. kennen, Alter 34 Jahre. Sie lebte in wohlhabenden Verhältnissen, war vor dem Kriege verlobt gewesen, der Bräutigam jedoch als aktiver Offizier 1916 gefallen. Wir lernten einander kennen und lieben, zunächst ohne den Gedanken einer Heirat, da die Umstände, namentlich der Altersunterschied – ich selbst war 27 Jahre – es beiderseitig nicht zuzulassen schienen. Da wir in der gleichen Straße uns gegenüber wohnten und wir täglich zusammen waren, nahm der Verkehr im Laufe der Zeit intime Formen an. Damit rückte der Gedanke einer ehelichen Verbindung näher, und ich stimmte ihm schließlich selbst zu. Zu Ostern d. J. war die Verlobung geplant; Fräulein Z. beabsichtigte jedoch vorher eine Reise zu ihren Verwandten in M. zu unternehmen, die durch einen infolge des Kapp-Putsches hervorgerufenen Eisenbahnerstreik plötzlich verhindert wurde. Die trüben Aussichten, die sich für die weitere Zukunft durch den Sieg der Arbeiterschaft und dessen Folgen zu eröffnen schienen, machten sich kurze Zeit auch in unserer Stimmung, besonders aber bei Fräulein Z., die auch sonst recht wechselnden Stimmungen unterworfen war, geltend, da sie neue Hindernisse für unsere Zukunft zu sehen glaubte. Am Samstag, dem 20. März, jedoch befand sie sich in ausnehmend froher Gemütsverfassung, ein Umstand, der mich geradezu überraschte und mitriß, so daß wir alles in den rosigsten Farben zu sehen glaubten. Wir hatten einige Tage vorher davon gesprochen, gelegentlich gemeinsam zur Kirche zu gehen, ohne jedoch eine bestimmte Zeit festzusetzen. Am folgenden Morgen, Sonntag den 21. März, um 9 Uhr 15 Minuten, rief sie mich telephonisch an, ich möchte sie gleich zum Kirchgang abholen, was ich ihr indes abschlug, da ich nicht rechtzeitig hätte fertig werden können und überdies Arbeiten erledigen wollte. Fräulein Z. war merklich enttäuscht, machte sich dann allein auf den Weg, traf auf der Treppe ihres Hauses einen Bekannten, mit dem zusammen sie den kurzen Weg durch die Tauentzienstraße bis zur Rankestraße ging; in bester Stimmung, ohne daß sie irgend etwas über unser Gespräch äußerte. Der Herr verabschiedete sich mit einem Scherzwort – Fräulein Z. hatte nur den an dieser Stelle verbreiterten und klar übersehbaren Damm zu überschreiten – da wurde sie dicht am Bürgersteig von einer Pferdedroschke überfahren (Leberquetschung, die einige Stunden später den Tod herbeiführte). – Die Stelle haben wir früher Hunderte von Malen begangen; Fräulein Z. war überaus vorsichtig, hat mich selbst sehr oft vor Unvorsichtigkeiten zurückgehalten, an diesem Morgen fuhren fast überhaupt keine Fuhrwerke, die Straßenbahnen, Omnibusse usw. streikten – gerade um diese Zeit herrschte fast *absolute Ruhe*, die Droschke mußte sie, wenn nicht sehen, unbedingt hören! – Alle Welt glaubt an einen ‚Zufall' – mein erster Gedanke war: Das ist unmöglich – von einer Absicht kann allerdings auch keine Rede sein. Ich versuchte eine psychologische Erklärung. Nach längerer

Wenn so ein Wüten gegen die eigene Integrität und das eigene Leben hinter anscheinend zufälliger Ungeschicklichkeit und motorischer Unzulänglichkeit verborgen sein kann, so braucht man keinen großen Schritt mehr zu tun, um die Übertragung der nämlichen Auffassung auf Fehlgriffe möglich zu finden, welche Leben und Gesundheit anderer ernstlich in Gefahr bringen. Was ich an Belegen für die Triftigkeit dieser Auffassung vorbringen kann, ist der Erfahrung an Neurotikern entnommen, deckt sich also nicht völlig mit dem Erfordernis. Ich werde über einen Fall berichten, in dem mich nicht eigentlich ein Fehlgriff, sondern, was man eher eine Symptom- oder Zufallshandlung nennen kann, auf die Spur brachte, welche dann die Lösung des Konflikts bei dem Patienten ermöglichte. Ich übernahm es einmal, die Ehe eines sehr intelligenten Mannes zu bessern, dessen Mißhelligkeiten mit seiner ihn zärtlich liebenden jungen Frau sich gewiß auf reale Begründungen berufen konnten, aber, wie er selbst zugab, durch diese nicht voll erklärt wurden. Er beschäftigte sich unablässig mit dem Gedanken der Scheidung, den er dann wieder verwarf, weil er seine beiden kleinen Kinder zärtlich liebte. Trotzdem kam er immer wieder auf den Vorsatz zurück und versuchte dabei kein Mittel, um sich die Situation erträglich zu gestalten. Solches Nichtfertigwerden mit einem Konflikt gilt mir als Beweis dafür, daß sich unbewußte und verdrängte Motive zur Verstärkung der miteinander streitenden bewußten bereit gefunden haben, und ich unternehme es in solchen Fällen, den Konflikt durch psychische Analyse zu beenden. Der Mann erzählte mir eines Tages von einem kleinen Vorfall, der ihn aufs äußerste erschreckt hatte. Er „hetzte" mit seinem älteren Kinde, dem weitaus geliebteren, hob es hoch und ließ es nieder und einmal an solcher Stelle und so hoch, daß das Kind mit dem Scheitel fast an den schwer herabhängenden Gasluster angestoßen wäre. *Fast*, aber doch eigentlich nicht oder gerade eben noch! Dem Kinde war nichts geschehen, aber es wurde vor Schreck schwindlig. Der Vater blieb entsetzt mit

---

Zeit glaubte ich sie in Ihrer *Psychopathologie des Alltagslebens* gefunden zu haben. Zumal Fräulein Z. bisweilen eine gewisse Neigung zum Selbstmord äußerte, ja, auch mich dazu zu veranlassen suchte, Gedanken, die ich ihr oft genug ausgeredet habe; z. B. begann sie noch zwei Tage vorher nach der Rückkehr von einem Spaziergang äußerlich ganz unmotiviert von ihrem Tode und Erbschaftsregulierungen zu sprechen; letztere hat sie übrigens nicht vorgenommen! Ein Zeichen, daß diese Äußerungen bestimmt auf keine Absicht zurückzuführen sind. Wenn ich mein unmaßgebliches Urteil darüber aussprechen darf, so wäre es das, daß ich in diesem Unglück nicht einen Zufall, auch keine Wirkung einer Bewußtseinstrübung, sondern eine in unbewußter Absicht ausgeführte absichtliche Selbstvernichtung sehe, die als zufällige Verunglückung maskiert war. Bestärkt werde ich in dieser Auffassung durch Äußerungen von Fräulein Z. gegenüber ihren Verwandten, sowohl früher, als sie mich noch nicht kannte, als auch später, wie auch mir gegenüber bis in die letzten Tage hinein – alles aufzufassen als eine Wirkung des Verlustes ihres früheren Bräutigams, den nichts in ihren Augen zu ersetzen imstande war."

dem Kinde im Arme stehen, die Mutter bekam einen hysterischen Anfall. Die besondere Geschicklichkeit dieser unvorsichtigen Bewegung, die Heftigkeit der Reaktion bei den Eltern legten es mir nahe, in dieser Zufälligkeit eine Symptomhandlung zu suchen, welche eine böse Absicht gegen das geliebte Kind zum Ausdruck bringen sollte. Den Widerspruch gegen die aktuelle Zärtlichkeit dieses Vaters zu seinem Kinde konnte ich aufheben, wenn ich den Impuls zur Schädigung in die Zeit zurückverlegte, da dieses Kind das einzige und so klein gewesen war, daß sich der Vater noch nicht zärtlich für dasselbe zu interessieren brauchte. Dann hatte ich es leicht anzunehmen, daß der von seiner Frau wenig befriedigte Mann damals den Gedanken gehabt oder den Vorsatz gefaßt: Wenn dieses kleine Wesen, an dem mir gar nichts liegt, stirbt, dann bin ich frei und kann mich von der Frau scheiden lassen. Ein Wunsch nach dem Tode dieses jetzt so geliebten Wesens mußte also unbewußt weiterbestehen. Von hier ab war der Weg zur unbewußten Fixierung dieses Wunsches leicht zu finden. Eine mächtige Determinierung ergab sich wirklich aus der Kindheitserinnerung des Patienten, daß der Tod eines kleines Bruders, den die Mutter der Nachlässigkeit des Vaters zur Last legte, zu heftigen Auseinandersetzungen zwischen den Eltern mit Scheidungsandrohung geführt hatte. Der weitere Verlauf der Ehe meines Patienten bestätigte meine Kombination auch durch den therapeutischen Erfolg.

J. Stärcke (l. c.) hat ein Beispiel dafür gegeben, daß Dichter kein Bedenken tragen, ein Vergreifen an die Stelle einer absichtlichen Handlung zu setzen und es somit zur Quelle der schwersten Konsequenzen zu machen:

„In einer der Skizzen von *Heyermans*[60] kommt ein Beispiel von Vergreifen oder, genauer gesagt, Fehlgreifen vor, das vom Autor als dramatisches Motiv angewandt wird.

Es ist die Skizze *Tom und Teddie.* – Von einem Taucherpaar – das in einem Spezialitätentheater auftritt, längere Zeit unterm Wasser bleibt und dort Kunststücke ausführt in einem eisernen Bassin mit gläsernen Wänden – hält die Frau es seit kurzem mit einem anderen Mann, einem Dresseur. Der Mann-Taucher hat sie gerade vor der Vorstellung zusammen im Ankleidezimmer ertappt. Stille Szene, drohende Blicke und der Taucher sagt: ‚Nachher!' – Die Vorstellung fängt an. – Der Taucher wird das schwierigste Kunststück machen, er bleibt ‚zwei und eine halbe Minute in einer hermetisch geschlossenen Kiste unterm Wasser'. – Sie hatten dieses Kunststück schon öfters gemacht, die Kiste wurde geschlossen, und ‚Teddie zeigt dem Publikum, das auf seinen Uhren die Zeit kontrollierte, den Schlüssel'. Sie ließ auch absichtlich den Schlüssel ein paarmal ins Bassin

60 Hermann Heyermans, *Schetsen van Samuel Falkland*, 18. Bundel, Amsterdam, H. J. W. Becht, 1914.

fallen und tauchte dann eilig danach, um nicht zu spät zu sein, wenn der Koffer geöffnet werden mußte.

An diesem Abend des 31. Jänner wurde Tom wie gewöhnlich von den kleinen Fingern des munter-frischen Weibchens eingesperrt. Er lächelte hinter dem Guckloch – sie spielte mit dem Schlüssel und wartete auf sein warnendes Zeichen. Zwischen den Kulissen stand der Dresseur mit seinem tadellosen Frack, seiner weißen Krawatte, seiner Reitpeitsche. Um ihre Aufmerksamkeit auf sich zu ziehen, pfiff er ganz kurz, der Dritte. Sie schaute hin, lachte und mit der ungeschickten Gebärde von jemand, dessen Aufmerksamkeit abgelenkt wird, warf sie den Schlüssel so wild in die Höhe, daß er genau zwei Minuten zwanzig Sekunden, gut gezählt, neben das Bassin, zwischen dem das Fußgestell verdekkenden Flaggentuch fiel. Keiner hatte es gesehen. Keiner konnte es sehen. Vom Saal aus gesehen war die optische Täuschung so, daß jedermann den Schlüssel ins Wasser gleiten sah – und keiner der Theaterhelfer merkte es, weil das Flaggentuch den Laut milderte.

Lachend, ohne zu zaudern, kletterte Teddie über den Rand des Bassins. Lachend – er hielt es wohl aus – kam sie die Leiter herunter. Lachend verschwand sie unter dem Fußgestell, um dort zu suchen, und als sie den Schlüssel nicht sofort fand, bückte sie sich mit einer Mimik zum Stehlen, mit einem Ausdruck auf ihrem Gesichte, als ob sie sagte: ‚Ojemine, wie das doch lästig ist!' an der Vorderseite des Flaggentuches.

Unterdessen machte Tom seine drolligen Grimassen hinter dem Guckloch, wie wenn auch er unruhig würde. Man sah das Weiß seines falschen Gebisses, das Kauen seiner Lippen unter dem Flachsschnurrbart, die komischen Atemblasen, die man auch beim Apfelessen gesehen hatte. Man sah das Grabsen und Wühlen seiner bleichen Knöchelfinger und man lachte, so wie man diesen Abend schon öfter gelacht hatte.

Zwei Minuten und achtundfünfzig Sekunden ...

Drei Minuten sieben Sekunden ... zwölf Sekunden ... Bravo! Bravo! Bravo! ... Da entstand eine Bestürzung im Saale und ein Scharren mit den Füßen, weil auch die Knechte und der Dresseur zu suchen anfingen und der Vorhang fiel, bevor der Deckel aufgehoben war.

Sechs englische Tänzerinnen traten auf – dann der Mann mit den Ponys, Hunden und Affen. Und so weiter.

Erst am nächsten Morgen vernahm das Publikum, daß ein Unglück geschehen war, daß Teddie als Witwe auf der Welt zurückblieb ...

Aus dem Zitierten geht hervor, wie vorzüglich dieser Künstler selber das Wesen der Symptomhandlung verstanden haben muß, um uns so treffend die tiefere Ursache der tödlichen Ungeschicklichkeit vorzuführen."

IX
Symptom- und Zufallshandlungen

Die bisher beschriebenen Handlungen, in denen wir die Ausführung einer unbewußten Absicht erkannten, traten als Störungen anderer beabsichtigter Handlungen auf und deckten sich mit dem Vorwand der Ungeschicklichkeit. Die Zufallshandlungen, von denen jetzt die Rede sein soll, unterscheiden sich von denen des Vergreifens nur dadurch, daß sie die Anlehnung an eine bewußte Intention verschmähen und also des Vorwandes nicht bedürfen. Sie treten für sich auf und werden zugelassen, weil man Zweck und Absicht bei ihnen nicht vermutet. Man führt sie aus, „ohne sich etwas bei ihnen zu denken", nur „rein zufällig", „wie um die Hände zu beschäftigen", und man rechnet darauf, daß solche Auskunft der Nachforschung nach der Bedeutung der Handlung ein Ende bereiten wird. Um sich dieser Ausnahmsstellung erfreuen zu können, müssen diese Handlungen, die nicht mehr die Entschuldigung der Ungeschicklichkeit in Anspruch nehmen, bestimmte Bedingungen erfüllen; sie müssen *unauffällig* und ihre Effekte müssen geringfügig sein.

Ich habe eine große Anzahl solcher Zufallshandlungen bei mir und anderen gesammelt, und meine nach gründlicher Untersuchung der einzelnen Beispiele, daß sie eher den Namen von *Symptomhandlungen* verdienen. Sie bringen etwas zum Ausdruck, was der Täter selbst nicht in ihnen vermutet und was er in der Regel nicht mitzuteilen, sondern für sich zu behalten beabsichtigt. Sie spielen also ganz so wie alle anderen bisher betrachteten Phänomene die Rolle von Symptomen.

Die reichste Ausbeute ah solchen Zufalls- oder Symptomhandlungen erhält man allerdings bei der psychoanalytischen Behandlung der Neurotiker. Ich kann es mir nicht versagen, an zwei Beispielen dieser Herkunft zu zeigen, wie weit und wie fein die Determinierung dieser unscheinbaren Vorkommnisse durch unbewußte Gedanken getrieben ist. Die Grenze der Symptomhandlungen gegen das Vergreifen ist so wenig scharf, daß ich diese Beispiele auch im vorigen Abschnitt hätte unterbringen können.

1) Eine junge Frau erzählt als Einfall während der Sitzung, daß sie sich gestern beim Nägelschneiden „ins Fleisch geschnitten, während sie das feine Häutchen im Nagelbett abzutragen bemüht war." Das ist so wenig interessant, daß man sich verwundert fragt, wozu es überhaupt erinnert und erwähnt wird, und auf die Vermutung gerät, man habe es mit einer Symptomhandlung zu tun. Es war auch wirklich der Ringfinger, an dem das kleine Ungeschick vorfiel, der Finger, an dem man den Ehering trägt. Es war überdies ihr Hochzeitstag, was der Verletzung des feinen Häutchens einen ganz bestimmten, leicht zu erratenden Sinn verleiht. Sie erzählt auch gleichzeitig einen Traum, der auf die Ungeschicklichkeit ihres Mannes und auf ihre Anästhesie als Frau anspielt. Warum war es aber der Ringfinger der linken Hand, an dem sie sich verletzte, da man doch den Ehering an der rechten Hand trägt? Ihr Mann ist Jurist, „Doktor der Rechte", und ihre geheime Neigung hatte als Mädchen einem Arzt, (scherzhaft: „Doktor der Linke") gehört. Eine Ehe zur linken Hand hat auch ihre bestimmte Bedeutung.

2) Eine unverheiratete junge Dame erzählt: „Ich habe gestern ganz unabsichtlich eine Hundertguldennote in zwei Stücke gerissen und die Hälfte davon einer mich besuchenden Dame gegeben. Soll das auch eine Symptomhandlung sein?" Die genauere Erforschung deckt folgende Einzelheiten auf. Die Hundertguldennote: Sie widmet einen Teil ihrer Zeit und ihres Vermögens wohltätigen Werken. Gemeinsam mit einer anderen Dame sorgt sie für die Erziehung eines verwaisten Kindes. Die hundert Gulden sind der ihr zugeschickte Beitrag jener Dame, den sie in ein Kuvert einschloß und vorläufig auf ihren Schreibtisch niederlegte.

Die Besucherin war eine angesehene Dame, der sie bei einer anderen Wohltätigkeitsaktion beisteht. Diese Dame wollte eine Reihe Namen von Personen notieren, an die man sich um Unterstützung wenden könnte. Es fehlte an Papier, da griff meine Patientin nach dem Kuvert auf ihrem Schreibtisch und riß es, ohne sich an seinen Inhalt zu besinnen, in zwei Stücke, von denen sie eines selbst behielt, um ein Duplikat der Namenliste zu haben, das andere ihrer Besucherin übergab. Man bemerke die Harmlosigkeit dieses unzweckmäßigen Vorgehens. Eine Hundertguldennote erleidet bekanntlich keine Einbuße an ihrem Werte, wenn sie zerrissen wird, falls sie sich aus den Rißstücken vollständig zusammensetzen läßt. Daß die Dame das Stück Papier nicht wegwerfen würde, war durch die Wichtigkeit der darauf stehenden Namen verbürgt, und ebenso litt es keinen Zweifel, daß sie den wertvollen Inhalt zurückstellen würde, sobald sie ihn bemerkt hätte.

Welchem unbewußten Gedanken sollte aber diese Zufallshandlung, die sich durch ein Vergessen ermöglichte, Ausdruck geben? Die besuchende Dame hatte eine ganz bestimmte Beziehung zu unserer Kur. Es war dieselbe, die mich seinerzeit dem leidenden Mädchen als Arzt empfohlen, und wenn ich nicht irre, hält sich meine Patientin zum Danke für diesen Rat verpflichtet. Soll die halbierte Hundertguldennote etwa ein Honorar für diese Vermittlung darstellen? Das bliebe noch recht befremdlich.

Es kommt aber anderes Material hinzu. Eines Tages vorher hatte eine Vermittlerin ganz anderer Art bei einer Verwandten angefragt, ob das gnädige Fräulein wohl die Bekanntschaft eines gewissen Herrn machen wolle, und am Morgen, einige Stunden vor dem Besuche der Dame, war der Werbebrief des Freiers eingetroffen, der viel Anlaß zur Heiterkeit gegeben hatte. Als nun die Dame das Gespräch mit einer Erkundigung nach dem Befinden meiner Patientin eröffnete, konnte diese wohl gedacht haben: „Den richtigen Arzt hast du mir zwar empfohlen, wenn du mir aber zum richtigen Manne (und dahinter: zu einem Kinde) verhelfen könntest, wäre ich dir doch dankbarer." Von diesem verdrängt gehaltenen Gedanken aus flossen ihr die beiden Vermittlerinnen in eins zusammen, und sie überreichte der Besucherin das Honorar, das ihre Phantasie der anderen zu geben bereit war. Völlig verbindlich wird diese Lösung, wenn ich hinzufüge, daß ich ihr erst am Abend vorher von solchen Zufalls- oder Symptomhandlungen erzählt hatte. Sie bediente sich dann der nächsten Gelegenheit, um etwas Analoges zu produzieren.

Eine Gruppierung der so überaus häufigen Zufalls- und Symptomhandlungen könnte man vornehmen, je nachdem sie gewohnheitsmäßig, regelmäßig unter gewissen Umständen oder vereinzelt erfolgen. Die ersteren (wie das Spielen mit der Uhrkette, das Zwirbeln am Barte usw.), die fast zur Charakteristik der betreffenden Personen dienen können, streifen an die mannigfaltigen Tickbewegungen und verdienen wohl im Zusammenhange mit letzteren behandelt zu werden. Zur zweiten Gruppe rechne ich das Spielen, wenn man einen Stock, das Kritzeln, wenn man einen Bleistift in der Hand hält, das Klimpern mit Münzen in der Tasche, das Kneten von Teig und anderen plastischen Stoffen, allerlei Hantierungen an seiner Gewandung u. dgl. mehr. Unter diesen spielenden Beschäftigungen verbergen sich während der psychischen Behandlung regelmäßig Sinn und Bedeutung, denen ein anderer Ausdruck versagt ist. Gewöhnlich weiß die betreffende Person nichts davon, daß sie dergleichen tut, oder daß sie gewisse Modifikationen an ihrem gewöhnlichen Tändeln vorgenommen hat, und sie übersieht und überhört auch die Effekte dieser Handlungen. Sie hört z. B. das Geräusch nicht, das sie beim Klimpern mit Geldstücken hervorbringt, und benimmt sich wie erstaunt und ungläubig, wenn man sie darauf aufmerksam macht. Ebenso ist alles, was man, oft ohne es zu merken, mit seinen Kleidern vornimmt, bedeutungsvoll und der Beachtung des Arztes wert. Jede Veränderung des gewohnten Aufzugs, jede kleine Nachlässigkeit, wie etwa ein nicht schließender Knopf, jede Spur von Entblößung will etwas besagen, was der Eigentümer der Kleidung nicht direkt sagen will, meist gar nicht zu sagen weiß. Die Deutungen dieser kleinen Zufallshandlungen sowie die Beweise für diese Deutungen ergeben sich jedesmal mit zureichender Sicherheit aus den Begleitumständen während der Sitzung, aus dem eben behandelten Thema und aus den Einfällen, die sich einstellen, wenn man die Aufmerksamkeit auf die anscheinende Zufälligkeit lenkt. Wegen dieses Zusammenhanges unterlasse ich es, meine Behauptungen durch Mitteilung von Beispielen mit Analyse zu unterstützen; ich erwähne diese Dinge aber, weil ich glaube, daß sie bei normalen Menschen dieselbe Bedeutung haben wie bei meinen Patienten.

Ich kann es mir nicht versagen, an wenigstens einem Beispiel zu zeigen, wie innig eine gewohnheitsmäßig ausgeführte Symbolhandlung mit dem Intimsten und Wichtigsten im Leben eines Gesunden verknüpft sein kann[61]:

„Wie Professor *Freud* uns gelehrt hat, spielt die Symbolik im kindlichen Leben des Normalen eine größere Rolle, als man nach früheren psychoanalytischen Erfahrungen erwartete; im Hinblick darauf mag die folgende kurze Analyse von einigem Interesse sein, insbesondere wegen ihrer medizinischen Ausblicke.

Ein Arzt stieß bei der Wiedereinrichtung seiner Möbel in einem neuen Heim auf ein ‚einfaches' hölzernes Stethoskop. Nachdem er einen Augenblick nachgedacht hatte, wo er es denn eigentlich unterbringen solle, fühlte er sich gedrängt, es seitlich auf seinen Schreibtisch zu stellen, und zwar so, daß es genau zwischen seinem Stuhl und dem, worin seine Patienten zu sitzen pflegten, zu stehen kam. Die Handlung als solche war aus zwei Gründen ein wenig seltsam. Erstens braucht er überhaupt nicht oft ein Stethoskop (er ist nämlich Neurologe), und sobald er eines nötig hat, benützt er ein doppeltes für beide Ohren. Zweitens waren alle seine medizinischen Apparate und Instrumente in Schubkästen untergebracht, mit alleiniger Ausnahme dieses einen. Gleichwohl dachte er nicht mehr an die Sache, bis ihn eines Tages eine Patientin, die noch nie ein ‚einfaches' Stethoskop gesehen hatte, fragte, was das sei. Er sagte es ihr, und sie fragte, warum er es gerade hieher gestellt habe, worauf er schlagfertig erwiderte, daß dieser Platz ebenso gut wäre wie jeder andere. Dies machte ihn jedoch stutzig und er begann nachzudenken, ob dieser Handlung nicht irgendeine unbewußte Motivierung zugrunde liege und, vertraut mit der psychoanalytischen Methode, beschloß er, die Sache zu erforschen.

Als erste Erinnerung fiel ihm die Tatsache ein, daß als Student der Medizin die Gewohnheit seines Spitalarztes auf ihn Eindruck gemacht hatte, der immerwährend ein einfaches Stethoskop bei seinen Besuchen in den Krankensälen in der Hand gehalten hatte, obgleich er es niemals benützte. Er hatte diesen Arzt sehr bewundert und war ihm außerordentlich zugetan. Später, als er selbst die Spitalpraxis ausübte, nahm er die gleiche Gewohnheit an und hätte sich unbehaglich gefühlt, wenn er durch ein Versehen sein Zimmer verlassen hätte, ohne das Instrument in der Hand zu schwingen. Die Nutzlosigkeit dieser Gewohnheit zeigte sich jedoch nicht nur in der Tatsache, daß das einzige Stethoskop, welches er in Wirklichkeit benutzte, eines für beide Ohren war, das er in der Tasche trug, sondern auch darin, daß sie fortgesetzt wurde, als er auf der chirurgischen Abteilung war und überhaupt kein Stethoskop mehr brauchte. Die Bedeutung

[61] Jones, *Beitrag zur Symbolik im Alltag.* (Zentralblatt für Psychoanalyse, I, 3, 1911).

dieser Beobachtungen wird sogleich klar, wenn wir auf die phallische Natur dieser symbolischen Handlung hinweisen.

Als nächstes erinnerte er die Tatsache, daß ihn als kleinen Jungen die Gewohnheit seines Hausarztes frappiert hatte, ein einfaches Stethoskop im Innern seines Hutes zu tragen; er fand es interessant, daß der Doktor sein Hauptinstrument immer zur Hand habe, wenn er Patienten besuchen ging, und daß er nur den Hut (d. i. einen Teil seiner Kleidung) abzunehmen und ‚es herauszuziehen' hatte. Er war als kleines Kind diesem Arzte überaus anhänglich gewesen und konnte kürzlich durch Selbstanalyse aufdecken, daß er im Alter von dreieinhalb Jahren eine doppelte Phantasie in betreff der Geburt einer jüngeren Schwester gehabt hatte: nämlich, daß sie das Kind war erstens von ihm selbst und seiner Mutter, zweitens vom Doktor und ihm selbst. In dieser Phantasie spielte er also sowohl die männliche wie die weibliche Rolle. Er erinnerte ferner, im Alter von sechs Jahren von demselben Arzt untersucht worden zu sein, und entsinnt sich deutlich der wollüstigen Empfindung, als er den Kopf des Doktors, der ihm das Stethoskop an die Brust drückte, in seiner Nähe fühlte, sowie der rhythmisch hin- und hergehenden Atmungsbewegung. Im Alter von drei Jahren hatte er ein chronisches Brustübel gehabt und mußte wiederholt untersucht worden sein, wenn er das auch tatsächlich nicht mehr erinnern konnte.

Im Alter von acht Jahren machte die Mitteilung eines älteren Knaben Eindruck auf ihn, der ihm sagte, es sei Sitte des Arztes, mit seinen Patientinnen zu Bette zu gehen. Es gab sicherlich in Wahrheit einen Grund zu diesem Gerüchte und auf alle Fälle waren die Frauen der Nachbarschaft, einschließlich seiner eigenen Mutter, dem jungen und netten Arzte sehr zugetan. Der Analysierte selbst hatte bei verschiedenen Gelegenheiten sexuelle Versuchungen in bezug auf seine Patientinnen erfahren, hatte sich zweimal in solche verliebt und schließlich eine geheiratet. Es ist kaum zweifelhaft, daß seine unbewußte Identifizierung mit dem Doktor der hauptsächlichste Grund war, der ihn bewog, den Beruf des Mediziners zu ergreifen. Aus anderen Analysen läßt sich vermuten, daß dies sicherlich das häufigste Motiv ist (obgleich es schwer ist zu bestimmen, wie häufig). Im vorliegenden Falle war es zweifach bedingt: erstens durch die bei mehreren Gelegenheiten erwiesene Überlegenheit des Arztes dem Vater gegenüber, auf den der Sohn sehr eifersüchtig war, und zweitens durch des Doktors Kenntnis verbotener Dinge und Gelegenheiten zu sexueller Befriedigung.

Dann kam ein bereits anderwärts veröffentlichter Traum[62] von deutlich homosexuell-masochistischer Natur, in welchem ein Mann, der eine Ersatzfigur des Arztes ist, den Träumer mit einem „Schwert" angriff. Das Schwert erinnerte

---

[62] *Freud's Theory of Dreams*, American Journ. of Psychol., April 1910, S. 301, Nr.7.

ihn an eine Geschichte in der Völsung-Nibelungen-Sage, wo Sigurd ein bloßes Schwert zwischen sich und die schlafende Brünhilde legt. Die gleiche Geschichte kommt in der Arthus-Sage vor, die unser Mann ebenfalls genau kennt.

Der Sinn der Symptomhandlung wird nun klar. Der Arzt hatte das einfache Stethoskop zwischen sich und seine Patientinnen gestellt, genau so wie Sigurd sein Schwert zwischen sich und die Frau legte, die er nicht berühren durfte. Die Handlung war eine Kompromißbildung; sie diente zweierlei Regungen: in seiner Einbildung dem unterdrückten Wunsche nachzugeben, mit irgendeiner reizenden Patientin in sexuelle Beziehungen zu treten, ihn aber zugleich zu erinnern, daß dieser Wunsch nicht verwirklicht werden konnte. Es war sozusagen ein Zauber gegen die Anfechtungen der Versuchung.

Ich möchte hinzufügen, daß auf den Knaben die Stelle aus Lord *Lyttons Richelieu* großen Eindruck machte:

> ‚Beneath the rule of men entirely great
> The pen is mightier than the sword'[63],

daß er ein fruchtbarer Schriftsteller geworden ist und eine außergewöhnlich große Füllfeder benützt. Als ich ihn fragte, wozu er dies nötig habe, erwiderte er charakteristischerweise : ‚Ich habe soviel auszudrücken.'

Diese Analyse mahnt uns wieder einmal daran, welch weitreichende Einblicke in das Seelenleben uns die ‚harmlosen' und ‚sinnlosen' Handlungen gewähren, und wie frühzeitig im Leben die Tendenz zur Symbolisierung entwickelt ist."

Ich kann noch etwa aus meiner psychotherapeutischen Erfahrung einen Fall erzählen, in dem die mit einem Klumpen Brotkrume spielende Hand eine beredte Aussage ablegte. Mein Patient war ein noch nicht 13jähriger, seit fast zwei Jahren schwer hysterischer Knabe, den ich endlich in psychoanalytische Behandlung nahm, nachdem ein längerer Aufenthalt in einer Wasserheilanstalt sich erfolglos erwiesen hatte. Er mußte nach meiner Voraussetzung sexuelle Erfahrungen gemacht haben und seiner Altersstufe entsprechend von sexuellen Fragen gequält sein; ich hütete mich aber, ihm mit Aufklärungen zu Hilfe zu kommen, weil ich wieder einmal eine Probe auf meine Voraussetzungen anstellen wollte. Ich durfte also neugierig sein, auf welchem Wege sich das Gesuchte bei ihm andeuten würde. Da fiel es mir auf, daß er eines Tages irgend etwas zwischen den Fingern der rechten Hand rollte, damit in die Tasche fuhr, dort weiter spielte, es wieder hervorzog usw. Ich fragte nicht, was er in der Hand habe; er zeigte es mir aber, indem er plötzlich die Hand öffnete. Es war Brotkrume, die zu einem Klumpen zusammengeknetet war. In der nächsten Sitzung

[63] Vgl. Oldhams *„I wear my pen as others do their sword."*

brachte er wieder einen solchen Klumpen mit, formte aber aus ihm, während wir das Gespräch führten, mit unglaublicher Raschheit und bei geschlossenen Augen Figuren, die mein Interesse erregten. Es waren unzweifelhaft Männchen mit Kopf, zwei Armen, zwei Beinen, wie die rohesten prähistorischen Idole, und einem Fortsatz zwischen beiden Beinen, den er in eine lange Spitze auszog. Kaum daß dieser fertig war, knetete er das Männchen wieder zusammen; später ließ er es bestehen, zog aber einen ebensolchen Fortsatz an der Rückenfläche und an anderen Stellen aus, um die Bedeutung des ersten zu verhüllen. Ich wollte ihm zeigen, wie ich ihn verstanden hatte, ihm aber dabei die Ausflucht benehmen, daß er sich bei dieser menschenformenden Tätigkeit nichts gedacht habe. In dieser Absicht fragte ich ihn plötzlich, ob er sich an die Geschichte jenes römischen Königs erinnere, der dem Abgesandten seines Sohnes eine pantomimische Antwort im Garten gegeben. Der Knabe wollte sich nicht an das erinnern, was er doch vor so viel kürzerer Zeit als ich gelernt haben mußte. Er fragte, ob das die Geschichte von dem Sklaven sei, auf dessen glattrasierten Schädel, man die Antwort geschrieben habe. „Nein, das gehört in die griechische Geschichte", sagte ich und erzählte: Der König Tarquinius Superbus hatte seinen Sohn Sextus veranlaßt, sich in eine feindliche latinische Stadt einzuschleichen. Der Sohn, der sich unterdes Anhang in dieser Stadt verschafft hatte, schickte einen Boten an den König mit der Frage, was nun weiter geschehen solle. Der König gab keine Antwort, sondern ging in seinen Garten, ließ sich dort die Frage wiederholen und schlug schweigend die größten und schönsten Mohnköpfe ab. Dem Boten blieb nichts übrig, als dieses dem Sextus zu berichten, der den Vater verstand und es sich angelegen sein ließ, die angesehensten Bürger der Stadt durch Mord zu beseitigen.

Während ich redete, hielt der Knabe in seinem Kneten inne, und als ich mich anschickte zu erzählen, was der König in seinem Garten tat, schon bei den Worten „schlug schweigend", hatte er mit einer blitzschnellen Bewegung seinem Männchen den Kopf abgerissen. Er hatte mich also verstanden und gemerkt, daß er von mir verstanden worden war. Ich konnte ihn nun direkt befragen, gab ihm die Auskünfte, um die es ihm zu tun war, und wir hatten binnen kurzem der Neurose ein Ende gemacht.

Die Symptomhandlungen, die man in fast unerschöpflicher Reichhaltigkeit bei Gesunden wie bei Kranken beobachten kann, verdienen unser Interesse aus mehr als einem Grunde. Dem Arzt dienen sie oft als wertvolle Winke zur Orientierung in neuen oder ihm wenig bekannten Verhältnissen, dem Menschenbeobachter verraten sie oft alles, und mitunter selbst mehr, als er zu wissen wünscht. Wer mit ihrer Würdigung vertraut ist, darf sich gelegentlich wie der König Salomo vorkommen, der nach der orientalischen Sage die Sprache der

Tiere verstand. Eines Tages sollte ich einen mir fremden jungen Mann im Hause seiner Mutter ärztlich untersuchen. Als er mir entgegentrat, fiel mir ein großer Eiweißfleck, kenntlich an seinen eigentümlich starren Rändern, auf seiner Hose auf. Der junge Mann entschuldigte sich nach kurzer Verlegenheit, er habe sich heiser gefühlt und darum ein rohes Ei getrunken, von dem wahrscheinlich etwas schlüpfriges Eiweiß auf seine Kleidung herabgeronnen sei, und konnte zur Bestätigung auf die Eierschale hinweisen, die noch auf einem Tellerchen im Zimmer zu sehen war. Somit war der suspekte Fleck in harmloser Weise aufgeklärt; als aber die Mutter uns allein gelassen hatte, dankte ich ihm, daß er mir die Diagnose so sehr erleichtert habe, und nahm ohne weiteres sein Geständnis, daß er unter den Beschwerden der Masturbation leide, zur Grundlage unserer Unterhaltung. Ein anderes Mal machte ich einen Besuch bei einer ebenso reichen wie geizigen und närrischen Dame, die dem Arzte die Aufgabe zu stellen pflegte, sich durch ein Heer von Klagen durchzuarbeiten, ehe man zur simplen Begründung ihrer Zustände gelangte. Als ich eintrat, saß sie bei einem Tischchen damit beschäftigt, Silbergulden in Häufchen zu schichten, und während sie sich erhob, warf sie einige der Geldstücke zu Boden. Ich half ihr beim Aufklauben derselben, unterbrach sie bald in der Schilderung ihres Elends und fragte: „Hat Sie also der vornehme Schwiegersohn um so viel Geld gebracht?" Sie antwortete mit erbitterter Verneinung, um die kürzeste Zeit nachher die klägliche Geschichte von der Aufregung über die Verschwendung des Schwiegersohnes zu erzählen, hat mich aber allerdings seither nicht wieder gerufen. Ich kann nicht behaupten, daß man sich immer Freunde unter denen wirbt, denen man die Bedeutung ihrer Symptomhandlungen mitteilt.

Ein anderes „Eingeständnis durch Fehlhandlung" berichtet Dr. *J. E. G. van Emden* (Haag): „Beim Zahlen in einem kleinen Restaurant in Berlin behauptete der Kellner, daß der Preis einer bestimmten Speise – des Krieges wegen – um 10 Pfennig erhöht worden war; meine Bemerkung, warum das auf der Preisliste nicht angezeigt worden war, beantwortete er mit der Erwiderung, daß dies offenbar eine Unterlassung sein müßte, daß es aber gewiß so war! Beim Einstekken des Betrages war er ungeschickt und ließ ein Zehnpfennigstück gerade für mich auf den Tisch niederfallen!!

‚Jetzt weiß ich aber sicher, daß Sie mir zuviel gerechnet haben, wollen Sie, daß ich mich an der Kasse erkundige?'

‚Bitte, gestatten Sie ... einen Moment ...' und fort war er schon.

Selbstverständlich gönnte ich ihm den Rückzug und, nachdem er zwei Minuten später sich entschuldigte, unbegreiflicherweise mit einer anderen Speise im Irrtum gewesen zu sein, die zehn Pfennige als Belohnung für seinen Beitrag zur Psychopathologie des Alltagslebens."

Wer seine Nebenmenschen während des Essens beobachten will, wird die schönsten und lehrreichsten Symptomhandlungen an ihnen feststellen können.

So erzählt Dr. *Hanns Sachs*:

„Ich war zufällig zugegen, als ein älteres Ehepaar meiner Verwandtschaft das Abendessen einnahm. Die Dame war magenleidend und mußte sehr strenge Diät halten. Dem Manne war eben ein Braten vorgesetzt worden, und er bat seine Frau, die sich an dieser Speise nicht beteiligen durfte, um den Senf. Die Frau öffnete den Schrank, griff hinein und stellte vor ihren Mann das Fläschchen mit ihren Magentropfen auf den Tisch. Zwischen dem faßförmigen Senfglase und dem kleinen Tropffläschchen bestand natürlich keine Ähnlichkeit, aus der der Mißgriff erklärt werden konnte; trotzdem bemerkte die Frau ihre Verwechslung erst, als der Gatte sie lachend darauf aufmerksam machte. Der Sinn der Symptomhandlung bedarf keiner Erklärung."

Ein köstliches Beispiel dieser Art, das vom Beobachter sehr geschickt ausgebeutet wurde, verdanke ich Dr. Bernh. *Dattner* (Wien):

„Ich sitze mit meinem Kollegen von der Philosophie, Dr. H., im Restaurant beim Mittagessen. Er erzählt von den Unbilden der Probekandidatur, erwähnt nebenbei, daß er vor der Beendigung seiner Studien beim Gesandten, resp. bevollmächtigen außerordentlichen Minister von Chile als Sekretär untergekommen war. ‚Dann wurde aber der Minister versetzt und dem neu antretenden habe ich mich nicht vorgestellt.' Und während er diesen letzten Satz ausspricht, führt er ein Stück Torte zum Munde, läßt es aber, wie aus Ungeschicklichkeit, vom Messer herabfallen. Ich erfasse sofort den geheimen Sinn dieser Symptomhandlung und werfe dem mit der Psychoanalyse nicht vertrauten Kollegen wie von ungefähr ein: ‚Da haben Sie aber einen fetten Bissen fallen lassen.' Er aber merkt nicht, daß sich meine Worte ebensogut auf seine Symptomhandlung beziehen können, und wiederholt mit einer sonderbar anmutenden, überraschenden Lebhaftigkeit, so als hätte ich ihm förmlich das Wort aus dem Munde genommen, gerade dieselben Worte, die ich ausgesprochen: ‚Ja, das war wirklich ein fetter Bissen, den ich fallen gelassen habe' und erleichtert sich dann durch eine erschöpfende Darstellung seiner Ungeschicklichkeit, die ihn um diese gut bezahlte Stellung gebracht hat.

Der Sinn der symbolischen Symptomhandlung erleuchtet sich, wenn man ins Auge faßt, daß der Kollege Skrupel empfand, mir, der ihm ziemlich ferne steht, von seiner prekären materiellen Situation zu erzählen, daß sich dann der vordrängende Gedanke in eine Symptomhandlung kleidete, die symbolisch ausdrückt, was hätte verborgen werden sollen, und somit dem Sprecher aus dem Unbewußten Erleichterung schuf."

Wie sinnreich sich ein scheinbar nicht beabsichtigtes Wegnehmen oder Mitnehmen herausstellen kann, mögen folgende Beispiele zeigen.

Dr. B. *Dattner*: „Ein Kollege stattet seiner verehrten Jugendfreundin das erstemal nach ihrer Eheschließung einen Besuch ab. Er erzählt mir von dieser Visite und drückt mir sein Erstaunen darüber aus, daß es ihm nicht gelungen sei, nur ganz kurze Zeit, wie er es vorhatte, bei ihr zu verweilen. Dann aber berichtet er von einer sonderbaren Fehlleistung, die ihm dort zugestoßen sei. Der Mann seiner Freundin, der am Gespräche teilgenommen habe, hätte eine Zündhölzchenschachtel gesucht, die ganz bestimmt bei seiner Ankunft auf der Tischplatte gelegen sei. Auch der Kollege habe seine Taschen durchsucht, ob er ‚sie' nicht zufällig ‚eingesteckt' habe, doch vergebens. Geraume Zeit danach habe er ‚sie' tatsächlich in seiner Tasche entdeckt, wobei ihm aufgefallen sei, daß nur ein einziges Zündhölzchen in der Schachtel gelegen war. – Ein paar Tage später bestätigt ein Traum, der die Schachtelsymbolik aufdringlich zeigt und sich mit der Jugendfreundin beschäftigt, meine Erklärung, daß der Kollege mit seiner Symptomhandlung Prioritätsrechte reklamieren und die Ausschließlichkeit seines Besitzes (nur ein Zündhölzchen drinnen) darstellen wollte."

Dr. *Hanns Sachs*: „Unser Mädchen ißt eine bestimmte Torte besonders gern. An dieser Tatsache ist kein Zweifel möglich, denn es ist die einzige Speise, die sie ausnahmslos gut zubereitet. Eines Sonntags brachte sie uns eben diese Torte, stellte sie auf der Kredenz ab, nahm die beim vorigen Gang benützten Teller und Bestecke und häufte sie auf die Tasse, auf der sie die Torte hereingetragen hatte; auf die Spitze dieses Haufens placierte sie dann wieder die Torte, anstatt sie uns vorzusetzen, und verschwand damit in die Küche. Wir meinten zuerst, sie habe an der Torte irgend etwas zu verbessern gefunden, da sie aber nicht wieder erschien, läutete meine Frau und fragte: ‚Betty, was ist denn mit der Torte los?' Darauf das Mädchen ohne Verständnis: ‚Wieso?' Wir mußten sie erst darüber aufklären, daß sie die Torte wieder mitgenommen habe; sie hatte sie aufgeladen, hinausgetragen und wieder abgestellt, ‚ohne es zu bemerken'. – Am nächsten Tage, als wir uns daran machten, den Rest dieser Torte zu verzehren, bemerkte meine Frau, daß nicht weniger vorhanden war, als wir am Vortag übrig gelassen hatten, daß also das Mädchen das ihr gebührende Stück der Lieblingsspeise verschmäht hatte. Auf die Frage, warum sie nichts von der Torte gegessen habe, antwortete sie leicht verlegen, sie habe keine Lust gehabt. – Die infantile Einstellung ist beide Male sehr deutlich; erst die kindliche Maßlosigkeit, die das Ziel der Wünsche mit niemandem teilen will, dann die ebenso kindliche Reaktion mit Trotz: wenn ihr es mir nicht gönnt, so behaltet es für euch, ich will jetzt gar nichts haben."

Die Zufalls- oder Symptomhandlungen, die sich in Ehesachen ereignen, haben oft die ernsteste Bedeutung und könnten den, der sich um die Psychologie des Unbewußten nicht bekümmern will, zum Glauben an Vorzeichen nötigen. Es ist kein guter Anfang, wenn eine junge Frau auf der Hochzeitsreise ihren Ehering verliert, doch war er meist nur verlegt und wird bald wiedergefunden. – Ich kenne eine jetzt von ihrem Manne geschiedene Dame, die bei der Verwaltung ihres Vermögens Dokumente häufig mit ihrem Mädchennamen unterzeichnet hat, viele Jahre vorher, ehe sie diesen wirklich wieder annahm. – Einst war ich als Gast bei einem jung verheirateten Paare und hörte die junge Frau lachend ihr letztes Erlebnis erzählen, wie sie am Tage nach der Rückkehr von der Reise wieder ihre ledige Schwester aufgesucht hätte, um mit ihr, wie in früheren Zeiten, Einkäufe zu machen, während der Ehemann seinen Geschäften nachging. Plötzlich sei ihr ein Herr auf der anderen Seite der Straße aufgefallen, und sie habe ihre Schwester anstoßend gerufen: „Schau, dort geht ja der Herr L." Sie hatte vergessen, daß dieser Herr seit einigen Wochen ihr Ehegemahl war. Mich überlief es kalt bei dieser Erzählung, aber ich getraute mich der Folgerung nicht. Die kleine Geschichte fiel mir erst Jahre später wieder ein, nachdem diese Ehe den unglücklichsten Ausgang genommen hatte.

Den beachtenswerten, in französischer Sprache veröffentlichten Arbeiten von *A. Maeder*[64] in Zürich entnehme ich folgende Beobachtung, die ebensowohl einen Platz beim „Vergessen" verdient hätte:

„Une dame nous racontait récemment qu'elle avait oublié d'essayer sa robe de noce et s'en souvint la veille du mariage à huit heures du soir, la couturière désespérait de voir sa cliente. Ce détail suffit à montrer que la fiancée ne se sentait pas très heureuse de porter une robe d'épouse, elle cherchait à oublier cette représentation pénible. Elle est aujourd'hui divorcée."

Von der großen Schauspielerin Eleonora *Duse* erzählte mir ein Freund, der auf Zeichen achten gelernt hat, sie bringe in einer ihrer Rollen eine Symptomhandlung an, die so recht zeige, aus welcher Tiefe sie ihr Spiel heraufhole. Es ist ein Ehebruchsdrama; sie hat eben eine Auseinandersetzung mit ihrem Manne gehabt und steht nun in Gedanken abseits, ehe sich ihr der Versucher nähert. In diesem kurzen Intervall spielt sie mit dem Ehering an ihrem Finger, zieht ihn ab, um ihn wieder anzustecken, und zieht ihn wieder ab. Sie ist nun reif für den anderen.

Hier schließt an, was *Th. Reik* von anderen Symptomhandlungen mit Ringen erzählt.

„Wir kennen die Symptomhandlungen, welche Eheleute ausführen, indem sie den Trauring abziehen und wieder anstecken. Eine Reihe ähnlicher Symptomhandlungen produzierte mein Kollege M. Er hatte von einem von ihm geliebten

[64] Alph. Maeder, *Contributions à la psychopathologie de la vie quotidienne*, Archives des Psychologie, T. VI, 1906.

Mädchen einen Ring zum Geschenk erhalten, mit dem Bemerken, er dürfe ihn nicht verlieren, sonst wisse sie, daß er sie nicht mehr lieb habe. Er entfaltete in der Folgezeit eine erhöhte Besorgnis, er könnte den Ring verlieren. Hatte er ihn zeitweilig, z. B. beim Waschen abgelegt, so war er regelmäßig verlegt, so daß es oft langen Suchens bedurfte, um ihn wieder zu erlangen. Wenn er einen Brief in den Postkasten warf, konnte er die leise Angst nicht unterdrücken, der Ring könnte von den Rändern des Briefkastens abgezogen werden. Einmal hantierte er wirklich so ungeschickt, daß der Ring in den Kasten fiel. Der Brief, den er bei dieser Gelegenheit absandte, war ein Abschiedsschreiben an eine frühere Geliebte von ihm gewesen, und er fühlte sich ihr gegenüber schuldig. Gleichzeitig erwachte in ihm Sehnsucht nach dieser Frau, welche mit seiner Neigung zu seinem jetzigen Liebesobjekt in Konflikt kam." (Internat. Zeitschrift f. Psychoanalyse, III, 1915.)

An dem Thema des „Ringes" kann man sich wieder einmal den Eindruck holen, wie schwer es für den Psychoanalytiker ist, etwas Neues zu finden, was nicht ein Dichter vor ihm gewußt hätte. In *Fontanes* Roman *Vor dem Sturm* sagt Justizrat Turgany während eines Pfänderspieles: „Wollen Sie es glauben, meine Damen, daß sich die tiefsten Geheimnisse der Natur in der Abgabe der Pfänder offenbaren." Unter den Beispielen, mit denen er seine Behauptung erhärtet, verdient eines unser besonderes Interesse: „Ich entsinne mich einer im Embonpointalter stehenden Professorenfrau, die mal auf mal ihren Trauring als Pfand vom Finger zog. Erlassen Sie mir, Ihnen das eheliche Glück des Hauses zu schildern." Er setzt dann fort: „In derselben Gesellschaft befand sich ein Herr, der nicht müde wurde, sein englisches Taschenmesser, zehn Klingen mit Korkzieher und Feuerstahl, in den Schoß der Damen zu deponieren, bis das Klingenmonstrum, nach Zerreißung mehrerer Seidenkleider, endlich vor dem allgemeinen Entrüstungsschrei verschwand."

Es wird uns nicht wundernehmen, daß ein Objekt von so reicher symbolischer Bedeutung wie ein Ring auch dann zu sinnreichen Fehlhandlungen verwendet wird, wenn es nicht als Ehe- oder Verlobungsring die erotische Bindung bezeichnet. Dr. *M. Kardos* hat mir nachstehendes Beispiel eines derartigen Vorkommnisses zur Verfügung gestellt:

„Vor mehreren Jahren hat sich mir ein um vieles jüngerer Mann angeschlossen, der meine geistigen Bestrebungen teilt und zu mir etwa im Verhältnis eines Schülers zu seinem Lehrer steht. Ich habe ihm zu einer bestimmten Gelegenheit einen Ring geschenkt, und dieser hat ihm schon mehreremal Gelegenheit zu Symptom-, resp. Fehlhandlungen gegeben, sobald in unseren Beziehungen irgend etwas seine Mißbilligung gefunden hatte. Vor kurzem wußte er mir folgenden, besonders hübschen und durchsichtigen Fall zu berichten: Er war von einer einmal wöchentlich stattfindenden Zusammenkunft, bei der er mich regelmäßig zu sehen und zu sprechen pflegte, unter irgendeinem Vorwand ausgeblieben, da ihm eine Verabredung mit einer jungen Dame wünschenswerter erschienen war. Am darauffolgenden Vormittag bemerkte er, aber erst, als er schon längst das Haus verlassen hatte, daß er den Ring nicht am Finger trage. Er beunruhigte sich darüber nicht weiter, da er annahm, er habe ihn daheim auf dem Nachtkästchen, wo er ihn jeden Abend hinlegte, vergessen und werde ihn beim Nachhausekommen dort finden. Er sah auch gleich nach der Heimkehr nach ihm, aber vergeblich, und begann nun, ebenso erfolglos, das Zimmer zu durchsuchen. Endlich fiel ihm ein, daß der Ring – wie übrigens schon seit mehr als einem Jahre – auf dem Nachtkästchen neben einem kleinen Messerchen gelegen sei, das er in der Westentasche zu tragen gewohnt war; so verfiel er auf die Vermutung, er könnte ‚aus Zerstreutheit' den Ring mit dem Messer eingesteckt haben. Er griff also in die Tasche und fand dort wirklich den gesuchten Ring. – ‚Der Ehering in der Westentasche' ist die sprichwörtliche Aufbewahrungsart für den Ring, wenn der Mann die Frau, von der er ihn empfangen hat, zu betrügen beabsichtigt. Sein Schuldgefühl hat ihn also zunächst zur Selbstbestrafung (‚Du verdienst es nicht mehr, diesen Ring zu tragen'), in zweiter Linie zu dem Eingeständnis seiner Untreue veranlaßt, allerdings bloß in der Form einer Fehlhandlung, die keinen Zeugen hatte. Erst auf dem Umweg über den Bericht davon – der allerdings voraussehbar war – kam es zum Eingeständnis der begangenen kleinen ‚Untreue'."

Ich weiß auch von einem älteren Herrn, der ein sehr junges Mädchen zur Frau nahm und die Hochzeitsnacht anstatt abzureisen in einem Hotel der Großstadt zuzubringen gedachte. Kaum im Hotel angelangt, merkte er mit Schrecken, daß er seine Brieftasche, in der sich die ganze für die Hochzeitsreise bestimmte Geldsumme befand, vermisse, also verlegt oder verloren habe. Es gelang noch, den Diener telephonisch zu erreichen, der das Vermißte in dem abgelegten Rock des Hochzeiters auffand und dem Harrenden, der so ohne Vermögen in die Ehe gegangen war, ins Hotel brachte. Er konnte also am nächsten Morgen die Reise mit seiner jungen Frau antreten; in der Nacht selbst war er, wie seine Befürchtung vorausgesehen hatte, „unvermögend" geblieben.

Es ist tröstlich zu denken, daß das „*Verlieren*" der Menschen in ungeahnter Ausdehnung Symptomhandlung und somit wenigstens einer geheimen Absicht des Verlustträgers willkommen ist. Es ist oft nur ein Ausdruck der geringen Schätzung des verlorenen Gegenstandes oder einer geheimen Abneigung gegen denselben oder gegen die Person, von der er herstammt, oder die Verlustneigung hat sich auf diesen Gegenstand durch symbolische Gedankenverbindung von anderen und bedeutsameren Objekten her übertragen. Das Verlieren wertvoller

Dinge dient mannigfachen Regungen zum Ausdruck, es soll entweder einen verdrängten Gedanken symbolisch darstellen, also eine Mahnung wiederholen, die man gern überhören möchte, oder es soll – und dies vor allem anderen – den dunklen Schicksalsmächten – Opfer bringen, deren Dienst auch unter uns noch nicht erloschen ist.

Zur Erläuterung dieser Sätze über das Verlieren nur einige Beispiele:

Dr. *B. Dattner*: „Ein Kollege berichtet mir, daß er seinen Penkalastift, den er bereits über zwei Jahre besessen habe und der ihm seiner Vorzüge wegen sehr wertvoll geworden sei, unvermutet verloren habe. Die Analyse ergab folgenden Tatbestand: Am Tage vorher hatte der Kollege von seinem Schwager einen empfindlich unangenehmen Brief erhalten, dessen Schlußsatz folgendermaßen lautete: ‚Ich habe vorläufig weder Lust noch Zeit, Deinen Leichtsinn und Deine Faulheit zu unterstützen.' Der Affekt, der sich an diesen Brief knüpfte, war so mächtig, daß der Kollege prompt am nächsten Tage den Penkala, *ein Geschenk dieses Schwagers*, opferte, um durch dessen Gnade nicht allzusehr beschwert zu sein."

Eine mir bekannte Dame hat sich, wie begreiflich, während der Trauer um ihre alte Mutter des Theaterbesuches enthalten. Es fehlen jetzt nur noch wenige Tage bis zum Ablauf des Trauerjahres, und sie läßt sich durch das Zureden ihrer Bekannten bewegen, eine Theaterkarte für eine besonders interessante Vorstellung zu nehmen. Vor dem Theater angelangt, macht sie die Entdeckung, daß sie die Karte verloren hat. Sie meint später, daß sie dieselbe mit der Tramwaykarte weggeworfen hatte, als sie aus dem Wagen ausstieg. Dieselbe Dame rühmt sich, nie etwas aus Unachtsamkeit zu verlieren.

Man darf also annehmen, daß auch ein anderer Fall von Verlieren, den sie erlebte, nicht ohne gute Motivierung war.

In einem Kurorte angekommen, entschließt sie sich, eine Pension zu besuchen, in der sie ein früheres Mal gewohnt hatte. Sie wird dort als alte Bekannte aufgenommen, bewirtet und erfährt, als sie bezahlen will, daß sie sich als Gast zu betrachten habe, was ihr nicht ganz recht ist. Es wird ihr zugestanden, daß sie etwas für das servierende Mädchen zurücklassen darf, und sie öffnet ihre Börse, um einen Markschein auf den Tisch zu legen. Am Abend bringt ihr der Diener der Pension einen Fünfmarkschein, der sich unter dem Tisch gefunden und nach der Meinung der Pensionsinhaberin dem Fräulein gehören dürfte. Den hatte sie also aus der Börse fallen lassen, als sie ihr das Trinkgeld für das Mädchen entnahm. Wahrscheinlich wollte sie doch ihre Zeche bezahlen.

Otto Rank hat in einer längeren Mitteilung[65] die diesem Akte zugrunde liegende Opferstimmung und dessen tiefer reichende Motivierungen mit Hilfe

[65] *Das Verlieren als Symptomhandlung*, Zentralbl. für Psychoanalyse I, 10/11.

von Traumanalysen durchsichtig gemacht.[66] Interessant ist es dann, wenn er hinzufügt, daß manchmal nicht nur das Verlieren, sondern auch das *Finden* von Gegenständen determiniert erscheint. In welchem Sinne dies zu verstehen ist, mag aus seiner Beobachtung, die ich hieher setze, hervorgehen. Es ist klar, daß beim Verlieren das Objekt bereits gegeben ist, das beim Finden erst gesucht werden muß.

„Ein materiell von seinen Eltern abhängiges junges Mädchen will sich ein billiges Schmuckstück kaufen. Sie fragt im Laden nach dem Preise des ihr zusagenden Objekts, erfährt aber zu ihrem Betrüben, daß es mehr kostet, als ihre Ersparnisse betragen. Und doch sind es nur zwei Kronen, deren Fehlen ihr diese kleine Freude verwehrt. In gedrückter Stimmung schlendert sie durch die abendlich belebten Straßen der Stadt nach Hause. Auf einem der stärkst frequentierten Plätze wird sie plötzlich – obwohl sie ihrer Angabe nach tief in Gedanken versunken war – auf ein am Boden liegendes kleines Blättchen aufmerksam, das sie eben achtlos passiert hatte. Sie wendet sich um, hebt es auf und bemerkt zu ihrem Erstaunen, daß es ein zusammengefalteter Zweikronenschein ist. Sie denkt sich: das hat mir das Schicksal zugeschickt, damit ich mir den Schmuck kaufen kann, und macht erfreut Kehrt, um diesem Winke zu folgen. Im selben Moment aber sagt sie sich, sie dürfe das doch nicht tun, weil das gefundene Geld ein Glücksgeld ist, das man nicht ausgeben darf.

Das Stückchen Analyse, das zum Verständnis dieser ‚Zufallshandlung' gehört, darf man wohl auch ohne persönliche Auskunft der Betroffenen aus der gegebenen Situation erschließen. Unter den Gedanken, die das Mädchen beim Nachhausegehen beschäftigten, wird sich wohl der ihrer Armut und materiellen Einschränkung im Vordergrunde befunden haben, und zwar, wie wir vermuten dürfen, im Sinne der wunscherfüllenden Aufhebung ihrer drückenden Verhältnisse. Die Idee, wie man auf leichteste Weise zu diesem fehlenden Geldbetrag kommen könnte, wird ihrem auf Befriedigung ihres bescheidenen Wunsches gerichteten Interesse kaum ferngeblieben sein und ihr die einfachste Lösung des Findens nahegebracht haben. Solcherart war ihr Unbewußtes (oder Vorbewußtes) auf ‚Finden' eingestellt, selbst wenn der Gedanke daran ihr – wegen anderweitiger Inanspruchnahme ihrer Aufmerksamkeit (‚in Gedanken versunken') – nicht voll bewußt geworden sein sollte. Ja wir dürfen auf Grund ähnlicher analysierter Fälle geradezu behaupten, daß die *unbewußte* ‚Such-Bereitschaft' viel eher zum Erfolg zu führen vermag als die bewußt gelenkte Aufmerksamkeit. Sonst wäre es auch kaum erklärlich, wieso gerade diese eine Person von den vielen

[66] Andere Mitteilungen desselben Inhalts im Zentralblatt für Psychoanalyse, II, und Internat. Zeitschrift für Psychoanalyse, I, 1913.

Hunderten Vorübergehenden, noch dazu unter den erschwerenden Umständen der ungünstigen Abendbeleuchtung und der dichtgedrängten Menge, den für sie selbst überraschenden Fund machen konnte. In welch starkem Ausmaß diese un- oder vorbewußte Bereitschaft tatsächlich bestand, zeigt die sonderbare Tatsache, daß das Mädchen noch nach diesem Funde, also nachdem die Einstellung bereits überflüssig geworden und gewiß schon der bewußten Aufmerksamkeit entzogen war, auf ihrem weiteren Heimweg an einer dunklen und einsamen Stelle einer Vorstadtstraße ein Taschentuch fand."[67]

Man muß sagen, daß gerade solche Symptomhandlungen oft den besten Zugang zur Erkenntnis des intimen Seelenlebens der Menschen gestatten.

Von den vereinzelten Zufallshandlungen will ich ein Beispiel mitteilen, welches auch ohne Analyse eine tiefere Deutung zuließ, das die Bedingungen trefflich erläutert, unter denen solche Symptome vollkommen unauffällig produziert werden können, und an das sich eine praktisch bedeutsame Bemerkung anknüpfen läßt. Auf einer Sommerreise traf es sich, daß ich einige Tage an einem gewissen Orte auf die Ankunft meines Reisegefährten zu warten hatte. Ich machte unterdes die Bekanntschaft eines jungen Mannes, der sich gleichfalls einsam zu fühlen schien und sich bereitwillig mir anschloß. Da wir in demselben Hotel wohnten, fügte es sich leicht, daß wir alle Mahlzeiten gemeinsam einnahmen und Spaziergänge miteinander machten. Am Nachmittag des dritten Tages teilte er mir plötzlich mit, daß er heute abend seine mit dem Eilzuge einlangende Frau erwarte. Mein psychologisches Interesse wurde nun rege, denn es war mir an meinem Gesellschafter bereits am Vormittag aufgefallen, daß er meinen Vorschlag zu einer größeren Partie zurückgewiesen und auf unserem kleinen Spaziergang einen gewissen Weg als zu steil und gefährlich nicht hatte begehen wollen. Auf dem Nachmittagsspaziergang behauptete er plötzlich, ich müßte doch hungrig sein, ich sollte doch ja nicht seinetwegen die Abendmahlzeit aufschieben, er werde erst nach der Ankunft seiner Frau mit ihr zu Abend essen. Ich verstand den Wink und setzte mich an den Tisch, während er auf den Bahnhof ging. Am nächsten Morgen trafen wir uns in der Vorhalle des Hotels. Er stellte mich seiner Frau vor und fügte hinzu: „Sie werden doch mit uns das Frühstück nehmen?" Ich hatte noch eine kleine Besorgung in der nächsten Straße vor und versicherte, ich würde bald nachkommen. Als ich dann in den Frühstückssaal trat, sah ich, daß das Paar an einem kleinen Fenstertisch Platz genommen hatte, auf dessen einer Seite sie beide saßen. Auf der Gegenseite befand sich nur ein Sessel, aber über dessen Lehne hing der große und schwere Lodenmantel des Mannes herab, den Platz verdeckend. Ich verstand sehr wohl den Sinn dieser

[67] Internat. Zeitschrift für Psychoanalyse, III, 1915.

gewiß nicht absichtlichen, aber darum um so ausdrucksvolleren Lagerung. Es hieß: Für dich ist hier kein Platz, du bist jetzt überflüssig. Der Mann bemerkte es nicht, daß ich vor dem Tische stehen blieb, ohne mich zu setzen, wohl aber die Dame, die ihren Mann sofort anstieß und ihm zuflüsterte: „Du hast ja dem Herrn den Platz verlegt."

Bei diesem wie bei anderen ähnlichen Ergebnissen habe ich mir gesagt, daß die unabsichtlich ausgeführten Handlungen unvermeidlich zur Quelle von Mißverständnissen im menschlichen Verkehr werden müssen. Der Täter, der von einer mit ihnen verknüpften Absicht nichts weiß, rechnet sich dieselben nicht an und hält sich nicht verantwortlich für sie. Der andere hingegen erkennt, indem er regelmäßig auch solche Handlungen seines Partners zu Schlüssen über dessen Absichten und Gesinnungen verwertet, mehr von den psychischen Vorgängen des Fremden, als dieser selbst zuzugeben bereit ist und mitgeteilt zu haben glaubt. Letzterer aber entrüstet sich, wenn ihm diese aus seinen Symptomhandlungen gezogenen Schlüsse vorgehalten werden, erklärt sie für grundlos, da ihm das Bewußtsein für die Absicht bei der Ausführung fehlt, und klagt über Mißverständnis von seiten des anderen. Genau besehen beruht ein solches Mißverständnis auf einem Zufein- und Zuvielverstehen. Je „nervöser" zwei Menschen sind, desto eher werden sie einander Anlaß zu Entzweiungen bieten, deren Begründung jeder für seine eigene Person ebenso bestimmt leugnet, wie er sie für die Person des anderen als gesichert annimmt. Und dies ist wohl die Strafe für die innere Unaufrichtigkeit, daß die Menschen unter den Vorwänden des Vergessens, Vergreifens und der Unabsichtlichkeit Regungen den Ausdruck gestatten, die sie besser sich und anderen eingestehen würden, wenn sie sie schon nicht beherrschen können. Man kann in der Tat ganz allgemein behaupten, daß jedermann fortwährend psychische Analyse an seinen Nebenmenschen betreibt und diese infolgedessen besser kennenlernt als jeder einzelne sich selbst. Der Weg zur Befolgung der Mahnung *γνῶθι σεαυτόν* führt durch das Studium seiner eigenen, scheinbar zufälligen Handlungen und Unterlassungen.

Von all den Dichtern, die sich gelegentlich über die kleinen Symptomhandlungen und Fehlleistungen geäußert oder sich ihrer bedient haben, hat keiner deren geheime Natur mit solcher Klarheit erkannt und dem Sachverhalt eine so unheimliche Belebung gegeben wie *Strindberg*, dessen Genie bei solcher Erkenntnis allerdings durch tiefgehende psychische Abnormität unterstützt wurde. Dr. *Karl Weiß* (Wien) hat auf folgende Stelle aus einem seiner Werke aufmerksam gemacht (Internat. Zeitschrift für Psychoanalyse, I, 1915, S. 268):

„Nach einer Weile kam der Graf wirklich und er trat ruhig an Esther heran, als habe er sie zu einem Stelldichein bestellt.

– „Hast du lange gewartet?", fragte er mit seiner gedämpften Stimme.

– „Sechs Monate, wie du weißt“, antwortete Esther; „aber du hast mich heute gesehen?“

– „Ja, eben im Straßenbahnwagen; und ich sah dir in die Augen, daß ich mit dir zu sprechen glaubte.“

– „Es ist viel ‚geschehen‘ seit dem letztenmal.“

– „Ja, und ich glaubte, es sei zwischen uns aus.“

–„Wieso?“

– „Alle Kleinigkeiten, die ich von dir bekommen habe, gingen entzwei, und zwar auf eine okkulte Weise. Aber das ist eine alte Wahrnehmung.“

– „Was du sagst! Jetzt erinnere ich mich an eine ganze Menge Fälle, die ich für Zufälle hielt. Ich bekam einmal ein Pincenez von meiner Großmutter, während wir gute Freunde waren. Es war aus geschliffenem Bergkristall und ausgezeichnet bei den Obduktionen, ein wahres Wunderwerk, das ich sorgfältig hütete. Eines Tages *brach* ich mit der Alten und sie wurde auf mich böse.

Da geschah es bei der nächsten Obduktion, daß die Gläser ohne Ursache herausfielen. Ich glaubte, es sei ganz einfach entzwei; schickte es zur Reparatur. Nein, es fuhr fort, seinen Dienst zu verweigern; wurde in eine Schublade gelegt und ist fortgekommen.“

– „Was du sagst! Wie eigentümlich, daß das, was die Augen betrifft, am empfindlichsten ist. Ich hatte ein Doppelglas von einem Freunde bekommen; das paßte für meine Augen so gut, daß der Gebrauch ein Genuß für mich war. Der Freund und ich wurden Unfreunde. Du weißt, dazu kommt es, ohne sichtbare Ursache; es scheint einem, als dürfe man nicht einig sein. Als ich das Opernglas das nächste Mal benutzen wollte, konnte ich nicht klar sehen. Der Schenkel war zu kurz und ich sah zwei Bilder. Ich brauche dir nicht zu sagen, daß sich weder der Schenkel verkürzt noch der Abstand der Augen vergrößert hatte! Es war ein Wunder, das alle Tage geschieht und das schlechte Beobachter nicht merken. Die Erklärung? *Die psychische Kraft des Hasses ist wohl größer, als wir glauben.* – Übrigens der Ring, den ich von dir bekommen habe, hat den Stein verloren – und läßt sich nicht reparieren, läßt sich nicht. Willst du dich jetzt von mir trennen? ... (*Die gotischen Zimmer*, S. 258 f.)“

Auch auf dem Gebiete der Symptomhandlungen muß die psychoanalytische Beobachtung den Dichtern die Priorität abtreten. Sie kann nur wiederholen, was diese längst gesagt haben. Herr Wilh. *Stroß* macht mich auf nachstehende Stelle in dem bekannten humoristischen Roman *Tristram Shandy* von *Lawrence Sterne* aufmerksam (VI. Teil, V. Kapitel):

„und es wundert mich keineswegs, daß Gregorius von Nazianzum, als er am Julian die schnellen und unsteten Gebärden wahrnahm, voraussagte, daß er eines Tages abtrünnig werden würde; – oder daß St. Ambrosius seinen Amanuensem, wegen einer unanständigen Bewegung mit dem Kopfe, der ihm wie ein Dreschflegel hin und her ging, wegjagte. – Oder daß Democritus gleich merkte, daß Protagoras ein Gelehrter wäre, weil er ihn ein Bündel Reisholz binden und die dünnsten Reiser in die Mitte legen sah. – Es gibt tausend unbemerkte Öffnungen, fuhr mein Vater fort, durch welche ein scharfes Auge auf einmal die Seele entdecken kann; und ich behaupte, fügte er hinzu, daß ein vernünftiger Mann nicht seinen Hut niederlegen kann, wenn er in ein Zimmer kommt – oder aufnehmen, wenn er hinausgeht, oder es entwischt ihm etwas, das ihn verrät."

Hier noch eine kleine Sammlung mannigfaltiger Symptomhandlungen bei Gesunden und Neurotikern:

Ein älterer Kollege, der nicht gern im Kartenspiel verliert, hat eines Abends eine größere Verlustsumme klaglos, aber in eigentümlich verhaltener Stimmung ausgezahlt. Nach seinem Weggehen wird entdeckt, daß er so ziemlich alles, was er bei sich trägt, auf seinem Platz zurückgelassen hat: Brille, Zigarrentasche und Sacktuch. Das fordert wohl die Übersetzung: Ihr Räuber, ihr habt mich da schön ausgeplündert.

Ein Mann, der an gelegentlich auftretender sexueller Impotenz leidet, welche in der Innigkeit seiner Kinderbeziehungen zur Mutter begründet ist, berichtet, daß er gewohnt ist, Schriften und Aufzeichnungen mit einem S, dem Anfangsbuchstaben des Namens seiner Mutter, zu verzieren. Er verträgt es nicht, daß Briefe vom Hause auf seinem Schreibtisch in Berührung mit anderen unheiligen Briefschaften geraten, und ist darum genötigt, erstere gesondert aufzubewahren.

Eine junge Dame reißt plötzlich die Tür des Behandlungszimmers auf, in dem sich noch ihre Vorgängerin befindet. Sie entschuldigt sich mit „Gedankenlosigkeit"; es ergibt sich bald, daß sie die Neugierde demonstriert hat, welche sie seinerzeit ins Schlafzimmer der Eltern dringen ließ.

Mädchen, die auf ihre schönen Haare stolz sind, wissen so geschickt mit Kamm und Haarnadeln umzugehen, daß sich ihnen mitten im Gespräch die Haare lösen.

Manche Männer zerstreuen während der Behandlung (in liegender Stellung) Kleingeld aus der Hosentasche und honorieren so die Arbeit der Behandlungsstunde je nach ihrer Schätzung.

Wer bei einem Arzt einen mitgebrachten Gegenstand, wie Zwicker, Handschuhe, Täschchen vergißt, deutet damit an, daß er sich nicht losreißen kann und gern bald wiederkommen möchte. *E. Jones* sagt: *„One can almost measure the success with which a physician is practising psychotherapy, for instance by the size of the collection of umbrellas, handkerchiefs, purses, and so on, that he could make in a month."*

Die kleinsten gewohnheitsmäßigen und mit minimaler Aufmerksamkeit ausgeführten Verrichtungen, wie das Aufziehen der Uhr vor dem Schlafengehen, das Auslöschen des Lichtes vor dem Verlassen des Zimmers u. a., sind gelegentlich Störungen unterworfen, welche den Einfluß der unbewußten Komplexe auf die angeblich stärksten „Gewohnheiten" unverkennbar demonstrieren. *Maeder* erzählt in der Zeitschrift *Coenobium* von einem Spitalarzte, der sich eines Abends einer wichtigen Angelegenheit wegen entschloß, in die Stadt zu gehen, obwohl er Dienst hatte und das Spital nicht hätte verlassen sollen. Als er zurückkam, bemerkte er zu seinem Erstaunen Licht in seinem Zimmer. Er hatte, was ihm früher nie geschehen war, vergessen, bei seinem Weggehen dunkel zu machen. Er besann sich aber bald auf das Motiv dieses Vergessens. Der im Hause wohnende Spitaldirektor mußte ja aus dem Lichte im Zimmer seines Internen den Schluß ziehen, daß dieser im Hause sei.

Ein mit Sorgen überbürdeter und gelegentlich Verstimmungen unterworfener Mann versicherte mir, daß er regelmäßig am Morgen seine Uhr abgelaufen finde, wenn ihm am Abend vorher das Leben gar zu hart und unfreundlich erschienen sei. Er drückt also durch die Unterlassung, die Uhr aufzuziehen, symbolisch aus, daß ihm nichts daran gelegen sei, den nächsten Tag zu erleben.

Ein anderer, mir persönlich unbekannt, schreibt: „Von einem harten Schicksalsschlage betroffen, erschien mir das Leben so hart und unfreundlich, daß ich mir einbildete, keine genügende Kraft zu finden, um den nächsten Tag durchzuleben, und da bemerkte ich, daß ich fast täglich meine Uhr aufzuziehen vergaß, was ich früher niemals unterließ und es vor dem Niederlegen regelmäßig fast mechanisch unbewußt tat. Nur selten erinnerte ich mich daran, wenn ich am folgenden Tage etwas Wichtiges oder mein Interesse besonders Fesselndes vor hatte. Sollte auch dies eine Symptomhandlung sein? Ich konnte mir dies gar nicht erklären."

Wer sich, wie *Jung* (*Über die Psychologie der Dementia praecox*, 1907, S. 62) oder *Maeder* (*Une voie nouvelle en psychologie – Freud et son école*, Coenobium, Lugano 1909) die Mühe nehmen will, auf die Melodien zu achten, welche man, ohne es zu beabsichtigen, oft ohne es zu merken, vor sich hin trällert, wird die Beziehung des Textes zu einem die Person beschäftigenden Thema wohl regelmäßig aufdecken können.

Auch die feinere Determinierung des Gedankenausdruckes in Rede oder Schrift verdiente eine sorgfältige Beachtung. Man glaubt doch im allgemeinen die Wahl zu haben, in welche Worte man seine Gedanken einkleiden oder durch welches Bild man sie verkleiden soll. Nähere Beobachtung zeigt, daß andere Rücksichten über diese Wahl entscheiden, und daß in der Form des Gedankens ein tieferer, oft nicht beabsichtigter Sinn durchschimmert. Die Bilder und

Redensarten, deren sich eine Person vorzugsweise bedient, sind für ihre Beurteilung meist nicht gleichgültig, und andere erweisen sich oft als Anspielung auf ein Thema, welches derzeit im Hintergrunde gehalten wird, aber den Sprecher mächtig ergriffen hat. Ich hörte jemand zu einer gewissen Zeit wiederholt in theoretischen Gesprächen die Redensart gebrauchen: „Wenn einem plötzlich etwas durch den Kopf schießt", aber ich wußte, daß er vor kurzem die Nachricht erhalten hatte, seinem Sohn sei die Feldkappe, die er auf dem Kopfe trug, von vorn nach hinten durch ein russisches Projektil durchschossen worden.

X
Irrtümer

Die Irrtümer des Gedächtnisses sind vom Vergessen mit Fehlerinnern nur durch den einen Zug unterschieden, daß der Irrtum (das Fehlerinnern) nicht als solcher erkannt wird, sondern Glauben findet. Der Gebrauch des Ausdrucks „Irrtum" scheint aber noch an einer anderen Bedingung zu hängen. Wir sprechen von „Irren" anstatt von „falsch Erinnern", wo in dem zu reproduzierenden psychischen Material der Charakter der objektiven Realität hervorgehoben werden soll, wo also etwas anderes erinnert werden soll als eine Tatsache unseres eigenen psychischen Lebens, vielmehr etwas, was der Bestätigung oder Widerlegung durch die Erinnerung anderer zugänglich ist. Den Gegensatz zum Gedächtnisirrtum in diesem Sinne bildet die Unwissenheit.

In meinem Buche *Die Traumdeutung* (1900) habe ich mich einer Reihe von Verfälschungen an geschichtlichem und überhaupt tatsächlichem Material schuldig gemacht, auf die ich nach dem Erscheinen des Buches mit Verwunderung aufmerksam geworden bin. Ich habe bei näherer Prüfung derselben gefunden, daß sie nicht meiner Unwissenheit entsprungen sind, sondern sich auf Irrtümer des Gedächtnisses zurückleiten, welche sich durch Analyse aufklären lassen.

1) Auf S. 266 (der ersten Auflage) bezeichne ich als den Geburtsort *Schillers* die Stadt *Marburg*, deren Name in der Steiermark wiederkehrt. Der Irrtum findet sich in der Analyse eines Traumes während einer Nachtreise, aus dem ich durch den vom Kondukteur ausgerufenen Stationsnamen *Marburg* geweckt wurde. Im Trauminhalt wird nach einem Buche von Schiller gefragt. Nun ist Schiller nicht in der Universitätsstadt Marburg, sondern in dem schwäbischen *Marbach* geboren. Ich behaupte auch, daß ich dies immer gewußt habe.

2) Auf S. 135 wird *Hannibals* Vater *Hasdrubal* genannt. Dieser Irrtum war mir besonders ärgerlich, hat mich aber in der Auffassung solcher Irrtümer am meisten bestärkt. In der Geschichte der Barkiden dürften wenige der Leser des

Buches besser Bescheid wissen als der Verfasser, der diesen Fehler niederschrieb und ihn bei drei Korrekturen übersah. Der *Vater* Hannibals hieß *Hamilkar Barkas – Hasdrubal* war der Name von Hannibals *Bruder*, übrigens auch der seines Schwagers und Vorgängers im Kommando.

3) Auf S. 177 und S. 370 behaupte ich, daß *Zeus* seinen Vater *Kronos* entmannt und ihn vom Throne stürzt. Diesen Greuel habe ich aber irrtümlich um eine Generation vorgeschoben; die griechische Mythologie läßt ihn von *Kronos* an seinem Vater *Uranos* verüben.[68]

Wie ist es nun zu erklären, daß mein Gedächtnis in diesen Punkten Ungetreues lieferte, während es mir sonst, wie sich Leser des Buches überzeugen können, das entlegenste und ungebräuchlichste Material zur Verfügung stellte? Und ferner, daß ich bei drei sorgfältig durchgeführten Korrekturen wie mit Blindheit geschlagen an diesen Irrtümern vorbeiging?

Goethe hat von *Lichtenberg* gesagt: „Wo er einen Spaß macht, liegt ein Problem verborgen." Ähnlich kann man über die hier angeführten Stellen meines Buches behaupten: Wo ein Irrtum vorliegt, da steckt eine Verdrängung dahinter. Richtiger gesagt: eine Unaufrichtigkeit, eine Entstellung, die schließlich auf Verdrängtem fußt. Ich bin bei der Analyse der dort mitgeteilten Träume durch die bloße Natur der Themata, auf welche sich die Traumgedanken beziehen, genötigt gewesen, einerseits die Analyse irgendwo vor ihrer Abrundung abzubrechen, anderseits einer indiskreten Einzelheit durch leise Entstellung die Schärfe zu benehmen. Ich konnte nicht anders und hatte auch keine andere Wahl, wenn ich überhaupt Beispiele und Belege vorbringen wollte; meine Zwangslage leitete sich mit Notwendigkeit aus der Eigenschaft der Träume ab, Verdrängtem, d. h. Bewußtseinsunfähigem Ausdruck zu geben. Es dürfte trotzdem genug übrig geblieben sein, woran empfindlichere Seelen Anstoß genommen haben. Die Entstellung oder Verschweigung der mir selbst noch bekannten fortsetzenden Gedanken hat sich nun nicht spurlos durchführen lassen. Was ich unterdrükken wollte, hat sich oftmals wider meinen Willen den Zugang in das von mir Aufgenommene erkämpft und ist darin als von mir unbemerkter Irrtum zum Vorschein gekommen. In allen drei hervorgehobenen Beispielen liegt übrigens das nämliche Thema zugrunde; die Irrtümer sind Abkömmlinge verdrängter Gedanken, die sich mit meinem verstorbenen Vater beschäftigen.

ad 1) Wer den auf S. 266 analysierten Traum durchliest, wird teils unverhüllt erfahren, teils aus Andeutungen erraten können, daß ich bei Gedanken abgebrochen habe, die eine unfreundliche Kritik am Vater enthalten hätten. In

[68] Kein voller Irrtum! Die orphische Version des Mythus ließ die Entmannung an Kronos von seinem Sohne Zeus wiederholt werden. (*Roscher*, Lexikon der Mythologie.)

der Fortsetzung dieses Zuges von Gedanken und Erinnerungen liegt nun eine ärgerliche Geschichte, in welcher Bücher eine Rolle spielen, und ein Geschäftsfreund des Vaters, der den Namen *Marburg* führt, denselben Namen, durch dessen Ausruf in der gleichnamigen Südbahnstation ich aus dem Schlafe geweckt wurde. Diesen Herrn Marburg wollte ich bei der Analyse mir und den Lesern unterschlagen; er rächte sich dadurch, daß er sich dort einmengte, wo er nicht hingehört, und den Namen des Geburtsortes Schillers aus *Marbach* in *Marburg* veränderte.

ad 2) Der Irrtum *Hasdrubal* anstatt *Hamilkar*, der Name des Bruders an Stelle des Namens des Vaters, ereignete sich gerade in einem Zusammenhange, der von den Hannibalphantasien meiner Gymnasiastenjahre und von meiner Unzufriedenheit mit dem Benehmen des Vaters gegen die „Feinde unseres Volkes" handelt. Ich hätte fortsetzen und erzählen können, wie mein Verhältnis zum Vater durch einen Besuch in England verändert wurde, der mich die Bekanntschaft meines dort lebenden Halbbruders aus früherer Ehe des Vaters machen ließ. Mein Bruder hat einen ältesten Sohn, der mir gleichaltrig ist; die Phantasien, wie anders es geworden wäre, wenn ich nicht als Sohn des Vaters, sondern des Bruders zur Welt gekommen wäre, fanden also kein Hindernis an den Altersrelationen. Diese unterdrückten Phantasien fälschten nun an der Stelle, wo ich in der Analyse abbrach, den Text meines Buches, indem sie mich nötigten, den Namen des Bruders für den des Vaters zu setzen.

ad 3) Dem Einfluß der Erinnerung an diesen selben Bruder schreibe ich es zu, daß ich die mythologischen Greuel der griechischen Götterwelt um eine Generation vorgeschoben habe. Von den Mahnungen des Bruders ist mir lange Zeit eine im Gedächtnis geblieben: „Vergiß nicht in Bezug auf Lebensführung eines", hatte er mir gesagt, „daß du nicht der zweiten, sondern eigentlich der dritten Generation vom Vater aus angehörst." Unser Vater hatte sich in späteren Jahren wieder verheiratet und war so um vieles älter als seine Kinder zweiter Ehe. Ich begehe den besprochenen Irrtum im Buche gerade dort, wo ich von der Pietät zwischen Eltern und Kindern handle.

Es ist auch einigemal vorgekommen, daß Freunde und Patienten, deren Träume ich berichtete, oder auf die ich in den Traumanalysen anspielte, mich aufmerksam machten, die Umstände der gemeinsam erlebten Begebenheiten seien von mir ungenau erzählt worden. Das wären nun wiederum historische Irrtümer. Ich habe die einzelnen Fälle nach der Richtigstellung nachgeprüft und mich gleichfalls überzeugt, daß meine Erinnerung des Sachlichen nur dort ungetreu war, wo ich in der Analyse etwas mit Absicht entstellt oder verhehlt hatte. Auch hier wieder ein *unbemerkter Irrtum als Ersatz für eine absichtliche Verschweigung oder Verdrängung.*

Von diesen Irrtümern, die der Verdrängung entspringen, heben sich scharf andere ab, die auf wirklicher Unwissenheit beruhen. So war es z. B. Unwissenheit, wenn ich auf einem Ausflug in die Wachau den Aufenthalt des Revolutionärs *Fischhof* berührt zu haben glaubte. Die beiden Orte haben nur den Namen gemein; das *Emmersdorf Fischhofs* liegt in Kärnten. Ich wußte es aber nicht anders.

4) Noch ein beschämender und lehrreicher Irrtum, ein Beispiel von temporärer Ignoranz, wenn man so sagen darf. Ein Patient mahnte mich eines Tages, ihm die zwei versprochenen Bücher über Venedig mitzugeben, aus denen er sich für seine Osterreise vorbereiten wollte. Ich habe sie bereit gelegt, erwiderte ich, und ging in das Bibliothekszimmer, um sie zu holen. In Wahrheit hatte ich aber vergessen, sie herauszusuchen, denn ich war mit der Reise meines Patienten, in der ich eine unnötige Störung der Behandlung und eine materielle Schädigung des Arztes erblickte, nicht recht einverstanden. Ich halte also in der Bibliothek rasche Umschau nach den beiden Büchern, die ich ins Auge gefaßt hatte. *Venedig als Kunststätte* ist das eine; außerdem aber muß ich noch ein historisches Werk in einer ähnlichen Sammlung besitzen. Richtig, da ist es: *Die Mediceer*, ich nehme es und bringe es dem Wartenden, um dann beschämt den Irrtum einzugestehen. Ich weiß doch wirklich, daß die Medici nichts mit Venedig zu tun haben, aber es erschien mir für eine kurze Weile gar nicht unrichtig. Nun muß ich Gerechtigkeit üben; da ich dem Patienten so häufig seine eigenen Symptomhandlungen vorgehalten habe, kann ich meine Autorität vor ihm nur retten, wenn ich ehrlich werde und ihm die geheim gehaltenen Motive meiner Abneigung gegen seine Reise kundgebe.

Man darf ganz allgemein erstaunt sein, daß der Wahrheitsdrang der Menschen soviel stärker ist, als man ihn für gewöhnlich einschätzt. Vielleicht ist es übrigens eine Folge meiner Beschäftigung mit der Psychoanalyse, daß ich kaum mehr lügen kann. So oft ich eine Entstellung versuche, unterliege ich einer Irrung oder anderen Fehlleistung, durch die sich meine Unaufrichtigkeit wie in diesem und den vorstehenden Beispielen verrät.

Der Mechanismus des Irrtums scheint der lockerste unter allen Fehlleistungen, das heißt das Vorkommen des Irrtums zeigt ganz allgemein an, daß die betreffende seelische Tätigkeit mit irgend einem störenden Einfluß zu kämpfen hatte, ohne daß die Art des Irrtums durch die Qualität der im Dunkeln gebliebenen störenden Idee determiniert wäre. Wir tragen indes an dieser Stelle nach, daß bei vielen einfachen Fällen von Versprechen und Verschreiben derselbe Tatbestand anzunehmen ist. Jedesmal, wenn wir uns versprechen oder verschreiben, dürfen wir eine Störung durch seelische Vorgänge außerhalb der Intention erschließen, aber es ist zuzugeben, daß das Versprechen und Verschreiben oftmals den Gesetzen der Ähnlichkeit, der Bequemlichkeit oder der Neigung zur Beschleunigung folgt, ohne daß es dem Störenden gelungen wäre, ein Stück seines eigenen Charakters in dem beim Versprechen oder Verschreiben resultierenden Fehler durchzusetzen. Das Entgegenkommen des sprachlichen Materials ermöglicht erst die Determinierung des Fehlers und setzt derselben auch die Grenze.

Um nicht ausschließlich eigene Irrtümer anzuführen, will ich noch einige Beispiele mitteilen, die allerdings ebensowohl beim Versprechen und Vergreifen hätten eingereiht werden können, was aber bei der Gleichwertigkeit all dieser Weisen von Fehlleistung bedeutungslos zu nennen ist.

5) Ich habe einem Patienten untersagt, die Geliebte, mit der er selbst brechen möchte, telephonisch anzurufen, da jedes Gespräch den Abgewöhnungskampf von neuem entfacht. Er soll ihr seine letzte Meinung schreiben, wiewohl es Schwierigkeiten hat, ihr Briefe zuzustellen. Er besucht mich nun um 1 Uhr, um mir zu sagen, daß er einen Weg gefunden hat, der diese Schwierigkeiten umgeht, fragt auch unter anderem, ob er sich auf meine ärztliche Autorität berufen darf. Um 2 Uhr ist er mit der Abfassung des Absagebriefes beschäftigt, unterbricht sich plötzlich, sagt der dabei anwesenden Mutter: „Jetzt habe ich vergessen, den Professor zu fragen, ob ich in dem Briefe seinen Namen nennen darf", eilt zum Telephon, läßt sich verbinden und ruft die Frage ins Rohr: „Bitte, ist der Herr Professor schon nach dem Speisen zu sprechen?" Als Antwort tönt ihm ein erstauntes „Adolf, bist du verrückt geworden?" entgegen, und zwar von der nämlichen Stimme, die er nach meinem Gebote nicht mehr hätte hören sollen. Er hatte sich bloß „geirrt" und anstatt der Nummer des Arztes die der Geliebten angegeben.

6) Eine junge Dame soll einen Besuch bei einer kürzlich verheirateten Freundin in der *Habsburger*gasse machen. Sie spricht davon während des Familientisches, sagt aber irrtümlicherweise, sie müsse in die *Babenberger*gasse gehen. Andere bei Tische Anwesende machen sie lachend auf den von ihr nicht bemerkten Irrtum – oder Versprechen, wenn man so lieber will – aufmerksam. Zwei Tage vorher ist nämlich in Wien die Republik ausgerufen worden, das Schwarzgelb ist verschwunden und hat den Farben der alten Ostmark: rot-weiß-rot Platz gemacht, die Habsburger sind abgetan; die Sprecherin hat diese Ersetzung in die Adresse der Freundin eingetragen. Es gibt übrigens in Wien eine sehr bekannte Babenberger*straße*, aber kein Wiener würde von ihr als „Gasse" reden.

7) In einer Sommerfrische hat der Schullehrer, ein ganz armer, aber stattlicher junger Mann, der Tochter eines Villenbesitzers aus der Großstadt so lange den Hof gemacht, bis das Mädchen sich leidenschaftlich in ihn verliebt und auch ihre Familie bewogen hat, die Heirat trotz der bestehenden Standes- und

Rassenunterschiede gutzuheißen. Da schreibt der Lehrer eines Tages seinem Bruder einen Brief, in dem es heißt: „Schön ist das Dirndl ja gar nicht, aber recht lieb und soweit wär's gut. Ob ich mich aber werd' entschließen können, eine Jüdin zu heiraten, das kann ich dir noch nicht sagen." Dieser Brief gerät in die Hände der Braut und macht dem Verlöbnis ein Ende, während der Bruder sich gleichzeitig über die an ihn gerichteten Liebesbeteuerungen zu verwundern hat. Mein Gewährsmann versicherte mir, daß hier Irrtum und nicht eine schlaue Veranstaltung vorlag. Mir ist auch ein anderer Fall bekannt geworden, in dem eine Dame, die, mit ihrem alten Arzt unzufrieden, ihm doch nicht offen absagen wollte, diesen Zweck mittels einer Briefverwechslung erreichte, und wenigstens hier kann ich dafür einstehen, daß der Irrtum und nicht die bewußte List sich des bekannten Lustspielmotivs bedient hat.

8) Brill erzählt von einer Dame, die sich bei ihm nach dem Befinden einer gemeinsamen Bekannten erkundigte, wobei sie dieselbe irrtümlich bei ihrem Mädchennamen nannte. Aufmerksam gemacht, mußte sie zugestehen, daß sie den Mann dieser Dame nicht möge und mit der Heirat derselben sehr unzufrieden gewesen sei.

9) Ein Fall von Irrtum, der auch als „Versprechen" beschrieben werden kann: Ein junger Vater begibt sich zum Standesbeamten, um seine zweitgeborene Tochter anzumelden. Befragt, wie das Kind heißen soll, antwortete er: „Hanna", muß sich aber von dem Beamten sagen lassen: „Sie haben ja schon ein Kind dieses Namens." Wir werden den Schluß ziehen, daß diese zweite Tochter nicht so ganz willkommen war wie seinerzeit die erste.

10) Ich füge hier einige andere Beobachtungen von Namenverwechslungen an, die natürlich mit ebensoviel Recht in anderen Abschnitten dieses Buches untergebracht worden wären.

Eine Dame ist Mutter von drei Töchtern, von denen zwei längst verheiratet sind, während die jüngste noch ihr Schicksal erwartet. Eine befreundete Dame hat bei den beiden Hochzeiten das nämliche Geschenk gemacht, eine kostbare silberne Teegarnitur. So oft nun von diesem Gerät die Sprache ist, nennt die Mutter irrtümlicherweise die dritte Tochter als Besitzerin. Es ist offenbar, daß dieser Irrtum den Wunsch der Mutter ausspricht, auch die letzte Tochter verheiratet zu wissen. Sie setzt dabei voraus, daß sie dasselbe Hochzeitsgeschenk erhalten würde.

Ebenso leicht deutbar sind die häufigen Fälle, in denen eine Mutter die Namen ihrer Töchter, Söhne oder Schwiegersöhne verwechselt.

11) Ein hübsches Beispiel von hartnäckiger Namensvertauschung, das sich leicht erklärt, entnehme ich der Selbstbeobachtung eines Herrn J. G. während seines Aufenthaltes in einer Heilanstalt:

„An der Table d'hôte (des Sanatoriums) gebrauche ich im Laufe eines mich wenig interessierenden und in ganz konventionellem Ton geführten Gespräches mit meiner Tischnachbarin eine Phrase von besonderer Liebenswürdigkeit. Das etwas ältliche Mädchen konnte nicht umhin zu bemerken, daß es sonst nicht meine Art sei, ihr gegenüber so liebenswürdig und galant zu sein – eine Entgegnung, die einerseits ein gewisses Bedauern und mehr noch eine deutliche Spitze gegen ein uns beiden bekanntes Fräulein enthielt, dem ich größere Aufmerksamkeit zu schenken pflegte. Ich verstehe natürlich augenblicklich. Im Laufe unseres weiteren Gespräches muß ich mich nun, was mir ungemein peinlich ist, von meiner Nachbarin wiederholt darauf aufmerksam machen lassen, daß ich sie mit dem Namen jenes Fräuleins angesprochen habe, das sie nicht mit Unrecht als ihre glücklichere Nebenbuhlerin ansah."

12) Als „Irrtum" will ich auch eine Begebenheit mit ernsthaftem Hintergrund erzählen, die mir von einem nahe beteiligten Zeugen berichtet wurde. Eine Dame hat den Abend mit ihrem Manne und in Gesellschaft von zwei Fremden im Freien zugebracht. Einer dieser beiden Fremden ist ihr intimer Freund, wovon aber die anderen nichts wissen und nichts wissen dürfen. Die Freunde begleiten das Ehepaar bis vor die Haustür. Während man auf das Öffnen der Tür wartet, wird Abschied genommen. Die Dame verneigt sich gegen den Fremden, reicht ihm die Hand und spricht einige verbindliche Worte. Dann greift sie nach dem Arm ihres heimlich Geliebten, wendet sich zu ihrem Manne und will ihn in gleicher Weise verabschieden. Der Mann geht auf die Situation ein, zieht den Hut und sagt überhöflich: „Küss' die Hand, gnädige Frau." Die erschrockene Frau läßt den Arm des Geliebten fahren und hat noch Zeit, ehe der Hausmeister erscheint, zu seufzen : „Nein, so etwas soll einem passieren!" Der Mann gehörte zu jenen Eheherren, die eine Untreue ihrer Frau außerhalb jeder Möglichkeit verlegen wollen. Er hatte wiederholt geschworen, in einem solchen Falle würde mehr als ein Leben in Gefahr sein. Er hatte also die stärksten inneren Abhaltungen, um die Herausforderung, die in dieser Irrung lag, zu bemerken.

13) Eine Irrung eines meiner Patienten, die durch eine Wiederholung zum Gegensinn besonders lehrreich wird: Der überbedenkliche junge Mann hat sich nach langwierigen inneren Kämpfen dazu gebracht, dem Mädchen, das ihn seit langem liebt wie er sie, die Zusage der Ehe zu geben. Er begleitet die ihm Verlobte nach Hause, verabschiedet sich von ihr, steigt überglücklich in einen Tramwaywagen und verlangt von der Schaffnerin – *zwei* Fahrkarten. Etwa ein halbes Jahr später ist er bereits verheiratet, kann sich aber noch nicht recht in sein Eheglück finden. Er zweifelt, ob er recht getan hat zu heiraten, vermißt frühere freundschaftliche Beziehungen, hat an den Schwiegereltern allerlei auszusetzen. Eines Abends holt er seine junge Frau vom Hause ihrer Eltern ab, steigt mit ihr in den Wagen der Straßenbahn und begnügt sich damit, der Schaffnerin eine einzige Karte abzuverlangen.

14) Wie man einen ungern unterdrückten Wunsch vermittels eines „Irrtums" befriedigen kann, davon erzählt *Maeder* ein hübsches Beispiel. Ein Kollege möchte einen dienstfreien Tag so recht ungestört genießen; er soll aber einen Besuch in Luzern machen, auf den er sich nicht freuen kann, und beschließt nach längerer Überlegung, doch hinzufahren. Um sich zu zerstreuen, liest er auf der Fahrt Zürich–Arth-Goldau die Tageszeitungen, wechselt in letzterer Station den Zug und setzt seine Lektüre fort. In der Fortsetzung der Fahrt entdeckt ihm dann der kontrollierende Schaffner, daß er in einen falschen Zug eingestiegen ist, nämlich in den, der von Goldau nach Zürich zurückfährt, während er ein Billett nach Luzern genommen hatte. (*Nouvelles contributions etc.*, Arch. de Psych., VI, 1908).

15) Einen analogen, wenngleich nicht voll geglückten Versuch, einem unterdrückten Wunsch durch den nämlichen Mechanismus der Irrung zum Ausdruck zu verhelfen, berichtet Dr. *V. Tausk* unter der Überschrift *Falsche Fahrtrichtung*:

„Ich war aus dem Felde auf Urlaub nach Wien gekommen. Ein alter Patient hatte von meiner Anwesenheit Kenntnis bekommen und ließ mich bitten, daß ich ihn besuche, da er krank zu Bette lag. Ich leistete der Bitte Folge und verbrachte zwei Stunden bei ihm. Beim Abschied fragte der Kranke, was er schuldig sei. ‚Ich bin auf Urlaub hier und ordiniere jetzt nicht', antwortete ich. ‚Nehmen Sie meinen Besuch als einen Freundschaftsdienst.' Der Kranke stutzte, da er wohl das Empfinden hatte, er habe kein Recht, eine berufliche Leistung als unentgeltlichen Freundschaftsdienst in Anspruch zu nehmen. Aber er ließ sich meine Antwort schließlich gefallen, in der von der Lust an der Geldersparung diktierten respektvollen Meinung, daß ich als Psychoanalytiker sicher richtig handeln werde. – Mir selbst stiegen schon wenige Augenblicke später Bedenken über die Aufrichtigkeit meiner Noblesse auf, und, von Zweifeln – die kaum eine zweideutige Lösung zuließen – erfüllt, bestieg ich die elektrische Straßenbahnlinie X. Nach einer kurzen Fahrt hatte ich auf die Linie Y umzusteigen. Während ich an der Umsteigestelle wartete, vergaß ich die Honorarangelegenheit und beschäftigte mich mit den Krankheitssymptomen meines Patienten. Indem kam der von mir erwartete Wagen und ich stieg ein. Aber bei der nächsten Haltestelle mußte ich wieder aussteigen. Ich war nämlich statt in einen Y-Wagen versehentlich und ohne es zu merken in einen X-Wagen eingestiegen und fuhr in der Richtung, aus der ich eben gekommen war, wieder zurück, in der Richtung zum Patienten, von dem ich kein Honorar annehmen wollte. *Mein Unbewußtes aber wollte sich das Honorar holen.*" (Internat. Zeitschrift f. Psychoanalyse IV, 1916/17.)

16) Ein sehr ähnliches Kunststück wie im Beispiel 14 ist mir selbst einmal gelungen. Ich hatte meinem gestrengen ältesten Bruder zugesagt, ihm in diesem Sommer den längst fälligen Besuch in einem englischen Seebad abzustatten, und dabei die Verpflichtung übernommen, da die Zeit drängte, auf dem kürzesten Wege ohne Aufenthalt zu reisen. Ich bat um einen Tag Aufschub für Holland, aber er meinte, das könnte ich für die Rückreise aufsparen. Ich fuhr also von München über Köln nach Rotterdam–Hoek van Holland, von wo das Schiff um Mitternacht nach Harwich übersetzt. In Köln hatte ich Wagenwechsel; ich verließ meinen Zug, um in den Eilzug nach Rotterdam umzusteigen, aber der war nicht zu entdecken. Ich fragte verschiedene Bahnbedienstete, wurde von einem Bahnsteig auf den anderen geschickt, geriet in eine übertriebene Verzweiflung und konnte mir bald berechnen, daß ich während dieses erfolglosen Suchens den Anschluß versäumt haben dürfte. Nachdem mir dieses bestätigt worden war, überlegte ich, ob ich in Köln übernachten sollte, wofür unter anderem auch die Pietät sprach, da nach einer alten Familientradition meine Ahnen einst bei einer Judenverfolgung aus dieser Stadt geflüchtet waren. Ich entschloß mich aber anders, fuhr mit einem späteren Zug nach Rotterdam, wo ich in tiefer Nachtzeit ankam, und war nun genötigt, einen Tag in Holland zuzubringen. Dieser Tag brachte mir die Erfüllung eines längst gehegten Wunsches; ich konnte die herrlichen Rembrandtbilder im Haag und im Reichsmuseum zu Amsterdam sehen. Erst am nächsten Vormittag, als ich während der Eisenbahnfahrt in England meine Eindrücke sammeln konnte, tauchte mir die unzweifelhafte Erinnerung auf, daß ich auf dem Bahnhofe in Köln wenige Schritte von der Stelle, wo ich ausgestiegen war, auf dem nämlichen Bahnsteig eine große Tafel Rotterdam–Hoek van Holland gesehen hatte. Dort wartete der Zug, in dem ich die Reise hätte fortsetzen sollen. Man müßte es als unbegreifliche „Verblendung“ bezeichnen, daß ich trotz dieser guten Anleitung weggeeilt und den Zug anderswo gesucht hatte, wenn man nicht annehmen wollte, daß es eben mein Vorsatz war, gegen die Vorschrift meines Bruders die Rembrandtbilder schon auf der Hinreise zu bewundern. Alles übrige, meine gut gespielte Ratlosigkeit, das Auftauchen der pietätvollen Absicht, in Köln zu übernachten, war nur Veranstaltung, um mir meinen Vorsatz zu verbergen, bis er sich vollkommen durchgesetzt hatte.

17) Eine ebensolche, durch „Vergeßlichkeit“ hergestellte Veranstaltung, um einen Wunsch zu erfüllen, auf den man angeblich verzichtet hat, berichtet *J. Stärcke* von seiner eigenen Person. (l. c.)

„Ich mußte einmal in einem Dorfe einen Vortrag mit Lichtbildern halten. Dieser Vortrag war aber um eine Woche verschoben. Ich hatte den Brief hinsichtlich dieses Aufschubes beantwortet und das geänderte Datum in meinem Notizbuch notiert. Ich wäre gern schon nachmittags nach diesem Dorfe gegangen, damit ich die Zeit hätte, um einem mir bekannten Schriftsteller, der dort wohnt, einen Besuch abzustatten. Zu meinem Bedauern konnte ich aber zurzeit keinen Nachmittag dafür frei machen. Nur ungern gab ich diesen Besuch auf.

Als nun der Abend des Vortrages da war, machte ich mich, mit einer Tasche voll Laternenbilder, in größter Eile zum Bahnhof auf. Ich mußte einen Taxi nehmen, um den Zug noch zu erreichen (es passiert mir öfters, daß ich so lange zögere, daß ich einen Taxi nehmen muß, um den Zug noch zu erreichen!). An Ort und Stelle gekommen, war ich einigermaßen erstaunt, daß keiner am Bahnhof war, um mich abzuholen (wie es bei Vorträgen in kleineren Orten Gewohnheit ist). Plötzlich fiel mir ein, daß der Vortrag um eine Woche verschoben war, und daß ich jetzt am ursprünglich festgestellten Datum eine vergebliche Reise gemacht hatte. Nachdem ich meine Vergeßlichkeit herzinnig verwünscht hatte, überlegte ich, ob ich mit dem nächstfolgenden Zug wieder nach Hause zurückkehren sollte. Bei näherer Überlegung dachte ich aber daran, daß ich jetzt eine schöne Gelegenheit hatte, um den gewünschten Besuch zu machen, was ich denn auch tat. Erst unterwegs fiel mir ein, daß mein unerfüllter Wunsch, für diesen Besuch gehörig Zeit zu haben, das Komplott hübsch vorbereitet hatte. Das Schleppen mit der schweren Tasche voll Laternenbilder und das Eilen, um den Zug zu erreichen, konnten ausgezeichnet dazu dienen, die unbewußte Absicht desto besser zu verbergen."

Man wird vielleicht nicht geneigt sein, die Klasse von Irrtümern, für die ich hier die Aufklärung gebe, für sehr zahlreich oder besonders bedeutungsvoll zu halten. Ich gebe aber zu bedenken, ob man nicht Grund hat, die gleichen Gesichtspunkte auch auf die Beurteilung der ungleich wichtigeren *Urteilsirrtümer* der Menschen im Leben und in der Wissenschaft auszudehnen. Nur den auserlesensten und ausgeglichensten Geistern scheint es möglich zu sein, das Bild der wahrgenommenen äußeren Realität vor der Verzerrung zu bewahren, die es sonst beim Durchgang durch die psychische Individualität des Wahrnehmenden erfährt.

XI
Kombinierte Fehlleistungen

Zwei der letzterwähnten Beispiele, mein Irrtum, der die Mediceer nach Venedig bringt, und der des jungen Mannes, der ein telephonisches Gespräch mit seiner Geliebten dem Verbote abzutrotzen weiß, haben eigentlich eine ungenaue Beschreibung gefunden und stellen sich bei sorgfältiger Betrachtung als Vereinigung eines Vergessens mit einem Irrtum dar. Dieselbe Vereinigung kann ich noch deutlicher an einigen anderen Beispielen aufzeigen.

1) Ein Freund teilt mir folgendes Erlebnis mit: „Ich habe vor einigen Jahren die Wahl in den Ausschuß einer bestimmten literarischen Vereinigung angenommen, weil ich vermutete, die Gesellschaft könnte mir einmal behilflich sein, eine Aufführung meines Dramas durchzusetzen, und nahm regelmäßig, wenn auch ohne viel Interesse, an den jeden Freitag stattfindenden Sitzungen teil. Vor einigen Monaten erhielt ich nun die Zusicherung einer Aufführung am Theater in F., und seither passierte es mir regelmäßig, daß ich die Sitzungen jenes Vereines *vergaß*. Als ich Ihre Schrift über diese Dinge las, schämte ich mich meines Vergessens, machte mir Vorwürfe, es sei doch eine Gemeinheit, daß ich jetzt ausbleibe, nachdem ich die Leute nicht mehr brauche, und beschloß, nächsten Freitag gewiß nicht zu vergessen. Ich erinnerte mich an diesen Vorsatz immer wieder, bis ich ihn ausführte und vor der Tür des Sitzungssaales stand. Zu meinem Erstaunen war sie geschlossen, die Sitzung war schon vorüber; ich hatte mich nämlich im Tage geirrt; es war schon Samstag!"

2) Das nächste Beispiel ist eine Kombination einer Symptomhandlung mit einem Verlegen; es ist auf entfernteren Umwegen, aber aus guter Quelle zu mir gelangt.

Eine Dame reist mit ihrem Schwager, einem berühmten Künstler, nach Rom. Der Besucher wird von den in Rom lebenden Deutschen sehr gefeiert und erhält unter anderem eine goldene Medaille antiker Herkunft zum Geschenke. Die Dame kränkt sich darüber, daß ihr Schwager das schöne Stück nicht genug zu schätzen weiß. Nachdem sie, von ihrer Schwester abgelöst, wieder zu Hause angelangt ist, entdeckt sie beim Auspacken, daß sie die Medaille – sie weiß nicht wie – mitgenommen hat. Sie teilt es sofort dem Schwager brieflich mit und kündigt ihm an, daß sie das Entführte am nächsten Tage nach Rom zurückschicken wird. Am nächsten Tage aber ist die Medaille so geschickt verlegt, daß sie unauffindbar und unabsendbar ist, und dann dämmert der Dame, was ihre „Zerstreutheit" bedeute, nämlich, daß sie das Stück für sich selbst behalten wolle.

3) Einige Fälle, in denen sich die Fehlhandlung hartnäckig wiederholt und dabei auch ihre Mittel wechselt:

Jones (l. c., S. 483): Aus ihm unbekannten Motiven hatte er einst einen Brief mehrere Tage auf seinem Schreibtisch liegen lassen, ohne ihn aufzugeben. Endlich entschloß er sich dazu, aber er erhielt ihn vom „Dead letter office" zurück, denn er hatte vergessen, die Adresse zu schreiben. Nachdem er ihn adressiert hatte, brachte er ihn wieder zur Post, aber diesmal ohne Briefmarke. Die Abneigung dagegen, den Brief überhaupt abzusenden, konnte er dann nicht mehr übersehen.

4) Sehr eindrucksvoll schildert die vergeblichen Bemühungen, eine Handlung gegen einen inneren Widerstand durchzusetzen, eine kleine Mitteilung von Dr. *Karl Weiß* (Wien):

„Wie konsequent sich das Unbewußte durchzusetzen weiß, wenn es ein Motiv hat, einen Vorsatz nicht zur Ausführung gelangen zu lassen, und wie schwer es ist, sich gegen diese Tendenz zu sichern, dafür bietet der folgende Vorfall einen Beleg. Ein Bekannter ersucht mich, ihm ein Buch zu leihen und es ihm am nächsten Tage mitzubringen. Ich sage sogleich zu, empfinde aber ein lebhaftes Unlustgefühl, das ich mir zunächst nicht erklären kann. Später wird es mir klar: der Betreffende schuldet mir seit Jahren eine Summe Geldes, an deren Bezahlung er anscheinend nicht denkt. Ich denke nicht weiter an die Sache, erinnere mich aber ihrer am nächsten Vormittag mit dem gleichen Unlustgefühl und sage mir sofort: ‚Dein Unbewußtes wird darauf hinarbeiten, daß du das Buch vergißt. Du willst aber nicht ungefällig sein und wirst deshalb alles tun, um nicht zu vergessen.' Ich komme nach Hause, packe das Buch in Papier und lege es neben mich auf den Schreibtisch, an dem ich Briefe schreibe. Nach einiger Zeit gehe ich fort; nach wenigen Schritten erinnere ich mich, daß ich die Briefe, die ich zur Post mitnehmen wollte, auf dem Schreibtisch liegengelassen habe. (Beiläufig bemerkt war einer darunter, in dem ich einer Person, die mich in einer bestimmten Angelegenheit fördern sollte, etwas Unangenehmes schreiben mußte.) Ich kehre um, hole die Briefe und gehe wieder weg. In der Elektrischen fällt mir ein, daß ich meiner Frau versprochen habe, ihr einen Einkauf zu besorgen, und ich bin recht befriedigt bei dem Gedanken, daß es nur ein kleines Päckchen sein wird. Hier stellt sich plötzlich die Assoziation Päckchen–Buch her und jetzt merke ich, daß ich das Buch nicht bei mir habe. Ich hatte es also nicht nur das erstemal, als ich fortging, vergessen, sondern auch konsequent übersehen, als ich die Briefe holte, neben denen es lag."

5) Das Nämliche in einer eingehend analysierten Beobachtung von *Otto Rank*:

„Ein peinlich ordentlicher und pedantisch genauer Mann berichtet das folgende, für ihn ganz außergewöhnliche Erlebnis. Eines Nachmittags, als er auf der Straße nach der Zeit sehen will, bemerkt er, daß er seine Uhr zu Hause vergessen hat, was seiner Erinnerung nach noch nie vorgekommen war. Da er für den Abend eine pünktliche Verabredung hat und nicht mehr Zeit findet, vorher seine Uhr zu holen, benützte er den Besuch bei einer befreundeten Dame, um sich ihre Uhr für den Abend auszuleihen; dies war um so eher angängig, als er die Dame infolge einer früheren Verabredung am nächsten Vormittag zu besuchen hatte und bei dieser Gelegenheit die Uhr zurückzustellen versprach. Zu seinem Erstaunen merkt er aber, als er tags darauf der Besitzerin die entlehnte Uhr überreichen will, daß er nun diese zu Hause vergaß; seine eigene Uhr hatte er diesmal zu sich gesteckt. Er nahm sich nun fest vor, die Damenuhr noch am Nachmittag zurückzustellen, und führte den Vorsatz auch aus. Als er aber beim Weggehen nach der Zeit sehen will, hat er zu seinem maßlosen Ärger und Erstaunen wieder die eigene Uhr vergessen. Diese Wiederholung der Fehlleistung kam dem sonst so ordnungsliebenden Manne derart pathologisch vor, daß er gern ihre psychologische Motivierung gekannt hätte, die sich auch prompt auf die psychoanalytische Fragestellung ergab, ob er an dem kritischen Tage des ersten Vergessens irgend etwas Unangenehmes erlebt habe, und in welchem Zusammenhange dies geschehen sei. Er erzählt darauf sogleich, daß er nach dem Mittagessen, kurz bevor er wegging und die Uhr vergaß, ein Gespräch mit seiner Mutter gehabt hatte, die ihm erzählte, ein leichtsinniger Verwandter, der ihm schon viel Kummer und Geldopfer verursacht hatte, hätte seine Uhr versetzt; da sie aber zu Hause gebraucht werde, ließe er ihn bitten, ihm das Geld zur Auslösung zu geben. Diese fast erzwungene Art des Geldleihens hatte unseren Mann sehr peinlich berührt und ihm all die Unannehmlichkeiten wieder in Erinnerung gebracht, die ihm dieser Verwandte seit vielen Jahren bereitet hatte. Seine Symptomhandlung erweist sich demnach als mehrfach determiniert: erstens gibt sie einem Gedankengange Ausdruck, der etwa besagt, ich lasse mir das Geld nicht auf diese Weise abpressen, und wenn eine Uhr gebraucht wird, so lasse ich eben meine eigene zu Hause; da er sie jedoch abends zur Einhaltung eines Rendezvous braucht, kann sich diese Absicht nur auf unbewußtem Wege, in Form einer Symptomhandlung, durchsetzen; zweitens besagt das Vergessen soviel als: die ewigen Geldopfer für diesen Taugenichts werden mich noch gänzlich zugrunde richten, so daß ich alles werde hergeben müssen. Obwohl nun der Ärger über diese Mitteilung nach Angabe des Mannes nur ein momentaner gewesen war, zeigt doch die Wiederholung der gleichen Symptomhandlung, daß er im Unbewußten intensiv weiterwirkt, etwa wie wenn das Bewußtsein sagen würde: Diese Geschichte geht mir nicht aus dem Kopfe.[69] Daß dann das gleiche Schicksal einmal auch die entlehnte Damenuhr betrifft, wird uns nach dieser Einstellung des Unbewußten nicht wundernehmen. Doch begünstigen vielleicht noch spezielle Motive diese Übertragung auf die ‚unschuldige' Damenuhr. Das nächstliegende Motiv ist wohl, daß er sie vermutlich gern als Ersatz seiner eigenen, aufgeopferten Uhr behalten hätte und sie darum am nächsten Tage zurückzugeben vergißt; auch hätte er die Uhr vielleicht gern als Andenken an die Dame besessen. Ferner bietet ihm das Vergessen der Damenuhr Gelegenheit, die verehrte Dame ein zweites Mal zu besuchen; er hatte sie ja des Morgens einer anderen Sache wegen aufsuchen müssen und scheint mit dem Vergessen der

[69] Dieses Weiterwirken im Unbewußten äußert sich einmal in Form eines Traumes, welcher der Fehlhandlung folgt, ein andermal in der Wiederholung derselben oder in der Unterlassung einer Korrektur.

Uhr gleichsam anzudeuten, daß ihm dieser schon längere Zeit vorher bestimmte Besuch zu schade sei, um ihn noch nebenbei zur Rückgabe der Uhr zu benützen. Auch spricht das zweimalige Vergessen der eigenen und die dadurch ermöglichte Rückstellung der fremden Uhr dafür, daß unser Mann es unbewußterweise zu vermeiden sucht, beide Uhren gleichzeitig zu tragen. Er trachtet offenbar, diesen Anschein des Überflusses zu vermeiden, der in zu auffälligem Gegensatz zu dem Mangel des Verwandten stünde; andererseits aber weiß er damit seiner anscheinlichen Heiratsabsicht der Dame gegenüber mit der Selbstmahnung zu begegnen, daß er seiner Familie (Mutter) gegenüber unlösbare Verpflichtungen habe. Ein weiterer Grund für das Vergessen einer Damenuhr mag endlich darin zu suchen sein, daß er sich am Abend zuvor als Junggeselle vor seinen Bekannten geniert hatte, auf die Damenuhr zu sehen, was er nur verstohlen tat, und daß er, um die Wiederholung dieser peinlichen Situation zu vermeiden, die Uhr nicht mehr zu sich stecken mochte. Da er sie aber andererseits zurückzustellen hatte, so resultiert auch hier die unbewußt vollzogene Symptomhandlung, die sich als Kompromißbildung zwischen widerstreitenden Gefühlsregungen und als teuer erkaufter Sieg der unbewußten Instanz erweist." (Zentralblatt f. Psychoanalyse, II, 5.)

Drei Beobachtungen von *J. Stärcke* (l. c.):

6) Verlegen – Zerbrechen – Vergessen – als Ausdruck eines zurückgedrängten Gegenwillens: „Von einer Sammlung Illustrationen für eine wissenschaftliche Arbeit sollte ich eines Tages meinem Bruder einige leihen, welche er als Lichtbilder bei einem Vortrag benutzen wollte. Obgleich ich einen Augenblick den Gedanken verspürte, daß ich die Reproduktionen, die ich mit vieler Mühe gesammelt, hatte, lieber in keiner Weise vorgeführt oder publiziert sähe, bevor ich das selbst machen könnte, versprach ich ihm, die Negative der gewünschten Bilder aufzusuchen und Laternenbilder davon anzufertigen. – Diese Negative konnte ich aber nicht finden. Den ganzen Stapel Schachteln voll Negative, die sich auf diesen Gegenstand bezogen, sah ich durch, gut zweihundert Negative nahm ich eines nach dem anderen in die Hand, aber die Negative, die ich suchte, waren nicht dabei. Ich vermutete wohl, daß ich meinem Bruder diese Bilder eigentlich nicht zu gönnen schien. Nachdem ich mir diesen abgünstigen Gedanken bewußt gemacht und bestritten hatte, bemerkte ich, daß ich die oberste Schachtel des Stapels zur Seite gesetzt und diese nicht durchsucht hatte, und diese Schachtel enthielt die gesuchten Negative. Auf dem Deckel dieser Schachtel stand eine kurze Aufzeichnung betreffs des Inhalts, und wahrscheinlich hatte ich das mit einem flüchtigen Blick gesehen, bevor ich diese Schachtel zur Seite setzte. Der abgünstige Gedanke schien indessen noch nicht ganz besiegt, denn es geschah noch allerlei, bevor die Lichtbilder verschickt waren. Eine von den Laternenplatten drückte ich kaputt, während ich diese in der Hand hatte und die Glasseite rein putzte (so zerbreche ich sonst nie eine Laternenplatte). Als ich von dieser Platte ein neues Exemplar angefertigt hatte, fiel es mir aus der Hand und nur dadurch, daß ich den Fuß vorstreckte und es darauf auffing, zerbrach es nicht. Als ich die Laternenplatten montierte, fiel der ganze Haufen noch einmal auf den Boden, glücklicherweise ohne daß dabei etwas zerbrach. Und schließlich dauerte es noch mehrere Tage, bevor ich sie wirklich emballierte und versandte, da ich mir dieses jeden Tag von neuem vornahm und dieses Vornehmen jedesmal wieder vergaß."

7) Wiederholtes Vergessen – Vergreifen bei der endlichen Ausführung: „Eines Tages mußte ich einem Bekannten eine Postkarte senden, verschob es aber während mehrerer Tage immer wieder, wobei ich ein starkes Vermuten hatte, daß folgendes die Ursache davon war: In einem Briefe hatte er mir mitgeteilt, daß im Laufe jener Woche mich jemand besuchen wollte, auf dessen Besuch ich nicht sehr erpicht war. Als diese Woche vorüber war und die Aussicht des ungewünschten Besuches sehr gering geworden war, schrieb ich endlich die Postkarte, worin ich mitteilte, wann ich zu sprechen sein würde. Als ich diese Postkarte schrieb, wollte ich anfangs hinzufügen, daß ich wegen *druk werk* (= emsige, angestrengte oder überhäufte Arbeit) am Schreiben behindert gewesen war, aber ich schrieb das am Ende nicht, weil diese gewöhnliche Ausrede doch von keinem vernünftigen Menschen mehr geglaubt wird. Ob diese kleine Unwahrheit sich doch äußern mußte, weiß ich nicht, aber als ich die Postkarte in den Briefkasten warf, warf ich sie irrtümlicherweise in die untere Öffnung des Kastens: ‚*Drukwerk*' (= Drucksachen)."

8) Vergessen und Irrtum: „Ein Mädchen geht eines Morgens, da das Wetter sehr schön ist, nach dem ‚Ryksmuseum', um dort Gipsabgüsse zu zeichnen. Obgleich sie bei diesem schönen Wetter lieber spazierengehen möchte, entschloß sie sich, doch mal emsig zu sein und zu zeichnen. Sie muß zuerst Zeichenpapier kaufen. Sie geht zum Laden (ungefähr zehn Minuten vom Museum), kauft Bleistifte und andere Zeichengeräte, aber vergißt eben das Zeichenpapier zu kaufen, geht dann zum Museum, und als sie auf ihrem Stühlchen sitzt, fertig, um anzufangen, da hat sie noch kein Papier, so daß sie von neuem zu dem Laden gehen muß. Nachdem sie Papier geholt hat, fängt sie wirklich an zu zeichnen, geht mit der Arbeit gut vorwärts und hört nach einiger Zeit vom Turme des Museums eine große Zahl Glockenschläge. Sie denkt: ‚Das wird schon zwölf Uhr sein' arbeitet noch fort, bis die Turmglocke Viertelstunde spielt (‚das ist Viertel nach zwölf', denkt sie), packt jetzt ihre Zeichengeräte ein und entschließt sich, durch den ‚Vondelpark' zum Hause ihrer Schwester zu spazieren, um dort Kaffee zu trinken (= holl. zweite Mahlzeit). Beim Suasso-Museum sieht sie zu ihrem Staunen, daß es statt halb eins erst zwölf Uhr ist! – Das lockende schöne Wetter hatte ihren Fleiß hinters Licht geführt und dadurch hatte sie, als die Turmglocke um halb zwölf zwölf schlug, nicht daran gedacht, daß eine Turmglocke auch mit der halben Stunde schlägt."

9) Wie schon einige der vorstehenden Beobachtungen zeigen, kann die unbewußt störende Tendenz ihre Absicht auch erreichen, indem sie dieselbe Art der Fehlleistung hartnäckig wiederholt.

Ich entnehme ein amüsantes Beispiel hiefür einem Büchlein *Frank Wedekind und das Theater*, das im Münchener Drei Masken-Verlag erschienen ist, muß aber die Verantwortung für das in Mark Twainscher Manier erzählte Geschichtchen dem Autor des Buches überlassen.

„In *Wedekinds* Einakter *Die Zensur* fällt an der ernstesten Stelle des Stückes der Ausspruch: ‚*Die Furcht vor dem Tode ist ein Denkfehler.*' Der Autor, dem die Stelle am Herzen lag, bat auf der Probe den Darsteller, vor dem Worte ‚Denkfehler' eine kleine Pause zu machen. Am Abend – der Darsteller ging ganz in seiner Rolle auf, beobachtete auch die Pause genau, sagte aber unwillkürlich in feierlichstem Tone: ‚Die Furcht vor dem Tode ist ein *Druckfehler.*' Der Autor versicherte dem Künstler nach Schluß der Vorstellung auf seine Frage, daß er nicht das geringste auszusetzen habe, nur heiße es an der betreffenden Stelle nicht: die Furcht vor dem Tode sei ein Druckfehler, sondern ein Denkfehler. – Als *Die Zensur* am folgenden Abend wiederholt wurde, sagte der Darsteller an der bewußten Stelle, und zwar wieder in feierlichstem Tone: ‚Die Furcht vor dem Tode ist ein – *Denkzettel.*' Wedekind spendete dem Schauspieler wieder uneingeschränktes Lob, aber bemerkte nur nebenbei, daß es nicht heiße, die Furcht vor dem Tode sei ein Denkzettel, sondern ein Denkfehler. – Am nächsten Abend wurde wieder *Die Zensur* gespielt und der Darsteller, mit dem sich der Autor inzwischen befreundet und Kunstanschauungen ausgetauscht hatte, sagte, als die Stelle kam, mit der feierlichsten Miene von der Welt: ‚Die Furcht vor dem Tode ist ein – *Druckzettel.*' – Der Künstler erhielt des Autors rückhaltlose Anerkennung, der Einakter wurde auch noch oft wiederholt, aber den Begriff ‚Denkfehler' hielt der Autor nun ein für allemal für endgültig erledigt."

Rank hat auch den sehr interessanten Beziehungen von „Fehlleistung und Traum" (Zentralbl. f. Psychoanalyse II, S. 266 u. Internat. Zeitschr. f. Psychoanalyse III, S. 158) Aufmerksamkeit geschenkt, denen man aber nicht ohne eingehende Analyse des Traumes folgen kann, welcher sich an die Fehlhandlung anschließt. Ich träumte einmal in einem längeren Zusammenhange, daß ich mein Portemonnaie verloren. Am Morgen vermißte ich es wirklich beim Ankleiden; ich hatte vergessen, es beim Auskleiden vor der Traumnacht aus der Hosentasche zu nehmen und an seinen gewohnten Platz zu legen. Dieses Vergessen war mir also nicht unbekannt, es sollte wahrscheinlich einem unbewußten Gedanken Ausdruck geben, der für das Auftreten im Trauminhalt vorbereitet war.[70]

Ich will nicht behaupten, daß solche Fälle von kombinierten Fehlleistungen etwas Neues lehren können, was nicht schon aus den Einzelfällen zu ersehen wäre, aber dieser Formenwechsel der Fehlleistung bei Erhaltung desselben Erfolges gibt doch den plastischen Eindruck eines Willens, der nach einem bestimmten Ziele strebt, und widerspricht in ungleich energischerer Weise der Auffassung, daß die Fehlleistung etwas Zufälliges und der Deutung nicht Bedürftiges sei. Es darf uns auch auffallen, daß es in diesen Beispielen einem bewußten Vorsatz so gründlich mißlingt, den Erfolg der Fehlleistung hintanzuhalten. Mein Freund setzt es doch nicht durch, die Vereinssitzung zu besuchen, und die Dame findet sich außerstande, sich von der Medaille zu trennen. Jenes Unbekannte, das sich gegen diese Vorsätze sträubt, findet einen anderen Ausweg, nachdem ihm der erste Weg versperrt wird. Zur Überwindung des unbekannten Motivs ist nämlich noch etwas anderes als der bewußte Gegenvorsatz erforderlich; es brauchte eine psychische Arbeit, welche das Unbekannte dem Bewußtsein bekannt macht.

XII
Determinismus
Zufalls- und Aberglauben
Gesichtspunkte

Als das allgemeine Ergebnis der vorstehenden Einzelerörterungen kann man folgende Einsicht hinstellen: *Gewisse Unzulänglichkeiten unserer psychischen Leistungen* – deren gemeinsamer Charakter sogleich näher bestimmt werden soll – *und gewisse absichtslos erscheinende Verrichtungen erweisen sich, wenn man das Verfahren der psychoanalytischen Untersuchung auf sie anwendet, als wohlmotiviert und durch dem Bewußtsein unbekannte Motive determiniert.*

[70] Daß eine Fehlleistung wie das Verlieren oder Verlegen durch einen Traum rückgängig gemacht wird, indem man im Traume erfährt, wo der vermißte Gegenstand zu finden ist, kommt nicht so selten vor, hat aber auch nichts von der Natur des Okkulten, so lange Träumer und Verlustträger dieselbe Person sind. Eine junge Dame schreibt: „Vor ungefähr vier Monaten verlor ich – in der Bank – einen sehr schönen Ring. Ich durchsuchte jeden Winkel in meinem Zimmer, fand ihn aber nicht. Vor einer Woche träumte mir, er liege neben dem Kasten in der Heizung. Der Traum ließ mir natürlich keine Ruhe und nächsten Morgen fand ich ihn wirklich an der Stelle." Sie wundert sich über diesen Vorfall, behauptet, es geschehe ihr oft, daß ihre Gedanken und Wünsche so in Erfüllung gehen, unterläßt es aber sich zu fragen, welche Veränderung sich in ihrem Leben zwischen dem Verlieren und dem Wiederfinden des Ringes zugetragen hat.

Um in die Klasse der so zu erklärenden Phänomene eingereiht zu werden, muß eine psychische Fehlleistung folgenden Bedingungen genügen.

a) Sie darf nicht über ein gewisses Maß hinausgehen, welches von unserer Schätzung festgesetzt ist und durch den Ausdruck „innerhalb der Breite des Normalen" bezeichnet wird.

b) Sie muß den Charakter der momentanen und zeitweiligen Störung an sich tragen. Wir müssen die nämliche Leistung vorher korrekter ausgeführt haben oder uns jederzeit zutrauen, sie korrekter auszuführen. Wenn wir von anderer Seite korrigiert werden, müssen wir die Richtigkeit der Korrektur und die Unrichtigkeit unseres eigenen psychischen Vorganges sofort erkennen.

c) Wenn wir die Fehlleistung überhaupt wahrnehmen, dürfen wir von einer Motivierung derselben nichts in uns verspüren, sondern müssen versucht sein, sie durch „Unaufmerksamkeit" zu erklären oder als „Zufälligkeit" hinzustellen.

Es verbleiben somit in dieser Gruppe die Fälle von Vergessen und die Irrtümer bei besserem Wissen, das Versprechen, Verlesen, Verschreiben, Vergreifen und die sogenannten Zufallshandlungen.

Die gleiche Zusammensetzung mit der Vorsilbe „*ver-*" deutet für die meisten dieser Phänomene die innere Gleichartigkeit sprachlich an. An die Aufklärung dieser so bestimmten psychischen Vorgänge knüpft aber eine Reihe von Bemerkungen an, die zum Teile ein weitergehendes Interesse erwecken dürfen.

A) Indem wir einen Teil unserer psychischen Leistungen als unaufklärbar durch Zielvorstellungen preisgeben, verkennen wir den Umfang der Determinierung im Seelenleben. Dieselbe reicht hier und noch auf anderen Gebieten weiter, als wir es vermuten. Ich habe im Jahre 1900 in einem Aufsatz des Literaturhistorikers *R. M. Meyer* in der *Zeit* ausgeführt und an Beispielen erläutert gefunden, daß es unmöglich ist, absichtlich und willkürlich einen Unsinn zu komponieren. Seit längerer Zeit weiß ich, daß man es nicht zustande bringt, sich eine Zahl nach freiem Belieben einfallen zu lassen, ebensowenig wie etwa einen Namen. Untersucht man die scheinbar willkürlich gebildete, etwa mehrstellige, wie im Scherz oder Übermut ausgesprochene Zahl, so erweist sich deren strenge Determinierung, die man wirklich nicht für möglich gehalten hätte. Ich will nun zunächst ein Beispiel eines willkürlich gewählten Vornamens kurz erörtern und dann ein analoges Beispiel einer „gedankenlos hingeworfenen" Zahl ausführlicher analysieren.

1) Im Begriffe, die Krankengeschichte einer meiner Patientinnen für die Publikation herzurichten, erwäge ich, welchen Vornamen ich ihr in der Arbeit geben soll. Die Auswahl scheint sehr groß; gewiß schließen sich einige Namen von vornherein aus, in erster Linie der echte Name, sodann die Namen meiner eigenen Familienangehörigen, an denen ich Anstoß nehmen würde, etwa noch andere Frauennamen von besonders seltsamem Klang; im übrigen aber brauchte ich um einen solchen Namen nicht verlegen zu sein. Man sollte erwarten und ich erwarte selbst, daß sich mir eine ganze Schar weiblicher Namen zur Verfügung stellen wird. Anstatt dessen taucht ein einzelner auf, kein zweiter neben ihm, der Name *Dora*. Ich frage nach seiner Determinierung. Wer heißt denn nur sonst *Dora*? Ungläubig möchte ich den nächsten Einfall zurückweisen, der lautet, daß das Kindermädchen meiner Schwester so heißt. Aber ich besitze so viel Selbstzucht oder Übung im Analysieren, daß ich den Einfall festhalte und weiterspinne. Da fällt mir auch sofort eine kleine Begebenheit des vorigen Abends ein, welche die gesuchte Determinierung bringt. Ich sah auf dem Tisch im Speisezimmer meiner Schwester einen Brief liegen mit der Aufschrift: „An Fräulein Rosa W." Erstaunt frage ich, wer so heißt, und werde belehrt, daß die vermeintliche Dora eigentlich Rosa heißt und diesen ihren Namen beim Eintritt ins Haus ablegen mußte, weil meine Schwester den Ruf „Rosa" auch auf ihre eigene Person beziehen kann. Ich sagte bedauernd: „Die armen Leute, nicht einmal ihren Namen können sie beibehalten!" Wie ich mich jetzt besinne, wurde ich dann für einen Moment still und begann an allerlei ernsthafte Dinge zu denken, die ins Unklare verliefen, die ich mir jetzt aber leicht bewußt machen könnte. Als ich dann am nächsten Tag nach einem Namen für eine Person suchte, *die ihren eigenen nicht beibehalten durfte*, fiel mir kein anderer als „Dora" ein. Die Ausschließlichkeit beruht hier auf fester inhaltlicher Verknüpfung, denn in der Geschichte meiner Patientin rührte ein auch für den Verlauf der Kur entscheidender Einfluß von der im fremden Haus dienenden Person, von einer Gouvernante, her.

Diese kleine Begebenheit fand Jahre später eine unerwartete Fortsetzung. Als ich einmal die längst veröffentlichte Krankengeschichte des nun Dora genannten Mädchens in meiner Vorlesung besprach, fiel mir ein, daß ja eine meiner beiden Hörerinnen den gleichen Namen Dora, den ich in den verschiedensten Verknüpfungen so oft auszusprechen hatte, trage, und ich wandte mich an die junge Kollegin, die mir auch persönlich bekannt war, mit der Entschuldigung, ich hätte wirklich nicht daran gedacht, daß sie auch so heiße, sei aber gern bereit, den Namen in der Vorlesung durch einen anderen zu ersetzen. Ich hatte nun die Aufgabe, rasch einen anderen zu wählen, und überlegte dabei, jetzt dürfe ich nur nicht auf den Vornamen der anderen Hörerin kommen und so den psychoanalytisch bereits geschulten Kollegen ein schlechtes Beispiel geben. Ich war also sehr zufrieden, als mir zum Ersatze für *Dora* der Name *Erna* einfiel, dessen ich mich nun im Vortrag bediente. Nach der Vorlesung fragte ich mich, woher wohl der Name Erna stammen möge, und mußte lachen, als ich merkte, daß die gefürchtete Möglichkeit sich bei der Wahl des Ersatznamens dennoch, wenigstens teilweise, durchgesetzt hatte. Die andere Dame hieß mit ihrem Familiennamen *Lucerna*, wovon *Erna* ein Stück ist.

2) In einem Briefe an einen Freund kündige ich ihm an, daß ich jetzt die Korrekturen der *Traumdeutung* abgeschlossen habe und nichts mehr an dem Werke ändern will, „möge es auch *2467* Fehler enthalten." Ich versuche sofort, mir diese Zahl aufzuklären und füge die kleine Analyse noch als Nachschrift dem Briefe an. Am besten zitiere ich jetzt, wie ich damals geschrieben, als ich mich auf frischer Tat ertappte:

„Noch rasch einen Beitrag zur Psychopathologie des Alltagslebens. Du findest im Briefe die Zahl 2467 als übermütige Willkürschätzung der Fehler, die sich im Traumbuch finden werden. Es soll heißen: irgendeine große Zahl, und da stellt sich diese ein. Nun gibt es aber nichts Willkürliches, Undeterminiertes im Psychischen. Du wirst also auch mit Recht erwarten, daß das Unbewußte sich beeilt hat, die Zahl zu determinieren, die von dem Bewußten freigelassen wurde. Nun hatte ich gerade vorher in der Zeitung gelesen, daß ein General E. M. als Feldzeugmeister in den Ruhestand getreten ist. Du mußt wissen, der Mann interessiert mich. Während ich als militärärztlicher Eleve diente, kam er einmal, damals Oberst, in den Krankenstand und sagte zum Arzte: ‚Sie müssen mich aber in acht Tagen gesund machen, denn ich habe etwas zu arbeiten, worauf der Kaiser wartet.' Damals nahm ich mir vor, die Laufbahn des Mannes zu verfolgen, und siehe da, heute (1899) ist er am Ende derselben, Feldzeugmeister und schon im Ruhestande. Ich wollte ausrechnen, in welcher Zeit er diesen Weg zurückgelegt, und nahm an, daß ich ihn 1882 im Spital gesehen. Das wären also 17 Jahre. Ich erzähle meiner Frau davon und sie bemerkt: ‚Da müßtest du also auch schon im Ruhestand sein?' Und ich protestiere: ‚Davor bewahre mich Gott.' Nach diesem Gespräche setzte ich mich an den Tisch, um Dir zu schreiben. Der frühere Gedankengang setzt sich aber fort und mit gutem Recht. Es war falsch gerechnet; ich habe einen festen Punkt dafür in meiner Erinnerung. Meine Großjährigkeit, meinen *24.* Geburtstag also, habe ich im Militärarrest gefeiert (weil ich mich eigenmächtig absentiert hatte). Das war also 1880; es sind 19 Jahre her. Da hast Du nun die Zahl *24* in 2467! Nimm nun meine Alterszahl 43 und gib 24 Jahre hinzu, so bekommst Du *67*! Das heißt, auf die Frage, ob ich auch in den Ruhestand treten will, habe ich mir im Wunsche noch 24 Jahre Arbeit zugelegt. Offenbar bin ich gekränkt darüber, daß ich es in dem Intervall, durch das ich den Obersten M. verfolgt, selbst nicht weit gebracht habe, und doch wie in einer Art von Triumph darüber, daß er jetzt schon fertig ist, während ich noch alles vor mir habe. Da darf man mit Recht sagen, daß nicht einmal die absichtslos hingeworfene Zahl 2467 ihrer Determinierung aus dem Unbewußten entbehrt."

3) Seit diesem ersten Beispiel von Aufklärung einer scheinbar willkürlich gewählten Zahl habe ich den gleichen Versuch vielmals mit dem nämlichen Erfolge wiederholt; aber die meisten Fälle sind so sehr intimen Inhalts, daß sie sich der Mitteilung entziehen.

Gerade darum aber will ich es nicht versäumen, eine sehr interessante Analyse eines „Zahleneinfalls" hier anzufügen, welche Dr. *Alfred Adler* (Wien) von einem ihm bekannten „durchaus gesunden" Gewährsmann erhielt.[71] „Gestern abends" – so berichtet dieser Gewährsmann – „habe ich mich über die *Psychopathologie des Alltags* hergemacht und ich hätte das Buch gleich ausgelesen, wenn mich nicht ein merkwürdiger Zwischenfall gehindert hätte. Als ich nämlich las, daß jede Zahl, die wir scheinbar ganz willkürlich ins Bewußtsein rufen, einen bestimmten Sinn hat, beschloß ich, einen Versuch zu machen. Es fiel mir die Zahl 1734 ein. *Nun überstürzten sich folgende Einfälle*: 1734 : 17 = 102; 102 : 17 = 6. Dann zerreiße ich die Zahl in 17 und 34. Ich bin 34 Jahre alt. Ich betrachte, wie ich Ihnen, glaube ich, einmal gesagt habe, das 34. Jahr als das letzte Jugendjahr, und ich habe mich darum an meinem letzten Geburtstag sehr miserabel gefühlt. Am Ende meines 17. Jahres begann für mich eine sehr schöne und interessante Periode meiner Entwicklung. Ich teile mein Leben in Abschnitte von 17 Jahren. Was haben nun die Divisionen zu bedeuten? Es fällt mir zu der Zahl 102 ein, daß die Nummer 102 der Reclamschen Universalbibliothek das *Kotzebuesche* Stück *Menschenhaß und Reue* enthält.

Mein gegenwärtiger psychischer Zustand ist Menschenhaß und Reue. Nr. 6 der U.-B. (ich weiß eine ganze Menge Nummern auswendig) ist *Müllners Schuld*. Mich quält in einem fort der Gedanke, daß ich durch meine Schuld nicht geworden bin, was ich nach meinen Fähigkeiten hätte werden können. Weiter fällt mir ein, daß Nr. 54 der U.-B. eine Erzählung desselben *Müllner*, betitelt *Der Kaliber*, enthält. Ich zerreiße das Wort in ‚Ka-liber'; weiters fällt mir ein, daß es die Worte ‚Ali' und ‚Kali' enthält. Das erinnert mich daran, daß ich einmal mit meinem (sechsjährigen) Sohne Ali Reime machte. Ich forderte ihn auf, einen Reim auf Ali zu suchen. Es fiel ihm keiner ein und ich sagte ihm, als er einen von mir wollte: ‚Ali reinigt den Mund mit hypermangansaurem Kali.' Wir lachten viel und Ali war sehr lieb. In den letzten Tagen mußte ich mit Verdruß konstatieren, daß er ‚ka (kein) lieber Ali sei'.

Ich fragte mich nun: Was ist Nr. 17 der U.-B.?, konnte es aber nicht herausbringen. Ich habe es aber früher ganz bestimmt gewußt, nehme also an, daß ich diese Zahl vergessen wollte. Alles Nachsinnen blieb umsonst. Ich wollte weiter lesen, las aber nur mechanisch, ohne ein Wort zu verstehen, da mich die 17

[71] Psych.-Neur. Wochenschr., Nr. 28, 1905.

quälte. Ich löschte das Licht aus und suchte weiter. Schließlich fiel mir ein, daß Nr. 17 ein Stück von *Shakespeare* sein muß. Welches aber? Es fällt mir ein: *Hero und Leander.* Offenbar ein blödsinniger Versuch meines Willens mich abzulenken. Ich stehe endlich auf und suche den Katalog der U.-B. Nr. 17 ist *Macbeth.* Zu meiner Verblüffung muß ich konstatieren, daß ich von dem Stücke fast gar nichts weiß, trotzdem es mich nicht weniger beschäftigt hat als andere Dramen Shakespeares. Es fällt mir nur ein: Mörder, Lady Macbeth, Hexen, ‚Schön ist häßlich', und daß ich seinerzeit Schillers Macbeth-Bearbeitung sehr schön gefunden habe. Zweifellos habe ich also das Stück vergessen wollen. Noch fällt mir ein, daß 17 und 34 durch 17 dividiert 1 und 2 ergibt. Nr. 1 und 2 der U.-B. ist *Goethes Faust.* Ich habe früher sehr viel Faustisches in mir gefunden."

Wir müssen bedauern, daß die Diskretion des Arztes uns keinen Einblick in die Bedeutung dieser Reihe von Einfällen gegönnt hat. *Adler* bemerkt, daß dem Manne die Synthese seiner Auseinandersetzungen nicht gelungen ist. Dieselben würden uns auch kaum mitteilenswert erschienen sein, wenn in deren Fortsetzung nicht etwas aufträte, was uns den Schlüssel zum Verständnis der Zahl 1734 und der ganzen Einfallsreihe in die Hand spielte.

„Heute früh hatte ich freilich ein Erlebnis, das sehr für die Richtigkeit der *Freudschen* Auffassung spricht. Meine Frau, die ich beim Aufstehen des Nachts aufgeweckt hatte, fragte mich, was ich denn mit dem Katalog der U.-B. gewollt hätte. Ich erzählte ihr die Geschichte. Sie fand, daß alles Rabulistik sei, nur – sehr interessant – den *Macbeth*, gegen den ich mich so sehr gewehrt hatte, ließ sie gelten. Sie sagte, ihr falle gar nichts ein, wenn sie sich eine Zahl denke. Ich antwortete: ‚Machen wir eine Probe'. Sie nannte die Zahl 117. Ich erwiderte darauf sofort: ‚17 ist eine Beziehung auf das, was ich dir erzählt habe, ferner habe ich dir gestern gesagt: wenn eine Frau im 82. Jahre steht und ein Mann im 35., so ist das ein arges Mißverhältnis.' Ich frozzle seit ein paar Tagen meine Frau mit der Behauptung, daß sie ein altes Mütterchen von 82 Jahren sei. 82 + 35 = 117."

Der Mann, der seine eigene Zahl nicht zu determinieren wußte, fand also sofort die Auflösung, als seine Frau ihm eine angeblich willkürlich gewählte Zahl nannte. In Wirklichkeit hatte die Frau sehr wohl aufgefaßt, aus welchem Komplex die Zahl ihres Mannes stammte, und wählte die eigene Zahl aus dem nämlichen Komplex, der gewiß beiden Personen gemeinsam war, da es sich in ihm um das Altersverhältnis der beiden handelte. Wir haben es nun leicht, den Zahleneinfall des Mannes zu übersetzen. Er spricht, wie Adler andeutet, einen unterdrückten Wunsch des Mannes aus, der voll entwickelt lauten würde: „Zu einem Manne von 34 Jahren, wie ich einer bin, paßt nur eine Frau von 17 Jahren."

Damit man nicht allzu geringschätzig von solchen „Spielereien" denken möge, will ich hinzufügen, was ich kürzlich von Dr. *Adler* erfahren habe, daß ein

Jahr nach Veröffentlichung dieser Analyse der Mann von seiner Frau geschieden war.[72]

4) Ähnliche Aufklärungen gibt *Adler* für die Entstehung obsedierender Zahlen. Auch die Wahl sogenannter „Lieblingszahlen“ ist nicht ohne Beziehung auf das Leben der betreffenden Person und entbehrt nicht eines gewissen psychologischen Interesses. Ein Mann, der sich zu der besonderen Vorliebe für die Zahlen 17 und 19 bekannte, wußte nach kurzem Besinnen anzugeben, daß er mit 17 Jahren in die langersehnte akademische Freiheit, auf die Universität, gekommen, und daß er mit 19 Jahren seine erste große Reise und bald darauf seinen ersten wissenschaftlichen Fund gemacht. Die Fixierung dieser Vorliebe erfolgte aber zwei Lustren später, als die gleichen Zahlen zur Bedeutung für sein Liebesleben gelangten. – Ja, selbst Zahlen, die man anscheinend willkürlich in gewissem Zusammenhange besonders häufig gebraucht, lassen sich durch die Analyse auf unerwarteten Sinn zurückführen. So fiel es einem meiner Patienten eines Tages auf, daß er im Unmut besonders gern zu sagen pflegte: „Das habe ich dir schon 17- bis 36mal gesagt“, und er fragte sich, ob es auch dafür eine Motivierung gebe. Es fiel ihm alsbald ein, daß er an einem 27. Monatstag geboren sei, sein jüngerer Bruder aber an einem 26., und daß er Grund habe, darüber zu klagen, daß das Schicksal ihm soviel von den Gütern des Lebens geraubt, um sie diesem jüngeren Bruder zuzuwenden. Diese Parteilichkeit des Schicksals stellte er also dar, indem er von seinem Geburtsdatum zehn abzog und diese zum Datum des Bruders hinzufügte. „Ich bin der Ältere und dennoch so verkürzt worden.“

5) Ich will bei den Analysen von Zahleinfällen länger verweilen, denn ich kenne keine anderen Einzelbeobachtungen, die so schlagend die Existenz von hoch zusammengesetzten Denkvorgängen erweisen würden, von denen das Bewußtsein doch keine Kunde hat, und anderseits kein besseres Beispiel von Analysen, bei denen die häufig angeschuldigte Mitarbeit des Arztes (die Suggestion) so sicher außer Betracht kommt. Ich werde daher die Analyse eines Zahleneinfalles eines meiner Patienten (mit seiner Zustimmung) hier mitteilen, von dem ich nur anzugeben brauche, daß er das jüngste Kind einer langen Kinderreihe ist, und daß er den bewunderten Vater in jungen Jahren verloren hat. In besonders heiterer Stimmung läßt er sich die Zahl *426718* einfallen und stellt sich die Frage: „Also was fällt mir dazu ein? Zunächst ein Witz, den ich gehört habe: ‚Wenn man einen Schnupfen ärztlich behandelt, dauert er 42 Tage, wenn

72 Zur Aufklärung des Macbeth in Nr. 17 der U.-B. teilt mir Adler mit, daß der Betreffende in seinem 17. Lebensjahr einer anarchistischen Gesellschaft beigetreten war, die sich den Königsmord zum Ziel gesetzt hatte. Darum verfiel wohl der Inhalt des Macbeth dem Vergessen. Zu jener Zeit erfand die nämliche Person eine Geheimschrift, in der die Buchstaben durch Zahlen ersetzt waren.

man ihn aber unbehandelt läßt – 6 Wochen.'" Das entspricht den ersten Ziffern der Zahl *42 = 6 x 7*. In der Stockung, die sich bei ihm nach dieser ersten Lösung einstellt, mache ich ihn aufmerksam, daß die von ihm gewählte sechsstellige Zahl alle ersten Ziffern enthalte bis auf 3 und 5. Nun findet er sofort die Fortsetzung der Deutung. „Wir sind 7 Geschwister, ich der jüngste. 3 entspricht in der Kinderreihe der Schwester A., 5 dem Bruder L., das waren meine beiden Feinde. Ich pflegte als Kind jeden Abend zu Gott zu beten, daß er diese meine beiden Quälgeister aus dem Leben abberufen solle. Es scheint mir nun, daß ich mir hier diesen Wunsch selbst erfüllte; 3 und 5, der böse Bruder und die gehaßte Schwester sind übergangen." – „Wenn die Zahl Ihre Geschwisterreihe bedeutet, was soll das *18* am Ende? Sie waren doch nur *7*." – „Ich habe oft gedacht, wenn der Vater noch länger gelebt hätte, so wäre ich nicht das jüngste Kind geblieben. Wenn noch 1 gekommen wäre, so wären wir *8* gewesen, und ich hätte ein kleineres Kind hinter mir gehabt, gegen das ich den Älteren gespielt hätte."

Somit war die Zahl aufgeklärt, aber es lag uns noch ob, den Zusammenhang zwischen dem ersten Stück der Deutung und den folgenden herzustellen. Das ergab sich sehr leicht aus der für die letzten Zahlen benötigten Bedingung: Wenn der Vater noch länger gelebt hätte. 42 = 6 x 7 bedeutete den Hohn gegen die Ärzte, die dem Vater nicht hatten helfen können, drückte also in dieser Form den Wunsch nach dem Fortleben des Vaters aus. Die ganze Zahl entsprach eigentlich der Erfüllung seiner beiden infantilen Wünsche in betreff seines Familienkreises, die beiden bösen Geschwister sollten sterben, und ein kleines Geschwisterchen hinter ihnen nachkommen, oder auf den kürzesten Ausdruck gebracht: Wenn doch lieber die beiden gestorben wären anstatt des geliebten Vaters![73]

6) Ein kleines Beispiel aus meiner Korrespondenz. Ein Telegraphendirektor in L. schreibt, sein 18 ½ jähriger Sohn, der Medizin studieren wolle, beschäftige sich schon jetzt mit der Psychopathologie des Alltags und suche seine Eltern von der Richtigkeit meiner Aufstellungen zu überzeugen. Ich gebe einen der von ihm angestellten Versuche wieder, ohne mich über die daran geknüpfte Diskussion zu äußern.

„Mein Sohn unterhält sich mit meiner Frau über den sogenannten Zufall und erläutert ihr, daß sie kein Lied, keine Zahl nennen könne, die ihr wirklich nur ‚zufällig' einfielen. Es entspinnt sich folgende Unterhaltung:

Sohn: ‚Nenne mir irgendeine Zahl.'

Mutter: ‚79.'

Sohn: ‚Was fällt dir dabei ein?'

[73] Zur Vereinfachung habe ich einige nicht minder gut passende Zwischeneinfälle des Patienten weggelassen.

Mutter: ‚Ich denke an den schönen Hut, den ich gestern besichtigte.‘

Sohn: ‚Was kostete er?‘

Mutter: ‚158 M.‘

Sohn: Da haben wir es: 158 : 2 = 79. Dir war der Hut zu teuer und du hast gewiß gedacht: ‚Wenn er halb soviel kostete, würde ich ihn kaufen.‘

Gegen diese Ausführungen meines Sohnes erhob ich zunächst den Einwand, daß Damen im allgemeinen nicht besonders rechneten und daß sich auch Mutter gewiß nicht klar gemacht habe, 79 sei die Hälfte von 158. Also setze seine Theorie die immerhin unwahrscheinliche Tatsache voraus, daß das Unterbewußtsein besser rechne als das normale Bewußtsein. ‚Durchaus nicht‘, erhielt ich zur Antwort; ‚zugegeben, daß Mutter die Rechnung 158 : 2 = 79 nicht gemacht hat, sie kann aber recht gut diese Gleichung gelegentlich gesehen haben; ja sie kann im Traume sich mit dem Hute beschäftigt und dabei sich klar gemacht haben, wie teuer er wäre, wenn er nur die Hälfte kostete.‘“

7) Eine andere Zahlenanalyse entnehme ich *Jones* (l. c. S. 478). Ein Herr seiner Bekanntschaft ließ sich die Zahl *986* einfallen und forderte ihn dann heraus, sie mit irgend etwas, was er sich denke, in Zusammenhang zu bringen. „Die nächste Assoziation der Versuchsperson war die Erinnerung an einen längst vergessenen Scherz. Am heißesten Tage des Jahres vor sechs Jahren hatte eine Zeitung die Notiz gebracht, das Thermometer zeige 986° Fahrenheit, offenbar eine groteske Übertreibung von 98,6, dem wirklichen Thermometerstand! Wir saßen während dieser Unterhaltung vor einem starken Feuer im Kamin, von dem er sich wegrückte, und er bemerkte wahrscheinlich mit Recht, daß die große Hitze ihn auf diese Erinnerung gebracht habe. Ich gab mich aber nicht so leicht zufrieden und verlangte zu wissen, wieso gerade diese Erinnerung bei ihm so fest gehaftet habe. Er erzählte, er habe über diesen Scherz so fürchterlich gelacht und sich jedesmal von neuem über ihn amüsiert, so oft er ihm wieder eingefallen sei. Da ich aber den Scherz nicht besonders gut finden konnte, wurde meine Erwartung eines geheimen Sinnes dahinter nur noch verstärkt. Sein nächster Gedanke war, daß die Vorstellung der Wärme ihm immer soviel bedeutet habe. Wärme sei das Wichtigste in der Welt, die Quelle alles Lebens usw. Eine solche Schwärmerei eines sonst recht nüchternen jungen Mannes mußte nachdenklich stimmen; ich bat ihn, mit seinen Assoziationen fortzufahren. Sein nächster Einfall ging auf den Rauchfang einer Fabrik, den er von seinem Schlafzimmer aus sehen konnte. Er pflegte oft des Abends auf den Rauch und das Feuer zu starren, der aus ihm hervorging, und dabei über die beklagenswerte Vergeudung von Energie nachzudenken. Wärme, Feuer, die Quelle alles Lebens, die Vergeudung von Energie aus einer hohen hohlen Röhre – es war nicht schwer, aus diesen Assoziationen zu erraten, daß die Vorstellung Wärme und Feuer bei ihm mit der Vorstellung von Liebe verknüpft waren, wie es im symbolischen Denken gewöhnlich ist, und daß ein starker Masturbationskomplex seinen Zahleneinfall motiviert habe. Es blieb ihm nichts übrig, als meine Vermutung zu bestätigen."

Wer sich von der Art, wie das Material der Zahlen im unbewußten Denken verarbeitet wird, einen guten Eindruck holen will, den verweise ich auf *C. G. Jungs* Aufsatz *Ein Beitrag zur Kenntnis des Zahlentraumes* (Zentralbi. für Psychoanalyse, I, 1911) und auf einen anderen von *E. Jones* (*Unconscious manipulations of numbers*, ibid. II, 5, 1912).

In eigenen Analysen dieser Art ist mir zweierlei besonders auffällig: Erstens die geradezu somnambule Sicherheit, mit der ich auf das mir unbekannte Ziel losgehe, mich in einen rechnenden Gedankengang versenke, der dann plötzlich bei der gesuchten Zahl angelangt ist, und die Raschheit, mit der sich die ganze Nacharbeit vollzieht; zweitens aber der Umstand, daß die Zahlen meinem unbewußten Denken so bereitwillig zur Verfügung stehen, während ich ein schlechter Rechner bin und die größten Schwierigkeiten habe, mir Jahreszahlen, Hausnummern und dergleichen bewußt zu merken. Ich finde übrigens in diesen unbewußten Gedankenoperationen mit Zahlen eine Neigung zum Aberglauben, deren Herkunft mir lange Zeit fremd geblieben ist.[74]

[74] Herr *Rudolf Schneider* in München hat eine interessante Einwendung gegen die Beweiskraft solcher Zahlenanalysen erhoben. (*Zu Freuds analytischer Untersuchung des Zahleneinfalles,* Internat. Zeitschr. für Psychoanalyse, 1920, Heft 1.) Er griff gegebene Zahlen auf, z. B. eine solche, die ihm in einem aufgeschlagenen Geschichtswerke zuerst in die Augen fiel, oder er legte einer anderen Person eine von ihm ausgewählte Zahl vor und sah nun zu, ob sich auch zu dieser aufgedrängten Zahl anscheinend determinierende Einfälle einstellen. Das war nun wirklich der Fall; in dem einen ihn selbst betreffenden Beispiel, das er mitteilt, ergaben die Einfälle eine ebenso reichliche und sinnvolle Determinierung wie in unseren Analysen von spontan aufgetauchten Zahlen, während doch die Zahl im Versuche *Schneiders* als von außen gegeben einer Determinierung nicht bedürfte. In einem zweiten Versuch mit einer fremden Person machte er sich die Aufgabe offenbar zu leicht, denn er gab ihr die Zahl 2 auf, deren Determinierung durch irgendwelches Material bei jedermann gelingen muß. – R. *Schneider* schließt nun aus seinen Erfahrungen zweierlei, erstens „das Psychische besitze zu Zahlen dieselben Assoziationsmöglichkeiten wie zu Begriffen", zweitens das Auftauchen determinierender Einfälle zu spontanen Zahleneinfällen beweise nichts für die Herkunft dieser Zahlen aus den in ihrer „Analyse" gefundenen Gedanken. Die erstere Folgerung ist nun unzweifelhaft richtig. Man kann zu einer gegebenen Zahl ebenso leicht etwas Passendes assoziieren wie zu einem zugerufenen Wort, ja vielleicht noch leichter, da die Verknüpfbarkeit der wenigen Zahlzeichen eine besonders große ist. Man befindet sich dann einfach in der Situation des sogenannten Assoziationsexperiments, das von der *Bleuler-Jungschen* Schule nach den mannigfaltigsten Richtungen studiert worden ist. In dieser Situation wird der Einfall (Reaktion) durch das gegebene Wort (Reizwort) determiniert. Diese Reaktion könnte aber noch von sehr verschiedener Art sein und die *Jungschen* Versuche haben gezeigt, daß auch die weitere Unterscheidung nicht dem „Zufall" überlassen ist, sondern daß unbewußte „Komplexe" sich an der Determinierung beteiligen, wenn sie durch das Reizwort angerührt worden sind. – Die zweite Folgerung *Schneiders* geht zu

Es wird uns nicht überraschen zu finden, daß nicht nur Zahlen, sondern auch Worteinfälle anderer Art sich der analytischen Untersuchung regelmäßig als gut determiniert erweisen.

8) Ein hübsches Beispiel von Herleitung eines obsedierenden, d. h. verfolgenden Wortes findet sich bei *Jung* (*Diagnost. Assoziationsstudien*, IV, S. 215). „Eine Dame erzählte mir, daß ihr seit einigen Tagen beständig das Wort ‚*Taganrog*' im Munde liege, ohne daß sie eine Idee habe, woher das komme. Ich fragte die Dame nach den affektbetonten Ereignissen und verdrängten Wünschen der Jüngstvergangenheit. Nach einigem Zögern erzählte sie mir, daß sie sehr gern einen ‚*Morgenrock*' hätte, ihr Mann aber nicht das gewünschte Interesse dafür habe. ‚Morgenrock': ‚Tag-an-rock', man sieht die partielle Sinn- und Klangverwandtschaft. Die Determination der russischen Form kommt daher, daß ungefähr zu gleicher Zeit die Dame eine Persönlichkeit aus Taganrog kennengelernt hatte."

9) Dr. *E. Hitschmann* verdanke ich die Auflösung eines anderen Falles, in dem sich ein Vers wiederholt in einer bestimmten Örtlichkeit als Einfall aufdrängte, ohne daß dessen Herkunft und Beziehungen ersichtlich gewesen wären.

„Erzählung des Dr. jur. E.: Ich fuhr vor sechs Jahren von Biarritz nach San Sebastian. Die Eisenbahnstrecke führt über den Bidassoafluß, der hier die Grenze zwischen Frankreich und Spanien bildet. Auf der Brücke hat man einen schönen Blick, auf der einen Seite über ein weites Tal und die Pyrenäen, auf der anderen Seite weithin über das Meer. Es war ein schöner, heller Sommertag, alles war erfüllt von Sonne und Licht, ich war auf einer Ferienreise, freute mich nach Spanien zu kommen – da fielen mir die Verse ein: ‚Aber frei ist schon die Seele, schwebet in dem Meer von Licht.'

Ich erinnere mich, daß ich damals darüber nachdachte, woher diese Verse seien, und mich dessen nicht entsinnen konnte; nach dem Rhythmus mußten die

weit. Aus der Tatsache, daß zu gegebenen Zahlen (oder Worten) passende Einfälle auftauchen, ergibt sich nichts für die Ableitung spontan auftauchender Zahlen (oder Worte), was nicht schon vor Kenntnis dieser Tatsache in Betracht zu ziehen war. Diese Einfälle (Worte oder Zahlen) könnten undeterminiert sein oder durch die Gedanken determiniert, die sich in der Analyse ergeben, oder durch andere Gedanken, die sich in der Analyse nicht verraten haben, in welchem Falle uns die Analyse irregeführt hätte. Man muß sich nur von dem Eindruck frei machen, daß dies Problem für Zahlen anders liege als für Worteinfälle. Eine kritische Untersuchung des Problems und somit eine Rechtfertigung der psychoanalytischen Einfallstechnik liegt nicht in der Absicht dieses Buches. In der analytischen Praxis geht man von der Voraussetzung aus, daß die zweite der erwähnten Möglichkeiten zutreffend und in der Mehrzahl der Fälle verwertbar ist. Die Untersuchungen eines Experimentalpsychologen haben gelehrt, daß sie die bei weitem wahrscheinlichste ist (*Poppelreuter*). (Vgl. übrigens hiezu die beachtenswerten Ausführungen *Bleulers* in seinem Buch: *Das autistisch-undisziplinierte Denken usw.*, 1919, Abschnitt 9: *Von den Wahrscheinlichkeiten der psychologischen Erkenntnis.*)

Worte aus einem Gedicht stammen, welches aber meiner Erinnerung vollständig entfallen war. Ich glaube später, da mir die Verse wiederholt in den Sinn kamen, noch mehrere Leute danach gefragt zu haben, ohne etwas erfahren zu können.

Im Vorjahre fuhr ich, von einer spanischen Reise zurückkehrend, auf derselben Bahnstrecke. Es war stockfinstere Nacht und es regnete. Ich sah zum Fenster hinaus, um zu sehen, ob wir schon in der Grenzstation ankämen, und bemerkte, daß wir auf der Bidassoabrücke waren. Sofort kamen mir die oben angeführten Verse wieder ins Gedächtnis, und wieder konnte ich mich ihrer Herkunft nicht erinnern.

Mehrere Monate nachher kamen mir zu Hause die *Uhlandschen* Gedichte in die Hand. Ich öffnete den Band und mein Blick fiel auf die Verse:

> ‚Aber frei ist schon die Seele,
> schwebet in dem Meer von Licht‘,

die den Schluß eines Gedichtes: *Der Waller* bilden. Ich las das Gedicht und erinnerte mich nun ganz dunkel, es einmal vor vielen Jahren gekannt zu haben. Der Schauplatz der Handlung ist in Spanien, und dies schien mir die einzige Beziehung der zitierten Verse zu der von mir beschriebenen Stelle der Eisenbahnstrecke zu bilden. Ich war von meiner Entdeckung nur halb befriedigt und blätterte mechanisch in dem Buche weiter. Die Verse ‚Aber frei ist schon usw.‘ standen als die letzten auf einer Seite. Beim Umblättern fand ich auf der nächsten Seite ein Gedicht mit der Überschrift *Die Bidassoabrücke.*

Ich bemerke noch, daß mir der Inhalt dieses letzten Gedichtes fast noch fremder schien, als der des ersten, und daß seine ersten Verse lauten:

> ‚Auf der Bidassoabrücke steht ein Heiliger altersgrau,
> segnet rechts die span'schen Berge, segnet links den fränk'schen Gau.‘“

B) Diese Einsicht in die Determinierung scheinbar willkürlich gewählter Namen und Zahlen kann vielleicht zur Klärung eines anderen Problems beitragen. Gegen die Annahme eines durchgehenden psychischen Determinismus berufen sich bekanntlich viele Personen auf ein besonderes Überzeugungsgefühl für die Existenz eines freien Willens. Dieses Überzeugungsgefühl besteht und weicht auch dem Glauben an den Determinismus nicht. Es muß wie alle normalen Gefühle durch irgend etwas berechtigt sein. Es äußert sich aber, soviel ich beobachten kann, nicht bei den großen und wichtigen Willensentscheidungen; bei diesen Gelegenheiten hat man vielmehr die Empfindung des psychischen Zwanges und beruft sich gern auf sie („Hier stehe ich, ich kann nicht anders“). Hingegen möchte man gerade bei den belanglosen, indifferenten Entschließungen versichern, daß man ebensowohl anders hätte handeln können, daß man aus freiem, nicht motiviertem Willen gehandelt hat. Nach unseren Analysen braucht man nun das Recht des Überzeugungsgefühls vom freien Willen nicht zu bestreiten. Führt man die Unterscheidung der Motivierung aus dem Bewußten von der Motivierung aus dem Unbewußten ein, so berichtet uns das Überzeugungsgefühl, daß die bewußte Motivierung sich nicht auf alle unsere motorischen Entscheidungen erstreckt. *Minima non curat praetor.* Was aber so von der einen Seite freigelassen wird, das empfängt seine Motivierung von anderer Seite, aus dem Unbewußten, und so ist die Determinierung im Psychischen doch lückenlos durchgeführt.[75]

C) Wenngleich dem bewußten Denken die Kenntnis von der Motivierung der besprochenen Fehlleistungen nach der ganzen Sachlage abgehen muß, so wäre es doch erwünscht, einen psychologischen Beweis für deren Existenz aufzufinden; ja es ist aus Gründen, die sich bei näherer Kenntnis des Unbewußten ergeben, wahrscheinlich, daß solche Beweise irgendwo auffindbar sind. Es lassen sich wirklich auf zwei Gebieten Phänomene nachweisen, welche einer unbewußten und darum verschobenen Kenntnis von dieser Motivierung zu entsprechen scheinen:

a) Es ist ein auffälliger und allgemein bemerkter Zug im Verhalten der Paranoiker, daß sie den kleinen, sonst von uns vernachlässigten Details im Benehmen der anderen die größte Bedeutung beilegen, dieselben ausdeuten und zur Grundlage weitgehender Schlüsse machen. Der letzte Paranoiker z. B., den ich gesehen habe, schloß auf ein allgemeines Einverständnis in seiner Umgebung, weil die Leute bei seiner Abreise auf dem Bahnhof eine gewisse Bewegung mit der einen Hand gemacht hatten. Ein anderer hat die Art notiert, wie die Leute auf der Straße gehen, mit den Spazierstöcken fuchteln u. dgl.[76]

Die Kategorie des Zufälligen, der Motivierung nicht Bedürftigen, welche der Normale für einen Teil seiner eigenen psychischen Leistungen und Fehl-

---

[75] Diese Anschauungen über die strenge Determinierung anscheinend willkürlicher psychischer Aktionen haben bereits reiche Früchte für die Psychologie – vielleicht auch für die Rechtspflege – getragen. Bleuler und Jung haben in diesem Sinne die Reaktionen beim sogenannten Assoziationsexperiment verständlich gemacht, bei dem die untersuchte Person auf ein ihr zugerufenes Wort mit einem ihr dazu einfallenden antwortet (Reizwort-Reaktion), und die dabei verlaufene Zeit gemessen wird (Reaktionszeit). Jung hat in seinen Diagnostischen Assoziationsstudien (1906) gezeigt, welch feines Reagens für psychische Zustände wir in dem so gedeuteten Assoziationsexperiment besitzen. Zwei Schüler des Strafrechtslehrers H. Groß in Prag, Wertheimer und Klein, haben aus diesen Experimenten eine Technik zur „Tatbestands-Diagnostik" in strafrechtlichen Fällen entwickelt, deren Prüfung Psychologen und Juristen beschäftigt.

[76] Von anderen Gesichtspunkten ausgehend, hat man diese Beurteilung unwesentlicher und zufälliger Äußerungen bei anderen zum „Beziehungswahn" gerechnet.

leistungen gelten läßt, verwirft der Paranoiker also in der Anwendung auf die psychischen Äußerungen der anderen. Alles, was er an den anderen bemerkt, ist bedeutungsvoll, alles ist deutbar. Wie kommt er nur dazu? Er projiziert wahrscheinlich in das Seelenleben der anderen, was im eigenen unbewußt vorhanden ist, hier wie in so vielen ähnlichen Fällen. In der Paranoia drängt sich ebenso vielerlei zum Bewußtsein durch, was wir bei Normalen und Neurotikern erst durch die Psychoanalyse als im Unbewußten vorhanden nachweisen.[77] Der Paranoiker hat also hierin in gewissem Sinne recht, er erkennt etwas, was dem Normalen entgeht, er sieht schärfer als das normale Denkvermögen, aber die Verschiebung des so erkannten Sachverhalts auf andere macht seine Erkenntnis wertlos. Die Rechtfertigung der einzelnen paranoischen Deutungen wird man dann hoffentlich von mir nicht erwarten. Das Stück Berechtigung aber, welches wir der Paranoia bei dieser Auffassung der Zufallshandlungen zugestehen, wird uns das psychologische Verständnis der Überzeugung erleichtern, welche sich beim Paranoiker an alle diese Deutungen geknüpft hat. *Es ist eben etwas Wahres daran*; auch unsere nicht als krankhaft zu bezeichnenden Urteilsirrtümer erwerben das ihnen zugehörige Überzeugungsgefühl auf keine andere Art. Dies Gefühl ist für ein gewisses Stück des irrtümlichen Gedankenganges oder für die Quelle, aus der er stammt, berechtigt und wird dann von uns auf den übrigen Zusammenhang ausgedehnt.

b) Ein anderer Hinweis auf die unbewußte und verschobene Kenntnis der Motivierung bei Zufalls- und Fehlleistungen findet sich in den Phänomen des Aberglaubens. Ich will meine Meinung durch die Diskussion des kleinen Erlebnisses klarlegen, welches für mich der Ausgangspunkt dieser Überlegungen war.

Von den Ferien zurückgekehrt, richten sich meine Gedanken alsbald auf die Kranken, die mich in dem neu beginnenden Arbeitsjahre beschäftigen sollen. Mein erster Weg gilt einer sehr alten Dame, bei der ich seit Jahren die nämlichen ärztlichen Manipulationen zweimal täglich vornehme. Wegen dieser Gleichförmigkeit haben sich unbewußte Gedanken sehr häufig auf dem Wege zu der Kranken und während der Beschäftigung mit ihr Ausdruck verschafft. Sie ist über neunzig Jahre alt; es liegt also nahe, sich bei Beginn eines jeden Jahres zu fragen, wie lange sie wohl noch zu leben hat. An dem Tage, von dem ich erzähle, habe ich Eile, nehme also einen Wagen, der mich vor ihr Haus führen

[77] Die durch Analyse bewußt zu machenden Phantasien der Hysteriker von sexuellen und grausamen Mißhandlungen decken sich z. B. gelegentlich bis ins einzelne mit den Klagen verfolgter Paranoiker. Es ist bemerkenswert, aber nicht unverständlich, wenn der identische Inhalt uns auch als Realität in den Veranstaltungen Perverser zur Befriedigung ihrer Gelüste entgegentritt.

soll. Jeder der Kutscher auf dem Wagenstandplatz vor meinem Hause kennt die Adresse der alten Frau, denn jeder hat mich schon oftmals dahin geführt. Heute ereignete es sich nun, daß der Kutscher nicht vor ihrem Hause, sondern vor dem gleichbezifferten in einer nahegelegenen und wirklich ähnlich aussehenden Parallelstraße Halt macht. Ich merke den Irrtum und werfe ihn dem Kutscher vor, der sich entschuldigt. Hat das nun etwas zu bedeuten, daß ich vor ein Haus geführt werde, in dem ich die alte Dame nicht vorfinde? Für mich gewiß nicht, aber wenn ich *abergläubisch* wäre, würde ich in dieser Begebenheit ein Vorzeichen erblicken, einen Fingerzeig des Schicksals, daß dieses Jahr das letzte für die alte Frau sein wird. Recht viele Vorzeichen, welche die Geschichte aufbewahrt hat, sind in keiner besseren Symbolik begründet gewesen. Ich erkläre allerdings den Vorfall für eine Zufälligkeit ohne weiteren Sinn.

Ganz anders läge der Fall, wenn ich den Weg zu Fuß gemacht und dann in „Gedanken", in der „Zerstreutheit" vor das Haus der Parallelstraße anstatt vors richtige gekommen wäre. Das würde ich für keinen Zufall erklären, sondern für eine der Deutung bedürftige Handlung mit unbewußter Absicht. Diesem „Vergehen" müßte ich wahrscheinlich die Deutung geben, daß ich die alte Dame bald nicht mehr anzutreffen erwarte.

Ich unterscheide mich also von einem Abergläubischen in folgendem:

Ich glaube nicht, daß ein Ereignis, an dessen Zustandekommen mein Seelenleben unbeteiligt ist, mir etwas Verborgenes über die zukünftige Gestaltung der Realität lehren kann; ich glaube aber, daß eine unbeabsichtigte Äußerung meiner eigenen Seelentätigkeit mir allerdings etwas Verborgenes enthüllt, was wiederum nur meinem Seelenleben angehört; ich glaube zwar an äußeren (realen) Zufall, aber nicht an innere (psychische) Zufälligkeit. Der Abergläubische umgekehrt: er weiß nichts von der Motivierung seiner zufälligen Handlungen und Fehlleistungen, er glaubt, daß es psychische Zufälligkeiten gibt; dafür ist er geneigt, dem äußeren Zufall eine Bedeutung zuzuschreiben, die sich im realen Geschehen äußern wird, im Zufall ein Ausdrucksmittel für etwas draußen ihm Verborgenes zu sehen. Die Unterschiede zwischen mir und dem Abergläubischen sind zwei: erstens projiziert er eine Motivierung nach außen, die ich innen suche; zweitens deutet er den Zufall durch ein Geschehen, den ich auf einen Gedanken zurückführe. Aber das Verborgene bei ihm entspricht dem Unbewußten bei mir, und der Zwang, den Zufall nicht als Zufall gelten zu lassen, sondern ihn zu deuten, ist uns beiden gemeinsam.[78]

[78] Ich knüpfe hier ein schönes Beispiel an, an dem *N. Ossipow* die Verschiedenheit von abergläubischer, psychoanalytischer und mystischer Auffassung erörtert (*Psychoanalyse und Aberglauben*, Internationale Zeitschrift für Psychoanalyse, VIII, 1922). Er hatte in einer kleinen russischen

Ich nehme nun an, daß diese bewußte Unkenntnis und unbewußte Kenntnis von der Motivierung der psychischen Zufälligkeiten eine der psychischen Wurzeln des Aberglaubens ist. Weil der Abergläubische von der Motivierung der eigenen zufälligen Handlungen nichts weiß, und weil die Tatsache dieser Motivierung nach einem Platze in seiner Anerkennung drängt, ist er genötigt, sie durch Verschiebung in der Außenwelt unterzubringen. Besteht ein solcher Zusammenhang, so wird er kaum auf diesen einzelnen Fall beschränkt sein. Ich glaube in der Tat, daß ein großes Stück der mythologischen Weltauffassung, die weit bis in die modernsten Religionen hinein reicht, nichts anderes ist *als in die Außenwelt projizierte Psychologie.* Die dunkle Erkenntnis (sozusagen endopsychische Wahrnehmung) psychischer Faktoren und Verhältnisse[79] des Unbewußten spiegelt sich – es ist schwer, es anders zu sagen, die Analogie mit der Paranoia muß hier zu Hilfe genommen werden – in der Konstruktion einer *übersinnlichen Realität*, welche von der Wissenschaft in *Psychologie des Unbewußten* zurückverwandelt werden soll. Man könnte sich getrauen, die Mythen vom Paradies und Sündenfall, von Gott, vom Guten und Bösen, von der Unsterblichkeit u. dgl. in solcher Weise aufzulösen, die *Metaphysik in Metapsychologie* umzusetzen. Die Kluft zwischen der Verschiebung des Paranoikers und der des Abergläubischen ist minder groß, als sie auf den ersten Blick erscheint. Als die Menschen zu denken begannen, waren sie bekanntlich genötigt, die Außenwelt anthropomorphisch in eine Vielheit von Persönlichkeiten nach ihrem Gleichnis aufzulösen; die Zufälligkeiten, die sie abergläubisch deuteten, waren also Handlungen, Äußerungen von Personen, und sie haben sich demnach genauso benommen wie die Paranoiker, welche aus den unscheinbaren Anzeichen, die ihnen die anderen geben, Schlüsse ziehen, und wie die Gesunden alle, welche mit Recht die zufälligen und unbeabsichtigten Handlungen ihrer Nebenmenschen zur Grundlage der Schät-

---

Provinzstadt geheiratet und fuhr unmittelbar nachher mit seiner jungen Frau nach Moskau. Auf einer Station, zwei Stunden vor dem Ziel, kam ihm der Wunsch, zum Ausgang des Bahnhofes zu gehen und einen Blick auf die Stadt zu werfen. Der Zug sollte nach seiner Erwartung genügend lange verweilen, aber als er nach wenigen Minuten zurückkam, war der Zug mit seiner jungen Frau bereits abgefahren. Als seine alte Njanja zu Hause von diesem Zufall erfuhr, äußerte sie kopfschüttelnd: „Aus dieser Ehe wird nichts Ordentliches." Ossipow lachte damals über diese Prophezeiung. Da er aber fünf Monate später von seiner Frau geschieden war, kann er nicht umhin, sein Verlassen des Zuges nachträglich als einen „unbewußten Protest" gegen seine Eheschließung zu verstehen. Die Stadt, in welcher sich ihm diese Fehlleistung ereignete, gewann Jahre nachher eine große Bedeutung für ihn, denn in ihr lebte eine Person, mit welcher ihn später das Schicksal eng verknüpfte. Diese Person, ja die Tatsache ihrer Existenz war ihm damals völlig unbekannt. Aber die mystische Erklärung seines Verhaltens würde lauten, er habe in jener Stadt den Zug nach Moskau und seine Frau verlassen, weil sich die Zukunft andeuten wollte, die ihm in der Beziehung zu dieser Person vorbereitet war.

[79] Die natürlich nichts vom Charakter einer Erkenntnis hat.

zung ihres Charakters machen. Der Aberglaube erscheint nur so sehr deplaciert in unserer modernen, naturwissenschaftlichen, aber noch keineswegs abgerundeten Weltanschauung; in der Weltanschauung vorwissenschaftlicher Zeiten und Völker war er berechtigt und konsequent.

Der Römer, der eine wichtige Unternehmung aufgab, wenn ihm ein widriger Vogelflug begegnete, war also relativ im Recht; er handelte konsequent nach seinen Voraussetzungen. Wenn er aber von der Unternehmung abstand, weil er an der Schwelle seiner Tür gestolpert war („*un Romain retournerait*"), so war er uns Ungläubigen auch absolut überlegen, ein besserer Seelenkundiger, als wir uns zu sein bemühen. Denn dieses Stolpern mußte ihm die Existenz eines Zweifels, einer Gegenströmung in seinem Innern beweisen, deren Kraft sich im Moment der Ausführung von der Kraft seiner Intention abziehen konnte. Des vollen Erfolges ist man nämlich nur dann sicher, wenn alle Seelenkräfte einig dem gewünschten Ziel entgegenstreben. Wie antwortet *Schillers Tell*, der so lange gezaudert, den Apfel vom Haupte seines Knaben zu schießen, auf die Frage des Vogts, wozu er den zweiten Pfeil eingesteckt?

> Mit diesem Pfeil durchbohrt' ich – Euch,
> Wenn ich mein liebes Kind getroffen hätte,
> Und *Euer* – wahrlich – hätt' ich *nicht* gefehlt,

D) Wer die Gelegenheit gehabt hat, die verborgenen Seelenregungen der Menschen mit dem Mittel der Psychoanalyse zu studieren, der kann auch über die Qualität der unbewußten Motive, die sich im Aberglauben ausdrücken, einiges Neue sagen. Am deutlichsten erkennt man bei den oft sehr intelligenten, mit Zwangsdenken und Zwangszuständen behafteten Nervösen, daß der Aberglaube aus unterdrückten feindseligen und grausamen Regungen hervorgeht. Aberglaube ist zum großen Teile Unheilserwartung, und wer anderen häufig Böses gewünscht, aber infolge der Erziehung zur Güte solche Wünsche ins Unbewußte verdrängt hat, dem wird es besonders naheliegen, die Strafe für solches unbewußte Böse als ein ihm drohendes Unheil von außen zu erwarten.

Wenn wir zugeben, daß wir die Psychologie des Aberglaubens mit diesen Bemerkungen keineswegs erschöpft haben, so werden wir auf der anderen Seite die Frage wenigstens streifen müssen, ob denn reale Wurzeln des Aberglaubens durchaus zu bestreiten seien, ob es gewiß keine Ahnungen, prophetische Träume, telepathische Erfahrungen, Äußerungen übersinnlicher Kräfte und dergleichen gebe. Ich bin nun weit davon entfernt, diese Phänomene überall so kurzerhand aburteilen zu wollen, über welche so viele eingehende Beobachtungen selbst intellektuell hervorragender Männer vorliegen, und die am besten die Objekte weiterer Untersuchungen bilden sollen. Es ist dann sogar zu hoffen, daß ein Teil dieser Beobachtungen durch unsere beginnende Erkenntnis der unbewußten seelischen Vorgänge zur Aufklärung gelangen wird, ohne uns zu grundstürzenden Abänderungen unserer heutigen Anschauungen zu nötigen.[80] Wenn noch andere, wie z. B. die von den Spiritisten behaupteten Phänomene, erweisbar werden sollten, so werden wir eben die von der neuen Erfahrung geforderten Modifikationen unserer „Gesetze" vornehmen, ohne an dem Zusammenhang der Dinge in der Welt irre zu werden.

Im Rahmen dieser Auseinandersetzungen kann ich die nun aufgeworfenen Fragen nicht anders als subjektiv, d. i. nach meiner persönlichen Erfahrung, beantworten. Ich muß leider bekennen, daß ich zu jenen unwürdigen Individuen gehöre, vor denen die Geister ihre Tätigkeit einstellen und das Übersinnliche entweicht, so daß ich niemals in die Lage gekommen bin, selbst etwas zum Wunderglauben Anregendes zu erleben. Ich habe wie alle Menschen Ahnungen gehabt und Unheil erfahren, aber die beiden wichen einander aus, so daß auf die Ahnungen nichts folgte und das Unheil unangekündigt über mich kam. Zur Zeit, als ich, ein junger Mann, allein in einer fremden Stadt lebte, habe ich oft genug meinen Namen plötzlich von einer unverkennbaren, teuren Stimme rufen hören und mir dann den Zeitmoment der Halluzination notiert, um mich besorgt bei den Daheimgebliebenen zu erkundigen, was um jene Zeit vorgefallen. Es war nichts. Zum Ersatz dafür habe ich später ungerührt und ahnungslos mit meinen Kranken gearbeitet, während mein Kind einer Verblutung zu erliegen drohte. Es hat auch keine der Ahnungen, von denen mir Patienten berichtet haben, meine Anerkennung als reales Phänomen erwerben können. Doch muß ich gestehen, daß ich in den letzten Jahren einige merkwürdige Erfahrungen gemacht habe, die durch die Annahme telepathischer Gedankenübertragung leichte Aufklärung gefunden hätten.

Der Glaube an prophetische Träume zählt viele Anhänger, weil er sich darauf stützen kann, daß manches sich wirklich in der Zukunft so gestaltet, wie es der Wunsch im Traume vorher konstruiert hat.[81] Allein daran ist wenig zu verwundern, und zwischen dem Traum und der Erfüllung lassen sich in der Regel noch weitgehende Abweichungen nachweisen, welche die Gläubigkeit der Träumer zu vernachlässigen liebt. Ein schönes Beispiel eines mit Recht prophetisch zu nennenden Traumes bot mir einmal eine intelligente und wahrheitsliebende Patientin zur genauen Analyse. Sie erzählte, daß sie einmal geträumt, sie treffe

---

[80] E. Hitschmann, *Zur Kritik des Hellsehens*, Wiener Klinische Rundschau, 1910, Nr. 6, und *Ein Dichter und sein Vater, Beitrag zur Psychologie religiöser Bekehrung und telepathischer Phänomene*, Imago, IV, 1915/16.

[81] Vgl. Freud, *Traum und Telepathie* (Imago, VIII, 1922).

ihren früheren Freund und Hausarzt vor einem bestimmten Laden einer gewissen Straße, und als sie am nächsten Morgen in die Innere Stadt ging, traf sie ihn wirklich an der im Traume genannten Stelle. Ich bemerke, daß dieses wunderbare Zusammentreffen seine Bedeutung durch kein nachfolgendes Erlebnis erwies, also nicht aus dem Zukünftigen zu rechtfertigen war.

Das sorgfältige Examen stellte fest, daß kein Beweis dafür vorliege, die Dame habe den Traum bereits am Morgen nach der Traumnacht, also vor dem Spaziergang und der Begegnung, erinnert. Sie konnte nichts gegen eine Darstellung des Sachverhaltes einwenden, die der Begebenheit alles Wunderbare nimmt und nur ein interessantes psychologisches Problem übrig läßt. Sie ist eines Vormittags durch die gewisse Straße gegangen, hat vor dem einen Laden ihren alten Hausarzt begegnet und nun bei seinem Anblick die Überzeugung bekommen, daß sie die letzte Nacht von diesem Zusammentreffen an der nämlichen Stelle geträumt habe. Die Analyse konnte dann mit großer Wahrscheinlichkeit andeuten, wie sie zu dieser Überzeugung gekommen war, welcher man ja nach allgemeinen Regeln ein gewisses Anrecht auf Glaubwürdigkeit nicht versagen darf. Ein Zusammentreffen am bestimmten Orte nach vorheriger Erwartung, das ist ja der Tatbestand eines Rendezvous. Der alte Hausarzt rief die Erinnerung an alte Zeiten in ihr wach, in denen Zusammenkünfte mit einer *dritten*, auch dem Arzt befreundeten Person für sie bedeutungsvoll gewesen waren. Mit diesem Herrn war sie seitdem in Verkehr geblieben und hat am Tage vor dem angeblichen Traum vergeblich auf ihn gewartet. Könnte ich die hier vorliegenden Beziehungen ausführlicher mitteilen, so wäre es mir leicht zu zeigen, daß die Illusion des prophetischen Traumes beim Anblick des Freundes aus früherer Zeit äquivalent ist etwa folgender Rede: „Ach, Herr Doktor, Sie erinnern mich jetzt an vergangene Zeiten, in denen ich niemals vergeblich auf N. zu warten brauchte, wenn wir eine Zusammenkunft bestellt hatten."

Von jenem bekannten „merkwürdigen Zusammentreffen", daß man einer Person begegnet, mit welcher man sich gerade in Gedanken beschäftigt hat, habe ich bei mir selbst ein einfaches und leicht zu deutendes Beispiel beobachtet, welches wahrscheinlich ein gutes Vorbild für ähnliche Vorfälle ist. Wenige Tage, nachdem mir der Titel eines Professors verliehen worden war, der in monarchisch eingerichteten Staaten selbst viel Autorität verleiht, lenkten während eines Spazierganges durch die Innere Stadt meine Gedanken plötzlich in eine kindische Rachephantasie ein, die sich gegen ein gewisses Elternpaar richtete. Diese hatten mich einige Monate vorher zu ihrem Töchterchen gerufen, bei dem sich eine interessante Zwangserscheinung im Anschluß an einen Traum eingestellt hatte. Ich brachte dem Falle, dessen Genese ich zu durchschauen glaubte, ein großes Interesse entgegen; meine Behandlung wurde aber von den

Eltern abgelehnt und mir zu verstehen gegeben, daß man sich an eine ausländische Autorität, die mittels Hypnotismus heile, zu wenden gedenke. Ich phantasierte nun, daß die Eltern nach dem völligen Mißglücken dieses Versuches mich bäten, mit meiner Behandlung einzusetzen, sie hätten jetzt volles Vertrauen zu mir usw. Ich aber antwortete: „Ja, jetzt, nachdem ich auch Professor geworden bin, haben Sie Vertrauen. Der Titel hat an meinen Fähigkeiten weiter nichts geändert; wenn Sie mich als Dozenten nicht brauchen konnten, können Sie mich auch als Professor entbehren." – An dieser Stelle wurde meine Phantasie durch den lauten Gruß „Habe die Ehre, Herr Professor" unterbrochen, und als ich aufschaute, ging das nämliche Elternpaar an mir vorüber, an dem ich soeben durch die Abweisung ihres Anerbietens Rache genommen hatte. Die nächste Überlegung zerstörte den Anschein des Wunderbaren. Ich ging auf einer geraden und breiten, fast menschenleeren Straße jenem Paar entgegen, hatte bei einem flüchtigen Aufschauen, vielleicht zwanzig Schritte von ihnen entfernt, ihre stattlichen Persönlichkeiten erblickt und erkannt, diese Wahrnehmung aber – nach dem Muster einer negativen Halluzination – aus jenen Gefühlsmotiven beseitigt, die sich dann in der anscheinend spontan auftauchenden Phantasie zur Geltung brachten.

Eine andere „Auflösung einer scheinbaren Vorahnung" berichte ich nach *Otto Rank*:

„Vor einiger Zeit erlebte ich selbst eine seltsame Variation jenes ‚merkwürdigen Zusammentreffens', wobei man einer Person begegnet, mit welcher man sich gerade in Gedanken beschäftigt hat. Ich gehe unmittelbar vor Weihnachten in die Österreichisch-Ungarische Bank, um mir zehn neue Silberkronen zu Geschenkzwecken einzuwechseln. In ehrgeizige Phantasien versunken, die an den Gegensatz meiner geringen Barschaft zu den im Bankgebäude aufgestapelten Geldmassen anknüpfen, biege ich in die schmale Bankgasse ein, wo die Bank gelegen ist. Vor dem Tor sehe ich ein Automobil stehen und viele Leute aus und ein gehen. Ich denke mir, die Beamten werden gerade für meine paar Kronen Zeit haben; ich werde es jedenfalls rasch abmachen, die zu wechselnde Geldnote hinlegen und sagen: ‚Bitte, geben Sie mir *Gold!*' – Sogleich bemerke ich meinen Irrtum – ich sollte ja *Silber* verlangen – und erwache aus meinen Phantasien. Ich befinde mich nur noch wenige Schritte vom Eingang entfernt und sehe einen jungen Mann mir entgegenkommen, der mir bekannt vorkommt, den ich jedoch wegen meiner Kurzsichtigkeit noch nicht mit Sicherheit zu erkennen vermag. Wie er näher kommt, erkenne ich in ihm einen Schulkollegen meines *Bruders*, namens *Gold*, von dessen *Bruder*, einem bekannten Schriftsteller, ich zu Beginn meiner literarischen Laufbahn weitgehende Förderung erwartet hatte. Sie blieb jedoch aus und mit ihr auch der erhoffte materielle Erfolg, mit dem sich meine

Phantasie auf dem Wege zur Bank beschäftigt hatte. Ich muß also, in meine Phantasien versunken, das Herannahen des Herrn Gold unbewußt apperzipiert haben, was sich meinem von materiellen Erfolgen träumenden Bewußtsein in der Form darstellte, daß ich beschloß, am Kassenschalter Gold – statt des minderwertigen Silbers – zu verlangen. Anderseits scheint aber auch die paradoxe Tatsache, daß mein Unbewußtes ein Objekt wahrzunehmen imstande ist, welches meinem Auge erst später erkennbar wird, zum Teil aus der Komplexbereitschaft (*Bleuler*) erklärlich, die ja aufs Materielle eingestellt war und meine Schritte gegen mein besseres Wissen von Anfang an nach jenem Gebäude gelenkt hatte, wo nur die Gold- und Papiergeldverwechslung stattfindet." (Zentralblatt für Psychoanalyse, II, 5).

In die Kategorie des Wunderbaren und Unheimlichen gehört auch jene eigentümliche Empfindung, die man in manchen Momenten und Situationen verspürt, als ob man genau das nämliche schon einmal erlebt hätte, sich in derselben Lage schon einmal befunden hätte, ohne daß es je dem Bemühen gelingt, das Frühere, das sich so anzeigt, deutlich zu erinnern. Ich weiß, daß ich bloß dem lockeren Sprachgebrauch folge, wenn ich das, was sich in solchen Momenten in einem regt, eine Empfindung heiße; es handelt sich wohl um ein Urteil, und zwar ein Erkennungsurteil, aber diese Fälle haben doch einen ganz eigentümlichen Charakter, und daß man sich niemals an das Gesuchte erinnert, darf nicht beiseite gelassen werden. Ich weiß nicht, ob dies Phänomen des „*déjà vu*" im Ernst zum Erweis einer früheren psychischen Existenz des Einzelwesens herangezogen worden ist; wohl aber haben die Psychologen ihm ihr Interesse zugewendet und die Lösung des Rätsels auf den mannigfaltigsten spekulativen Wegen angestrebt. Keiner der beigebrachten Erklärungsversuche scheint mir richtig zu sein, weil in keinem etwas anderes als die Begleiterscheinungen und begünstigenden Bedingungen des Phänomens in Betracht gezogen wird. Jene psychischen Vorgänge, welche nach meinen Beobachtungen allein für die Erklärung des „*déjà vu*" verantwortlich sind, die unbewußten Phantasien nämlich, werden ja heute noch von den Psychologen allgemein vernachlässigt.

Ich meine, man tut unrecht, die Empfindung des schon einmal Erlebthabens als eine Illusion zu bezeichnen. Es wird vielmehr in solchen Momenten wirklich an etwas gerührt, was man bereits einmal erlebt hat, nur kann dies letztere nicht bewußt erinnert werden, weil es niemals bewußt war. Die Empfindung des „*déjà vu*" entspricht, kurz gesagt, der Erinnerung an eine unbewußte Phantasie. Es gibt unbewußte Phantasien (oder Tagträume), wie es bewußte solche Schöpfungen gibt, die ein jeder aus seiner eigenen Erfahrung kennt.

Ich weiß, daß der Gegenstand der eingehendsten Behandlung würdig wäre, will aber hier nur die Analyse eines einzigen Falles von „*déjà vu*" anführen, in dem sich die Empfindung durch besondere Intensität und Ausdauer auszeichnete. Eine jetzt 37jährige Dame behauptet, daß sie sich aufs schärfste erinnere, im Alter von zwölfeinhalb Jahren habe sie einen ersten Besuch bei Schulfreundinnen auf dem Lande gemacht, und als sie in den Garten eintrat, sofort die Empfindung gehabt, hier sei sie schon einmal gewesen; diese Empfindung habe sich, als sie die Wohnräume betrat, wiederholt, so daß sie vorher zu wissen glaubte, welcher Raum der nächste sein würde, welche Aussicht man von ihm aus haben werde usw. Es ist aber ganz ausgeschlossen und durch ihre Erkundigung bei den Eltern widerlegt, daß dieses Bekanntheitsgefühl in einem früheren Besuch des Hauses und Gartens, etwa in ihrer ersten Kindheit, seine Quelle haben könnte. Die Dame, die das berichtete, suchte nach keiner psychologischen Erklärung, sondern sah in dem Auftreten dieser Empfindung einen prophetischen Hinweis auf die Bedeutung, welche eben diese Freundinnen später für ihr Gefühlsleben gewannen. Die Erwägung der Umstände, unter denen das Phänomen bei ihr auftrat, zeigt uns aber den Weg zu einer anderen Auffassung. Als sie den Besuch unternahm, wußte sie, daß diese Mädchen einen einzigen, schwerkranken Bruder hatten. Sie bekam ihn bei dem Besuch auch zu Gesichte, fand ihn sehr schlecht aussehend und dachte sich, daß er bald sterben werde. Nun war ihr eigener einziger Bruder einige Monate vorher an Diphtherie gefährlich erkrankt gewesen; während seiner Krankheit hatte sie vom Elternhause entfernt wochenlang bei einer Verwandten gewohnt. Sie glaubt, daß der Bruder diesen Landbesuch mitmachte, meint sogar, es sei sein erster größerer Ausflug nach der Krankheit gewesen; doch ist ihre Erinnerung in diesen Punkten merkwürdig unbestimmt, während alle anderen Details, und besonders das Kleid, das sie an jenem Tag trug, ihr überdeutlich vor Augen stehen. Dem Kundigen wird es nicht schwer fallen, aus diesen Anzeichen zu schließen, daß die Erwartung, ihr Bruder werde sterben, bei dem Mädchen damals eine große Rolle gespielt hatte und entweder nie bewußt geworden oder nach dem glücklichen Ausgang der Krankheit energischer Verdrängung verfallen war. Im anderen Falle hätte sie ein anderes Kleid, nämlich Trauerkleidung tragen müssen. Bei den Freundinnen fand sie nun die analoge Situation vor, den einzigen Bruder in Gefahr bald zu sterben, wie es auch kurz darauf wirklich eintraf. Sie hätte bewußt erinnern sollen, daß sie diese Situation vor wenigen Monaten selbst durchlebt hatte; anstatt dies zu erinnern, was durch die Verdrängung verhindert war, übertrug sie das Erinnerungsgefühl auf die Lokalitäten, Garten und Haus, und verfiel der „*fausse reconnaissance*", daß sie das alles genau ebenso schon einmal gesehen habe. Aus der Tatsache der Verdrängung dürfen wir schließen, daß die seinerzeitige Erwartung, ihr Bruder werde sterben, nicht weit entfernt vom Charakter einer Wunschphantasie gewesen war. Sie wäre dann das einzige Kind geblieben. In ihrer späteren Neurose litt sie in intensivster Weise unter der Angst, ihre Eltern zu verlieren, hinter welcher die Analyse wie gewöhnlich den unbewußten Wunsch des gleichen Inhalts aufdecken konnte.

Meine eigenen flüchtigen Erlebnisse von „*déjà vu*“ habe ich mir in ähnlicher Weise aus der Gefühlskonstellation des Moments ableiten können. „Das wäre wieder ein Anlaß, jene (unbewußte und unbekannte) Phantasie zu wecken, die sich damals und damals als Wunsch zur Verbesserung der Situation in mir gebildet hat.“ Diese Erklärung des „*déjà vu*“ ist bisher nur von einem einzigen Beobachter gewürdigt worden. Dr. *Ferenczi*, dem die dritte Auflage dieses Buches so viel wertvolle Beiträge verdankt, schreibt mir hierüber: „Ich habe mich sowohl bei mir als auch bei anderen davon überzeugt, daß das unerklärliche Bekanntheitsgefühl auf unbewußte Phantasien zurückzuführen ist, an die man in einer aktuellen Situation unbewußt erinnert wird. Bei einem meiner Patienten ging es anscheinend anders, in Wirklichkeit aber ganz analog zu. Dieses Gefühl kehrte bei ihm sehr oft wieder, erwies sich aber regelmäßig als von einem *vergessenen* (*verdrängten*) *Traumstück* der vergangenen Nacht herrührend. Es scheint also, daß das ‚*déjà vu*‘ nicht nur von Tagträumen, sondern auch von nächtlichen Träumen abstammen kann.“

Ich habe später erfahren, daß *Grasset* 1904 eine Erklärung des Phänomens gegeben hat, welche der meinigen sehr nahe kommt.

Im Jahre 1913 habe ich in einer kleinen Abhandlung[82] ein anderes Phänomen beschrieben, welches dem „*déjà vu*“ recht nahe steht. Es ist das „*déjà raconté*“, die Illusion, etwas bereits mitgeteilt zu haben, die besonders interessant ist, wenn sie während der psychoanalytischen Behandlung auftritt. Der Patient behauptet dann mit allen Anzeichen subjektiver Sicherheit, daß er eine bestimmte Erinnerung schon längst erzählt hat. Der Arzt ist aber des Gegenteils sicher und kann den Patienten in der Regel seines Irrtums überführen. Die Erklärung dieser interessanten Fehlleistung ist wohl die, daß der Patient den Impuls und Vorsatz gehabt hat, jene Mitteilung zu machen, aber versäumt hat, ihn auszuführen und daß er jetzt die Erinnerung an die ersteren als Ersatz für das letztere, die Ausführung des Vorsatzes, setzt.

Einen ähnlichen Tatbestand, wahrscheinlich auch den gleichen Mechanismus, zeigen die von *Ferenczi* so benannten „vermeintlichen Fehlhandlungen“.[83] Man glaubt, etwas – einen Gegenstand – vergessen, verlegt, verloren zu haben und kann sich überzeugen, daß man nichts dergleichen getan hat, daß alles in

---

82 *Über fausse reconnaissance („déjà raconté“) während der psychoanalytischen Arbeit.* (Internationale Zeitschrift für Psychoanalyse, I, 1915.

83 Internationale Zeitschrift für Psychoanalyse, III, 1915.

Ordnung ist. Eine Patientin kommt z. B. ins Zimmer des Arztes zurück mit der Motivierung, sie wolle den Regenschirm holen, den sie dort stehen gelassen habe, aber der Arzt bemerkt, daß sie ja diesen Schirm – in der Hand hält. Es bestand also der Impuls zu einer solchen Fehlleistung und dieser genügte, um deren Ausführung zu ersetzen. Bis auf diesen Unterschied ist die vermeintliche Fehlleistung der wirklichen gleichzustellen. Sie ist aber sozusagen wohlfeiler.

E) Als ich unlängst Gelegenheit hatte, einem philosophisch gebildeten Kollegen einige Beispiele von Namenvergessen mit Analyse vorzutragen, beeilte er sich zu erwidern: „Das ist sehr schön, aber bei mir geht das Namenvergessen anders zu." So leicht darf man es sich offenbar nicht machen; ich glaube nicht, daß mein Kollege je vorher an eine Analyse bei Namenvergessen gedacht hatte; er konnte auch nicht sagen, wie anders es bei ihm zugehe. Aber seine Bemerkung berührt doch ein Problem, welches viele in den Vordergrund zu stellen geneigt sein werden. Trifft die hier gegebene Auflösung der Fehl- und Zufallshandlungen allgemein zu oder nur vereinzelt, und wenn letzteres, welches sind die Bedingungen, unter denen sie zur Erklärung der auch anderswie ermöglichten Phänomene herangezogen werden darf? Bei der Beantwortung dieser Frage lassen mich meine Erfahrungen im Stiche. Ich kann nur davon abmahnen, den aufgezeigten Zusammenhang für selten zu halten, denn so oft ich bei mir selbst und bei meinen Patienten die Probe angestellt, hat er sich wie in den mitgeteilten Beispielen sicher nachweisen lassen, oder haben sich wenigstens gute Gründe, ihn zu vermuten, ergeben. Es ist nicht zu verwundern, wenn es nicht alle Male gelingt, den verborgenen Sinn der Symptomhandlung zu finden, da die Größe der inneren Widerstände, die sich der Lösung widersetzen, als entscheidender Faktor in Betracht kommt. Man ist auch nicht imstande, bei sich selbst oder bei den Patienten jeden einzelnen Traum zu deuten; es genügt, um die Allgemeingültigkeit der Theorie zu bestätigen, wenn man nur ein Stück weit in den verdeckten Zusammenhang einzudringen vermag. Der Traum, der sich beim Versuche, ihn am Tage nachher zu lösen, refraktär zeigt, läßt sich oft eine Woche oder einen Monat später sein Geheimnis entreißen, wenn eine unterdes erfolgte reale Veränderung die miteinander streitenden psychischen Wertigkeiten herabgesetzt hat. Das nämliche gilt für die Lösung der Fehl- und Symptomhandlungen; das Beispiel von Verlesen „Im Faß durch Europa" (auf Seite 578) hat mir die Gelegenheit gegeben zu zeigen, wie ein anfänglich unlösbares Symptom der Analyse zugänglich wird, wenn das *reale Interesse* an den verdrängten Gedanken nachgelassen hat.[84] Solange die Möglichkeit bestand, daß mein Bruder den

---

[84] Hier knüpfen sehr interessante Probleme ökonomischer Natur an, Fragen, welche auf die Tatsache Rücksicht nehmen, daß die psychischen Abläufe auf Lustgewinn und Unlustaufhebung

beneideten Titel vor mir erhalte, widerstand das genannte Verlesen allen wiederholten Bemühungen der Analyse; nachdem es sich herausgestellt hatte, daß diese Bevorzugung unwahrscheinlich sei, klärte sich mir plötzlich der Weg, der zur Auflösung desselben führte. Es wäre also unrichtig, von all den Fällen, welche der Analyse widerstehen, zu behaupten, sie seien durch einen anderen als den hier aufgedeckten psychischen Mechanismus entstanden; es brauchte für diese Annahme noch andere als negative Beweise. Auch die bei Gesunden wahrscheinlich allgemein vorhandene Bereitwilligkeit, an eine andere Erklärung der Fehl- und Symptomhandlungen zu glauben, ist jeder Beweiskraft bar; sie ist, wie selbstverständlich, eine Äußerung derselben seelischen Kräfte, die das Geheimnis hergestellt haben und die sich darum auch für dessen Bewahrung einsetzen, gegen dessen Aufhellung aber sträuben.

Auf der anderen Seite dürfen wir nicht übersehen, daß die verdrängten Gedanken und Regungen sich den Ausdruck in Symptom- und Fehlhandlungen ja nicht selbständig schaffen. Die technische Möglichkeit für solches Ausgleiten der Innervationen muß unabhängig von ihnen gegeben sein; diese wird dann von der Absicht des Verdrängten, zur bewußten Geltung zu kommen, gern ausgenützt. Welche Struktur- und Funktionsrelationen es sind, die sich solcher Absicht zur Verfügung stellen, das haben für den Fall der sprachlichen Fehlleistung eingehende Untersuchungen der Philosophen und Philologen festzustellen sich bemüht. Unterscheiden wir so an den Bedingungen der Fehl- und Symptomhandlung das unbewußte Motiv von den ihm entgegenkommenden physiologischen und psychophysischen Relationen, so bleibt die Frage offen, ob es innerhalb der Breite der Gesundheit noch andere Momente gibt, welche wie das unbewußte Motiv und an Stelle desselben, auf dem Wege dieser Relationen die Fehl- und Symptomhandlungen zu erzeugen vermögen. Es ist nicht meine Aufgabe, diese Frage zu beantworten.

Es liegt übrigens auch nicht in meiner Absicht, die Verschiedenheiten zwischen der psychoanalytischen und der landläufigen Auffassung der Fehlleistungen, die ja groß genug sind, noch zu übertreiben. Ich möchte vielmehr auf Fälle hinweisen, in denen diese Unterschiede viel von ihrer Schärfe einbüßen. Zu den einfachsten und unauffälligsten Beispielen des Versprechens und Verschreibens, bei denen etwa nur Worte zusammengezogen oder Worte und Buchstaben aus-

---

zielen. Es ist bereits ein ökonomisches Problem, wie es möglich wird, einen durch ein Unlustmotiv vergessenen Namen auf dem Wege ersetzender Assoziationen wiederzugewinnen. Eine schöne Arbeit von *Tausk* (*Entwertung des Verdrängungsmotivs durch Rekompense*, Internationale Zeitschrift für Psychoanalyse, I, 1913) zeigt an guten Beispielen, wie der vergessene Name wieder zugänglich wird, wenn es gelungen ist, ihn in eine lustbetonte Assoziation einzubeziehen, die der bei der Reproduktion zu erwartenden Unlust die Wage halten kann.

gelassen werden, entfallen die komplizierteren Deutungen. Vom Standpunkt der Psychoanalyse muß man behaupten, daß in diesen Fällen sich irgendeine Störung der Intention angezeigt hat, kann aber nicht angeben, woher die Störung stammte und was sie beabsichtigte. Sie brachte eben nichts anderes zustande, als ihr Vorhandensein zu bekunden. In denselben Fällen sieht man dann auch die von uns nie bestrittenen Begünstigungen der Fehlleistung durch lautliche Wertverhältnisse und naheliegende psychologische Assoziationen in Wirksamkeit treten. Es ist aber eine billige wissenschaftliche Forderung, daß man solche rudimentäre Fälle von Versprechen oder Verschreiben nach den besser ausgeprägten beurteile, deren Untersuchung so unzweideutige Aufschlüsse über die Verursachung der Fehlleistungen ergibt.

F) Seit den Erörterungen über das Versprechen haben wir uns begnügt zu beweisen, daß die Fehlleistungen eine verborgene Motivierung haben, und uns mit dem Hilfsmittel der Psychoanalyse den Weg zur Kenntnis dieser Motivierung gebahnt. Die allgemeine Natur und die Besonderheiten der in den Fehlleistungen zum Ausdruck gebrachten psychischen Faktoren haben wir bisher fast ohne Berücksichtigung gelassen, jedenfalls noch nicht versucht, dieselben näher zu bestimmen und auf ihre Gesetzmäßigkeit zu prüfen. Wir werden auch jetzt keine gründliche Erledigung des Gegenstandes versuchen, denn die ersten Schritte werden uns bald belehrt haben, daß man in dieses Gebiet besser von anderer Seite einzudringen vermag.[85] Man kann sich hier mehrere Fragen vorlegen, die ich wenigstens anführen und in ihrem Umfang umschreiben will.

1.) Welches Inhalts und welcher Herkunft sind die Gedanken und Regungen, die sich durch die Fehl- und Zufallshandlungen andeuten?

2.) Welches sind die Bedingungen dafür, daß ein Gedanke oder eine Regung genötigt und in den Stand gesetzt werde, sich dieser Vorfälle als Ausdrucksmittel zu bedienen?

3.) Lassen sich konstante und eindeutige Beziehungen zwischen der Art der Fehlleistungen und den Qualitäten des durch sie zum Ausdruck Gebrachten nachweisen?

Ich beginne damit, einiges Material zur Beantwortung der letzten Frage zusammenzutragen. Bei der Erörterung der Beispiele von Versprechen haben wir es für nötig gefunden, über den Inhalt der intendierten Rede hinauszugehen, und haben die Ursache der Redestörung außerhalb der Intention suchen müssen. Dieselbe lag dann in einer Reihe von Fällen nahe und war dem Bewußtsein

---

[85] Diese Schrift ist durchaus populär gehalten, will nur durch eine Häufung von Beispielen den Weg für die notwendige Annahme unbewußter und doch wirksamer seelischer Vorgänge ebnen und vermeidet alle theoretischen Erwägungen über die Natur dieses Unbewußten.

des Sprechenden bekannt. In den scheinbar einfachsten und durchsichtigsten Beispielen war es eine gleichberechtigt klingende, andere Fassung desselben Gedankens, die dessen Ausdruck störte, ohne daß man hätte angeben können, warum die eine unterlegen, die andere durchgedrungen war (Kontaminationen von *Meringer* und *Mayer*). In einer zweiten Gruppe von Fällen war das Unterliegen der einen Fassung motiviert durch eine Rücksicht, die sich aber nicht stark genug zur völligen Zurückhaltung erwies („zum Vorschwein gekommen"). Auch die zurückgehaltene Fassung war klar bewußt. Von der dritten Gruppe erst kann man ohne Einschränkung behaupten, daß hier der störende Gedanke von dem intendierten verschieden war, und kann hier eine, wie es scheint, wesentliche Unterscheidung aufstellen. Der störende Gedanke ist entweder mit dem gestörten durch Gedankenassoziationen verbunden (Störung durch inneren Widerspruch), oder er ist ihm wesensfremd, und durch eine befremdende *äußerliche* Assoziation ist gerade das gestörte Wort mit dem störenden Gedanken, der *oft* unbewußt ist, verknüpft. In den Beispielen, die ich aus meinen Psychoanalysen gebracht habe, steht die ganze Rede unter dem Einfluß gleichzeitig aktiv gewordener, aber völlig unbewußter Gedanken, die sich entweder durch die Störung selbst verraten (*Klapperschlange – Kleopatra*) oder einen indirekten Einfluß äußern, indem sie ermöglichen, daß die einzelnen Teile der bewußt intendierten Rede einander stören (*Ase natmen*: wo *Hasenauer*straße, Reminiszenzen an eine Französin dahinterstehen). Die zurückgehaltenen oder unbewußten Gedanken, von denen die Sprechstörung ausgeht, sind von der mannigfaltigsten Herkunft. Eine Allgemeinheit enthüllt uns diese Überschau also nach keiner Richtung.

Die vergleichende Prüfung der Beispiele von Verlesen und Verschreiben führt zu den nämlichen Ergebnissen. Einzelne Fälle scheinen wie beim Versprechen einer weiter nicht motivierten Verdichtungsarbeit ihr Entstehen zu danken (z. B.: der *Apfe*). Man möchte aber gern erfahren, ob nicht doch besondere Bedingungen erfüllt sein müssen, damit eine solche Verdichtung, die in der Traumarbeit regelrecht, in unserem wachen Denken fehlerhaft ist, Platz greife, und bekommt hierüber aus den Beispielen selbst keinen Aufschluß. Ich würde es aber ablehnen, hieraus den Schluß zu ziehen, es gebe keine solchen Bedingungen als etwa den Nachlaß der bewußten Aufmerksamkeit, da ich von anderswoher weiß, daß sich gerade automatische Verrichtungen durch Korrektheit und Verläßlichkeit auszeichnen. Ich möchte eher betonen, daß hier, wie so häufig in der Biologie, die normalen oder dem Normalen angenäherten Verhältnisse ungünstigere Objekte der Forschung sind als die pathologischen. Was bei der Erklärung dieser leichtesten Störungen dunkel bleibt, wird nach meiner Erwartung durch die Aufklärung schwerer Störungen Licht empfangen.

Auch beim Verlesen und Verschreiben fehlt es nicht an Beispielen, welche eine entferntere und kompliziertere Motivierung erkennen lassen. „Im Faß durch Europa" ist eine Lesestörung, die sich durch den Einfluß eines entlegenen, wesensfremden Gedankens aufklärt, welcher einer verdrängten Regung von Eifersucht und Ehrgeiz entspringt, und den „Wechsel" des Wortes „*Beförderung*" zur Verknüpfung mit dem gleichgültigen und harmlosen Thema, das gelesen wurde, benützt. Im Falle *Burckhard* ist der Name selbst ein solcher „Wechsel".

Es ist unverkennbar, daß die Störungen der Sprechfunktionen leichter zustande kommen und weniger Anforderungen an die störenden Kräfte stellen als die anderer psychischer Leistungen.

Auf anderem Boden steht man bei der Prüfung des Vergessens im eigentlichen Sinne, d. h. des Vergessens von vergangenen Erlebnissen (das Vergessen von Eigennamen und Fremdworten, wie in den Abschnitten I und II, könnte man als „Entfallen", das von Vorsätzen als „Unterlassen" von diesem Vergessen *sensu strictiori* absondern). Die Grundbedingungen des normalen Vorgangs beim Vergessen sind unbekannt.[86] Man wird auch daran gemahnt, daß nicht alles vergessen ist, was man dafür hält. Unsere Erklärung hat es hier nur mit jenen Fällen zu tun, in denen das Vergessen bei uns ein Befremden erweckt, insofern es die Regel verletzt, daß Unwichtiges vergessen, Wichtiges aber vom Gedächtnis bewahrt wird. Die Analyse der Beispiele von Vergessen, die uns nach einer besonderen Aufklärung zu verlangen scheinen, ergibt als Motiv des Vergessens jedesmal eine Unlust, etwas zu erinnern, was peinliche Empfindungen erwecken

[86] Über den Mechanismus des eigentlichen Vergessens kann ich etwa folgende Andeutungen geben: Das Erinnerungsmaterial unterliegt im allgemeinen zwei Einflüssen, der Verdichtung und der Entstellung. Die Entstellung ist das Werk der im Seelenleben herrschenden Tendenzen und wendet sich vor allem gegen die affektwirksam gebliebenen Erinnerungsspuren, die sich gegen die Verdichtung resistenter verhalten. Die indifferent gewordenen Spuren verfallen dem Verdichtungsvorgang ohne Gegenwehr, doch kann man beobachten, daß überdies Entstellungstendenzen sich an dem indifferenten Material sättigen, welche dort, wo sie sich äußern wollten, unbefriedigt geblieben sind. Da diese Prozesse der Verdichtung und Entstellung sich über lange Zeiten hinziehen, während welcher alle frischen Erlebnisse auf die Umgestaltung des Gedächtnisinhaltes einwirken, meinen wir, es sei die Zeit, welche die Erinnerungen unsicher und undeutlich macht. Sehr wahrscheinlich ist beim Vergessen von einer direkten Funktion der Zeit überhaupt nicht die Rede. – An den verdrängten Erinnerungsspuren kann man konstatieren, daß sie durch die längste Zeitdauer keine Veränderungen erfahren haben. Das Unbewußte ist überhaupt zeitlos. Der wichtigste und auch befremdendste Charakter der psychischen Fixierung ist der, daß alle Eindrücke einerseits in der nämlichen Art erhalten sind, wie sie aufgenommen wurden, und überdies noch in all den Formen, die sie bei den weiteren Entwicklungen angenommen haben, ein Verhältnis, welches sich durch keinen Vergleich aus einer anderen Sphäre erläutern läßt. Der Theorie zufolge ließe sich also jeder frühere Zustand des Gedächtnisinhaltes wieder für die Erinnerung herstellen, auch wenn dessen Elemente alle ursprünglichen Beziehungen längst gegen neuere eingetauscht haben.

kann. Wir gelangen zur Vermutung, daß dieses Motiv im psychischen Leben sich ganz allgemein zu äußern strebt, aber durch andere gegenwirkende Kräfte verhindert wird, sich irgendwie regelmäßig durchzusetzen. Umfang und Bedeutung dieser Erinnerungsunlust gegen peinliche Eindrücke scheinen der sorgfältigsten psychologischen Prüfung wert zu sein; auch die Frage, welche besonderen Bedingungen das allgemein angestrebte Vergessen in einzelnen Fällen ermöglichen, ist aus diesem weiteren Zusammenhange nicht zu lösen.

Beim Vergessen von Vorsätzen tritt ein anderes Moment in den Vordergrund; der beim Verdrängen des peinlich zu Erinnernden nur vermutete Konflikt wird hier greifbar, und man erkennt bei der Analyse der Beispiele regelmäßig einen Gegenwillen, der sich dem Vorsatz widersetzt, ohne ihn aufzuheben. Wie bei früher besprochenen Fehlleistungen erkennt man auch hier zwei Typen des psychischen Vorganges; der Gegenwille kehrt sich entweder direkt gegen den Vorsatz (bei Absichten von einigem Belang) oder er ist dem Vorsatz selbst wesensfremd und stellt seine Verbindung mit ihm durch eine *äußerliche* Assoziation her (bei fast indifferenten Vorsätzen).

Derselbe Konflikt beherrscht die Phänomene des Vergreifens. Der Impuls, der sich in der Störung der Handlung äußert, ist häufig ein Gegenimpuls, doch noch öfter ein überhaupt fremder, der nur die Gelegenheit benützt, sich bei der Ausführung der Handlung durch eine Störung derselben zum Ausdruck zu bringen. Die Fälle, in denen die Störung durch einen inneren Widerspruch erfolgt, sind die bedeutsameren und betreffen auch die wichtigeren Verrichtungen.

Der innere Konflikt tritt dann bei den Zufalls- oder Symptomhandlungen immer mehr zurück. Diese vom Bewußtsein gering geschätzten oder ganz übersehenen motorischen Äußerungen dienen so mannigfachen unbewußten oder zurückgehaltenen Regungen zum Ausdruck; sie stellen meist Phantasien oder Wünsche symbolisch dar.

Zur ersten Frage, welcher Herkunft die Gedanken und Regungen seien, die sich in den Fehlleistungen zum Ausdruck bringen, läßt sich sagen, daß in einer Reihe von Fällen die Herkunft der störenden Gedanken von unterdrückten Regungen des Seelenlebens leicht nachzuweisen ist. Egoistische, eifersüchtige, feindselige Gefühle und Impulse, auf denen der Druck der moralischen Erziehung lastet, bedienen sich bei Gesunden nicht selten des Weges der Fehlleistungen, um ihre unleugbar vorhandene, aber von höheren seelischen Instanzen nicht anerkannte Macht irgendwie zu äußern. Das Gewährenlassen dieser Fehl- und Zufallshandlungen entspricht zum guten Teile einer bequemen Duldung des Unmoralischen. Unter diesen unterdrückten Regungen spielen die mannigfachen sexuellen Strömungen keine geringfügige Rolle. Es ist ein Zufall des Materials, wenn gerade sie so selten unter den durch die Analyse aufgedeckten

Gedanken in meinen Beispielen erscheinen. Da ich vorwiegend Beispiele aus meinem eigenen Seelenleben der Analyse unterzogen habe, so war die Auswahl von vornherein parteiisch und auf den Ausschluß des Sexuellen gerichtet. Andere Male scheinen es höchst harmlose Einwendungen und Rücksichten zu sein, aus denen die störenden Gedanken entspringen.

Wir stehen nun vor der Beantwortung der zweiten Frage, welche psychologischen Bedingungen dafür gelten, daß ein Gedanke seinen Ausdruck nicht in voller Form, sondern in gleichsam parasitärer, als Modifikation und Störung eines anderen suchen müsse. Es liegt nach den auffälligsten Beispielen von Fehlhandlung nahe, diese Bedingungen in einer Beziehung zur Bewußtseinsfähigkeit zu suchen, in dem mehr oder minder entschieden ausgeprägten Charakter des „Verdrängten". Aber die Verfolgung durch die Reihe der Beispiele löst diesen Charakter in immer mehr verschwommene Andeutungen auf. Die Neigung, über etwas als zeitraubend hinwegzukommen – die Erwägung, daß der betreffende Gedanke nicht eigentlich zur intendierten Sache gehört –, scheinen als Motive für die Zurückdrängung eines Gedankens, der dann auf den Ausdruck durch Störung eines anderen angewiesen ist, dieselbe Rolle zu spielen wie die moralische Verurteilung einer unbotmäßigen Gefühlsregung oder die Abkunft von völlig unbewußten Gedankenzügen. Eine Einsicht in die allgemeine Natur der Bedingtheit von Fehl- und Zufallsleistungen läßt sich auf diese Weise nicht gewinnen. Einer einzigen bedeutsamen Tatsache wird man bei diesen Untersuchungen habhaft; je harmloser die Motivierung der Fehlleistung ist, je weniger anstößig und darum weniger bewußtseinsunfähig der Gedanke ist, der sich in ihr zum Ausdruck bringt, desto leichter wird auch die Auflösung des Phänomens, wenn man ihm seine Aufmerksamkeit zugewendet hat; die leichtesten Fälle des Versprechens werden sofort bemerkt und spontan korrigiert. Wo es sich um Motivierung durch wirklich verdrängte Regungen handelt, da bedarf es zur Lösung einer sorgfältigen Analyse, die selbst zeitweise auf Schwierigkeiten stoßen oder mißlingen kann.

Es ist also wohl berechtigt, das Ergebnis dieser letzten Untersuchung als einen Hinweis darauf zu nehmen, daß die befriedigende Aufklärung für die psychologischen Bedingungen der Fehl- und Zufallshandlungen auf einem anderen Wege und von anderer Seite her zu gewinnen ist. Der nachsichtige Leser möge daher in diesen Auseinandersetzungen den Nachweis der Bruchflächen sehen, an denen dieses Thema ziemlich künstlich aus einem größeren Zusammenhange herausgelöst wurde.

G) Einige Worte sollen zum mindesten die Richtung nach diesem weiteren Zusammenhange andeuten. Der Mechanismus der Fehl- und Zufallshandlungen, wie wir ihn durch die Anwendung der Analyse kennengelernt haben, zeigt in den wesentlichsten Punkten eine Übereinstimmung mit dem Mechanismus der Traumbildung, den ich in dem Abschnitt „Traumarbeit" meines Buches über die Traumdeutung auseinandergesetzt habe. Die Verdichtungen und Kompromißbildungen (Kontaminationen) findet man hier wie dort; die Situation ist die nämliche, daß unbewußte Gedanken sich auf ungewöhnlichen Wegen, über äußere Assoziationen, als Modifikation von anderen Gedanken zum Ausdruck bringen. Die Ungereimtheiten, Absurditäten und Irrtümer des Trauminhaltes, denen zufolge der Traum kaum als Produkt psychischer Leistung anerkannt wird, entstehen auf dieselbe Weise, freilich mit freierer Benutzung der vorhandenen Mittel, wie die gemeinen Fehler unseres Alltagslebens; hier wie dort *löst sich der Anschein inkorrekter Funktion durch die eigentümliche Interferenz zweier oder mehrerer korrekter Leistungen.* Aus diesem Zusammentreffen ist ein wichtiger Schluß zu ziehen: Die eigentümliche Arbeitsweise, deren auffälligste Leistung wir im Trauminhalt erkennen, darf nicht auf den Schlafzustand des Seelenlebens zurückgeführt werden, wenn wir in den Fehlhandlungen so reichliche Zeugnisse für ihre Wirksamkeit während des wachen Lebens besitzen. Derselbe Zusammenhang verbietet uns auch, tiefgreifenden Zerfall der Seelentätigkeit, krankhafte Zustände der Funktion als die Bedingung dieser uns abnorm und fremdartig erscheinenden psychischen Vorgänge anzusehen.[87]

Die richtige Beurteilung der sonderbaren psychischen Arbeit, welche die Fehlleistung wie die Traumbilder entstehen läßt, wird uns erst ermöglicht, wenn wir erfahren haben, daß die psychoneurotischen Symptome, speziell die psychischen Bildungen der Hysterie und der Zwangsneurose, in ihrem Mechanismus alle wesentlichen Züge dieser Arbeitsweise wiederholen. An dieser Stelle schlösse sich also die Fortsetzung unserer Untersuchungen an. Für uns hat es aber noch ein besonderes Interesse, die Fehl-, Zufalls- und Symptomhandlungen in dem Lichte dieser letzten Analogie zu betrachten. Wenn wir sie den Leistungen der Psychoneurosen, den neurotischen Symptomen, gleichstellen, gewinnen zwei oft wiederkehrende Behauptungen, daß die Grenze zwischen nervöser Norm und Abnormität eine fließende, und daß wir alle ein wenig nervös seien, Sinn und Unterlage. Man kann sich *vor* aller ärztlichen Erfahrung verschiedene Typen von solcher bloß angedeuteter Nervosität – von *formes frustes* der Neurosen – konstruieren: Fälle, in denen nur wenige Symptome, oder diese selten oder nicht heftig auftreten, die Abschwächung also in die Zahl, in die Intensität, in die zeitliche Ausbreitung der krankhaften Erscheinungen verlegen; vielleicht würde man aber gerade den Typus nicht erraten, welcher als der häufigste den Übergang zwischen Gesundheit und Krankheit zu vermitteln scheint. Der uns vorlie-

[87] Vgl. hiezu *Traumdeutung*, S. 362. (8. Aufl., S. 414).

gende Typus, dessen Krankheitsäußerungen die Fehl- und Symptomhandlungen sind, zeichnet sich nämlich dadurch aus, daß die Symptome in die mindest wichtigen psychischen Leistungen verlegt sind, während alles, was höheren psychischen Wert beanspruchen kann, frei von Störung vor sich geht. Die gegenteilige Unterbringung der Symptome, ihr Hervortreten an den wichtigsten individuellen und sozialen Leistungen, so daß sie Nahrungsaufnahme und Sexualverkehr, Berufsarbeit und Geselligkeit zu stören vermögen, kommt den schweren Fällen von Neurose zu und charakterisiert diese besser als etwa die Mannigfaltigkeit oder die Lebhaftigkeit der Krankheitsäußerungen.

Der gemeinsame Charakter aber der leichtesten wie der schwersten Fälle, an dem auch die Fehl- und Zufallshandlungen Anteil haben, liegt in der *Rückführbarkeit der Phänomene auf unvollkommen unterdrücktes psychisches Material, das, vom Bewußtsein abgedrängt, doch nicht jeder Fähigkeit, sich zu äußern, beraubt worden ist.*

DER WITZ UND SEINE
BEZIEHUNG ZUM UNBEWUSSTEN

A
ANALYTISCHER TEIL

I
Einleitung

Wer einmal Anlaß gehabt hat, sich in der Literatur bei Ästhetikern und Psychologen zu erkundigen, welche Aufklärung über Wesen und Beziehungen des Witzes gegeben werden kann, der wird wohl zugestehen müssen, daß die philosophische Bemühung dem Witz lange nicht in dem Maße zuteil geworden ist, welches er durch seine Rolle in unserem Geistesleben verdient. Man kann nur eine geringe Anzahl von Denkern nennen, die sich eingehender mit den Problemen des Witzes beschäftigt haben. Allerdings finden sich unter den Bearbeitern des Witzes die glänzenden Namen des Dichters *Jean Paul* (*Fr. Richter*) und der Philosophen *Th. Vischer*, *Kuno Fischer* und *Th. Lipps*; aber auch bei diesen Autoren steht das Thema des Witzes im Hintergrunde, während das Hauptinteresse der Untersuchung dem umfassenderen und anziehenderen Probleme des Komischen zugewendet ist.

Man gewinnt aus der Literatur zunächst den Eindruck, als sei es völlig untunlich, den Witz anders als im Zusammenhange mit dem Komischen zu behandeln.

Nach *Th. Lipps* (*Komik und Humor*, 1898)[1] ist der Witz „die durchaus subjektive Komik", d. h. die Komik, „die wir hervorbringen, die an unserem Tun als solchem haftet, zu der wir uns durchwegs als darüberstehendes Subjekt, niemals als Objekt, auch nicht als freiwilliges Objekt verhalten"(S. 80). Erläuternd hiezu die Bemerkung: Witz heiße überhaupt „jedes bewußte und geschickte Hervorrufen der Komik, sei es der Komik der Anschauung oder der Situation"(S. 78).

K. Fischer erläutert die Beziehung des Witzes zum Komischen mit Beihilfe der in seiner Darstellung zwischen beiden eingeschobenen Karikatur. (*Über den Witz*,

[1] *Beiträge zur Ästhetik*, herausgegeben von Theodor Lipps und Richard Maria Werner. VI. – Ein Buch, dem ich den Mut und die Möglichkeit verdanke, diesen Versuch zu unternehmen.

1889.) Gegenstand der Komik ist das Häßliche in irgendeiner seiner Erscheinungsformen: „Wo es verdeckt ist, muß es im Licht der komischen Betrachtung entdeckt, wo es wenig oder kaum bemerkt wird, muß es hervorgeholt und so verdeutlicht werden, daß es klar und offen am Tage liegt ... So entsteht die Karikatur"(S. 45). – „Unsere ganze geistige Welt, das intellektuelle Reich unserer Gedanken und Vorstellungen, entfaltet sich nicht vor dem Blicke der äußeren Betrachtung, läßt sich nicht unmittelbar bildlich und anschaulich vorstellen und enthält doch auch seine Hemmungen, Gebrechen, Verunstaltungen, eine Fülle des Lächerlichen und der komischen Kontraste. Diese hervorzuheben und der ästhetischen Betrachtung zugänglich zu machen, wird eine Kraft nötig sein, welche imstande ist, nicht bloß Objekte unmittelbar vorzustellen, sondern auf diese Vorstellungen selbst zu reflektieren und sie zu verdeutlichen: eine gedankenerhellende Kraft. Diese Kraft ist allein das *Urteil.* Das Urteil, welches den komischen Kontrast erzeugt, ist der *Witz*, er hat im stillen schon in der Karikatur mitgespielt, aber erst im Urteil erreicht er seine eigentümliche Form und das freie Gebiet seiner Entfaltung"(S. 49f.).

Wie man sieht, verlegt *Lipps* den Charakter, welcher den Witz innerhalb des Komischen auszeichnet, in die Betätigung, in das aktive Verhalten des Subjekts, während *K. Fischer* den Witz durch die Beziehung zu seinem Gegenstand, als welcher das verborgene Häßliche der Gedankenwelt gelten soll, kennzeichnet. Man kann diese Definitionen des Witzes nicht auf ihre Triftigkeit prüfen, ja man kann sie kaum verstehen, wenn man sie nicht in den Zusammenhang einfügt, aus dem gerissen sie hier erscheinen, und man stände so vor der Nötigung, sich durch die Darstellungen des Komischen bei den Autoren hindurchzuarbeiten, um von ihnen etwas über den Witz zu erfahren. Indes wird man an anderen Stellen gewahr, daß dieselben Autoren auch wesentliche und allgemein gültige Charaktere des Witzes anzugeben wissen, bei welchen von dessen Beziehung zum Komischen abgesehen ist.

Die Kennzeichnung des Witzes bei *K. Fischer*, die den Autor selbst am besten zu befriedigen scheint, lautet: Der Witz ist ein *spielendes* Urteil (S. 51). Zur Erläuterung dieses Ausdruckes werden wir auf die Analogie verwiesen: „wie die ästhetische Freiheit in der spielenden Betrachtung der Dinge bestand"(S. 50). An anderer Stelle (S. 20) wird das ästhetische Verhalten gegen ein Objekt durch die Bedingung charakterisiert, daß wir von diesem Objekt nichts verlangen, insbesondere keine Befriedigung unserer ernsten Bedürfnisse, sondern uns mit dem Genuß der Betrachtung desselben begnügen. Das ästhetische Verhalten ist *spielend* im Gegensatz zur Arbeit. – „Es könnte sein, daß aus der ästhetischen Freiheit auch eine von der gewöhnlichen Fessel und Richtschnur losgelöste Art des Urteilens entspringt, die ich um ihres Ursprungs willen *‚das spielende Urteil'* nennen will, und daß in diesem Begriff die erste Bedingung, wenn nicht die ganze Formel enthalten ist, die unsere Aufgabe löst. ‚Freiheit gibt Witz und Witz gibt Freiheit', sagt *Jean Paul*. ‚Der Witz ist ein bloßes Spiel mit Ideen'."(S. 24).

Von jeher liebte man es, den Witz als die Fertigkeit zu definieren, Ähnlichkeiten zwischen Unähnlichem, also versteckte Ähnlichkeiten zu finden. *Jean Paul* hat diesen Gedanken selbst witzig so ausgedrückt: „Der Witz ist der verkleidete Priester, der jedes Paar traut." *Th. Vischer* fügt die Fortsetzung an: „Er traut die Paare am liebsten, deren Verbindung die Verwandten nicht dulden wollen." *Vischer* wendet aber ein, daß es Witze gebe, bei denen von Vergleichung, also auch von Auffindung von Ähnlichkeit, keine Rede sei. Er definiert also den Witz mit leiser Abweichung von *Jean Paul* als die Fertigkeit, mit überraschender Schnelle mehrere Vorstellungen, die nach ihrem inneren Gehalt und dem Nexus, dem sie angehören, einander eigentlich fremd sind, zu einer Einheit zu verbinden. *K. Fischer* hebt dann hervor, daß in einer Menge von witzigen Urteilen nicht Ähnlichkeiten, sondern Unterschiede gefunden werden, und *Lipps* macht darauf aufmerksam, daß sich diese Definitionen auf den Witz beziehen, den der Witzige *hat*, und nicht, den er *macht*.

Andere in gewissem Sinne miteinander verknüpfte Gesichtspunkte, die bei der Begriffsbestimmung oder Beschreibung des Witzes herangezogen wurden, sind der *„Vorstellungskontrast", „der Sinn im Unsinn", „die Verblüffung und Erleuchtung"*.

Auf den Vorstellungskontrast legen Definitionen wie die von *Kraepelin* den Nachdruck. Der Witz sei „die willkürliche Verbindung oder Verknüpfung zweier miteinander in irgendeiner Weise kontrastierender Vorstellungen, zumeist durch das Hilfsmittel der sprachlichen Assoziation". Es wird einem Kritiker wie *Lipps* nicht schwer, die völlige Unzulänglichkeit dieser Formel aufzudecken, aber er selbst schließt das Moment des Kontrastes nicht aus, sondern verschiebt es nur an eine andere Stelle. „Der Kontrast bleibt bestehen, aber er ist nicht so oder so gefaßter Kontrast der mit den Worten verbundenen Vorstellungen, sondern Kontrast oder Widerspruch der Bedeutung und Bedeutungslosigkeit der Worte"(S. 87). Beispiele erläutern, wie letzteres verstanden werden soll. „Ein Kontrast entsteht erst dadurch, daß ... wir seinen Worten eine Bedeutung zugestehen, die wir ihnen dann doch wieder nicht zugestehen können"(S. 90).

In der Weiterentwicklung dieser letzten Bestimmung kommt der Gegensatz von „Sinn und Unsinn" zur Bedeutung. „Was wir einen Moment für sinnvoll nehmen, steht als völlig sinnlos vor uns. Darin besteht in diesem Falle der komische Prozeß"(S. 85 u. ff.). „Witzig erscheint eine Aussage, wenn wir ihr eine Bedeutung mit psychologischer Notwendigkeit zuschreiben und, indem wir sie ihr zuschreiben, sofort auch wiederum absprechen. Dabei kann unter der

Bedeutung verschiedenes verstanden sein. Wir leihen einer Aussage einen *Sinn* und wissen, daß er ihr logischerweise nicht zukommen kann. Wir finden in ihr eine *Wahrheit*, die wir dann doch wiederum den Gesetzen der Erfahrung oder allgemeinen Gewohnheiten unseres Denkens zufolge nicht darin finden können. Wir gestehen ihr eine über ihren wahren Inhalt hinausgehende logische oder praktische Folge zu, um eben diese Folge zu verneinen, sobald wir die Beschaffenheit der Aussage für sich ins Auge fassen. In jedem Falle besteht der psychologische Prozeß, den die witzige Aussage in uns hervorruft und auf dem das Gefühl der Komik beruht, in dem unvermittelten Übergang von jenem Leihen, Fürwahrhalten, Zugestehen, zum Bewußtsein oder Eindruck relativer Nichtigkeit."

So eindringlich diese Auseinandersetzung klingt, so möchte man hier doch die Frage aufwerfen, ob der Gegensatz des Sinnvollen und Sinnlosen, auf dem das Gefühl der Komik beruht, auch zur Begriffsbestimmung des Witzes, insofern er vorn Komischen unterschieden ist, beiträgt.

Auch das Moment der „Verblüffung und Erleuchtung" führt tief in das Problem der Relation des Witzes zur Komik hinein. *Kant* sagt vom Komischen überhaupt, es sei eine merkwürdige Eigenschaft desselben, daß es uns nur für einen Moment täuschen könne. *Heymans* (Zeitschr. f. Psychologie XI, 1896) führt aus, wie die Wirkung eines Witzes durch die Aufeinanderfolge von Verblüffung und Erleuchtung zustande komme. Er erläutert seine Meinung an einem prächtigen Witz von *Heine*, der eine seiner Figuren, den armen Lotteriekollekteur Hirsch-Hyacinth, sich rühmen läßt, der große Baron Rothschild habe ihn ganz wie seinesgleichen, ganz *famillionär* behandelt. Hier erscheine das Wort, welches der Träger des Witzes ist, zunächst einfach als eine fehlerhafte Wortbildung, als etwas Unverständliches, Unbegreifliches, Rätselhaftes. Dadurch verblüffe es. Die Komik ergebe sich aus der Lösung der Verblüffung, aus dem Verständnis des Wortes. *Lipps* ergänzt hiezu, daß diesem ersten Stadium der Erleuchtung, das verblüffende Wort bedeute dies und jenes, ein zweites Stadium folgt, in dem man einsehe, dies sinnlose Wort habe uns verblüfft und dann den guten Sinn ergeben. Erst diese zweite Erleuchtung, die Einsicht, daß ein nach gemeinem Sprachgebrauch sinnloses Wort das ganze verschuldet habe, diese Auflösung in Nichts, erzeuge erst die Komik (S. 95).

Ob die eine oder die andere dieser beiden Auffassungen uns einleuchtender erscheinen möge, durch die Erörterungen über Verblüffung und Erleuchtung werden wir einer bestimmten Einsicht nähergebracht. Wenn nämlich die komische Wirkung des *Heineschen famillionär* auf der Auflösung des scheinbar sinnlosen Wortes beruht, so ist wohl der „Witz" in die Bildung dieses Wortes und in den Charakter des so gebildeten Wortes zu versetzen.

Außer allem Zusammenhang mit den zuletzt behandelten Gesichtspunkten wird eine andere Eigentümlichkeit des Witzes als wesentlich für ihn von allen Autoren anerkannt. „*Kürze* ist der Körper und die Seele des Witzes, ja er selbst", sagt *Jean Paul* (Vorschule der Ästhetik, II, § 42) und modifiziert damit nur eine Rede des alten Schwätzers Polonius in *Shakespeares Hamlet* (2. Akt, 2. Szene):

„Weil Kürze dann des Witzes Seele ist,
Weitschweifigkeit der Leib und äußre Zierat,
Fass' ich mich kurz."

(Schlegelsche Übersetzung)

Bedeutsam ist dann die Schilderung der Kürze des Witzes bei *Lipps* (S. 90). „Der Witz sagt, was er sagt, nicht immer in wenig, aber immer in zu wenig Worten, d. h. in Worten, die nach strenger Logik oder gemeiner Denk- und Redeweise dazu nicht genügen. Er kann es schließlich geradezu sagen, indem er es verschweigt."

„Daß der Witz etwas *Verborgenes* oder *Verstecktes* hervorholen müsse" (*K. Fischer*, S. 51), wurde uns schon bei der Zusammenstellung des Witzes mit der Karikatur gelehrt. Ich hebe diese Bestimmung nochmals hervor, weil auch sie mehr mit dem Wesen des Witzes als mit seiner Zugehörigkeit zur Komik zu tun hat.

Ich weiß wohl, daß die vorstehenden kümmerlichen Auszüge aus den Arbeiten der Autoren über den Witz dem Werte dieser Arbeiten nicht gerecht werden können. Infolge der Schwierigkeiten, welche einer von Mißverständnissen freien Wiedergabe so komplizierter und fein nuancierter Gedankengänge entgegenstehen, kann ich den Wißbegierigen die Mühe nicht ersparen, sich die gewünschte Belehrung an den ursprünglichen Quellen zu holen. Aber ich weiß nicht, ob sie von ihr voll befriedigt zurückkehren würden. Die von den Autoren angegebenen und im vorigen zusammengestellten Kriterien und Eigenschaften des Witzes – die Aktivität, die Beziehung zum Inhalt unseres Denkens, der Charakter des spielenden Urteils, die Paarung des Unähnlichen, der Vorstellungskontrast, der „Sinn im Unsinn", die Aufeinanderfolge von Verblüffung und Erleuchtung, das Hervorholen des Versteckten und die besondere Art von Kürze des Witzes – erscheinen uns zwar auf den ersten Blick als so sehr zutreffend und so leicht an Beispielen erweisbar, daß wir nicht in die Gefahr geraten können, den Wert solcher Einsichten zu unterschätzen, aber es sind *disiecta membra*, die wir zu einem organisch Ganzen zusammengefügt sehen möchten. Sie tragen schließlich zur Kenntnis des Witzes nicht mehr bei als etwa eine Reihe von Anekdoten zur Charakteristik einer Persönlichkeit, über welche wir eine Biographie beanspruchen dürfen. Es fehlt uns völlig die Einsicht in den vorauszusetzenden Zusammenhang der einzelnen Bestimmungen, etwa was die Kürze des Witzes mit seinem Charakter als spielendes Urteil zu schaffen haben kann, und ferner die Aufklärung, ob der Witz allen diesen Bedingungen genügen muß, um ein richtiger Witz zu sein, oder nur einzelnen darunter, und welche dann durch andere vertretbar, welche unerläßlich sind. Auch eine Gruppierung und Einteilung der Witze auf Grund ihrer als wesentlich hervorgehobenen Eigenschaften würden wir wünschen. Die Einteilung, welche wir bei den Autoren finden, stützt sich einerseits auf die technischen Mittel, anderseits auf die Verwendung des Witzes in der Rede (Klangwitz, Wortspiel – karikierender, charakterisierender Witz, witzige Abfertigung).

Wir wären also nicht in Verlegenheit, einer weiteren Bemühung zur Aufklärung des Witzes ihre Ziele zu weisen. Um auf Erfolg rechnen zu können, müßten wir entweder neue Gesichtspunkte in die Arbeit eintragen oder durch Verstärkung unserer Aufmerksamkeit und Vertiefung unseres Interesses weiter einzudringen versuchen. Wir können uns vorsetzen, es wenigstens an dem letzteren Mittel nicht fehlen zu lassen. Es ist immerhin auffällig, wie wenig Beispiele von als solchen anerkannten Witzen den Autoren für ihre Untersuchungen genügen und wie ein jeder die nämlichen von seinen Vorgängern übernimmt. Wir dürfen uns der Verpflichtung nicht entziehen, dieselben Beispiele zu analysieren, die bereits den klassischen Autoren über den Witz gedient haben, aber wir beabsichtigen, uns außerdem an neues Material zu wenden, um eine breitere Unterlage für unsere Schlußfolgerungen zu gewinnen. Es liegt dann nahe, daß wir solche Beispiele von Witz zu Objekten unserer Untersuchung nehmen, die uns selbst im Leben den größten Eindruck gemacht und uns am ausgiebigsten lachen gemacht haben.

Ob das Thema des Witzes solcher Bemühung wert ist? Ich meine, daran ist nicht zu zweifeln. Wenn ich von persönlichen, während der Entwicklung dieser Studien aufzudeckenden Motiven absehe, die mich drängen, Einsicht in die Probleme des Witzes zu gewinnen, kann ich mich auf die Tatsache des intimen Zusammenhanges alles seelischen Geschehens berufen, welche einer psychologischen Erkenntnis auch auf einem entlegenen Gebiet einen im vorhinein nicht abschätzbaren Wert für andere Gebiete zusichert. Man darf auch daran mahnen, welch eigentümlichen, geradezu faszinierenden Reiz der Witz in unserer Gesellschaft äußert. Ein neuer Witz wirkt fast wie ein Ereignis von allgemeinstem Interesse; er wird wie die neueste Siegesnachricht von dem einen dem anderen zugetragen. Selbst bedeutende Männer, die es für mitteilenswert halten, wie sie geworden sind, welche Städte und Länder sie gesehen und mit welchen hervorragenden Menschen sie verkehrt haben, verschmähen es nicht, in ihre Lebensbeschreibung aufzunehmen, diese und jene vortrefflichen Witze hätten sie gehört.[2]

II
Die Technik des Witzes

Wir folgen einem Winke des Zufalls und greifen das erste Witzbeispiel auf, das uns im vorigen Abschnitt entgegengetreten ist.

In dem Stück der *Reisebilder*, welches *Die Bäder von Lucca* betitelt ist, führt *H. Heine* die köstliche Gestalt des Lotteriekollekteurs und Hühneraugenoperateurs Hirsch-Hyacinth aus Hamburg auf, der sich gegen den Dichter seiner Beziehungen zum reichen Baron Rothschild berühmt und zuletzt sagt: Und so wahr mir Gott alles Gute geben soll, Herr Doktor, ich saß neben Salomon Rothschild und er behandelte mich ganz wie seinesgleichen, ganz *famillionär.*

An diesem als ausgezeichnet anerkannten und sehr lachkräftigen Beispiel haben *Heymans* und *Lipps* die Ableitung der komischen Wirkung des Witzes aus der „Verblüffung und Erleuchtung"(s. o.) erläutert. Wir aber lassen diese Frage beiseite und stellen uns die andere: was es denn ist, was die Rede des Hirsch-Hyacinth zu einem Witze macht? Es könnte nur zweierlei sein; entweder ist es der in dem Satz ausgedrückte Gedanke, der den Charakter des Witzigen trägt, oder der Witz haftet an dem Ausdruck, den der Gedanke in dem Satz gefunden hat. Auf welcher Seite sich uns der Witzcharakter zeigt, dort wollen wir ihn weiterverfolgen und versuchen, seiner habhaft zu werden.

Ein Gedanke kann ja im allgemeinen in verschiedenen sprachlichen Formen – in Worten also – zum Ausdruck gebracht werden, die ihn gleich zutreffend wiedergeben mögen. In der Rede des Hirsch-Hyacinth liegt uns nun eine bestimmte Ausdrucksform eines Gedankens vor und, wie uns ahnt, eine besonders eigentümliche, nicht diejenige, welche am leichtesten verständlich ist. Versuchen wir, denselben Gedanken möglichst getreulich in anderen Worten auszudrücken. *Lipps* hat dies bereits getan und damit die Fassung des Dichters gewissermaßen erläutert. Er sagt (S. 87): „Wir verstehen, daß *Heine* sagen will, die Aufnahme sei eine familiäre gewesen, nämlich von der bekannten Art, die durch den Beigeschmack des Millionärtums an Annehmlichkeiten nicht zu gewinnen pflegt." Wir verändern nichts an diesem Sinn, wenn wir eine andere Fassung annehmen, die sich vielleicht besser in die Rede des Hirsch-Hyacinth

---

[2] J. v. Falke, *Lebenserinnerungen*, 1897.

einfügt: „Rothschild behandelte mich ganz wie seinesgleichen, ganz *familiär*, d. h. soweit ein *Millionär* das zustande bringt." „Die Herablassung eines reichen Mannes hat immer etwas Mißliches für den, der sie an sich erfährt", würden wir noch hinzusetzen.[3]

Ob wir nun bei dieser oder einer anderen gleichwertigen Textierung des Gedankens verbleiben, wir sehen, daß die Frage, welche wir uns vorgelegt haben, bereits entschieden ist. Der Witzcharakter haftet in diesem Beispiel nicht am Gedanken. Es ist eine richtige und scharfsinnige Bemerkung, die *Heine* seinem Hirsch-Hyacinth in den Mund legt, eine Bemerkung von unverkennbarer Bitterkeit, wie sie bei dem armen Manne angesichts so großen Reichtums leicht begreiflich ist, aber wir würden uns nicht getrauen, sie witzig zu heißen. Meinte nun jemand, der bei der Übertragung die Erinnerung an die Fassung des Dichters nicht loszuwerden vermag, der Gedanke sei doch auch an sich witzig, so können wir ja auf ein sicheres Kriterium des bei der Übertragung verlorengegangenen Witzcharakters verweisen. Die Rede des Hirsch-Hyacinth machte uns laut lachen, die sinngetreue Übertragung derselben nach *Lipps* oder in unserer Fassung mag uns gefallen, zum Nachdenken anregen, aber zum Lachen bringen kann sie uns nicht.

Wenn aber der Witzcharakter unseres Beispiels nicht dem Gedanken anhaftet, so ist er in der Form, im Wortlaut seines Ausdruckes zu suchen. Wir brauchen nur die Besonderheit dieser Ausdrucksweise zu studieren, um zu erfassen, was man als die Wort- oder Ausdruckstechnik dieses Witzes bezeichnen kann und was in inniger Beziehung zu dem Wesen des Witzes stehen muß, da Charakter und Wirkung des Witzes mit dessen Ersetzung durch anderes verschwinden. Wir befinden uns übrigens in voller Übereinstimmung mit den Autoren, wenn wir soviel Wert auf die sprachliche Form des Witzes legen. So z. B. sagt *K. Fischer* (S. 72): „Es ist zunächst die bloße Form, die das Urteil zum Witz macht, und man wird hier an ein Wort *Jean Pauls* erinnert, welches eben diese Natur des Witzes in demselben Ausspruche erklärt und beweist: ‚So sehr sieget die bloße Stellung, es sei der Krieger oder der Sätze.'"

Worin besteht nun die „Technik" dieses Witzes? Was ist mit dem Gedanken etwa in unserer Fassung vorgegangen, bis aus ihm der Witz wurde, über den wir so herzlich lachen? Zweierlei, wie die Vergleichung unserer Fassung mit dem Text des Dichters lehrt. Erstens hat eine erhebliche *Verkürzung* stattgefunden.

[3] Derselbe Witz wird uns noch an anderer Stelle beschäftigen, und dort werden wir Anlaß finden, an der von *Lipps* gegebenen Übertragung desselben, der sich die unsrige anschließt, eine Korrektur vorzunehmen, welche aber die hier nachfolgenden Erörterungen nicht zu stören vermag.

Wir mußten, um den im Witz enthaltenen Gedanken voll auszudrücken, an die Worte „*R. behandelte mich ganz wie seinesgleichen, ganz familiär*", einen Nachsatz anfügen, der aufs kürzeste eingeengt lautete: d. h. *soweit ein Millionär das zustande bringt*, und dann fühlten wir erst noch das Bedürfnis nach einem erläuternden Zusatz.[4] Beim Dichter heißt es weit kürzer:

„*R. behandelte mich ganz wie seinesgleichen, ganz famillionär.*" Die ganze Einschränkung, die der zweite Satz an den ersten anfügt, welcher die familiäre Behandlung konstatiert, ist im Witze verlorengegangen.

Aber doch nicht ganz ohne einen Ersatz, aus dem man sie rekonstruieren kann. Es hat auch noch eine zweite Abänderung stattgefunden. Das Wort „*familiär*" im witzlosen Ausdruck des Gedankens ist im Text des Witzes zu „*famillionär*" umgewandelt worden, und ohne Zweifel hängt gerade an diesem Wortgebilde der Witzcharakter und der Lacheffekt des Witzes. Das neugebildete Wort deckt sich in seinem Anfang mit dem „familiär" des ersten, in seinen auslautenden Silben mit dem „Millionär" des zweiten Satzes, es vertritt gleichsam den einen Bestandteil „Millionär" aus dem zweiten Satze, infolgedessen den ganzen zweiten Satz, und setzt uns auf diese Weise in den Stand, den im Text des Witzes ausgelassenen zweiten Satz zu erraten. Es ist als ein Mischgebilde aus den zwei Komponenten „familiär" und „Millionär" zu beschreiben, und man wäre versucht, sich seine Entstehung aus diesen beiden Worten graphisch zu veranschaulichen.[5]

F a m i l i   ä r
M i l i o n ä r
F a **m i l i** o n **ä r**

Den Vorgang aber, welcher den Gedanken in den Witz übergeführt hat, kann man sich in folgender Weise darstellen, die zunächst recht phantastisch erscheinen mag, aber nichtsdestoweniger genau das wirklich vorhandene Ergebnis liefert:

„R. behandelte mich ganz familiär,
d. h. soweit ein Millionär es zustande bringt."

---

4 Ganz ähnliches gilt für die Übertragung von *Lipps*.

5 Gegensatz zu den verschiedenen Die beiden Worten gemeinsamen Silben sind hier fett gedruckt im Typen der besonderen Bestandteile beider Worte. Das zweite *l*, welches in der Aussprache kaum zur Geltung kommt, durfte natürlich übergangen werden. Es ist naheliegend, daß die Übereinstimmung der beiden Worte in mehreren Silben der Witztechnik den Anlaß zur Herstellung des Mischwortes bietet.

Nun denke man sich eine zusammendrängende Kraft auf diese Sätze einwirken und nehme an, daß der Nachsatz aus irgendeinem Grunde der weniger resistente sei. Dieser wird dann zum Schwinden gebracht werden, der bedeutsame Bestandteil desselben, das Wort „Millionär", welches sich gegen die Unterdrükkung zu sträuben vermag, wird gleichsam an den ersten Satz angepreßt, mit dem ihm so sehr ähnlichen Element dieses Satzes „familiär" verschmolzen, und gerade diese zufällig gegebene Möglichkeit, das Wesentliche des zweiten Satzes zu retten, wird den Untergang der anderen, unwichtigeren Bestandteile begünstigen. So entsteht dann der Witz:

„R. behandelte mich ganz famili on är."
(mili) (är)

Abgesehen von solcher zusammendrängenden Kraft, die uns ja unbekannt ist, dürfen wir den Hergang der Witzbildung, also die Witztechnik dieses Falles, beschreiben als eine *Verdichtung mit Ersatzbildung*, und zwar besteht in unserem Beispiel die Ersatzbildung in der Herstellung eines *Mischwortes*. Dieses Mischwort „*famillionär*", an sich unverständlich, in dem Zusammenhange, in dem es steht, sofort verstanden und als sinnreich erkannt, ist nun der Träger der zum Lachen zwingenden Wirkung des Witzes, deren Mechanismus uns allerdings durch die Aufdeckung der Witztechnik in keiner Weise nähergebracht wird. Inwiefern kann ein sprachlicher Verdichtungsvorgang mit Ersatzbildung durch ein Mischwort uns Lust schaffen und zum Lachen nötigen? Wir merken, dies ist ein anderes Problem, dessen Behandlung wir aufschieben dürfen, bis wir einen Zugang zu ihm gefunden haben. Vorläufig werden wir bei der Technik des Witzes bleiben.

Unsere Erwartung, daß die Technik des Witzes für die Einsicht in das Wesen desselben nicht gleichgültig sein könne, veranlaßt uns zunächst zu forschen, ob es noch andere Witzbeispiele gibt, die wie *Heines* „famillionär" gebaut sind. Es gibt deren nun nicht sehr viele, aber immerhin genug, um eine kleine Gruppe, die durch die Mischwortbildung charakterisiert ist, aufzustellen. *Heine* selbst hat aus dem Worte Millionär einen zweiten Witz gezogen, sich gleichsam selbst kopiert, indem er von einem „ *Millionarr*" spricht (*Ideen*, Kap. XIV), was eine durchsichtige Zusammenziehung von *Millionär* und *Narr* ist und ganz ähnlich wie das erste Beispiel einen unterdrückten Nebengedanken zum Ausdruck bringt.

Andere Beispiele, die mir bekannt geworden sind: Die Berliner heißen einen gewissen *Brunnen* in ihrer Stadt, dessen Errichtung dem Oberbürgermeister *Forckenbeck* viel Ungnade zugezogen hat, das „*Forckenbecken*", und dieser Bezeichnung ist der Witz nicht abzusprechen, wenngleich das Wort „Brunnen" erst eine Wandlung in das ungebräuchliche „Becken" erfahren mußte, um mit dem

Namen in einem Gemeinsamen zusammenzutreffen. – Der böse Witz Europas hatte einst einen Potentaten aus *Leopold* in *Cleopold* umgetauft wegen seiner damaligen Beziehungen zu einer Dame mit dem Vornamen *Cléo*, eine unzweifelhafte Verdichtungsleistung, die nun mit dem Aufwand eines einzigen Buchstabens eine ärgerliche Anspielung immer frisch erhält. – Eigennamen verfallen überhaupt leicht dieser Bearbeitung der Witztechnik: In Wien gab es zwei Brüder, namens *Salinger*, von denen einer *Börsensensal* war. Das gab die Handhabe, den einen Bruder *Sensalinger* zu nennen, während für den anderen zur Unterscheidung die unliebenswürdige Bezeichnung *Scheusalinger* in Aufnahme kam. Es war bequem und gewiß witzig; ich weiß nicht, ob es berechtigt war. Der Witz pflegt danach nicht viel zu fragen.

Folgender Verdichtungswitz wurde mir erzählt: Ein junger Mann, der bisher in der Fremde ein heiteres Leben geführt, besucht nach längerer Abwesenheit einen hier wohnenden Freund, der nun mit Überraschung den Ehering an der Hand des Besuchers bemerkt. Was? ruft er aus, Sie sind verheiratet? Ja, lautet die Antwort: *Trauring, aber wahr*. Der Witz ist vortrefflich; in dem Worte „ *Trauring*" kommen die beiden Komponenten, das Wort: Ehering in Trauring gewandelt und der Satz: *Traurig, aber wahr*, zusammen. Es tut der Wirkung des Witzes hier keinen Eintrag, daß das Mischwort eigentlich nicht ein unverständliches, sonst nicht existenzfähiges Gebilde ist wie „famillionär", sondern sich vollkommen mit dem einen der beiden verdichtenden Elemente deckt.

Zu einem Witz, der wiederum dem „famillionär" ganz analog ist, habe ich selbst im Gespräche unabsichtlich das Material geliefert. Ich erzählte einer Dame von den großen Verdiensten eines Forschers, den ich für einen mit Unrecht Verkannten halte. „Aber der Mann verdient doch ein Monument", meinte sie. „Möglich, daß er es einmal bekommen wird", antwortete ich, „aber momentan ist sein Erfolg sehr gering." „*Monument*" und „*momentan*" sind Gegensätze. Die Dame vereinigt nun die Gegensätze: Also wünschen wir ihm einen *monumentanen* Erfolg.

Einer vortrefflichen Bearbeitung des gleichen Themas in englischer Sprache (*A. A. Brill*, *Freuds Theory of wit*, Journal of abnormal Psychology, 1911) verdanke ich einige fremdsprachige Beispiele, die den gleichen Mechanismus der Verdichtung zeigen wie unser „famillionär".

Der englische Autor *de Quincey*, erzählt *Brill*, hat irgendwo die Bemerkung gemacht, daß alte Leute dazu neigen, in „*anecdotage*" zu verfallen. Das Wort ist zusammengeschmolzen aus den sich teilweise überdeckenden

anec*dote* und

dotage (kindisches Gefasel).

In einer anonymen kurzen Geschichte fand *Brill* einmal die Weihnachtszeit bezeichnet als „*the alcoholidays*". Die gleiche Verschmelzung aus alco*hol* und

holidays (Festtage).

Als *Flaubert* seinen berühmten Roman *Salammbô*, der im alten Karthago spielt, veröffentlicht hatte, verspottete ihn *Sainte-Beuve* als *Carthaginoiserie* wegen seiner peinlichen Detailmalerei: Carth*aginois*

chinoiserie.

Das vorzüglichste Witzbeispiel dieser Gruppe hat einen der ersten Männer Österreichs zum Urheber, der nach bedeutsamer wissenschaftlicher und öffentlicher Tätigkeit nun ein oberstes Amt im Staate bekleidet. Ich habe mir die Freiheit genommen, die Witze, die dieser Person zugeschrieben werden und in der Tat alle das gleiche Gepräge tragen, als Material für diese Untersuchungen zu verwenden,[6] vor allem darum, weil es schwergehalten hätte, sich ein besseres zu verschaffen.

Herr N. wird eines Tages auf die Person eines Schriftstellers aufmerksam gemacht, der durch eine Reihe von wirklich langweiligen Aufsätzen bekannt geworden ist, welche er in einer Wiener Tageszeitung veröffentlicht hat. Die Aufsätze behandeln durchweg kleine Episoden aus den Beziehungen des ersten *Napoleon* zu Österreich. Der Verfasser ist rothaarig. Herr N. fragt, sobald er den Namen gehört hat: *Ist das nicht der rote Fadian, der sich durch die Geschichte der Napoleoniden zieht?*

Um die Technik dieses Witzes zu finden, müssen wir auf ihn jenes Reduktionsverfahren anwenden, welches den Witz durch Änderung des Ausdruckes aufhebt und dafür den ursprünglichen vollen Sinn wieder einsetzt, wie er sich aus einem guten Witz mit Sicherheit erraten läßt. Der Witz des Herrn N. vom roten Fadian ist aus zwei Komponenten hervorgegangen, aus einem absprechenden Urteil über den Schriftsteller und aus der Reminiszenz an das berühmte Gleichnis, mit welchem *Goethe* die Auszüge: *Aus Ottiliens Tagebuche* in den *Wahlverwandtschaften* einleitet.[7] Die unmutige Kritik mag gelautet haben: Das also ist der

---

[6] Ob ich ein Recht dazu habe? Ich bin wenigstens nicht durch eine Indiskretion zur Kenntnis dieser Witze gekommen, die in dieser Stadt (Wien) allgemein bekannt sind und in jedermanns Munde gefunden werden. Eine Anzahl derselben hat *Ed. Hanslick* in der *Neuen Freien Presse* und in seiner Autobiographie der Öffentlichkeit übergeben. Für die bei mündlicher Tradition kaum vermeidlichen Entstellungen, die etwa die anderen betroffen hätten, bitte ich um Entschuldigung.

[7] „Wir hören von einer besonderen Einrichtung in der englischen Marine. Sämtliche Tauwerke

Mensch, der ewig und immer wieder nur langweilige Feuilletons über *Napoleon* in Österreich zu schreiben weiß! Diese Äußerung ist nun gar nicht witzig. Auch der schöne Vergleich *Goethes* ist kein witziger und ganz gewiß nicht geeignet, uns zum Lachen zu bringen. Erst wenn diese beiden in Beziehung zueinander gesetzt werden und dem eigentümlichen Verdichtungs- und Verschmelzungsprozeß unterliegen, entsteht ein Witz, und zwar von erstem Range.[8]

Die Verkürzung zwischen dem schimpflichen Urteil über den langweiligen Geschichtsschreiber und dem schönen Gleichnis in den Wahlverwandtschaften muß sich aus Gründen, die ich hier noch nicht verständlich machen kann, auf weniger einfache Weise hergestellt haben als in vielen ähnlichen Fällen. Ich werde es versuchen, den vermutlichen wirklichen Hergang durch folgende Konstruktion zu ersetzen. Zunächst mag das Element der beständigen Wiederkehr desselben Themas bei Herrn N. eine leise Reminiszenz an die bekannte Stelle der Wahlverwandtschaften geweckt haben, die ja zumeist fälschlich mit dem Wortlaut „*es zieht sich wie ein roter Faden*“ zitiert wird. Der „rote Faden“ des Gleichnisses übt nun eine verändernde Wirkung auf den Ausdruck des ersten Satzes aus, infolge des zufälligen Umstandes, daß auch der Geschmähte *rot*, nämlich *rothaarig* ist. Es mag nun gelautet haben: *Also dieser rote Mensch ist es, der die langweiligen Feuilletons über Napoleon schreibt.* Nun griff der Prozeß ein, der die Verdichtung beider Stücke zu einem bezweckte. Unter dem Drucke desselben, der in der Gleichheit des Elements „*rot*“ den ersten Stützpunkt gefunden hatte, assimilierte sich das „*langweilig*“ dem „*Faden*“ und verwandelte sich in „*fad*“, und nun konnten die beiden Komponenten verschmelzen zu dem Wortlaut des Witzes, an welchem diesmal das Zitat fast mehr Anteil hat als das gewiß ursprünglich allein vorhandene schmähende Urteil.

„Also dieser *rote* Mensch ist es, der das *fade* Zeug über N.
schreibt.
Der *rote* *Faden*, der sich durch
alles hindurchzieht.

Ist das nicht der rote Fadian, der sich durch die Geschichte der N. zieht?“

---

der königlichen Flotte, vom stärksten bis zum schwächsten, sind dergestalt gesponnen, daß ein *roter Faden* durch das Ganze durchgeht, den man nicht herauswinden kann, ohne alles aufzulösen, und auch die kleinsten Stücke kenntlich sind, daß sie der Krone gehören. Ebenso zieht sich durch Ottiliens Tagebuch ein Faden der Neigung und Anhänglichkeit, der alles verbindet und das Ganze bezeichnet.“(20. Band der Sophien-Ausgabe, S. 212.)

8 Wie wenig diese regelmäßig zu wiederholende Beobachtung mit der Behauptung stimmt, der Witz sei ein spielendes Urteil, brauche ich nur anzudeuten.

Eine Rechtfertigung, aber auch eine Korrektur dieser Darstellung werde ich in einem späteren Abschnitt geben, wenn ich diesen Witz von anderen als bloß formalen Gesichtspunkten her analysieren darf. Was immer aber an ihr zweifelhaft sein möge, die Tatsache, daß hier eine Verdichtung vorgefallen ist, kann nicht in Zweifel gezogen werden. Das Ergebnis der Verdichtung ist einerseits wiederum eine erhebliche Verkürzung, anderseits, anstatt einer auffälligen Mischwortbildung vielmehr eine Durchdringung der Bestandteile beider Komponenten. „*Roter Fadian*" wäre immerhin als bloßes Schimpfwort existenzfähig; es ist in unserem Falle sicherlich ein Verdichtungsprodukt.

Wenn nun an dieser Stelle zuerst ein Leser unwillig würde über eine Betrachtungsweise, die ihm das Vergnügen am Witz zu zerstören droht, ohne ihm aber die Quelle dieses Vergnügens aufklären zu können, so würde ich ihn zunächst um Geduld bitten. Wir stehen erst bei der Technik des Witzes, deren Untersuchung ja auch Aufschlüsse verspricht, wenn wir sie erst weit genug ausgedehnt haben.

Wir sind durch die Analyse des letzten Beispiels vorbereitet darauf, daß, wenn wir dem Verdichtungsvorgang noch in anderen Beispielen begegnen, der Ersatz des Unterdrückten nicht in einer Mischwortbildung, sondern auch in einer anderen Abänderung des Ausdrucks gegeben sein könne. Worin dieser andersartige Ersatz bestehen mag, wollen wir aus anderen Witzen des Herrn N. lernen.

„*Ich bin tête-à-bête mit ihm gefahren.*" Nichts leichter als diesen Witz zu reduzieren. Offenbar kann es dann nur heißen: Ich bin *tête-à-tête* mit dem X. gefahren, und der X. ist ein dummes *Vieh.*

Keiner der beiden Sätze ist witzig. Oder in einen Satz zusammengezogen: *Ich bin tête-à-tête mit dem dummen Vieh von X. gefahren*, was ebensowenig witzig ist. Der Witz stellt sich erst her, wenn das „*dumme Vieh*" weggelassen wird und zum Ersatz dafür das eine *tête* sein *t* in *b* verwandelt, mit welcher geringen Modifikation das erst unterdrückte „Vieh" doch wieder zum Ausdruck gelangt. Man kann die Technik dieser Gruppe von Witzen beschreiben als *Verdichtung mit leichter Modifikation* und ahnt, daß der Witz um so besser sein wird, je geringfügiger die Modifikation ausfällt.

Ganz ähnlich, obwohl nicht unkompliziert, ist die Technik eines anderen Witzes. Herr N. sagt im Wechselgespräch über eine Person, an der manches zu rühmen und vieles auszusetzen ist: *Ja, die Eitelkeit ist eine seiner vier Achillesfersen.*[9] Die leichte Modifikation besteht hier darin, daß anstatt der *einen Achillesferse*, die

[9] Dasselbe Witzwort soll schon vorher von H. Heine auf Alfred de Musset geprägt worden sein.

man ja auch beim Helden zugestehen muß, deren *vier* behauptet werden. Vier Fersen, also vier Füße hat aber nur das Vieh. Somit haben die beiden im Witz verdichteten Gedanken gelautet:

„*Y. ist bis auf seine Eitelkeit ein hervorragender Mensch; aber ich mag ihn doch nicht, er ist doch eher ein Vieh als ein Mensch.*“[10] Ähnlich, nur viel einfacher, ist ein anderer Witz, den ich in einem Familienkreise *in statu nascendi* zu hören bekam. Von zwei Brüdern, Gymnasiasten, ist der eine ein vortrefflicher, der andere ein recht mittelmäßiger Schüler. Nun passiert auch dem Musterknaben einmal ein Unfall in der Schule, den die Mutter zur Sprache bringt, um der Besorgnis Ausdruck zu geben, das Ereignis könne den Anfang einer dauernden Verschlechterung bedeuten. Der bisher durch seinen Bruder verdunkelte Knabe greift diesen Anlaß bereitwillig auf. Ja, sagt er, *Karl geht auf allen Vieren zurück.*

Die Modifikation besteht hier in einem kleinen Zusatz zur Versicherung, daß der andere auch nach seinem Urteil zurückgeht. Diese Modifikation vertritt und ersetzt aber ein leidenschaftliches Plädoyer für die eigene Sache: Überhaupt müßt ihr nicht glauben, daß er darum soviel gescheiter ist als ich, weil er in der Schule besseren Erfolg hat. Er ist doch nur ein dummes Vieh, d. h. viel dümmer, als ich bin.

Ein schönes Beispiel von Verdichtung mit leichter Modifikation zeigt ein anderer sehr bekannter Witz des Herrn N., der von einer im öffentlichen Leben stehenden Persönlichkeit behauptete, *sie habe eine große Zukunft hinter sich.* Es war ein jüngerer Mann, auf den dieser Witz zielte, der durch seine Abstammung, Erziehung und seine persönlichen Eigenschaften berufen erschien, dereinst die Führung einer großen Partei zu übernehmen und an ihrer Spitze zur Regierung zu gelangen. Aber die Zeiten änderten sich, die Partei wurde regierungsunfähig, und nun ließ sich vorhersehen, daß auch der zu ihrem Führer prädestinierte Mann es zu nichts bringen werde. Die kürzeste reduzierte Fassung, durch die man diesen Witz ersetzen könnte, würde lauten: *Der Mann hat eine große Zukunft vor sich gehabt, mit der ist es aber jetzt aus.* Anstatt des „*gehabt*“ und des Nachsatzes die kleine Veränderung im Hauptsatze, daß das „*vor*“ durch ein „*hinter*“, sein Gegenteil, abgelöst wird.[11]

---

[10] Eine der Komplikationen der Technik dieses Beispiels liegt darin, daß die Modifikation, durch welche sich die ausgelassene Schmähung ersetzt, als *Anspielung* auf diese letztere zu bezeichnen ist, da sie erst über einen Schlußprozeß zu ihr hinführt. Über ein anderes Moment, welches hier die Technik kompliziert, s. u.

[11] An der Technik dieses Witzes wirkt noch ein anderes Moment mit, welches ich mir später anzuführen aufspare. Es betrifft den inhaltlichen Charakter der Modifikation (Darstellung durch das Gegenteil, Widersinn). Die Witztechnik ist durch nichts behindert, sich mehrerer Mittel gleichzeitig zu bedienen, die wir aber nur der Reihe nach kennenlernen können.

Fast der nämlichen Modifikation bediente sich Herr N. im Falle eines Kavaliers, der Ackerbauminister geworden war ohne anderes Anrecht, als daß er selbst Landwirtschaft betrieb. Die öffentliche Meinung hatte Gelegenheit, ihn als den mindest begabten, der je mit diesem Amt betraut gewesen, zu erkennen. Als er aber das Amt niedergelegt und sich auf seine landwirtschaftlichen Interessen zurückgezogen hatte, sagte Herr N. von ihm:

Er ist, wie Cincinnatus, auf seinen Platz vor dem Pflug zurückgekehrt.

Der Römer, den man auch von der Landwirtschaft weg zum Amt berufen hatte, nahm seinen Platz *hinter* dem Pflug wieder ein. Vor dem Pflug ging damals wie heute nur – der Ochs.

Eine gelungene Verdichtung mit leiser Modifikation ist es auch, wenn *Karl Kraus* von einem sogenannten Revolverjournalisten mitteilt, er sei mit dem *Orienterpreßzug* in eines der Balkanländer gefahren. Gewiß treffen in diesem Wort die beiden anderen „*Orientexpreßzug*“ und „*Erpressung*“ zusammen. Infolge des Zusammenhanges macht sich das Element „Erpressung“ nur als Modifikation des vom Verbum geforderten „Orientexpreßzuges“ geltend. Dieser Witz hat für uns, indem er einen Druckfehler vorspiegelt, noch ein anderes Interesse.

Wir könnten die Reihe dieser Beispiele leicht um weitere vermehren, aber ich meine, wir bedürfen keiner neuen Fälle, um die Charaktere der Technik in dieser zweiten Gruppe, Verdichtung mit Modifikation, sicher zu erfassen. Vergleichen wir nun die zweite Gruppe mit der ersten, deren Technik in Verdichtung mit Mischwortbildung bestand, so sehen wir leicht ein, daß die Unterschiede nicht wesentliche und die Übergänge fließend sind. Die Mischwortbildung wie die Modifikation unterordnen sich dem Begriff der Ersatzbildung, und, wenn wir wollen, können wir die Mischwortbildung auch als Modifikation des Grundwortes durch das zweite Element beschreiben.

Wir dürfen aber hier einen ersten Halt machen und uns fragen, mit welchem aus der Literatur bekannten Moment sich unser erstes Ergebnis ganz oder teilweise deckt. Offenbar mit dem der Kürze, die *Jean Paul* die Seele des Witzes nennt (s. o. S. 37). Die Kürze ist nun nicht an sich witzig, sonst wäre jeder Lakonismus ein Witz. Die Kürze des Witzes muß von besonderer Art sein. Wir erinnern uns, daß *Lipps* versucht hat, die Besonderheit der Witzkürzung näher zu beschreiben (s. S. 37). Hier hat nun unsere Untersuchung eingesetzt und nachgewiesen, daß die Kürze des Witzes oftmals das Ergebnis eines besonderen Vorganges ist, der im Wortlaut des Witzes eine zweite Spur, die Ersatzbildung, hinterlassen hat. Bei der Anwendung des Reduktionsverfahrens, welches den eigentümlichen Verdichtungsvorgang rückgängig zu machen beabsichtigt, finden wir aber auch, daß der Witz nur an dem wörtlichen Ausdruck hängt, welcher durch den Verdichtungsvorgang hergestellt wird. Natürlich wendet sich jetzt unser volles Interesse diesem sonderbaren und bisher fast nicht gewürdigten Vorgang zu. Wir können auch noch gar nicht verstehen, wie aus ihm all das Wertvolle des Witzes, der Lustgewinn, den der Witz uns bringt, entstehen kann.

Sind ähnliche Vorgänge, wie wir sie hier als Technik des Witzes beschrieben haben, auf irgendeinem anderen Gebiete des seelischen Geschehens schon bekannt geworden? Allerdings, auf einem einzigen und scheinbar recht weit abliegenden. Im Jahre 1900 habe ich ein Buch veröffentlicht, welches, wie sein Titel (*Die Traumdeutung*) besagt, den Versuch macht, das Rätselhafte des Traumes aufzuklären und ihn als Abkömmling normaler seelischer Leistung hinzustellen. Ich finde dort Anlaß, den *manifesten*, oft sonderbaren, *Trauminhalt* in Gegensatz zu bringen zu den *latenten*, aber völlig korrekten *Traumgedanken*, von denen er abstammt, und gehe auf die Untersuchung der Vorgänge ein, welche aus den latenten Traumgedanken den Traum machen, sowie der psychischen Kräfte, die bei dieser Umwandlung beteiligt sind. Die Gesamtheit der umwandelnden Vorgänge nenne ich die *Traumarbeit*, und als ein Stück dieser Traumarbeit habe ich einen Verdichtungsvorgang beschrieben, der mit dem der Witztechnik die größte Ähnlichkeit zeigt, wie dieser zur Verkürzung führt und Ersatzbildungen von gleichem Charakter schafft. Jedem werden aus eigener Erinnerung an seine Träume die Mischgebilde von Personen und auch von Objekten bekannt sein, die in den Träumen auftreten; ja, der Traum bildet auch solche von Worten, die sich dann in der Analyse zerlegen lassen (z. B. Autodidasker = Autodidakt + Lasker). Andere Male, und zwar noch viel häufiger, werden von der Verdichtungsarbeit des Traumes nicht Mischgebilde erzeugt, sondern Bilder, die völlig einem Objekt oder einer Person gleichen bis auf eine Zutat oder Abänderung, die aus anderer Quelle stammt, also Modifikationen ganz wie die in den Witzen des Herrn N. Wir können nicht bezweifeln, daß wir hier wie dort den nämlichen psychischen Prozeß vor uns haben, den wir an den identischen Leistungen erkennen dürfen. Eine so weitgehende Analogie der Witztechnik mit der Traumarbeit wird gewiß unser Interesse für die erstere steigern und die Erwartung in uns rege machen, aus einem Vergleich von Witz und Traum manches zur Aufklärung des Witzes zu ziehen. Aber wir enthalten uns, auf diese Arbeit einzugehen, indem wir uns sagen, daß wir die Technik erst bei einer sehr geringen Zahl von Witzen erforscht haben, so daß wir nicht wissen können, ob die Analogie, deren Leitung wir uns überlassen wollen, auch vorhalten wird. Wir wenden uns also von dem Vergleich mit dem Traume ab und kehren zur Witztechnik zurück, lassen an dieser Stelle unserer Untersuchung gleichsam einen Faden heraushängen, den wir vielleicht später wieder aufnehmen werden.

Das nächste, was wir erfahren wollen, ist, ob der Vorgang der Verdichtung mit Ersatzbildung bei allen Witzen nachweisbar ist, so daß er als der allgemeine Charakter der Witztechnik bezeichnet werden kann.

Ich erinnere mich da an einen Witz, der mir infolge besonderer Umstände im Gedächtnis geblieben ist. Einer der großen Lehrer meiner jungen Jahre, den wir für unbefähigt hielten, einen Witz zu schätzen, wie wir auch nie einen eigenen Witz von ihm gehört hatten, kam eines Tages lachend in das Institut und gab bereitwilliger als sonst Bescheid über den Anlaß seiner heiteren Stimmung. „Ich habe da einen vorzüglichen Witz gelesen. In einem Pariser Salon wurde ein junger Mann eingeführt, der ein Verwandter des großen *J. J. Rousseau* sein sollte und auch diesen Namen trug. Er war überdies rothaarig. Er benahm sich aber so ungeschickt, daß die Dame des Hauses zu dem Herrn, der ihn eingeführt, als Kritik äußerte: „ *Vous m'avez fait connaître un jeune homme roux et sot, mais non pas un Rousseau.*“ Und er lachte von neuem.

Dies ist nach der Nomenklatur der Autoren ein Klangwitz, und zwar niedriger Sorte, einer, der mit dem Eigennamen spielt, etwa wie der Witz in der Kapuzinade aus Wallensteins Lager, die bekanntlich der Manier des *Abraham a Santa Clara* nachgebildet ist:

„Läßt sich nennen den *Wallenstein*,
ja freilich ist er uns *allen* ein *Stein*
des Anstoßes und Ärgernisses“[12]

Welches ist aber die Technik dieses Witzes?

Da zeigt es sich, daß der Charakter, welchen wir vielleicht hofften allgemein nachzuweisen, schon bei dem ersten neuen Fall versagt. Es liegt hier keine Auslassung, kaum eine Verkürzung vor. Die Dame sagt im Witze selbst fast alles aus, was wir ihren Gedanken unterlegen können. „Sie haben mich auf einen Verwandten von *J. J. Rousseau* gespannt gemacht, vielleicht einen Geistesverwandten, und siehe da, es ist ein rothaariger dummer Junge, ein *roux et sot.*“ Ich habe da allerdings einen Zusatz, eine Einschaltung machen können, aber dieser Reduktionsversuch hebt den Witz nicht auf. Er bleibt und haftet an dem Gleichklang von

$$\frac{\text{Rousseau}}{\text{roux sot.}}$$

[12] Daß dieser Witz infolge eines anderen Moments doch einer höheren Einschätzung würdig ist, kann erst an späterer Stelle gezeigt werden.

Damit ist nun erwiesen, daß die Verdichtung mit Ersatzbildung an dem Zustandekommen dieses Witzes keinen Anteil hat.

Was aber sonst? Neue Versuche zur Reduktion können mich belehren, daß der Witz so lange resistent bleibt, bis der Name *Rousseau* durch einen anderen ersetzt wird. Ich setze z. B. anstatt desselben *Racine* ein und sofort hat die Kritik der Dame, die ebenso möglich bleibt wie vorhin, jede Spur von Witz eingebüßt. Nun weiß ich, wo ich die Technik dieses Witzes zu suchen habe, kann aber noch über deren Formulierung schwanken; ich will folgende versuchen: Die Technik des Witzes liegt darin, daß ein und dasselbe Wort – der Name – in *zweifacher Verwendung* vorkommt, einmal als Ganzes und dann in seine Silben zerteilt wie in einer Scharade.

Ich kann einige wenige Beispiele anführen, die in ihrer Technik mit diesem identisch sind.

Mit einem auf die gleiche Technik der zweifachen Verwendung beruhenden Witz soll sich eine italienische Dame für eine taktlose. Bemerkung des ersten *Napoleon* gerächt haben. Er sagte ihr auf einem Hofballe, auf ihre Landsleute deutend: „*Tutti gli Italiani danzano si male*", und sie erwiderte schlagfertig: „*Non tutti, ma buona parte.*"(*Brill*, l. c.)

(Nach *Th. Vischer* und *K. Fischer*.) Als in Berlin einmal die *Antigone* aufgeführt wurde, fand die Kritik, daß die Aufführung des antiken Charakters entbehrt habe. Der Berliner Witz machte sich diese Kritik in folgender Weise zu eigen: *Antik? Oh, nee.*

In ärztlichen Kreisen ist ein analoger Zerteilungswitz heimisch. Wenn man einen seiner jugendlichen Patienten befragte, ob er sich je mit der Masturbation befaßt habe, würde man gewiß keine andere Antwort hören als: *O na, nie.*

In allen drei Beispielen, die für die Gattung genügen mögen, dieselbe Technik des Witzes. Ein Name wird in ihnen zweimal verwendet, das eine Mal ganz, das andere Mal in seine Silben zerteilt, in welcher Zerteilung seine Silben einen gewissen anderen Sinn ergeben.[13]

---

[13] Die Güte dieser Witze beruht darauf, daß gleichzeitig ein anderes Mittel der Technik von weit höherer Ordnung zur Anwendung gekommen ist (s. u.). – An dieser Stelle kann ich übrigens auch auf eine Beziehung des Witzes zum Rätsel aufmerksam machen. Der Philosoph *Fr. Brentano* hat eine Gattung von Rätseln gedichtet, in denen eine kleine Anzahl von Silben zu erraten ist, die, zu einem Worte vereinigt, oder so oder anders zusammengefaßt, einen anderen Sinn ergeben, z. B.:

... ließ mich das *Platanenblatt* ahnen

oder:

wie du dem Inder hast verschrieben, in der Hast verschrieben?

Die zu erratenden Silben werden im Zusammenhang des Satzes durch das entsprechend oft zu wiederholende Füllwort *dal* ersetzt. Ein Kollege des Philosophen übte eine geistreiche

Die mehrfache Verwendung desselben Wortes einmal als eines Ganzen und dann der Silben, in die es sich zerfällen läßt, war der erste Fall einer von der Verdichtung abweichenden Technik, der uns begegnet ist. Nach kurzer Besinnung müssen wir aber aus der Fülle der uns zuströmenden Beispiele erraten, daß die neu aufgefundene Technik kaum auf dieses Mittel beschränkt sein dürfte. Es gibt offenbar eine zunächst noch gar nicht übersehbare Anzahl von Möglichkeiten, wie man dasselbe Wort oder dasselbe Material von Worten zur mehrfachen Verwendung in einem Satze ausnützen kann. Sollten uns alle diese Möglichkeiten als technische Mittel des Witzes entgegentreten? Es scheint so zu sein; die nachfolgenden Beispiele von Witzen werden es erweisen.

Man kann zunächst dasselbe Material von Worten nehmen und nur etwas an der Anordnung derselben ändern. Je geringer die Abänderung ist, je eher man den Eindruck empfängt, verschiedener Sinn sei doch mit denselben Worten gesagt worden, desto besser ist in technischer Hinsicht der Witz.

D. Spitzer (*Wiener Spaziergänge*, I. Bd., S. 280):

„Das Ehepaar X lebt auf ziemlich großem Fuße. Nach der Ansicht der einen soll der Mann *viel verdient* und sich *dabei etwas zurückgelegt* haben, nach anderen wieder soll sich die Frau *etwas zurückgelegt* und dabei *viel verdient* haben."

Ein geradezu diabolisch guter Witz! Und mit wie geringen Mitteln er hergestellt ist! Viel verdient – sich etwas zurückgelegt, sich etwas zurückgelegt – viel verdient; es ist eigentlich nichts als eine Umstellung dieser beiden Phrasen, wodurch sich das vom Manne Ausgesagte von dem über die Frau Angedeuteten unterscheidet. Allerdings ist dies auch hier wiederum nicht die ganze Technik dieses Witzes.[14]

Ein reicher Spielraum eröffnet sich der Witztechnik, wenn man die „*mehrfache Verwendung des gleichen Materials*" dahin ausdehnt, daß das Wort – oder die Worte –, an denen der Witz haftet, das eine Mal unverändert, das andere Mal mit einer *kleinen Modifikation* gebraucht werden dürfe.

Z. B. ein anderer Witz des Herrn N. :

Rache, als er von der Verlobung des in reiferen Jahren stehenden Mannes hörte, indem er fragte: *Daldaldal daldaldal? (Brentano brennt-a-no?)*

Was macht den Unterschied zwischen diesen *Daldal*-Rätseln und den obenstehenden Witzen? Daß in ersteren die Technik als Bedingung angegeben ist und der Wortlaut erraten werden soll, während in den Witzen der Wortlaut mitgeteilt und die Technik versteckt ist.

14 Ebensowenig wie in dem vortrefflichen, bei Brill angeführten Witz von Oliver Wendell Holmes: „*Put not your trust in money, but put your money in trust.*" Es wird hier ein Widerspruch angekündigt, der nicht erfolgt. Der zweite Teil des Satzes nimmt diesen Widerspruch zurück. Übrigens ein gutes Beispiel für die Unübersetzbarkeit der Witze von solcher Technik.

Er hört von einem Herrn, der selbst als Jude geboren ist, eine gehässige Äußerung über jüdisches Wesen. „Herr Hofrat“, meint er, „Ihr *Antesemitismus* war mir bekannt, Ihr *Antisemitismus* ist mir neu.“

Hier ist nur ein einziger Buchstabe verändert, dessen Modifikation bei sorgloser Aussprache kaum bemerkt wird. Das Beispiel erinnert an die anderen Modifikationswitze des Herrn N., aber zum Unterschiede von ihnen fehlt ihm die Verdichtung; es ist im Witze selbst alles gesagt, was gesagt werden soll. „Ich weiß, daß Sie früher selbst Jude waren; es wundert mich also, daß gerade Sie über Juden schimpfen.“

Ein vortreffliches Beispiel eines solchen Modifikationswitzes ist auch der bekannte Ausruf: *Traduttore – Traditore*!

Die fast bis zur Identität gehende Ähnlichkeit der beiden Worte ergibt eine sehr eindrucksvolle Darstellung der Notwendigkeit, die den Übersetzer zum Frevler an seinem Autor werden läßt.[15]

Die Mannigfaltigkeit der möglichen leisen Modifikationen ist bei diesen Witzen so groß, daß keiner mehr ganz dem anderen gleicht.

Hier ein Witz, der sich bei einem rechtswissenschaftlichen Examen zugetragen haben soll! Der Kandidat soll eine Stelle des Corpus juris übersetzen. „*Labeo ait*“... *Ich falle, sagt er... Sie fallen, sag' ich*, erwidert der Prüfer, und die Prüfung ist zu Ende. Wer den Namen des großen Rechtsgelehrten für eine, zudem falsch erinnerte, Vokabel verkennt, verdient freilich nichts Besseres. Aber die Technik des Witzes liegt in der Verwendung fast der nämlichen Worte, welche die Unwissenheit des Geprüften bezeugen, zu seiner Bestrafung durch den Prüfer. Der Witz ist außerdem ein Beispiel von „Schlagfertigkeit“, deren Technik, wie sich zeigen lassen wird, von der hier erläuterten nicht viel absteht.

Worte sind ein plastisches Material, mit dem sich allerlei anfangen läßt. Es gibt Worte, welche in gewissen Verwendungen die ursprüngliche volle Bedeutung eingebüßt haben, deren sie sich in anderem Zusammenhange noch erfreuen. In einem Witz von *Lichtenberg* sind gerade jene Verhältnisse herausgesucht, unter denen die abgeblaßten Worte ihre volle Bedeutung wieder bekommen müssen.

„*Wie geht's*?“ fragte der Blinde den *Lahmen*. „Wie Sie *sehen*“, antwortete der Lahme dem *Blinden*.

Es gibt im Deutschen auch Worte, die in anderem Sinne *voll* und *leer* genommen werden können, und zwar in mehr als nur einem. Es können nämlich zwei verschiedene Abkömmlinge desselben Stammes, das eine sich zu einem Worte mit voller Bedeutung, das andere sich zu einer abgeblaßten End- oder Anhängesilbe entwickelt haben, und beide doch vollkommen gleich lauten. Der Gleich-

[15] Brill zitiert einen ganz analogen Modifikationswitz: *Amantes amentes* (Verliebte = Narren).

laut zwischen einem vollen Wort und einer abgeblaßten Silbe mag auch ein zufälliger sein. In beiden Fällen kann die Witztechnik aus solchen Verhältnissen des Sprachmaterials Nutzen ziehen.

Schleiermacher wird z. B. ein Witz zugeschrieben, der uns als fast reines Beispiel solcher technischen Mittel wichtig ist: *Eifersucht* ist eine *Leidenschaft*, die mit *Eifer sucht*, was *Leiden schafft*.

Dies ist unstreitig witzig, wiewohl nicht gerade kräftig als Witz. Es fallen hier eine Menge von Momenten weg, die uns bei der Analyse anderer Witze irremachen können, solange wir jeden von ihnen vereinzelt in Untersuchung ziehen. Der im Wortlaut ausgedrückte Gedanke ist wertlos; er gibt jedenfalls eine recht ungenügende Definition der Eifersucht. Von „Sinn im Unsinn“, „verborgenem Sinn“, „Verblüffung und Erleuchtung“ ist keine Rede. Einen Vorstellungskontrast wird man mit der größten Anstrengung nicht herausfinden, einen Kontrast zwischen den Worten und dem, was sie bedeuten, nur mit großem Zwang. Von einer Verkürzung ist nichts zu finden; der Wortlaut macht im Gegenteil den Eindruck der Weitschweifigkeit. Und doch ist es ein Witz, selbst ein sehr vollkommener. Sein einzig auffälliger Charakter ist gleichzeitig derjenige, mit dessen Aufhebung der Witz verschwindet, nämlich daß hier dieselben Worte eine mehrfache Verwendung erfahren. Man hat dann die Wahl, ob man diesen Witz jener Unterabteilung zurechnen will, in welcher Worte einmal ganz und das andere Mal zerteilt gebraucht werden (wie *Rousseau*, *Antigone*), oder jener anderen, in der die volle und die abgeblaßte Bedeutung von Wortbestandteilen die Mannigfaltigkeit herstellen. Außer diesem ist nur noch ein anderes Moment für die Technik des Witzes beachtenswert. Es ist hier ein ungewohnter Zusammenhang hergestellt, eine Art *Unifizierung* vorgenommen worden, indem die Eifersucht durch ihren eigenen Namen, gleichsam durch sich selbst definiert ist. Auch dies ist, wie wir hier hören werden, eine Technik des Witzes. Diese beiden Momente müssen also für sich hinreichend sein, einer Rede den gesuchten Charakter des Witzes zu geben.

Wenn wir uns nun in die Mannigfaltigkeit der „mehrfachen Verwendung“ desselben Wortes noch weiter einlassen, so merken wir mit einem Male, daß wir Formen von „Doppelsinn“ oder „Wortspiel“ vor uns haben, die als Technik des Witzes längst allgemein bekannt und gewürdigt sind. Wozu haben wir uns die Mühe gegeben, etwas neu zu entdecken, was wir aus der seichtesten Abhandlung über den Witz hätten entnehmen können? Wir können zu unserer Rechtfertigung zunächst nur anführen, daß wir an dem nämlichen Phänomen des sprachlichen Ausdrucks doch eine andere Seite hervorheben. Was bei den Autoren den „spielerischen“ Charakter des Witzes erweisen soll, fällt bei uns unter den Gesichtspunkt der „mehrfachen Verwendung“.

Die weiteren Fälle von mehrfacher Verwendung, die man auch als *Doppelsinn* zu einer neuen, dritten Gruppe vereinigen kann, lassen sich leicht in Unterabteilungen bringen, die freilich nicht durch wesentliche Unterscheidungen voneinander gesondert sind, ebensowenig wie die ganze dritte Gruppe von der zweiten. Da gibt es zunächst

a) die Fälle von Doppelsinn eines *Namens* und seiner *dinglichen Bedeutung*, z. B. „*Drück dich aus unserer Gesellschaft ab, Pistol*" (bei *Shakespeare*).

„Mehr *Hof* als *Freiung*", sagte ein witziger Wiener mit Beziehung auf mehrere schöne Mädchen, die seit Jahren viel gefeiert wurden und noch immer keinen Mann gefunden hatten. „Hof" und „Freiung" sind zwei aneinanderstoßende Plätze im Innern der Stadt Wien.

Heine: „Hier in Hamburg herrscht nicht der schändliche Macbeth, sondern hier herrscht *Banko*" (Banquo).

Wo der unveränderte Name nicht brauchbar – man könnte sagen: nicht mißbrauchbar – ist, kann man mittels einer der uns bekannten kleinen Modifikationen den Doppelsinn aus ihm gewinnen: „Weshalb haben die Franzosen den Lohengrin zurückgewiesen?" fragte man in nun überwundenen Zeiten. Die Antwort lautete: „*Elsa's* (*Elsaß*) wegen."

b) den Doppelsinn der *sachlichen* und *metaphorischen* Bedeutung eines Wortes, der eine ergiebige Quelle für die Witztechnik ist. Ich zitiere nur ein Beispiel: Ein als Witzbold bekannter ärztlicher Kollege sagte einmal zum Dichter *Arthur Schnitzler*: „Ich wundere mich nicht, daß du ein großer Dichter geworden bist. Hat doch schon dein Vater seinen Zeitgenossen den *Spiegel* vorgehalten." Der Spiegel, den der Vater des Dichters, der berühmte Arzt *Dr. Schnitzler*, gehandhabt, war der *Kehlkopfspiegel*; nach einem bekannten Ausspruch Hamlets ist es der Zweck des Schauspieles, also auch des Dichters, der es schafft, „der Natur gleichsam den Spiegel vorzuhalten: der Tugend ihre eigenen Züge, der Schmach ihr eigenes Bild und dem Jahrhundert und Körper der Zeit den Abdruck seiner Gestalt zu zeigen"(III., 2. Szene).

c) den eigentlichen Doppelsinn oder das *Wortspiel*, den sozusagen idealen Fall der mehrfachen Verwendung; dem Wort wird hier nicht Gewalt angetan, es wird nicht in seine Silbenbestandteile zerrissen, es braucht sich keiner Modifikation zu unterziehen, nicht die Sphäre, der es angehört, etwa als Eigenname, mit einer anderen zu vertauschen; ganz so wie es ist und im Gefüge des Satzes steht, darf es dank der Gunst gewisser Umstände zweierlei Sinn aussagen. Beispiele stehen hier reichlich zur Verfügung:

(Nach *K. Fischer*.) Eine der ersten Regentenhandlungen des letzten *Napoleon* war bekanntlich die Wegnahme der Güter der Orléans. Ein vortreffliches Wortspiel sagte damals: „*C'est le premier vol de l'aigle.*" „*Vol*" heißt *Flug*, aber auch *Raub*.

Ludwig XV. wünschte den Witz eines seiner Hofherren, von dessen Talent man ihm erzählt hatte, auf die Probe zu stellen; bei der ersten Gelegenheit befiehlt er dem Kavalier, einen Witz zu machen über ihn selbst; er selbst, der König, wolle „*Sujet*" dieses Witzes sein. Der Hofmann antwortete mit dem geschickten Bonmot: „*Le roi n'est pas sujet.*" „*Sujet*" heißt ja auch *Untertan.*

Der Arzt, der vom Krankenbett der Frau weggeht, sagt zu dem ihn begleitenden Ehemanne kopfschüttelnd: Die Frau *gefällt* mir nicht. Mir *gefällt* sie schon lange nicht, beeilt sich dieser zuzustimmen. Der Arzt bezieht sich natürlich auf den Zustand der Frau, er hat aber seine Besorgnis um die Kranke in solchen Worten ausgedrückt, daß der Mann in ihnen die Bestätigung seiner ehelichen Abneigung finden kann.

Von einer satirischen Komödie sagte *Heine:* „Diese Satire wäre nicht so *bissig* geworden, wenn der Dichter mehr zu *beißen* gehabt hätte." Dieser Witz ist eher ein Beispiel von metaphorischem und gemeinem Doppelsinn als ein richtiges Wortspiel, aber wem läge daran, hier an scharfen Grenzen festzuhalten?

Ein anderes gutes Wortspiel wird bei den Autoren (*Heymans, Lipps*) in einer Form erzählt, durch die ein Verständnis desselben verhindert wird.[16] Die richtige Fassung und Einkleidung fand ich unlängst in einer sonst wenig brauchbaren Sammlung von Witzen.[17]

„Saphir kam einst mit Rothschild zusammen. Sie hatten kaum ein Weilchen miteinander geplaudert, als Saphir sagte: ‚Hören Sie, Rothschild, meine Kasse ist dünn geworden, Sie könnten mir 100 Dukaten pumpen.' ‚Je nun', erwiderte Rothschild, ‚darauf soll es mir nicht ankommen, aber nur unter der Bedingung, daß Sie einen Witz machen.' ‚Darauf soll's mir ebenfalls nicht ankommen', ver-

---

[16] „‚Wenn Saphir', so sagt Heymans, ‚einem reichen Gläubiger, dem er einen Besuch abstattet, auf die Frage: Sie kommen wohl um die 300 Gulden, antwortet: Nein, Sie kommen um die 300 Gulden, so ist eben dasjenige, was er meint, in einer sprachlich vollkommen korrekten und auch keineswegs ungewöhnlichen Form ausgedrückt.' In der Tat ist es so: Die Antwort Saphirs ist *an sich betrachtet* in schönster Ordnung. Wir verstehen auch, was er sagen will, nämlich daß er seine Schuld nicht zu bezahlen beabsichtige. Aber Saphir gebraucht dieselben Worte, die vorher von seinem Gläubiger gebraucht wurden. Wir können also nicht umhin, sie auch in dem Sinne zu nehmen, in welchem sie von jenem gebraucht wurden. Und dann hat Saphirs Antwort gar keinen Sinn mehr. Der Gläubiger ‚kommt' ja überhaupt nicht. Er kann ja auch nicht um die 300 Gulden kommen, d. h.: er kann nicht kommen, um 300 Gulden zu bringen. Zudem hat er als Gläubiger nicht zu bringen, sondern zu fordern. Indem die Worte Saphirs in solcher Weise zugleich als Sinn und als Unsinn erkannt werden, entsteht die Komik" (Lipps, S. 97). Nach der obenstehenden, zur Aufklärung vollständig wiedergegebenen Fassung ist die Technik dieses Witzes weit einfacher, als Lipps meint. Saphir kommt nicht, um die 300 Gulden zu bringen, sondern um sie erst von dem Reichen zu holen. Somit entfallen die Erörterungen über „Sinn und Unsinn" in diesem Witz.

[17] *Das große Buch der Witze, gesammelt und herausgegeben von Willy Hermann.* Berlin 1904.

setzte Saphir. ‚Gut, so kommen Sie morgen auf mein Bureau.' Saphir stellte sich pünktlich ein. ‚Ach, sagte Rothschild, als er den Eintretenden gewahrte. *‚Sie kommen um Ihre 100 Dukaten.*' ‚Nein', erwiderte dieser, *‚Sie kommen um Ihre 100 Dukaten*, da es mir bis zum Jüngsten Tage nicht einfallen wird, sie wieder zu bezahlen.'"

„Was *stellen* diese Statuen *vor*?" fragt ein Fremder einen einheimischen Berliner angesichts einer Front von Denkmälern auf einem öffentlichen Platz. „Je nu", antwortet dieser, *„entweder das rechte oder das linke Bein.*"[18]

Heine in der Harzreise: „Auch sind mir in diesem Augenblicke nicht alle Studentennamen im Gedächtnisse, und unter den Professoren sind manche, die noch gar keinen *Namen* haben."

Wir üben uns vielleicht in der diagnostischen Differenzierung, wenn wir hier einen anderen allbekannten Professorenwitz anschließen. „Der Unterschied zwischen *ordentlichen* und *außerordentlichen* Professoren besteht darin, daß die *ordentlichen* nichts *außerordentliches* und die *außerordentlichen* nichts *ordentliches* leisten." Das ist gewiß ein Spiel mit den zwei Bedeutungen der Worte „ordentlich" und „außerordentlich", in und außer der *ordo* (dem Stande) einerseits und tüchtig, beziehungsweise hervorragend, anderseits. Die Übereinstimmung dieses Witzes aber mit anderen uns bekanntgewordenen Beispielen mahnt uns daran, daß hier die mehrfache Verwendung weit auffälliger ist als der Doppelsinn. Man hört ja in dem Satz nichts anderes als das immer wiederkehrende *„ordentlich"*, bald als solches, bald negativ modifiziert. Außerdem ist hier wiederum das Kunststück vollbracht, einen Begriff durch seinen Wortlaut zu definieren (vgl. Eifersucht ist eine Leidenschaft usw.), genauer beschrieben, zwei korrelative Begriffe durcheinander, wenn auch negativ, zu definieren, was eine kunstvolle Verschränkung ergibt. Endlich kann man den Gesichtspunkt der Unifizierung auch hier hervorheben, die Herstellung eines innigeren Zusammenhanges zwischen den Elementen der Aussage, als man nach deren Natur zu erwarten ein Recht hätte.

Heine in der Harzreise: „Der Pedell Sch. grüßte mich sehr kollegialisch, denn er ist ebenfalls Schriftsteller und hat meiner in seinen halbjährigen Schriften oft erwähnt; wie er mich denn auch außerdem oft *zitiert* hat, und wenn er mich nicht zu Hause fand, immer so gütig war, die *Zitation* mit Kreide auf meine Stubentür zu schreiben."

Der „Wiener Spaziergänger" *Daniel Spitzer* fand für einen sozialen Typus, der zur Zeit des Gründertums blühte, die lakonische, aber gewiß auch sehr witzige, biographische Charakteristik:

[18] Weiteres zur Analyse dieses Wortspiels siehe unten.

„*Eiserne* Stirne – *eiserne* Kasse – *eiserne* Krone.“(Letzteres ein Orden, mit dessen Verleihung der Adelsstand verknüpft war.) Eine ganz ausgezeichnete Unifizierung, alles gleichsam aus Eisen! Die verschiedenen, aber nicht sehr auffällig miteinander kontrastierenden Bedeutungen des Beiwortes „eisern“ ermöglichen diese „mehrfachen Verwendungen“.

Ein anderes Wortspiel mag uns den Übergang zu einer neuen Unterart der Doppelsinntechnik erleichtern. Der auf S. 51 erwähnte witzige Kollege ließ sich zur Zeit des Dreyfushandels den Witz zuschulden kommen:

„Dieses Mädchen erinnert mich an Dreyfus. Die Armee glaubt nicht an ihre *Unschuld*.“

Das Wort „Unschuld“, auf dessen Doppelsinn der Witz aufgebaut ist, hat in dem einen Zusammenhang den gebräuchlichen Sinn mit dem Gegensatz: Verschulden, Verbrechen, in dem anderen aber einen sexuellen Sinn, dessen Gegensatz sexuelle Erfahrung ist. Nun gibt es sehr viele derartige Beispiele von Doppelsinn, und in ihnen allen kommt es für die Wirkung des Witzes ganz besonders auf den sexuellen Sinn an. Man könnte für diese Gruppe etwa die Bezeichnung „*Zweideutigkeit*“ reservieren.

Ein ausgezeichnetes Beispiel solch eines zweideutigen Witzes ist der auf Seite 52 mitgeteilte von *D. Spitzer*:

„Nach der Ansicht der einen soll der Mann *viel verdient* und *sich dabei etwas zurückgelegt* haben, nach anderen wieder soll *sich* die Frau *etwas zurückgelegt* und dabei *viel verdient* haben.“

Vergleicht man aber dieses Beispiel von Doppelsinn mit Zweideutigkeit mit anderen, so fällt ein Unterschied ins Auge, der für die Technik nicht ganz belanglos ist. In dem Witz von der „Unschuld“ liegt der eine Sinn des Wortes unserem Erfassen ebenso nahe wie der andere; man wüßte wirklich nicht zu unterscheiden, ob die sexuelle oder die nichtsexuelle Bedeutung des Wortes die gebräuchlichere und uns vertrautere ist. Anders in dem Beispiel von *D. Spitzer*; in diesem ist der eine, banale, Sinn der Worte „sich etwas zurückgelegt“ der bei weitem aufdringlichere, verdeckt und versteckt gleichsam den sexuellen Sinn, der einem Arglosen etwa gar entgehen könnte. Setzen wir zum scharfen Gegensatz ein anderes Beispiel von Doppelsinn hin, in dem auf solches Verstecken der sexuellen Bedeutung verzichtet ist, z. B. *Heines* Charakterschilderung einer gefälligen Dame: „Sie konnte nichts *abschlagen* außer ihr Wasser.“ Es klingt wie eine Zote, der Eindruck des Witzes kommt kaum zur Geltung.[19] Nun kann

[19] Vgl. hiezu K. Fischer (S. 85), der für solche doppelsinnige Witze, in denen die beiden Bedeutungen nicht gleichmäßig im Vordergrunde stehen, sondern die eine hinter der anderen, den Namen „Zweideutigkeit“ beansprucht, den ich oben anders verwendet habe. Solche Namen-

die Eigentümlichkeit, daß die beiden Bedeutungen des Doppelsinnes uns nicht gleich nahe liegen, auch bei Witzen ohne sexuelle Beziehung vorkommen, sei es, daß der eine Sinn der an sich gebräuchlichere ist, sei es, daß er durch den Zusammenhang mit den anderen Teilen des Satzes vorangestellt wird (z. B. *c'est le premier vol de l'aigle*); alle diese Fälle schlage ich vor als *Doppelsinn mit Anspielung* zu bezeichnen.

Wir haben bis jetzt bereits eine so große Anzahl verschiedener Techniken des Witzes kennengelernt, daß ich fürchten muß, wir könnten die Übersicht über dieselben verlieren. Versuchen wir darum eine Zusammenstellung derselben:

I. Die Verdichtung:
- *a*) mit Mischwortbildung,
- *b*) mit Modifikation.

II. Die Verwendung des nämlichen Materials :
- *c*) Ganzes und Teile,
- *d*) Umordnung,
- *e*) leichte Modifikation,
- *f*) dieselben Worte voll und leer.

III. Doppelsinn:
- *g*) Name und Sachbedeutung,
- *h*) metaphorische und sachliche Bedeutung,
- *i*) eigentlicher Doppelsinn (Wortspiel),
- *k*) Zweideutigkeit,
- *l*) Doppelsinn mit Anspielung.

Diese Mannigfaltigkeit wirkt verwirrend. Sie könnte uns mißmutig werden lassen, daß wir uns gerade der Beschäftigung mit den technischen Mitteln des Witzes zugewendet haben, und könnte uns argwöhnen lassen, daß wir deren Bedeutung für eine Erkenntnis des Wesentlichen am Witze doch überschätzen. Stände dieser erleichternden Vermutung nicht die eine unabweisbare Tatsache im Wege, daß der Witz jedesmal aufgehoben ist, sobald wir die Leistung dieser Techniken im Ausdruck wegräumen! Wir werden also doch darauf hingewiesen, die Einheit in dieser Mannigfaltigkeit zu suchen. Es müßte möglich sein, alle diese Techniken unter einen Hut zu bringen. Die zweite und dritte Gruppe zu vereinigen ist nicht schwierig, wie wir uns schon gesagt haben. Der Doppelsinn,

---

gebung ist Sache des Übereinkommens, der Sprachgebrauch hat keine sichere Entscheidung getroffen.

das Wortspiel ist ja nur der ideale Fall von Verwendung des nämlichen Materials. Letzterer ist dabei offenbar der umfassendere Begriff. Die Beispiele von Zerteilung, Umordnung des gleichen Materials, mehrfacher Verwendung mit leichter Modifikation (*c, d, e*) würden sich dem Begriff des Doppelsinnes nicht ohne Zwang unterordnen. Aber welche Gemeinsamkeit gibt es zwischen der Technik der ersten Gruppe – Verdichtung mit Ersatzbildung – und jener der beiden anderen, mehrfache Verwendung des nämlichen Materials?

Nun, eine sehr einfache und deutliche, sollt' ich meinen. Die Verwendung des nämlichen Materials ist ja nur ein Spezialfall der Verdichtung; das Wortspiel ist nichts anderes als eine Verdichtung ohne Ersatzbildung; die Verdichtung bleibt die übergeordnete Kategorie. Eine zusammendrängende oder richtiger *ersparende* Tendenz beherrscht alle diese Techniken. Es scheint alles Sache der Ökonomie zu sein, wie Prinz Hamlet sagt *(Thrift, thrift, Horatio*!).

Machen wir die Probe auf diese Ersparnis an den einzelnen Beispielen. „*C'est le premier vol de l'aigle.*" Das ist der erste Flug des Adlers. Ja, aber es ist ein Raubausflug. *Vol* bedeutet zum Glück für die Existenz dieses Witzes sowohl „Flug" als auch „Raub". Ist dabei nichts verdichtet und erspart worden? Gewiß der ganze zweite Gedanke, und zwar ist er ohne Ersatz fallengelassen worden. Der Doppelsinn des Wortes *vol* macht solchen Ersatz überflüssig, oder ebenso richtig: Das Wort *vol* enthält den Ersatz für den unterdrückten Gedanken, ohne daß der erste Satz darum einen Zusatz oder eine Abänderung brauchte. Das eben ist die Wohltat des Doppelsinnes.

Ein anderes Beispiel : Eiserne Stirne – eiserne Kasse – eiserne Krone. Welch außerordentliche Ersparnis gegen eine Ausführung des Gedankens, in welcher der Ausdruck das „*eisern*" nicht gefunden hätte! „Mit der nötigen Frechheit und Gewissenlosigkeit ist es nicht schwer, ein großes Vermögen zu erwerben, und zur Belohnung für solche Verdienste bleibt natürlich der Adel nicht aus."

Ja, in diesen Beispielen ist die Verdichtung, also die Ersparnis, unverkennbar. Sie soll aber in allen nachweisbar sein. Wo steckt nun die Ersparnis in solchen Witzen wie *Rousseau – roux et sot*, *Antigone – antik? o – nee*, in denen wir zuerst die Verdichtung vermißt haben, die uns vor allem bewogen haben, die Technik der mehrfachen Verwendung des nämlichen Materials aufzustellen? Hier würden wir allerdings mit der Verdichtung nicht durchkommen, aber wenn wir diese mit dem ihr übergeordneten Begriff der „Ersparnis" vertauschen, geht es ohne Schwierigkeit. Was wir in den Beispielen Rousseau, Antigone usw. ersparen, ist leicht zu sagen. Wir ersparen es, eine Kritik zu äußern, ein Urteil zu bilden, beides ist im Namen selbst schon gegeben. Im Beispiel der Leidenschaft – Eifersucht ersparen wir es uns, eine Definition mühsam zusammenzustellen: Eifersucht, Leidenschaft und – Eifer sucht, Leiden schafft; die Füllworte dazu, und die Definition ist fertig. Ähnliches gilt für alle anderen bisher analysierten Beispiele. Wo am wenigsten erspart wird, wie in dem Wortspiel von Saphir: „Sie kommen um Ihre 100 Dukaten", da wird wenigstens erspart, den Wortlaut der Antwort neu zu bilden; der Wortlaut der Anrede genügt auch zur Antwort. Es ist wenig, aber nur in diesem Wenigen liegt der Witz. Die mehrfache Verwendung der nämlichen Worte zur Anrede wie zur Antwort gehört gewiß zum „Sparen". Ganz, wie Hamlet die rasche Aufeinanderfolge des Todes seines Vaters und der Hochzeit seiner Mutter aufgefaßt sehen will:

„Das Gebackene
Vom Leichenschmaus gab kalte Hochzeitsschüsseln."

Ehe wir aber die „Tendenz zur Ersparnis" als den allgemeinsten Charakter der Witztechnik annehmen und die Fragen stellen, woher sie stammt, was sie bedeutet und wieso der Lustgewinn des Witzes aus ihr entspringt, wollen wir einem Zweifel Raum gönnen, der ein Recht hat, angehört zu werden. Mag es sein, daß jede Witztechnik die Tendenz zeigt, mit dem Ausdruck zu sparen, aber die Beziehung ist nicht umkehrbar. Nicht jede Ersparung am Ausdruck, jede Kürzung, ist darum auch witzig. Wir standen schon einmal an dieser Stelle, damals als wir noch bei jedem Witz den Verdichtungsvorgang nachzuweisen hofften, und damals machten wir uns den berechtigten Einwand, ein Lakonismus sei noch kein Witz. Es müßte also eine besondere Art von Verkürzung und von Ersparnis sein, an welcher der Charakter des Witzes hinge, und solange wir diese Besonderheit nicht kennen, bringt uns die Auffindung des Gemeinsamen in der Witztechnik der Lösung unserer Aufgabe nicht näher. Außerdem finden wir den Mut zu bekennen, daß die Ersparungen, welche die Witztechnik macht, uns nicht zu imponieren vermögen. Sie erinnern vielleicht an die Art, wie manche Hausfrauen sparen, wenn sie, um einen entlegenen Markt aufzusuchen, Zeit und Geld für die Fahrt aufwenden, weil dort das Gemüse um einige Heller wohlfeiler zu haben ist. Was erspart sich der Witz durch seine Technik? Einige neue Worte zusammenzufügen, die sich meist mühelos ergeben hätten; anstatt dessen muß er sich die Mühe geben, das eine Wort aufzusuchen, welches ihm beide Gedanken deckt; ja, er muß oft erst den Ausdruck des einen Gedankens in eine nicht gebräuchliche Form umwandeln, bis diese ihm den Anhalt zur Zusammenfassung mit dem zweiten Gedanken ergeben kann. Wäre es nicht einfacher, leichter und eigentlich sparsamer gewesen, die beiden Gedanken so auszudrücken, wie es sich eben trifft, auch wenn dabei keine Gemeinsamkeit des Ausdruckes zustande kommt? Wird die Ersparnis an geäußerten Worten nicht durch den Aufwand an intellektueller Leistung mehr als aufgehoben? Und wer macht dabei die Ersparung, wem kommt sie zugute?

Wir können diesen Zweifeln vorläufig entgehen, wenn wir den Zweifel selbst an eine andere Stelle versetzen. Kennen wir wirklich bereits alle Arten der Witztechnik? Es ist sicherlich vorsichtiger, neue Beispiele zu sammeln und der Analyse zu unterziehen.

Wir haben in der Tat einer großen, vielleicht der zahlreichsten Gruppe von Witzen noch nicht gedacht und uns dabei vielleicht durch die Geringschätzung beeinflussen lassen, welche diesen Witzen zuteil geworden ist. Es sind die, welche gemeinhin *Kalauer* (*calembourgs*) genannt werden und für die niedrigste Abart des Wortwitzes gelten, wahrscheinlich, weil sie am „billigsten" sind, mit leichtester Mühe gemacht werden können. Und wirklich stellen sie den mindesten Anspruch an die Technik des Ausdrucks wie das eigentliche Wortspiel den höchsten. Wenn bei letzterem die beiden Bedeutungen in dem identischen und darum meist nur einmal gesetzten Wort ihren Ausdruck finden sollen, so genügt beim Kalauer, daß die zwei Worte für die beiden Bedeutungen durch irgendeine, aber unübersehbare Ähnlichkeit aneinander erinnern, sei es durch eine allgemeine Ähnlichkeit ihrer Struktur, einen reimartigen Gleichklang, die Gemeinsamkeit einiger anlautender Buchstaben u. dgl. Eine Häufung solcher, nicht ganz treffend „Klangwitze" benannter Beispiele findet sich in der Predigt des Kapuziners in Wallensteins Lager:

„Kümmert sich mehr um den *Krug* als den *Krieg*,
Wetzt lieber den *Schnabel* als den *Sabel*,
Frißt den *Ochsen* lieber als den *Oxenstirn*,
Der *Rheinstrom* ist geworden zu einem *Peinstrom*,
Die *Klöster* sind ausgenommene *Nester*,
Die *Bistümer* sind verwandelt in *Wüsttümer*,
Und alle die gesegneten deutschen *Länder*
Sind verkehrt worden in *Elender*."

Besonders gern modifiziert der Witz einen der Vokale des Wortes, z. B.: Von einem kaiserfeindlichen italienischen Dichter, der dann doch genötigt war, einen deutschen Kaiser in Hexametern zu besingen, sagt *Hevesi* (*Almanaccando, Bilder aus Italien*, S. 87): Da er die *Cäs**a**ren* nicht auszurotten vermag, merzt er wenigstens die *Cäs**u**ren* aus.

Bei der Fülle von Kalauern, die uns zur Verfügung stünden, hat es vielleicht noch ein besonderes Interesse, ein wirklich schlechtes Beispiel hervorzuheben, das *Heine* zur Last fällt. Nachdem er sich (*Buch Le Grand*, Kapit. V) durch lange Zeit vor seiner Dame als „indischer Prinz" gebärdet, wirft er dann die Maske ab und gesteht: „Madame! Ich habe Sie belogen... Ich war ebensowenig jemals in *Kalkutta* wie der *Kalkuten*braten, den ich gestern mittag gegessen." Offenbar liegt der Fehler dieses Witzes darin, daß die beiden ähnlichen Worte nicht mehr bloß ähnlich, sondern eigentlich identisch sind. Der Vogel, dessen Braten er gegessen, heißt so, weil er aus dem nämlichen Kalkutta stammt oder stammen soll.

K. Fischer hat diesen Formen des Witzes große Aufmerksamkeit geschenkt und will sie von den „Wortspielen" scharf getrennt wissen (S. 78). „Das *calembourg* ist das schlechte Wortspiel, denn es spielt mit dem Wort nicht als Wort, sondern als Klang." Das Wortspiel aber „geht von dem Klange des Wortes in das Wort selbst ein". Anderseits zählt er auch Witze wie „famillionär", Antigone (antik o nee) usw. zu den Klangwitzen. Ich sehe keine Nötigung, ihm hierin zu folgen. Auch im Wortspiel ist das Wort für uns nur ein Klangbild, mit dem sich dieser oder jener Sinn verbindet. Der Sprachgebrauch macht aber auch hier wieder keine scharfen Unterschiede, und wenn er den „Kalauer" mit Mißachtung, das „Wortspiel" mit einem gewissen Respekt behandelt, so scheinen diese Wertungen durch andere als technische Gesichtspunkte bedingt zu sein. Man achte einmal darauf, welcher Art die Witze sind, die man als „Kalauer" zu hören bekommt. Es gibt Personen, welche die Gabe besitzen, wenn sie in aufgeräumter Stimmung sind, durch längere Zeit jede an sie gerichtete Rede mit einem Kalauer zu beantworten. Einer meiner Freunde, sonst das Muster der Bescheidenheit, wenn seine ernsthaften Leistungen in der Wissenschaft in Rede stehen, pflegt dergleichen auch von sich zu rühmen. Als die Gesellschaft, die er einst so in Atem erhielt, der Verwunderung über seine Ausdauer Ausdruck gab, sagte er: „Ja, ich liege hier auf der *Ka-Lauer*", und als man ihn bat endlich aufzuhören, stellte er die Bedingung, daß man ihn zum *Poeta Ka-laureatus* ernenne. Beides sind aber vortreffliche Verdichtungswitze mit Mischwortbildung. (Ich liege hier auf der *Lauer,* um *Kalauer* zu machen.)

Jedenfalls aber entnehmen wir schon aus den Streitigkeiten über die Abgrenzung von Kalauer und Wortspiel, daß ersterer uns nicht zur Kenntnis einer völlig neuen Witztechnik verhelfen kann. Wenn beim Kalauer auch der Anspruch auf die mehrsinnige Verwendung des *nämlichen* Materials aufgegeben ist, so fällt doch der Akzent auf das Wiederfinden des Bekannten, auf die Übereinstimmung der beiden dem Kalauer dienenden Worte, und somit ist dieser nur eine Unterart der Gruppe, die im eigentlichen Wortspiel ihren Gipfel erreicht.

Es gibt aber wirklich Witze, deren Technik fast jegliche Anknüpfung an die der bisher betrachteten Gruppen vermissen läßt.

Man erzählt von *Heine*, daß er sich eines Abends in einem Pariser Salon mit dem Dichter *Soulié* befunden und unterhalten habe, unterdessen tritt einer jener Pariser Geldkönige in den Saal, die man nicht bloß um des Geldes willen mit Midas vergleicht, und sieht sich bald von einer Menge umringt, die ihn mit größter Ehrerbietung behandelt. „Sehen Sie doch", sagt *Soulié* zu *Heine*, „wie dort das neunzehnte Jahrhundert das goldene Kalb anbetet." Mit einem Blick auf den Gegenstand der Verehrung antwortet *Heine*, gleichsam berichtigend: „*Oh, der muß schon älter sein*"(*K. Fischer*, S. 82 f.).

Worin ist nun die Technik dieses ausgezeichneten Witzes gelegen? In einem Wortspiel, meint *K. Fischer*: „So kann z. B. das Wort ‚goldenes Kalb' den Mammon und auch den Götzendienst bedeuten, im ersten Falle ist das Gold, im zweiten das Tierbild die Hauptsache; es kann auch dazu dienen, um nicht eben schmeichelhaft jemand zu bezeichnen, der sehr viel Geld und sehr wenig Verstand hat"(S. 82). Wenn wir die Probe machen und den Ausdruck „goldenes Kalb" wegschaffen, heben wir allerdings auch den Witz auf. Wir lassen dann *Soulié* sagen: „Sehen Sie doch, wie die Leute den dummen Kerl umschwärmen, bloß weil er reich ist", und das ist freilich gar nicht mehr witzig. *Heines* Antwort wird dann auch unmöglich.

Aber wir wollen uns besinnen, daß es ja sich gar nicht um den etwa witzigen Vergleich *Souliés*, sondern um die Antwort *Heines* handelt, die gewiß weit witziger ist. Dann haben wir kein Recht, an die Phrase vom goldenen Kalb zu rühren, dieselbe bleibt als Voraussetzung für die Worte *Heines* bestehen, und die Reduktion darf nur diese letzteren betreffen. Wenn wir diese Worte: „Oh, der muß schon älter sein", ausführen, können wir sie nur etwa so ersetzen: „Oh, das ist kein Kalb mehr, das ist schon ein ausgewachsener Ochs." Für den Witz *Heines* erübrigte also, daß er das „goldene Kalb" nicht mehr metaphorisch, sondern persönlich genommen, auf den Geldmenschen selbst bezogen hätte. Wenn dieser Doppelsinn nicht etwa schon in der Meinung *Souliés* enthalten war!

Wie aber? Nun glauben wir zu bemerken, daß diese Reduktion den Witz *Heines* nicht völlig vernichtet, vielmehr dessen Wesentliches unangetastet gelassen habe. Es lautet jetzt so, daß *Soulié* sagt: „Sehen Sie doch, wie dort das neunzehnte Jahrhundert das goldene Kalb anbetet!" und *Heine* zur Antwort gibt: „Oh, das ist kein Kalb mehr, das ist schon ein Ochs." Und in dieser reduzierten Fassung ist es noch immer ein Witz. Eine andere Reduktion der Worte *Heines* ist aber nicht möglich.

Schade, daß dieses schöne Beispiel so komplizierte technische Bedingungen enthält. Wir können an ihm zu keiner Klärung kommen, verlassen es darum und suchen uns ein anderes, in dem wir eine innere Verwandtschaft mit dem vorigen zu verspüren glauben.

Es sei einer der „Badewitze", welche die Badescheu der Juden in Galizien behandeln. Wir verlangen nämlich keinen Adelsbrief von unseren Beispielen, wir fragen nicht nach ihrer Herkunft, sondern nur nach ihrer Tüchtigkeit, ob sie uns zum Lachen zu bringen vermögen und ob sie unseres theoretischen Interesses würdig sind. Beiden diesen Anforderungen entsprechen aber gerade die Judenwitze am besten.

Zwei Juden treffen in der Nähe des Badehauses zusammen. „*Hast du genommen ein Bad*?" fragt der eine. „*Wieso*?" fragt der andere dagegen, „*fehlt eins*?"

Wenn man über einen Witz recht herzlich lacht, ist man nicht gerade in der geeignetsten Dispositon, um seiner Technik nachzuforschen. Darum bereitet es einige Schwierigkeiten, sich in diese Analysen hineinzufinden. „Das ist ein komisches Mißverständnis", drängt sich uns auf. – Gut, aber die Technik dieses Witzes? – Offenbar der doppelsinnige Gebrauch des Wortes nehmen. Für den einen ist „nehmen" das farblos gewordene Hilfswort; für den anderen das Verbum mit unabgeschwächter Bedeutung. Also ein Fall von „voll" und „leer" nehmen desselben Wortes (Gruppe II, *f*). Ersetzen wir den Ausdruck „ein Bad genommen" durch den gleichwertigen einfacheren „gebadet", so fällt der Witz weg. Die Antwort paßt nicht mehr. Der Witz haftet also wiederum am Ausdruck „genommen ein Bad". Ganz richtig, doch scheint es, daß auch in diesem Falle die Reduktion an unrichtiger Stelle angesetzt hat. Der Witz liegt nicht in der Frage, sondern in der Antwort, in der Gegenfrage: „Wieso? Fehlt eins?" Und diese Antwort ist ihres Witzes durch keine Erweiterung oder Veränderung, die nur ihren Sinn ungestört läßt, zu berauben. Auch haben wir den Eindruck, daß in der Antwort des zweiten Juden das Übersehen des Bades bedeutsamer ist als das Mißverständnis des Wortes „nehmen". Aber wir sehen auch hier noch nicht klar und wollen ein drittes Beispiel suchen.

Wiederum ein Judenwitz, an dem aber nur das Beiwerk jüdisch ist, der Kern ist allgemein menschlich. Gewiß hat auch dieses Beispiel seine unerwünschten Komplikationen, aber zum Glück nicht diejenigen, welche uns bisher klarzusehen verhindert haben.

„Ein Verarmter hat sich von einem wohlhabenden Bekannten unter vielen Beteuerungen seiner Notlage 25 fl. geborgt. Am selben Tage noch trifft ihn der Gönner im Restaurant vor einer Schüssel Lachs mit Mayonnaise. Er macht ihm Vorwürfe: ‚Wie, Sie borgen sich Geld von mir aus und dann bestellen Sie sich Lachs mit Mayonnaise. Dazu haben Sie mein Geld gebraucht? ‚Ich verstehe Sie nicht' antwortet der Beschuldigte, ‚wenn ich kein Geld habe, *kann* ich nicht essen Lachs mit Mayonnaise, wenn ich Geld habe, *darf* ich nicht essen Lachs mit Mayonnaise. *Also wann soll ich eigentlich essen Lachs mit Mayonnaise*?'"

Hier ist endlich nichts mehr von Doppelsinn zu entdecken. Auch die Wiederholung von „Lachs mit Mayonnaise" kann nicht die Technik des Witzes enthalten, denn sie ist nicht „mehrfache Verwendung" desselben Materials, sondern durch den Inhalt geforderte wirkliche Wiederholung des Identischen. Wir dürfen vor dieser Analyse eine Weile ratlos bleiben, werden vielleicht zur Ausflucht greifen wollen, der Anekdote, die uns lachen machte, den Charakter des Witzes zu bestreiten.

Was läßt sich sonst Bemerkenswertes über die Antwort des Verarmten sagen? Daß ihr in eigentlich auffälliger Weise der Charakter des Logischen verliehen ist. Mit Unrecht aber, die Antwort ist ja unlogisch. Der Mann verteidigt sich dagegen, daß er das ihm geliehene Geld für den Leckerbissen verwendet hat, und fragt mit einem Schein von Recht – *wann* er denn eigentlich Lachs essen darf. Aber das ist gar nicht die richtige Antwort; der Geldgeber wirft ihm nicht vor, daß er sich den Lachs gerade an dem Tage gegönnt, an dem er sich das Geld geborgt, sondern mahnt ihn daran, daß er in seinen Verhältnissen *überhaupt nicht* das Recht habe, an solche Leckerbissen zu denken. Diesen einzig möglichen Sinn des Vorwurfes läßt der verarmte Bonvivant unberücksichtigt, antwortet, als ob er den Vorwurf mißverstanden hätte, auf etwas anderes.

Wenn nun gerade in dieser *Ablenkung* der Antwort von dem Sinn des Vorwurfes die Technik dieses Witzes gelegen wäre? Eine ähnliche Veränderung des Standpunktes, Verschiebung des psychischen Akzents wäre dann vielleicht auch in den beiden früheren Beispielen, die wir als verwandt empfunden haben, nachzuweisen.

Siehe da, dieser Nachweis gelingt ganz leicht und deckt in der Tat die Technik dieser Beispiele auf. *Soulié* macht *Heine* darauf aufmerksam, daß die Gesellschaft im neunzehnten Jahrhundert das „goldene Kalb" anbetet, geradeso wie einst das Volk der Juden in der Wüste. Dazu paßt eine Antwort von *Heine* etwa wie: „Ja, so ist die menschliche Natur, die Jahrtausende haben an ihr nichts geändert", oder irgendetwas anderes Beipflichtendes. *Heine* lenkt aber in seiner Antwort von dem angeregten Gedanken ab, er antwortet überhaupt nicht darauf, er bedient sich des Doppelsinnes, dessen die Phrase „goldenes Kalb" fähig ist, um einen Seitenweg einzuschlagen, greift den einen Bestandteil der Phrase, das „Kalb", auf und antwortet, als ob auf dieses der Akzent in der Rede *Souliés* gefallen wäre: „Oh, das ist kein Kalb mehr" usw.[20]

Noch deutlicher ist die Ablenkung im Badewitz. Dieses Beispiel fordert eine graphische Darstellung heraus.

Der erste fragt: „Hast du genommen ein *Bad*?" Der Akzent ruht auf dem Element Bad.

Der zweite antwortet, als hätte die Frage gelautet: „Hast du *genommen* ein Bad?"

Der Wortlaut „genommen ein Bad?" soll nur diese Verschiebung des Akzents

[20] Die Antwort Heines ist eine Kombination von zwei Witztechniken, einer Ablenkung mit einer Anspielung. Er sagt ja nicht direkt: Das ist ein Ochs.

ermöglichen. Lautete es: „Hast du gebadet?“ so wäre ja jede Verschiebung unmöglich. Die unwitzige Antwort wäre dann: „Gebadet? Was meinst du? Ich weiß nicht, was das ist.“ Die Technik des Witzes aber liegt in der Verschiebung des Akzents von „Baden“ auf „nehmen“[21].

Kehren wir zum Beispiel „Lachs mit Mayonnaise“ als dem reinsten zurück. Das Neue an demselben darf uns nach verschiedenen Richtungen beschäftigen. Zunächst müssen wir die hier aufgedeckte Technik mit einem Namen belegen. Ich schlage vor, sie als *Verschiebung* zu bezeichnen, weil das Wesentliche an ihr die Ablenkung des Gedankenganges, die Verschiebung des psychischen Akzents auf ein anderes als das angefangene Thema ist. Sodann obliegt uns die Untersuchung, in welchem Verhältnis die Verschiebungstechnik zum Ausdruck des Witzes steht. Unser Beispiel (Lachs mit Mayonnaise) läßt uns erkennen, daß der Verschiebungswitz in hohem Grade unabhängig vom wörtlichen Ausdruck ist. Er hängt nicht am Worte, sondern am Gedankengange. Um ihn wegzuschaffen, fruchtet uns keine Ersetzung der Worte bei Festhaltung des Sinnes der Antwort. Die Reduktion ist nur möglich, wenn wir den Gedankengang abändern und den Feinschmecker auf den Vorwurf direkt antworten lassen, welchem er in der Fassung des Witzes ausgewichen ist. Die reduzierte Fassung würde dann lauten: „Was mir schmeckt, kann ich mir nicht versagen, und woher ich das Geld dafür nehme, ist mir gleichgültig. Da haben Sie die Erklärung, warum ich gerade heute Lachs mit Mayonnaise esse, nachdem Sie mir Geld geliehen haben.“ – Das wäre aber kein Witz, sondern ein *Zynismus.*

Es ist lehrreich, diesen Witz mit einem ihm dem Sinne nach sehr nahestehenden zu vergleichen:

Ein Mann, der dem Trunk ergeben ist, ernährt sich in einer kleinen Stadt durch Lektionengeben. Sein Laster wird aber allmählich bekannt, und er verliert infolgedessen die meisten seiner Schüler. Ein Freund wird beauftragt, ihn zur Besserung zu mahnen. „Sehen Sie, Sie könnten die schönsten Lektionen in der Stadt haben, wenn Sie das Trinken aufgeben wollten. Also tun Sie's doch.“ – „Wie kommen Sie mir vor?“ ist die entrüstete Antwort. „*Ich geb' Lektionen, damit ich trinken kann; soll ich das Trinken aufgeben, damit ich Lektionen bekomme*!“

Auch dieser Witz trägt den Anschein von Logik, der uns bei „Lachs mit Mayonnaise“ aufgefallen ist, aber er ist kein Verschiebungswitz mehr. Die Ant-

---

[21] Das Wort „nehmen“ eignet sich infolge seiner vielseitigen Gebrauchsfähigkeiten sehr gut für die Herstellung von Wortspielen, von denen ich ein reines Beispiel zum Gegensatz gegen den obenstehenden Verschiebungswitz mitteilen will: „Ein bekannter Börsenspekulant und Bankdirektor geht mit einem Freunde über die Ringstraße spazieren. Vor einem Kaffeehaus macht er diesem den Vorschlag: ‚Gehen wir hinein und *nehmen* wir etwas.‘ Der Freund hält ihn zurück: ‚Aber Herr Hofrat, es sind doch Leute darin.‘“

wort ist eine direkte. Der Zynismus, der dort verhüllt ist, wird hier offen eingestanden. – „Das Trinken ist mir ja die Hauptsache." Die Technik dieses Witzes ist eigentlich recht armselig und kann uns dessen Wirkung nicht erklären, sie liegt nur in der Umordnung des gleichen Materials, strenger genommen in der Umkehrung der Mittel- und Zweck-Relation zwischen dem Trinken und dem Lektionengeben oder -bekommen. Sowie ich in der Reduktion dieses Moment im Ausdruck nicht mehr betone, habe ich den Witz verwischt, also etwa so: „Was ist das für unsinnige Zumutung? Mir ist doch das Trinken die Hauptsache, nicht die Lektionen. Die Lektionen sind für mich doch nur ein Mittel, um weitertrinken zu können." Der Witz haftete also wirklich am Ausdruck.

Im Badewitz ist die Abhängigkeit des Witzes vom Wortlaut (Hast du genommen ein Bad?) unverkennbar, und die Abänderung desselben bringt die Aufhebung des Witzes mit sich. Die Technik ist hier nämlich eine kompliziertere, eine Verbindung von Doppelsinn (von der Unterart *f*) und Verschiebung. Der Wortlaut der Frage läßt einen Doppelsinn zu, und der Witz kommt dadurch zustande, daß die Antwort nicht an den vom Fragesteller beabsichtigten, sondern an den Nebensinn anknüpft. Wir sind demgemäß imstande, eine Reduktion zu finden, welche den Doppelsinn im Ausdruck bestehen läßt und doch den Witz aufhebt, indem wir bloß die Verschiebung rückgängig machen:

„Hast du genommen ein Bad?" – „Was soll ich genommen haben? Ein Bad? Was ist das?" Das ist aber kein Witz mehr, sondern eine gehässige oder scherzhafte Übertreibung.

Eine ganz ähnliche Rolle spielt der Doppelsinn im *Heineschen* Witz über das „goldene Kalb". Er ermöglicht der Antwort die Ablenkung von dem angeregten Gedankengang, welche im Witz von Lachs mit Mayonnaise ohne solche Anlehnung an den Wortlaut geschieht. In der Reduktion würden die Rede *Souliés* und die Antwort *Heines* etwa lauten: „Es erinnert doch lebhaft an die Anbetung des goldenen Kalbes, wie die Gesellschaft hier den Mann, bloß weil er so reich ist, umschwärmt." Und *Heine*: „Daß er wegen seines Reichtums so gefeiert wird, finde ich nicht das ärgste. Aber Sie betonen mir zu wenig, daß man ihm wegen seines Reichtums seine Dummheit verzeiht." Damit wäre bei Erhaltung des Doppelsinnes der Verschiebungswitz aufgehoben.

An dieser Stelle dürfen wir uns auf den Einwand gefaßt machen, daß uns vorgehalten werde, diese heikeln Unterscheidungen suchen auseinanderzureißen, was doch zusammengehöre. Gibt nicht jeder Doppelsinn Anlaß zu einer Verschiebung, zu einer Ablenkung des Gedankenganges von dem einen Sinn zum anderen? Und wir sollten damit einverstanden sein, daß „Doppelsinn" und „Verschiebung" als Repräsentanten zweier ganz verschiedener Typen der Witztechnik aufgestellt werden? Nun, diese Beziehung zwischen Doppelsinn und

Verschiebung besteht allerdings, aber sie hat mit unserer Unterscheidung der Witztechniken nichts zu tun. Beim Doppelsinn enthält der Witz nichts als ein mehrfacher Deutung fähiges Wort, welches dem Hörer gestattet, den Übergang von einem Gedanken zu einem anderen zu finden, den man etwa – mit einigem Zwang – einer Verschiebung gleichstellen kann. Beim Verschiebungswitz aber enthält der Witz selbst einen Gedankengang, in dem eine solche Verschiebung vollzogen ist; die Verschiebung gehört hier der Arbeit an, die den Witz hergestellt hat, nicht jener, die zu seinem Verständnis notwendig ist. Sollte uns dieser Unterschied nicht einleuchten, so haben wir an den Reduktionsversuchen ein nie versagendes Mittel, uns denselben greifbar vor Augen zu führen. Einen Wert wollen wir aber jenem Einwand nicht bestreiten. Wir werden durch ihn aufmerksam gemacht, daß wir die psychischen Vorgänge bei der Bildung des Witzes (die Witzarbeit) nicht mit den psychischen Vorgängen bei der Aufnahme des Witzes (die Verständnisarbeit) zusammenwerfen dürfen. Nur die ersteren[22] sind der Gegenstand unserer gegenwärtigen Untersuchung.[23]

Gibt es noch andere Beispiele der Verschiebungstechnik? Sie sind nicht leicht aufzufinden. Ein ganz reines Beispiel, dem auch die bei unserem Vorbild so sehr überbetonte Logik abgeht, ist folgender Witz:

Ein Pferdehändler empfiehlt dem Kunden ein Reitpferd: „Wenn Sie dieses Pferd nehmen und sich um 4 Uhr früh aufsetzen, sind Sie um ½7 Uhr in Preßburg.“ – „Was mach’ ich in Preßburg um ½7 Uhr früh?“

Die Verschiebung ist hier wohl eklatant. Der Händler erwähnt die frühe Ankunft in der kleinen Stadt offenbar nur in der Absicht, die Leistungsfähigkeit des Pferdes an einer Probe zu beweisen. Der Kunde sieht von dem Leistungsvermögen des Tieres, das er weiter nicht in Zweifel zieht, ab und geht bloß auf die Daten des zur Probe gewählten Beispieles ein. Die Reduktion dieses Witzes ist dann nicht schwer zu geben.

Mehr Schwierigkeiten bietet ein anderes, in seiner Technik recht undurchsichtiges Beispiel, welches sich aber doch als Doppelsinn mit Verschiebung auflösen läßt. Der Witz erzählt von der Ausflucht eines Schadchens (jüdischen Heiratsvermittlers), gehört also zu einer Gruppe, die uns noch mehrfach beschäftigen wird.

---

22 Über die letzteren siehe die späteren Abschnitte.

23 Vielleicht sind hier einige Worte zur weiteren Klärung nicht überflüssig: Die Verschiebung findet regelmäßig statt zwischen einer Rede und einer Antwort, welche den Gedankengang nach anderer Richtung fortsetzt, als er in der Rede begonnen wurde. Die Berechtigung, Verschiebung von Doppelsinn zu sondern, geht am schönsten aus den Beispielen hervor, in denen sich beide kombinieren, wo also der Wortlaut der Rede einen Doppelsinn zuläßt, der vom Redner nicht beabsichtigt ist, aber der Antwort den Weg zur Verschiebung weist. (Siehe die Beispiele.)

Der Schadchen hat dem Bewerber versichert, daß der Vater des Mädchens nicht mehr am Leben ist. Nach der Verlobung stellt sich heraus, daß der Vater noch lebt und eine Kerkerstrafe abbüßt. Der Bewerber macht nun dem Schadchen Vorwürfe. „Nun", meint dieser, „was habe ich Ihnen gesagt? Ist denn das *ein Leben*?"

Der Doppelsinn liegt in dem Worte „Leben", und die Verschiebung besteht darin, daß der Schadchen sich von dem gemeinen Sinn des Wortes, in dem es den Gegensatz zu „Tod" bildet, auf den Sinn wirft, den das Wort in der Redensart: Das ist kein Leben, hat. Er erklärt dabei seine damalige Äußerung nachträglich für doppelsinnig, obwohl diese mehrfache Bedeutung gerade hier recht fernliegt. Soweit wäre die Technik ähnlich wie im Witz vom „goldenen Kalb" und im „Badewitz". Aber es ist hier noch ein anderes Moment zu beachten, welches durch seine Vordringlichkeit das Verständnis der Technik stört. Man könnte sagen, dieser Witz sei ein „charakterisierender", er bemüht sich, die für den Heiratsvermittler charakteristische Mischung von verlogener Dreistigkeit und schlagfertigem Witz durch ein Beispiel zu illustrieren. Wir werden hören, daß dies nur die Schauseite, die Fassade, des Witzes ist; sein Sinn, d. h. seine Absicht ist eine andere. Wir schieben es auch auf, eine Reduktion von ihm zu versuchen.[24]

Nach diesen komplizierten und schwierig zu analysierenden Beispielen wird es uns wiederum Befriedigung bereiten, wenn wir in einem Falle ein völlig reines und durchsichtiges Vorbild eines „Verschiebungswitzes" zu erkennen vermögen. Ein Schnorrer trägt dem reichen Baron seine Bitte um Gewährung einer Unterstützung für die Reise nach Ostende vor; die Ärzte hätten ihm Seebäder zur Herstellung seiner Gesundheit empfohlen. „Gut, ich will Ihnen etwas dazu geben", meint der Reiche, „aber müssen Sie gerade nach Ostende gehen, dem teuersten aller Seebäder?" – „Herr Baron" lautet die zurechtweisende Antwort, „für meine Gesundheit ist mir nichts zu teuer." – Gewiß, ein richtiger Standpunkt, nur eben nicht richtig für den Bittsteller. Die Antwort ist vom Standpunkt eines reichen Mannes gegeben. Der Schnorrer benimmt sich, als wäre es sein eigenes Geld, das er für seine Gesundheit opfern soll, als gingen Geld und Gesundheit die nämliche Person an.

Knüpfen wir nun von neuem an das so lehrreiche Beispiel „Lachs mit Mayonnaise" an. Es kehrte uns gleichfalls eine Schauseite zu, an welcher ein auffälliges Aufgebot von logischer Arbeit zu bemerken war, und wir haben durch die Analyse erfahren, daß diese Logik einen Denkfehler, nämlich eine Verschiebung

---

[24] Siehe unten Abschnitt III.

des Gedankenganges zu verdecken hatte. Von hier aus mögen wir, wenn auch nur auf dem Wege der Kontrastverknüpfung, an andere Witze gemahnt werden, die ganz im Gegenteil etwas Widersinniges, einen Unsinn, eine Dummheit unverhüllt zur Schau stellen. Wir werden neugierig sein, worin die Technik dieser Witze bestehen mag.

Ich stelle das stärkste und zugleich reinste Beispiel der ganzen Gruppe voran. Es ist wiederum ein Judenwitz.

Itzig ist zur Artillerie assentiert worden. Er ist offenbar ein intelligenter Bursche, aber ungefügig und ohne Interesse für den Dienst. Einer seiner Vorgesetzten, der ihm wohlgesinnt ist, nimmt ihn beiseite und sagt ihm: „Itzig, du taugst nicht zu uns. Ich will dir einen Rat geben: *Kauf dir eine Kanon' und mach' dich selbständig.*"

Der Rat, über den man herzlich lachen kann, ist ein offenbarer Unsinn. Es gibt doch keine Kanonen zu kaufen, und ein einzelner kann sich als Wehrkraft unmöglich selbständig machen, gleichsam „etablieren". Es kann uns aber keinen Moment zweifelhaft bleiben, daß dieser Rat kein bloßer Unsinn ist, sondern ein witziger Unsinn, ein vorzüglicher Witz. Wodurch wird also der Unsinn zum Witz?

Wir brauchen nicht lange zu überlegen. Aus den in der Einleitung angedeuteten Erörterungen der Autoren können wir erraten, daß in solchem witzigen Unsinn ein Sinn steckt und daß dieser Sinn im Unsinn den Unsinn zum Witz macht. Der Sinn in unserem Beispiel ist leicht zu finden. Der Offizier, welcher dem Artilleristen Itzig den unsinnigen Rat gibt, stellt sich nur dumm, um Itzig zu zeigen, wie dumm er selbst sich benimmt. Er kopiert den Itzig. „Ich will dir jetzt einen Rat geben, der genau so dumm ist wie du." Er geht auf Itzigs Dummheit ein und bringt sie ihm zur Einsicht, indem er sie zur Grundlage eines Vorschlags macht, der Itzigs Wünschen entsprechen muß, denn besäße Itzig eine eigene Kanone und betriebe das Kriegshandwerk auf eigene Rechnung, wie kämen ihm da seine Intelligenz und sein Ehrgeiz zustatten! Wie würde er die Kanone instand halten und sich mit ihrem Mechanismus vertraut machen, um die Konkurrenz mit anderen Kanonenbesitzern zu bestehen!

Ich unterbreche die Analyse dieses Beispiels, um in einem kürzeren und einfacheren, aber minder grellen Fall von Unsinnswitz den gleichen Sinn des Unsinns nachzuweisen.

„*Niemals geboren zu werden wäre das beste für die sterblichen Menschenkinder.*" „*Aber*", setzen die Weisen der „Fliegenden Blätter" hinzu, „*unter 100000 Menschen passiert dies kaum einem.*"

Der moderne Zusatz zum alten Weisheitsspruch ist ein klarer Unsinn, der durch das anscheinend vorsichtige „kaum" noch dümmer wird. Aber er knüpft als unbestreitbar richtige Einschränkung an den ersten Satz an, kann uns also die Augen darüber öffnen, daß jene mit Ehrfurcht vernommene Weisheit auch nicht viel besser als ein Unsinn ist. Wer nie geboren worden ist, ist überhaupt kein Menschenkind; für den gibt es kein Gutes und kein Bestes. Der Unsinn im Witze dient also hier zur Aufdeckung und Darstellung eines anderen Unsinns wie im Beispiel vom Artilleristen Itzig.

Ich kann hier ein drittes Beispiel anfügen, welches durch seinen Inhalt die ausführliche Mitteilung, die es erfordert, kaum verdienen würde, aber gerade wieder die Verwendung des Unsinns im Witze zur Darstellung eines anderen Unsinns besonders deutlich erläutert:

Ein Mann, der verreisen muß, vertraut seine Tochter einem Freunde an mit der Bitte, während seiner Abwesenheit über ihre Tugend zu wachen. Er kommt nach Monaten zurück und findet sie geschwängert. Natürlich macht er dem Freund Vorwürfe. Der kann sich den Unglücksfall angeblich nicht erklären. „Wo hat sie denn geschlafen?" fragt endlich der Vater. – „Im Zimmer mit meinem Sohn." – „Aber wie kannst du sie im selben Zimmer mit deinem Sohn schlafen lassen, nachdem ich dich so gebeten habe, sie zu behüten?" – „Es war doch eine spanische Wand zwischen ihnen. Da war das Bett von deiner Tochter, da das Bett von meinem Sohn und dazwischen die spanische Wand." – „Und wenn er um die spanische Wand herumgegangen ist?" – „*Außer das*", meint der andere nachdenklich. „*So wäre es möglich.*"

Von diesem, seinen sonstigen Qualitäten nach recht geringen Witz gelangen wir am leichtesten zur Reduktion. Sie würde offenbar lauten: Du hast kein Recht, mir Vorwürfe zu machen. Wie kannst du denn so *dumm* sein, deine Tochter in ein Haus zu geben, in dem sie in der beständigen Gesellschaft eines jungen Mannes leben muß? Als ob es einem Fremden möglich wäre, unter solchen Umständen für die Tugend eines Mädchens einzustehen! Die scheinbare Dummheit des Freundes ist also auch hier nur die Spiegelung der Dummheit des Vaters. Durch die Reduktion haben wir die Dummheit im Witze und mit ihr den Witz selbst beseitigt. Das Element „Dummheit" selbst sind wir nicht losgeworden; es findet im Zusammenhange des auf seinen Sinn reduzierten Satzes eine andere Stelle.

Nun können wir auch die Reduktion des Witzes von der Kanone versuchen. Der Offizier hätte zu sagen: „Itzig, ich weiß, du bist ein intelligenter Geschäftsmann. Aber ich sage dir, es ist eine große Dummheit, wenn du nicht einsiehst, daß es beim Militär unmöglich so zugehen kann wie im Geschäftsleben, wo jeder auf eigene Faust und gegen den anderen arbeitet. Beim Militär heißt es sich unterordnen und zusammenwirken."

Die Technik der bisherigen Unsinnswitze besteht also wirklich in der Anbringung von etwas Dummem, Unsinnigem, dessen Sinn die Veranschaulichung, Darstellung von etwas anderem Dummen und Unsinnigen ist.

Hat die Verwendung des Widersinnes in der Witztechnik jedesmal diese Bedeutung? Hier ist noch ein Beispiel, welches im bejahenden Sinne antwortet:

Als dem Phokion einmal nach einer Rede Beifall geklatscht wurde, fragte er zu seinen Freunden gewendet: „*Was habe ich denn Dummes gesagt?*"

Diese Frage klingt widersinnig. Aber wir verstehen alsbald ihren Sinn. „Was habe ich denn gesagt, was diesem dummen Volk so gefallen konnte? Ich müßte mich ja eigentlich des Beifalls schämen; wenn es den Dummen gefallen hat, kann es selbst nicht sehr gescheit gewesen sein."

Andere Beispiele können uns aber darüber belehren, daß der Widersinn sehr häufig in der Witztechnik gebraucht wird, ohne dem Zwecke der Darstellung eines anderen Unsinns zu dienen.

Einem bekannten Universitätslehrer, der sein wenig anmutendes Spezialfach reichlich mit Witzen zu würzen pflegt, wird zur Geburt seines jüngsten Kindes gratuliert, das ihm in bereits vorgerücktem Alter beschieden wurde. „Ja", erwiderte er den Glückwünschenden, „es ist merkwürdig, *was Menschenhände zustande bringen können*." – Diese Antwort erscheint ganz besonders sinnlos und nicht am Platze. Kinder heißen doch ein Segen Gottes recht im Gegensatz zum Werk der Menschenhand. Aber bald fällt uns ein, daß diese Antwort doch einen Sinn hat, und zwar einen obszönen. Es ist keine Rede davon, daß der glückliche Vater sich dumm stellen will, um etwas anderes oder andere Personen als dumm zu bezeichnen. Die anscheinend sinnlose Antwort wirkt auf uns überraschend, verblüffend, wie wir mit den Autoren sagen wollen. Wir haben gehört, daß die Autoren die ganze Wirkung solcher Witze aus dem Wechsel von „Verblüffung und Erleuchtung" ableiten. Darüber wollen wir uns später ein Urteil zu bilden versuchen; wir begnügen uns hervorzuheben, daß die Technik dieses Witzes in der Anbringung von solchem Verblüffenden, Unsinnigen besteht.

Eine ganz besondere Stellung unter diesen Dummheitswitzen nimmt ein Witz von *Lichtenberg* ein.

Er wundere sich, *daß den Katzen gerade an der Stelle zwei Löcher in den Pelz geschnitten wären, wo sie die Augen hätten*. Sich über etwas Selbstverständliches zu wundern, etwas, was eigentlich nur die Auseinandersetzung einer Identität ist, ist doch gewiß eine Dummheit. Es mahnt an einen ernsthaft gemeinten Ausruf bei *Michelet* (Das Weib), der nach meiner Erinnerung etwa so lautet: Wie schön ist es doch von der Natur eingerichtet, daß das Kind, sobald es zur Welt kommt, eine Mutter vorfindet, die bereit ist, sich seiner anzunehmen! Der Satz von *Michelet* ist eine wirkliche Dummheit, aber der *Lichtenbergsche* ist ein Witz, der sich der Dummheit zu irgendeinem Zwecke bedient, hinter dem etwas steckt. Was? Das können wir freilich in diesem Moment nicht angeben.

Wir haben nun bereits an zwei Gruppen von Beispielen erfahren, daß die Witzarbeit sich der Abweichungen vom normalen Denken, der *Verschiebung* und des *Widersinnes*, als technischer Mittel zur Herstellung des witzigen Ausdrucks bedient. Es ist gewiß eine berechtigte Erwartung, daß auch andere *Denkfehler* eine gleiche Verwendung finden können. Wirklich lassen sich einige Beispiele von dieser Art angeben:

Ein Herr kommt in eine Konditorei und läßt sich eine Torte geben; bringt dieselbe aber bald wieder und verlangt an ihrer Statt ein Gläschen Likör. Dieses trinkt er aus und will sich entfernen, ohne gezahlt zu haben. Der Ladenbesitzer hält ihn zurück. „Was wollen Sie von mir?" – „Sie sollen den Likör bezahlen." – „Für den habe ich Ihnen ja die Torte gegeben." – „Die haben Sie ja auch nicht bezahlt." – „*Die habe ich ja auch nicht gegessen.*"

Auch dieses Geschichtchen trägt den Schein von Logik zur Schau, den wir als geeignete Fassade für einen Denkfehler bereits kennen. Der Fehler liegt offenbar darin, daß der schlaue Kunde zwischen dem Zurückgeben der Torte und dem Dafürnehmen des Likörs eine Beziehung herstellt, die nicht besteht. Der Sachverhalt zerfällt vielmehr in zwei Vorgänge, die für den Verkäufer voneinander unabhängig sind, nur in seiner eigenen Absicht im Verhältnisse des Ersatzes stehen. Er hat zuerst die Torte genommen und zurückgegeben, für die er also nichts schuldig ist, dann nimmt er den Likör, und den ist er schuldig zu bezahlen. Man kann sagen, der Kunde wende die Relation „dafür" doppelsinnig an; richtiger, er stelle vermittels eines Doppelsinnes eine Verbindung her, die sachlich nicht stichhaltig ist.[25]

Es ist nun die Gelegenheit da, ein nicht unwichtiges Bekenntnis abzulegen. Wir beschäftigen uns hier mit der Erforschung der Technik des Witzes an Beispielen und sollten also sicher sein, daß die von uns gewählten Beispiele wirklich richtige Witze sind. Es steht aber so, daß wir in einer Reihe von Fällen ins Schwanken geraten, ob das betreffende Beispiel ein Witz genannt werden darf oder nicht. Ein Kriterium steht uns ja nicht zu Gebote, ehe die Untersuchung ein solches ergeben hat; der Sprachgebrauch ist unzuverlässig und bedarf selbst der Prüfung auf seine Berechtigung; wir können uns bei der Entscheidung auf nichts anderes stützen als auf eine gewisse „Empfindung", welche wir dahin interpretieren dürfen, daß sich in unserem Urteilen die Entscheidung nach bestimmten Kriterien vollziehe, die unserer Erkenntnis noch nicht zugäng-

[25] Eine ähnliche Unsinnstechnik ergibt sich, wenn der Witz einen Zusammenhang aufrechterhalten will, der durch die besonderen Bedingungen seines Inhalts aufgehoben erscheint. Dazu gehört *Lichtenbergs Messer ohne Klinge, wo der Stiel fehlt.* Ähnlich der von J. Falke (l. c.) erzählte Witz: „Ist das die Stelle, wo der Duke of Wellington diese Worte gesprochen hat?" – *Ja, das ist die Stelle, aber die Worte hat er nie gesprochen.*

lich sind. Für eine zureichende Begründung werden wir die Berufung auf diese „Empfindung" nicht ausgeben dürfen. Bei dem letzterwähnten Beispiel werden wir nun zweifeln müssen, ob wir es als Witz darstellen dürfen, als einen sophistischen Witz etwa, oder als ein Sophisma schlechtweg. Wir wissen eben noch nicht, worin der Charakter des Witzes liegt.

Hingegen ist das nächstfolgende Beispiel, welches den sozusagen komplementären Denkfehler aufweist, ein unzweifelhafter Witz. Es ist wiederum eine Heiratsvermittlergeschichte:

Der Schadchen verteidigt das von ihm vorgeschlagene Mädchen gegen die Ausstellungen des jungen Mannes. „Die Schwiegermutter gefällt mir nicht", sagt dieser, „sie ist eine boshafte, dumme Person." – „Sie heiraten doch nicht die Schwiegermutter, Sie wollen die Tochter." – „Ja, aber jung ist sie nicht mehr und schön von Gesicht gerade auch nicht." – „Das macht nichts; ist sie nicht jung und schön, wird sie Ihnen um so eher treu bleiben." – „Geld ist auch nicht viel da." – „Wer spricht vom Geld? Heiraten Sie denn das Geld? Sie wollen doch eine Frau!" – „Aber sie hat ja auch einen Buckel!" – „Nun, was wollen Sie? *Gar keinen Fehler soll sie haben*!"

Es handelt sich also in Wirklichkeit um ein nicht mehr junges, unschönes Mädchen mit geringer Mitgift, das eine abstoßende Mutter hat und außerdem mit einer argen Verunstaltung versehen ist. Gewiß keine zur Eheschließung einladenden Verhältnisse. Der Heiratsvermittler weiß bei jedem einzelnen dieser Fehler anzugeben, von welchem Gesichtspunkte man sich mit ihm versöhnen könnte; den nicht zu entschuldigenden Buckel nimmt er dann als den einen Fehler in Anspruch, den man jedem Menschen hingehen lassen müsse. Es liegt wiederum der Schein von Logik vor, welcher für das Sophisma charakteristisch ist und der den Denkfehler verdecken soll. Das Mädchen hat offenbar lauter Fehler, mehrere, über die man hinwegsehen könnte, und einen, über den man nicht hinwegkommt; es ist nicht zu heiraten. Der Vermittler tut, als ob jeder einzelne Fehler durch seine Ausflucht beseitigt wäre, während doch von jedem ein Stück Entwertung erübrigt, das sich zum nächsten summiert. Er besteht darauf, jeden Faktor vereinzelt zu behandeln, und weigert sich, sie zur Summe zusammenzusetzen.

Die nämliche Unterlassung ist der Kern eines anderen Sophismas, das viel belacht worden ist, dessen Berechtigung, ein Witz zu heißen, man aber anzweifeln könnte.

A hat von B einen kupfernen Kessel entlehnt und wird nach der Rückgabe von B verklagt, weil der Kessel nun ein großes Loch zeigt, das ihn unverwendbar macht. Seine Verteidigung lautet: „*Erstens habe ich von B überhaupt keinen Kessel entlehnt; zweitens hatte der Kessel bereits ein Loch, als ich ihn von B übernahm; drittens habe ich den Kessel ganz zurückgegeben.*“ Jede einzelne Einrede ist für sich gut, zusammengenommen aber schließen sie einander aus. A behandelt isoliert, was im Zusammenhange betrachtet werden muß, ganz wie der Heiratsvermittler mit den Mängeln der Braut verfährt. Man kann auch sagen: A setzt das „und“ an die Stelle, an der nur ein „entweder – oder“ möglich ist.

Ein anderes Sophisma begegnet uns in der folgenden Heiratsvermittlergeschichte.

Der Bewerber hat auszusetzen, daß die Braut ein kürzeres Bein hat und hinkt. Der Schadchen widerspricht ihm. „Sie haben unrecht. Nehmen Sie an, Sie heiraten eine Frau mit gesunden, geraden Gliedern. Was haben Sie davon? Sie sind keinen Tag sicher, daß sie nicht hinfällt, ein Bein bricht und dann lahm ist fürs ganze Leben. Und dann die Schmerzen, die Aufregung, die Doktorrechnung! Wenn Sie aber die nehmen, so kann Ihnen das nicht passieren; da haben Sie eine *fertige Sach'*.“

Der Schein von Logik ist hier recht dünn, und niemand wird dem bereits „fertigen Unglück“ gar noch einen Vorzug vor dem bloß möglichen zugestehen wollen. Der in dem Gedankengang enthaltene Fehler wird sich leichter an einem zweiten Beispiel aufzeigen lassen, einer Geschichte, die ich des Jargons nicht völlig entkleiden mag. Im Tempel zu Krakau sitzt der große Rabbi N. und betet mit seinen Schülern. Er stößt plötzlich einen Schrei aus und äußert, von den besorgten Schülern befragt: „Eben jetzt ist der große Rabbi L. in Lemberg gestorben.“ Die Gemeinde legt Trauer um den Verstorbenen an. Im Laufe der nächsten Tage werden nun die aus Lemberg Ankommenden befragt, wie der Rabbi gestorben, was ihm gefehlt, aber sie wissen nichts davon, sie haben ihn im besten Wohlbefinden verlassen. Es stellt sich endlich als ganz gesichert heraus, daß Rabbi L. in Lemberg nicht zu jener Stunde gestorben ist, in der Rabbi N. seinen Tod telepathisch verspürte, da er immer noch weiter lebt. Ein Fremder ergreift die Gelegenheit, einen Schüler des Krakauer Rabbi mit dieser Begebenheit aufzuziehen. „Es war doch eine große Blamage von eurem Rabbi, daß er damals den Rabbi L. in Lemberg sterben gesehen hat. Der Mann lebt noch heute.“ „Macht nichts“, erwidert der Schüler, „*der Kück*[26] *von Krakau bis nach Lemberg war doch großartig.*“

Hier wird der beiden letzten Beispielen gemeinsame Denkfehler unverhüllt eingestanden. Der Wert der Phantasievorstellung wird gegen die Realität ungebührlich erhoben, die Möglichkeit fast der Wirklichkeit gleichgestellt. Der Fernblick über die Krakau von Lemberg trennende Länderstrecke wäre eine imposante telepathische Leistung, wenn er etwas Wahres ergeben hätte, aber darauf

[26] „Kück“ von „gucken“, also Blick, Fernblick.

kommt es dem Schüler nicht an. Es wäre doch möglich gewesen, daß der Rabbi in Lemberg in jenem Moment gestorben wäre, in dem der Krakauer Rabbi seinen Tod verkündete, und dem Schüler verschiebt sich der Akzent von der Bedingung, unter der die Leistung des Lehrers bewundernswert ist, zur unbedingten Bewunderung dieser Leistung. „*In magnis rebus voluisse sat est*" bezeugt einen ähnlichen Standpunkt. Ebenso wie in diesem Beispiel von der Realität abgesehen wird zugunsten der Möglichkeit, so mutet im vorigen der Heiratsvermittler dem Bewerber zu, die Möglichkeit, daß eine Frau durch einen Unfall lahm werden kann, als das bei weitem Bedeutsamere ins Auge zu fassen, wogegen die Frage, ob sie wirklich lahm ist oder nicht, ganz zurücktreten soll.

Dieser Gruppe der *sophistischen* Denkfehler reiht sich eine interessante andere an, in welcher man den Denkfehler als einen *automatischen* bezeichnen kann. Es ist vielleicht nur eine Laune des Zufalls, daß alle Beispiele, die ich aus dieser neuen Gruppe anführen werde, wiederum den Schadchengeschichten angehören:

„Ein Schadchen hat zur Besprechung über die Braut einen Gehilfen mitgebracht, der seine Mitteilungen bekräftigen soll. Sie ist gewachsen wie ein Tannenbaum, meint der Schadchen. – Wie ein Tannenbaum, wiederholt das Echo. – Und Augen hat sie, die muß man gesehen haben. – Heißt Augen, die sie hat! bekräftigt das Echo. – Und gebildet ist sie wie keine andere. – Und wie gebildet! – Aber das eine ist wahr, gesteht der Vermittler zu, sie hat einen kleinen Hökker. – *Aber ein Höcker!* bekräftigt das Echo." Die anderen Geschichten sind ganz analog, obwohl sinnreicher.

„Der Bräutigam ist bei der Vorstellung der Braut sehr unangenehm überrascht und zieht den Vermittler beiseite, um ihm flüsternd seine Ausstellungen mitzuteilen. ‚Wozu haben Sie mich hiehergebracht?' fragt er ihn vorwurfsvoll. ‚Sie ist häßlich und alt, schielt und hat schlechte Zähne und triefende Augen ...' – ‚Sie können laut sprechen', wirft der Vermittler ein, *taub ist sie auch.*'"

„Der Bräutigam macht mit dem Vermittler den ersten Besuch im Hause der Braut, und während sie im Salon auf das Erscheinen der Familie warten, macht der Vermittler auf einen Glasschrank aufmerksam, in welchem die schönsten Silbergeräte zur Schau gestellt sind. ‚Da schauen Sie hin, an diesen Sachen können Sie sehen, wie reich diese Leute sind.' – ‚Aber', fragt der mißtrauische junge Mann, ‚wäre es denn nicht möglich, daß diese schönen Sachen nur für die Gelegenheit zusammengeborgt sind, um den Eindruck des Reichtums zu machen?' – ‚Was fällt Ihnen ein?' antwortet der Vermittler abweisend. ‚*Wer wird denn den Leuten was borgen!*'"

In allen drei Fällen ereignet sich das nämliche. Eine Person, die mehrmals nacheinander in gleicher Weise reagiert hat, setzt diese Weise der Äußerung auch bei dem nächsten Anlasse fort, wo sie unpassend wird und den Absichten der Person zuwiderläuft. Sie versäumt es, sich den Anforderungen der Situation anzupassen, indem sie dem Automatismus der Gewöhnung nachgibt. So vergißt der Helfer in der ersten Geschichte, daß er mitgenommen wurde, um den Bewerber zugunsten der vorgeschlagenen Braut zu stimmen, und da er bisher seiner Aufgabe gerecht wurde, indem er die vorgebrachten Vorzüge der Braut durch seine Wiederholung unterstrich, unterstreicht er jetzt auch ihren schüchtern zugestandenen Höcker, den er hätte verkleinern sollen. Der Vermittler der zweiten Geschichte wird von der Aufzählung der Mängel und Gebrechen der Braut so fasziniert, daß er die Liste derselben aus seiner eigenen Kenntnis vervollständigt, wiewohl das gewiß nicht sein Amt und seine Absicht ist. In der dritten Geschichte endlich läßt er sich von seinem Eifer, den jungen Mann von dem Reichtum der Familie zu überzeugen, so weit hinreißen, daß er, um nur in dem einen Beweispunkte recht zu behalten, etwas vorbringt, was seine ganze Bemühung umstoßen muß. Überall siegt der Automatismus über die zweckmäßige Abänderung des Denkens und Äußerns.

Das ist nun leicht einzusehen, aber verwirrend muß es wirken, wenn wir aufmerksam werden, daß diese drei Geschichten mit dem gleichen Recht als „komisch" bezeichnet werden können, wie wir sie als witzig angeführt haben. Die Aufdeckung des psychischen Automatismus gehört zur Technik des Komischen wie jede Entlarvung, jeder Selbstverrat. Wir sehen uns hier plötzlich vor das Problem der Beziehung des Witzes zur Komik gestellt, das wir zu umgehen trachteten. (Siehe Einleitung.) Sind diese Geschichten etwa nur „komisch" und nicht auch „witzig"? Arbeitet hier die Komik mit denselben Mitteln wie der Witz? Und wiederum, worin besteht der besondere Charakter des Witzigen?

Wir müssen daran festhalten, daß die Technik der letztuntersuchten Gruppe von Witzen in nichts anderem als in der Anbringung von „*Denkfehlern*" besteht, sind aber genötigt zuzugestehen, daß deren Untersuchung uns bisher mehr ins Dunkel als zur Erkenntnis geführt hat. Wir geben jedoch die Erwartung nicht auf, durch eine vollständigere Kenntnis der Techniken des Witzes zu einem Ergebnis zu gelangen, welches der Ausgangspunkt für weitere Einsichten werden kann.

Die nächsten Beispiele von Witz, an denen wir unsere Untersuchung fortsetzen wollen, geben leichtere Arbeit. Ihre Technik erinnert uns vor allem an Bekanntes.

Etwa ein Witz von *Lichtenberg*:

„*Der Januarius ist der Monat, da man seinen guten Freunden Wünsche darbringt, und die übrigen die, worin sie nicht erfüllt werden.*"

Da diese Witze eher fein als stark zu nennen sind und mit wenig aufdringlichen Mitteln arbeiten, wollen wir uns den Eindruck von ihnen erst durch Häufung verstärken.

„*Das menschliche Leben zerfällt in zwei Hälften, in der ersten wünscht man die zweite herbei, und in der zweiten wünscht man die erste zurück.*“

„*Die Erfahrung besteht darin, daß man erfährt, was man nicht zu erfahren wünscht*“ (beide bei *K. Fischer*).

Es ist unvermeidlich, daß wir durch diese Beispiele an eine früher behandelte Gruppe gemahnt werden, welche sich durch die „mehrfache Verwendung desselben Materials“ auszeichnet. Das letzte Beispiel besonders wird uns veranlassen, die Frage aufzuwerfen, warum wir es nicht dort angereiht haben, anstatt es hier in neuem Zusammenhange aufzuführen. Die Erfahrung wird wieder durch ihren eigenen Wortlaut beschrieben, wie an jener Stelle die Eifersucht (vgl. S. 54). Auch würde ich mich gegen diese Zuweisung nicht viel sträuben. An den beiden anderen Beispielen, meine ich aber, die ja ähnlichen Charakters sind, ist ein anderes Moment auffälliger und bedeutsamer als die mehrfache Verwendung derselben Worte, der hier alles an Doppelsinn Streifende abgeht. Und zwar möchte ich hervorheben, daß hier neue und unerwartete Einheiten hergestellt sind, Beziehungen von Vorstellungen zueinander, und Definitionen durcheinander oder durch die Beziehung auf ein gemeinsames Drittes. Ich möchte diesen Vorgang *Unifizierung* heißen; er ist offenbar der Verdichtung durch Zusammendrängung in die nämlichen Worte analog. So werden die zwei Hälften des menschlichen Lebens durch eine zwischen ihnen entdeckte gegenseitige Beziehung beschrieben; in der ersten wünscht man die zweite herbei, in der zweiten die erste zurück. Es sind, genauer gesagt, zwei sehr ähnliche Beziehungen zueinander, die zur Darstellung gewählt wurden. Der Ähnlichkeit der Beziehungen entspricht dann die Ähnlichkeit der Worte, welche uns eben an die mehrfache Verwendung des nämlichen Materials mahnen konnte (herbei-wünschen – zurück-wünschen). In dem Witz von *Lichtenberg* sind der Januar und die ihm gegenübergestellten Monate durch eine wiederum modifizierte Beziehung zu etwas Drittem charakterisiert; dies sind die Glückwünsche, die man in dem einen Monat empfängt und die sich in den anderen nicht erfüllen. Der Unterschied von der mehrfachen Verwendung des gleichen Materials, die sich ja dem Doppelsinn annähert, ist hier recht deutlich.[27]

[27] Ich will mich der früher erwähnten eigentümlichen Negativrelation des Witzes zum Rätsel, daß der eine verbirgt, was das andere zur Schau stellt, bedienen, um die „Unifizierung“ besser, als obige Beispiele es gestatten, zu beschreiben. Viele der Rätsel, mit deren Produktion sich der Philosoph *G. Th. Fechner* die Zeit seiner Erblindung vertrieb, zeichnen sich durch einen hohen Grad von Unifizierung aus, der ihnen einen besonderen Reiz verleiht. Man nehme z. B. das

Ein schönes Beispiel von Unifizierungswitz, das der Erläuterung nicht bedarf, ist folgendes:

Der französische Odendichter *J. B. Rousseau* schrieb eine Ode an die Nachwelt (à la postérité); *Voltaire* fand, daß der Wert des Gedichtes dasselbe keineswegs berechtige, auf die Nachwelt zu kommen, und sagte witzig: „*Dieses Gedicht wird nicht an seine Adresse gelangen.*" (Nach *K. Fischer.*)

Das letzte Beispiel kann uns darauf aufmerksam machen, daß es wesentlich die Unifizierung ist, welche den sogenannt schlagfertigen Witzen zugrunde liegt. Die Schlagfertigkeit besteht ja im Eingehen der Abwehr auf die Aggression, im „Umkehren des Spießes", im „Bezahlen mit gleicher Münze", also in Herstellung einer unerwarteten Einheit zwischen Angriff und Gegenangriff.

Z. B.: Bäcker zum Wirt, der einen schwärenden Finger hat: „*Der ist dir wohl in dein Bier hineingekommen?*" Wirt: „*Das nicht, aber es ist mir eine von deinen Semmeln unter den Nagel geraten.*" (Nach *Überhorst, Das Komische*, II, 1900.)

Serenissimus macht eine Reise durch seine Staaten und bemerkt in der Menge einen Mann, der seiner eigenen hohen Person auffällig ähnlich sieht. Er winkt ihn heran, um ihn zu fragen: „*Hat Seine Mutter wohl einmal in der Residenz gedient?*" – „Nein, Durchlaucht", lautet die Antwort, „*aber mein Vater.*"

Herzog *Karl von Württemberg* trifft auf einem seiner Spazierritte von ungefähr

---

schöne Rätsel Nr. 203 (Rätselbüchlein von *Dr. Mises.* Vierte vermehrte Auflage, Jahreszahl nicht angegeben):

„Die beiden ersten finden ihre Ruhestätte
Im Paar der andern, und das Ganze macht ihr Bette."

Von den beiden Silbenpaaren, die zu erraten sind, ist nichts angegeben als eine Beziehung zueinander und vom Ganzen nur eine solche zum ersten Paar. (Die Auflösung lautet: Totengräber.) Oder folgende zwei Beispiele von Beschreibung durch Relation zu dem nämlichen oder wenig modifizierten dritten:

Nr. 170. „Die erste Silb' hat Zähn' und Haare,
Die zweite Zähne in den Haaren.
Wer auf den Zähnen nicht hat Haare,
Vom Ganzen kaufe keine Ware." (*Roßkamm.*)

Nr. 168. „Die erste Silbe frißt,
Die andere Silbe ißt,
Die dritte wird gefressen,
Das Ganze wird gegessen." (*Sauerkraut.*)

Die vollendetste Unifizierung findet sich in einem Rätsel von Schleiermacher, das man nicht anders als witzig heißen kann:

„Von der letzten umschlungen
Schwebt das vollendete Ganze
Zu den zwei ersten empor." (*Galgenstrick.*)

Die größte Mehrzahl aller Silbenrätsel ist der Unifizierung bar, d. h. das Merkmal, aus dem die eine Silbe erraten werden soll, ist ganz unabhängig von dem für die zweite, dritte Silbe und wiederum von dem Anhaltspunkt fürs selbständige Erraten des Ganzen.

einen Färber, der mit seiner Hantierung beschäftigt ist. „*Kann Er meinen Schimmel blau färben*?" ruft ihm der Herzog zu und erhält die Antwort zurück: „*Jawohl*, Durchlaucht, *wenn er das Sieden vertragen kann*!"

Bei dieser ausgezeichneten „Retourkutsche" – die eine unsinnige Anfrage mit einer ebenso unmöglichen Bedingung beantwortet – wirkt noch ein anderes technisches Moment mit, das ausgeblieben wäre, wenn die Antwort des Färbers gelautet hätte: „Nein, Durchlaucht; ich fürchte, der Schimmel wird das Sieden nicht vertragen."

Der Unifizierung steht noch ein anderes, ganz besonders interessantes technisches Mittel zu Gebote, die Anreihung durch das Bindewort *und*. Solche Anreihung bedeutet Zusammenhang; wir verstehen sie nicht anders. Wenn z. B. *Heine* in der *Harzreise* von der Stadt Göttingen erzählt: „*Im allgemeinen werden die Bewohner Göttingens eingeteilt in Studenten, Professoren, Philister und Vieh*", so verstehen wir diese Zusammenstellung genau in dem Sinne, der durch den Zusatz *Heines* noch unterstrichen wird: „welche vier Stände doch nichts weniger als scharf geschieden sind." Oder, wenn er von der Schule spricht, wo er „*soviel Latein, Prügel und Geographie*" ausstehen mußte, so will diese Anreihung, die durch die Mittelstellung der Prügel zwischen den beiden Lehrgegenständen überdeutlich wird, uns sagen, daß wir die durch die Prügel unverkennbar bezeichnete Auffassung des Schulknaben gewiß auch auf Latein und Geographie ausdehnen sollen.

Bei *Lipps* finden wir unter den Beispielen von „witziger Aufzählung" („Koordination") als nächst verwandt dem *Heineschen* „Studenten, Professoren, Philister und Vieh" den Vers:

„*Mit einer Gabel und mit Müh' zog ihn die Mutter aus der Brüh*'"; als ob die Mühe ein Instrument wäre wie die Gabel, setzt *Lipps* erläuternd hinzu. Wir empfangen aber den Eindruck, als sei dieser Vers gar nicht witzig, allerdings sehr komisch, während die *Heinesche* Anreihung ein unzweifelhafter Witz ist. Vielleicht werden wir uns später an diese Beispiele erinnern, wenn wir dem Problem des Verhältnisses von Komik und Witz nicht mehr auszuweichen brauchen.

Am Beispiel vom Herzog und vom Färber haben wir bemerkt, daß es ein Witz durch Unifizierung bliebe, wenn der Färber antworten würde: *Nein*, ich fürchte, der Schimmel wird das Sieden nicht vertragen. Seine Antwort lautete aber: *Ja*, Durchlaucht, wenn er das Sieden vertragen kann. In der Ersetzung des eigentlich hingehörigen „Nein" durch ein „Ja" liegt ein neues technisches Mittel des Witzes, dessen Verwendung wir an anderen Beispielen verfolgen wollen. Ein dem eben erwähnten bei *K. Fischer* benachbarter Witz ist einfacher: *Friedrich der Große* hört von einem Prediger in Schlesien, der im Rufe steht, mit Geistern zu verkehren; er läßt den Mann kommen und empfängt ihn mit der Frage: „*Er kann Geister beschwören*?" Die Antwort war: „*Zu Befehl, Majestät, aber sie kommen nicht.*"

Hier ist es nun ganz augenfällig, daß das Mittel des Witzes in nichts anderem bestand als in der Ersetzung des einzig möglichen „Nein" durch sein Gegenteil. Um diese Ersetzung durchzuführen, mußte an das „Ja" ein „aber" geknüpft werden, so daß „ja" und „aber" dem Sinne von „nein" gleichkommen.

Diese *Darstellung durchs Gegenteil*, wie wir sie nennen wollen, dient der Witzarbeit in verschiedenen Ausführungen. In folgenden zwei Beispielen tritt sie fast rein hervor: *Heine*: „*Diese Frau glich in vielen Punkten der Venus von Melos: sie ist auch außerordentlich alt, hat ebenfalls keine Zähne und auf der gelblichen Oberfläche ihres Körpers einige weiße Flecken.*"

Eine Darstellung der Häßlichkeit vermittels ihrer Übereinstimmungen mit dem Schönsten; diese Übereinstimmungen können freilich nur in doppelsinnig ausgedrückten Eigenschaften oder in Nebensachen bestehen. Letzteres trifft für das zweite Beispiel zu:

Lichtenberg: Der große Geist.

„*Er hatte die Eigenschaften der größten Männer in sich vereinigt, er trug den Kopf schief wie Alexander, hatte immer etwas in den Haaren zu nesteln wie Cäsar, konnte Kaffee trinken wie Leibniz, und wenn er einmal recht in seinem Lehnstuhl saß, so vergaß er Essen und Trinken darüber wie Newton, und man mußte ihn wie diesen wecken; seine Perücke trug er wie Dr. Johnson, und ein Hosenknopf stand ihm immer offen wie dem Cervantes.*"

Ein besonders schönes Beispiel von Darstellung durch das Gegenteil, in welchem auf die Verwendung doppelsinniger Worte gänzlich verzichtet ist, hat *J. v. Falke* von einer Reise nach Irland heimgebracht. Schauplatz ein Wachsfigurenkabinett, sagen wir *Madame Tussaud.* Auch hier ein Führer, der eine Gesellschaft von alt und jung von Figur zu Figur mit seinen Erläuterungen begleitet. „*This is the Duke of Wellington and his horse*", worauf ein junges Fräulein die Frage stellt: „*Which is the Duke of Wellington and which is his horse?*" „*Just, as you like, my pretty child*", lautet die Antwort, „*you pay the money and you have the choice.*" (Welches ist der Herzog von W. und welches ist sein Pferd? – Wie es Ihnen beliebt, mein schönes Kind, Sie zahlen Ihr Geld und Sie haben die Wahl.) (*Lebenserinnerungen*, S. 271.)

Die Reduktion dieses irischen Witzes würde lauten: Unverschämt, was diese Wachsfigurenleute dem Publikum zu bieten wagen! Pferd und Reiter sind nicht auseinanderzukennen. (Scherzhafte Übertreibung.) Und dafür zahlt man sein gutes Geld! Diese entrüstete Äußerung wird nun dramatisiert, in einem kleinen Vorfall begründet, an Stelle des Publikums im allgemeinen tritt eine einzelne Dame, die Reiterfigur wird individuell bestimmt, es muß der in Irland so überaus populäre *Herzog von Wellington* sein. Die Unverschämtheit des Besitzers oder Führers aber, der den Leuten das Geld aus der Tasche zieht und ihnen nichts dafür bietet, wird durch das Gegenteil dargestellt, durch eine Rede, in welcher er sich als gewissenhaften Geschäftsmann herausstreicht, dem nichts mehr am

Herzen liegt als die Achtung der Rechte, die das Publikum durch die Zahlung erworben hat. Nun merkt man auch, daß die Technik dieses Witzes keine ganz einfache ist. Indem ein Weg gefunden wurde, den Schwindler seine Gewissenhaftigkeit beteuern zu lassen, ist der Witz ein Fall von Darstellung durchs Gegenteil; indem er dies aber bei einem Anlaß tut, wo man ganz anderes von ihm verlangt, so daß er mit geschäftlicher Solidität antwortet, wo man Ähnlichkeit der Figuren von ihm erwartet, ist es ein Beispiel von Verschiebung. Die Technik des Witzes liegt in der Kombination der beiden Mittel. Von diesem Beispiel ist es nicht weit zu einer kleinen Gruppe, die man als Überbietungswitze benennen könnte. In ihnen wird das „*Ja*", welches in der Reduktion am Platze wäre, durch ein „*Nein*" ersetzt, das aber mit einem noch verstärkten „Ja" infolge seines Inhalts gleichwertig ist, und ebenso im umgekehrten Falle. Der Widerspruch steht an Stelle einer Bestätigung mit Überbietung; so z. B. das Epigramm von *Lessing*:[28]

„Die gute Galathee! Man sagt, sie schwärz' ihr Haar;
Da doch ihr Haar schon schwarz, als sie es kaufte, war."

Oder die boshafte Scheinverteidigung der Schulweisheit durch *Lichtenberg*:

„*Es gibt mehr Dinge im Himmel und auf Erden, als Eure Schulweisheit sich träumen läßt*", hatte Prinz Hamlet verächtlich gesagt. *Lichtenberg* weiß, daß diese Verurteilung lange nicht scharf genug ist, indem sie nicht alles verwertet, was man gegen die Schulweisheit einwenden kann. Er fügt also das noch Fehlende hinzu: „*Aber es gibt auch vieles in der Schulweisheit, das sich weder im Himmel noch auf Erden findet.*" Seine Darstellung hebt zwar hervor, wodurch uns die Schulweisheit für den von Hamlet gerügten Mangel entschädigt, aber in dieser Entschädigung liegt ein zweiter und noch größerer Vorwurf.

Durchsichtiger noch, weil frei von jeder Spur von Verschiebung, sind zwei Judenwitze, allerdings von grobem Kaliber.

Zwei Juden sprechen über das Baden. „*Ich nehme jedes Jahr ein Bad*", sagt der eine, „*ob ich es nötig habe oder nicht.*"

Es ist klar, daß er sich durch solche prahlerische Versicherung seiner Reinlichkeit erst recht der Unreinlichkeit überführt.

Ein Jude bemerkt Speisereste am Bart des anderen. „*Ich kann dir sagen, was du gestern gegessen hast.*" – „*Nun, sag*." – „*Also Linsen.*" – „*Gefehlt, vorgestern*!"

Ein prächtiger Überbietungswitz, der leicht auf Darstellung durchs Gegenteil zurückzuführen ist, ist auch folgender:

Der König besucht in seiner Herablassung die chirurgische Klinik und trifft den Professor bei der Vornahme der Amputation eines Beines, deren einzelne

[28] Nach einem Vorbild der *Griechischen Anthologie*.

Stadien er nun mit lauten Äußerungen seines königlichen Wohlgefallens begleitet. „*Bravo, bravo, mein lieber Geheimrat.*“ Nach vollendeter Operation tritt der Professor an ihn heran und fragt, sich tief verneigend: „*Befehlen Majestät auch das andere Bein?*“

Was der Professor sich während des königlichen Beifalls gedacht haben mag, das ließ sich gewiß nicht unverändert aussprechen: „Das muß ja den Eindruck machen, als nehme ich dem armen Teufel das kranke Bein ab im königlichen Auftrag und nur wegen des königlichen Wohlgefallens. Ich habe doch wirklich andere Gründe für diese Operation.“ Aber dann geht er vor den König hin und sagt: „Ich habe keine anderen Gründe für eine Operation als Ew. Majestät Auftrag. Der mir gespendete Beifall hat mich so beseligt, daß ich nur Ew. Majestät Befehl erwarte, um auch das gesunde Bein zu amputieren.“ Es gelingt ihm so, sich verständlich zu machen, indem er das Gegenteil von dem aussagt, was er sich denkt und bei sich behalten muß. Dieses Gegenteil ist eine unglaubwürdige Überbietung. Die Darstellung durchs Gegenteil ist, wie wir an diesen Beispielen sehen, ein häufig gebrauchtes und kräftig wirkendes Mittel der Witztechnik. Aber wir dürfen auch etwas anderes nicht übersehen, daß diese Technik keineswegs dem Witz allein eigen ist. Wenn Marcus Antonius, nachdem er in langer Rede auf dem Forum die Stimmung der Zuhörer um Cäsars Leichnam umgemodelt, endlich wieder einmal die Worte hinwirft:

„Denn Brutus ist ein *ehrenwerter* Mann...“, so weiß er, daß das Volk ihm nun den wahren Sinn seiner Worte entgegenschreien wird:

„Sie sind *Verräter:* ehrenwerte Männer!“

Oder wenn der *Simplizissimus* eine Sammlung unerhörter Brutalitäten und Zynismen als Äußerungen von „*Gemütsmenschen*“ überschreibt, so ist das auch eine Darstellung durchs Gegenteil. Diese heißt man aber „Ironie“, nicht mehr Witz. Der Ironie ist gar keine andere Technik als die der Darstellung durchs Gegenteil eigentümlich. Überdies liest und hört man vom *ironischen Witz*. Es ist also nicht mehr zu bezweifeln, daß die Technik allein nicht hinreicht, den Witz zu charakterisieren. Es muß noch etwas anderes hinzukommen, das wir bis jetzt nicht aufgefunden haben. Anderseits steht aber noch immer unwidersprochen da, daß mit der Rückbildung der Technik der Witz beseitigt ist. Vorläufig mag es uns schwerfallen, die beiden festen Punkte, die wir für die Aufklärung des Witzes gewonnen haben, miteinander vereint zu denken.

Wenn die Darstellung durchs Gegenteil zu den technischen Mitteln des Witzes gehört, so wird in uns die Erwartung rege, daß der Witz auch von deren Gegenteil, der Darstellung durch *Ähnliches* und Verwandtes, Gebrauch machen könne. Die Fortsetzung unserer Untersuchung kann uns in der Tat belehren, daß dies die Technik einer neuen, ganz besonders umfangreichen Gruppe von Gedankenwitzen ist. Wir beschreiben die Eigenart dieser Technik weit treffender, wenn wir anstatt Darstellung durch „Verwandtes" setzen: durch *Zusammengehöriges* oder *Zusammenhängendes*. Wir wollen sogar mit letzterem Charakter den Anfang machen und ihn sofort durch ein Beispiel erläutern.

Eine amerikanische Anekdote erzählt: Zwei wenig skrupulösen Geschäftsleuten war es gelungen, sich durch eine Reihe recht gewagter Unternehmungen ein großes Vermögen zu erwerben, und nun ging ihr Bemühen dahin, sich der guten Gesellschaft aufzudrängen. Unter anderen erschien es ihnen als ein zweckmäßiges Mittel, sich von dem vornehmsten und teuersten Maler der Stadt, dessen Bilder als Ereignisse betrachtet wurden, malen zu lassen. Auf einer großen Soiree wurden die kostbaren Bilder zuerst gezeigt, und die beiden Hausherren führten selbst den einflußreichsten Kunstkenner und Kritiker zur Wand des Salons, auf welcher die beiden Porträts nebeneinander aufgehängt waren, um ihm sein bewunderndes Urteil zu entlocken. Der sah die Bilder lange Zeit an, schüttelte dann den Kopf, als ob er etwas vermissen würde, und fragte bloß, auf den freien Raum zwischen beiden Bildern deutend: „*And where is the Saviour*?"(Und wo bleibt der Heiland? Oder: ich vermisse da das Bild des Heilands.)

Der Sinn dieser Rede ist klar. Es handelt sich wieder um die Darstellung von etwas, was direkt nicht ausgedrückt werden kann. Auf welchem Wege kommt diese „*indirekte Darstellung*" zustande? Durch eine Reihe leicht sich einstellender Assoziationen und Schlüsse verfolgen wir den Weg von der Darstellung des Witzes an nach rückwärts.

Die Frage: Wo ist der Heiland, das Bild des Heilands? läßt uns erraten, daß der Redner durch den Anblick der beiden Bilder an einen ähnlichen, ihm wie uns vertrauten Anblick gemahnt worden ist, welcher aber als hier fehlendes Element das Bild des Erlösers in der Mitte zwischen zwei anderen Bildern zeigte. Es gibt nur einen solchen Fall: Christus hängend zwischen den beiden Schächern. Das Fehlende wird vom Witz hervorgehoben, die Ähnlichkeit haftet an den im Witz übergangenen Bildern rechts und links vom Heiland. Sie kann nur darin bestehen, daß auch die im Salon aufgehängten die Bilder von Schächern sind. Was der Kritiker sagen wollte und nicht sagen konnte, war also: Ihr seid ein paar Halunken; ausführlicher: Was kümmern mich eure Bilder? Ihr seid ein paar Halunken, das weiß ich. Und er hat es schließlich über einige Assoziationen und Schlußfolgerungen auf einem Wege gesagt, den wir als den der *Anspielung* bezeichnen.

Wir erinnern uns sofort, daß wir der Anspielung bereits begegnet sind. Beim Doppelsinn nämlich; wenn von den zwei Bedeutungen, die in demselben Wort ihren Ausdruck finden, die eine als die häufigere und gebräuchlichere so sehr im Vordergrunde steht, daß sie uns an erster Stelle einfallen muß, während die andere als die entlegenere zurücksteht, so wollten wir diesen Fall als *Doppelsinn mit Anspielung* bezeichnen. Bei einer ganzen Reihe der bisher untersuchten Beispiele hatten wir angemerkt, daß deren Technik keine einfache sei, und erkennen nun die Anspielung als deren komplizierendes Moment. (Z. B. vgl. etwa den Umordnungswitz von der Frau, die sich etwas zurückgelegt und dabei viel verdient hat, oder den Widersinnswitz bei der Gratulation zum jüngsten Kind, es sei merkwürdig, was Menschenhände alles vermögen, S. 73).

In der amerikanischen Anekdote haben wir nun die Anspielung frei vom Doppelsinn vor uns und finden als ihren Charakter die Ersetzung durch etwas im Denkzusammenhange Verbundenes. Es ist leicht zu erraten, daß der verwertbare Zusammenhang von mehr als einer Art sein kann. Um uns nicht in der Fülle zu verlieren, werden wir nur die ausgeprägtesten Variationen und diese nur an wenigen Beispielen erörtern.

Der zur Ersetzung verwendete Zusammenhang kann ein bloßer *Anklang* sein, so daß diese Unterart dem Kalauer beim Wortwitz analog wird. Es ist aber nicht der Anklang zweier Worte aneinander, sondern ganzer Sätze, charakteristischer Wortverbindungen u. dgl.

Z. B. *Lichtenberg* hat den Spruch geprägt: „*Neue Bäder heilen gut*", der uns sofort an das Sprichwort erinnert: Neue Besen kehren gut, mit dem er die ersten anderthalb Worte, das letzte und die ganze Struktur des Satzes gemeinsam hat. Er ist auch sicherlich im Kopfe des witzigen Denkers als Nachbildung des bekannten Sprichwortes entstanden. Der Spruch *Lichtenbergs* wird so zur Anspielung auf das Sprichwort. Mittels dieser Anspielung wird uns etwas angedeutet, was nicht geradeheraus gesagt wird, daß an der Wirkung von Bädern auch noch anderes beteiligt ist als das in seinen Eigenschaften sich gleichbleibende Thermalwasser.

Ähnlich ist ein anderer Scherz oder Witz von *Lichtenberg* technisch aufzulösen: *Ein Mädchen, kaum zwölf Moden alt.* Das klingt an die Zeitbestimmung „*zwölf Monden*" (i. e. Monate) an und war vielleicht ursprünglich ein Schreibfehler für letzteren, in der Poesie zulässigen Ausdruck. Aber es hat einen guten Sinn, die wechselnde Mode anstatt des wechselnden Mondes zur Altersbestimmung für ein weibliches Wesen zu verwenden.

Der Zusammenhang kann in der Gleichheit bis auf eine einzige *leichte Modifikation* bestehen. Diese Technik läuft also wiederum einer Worttechnik parallel. Beide Arten von Witzen rufen fast den gleichen Eindruck hervor, doch sind sie nach den Vorgängen bei der Witzarbeit besser voneinander zu trennen.

Als Beispiel eines solchen Wortwitzes oder Kalauers: Die große, aber nicht nur durch den Umfang ihrer Stimme berühmte Sängerin *Marie Wilt* erfuhr die Kränkung, daß man den Titel eines aus dem bekannten Roman von *J. Verne* gezogenen Theaterstückes zu einer Anspielung auf ihre Mißgestalt verwendete: *„Die Reise um die Wilt in 80 Tagen.“*

Oder: *„Jede Klafter eine Königin“*, eine Modifikation des bekannten *Shakespeareschen „Jeder Zoll ein König“* und eine Anspielung auf dieses Zitat, auf eine vornehme und überlebensgroße Dame bezogen. Es wäre wirklich nicht viel Ernsthaftes dagegen zu sagen, wenn jemand diesen Witz vielmehr zu den Verdichtungen mit Modifikationen als Ersatzbildung (S. 46) stellen würde. (Vgl. tête-à-bête)

Von einer hochstrebenden, aber in der Verfolgung ihrer Ziele eigensinnigen Person sagte ein Freund: *„Er hat ein Ideal vor dem Kopf.“* *„Ein Brett vor dem Kopf haben“* ist die geläufige Redensart, auf welche diese Modifikation anspielt und deren Sinn sie für sich selbst in Anspruch nimmt. Auch hier kann man die Technik als Verdichtung mit Modifikation beschreiben.

Fast ununterscheidbar werden Anspielung durch Modifikation und Verdichtung mit Ersatzbildung, wenn sich die Modifikation auf die Veränderung von Buchstaben einschränkt, z. B. Di*ch*teritis. Die Anspielung auf die böse Seuche der Di*ph*theritis stellt auch das Dichten Unberufener als gemeingefährlich hin.

Die Negationspartikeln ermöglichen sehr schöne Anspielungen mit geringen Abänderungskosten:

„Mein *Un*glaubensgenosse *Spinoza*“, sagt *Heine*. „Wir von Gottes *Un*gnaden Taglöhner, Leibeigene, Neger, Fronknechte“ usw. ... beginnt bei *Lichtenberg* ein nicht weiter ausgeführtes Manifest dieser Unglücklichen, die jedenfalls auf solche Titulatur mehr Anrecht haben als Könige und Fürstlichkeiten auf die unmodifzierte.

Eine Form der Anspielung ist schließlich auch die *Auslassung*, der Verdichtung ohne Ersatzbildung vergleichbar. Eigentlich wird bei jeder Anspielung etwas ausgelassen, nämlich die zur Anspielung hinführenden Gedankenwege. Es kommt nur darauf an, ob die Lücke das Augenfälligere ist oder der die Lücke teilweise ausfüllende Ersatz in dem Wortlaut der Anspielung. So kämen wir über eine Reihe von Beispielen von der krassen Auslassung zur eigentlichen Anspielung zurück.

Auslassung ohne Ersatz findet sich in folgendem Beispiel: In Wien lebt ein geistreicher und kampflustiger Schriftsteller, der sich durch die Schärfe seiner Invektive wiederholt körperliche Mißhandlungen von seiten der Angegriffenen zugezogen hat. Als einmal eine neue Missetat eines seiner habituellen Gegner beredet wurde, äußerte ein dritter: *Wenn der X das hört, bekommt er wieder eine Ohrfeige.* Zur Technik dieses Witzes gehört zunächst die Verblüffung über den scheinbaren Widersinn, denn eine Ohrfeige bekommen, leuchtet uns als unmittelbare Folge davon, daß man etwas gehört hat, keineswegs ein. Der Widersinn vergeht, wenn man in die Lücke einsetzt: *dann schreibt er einen so bissigen Artikel gegen den Betreffenden, daß* usw. Anspielung durch Auslassung und Widersinn sind also die technischen Mittel dieses Witzes.

Heine: „*Er lobt sich so stark, daß die Räucherkerzchen im Preise steigen.* „Diese Lücke ist leicht auszufüllen. Das Ausgelassene ist durch eine Folgerung ersetzt, die nun als Anspielung auf dasselbe zurückleitet. Eigenlob stinkt.

Nun wieder einmal die beiden Juden vor dem Badehause! „*Schon wieder ein Jahr vergangen*!" seufzt der eine.

Diese Beispiele lassen wohl keinen Zweifel bestehen, daß die Auslassung zur Anspielung gehört.

Eine immer noch auffällige Lücke findet sich in nachstehendem Beispiel, das doch ein echter und richtiger Anspielungswitz ist. Nach einem Künstlerfest in Wien wurde ein Scherzbuch herausgegeben, in welchem unter anderen folgender, höchst merkwürdiger Sinnspruch verzeichnet stand:

„*Eine Frau ist wie ein Regenschirm. Man nimmt sich dann doch einen Komfortabel.*"

Ein Regenschirm schützt nicht genug vor dem Regen. Das „dann doch" kann nur heißen: wenn es tüchtig regnet, und ein Komfortabel ist ein öffentliches Fuhrwerk. Da wir es aber hier mit der Form des Gleichnisses zu tun haben, wollen wir die eingehendere Untersuchung dieses Witzes auf einen späteren Moment verschieben.

Ein wahres Wespennest der stachligsten Anspielungen enthalten *Heines Bäder von Lucca*, die von dieser Form des Witzes die kunstvollste Verwendung zu polemischen Zwecken (gegen den Grafen Platen) machen. Lange zuvor, ehe der Leser diese Verwendung ahnen kann, wird einem gewissen Thema, das sich zur direkten Darstellung besonders schlecht eignet, durch Anspielungen aus dem mannigfaltigsten Material präludiert, z. B. in den Wortverdrehungen des Hirsch-Hyacinth: „Sie sind zu korpulent und ich bin zu mager, Sie haben viel Einbildung und ich habe desto mehr Geschäftssinn, ich bin ein Praktikus und Sie sind ein *Diarrhetikus*, kurz und gut, Sie sind ganz mein Anti*podex*." – „Venus *Urinia*" – die dicke Gudel vom Dreckwall in Hamburg – u. dgl., dann nehmen die Begebenheiten, von denen der Dichter erzählt, eine Wendung, die zunächst nur von dem unartigen Mutwillen des Dichters zu zeugen scheint, bald aber ihre symbolische Beziehung zur polemischen Absicht enthüllt und sich somit gleichfalls als Anspielung kundgibt. Endlich bricht der Angriff auf Platen los, und nun sprudeln und quellen die Anspielungen auf das bereits bekanntgewordene Thema der Männerliebe des Grafen aus jedem der Sätze, die *Heine* gegen das Talent und den Charakter seines Gegners richtet, z. B.:

„Wenn auch die Musen ihm nicht hold sind, so hat er doch den Genius der Sprache in seiner Gewalt, oder vielmehr er weiß ihm Gewalt anzutun; denn die freie Liebe dieses Genius fehlt ihm, er muß auch diesem Jungen beharrlich nachlaufen, und er weiß nur die äußeren Formen zu erfassen, die trotz ihrer schönen Rundung sich nie edel aussprechen."

„Es geht ihm dann wie dem Vogel Strauß, der sich hinlänglich verborgen glaubt, wenn er den Kopf in den Sand gesteckt, so daß nur der Steiß sichtbar wird. Unser erlauchter Vogel hätte besser getan, wenn er den Steiß in den Sand versteckt und uns den Kopf gezeigt hätte."

Die Anspielung ist vielleicht das gebräuchlichste und am leichtesten zu handhabende Mittel des Witzes und liegt den meisten der kurzlebigen Witzproduktionen zugrunde, die wir in unsere Unterhaltung einzuflechten gewöhnt sind und welche eine Ablösung von diesem Mutterboden und selbständige Konservierung nicht vertragen. Gerade bei ihr werden wir aber von neuem an jenes Verhältnis gemahnt, das begonnen hat, uns an der Schätzung der Witztechnik irrezumachen. Auch die Anspielung ist nicht etwa an sich witzig, es gibt korrekt gebildete Anspielungen, die auf diesen Charakter keinen Anspruch haben. Witzig ist nur die „witzige" Anspielung, so daß das Kennzeichen des Witzes, das wir bis in die Technik verfolgt haben, uns dort wieder entschwindet.

Ich habe die Anspielung gelegentlich als *„indirekte Darstellung"* bezeichnet und werde nun darauf aufmerksam, daß man sehr wohl die verschiedenen Arten der Anspielung mit der Darstellung durch das Gegenteil und mit den noch zu erwähnenden Techniken zu einer einzigen großen Gruppe vereinigen kann, für welche *„indirekte Darstellung"* der umfassendste Name wäre. *Denkfehler – Unifizierung – indirekte Darstellung* heißen also die Gesichtspunkte, unter welche sich die uns bekanntgewordenen Techniken des Gedankenwitzes bringen ließen.

Bei fortgesetzter Untersuchung unseres Materials glauben wir nun eine neue Unterart der indirekten Darstellung zu erkennen, die sich scharf charakterisieren, aber nur durch wenige Beispiele belegen läßt. Es ist dies die Darstellung *durch ein Kleines* oder *Kleinstes*, welche die Aufgabe löst, einen ganzen Charakter durch ein winziges Detail zum vollen Ausdruck zu bringen. Die Anreihung dieser Gruppe an die Anspielung wird durch die Erwägung ermöglicht, daß ja diese Winzigkeit mit dem Darzustellenden in Zusammenhang steht, sich als Folgerung aus ihm ableiten läßt, z. B.:

Ein galizischer Jude fährt in der Eisenbahn und hat es sich recht bequem gemacht, den Rock aufgeknöpft, die Füße auf die Bank gelegt. Da steigt ein modern gekleideter Herr ein. Sofort nimmt sich der Jude zusammen, setzt sich in bescheidene Positur. Der Fremde blättert in einem Buch, rechnet, besinnt sich und richtet plötzlich an den Juden die Frage: „Ich bitte Sie, wann haben wir Jomkipur?"(Versöhnungstag.) *„Aesoi"*, sagt der Jude und legt die Füße wieder auf die Bank, ehe er die Antwort gibt.

Es wird nicht abzuweisen sein, daß diese Darstellung durch ein Kleines an die Tendenz zur Ersparnis anknüpft, welche wir nach der Erforschung der Wortwitztechnik als das letzte Gemeinsame übrigbehalten haben.

Ein ganz ähnliches Beispiel ist folgendes:

Der Arzt, der gebeten worden ist, der Frau Baronin bei ihrer Entbindung beizustehen, erklärt den Moment für noch nicht gekommen und schlägt dem Baron unterdes eine Kartenpartie im Nebenzimmer vor. Nach einer Weile dringt der Wehruf der Frau Baronin an das Ohr der beiden Männer. „*Ah mon Dieu, que je souffre*!" Der Gemahl springt auf, aber der Arzt wehrt ab: „Es ist nichts, spielen wir weiter." Eine Weile später hört man die Kreißende wieder. „*Mein Gott, mein Gott, was für Schmerzen*!" – „Wollen Sie nicht hineingehen, Herr Professor?" fragt der Baron. – „Nein, nein, es ist noch nicht Zeit." – Endlich hört man aus dem Nebenzimmer ein unverkennbares: „*Ai, waih, waih*" geschrien; da wirft der Arzt die Karten weg und sagt: „Es ist Zeit."

Wie der Schmerz durch alle Schichtungen der Erziehung die ursprüngliche Natur durchbrechen läßt, und wie eine wichtige Entscheidung mit Recht von einer scheinbar belanglosen Äußerung abhängig gemacht wird, das zeigt beides dieser gute Witz an dem Beispiel der schrittweisen Veränderung der Klagerufe bei der gebärenden vornehmen Frau.

Eine andere Art der indirekten Darstellung, deren sich der Witz bedient, das *Gleichnis,* haben wir uns so lange aufgespart, weil dessen Beurteilung auf neue Schwierigkeiten stößt, oder Schwierigkeiten, die sich schon bei anderen Gelegenheiten ergeben haben, besonders deutlich erkennen läßt. Wir haben schon vorhin eingestanden, daß wir bei manchen zur Untersuchung vorliegenden Beispielen ein Schwanken, ob sie überhaupt den Witzen zuzurechnen seien, nicht zu bannen vermögen, und haben in dieser Unsicherheit eine bedenkliche Erschütterung der Grundlagen unserer Untersuchung erkannt. Bei keinem anderen Material empfinde ich aber diese Unsicherheit stärker und häufiger als bei den Gleichniswitzen. Die Empfindung, welche mir – und wahrscheinlich einer großen Anzahl anderer unter den nämlichen Bedingungen wie mir – zu sagen pflegt: Dies ist ein Witz, dies darf man für einen Witz ausgeben, noch ehe der verborgene wesentliche Charakter des Witzes entdeckt ist; diese Empfindung läßt mich bei den witzigen Vergleichen am ehesten im Stiche. Wenn ich den Vergleich zuerst ohne Bedenken für einen Witz erklärt habe, so glaube ich einen Augenblick später zu bemerken, daß das Vergnügen, das er mir bereitet, von anderer Qualität ist, als welches ich einem Witz zu verdanken pflege, und der Umstand, daß die witzigen Vergleiche nur sehr selten das explosionsartige Lachen hervorzurufen vermögen, durch welches sich ein guter Witz bezeugt, macht es mir unmöglich, mich dem Zweifel wie sonst zu entziehen, indem ich mich auf die besten und effektvollsten Beispiele der Gattung einschränke.

Daß es ausgezeichnet schöne und wirksame Beispiele von Gleichnissen gibt, die uns den Eindruck des Witzes keineswegs machen, ist leicht zu zeigen. Der schöne Vergleich der durchgehenden Zärtlichkeit in *Ottiliens Tagebuch* mit dem roten Faden der englischen Marine (s. S. 44, Anm. 7) ist ein solcher; auch ein anderes, das zu bewundern ich noch nicht müde geworden bin und dessen Eindruck ich nicht überwunden habe, kann ich mir nicht versagen, im gleichen Sinne anzuführen. Es ist das Gleichnis, mit welchem *Ferd. Lassalle* eine seiner berühmten Verteidigungsreden (Die Wissenschaft und die Arbeiter) geschlossen hat: „Ein Mann, welcher, wie ich Ihnen dies erklärt habe, sein Leben dem Wahlspruch gewidmet hat ‚Die Wissenschaft und die Arbeiter', dem würde auch eine Verurteilung, die er auf seinem Wege findet, keinen anderen Eindruck machen können *als etwa das Springen einer Retorte dem in seine wissenschaftlichen Experimente vertieften Chemiker. Mit einem leisen Stirnrunzeln über den Widerstand der Materie setzt er, sowie die Störung beseitigt ist, ruhig seine Forschungen und Arbeiten fort.*" Eine reiche Auswahl von treffenden und witzigen Gleichnissen findet man in den Schriften *Lichtenbergs* (II. B. der Göttinger Ausgabe, 1853); von dort will ich auch das Material für unsere Untersuchung entnehmen.

„*Es ist fast unmöglich, die Fackel der Wahrheit durch ein Gedränge zu tragen, ohne jemandem den Bart zu sengen.*"

Das erscheint wohl witzig, aber bei näherem Zusehen merkt man, daß die witzige Wirkung nicht vom Vergleich selbst, sondern von einer Nebeneigenschaft desselben ausgeht. Die „Fackel der Wahrheit" ist eigentlich kein neuer Vergleich, sondern ein längst gebräuchlicher und zur fixierten Phrase herabgesunken, wie es immer zutrifft, wenn ein Vergleich Glück hat und vom Sprachgebrauch akzeptiert wird. Während wir in der Redensart „die Fackel der Wahrheit" den Vergleich kaum mehr bemerken, wird ihm bei *Lichtenberg* die ursprüngliche Vollkraft wiedergegeben, da nun auf dem Vergleich weitergebaut, eine Folgerung aus ihm gezogen wird. Solches *Vollnehmen abgeblaßter* Redensarten ist uns aber als Technik des Witzes bereits bekannt, es findet eine Stelle bei der mehrfachen Verwendung des nämlichen Materials. Es könnte sehr wohl sein, daß der witzige Eindruck des *Lichtenbergschen* Satzes nur von der Anlehnung an diese Witztechnik herrührt.

Dieselbe Beurteilung wird gewiß auch für einen anderen witzigen Vergleich desselben Autors gelten können:

„*Ein großes Licht* war der Mann eben nicht, aber ein *großer Leuchter* ... Er war Professor der Philosophie."

Einen Gelehrten ein großes Licht, ein *lumen mundi* zu heißen, ist längst kein wirksamer Vergleich mehr, mag er ursprünglich als Witz gewirkt haben oder nicht. Aber man frischt den Vergleich auf, man gibt ihm seine Vollkraft wieder, indem man eine Modifikation aus ihm ableitet und solcherart einen zweiten, neuen Vergleich aus ihm gewinnt. Die Art, wie der zweite Vergleich entstanden ist, scheint die Bedingung des Witzes zu enthalten, nicht die beiden Vergleiche selbst. Es wäre dies ein Fall der nämlichen Witztechnik wie im Beispiele von der Fackel.

Aus einem anderen, aber ähnlich zu beurteilenden Grunde erscheint folgender Vergleich als witzig:

„Ich sehe die *Rezensionen* als eine Art von *Kinderkrankheit* an, die die neugeborenen Bücher mehr oder weniger befällt. Man hat Exempel, daß die gesündesten daran sterben und die schwächlichen oft durchkommen. Manche bekommen sie gar nicht. Man hat oft versucht, ihnen durch *Amulette* von *Vorrede* und *Dedikation* vorzubeugen oder sie gar durch *eigene Urteile zu makulieren*; es hilft aber nicht immer."

Der Vergleich der Rezensionen mit den Kinderkrankheiten ist zuerst nur auf das Befallenwerden, kurz nachdem sie das Licht der Welt erblickt haben, gegründet. Ob er soweit witzig ist, getraue ich mich nicht zu entscheiden. Aber dann wird er fortgeführt: es ergibt sich, daß die weiteren Schicksale der neuen Bücher innerhalb des Rahmens des nämlichen Gleichnisses oder durch angelehnte Gleichnisse dargestellt werden können. Solche Fortsetzung einer Vergleichung ist unzweifelhaft witzig, aber wir wissen bereits, dank welcher Technik sie so erscheint; es ist ein Fall von *Unifizierung*, Herstellung eines ungeahnten Zusammenhanges. Der Charakter der Unifizierung wird aber dadurch nicht geändert, daß dieselbe hier in der Anreihung an ein erstes Gleichnis besteht.

Bei einer Reihe anderer Vergleichungen ist man versucht, den unleugbar vorliegenden witzigen Eindruck auf ein anderes Moment zu schieben, welches wiederum mit der Natur des Gleichnisses an sich nichts zu tun hat. Es sind dies Vergleichungen, die eine auffällige Zusammenstellung, oft eine absurd klingende Vereinigung enthalten oder sich durch eine solche als Ergebnis des Vergleiches ersetzen. Die Mehrzahl der *Lichtenbergschen* Beispiele gehören dieser Gruppe an.

„Es ist schade, daß man bei Schriftstellern die *gelehrten Eingeweide* nicht sehen kann, um zu erforschen, was sie gegessen haben." „Die gelehrten Eingeweide", das ist eine verblüffende, eigentlich absurde Attribuierung, die sich erst durch die Vergleichung aufklärt. Wie wäre es, wenn der witzige Eindruck dieses Vergleiches ganz und voll auf den verblüffenden Charakter dieser Zusammenstellung zurückginge? Dies entspräche einem der uns gut bekannten Mittel des Witzes, der Darstellung durch *Widersinn*.

Lichtenberg hat dieselbe Vergleichung der Aufnahme von Lese- und Lernstoff mit der Aufnahme von physischer Nahrung auch zu einem anderen Witz verwendet:

„Er hielt sehr viel vom *Lernen auf der Stube* und war also gänzlich für *gelehrte Stallfütterung*."

Die nämliche absurde oder mindestens auffällige Attribuierung, welche, wie wir zu merken beginnen, der eigentliche Träger des Witzes ist, zeigen andere Gleichnisse desselben Autors:

„Das ist die *Wetterseite meiner moralischen Konstitution*, da kann ich etwas aushalten."

„Jeder Mensch hat auch seine *moralische Backside*, die er nicht *ohne Not* zeigt und die er so lange als möglich mit den *Hosen des guten Anstandes* zudeckt."

Die „moralische Backside", das ist die auffällige Attribuierung, die als Resultat einer Vergleichung dasteht. Dazu kommt aber eine Fortführung des Vergleiches mit einem regelrechten Wortspiel („Not") und einer zweiten noch ungewöhnlicheren Zusammenstellung („Die Hosen des guten Anstandes"), die vielleicht selbst an sich witzig ist, denn die Hosen werden dadurch, daß sie die Hosen des guten Anstandes sind, selbst gleichsam witzig. Es darf uns dann nicht wundernehmen, wenn wir vom Ganzen den Eindruck eines sehr witzigen Vergleiches empfangen; wir beginnen zu merken, daß wir ganz allgemein dazu neigen, einen Charakter, welcher nur an einem Teil des Ganzen haftet, in unserer Schätzung auf dieses Ganze auszudehnen. Die „Hosen des guten Anstandes" erinnern übrigens an einen ähnlichen verblüffenden Vers von *Heine*:

„Bis mir endlich,
endlich alle Knöpfe rissen
an der Hose der Geduld."

Es ist unverkennbar, daß diese beiden letzten Vergleichungen einen Charakter an sich tragen, den man nicht an allen guten, d. h. zutreffenden Gleichnissen wiederfinden kann. Sie sind in hohem Grade „*herabziehend*", könnte man sagen, sie stellen ein Ding hoher Kategorie, ein Abstraktum (hier: den guten Anstand, die Geduld) mit einem Ding sehr konkreter Natur und selbst niedriger Art (der Hose) zusammen. Ob diese Eigentümlichkeit etwas mit dem Witz zu schaffen hat, werden wir noch in einem anderen Zusammenhange in Erwägung ziehen müssen. Versuchen wir hier ein anderes Beispiel, in dem dieser herabziehende Charakter ganz besonders deutlich ist, zu analysieren. Der Kommis Weinberl in *Nestroys* Posse *Einen Jux will er sich machen*, der sich ausmalt, wie er einmal als solider alter Handelsherr seiner Jugendtage gedenken wird, sagt: „Wenn so im traulichen Gespräch *das Eis aufg'hackt wird vor dem Magazin der Erinnerung, wann die G'wölbtür der Vorzeit wieder aufg'sperrt und die Pudel der Phantasie voll ang'raumt wird mit Waren von ehemals.*" Das sind sicherlich Vergleichungen von abstrakten mit sehr gewöhnlichen konkreten Dingen, aber der Witz hängt – ausschließlich oder nur zum Teile – an dem Umstand, daß ein Kommis sich dieser Vergleichungen bedient, die aus dem Bereiche seiner alltäglichen Tätigkeit genommen sind. Das Abstrakte aber in Beziehung zu diesem Gewöhnlichen, des sein Leben sonst voll ist, zu bringen, ist ein Akt von *Unifizierung*.

Kehren wir zu den *Lichtenbergschen* Vergleichen zurück.

„*Die Bewegungsgründe*[29]*, woraus man etwas tut, könnten so wie die 32 Winde geordnet und ihre Namen auf eine ähnliche Art formiert werden, z. B. Brot – Brot – Ruhm oder Ruhm – Ruhm – Brot.*"

Wie so häufig bei den *Lichtenbergschen* Witzen, ist auch hier der Eindruck des Treffenden, Geistreichen, Scharfsinnigen so vorherrschend, daß unser Urteil über den Charakter des Witzigen hiedurch irregeführt wird. Wenn in einem solchen Ausspruch etwas Witz sich dem ausgezeichneten Sinn beimengt, werden wir wahrscheinlich verleitet, das Ganze für einen vortrefflichen Witz zu erklären. Ich möchte vielmehr die Behauptung wagen, daß alles, was hieran wirklich witzig ist, aus dem Befremden über die sonderbare Kombination „Brot–Brot–Ruhm" hervorgeht. Also als Witz eine Darstellung durch Widersinn.

Die sonderbare Zusammenstellung oder absurde Attribuierung kann als Ergebnis eines Vergleiches für sich allein hingestellt werden: *Lichtenberg*: *Eine zweischläfrige Frau – Ein einschläfriger Kirchenstuhl.* Hinter beiden steckt der Vergleich mit einem Bett, bei beiden wirkt außer der Verblüffung noch das technische Moment der Anspielung mit, das eine Mal an die einschläfernde Wirkung von Predigten, das andere Mal an das nie zu erschöpfende Thema der geschlechtlichen Beziehungen.

Haben wir bisher gefunden, daß eine Vergleichung, so oft sie uns witzig erschien, diesen Eindruck der Beimengung einer der uns bekannten Witztechniken verdankte, so scheinen einige andere Beispiele endlich dafür zu zeugen, daß ein Vergleich auch an und für sich witzig sein kann.

Lichtenbergs Charakteristik gewisser Oden:

„Sie sind das in der Poesie, was *Jakob Böhmes* unsterbliche Werke in Prosa sind, *eine Art von Pickenick, wobei der Verfasser die Worte und der Leser den Sinn stellen.*"

„Wenn er *philosophiert*, so wirft er gewöhnlich ein *angenehmes Mondlicht* über die Gegenstände, das im ganzen gefällt, aber nicht einen einzigen Gegenstand deutlich zeigt."

[29] Wir würden heute: Beweggründe, Motive sagen.

Oder *Heine*: „*Ihr Gesicht glich einem Codex palimpsestus, wo unter der neuschwarzen Mönchsschrift eines Kirchenvatertextes die halb erloschenen Verse eines altgriechischen Liebesdichters hervorlauschen.*“

Oder die fortgesetzte Vergleichung mit stark herabsetzender Tendenz in den *Bädern von Lucca:*

„Der *katholische Pfaffe* treibt es mehr wie ein Kommis, der in einer *großen Handlung* angestellt ist; die Kirche, das große Haus, dessen Chef der Papst ist, gibt ihm bestimmte Beschäftigung und dafür ein bestimmtes Salär; er arbeitet lässig, wie jeder, der nicht für eigene Rechnung arbeitet und viele Kollegen hat und im großen Geschäftstreiben leicht unbemerkt bleibt – nur der Kredit des Hauses liegt ihm am Herzen, und noch mehr dessen Erhaltung, da er bei einem etwaigen Bankerott seinen Lebensunterhalt verlöre. Der *protestantische Pfaffe* hingegen ist überall selbst Prinzipal und treibt die Religionsgeschäfte für eigene Rechnung. Er treibt keinen Großhandel wie sein katholischer Gewerbegenosse, sondern nur einen *Kleinhandel*; und da er demselben allein vorstehen muß, darf er nicht lässig sein, er muß seine *Glaubensartikel* den Leuten anrühmen, die Artikel seiner Konkurrenten herabsetzen, und als echter Kleinhändler steht er in seiner Ausschnittbude, voll von Gewerbsneid gegen alle großen Häuser, absonderlich gegen das große Haus in Rom, das viele tausend Buchhalter und Packknechte besoldet und seine Faktoreien hat in allen vier Weltteilen.“

Angesichts dieser wie vieler anderer Beispiele können wir doch nicht mehr in Abrede stellen, daß ein Vergleich auch an sich witzig sein mag, ohne daß dieser Eindruck auf eine Komplikation mit einer der bekannten Witztechniken zu beziehen wäre. Es entgeht uns aber dann völlig, wodurch der witzige Charakter des Gleichnisses bestimmt ist, da er gewiß nicht am Gleichnis als Ausdrucksform des Gedankens oder an der Operation des Vergleichens haftet. Wir können nicht anders als das Gleichnis unter die Arten der „indirekten Darstellung“ aufnehmen, deren sich die Witztechnik bedient, und müssen das Problem unerledigt lassen, das uns beim Gleichnis weit deutlicher als bei den früher behandelten Mitteln des Witzes entgegengetreten ist. Es muß wohl auch seinen besonderen Grund haben, wenn uns die Entscheidung, ob etwas ein Witz ist oder nicht, beim Gleichnis mehr Schwierigkeiten bereitet als bei anderen Ausdrucksformen.

Einen Grund aber, uns zu beklagen, daß diese erste Untersuchung ergebnislos verlaufen sei, bietet uns auch diese Lücke in unserem Verständnis nicht. Bei dem intimen Zusammenhang, den wir den verschiedenen Eigenschaften des Witzes zuzuschreiben bereit sein mußten, wäre es unvorsichtig gewesen zu erwarten, wir könnten eine Seite des Problems voll aufklären, ehe wir noch einen Blick auf die andere geworfen haben. Wir werden das Problem nun wohl an anderer Stelle angreifen müssen.

Sind wir sicher, daß keine der möglichen Techniken des Witzes unserer Untersuchung entgangen ist? Das wohl nicht, aber wir können uns bei fortgesetzter Prüfung an neuem Material überzeugen, daß wir die häufigsten und wichtigsten technischen Mittel der Witzarbeit kennengelernt haben, zum mindesten so viel, als zur Schöpfung eines Urteils über die Natur dieses psychischen Vorganges erfordert wird. Ein solches Urteil steht gegenwärtig noch aus; hingegen sind wir in den Besitz einer wichtigen Anzeige gelangt, von welcher Richtung wir eine weitere Aufklärung des Problems zu erwarten haben. Die interessanten Vorgänge der Verdichtung mit Ersatzbildung, die wir als den Kern der Technik des Wortwitzes erkannt haben, wiesen uns auf die Traumbildung hin, in deren Mechanismus die nämlichen psychischen Vorgänge aufgedeckt worden sind. Eben dahin weisen aber auch die Techniken des Gedankenwitzes, die Verschiebung, die Denkfehler, der Widersinn, die indirekte Darstellung, die Darstellung durchs Gegenteil, die samt und sonders in der Technik der Traumarbeit wiederkehren. Der Verschiebung verdankt der Traum das befremdende Ansehen, das uns abhält, in ihm die Fortsetzung unserer Wachgedanken zu erkennen; die Verwendung von Widersinn und Absurdität im Traum hat ihn die Würde eines psychischen Produkts gekostet und hat die Autoren verleitet, Zerfall der geistigen Tätigkeiten, Sistierung von Kritik, Moral und Logik als Bedingungen der Traumbildung anzunehmen. Die Darstellung durchs Gegenteil ist im Traum so gebräuchlich, daß selbst die populären, gänzlich irregehenden Traumdeutungsbücher mit ihr zu rechnen pflegen; die indirekte Darstellung, der Ersatz des Traumgedankens durch eine Anspielung, ein Kleines, eine dem Gleichnis analoge Symbolik, ist gerade das, was die Ausdrucksweise des Traumes von der unseres wachen Denkens unterscheidet.[30] Eine so weitgehende Übereinstimmung wie die zwischen den Mitteln der Witzarbeit und denen der Traumarbeit wird kaum eine zufällige sein können. Diese Übereinstimmung ausführlich nachzuweisen und ihrer Begründung nachzuspüren wird eine unserer späteren Aufgaben werden.

III
Die Tendenzen des Witzes

Als ich zu Ende des vorigen Abschnittes den *Heineschen* Vergleich des katholischen Priesters mit einem Angestellten einer Großhandlung und des protestantischen mit einem selbständigen Kleinhändler niederschrieb, verspürte ich

[30] Vgl. meine *Traumdeutung*, Abschnitt VI, Traumarbeit.

eine Hemmung, die mich bestimmen wollte, dieses Gleichnis nicht zu verwenden. Ich sagte mir, daß sich unter meinen Lesern wahrscheinlich einige befinden würden, denen nicht nur die Religion, sondern auch deren Regie und Personal ehrwürdig sind; diese Leser würden sich nur über den Vergleich entrüsten und in einen Affektzustand geraten, der ihnen jedes Interesse für die Unterscheidung raubt, ob das Gleichnis an sich oder nur infolge irgendwelcher Zutaten witzig erscheint. Bei anderen Gleichnissen, z. B. dem benachbarten von dem angenehmen Mondlicht, welches eine gewisse Philosophie auf die Gegenstände wirft, wäre eine solche für unsere Untersuchung störende Beeinflussung eines Teiles der Leser nicht zu besorgen. Der frommgläubigste Mann bliebe in der Verfassung, sich ein Urteil über unser Problem zu bilden.

Es ist leicht, den Charakter des Witzes zu erraten, mit welchem die Verschiedenheit der Reaktion auf den Witz beim Hörer zusammenhängt. Der Witz ist das eine Mal Selbstzweck und dient keiner besonderen Absicht, das andere Mal stellt er sich in den Dienst einer solchen Absicht; er wird *tendenziös*. Nur derjenige Witz, welcher eine Tendenz hat, läuft Gefahr, auf Personen zu stoßen, die ihn nicht anhören wollen.

Der nichttendenziöse Witz ist von *Th. Vischer* als „*abstrakter*“ Witz bezeichnet worden; ich ziehe es vor, ihn „*harmlosen*“ Witz zu nennen.

Da wir vorhin den Witz nach dem Material, an dem seine Technik angreift, in Wort- und Gedankenwitz unterschieden haben, obliegt es uns, die Beziehung dieser Einteilung zur neu vorgebrachten zu untersuchen. Wort- und Gedankenwitz einerseits, abstrakter und tendenziöser Witz anderseits stehen nun in keiner Relation der Beeinflussung zueinander; es sind zwei voneinander völlig unabhängige Einteilungen der witzigen Produktionen. Vielleicht könnte jemand den Eindruck empfangen haben, als seien die harmlosen Witze vorwiegend Wortwitze, während die kompliziertere Technik des Gedankenwitzes meist von starken Tendenzen in Dienst genommen wird; allein es gibt harmlose Witze, die mit Wortspiel und Gleichklang arbeiten, und ebenso harmlose, die sich aller Mittel des Gedankenwitzes bedienen. Nicht minder leicht zu zeigen ist, daß der tendenziöse Witz der Technik nach nichts anderes als ein Wortwitz zu sein braucht. So z. B. sind Witze, die mit Eigennamen „spielen“, häufig von beleidigender, verletzender Tendenz, sie gehören selbstredend zu den Wortwitzen. Die harmlosesten aller Witze sind aber auch wieder Wortwitze, z. B. die neuerdings beliebt gewordenen Schüttelreime, in denen die mehrfache Verwendung desselben Materials mit einer ganz eigentümlichen Modifikation die Technik darstellt:

> „Und weil er Geld in *M*enge *h*atte,
> lag stets er in der *H*änge*m*atte.“

Es wird hoffentlich niemand in Abrede stellen, daß das Wohlgefallen an dieser Art von sonst anspruchslosen Reimen das nämliche ist, an dem wir den Witz erkennen.

Gute Beispiele von abstrakten oder harmlosen Gedankenwitzen findet man reichlich unter den *Lichtenbergschen* Vergleichungen, von denen wir einige bereits kennengelernt haben. Ich füge einige weitere hinzu:

„*Sie hatten ein Oktavbändchen nach Göttingen geschickt und an Leib und Seele einen Quartanten wiederbekommen.*“

„*Um dieses Gebäude gehörig aufzuführen, muß vor allen Dingen ein guter Grund gelegt werden, und da weiß ich keinen festeren, als wenn man über jede Schicht pro gleich eine Schicht kontra aufträgt.*“

„*Einer zeugt den Gedanken, der andere hebt ihn aus der Taufe, der dritte zeugt Kinder mit ihm, der vierte besucht ihn auf dem Sterbebette und der fünfte begräbt ihn.*“(Gleichnis mit Unifizierung.)

„*Er glaubte nicht allein keine Gespenster, sondern er fürchtete sich nicht einmal davor.*“ Der Witz liegt hier ausschließlich an der widersinnigen Darstellung, die das gewöhnlich für geringer Geschätzte in den Komparativ setzt, das für bedeutsamer Gehaltene zum Positiv nimmt. Mit Verzicht auf diese witzige Einkleidung hieße es: es ist viel leichter, sich mit dem Verstand über die Gespensterfurcht hinwegzusetzen, als sich ihrer bei vorkommender Gelegenheit zu erwehren. Dies ist gar nicht mehr witzig, wohl aber eine richtige und noch zu wenig gewürdigte psychologische Erkenntnis, die nämliche, der *Lessing* in den bekannten Worten Ausdruck gibt:

„Es sind nicht alle frei, die ihrer Ketten spotten.“

Ich kann die Gelegenheit, die sich hier bietet, ergreifen, um ein immerhin mögliches Mißverständnis wegzuräumen. „Harmloser“ oder „abstrakter“ Witz soll nämlich keineswegs gleichbedeutend sein mit „gehaltlosem“ Witz, sondern eben nur den Gegensatz zu den später zu besprechenden „tendenziösen“ Witzen bezeichnen. Wie obiges Beispiel zeigt, kann ein harmloser, d. i. tendenzloser Witz auch sehr gehaltvoll sein, etwas Wertvolles aussagen. Der Gehalt eines Witzes ist aber vom Witz unabhängig und ist der Gehalt des Gedankens, der hier durch eine besondere Veranstaltung witzig ausgedrückt wird. Freilich so wie die Uhrmacher ein besonders gutes Werk auch mit einem kostbaren Gehäuse auszustatten pflegen, mag es auch beim Witz vorkommen, daß die besten Witzleistungen gerade zur Einkleidung der gehaltvollsten Gedanken benützt werden.

Wenn wir nun scharf auf die Unterscheidung von Gedankengehalt und witziger Einkleidung beim Gedankenwitz achten, so gelangen wir zu einer Einsicht, welche uns viel Unsicherheit in unserem Urteil über Witze aufzuklären vermag. Es stellt sich nämlich, was doch überraschend ist, heraus, daß wir unser Wohlgefallen an einem Witz nach dem summierten Eindruck von Gehalt und Witzleistung abgeben und uns durch den einen Faktor über das Ausmaß des anderen geradezu täuschen lassen. Erst die Reduktion des Witzes klärt uns die Urteilstäuschung auf.

Das nämliche trifft übrigens auch beim Wortwitz zu. Wenn wir hören: „Die Erfahrung besteht darin, daß man erfährt, was man nicht wünscht erfahren zu haben" – so sind wir verblüfft, glauben eine neue Wahrheit zu vernehmen, und es dauert eine Weile, bis wir in dieser Verkleidung die Plattheit: „Durch Schaden wird man klug"(*K. Fischer*) erkennen. Die treffliche Witzleistung, die „Erfahrung" nahezu allein durch die Anwendung des Wortes „erfahren" zu definieren, täuscht uns so, daß wir den Gehalt des Satzes überschätzen. Ebenso ergeht es uns bei dem *Lichtenbergschen* Unifizierungswitz vom „Januarius"(S. 78), der uns weiter nichts zu sagen hat, als was wir längst wissen, daß Neujahrswünsche so selten in Erfüllung gehen wie andere Wünsche, und in vielen ähnlichen Fällen.

Das Gegenteilige erfahren wir bei anderen Witzen, in denen offenbar das Treffende und Richtige des Gedankens uns gefangennimmt, so daß wir den Satz einen glänzenden Witz heißen, während nur der Gedanke glänzend, die Witzleistung oft schwächlich ist. Gerade bei den *Lichtenbergschen* Witzen ist der Gedankenkern häufig weit wertvoller als die Witzeinkleidung, auf welche wir dann die Schätzung vom ersteren her unberechtigterweise ausdehnen. So ist z. B. die Bemerkung über die „Fackel der Wahrheit"(S. 91) ein kaum witziger Vergleich, aber sie ist so treffend, daß wir den Satz als einen besonders witzigen hervorheben möchten.

Die *Lichtenbergschen* Witze sind vor allem durch ihren Gedankeninhalt und ihre Treffsicherheit hervorragend. *Goethe* hat mit Recht von diesem Autor gesagt, daß seine witzigen und scherzhaften Einfälle geradezu Probleme verbergen, richtiger: an die Lösung von Problemen streifen. Wenn er z. B. als witzigen Einfall aufzeichnet:

„Er las immer *Agamemnon* anstatt *angenommen*, so sehr hatte er den *Homer* gelesen"(technisch): Dummheit + Wortgleichklang, so hat er damit nichts weniger als das Geheimnis des Verlesens selbst aufgedeckt.[31] Ähnlich ist der Witz, dessen Technik (S. 73) uns wohl recht unbefriedigend erschienen ist:

„*Er wunderte sich, daß den Katzen gerade an der Stelle zwei Löcher in den Pelz geschnitten wären, wo sie die Augen hätten.*" Die Dummheit, die hier zur Schau getragen wird, ist nur eine scheinbare; in Wirklichkeit steckt hinter dieser einfältigen Bemerkung das große Problem der Teleologie im tierischen Aufbau; es ist gar nicht so

[31] Vgl. meine *Psychopathologie des Alltagslebens*. 1904. 10. Aufl., 1923 (Ges. Werke, Bd. IV).

selbstverständlich, daß die Lidspalte sich dort öffnet, wo die Hornhaut freiliegt, bis die Entwicklungsgeschichte uns dieses Zusammentreffen aufklärt.

Wir wollen es im Gedächtnis behalten, daß wir von einem witzigen Satz einen Gesamteindruck empfangen, in dem wir den Anteil des Gedankeninhalts von dem Anteil der Witzarbeit nicht zu sondern vermögen; vielleicht findet sich später hiezu eine noch bedeutsamere Parallele.

Für unsere theoretische Aufklärung über das Wesen des Witzes müssen uns die harmlosen Witze wertvoller sein als die tendenziösen, die gehaltlosen wertvoller als die tiefsinnigen. Harmlose und gehaltlose Wortspiele etwa werden uns das Problem des Witzes in seiner reinsten Form entgegenbringen, weil wir bei ihnen der Gefahr der Verwirrung durch die Tendenz und der Urteilstäuschung durch den guten Sinn entgehen. An solchem Material kann unsere Erkenntnis einen neuen Fortschritt machen.

Ich wähle ein möglichst harmloses Beispiel von Wortwitz:

Ein Mädchen, welches während seiner Toilette die Ankündigung eines Besuches erhält, klagt: „Ach wie schade, gerade wenn man am *anziehendsten* ist, darf man sich nicht sehen lassen.“[32]

Da mir aber Bedenken aufsteigen, ob ich diesen Witz für einen tendenzlosen auszugeben das Recht habe, ersetze ich ihn durch einen anderen, herzlich einfältigen, der von solcher Einwendung frei sein dürfte.

In einem Hause, wo ich zu Gast geladen bin, wird zum Schluß der Mahlzeit die *Roulard* genannte Mehlspeise gereicht, deren Herstellung einiges Geschick bei der Köchin voraussetzt. „Zu Hause gemacht?“ fragt darum einer der Gäste, und der Hausherr antwortet: „Ja, gewiß, ein *Home-Roulard*“ (Home Rule).

Wir wollen diesmal nicht die Technik des Witzes untersuchen, sondern gedenken unsere Aufmerksamkeit einem anderen, dem wichtigsten Momente zwar, zuzuwenden. Das Anhören dieses improvisierten Witzes bereitete den Anwesenden ein – von mir klar erinnertes – Vergnügen und machte uns lachen. In diesem wie in ungezählten anderen Fällen kann die Lustempfindung des Hörers nicht von der Tendenz und nicht vom Gedankeninhalt des Witzes herrühren; es bleibt nichts übrig, als diese Lustempfindung mit der Technik des Witzes in Zusammenhang zu bringen. Die von uns vorhin beschriebenen technischen Mittel des Witzes – die Verdichtung, Verschiebung, indirekte Darstellung usw. – haben also das Vermögen, beim Hörer eine Lustempfindung hervorzurufen, wenngleich wir noch gar nicht einsehen können, wie ihnen dies Vermögen zukommen mag. Auf so leichte Art gewinnen wir den zweiten Satz zur Aufklärung des Witzes;

---

[32] R. Kleinpaul, *Die Rätsel der Sprache*, 1890.

der erste lautete (S. 39 f.), daß der Charakter des Witzes an der Ausdrucksform hängt. Besinnen wir uns noch, daß der zweite Satz uns eigentlich nichts Neues gelehrt hat. Er isoliert nur, was bereits in einer früher von uns gemachten Erfahrung enthalten war. Wir erinnern ja, wenn es gelang, den Witz zu reduzieren, d. h. mit sorgfältiger Erhaltung des Sinnes dessen Ausdruck durch einen anderen zu ersetzen, so war damit nicht nur der Witzcharakter, sondern auch der Lacheffekt, also das Vergnügen am Witze, aufgehoben.

Wir können hier nicht weitergehen, ohne uns vorerst mit unseren philosophischen Autoritäten auseinanderzusetzen.

Die Philosophen, welche den Witz dem Komischen zurechnen und das Komische selbst in der Ästhetik abhandeln, charakterisieren das ästhetische Vorstellen durch die Bedingung, daß wir dabei nichts von und mit den Dingen wollen, die Dinge nicht brauchen, um eines unserer großen Lebensbedürfnisse zu befriedigen, sondern uns mit der Betrachtung derselben und dem Genuß der Vorstellung begnügen. „Dieser Genuß, diese Vorstellungsart ist die rein ästhetische, die nur in sich beruht, nur in sich ihren Zweck hat und keine anderen Lebenszwecke erfüllt"(*K. Fischer*, S. 20).

Wir setzen uns nun kaum in Widerspruch mit diesen Worten *K. Fischers*, übersetzen vielleicht nur seinen Gedanken in unsere Ausdrucksweise, wenn wir hervorheben, daß die witzige Tätigkeit doch keine zweck- oder ziellose genannt werden darf, da sie sich unverkennbar das Ziel gesteckt hat, Lust beim Hörer hervorzurufen. Ich zweifle, ob wir irgend etwas zu unternehmen imstande sind, wobei eine Absicht nicht in Betracht kommt. Wenn wir unseren seelischen Apparat gerade nicht zur Erfüllung einer der unentbehrlichen Befriedigungen brauchen, lassen wir ihn selbst auf Lust arbeiten, suchen wir Lust aus seiner eigenen Tätigkeit zu ziehen. Ich vermute, daß dies überhaupt die Bedingung ist, der alles ästhetische Vorstellen unterliegt, aber ich verstehe zu wenig von der Ästhetik, um diesen Satz durchführen zu wollen; vom Witz jedoch kann ich auf Grund der beiden vorhin gewonnenen Einsichten behaupten, daß er eine Tätigkeit ist, welche darauf abzielt, Lust aus den seelischen Vorgängen – intellektuellen oder anderem – zu gewinnen. Es gibt gewiß noch andere Tätigkeiten, die dasselbe bezwecken. Vielleicht unterscheiden sie sich darin, aus welchem Gebiete seelischer Tätigkeit sie Lust schöpfen wollen, vielleicht durch die Methode, deren sie sich dabei bedienen. Wir können das gegenwärtig nicht entscheiden; wir halten aber daran fest, daß nun die Witztechnik und die sie teilweise beherrschende ersparende Tendenz (S. 61 f.) in Beziehung gebracht sind zur Erzeugung von Lust.

Ehe wir aber darangehen, das Rätsel, wie die technischen Mittel der Witzarbeit Lust beim Hörer erregen können, zu lösen, wollen wir uns erinnern, daß wir zum Zwecke der Vereinfachung und besseren Durchsichtigkeit die tendenziösen

Witze ganz zur Seite geschoben haben. Wir müssen doch aufzuklären suchen, welches die Tendenzen des Witzes sind und in welcher Weise er diesen Tendenzen dient.

Wir werden vor allem durch eine Beobachtung gemahnt, den tendenziösen Witz bei der Untersuchung nach der Herkunft der Lust am Witze nicht beiseite zu lassen. Die Lustwirkung des harmlosen Witzes ist zumeist eine mäßige; ein deutliches Wohlgefallen, ein leichtes Lächeln ist zumeist alles, was er beim Hörer zu erreichen vermag, und von diesem Effekt ist etwa noch ein Teil auf Rechnung seines Gedankeninhalts zu setzen, wie wir an geeigneten Beispielen (S. 98 f.) bemerkt haben. Fast niemals erzielt der tendenzlose Witz jene plötzlichen Ausbrüche von Gelächter, die den tendenziösen so unwiderstehlich machen. Da die Technik bei beiden die nämliche sein kann, darf in uns die Vermutung rege werden, daß der tendenziöse Witz kraft seiner Tendenz über Quellen der Lust verfügen müsse, zu denen der harmlose Witz keinen Zugang hat.

Die Tendenzen des Witzes sind nun leicht zu übersehen. Wo der Witz nicht Selbstzweck, d. h. harmlos ist, stellt er sich in den Dienst von nur zwei Tendenzen, die selbst eine Vereinigung unter einen Gesichtspunkt zulassen; er ist entweder *feindseliger* Witz (der zur Aggression, Satire, Abwehr dient) oder *obszöner* Witz (welcher der Entblößung dient). Von vornherein ist wieder zu bemerken, daß die technische Art des Witzes – ob Wort- oder Gedankenwitz – keine Relation zu diesen beiden Tendenzen hat.

Weitläufiger ist es nun, darzulegen, auf welche Weise der Witz diesen Tendenzen dient. Ich möchte bei dieser Untersuchung nicht den feindseligen, sondern den entblößenden Witz voranstellen. Dieser ist zwar weit seltener einer Untersuchung gewürdigt worden, als hätte sich hier eine Abneigung vom Stofflichen aufs Sachliche übertragen, allein wir wollen uns hiedurch nicht beirren lassen, da wir alsbald auf einen Grenzfall des Witzes stoßen werden, der uns Aufklärung über mehr als einen dunklen Punkt zu bringen verspricht.

Man weiß, was unter der „Zote" verstanden wird: Die beabsichtigte Hervorhebung sexueller Tatsachen und Verhältnisse durch die Rede. Indes diese Definition ist nicht stichhaltiger als andere Definitionen. Ein Vortrag über die Anatomie der Sexualorgane oder über die Physiologie der Zeugung braucht trotz dieser Definition nicht einen einzigen Berührungspunkt mit der Zote gemein zu haben. Es gehört noch dazu, daß die Zote an eine bestimmte Person gerichtet werde, von der man sexuell erregt wird und die durch das Anhören der Zote von der Erregung des Redenden Kenntnis bekommen und dadurch selbst sexuell erregt werden soll. Anstatt dieser Erregung mag sie auch in Scham oder Verlegenheit gebracht werden, was nur eine Reaktion gegen ihre Erregung und auf diesem Umwege ein Eingeständnis derselben bedeutet. Die Zote ist also ursprünglich an das Weib gerichtet und einem Verführungsversuch gleichzusetzen. Wenn sich dann ein Mann in Männergesellschaft mit dem Erzählen oder Anhören von Zoten vergnügt, so ist die ursprüngliche Situation, die infolge sozialer Hemmnisse nicht verwirklicht werden kann, dabei mit vorgestellt. Wer über die gehörte Zote lacht, lacht wie ein Zuschauer bei einer sexuellen Aggression.

Das Sexuelle, welches den Inhalt der Zote bildet, umfaßt mehr als das bei beiden Geschlechtern Besondere, nämlich noch überdies das beiden Geschlechtern Gemeinsame, auf das die Scham sich erstreckt, also das Exkrementelle in seinem ganzen Umfang. Dies ist aber der Umfang, den das Sexuelle im Kindesalter hat, wo für die Vorstellung gleichsam eine Kloake existiert, innerhalb deren Sexuelles und Exkrementelles schlecht oder gar nicht gesondert werden.[33] Überall im Gedankenbereich der Neurosenpsychologie schließt das Sexuelle noch das Exkrementelle ein, wird es im alten, infantilen Sinne verstanden.

Die Zote ist wie eine Entblößung der sexuell differenten Person, an die sie gerichtet ist. Durch das Aussprechen der obszönen Worte zwingt sie die angegriffene Person zur Vorstellung des betreffenden Körperteiles oder der Verrichtung und zeigt ihr, daß der Angreifer selbst sich solches vorstellt. Es ist nicht zu bezweifeln, daß die Lust, das Sexuelle entblößt zu sehen, das ursprüngliche Motiv der Zote ist.

Es kann der Klärung nur förderlich sein, wenn wir hier bis auf die Fundamente zurückgehen. Die Neigung, das Geschlechtsbesondere entblößt zu schauen, ist eine der ursprünglichen Komponenten unserer Libido. Sie ist selbst vielleicht bereits eine Ersetzung, geht auf eine als primär zu supponierende Lust, das Sexuelle zu berühren, zurück. Wie so häufig, hat das Schauen das Tasten auch hier abgelöst.[34] Die Schau- oder Tastlibido ist bei jedermann in zweifacher Art, aktiv und passiv, männlich und weiblich, vorhanden, und bildet sich je nach dem Überwiegen des Geschlechtscharakters nach der einen oder der anderen Richtung überwiegend aus. Bei jungen Kindern kann man die Neigung zur Selbstentblößung leicht beobachten. Wo der Keim dieser Neigung nicht das gewöhnliche Schicksal der Überlagerung und Unterdrückung erfährt, da entwickelt er sich zu der als Exhibitionsdrang bekannten Perversion erwachsener Männer. Beim Weibe wird die passive Exhibitionsneigung fast regelmäßig durch die großartige Reaktionsleistung der sexuellen Schamhaftigkeit überlagert, aber nicht ohne daß ihr in der Kleidung ein Ausfallspförtchen gespart bliebe. Wie dehnbar und nach Konvention und Umständen variabel dann das der Frau als erlaubt verbliebene Maß von Exhibition ist, brauche ich nur anzudeuten.

---

[33] Siehe meine gleichzeitig erscheinenden *Drei Abhandlungen zur Sexualtheorie*, 1905.

[34] Molls Kontrektationstrieb (*Untersuchungen über die Libido sexualis*, 1898).

Beim Manne bleibt ein hoher Grad dieser Strebung als Teilstück der Libido bestehen und dient zur Einleitung des Geschlechtsaktes. Wenn diese Strebung sich bei der ersten Annäherung an das Weib geltend macht, muß sie sich aus zwei Motiven der Rede bedienen. Erstens um sich dem Weibe anzuzeigen, und zweitens weil die Erweckung der Vorstellung durch die Rede das Weib selbst in die korrespondierende Erregung versetzen und die Neigung zur passiven Exhibition bei ihr erwecken kann. Diese werbende Rede ist noch nicht die Zote, geht aber in sie über. Wo nämlich die Bereitschaft des Weibes sich rasch einstellt, da ist die obszöne Rede kurzlebig, sie weicht alsbald der sexuellen Handlung. Anders, wenn auf die rasche Bereitschaft des Weibes nicht zu rechnen ist, sondern an deren Statt die Abwehrreaktionen desselben auftreten. Dann wird die sexuell erregende Rede als Zote Selbstzweck; da die sexuelle Aggression in ihrem Fortschreiten bis zum Akt aufgehalten ist, verweilt sie bei der Hervorrufung der Erregung und zieht Lust aus den Anzeichen derselben beim Weibe. Die Aggression ändert dabei wohl auch ihren Charakter in dem nämlichen Sinne wie jede libidinöse Regung, der sich ein Hindernis entgegenstellt; sie wird direkt feindselig, grausam, ruft also die sadistische Komponente des Geschlechtstriebes gegen das Hindernis zur Hilfe.

Die Unnachgiebigkeit des Weibes ist also die nächste Bedingung für die Ausbildung der Zote, allerdings eine solche, die bloß einen Aufschub zu bedeuten scheint und weitere Bemühung nicht aussichtslos erscheinen läßt. Der ideale Fall eines derartigen Widerstandes beim Weibe ergibt sich bei der gleichzeitigen Anwesenheit eines anderen Mannes, eines Dritten, denn dann ist das sofortige Nachgeben des Weibes so gut wie ausgeschlossen. Dieser Dritte gelangt bald zur größten Bedeutung für die Entwicklung der Zote; zunächst ist aber von der Anwesenheit des Weibes nicht abzusehen. Beim Landvolk oder im Wirtshaus des kleinen Mannes kann man beobachten, daß erst das Hinzutreten der Kellnerin oder der Wirtin die Zote zum Vorschein bringt; auf höherer sozialer Stufe erst tritt das Gegenteil ein, macht die Anwesenheit eines weiblichen Wesens der Zote ein Ende; die Männer sparen sich diese Art der Unterhaltung, die ursprünglich ein sich schämendes Weib voraussetzt, auf, bis sie allein „unter sich" sind. So wird allmählich anstatt des Weibes der Zuschauer, jetzt Zuhörer, die Instanz, für welche die Zote bestimmt ist, und diese nähert sich durch solche Wandlung bereits dem Charakter des Witzes.

Unsere Aufmerksamkeit kann von dieser Stelle an von zwei Momenten in Anspruch genommen werden, von der Rolle des Dritten, des Zuhörers, und von den inhaltlichen Bedingungen der Zote selbst.

Der tendenziöse Witz braucht im allgemeinen drei Personen, außer der, die den Witz macht, eine zweite, die zum Objekt der feindseligen oder sexuellen

Aggression genommen wird, und eine dritte, an der sich die Absicht des Witzes, Lust zu erzeugen, erfüllt. Die tiefere Begründung für diese Verhältnisse werden wir später aufzusuchen haben, vorläufig halten wir uns an die Tatsache, die sich ja darin bekundet, daß nicht, wer den Witz macht, ihn auch belacht, also dessen Lustwirkung genießt, sondern der untätige Zuhörer. In der nämlichen Relation befinden sich die drei Personen bei der Zote. Man kann den Hergang so beschreiben: Der libidinöse Impuls des Ersten entfaltet, sowie er die Befriedigung durch das Weib gehemmt findet, eine gegen diese zweite Person feindselige Tendenz und ruft die ursprünglich störende dritte Person zum Bundesgenossen auf. Durch die zotige Rede des Ersten wird das Weib vor diesem Dritten entblößt, der nun als Zuhörer – durch die mühelose Befriedigung seiner eigenen Libido – bestochen wird.

Es ist merkwürdig, daß solcher Zotenverkehr beim gemeinen Volke so überaus beliebt und eine nie fehlende Betätigung heiterer Stimmung ist. Beachtenswert ist aber auch, daß bei diesem komplizierten Vorgang, der so viele Charaktere des tendenziösen Witzes an sich trägt, an die Zote selbst keiner der formellen Ansprüche, welche den Witz kennzeichnen, gestellt wird. Die unverhüllte Nudität auszusprechen bereitet dem Ersten Vergnügen und macht den Dritten lachen.

Erst wenn wir zu feiner gebildeter Gesellschaft aufsteigen, tritt die formelle Witzbedingung hinzu. Die Zote wird witzig und wird nur geduldet, wenn sie witzig ist. Das technische Mittel, dessen sie sich zumeist bedient, ist die Anspielung, d. h. die Ersetzung durch ein Kleines, ein im entfernten Zusammenhang Befindliches, welches der Hörer in seinem Vorstellen zur vollen und direkten Obszönität rekonstruiert. Je größer das Mißverhältnis zwischen dem in der Zote direkt Gegebenen und dem von ihr im Hörer mit Notwendigkeit Angeregten ist, desto feiner wird der Witz, desto höher darf er sich dann auch in die gute Gesellschaft hinaufwagen. Außer der groben und der feinen Anspielung stehen der witzigen Zote, wie leicht an Beispielen gezeigt werden kann, alle anderen Mittel des Wort- und Gedankenwitzes zur Verfügung.

Hier wird endlich greifbar, was der Witz im Dienste seiner Tendenz leistet. Er ermöglicht die Befriedigung eines Triebes (des lüsternen und feindseligen) gegen ein im Wege stehendes Hindernis, er umgeht dieses Hindernis und schöpft somit Lust aus einer durch das Hindernis unzugänglich gewordenen Lustquelle. Das im Wege stehende Hindernis ist eigentlich nichts anderes als die der höheren Bildungs- und Gesellschaftsstufe entsprechend gesteigerte Unfähigkeit des Weibes, das unverhüllte Sexuelle zu ertragen. Das in der Ausgangssituation als anwesend gedachte Weib wird eben weiterhin als anwesend beibehalten, oder ihr Einfluß wirkt auch in ihrer Abwesenheit auf die Männer einschüchternd fort. Man kann beobachten, wie Männer höherer Stände durch die Gesellschaft niedrigstehender Mädchen sofort veranlaßt werden, die witzige Zote in die einfache zurücksinken zu lassen.

Die Macht, welche dem Weibe und in geringerem Maße auch dem Manne den Genuß der unverhüllten Obszönität erschwert oder unmöglich macht, heißen wir die „Verdrängung" und erkennen in ihr denselben psychischen Vorgang, der in ernsten Krankheitsfällen ganze Komplexe von Regungen mitsamt deren Abkömmlingen vom Bewußtsein fernehält und sich als ein Hauptfaktor der Verursachung bei den sogenannten Psychoneurosen herausgestellt hat. Wir gestehen der Kultur und höheren Erziehung einen großen Einfluß auf die Ausbildung der Verdrängung zu und nehmen an, daß unter diesen Bedingungen eine Veränderung der psychischen Organisation zustande kommt, die auch als ererbte Anlage mitgebracht werden kann, derzufolge sonst angenehm Empfundenes nun als unannehmbar erscheint und mit allen psychischen Kräften abgelehnt wird. Durch die Verdrängungsarbeit der Kultur gehen primäre, jetzt aber von der Zensur in uns verworfene Genußmöglichkeiten verloren. Der Psyche des Menschen wird aber alles Verzichten so sehr schwer, und so finden wir, daß der tendenziöse Witz ein Mittel abgibt, den Verzicht rückgängig zu machen, das Verlorene wiederzugewinnen. Wenn wir über einen feinen obszönen Witz lachen, so lachen wir über das nämliche, was den Bauer bei einer groben Zote lachen macht; die Lust stammt in beiden Fällen aus der nämlichen Quelle; über die grobe Zote zu lachen, brächten wir aber nicht zustande, wir würden uns schämen, oder sie erschiene uns ekelhaft; wir können erst lachen, wenn uns der Witz seine Hilfe geliehen hat.

Es scheint sich uns also zu bestätigen, was wir eingangs vermutet haben, daß der tendenziöse Witz über andere Quellen der Lust verfügt als der harmlose, bei dem alle Lust irgendwie an die Technik geknüpft ist. Wir können auch von neuem hervorheben, daß wir beim tendenziösen Witz außerstande sind, durch unsere Empfindung zu unterscheiden, welcher Anteil der Lust aus den Quellen der Technik, welcher aus denen der Tendenz herrührt. Wir wissen also strenggenommen nicht, worüber wir lachen. Bei allen obszönen Witzen unterliegen wir grellen Urteilstäuschungen über die „Güte" des Witzes, soweit dieselbe von formalen Bedingungen abhängt; die Technik dieser Witze ist oft recht ärmlich, ihr Lacherfolg ein ungeheurer.

Wir wollen nun untersuchen, ob die Rolle des Witzes im Dienst der feindseligen Tendenz die nämliche ist.

Von vornherein stoßen wir hier auf dieselben Bedingungen. Die feindseligen Impulse gegen unsere Nebenmenschen unterliegen seit unserer individuellen Kindheit wie seit den Kinderzeiten menschlicher Kultur den nämlichen Einschränkungen, der nämlichen fortschreitenden Verdrängung wie unsere sexuellen Strebungen. Wir haben es noch nicht so weit gebracht, daß wir unsere Feinde zu lieben vermöchten oder ihnen nach dem Backenstreich auf die rechte Backe die linke hinhielten; auch tragen alle Moralvorschriften der Beschränkung im tätigen Haß noch heute die deutlichsten Anzeichen an sich, daß sie ursprünglich für eine kleine Gemeinschaft von Stammesgenossen gelten sollten. So wie wir uns alle als Angehörige eines Volkes fühlen dürfen, gestatten wir uns, von den meisten dieser Beschränkungen gegen ein fremdes Volk abzusehen.

Aber innerhalb unseres eigenen Kreises haben wir doch Fortschritte in der Beherrschung feindseliger Regungen gemacht; wie es *Lichtenberg* drastisch ausdrückt: Wo man jetzt sagt: Entschuldigen Sie, da schlug man einem früher ums Ohr. Die gewalttätige Feindseligkeit, vom Gesetz verboten, ist durch die Invektive in Worten abgelöst worden, und die bessere Kenntnis der Verkettung menschlicher Regungen raubt uns durch ihr konsequentes „*Tout comprendre c'est tout pardonner*" immer mehr von der Fähigkeit, uns gegen den Nebenmenschen, der uns in den Weg getreten ist, zu erzürnen. Mit kräftigen Anlagen zur Feindschaft noch als Kinder begabt, lehrt uns später die höhere persönliche Kultur, daß es unwürdig ist, Schimpfwörter zu gebrauchen, und selbst, wo der Kampf an sich erlaubt geblieben ist, hat die Anzahl der Dinge, die als Mittel im Kampfe nicht verwendet werden dürfen, außerordentlich zugenommen. Seitdem wir auf den Ausdruck der Feindseligkeit durch die Tat verzichten mußten – durch den leidenschaftslosen Dritten daran gehindert, in dessen Interesse die Bewahrung der persönlichen Sicherheit liegt–, haben wir ganz ähnlich wie bei der sexuellen Aggression eine neue Technik der Schmähung ausgebildet, die auf die Anwerbung dieses Dritten gegen unseren Feind abzielt. Indem wir den Feind klein, niedrig, verächtlich, komisch machen, schaffen wir uns auf einem Umwege den Genuß seiner Überwindung, den uns der Dritte, der keine Mühe aufgewendet hat, durch sein Lachen bezeugt.

Wir sind nun auf die Rolle des Witzes bei der feindseligen Aggression vorbereitet. Der Witz wird uns gestatten, Lächerliches am Feind zu verwerten, das wir entgegenstehender Hindernisse wegen nicht laut oder nicht bewußt vorbringen durften, wird also wiederum *Einschränkungen umgehen und unzugänglich gewordene Lustquellen eröffnen.* Er wird ferner den Hörer durch seinen Lustgewinn bestechen, ohne strengste Prüfung unsere Partei zu nehmen, wie wir selbst andere Male, vom harmlosen Witz bestochen, den Gehalt des witzig ausgedrückten Satzes zu überschätzen pflegten. „Die Lacher auf seine Seite ziehen", sagt mit vollkommen zutreffendem Ausdruck unsere Sprache.

Man fasse z. B. die über den vorigen Abschnitt zerstreuten Witze des Herrn N. ins Auge. Es sind sämtlich Schmähungen. Es ist, als wollte Herr N. laut schreien:

Aber der Ackerbauminister ist ja selber ein Ochs! Laßt mich in Ruhe mit dem ***, der platzt ja vor Eitelkeit! Etwas Langweiligeres als die Aufsätze dieses Historikers über *Napoleon* in Österreich habe ich überhaupt noch nicht gelesen! Aber der Hochstand seiner Persönlichkeit macht es ihm unmöglich, diese seine Urteile in dieser Form von sich zu geben. Sie nehmen darum den Witz zur Hilfe, welcher ihnen eine Aufnahme beim Hörer sichert, die sie trotz ihres etwaigen Wahrheitsgehalts in unwitziger Form niemals gefunden hätten. Einer dieser Witze ist besonders lehrreich, der vom „roten Fadian", vielleicht der überwältigendste von allen. Was nötigt uns daran zum Lachen und lenkt unser Interesse von der Frage, ob dem armen Schriftsteller Unrecht geschehen ist oder nicht, so vollständig ab? Gewiß die witzige Form, der Witz also; aber über was lachen wir dabei? Ohne Zweifel über die Person selbst, die uns als „roter Fadian" vorgeführt wird, und insbesondere über ihre Rothaarigkeit. Körperliche Gebrechen zu verlachen hat sich der Gebildete abgewöhnt, auch zählt für ihn die Rothaarigkeit nicht zu den lachenswürdigen Körperfehlern. Wohl aber gilt sie dafür beim Schulknaben und beim gemeinen Volk, ja auch noch auf der Bildungsstufe gewisser kommunaler und parlamentarischer Vertreter. Und nun hat dieser Witz des Herrn N. es auf die kunstvollste Weise ermöglicht, daß wir, erwachsene und feinfühlige Leute, über die roten Haare des Historikers X. lachen wie die Schulknaben. Es lag dies gewiß nicht in der Absicht des Herrn N.; aber es ist sehr zweifelhaft, ob jemand, der seinen Witz walten läßt, dessen genaue Absicht kennen muß.

War in diesen Fällen das Hindernis für die Aggression, welches der Witz umgehen half, ein innerliches – die ästhetische Auflehnung gegen die Schmähung –, so kann es andere Male rein äußerlicher Natur sein. So in dem Falle, wenn Serenissimus den Fremden, dessen Ähnlichkeit mit seiner eigenen Person ihm auffällt, fragt: War Seine Mutter einmal in der Residenz? und die schlagfertige Antwort darauf lautet: Nein, aber mein Vater. Der Gefragte möchte gewiß den Frechen niederschlagen, der es wagt, durch solche Anspielung dem Andenken der geliebten Mutter Schmach anzutun; aber dieser Freche ist Serenissimus, den man nicht niederschlagen, nicht einmal beleidigen darf, wenn man diese Rache nicht mit seiner ganzen Existenz erkaufen will. Es hieße also die Beleidigung schweigend herunterwürgen; aber zum Glück zeigt der Witz den Weg, sie ungefährdet zu vergelten, indem man mit dem technischen Mittel der Unifizierung die Anspielung aufnimmt und gegen den Angreifer wendet. Der Eindruck des Witzigen wird hier so sehr von der Tendenz bestimmt, daß wir angesichts der witzigen Entgegnung zu vergessen neigen, daß die Frage des Angreifers selbst durch Anspielung witzig ist.

Die Verhinderung der Schmähung oder beleidigenden Entgegnung durch äußere Umstände ist ein so häufiger Fall, daß der tendenziöse Witz mit ganz besonderer Vorliebe zur Ermöglichung der Aggression oder der Kritik gegen Höhergestellte, die Autorität in Anspruch nehmen, verwendet wird. Der Witz stellt dann eine Auflehnung gegen solche Autorität, eine Befreiung von dem Drucke derselben dar. In diesem Moment liegt ja auch der Reiz der Karikatur, über welche wir selbst dann lachen, wenn sie schlecht geraten ist, bloß weil wir ihr die Auflehnung gegen die Autorität als Verdienst anrechnen.

Wenn wir im Auge behalten, daß der tendenziöse Witz sich so sehr zum Angriff auf Großes, Würdiges und Mächtiges eignet, das durch innerliche Hemmungen oder äußerliche Umstände gegen direkte Herabsetzung geschützt ist, so werden wir zu einer besonderen Auffassung gewisser Gruppen von Witzen gedrängt, die sich mit minderwertigen und ohnmächtigen Personen abzugeben scheinen. Ich meine die Heiratsvermittlergeschichten, von denen wir einzelne bei der Untersuchung der mannigfaltigen Techniken des Gedankenwitzes kennengelernt haben. In einigen derselben, z. B. in den Beispielen „Taub ist sie auch" und „Wer borgt denn den Leuten was!" ist der Vermittler als ein unvorsichtiger und gedankenloser Mensch verlacht worden, der dadurch komisch wird, daß ihm die Wahrheit gleichsam automatisch entwischt. Aber reimt sich einerseits das, was wir von der Natur des tendenziösen Witzes erfahren haben, und anderseits die Größe unseres Wohlgefallens an diesen Geschichten mit der Armseligkeit der Personen zusammen, über die der Witz zu lachen scheint? Sind das des Witzes würdige Gegner? Geht es nicht vielmehr so zu, daß der Witz die Vermittler nur vorschiebt, um etwas Bedeutsameres zu treffen, daß er, wie das Sprichwort sagt, auf den Sack schlägt, während er den Esel meint? Diese Auffassung ist wirklich nicht abzuweisen.

Die obige Deutung der Vermittlergeschichten läßt eine Fortsetzung zu. Es ist wahr, daß ich auf dieselbe nicht einzugehen brauche, daß ich mich begnügen kann, in diesen Geschichten „Schwänke" zu sehen und ihnen den Charakter des Witzes abzusprechen. Eine solche subjektive Bedingtheit des Witzes besteht also auch; wir sind jetzt auf sie aufmerksam geworden und werden sie späterhin untersuchen müssen. Sie besagt, daß nur das ein Witz ist, was ich als einen Witz gelten lasse. Was für mich ein Witz ist, kann für einen anderen bloß eine komische Geschichte sein. Gestattet aber ein Witz diesen Zweifel, so kann es nur daher rühren, daß er eine Schauseite, eine – in unseren Fällen komische – Fassade hat, an welcher sich der Blick des einen ersättigt, während ein anderer versuchen kann, hinter dieselbe zu spähen. Der Verdacht darf auch rege werden, daß diese Fassade dazu bestimmt ist, den prüfenden Blick zu blenden, daß solche Geschichten also etwas zu verbergen haben.

Jedenfalls, wenn unsere Vermittlergeschichten Witze sind, so sind sie um so bessere Witze, weil sie dank ihrer Fassade imstande sind zu verbergen, nicht nur, was sie zu sagen haben, sondern auch, daß sie etwas – Verbotenes – zu sagen haben. Die Fortsetzung der Deutung aber, welche dies Verborgene aufdeckt und diese Geschichten mit komischer Fassade als tendenziöse Witze entlarvt, wäre folgende: Jeder, der sich die Wahrheit so in einem unbewachten Moment entschlüpfen läßt, ist eigentlich froh darüber, daß er der Verstellung ledig wird. Das ist eine richtige und tiefreichende psychologische Einsicht. Ohne solche innerliche Zustimmung läßt sich niemand von dem Automatismus, der hier die Wahrheit an den Tag bringt, übermannen.[35] Hiemit wandelt sich aber die lächerliche Person des Schadchen in eine bedauernswert sympathische. Wie selig muß der Mann sein, die Last der Verstellung endlich abwerfen zu können, wenn er sofort die erste Gelegenheit benützt, um das letzte Stück der Wahrheit herauszuschreien! Sowie er merkt, daß die Sache verloren ist, daß die Braut dem jungen Manne nicht gefällt, verrät er gern, daß sie noch einen versteckten Fehler hat, der jenem nicht aufgefallen ist, oder er bedient sich des Anlasses, ein für ein Detail entscheidendes Argument anzuführen, um dabei den Leuten, in deren Dienst er arbeitet, seine Verachtung auszudrücken: Ich bitt' Sie, wer borgt denn den Leuten was ! Die ganze Lächerlichkeit fällt nun auf die in der Geschichte nur gestreiften Eltern, die solchen Schwindel für gestattet halten, um nur ihre Töchter an den Mann zu bringen, auf die Erbärmlichkeit der Mädchen, die sich unter solchen Veranstaltungen verheiraten lassen, auf die Unwürdigkeit der Ehen, die nach solchen Einleitungen geschlossen werden. Der Vermittler ist der richtige Mann, der solche Kritik zum Ausdruck bringen darf, denn er weiß am meisten von diesen Mißbräuchen, er darf sie aber nicht laut verkünden, denn er ist ein armer Mann, der gerade nur von deren Ausnützung leben kann. In einem ähnlichen Konflikt befindet sich aber auch der Volksgeist, der diese und ähnliche Geschichten geschaffen hat; denn er weiß, die Heiligkeit der geschlossenen Ehen leidet arg durch den Hinweis auf die Vorgänge bei der Eheschließung.

Erinnern wir uns auch der Bemerkung bei der Untersuchung der Witztechnik, daß Widersinn im Witz häufig Spott und Kritik in dem Gedanken hinter dem Witz ersetze, worin es die Witzarbeit übrigens der Traumarbeit gleichtut; wir finden diesen Sachverhalt hier von neuem bestätigt. Daß Spott und Kritik nicht der Person des Vermittlers gelten, der in den vorigen Beispielen nur als der Prügelknabe des Witzes auftritt, wird durch eine andere Reihe von Witzen erwiesen, in denen der Vermittler ganz im Gegenteile als überlegene Person gezeichnet ist, deren Dialektik sich jeder Schwierigkeit gewachsen erweist. Es sind Geschichten mit logischer anstatt der komischen Fassade, sophistische Gedankenwitze. In

[35] Es ist derselbe Mechanismus, der das „Versprechen" und andere Phänomene des Selbstverrats beherrscht. Siehe *Zur Psychopathologie des Alltagslebens.*

einer derselben (S. 76) weiß der Vermittler den Fehler der Braut, daß sie hinkt, hinwegzudisputieren. Es sei wenigstens eine „fertige Sache", eine andere Frau mit geraden Gliedern sei hingegen in beständiger Gefahr, hinzufallen und sich ein Bein zu brechen, und dann kämen die Krankheit, die Schmerzen, die Behandlungskosten, die man sich bei der bereits Hinkenden erspare. Oder in einer anderen Geschichte weiß er eine ganze Reihe von Ausstellungen des Bewerbers an der Braut, jede einzeln mit guten Argumenten, zurückzuweisen, um ihm dann bei der letzten, unbeschönbaren, entgegenzuhalten: Was wollen Sie, gar kein' Fehler soll sie haben?, als ob von den früheren Einwendungen nicht doch ein notwendiger Rest übriggeblieben wäre. Es ist nicht schwer, bei beiden Beispielen die schwache Stelle in der Argumentation nachzuweisen; wir haben dies auch bei der Untersuchung der Technik getan. Aber nun interessiert uns etwas anderes. Wenn der Rede des Vermittlers so starker logischer Schein geliehen wird, der sich bei sorgfältiger Prüfung als Schein zu erkennen gibt, so ist die Wahrheit dahinter, daß der Witz dem Vermittler recht gibt; der Gedanke getraut sich nicht, ihm ernsthaft recht zu geben, ersetzt diesen Ernst durch den Schein, den der Witz vorbringt, aber der Scherz verrät hier wie so häufig den Ernst. Wir werden nicht irregehen, wenn wir von all den Geschichten mit logischer Fassade annehmen, daß sie das wirklich meinen, was sie mit absichtlich fehlerhafter Begründung behaupten. Erst diese Verwendung des Sophismas zur versteckten Darstellung der Wahrheit verleiht ihm den Charakter des Witzes, der also hauptsächlich von der Tendenz abhängt. Was in beiden Geschichten angedeutet werden soll, ist nämlich, daß der Bewerber sich wirklich lächerlich macht, wenn er die einzelnen Vorzüge der Braut so sorgsam zusammensucht, die doch alle hinfällig sind, und wenn er dabei vergißt, daß er vorbereitet sein muß, ein Menschenkind mit unvermeidlichen Fehlern zu seinem Weibe zu machen, während doch die einzige Eigenschaft, welche die Ehe mit der mehr oder minder mangelhaften Persönlichkeit der Frau erträglich machen würde, die gegenseitige Zuneigung und Bereitwilligkeit zur liebevollen Anpassung wäre, von der bei dem ganzen Handel nicht die Rede ist.

Die in diesen Beispielen enthaltene Verspottung des Ehewerbers, bei welcher nun der Vermittler ganz passend die Rolle des Überlegenen spielt, wird in anderen Geschichten weit deutlicher zum Ausdruck gebracht. Je deutlicher diese Geschichten sind, desto weniger von Witztechnik enthalten sie; sie sind gleichsam nur Grenzfälle des Witzes, mit dessen Technik sie nur mehr die Fassadenbildung gemeinsam haben. Infolge der gleichen Tendenz und des Versteckens derselben hinter der Fassade kommt ihnen aber die volle Wirkung des Witzes zu. Die Armut an technischen Mitteln läßt außerdem verstehen, daß viele Witze dieser Art das komische Element des Jargons, das ähnlich der Witztechnik wirkt, nicht ohne starke Einbuße entbehren können.

Eine solche Geschichte, die bei aller Kraft des tendenziösen Witzes nichts mehr von dessen Technik erkennen läßt, ist die folgende: Der Vermittler fragt: „Was verlangen Sie von Ihrer Braut?" – Antwort: „Schön muß sie sein, reich muß sie sein und gebildet." – „Gut", sagt der Vermittler, „aber daraus mach' ich drei Partien." Hier wird der Verweis dem Manne direkt erteilt, nicht mehr in der Einkleidung eines Witzes.

In den bisherigen Beispielen richtete sich die verhüllte Aggression noch gegen Personen, in den Vermittlerwitzen gegen alle Parteien, die an dem Handel der Eheschließung beteiligt sind: Braut, Bräutigam und deren Eltern. Die Angriffsobjekte des Witzes können aber ebensowohl Institutionen sein, Personen, insoferne sie Träger derselben sind, Satzungen der Moral oder der Religion, Lebensanschauungen, die ein solches Ansehen genießen, daß der Einspruch gegen sie nicht anders als in der Maske eines Witzes, und zwar eines durch seine Fassade gedeckten Witzes auftreten kann. Mögen der Themata wenige sein, auf die dieser tendenziöse Witz abzielt, seine Formen und Einkleidungen sind äußerst mannigfaltig. Ich glaube, wir tun recht, diese Gattung von tendenziösem Witz durch einen besonderen Namen auszuzeichnen. Welcher Name der geeignete ist, wird sich ergeben, nachdem wir einige Beispiele dieser Gattung gedeutet haben.

Ich erinnere an die beiden Geschichten vom verarmten Gourmand, der bei „Lachs mit Mayonnaise" betroffen wird, und vom trunksüchtigen Lehrer, die wir als sophistische Verschiebungswitze kennengelernt haben, und führe deren Deutung fort. Wir haben seitdem gehört, daß, wenn der Schein der Logik an die Fassade einer Geschichte geheftet ist, der Gedanke wohl im Ernst sagen möchte: Der Mann hat recht, des entgegenstehenden Widerspruches wegen aber sich nicht getraut, dem Manne anders recht zu geben als in einem Punkte, in dem sein Unrecht leicht nachzuweisen ist. Die gewählte „Pointe" ist das richtige Kompromiß zwischen seinem Recht und seinem Unrecht, was freilich keine Entscheidung ist, aber wohl dem Konflikt in uns selbst entspricht. Die beiden Geschichten sind einfach epikureisch, sie sagen: Ja, der Mann hat recht, es gibt nichts Höheres als den Genuß, und es ist ziemlich gleichgültig, auf welche Art man sich ihn verschafft. Das klingt furchtbar unmoralisch und ist wohl auch nicht viel besser, aber im Grunde ist es nichts anderes als das „*Carpe diem*" des Poeten, der sich auf die Unsicherheit des Lebens und auf die Unfruchtbarkeit der tugendhaften Entsagung beruft. Wenn die Idee, daß der Mann im Witz von „Lachs mit Mayonnaise" recht haben soll, auf uns so abstoßend wirkt, so rührt dies nur von der Illustration der Wahrheit an einem Genuß niedrigster Art, der uns sehr entbehrlich scheint, her. In Wirklichkeit hat jeder von uns Stunden und Zeiten gehabt, in denen er dieser Lebensphilosophie ihr Recht zugestanden und der Morallehre vorgehalten hat, daß sie nur zu fordern verstand, ohne zu entschädigen. Seitdem die Anweisung auf das Jenseits, in dem sich alle Entsagung durch Befriedigung lohnen soll, von uns nicht mehr geglaubt wird – es gibt übrigens sehr wenig Fromme, wenn man die Entsagung zum Kennzeichen des Glaubens macht –, seitdem wird das „*Carpe diem*" zur ernsten Mahnung. Ich will die Befriedigung gern aufschieben, aber weiß ich denn, ob ich morgen noch da sein werde?

„Di doman' non c'è certezza."[36]

Ich will gern auf alle von der Gesellschaft verpönten Wege der Befriedigung verzichten, aber bin ich sicher, daß mir die Gesellschaft diese Entsagung lohnen wird, indem sie mir – wenn auch mit einem gewissen Aufschub – einen der erlaubten Wege öffnet? Es läßt sich laut sagen, was diese Witze flüstern, daß die Wünsche und Begierden des Menschen ein Recht haben, sich vernehmbar zu machen neben der anspruchsvollen und rücksichtslosen Moral, und es ist in unseren Tagen in nachdrücklichen und packenden Sätzen gesagt worden, daß diese Moral nur die eigennützige Vorschrift der wenigen Reichen und Mächtigen ist, welche jederzeit ohne Aufschub ihre Wünsche befriedigen können. Solange die Heilkunst es nicht weitergebracht hat, unser Leben zu sichern, und solange die sozialen Einrichtungen nicht mehr dazu tun, es erfreulicher zu gestalten, so lange kann die Stimme in uns, die sich gegen die Moralanforderungen auflehnt, nicht erstickt werden. Jeder ehrliche Mensch wird wenigstens bei sich dieses Zugeständnis endlich machen. Die Entscheidung in diesem Konflikt ist erst auf dem Umwege über eine neue Einsicht möglich. Man muß sein Leben so an das anderer knüpfen, sich so innig mit anderen identifizieren können, daß die Verkürzung der eigenen Lebensdauer überwindbar wird, und man darf die Forderungen der eigenen Bedürfnisse nicht unrechtmäßig erfüllen, sondern muß sie unerfüllt lassen, weil nur der Fortbestand so vieler unerfüllter Forderungen die Macht entwickeln kann, die gesellschaftliche Ordnung abzuändern. Aber nicht alle persönlichen Bedürfnisse lassen sich in solcher Art verschieben und auf andere übertragen, und eine allgemein- und endgültige Lösung des Konflikts gibt es nicht.

Wir wissen nun, wie wir Witze wie die letztgedeuteten zu benennen haben; es sind *zynische* Witze, was sie verhüllen, sind *Zynismen.* Unter den Institutionen, die der zynische Witz anzugreifen pflegt, ist keine wichtiger, eindringlicher durch Moralvorschriften geschützt, aber dennoch zum Angriff einladender als das Institut der Ehe, dem also auch die meisten zynischen Witze gelten. Kein Anspruch ist ja persönlicher als der auf sexuelle Freiheit, und nirgends hat die

---

[36] Lorenzo di Medici.

Kultur eine stärkere Unterdrückung zu üben versucht als auf dem Gebiete der Sexualität. Für unsere Absichten mag ein einziges Beispiel genügen, die auf S. 88 erwähnte „Eintragung in das Stammbuch des Prinzen Karneval“:

„Eine Frau ist wie ein Regenschirm – man nimmt sich dann doch einen Komfortabel.“

Die komplizierte Technik dieses Beispiels haben wir bereits erörtert: ein verblüffender, anscheinend unmöglicher Vergleich, der aber, wie wir jetzt sehen, an sich nicht witzig ist, ferner eine Anspielung (Komfortabel = öffentliches Fuhrwerk) und als stärkstes technisches Mittel eine die Unverständlichkeit erhöhende Auslassung. Die Vergleichung wäre in folgender Art auszuführen: Man heiratet, um sich gegen die Anfechtungen der Sinnlichkeit zu sichern, und dann stellt sich doch heraus, daß die Ehe keine Befriedigung eines etwas stärkeren Bedürfnisses gestattet, geradeso wie man einen Regenschirm mitnimmt, um sich gegen den Regen zu schützen, und dann im Regen doch naß wird. In beiden Fällen muß man sich um stärkeren Schutz umsehen, hier öffentliches Fuhrwerk, dort für Geld zugängliche Frauen nehmen. Jetzt ist der Witz fast völlig durch Zynismus ersetzt. Daß die Ehe nicht die Veranstaltung ist, die Sexualität des Mannes zu befriedigen, getraut man sich nicht laut und öffentlich zu sagen, wenn man nicht etwa von der Wahrheitsliebe und dem Reformeifer eines *Christian v. Ehrenfels*[37] dazu gedrängt wird. Die Stärke dieses Witzes liegt nun darin, daß er es doch – auf allerlei Umwegen – gesagt hat.

Ein für den tendenziösen Witz besonders günstiger Fall wird hergestellt, wenn die beabsichtigte Kritik der Auflehnung sich gegen die eigene Person richtet, vorsichtiger ausgedrückt, eine Person, an der die eigene Anteil hat, eine Sammelperson also, das eigene Volk zum Beispiel. Diese Bedingung der Selbstkritik mag uns erklären, daß gerade auf dem Boden des jüdischen Volkslebens eine Anzahl der trefflichsten Witze erwachsen sind, von denen wir ja hier reichliche Proben gegeben haben. Es sind Geschichten, die von Juden geschaffen und gegen jüdische Eigentümlichkeiten gerichtet sind. Die Witze, die von Fremden über Juden gemacht werden, sind zu allermeist brutale Schwänke, in denen der Witz durch die Tatsache erspart wird, daß der Jude den Fremden als komische Figur gilt. Auch die Judenwitze, die von Juden herrühren, geben dies zu, aber sie kennen ihre wirklichen Fehler wie deren Zusammenhang mit ihren Vorzügen, und der Anteil der eigenen Person an dem zu Tadelnden schafft die sonst schwierig herzustellende subjektive Bedingung der Witzarbeit. Ich weiß übrigens nicht, ob es sonst noch häufig vorkommt, daß sich ein Volk in solchem Ausmaß über sein eigenes Wesen lustig macht.

[37] S. dessen Aufsätze in der *Politisch-anthropologischen Revue* II, 1903.

Als Beispiel hiefür kann ich auf die S. 89 erwähnte Geschichte hinweisen, wie ein Jude in der Eisenbahn sofort alle Dezenz des Betragens aufgibt, nachdem er den Ankömmling im Coupé als Glaubensgenossen erkannt hat. Wir haben diesen Witz als Beleg für die Veranschaulichung durch ein Detail, Darstellung durch ein Kleinstes, kennengelernt; er soll die demokratische Denkungsart der Juden schildern, die keinen Unterschied von Herren und Knechten anerkennt, aber leider auch Disziplin und Zusammenwirken stört. Eine andere, besonders interessante Reihe von Witzen schildert die Beziehungen der armen und der reichen Juden zueinander; ihre Helden sind der „Schnorrer" und der mildtätige Hausherr oder der Baron. Der Schnorrer, der alle Sonntage in demselben Haus als Gast zugelassen wird, erscheint eines Tages in Begleitung eines unbekannten jungen Mannes, der Miene macht, sich mit zu Tische zu setzen. Wer ist das? fragt der Hausherr und erhält die Antwort: Das ist mein Schwiegersohn seit voriger Woche; ich hab' ihm die Kost versprochen das erste Jahr. Die Tendenz dieser Geschichten ist stets die nämliche; sie wird in folgender am deutlichsten hervortreten: Der Schnorrer bettelt beim Baron um das Geld für eine Badereise nach Ostende; der Arzt hat ihm wegen seiner Beschwerden ein Seebad empfohlen. Der Baron findet, Ostende sei ein besonders kostspieliger Aufenthalt; ein wohlfeilerer würde es auch tun. Aber der Schnorrer lehnt den Vorschlag mit den Worten ab: Herr Baron, für meine Gesundheit ist mir nichts zu teuer. Das ist ein prächtiger Verschiebungswitz, den wir als Muster für seine Gattung hätten nehmen können. Der Baron will offenbar sein Geld ersparen, der Schnorrer antwortet aber, als sei das Geld des Barons sein eigenes, das er dann allerdings minder hochschätzen darf als seine Gesundheit. Man wird hier aufgefordert, über die Frechheit des Anspruchs zu lachen, aber diese Witze sind ausnahmsweise nicht mit einer das Verständnis irreführenden Fassade ausgestattet. Die Wahrheit dahinter ist, daß der Schnorrer, der das Geld des Reichen in Gedanken wie eigenes behandelt, nach den heiligen Vorschriften der Juden wirklich fast das Recht zu dieser Verwechslung hat. Natürlich richtet sich die Auflehnung, die diesen Witz geschaffen hat, gegen das selbst den Frommen schwer bedrückende Gesetz.

Eine andere Geschichte erzählt: Ein Schnorrer begegnet auf der Treppe des Reichen einem Genossen im Gewerbe, der ihm abrät, seinen Weg fortzusetzen. „Geh heute nicht hinauf, der Baron ist heute schlecht aufgelegt, er gibt niemand mehr als einen Gulden." – „Ich werde doch hinaufgehen", sagt der erste Schnorrer. „Warum soll ich ihm den einen Gulden schenken? Schenkt er mir' was?"

Dieser Witz bedient sich der Technik des Widersinnes, indem er den Schnorrer in demselben Moment behaupten läßt, der Baron schenke ihm nichts, in dem er sich anschickt, um das Geschenk zu betteln. Aber der Widersinn ist nur ein scheinbarer; es ist beinahe richtig, daß ihm der Reiche nichts schenkt, da er durch das Gesetz verpflichtet ist, ihm Almosen zu geben, und ihm, strenge genommen, dankbar sein muß, daß er ihm die Gelegenheit zum Wohltun verschafft. Die gemeine, bürgerliche Auffassung des Almosens liegt hier mit der religiösen im Streit; sie revoltiert offen gegen die religiöse in der Geschichte vom Baron, der, durch die Leidenserzählung des Schnorrers tief ergriffen, seinen Dienern schellt: Werfts ihn hinaus; er bricht mir das Herz! Diese offene Darlegung der Tendenz stellt wieder einen Grenzfall des Witzes her. Von der nicht mehr witzigen Klage: „Es ist wirklich kein Vorzug, ein Reicher unter Juden zu sein. Das fremde Elend läßt einen nicht zum Genuß des eigenen Glückes kommen", entfernen sich diese letzten Geschichten fast nur durch die Veranschaulichung in einer einzelnen Situation.

Von einem tief pessimistischen Zynismus zeugen andere Geschichten, die technisch wiederum Grenzfälle des Witzes darstellen, wie die nachstehende: Ein Schwerhöriger konsultiert den Arzt, der die richtige Diagnose macht, der Patient trinke wahrscheinlich zu viel Branntwein und sei darum taub. Er rät ihm davon ab, der Schwerhörige verspricht den Rat zu beherzigen. Nach einer Weile trifft ihn der Arzt auf der Straße und fragt ihn laut, wie es ihm gehe. Ich danke, ist die Antwort. Sie brauchen nicht so zu schreien, Herr Doktor, ich habe das Trinken aufgegeben und hör' wieder gut. Nach einer weiteren Weile wiederholt sich die Begegnung. Der Doktor fragt mit gewöhnlicher Stimme nach seinem Befinden, merkt aber, daß er nicht verstanden wird. Wie? Was? – Mir scheint, Sie trinken wieder Branntwein, schreit ihm der Doktor ins Ohr, und darum hören Sie wieder nichts. Sie können recht haben, antwortet der Schwerhörige. Ich hab' wieder angefangen zu trinken Branntwein, aber ich will Ihnen sagen: warum. Solange ich nicht getrunken hab', hab' ich gehört; aber alles, was ich gehört, war nicht so gut wie der Branntwein. – Technisch ist dieser Witz nichts anderes als eine Veranschaulichung; der Jargon, die Künste der Erzählung müssen dazu dienen, das Lachen zu erwecken, aber dahinter lauert die traurige Frage: Hat der Mann mit seiner Wahl nicht recht?

Es ist das mannigfaltige hoffnungslose Elend des Juden, auf welches diese pessimistischen Geschichten anspielen, die ich dieses Zusammenhanges wegen dem tendenziösen Witz anreihen muß.

Andere in ähnlichem Sinne zynische Witze, und zwar nicht nur Judengeschichten, greifen religiöse Dogmen und den Gottesglauben selber an. Die Geschichte vom „Kück des Rabbi", deren Technik in dem Denkfehler der Gleichstellung von Phantasie und Wirklichkeit bestand (auch die Auffassung als Verschiebung wäre haltbar), ist ein solcher zynischer oder kritischer Witz, der sich gegen die Wundertäter und gewiß auch gegen den Wunderglauben richtet. Einen direkt blasphemischen Witz soll *Heine* in der Situation des Sterbenden gemacht haben. Als der freundliche Priester ihn auf Gottes Gnade verwies und ihm Hoffnung machte, daß er bei Gott Vergebung für seine Sünden finden werde, soll er geantwortet haben: *Bien sûr, qu'il me pardonnera; c'est son métier.* Das ist ein herabsetzender Vergleich, technisch etwa nur vom Werte einer Anspielung, denn ein *métier*, Geschäft oder Beruf, hat etwa ein Handwerker oder ein Arzt, und zwar hat er nur ein einziges *métier*. Die Stärke des Witzes liegt aber in seiner Tendenz. Er soll nichts anderes sagen als: Gewiß wird er mir verzeihen, dazu ist er ja da, zu keinem anderen Zweck habe ich ihn mir angeschafft (wie man sich seinen Arzt, seinen Advokaten hält). Und so regt sich noch in dem machtlos daliegenden Sterbenden das Bewußtsein, daß er sich Gott erschaffen und ihn mit Macht ausgestattet hat, um sich seiner bei Gelegenheit zu bedienen. Das vermeintliche Geschöpf gibt sich noch kurz vor seiner Vernichtung als den Schöpfer zu erkennen.

Zu den bisher behandelten Gattungen des tendenziösen Witzes,

dem entblößenden oder obszönen,
dem aggressiven (feindseligen),
dem zynischen (kritischen, blasphemischen),

möchte ich als vierte und seltenste eine neue anreihen, deren Charakter durch ein gutes Beispiel erläutert werden soll.

Zwei Juden treffen sich im Eisenbahnwagen einer galizischen Station. „Wohin fahrst du?" fragt der eine. „Nach Krakau", ist die Antwort. „Sieh' her, was du für Lügner bist", braust der andere auf.

„Wenn du sagst, du fahrst nach Krakau, willst du doch, daß ich glauben soll, du fahrst nach Lemberg. Nun weiß ich aber, daß du wirklich fahrst nach Krakau. Also warum lügst du?"

Diese kostbare Geschichte, die den Eindruck übergroßer Spitzfindigkeit macht, wirkt offenbar durch die Technik des Widersinnes. Der Zweite soll sich Lüge vorwerfen lassen, weil er mitgeteilt, er fahre nach Krakau, was in Wahrheit sein Reiseziel ist! Dieses starke technische Mittel – der Widersinn – ist aber hier mit einer anderen Technik gepaart, der Darstellung durch das Gegenteil, denn nach der unwidersprochenen Behauptung des Ersten lügt der andere, wenn er die Wahrheit sagt, und sagt die Wahrheit mit einer Lüge. Der ernstere Gehalt dieses Witzes ist aber die Frage nach den Bedingungen der Wahrheit; der Witz deutet wiederum auf ein Problem und nützt die Unsicherheit eines unserer gebräuchlichsten Begriffe aus. Ist es Wahrheit, wenn man die Dinge so beschreibt, wie sie sind, und sich nicht darum kümmert, wie der Hörer das Gesagte auffassen wird? Oder ist dies nur jesuitische Wahrheit, und besteht die echte Wahrhaftigkeit nicht viel mehr darin, auf den Zuhörer Rücksicht zu nehmen und ihm ein getreues Abbild seines eigenen Wissens zu vermitteln? Ich halte Witze dieser Art für genug verschieden von den anderen, um ihnen eine besondere Stellung anzuweisen. Was sie angreifen, ist nicht eine Person oder eine Institution, sondern die Sicherheit unserer Erkenntnis selbst, eines unserer spekulativen Güter. Der Name „*skeptische*" Witze würde also für sie der entsprechende sein.

Wir haben im Verlaufe unserer Erörterungen über die Tendenzen des Witzes vielleicht mancherlei Aufklärungen gewonnen und gewiß reichliche Anregungen zu weiteren Untersuchungen gefunden; aber die Ergebnisse dieses Abschnittes setzen sich mit denen des vorigen zu einem schwierigen Problem zusammen. Wenn es richtig ist, daß die Lust, die der Witz bringt, einerseits an der Technik, anderseits an der Tendenz haftet, unter welchem gemeinsamen Gesichtspunkt lassen sich etwa diese zwei so verschiedenen Lustquellen des Witzes vereinen?

B
SYNTHETISCHER TEIL

IV
Der Lustmechanismus und die Psychogenese des Witzes

Aus welchen Quellen die eigentümliche Lust fließt, welche uns der Witz bereitet, das stellen wir nun als gesicherte Erkenntnis voran. Wir wissen, daß wir der Täuschung unterliegen können, unser Wohlgefallen am Gedankeninhalt des Satzes mit der eigentlichen Witzeslust zu verwechseln, daß aber diese selbst wesentlich zwei Quellen hat, die Technik und die Tendenzen des Witzes. Was wir nun erfahren möchten, ist, auf welche Weise sich die Lust aus diesen Quellen ergibt, der Mechanismus dieser Lustwirkung.

Es scheint uns, daß sich die gesuchte Aufklärung beim tendenziösen Witz viel leichter ergibt als beim harmlosen. Mit ersterem werden wir also beginnen.

Die Lust beim tendenziösen Witz ergibt sich daraus, daß eine Tendenz befriedigt wird, deren Befriedigung sonst unterblieben wäre. Daß solche Befriedigung eine Lustquelle ist, bedarf keiner weiteren Ausführung. Aber die Art, wie der Witz die Befriedigung herbeiführt, ist an besondere Bedingungen geknüpft, aus denen vielleicht weiterer Aufschluß zu gewinnen ist. Es sind hier zwei Fälle zu unterscheiden. Der einfachere Fall ist, daß der Befriedigung der Tendenz ein äußeres Hindernis im Wege steht, welches durch den Witz umgangen wird. So fanden wir es z. B. in der Antwort, die Serenissimus auf die Frage erhält, ob die Mutter des Angesprochenen je in der Residenz gelebt habe, oder in der Äußerung des Kunstkenners, dem die zwei reichen Gauner ihre Porträts zeigen: *And where is the Saviour?* Die Tendenz geht in dem einen Fall dahin, einen Schimpf mit Gleichem zu erwidern, im anderen, eine Beschimpfung an Stelle des geforderten Gutachtens von sich zu geben; was ihr entgegensteht, sind rein äußerliche Momente, die Machtverhältnisse der Personen, die von der Beschimpfung betroffen werden. Es mag uns immerhin auffallen, daß diese und analoge Witze tendenziöser Natur, so sehr sie uns auch befriedigen, doch nicht imstande sind, einen starken Lacheffekt hervorzubringen.

Anders, wenn nicht äußere Momente, sondern ein innerliches Hindernis der direkten Verwirklichung der Tendenz im Wege steht, wenn eine innere Regung sich der Tendenz entgegenstellt. Diese Bedingung wäre nach unserer Voraussetzung etwa in den aggressiven Witzen des Herrn N. verwirklicht, in dessen Person eine starke Neigung zur Invektive durch hochentwickelte ästhetische Kultur in Schach gehalten wird. Mit Hilfe des Witzes wird der innere Widerstand für diesen speziellen Fall überwunden, die Hemmung aufgehoben. Dadurch wird wie im Falle des äußeren Hindernisses die Befriedigung der Tendenz ermöglicht, eine Unterdrückung und die mit ihr verbundene „psychische Stauung" vermieden; der Mechanismus der Lustentwicklung wäre insoweit für beide Fälle der nämliche.

Wir verspüren an dieser Stelle allerdings die Neigung, in die Unterschiede der psychologischen Situation für den Fall des äußeren und des inneren Hindernisses tiefer einzugehen, da uns die Möglichkeit vorschwebt, aus der Aufhebung des inneren Hindernisses könne sich ein ungleich höherer Beitrag zur Lust ergeben. Aber ich schlage vor, hier genügsam zu bleiben und uns vorläufig mit der einen Feststellung zu bescheiden, welche bei dem für uns Wesentlichen verbleibt. Die Fälle des äußerlichen und des inneren Hindernisses unterscheiden sich nur darin, daß hier eine bereits bestehende Hemmung aufgehoben, dort die Herstellung einer neuen vermieden wird. Wir nehmen dann die Spekulation nicht zu sehr in Anspruch, wenn wir behaupten, daß zur Herstellung wie zur Erhaltung einer psychischen Hemmung ein „psychischer Aufwand" erfordert wird. Ergibt sich nun, daß in beiden Fällen der Verwendung des tendenziösen Witzes Lust erzielt wird, so liegt es nahe anzunehmen, *daß solcher Lustgewinn dem ersparten psychischen Aufwand entspreche.*

Somit wären wir wiederum auf das Prinzip der Ersparung gestoßen, dem wir zuerst bei der Technik des Wortwitzes begegnet sind. Während wir aber zunächst die Ersparung in dem Gebrauch von möglichst wenig oder möglichst den gleichen Worten zu finden glaubten, ahnt uns hier der weit umfassendere Sinn einer Ersparung an psychischem Aufwand überhaupt, und wir müssen es für möglich halten, durch nähere Bestimmung des noch sehr unklaren Begriffes „psychischer Aufwand" dem Wesen des Witzes näherzukommen.

Eine gewisse Unklarheit, die wir bei der Behandlung des Lustmechanismus beim tendenziösen Witze nicht überwinden konnten, nehmen wir als billige Strafe dafür, daß wir versucht haben, das Kompliziertere vor dem Einfacheren, den tendenziösen Witz vor dem harmlosen aufzuklären. Wir merken uns, daß „*Ersparung an Hemmungs- oder Unterdrückungsaufwand*" das Geheimnis der Lustwirkung des tendenziösen Witzes zu sein schien, und wenden uns dem Mechanismus der Lust beim harmlosen Witze zu.

Aus geeigneten Beispielen harmlosen Witzes, bei denen keine Störung unseres Urteils durch Inhalt oder Tendenz zu befürchten stand, mußten wir den Schluß ziehen, daß die Techniken des Witzes selbst Lustquellen sind, und wollen nun prüfen, ob sich diese Lust etwa auf Ersparung an psychischem Aufwand zurückführen lasse. In einer Gruppe dieser Witze (den Wortspielen) bestand die Technik darin, unsere psychische Einstellung auf den Wortklang anstatt auf den Sinn des Wortes zu richten, die (akustische) Wortvorstellung selbst an Stelle ihrer durch Relationen zu den Dingvorstellungen gegebenen Bedeutung treten zu lassen. Wir dürfen wirklich vermuten, daß damit eine große Erleichterung der psychischen Arbeit gegeben ist und daß wir uns bei der ernsthaften Verwendung der Worte durch eine gewisse Anstrengung von diesem bequemen Verfahren abhalten müssen. Wir können beobachten, daß krankhafte Zustände der Denktätigkeit, in denen die Möglichkeit, psychischen Aufwand auf eine Stelle zu konzentrieren, wahrscheinlich eingeschränkt ist, tatsächlich die Wortklangvorstellung solcherart gegen die Wortbedeutung in den Vordergrund rücken lassen und daß solche Kranke in ihren Reden nach den „äußeren" anstatt nach den „inneren" Assoziationen der Wortvorstellung, wie die Formel lautet, fortschreiten. Auch beim Kinde, welches ja die Worte noch als Dinge zu behandeln gewohnt ist, bemerken wir die Neigung, hinter gleichem oder ähnlichem Wortlaut gleichen Sinn zu suchen, die zur Quelle vieler von den Erwachsenen belachter Irrtümer wird. Wenn es uns dann im Witz ein unverkennbares Vergnügen bereitet, durch den Gebrauch des nämlichen Wortes oder eines ihm ähnlichen aus dem einen Vorstellungskreis in einen anderen, entfernten zu gelangen (wie bei *Home-Roulard* aus dem der Küche in den der Politik), so ist dies Vergnügen wohl mit Recht auf die Ersparung an psychischem Aufwand zurückzuführen. Die Witzeslust aus solchem „Kurzschluß" scheint auch um so größer zu sein, je fremder die beiden durch das gleiche Wort in Verbindung gebrachten Vorstellungskreise einander sind, je weiter ab sie voneinander liegen, je größer also die Ersparung an Gedankenweg durch das technische Mittel des Witzes ausfällt. Merken wir übrigens an, daß sich der Witz hier eines Mittels der Verknüpfung bedient, welches vom ernsthaften Denken verworfen und sorgfältig vermieden wird.[38]

[38] Wenn ich mir hier gestatten darf, der Darstellung im Texte vorzugreifen, so kann ich an dieser Stelle ein Licht auf die Bedingung werfen, welche für den Sprachgebrauch maßgebend scheint, um einen Witz einen „guten" oder einen „schlechten" zu heißen. Wenn ich mittels eines doppelsinnigen oder wenig modifizierten Wortes auf kurzem Wege aus einem Vorstellungskreis in einen anderen geraten bin, während sich zwischen den beiden Vorstellungskreisen nicht auch gleichzeitig eine sinnvolle Verknüpfung ergibt, dann habe ich einen „schlechten" Witz gemacht. In diesem schlechten Witz ist das eine Wort, die „Pointe", die einzig vorhandene Verknüpfung zwischen den beiden disparaten Vorstellungen. Ein solcher Fall ist das oben verwendete

Eine zweite Gruppe technischer Mittel des Witzes – Unifizierung, Gleichklang, mehrfache Verwendung, Modifikation bekannter Redensarten, Anspielung auf Zitate – läßt als gemeinsamen Charakter herausheben, daß jedesmal etwas Bekanntes wiedergefunden wird, wo man anstatt dessen etwas Neues hätte erwarten können. Dieses Wiederfinden des Bekannten ist lustvoll, und es kann uns wiederum nicht schwerfallen, solche Lust als Ersparungslust zu erkennen, auf die Ersparung an psychischem Aufwand zu beziehen.

Daß das Wiederfinden des Bekannten, das „Wiedererkennen" lustvoll ist, scheint allgemein zugestanden zu werden. *Groos*[39] sagt (S. 153): „Das Wiedererkennen ist nun überall, wo es nicht allzusehr mechanisiert ist (wie etwa beim Ankleiden, wo ...), mit Lustgefühlen verbunden. Schon die bloße Qualität der Bekanntheit ist leicht von jenem sanften Behagen begleitet, das *Faust* erfüllt, wie er nach einer unheimlichen Begegnung wieder in sein Studierzimmer tritt..." „Wenn so der Akt des Wiedererkennens lusterregend ist, so werden wir erwarten dürfen, daß der Mensch darauf verfällt, diese Fähigkeit um ihrer selbst willen zu üben, also spielend mit ihr zu experimentieren. In der Tat hat *Aristoteles* in der Freude am Wiedererkennen die Grundlage des Kunstgenusses erblickt, und es läßt sich nicht leugnen, daß dieses Prinzip nicht übersehen werden darf, wenn es auch keine so weittragende Bedeutung hat, wie *Aristoteles* annimmt."

Groos erörtert dann die Spiele, deren Charakter darin besteht, die Freude am Wiedererkennen dadurch zu steigern, daß man demselben Hindernisse in den Weg legt, also eine „psychische Stauung" herbeiführt, die mit dem Akt des Erkennens beseitigt ist. Sein Erklärungsversuch verläßt aber die Annahme, daß das Erkennen an sich lustvoll sei, indem er das Vergnügen am Erkennen mit Berufung auf diese Spiele auf die *Freude* an der *Macht*, an der Überwindung einer Schwierigkeit zurückführt. Ich halte dieses letztere Moment für sekundär

---

Beispiel: *Home-Roulard*. Ein „guter Witz" kommt aber zustande, wenn die Kindererwartung recht behält und mit der Ähnlichkeit der Worte wirklich gleichzeitig eine andere wesentliche Ähnlichkeit des Sinnes angezeigt ist, wie im Beispiel: *Traduttore-Traditore*. Die beiden disparaten Vorstellungen, die hier durch eine äußerliche Assoziation verknüpft sind, stehen außerdem in einem sinnreichen Zusammenhang, welcher eine Wesensverwandtschaft von ihnen aussagt. Die äußerliche Assoziation ersetzt nur den innerlichen Zusammenhang; sie dient dazu, ihn anzuzeigen oder klarzustellen. Der „Übersetzer" heißt nicht nur ähnlich wie der „Verräter"; er ist auch eine Art von Verräter, er führt gleichsam mit Recht seinen Namen.

Der hier entwickelte Unterschied fällt mit der später einzuführenden Scheidung von „Scherz" und „Witz" zusammen. Es wäre aber unrecht, Beispiele wie *Home-Roulard* von der Erörterung über die Natur des Witzes auszuschließen. Sowie wir die eigentümliche Lust des Witzes in Betracht ziehen, finden wir, daß die „schlechten" Witze keineswegs als Witze schlecht, d. h. ungeeignet zur Erzeugung von Lust sind.

[39] *Die Spiele des Menschen*, 1899.

und sehe keinen Anlaß, von der einfacheren Auffassung abzuweichen, daß das Erkennen an sich, d. h. durch Erleichterung des psychischen Aufwands, lustvoll ist und daß die auf diese Lust gegründeten Spiele sich eben nur des Stauungsmechanismus bedienen, um deren Betrag in die Höhe zu treiben.

Daß Reim, Alliteration, Refrain und andere Formen der Wiederholung ähnlicher Wortklänge in der Dichtung die nämliche Lustquelle, das Wiederfinden des Bekannten, ausnützen, ist gleichfalls allgemein anerkannt. Ein „Machtgefühl" spielt bei diesen Techniken, die mit der „mehrfachen Verwendung" beim Witze so große Übereinstimmung zeigen, keine ersichtliche Rolle.

Bei den nahen Beziehungen zwischen Erkennen und Erinnern ist die Annahme nicht mehr gewagt, daß es auch eine Erinnerungslust gebe, d. h. daß der Akt des Erinnerns an sich von einem Lustgefühl ähnlicher Herkunft begleitet sei. *Groos* scheint einer solchen Annahme nicht abgeneigt zu sein, aber er leitet die Erinnerungslust wiederum vom „Machtgefühl" ab, in dem er den Hauptgrund des Genusses bei fast allen Spielen – wie ich meine, mit Unrecht – sucht.

Auf dem „Wiederfinden des Bekannten" beruht auch die Verwendung eines anderen technischen Hilfsmittels des Witzes, von dem bisher noch nicht die Rede war. Ich meine das Moment der *Aktualität*, das bei sehr vielen Witzen eine ausgiebige Lustquelle darstellt und einige Eigentümlichkeiten in der Lebensgeschichte der Witze erklärt. Es gibt Witze, die von dieser Bedingung vollkommen frei sind, und in einer Abhandlung über den Witz sind wir genötigt, uns fast ausschließlich solcher Beispiele zu bedienen. Wir können aber nicht vergessen, daß wir vielleicht noch stärker als über solche perennierende Witze über andere gelacht haben, deren Verwendung uns jetzt schwerfällt, weil sie lange Kommentare erfordern und auch mit deren Nachhilfe die einstige Wirkung nicht erreichen würden. Diese letzteren Witze enthielten nun Anspielungen auf Personen und Begebenheiten, die zur Zeit „aktuell" waren, das allgemeine Interesse wachgerufen hatten und noch in Spannung erhielten. Nach dem Erlöschen dieses Interesses, nach der Erledigung der betreffenden Affaire hatten auch diese Witze einen Teil ihrer Lustwirkung, und zwar einen recht beträchtlichen Teil, eingebüßt. So z. B. erscheint mir der Witz, den mein freundlicher Gastgeber machte, als er die herumgereichte Mehlspeise einen „*Home-Roulard*" nannte, heute lange nicht so gut wie damals, als *Home Rule* eine ständige Rubrik in den politischen Nachrichten unserer Zeitungen war. Versuche ich jetzt das Verdienst dieses Witzes durch die Beschreibung zu würdigen, daß uns das eine Wort mit Ersparung eines großen Denkumweges aus dem Vorstellungskreis der Küche in den so fernliegenden der Politik führe, so hätte ich diese Beschreibung damals abändern müssen, „daß uns dieses Wort aus dem Vorstellungskreis der Küche in den ihm selbst so fernliegenden Kreis der Politik führe, der aber unseres lebhaften Interesses sicher sei, weil er uns eigentlich unausgesetzt beschäftige". Ein anderer Witz: „Dieses Mädchen erinnert mich an Dreyfus; die Armee glaubt nicht an ihre Unschuld" ist heute, trotzdem alle seine technischen Mittel unverändert geblieben sein müssen, gleichfalls verblaßt. Die Verblüffung durch den Vergleich und die Zweideutigkeit des Wortes „Unschuld" können es nicht wettmachen, daß die Anspielung, die damals an eine mit frischer Erregung besetzte Angelegenheit rührte, heute an ein erledigtes Interesse erinnert. Ein noch aktueller Witz wie z. B. folgender: Kronprinzessin *Louise* hatte sich an das Krematorium in Gotha mit der Anfrage gewendet, was eine Verbrennung koste. Die Verwaltung gab ihr die Antwort: „Sonst 5000 Mark, ihr werde man aber nur 3000 Mark berechnen, da sie schon einmal durchgebrannt sei"; ein solcher Witz erscheint heute unwiderstehlich; in einiger Zeit wird er in unserer Schätzung sehr erheblich gesunken sein, und noch eine Weile später, wenn man ihn nicht erzählen kann, ohne in einem Kommentar hinzuzusetzen, wer die Prinzessin *Louise* war und wie ihr „Durchgebranntsein" gemeint ist, wird er trotz des guten Wortspiels wirkungslos bleiben.

Eine große Zahl der im Umlauf befindlichen Witze gelangt so zu einer gewissen Lebensdauer, eigentlich zu einem Lebenslauf, der sich aus einer Blütezeit und einer Verfallszeit zusammensetzt und in völliger Vergessenheit endigt. Das Bedürfnis der Menschen, Lust aus ihren Denkvorgängen zu gewinnen, schafft dann immer neue Witze unter Anlehnung an die neuen Interessen des Tages. Die Lebenskraft der aktuellen Witze ist keine ihnen eigene, sie wird auf dem Wege der Anspielung jenen anderen Interessen entlehnt, deren Ablauf auch das Schicksal des Witzes bestimmt. Das Moment der Aktualität, welches als eine vergängliche Lustquelle zwar, aber als besonders ergiebige zu den eigenen des Witzes hinzutritt, kann nicht einfach dem Wiederfinden des Bekannten gleichgesetzt werden. Es handelt sich vielmehr um eine besondere Qualifikation des Bekannten, dem die Eigenschaft des Frischen, Rezenten, nicht vom Vergessen Berührten zukommen muß. Auch bei der Traumbildung begegnet man einer besonderen Bevorzugung des Rezenten und kann sich der Vermutung nicht erwehren, daß die Assoziation mit dem Rezenten durch eine eigenartige Lustprämie belohnt, also erleichtert wird.

Die Unifizierung, die ja nur die Wiederholung auf dem Gebiete des Gedankenzusammenhanges anstatt des Materials ist, hat bei *G. Th. Fechner* eine besondere Anerkennung als Lustquelle des Witzes gefunden. *Fechner* äußert (*Vorschule der Ästhetik I*, XVII): „Meines Erachtens spielt in dem Felde, was wir hier vor Augen haben, das Prinzip der einheitlichen Verknüpfung des Mannigfaltigen die Hauptrolle, bedarf aber noch unterstützender Nebenbedingungen, um das

Vergnügen, was die hieher gehörigen Fälle gewähren können, mit seinem eigentümlichen Charakter über die Schwelle zu treiben.“[40]

In allen diesen Fällen von Wiederholung des nämlichen Zusammenhanges oder des nämlichen Materials von Worten, von Wiederfinden des Bekannten und Rezenten, die dabei verspürte Lust von der Ersparung an psychischem Aufwand abzuleiten, kann uns wohl nicht verwehrt werden, wenn dieser Gesichtspunkt sich fruchtbar zur Aufklärung von Einzelheiten und zur Gewinnung neuer Allgemeinheiten erweist. Wir wissen, daß wir noch die Art, wie die Ersparung zustande kommt, und den Sinn des Ausdrucks „psychischer Aufwand“ deutlich zu machen haben.

Die dritte Gruppe der Techniken des Witzes – zumeist des Gedankenwitzes –, welche die Denkfehler, Verschiebungen, den Widersinn, die Darstellung durch das Gegenteil u. a. umfaßt, mag für den ersten Anschein ein besonderes Gepräge tragen und keine Verwandtschaft mit den Techniken des Wiederfindens des Bekannten oder des Ersatzes der Gegenstandsassoziationen durch die Wortassoziationen verraten; es ist nichtsdestoweniger gerade hier sehr leicht, den Gesichtspunkt der Ersparung oder Erleichterung des psychischen Aufwandes zur Geltung zu bringen.

Daß es leichter und bequemer ist, von einem eingeschlagenen Gedankenweg abzuweichen als ihn festzuhalten, Unterschiedenes zusammenzuwerfen als es in Gegensatz zu bringen, und gar besonders bequem, von der Logik verworfene Schlußweisen gelten zu lassen, endlich bei der Zusammenfügung von Worten oder Gedanken von der Bedingung abzusehen, daß sie auch einen Sinn ergeben sollen: dies ist allerdings nicht zweifelhaft, und gerade dies tun die in Rede stehenden Techniken des Witzes. Befremden wird aber die Aufstellung erregen, daß solches Tun der Witzarbeit eine Quelle der Lust eröffnet, da wir gegen alle derartigen Minderleistungen der Denktätigkeit außerhalb des Witzes nur unlustige Abwehrgefühle verspüren können.

Die „Lust am Unsinn“, wie wir abkürzend sagen können, ist im ernsthaften Leben allerdings bis zum Verschwinden verdeckt. Um sie nachzuweisen, müssen wir auf zwei Fälle eingehen, in denen sie noch sichtbar ist und wieder sichtbar wird, auf das Verhalten des lernenden Kindes und das des Erwachsenen in toxisch veränderter Stimmung. In der Zeit, da das Kind den Wortschatz seiner Muttersprache handhaben lernt, bereitet es ihm ein offenbares Vergnügen, mit diesem Material „spielend zu experimentieren“ (*Groos*), und es fügt die Worte, ohne sich an die Sinnbedingung zu binden, zusammen, um den Lusteffekt des Rhythmus

[40] Abschnitt XVII ist überschrieben: Von sinnreichen und witzigen Vergleichen, Wortspielen u. a. Fällen, welche den Charakter der Ergötzlichkeit, Lustigkeit, Lächerlichkeit tragen.

oder des Reimes mit ihnen zu erzielen. Dieses Vergnügen wird ihm allmählich verwehrt, bis ihm nur die sinnreichen Wortverbindungen als gestattete erübrigen. Noch in spätere Jahre ragen dann die Bestrebungen, sich über die erlernten Einschränkungen im Gebrauche der Worte hinauszusetzen, indem man dieselben durch bestimmte Anhängsel verunstaltet, ihre Formen durch gewisse Veranstaltungen verändert (Reduplikationen, Zittersprache) oder sich sogar für den Gebrauch unter den Gespielen eine eigene Sprache zurechtmacht, Bemühungen, welche dann bei den Geisteskranken gewisser Kategorien wieder auftauchen.

Ich meine, welches immer das Motiv war, dem das Kind folgte, als es mit solchen Spielen begann, in weiterer Entwicklung gibt es sich ihnen mit dem Bewußtsein, daß sie unsinnig sind, hin und findet das Vergnügen in diesem Reiz des von der Vernunft Verbotenen. Es benützt nun das Spiel dazu, sich dem Drucke der kritischen Vernunft zu entziehen. Weit gewaltiger sind aber die Einschränkungen, die bei der Erziehung zum richtigen Denken und zur Sonderung des in der Realität Wahren vom Falschen Platz greifen müssen, und darum ist die Auflehnung gegen den Denk- und Realitätszwang eine tiefgreifende und lang anhaltende; selbst die Phänomene der Phantasiebetätigung fallen unter diesen Gesichtspunkt. Die Macht der Kritik ist in dem späteren Abschnitt der Kindheit und in der über die Pubertät hinausreichenden Periode des Lernens meist so sehr gewachsen, daß die Lust am „befreiten Unsinn" sich nur selten direkt zu äußern wagt. Man getraut sich nicht, Widersinn auszusprechen; aber die für den Buben charakteristische Neigung zu widersinnigem, zweckwidrigem Tun scheint mir ein direkter Abkömmling der Lust am Unsinn zu sein. In pathologischen Fällen sieht man leicht diese Neigung so weit gesteigert, daß sie wieder die Reden und Antworten des Schülers beherrscht; bei einigen in Neurose verfallenen Gymnasiasten konnte ich mich überzeugen, daß die unbewußt wirkende Lust an dem von ihnen produzierten Unsinn an ihren Fehlleistungen nicht minderen Anteil hatte als ihre wirkliche Unwissenheit.

Der Student gibt es dann nicht auf, gegen den Denk- und Realitätszwang zu demonstrieren, dessen Herrschaft er doch immer unduldsamer und uneingeschränkter werden verspürt. Ein guter Teil des studentischen Ulks gehört dieser Reaktion an. Der Mensch ist eben ein „unermüdlicher Lustsucher" – ich weiß nicht mehr, bei welchem Autor ich diesen glücklichen Ausdruck gefunden habe – und jeder Verzicht auf eine einmal genossene Lust wird ihm sehr schwer. Mit dem heiteren Unsinn des Bierschwefels versucht der Student, sich die Lust aus der Freiheit des Denkens zu retten, die ihm durch die Schulung des Kollegs immer mehr verlorengeht. Ja noch viel später, wenn er als gereifter Mann mit anderen auf dem wissenschaftlichen Kongresse zusammengetroffen ist und sich wieder als Lernender gefühlt hat, muß nach Schluß der Sitzung die Kneipzeitung, welche die neugewonnenen Einsichten ins Unsinnige verzerrt, ihm für die neuzugewachsene Denkhemmung Entschädigung bieten.

„Bierschwefel" und „Kneipzeitung" legen in ihrem Namen Zeugnis dafür ab, daß die Kritik, welche die Lust am Unsinn verdrängt hat, bereits so stark geworden ist, daß sie ohne toxische Hilfsmittel auch nicht zeitweilig beiseite geschoben werden kann. Die Veränderung der Stimmungslage ist das Wertvollste, was der Alkohol dem Menschen leistet, und weshalb dieses „Gift" nicht für jeden gleich entbehrlich ist. Die heitere Stimmung, ob nun endogen entstanden oder toxisch erzeugt, setzt die hemmenden Kräfte, die Kritik unter ihnen, herab und macht damit Lustquellen wieder zugänglich, auf denen die Unterdrückung lastete. Es ist überaus lehrreich zu sehen, wie die Anforderungen an den Witz mit einer Hebung der Stimmungslage sinken. Die Stimmung ersetzt eben den Witz, wie der Witz sich bemühen muß, die Stimmung zu ersetzen, in welcher sich sonst gehemmte Genußmöglichkeiten, unter ihnen die Lust am Unsinn, geltend machen.

„Mit wenig Witz und viel Behagen."

Unter dem Einfluß des Alkohols wird der Erwachsene wieder zum Kinde, dem die freie Verfügung über seinen Gedankenablauf ohne Einhaltung des logischen Zwanges Lust bereitet.

Wir hoffen nun auch dargetan zu haben, daß die Widersinnstechniken des Witzes einer Lustquelle entsprechen. Daß diese Lust aus Ersparung an psychischem Aufwand, Erleichterung vom Zwange der Kritik, hervorgeht, brauchen wir nur zu wiederholen.

Bei einem nochmaligen Rückblick auf die in drei Gruppen gesonderten Techniken des Witzes bemerken wir, daß die erste und die dritte dieser Gruppen, die Ersetzung der Dingassoziationen durch die Wortassoziationen und die Verwendung des Widersinns als Wiederherstellungen alter Freiheiten und als Entlastungen von dem Zwang der intellektuellen Erziehung zusammengefaßt werden können; es sind psychische Erleichterungen, die man in einen gewissen Gegensatz zur Ersparung bringen kann, welche die Technik in der zweiten Gruppe ausmacht. Erleichterung des schon bestehenden und Ersparung an erst aufzubietendem psychischen Aufwand, auf diese beiden Prinzipien führt sich also alle Technik des Witzes und somit alle Lust aus diesen Techniken zurück. Die beiden Arten der Technik und der Lustgewinnung fallen übrigens – im großen und ganzen wenigstens – mit der Scheidung des Witzes in Wort- und Gedankenwitz zusammen.

Die vorstehenden Erörterungen haben uns unversehens zur Einsicht in eine Entwicklungsgeschichte oder Psychogenese des Witzes geführt, welcher wir nun nähertreten wollen. Wir haben Vorstufen des Witzes kennengelernt, deren Entwicklung bis zum tendenziösen Witz wahrscheinlich neue Beziehungen zwischen den verschiedenen Charakteren des Witzes aufdecken kann. Vor allem Witz gibt es etwas, was wir als *Spiel* oder „*Scherz*" bezeichnen können. Das Spiel – verbleiben wir bei diesem Namen – tritt beim Kinde auf, während es Worte verwenden und Gedanken aneinanderfügen lernt. Dieses Spiel folgt wahrscheinlich einem der Triebe, welche das Kind zur Übung seiner Fähigkeiten nötigen (*Groos*); es stößt dabei auf Lustwirkungen, die sich aus der Wiederholung des Ähnlichen, aus dem Wiederfinden des Bekannten, dem Gleichklang usw. ergeben und als unvermutete Ersparungen an psychischem Aufwand erklären. Es ist nicht zu verwundern, daß diese Lusteffekte das Kind zur Pflege des Spieles antreiben und es veranlassen, dasselbe ohne Rücksicht auf die Bedeutung der Worte und den Zusammenhang der Sätze fortzusetzen. *Spiel* mit Worten und Gedanken, motiviert durch gewisse Lusteffekte der Ersparung, wäre also die erste Vorstufe des Witzes.

Diesem Spiel macht die Erstarkung eines Moments ein Ende, das als Kritik oder Vernünftigkeit bezeichnet zu werden verdient. Das Spiel wird nun als sinnlos oder direkt widersinnig verworfen; es wird infolge der Kritik unmöglich. Es ist nun auch ausgeschlossen, anders als zufallsweise aus jenen Quellen des Wiederfindens des Bekannten usw. Lust zu beziehen, es sei denn, daß den Heranwachsenden eine lustvolle Stimmung befalle, welche der Heiterkeit des Kindes ähnlich die kritische Hemmung aufhebt. In diesem Falle allein wird das alte Spiel der Lustgewinnung wieder ermöglicht, aber auf diesen Fall mag der Mensch nicht warten und auf die ihm vertraute Lust nicht verzichten. Er sucht also nach Mitteln, welche ihn von der lustvollen Stimmung unabhängig machen; die weitere Entwicklung zum Witze wird von den beiden Bestrebungen, die Kritik zu vermeiden und die Stimmung zu ersetzen, regiert.

Damit setzt die zweite Vorstufe des Witzes ein, der *Scherz*. Es gilt nun den Lustgewinn des Spieles durchzusetzen und dabei doch den Einspruch der Kritik, der das Lustgefühl nicht aufkommen ließe, zum Schweigen zu bringen. Zu diesem Ziele führt nur ein einziger Weg. Die sinnlose Zusammenstellung von Worten oder die widersinnige Anreihung von Gedanken muß doch einen Sinn haben. Die ganze Kunst der Witzarbeit wird aufgeboten, um solche Worte und solche Gedankenkonstellationen aufzufinden, bei denen diese Bedingung erfüllt ist. Alle technischen Mittel des Witzes finden hier bereits, beim Scherz, Verwendung, auch trifft der Sprachgebrauch zwischen Scherz und Witz keine konsequente Unterscheidung. Was den Scherz vom Witz unterscheidet ist, daß der Sinn des der Kritik entzogenen Satzes kein wertvoller, kein neuer oder auch nur guter zu sein braucht; es muß sich eben nur so sagen lassen, wenngleich es ungebräuchlich, überflüssig, nutzlos ist, es so zu sagen. Beim Scherz steht die Befriedigung, das von der Kritik Verbotene ermöglicht zu haben, im Vordergrunde.

Ein bloßer Scherz ist es z. B., wenn *Schleiermacher* die Eifersucht definiert als die Leidenschaft, die mit Eifer sucht, was Leiden schafft. Ein Scherz ist es, wenn der Professor *Kästner*, der im 18. Jahrhundert in Göttingen Physik lehrte – und Witze machte –, einen Studenten namens *Kriegk* bei der Inskription nach seinem Alter fragte und auf die Antwort, er sei dreißig Jahre alt, meinte: Ei, so habe ich ja die Ehre, den 30jährigen Krieg zu sehen.[41] Mit einem Scherz antwortete Meister Rokitansky auf die Frage, welchen Berufen sich seine vier Söhne zugewendet hätten: „Zwei heilen und zwei heulen"(zwei Ärzte und zwei Sänger). Die Auskunft war richtig und darum nicht weiter angreifbar; aber sie fügte nichts hinzu, was nicht in dem in Klammern stehenden Ausdruck enthalten gewesen wäre. Es ist unverkennbar, daß die Antwort die andere Form nur wegen der Lust angenommen hat, welche sich aus der Unifizierung und aus dem Gleichklang der beiden Worte ableitet.

Ich meine, wir sehen nun endlich klar. Es hat uns in der Bewertung der Techniken des Witzes immer gestört, daß diese nicht dem Witz allein zu eigen sind, und doch schien das Wesen des Witzes an ihnen zu hängen, da mit ihrer Beseitigung durch die Reduktion Witzcharakter und Witzeslust verloren waren. Nun merken wir, was wir als die Techniken des Witzes beschrieben haben – und in gewissem Sinne fortfahren müssen so zu nennen –, das sind vielmehr die Quellen, aus denen der Witz die Lust bezieht, und wir finden es nicht befremdend, daß andere Verfahren zum nämlichen Zweck aus den gleichen Quellen schöpfen. Die dem Witze eigentümliche und ihm allein zukommende Technik besteht aber in seinem Verfahren, die Anwendung dieser lustbereitenden Mittel gegen den Einspruch der Kritik sicherzustellen, welcher die Lust aufheben würde. Wir können von diesem Verfahren wenig Allgemeines aussagen; die Witzarbeit äußert sich, wie schon erwähnt, in der Auswahl eines solchen Wortmaterials und solcher Denksituationen, welche es gestatten, daß das alte Spiel mit Worten und Gedanken die Prüfung der Kritik bestehe, und zu diesem Zwecke müssen alle Eigentümlichkeiten des Wortschatzes und alle Konstellationen des Gedankenzusammenhanges auf das geschickteste ausgenützt werden. Vielleicht werden wir späterhin noch in die Lage kommen, die Witzarbeit durch eine bestimmte Eigenschaft zu charakterisieren; vorläufig bleibt es unerklärt, wie die dem Witze ersprießliche Auswahl getroffen werden kann. Die Tendenz und Leistung des Witzes, die lustbereitenden Wort- und Gedankenverbindungen vor der Kritik zu schützen, stellt sich aber schon beim Scherz als sein wesentliches Merkmal heraus. Von Anfang an besteht

[41] Kleinpaul, *Die Rätsel der Sprache*, 1890.

seine Leistung darin, innere Hemmungen aufzuheben und durch sie unzugänglich gewordene Lustquellen ergiebig zu machen, und wir werden finden, daß er diesem Charakter durch seine ganze Entwicklung treu bleibt.

Wir sind nun auch in der Lage, dem Moment des „Sinnes im Unsinn"(vgl. Einleitung, S. 35), welchem von den Autoren eine so große Bedeutung zur Kennzeichnung des Witzes und zur Aufklärung der Lustwirkung beigemessen wird, seine richtige Stellung anzuweisen. Die zwei festen Punkte in der Bedingtheit des Witzes, seine Tendenz, das lustvolle Spiel durchzusetzen, und seine Bemühung, es vor der Kritik der Vernunft zu schützen, erklären ohne weiteres, warum der einzelne Witz, wenn er für die eine Ansicht unsinnig erscheint, für eine andere sinnvoll oder wenigstens zulässig erscheinen muß. Wie er dies macht, das bleibt die Sache der Witzarbeit; wo es ihm nicht gelungen ist, wird er eben als „Unsinn" verworfen. Wir haben es aber auch nicht nötig, die Lustwirkung des Witzes aus dem Widerstreit der Gefühle abzuleiten, die aus dem Sinn und gleichzeitigen Unsinn des Witzes, sei es direkt, sei es auf dem Wege der „Verblüffung und Erleuchtung", hervorgehen. Ebensowenig besteht für uns eine Nötigung, der Frage näherzutreten, wieso Lust aus der Abwechslung des Für-sinnlos-Haltens und Für-sinnreich-Erkennens des Witzes hervorgehen könne. Die Psychogenese des Witzes hat uns belehrt, daß die Lust des Witzes aus dem Spiel mit Worten oder aus der Entfesselung des Unsinns stammt und daß der Sinn des Witzes nur dazu bestimmt ist, diese Lust gegen die Aufhebung durch die Kritik zu schützen.

Somit wäre das Problem des wesentlichen Charakters des Witzes bereits am Scherz erklärt. Wir dürfen uns der weiteren Entwicklung des Scherzes bis zu ihrer Höhe im tendenziösen Witz zuwenden. Der Scherz stellt noch die Tendenz voran, uns Vergnügen zu bereiten, und begnügt sich damit, daß seine Aussage nicht unsinnig oder völlig gehaltlos erscheine. Wenn diese Aussage selbst eine gehalt- und wertvolle ist, wandelt sich der Scherz zum *Witz*. Ein Gedanke, der unseres Interesses würdig gewesen wäre, auch in schlichtester Form ausgedrückt, ist nun in eine Form gekleidet, die an und für sich unser Wohlgefallen erregen muß.[42] Gewiß ist eine solche Vergesellschaftung nicht ohne Absicht zustande

[42] Als Beispiel, welches den Unterschied von Scherz und eigentlichem Witz erkennen läßt, diene das ausgezeichnete Witzwort, mit welchem ein Mitglied des „Bürgerministeriums" in Österreich die Frage nach der Solidarität des Kabinetts beantwortete: „Wie sollen wir füreinander *einstehen* können, wenn wir einander nicht *ausstehen* können?" Technik: Verwendung des nämlichen Materials mit geringer (gegensätzlicher) Modifikation; der korrekte und treffende Gedanke: es gibt keine Solidarität ohne persönliches Einvernehmen. Die Gegensätzlichkeit der Modifikation (*einstehen – ausstehen*) entspricht der vom Gedanken behaupteten Unvereinbarkeit und dient ihr als Darstellung.

gekommen, müssen wir denken und werden uns bemühen, die der Bildung des Witzes zugrundeliegende Absicht zu erraten. Eine bereits früher, wie beiläufig gemachte Beobachtung wird uns auf die Spur führen. Wir haben oben bemerkt, daß ein guter Witz uns sozusagen einen Gesamteindruck von Wohlgefallen macht, ohne daß wir imstande wären, unmittelbar zu unterscheiden, welcher Anteil der Lust von der witzigen Form, welcher von dem trefflichen Gedankeninhalt herrührt (S. 98). Wir täuschen uns beständig über diese Aufteilung, überschätzen das eine Mal die Güte des Witzes infolge unserer Bewunderung für den in ihm enthaltenen Gedanken, bald umgekehrt den Wert des Gedankens wegen des Vergnügens, das uns die witzige Einkleidung bereitet. Wir wissen nicht, was uns Vergnügen macht und worüber wir lachen. Diese als tatsächlich anzunehmende Unsicherheit unseres Urteils mag das Motiv für die Bildung des Witzes im eigentlichen Sinne abgegeben haben. Der Gedanke sucht die Witzverkleidung, weil er durch sie sich unserer Aufmerksamkeit empfiehlt, uns bedeutsamer, wertvoller erscheinen kann, vor allem aber, weil dieses Kleid unsere Kritik besticht und verwirrt. Wir haben die Neigung, dem Gedanken zugute zu schreiben, was uns an der witzigen Form gefallen hat, sind auch nicht mehr geneigt, etwas unrichtig zu finden, was uns Vergnügen bereitet hat, um uns so die Quelle einer Lust zu verschütten. Hat der Witz uns zum Lachen gebracht, so ist übrigens die für die Kritik ungünstigste Disposition in uns hergestellt, denn dann ist uns von einem Punkte aus jene Stimmung aufgezwungen worden, der bereits das Spiel genügt hat und die zu ersetzen der Witz mit allen Mitteln bemüht war. Wenngleich wir vorhin festgesetzt haben, daß solcher Witz als harmloser, noch nicht tendenziöser, zu bezeichnen sei, werden wir doch nicht verkennen dürfen, daß strenggenommen nur der Scherz tendenzlos ist, d. h. allein der Absicht, Lust zu erzeugen, dient. Der Witz – mag der in ihm enthaltene Gedanke auch tendenzlos sein, also bloß theoretischem Denkinteresse dienen – ist eigentlich nie tendenzlos; er verfolgt die zweite Absicht, den Gedanken durch Vergrößerung zu fördern und ihn gegen die Kritik zu sichern. Er äußert hier wiederum seine ursprüngliche Natur, indem er sich einer hemmenden und einschränkenden Macht, nun dem kritischen Urteil, entgegenstellt.

Diese erste, über die Lusterzeugung hinausgehende Verwendung des Witzes weist den weiteren den Weg. Der Witz ist nun als ein psychischer Machtfaktor erkannt, dessen Gewicht den Ausschlag geben kann, wenn es in diese oder jene Waagschale fällt. Die großen Tendenzen und Triebe des Seelenlebens nehmen ihn für ihre Zwecke in Dienst. Der ursprünglich tendenzlose Witz, der als ein Spiel begann, kommt *sekundär* in Beziehung zu Tendenzen, denen sich nichts, was im Seelenleben gebildet wird, auf die Dauer entziehen kann. Wir wissen bereits, was er im Dienste der entblößenden, feindseligen, zynischen, skeptischen Tendenz zu leisten vermag. Beim obszönen Witz, welcher aus der Zote hervorgegangen ist, macht er aus dem ursprünglich die sexuelle Situation störenden Dritten einen Bundesgenossen, vor dem das Weib sich schämen muß, indem er ihn durch Mitteilung seines Lustgewinns besticht. Bei der aggressiven Tendenz verwandelt er den anfänglich indifferenten Zuhörer durch das nämliche Mittel in einen Mithasser oder Mitverächter und schafft dem Feind ein Heer von Gegnern, wo erst nur ein einziger war. Im ersten Falle überwindet er die Hemmungen der Scham und der Wohlanständigkeit durch die Lustprämie, die er bietet; im zweiten aber wirft er wiederum das kritische Urteil um, welches sonst den Streitfall geprüft hätte. Im dritten und vierten Falle, im Dienste der zynischen und skeptischen Tendenz erschüttert er den Respekt vor Institutionen und Wahrheiten, an die der Hörer geglaubt hat, einerseits indem er das Argument verstärkt, anderseits aber, indem er eine neue Art des Angriffs pflegt. Wo das Argument die Kritik des Hörers auf seine Seite zu ziehen sucht, ist der Witz bestrebt, diese Kritik zur Seite zu drängen. Es ist kein Zweifel, daß der Witz den psychologisch wirksameren Weg gewählt hat.

Bei dieser Übersicht über die Leistungen des tendenziösen Witzes hat sich uns in den Vordergrund gedrängt, was leichter zu sehen ist, die Wirkung des Witzes auf den, der ihn hört. Für das Verständnis bedeutsamer sind die Leistungen, die der Witz im Seelenleben desjenigen vollbringt, der ihn macht, oder, wie man einzig richtig sagen sollte, dem er einfällt. Wir haben schon einmal den Vorsatz gefaßt – und finden hier Anlaß, ihn zu erneuern –, daß wir die psychischen Vorgänge des Witzes mit Rücksicht auf ihre Verteilung auf zwei Personen studieren wollen. Vorläufig wollen wir der Vermutung Ausdruck geben, daß der durch den Witz angeregte psychische Vorgang beim Hörer den beim Schöpfer des Witzes in den meisten Fällen nachbildet. Dem äußerlichen Hindernis, welches beim Hörer überwunden werden soll, entspricht eine innere Hemmung beim Witzigen. Zum mindesten ist beim letzteren die Erwartung des äußerlichen Hindernisses als hemmende Vorstellung vorhanden. In einzelnen Fällen ist das innerliche Hindernis, das durch den tendenziösen Witz überwunden wird, evident; von den Witzen des Herrn N. (S. 107 f.) dürfen wir z. B. annehmen, daß sie nicht nur den Hörern den Genuß der Aggression durch Injurien, sondern vor allem ihm die Produktion derselben ermöglichen. Unter den Arten der innerlichen Hemmung oder Unterdrückung wird eine unseres besonderen Interesses würdig sein, weil sie die weitestgehende ist; sie wird mit dem Namen der „Verdrängung" bezeichnet und an ihrer Leistung erkannt, daß sie die ihr verfallenen Regungen sowie deren Abkömmlinge vom Bewußtwerden ausschließt. Wir werden hören, daß der tendenziöse Witz selbst aus solchen der Verdrängung unterliegenden Quellen Lust zu entbinden vermag. Läßt sich in solcher Art, wie oben angedeutet wurde, die Überwindung äußerer Hindernisse auf die innerer Hemmungen und Verdrängungen zurückführen, so darf man sagen, daß der tendenziöse Witz den Hauptcharakter der Witzarbeit, Lust frei zu machen durch Beseitigung von Hemmungen, am deutlichsten von allen Entwicklungsstufen des Witzes erweist. Er verstärkt die Tendenzen, in deren Dienst er sich stellt, indem er ihnen Hilfen aus unterdrückt gehaltenen Regungen zuführt, oder er stellt sich überhaupt in den Dienst unterdrückter Tendenzen.

Man kann gern zugeben, daß dies die Leistungen des tendenziösen Witzes sind, und wird sich doch besinnen müssen, daß man nicht versteht, auf welche Weise ihm diese Leistungen gelingen können. Seine Macht besteht in dem Lustgewinn, den er aus den Quellen des Spielens mit Worten und des befreiten Unsinnes zieht, und wenn man nach den Eindrücken urteilen soll, die man von den tendenzlosen Scherzen empfangen hat, kann man den Betrag dieser Lust unmöglich für so groß halten, daß man ihr die Kraft zur Aufhebung eingewurzelter Hemmungen und Verdrängungen zutrauen könnte. Es liegt hier in der Tat keine einfache Kraftwirkung, sondern ein verwickelteres Auslösungsverhältnis vor. Anstatt den weiten Umweg darzulegen, auf dem ich zur Einsicht in dieses Verhältnis gelangt bin, werde ich es auf kurzem synthetischem Wege darzustellen versuchen.

G. Th. Fechner hat in seiner *Vorschule der Ästhetik*(I. Bd., V) das „Prinzip der ästhetischen Hilfe oder Steigerung" aufgestellt, das er in folgenden Worten ausführt: *„Aus dem widerspruchslosen Zusammentreffen von Lustbedingungen, die für sich wenig leisten, geht ein größeres, oft viel größeres Lustresultat hervor, als dem Lustwerte der einzelnen Bedingungen für sich entspricht, ein größeres, als daß es als Summe der Einzelwirkungen erklärt werden könnte; ja es kann selbst durch ein Zusammentreffen dieser Art ein positives Lustergebnis erzielt, die Schwelle der Lust überstiegen werden, wo die einzelnen Faktoren zu schwach dazu sind; nur daß sie vergleichungsweise mit anderen einen Vorteil der Wohlgefälligkeit spürbar werden lassen müssen."*[43] Ich meine, das Thema des Witzes gibt uns nicht viel Gelegenheit, die Richtigkeit dieses Prinzips, das sich an vielen anderen künstlerischen Bildungen erweisen läßt, zu bestätigen. Am Witz haben wir etwas anderes gelernt, was wenigstens in die Nähe dieses Prinzips gehört, daß wir beim Zusammenwirken mehrerer lusterzeugender Faktoren nicht imstande sind, jedem derselben den ihm am Ergebnis wirklich zukommenden Anteil zuzuweisen (siehe S. 100). Man kann aber die in dem Prinzip der Hilfe angenommene Situation variieren und für diese neuen Bedingungen eine Reihe von Fragestellungen erzielen, die der Beantwortung würdig wären. Was geschieht allgemein, wenn in einer Konstellation Lustbedingungen mit Unlustbedingungen zusam-

[43] S. 51 der zweiten Auflage, Leipzig 1897. – Die Hervorhebung ist die Fechners.

mentreffen? Wovon hängt dann das Ergebnis und das Vorzeichen desselben ab? Der Fall des tendenziösen Witzes ist ein spezieller unter diesen Möglichkeiten. Es ist eine Regung oder Strebung vorhanden, welche Lust aus einer bestimmten Quelle entbinden wollte und bei ungehindertem Gewähren auch entbinden würde, außerdem besteht eine andere Strebung, welche dieser Lustentwicklung entgegenwirkt, sie also hemmt oder unterdrückt. Die unterdrückende Strömung muß, wie der Erfolg zeigt, um ein Gewisses stärker sein als die unterdrückte, die darum doch nicht aufgehoben ist.

Nun trete eine zweite Strebung hinzu, die aus dem nämlichen Vorgang Lust entbinden würde, wenn auch von anderen Quellen her, die also der unterdrückten gleichsinnig wirkt. Welches kann in solchem Falle der Erfolg sein? Ein Beispiel wird uns besser orientieren, als diese Schematisierung es könnte. Es bestehe die Strebung, eine gewisse Person zu beschimpfen; dieser stehe aber das Anstandsgefühl, die ästhetische Kultur, so sehr im Wege, daß das Schimpfen unterbleiben muß; könnte es z. B. infolge einer veränderten Affektlage oder Stimmung durchbrechen, so würde dieser Durchbruch der schimpfenden Tendenz nachträglich mit Unlust empfunden werden. Das Schimpfen unterbleibt also. Es biete sich aber die Möglichkeit, aus dem Material der zur Beschimpfung dienenden Worte und Gedanken einen guten Witz zu ziehen, also Lust aus anderen Quellen zu entbinden, denen die nämliche Unterdrückung nicht im Wege steht. Doch müßte diese zweite Lustentwicklung unterbleiben, wenn nicht das Schimpfen zugelassen würde; sowie letzteres aber zugelassen wird, ist mit ihm noch die neue Lustentbindung verbunden. Die Erfahrung am tendenziösen Witze zeigt, daß unter solchen Umständen die unterdrückte Tendenz durch die Hilfe der Witzeslust die Stärke bekommen kann, die sonst stärkere Hemmung zu überwinden. Es wird geschimpft, weil damit der Witz ermöglicht ist. Aber das erzielte Wohlgefallen ist nicht nur das vom Witz erzeugte; es ist unvergleichlich größer, um so viel größer als die Witzeslust, daß wir annehmen müssen, es sei der vorhin unterdrückten Tendenz gelungen, sich etwa ganz ohne Abzug durchzusetzen. Unter diesen Verhältnissen wird beim tendenziösen Witz am ausgiebigsten gelacht.

Vielleicht werden wir durch die Untersuchung der Bedingungen des Lachens dazu kommen, uns eine anschaulichere Vorstellung von dem Vorgang der Hilfe des Witzes gegen die Unterdrückung zu bilden. Wir sehen aber auch jetzt, daß der Fall des tendenziösen Witzes ein Spezialfall des Prinzips der Hilfe ist. Eine Möglichkeit der Lustentwicklung tritt zu einer Situation hinzu, in welcher eine andere Lustmöglichkeit verhindert ist, so daß diese für sich allein keine Lust ergeben würde; das Ergebnis ist eine Lustentwicklung, die weit größer ist als die der hinzugetretenen Möglichkeit. Letztere hat gleichsam als *Verlockungsprä-*

mie gewirkt; mit Hilfe eines dargebotenen kleinen Betrages von Lust ist ein sehr großer, sonst schwer zu erreichender gewonnen worden. Ich habe guten Grund zu vermuten, daß dieses Prinzip einer Einrichtung entspricht, die sich auf vielen, fern voneinander gelegenen Gebieten des Seelenlebens bewährt, und halte es für zweckmäßig, die zur Auslösung der großen Lustentbindung dienende Lust als *Vorlust* und das Prinzip als *Vorlustprinzip* zu bezeichnen.

Wir können nun die Formel für die Wirkungsweise des tendenziösen Witzes aussprechen: Er stellt sich in den Dienst von Tendenzen, um vermittels der Witzeslust als Vorlust durch die Aufhebung von Unterdrückungen und Verdrängungen neue Lust zu erzeugen. Wenn wir nun seine Entwicklung überschauen, dürfen wir sagen, daß der Witz seinem Wesen von Anfang an bis zu seiner Vollendung treu geblieben ist. Er beginnt als ein Spiel, um Lust aus der freien Verwendung von Worten und Gedanken zu ziehen. Sowie das Erstarken der Vernunft ihm dieses Spiel mit Worten als sinnlos und mit Gedanken als unsinnig verwehrt, wandelt er sich zum Scherz, um diese Lustquellen festhalten und aus der Befreiung des Unsinns neue Lust gewinnen zu können. Als eigentlicher, noch tendenzloser, Witz leiht er dann Gedanken seine Hilfe und stärkt sie gegen die Anfechtung des kritischen Urteils, wobei ihm das Prinzip der Verwechslung der Lustquellen dienlich ist, und endlich tritt er großen, mit der Unterdrückung kämpfenden Tendenzen bei, um nach dem Prinzip der Vorlust innere Hemmungen aufzuheben. Die Vernunft – das kritische Urteil – die Unterdrückung, dies sind die Mächte, die er der Reihe nach bekämpft; die ursprünglichen Wortlustquellen hält er fest und eröffnet sich von der Stufe des Scherzes an neue Lustquellen durch die Aufhebung von Hemmungen. Die Lust, die er erzeugt, sei es nun Spiellust oder Aufhebungslust, können wir alle Male von Ersparung an psychischem Aufwand ableiten, falls solche Auffassung nicht dem Wesen der Lust widerspricht und sich noch anderweitig fruchtbar erweist.[44]

[44] Eine kurze nachträgliche Berücksichtigung verdienen noch die Unsinnswitze, die in der Darstellung nicht zu ihrem vollen Recht gelangt sind.

Bei der Bedeutung, die unsere Auffassung dem Moment „Sinn im Unsinn“ zugesteht, könnte man versucht sein zu fordern, daß jeder Witz ein Unsinnswitz sein müßte. Dies ist aber nicht notwendig, weil nur das Spiel mit Gedanken unvermeidlich zum Unsinn führt, die andere Quelle der Witzeslust, das Spiel mit Worten, diesen Eindruck nur gelegentlich macht und die mit ihm verbundene Kritik nicht regelmäßig aufruft. Die zweifache Wurzel der Witzeslust – aus dem Spiel mit Worten und aus dem Spiel mit Gedanken, die der wichtigsten Einteilung in Wort- und Gedankenwitze entspricht – tritt einer knappen Formulierung allgemeiner Sätze über den Witz als fühlbare Erschwerung entgegen. Das Spielen mit Worten ergibt offenkundige Lust infolge der oben aufgezählten Momente des Erkennens usw. und ist der Unterdrükkung infolgedessen nur in geringem Maße unterlegen. Das Spiel mit Gedanken kann durch solche Lust nicht motiviert werden; es ist einer sehr energischen Unterdrückung verfallen, und

V
Die Motive des Witzes
Der Witz als sozialer Vorgang

Von Motiven des Witzes zu reden, schiene überflüssig, da die Absicht, Lust zu gewinnen, als genügendes Motiv der Witzarbeit anerkannt werden muß. Es ist aber einerseits nicht ausgeschlossen, daß nicht noch andere Motive sich an der Produktion des Witzes beteiligen, und anderseits muß mit Hinblick auf gewisse bekannte Erfahrungen das Thema der subjektiven Bedingtheit des Witzes überhaupt aufgestellt werden.

Zwei Tatsachen fordern vor allem dazu auf. Obwohl die Witzarbeit ein vortrefflicher Weg ist, um aus den psychischen Vorgängen Lust zu gewinnen, so sieht man doch, daß nicht alle Menschen in gleicher Weise fähig sind, sich dieses Mittels zu bedienen. Die Witzarbeit steht nicht allen zu Gebote, und in ausgiebigem Maße überhaupt nur wenigen Personen, von denen man in auszeichnender Weise aussagt, sie haben Witz. „Witz" erscheint hier als eine besondere

---

die Lust, die es liefern kann, ist nur die Lust der aufgehobenen Hemmung; die Witzeslust, kann man demnach sagen, zeige einen Kern von ursprünglicher Spiellust und eine Hülle von Aufhebungslust. – Wir nehmen es natürlich nicht wahr, daß die Lust beim Unsinnswitz daher rührt, daß es uns gelungen ist, einen Unsinn der Unterdrückung zum Trotz frei zu machen, während wir ohne weiteres merken, daß ein Spielen mit Worten uns Lust bereitet hat. – Der Unsinn, der im Gedankenwitz stehengeblieben ist, erwirbt sekundär die Funktion, unsere Aufmerksamkeit durch Verblüffung zu spannen, er dient als Verstärkungsmittel für die Wirkung des Witzes, aber nur dann, wenn er aufdringlich ist, so daß die Verblüffung dem Verständnis um ein deutliches Zeitteilchen voraneilen kann. Daß der Unsinn im Witze überdies zur Darstellung eines im Gedanken enthaltenen Urteils verwendet werden kann, ist an den Beispielen S. 71 u. f. gezeigt worden. Auch dies ist aber nicht die primäre Bedeutung des Unsinns im Witze.

An die Unsinnswitze kann man eine Reihe von witzähnlichen Produktionen anschließen, für die es an einem passenden Namen fehlt, die aber auf die Bezeichnung „witzig scheinender Blödsinn" Anspruch haben könnten. Es gibt deren ungezählt viele; ich will nur zwei als Proben herausheben: Ein Mann greift bei Tische, als ihm der Fisch serviert wird, zweimal mit beiden Händen in die Mayonnaise und streicht sie sich dann durch die Haare. Vom Nachbar erstaunt angesehen, scheint er seinen Irrtum zu bemerken und entschuldigt sich: Pardon, ich glaubte, es wäre Spinat.

Oder: Das Leben ist eine Kettenbrück', sagt der eine. – Wieso? fragt der andere. – Weiß ich? lautet die Antwort.

Diese extremen Beispiele wirken dadurch, daß sie die Erwartung des Witzes erwecken, so daß man hinter dem Unsinn den verborgenen Sinn zu finden sich bemüht. Man findet aber keinen, sie sind wirklich Unsinn. Unter jener Vorspiegelung ist es für einen Augenblick ermöglicht worden, die Lust am Unsinn frei zu machen. Diese Witze sind nicht ganz ohne Tendenz; es sind „Aufsitzer", sie bereiten dem Erzähler eine gewisse Lust, indem sie den Hörer irreführen und ärgern. Letzterer dämpft dann diesen Ärger durch den Vorsatz, selbst zum Erzähler zu werden.

Fähigkeit etwa im Range der alten „Seelenvermögen", und diese erweist sich in ihrem Auftreten als ziemlich unabhängig von den anderen: Intelligenz, Phantasie, Gedächtnis usw. Bei den witzigen Köpfen sind also besondere Anlagen oder psychische Bedingungen vorauszusetzen, welche die Witzarbeit gestatten oder begünstigen.

Ich fürchte, daß wir es in der Ergründung dieses Themas nicht besonders weit bringen werden. Es gelingt uns nur hie und da, von dem Verständnis eines einzelnen Witzes aus zur Kenntnis der subjektiven Bedingungen in der Seele dessen, der den Witz gemacht hat, vorzudringen. Ganz zufällig trifft es sich, daß gerade das Beispiel von Witz, an welchem wir unsere Untersuchungen über die Witztechnik begonnen haben, uns auch einen Einblick in die subjektive Bedingtheit des Witzes gestattet. Ich meine den Witz von *Heine*, der auch bei *Heymans* und *Lipps* Aufmerksamkeit gefunden hat:

„...Ich saß neben Salomon Rothschild, und er behandelte mich ganz wie seinesgleichen, ganz famillionär."(*Bäder von Lucca.*) Dieses Wort hat *Heine* einer komischen Person in den Mund gelegt, dem Hirsch-Hyacinth, Kollekteur, Operateur und Taxator aus Hamburg, Kammerdiener bei dem vornehmen Baron Cristoforo Gumpelino (vormals Gumpel). Der Dichter empfindet offenbar großes Wohlgefallen an diesem seinem Geschöpf, denn er läßt Hirsch-Hyacinth das große Wort führen und ihn die amüsantesten und freimütigsten Äußerungen vorbringen; er leiht ihm geradezu die praktische Weisheit eines Sancho Pansa. Man muß bedauern, daß *Heine*, der dramatischer Gestaltung, wie es scheint, nicht zuneigte, die köstliche Figur so bald wieder fallenließ. An nicht wenigen Stellen will es uns scheinen, als spräche aus Hirsch-Hyacinth der Dichter selbst hinter einer dünnen Maske, und bald erlangen wir die Gewißheit, daß diese Person nur eine Selbstparodie des Dichters ist. Hirsch berichtet über die Gründe, weshalb er seinen früheren Namen abgelegt und sich jetzt Hyacinth heiße. „Dazu habe ich noch den Vorteil", setzt er fort, „daß schon ein H. auf meinem Petschaft steht und ich mir kein neues stechen zu lassen brauche." Dieselbe Ersparnis hatte aber *Heine* selbst, als er bei seiner Taufe seinen Vornamen „Harry" gegen „Heinrich" eintauschte. Nun muß jeder, dem des Dichters Lebensgeschichte bekannt ist, sich erinnern, daß *Heine* in Hamburg, wohin auch die Person des Hirsch-Hyacinth weist, einen Onkel des gleichen Namens besaß, der als der reiche Mann in der Familie die größte Rolle in seinem Leben spielte. Der Onkel hieß auch – Salomon, ganz wie der alte Rothschild, der den armen Hirsch so famillionär aufgenommen. Was im Munde des Hirsch-Hyacinth ein bloßer Scherz schien, zeigt bald einen Hintergrund ernsthafter Bitterkeit, wenn wir es dem Neffen Harry-Heinrich zuschieben. Er gehörte doch zur Familie, ja wir wissen, es war sein heißer Wunsch, eine Tochter dieses Onkels zu heiraten, aber die Cousine wies ihn ab, und der Onkel behandelte ihn immer etwas „famillionär“, als armen Verwandten. Die reichen Vettern in Hamburg nahmen ihn nie als voll; ich erinnere mich der Erzählung einer eigenen alten Tante, die durch Heirat in die Familie *Heine* gekommen war, daß sie eines Tages als schöne junge Frau einen Sitznachbar an der Familientafel fand, der ihr unappetitlich schien und gegen den die anderen sich geringschätzig benahmen. Sie fühlte sich nicht veranlaßt, herablassender gegen ihn zu sein; erst viele Jahre später erkannte sie, daß der nachlässige und vernachlässigte Vetter der Dichter *Heinrich Heine* gewesen war. Wie sehr *Heine* unter dieser Ablehnung seiner reichen Verwandten in seiner Jugendzeit und später gelitten, dürfte aus manchen Zeugnissen bekannt sein. Auf dem Boden solcher subjektiven Ergriffenheit ist dann der Witz „famillionär“ erwachsen.

Auch bei manchen anderen Witzen des großen Spötters könnte man ähnliche subjektive Bedingungen vermuten, aber ich weiß kein Beispiel mehr, an dem man solche in ähnlich überzeugender Weise klarlegen könnte; und es ist darum mißlich, über die Natur dieser persönlichen Bedingungen etwas Genaueres aussagen zu wollen; auch wird man ja von vornherein nicht geneigt sein, für jeden Witz ähnlich komplizierte Entstehungsbedingungen in Anspruch zu nehmen. An den witzigen Produktionen anderer berühmter Männer wird uns die gesuchte Einsicht eben nicht leichter zugänglich; man bekommt etwa den Eindruck, daß die subjektiven Bedingungen der Witzarbeit denen der neurotischen Erkrankung oft nicht fernliegen, wenn man z. B. über *Lichtenberg* erfährt, daß er ein schwer hypochondrischer, mit allerlei Sonderbarkeiten behafteter Mensch war. Die größte Mehrzahl der Witze, besonders der immer neu bei den Anlässen des Tages produzierten, ist anonym in Umlauf; man könnte neugierig fragen, was für Leute es sind, auf die solche Produktion sich zurückführt. Hat man als Arzt die Gelegenheit, eine der Personen kennenzulernen, die, obwohl sonst nicht hervorragend, doch in ihrem Kreise als Witzbolde und Urheber vieler gangbarer Witze bekannt sind, so kann man von der Entdeckung überrascht werden, daß dieser witzige Kopf eine zwiespältige und zu nervösen Erkrankungen disponierte Persönlichkeit ist. Die Unzulänglichkeit der Dokumente wird uns aber sicherlich abhalten, eine solche psychoneurotische Konstitution als regelmäßige oder notwendige subjektive Bedingung der Witzbildung aufzustellen.

Einen durchsichtigeren Fall ergeben wiederum die Judenwitze, die, wie schon erwähnt, durchweg von Juden selbst gemacht worden sind, während die Judengeschichten anderer Herkunft sich fast nie über das Niveau des komischen Schwankes oder der brutalen Verhöhnung erheben (S. 114). Die Bedingung der Selbstbeteiligung scheint sich hier wie bei *Heines* Witz „famillionär“ herauszustellen und deren Bedeutung darin zu liegen, daß der Person die Kritik oder

Aggression direkt erschwert und nur auf Umwegen ermöglicht wird.

Andere subjektive Bedingungen oder Begünstigungen der Witzarbeit sind weniger in Dunkel gehüllt. Die Triebfeder der Produktion harmloser Witze ist nicht selten der ehrgeizige Drang, seinen Geist zu zeigen, sich darzustellen, ein der Exhibition auf sexuellem Gebiete gleichzusetzender Trieb. Das Vorhandensein zahlreicher gehemmter Triebe, deren Unterdrückung einen gewissen Grad von Labilität bewahrt hat, wird für die Produktion des tendenziösen Witzes die günstigste Disposition ergeben. So können insbesondere einzelne Komponenten der sexuellen Konstitution eines Menschen als Motive der Witzbildung auftreten. Eine ganze Reihe von obszönen Witzen läßt den Schluß auf eine versteckte Exhibitionsneigung ihrer Urheber zu; die tendenziösen Witze der Aggression gelingen denen am besten, in deren Sexualität eine mächtige sadistische Komponente, im Leben mehr oder weniger gehemmt, nachweisbar ist.

Die zweite Tatsache, die zur Untersuchung der subjektiven Bedingtheit des Witzes auffordert, ist die allgemein bekannte Erfahrung, daß niemand sich begnügen kann, einen Witz für sich allein gemacht zu haben. Mit der Witzarbeit ist der Drang zur Mitteilung des Witzes unabtrennbar verbunden; ja dieser Drang ist so stark, daß er sich oft genug mit Hinwegsetzung über wichtige Bedenken verwirklicht. Auch beim Komischen gewährt die Mitteilung an eine andere Person Genuß; aber sie ist nicht gebieterisch, man kann das Komische, wo man darauf stößt, allein genießen. Den Witz hingegen ist man mitzuteilen genötigt; der psychische Vorgang der Witzbildung scheint mit dem Einfallen des Witzes nicht abgeschlossen, es bleibt etwas übrig, das durch die Mitteilung des Einfalls den unbekannten Vorgang der Witzbildung zum Abschlusse bringen will.

Wir können zunächst nicht erraten, wodurch der Trieb zur Mitteilung des Witzes begründet sein mag. Aber wir bemerken am Witz eine andere Eigentümlichkeit, die ihn wiederum vom Komischen unterscheidet. Wenn mir das Komische begegnet, so kann ich selbst herzlich darüber lachen; es freut mich allerdings auch, wenn ich durch die Mitteilung desselben einen anderen zum Lachen bringe.

Über den Witz, der mir eingefallen ist, den ich gemacht habe, kann ich nicht selbst lachen, trotz des unverkennbaren Wohlgefallens, das ich am Witz empfinde. Es ist möglich, daß mein Bedürfnis nach Mitteilung des Witzes an einen anderen mit diesem mir selbst versagten, beim anderen aber manifesten Lacheffekt des Witzes irgendwie zusammenhängt.

Warum lache ich nun nicht über meinen eigenen Witz? Und welches ist dabei die Rolle des anderen?

Wenden wir uns zuerst der letzteren Frage zu. Beim Komischen kommen im allgemeinen zwei Personen in Betracht, außer meinem Ich die Person, an der ich das Komische finde; wenn mir Gegenstände komisch erscheinen, geschieht dies durch eine in unserem Vorstellungsleben nicht seltene Art von Personifizierung. Mit diesen beiden Personen, dem Ich und der Objektperson, begnügt sich der komische Vorgang; eine dritte Person kann hinzukommen, wird aber nicht erfordert. Der Witz als ein Spiel mit den eigenen Worten und Gedanken entbehrt zunächst einer Objektperson, aber schon auf der Vorstufe des Scherzes verlangt er, wenn es ihm gelungen ist, Spiel und Unsinn gegen die Einrede der Vernunft sicherzustellen, nach einer anderen Person, welcher er sein Ergebnis mitteilen kann. Diese zweite Person beim Witze entspricht aber nicht der Objektperson, sondern der dritten Person, dem anderen bei der Komik. Es scheint, daß beim Scherz der anderen Person die Entscheidung übertragen wird, ob die Witzarbeit ihre Aufgabe erfüllt hat, als ob das Ich sich seines Urteils darüber nicht sicher wüßte. Auch der harmlose, den Gedanken verstärkende Witz bedarf des anderen, um zu erproben, ob er seine Absicht erreicht hat. Begibt sich der Witz in den Dienst entblößender oder feindseliger Tendenzen, so kann er als psychischer Vorgang zwischen drei Personen beschrieben werden, welche die nämlichen sind wie bei der Komik, aber die Rolle der dritten Person ist eine andere dabei; der psychische Vorgang des Witzes vollendet sich zwischen der ersten, dem Ich, und der dritten, der fremden Person, nicht wie beim Komischen zwischen dem Ich und der Objektperson.

Auch bei der dritten Person des Witzes stößt der Witz auf subjektive Bedingungen, die das Ziel der Lusterregung unerreichbar machen können. Wie *Shakespeare* mahnt

(*Love's Labour's lost*, V,2):

> „A jest's prosperity lies in the ear
> of him that hears it, never in the tongue
> of him that makes it ...“

Wen eine an ernste Gedanken geknüpfte Stimmung beherrscht, der ist ungeeignet, dem Scherz zu bestätigen, daß es ihm geglückt ist, die Wortlust zu retten. Er muß selbst in heiterer oder wenigstens in indifferenter Stimmungslage sein, um für den Scherz die dritte Person abzugeben. Dasselbe Hindernis setzt sich für den harmlosen und für den tendenziösen Witz fort; bei letzterem tritt aber als neues Hindernis der Gegensatz zur Tendenz auf, welcher der Witz dienen will. Die Bereitschaft, über einen ausgezeichneten obszönen Witz zu lachen, kann sich nicht einstellen, wenn die Entblößung eine hochgehaltene Angehörige der dritten Person betrifft; in einer Versammlung von Pfarrern und Pastoren dürfte niemand wagen, die *Heineschen* Vergleiche katholischer und protestantischer Pfaffen mit Kleinhändlern und Angestellten einer Großhandlung vorzubringen, und vor einem Parterre von ergebenen Freunden meines Gegners würden die witzigsten Invektiven, die ich gegen ihn vorbringen kann, nicht als Witze, sondern als Invektiven zur Geltung kommen, Entrüstung und nicht Lust bei den Hörern erzeugen. Ein Grad von Geneigtheit oder eine gewisse Indifferenz, die Abwesenheit aller Momente, welche starke, der Tendenz gegnerische Gefühle hervorrufen können, ist unerläßliche Bedingung, wenn die dritte Person zur Vollendung des Witzvorganges mitwirken soll. Wo solche Hindernisse für die Wirkung des Witzes entfallen, da tritt das Phänomen auf, dem nun unsere Untersuchung gilt, daß die Lust, welche der Witz bereitet hat, sich an der dritten Person deutlicher erweist als an dem Urheber des Witzes. Wir müssen uns begnügen zu sagen: deutlicher, wo wir geneigt wären zu fragen, ob die Lust des Hörers nicht intensiver ist als die des Witzbildners, weil uns, wie begreiflich, die Mittel zur Abmessung und Vergleichung fehlen. Wir sehen aber, daß der Hörer seine Lust durch explosives Lachen bezeugt, nachdem die erste Person den Witz meist mit ernsthaft gespannter Miene vorgebracht hat. Wenn ich einen Witz weitererzähle, den ich selbst gehört habe, muß ich, um seine Wirkung nicht zu verderben, mich bei der Erzählung genauso benehmen wie jener, der ihn gemacht hat. Es ist nun die Frage, ob wir aus dieser Bedingtheit des Lachens über den Witz Rückschlüsse auf den psychischen Vorgang bei der Witzbildung ziehen können.

Es kann nun nicht unsere Absicht sein, hier alles in Betracht zu ziehen, was über die Natur des Lachens behauptet und veröffentlicht worden ist. Von solchem Vorhaben mag uns der Satz abschrecken, den *Dugas*, ein Schüler *Ribots*, an die Spitze seines Buches *Psychologie du rire* (1902) gestellt hat. „*Il n'est pas de fait plus banal et plus étudié que le rire; il n'en est pas qui ait eu le don d'exciter davantage la curiosité du vulgaire et celle des philosophes, il n'en est pas sur lequel on ait recueilli plus d'observations et bâti plus de théories, et avec cela il n'en est pas qui demeure plus inexpliqué. On serait tenté de dire avec les sceptiques qu'il faut être content de rire et de ne pas chercher à savoir pourquoi on rit, d'autant que peut-être la réflexion tue le rire, et qu'il serait alors contradictoire qu'elle en découvrît les causes*“ (S. 1).

Hingegen werden wir es uns nicht entgehen lassen, eine Ansicht über den Mechanismus des Lachens für unsere Zwecke zu verwerten, die sich in unseren eigenen Gedankenkreis vortrefflich einfügt. Ich meine den Erklärungsversuch von *H. Spencer* in seinem Aufsatze *Physiology of Laughter.*[45]

Nach *Spencer* ist das Lachen ein Phänomen der Abfuhr seelischer Erregung und ein Beweis dafür, daß die psychische Verwendung dieser Erregung plötz-

---

[45] H. Spencer, *The physiology of laughter* (first published in *Macmillans Magazine for March* 1860), *Essays* II. Bd., 1901.

lich auf ein Hindernis gestoßen ist. Die psychologische Situation, die in Lachen ausläuft, schildert er in den folgenden Worten: „*Laughter naturally results only when consciousness is unawares transferred from great things to small – only when there is what we may call a descending incongruity.*“[46]

In ganz ähnlichem Sinne bezeichnen französische Autoren (*Dugas*) das Lachen als eine „*détente*“, eine Erscheinung der Entspannung, und auch die Formel *A. Bains* : „*Laughter a release from constraint*“ scheint mir von der Auffassung *Spencers* weit weniger abzustehen, als manche Autoren uns glauben machen wollen.

Wir empfinden allerdings das Bedürfnis, den Gedanken *Spencers* zu modifizieren und die in ihm enthaltenen Vorstellungen zum Teil bestimmter zu fassen, zum Teil abzuändern. Wir würden sagen, das Lachen entstehe, wenn ein früher zur Besetzung gewisser psychischer Wege verwendeter Betrag von psychischer Energie unverwendbar geworden ist, so daß er freie Abfuhr erfahren kann. Wir sind uns klar darüber, welchen „übeln Schein“ wir bei solcher Aufstellung auf uns laden, aber wir wagen es, aus der Schrift von *Lipps* über *Komik und Humor*, aus welcher Aufklärung über mehr als nur über Komik und Humor zu holen ist, zu unserer Deckung den trefflichen Satz zu zitieren: „Schließlich führen psychologische Einzelprobleme immer ziemlich tief in die Psychologie hinein, so daß im Grunde kein psychologisches Problem isoliert sich behandeln läßt“ (S. 71). Die Begriffe „psychische Energie“, „Abfuhr“ und die Behandlung der psychischen Energie als einer Quantität sind mir zur Denkgewohnheit geworden, seitdem ich begonnen habe, mir die Tatsachen der Psychopathologie philosophisch zurechtzulegen, und bereits in meiner *Traumdeutung* (1900) habe ich gleichsinnig mit *Lipps* die an sich unbewußten psychischen Vorgänge, und nicht die Bewußtseinsinhalte als das „eigentlich psychisch Wirkungsfähige“ hinzustellen versucht.[47] Nur wenn

[46] Verschiedene Punkte dieser Bestimmung würden bei einer Untersuchung über die komische Lust eine eingehende Prüfung verlangen, die bereits von anderen Autoren vorgenommen worden ist und jedenfalls nicht auf unserem Wege liegt. – In der Erklärung, warum die Abfuhr gerade jene Wege findet, deren Erregung das somatische Bild des Lachens ergibt, scheint mir Spencer nicht glücklich gewesen zu sein. Zu dem vor und seit Darwin ausführlich behandelten, aber immer noch nicht endgültig erledigten Thema der physiologischen Aufklärung des Lachens, also der Ableitung oder Deutung der für das Lachen charakteristischen Muskelaktionen, möchte ich einen einzigen Beitrag liefern. Meines Wissens tritt die für das Lächeln bezeichnende Grimasse der Mundwinkelverziehung zuerst beim befriedigten und übersättigten Säugling auf, wenn er eingeschläfert die Brust fahren läßt. Sie ist dort eine richtige Ausdrucksbewegung, da sie dem Entschluß, keine Nahrung mehr aufzunehmen, entspricht, gleichsam ein „Genug“ oder vielmehr „Übergenug“ darstellt. Dieser ursprüngliche Sinn der lustvollen Übersättigung mag dem Lächeln, welches ja das Grundphänomen des Lachens bleibt, die spätere Beziehung zu den lustvollen Abfuhrvorgängen verschafft haben.

[47] Vgl. die Abschnitte in dem zitierten Buch von *Lipps,* Kap. VIII. *Über die psychische Kraft* usf. (Dazu *Traumdeutung*, VII) – „Es gilt also der allgemeine Satz: Die Faktoren des psychischen

ich von der „Besetzung psychischer Wege" rede, scheine ich mich von den bei *Lipps* gebräuchlichen Gleichnissen zu entfernen. Die Erfahrungen über die Verschiebbarkeit der psychischen Energie längs gewisser Assoziationsbahnen und über die fast unverwüstliche Erhaltung der Spuren psychischer Vorgänge haben es mir in der Tat nahegelegt, eine solche Verbildlichung für das Unbekannte zu versuchen. Um dem Mißverständnis auszuweichen, muß ich hinzufügen, daß ich keinen Versuch mache, Zellen und Fasern oder die heute ihre Stelle einnehmenden Neuronsysteme als diese psychischen Wege zu proklamieren, wenngleich solche Wege in noch nicht angebbarer Weise durch organische Elemente des Nervensystems darstellbar sein müßten. Beim Lachen sind also nach unserer Annahme die Bedingungen dafür gegeben, daß eine bisher zur Besetzung verwendete Summe psychischer Energie der freien Abfuhr unterliege, und da zwar nicht jedes Lachen, aber doch gewiß das Lachen über den Witz ein Anzeichen von Lust ist, werden wir geneigt sein, diese Lust auf die Aufhebung der bisherigen Besetzung zu beziehen. Wenn wir sehen, daß der Hörer des Witzes lacht, der Schöpfer desselben nicht lachen kann, darf uns dies soviel besagen, als daß beim Hörer ein Besetzungsaufwand aufgehoben und abgeführt wird, während sich bei der Witzbildung entweder in der Aufhebung oder in der Abfuhrmöglichkeit Hemmnisse ergeben. Den psychischen Vorgang beim Hörer, bei der dritten Person des Witzes, kann man kaum treffender charakterisieren, als wenn man hervorhebt, daß er die Lust des Witzes mit sehr geringem eigenem Aufwand erkauft. Sie wird ihm sozusagen geschenkt. Die Worte des Witzes, die er hört, lassen in ihm notwendig jene Vorstellung oder Gedankenverbindung entstehen, deren Bildung auch bei ihm so große innere Hindernisse entgegenstanden. Er hätte eigene Bemühung anwenden müssen, um sie spontan als erste Person zustande zu bringen, mindestens so viel psychischen Aufwand daransetzen müssen, als der Stärke der Hemmung, Unterdrückung oder Verdrängung derselben entspricht. Diesen psychischen Aufwand hat er sich erspart; nach unseren früheren Erörterungen würden wir sagen, seine Lust entspreche dieser Ersparung. Nach unserer Einsicht in den Mechanismus des Lachens werden wir vielmehr sagen, die zur Hemmung verwendete Besetzungsenergie sei nun durch die Herstellung der verpönten Vorstellung auf dem Wege der Gehörswahrneh-

Lebens sind nicht die Bewußtseinsinhalte, sondern die an sich unbewußten psychischen Vorgänge. Die Aufgabe der Psychologie, falls sie nicht bloß Bewußtseinsinhalte beschreiben will, muß dann darin bestehen, aus der Beschaffenheit der Bewußtseinsinhalte und ihres zeitlichen Zusammenhanges die Natur dieser unbewußten Vorgänge zu erschließen. Die Psychologie muß sein eine Theorie dieser Vorgänge. Eine solche Psychologie wird aber sehr bald finden, daß es gar mancherlei Eigenschaften dieser Vorgänge gibt, die in den entsprechenden Bewußtseinsinhalten nicht repräsentiert sind."(*Lipps*, l. c. S. 123.)

mung plötzlich überflüssig geworden, aufgehoben und darum zur Abfuhr durch das Lachen bereit. Im wesentlichen laufen beide Darstellungen auf das gleiche hinaus, denn der ersparte Aufwand entspricht genau der überflüssig gewordenen Hemmung. Anschaulicher ist aber die letztere Darstellung, denn sie gestattet uns zu sagen, der Hörer des Witzes lache mit dem Betrag von psychischer Energie, der durch die Aufhebung der Hemmungsbesetzung frei geworden ist; er lache diesen Betrag gleichsam ab.

Wenn die Person, bei der der Witz sich bildet, nicht lachen kann, so deute dies, sagten wir eben, auf eine Abweichung vom Vorgang bei der dritten Person, der entweder die Aufhebung der Hemmungsbesetzung oder die Abfuhrmöglichkeit derselben betrifft. Aber der erstere der beiden Fälle ist unzutreffend, wie wir sofort einsehen müssen. Die Hemmungsbesetzung muß auch bei der ersten Person aufgehoben worden sein, sonst wäre kein Witz geworden, dessen Bildung ja einen solchen Widerstand zu überwinden hatte. Auch wäre es unmöglich, daß die erste Person die Witzeslust empfände, die wir ja von der Aufhebung der Hemmung ableiten mußten. Es erübrigt also nur der andere Fall, daß die erste Person nicht lachen kann, obwohl sie Lust empfindet, weil die Abfuhrmöglichkeit gestört ist. Eine solche Störung in der Ermöglichung der Abfuhr, welche fürs Lachen Bedingung ist, kann sich daraus ergeben, daß die frei gewordene Besetzungsenergie sofort einer anderen endopsychischen Verwendung zugeführt wird. Es ist gut, daß wir auf diese Möglichkeit aufmerksam geworden sind; wir werden ihr alsbald weiteres Interesse zuwenden. Bei der ersten Person des Witzes kann aber eine andere Bedingung, die zum gleichen Ergebnis führt, verwirklicht sein. Es ist vielleicht überhaupt kein äußerungsfähiger Betrag von Energie frei geworden, trotz der erfolgten Aufhebung der Hemmungsbesetzung. Bei der ersten Person des Witzes geht ja die Witzarbeit vor sich, die einem gewissen Betrag von neuem psychischen Aufwand entsprechen muß. Die erste Person bringt also die Kraft selbst auf, welche die Hemmung aufhebt; daraus resultiert für sie sicherlich ein Lustgewinn, im Falle des tendenziösen Witzes sogar ein sehr erheblicher, da die durch die Witzarbeit gewonnene Vorlust selbst die weitere Hemmungsaufhebung übernimmt, aber der Aufwand der Witzarbeit zieht sich in jedem Falle von dem Gewinn bei der Aufhebung der Hemmung ab, der nämliche Aufwand, welcher beim Hörer des Witzes entfällt. Zur Unterstützung des Obenstehenden kann man noch anführen, daß der Witz auch bei der dritten Person seinen Lacheffekt einbüßt, sobald derselben ein Aufwand von Denkarbeit zugemutet wird. Die Anspielungen des Witzes müssen augenfällige sein, die Auslassungen sich leicht ergänzen; mit der Erweckung des bewußten Denkinteresses ist in der Regel die Wirkung des Witzes unmöglich gemacht. Hierin liegt ein wichtiger Unterschied von Witz und Rätsel. Vielleicht, daß die psychische Konstellation während der Witzarbeit der freien Abfuhr des Gewonnenen überhaupt nicht günstig ist. Wir sind hier wohl nicht in der Lage, tiefere Einsicht zu gewinnen; wir haben den einen Teil unseres Problems, warum die dritte Person lacht, besser aufklären können als dessen anderen Teil, warum die erste Person nicht lacht.

Immerhin sind wir nun, wenn wir diese Anschauungen über die Bedingungen des Lachens und über den psychischen Vorgang bei der dritten Person festhalten, in die Lage versetzt, uns eine ganze Reihe von Eigentümlichkeiten, die vom Witze bekannt, aber nicht verstanden worden sind, befriedigend aufzuklären. Wenn bei der dritten Person ein der Abfuhr fähiger Betrag von Besetzungsenergie freigemacht werden soll, so sind mehrere Bedingungen zu erfüllen oder als Begünstigungen erwünscht. 1) Es muß gesichert sein, daß die dritte Person diesen Besetzungsaufwand wirklich macht. 2) Es muß verhütet werden, daß derselbe, wenn frei geworden, eine andere psychische Verwendung finde, anstatt sich zur motorischen Abfuhr zu bieten. 3) Es kann nur von Vorteil sein, wenn die freizumachende Besetzung bei der dritten Person zuvor noch verstärkt, in die Höhe getrieben wird. Allen diesen Absichten dienen gewisse Mittel der Witzarbeit, die wir etwa als sekundäre oder Hilfstechniken zusammenfassen können.

Die erste dieser Bedingungen legt eine der Eignungen der dritten Person als Hörer des Witzes fest. Sie muß durchaus so viel psychische Übereinstimmung mit der ersten Person besitzen, daß sie über die nämlichen inneren Hemmungen verfügt, welche die Witzarbeit bei der ersten überwunden hat. Wer auf Zoten eingestellt ist, der wird von geistreichen entblößenden Witzen keine Lust ableiten können; die Aggressionen des Herrn N. werden bei Ungebildeten, die gewohnt sind, ihrer Schimpflust freien Lauf zu lassen, kein Verständnis finden. Jeder Witz verlangt so sein eigenes Publikum, und über die gleichen Witze zu lachen ist ein Beweis weitgehender psychischer Übereinstimmung. Wir sind hier übrigens an einem Punkte angelangt, der uns gestattet, den Vorgang bei der dritten Person noch genauer zu erraten. Dieselbe muß die nämliche Hemmung, welche der Witz bei der ersten Person überwunden hat, gewohnheitsmäßig in sich herstellen können, so daß in ihr, sobald sie den Witz hört, die Bereitschaft zu dieser Hemmung zwangsartig oder automatisch erwacht. Diese Hemmungsbereitschaft, die ich als einen wirklichen Aufwand analog einer Mobilmachung im Armeewesen fassen muß, wird gleichzeitig als überflüssig oder als verspätet erkannt und somit *in statu nascendi* durch Lachen abgeführt.[48] Die zweite Bedingung für die Herstel-

[48] Der Gesichtspunkt des *status nascendi* ist von Heymans (Zeitschrift für Psychol., XI) in etwas anderem Zusammenhange geltend gemacht worden.

lung der freien Abfuhr, daß eine andersartige Verwendung der frei gewordenen Energie hintangehalten werde, erscheint als die weitaus wichtigere. Sie gibt die theoretische Aufklärung für die Unsicherheit der Witzwirkung, wenn bei dem Hörer durch den im Witze ausgedrückten Gedanken stark erregende Vorstellungen wachgerufen werden, wobei es dann von der Übereinstimmung oder dem Widerspruch zwischen den Tendenzen des Witzes und der den Hörer beherrschenden Gedankenreihe abhängt, ob dem Witzvorgang die Aufmerksamkeit belassen oder entzogen wird. Von noch größerem theoretischen Interesse sind aber eine Reihe von Hilfstechniken des Witzes, welche offenbar der Absicht dienen, die Aufmerksamkeit des Hörers überhaupt vom Witzvorgang abzuziehen, den letzteren automatisch verlaufen zu lassen. Ich sage absichtlich: automatisch und nicht: unbewußt, weil letztere Bezeichnung irreführend wäre. Es handelt sich hier nur darum, die Mehrbesetzung der Aufmerksamkeit von dem psychischen Vorgang beim Anhören des Witzes fernzuhalten, und die Brauchbarkeit dieser Hilfstechniken läßt uns mit Recht vermuten, daß gerade die Aufmerksamkeitsbesetzung an der Überwachung und Neuverwendung von frei gewordener Besetzungsenergie einen großen Anteil hat.

Es scheint überhaupt nicht leicht zu sein, die endopsychische Verwendung entbehrlich gewordener Besetzungen zu vermeiden, denn wir sind ja bei unseren Denkvorgängen beständig in der Übung, solche Besetzungen von einem Weg auf den anderen zu verschieben, ohne von deren Energie etwas durch Abfuhr zu verlieren. Der Witz bedient sich hiezu folgender Mittel. Erstens strebt er einen möglichst kurzen Ausdruck an, um der Aufmerksamkeit weniger Angriffspunkte zu bieten. Zweitens hält er die Bedingung der leichten Verständlichkeit ein (vgl. oben); sowie er Denkarbeit in Anspruch nehmen, eine Auswahl unter verschiedenen Gedankenwegen erfordern würde, müßte er die Wirkung nicht nur durch den unvermeidlichen Denkaufwand, sondern auch durch die Erwekkung der Aufmerksamkeit gefährden. Außerdem aber bedient er sich des Kunstgriffs, die Aufmerksamkeit abzulenken, indem er ihr im Ausdruck des Witzes etwas darbietet, was sie fesselt, so daß sich unterdes die Befreiung der Hemmungsbesetzung und deren Abfuhr ungestört durch sie vollziehen kann. Bereits die Auslassungen im Wortlaut des Witzes erfüllen diese Absicht; sie regen zur Ausfüllung der Lücken an und bringen es auf diese Weise zustande, den Witzvorgang von der Aufmerksamkeit zu befreien. Hier wird gleichsam die Technik des Rätsels, welches die Aufmerksamkeit anzieht, in den Dienst der Witzarbeit gestellt. Noch viel wirksamer sind die Fassadenbildungen, die wir zumal bei manchen Gruppen von tendenziösen Witzen gefunden haben. Die syllogistischen Fassaden erfüllen den Zweck, die Aufmerksamkeit durch eine ihr gestellte Aufgabe festzuhalten, in ausgezeichneter Weise. Während wir nachzudenken beginnen, worin wohl diese Antwort gefehlt haben mag, lachen wir bereits; unsere Aufmerksamkeit ist überrumpelt worden, die Abfuhr der frei gewordenen Hemmungsbesetzung ist vollzogen. Das nämliche gilt für die Witze mit komischer Fassade, bei denen die Komik der Witztechnik Hilfsdienste leistet. Eine komische Fassade fördert die Wirkung des Witzes auf mehr als eine Weise, sie ermöglicht nicht nur den Automatismus des Witzvorganges durch die Fesselung der Aufmerksamkeit, sondern erleichtert auch die Abfuhr vom Witz her, indem sie eine Abfuhr vom Komischen her vorausschickt. Die Komik wirkt hier ganz wie eine bestechende Vorlust, und so mögen wir es verstehen, daß manche Witze auf die durch die sonstigen Mittel des Witzes hergestellte Vorlust ganz zu verzichten vermögen und sich nur des Komischen als Vorlust bedienen. Unter den eigentlichen Techniken des Witzes sind es insbesondere die Verschiebung und die Darstellung durch Absurdes, welche außer ihrer sonstigen Eignung auch die für den automatischen Ablauf des Witzvorganges wünschenswerte Ablenkung der Aufmerksamkeit entfalten.[49]

Wir ahnen bereits und werden es späterhin noch besser einsehen können, daß wir mit der Bedingung der Ablenkung der Aufmerksamkeit keinen unwesentlichen Zug des psychischen Vorganges beim Hörer des Witzes aufgedeckt haben. Im Zusammenhange mit diesem können wir noch anderes verstehen. Erstens, wie es kommt, daß wir beim Witz fast niemals wissen, worüber wir

---

[49] An einem Beispiel von Verschiebungswitz möchte ich noch einen anderen interessanten Charakter der Witztechnik erörtern. Die geniale Schauspielerin *Gallmeyer* soll einmal auf die unerwünschte Frage „Wie alt?" „Im Gretchenton und mit verschämtem Augenniederschlag" geantwortet haben: „In Brünn." Das ist nun das Muster einer Verschiebung; nach dem Alter gefragt, antwortet sie mit der Angabe ihres Geburtsortes, antizipiert also die nächste Frage und gibt zu verstehen: Diese eine Frage möchte ich übergangen wissen. Und doch fühlen wir, daß der Charakter des Witzes hier nicht ungetrübt zum Ausdruck kommt. Das Abspringen von der Frage ist zu klar, die Verschiebung allzu augenfällig. Unsere Aufmerksamkeit versteht sofort, daß es sich um eine beabsichtigte Verschiebung handelt. Bei den anderen Verschiebungswitzen ist die Verschiebung verhüllt, unsere Aufmerksamkeit wird durch das Bemühen, sie festzustellen, gefesselt. In einem der Verschiebungswitze (S. 69) „Was mache ich um ½7 Uhr in Preßburg?" als Antwort auf die Empfehlung des Reitpferdes ist die Verschiebung gleichfalls eine vordringliche, aber zum Ersatz dafür wirkt sie als unsinnig verwirrend auf die Aufmerksamkeit, während wir beim Verhör der Schauspielerin ihre Verschiebungsantwort sofort unterzubringen wissen. – In anderer Richtung weichen vom Witz die sogenannten „*Scherzfragen*" ab, die sich sonst der besten Techniken bedienen mögen. Ein Beispiel einer Scherzfrage mit Verschiebungstechnik ist folgendes: Was ist ein Kannibale, der seinen Vater und seine Mutter aufgefressen hat? – Antwort: *Waise.* – Und wenn er alle seine anderen Verwandten mit dazu gefressen hat? – *Universalerbe.* – Und wo findet solch ein Scheusal noch Sympathie? – Im *Konversationslexikon unter S.* Die Scherzfragen sind darum keine vollen Witze, weil die geforderten witzigen Antworten nicht wie die Anspielungen, Auslassungen usw. des Witzes erraten werden können.

lachen, obwohl wir es durch eine analytische Untersuchung feststellen können. Dieses Lachen ist eben das Ergebnis eines automatischen Vorganges, der erst durch die Fernhaltung unserer bewußten Aufmerksamkeit ermöglicht wurde. Zweitens gewinnen wir das Verständnis für die Eigentümlichkeit des Witzes, seine volle Wirkung auf den Hörer nur zu äußern, wenn er ihm neu ist, ihm als Überraschung entgegentritt. Diese Eigenschaft des Witzes, die seine Kurzlebigkeit bedingt und zur Produktion immer neuer Witze auffordert, leitet sich offenbar davon ab, daß es im Wesen einer Überraschung oder Überrumpelung liegt, kein zweites Mal zu gelingen. Bei einer Wiederholung des Witzes wird die Aufmerksamkeit durch die aufsteigende Erinnerung an das erste Mal geleitet. Von hier aus eröffnet sich dann das Verständnis für den Drang, den gehörten Witz anderen, die ihn noch nicht kennen, zu erzählen. Wahrscheinlich holt man sich ein Stück der infolge mangelnder Neuheit entfallenden Genußmöglichkeit aus dem Eindruck wieder, den der Witz auf den Neuling macht. Und ein analoges Motiv mag den Schöpfer des Witzes getrieben haben, ihn überhaupt dem anderen mitzuteilen.

Als Begünstigungen, wenn auch nicht mehr als Bedingungen, des Witzvorganges führe ich zu dritt jene technischen Hilfsmittel der Witzarbeit an, welche dazu bestimmt sind, den zur Abfuhr gelangenden Betrag zu erhöhen, und die auf solche Art die Wirkung des Witzes steigern. Dieselben steigern zwar zumeist auch die dem Witz zugewandte Aufmerksamkeit, machen aber deren Einfluß wieder unschädlich, indem sie die Aufmerksamkeit gleichzeitig fesseln und in ihrer Beweglichkeit hemmen. Alles, was Interesse und Verblüffung hervorruft, wirkt nach diesen beiden Richtungen, also vor allem das Unsinnige, ebenso der Gegensatz, der „Vorstellungskontrast", den manche Autoren zum wesentlichen Charakter des Witzes machen wollten, in dem ich aber nichts anderes als ein Verstärkungsmittel zur Wirkung desselben erblicken kann. Alles Verblüffende ruft beim Hörer jenen Zustand der Energieverteilung hervor, den *Lipps* als „psychische Stauung" bezeichnet hat, und er hat wohl auch recht anzunehmen, daß die „Entladung" um so stärker ausfällt, je höher die vorherige Stauung war. Die Darstellung von *Lipps* bezieht sich zwar nicht ausdrücklich auf den Witz, sondern auf das Komische überhaupt; aber es kann uns sehr wahrscheinlich vorkommen, daß die Abfuhr beim Witze, welche eine Hemmungsbesetzung entladet, in gleicher Weise durch die Stauung in die Höhe gebracht wird.

Es leuchtet uns nun ein, daß die Technik des Witzes überhaupt von zweierlei Tendenzen bestimmt wird, solchen, welche die Bildung des Witzes bei der ersten Person ermöglichen, und anderen, welche dem Witz eine möglichst große Lustwirkung bei der dritten Person gewährleisten sollen. Die janusartige Doppelgesichtigkeit des Witzes, welche dessen ursprünglichen Lustgewinn gegen die Anfechtung der kritischen Vernünftigkeit sicherstellt, und der Vorlustmechanismus gehören der ersteren Tendenz an; die weitere Komplikation der Technik durch die in diesem Abschnitt ausgeführten Bedingungen ergibt sich aus der Rücksicht auf die dritte Person des Witzes. Der Witz ist so ein an sich doppelzüngiger Schelm, der gleichzeitig zweien Herren dient. Alles, was auf Lustgewinnung abzielt, ist beim Witz auf die dritte Person berechnet, als ob innere, nicht zu überwindende Hindernisse bei der ersten Person einer solchen im Wege stünden. Man bekommt so den vollen Eindruck von der Unentbehrlichkeit dieser dritten Person für die Vollendung des Witzvorganges. Während wir aber ziemlich guten Einblick in die Natur dieses Vorganges bei der dritten Person gewinnen konnten, verspüren wir, daß der entsprechende Vorgang bei der ersten Person uns noch durch ein Dunkel verhüllt wird. Von den beiden Fragen: Warum können wir über den selbstgemachten Witz nicht lachen? und: Warum sind wir getrieben, den eigenen Witz dem anderen zu erzählen? hat sich die erste bisher unserer Beantwortung entzogen. Wir können nur vermuten, daß zwischen den beiden aufzuklärenden Tatsachen ein inniger Zusammenhang besteht, daß wir *darum* genötigt sind, unseren Witz dem anderen mitzuteilen, *weil* wir selbst über ihn nicht zu lachen vermögen. Aus unseren Einsichten in die Bedingungen der Lustgewinnung und -abfuhr bei der dritten Person können wir für die erste den Rückschluß ziehen, daß bei ihr die Bedingungen für die Abfuhr fehlen, die für die Lustgewinnung etwa erst unvollständig erfüllt sind. Es ist dann nicht abzuweisen, daß wir unsere Lust ergänzen, indem wir das uns unmögliche Lachen auf dem Umweg über den Eindruck der zum Lachen gebrachten Person erreichen. Wir lachen so gleichsam „*par ricochet*", wie *Dugas* es ausdrückt. Das Lachen gehört zu den im hohen Grade ansteckenden Äußerungen psychischer Zustände; wenn ich den anderen durch die Mitteilung meines Witzes zum Lachen bringe, bediene ich mich seiner eigentlich, um mein eigenes Lachen zu erwecken, und man kann wirklich beobachten, daß, wer zuerst mit ernster Miene den Witz erzählt hat, dann in das Gelächter des anderen mit einer gemäßigten Lache einstimmt. Die Mitteilung meines Witzes an den anderen dürfte also mehreren Absichten dienen, erstens mir die objektive Gewißheit von dem Gelingen der Witzarbeit zu geben, zweitens meine eigene Lust durch die Rückwirkung von diesem anderen auf mich zu ergänzen, drittens – bei der Wiederholung eines nicht selbstproduzierten Witzes – der Lusteinbuße durch Wegfall der Neuheit abzuhelfen.

Am Ende dieser Erörterungen über die psychischen Vorgänge des Witzes, insofern sie sich zwischen zwei Personen abspielen, können wir einen Rückblick auf das Moment der Ersparung werfen, welches uns für bedeutsam für die psychologische Auffassung des Witzes seit der ersten Aufklärung über die Technik desselben vorschwebt. Von der nächstliegenden, aber auch einfältigsten Auffassung dieser Ersparung, es handle sich bei ihr um die Vermeidung von psychischem Aufwand überhaupt, wie ihn die möglichste Einschränkung im Gebrauche von Worten und in der Herstellung von Gedankenzusammenhängen mit sich brächte, sind wir längst abgekommen. Wir sagten uns schon damals: Knapp, lakonisch, ist noch nicht witzig. Die Kürze des Witzes ist eine besondere, eben die „witzige" Kürze. Der ursprüngliche Lustgewinn, den das Spiel mit Worten und Gedanken brachte, rührte allerdings von bloßer Ersparnis an Aufwand her, aber mit der Entwicklung des Spieles zum Witze mußte auch die Spartendenz ihre Ziele verlegen, denn gegen den riesigen Aufwand unserer Denktätigkeit käme, was durch Gebrauch der nämlichen Worte oder Vermeidung einer neuen Gedankenfügung erspart würde, sicherlich nicht in Betracht. Wir dürfen uns wohl den Vergleich der psychischen Ökonomie mit einem Geschäftsbetrieb gestatten. Solange in diesem der Umsatz sehr klein ist, kommt es allerdings darauf an, daß im ganzen wenig verbraucht, die Kosten der Regie aufs äußerste eingeschränkt werden. Die Sparsamkeit geht noch auf die absolute Höhe des Aufwandes. Späterhin, wenn sich der Betrieb vergrößert hat, tritt die Bedeutung der Regiekosten zurück; es liegt nichts mehr daran, zu welcher Höhe sich der Betrag des Aufwandes erhebt, wenn nur Umsatz und Ertrag groß genug gesteigert werden können. Zurückhaltung im Aufwande für den Geschäftsbetrieb wäre kleinlich, ja direkt verlustbringend. Dennoch wäre es unrichtig anzunehmen, bei dem absolut großen Aufwande gäbe es keinen Raum mehr für die Spartendenz. Der zur Ersparung neigende Sinn des Chefs wird sich nun der Sparsamkeit im einzelnen zuwenden und sich befriedigt fühlen, wenn dieselbe Veranstaltung nun mit geringeren Kosten besorgt werden kann, die vorher größere Kosten zu verursachen pflegte, so gering auch die Ersparnis im Verhältnis zur Höhe des Gesamtaufwandes erscheinen mag. In ganz analoger Weise bleibt auch in unserem komplizierten psychischen Betrieb die detaillierte Ersparung eine Quelle der Lust, wie alltägliche Vorkommnisse uns zeigen können. Wer früher in seinem Zimmer eine Gaslampe brennen hatte und sich nun auf elektrisches Licht eingerichtet hat, der wird eine ganze Zeitlang ein deutliches Lustgefühl verspüren, wenn er den elektrischen Hahn umlegt, so lange nämlich, als in jenem Moment die Erinnerung in ihm lebendig wird an die komplizierten Verrichtungen, die zur Entzündung der Gaslampe erforderlich waren. Ebenso werden die im Vergleich zum psychischen Gesamtaufwand geringfügigen Ersparungen an psychischem Hemmungsaufwand, die der Witz zustande bringt, eine Quelle der Lust für uns bleiben, weil durch sie ein einzelner Aufwand erspart wird, den wir zu machen gewohnt sind und den wir auch diesmal zu machen schon in Bereitschaft waren. Das Moment, daß der Aufwand ein erwarteter, vorbereiteter ist, tritt unverkennbar in den Vordergrund.

Eine lokalisierte Ersparung, wie die eben betrachtete, wird nicht verfehlen, uns momentane Lust zu bereiten, aber eine dauernde Erleichterung wird durch sie nicht herbeigeführt, solange das hier Ersparte an anderer Stelle zur Verwendung kommen kann. Erst wenn diese anderweitige Verfügung vermieden werden kann, wandelt sich die spezielle Ersparung wieder in eine allgemeine Erleichterung des psychischen Aufwandes um. So tritt für uns mit besserer Einsicht in die psychischen Vorgänge des Witzes das Moment der Erleichterung an die Stelle der Ersparung. Erstere ergibt offenbar das größere Lustgefühl. Der Vorgang bei der ersten Person des Witzes erzeugt Lust durch Aufhebung von Hemmung, Verringerung des lokalen Aufwandes; er scheint nun nicht eher zur Ruhe zu kommen, als bis er durch die Vermittlung der eingeschobenen dritten Person die allgemeine Erleichterung durch die Abfuhr erzielt hat.

C
THEORETISCHER TEIL

VI
Die Beziehung des Witzes zum Traum und zum Unbewußten

Zu Ende des Abschnittes, der sich mit der Aufdeckung der Witztechnik beschäftigte, haben wir (S. 96) ausgesprochen, daß die Vorgänge der Verdichtung mit und ohne Ersatzbildung, der Verschiebung, der Darstellung durch Widersinn, durch das Gegenteil, der indirekten Darstellung u. a., welche wir an der Herstellung des Witzes beteiligt fanden, eine sehr weitgehende Übereinstimmung mit den Vorgängen der „Traumarbeit" zeigen, und haben uns vorbehalten, einerseits diese Ähnlichkeiten sorgfältiger zu studieren, anderseits das Gemeinsame von Witz und Traum, welches sich solcherart anzudeuten scheint, zu erforschen. Die Ausführung dieser Vergleichung wäre uns sehr erleichtert, wenn wir das eine der Verglichenen – die „Traumarbeit" – als bekannt annehmen dürften. Wir tun aber wahrscheinlich besser daran, diese Annahme nicht zu machen; ich habe den Eindruck empfangen, als ob meine im Jahre 1900 veröffentlichte *Traumdeutung* mehr „Verblüffung" als „Erleuchtung" bei den Fachgenossen hervorgerufen hätte, und weiß, daß weitere Leserkreise sich damit begnügt haben, den Inhalt des Buches auf ein Schlagwort („Wunscherfüllung") zu reduzieren, das sich leicht behalten und bequem mißbrauchen läßt.

In der fortgesetzten Beschäftigung mit den dort behandelten Problemen, zu der mir meine ärztliche Tätigkeit als Psychotherapeut reichlich Anlaß gibt, bin ich aber auf nichts gestoßen, was eine Veränderung oder Verbesserung meiner Gedankengänge von mir gefordert hätte, und kann darum in Ruhe abwarten, bis das Verständnis der Leser mir nachgekommen ist oder bis eine einsichtige Kritik mir die Grundirrtümer meiner Auffassung nachgewiesen hat. Zum Zwecke der Vergleichung mit dem Witze werde ich hier das Notwendigste über den Traum und die Traumarbeit in gedrängter Kürze wiederholen.

Wir kennen den Traum aus der uns meist fragmentarisch scheinenden Erinnerung, die sich nach dem Erwachen an ihn einstellt. Er ist dann ein Gefüge von meist visuellen (aber auch andersartigen) Sinneseindrücken, die uns ein Erleben vorgetäuscht haben und unter welche Denkvorgänge (das „Wissen" im Traum) und Affektäußerungen gemengt sein mögen. Was wir so als Traum erinnern, das heiße ich den „*manifesten Trauminhalt*". Derselbe ist häufig völlig absurd und verworren, andere Male nur das eine oder das andere; aber auch wenn er ganz kohärent ist wie in manchen Angstträumen, steht er unserem Seelenleben als etwas Fremdes gegenüber, von dessen Herkunft man sich keine Rechenschaft zu geben vermag. Die Aufklärung für diese Charaktere des Traumes wurde bisher in ihm selbst gesucht, indem man dieselben als Anzeichen einer unordentlichen, dissoziierten und sozusagen „verschlafenen" Tätigkeit der nervösen Elemente ansah.

Dagegen habe ich gezeigt, daß der so sonderbare „manifeste" Trauminhalt regelmäßig verständlich gemacht werden kann als die verstümmelte und abgeänderte Umschrift gewisser korrekter psychischer Bildungen, die den Namen „*latente Traumgedanken*" verdienen. Man verschafft sich die Kenntnis derselben, indem man den manifesten Trauminhalt ohne Rücksicht auf seinen etwaigen scheinbaren Sinn in seine Bestandteile zerlegt und dann die Assoziationsfäden verfolgt, die von jedem der nun isolierten Elemente ausgehen. Diese verflechten sich miteinander und leiten endlich zu einem Gefüge von Gedanken, welche nicht nur völlig korrekt sind, sondern auch leicht in den uns bekannten Zusammenhang unserer seelischen Vorgänge eingereiht werden. Auf dem Wege dieser „Analyse" hat der Trauminhalt all seine uns befremdenden Sonderbarkeiten abgestreift; wenn uns aber die Analyse gelingen soll, müssen wir während derselben die kritischen Einwendungen, die sich unausgesetzt gegen die Reproduktion der einzelnen vermittelnden Assoziationen erheben, standhaft zurückweisen.

Aus der Vergleichung des erinnerten manifesten Trauminhalts mit den so gefundenen latenten Traumgedanken ergibt sich der Begriff der „Traumarbeit". Als Traumarbeit wird die ganze Summe der umwandelnden Vorgänge zu bezeichnen sein, welche die latenten Traumgedanken in den manifesten Traum überführt haben. An der Traumarbeit haftet nun das Befremden, welches vorhin der Traum in uns erregt hatte.

Die Leistung der Traumarbeit kann aber folgender Art beschrieben werden: Ein meist sehr kompliziertes Gefüge von Gedanken, welches während des Tages aufgebaut worden ist und nicht zur Erledigung geführt wurde – ein Tagesrest –, hält auch während der Nacht den von ihm in Anspruch genommenen Energiebetrag – das Interesse – fest und droht eine Störung des Schlafes. Dieser Tagesrest wird durch die Traumarbeit in einen Traum verwandelt und für den Schlaf unschädlich gemacht. Um der Traumarbeit einen Angriffspunkt zu bieten, muß der Tagesrest wunschbildungsfähig sein, eine nicht eben schwer zu erfüllende

Bedingung. Der aus den Traumgedanken hervorgehende Wunsch bildet die Vorstufe und später den Kern des Traumes. Die aus den Analysen stammende Erfahrung – nicht die Theorie des Traumes – sagt uns, daß beim Kinde ein beliebiger vom Wachleben erübrigter Wunsch hinreicht, einen Traum hervorzurufen, der dann zusammenhängend und sinnreich, meist aber kurz ausfällt und leicht als „Wunscherfüllung" erkannt wird. Beim Erwachsenen scheint es allgemeingültige Bedingung für den traumschaffenden Wunsch, daß er dem bewußten Denken fremd, also ein verdrängter Wunsch sei, oder doch, daß er dem Bewußtsein unbekannte Verstärkungen haben könne. Ohne Annahme des Unbewußten in dem oben dargelegten Sinne wüßte ich die Theorie des Traumes nicht weiter zu entwickeln und das Erfahrungsmaterial der Traumanalysen nicht zu deuten. Die Einwirkung dieses unbewußten Wunsches auf das bewußtseinskorrekte Material der Traumgedanken ergibt nun den Traum. Letzteres wird dabei gleichsam ins Unbewußte herabgezogen, genauer gesagt, einer Behandlung ausgesetzt, wie sie auf der Stufe der unbewußten Denkvorgänge vorkömmlich und für diese Stufe charakteristisch ist. Wir kennen die Charaktere des unbewußten Denkens und dessen Unterschiede vom bewußtseinsfähigen „vorbewußten" bisher nur aus den Ergebnissen eben der „Traumarbeit".

Eine neuartige, nicht einfache und den Denkgewohnheiten widersprechende Lehre kann bei gedrängter Darstellung an Klarheit kaum gewinnen. Ich kann mit diesen Auseinandersetzungen also nichts anderes bezwecken, als auf die ausführlichere Behandlung des Unbewußten zu meiner *Traumdeutung* und auf die mir höchst bedeutungsvoll erscheinenden Arbeiten von *Lipps* zu verweisen. Ich weiß, daß wer im Banne einer guten philosophischen Schulbildung steht oder entfernt von einem sogenannten philosophischen System abhängt, der Annahme des „Unbewußt Psychischen" in Lipps' und meinem Sinne widerstrebt und dessen Unmöglichkeit am liebsten aus der Definition des Psychischen beweisen möchte. Aber Definitionen sind konventionell und lassen sich abändern. Ich habe häufig die Erfahrung gemacht, daß Personen, welche das Unbewußte als absurd oder unmöglich bestreiten, ihre Eindrücke nicht an den Quellen geholt hatten, aus denen wenigstens für mich die Nötigung zur Anerkennung desselben geflossen ist. Diese Gegner des Unbewußten hatten nie den Effekt einer posthypnotischen Suggestion mit angesehen, und was ich ihnen als Probe aus meinen Analysen bei nicht hypnotisierten Neurotikern mitteilte, versetzte sie in das größte Erstaunen. Sie hatten nie den Gedanken realisiert, daß das Unbewußte etwas ist, was man wirklich nicht weiß, während man durch zwingende Schlüsse genötigt wird, es zu ergänzen, sondern etwas Bewußtseinsfähiges darunter verstanden, an was man gerade nicht gedacht hatte, was nicht im „Blickpunkt der Aufmerksamkeit" stand. Sie hatten auch nie versucht, sich von der Existenz solcher unbewußter Gedanken in ihrem eigenen Seelenleben durch eine Analyse eines eigenen Traumes zu überzeugen, und wenn ich eine solche mit ihnen versuchte, konnten sie ihre eigenen Einfälle nur mit Verwunderung und Verwirrtheit aufnehmen. Ich habe auch den Eindruck bekommen, daß der Annahme des „Unbewußten" wesentlich Affektwiderstände im Wege stehen, darin begründet, daß niemand sein Unbewußtes kennenlernen will, wo es dann am bequemsten ist, dessen Möglichkeit überhaupt zu leugnen.

Die Traumarbeit also, zu der ich nach dieser Abschweifung zurückkehre, setzt das in den Optativ gebrachte Gedankenmaterial einer ganz eigentümlichen Bearbeitung aus. Zunächst macht sie den Schritt vom Optativ zum Präsens, ersetzt das: „O möchte doch" – durch ein: Es ist. Dies „Es ist" ist zur halluzinatorischen Darstellung bestimmt, was ich als die „Regression" der Traumarbeit bezeichnet habe; der Weg von den Gedanken zu den Wahrnehmungsbildern, oder wenn man mit Bezug auf die noch unbekannte – nicht anatomisch zu verstehende – Topik des seelischen Apparats sprechen will, von der Gegend der Denkbildungen zu der der sinnlichen Wahrnehmungen. Auf diesem Wege, welcher der Entwicklungsrichtung der seelischen Komplikationen entgegengesetzt ist, gewinnen die Traumgedanken Anschaulichkeit; es stellt sich schließlich eine plastische Situation heraus als Kern des manifesten „Traumbildes". Um solche sinnliche Darstellung zu erreichen, haben die Traumgedanken eingreifende Umgestaltungen ihres Ausdrucks erfahren müssen. Aber während der Rückverwandlung der Gedanken in Sinnesbilder treten noch weitere Veränderungen an ihnen auf, die zum Teil als notwendige begreiflich, zum anderen Teil überraschend sind. Als notwendigen Nebenerfolg der Regression begreift man, daß fast alle Relationen innerhalb der Gedanken, welche dieselben gegliedert haben, für den manifesten Traum verlorengehen. Die Traumarbeit übernimmt sozusagen nur das Rohmaterial der Vorstellungen zur Darstellung, nicht auch die Denkbeziehungen, die sie gegeneinander einhielten, oder sie wahrt sich wenigstens die Freiheit, von diesen letzteren abzusehen. Hingegen können wir ein anderes Stück der Traumarbeit nicht von der Regression, der Rückverwandlung in Sinnesbilder, ableiten, gerade jenes, welches uns für die Analogie mit der Witzbildung bedeutsam ist. Das Material der Traumgedanken erfährt während der Traumarbeit eine ganz außerordentliche Zusammendrängung oder *Verdichtung*. Ausgangspunkte derselben sind die Gemeinsamkeiten, die sich zufällig oder dem Inhalt gemäß innerhalb der Traumgedanken vorfinden; da dieselben für eine ausgiebige Verdichtung in der Regel nicht hinreichen, werden in der Traumarbeit neue, künstliche und flüchtige, Gemeinsamkeiten geschaffen, und zu diesem Zwecke werden mit Vorliebe selbst Worte benützt, in deren Laut verschiedene Bedeutungen zusammentreffen. Die neugeschaffenen Verdichtungsgemeinsamen gehen wie Repräsentanten der Traumgedanken in den manifesten Trauminhalt ein, so daß ein Element des Traumes einem Knoten- und Kreuzungspunkt für die Traumgedanken entspricht und mit Rücksicht auf die letzteren ganz allgemein „überdeterminiert" genannt werden muß. Die Tatsache der Verdichtung ist dasjenige Stück der Traumarbeit, welches sich am leichtesten erkennen läßt; es genügt, den aufgeschriebenen Wortlaut eines Traumes mit der Niederschrift der durch Analyse gewonnenen Traumgedanken zu vergleichen, um sich von der Ausgiebigkeit der Traumverdichtung einen guten Eindruck zu holen.

Minder bequem ist es, sich von der zweiten großen Veränderung, welche durch die Traumarbeit an den Traumgedanken bewirkt wird, zu überzeugen, von jenem Vorgang, den ich die Traum*verschiebung* genannt habe. Diese äußert sich darin, daß im manifesten Traum zentral steht und mit großer sinnlicher Intensität auftritt, was in den Traumgedanken peripherisch lag und nebensächlich war; und ebenso umgekehrt. Der Traum erscheint dadurch gegen die Traumgedanken verschoben, und gerade durch diese Verschiebung wird erreicht, daß er dem wachen Seelenleben fremd und unverständlich entgegentritt. Damit solche Verschiebung zustande kam, mußte es möglich sein, daß die Besetzungsenergie von den wichtigen Vorstellungen ungehemmt auf die unwichtigen übergehe, was im normalen bewußtseinsfähigen Denken nur den Eindruck eines „Denkfehlers" hervorrufen kann.

Umwandlung zur Darstellungsfähigkeit, Verdichtung und Verschiebung sind die drei großen Leistungen, die wir der Traumarbeit zuschreiben dürfen. Eine vierte, in der Traumdeutung vielleicht zu kurz gewürdigte, kommt für unsere Zwecke hier nicht in Betracht. Bei einer konsequenten Ausführung der Ideen von der „Topik des seelischen Apparats" und der „Regression" – und nur eine solche würde diese Arbeitshypothesen wertvoll machen – müßte man zu bestimmen versuchen, an welchen Stationen der Regression die verschiedenen Umwandlungen der Traumgedanken vor sich gehen. Dieser Versuch ist noch nicht ernsthaft unternommen worden; es läßt sich aber wenigstens von der Verschiebung mit Sicherheit angeben, daß sie an dem Gedankenmaterial erfolgen muß, während es sich auf der Stufe der unbewußten Vorgänge befindet. Die Verdichtung wird man sich wahrscheinlich als einen über den ganzen Verlauf sich erstreckenden Vorgang bis zum Anlangen in der Wahrnehmungsregion vorzustellen haben, im allgemeinen aber sich mit der Annahme einer gleichzeitig erfolgenden Wirkung aller bei der Traumbildung beteiligten Kräfte begnügen. Bei der Zurückhaltung, die man verständigerweise in der Behandlung solcher Probleme bewahren muß, und mit Rücksicht auf die hier nicht zu erörternden prinzipiellen Bedenken solcher Fragestellung, möchte ich mich etwa der Aufstellung getrauen, daß der den

Traum vorbereitende Vorgang der Traumarbeit in die Region des Unbewußten zu verlegen ist. Im ganzen wären also bei der Traumbildung, grob genommen, drei Stadien zu unterscheiden: erstens die Versetzung der vorbewußten Tagesreste ins Unbewußte, woran die Bedingungen des Schlafzustandes mitbeteiligt sein müßten, sodann die eigentliche Traumarbeit im Unbewußten, und drittens die Regression des so bearbeiteten Traummaterials auf die Wahrnehmung, als welche der Traum bewußt wird.

Als Kräfte, welche bei der Traumbildung beteiligt sind, lassen sich erkennen: Der Wunsch zu schlafen, die den Tagesresten nach der Erniedrigung durch den Schlafzustand noch verbliebene Energiebesetzung, die psychische Energie des traumbildenden unbewußten Wunsches und die widerstrebende Kraft der im Wachleben herrschenden, während des Schlafes nicht völlig aufgehobenen „Zensur". Aufgabe der Traumbildung ist es vor allem, die Hemmung der Zensur zu überwinden, und gerade diese Aufgabe wird durch die Verschiebungen der psychischen Energie innerhalb des Materials der Traumgedanken gelöst.

Nun erinnern wir uns, welchen Anlaß wir hatten, bei der Untersuchung des Witzes an den Traum zu denken. Wir fanden, daß Charakter und Wirkung des Witzes an gewisse Ausdrucksformen, technische Mittel, gebunden sind, unter denen die verschiedenen Arten der Verdichtung, Verschiebung und indirekten Darstellung am auffälligsten sind. Vorgänge, die zu den nämlichen Ergebnissen, Verdichtung, Verschiebung und indirekter Darstellung, führen, sind uns aber als Eigentümlichkeiten der Traumarbeit bekannt geworden. Wird uns durch diese Übereinstimmung nicht der Schluß nahegelegt, daß Witzarbeit und Traumarbeit in wenigstens einem wesentlichen Punkte identisch sein müssen? Die Traumarbeit liegt, wie ich meine, in ihren wichtigsten Charakteren entschleiert vor uns; von den psychischen Vorgängen beim Witze ist uns gerade jenes Stück verhüllt, welches wir der Traumarbeit vergleichen dürfen, der Vorgang der Witzbildung bei der ersten Person. Sollen wir nicht der Versuchung nachgeben, diesen Vorgang nach der Analogie der Traumbildung zu konstruieren? Einige der Züge des Traumes sind dem Witze so fremd, daß wir auch das ihnen entsprechende Stück der Traumarbeit nicht auf die Witzbildung übertragen dürfen. Die Regression des Gedankenganges zur Wahrnehmung fällt für den Witz sicherlich weg; die beiden anderen Stadien der Traumbildung aber, das Herabsinken eines vorbewußten Gedankens zum Unbewußten und die unbewußte Bearbeitung würden uns, wenn wir sie für die Witzbildung supponieren, gerade das Ergebnis liefern, das wir am Witze beobachten können. Entschließen wir uns also zur Annahme, daß dies der Hergang der Witzbildung bei der ersten Person ist. *Ein vorbewußter Gedanke wird für einen Moment der unbewußten Bearbeitung überlassen und deren Ergebnis alsbald von der bewußten Wahrnehmung erfaßt.*

Ehe wir aber diese Aufstellung im einzelnen prüfen, wollen wir eines Einwandes gedenken, welcher unserer Voraussetzung bedrohlich werden kann. Wir gehen von der Tatsache aus, daß die Techniken des Witzes auf dieselben Vorgänge hindeuten, welche uns als Eigentümlichkeiten der Traumarbeit bekannt sind. Nun ist es leicht dawider zu sagen, daß wir die Techniken des Witzes nicht als Verdichtung, Verschiebung usw. beschrieben hätten und nicht zu so weitgehenden Übereinstimmungen in den Darstellungsmitteln von Witz und Traum gelangt wären, wenn nicht die vorherige Kenntnis der Traumarbeit unsere Auffassung für die Witztechnik bestochen hätte, so daß wir im Grunde am Witz nur die Erwartungen bestätigt finden, mit denen wir vom Traum her an ihn herangetreten sind. Eine solche Genese der Übereinstimmung wäre keine sichere Gewähr für ihren Bestand außerhalb unseres Vorurteils. Die Gesichtspunkte der Verdichtung, Verschiebung, indirekten Darstellung sind auch wirklich von keinem anderen Autor für die Ausdrucksformen des Witzes geltend gemacht worden. Das wäre ein möglicher Einwand, aber darum noch kein berechtigter. Es kann ebensowohl sein, daß die Schärfung unserer Auffassung durch die Kenntnis der Traumarbeit unentbehrlich wäre, um die reale Übereinstimmung zu erkennen. Die Entscheidung wird doch nur davon abhängen, ob die prüfende Kritik solche Auffassung der Witztechnik an den einzelnen Beispielen als eine aufgezwungene nachweisen kann, zu deren Gunsten andere näherliegende und tiefer reichende Auffassungen unterdrückt worden sind, oder ob sie zugeben muß, daß die Erwartungen vom Traum her sich am Witz wirklich bestätigen lassen. Ich bin der Meinung, daß wir solche Kritik nicht zu fürchten haben und daß unser Reduktionsverfahren (siehe S. 45) uns verläßlich angezeigt hat, in welchen Ausdrucksformen die Techniken des Witzes zu suchen waren. Daß wir diesen Techniken Namen gegeben hatten, welche das Ergebnis der Übereinstimmung von Witztechnik und Traumarbeit bereits antizipierten, dies war unser gutes Recht, eigentlich nichts anderes als eine leicht zu rechtfertigende Vereinfachung.

Ein anderer Einwand träfe unsere Sache nicht so schwer, wäre aber auch nicht so gründlich zu widerlegen. Man könnte meinen, daß die zu unseren Absichten so gut stimmenden Techniken des Witzes zwar Anerkennung verdienen, aber doch nicht alle möglichen oder in der Praxis verwendeten Techniken des Witzes wären. Wir hätten eben, von dem Vorbild der Traumarbeit beeinflußt, nur die zu ihr passenden Witztechniken herausgesucht, während andere, von uns übersehene, eine solche Übereinstimmung als nicht allgemein vorhanden erwiesen hätten. Ich getraue mich nun wirklich nicht der Behauptung, daß es mir gelungen ist, alle in Umlauf befindlichen Witze in bezug auf ihre Technik aufzuklären, und lasse darum die Möglichkeit offen, daß meine Aufzählung der Witztechniken manche Unvollständigkeit erkennen lassen wird, aber ich habe keine Art der Technik, die mir durchsichtig wurde, absichtlich von der Erörterung ausgeschlossen und kann die Behauptung vertreten, daß die häufigsten, wichtigsten, am meisten charakteristischen technischen Mittel des Witzes sich meiner Aufmerksamkeit nicht entzogen haben.

Der Witz besitzt noch einen anderen Charakter, welcher sich unserer vom Traum herstammenden Auffassung der Witzarbeit befriedigend fügt. Man sagt zwar, daß man den Witz „macht", aber man verspürt, daß man sich dabei anders benimmt, als wenn man ein Urteil fällt, einen Einwand macht. Der Witz hat in ganz hervorragender Weise den Charakter eines ungewollten „Einfalls". Man weiß nicht etwa einen Moment vorher, welchen Witz man machen wird, den man dann nur in Worte zu kleiden braucht. Man verspürt vielmehr etwas Undefinierbares, das ich am ehesten einer Absenz, einem plötzlichen Auslassen der intellektuellen Spannung vergleichen möchte, und dann ist der Witz mit einem Schlage da, meist gleichzeitig mit seiner Einkleidung. Manche der Mittel des Witzes finden auch außerhalb desselben im Gedankenausdruck Verwendung, z. B. das Gleichnis und die Anspielung. Ich kann eine Anspielung absichtlich machen wollen. Dabei habe ich zuerst den direkten Ausdruck meines Gedankens im Sinne (im inneren Hören), ich hemme mich in der Äußerung desselben durch ein der Situation entsprechendes Bedenken, nehme mir beinahe vor, den direkten Ausdruck durch eine Form des indirekten Ausdrucks zu ersetzen und bringe dann eine Anspielung hervor; aber die so entstandene, unter meiner fortlaufenden Kontrolle gebildete Anspielung ist niemals witzig, so brauchbar sie auch sonst sein mag; die witzige Anspielung hingegen erscheint, ohne daß ich diese vorbereitenden Stadien in meinem Denken verfolgen konnte. Ich will nicht zu viel Wert auf dies Verhalten legen; es ist kaum entscheidend, aber es stimmt doch gut zu unserer Annahme, daß man bei der Witzbildung einen Gedankengang für einen Moment fallenläßt, der dann plötzlich als Witz aus dem Unbewußten auftaucht.

Witze zeigen auch assoziativ ein besonderes Benehmen. Sie stehen unserem Gedächtnis häufig nicht zur Verfügung, wenn wir sie wollen, stellen sich dafür andere Male wie ungewollt ein, und zwar an Stellen unseres Gedankenganges, wo wir ihre Einflechtung nicht verstehen. Es sind dies wiederum nur kleine Züge, aber immerhin Hinweise auf ihre Abkunft aus dem Unbewußten.

Suchen wir nun die Charaktere des Witzes zusammen, die sich auf seine Bildung im Unbewußten beziehen lassen. Da ist vor allem die eigentümliche Kürze des Witzes, ein zwar nicht unerläßliches, aber ungemein bezeichnendes Merkmal desselben. Als wir ihr zuerst begegneten, waren wir geneigt, einen Ausdruck sparender Tendenzen in ihr zu sehen, entwerteten aber diese Auffassung selbst durch naheliegende Einwendungen. Sie erscheint uns jetzt vielmehr als ein Zeichen der unbewußten Bearbeitung, welche der Witzgedanke erfahren hat. Das ihr beim Traum Entsprechende, die Verdichtung, können wir nämlich mit keinem anderen Moment als mit der Lokalisation im Unbewußten zusammenbringen und müssen annehmen, daß im unbewußten Denkvorgang die im Vorbewußten fehlenden Bedingungen für solche Verdichtungen gegeben sind.[50] Es steht zu erwarten, daß beim Verdichtungsvorgang einige der ihm unterworfenen Elemente verlorengehen, während andere, welche deren Besetzungsenergie übernehmen, durch die Verdichtung erstarken oder überstark aufgebaut werden. Die Kürze des Witzes wäre also wie die des Traumes eine notwendige Begleiterscheinung der in beiden vorkommenden Verdichtungen, beide Male ein Ergebnis des Verdichtungsvorganges. Dieser Herkunft verdankte auch die Kürze des Witzes ihren besonderen, nicht weiter angebbaren, aber der Empfindung auffälligen Charakter.

Wir haben vorhin (S. 124f.) das eine Ergebnis der Verdichtung, die mehrfache Verwendung desselben Materials, das Wortspiel, den Gleichklang, als lokalisierte Ersparung aufgefaßt und die Lust, die der (harmlose) Witz schafft, aus solcher Ersparung abgeleitet; späterhin haben wir die ursprüngliche Absicht des Witzes darin gefunden, derartigen Lustgewinn an Worten zu machen, was ihm auf der Stufe des Spieles unverwehrt war, im Verlaufe der intellektuellen Entwicklung aber durch die vernünftige Kritik eingedämmt wurde. Nun haben wir uns zu der Annahme entschlossen, daß derartige Verdichtungen, wie sie der Technik des Witzes dienen, automatisch, ohne besondere Absicht, während des Denkvorganges im Unbewußten entstehen. Liegen da nicht zwei verschiedene Auffassungen derselben Tatsache vor, die miteinander unverträglich scheinen? Ich glaube nicht; es sind allerdings zwei verschiedene Auffassungen, und sie verlangen miteinander in Einklang gebracht zu werden, aber sie widersprechen einander nicht. Die eine ist bloß der anderen fremd, und wenn wir eine Beziehung zwischen ihnen hergestellt haben, werden wir wahrscheinlich um ein Stück Erkenntnis weitergekommen sein. Daß solche Verdichtungen Quellen von Lustgewinn sind, verträgt sich sehr wohl mit der Voraussetzung, daß sie im Unbewußten leicht die Bedingungen zu ihrer Entstehung finden; wir sehen im Gegenteile die Motivierung für das Eintauchen ins Unbewußte in dem Umstande, daß dort die lustbringende Verdichtung, welcher der Witz bedarf, sich leicht

---

[50] Die Verdichtung als regelmäßigen und bedeutungsvollen Vorgang habe ich außer bei der Traumarbeit und Witztechnik noch in einem anderen seelischen Geschehen nachweisen können, beim Mechanismus des normalen (nicht tendenziösen) *Vergessens.* Singuläre Eindrücke setzen dem Vergessen Schwierigkeiten entgegen; irgendwie analoge werden vergessen, indem sie von ihren Berührungspunkten aus verdichtet werden. Die Verwechslung analoger Eindrücke ist eine der Vorstufen des Vergessens.

ergibt. Auch zwei andere Momente, welche für die erste Betrachtung einander völlig fremd scheinen und wie durch einen unerwünschten Zufall zusammentreffen, werden sich bei tieferem Eingehen als innig verknüpft, ja wesenseinig erkennen lassen. Ich meine die beiden Aufstellungen, daß der Witz einerseits während seiner Entwicklung auf der Stufe des Spieles, also im Kindesalter der Vernunft, solche lustbringende Verdichtungen hervorbringen konnte und daß er anderseits auf höheren Stufen dieselbe Leistung durch das Eintauchen des Gedankens ins Unbewußte vollbringt. Das Infantile ist nämlich die Quelle des Unbewußten, die unbewußten Denkvorgänge sind keine anderen, als welche im frühen Kindesalter einzig und allein hergestellt werden. Der Gedanke, der zum Zwecke der Witzbildung ins Unbewußte eintaucht, sucht dort nur die alte Heimstätte des einstigen Spieles mit Worten auf. Das Denken wird für einen Moment auf die kindliche Stufe zurückversetzt, um so der kindlichen Lustquelle wieder habhaft zu werden. Wüßte man es nicht bereits aus der Erforschung der Neurosenpsychologie, so müßte man beim Witz auf die Ahnung geraten, daß die sonderbare unbewußte Bearbeitung nichts anderes als der infantile Typus der Denkarbeit ist. Es ist bloß nicht sehr leicht, dieses infantile Denken mit seinen im Unbewußten des Erwachsenen erhaltenen Eigentümlichkeiten beim Kinde zu erhaschen, weil es meist sozusagen *in statu nascendi* korrigiert wird. In einer Reihe von Fällen gelingt es aber doch, und dann lachen wir jedesmal über die „Kinderdummheit". Jede Aufdeckung eines solchen Unbewußten wirkt auf uns überhaupt als „komisch".[51]

Leichter zu fassen sind die Charaktere dieser unbewußten Denkvorgänge in den Äußerungen der Kranken bei manchen psychischen Störungen. Es ist sehr wahrscheinlich, daß wir nach des alten *Griesinger* Vermutung imstande wären, die Delirien der Geisteskranken zu verstehen und als Mitteilungen zu verwerten, wenn wir nicht die Anforderungen des bewußten Denkens an sie stellen, sondern sie mit unserer Deutungskunst behandeln würden wie etwa die Träume.[52] Auch für den Traum haben wir ja seinerzeit die „Rückkehr des Seelenlebens auf den embryonalen Standpunkt" zur Geltung gebracht.[53]

---

[51] Viele meiner neurotischen, in psychoanalytischer Behandlung stehenden Patienten pflegen regelmäßig durch ein Lachen zu bezeugen, daß es gelungen ist, ihrer bewußten Wahrnehmung das verhüllte Unbewußte getreulich zu zeigen, und sie lachen auch dann, wenn der Inhalt des Enthüllten es keineswegs rechtfertigen würde. Bedingung dafür ist allerdings, daß sie diesem Unbewußten nahe genug gekommen sind, um es zu erfassen, wenn der Arzt es erraten und ihnen vorgeführt hat.

[52] Dabei dürften wir nicht vergessen, der Entstellung infolge der auch in der Psychose noch wirksamen Zensur Rechnung zu tragen.

[53] *Traumdeutung.*

Wir haben an den Verdichtungsvorgängen die Bedeutung der Analogie von Witz und Traum so eingehend erörtert, daß wir uns im folgenden kürzer fassen dürfen. Wir wissen, daß die Verschiebungen bei der Traumarbeit auf die Einwirkung der Zensur des bewußten Denkens hindeuten, und werden demgemäß, wenn wir der Verschiebung unter den Techniken des Witzes begegnen, geneigt sein anzunehmen, daß auch bei der Witzbildung eine hemmende Macht eine Rolle spielt. Wir wissen auch bereits, daß dies ganz allgemein der Fall ist; das Bestreben des Witzes, die alte Lust am Unsinn oder die alte Wortlust zu gewinnen, findet bei normaler Stimmung an dem Einspruch der kritischen Vernunft eine Hemmung, die für jeden Einzelfall überwunden werden muß. Aber in der Art und Weise, wie die Witzarbeit diese Aufgabe löst, zeigt sich ein durchgreifender Unterschied zwischen dem Witz und dem Traum. In der Traumarbeit geschieht die Lösung dieser Aufgabe regelmäßig durch Verschiebungen, durch die Auswahl von Vorstellungen, welche weit genug entfernt von den beanstandeten sind, um Durchlaß bei der Zensur zu finden, und doch Abkömmlinge dieser sind, deren psychische Besetzung sie durch volle Übertragung auf sich übernommen haben. Die Verschiebungen fehlen darum bei keinem Traum und sind weit umfassender; nicht nur die Ablenkungen vom Gedankengang, sondern auch alle Arten der indirekten Darstellung sind zu den Verschiebungen zu rechnen, insbesondere der Ersatz eines bedeutsamen, aber anstößigen Elements durch ein indifferentes, aber der Zensur harmlos erscheinendes, welches wie eine entfernteste Anspielung an das erstere steht, der Ersatz durch eine Symbolik, ein Gleichnis, ein Kleines. Es ist nicht abzuweisen, daß Stücke dieser indirekten Darstellung bereits in den vorbewußten Gedanken des Traumes zustande kommen, so z. B. die symbolische und die Gleichnisdarstellung, weil sonst der Gedanke es überhaupt nicht zur Stufe des vorbewußten Ausdrucks gebracht hätte. Indirekte Darstellungen dieser Art und Anspielungen, deren Beziehung zum Eigentlichen leicht auffindbar ist, sind ja zulässige und vielgebrauchte Ausdrucksmittel auch in unserem bewußten Denken. Die Traumarbeit übertreibt aber die Anwendung dieser Mittel der indirekten Darstellung ins Schrankenlose. Jede Art von Zusammenhang wird unter dem Drucke der Zensur zum Ersatz durch Anspielung gut genug, die Verschiebung von einem Element her ist auf jedes andere gestattet. Ganz besonders auffällig und für die Traumarbeit charakteristisch ist die Ersetzung der inneren Assoziationen (Ähnlichkeit, Kausalzusammenhang usw.) durch die sogenannten äußeren (Gleichzeitigkeit, Kontiguität im Raum, Gleichklang).

Alle diese Verschiebungsmittel kommen auch als Techniken des Witzes vor, aber wenn sie vorkommen, halten sie zumeist die Grenzen ein, die ihrer Anwendung im bewußten Denken gezogen sind, und sie können überhaupt fehlen, obwohl ja auch der Witz regelmäßig eine Hemmungsaufgabe zu erledigen hat. Man versteht dies Zurücktreten der Verschiebungen bei der Witzarbeit, wenn man sich erinnert, daß dem Witz ganz allgemein eine andere Technik zu Gebote steht, mit welcher er sich der Hemmung erwehrt, ja daß wir nichts gefunden haben, was charakteristischer für ihn wäre als gerade diese Technik. Der Witz schafft nämlich nicht Kompromisse wie der Traum, er weicht der Hemmung nicht aus, sondern er besteht darauf, das Spiel mit dem Wort oder dem Unsinn unverändert zu erhalten, beschränkt sich aber auf die Auswahl von Fällen, in denen dieses Spiel oder dieser Unsinn doch gleichzeitig zulässig (Scherz) oder sinnreich (Witz) erscheinen kann, dank der Vieldeutigkeit der Worte und der Mannigfaltigkeit der Denkrelationen. Nichts scheidet den Witz besser von allen anderen psychischen Bildungen als diese seine Doppelseitigkeit und Doppelzüngigkeit, und wenigstens von dieser Seite haben sich die Autoren durch die Betonung des „Sinnes im Unsinn" der Erkenntnis des Witzes am meisten genähert.

Bei der ausnahmslosen Vorherrschaft dieser dem Witz besonderen Technik zur Überwindung seiner Hemmungen könnte man es überflüssig finden, daß er sich überhaupt noch in einzelnen Fällen der Verschiebungstechnik bedient, allein einerseits bleiben gewisse Arten dieser Technik als Ziele und Lustquellen für den Witz wertvoll, wie z. B. die eigentliche Verschiebung (Gedankenablenkung), die ja die Natur des Unsinns teilt, anderseits darf man nicht vergessen, daß die höchste Stufe des Witzes, der tendenziöse Witz, häufig zweierlei Hemmungen zu überwinden hat, die ihm selbst und die seiner Tendenz entgegenstehenden (S. 106), und daß die Anspielungen und Verschiebungen ihm die letztere Aufgabe zu ermöglichen geeignet sind.

Die reichliche und zügellose Anwendung der indirekten Darstellung, der Verschiebungen und insbesondere Anspielungen in der Traumarbeit hat eine Folge, die ich nicht ihrer eigenen Bedeutung wegen erwähne, sondern weil sie der subjektive Anlaß für mich wurde, mich mit dem Problem des Witzes zu beschäftigen. Wenn man einem Unkundigen oder Ungewöhnten eine Traumanalyse mitteilt, in welcher also die sonderbaren, dem Wachdenken anstößigen Wege der Anspielungen und Verschiebungen dargelegt werden, deren sich die Traumarbeit bedient hat, so unterliegt der Leser einem ihm unbehaglichen Eindruck, erklärt diese Deutungen für „witzig", erblickt aber in ihnen offenbar nicht gelungene Witze, sondern gezwungene und irgendwie gegen die Regeln des Witzes verstoßende. Dieser Eindruck ist nun leicht aufzuklären: er rührt daher, daß die Traumarbeit mit denselben Mitteln arbeitet wie der Witz, aber in der Anwendung derselben die Grenzen überschreitet, welche der Witz einhält. Wir werden auch alsbald hören, daß der Witz infolge der Rolle der dritten Person an eine gewisse Bedingung gebunden ist, welche den Traum nicht berührt.

Ein gewisses Interesse nehmen unter den Techniken, die Witz und Traum gemeinsam sind, die Darstellung durch das Gegenteil und die Verwendung des Widersinnes in Anspruch. Die erstere gehört zu den kräftig wirkenden Mitteln des Witzes, wie wir unter anderen an den Beispielen von „Überbietungswitz" ersehen konnten (S. 83). Die Darstellung durchs Gegenteil vermochte sich übrigens der bewußten Aufmerksamkeit nicht wie die meisten anderen Witztechniken zu entziehen; wer den Mechanismus der Witzarbeit bei sich möglichst absichtlich in Tätigkeit zu bringen sucht, der habituelle Witzling, pflegt bald herauszufinden, daß man auf eine Behauptung am leichtesten mit einem Witz erwidert, wenn man deren Gegenteil festhält und es dem Einfall überläßt, den gegen dies Gegenteil zu befürchtenden Einspruch durch eine Umdeutung zu beseitigen. Vielleicht verdankt die Darstellung durchs Gegenteil solche Bevorzugung dem Umstande, daß sie den Kern einer anderen lustbringenden Ausdrucksweise des Gedankens bildet, für deren Verständnis wir das Unbewußte nicht zu bemühen brauchen. Ich meine die *Ironie*, die sich dem Witze sehr annähert und zu den Unterarten der Komik gerechnet wird. Ihr Wesen besteht darin, das Gegenteil von dem, was man dem anderen mitzuteilen beabsichtigt, auszusagen, diesem aber den Widerspruch dadurch zu ersparen, daß man im Tonfall, in den begleitenden Gesten, in kleinen stilistischen Anzeichen – wenn es sich um schriftliche Darstellung handelt – zu verstehen gibt, man meine selbst das Gegenteil seiner Aussage. Die Ironie ist nur dort anwendbar, wo der andere das Gegenteil zu hören vorbereitet ist, so daß seine Neigung zum Widerspruch nicht ausbleiben kann. Infolge dieser Bedingtheit ist die Ironie der Gefahr, nicht verstanden zu werden, besonders leicht ausgesetzt. Sie bringt der sie anwendenden Person den Vorteil, daß sie die Schwierigkeiten direkter Äußerungen, z. B. bei Invektiven, leicht umgehen läßt; bei dem Hörer erzeugt sie komische Lust, wahrscheinlich, indem sie ihn zu einem Widerspruchsaufwand bewegt, der sofort als überflüssig erkannt wird. Ein solcher Vergleich des Witzes mit einer ihm nahestehenden Gattung des Komischen mag uns in der Annahme bestärken, daß die Beziehung zum Unbewußten das dem Witz Besondere ist, das ihn vielleicht auch von der Komik scheidet.[54]

In der Traumarbeit fällt der Darstellung durchs Gegenteil eine noch weit größere Rolle zu als beim Witz. Der Traum liebt es nicht nur, zwei Gegensätze durch ein und dasselbe Mischgebilde darzustellen; er verwandelt auch so häufig ein Ding aus den Traumgedanken in sein Gegenteil, daß hieraus der Deutungsarbeit eine große Schwierigkeit erwächst. „Man weiß zunächst von keinem eines

[54] Auf der Scheidung von Aussage und begleitenden Gebärden (im weitesten Sinne) beruht auch der Charakter der Komik, der als ihre „Trockenheit" bezeichnet wird.

Gegenteils fähigen Elemente, ob es in den Traumgedanken positiv oder negativ enthalten ist.“[55]

Ich muß hervorheben, daß diese Tatsache noch keineswegs Verständnis gefunden hat. Sie scheint aber einen wichtigen Charakter des unbewußten Denkens anzudeuten, dem aller Wahrscheinlichkeit nach ein dem „Urteilen“ vergleichbarer Vorgang abgeht. An Stelle der Urteilsverwerfung findet man im Unbewußten die „Verdrängung“. Die Verdrängung kann wohl richtig als die Zwischenstufe zwischen dem Abwehrreflex und der Verurteilung beschrieben werden.[56]

Der Unsinn, die Absurdität, die so häufig im Traum vorkommt und ihm soviel unverdiente Verachtung zugezogen hat, ist doch niemals zufällig durch die Zusammenwürfelung von Vorstellungselementen entstanden, sondern jedesmal als von der Traumarbeit absichtlich zugelassen nachzuweisen und zur Darstellung von erbitterter Kritik und verächtlichem Widerspruch innerhalb der Traumgedanken bestimmt. Die Absurdität des Trauminhalts ersetzt also das Urteil: Es ist ein Unsinn, in den Traumgedanken. Ich habe in meiner *Traumdeutung* großen Nachdruck auf diesen Nachweis gelegt, weil ich den Irrtum, der Traum sei überhaupt kein psychisches Phänomen, der den Weg zur Erkenntnis des Unbewußten versperrt, auf diese Weise am eindringlichsten zu bekämpfen gedachte. Wir haben nun erfahren (bei der Auflösung gewisser tendenziöser Witze, S. 71), daß der Unsinn im Witze den gleichen Zwecken der Darstellung dienstbar gemacht wird. Wir wissen auch, daß eine unsinnige Fassade des Witzes ganz besonders geeignet ist, den psychischen Aufwand bei dem Hörer zu steigern und somit auch den zur Abfuhr durch Lachen frei werdenden Betrag zu erhöhen. Außerdem aber wollen wir nicht daran vergessen, daß der Unsinn im Witz Selbstzweck ist, da die Absicht, die alte Lust am Unsinn wiederzugewinnen, zu den Motiven der Witzarbeit gehört. Es gibt andere Wege, um den Unsinn wiederzugewinnen und Lust aus ihm zu ziehen; Karikatur, Übertreibung, Parodie und Travestie bedienen sich derselben und schaffen so den „komischen Unsinn“. Unterwerfen wir diese Ausdrucksformen einer ähnlichen Analyse, wie wir sie am Witz geübt haben, so werden wir finden, daß sich bei ihnen allen kein Anlaß ergibt, unbewußte Vorgänge in unserem Sinne zur Erklärung heranzuziehen. Wir verstehen nun auch, warum der Charakter des „Witzigen“ zur Karikatur, Übertreibung,

55 *Traumdeutung.*

56 Dies höchst merkwürdige und immer noch ungenügend erkannte Verhalten der Gegensatzrelation im Unbewußten ist wohl nicht ohne Wert für das Verständnis des „Negativismus“ bei Neurotikern und Geisteskranken. (Vgl. die beiden letzten Arbeiten darüber: Bleuler, *Über die negative Suggestibilität*, Psych.-Neurol. Wochenschrift, 1904, und Otto Groß, *Zur Differentialdiagnostik negativistischer Phänomene*, ebenda, ferner mein Referat über den *Gegensinn der Urworte*.)

Parodie als Zutat hinzukommen kann; es ist die Verschiedenheit des „psychischen Schauplatzes", die dies ermöglicht.[57]

Ich meine, die Verlegung der Witzarbeit in das System des Unbewußten ist uns um ein ganzes Stück wertvoller geworden, seitdem sie uns das Verständnis für die Tatsache eröffnet hat, daß die Techniken, an denen der Witz doch haftet, anderseits nicht sein ausschließliches Gut sind. Manche Zweifel, die wir während unserer anfänglichen Untersuchung dieser Techniken fürs nächste zurückstellen mußten, finden nun ihre bequeme Lösung. Um so mehr verdient unsere Würdigung ein Bedenken, welches uns sagen möchte, daß die unleugbar vorhandene Beziehung des Witzes zum Unbewußten nur für gewisse Kategorien des tendenziösen Witzes richtig ist, während wir bereit sind, dieselbe auf alle Arten und Entwicklungsstufen des Witzes auszudehnen. Wir dürfen uns der Prüfung dieses Einwandes nicht entziehen.

Der sichere Fall der Witzbildung im Unbewußten ist anzunehmen, wenn es sich um Witze im Dienste unbewußter oder durchs Unbewußte verstärkter Tendenzen handelt, also bei den meisten „zynischen" Witzen. Dann zieht nämlich die unbewußte Tendenz den vorbewußten Gedanken zu sich herab ins Unbewußte, um ihn dort umzuformen, ein Vorgang, zu welchem das Studium der Neurosenpsychologie zahlreiche Analogien kennen gelehrt hat. Bei den tendenziösen Witzen anderer Art, beim harmlosen Witz und beim Scherz scheint aber diese herabziehende Kraft wegzufallen, steht also die Beziehung des Witzes zum Unbewußten in Frage.

Fassen wir aber nun den Fall des witzigen Ausdrucks eines an sich nicht wertlosen, im Zusammenhange der Denkvorgänge auftauchenden Gedankens ins Auge. Um diesen Gedanken zum Witz werden zu lassen, bedarf es offenbar einer Auswahl unter den möglichen Ausdrucksformen, damit gerade jene gefunden werde, welche den Wortlustgewinn mit sich bringt. Wir wissen aus unserer Selbstbeobachtung, daß nicht die bewußte Aufmerksamkeit diese Auswahl trifft; es wird derselben aber gewiß zugute kommen, wenn die Besetzung des vorbewußten Gedankens zur unbewußten erniedrigt wird, denn im Unbewußten werden die vom Wort ausgehenden Verbindungswege, wie wir aus der Traumarbeit erfahren haben, den Sachverbindungen gleichartig behandelt. Die unbewußte Besetzung bietet der Auswahl des Ausdrucks die weitaus günstigeren Bedingungen. Wir können übrigens ohne weiteres annehmen, daß die Ausdrucksmöglichkeit, welche den Wortlustgewinn enthält, in ähnlicher Weise herabziehend auf die noch schwankende Fassung des vorbewußten Gedankens wirkt wie im ersteren Falle die unbewußte Tendenz. Für den simpleren Fall des Scherzes dür-

[57] Ein für meine Auffassung bedeutsam gewordener Ausdruck von G. Th. Fechner.

fen wir uns vorstellen, daß eine allzeit lauernde Absicht, den Wortlustgewinn zu erreichen, sich des Anlasses, der gerade im Vorbewußten gegeben ist, bemächtigt, um wiederum nach dem bekannten Schema den Besetzungsvorgang ins Unbewußte zu ziehen.

Ich wünschte gern, daß es mir möglich wäre, diesen einen entscheidenden Punkt in meiner Auffassung des Witzes einerseits klarer darzulegen, anderseits mit zwingenden Argumenten zu verstärken. Aber es handelt sich hier in Wahrheit nicht um ein zweifaches, sondern um ein und das nämliche Mißlingen. Ich kann eine klarere Darstellung nicht geben, weil ich keine weiteren Beweise für meine Auffassung habe. Dieselbe ist mir aus dem Studium der Technik und aus dem Vergleich mit der Traumarbeit erwachsen, und zwar nur von dieser einen Seite her; ich kann dann finden, daß sie den Eigentümlichkeiten des Witzes im ganzen vortrefflich angepaßt ist. Diese Auffassung ist nun eine erschlossene; gelangt man mit solchem Schluß nicht auf ein bekanntes, sondern vielmehr auf ein fremdes, dem Denken neuartiges Gebiet, so nennt man den Schluß eine „Hypothese" und läßt mit Recht die Beziehung der Hypothese zu dem Material, aus dem sie erschlossen ist, nicht als „Beweis" gelten. Als „bewiesen" gilt diese erst dann, wenn man auch auf anderem Wege zu ihr gelangen, sie als den Knotenpunkt auch anderer Zusammenhänge aufzeigen kann. Solcher Beweis ist aber bei unserer kaum erst beginnenden Kenntnis der unbewußten Vorgänge nicht zu haben. In der Erkenntnis, daß wir auf einem überhaupt noch nicht betretenen Boden stehen, begnügen wir uns also damit, von unserem Standpunkt der Beobachtung ein einziges, schmales und schwankes Brett ins Unergründete hinauszuschieben.

Wir werden nicht viel auf dieser Grundlage aufbauen. Bringen wir die verschiedenen Stufen des Witzes in Beziehung zu den für sie günstigen seelischen Dispositionen, so können wir etwa sagen: Der *Scherz* entspringt aus der heiteren Stimmung, der eine Neigung zur Herabminderung der seelischen Besetzungen eigentümlich scheint. Er bedient sich bereits aller charakteristischen Techniken des Witzes und erfüllt bereits die Grundbedingung desselben durch die Auswahl eines solchen Wortmaterials oder einer solchen Gedankenverknüpfung, wie sie sowohl den Anforderungen der Lustgewinnung als auch denen der verständigen Kritik genügen. Wir werden schließen, daß das Herabsinken der Gedankenbesetzung zur unbewußten Stufe, durch die heitere Stimmung erleichtert, schon beim Scherz zutreffe. Für den *harmlosen*, aber mit dem Ausdruck eines wertvollen Gedankens verknüpften *Witz* fällt diese Förderung durch die Stimmung weg; wir bedürfen hier der Annahme einer besonderen *persönlichen Eignung*, die in der Leichtigkeit zum Ausdruck kommt, mit welcher die vorbewußte Besetzung fallengelassen und für einen Moment mit der unbewußten vertauscht wird. Eine stets lauernde Tendenz, den ursprünglichen Lustgewinn des Witzes zu erneuern, wirkt hiebei herabziehend auf den noch schwankenden vorbewußten Ausdruck des Gedankens. In heiterer Stimmung sind wohl die meisten Menschen fähig, Scherze zu produzieren; die Eignung zum Witz ist nur bei wenigen Personen unabhängig von der Stimmung vorhanden. Endlich wirkt als kräftigste Anregung zur Witzarbeit das Vorhandensein starker, bis ins Unbewußte reichender Tendenzen, die eine besondere Eignung zur witzigen Produktion darstellen und uns erklären mögen, daß die subjektiven Bedingungen des Witzes so häufig bei neurotischen Personen erfüllt sind. Unter dem Einfluß starker Tendenzen kann auch der sonst Ungeeignete witzig werden.

Mit diesem letzten Beitrag, der wenn auch hypothetisch gebliebenen Aufklärung der Witzarbeit bei der ersten Person, ist aber unser Interesse am Witz strenggenommen erledigt. Es erübrigt uns etwa noch eine kurze Vergleichung des Witzes mit dem besser bekannten Traum, der wir die Erwartung vorausschicken werden, daß zwei so verschiedenartige seelische Leistungen neben der einen bereits gewürdigten Übereinstimmung nur noch Unterschiede erkennen lassen dürften. Der wichtigste Unterschied liegt in ihrem sozialen Verhalten. Der Traum ist ein vollkommen asoziales seelisches Produkt; er hat einem anderen nichts mitzuteilen; innerhalb einer Person als Kompromiß der in ihr ringenden seelischen Kräfte entstanden, bleibt er dieser Person selbst unverständlich und ist darum für eine andere völlig uninteressant. Nicht nur daß er keinen Wert auf Verständlichkeit zu legen braucht, er muß sich sogar hüten verstanden zu werden, da er sonst zerstört würde; er kann nur in der Vermummung bestehen. Er darf sich darum ungehindert des Mechanismus, der die unbewußten Denkvorgänge beherrscht, bis zu einer nicht mehr redressierbaren Entstellung bedienen. Der Witz dagegen ist die sozialste aller auf Lustgewinn zielenden seelischen Leistungen. Er benötigt oftmals dreier Personen und verlangt seine Vollendung durch die Teilnahme eines anderen an dem von ihm angeregten seelischen Vorgange. Er muß sich also an die Bedingung der Verständlichkeit binden, darf die im Unbewußten mögliche Entstellung durch Verdichtung und Verschiebung in keinem weiteren Ausmaße in Anspruch nehmen, als soweit dieselbe durch das Verständnis der dritten Person redressierbar ist. Im übrigen sind die beiden, Witz und Traum, auf ganz verschiedenen Gebieten des Seelenlebens erwachsen und an weit voneinander entlegenen Stellen des psychologischen Systems unterzubringen. Der Traum ist immer noch ein, wiewohl unkenntlich gemachter, Wunsch; der Witz ist ein entwickeltes Spiel. Der Traum behält trotz all seiner praktischen Nichtigkeit die Beziehung zu den großen Interessen des Lebens bei; er sucht die Bedürfnisse auf dem regressiven Umwege der Halluzination zu erfüllen, und er verdankt seine Zulassung dem einzig während des Nachtzustandes regen Bedürfnis zu schlafen. Der Witz hingegen sucht einen kleinen Lustgewinn aus der bloßen, bedürfnisfreien Tätigkeit unseres seelischen Apparats zu ziehen, später einen solchen als Nebengewinn während der Tätigkeit desselben zu erhaschen, und gelangt so *sekundär* zu nicht unwichtigen, der Außenwelt zugewendeten Funktionen. Der Traum dient vorwiegend der Unlustersparnis, der Witz dem Lusterwerb; in diesen beiden Zielen treffen aber alle unsere seelischen Tätigkeiten zusammen.

VII
Der Witz und die Arten des Komischen

Wir haben uns den Problemen des Komischen auf eine ungewöhnliche Weise genähert. Es schien uns, daß der Witz, der sonst als eine Unterart der Komik betrachtet wird, genug der Eigentümlichkeiten biete, um direkt in Angriff genommen zu werden, und so sind wir seiner Beziehung zu der umfassenderen Kategorie des Komischen, solange es uns möglich war, ausgewichen, nicht ohne unterwegs einige fürs Komische verwertbare Hinweise aufzugreifen. Wir haben ohne Schwierigkeiten gefunden, daß das Komische sich sozial anders verhält als der Witz. Es kann sich mit nur zwei Personen begnügen, der einen, die das Komische findet, und der zweiten, an der es gefunden wird. Die dritte Person, der das Komische mitgeteilt wird, verstärkt den komischen Vorgang, fügt aber nichts Neues zu ihm hinzu. Beim Witz ist diese dritte Person zur Vollendung des lustbringenden Vorganges unentbehrlich; dagegen kann die zweite wegfallen, wo es sich nicht um tendenziösen, aggressiven Witz handelt. Der Witz wird gemacht, die Komik wird gefunden, und zwar zu allererst an Personen, erst in weiterer Übertragung auch an Objekten, Situationen u. dgl. Vom Witz wissen wir, daß nicht fremde Personen, sondern die eigenen Denkvorgänge die Quellen der zu fördernden Lust in sich bergen. Wir haben ferner gehört, daß der Witz gelegentlich unzugänglich gewordene Quellen der Komik wieder zu eröffnen weiß und daß das Komische häufig dem Witz als Fassade dient und ihm die sonst durch die bekannte Technik herzustellende Vorlust ersetzt (S. 147). Es deutet dies alles gerade nicht auf sehr einfache Beziehungen zwischen Witz und Komik hin. Anderseits haben sich die Probleme des Komischen als so komplizierte erwiesen, allen Lösungsbestrebungen der Philosophen bisher so erfolgreich getrotzt, daß wir die Erwartung nicht aufrechterhalten können, wir würden ihrer gleichsam durch einen Handstreich Meister werden, wenn wir von der Seite des Witzes her an sie herankommen. Auch brachten wir für die Erforschung des Witzes ein Instrument mit, welches anderen noch nicht gedient hatte, die

Kenntnis der Traumarbeit; zur Erkenntnis des Komischen steht uns kein ähnlicher Vorteil zu Gebote, und wir dürfen daher gewärtig sein, daß wir vom Wesen der Komik nichts anderes erkennen werden, als was sich uns bereits im Witz gezeigt hat, insofern derselbe dem Komischen zugehört und gewisse Züge desselben unverändert oder modifiziert in seinem eigenen Wesen führt.

Diejenige Gattung des Komischen, welche dem Witze am nächsten steht, ist das *Naive*. Das Naive wird wie das Komische im allgemeinen gefunden, nicht wie der Witz gemacht, und zwar kann das Naive überhaupt nicht gemacht werden, während beim rein Komischen auch ein Komischmachen, ein Hervorrufen der Komik in Betracht kommt. Das Naive muß sich ohne unser Dazutun ergeben an den Reden und Handlungen anderer Personen, die an der Stelle der *zweiten* Person beim Komischen oder beim Witze stehen. Das Naive entsteht, wenn sich jemand über eine Hemmung voll hinaussetzt, weil eine solche bei ihm nicht vorhanden ist, wenn er sie also mühelos zu überwinden scheint. Bedingung für die Wirkung des Naiven ist, daß uns bekannt sei, er besitze diese Hemmung nicht, sonst heißen wir ihn nicht naiv, sondern frech, lachen nicht über ihn, sondern sind über ihn entrüstet. Die Wirkung des Naiven ist unwiderstehlich und scheint dem Verständnis einfach. Ein von uns gewohnheitsmäßig gemachter Hemmungsaufwand wird durch das Anhören der naiven Rede plötzlich unverwendbar und durch Lachen abgeführt; eine Ablenkung der Aufmerksamkeit braucht es dabei nicht, wahrscheinlich weil die Aufhebung der Hemmung direkt und nicht durch Vermittlung einer angeregten Operation erfolgt. Wir verhalten uns dabei analog der dritten Person des Witzes, welcher die Hemmungsersparung ohne eigene Bemühung geschenkt wird.

Nach den Einblicken in die Genese der Hemmungen, welche wir bei der Verfolgung der Entwicklung vom Spiel zum Witz gewonnen haben, wird es uns nicht wundern, daß das Naive zu allermeist am Kind gefunden wird, in weiterer Übertragung dann beim ungebildeten Erwachsenen, den wir als kindlich betreffs seiner intellektuellen Ausbildung auffassen können. Zum Vergleiche mit dem Witze bieten sich naive Reden natürlich besser als naive Handlungen, da Reden und nicht Handlungen die gewöhnlichen Äußerungsformen des Witzes sind. Es ist nun bezeichnend, daß man naive Reden wie die der Kinder ohne Zwang auch als „naive Witze" benennen kann. Die Übereinstimmung und die Begründung der Verschiedenheit zwischen Witz und Naivität wird uns an einigen Beispielen leicht ersichtlich werden.

Ein 3½ jähriges Mädchen warnt seinen Bruder: „Du, iß nicht soviel von dieser Speise, sonst wirst du krank werden und mußt Bubizin nehmen." „Bubizin?" fragt die Mutter, „was ist denn das?" „Wie ich krank war", rechtfertigt sich das Kind, „habe ich ja auch Medizin nehmen müssen." Das Kind ist der Meinung, daß das vom Arzt verschriebene Mittel Mädi-zin heißt, wenn es für das Mädi bestimmt ist, und schließt, daß es Bubi-zin heißen wird, wenn das Bubi es nehmen soll. Dies ist nun gemacht wie ein Wortwitz, der mit der Technik des Gleichklangs arbeitet, und könnte sich ja auch als wirklicher Witz zugetragen haben, in welchem Falle wir ihm halb widerwillig ein Lächeln geschenkt hätten. Als Beispiel einer Naivität scheint es uns ganz ausgezeichnet und macht uns laut lachen. Was stellt aber hier den Unterschied zwischen dem Witz und dem Naiven her? Offenbar nicht der Wortlaut oder die Technik, die für beide Möglichkeiten die gleichen sind, sondern ein für den ersten Anblick von beiden recht fernab liegendes Moment. Es handelt sich nur darum, ob wir annehmen, daß der Sprecher einen Witz beabsichtigt habe oder daß er – das Kind – im guten Glauben auf Grund seiner unkorrigierten Unwissenheit einen ernsthaften Schluß habe ziehen wollen. Nur der letztere Fall ist einer der Naivität. Auf ein solches Sichhineinversetzen der anderen Person in den psychischen Vorgang bei der produzierenden Person werden wir hier zuerst aufmerksam gemacht.

Die Untersuchung eines zweiten Beispieles wird diese Auffassung bestätigen. Ein Geschwisterpaar, ein 12jähriges Mädchen und ein 10jähriger Knabe, führen ein von ihnen selbst komponiertes Theaterstück vor einem Parterre von Onkeln und Tanten auf. Die Szene stellt eine Hütte am Meeresstrande dar. Im ersten Akt klagen die beiden Dichter-Schauspieler, ein armer Fischer und sein braves Weib, über die harten Zeiten und den schlechten Erwerb. Der Mann beschließt, auf seinem Boot über das weite Meer zu fahren, um anderswo den Reichtum zu suchen, und nach einem zärtlichen Abschied der beiden wird der Vorhang zugezogen. Der zweite Akt spielt einige Jahre später. Der Fischer ist als reicher Mann mit einem großen Geldbeutel zurückgekehrt und erzählt der Frau, die er vor der Hütte wartend antrifft, wie schön es ihm draußen geglückt ist. Die Frau unterbricht ihn stolz: Ich war aber auch nicht faul unterdessen, und öffnet seinen Blicken die Hütte, auf deren Boden man zwölf große Puppen als Kinder schlafen sieht... An dieser Stelle des Schauspieles wurden die Darsteller durch ein sturmartiges Lachen der Zuschauer unterbrochen, welches sie sich nicht erklären konnten. Sie starrten verdutzt auf die lieben Verwandten hin, die sich soweit anständig benommen und gespannt zugehört hatten. Die Voraussetzung, unter der dieses Lachen sich erklärt, ist die Annahme der Zuschauer, daß die jungen Dichter noch nichts von den Bedingungen der Entstehung der Kinder wissen und darum glauben können, eine Frau würde sich der in längerer Abwesenheit des Mannes geborenen Nachkommenschaft rühmen und ein Mann sich mit ihr freuen dürfen. Was die Dichter auf Grund solcher Unwissenheit produzierten, kann man aber als Unsinn, als Absurdität bezeichnen.

Ein drittes Beispiel wird uns eine noch andere Technik, die wir beim Witze kennengelernt haben, im Dienste des Naiven zeigen. Für ein kleines Mädchen wird eine „Französin" als Gouvernante aufgenommen, deren Person aber nicht ihren Beifall findet. Kaum daß die neu Engagierte sich entfernt hat, läßt die Kleine ihre Kritik verlauten: „Das soll eine Französin sein! Vielleicht heißt sie sich so, weil sie einmal bei einem Franzosen gelegen ist!" Dies könnte ein sogar erträglicher Witz sein – Doppelsinn mit Zweideutigkeit oder zweideutiger Anspielung, wenn das Kind von der Möglichkeit des Doppelsinnes eine Ahnung gehabt hätte. In Wirklichkeit hatte sie nur eine oft gehörte scherzhafte Behauptung der Unechtheit auf die ihr unsympathische Fremde übertragen. („Das soll echtes Gold sein? Das ist vielleicht einmal bei Gold gelegen!") Wegen dieser Unkenntnis des Kindes, die den psychischen Vorgang bei den verstehenden Zuhörern so gründlich abändert, wird seine Rede eine naive. Infolge dieser Bedingung gibt es aber auch ein mißverständlich Naives; man kann beim Kind eine Unwissenheit annehmen, die nicht mehr besteht, und Kinder pflegen sich häufig naiv zu stellen, um sich einer Freiheit zu bedienen, die ihnen sonst nicht zugestanden würde. An diesen Beispielen kann man die Stellung des Naiven zwischen dem Witz und dem Komischen erläutern. Mit dem Witz stimmt das Naive (der Rede) im Wortlaut und im Inhalt überein, es bringt einen Wortmißbrauch, einen Unsinn oder eine Zote zustande. Aber der psychische Vorgang in der ersten produzierenden Person, der uns beim Witze so viel des Interessanten und Rätselhaften bot, entfällt hier völlig. Die naive Person vermeint sich ihrer Ausdrucksmittel und Denkwege in normaler und einfacher Weise bedient zu haben und weiß nichts von einer Nebenabsicht; sie zieht aus der Produktion des Naiven auch keinen Lustgewinn. Alle Charaktere des Naiven bestehen nur in der Auffassung der anhörenden Person, die mit der dritten Person des Witzes zusammenfällt. Die produzierende Person erzeugt ferner das Naive mühelos; die komplizierte Technik, die beim Witz dazu bestimmt ist, die Hemmung durch die verständige Kritik zu lähmen, entfällt bei ihr, weil sie diese Hemmung noch nicht besitzt, so daß sie Unsinn und Zote unmittelbar und ohne Kompromiß von sich geben kann. Insofern ist das Naive der Grenzfall des Witzes, der sich herausstellt, wenn man in der Formel der Witzbildung die Größe dieser Zensur auf Null heruntersetzt. War es für die Wirksamkeit des Witzes Bedingung, daß beide Personen unter ungefähr gleichen Hemmungen oder inneren Widerständen stehen, so läßt sich also als Bedingung des Naiven erkennen, daß die eine Person Hemmungen besitze, deren die andere entbehrt. Bei der mit Hemmungen versehenen Person liegt die Auffassung des Naiven, ausschließlich bei ihr kommt der Lustgewinn, den das Naive bringt, zustande, und wir sind nahe daran zu erraten, daß diese Lust durch Hemmungsaufhebung entsteht. Da die Lust des

Witzes der nämlichen Herkunft ist – ein Kern von Wort- und Unsinnslust und eine Hülle von Aufhebungs- und Erleichterungslust –, so begründet diese ähnliche Beziehung zur Hemmung die innere Verwandtschaft des Naiven mit dem Witze. Bei beiden entsteht die Lust durch Aufhebung von innerer Hemmung. Der psychische Vorgang bei der rezeptiven Person (mit der beim Naiven unser Ich regelmäßig zusammenfällt, während wir uns beim Witz auch an die Stelle der produktiven setzen können) ist aber im Falle des Naiven um soviel komplizierter, als der bei der produktiven Person im Vergleich mit dem Witze vereinfacht ist. Auf die rezeptive Person muß das gehörte Naive einerseits wirken wie ein Witz, wofür gerade unsere Beispiele Zeugnis ablegen können, denn ihr ist wie beim Witz die Aufhebung der Zensur durch die bloße Mühe des Anhörens ermöglicht worden. Aber nur ein Teil der Lust, die das Naive schafft, läßt diese Erklärung zu, ja selbst dieser wäre in anderen Fällen des Naiven, z. B. beim Anhören von naiven Zoten gefährdet. Man könnte auf eine naive Zote ohne weiteres mit der nämlichen Entrüstung reagieren, die sich etwa gegen die wirkliche Zote erhebt, wenn nicht ein anderes Moment uns diese Entrüstung ersparen und gleichzeitig den bedeutsameren Anteil der Lust am Naiven liefern würde.

Dieses andere Moment ist uns durch die vorhin erwähnte Bedingung gegeben, daß uns, um das Naive anzuerkennen, das Fehlen der inneren Hemmung bei der produzierenden Person bekannt sein müsse. Nur wenn dies gesichert ist, lachen wir, anstatt uns zu entrüsten. Wir ziehen also den psychischen Zustand der produzierenden Person in Betracht, versetzen uns in denselben, suchen ihn zu verstehen, indem wir ihn mit dem unserigen vergleichen. Aus solchem Sichhineinversetzen und Vergleichen resultiert eine Ersparung von Aufwand, die wir durch Lachen abführen.

Man könnte die einfachere Darstellung bevorzugen, durch die Überlegung, daß die Person keine Hemmung zu überwinden brauchte, werde unsere Entrüstung überflüssig; das Lachen geschehe also auf Kosten der ersparten Entrüstung. Um diese im allgemeinen irreführende Auffassung fernzuhalten, will ich zwei Fälle schärfer sondern, die ich in obiger Darstellung vereinigt hatte. Das Naive, das vor uns hintritt, kann entweder von der Natur des Witzes sein wie in unseren Beispielen oder von der Natur der Zote, des Anstößigen überhaupt, was dann besonders zutreffen wird, wenn es sich nicht als Rede, sondern als Handlung äußert. Dieser letztere Fall ist wirklich irreführend; man könnte für ihn annehmen, die Lust entstehe aus der ersparten und umgewandelten Entrüstung. Aber der erstere Fall ist der aufklärende. Die naive Rede, z. B. vom Bubizin, kann an sich wirken wie ein geringer Witz und zur Entrüstung keinen Anlaß geben; es ist dies gewiß der seltenere, aber der reinere und bei weitem lehrreichere Fall. Soweit wir nun daran denken, daß das Kind die Silben „Medi“ in „Medizin“ ernsthaft und ohne Nebenabsicht für identisch mit seinem eigenen Namen „Mädi" gehalten hat, erfährt die Lust am Gehörten eine Steigerung, die nichts mehr mit der Witzeslust zu tun hat. Wir betrachten jetzt das Gesagte von zweierlei Standpunkten, einmal so, wie es sich beim Kind ergeben hat, und dann so, wie sich es für uns ergeben würde, finden bei diesem Vergleich, daß das Kind eine Identität gefunden, eine Schranke überwunden hat, die für uns besteht, und dann geht es etwa so weiter, als ob wir uns sagen würden: Wenn du das Gehörte verstehen willst, kannst du dir den Aufwand für die Einhaltung dieser Schranke ersparen. Der bei solchem Vergleich frei gewordene Aufwand ist die Quelle der Lust am Naiven und wird durch Lachen abgeführt; es ist allerdings der nämliche, den wir sonst in Entrüstung verwandelt hätten, wenn das Verständnis der produzierenden Person und hier auch die Natur des Gesagten eine solche nicht ausschlössen. Nehmen wir aber den Fall des naiven Witzes als vorbildlich für den anderen Fall des naiv Anstößigen, so sehen wir, daß auch hier die Ersparung an Hemmung direkt aus der Vergleichung hervorgehen kann, daß wir nicht notwendig haben, eine beginnende und dann erstickte Entrüstung anzunehmen, und daß die letztere nur einer anderweitigen Verwendung des frei gewordenen Aufwandes entspricht, gegen welche beim Witze komplizierte Schutzeinrichtungen erforderlich waren.

Dieser Vergleich, diese Ersparung an Aufwand beim Sichhineinversetzen in den seelischen Vorgang der produzierenden Person, können für das Naive nur dann eine Bedeutung beanspruchen, wenn sie nicht ihm allein zukommen. In der Tat entsteht bei uns die Vermutung, daß dieser dem Witz völlig fremde Mechanismus ein Stück, vielleicht das wesentliche Stück des psychischen Vorganges beim Komischen ist. Von dieser Seite – es ist gewiß die wichtigste Ansicht des Naiven – stellt sich das Naive also als eine Art des Komischen dar. Was bei unseren Beispielen von naiven Reden zur Witzeslust dazukommt, ist „komische" Lust. Von dieser wären wir geneigt ganz allgemein anzunehmen, daß sie durch ersparten Aufwand bei Vergleichung der Äußerungen eines anderen mit den unserigen entstehe. Da wir aber hier vor weit ausgreifenden Anschauungen stehen, wollen wir vorerst die Würdigung des Naiven abschließen. Das Naive wäre also eine Art des Komischen, insofern eine Lust aus der Aufwanddifferenz entspringt, die sich beim Verstehenwollen des anderen ergibt, und es näherte sich dem Witz durch die Bedingung, daß der bei der Vergleichung ersparte Aufwand ein Hemmungsaufwand sein muß.[58]

[58] Ich habe hier überall das Naive mit dem Naivkomischen identifiziert, was gewiß nicht allgemein zulässig ist. Aber es genügt unseren Absichten, die Charaktere des Naiven am „naiven Witz" und an der „naiven Zote" zu studieren. Ein weiteres Eingehen würde die Absicht voraussetzen, von hier aus das Wesen des Komischen zu ergründen.

Stellen wir noch rasch einige Übereinstimmungen und Unterscheidungen fest zwischen den Begriffen, zu denen wir zuletzt gelangt sind, und jenen, die seit langem in der Psychologie der Komik genannt werden. Das Sichhineinversetzen, Verstehenwollen ist offenbar nichts anderes als das „komische Leihen", das seit *Jean Paul* in der Analyse des Komischen eine Rolle spielt; das „Vergleichen" des seelischen Vorganges beim anderen mit dem eigenen entspricht dem „psychologischen Kontrast", für den wir hier endlich eine Stelle finden, nachdem wir beim Witze mit ihm nichts anzufangen wußten. In der Erklärung der komischen Lust weichen wir aber von vielen Autoren ab, bei denen die Lust durch das Hin- und Herschwanken der Aufmerksamkeit zwischen den kontrastierenden Vorstellungen entstehen soll. Wir wüßten einen solchen Mechanismus der Lust nicht zu begreifen, wir weisen darauf hin, daß bei der Vergleichung der Kontraste sich eine Aufwanddifferenz herausstellt, welche, wenn sie keine andere Verwendung erfährt, abfuhrfähig und dadurch Lustquelle wird.[59]

An das Problem des Komischen selbst wagen wir uns nur mit Bangen heran. Es wäre vermessen zu erwarten, daß unsere Bemühungen etwas Entscheidendes zu dessen Lösung beitragen könnten, nachdem die Arbeiten einer großen Reihe von ausgezeichneten Denkern eine allseitig befriedigende Aufklärung nicht ergeben haben. Wir beabsichtigen wirklich nichts anderes als jene Gesichtspunkte, die sich uns als wertvoll für den Witz erwiesen haben, eine Strecke weit ins Gebiet des Komischen zu verfolgen.

Das Komische ergibt sich zunächst als ein unbeabsichtigter Fund aus den sozialen Beziehungen der Menschen. Es wird an Personen gefunden, und zwar an deren Bewegungen, Formen, Handlungen und Charakterzügen, wahrscheinlich ursprünglich nur an den körperlichen, später auch an den seelischen Eigenschaften derselben, beziehungsweise an deren Äußerungen. Durch eine sehr gebräuchliche Art von Personifizierung werden dann auch Tiere oder unbelebte Objekte komisch. Das Komische ist indes der Ablösung von den Personen fähig, indem die Bedingung erkannt wird, unter welcher eine Person komisch erscheint. So entsteht das Komische der Situation, und mit solcher Erkenntnis ist die Möglichkeit vorhanden, eine Person nach Belieben komisch zu machen, indem man sie in Situationen versetzt, in denen ihrem Tun diese Bedingungen des Komischen anhängen. Die Entdeckung, daß man es in seiner Macht hat, einen anderen komisch zu machen, eröffnet den Zugang zu ungeahntem Gewinn an komischer Lust und gibt

---

[59] Auch Bergson (*Le rire*, 1904) weist (S. 99) eine solche Ableitung der komischen Lust, die unverkennbar durch das Bestreben beeinflußt worden ist, eine Analogie mit dem Lachen des Gekitzelten zu schaffen, mit guten Argumenten ab. – Auf einem ganz anderen Niveau steht die Erklärung der komischen Lust bei Lipps, die im Zusammenhange mit seiner Auffassung des Komischen als eines „unerwarteten Kleinen" darzustellen wäre.

einer hochausgebildeten Technik den Ursprung. Man kann auch sich selbst ebensowohl komisch machen wie andere. Die Mittel, die zum Komischmachen dienen, sind: die Versetzung in komische Situationen, die Nachahmung, Verkleidung, Entlarvung, Karikatur, Parodie und Travestie u. a. Wie selbstverständlich, können diese Techniken in den Dienst feindseliger und aggressiver Tendenzen treten. Man kann eine Person komisch machen, um sie verächtlich werden zu lassen, um ihr den Anspruch auf Würde und Autorität zu nehmen. Aber selbst wenn solche Absicht dem Komischmachen regelmäßig zugrunde läge, brauchte dies nicht der Sinn des spontan Komischen zu sein. Aus dieser ungeordneten Übersicht über das Vorkommen des Komischen ersehen wir bereits, daß ihm ein sehr ausgedehntes Ursprungsgebiet zugesprochen werden muß und daß so spezialisierte Bedingungen, wie z. B. beim Naiven, beim Komischen nicht zu erwarten sind. Um der für das Komische gültigen Bedingung auf die Spur zu kommen, ist die Wahl eines Ausgangsfalles das Bedeutsamste; wir wählen die Komik der Bewegungen, weil wir uns erinnern, daß die primitivste Bühnendarstellung, die der Pantomime, sich dieses Mittels bedient, um uns lachen zu machen. Die Antwort, warum wir über die Bewegungen des Clowns lachen, würde lauten, weil sie uns übermäßig und unzweckmäßig erscheinen. Wir lachen über einen allzu großen Aufwand. Suchen wir die Bedingung außerhalb der künstlich gemachten Komik, also dort, wo sie sich unabsichtlich finden läßt. Die Bewegungen des Kindes erscheinen uns nicht komisch, obwohl das Kind zappelt und springt. Komisch ist es dagegen, wenn das Kind beim Schreibenlernen die herausgestreckte Zunge die Bewegungen des Federstiels mitmachen läßt; wir sehen in diesen Mitbewegungen einen überflüssigen Bewegungsaufwand, den wir uns bei der gleichen Tätigkeit ersparen würden. In gleicher Weise sind uns andere Mitbewegungen oder auch bloß übermäßig gesteigerte Ausdrucksbewegungen komisch auch bei Erwachsenen. So sind ganz reine Fälle dieser Art von Komik die Bewegungen, die der Kegelschieber ausführt, nachdem er die Kugel entlassen hat, solange er ihren Lauf verfolgt, als könnte er diesen noch nachträglich regulieren; so sind alle Grimassen komisch, welche den normalen Ausdruck der Gemütsbewegungen übertreiben, auch dann, wenn sie unwillkürlich erfolgen wie bei an Veitstanz (Chorea St. Viti) leidenden Personen; so werden die leidenschaftlichen Bewegungen eines modernen Dirigenten jedem Unmusikalischen komisch erscheinen, der ihre Notwendigkeit nicht zu verstehen weiß. Ja, von dieser Komik der Bewegungen zweigt das Komische der Körperformen und Gesichtszüge ab, indem diese aufgefaßt werden, als seien sie das Ergebnis einer zu weit getriebenen und zwecklosen Bewegung. Aufgerissene Augen, eine hakenförmig zum Mund abgebogene Nase, abstehende Ohren, ein Buckel, all dergleichen wirkt wahrscheinlich nur komisch, insofern die Bewegungen vorgestellt werden, die zum Zustandekommen dieser Züge notwendig wären, wobei

Nase, Ohren und andere Körperteile der Vorstellung beweglicher gelten, als sie es in Wirklichkeit sind. Es ist ohne Zweifel komisch, wenn jemand „mit den Ohren wackeln" kann, und es wäre ganz gewiß noch komischer, wenn er die Nase heben oder senken könnte. Ein gutes Stück der komischen Wirkung, welche die Tiere auf uns äußern, kommt von der Wahrnehmung solcher Bewegungen an ihnen, die wir nicht nachahmen können.

Auf welche Weise gelangen wir aber zum Lachen, wenn wir die Bewegungen eines anderen als übermäßig und unzweckmäßig erkannt haben? Auf dem Wege der Vergleichung, meine ich, zwischen der am anderen beobachteten Bewegung und jener, die ich selbst an ihrer Statt ausgeführt hätte. Die beiden Verglichenen müssen natürlich auf gleiches Maß gesetzt werden, und dieses Maß ist mein, mit der Vorstellung der Bewegung in dem einen wie im anderen Falle verbundener, Innervationsaufwand. Diese Behauptung bedarf der Erläuterung und weiterer Ausführung.

Was wir hier in Beziehung zueinander setzen, ist einerseits der psychische Aufwand bei einem gewissen Vorstellen und anderseits der Inhalt dieses Vorgestellten. Unsere Behauptung geht dahin, daß der erstere nicht allgemein und prinzipiell unabhängig sei vom letzteren, vom Vorstellungsinhalt, insbesondere daß die Vorstellung eines Großen einen Mehraufwand gegen die eines Kleinen erfordere. Solange es sich nur um die Vorstellung verschieden großer Bewegungen handelt, dürfte uns die theoretische Begründung unseres Satzes und sein Erweis durch die Beobachtung keine Schwierigkeiten bereiten. Es wird sich zeigen, daß in diesem Falle eine Eigenschaft der Vorstellung tatsächlich mit einer Eigenschaft des Vorgestellten zusammenfällt, obwohl die Psychologie uns sonst vor solcher Verwechslung warnt.

Die Vorstellung von einer bestimmt großen Bewegung habe ich erworben, indem ich diese Bewegung ausführte oder nachahmte, und bei dieser Aktion habe ich in meinen Innervationsempfindungen ein Maß für diese Bewegung kennengelernt.[60]

Wenn ich nun eine ähnliche, mehr oder minder große Bewegung bei einem anderen wahrnehme, wird der sicherste Weg zum Verständnis – zur Apperzeption – derselben sein, daß ich sie nachahmend ausführe, und dann kann ich

[60] Die Erinnerung an diesen Innervationsaufwand wird das wesentliche Stück der Vorstellung von dieser Bewegung bleiben, und es wird immer Denkweisen in meinem Seelenleben geben, bei welchen die Vorstellung durch nichts anderes als diesen Aufwand repräsentiert wird. In anderen Zusammenhängen mag ja ein Ersatz dieses Elements durch andere, z. B. durch die visuellen Vorstellungen des Bewegungszieles, durch die Wortvorstellung, eintreten, und bei gewissen Arten des abstrakten Denkens wird ein Zeichen anstatt des vollen Inhalts der Vorstellung genügen.

durch den Vergleich entscheiden, bei welcher Bewegung mein Aufwand größer war. Ein solcher Drang zur Nachahmung tritt gewiß beim Wahrnehmen von Bewegungen auf. In Wirklichkeit aber führe ich die Nachahmung nicht durch, so wenig wie ich noch buchstabiere, wenn ich durch das Buchstabieren das Lesen erlernt habe. An Stelle der Nachahmung der Bewegung durch meine Muskeln setze ich das Vorstellen derselben vermittels meiner Erinnerungsspuren an die Aufwände bei ähnlichen Bewegungen. Das Vorstellen oder „Denken" unterscheidet sich vom Handeln oder Ausführen vor allem dadurch, daß es sehr viel geringere Besetzungsenergien in Verschiebung bringt und den Hauptaufwand vom Abfluß zurückhält. Auf welche Weise wird aber das quantitative Moment – das mehr oder minder Große – der wahrgenommenen Bewegung in der Vorstellung zum Ausdruck gebracht? Und wenn eine Darstellung der Quantität in der aus Qualitäten zusammengesetzten Vorstellung wegfällt, wie kann ich dann die Vorstellungen verschieden großer Bewegungen unterscheiden, den Vergleich anstellen, auf den es hier ankommt?

Hier weist uns die Physiologie den Weg, indem sie uns lehrt, daß auch während des Vorstellens Innervationen zu den Muskeln ablaufen, die freilich nur einem bescheidenen Aufwand entsprechen. Es liegt aber jetzt sehr nahe anzunehmen, daß dieser das Vorstellen begleitende Innervationsaufwand zur Darstellung des quantitativen Faktors der Vorstellung verwendet wird, daß er größer ist, wenn eine große Bewegung vorgestellt wird, als wenn es sich um eine kleine handelt. Die Vorstellung der größeren Bewegung wäre also hier wirklich die größere, d. h. von größerem Aufwand begleitete Vorstellung.

Die Beobachtung zeigt nun unmittelbar, daß die Menschen gewöhnt sind, das Groß und Klein in ihren Vorstellungsinhalten durch mannigfachen Aufwand in einer Art von *Vorstellungsmimik* zum Ausdruck zu bringen.

Wenn ein Kind oder ein Mann aus dem Volke oder ein Angehöriger gewisser Rassen etwas mitteilt oder schildert, so kann man leicht sehen, daß er sich nicht damit begnügt, seine Vorstellung durch die Wahl klarer Worte dem Hörer deutlich zu machen, sondern daß er auch den Inhalt derselben in seinen Ausdrucksbewegungen darstellt; er verbindet die mimische mit der wörtlichen Darstellung. Er bezeichnet zumal die Quantitäten und Intensitäten. „Ein hoher Berg", dabei hebt er die Hand über seinen Kopf; „ein kleiner Zwerg", dabei hält er sie nahe an den Boden. Er mag es sich abgewöhnt haben, mit den Händen zu malen, so wird er es darum doch mit der Stimme tun, und wenn er sich auch darin beherrscht, so mag man wetten, daß er bei der Schilderung von etwas Großem die Augen aufreißt und bei der Darstellung von etwas Kleinem die Augen zusammendrückt. Es sind nicht seine Affekte, die er so äußert, sondern wirklich der Inhalt des von ihm Vorgestellten.

Soll man nun annehmen, daß dies Bedürfnis nach Mimik erst durch die Anforderung der Mitteilung geweckt wird, während doch ein gutes Stück dieser Darstellungsweise der Aufmerksamkeit des Hörers überhaupt entgeht? Ich glaube vielmehr, daß diese Mimik, wenn auch minder lebhaft, abgesehen von jeder Mitteilung besteht, daß sie auch zustande kommt, wenn die Person für sich allein vorstellt, etwas anschaulich denkt; daß diese Person dann das Groß und Klein an ihrem Körper ebenso wie während der Rede zum Ausdruck bringt, durch veränderte Innervation an ihren Gesichtszügen und Sinnesorganen wenigstens. Ja, ich kann mir denken, daß die dem Inhalt des Vorgestellten konsensuelle Körperinnervation der Beginn und Ursprung der Mimik zu Mitteilungszwecken war; sie brauchte ja nur gesteigert, dem anderen auffällig gemacht zu werden, um dieser Absicht dienen zu können. Wenn ich so die Ansicht vertrete, daß zu dem „Ausdruck der Gemütsbewegungen", der als körperliche Nebenwirkung seelischer Vorgänge bekannt ist, dieser „Ausdruck des Vorstellungsinhalts" hinzugefügt werden sollte, so ist mir gewiß klar, daß meine auf die Kategorie des Großen und Kleinen bezüglichen Bemerkungen das Thema nicht erschöpfen. Ich wüßte selbst noch mancherlei dazuzutun, noch ehe man zu den Spannungsphänomenen gelangt, durch welche eine Person die Sammlung ihrer Aufmerksamkeit und das Niveau der Abstraktion, auf dem ihr Denken eben verweilt, körperlich anzeigt. Ich halte den Gegenstand für recht bedeutsam und glaube, daß die Verfolgung der Vorstellungsmimik auf anderen Gebieten der Ästhetik ähnlich nützlich sein dürfte wie hier für das Verständnis des Komischen.

Um nun zur Komik der Bewegung zurückzukehren, wiederhole ich, daß mit der Wahrnehmung einer bestimmten Bewegung der Impuls zu ihrer Vorstellung durch einen gewissen Aufwand gegeben sein wird. Ich mache also beim „Verstehenwollen", bei der Apperzeption dieser Bewegung einen gewissen Aufwand, verhalte mich bei diesem Stück des seelischen Vorganges ganz so, als ob ich mich an die Stelle der beobachteten Person versetzte. Wahrscheinlich gleichzeitig fasse ich aber das Ziel dieser Bewegung ins Auge und kann durch frühere Erfahrung das Maß von Aufwand abschätzen, welches zur Erreichung dieses Zieles erforderlich ist. Ich sehe dabei von der beobachteten Person ab und benehme mich so, als ob ich selbst das Ziel der Bewegung erreichen wollte. Diese beiden Vorstellungsmöglichkeiten kommen auf einen Vergleich der beobachteten mit meiner eigenen Bewegung hinaus. Bei einer übermäßigen und unzweckmäßigen Bewegung des anderen wird mein Mehraufwand fürs Verständnis *in statu nascendi*, gleichsam in der Mobilmachung gehemmt, als überflüssig erklärt und ist für weitere Verwendung, eventuell für die Abfuhr durch Lachen frei. Dieser Art wäre, wenn andere günstige Bedingungen hinzutreten, die Entstehung der Lust an der komischen Bewegung, ein bei der Vergleichung mit der eigenen Bewegung als Überschuß unverwendbar gewordener Innervationsaufwand.

Wir merken nun, daß wir unsere Erörterungen nach zwei verschiedenen Richtungen fortzusetzen haben, erstens um die Bedingungen für die Abfuhr des Überschusses festzustellen, zweitens um zu prüfen, ob die anderen Fälle des Komischen sich ähnlich fassen lassen wie das Komische der Bewegung.

Wir wenden uns der letzteren Aufgabe zuerst zu und ziehen nach dem Komischen der Bewegung und Handlung das Komische in Betracht, das an den geistigen Leistungen und Charakterzügen des anderen gefunden wird.

Wir können den komischen Unsinn, wie er von unwissenden Kandidaten im Examen produziert wird, zum Muster der Gattung nehmen; schwieriger ist es wohl, von den Charakterzügen ein einfaches Beispiel zu geben. Es darf uns nicht irremachen, daß Unsinn und Dummheit, die so häufig komisch wirken, doch nicht in allen Fällen als komisch empfunden werden, ebenso wie die nämlichen Charaktere, über die wir das eine Mal als komisch lachen, andere Male uns als verächtlich oder hassenswert erscheinen können. Diese Tatsache, der Rechnung zu tragen wir nicht vergessen dürfen, deutet doch nur darauf hin, daß für die komische Wirkung noch andere Verhältnisse als die der uns bekannten Vergleichung in Betracht kommen, Bedingungen, denen wir in anderem Zusammenhange nachspüren können.

Das Komische, das an geistigen und seelischen Eigenschaften eines anderen gefunden wird, ist offenbar wiederum Ergebnis einer Vergleichung zwischen ihm und meinem Ich, aber merkwürdigerweise einer Vergleichung, die zumeist das entgegengesetzte Resultat geliefert hat wie im Falle der komischen Bewegung oder Handlung. In diesem letzteren Falle war es komisch, wenn der andere sich mehr Aufwand auferlegt hatte, als ich zu gebrauchen glaubte; im Falle der seelischen Leistung wird es hingegen komisch, wenn der andere sich Aufwand erspart hat, den ich für unerläßlich halte, denn Unsinn und Dummheit sind ja Minderleistungen. Im ersteren Falle lache ich, weil er es sich zu schwer, im letzteren, weil er es sich zu leicht gemacht hat. Es kommt also scheinbar für die komische Wirkung nur auf die Differenz zwischen den beiden Besetzungsaufwänden – dem der „Einfühlung“ und dem des Ichs – an und nicht darauf, zu wessen Gunsten diese Differenz aussagt. Diese unser Urteil zunächst verwirrende Sonderbarkeit schwindet aber, wenn man in Erwägung zieht, daß es in der Richtung unserer persönlichen Entwicklung zu einer höheren Kulturstufe liegt, unsere Muskelarbeit einzuschränken und unsere Gedankenarbeit zu steigern. Durch Erhöhung unseres Denkaufwandes erzielen wir eine Verringerung unseres Bewegungsaufwandes für die nämliche Leistung, von welchem Kulturerfolg ja unsere Maschinen Zeugnis ablegen.[61]

Es fügt sich also einem einheitlichen Verständnis, wenn derjenige uns komisch erscheint, der für seine körperlichen Leistungen zuviel und für seine seelischen Leistungen zuwenig Aufwand im Vergleich mit uns treibt, und es ist nicht abzuweisen, daß unser Lachen in diesen beiden Fällen der Ausdruck der lustvoll empfundenen Überlegenheit ist, die wir uns ihm gegenüber zusprechen. Wenn das Verhältnis sich in beiden Fällen umkehrt, der somatische Aufwand des anderen geringer und sein seelischer größer gefunden wird als der unserige, dann lachen wir nicht mehr, dann staunen und bewundern wir.[62]

Der hier erörterte Ursprung der komischen Lust aus der Vergleichung der anderen Person mit dem eigenen Ich – aus der Differenz zwischen dem Einfühlungsaufwand und dem eigenen – ist wahrscheinlich der genetisch bedeutsamste. Sicher steht aber, daß er nicht der einzige geblieben ist. Wir haben irgend einmal gelernt, von solcher Vergleichung zwischen dem anderen und dem Ich abzusehen und die lustbringende Differenz uns von nur einer Seite her zu holen, sei es von der Einfühlung her, sei es aus den Vorgängen im eigenen Ich, womit der Beweis erbracht ist, daß das Gefühl der Überlegenheit keine wesentliche Beziehung zur komischen Lust hat. Eine Vergleichung ist für die Entstehung dieser Lust unentbehrlich; wir finden, daß diese Vergleichung statthat zwischen zwei rasch aufeinanderfolgenden und auf dieselbe Leistung bezüglichen Besetzungsaufwänden, die wir entweder auf dem Wege der Einfühlung in den anderen bei uns herstellen oder ohne solche Beziehung in unseren eigenen seelischen Vorgängen finden. Der erste Fall, bei dem die andere Person also noch eine Rolle spielt, nur nicht ihr Vergleich mit unserem Ich, ergibt sich, wenn die lustbringende Differenz der Besetzungsaufwände hergestellt wird durch äußere Einflüsse, die wir als „Situation" zusammenfassen können, weshalb diese Art Komik auch *Situationskomik* genannt wird. Die Eigenschaften der Person, welche das Komische liefert, kommen dabei nicht hauptsächlich in Betracht; wir lachen, auch wenn wir uns sagen müssen, daß wir in derselben Situation das nämliche hätten tun müssen. Wir ziehen hier die Komik aus dem Verhältnis des Menschen zur oft übermächtigen Außenwelt, als welche sich für die seelischen Vorgänge im Menschen auch die Konventionen und Notwendigkeiten der Gesellschaft, ja selbst seine eigenen leiblichen Bedürfnisse darstellen. Ein

[61] „Was man nicht im Kopfe hat", sagt das Sprichwort, „muß man in den Beinen haben."

[62] Diese durchgehende Gegensätzlichkeit in den Bedingungen des Komischen, daß bald ein Zuviel, bald ein Zuwenig als die Quelle der komischen Lust erscheint, hat zur Verwirrung des Problems nicht wenig beigetragen. Vgl. Lipps (l. c. S. 47).

typischer Fall der letzten Art ist es, wenn jemand in einer Tätigkeit, die seine seelischen Kräfte in Anspruch nimmt, plötzlich gestört wird durch einen Schmerz oder ein exkrementelles Bedürfnis. Der Gegensatz, welcher uns bei der Einfühlung die komische Differenz liefert, ist der zwischen dem hohen Interesse vor der Störung und dem minimalen, welches er nach Eintritt der Störung noch für seine seelische Tätigkeit übrig hat. Die Person, die uns diese Differenz liefert, wird uns wiederum als eine unterlegene komisch; sie ist aber nur unterlegen im Vergleiche mit ihrem früheren Ich und nicht im Vergleiche zu uns, da wir wissen, daß wir uns im gleichen Falle nicht anders benehmen könnten. Es ist aber bemerkenswert, daß wir dieses Unterliegen des Menschen nur im Falle der Einfühlung, also beim anderen komisch finden können, während wir selbst im Falle solcher und ähnlicher Verlegenheiten uns nur peinlicher Gefühle bewußt würden. Wahrscheinlich ermöglicht uns erst dieses Fernhalten des Peinlichen von unserer Person, die aus der Vergleichung der wechselnden Besetzungen sich ergebende Differenz als eine lustvolle zu genießen.

Die andere Quelle des Komischen, die wir in unseren eigenen Besetzungswandlungen finden, liegt in unseren Beziehungen zum Zukünftigen, welches wir gewohnt sind, durch unsere Erwartungsvorstellungen zu antizipieren. Ich nehme an, daß ein quantitativ bestimmter Aufwand unserer jedesmaligen Erwartungsvorstellung zugrunde liegt, der sich also im Falle der Enttäuschung um eine bestimmte Differenz vermindert, und berufe mich hier wiederum auf die vorhin gemachten Bemerkungen über „Vorstellungsmimik". Es scheint mir aber leichter, den wirklich mobil gemachten Besetzungsaufwand für die Fälle der Erwartung zu erweisen. Es ist für eine Reihe von Fällen ganz offenkundig, daß motorische Vorbereitungen den Ausdruck der Erwartung bilden, zunächst für alle Fälle, in denen das erwartete Ereignis Ansprüche an meine Motilität stellt, und diese Vorbereitungen sind ohne weiteres quantitativ bestimmbar. Wenn ich einen Ball aufzufangen erwarte, der mir zugeworfen wird, so versetze ich meinen Körper in Spannungen, die ihn befähigen sollen, dem Anprall des Balls standzuhalten, und die überschüssigen Bewegungen, die ich mache, wenn sich der aufgefangene Ball als zu leicht erweist, machen mich den Zuschauern komisch. Ich habe mich durch die Erwartung zu einem übermäßigen Bewegungsaufwand verführen lassen. Desgleichen, wenn ich z. B. eine für schwer gehaltene Frucht aus einem Korb hebe, die aber zu meiner Täuschung hohl, aus Wachs nachgeahmt ist. Meine Hand verrät durch ihr Emporschnellen, daß ich eine für den Zweck übergroße Innervation vorbereitet hatte, und ich werde dafür verlacht. Ja es gibt wenigstens einen Fall, in welchem der Erwartungsaufwand durch das physiologische Experiment am Tier unmittelbar meßbar aufgezeigt werden kann. In den *Pawlowschen* Versuchen über Speichelsekretionen werden Hunden, denen eine Speichelfistel angelegt worden ist, verschiedene Nahrungsmittel vorgezeigt, und die abgesonderten Mengen Speichel schwanken dann, je nachdem die Versuchsbedingungen die Erwartungen des Hundes, mit dem Vorgezeigten gefüttert zu werden, bestärkt oder getäuscht haben.

Auch wo das Erwartete bloß Ansprüche an meine Sinnesorgane und nicht an meine Motilität stellt, darf ich annehmen, daß die Erwartung sich in einer gewissen motorischen Verausgabung zur Spannung der Sinne, zur Abhaltung anderer nicht erwarteter Eindrücke äußert, und darf überhaupt die Einstellung der Aufmerksamkeit als eine motorische Leistung, die einem gewissen Aufwand gleichkommt, auffassen. Ich darf ferner voraussetzen, daß die vorbereitende Tätigkeit der Erwartung nicht unabhängig sein wird von der Größe des erwarteten Eindrucks, sondern daß ich das Groß oder Klein derselben mimisch durch einen größeren oder kleineren Vorbereitungsaufwand darstellen werde wie im Falle der Mitteilung und im Falle des Denkens ohne zu erwarten. Der Erwartungsaufwand wird sich allerdings aus mehreren Komponenten zusammensetzen, und auch für meine Enttäuschung wird verschiedenes in Betracht kommen, nicht nur ob das Eingetroffene sinnlich größer oder kleiner ist als das Erwartete, sondern auch, ob es des großen Interesses würdig ist, welches ich für die Erwartung aufgeboten hatte. Ich werde auf diese Weise etwa dazu angeleitet, außer dem Aufwand für die Darstellung von Groß und Klein (der Vorstellungsmimik), den Aufwand für die Spannung der Aufmerksamkeit (Erwartungsaufwand) und bei anderen Fällen überdies den Abstraktionsaufwand in Betracht zu ziehen. Aber diese anderen Arten von Aufwand lassen sich leicht auf den für Groß und Klein zurückführen, da ja das Interessantere, das Erhabenere und selbst das Abstraktere nur besonders qualifizierte Spezialfälle des Größeren sind. Nehmen wir hinzu, daß nach *Lipps* u. a. der *quantitative* – und nicht der qualitative – Kontrast in erster Linie als Quelle der komischen Lust angesehen wird, so werden wir im ganzen damit zufrieden sein, daß wir das Komische der Bewegung zum Ausgangspunkt unserer Untersuchung gewählt haben.

In Ausführung des *Kantschen* Satzes, „das Komische sei eine in nichts zergangene Erwartung“, hat *Lipps* in seinem hier wiederholt zitierten Buche den Versuch gemacht, die komische Lust ganz allgemein aus der Erwartung abzuleiten. Trotz der vielen lehrreichen und wertvollen Ergebnisse, welche dieser Versuch zutage gefördert hat, möchte ich aber der von anderen Autoren geäußerten Kritik beipflichten, daß *Lipps* das Ursprungsgebiet des Komischen um vieles zu eng gefaßt hat und dessen Phänomene seiner Formel nicht ohne großen Zwang unterwerfen konnte.

Die Menschen haben sich nicht damit begnügt, das Komische zu genießen, wo sie im Erleben darauf stoßen, sondern danach gestrebt, es absichtlich herzustellen, und man erfährt mehr vom Wesen des Komischen, wenn man die Mittel studiert, welche zum Komischmachen dienen. Man kann vor allem das Komische an seiner eigenen Person zur Erheiterung anderer hervorrufen, z. B. indem man sich ungeschickt oder dumm stellt. Man erzeugt dann die Komik genauso, als ob man es wirklich wäre, indem man die Bedingung der Vergleichung, die zur Aufwanddifferenz führt, erfüllt; man macht sich selbst aber nicht lächerlich oder verächtlich dadurch, sondern kann unter Umständen sogar Bewunderung erzielen. Das Gefühl der Überlegenheit kommt beim anderen nicht zustande, wenn er weiß, daß man sich bloß verstellt hat, und dies gibt einen guten neuerlichen Beweis für die prinzipielle Unabhängigkeit der Komik vom Überlegenheitsgefühl.

Als Mittel, einen anderen komisch zu machen, dient vor allem die Versetzung in Situationen, in denen man infolge der menschlichen Abhängigkeit von äußeren Verhältnissen, insbesondere sozialen Momenten, komisch wird, ohne Rücksicht auf die persönlichen Eigenschaften des Betroffenen, also die Ausnützung der Situationskomik. Diese Versetzung in eine komische Situation mag eine reale sein (*a practical joke*), indem man jemandem ein Bein stellt, so daß er wie ein Ungeschickter hinfällt, ihn dumm erscheinen läßt, dadurch daß man seine Gläubigkeit ausnützt, ihm etwas Unsinniges einzureden sucht u. dgl., oder sie kann durch Rede oder Spiel fingiert werden. Es ist ein gutes Hilfsmittel der Aggression, in deren Dienst sich das Komischmachen zu stellen pflegt, daß die komische Lust unabhängig ist von der Realität der komischen Situation; so daß jeder eigentlich wehrlos dem Komischgemachtwerden ausgesetzt ist.

Es gibt aber noch andere Mittel zum Komischmachen, die eine besondere Würdigung verdienen und zum Teil auch neue Ursprünge der komischen Lust aufzeigen. Hieher gehört z. B. die *Nachahmung,* die dem Hörer eine ganz außerordentliche Lust gewährt und ihren Gegenstand komisch macht, auch wenn sie sich von der karikierenden Übertreibung noch fernhält. Es ist viel leichter, die komische Wirkung der *Karikatur* als die der bloßen Nachahmung zu ergründen. Karikatur, Parodie und Travestie, sowie deren praktisches Gegenstück: die Entlarvung, richten sich gegen Personen und Objekte, die Autorität und Respekt beanspruchen, in irgendeinem Sinne *erhaben* sind. Es sind Verfahren zur Herabsetzung, wie der glückliche Ausdruck der deutschen Sprache besagt.[63] Das Erhabene ist ein Großes im übertragenen, im psychischen Sinne, und ich möchte die Annahme machen oder vielmehr erneuern, daß dasselbe wie das

---

[63] *Degradation.* A.Bain (*The emotions and the will*, 2nd edit. 1865) sagt: The occasion of the ludicrous is the degradation of some person or interest, possessing dignity, in circumstances that excite no other strong emotion (S. 248).

somatisch Große durch einen Mehraufwand dargestellt wird. Es gehört wenig Beobachtung dazu, um festzustellen, daß ich, wenn ich vom Erhabenen rede, meine Stimme anders innerviere, andere Mienen mache und meine ganze Körperhaltung gleichsam in Einklang mit der Würde dessen zu bringen suche, was ich vorstelle. Ich lege mir einen feierlichen Zwang auf, nicht viel anders, als wenn ich mich in die Gegenwart einer erhabenen Persönlichkeit, eines Monarchen, eines Fürsten der Wissenschaft begeben soll. Ich werde kaum irregehen, wenn ich annehme, daß diese andere Innervation der Vorstellungsmimik einem Mehraufwand entspricht. Den dritten Fall eines solchen Mehraufwandes finde ich wohl, wenn ich mich in abstrakten Gedankengängen anstatt in den gewohnten konkreten und plastischen Vorstellungen ergehe. Wenn nun die besprochenen Verfahren zur Herabsetzung des Erhabenen mich dieses wie ein Gewöhnliches vorstellen lassen, bei dem ich mich nicht zusammennehmen muß, in dessen idealer Gegenwart ich es mir „kommod" machen kann, wie die militärische Formel lautet, ersparen sie mir den Mehraufwand des feierlichen Zwanges, und der Vergleich dieser durch die Einfühlung angeregten Vorstellungsweise mit der bisher gewohnten, die sich gleichzeitig herzustellen sucht, schafft wiederum die Aufwanddifferenz, die durch Lachen abgeführt werden kann.

Die Karikatur stellt die Herabsetzung bekanntlich her, indem sie aus dem Gesamtausdrucke des erhabenen Objekts einen einzelnen an sich komischen Zug heraushebt, welcher übersehen werden mußte, solange er nur im Gesamtbilde wahrnehmbar war. Durch dessen Isolierung kann nun ein komischer Effekt erzielt werden, der sich auf das Ganze in unserer Erinnerung erstreckt. Bedingung ist dabei, daß nicht die Anwesenheit des Erhabenen selbst uns in der Disposition der Ehrerbietung festhalte. Wo ein solcher übersehener komischer Zug in Wirklichkeit fehlt, da schafft ihn die Karikatur unbedenklich durch die Übertreibung eines an sich nicht komischen. Es ist wiederum kennzeichnend für den Ursprung der komischen Lust, daß der Effekt der Karikatur durch solche Verfälschung der Wirklichkeit nicht wesentlich beeinträchtigt wird.

Parodie und *Travestie* erreichen die Herabsetzung des Erhabenen auf andere Weise, indem sie die Einheitlichkeit zwischen den uns bekannten Charakteren von Personen und deren Reden und Handlungen zerstören, entweder die erhabenen Personen oder deren Äußerungen durch niedrige ersetzen. Darin unterscheiden sie sich von der Karikatur, nicht aber durch den Mechanismus der Produktion von komischer Lust. Der nämliche Mechanismus gilt auch noch für die *Entlarvung*, die nur dort in Betracht kommt, wo jemand Würde und Autorität durch einen Trug an sich gerissen hat, die ihm in der Wirklichkeit abgenommen werden müssen. Den komischen Effekt der Entlarvung haben wir durch einige Beispiele beim Witze kennengelernt, z. B. in jener Geschichte von der vornehmen Dame, die in den ersten Geburtswehen: *Ah, mon dieu* ruft, welcher der Arzt aber nicht eher Beistand leisten will, als bis sie: Ai, waih geschrien hat. Nachdem wir nun die Charaktere des Komischen kennengelernt haben, können wir nicht mehr bestreiten, daß diese Geschichte eigentlich ein Beispiel von komischer Entlarvung ist und keinen berechtigten Anspruch hat, ein Witz geheißen zu werden. An den Witz erinnert sie bloß durch die Inszenierung, durch das technische Mittel der „Darstellung durch ein Kleinstes", hier also den Schrei, der zur Indikationsstellung ausreichend gefunden wird. Es bleibt indes bestehen, daß unser Sprachgefühl, wenn wir es zur Entscheidung anrufen, sich nicht dagegen sträubt, eine solche Geschichte einen Witz zu heißen. Wir mögen die Erklärung hiefür in der Überlegung finden, daß der Sprachgebrauch nicht von der wissenschaftlichen Einsicht in das Wesen des Witzes ausgeht, welche wir uns in dieser mühseligen Untersuchung erworben haben. Da es zu den Leistungen des Witzes gehört, verdeckte Quellen der komischen Lust wieder zugänglich zu machen (S. 107), kann in lockerer Analogie jeder Kunstgriff, der nicht offenkundige Komik an den Tag bringt, ein Witz genannt werden. Dies letztere trifft aber vorzugsweise für die Entlarvung zu, wie auch sonst für andere Methoden des Komischmachens.[64]

Zur *Entlarvung* kann man auch jene uns schon bekannten Verfahren zum Komischmachen rechnen, welche die Würde des einzelnen Menschen herabsetzen, indem sie auf seine allgemeinmenschliche Gebrechlichkeit, besonders aber auf die Abhängigkeit seiner seelischen Leistungen von körperlichen Bedürfnissen aufmerksam machen. Die Entlarvung wird dann gleichbedeutend mit der Mahnung: Dieser und jener gleich einem Halbgott Bewunderte ist doch auch nur ein Mensch wie ich und du. Ferner gehören alle Bemühungen hieher, hinter dem Reichtum und der scheinbaren Freiheit der psychischen Leistungen den monotonen psychischen Automatismus bloßzulegen. Wir haben Beispiele von solchen „Entlarvungen" bei den Heiratsvermittlerwitzen kennengelernt und wohl damals den Zweifel gefühlt, ob wir diese Geschichten mit Recht zu den Witzen rechnen. Wir können nun mit größerer Sicherheit entscheiden, daß die Anekdote von dem Echo, welches alle Behauptungen des Heiratsvermittlers bekräftigt und zuletzt auch dessen Zugeständnis, die Braut habe einen Höcker, mit dem Ausrufe verstärkt: Aber, was für einen Höcker! im wesentlichen eine komische Geschichte ist, ein Beispiel von Entlarvung des psychischen Automatismus. Die komische Geschichte dient aber hier doch nur als Fassade; für jedermann, der auf den verborgenen Sinn der Heiratsvermittleranekdoten achten will,

[64] „So heißt überhaupt Witz jedes bewußte und geschickte Hervorrufen der Komik, sei es der Komik der Anschauung oder der Situation. Natürlich können wir auch diesen Begriff des Witzes hier nicht brauchen." Lipps, l. c. S. 78.

bleibt das Ganze ein vortrefflich inszenierter Witz. Wer nicht soweit eindringt, bleibt bei der komischen Geschichte stehen. Ähnliches gilt für den anderen Witz vom Heiratsvermittler, der, um einen Einwand zu widerlegen, schließlich durch den Ausruf: „Aber ich bitte Sie, wer wird denn solchen Leuten etwas leihen!" die Wahrheit zugesteht; eine komische Entlarvung als Fassade für einen Witz. Doch ist der Charakter des Witzes hier weit unverkennbarer, denn die Rede des Vermittlers ist gleichzeitig eine Darstellung durchs Gegenteil. Indem er beweisen will, daß die Leute reich sind, beweist er zugleich, daß sie nicht reich, sondern sehr arm sind. Witz und Komik kombinieren sich hier und lehren uns, daß die nämliche Aussage zugleich witzig und komisch sein kann.

Wir ergreifen gern die Gelegenheit, von der Komik der Entlarvung auf den Witz zurückzugehen, da ja die Klärung des Verhältnisses zwischen Witz und Komik, nicht die Wesensbestimmung des Komischen unsere eigentliche Aufgabe ist. Wir reihen darum dem Falle der Aufdeckung des psychischen Automatismus, für den uns das Gefühl, ob etwas komisch oder witzig sei, im Stiche gelassen hat, einen anderen an, in dem gleichfalls Witz und Komik sich miteinander verwirren, den Fall der Unsinnswitze. Unsere Untersuchung wird uns aber schließlich zeigen, daß für diesen zweiten Fall das Zusammentreffen von Witz und Komik theoretisch ableitbar ist. Wir haben bei der Erörterung der Witztechniken gefunden, daß das Gewährenlassen solcher Denkweisen, wie sie im Unbewußten üblich sind und die im Bewußten nur als „Denkfehler" beurteilt werden können, das technische Mittel sehr vieler Witze ist, an deren Witzcharakter wir dann doch wieder zweifeln konnten, so daß wir geneigt waren, sie einfach als komische Geschichten zu klassifizieren. Wir konnten zu keiner Entscheidung über unseren Zweifel gelangen, weil uns zunächst der wesentliche Charakter des Witzes nicht bekannt war. Später fanden wir diesen, durch die Analogie mit der Traumarbeit geleitet, in der Kompromißleistung der Witzarbeit zwischen den Anforderungen der vernünftigen Kritik und dem Trieb, auf die alte Wort- und Unsinnslust nicht zu verzichten. Was so als Kompromiß zustande kam, wenn der vorbewußte Ansatz des Gedankens für einen Moment der unbewußten Bearbeitung überlassen wurde, genügte in allen Fällen beiderlei Ansprüchen, präsentierte sich aber der Kritik in verschiedenen Formen und mußte sich verschiedene Beurteilungen von ihr gefallen lassen. Es war dem Witz das eine Mal gelungen, sich die Form eines bedeutungslosen, aber immerhin zulässigen Satzes zu erschleichen, das andere Mal sich im Ausdruck eines wertvollen Gedankens einzuschmuggeln; im Grenzfalle der Kompromißleistung aber hatte er auf die Befriedigung der Kritik verzichtet und war, trotzend auf die Lustquellen, über die er verfügte, als barer Unsinn vor ihr erschienen, hatte sich nicht gescheut, ihren Widerspruch wachzurufen, weil er darauf rechnen konnte, daß der Hörer die Verunstaltung seines Ausdrucks durch die unbewußte Bearbeitung redressieren und ihm so seinen Sinn wiedergeben würde.

In welchem Falle wird nun der Witz vor der Kritik als Unsinn erscheinen? Besonders dann, wenn er sich jener Denkweisen bedient, die im Unbewußten üblich, im bewußten Denken verpönt sind, also der Denkfehler. Gewisse der Denkweisen des Unbewußten sind nämlich auch für das Bewußte erhalten geblieben, z. B. manche Arten der indirekten Darstellung, die Anspielung usw., wenngleich deren bewußter Gebrauch größeren Beschränkungen unterliegt. Mit diesen Techniken wird der Witz bei der Kritik keinen oder geringen Anstoß erregen; dieser Erfolg tritt erst ein, wenn er sich auch jener Mittel als Technik bedient, von denen das bewußte Denken nichts mehr wissen will. Der Witz kann den Anstoß immer noch vermeiden, wenn er den angewandten Denkfehler verhüllt, ihn mit einem Schein von Logik verkleidet wie in der Geschichte von Torte und Likör, Lachs mit Mayonnaise und ähnlichen. Bringt er den Denkfehler aber unverhüllt, so ist der Einspruch der Kritik gewiß.

In diesem Falle kommt dem Witz nun etwas anderes zugute. Die Denkfehler, die er als Denkweisen des Unbewußten für seine Technik benützt, erscheinen der Kritik – wenn auch nicht regelmäßig so – als komisch. Das bewußte Gewährenlassen der unbewußten und als fehlerhaft verworfenen Denkweisen ist ein Mittel zur Erzeugung der komischen Lust, und dies ist leicht zu verstehen, denn zur Herstellung der vorbewußten Besetzung bedarf es gewiß eines größeren Aufwandes als zum Gewährenlassen der unbewußten. Indem wir beim Anhören des wie im Unbewußten gebildeten Gedankens diesen mit seiner Korrektur vergleichen, ergibt sich für uns die Aufwanddifferenz, aus welcher die komische Lust hervorgeht. Ein Witz, der sich solcher Denkfehler als Technik bedient und darum unsinnig erscheint, kann also gleichzeitig komisch wirken. Kommen wir dem Witze nicht auf die Spur, so erübrigt uns wiederum nur die komische Geschichte, der Schwank.

Die Geschichte vom geborgten Kessel, der bei der Zurückstellung ein Loch hatte, wobei sich der Entlehner verantwortete, erstens habe er überhaupt keinen Kessel geborgt, zweitens sei dieser schon bei der Entlehnung durchlöchert gewesen, und drittens habe er ihn unversehrt, ohne Loch, zurückgestellt, ist ein vortreffliches Beispiel einer rein komischen Wirkung durch Gewährenlassen unbewußter Denkweise. Gerade dieses Einanderaufheben von mehreren Gedanken, von denen jeder für sich gut motiviert ist, fällt im Unbewußten weg. Der Traum, an dem ja die Denkweisen des Unbewußten manifest werden, kennt dementsprechend auch kein Entweder–Oder,[65] nur ein gleichzeitiges Nebenein-

---

[65] Dies wird höchstens vom Erzähler als Deutung eingesetzt.

ander. In jenem Traumbeispiel meiner *Traumdeutung*, das ich trotz seiner Komplikation zum Muster für die Deutungsarbeit gewählt habe, suche ich mich von dem Vorwurf zu entlasten, daß ich die Schmerzen einer Patientin nicht durch psychische Kur zum Verschwinden gebracht habe. Meine Begründungen lauten: 1. sie sei selbst an ihrem Kranksein schuld, weil sie meine Lösung nicht annehmen wolle, 2. ihre Schmerzen seien organischer Herkunft, gehen mich also gar nichts an, 3. ihre Schmerzen hängen mit ihrer Witwenschaft zusammen, an der ich ja nicht schuld bin, 4. ihre Schmerzen rühren von einer Injektion mit verunreinigter Spritze her, die ihr ein anderer gegeben hat. Alle diese Gründe stehen nun so nebeneinander, als schlösse nicht der eine den anderen aus. Ich müßte für das „Und" des Traumes ein „Entweder–Oder" einsetzen, um dem Vorwurf des Unsinns zu entgehen.

Eine ähnliche komische Geschichte wäre die, daß sich in einem ungarischen Dorf der Schmied ein todwürdiges Verbrechen habe zuschulden kommen lassen, der Bürgermeister aber habe beschlossen, zur Sühne nicht den Schmied, sondern einen Schneider aufhängen zu lassen, denn es wären zwei Schneider im Dorfe ansässig, aber kein anderer Schmied, und Sühne müßte sein. Eine solche Verschiebung von der Person des Schuldigen auf einen anderen widerspricht natürlich allen Gesetzen bewußter Logik, keineswegs aber der Denkweise des Unbewußten. Ich stehe nicht an, diese Geschichte komisch zu heißen, und doch habe ich die vom Kessel unter den Witzen angeführt. Ich gebe nun zu, daß auch letztere viel richtiger als „komisch" denn als witzig zu bezeichnen ist. Ich verstehe aber nun, wie es zugeht, daß mein sonst so sicheres Gefühl mich im Zweifel lassen kann, ob diese Geschichte komisch oder witzig ist. Es ist dies der Fall, in dem ich nach dem Gefühl die Entscheidung nicht treffen kann, wenn nämlich die Komik durch Aufdeckung der dem Unbewußten ausschließlich eigenen Denkweisen entsteht. Eine derartige Geschichte kann komisch und witzig zugleich sein; sie wird mir aber den Eindruck des Witzigen machen, auch wenn sie bloß komisch ist, weil die Verwendung der Denkfehler des Unbewußten mich an den Witz mahnt, ebenso wie vorhin (S. 186) die Veranstaltungen zur Aufdeckung verborgener Komik.

Ich muß Wert darauf legen, diesen heikelsten Punkt meiner Auseinandersetzungen, das Verhältnis des Witzes zur Komik, klarzustellen, und will darum das Gesagte durch einige negative Sätze ergänzen. Zunächst kann ich darauf aufmerksam machen, daß der hier behandelte Fall des Zusammentreffens von Witz und Komik mit dem vorigen (S. 187) nicht identisch ist. Es ist dies zwar eine feinere Unterscheidung, aber sie ist mit Sicherheit zu machen. Im vorigen Falle rührte die Komik von der Aufdeckung des psychischen Automatismus her. Dieser ist nun keineswegs dem Unbewußten allein eigentümlich und spielt auch keine auffällige Rolle unter den Techniken des Witzes. Die Entlarvung tritt nur zufällig zum Witze in Beziehung, indem sie einer anderen Technik des Witzes, z. B. der Darstellung durch das Gegenteil dient. Im Falle des Gewährenlassens unbewußter Denkweisen ist aber das Zusammentreffen von Witz und Komik ein notwendiges, weil dasselbe Mittel, das bei der ersten Person des Witzes zur Technik der Lustentbindung verwendet wird, seiner Natur nach bei der dritten Person komische Lust erzeugt.

Man könnte in die Versuchung geraten, diesen letzten Fall zu verallgemeinern, und die Beziehung des Witzes zur Komik darin suchen, daß die Wirkung des Witzes auf die dritte Person nach dem Mechanismus der komischen Lust erfolgt. Aber davon ist keine Rede, die Berührung mit dem Komischen trifft keineswegs für alle oder auch nur die meisten Witze zu; in den meisten Fällen sind Witz und Komik vielmehr reinlich zu scheiden. So oft es dem Witz gelingt, dem Anschein des Unsinnigen zu entgehen, also bei den meisten Doppelsinn- und Anspielungswitzen, ist von einer dem Komischen ähnlichen Wirkung beim Hörer nichts zu entdecken. Man mache die Probe an den früher mitgeteilten Beispielen oder an einigen neuen, die ich anführen kann.

Glückwunschtelegramm zum 70. Geburtstag eines Spielers: „*Trente et quarante.*“(Zerteilung mit Anspielung.)

Hevesi beschreibt einmal den Prozeß der Tabakfabrikation: „Die hellgelben Blätter ... wurden da in eine *Beize getunkt* und in dieser *Tunke gebeizt.*“(Mehrfache Verwendung des nämlichen Materials.)

Madame de *Maintenon* wurde Mme. de *Maintenant* genannt. (Namensmodifikation.)

Prof. Kästner sagt zu einem Prinzen, der sich während einer Demonstration vor das Fernrohr gestellt: „Mein Prinz, ich weiß wohl, daß Sie durch*läuchtig* sind, aber Sie sind nicht durch*sichtig.*“

Graf Andrássy wurde der *Minister des schönen Äußeren* genannt. Man könnte ferner glauben, daß wenigstens alle Witze mit Unsinnsfassade komisch erscheinen und so wirken müssen. Allein ich erinnere hier daran, daß solche Witze sehr oft eine andere Wirkung auf den Hörer haben, Verblüffung und Neigung zur Ablehnung hervorrufen (siehe S. 136). Es kommt also offenbar darauf an, ob der Unsinn des Witzes als komischer oder als gemeiner, barer Unsinn erscheint, wofür wir die Bedingung noch nicht erforscht haben. Wir verbleiben demnach bei dem Schlusse, daß der Witz seiner Natur nach vom Komischen zu sondern ist und nur einerseits in gewissen speziellen Fällen, anderseits in der Tendenz, Lust aus intellektuellen Quellen zu gewinnen, mit ihm zusammentrifft.

Während dieser Untersuchungen über die Beziehungen von Witz und Komik enthüllt sich uns nun jener Unterschied, den wir als den bedeutsamsten betonen müssen und der gleichzeitig auf einen psychologischen Hauptcharakter der Komik hinweist. Die Quelle der Lust des Witzes mußten wir in das Unbewußte verlegen; keine Veranlassung zur gleichen Lokalisation ist für das Komische erfindlich. Vielmehr deuten alle Analysen, die wir bisher angestellt haben, darauf hin, daß die Quelle der komischen Lust die Vergleichung zweier Aufwände ist, die wir beide dem Vorbewußten zuordnen müssen. Witz und Komik unterscheiden sich vor allem in der psychischen Lokalisation; *der Witz ist sozusagen der Beitrag zur Komik aus dem Bereich des Unbewußten.*

Wir brauchen uns nicht zu beschuldigen, daß wir uns in eine Abschweifung eingelassen haben, da ja das Verhältnis des Witzes zur Komik der Anlaß ist, welcher uns zur Untersuchung des Komischen gedrängt hat. Es ist aber wohl an der Zeit, daß wir zu unserem dermaligen Thema zurückkehren, zur Behandlung der Mittel, welche dem Komischmachen dienen. Wir haben die Erörterung der Karikatur und der Entlarvung vorausgeschickt, weil wir aus ihnen beiden einige Anknüpfungen für die Analyse der Komik der *Nachahmung* entnehmen können. Die Nachahmung ist wohl zumeist mit Karikatur, Übertreibung einiger sonst nicht auffälliger Züge versetzt und trägt auch den Charakter der Herabsetzung an sich. Doch scheint ihr Wesen hiemit nicht erschöpft; es ist unleugbar, daß sie an sich eine außerordentlich ergiebige Quelle der komischen Lust darstellt, indem wir gerade über die Treue der Nachahmung besonders lachen. Es ist nicht leicht, hiefür eine befriedigende Aufklärung zu geben, wenn man sich nicht der Ansicht von *Bergson*[66] anschließen will, durch welche die Komik der Nachahmung nahe an die durch Aufdeckung des psychischen Automatismus herangerückt wird. *Bergson* meint, daß alles dasjenige komisch wirkt, was bei einer lebenden Person an einen unbelebten Mechanismus denken läßt. Seine Formel hiefür lautet: *Mécanisation de la vie.* Er erklärt die Komik der Nachahmung, indem er an ein Problem anknüpft, welches *Pascal* in seinen *Pensées* aufgestellt, warum man bei der Vergleichung zweier ähnlicher Gesichter lache, von denen keines an sich komisch wirke. „Das Lebende soll sich nach unserer Erwartung niemals völlig ähnlich wiederholen. Wo wir solche Wiederholung finden, vermuten wir jedesmal einen Mechanismus, der hinter diesem Lebenden steckt." Wenn man zwei Gesichter von zu weitgehender Ähnlichkeit sieht, denkt man an zwei Abdrücke aus derselben Form oder an ein ähnliches Verfahren der mechanischen Herstellung. Kurz, die Ursache des Lachens wäre in diesen Fällen die Abweichung des Lebenden gegen das Leblose hin; wir können sagen, die Degradierung des Lebenden zum Leblosen (l. c. S. 35). Wenn wir diese einschmeichelnden Ausfüh-

66 Bergson, *Le rire, essai sur la signification du comique.* 3me édition, Paris 1904.

rungen *Bergsons* gelten lassen, fällt es uns übrigens nicht schwer, seine Ansicht unserer eigenen Formel zu unterwerfen. Durch die Erfahrung belehrt, daß jedes Lebende ein anderes ist und eine Art von Aufwand von unserem Verständnis fordert, finden wir uns enttäuscht, wenn wir infolge vollkommener Übereinstimmung oder täuschender Nachahmung keines neuen Aufwandes bedürfen. Wir sind aber enttäuscht im Sinne der Erleichterung, und der überflüssig gewordene Erwartungsaufwand wird durch Lachen abgeführt. Die nämliche Formel würde auch alle bei *Bergson* gewürdigten Fälle der komischen Erstarrung (*raideur*), der professionellen Gewohnheiten, fixen Ideen und bei jedem Anlaß wiederholten Redensarten decken. Alle diese Fälle würden auf den Vergleich des Erwartungsaufwandes mit dem zum Verständnis des sich gleich Gebliebenen erforderlichen ausgehen, wobei die größere Erwartung sich auf die Beobachtung der individuellen Mannigfaltigkeit und Plastizität des Lebenden stützt. Bei der Nachahmung wäre also nicht die Situations-, sondern die Erwartungskomik die Quelle der komischen Lust.

Da wir die komische Lust allgemein von einer Vergleichung ableiten, obliegt es uns, auch das Komische des Vergleichs selbst zu untersuchen, welcher ja gleichfalls als Mittel zum Komischmachen dient. Unser Interesse für diese Frage wird eine Steigerung erfahren, wenn wir uns erinnern, daß uns oft auch im Falle des Gleichnisses das „Gefühl", ob etwas ein Witz oder bloß komisch zu nennen sei, im Stiche zu lassen pflegt (siehe S. 90).

Das Thema verdiente freilich mehr Sorgfalt, als wir ihm von unserem Interesse her zuteil werden lassen können. Die Haupteigenschaft, nach welcher wir beim Gleichnis fragen, ist, ob dasselbe treffend ist, d. h. ob es auf eine wirklich vorhandene Übereinstimmung zweier verschiedener Objekte aufmerksam macht. Die ursprüngliche Lust am Wiederfinden des Gleichen (*Groos*, S. 153) ist nicht das einzige Motiv, welches den Gebrauch der Vergleichung begünstigt; es kommt hinzu, daß das Gleichnis einer Verwendung fähig ist, welche eine Erleichterung der intellektuellen Arbeit mit sich bringt, wenn man nämlich, wie zumeist üblich, das Unbekanntere mit dem Bekannteren, das Abstrakte mit dem Konkreten vergleicht und durch diesen Vergleich das Fremdere und Schwierigere erläutert. Mit jeder solchen Vergleichung, speziell des Abstrakten mit dem Sachlichen, ist eine gewisse Herabsetzung und eine gewisse Ersparung an Abstraktionsaufwand (im Sinne einer Vorstellungsmimik) verbunden, doch reicht dieselbe natürlich nicht hin, um den Charakter des Komischen deutlich hervortreten zu lassen. Dieser taucht nicht plötzlich, sondern allmählich aus der Erleichterungslust der Vergleichung auf; es gibt reichlich Fälle, die bloß ans Komische streifen, bei denen man zweifeln könnte, ob sie den komischen Charakter zeigen. Unzweifelhaft komisch wird die Vergleichung, wenn der Niveauunterschied des Abstraktionsaufwandes zwischen beiden Verglichenen sich steigert, wenn etwas Ernstes und Fremdes, insbesondere intellektueller oder moralischer Natur, in den Vergleich mit etwas Banalem und Niedrigem gezogen wird. Die vorherige Erleichterungslust und der Beitrag aus den Bedingungen der Vorstellungsmimik mögen etwa den allmählichen, durch quantitative Verhältnisse bestimmten Übergang des allgemein Lustvollen in das Komische bei der Vergleichung erklären. Ich gehe wohl Mißverständnissen aus dem Wege, indem ich hervorhebe, daß ich die komische Lust beim Gleichnis nicht aus dem Kontrast der beiden Verglichenen, sondern aus der Differenz der beiden Abstraktionsaufwände ableite. Das schwer zu fassende Fremde, Abstrakte, eigentlich intellektuell Erhabene wird nun durch die behauptete Übereinstimmung mit einem vertrauten Niedrigen, bei dessen Vorstellung jeder Abstraktionsaufwand wegfällt, selbst als etwas ebenso Niedriges entlarvt. Die Komik der Vergleichung reduziert sich also auf einen Fall von Degradierung.

Der Vergleich kann nun, wie wir früher gesehen haben, witzig sein ohne die Spur von komischer Beimengung, dann nämlich, wenn er gerade der Herabsetzung ausweicht. So ist der Vergleich der Wahrheit mit einer Fackel, die man nicht durch ein Gedränge tragen kann, ohne jemandem den Bart zu versengen, rein witzig, weil er eine erloschene Redensart („Die Fackel der Wahrheit“) vollwertig nimmt, und gar nicht komisch, weil die Fackel als Objekt einer gewissen Vornehmheit, obwohl sie ein konkreter Gegenstand ist, nicht entbehrt. Ein Vergleich kann aber leicht ebensowohl witzig sein als auch komisch, und zwar das eine unabhängig vom anderen, indem die Vergleichung ein Behelf für gewisse Techniken des Witzes, z. B. die Unifizierung oder die Anspielung wird. So ist der *Nestroysche* Vergleich der Erinnerung mit einem „Magazin“(S. 93f.) gleichzeitig komisch und witzig, ersteres wegen der außerordentlichen Herabsetzung, die sich der psychologische Begriff im Vergleich mit einem „Magazin“ gefallen lassen muß, das andere aber, weil der, welcher den Vergleich gebraucht, ein Kommis ist, in dieser Vergleichung also eine ganz unerwartete Unifizierung zwischen der Psychologie und seiner Berufstätigkeit herstellt. Die *Heinesche* Zeile „Bis mir endlich alle Knöpfe rissen an der Hose der Geduld“ erscheint zunächst bloß als ein ausgezeichnetes Beispiel eines komisch erniedrigenden Vergleichs; bei näherer Überlegung muß man ihr aber auch den Charakter des Witzigen zugestehen, da der Vergleich als Mittel der Anspielung ins Bereich des Obszönen einschlägt und es so zustande bringt, die Lust am Obszönen frei zu machen. Aus dem nämlichen Material entsteht für uns durch ein freilich nicht ganz zufälliges Zusammentreffen gleichzeitig komischer und witziger Lustgewinn; mögen die Bedingungen des einen auch die Entstehung des anderen fördern, für das „Gefühl“, welches uns angeben soll, ob hier Witz oder Komik vorliegt, ist solche Vereinigung ein verwirrender Einfluß, und erst eine von der Lustdisposition unabhängig gewordene aufmerksame Untersuchung kann die Entscheidung bringen.

So verlockend es wäre, diesen intimeren Bedingtheiten des komischen Lustgewinnes nachzuspüren, so muß doch der Autor sich vorhalten, daß weder seine Vorbildung noch sein täglicher Beruf ihn berechtigen, seine Untersuchungen weit hinaus über die Sphäre des Witzes zu erstrecken, und darf eingestehen, daß gerade das Thema der komischen Vergleichung ihm seine Inkompetenz fühlbar macht.

Wir lassen uns also gern daran mahnen, daß viele Autoren die scharfe begriffliche und sachliche Scheidung zwischen Witz und Komik nicht anerkennen, zu der wir uns veranlaßt sahen, und daß diese den Witz einfach als das „Komische der Rede" oder „der Worte" hinstellen. Zur Prüfung dieser Ansicht wollen wir uns je ein Beispiel von absichtlicher und von unfreiwilliger Komik der Rede für den Vergleich mit dem Witze auswählen. Wir haben bereits an einer früheren Stelle bemerkt, daß wir uns sehr wohl imstande glauben, komische Rede von witziger Rede zu unterscheiden.

„Mit einer Gabel und mit Müh'
zog ihn die Mutter aus der Brüh'"

ist bloß komisch; *Heines* Satz von den vier Kasten der Bevölkerung Göttingens:

Professoren, Studenten, Philister und Vieh

ist aber exquisit witzig.

Für die absichtliche Komik der Rede nehme ich *Stettenheims Wippchen* als Muster. Man nennt *Stettenheim* witzig, weil er in besonderem Grade die Geschicklichkeit besitzt, das Komische hervorzurufen. Der Witz, den man „hat", im Gegensatz zu dem, den man „macht", ist in der Tat durch diese Fähigkeit zutreffend bestimmt. Es ist unleugbar, daß die Briefe des Bernauer Korrespondenten Wippchen auch witzig sind, insoferne sie reichlich Witze jeder Art, darunter ernsthaft gelungene („festlich entkleidet" von einer Parade bei Wilden) eingestreut enthalten; was diesen Produktionen aber ihren eigentümlichen Charakter verleiht, sind nicht diese vereinzelten Witze, sondern das in ihnen fast überreichlich quellende Komische der Rede. „Wippchen" ist gewiß eine ursprünglich satirisch gemeinte Figur, eine Modifikation des *G. Freytagschen* Schmock, einer jener Ungebildeten, die mit dem Bildungsschatz der Nation Handel und Mißbrauch treiben, aber das Behagen an den bei ihrer Darstellung erzielten komischen Effekten hat beim Autor offenbar die satirische Tendenz allmählich in den Hintergrund gedrängt. Die Produktionen Wippchens sind zum großen Teil „komischer Unsinn"; der durch Häufung solcher Leistungen erzielten Luststimmung hat sich der Autor – übrigens mit Recht – bedient, um neben durchaus Zulässigem allerlei Abgeschmacktes vorzubringen, was für sich allein nicht zu vertragen wäre. Der Unsinn Wippchens erscheint nun als ein spezifischer infolge einer besonderen Technik. Faßt man diese „Witze" näher ins Auge, so fallen einige Gattungen besonders auf, die der ganzen Produktion ihr Gepräge geben. Wippchen bedient sich vorwiegend der Zusammensetzungen (Verschmelzungen), der Modifikationen bekannter Redensarten und Zitate und der Ersetzungen einzelner banaler Elemente in diesen durch meist anspruchsvollere, höherwertige Ausdrucksmittel. Das geht allerdings nahe an die Techniken des Witzes heran.

Verschmelzungen sind z. B. (aus der Vorrede und den ersten Seiten der ganzen Reihe ausgesucht):

„Die Türkei hat Geld wie Heu am Meere"; was aus den beiden Redensarten:

„Geld wie Heu"

„Geld wie Sand am Meere"

zusammengeflickt ist. Oder: „Ich bin nichts mehr als eine entlaubte Säule, die von entschwundener Pracht zeugt", verdichtet aus „entlaubter Stamm" und „eine Säule, die usw." Oder: „Wo ist der Ariadnefaden, der aus der Skylla dieses Augiasstalles herausleitet?", wozu drei griechische Sagen je ein Element beigesteuert haben.

Die Modifikationen und Ersetzungen kann man ohne viel Zwang zusammenfassen; ihr Charakter ergibt sich aus nachstehenden, Wippchen eigentümlichen Beispielen, in denen regelmäßig ein anderer, geläufiger, meist banaler, zum Gemeinplatz herabgesunkener Wortlaut durchschimmert:

„Mir Papier und Tinte höher zu hängen." Man sagt: einem den Brotkorb höher hängen bildlich für: einen unter erschwerende Bedingungen versetzen. Warum sollte man dieses Bild also nicht auf anderes Material erstrecken dürfen?

„Schlachten, in denen die Russen einmal den Kürzeren, einmal den Längeren ziehen." Nur die erstere Redensart ist bekanntlich im Gebrauche; nach der Ableitung derselben wäre es sogar nicht unsinnig, auch die andere in Aufnahme zu bringen.

„Schon früh regte sich in mir der Pegasus." Mit dem Rückersatz „der Dichter" ist dies eine durch häufigen Gebrauch bereits entwertete selbstbiographische Wendung. „Pegasus" eignet sich zwar nicht zum Ersatz für „Dichter", steht aber in Gedankenrelation zu ihm und ist ein hochklingendes Wort.

„So durchlebte ich dornenvolle Kinderschuhe." Durchaus ein Bildnis anstatt eines einfachen Wortes. „Die Kinderschuhe austreten" ist eines der Bilder, die mit dem Begriff Kindheit zusammenhängen.

Aus der Fülle anderer Produktionen Wippchens kann man manche als Beispiele reiner Komik hervorheben, z. B. als komische Enttäuschung: Stundenlang wogte das Gefecht, endlich blieb es unentschieden, oder als komische Entlarvung (der Unwissenheit): Klio, die Meduse der Geschichte; Zitate wie: *Habent sua fata morgana.* Unser Interesse wecken aber eher die Verschmelzungen und Modifikationen, weil sie bekannte Techniken des Witzes wiederbringen. Man vergleiche z. B. zu den Modifikationen Witze wie: Er hat eine große Zukunft hinter sich – Er hat ein Ideal vor dem Kopf – die *Lichtenbergschen* Modifikationswitze: Neue Bäder heilen gut u. dgl. Sind die Produktionen Wippchens mit der gleichen Technik nun Witze zu heißen, oder wodurch unterscheiden sie sich von solchen?

Es ist gewiß nicht schwierig, darauf zu antworten. Erinnern wir uns daran, daß der Witz dem Hörer ein Doppelgesicht zeigt, ihn zu zwei verschiedenen Auffassungen zwingt. Bei den Unsinnswitzen, wie die letzterwähnten, lautet die eine Auffassung, die nur den Wortlaut berücksichtigt, er sei ein Unsinn; die andere, die den Andeutungen folgend beim Hörer den Weg durch das Unbewußte zurücklegt, findet den ausgezeichneten Sinn. Bei den witzähnlichen Produktionen Wippchens ist das eine der Angesichte des Witzes leer, wie verkümmert; ein Januskopf, aber nur ein Angesicht ausgebildet. Man gerät auf nichts, wenn man sich von der Technik ins Unbewußte verlocken läßt. Aus den Verschmelzungen wird man zu keinem Fall geführt, in dem die beiden Verschmolzenen wirklich einen neuen Sinn ergeben; diese fallen bei einem Versuch der Analyse gänzlich auseinander. Die Modifikationen und Ersetzungen führen wie beim Witz auf einen gebräuchlichen und bekannten Wortlaut, aber die Modifikation oder Ersetzung sagt selbst nichts anderes und in der Regel auch nichts Mögliches oder Brauchbares.

Es bleibt also für diese „Witze“ nur die eine Auffassung als Unsinn übrig. Man kann nun nach Belieben darüber entscheiden, ob man solche Produktionen, die sich von einem der wesentlichsten Charaktere des Witzes frei gemacht haben, „schlechte“ Witze oder überhaupt nicht Witze heißen will.

Unzweifelhaft machen solche verkümmerte Witze einen komischen Effekt, den wir uns auf mehr als eine Weise zurechtlegen können. Entweder entsteht die Komik aus der Aufdeckung der Denkweisen des Unbewußten wie in früher betrachteten Fällen, oder es ist der Vergleich mit dem vollkommenen Witz, aus dem die Lust hervorgeht. Es hindert uns nichts anzunehmen, daß beiderlei Entstehungsweisen der komischen Lust hier zusammentreffen. Es ist nicht abzuweisen, daß gerade die unzulängliche Anlehnung an den Witz den Unsinn hier zu einem komischen Unsinn macht.

Es gibt nämlich andere leicht zu durchschauende Fälle, in denen solche Unzulänglichkeit durch den Vergleich mit dem zu Leistenden den Unsinn unwiderstehlich komisch werden läßt. Das Gegenstück des Witzes, das Rätsel, kann uns hiefür vielleicht bessere Beispiele als der Witz selbst geben. Eine Scherzfrage lautet z. B.: Was ist das: Es hängt an der Wand und man kann sich an ihm die Hände abtrocknen? Es wäre ein dummes Rätsel, wenn die Antwort lauten würde: Ein Handtuch. Diese Antwort wird vielmehr zurückgewiesen. – Nein, ein Hering. – Aber um Gottes willen, heißt dann der entsetzte Einwand, ein Hering hängt doch nicht an der Wand. – Du kannst ihn ja hinhängen. – Aber wer wird sich denn an einem Hering die Hände abtrocknen? – Nun, sagt die beschwichtigende Antwort, du mußt ja nicht. – Diese durch zwei typische Verschiebungen gegebene Aufklärung zeigt, wieviel dieser Frage zu einem wirklichen Rätsel fehlt, und wegen dieser absoluten Unzulänglichkeit erscheint sie anstatt bloß unsinnig dumm – unwiderstehlich komisch. Auf solche Weise, durch Nichteinhaltung wesentlicher Bedingungen können also Witz, Rätsel und anderes, die an sich komische Lust nicht ergeben, zu Quellen komischer Lust gemacht werden.

Noch geringere Schwierigkeiten bereitet dem Verständnis der Fall der unfreiwilligen Komik der Rede, den wir etwa in den Gedichten der *Friederike Kempner*[67] in uns beliebender Häufigkeit verwirklicht finden können.

Gegen die Vivisektion.

Ein unbekanntes Band der Seelen kettet
Den Menschen an das arme Tier.
Das Tier hat einen Willen – ergo Seele –
Wenn auch 'ne kleinere als wir.

Oder ein Gespräch zwischen zärtlichen Ehegatten:

Der Kontrast.

„Wie glücklich bin ich", ruft sie leise,
„Auch ich", sagt lauter ihr Gemahl,
„Es macht mich deine Art und Weise
Sehr stolz auf meine gute Wahl!"

Hier ist nun nichts, was an den Witz erinnert. Ohne Zweifel ist es aber die Unzulänglichkeit dieser „Dichtungen", die sie komisch macht, die ganz außerordentliche Plumpheit ihrer Ausdrucksweise, die an die alltäglichsten oder dem Zeitungsstil entnommenen Redensarten gebunden ist, die einfältige Beschränktheit ihrer Gedanken, das Fehlen jeder Spur von poetischer Denk- oder Redeweise.

---

[67] Sechste Auflage, Berlin 1891.

Bei alledem ist es nicht selbstverständlich, daß wir die Gedichte der Kempner komisch finden; viele ähnliche Produktionen finden wir bloß herzlich schlecht, belachen sie nicht, sondern ärgern uns über sie. Gerade die Größe des Abstandes von unseren Anforderungen an ein Gedicht drängt aber zur komischen Auffassung; wo diese Differenz geringer ausfiele, wären wir eher zur Kritik als zum Lachen geneigt. Ferner wird die komische Wirkung bei den Gedichten der *Kempner* durch andere Nebenumstände gesichert, durch die unverkennbare gute Absicht der Verfasserin und durch eine gewisse, unseren Spott oder unseren Ärger entwaffnende Gefühlsinnigkeit, die wir hinter ihren hilflosen Phrasen verspüren. Wir werden hier an ein Problem gemahnt, dessen Würdigung wir uns aufgeschoben haben. Die Aufwanddifferenz ist gewiß die Grundbedingung der komischen Lust, aber die Beobachtung zeigt, daß aus solcher Differenz nicht jedesmal Lust hervorgeht. Welche Bedingungen müssen hinzukommen oder welche Störungen hintangehalten werden, damit die komische Lust sich aus der Aufwanddifferenz wirklich ergeben könne? Ehe wir uns aber der Beantwortung dieser Frage zuwenden, wollen wir als Abschluß der vorigen Erörterungen feststellen, daß das Komische der Rede nicht zusammenfällt mit dem Witz, der Witz also etwas anderes sein muß als das Komische der Rede.

Im Begriffe, nun an die Beantwortung der letztgestellten Frage, nach den Bedingungen der Entstehung komischer Lust aus der Aufwanddifferenz heranzutreten, dürfen wir uns eine Erleichterung gestatten, die uns selbst nicht anders als zur Lust gereichen kann. Die genaue Beantwortung dieser Frage wäre identisch mit einer erschöpfenden Darstellung der Natur des Komischen, zu der wir uns weder die Fähigkeit noch die Befugnis zusprechen können. Wir werden uns wiederum damit begnügen, das Problem des Komischen nur so weit zu beleuchten, bis es sich deutlich von dem des Witzes abhebt.

Allen Theorien des Komischen ist von ihren Kritikern der Einwurf gemacht worden, daß ihre Definition das für die Komik Wesentliche übersieht. Das Komische beruht auf einem Vorstellungskontrast; ja, insofern dieser Kontrast komisch und nicht anders wirkt. Das Gefühl der Komik rührt vom Zergehen einer Erwartung her; ja, wenn diese Enttäuschung nicht gerade peinlich ist. Die Einwürfe sind ohne Zweifel berechtigt, aber man überschätzt sie, wenn man aus ihnen schließt, daß das wesentliche Kennzeichen des Komischen bisher der Auffassung entschlüpft ist. Was die Allgemeingültigkeit jener Definitionen beeinträchtigt, sind Bedingungen, die für die Entstehung der komischen Lust unerläßlich sind, ohne daß man das Wesen der Komik in ihnen suchen müßte. Die Abweisung der Einwendungen und die Aufklärung der Widersprüche gegen die Definitionen des Komischen wird uns allerdings erst leicht, wenn wir die komische Lust aus der Vergleichsdifferenz zweier Aufwände hervorgehen lassen. Die komische Lust und der Effekt, an dem sie erkannt wird, das Lachen, können erst dann entstehen, wenn diese Differenz unverwendbar und abfuhrfähig wird. Wir gewinnen keinen Lusteffekt, sondern höchstens ein flüchtiges Lustgefühl, an dem der komische Charakter nicht hervortritt, wenn die Differenz, sobald sie erkannt wird, eine andere Verwendung erfährt. Wie beim Witz besondere Veranstaltungen getroffen sein müssen, um die anderweitige Verwendung des als überflüssig erkannten Aufwandes zu verhüten, so kann auch die komische Lust nur unter Verhältnissen entstehen, welche diese letztere Bedingung erfüllen. Die Fälle, in denen in unserem Vorstellungsleben solche Aufwanddifferenzen entstehen, sind daher ungemein zahlreich; die Fälle, in denen das Komische aus ihnen hervorgeht, vergleichsweise recht selten.

Zwei Bemerkungen drängen sich dem Beobachter auf, der die Bedingungen für die Entstehung des Komischen aus der Aufwanddifferenz auch nur flüchtig überblickt, erstens daß es Fälle gibt, in denen sich die Komik regelmäßig und wie notwendig einstellt, und im Gegensatze zu ihnen andere, in denen dies durchaus von den Bedingungen des Falles und dem Standpunkt des Beobachters abhängig erscheint; zweitens aber, daß ungewöhnlich große Differenzen sehr häufig ungünstige Bedingungen durchbrechen, so daß das komische Gefühl diesen zum Trotz entsteht. Man könnte mit Bezug auf den ersten Punkt zwei Klassen aufstellen, die des unabweisbar Komischen und die des gelegentlich Komischen, obwohl man von vornherein darauf verzichten müßte, in der ersten Klasse die Unabweisbarkeit des Komischen frei von Ausnahmen zu finden. Es wäre verlokkend, den für beide Klassen maßgebenden Bedingungen nachzugehen.

Wesentlich für die zweite Klasse gelten die Bedingungen, von denen man einen Teil als die „Isolierung“ des komischen Falles zusammengefaßt hat. Eine nähere Zerlegung macht etwa folgende Verhältnisse kenntlich:

a) Die günstigste Bedingung für die Entstehung der komischen Lust ergibt die allgemein heitere Stimmung, in welcher man „zum Lachen aufgelegt“ ist. Bei toxischer Heiterstimmung erscheint fast alles komisch, wahrscheinlich durch Vergleich mit dem Aufwande in normaler Verfassung. Witz, Komik und alle ähnlichen Methoden des Lustgewinnes aus seelischer Tätigkeit sind ja weiter nichts als Wege, um diese heitere Stimmung – Euphorie –, wenn sie nicht als allgemeine Disposition der Psyche vorhanden ist, von einem einzelnen Punkte aus wiederzugewinnen.

b) Ähnlich begünstigend wirkt die Erwartung des Komischen, die Einstellung auf die komische Lust. Daher reichen bei der Absicht, komisch zu machen, wenn sie vom anderen geteilt wird, Differenzen von so geringer Höhe aus, daß sie wahrscheinlich übersehen worden wären, wenn sie sich im absichtslosen Erleben ereignet hätten. Wer eine komische Lektüre vornimmt oder zu einer Posse ins Theater geht, dankt es dieser Absicht, daß er dann über Dinge lacht, die in seinem gewöhnlichen Leben kaum einen Fall des Komischen für ihn ergeben hätten. Er lacht zuletzt bei der Erinnerung gelacht zu haben, bei der Erwartung zu lachen, wenn er den komischen Darsteller erst auftreten sieht, ehe dieser den Versuch unternehmen konnte, ihn zum Lachen zu bringen. Man gesteht darum auch zu, daß man sich nachträglich schämt, worüber man im Theater lachen konnte.

c) Ungünstige Bedingungen für die Komik ergeben sich aus der Art der seelischen Tätigkeit, welche das Individuum im Moment beschäftigt. Vorstellungs- oder Denkarbeit, welche ernste Ziele verfolgt, stört die Abfuhrfähigkeit der Besetzungen, deren sie ja für ihre Verschiebungen bedarf, so daß nur unerwartet große Aufwanddifferenzen zur komischen Lust durchbrechen können. Der Komik ungünstig sind ganz besonders alle Weisen des Denkvorganges, die sich vom Anschaulichen weit genug entfernen, um die Vorstellungsmimik aufhören zu lassen; bei abstraktem Nachdenken ist für die Komik überhaupt kein Raum mehr, außer wenn diese Denkweise plötzlich unterbrochen wird.

d) Die Gelegenheit zur Entbindung komischer Lust schwindet auch, wenn die Aufmerksamkeit gerade auf die Vergleichung eingestellt ist, aus welcher die Komik hervorgehen kann. Unter solchen Umständen verliert seine komische Kraft, was sonst am sichersten komisch wirkt. Eine Bewegung oder eine geistige Leistung kann nicht komisch für den werden, dessen Interesse eben darauf gerichtet ist, sie mit einem ihm klar vorschwebenden Maße zu vergleichen. So findet der Prüfer den Unsinn nicht komisch, den der Examinierte in seiner Unwissenheit produziert; er ärgert sich über ihn, während die Kollegen des Geprüften, die sich weit mehr dafür interessieren, welches Geschick dieser haben wird, als wieviel er weiß, denselben Unsinn herzlich belachen. Der Turn- oder Tanzlehrer hat nur selten ein Auge für das Komische der Bewegungen bei seinen Schülern, und dem Prediger entgeht durchaus das Komische an den Charakterfehlern der Menschen, das der Lustspieldichter so wirksam herauszufinden weiß. Der komische Prozeß verträgt nicht die Überbesetzung durch die Aufmerksamkeit, er muß durchaus unbeachtet vor sich gehen können, übrigens darin dem Witze ganz ähnlich. Es widerspräche aber der Nomenklatur der „Bewußtseinsvorgänge", deren ich mich in der *Traumdeutung* mit gutem Grunde bedient habe, wollte man ihn einen notwendigerweise unbewußten nennen. Er gehört vielmehr dem Vorbewußten an, und man kann für solche Vorgänge, die sich im Vorbewußten abspielen und der Aufmerksamkeitsbesetzung, mit welcher Bewußtsein verbunden ist, entbehren, passend den Namen „automatische" verwenden. Der Prozeß der Vergleichung der Aufwände muß automatisch bleiben, wenn er komische Lust erzeugen soll.

e) Es ist durchaus störend für die Komik, wenn der Fall, aus dem sie entstehen soll, gleichzeitig zu starker Affektentbindung Anlaß gibt. Die Abfuhr der wirksamen Differenz ist dann in der Regel ausgeschlossen. Affekte, Disposition und Einstellung des Individuums im jeweiligen Falle lassen es verständlich werden, daß das Komische mit dem Standpunkt der einzelnen Person auftaucht oder schwindet, daß es ein absolut Komisches nur in Ausnahmsfällen gibt. Die Abhängigkeit oder Relativität des Komischen ist darum weit größer als die des Witzes, der sich niemals ergibt, der regelmäßig gemacht wird und bei dessen Herstellung bereits auf die Bedingungen, unter denen er Annahme findet, geachtet werden kann. Die Affektentwicklung ist aber die intensivste unter den die Komik störenden Bedingungen und wird in dieser Bedeutung von keiner Seite verkannt.[68] Man sagt darum, das komische Gefühl käme am ehesten in halbwegs indifferenten Fällen ohne stärkere Gefühls- oder Interessenbeteiligung zustande. Doch kann man gerade in Fällen mit Affektentbindung eine besonders starke Aufwanddifferenz den Automatismus der Abfuhr herstellen sehen. Wenn der Oberst Butler die Mahnungen Octavios „*bitter lachend*" mit dem Ausruf beantwortet:

„Dank vom Haus Österreich!",

so hat seine Erbitterung das Lachen nicht verhindert, welches der Erinnerung an die Enttäuschung gilt, die er erfahren zu haben glaubt, und anderseits kann die Größe dieser Enttäuschung vom Dichter nicht eindrucksvoller geschildert werden, als indem er sie fähig zeigt, mitten im Sturm der entfesselten Affekte ein Lachen zu erzwingen. Ich würde meinen, daß diese Erklärung für alle Fälle anwendbar ist, in denen das Lachen bei anderen als lustvollen Gelegenheiten und mit intensiven peinlichen oder gespannten Affekten gemeinsam vorkommt.

f) Wenn wir noch hinzufügen, daß die Entwicklung der komischen Lust durch jede andere lustvolle Zutat zum Falle wie durch eine Art von Kontaktwirkung gefördert werden kann (nach Art des Vorlustprinzips beim tendenziösen Witze), so haben wir die Bedingungen der komischen Lust gewiß nicht vollständig, aber doch für unsere Absicht hinreichend erörtert. Wir sehen dann, daß diesen Bedingungen sowie der Inkonstanz und Abhängigkeit des komischen Effekts keine andere Annahme so leicht genügt wie die Ableitung der komischen Lust von der Abfuhr einer Differenz, welche unter den wechselndsten Verhältnissen einer anderen Verwendung als der Abfuhr unterliegen kann.

Eine eingehendere Würdigung verdiente noch das Komische des Sexuellen und Obszönen, das wir hier aber nur mit wenigen Bemerkungen streifen wollen. Den

[68] „Du hast leicht lachen, dich geht es nicht weiter an."

Ausgangspunkt würde auch hier die Entblößung bilden. Eine zufällige Entblößung wirkt auf uns komisch, weil wir die Leichtigkeit, mit welcher wir den Anblick genießen, mit dem großen Aufwand vergleichen, der sonst zur Erreichung dieses Zieles erforderlich wäre. Der Fall nähert sich so dem des Naiv-Komischen, ist aber einfacher als dieser. Jede Entblößung, zu deren Zuschauer – oder Zuhörer im Falle der Zote – wir von Seite eines Dritten gemacht werden, gilt gleich einem Komischmachen der entblößten Person. Wir haben gehört, daß es Aufgabe des Witzes wird, die Zote zu ersetzen und so eine verlorengegangene Quelle komischer Lust wieder zu eröffnen. Hingegen ist das Belauschen einer Entblößung für den Lauschenden kein Fall von Komik, weil die eigene Anstrengung dabei die Bedingung der komischen Lust aufhebt; es bleibt hier nur die sexuelle Lust am Erschauten übrig. In der Erzählung des Lauschers an einen anderen wird die belauschte Person wiederum komisch, weil der Gesichtspunkt vorwiegt, daß sie den Aufwand unterlassen hat, der zur Verhüllung ihres Geheimen am Platze gewesen wäre. Sonst ergeben sich aus dem Bereiche des Sexuellen und Obszönen die reichlichsten Gelegenheiten zum Gewinne komischer Lust neben der lustvollen sexuellen Erregtheit, insofern der Mensch in seiner Abhängigkeit von körperlichen Bedürfnissen gezeigt (Herabsetzung) oder hinter dem Anspruch der seelischen Liebe die leibliche Anforderung aufgedeckt werden kann (Entlarvung).

Eine Aufforderung, auch das Verständnis des Komischen in seiner Psychogenese zu suchen, hat sich überraschenderweise aus dem schönen und lebensfrischen Buche von *Bergson* (*Le rire*) ergeben. *Bergson*, dessen Formeln zur Erfassung des komischen Charakters uns bereits bekanntgeworden sind – „*mécanisation de la vie*", „*substitution quelconque de l'artificiel au naturel*" – gerät durch naheliegende Gedankenverbindung vom Automatismus auf den Automaten und sucht eine Reihe von komischen Effekten auf die verblaßte Erinnerung an ein Kinderspielzeug zurückzuführen. In diesem Zusammenhange erhebt er sich einmal zu einem Standpunkt, den er allerdings bald wieder verläßt; er sucht das Komische von der Nachwirkung der Kinderfreuden abzuleiten. „*Peut-être même devrions nous pousser la simplification plus loin encore, remonter à nos souvenirs les plus anciens, chercher dans les jeux qui amusèrent l'enfant la première ébauche des combinaisons qui font rire l'homme ... Trop souvent surtout nous méconnaissons ce qu'il y a d'encore enfantin, pour ainsi dire, dans la plupart de nos émotions joyeuses*"(S.68 u. ff.). Da wir nun den Witz bis auf ein durch die verständige Kritik versagtes Kinderspiel mit Worten und Gedanken zurückverfolgt haben, muß es uns verlocken, auch diesen von *Bergson* vermuteten infantilen Wurzeln des Komischen nachzuspüren.

Wirklich stoßen wir auf eine ganze Reihe von Beziehungen, die uns vielversprechend erscheinen, wenn wir das Verhältnis der Komik zum Kinde untersuchen. Das Kind selbst erscheint uns keineswegs komisch, obwohl sein Wesen alle die Bedingungen erfüllt, die beim Vergleiche mit dem unserigen eine komische Differenz ergeben: den übermäßigen Bewegungs- wie den geringen geistigen Aufwand, die Beherrschung der seelischen Leistungen durch die körperlichen Funktionen und andere Züge. Das Kind wirkt auf uns nur dann komisch, wenn es sich nicht als Kind, sondern als ernsthafter Erwachsener gebärdet, und dann in der gleichen Weise wie andere sich verkleidende Personen; solange es aber das Wesen des Kindes beibehält, bereitet uns seine Wahrnehmung eine reine, vielleicht ans Komische anklingende Lust. Wir heißen es naiv, insofern es uns seine Hemmungslosigkeit zeigt, und naiv-komisch jene seiner Äußerungen, die wir bei einem anderen als obszön oder als witzig beurteilt hätten.

Anderseits geht dem Kinde das Gefühl für Komik ab. Dieser Satz scheint nicht mehr zu besagen, als daß das komische Gefühl sich erst im Laufe der seelischen Entwicklung irgend einmal einstellt wie so manches andere, und das wäre nun keineswegs merkwürdig, zumal da man zugestehen muß, daß es in Jahren, die man dem Kindesalter zurechnen muß, bereits deutlich hervortritt. Aber es läßt sich doch zeigen, daß die Behauptung, dem Kinde fehle das Gefühl des Komischen, mehr enthält als eine Selbstverständlichkeit. Zunächst wird es leicht einzusehen, daß es nicht anders sein kann, wenn unsere Auffassung richtig ist, welche das komische Gefühl von einer beim Verstehen des anderen sich ergebenden Aufwanddifferenz ableitet. Wählen wir wiederum das Komische der Bewegung als Beispiel. Der Vergleich, der die Differenz liefert, lautet in bewußte Formeln gebracht: So macht es der, und: So würde ich es machen, so habe ich es gemacht. Dem Kinde fehlt aber der im zweiten Satze enthaltene Maßstab, es versteht einfach durch Nachahmung, es macht es ebenso. Die Erziehung des Kindes beschenkt dasselbe mit dem Standard: So sollst du es machen; bedient es sich desselben nun bei der Vergleichung, so liegt ihm der Schluß nahe: Der hat es nicht recht gemacht, und: Ich kann es besser. In diesem Falle lacht es den anderen aus, es verlacht ihn im Gefühle seiner Überlegenheit. Es steht nichts im Wege, auch dieses Lachen von der Aufwandsdifferenz abzuleiten, aber nach der Analogie mit den bei uns sich ereignenden Fällen von Verlachen dürfen wir schließen, daß beim Überlegenheitslachen des Kindes das komische Gefühl nicht verspürt wird. Es ist ein Lachen reiner Lust. Wo bei uns das Urteil der eigenen Überlegenheit sich deutlich einstellt, da lächeln wir bloß anstatt zu lachen, oder wenn wir lachen, können wir dies Bewußtwerden unserer Überlegenheit doch vom Komischen, das uns lachen macht, deutlich unterscheiden.

Es ist wahrscheinlich richtig zu sagen, das Kind lache aus reiner Lust unter verschiedenen Umständen, die wir als „komisch" empfinden und nicht zu motivieren verstehen, während die Motive des Kindes klare und angebbare sind.

Wenn z. B. jemand auf der Straße ausgleitet und hinfällt, so lachen wir, weil dieser Eindruck – unbekannt warum – komisch ist. Das Kind lacht im gleichen Falle aus Überlegenheitsgefühl oder aus Schadenfreude: Du bist gefallen, und ich nicht. Gewisse Lustmotive des Kindes scheinen uns Erwachsenen verlorenzugehen, dafür verspüren wir unter den gleichen Bedingungen das „komische" Gefühl als Ersatz für das Verlorene.

Dürfte man verallgemeinern, so erschiene es recht verlockend, den gesuchten spezifischen Charakter des Komischen in die Erweckung des Infantilen zu verlegen, das Komische als das wiedergewonnene „verlorene Kinderlachen" zu erfassen. Man könnte dann sagen, ich lache jedesmal über eine Aufwanddifferenz zwischen dem anderen und mir, wenn ich in dem anderen das Kind wiederfinde. Oder genauer ausgedrückt, der vollständige Vergleich, der zum Komischen führt, würde lauten:

So macht es der – Ich mache es anders –

Der macht es so, wie ich es als Kind gemacht habe.

Dieses Lachen gälte also jedesmal dem Vergleich zwischen dem Ich des Erwachsenen und dem Ich als Kind. Selbst die Ungleichsinnigkeit der komischen Differenz, daß mir bald das Mehr, bald das Minder des Aufwandes komisch erscheint, würde mit der infantilen Bedingung stimmen; das Komische ist dabei tatsächlich stets auf der Seite des Infantilen.

Es widerspricht dem nicht, daß das Kind selbst als Objekt der Vergleichung mir keinen komischen, sondern einen rein lustvollen Eindruck macht; auch nicht, daß dieser Vergleich mit dem Infantilen nur dann komisch wirkt, wenn eine andere Verwendung der Differenz vermieden wird. Denn dabei kommen die Bedingungen der Abfuhr in Betracht. Alles was einen psychischen Vorgang in einen Zusammenhang einschließt, wirkt der Abfuhr der überschüssigen Besetzung entgegen und führt diese einer anderen Verwendung zu; was einen psychischen Akt isoliert, begünstigt die Abfuhr. Die bewußte Einstellung auf das Kind als Vergleichsperson macht daher die Abfuhr unmöglich, die zur komischen Lust erforderlich ist; nur bei vorbewußter Besetzung ergibt sich eine ähnliche Annäherung an die Isolierung, wie wir sie übrigens auch den seelischen Vorgängen im Kinde zuschreiben dürfen. Der Zusatz zum Vergleiche: So hab' ich es als Kind auch gemacht, von dem die komische Wirkung ausginge, käme also für mittlere Differenzen erst dann in Betracht, wenn kein anderer Zusammenhang sich des frei gewordenen Überschusses bemächtigen könnte.

Verweilen wir noch bei dem Versuch, das Wesen des Komischen in der vorbewußten Anknüpfung an das Infantile zu finden, so müssen wir einen Schritt über *Bergson* hinaus tun und zugeben, daß der das Komische ergebende Vergleich nicht etwa alte Kinderlust und Kinderspiel erwecken müsse, sondern daß es hinreiche, wenn er an kindliches Wesen überhaupt, vielleicht selbst an Kinderleid rühre. Wir entfernen uns hierin von *Bergson*, bleiben aber im Einklang mit uns selbst, wenn wir die komische Lust nicht auf erinnerte Lust, sondern immer wieder auf einen Vergleich beziehen. Vielleicht daß die Fälle der ersteren Art das regelmäßig und unwiderstehlich Komische einigermaßen decken. Ziehen wir hier das vorhin angeführte Schema der komischen Möglichkeiten heran. Wir sagten, die komische Differenz würde gefunden entweder

a) durch einen Vergleich zwischen dem anderen und dem Ich, oder *b*) durch einen Vergleich ganz innerhalb des anderen, oder *c*) durch einen Vergleich ganz innerhalb des Ichs.

Im ersteren Falle erschiene der andere mir als Kind, im zweiten ließe er sich selbst zum Kind herab, im dritten fände ich das Kind in mir selbst. Zum ersten Falle gehören das Komische der Bewegung und der Formen, der geistigen Leistung und des Charakters; das entsprechende Infantile wären der Bewegungsdrang und die geistige und sittliche Minderentwicklung des Kindes, so daß etwa der Dumme mir komisch würde, insofern er mich an ein faules, der Böse, insofern er an ein schlimmes Kind mahnt. Von einer dem Erwachsenen verlorengegangenen Kinderlust könnte man nur das eine Mal reden, wo die dem Kind eigene Bewegungsfreudigkeit in Betracht kommt.

Der zweite Fall, bei welchem die Komik ganz auf „Einfühlung" beruht, umfaßt die zahlreichsten Möglichkeiten, die Komik der Situation, der Übertreibung (Karikatur), der Nachahmung, der Herabsetzung und der Entlarvung. Es ist derjenige Fall, dem die Einführung des infantilen Gesichtspunktes am meisten zustatten kommt. Denn die Situationskomik gründet sich zumeist auf Verlegenheiten, in denen wir die Hilflosigkeit des Kindes wiederfinden; die ärgste dieser Verlegenheiten, die Störung anderer Leistungen durch die gebieterischen Anforderungen der natürlichen Bedürfnisse, entspricht der dem Kinde noch mangelnden Beherrschung der leiblichen Funktionen. Wo die Situationskomik durch Wiederholungen wirkt, stützt sie sich auf die dem Kinde eigentümliche Lust an fortgesetzter Wiederholung (Fragen, Geschichten erzählen), durch die es dem Erwachsenen zur Plage wird. Die Übertreibung, welche auch dem Erwachsenen noch Lust bereitet, insofern sie eine Rechtfertigung vor dessen Kritik zu finden weiß, hängt mit der eigentümlichen Maßlosigkeit des Kindes, mit dessen Unkenntnis aller quantitativen Beziehungen zusammen, die es ja später kennenlernt als die qualitativen. Maßhalten, Ermäßigung auch der erlaubten Regungen ist eine späte Frucht der Erziehung und wird durch gegenseitige Hemmung der in einen Zusammenhang aufgenommenen seelischen Tätigkeiten gewonnen. Wo dieser Zusammenhang geschwächt wird, im Unbewußten des Traumes, beim Monoideismus der Psychoneurosen, tritt die Unmäßigkeit des Kindes wieder hervor.

Die Komik der Nachahmung hatte unserem Verständnis relativ große Schwierigkeiten bereitet, solange wir das infantile Moment dabei außer acht ließen. Die Nachahmung ist aber die beste Kunst des Kindes und das treibende Motiv der meisten seiner Spiele. Der Ehrgeiz des Kindes zielt weit weniger auf die Auszeichnung unter seinesgleichen als auf die Nachahmung der Großen. Von dem Verhältnis des Kindes zu den Erwachsenen hängt auch die Komik der Herabsetzung ab, der die Herablassung des Erwachsenen im Kinderleben entspricht. Wenig anderes kann dem Kinde größere Lust bereiten, als wenn der Große sich zu ihm herabläßt, auf seine drückende Überlegenheit verzichtet und wie seinesgleichen mit ihm spielt. Die Erleichterung, die dem Kinde reine Lust schafft, wird beim Erwachsenen als Herabsetzung zu einem Mittel des Komischmachens und zu einer Quelle komischer Lust. Von der Entlarvung wissen wir, daß sie auf die Herabsetzung zurückgeht.

Am meisten stößt auf Schwierigkeiten die infantile Begründung des dritten Falles, der Komik der Erwartung, was wohl erklärt, daß jene Autoren, welche diesen Fall in ihrer Auffassung des Komischen vorangestellt haben, keinen Anlaß fanden, das infantile Moment für die Komik in Betracht zu ziehen. Das Komische der Erwartung liegt dem Kinde wohl am fernsten, die Fähigkeit, dieses zu erfassen, tritt bei ihm am spätesten auf. Das Kind wird in den meisten derartigen Fällen, die dem Erwachsenen komisch dünken, wahrscheinlich nur Enttäuschung empfinden. Man könnte aber an die Erwartungsseligkeit und Leichtgläubigkeit des Kindes anknüpfen, um zu verstehen, daß man sich „als Kind“ komisch vorkommt, wenn man der komischen Enttäuschung unterliegt.

Ergäbe sich nun auch aus dem Vorstehenden eine gewisse Wahrscheinlichkeit für eine Übersetzung des komischen Gefühls, die etwa lauten könnte: Komisch ist das, was sich für den Erwachsenen nicht schickt, so fühle ich mich doch, vermöge meiner ganzen Stellung zum komischen Problem, nicht kühn genug, diesen letzten Satz mit ähnlichem Ernst wie die vorhin aufgestellten zu verteidigen. Ich mag nicht entscheiden, ob die Herabsetzung zum Kinde nur ein Spezialfall der komischen Herabsetzung ist oder ob alle Komik im Grunde auf einer Herabsetzung zum Kinde beruht.[69]

Eine Untersuchung, die das Komische noch so flüchtig behandelt, wäre in arger Weise unvollständig, wenn sie nicht wenigstens einige Bemerkungen für den

[69] Daß die komische Lust ihre Quelle im „quantitativen Kontrast“ im Vergleich von Klein und Groß hat, welcher schließlich auch die wesentliche Relation des Kindes zum Erwachsenen ausdrückt, dies wäre in der Tat ein seltsames Zusammentreffen, wenn das Komische weiter nichts mit dem Infantilen zu tun hätte.

Humor übrig hätte. Die Wesensverwandtschaft zwischen beiden ist so wenig zweifelhaft, daß ein Erklärungsversuch des Komischen mindestens eine Komponente zum Verständnis des Humors abgeben muß. Soviel des Treffenden und Erhebenden auch zur Wertschätzung des Humors vorgebracht worden ist, der, selbst eine der höchsten psychischen Leistungen, auch die besondere Gunst der Denker genießt, so können wir doch dem Versuche nicht ausweichen, sein Wesen durch eine Annäherung an die Formeln für den Witz und für das Komische auszudrücken. Wir haben gehört, daß die Entbindung peinlicher Affekte das stärkste Hindernis der komischen Wirkung ist. Sowie die zwecklose Bewegung Schaden stiftet, die Dummheit zum Unheil führt, die Enttäuschung Schmerz bereitet, ist es mit der Möglichkeit eines komischen Effekts zu Ende, für den wenigstens, der sich solcher Unlust nicht erwehren kann, selbst von ihr betroffen wird oder an ihr Anteil nehmen muß, während der Unbeteiligte durch sein Verhalten bezeugt, daß in der Situation des betreffenden Falles alles enthalten ist, was für eine komische Wirkung erfordert wird. Der Humor ist nun ein Mittel, um die Lust trotz der sie störenden peinlichen Affekte zu gewinnen; er tritt für diese Affektentwicklung ein, setzt sich an die Stelle derselben. Seine Bedingung ist gegeben, wenn eine Situation vorliegt, in welcher wir unseren Gewohnheiten gemäß versucht sind, peinlichen Affekt zu entbinden, und wenn nun Motive auf uns einwirken, um diesen Affekt *in statu nascendi* zu unterdrükken. In den eben angeführten Fällen könnte also die vom Schaden, Schmerz usw. betroffene Person humoristische Lust gewinnen, während die unbeteiligte aus komischer Lust lacht. Die Lust des Humors entsteht dann, wir können nicht anders sagen, auf Kosten dieser unterbliebenen Affektentbindung, sie geht aus erspartem Affektaufwand hervor.

Der Humor ist die genügsamste unter den Arten des Komischen; sein Vorgang vollendet sich bereits in einer einzigen Person, die Teilnahme einer anderen fügt nichts Neues zu ihm hinzu. Ich kann den Genuß der in mir entstandenen humoristischen Lust für mich behalten, ohne mich zur Mitteilung gedrängt zu fühlen. Es ist nicht leicht zu sagen, was bei der Erzeugung der humoristischen Lust in der einen Person vorgeht; man gewinnt aber eine gewisse Einsicht, wenn man die Fälle des mitgeteilten oder nachgefühlten Humors untersucht, in denen ich durch das Verständnis der humoristischen Person zur gleichen Lust wie sie gelange. Der gröbste Fall des Humors, der sogenannte Galgenhumor, mag uns darüber belehren. Der Spitzbube, der am Montag zur Exekution geführt wird, äußert: „Na, diese Woche fängt gut an." Das ist eigentlich ein Witz, denn die Bemerkung ist an sich ganz zutreffend, anderseits in ganz unsinniger Weise deplaciert, da es weitere Ereignisse in dieser Woche für ihn nicht geben wird. Es gehört aber Humor dazu, einen solchen Witz zu machen, d. h. über alles hinwegzusehen, was diesen Wochenbeginn vor anderen auszeichnet, den Unterschied zu leugnen, aus dem sich Motive zu ganz besonderen Gefühlsregungen ergeben könnten. Derselbe Fall, wenn er sich auf dem Wege zur Hinrichtung ein Halstuch für seinen bloßen Hals ausbittet, um sich nicht zu verkühlen, eine Vorsicht, die sonst ganz lobenswert wäre, bei dem nahe bevorstehenden Schicksal dieses Halses aber ungeheuer überflüssig und gleichgültig ist. Man muß sagen, es steckt etwas wie Seelengröße in dieser *blague*, in solchem Festhalten seines gewohnten Wesens und Abwenden von dem, was dieses Wesen umwerfen und zur Verzweiflung treiben sollte. Diese Art von Großartigkeit des Humors tritt dann unverkennbar in Fällen hervor, in denen unsere Bewunderung keine Hemmung an den Umständen der humoristischen Person findet.

In *Victor Hugos Hernani* ist der Bandit, der sich in eine Verschwörung gegen seinen König, Karl I. von Spanien und Karl V. als deutscher Kaiser, eingelassen hat, in die Hände dieses seines großmächtigen Feindes gefallen; er sieht sein Schicksal als überführter Hochverräter voraus, sein Kopf wird fallen. Aber diese Voraussicht hält ihn nicht ab, sich als erbberechtigten Grande von Spanien zu erkennen zu geben und zu erklären, daß er auf kein Vorrecht eines solchen zu verzichten gedenke. Ein Grande von Spanien durfte in Gegenwart seines königlichen Herrn sein Haupt bedecken. Nun gut:

> „Nos têtes ont le droit
> De tomber couvertes devant de toi."

Dies ist großartiger Humor, und wenn wir als Hörer dabei nicht lachen, so geschieht es, weil unsere Bewunderung die humoristische Lust deckt. Im Falle des Spitzbuben, der sich auf dem Wege zum Galgen nicht verkühlen will, lachen wir aus vollem Halse. Die Situation, die den Delinquenten zur Verzweiflung treiben sollte, könnte bei uns intensives Mitleid erregen; aber dies Mitleid wird gehemmt, weil wir verstehen, daß er, der näher Betroffene, sich aus der Situation nichts macht. Infolge dieses Verständnisses wird der Aufwand zum Mitleid, der schon in uns bereit war, unverwendbar, und wir lachen ihn ab. Die Gleichgültigkeit des Spitzbuben, von der wir aber merken, daß sie ihn einen großen Aufwand von psychischer Arbeit gekostet hat, steckt uns gleichsam an.

Erspartes Mitleid ist eine der häufigsten Quellen der humoristischen Lust. Der Humor *Mark Twains* arbeitet gewöhnlich mit diesem Mechanismus. Wenn er uns aus dem Leben seines Bruders erzählt, wie dieser als Angestellter einer großen Wegbauunternehmung durch die vorzeitige Explosion einer Mine in die Luft zu fliegen kam, um weit entfernt von seinem Arbeitsorte wieder zur Erde zu kommen, so werden unvermeidlich Regungen des Mitgefühls für den Verunglückten in uns wach; wir möchten fragen, ob ihm bei seinem Unfall kein Schaden geschehen ist; aber die Fortsetzung der Geschichte, daß dem Bruder ein halber Tag Arbeitslohn abgezogen wurde „wegen Entfernung vom Arbeitsorte“, lenkt uns vollständig vom Mitleid ab und macht uns beinahe ebenso hartherzig wie jene Unternehmer, ebenso gleichgültig gegen die etwaige Gesundheitsschädigung des Bruders. Ein andermal legt uns *Mark Twain* seinen Stammbaum vor, den er etwa bis auf einen Gefährten des *Kolumbus* zurückführt. Nachdem uns aber der Charakter dieses Ahnen geschildert wurde, dessen ganzes Gepäck aus mehreren Wäschestücken besteht, von denen jedes eine andere Marke trägt, können wir nicht anders als auf Kosten der ersparten Pietät lachen, in welche wir uns zu Beginn dieser Familiengeschichte zu versetzen gedachten. Der Mechanismus der humoristischen Lust wird dabei nicht durch unser Wissen gestört, daß diese Ahnengeschichte eine fingierte ist und daß diese Fiktion der satirischen Tendenz dient, die Schönfärberei, die sich in solchen Mitteilungen anderer kundgibt, bloßzustellen; er ist ebenso unabhängig von der Realitätsbedingung wie im Falle des Komischmachens. Eine andere Geschichte von *Mark Twain*, die berichtet, wie sein Bruder sich ein unterirdisches Quartier herstellte, in das er Bett, Tisch und Lampe brachte und das als Dach ein großes, in der Mitte durchlöchertes Stück Segeltuch bekam, wie aber in der Nacht, nachdem die Stube fertig geworden, eine heimgetriebene Kuh durch die Öffnung der Decke auf den Tisch herabfiel und die Lampe auslöschte, wie der Bruder geduldig mithalf, das Tier hinaufzubefördern und die Einrichtung wiederherzustellen, wie er das gleiche tat, als sich die gleiche Störung in der nächsten Nacht wiederholte und dann jede weitere Nacht; eine solche Geschichte wird durch die Wiederholung komisch. *Mark Twain* beschließt sie aber mit der Mitteilung, der Bruder habe endlich in der 46. Nacht, als wiederum die Kuh herabfiel, bemerkt: Die Sache fange an, monoton zu werden, und da können wir unsere humoristische Lust nicht zurückhalten, denn wir hätten längst zu hören erwartet, wie sich der Bruder über dies hartnäckige Malheur – geärgert. Den kleinen Humor, den wir etwa selbst in unserem Leben aufbringen, produzieren wir in der Regel auf Kosten des Ärgers, anstatt uns zu ärgern.[70]

[70] Die großartige humoristische Wirkung einer Figur wie des dicken Ritters Sir John Falstaff beruht auf ersparter Verachtung und Entrüstung. Wir erkennen zwar in ihm den unwürdigen Schlemmer und Hochstapler, aber unsere Verurteilung wird durch eine ganze Reihe von Momenten entwaffnet. Wir verstehen, daß er sich genau so kennt, wie wir ihn beurteilen; er imponiert uns durch seinen Witz, und außerdem übt seine körperliche Mißgestalt eine Kontaktwirkung zugunsten einer komischen Auffassung seiner Person anstatt einer ernsthaften aus, als ob unsere Anforderungen von Moral und Ehre von einem so dicken Bauch abprallen müßten. Sein Treiben ist im ganzen harmlos und wird durch die komische Niedrigkeit der von ihm Betrogenen fast entschuldigt. Wir geben zu, daß der Arme bemüht sein darf zu leben und zu genießen wie ein anderer, und bemitleiden ihn fast, weil wir ihn in den Hauptsituationen als

Die Arten des Humors sind außerordentlich mannigfach je nach der Natur der Gefühlserregung, die zugunsten des Humors erspart wird: Mitleid, Ärger, Schmerz, Rührung usw. Die Reihe derselben erscheint auch unabgeschlossen, weil das Reich des Humors immer weitere Ausdehnung erfährt, wenn es dem Künstler oder Schriftsteller gelingt, bisher noch unbezwungene Gefühlsregungen humoristisch zu bändigen, sie durch ähnliche Kunstgriffe wie in den vorigen Beispielen zur Quelle humoristischer Lust zu machen. Die Künstler des *Simplizissimus* z. B. haben Erstaunliches darin geleistet, den Humor auf Kosten von Grausen und Ekel zu gewinnen. Die Erscheinungsformen des Humors werden übrigens durch zwei Eigentümlichkeiten bestimmt, die mit den Bedingungen seiner Entstehung zusammenhängen. Der Humor kann erstens mit dem Witz oder einer anderen Art des Komischen verschmolzen auftreten, wobei ihm die Aufgabe zufällt, eine in der Situation enthaltene Möglichkeit von Affektentwicklung, die ein Hindernis für die Lustwirkung wäre, zu beseitigen. Er kann zweitens diese Affektentwicklung gänzlich aufheben oder bloß partiell, was sogar der häufigere Fall ist, weil die leichtere Leistung, und die verschiedenen Formen des „gebrochenen“[71] Humors, den Humor, der unter Tränen lächelt, ergibt. Er entzieht dem Affekt einen Teil seiner Energie und gibt ihm dafür den humoristischen Beiklang.

Die durch Nachfühlen gewonnene humoristische Lust entspringt, wie man an obigen Beispielen merken konnte, einer besonderen, der Verschiebung vergleichbaren Technik, durch welche die bereitgehaltene Affektentbindung ent-

---

Spielzeug in den Händen eines ihm weit Überlegenen finden. Darum können wir ihm nicht gram werden und schlagen alles, was wir bei ihm an Entrüstung ersparen, zur komischen Lust, die er sonst bereitet, hinzu. Sir Johns eigener Humor geht eigentlich aus der Überlegenheit eines Ichs hervor, dem weder seine leiblichen noch seine moralischen Defekte die Heiterkeit und Sicherheit rauben können.

Der geistreiche Ritter Don Quijote de la Mancha ist hingegen eine Gestalt, die selbst keinen Humor besitzt und uns in ihrem Ernst eine Lust bereitet, die man eine humoristische nennen könnte, obwohl deren Mechanismus eine wichtige Abweichung von dem des Humors erkennen läßt. Don Quijote ist ursprünglich eine rein komische Figur, ein großes Kind, dem die Phantasien seiner Ritterbücher zu Kopfe gestiegen sind. Es ist bekannt, daß der Dichter anfangs nichts anderes mit ihm wollte und daß das Geschöpf allmählich weit über die ersten Absichten des Schöpfers hinauswuchs. Nachdem aber der Dichter diese lächerliche Person mit der tiefsten Weisheit und den edelsten Absichten ausgestattet und sie zum symbolischen Vertreter eines Idealismus gemacht hat, der an die Verwirklichung seiner Ziele glaubt, Pflichten ernst und Versprechen wörtlich nimmt, hört diese Person auf, komisch zu wirken. Ähnlich wie sonst die humoristische Lust durch Verhinderung einer Gefühlserregung entsteht sie hier durch Störung der komischen Lust. Doch entfernen wir uns mit diesen Beispielen bereits merklich von den einfachen Fällen des Humors.

[71] Ein Terminus, der in der Ästhetik von Fr. Th. Vischer in ganz anderem Sinne verwendet wird.

täuscht und die Besetzung auf anderes, nicht selten Nebensächliches gelenkt wird. Für das Verständnis des Vorganges, durch welchen in der humoristischen Person selbst die Verschiebung von der Affektentwicklung weg vor sich geht, ist aber hiemit nichts gewonnen. Wir sehen, daß der Empfänger den Schöpfer des Humors in seinen seelischen Vorgängen nachahmt, erfahren dabei aber nichts über die Kräfte, welche diesen Vorgang bei letzterem ermöglichen.

Man kann nur sagen, wenn es jemandem gelingt, sich z. B. über einen schmerzlichen Affekt hinwegzusetzen, indem er sich die Größe der Weltinteressen als Gegensatz zur eigenen Kleinheit vorhält, so sehen wir darin keine Leistung des Humors, sondern des philosophischen Denkens und haben auch keinen Lustgewinn, wenn wir uns in seinen Gedankengang hineinversetzen. Die humoristische Verschiebung ist also in der Beleuchtung der bewußten Aufmerksamkeit ebenso unmöglich wie die komische Vergleichung; sie ist wie diese an die Bedingung, vorbewußt oder automatisch zu bleiben, gebunden.

Zu einigem Aufschluß über die humoristische Verschiebung gelangt man, wenn man sie im Lichte eines Abwehrvorganges betrachtet. Die Abwehrvorgänge sind die psychischen Korrelate des Fluchtreflexes und verfolgen die Aufgabe, die Entstehung von Unlust aus inneren Quellen zu verhüten; in der Erfüllung dieser Aufgabe dienen sie dem seelischen Geschehen als eine automatische Regulierung, die sich schließlich allerdings als schädlich herausstellt und darum der Beherrschung durch das bewußte Denken unterworfen werden muß. Eine bestimmte Art dieser Abwehr, die mißglückte Verdrängung, habe ich als den wirkenden Mechanismus für die Entstehung der Psychoneurosen nachgewiesen. Der Humor kann nun als die höchststehende dieser Abwehrleistungen aufgefaßt werden. Er verschmäht es, den mit dem peinlichen Affekt verknüpften Vorstellungsinhalt der bewußten Aufmerksamkeit zu entziehen, wie es die Verdrängung tut, und überwindet somit den Abwehrautomatismus; er bringt dies zustande, indem er die Mittel findet, der bereitgehaltenen Unlustentbindung ihre Energie zu entziehen und diese durch Abfuhr in Lust zu verwandeln. Es ist selbst denkbar, daß wiederum der Zusammenhang mit dem Infantilen ihm die Mittel zu dieser Leistung zur Verfügung stellt. Im Kinderleben allein hat es intensive peinliche Affekte gegeben, über welche der Erwachsene heute lächeln würde, wie er als Humorist über seine gegenwärtigen peinlichen Affekte lacht. Die Erhebung seines Ichs, von welcher die humoristische Verschiebung Zeugnis ablegt – deren Übersetzung doch lauten würde: Ich bin zu groß(artig), als daß diese Anlässe mich peinlich berühren sollten –, könnte er wohl aus der Vergleichung seines gegenwärtigen Ichs mit seinem kindlichen entnehmen. Einigermaßen unterstützt wird diese Auffassung durch die Rolle, die dem Infantilen bei den neurotischen Verdrängungsvorgängen zufällt.

Im ganzen steht der Humor dem Komischen näher als dem Witz. Er hat mit jenem auch die psychische Lokalisation im Vorbewußten gemeinsam, während der Witz, wie wir annehmen mußten, als Kompromiß zwischen Unbewußtem und Vorbewußtem gebildet wird. Dafür hat er keinen Anteil an einem eigentümlichen Charakter, in welchem Witz und Komik sich treffen, den wir vielleicht bisher nicht scharf genug hervorgehoben haben. Es ist Bedingung für die Entstehung des Komischen, daß wir veranlaßt werden, *gleichzeitig oder in rascher Aufeinanderfolge* für die nämliche Vorstellungsleistung zweierlei verschiedene Vorstellungsweisen anzuwenden, zwischen denen dann die „Vergleichung" statthat und die komische Differenz sich ergibt. Solche Aufwanddifferenzen entstehen zwischen dem Fremden und dem Eigenen, dem Gewohnten und dem Veränderten, dem Erwarteten und dem Eingetroffenen.[72]

Beim Witz kommt die Differenz zwischen zwei sich gleichzeitig ergebenden Auffassungsweisen, die mit verschiedenem Aufwand arbeiten, für den Vorgang beim Witzhörer in Betracht. Die eine dieser beiden Auffassungen macht, den im Witze enthaltenen Andeutungen folgend, den Weg des Gedankens durch das Unbewußte nach, die andere verbleibt an der Oberfläche und stellt den Witz wie einen sonstigen aus dem Vorbewußten bewußt gewordenen Wortlaut vor. Es wäre vielleicht keine unberechtigte Darstellung, wenn man die Lust des angehörten Witzes aus der Differenz dieser beiden Vorstellungsweisen ableiten würde.[73]

Wir sagen hier vom Witze das nämliche aus, was wir als seine Janusköpfigkeit beschrieben haben, solange uns die Beziehung zwischen Witz und Komik noch unerledigt erschien.[74]

---

[72] Wenn man sich nicht scheut, dem Begriff Erwartung einigen Zwang anzutun, kann man nach dem Vorgange von Lipps ein sehr großes Gebiet des Komischen der Erwartungskomik zurechnen, aber gerade die wahrscheinlich ursprünglichsten Fälle der Komik, die aus der Vergleichung eines fremden Aufwandes mit dem eigenen hervorgehen, würden sich dieser Zusammenfassung am wenigsten fügen.

[73] Man kann an dieser Formel ohne weiteres festhalten, denn sie läuft auf nichts heraus, was im Widerspruch zu früheren Erörterungen stünde. Die Differenz zwischen den beiden Aufwänden muß sich im wesentlichen auf den ersparten Hemmungsaufwand reduzieren. Das Fehlen dieser Hemmungsersparung beim Komischen und der Wegfall des quantitativen Kontrastes beim Witze würden, bei aller Übereinstimmung im Charakter der zweierlei Vorstellungsarbeit für die nämliche Auffassung, den Unterschied des komischen Gefühls vom Eindruck des Witzes bedingen.

[74] Die Eigentümlichkeit der „*double face*" ist den Autoren natürlich nicht entgangen. Mélinand, dem ich obigen Ausdruck entnahm (*Pourquoi rit-on?* Revue des deux mondes, Februar 1895), faßt die Bedingung für das Lachen in folgende Formel: *Ce qui fait rire, c'est ce qui est à la fois, d'un côté, absurde et de l'autre, familier*. Die Formel paßt auf den Witz besser als aufs Komische, deckt aber auch den ersteren nicht ganz. – Bergson (l. c. S. 98) definiert die komische Situation durch

Beim Humor verwischt sich der hier in den Vordergrund gerückte Charakter. Wir verspüren zwar die humoristische Lust, wo eine Gefühlsregung vermieden wird, die wir als eine der Situation gewohnheitsmäßig zugeordnete erwartet hätten, und insofern fällt auch der Humor unter den erweiterten Begriff der Erwartungskomik. Aber es handelt sich beim Humor nicht mehr um zwei verschiedene Vorstellungsweisen desselben Inhalts; daß die Situation durch die zu vermeidende Gefühlserregung mit Unlustcharakter beherrscht wird, macht der Vergleichbarkeit mit dem Charakter beim Komischen und beim Witze ein Ende. Die humoristische Verschiebung ist eigentlich ein Fall jener andersartigen Verwendung eines frei gewordenen Aufwandes, der sich als so gefährlich für die komische Wirkung herausgestellt hat.

Wir stehen nun am Ende unserer Aufgabe, nachdem wir den Mechanismus der humoristischen Lust auf eine analoge Formel zurückgeführt haben wie für die komische Lust und den Witz. Die Lust des Witzes schien uns aus *erspartem Hemmungsaufwand* hervorzugehen, die der Komik aus *erspartem Vorstellungs*(Besetzungs) *aufwand* und die des Humors aus *erspartem Gefühlsaufwand*. In allen drei Arbeitsweisen unseres seelischen Apparats stammt die Lust von einer Ersparung; alle drei kommen darin überein, daß sie Methoden darstellen, um aus der seelischen Tätigkeit eine Lust wiederzugewinnen, welche eigentlich erst durch die Entwicklung dieser Tätigkeit verlorengegangen ist. Denn die Euphorie, welche wir auf diesen Wegen zu erreichen streben, ist nichts anderes als die Stimmung einer Lebenszeit, in welcher wir unsere psychische Arbeit überhaupt mit geringem Aufwand zu bestreiten pflegten, die Stimmung unserer Kindheit, in der wir das Komische nicht kannten, des Witzes nicht fähig waren und den Humor nicht brauchten, um uns im Leben glücklich zu fühlen.

---

die „*interférence des séries*“: „*Une situation est toujours comique quand elle appartient en même temps à deux séries d'événements absolument indépendantes, et qu'elle peut s'interpréter à la fois dans deux sens tout différents.*“ – Für Lipps ist die Komik „die Größe und Kleinheit desselben“.

DER HUMOR

In meiner Schrift über den *Witz und seine Beziehung zum Unbewußten* (1905) habe ich den Humor eigentlich nur vom ökonomischen Gesichtspunkt behandelt. Es lag mir daran, die Quelle der Lust am Humor zu finden, und ich meine, ich habe gezeigt, daß der humoristische Lustgewinn aus erspartem Gefühlsaufwand hervorgeht.

Der humoristische Vorgang kann sich in zweierlei Weisen vollziehen, entweder an einer einzigen Person, die selbst die humoristische Einstellung einnimmt, während der zweiten Person die Rolle des Zuschauers und Nutznießers zufällt, oder zwischen zwei Personen, von denen die eine am humoristischen Vorgang gar keinen Anteil hat, die zweite aber diese Person zum Objekt ihrer humoristischen Betrachtung macht. Wenn, um beim gröbsten Beispiel zu verweilen, der Delinquent, der am Montag zum Galgen geführt wird, die Äußerung tut: „Na, die Woche fängt gut an", so entwickelt er selbst den Humor, der humoristische Vorgang vollendet sich an seiner Person und trägt ihm offenbar eine gewisse Genugtuung ein. Mich, den unbeteiligten Zuhörer, trifft gewissermaßen eine Fernwirkung der humoristischen Leistung des Verbrechers; ich verspüre, vielleicht ähnlich wie er, den humoristischen Lustgewinn.

Der zweite Fall liegt vor, wenn z. B. ein Dichter oder Schilderer das Gehaben von realen oder erfundenen Personen in humoristischer Weise beschreibt. Diese Personen brauchen selbst keinen Humor zu zeigen, die humoristische Einstellung ist allein Sache dessen, der sie zum Objekt nimmt, und der Leser oder Zuhörer wird wiederum wie im vorigen Falle des Genusses am Humor teilhaftig. Zusammenfassend kann man also sagen, man kann die humoristische Einstellung – worin immer diese bestehen mag – gegen die eigene oder gegen fremde Personen wenden; es ist anzunehmen, daß sie dem, der es tut, einen Lustgewinn bringt; ein ähnlicher Lustgewinn fällt dem – unbeteiligten – Zuhörer zu.

Die Genese des humoristischen Lustgewinns erfassen wir am besten, wenn wir uns dem Vorgang beim Zuhörer zuwenden, vor dem ein anderer Humor entwickelt. Er sieht diesen anderen in einer Situation, die es erwarten läßt, daß er die Anzeichen eines Affekts produzieren wird; er wird sich ärgern, klagen,

Schmerz äußern, sich schrecken, grausen, vielleicht selbst verzweifeln, und der Zuschauer-Zuhörer ist bereit, ihm darin zu folgen, die gleichen Gefühlsregungen bei sich entstehen zu lassen. Aber diese Gefühlsbereitschaft wird enttäuscht, der andere äußert keinen Affekt, sondern macht einen Scherz; aus dem ersparten Gefühlsaufwand wird nun beim Zuhörer die humoristische Lust.

So weit kommt man leicht, aber man sagt sich auch bald, daß es der Vorgang beim anderen, beim „Humoristen" ist, der die größere Aufmerksamkeit verdient. Kein Zweifel, das Wesen des Humors besteht darin, daß man sich die Affekte erspart, zu denen die Situation Anlaß gäbe, und sich mit einem Scherz über die Möglichkeit solcher Gefühlsäußerungen hinaussetzt. Insofern muß der Vorgang beim Humoristen mit dem beim Zuhörer übereinstimmen, richtiger gesagt, der Vorgang beim Zuhörer muß den beim Humoristen kopiert haben. Aber wie bringt der Humorist jene psychische Einstellung zustande, die ihm die Affektentbindung überflüssig macht, was geht bei „der humoristischen Einstellung" dynamisch in ihm vor? Offenbar ist die Lösung des Problems beim Humoristen zu suchen, beim Zuhörer ist nur ein Nachklang, eine Kopie dieses unbekannten Prozesses anzunehmen.

Es ist Zeit, daß wir uns mit einigen Charakteren des Humors vertraut machen. Der Humor hat nicht nur etwas Befreiendes wie der Witz und die Komik, sondern auch etwas Großartiges und Erhebendes, welche Züge an den beiden anderen Arten des Lustgewinns aus intellektueller Tätigkeit nicht gefunden werden. Das Großartige liegt offenbar im Triumph des Narzißmus, in der siegreich behaupteten Unverletzlichkeit des Ichs. Das Ich verweigert es, sich durch die Veranlassungen aus der Realität kränken, zum Leiden nötigen zu lassen, es beharrt dabei, daß ihm die Traumen der Außenwelt nicht nahegehen können, ja es zeigt, daß sie ihm nur Anlässe zu Lustgewinn sind. Dieser letzte Zug ist für den Humor durchaus wesentlich. Nehmen wir an, der am Montag zur Hinrichtung geführte Verbrecher hätte gesagt: „Ich mach' mir nichts daraus, was liegt denn daran, wenn ein Kerl wie ich aufgehängt wird, die Welt wird darum nicht zugrunde gehen –", so müßten wir urteilen, diese Rede enthält zwar diese großartige Überlegenheit über die reale Situation, sie ist weise und berechtigt, aber sie verrät auch nicht die Spur von Humor, ja sie ruht auf einer Einschätzung der Realität, die der des Humors direkt zuwiderläuft. Der Humor ist nicht resigniert, er ist trotzig, er bedeutet nicht nur den Triumph des Ichs, sondern auch den des Lustprinzips, das sich hier gegen die Ungunst der realen Verhältnisse zu behaupten vermag.

Durch diese beiden letzten Züge, die Abweisung des Anspruchs der Realität und die Durchsetzung des Lustprinzips nähert sich der Humor den regressiven oder reaktionären Prozessen, die uns in der Psychopathologie so ausgiebig beschäftigen. Mit seiner Abwehr der Leidensmöglichkeit nimmt er einen Platz ein in der großen Reihe jener Methoden, die das menschliche Seelenleben ausgebildet hat, um sich dem Zwang des Leidens zu entziehen, einer Reihe, die mit der Neurose anhebt, im Wahnsinn gipfelt und in die der Rausch, die Selbstversenkung, die Ekstase einbezogen sind. Der Humor dankt diesem Zusammenhange eine Würde, die z. B. dem Witze völlig abgeht, denn dieser dient entweder nur dem Lustgewinn, oder er stellt den Lustgewinn in den Dienst der Aggression. Worin besteht nun die humoristische Einstellung, durch die man sich dem Leiden verweigert, die Unüberwindlichkeit des Ichs durch die reale Welt betont, das Lustprinzip siegreich behauptet, all dies aber, ohne wie andere Verfahren gleicher Absicht den Boden seelischer Gesundheit aufzugeben? Die beiden Leistungen scheinen doch unvereinbar miteinander.

Wenn wir uns an die Situation wenden, daß sich jemand gegen andere humoristisch einstellt, so liegt die Auffassung nahe, die ich auch bereits im Buch über den Witz zaghaft angedeutet habe, er benehme sich gegen sie wie der Erwachsene gegen das Kind, indem er die Interessen und Leiden, die diesem groß erscheinen, in ihrer Nichtigkeit erkenne und belächle. Der Humorist gewinne also seine Überlegenheit daher, daß er sich in die Rolle des Erwachsenen, gewissermaßen in die Vateridentifizierung begebe und die anderen zu Kindern herabdrücke. Diese Annahme deckt wohl den Sachverhalt, aber sie erscheint kaum zwingend. Man fragt sich, wie kommt der Humorist dazu, sich diese Rolle anzumaßen.

Aber man erinnert sich an die andere, wahrscheinlich ursprünglichere und bedeutsamere Situation des Humors, daß jemand die humoristische Einstellung gegen seine eigene Person richtet, um sich solcherart seiner Leidensmöglichkeiten zu erwehren. Hat es einen Sinn zu sagen, jemand behandle sich selbst wie ein Kind und spiele gleichzeitig gegen dies Kind die Rolle des überlegenen Erwachsenen?

Ich meine, wir geben dieser wenig plausiblen Vorstellung einen starken Rückhalt, wenn wir in Betracht ziehen, was wir aus pathologischen Erfahrungen über die Struktur unseres Ichs gelernt haben. Dieses Ich ist nichts Einfaches, sondern beherbergt als seinen Kern eine besondere Instanz, das Über-Ich, mit dem es manchmal zusammenfließt, so daß wir die beiden nicht zu unterscheiden vermögen, während es sich in anderen Verhältnissen scharf von ihm sondert. Das Über-Ich ist genetisch Erbe der Elterninstanz, es hält das Ich oft in strenger Abhängigkeit, behandelt es wirklich noch, wie einst in frühen Jahren die Eltern – oder der Vater – das Kind behandelt haben. Wir erhalten also eine dynamische Aufklärung der humoristischen Einstellung, wenn wir annehmen, sie bestehe darin, daß die Person des Humoristen den psychischen Akzent von ihrem Ich abgezogen und auf ihr Über-Ich verlegt habe. Diesem so geschwellten Über-

Ich kann nun das Ich winzig klein erscheinen, alle seine Interessen geringfügig, und es mag dem Über-Ich bei dieser neuen Energieverteilung leicht werden, die Reaktionsmöglichkeiten des Ichs zu unterdrücken.

Unserer gewohnten Ausdrucksweise treu, werden wir anstatt Verlegung des psychischen Akzents zu sagen haben: Verschiebung großer Besetzungsmengen. Es fragt sich dann, ob wir uns solche ausgiebige Verschiebungen von einer Instanz des seelischen Apparats auf eine andere vorstellen dürfen. Es sieht wie eine neue *ad hoc* gemachte Annahme aus, doch dürfen wir uns erinnern, daß wir wiederholt, wenn auch nicht oft genug, bei unseren Versuchen einer metapsychologischen Vorstellung des seelischen Geschehens mit einem solchen Faktor gerechnet haben. So nahmen wir z. B. an, der Unterschied zwischen einer gewöhnlichen erotischen Objektbesetzung und dem Zustand einer Verliebtheit bestehe darin, daß in letzterem Falle ungleich mehr Besetzung auf das Objekt übergeht, das Ich sich gleichsam nach dem Objekt entleert. Beim Studium einiger Fälle von Paranoia konnte ich feststellen, daß die Verfolgungsideen frühzeitig gebildet werden und lange Zeit bestehen, ohne eine merkliche Wirkung zu äußern, bis sie dann auf einen bestimmten Anlaß hin die Besetzungsgrößen erhalten, die sie dominant werden lassen. Auch die Heilung solcher paranoischer Anfälle dürfte weniger in einer Auflösung und Korrektur der Wahnideen als in der Entziehung der ihnen verliehenen Besetzung bestehen. Die Abwechslung von Melancholie und Manie, von grausamer Unterdrückung des Ichs durch das Über-Ich und von Befreiung des Ichs nach solchem Druck hat uns den Eindruck eines solchen Besetzungswandels gemacht, den man übrigens auch zur Erklärung einer ganzen Reihe von Erscheinungen des normalen Seelenlebens heranziehen müßte. Wenn dies bisher in so geringem Ausmaß geschehen ist, so liegt der Grund dafür in der von uns geübten, eher lobenswerten Zurückhaltung. Das Gebiet, auf dem wir uns sicher fühlen, ist das der Pathologie des Seelenlebens; hier machen wir unsere Beobachtungen, erwerben wir unsere Überzeugungen. Eines Urteils über das Normale getrauen wir uns vorläufig insoweit, als wir in den Isolierungen und Verzerrungen des Krankhaften das Normale erraten. Wenn diese Scheu einmal überwunden ist, werden wir erkennen, eine wie große Rolle für das Verständnis der seelischen Vorgänge den statischen Verhältnissen wie dem dynamischen Wechsel in der Quantität der Energiebesetzung zukommt.

Ich meine also, die hier vorgeschlagene Möglichkeit, daß die Person in einer bestimmten Lage plötzlich ihr Über-Ich überbesetzt und nun von diesem aus die Reaktionen des Ichs abändert, verdient es festgehalten zu werden. Was ich für den Humor vermute, findet auch eine bemerkenswerte Analogie auf dem verwandten Gebiet des Witzes. Als die Entstehung des Witzes mußte ich annehmen, daß ein vorbewußter Gedanke für einen Moment der unbewußten

Bearbeitung überlassen wird, der Witz sei also der Beitrag zur Komik, den das Unbewußte leiste. Ganz ähnlich wäre *der Humor der Beitrag zur Komik durch die Vermittlung des Über-Ichs.*

Wir kennen das Über-Ich sonst als einen gestrengen Herrn. Man wird sagen, es stimmt schlecht zu diesem Charakter, daß es sich herbeiläßt, dem Ich einen kleinen Lustgewinn zu ermöglichen. Es ist richtig, daß die humoristische Lust nie die Intensität der Lust am Komischen oder am Witz erreicht, sich niemals im herzhaften Lachen ausgibt; es ist auch wahr, daß das Über-Ich, wenn es die humoristische Einstellung herbeiführt, eigentlich die Realität abweist und einer Illusion dient. Aber dieser wenig intensiven Lust schreiben wir – ohne recht zu wissen warum – einen hochwertigen Charakter zu, wir empfinden sie als besonders befreiend und erhebend. Der Scherz, den der Humor macht, ist ja auch nicht das Wesentliche, er hat nur den Wert einer Probe; die Hauptsache ist die Absicht, welche der Humor ausführt, ob er sich nun an der eigenen oder an fremden Personen betätigt. Er will sagen: „Sieh' her, das ist nun die Welt, die so gefährlich aussieht. Ein Kinderspiel, gerade gut, einen Scherz darüber zu machen!"

Wenn es wirklich das Über-Ich ist, das im Humor so liebevoll tröstlich zum eingeschüchterten Ich spricht, so wollen wir daran gemahnt sein, daß wir über das Wesen des Über-Ichs noch allerlei zu lernen haben. Übrigens sind nicht alle Menschen der humoristischen Einstellung fähig, es ist eine köstliche und seltene Begabung, und vielen fehlt selbst die Fähigkeit, die ihnen vermittelte humoristische Lust zu genießen. Und endlich, wenn das Über-Ich durch den Humor das Ich zu trösten und vor Leiden zu bewahren strebt, hat es damit seiner Abkunft von der Elterninstanz nicht widersprochen.

DAS ICH UND DAS ES

Nachstehende Erörterungen setzen Gedankengänge fort, die in meiner Schrift *Jenseits des Lustprinzips* 1920 begonnen wurden, denen ich persönlich, wie dort erwähnt ist, mit einer gewissen wohlwollenden Neugierde gegenüber stand. Sie nehmen diese Gedanken auf, verknüpfen sie mit verschiedenen Tatsachen der analytischen Beobachtung, suchen aus dieser Vereinigung neue Schlüsse abzuleiten, machen aber keine neuen Anleihen bei der Biologie und stehen darum der Psychoanalyse näher als das *Jenseits.* Sie tragen eher den Charakter einer Synthese als einer Spekulation und scheinen sich ein hohes Ziel gesetzt zu haben. Ich weiß aber, daß sie beim Gröbsten Halt machen, und bin mit dieser Beschränkung recht einverstanden.

Dabei rühren sie an Dinge, die bisher noch nicht Gegenstand der psychoanalytischen Bearbeitung gewesen sind, und können es nicht vermeiden, manche Theorien zu streifen, die von Nicht-Analytikern oder ehemaligen Analytikern auf ihrem Rückzug von der Analyse aufgestellt wurden. Ich bin sonst immer bereit gewesen, meine Verbindlichkeiten gegen andere Arbeiter anzuerkennen, fühle mich aber in diesem Falle durch keine solche Dankesschuld belastet. Wenn die Psychoanalyse gewisse Dinge bisher nicht gewürdigt hat, so geschah es nie darum, weil sie deren Leistung übersehen hatte oder deren Bedeutung verleugnen wollte, sondern weil sie einen bestimmten Weg verfolgt.

I
Bewußtsein und Unbewußtes

In diesem einleitenden Abschnitt ist nichts Neues zu sagen und die Wiederholung von früher oft Gesagtem nicht zu vermeiden.

Die Unterscheidung des Psychischen in Bewußtes und Unbewußtes ist die Grundvoraussetzung der Psychoanalyse und gibt ihr allein die Möglichkeit, die ebenso häufigen als wichtigen pathologischen Vorgänge im Seelenleben zu verstehen, der Wissenschaft einzuordnen. Nochmals und anders gesagt: die Psychoanalyse kann das Wesen des Psychischen nicht ins Bewußtsein verlegen, sondern muß das Bewußtsein als eine Qualität des Psychischen ansehen, die zu anderen Qualitäten hinzukommen oder wegbleiben mag.

Wenn ich mir vorstellen könnte, daß alle an der Psychologie Interessierten diese Schrift lesen werden, so wäre ich auch darauf vorbereitet, daß schon an dieser Stelle ein Teil der Leser Halt macht und nicht weiter mitgeht, denn hier ist das erste Schibboleth der Psychoanalyse. Den meisten philosophisch Gebildeten ist die Idee eines Psychischen, das nicht auch bewußt ist, so unfaßbar, daß sie ihnen absurd und durch bloße Logik abweisbar erscheint. Ich glaube, dies kommt nur daher, daß sie die betreffenden Phänomene der Hypnose und des Traumes, welche – vom Pathologischen ganz abgesehen – zu solcher Auffassung zwingen, nie studiert haben. Ihre Bewußtseinspsychologie ist aber auch unfähig, die Probleme des Traumes und der Hypnose zu lösen.

Bewußt sein ist zunächst ein rein deskriptiver Terminus, der sich auf die unmittelbarste und sicherste Wahrnehmung beruft. Die Erfahrung zeigt uns dann, daß ein psychisches Element, zum Beispiel eine Vorstellung, gewöhnlich nicht dauernd bewußt ist. Es ist vielmehr charakteristisch, daß der Zustand des Bewußtseins rasch vorübergeht; die jetzt bewußte Vorstellung ist es im nächsten Moment nicht mehr, allein sie kann es unter gewissen leicht hergestellten Bedingungen wieder werden. Inzwischen war sie, wir wissen nicht was; wir können sagen, sie sei *latent* gewesen, und meinen dabei, daß sie jederzeit *bewußtseinsfähig* war. Auch wenn wir sagen, sie sei *unbewußt* gewesen, haben wir eine korrekte Beschreibung gegeben. Dieses Unbewußt fällt dann mit latent-bewußtseinsfähig zusammen. Die Philosophen würden uns zwar einwerfen: Nein, der Terminus unbewußt hat hier keine Anwendung, solange die Vorstellung im Zustand der Latenz war, war sie überhaupt nichts Psychisches. Würden wir ihnen schon an dieser Stelle widersprechen, so gerieten wir in einen Wortstreit, aus dem sich nichts gewinnen ließe.

Wir sind aber zum Terminus oder Begriff des Unbewußten auf einem anderen Weg gekommen, durch Verarbeitung von Erfahrungen, in denen die seelische *Dynamik* eine Rolle spielt. Wir haben erfahren, das heißt annehmen müssen, daß es sehr starke seelische Vorgänge oder Vorstellungen gibt, – hier kommt zuerst ein quantitatives, also ökonomisches Moment in Betracht – die alle Folgen für das Seelenleben haben können wie sonstige Vorstellungen, auch solche Folgen, die wiederum als Vorstellungen bewußt werden können, nur werden sie selbst nicht bewußt. Es ist nicht nötig, hier ausführlich zu wiederholen, was schon so oft dargestellt worden ist. Genug, an dieser Stelle setzt die psychoanalytische Theorie ein und behauptet, daß solche Vorstellungen nicht bewußt sein können, weil eine gewisse Kraft sich dem widersetzt, daß sie sonst bewußt werden könnten und daß man dann sehen würde, wie wenig sie sich von anderen anerkannten psychischen Elementen unterscheiden. Diese Theorie wird dadurch unwiderleglich, daß sich in der psychoanalytischen Technik Mittel gefunden haben, mit deren Hilfe man die widerstrebende Kraft aufheben und die betreffenden Vorstellungen bewußt machen kann. Den Zustand, in dem diese sich vor der Bewußtmachung befanden, heißen wir *Verdrängung*, und die Kraft, welche die Verdrängung herbeigeführt und aufrecht gehalten hat, behaupten wir während der analytischen Arbeit als *Widerstand* zu verspüren.

Unseren Begriff des Unbewußten gewinnen wir also aus der Lehre von der Verdrängung. Das Verdrängte ist uns das Vorbild des Unbewußten. Wir sehen aber, daß wir zweierlei Unbewußtes haben, das latente, doch bewußtseinsfähige, und das Verdrängte, an sich und ohne weiteres nicht bewußtseinsfähige. Unser Einblick in die psychische. Dynamik kann nicht ohne Einfluß auf Nomenklatur und Beschreibung bleiben. Wir heißen das Latente, das nur deskriptiv unbewußt ist, nicht im dynamischen Sinne, *vorbewußt*; den Namen *unbewußt* beschränken wir auf das dynamisch unbewußte Verdrängte, so daß wir jetzt drei Termini haben, bewußt (*bw*), vorbewußt (*vbw*) und unbewußt (*ubw*), deren Sinn nicht mehr rein deskriptiv ist. Das *Vbw*, nehmen wir an, steht dem *Bw* viel näher als das *Ubw*, und da wir das *Ubw* psychisch geheißen haben, werden wir es beim latenten *Vbw* um so unbedenklicher tun. Warum wollen wir aber nicht lieber im Einvernehmen mit den Philosophen bleiben und das *Vbw* wie das *Ubw* konsequenterweise vom bewußten Psychischen trennen? Die Philosophen würden uns dann vorschlagen, das *Vbw* wie das *Ubw* als zwei Arten oder Stufen des *Psychoiden* zu beschreiben, und die Einigkeit wäre hergestellt. Aber unendliche Schwierigkeiten in der Darstellung wären die Folge davon und die einzig wichtige Tatsache, daß diese Psychoide fast in allen anderen Punkten mit dem anerkannt Psychischen übereinstimmen, wäre zugunsten eines Vorurteils in den Hintergrund gedrängt, eines Vorurteils, das aus der Zeit stammt, da man diese Psychoide oder das Bedeutsamste von ihnen noch nicht kannte.

Nun können wir mit unseren drei Termini, *bw*, *vbw* und *ubw*, bequem wirtschaften, wenn wir nur nicht vergessen, daß es im deskriptiven Sinne zweierlei Unbewußtes gibt, im dynamischen aber nur eines. Für manche Zwecke der Darstellung kann man diese Unterscheidung vernachlässigen, für andere ist sie natürlich unentbehrlich. Wir haben uns immerhin an diese Zweideutigkeit des Unbewußten ziemlich gewöhnt und sind gut mit ihr ausgekommen. Vermeiden läßt sie sich, soweit ich sehen kann, nicht; die Unterscheidung zwischen Bewußtem und Unbewußtem ist schließlich eine Frage der Wahrnehmung, die mit Ja oder Nein zu beantworten ist, und der Akt der Wahrnehmung selbst gibt keine Auskunft darüber, aus welchem Grund etwas wahrgenommen wird oder nicht wahrgenommen wird. Man darf sich nicht darüber beklagen, daß das Dynamische in der Erscheinung nur einen zweideutigen Ausdruck findet.[1]

Im weiteren Verlauf der psychoanalytischen Arbeit stellt sich aber heraus, daß auch diese Unterscheidungen unzulänglich, praktisch insuffizient sind. Unter den Situationen, die das zeigen, sei folgende als die entscheidende hervorgehoben. Wir haben uns die Vorstellung von einer zusammenhängenden Organisation der seelischen Vorgänge in einer Person gebildet und heißen diese das *Ich* derselben. An diesem Ich hängt das Bewußtsein, es beherrscht die Zugänge zur Motilität, das ist: zur Abfuhr der Erregungen in die Außenwelt; es ist diejenige seelische Instanz, welche eine Kontrolle über all ihre Partialvorgänge ausübt, welche zur Nachtzeit schlafen geht und dann immer noch die Traumzensur handhabt. Von diesem Ich gehen auch die Verdrängungen aus, durch welche gewisse seelische Strebungen nicht nur vom Bewußtsein, sondern auch von den anderen Arten

---

[1] Soweit vgl.: *Bemerkungen über den Begriff des Unbewußten.* Eine neuerliche Wendung in der Kritik des Unbewußten verdient an dieser Stelle gewürdigt zu werden. Manche Forscher, die sich der Anerkennung der psychoanalytischen Tatsachen nicht verschließen, das Unbewußte aber nicht annehmen wollen, schaffen sich eine Auskunft mit Hilfe der unbestrittenen Tatsache, daß auch das Bewußtsein – als Phänomen – eine große Reihe von Abstufungen der Intensität oder Deutlichkeit erkennen läßt. So wie es Vorgänge gibt, die sehr lebhaft, grell, greifbar bewußt sind, so erleben wir auch andere, die nur schwach, kaum eben merklich bewußt sind, und die am schwächsten bewußten seien eben die, für welche die Psychoanalyse das unpassende Wort unbewußt gebrauchen wolle. Sie seien aber doch auch bewußt oder „im Bewußtsein" und lassen sich voll und stark bewußtmachen, wenn man ihnen genug Aufmerksamkeit schenkte.

Soweit die Entscheidung in einer solchen entweder von der Konvention oder von Gefühlsmomenten abhängigen Frage durch Argumente beeinflußt werden kann, läßt sich hiezu folgendes bemerken: Der Hinweis auf eine Deutlichkeitsskala der Bewußtheit hat nichts Verbindliches und nicht mehr Beweiskraft als etwa die analogen Sätze: es gibt so viel Abstufungen der Beleuchtung vom grellsten, blendenden Licht bis zum matten Lichtschimmer, folglich gibt es überhaupt keine Dunkelheit. Oder: es gibt verschiedene Grade von Vitalität, folglich gibt es keinen Tod. Diese Sätze mögen ja in einer gewissen Weise sinnreich sein, aber sie sind praktisch verwerflich, wie sich herausstellt, wenn man bestimmte Folgerungen von ihnen ableiten will, zum Beispiel: also braucht man kein Licht anzustecken, oder: also sind alle Organismen unsterblich. Ferner erreicht man durch die Subsumierung des Unmerklichen unter das Bewußte nichts anderes, als daß man sich die einzige unmittelbare Sicherheit verdirbt, die es im Psychischen überhaupt gibt. Ein Bewußtsein, von dem man nichts weiß, scheint mir doch um vieles absurder als ein unbewußtes Seelisches. Endlich ist solche Angleichung des Unbemerkten an das Unbewußte offenbar ohne Rücksicht auf die dynamischen Verhältnisse versucht worden, welche für die psychoanalytische Auffassung maßgebend waren. Denn zwei Tatsachen werden dabei vernachlässigt; erstens, daß es sehr schwierig ist, großer Anstrengung bedarf, um einem solchen Unbemerkten genug Aufmerksamkeit zuzuführen, und zweitens, daß, wenn dies gelungen ist, das vordem Unbemerkte jetzt nicht vom Bewußtsein erkannt wird, sondern oft genug ihm völlig fremd, gegensätzlich erscheint und von ihm schroff abgelehnt wird. Der Rekurs vom Unbewußten auf das wenig Bemerkte und nicht Bemerkte ist also doch nur ein Abkömmling des Vorurteils, dem die Identität des Psychischen mit dem Bewußten ein für allemal feststeht.

der Geltung und Betätigung ausgeschlossen werden sollen. Dies durch die Verdrängung Beseitigte stellt sich in der Analyse dem Ich gegenüber, und es wird der Analyse die Aufgabe gestellt, die Widerstände aufzuheben, die das Ich gegen die Beschäftigung mit dem Verdrängten äußert. Nun machen wir während der Analyse die Beobachtung, daß der Kranke in Schwierigkeiten gerät, wenn wir ihm gewisse Aufgaben stellen; seine Assoziationen versagen, wenn sie sich dem Verdrängten annähern sollen. Wir sagen ihm dann, er stehe unter der Herrschaft eines Widerstandes, aber er weiß nichts davon und selbst, wenn er aus seinen Unlustgefühlen erraten sollte, daß jetzt ein Widerstand in ihm wirkt, so weiß er ihn nicht zu benennen und anzugeben. Da aber dieser Widerstand sicherlich von seinem Ich ausgeht und diesem angehört, so stehen wir vor einer unvorhergesehenen Situation. Wir haben im Ich selbst etwas gefunden, was auch unbewußt ist, sich gerade so, benimmt wie das Verdrängte, das heißt starke Wirkungen äußert, ohne selbst bewußt zu werden, und zu dessen Bewußtmachung es einer besonderen Arbeit bedarf. Die Folge dieser Erfahrung für die analytische Praxis ist, daß wir in unendlich viele Undeutlichkeiten und Schwierigkeiten geraten, wenn wir an unserer gewohnten Ausdrucksweise festhalten und zum Beispiel die Neurose auf einen Konflikt zwischen dem Bewußten und dem Unbewußten zurückführen wollen. Wir müssen für diesen Gegensatz aus unserer Einsicht in die strukturellen Verhältnisse des Seelenlebens einen anderen einsetzen: den zwischen dem zusammenhängenden Ich und dem von ihm abgespaltenen Verdrängten.[2]

Die Folgen für unsere Auffassung des Unbewußten sind aber noch bedeutsamer. Die dynamische Betrachtung hatte uns die erste Korrektur gebracht, die strukturelle Einsicht bringt uns die zweite. Wir erkennen, daß das *Ubw* nicht mit dem Verdrängten zusammenfällt; es bleibt richtig, daß alles Verdrängte *ubw* ist, aber nicht alles *Ubw* ist auch verdrängt. Auch ein Teil des Ichs, ein Gott weiß wie wichtiger Teil des Ichs, kann *ubw* sein, ist sicherlich *ubw*. Und dies *Ubw* des Ichs ist nicht latent im Sinne des *Vbw*, sonst dürfte es nicht aktiviert werden, ohne *bw* zu werden, und seine Bewußtmachung dürfte nicht so große Schwierigkeiten bereiten. Wenn wir uns so vor der Nötigung sehen, ein drittes, nicht verdrängtes *Ubw* aufzustellen, so müssen wir zugestehen, daß der Charakter des Unbewußtseins für uns an Bedeutung verliert. Er wird zu einer vieldeutigen Qualität, die nicht die weitgehenden und ausschließenden Folgerungen gestattet, für welche wir ihn gerne verwertet hätten. Doch müssen wir uns hüten, ihn zu vernachlässigen, denn schließlich ist die Eigenschaft bewußt oder nicht die einzige Leuchte im Dunkel der Tiefenpsychologie.

---

2 Vgl. *Jenseits des Lustprinzips*.

II
Das Ich und das Es

Die pathologische Forschung hat unser Interesse allzu ausschließlich auf das Verdrängte gerichtet. Wir möchten mehr vom Ich erfahren, seitdem wir wissen, daß auch das Ich unbewußt im eigentlichen Sinne sein kann. Unser einziger Anhalt während unserer Untersuchungen war bisher das Kennzeichen des Bewußt- oder Unbewußtseins; zuletzt haben wir gesehen, wie vieldeutig dies sein kann.

Nun ist all unser Wissen immer an das Bewußtsein gebunden. Auch das *Ubw* können wir nur dadurch kennenlernen, daß wir es bewußt machen. Aber halt, wie ist das möglich? Was heißt: etwas bewußt machen? Wie kann das vor sich gehen?

Wir wissen schon, wo wir hiefür anzuknüpfen haben. Wir haben gesagt, das Bewußtsein ist die *Oberfläche* des seelischen Apparates, das heißt wir haben es einem System als Funktion zugeschrieben, welches räumlich das erste von der Außenwelt her ist. Räumlich übrigens nicht nur im Sinne der Funktion, sondern diesmal auch im Sinne der anatomischen Zergliederung.[3] Auch unser Forschen muß diese wahrnehmende Oberfläche zum Ausgang nehmen.

Von vornherein *bw* sind alle Wahrnehmungen, die von außen herankommen (Sinneswahrnehmungen), und von innen her, was wir Empfindungen und Gefühle heißen. Wie aber ist es mit jenen inneren Vorgängen, die wir etwa – roh und ungenau – als Denkvorgänge zusammenfassen können? Kommen sie, die sich irgendwo im Innern des Apparates als Verschiebungen seelischer Energie auf dem Wege zur Handlung vollziehen, an die Oberfläche, die das Bewußtsein entstehen läßt, heran? Oder kommt das Bewußtsein zu ihnen? Wir merken, das ist eine von den Schwierigkeiten, die sich ergeben, wenn man mit der räumlichen, *topischen* Vorstellung des seelischen Geschehens Ernst machen will. Beide Möglichkeiten sind gleich unausdenkbar, es müßte etwas drittes der Fall sein.

An einer anderen Stelle[4] habe ich schon die Annahme gemacht, daß der wirkliche Unterschied einer *ubw* von einer *vbw* Vorstellung (einem Gedanken) darin besteht, daß die erstere sich an irgendwelchem Material, das unerkannt bleibt, vollzieht, während bei der letzteren (der *vbw*) die Verbindung mit *Wortvorstellungen* hinzukommt. Hier ist zuerst der Versuch gemacht, für die beiden Systeme *Vbw* und *Ubw* Kennzeichen anzugeben, die anders sind als die Beziehung zum

---

[3] S. *Jenseits des Lustprinzips.*

[4] *Das Unbewußte.* Internat. Zeitschr. f. PsA., III, 1915.

Bewußtsein. Die Frage: Wie wird etwas bewußt? lautet also zweckmäßiger: Wie wird etwas vorbewußt? Und die Antwort wäre: durch Verbindung mit den entsprechenden Wortvorstellungen.

Diese Wortvorstellungen sind Erinnerungsreste, sie waren einmal Wahrnehmungen und können wie alle Erinnerungsreste wieder bewußt werden. Ehe wir noch weiter von ihrer Natur handeln, dämmert uns wie eine neue Einsicht auf: bewußt werden kann nur das, was schon einmal *bw* Wahrnehmung war, und was außer Gefühlen von innen her bewußt werden will, muß versuchen, sich in äußere Wahrnehmungen umzusetzen. Dies wird mittels der Erinnerungsspuren möglich.

Die Erinnerungsreste denken wir uns in Systemen enthalten, welche unmittelbar an das System *W-Bw* anstoßen, so daß ihre Besetzungen sich leicht auf die Elemente dieses Systems von innen her fortsetzen können. Man denkt hier sofort an die Halluzination und an die Tatsache, daß die lebhafteste Erinnerung immer noch von der Halluzination wie von der äußeren Wahrnehmung unterschieden wird, allein ebenso rasch stellt sich die Auskunft ein, daß bei der Wiederbelebung einer Erinnerung die Besetzung im Erinnerungssystem erhalten bleibt, während die von der Wahrnehmung nicht unterscheidbare Halluzination entstehen mag, wenn die Besetzung nicht nur von der Erinnerungsspur auf das *W-Element* übergreift, sondern völlig auf dasselbe übergeht.

Die Wortreste stammen wesentlich von akustischen Wahrnehmungen ab, so daß hiedurch gleichsam ein besonderer Sinnesursprung für das System *Vbw* gegeben ist. Die visuellen Bestandteile der Wortvorstellung kann man als sekundär, durch Lesen erworben, zunächst vernachlässigen und ebenso die Bewegungsbilder des Wortes, die außer bei Taubstummen die Rolle von unterstützenden Zeichen spielen. Das Wort ist doch eigentlich der Erinnerungsrest des gehörten Wortes.

Es darf uns nicht beifallen, etwa der Vereinfachung zuliebe, die Bedeutung der optischen Erinnerungsreste – von den Dingen – zu vergessen, oder zu verleugnen, daß ein Bewußtwerden der Denkvorgänge durch Rückkehr zu den visuellen Resten möglich ist und bei vielen Personen bevorzugt scheint. Von der Eigenart dieses visuellen Denkens kann uns das Studium der Träume und der vorbewußten Phantasien nach den Beobachtungen *J. Varendoncks* eine Vorstellung geben. Man erfährt, daß dabei meist nur das konkrete Material des Gedankens bewußt wird, für die Relationen aber, die den Gedanken besonders kennzeichnen, ein visueller Ausdruck nicht gegeben werden kann. Das Denken in Bildern ist also ein nur sehr unvollkommenes Bewußtwerden. Es steht auch irgendwie den unbewußten Vorgängen näher als das Denken in Worten und ist unzweifelhaft onto- wie phylogenetisch älter als dieses.

Wenn also, um zu unserem Argument zurückzukehren, dies der Weg ist, wie etwas an sich Unbewußtes vorbewußt wird, so ist die Frage, wie machen wir etwas Verdrängtes (vor)bewußt, zu beantworten : indem wir solche *vbw* Mittelglieder durch die analytische Arbeit herstellen. Das Bewußtsein verbleibt also an seiner Stelle, aber auch das *Ubw* ist nicht etwa zum *Bw* aufgestiegen.

Während die Beziehung der äußeren Wahrnehmung zum Ich ganz offenkundig ist, fordert die der inneren Wahrnehmung zum Ich eine besondere Untersuchung heraus. Sie läßt noch einmal den Zweifel auftauchen, ob man wirklich recht daran tut, alles Bewußtsein auf das eine oberflächliche System *W-Bw* zu beziehen.

Die innere Wahrnehmung ergibt Empfindungen von Vorgängen aus den verschiedensten, gewiß auch tiefsten Schichten des seelischen Apparates. Sie sind schlecht gekannt, als ihr bestes Muster können noch die der Lust-Unlustreihe gelten. Sie sind ursprünglicher, elementarer als die von außen stammenden, können noch in Zuständen getrübten Bewußtseins zustande kommen. Über ihre größere ökonomische Bedeutung und deren metapsychologische Begründung habe ich mich an anderer Stelle geäußert. Diese Empfindungen sind multilokulär wie die äußeren Wahrnehmungen, können gleichzeitig von verschiedenen Stellen kommen und dabei verschiedene, auch entgegengesetzte Qualitäten haben.

Die Empfindungen mit Lustcharakter haben nichts Drängendes an sich, dagegen im höchsten Grad die Unlustempfindungen. Diese drängen auf Veränderung, auf Abfuhr und darum deuten wir die Unlust auf eine Erhöhung, die Lust auf eine Erniedrigung der Energiebesetzung. Nennen wir das, was als Lust und Unlust bewußt wird, ein quantitativ-qualitativ Anderes im seelischen Ablauf, so ist die Frage, ob ein solches Anderes an Ort und Stelle bewußt werden kann oder bis zum System *W* fortgeleitet werden muß.

Die klinische Erfahrung entscheidet für das letztere. Sie zeigt, daß dies Andere sich verhält wie eine verdrängte Regung. Es kann treibende Kräfte entfalten, ohne daß das Ich den Zwang bemerkt. Erst Widerstand gegen den Zwang, Aufhalten der Abfuhrreaktion macht dieses Andere sofort als Unlust bewußt. Ebenso wie Bedürfnisspannungen, kann auch der Schmerz unbewußt bleiben, dies Mittelding zwischen äußerer und innerer Wahrnehmung, der sich wie eine innere Wahrnehmung verhält, auch wo er aus der Außenwelt stammt. Es bleibt also richtig, daß auch Empfindungen und Gefühle nur durch Anlangen an das System *W* bewußt werden; ist die Fortleitung gesperrt, so kommen sie nicht als Empfindungen zustande, obwohl das ihnen entsprechende Andere im Erregungsablauf dasselbe ist. Abgekürzter, nicht ganz korrekterweise sprechen wir dann von unbewußten *Empfindungen*, halten die Analogie mit unbewußten Vorstellungen fest, die nicht ganz gerechtfertigt ist. Der Unterschied ist nämlich, daß für die *ubw* Vorstellung erst Verbindungsglieder geschaffen werden müssen, um sie zum *Bw* zu bringen, während dies für die Empfindungen, die sich direkt fortleiten, entfällt. Mit anderen Worten: die Unterscheidung von *Bw* und *Vbw* hat für die Empfindungen keinen Sinn, das *Vbw* fällt hier aus, Empfindungen sind entweder bewußt oder unbewußt. Auch wenn sie an Wortvorstellungen gebunden werden, danken sie nicht diesen ihr Bewußtwerden, sondern sie werden es direkt.

Die Rolle der Wortvorstellungen wird nun vollends klar. Durch ihre Vermittlung werden die inneren Denkvorgänge zu Wahrnehmungen gemacht. Es ist, als sollte der Satz erwiesen werden: alles Wissen stammt aus der äußeren Wahrnehmung. Bei einer Überbesetzung des Denkens werden die Gedanken wirklich – wie von außen – wahrgenommen und darum für wahr gehalten.

Nach dieser Klärung der Beziehungen zwischen äußerer und innerer Wahrnehmung und dem Oberflächensystem *W-Bw* können wir darangehen, unsere Vorstellung vom Ich auszubauen. Wir sehen es vom System *W* als seinem Kern ausgehen und zunächst das *Vbw*, das sich an die Erinnerungsreste anlehnt, umfassen. Das Ich ist aber auch, wie wir erfahren haben, unbewußt.

Nun meine ich, wir werden großen Vorteil davon haben, wenn wir der Anregung eines Autors folgen, der vergebens aus persönlichen Motiven beteuert, er habe mit der gestrengen, hohen Wissenschaft nichts zu tun. Ich meine *G. Groddeck* der immer wieder betont, daß das, was wir unser Ich heißen, sich im Leben wesentlich passiv verhält, daß wir nach seinem Ausdruck *gelebt* werden von unbekannten, unbeherrschbaren Mächten.[5] Wir haben alle dieselben Eindrücke empfangen, wenngleich sie uns nicht bis zum Ausschluß aller anderen überwältigt haben, und verzagen nicht daran, der Einsicht *Groddecks* ihre Stelle in dem Gefüge der Wissenschaft anzuweisen. Ich schlage vor, ihr Rechnung zu tragen, indem wir das vom System *W* ausgehende Wesen, das zunächst *vbw* ist, das *Ich* heißen, das andere Psychische aber, in welches es sich fortsetzt, und das sich wie *ubw* verhält, nach *Groddecks* Gebrauch das *Es*.[6]

Wir werden bald sehen, ob wir aus dieser Auffassung Nutzen für Beschreibung und Verständnis ziehen können. Ein Individuum ist nun für uns ein psychisches Es, unerkannt und unbewußt, diesem sitzt das Ich oberflächlich auf, aus dem *W-System* als Kern entwickelt. Streben wir nach graphischer Darstellung, so werden wir hinzufügen, das Ich umhüllt das Es nicht ganz, sondern nur insoweit das System *W* dessen Oberfläche bildet, also etwa so wie die Keimscheibe dem

---

[5] G. Groddeck, *Das Buch vom Es.* Internationaler Psychoanalytischer Verlag.

[6] Groddeck selbst ist wohl dem Beispiel Nietzsches gefolgt, bei dem dieser grammatikalische Ausdruck für das Unpersönliche und sozusagen Naturnotwendige in unserem Wesen durchaus gebräuchlich ist.

Ei aufsitzt. Das Ich ist vom Es nicht scharf getrennt, es fließt nach unten hin mit ihm zusammen.

Aber auch das Verdrängte fließt mit dem Es zusammen, ist nur ein Teil von ihm. Das Verdrängte ist nur vom Ich durch die Verdrängungswiderstände scharf geschieden, durch das Es kann es mit ihm kommunizieren. Wir erkennen sofort, fast alle Sonderungen, die wir auf die Anregung der Pathologie hin beschrieben haben, beziehen sich nur auf die – uns allein bekannten – oberflächlichen Schichten des seelischen Apparates. Wir könnten von diesen Verhältnissen eine Zeichnung entwerfen,

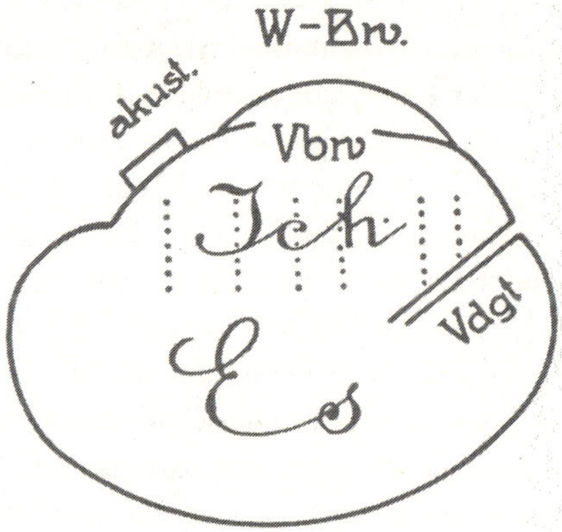

deren Konturen allerdings nur der Darstellung dienen, keine besondere Deutung beanspruchen sollen. Etwa fügen wir hinzu, daß das Ich eine „Hörkappe" trägt, nach dem Zeugnis der Gehirnanatomie nur auf einer Seite. Sie sitzt ihm sozusagen schief auf.

Es ist leicht einzusehen, das Ich ist der durch den direkten Einfluß der Außenwelt unter Vermittlung von *W-Bw* veränderte Teil des Es, gewissermaßen eine Fortsetzung der Oberflächendifferenzierung. Es bemüht sich auch, den Einfluß der Außenwelt auf das Es und seine Absichten zur Geltung zu bringen, ist bestrebt, das Realitätsprinzip an die Stelle des Lustprinzips zu setzen, welches im Es uneingeschränkt regiert. Die Wahrnehmung spielt für das Ich die Rolle, welche im Es dem Trieb zufällt. Das Ich repräsentiert, was man Vernunft und Besonnenheit nennen kann, im Gegensatz zum Es, welches die Leidenschaften enthält. Dies alles deckt sich mit allbekannten populären Unterscheidungen, ist aber auch nur als durchschnittlich oder ideell richtig zu verstehen.

Die funktionelle Wichtigkeit des Ichs kommt darin zum Ausdruck, daß ihm normaler Weise die Herrschaft über die Zugänge zur Motilität eingeräumt ist. Es gleicht so im Verhältnis zum Es dem Reiter, der die überlegene Kraft des Pferdes zügeln soll, mit dem Unterschied, daß der Reiter dies mit eigenen Kräften versucht, das Ich mit geborgten. Dieses Gleichnis trägt ein Stück weiter. Wie dem Reiter, will er sich nicht vom Pferd trennen, oft nichts anderes übrig bleibt, als es dahin zu führen, wohin es gehen will, so pflegt auch das Ich den Willen des Es in Handlung umzusetzen, als ob es der eigene wäre.

Auf die Entstehung des Ichs und seine Absonderung vom Es scheint noch ein anderes Moment als der Einfluß des Systems *W* hingewirkt zu haben. Der eigene Körper und vor allem die Oberfläche desselben ist ein Ort, von dem gleichzeitig äußere und innere Wahrnehmungen ausgehen können. Er wird wie ein anderes Objekt gesehen, ergibt aber dem Getast zweierlei Empfindungen, von denen die eine einer inneren Wahrnehmung gleichkommen kann. Es ist in der Psychophysiologie hinreichend erörtert worden, auf welche Weise sich der eigene Körper aus der Wahrnehmungswelt heraushebt. Auch der Schmerz scheint dabei eine Rolle zu spielen und die Art, wie man bei schmerzhaften Erkrankungen eine neue Kenntnis seiner Organe erwirbt, ist vielleicht vorbildlich für die Art, wie man überhaupt zur Vorstellung seines eigenen Körpers kommt.

Das Ich ist vor allem ein körperliches, es ist nicht nur ein Oberflächenwesen, sondern selbst die Projektion einer Oberfläche. Wenn man eine anatomische Analogie für dasselbe sucht, kann man es am ehesten mit dem „Gehirnmännchen" der Anatomen identifizieren, das in der Hirnrinde auf dem Kopf steht, die Fersen nach oben streckt, nach hinten schaut und, wie bekannt, links die Sprachzone trägt.

Das Verhältnis des Ichs zum Bewußtsein ist wiederholt gewürdigt worden, doch sind hier einige wichtige Tatsachen neu zu beschreiben. Gewöhnt, den Gesichtspunkt einer sozialen oder ethischen Wertung überallhin mitzunehmen, sind wir nicht überrascht zu hören, daß das Treiben der niedrigen Leidenschaften im Unbewußten vor sich geht, erwarten aber, daß die seelischen Funktionen um so leichter sicheren Zugang zum Bewußtsein finden, je höher sie in dieser Wertung angesetzt sind. Hier enttäuscht uns aber die psychoanalytische Erfahrung. Wir haben einerseits Belege dafür, daß selbst feine und schwierige intellektuelle Arbeit, die sonst angestrengtes Nachdenken erfordert, auch vorbewußt geleistet werden kann, ohne zum Bewußtsein zu kommen. Diese Fälle sind ganz unzweifelhaft, sie ereignen sich im Beispiel im Schlafzustand und äußern sich darin, daß eine Person unmittelbar nach dem Erwachen die Lösung eines schwierigen mathematischen oder anderen Problems weiß, um das sie sich am Tage vorher vergeblich bemüht hatte.[7]

---

[7] Ein solcher Fall ist mir erst kürzlich und zwar als Einwand gegen meine Beschreibung der „*Traumarbeit*", mitgeteilt worden.

Weit befremdender ist aber eine andere Erfahrung. Wir lernen in unseren Analysen, daß es Personen gibt, bei denen die Selbstkritik und das Gewissen, also überaus hochgewertete seelische Leistungen, unbewußt sind und als unbewußt die wichtigsten Wirkungen äußern; das Unbewußtbleiben des Widerstandes in der Analyse ist also keineswegs die einzige Situation dieser Art. Die neue Erfahrung aber, die uns nötigt, trotz unserer besseren kritischen Einsicht, von einem *unbewußten Schuldgefühl* zu reden, verwirrt uns weit mehr und gibt uns neue Rätsel auf, besonders wenn wir allmählich erraten, daß ein solches unbewußtes Schuldgefühl bei einer großen Anzahl von Neurosen eine ökonomisch entscheidende Rolle spielt und der Heilung die stärksten Hindernisse in den Weg legt. Wollen wir zu unserer Wertskala zurückkehren, so müssen wir sagen: Nicht nur das Tiefste, auch das Höchste am Ich kann unbewußt sein. Es ist, als würde uns auf diese Weise demonstriert, was wir vorhin vom bewußten Ich ausgesagt haben, es sei vor allem ein Körper-Ich.

III
Das Ich und das Über-Ich (Ichideal)

Wäre das Ich nur der durch den Einfluß des Wahrnehmungssystems modifizierte Anteil des Es, der Vertreter der realen Außenwelt im Seelischen, so hätten wir es mit einem einfachen Sachverhalt zu tun. Allein es kommt etwas anderes hinzu.

Die Motive, die uns bewogen haben, eine Stufe im Ich anzunehmen, eine Differenzierung innerhalb des Ichs, die *Ich-Ideal* oder *Über-Ich* zu nennen ist, sind an anderen Orten auseinandergesetzt worden.[8] Sie bestehen zu Recht.[9] Daß dieses Stück des Ichs eine weniger feste Beziehung zum Bewußtsein hat, ist die Neuheit, die nach Erklärung verlangt.

Wir müssen hier etwas weiter ausgreifen. Es war uns gelungen, das schmerzhafte Leiden der Melancholie durch die Annahme aufzuklären, daß ein verlorenes Objekt im Ich wieder aufgerichtet, also eine Objektbesetzung durch eine Identifizierung abgelöst wird.[10] Damals erkannten wir aber noch nicht die ganze

[8] *Zur Einführung des Narzißmus, Massenpsychologie und Ich-Analyse.*

[9] Nur daß ich die Funktion der Realitätsprüfung diesem Über-Ich zugewiesen habe, erscheint irrig und der Korrektur bedürftig. Es würde durchaus den Beziehungen des Ichs zur Wahrnehmungswelt entsprechen, wenn die Realitätsprüfung seine eigene Aufgabe bliebe. – Auch frühere, ziemlich unbestimmt gehaltene Äußerungen über einen Kern des Ichs sollen jetzt dahin richtiggestellt werden, daß nur das System W-Bw als Kern des Ichs anzuerkennen ist.

[10] *Trauer und Melancholie.*

Bedeutung dieses Vorganges und wußten nicht, wie häufig und typisch er ist. Wir haben seither verstanden, daß solche Ersetzung einen großen Anteil an der Gestaltung des Ichs hat und wesentlich dazu beiträgt das herzustellen, was man seinen *Charakter* heißt.

Uranfänglich in der primitiven oralen Phase des Individuums sind Objektbesetzung und Identifizierung wohl nicht voneinander zu unterscheiden. Späterhin kann man nur annehmen, daß die Objektbesetzungen vom Es ausgehen, welches die erotischen Strebungen als Bedürfnisse empfindet. Das anfangs noch schwächliche Ich erhält von den Objektbesetzungen Kenntnis, läßt sie sich gefallen oder sucht sie durch den Prozeß der Verdrängung abzuwehren.[11]

Soll oder muß ein solches Sexualobjekt aufgegeben werden, so tritt dafür nicht selten die Ichveränderung auf, die man als Aufrichtung des Objekts im Ich wie bei der Melancholie beschreiben muß; die näheren Verhältnisse dieser Ersetzung sind uns noch nicht bekannt. Vielleicht erleichtert oder ermöglicht das Ich durch diese Introjektion, die eine Art von Regression zum Mechanismus der oralen Phase ist, das Aufgeben des Objekts. Vielleicht ist diese Identifizierung überhaupt die Bedingung, unter der das Es seine Objekte aufgibt. Jedenfalls ist der Vorgang zumal in frühen Entwicklungsphasen ein sehr häufiger und kann die Auffassung ermöglichen, daß der Charakter des Ichs ein Niederschlag der aufgegebenen Objektbesetzungen ist, die Geschichte dieser Objektwahlen enthält. Es ist natürlich von vorneherein eine Skala der Resistenzfähigkeit zuzugeben, inwieweit der Charakter einer Person diese Einflüsse aus der Geschichte der erotischen Objektwahlen abwehrt oder annimmt. Bei Frauen, die viel Liebeserfahrungen gehabt haben, glaubt man, die Rückstände ihrer Objektbesetzungen in ihren Charakterzügen leicht nachweisen zu können. Auch eine Gleichzeitigkeit von Objektbesetzung und Identifizierung, also eine Charakterveränderung, ehe das Objekt aufgegeben worden ist, kommt in Betracht. In diesem Fall könnte die Charakterveränderung die Objektbeziehung überleben und sie in gewissem Sinne konservieren.

Ein anderer Gesichtspunkt besagt, daß diese Umsetzung einer erotischen Objektwahl in eine Ichveränderung auch ein Weg ist, wie das Ich das Es bemeistern und seine Beziehungen zu ihm vertiefen kann, allerdings auf Kosten einer

---

[11] Eine interessante Parallele zur Ersetzung der Objektwahl durch Identifizierung enthält der Glaube der Primitiven, daß die Eigenschaften des als Nahrung einverleibten Tieres dem, der es ißt, als Charakter verbleiben werden, und die darauf gegründeten Verbote. Dieser Glaube geht bekanntlich auch in die Begründung des Kannibalismus ein und wirkt in der Reihe der Gebräuche der Totemmahlzeit bis zur heiligen Kommunion fort. Die Folgen, die hier der oralen Objektbemächtigung zugeschrieben werden, treffen für die spätere sexuelle Objektwahl wirklich zu.

weitgehenden Gefügigkeit gegen dessen Erlebnisse. Wenn das Ich die Züge des Objektes annimmt, drängt es sich sozusagen selbst dem Es als Liebesobjekt auf, sucht ihm seinen Verlust zu ersetzen, indem es sagt: „Sieh' du kannst auch mich lieben, ich bin dem Objekt so ähnlich."

Die Umsetzung von Objektlibido in narzißtische Libido, die hier vor sich geht, bringt offenbar ein Aufgeben der Sexualziele, eine Desexualisierung mit sich, also eine Art von Sublimierung. Ja, es entsteht die eingehender Behandlung würdige Frage, ob dies nicht der allgemeine Weg zur Sublimierung ist, ob nicht alle Sublimierung durch die Vermittlung des Ichs vor sich geht, welches zunächst die sexuelle Objektlibido in narzißtische verwandelt, um ihr dann vielleicht ein anderes Ziel zu setzen.[12] Ob diese Verwandlung nicht auch andere Triebschicksale zur Folge haben kann, zum Beispiel eine Entmischung der verschiedenen miteinander verschmolzenen Triebe herbeizuführen, wird uns noch später beschäftigen.

Es ist eine Abschweifung von unserem Ziel und doch nicht zu vermeiden, daß wir unsere Aufmerksamkeit für einen Moment bei den Objektidentifizierungen des Ichs verweilen lassen. Nehmen diese überhand, werden allzu zahlreich und überstark und miteinander unverträglich, so liegt ein pathologisches Ergebnis nahe. Es kann zu einer Aufsplitterung des Ichs kommen, indem sich die einzelnen Identifizierungen durch Widerstände gegeneinander abschließen, und vielleicht ist es das Geheimnis der Fälle von sogenannter *multipler Persönlichkeit*, daß die einzelnen Identifizierungen alternierend das Bewußtsein an sich reißen. Auch wenn es nicht so weit kommt, ergibt sich das Thema der Konflikte zwischen den verschiedenen Identifizierungen, in die das Ich auseinanderfährt, Konflikte, die endlich nicht durchwegs als pathologische bezeichnet werden können.

Wie immer sich aber die spätere Resistenz des Charakters gegen die Einflüsse aufgegebener Objektbesetzungen gestalten mag, die Wirkungen der ersten, im frühesten Alter erfolgten Identifizierungen werden allgemeine und nachhaltige sein. Dies führt uns zur Entstehung des Ichideals zurück, denn hinter ihm verbirgt sich die erste und bedeutsamste Identifizierung des Individuums, die mit dem Vater der persönlichen Vorzeit.[13] Diese scheint zunächst nicht Erfolg

---

[12] Als das große Reservoir der Libido, im Sinne der Einführung des Narzißmus, müssen wir jetzt nach der Scheidung von Ich und Es das Es anerkennen. Die Libido, welche dem Ich durch die beschriebenen Identifizierungen zufließt, stellt dessen „sekundären Narzißmus" her.

[13] Vielleicht wäre es vorsichtiger zu sagen, mit den Eltern, denn Vater und Mutter werden vor der sicheren Kenntnis des Geschlechtsunterschiedes, des Penismangels, nicht verschieden gewertet. In der Geschichte einer jungen Frau hatte ich kürzlich Gelegenheit, zu erfahren, daß sie, seitdem sie ihren eigenen Penismangel bemerkt, den Besitz dieses Organs nicht allen Frauen, sondern bloß den für minderwertig gehaltenen aberkannt hatte. Die Mutter hatte ihn in ihrer

oder Ausgang einer Objektbesetzung zu sein, sie ist eine direkte und unmittelbare und frühzeitiger als jede Objektbesetzung. Aber die Objektwahlen, die der ersten Sexualperiode angehören und Vater und Mutter betreffen, scheinen beim normalen Ablauf den Ausgang in solche Identifizierung zu nehmen und somit die primäre Identifizierung zu verstärken.

Immerhin sind diese Beziehungen so kompliziert, daß es notwendig wird, sie eingehender zu beschreiben. Es sind zwei Momente, welche diese Komplikation verschulden, die dreieckige Anlage des Ödipusverhältnisses und die konstitutionelle Bisexualität des Individuums.

Der vereinfachte Fall gestaltet sich für das männliche Kind in folgender Weise: Ganz frühzeitig entwickelt es für die Mutter eine Objektbesetzung, die von der Mutterbrust ihren Ausgang nimmt und das vorbildliche Beispiel einer Objektwahl nach dem Anlehnungstypus zeigt; des Vaters bemächtigt sich der Knabe durch Identifizierung. Die beiden Beziehungen gehen eine Weile nebeneinander her, bis durch die Verstärkung der sexuellen Wünsche nach der Mutter und die Wahrnehmung, daß der Vater diesen Wünschen ein Hindernis ist, der Ödipuskomplex entsteht.[14] Die Vateridentifizierung nimmt nun eine feindselige Tönung an, sie wendet sich zum Wunsch, den Vater zu beseitigen, um ihn bei der Mutter zu ersetzen. Von da an ist das Verhältnis zum Vater ambivalent; es scheint, als ob die in der Identifizierung von Anfang an enthaltene Ambivalenz manifest geworden wäre. Die ambivalente Einstellung zum Vater und die nur zärtliche Objektstrebung nach der Mutter beschreiben für den Knaben den Inhalt des einfachen, positiven Ödipuskomplexes.

Bei der Zertrümmerung des Ödipuskomplexes muß die Objektbesetzung der Mutter aufgegeben werden. An ihre Stelle kann zweierlei treten, entweder eine Identifizierung mit der Mutter oder eine Verstärkung der Vateridentifizierung. Den letzteren Ausgang pflegen wir als den normaleren anzusehen, er gestattet es, die zärtliche Beziehung zur Mutter in gewissem Maße festzuhalten. Durch den Untergang des Ödipuskomplexes hätte so die Männlichkeit im Charakter des Knaben eine Festigung erfahren. In ganz analoger Weise kann die Ödipuseinstellung des kleinen Mädchens in eine Verstärkung ihrer Mutteridentifizierung (oder in die Herstellung einer solchen) auslaufen, die den weiblichen Charakter des Kindes festlegt.

Diese Identifizierungen entsprechen nicht unserer Erwartung, denn sie führen nicht das aufgegebene Objekt ins Ich ein, aber auch dieser Ausgang kommt

---

Meinung behalten. Der einfacheren Darstellung wegen werde ich nur die Identifizierung mit dem Vater behandeln.

14 Vgl. *Massenpsychologie und Ich-Analyse.*

vor und ist bei Mädchen leichter zu beobachten als bei Knaben. Man erfährt sehr häufig aus der Analyse, daß das kleine Mädchen, nachdem es auf den Vater als Liebesobjekt verzichten mußte, nun seine Männlichkeit hervorholt und sich anstatt mit der Mutter, mit dem Vater, also mit dem verlorenen Objekt, identifiziert. Es kommt dabei offenbar darauf an, ob ihre männlichen Anlagen stark genug sind – worin immer diese bestehen mögen.

Der Ausgang der Ödipussituation in Vater- oder in Mutteridentifizierung scheint also bei beiden Geschlechtern von der relativen Stärke der beiden Geschlechtsanlagen abzuhängen. Dies ist die eine Art, wie sich die Bisexualität in die Schicksale des Ödipuskomplexes einmengt. Die andere ist noch bedeutsamer. Man gewinnt nämlich den Eindruck, daß der einfache Ödipuskomplex überhaupt nicht das häufigste ist, sondern einer Vereinfachung oder Schematisierung entspricht, die allerdings oft genug praktisch gerechtfertigt bleibt. Eingehendere Untersuchung deckt zumeist den *vollständigeren* Ödipuskomplex auf, der ein zweifacher ist, ein positiver und ein negativer, abhängig von der ursprünglichen Bisexualität des Kindes, d. h. der Knabe hat nicht nur eine ambivalente Einstellung zum Vater und eine zärtliche Objektwahl für die Mutter, sondern er benimmt sich auch gleichzeitig wie ein Mädchen, er zeigt die zärtliche feminine Einstellung zum Vater und die ihr entsprechende eifersüchtig-feindselige gegen die Mutter. Dieses Eingreifen der Bisexualität macht es so schwer, die Verhältnisse der primitiven Objektwahlen und Identifizierungen zu durchschauen und noch schwieriger, sie faßlich zu beschreiben. Es könnte auch sein, daß die im Elternverhältnis konstatierte Ambivalenz durchaus auf die Bisexualität zu beziehen wäre und nicht, wie ich es vorhin dargestellt, durch die Rivalitätseinstellung aus der Identifizierung entwickelt würde.

Ich meine, man tut gut daran, im allgemeinen und ganz besonders bei Neurotikern die Existenz des vollständigen Ödipuskomplexes anzunehmen. Die analytische Erfahrung zeigt dann, daß bei einer Anzahl von Fällen der eine oder der andere Bestandteil desselben bis auf kaum merkliche Spuren schwindet, so daß sich eine Reihe ergibt, an deren einem Ende der normale, positive, an deren anderem Ende der umgekehrte, negative Ödipuskomplex steht, während die Mittelglieder die vollständige Form mit ungleicher Beteiligung der beiden Komponenten aufzeigen. Beim Untergang des Ödipuskomplexes werden die vier in ihm enthaltenen Strebungen sich derart zusammenlegen, daß aus ihnen eine Vater- und eine Mutteridentifizierung hervorgeht, die Vateridentifizierung wird das Mutterobjekt des positiven Komplexes festhalten und gleichzeitig das Vaterobjekt des umgekehrten Komplexes ersetzen; Analoges wird für die Mutteridentifizierung gelten. In der verschieden starken Ausprägung der beiden Identifizierungen wird sich die Ungleichheit der beiden geschlechtlichen Anlagen spiegeln.

So kann man als allgemeinstes Ergebnis der vom Ödipuskomplex beherrschten Sexualphase einen Niederschlag im Ich annehmen, welcher in der Herstellung dieser beiden, irgendwie miteinander vereinbarten Identifizierungen besteht. Diese Ichveränderung behält ihre Sonderstellung, sie tritt dem anderen Inhalt des Ichs als Ichideal oder Über-Ich entgegen.

Das Über-Ich ist aber nicht einfach ein Residuum der ersten Objektwahlen des Es, sondern es hat auch die Bedeutung einer energischen Reaktionsbildung gegen dieselben. Seine Beziehung zum Ich erschöpft sich nicht in der Mahnung: So (wie der Vater) *sollst* du sein, sie umfaßt auch das Verbot: So (wie der Vater) *darfst* du nicht sein, das heißt nicht alles tun, was er tut; manches bleibt ihm vorbehalten. Dies Doppelangesicht des Ichideals leitet sich aus der Tatsache ab, daß das Ichideal zur Verdrängung des Ödipuskomplexes bemüht wurde, ja, diesem Umschwung erst seine Entstehung dankt. Die Verdrängung des Ödipuskomplexes ist offenbar keine leichte Aufgabe gewesen. Da die Eltern, besonders der Vater, als das Hindernis gegen die Verwirklichung der Ödipuswünsche erkannt werden, stärkte sich das infantile Ich für diese Verdrängungsleistung, indem es dies selbe Hindernis in sich aufrichtete. Es lieh sich gewissermaßen die Kraft dazu vom Vater aus und diese Anleihe ist ein außerordentlich folgenschwerer Akt. Das Über-Ich wird den Charakter des Vaters bewahren und je stärker der Ödipuskomplex war, je beschleunigter (unter dem Einfluß von Autorität, Religionslehre, Unterricht, Lektüre) seine Verdrängung erfolgte, desto strenger wird später das Über-Ich als Gewissen, vielleicht als unbewußtes Schuldgefühl über das Ich herrschen. – Woher es die Kraft zu dieser Herrschaft bezieht, den zwangsartigen Charakter, der sich als kategorischer Imperativ äußert, darüber werde ich später eine Vermutung vorbringen.

Fassen wir die beschriebene Entstehung des Über-Ichs nochmals ins Auge, so erkennen wir es als das Ergebnis zweier höchst bedeutsamer biologischer Faktoren, der langen kindlichen Hilflosigkeit und Abhängigkeit des Menschen und der Tatsache seines Ödipuskomplexes, den wir ja auf die Unterbrechung der Libidoentwicklung durch die Latenzzeit, somit auf den *zweizeitigen Ansatz* seines Sexuallebens zurückgeführt haben. Letztere, wie es scheint, spezifisch menschliche Eigentümlichkeit hat eine psychoanalytische Hypothese als Erbteil der durch die Eiszeit erzwungenen Entwicklung zur Kultur hingestellt. Somit ist die Sonderung des Über-Ichs vom Ich nichts Zufälliges, sie vertritt die bedeutsamsten Züge der individuellen und der Artentwicklung, ja, indem sie dem Elterneinfluß einen dauernden Ausdruck schafft, verewigt sie die Existenz der Momente, denen sie ihren Ursprung verdankt.

Es ist der Psychoanalyse unzählige Male zum Vorwurf gemacht worden, daß sie sich um das Höhere, Moralische, Überpersönliche im Menschen nicht kümmere. Der Vorwurf war doppelt ungerecht, historisch wie methodisch. Ersteres, da von Anbeginn an den moralischen und ästhetischen Tendenzen im Ich der Antrieb zur Verdrängung zugeteilt wurde, letzteres, da man nicht einsehen wollte, daß die psychoanalytische Forschung nicht wie ein philosophisches System mit einem vollständigen und fertigen Lehrgebäude auftreten konnte, sondern sich den Weg zum Verständnis der seelischen Komplikationen schrittweise, durch die analytische Zergliederung normaler wie abnormer Phänomene bahnen mußte. Wir brauchten die zitternde Besorgnis um den Verbleib des Höheren im Menschen nicht zu teilen, solange wir uns mit dem Studium des Verdrängten im Seelenleben zu beschäftigen hatten. Nun, da wir uns an die Analyse des Ichs heranwagen, können wir all denen, welche, in ihrem sittlichen Bewußtsein erschüttert, geklagt haben, es muß doch ein höheres Wesen im Menschen geben, antworten: Gewiß, und dies ist das höhere Wesen, das Ichideal oder Über-Ich, die Repräsentanz unserer Elternbeziehung. Als kleine Kinder haben wir diese höheren Wesen gekannt, bewundert, gefürchtet, später sie in uns selbst aufgenommen.

Das Ichideal ist also der Erbe des Ödipuskomplexes und somit Ausdruck der mächtigsten Regungen und wichtigsten Libidoschicksale des Es. Durch seine Aufrichtung hat sich das Ich des Ödipuskomplexes bemächtigt und gleichzeitig sich selbst dem Es unterworfen. Während das Ich wesentlich Repräsentant der Außenwelt, der Realität ist, tritt ihm das Über-Ich als Anwalt der Innenwelt, des Es, gegenüber. Konflikte zwischen Ich und Ideal werden, darauf sind wir nun vorbereitet, in letzter Linie den Gegensatz von Real und Psychisch, Außenwelt und Innenwelt, widerspiegeln.

Was die Biologie und die Schicksale der Menschenart im Es geschaffen und hinterlassen haben, das wird durch die Idealbildung vom Ich übernommen und an ihm individuell wieder erlebt. Das Ichideal hat infolge seiner Bildungsgeschichte die ausgiebigste Verknüpfung mit dem phylogenetischen Erwerb, der archaischen Erbschaft, des Einzelnen. Was im einzelnen Seelenleben dem Tiefsten angehört hat, wird durch die Idealbildung zum Höchsten der Menschenseele im Sinne unserer Wertungen. Es wäre aber ein vergebliches Bemühen, das Ichideal auch nur in ähnlicher Weise wie das Ich zu lokalisieren oder es in eines der Gleichnisse einzupassen, durch welche wir die Beziehung von Ich und Es nachzubilden versuchten.

Es ist leicht zu zeigen, daß das Ichideal allen Ansprüchen genügt, die an das höhere Wesen im Menschen gestellt werden. Als Ersatzbildung für die Vatersehnsucht enthält es den Keim, aus dem sich alle Religionen gebildet haben. Das Urteil der eigenen Unzulänglichkeit im Vergleich des Ichs mit seinem Ideal ergibt das demütige religiöse Empfinden, auf das sich der sehnsüchtig Gläubige beruft. Im weiteren Verlauf der Entwicklung haben Lehrer und Autoritäten die Vaterrolle fortgeführt; deren Gebote und Verbote sind im Ideal-Ich mächtig geblieben und üben jetzt als *Gewissen* die moralische Zensur aus. Die Spannung zwischen den Ansprüchen des Gewissens und den Leistungen des Ichs wird als *Schuldgefühl* empfunden. Die sozialen Gefühle ruhen auf Identifizierungen mit anderen auf Grund des gleichen Ichideals.

Religion, Moral und soziales Empfinden – diese Hauptinhalte des Höheren im Menschen[15] – sind ursprünglich eins gewesen. Nach der Hypothese von *Totem und Tabu* wurden sie phylogenetisch am Vaterkomplex erworben, Religion und sittliche Beschränkung durch die Bewältigung des eigentlichen Ödipuskomplexes, die sozialen Gefühle durch die Nötigung zur Überwindung der erübrigenden Rivalität unter den Mitgliedern der jungen Generation. In all diesen sittlichen Erwerbungen scheint das Geschlecht der Männer vorangegangen zu sein, gekreuzte Vererbung hat den Besitz auch den Frauen zugeführt. Die sozialen Gefühle entstehen noch heute beim Einzelnen als Überbau über die eifersüchtigen Rivalitätsregungen gegen die Geschwister. Da die Feindseligkeit nicht zu befriedigen ist, stellt sich eine Identifizierung mit dem anfänglichen Rivalen her. Beobachtungen an milden Homosexuellen stützen die Vermutung, daß auch diese Identifizierung Ersatz einer zärtlichen Objektwahl ist, welche die aggressiv-feindselige Einstellung abgelöst hat.[16]

Mit der Erwähnung der Phylogenese tauchen aber neue Probleme auf, vor deren Beantwortung man zaghaft zurückweichen möchte. Aber es hilft wohl nichts, man muß den Versuch wagen, auch wenn man fürchtet, daß er die Unzulänglichkeit unserer ganzen Bemühung bloßstellen wird. Die Frage lautet: Wer hat seinerzeit Religion und Sittlichkeit am Vaterkomplex erworben, das Ich des Primitiven oder sein Es? Wenn es das Ich war, warum sprechen wir nicht einfach von einer Vererbung im Ich? Wenn das Es, wie stimmt das zum Charakter des Es? Oder darf man die Differenzierung in Ich, Über-Ich und Es nicht in so frühe Zeiten tragen? Oder soll man nicht ehrlich eingestehen, daß die ganze Auffassung der Ichvorgänge nichts fürs Verständnis der Phylogenese leistet und auf sie nicht anwendbar ist?

Beantworten wir zuerst, was sich am leichtesten beantworten läßt. Die Differenzierung von Ich und Es müssen wir nicht nur den primitiven Menschen, sondern noch viel einfacheren Lebewesen zuerkennen, da sie der notwendige Ausdruck des Einflusses der Außenwelt ist. Das Über-Ich ließen wir gerade aus jenen Erlebnissen, die zum Totemismus führten, entstehen. Die Frage, ob das Ich oder das Es jene Erfahrungen und Erwerbungen gemacht haben, fällt bald

15 Wissenschaft und Kunst sind hier beiseite gelassen.

16 Vgl. *Massenpsychologie und Ich-Analyse – Über einige neurotische Mechanismen bei Eifersucht, Paranoia und Homosexualität.*

in sich zusammen. Die nächste Erwägung sagt uns, daß das Es kein äußeres Schicksal erleben oder erfahren kann außer durch das *Ich*, welches die Außenwelt bei ihm vertritt. Von einer direkten Vererbung im *Ich* kann man aber doch nicht reden. Hier tut sich die Kluft auf zwischen dem realen Individuum und dem Begriff der Art. Auch darf man den Unterschied von Ich und Es nicht zu starr nehmen, nicht vergessen, daß das Ich ein besonders differenzierter Anteil des Es ist. Die Erlebnisse des Ichs scheinen zunächst für die Erbschaft verloren zu gehen, wenn sie sich aber häufig und stark genug bei vielen generationsweise aufeinanderfolgenden Individuen wiederholen, setzen sie sich sozusagen in Erlebnisse des Es um, deren Eindrücke durch Vererbung festgehalten werden. Somit beherbergt das erbliche Es in sich die Reste ungezählt vieler Ich-Existenzen, und wenn das Ich sein Über-Ich aus dem Es schöpft, bringt es vielleicht nur ältere Ichgestaltungen wieder zum Vorschein, schafft ihnen eine Auferstehung.

Die Entstehungsgeschichte des Über-Ichs macht es verständlich, daß frühe Konflikte des Ichs mit den Objektbesetzungen des Es sich in Konflikte mit deren Erben, dem Über-Ich, fortsetzen können. Wenn dem Ich die Bewältigung des Ödipuskomplexes schlecht gelungen ist, wird dessen dem Es entstammende Energiebesetzung in der Reaktionsbildung des Ichideals wieder zur Wirkung kommen. Die ausgiebige Kommunikation dieses Ideals mit diesen *ubw* Triebregungen wird das Rätsel lösen, daß das Ideal selbst zum großen Teil unbewußt, dem Ich unzugänglich bleiben kann. Der Kampf, der in tieferen Schichten getobt hatte, durch rasche Sublimierung und Identifizierung nicht zum Abschluß gekommen war, setzt sich nun wie auf dem *Kaulbachschen* Gemälde der Hunnenschlacht in einer höheren Region fort.

IV
Die beiden Triebarten

Wir sagten bereits, wenn unsere Gliederung des seelischen Wesens in ein Es, ein Ich und ein Über-Ich einen Fortschritt in unserer Einsicht bedeutet, so muß sie sich auch als Mittel zum tieferen Verständnis und zur besseren Beschreibung der dynamischen Beziehungen im Seelenleben erweisen. Wir haben uns auch bereits klar gemacht, daß das Ich unter dem besonderen Einfluß der Wahrnehmung steht und daß man im Rohen sagen kann, die Wahrnehmungen haben für das Ich dieselbe Bedeutung wie die Triebe für das Es. Dabei unterliegt aber auch das Ich der Einwirkung der Triebe wie das Es, von dem es ja nur ein besonders modifizierter Anteil ist.

Über die Triebe habe ich kürzlich (*Jenseits des Lustprinzips*) eine Anschauung entwickelt, die ich hier festhalten und den weiteren Erörterungen zugrunde legen werde. Daß man zwei Triebarten zu unterscheiden hat, von denen die eine, *Sexualtriebe* oder *Eros*, die bei weitem auffälligere und der Kenntnis zugänglichere ist. Sie umfaßt nicht nur den eigentlichen ungehemmten Sexualtrieb und die von ihm abgeleiteten zielgehemmten und sublimierten Triebregungen, sondern auch den Selbsterhaltungstrieb, den wir dem Ich zuschreiben müssen und den wir zu Anfang der analytischen Arbeit mit guten Gründen den sexuellen Objekttrieben gegenübergestellt hatten. Die zweite Triebart aufzuzeigen, bereitete uns Schwierigkeiten; endlich kamen wir darauf, den Sadismus als Repräsentanten derselben anzusehen. Auf Grund theoretischer, durch die Biologie gestützter Überlegungen supponierten wir einen *Todestrieb*, dem die Aufgabe gestellt ist, das organische Lebende in den leblosen Zustand zurückzuführen, während der Eros das Ziel verfolgt, das Leben durch immer weitergreifende Zusammenfassung der in Partikel zersprengten lebenden Substanz zu komplizieren, natürlich es dabei zu erhalten. Beide Triebe benehmen sich dabei im strengsten Sinne konservativ, indem sie die Wiederherstellung eines durch die Entstehung des Lebens gestörten Zustandes anstreben. Die Entstehung des Lebens wäre also die Ursache des Weiterlebens und gleichzeitig auch des Strebens nach dem Tode, das Leben selbst ein Kampf und Kompromiß zwischen diesen beiden Strebungen. Die Frage nach der Herkunft des Lebens bliebe eine kosmologische, die nach Zweck und Absicht des Lebens wäre *dualistisch* beantwortet.

Jeder dieser beiden Triebarten wäre ein besonderer physiologischer Prozeß (Aufbau und Zerfall) zugeordnet, in jedem Stück lebender Substanz wären beiderlei Triebe tätig, aber doch in ungleicher Mischung, so daß eine Substanz die Hauptvertretung des Eros übernehmen könnte.

In welcher Weise sich Triebe der beiden Arten miteinander verbinden, vermischen, legieren, wäre noch ganz unvorstellbar; daß dies aber regelmäßig und in großem Ausmaß geschieht, ist eine in unserem Zusammenhang unabweisbare Annahme. Infolge der Verbindung der einzelligen Elementarorganismen zu mehrzelligen Lebewesen wäre es gelungen, den Todestrieb der Einzelzelle zu neutralisieren und die destruktiven Regungen durch Vermittlung eines besonderen Organs auf die Außenwelt abzuleiten. Dies Organ wäre die Muskulatur und der Todestrieb würde sich nun – wahrscheinlich doch nur teilweise – als *Destruktionstrieb* gegen die Außenwelt und andere Lebewesen äußern.

Haben wir einmal die Vorstellung von einer Mischung der beiden Triebarten angenommen, so drängt sich uns auch die Möglichkeit einer – mehr oder minder vollständigen – *Entmischung* derselben auf. In der sadistischen Komponente des Sexualtriebes hätten wir ein klassisches Beispiel einer zweckdienlichen Triebmischung vor uns, im selbständig gewordenen *Sadismus* als Perversion das Vorbild einer, allerdings nicht bis zum äußersten getriebenen Entmischung. Es eröffnet sich uns dann ein Einblick in ein großes Gebiet von Tatsachen, welches noch nicht in diesem Licht betrachtet worden ist. Wir erkennen, daß der *Destruktionstrieb* regelmäßig zu Zwecken der Abfuhr in den Dienst des Eros gestellt ist, ahnen, daß der epileptische Anfall Produkt und Anzeichen einer Triebentmischung ist, und lernen verstehen, daß unter den Erfolgen mancher schweren Neurosen, zum Beispiel der Zwangsneurosen, die Triebentmischung und das Hervortreten des Todestriebes eine besondere Würdigung verdient. In rascher Verallgemeinerung möchten wir vermuten, daß das Wesen einer Libidoregression, zum Beispiel von der genitalen zur sadistisch-analen Phase, auf einer Triebentmischung beruht, wie umgekehrt der Fortschritt von der früheren zur definitiven Genitalphase einen Zuschuß von erotischen Komponenten zur Bedingung hat. Es erhebt sich auch die Frage, ob nicht die reguläre *Ambivalenz*, die wir in der konstitutionellen Anlage zur Neurose so oft verstärkt finden, als Ergebnis einer Entmischung aufgefaßt werden darf; allein diese ist so ursprünglich, daß sie vielmehr als nicht vollzogene Triebmischung gelten muß.

Unser Interesse wird sich natürlich den Fragen zuwenden, ob sich nicht aufschlußreiche Beziehungen zwischen den angenommenen Bildungen des Ichs, Über-Ichs und des Es einerseits, den beiden Triebarten anderseits auffinden lassen, ferner, ob wir dem die seelischen Vorgänge beherrschenden Lustprinzip eine feste Stellung zu den beiden Triebarten und den seelischen Differenzierungen zuweisen können. Ehe wir aber in diese Diskussion eintreten, haben wir einen Zweifel zu erledigen, der sich gegen die Problemstellung selbst richtet. Am Lustprinzip ist zwar kein Zweifel, die Gliederung des Ichs ruht auf klinischer Rechtfertigung, aber die Unterscheidung der beiden Triebarten scheint nicht genug gesichert und möglicherweise heben Tatsachen der klinischen Analyse ihren Anspruch auf.

Eine solche Tatsache scheint es zu geben. Für den Gegensatz der beiden Triebarten dürfen wir die Polarität von Liebe und Haß einsetzen. Um eine Repräsentanz des Eros sind wir ja nicht verlegen, dagegen sehr zufrieden, daß wir für den schwer zu fassenden Todestrieb im Destruktionstrieb, dem der Haß den Weg zeigt, einen Vertreter aufzeigen können. Nun lehrt uns die klinische Beobachtung, daß der Haß nicht nur der unerwartet regelmäßige Begleiter der Liebe ist (Ambivalenz), nicht nur häufig ihr Vorläufer in menschlichen Beziehungen, sondern auch, daß Haß sich unter mancherlei Verhältnissen in Liebe und Liebe in Haß verwandelt. Wenn diese Verwandlung mehr ist als bloß zeitliche Sukzession, also Ablösung, dann ist offenbar einer so grundlegenden Unterscheidung wie zwischen erotischen und Todestrieben, die entgegengesetzt laufende physiologische Vorgänge voraussetzt, der Boden entzogen.

Nun der Fall, daß man dieselbe Person zuerst liebt und dann haßt, oder umgekehrt, wenn sie einem die Anlässe dazu gegeben hat, gehört offenbar nicht zu unserem Problem. Auch nicht der andere, daß eine noch nicht manifeste Verliebtheit sich zuerst durch Feindseligkeit und Aggressionsneigung äußert, denn die destruktive Komponente könnte da bei der Objektbesetzung vorangeeilt sein, bis die erotische sich zu ihr gesellt. Aber wir kennen mehrere Fälle aus der Psychologie der Neurosen, in denen die Annahme einer Verwandlung näher liegt. Bei der Paranoia persecutoria erwehrt sich der Kranke einer überstarken homosexuellen Bindung an eine bestimmte Person auf eine gewisse Weise, und das Ergebnis ist, daß diese geliebteste Person zum Verfolger wird, gegen den sich die oft gefährliche Aggression des Kranken richtet. Wir haben das Recht, einzuschalten, daß eine Phase vorher die Liebe in Haß umgewandelt hatte. Bei der Entstehung der Homosexualität, aber auch der desexualisierten sozialen Gefühle, lehrte uns die analytische Untersuchung erst neuerdings die Existenz von heftigen, zu Aggressionsneigung führenden Gefühlen der Rivalität kennen, nach deren Überwindung erst das früher gehaßte Objekt zum geliebten oder zum Gegenstand einer Identifizierung wird. Die Frage erhebt sich, ob für diese Fälle eine direkte Umsetzung von Haß in Liebe anzunehmen ist. Hier handelt es sich ja um rein innerliche Änderungen, an denen ein geändertes Benehmen des Objekts keinen Anteil hat.

Die analytische Untersuchung des Vorganges bei der paranoischen Umwandlung macht uns aber mit der Möglichkeit eines anderen Mechanismus vertraut. Es ist von Anfang an eine ambivalente Einstellung vorhanden und die Verwandlung geschieht durch eine reaktive Besetzungsverschiebung, indem der erotischen Regung Energie entzogen und der feindseligen Energie zugeführt wird.

Nicht das nämliche, aber ähnliches geschieht bei der Überwindung der feindseligen Rivalität, die zur Homosexualität führt. Die feindselige Einstellung hat keine Aussicht auf Befriedigung, daher – aus ökonomischen Motiven also – wird sie von der Liebeseinstellung abgelöst, welche mehr Aussicht auf Befriedigung, das ist Abfuhrmöglichkeit, bietet. Somit brauchen wir für keinen dieser Fälle eine direkte Verwandlung von Haß in Liebe, die mit der qualitativen Verschiedenheit der beiden Triebarten unverträglich wäre, anzunehmen.

Wir bemerken aber, daß wir bei der Inanspruchnahme dieses anderen Mechanismus der Umwandlung von Liebe in Haß stillschweigend eine andere Annahme gemacht haben, die laut zu werden verdient. Wir haben so geschaltet, als gäbe es im Seelenleben – unentschieden, ob im Ich oder im Es – eine verschiebbare Energie, die, an sich indifferent, zu einer qualitativ differenzierten erotischen oder destruktiven Regung hinzutreten und deren Gesamtbesetzung erhöhen kann. Ohne die Annahme einer solchen verschiebbaren Energie kommen wir überhaupt nicht aus. Es fragt sich nur, woher sie stammt, wem sie zugehört und was sie bedeutet.

Das Problem der Qualität der Triebregungen und deren Erhaltung bei den verschiedenen Triebschicksalen ist noch sehr dunkel und derzeit kaum in Angriff genommen. An den sexuellen Partialtrieben, die der Beobachtung besonders gut zugänglich sind, kann man einige Vorgänge, die in denselben Rahmen gehören, feststellen, zum Beispiel daß die Partialtriebe gewissermaßen miteinander kommunizieren, daß ein Trieb aus einer besonderen erogenen Quelle seine Intensität zur Verstärkung eines Partialtriebes aus anderer Quelle abgeben kann, daß die Befriedigung des einen Triebes einem anderen die Befriedigung ersetzt und dergleichen mehr, was einem Mut machen muß, Annahmen gewisser Art zu wagen.

Ich habe auch in der vorliegenden Diskussion nur eine Annahme, nicht einen Beweis zu bieten. Es erscheint plausibel, daß diese wohl im Ich und im Es tätige, verschiebbare und indifferente Energie dem narzißtischen Libidovorrat entstammt, also desexualisierter Eros ist. Die erotischen Triebe erscheinen uns ja überhaupt plastischer, ablenkbarer und verschiebbarer als die Destruktionstriebe. Dann kann man ohne Zwang fortsetzen, daß diese verschiebbare Libido im Dienst des Lustprinzips arbeitet, um Stauungen zu vermeiden und Abfuhren zu erleichtern. Dabei ist eine gewisse Gleichgültigkeit, auf welchem Wege die Abfuhr geschieht, wenn sie nur überhaupt geschieht, unverkennbar. Wir kennen diesen Zug als charakteristisch für die Besetzungsvorgänge im Es. Er findet sich bei den erotischen Besetzungen, wobei eine besondere Gleichgültigkeit in Bezug auf das Objekt entwickelt wird, ganz besonders bei den Übertragungen in der Analyse, die vollzogen werden müssen, gleichgültig auf welche Personen. *Rank* hat kürzlich schöne Beispiele dafür gebracht, daß neurotische Racheaktionen gegen die unrichtigen Personen gerichtet werden. Man muß bei diesem Verhalten des Unbewußten an die komisch verwertete Anekdote denken, daß einer der drei Dorfschneider gehängt werden soll, weil der einzige Dorfschmied ein todwürdiges Verbrechen begangen hat. Strafe muß eben sein, auch wenn sie nicht den Schuldigen trifft. Die nämliche Lockerheit haben wir zuerst an den Verschiebungen des Primärvorganges in der Traumarbeit bemerkt. Wie hier die Objekte, so wären es in dem uns beschäftigenden Falle die Wege der Abfuhraktion, die erst in zweiter Linie in Betracht kommen. Dem Ich würde es ähnlich sehen, auf größerer Exaktheit in der Auswahl des Objekts wie des Weges der Abfuhr zu bestehen.

Wenn diese Verschiebungsenergie desexualisierte Libido ist, so darf sie auch *sublimiert* heißen, denn sie würde noch immer an der Hauptabsicht des Eros, zu vereinigen und zu binden, festhalten, indem sie zur Herstellung jener Einheitlichkeit dient, durch die – oder durch das Streben nach welcher – das Ich sich auszeichnet. Schließen wir die Denkvorgänge im weiteren Sinne unter diese Verschiebungen ein, so wird eben auch die Denkarbeit durch Sublimierung erotischer Triebkraft bestritten.

Hier stehen wir wieder vor der früher berührten Möglichkeit, daß die Sublimierung regelmäßig durch die Vermittlung des Ichs vor sich geht. Wir erinnern den anderen Fall, daß dies Ich die ersten und gewiß auch spätere Objektbesetzungen des Es dadurch erledigt, daß es deren Libido ins Ich aufnimmt und an die durch Identifizierung hergestellte Ichveränderung bindet. Mit dieser Umsetzung in Ichlibido ist natürlich ein Aufgeben der Sexualziele, eine Desexualisierung, verbunden. Jedenfalls erhalten wir so Einsicht in eine wichtige Leistung des Ichs in seinem Verhältnis zum Eros. Indem es sich in solcher Weise der Libido der Objektbesetzungen bemächtigt, sich zum alleinigen Liebesobjekt aufwirft, die Libido des Es desexualisiert oder sublimiert, arbeitet es den Absichten des Eros entgegen, stellt sich in den Dienst der gegnerischen Triebregungen. Einen anderen Anteil der Es-Objektbesetzungen muß es sich gefallen lassen, sozusagen mitmachen. Auf eine andere mögliche Folge dieser Ichtätigkeit werden wir später zu sprechen kommen.

An der Lehre vom Narzißmus wäre nun eine wichtige Ausgestaltung vorzunehmen. Zu Uranfang ist alle Libido im Es angehäuft, während das Ich noch in der Bildung begriffen oder schwächlich ist. Das Es sendet einen Teil dieser Libido auf erotische Objektbesetzungen aus, worauf das erstarkte Ich sich dieser Objektlibido zu bemächtigen und sich dem Es als Liebesobjekt aufzudrängen sucht. Der Narzißmus des Ichs ist so ein sekundärer, den Objekten entzogener.

Immer wieder machen wir die Erfahrung, daß die Triebregungen, die wir verfolgen können, sich als Abkömmlinge des Eros enthüllen. Wären nicht die im *Jenseits des Lustprinzips* angestellten Erwägungen und endlich die sadistischen Beiträge zum Eros, so hätten wir es schwer, an der dualistischen Grundanschauung festzuhalten. Da wir aber dazu genötigt sind, müssen wir den Eindruck gewinnen, daß die Todestriebe im wesentlichen stumm sind und der Lärm des Lebens meist vom Eros ausgeht.[17]

Und vom Kampf gegen den Eros! Es ist die Anschauung nicht abzuweisen, daß das Lustprinzip dem Es als ein Kompaß im Kampf gegen die Libido dient, die Störungen in den Lebensablauf einführt. Wenn das Konstanz-Prinzip im Sinne *Fechners* das Leben beherrscht, welches also dann ein Gleiten in den Tod sein sollte, so sind es die Ansprüche des Eros, der Sexualtriebe, welche als

[17] Nach unserer Auffassung sind ja die nach außen gerichteten Destruktionstriebe durch Vermittlung des Eros vom eigenen Selbst abgelenkt worden.

Triebbedürfnisse das Herabsinken des Niveaus aufhalten und neue Spannungen einführen. Das Es erwehrt sich ihrer, vom Lustprinzip, das heißt der Unlustwahrnehmung geleitet, auf verschiedenen Wegen. Zunächst durch möglichst beschleunigte Nachgiebigkeit gegen die Forderungen der nicht desexualisierten Libido, also durch Ringen nach Befriedigung der direkt sexuellen Strebungen. In weit ausgiebigerer Weise, indem es sich bei einer dieser Befriedigungen, in der alle Teilansprüche zusammentreffen, der sexuellen Substanzen entledigt, welche sozusagen gesättigte Träger der erotischen Spannungen sind. Die Abstoßung der Sexualstoffe im Sexualakt entspricht gewissermaßen der Trennung von Soma und Keimplasma. Daher die Ähnlichkeit des Zustandes nach der vollen Sexualbefriedigung mit dem Sterben, bei niederen Tieren das Zusammenfallen des Todes mit dem Zeugungsakt. Diese Wesen sterben an der Fortpflanzung, insoferne nach der Ausschaltung des Eros durch die Befriedigung der Todestrieb freie Hand bekommt, seine Absichten durchzusetzen. Endlich erleichtert, wie wir gehört haben, das Ich dem Es die Bewältigungsarbeit, indem es Anteile der Libido für sich und seine Zwecke sublimiert.

V
Die Abhängigkeiten des Ichs

Die Verschlungenheit des Stoffes mag entschuldigen, daß sich keine der Überschriften ganz mit dem Inhalt der Kapitel deckt, und daß wir immer wieder auf bereits Erledigtes zurückgreifen, wenn wir neue Beziehungen studieren wollen.

So haben wir wiederholt gesagt, daß das Ich sich zum guten Teil aus Identifizierungen bildet, welche aufgelassene Besetzungen des Es ablösen, daß die ersten dieser Identifizierungen sich regelmäßig als besondere Instanz im Ich gebärden, sich als Über-Ich dem Ich entgegenstellen, während das erstarkte Ich sich späterhin gegen solche Identifizierungseinflüsse resistenter verhalten mag. Das Über-Ich verdankt seine besondere Stellung im Ich oder zum Ich einem Moment, das von zwei Seiten her eingeschätzt werden soll, erstens, daß es die erste Identifizierung ist, die vorfiel, solange das Ich noch schwach war, und zweitens, daß es der Erbe des Ödipuskomplexes ist, also die großartigsten Objekte ins Ich einführte. Es verhält sich gewissermaßen zu den späteren Ichveränderungen wie die primäre Sexualphase der Kindheit zum späteren Sexualleben nach der Pubertät. Obwohl allen späteren Einflüssen zugänglich, behält es doch zeitlebens den Charakter, der ihm durch seinen Ursprung aus dem Vaterkomplex verliehen ist, nämlich die Fähigkeit, sich dem Ich entgegenzustellen und es zu meistern. Es ist das Denkmal der einstigen Schwäche und Abhängigkeit des

Ichs und setzt seine Herrschaft auch über das reife Ich fort. Wie das Kind unter dem Zwange stand, seinen Eltern zu gehorchen, so unterwirft sich das Ich dem kategorischen Imperativ seines Über-Ichs.

Die Abkunft von den ersten Objektbesetzungen des Es, also vom Ödipuskomplex, bedeutet aber für das Über-Ich noch mehr. Sie bringt es, wie wir bereits ausgeführt haben, in Beziehung zu den phylogenetischen Erwerbungen des Es und macht es zur Reinkarnation früherer Ichbildungen, die ihre Niederschläge im Es hinterlassen haben. Somit steht das Über-Ich dem Es dauernd nahe und kann dem Ich gegenüber dessen Vertretung führen. Es taucht tief ins Es ein, ist dafür entfernter vom Bewußtsein als das Ich.[18]

Diese Beziehungen würdigen wir am besten, wenn wir uns gewissen klinischen Tatsachen zuwenden, die längst keine Neuheit sind, aber ihrer theoretischen Verarbeitung noch warten.

Es gibt Personen, die sich in der analytischen Arbeit ganz sonderbar benehmen. Wenn man ihnen Hoffnung gibt und ihnen Zufriedenheit mit dem Stand der Behandlung zeigt, scheinen sie unbefriedigt und verschlechtern regelmäßig ihr Befinden. Man hält das anfangs für Trotz und Bemühen, dem Arzt ihre Überlegenheit zu bezeugen. Später kommt man zu einer tieferen und gerechteren Auffassung. Man überzeugt sich nicht nur, daß diese Personen kein Lob und keine Anerkennung vertragen, sondern, daß sie auf die Fortschritte der Kur in verkehrter Weise reagieren. Jede Partiallösung, die eine Besserung oder zeitweiliges Aussetzen der Symptome zur Folge haben sollte und bei anderen auch hat, ruft bei ihnen eine momentane Verstärkung ihres Leidens hervor, sie verschlimmern sich während der Behandlung, anstatt sich zu bessern. Sie zeigen die sogenannte *negative therapeutische Reaktion.*

Kein Zweifel, daß sich bei ihnen etwas der Genesung widersetzt, daß deren Annäherung wie eine Gefahr gefürchtet wird.

Man sagt, bei diesen Personen hat nicht der Genesungswille, sondern das Krankheitsbedürfnis die Oberhand. Analysiert man diesen Widerstand in gewohnter Weise, zieht die Trotzeinstellung gegen den Arzt, die Fixierung an die Formen des Krankheitsgewinnes von ihm ab, so bleibt doch das meiste noch bestehen und dies erweist sich als das stärkste Hindernis der Wiederherstellung, stärker als die uns bereits bekannten der narzißtischen Unzugänglichkeit, der negativen Einstellung gegen den Arzt und des Haftens am Krankheitsgewinne.

Man kommt endlich zur Einsicht, daß es sich um einen sozusagen „moralischen" Faktor handelt, um ein Schuldgefühl, welches im Kranksein seine Befrie-

[18] Man kann sagen: Auch das psychoanalytische oder metapsychologische Ich steht auf dem Kopf wie das anatomische, das Gehirnmännchen.

digung findet und auf die Strafe des Leidens nicht verzichten will. An dieser wenig tröstlichen Aufklärung darf man endgültig festhalten. Aber dies Schuldgefühl ist für den Kranken stumm, es sagt ihm nicht, daß er schuldig ist, er fühlt sich nicht schuldig, sondern krank. Dies Schuldgefühl äußert sich nur als schwer reduzierbarer Widerstand gegen die Herstellung. Es ist auch besonders schwierig, den Kranken von diesem Motiv seines Krankbleibens zu überzeugen, er wird sich an die näherliegende Erklärung halten, daß die analytische Kur nicht das richtige Mittel ist, ihm zu helfen.[19]

Was hier beschrieben wurde, entspricht den extremsten Vorkommnissen, dürfte aber in geringerem Ausmaß für sehr viele, vielleicht für alle schwereren Fälle von Neurose in Betracht kommen. Ja, noch mehr, vielleicht ist es gerade dieser Faktor, das Verhalten des Ichideals, der die Schwere einer neurotischen Erkrankung maßgebend bestimmt. Wir wollen darum einigen weiteren Bemerkungen über die Äußerung des Schuldgefühls unter verschiedenen Bedingungen nicht aus dem Wege gehen.

Das normale, bewußte Schuldgefühl (Gewissen) bietet der Deutung keine Schwierigkeiten, es beruht auf der Spannung zwischen dem Ich und dem Ichideal, ist der Ausdruck einer Verurteilung des Ichs durch seine kritische Instanz. Die bekannten Minderwertigkeitsgefühle der Neurotiker dürften nicht weit davon abliegen. In zwei uns wohlvertrauten Affektionen ist das Schuldgefühl überstark bewußt; das Ichideal zeigt dann eine besondere Strenge und wütet gegen das Ich oft in grausamer Weise. Neben dieser Übereinstimmung ergeben

[19] Der Kampf gegen das Hindernis des unbewußten Schuldgefühls wird dem Analytikern nicht leicht gemacht. Man kann direkt nichts dagegen tun, indirekt nichts anderes, als daß man langsam seine unbewußt verdrängten Begründungen aufdeckt, wobei es sich allmählich in bewußtes Schuldgefühl verwandelt. Eine besondere Chance der Beeinflussung gewinnt man, wenn dies *ubw* Schuldgefühl ein entlehntes ist, das heißt das Ergebnis der Identifizierung mit einer anderen Person, die einmal Objekt einer erotischen Besetzung war. Eine solche Übernahme des Schuldgefühls ist oft der einzige, schwer kenntliche Rest der aufgegebenen Liebesbeziehung. Die Ähnlichkeit mit dem Vorgang bei Melancholie ist dabei unverkennbar. Kann man diese einstige Objektbesetzung hinter dem *ubw* Schuldgefühl aufdecken, so ist die therapeutische Aufgabe oft glänzend gelöst, sonst ist der Ausgang der therapeutischen Bemühung keineswegs gesichert. Er hängt in erster Linie von der Intensität des Schuldgefühls ab, welcher die Therapie oft keine Gegenkraft von gleicher Größenordnung entgegenstellen kann. Vielleicht auch davon, ob die Person des Analytikers es zuläßt, daß sie vom Kranken an die Stelle seines Ichideals gesetzt werde, womit die Versuchung verbunden ist, gegen den Kranken die Rolle des Propheten, Seelenretters, Heilands zu spielen. Da die Regeln der Analyse einer solchen Verwendung der ärztlichen Persönlichkeit entschieden widerstreben, ist ehrlich zuzugeben, daß hier eine neue Schranke für die Wirkung der Analyse gegeben ist, die ja die krankhaften Reaktionen nicht unmöglich machen, sondern dem Ich des Kranken die *Freiheit* schaffen soll, sich so oder anders zu entscheiden.

sich bei den beiden Zuständen, Zwangsneurose und Melancholie, Verschiedenheiten im Verhalten des Ichideals, die nicht minder bedeutungsvoll sind.

Bei der Zwangsneurose (gewissen Formen derselben) ist das Schuldgefühl überlaut, kann sich aber vor dem Ich nicht rechtfertigen. Das Ich des Kranken sträubt sich daher gegen die Zumutung, schuldig zu sein, und verlangt vom Arzt, in seiner Ablehnung dieser Schuldgefühle bestärkt zu werden. Es wäre töricht, ihm nachzugeben, denn es bliebe erfolglos. Die Analyse zeigt dann, daß das Über-Ich durch Vorgänge beeinflußt wird, welche dem Ich unbekannt geblieben sind. Es lassen sich wirklich die verdrängten Impulse auffinden, welche das Schuldgefühl begründen. Das Über-Ich hat hier mehr vom unbewußten Es gewußt als das Ich.

Noch stärker ist der Eindruck, daß das Über-Ich das Bewußtsein an sich gerissen hat, bei der Melancholie. Aber hier wagt das Ich keinen Einspruch, es bekennt sich schuldig und unterwirft sich den Strafen. Wir verstehen diesen Unterschied. Bei der Zwangsneurose handelte es sich um anstößige Regungen, die außerhalb des Ichs geblieben sind; bei der Melancholie aber ist das Objekt, dem der Zorn des Über-Ichs gilt, durch Identifizierung ins Ich aufgenommen worden.

Es ist gewiß nicht selbstverständlich, daß bei diesen beiden neurotischen Affektionen das Schuldgefühl eine so außerordentliche Stärke erreicht, aber das Hauptproblem der Situation liegt doch an anderer Stelle. Wir schieben seine Erörterung auf, bis wir die anderen Fälle behandelt haben, in denen das Schuldgefühl unbewußt bleibt.

Dies ist doch wesentlich bei Hysterie und Zuständen vom hysterischen Typus zu finden. Der Mechanismus des Unbewußtbleibens ist hier leicht zu erraten. Das hysterische Ich erwehrt sich der peinlichen Wahrnehmung, die ihm von Seiten der Kritik seines Über-Ichs droht, in derselben Weise, wie es sich sonst einer unerträglichen Objektbesetzung zu erwehren pflegt, durch einen Akt der Verdrängung. Es liegt also am Ich, wenn das Schuldgefühl unbewußt bleibt. Wir wissen, daß sonst das Ich die Verdrängungen im Dienst und Auftrag seines Über-Ichs vornimmt; hier ist aber ein Fall, wo es sich derselben Waffe gegen seinen gestrengen Herrn bedient. Bei der Zwangsneurose überwiegen bekanntlich die Phänomene der Reaktionsbildung; hier gelingt dem Ich nur die Fernhaltung des Materials, auf welches sich das Schuldgefühl bezieht.

Man kann weiter gehen und die Voraussetzung wagen, daß ein großes Stück des Schuldgefühls normalerweise unbewußt sein müsse, weil die Entstehung des Gewissens innig an den Ödipuskomplex geknüpft ist, welcher dem Unbewußten angehört. Würde jemand den paradoxen Satz vertreten wollen, daß der normale Mensch nicht nur viel unmoralischer ist, als er glaubt, sondern auch viel moralischer, als er weiß, so hätte die Psychoanalyse, auf deren Befunden die erste Hälfte der Behauptung ruht, auch gegen die zweite Hälfte nichts einzuwenden.[20]

Es war eine Überraschung, zu finden, daß eine Steigerung dieses *ubw* Schuldgefühls den Menschen zum Verbrecher machen kann. Aber es ist unzweifelhaft so. Es läßt sich bei vielen, besonders jugendlichen Verbrechern, ein mächtiges Schuldgefühl nachweisen, welches vor der Tat bestand, also nicht deren Folge, sondern deren Motiv ist, als ob es als Erleichterung empfunden würde, dies unbewußte Schuldgefühl an etwas Reales und Aktuelles knüpfen zu können.

In all diesen Verhältnissen erweist das Über-Ich seine Unabhängigkeit vom bewußten Ich und seine innigen Beziehungen zum unbewußten Es. Nun erhebt sich mit Rücksicht auf die Bedeutung, die wir den vorbewußten Wortresten im Ich zugeschrieben haben, die Frage, ob das Über-Ich, wenn es *ubw* ist, nicht aus solchen Wortvorstellungen, oder aus was sonst es besteht. Die bescheidene Antwort wird lauten, daß das Über-Ich auch seine Herkunft aus Gehörtem unmöglich verleugnen kann, es ist ja ein Teil des Ichs und bleibt von diesen Wortvorstellungen (Begriffen, Abstraktionen) her dem Bewußtsein zugänglich, aber die Besetzungsenergie wird diesen Inhalten des Über-Ichs nicht von der Hörwahrnehrnung, dem Unterricht, der Lektüre, sondern von den Quellen im Es zugeführt.

Die Frage, deren Beantwortung wir zurückgestellt hatten, lautet: wie geht es zu, daß das Über-Ich sich wesentlich als Schuldgefühl (besser: als Kritik; Schuldgefühl ist die dieser Kritik entsprechende Wahrnehmung im Ich) äußert und dabei eine so außerordentliche Härte und Strenge gegen das Ich entfaltet.

Wenden wir uns zunächst zur Melancholie, so finden wir, daß das überstarke Über-Ich, welches das Bewußtsein an sich gerissen hat, gegen das Ich mit schonungsloser Heftigkeit wütet, als ob es sich des ganzen im Individuum verfügbaren Sadismus bemächtigt hätte. Nach unserer Auffassung des Sadismus würden wir sagen, die destruktive Komponente habe sich im Über-Ich abgelagert und gegen das Ich gewendet. Was nun im Über-Ich herrscht, ist wie eine Reinkultur des Todestriebes, und wirklich gelingt es diesem oft genug, das Ich in den Tod zu treiben, wenn das Ich sich nicht vorher durch den Umschlag in Manie seines Tyrannen erwehrt.

Ähnlich peinlich und quälerisch sind die Gewissensvorwürfe bei bestimmten Formen der Zwangsneurose, aber die Situation ist hier weniger durchsichtig.

[20] Dieser Satz ist nur scheinbar ein Paradoxon; er besagt einfach, daß die Natur des Menschen im Guten wie im Bösen weit über das hinausgeht, was er von sich glaubt, das heißt was seinem Ich durch Bewußtseinswahrnehmung bekannt ist.

Es ist im Gegensatz zur Melancholie bemerkenswert, daß der Zwangskranke eigentlich niemals den Schritt der Selbsttötung macht, er ist wie immun gegen die Selbstmordgefahr, weit besser dagegen geschützt als der Hysteriker. Wir verstehen, es ist die Erhaltung des Objekts, die die Sicherheit des Ichs verbürgt. Bei der Zwangsneurose ist es durch eine Regression zur prägenitalen Organisation möglich geworden, daß die Liebesimpulse sich in Aggressionsimpulse gegen das Objekt umsetzen. Wiederum ist der Destruktionstrieb frei geworden und will das Objekt vernichten, oder es hat wenigstens den Anschein, als bestünde solche Absicht. Das Ich hat diese Tendenzen nicht aufgenommen, es sträubt sich gegen sie mit Reaktionsbildungen und Vorsichtsmaßregeln; sie verbleiben im Es. Das Über-Ich aber benimmt sich, als wäre das Ich für sie verantwortlich, und zeigt uns gleichzeitig durch den Ernst, mit dem es diese Vernichtungsabsichten verfolgt, daß es sich nicht um einen durch die Regression hervorgerufenen Anschein, sondern um wirklichen Ersatz von Liebe durch Haß handelt. Nach beiden Seiten hilflos, wehrt sich das Ich vergeblich gegen die Zumutungen des mörderischen Es wie gegen die Vorwürfe des strafenden Gewissens.

Es gelingt ihm, gerade die gröbsten Aktionen beider zu hemmen, das Ergebnis ist zunächst eine endlose Selbstqual und in der weiteren Entwicklung eine systematische Quälerei des Objekts, wo dies zugänglich ist.

Die gefährlichen Todestriebe werden im Individuum auf verschiedene Weise behandelt, teils durch Mischung mit erotischen Komponenten unschädlich gemacht, teils als Aggression nach außen abgelenkt, zum großen Teil setzen sie gewiß unbehindert ihre innere Arbeit fort. Wie kommt es nun, daß bei der Melancholie das Über-Ich zu einer Art Sammelstätte der Todestriebe werden kann?

Vom Standpunkt der Triebeinschränkung, der Moralität, kann man sagen: Das Es ist ganz amoralisch, das Ich ist bemüht, moralisch zu sein, das Über-Ich kann hypermoralisch und dann so grausam werden wie nur das Es. Es ist merkwürdig, daß der Mensch, je mehr er seine Aggression nach außen einschränkt, desto strenger, also aggressiver in seinem Ichideal wird. Der gewöhnlichen Betrachtung erscheint dies umgekehrt, sie sieht in der Forderung des Ichideals das Motiv für die Unterdrückung der Aggression. Die Tatsache bleibt aber, wie wir sie ausgesprochen haben: Je mehr ein Mensch seine Aggression meistert, desto mehr steigert sich die Aggressionsneigung seines Ideals gegen sein Ich. Es ist wie eine Verschiebung, eine Wendung gegen das eigene Ich. Schon die gemeine, normale Moral hat den Charakter des hart Einschränkenden, grausam Verbietenden. Daher stammt ja die Konzeption des unerbittlich strafenden höheren Wesens.

Ich kann nun diese Verhältnisse nicht weiter erläutern, ohne eine neue Annahme einzuführen. Das Über-Ich ist ja durch eine Identifizierung mit dem

Vatervorbild entstanden. Jede solche Identifizierung hat den Charakter einer Desexualisierung oder selbst Sublimierung. Es scheint nun, daß bei einer solchen Umsetzung auch eine Triebentmischung stattfindet. Die erotische Komponente hat nach der Sublimierung nicht mehr die Kraft, die ganze hinzugesetzte Destruktion zu binden, und diese wird als Aggressions- und Destruktionsneigung frei. Aus dieser Entmischung würde das Ideal überhaupt den harten, grausamen Zug des gebieterischen Sollens beziehen.

Noch ein kurzes Verweilen bei der Zwangsneurose. Hier liegen die Verhältnisse anders. Die Entmischung der Liebe zur Aggression ist nicht durch eine Leistung des Ichs zustande gekommen, sondern, die Folge einer Regression, die sich im Es vollzogen hat. Aber dieser Vorgang hat vom Es auf das Über-Ich übergegriffen, welches nun seine Strenge gegen das unschuldige Ich verschärft. In beiden Fällen würde aber das Ich, welches die Libido durch Identifizierung bewältigt hat, dafür die Strafe durch die der Libido beigemengte Aggression vom Über-Ich her erleiden.

Unsere Vorstellungen vom Ich beginnen sich zu klären, seine verschiedenen Beziehungen an Deutlichkeit zu gewinnen. Wir sehen das Ich jetzt in seiner Stärke und in seinen Schwächen. Es ist mit wichtigen Funktionen betraut, kraft seiner Beziehung zum Wahrnehmungssystem stellt es die zeitliche Anordnung der seelischen Vorgänge her und unterzieht dieselben der Realitätsprüfung. Durch die Einschaltung der Denkvorgänge erzielt es einen Aufschub der motorischen Entladungen und beherrscht die Zugänge zur Motilität. Letztere Herrschaft ist allerdings mehr formal als faktisch, das Ich hat in der Beziehung zur Handlung etwa die Stellung eines konstitutionellen Monarchen, ohne dessen Sanktion nichts Gesetz werden kann, der es sich aber sehr überlegt, ehe er gegen einen Vorschlag des Parlaments sein Veto einlegt. Das Ich bereichert sich bei allen Lebenserfahrungen von außen; das Es aber ist seine andere Außenwelt, die es sich zu unterwerfen strebt. Es entzieht dem Es Libido, bildet die Objektbesetzungen des Es zu Ichgestaltungen um. Mit Hilfe des Über-Ichs schöpft es in einer für uns noch dunklen Weise aus den im Es angehäuften Erfahrungen der Vorzeit.

Es gibt zwei Wege, auf denen der Inhalt des Es ins Ich eindringen kann. Der eine ist der direkte, der andere führt über das Ichideal, und es mag für manche seelische Tätigkeiten entscheidend sein, auf welchem der beiden Wege sie erfolgen. Das Ich entwickelt sich von der Triebwahrnehmung zur Triebbeherrschung, vom Triebgehorsam zur Triebhemmung. An dieser Leistung hat das Ichideal, das ja zum Teil eine Reaktionsbildung gegen die Triebvorgänge des Es ist, seinen starken Anteil. Die Psychoanalyse ist ein Werkzeug, welches dem Ich die fortschreitende Eroberung des Es ermöglichen soll.

Aber anderseits sehen wir dasselbe Ich als armes Ding, welches unter dreierlei Dienstbarkeiten steht und demzufolge unter den Drohungen von dreierlei Gefahren leidet, von der Außenwelt her, von der Libido des Es und von der Strenge des Über-Ichs. Dreierlei Arten von Angst entsprechen diesen drei Gefahren, denn Angst ist der Ausdruck eines Rückzuges vor der Gefahr. Als Grenzwesen will das Ich zwischen der Welt und dem Es vermitteln, das Es der Welt gefügig machen und die Welt mittels seiner Muskelaktionen dem Es-Wunsch gerecht machen. Es benimmt sich eigentlich wie der Arzt in einer analytischen Kur, indem es sich selbst mit seiner Rücksichtnahme auf die reale Welt dem Es als Libidoobjekt empfiehlt und dessen Libido auf sich lenken will. Es ist nicht nur der Helfer des Es, auch sein unterwürfiger Knecht, der um die Liebe seines Herrn wirbt. Es sucht, wo möglich, im Einvernehmen mit dem Es zu bleiben, überzieht dessen *ubw* Gebote mit seinen *vbw* Rationalisierungen, spiegelt den Gehorsam des Es gegen die Mahnungen der Realität vor, auch wo das Es starr und unnachgiebig geblieben ist, vertuscht die Konflikte des Es mit der Realität und, wo möglich, auch die mit dem Über-Ich. In seiner Mittelstellung zwischen Es und Realität unterliegt es nur zu oft der Versuchung, liebedienerisch, opportunistisch und lügnerisch zu werden, etwa wie ein Staatsmann, der bei guter Einsicht sich doch in der Gunst der öffentlichen Meinung behaupten will.

Zwischen beiden Triebarten hält es sich nicht unparteiisch. Durch seine Identifizierungs- und Sublimierungsarbeit leistet es den Todestrieben im Es Beistand zur Bewältigung der Libido, gerät aber dabei in Gefahr, zum Objekt der Todestriebe zu werden und selbst umzukommen. Es hat sich zu Zwecken der Hilfeleistung selbst mit Libido erfüllen müssen, wird dadurch selbst Vertreter des Eros und will nun leben und geliebt werden.

Da aber seine Sublimierungsarbeit eine Triebentmischung und Freiwerden der Aggressionstriebe im Über-Ich zur Folge hat, liefert es sich durch seinen Kampf gegen die Libido der Gefahr der Mißhandlung und des Todes aus. Wenn das Ich unter der Aggression des Über-Ichs leidet oder selbst erliegt, so ist sein Schicksal ein Gegenstück zu dem der Protisten, die an den Zersetzungsprodukten zugrunde gehen, die sie selbst geschaffen haben. Als solches Zersetzungsprodukt im ökonomischen Sinne erscheint uns die im Über-Ich wirkende Moral.

Unter den Abhängigkeiten des Ichs ist wohl die vom Über-Ich die interessanteste.

Das Ich ist ja die eigentliche Angststätte. Von den dreierlei Gefahren bedroht, entwickelt das Ich den Fluchtreflex, indem es seine eigene Besetzung von der bedrohlichen Wahrnehmung oder dem ebenso eingeschätzten Vorgang im Es zurückzieht und als Angst ausgibt. Diese primitive Reaktion wird später durch Aufführung von Schutzbesetzungen abgelöst (Mechanismus der Phobien). Was das Ich von der äußeren und von der Libidogefahr im Es befürchtet, läßt sich nicht angeben; wir wissen, es ist Überwältigung oder Vernichtung, aber es ist analytisch nicht zu fassen. Das Ich folgt einfach der Warnung des Lustprinzips. Hingegen läßt sich sagen, was sich hinter der Angst des Ichs vor dem Über-Ich, der Gewissensangst, verbirgt. Vom höheren Wesen, welches zum Ichideal wurde, drohte einst die Kastration und diese Kastrationsangst ist wahrscheinlich der Kern, um den sich die spätere Gewissensangst ablagert, sie ist es, die sich als Gewissensangst fortsetzt.

Der volltönende Satz: jede Angst sei eigentlich Todesangst, schließt kaum einen Sinn ein, ist jedenfalls nicht zu rechtfertigen. Es scheint mir vielmehr durchaus richtig, die Todesangst von der Objekt-(Real-)Angst und von der neurotischen Libidoangst zu sondern. Sie gibt der Psychoanalyse ein schweres Problem auf, denn Tod ist ein abstrakter Begriff von negativem Inhalt, für den eine unbewußte Entsprechung nicht zu finden ist. Der Mechanismus der Todesangst könnte nur sein, daß das Ich seine narzißtische Libidobesetzung in reichlichem Ausmaß entläßt, also sich selbst aufgibt, wie sonst im Angstfalle ein anderes Objekt. Ich meine, daß die Todesangst sich zwischen Ich und Über-Ich abspielt.

Wir kennen das Auftreten von Todesangst unter zwei Bedingungen, die übrigens denen der sonstigen Angstentwicklung durchaus analog sind, als Reaktion auf eine äußere Gefahr und als inneren Vorgang, zum Beispiel bei Melancholie. Der neurotische Fall mag uns wieder einmal zum Verständnis des realen verhelfen.

Die Todesangst der Melancholie läßt nur die eine Erklärung zu, daß das Ich sich aufgibt, weil es sich vom Über-Ich gehaßt und verfolgt anstatt geliebt fühlt. Leben ist also für das Ich gleichbedeutend mit Geliebtwerden, vom Über-Ich geliebt werden, das auch hier als Vertreter des Es auftritt. Das Über-Ich vertritt dieselbe schützende und rettende Funktion wie früher der Vater, später die Vorsehung oder das Schicksal. Denselben Schluß muß das Ich aber auch ziehen, wenn es sich in einer übergroßen realen Gefahr befindet, die es aus eigenen Kräften nicht glaubt überwinden zu können. Es sieht sich von allen schützenden Mächten verlassen und läßt sich sterben. Es ist übrigens immer noch dieselbe Situation, die dem ersten großen Angstzustand der Geburt und der infantilen Sehnsucht-Angst zugrunde lag, die der Trennung von der schützenden Mutter.

Auf Grund dieser Darlegungen kann also die Todesangst wie die Gewissensangst als Verarbeitung der Kastrationsangst aufgefaßt werden. Bei der großen Bedeutung des Schuldgefühls für die Neurosen ist es auch nicht von der Hand zu weisen, daß die gemeine neurotische Angst in schweren Fällen eine Verstärkung durch die Angstentwicklung zwischen Ich und Über-Ich (Kastrations-, Gewissens-, Todesangst) erfährt.

Das Es, zu dem wir am Ende zurückführen, hat keine Mittel, dem Ich Liebe oder Haß zu bezeugen. Es kann nicht sagen, was es will; es hat keinen einheitlichen Willen zustande gebracht. Eros und Todestrieb kämpfen, in ihm; wir haben gehört, mit welchen Mitteln sich die einen Triebe gegen die anderen zur Wehre setzen. Wir könnten es so darstellen, als ob das Es unter der Herrschaft der stummen, aber mächtigen Todestriebe stünde, die Ruhe haben und den Störenfried Eros nach den Winken des Lustprinzips zur Ruhe bringen wollen, aber wir besorgen, doch dabei die Rolle des Eros zu unterschätzen.

MASSENPSYCHOLOGIE UND ICH-ANALYSE

I
Einleitung

Der Gegensatz von Individual- und Sozial- oder Massenpsychologie, der uns auf den ersten Blick als sehr bedeutsam erscheinen mag, verliert bei eingehender Betrachtung sehr viel von seiner Schärfe. Die Individualpsychologie ist zwar auf den einzelnen Menschen eingestellt und verfolgt, auf welchen Wegen derselbe die Befriedigung seiner Triebregungen zu erreichen sucht, allein sie kommt dabei nur selten, unter bestimmten Ausnahmsbedingungen, in die Lage, von den Beziehungen dieses Einzelnen zu anderen Individuen abzusehen. Im Seelenleben des Einzelnen kommt ganz regelmäßig der andere als Vorbild, als Objekt, als Helfer und als Gegner in Betracht, und die Individualpsychologie ist daher von Anfang an auch gleichzeitig Sozialpsychologie in diesem erweiterten, aber durchaus berechtigten Sinne.

Das Verhältnis des Einzelnen zu seinen Eltern und Geschwistern, zu seinem Liebesobjekt, zu seinem Lehrer und zu seinem Arzt, also alle die Beziehungen, welche bisher vorzugsweise Gegenstand der psychoanalytischen Untersuchung geworden sind, können den Anspruch erheben, als soziale Phänomene gewürdigt zu werden, und stellen sich dann in Gegensatz zu gewissen anderen, von uns *narzißtisch* genannten Vorgängen, bei denen die Triebbefriedigung sich dem Einfluß anderer Personen entzieht oder auf sie verzichtet. Der Gegensatz zwischen sozialen und narzißtischen – *Bleuler* würde vielleicht sagen: *autistischen* – seelischen Akten fällt also durchaus innerhalb des Bereichs der Individualpsychologie und eignet sich nicht dazu, sie von einer Sozial- oder Massenpsychologie abzutrennen.

In den erwähnten Verhältnissen zu Eltern und Geschwistern, zur Geliebten, zum Freund, Lehrer und zum Arzt erfährt der Einzelne immer nur den Einfluß einer einzigen oder einer sehr geringen Anzahl von Personen, von denen eine jede eine großartige Bedeutung für ihn erworben hat. Man hat sich nun gewöhnt, wenn man von Sozial- oder Massenpsychologie spricht, von diesen Beziehungen abzusehen und die gleichzeitige Beeinflussung des Einzelnen durch eine große Anzahl von Personen, mit denen er durch irgend etwas verbunden ist, während sie ihm sonst in vielen Hinsichten fremd sein mögen, als Gegenstand der Untersuchung abzusondern. Die Massenpsychologie behandelt also den einzelnen Menschen als Mitglied eines Stammes, eines Volkes, einer Kaste, eines Standes, einer Institution oder als Bestandteil eines Menschenhaufens, der sich zu einer gewissen Zeit für einen bestimmten Zweck zur Masse organisiert. Nach dieser Zerreißung eines natürlichen Zusammenhanges lag es dann nahe, die Erscheinungen, die sich unter diesen besonderen Bedingungen zeigen, als Äußerungen eines besonderen, weiter nicht zurückführbaren Triebes anzusehen, des sozialen Triebes – *herd instinct, group mind* –, der in anderen Situationen nicht zum Ausdruck kommt. Wir dürfen aber wohl den Einwand erheben, es falle uns schwer, dem Moment der Zahl eine so große Bedeutung einzuräumen, daß es ihm allein möglich sein sollte, im menschlichen Seelenleben einen neuen und sonst nicht betätigten Trieb zu wecken. Unsere Erwartung wird somit auf zwei andere Möglichkeiten hingelenkt: daß der soziale Trieb kein ursprünglicher und unzerlegbarer sein mag, und daß die Anfänge seiner Bildung in einem engeren Kreis, wie etwa in dem der Familie, gefunden werden können.

Die Massenpsychologie, obwohl erst in ihren Anfängen befindlich, umfaßt eine noch unübersehbare Fülle von Einzelproblemen und stellt dem Untersucher ungezählte, derzeit noch nicht einmal gut gesonderte Aufgaben. Die bloße Gruppierung der verschiedenen Formen von Massenbildung und die Beschreibung der von ihnen geäußerten psychischen Phänomene erfordern einen großen Aufwand von Beobachtung und Darstellung und haben bereits eine reichhaltige Literatur entstehen lassen. Wer dies schmale Büchlein an dem Umfang der Massenpsychologie mißt, wird ohneweiters vermuten dürfen, daß hier nur wenige Punkte des ganzen Stoffes behandelt werden sollen. Es werden wirklich auch nur einige Fragen sein, an denen die Tiefenforschung der Psychoanalyse ein besonderes Interesse nimmt.

II
Le Bons Schilderung der Massenseele

Zweckmäßiger als eine Definition voranzustellen scheint es, mit einem Hinweis auf das Erscheinungsgebiet zu beginnen und aus diesem einige besonders auffällige und charakteristische Tatsachen herauszugreifen, an welche die Untersuchung anknüpfen kann. Wir erreichen beides durch einen Auszug aus dem mit Recht berühmt gewordenen Buch von *Le Bon, Psychologie der Massen.*[1]

Machen wir uns den Sachverhalt nochmals klar: Wenn die Psychologie, welche die Anlagen, Triebregungen, Motive, Absichten eines einzelnen Menschen bis zu seinen Handlungen und in die Beziehungen zu seinen Nächsten verfolgt, ihre Aufgabe restlos gelöst und alle diese Zusammenhänge durchsichtig gemacht hätte, dann fände sie sich plötzlich vor einer neuen Aufgabe, die sich ungelöst vor ihr erhebt. Sie müßte die überraschende Tatsache erklären, daß dies ihr verständlich gewordene Individuum unter einer bestimmten Bedingung ganz anders

[1] Übersetzt von Dr. Rudolf Eisler, zweite Auflage 1912.

fühlt, denkt und handelt, als von ihm zu erwarten stand, und diese Bedingung ist die Einreihung in eine Menschenmenge, welche die Eigenschaft einer „psychologischen Masse“ erworben hat. Was ist nun eine „Masse“, wodurch erwirbt sie die Fähigkeit, das Seelenleben des Einzelnen so entscheidend zu beeinflussen, und worin besteht die seelische Veränderung, die sie dem Einzelnen aufnötigt?

Diese drei Fragen zu beantworten, ist die Aufgabe einer theoretischen Massenpsychologie. Man greift sie offenbar am besten an, wenn man von der dritten ausgeht. Es ist die Beobachtung der veränderten Reaktion des Einzelnen, welche der Massenpsychologie den Stoff liefert; jedem Erklärungsversuch muß ja die Beschreibung des zu Erklärenden vorausgehen.

Ich lasse nun *Le Bon* zu Worte kommen. Er sagt (S. 13): „An einer psychologischen Masse ist das Sonderbarste dies: welcher Art auch die sie zusammensetzenden Individuen sein mögen, wie ähnlich oder unähnlich ihre Lebensweise, Beschäftigung, ihr Charakter oder ihre Intelligenz ist, durch den bloßen Umstand ihrer Umformung zur Masse besitzen sie eine Kollektivseele, vermöge deren sie in ganz anderer Weise fühlen, denken und handeln, als jedes von ihnen für sich fühlen, denken und handeln würde. Es gibt Ideen und Gefühle, die nur bei den zu Massen verbundenen Individuen auftreten oder sich in Handlungen umsetzen. Die psychologische Masse ist ein provisorisches Wesen, das aus heterogenen Elementen besteht, die für einen Augenblick sich miteinander verbunden haben, genauso wie die Zellen des Organismus durch ihre Vereinigung ein neues Wesen mit ganz anderen Eigenschaften als denen der einzelnen Zellen bilden.“

Indem wir uns die Freiheit nehmen, die Darstellung *Le Bons* durch unsere Glossen zu unterbrechen, geben wir hier der Bemerkung Raum: Wenn die Individuen in der Masse zu einer Einheit verbunden sind, so muß es wohl etwas geben, was sie aneinander bindet, und dies Bindemittel könnte gerade das sein, was für die Masse charakteristisch ist. Allein *Le Bon* beantwortet diese Frage nicht, er geht auf die Veränderung des Individuums in der Masse ein und beschreibt sie in Ausdrücken, welche mit den Grundvoraussetzungen unserer Tiefenpsychologie in guter Übereinstimmung stehen.

(S. 14) „Leicht ist die Feststellung des Maßes von Verschiedenheit des einer Masse angehörenden vom isolierten Individuum, weniger leicht ist aber die Entdeckung der Ursachen dieser Verschiedenheit.

Um diese Ursachen wenigstens einigermaßen zu finden, muß man sich zunächst der von der modernen Psychologie gemachten Feststellung erinnern, daß nicht bloß im organischen Leben, sondern auch in den intellektuellen Funktionen die unbewußten Phänomene eine überwiegende Rolle spielen. Das bewußte Geistesleben stellt nur einen recht geringen Teil neben dem unbewußten Seelenleben dar. Die feinste Analyse, die schärfste Beobachtung gelangt nur zu einer kleinen Anzahl bewußter Motive des Seelenlebens. Unsere bewußten Akte leiten sich aus einem, besonders durch Vererbungseinflüsse geschaffenen, unbewußten Substrat her. Dieses enthält die zahllosen Ahnenspuren, aus denen sich die Rassenseele konstituiert. Hinter den eingestandenen Motiven unserer Handlungen gibt es zweifellos die geheimen Gründe, die wir nicht eingestehen, hinter diesen liegen aber noch geheimere, die wir nicht einmal kennen. Die Mehrzahl unserer alltäglichen Handlungen ist nur die Wirkung verborgener, uns entgehender Motive."

In der Masse, meint *Le Bon*, verwischen sich die individuellen Erwerbungen der Einzelnen, und damit verschwindet deren Eigenart. Das rassenmäßige Unbewußte tritt hervor, das Heterogene versinkt im Homogenen. Wir würden sagen, der psychische Oberbau, der sich bei den Einzelnen so verschiedenartig entwickelt hat, wird abgetragen, entkräftet, und das bei allen gleichartige unbewußte Fundament wird bloßgelegt (wirksam gemacht).

Auf diese Weise käme ein durchschnittlicher Charakter der Massenindividuen zustande. Allein *Le Bon findet*, sie zeigen auch neue Eigenschaften, die sie vorher nicht besessen haben, und sucht den Grund dafür in drei verschiedenen Momenten.

(S. 15) „Die erste dieser Ursachen besteht darin, daß das Individuum in der Masse schon durch die Tatsache der Menge ein Gefühl unüberwindlicher Macht erlangt, welches ihm gestattet, Trieben zu frönen, die es allein notwendig gezügelt hätte. Es wird dies nun um so weniger Anlaß haben, als bei der Anonymität und demnach auch Unverantwortlichkeit der Masse das Verantwortlichkeitsgefühl, welches die Individuen stets zurückhält, völlig schwindet."

Wir brauchten von unserem Standpunkt weniger Wert auf das Auftauchen neuer Eigenschaften zu legen. Es genügte uns zu sagen, das Individuum komme in der Masse unter Bedingungen, die ihm gestatten, die Verdrängungen seiner unbewußten Triebregungen abzuwerfen. Die anscheinend neuen Eigenschaften, die es dann zeigt, sind eben die Äußerungen dieses Unbewußten, in dem ja alles Böse der Menschenseele in der Anlage enthalten ist; das Schwinden des Gewissens oder Verantwortlichkeitsgefühls unter diesen Umständen macht unserem Verständnis keine Schwierigkeit. Wir hatten längst behauptet, der Kern des sogenannten Gewissens sei „soziale Angst".[2]

---

[2] Eine gewisse Differenz zwischen der Anschauung Le Bons und der unserigen stellt sich dadurch her, daß sein Begriff des Unbewußten nicht ganz mit dem von der Psychoanalyse angenommenen zusammenfällt. Das Unbewußte Le Bons enthält vor allem die tiefsten Merkmale der Rassenseele, welche für die individuelle Psychoanalyse eigentlich außer Betracht kommt. Wir verkennen zwar nicht, daß der Kern des Ichs (das Es, wie ich es später genannt habe), dem die „archaische Erbschaft" der Menschenseele angehört, unbewußt ist, aber wir

(S. 16) „Eine zweite Ursache, die Ansteckung, trägt ebenso dazu bei, bei den Massen die Äußerung spezieller Merkmale und zugleich deren Richtung zu bewerkstelligen. Die Ansteckung ist ein leicht zu konstatierendes, aber unerklärliches Phänomen, das man den von uns sogleich zu studierenden Phänomenen hypnotischer Art zurechnen muß. In der Menge ist jedes Gefühl, jede Handlung ansteckend, und zwar in so hohem Grade, daß das Individuum sehr leicht sein persönliches Interesse dem Gesamtinteresse opfert. Es ist dies eine seiner Natur durchaus entgegengesetzte Fähigkeit, deren der Mensch nur als Massenbestandteil fähig ist.“

Wir werden auf diesem letzten Satz später eine wichtige Vermutung begründen.

(S. 16) „Eine dritte, und zwar die wichtigste Ursache bedingt in den zur Masse vereinigten Individuen besondere Eigenschaften, welche denen des isolierten Individuums völlig entgegengesetzt sind. Ich rede hier von der Suggestibilität, von der die erwähnte Ansteckung übrigens nur eine Wirkung ist.

Zum Verständnis dieser Erscheinung gehört die Vergegenwärtigung gewisser neuer Entdeckungen der Physiologie. Wir wissen jetzt, daß ein Mensch mittels mannigfacher Prozeduren in einen solchen Zustand versetzt werden kann, daß er nach Verlust seiner ganzen bewußten Persönlichkeit allen Suggestionen desjenigen gehorcht, der ihn seines Persönlichkeitsbewußtseins beraubt hat, und daß er die zu seinem Charakter und seinen Gewohnheiten in schärfstem Gegensatz stehenden Handlungen begeht. Nun scheinen sehr sorgfältige Beobachtungen darzutun, daß ein eine Zeitlang im Schoße einer tätigen Masse eingebettetes Individuum in Bälde – durch Ausströmungen, die von ihr ausgehen, oder sonst eine unbekannte Ursache – sich in einem Sonderzustand befindet, der sich sehr der Faszination nähert, die den Hypnotisierten unter dem Einfluß des Hypnotisators befällt ... Die bewußte Persönlichkeit ist völlig geschwunden, Wille und Unterscheidungsvermögen fehlen, alle Gefühle und Gedanken sind nach der durch den Hypnotisator hergestellten Richtung orientiert.

So ungefähr verhält sich auch der Zustand des einer psychologischen Masse angehörenden Individuums. Es ist sich seiner Handlungen nicht mehr bewußt. Wie beim Hypnotisierten können bei ihm, während zugleich gewisse Fähigkeiten aufgehoben sind, andere auf einen Grad höchster Stärke gebracht werden. Unter dem Einflusse einer Suggestion wird es sich mit einem unwiderstehlichen Triebe an die Ausführung bestimmter Handlungen machen. Und dieses Ungestüm ist bei den Massen noch unwiderstehlicher als beim Hypnotisierten, weil

---

sondern außerdem das „unbewußte Verdrängte“ ab, welches aus einem Anteil dieser Erbschaft hervorgegangen ist. Dieser Begriff des Verdrängten fehlt bei Le Bon.

die für alle Individuen gleiche Suggestion durch Gegenseitigkeit anwächst."

(S. 17) „Die Hauptmerkmale des in der Masse befindlichen Individuums sind demnach: Schwund der bewußten Persönlichkeit, Vorherrschaft der unbewußten Persönlichkeit, Orientierung der Gedanken und Gefühle in derselben Richtung durch Suggestion und Ansteckung, Tendenz zur unverzüglichen Verwirklichung der suggerierten Ideen. Das Individuum ist nicht mehr es selbst, es ist ein willenloser Automat geworden."

Ich habe dieses Zitat so ausführlich wiedergegeben, um zu bekräftigen, daß *Le Bon* den Zustand des Individuums in der Masse wirklich für einen hypnotischen erklärt, nicht etwa ihn bloß mit einem solchen vergleicht. Wir beabsichtigen hier keinen Widerspruch, wollen nur hervorheben, daß die beiden letzten Ursachen der Veränderung des Einzelnen in der Masse, die Ansteckung und die höhere Suggerierbarkeit, offenbar nicht gleichartig sind, da ja die Ansteckung auch eine Äußerung der Suggerierbarkeit sein soll. Auch die Wirkungen der beiden Momente scheinen uns im Text *Le Bons* nicht scharf geschieden. Vielleicht deuten wir seine Äußerung am besten aus, wenn wir die Ansteckung auf die Wirkung der einzelnen Mitglieder der Masse aufeinander beziehen, während die mit den Phänomenen der hypnotischen Beeinflussung gleichgestellten Suggestionserscheinungen in der Masse auf eine andere Quelle hinweisen. Auf welche aber? Es muß uns als eine empfindliche Unvollständigkeit berühren, daß eines der Hauptstücke dieser Angleichung, nämlich die Person, welche für die Masse den Hypnotiseur ersetzt, in der Darstellung *Le Bons* nicht erwähnt wird. Immerhin unterscheidet er von diesem im dunkeln gelassenen faszinierenden Einfluß die ansteckende Wirkung, die die Einzelnen aufeinander ausüben, durch welche die ursprüngliche Suggestion verstärkt wird.

Noch ein wichtiger Gesichtspunkt für die Beurteilung des Massenindividuums: (S. 17) „Ferner steigt durch die bloße Zugehörigkeit zu einer organisierten Masse der Mensch mehrere Stufen auf der Leiter der Zivilisation herab. In seiner Vereinzelung war er vielleicht ein gebildetes Individuum, in der Masse ist er ein Barbar, das heißt ein Triebwesen. Er besitzt die Spontaneität, die Heftigkeit, die Wildheit und auch den Enthusiasmus und Heroismus primitiver Wesen." Er verweilt dann noch besonders bei der Herabsetzung der intellektuellen Leistung, die der Einzelne durch sein Aufgehen in der Masse erfährt.[3]

Verlassen wir nun den Einzelnen und wenden wir uns zur Beschreibung der Massenseele, wie *Le Bon* sie entwirft. Es ist kein Zug darin, dessen Ableitung und Unterbringung dem Psychoanalytiker Schwierigkeiten bereiten würde. *Le Bon*

[3] Vgl. das Schillersche Distichon: „Jeder, sieht man ihn einzeln, ist leidlich klug und verständig; / Sind sie in corpore, gleich wird euch ein Dummkopf daraus."

weist uns selbst den Weg, indem er auf die Übereinstimmung mit dem Seelenleben der Primitiven und der Kinder hinweist. (S. 19)

Die Masse ist impulsiv, wandelbar und reizbar. Sie wird fast ausschließlich vom Unbewußten geleitet.[4] Die Impulse, denen die Masse gehorcht, können je nach Umständen edel oder grausam, heroisch oder feige sein, jedenfalls aber sind sie so gebieterisch, daß nicht das persönliche, nicht einmal das Interesse der Selbsterhaltung zur Geltung kommt. (S. 20) Nichts ist bei ihr vorbedacht. Wenn sie auch die Dinge leidenschaftlich begehrt, so doch nie für lange, sie ist unfähig zu einem Dauerwillen. Sie verträgt keinen Aufschub zwischen ihrem Begehren und der Verwirklichung des Begehrten. Sie hat das Gefühl der Allmacht, für das Individuum in der Masse schwindet der Begriff des Unmöglichen.[5]

Die Masse ist außerordentlich beeinflußbar und leichtgläubig, sie ist kritiklos, das Unwahrscheinliche existiert für sie nicht. Sie denkt in Bildern, die einander assoziativ hervorrufen, wie sie sich beim Einzelnen in Zuständen des freien Phantasierens einstellen, und die von keiner verständigen Instanz an der Übereinstimmung mit der Wirklichkeit gemessen werden. Die Gefühle der Masse sind stets sehr einfach und sehr überschwenglich. Die Masse kennt also weder Zweifel noch Ungewißheit.[6]

Sie geht sofort zum Äußersten, der ausgesprochene Verdacht wandelt sich bei ihr sogleich in unumstößliche Gewißheit, ein Keim von Antipathie wird zum wilden Haß. (S. 32)[7]

---

4 Unbewußt wird von Le Bon richtig im Sinne der Deskription gebraucht, wo es nicht allein das „Verdrängte" bedeutet.

5 Vgl. *Totem und Tabu, III. Animismus, Magie und Allmacht der Gedanken.*

6 In der Deutung der Träume, denen wir ja unsere beste Kenntnis vorn unbewußten Seelenleben verdanken, befolgen wir die technische Regel, daß von Zweifel und Unsicherheit in der Traumerzählung abgesehen und jedes Element des manifesten Traumes als gleich gesichert behandelt wird. Wir leiten Zweifel und Unsicherheit von der Einwirkung der Zensur ab, welcher die Traumarbeit unterliegt, und nehmen an, daß die primären Traumgedanken Zweifel und Unsicherheit als kritische Leistung nicht kennen. Als Inhalte mögen sie natürlich, wie alles andere, in den zum Traum führenden Tagesresten vorkommen. (S. *Traumdeutung*, 7. Aufl. 1922, S. 386.)

7 Die nämliche Steigerung aller Gefühlsregungen zum Extremen und Maßlosen gehört auch der Affektivität des Kindes an und findet sich im Traumleben wieder, wo dank der im Unbewußten vorherrschenden Isolierung der einzelnen Gefühlsregungen ein leiser Ärger vom Tage sich als Todeswunsch gegen die schuldige Person zum Ausdruck bringt oder ein Anflug irgendeiner Versuchung zum Anstoß einer im Traum dargestellten verbrecherischen Handlung wird. Zu dieser Tatsache hat Dr. Hanns Sachs die hübsche Bemerkung gemacht: „Was der Traum uns an Beziehungen zur Gegenwart (Realität) kundgetan hat, wollen wir dann auch im Bewußtsein aufsuchen und dürfen uns nicht wundern, wenn wir das Ungeheuer, das wir unter dem Vergrößerungsglas der Analyse gesehen haben, als Infusionstierchen wiederfinden." (S. *Traumdeutung*,

Selbst zu allen Extremen geneigt, wird die Masse auch nur durch übermäßige Reize erregt. Wer auf sie wirken will, bedarf keiner logischen Abmessung seiner Argumente, er muß in den kräftigsten Bildern malen, übertreiben und immer das gleiche wiederholen.

Da die Masse betreffs des Wahren oder Falschen nicht im Zweifel ist und dabei das Bewußtsein ihrer großen Kraft hat, ist sie ebenso intolerant wie autoritätsgläubig. Sie respektiert die Kraft und läßt sich von der Güte, die für sie nur eine Art von Schwäche bedeutet, nur mäßig beeinflussen. Was sie von ihren Helden verlangt, ist Stärke, selbst Gewalttätigkeit. Sie will beherrscht und unterdrückt werden und ihren Herrn fürchten. Im Grunde durchaus konservativ, hat sie tiefen Abscheu vor allen Neuerungen und Fortschritten und unbegrenzte Ehrfurcht vor der Tradition. (S. 37)

Um die Sittlichkeit der Massen richtig zu beurteilen, muß man in Betracht ziehen, daß im Beisammensein der Massenindividuen alle individuellen Hemmungen entfallen und alle grausamen, brutalen, destruktiven Instinkte, die als Überbleibsel der Urzeit im Einzelnen schlummern, zur freien Triebbefriedigung geweckt werden. Aber die Massen sind auch unter dem Einfluß der Suggestion hoher Leistungen von Entsagung, Uneigennützigkeit, Hingebung an ein Ideal fähig. Während der persönliche Vorteil beim isolierten Individuum so ziemlich die einzige Triebfeder ist, ist er bei den Massen sehr selten vorherrschend. Man kann von einer Versittlichung des Einzelnen durch die Masse sprechen (S. 39). Während die intellektuelle Leistung der Masse immer tief unter der des Einzelnen steht, kann ihr ethisches Verhalten dies Niveau ebenso hoch überragen, wie tief darunter herabgehen.

Ein helles Licht auf die Berechtigung, die Massenseele mit der Seele der Primitiven zu identifizieren, werfen einige andere Züge der *Le Bonschen* Charakteristik. Bei den Massen können die entgegengesetztesten Ideen nebeneinander bestehen und sich miteinander vertragen, ohne daß sich aus deren logischem Widerspruch ein Konflikt ergäbe. Dasselbe ist aber im unbewußten Seelenleben der Einzelnen, der Kinder und der Neurotiker der Fall, wie die Psychoanalyse längst nachgewiesen hat.[8]

---

7. Aufl. 1922, S. 457.)

[8] Beim kleinen Kinde bestehen zum Beispiel ambivalente Gefühlseinstellungen gegen die ihm nächsten Personen lange Zeit nebeneinander, ohne daß die eine die ihr entgegengesetzte in ihrem Ausdruck stört. Kommt es dann endlich zum Konflikt zwischen den beiden, so wird er oft dadurch erledigt, daß das Kind das Objekt wechselt, die eine der ambivalenten Regungen auf ein Ersatzobjekt verschiebt. Auch aus der Entwicklungsgeschichte einer Neurose beim Erwachsenen kann man erfahren, daß eine unterdrückte Regung sich häufig lange Zeit in unbewußten oder selbst bewußten Phantasien fortsetzt, deren Inhalt natürlich einer herrschenden

Ferner unterliegt die Masse der wahrhaftig magischen Macht von Worten, die in der Massenseele die furchtbarsten Stürme hervorrufen und sie auch besänftigen können (S. 74). „Mit Vernunft und Argumenten kann man gegen gewisse Worte und Formeln nicht ankämpfen. Man spricht sie mit Andacht vor den Massen aus, und sogleich werden die Mienen respektvoll, und die Köpfe neigen sich. Von vielen werden sie als Naturkräfte oder als übernatürliche Mächte betrachtet." (S. 75) Man braucht sich dabei nur an die Tabu der Namen bei den Primitiven, an die magischen Kräfte, die sich ihnen an Namen und Worte knüpfen, zu erinnern.[9]

Und endlich: Die Massen haben nie den Wahrheitsdurst gekannt. Sie fordern Illusionen, auf die sie nicht verzichten können. Das Irreale hat bei ihnen stets den Vorrang vor dem Realen, das Unwirkliche beeinflußt sie fast ebenso stark wie das Wirkliche. Sie haben die sichtliche Tendenz, zwischen beiden keinen Unterschied zu machen (S. 47).

Diese Vorherrschaft des Phantasielebens und der vom unerfüllten Wunsch getragenen Illusion haben wir als bestimmend für die Psychologie der Neurosen aufgezeigt. Wir fanden, für die Neurotiker gelte nicht die gemeine objektive, sondern die psychische Realität. Ein hysterisches Symptom gründe sich auf Phantasie, anstatt auf die Wiederholung wirklichen Erlebens, ein zwangsneurotisches Schuldbewußtsein auf die Tatsache eines bösen Vorsatzes, der nie zur Ausführung gekommen. Ja, wie im Traum und in der Hypnose, tritt in der Seelentätigkeit der Masse die Realitätsprüfung zurück gegen die Stärke der affektiv besetzten Wunschregungen.

Was *Le Bon* über die Führer der Massen sagt, ist weniger erschöpfend und läßt das Gesetzmäßige nicht so deutlich durchschimmern. Er meint, sobald lebende Wesen in einer gewissen Anzahl vereinigt sind, einerlei, ob eine Herde Tiere

---

Strebung direkt zuwiderläuft, ohne daß sich aus diesem Gegensatz ein Einschreiten des Ichs gegen das von ihm Verworfene ergäbe. Die Phantasie wird eine ganze Weile über toleriert, bis sich plötzlich einmal, gewöhnlich infolge einer Steigerung der affektiven Besetzung derselben, der Konflikt zwischen ihr und dem Ich mit allen seinen Folgen herstellt.

Im Fortschritt der Entwicklung vom Kinde zum reifen Erwachsenen kommt es überhaupt zu einer immer weiter greifenden *Integration* der Persönlichkeit, zu einer Zusammenfassung der einzelnen, unabhängig voneinander in ihr gewachsenen Triebregungen und Zielstrebungen. Der analoge Vorgang auf dem Gebiet des Sexuallebens ist uns als Zusammenfassung aller Sexualtriebe zur definitiven Genitalorganisation lange bekannt. (*Drei Abhandlungen zur Sexualtheorie*, 1905). Daß die Vereinheitlichung des Ichs übrigens dieselben Störungen erfahren kann wie die der Libido, zeigen vielfache, sehr bekannte Beispiele wie das der Naturforscher, die bibelgläubig geblieben sind, und andere. Die verschiedenen Möglichkeiten eines späteren Zerfalls des Ichs bilden ein besonderes Kapitel der Psychopathologie.

[9] S. *Totem und Tabu.*

oder eine Menschenmenge, stellen sie sich instinktiv unter die Autorität eines Oberhauptes (S. 86). Die Masse ist eine folgsame Herde, die nie ohne Herrn zu leben vermag. Sie hat einen solchen Durst zu gehorchen, daß sie sich jedem, der sich zu ihrem Herrn ernennt, instinktiv unterordnet.

Kommt so das Bedürfnis der Masse dem Führer entgegen, so muß er ihm doch durch persönliche Eigenschaften entsprechen. Er muß selbst durch einen starken Glauben (an eine Idee) fasziniert sein, um Glauben in der Masse zu erwecken, er muß einen starken, imponierenden Willen besitzen, den die willenlose Masse von ihm annimmt. *Le Bon* bespricht dann die verschiedenen Arten von Führern und die Mittel, durch welche sie auf die Masse wirken. Im ganzen läßt er die Führer durch die Ideen zur Bedeutung kommen, für die sie selbst fanatisiert sind.

Diesen Ideen wie den Führern schreibt er überdies eine geheimnisvolle, unwiderstehliche Macht zu, die er „Prestige" benennt. Das Prestige ist eine Art Herrschaft, die ein Individuum, ein Werk oder eine Idee über uns übt. Sie lähmt all unsere Fähigkeit zur Kritik und erfüllt uns mit Staunen und Achtung. Sie dürfte ein Gefühl hervorrufen, ähnlich wie das der Faszination der Hypnose (S. 96).

Er unterscheidet erworbenes oder künstliches und persönliches Prestige. Das erstere wird bei Personen durch Name, Reichtum, Ansehen verliehen, bei Anschauungen, Kunstwerken und dergleichen durch Tradition. Da es in allen Fällen auf die Vergangenheit zurückgreift, wird es für das Verständnis dieses rätselhaften Einflusses wenig leisten. Das persönliche Prestige haftet an wenigen Personen, die durch dasselbe zu Führern werden, und macht, daß ihnen alles wie unter der Wirkung eines magnetischen Zaubers gehorcht. Doch ist jedes Prestige auch vom Erfolg abhängig und geht durch Mißerfolge verloren (S. 103).

Man gewinnt nicht den Eindruck, daß bei *Le Bon* die Rolle der Führer und die Betonung des Prestiges in richtigen Einklang mit der so glänzend vorgetragenen Schilderung der Massenseele gebracht worden ist.

III
Andere Würdigungen des kollektiven Seelenlebens

Wir haben uns der Darstellung von *Le Bon* als Einführung bedient, weil sie in der Betonung des unbewußten Seelenlebens so sehr mit unserer eigenen Psychologie zusammentrifft. Nun müssen wir aber hinzufügen, daß eigentlich keine der Behauptungen dieses Autors etwas Neues bringt. Alles, was er Abträgliches und Herabsetzendes über die Äußerungen der Massenseele sagt, ist schon vor ihm ebenso bestimmt und ebenso feindselig von anderen gesagt worden, wird seit den ältesten Zeiten der Literatur von Denkern, Staatsmännern und Dichtern gleichlautend so wiederholt.[10] Die beiden Sätze, welche die wichtigsten Ansichten *Le Bons* enthalten, der von der kollektiven Hemmung der intellektuellen Leistung und der von der Steigerung der Affektivität in der Masse waren kurz vorher von *Sighele* formuliert worden.[11] Im Grunde erübrigen als *Le Bon* eigentümlich nur die beiden Gesichtspunkte des Unbewußten und des Vergleiches mit dem Seelenleben der Primitiven, auch diese natürlich oftmals vor ihm berührt.

Aber noch mehr, die Beschreibung und Würdigung der Massenseele, wie *Le Bon* und die anderen sie geben, ist auch keineswegs unangefochten geblieben. Kein Zweifel, daß alle die vorhin beschriebenen Phänomene der Massenseele richtig beobachtet worden sind, aber es lassen sich auch andere, geradezu entgegengesetzt wirkende Äußerungen der Massenbildung erkennen, aus denen man dann eine weit höhere Einschätzung der Massenseele ableiten muß.

Auch *Le Bon* war bereit zuzugestehen, daß die Sittlichkeit der Masse unter Umständen höher sein kann als die der sie zusammensetzenden Einzelnen, und daß nur die Gesamtheiten hoher Uneigennützigkeit und Hingebung fähig sind.

(S. 38.) „Während der persönliche Vorteil beim isolierten Individuum so ziemlich die einzige Triebfeder ist, ist er bei den Massen sehr selten vorherrschend."

Andere machen geltend, daß es überhaupt erst die Gesellschaft ist, welche dem Einzelnen die Normen der Sittlichkeit vorschreibt, während der Einzelne in der Regel irgendwie hinter diesen hohen Ansprüchen zurückbleibt. Oder daß in Ausnahmszuständen in einer Kollektivität das Phänomen der Begeisterung zustande kommt, welche die großartigsten Massenleistungen ermöglicht hat.

In Betreff der intellektuellen Leistung bleibt zwar bestehen, daß die großen Entscheidungen der Denkarbeit, die folgenschweren Entdeckungen und Problemlösungen nur dem Einzelnen, der in der Einsamkeit arbeitet, möglich sind. Aber auch die Massenseele ist genialer geistiger Schöpfungen fähig, wie vor allem die Sprache selbst beweist, sodann das Volkslied, Folklore und anderes. Und überdies bleibt es dahingestellt, wieviel der einzelne Denker oder Dichter den Anregungen der Masse, in welcher er lebt, verdankt, ob er mehr als der Vollender einer seelischen Arbeit ist, an der gleichzeitig die anderen mitgetan haben.

Angesichts dieser vollkommenen Widersprüche scheint es ja, daß die Arbeit der Massenpsychologie ergebnislos verlaufen müsse. Allein es ist leicht, einen

10 Vgl. den Text und das Literaturverzeichnis in B. Kraškovic jun., *Die Psychologie der Kollektivitäten.* Aus dem Kroatischen übersetzt von Siegmund von Posavec. Vukovar 1915.

11 S. Walter Moede, *Die Massen- und Sozialpsychologie im kritischen Überblick.* Zeitschrift für pädagogische Psychologie und experimentelle Pädagogik von *Meumann und Scheibner,* XVI, 1915.

hoffnungsvolleren Ausweg zu finden. Man hat wahrscheinlich als „Massen" sehr verschiedene Bildungen zusammengefaßt, die einer Sonderung bedürfen. Die Angaben von *Sighele, Le Bon* und anderen beziehen sich auf Massen kurzlebiger Art, die rasch durch ein vorübergehendes Interesse aus verschiedenartigen Individuen zusammengeballt werden. Es ist unverkennbar, daß die Charaktere der revolutionären Massen, besonders der großen Französischen Revolution, ihre Schilderungen beeinflußt haben. Die gegensätzlichen Behauptungen stammen aus der Würdigung jener stabilen Massen oder Vergesellschaftungen, in denen die Menschen ihr Leben zubringen, die sich in den Institutionen der Gesellschaft verkörpern. Die Massen der ersten Art sind den letzteren gleichsam aufgesetzt, wie die kurzen, aber hohen Wellen den langen Dünungen der See.

McDougall, der in seinen Buch *The Group Mind*[12] von dem nämlichen, oben erwähnten Widerspruch ausgeht, findet die Lösung desselben im Moment der Organisation. Im einfachsten Falle, sagt er, besitzt die Masse (*group*) überhaupt keine Organisation oder eine kaum nennenswerte. Er bezeichnet eine solche Masse als einen Haufen (*crowd*). Doch gesteht er zu, daß ein Haufen Menschen nicht leicht zusammenkommt, ohne daß sich in ihm wenigstens die ersten Anfänge einer Organisation bildeten, und daß gerade an diesen einfachen Massen manche Grundtatsachen der Kollektivpsychologie besonders leicht zu erkennen sind (S. 22). Damit sich aus den zufällig zusammengewehten Mitgliedern eines Menschenhaufens etwas wie eine Masse im psychologischen Sinne bilde, wird als Bedingung erfordert, daß diese Einzelnen etwas miteinander gemein haben, ein gemeinsames Interesse an einem Objekt, eine gleichartige Gefühlsrichtung in einer gewissen Situation und (ich würde einsetzen: infolgedessen) ein gewisses Maß von Fähigkeit, sich untereinander zu beeinflussen. („*Some degree of reciprocal influence between the members of the group.*") (S. 23.) Je stärker diese Gemeinsamkeiten („*this mental homogeneity*") sind, desto leichter bildet sich aus den Einzelnen eine psychologische Masse und desto auffälliger äußern sich die Kundgebungen einer „Massenseele".

Das merkwürdigste und zugleich wichtigste Phänomen der Massenbildung ist nun die bei jedem Einzelnen hervorgerufene Steigerung der Affektivität („*exaltation or intensification of emotion*") (S. 24). Man kann sagen, meint *McDougall*, daß die Affekte der Menschen kaum unter anderen Bedingungen zu solcher Höhe anwachsen, wie es in einer Masse geschehen kann, und zwar ist es eine genußreiche Empfindung für die Beteiligten, sich so schrankenlos ihren Leidenschaften hinzugeben und dabei in der Masse aufzugehen, das Gefühl ihrer individuellen Abgrenzung zu verlieren. Dies Mitfortgerissenwerden der Individuen

[12] Cambridge, 1920.

erklärt *McDougall* aus dem von ihm so genannten *„principle of direct induction of emotion by way of the primitive sympathetic response“* (S. 25), das heißt durch die uns bereits bekannte Gefühlsansteckung. Die Tatsache ist die, daß die wahrgenommenen Zeichen eines Affektzustandes geeignet sind, bei dem Wahrnehmenden automatisch denselben Affekt hervorzurufen. Dieser automatische Zwang wird um so stärker, an je mehr Personen gleichzeitig derselbe Affekt bemerkbar ist. Dann schweigt die Kritik des einzelnen, und er läßt sich in denselben Affekt gleiten. Dabei erhöht er aber die Erregung der anderen, die auf ihn gewirkt hatten, und so steigert sich die Affektladung der einzelnen durch gegenseitige Induktion. Es ist unverkennbar etwas wie ein Zwang dabei wirksam, es den anderen gleichzutun, im Einklang mit den vielen zu bleiben. Die gröberen und einfacheren Gefühlsregungen haben die größere Aussicht, sich auf solche Weise in einer Masse zu verbreiten (S. 39).

Dieser Mechanismus der Affektsteigerung wird noch durch einige andere von der Masse ausgehende Einflüsse begünstigt. Die Masse macht dem Einzelnen den Eindruck einer unbeschränkten Macht und einer unbesiegbaren Gefahr. Sie hat sich für den Augenblick an die Stelle der gesamten menschlichen Gesellschaft gesetzt, welche die Trägerin der Autorität ist, deren Strafen man gefürchtet, der zuliebe man sich so viele Hemmungen auferlegt hat. Es ist offenbar gefährlich, sich in Widerspruch mit ihr zu setzen, und man ist sicher, wenn man dem ringsumher sich zeigenden Beispiel folgt, also eventuell sogar „mit den Wölfen heult“. Im Gehorsam gegen die neue Autorität darf man sein früheres „Gewissen“ außer Tätigkeit setzen und dabei der Lockung des Lustgewinnes nachgeben, den man sicherlich durch die Aufhebung seiner Hemmungen erzielt. Es ist also im ganzen nicht so merkwürdig, wenn wir den Einzelnen in der Masse Dinge tun oder gutheißen sehen, von denen er sich unter seinen gewohnten Lebensbedingungen abgewendet hätte, und wir können selbst die Hoffnung fassen, auf diese Weise ein Stück der Dunkelheit zu lichten, die man mit dem Rätselwort der „Suggestion“ zu decken pflegt.

Dem Satz von der kollektiven Intelligenzhemmung in der Masse widerspricht auch *McDougall* nicht (S. 41). Er sagt, die geringeren Intelligenzen ziehen die größeren auf ihr Niveau herab. Die letzteren werden in ihrer Betätigung gehemmt, weil die Steigerung der Affektivität überhaupt ungünstige Bedingungen für korrekte geistige Arbeit schafft, ferner weil die Einzelnen durch die Masse eingeschüchtert sind und ihre Denkarbeit nicht frei ist und weil bei jedem Einzelnen das Bewußtsein der Verantwortlichkeit für seine Leistung herabgesetzt wird.

Das Gesamturteil über die psychische Leistung einer einfachen, „unorganisierten“ Masse lautet bei *McDougall* nicht freundlicher als bei *Le Bon*. Eine solche Masse ist (S. 45): überaus erregbar, impulsiv, leidenschaftlich, wankelmütig, inkonsequent, unentschlossen und dabei zum Äußersten bereit in ihren Handlungen, zugänglich nur für die gröberen Leidenschaften und einfacheren Gefühle, außerordentlich suggestibel, leichtsinnig in ihren Überlegungen, heftig in ihren Urteilen, aufnahmsfähig nur für die einfachsten und unvollkommensten Schlüsse und Argumente, leicht zu lenken und zu erschüttern, ohne Selbstbewußtsein, Selbstachtung und Verantwortlichkeitsgefühl, aber bereit, sich von ihrem Kraftbewußtsein zu allen Untaten fortreißen zu lassen, die wir nur von einer absoluten und unverantwortlichen Macht erwarten können. Sie benimmt sich also eher wie ein ungezogenes Kind oder wie ein leidenschaftlicher, nicht beaufsichtigter Wilder in einer ihm fremden Situation; in den schlimmsten Fällen ist ihr Benehmen eher das eines Rudels von wilden Tieren als von menschlichen Wesen.

Da *McDougall* das Verhalten der hoch organisierten Massen in Gegensatz zu dem hier Geschilderten bringt, werden wir besonders gespannt sein zu erfahren, worin diese Organisation besteht und durch welche Momente sie hergestellt wird. Der Autor zählt fünf dieser *„principal conditions"* für die Hebung des seelischen Lebens der Masse auf ein höheres Niveau auf.

Die erste grundlegende Bedingung ist ein gewisses Maß von Kontinuität im Bestand der Masse. Diese kann eine materielle oder eine formale sein, das erstere, wenn dieselben Personen längere Zeit in der Masse verbleiben, das andere, wenn innerhalb der Masse bestimmte Stellungen entwickelt sind, die den einander ablösenden Personen angewiesen werden.

Die zweite, daß sich in dem Einzelnen der Masse eine bestimmte Vorstellung von der Natur, der Funktion, den Leistungen und Ansprüchen der Masse gebildet hat, so daß sich daraus für ihn ein Gefühlsverhältnis zum Ganzen der Masse ergeben kann.

Die dritte, daß die Masse in Beziehung zu anderen, ihr ähnlichen, aber doch von ihr in vielen Punkten abweichenden Massenbildungen gebracht wird, etwa daß sie mit diesen rivalisiert.

Die vierte, daß die Masse Traditionen, Gebräuche und Einrichtungen besitzt, besonders solche, die sich auf das Verhältnis ihrer Mitglieder zueinander beziehen.

Die fünfte, daß es in der Masse eine Gliederung gibt, die sich in der Spezialisierung und Differenzierung der dem Einzelnen zufallenden Leistung ausdrückt.

Durch die Erfüllung dieser Bedingungen werden nach *McDougall* die psychischen Nachteile der Massenbildung aufgehoben. Gegen die kollektive Herabsetzung der Intelligenzleistung schützt man sich dadurch, daß man die Lösung der intellektuellen Aufgaben der Masse entzieht und sie Einzelnen in ihr vorbehält.

Es scheint uns, daß man die Bedingung, die *McDougall* als „Organisation“ der Masse bezeichnet hat, mit mehr Berechtigung anders beschreiben kann. Die Aufgabe besteht darin, der Masse gerade jene Eigenschaften zu verschaffen, die für das Individuum charakteristisch waren und die bei ihm durch die Massenbildung ausgelöscht wurden. Denn das Individuum hatte – außerhalb der primitiven Masse – seine Kontinuität, sein Selbstbewußtsein, seine Traditionen und Gewohnheiten, seine besondere Arbeitsleistung und Einreihung und hielt sich von anderen gesondert, mit denen es rivalisierte. Diese Eigenart hatte es durch seinen Eintritt in die nicht „organisierte“ Masse für eine Zeit verloren. Erkennt man so als Ziel, die Masse mit den Attributen des Individuums auszustatten, so wird man an eine gehaltreiche Bemerkung von *W. Trotter*[13] gemahnt, der in der Neigung zur Massenbildung eine biologische Fortführung der Vielzelligkeit aller höheren Organismen erblickt.[14]

IV
Suggestion und Libido

Wir sind von der Grundtatsache ausgegangen, daß ein Einzelner innerhalb einer Masse durch den Einfluß derselben eine oft tiefgreifende Veränderung seiner seelischen Tätigkeit erfährt. Seine Affektivität wird außerordentlich gesteigert, seine intellektuelle Leistung merklich eingeschränkt, beide Vorgänge offenbar in der Richtung einer Angleichung an die anderen Massenindividuen; ein Erfolg, der nur durch die Aufhebung der jedem Einzelnen eigentümlichen Triebhemmungen und durch den Verzicht auf die ihm besonderen Ausgestaltungen seiner Neigungen erreicht werden kann. Wir haben gehört, daß diese oft unerwünschten Wirkungen durch eine höhere „Organisation“ der Massen wenigstens teilweise hintangehalten werden, aber der Grundtatsache der Massenpsychologie, den beiden Sätzen von der Affektsteigerung und der Denkhemmung in der primitiven Masse, ist dadurch nicht widersprochen worden. Unser Interesse geht nun dahin, für diese seelische Wandlung des Einzelnen in der Masse die psychologische Erklärung zu finden.

Rationelle Momente, wie die vorhin erwähnte Einschüchterung des Einzelnen, also die Aktion seines Selbsterhaltungstriebes, decken offenbar die zu

[13] *Instincts of the Herd in Peace and War*. London 1916.

[14] Ich kann im Gegensatz zu einer sonst verständnisvollen und scharfsinnigen Kritik von Hans Kelsen (Imago VIII/2, 1922) nicht zugeben, daß eine solche Ausstattung der „Massenseele“ mit Organisation eine Hypostasierung derselben, das heißt die Zuerkennung einer Unabhängigkeit von den seelischen Vorgängen im Individuum bedeute.

beobachtenden Phänomene nicht. Was uns sonst als Erklärung von den Autoren über Soziologie und Massenpsychologie geboten wird, ist immer das nämliche, wenn auch unter wechselnden Namen: das Zauberwort der *Suggestion*. Bei *Tarde* hieß sie *Nachahmung*, aber wir müssen einem Autor recht geben, der uns vorhält, die Nachahmung falle unter den Begriff der Suggestion, sei eben eine Folge derselben.[15] Bei *Le Bon* wurde alles Befremdende der sozialen Erscheinungen auf zwei Faktoren zurückgeführt, auf die gegenseitige Suggestion der Einzelnen und das Prestige der Führer. Aber das Prestige äußert sich wiederum nur in der Wirkung, Suggestion hervorzurufen. Bei *McDougall* konnten wir einen Moment lang den Eindruck empfangen, daß sein Prinzip der „primären Affektinduktion" die Annahme der Suggestion entbehrlich mache. Aber bei weiterer Überlegung müssen wir doch einsehen, daß dies Prinzip nichts anderes aussagt als die bekannten Behauptungen der „Nachahmung" oder „Ansteckung", nur unter entschiedener Betonung des affektiven Moments. Daß eine derartige Tendenz in uns besteht, wenn wir ein Zeichen eines Affektzustandes bei einem anderen gewahren, in denselben Affekt zu verfallen, ist unzweifelhaft, aber wie oft widerstehen wir ihr erfolgreich, weisen den Affekt ab, reagieren oft in ganz gegensätzlicher Weise? Warum also geben wir dieser Ansteckung in der Masse regelmäßig nach? Man wird wiederum sagen müssen, es sei der suggestive Einfluß der Masse, der uns nötigt, dieser Nachahmungstendenz zu gehorchen, der den Affekt in uns induziert. Übrigens kommen wir auch sonst bei *McDougall* nicht um die Suggestion herum; wir hören von ihm wie von anderen: die Massen zeichnen sich durch besondere Suggestibilität aus.

Man wird so für die Aussage vorbereitet, die Suggestion (richtiger die Suggerierbarkeit) sei eben ein weiter nicht reduzierbares Urphänomen, eine Grundtatsache des menschlichen Seelenlebens. So hielt es auch *Bernheim*, von dessen erstaunlichen Künsten ich im Jahre 1889 Zeuge war. Ich weiß mich aber auch damals an eine dumpfe Gegnerschaft gegen diese Tyrannei der Suggestion zu erinnern. Wenn ein Kranker, der sich nicht gefügig zeigte, angeschrieen wurde: „Was tun Sie denn? *Vous vous contre-suggestionnez!*", so sagte ich mir, das sei offenbares Unrecht und Gewalttat. Der Mann habe zu Gegensuggestionen gewiß ein Recht, wenn man ihn mit Suggestionen zu unterwerfen versuche. Mein Widerstand nahm dann später die Richtung einer Auflehnung dagegen, daß die Suggestion, die alles erklärte, selbst der Erklärung entzogen sein sollte. Ich wiederholte mit Bezug auf sie die alte Scherzfrage:[16]

---

15 Brugeilles, *L'essence du phénomène social: La suggestion*. Revue philosophique XXV, 1913.

16 Konrad Richter, *Der deutsche St. Christoph*, Berlin 1896. Acta Germanica V, 1.

Christoph trug Christum,
Christus trug die ganze Welt,
Sag', wo hat Christoph
Damals hin den Fuß gestellt?

Christophorus Christum, sed Christus sustulit orbem:
Constiterit pedibus dic ubi Christophorus?

Wenn ich nun nach etwa dreißigjähriger Fernhaltung wieder an das Rätsel der Suggestion herantrete, finde ich, daß sich nichts daran geändert hat. Von einer einzigen Ausnahme, die eben den Einfluß der Psychoanalyse bezeugt, darf ich ja bei dieser Behauptung absehen. Ich sehe, daß man sich besonders darum bemüht, den Begriff der Suggestion korrekt zu formulieren, also den Gebrauch des Namens konventionell festzulegen,[17] und dies ist nicht überflüssig, denn das Wort geht einer immer weiteren Verwendung mit aufgelockerter Bedeutung entgegen und wird bald jede beliebige Beeinflussung bezeichnen wie im Englischen, wo *„to suggest, suggestion"* unserem „Nahelegen", unserer „Anregung" entspricht. Aber über das Wesen der Suggestion, das heißt über die Bedingungen, unter denen sich Beeinflussungen ohne zureichende logische Begründung herstellen, hat sich eine Aufklärung nicht ergeben. Ich würde mich der Aufgabe nicht entziehen, diese Behauptung durch die Analyse der Literatur dieser letzten dreißig Jahre zu erhärten, allein ich unterlasse es, weil mir bekannt ist, daß in meiner Nähe eine ausführliche Untersuchung vorbereitet wird, welche sich eben diese Aufgabe gestellt hat.

Anstatt dessen werde ich den Versuch machen, zur Aufklärung der Massenpsychologie den Begriff der *Libido* zu verwenden, der uns im Studium der Psychoneurosen so gute Dienste geleistet hat.

Libido ist ein Ausdruck aus der Affektivitätslehre. Wir heißen so die als quantitative Größe betrachtete – wenn auch derzeit nicht meßbare – Energie solcher Triebe, welche mit all dem zu tun haben, was man als Liebe zusammenfassen kann. Den Kern des von uns Liebe Geheißenen bildet natürlich, was man gemeinhin Liebe nennt und was die Dichter besingen, die Geschlechtsliebe mit dem Ziel der geschlechtlichen Vereinigung. Aber wir trennen davon nicht ab, was auch sonst an dem Namen Liebe Anteil hat, einerseits die Selbstliebe, anderseits die Eltern- und Kindesliebe, die Freundschaft und die allgemeine Menschenliebe, auch nicht die Hingebung an konkrete Gegenstände und an abstrakte Ideen. Unsere Rechtfertigung liegt darin, daß die psychoanalytische Untersuchung uns gelehrt hat, alle diese Strebungen seien der Ausdruck der

[17] So McDougall im Journal of Neurology and Psychopathology, Vol. 1, No. 1, May 1920: *A note on suggestion.*

nämlichen Triebregungen, die zwischen den Geschlechtern zur geschlechtlichen Vereinigung hindrängen, in anderen Verhältnissen zwar von diesem sexuellen Ziel abgedrängt oder in der Erreichung desselben aufgehalten werden, dabei aber doch immer genug von ihrem ursprünglichen Wesen bewahren, um ihre Identität kenntlich zu erhalten (Selbstaufopferung, Streben nach Annäherung).

Wir meinen also, daß die Sprache mit dem Wort „Liebe" in seinen vielfältigen Anwendungen eine durchaus berechtigte Zusammenfassung geschaffen hat und daß wir nichts Besseres tun können, als dieselbe auch unseren wissenschaftlichen Erörterungen und Darstellungen zugrunde zu legen. Durch diesen Entschluß hat die Psychoanalyse einen Sturm von Entrüstung entfesselt, als ob sie sich einer frevelhaften Neuerung schuldig gemacht hätte. Und doch hat die Psychoanalyse mit dieser „erweiterten" Auffassung der Liebe nichts Originelles geschaffen. Der *„Eros"* des Philosophen *Plato* zeigt in seiner Herkunft, Leistung und Beziehung zur Geschlechtsliebe eine vollkommene Deckung mit der Liebeskraft, der Libido der Psychoanalyse, wie *Nachmansohn* und *Pfister* im einzelnen dargelegt haben,[18] und wenn der Apostel Paulus in dem berühmten Brief an die Korinther die Liebe über alles andere preist, hat er sie gewiß im nämlichen „erweiterten" Sinn verstanden,[19] woraus nur zu lernen ist, daß die Menschen ihre großen Denker nicht immer ernst nehmen, auch wenn sie sie angeblich sehr bewundern.

Diese Liebestriebe werden nun in der Psychoanalyse a potiori und von ihrer Herkunft her Sexualtriebe geheißen. Die Mehrzahl der „Gebildeten" hat diese Namengebung als Beleidigung empfunden und sich für sie gerächt, indem sie der Psychoanalyse den Vorwurf des „Pansexualismus" entgegenschleuderte. Wer die Sexualität für etwas die menschliche Natur Beschämendes und Erniedrigendes hält, dem steht es ja frei, sich der vornehmeren Ausdrücke Eros und Erotik zu bedienen. Ich hätte es auch selbst von Anfang an so tun können und hätte mir dadurch viel Widerspruch erspart. Aber ich mochte es nicht, denn ich vermeide gern Konzessionen an die Schwachmütigkeit. Man kann nicht wissen, wohin man auf diesem Wege gerät; man gibt zuerst in Worten nach und dann allmählich auch in der Sache. Ich kann nicht finden, daß irgendein Verdienst daran ist, sich der Sexualität zu schämen; das griechische Wort Eros, das den Schimpf lindern soll, ist doch schließlich nichts anderes als die Übersetzung unseres deutschen Wortes Liebe, und endlich, wer warten kann, braucht keine Konzessionen zu machen.

18 Nachmansohn, *Freuds Libidotheorie verglichen mit der Eroslehre Platos.* Intern. Zeitschrift f. Psychoanalyse, III, 1915; Pfister, ebd. VII 1921.

19 „Wenn ich mit Menschen- und mit Engelzungen redete, und hätte der Liebe nicht, so wäre ich ein tönend Erz oder eine klingende Schelle", u. ff.

Wir werden es also mit der Voraussetzung versuchen, daß Liebesbeziehungen (indifferent ausgedrückt: Gefühlsbindungen) auch das Wesen der Massenseele ausmachen. Erinnern wir uns daran, daß von solchen bei den Autoren nicht die Rede ist. Was ihnen entsprechen würde, ist offenbar hinter dem Schirm, der spanischen Wand, der Suggestion verborgen. Auf zwei flüchtige Gedanken stützen wir zunächst unsere Erwartung. Erstens, daß die Masse offenbar durch irgendeine Macht zusammengehalten wird. Welcher Macht könnte man aber diese Leistung eher zuschreiben als dem Eros, der alles in der Welt zusammenhält? Zweitens, daß man den Eindruck empfängt, wenn der Einzelne in der Masse seine Eigenart aufgibt und sich von den anderen suggerieren läßt, er tue es, weil ein Bedürfnis bei ihm besteht, eher im Einvernehmen mit ihnen als im Gegensatz zu ihnen zu sein, also vielleicht doch „ihnen zuliebe".

V
Zwei künstliche Massen: Kirche und Heer

Aus der Morphologie der Massen rufen wir uns ins Gedächtnis, daß man sehr verschiedene Arten von Massen und gegensätzliche Richtungen in ihrer Ausbildung unterscheiden kann. Es gibt sehr flüchtige Massen und höchst dauerhafte; homogene, die aus gleichartigen Individuen bestehen, und nicht homogene; natürliche Massen und künstliche, die zu ihrem Zusammenhalt auch einen äußeren Zwang erfordern; primitive Massen und gegliederte, hochorganisierte. Aus Gründen aber, in welche die Einsicht noch verhüllt ist, möchten wir auf eine Unterscheidung besonderen Wert legen, die bei den Autoren eher zu wenig beachtet wird; ich meine die von führerlosen Massen und von solchen mit Führern. Und recht im Gegensatz zur gewohnten Übung soll unsere Untersuchung nicht eine relativ einfache Massenbildung zum Ausgangspunkt wählen, sondern an hochorganisierten, dauerhaften, künstlichen Massen beginnen. Die interessantesten Beispiele solcher Gebilde sind die Kirche, die Gemeinschaft der Gläubigen, und die Armee, das Heer.

Kirche und Heer sind künstliche Massen, das heißt es wird ein gewisser äußerer Zwang aufgewendet, um sie vor der Auflösung zu bewahren[20] und Veränderungen in ihrer Struktur hintanzuhalten. Man wird in der Regel nicht befragt oder es wird einem nicht freigestellt, ob man in eine solche Masse eintreten will; der Versuch des Austrittes wird gewöhnlich verfolgt oder strenge bestraft oder

[20] Die Eigenschaften „stabil" und „künstlich" scheinen bei den Massen zusammenzufallen oder wenigstens intim zusammenzuhängen.

ist an ganz bestimmte Bedingungen geknüpft. Warum diese Vergesellschaftungen so besonderer Sicherungen bedürfen, liegt unserem Interesse gegenwärtig ganz ferne. Uns zieht nur der eine Umstand an, daß man an diesen hochorganisierten, in solcher Weise vor dem Zerfall geschützten Massen mit großer Deutlichkeit gewisse Verhältnisse erkennt, die anderswo weit mehr verdeckt sind. In der Kirche – wir können mit Vorteil die katholische Kirche zum Muster nehmen – gilt wie im Heer, so verschieden beide sonst sein mögen, die nämliche Vorspiegelung (Illusion), daß ein Oberhaupt da ist – in der katholischen Kirche Christus, in der Armee der Feldherr –, das alle Einzelnen der Masse mit der gleichen Liebe liebt. An dieser Illusion hängt alles; ließe man sie fallen, so zerfielen sofort, soweit der äußere Zwang es gestattete, Kirche wie Heer. Von Christus wird diese gleiche. Liebe ausdrücklich ausgesagt: „Was ihr getan habt einem unter diesen meinen geringsten Brüdern, das habt ihr mir getan." Er steht zu den Einzelnen der gläubigen Masse im Verhältnis eines gütigen älteren Bruders, ist ihnen ein Vaterersatz. Alle Anforderungen an die Einzelnen leiten sich von dieser Liebe Christi ab. Ein demokratischer Zug geht durch die Kirche, eben weil vor Christus alle gleich sind, alle den gleichen Anteil an seiner Liebe haben. Nicht ohne tiefen Grund wird die Gleichartigkeit der christlichen Gemeinde mit einer Familie heraufbeschworen und nennen sich die Gläubigen Brüder in Christo, das heißt Brüder durch die Liebe, die Christus für sie hat. Es ist nicht zu bezweifeln, daß die Bindung jedes Einzelnen an Christus auch die Ursache ihrer Bindung untereinander ist. Ähnliches gilt für das Heer; der Feldherr ist der Vater, der alle seine Soldaten gleich liebt, und darum sind sie Kameraden untereinander. Das Heer unterscheidet sich strukturell von der Kirche darin, daß es aus einem Stufenbau von solchen Massen besteht. Jeder Hauptmann ist gleichsam der Feldherr und Vater seiner Abteilung, jeder Unteroffizier der seines Zuges. Eine ähnliche Hierarchie ist zwar auch in der Kirche ausgebildet, spielt aber in ihr nicht dieselbe ökonomische Rolle, da man Christus mehr Wissen und Bekümmern um die Einzelnen zuschreiben darf als dem menschlichen Feldherrn.

Gegen diese Auffassung der libidinösen Struktur einer Armee wird man mit Recht einwenden, daß die Ideen des Vaterlandes, des nationalen Ruhmes und andere, die für den Zusammenhalt der Armee so bedeutsam sind, hier keine Stelle gefunden haben. Die Antwort darauf lautet, dies sei ein anderer, nicht mehr so einfacher Fall von Massenbindung, und wie die Beispiele großer Heerführer, Caesar, Wallenstein, Napoleon, zeigen, sind solche Ideen für den Bestand einer Armee nicht unentbehrlich. Von dem möglichen Ersatz des Führers durch eine führende Idee und den Beziehungen zwischen beiden wird später kurz die Rede sein. Die Vernachlässigung dieses libidinösen Faktors in der Armee, auch dann, wenn er nicht der einzig wirksame ist, scheint nicht nur ein theoretischer

Mangel, sondern auch eine praktische Gefahr. Der preußische Militarismus, der ebenso unpsychologisch war wie die deutsche Wissenschaft, hat dies vielleicht im großen Weltkrieg erfahren müssen. Die Kriegsneurosen, welche die deutsche Armee zersetzten, sind ja großenteils als Protest des Einzelnen gegen die ihm in der Armee zugemutete Rolle erkannt worden, und nach den Mitteilungen von *E. Simmel*[21] darf man behaupten, daß die lieblose Behandlung des gemeinen Mannes durch seine Vorgesetzten obenan unter den Motiven der Erkrankung stand. Bei besserer Würdigung dieses Libidoanspruches hätten wahrscheinlich die phantastischen Versprechungen der 14 Punkte des amerikanischen Präsidenten nicht so leicht Glauben gefunden, und das großartige Instrument wäre den deutschen Kriegskünstlern nicht in der Hand zerbrochen.

Merken wir an, daß in diesen beiden künstlichen Massen jeder Einzelne einerseits an den Führer (Christus, Feldherrn), anderseits an die anderen Massenindividuen libidinös gebunden ist. Wie sich diese beiden Bindungen zueinander verhalten, ob sie gleichartig und gleichwertig sind und wie sie psychologisch zu beschreiben wären, das müssen wir einer späteren Untersuchung vorbehalten. Wir getrauen uns aber jetzt schon eines leisen Vorwurfes gegen die Autoren, daß sie die Bedeutung des Führers für die Psychologie der Masse nicht genügend gewürdigt haben, während uns die Wahl des ersten Untersuchungsobjekts in eine günstigere Lage gebracht hat. Es will uns scheinen, als befänden wir uns auf dem richtigen Weg, der die Haupterscheinung der Massenpsychologie, die Unfreiheit des Einzelnen in der Masse, aufklären kann. Wenn für jeden Einzelnen eine so ausgiebige Gefühlsbindung nach zwei Richtungen besteht, so wird es uns nicht schwer werden, aus diesem Verhältnis die beobachtete Veränderung und Einschränkung seiner Persönlichkeit abzuleiten.

Einen Wink ebendahin, das Wesen einer Masse bestehe in den in ihr vorhandenen libidinösen Bindungen, erhalten wir auch in dem Phänomen der Panik, welches am besten an militärischen Massen zu studieren ist. Eine Panik entsteht, wenn eine solche Masse sich zersetzt. Ihr Charakter ist, daß kein Befehl des Vorgesetzten mehr angehört wird und daß jeder für sich selbst sorgt ohne Rücksicht auf die anderen. Die gegenseitigen Bindungen haben aufgehört, und eine riesengroße, sinnlose Angst wird frei. Natürlich wird auch hier wieder der Einwand naheliegen, es sei vielmehr umgekehrt, indem die Angst so groß gewachsen sei, daß sie sich über alle Rücksichten und Bindungen hinaussetzen konnte. *McDougall* hat sogar (S. 24) den Fall der Panik (allerdings der nicht militärischen) als Musterbeispiel für die von ihm betonte Affektsteigerung durch Ansteckung (*primary induction*) verwertet. Allein diese rationelle Erklärungsweise geht hier

21 *Kriegsneurosen und „Psychisches Trauma“*, München 1918.

doch ganz fehl. Es steht eben zur Erklärung, warum die Angst so riesengroß geworden ist. Die Größe der Gefahr kann nicht beschuldigt werden, denn dieselbe Armee, die jetzt der Panik verfällt, kann ähnlich große und größere Gefahren tadellos bestanden haben, und es gehört geradezu zum Wesen der Panik, daß sie nicht im Verhältnis zur drohenden Gefahr steht, oft bei den nichtigsten Anlässen ausbricht. Wenn der Einzelne in panischer Angst für sich selbst zu sorgen unternimmt, so bezeugt er damit die Einsicht, daß die affektiven Bindungen aufgehört haben, die bis dahin die Gefahr für ihn herabsetzten. Nun, da er der Gefahr allein entgegensteht, darf er sie allerdings höher einschätzen. Es verhält sich also so, daß die panische Angst die Lockerung in der libidinösen Struktur der Masse voraussetzt und in berechtigter Weise auf sie reagiert, nicht umgekehrt, daß die Libidobindungen der Masse an der Angst vor der Gefahr zugrunde gegangen wären.

Mit diesen Bemerkungen wird der Behauptung, daß die Angst in der Masse durch Induktion (Ansteckung) ins Ungeheure wachse, keineswegs widersprochen. Die *McDougallsche* Auffassung ist durchaus zutreffend für den Fall, daß die Gefahr eine real große ist und daß in der Masse keine starken Gefühlsbindungen bestehen, Bedingungen, die verwirklicht werden, wenn zum Beispiel in einem Theater oder Vergnügungslokal Feuer ausbricht. Der lehrreiche und für unsere Zwecke verwertete Fall ist der oben erwähnte, daß ein Heereskörper in Panik gerät, wenn die Gefahr nicht über das gewohnte und oftmals gut vertragene Maß hinaus gesteigert ist. Man wird nicht erwarten dürfen, daß der Gebrauch des Wortes „Panik" scharf und eindeutig bestimmt sei. Manchmal bezeichnet man so jede Massenangst, andere Male auch die Angst eines Einzelnen, wenn sie über jedes Maß hinausgeht, häufig scheint der Name für den Fall reserviert, daß der Angstausbruch durch den Anlaß nicht gerechtfertigt wird. Nehmen wir das Wort „Panik" im Sinne der Massenangst, so können wir eine weitgehende Analogie behaupten. Die Angst des Individuums wird hervorgerufen entweder durch die Größe der Gefahr oder durch das Auflassen von Gefühlsbindungen (Libidobesetzungen); der letztere Fall ist der der neurotischen Angst.[22] Ebenso entsteht die Panik durch die Steigerung der alle betreffenden Gefahr oder durch das Aufhören der die Masse zusammenhaltenden Gefühlsbindungen, und dieser letzte Fall ist der neurotischen Angst analog. (Vgl. hiezu den gedankenreichen, etwas phantastischen Aufsatz von *Béla v. Felszeghy*: *Panik und Pankomplex*, *Imago* VI, 1920.)

Wenn man die Panik wie *McDougall* (l. c.) als eine der deutlichsten Leistungen der *„group mind"* beschreibt, gelangt man zum Paradoxon, daß sich diese Massenseele in einer ihrer auffälligsten Äußerungen selbst aufhebt. Es ist kein Zweifel

[22] S. *Vorlesungen XXV*.

möglich, daß die Panik die Zersetzung der Masse bedeutet, sie hat das Aufhören aller Rücksichten zur Folge, welche sonst die Einzelnen der Masse füreinander zeigen.

Der typische Anlaß für den Ausbruch einer Panik ist so ähnlich, wie er in der *Nestroyschen* Parodie des *Hebbelschen* Dramas von *Judith und Holofernes* dargestellt wird. Da schreit ein Krieger: „Der Feldherr hat den Kopf verloren", und darauf ergreifen alle Assyrer die Flucht. Der Verlust des Führers in irgendeinem Sinne, das Irrewerden an ihm, bringt die Panik bei gleichbleibender Gefahr zum Ausbruch; mit der Bindung an den Führer schwinden – in der Regel – auch die gegenseitigen Bindungen der Massenindividuen. Die Masse zerstiebt wie ein Bologneser Fläschchen, dem man die Spitze abgebrochen hat.

Die Zersetzung einer religiösen Masse ist nicht so leicht zu beobachten. Vor kurzem geriet mir ein von katholischer Seite stammender, vom Bischof von London empfohlener englischer Roman in die Hand mit dem Titel: *When it was Dark*, der eine solche Möglichkeit und ihre Folgen in geschickter und, wie ich meine, zutreffender Weise ausmalte. Der Roman erzählt wie aus der Gegenwart, daß es einer Verschwörung von Feinden der Person Christi und des christlichen Glaubens gelingt, eine Grabkammer in Jerusalem auffinden zu lassen, in deren Inschrift Josef von Arimathäa bekennt, daß er aus Gründen der Pietät den Leichnam Christi am dritten Tag nach seiner Beisetzung heimlich aus seinem Grabe entfernt und hier bestattet habe. Damit ist die Auferstehung Christi und seine göttliche Natur abgetan, und die Folge dieser archäologischen Entdekkung ist eine Erschütterung der europäischen Kultur und eine außerordentliche Zunahme aller Gewalttaten und Verbrechen, die erst schwindet, nachdem das Komplott der Fälscher enthüllt werden kann.

Was bei der hier angenommenen Zersetzung der religiösen Masse zum Vorschein kommt, ist nicht Angst, für welche der Anlaß fehlt, sondern rücksichtslose und feindselige Impulse gegen andere Personen, die sich bis dahin dank der gleichen Liebe Christi nicht äußern konnten.[23] Außerhalb dieser Bindung stehen aber auch während des Reiches Christi jene Individuen, die nicht zur Glaubensgemeinschaft gehören, die ihn nicht lieben und die er nicht liebt; darum muß eine Religion, auch wenn sie sich die Religion der Liebe heißt, hart und lieblos gegen diejenigen sein, die ihr nicht angehören. Im Grunde ist ja jede Religion eine solche Religion der Liebe für alle, die sie umfaßt, und jeder liegt Grausamkeit und Intoleranz gegen die Nichtdazugehörigen nahe. Man darf, so schwer es einem auch persönlich fällt, den Gläubigen daraus keinen zu argen Vorwurf

23 Vgl. hiezu die Erklärung ähnlicher Phänomene nach dem Wegfall der landesväterlichen Autorität bei P. Federn, *Die vaterlose Gesellschaft*, Wien 1919.

machen; Ungläubige und Indifferente haben es in diesem Punkte psychologisch um so viel leichter. Wenn diese Intoleranz sich heute nicht mehr so gewalttätig und grausam kundgibt wie in früheren Jahrhunderten, so wird man daraus kaum auf eine Milderung in den Sitten der Menschen schließen dürfen. Weit eher ist die Ursache davon in der unleugbaren Abschwächung der religiösen Gefühle und der von ihnen abhängigen libidinösen Bindungen zu suchen. Wenn eine andere Massenbindung an die Stelle der religiösen tritt, wie es jetzt der sozialistischen zu gelingen scheint, so wird sich dieselbe Intoleranz gegen die Außenstehenden ergeben wie im Zeitalter der Religionskämpfe, und wenn die Differenzen wissenschaftlicher Anschauungen je eine ähnliche Bedeutung für die Massen gewinnen könnten, würde sich dasselbe Resultat auch für diese Motivierung wiederholen.

VI
Weitere Aufgaben und Arbeitsrichtungen

Wir haben bisher zwei artifizielle Massen untersucht und gefunden, daß sie von zweierlei Gefühlsbindungen beherrscht werden, von denen die eine an den Führer – wenigstens für sie – bestimmender zu sein scheint als die andere, die der Massenindividuen aneinander.

Nun gäbe es in der Morphologie der Massen noch viel zu untersuchen und zu beschreiben. Man hätte von der Feststellung auszugehen, daß eine bloße Menschenmenge noch keine Masse ist, solange sich jene Bindungen in ihr nicht hergestellt haben, hätte aber das Zugeständnis zu machen, daß in einer beliebigen Menschenmenge sehr leicht die Tendenz zur Bildung einer psychologischen Masse hervortritt. Man müßte den verschiedenartigen, mehr oder minder beständigen Massen, die spontan zustande kommen, Aufmerksamkeit schenken, die Bedingungen ihrer Entstehung und ihres Zerfalls studieren. Vor allem würde uns der Unterschied zwischen Massen, die einen Führer haben, und führerlosen Massen beschäftigen. Ob nicht die Massen mit Führer die ursprünglicheren und vollständigeren sind, ob in den anderen der Führer nicht durch eine Idee, ein Abstraktum ersetzt sein kann, wozu ja schon die religiösen Massen mit ihrem unaufzeigbaren Oberhaupt die Überleitung bilden, ob nicht eine gemeinsame Tendenz, ein Wunsch, an dem eine Vielheit Anteil nehmen kann, den nämlichen Ersatz leistet. Dieses Abstrakte könnte sich wiederum mehr oder weniger vollkommen in der Person eines gleichsam sekundären Führers verkörpern, und aus der Beziehung zwischen Idee und Führer ergäben sich interessante Mannigfaltigkeiten. Der Führer oder die führende Idee könnten auch sozusagen negativ werden; der Haß gegen eine bestimmte Person oder Institution könnte ebenso einigend wirken und ähnliche Gefühlsbindungen hervorrufen wie die positive Anhänglichkeit. Es fragt sich dann auch, ob der Führer für das Wesen der Masse wirklich unerläßlich ist und anderes mehr.

Aber all diese Fragen, die zum Teil auch in der Literatur der Massenpsychologie behandelt sein mögen, werden nicht imstande sein, unser Interesse von den psychologischen Grundproblemen abzulenken, die uns in der Struktur einer Masse geboten werden. Wir werden zunächst von einer Überlegung gefesselt, die uns auf dem kürzesten Weg den Nachweis verspricht, daß es Libidobindungen sind, welche eine Masse charakterisieren.

Wir halten uns vor, wie sich die Menschen im allgemeinen affektiv zueinander verhalten. Nach dem berühmten *Schopenhauerschen* Gleichnis von den frierenden Stachelschweinen verträgt keiner eine allzu intime Annäherung des anderen.[24]

Nach dem Zeugnis der Psychoanalyse enthält fast jedes intime Gefühlsverhältnis zwischen zwei Personen von längerer Dauer – Ehebeziehung, Freundschaft, Eltern- und Kindschaft[25] – einen Bodensatz von ablehnenden, feindseligen Gefühlen, der nur infolge von Verdrängung der Wahrnehmung entgeht. Unverhüllter ist es, wenn jeder Kompagnon mit seinem Gesellschafter hadert, jeder Untergebene gegen seinen Vorgesetzten murrt. Dasselbe geschieht dann, wenn die Menschen zu größeren Einheiten zusammentreten. Jedesmal, wenn sich zwei Familien durch eine Eheschließung verbinden, hält sich jede von ihnen für die bessere oder vornehmere auf Kosten der anderen. Von zwei benachbarten Städten wird jede zur mißgünstigen Konkurrentin der anderen; jedes Kantönli sieht geringschätzig auf das andere herab. Nächstverwandte Völkerstämme stoßen einander ab, der Süddeutsche mag den Norddeutschen nicht leiden, der Engländer sagt dem Schotten alles Böse nach, der Spanier verachtet den Portugiesen. Daß bei größeren Differenzen sich eine schwer zu überwindende Abneigung ergibt, des Galliers gegen den Germanen, des Ariers gegen den Semiten, des Weißen gegen den Farbigen, hat aufgehört, uns zu verwundern.

Wenn sich die Feindseligkeit gegen sonst geliebte Personen richtet, bezeichnen wir es als Gefühlsambivalenz und erklären uns diesen Fall in sicherlich allzu

---

24 „Eine Gesellschaft Stachelschweine drängte sich an einem kalten Wintertage recht nahe zusammen, um durch die gegenseitige Wärme sich vor dem Erfrieren zu schützen. Jedoch bald empfanden sie die gegenseitigen Stacheln, welches sie dann wieder voneinander entfernte. Wenn nun das Bedürfnis der Erwärmung sie wieder näher zusammenbrachte, wiederholte sich jenes zweite Übel, so daß sie zwischen beiden Leiden hin- und hergeworfen wurden, bis sie eine mäßige Entfernung herausgefunden hatten, in der sie es am besten aushalten konnten." (*Parerga und Paralipomena*, II. Teil, XXXI., Gleichnisse und Parabeln.)

25 Vielleicht mit einziger Ausnahme der Beziehung der Mutter zum Sohn, die, auf Narzißmus gegründet, durch spätere Rivalität nicht gestört und durch einen Ansatz zur sexuellen Objektwahl verstärkt wird.

rationeller Weise durch die vielfachen Anlässe zu Interessenkonflikten, die sich gerade in so intimen Beziehungen ergeben. In den unverhüllt hervortretenden Abneigungen und Abstoßungen gegen nahestehende Fremde können wir den Ausdruck einer Selbstliebe, eines Narzißmus, erkennen, der seine Selbstbehauptung anstrebt und sich so benimmt, als ob das Vorkommen einer Abweichung von seinen individuellen Ausbildungen eine Kritik derselben und eine Aufforderung, sie umzugestalten, mit sich brächte. Warum sich eine so große Empfindlichkeit gerade auf diese Einzelheiten der Differenzierung geworfen haben sollte, wissen wir nicht; es ist aber unverkennbar, daß sich in diesem Verhalten der Menschen eine Haßbereitschaft, eine Aggressivität kundgibt, deren Herkunft unbekannt ist und der man einen elementaren Charakter zusprechen möchte.[26]

Aber all diese Intoleranz schwindet, zeitweilig oder dauernd, durch die Massenbildung und in der Masse. Solange die Massenbildung anhält oder soweit sie reicht, benehmen sich die Individuen, als wären sie gleichförmig, dulden sie die Eigenart des anderen, stellen sich ihm gleich und verspüren kein Gefühl der Abstoßung gegen ihn. Eine solche Einschränkung des Narzißmus kann nach unseren theoretischen Anschauungen nur durch ein Moment erzeugt werden, durch libidinöse Bindung an andere Personen. Die Selbstliebe findet nur an der Fremdliebe, Liebe zu Objekten, eine Schranke.[27] Man wird sofort die Frage aufwerfen, ob nicht die Interessengemeinschaft an und für sich und ohne jeden libidinösen Beitrag zur Duldung des anderen und zur Rücksichtnahme auf ihn führen muß. Man wird diesem Einwand mit dem Bescheid begegnen, daß auf solche Weise eine bleibende Einschränkung des Narzißmus doch nicht zustande kommt, da diese Toleranz nicht länger anhält als der unmittelbare Vorteil, den man aus der Mitarbeit des anderen zieht. Allein der praktische Wert dieser Streitfrage ist geringer, als man meinen sollte, denn die Erfahrung hat gezeigt, daß sich im Falle der Mitarbeiterschaft regelmäßig libidinöse Bindungen zwischen den Kameraden herstellen, welche die Beziehung zwischen ihnen über das Vorteilhafte hinaus verlängern und fixieren. Es geschieht in den sozialen Beziehungen der Menschen dasselbe, was der psychoanalytischen Forschung in dem Entwicklungsgang der individuellen Libido bekannt geworden ist. Die Libido lehnt sich an die Befriedigung der großen Lebensbedürfnisse an und wählt die daran beteiligten Personen zu ihren ersten Objekten. Und wie beim Einzelnen, so hat auch in der Entwicklung der ganzen Menschheit nur die Liebe als Kulturfaktor im Sinne einer Wendung vom

---

[26] In einer kürzlich (1920) veröffentlichten Schrift, *Jenseits des Lustprinzips*, habe ich versucht, die Polarität vom Lieben und Hassen mit einem angenommenen Gegensatz von Lebens- und Todestrieben zu verknüpfen und die Sexualtriebe als die reinsten Vertreter der ersteren, der Lebenstriebe, hinzustellen.

[27] S. *Zur Einführung des Narzißmus* (1914).

Egoismus zum Altruismus gewirkt. Und zwar sowohl die geschlechtliche Liebe zum Weibe mit all den aus ihr fließenden Nötigungen, das zu verschonen, was dem Weibe lieb war, als auch die desexualisierte, sublimiert homosexuelle Liebe zum anderen Manne, die sich an die gemeinsame Arbeit knüpfte.

Wenn also in der Masse Einschränkungen der narzißtischen Eigenliebe auftreten, die außerhalb derselben nicht wirken, so ist dies ein zwingender Hinweis darauf, daß das Wesen der Massenbildung in neuartigen libidinösen Bindungen der Massenmitglieder aneinander besteht.

Nun wird aber unser Interesse dringend fragen, welcher Art diese Bindungen in der Masse sind. In der psychoanalytischen Neurosenlehre haben wir uns bisher fast ausschließlich mit der Bindung solcher Liebestriebe an ihre Objekte beschäftigt, die noch direkte Sexualziele verfolgen. Um solche Sexualziele kann es sich in der Masse offenbar nicht handeln. Wir haben es hier mit Liebestrieben zu tun, die, ohne darum minder energisch zu wirken, doch von ihren ursprünglichen Zielen abgelenkt sind. Nun haben wir bereits im Rahmen der gewöhnlichen sexuellen Objektbesetzung Erscheinungen bemerkt, die einer Ablenkung des Triebes von seinem Sexualziel entsprechen. Wir haben sie als Grade von Verliebtheit beschrieben und erkannt, daß sie eine gewisse Beeinträchtigung des Ichs mit sich bringen. Diesen Erscheinungen der Verliebtheit werden wir jetzt eingehendere Aufmerksamkeit zuwenden, in der begründeten Erwartung, an ihnen Verhältnisse zu finden, die sich auf die Bindungen in den Massen übertragen lassen. Außerdem möchten wir aber wissen, ob diese Art der Objektbesetzung, wie wir sie aus dem Geschlechtsleben kennen, die einzige Weise der Gefühlsbindung an eine andere Person darstellt, oder ob wir noch andere solche Mechanismen in Betracht zu ziehen haben. Wir erfahren tatsächlich aus der Psychoanalyse, daß es noch andere Mechanismen der Gefühlsbindung gibt, die sogenannten *Identifizierungen*, ungenügend bekannte, schwer darzustellende Vorgänge, deren Untersuchung uns nun eine gute Weile vom Thema der Massenpsychologie fernhalten wird.

VII
Die Identifizierung

Die Identifizierung ist der Psychoanalyse als früheste Äußerung einer Gefühlsbindung an eine andere Person bekannt. Sie spielt in der Vorgeschichte des Ödipuskomplexes eine Rolle. Der kleine Knabe legt ein besonderes Interesse für seinen Vater an den Tag, er möchte so werden und so sein wie er, in allen Stükken an seine Stelle treten. Sagen wir ruhig: er nimmt den Vater zu seinem Ideal. Dies Verhalten hat nichts mit einer passiven oder femininen Einstellung zum

Vater (und zum Manne überhaupt) zu tun, es ist vielmehr exquisit männlich. Es verträgt sich sehr wohl mit dem Ödipuskomplex, den es vorbereiten hilft.

Gleichzeitig, mit dieser Identifizierung mit dem Vater, vielleicht sogar vorher, hat der Knabe begonnen, eine richtige Objektbesetzung der Mutter nach dem Anlehnungstypus vorzunehmen. Er zeigt also dann zwei psychologisch verschiedene Bindungen, zur Mutter eine glatt sexuelle Objektbesetzung, zum Vater eine vorbildliche Identifizierung. Die beiden bestehen eine Weile nebeneinander, ohne gegenseitige Beeinflussung oder Störung. Infolge der unaufhaltsam fortschreitenden Vereinheitlichung des Seelenlebens treffen sie sich endlich, und durch dies Zusammenströmen entsteht der normale Ödipuskomplex. Der Kleine merkt, daß ihm der Vater bei der Mutter im Wege steht; seine Identifizierung mit dem Vater nimmt jetzt eine feindselige Tönung an und wird mit dem Wunsch identisch, den Vater auch bei der Mutter zu ersetzen. Die Identifizierung ist eben von Anfang an ambivalent, sie kann sich ebenso zum Ausdruck der Zärtlichkeit wie zum Wunsch der Beseitigung wenden. Sie benimmt sich wie ein Abkömmling der ersten *oralen* Phase der Libidoorganisation, in welcher man sich das begehrte und geschätzte Objekt durch Essen einverleibte und es dabei als solches vernichtete. Der Kannibale bleibt bekanntlich auf diesem Standpunkt stehen; er hat seine Feinde zum Fressen lieb, und er frißt die nicht, die er nicht irgendwie lieb haben kann.[28]

Das Schicksal dieser Vateridentifizierung verliert man später leicht aus den Augen. Es kann dann geschehen, daß der Ödipuskomplex eine Umkehrung erfährt, daß der Vater in femininer Einstellung zum Objekte genommen wird, von dem die direkten Sexualtriebe ihre Befriedigung erwarten, und dann ist die Vateridentifizierung zum Vorläufer der Objektbindung an den Vater geworden. Dasselbe gilt mit den entsprechenden Ersetzungen auch für die kleine Tochter.

Es ist leicht, den Unterschied einer solchen Vateridentifizierung von einer Vaterobjektwahl in einer Formel auszusprechen. Im ersten Falle ist der Vater das, was man *sein*, im zweiten das, was man *haben* möchte. Es ist also der Unterschied, ob die Bindung am Subjekt oder am Objekt des Ichs angreift. Die erstere ist darum bereits vor jeder sexuellen Objektwahl möglich. Es ist weit schwieriger, diese Verschiedenheit metapsychologisch anschaulich darzustellen. Man erkennt nur, die Identifizierung strebt danach, das eigene Ich ähnlich zu gestalten wie das andere, zum „Vorbild" genommene.

[28] S. *Drei Abhandlungen zur Sexualtheorie* und Abraham: *Untersuchungen über die früheste prägenitale Entwicklungsstufe der Libido*. Intern. Zeitschr. f. Psychoanalyse, IV, 1916, auch in dessen *Klinische Beiträge zur Psychoanalyse*. Intern. Psychoanalyt. Bibliothek, Bd. 10, 1921.

Aus einem verwickelteren Zusammenhange lösen wir die Identifizierung bei einer neurotischen Symptombildung. Das kleine Mädchen, an das wir uns jetzt halten wollen, bekomme dasselbe Leidenssymptom wie seine Mutter, zum Beispiel denselben quälenden Husten. Das kann nun auf verschiedenen Wegen zugehen. Entweder ist die Identifizierung dieselbe aus dem Ödipuskomplex, die ein feindseliges Ersetzenwollen der Mutter bedeutet, und das Symptom drückt die Objektliebe zum Vater aus; es realisiert die Ersetzung der Mutter unter dem Einfluß des Schuldbewußtseins: Du hast die Mutter sein wollen, jetzt bist du's wenigstens im Leiden. Das ist dann der komplette Mechanismus der hysterischen Symptombildung. Oder aber das Symptom ist dasselbe wie das der geliebten Person (so wie zum Beispiel Dora im *Bruchstück einer Hysterie-Analyse* den Husten des Vaters imitiert); dann können wir den Sachverhalt nur so beschreiben, *die Identifizierung sei an Stelle der Objektwahl getreten, die Objektwahl sei zur Identifizierung regrediert.* Wir haben gehört, daß die Identifizierung die früheste und ursprünglichste Form der Gefühlsbindung ist; unter den Verhältnissen der Symptombildung, also der Verdrängung, und der Herrschaft der Mechanismen des Unbewußten kommt es oft vor, daß die Objektwahl wieder zur Identifizierung wird, also das Ich die Eigenschaften des Objektes an sich nimmt. Bemerkenswert ist es, daß das Ich bei diesen Identifizierungen das eine Mal die ungeliebte, das andere Mal aber die geliebte Person kopiert. Es muß uns auch auffallen, daß beide Male die Identifizierung eine partielle, höchst beschränkte ist, nur einen einzigen Zug von der Objektperson entlehnt.

Es ist ein dritter, besonders häufiger und bedeutsamer Fall der Symptombildung, daß die Identifizierung vom Objektverhältnis zur kopierten Person ganz absieht. Wenn zum Beispiel eines der Mädchen im Pensionat einen Brief vom geheim Geliebten bekommen hat, der ihre Eifersucht erregt und auf den sie mit einem hysterischen Anfall reagiert, so werden einige ihrer Freundinnen, die darum wissen, diesen Anfall übernehmen, wie wir sagen, auf dem Wege der psychischen Infektion. Der Mechanismus ist der der Identifizierung auf Grund des sich in dieselbe Lage Versetzenkönnens oder Versetzenwollens. Die anderen möchten auch ein geheimes Liebesverhältnis haben und akzeptieren unter dem Einfluß des Schuldbewußtseins auch das damit verbundene Leid. Es wäre unrichtig zu behaupten, sie eignen sich. das Symptom aus Mitgefühl an. Im Gegenteil, das Mitgefühl entsteht erst aus der Identifizierung, und der Beweis hiefür ist, daß sich solche Infektion oder Imitation auch unter Umständen herstellt, wo noch geringere vorgängige Sympathie zwischen beiden anzunehmen ist, als unter Pensionsfreundinnen zu bestehen pflegt. Das eine Ich hat am anderen eine bedeutsame Analogie in einem Punkte wahrgenommen, in unserem Beispiel in der gleichen Gefühlsbereitschaft, es bildet sich daraufhin eine Identifizierung in diesem Punkte, und unter dem Einfluß der pathogenen Situation verschiebt sich diese Identifizierung zum Symptom, welches das eine Ich produziert hat. Die Identifizierung durch das Symptom wird so zum Anzeichen für eine Deckungsstelle der beiden Ich, die verdrängt gehalten werden soll.

Das aus diesen drei Quellen Gelernte können wir dahin zusammenfassen, daß erstens die Identifizierung die ursprünglichste Form der Gefühlsbindung an ein Objekt ist, zweitens, daß sie auf regressivem Wege zum Ersatz für eine libidinöse Objektbindung wird, gleichsam durch Introjektion des Objekts ins Ich, und daß sie drittens bei jeder neu wahrgenommenen Gemeinsamkeit mit einer Person, die nicht Objekt der Sexualtriebe ist, entstehen kann. Je bedeutsamer diese Gemeinsamkeit ist, desto erfolgreicher muß diese partielle Identifizierung werden können und so dem Anfang einer neuen Bindung entsprechen.

Wir ahnen bereits, daß die gegenseitige Bindung der Massenindividuen von der Natur einer solchen Identifizierung durch eine wichtige affektive Gemeinsamkeit ist, und können vermuten, diese Gemeinsamkeit liege in der Art der Bindung an den Führer. Eine andere Ahnung kann uns sagen, daß wir weit davon entfernt sind, das Problem der Identifizierung erschöpft zu haben, daß wir vor dem Vorgang stehen, den die Psychologie „Einfühlung" heißt und der den größten Anteil an unserem Verständnis für das Ichfremde anderer Personen hat. Aber wir wollen uns hier auf die nächsten affektiven Wirkungen der Identifizierung beschränken und auch ihre Bedeutung für unser intellektuelles Leben beiseite lassen.

Die psychoanalytische Forschung, die gelegentlich auch schon die schwierigeren Probleme der Psychosen in Angriff genommen hat, konnte uns auch die Identifizierung in einigen anderen Fällen aufzeigen, die unserem Verständnis nicht ohne weiteres zugänglich sind. Ich werde zwei dieser Fälle als Stoff für unsere weiteren Überlegungen ausführlich behandeln.

Die Genese der männlichen Homosexualität ist in einer großen Reihe von Fällen die folgende: Der junge Mann ist ungewöhnlich lange und intensiv im Sinne des Ödipuskomplexes an seine Mutter fixiert gewesen. Endlich kommt doch nach vollendeter Pubertät die Zeit, die Mutter gegen ein anderes Sexualobjekt zu vertauschen. Da geschieht eine plötzliche Wendung; der Jüngling verläßt nicht seine Mutter, sondern identifiziert sich mit ihr, er wandelt sich in sie um und sucht jetzt nach Objekten, die ihm sein Ich ersetzen können, die er so lieben, und pflegen kann, wie er es von der Mutter erfahren hatte. Dies ist ein häufiger Vorgang, der beliebig oft bestätigt werden kann und natürlich ganz unabhängig von jeder Annahme ist, die man über die organische Triebkraft und die Motive jener plötzlichen Wandlung macht. Auffällig an dieser Identifizierung ist ihre Ausgiebigkeit, sie wandelt das Ich in einem höchst wichtigen Stück, im Sexualcharakter, nach dem Vorbild des bisherigen Objekts um. Dabei wird das Objekt selbst aufgegeben; ob durchaus oder nur in dem Sinne, daß es im Unbewußten erhalten bleibt, steht hier außer Diskussion. Die Identifizierung mit dem aufgegebenen oder verlorenen Objekt zum Ersatz desselben, die Introjektion dieses Objekts ins Ich, ist für uns allerdings keine Neuheit mehr. Ein solcher Vorgang läßt sich gelegentlich am kleinen Kind unmittelbar beobachten. Kürzlich wurde in der Internationalen Zeitschrift für Psychoanalyse eine solche Beobachtung veröffentlicht, daß ein Kind, das unglücklich über den Verlust eines Kätzchens war, frischweg erklärte, es sei jetzt selbst das Kätzchen, dementsprechend auf allen Vieren kroch, nicht am Tische essen wollte usw.[29]

Ein anderes Beispiel von solcher Introjektion des Objekts hat uns die Analyse der Melancholie gegeben, welche Affektion ja den realen oder affektiven Verlust des geliebten Objekts unter ihre auffälligsten Veranlassungen zählt. Ein Hauptcharakter dieser Fälle ist die grausame Selbstherabsetzung des Ichs in Verbindung mit schonungsloser Selbstkritik und bitteren Selbstvorwürfen. Analysen haben ergeben, daß diese Einschätzung und diese Vorwürfe im Grunde dem Objekt gelten und die Rache des Ichs an diesem darstellen. Der Schatten des Objekts ist auf das Ich gefallen, sagte ich an anderer Stelle.[30] Die Introjektion des Objekts ist hier von unverkennbarer Deutlichkeit.

Diese Melancholien zeigen uns aber noch etwas anderes, was für unsere späteren Betrachtungen wichtig werden kann. Sie zeigen uns das Ich geteilt, in zwei Stücke zerfällt, von denen das eine gegen das andere wütet. Dies andere Stück ist das durch Introjektion veränderte, das das verlorene Objekt einschließt. Aber auch das Stück, das sich so grausam betätigt, ist uns nicht unbekannt. Es schließt das Gewissen ein, eine kritische Instanz im Ich, die sich auch in normalen Zeiten dem Ich kritisch gegenübergestellt hat, nur niemals so unerbittlich und so ungerecht. Wir haben schon bei früheren Anlässen die Annahme machen müssen (Narzißmus, Trauer und Melancholie), daß sich in unserem Ich eine solche Instanz entwickelt, welche sich vom anderen Ich absondern und in Konflikte mit ihm geraten kann. Wir nannten sie das „Ichideal" und schrieben ihr an Funktionen die Selbstbeobachtung, das moralische Gewissen, die Traumzensur und den Haupteinfluß bei der Verdrängung zu. Wir sagten, sie sei der Erbe des ursprünglichen Narzißmus, in dem das kindliche Ich sich selbst genügte. Allmählich nehme sie aus den Einflüssen der Umgebung die Anforderungen auf, die diese an das Ich stelle, denen das Ich nicht immer nachkommen könne, so daß der Mensch, wo er mit seinem Ich selbst nicht zufrieden sein kann, doch

---

[29] Markuszewicz, *Beitrag zum autistischen Denken bei Kindern.* Interationale Zeitschrift für Psychoanalyse, VI, 1920.

[30] *Trauer und Melancholie.* Sammlung kleiner Schriften zur Neurosenlehre. IV. Folge 1918.

seine Befriedigung in dem aus dem Ich differenzierten Ichideal finden dürfe. Im Beobachtungswahn, stellten wir ferner fest, werde der Zerfall dieser Instanz offenkundig und dabei ihre Herkunft aus den Einflüssen der Autoritäten, voran der Eltern, aufgedeckt.[31] Wir haben aber nicht vergessen anzuführen, daß das Maß der Entfernung dieses Ichideals vom aktuellen Ich für das einzelne Individuum sehr variabel ist und daß bei vielen diese Differenzierung innerhalb des Ichs nicht weiter reicht als beim Kinde.

Ehe wir aber diesen Stoff zum Verständnis der libidinösen Organisation einer Masse verwenden können, müssen wir einige andere Wechselbeziehungen zwischen Objekt und Ich in Betracht ziehen.[32]

VIII
Verliebtheit und Hypnose

Der Sprachgebrauch bleibt selbst in seinen Launen irgendeiner Wirklichkeit treu. So nennt er zwar sehr mannigfaltige Gefühlsbeziehungen „Liebe", die auch wir theoretisch als Liebe zusammenfassen, zweifelt aber dann wieder, ob diese Liebe die eigentliche, richtige, wahre sei, und deutet so auf eine ganze Stufenleiter von Möglichkeiten innerhalb der Liebesphänomene hin. Es wird uns auch nicht schwer, dieselbe in der Beobachtung aufzufinden.

In einer Reihe von Fällen ist die Verliebtheit nichts anderes als Objektbesetzung von seiten der Sexualtriebe zum Zwecke der direkten Sexualbefriedigung, die auch mit der Erreichung dieses Zieles erlischt; das ist das, was man die gemeine, sinnliche Liebe heißt. Aber wie bekannt, bleibt die libidinöse Situation selten so einfach. Die Sicherheit, mit der man auf das Wiedererwachen des eben

---

31 *Zur Einführung des Narzißmus*, l. c.

32 Wir wissen sehr gut, daß wir mit diesen der Pathologie entnommenen Beispielen das Wesen der Identifizierung nicht erschöpft haben und somit am Rätsel der Massenbildung ein Stück unangerührt lassen. Hier müßte eine viel gründlichere und mehr umfassende psychologische Analyse eingreifen. Von der Identifizierung führt ein Weg über die Nachahmung zur Einfühlung, das heißt zum Verständnis des Mechanismus, durch den uns überhaupt eine Stellungnahme zu einem anderen Seelenleben ermöglicht wird. Auch an den Äußerungen einer bestehenden Identifizierung ist noch vieles aufzuklären. Sie hat unter anderem die Folge, daß man die Aggression gegen die Person, mit der man sich identifiziert hat, einschränkt, sie verschont und ihr Hilfe leistet. Das Studium solcher Identifizierungen, wie sie zum Beispiel der Clangemeinschaft zugrunde liegen, ergab Robertson Smith das überraschende Resultat, daß sie auf der Anerkennung einer gemeinsamen Substanz beruhen (*Kinship and Marriage*, 1885), daher auch durch eine gemeinsam genommene Mahlzeit geschaffen werden können. Dieser Zug gestattet es, eine solche Identifizierung mit der von mir in *Totem und Tabu* konstruierten Urgeschichte der menschlichen Familie zu verknüpfen.

erloschenen Bedürfnisses rechnen konnte, muß wohl das nächste Motiv gewesen sein, dem Sexualobjekt eine dauernde Besetzung zuzuwenden, es auch in den begierdefreien Zwischenzeiten zu „lieben".

Aus der sehr merkwürdigen Entwicklungsgeschichte des menschlichen Liebeslebens kommt ein zweites Moment hinzu. Das Kind hatte in der ersten, mit fünf Jahren meist schon abgeschlossenen Phase in einem Elternteil ein erstes Liebesobjekt gefunden, auf welches sich alle seine Befriedigung heischenden Sexualtriebe vereinigt hatten. Die dann eintretende Verdrängung erzwang den Verzicht auf die meisten dieser kindlichen Sexualziele und hinterließ eine tiefgreifende Modifikation des Verhältnisses zu den Eltern. Das Kind blieb fernerhin an die Eltern gebunden, aber mit Trieben, die man „zielgehemmte" nennen muß. Die Gefühle, die es von nun an für diese geliebten Personen empfindet, werden als „zärtliche" bezeichnet. Es ist bekannt, daß im Unbewußten die früheren „sinnlichen" Strebungen mehr oder minder stark erhalten bleiben, so daß die ursprüngliche Vollströmung in gewissem Sinne weiterbesteht.[33]

Mit der Pubertät setzen bekanntlich neue, sehr intensive Strebungen nach den direkten Sexualzielen ein. In ungünstigen Fällen bleiben sie als sinnliche Strömung von den fortdauernden „zärtlichen" Gefühlsrichtungen geschieden. Man hat dann das Bild vor sich, dessen beide Ansichten von gewissen Richtungen der Literatur so gerne idealisiert werden. Der Mann zeigt schwärmerische Neigungen zu hochgeachteten Frauen, die ihn aber zum Liebesverkehr nicht reizen, und ist nur potent gegen andere Frauen, die er nicht „liebt", geringschätzt oder selbst verachtet.[34] Häufiger indes gelingt dem Heranwachsenden ein gewisses Maß von Synthese der unsinnlichen, himmlischen und der sinnlichen, irdischen Liebe und ist sein Verhältnis zum Sexualobjekt durch das Zusammenwirken von ungehemmten mit zielgehemmten Trieben gekennzeichnet. Nach dem Beitrag der zielgehemmten Zärtlichkeitstriebe kann man die Höhe der Verliebtheit im Gegensatz zum bloß sinnlichen Begehren bemessen.

Im Rahmen dieser Verliebtheit ist uns von Anfang an das Phänomen der Sexualüberschätzung aufgefallen, die Tatsache, daß das geliebte Objekt eine gewisse Freiheit von der Kritik genießt, daß alle seine Eigenschaften höher eingeschätzt werden als die ungeliebter Personen oder als zu einer Zeit, da es nicht geliebt wurde. Bei einigermaßen wirksamer Verdrängung oder Zurücksetzung der sinnlichen Strebungen kommt die Täuschung zustande, daß das Objekt seiner seelischen Vorzüge wegen auch sinnlich geliebt wird, während umgekehrt erst das sinnliche Wohlgefallen ihm diese Vorzüge verliehen haben mag.

---

[33] S. *Sexualtheorie*, l. c.

[34] *Über die allgemeinste Erniedrigung des Liebeslebens*. Sammlung, 4. Folge, 1918.

Das Bestreben, welches hier das Urteil fälscht, ist das der *Idealisierung*. Damit ist uns aber die Orientierung erleichtert; wir erkennen, daß das Objekt so behandelt wird wie das eigene Ich, daß also in der Verliebtheit ein größeres Maß narzißtischer Libido auf das Objekt überfließt. Bei manchen Formen der Liebeswahl wird es selbst augenfällig, daß das Objekt dazu dient, ein eigenes, nicht erreichtes Ichideal zu ersetzen. Man liebt es wegen der Vollkommenheiten, die man fürs eigene Ich angestrebt hat und die man sich nun auf diesem Umweg zur Befriedigung seines Narzißmus verschaffen möchte.

Nehmen Sexualüberschätzung und Verliebtheit noch weiter zu, so wird die Deutung des Bildes immer unverkennbarer. Die auf direkte Sexualbefriedigung drängenden Strebungen können nun ganz zurückgedrängt werden, wie es zum Beispiel regelmäßig bei der schwärmerischen Liebe des Jünglings geschieht; das Ich wird immer anspruchsloser, bescheidener, das Objekt immer großartiger, wertvoller; es gelangt schließlich in den Besitz der gesamten Selbstliebe des Ichs, so daß dessen Selbstaufopferung zur natürlichen Konsequenz wird. Das Objekt hat das Ich sozusagen aufgezehrt. Züge von Demut, Einschränkung des Narzißmus, Selbstschädigung sind in jedem Falle von Verliebtheit vorhanden; im extremen Falle werden sie nur gesteigert, und durch das Zurücktreten der sinnlichen Ansprüche bleiben sie allein herrschend.

Dies ist besonders leicht bei unglücklicher, unerfüllbarer Liebe der Fall, da bei jeder sexuellen Befriedigung doch die Sexualüberschätzung immer wieder eine Herabsetzung erfährt. Gleichzeitig mit dieser „Hingabe" des Ichs an das Objekt, die sich von der sublimierten Hingabe an eine abstrakte Idee schon nicht mehr unterscheidet, versagen die dem Ichideal zugeteilten Funktionen gänzlich. Es schweigt die Kritik, die von dieser Instanz ausgeübt wird; alles, was das Objekt tut und fordert, ist recht und untadelhaft. Das Gewissen findet keine Anwendung auf alles, was zugunsten des Objektes geschieht; in der Liebesverblendung wird man reuelos zum Verbrecher. Die ganze Situation läßt sich restlos in eine Formel zusammenfassen: *Das Objekt hat sich an die Stelle des Ichideals gesetzt.*

Der Unterschied der Identifizierung von der Verliebtheit in ihren höchsten Ausbildungen, die man Faszination, verliebte Hörigkeit heißt, ist nun leicht zu beschreiben. Im ersteren Falle hat sich das Ich um die Eigenschaften des Objektes bereichert, sich dasselbe nach *Ferenczis* Ausdruck „introjiziert"; im zweiten Fall ist es verarmt, hat sich dem Objekt hingegeben, dasselbe an die Stelle seines wichtigsten Bestandteiles gesetzt. Indes merkt man bei näherer Erwägung bald, daß eine solche Darstellung Gegensätze vorspiegelt, die nicht bestehen. Es handelt sich ökonomisch nicht um Verarmung oder Bereicherung, man kann auch die extreme Verliebtheit so beschreiben, daß das Ich sich das Objekt introjiziert habe. Vielleicht trifft eine andere Unterscheidung eher das Wesentliche. Im Falle der Identifizierung ist das Objekt verloren gegangen oder aufgegeben worden; es wird dann im Ich wieder aufgerichtet, das Ich verändert sich partiell nach dem Vorbild des verlorenen Objektes. Im anderen Falle ist das Objekt erhalten geblieben und wird als solches von seiten und auf Kosten des Ichs überbesetzt. Aber auch hiegegen erhebt sich ein Bedenken. Steht es denn fest, daß die Identifizierung das Aufgeben der Objektbesetzung voraussetzt, kann es nicht Identifizierung bei erhaltenem Objekt geben? Und ehe wir uns in die Diskussion dieser heiklen Frage einlassen, kann uns bereits die Einsicht aufdämmern, daß eine andere Alternative das Wesen dieses Sachverhaltes in sich faßt, nämlich *ob das Objekt an die Stelle des Ichs oder des Ichideals gesetzt wird.*

Von der Verliebtheit ist offenbar kein weiter Schritt zur Hypnose. Die Übereinstimmungen beider sind augenfällig. Dieselbe demütige Unterwerfung, Gefügigkeit, Kritiklosigkeit gegen den Hypnotiseur wie gegen das geliebte Objekt. Dieselbe Aufsaugung der eigenen Initiative; kein Zweifel, der Hypnotiseur ist an die Stelle des Ichideals getreten. Alle Verhältnisse sind in der Hypnose nur noch deutlicher und gesteigerter, so daß es zweckmäßiger wäre, die Verliebtheit durch die Hypnose zu erläutern als umgekehrt. Der Hypnotiseur ist das einzige Objekt, kein anderes wird neben ihm beachtet. Daß das Ich traumhaft erlebt, was er fordert und behauptet, mahnt uns daran, daß wir verabsäumt haben, unter den Funktionen des Ichideals auch die Ausübung der Realitätsprüfung zu erwähnen.[35] Kein Wunder, daß das Ich eine Wahrnehmung für real hält, wenn die sonst mit der Aufgabe der Realitätsprüfung betraute psychische Instanz sich für diese Realität einsetzt. Die völlige Abwesenheit von Strebungen mit ungehemmten Sexualzielen trägt zur extremen Reinheit der Erscheinungen weiteres bei. Die hypnotische Beziehung ist eine uneingeschränkte verliebte Hingabe bei Ausschluß sexueller Befriedigung, während eine solche bei der Verliebtheit doch nur zeitweilig zurückgeschoben ist und als spätere Zielmöglichkeit im Hintergrunde verbleibt.

Anderseits können wir aber auch sagen, die hypnotische Beziehung sei – wenn dieser Ausdruck gestattet ist – eine Massenbildung zu zweien. Die Hypnose ist kein gutes Vergleichsobjekt mit der Massenbildung, weil sie vielmehr mit dieser identisch ist. Sie isoliert uns aus dem komplizierten Gefüge der Masse ein Element, das Verhalten des Massenindividuums zum Führer. Durch diese Einschränkung der Zahl scheidet sich die Hypnose von der Massenbildung, wie durch den Wegfall der direkt sexuellen Strebungen von der Verliebtheit. Sie hält insoferne die Mitte zwischen beiden.

---

[35] S. *Metapsychologische Ergänzung zur Traumlehre, Sammlung kleiner Schriften zur Neurosenlehre*, Vierte Folge, 1918. Indes scheint ein Zweifel an der Berechtigung dieser Zuteilung, der eingehende Diskussion erfordert, zulässig.

Es ist interessant zu sehen, daß gerade die zielgehemmten Sexualstrebungen so dauerhafte Bindungen der Menschen aneinander erzielen. Dies versteht sich aber leicht aus der Tatsache, daß sie einer vollen Befriedigung nicht fähig sind, während ungehemmte Sexualstrebungen durch die Abfuhr bei der Erreichung des jedesmaligen Sexualzieles eine außerordentliche Herabsetzung erfahren, Die sinnliche Liebe ist dazu bestimmt, in der Befriedigung zu erlöschen; um andauern zu können, muß sie mit rein zärtlichen, das heißt zielgehemmten Komponenten von Anfang an versetzt sein oder eine solche Umsetzung erfahren.

Die Hypnose würde uns das Rätsel der libidinösen Konstitution einer Masse glatt lösen, wenn sie selbst nicht noch Züge enthielte, die sich der bisherigen rationellen Aufklärung – als Verliebtheit bei Ausschluß direkt sexueller Strebungen – entziehen. Es ist noch vieles an ihr als unverstanden, als mystisch anzuerkennen. Sie enthält einen Zusatz von Lähmung aus dem Verhältnis eines Übermächtigen zu einem Ohnmächtigen, Hilflosen, was etwa zur Schreckhypnose der Tiere überleitet. Die Art, wie sie erzeugt wird, ihre Beziehung zum Schlaf, sind nicht durchsichtig, und die rätselhafte Auswahl von Personen, die sich für sie eignen, während andere sie gänzlich ablehnen, weist auf ein noch unbekanntes Moment hin, welches in ihr verwirklicht wird und das vielleicht erst die Reinheit der Libidoeinstellungen in ihr ermöglicht. Beachtenswert ist auch, daß häufig das moralische Gewissen der hypnotisierten Person sich selbst bei sonst voller suggestiver Gefügigkeit resistent zeigen kann. Aber das mag daher kommen, daß bei der Hypnose, wie sie zumeist geübt wird, ein Wissen erhalten geblieben sein kann, es handle sich nur um ein Spiel, eine unwahre Reproduktion einer anderen, weit lebenswichtigeren Situation.

Durch die bisherigen Erörterungen sind wir aber voll darauf vorbereitet, die Formel für die libidinöse Konstitution einer Masse anzugeben. Wenigstens einer solchen Masse, wie wir sie bisher betrachtet haben, die also einen Führer hat und nicht durch allzuviel „Organisation" sekundär die Eigenschaften eines Individuums erwerben konnte. *Eine solche primäre Masse ist eine Anzahl von Individuen, die ein und dasselbe Objekt an die Stelle ihres Ichideals gesetzt und sich infolgedessen in ihrem Ich miteinander identifiziert haben.* Dies Verhältnis läßt eine graphische Darstellung zu:

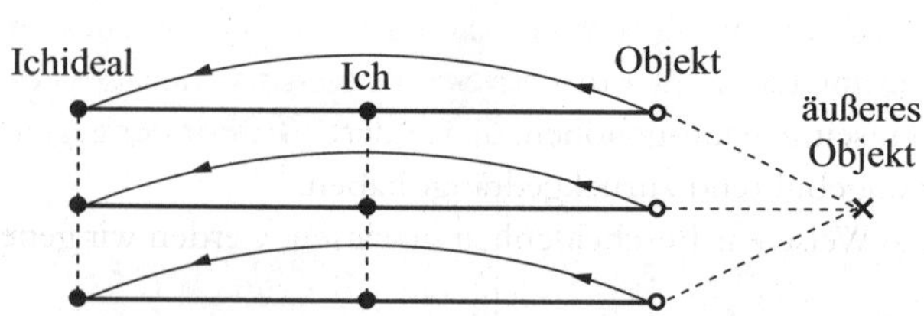

IX
Der Herdentrieb

Wir werden uns nur kurze Zeit der Illusion freuen, durch diese Formel das Rätsel der Masse gelöst zu haben. Alsbald muß uns die Mahnung beunruhigen, daß wir ja im wesentlichen die Verweisung auf das Rätsel der Hypnose angenommen haben, an dem so vieles noch unerledigt ist. Und nun zeigt uns ein anderer Einwand den weiteren Weg.

Wir dürfen uns sagen, die ausgiebigen affektiven Bindungen, die wir in der Masse erkennen, reichen voll aus, um einen ihrer Charaktere zu erklären, den Mangel an Selbständigkeit und Initiative beim Einzelnen, die Gleichartigkeit seiner Reaktion mit der aller anderen, sein Herabsinken zum Massenindividuum sozusagen. Aber die Masse zeigt, wenn wir sie als Ganzes ins Auge fassen, mehr; die Züge von Schwächung der intellektuellen Leistung, von Ungehemmtheit der Affektivität, die Unfähigkeit zur Mäßigung und zum Aufschub, die Neigung zur Überschreitung aller Schranken in der Gefühlsäußerung und zur vollen Abfuhr derselben in Handlung, dies und alles Ähnliche, was wir bei *Le Bon* so eindrucksvoll geschildert finden, ergibt ein unverkennbares Bild von Regression der seelischen Tätigkeit auf eine frühere Stufe, wie wir sie bei Wilden oder bei Kindern zu finden nicht erstaunt sind. Eine solche Regression gehört insbesondere zum Wesen der gemeinen Massen, während sie, wie wir gehört haben, bei hochorganisierten, künstlichen weitgehend hintangehalten werden kann.

Wir erhalten so den Eindruck eines Zustandes, in dem die vereinzelte Gefühlsregung und der persönliche intellektuelle Akt des Individuums zu schwach sind, um sich allein zur Geltung zu bringen, und durchaus auf Bekräftigung durch gleichartige Wiederholung von seiten der anderen warten müssen. Wir werden daran erinnert, wieviel von diesen Phänomenen der Abhängigkeit zur normalen Konstitution der menschlichen Gesellschaft gehört, wie wenig Originalität und persönlicher Mut sich in ihr findet, wie sehr jeder Einzelne durch die Einstellungen einer Massenseele beherrscht wird, die sich als Rasseneigentümlichkeiten, Standesvorurteile, öffentliche Meinung und dergleichen kundgeben. Das Rätsel des suggestiven Einflusses vergrößert sich für uns, wenn wir zugeben, daß ein solcher nicht allein vom Führer, sondern auch von jedem Einzelnen auf jeden Einzelnen geübt wird, und wir machen uns den Vorwurf, daß wir die Beziehung zum Führer einseitig herausgehoben, den anderen Faktor der gegenseitigen Suggestion aber ungebührend zurückgedrängt haben.

Auf solche Weise zur Bescheidenheit gewiesen, werden wir geneigt sein, auf eine andere Stimme zu horchen, welche uns Erklärung auf einfacheren Grundlagen verspricht. Ich entnehme eine solche dem klugen Buch von *W. Trotter* über den Herdentrieb, an dem ich nur bedauere, daß es sich den durch den letzten großen Krieg entfesselten Antipathien nicht ganz entzogen hat.[36]

Trotter leitet die an der Masse beschriebenen seelischen Phänomene von einem Herdeninstinkt (*gregariousness*) ab, der dem Menschen wie anderen Tierarten angeboren zukommt. Diese Herdenhaftigkeit ist biologisch eine Analogie und gleichsam eine Fortführung der Vielzelligkeit, im Sinne der Libidotheorie eine weitere Äußerung der von der Libido ausgehenden Neigung aller gleichartigen Lebewesen, sich zu immer umfassenderen Einheiten zu vereinigen.[37] Der Einzelne fühlt sich unvollständig (*incomplete*), wenn er allein ist. Schon die Angst des kleinen Kindes sei eine Äußerung dieses Herdeninstinkts. Widerspruch gegen die Herde ist soviel wie Trennung von ihr und wird darum angstvoll vermieden. Die Herde lehnt aber alles Neue, Ungewohnte ab. Der Herdeninstinkt sei etwas Primäres, nicht weiter Zerlegbares (*which cannot be split up*).

Trotter gibt als die Reihe der von ihm als primär angenommenen Triebe (oder Instinkte): den Selbstbehauptungs-, Ernährungs-, Geschlechts- und Herdentrieb. Der letztere gerate oft in die Lage, sich den anderen gegenüberzustellen. Schuldbewußtsein und Pflichtgefühl seien die charakteristischen Besitztümer eines *gregarious animal*. Vom Herdeninstinkt läßt *Trotter* auch die verdrängenden Kräfte ausgehen, welche die Psychoanalyse im Ich aufgezeigt hat, und folgerichtig gleicherweise die Widerstände, auf welche der Arzt bei der psychoanalytischen Behandlung stößt. Die Sprache verdanke ihre Bedeutung ihrer Eignung zur gegenseitigen Verständigung in der Herde, auf ihr beruhe zum großen Teil die Identifizierung der Einzelnen miteinander.

Wie *Le Bon* vorwiegend die charakteristischen flüchtigen Massenbildungen und *McDougall* die stabilen Vergesellschaftungen, so hat *Trotter* die allgemeinsten Verbände, in denen der Mensch, dies ζῷον πολιτικόν[38*] lebt, in den Mittelpunkt seines Interesses gerückt und deren psychologische Begründung angegeben. Für *Trotter* bedarf es aber keiner Ableitung des Herdentriebes, da er ihn als primär und nicht weiter auflösbar bezeichnet. Seine Bemerkung, *Boris Sidis* leite den Herdentrieb von der Suggestibilität ab, ist zum Glück für ihn überflüssig; es ist eine Erklärung nach bekanntem, unbefriedigendem Muster, und die Umkehr dieses Satzes, also daß die Suggestibilität ein Abkömmling des Herdeninstinkts sei, erschiene mir bei weitem einleuchtender.

---

[36] W. Trotter, *Instincts of the Herd in Peace and War*. London 1916. Zweite Auflage.

[37] S. meinen Aufsatz: *Jenseits des Lustprinzips*, 1920.

[38] * [ζῷον πολιτικόν = Zoon Politikon (politisches Lebewesen): Aristotelische Wesensbestimmung des Menschen.]

Aber gegen *Trotters* Darstellung läßt sich mit noch besserem Recht als gegen die anderen einwenden, daß sie auf die Rolle des Führers in der Masse zu wenig Rücksicht nimmt, während wir doch eher zum gegenteiligen Urteil neigen, daß das Wesen der Masse bei Vernachlässigung des Führers nicht zu begreifen sei. Der Herdeninstinkt läßt überhaupt für den Führer keinen Raum, dieser kommt nur so zufällig zur Herde hinzu, und im Zusammenhange damit steht, daß von diesem Trieb aus auch kein Weg zu einem Gottesbedürfnis führt; es fehlt der Hirt zur Herde. Außerdem aber kann man *Trotters* Darstellung psychologisch untergraben, das heißt man kann es zum mindesten wahrscheinlich machen, daß der Herdentrieb nicht unzerlegbar, nicht in dem Sinne primär ist wie der Selbsterhaltungstrieb und der Geschlechtstrieb.

Es ist natürlich nicht leicht, die Ontogenese des Herdentriebes zu verfolgen. Die Angst des kleinen Kindes, wenn es allein gelassen wird, die *Trotter* bereits als Äußerung des Triebes in Anspruch nehmen will, legt doch eine andere Deutung näher. Sie gilt der Mutter, später anderen vertrauten Personen, und ist der Ausdruck einer unerfüllten Sehnsucht, mit der das Kind noch nichts anderes anzufangen weiß, als sie in Angst zu verwandeln.[39] Die Angst des einsamen kleinen Kindes wird auch nicht durch den Anblick eines beliebigen anderen „aus der Herde" beschwichtigt, sondern im Gegenteil durch das Hinzukommen eines solchen „Fremden" erst hervorgerufen. Dann merkt man beim Kinde lange nichts von einem Herdeninstinkt oder Massengefühl. Ein solches bildet sich zuerst in der mehrzähligen Kinderstube aus dem Verhältnis der Kinder zu den Eltern, und zwar als Reaktion auf den anfänglichen Neid, mit dem das ältere Kind das jüngere aufnimmt. Das ältere Kind möchte gewiß das nachkommende eifersüchtig verdrängen, von den Eltern fernhalten und es aller Anrechte berauben, aber angesichts der Tatsache, daß auch dieses Kind – wie alle späteren – in gleicher Weise von den Eltern geliebt wird, und infolge der Unmöglichkeit, seine feindselige Einstellung ohne eigenen Schaden festzuhalten, wird es zur Identifizierung mit den anderen Kindern gezwungen, und es bildet sich in der Kinderschar ein Massen- oder Gemeinschaftsgefühl, welches dann in der Schule seine weitere Entwicklung erfährt. Die erste Forderung dieser Reaktionsbildung ist die nach Gerechtigkeit, gleicher Behandlung für alle. Es ist bekannt, wie laut und unbestechlich sich dieser Anspruch in der Schule äußert. Wenn man schon selbst nicht der Bevorzugte sein kann, so soll doch wenigstens keiner von allen bevorzugt werden. Man könnte diese Umwandlung und Ersetzung der Eifersucht durch ein Massengefühl in Kinderstube und Schulzimmer für unwahrscheinlich halten, wenn man, nicht den gleichen Vorgang später unter anderen Verhältnissen neuerlich beobachten würde.

---

[39] S. *Vorlesungen zur Einführung in die Psychoanalyse*, Vorlesung XXV über die Angst.

Man denke an die Schar von schwärmerisch verliebten Frauen und Mädchen, die den Sänger oder Pianisten nach seiner Produktion umdrängen. Gewiß läge es jeder von ihnen nahe, auf die andere eifersüchtig zu sein, allein angesichts ihrer Anzahl und der damit verbundenen Unmöglichkeit, das Ziel ihrer Verliebtheit zu erreichen, verzichten sie darauf, und anstatt sich gegenseitig die Haare auszuraufen, handeln sie wie eine einheitliche Masse, huldigen dem Gefeierten in gemeinsamen Aktionen und wären etwa froh, sich in seinen Lockenschmuck zu teilen. Sie haben sich, ursprünglich Rivalinnen, durch die gleiche Liebe zu dem nämlichen Objekt miteinander identifizieren können. Wenn eine Triebsituation, wie ja gewöhnlich, verschiedener Ausgänge fähig ist, so werden wir uns nicht verwundern, daß jener Ausgang zustande kommt, mit dem die Möglichkeit einer gewissen Befriedigung verbunden ist, während ein anderer, selbst ein näherliegender, unterbleibt, weil die realen Verhältnisse ihm die Erreichung dieses Zieles versagen.

Was man dann später in der Gesellschaft als Gemeingeist, *esprit de corps* usw. wirksam findet, verleugnet nicht seine Abkunft vom ursprünglichen Neid. Keiner soll sich hervortun wollen, jeder das gleiche sein und haben. Soziale Gerechtigkeit will bedeuten, daß man sich selbst vieles versagt, damit auch die anderen darauf verzichten müssen, oder was dasselbe ist, es nicht fordern können. Diese Gleichheitsforderung ist die Wurzel des sozialen Gewissens und des Pflichtgefühls. In unerwarteter Weise enthüllt sie sich in der Infektionsangst der Syphilitiker, die wir durch die Psychoanalyse verstehen gelernt haben. Die Angst dieser Armen entspricht ihrem heftigen Sträuben gegen den unbewußten Wunsch, ihre Infektion auf die anderen auszubreiten, denn warum sollten sie allein infiziert und von so vielem ausgeschlossen sein und die anderen nicht? Auch die schöne Anekdote vom Urteil Salomonis hat denselben Kern. Wenn der einen Frau das Kind gestorben ist, soll auch die andere kein lebendes haben. An diesem Wunsch wird die Verlustträgerin erkannt.

Das soziale Gefühl ruht also auf der Umwendung eines erst feindseligen Gefühls in eine positiv betonte Bindung von der Natur einer Identifizierung. Soweit wir den Hergang bis jetzt durchschauen können, scheint sich diese Umwendung unter dem Einfluß einer gemeinsamen zärtlichen Bindung an eine außer der Masse stehende Person zu vollziehen. Unsere Analyse der Identifizierung erscheint uns selbst nicht als erschöpfend, aber unserer gegenwärtigen Absicht genügt es, wenn wir auf den einen Zug, daß die konsequente Durchführung der Gleichstellung gefordert wird, zurückkommen. Wir haben bereits bei der Erörterung der beiden künstlichen Massen, Kirche und Armee, gehört, ihre Voraussetzung sei, daß alle von einem, dem Führer, in gleicher Weise geliebt werden. Nun vergessen wir aber nicht, daß die Gleichheitsforderung der Masse nur für die Einzelnen derselben, nicht für den Führer gilt. Alle Einzelnen sollen einander gleich sein, aber alle wollen sie von einem beherrscht werden. Viele Gleiche, die sich miteinander identifizieren können, und ein einziger ihnen allen Überlegener, das ist die Situation, die wir in der lebensfähigen Masse verwirklicht finden. Getrauen wir uns also, die Aussage *Trotters*, der Mensch sei ein *Herdentier*, dahin zu korrigieren, er sei vielmehr ein *Hordentier*, ein Einzelwesen einer von einem Oberhaupt angeführten Horde.

X
Die Masse und die Urhorde

Im Jahre 1912 habe ich die Vermutung von *Ch. Darwin* aufgenommen, daß die Urform der menschlichen Gesellschaft die von einem starken Männchen unumschränkt beherrschte Horde war. Ich habe darzulegen versucht, daß die Schicksale dieser Horde unzerstörbare Spuren in der menschlichen Erbgeschichte hinterlassen haben, speziell, daß die Entwicklung des Totemismus, der die Anfänge von Religion, Sittlichkeit und sozialer Gliederung in sich faßt, mit der gewaltsamen Tötung des Oberhauptes und der Umwandlung der Vaterhorde in eine Brüdergemeinde zusammenhängt.[40] Es ist dies zwar nur eine Hypothese wie so viele andere, mit denen die Prähistoriker das Dunkel der Urzeit aufzuhellen versuchen – eine *„just so story"* nannte sie witzig ein nicht unliebenswürdiger englischer Kritiker –, aber ich meine, es ist ehrenvoll für eine solche Hypothese, wenn sie sich geeignet zeigt, Zusammenhang und Verständnis auf immer neuen Gebieten zu schaffen.

Die menschlichen Massen zeigen uns wiederum das vertraute Bild des überstarken Einzelnen inmitten einer Schar von gleichen Genossen, das auch in unserer Vorstellung von der Urhorde enthalten ist. Die Psychologie dieser Masse, wie wir sie aus den oft erwähnten Beschreibungen kennen – der Schwund der bewußten Einzelpersönlichkeit, die Orientierung von Gedanken und Gefühlen nach gleichen Richtungen, die Vorherrschaft der Affektivität und des unbewußten Seelischen, die Tendenz zur unverzüglichen Ausführung auftauchender Absichten –, das alles entspricht einem Zustand von Regression zu einer primitiven Seelentätigkeit, wie man sie gerade der Urhorde zuschreiben möchte.[41]

---

40 *Totem und Tabu* 1912/13 in Imago (*Einige Übereinstimmungen im Seelenleben der Wilden und der Neurotiker*), in Buchform 1913, 4. Auflage 1925.

41 Für die Urhorde muß insbesondere gelten, was wir vorhin in der allgemeinen Charakteristik der Menschen beschrieben haben. Der Wille des Einzelnen war zu schwach, er getraute sich nicht der Tat. Es kamen gar keine anderen Impulse zustande als kollektive, es gab nur einen Gemeinwillen, keinen singulären. Die Vorstellung wagte es nicht, sich in Willen umzusetzen,

Die Masse erscheint uns so als ein Wiederaufleben der Urhorde. So wie der Urmensch in jedem Einzelnen virtuell erhalten ist, so kann sich aus einem beliebigen Menschenhaufen die Urhorde wieder herstellen; soweit die Massenbildung die Menschen habituell beherrscht, erkennen wir den Fortbestand der Urhorde in ihr. Wir müssen schließen, die Psychologie der Masse sei die älteste Menschenpsychologie; was wir unter Vernachlässigung aller Massenreste als Individualpsychologie isoliert haben, hat sich erst später, allmählich und sozusagen immer noch nur partiell aus der alten Massenpsychologie herausgehoben. Wir werden noch den Versuch wagen, den Ausgangspunkt dieser Entwicklung anzugeben.

Eine nächste Überlegung zeigt uns, in welchem Punkt diese Behauptung einer Berichtigung bedarf. Die Individualpsychologie muß vielmehr ebenso alt sein wie die Massenpsychologie, denn von Anfang an gab es zweierlei Psychologien, die der Massenindividuen und die des Vaters, Oberhauptes, Führers. Die Einzelnen der Masse waren so gebunden, wie wir sie heute finden, aber der Vater der Urhorde war frei. Seine intellektuellen Akte waren auch in der Vereinzelung stark und unabhängig, sein Wille bedurfte nicht der Bekräftigung durch den anderer. Wir nehmen konsequenterweise an, daß sein Ich wenig libidinös gebunden war, er liebte niemand außer sich, und die anderen nur, insoweit sie seinen Bedürfnissen dienten. Sein Ich gab nichts Überschüssiges an die Objekte ab.

Zu Eingang der Menschheitsgeschichte war er der *Übermensch*, den *Nietzsche* erst von der Zukunft erwartete. Noch heute bedürfen die Massenindividuen der Vorspiegelung, daß sie in gleicher und gerechter Weise vom Führer geliebt werden, aber der Führer selbst braucht niemand anderen zu lieben, er darf von Herrennatur sein, absolut narzißtisch, aber selbstsicher und selbständig. Wir wissen, daß die Liebe den Narzißmus eindämmt, und könnten nachweisen, wie sie durch diese Wirkung Kulturfaktor geworden ist.

Der Urvater der Horde war noch nicht unsterblich, wie er es später durch Vergottung wurde. Wenn er starb, mußte er ersetzt werden; an seine Stelle trat wahrscheinlich ein jüngster Sohn, der bis dahin Massenindividuum gewesen war

---

wenn sie sich nicht durch die Wahrnehmung ihrer allgemeinen Verbreitung gestärkt fand. Diese Schwäche der Vorstellung findet ihre Erklärung in der Stärke der allen gemeinsamen Gefühlsbindung, aber die Gleichartigkeit der Lebensumstände und das Fehlen eines privaten Eigentums kommen hinzu, um die Gleichförmigkeit der seelischen Akte bei den Einzelnen zu bestimmen. – Auch die exkrementellen Bedürfnisse schließen, wie man an Kindern und Soldaten merken kann, die Gemeinsamkeit nicht aus. Die einzige mächtige Ausnahme macht der sexuelle Akt, bei dem der Dritte zumindest überflüssig, im äußersten Fall zu einem peinlichen Abwarten verurteilt ist. Über die Reaktion des Sexualbedürfnisses (der Genitalbefriedigung) gegen das Herdenhafte siehe unten.

wie ein anderer. Es muß also eine Möglichkeit geben, die Psychologie der Masse in Individualpsychologie umzuwandeln, es muß eine Bedingung gefunden werden, unter der sich solche Umwandlung leicht vollzieht, ähnlich wie es den Bienen möglich ist, aus einer Larve im Bedarfsfalle eine Königin anstatt einer Arbeiterin zu ziehen. Man kann sich da nur dies eine vorstellen: Der Urvater hatte seine Söhne an der Befriedigung ihrer direkten sexuellen Strebungen verhindert; er zwang sie zur Abstinenz und infolgedessen zu den Gefühlsbindungen an ihn und aneinander, die aus den Strebungen mit gehemmtem Sexualziel hervorgehen konnten. Er zwang sie sozusagen in die Massenpsychologie. Seine sexuelle Eifersucht und Intoleranz sind in letzter Linie die Ursache der Massenpsychologie geworden.[42]

Für den, der sein Nachfolger wurde, war auch die Möglichkeit der sexuellen Befriedigung gegeben und damit der Austritt aus den Bedingungen der Massenpsychologie eröffnet. Die Fixierung der Libido an das Weib, die Möglichkeit der Befriedigung ohne Aufschub und Aufspeicherung machte der Bedeutung zielgehemmter Sexualstrebungen ein Ende und ließ den Narzißmus immer zur gleichen Höhe ansteigen. Auf diese Beziehung der Liebe zur Charakterbildung werden wir in einem Nachtrag zurückkommen.

Heben wir noch als besonders lehrreich hervor, in welcher Beziehung zur Konstitution der Urhorde die Veranstaltung steht, mittels derer – abgesehen von Zwangsmitteln – eine künstliche Masse zusammengehalten wird. Bei Heer und Kirche haben wir gesehen, es ist die Vorspiegelung, daß der Führer alle Einzelnen in gleicher und gerechter Weise liebt. Dies ist aber geradezu die idealistische Umarbeitung der Verhältnisse der Urhorde, in der sich alle Söhne in gleicher Weise vom Urvater verfolgt wußten und ihn in gleicher Weise fürchteten. Schon die nächste Form der menschlichen Sozietät, der totemistische Clan, hat diese Umformung, auf die alle sozialen Pflichten aufgebaut sind, zur Voraussetzung. Die unverwüstliche Stärke der Familie als einer natürlichen Massenbildung beruht darauf, daß diese notwendige Voraussetzung der gleichen Liebe des Vaters für sie wirklich zutreffen kann.

Aber wir erwarten noch mehr von der Zurückführung der Masse auf die Urhorde. Sie soll uns auch das noch Unverstandene, Geheimnisvolle an der Massenbildung näherbringen, das sich hinter den Rätselworten Hypnose und Suggestion verbirgt. Und ich meine, sie kann es auch leisten. Erinnern wir uns daran, daß die Hypnose etwas direkt Unheimliches an sich hat; der Charakter des Unheimlichen deutet aber auf etwas der Verdrängung verfallenes Altes und

[42] Es läßt sich etwa auch annehmen, daß die vertriebenen Söhne, vom Vater getrennt, den Fortschritt von der Identifizierung miteinander zur homosexuellen Objektliebe machten und so die Freiheit gewannen, den Vater zu töten.

Wohlvertrautes hin.[43] Denken wir daran, wie die Hypnose eingeleitet wird. Der Hypnotiseur behauptet im Besitz einer geheimnisvollen Macht zu sein, die dem Subjekt den eigenen Willen raubt, oder, was dasselbe ist, das Subjekt glaubt es von ihm. Diese geheimnisvolle Macht – populär noch oft als tierischer Magnetismus bezeichnet – muß dieselbe sein, welche den Primitiven als Quelle des Tabu gilt, dieselbe, die von Königen und Häuptlingen ausgeht und die es gefährlich macht, sich ihnen zu nähern (Mana). Im Besitz dieser Macht will nun der Hypnotiseur sein, und wie bringt er sie zur Erscheinung? Indem er die Person auffordert, ihm in die Augen zu sehen; er hypnotisiert in typischer Weise durch seinen Blick. Gerade der Anblick des Häuptlings ist aber für den Primitiven gefährlich und unerträglich, wie später der der Gottheit für den Sterblichen. Noch Moses muß den Mittelsmann zwischen seinem Volke und Jehova machen, da das Volk den Anblick Gottes nicht ertrüge, und wenn er von der Gegenwart Gottes, zurückkehrt, strahlt sein Antlitz, ein Teil des „Mana" hat sich wie beim Mittler[44] der Primitiven auf ihn übertragen.

Man kann die Hypnose allerdings auch auf anderen Wegen hervorrufen, was irreführend ist und zu unzulänglichen physiologischen Theorien Anlaß gegeben hat, zum Beispiel durch das Fixieren eines glänzenden Gegenstandes oder durch das Horchen auf ein monotones Geräusch. In Wirklichkeit dienen diese Verfahren nur der Ablenkung und Fesselung der bewußten Aufmerksamkeit. Die Situation ist die nämliche, als ob der Hypnotiseur der Person gesagt hätte: „Nun beschäftigen Sie sich ausschließlich mit meiner Person, die übrige Welt ist ganz uninteressant." Gewiß wäre es technisch unzweckmäßig, wenn der Hypnotiseur eine solche Rede hielte; das Subjekt würde durch sie aus seiner unbewußten Einstellung gerissen und zum bewußten Widerspruch aufgereizt werden. Aber während der Hypnotiseur es vermeidet, das bewußte Denken des Subjekts auf seine Absichten zu richten, und die Versuchsperson sich in eine Tätigkeit versenkt, bei der ihr die Welt uninteressant vorkommen muß, geschieht es, daß sie unbewußt wirklich ihre ganze Aufmerksamkeit auf den Hypnotiseur konzentriert, sich in die Einstellung des Rapports, der Übertragung, zum Hypnotiseur begibt. Die indirekten Methoden des Hypnotisierens haben also, ähnlich wie manche Techniken des Witzes, den Erfolg, gewisse Verteilungen der seelischen Energie, welche den Ablauf des unbewußten Vorgangs stören würden, hintanzuhalten, und sie führen schließlich zum gleichen Ziel wie die direkten Beeinflussungen durch Anstarren oder Streichen.[45]

---

[43] *Das Unheimliche.* Imago V, 1919.

[44] S. *Totem und Tabu* und die dort zitierten Quellen.

[45] Die Situation, daß die Person unbewußt auf den Hypnotiseur eingestellt ist, während sie sich

Ferenczi hat richtig herausgefunden, daß sich der Hypnotiseur mit dem Schlafgebot, welches oft zur Einleitung der Hypnose gegeben wird, an die Stelle der Eltern setzt. Er meinte zwei Arten der Hypnose unterscheiden zu sollen, eine schmeichlerisch begütigende, die er dem Muttervorbild, und eine drohende, die er dem Vater zuschrieb.[46] Nun bedeutet das Gebot zu schlafen in der Hypnose auch nichts anderes als die Aufforderung, alles Interesse von der Welt abzuziehen und auf die Person des Hypnotiseurs zu konzentrieren; es wird auch vom Subjekt so verstanden, denn in dieser Abziehung des Interesses von der Außenwelt liegt die psychologische Charakteristik des Schlafes, und auf ihr beruht die Verwandtschaft des Schlafes mit dem hypnotischen Zustand.

Durch seine Maßnahmen weckt also der Hypnotiseur beim Subjekt ein Stück von dessen archaischer Erbschaft, die auch den Eltern entgegenkam und im Verhältnis zum Vater eine individuelle Wiederbelebung erfuhr, die Vorstellung von einer übermächtigen und gefährlichen Persönlichkeit, gegen die man sich nur passiv-masochistisch einstellen konnte, an die man seinen Willen verlieren mußte und mit der allein zu sein, „ihr unter die Augen zu treten" ein bedenkliches Wagnis schien. Nur so etwa können wir uns das Verhältnis eines Einzelnen der Urhorde zum Urvater vorstellen. Wie wir aus anderen Reaktionen wissen, hat der Einzelne ein variables Maß von persönlicher Eignung zur Wiederbelebung solch alter Situationen bewahrt. Ein Wissen, daß die Hypnose doch nur ein Spiel, eine lügenhafte Erneuerung jener alten Eindrücke ist, kann aber erhalten bleiben und für den Widerstand gegen allzu ernsthafte Konsequenzen der hypnotischen Willensaufhebung sorgen.

Der unheimliche, zwanghafte Charakter der Massenbildung, der sich in ihren Suggestionserscheinungen zeigt, kann also wohl mit Recht auf ihre Abkunft von der Urhorde zurückgeführt werden. Der Führer der Masse ist noch immer der gefürchtete Urvater, die Masse will immer noch von unbeschränkter Gewalt

---

bewußt mit gleichbleibenden, uninteressanten Wahrnehmungen beschäftigt, findet ein Gegenstück in den Vorkommnissen der psychoanalytischen Behandlung, das hier erwähnt zu werden verdient. In jeder Analyse ereignet es sich mindestens einmal, daß der Patient hartnäckig behauptet, jetzt fiele ihm aber ganz bestimmt nichts ein. Seine freien Assoziationen stocken, und die gewöhnlichen Antriebe, sie in Gang zu bringen, schlagen fehl. Durch Drängen erreicht man endlich das Eingeständnis, der Patient denke an die Aussicht aus dem Fenster des Behandlungsraumes, an die Tapete der Wand, die er vor sich sieht, oder an die Gaslampe, die von der Zimmerdecke herabhängt. Man weiß dann sofort, daß er sich in die Übertragung begeben hat, von noch unbewußten Gedanken in Anspruch genommen wird, die sich auf den Arzt beziehen, und sieht die Stockung in den Einfällen des Patienten schwinden, sobald man ihm diese Aufklärung gegeben hat.

46 Ferenczi, *Introjektion und Übertragung*. Jahrbuch f. psychoanalytische u. psychopathol. Forschungen, I, 1909.

beherrscht werden, sie ist im höchsten Grade autoritätssüchtig, hat nach *Le Bons* Ausdruck den Durst nach Unterwerfung. Der Urvater ist das Massenideal, das an Stelle des Ichideals das Ich beherrscht. Die Hypnose hat ein gutes Anrecht auf die Bezeichnung: eine Masse zu zweit; für die Suggestion erübrigt die Definition einer Überzeugung, die nicht auf Wahrnehmung und Denkarbeit, sondern auf erotische Bindung gegründet ist.[47]

XI
Eine Stufe im Ich

Wenn man, eingedenk der einander ergänzenden Beschreibungen der Autoren über Massenpsychologie, das Leben der heutigen Einzelmenschen überblickt, mag man vor den Komplikationen, die sich hier zeigen, den Mut zu einer zusammenfassenden Darstellung verlieren. Jeder Einzelne ist ein Bestandteil von vielen Massen, durch Identifizierung vielseitig gebunden und hat sein Ichideal nach den verschiedensten Vorbildern aufgebaut. Jeder Einzelne hat so Anteil an vielen Massenseelen, an der seiner Rasse, des Standes, der Glaubensgemeinschaft, der Staatlichkeit usw., und kann sich darüber hinaus zu einem Stückchen Selbständigkeit und Originalität erheben. Diese ständigen und dauerhaften Massenbildungen fallen in ihren gleichmäßig anhaltenden Wirkungen der Beobachtung weniger auf als die rasch gebildeten, vergänglichen Massen, nach denen *Le Bon* die glänzende psychologische Charakteristik der Massenseele entworfen hat, und in diesen lärmenden, ephemeren, den anderen gleichsam superponierten Massen begibt sich eben das Wunder, daß dasjenige, was wir eben als die individuelle Ausbildung anerkannt haben, spurlos, wenn auch nur zeitweilig, untergeht.

Wir haben dies Wunder so verstanden, daß der Einzelne sein Ichideal aufgibt und es gegen das im Führer verkörperte Massenideal vertauscht. Das Wunder, dürfen wir berichtigend hinzufügen, ist nicht in allen Fällen gleich groß. Die Sonderung von Ich und Ichideal ist bei vielen Individuen nicht weit vorgeschritten, die beiden fallen noch leicht zusammen, das Ich hat sich oft die frühere narzißtische Selbstgefälligkeit bewahrt. Die Wahl des Führers wird durch dies Verhältnis sehr erleichtert. Er braucht oft nur die typischen Eigenschaften dieser

[47] Es erscheint mir der Hervorhebung wert, daß wir durch die Erörterungen dieses Abschnittes veranlaßt werden, von der Bernheimschen Auffassung der Hypnose auf die naive ältere derselben zurückzugreifen. Nach Bernheim sind alle hypnotischen Phänomene von dem weiter nicht aufzuklärenden Moment der Suggestion abzuleiten. Wir schließen, daß die Suggestion eine Teilerscheinung des hypnotischen Zustandes ist, der in einer unbewußt erhaltenen Disposition aus der Urgeschichte der menschlichen Familie seine gute Begründung hat.

Individuen in besonders scharfer und reiner Ausprägung zu besitzen und den Eindruck größerer Kraft und libidinöser Freiheit zu machen, so kommt ihm das Bedürfnis nach einem starken Oberhaupt entgegen und bekleidet ihn mit der Übermacht, auf die er sonst vielleicht keinen Anspruch hätte. Die anderen, deren Ichideal sich in seiner Person sonst nicht ohne Korrektur verkörpert hätte, werden dann „suggestiv", das heißt durch Identifizierung mitgerissen.

Wir erkennen, was wir zur Aufklärung der libidinösen Struktur einer Masse beitragen konnten, führt sich auf die Unterscheidung des Ichs vom Ichideal und auf die dadurch ermöglichte doppelte Art der Bindung – Identifizierung und Einsetzung des Objekts an die Stelle des Ichideals – zurück. Die Annahme einer solchen Stufe im Ich als erster Schritt einer Ichanalyse muß ihre Rechtfertigung allmählich auf den verschiedensten Gebieten der Psychologie erweisen. In meiner Schrift *Zur Einführung des Narzißmus*[48] habe ich zusammengetragen, was sich zunächst von pathologischem Material zur Stütze dieser Sonderung verwerten ließ. Aber man darf erwarten, daß sich ihre Bedeutung bei weiterer Vertiefung in die Psychologie der Psychosen als eine viel größere enthüllen wird. Denken wir daran, daß das Ich nun in die Beziehung eines Objekts zu dem aus ihm entwickelten Ichideal tritt und daß möglicherweise alle Wechselwirkungen, die wir zwischen äußerem Objekt und Gesamt-Ich in der Neurosenlehre kennengelernt haben, auf diesem neuen Schauplatz innerhalb des Ichs zur Wiederholung kommen.

Ich will hier nur einer der von diesem Standpunkt aus möglichen Folgerungen nachgehen und damit die Erörterung eines Problems fortsetzen, das ich an anderer Stelle ungelöst verlassen mußte.[49] Jede der seelischen Differenzierungen, die uns bekannt geworden sind, stellt eine neue Erschwerung der seelischen Funktion dar, steigert deren Labilität und kann der Ausgangspunkt eines Versagens der Funktion, einer Erkrankung werden. So haben wir mit dem Geborenwerden den Schritt vom absolut selbstgenügsamen Narzißmus zur Wahrnehmung einer veränderlichen Außenwelt und zum Beginn der Objektfindung gemacht, und damit ist verknüpft, daß wir den neuen Zustand nicht dauernd ertragen, daß wir ihn periodisch rückgängig machen und im Schlaf zum früheren Zustand der Reizlosigkeit und Objektvermeidung zurückkehren. Wir folgen dabei allerdings einem Wink der Außenwelt, die uns durch den periodischen Wechsel von Tag und Nacht zeitweilig den größten Anteil der auf uns wirkenden Reize entzieht.

48 Jahrbuch der Psychoanalyse, VI, 1914. Sammlung kleiner Schriften zur Neurosenlehre, 4. Folge.

49 *Trauer und Melancholie.* Internationale Zeitschrift für Psychoanalyse, IV, 1916/18. Sammlung kleiner Schriften zur Neurosenlehre, 4. Folge.

Keiner ähnlichen Einschränkung ist das zweite, für die Pathologie bedeutsamere Beispiel unterworfen. Im Laufe unserer Entwicklung haben wir eine Sonderung unseres seelischen Bestandes in ein kohärentes Ich und ein außerhalb dessen gelassenes, unbewußtes Verdrängtes vorgenommen, und wir wissen, daß die Stabilität dieser Neuerwerbung beständigen Erschütterungen ausgesetzt ist. Im Traum und in der Neurose pocht dieses Ausgeschlossene um Einlaß an den von Widerständen bewachten Pforten, und in wacher Gesundheit bedienen wir uns besonderer Kunstgriffe, um das Verdrängte mit Umgehung der Widerstände und unter Lustgewinn zeitweilig in unser Ich aufzunehmen. Witz und Humor, zum Teil auch das Komische überhaupt, dürfen in diesem Licht betrachtet werden. Jedem Kenner der Neurosenpsychologie werden ähnliche Beispiele von geringerer Tragweite einfallen, aber ich eile zu der beabsichtigten Anwendung.

Es wäre gut denkbar, daß auch die Scheidung des Ichideals vom Ich nicht dauernd vertragen wird und sich zeitweilig zurückbilden muß. Bei allen Verzichten und Einschränkungen, die dem Ich auferlegt werden, ist der periodische Durchbruch der Verbote Regel, wie ja die Institution der Feste zeigt, die ursprünglich nichts anderes sind als vom Gesetz gebotene Exzesse und dieser Befreiung auch ihren heiteren Charakter verdanken.[50] Die Saturnalien der Römer und unser heutiger Karneval treffen in diesem wesentlichen Zug mit den Festen der Primitiven zusammen, die in Ausschweifungen jeder Art mit Übertretung der sonst heiligsten Gebote auszugehen pflegen. Das Ichideal umfaßt aber die Summe aller Einschränkungen, denen das Ich sich fügen soll, und darum müßte die Einziehung des Ideals ein großartiges Fest für das Ich sein, das dann wieder einmal mit sich selbst zufrieden sein dürfte.[51]

Es kommt immer zu einer Empfindung von Triumph, wenn etwas im Ich mit dem Ichideal zusammenfällt. Als Ausdruck der Spannung zwischen Ich und Ideal kann auch das Schuldgefühl (und Minderwertigkeitsgefühl) verstanden werden.

Es gibt bekanntlich Menschen, bei denen das Allgemeingefühl der Stimmung in periodischer Weise schwankt, von einer übermäßigen Gedrücktheit durch einen gewissen Mittelzustand zu einem erhöhten Wohlbefinden, und zwar treten diese Schwankungen in sehr verschieden großen Amplituden auf, vom eben Merklichen bis zu jenen Extremen, die als Melancholie und Manie höchst qualvoll oder störend in das Leben der Betroffenen eingreifen. In typi-

---

50 *Totem und Tabu.*

51 Trotter läßt die Verdrängung vom Herdentrieb ausgehen. Es ist eher eine Übersetzung in eine andere Ausdrucksweise als ein Widerspruch, wenn ich in der *Einführung des Narzißmus* gesagt habe: die Idealbildung wäre von seiten des Ichs die Bedingung der Verdrängung.

schen Fällen dieser zyklischen Verstimmung scheinen äußere Veranlassungen keine entscheidende Rolle zu spielen; von inneren Motiven findet man bei diesen Kranken nicht mehr oder nichts anderes als bei allen anderen. Man hat sich deshalb gewöhnt, diese Fälle als nicht psychogene zu beurteilen. Von anderen, ganz ähnlichen Fällen zyklischer Verstimmung, die sich aber leicht auf seelische Traumen zurückführen, soll später die Rede sein.

Die Begründung dieser spontanen Stimmungsschwankungen ist also unbekannt; in den Mechanismus der Ablösung einer Melancholie durch eine Manie fehlt uns die Einsicht. Somit wären dies die Kranken, für welche unsere Vermutung Geltung haben könnte, daß ihr Ichideal zeitweilig ins Ich aufgelöst wird, nachdem es vorher besonders strenge regiert hat.

Halten wir zur Vermeidung von Unklarheiten fest: Auf dem Boden unserer Ichanalyse ist es nicht zweifelhaft, daß beim Manischen Ich und Ichideal zusammengeflossen sind, so daß die Person sich in einer durch keine Selbstkritik gestörten Stimmung von Triumph und Selbstbeglücktheit des Wegfalles von Hemmungen, Rücksichten und Selbstvorwürfen erfreuen kann. Es ist minder evident, aber doch recht wahrscheinlich, daß das Elend des Melancholikers der Ausdruck eines scharfen Zwiespalts zwischen beiden Instanzen des Ichs ist, in dem das übermäßig empfindliche Ideal seine Verurteilung des Ichs im Kleinheitswahn und in der Selbsterniedrigung schonungslos zum Vorschein bringt. In Frage steht nur, ob man die Ursache dieser veränderten Beziehungen zwischen Ich und Ichideal in den oben postulierten periodischen Auflehnungen gegen die neue Institution suchen oder andere Verhältnisse dafür verantwortlich machen soll.

Der Umschlag in Manie ist kein notwendiger Zug im Krankheitsbild der melancholischen Depression. Es gibt einfache, einmalige und auch periodisch wiederholte Melancholien, welche niemals dieses Schicksal haben. Anderseits gibt es Melancholien, bei denen die Veranlassung offenbar eine ätiologische Rolle spielt. Es sind die nach dem Verlust eines geliebten Objekts, sei es durch den Tod desselben oder infolge von Umständen, die zum Rückzug der Libido vom Objekt genötigt haben. Eine solche psychogene Melancholie kann ebensowohl in Manie ausgehen und dieser Zyklus mehrmals wiederholt werden wie bei einer anscheinend spontanen. Die Verhältnisse sind also ziemlich undurchsichtig, zumal da bisher nur wenige Formen und Fälle von Melancholie der psychoanalytischen Untersuchung unterzogen worden sind.[52] Wir verstehen bis jetzt nur jene Fälle, in denen das Objekt aufgegeben wurde, weil es sich der Liebe unwür-

---

[52] Vgl. Abraham, *Ansätze zur psychoanalytischen Erforschung und Behandlung des manisch-depressiven Irreseins usw.,* 1912, in *Klinische Beiträge zur Psychoanalyse*, 1921.

dig gezeigt hatte. Es wird dann durch Identifizierung im Ich wieder aufgerichtet und vom Ichideal streng gerichtet. Die Vorwürfe und Aggressionen gegen das Objekt kommen als melancholische Selbstvorwürfe zum Vorschein.[53]

Auch an eine solche Melancholie kann sich der Umschlag in Manie anschließen, so daß diese Möglichkeit einen von den übrigen Charakteren des Krankheitsbildes unabhängigen Zug darstellt.

Ich sehe indes keine Schwierigkeit, das Moment der periodischen Auflehnung des Ichs gegen das Ichideal für beide Arten der Melancholien, die psychogenen wie die spontanen, in Betracht kommen zu lassen. Bei den spontanen kann man annehmen, daß das Ichideal zur Entfaltung einer besonderen Strenge neigt, die dann automatisch seine zeitweilige Aufhebung zur Folge hat. Bei den psychogenen würde das Ich zur Auflehnung gereizt durch die Mißhandlung von seiten seines Ideals, die es im Fall der Identifizierung mit einem verworfenen Objekt erfährt.

XII
Nachträge

Im Laufe der Untersuchung, die jetzt zu einem vorläufigen Abschluß gekommen ist, haben sich uns verschiedene Nebenwege eröffnet, die wir zuerst vermieden haben, auf denen uns aber manche nahe Einsicht winkte. Einiges von dem so Zurückgestellten wollen wir nun nachholen.

A) Die Unterscheidung von Ichidentifizierung und Ichidealersetzung durch das Objekt findet eine interessante Erläuterung an den zwei großen künstlichen Massen, die wir eingangs studiert haben, dem Heer und der christlichen Kirche.

Es ist evident, daß der Soldat seinen Vorgesetzten, also eigentlich den Armeeführer, zum Ideal nimmt, während er sich mit seinesgleichen identifiziert und aus dieser Ichgemeinsamkeit die Verpflichtungen der Kameradschaft zur gegenseitigen Hilfeleistung und Güterteilung ableitet. Aber er wird lächerlich, wenn er sich mit dem Feldherrn identifizieren will. Der Jäger in Wallensteins Lager verspottet darob den Wachtmeister:

> Wie er räuspert und wie er spuckt,
> Das habt ihr ihm glücklich abgeguckt! ...

---

[53] Genauer gesagt: sie verbergen sich hinter den Vorwürfen gegen das eigene Ich, verleihen ihnen die Festigkeit, Zähigkeit und Unabweisbarkeit, durch welche sich die Selbstvorwürfe der Melancholiker auszeichnen.

Anders in der katholischen Kirche. Jeder Christ liebt Christus als sein Ideal und fühlt sich den anderen Christen durch Identifizierung verbunden. Aber die Kirche fordert von ihm mehr. Er soll überdies sich mit Christus identifizieren und die anderen Christen lieben, wie Christus sie geliebt hat. Die Kirche fordert also an beiden Stellen die Ergänzung der durch die Massenbildung gegebenen Libidoposition. Die Identifizierung soll dort hinzukommen, wo die Objektwahl stattgefunden hat; und die Objektliebe dort, wo die Identifizierung besteht. Dieses Mehr geht offenbar über die Konstitution der Masse hinaus. Man kann ein guter Christ sein, und doch könnte einem die Idee, sich an Christi Stelle zu setzen, wie er alle Menschen liebend zu umfassen, ferne liegen. Man braucht sich ja nicht als schwacher Mensch die Seelengröße und Liebesstärke des Heilands zuzutrauen. Aber diese Weiterentwicklung der Libidoverteilung in der Masse ist wahrscheinlich das Moment, auf welches das Christentum den Anspruch gründet, eine höhere Sittlichkeit gewonnen zu haben.

B) Wir sagten, es wäre möglich, die Stelle in der seelischen Entwicklung der Menschheit anzugeben, an der sich auch für den Einzelnen der Fortschritt von der Massen- zur Individualpsychologie vollzog.[54]

Dazu müssen wir wieder kurz auf den wissenschaftlichen Mythus vom Vater der Urhorde zurückgreifen. Er wurde später zum Weltschöpfer erhöht, mit Recht, denn er hatte alle die Söhne erzeugt, welche die. erste Masse zusammensetzten. Er war das Ideal jedes einzelnen von ihnen, gleichzeitig gefürchtet und verehrt, was für später den Begriff des Tabu ergab. Diese Mehrheit faßte sich einmal zusammen, tötete und zerstückelte ihn. Keiner der Massensieger konnte sich an seine Stelle setzen, oder wenn es einer tat, erneuerten sich die Kämpfe, bis sie einsahen, daß sie alle auf die Erbschaft des Vaters verzichten mußten. Sie bildeten dann die totemistische Brüdergemeinschaft, alle mit gleichem Rechte und durch die Totemverbote gebunden, die das Andenken der Mordtat erhalten und sühnen sollten. Aber die Unzufriedenheit mit dem Erreichten blieb und wurde die Quelle neuer Entwicklungen. Allmählich näherten sich die zur Brudermasse Verbundenen einer Herstellung des alten Zustandes auf neuem Niveau, der Mann wurde wiederum Oberhaupt einer Familie und brach die Vorrechte der Frauenherrschaft, die sich in der vaterlosen Zeit festgesetzt hatte. Zur Entschädigung mag er damals die Muttergottheiten anerkannt haben, deren Priester kastriert wurden zur Sicherung der Mutter nach dem Beispiel, das der Vater der Urhorde gegeben hatte; doch war die neue Familie nur ein Schatten der alten, der Väter waren viele und jeder durch die Rechte des anderen beschränkt.

---

[54] Das hier folgende steht unter dem Einflusse eines Gedankenaustausches mit *Otto Rank*. (S. *Die Don-Juan-Gestalt*, Imago VIII, 1922); seither auch in Buchform, 1924.

Damals mag die sehnsüchtige Entbehrung einen Einzelnen bewogen haben, sich von der Masse loszulösen und sich in die Rolle des Vaters zu versetzen. Wer dies tat, war der erste epische Dichter, der Fortschritt wurde in seiner Phantasie vollzogen. Der Dichter log die Wirklichkeit um im Sinne seiner Sehnsucht. Er erfand den heroischen Mythus. Heros war, wer allein den Vater erschlagen hatte, der im Mythus noch als totemistisches Ungeheuer erschien. Wie der Vater das erste Ideal des Knaben gewesen war, so schuf jetzt der Dichter im Heros, der den Vater ersetzen will, das erste Ichideal. Die Anknüpfung an den Heros bot wahrscheinlich der jüngste Sohn, der Liebling der Mutter, den sie vor der väterlichen Eifersucht beschützt hatte und der in Urhordenzeiten der Nachfolger des Vaters geworden war. In der lügenhaften Umdichtung der Urzeit wurde das Weib, das der Kampfpreis und die Verlockung des Mordes gewesen war, wahrscheinlich zur Verführerin und Anstifterin der Untat.

Der Heros will die Tat allein vollbracht haben, deren sich gewiß nur die Horde als Ganzes getraut hatte. Doch hat nach einer Bemerkung von *Rank* das Märchen deutliche Spuren des verleugneten Sachverhaltes bewahrt. Denn dort kommt es häufig vor, daß der Held, der eine schwierige Aufgabe zu lösen hat – meist ein jüngster Sohn, nicht selten einer, der sich vor dem Vatersurrogat dumm, das heißt ungefährlich gestellt hat –, diese Aufgabe doch nur mit Hilfe einer Schar von kleinen Tieren (Bienen, Ameisen) lösen kann. Dies wären die Brüder der Urhorde, wie ja auch in der Traumsymbolik Insekten, Ungeziefer die Geschwister (verächtlich: als kleine Kinder) bedeuten. Jede der Aufgaben in Mythus und Märchen ist überdies leicht als Ersatz der heroischen Tat zu erkennen.

Der Mythus ist also der Schritt, mit dem der Einzelne aus der Massenpsychologie austritt. Der erste Mythus war sicherlich der psychologische, der Heroenmythus; der erklärende Naturmythus muß weit später aufgekommen sein. Der Dichter, der diesen Schritt getan und sich so in der Phantasie von der Masse gelöst hatte, weiß nach einer weiteren Bemerkung von *Rank* doch in der Wirklichkeit die Rückkehr zu ihr zu finden. Denn er geht hin und erzählt dieser Masse die Taten seines Helden, die er erfunden. Dieser Held ist im Grunde kein anderer als er selbst. Er senkt sich somit zur Realität herab und hebt seine Hörer zur Phantasie empor. Die Hörer aber verstehen den Dichter, sie können sich auf Grund der nämlichen sehnsüchtigen Beziehung zum Urvater mit dem Heros identifizieren.[55]

[55] Vgl. Hanns Sachs, *Gemeinsame Tagträume*, Autoreferat eines Vortrages auf dem VI. Psychoanalytischen Kongreß im Haag, 1920. Internationale Zeitschrift für Psychoanalyse VI, 1920; seither auch in Buchform erschienen (Imago-Bücher, Bd. 3).

Die Lüge des heroischen Mythus gipfelt in der Vergottung des Heros. Vielleicht war der vergottete Heros früher als der Vatergott, der Vorläufer der Wiederkehr des Urvaters als Gottheit. Die Götterreihe liefe dann chronologisch so: Muttergöttin–Heros–Vatergott. Aber erst mit der Erhöhung des nie vergessenen Urvaters erhielt die Gottheit die Züge, die wir noch heute an ihr kennen.[56]

C) Wir haben in dieser Abhandlung viel von direkten und von zielgehemmten Sexualtrieben gesprochen und dürfen hoffen, daß diese Unterscheidung nicht auf großen Widerstand stoßen wird. Doch wird eine eingehende Erörterung darüber nicht unwillkommen sein, selbst wenn sie nur wiederholt, was zum großen Teil bereits an früheren Stellen gesagt worden ist.

Das erste, aber auch beste Beispiel zielgehemmter Sexualtriebe hat uns die Libidoentwicklung des Kindes kennen gelehrt. Alle die Gefühle, welche das Kind für seine Eltern und Pflegepersonen empfindet, setzen sich ohne Schranke in die Wünsche fort, welche dem Sexualstreben des Kindes Ausdruck geben. Das Kind verlangt von diesen geliebten Personen alle Zärtlichkeiten, die ihm bekannt sind, will sie küssen, berühren, beschauen, ist neugierig, ihre Genitalien zu sehen und bei ihren intimen Exkretionsverrichtungen anwesend zu sein, es verspricht, die Mutter oder Pflegerin zu heiraten, was immer es sich darunter vorstellen mag, setzt sich vor, dem Vater ein Kind zu gebären usw. Direkte Beobachtung sowie die nachträgliche analytische Durchleuchtung der Kindheitsreste lassen über das unmittelbare Zusammenfließen zärtlicher und eifersüchtiger Gefühle und sexueller Absichten keinen Zweifel und legen uns dar, in wie gründlicher Weise das Kind die geliebte Person zum Objekt aller seiner noch nicht richtig zentrierten Sexualbestrebungen macht. (Vgl. Sexualtheorie.)

Diese erste Liebesgestaltung des Kindes, die typisch dem Ödipuskomplex zugeordnet ist, erliegt dann, wie bekannt, vom Beginn der Latenzzeit an einem Verdrängungsschub. Was von ihr erübrigt, zeigt sich uns als rein zärtliche Gefühlsbindung, die denselben Personen gilt, aber nicht mehr als „sexuell" bezeichnet werden soll. Die Psychoanalyse, welche die Tiefen des Seelenlebens durchleuchtet, hat es nicht schwer aufzuweisen, daß auch die sexuellen Bindungen der ersten Kinderjahre noch fortbestehen, aber verdrängt und unbewußt. Sie gibt uns den Mut zu behaupten, daß überall, wo wir ein zärtliches Gefühl begegnen, dies der Nachfolger einer voll „sinnlichen" Objektbindung, an die betreffende Person oder ihr Vorbild (ihre Imago) ist. Sie kann uns freilich nicht ohne besondere Untersuchung verraten, ob diese vorgängige sexuelle Vollströmung in einem gegebenen Fall noch als verdrängt besteht oder ob sie bereits

[56] In dieser abgekürzten Darstellung ist auf alles Material aus Sage, Mythus, Märchen, Sittengeschichte usw. zur Stütze der Konstruktion verzichtet worden.

aufgezehrt ist. Um es noch schärfer zu fassen: es steht fest, daß sie als Form und Möglichkeit noch vorhanden ist und jederzeit wieder durch Regression besetzt, aktiviert werden kann; es fragt sich nur und ist nicht immer zu entscheiden, welche Besetzung und Wirksamkeit sie gegenwärtig noch hat. Man muß sich hiebei gleichmäßig vor zwei Fehlerquellen in acht nehmen, vor der Scylla der Unterschätzung des verdrängten Unbewußten, wie vor der Charybdis der Neigung, das Normale durchaus mit dem Maß des Pathologischen zu messen.

Der Psychologie, welche die Tiefe des Verdrängten nicht durchdringen will oder kann, stellen sich die zärtlichen Gefühlsbindungen jedenfalls als Ausdruck von Strebungen dar, die nicht nach dem Sexuellen zielen, wenngleich sie aus solchen, die danach gestrebt haben, hervorgegangen sind.[57]

Wir sind berechtigt zu sagen, sie sind von diesen sexuellen Zielen abgelenkt worden, wenngleich es seine Schwierigkeiten hat, in der Darstellung einer solchen Zielablenkung den Anforderungen der Metapsychologie zu entsprechen. Übrigens halten diese zielgehemmten Triebe immer noch einige der ursprünglichen Sexualziele fest; auch der zärtlich Anhängliche, auch der Freund, der Verehrer sucht die körperliche Nähe und den Anblick der nur mehr im „*paulinischen*" Sinne geliebten Person. Wenn wir es wollen, können wir in dieser Zielablenkung einen Beginn von *Sublimierung* der Sexualtriebe anerkennen oder aber die Grenze für letztere noch ferner stecken. Die zielgehemmten Sexualtriebe haben vor den ungehemmten einen großen funktionellen Vorteil. Da sie einer eigentlich vollen Befriedigung nicht fähig sind, eignen sie sich besonders dazu, dauernde Bindungen zu schaffen, während die direkt sexuellen jedesmal durch die Befriedigung ihrer Energie verlustig werden und auf Erneuerung durch Wiederanhäufung der sexuellen Libido warten müssen, wobei inzwischen das Objekt gewechselt werden kann. Die gehemmten Triebe sind jedes Maßes von Vermengung mit den ungehemmten fähig, können sich in sie rückverwandeln, wie sie aus ihnen hervorgegangen sind. Es ist bekannt, wie leicht sich aus Gefühlsbeziehungen freundschaftlicher Art, auf Anerkennung und Bewunderung gegründet, erotische Wünsche entwickeln (das *Molièresche*: „*Embrassez-moi pour l'amour du Grec*"), zwischen Meister und Schülerin, Künstler und entzückter Zuhörerin, zumal bei Frauen. Ja, die Entstehung solcher zuerst absichtsloser Gefühlsbindungen gibt direkt einen vielbegangenen Weg zur sexuellen Objektwahl. In der *Frömmigkeit des Grafen von Zinzendorf* hat *Pfister* ein überdeutliches, gewiß nicht vereinzeltes Beispiel dafür aufgezeigt, wie nahe es liegt, daß auch intensive religiöse Bindung in brünstige sexuelle Erregung zurückschlägt. Anderseits ist auch die Umwandlung direkter, an sich kurzlebiger, sexueller Strebungen in dauernde, bloß zärt-

57 Die feindseligen Gefühle sind gewiß um ein Stück komplizierter aufgebaut.

liche Bindung etwas sehr Gewöhnliches, und die Konsolidierung einer aus verliebter Leidenschaft geschlossenen Ehe beruht zu einem großen Teil auf diesem Vorgang.

Es wird uns natürlich nicht verwundern zu hören, daß die zielgehemmten Sexualstrebungen sich aus den direkt sexuellen dann ergeben, wenn sich der Erreichung der Sexualziele innere oder äußere Hindernisse entgegenstellen. Die Verdrängung der Latenzzeit ist ein solches inneres – oder besser: innerlich gewordenes – Hindernis. Vom Vater der Urhorde haben wir angenommen, daß er durch seine sexuelle Intoleranz alle Söhne zur Abstinenz nötigt und sie so in zielgehemmte Bindungen drängt, während er sich selbst freien Sexualgenuß vorbehält und somit ungebunden bleibt. Alle Bindungen, auf denen die Masse beruht, sind von der Art der zielgehemmten Triebe. Damit aber haben wir uns der Erörterung eines neuen Themas genähert, welches die Beziehung der direkten Sexualtriebe zur Massenbildung behandelt.

D) Wir sind bereits durch die beiden letzten Bemerkungen darauf vorbereitet zu finden, daß die direkten Sexualstrebungen der Massenbildung ungünstig sind. Es hat zwar auch in der Entwicklungsgeschichte der Familie Massenbeziehungen der sexuellen Liebe gegeben (die Gruppenehe), aber je bedeutungsvoller die Geschlechtsliebe für das Ich wurde, je mehr Verliebtheit sie entwickelte, desto eindringlicher forderte sie die Einschränkung auf zwei Personen – *una cum uno* –, die durch die Natur des Genitalzieles vorgezeichnet ist. Die polygamen Neigungen wurden darauf angewiesen, sich im Nacheinander des Objektwechsels zu befriedigen.

Die beiden zum Zweck der Sexualbefriedigung aufeinander angewiesenen Personen demonstrieren gegen den Herdentrieb, das Massengefühl, indem sie die Einsamkeit aufsuchen. Je verliebter sie sind, desto vollkommener genügen sie einander. Die Ablehnung des Einflusses der Masse äußert sich als Schamgefühl. Die äußerst heftigen Gefühlsregungen der Eifersucht werden aufgeboten, um die sexuelle Objektwahl gegen die Beeinträchtigung durch eine Massenbindung zu schützen. Nur wenn der zärtliche, also persönliche Faktor der Liebesbeziehung völlig hinter dem sinnlichen zurücktritt, wird der Liebesverkehr eines Paares in Gegenwart anderer oder gleichzeitige Sexualakte innerhalb einer Gruppe wie bei der Orgie möglich. Damit ist aber eine Regression zu einem frühen Zustand der Geschlechtsbeziehungen gegeben, in dem die Verliebtheit noch keine Rolle spielte, die Sexualobjekte einander gleichwertig erachtet wurden, etwa im Sinne von dem bösen Wort *Bernard Shaws*: Verliebtsein heiße, den Unterschied zwischen einem Weib und einem anderen ungebührlich überschätzen.

Es sind reichlich Anzeichen dafür vorhanden, daß die Verliebtheit erst spät in die Sexualbeziehungen zwischen Mann und Weib Eingang fand, so daß auch die

Gegnerschaft zwischen Geschlechtsliebe und Massenbindung eine spät entwikkelte ist. Nun kann es den Anschein haben, als ob diese Annahme unverträglich mit unserem Mythus von der Urfamilie wäre. Die Brüderschar soll doch durch die Liebe zu den Müttern und Schwestern zum Vatermord getrieben worden sein, und es ist schwer, sich diese Liebe anders denn als eine ungebrochene, primitive, das heißt als innige Vereinigung von zärtlicher und sinnlicher vorzustellen. Allein bei weiterer Überlegung löst sich dieser Einwand in eine Bestätigung auf. Eine der Reaktionen auf den Vatermord war doch die Einrichtung der totemistischen Exogamie, das Verbot jeder sexuellen Beziehung mit den von der Kindheit an zärtlich geliebten Frauen der Familie. Damit war der Keil zwischen die zärtlichen und sinnlichen Regungen des Mannes eingetrieben, der heute noch in seinem Liebesleben festsitzt.[58] Infolge dieser Exogamie mußten sich die sinnlichen Bedürfnisse der Männer mit fremden und ungeliebten Frauen begnügen.

In den großen, künstlichen Massen, Kirche und Heer, ist für das Weib als Sexualobjekt kein Platz. Die Liebesbeziehung zwischen Mann und Weib bleibt außerhalb dieser Organisationen. Auch wo sich Massen bilden, die aus Männern und Weibern gemischt sind, spielt der Geschlechtsunterschied keine Rolle. Es hat kaum einen Sinn zu fragen, ob die Libido, welche die Massen zusammenhält, homosexueller oder heterosexueller Natur ist, denn sie ist nicht nach den Geschlechtern differenziert und sieht insbesondere von den Zielen der Genitalorganisation der Libido völlig ab.

Die direkten Sexualstrebungen erhalten auch für das sonst in der Masse aufgehende Einzelwesen ein Stück individueller Betätigung. Wo sie überstark werden, zersetzen sie jede Massenbildung. Die katholische Kirche hatte die besten Motive, ihren Gläubigen die Ehelosigkeit zu empfehlen und ihren Priestern das Zölibat aufzuerlegen, aber die Verliebtheit hat oft auch Geistliche zum Austritt aus der Kirche getrieben. In gleicher Weise durchbricht die Liebe zum Weibe die Massenbindungen der Rasse, der nationalen Absonderung und der sozialen Klassenordnung und vollbringt damit kulturell wichtige Leistungen. Es scheint gesichert, daß sich die homosexuelle Liebe mit den Massenbindungen weit besser verträgt, auch wo sie als ungehemmte Sexualstrebung auftritt; eine merkwürdige Tatsache, deren Aufklärung weit führen dürfte.

Die psychoanalytische Untersuchung der Psychoneurosen hat uns gelehrt, daß deren Symptome von verdrängten, aber aktiv gebliebenen direkten Sexualstrebungen abzuleiten sind. Man kann diese Formel vervollständigen, wenn man hinzufügt: oder von solchen zielgehemmten, bei denen die Hemmung nicht durchgehends gelungen ist oder einer Rückkehr zum verdrängten Sexualziel den

58 S. *Über die allgemeinste Erniedrigung des Liebeslebens*, 1912.

Platz geräumt hat. Diesem Verhältnis entspricht, daß die Neurose asozial macht, den von ihr Betroffenen aus den habituellen Massenbildungen heraushebt. Man kann sagen, die Neurose wirkt in ähnlicher Weise zersetzend auf die Masse wie die Verliebtheit. Dafür kann man sehen, daß dort, wo ein kräftiger Anstoß zur Massenbildung erfolgt ist, die Neurosen zurücktreten und wenigstens für eine Zeitlang schwinden können. Man hat auch mit Recht versucht, diesen Widerstreit von Neurose und Massenbildung therapeutisch zu verwerten. Auch wer das Schwinden der religiösen Illusionen in der heutigen Kulturwelt nicht bedauert, wird zugestehen, daß sie den durch sie Gebundenen den stärksten Schutz gegen die Gefahr der Neurose boten, solange sie selbst noch in Kraft waren. Es ist auch nicht schwer, in all den Bindungen an mystisch-religiöse oder philosophisch-mystische Sekten und Gemeinschaften den Ausdruck von Schiefheilungen mannigfaltiger Neurosen zu erkennen. Das alles hängt mit dem Gegensatz der direkten und zielgehemmten Sexualstrebungen zusammen.

Sich selbst überlassen, ist der Neurotiker genötigt, sich die großen Massenbildungen, von denen er ausgeschlossen ist, durch seine Symptombildungen zu ersetzen. Er schafft sich seine eigene Phantasiewelt, seine Religion, sein Wahnsystem und wiederholt so die Institutionen der Menschheit in einer Verzerrung, welche deutlich den übermächtigen Beitrag der direkten Sexualstrebungen bezeugt.[59]

E) Fügen wir zum Schluß eine vergleichende Würdigung der Zustände, die uns beschäftigt haben, vom Standpunkt der Libidotheorie an, der Verliebtheit, Hypnose, Massenbildung und der Neurose.

Die *Verliebtheit* beruht auf dem gleichzeitigen Vorhandensein von direkten und von zielgehemmten Sexualstrebungen, wobei das Objekt einen Teil der narzißtischen Ichlibido auf sich zieht. Sie hat nur Raum für das Ich und das Objekt.

Die *Hypnose* teilt mit der Verliebtheit die Einschränkung auf diese beiden Personen, aber sie beruht durchaus auf zielgehemmten Sexualstrebungen und setzt das Objekt an die Stelle das Ichideals.

Die *Masse* vervielfältigt diesen Vorgang, sie stimmt mit der Hypnose in der Natur der sie zusammenhaltenden Triebe und in der Ersetzung des Ichideals durch das Objekt überein, aber sie fügt die Identifizierung mit anderen Individuen hinzu, die vielleicht ursprünglich durch die gleiche Beziehung zum Objekt ermöglicht wurde.

Beide Zustände, Hypnose wie Massenbildung, sind Erbniederschläge aus der Phylogenese der menschlichen Libido, die Hypnose als Disposition, die Masse

[59] S. *Totem und Tabu*, zu Ende des Abschnittes II: *Das Tabu und die Ambivalenz*.

überdies als direktes Überbleibsel. Die Ersetzung der direkten Sexualstrebungen durch die zielgehemmten befördert bei beiden die Sonderung von Ich und Ichideal, zu der bei der Verliebtheit schon ein Anfang gemacht ist.

Die *Neurose* tritt aus dieser Reihe heraus. Auch sie beruht auf einer Eigentümlichkeit der menschlichen Libidoentwicklung, auf dem durch die Latenzzeit unterbrochenen, doppelten Ansatz der direkten Sexualfunktion.[60] Insoferne teilt sie mit Hypnose und Massenbildung den Charakter einer Regression, welcher der Verliebtheit abgeht. Sie tritt überall dort auf, wo der Fortschritt von direkten zu zielgehemmten Sexualtrieben nicht voll geglückt ist, und entspricht einem *Konflikt* zwischen den ins Ich aufgenommenen Trieben, welche eine solche Entwicklung durchgemacht haben, und den Anteilen derselben Triebe, welche vom verdrängten Unbewußten her – ebenso wie andere völlig verdrängte Triebregungen – nach ihrer direkten Befriedigung streben. Sie ist inhaltlich ungemein reichhaltig, da sie alle möglichen Beziehungen zwischen Ich und Objekt umfaßt, sowohl die, in denen das Objekt beibehalten, als auch andere, in denen es aufgegeben oder im Ich selbst aufgerichtet ist, aber ebenso die Konfliktbeziehungen zwischen dem Ich und seinem Ichideal.

60 S. *Sexualtheorie*, 5. Aufl., 1922, S. 96.

DAS UNBEHAGEN IN DER KULTUR

Man kann sich des Eindrucks nicht erwehren, daß die Menschen gemeinhin mit falschen Maßstäben messen, Macht, Erfolg und Reichtum für sich anstreben und bei anderen bewundern, die wahren Werte des Lebens aber unterschätzen. Und doch ist man bei jedem solchen allgemeinen Urteil in Gefahr, an die Buntheit der Menschenwelt und ihres seelischen Lebens zu vergessen. Es gibt einzelne Männer, denen sich die Verehrung ihrer Zeitgenossen nicht versagt, obwohl ihre Größe auf Eigenschaften und Leistungen ruht, die den Zielen und Idealen der Menge durchaus fremd sind. Man wird leicht annehmen wollen, daß es doch nur eine Minderzahl ist, welche diese großen Männer anerkennt, während die große Mehrheit nichts von ihnen wissen will. Aber es dürfte nicht so einfach zugehen, dank den Unstimmigkeiten zwischen dem Denken und dem Handeln der Menschen und der Vielstimmigkeit ihrer Wunschregungen.

Einer dieser ausgezeichneten Männer nennt sich in Briefen meinen Freund. Ich hatte ihm meine kleine Schrift zugeschickt, welche die Religion als Illusion behandelt, und er antwortete, er wäre mit meinem Urteil über die Religion ganz einverstanden, bedauerte aber, daß ich die eigentliche Quelle der Religiosität nicht gewürdigt hätte. Diese sei ein besonderes Gefühl, das ihn selbst nie zu verlassen pflege, das er von vielen anderen bestätigt gefunden und bei Millionen Menschen voraussetzen dürfe. Ein Gefühl, das er die Empfindung der „Ewigkeit" nennen möchte, ein Gefühl wie von etwas Unbegrenztem, Schrankenlosem, gleichsam „Ozeanischem". Dies Gefühl sei eine rein subjektive Tatsache, kein Glaubenssatz; keine Zusicherung persönlicher Fortdauer knüpfe sich daran, aber es sei die Quelle der religiösen Energie, die von den verschiedenen Kirchen und Religionssystemen gefaßt, in bestimmte Kanäle geleitet und gewiß auch aufgezehrt werde. Nur auf Grund dieses ozeanischen Gefühls dürfe man sich religiös heißen, auch wenn man jeden Glauben und jede Illusion ablehne.

Diese Äußerung meines verehrten Freundes, der selbst einmal den Zauber der Illusion poetisch gewürdigt hat, brachte mir nicht geringe Schwierigkeiten.[1]

---

[1] Liluli 1923. Seit dem Erscheinen der beiden Bücher *La vie de Ramakrishna* und *La vie de Viveka-*

Ich selbst kann dies „ozeanische" Gefühl nicht in mir entdecken. Es ist nicht bequem, Gefühle wissenschaftlich zu bearbeiten. Man kann versuchen, ihre physiologischen Anzeichen zu beschreiben. Wo dies nicht angeht – ich fürchte, auch das ozeanische Gefühl wird sich einer solchen Charakteristik entziehen –, bleibt doch nichts übrig, als sich an den Vorstellungsinhalt zu halten, der sich assoziativ am ehesten zum Gefühl gesellt. Habe ich meinen Freund richtig verstanden, so meint er dasselbe, was ein origineller und ziemlich absonderlicher Dichter seinem Helden als Trost vor dem freigewählten Tod mitgibt: „Aus dieser Welt können wir nicht fallen."[2] Also ein Gefühl der unauflösbaren Verbundenheit, der Zusammengehörigkeit mit dem Ganzen der Außenwelt. Ich möchte sagen, für mich hat dies eher den Charakter einer intellektuellen Einsicht, gewiß nicht ohne begleitenden Gefühlston, wie er aber auch bei anderen Denkakten von ähnlicher Tragweite nicht fehlen wird. An meiner Person könnte ich mich von der primären Natur eines solchen Gefühls nicht überzeugen. Darum darf ich aber sein tatsächliches Vorkommen bei anderen nicht bestreiten. Es fragt sich nur, ob es richtig gedeutet wird und ob es als „*fons et origo*" aller religiösen Bedürfnisse anerkannt werden soll.

Ich habe nichts vorzubringen, was die Lösung dieses Problems entscheidend beeinflussen würde. Die Idee, daß der Mensch, durch ein unmittelbares, von Anfang an hierauf gerichtetes Gefühl Kunde von seinem Zusammenhang mit der Umwelt erhalten sollte, klingt so fremdartig, fügt sich so übel in das Gewebe unserer Psychologie, daß eine psychoanalytische, d. i. genetische Ableitung eines solchen Gefühls versucht werden darf. Dann stellt sich uns folgender Gedankengang zur Verfügung: Normalerweise ist uns nichts gesicherter als das Gefühl unseres Selbst, unseres eigenen Ichs. Dies Ich erscheint uns selbständig, einheitlich, gegen alles andere gut abgesetzt. Daß dieser Anschein ein Trug ist, daß das Ich sich vielmehr nach innen ohne scharfe Grenze in ein unbewußt seelisches Wesen fortsetzt, das wir als Es bezeichnen, dem es gleichsam als Fassade dient, das hat uns erst die psychoanalytische Forschung gelehrt, die uns noch viele Auskünfte über das Verhältnis des Ichs zum Es schuldet. Aber nach außen wenigstens scheint das Ich klare und scharfe Grenzlinien zu behaupten. Nur in einem Zustand, einem außergewöhnlichen zwar, den man aber nicht als krankhaft verurteilen kann, wird es anders. Auf der Höhe der Verliebtheit droht die Grenze zwischen Ich und Objekt zu verschwimmen. Allen Zeugnissen der Sinne entgegen behauptet der Verliebte, daß Ich und Du eines seien, und ist bereit,

---

nanda (1930) brauche ich nicht mehr zu verbergen, daß der im Text gemeinte Freund *Romain Rolland* ist.

[2] *D. Chr. Grabbe* Hannibal: „Ja, aus der Welt werden wir nicht fallen. Wir sind einmal darin."

sich, als ob es so wäre, zu benehmen. Was vorübergehend durch eine physiologische Funktion aufgehoben werden kann, muß natürlich auch durch krankhafte Vorgänge gestört werden können. Die Pathologie lehrt uns eine große Anzahl von Zuständen kennen, in denen die Abgrenzung des Ichs gegen die Außenwelt unsicher wird oder die Grenzen wirklich unrichtig gezogen werden; Fälle, in denen uns Teile des eigenen Körpers, ja Stücke des eigenen Seelenlebens, Wahrnehmungen, Gedanken, Gefühle wie fremd und dem Ich nicht zugehörig erscheinen, andere, in denen man der Außenwelt zuschiebt, was offenbar im Ich entstanden ist und von ihm anerkannt werden sollte. Also ist auch das Ichgefühl Störungen unterworfen, und die Ichgrenzen sind nicht beständig.

Eine weitere Überlegung sagt: Dies Ichgefühl des Erwachsenen kann nicht von Anfang an so gewesen sein. Es muß eine Entwicklung durchgemacht haben, die sich begreiflicherweise nicht nachweisen, aber mit ziemlicher Wahrscheinlichkeit konstruieren läßt.[3] Der Säugling sondert noch nicht sein Ich von einer Außenwelt als Quelle der auf ihn einströmenden Empfindungen. Er lernt es allmählich auf verschiedene Anregungen hin. Es muß ihm den stärksten Eindruck machen, daß manche der Erregungsquellen, in denen er später seine Körperorgane erkennen wird, ihm jederzeit Empfindungen zusenden können, während andere sich ihm zeitweise entziehen – darunter das Begehrteste: die Mutterbrust – und erst durch ein Hilfe heischendes Schreien herbeigeholt werden. Damit stellt sich dem Ich zuerst ein „Objekt" entgegen, als etwas, was sich „außerhalb" befindet und erst durch eine besondere Aktion in die Erscheinung gedrängt wird. Einen weiteren Antrieb zur Loslösung des Ichs von der Empfindungsmasse, also zur Anerkennung eines „Draußen", einer Außenwelt, geben die häufigen, vielfältigen, unvermeidlichen Schmerz- und Unlustempfindungen, die das unumschränkt herrschende Lustprinzip aufheben und vermeiden heißt. Es entsteht die Tendenz, alles, was Quelle solcher Unlust werden kann, vom Ich abzusondern, es nach außen zu werfen, ein reines Lust-Ich zu bilden, dem ein fremdes, drohendes Draußen gegenübersteht. Die Grenzen dieses primitiven Lust-Ichs können der Berichtigung durch die Erfahrung nicht entgehen. Manches, was man als lustspendend nicht aufgeben möchte, ist doch nicht Ich, ist Objekt, und manche Qual, die man hinausweisen will, erweist sich doch als unabtrennbar vom Ich, als innerer Herkunft. Man lernt ein Verfahren kennen, wie man durch absichtliche Lenkung der Sinnestätigkeit und geeignete Muskelaktion Innerliches – dem Ich Angehöriges – und Äußerliches – einer Außenwelt Entstammendes – unterscheiden kann, und tut damit den ersten Schritt

---

3 S. die zahlreichen Arbeiten über Ichentwicklung und Ichgefühl von Ferenczi, *Entwicklungsstufen des Wirklichkeitssinnes* (1913), bis zu den Beiträgen von P. Federn 1926, 1927 und später.

zur Einsetzung des Realitätsprinzips, das die weitere Entwicklung beherrschen soll. Diese Unterscheidung dient natürlich der praktischen Absicht, sich der verspürten und der drohenden Unlustempfindungen zu erwehren. Daß das Ich zur Abwehr gewisser Unlusterregungen aus seinem Inneren keine anderen Methoden zur Anwendung bringt, als deren es sich gegen Unlust von außen bedient, wird dann der Ausgangspunkt bedeutsamer krankhafter Störungen.

Auf solche Art löst sich also das Ich von der Außenwelt. Richtiger gesagt: Ursprünglich enthält das Ich alles, später scheidet es eine Außenwelt von sich ab. Unser heutiges Ichgefühl ist also nur ein eingeschrumpfter Rest eines weit umfassenderen, ja – eines allumfassenden Gefühls, welches einer innigeren Verbundenheit des Ichs mit der Umwelt entsprach. Wenn wir annehmen dürfen, daß dieses primäre Ichgefühl sich im Seelenleben vieler Menschen – in größerem oder geringerem Ausmaße – erhalten hat, so würde es sich dem enger und schärfer umgrenzten Ichgefühl der Reifezeit wie eine Art Gegenstück an die Seite stellen, und die zu ihm passenden Vorstellungsinhalte wären gerade die der Unbegrenztheit und der Verbundenheit mit dem All, dieselben, mit denen mein Freund das „ozeanische" Gefühl erläutert. Haben wir aber ein Recht zur Annahme des Überlebens des Ursprünglichen neben dem Späteren, das aus ihm geworden ist?

Unzweifelhaft; ein solches Vorkommnis ist weder auf seelischem noch auf anderen Gebieten befremdend. Für die Tierreihe halten wir an der Annahme fest, daß die höchstentwickelten Arten aus den niedrigsten hervorgegangen sind. Doch finden wir alle einfachen Lebensformen noch heute unter den Lebenden. Das Geschlecht der großen Saurier ist ausgestorben und hat den Säugetieren Platz gemacht, aber ein richtiger Vertreter dieses Geschlechts, das Krokodil, lebt noch mit uns. Die Analogie mag zu entlegen sein, krankt auch an dem Umstand, daß die überlebenden niedrigen Arten zumeist nicht die richtigen Ahnen der heutigen, höher entwickelten sind. Die Zwischenglieder sind in der Regel ausgestorben und nur durch Rekonstruktion bekannt. Auf seelischem Gebiet hingegen ist die Erhaltung des Primitiven neben dem daraus entstandenen Umgewandelten so häufig, daß es sich erübrigt, es durch Beispiele zu beweisen. Meist ist dieses Vorkommen Folge einer Entwicklungsspaltung. Ein quantitativer Anteil einer Einstellung, einer Triebregung, ist unverändert erhalten geblieben, ein anderer hat die weitere Entwicklung erfahren.

Wir rühren hiermit an das allgemeinere Problem der Erhaltung im Psychischen, das kaum noch Bearbeitung gefunden hat, aber so reizvoll und bedeutsam ist, daß wir ihm auch bei unzureichendem Anlaß eine Weile Aufmerksamkeit schenken dürfen. Seitdem wir den Irrtum überwunden haben, daß das uns geläufige Vergessen eine Zerstörung der Gedächtnisspur, also eine Vernichtung bedeutet, neigen wir zu der entgegengesetzten Annahme, daß im Seelenleben nichts, was einmal gebildet wurde, untergehen kann, daß alles irgendwie erhalten bleibt und unter geeigneten Umständen, z. B. durch eine so weit reichende Regression, wieder zum Vorschein gebracht werden kann. Man versuche sich durch einen Vergleich aus einem anderen Gebiet klarzumachen, was diese Annahme zum Inhalt hat. Wir greifen etwa die Entwicklung der Ewigen Stadt als Beispiel auf.[4] Historiker belehren uns, das älteste Rom war die *Roma Quadrata*, eine umzäunte Ansiedlung auf dem Palatin. Dann folgte die Phase des *Septimontium*, eine Vereinigung der Niederlassungen auf den einzelnen Hügeln, darauf die Stadt, die durch die Servianische Mauer begrenzt wurde, und noch später, nach all den Umwandlungen der republikanischen und der früheren Kaiserzeit die Stadt, die Kaiser Aurelianus durch seine Mauern umschloß. Wir wollen die Wandlungen der Stadt nicht weiter verfolgen und uns fragen, was ein Besucher, den wir mit den vollkommensten historischen und topographischen Kenntnissen ausgestattet denken, im heutigen Rom von diesen frühen Stadien noch vorfinden mag. Die Aurelianische Mauer wird er bis auf wenige Durchbrüche fast unverändert sehen. An einzelnen Stellen kann er Strecken des Servianischen Walles durch Ausgrabung zutage gefördert finden. Wenn er genug weiß – mehr als die heutige Archäologie –, kann er vielleicht den ganzen Verlauf dieser Mauer und den Umriß der *Roma Quadrata* ins Stadtbild einzeichnen. Von den Gebäuden, die einst diese alten Rahmen ausgefüllt haben, findet er nichts oder geringe Reste, denn sie bestehen nicht mehr. Das Äußerste, was ihm die beste Kenntnis des Roms der Republik leisten kann, wäre, daß er die Stellen anzugeben weiß, wo die Tempel und öffentlichen Gebäude dieser Zeit gestanden hatten. Was jetzt diese Stellen einnimmt, sind Ruinen, aber nicht ihrer selbst, sondern ihrer Erneuerungen aus späteren Zeiten nach Bränden und Zerstörungen. Es bedarf kaum noch einer besonderen Erwähnung, daß alle diese Überreste des alten Roms als Einsprengungen in das Gewirre einer Großstadt aus den letzten Jahrhunderten seit der Renaissance erscheinen. Manches Alte ist gewiß noch im Boden der Stadt oder unter ihren modernen Bauwerken begraben. Dies ist die Art der Erhaltung des Vergangenen, die uns an historischen Stätten wie Rom entgegentritt. Nun machen wir die phantastische Annahme, Rom sei nicht eine menschliche Wohnstätte, sondern ein psychisches Wesen von ähnlich langer und reichhaltiger Vergangenheit, in dem also nichts, was einmal zustande gekommen war, untergegangen ist, in dem neben der letzten Entwicklungsphase auch alle früheren noch fortbestehen. Das würde für Rom also bedeuten, daß auf dem Palatin die Kaiserpaläste und das Septizonium des Septimius Severus sich

[4] Nach The Cambridge Ancient History, Bd. 7 (1928): *The Founding of Rome* by Hugh Last.

noch zur alten Höhe erheben, daß die Engelsburg noch auf ihren Zinnen die schönen Statuen trägt, mit denen sie bis zur Gotenbelagerung geschmückt war, usw. Aber noch mehr: an der Stelle des Palazzo Caffarelli stünde wieder, ohne daß man dieses Gebäude abzutragen brauchte, der Tempel des Kapitolinischen Jupiter, und zwar dieser nicht nur in seiner letzten Gestalt, wie ihn die Römer der Kaiserzeit sahen, sondern auch in seiner frühesten, als er noch etruskische Formen zeigte und mit tönernen Antifixen geziert war. Wo jetzt das Coliseo steht, könnten wir auch die verschwundene Domus aurea des Nero bewundern; auf dem Pantheonplatze fänden wir nicht nur das heutige Pantheon, wie es uns von Hadrian hinterlassen wurde, sondern auf demselben Grund auch den ursprünglichen Bau des M. Agrippa; ja, derselbe Boden trüge die Kirche Maria sopra Minerva und den alten Tempel, über dem sie gebaut ist. Und dabei brauchte es vielleicht nur eine Änderung der Blickrichtung oder des Standpunktes von seiten des Beobachters, um den einen oder den anderen Anblick hervorzurufen.

Es hat offenbar keinen Sinn, diese Phantasie weiter auszuspinnen, sie führt zu Unvorstellbarem, ja zu Absurdem. Wenn wir das historische Nacheinander räumlich darstellen wollen, kann es nur durch ein Nebeneinander im Raum geschehen; derselbe Raum verträgt nicht zweierlei Ausfüllung. Unser Versuch scheint eine müßige Spielerei zu sein; er hat nur eine Rechtfertigung; er zeigt uns, wie weit wir davon entfernt sind, die Eigentümlichkeiten des seelischen Lebens durch anschauliche Darstellung zu bewältigen.

Zu einem Einwand sollten wir noch Stellung nehmen. Er fragt uns, warum wir gerade die Vergangenheit einer Stadt ausgewählt haben, um sie mit der seelischen Vergangenheit zu vergleichen. Die Annahme der Erhaltung alles Vergangenen gilt auch für das Seelenleben nur unter der Bedingung, daß das Organ der Psyche intakt geblieben ist, daß sein Gewebe nicht durch Trauma oder Entzündung gelitten hat. Zerstörende Einwirkungen, die man diesen Krankheitsursachen gleichstellen könnte, werden aber in der Geschichte keiner Stadt vermißt, auch wenn sie eine minder bewegte Vergangenheit gehabt hat als Rom, auch wenn sie, wie London, kaum je von einem Feind heimgesucht wurde. Die friedlichste Entwicklung einer Stadt schließt Demolierungen und Ersetzungen von Bauwerken ein, und darum ist die Stadt von vorneherein für einen solchen Vergleich mit einem seelischen Organismus ungeeignet.

Wir weichen diesem Einwand, wenden uns unter Verzicht auf eine eindrucksvolle Kontrastwirkung zu einem immerhin verwandteren Vergleichsobjekt, wie es der tierische oder menschliche Leib ist. Aber auch hier finden wir das nämliche. Die früheren Phasen der Entwicklung sind in keinem Sinn mehr erhalten, sie sind in den späteren, zu denen sie den Stoff geliefert haben, aufgegangen. Der Embryo läßt sich im Erwachsenen nicht nachweisen, die Thymusdrüse, die das Kind besaß, ist nach der Pubertät durch Bindegewebe ersetzt, aber selbst nicht mehr vorhanden; in den Röhrenknochen des reifen Mannes kann ich zwar den Umriß des kindlichen Knochens einzeichnen, aber dieser selbst ist vergangen, indem er sich streckte und verdickte, bis er seine endgültige Form erhielt. Es bleibt dabei, daß eine solche Erhaltung aller Vorstufen neben der Endgestaltung nur im Seelischen möglich ist und daß wir nicht in der Lage sind, uns dies Vorkommen anschaulich zu machen.

Vielleicht gehen wir in dieser Annahme zu weit. Vielleicht sollten wir uns zu behaupten begnügen, daß das Vergangene im Seelenleben erhalten bleiben *kann*, nicht *notwendigerweise* zerstört werden muß. Es ist immerhin möglich, daß auch im Psychischen manches Alte – in der Norm oder ausnahmsweise – so weit verwischt oder aufgezehrt wird, daß es durch keinen Vorgang mehr wiederhergestellt und wiederbelebt werden kann, oder daß die Erhaltung allgemein an gewisse günstige Bedingungen geknüpft ist. Es ist möglich, aber wir wissen nichts darüber. Wir dürfen nur daran festhalten, daß die Erhaltung des Vergangenen im Seelenleben eher Regel als befremdliche Ausnahme ist. Wenn wir so durchaus bereit sind anzuerkennen, es gebe bei vielen Menschen ein „ozeanisches" Gefühl, und geneigt, es auf eine frühe Phase des Ichgefühls zurückzuführen, erhebt sich die weitere Frage, welchen Anspruch hat dieses Gefühl, als die Quelle der religiösen Bedürfnisse angesehen zu werden.

Mir erscheint dieser Anspruch nicht zwingend. Ein Gefühl kann doch nur dann eine Energiequelle sein, wenn es selbst der Ausdruck eines starken Bedürfnisses ist. Für die religiösen Bedürfnisse scheint mir die Ableitung von der infantilen Hilflosigkeit und der durch sie geweckten Vatersehnsucht unabweisbar, zumal da sich dies Gefühl nicht einfach aus dem kindlichen Leben fortsetzt, sondern durch die Angst vor der Übermacht des Schicksals dauernd erhalten wird. Ein ähnlich starkes Bedürfnis aus der Kindheit wie das nach dem Vaterschutz wüßte ich nicht anzugeben. Damit ist die Rolle des ozeanischen Gefühls, das etwa die Wiederherstellung des uneingeschränkten Narzißmus anstreben könnte, vom Vordergrund abgedrängt. Bis zum Gefühl der kindlichen Hilflosigkeit kann man den Ursprung der religiösen Einstellung in klaren Umrissen verfolgen. Es mag noch anderes dahinterstecken, aber das verhüllt einstweilen der Nebel.

Ich kann mir vorstellen, daß das ozeanische Gefühl nachträglich in Beziehungen zur Religion geraten ist. Dies Eins-Sein mit dem All, was als Gedankeninhalt ihm zugehört, spricht uns ja an wie ein erster Versuch einer religiösen Tröstung, wie ein anderer Weg zur Ableugnung der Gefahr, die das Ich als von der Außenwelt drohend erkennt. Ich wiederhole das Bekenntnis, daß es mir sehr beschwerlich ist, mit diesen kaum faßbaren Größen zu arbeiten. Ein anderer meiner Freunde, den ein unstillbarer Wissensdrang zu den ungewöhnlichsten Experimenten getrieben und endlich zum Allwisser gemacht hat, versicherte mir, daß man in den Yogapraktiken durch Abwendung von der Außenwelt, durch Bindung der Aufmerksamkeit an körperliche Funktionen, durch besondere Weisen der Atmung tatsächlich neue Empfindungen und Allgemeingefühle in sich erwecken kann, die er als Regressionen zu uralten, längst überlagerten Zuständen des Seelenlebens auffassen will. Er sieht in ihnen eine sozusagen physiologische Begründung vieler Weisheiten der Mystik. Beziehungen zu manchen dunklen Modifikationen des Seelenlebens, wie Trance und Ekstase, lägen hier nahe. Allein mich drängt es, auch einmal mit den Worten des *Schillerschen* Tauchers auszurufen:

„Es freue sich, wer da atmet im rosigen Licht.“

II

In meiner Schrift *Die Zukunft einer Illusion* handelte es sich weit weniger um die tiefsten Quellen des religiösen Gefühls, als vielmehr um das, was der gemeine Mann unter seiner Religion versteht, um das System von Lehren und Verheißungen, das ihm einerseits die Rätsel dieser Welt mit beneidenswerter Vollständigkeit aufklärt, anderseits ihm zusichert, daß eine sorgsame Vorsehung über sein Leben wachen und etwaige Versagungen in einer jenseitigen Existenz gutmachen wird. Diese Vorsehung kann der gemeine Mann sich nicht anders als in der Person eines großartig erhöhten Vaters vorstellen. Nur ein solcher kann die Bedürfnisse des Menschenkindes kennen, durch seine Bitten erweicht, durch die Zeichen seiner Reue beschwichtigt werden. Das Ganze ist so offenkundig infantil, so wirklichkeitsfremd, daß es einer menschenfreundlichen Gesinnung schmerzlich wird zu denken, die große Mehrheit der Sterblichen werde sich niemals über diese Auffassung des Lebens erheben können. Noch beschämender wirkt es zu erfahren, ein wie großer Anteil der heute Lebenden, die es einsehen müssen, daß diese Religion nicht zu halten ist, doch Stück für Stück von ihr in kläglichen Rückzugsgefechten zu verteidigen sucht. Man möchte sich in die Reihen der Gläubigen mengen, um den Philosophen, die den Gott der Religion zu retten glauben, indem sie ihn durch ein unpersönliches, schattenhaft abstraktes Prinzip ersetzen, die Mahnung vorzuhalten: „Du sollst den Namen des Herrn nicht zum Eitlen anrufen!“ Wenn einige der größten Geister vergangener Zeiten das gleiche getan haben, so darf man sich hierin nicht auf sie berufen. Man weiß, warum sie so mußten. Wir kehren zum gemeinen Mann und zu seiner Religion zurück, der einzigen, die diesen Namen tragen sollte. Da tritt uns zunächst die bekannte Äußerung eines unserer großen Dichter und Weisen entgegen, die sich über das Verhältnis der Religion zur Kunst und Wissenschaft ausspricht. Sie lautet:

„Wer Wissenschaft und Kunst besitzt,
hat auch Religion;
Wer jene beiden nicht besitzt,
der habe Religion!“[5]

Dieser Spruch bringt einerseits die Religion in einen Gegensatz zu den beiden Höchstleistungen des Menschen, anderseits behauptet er, daß sie einander in ihrem Lebenswert vertreten oder ersetzen können. Wenn wir auch dem gemeinen Mann die Religion bestreiten wollen, haben wir offenbar die Autorität des Dichters nicht auf unserer Seite. Wir versuchen einen besonderen Weg, um uns der Würdigung seines Satzes zu nähern. Das Leben, wie es uns auferlegt ist, ist zu schwer für uns, es bringt uns zuviel Schmerzen, Enttäuschungen, unlösbare Aufgaben. Um es zu ertragen, können wir Linderungsmittel nicht entbehren. („Es geht nicht ohne Hilfskonstruktionen“, hat uns *Theodor Fontane* gesagt.) Solcher Mittel gibt es vielleicht dreierlei: mächtige Ablenkungen, die uns unser Elend geringschätzen lassen. Ersatzbefriedigungen, die es verringern, Rauschstoffe, die uns für dasselbe unempfindlich machen. Irgend etwas dieser Art ist unerläßlich.[6] Auf die Ablenkungen zielt *Voltaire*, wenn er seinen *Candide* in den Rat ausklingen läßt, seinen Garten zu bearbeiten; solch eine Ablenkung ist auch die wissenschaftliche Tätigkeit. Die Ersatzbefriedigungen, wie die Kunst sie bietet, sind gegen die Realität Illusionen, darum nicht minder psychisch wirksam dank der Rolle, die die Phantasie im Seelenleben behauptet hat. Die Rauschmittel beeinflussen unser Körperliches, ändern seinen Chemismus. Es ist nicht einfach, die Stellung der Religion innerhalb dieser Reihe anzugeben. Wir werden weiter ausholen müssen.

Die Frage nach dem Zweck des menschlichen Lebens ist ungezählte Male gestellt worden; sie hat noch nie eine befriedigende Antwort gefunden, läßt eine solche vielleicht überhaupt nicht zu. Manche Fragesteller haben hinzugefügt: wenn sich ergeben sollte, daß das Leben keinen Zweck hat, dann würde es jeden Wert für sie verlieren. Aber diese Drohung ändert nichts. Es scheint vielmehr, daß man ein Recht dazu hat, die Frage abzulehnen. Ihre Voraussetzung scheint jene menschliche Überhebung, von der wir soviel andere Äußerungen bereits

[5] Goethe in den *Zahmen Xenien* IX (Gedichte aus dem Nachlaß).

[6] Auf erniedrigtem Niveau sagt Wilhelm Busch in der *Frommen Helene* dasselbe: *„Wer Sorgen hat, hat auch Likör.“*

kennen. Von einem Zweck des Lebens der Tiere wird nicht gesprochen, wenn deren Bestimmung nicht etwa darin besteht, dem Menschen zu dienen. Allein auch das ist nicht haltbar, denn mit vielen Tieren weiß der Mensch nichts anzufangen – außer, daß er sie beschreibt, klassifiziert, studiert – und ungezählte Tierarten haben sich auch dieser Verwendung entzogen, indem sie lebten und ausstarben, ehe der Mensch sie gesehen hatte. Es ist wiederum nur die Religion, die die Frage nach einem Zweck des Lebens zu beantworten weiß. Man wird kaum irren zu entscheiden, daß die Idee eines Lebenszweckes mit dem religiösen System steht und fällt.

Wir wenden uns darum der anspruchsloseren Frage zu, was die Menschen selbst durch ihr Verhalten als Zweck und Absicht ihres Lebens erkennen lassen, was sie vom Leben fordern, in ihm erreichen wollen. Die Antwort darauf ist kaum zu verfehlen; sie streben nach dem Glück, sie wollen glücklich werden und so bleiben. Dies Streben hat zwei Seiten, ein positives und ein negatives Ziel, es will einerseits die Abwesenheit von Schmerz und Unlust, anderseits das Erleben starker Lustgefühle. Im engeren Wortsinne wird „Glück" nur auf das letztere bezogen. Entsprechend dieser Zweiteilung der Ziele entfaltet sich die Tätigkeit der Menschen nach zwei Richtungen, je nachdem sie das eine oder das andere dieser Ziele – vorwiegend oder selbst ausschließlich – zu verwirklichen sucht.

Es ist, wie man merkt, einfach das Programm des Lustprinzips, das den Lebenszweck setzt. Dies Prinzip beherrscht die Leistung des seelischen Apparates vom Anfang an; an seiner Zweckdienlichkeit kann kein Zweifel sein, und doch ist sein Programm im Hader mit der ganzen Welt, mit dem Makrokosmos ebensowohl wie mit dem Mikrokosmos. Es ist überhaupt nicht durchführbar, alle Einrichtungen des Alls widerstreben ihm; man möchte sagen, die Absicht, daß der Mensch „glücklich" sei, ist im Plan der „Schöpfung" nicht enthalten. Was man im strengsten Sinne Glück heißt, entspringt der eher plötzlichen Befriedigung hoch aufgestauter Bedürfnisse und ist seiner Natur nach nur als episodisches Phänomen möglich. Jede Fortdauer einer vom Lustprinzip ersehnten Situation ergibt nur ein Gefühl von lauem Behagen; wir sind so eingerichtet, daß wir nur den Kontrast intensiv genießen können, den Zustand nur sehr wenig.[7] Somit sind unsere Glücksmöglichkeiten schon durch unsere Konstitution beschränkt. Weit weniger Schwierigkeiten hat es, Unglück zu erfahren. Von drei Seiten droht das Leiden, vom eigenen Körper her, der, zu Verfall und Auflösung bestimmt, sogar Schmerz und Angst als Warnungssignale nicht entbehren kann, von der Außenwelt, die mit übermächtigen, unerbittlichen, zerstörenden Kräften gegen

[7] Goethe mahnt sogar: „*Nichts ist schwerer zu ertragen als eine Reihe von schönen Tagen.*" Das mag immerhin eine Übertreibung sein.

uns wüten kann, und endlich aus den Beziehungen zu anderen Menschen. Das Leiden, das aus dieser Quelle stammt, empfinden wir vielleicht schmerzlicher als jedes andere; wir sind geneigt, es als eine gewissermaßen überflüssige Zutat anzusehen, obwohl es nicht weniger schicksalsmäßig unabwendbar sein dürfte als das Leiden anderer Herkunft.

Kein Wunder, wenn unter dem Druck dieser Leidensmöglichkeiten die Menschen ihren Glücksanspruch zu ermäßigen pflegen, wie ja auch das Lustprinzip selbst sich unter dem Einfluß der Außenwelt zum bescheideneren Realitätsprinzip umbildete, wenn man sich bereits glücklich preist, dem Unglück entgangen zu sein, das Leiden überstanden zu haben, wenn ganz allgemein die Aufgabe der Leidvermeidung die der Lustgewinnung in den Hintergrund drängt. Die Überlegung lehrt, daß man die Lösung dieser Aufgabe auf sehr verschiedenen Wegen versuchen kann; alle diese Wege sind von den einzelnen Schulen der Lebensweisheit empfohlen und von den Menschen begangen worden. Uneingeschränkte Befriedigung aller Bedürfnisse drängt sich als die verlockendste Art der Lebensführung vor, aber das heißt den Genuß vor die Vorsicht setzen und straft sich nach kurzem Betrieb. Die anderen Methoden, bei denen die Vermeidung von Unlust die vorwiegende Absicht ist, scheiden sich je nach der Unlustquelle, der sie die größere Aufmerksamkeit zuwenden. Es gibt da extreme und gemäßigte Verfahren, einseitige und solche, die zugleich an mehreren Stellen angreifen. Gewollte Vereinsamung, Fernhaltung von den anderen ist der nächstliegende Schutz gegen das Leid, das einem aus menschlichen Beziehungen erwachsen kann. Man versteht: das Glück, das man auf diesem Weg erreichen kann, ist das der Ruhe. Gegen die gefürchtete Außenwelt kann man sich nicht anders als durch irgendeine Art der Abwendung verteidigen, wenn man diese Aufgabe für sich allein lösen will. Es gibt freilich einen anderen und besseren Weg, indem man als ein Mitglied der menschlichen Gemeinschaft mit Hilfe der von der Wissenschaft geleiteten Technik zum Angriff auf die Natur übergeht und sie menschlichem Willen unterwirft. Man arbeitet dann mit allen am Glück aller. Die interessantesten Methoden zur Leidverhütung sind aber die, die den eigenen Organismus zu beeinflussen versuchen. Endlich ist alles Leid nur Empfindung, es besteht nur, insofern wir es verspüren, und wir verspüren es nur infolge gewisser Einrichtungen unseres Organismus.

Die roheste, aber auch wirksamste Methode solcher Beeinflussung ist die chemische, die Intoxikation. Ich glaube nicht, daß irgendwer ihren Mechanismus durchschaut, aber es ist Tatsache, daß es körperfremde Stoffe gibt, deren Anwesenheit in Blut und Geweben uns unmittelbare Lustempfindungen verschafft, aber auch die Bedingungen unseres Empfindungslebens so verändert, daß wir zur Aufnahme von Unlustregungen untauglich werden. Beide Wirkungen erfolgen nicht nur gleichzeitig, sie scheinen auch innig miteinander verknüpft. Es muß aber auch in unserem eigenen Chemismus Stoffe geben, die ähnliches leisten, denn wir kennen wenigstens einen krankhaften Zustand, die Manie, in dem dies rauschähnliche Verhalten zustande kommt, ohne daß ein Rauschgift eingeführt worden wäre. Überdies zeigt unser normales Seelenleben Schwankungen von erleichterter oder erschwerter Lustentbindung, mit denen eine verringerte oder vergrößerte Empfänglichkeit für Unlust parallel geht. Es ist sehr zu bedauern, daß diese toxische Seite der seelischen Vorgänge sich der wissenschaftlichen Erforschung bisher entzogen hat. Die Leistung der Rauschmittel im Kampf um das Glück und zur Fernhaltung des Elends wird so sehr als Wohltat geschätzt, daß Individuen wie Völker ihnen eine feste Stellung in ihrer Libidoökonomie eingeräumt haben. Man dankt ihnen nicht nur den unmittelbaren Lustgewinn, sondern auch ein heiß ersehntes Stück Unabhängigkeit von der Außenwelt. Man weiß doch, daß man mit Hilfe des „Sorgenbrechers" sich jederzeit dem Druck der Realität entziehen und in einer eigenen Welt mit besseren Empfindungsbedingungen Zuflucht finden kann. Es ist bekannt, daß gerade diese Eigenschaft der Rauschmittel auch ihre Gefahr und Schädlichkeit bedingt. Sie tragen unter Umständen die Schuld daran, daß große Energiebeträge, die zur Verbesserung des menschlichen Loses verwendet werden könnten, nutzlos verlorengehen.

Der komplizierte Bau unseres seelischen Apparats gestattet aber auch eine ganze Reihe anderer Beeinflussungen. Wie Triebbefriedigung Glück ist, so wird es Ursache schweren Leidens, wenn die Außenwelt uns darben läßt, die Sättigung unserer Bedürfnisse verweigert. Man kann also hoffen, durch Einwirkung auf diese Triebregungen von einem Teil des Leidens frei zu werden. Diese Art der Leidabwehr greift nicht mehr am Empfindungsapparat an, sie sucht der inneren Quellen der Bedürfnisse Herr zu werden. In extremer Weise geschieht dies, indem man die Triebe ertötet, wie die orientalische Lebensweisheit lehrt und die Yogapraxis ausführt. Gelingt es, so hat man damit freilich auch alle andere Tätigkeit aufgegeben (das Leben geopfert), auf anderem Wege wieder nur das Glück der Ruhe erworben. Den gleichen Weg verfolgt man bei ermäßigten Zielen, wenn man nur die Beherrschung des Trieblebens anstrebt. Das Herrschende sind dann die höheren psychischen Instanzen, die sich dem Realitätsprinzip unterworfen haben. Hierbei wird die Absicht der Befriedigung keineswegs aufgegeben; ein gewisser Schutz gegen Leiden wird dadurch erreicht, daß die Unbefriedigung der in Abhängigkeit gehaltenen Triebe nicht so schmerzlich empfunden wird wie die der ungehemmten. Dagegen steht aber eine unleugbare Herabsetzung der Genußmöglichkeiten. Das Glücksgefühl bei Befriedigung einer wilden, vom Ich ungebändigten Triebregung ist unvergleichlich intensiver als das bei Sättigung eines gezähmten Triebes. Die Unwiderstehlichkeit perverser Impulse, vielleicht der Anreiz des Verbotenen überhaupt, findet hierin eine ökonomische Erklärung.

Eine andere Technik der Leidabwehr bedient sich der Libidoverschiebungen, welche unser seelischer Apparat gestattet, durch die seine Funktion so viel an Geschmeidigkeit gewinnt. Die zu lösende Aufgabe ist, die Triebziele solcherart zu verlegen, daß sie von der Versagung der Außenwelt nicht getroffen werden können. Die Sublimierung der Triebe leiht dazu ihre Hilfe. Am meisten erreicht man, wenn man den Lustgewinn aus den Quellen psychischer und intellektueller Arbeit genügend zu erhöhen versteht. Das Schicksal kann einem dann wenig anhaben. Die Befriedigung solcher Art, wie die Freude des Künstlers am Schaffen, an der Verkörperung seiner Phantasiegebilde, die des Forschers an der Lösung von Problemen und am Erkennen der Wahrheit, haben eine besondere Qualität, die wir gewiß eines Tages werden metapsychologisch charakterisieren können. Derzeit können wir nur bildweise sagen, sie erscheinen uns „feiner und höher", aber ihre Intensität ist im Vergleich mit der aus der Sättigung grober, primärer Triebregungen gedämpft; sie erschüttern nicht unsere Leiblichkeit. Die Schwäche dieser Methode liegt aber darin, daß sie nicht allgemein verwendbar, nur wenigen Menschen zugänglich ist. Sie setzt besondere, im wirksamen Ausmaß nicht gerade häufige Anlagen und Begabungen voraus. Auch diesen wenigen kann sie nicht vollkommenen Leidensschutz gewähren, sie schafft ihnen keinen für die Pfeile des Schicksals undurchdringlichen Panzer, und sie pflegt zu versagen, wenn der eigene Leib die Quelle des Leidens wird.[8]

Wenn schon bei diesem Verfahren die Absicht deutlich wird, sich von der Außenwelt unabhängig zu machen, indem man seine Befriedigungen in inne-

---

[8] Wenn nicht besondere Veranlagung den Lebensinteressen gebieterisch die Richtung vorschreibt, kann die gemeine, jedermann zugängliche Berufsarbeit an die Stelle rücken, die ihr von dem weisen Ratschlag *Voltaires* angewiesen wird. Es ist nicht möglich, die Bedeutung der Arbeit für die Libidoökonomie im Rahmen einer knappen Übersicht ausreichend zu würdigen. Keine andere Technik der Lebensführung bindet den Einzelnen so fest an die Realität als die Betonung der Arbeit, die ihn wenigstens in ein Stück der Realität, in die menschliche Gemeinschaft sicher einfügt. Die Möglichkeit, ein starkes Ausmaß libidinöser Komponenten, narzißtische, aggressive und selbst erotische, auf die Berufsarbeit und auf die mit ihr verknüpften menschlichen Beziehungen zu verschieben, leiht ihr einen Wert, der hinter ihrer Unerläßlichkeit zur Behauptung und Rechtfertigung der Existenz in der Gesellschaft nicht zurücksteht. Besondere Befriedigung vermittelt die Berufstätigkeit, wenn sie eine frei gewählte ist, also bestehende Neigungen, fortgeführte oder konstitutionell verstärkte Triebregungen durch Sublimierung nutzbar zu machen gestattet. Und dennoch wird Arbeit als Weg zum Glück von den Menschen wenig geschätzt. Man drängt sich nicht zu ihr wie zu anderen Möglichkeiten der Befriedigung. Die große Mehrzahl der Menschen arbeitet nur notgedrungen, und aus dieser natürlichen Arbeitsscheu der Menschen leiten sich die schwierigsten sozialen Probleme ab.

ren, psychischen Vorgängen sucht, so treten die gleichen Züge noch stärker bei dem nächsten hervor. Hier wird der Zusammenhang mit der Realität noch mehr gelockert, die Befriedigung wird aus Illusionen gewonnen, die man als solche erkennt, ohne sich durch deren Abweichung von der Wirklichkeit im Genuß stören zu lassen. Das Gebiet, aus dem diese Illusionen stammen, ist das des Phantasielebens; es wurde seinerzeit, als sich die Entwicklung des Realitätssinnes vollzog, ausdrücklich den Ansprüchen der Realitätsprüfung entzogen und blieb für die Erfüllung schwer durchsetzbarer Wünsche bestimmt. Obenan unter diesen Phantasiebefriedigungen steht der Genuß an Werken der Kunst, der auch dem nicht selbst Schöpferischen durch die Vermittlung des Künstlers zugänglich gemacht wird.[9] Wer für den Einfluß der Kunst empfänglich ist, weiß ihn als Lustquelle und Lebenströstung nicht hoch genug einzuschätzen. Doch vermag die milde Narkose, in die uns die Kunst versetzt, nicht mehr als eine flüchtige Entrückung aus den Nöten des Lebens herbeizuführen und ist nicht stark genug, um reales Elend vergessen zu machen.

Energischer und gründlicher geht ein anderes Verfahren vor, das den einzigen Feind in der Realität erblickt, die die Quelle alles Leids ist, mit der sich nicht leben läßt, mit der man darum alle Beziehungen abbrechen muß, wenn man in irgendeinem Sinne glücklich sein will. Der Eremit kehrt dieser Welt den Rücken, er will nichts mit ihr zu schaffen haben. Aber man kann mehr tun, man kann sie umschaffen wollen, anstatt ihrer eine andere aufbauen, in der die unerträglichsten Züge ausgetilgt und durch andere im Sinne der eigenen Wünsche ersetzt sind. Wer in verzweifelter Empörung diesen Weg zum Glück einschlägt, wird in der Regel nichts erreichen; die Wirklichkeit ist zu stark für ihn. Er wird ein Wahnsinniger, der in der Durchsetzung seines Wahns meist keine Helfer findet. Es wird aber behauptet, daß jeder von uns sich in irgendeinem Punkte ähnlich wie der Paranoiker benimmt, eine ihm unleidliche Seite der Welt durch eine Wunschbildung korrigiert und diesen Wahn in die Realität einträgt. Eine besondere Bedeutung beansprucht der Fall, daß eine größere Anzahl von Menschen gemeinsam den Versuch unternimmt, sich Glücksversicherung und Leidensschutz durch wahnhafte Umbildung der Wirklichkeit zu schaffen. Als solchen Massenwahn müssen wir auch die Religionen der Menschheit kennzeichnen. Den Wahn erkennt natürlich niemals, wer ihn selbst noch teilt. Ich glaube nicht, daß diese Aufzählung der Methoden, wie die Menschen das Glück zu gewinnen und das Leiden fernzuhalten bemüht sind, vollständig ist, weiß auch, daß der Stoff andere Anordnungen zuläßt. Eines dieser Verfahren habe

---

9 *„Formulierungen über die zwei Prinzipien des psychischen Geschehens"* und *„Vorlesungen zur Einführung in die Psychoanalyse"*.

ich noch nicht angeführt; nicht daß ich daran vergessen hätte, sondern weil es uns noch in anderem Zusammenhange beschäftigen wird. Wie wäre es auch möglich, gerade an diese Technik der Lebenskunst zu vergessen! Sie zeichnet sich durch die merkwürdigste Vereinigung von charakteristischen Zügen aus. Sie strebt natürlich auch die Unabhängigkeit vom Schicksal – so nennen wir es am besten – an und verlegt in dieser Absicht die Befriedigung in innere seelische Vorgänge, bedient sich dabei der vorhin erwähnten Verschiebbarkeit der Libido, aber sie wendet sich nicht von der Außenwelt ab, klammert sich im Gegenteil an deren Objekte und gewinnt das Glück aus einer Gefühlsbeziehung zu ihnen. Sie gibt sich dabei auch nicht mit dem gleichsam müde resignierenden Ziel der Unlustvermeidung zufrieden, eher geht sie achtlos an diesem vorbei und hält am ursprünglichen, leidenschaftlichen Streben nach positiver Glückserfüllung fest. Vielleicht kommt sie diesem Ziele wirklich näher als jede andere Methode. Ich meine natürlich jene Richtung des Lebens, welche die Liebe zum Mittelpunkt nimmt, alle Befriedigung aus dem Lieben und Geliebtwerden erwartet. Eine solche psychische Einstellung liegt uns allen nahe genug; eine der Erscheinungsformen der Liebe, die geschlechtliche Liebe, hat uns die stärkste Erfahrung einer überwältigenden Lustempfindung vermittelt und so das Vorbild für unser Glücksstreben gegeben. Was ist natürlicher, als daß wir dabei beharren, das Glück auf demselben Wege zu suchen, auf dem wir es zuerst begegnet haben. Die schwache Seite dieser Lebenstechnik liegt klar zutage; sonst wäre es auch keinem Menschen eingefallen, diesen Weg zum Glück für einen anderen zu verlassen. Niemals sind wir ungeschützter gegen das Leiden, als wenn wir lieben, niemals hilfloser unglücklich, als wenn wir das geliebte Objekt oder seine Liebe verloren haben. Aber die auf den Glückswert der Liebe gegründete Lebenstechnik ist damit nicht erledigt, es ist viel mehr darüber zu sagen.

Hier kann man den interessanten Fall anschließen, daß das Lebensglück vorwiegend im Genusse der Schönheit gesucht wird, wo immer sie sich unseren Sinnen und unserem Urteil zeigt, der Schönheit menschlicher Formen und Gesten, von Naturobjekten und Landschaften, künstlerischen und selbst wissenschaftlichen Schöpfungen. Diese ästhetische Einstellung zum Lebensziel bietet wenig Schutz gegen drohende Leiden, vermag aber für vieles zu entschädigen. Der Genuß an der Schönheit hat einen besonderen, milde berauschenden Empfindungscharakter. Ein Nutzen der Schönheit liegt nicht klar zutage, ihre kulturelle Notwendigkeit ist nicht einzusehen, und doch könnte man sie in der Kultur nicht vermissen. Die Wissenschaft der Ästhetik untersucht die Bedingungen, unter denen das Schöne empfunden wird; über Natur und Herkunft der Schönheit hat sie keine Aufklärung geben können; wie gebräuchlich, wird die Ergebnislosigkeit durch einen Aufwand an volltönenden, inhaltsarmen Worten verhüllt. Leider weiß auch die Psychoanalyse über die Schönheit am wenigsten zu sagen. Einzig die Ableitung aus dem Gebiet des Sexualempfindens scheint gesichert; es wäre ein vorbildliches Beispiel einer zielgehemmten Regung. Die „Schönheit" und der „Reiz" sind ursprünglich Eigenschaften des Sexualobjekts. Es ist bemerkenswert, daß die Genitalien selbst, deren Anblick immer erregend wirkt, doch fast nie als schön beurteilt werden, dagegen scheint der Charakter der Schönheit an gewissen sekundären Geschlechtsmerkmalen zu haften.

Trotz dieser Unvollständigkeit getraue ich mich bereits einiger unsere Untersuchung abschließenden Bemerkungen. Das Programm, welches uns das Lustprinzip aufdrängt, glücklich zu werden, ist nicht zu erfüllen, doch darf man – nein, kann man – die Bemühungen, es irgendwie der Erfüllung näherzubringen, nicht aufgeben. Man kann sehr verschiedene Wege dahin einschlagen, entweder den positiven Inhalt des Ziels, den Lustgewinn, oder den negativen, die Unlustvermeidung, voranstellen. Auf keinem dieser Wege können wir alles, was wir begehren, erreichen. Das Glück in jenem ermäßigten Sinn, in dem es als möglich erkannt wird, ist ein Problem der individuellen Libidoökonomie. Es gibt hier keinen Rat, der für alle taugt; ein jeder muß selbst versuchen, auf welche besondere Fasson er selig werden kann. Die mannigfachsten Faktoren werden sich geltend machen, um seiner Wahl die Wege zu weisen. Es kommt darauf an, wieviel reale Befriedigung er von der Außenwelt zu erwarten hat und inwieweit er veranlaßt ist, sich von ihr unabhängig zu machen; zuletzt auch, wieviel Kraft er sich zutraut, diese nach seinen Wünschen abzuändern. Schon dabei wird außer den äußeren Verhältnissen die psychische Konstitution des Individuums entscheidend werden. Der vorwiegend erotische Mensch wird die Gefühlsbeziehungen zu anderen Personen voranstellen, der eher selbstgenügsame Narzißtische die wesentlichen Befriedigungen in seinen inneren seelischen Vorgängen suchen, der Tatenmensch von der Außenwelt nicht ablassen, an der er seine Kraft erproben kann. Für den mittleren dieser Typen wird die Art seiner Begabung und das Ausmaß der ihm möglichen Triebsublimierung dafür bestimmend werden, wohin er seine Interessen verlegen soll. Jede extreme Entscheidung wird sich dadurch strafen, daß sie das Individuum den Gefahren aussetzt, die die Unzulänglichkeit der ausschließend gewählten Lebenstechnik mit sich bringt. Wie der vorsichtige Kaufmann es vermeidet, sein ganzes Kapital an einer Stelle festzulegen, so wird vielleicht auch die Lebensweisheit raten, nicht alle Befriedigung von einer einzigen Strebung zu erwarten. Der Erfolg ist niemals sicher, er hängt vom Zusammentreffen vieler Momente ab, von keinem vielleicht mehr als von der Fähigkeit der psychischen Konstitution, ihre Funktion der Umwelt anzupassen und diese für Lustgewinn auszunützen. Wer eine besonders ungünstige Triebkonstitution mitgebracht und die zur späteren Leistung unerläßliche Umbildung und Neuordnung seiner Libidokomponenten nicht regelrecht durchgemacht hat, wird es schwer haben, aus seiner äußeren Situation Glück zu gewinnen, zumal wenn er vor schwierigere Aufgaben gestellt wird. Als letzte Lebenstechnik, die ihm wenigstens Ersatzbefriedigungen verspricht, bietet sich ihm die Flucht in die neurotische Krankheit, die er meist schon in jungen Jahren vollzieht. Wer dann in späterer Lebenszeit seine Bemühungen um das Glück vereitelt sieht, findet noch Trost im Lustgewinn der chronischen Intoxikation, oder er unternimmt den verzweifelten Auflehnungsversuch der Psychose.[10]

Die Religion beeinträchtigt dieses Spiel der Auswahl und Anpassung, indem sie ihren Weg zum Glückserwerb und Leidensschutz allen in gleicher Weise aufdrängt. Ihre Technik besteht darin, den Wert des Lebens herabzudrücken und das Bild der realen Welt wahnhaft zu entstellen, was die Einschüchterung der Intelligenz zur Voraussetzung hat. Um diesen Preis, durch gewaltsame Fixierung eines psychischen Infantilismus und Einbeziehung in einen Massenwahn gelingt es der Religion, vielen Menschen die individuelle Neurose zu ersparen. Aber kaum mehr; es gibt, wie wir gesagt haben, viele Wege, die zu dem Glück führen können, wie es dem Menschen erreichbar ist, keinen, der sicher dahin leitet. Auch die Religion kann ihr Versprechen nicht halten. Wenn der Gläubige sich endlich genötigt findet, von Gottes „unerforschlichem Ratschluß“ zu reden, so gesteht er damit ein, daß ihm als letzte Trostmöglichkeit und Lustquelle im Leiden nur die bedingungslose Unterwerfung übriggeblieben ist. Und wenn er zu dieser bereit ist, hätte er sich wahrscheinlich den Umweg ersparen können.

III

Unsere Untersuchung über das Glück hat uns bisher nicht viel gelehrt, was nicht allgemein bekannt ist. Auch wenn wir sie mit der Frage fortsetzen, warum es für die Menschen so schwer ist, glücklich zu werden, scheint die Aussicht, Neues zu erfahren, nicht viel größer. Wir haben die Antwort bereits gegeben, indem wir auf die drei Quellen hinwiesen, aus denen unser Leiden kommt: die Übermacht der Natur, die Hinfälligkeit unseres eigenen Körpers und die Unzulänglichkeit der Einrichtungen, welche die Beziehungen der Menschen zueinander in Familie, Staat und Gesellschaft regeln. In betreff der beiden ersten kann unser Urteil

[10] Es drängt mich, wenigstens auf eine der Lücken hinzuweisen, die in obiger Darstellung geblieben sind. Eine Betrachtung der menschlichen Glücksmöglichkeiten sollte es nicht unterlassen, das relative Verhältnis des Narzißmus zur Objektlibido in Rechnung zu bringen. Man verlangt zu wissen, was es für die Libidoökonomie bedeutet, im wesentlichen auf sich selbst gestellt zu sein.

nicht lange schwanken; es zwingt uns zur Anerkennung dieser Leidensquellen und zur Ergebung ins Unvermeidliche. Wir werden die Natur nie vollkommen beherrschen, unser Organismus, selbst ein Stück dieser Natur, wird immer ein vergängliches, in Anpassung und Leistung beschränktes Gebilde bleiben. Von dieser Erkenntnis geht keine lähmende Wirkung aus; im Gegenteil, sie weist unserer Tätigkeit die Richtung. Können wir nicht alles Leiden aufheben, so doch manches, und anderes lindern, mehrtausendjährige Erfahrung hat uns davon überzeugt. Anders verhalten wir uns zur dritten, zur sozialen Leidensquelle. Diese wollen wir überhaupt nicht gelten lassen, können nicht einsehen, warum die von uns selbst geschaffenen Einrichtungen nicht vielmehr Schutz und Wohltat für uns alle sein sollten. Allerdings, wenn wir bedenken, wie schlecht uns gerade dieses Stück der Leidverhütung gelungen ist, erwacht der Verdacht, es könnte auch hier ein Stück der unbesiegbaren Natur dahinterstecken, diesmal unserer eigenen psychischen Beschaffenheit.

Auf dem Wege, uns mit dieser Möglichkeit zu beschäftigen, treffen wir auf eine Behauptung, die so erstaunlich ist, daß wir bei ihr verweilen wollen. Sie lautet, einen großen Teil der Schuld an unserem Elend trage unsere sogenannte Kultur; wir wären viel glücklicher, wenn wir sie aufgeben und in primitive Verhältnisse zurückfinden würden. Ich heiße sie erstaunlich, weil – wie immer man den Begriff Kultur bestimmen mag – es doch feststeht, daß alles, womit wir uns gegen die Bedrohung aus den Quellen des Leidens zu schützen versuchen, eben der nämlichen Kultur zugehört.

Auf welchem Weg sind wohl so viele Menschen zu diesem Standpunkt befremdlicher Kulturfeindlichkeit gekommen? Ich meine, eine tiefe, lang bestehende Unzufriedenheit mit dem jeweiligen Kulturzustand stellte den Boden her, auf dem sich dann bei bestimmten historischen Anlässen eine Verurteilung erhob. Den letzten und den vorletzten dieser Anlässe glaube ich zu erkennen; ich bin nicht gelehrt genug, um die Kette derselben weit genug in die Geschichte der menschlichen Art zurückzuverfolgen. Schon beim Sieg des Christentums über die heidnischen Religionen muß ein solcher kulturfeindlicher Faktor beteiligt gewesen sein. Der durch die christliche Lehre vollzogenen Entwertung des irdischen Lebens stand er ja sehr nahe. Die vorletzte Veranlassung ergab sich, als man im Fortschritt der Entdeckungsreisen in Berührung mit primitiven Völkern und Stämmen kam. Bei ungenügender Beobachtung und mißverständlicher Auffassung ihrer Sitten und Gebräuche schienen sie den Europäern ein einfaches, bedürfnisarmes, glückliches Leben zu führen, wie es den kulturell überlegenen Besuchern unerreichbar war. Die spätere Erfahrung hat manches Urteil dieser Art berichtigt; in vielen Fällen hatte man irrtümlich ein Maß von Lebenserleichterung, das der Großmut der Natur und der Bequemlichkeit in der Befriedigung der großen Bedürfnisse zu danken war, der Abwesenheit von verwickelten kulturellen Anforderungen zugeschrieben. Die letzte Veranlassung ist uns besonders vertraut; sie trat auf, als man den Mechanismus der Neurosen kennenlernte, die das bißchen Glück des Kulturmenschen zu untergraben drohen. Man fand, daß der Mensch neurotisch wird, weil er das Maß von Versagung nicht ertragen kann, das ihm die Gesellschaft im Dienste ihrer kulturellen Ideale auferlegt, und man schloß daraus, daß es eine Rückkehr zu Glücksmöglichkeiten bedeutete, wenn diese Anforderungen aufgehoben oder sehr herabgesetzt würden.

Es kommt noch ein Moment der Enttäuschung dazu. In den letzten Generationen haben die Menschen außerordentliche Fortschritte in den Naturwissenschaften und in ihrer technischen Anwendung gemacht, ihre Herrschaft über die Natur in einer früher unvorstellbaren Weise befestigt. Die Einzelheiten dieser Fortschritte sind allgemein bekannt, es erübrigt sich, sie aufzuzählen. Die Menschen sind stolz auf diese Errungenschaften und haben ein Recht dazu. Aber sie glauben bemerkt zu haben, daß diese neu gewonnene Verfügung über Raum und Zeit, diese Unterwerfung der Naturkräfte, die Erfüllung jahrtausendealter Sehnsucht, das Maß von Lustbefriedigung, das sie vom Leben erwarten, nicht erhöht, sie nach ihren Empfindungen nicht glücklicher gemacht hat. Man sollte sich begnügen, aus dieser Feststellung den Schluß zu ziehen, die Macht über die Natur sei nicht die einzige Bedingung des Menschenglücks, wie sie ja auch nicht das einzige Ziel der Kulturbestrebungen ist, und nicht die Wertlosigkeit der technischen Fortschritte für unsere Glücksökonomie daraus ableiten. Man möchte einwenden, ist es denn nicht ein positiver Lustgewinn, ein unzweideutiger Zuwachs an Glücksgefühl, wenn ich beliebig oft die Stimme des Kindes hören kann, das Hunderte von Kilometern entfernt von mir lebt, wenn ich die kürzeste Zeit nach der Landung des Freundes erfahren kann, daß er die lange, beschwerliche Reise gut bestanden hat? Bedeutet es nichts, daß es der Medizin gelungen ist, die Sterblichkeit der kleinen Kinder, die Infektionsgefahr der gebärenden Frauen so außerordentlich herabzusetzen, ja die mittlere Lebensdauer des Kulturmenschen um eine beträchtliche Anzahl von Jahren zu verlängern? Und solcher Wohltaten, die wir dem vielgeschmähten Zeitalter der wissenschaftlichen und technischen Fortschritte verdanken, können wir noch eine große Reihe anführen; – aber da läßt sich die Stimme der pessimistischen Kritik vernehmen und mahnt, die meisten dieser Befriedigungen folgten dem Muster jenes „billigen Vergnügens“, das in einer gewissen Anekdote angepriesen wird. Man verschafft sich diesen Genuß, indem man in kalter Winternacht ein Bein nackt aus der Decke herausstreckt und es dann wieder einzieht. Gäbe es keine Eisenbahn, die die Entfernungen überwindet, so hätte das Kind die Vaterstadt nie verlassen, man brauchte kein Telephon, um seine Stimme zu hören. Wäre nicht die Schiffahrt über den Ozean eingerichtet, so hätte der Freund nicht die Seereise unternommen, ich brauchte den Telegraphen nicht, um meine Sorge um ihn zu beschwichtigen. Was nützt uns die Einschränkung der Kindersterblichkeit, wenn gerade sie uns die äußerste Zurückhaltung in der Kinderzeugung aufnötigt, so daß wir im ganzen doch, nicht mehr Kinder aufziehen als in den Zeiten vor der Herrschaft der Hygiene, dabei aber unser Sexualleben in der Ehe unter schwierige Bedingungen gebracht und wahrscheinlich der wohltätigen, natürlichen Auslese entgegengearbeitet haben? Und was soll uns endlich ein langes Leben, wenn es beschwerlich, arm an Freuden und so leidvoll ist, daß wir den Tod nur als Erlöser bewillkommnen können?

Es scheint festzustehen, daß wir uns in unserer heutigen Kultur nicht wohl fühlen, aber es ist sehr schwer, sich ein Urteil darüber zu bilden, ob und inwieweit die Menschen früherer Zeiten sich glücklicher gefühlt haben und welchen Anteil ihre Kulturbedingungen daran hatten. Wir werden immer die Neigung haben, das Elend objektiv zu erfassen, d. h. uns mit unseren Ansprüchen und Empfänglichkeiten in jene Bedingungen zu versetzen, um dann zu prüfen, welche Anlässe zu Glücks- und Unglücksempfindungen wir in ihnen fänden. Diese Art der Betrachtung, die objektiv erscheint, weil sie von den Variationen der subjektiven Empfindlichkeit absieht, ist natürlich die subjektivste, die möglich ist, indem sie an die Stelle aller anderen unbekannten seelischen Verfassungen die eigene einsetzt. Das Glück ist aber etwas durchaus Subjektives. Wir mögen noch so sehr vor gewissen Situationen zurückschrecken, der des antiken Galeerensklaven, des Bauern im 30jährigen Krieg, des Opfers der heiligen Inquisition, des Juden, der den Pogrom erwartet, es ist uns doch unmöglich, uns in diese Personen einzufühlen, die Veränderungen zu erraten, die ursprüngliche Stumpfheit, allmähliche Abstumpfung, Einstellung der Erwartungen, gröbere und feinere Weisen der Narkotisierung in der Empfänglichkeit für Lust- und Unlustempfindungen herbeigeführt haben. Im Falle äußerster Leidmöglichkeit werden auch bestimmte seelische Schutzvorrichtungen in Tätigkeit versetzt. Es scheint mir unfruchtbar, diese Seite des Problems weiter zu verfolgen.

Es ist Zeit, daß wir uns um das Wesen dieser Kultur kümmern, deren Glückswert in Zweifel gezogen wird. Wir werden keine Formel fordern, die dieses Wesen in wenigen Worten ausdrückt, noch ehe wir etwas aus der Untersuchung erfahren haben. Es genügt uns also zu wiederholen,[11] daß das Wort „Kultur" die ganze Summe der Leistungen und Einrichtungen bezeichnet, in denen sich unser Leben von dem unserer tierischen Ahnen entfernt und die zwei Zwecken dienen: dem Schutz des Menschen gegen die Natur und der Regelung der Bezie-

---

[11] Siehe: *Die Zukunft einer Illusion*, 1927.

hungen der Menschen untereinander. Um mehr zu verstehen, werden wir die Züge der Kultur im einzelnen zusammensuchen, wie sie sich in menschlichen Gemeinschaften zeigen. Wir lassen uns dabei ohne Bedenken vom Sprachgebrauch, oder wie man auch sagt: Sprachgefühl, leiten im Vertrauen darauf, daß wir so inneren Einsichten gerecht werden, die sich dem Ausdruck in abstrakten Worten noch widersetzen. Der Eingang ist leicht: Als kulturell anerkennen wir alle Tätigkeiten und Werte, die dem Menschen nützen, indem sie ihm die Erde dienstbar machen, ihn gegen die Gewalt der Naturkräfte schützen u. dgl. Über diese Seite des Kulturellen besteht ja am wenigsten Zweifel. Um weit genug zurückzugehen, die ersten kulturellen Taten waren der Gebrauch von Werkzeugen, die Zähmung des Feuers, der Bau von Wohnstätten. Unter ihnen ragt die Zähmung des Feuers als eine ganz außerordentliche, vorbildlose Leistung hervor,[12] mit den anderen schlug der Mensch Wege ein, die er seither immer weiter verfolgt hat, zu denen die Anregung leicht zu erraten ist. Mit all seinen Werkzeugen vervollkommnet der Mensch seine Organe – die motorischen wie die sensorischen – oder räumt die Schranken für ihre Leistung weg. Die Motoren stellen ihm riesige Kräfte zur Verfügung, die er wie seine Muskeln in beliebige Richtungen schicken kann, das Schiff und das Flugzeug machen, daß weder Wasser noch Luft seine Fortbewegung hindern können. Mit der Brille korrigiert er die Mängel der Linse in seinem Auge, mit dem Fernrohr schaut er in entfernte Weiten, mit dem Mikroskop überwindet er die Grenzen der Sichtbarkeit, die durch den Bau seiner Netzhaut abgesteckt werden. In der photographischen Kamera hat er ein Instrument geschaffen, das die flüchtigen Seheindrücke festhält, was ihm die Grammophonplatte für die ebenso vergänglichen Schalleindrücke leisten muß, beides im Grunde Materialisationen des ihm gegebenen

[12] Psychoanalytisches Material, unvollständig, nicht sicher deutbar, läßt doch wenigstens eine – phantastisch klingende – Vermutung über den Ursprung dieser menschlichen Großtat zu. Als wäre der Urmensch gewohnt gewesen, wenn er dem Feuer begegnete, eine infantile Lust an ihm zu befriedigen, indem er es durch seinen Harnstrahl auslöschte. An der ursprünglichen phallischen Auffassung der züngelnden, sich in die Höhe reckenden Flamme kann nach vorhandenen Sagen kein Zweifel sein. Das Feuerlöschen durch Urinieren – auf das noch die späten Riesenkinder Gulliver in Liliput und Rabelais' Gargantua zurückgreifen – war also wie ein sexueller Akt mit einem Mann, ein Genuß der männlichen Potenz im homosexuellen Wettkampf. Wer zuerst auf diese Lust verzichtete, das Feuer verschonte, konnte es mit sich forttragen und in seinen Dienst zwingen. Dadurch daß er das Feuer seiner eigenen sexuellen Erregung dämpfte, hatte er die Naturkraft des Feuers gezähmt. Diese große kulturelle Eroberung wäre also der Lohn für einen Triebverzicht. Und weiter, als hätte man das Weib zur Hüterin des auf dem häuslichen Herd gefangengehaltenen Feuers bestellt, weil ihr anatomischer Bau es ihr verbietet, einer solchen Lustversuchung nachzugeben. Es ist auch bemerkenswert, wie regelmäßig die analytischen Erfahrungen den Zusammenhang von Ehrgeiz, Feuer und Harnerotik bezeugen.

Vermögens der Erinnerung, seines Gedächtnisses. Mit Hilfe des Telephons hört er aus Entfernungen, die selbst das Märchen als unerreichbar respektieren würde; die Schrift ist ursprünglich die Sprache des Abwesenden, das Wohnhaus ein Ersatz für den Mutterleib, die erste, wahrscheinlich noch immer ersehnte Behausung, in der man sicher war und sich so wohl fühlte.

Es klingt nicht nur wie ein Märchen, es ist direkt die Erfüllung aller – nein, der meisten – Märchenwünsche, was der Mensch durch seine Wissenschaft und Technik auf dieser Erde hergestellt hat, in der er zuerst als ein schwaches Tierwesen auftrat und in die jedes Individuum seiner Art wiederum als hilfloser Säugling – „*oh inch of nature!*" – eintreten muß. All diesen Besitz darf er als Kulturerwerb ansprechen. Er hatte sich seit langen Zeiten eine Idealvorstellung von Allmacht und Allwissenheit gebildet, die er in seinen Göttern verkörperte. Ihnen schrieb er alles zu, was seinen Wünschen unerreichbar schien – oder ihm verboten war. Man darf also sagen, diese Götter waren Kulturideale. Nun hat er sich der Erreichung dieses Ideals sehr angenähert, ist beinahe selbst ein Gott geworden. Freilich nur so, wie man nach allgemein menschlichem Urteil Ideale zu erreichen pflegt. Nicht vollkommen, in einigen Stücken gar nicht, in anderen nur so halbwegs. Der Mensch ist sozusagen eine Art Prothesengott geworden, recht großartig, wenn er alle seine Hilfsorgane anlegt, aber sie sind nicht mit ihm verwachsen und machen ihm gelegentlich noch viel zu schaffen. Er hat übrigens ein Recht, sich damit zu trösten, daß diese Entwicklung nicht gerade mit dem Jahr 1930 A. D. abgeschlossen sein wird. Ferne Zeiten werden neue, wahrscheinlich unvorstellbar große Fortschritte auf diesem Gebiete der Kultur mit sich bringen, die Gottähnlichkeit noch weiter steigern. Im Interesse unserer Untersuchung wollen wir aber auch nicht daran vergessen, daß der heutige Mensch sich in seiner Gottähnlichkeit nicht glücklich fühlt.

Wir anerkennen also die Kulturhöhe eines Landes, wenn wir finden, daß alles in ihm gepflegt und zweckmäßig besorgt wird, was der Ausnützung der Erde durch den Menschen und dem Schutz desselben vor den Naturkräften dienlich, also kurz zusammengefaßt: ihm nützlich ist. In einem solchen Land seien Flüsse, die mit Überschwemmungen drohen, in ihrem Lauf reguliert, ihr Wasser durch Kanäle hingeleitet, wo es entbehrt wird. Der Erdboden werde sorgfältig bearbeitet und mit den Gewächsen beschickt, die er zu tragen geeignet ist, die mineralischen Schätze der Tiefe emsig zutage gefördert und zu den verlangten Werkzeugen und Geräten verarbeitet. Die Verkehrsmittel seien reichlich, rasch und zuverlässig, die wilden und gefährlichen Tiere seien ausgerottet, die Zucht der zu Haustieren gezähmten sei in Blüte. Wir haben aber an die Kultur noch andere Anforderungen zu stellen und hoffen bemerkenswerterweise sie in denselben Ländern verwirklicht zu finden. Als wollten wir unseren zuerst erhobenen

Anspruch verleugnen, begrüßen wir es auch als kulturell, wenn wir sehen, daß sich die Sorgfalt der Menschen auch Dingen zuwendet, die ganz und gar nicht nützlich sind, eher unnütz erscheinen, z. B. wenn die in einer Stadt als Spielplätze und Luftreservoirs notwendigen Gartenflächen auch Blumenbeete tragen oder wenn die Fenster der Wohnungen mit Blumentöpfen geschmückt sind. Wir merken bald, das Unnütze, dessen Schätzung wir von der Kultur erwarten, ist die Schönheit; wir fordern, daß der Kulturmensch die Schönheit verehre, wo sie ihm in der Natur begegnet, und sie herstelle an Gegenständen, soweit seiner Hände Arbeit es vermag. Weit entfernt, daß unsere Ansprüche an die Kultur damit erschöpft wären. Wir verlangen noch die Zeichen von Reinlichkeit und Ordnung zu sehen. Wir denken nicht hoch von der Kultur einer englischen Landstadt zur Zeit Shakespeares, wenn wir lesen, daß ein hoher Misthaufen vor der Türe seines väterlichen Hauses in Stratford lagerte; wir sind ungehalten und schelten es „barbarisch“, was der Gegensatz zu kulturell ist, wenn wir die Wege des Wiener Waldes mit weggeworfenen Papieren bestreut finden. Unsauberkeit jeder Art scheint uns mit Kultur unvereinbar; auch auf den menschlichen Körper dehnen wir die Forderung der Reinlichkeit aus, hören mit Erstaunen, welch üblen Geruch die Person des Roi Soleil zu verbreiten pflegte, und schütteln den Kopf, wenn uns auf Isola Bella die winzige Waschschüssel gezeigt wird, deren sich Napoleon bei seiner Morgentoilette bediente. Ja, wir sind nicht überrascht, wenn jemand den Gebrauch von Seife direkt als Kulturmesser aufstellt. Ähnlich ist es mit der Ordnung, die ebenso wie die Reinlichkeit sich ganz auf Menschenwerk bezieht. Aber während wir Reinlichkeit in der Natur nicht erwarten dürfen, ist die Ordnung vielmehr der Natur abgelauscht; die Beobachtung der großen astronomischen Regelmäßigkeiten hat dem Menschen nicht nur das Vorbild, sondern die ersten Anhaltspunkte für die Einführung der Ordnung in sein Leben gegeben. Die Ordnung ist eine Art Wiederholungszwang, die durch einmalige Einrichtung entscheidet, wann, wo und wie etwas getan werden soll, so daß man in jedem gleichen Falle Zögern und Schwanken erspart. Die Wohltat der Ordnung ist ganz unleugbar, sie ermöglicht dem Menschen die beste Ausnützung von Raum und Zeit, während sie seine psychischen Kräfte schont. Man hätte ein Recht zu erwarten, daß sie sich von Anfang an und zwanglos im menschlichen Tun durchsetzt, und darf erstaunen, daß dies nicht der Fall ist, daß der Mensch vielmehr einen natürlichen Hang zur Nachlässigkeit, Unregelmäßigkeit und Unzuverlässigkeit in seiner Arbeit an den Tag legt und erst mühselig zur Nachahmung der himmlischen Vorbilder erzogen werden muß.

Schönheit, Reinlichkeit und Ordnung nehmen offenbar eine besondere Stellung unter den Kulturanforderungen ein. Niemand wird behaupten, daß sie ebenso lebenswichtig seien wie die Beherrschung der Naturkräfte und andere

Momente, die wir noch kennenlernen sollen, und doch wird niemand gern sie als Nebensächlichkeiten zurückstellen wollen. Daß die Kultur nicht allein auf Nutzen bedacht ist, zeigt schon das Beispiel der Schönheit, die wir unter den Interessen der Kultur nicht vermissen wollen. Der Nutzen der Ordnung ist ganz offenbar; bei der Reinlichkeit haben wir zu bedenken, daß sie auch von der Hygiene gefordert wird, und können vermuten, daß dieser Zusammenhang den Menschen auch vor der Zeit einer wissenschaftlichen Krankheitsverhütung nicht ganz fremd war. Aber der Nutzen erklärt uns das Streben nicht ganz; es muß noch etwas anderes im Spiele sein.

Durch keinen anderen Zug vermeinen wir aber die Kultur besser zu kennzeichnen als durch die Schätzung und Pflege der höheren psychischen Tätigkeiten, der intellektuellen, wissenschaftlichen und künstlerischen Leistungen, der führenden Rolle, welche den Ideen im Leben der Menschen eingeräumt wird. Unter diesen Ideen stehen obenan die religiösen Systeme, auf deren verwickelten Aufbau ich an anderer Stelle Licht zu werfen versuchte; neben ihnen die philosophischen Spekulationen und endlich, was man die Idealbildungen der Menschen heißen kann, ihre Vorstellungen von einer möglichen Vollkommenheit der einzelnen Person, des Volkes, der ganzen Menschheit und die Anforderungen, die sie auf Grund solcher Vorstellungen erheben. Daß diese Schöpfungen nicht unabhängig voneinander sind, vielmehr innig ineinander verwoben, erschwert sowohl ihre Darstellung wie ihre psychologische Ableitung. Wenn wir ganz allgemein annehmen, die Triebfeder aller menschlichen Tätigkeiten sei das Streben nach den beiden zusammenfließenden Zielen, Nutzen und Lustgewinn, so müssen wir dasselbe auch für die hier angeführten kulturellen Äußerungen gelten lassen, obwohl es nur für die wissenschaftliche und künstlerische Tätigkeit leicht ersichtlich ist. Man kann aber nicht bezweifeln, daß auch die anderen starken Bedürfnissen der Menschen entsprechen, vielleicht solchen, die nur bei einer Minderzahl entwickelt sind. Auch darf man sich nicht durch Werturteile über einzelne dieser religiösen, philosophischen Systeme und dieser Ideale beirren lassen; ob man die höchste Leistung des Menschengeistes in ihnen sucht oder ob man sie als Verirrungen beklagt, man muß anerkennen, daß ihr Vorhandensein, besonders ihre Vorherrschaft, einen Hochstand der Kultur bedeutet. Als letzten, gewiß nicht unwichtigsten Charakterzug einer Kultur haben wir zu würdigen, in welcher Weise die Beziehungen der Menschen zueinander, die sozialen Beziehungen, geregelt sind, die den Menschen als Nachbarn, als Hilfskraft, als Sexualobjekt eines anderen, als Mitglied einer Familie, eines Staates betreffen. Es wird hier besonders schwer, sich von bestimmten Idealforderungen frei zu halten und das, was überhaupt kulturell ist, zu erfassen. Vielleicht beginnt man mit der Erklärung, das kulturelle Element sei mit dem ersten Versuch, diese sozialen Beziehungen zu regeln, gegeben. Unterbliebe ein solcher Versuch, so wären diese Beziehungen der Willkür des Einzelnen unterworfen, d. h. der physisch Stärkere würde sie im Sinne seiner Interessen und Triebregungen entscheiden. Daran änderte sich nichts, wenn dieser Stärkere seinerseits einen einzelnen noch Stärkeren fände. Das menschliche Zusammenleben wird erst ermöglicht, wenn sich eine Mehrheit zusammenfindet, die stärker ist als jeder Einzelne und gegen jeden Einzelnen zusammenhält. Die Macht dieser Gemeinschaft stellt sich nun als „Recht" der Macht des Einzelnen, die als „rohe Gewalt" verurteilt wird, entgegen. Diese Ersetzung der Macht des Einzelnen durch die der Gemeinschaft ist der entscheidende kulturelle Schritt. Ihr Wesen besteht darin, daß sich die Mitglieder der Gemeinschaft in ihren Befriedigungsmöglichkeiten beschränken, während der Einzelne keine solche Schranke kannte. Die nächste kulturelle Anforderung ist also die der Gerechtigkeit, d. h. die Versicherung, daß die einmal gegebene Rechtsordnung nicht wieder zu Gunsten eines Einzelnen durchbrochen werde über den ethischen Wert eines solchen Rechts wird hiermit nicht entschieden.

Der weitere Weg der kulturellen Entwicklung scheint dahin zu streben, daß dieses Recht nicht mehr der Willensausdruck einer kleinen Gemeinschaft – Kaste, Bevölkerungsschicht, Volksstammes – sei, welche sich zu anderen und vielleicht umfassenderen solchen Massen wieder wie ein gewalttätiges Individuum verhält. Das Endergebnis soll ein Recht sein, zu dem alle – wenigstens alle Gemeinschaftsfähigen – durch ihre Triebopfer beigetragen haben und das keinen – wiederum mit der gleichen Ausnahme – zum Opfer der rohen Gewalt werden läßt. Die individuelle Freiheit ist kein Kulturgut. Sie war am größten vor jeder Kultur, allerdings damals meist ohne Wert, weil das Individuum kaum imstande war, sie zu verteidigen. Durch die Kulturentwicklung erfährt sie Einschränkungen, und die Gerechtigkeit fordert, daß keinem diese Einschränkungen erspart werden. Was sich in einer menschlichen Gemeinschaft als Freiheitsdrang rührt, kann Auflehnung gegen eine bestehende Ungerechtigkeit sein und so einer weiteren Entwicklung der Kultur günstig werden, mit der Kultur verträglich bleiben. Es kann aber auch dem Rest der ursprünglichen, von der Kultur ungebändigten Persönlichkeit entstammen und so Grundlage der Kulturfeindseligkeit werden. Der Freiheitsdrang richtet sich also gegen bestimmte Formen und Ansprüche der Kultur oder gegen Kultur überhaupt. Es scheint nicht, daß man den Menschen durch irgendwelche Beeinflussung dazu bringen kann, seine Natur in die eines Termiten umzuwandeln, er wird wohl immer seinen Anspruch auf individuelle Freiheit gegen den Willen der Masse verteidigen. Ein gut Teil des Ringens der Menschheit staut sich um die eine Aufgabe, einen zweckmäßigen, d. h. beglückenden Ausgleich zwischen diesen individuellen und den kulturellen

Massenansprüchen zu finden, es ist eines ihrer Schicksalsprobleme, ob dieser Ausgleich durch eine bestimmte Gestaltung der Kultur erreichbar oder ob der Konflikt unversöhnlich ist.

Indem wir uns vom gemeinen Empfinden sagen ließen, welche Züge im Leben der Menschen kulturell zu nennen sind, haben wir einen deutlichen Eindruck vom Gesamtbild der Kultur bekommen, freilich zunächst nichts erfahren, was nicht allgemein bekannt ist. Dabei haben wir uns gehütet, dem Vorurteil beizustimmen, Kultur sei gleichbedeutend mit Vervollkommnung, sei der Weg zur Vollkommenheit, die dem Menschen vorgezeichnet ist. Nun aber drängt sich uns eine Auffassung auf, die vielleicht anderswohin führt. Die Kulturentwicklung erscheint uns als ein eigenartiger Prozeß, der über die Menschheit abläuft, an dem uns manches wie vertraut anmutet. Diesen Prozeß können wir durch die Veränderungen charakterisieren, die er mit den bekannten menschlichen Triebanlagen vornimmt, deren Befriedigung doch die ökonomische Aufgabe unseres Lebens ist. Einige dieser Triebe werden in solcher Weise aufgezehrt, daß an ihrer Stelle etwas auftritt, was wir beim Einzelindividuum als Charaktereigenschaft beschreiben. Das merkwürdigste Beispiel dieses Vorganges haben wir an der Analerotik des jugendlichen Menschen gefunden. Sein ursprüngliches Interesse an der Exkretionsfunktion, ihren Organen und Produkten wandelt sich im Lauf des Wachstums in die Gruppe von Eigenschaften um, die uns als Sparsamkeit, Sinn für Ordnung und Reinlichkeit bekannt sind, die, an und für sich wertvoll und willkommen, sich zu auffälliger Vorherrschaft steigern können und dann das ergeben, was man den Analcharakter heißt. Wie das zugeht, wissen wir nicht, an der Richtigkeit dieser Auffassung ist kein Zweifel.[13] Nun haben wir gefunden, daß Ordnung und Reinlichkeit wesentliche Kulturansprüche sind, obgleich ihre Lebensnotwendigkeit nicht gerade einleuchtet, ebensowenig wie ihre Eignung als Genußquellen. An dieser Stelle mußte sich uns die Ähnlichkeit des Kulturprozesses mit der Libidoentwicklung des Einzelnen zuerst aufdrängen. Andere Triebe werden dazu veranlaßt, die Bedingungen ihrer Befriedigung zu verschieben, auf andere Wege zu verlegen, was in den meisten Fällen mit der uns wohlbekannten *Sublimierung* (der Triebziele) zusammenfällt, in anderen sich noch von ihr sondern läßt. Die Triebsublimierung ist ein besonders hervorstechender Zug der Kulturentwicklung, sie macht es möglich, daß höhere psychische Tätigkeiten, wissenschaftliche, künstlerische, ideologische, eine so bedeutsame Rolle im Kulturleben spielen. Wenn man dem ersten Eindruck nachgibt, ist man versucht zu sagen, die Sublimierung sei überhaupt ein von der Kultur erzwungenes Triebschicksal. Aber man tut besser, sich das noch länger zu überlegen. Drittens

[13] S. *Charakter und Analerotik*, 1908 und zahlreiche weitere Beiträge von E. Jones u. a.

endlich, und das scheint das Wichtigste, ist es unmöglich zu übersehen, in welchem Ausmaß die Kultur auf Triebverzicht aufgebaut ist, wie sehr sie gerade die Nichtbefriedigung (Unterdrückung, Verdrängung oder sonst etwas?) von mächtigen Trieben zur Voraussetzung hat. Diese „Kulturversagung" beherrscht das große Gebiet der sozialen Beziehungen der Menschen; wir wissen bereits, sie ist die Ursache der Feindseligkeit, gegen die alle Kulturen zu kämpfen haben. Sie wird auch an unsere wissenschaftliche Arbeit schwere Anforderungen stellen, wir haben da viel Aufklärung zu geben. Es ist nicht leicht zu verstehen, wie man es möglich macht, einem Trieb die Befriedigung zu entziehen. Es ist gar nicht so ungefährlich; wenn man es nicht ökonomisch kompensiert, kann man sich auf ernste Störungen gefaßt machen.

Wenn wir aber wissen wollen, welchen Wert unsere Auffassung der Kulturentwicklung als eines besonderen Prozesses, vergleichbar der normalen Reifung des Individuums, beanspruchen kann, müssen wir offenbar ein anderes Problem in Angriff nehmen, uns die Frage stellen, welchen Einflüssen die Kulturentwicklung ihren Ursprung dankt, wie sie entstanden ist und wodurch ihr Lauf bestimmt wurde.

IV

Diese Aufgabe scheint übergroß, man darf seine Verzagtheit eingestehen. Hier das wenige, was ich erraten konnte.

Nachdem der Urmensch entdeckt hatte, daß es – wörtlich so verstanden – in seiner Hand lag, sein Los auf der Erde durch Arbeit zu verbessern, konnte es ihm nicht gleichgültig sein, ob ein anderer mit oder gegen ihn arbeitete. Der andere gewann für ihn den Wert des Mitarbeiters, mit dem zusammen zu leben nützlich war. Noch vorher, in seiner affenähnlichen Vorzeit, hatte er die Gewohnheit angenommen, Familien zu bilden; die Mitglieder der Familie waren wahrscheinlich seine ersten Helfer. Vermutlich hing die Gründung der Familie damit zusammen, daß das Bedürfnis genitaler Befriedigung nicht mehr wie ein Gast auftrat, der plötzlich bei einem erscheint und nach seiner Abreise lange nichts mehr von sich hören läßt, sondern sich als Dauermieter beim Einzelnen niederließ. Damit bekam das Männchen ein Motiv, das Weib oder allgemeiner: die Sexualobjekte bei sich zu behalten; die Weibchen, die sich von ihren hilflosen Jungen nicht trennen wollten, mußten auch in deren Interesse beim stärkeren Männchen bleiben.[14] In dieser primitiven Familie vermissen wir noch einen wesentlichen Zug

[14] Die organische Periodizität des Sexualvorgangs ist zwar erhalten geblieben, aber ihr Einfluß auf

der Kultur; die Willkür des Oberhauptes und Vaters war unbeschränkt. In *Totem und Tabu* habe ich versucht, den Weg aufzuzeigen, der von dieser Familie zur nächsten Stufe des Zusammenlebens in Form der Brüderbünde führte. Bei der Überwältigung des Vaters hatten die Söhne die Erfahrung gemacht, daß eine Vereinigung stärker sein kann als der Einzelne. Die totemistische Kultur ruht auf den Einschränkungen, die sie zur Aufrechthaltung des neuen Zustandes einander auferlegen mußten. Die Tabuvorschriften waren das erste „Recht". Das

---

die psychische Sexualerregung hat sich eher ins Gegenteil verkehrt Diese Veränderung hängt am ehesten zusammen mit dem Zurücktreten der Geruchsreize, durch welche der Menstruationsvorgang auf die männliche Psyche einwirkte. Deren Rolle wurde von Gesichtserregungen übernommen, die im Gegensatz zu den intermittierenden Geruchsreizen eine permanente Wirkung unterhalten konnten. Das Tabu der Menstruation entstammt dieser „organischen Verdrängung" als Abwehr einer überwundenen Entwicklungsphase; alle anderen Motivierungen sind wahrscheinlich sekundärer Natur. (Vgl. C. D. Daly, 1927.) Dieser Vorgang wiederholt sich auf anderem Niveau, wenn die Götter einer überholten Kulturperiode zu Dämonen werden. Das Zurücktreten der Geruchsreize scheint aber selbst Folge der Abwendung des Menschen von der Erde, des Entschlusses zum aufrechten Gang, der nun die bisher gedeckten Genitalien sichtbar und schutzbedürftig macht und so das Schämen hervorruft. Am Beginne des verhängnisvollen Kulturprozesses stünde also die Aufrichtung des Menschen. Die Verkettung läuft von hier aus über die Entwertung der Geruchsreize und die Isolierung der Periode zum Übergewicht der Gesichtsreize, Sichtbarwerden der Genitalien, weiter zur Kontinuität der Sexualerregung, Gründung der Familie und damit zur Schwelle der menschlichen Kultur. Dies ist nur eine theoretische Spekulation, aber wichtig genug, um eine exakte Nachprüfung an den Lebensverhältnissen der dem Menschen nahestehenden Tiere zu verdienen.

Auch in dem Kulturstreben nach Reinlichkeit, das in hygienischen Rücksichten eine nachträgliche Rechtfertigung findet, aber sich bereits vor dieser Einsicht geäußert hat, ist ein soziales Moment unverkennbar. Der Antrieb zur Reinlichkeit entspringt dem Drang nach Beseitigung der Exkremente, die der Sinneswahrnehmung unangenehm geworden sind. Wir wissen, daß es in der Kinderstube anders ist. Die Exkremente erregen beim Kinde keinen Abscheu, erscheinen ihm als losgelöster Teil seines Körpers wertvoll. Die Erziehung dringt hier besonders energisch auf die Beschleunigung des bevorstehenden Entwicklungsganges, der die Exkremente wertlos, ekelhaft, abscheulich und verwerflich machen soll. Eine solche Umwertung wäre kaum möglich, wenn diese dem Körper entzogenen Stoffe nicht durch ihre starken Gerüche verurteilt wären, an dem Schicksal teilzunehmen, das nach der Aufrichtung des Menschen vom Boden den Geruchsreizen vorbehalten ist. Die Analerotik erliegt also zunächst der „organischen Verdrängung", die den Weg zur Kultur gebahnt hat. Der soziale Faktor, der die weitere Umwandlung der Analerotik besorgt, bezeugt sich durch die Tatsache, daß trotz aller Entwicklungsfortschritte dem Menschen der Geruch der eigenen Exkremente kaum anstößig ist, immer nur der der Ausscheidungen des anderen. Der Unreinliche, d. h. der, der seine Exkremente nicht verbirgt, beleidigt also den anderen, zeigt keine Rücksicht für ihn, und dasselbe besagen ja auch die kräftigsten, gebräuchlichsten Beschimpfungen. Es wäre auch unverständlich, daß der Mensch den Namen seines treuesten Freundes in der Tierwelt als Schimpfwort verwendet, wenn der Hund nicht durch zwei Eigenschaften die Verachtung des Menschen auf sich zöge, daß er ein Geruchstier ist, das sich vor Exkrementen nicht scheut, und daß er sich seiner sexuellen Funktionen nicht schämt.

Zusammenleben der Menschen war also zweifach begründet durch den Zwang zur Arbeit, den die äußere Not schuf, und durch die Macht der Liebe, die von seiten des Mannes das Sexualobjekt im Weibe, von seiten des Weibes das von ihr abgelöste Teilstück des Kindes nicht entbehren wollte. Eros und Ananke sind auch die Eltern der menschlichen Kultur geworden. Der erste Kulturerfolg war, daß nun auch eine größere Anzahl von Menschen in Gemeinschaft bleiben konnten. Und da beide großen Mächte dabei zusammenwirkten, könnte man erwarten, daß sich die weitere Entwicklung glatt vollziehen würde, zu immer besserer Beherrschung der Außenwelt wie zur weiteren Ausdehnung der von der Gemeinschaft umfaßten Menschenzahl. Man versteht auch nicht leicht, wie diese Kultur auf ihre Teilnehmer anders als beglückend wirken kann.

Ehe wir noch untersuchen, woher eine Störung kommen kann, lassen wir uns durch die Anerkennung der Liebe als einer Grundlage der Kultur ablenken, um eine Lücke in einer früheren Erörterung auszufüllen. Wir sagten, die Erfahrung, daß die geschlechtliche (genitale) Liebe dem Menschen die stärksten Befriedigungserlebnisse gewähre, ihm eigentlich das Vorbild für alles Glück gebe, müßte es nahegelegt haben, die Glücksbefriedigung im Leben auch weiterhin auf dem Gebiet der geschlechtlichen Beziehungen zu suchen, die genitale Erotik in den Mittelpunkt des Lebens zu stellen. Wir setzten fort, daß man sich auf diesem Wege in bedenklichster Weise von einem Stück der Außenwelt, nämlich vom gewählten Liebesobjekt, abhängig mache und dem stärksten Leiden aussetze, wenn man von diesem verschmäht werde oder es durch Untreue oder Tod verliere. Die Weisen aller Zeiten haben darum nachdrücklichst von diesem Lebensweg abgeraten; er hat dennoch für eine große Anzahl von Menschenkindern seine Anziehung nicht verloren.

Einer geringen Minderzahl wird es durch ihre Konstitution ermöglicht, das Glück doch auf dem Wege der Liebe zu finden, wobei aber weitgehende seelische Abänderungen der Liebesfunktion unerläßlich sind. Diese Personen machen sich von der Zustimmung des Objekts unabhängig, indem sie den Hauptwert vom Geliebtwerden auf das eigene Lieben verschieben, sie schützen sich gegen dessen Verlust, indem sie ihre Liebe nicht auf einzelne Objekte, sondern in gleichem Maße auf alle Menschen richten, und sie vermeiden die Schwankungen und Enttäuschungen der genitalen Liebe dadurch, daß sie von deren Sexualziel ablenken, den Trieb in eine zielgehemmte Regung verwandeln. Was sie auf diese Art bei sich zustande bringen, der Zustand eines gleichschwebenden, unbeirrbaren, zärtlichen Empfindens, hat mit dem stürmisch bewegten, genitalen Liebesleben, von dem es doch abgeleitet ist, nicht mehr viel äußere Ähnlichkeit. Der heilige Franciscus von Assisi mag es in dieser Ausnützung der Liebe für das innere Glücksgefühl am weitesten gebracht haben; was wir als eine der Techniken der Erfüllung des Lustprinzips erkennen, ist auch vielfach in Beziehung zur Religion gebracht worden, mit der es in jenen entlegenen Regionen zusammenhängen mag, wo die Unterscheidung des Ichs von den Objekten und dieser voneinander vernachlässigt wird. Eine ethische Betrachtung, deren tiefere Motivierung uns noch offenbar werden wird, will in dieser Bereitschaft zur allgemeinen Menschen- und Weltliebe die höchste Einstellung sehen, zu der sich der Mensch erheben kann. Wir möchten schon hier unsere zwei hauptsächlichen Bedenken nicht zurückhalten. Eine Liebe, die nicht auswählt, scheint uns einen Teil ihres eigenen Werts einzubüßen, indem sie an dem Objekt ein Unrecht tut. Und weiter: es sind nicht alle Menschen liebenswert.

Jene Liebe, welche die Familie gründete, bleibt in ihrer ursprünglichen Ausprägung, in der sie auf direkte sexuelle Befriedigung nicht verzichtet, sowie in ihrer Modifikation als zielgehemmte Zärtlichkeit in der Kultur weiter wirksam. In beiden Formen setzt sie ihre Funktion fort, eine größere Anzahl von Menschen aneinander zu binden und in intensiverer Art, als es dem Interesse der Arbeitsgemeinschaft gelingt. Die Nachlässigkeit der Sprache in der Anwendung des Wortes „Liebe“ findet eine genetische Rechtfertigung. Liebe nennt man die Beziehung zwischen Mann und Weib, die auf Grund ihrer genitalen Bedürfnisse eine Familie gegründet haben, Liebe aber auch die positiven Gefühle zwischen Eltern und Kindern, zwischen den Geschwistern in der Familie, obwohl wir diese Beziehung als zielgehemmte Liebe, als Zärtlichkeit, beschreiben müssen. Die zielgehemmte Liebe war eben ursprünglich vollsinnliche Liebe und ist es im Unbewußten des Menschen noch immer. Beide, vollsinnliche und zielgehemmte Liebe, greifen über die Familie hinaus und stellen neue Bindungen an bisher Fremde her. Die genitale Liebe führt zu neuen Familienbildungen, die zielgehemmte zu „Freundschaften“, welche kulturell wichtig werden, weil sie manchen Beschränkungen der genitalen Liebe, z. B. deren Ausschließlichkeit, entgehen. Aber das Verhältnis der Liebe zur Kultur verliert im Verlaufe der Entwicklung seine Eindeutigkeit. Einerseits widersetzt sich die Liebe den Interessen der Kultur, anderseits bedroht die Kultur die Liebe mit empfindlichen Einschränkungen.

Diese Entzweiung scheint unvermeidlich; ihr Grund ist nicht sofort zu erkennen. Sie äußert sich zunächst als ein Konflikt zwischen der Familie und der größeren Gemeinschaft, der der Einzelne angehört. Wir haben bereits erraten, daß es eine der Hauptbestrebungen der Kultur ist, die Menschen zu großen Einheiten zusammenzuballen. Die Familie will aber das Individuum nicht freigeben. Je inniger der Zusammenhalt der Familienmitglieder ist, desto mehr sind sie oft geneigt, sich von anderen abzuschließen, desto schwieriger wird ihnen der Eintritt in den größeren Lebenskreis. Die phylogenetisch ältere, in der Kindheit allein bestehende Weise des Zusammenlebens wehrt sich, von der später erworbenen, kulturellen abgelöst zu werden. Die Ablösung von der Familie wird für jeden Jugendlichen zu einer Aufgabe, bei deren Lösung ihn die Gesellschaft oft durch Pubertäts- und Aufnahmsriten unterstützt. Man gewinnt den Eindruck, dies seien Schwierigkeiten, die jeder psychischen, ja im Grunde auch jeder organischen Entwicklung anhängen.

Ferner treten bald die Frauen in einen Gegensatz zur Kulturströmung und entfalten ihren verzögernden und zurückhaltenden Einfluß, dieselben, die anfangs durch die Forderungen ihrer Liebe das Fundament der Kultur gelegt hatten. Die Frauen vertreten die Interessen der Familie und des Sexuallebens; die Kulturarbeit ist immer mehr Sache der Männer geworden, stellt ihnen immer schwierigere Aufgaben, nötigt sie zu Triebsublimierungen, denen die Frauen wenig gewachsen sind. Da der Mensch nicht über unbegrenzte Quantitäten psychischer Energie verfügt, muß er seine Aufgaben durch zweckmäßige Verteilung der Libido erledigen. Was er für kulturelle Zwecke verbraucht, entzieht er großenteils den Frauen und dem Sexualleben: das beständige Zusammensein mit Männern, seine Abhängigkeit von den Beziehungen zu ihnen entfremden ihn sogar seinen Aufgaben als Ehemann und Vater. So sieht sich die Frau durch die Ansprüche der Kultur in den Hintergrund gedrängt und tritt zu ihr in ein feindliches Verhältnis.

Von seiten der Kultur ist die Tendenz zur Einschränkung des Sexuallebens nicht minder deutlich als die andere zur Ausdehnung des Kulturkreises. Schon die erste Kulturphase, die des Totemismus, bringt das Verbot der inzestuösen Objektwahl mit sich, vielleicht die einschneidendste Verstümmelung, die das menschliche Liebesleben im Laufe der Zeiten erfahren hat. Durch Tabu, Gesetz und Sitte werden weitere Einschränkungen hergestellt, die sowohl die Männer als die Frauen betreffen. Nicht alle Kulturen gehen darin gleich weit; die wirtschaftliche Struktur der Gesellschaft beeinflußt auch das Maß der restlichen Sexualfreiheit. Wir wissen schon, daß die Kultur dabei dem Zwang der ökonomischen Notwendigkeit folgt, da sie der Sexualität einen großen Betrag der psychischen Energie entziehen muß, die sie selbst verbraucht. Dabei benimmt sich die Kultur gegen die Sexualität wie ein Volksstamm oder eine Schicht der Bevölkerung, die eine andere ihrer Ausbeutung unterworfen hat. Die Angst vor dem Aufstand der Unterdrückten treibt zu strengen Vorsichtsmaßregeln. Einen Höhepunkt solcher Entwicklung zeigt unsere westeuropäische Kultur. Es ist psychologisch durchaus berechtigt, daß sie damit einsetzt, die Äußerungen des kindlichen Sexuallebens zu verpönen, denn die Eindämmung der sexuellen Gelüste der Erwachsenen hat keine Aussicht, wenn ihr nicht in der Kindheit vorgearbeitet wurde. Nur läßt es sich auf keine Art rechtfertigen, daß die Kulturgesellschaft so weit gegangen ist, diese leicht nachweisbaren, ja auffälligen Phänomene auch zu leugnen. Die Objektwahl des geschlechtsreifen Individuums wird auf das gegenteilige Geschlecht eingeengt, die meisten außergenitalen Befriedigungen als Perversionen untersagt. Die in diesen Verboten kundgegebene Forderung eines für alle gleichartigen Sexuallebens setzt sich über die Ungleichheiten in der angeborenen und erworbenen Sexualkonstitution der Menschen hinaus, schneidet eine ziemliche Anzahl von ihnen vom Sexualgenuß ab und wird so die Quelle schwerer Ungerechtigkeit. Der Erfolg dieser einschränkenden Maßregeln könnte nun sein, daß bei denen, die normal, die nicht konstitutionell daran verhindert sind, alles Sexualinteresse ohne Einbuße in die offen gelassenen Kanäle einströmt. Aber was von der Achtung frei bleibt, die heterosexuelle genitale Liebe, wird durch die Beschränkungen der Legitimität und der Einehe weiter beeinträchtigt. Die heutige Kultur gibt deutlich zu erkennen, daß sie sexuelle Beziehungen nur auf Grund einer einmaligen, unauflösbaren Bindung eines Mannes an ein Weib gestatten will, daß sie die Sexualität als selbständige Lustquelle nicht mag und sie nur als bisher unersetzte Quelle für die Vermehrung der Menschen zu dulden gesinnt ist.

Das ist natürlich ein Extrem. Es ist bekannt, daß es sich als undurchführbar, selbst für kürzere Zeiten, erwiesen hat. Nur die Schwächlinge haben sich einem so weitgehenden Einbruch in ihre Sexualfreiheit gefügt, stärkere Naturen nur unter einer kompensierenden Bedingung, von der später die Rede sein kann. Die Kulturgesellschaft hat sich genötigt gesehen, viele Überschreitungen stillschweigend zuzulassen, die sie nach ihren Satzungen hätte verfolgen müssen. Doch darf man nicht nach der anderen Seite irregehen und annehmen, eine solche kulturelle Einstellung sei überhaupt harmlos, weil sie nicht alle ihre Absichten erreiche. Das Sexualleben des Kulturmenschen ist doch schwer geschädigt, es macht mitunter den Eindruck einer in Rückbildung befindlichen Funktion, wie unser Gebiß und unsere Kopfhaare als Organe zu sein scheinen. Man hat wahrscheinlich ein Recht anzunehmen, daß seine Bedeutung als Quelle von Glücksempfindungen, also in der Erfüllung unseres Lebenszweckes, empfindlich nachgelassen hat.[15] Manchmal glaubt man zu erkennen, es sei nicht allein der Druck der Kultur, sondern etwas am Wesen der Funktion selbst versage uns die volle Befriedigung und dränge uns auf andere Wege. Es mag ein Irrtum sein, es ist schwer zu entscheiden.[16]

[15] Unter den Dichtungen des feinsinnigen Engländers *J. Galsworthy*, der sich heute allgemeiner Anerkennung erfreut, schätzte ich früh eine kleine Geschichte, betitelt: *The Apple-Tree.* Sie zeigt in eindringlicher Weise, wie im Leben des heutigen Kulturmenschen für die einfache, natürliche Liebe zweier Menschenkinder kein Raum mehr ist.

[16] Folgende Bemerkungen, um die oben ausgesprochene Vermutung zu stützen: Auch der Mensch

ist ein Tierwesen von unzweideutig bisexueller Anlage. Das Individuum entspricht einer Verschmelzung zweier symmetrischer Hälften, von denen nach Ansicht mancher Forscher die eine rein männlich, die andere weiblich ist. Ebensowohl ist es möglich, daß jede Hälfte ursprünglich hermaphroditisch war. Die Geschlechtlichkeit ist eine biologische Tatsache, die, obwohl von außerordentlicher Bedeutung für das Seelenleben, psychologisch schwer zu erfassen ist. Wir sind gewohnt zu sagen: jeder Mensch zeige sowohl männliche als weibliche Triebregungen, Bedürfnisse, Eigenschaften, aber den Charakter des Männlichen und Weiblichen kann zwar die Anatomie, aber nicht die Psychologie aufzeigen. Für sie verblaßt der geschlechtliche Gegensatz zu dem von Aktivität und Passivität, wobei wir allzu unbedenklich die Aktivität mit der Männlichkeit, die Passivität mit der Weiblichkeit zusammenfallen lassen, was sich in der Tierreihe keineswegs ausnahmslos bestätigt. Die Lehre von der Bisexualität liegt noch sehr im dunkeln, und daß sie noch keine Verknüpfung mit der Trieblehre gefunden hat, müssen wir in der Psychoanalyse als schwere Störung verspüren. Wie dem auch sein mag, wenn wir als tatsächlich annehmen, daß der Einzelne in seinem Sexualleben männliche wie weibliche Wünsche befriedigen will, sind wir für die Möglichkeit vorbereitet, daß diese Ansprüche nicht durch das nämliche Objekt erfüllt werden und daß sie einander stören, wenn es nicht gelingt, sie auseinanderzuhalten und jede Regung in eine besondere, ihr angemessene Bahn zu leiten. Eine andere Schwierigkeit ergibt sich daraus, daß der erotischen Beziehung außer der ihr eigenen sadistischen Komponente so häufig ein Betrag von direkter Aggressionsneigung beigesellt ist. Das Liebesobjekt wird diesen Komplikationen nicht immer soviel Verständnis und Toleranz entgegenbringen wie jene Bäuerin, die sich beklagt, daß ihr Mann sie nicht mehr liebt, weil er sie seit einer Woche nicht mehr geprügelt hat.

Am tiefsten reicht aber die Vermutung, die an die Ausführungen in der Anmerkung S. 561f. anknüpft, daß mit der Aufrichtung des Menschen und der Entwertung des Geruchssinnes die gesamte Sexualität, nicht nur die Analerotik, ein Opfer der organischen Verdrängung zu werden drohte, so daß seither die sexuelle Funktion von einem weiter nicht zu begründenden Widerstreben begleitet wird, das eine volle Befriedigung verhindert und vom Sexualziel wegdrängt zu Sublimierungen und Libidoverschiebungen. Ich weiß, daß Bleuler (1913) einmal auf das Vorhandensein einer solchen ursprünglichen abweisenden Einstellung zum Sexualleben hingewiesen hat. An der Tatsache des *Inter urinas et faeces nascimur* nehmen alle Neurotiker und viele außer ihnen Anstoß. Die Genitalien erzeugen auch starke Geruchsempfindungen, die vielen Menschen unerträglich sind und ihnen den Sexualverkehr verleiden. So ergäbe sich als tiefste Wurzel der mit der Kultur fortschreitenden Sexualverdrängung die organische Abwehr der mit dem aufrechten Gang gewonnenen neuen Lebensform gegen die frühere animalische Existenz, ein Resultat wissenschaftlicher Erforschung, das sich in merkwürdiger Weise mit oft laut gewordenen banalen Vorurteilen deckt. Immerhin sind dies derzeit nur ungesicherte, von der Wissenschaft nicht erhärtete Möglichkeiten. Wir wollen auch nicht vergessen, daß trotz der unleugbaren Entwertung der Geruchsreize es selbst in Europa Völker gibt, die die starken, uns so widrigen Genitalgerüche als Reizmittel der Sexualität hochschätzen und auf sie nicht verzichten wollen. (Siehe die folkloristischen Erhebungen auf die Umfrage von Iwan Bloch *Über den Geruchssinn in der vita sexualis* in verschiedenen Jahrgängen der Anthroprophyteia von Friedrich S. Krauß.)

V

Die psychoanalytische Arbeit hat uns gelehrt, daß gerade diese Versagungen des Sexuallebens von den sogenannten Neurotikern nicht vertragen werden. Sie schaffen sich in ihren Symptomen Ersatzbefriedigungen, die aber entweder an sich Leiden schaffen oder Leidensquelle werden, indem sie ihnen Schwierigkeiten mit Umwelt und Gesellschaft bereiten. Das letztere ist leicht verständlich, das andere gibt uns ein neues Rätsel auf. Die Kultur verlangt aber noch andere Opfer als an Sexualbefriedigung.

Wir haben die Schwierigkeiten der Kulturentwicklung als eine allgemeine Entwicklungsschwierigkeit aufgefaßt, indem wir sie auf die Trägheit der Libido zurückführten, auf deren Abneigung, eine alte Position gegen eine neue zu verlassen. Wir sagen ungefähr dasselbe, wenn wir den Gegensatz zwischen Kultur und Sexualität davon ableiten, daß die sexuelle Liebe ein Verhältnis zwischen zwei Personen ist, bei dem ein Dritter nur überflüssig oder störend sein kann, während die Kultur auf Beziehungen unter einer größeren Menschenanzahl ruht. Auf der Höhe eines Liebesverhältnisses bleibt kein Interesse für die Umwelt übrig; das Liebespaar genügt sich selbst, braucht auch nicht das gemeinsame Kind, um glücklich zu sein. In keinem anderen Falle verrät der Eros so deutlich den Kern seines Wesens, die Absicht, aus mehreren eines zu machen, aber wenn er dies, wie es sprichwörtlich geworden ist, in der Verliebtheit zweier Menschen zueinander erreicht hat, will er darüber nicht hinausgehen.

Wir können uns bisher sehr gut vorstellen, daß eine Kulturgemeinschaft aus solchen Doppelindividuen bestünde, die, in sich libidinös gesättigt, durch das Band der Arbeits- und Interessengemeinschaft miteinander verknüpft sind. In diesem Falle brauchte die Kultur der Sexualität keine Energie zu entziehen. Aber dieser wünschenswerte Zustand besteht nicht und hat niemals bestanden; die Wirklichkeit zeigt uns, daß die Kultur sich nicht mit den ihr bisher zugestandenen Bindungen begnügt, daß sie die Mitglieder der Gemeinschaft auch libidinös aneinander binden will, daß sie sich aller Mittel hiezu bedient, jeden Weg begünstigt, starke Identifizierungen unter ihnen herzustellen, im größten Ausmaße zielgehemmte Libido aufbietet, um die Gemeinschaftsbande durch Freundschaftsbeziehungen zu kräftigen. Zur Erfüllung dieser Absichten wird die Einschränkung des Sexuallebens unvermeidlich. Uns fehlt aber die Einsicht in die Notwendigkeit, welche die Kultur auf diesen Weg drängt und ihre Gegnerschaft zur Sexualität begründet. Es muß sich um einen von uns noch nicht entdeckten störenden Faktor handeln.

Eine der sogenannten Idealforderungen der Kulturgesellschaft kann uns hier die Spur zeigen. Sie lautet: „Du sollst den Nächsten lieben wie dich selbst“; sie ist weltberühmt, gewiß älter als das Christentum, das sie als seinen stolzesten Anspruch vorweist, aber sicherlich nicht sehr alt; in historischen Zeiten war sie den Menschen noch fremd. Wir wollen uns naiv zu ihr einstellen, als hörten wir von ihr zum ersten Male. Dann können wir ein Gefühl von Überraschung und Befremden nicht unterdrücken. Warum sollen wir das? Was soll es uns helfen? Vor allem aber, wie bringen wir das zustande? Wie wird es uns möglich? Meine Liebe ist etwas mir Wertvolles, das ich nicht ohne Rechenschaft verwerfen darf. Sie legt mir Pflichten auf, die ich mit Opfern zu erfüllen bereit sein muß. Wenn ich einen anderen liebe, muß er es auf irgendeine Art verdienen. (Ich sehe von dem Nutzen, den er mir bringen kann, sowie von seiner möglichen Bedeutung als Sexualobjekt für mich ab; diese beiden Arten der Beziehung kommen für die Vorschrift der Nächstenliebe nicht in Betracht.) Er verdient es, wenn er mir in wichtigen Stücken so ähnlich ist, daß ich in ihm mich selbst lieben kann; er verdient es, wenn er so viel vollkommener ist als ich, daß ich mein Ideal von meiner eigenen Person in ihm lieben kann; ich muß ihn lieben, wenn er der Sohn meines Freundes ist, denn der Schmerz des Freundes, wenn ihm ein Leid zustößt, wäre auch mein Schmerz, ich müßte ihn teilen. Aber wenn er mir fremd ist und mich durch keinen eigenen Wert, keine bereits erworbene Bedeutung für mein Gefühlsleben anziehen kann, wird es mir schwer, ihn zu lieben. Ich tue sogar unrecht damit, denn meine Liebe wird von all den Meinen als Bevorzugung geschätzt; es ist ein Unrecht an ihnen, wenn ich den Fremden ihnen gleichstelle.

Wenn ich ihn aber lieben soll, mit jener Weltliebe, bloß weil er auch ein Wesen dieser Erde ist, wie das Insekt, der Regenwurm, die Ringelnatter, dann wird, fürchte ich, ein geringer Betrag Liebe auf ihn entfallen, unmöglich so viel, als ich nach dem Urteil der Vernunft berechtigt bin, für mich selbst zurückzubehalten. Wozu eine so feierlich auftretende Vorschrift, wenn ihre Erfüllung sich nicht als vernünftig empfehlen kann?

Wenn ich näher zusehe, finde ich noch mehr Schwierigkeiten. Dieser Fremde ist nicht nur im allgemeinen nicht liebenswert, ich muß ehrlich bekennen, er hat mehr Anspruch auf meine Feindseligkeit, sogar auf meinen Haß. Er scheint nicht die mindeste Liebe für mich zu haben, bezeigt mir nicht die geringste Rücksicht. Wenn es ihm einen Nutzen bringt, hat er kein Bedenken, mich zu schädigen, fragt sich dabei auch nicht, ob die Höhe seines Nutzens der Größe des Schadens, den er mir zufügt, entspricht. Ja, er braucht nicht einmal einen Nutzen davon zu haben; wenn er nur irgendeine Lust damit befriedigen kann, macht er sich nichts daraus, mich zu verspotten, zu beleidigen, zu verleumden, seine Macht an mir zu zeigen, und je sicherer er sich fühlt, je hilfloser ich bin, desto sicherer darf ich dies Benehmen gegen mich von ihm erwarten. Wenn er sich anders verhält, wenn er mir als Fremdem Rücksicht und Schonung erweist, bin ich ohnedies, ohne jene

Vorschrift bereit, es ihm in ähnlicher Weise zu vergelten. Ja, wenn jenes großartige Gebot lauten würde: „Liebe deinen Nächsten, wie dein Nächster dich liebt", dann würde ich nicht widersprechen. Es gibt ein zweites Gebot, das mir noch unfaßbarer scheint und ein noch heftigeres Sträuben in mir entfesselt. Es heißt: „Liebe deine Feinde." Wenn ich's recht überlege, habe ich unrecht, es als eine noch stärkere Zumutung abzuweisen. Es ist im Grunde dasselbe.[17]

Ich glaube nun von einer würdevollen Stimme die Mahnung zu hören: „Eben darum, weil der Nächste nicht liebenswert und eher dein Feind ist, sollst du ihn lieben wie dich selbst." Ich verstehe dann, das ist ein ähnlicher Fall wie das *Credo quia absurdum.*

Es ist nun sehr wahrscheinlich, daß der Nächste, wenn er aufgefordert wird, mich so zu lieben wie sich selbst, genauso antworten wird wie ich und mich mit den nämlichen Begründungen abweisen wird. Ich hoffe, nicht mit demselben objektiven Recht, aber dasselbe wird auch er meinen. Immerhin gibt es Unterschiede im Verhalten der Menschen, die die Ethik mit Hinwegsetzung über deren Bedingtheit als „gut" und „böse" klassifiziert. Solange diese unleugbaren Unterschiede nicht aufgehoben sind, bedeutet die Befolgung der hohen ethischen Forderungen eine Schädigung der Kulturabsichten, indem sie direkte Prämien für das Bösesein aufstellt. Man kann hier die Erinnerung an einen Vorgang nicht abweisen, der sich in der französischen Kammer zutrug, als über die Todesstrafe verhandelt wurde; ein Redner hatte sich leidenschaftlich für ihre Abschaffung eingesetzt und erntete stürmischen Beifall, bis eine Stimme aus dem Saale die Worte dazwischenrief: „*Que messieurs les assassins commencent!*"

Das gern verleugnete Stück Wirklichkeit hinter alledem ist, daß der Mensch nicht ein sanftes, liebebedürftiges Wesen ist, das sich höchstens, wenn angegriffen, auch zu verteidigen vermag, sondern daß er zu seinen Triebbegabungen auch einen mächtigen Anteil von Aggressionsneigung rechnen darf. Infolgedessen ist ihm der Nächste nicht nur möglicher Helfer und Sexualobjekt, sondern auch eine Versuchung, seine Aggression an ihm zu befriedigen, seine Arbeitskraft ohne Entschädigung auszunützen, ihn ohne seine Einwilligung sexuell zu

[17] Ein großer Dichter darf sich gestatten, schwer verpönte psychologische Wahrheiten wenigstens scherzend zum Ausdruck zu bringen. So gesteht H. Heine: „Ich habe die friedlichste Gesinnung. Meine Wünsche sind: eine bescheidene Hütte, ein Strohdach, aber ein gutes Bett, gutes Essen, Milch und Butter, sehr frisch, vor dem Fenster Blumen, vor der Tür einige schöne Bäume, und wenn der liebe Gott mich ganz glücklich machen will, läßt er mich die Freude erleben, daß an diesen Bäumen etwa sechs bis sieben meiner Feinde aufgehängt werden. Mit gerührtem Herzen werde ich ihnen vor ihrem Tode alle Unbill verzeihen, die sie mir im Leben zugefügt – ja, man muß seinen Feinden verzeihen, aber nicht früher, als bis sie gehenkt werden." (Heine, *Gedanken und Einfälle.*)

gebrauchen, sich in den Besitz seiner Habe zu setzen, ihn zu demütigen, ihm Schmerzen zu bereiten, zu martern und zu töten. *Homo homini lupus*; wer hat nach allen Erfahrungen des Lebens und der Geschichte den Mut, diesen Satz zu bestreiten? Diese grausame Aggression wartet in der Regel eine Provokation ab oder stellt sich in den Dienst einer anderen Absicht, deren Ziel auch mit milderen Mitteln zu erreichen wäre. Unter ihr günstigen Umständen, wenn die seelischen Gegenkräfte, die sie sonst hemmen, weggefallen sind, äußert sie sich auch spontan, enthüllt den Menschen als wilde Bestie, der die Schonung der eigenen Art fremd ist. Wer die Greuel der Völkerwanderung, der Einbrüche der Hunnen, der sogenannten Mongolen unter Dschengis Khan und Timurlenk, der Eroberung Jerusalems durch die frommen Kreuzfahrer, ja selbst noch die Schrecken des letzten Weltkriegs in seine Erinnerung ruft, wird sich vor der Tatsächlichkeit dieser Auffassung demütig beugen müssen.

Die Existenz dieser Aggressionsneigung, die wir bei uns selbst verspüren können, beim anderen mit Recht voraussetzen, ist das Moment, das unser Verhältnis zum Nächsten stört und die Kultur zu ihrem Aufwand nötigt. Infolge dieser primären Feindseligkeit der Menschen gegeneinander ist die Kulturgesellschaft beständig vom Zerfall bedroht. Das Interesse der Arbeitsgemeinschaft würde sie nicht zusammenhalten, triebhafte Leidenschaften sind stärker als vernünftige Interessen. Die Kultur muß alles aufbieten um den Aggressionstrieben der Menschen Schranken zu setzen, ihre Äußerungen durch psychische Reaktionsbildungen niederzuhalten. Daher also das Aufgebot von Methoden, die die Menschen zu Identifizierungen und zielgehemmten Liebesbeziehungen antreiben sollen, daher die Einschränkung des Sexuallebens und daher auch das Idealgebot, den Nächsten so zu lieben wie sich selbst, das sich wirklich dadurch rechtfertigt, daß nichts anderes der ursprünglichen menschlichen Natur so sehr zuwiderläuft. Durch alle ihre Mühen hat diese Kulturbestrebung bisher nicht sehr viel erreicht. Die gröbsten Ausschreitungen der brutalen Gewalt hofft sie zu verhüten, indem sie sich selbst das Recht beilegt, an den Verbrechern Gewalt zu üben, aber die vorsichtigeren und feineren Äußerungen der menschlichen Aggression vermag das Gesetz nicht zu erfassen. Jeder von uns kommt dahin, die Erwartungen, die er in der Jugend an seine Mitmenschen geknüpft, als Illusionen fallenzulassen, und kann erfahren, wie sehr ihm das Leben durch deren übelwollen erschwert und schmerzhaft gemacht wird. Dabei wäre es ein Unrecht, der Kultur vorzuwerfen, daß sie Streit und Wettkampf aus den menschlichen Betätigungen ausschließen will. Diese sind sicherlich unentbehrlich, aber Gegnerschaft ist nicht notwendig Feindschaft, wird nur zum Anlaß für sie mißbraucht.

Die Kommunisten glauben den Weg zur Erlösung vom Übel gefunden zu haben. Der Mensch ist eindeutig gut, seinem Nächsten wohlgesinnt, aber die

Einrichtung des privaten Eigentums hat seine Natur verdorben. Besitz an privaten Gütern gibt dem einen die Macht und damit die Versuchung, den Nächsten zu mißhandeln; der vom Besitz Ausgeschlossene muß sich in Feindseligkeit gegen den Unterdrücker auflehnen. Wenn man das Privateigentum aufhebt, alle Güter gemeinsam macht und alle Menschen an deren Genuß teilnehmen läßt, werden Übelwollen und Feindseligkeit unter den Menschen verschwinden. Da alle Bedürfnisse befriedigt sind, wird keiner Grund haben, in dem anderen seinen Feind zu sehen; der notwendigen Arbeit werden sich alle bereitwillig unterziehen. Ich habe nichts mit der wirtschaftlichen Kritik des kommunistischen Systems zu tun, ich kann nicht untersuchen, ob die Abschaffung des privaten Eigentums zweckdienlich und vorteilhaft ist.[18] Aber seine psychologische Voraussetzung vermag ich als haltlose Illusion zu erkennen. Mit der Aufhebung des Privateigentums entzieht man der menschlichen Aggressionslust eines ihrer Werkzeuge, gewiß ein starkes und gewiß nicht das stärkste. An den Unterschieden von Macht und Einfluß, welche die Aggression für ihre Absichten mißbraucht, daran hat man nichts geändert, auch an ihrem Wesen nicht. Sie ist nicht durch das Eigentum geschaffen worden, herrschte fast uneingeschränkt in Urzeiten, als das Eigentum noch sehr armselig war, zeigt sich bereits in der Kinderstube, kaum daß das Eigentum seine anale Urform aufgegeben hat, bildet den Bodensatz aller zärtlichen und Liebesbeziehungen unter den Menschen, vielleicht mit alleiniger Ausnahme der einer Mutter zu ihrem männlichen Kind. Räumt man das persönliche Anrecht auf dingliche Güter weg, so bleibt noch das Vorrecht aus sexuellen Beziehungen, das die Quelle der stärksten Mißgunst und der heftigsten Feindseligkeit unter den sonst gleichgestellten Menschen werden muß. Hebt man auch dieses auf durch die völlige Befreiung des Sexuallebens, beseitigt also die Familie, die Keimzelle der Kultur, so läßt sich zwar nicht vorhersehen, welche neuen Wege die Kulturentwicklung einschlagen kann, aber eines darf man erwarten, daß der unzerstörbare Zug der menschlichen Natur ihr auch dorthin folgen wird.

Es wird den Menschen offenbar nicht leicht, auf die Befriedigung dieser ihrer Aggressionsneigung zu verzichten; sie fühlen sich nicht wohl dabei. Der Vorteil eines kleineren Kulturkreises, daß er dem Trieb einen Ausweg an der Befeindung der Außenstehenden gestattet, ist nicht geringzuschätzen. Es ist immer mög-

---

[18] Wer in seinen eigenen jungen Jahren das Elend der Armut verkostet, die Gleichgültigkeit und den Hochmut der Besitzenden erfahren hat, sollte vor dem Verdacht geschützt sein, daß er kein Verständnis und kein Wohlwollen für die Bestrebungen hat, die Besitzungleichheit der Menschen und was sich aus ihr ableitet, zu bekämpfen. Freilich, wenn sich dieser Kampf auf die abstrakte Gerechtigkeitsforderung der Gleichheit aller Menschen berufen will, liegt der Einwand zu nahe, daß die Natur durch die höchst ungleichmäßige körperliche Ausstattung und geistige Begabung der Einzelnen Ungerechtigkeiten eingesetzt hat, gegen die es keine Abhilfe gibt.

lich, eine größere Menge von Menschen in Liebe aneinander zu binden, wenn nur andere für die Äußerung der Aggression übrigbleiben. Ich habe mich einmal mit dem Phänomen beschäftigt, daß gerade benachbarte und einander auch sonst nahestehende Gemeinschaften sich gegenseitig befehden und verspotten, so Spanier und Portugiesen, Nord- und Süddeutsche, Engländer und Schotten usw. Ich gab ihm den Namen „Narzißmus der kleinen Differenzen", der nicht viel zur Erklärung beiträgt. Man erkennt nun darin eine bequeme und relativ harmlose Befriedigung der Aggressionsneigung, durch die den Mitgliedern der Gemeinschaft das Zusammenhalten erleichtert wird. Das überallhin versprengte Volk der Juden hat sich in dieser Weise anerkennenswerte Verdienste um die Kulturen seiner Wirtsvölker erworben; leider haben alle Judengemetzel des Mittelalters nicht ausgereicht, dieses Zeitalter friedlicher und sicherer für seine christlichen Genossen zu gestalten. Nachdem der Apostel Paulus die allgemeine Menschenliebe zum Fundament seiner christlichen Gemeinde gemacht hatte, war die äußerste Intoleranz des Christentums gegen die draußen Verbliebenen eine unvermeidliche Folge geworden; den Römern, die ihr staatliches Gemeinwesen nicht auf die Liebe begründet hatten, war religiöse Unduldsamkeit fremd gewesen, obwohl die Religion bei ihnen Sache des Staates und der Staat von Religion durchtränkt war. Es war auch kein unverständlicher Zufall, daß der Traum einer germanischen Weltherrschaft zu seiner Ergänzung den Antisemitismus aufrief, und man erkennt es als begreiflich, daß der Versuch, eine neue kommunistische Kultur in Rußland aufzurichten, in der Verfolgung der Bourgeois seine psychologische Unterstützung findet. Man fragt sich nur besorgt, was die Sowjets anfangen werden, nachdem sie ihre Bourgeois ausgerottet haben.

Wenn die Kultur nicht allein der Sexualität, sondern auch der Aggressionsneigung des Menschen so große Opfer auferlegt, so verstehen wir es besser, daß es dem Menschen schwer wird, sich in ihr beglückt zu finden. Der Urmensch hatte es in der Tat darin besser, da er keine Triebeinschränkungen kannte. Zum Ausgleich war seine Sicherheit, solches Glück lange zu genießen, eine sehr geringe. Der Kulturmensch hat für ein Stück Glücksmöglichkeit ein Stück Sicherheit eingetauscht. Wir wollen aber nicht vergessen, daß in der Urfamilie nur das Oberhaupt sich solcher Triebfreiheit erfreute; die anderen lebten in sklavischer Unterdrückung. Der Gegensatz zwischen einer die Vorteile der Kultur genießenden Minderheit und einer dieser Vorteile beraubten Mehrzahl war also in jener Urzeit der Kultur aufs Äußerste getrieben. Über den heute lebenden Primitiven haben wir durch sorgfältigere Erkundung erfahren, daß sein Triebleben keineswegs ob seiner Freiheit beneidet werden darf; es unterliegt Einschränkungen von anderer Art, aber vielleicht von größerer Strenge als das des modernen Kulturmenschen. Wenn wir gegen unseren jetzigen Kulturzustand mit Recht einwenden, wie unzureichend er unsere Forderungen an eine beglückende Lebensordnung erfüllt, wieviel Leid er gewähren läßt, das wahrscheinlich zu vermeiden wäre, wenn wir mit schonungsloser Kritik die Wurzeln seiner Unvollkommenheit aufzudecken streben, üben wir gewiß unser gutes Recht und zeigen uns nicht als Kulturfeinde. Wir dürfen erwarten, allmählich solche Abänderungen unserer Kultur durchzusetzen, die unsere Bedürfnisse besser befriedigen und jener Kritik entgehen. Aber vielleicht machen wir uns auch mit der Idee vertraut, daß es Schwierigkeiten gibt, die dem Wesen der Kultur anhaften und die keinem Reformversuch weichen werden. Außer den Aufgaben der Triebeinschränkung, auf die wir vorbereitet sind, drängt sich uns die Gefahr eines Zustandes auf, den man „das psychologische Elend der Masse" benennen kann. Diese Gefahr droht am ehesten, wo die gesellschaftliche Bindung hauptsächlich durch Identifizierung der Teilnehmer untereinander hergestellt wird, während Führerindividualitäten nicht zu jener Bedeutung kommen, die ihnen bei der Massenbildung zufallen sollte.[19] Der gegenwärtige Kulturzustand Amerikas gäbe eine gute Gelegenheit, diesen befürchteten Kulturschaden zu studieren. Aber ich vermeide die Versuchung, in die Kritik der Kultur Amerikas einzugehen; ich will nicht den Eindruck hervorrufen, als wollte ich mich selbst amerikanischer Methoden bedienen.

VI

Ich habe bei keiner Arbeit so stark die Empfindung gehabt wie diesmal, daß ich allgemein Bekanntes darstelle, Papier und Tinte, in weiterer Folge Setzerarbeit und Druckerschwärze aufbiete, um eigentlich selbstverständliche Dinge zu erzählen. Darum greife ich es gerne auf, wenn sich der Anschein ergibt, daß die Anerkennung eines besonderen, selbständigen Aggressionstriebes eine Abänderung der psychoanalytischen Trieblehre bedeutet.

Es wird sich zeigen, daß dem nicht so ist, daß es sich bloß darum handelt, eine Wendung, die längst vollzogen worden ist, schärfer zu fassen und in ihre Konsequenzen zu verfolgen. Von allen langsam entwickelten Stücken der analytischen Theorie hat sich die Trieblehre am mühseligsten vorwärts getastet. Und sie war doch dem Ganzen so unentbehrlich, daß irgend etwas an ihre Stelle gerückt werden mußte. In der vollen Ratlosigkeit der Anfänge gab mir der Satz des Dichterphilosophen *Schiller* den ersten Anhalt, daß „Hunger und Liebe" das Getriebe der Welt zusammenhalten. Der Hunger konnte als Vertreter jener Triebe gelten, die das Einzelwesen erhalten wollen, die Liebe strebt

[19] Siehe *Massenpsychologie und Ich-Analyse*, 1921.

nach Objekten; ihre Hauptfunktion, von der Natur in jeder Weise begünstigt, ist die Erhaltung der Art. So traten zuerst Ichtriebe und Objekttriebe einander gegenüber. Für die Energie der letzteren, und ausschließlich für sie, führte ich den Namen Libido ein; somit lief der Gegensatz zwischen den Ichtrieben und den aufs Objekt gerichteten „libidinösen" Trieben der Liebe im weitesten Sinne. Einer von diesen Objekttrieben, der sadistische, tat sich zwar dadurch hervor, daß sein Ziel so gar nicht liebevoll war, auch schloß er sich offenbar in manchen Stücken den Ichtrieben an, konnte seine nahe Verwandtschaft mit Bemächtigungstrieben ohne libidinöse Absicht nicht verbergen, aber man kam über diese Unstimmigkeit hinweg; der Sadismus gehörte doch offenbar zum Sexualleben, das grausame Spiel konnte das zärtliche ersetzen. Die Neurose erschien als der Ausgang eines Kampfes zwischen dem Interesse der Selbstbewahrung und den Anforderungen der Libido, ein Kampf, in dem das Ich gesiegt hatte, aber um den Preis schwerer Leiden und Verzichte.

Jeder Analytiker wird zugeben, daß dies auch heute nicht wie ein längst überwundener Irrtum klingt. Doch wurde eine Abänderung unerläßlich, als unsere Forschung vom Verdrängten zum Verdrängenden, von den Objekttrieben zum Ich fortschritt. Entscheidend wurde hier die Einführung des Begriffes Narzißmus, d. h. die Einsicht, daß das Ich selbst mit Libido besetzt ist, sogar deren ursprüngliche Heimstätte sei und gewissermaßen auch ihr Hauptquartier bleibe. Diese narzißtische Libido wendet sich den Objekten zu, wird so zur Objektlibido und kann sich in narzißtische Libido zurückverwandeln. Der Begriff Narzißmus machte es möglich, die traumatische Neurose sowie viele den Psychosen nahestehende Affektionen und diese selbst analytisch zu erfassen. Die Deutung der Übertragungsneurosen als Versuche des Ichs, sich der Sexualität zu erwehren, brauchte nicht verlassen zu werden, aber der Begriff der Libido geriet in Gefahr. Da auch die Ichtriebe libidinös waren, schien es eine Weile unvermeidlich, Libido mit Triebenergie überhaupt zusammenfallen zu lassen, wie *C. G. Jung* schon früher gewollt hatte. Doch blieb etwas zurück wie eine noch nicht zu begründende Gewißheit, daß die Triebe nicht alle von gleicher Art sein können. Den nächsten Schritt machte ich in *Jenseits des Lustprinzips* (1920), als mir der Wiederholungszwang und der konservative Charakter des Trieblebens zuerst auffiel. Ausgehend von Spekulationen über den Anfang des Lebens und von biologischen Parallelen zog ich den Schluß, es müsse außer dem Trieb, die lebende Substanz zu erhalten und zu immer größeren Einheiten zusammenzufassen,[20] einen

[20] Der Gegensatz, in den hierbei die rastlose Ausbreitungstendenz des Eros zur allgemeinen konservativen Natur der Triebe tritt, ist auffällig und kann der Ausgangspunkt weiterer Problemstellungen werden.

anderen, ihm gegensätzlichen geben, der diese Einheiten aufzulösen und in den uranfänglichen, anorganischen Zustand zurückzuführen strebe. Also außer dem Eros einen Todestrieb; aus dem Zusammen- und Gegeneinanderwirken dieser beiden ließen sich die Phänomene des Lebens erklären. Nun war es nicht leicht, die Tätigkeit dieses angenommenen Todestriebs aufzuzeigen. Die Äußerungen des Eros waren auffällig und geräuschvoll genug; man konnte annehmen, daß der Todestrieb stumm im Inneren des Lebewesens an dessen Auflösung arbeite, aber das war natürlich kein Nachweis. Weiter führte die Idee, daß sich ein Anteil des Triebes gegen die Außenwelt wende und dann als Trieb zur Aggression und Destruktion zum Vorschein komme. Der Trieb würde so selbst in den Dienst des Eros gezwängt, indem das Lebewesen anderes, Belebtes wie Unbelebtes, anstatt seines eigenen Selbst vernichtete. Umgekehrt würde die Einschränkung dieser Aggression nach außen die ohnehin immer vor sich gehende Selbstzerstörung steigern müssen. Gleichzeitig konnte man aus diesem Beispiel erraten, daß die beiden Triebarten selten – vielleicht niemals – voneinander isoliert auftreten, sondern sich in verschiedenen, sehr wechselnden Mengungsverhältnissen miteinander legieren und dadurch unserem Urteil unkenntlich machen. Im längst als Partialtrieb der Sexualität bekannten Sadismus hätte man eine derartige besonders starke Legierung des Liebesstrebens mit dem Destruktionstrieb vor sich, wie in seinem Widerpart, im Masochismus, eine Verbindung der nach innen gerichteten Destruktion mit der Sexualität, durch welche die sonst unwahrnehmbare Strebung eben auffällig und fühlbar wird.

Die Annahme des Todes- oder Destruktionstriebes hat selbst in analytischen Kreisen Widerstand gefunden; ich weiß, daß vielfach die Neigung besteht, alles, was an der Liebe gefährlich und feindselig gefunden wird, lieber einer ursprünglichen Bipolarität ihres eigenen Wesens zuzuschreiben. Ich hatte die hier entwickelten Auffassungen anfangs nur versuchsweise vertreten, aber im Laufe der Zeit haben sie eine solche Macht über mich gewonnen, daß ich nicht mehr anders denken kann. Ich meine, sie sind theoretisch ungleich brauchbarer als alle möglichen anderen, sie stellen jene Vereinfachung ohne Vernachlässigung oder Vergewaltigung der Tatsachen her, nach der wir in der wissenschaftlichen Arbeit streben. Ich erkenne, daß wir im Sadismus und Masochismus die stark mit Erotik legierten Äußerungen des nach außen und nach innen gerichteten Destruktionstriebes immer vor uns gesehen haben, aber ich verstehe nicht mehr, daß wir die Ubiquität der nicht erotischen Aggression und Destruktion übersehen und versäumen konnten, ihr die gebührende Stellung in der Deutung des Lebens einzuräumen. (Die nach innen gewendete Destruktionssucht entzieht sich ja, wenn sie nicht erotisch gefärbt ist, meist der Wahrnehmung.) Ich erinnere mich meiner eigenen Abwehr, als die Idee des Destruktionstriebs zuerst in der psychoanalytischen Literatur auftauchte, und wie lange es dauerte, bis ich für sie empfänglich wurde. Daß andere dieselbe Ablehnung zeigten und noch zeigen, verwundert mich weniger. Denn die Kindlein, sie hören es nicht gerne, wenn die angeborene Neigung des Menschen zum „Bösen", zur Aggression, Destruktion und damit auch zur Grausamkeit erwähnt wird. Gott hat sie ja zum Ebenbild seiner eigenen Vollkommenheit geschaffen, man will nicht daran gemahnt werden, wie schwer es ist, die – trotz der Beteuerungen der Christian Science – unleugbare Existenz des Bösen mit seiner Allmacht oder seiner Allgüte zu vereinen. Der Teufel wäre zur Entschuldigung Gottes die beste Auskunft, er würde dabei dieselbe ökonomisch entlastende Rolle übernehmen wie der Jude in der Welt des arischen Ideals. Aber selbst dann: man kann doch von Gott ebensowohl Rechenschaft für die Existenz des Teufels verlangen wie für die des Bösen, das er verkörpert. Angesichts dieser Schwierigkeiten ist es für jedermann ratsam, an geeigneter Stelle eine tiefe Verbeugung vor der tief sittlichen Natur des Menschen zu machen; es verhilft einem zur allgemeinen Beliebtheit, und es wird einem manches dafür nachgesehen.[21]

Der Name Libido kann wiederum für die Kraftäußerungen des Eros verwendet werden, um sie von der Energie des Todestriebs zu sondern.[22] Es ist zuzugestehen, daß wir letzteren um so viel schwerer erfassen, gewissermaßen nur als Rückstand hinter dem Eros erraten und daß er sich uns entzieht, wo er nicht durch die Legierung mit dem Eros verraten wird. Im Sadismus, wo er das erotische Ziel in seinem Sinne umbiegt, dabei doch das sexuelle Streben voll befriedigt, gelingt uns die klarste Einsicht in sein Wesen und seine Beziehung zum Eros. Aber auch wo er ohne sexuelle Absicht auftritt, noch in der blindesten Zerstörungswut läßt sich nicht verkennen, daß seine Befriedigung mit einem außerordentlich hohen narzißtischen Genuß verknüpft ist, indem sie dem Ich die Erfüllung seiner alten Allmachtswünsche zeigt. Gemäßigt und gebändigt, gleichsam zielgehemmt, muß der Destruktionstrieb, auf die Objekte gerichtet, dem Ich die Befriedigung seiner Lebensbedürfnisse und die Herrschaft über die

---

21 Ganz besonders überzeugend wirkt die Identifizierung des bösen Prinzips mit dem Destruktionstrieb in *Goethes* Mephistopheles: „Denn alles, was entsteht, / Ist wert, daß es zugrunde geht. / So ist denn alles, was Ihr Sünde, / Zerstörung, kurz das Böse nennt, / Mein eigentliches Element."

Als seinen Gegner nennt der Teufel selbst nicht das Heilige, das Gute, sondern die Kraft der Natur zum Zeugen, zur Mehrung des Lebens, also den Eros:

„Der Luft, dem Wasser, wie der Erden / Entwinden tausend Keime sich, / Im Trocknen, Feuchten, Warmen, Kalten! / Hätt' ich mir nicht die Flamme vorbehalten, / Ich hätte nichts Aparts für mich."

22 Unsere gegenwärtige Auffassung kann man ungefähr in dem Satz ausdrücken, daß an jeder Triebäußerung Libido beteiligt ist, aber daß nicht alles an ihr Libido ist.

Natur verschaffen. Da seine Annahme wesentlich auf theoretischen Gründen ruht, muß man zugeben, daß sie auch gegen theoretische Einwendungen nicht voll gesichert ist. Aber so erscheint es uns eben jetzt beim gegenwärtigen Stand unserer Einsichten; zukünftige Forschung und Überlegung wird gewiß die entscheidende Klarheit bringen.

Für alles Weitere stelle ich mich also auf den Standpunkt, daß die Aggressionsneigung eine ursprüngliche, selbständige Triebanlage des Menschen ist, und komme darauf zurück, daß die Kultur ihr stärkstes Hindernis in ihr findet. Irgendeinmal im Laufe dieser Untersuchung hat sich uns die Einsicht aufgedrängt, die Kultur sei ein besonderer Prozeß, der über die Menschheit abläuft, und wir stehen noch immer unter dem Banne dieser Idee. Wir fügen hinzu, sie sei ein Prozeß im Dienste des Eros, der vereinzelte menschliche Individuen, später Familien, dann Stämme, Völker, Nationen zu einer großen Einheit, der Menschheit, zusammenfassen wolle. Warum das geschehen müsse, wissen wir nicht; das sei eben das Werk des Eros. Diese Menschenmengen sollen libidinös aneinander gebunden werden; die Notwendigkeit allein, die Vorteile der Arbeitsgemeinschaft werden sie nicht zusammenhalten. Diesem Programm der Kultur widersetzt sich aber der natürliche Aggressionstrieb der Menschen, die Feindseligkeit eines gegen alle und aller gegen einen. Dieser Aggressionstrieb ist der Abkömmling und Hauptvertreter des Todestriebes, den wir neben dem Eros gefunden haben, der sich mit ihm in die Weltherrschaft teilt. Und nun, meine ich, ist uns der Sinn der Kulturentwicklung nicht mehr dunkel. Sie muß uns den Kampf zwischen Eros und Tod, Lebenstrieb und Destruktionstrieb zeigen, wie er sich an der Menschenart vollzieht. Dieser Kampf ist der wesentliche Inhalt des Lebens überhaupt, und darum ist die Kulturentwicklung kurzweg zu bezeichnen als der Lebenskampf der Menschenart.[23] Und diesen Streit der Giganten wollen unsere Kinderfrauen beschwichtigen mit dem „Eiapopeia vom Himmel!“

VII

Warum zeigen unsere Verwandten, die Tiere, keinen solchen Kulturkampf? Oh, wir wissen es nicht. Sehr wahrscheinlich haben einige unter ihnen, die Bienen, Ameisen, Termiten durch Jahrhunderttausende gerungen, bis sie jene staatlichen Institutionen, jene Verteilung der Funktionen, jene Einschränkung der Indivi-

[23] Wahrscheinlich mit der näheren Bestimmung: wie er sich von einem gewissen, noch zu erratenden Ereignis an gestalten mußte.

duen gefunden haben, die wir heute bei ihnen bewundern. Kennzeichnend für unseren gegenwärtigen Zustand ist es, daß unsere Empfindungen uns sagen, in keinem dieser Tierstaaten und in keiner der dort dem Einzelwesen zugeteilten Rollen würden wir uns glücklich schätzen. Bei anderen Tierarten mag es zum zeitweiligen Ausgleich zwischen den Einflüssen der Umwelt und den in ihnen sich bekämpfenden Trieben, somit zu einem Stillstand der Entwicklung gekommen sein. Beim Urmenschen mag ein neuer Vorstoß der Libido ein neuerliches Sträuben des Destruktionstriebes angefacht haben. Es ist da sehr viel zu fragen, worauf es noch keine Antwort gibt.

Eine andere Frage liegt uns näher. Welcher Mittel bedient sich die Kultur, um die ihr entgegenstehende Aggression zu hemmen, unschädlich zu machen, vielleicht auszuschalten? Einige solcher Methoden haben wir bereits kennengelernt, die anscheinend wichtigste aber noch nicht. Wir können sie an der Entwicklungsgeschichte des Einzelnen studieren. Was geht mit ihm vor, um seine Aggressionslust unschädlich zu machen? Etwas sehr Merkwürdiges, das wir nicht erraten hätten und das doch so naheliegt. Die Aggression wird introjiziert, verinnerlicht, eigentlich aber dorthin zurückgeschickt, woher sie gekommen ist, also gegen das eigene Ich gewendet. Dort wird sie von einem Anteil des Ichs übernommen, das sich als Über-Ich dem übrigen entgegenstellt und nun als „Gewissen" gegen das Ich dieselbe strenge Aggressionsbereitschaft ausübt, die das Ich gerne an anderen, fremden Individuen befriedigt hätte. Die Spannung zwischen dem gestrengen Über-Ich und dem ihm unterworfenen Ich heißen wir Schuldbewußtsein; sie äußert sich als Strafbedürfnis. Die Kultur bewältigt also die gefährliche Aggressionslust des Individuums, indem sie es schwächt, entwaffnet und durch eine Instanz in seinem Inneren, wie durch eine Besatzung in der eroberten Stadt, überwachen läßt.

Über die Entstehung des Schuldgefühls denkt der Analytiker anders als sonst die Psychologen; auch ihm wird es nicht leicht, darüber Rechenschaft zu geben. Zunächst, wenn man fragt, wie kommt einer zu einem Schuldgefühl, erhält man eine Antwort, der man nicht widersprechen kann: man fühlt sich schuldig (Fromme sagen: sündig), wenn man etwas getan hat, was man als „böse" erkennt. Dann merkt man, wie wenig diese Antwort gibt. Vielleicht nach einigem Schwanken wird man hinzusetzen, auch wer dies Böse nicht getan hat, sondern bloß die Absicht, es zu tun, bei sich erkennt, kann sich für schuldig halten, und dann wird man die Frage aufwerfen, warum hier die Absicht der Ausführung gleichgeachtet wird. Beide Fälle setzen aber voraus, daß man das Böse bereits als verwerflich, als von der Ausführung auszuschließen erkannt hat. Wie kommt man zu dieser Entscheidung? Ein ursprüngliches, sozusagen natürliches Unterscheidungsvermögen für Gut und Böse darf man ablehnen. Das Böse ist oft gar nicht das dem Ich Schädliche oder Gefährliche, im Gegenteil auch etwas, was ihm erwünscht ist, ihm Vergnügen bereitet. Darin zeigt sich also fremder Einfluß; dieser bestimmt, was Gut und Böse heißen soll. Da eigene Empfindung den Menschen nicht auf denselben Weg geführt hätte, muß er ein Motiv haben, sich diesem fremden Einfluß zu unterwerfen. Es ist in seiner Hilflosigkeit und Abhängigkeit von anderen leicht zu entdecken, kann am besten als Angst vor dem Liebesverlust bezeichnet werden. Verliert er die Liebe des anderen, von dem er abhängig ist, so büßt er auch den Schutz vor mancherlei Gefahren ein, setzt sich vor allem der Gefahr aus, daß dieser Übermächtige ihm in der Form der Bestrafung seine Überlegenheit erweist. Das Böse ist also anfänglich dasjenige, wofür man mit Liebesverlust bedroht wird; aus Angst vor diesem Verlust muß man es vermeiden. Darum macht es auch wenig aus, ob man das Böse bereits getan hat oder es erst tun will; in beiden Fällen tritt die Gefahr erst ein, wenn die Autorität es entdeckt, und diese würde sich in beiden Fällen ähnlich benehmen.

Man heißt diesen Zustand „schlechtes Gewissen", aber eigentlich verdient er diesen Namen nicht, denn auf dieser Stufe ist das Schuldbewußtsein offenbar nur Angst vor dem Liebesverlust, „soziale" Angst. Beim kleinen Kind kann es niemals etwas anderes sein, aber auch bei vielen Erwachsenen ändert sich nicht mehr daran, als daß an Stelle des Vaters oder beider Eltern die größere menschliche Gemeinschaft tritt. Darum gestatten sie sich regelmäßig, das Böse, das ihnen Annehmlichkeiten verspricht, auszuführen, wenn sie nur sicher sind, daß die Autorität nichts davon erfährt oder ihnen nichts anhaben kann, und ihre Angst gilt allein der Entdeckung.[24] Mit diesem Zustand hat die Gesellschaft unserer Tage im allgemeinen zu rechnen.

Eine große Änderung tritt erst ein, wenn die Autorität durch die Aufrichtung eines Über-Ichs verinnerlicht wird. Damit werden die Gewissensphänomene auf eine neue Stufe gehoben, im Grunde sollte man erst jetzt von Gewissen und Schuldgefühl sprechen.[25] Jetzt entfällt auch die Angst vor dem Entdecktwerden und vollends der Unterschied zwischen Böses tun und Böses wollen, denn vor dem Über-Ich kann sich nichts verbergen, auch Gedanken nicht. Der reale Ernst der Situation ist allerdings vergangen, denn die neue Autorität, das Über-Ich, hat unseres Glaubens kein Motiv, das Ich, mit dem es innig zusammengehört, zu

---

[24] Man denke an *Rousseaus* berühmten Mandarin!

[25] Daß in dieser übersichtlichen Darstellung scharf getrennt wird, was sich in Wirklichkeit in fließenden Übergängen vollzieht, daß es sich nicht um die Existenz eines Über-Ichs allein, sondern um dessen relative Stärke und Einflußsphäre handelt, wird jeder Einsichtige verstehen und in Rechnung bringen. Alles Bisherige über Gewissen und Schuld ist ja allgemein bekannt und nahezu unbestritten.

mißhandeln. Aber der Einfluß der Genese, der das Vergangene und Überwundene weiterleben läßt, äußert sich darin, daß es im Grunde so bleibt, wie es zu Anfang war. Das Über-Ich peinigt das sündige Ich mit den nämlichen Angstempfindungen und lauert auf Gelegenheiten, es von der Außenwelt bestrafen zu lassen.

Auf dieser zweiten Entwicklungsstufe zeigt das Gewissen eine Eigentümlichkeit, die der ersten fremd war und die nicht mehr leicht zu erklären ist. Es benimmt sich nämlich um so strenger und mißtrauischer, je tugendhafter der Mensch ist, so daß am Ende gerade die es in der Heiligkeit am weitesten gebracht, sich der ärgsten Sündhaftigkeit beschuldigen. Die Tugend büßt dabei ein Stück des ihr zugesagten Lohnes ein, das gefügige und enthaltsame Ich genießt nicht das Vertrauen seines Mentors, bemüht sich, wie es scheint, vergeblich, es zu erwerben. Nun wird man bereit sein einzuwenden: das seien künstlich zurechtgemachte Schwierigkeiten. Das strengere und wachsamere Gewissen sei eben der ihn kennzeichnende Zug des sittlichen Menschen, und wenn die Heiligen sich für Sünder ausgeben, so täten sie es nicht mit Unrecht unter Berufung auf die Versuchungen zur Triebbefriedigung, denen sie in besonders hohem Maße ausgesetzt sind, da Versuchungen bekanntlich durch beständige Versagung nur wachsen, während sie bei gelegentlicher Befriedigung wenigstens zeitweilig nachlassen. Eine andere Tatsache des an Problemen so reichen Gebiets der Ethik ist die, daß Mißgeschick, also äußere Versagung die Macht des Gewissens im Über-Ich so sehr fördert. Solange es dem Menschen gut geht, ist auch sein Gewissen milde und läßt dem Ich allerlei angehen; wenn ihn ein Unglück getroffen hat, hält er Einkehr in sich, erkennt seine Sündhaftigkeit, steigert seine Gewissensansprüche, legt sich Enthaltungen auf und bestraft sich durch Bußen.[26] Ganze Völker haben sich ebenso benommen und benehmen sich noch immer so. Aber dies erklärt sich bequem aus der ursprünglichen infantilen Stufe des Gewissens, die also nach der Introjektion ins Über-Ich nicht verlassen wird, sondern neben und hinter ihr fortbesteht. Das Schicksal wird als Ersatz der Elterninstanz angesehen; wenn man Unglück hat, bedeutet es, daß man von dieser höchsten Macht nicht mehr geliebt wird, und von diesem Liebesverlust bedroht, beugt man sich von neuem vor der Elternvertretung im Über-Ich, die man im Glück vernachlässigen wollte. Dies wird besonders deutlich, wenn man in streng religiösem Sinne im Schicksal nur den Ausdruck des göttlichen Willens erkennt. Das Volk Israel hatte

---

[26] Diese Förderung der Moral durch Mißgeschick behandelt Mark Twain in einer köstlichen kleinen Geschichte: *The first melon I ever stole.* Diese erste Melone ist zufällig unreif. Ich hörte Mark Twain diese kleine Geschichte selbst vortragen. Nachdem er ihren Titel ausgesprochen hatte, hielt er inne und fragte sich wie zweifelnd: „*Was it the first?*“ Damit hatte er alles gesagt. Die erste war also nicht die einzige geblieben.

sich für Gottes bevorzugtes Kind gehalten, und als der große Vater Unglück nach Unglück über dies sein Volk hereinbrechen ließ, wurde es nicht etwa irre an dieser Beziehung oder zweifelte an Gottes Macht und Gerechtigkeit, sondern erzeugte die Propheten, die ihm seine Sündhaftigkeit vorhielten, und schuf aus seinem Schuldbewußtsein die überstrengen Vorschriften seiner Priesterreligion. Es ist merkwürdig, wie anders sich der Primitive benimmt! Wenn er Unglück gehabt hat, gibt er nicht sich die Schuld, sondern dem Fetisch, der offenbar seine Schuldigkeit nicht getan hat, und verprügelt ihn, anstatt sich selbst zu bestrafen.

Wir kennen also zwei Ursprünge des Schuldgefühls, den aus der Angst vor der Autorität und den späteren aus der Angst vor dem Über-Ich. Das erstere zwingt dazu, auf Triebbefriedigungen zu verzichten, das andere drängt, da man den Fortbestand der verbotenen Wünsche vor dem Über-Ich nicht verbergen kann, außerdem zur Bestrafung. Wir haben auch gehört, wie man die Strenge des Über-Ichs, also die Gewissensforderung, verstehen kann. Sie setzt einfach die Strenge der äußeren Autorität, die von ihr abgelöst und teilweise ersetzt wird, fort. Wir sehen nun, in welcher Beziehung der Triebverzicht zum Schuldbewußtsein steht. Ursprünglich ist ja der Triebverzicht die Folge der Angst vor der äußeren Autorität; man verzichtet auf Befriedigungen, um deren Liebe nicht zu verlieren. Hat man diesen Verzicht geleistet, so ist man sozusagen mit ihr quitt, es sollte kein Schuldgefühl erübrigen. Anders ist es im Falle der Angst vor dem Über-Ich. Hier hilft der Triebverzicht nicht genug, denn der Wunsch bleibt bestehen und läßt sich vor dem Über-Ich nicht verheimlichen. Es wird also trotz des erfolgten Verzichts ein Schuldgefühl zustande kommen, und dies ist ein großer ökonomischer Nachteil der Über-Ich-Einsetzung, wie man sagen kann, der Gewissensbildung. Der Triebverzicht hat nun keine voll befreiende Wirkung mehr, die tugendhafte Enthaltung wird nicht mehr durch die Sicherung der Liebe gelohnt, für ein drohendes äußeres Unglück – Liebesverlust und Strafe von seiten der äußeren Autorität – hat man ein andauerndes inneres Unglück, die Spannung des Schuldbewußtseins, eingetauscht.

Diese Verhältnisse sind so verwickelt und zugleich so wichtig, daß ich sie trotz der Gefahren der Wiederholung noch von anderer Seite angreifen möchte. Die zeitliche Reihenfolge wäre also die: zunächst Triebverzicht infolge der Angst vor der Aggression der äußeren Autorität – darauf läuft ja die Angst vor dem Liebesverlust hinaus, die Liebe schützt vor dieser Aggression der Strafe –, dann Aufrichtung der inneren Autorität, Triebverzicht infolge der Angst vor ihr, Gewissensangst. Im zweiten Falle Gleichwertung von böser Tat und böser Absicht, daher Schuldbewußtsein, Strafbedürfnis. Die Aggression des Gewissens konserviert die Aggression der Autorität. Soweit ist es wohl klar geworden, aber wo bleibt Raum für den das Gewissen verstärkenden Einfluß des Unglücks (des von außen auferlegten Verzichts), für die außerordentliche Strenge des Gewissens bei den Besten und Fügsamsten? Wir haben beide Besonderheiten des Gewissens bereits erklärt, aber wahrscheinlich den Eindruck übrigbehalten, daß diese Erklärungen nicht bis zum Grunde reichen, einen Rest unerklärt lassen. Und hier greift endlich eine Idee ein, die durchaus der Psychoanalyse eigen und dem gewöhnlichen Denken der Menschen fremd ist. Sie ist von solcher Art, daß sie uns verstehen läßt, wie uns der Gegenstand so verworren und undurchsichtig erscheinen mußte. Sie sagt nämlich, anfangs ist zwar das Gewissen (richtiger: die Angst, die später Gewissen wird) Ursache des Triebverzichts, aber später kehrt sich das Verhältnis um. Jeder Triebverzicht wird nun eine dynamische Quelle des Gewissens, jeder neue Verzicht steigert dessen Strenge und Intoleranz, und wenn wir es nur mit der uns bekannten Entstehungsgeschichte des Gewissens besser in Einklang bringen könnten, wären wir versucht, uns zu dem paradoxen Satz zu bekennen: Das Gewissen ist die Folge des Triebverzichts; oder: Der (uns von außen auferlegte) Triebverzicht schafft das Gewissen, das dann weiteren Triebverzicht fordert.

Eigentlich ist der Widerspruch dieses Satzes gegen die gegebene Genese des Gewissens nicht so groß, und wir sehen einen Weg, ihn weiter zu verringern. Greifen wir zum Zwecke einer leichteren Darstellung das Beispiel des Aggressionstriebes heraus und nehmen wir an, es handle sich in diesen Verhältnissen immer um Aggressionsverzicht. Dies soll natürlich nur eine vorläufige Annahme sein. Die Wirkung des Triebverzichts auf das Gewissen geht dann so vor sich, daß jedes Stück Aggression, dessen Befriedigung wir unterlassen, vom Über-Ich übernommen wird und dessen Aggression (gegen das Ich) steigert. Es stimmt dazu nicht recht, daß die ursprüngliche Aggression des Gewissens die fortgesetzte Strenge der äußeren Autorität ist, also mit Verzicht nichts zu tun hat. Diese Unstimmigkeit bringen wir aber zum Schwinden, wenn wir für diese erste Aggressionsausstattung des Über-Ichs eine andere Ableitung annehmen. Gegen die Autorität, welche das Kind an den ersten, aber auch bedeutsamsten Befriedigungen verhindert, muß sich bei diesem ein erhebliches Maß von Aggressionsneigung entwickelt haben, gleichgültig welcher Art die geforderten Triebentsagungen waren. Notgedrungen mußte das Kind auf die Befriedigung dieser rachsüchtigen Aggression verzichten. Es hilft sich aus dieser schwierigen ökonomischen Situation auf dem Wege bekannter Mechanismen, indem es diese unangreifbare Autorität durch Identifizierung in sich aufnimmt, die nun das Über-Ich wird und in den Besitz all der Aggression gerät, die man gern als Kind gegen sie ausgeübt hätte. Das Ich des Kindes muß sich mit der traurigen Rolle der so erniedrigten Autorität – des Vaters – begnügen. Es ist eine Umkehrung der Situation, wie so häufig. „Wenn ich der Vater wäre und du das Kind, ich würde dich schlecht behandeln." Die Beziehung zwischen Über-Ich und Ich ist die durch den Wunsch entstellte Wiederkehr realer Beziehungen zwischen dem noch ungeteilten Ich und einem äußeren Objekt. Auch das ist typisch. Der wesentliche Unterschied aber ist, daß die ursprüngliche Strenge des Über-Ichs nicht – oder nicht so sehr – die ist, die man von ihm erfahren hat oder die man ihm zumutet, sondern die eigene Aggression gegen ihn vertritt. Wenn das zutrifft, darf man wirklich behaupten, das Gewissen sei im Anfang entstanden durch die Unterdrückung einer Aggression und verstärke sich im weiteren Verlauf durch neue solche Unterdrückungen.

Welche der beiden Auffassungen hat nun recht? Die frühere, die uns genetisch so unanfechtbar erschien, oder die neuere, welche die Theorie in so willkommener Weise abrundet? Offenbar, auch nach dem Zeugnis der direkten Beobachtung, sind beide berechtigt; sie widerstreiten einander nicht, treffen sogar an einer Stelle zusammen, denn die rachsüchtige Aggression des Kindes wird durch das Maß der strafenden Aggression, die es vom Vater erwartet, mitbestimmt werden. Die Erfahrung aber lehrt, daß die Strenge des Über-Ichs, das ein Kind entwickelt, keineswegs die Strenge der Behandlung, die es selbst erfahren hat, wiedergibt.[27] Sie erscheint unabhängig von ihr, bei sehr milder Erziehung kann ein Kind ein sehr strenges Gewissen bekommen. Doch wäre es auch unrichtig, wollte man diese Unabhängigkeit übertreiben; es ist nicht schwer, sich zu überzeugen, daß die Strenge der Erziehung auch auf die Bildung des kindlichen Über-Ichs einen starken Einfluß übt. Es kommt darauf hinaus, daß bei der Bildung des Über-Ichs und Entstehung des Gewissens mitgebrachte konstitutionelle Faktoren und Einflüsse des Milieus der realen Umgebung zusammenwirken, und das ist keineswegs befremdend, sondern die allgemeine ätiologische Bedingung all solcher Vorgänge.[28]

Man kann auch sagen, wenn das Kind auf die ersten großen Triebversagungen mit überstarker Aggression und entsprechender Strenge des Über-Ichs

---

27 Wie von Melanie Klein und anderen, englischen Autoren richtig hervorgehoben wurde.

28 Fr. Alexander hat in der *Psychoanalyse der Gesamtpersönlichkeit* (1927) die beiden Haupttypen der pathogenen Erziehungsmethoden, die Überstrenge und die Verwöhnung, im Anschluß an *Aichhorns* Studie über die Verwahrlosung zutreffend gewürdigt. Der „übermäßig weiche und nachsichtige" Vater wird beim Kinde Anlaß zur Bildung eines überstrengen Über-Ichs werden, weil diesem Kind unter dem Eindruck der Liebe, die es empfängt, kein anderer Ausweg für seine Aggression bleibt als die Wendung nach innen. Beim Verwahrlosten, der ohne Liebe erzogen wurde, entfällt die Spannung zwischen Ich und Über-Ich, seine ganze Aggression kann sich nach außen richten. Sieht man also von einem anzunehmenden konstitutionellen Faktor ab, so darf man sagen, das strenge Gewissen entstehe aus dem Zusammenwirken zweier Lebenseinflüsse, der Triebversagung, welche die Aggression entfesselt, und der Liebeserfahrung, welche diese Aggression nach innen wendet und dem Über-Ich überträgt.

reagiert, folgt es dabei einem phylogenetischen Vorbild und setzt sich über die aktuell gerechtfertigte Reaktion hinaus, denn der Vater der Vorzeit war gewiß fürchterlich, und ihm durfte man das äußerste Maß von Aggression zumuten. Die Unterschiede der beiden Auffassungen von der Genese des Gewissens verringern sich also noch mehr, wenn man von der individuellen zur phylogenetischen Entwicklungsgeschichte übergeht. Dafür zeigt sich ein neuer, bedeutsamer Unterschied in diesen beiden Vorgängen. Wir können nicht über die Annahme hinaus, daß das Schuldgefühl der Menschheit aus dem Ödipuskomplex stammt und bei der Tötung des Vaters durch die Brüdervereinigung erworben wurde. Damals wurde eine Aggression nicht unterdrückt, sondern ausgeführt, dieselbe Aggression, deren Unterdrückung beim Kinde die Quelle des Schuldgefühls sein soll. Nun würde ich mich nicht verwundern, wenn ein Leser ärgerlich ausriefe: „Es ist also ganz gleichgültig, ob man den Vater umbringt oder nicht, ein Schuldgefühl bekommt man auf alle Fälle! Da darf man sich einige Zweifel erlauben. Entweder ist es falsch, daß das Schuldgefühl von unterdrückten Aggressionen herrührt, oder die ganze Geschichte von der Vatertötung ist ein Roman, und die Urmenschenkinder haben ihre Väter nicht häufiger umgebracht, als es die heutigen pflegen. Übrigens, wenn es kein Roman, sondern plausible Historie ist, so hätte man einen Fall, in dem das geschieht, was alle Welt erwartet, nämlich, daß man sich schuldig fühlt, weil man wirklich etwas, was nicht zu rechtfertigen ist, getan hat. Und für diesen Fall, der sich immerhin alle Tage ereignet, ist uns die Psychoanalyse die Erklärung schuldig geblieben."

Das ist wahr und soll nachgeholt werden. Es ist auch kein besonderes Geheimnis. Wenn man ein Schuldgefühl hat, nachdem und weil man etwas verbrochen hat, so sollte man dies Gefühl eher *Reue* nennen. Es bezieht sich nur auf eine Tat, setzt natürlich voraus, daß ein *Gewissen*, die Bereitschaft, sich schuldig zu fühlen, bereits vor der Tat bestand. Eine solche Reue kann uns also nie dazu verhelfen, den Ursprung des Gewissens und des Schuldgefühls überhaupt zu finden. Der Hergang dieser alltäglichen Fälle ist gewöhnlich der, daß ein Triebbedürfnis die Stärke erworben hat, seine Befriedigung gegen das in seiner Stärke auch nur begrenzte Gewissen durchzusetzen, und daß mit der natürlichen Abschwächung des Bedürfnisses durch seine Befriedigung das frühere Kräfteverhältnis wiederhergestellt wird. Die Psychoanalyse tut also recht daran, den Fall des Schuldgefühls aus Reue von diesen Erörterungen auszuschließen, so häufig er auch vorkommt und so groß seine praktische Bedeutung auch ist.

Aber wenn das menschliche Schuldgefühl auf die Tötung des Urvaters zurückgeht, das war doch ein Fall von „Reue", und damals soll der Voraussetzung nach Gewissen und Schuldgefühl vor der Tat nicht bestanden haben? Woher kam in diesem Fall die Reue? Gewiß, dieser Fall muß uns das Geheimnis des Schuldgefühls aufklären, unseren Verlegenheiten ein Ende machen. Und ich meine, er leistet es auch. Diese Reue war das Ergebnis der uranfänglichen Gefühlsambivalenz gegen den Vater, die Söhne haßten ihn, aber sie liebten ihn auch; nachdem der Haß durch die Aggression befriedigt war, kam in der Reue über die Tat die Liebe zum Vorschein, richtete durch Identifizierung mit dem Vater das Über-Ich auf, gab ihm die Macht des Vaters wie zur Bestrafung für die gegen ihn verübte Tat der Aggression, schuf die Einschränkungen, die eine Wiederholung der Tat verhüten sollten. Und da die Aggressionsneigung gegen den Vater sich in den folgenden Geschlechtern wiederholte, blieb auch das Schuldgefühl bestehen und verstärkte sich von neuem durch jede unterdrückte und dem Über-Ich übertragene Aggression. Nun, meine ich, erfassen wir endlich zweierlei in voller Klarheit, den Anteil der Liebe an der Entstehung des Gewissens und die verhängnisvolle Unvermeidlichkeit des Schuldgefühls. Es ist wirklich nicht entscheidend, ob man den Vater getötet oder sich der Tat enthalten hat, man muß sich in beiden Fällen schuldig finden, denn das Schuldgefühl ist der Ausdruck des Ambivalenzkonflikts, des ewigen Kampfes zwischen dem Eros und dem Destruktions- oder Todestrieb. Dieser Konflikt wird angefacht, sobald den Menschen die Aufgabe des Zusammenlebens gestellt wird; solange diese Gemeinschaft nur die Form der Familie kennt, muß er sich im Ödipuskomplex äußern, das Gewissen einsetzen, das erste Schuldgefühl schaffen. Wenn eine Erweiterung dieser Gemeinschaft versucht wird, wird derselbe Konflikt in Formen, die von der Vergangenheit abhängig sind, fortgesetzt, verstärkt und hat eine weitere Steigerung des Schuldgefühls zur Folge. Da die Kultur einem inneren erotischen Antrieb gehorcht, der sie die Menschen zu einer innig verbundenen Masse vereinigen heißt, kann sie dies Ziel nur auf dem Wege einer immer wachsenden Verstärkung des Schuldgefühls erreichen. Was am Vater begonnen wurde, vollendet sich an der Masse. Ist die Kultur der notwendige Entwicklungsgang von der Familie zur Menschheit, so ist unablösbar mit ihr verbunden, als Folge des mitgeborenen Ambivalenzkonflikts, als Folge des ewigen Haders zwischen Liebe und Todesstreben, die Steigerung des Schuldgefühls vielleicht bis zu Höhen, die der Einzelne schwer erträglich findet. Man gedenkt der ergreifenden Anklage des großen Dichters gegen die „himmlischen Mächte“:

> „Ihr führt ins Leben uns hinein,
> Ihr laßt den Armen schuldig werden,
> Dann überlaßt Ihr ihn der Pein,
> Denn jede Schuld rächt sich auf Erden.“[29]

[29] Goethe, *Lieder des Harfners* in *Wilhelm Meister.*

Und man darf wohl aufseufzen bei der Erkenntnis, daß es einzelnen Menschen gegeben ist, aus dem Wirbel der eigenen Gefühle die tiefsten Einsichten doch eigentlich mühelos heraufzuholen, zu denen wir anderen uns durch qualvolle Unsicherheit und rastloses Tasten den Weg zu bahnen haben.

VIII

Am Ende eines solchen Weges angelangt, muß der Autor seine Leser um Entschuldigung bitten, daß er ihnen kein geschickter Führer gewesen, ihnen das Erlebnis öder Strecken und beschwerlicher Umwege nicht erspart hat. Es ist kein Zweifel, daß man es besser machen kann. Ich will versuchen, nachträglich etwas gutzumachen.

Zunächst vermute ich bei den Lesern den Eindruck, daß die Erörterungen über das Schuldgefühl den Rahmen dieses Aufsatzes sprengen, indem sie zuviel Raum für sich einnehmen und ihren anderen Inhalt, mit dem sie nicht immer innig zusammenhängen, an den Rand drängen. Das mag den Aufbau der Abhandlung gestört haben, entspricht aber durchaus der Absicht, das Schuldgefühl als das wichtigste Problem der Kulturentwicklung hinzustellen und darzutun, daß der Preis für den Kulturfortschritt in der Glückseinbuße durch die Erhöhung des Schuldgefühls bezahlt wird.[30] Was an diesem Satz, dem Endergebnis unserer Untersuchung, noch befremdlich klingt, läßt sich wahrscheinlich auf das ganz sonderbare, noch durchaus unverstandene Verhältnis des Schuldgefühls zu unserem Bewußtsein zurückführen. In den gemeinen, uns als normal geltenden Fällen von Reue macht es sich dem Bewußtsein deutlich genug wahrnehmbar; wir sind doch gewöhnt, anstatt Schuldgefühl „Schuldbewußtsein" zu sagen. Aus dem Studium der Neurosen, denen wir doch die wertvollsten Winke zum Verständnis des Normalen danken, ergeben sich widerspruchsvolle

[30] „*So macht Gewissen Feige aus uns allen ...*" Daß sie dem jugendlichen Menschen verheimlicht, welche Rolle die Sexualität in seinem Leben spielen wird, ist nicht der einzige Vorwurf, den man gegen die heutige Erziehung erheben muß. Sie sündigt außerdem darin, daß sie ihn nicht auf die Aggression vorbereitet, deren Objekt er zu werden bestimmt ist. Indem sie die Jugend mit so unrichtiger psychologischer Orientierung ins Leben entläßt, benimmt sich die Erziehung nicht anders, als wenn man Leute, die auf eine Polarexpedition gehen, mit Sommerkleidern und Karten der oberitalischen Seen ausrüsten würde. Dabei wird ein gewisser Mißbrauch der ethischen Forderungen deutlich. Die Strenge derselben würde nicht viel schaden, wenn die Erziehung sagte: „So sollten die Menschen sein, um glücklich zu werden und andere glücklich zu machen; aber man muß damit rechnen, daß sie nicht so sind." Anstatt dessen läßt man den Jugendlichen glauben, daß alle anderen die ethischen Vorschriften erfüllen, also tugendhaft sind. Damit begründet man die Forderung, daß er auch so werde.

Verhältnisse. Bei einer dieser Affektionen, der Zwangsneurose, drängt sich das Schuldgefühl überlaut dem Bewußtsein auf, es beherrscht das Krankheitsbild wie das Leben der Kranken, läßt kaum anderes neben sich aufkommen. Aber in den meisten anderen Fällen und Formen von Neurose bleibt es völlig unbewußt, ohne darum geringfügigere Wirkungen zu äußern. Die Kranken glauben uns nicht, wenn wir ihnen ein „unbewußtes Schuldgefühl" zumuten; um nur halbwegs von ihnen verstanden zu werden, erzählen wir ihnen von einem unbewußten Strafbedürfnis, in dem sich das Schuldgefühl äußert. Aber die Beziehung zur Neurosenform darf nicht überschätzt werden; es gibt auch bei der Zwangsneurose Typen von Kranken, die ihr Schuldgefühl nicht wahrnehmen oder es als ein quälendes Unbehagen, eine Art von Angst erst dann empfinden, wenn sie an der Ausführung gewisser Handlungen verhindert werden. Diese Dinge sollte man endlich einmal verstehen können, man kann es noch nicht. Vielleicht ist hier die Bemerkung willkommen, daß das Schuldgefühl im Grunde nichts ist als eine topische Abart der Angst, in seinen späteren Phasen fällt es ganz mit der *Angst vor dem Über-Ich* zusammen. Und bei der Angst zeigen sich im Verhältnis zum Bewußtsein dieselben außerordentlichen Variationen. Irgendwie steckt die Angst hinter allen Symptomen, aber bald nimmt sie lärmend das Bewußtsein ganz für sich in Anspruch, bald verbirgt sie sich so vollkommen, daß wir genötigt sind, von unbewußter Angst oder – wenn wir ein reineres psychologisches Gewissen haben wollen, da ja die Angst zunächst nur eine Empfindung ist – von Angstmöglichkeiten zu reden. Und darum ist es sehr wohl denkbar, daß auch das durch die Kultur erzeugte Schuldbewußtsein nicht als solches erkannt wird, zum großen Teil unbewußt bleibt oder als ein Unbehagen, eine Unzufriedenheit zum Vorschein kommt, für die man andere Motivierungen sucht. Die Religionen wenigstens haben die Rolle des Schuldgefühls in der Kultur nie verkannt. Sie treten ja, was ich an anderer Stelle nicht gewürdigt hatte,[31] auch mit dem Anspruch auf, die Menschheit von diesem Schuldgefühl, das sie Sünde heißen, zu erlösen. Aus der Art, wie im Christentum diese Erlösung gewonnen wird, durch den Opfertod eines Einzelnen, der damit eine allen gemeinsame Schuld auf sich nimmt, haben wir ja einen Schluß darauf gezogen, welches der erste Anlaß zur Erwerbung dieser Urschuld, mit der auch die Kultur begann, gewesen sein mag.[32]

Es kann nicht sehr wichtig werden, mag aber nicht überflüssig sein, daß wir die Bedeutung einiger Worte wie: Über-Ich, Gewissen, Schuldgefühl, Strafbedürfnis, Reue erläutern, die wir vielleicht oft zu lose und eines fürs andere

---

31 Ich meine: *Die Zukunft einer Illusion* (1927).

32 *Totem und Tabu* (1912–13).

gebraucht haben. Alle beziehen sich auf dasselbe Verhältnis, benennen aber verschiedene Seiten desselben. Das Über-Ich ist eine von uns erschlossene Instanz, das Gewissen eine Funktion, die wir ihm neben anderen zuschreiben, die die Handlungen und Absichten des Ichs zu überwachen und zu beurteilen hat, eine zensorische Tätigkeit ausübt. Das Schuldgefühl, die Härte des Über-Ichs, ist also dasselbe wie die Strenge des Gewissens, ist die dem Ich zugeteilte Wahrnehmung, daß es in solcher Weise überwacht wird, die Abschätzung der Spannung zwischen seinen Strebungen und den Forderungen des Über-Ichs, und die der ganzen Beziehung zugrunde liegende Angst vor dieser kritischen Instanz, das Strafbedürfnis, ist eine Triebäußerung des Ichs, das unter dem Einfluß des sadistischen Über-Ichs masochistisch geworden ist, d. h. ein Stück des in ihm vorhandenen Triebes zur inneren Destruktion zu einer erotischen Bindung an das Über-Ich verwendet. Vom Gewissen sollte man nicht eher sprechen, als bis ein Über-Ich nachweisbar ist; vom Schuldbewußtsein muß man zugeben, daß es früher besteht als das Über-Ich, also auch als das Gewissen. Es ist dann der unmittelbare Ausdruck der Angst vor der äußeren Autorität, die Anerkennung der Spannung zwischen dem Ich und dieser letzteren, der direkte Abkömmling des Konflikts zwischen dem Bedürfnis nach deren Liebe und dem Drang nach Triebbefriedigung, dessen Hemmung die Neigung zur Aggression erzeugt. Die Übereinanderlagerung dieser beiden Schichten des Schuldgefühls – aus Angst vor der äußeren und vor der inneren Autorität – hat uns manchen Einblick in die Beziehungen des Gewissens erschwert. Reue ist eine Gesamtbezeichnung für die Reaktion des Ichs in einem Falle des Schuldgefühls, enthält das wenig umgewandelte Empfindungsmaterial der dahinter wirksamen Angst, ist selbst eine Strafe und kann das Strafbedürfnis einschließen; auch sie kann also älter sein als das Gewissen.

Es kann auch nichts schaden, daß wir uns nochmals die Widersprüche vorführen, die uns eine Weile bei unserer Untersuchung verwirrt haben. Das Schuldgefühl sollte einmal die Folge unterlassener Aggressionen sein, aber ein andermal und gerade bei seinem historischen Anfang, der Vatertötung, die Folge einer ausgeführten Aggression. Wir fanden auch den Ausweg aus dieser Schwierigkeit. Die Einsetzung der inneren Autorität, des Über-Ichs, hat eben die Verhältnisse gründlich geändert. Vorher fiel das Schuldgefühl mit der Reue zusammen; wir merken dabei, daß die Bezeichnung Reue für die Reaktion nach wirklicher Ausführung der Aggression zu reservieren ist. Nachher verlor infolge der Allwissenheit des Über-Ichs der Unterschied zwischen beabsichtigter und erfüllter Aggression seine Kraft; nun konnte sowohl eine wirklich ausgeführte Gewalttat Schuldgefühl erzeugen – wie alle Welt weiß – als auch eine bloß beabsichtigte – wie die Psychoanalyse erkannt hat. Über die Veränderung der psychologischen Situation hinweg hinterläßt der Ambivalenzkonflikt der beiden Urtriebe die nämliche Wirkung. Die Versuchung liegt nahe, hier die Lösung des Rätsels von der wechselvollen Beziehung des Schuldgefühls zum Bewußtsein zu suchen. Das Schuldgefühl aus Reue über die böse Tat müßte immer bewußt sein, das aus Wahrnehmung des bösen Impulses könnte unbewußt bleiben. Allein so einfach ist das nicht, die Zwangsneurose widerspricht dem energisch. Der zweite Widerspruch war, daß die aggressive Energie, mit der man das Über-Ich ausgestattet denkt, nach einer Auffassung bloß die Strafenergie der äußeren Autorität fortsetzt und für das Seelenleben erhält, während eine andere Auffassung meint, es sei vielmehr die nicht zur Verwendung gelangte eigene Aggression, die man gegen diese hemmende Autorität aufbringt. Die erste Lehre schien sich der Geschichte, die zweite der Theorie des Schuldgefühls besser anzupassen. Eingehendere Überlegung hat den anscheinend unversöhnlichen Gegensatz beinahe allzuviel verwischt; es blieb als wesentlich und gemeinsam übrig, daß es sich um eine nach innen verschobene Aggression handelt. Die klinische Beobachtung gestattet wiederum, wirklich zwei Quellen für die dem Über-Ich zugeschriebene Aggression zu unterscheiden, von denen im einzelnen Fall die eine oder die andere die stärkere Wirkung ausübt, die im allgemeinen aber zusammenwirken.

Hier ist, meine ich, der Ort, eine Auffassung ernsthaft zu vertreten, die ich vorhin zur vorläufigen Annahme empfohlen hatte. In der neuesten analytischen Literatur zeigt sich eine Vorliebe für die Lehre, daß jede Art von Versagung, jede verhinderte Triebbefriedigung eine Steigerung des Schuldgefühls zur Folge habe oder haben könnte.[33] Ich glaube, man schafft sich eine große theoretische Erleichterung, wenn man das nur von den *aggressiven* Trieben gelten läßt, und man wird nicht viel finden, was dieser Annahme widerspricht. Wie soll man es denn dynamisch und ökonomisch erklären, daß an Stelle eines nicht erfüllten erotischen Anspruchs eine Steigerung des Schuldgefühls auftritt? Das scheint doch nur auf dem Umwege möglich, daß die Verhinderung der erotischen Befriedigung ein Stück Aggressionsneigung gegen die Person hervorruft, welche die Befriedigung stört, und daß diese Aggression selbst wieder unterdrückt werden muß. Dann aber ist es doch nur die Aggression, die sich in Schuldgefühl umwandelt, indem sie unterdrückt und dem Über-Ich zugeschoben wird. Ich bin überzeugt, wir werden viele Vorgänge einfacher und durchsichtiger darstellen können, wenn wir den Fund der Psychoanalyse zur Ableitung des Schuldgefühls auf die aggressiven Triebe einschränken. Die Befragung des klinischen Materials gibt hier keine eindeutige Antwort, weil unserer Voraussetzung gemäß

[33] Insbesondere bei E. Jones, Susan Isaacs, Melanie Klein; wie ich verstehe, aber auch bei Reik und Alexander.

die beiden Triebarten kaum jemals rein, voneinander isoliert, auftreten; aber die Würdigung extremer Fälle wird wohl nach der Richtung weisen, die ich erwarte. Ich bin versucht, von dieser strengeren Auffassung einen ersten Nutzen zu ziehen, indem ich sie auf den Verdrängungsvorgang anwende. Die Symptome der Neurosen sind, wie wir gelernt haben, wesentlich Ersatzbefriedigungen für unerfüllte sexuelle Wünsche. Im Laufe der analytischen Arbeit haben wir zu unserer Überraschung erfahren, daß vielleicht jede Neurose einen Betrag von unbewußtem Schuldgefühl verhüllt, der wiederum die Symptome durch ihre Verwendung zur Strafe befestigt. Nun liegt es nahe, den Satz zu formulieren: wenn eine Triebstrebung der Verdrängung unterliegt, so werden ihre libidinösen Anteile in Symptome, ihre aggressiven Komponenten in Schuldgefühl umgesetzt. Auch wenn dieser Satz nur in durchschnittlicher Annäherung richtig ist, verdient er unser Interesse.

Manche Leser dieser Abhandlung mögen auch unter dem Eindruck stehen, daß sie die Formel vom Kampf zwischen Eros und Todestrieb zu oft gehört haben. Sie sollte den Kulturprozeß kennzeichnen, der über die Menschheit abläuft, wurde aber auch auf die Entwicklung des Einzelnen bezogen und sollte überdies das Geheimnis des organischen Lebens überhaupt enthüllt haben. Es scheint unabweisbar, die Beziehungen dieser drei Vorgänge zueinander zu untersuchen. Nun ist die Wiederkehr derselben Formel durch die Erwägung gerechtfertigt, daß der Kulturprozeß der Menschheit wie die Entwicklung des Einzelnen auch Lebensvorgänge sind, also am allgemeinsten Charakter des Lebens Anteil haben müssen. Anderseits trägt gerade darum der Nachweis dieses allgemeinen Zuges nichts zur Unterscheidung bei, solange dieser nicht durch besondere Bedingungen eingeengt wird. Wir können uns also erst bei der Aussage beruhigen, der Kulturprozeß sei jene Modifikation des Lebensprozesses, die er unter dem Einfluß einer vom Eros gestellten, von der Ananke, der realen Not angeregten Aufgabe erfährt, und diese Aufgabe ist die Vereinigung vereinzelter Menschen zu einer unter sich libidinös verbundenen Gemeinschaft. Fassen wir aber die Beziehung zwischen dem Kulturprozeß der Menschheit und dem Entwicklungs- oder Erziehungsprozeß des einzelnen Menschen ins Auge, so werden wir uns ohne viel Schwanken dafür entscheiden, daß die beiden sehr ähnlicher Natur sind, wenn nicht überhaupt derselbe Vorgang an andersartigen Objekten. Der Kulturprozeß der Menschenart ist natürlich eine Abstraktion von höherer Ordnung als die Entwicklung des Einzelnen, darum schwerer anschaulich zu erfassen, und die Aufspürung von Analogien soll nicht zwanghaft übertrieben werden; aber bei der Gleichartigkeit der Ziele – hier die Einreihung eines Einzelnen in eine menschliche Masse, dort die Herstellung einer Masseneinheit aus vielen Einzelnen – kann die Ähnlichkeit der dazu verwendeten Mittel und der zustande kommenden Phänomene nicht überraschen. Ein die beiden Vorgänge unterscheidender Zug darf wegen seiner außerordentlichen Bedeutsamkeit nicht lange unerwähnt bleiben. Im Entwicklungsprozeß des Einzelmenschen wird das Programm des Lustprinzips, Glücksbefriedigung zu finden, als Hauptziel festgehalten, die Einreihung in oder Anpassung an eine menschliche Gemeinschaft erscheint als eine kaum zu vermeidende Bedingung, die auf dem Wege zur Erreichung dieses Glücksziels erfüllt werden soll. Ginge es ohne diese Bedingung, so wäre es vielleicht besser. Anders ausgedrückt: die individuelle Entwicklung erscheint uns als ein Produkt der Interferenz zweier Strebungen, des Strebens nach Glück, das wir gewöhnlich „egoistisch", und des Strebens nach Vereinigung mit den anderen in der Gemeinschaft, das wir „altruistisch" heißen. Beide Bezeichnungen gehen nicht viel über die Oberfläche hinaus. In der individuellen Entwicklung fällt, wie gesagt, der Hauptakzent meist auf die egoistische oder Glücksstrebung, die andere, „kulturell" zu nennende, begnügt sich in der Regel mit der Rolle einer Einschränkung. Anders beim Kulturprozeß; hier ist das Ziel der Herstellung einer Einheit aus den menschlichen Individuen bei weitem die Hauptsache, das Ziel der Beglückung besteht zwar noch, aber es wird in den Hintergrund gedrängt; fast scheint es, die Schöpfung einer großen menschlichen Gemeinschaft würde am besten gelingen, wenn man sich um das Glück des Einzelnen nicht zu kümmern brauchte. Der Entwicklungsprozeß des Einzelnen darf also seine besonderen Züge haben, die sich im Kulturprozeß der Menschheit nicht wiederfinden; nur insofern dieser erstere Vorgang den Anschluß an die Gemeinschaft zum Ziel hat, muß er mit dem letzteren zusammenfallen.

Wie der Planet noch um seinen Zentralkörper kreist, außer daß er um die eigene Achse rotiert, so nimmt auch der einzelne Mensch am Entwicklungsgang der Menschheit teil, während er seinen eigenen Lebensweg geht. Aber unserem blöden Auge scheint das Kräftespiel am Himmel zu ewig gleicher Ordnung erstarrt; im organischen Geschehen sehen wir noch, wie die Kräfte miteinander ringen und die Ergebnisse des Konflikts sich beständig verändern. So haben auch die beiden Strebungen, die nach individuellem Glück und die nach menschlichem Anschluß, bei jedem Individuum miteinander zu kämpfen, so müssen die beiden Prozesse der individuellen und der Kulturentwicklung einander feindlich begegnen und sich gegenseitig den Boden bestreiten. Aber dieser Kampf zwischen Individuum und Gesellschaft ist nicht ein Abkömmling des wahrscheinlich unversöhnlichen Gegensatzes der Urtriebe, Eros und Tod, er bedeutet einen Zwist im Haushalt der Libido, vergleichbar dem Streit um die Aufteilung der Libido zwischen dem Ich und den Objekten, und er läßt einen endlichen Ausgleich zu beim Individuum, wie hoffentlich auch in der Zukunft der Kultur, mag er gegenwärtig das Leben des Einzelnen noch so sehr beschweren.

Die Analogie zwischen dem Kulturprozeß und dem Entwicklungsweg des Individuums läßt sich um ein bedeutsames Stück erweitern. Man darf nämlich behaupten, daß auch die Gemeinschaft ein Über-Ich ausbildet, unter dessen Einfluß sich die Kulturentwicklung vollzieht. Es mag eine verlockende Aufgabe für einen Kenner menschlicher Kulturen sein, diese Gleichstellung ins einzelne zu verfolgen. Ich will mich auf die Hervorhebung einiger auffälliger Punkte beschränken. Das Über-Ich einer Kulturepoche hat einen ähnlichen Ursprung wie das des Einzelmenschen, es ruht auf dem Eindruck, den große Führerpersönlichkeiten hinterlassen haben, Menschen von überwältigender Geisteskraft oder solche, in denen eine der menschlichen Strebungen die stärkste und reinste, darum oft auch einseitigste Ausbildung gefunden hat. Die Analogie geht in vielen Fällen noch weiter, indem diese Personen – häufig genug, wenn auch nicht immer – zu ihrer Lebenszeit von den anderen verspottet, mißhandelt oder selbst auf grausame Art beseitigt wurden, wie ja auch der Urvater erst lange nach seiner gewaltsamen Tötung zur Göttlichkeit aufstieg. Für diese Schicksalsverknüpfung ist gerade die Person Jesu Christi das ergreifendste Beispiel, wenn sie nicht etwa dem Mythus angehört, der sie in dunkler Erinnerung an jenen Urvorgang ins Leben rief. Ein anderer Punkt der Übereinstimmung ist, daß das Kultur-Über-Ich ganz wie das des Einzelnen strenge Idealforderungen aufstellt, deren Nichtbefolgung durch „Gewissensangst" gestraft wird. Ja, hier stellt sich der merkwürdige Fall her, daß die hierher gehörigen seelischen Vorgänge uns von der Seite der Masse vertrauter, dem Bewußtsein zugänglicher sind, als sie es beim Einzelmenschen werden können. Bei diesem machen sich nur die Aggressionen des Über-Ichs im Falle der Spannung als Vorwürfe überlaut vernehmbar, während die Forderungen selbst im Hintergrunde oft unbewußt bleiben. Bringt man sie zur bewußten Erkenntnis, so zeigt sich, daß sie mit den Vorschriften des jeweiligen Kultur-Über-Ichs zusammenfallen. An dieser Stelle sind sozusagen beide Vorgänge, der kulturelle Entwicklungsprozeß der Menge und der eigene des Individuums, regelmäßig miteinander verklebt. Manche Äußerungen und Eigenschaften des Über-Ichs können darum leichter an seinem Verhalten in der Kulturgemeinschaft als beim Einzelnen erkannt werden.

Das Kultur-Über-Ich hat seine Ideale ausgebildet und erhebt seine Forderungen. Unter den letzteren werden die, welche die Beziehungen der Menschen zueinander betreffen, als Ethik zusammengefaßt. Zu allen Zeiten wurde auf diese Ethik der größte Wert gelegt, als ob man gerade von ihr besonders wichtige Leistungen erwartete. Und wirklich wendet sich die Ethik jenem Punkt zu, der als die wundeste Stelle jeder Kultur leicht kenntlich ist. Die Ethik ist also als ein therapeutischer Versuch aufzufassen, als Bemühung, durch ein Gebot des Über-Ichs zu erreichen, was bisher durch sonstige Kulturarbeit nicht zu erreichen war. Wir wissen bereits, es fragt sich hier darum, wie das größte Hindernis der Kultur, die konstitutionelle Neigung der Menschen zur Aggression gegeneinander, wegzuräumen ist, und gerade darum wird uns das wahrscheinlich jüngste der kulturellen Über-Ich-Gebote besonders interessant, das Gebot: „Liebe deinen Nächsten wie dich selbst." In der Neurosenforschung und Neurosentherapie kommen wir dazu, zwei Vorwürfe gegen das Über-Ich des Einzelnen zu erheben: Es kümmert sich in der Strenge seiner Gebote und Verbote zu wenig um das Glück des Ichs, indem es die Widerstände gegen die Befolgung, die Triebstärke des Es und die Schwierigkeiten der realen Umwelt, nicht genügend in Rechnung bringt. Wir sind daher in therapeutischer Absicht sehr oft genötigt, das Über-Ich zu bekämpfen, und bemühen uns, seine Ansprüche zu erniedrigen. Ganz ähnliche Einwendungen können wir gegen die ethischen Forderungen des Kultur-Über-Ichs erheben. Auch dies kümmert sich nicht genug um die Tatsachen der seelischen Konstitution des Menschen, es erläßt ein Gebot und fragt nicht, ob es dem Menschen möglich ist, es zu befolgen. Vielmehr, es nimmt an, daß dem Ich des Menschen alles psychologisch möglich ist, was man ihm aufträgt, daß dem Ich die unumschränkte Herrschaft über sein Es zusteht. Das ist ein Irrtum, und auch bei den sogenannt normalen Menschen läßt sich die Beherrschung des Es nicht über bestimmte Grenzen steigern. Fordert man mehr, so erzeugt man beim Einzelnen Auflehnung oder Neurose oder macht ihn unglücklich. Das Gebot „Liebe deinen Nächsten wie dich selbst" ist die stärkste Abwehr der menschlichen Aggression und ein ausgezeichnetes Beispiel für das unpsychologische Vorgehen des Kultur-Über-Ichs. Das Gebot ist undurchführbar; eine so großartige Inflation der Liebe kann nur deren Wert herabsetzen, nicht die Not beseitigen. Die Kultur vernachlässigt all das; sie mahnt nur, je schwerer die Befolgung der Vorschrift ist, desto verdienstvoller ist sie. Allein wer in der gegenwärtigen Kultur eine solche Vorschrift einhält, setzt sich nur in Nachteil gegen den, der sich über sie hinaussetzt. Wie gewaltig muß das Kulturhindernis der Aggression sein, wenn die Abwehr derselben ebenso unglücklich machen kann wie die Aggression selbst! Die sogenannte natürliche Ethik hat hier nichts zu bieten außer der narzißtischen Befriedigung, sich für besser halten zu dürfen, als die anderen sind. Die Ethik, die sich an die Religion anlehnt, läßt hier ihre Versprechungen eines besseren Jenseits eingreifen. Ich meine, solange sich die Tugend nicht schon auf Erden lohnt, wird die Ethik vergeblich predigen. Es scheint auch mir unzweifelhaft, daß eine reale Veränderung in den Beziehungen der Menschen zum Besitz hier mehr Abhilfe bringen wird als jedes ethische Gebot; doch wird diese Einsicht bei den Sozialisten durch ein neuerliches idealistisches Verkennen der menschlichen Natur getrübt und für die Ausführung entwertet.

Die Betrachtungsweise, die in den Erscheinungen der Kulturentwicklung die Rolle eines Über-Ichs verfolgen will, scheint mir noch andere Aufschlüsse zu versprechen. Ich eile zum Abschluß. Einer Frage kann ich allerdings schwer ausweichen. Wenn die Kulturentwicklung so weitgehende Ähnlichkeit mit der des Einzelnen hat und mit denselben Mitteln arbeitet, soll man nicht zur Diagnose berechtigt sein, daß manche Kulturen – oder Kulturepochen – möglicherweise die ganze Menschheit – unter dem Einfluß der Kulturstrebungen „neurotisch" geworden sind? An die analytische Zergliederung dieser Neurosen könnten therapeutische Vorschläge anschließen, die auf großes praktisches Interesse Anspruch hätten. Ich könnte nicht sagen, daß ein solcher Versuch zur Übertragung der Psychoanalyse auf die Kulturgemeinschaft unsinnig oder zur Unfruchtbarkeit verurteilt wäre. Aber man müßte sehr vorsichtig sein, nicht vergessen, daß es sich doch nur um Analogien handelt und daß es nicht nur bei Menschen, sondern auch bei Begriffen gefährlich ist, sie aus der Sphäre zu reißen, in der sie entstanden und entwickelt worden sind. Auch stößt die Diagnose der Gemeinschaftsneurosen auf eine besondere Schwierigkeit. Bei der Einzelneurose dient uns als nächster Anhalt der Kontrast, in dem sich der Kranke von seiner als „normal" angenommenen Umgebung abhebt. Ein solcher Hintergrund entfällt bei einer gleichartig affizierten Masse, er müßte anderswoher geholt werden. Und was die therapeutische Verwendung der Einsicht betrifft, was hülfe die zutreffendste Analyse der sozialen Neurose, da niemand die Autorität besitzt, der Masse die Therapie aufzudrängen? Trotz aller dieser Erschwerungen darf man erwarten, daß jemand eines Tages das Wagnis einer solchen Pathologie der kulturellen Gemeinschaften unternehmen wird.

Eine Wertung der menschlichen Kultur zu geben liegt mir aus den verschiedensten Motiven sehr ferne. Ich habe mich bemüht, das enthusiastische Vorurteil von mir abzuhalten, unsere Kultur sei das Kostbarste, was wir besitzen oder erwerben können und ihr Weg müsse uns notwendigerweise zu Höhen ungeahnter Vollkommenheit führen. Ich kann wenigstens ohne Entrüstung den Kritiker anhören, der meint, wenn man die Ziele der Kulturstrebung und die Mittel, deren sie sich bedient, ins Auge faßt, müsse man zu dem Schlusse kommen, die ganze Anstrengung sei nicht der Mühe wert und das Ergebnis könne nur ein Zustand sein, den der Einzelne unerträglich finden muß. Meine Unparteilichkeit wird mir dadurch leicht, daß ich über all diese Dinge sehr wenig weiß, mit Sicherheit nur das eine, daß die Werturteile der Menschen unbedingt von ihren Glückswünschen geleitet werden, also ein Versuch sind, ihre Illusionen mit Argumenten zu stützen. Ich verstünde es sehr wohl, wenn jemand den zwangsläufigen Charakter der menschlichen Kultur hervorheben und z. B. sagen würde, die Neigung zur Einschränkung des Sexuallebens oder zur Durchsetzung des

Humanitätsideals auf Kosten der natürlichen Auslese seien Entwicklungsrichtungen, die sich nicht abwenden und nicht ablenken lassen und denen man sich am besten beugt, wie wenn es Naturnotwendigkeiten wären. Ich kenne auch die Einwendung dagegen, daß solche Strebungen, die man für unüberwindbar hielt, oft im Laufe der Menschheitsgeschichte beiseite geworfen und durch andere ersetzt worden sind. So sinkt mir der Mut, vor meinen Mitmenschen als Prophet aufzustehen, und ich beuge mich ihrem Vorwurf, daß ich ihnen keinen Trost zu bringen weiß, denn das verlangen sie im Grunde alle, die wildesten Revolutionäre nicht weniger leidenschaftlich als die bravsten Frommgläubigen.

Die Schicksalsfrage der Menschenart scheint mir zu sein, ob und in welchem Maße es ihrer Kulturentwicklung gelingen wird, der Störung des Zusammenlebens durch den menschlichen Aggressions- und Selbstvernichtungstrieb Herr zu werden. In diesem Bezug verdient vielleicht gerade die gegenwärtige Zeit ein besonderes Interesse. Die Menschen haben es jetzt in der Beherrschung der Naturkräfte so weit gebracht, daß sie es mit deren Hilfe leicht haben, einander bis auf den letzten Mann auszurotten. Sie wissen das, daher ein gut Stück ihrer gegenwärtigen Unruhe, ihres Unglücks, ihrer Angststimmung. Und nun ist zu erwarten, daß die andere der beiden „himmlischen Mächte", der ewige Eros, eine Anstrengung machen wird, um sich im Kampf mit seinem ebenso unsterblichen Gegner zu behaupten. Aber wer kann den Erfolg und Ausgang voraussehen?

KURZER ABRISS DER PSYCHOANALYSE

Die Psychoanalyse ist sozusagen mit dem zwanzigsten Jahrhundert geboren; die Veröffentlichung, mit welcher sie als etwas Neues vor die Welt tritt, meine *Traumdeutung*, trägt die Jahreszahl 1900. Aber sie ist, wie selbstverständlich, nicht aus dem Stein gesprungen oder vom Himmel gefallen, sie knüpft an Älteres an, das sie fortsetzt, sie geht aus Anregungen hervor, die sie verarbeitet. So muß ihre Geschichte mit der Schilderung der Einflüsse beginnen, die für ihre Entstehung maßgebend waren, und darf auch der Zeiten und der Zustände vor ihrer Schöpfung nicht vergessen.

Die Psychoanalyse ist auf einem eng begrenzten Boden erwachsen. Sie kannte ursprünglich nur das eine Ziel, etwas von der Natur der sogenannt „funktionellen" Nervenkrankheiten zu verstehen, um die bisherige ärztliche Ohnmacht in der Behandlung derselben zu überwinden. Die Neurologen dieser Zeit waren in der Hochschätzung chemisch-physikalischer und pathologisch-anatomischer Tatsachen erzogen worden, sie standen zuletzt unter dem Eindruck der Funde von *Hitzig* und *Fritsch*, *Ferrier*, *Goltz* u. a., welche eine innige, vielleicht eine ausschließliche Bindung gewisser Funktionen an bestimmte Teile des Gehirns zu erweisen scheinen. Mit dem psychischen Moment wußten sie nichts anzufangen, sie konnten es nicht erfassen, überließen es den Philosophen, Mystikern und – Kurpfuschern und hielten es auch für unwissenschaftlich sich mit ihm abzugeben; dementsprechend eröffnete sich auch kein Zugang zu den Geheimnissen der Neurosen, vor allem der rätselhaften *Hysterie*, die ja das Vorbild der ganzen Gattung war. Noch als ich 1885 an der Salpêtrière hospitierte, erfuhr ich, daß man sich für die hysterischen Lähmungen mit der Formel begnügte, sie seien in leichten funktionellen Störungen derselben Hirnpartien begründet, deren schwere Schädigung die entsprechende organische Lähmung hervorrufe.

Unter dem Mangel an Verständnis litt natürlich auch die Therapie dieser Krankheitszustände. Sie bestand in allgemein „roborierenden" Maßnahmen, in der Verabreichung von Arzneimitteln und in meist sehr unzweckmäßigen, unfreundlich ausgeführten Versuchen zur seelischen Beeinflussung wie Einschüchterungen, Verspottungen, Mahnungen, seinen Willen aufzubieten, sich

„zusammenzunehmen". Als spezifische Therapie der nervösen Zustände wurde die elektrische Behandlung ausgegeben, aber wer diese je nach den detaillierten Vorschriften von *W. Erb* auszuüben unternahm, durfte sich verwundern, welchen Raum die Phantasie auch in der angeblich exakten Wissenschaft behaupten konnte. Die entscheidende Wendung trat ein, als in den achtziger Jahren die Phänomene des Hypnotismus wieder einmal um Einlaß in die medizinische Wissenschaft warben, diesmal dank der Arbeit von *Liebault*, *Bernheim*, *Heidenhain*, *Forel* mit besserem Erfolg als schon so oft vorher. Es kam vor allem darauf an, daß man die Echtheit dieser Erscheinungen anerkannte. War dies zugestanden, so mußte man aus dem Hypnotismus zwei grundlegende und unvergeßliche Lehren ziehen. Erstens überzeugte man sich, daß auffällige körperliche Veränderungen doch nur der Erfolg von seelischen Einflüssen waren, die man in diesem Falle selbst in Tätigkeit gerufen hatte; zweitens bekam man besonders aus dem Verhalten der Versuchspersonen nach der Hypnose den deutlichsten Eindruck von der Existenz solcher seelischer Vorgänge, die man nur *unbewußte* nennen konnte. Das *Unbewußte* stand zwar schon seit langem als theoretischer Begriff bei den Philosophen zur Diskussion, aber hier in den Erscheinungen des Hypnotismus wurde es zuerst leibhaft, handgreiflich und Gegenstand des Experiments. Es kam hinzu, daß die hypnotischen Phänomene eine unverkennbare Ähnlichkeit mit den Äußerungen mancher Neurosen zeigten.

Man kann die Bedeutung des Hypnotismus für die Entstehungsgeschichte der Psychoanalyse nicht leicht überschätzen. In theoretischer wie therapeutischer Hinsicht verwaltet die Psychoanalyse ein Erbe, das sie vom Hypnotismus übernommen hat.

Die Hypnose erwies sich auch als ein wertvolles Hilfsmittel zum Studium der Neurosen, wiederum in erster Linie der Hysterie. Einen großen Eindruck machten die Versuche von *Charcot*, der vermutet hatte, daß gewisse Lähmungen, die nach Trauma (Unfall) aufgetreten waren, hysterischer Natur seien, und nun durch die Suggestion eines Traumas in der Hypnose Lähmungen von den nämlichen Charakteren künstlich hervorrufen konnte. Es verblieb seitdem die Erwartung, daß traumatische Einflüsse ganz allgemein an der Entstehung der hysterischen Symptome beteiligt sein konnten. *Charcot* selbst bemühte sich weiter nicht um ein psychologisches Verständnis der hysterischen Neurose, aber sein Schüler *P. Janet* nahm diese Studien auf und konnte mit Hilfe der Hypnose zeigen, daß die Krankheitsäußerungen der Hysterie in fester Abhängigkeit von gewissen unbewußten Gedanken (*idées fixes*) stehen. *Janet* charakterisierte die Hysterie durch eine von ihm angenommene konstitutionelle Unfähigkeit, die seelischen Vorgänge zusammenzuhalten, aus der ein Zerfall (Dissoziation) des Seelenlebens hervorgehe.

Die Psychoanalyse knüpfte aber keineswegs an diese Forschungen *Janets* an. Für sie wurde die Erfahrung eines Wiener Arztes, Dr. *Josef Breuer*, maßgebend, der unabhängig von fremdem Einfluß um das Jahr 1881 ein hysterisch erkranktes Mädchen von hoher Begabung mit Hilfe der Hypnose studieren und herstellen konnte. *Breuers* Ergebnisse sind der Öffentlichkeit erst fünfzehn Jahre später mitgeteilt worden, nachdem er den Referenten (*Freud*) zum Mitarbeiter angenommen hatte. Der von ihm behandelte Fall hat seine einzigartige Bedeutung für unser Verständnis der Neurosen bis auf den heutigen Tag behalten, so daß es unvermeidlich ist, länger bei ihm zu verweilen. Es ist notwendig, klar zu erfassen, worin die Eigentümlichkeit des *Breuerschen* Falles bestand. Das Mädchen war an der Pflege ihres zärtlich geliebten Vaters erkrankt. *Breuer* konnte nun nachweisen, daß alle ihre Symptome sich auf diese Krankenpflege bezogen und durch sie ihre Aufklärung fanden. Es war also zum erstenmal ein Fall der rätselhaften Neurose restlos durchschaut worden, und alle Krankheitserscheinungen hatten sich als sinnvoll herausgestellt. Ferner war es ein allgemeiner Charakter der Symptome, daß sie in Situationen entstanden waren, welche einen Impuls zu einer Handlung enthielten, der aber dann nicht ausgeführt, sondern infolge anderer Motive unterdrückt worden war. An Stelle dieser unterbliebenen Aktionen waren eben die Symptome aufgetreten. Somit wurde man für die Ätiologie der hysterischen Symptome auf das Gefühlsleben (die Affektivität) und auf das Spiel der seelischen Kräfte (den Dynamismus) verwiesen, und diese beiden Gesichtspunkte sind seither niemals wieder fallen gelassen worden.

Die Anlässe für die Entstehung der Symptome wurden von *Breuer* den *Charcotschen* Traumen gleichgestellt. Es war nun bemerkenswert, daß diese traumatischen Anlässe und alle seelischen Regungen, die sich an sie knüpften, für die Erinnerung der Kranken verloren waren, als ob sie nie vorgefallen wären, während deren Wirkungen, eben die Symptome, unveränderlich fortbestanden, als ob es für sie keine Abnützung durch die Zeit gäbe. Man hatte also hier einen neuen Beweis für die Existenz unbewußter, aber gerade darum besonders mächtiger, seelischer Vorgänge gefunden, wie man sie zuerst an den posthypnotischen Suggestionen kennengelernt hatte. Die Therapie, die *Breuer* übte, bestand darin, daß er die Kranke in der Hypnose veranlaßte, die vergessenen Traumen zu erinnern und mit kraftvollen Affektäußerungen auf sie zu reagieren. Dann verschwand das Symptom, das bisher an Stelle einer solchen Gefühlsäußerung gestanden war. Dasselbe Verfahren diente also gleichzeitig der Erforschung und der Beseitigung des Leidens und auch diese ungewöhnliche Vereinigung wurde von der späteren Psychoanalyse festgehalten.

Nachdem Referent in den ersten neunziger Jahren die Breuerschen Ergebnisse an einer größeren Anzahl von Kranken bestätigt hatte, entschlossen sich die beiden, *Breuer* und *Freud*, zu einer Publikation, welche ihre Erfahrungen und den Versuch einer auf sie gegründeten Theorie enthielt (Studien über Hysterie, 1895). Diese sagte aus, das hysterische Symptom entstehe, wenn der Affekt eines stark affektiv besetzten seelischen Vorgangs von der normalen bewußten Verarbeitung abgedrängt und somit auf eine falsche Bahn gewiesen werde. Er gehe dann im Falle der Hysterie in ungewöhnliche Körperinnervation über (Konversion), könne aber durch Auffrischung des Erlebnisses in der Hypnose anders gelenkt und erledigt werden (Abreagieren). Die Autoren nannten ihr Verfahren Katharsis (Reinigung, Befreiung vom eingeklemmten Affekt).

Die kathartische Methode ist der unmittelbare Vorläufer der Psychoanalyse und trotz aller Erweiterungen der Erfahrung und aller Modifikationen der Theorie immer noch als Kern in ihr enthalten. Aber sie war nichts anderes als ein neuer Weg zur ärztlichen Beeinflussung gewisser nervöser Erkrankungen, und nichts ließ ahnen, daß sie Gegenstand des allgemeinsten Interesses und des heftigsten Widerspruches werden könnte.

II

Bald nach der Veröffentlichung der *Studien über Hysterie* brach die Arbeitsgemeinschaft von *Breuer* und *Freud* zusammen. *Breuer*, der eigentlich Internist war, gab die Behandlung von Nervenkranken auf, *Freud* bemühte sich, das ihm von dem älteren Kollegen überlassene Instrument weiter zu vervollkommnen; die technischen Neuerungen, die er einführte, und die Funde, die er machte, wandelten das kathartische Verfahren in die Psychoanalyse tun. Der folgenschwerste Schritt war wohl der, daß er sich entschloß, auf das technische Hilfsmittel der Hypnose zu verzichten. Er tat es aus zwei Motiven, erstens, weil es ihm, trotz eines Unterrichtskurses bei *Bernheim* in Nancy, nicht gelang, eine genügend große Anzahl der Patienten in Hypnose zu versetzen, und zweitens, weil er mit den therapeutischen Erfolgen der auf Hypnose gegründeten Katharsis unzufrieden war. Diese Erfolge waren zwar sehr auffällig und traten nach kurzer Behandlungsdauer auf, erwiesen sich aber als nicht haltbar und als allzusehr abhängig vom persönlichen Verhältnis des Patienten zum Arzte. Das Aufgeben der Hypnose bedeutete einen Bruch mit der bisherigen Entwicklung des Verfahrens und einen neuen Anfang.

Die Hypnose hatte aber den Dienst geleistet, das vom Kranken Vergessene seiner bewußten Erinnerung zuzuführen. Sie mußte durch eine andere Technik ersetzt werden. *Freud* verfiel damals darauf, an ihre Stelle die Methode der freien Assoziation zu setzen, d. h. er verpflichtete die Kranken dazu, auf alles bewußte Nachdenken zu verzichten und sich in ruhiger Konzentration der Verfolgung ihrer spontanen (ungewollten) Einfälle hinzugeben („die Oberfläche ihres Bewußtseins abzutasten"). Diese Einfälle sollten sie dem Arzt mitteilen, auch wenn sie Einwendungen dagegen verspürten, wie z. B. der Gedanke sei zu unangenehm, zu unsinnig oder zu unwichtig oder er gehöre nicht hieher. Die Wahl der freien Assoziation als Hilfsmittel zur Erforschung des vergessenen Unbewußten erscheint so befremdend, daß ein Wort zu ihrer Rechtfertigung nicht überflüssig wird. *Freud* wurde dabei von der Erwartung geleitet, daß sich die sogenannte freie Assoziation in Wirklichkeit als unfrei erweisen werde, indem nach der Unterdrückung aller bewußten Denkabsichten eine Determinierung der Einfälle durch das unbewußte Material zum Vorschein käme. Diese Erwartung ist durch die Erfahrung gerechtfertigt worden. Durch die Verfolgung der freien Assoziation unter Einhaltung der oben gegebenen *analytischen Grundregel* erhielt man ein reiches Material von Einfällen, welches auf die Spur des vom Kranken Vergessenen führen konnte. Dies Material brachte zwar nicht das Vergessene selbst, aber so deutliche und reichliche Andeutungen desselben, daß der Arzt mit gewissen Ergänzungen und Deutungen das Vergessene daraus erraten (rekonstruieren) konnte. Freie Assoziation und Deutungskunst leisteten also nun das Gleiche wie früher die Versetzung in Hypnose.

Anscheinend hatte man sich die Arbeit sehr erschwert und kompliziert; der unschätzbare Gewinn war aber, daß man Einblick in ein Kräftespiel gewann, welches dem Beobachter durch den hypnotischen Zustand verhüllt worden war. Man erkannte, daß sich die Arbeit zur Aufdeckung des pathogenen Vergessenen gegen einen beständigen und sehr intensiven Widerstand zu wehren hatte. Schon die kritischen Einwendungen, mit denen der Patient die in ihm auftauchenden Einfälle von der Mitteilung hatte ausschließen wollen und gegen welche die analytische Grundregel gerichtet war, waren Äußerungen dieses Widerstandes gewesen. Aus der Würdigung der Widerstandsphänomene ergab sich einer der Grundpfeiler der psychoanalytischen Neurosenlehre, die Theorie der Verdrängung. Es lag nahe anzunehmen, daß dieselben Kräfte, die sich gegenwärtig gegen die Bewußtmachung des pathogenen Materials sträubten, dasselbe Bestreben auch seinerzeit mit Erfolg geäußert hatten. Nun war eine Lücke in der Ätiologie der neurotischen Symptome ausgefüllt. Die Eindrücke und seelischen Regungen, für welche jetzt die Symptome als Ersatz standen, waren nicht grundlos oder infolge einer konstitutionellen Unfähigkeit zur Synthese, wie *Janet* meinte, vergessen worden, sondern sie hatten durch den Einfluß anderer seelischer Kräfte eine Verdrängung erfahren, deren Erfolg und Zeichen eben ihre Abhaltung vom Bewußtsein und ihr Ausschluß aus der Erinnerung war. Erst infolge dieser Verdrängung waren sie pathogen geworden, d. h. sie hatten sich auf ungewöhnlichen Wegen einen Ausdruck als Symptome geschafft.

Als Motiv der Verdrängung und somit als Ursache jeder neurotischen Erkrankung mußte man den Konflikt zwischen zwei Gruppen von seelischen Strebungen ansehen. Und nun lehrte die Erfahrung eine ganz neue und überraschende Tatsache über die Natur der miteinander ringenden Kräfte kennen. Die Verdrängung ging regelmäßig von der bewußten Persönlichkeit (dem Ich) des Erkrankten aus und berief sich auf ethische und ästhetische Motive; von der Verdrängung betroffen wurden Regungen von Selbstsucht und Grausamkeit, die man allgemein als böse zusammenfassen kann, vor allem aber sexuelle Wunschregungen, oft von der grellsten und verbotensten Art. Die Krankheitssymptome waren also ein Ersatz für verbotene Befriedigungen, und die Krankheit schien einer unvollkommenen Bändigung des Unmoralischen im Menschen zu entsprechen.

Der Fortschritt der Erkenntnis machte es immer deutlicher, welch ungeheuer große Rolle die sexuellen Wunschregungen im Seelenleben spielen, und gab die Veranlassung, die Natur und Entwicklung des Sexualtriebes eingehend zu studieren. (*Freud: Drei Abhandlungen zur Sexualtheorie. 1905.*) Man stieß aber auch auf ein anderes, rein empirisches Ergebnis, indem man entdeckte, daß die Erlebnisse und Konflikte der ersten Kinderjahre eine ungeahnt wichtige Rolle in der Entwicklung des Individuums spielen und unverwischbare Dispositionen für die Zeit der Reife zurücklassen. So kam man dazu, etwas aufzudecken, was bisher von der Wissenschaft grundsätzlich übersehen worden war, die infantile Sexualität, die sich vom zartesten Alter an in körperlichen Reaktionen wie in seelischen Einstellungen äußert. Um diese kindliche Sexualität mit der sogenannten normalen der Erwachsenen und dem abnormen Sexualleben der Perversen zusammenzubringen, mußte der Begriff des Sexuellen selbst eine Berichtigung und Erweiterung erfahren, die sich durch die Entwicklungsgeschichte des Sexualtriebs rechtfertigen ließ.

Seit dem Ersatz der Hypnose durch die Technik der freien Assoziation war das kathartische Verfahren Breuers zur Psychoanalyse geworden, die nun durch länger als ein Jahrzehnt von dem Referenten (Freud) allein entwickelt wurde. Die Psychoanalyse kam in dieser Zeit allmählich in den Besitz einer Theorie, welche über die Entstehung, den Sinn und die Absicht der neurotischen Symptome zureichende Auskunft zu geben schien und eine rationelle Grundlage für die ärztlichen Bemühungen zur Aufhebung des Leidens lieferte. Ich will die Momente, welche den Inhalt dieser Theorie ausmachen, nochmals zusammenstellen. Es sind: die Betonung des Trieblebens (Affektivität), der seelischen Dynamik, der durchgehenden Sinnhaftigkeit und Determinierung auch der anscheinend dunkelsten und willkürlichsten seelischen Phänomene, die Lehre vom psychischen Konflikt und von der pathogenen Natur der Verdrängung, die Auffassung der Krankheitssymptome als Ersatzbefriedigungen, die Erkenntnis von der ätiologischen Bedeutung des Sexuallebens, insbesondere der Ansätze zur kindlichen Sexualität. In philosophischer Hinsicht mußte diese Theorie den Standpunkt einnehmen, daß das Seelische nicht mit dem Bewußten zusammenfalle, daß die seelischen Vorgänge an sich unbewußt seien und nur durch die Leistung besonderer Organe (Instanzen, Systeme) bewußt gemacht würden. Ich füge als ergänzend zu dieser Aufzählung hinzu, daß sich unter den affektiven Einstellungen der Kindheit die komplizierte Gefühlsbeziehung zu den Eltern, der sogenannte Ödipus-Komplex, hervorhob, in welchem man immer deutlicher den Kern eines jeden Falles von Neurose erkannte, und daß im Benehmen des Analysierten gegen den Arzt gewisse Erscheinungen der Gefühlsübertragung auffielen, welche eine für die Theorie wie für die Technik gleich große Bedeutung gewannen.

Die psychoanalytische Theorie der Neurosen enthielt in dieser Ausgestaltung schon manches, was herrschenden Meinungen und Neigungen zuwiderlief und bei Fernstehenden Befremden, Abneigung und Unglauben hervorrufen konnte. So die Stellungnahme zum Problem des Unbewußten, die Anerkennung einer kindlichen Sexualität und die Betonung des sexuellen Moments im Seelenleben überhaupt, aber es sollte noch anderes hinzukommen.

III

Um halbwegs zu verstehen, wie sich bei einem hysterischen Mädchen ein verbotener sexueller Wunsch in ein schmerzhaftes Symptom umsetzen kann, hatte man tiefgehende und verwickelte Annahmen über Struktur und Leistung des seelischen Apparats machen müssen. Das war ein offenbarer Widerspruch zwischen Aufwand und Erfolg. Wenn die von der Psychoanalyse behaupteten Verhältnisse wirklich bestanden, so waren sie fundamentaler Natur und mußten sich auch in anderen Phänomenen als den hysterischen äußern können. Traf diese Folgerung aber zu, so hätte die Psychoanalyse aufgehört nur für Neurologen interessant zu sein; sie durfte dann Anspruch auf die Aufmerksamkeit aller erheben, denen psychologische Forschung etwas bedeutete. Ihre Ergebnisse kamen dann nicht nur für das Gebiet des pathologischen Seelenlebens in Betracht, sondern durften auch für das Verständnis der normalen Funktion nicht vernachlässigt werden.

Der Nachweis ihrer Brauchbarkeit zur Aufklärung anderer als krankhafter Seelentätigkeit gelang der Psychoanalyse frühzeitig an zweierlei Phänomenen, bei den so häufigen alltäglichen Fehlleistungen, Vergessen, Versprechen, Verlegen usw., und bei den Träumen gesunder und psychisch normaler Menschen. Die kleinen Fehlleistungen, wie das zeitweilige Vergessen von sonst bekannten Eigennamen, das Versprechen, Verschreiben und ähnliches waren bisher einer Erklärung überhaupt nicht gewürdigt worden oder sollten in Zustanden von Ermüdung, Ablenkung der Aufmerksamkeit u. dgl. ihre Aufklärung finden. Referent wies nun in seiner *Psychopathologie des Alltagslebens* (1901 und 1904) an zahlreichen Beispielen nach, daß solche Vorkommnisse sinnreich sind und durch die Störung einer bewußten Intention durch eine andere, unterdrückte, oft direkt unbewußte, entstehen. Meist reicht eine rasche Besinnung oder eine kurze Analyse hin, um den störenden Einfluß aufzufinden. Bei der Häufigkeit solcher Fehlleistungen wie das Versprechen wird es jedermann leicht gemacht, sich an der eigenen Person die Überzeugung von der Existenz nicht bewußter seelischer Vorgänge zu holen, die doch wirksam sind und sich wenigstens als Hemmungen und Modifikationen anderer, beabsichtigter, Akte Ausdruck verschaffen.

Weiter führte die Analyse der Träume, die Referent schon 1900 in der *Traumdeutung* der Öffentlichkeit vorlegte. Es ergab sich aus ihr, daß der Traum nicht anders gebaut ist als ein neurotisches Symptom. Er mag wie ein solches fremdartig und sinnlos erscheinen; wenn man ihn mittels einer Technik untersucht, die sich von der in der Psychoanalyse verwendeten freien Assoziation wenig unterscheidet, gelangt man von seinem manifesten Inhalt zu einem geheimen Sinn des Traumes, zu den latenten Traumgedanken. Dieser latente Sinn ist allemal eine Wunschregung, die als in der Gegenwart erfüllt dargestellt wird. Aber außer bei kleinen Kindern oder unter dem Druck imperativer Körperbedürfnisse kann dieser geheime Wunsch niemals kenntlich ausgesprochen werden. Er muß sich erst eine Entstellung gefallen lassen, welche das Werk einschränkender, zensurierender Kräfte im Ich des Träumers ist. So entsteht der manifeste Traum, wie er im Wachen erinnert wird, bis zur Unkenntlichkeit entstellt durch die Konzessionen an die Traumzensur, durch die Analyse aber noch als Ausdruck einer Befriedigungssituation oder Wunscherfüllung zu entlarven, ein Kompromiß zwischen zwei miteinander ringenden Gruppen seelischer Strebungen, ganz so, wie wir es für das hysterische Symptom gefunden haben. Die Formel, der Traum ist eine (verkappte) Erfüllung eines (verdrängten) Wunsches, trifft im Grunde das Wesen des Traumes am besten.

Durch das Studium jenes Prozesses, der den latenten Traumwunsch in den manifesten Trauminhalt umwandelt (die Traumarbeit), haben wir das beste, was wir vom unbewußten Seelenleben wissen, erfahren.

Nun ist der Traum kein krankhaftes Symptom, sondern eine Leistung des normalen Seelenlebens. Die Wünsche, die er als erfüllt darstellt, sind die nämlichen, die in der Neurose der Verdrängung verfallen. Der Traum verdankt die Möglichkeit seiner Entstehung bloß dem günstigen Umstand, daß sich während des Schlafzustandes, der die Motilität des Menschen lähmt, die Verdrängung zur Traumzensur ermäßigt. Doch wenn die Traumbildung gewisse Grenzen überschreitet, macht ihm der Träumer ein Ende und wacht erschreckt auf. Es ist also erwiesen, daß im normalen Seelenleben dieselben Kräfte und dieselben Vorgänge zwischen ihnen bestehen wie im krankhaften. Von der Traumdeutung an hatte die Psychoanalyse eine zweifache Bedeutung, sie war nicht nur eine neue Therapie der Neurosen, sondern auch eine neue Psychologie; sie erhob den Anspruch, nicht nur von Nervenärzten, sondern von allen, die eine Geisteswissenschaft betrieben, beachtet zu werden.

Der Empfang aber, der ihr in der wissenschaftlichen Welt bereitet wurde, war kein freundlicher. Etwa ein Jahrzehnt lang kümmerte sich niemand um die Arbeiten *Freuds*. Etwa um das Jahr 1907 wurde durch eine Gruppe von Schweizer Psychiatern (*Bleuler* und *Jung* in Zürich) die Aufmerksamkeit auf die Psychoanalyse gelenkt und nun brach, besonders in Deutschland, ein Sturm der Entrüstung los, der in seinen Mitteln und Argumenten wahrlich nicht wählerisch war. Die Psychoanalyse teilte dabei das Schicksal von so vielen Neuheiten, die dann nach Ablauf einer gewissen Zeit allgemeine Anerkennung gefunden haben. Allerdings lag es in ihrem Wesen, daß sie besonders heftigen Widerspruch erwecken mußte. Sie verletzte die Vorurteile der Kulturmenschheit an einigen besonders empfindlichen Stellen, unterwarf gewissermaßen alle Menschen der analytischen Reaktion, indem sie das aufdeckte, was durch allgemeines Übereinkommen ins Unbewußte verdrängt worden war, und zwang so die Zeitgenossen, sich wie die Kranken zu benehmen, die in der analytischen Behandlung vor allem ihre Widerstände zum Vorschein bringen. Es muß auch zugestanden werden, daß es nicht leicht war, sich von der Richtigkeit der psychoanalytischen Lehren zu überzeugen oder Unterricht in der Ausübung der Analyse zu bekommen.

Die allgemeine Feindseligkeit konnte indes nicht verhindern, daß sich die Psychoanalyse im Laufe des nächsten Jahrzehnts ständig nach zwei Richtungen ausdehnte; auf der Landkarte, indem das Interesse für sie in immer neuen Ländern auftauchte, und auf dem Felde der Geisteswissenschaften, indem sie auf immer neue Disziplinen Anwendung fand. 1909 lud Präsident *G. Stanley Hall Freud* und *Jung* ein, an der von ihm geleiteten Clark University in Worcester, Mass., Vorlesungen über Psychoanalyse zu halten, denen auch eine freundliche Aufnahme zuteil wurde. Die Psychoanalyse ist seither in Amerika populär geblieben, wenngleich gerade in diesem Lande viel Seichtigkeit und mancher Mißbrauch sich mit ihrem Namen deckt. Schon 1911 konnte *Havelock Ellis* konstatieren, daß die Analyse nicht nur in Österreich und der Schweiz, sondern ebensowohl in den Vereinigten Staaten, in England, Indien, Kanada und gewiß auch in Australien gepflegt und betrieben werde.

In dieser Zeit des Kampfes und der ersten Blüte entstanden auch die literarischen Organe, die ausschließlich der Psychoanalyse dienten. Es waren das *Jahr-*

buch für psychoanalytische und psychopathologische Forschungen, herausgegeben von *Bleuler* und *Freud*, redigiert von *Jung* (1909–1914), das mit dem Ausbruch des Weltkrieges eingestellt wurde, das *Zentralblatt für Psychoanalyse* (1911), redigiert von *Adler* und *Stekel*, das alsbald von der *Internationalen Zeitschrift für Psychoanalyse* (1913, heute im zehnten Jahrgang) abgelöst wurde; ferner seit 1912 die von *Rank* und *Sachs* begründete *Imago*, eine Zeitschrift für die Anwendung der Psychoanalyse auf die Geisteswissenschaften. Das große Interesse der anglo-amerikanischen Ärzte äußerte sich 1913 in der Gründung der noch jetzt bestehenden *Psychoanalytic Review* durch *White* und *Jelliffe*. Später, 1920, trat das speziell für England bestimmte, von *Ernest Jones* redigierte *International Journal of Psycho-Analysis* ins Leben. Der Internationale Psychoanalytische Verlag und das ihm entsprechende englische Unternehmen (I. PsA. Press) bringen unter dem Namen einer Internationalen Psychoanalytischen Bibliothek (Int. PsA. Library) eine fortlaufende Reihe analytischer Publikationen. Natürlich ist die Literatur der Psychoanalyse nicht ausschließlich in diesen periodischen Veröffentlichungen zu finden, die zumeist von psychoanalytischen Vereinigungen unterhalten werden, sondern an einer Unzahl von Stellen zerstreut, in wissenschaftlichen wie in literarischen Produktionen. Unter den Zeitschriften der romanischen Welt, die der Psychoanalyse besondere Aufmerksamkeit schenken, ist die von *H. Delgado* in Lima (Peru) geleitete *Rivista de Psiquiatria* hervorzuheben.

Ein wesentlicher Unterschied dieses zweiten Jahrzehnts der Psychoanalyse vom ersten lag darin, daß Referent nicht mehr ihr einziger Vertreter war. Ein stetig wachsender Kreis von Schülern und Anhängern hatte sich um ihn gesammelt, deren Arbeit zuerst für die Ausbreitung der psychoanalytischen Lehren sorgte und dieselben dann fortführte, ergänzte und vertiefte. Von diesen Anhängern fielen im Laufe der Jahre, wie unvermeidlich, mehrere ab, gingen ihre eigenen Wege oder wandten sich zu einer Opposition, welche die Kontinuität in der Entwicklung der Psychoanalyse zu bedrohen schien. Zwischen 1911 und 1913 waren es *C. G. Jung* in Zürich und *Alfred Adler* in Wien, die durch ihre Umdeutungsversuche an den analytischen Tatsachen und ihre Bestrebungen zur Ablenkung von den Gesichtspunkten der Analyse eine gewisse Erschütterung hervorriefen, aber es zeigte sich bald, daß diese Sezessionen keinen nachhaltigen Schaden gestiftet haben. Was ihnen an zeitweiligem Erfolg zugefallen war, erklärte sich leicht aus der Bereitwilligkeit der Menge, sich vom Druck der psychoanalytischen Anforderungen befreien zu lassen, welchen Weg immer man ihnen dazu eröffnete. Die überwiegende Mehrzahl der Mitarbeiter hielt aus und setzte die Arbeit längs der ihnen angezeigten Richtlinien fort. Wir werden ihren Namen in der nun folgenden, sehr verkürzten Darstellung der Ergebnisse der Psychoanalyse auf den mannigfachen Gebieten ihrer Anwendung wiederholt begegnen.

IV

Die geräuschvolle Ablehnung, welche der Psychoanalyse von seiten der ärztlichen Welt widerfuhr, hat ihre Anhänger nicht abhalten können, sie zunächst in ihrer ursprünglichen Absicht zu einer speziellen Pathologie und Therapie der Neurosen zu entwickeln, eine Aufgabe, welche auch gegenwärtig noch nicht vollkommen gelöst ist. Die unleugbaren Heilerfolge, welche weit über alles bisher Erreichte hinausgingen, spornten zu immer neuen Bemühungen an, und die Schwierigkeiten, die sich bei tieferem Eindringen in die Materie erhoben, veranlaßten tiefgreifende Veränderungen der analytischen Technik und bedeutsame Korrekturen an den Annahmen und Voraussetzungen der Theorie.

Die Technik der Psychoanalyse ist im Laufe dieser Entwicklung so bestimmt und so heikel geworden wie die irgendeiner anderen medizinischen Spezialität. In Verkennung dieser Tatsache wird besonders in England und Amerika viel gesündigt, indem Personen, die sich durch Lektüre eine nur literarische Kenntnis der Psychoanalyse erworben haben, sich für befähigt halten, analytische Behandlungen zu unternehmen, ohne sich einer besonderen Schulung zu unterziehen. Die Erfolge eines solchen Vorgehens sind unheilvoll sowohl für die Wissenschaft wie für die Patienten und haben viel zur Diskreditierung der Psychoanalyse beigetragen. Die Gründung der ersten psychoanalytischen Poliklinik (durch *M. Eitingon* in Berlin, 1920) ist daher ein Schritt von hoher praktischer Bedeutung geworden. Dieses Institut bemüht sich einerseits, die analytische Therapie weiten Volkskreisen zugänglich zu machen, anderseits übernimmt es die Ausbildung von Ärzten zu praktischen Analytikern in einem Lehrkurs, welcher die Bedingung einschließt, daß der Lernende an sich selbst eine Psychoanalyse vollziehen läßt.

Unter den Hilfsbegriffen, welche dem Arzt die Bewältigung des analytischen Materials ermöglichen, ist an erster Stelle der der *Libido* zu nennen. Libido bedeutet in der Psychoanalyse zunächst die (als quantitativ veränderlich und meßbar gedachte) Kraft der auf das Objekt gerichteten Sexualtriebe (in dem durch die analytische Theorie erweiterten Sinne). Bei weiterem Studium ergab sich die Nötigung, dieser *Objektlibido* eine auf das eigene Ich gerichtete *narzißtische oder Ichlibido* an die Seite zu stellen, und die Wechselwirkungen dieser beiden Kräfte haben es gestattet, von einer großen Anzahl normaler wie pathologischer Vorgänge im Seelenleben Rechenschaft zu geben. Es ergab sich bald die grobe Scheidung der sogenannten *Übertragungsneurosen* von den narzißtischen Affektionen, die ersteren (Hysterie und Zwangsneurose) die eigentlichen Objekte der psychoanalytischen Therapie, während die anderen, die narzißtischen Neurosen, zwar die Untersuchung mit Hilfe der Analyse gestatten, aber einer therapeutischen Beeinflussung prinzipielle Schwierigkeiten bereiten. Es ist richtig, daß die Libidotheorie der Psychoanalyse keineswegs abgeschlossen und ihr Verhältnis zu einer allgemeinen Trieblehre noch nicht geklärt ist, die Psychoanalyse ist eben eine junge, durchweg unfertige, in rascher Entwicklung begriffene Wissenschaft, aber es ist hier die Stelle zu betonen, wie irrig der Vorwurf des Pansexualismus ist, der so häufig gegen die Psychoanalyse erhoben wird. Er will besagen, daß die psychoanalytische Theorie keine anderen seelischen Triebkräfte als bloß sexuelle kennt, und macht sich dabei populäre Vorurteile zunutze, indem er *sexuell* nicht im analytischen, sondern im vulgären Sinne verwendet.

Zu den narzißtischen Affektionen müßte die psychoanalytische Auffassung auch alle die Leiden rechnen, die in der Psychiatrie *funktionelle Psychosen* genannt werden. Es ließ sich nicht bezweifeln, daß Neurosen und Psychosen nicht durch eine scharfe Grenze getrennt waren, so wenig wie Gesundheit und Neurose, und es lag zu nahe, zur Erklärung der so rätselhaften psychotischen Phänomene die Einsichten heranzuziehen, die man an den bisher ebenso undurchsichtigen Neurosen gewonnen hatte. Schon Referent hatte in der Zeit seiner Vereinsamung einen Fall von paranoider Erkrankung durch analytische Untersuchung halbwegs verständlich gemacht und in dieser unzweideutigen Psychose dieselben Inhalte (Komplexe) und ein ähnliches Kräftespiel wie bei simplen Neurosen nachgewiesen. *E. Bleuler* verfolgte bei einer ganzen Anzahl von Psychosen die Anzeichen von dem, was er „Freudsche Mechanismen“ nannte, und *C. G. Jung* erwarb sich mit einem Schlage ein großes Ansehen als Analytiker, als er 1901 für die absonderlichsten Symptome in den Endausgängen der Dementia praecox die Aufklärung aus der individuellen Lebensgeschichte dieser Kranken gab. Die umfassende Bearbeitung der Schizophrenie durch *Bleuler* (1911) hat dann die Berechtigung psychoanalytischer Gesichtspunkte für die Auffassung dieser Psychosen in wahrscheinlich endgültiger Weise dargetan.

In solcher Art wurde die Psychiatrie das nächste Anwendungsgebiet der Psychoanalyse und ist es auch seither geblieben. Dieselben Forscher, welche am meisten für eine vertiefte analytische Kenntnis der Neurosen getan haben, wie *K. Abraham* in Berlin und *S. Ferenczi* in Budapest (um nur die hervorragendsten zu nennen), sind auch in der analytischen Durchleuchtung der Psychosen führend geblieben. Die Überzeugung von der Einheit und Zusammengehörigkeit all der Störungen, die sich uns als neurotische und psychotische Phänomene kundgeben, setzt sich trotz alles Sträubens der Psychiater immer stärker durch. Man fängt an zu verstehen, – vielleicht am besten in Amerika, – daß nur das psychoanalytische Studium der Neurosen die Vorbereitung für ein Verständnis der Psychosen ergeben kann, daß die Psychoanalyse dazu berufen ist, eine wissenschaftliche Psychiatrie der Zukunft zu ermöglichen, die sich nicht mehr mit der

Beschreibung sonderbarer Zustandsbilder, unbegreiflicher Abläufe, und mit der Verfolgung des Einflusses grober anatomischer und toxischer Traumen auf den unserer Kenntnis unzugänglichen seelischen Apparat zu begnügen braucht.

V

Aber niemals hätte die Psychoanalyse durch ihre Bedeutung für die Psychiatrie die Aufmerksamkeit der intellektuellen Welt auf sich gezogen oder einen Platz in *The History of our times* für sich erobert. Diese Wirkung ging von der Beziehung der Psychoanalyse zum normalen Seelenleben, nicht zum pathologischen aus. Ursprünglich beabsichtigte die analytische Forschung ja nichts anderes als die Entstehungsbedingungen (Genese) einiger krankhafter Seelenzustände zu ergründen, aber in dieser Bemühung gelangte sie dazu, Verhältnisse von grundlegender Bedeutung aufzudecken, geradezu eine neue Psychologie zu schaffen, so daß man sich sagen mußte, die Giftigkeit solcher Funde könne unmöglich auf das Gebiet der Pathologie beschränkt sein. Wir wissen bereits, wann der entscheidende Nachweis für die Richtigkeit dieses Schlusses erbracht wurde. Es war, als die Deutung der Träume durch die analytische Technik gelang, der Träume, die ja dem Seelenleben der Normalen angehören und doch eigentlich pathologischen Produktionen entsprechen, die regelmäßig unter den Bedingungen der Gesundheit entstehen können.

Hielt man an den psychologischen Einsichten fest, die man durch das Studium der Träume gewonnen hatte, so war nur noch ein Schritt zu tun, um die Psychoanalyse als Lehre von den tieferen, dem Bewußtsein nicht direkt zugänglichen, seelischen Vorgängen, als *Tiefenpsychologie* proklamieren und auf fast sämtliche Geisteswissenschaften anwenden zu können. Dieser Schritt bestand in dem Übergang von der seelischen Tätigkeit des Einzelmenschen zu den psychischen Leistungen von menschlichen Gemeinschaften und Völkern, also von der Individual- zur Massenpsychologie, und man sah sich durch viele überraschende Analogien zu ihm gedrängt. So hatte man z. B. erfahren, daß in den tiefen Schichten unbewußter Geistestätigkeit Gegensätze nicht voneinander unterschieden, sondern durch das nämliche Element ausgedrückt werden. Aber der Sprachforscher *K. Abel* hatte schon 1884 die Behauptung aufgestellt (*Über den Gegensinn der Urworte*), daß die ältesten uns bekannten Sprachen mit dem Gegensatz nicht anders verfahren sind. So hat das Altägyptische z. B. für stark und schwach zunächst nur ein Wort, und erst später werden die beiden Seiten der Antithese durch leichte Modifikationen auseinandergehalten. Noch in den modernsten Sprachen lassen sich deutliche Überreste dieses Gegensinnes aufzeigen, so im deutschen *Boden* – das Oberste wie das Unterste im Haus, ähnlich wie *altus* – hoch und tief – im Lateinischen. So ist die Gleichstellung der Gegensätze im Traum ein allgemeiner archaischer Zug menschlichen Denkens.

Um ein Beispiel aus einem anderen Gebiet zu geben: es ist unmöglich, sich dem Eindruck der vollen Übereinstimmung zu entziehen, die man zwischen den Zwangshandlungen gewisser Zwangskranker und den religiösen Betätigungen der Frommen in aller Welt entdeckt. Manche Fälle von Zwangsneurose benehmen sich geradezu wie eine karikierte Privatreligion, so daß man die offiziellen Religionen einer durch ihre Allgemeinheit ermäßigten Zwangsneurose gleichsetzen möchte. Dieser für alle Gläubigen gewiß höchst anstößige Vergleich ist psychologisch doch sehr fruchtbar geworden. Denn für die Zwangsneurose ist es der Psychoanalyse bald bekannt worden, welche Kräfte hier miteinander ringen, bis ihre Konflikte sich den merkwürdigen Ausdruck durch das Zeremoniell der Zwangshandlungen geschaffen haben. Nichts ähnliches war für das religiöse Zeremoniell vermutet worden, bis es gelang, durch die Zurückführung des religiösen Gefühls auf das Vaterverhältnis als seine tiefste Wurzel auch hier die analoge dynamische Situation nachzuweisen. Dies Beispiel mag übrigens den Leser daran mahnen, daß auch die Anwendung der Psychoanalyse auf nicht ärztliche Gebiete nicht umhin kann, hochgehaltene Vorurteile zu verletzen, an tiefwurzelnde Empfindlichkeiten zu rühren und so Feindschaften hervorzurufen, die eine wesentlich affektive Grundlage haben.

Wenn wir die allgemeinsten Verhältnisse des unbewußten Seelenlebens (die Konflikte der Triebregungen, die Verdrängungen und Ersatzbefriedigungen) als überall vorhanden annehmen dürfen, und wenn es eine Tiefenpsychologie gibt, welche zur Kenntnis dieser Verhältnisse führt, so ist es eine billige Erwartung, daß die Anwendung der Psychoanalyse auf die mannigfachsten Gebiete der menschlichen Geistestätigkeit überall wichtige und bisher unerreichbare Resultate zutage fördern wird. Eine überaus gehaltvolle Studie von *Otto Rank* und *H. Sachs* hat sich bemüht zusammenzustellen, in wieweit die Arbeit der Psychoanalytiker diese Erwartungen bis zum Jahre 1913 erfüllen konnte. Der Raummangel verbietet es mir, hier eine Vervollständigung dieser Aufzählung zu versuchen. Ich kann nur das wichtigste Ergebnis herausheben und einige Einzelheiten daran anlehnen.

Wenn man von wenig bekannten inneren Antrieben absieht, so darf man sagen, der Hauptmotor der Kulturentwicklung des Menschen ist die äußere reale Not gewesen, die ihm die bequeme Befriedigung seiner natürlichen Bedürfnisse verweigerte und ihn übergroßen Gefahren preisgab. Diese äußere Versagung zwang ihn zum Kampf mit der Realität, der teils in Anpassung an dieselbe, teils in Beherrschung derselben ausging, aber auch zur Arbeitsgemeinschaft und zum

Zusammenleben mit seinesgleichen, womit bereits ein Verzicht auf mancherlei sozial nicht zu befriedigende Triebregungen verbunden war. Mit den weiteren Fortschritten der Kultur wuchsen auch die Ansprüche der Verdrängung. Die Kultur ist doch überhaupt auf Triebverzicht aufgebaut, und jedes einzelne Individuum soll auf seinem Wege von der Kindheit zur Reife an seiner Person diese Entwicklung der Menschheit zur verständigen Resignation wiederholen. Die Psychoanalyse hat gezeigt, daß es vorwiegend, wenn auch nicht ausschließlich, sexuelle Triebregungen sind, welche dieser kulturellen Unterdrückung verfallen. Ein Teil derselben zeigt nun die wertvolle Eigenschaft, sich von ihren nächsten Zielen ablenken zu lassen und so als *sublimierte* Strebungen ihre Energie der kulturellen Entwicklung zur Verfügung zu stellen. Ein anderer Anteil bleibt aber als unbefriedigte Wunschregung im Unbewußten bestehen und drängt nach irgendwelcher, wenn auch entstellter, Befriedigung.

Wir haben gehört, daß ein Stück der menschlichen Geistestätigkeit auf die Bewältigung der realen Außenwelt gerichtet ist. Nun fügt die Psychoanalyse hinzu, ein anderes, besonders hochgeschätztes Stück des seelischen Schaffens dient der Wunscherfüllung, der Ersatzbefriedigung jener verdrängten Wünsche, die seit den Jahren der Kindheit unbefriedigt in der Seele eines jeden wohnen. Zu diesen Schöpfungen, deren Zusammenhang mit einem unfaßbaren Unbewußten immer vermutet wurde, gehören Mythus, Dichtung und Kunst, und wirklich hat die Arbeit der Psychoanalytiker eine Fülle von Licht auf die Gebiete der Mythologie, der Literaturwissenschaft und der Künstlerpsychologie geworfen; als Vorbild sei hier nur die Leistung von *O. Rank* erwähnt. Man hat gezeigt, daß Mythen und Märchen eine Deutung zulassen wie die Träume, hat die verschlungenen Wege verfolgt, die vom Antrieb des unbewußten Wunsches bis zur Realisierung im Kunstwerk führen, hat die affektive Wirkung des Kunstwerks auf den Empfänger verstehen gelernt und beim Künstler selbst dessen innere Verwandtschaft wie seine Verschiedenheit vom Neurotiker geklärt und den Zusammenhang zwischen seiner Anlage, seinem zufälligen Erleben und seiner Leistung aufgezeigt. Die ästhetische Würdigung des Kunstwerks sowie die Aufklärung der künstlerischen Begabung kommen zwar als Aufgaben für die Psychoanalyse nicht in Betracht. Es scheint aber, daß die Psychoanalyse imstande ist, in all den Fragen, die das menschliche Phantasieleben betreffen, das entscheidende Wort zu sprechen.

Und nun zudritt: Die Psychoanalyse hat uns zu unserem wachsenden Erstaunen erkennen lassen, welch ungeheuer wichtige Rolle der sogenannte Ödipus-Komplex, d. i. die affektive Beziehung des Kindes zu seinen beiden Eltern, im Seelenleben des Menschen spielt. Dies Erstaunen ermäßigt sich, wenn wir erfassen, daß der Ödipus- Komplex das psychische Korrelat zweier fundamentaler biologischer Tatsachen ist, der langen infantilen Abhängigkeit des Menschen und der merkwürdigen Art, wie sein Sexualleben im dritten bis fünften Jahr einen ersten Höhepunkt erreicht, um dann nach einer Periode der Hemmung mit der Pubertät neu einzusetzen. Dann aber eröffnete sich die Einsicht, daß ein drittes, höchst ernsthaftes Stück der menschlichen Geistestätigkeit, jenes, das die großen Institutionen der Religion, des Rechts, der Ethik und all der Formen der Staatlichkeit geschaffen hat, im Grunde darauf abzielt, dem Einzelnen die Bewältigung seines Ödipus-Komplexes zu ermöglichen und seine Libido aus ihren infantilen Bindungen in die endgültig erwünschten sozialen überzuleiten. Die Anwendungen der Psychoanalyse auf Religionswissenschaft und Soziologie (Referent, *Th. Reik*, *O. Pfister*), welche zu diesem Ergebnis geführt haben, sind noch jung und nicht genügend gewürdigt, aber es ist nicht zu bezweifeln, daß weitere Studien die Sicherheit dieser wichtigen Aufschlüsse nur erhöhen werden.

Wie als Anhang muß ich noch erwähnen, daß auch die Pädagogik es nicht unterlassen kann, sich die Winke zunutze zu machen, die ihr die analytische Erforschung des kindlichen Seelenlebens gibt. Ferner, daß sich unter den Therapeuten Stimmen erhoben haben (*Groddeck*, *Jelliffe*), die auch die psychoanalytische Behandlung schwerer organischer Leiden für aussichtsvoll erklären, da bei vielen dieser Affektionen auch ein psychischer Faktor mitgewirkt hat, auf den man Einfluß gewinnen kann.

So darf man die Erwartung aussprechen, daß die Psychoanalyse, deren Entwicklung und bisherige Leistung hier in knapper und unzureichender Weise dargestellt wurde, als ein bedeutsames Ferment in die kulturelle Entwicklung der nächsten Dezennien eingehen und dazu verhelfen wird, unser Weltverständnis zu vertiefen und manchem im Leben als schädlich Erkanntem zu widerstreben. Nur vergesse man nicht daran, daß die Psychoanalyse für sich allein ein vollständiges Weltbild nicht liefern kann. Wenn man die Unterscheidung annimmt, welche ich kürzlich vorgeschlagen habe, die den seelischen Apparat in ein der Außenwelt zugewendetes, mit Bewußtsein ausgestattetes Ich und ein unbewußtes, von seinen Triebbedürfnissen beherrschtes Es zerlegt, so ist die Psychoanalyse als eine Psychologie des Es (und seiner Einwirkungen auf das Ich) zu bezeichnen. Sie kann also auf jedem Wissensgebiet nur Beiträge liefern, welche aus der Psychologie des Ichs zu ergänzen sind. Wenn diese Beiträge oft gerade das Wesentliche eines Tatbestandes enthalten, so entspricht dies nur der Bedeutung, welche das lange unerkannt gebliebene seelisch Unbewußte für unser Leben beanspruchen darf.

ANHANG

LITERATURVERZEICHNIS

Bis zum Erscheinen der 1. Auflage (1900):

Achmetis F. Serim: Oneirocriticae ed. Nik. Rigaltius. Paris 1603.

Alberti Michael: Diss. de insomniorum influxi in sanitatem et morbos. Resp. Titius Halae M. 1744.

Alix: Les rêves. Rev. Scientif., 3e série, t. VI (32e de la coll.), 3e année, 2e sem. nov. 1883, p. 554–561.

– Etude du rêve. Mem. de l'acad. de sc. etc. de Toulouse, 9e série, t. I, p. 283–326. Toulouse 1889.

Almoli Salomo: Pithrôn Chalômôth. Solkiew 1848.

Aristoteles: Über Träume und Traumdeutungen. Übersetzt von *Bender*.

– Von der Weissagung im Traume.

Artemidoros aus Daldis: Symbolik der Träume. Übersetzt von Friedr. S. Krauß. Wien 1881.

– Erotische Träume und ihre Symbolik. Aus dem Griechischen übersetzt von Dr. Hans Licht. Anthropophyteia Bd. IX, p. 316–328.

Artigues: Essai sur la valeur séméiologique du rêve. Thèse de Paris 1884.

Bacci Domenico: Sui sogni e sul sonnombulismo, pensieri fisiologico-metafisici. Venezia 1857.

Ball: La morphinomanie, les rêves prolongés. Paris 1885.

Benezé Emil: Das Traummotiv in der mittelhochdeutschen Dichtung bis 1250 und in alten deutschen Volksliedern. Halle 1897. (*Benezé*, Sagengesch. und lit.-hist. Unters. 1. Das Traummotiv.)

Benini V.: La memoria e la durata dei sogni. Rivista italiana di filosofia. März, April 1898.

– Nel moneto dei sogni. Il Pensiero nuovo, Apr. 1898.

Binz C.: über den Traum. Bonn 1878.

Birkmaier Hieron: Licht im Finsternüß der nächtlichen Gesichte und Träume. Nürnberg 1715.

Bisland E.: Dreams and their Mysteries. N. Ann. Rev., 1896, 152, p. 716–726.

Börner J.: Das Alpdrücken, seine Begründung und Verhütung. Würzburg 1855.

Bradley J. H.: On the failure of movement in dream. Mind, July 1894.

Brander R.: Der Schlaf und das Traumleben. Leipzig 1884.

Bouché-Leclercq: Histoire de la divination dans l'antiquié. (T. I.) Paris 1879.

Bremer L.: Traum und Krankheiten. New York med. Monatsschr. 1893, V, 281–286.

Büchsenschütz B.: Traum und Traumdeutung im Altertum. Berlin 1868.

Burdach: Die Physiologie als Erfahrungswissenschaft, 3. Bd. 1830.

Bussola Serafino: De somniis (Diss.). Ticini Reg. 1834.

Caetani-Lovatelli: I sogni e l'ipnotismo nel mondo antico. Nuova Antol. 1. Dez. 1889.

Calkins Mary Whiton: Statistics of dreams. Amer. J. of Psychology. V. 1893.

Cane Francis E.: The physiology of dreams. The Lancet, Dez. 1889.

Cardanus Hieron: Synesiorum somniorum, omnis generis insomnit. explicantes libri IV. Basileae 1562. (2. Ausg. in Opera omniae Cardani vol. V, p. 593–727. Lugduni 1603.)

Cariero Alessandro: De somniis deque divinatione per somnia. Patavii 1575.

Carpenter: „Dreaming“ in Cyclop. of anat. and phys. IV, p. 687.

Chabaneiz: Le subconscient chez les artistes, les savants et les écrivains. Paris 1897.

Chaslin Ph.: Du rôle du rêve dans l'évolution du délire. Thèse de Paris, 1887.

Clavière: La rapidité de la pensée dans le rêve. Revue philosophique XLIII. 1897.

Coutts G. A.: Night-terrors. Americ. J. of Med. Sc. 1896.

D. L.: A propos de l'appréciation du temps dans le rêve. Rev. philos. vol. 40, 1895, p. 69–72.

Dagonet: Du rêve et du délire alcoolique. Ann. méd.-psychol. 1889, série 7, t. X, p. 193.

Dandolo G.: La coscienza nel sonno. Padova 1889.

Davidson Wolf: Versuch über den Schlaf. 2. Aufl. Berlin 1799.

Debacker: Terreurs nocturnes des enfants. Thèse de Paris. 1881.

Dechambre: Cauchemar. Dict. encycl. de sc. méd.

Delage Yves.: Une théorie du rêve. Revue scientifique, 11. Juli 1891.

Delboeuf J.: Le sommeil et les rêves. Paris 1885.

Dietrich Joh. Dav.: An ea, quae hominibus in somno et somnio accidunt, iisdem possint imputari? resp. Gava Vitembergae 1726.

Dochmasa A. M.: Dreams and their significance as forebodings of disease. Kazan 1890.

Dreher E.: Sinneswahrnehmung und Traumbild. Reichs-med. Anzeiger, Leipzig 1890, XV.

Ducosté M.: Les songes d'attaques épileptiques. 1889.

Dugas: Le souvenir du rêve. Revue philosophique. XLIV. 1897.

– Le sommeil et la cérébration inconsciente durant le sommeil. Revue philosophique. XLIII. 1897.

Du Prel Carl: Oneirokritikon; der Traum vom Standpunkte des transcend. Idealismus. Deutsche Vierteljahrschrift H. II. Stuttgart 1869.

– Psychologie der Lyrik. Leipzig 1880.

– Die Philosophie der Mystik. Leipzig 1887.

– Künstliche Träume. Monatsschrift „Sphinx“, Juli 1889.

Egger V: Le sommeil et la certitude, le sommeil et la mémoire. La Critique philos. Mai 1888, I, p. 341–350.

– La durée apparente des rêves. Revue philosophique. Juli 1895.

– Le souvenir dans le rêve. Revue philosophique. XLVI. 1898.

Ellis Havelock. On dreaming of the dead. The psychological Review. II, Nr. 5. September 1895.

– The stuff that dreams are made of. Appleton's popular science monthly. April 1899.

– A note on hypnagogic paramnesia. Mind, April 1897.

Erdmann J. E.: Psychologische Briefe, 6. Aufl. Leipzig 1848.

– Ernste Spiele (XII: Das Träumen). Vortr. 3. Aufl. Berlin 1875.

Erk Vinz. v.: Über den Unterschied von Traum und Wachen. Prag 1874.

Escande de Messièrès: Les rêves chez les hystériques. Th. méd. Bordeaux 1895.

Faure: Étude sur les rêves morbides. Rêves persistants. Arch. génér. de méd. 1876, vol. I, p. 558.

Fechner G. Th.: Elemente der Psychophysik. 2. Aufl. 1889.

Fenizia: L'azione suggestiva delle cause esterne nei sogni. Arch. per l'Anthrop. XXVI.

Féré Ch.: A contribution to the pathology of dreams and of hysterical Paralysis. Brain, Jan. 1887.

– Les rêves d'accès chez les épileptiques. La Med. mod. 8. Dez. 1897.

Fichte J. H.: Psychologie. Die Lehre vom bewußten Geiste des Menschen. I. Teil. Leipzig 1864.

Fischer Joh. H.: Ad artis veterum onirocriticae historiam symbola. Diss. Jenae 1899.

Florentin V.: Das Traumleben. Plauderei. Die alte und die neue Welt, 1899, 33. J., 725.

Fornaschon H.: Geschichte eines Traumes als Beitrag der transcendentalen Psychologie. Psychische Studien, 1897, S. 274–281.

Freiligrath: Traumbuch (in der Biographie von Buchner).

Frensberg: Schlaf und Traum. Samml. gemeinverst. wiss. Vortr. Virchow-Holtzendorf, Ser. XX, H. 466, Berlin 1885.

Frerichs Joh. H.: Der Mensch: Traum, Herz, Verstand. 2. Aufl. Norden 1878.

Galenus: Von der Weissagung im Traume.

Gießler C.: M.: Beitrag zur Phänomenologie des Traumlebens. Halle 1888.

– Aus den Tiefen des Traumlebens. Halle 1890.

– Die physiologischen Beziehungen der Traumvorgänge. Halle 1896.

Girgensohn L.: Der Traum, psychol.-physiol. Versuch. S. A. 1845.

Gleichen-Rußwurm A. v.: Traum in der Dichtung. Nat.-Ztg. 1899, Nr. 553–559.

Gley E.: Appréciation du temps pendant le sommeil. L'intermédiaire des Biologistes, 20 mars 1898, No. 10, p. 228.

Goblot: Sur le souvenir des rêves. Revue philosophique. XLII. 1896.

Gomperz Th.: Traumdeutung und Zauberei, Vortrag. Wien 1866.

Gorton D. A.: Psychology of the Unconscious, N. Y. Med. Times 1896, XXIV 33, 37.

Gould: Dreams-Sleep-Consciousness, Open Court 1899.

Grabener Gottl. Chr.: Ex antiquitate iudaica de menûdim bachalôm sive excommunicatis per insomnia exerc. resp. Klebius. Vitembergae 1710.

Graffunder: Traum und Traumdeutung. 1894.

Greenwood: Imaginations in dreams and their study. London 1899.

Griesinger: Pathologie und Therapie der psychischen Krankheiten. 3. Aufl. 1871.

Grot Nicolaus: Die Träume, ein Gegenstand wissenschaftl. Analyse (russ.). Kiew 1878.

Guardia J. M.: La personnalité dans les rêves. Rev. philos. Paris 1892, XXXIV, 225–258.

Gutfeldt J.: Ein Traum. Psych. Studien, 1899, S. 491-494.

Haffner P.: Schlafen und Träumen. 1884. Frankfurter zeitgemäße Broschüren. 5. Bd., Heft 10.

Hallam Fl. und *Sarah Weed*: A Study of the dream consciousness. Amer. J. of Psychology. VII., Nr. 3. April 1896.

Hampe Th.: Über Hans Sachsens Traumgedichte. Zeitschrift für den deutschen Unterricht, 10. Jahrg. 1896, p. 616f.

Heerwagen: Statist. Untersuch. über Träume u. Schlaf. Philos. Stud. V, 1888, p. 88.

Hennings Justus Chr.: Von Träumen und Nachtwandlern. Weimar 1802.

Henzen Wilh.: Über die Träume in der altnord. Sagaliteratur. Diss. Leipzig 1890.

D'Hervey: Les rêves et les moyens de les diriger. Paris 1867 (anonym).

Hildebrandt F. W.: Der Traum und seine Verwertung fürs Leben. Leipzig 1875.

Hiller G: Traum. Ein Kapitel zu den zwölf Nächten. Leipz. Tagbl. und Anz. 1899, Nr. 657, 1. Beil.

Hippokrates: Buch über die Träume. (Sämtliche Werke übersetzt von Dr. Robert Fuchs München 1895-1900, Bd. I, p. 361-369.)

Hitschmann F: Über das Traumleben der Blinden. Zeitschr. f. Psychol. VII, 5-6, 1894.

Jastrow: The dreams of the blind. New Princetown Rev. New York Jan. 1888.

Ideler: Die Entstehung des Wahnsinns aus den Träumen. Charité Annalen, 1862, III. Bd.

Jean Paul: Blicke in die Traumwelt. Museum (1813) II (Werke hg. v. Hempel 44, p. 128–152).

– über Wahl- und Halbträume, ebenda, p. 142f.

– Wahrheit aus seinem Leben, 2. p. 106–126.

Jensen Julius: Traum und Denken. Berlin 1871. (Samml. gemeinverst. wiss. Vortr. Virchow-Holtzendorf Ser. VI, H. 134.)

Jessen: Versuch einer wissenschaftlichen Begründung der Psychologie. Berlin 1856.

Jodl: Lehrbuch der Psychologie. Stuttgart 1896. (3. Aufl. 1908.)

Kant, J.: Anthropologie in pragmatischer Hinsicht. Kirchmannsche Ausgabe. Leipzig 1880.

Kingsford A. B.: Dreams and dream-stories ed. by Maitland. 2. ed. London 1888.

Kloepfel F.: Träumerei und Traum. Allerlei aus unserem Traumleben. Universum 1899, 15. J., Sp. 2469–2484, 2607–2622.

Kramar Oldrich: O spànku a snu. Prager Akad. Gymn. 1882.

Krasnicki E. v.: Karls IV. Wahrtraum. Psych. Stud. 1897, p. 697.

Krauß A: Der Sinn im Wahnsinn. Allgemeine Zeitschrift für Psychologie, XV. und XVI. 1858–1859.

Kucera Ed.: Aus dem Traumleben. Mähr-Weißkirchen, Gymn. 1895.

Ladd. Contribution to the psychology of visual dreams. Mind, April 1892.

Laistner Ludw.: Das Rätsel der Sphinx. 2 Bände, Berlin 1889.

Landau M.: Aus dem Traumleben. Münchner Neueste Nachrichten, 9. Januar 1892.

Lasègue: Le délire alcoolique n'est pas un délire, mais un rêve. Arch. gén. de méd. 1881. (Réimp. in Etudes méd. t. II, p. 203–227, Paris, 7e série, t. VI, p. 513–536, 1884.)

Laupts: Le fonctionnement cérébral pendant le rêve et pendant le sommeil hypnotique. Annales méd.-psychol. 1895.

Leidesdorf M.: Das Traumleben. Wien 1880. Sammlung der „Alma Mater".

Le Lorrain: La durée du temps dans les rêves. Rev. philos. vol. 38, 1894, p. 275–279.

– Le rêve. Revue philosophique. Juli 1895.

Lélut: Mémoire sur le sommeil, les songes et le somnambulisme. Ann. méd.-psych. 1852, t. IV.

Lemoine: Du sommeil au point de vue physiologique et psychologique. Paris 1855.

Lerch Math. Fr.: Das Traumleben und sein Bedeutung. Gymn. Progr. Komotau 1883/84.

Liberali Francesco: Dei sogni. Diss. Padova 1834.

Libbeault A.: Le sommeil provoqué et les états analogues. Paris 1889.

– A travers les états passifs, le sommeil et les rêves. Rev. de l'hypoth. etc. Paris 1893, 4, VIII, 41, 65, 106.

Lipps Th.: Grundtatsachen des Seelenlebens. Bonn 1883.

Luksch L.: Wunderbare Traumerfüllung als Inhalt des wirklichen Lebens. Leipzig 1894.

Macario: Du sommeil, des rêves et du somnambulisme dans l'état de santé et dans l'état de maladie. Ann. méd.-psychol. 1858, t. IV, V.

– Des rêves considérés sous le rapport physiologique et pathologique. ibid. 1846, t. VIII.

– Des rêves morbides. Gaz. méd. de Paris, 1889, Nr. 8.

Macfarlane A. W.: Dreaming. The Edinb. Med. J. 1890, t. 36.

Maine de Biran.: Nouvelles considérations sur le sommeil, les songes et le somnambulisme (Ed. Cousin) 1792.

Manaceine Marie de.: Le sommeil, tiers de notre vie. Paris 1896.

– Sleep; its Physiology, Pathology and Psychology. London 1897.

Maudsley: The Pathology of Mind. 1879.

Maury A.: Analogies des phénomènes du rêve et de l'aliénation mentale. Annales méd. psych. 1853, V, VI.

– Le sommeil et les rêves. Paris 1878.

– De certains faits observés dans les rêves. Ann. méd.-psychol. 1857, t. III.

Meisel (pseud.). Natürlich-göttliche und teuflische Träume. Sieghartstein 1783.

Melinaud: Dream and Reality, Pop. Sc. Mo. Vol. LIV, p. 96–103.

Melzentin C.: Über wissenschaftliche Traumdeutung. Die Gegenwart 1899, Nr. 50.

Mentz Rich: Die Träume in den altfranzösischen Karls- und Artus-Epen. Marburg 1888. (Ausg. u. Abh. aus d. Geb. d. roman. Phil., Bd. 73.)

Monroe W. S.: A study of taste-dreams. Am. J. of Psychol. Jan. 1899.

Moreau de la Sarthe: Art. „Rêve" Dict. des sc. méd. t. 48. Paris 1820.

Moreau J.: De l'identité de l'état de rêve et de folie. Annales méd. psych. 1855, p. 261.

Morselli A.: Dei sogni nei Genii. La Cultura 1899.

Motet: Cauchemar. Dict. de méd. et de chir. pratiques.

Murry J. C.: Do we ever dream of tasting? Proc. of the Amer. Psychol. 1894, 20.

Nagele Anton: Der Traum in der epischen Dichtung. Programm der Realschule in Marburg 1889.

Nelson J.: A study of dreams. Amer. J. of Psychology. I, 1888.

Newbold W. R.: Sub-conscious reasoning. Proc. Soc. Ps. Res. 1896, XII, 11–20.

– Über Traumleistungen. Psychol. Rev. March 1896, p. 132.

Passavanti Jac.: Libro dei sogni. Ausg. d. Bibl. diamante, Rom 1891.

Paulhan: L'activité mentale et les éléments de l'esprit. Paris 1889.

– A propos de l'activité de l'esprit dans le rêve. Rev. philos. vol. 38, 1894, p. 546-548.

Pfaff E. R.: Das Traumleben und seine Deutung nach den Prinzipien der Araber, Perser, Griechen, Indier und Ägypter. Leipzig 1868.

Pichon: Contribution à l'étude de délires oniriques ou délires de rêve. Thèse de Bordeaux 1896.

Pick A.: Über pathologische Träumerei und ihre Beziehungen zur Hysterie. Jahrbuch für Psychiatrie 1896.

Pilcz: Über eine gewisse Gesetzmäßigkeit in den Träumen. Autoreferat in Monatsschrift für Psychologie und Neurologie. März 1899.

Prévost: Quelques observations psychologiques sur le sommeil. Bibl. univ. des. sc., belles-lettres et arts 1834, t. I. Littérature, p. 225–248.

Purkinje: Artikel: Wachen, Schlaf, Traum und verwandte Zustände in Wagners Handwörterbuch der Physiologie. 1846.

Radestock P.: Schlaf und Traum. Leipzig 1878.

Ramm Konrad: Diss. pertractans somnia. Viennae 1889.

Régis: Les rêves Bordeaux. La Gironde (Variétés) du mai 31, 1890.

– Des hallucinations oniriques des dégénérés mystiques; C. R. du Congrés des méd. aliénistes etc. 5. Sitzung 1894. Paris 1895, p. 260.

– *Rêves* et l'hypnotisme. Le Monde, Août 25, 1890.

Richard Jérome: La théorie des songes. Paris 1766.

Richardson B. W.: The physiology of dreams. The Asclep. London 1892, IX, 129, 160.

Robert W.: Der Traum als Naturnotwendigkeit erklärt. Hamburg 1886.

Richier: Onéirologie ou dissertation sur les songes considérés dans l'état de maladie. Thèse de Paris 1816.

Robinson L.: What dreams are made of. N. Americ. Rev. New York 1893, CI, VII, 687–697.

Rousset: Contribution á l'étude du cauchemar. Thèse de Paris 1876.

Roux J.: Les rêves et les délires oniriques. Province méd. 1898, p. 212.

Ryff Walther Herm.: Traumbüchlein. Straßburg 1554.

Sante de Sanctis: Emozione e sogni. 1896.

– I sogni nei delinquenti. Arch. di psichiatr. e antrop. criminale. Turin 1896, XVII, 488–498.

– I sogni e il sonno nell' isterismo e nella epilessia. Roma 1896.

– Les maladies mentales et les rêves. 1897. – Extrait des Annales de la Société de médecine de Gand.

– Sui rapporti d' identità, di somiglianza, di analogia e di equivalenza fra sogno e pazzia. Rivista quindicinale di Psicologia, Psichiatria, Neuropatologia. 15. Nov. 1897.

– I sogni dei neuropatici e dei pazzi. Arch. di psichiatr. e antrop. crim. 1898, 4. Heft (daselbst weitere Lit.).

– Psychoses et rêves. Rapport au Congrès de neurol. et d'hypnologie de Bruxelles 1898. Comptes rendus. H. 1, p. 137.

– I Sogni. Torino 1899 (deutsch von O. Schmidt, Halle 1901).

Santel Anton: Poskus raz kladbe nekterih pomentjivih prikazni spanja in sanj. Progr. Gvm. Görz 1874.

Sarlo F.: de. I sogni. Saggio psicologico. Napoli 1887.

Sch. Fr.: Etwas über Träume. Psych. Studien, 1897, 686–694.

Scherner R. A.: Das Leben des Traumes. Berlin 1861.

Schleich K. L.: Traum und Schlaf. Die Zukunft, 1899, 29. Bd., 14–27, 54–65.

Schleiermacher Fr.: Psychologie, herausgegeben von L. George. Berlin 1862.

Scholz Fr.: Schlaf und Traum. Leipzig 1887.

Schopenhauer: Versuch über das Geistersehen und was damit zusammenhängt. Parerga und Paralipomena, I. Bd., 1857.

Schubert Gotthilf Heinrich: Die Symbolik des Traumes. Bamberg 1814.

Schwartzkopff P.: Das Leben im Traum. Eine Studie. Leipzig 1887.

Science of dreams. The Lyceum. Dublin, Oct. 1890, p. 28.

Siebeck A.: Das Traumleben der Seele 1877. – Sammlung Virchow-Holtzendorf. Nr. 279.

Simon M.: Le monde des rêves. Paris 1888. – Bibliothèque scientifique contemporaine.

Spitta W.: Die Schlaf- und Traumzustände der menschlichen Seele. 2. Aufl. Freiburg i. B. 1892.

Stevenson R. L.: A Chapter on Dreams (in „Across the Plain"). 1892.

Stricker: Studien über das Bewußtsein. Wien 1879.

– Studien über die Assoziation der Vorstellungen. Wien 1883.

Strümpell L.: Die Natur und Entstehung der Träume. Leipzig 1877.

Stryk M. v.: Der Traum und die Wirklichkeit (nach C. Mélinaud). Baltische Monatsschrift. Riga 1899, p. 189–210.

Stumpf E. J. G.: Der Traum und seine Deutung. Leipzig 1899.

Sully J.: Étude sur les rêves. Rev. scientif. 1882, p. 385.

– Les illusions des sens et de l'esprit. Bibl. scientif. internat. vol. 62. Paris. (Deutsch Die Illusionen, eine psychol. Unters. Leipzig 1884.)

– Human Mind. London 1892.

– The dreams as a revelation. Fortnightly Rev. März 1893.

– Laws of dream fancy. Cornhill Mag. Vol. L, p. 540.

– Art. „Dreams" in Encyclop. Brit. IX. Aufl.

Summers T. O.: The physiology of dreaming. Saint-Louis, clin. 1895, VIII, 401–406.

Surbled: Le rêve. 2 éd. 1898.

– Origine des rêves. Rev. de quest. scient. 1895.

Synesius: Oneiromantik (deutsch von Krauß). Wien 1888.

Tannery M. P.: Sur l'activité de l'esprit dans le rêve. Rev. philos. 19e année, XXXVIII, p. 630-634, 1894.

– Sur les rêves des mathématiciens. Rev. philos. 1898, I, p. 639.

– Sur la paramnésie dans les rêves. Rev. philos. 1898.

– Sur la mémoire dans le rêve. Revue philosophique. XLV. 1898.

Thièry A.: Aristote et Psychologie physiologique du rêve. Rev. nev. scol. 1896, III, 260–271.

Thomayer S.: Sur la signification de quelques rêves. Rev. neurol. Nr. 4, 1897.

– Beitr. zur Pathologie der Träume (tschechisch). Poliklinik der tschechischen Universität in Prag 1897.

Tissié Ph.: Les rêves; rêves pathogènes et thérapeutiques; rêves photographiés. Journ. de méd. de Bordeaux 1896, XXVI.

– Les rêves, physiologie et pathologie, 1898. – Bibliothèque de philosophie contemporaine.

Titchener: Taste dreams. Amer. J. of Psychology. VI. 1893.

Tonnini: Suggestione e sogni. Arch. di psichiatr. antrop. crim. III, 1887.

Tonsor J.: Heinrich. Disp. de vigilia, somno et somniis, prop. Lucas. Marpurgi 1627.

„Traum", Artikel in der allgemeinen Enzyklopädie der Wissenschaft und Künste von Ersch und Gruber.

Traumbuch: Apomasaris... auss griechischer Sprach ins Latein bracht durch Lewenklaw jetzt und ... verteutschet. Wittemberg.

Tuke Hack.: „Dreaming" in Dict. of Psycholog. Med. 1892.

Ullrich M. W.: Der Schlaf und das Traumleben, Geisteskraft und Geistesschwäche. 3. Aufl. Berlin 1897.

Unger F.: Die Magie des Traumes als Unsterblichkeitsbeweis. Nebst Vorw.: Okkultismus und Sozialismus von C. du Prel. 2. Aufl. Münster 1898.

Utility of dreams. Edit. J. Camp. Neurol. Granville 1893, III, 17–34.

Vaschide: Recherches experim. sur les rêves. Comptes rendus de l'acad. des sciences. 17. Juillet 1899.

Vespa B.: I sogni nei neuro-psicopatici. Bull. Soc. Lancisiana. Roma 1897.

Vignoli: Von den Träumen, Illusionen und Halluzinationen. Internationale wissenschaftliche Bibliothek, Bd. 47.

Vischer F. Th.: Studien über den Traum. Beilage z. allg. Ztg. 1876, Nr. 105–107.

Vold J. Mourly: Einige Experimente über Gesichtsbilder im Traume. Dritter internationaler Kongreß für Psychologie in München. 1897. Zeitschr. für Psychologie und Physiologie der Sinnesorgane. XIII, 66–74. Expériences sur les rêves et en particulier sur ceux d'origine musculaire et optique. Christiania 1896.

– Referat in Revue philosophique. XLII. 1896.

Vykoukal F.: V.: Über Träume und Traumdeutungen (tschechisch). Prag 1898.

Wedel R.: Untersuchungen ausländischer Gelehrter über gew. Traumphänomene. Beiträge zur Grenzwissenschaft. 1899. S. 24–77.

Weed, Hallam and Phinney: A study of the dream-consciousness. Americ. J. of Psychol. vol. VII, 1895, p. 405–411.

Wehr Hans: Das Unbewußte im menschlichen Denken. Programm der Oberrealschule zu Klagenfurt 1887.

Weil Alex.: La philosophie du rêve. Paris.

Wendt K.: Kriemhilds Traum. Diss. Rostock 1858.

Weygandt W.: Entstehung der Träume. Leipzig 1893.

Wilks S.: On the nature of dreams. Med. Mag. Lond. 1893/94, II, 597–606.

Williams H. S.: The dreams state and its psychic correlatives. Americ. J. of Insanity 1891/92, vol. 17, 445–457.

Woodworth: Note on the rapidity of dreams. Psychol. Review IV, 1897, Nr. 5.

Wundt. Grundzüge der physiologischen Psychologie. II. Bd., 2. Aufl. 1880.

X. Ce qu'on peut rêver en cinq secondes. Rev. sc. 3e série, I. XII, 30. oct. 1886.

Zucarrelli: Pollutions nocturnes et épilepsie. Bull de la Soc. de méd. ment. de Belgique, mars 1895.

Aus der Literatur seit 1900

Abraham Karl: Traum und Mythos. Eine Studie zur Völkerpsychologie. Schriften zur angew. Seelenkunde, Heft 4, Wien und Leipzig 1909.

– Über hysterische Traumzustände. Jahrbuch f. psychoanalyt. und psychopathol. Forschungen. Bd. II. 1910.

– Sollen wir die Pat. ihre Träume aufschreiben lassen? Intern. Zeitschr. für ärztl. Ps.-A. I, 1913, p. 194.

– Zur narzißtischen Bewertung der Exkretionsvorgänge im Traum und Neurose. Internat. Zeitschr. f. Ps.-A. VI, 64.

Adler Alfred: Zwei Träume einer Prostituierten. Zeitschrift f. Sexualwissenschaft, 1908, Nr. 2.

– Ein erlogener Traum. Zentralbl. f. Psychoanalyse, I. Jahrg. 1910, Heft 3.

– Traum und Traumdeutung. Ebenda, III, 1912/13, p. 174.

Amram Nathan: Sepher pithrôn chalômôth. Jerusalem 1901.

Bianchieri F.: I sogni dei bambini di cinque anni. Riv. di psicol. 8, 325–330.

Betlheim u. Hartmann: Über Fehlreaktionen bei der Korsakoffschen Psychose. Arch. f. Psychiatrie, Bd. 72, 1924.

Bleuler E.: Die Psychoanalyse Freuds. Jahrb. f. psychoanalyt. u. psychopatholog. Forschungen, Bd. II. 1910.

– Träume mit auf der Hand liegender Deutung. Münch. Med. Woch. 60. Jahrg. Nr. 47, 11. Nov. 1913.

Bloch Ernst: Beitrag zu den Träumen nach Coitus interruptus. Zentralbl. für Ps.-A. II, 1911/12, p. 276.

Brewster E. T.: Dreams and Forgetting. New discoveries in dream psychology. McClure's Magazin, Okt. 1912.

Brill A. A.: Dreams and their Relation to the Neurosis. New York Medical Journ., April 23, 1910.

– Psychoanalysis, its theory and practical application. Philadelphia and New York 1912.

– Hysterical dreamy states. New York Med. Journ., May 25, 1912.

– Artificial dreams and lying. Journ. of Abn. Psych. Vol. IX, p. 321.
– Fairy tales as a determinant of dreams and neurotic symptoms. New York Med. Journ., March 21, 1914.
Brown W.: Freud's Theory of Dreams. The Lancet 19. u. 26. April 1913.
Bruce A. H.: The marvels of dream analysis. McClure's Magaz. Nov. 1912.
Burckhard Max.: Ein modernes Traumbuch. Die Zeit, 1900, Nr. 275, 276.
Busemann A.: Traumleben der Schulkinder. Ztschr. f. päd. Psychol. 10. J. 1909, 294-301.
– Psychol. d. kindl. Traumerlebnisse. Zeitschr. f. päd. Psychol. 1910, XI, p. 320.
Claparede E.: Esquisse d'une théorie biologique du sommeil. Arch. de Psychol. t. IV, Nr. 15–16, Fév.-Mars 1905.
– Rêve utile. Arch. de, Psychol. 9, 1910, 148.
Coriat I.: Zwei sexual-symbolische Beispiele von Zahnarzt-Träumen. Zentralbl. f. Ps.-A. III, 1912/13, p. 440.
– Träume vom Kahlwerden. Int. Zeitschr. f. Ps.-A. II, p. 460.
– The meaning of dreams. Mind and Health series. London, Heinemann.
Delacroix: Sur la structure logique du rêve. Rev. metaphys. Nov. 1904.
– Note sur la cohérence des rêves. Rapp. et. C. R. du 2. Congrés intern. de Philos. 556—560.
Delage: La nature des images hypnagogiques et le rôle des lueurs entoptiques dans le rêve. Bull. de l'Instit. général psychol. 1903, p. 235–247.
Doglia S.: et Bianchieri F. I sogni dei bambini di tre anni. L'inizio dell'attività onirica. Contributi psicol. 1, 9.
Eder M. D.: Freud's Theory of Dreams. Transactions of the Psycho-Medic. Soc. London, vol. III, Part. 3, 1912.
– Augenträume. Internat. Ztschr. f. ärztl. Ps.-A. I, 1913, p. 157.
Eeden Frederik van.: A study of dreams. Proceedings of the Society for Psych. Research, Part. LXVII, vol. XXVI.
Ellis H.: The Logic of Dreams. Contemp. Rev. 98, 1910, 353–359.
– The Symbolism of Dreams. The Popular Science Monthly, July 1910.
– Symbolismen in den Träumen. Zeitschr. f. Psychotherapie III, 1911, p. 29—46.
– The World of Dreams. London 1911. (Deutsch v. H. Kurella. Würzburg 1911.)
– The Relation of Erotic Dreams to Vesical Dreams. Journ. of abn. Psychol. VIII, 3, August-Sept. 1913.
Federn Paul: Ein Fall von pavor nocturnus mit subjektiven Lichterscheinungen. Internat. Zeitschr. f. ärztl. Ps.-A. I, 1913, H. 6.
– Über zwei typische Traumsensationen. Jahrb. f. Ps.-A. VI, p. 89.
– Zur Frage des Hemmungstraumes. Internat. Zeitschr. f. Ps.-A. VI, p. 73.
Ferenczi S.: Die psychologische Analyse der räume. Psychiatrisch-Neurologische Wochenschrift, XII. Jahrg., Nr. 11-13, Juni 1910. (Ins Englische übersetzt unter dem Titel: The psychological Analysis of Dreams in The American Journal of Psychology, April 1910.)
– Symbolische Darstellung des Lust- und Realitätsprinzips im Ödipus- Mythos. Imago, I, 1912, p. 276.
– Über lenkbare Träume. Zentralbl. f. Ps.-A. II, 1911/12, p. 31.
– Vergessen eines Symptoms und seine Aufklärung im Traume. Internat. Zeitschr. f. Ps.-A. II, p. 384.
– Affektvertauschung im Traum. Internat. Zeitschr. f. Ps.-A. IV, p. 112.
– Träume von Ahnungslosen. Internat. Zeitschr. f. Ps.-A. IV, p. 208.
– Pollution ohne orgastischen Traum und Orgasmus im Traum ohne Pollution. Internat. Zeitschr. f. Ps.-A. IV, p. 187.
Flournoy: Quelques rêves au sujet de la signification symbolique de l'eau et du feu. Internat. Zeitschr. f. Ps.-A. VI, p. 328.
Förster M.: Das lat.-altengl. Traumbuch. Arch. f. d. Stud. d. n. Spr. u. Lit. 120. Bd., p. 43 ff., 125. Bd., p. 39–70, 127. Bd., p. 1 ff.
– Mittelenglische Traumbücher. Herrings Archiv 1911.

Foucault Marcel: Le rêve. Études et observations. Paris 1906. (Bibl. de Philosophie contemporaine.)

Friedjung J. K.: Traum eines sechsjährigen Mädchens. Internat. Ztschr. f. ärztl. Ps.-A. I, 1913, p. 71.

Frink H. W.: Dreams and their analysis in reference to Psychotherap. Med. Record, May 27, 1911.

– On Freud's Theory of Dreams. Americ. Med., Burlington, New York VI, p. 652–661.

– Dream and Neurosis. Interstate Med. Journ. 1915.

Gincburg Mira: Mitteilung von Kindheitsträumen mit spezieller Bedeutung. Int. Ztschr. f. ärztl. Ps.-A. I, 1913, p. 79.

Gottschalk: Le rêve. D'apres lès idées du prof. Freud. Archives de Neurol. 1912, Nr. 4.

Gregory J. C.: Dreams as a bye-product of waking activity. Westm. Rev. London 1911, Vol. 175, p. 561-567.

Harnik J.: Gelungene Auslegung eines Traumes. Zentralbl. f. Ps.-A. II, 1911/12, p. 417.

Hitschmann Ed.: Freuds Neurosenlehre. Nach ihrem gegenwärtigen Stande zusammenfassend dargestellt. Wien und Leipzig 1911. 2. Aufl. 1913. (Kap. V.: Der Traum.) (Engl. übers. von C. R. Payne. New York 1912.)

– Ein Fall von Symbolik für Ungläubige. Zentralbl. f. Ps.-A. I, 1910/11, p. 235.

– Beiträge zur Sexualsymbolik des Traumes. Ebenda, p. 561.

– Weitere Mitt. von Kindheitsträumen mit spez. Bedeutung. Intern. Ztschr. für ärztl. Ps.-A. I, 1913, p. 476.

– Goethe als Vatersymbol in Träumen. Ebenda, Heft 6.

– Über Träume Gottfried Kellers. Internat. Zeitschr. f. Ps.-A. II, p. 41.

– Weitere Mitteilung von Kindheitsträumen mit spezieller Bedeutung. Internat. Zeitschr. f. Ps.-A. II, p.

– Über eine im Traum angekündigte Reminiszenz an ein sexuelles Jugenderlebnis. Internat. Zeitschr. f. Ps.-A. V, p. 205.

Hug-Hellmuth, H. v.: Analyse eines Traumes eines 5½ jährigen Knaben. Zentralbl. f. Ps.-A. II, 1911/12, p. 122–127.

– Kinderträume. Internat. Ztschr. f. ärztl. Ps.-A. I, 1913, p. 470.

– Aus dem Seelenleben des Kindes. Schr. z. angew. Seelenk., herausg. v. Freud. H. 15. Wien und Leipzig 1913.

– Ein Traum, der sich selber deutet. Internat. Zeitschr. f. Ps.-A., III, p. 33.

Jones E.: On the nightmare. Americ. J. of Insanity, Jan. 1910.

– The Oedipus-Complex as an Explanation of Hamlet's Mystery: A Study in Motive. American Journ. of Psychology, Jan. 1910, p. 72–113. (In deutscher Übersetzung: „Das Problem des Hamlet und der Ödipus-Komplex". Schriften zur angew. Seelenkunde, H. 10, 1912.)

– Freud's Theory of Dreams. American Journal of Psychology, April 1910.

– Remarks on Dr. M. Prince's Article: The mechanism and interpr. Of Dreams. Journ. of abn. Psychol. 1910/11, p. 328–336.

– Some Instances of the Influence of Dreams on Waking Life. The Journal of abnormal Psychology, April-May 1911.

– The relationship between dreams and psychoneurotic symptoms. Americ. J. of Insanity, vol. 68, Nr. 1, July 1911.

– A forgotten dream. J. of abn. Psychol. April-May 1912.

– Papers on Psycho-Analysis. London 1912.

– Der Alptraum, um in seiner Beziehung zu gewissen Formen des mittelalterl. Aberglaubens. Schriften zur angew. Seelenk., hg. v. Freud, H. 14, Leipzig und Wien 1912.

– Die Theorie der Symbolik. Internat. Zeitschr. f. Ps.-A. V, p. 244.

Jung C. G.: L'analyse des rêves. L'année Psychologique, Tome XV.

– Assoziation, Traum und hysterisches Symptom. Diagnostische Assoziationsstudien. Beiträge zur experimentellen Psychopathologie, hg. von Doz. C. G. Jung, II. Bd., Leipzig 1910 (Nr. VIII, p. 31–66).

– Ein Beitrag zur Psychologie des Gerüchtes. Zentralbl. für Psychoanalyse. I. Jahrg. 1910, Heft 3.

– Ein Beitrag zur Kenntnis des Zahlentraumes. Ebenda. 1910/11, p. 567–572.
– Morton Prince's: The Mechanism and Interpretation of Dreams. Eine kritische Besprechung. Jahrb. f. ps.-a. u. psychopathol. Forsch. III, 1911.
Iwaya S.: Traumdeutung in Japan. Ostasien, 1902, p. 302.
Karpinska L.: Ein Beitrag zur Analyse sinnloser Worte im Traume. Internat. Zeitschr. f. Ps.-A. III, p. 164.
Kazodowsky A.: Zusammenhang von Träumen und Wahnvorstellungen. Neurolog. Cbl. 1901, p. 440-447, 508-514.
Kostyleff: Freud et le problème des rêves. Rev. philos. 72. Bd., Juillet- Déc. 1911, p. 491–522.
Kraepelin E.: Über Sprachstörungen im Traume. Psychol. Arbeiten, 5 Leipzig 1907.
Lauer Ch.: Das Wesen des Traumes in der Beurteilung der talmudischen und rabbinischen Literatur. Intern. Ztschr. f. ärztl. Ps.-A. I, 1913, H. 5
Lehmann: Aberglaube und Zauberei von den ältesten Zeiten bis in die Gegenwart. Deutsch von Petersen. 2., verm. Aufl., Stuttgart 1908.
Leroy B.: A propos de quelques rêves symboliques. Journ. de psychol. Norm. et pathol. 5, 1908, p. 358–365.
– *et Tobowolska J.:* Mécanisme intellectuel du rêve. Rev. philos. 1901, I. vol. 51, p. 570–593.
Löwinger.: Der Traum in der jüdischen Literatur. Leipzig 1908. Mitteilungen zur jüd. Volkskunde, 10. Jahrg., H. 1 u. 2.
Maeder Alphonse: Essai d'interprétation de quelques rêves. Archives de Psychol., T. VI, Nr. 24, April 1907.
– Die Symbolik in den Legenden, Märchen, Gebräuchen und Träumen. Psychiatrisch-Neurolog. Wochenschr., X. Jahrg. 1908.
– Zur Entstehung der Symbolik im Traum, in der Dementia praecox etc. Zentralblatt f. Ps.-A. I, 1910/11, p. 383–389.
– Über die Funktion des Traumes. Jahrb. f. psychoanalyt. Forsch. IV, 1912.
– Über das Traumproblem. Ebenda V, 1913, p. 647.
– Zur Frage der teleologischen Traumfunktion. Ebenda, p. 453.
Marcinowski J.: Gezeichnete Träume. Zentralbl. f. Ps.-A. II, 1911/12, p. 490–518.
– Drei Romane in Zahlen. Ebenda, p. 619–638.
Mitchell A.: About Dreaming, Laughing and Blushing. London 1905.
Miura K.: Japanische Traumdeuterei. Mitt. d. deutsch. Ges. f. Natur- u. Völkerk. Ostasiens. X, 291–306.
Näcke P.: Über sexuelle Träume. H. Groß' Archiv 1903, p. 307.
– Der Traum als feinstes Reagens f. d. Art d. sexuellen Empfindens. Monatsschrift f. Krim.-Psychol. 1905.
– Kontrastträume und spez. sexuelle Kontrastträume. H. Groß' Archiv, 24. Bd. 1907, p. 1-19.
– Beiträge zu den sexuellen Träumen. H. Groß' Archiv 29, 363ff.
– Die diagnostische und prognostische Brauchbarkeit der sex. Träume. Ärztl. Sachv.-Ztg. 1911, Nr. 2.
Negelein J. v.: Der Traumschlüssel des Yaggadeva. Gießen 1912. (Relig. Gesch. Vers. XI, 4.)
Pachantoni D.: Der Traum als Ursprung von Wahnideen bei Alkoholdeliranten. Zentralbl. f. Nervenheilk., 32. Jahrg., 1909, p. 796.
Pear T. H. The analysis of some personal dreams, with special reference to Freud's interpretation. Meeting at the British Assoc. for the advancement of science. Birmingham Sept. 16.–17., 1913. British Journ. of Psychol. VI, 3/4, Febr. 1914.
Pötzl Otto: Experimentell erregte Traumbilder in ihren Beziehungen zum indirekten Sehen. Zeitschr. f. d. ges. Neurol. u. Psych. Bd. 37, 1917.
Pfister Oskar: Wahnvorstellung und Schülerselbstmord. Auf Grund einer Traumanalyse beleuchtet. Schweiz. Blätter für Schulgesundheitspflege 1909, Nr. 1.
– Kryptolalie, Kryptographie und unbewußtes Vexierbild bei Normalen. Jahrb. f. ps.-a. Forschg. V, 1, 1913.
Prince Morton: The Mechanism and Interpretation of Dreams. The Journal of abnorm. Psych. Oct.-Nov. 1910.

– The Mechanism and Interpr. of Dreams; a reply to Dr. Jones. Journ. of abn. Psychol. 1910/11, p. 337–353.
Putnam J. J.: Aus der Analyse zweier Treppen-Träume. Zentralbl. f. Ps.-A. II, 1911/12, p. 264.
– Ein charakteristischer Kindertraum. Ebenda, p. 328.
– Dream interpretation and the theory of psychoanalysis. Journ. of abnorm. Psych. IX, Nr. 1, p. 36.
Raalte F. van.: Kinderdroomen. Het Kind 1912. Jan.
Rank Otto: Der Mythus von der Geburt des Helden. Schr. z. angew. Seelenkunde, Heft 5, Wien und Leipzig 1909.
– Beispiel eines verkappten Ödipus-Traumes. Zentralblatt für Psychoanalyse, 1. Jahrg. 1910.
– Zum Thema der Zahnreizträume. Ebenda.
– Das Verlieren als Symptomhandlung. Zugleich ein Beitrag zum Verständnis der Beziehungen des Traumlebens zu den Fehlleistungen des Alltagslebens. Ebenda.
– Ein Traum, der sich selbst deutet. Jahrbuch für psychoanalyt. und psychopathol. Forschungen, Bd. II, 1910.
– Ein Beitrag zum Narzißmus. Ebenda, Bd. III, 1911.
– Fehlleistung und Traum. Zentralbl. f. Ps.-A. II, 1911/12, p. 266.
– Aktuelle Sexualregungen als Traumanlässe. Ebenda, p. 596–602.
– Die Symbolschichtung im Wecktraum und ihre Wiederkehr im mythischen Denken. Jahrb. f. Ps.-A. IV, 1912.
– Das Inzestmotiv in Dichtung und Sage. Grundzüge einer Psychologie des dichterischen Schaffens. Wien und Leipzig 1912.
– Die Nacktheit in Sage und Dichtung. Eine ps.-a. Studie, Imago, II, 1912.
– Eine noch nicht beschriebene Form des Ödipus-Traumes. Intern. Zeitschr. f. ärztl. Ps.-A. I, 1913, p. 151.
– Fehlhandlung und Traum. Internat. Zeitschr. f. Ps.-A. III, p. 158.
– Die Geburtsrettungsphantasie in Traum und Dichtung. Internat. Zeitschr. f. Ps.-A. II. p. 43.
– Ein gedichteter Traum. Internat. Zeitschr. f. Ps.-A. III, p. 231.
Rank 0. und *Sachs H.:* Die Bedeutung der Psychoanalyse für die Geisteswissenschaften. Grenzfr. d. Nerven- u. Seelenlebens, hg. v. Löwenfeld, Heft 93, Wiesbaden 1913.
Reik Th.: Zwei Träume Flauberts. Zentralbl. f. Ps.-A. III, 1912/13, p. 223.
– Kriemhilds Traum. Ebenda, II, p. 416.
– Beruf und Traumsymbolik. Ebenda, p. 531.
– Der Nacktheitstraum eines Forschungsreisenden. Internat. Zeitschr. f. Ps.-A. II, p. 463.
– Gotthilf Schuberts „Symbolik des Traumes". Internat. Zeitschr. f. Ps.-A. III, p. 295.
– Völkerpsychologische Parallelen zum Traumsymbol des Mantels. Internat. Zeitschr. f. Ps.-A. VI, p. 310.
– Zum Thema: Traum und Traumwandeln. Internat. Zeitschr. f. Ps.-A. VI, p. 311.
Robitsek Alfred: Die Analyse von Egmonts Traum. Jahrb. für psychoanalyt. und psychopathol. Forschungen, Bd. II, 1910.
– Die Stiege, Leiter, als sexuelles Symbol in der Antike. Zentralbl. f. Ps.-A. I, 1910/11, p. 586.
– Zur Frage der Symbolik in den Träumen Gesunder. Ebenda, II, p. 340.
Roheim G.: Die Urszene im Traume. Internat. Zeitschr. f. Ps.-A, VI, p. 337.
Sachs Hanns: Zur Darstellungstechnik des Traumes. Zentralbl. f. Ps.-A. I, 1910/11.
– Ein Fall intensiver Traumentstellung. Ebenda, p. 588.
– Traumdeutung und Menschenkenntnis. Jahrb. f. Ps.-A. III, 1911, p. 568.
– Ein Traum Bismarcks. Intern. Ztschr. f. ärztl. Ps.-A. I, 1913, H. 1.
– Traumdarstellungen analer Weckreize. Ebenda, p. 489.
– Das Zimmer als Traumdarstellung des Weibes. Internat. Zeitschr. f. Ps.-A. II. p. 35.

– Ein absurder Traum. Internat. Zeitschr. f. Ps.-A. III, p. 35.

Sadger J.: Über das Unbewußte und die Träume bei Hebbel. Imago, Juni 1913.

Schrötter Karl: Experimentelle Träume. Zentralbl. f. Ps.-A. II, 1912, p. 638.

Schwarz F.: Traum u. Traumdeutung nach 'Abdalgani an Nabulusi'. Zeitschr. d. deutsch. morgenl. Ges., Bd. 67, 1913, III. H., p. 473-493.

Secker F.: Chines. Ansichten über den Traum. Neue metaph. Rdschr., Bd. 17, 1909/10, p. 101.

Silberer Herbert.: Bericht über eine Methode, gewisse symbolische Halluzinationserscheinungen hervorzurufen und zu beobachten. Jahrb. Bd. I, 1909.

– Phantasie und Mythos. Ebenda, Bd. II, 1910.

– Symbolik des Erwachens und Schwellensymbolik überh. Ebenda, III, 1911.

– Über die Symbolbildung. Ebenda.

– Zur Symbolbildung. Ebenda IV, 1912.

– Spermatozoenträume. Ebenda.

– Zur Frage der Spermatozoenträume. Ebenda.

Spielrein S.: Traum vom „Pater Freudenreich". Intern. Ztschr. f. ärztl. Ps.-A. I, 1913, p. 484.

Spitteler Karl: Meine frühesten Erlebnisse. I. Hilflos und sprachlos. Die Träume des Kindes. Südd. Monatsh., Okt. 1913.

Stärcke August: Ein Traum, der das Gegenteil einer Wunscherfüllung zu verwirklichen schien, zugleich ein Beispiel eines Traumes, der von einem anderen Traum gedeutet wird. Zentralbl. f. Ps.-A. II, 1911/12, p. 86.

– Traumbeispiele. Internat. Zeitschr. f. Ps.-A. II, p. 381.

Stärcke Johann: Neue Traumexperimente in Zusammenhang mit älteren und neueren Traumtheorien. Jahrb. f. Ps.-A. V, 1913, p. 233.

Stegmann Marg.: Darstellung epileptischer Anfälle im Traume. Intern. Zeitschr. f. ärztl. Ps.-A. I, 1913.

– Ein Vexiertraum. Ebenda, p. 486.

Stekel Wilhelm: Beiträge zur Traumdeutung. Jahrbuch für psychoanalytische und psychopatholog. Forschungen, Bd. I, 1909.

– Nervöse Angstzustände und ihre Behandlung. Wien-Berlin 1908, 2. Aufl. 1912.

– Die Sprache des Traumes. Eine Darstellung der Symbolik und Deutung des Traumes in ihren Beziehungen zur kranken und gesunden Seele für Ärzte und Psychologen. Wiesbaden 1911.

– Die Träume der Dichter. Wiesbaden 1912.

– Ein prophetischer Nummerntraum. Zentralbl. f. Ps.-A. II, 1911/12, p. 128–130.

– Fortschritte der Traumdeutung. Zentralbl. f. Ps.-A. III, 1912/13, p. 154, 426.

– Darstellung der Neurose im Traum. Ebenda, p. 26.

Swoboda Hermann: Die Perioden des menschlichen Organismus. Wien und Leipzig 1904.

Tausk, V.: Zur Psychologie der Kindersexualität. Intern. Zeitschr. f. ärztl. Ps.-A. I, 1913, p. 444.

– Zwei homosexuelle Träume. Internat. Zeitschr. f. Ps.-A. II, p. 36.

– Ein Zahlentraum. Internat. Zeitschr. f. Ps.-A. II, p. 39.

Tfinkdji Joseph Abbé.: Essai sur les songes et l'art de les Interpréter (onirocritie) en Mésopotamie. Anthropos VIII, 2/3, März–Juni 1913.

Tobowolska Justine.: Étude sur les illusions de temps dans les rêves du sommeil normal. Thèse de Paris, 1900.

Vaschide N.: Le sommeil et les rêves. Paris 1911, Bibl. de Philos. scient. (66) (mit Literaturangabe der übrigen zahlreichen Arbeiten desselben Autors über Traum und Schlaf.)

– *et Pieron:* La psychol. du rêve au point de vue médical. Paris 1902.

Vold J. Mourly: Über den Traum. Experimentell-psychologische Untersuchungen. Herausgegeben von O. Klemm. Erster Band. Leipzig 1910. II. Bd. 1912.

Weiss Edoardo: Totemmaterial im Traume. Internat. Zeitschr. f. Ps.-A. II, p. 159.

Weiss Karl: Ein Pollutionstraum. Internat. Zeitschr. f. Ps.-A. VI, p. 343.

Weygandt W.: Beitr. z. Psychologie des Traumes. Philos. Studien, 20. Bd., 1902, p. 456–486.

Wiggam A.: A contribution to the data of dream psychology. Pedagogical Seminary, Juni 1909.

Winterstein, Alfr. v.: Zum Thema: „Lenkbare Träume". Zentralbl. f. Ps.-A. II, 1911/12, p. 290.

Wulff M.: Ein interessanter Zusammenhang von Traum, Symbolhandlung und Krankheitssymptom. Internat. Ztschr. f. ärztl. Ps.-A. I, 1913, H. 6.